한일관계사 종합연표

한일관계사 종합연표

경인문화사

발간사

1977년 성균관대학교 대학원에 입학하여 사학과 조교를 할 때의 일이다. 당시 지도교수였던 백종기 교수님의 심부름으로 대학원장 조좌호 교수님께 심부름 갔을 때, 연구실에서 《조선왕조실록》을 읽고 계셨던 교수님께서는 사료 읽기를 강조하시면서, "손군, 조선왕조실록에는 일본 관련 사료가 얼마나 나오나 알고 계신가?" 하고 여쭈셨다. 이 물음은 이후 50년간 한일관계사를 연구하는 나에게 가장 소중한 화두로 각인되었고, 그때부터 사료를 발췌하는 것이 역사 공부의 가장 기본 작업이라는 확신을 갖게 되었다. 그래서 교수가 된 다음에도 대학원생과의 수업은 늘 사료읽기부터 시작했다.

'사료읽기'가 역사 공부의 시작인 것은 일본 유학 시절 '도쿄대학 조선왕조실록 윤독회'에서도 마찬가지였고, '큐슈[九州]대학 세종실록윤독회'에서도 똑같았다. 도쿄[東京]대학 유학시절 만난 다나카다케오[田中健夫]선생, 기타지마만지[北島万次]선생, 무라이쇼스케[村井章介]선생, 큐슈대학의 사에키코지[佐伯弘次]선생 등도 같은 방법으로 연구를 했고, 나도 동참하여 《조선왕조실록》을 읽으면서 '삼포(三浦)'에 관한 사료집을 공동작업으로 만들기도 했다. 그 일이 계기가 되어 1992년, 도쿄대학 연구교수를 마치고 귀국해서 10년간의 작업 끝에 《한일관계사료집성》 32권을 2004년에 발간했다.

그 후, 기타지마선생이 2006년경 강원대학교를 방문했던 적이 있었는데, 대학원생들에게 자신의 '임진왜란사' 연구에 대해 특강을 했다. 그때 기타지마선생이 처음 강조한 말씀이 연표였다. 무슨 주제를 연구하든지 간에 먼저 그 주제에 관련된 연표를 작성해 보라는 거였다. 그러면 연표에서 문제의식이 생긴다고 하면서 당신이 만든 연표를 보여주셨다. 그 순간 '역사연구는 사료(史料)와 연표(年表)'가 가장 기본이라는 사실을 실감했다.

그러나 〈한일관계사연표〉를 만드는 작업이 그렇게 간단치 않았다. 《한일관계사료집성》을 만들었지만, 사료집성의 기본사료는 한국사료(《삼국사기》, 《삼국유사》, 《고려사》, 《고려사절요》, 《조선왕조실록》)등 한국에만 국한되어 있어, 일본사료는 전혀 다루지 않았고, 연대도 1860년대 이전 사료에 한정되어 있었다. 그러던 중 일본에서 《대외관계사종합연표》와 한국 연구자들의 공동작업으로 《일본 고중세 문헌속의 한일관계사료집성》이 발간되면서 용기를 얻게 되었다. 그리하여 퇴직 2년 전부터 시작하여 이제 10년 만에 결실을 보게 되었다. 참으로 지난한 작업이었다. 뿐만 아니라 퇴직한 후, 춘천을 떠나 용인으로 거처를 옮기면서 주변에 도움을 받을 인원도 없어 사소한 일까지 모두 혼자 해결하느라 고생도 많았다. 그동안 도움을 준 사학과 이종오선생, 아내 선옥과 시아에게 고마움을 전한다. 아직 보완할 부분이 많지만, 나 자신은 물론 후학들에게 꼭 필요한 일이니 해야 한다는 일념으로 혼신을 다했다.

연표를 작성하면서 몇가지 원칙을 정했다.

1. 시대는 선사시대부터 최근(2025년)까지 전시대를 망라했다. 기존의 연표들이 모두 개항직전인 조선후기까지 또는 일제강점기 이전까지를 대상으로 했지만, 올해가 한일수교 60주년인 만큼 2025년 6월까지의 모든 관련 사항을 망라해 보기로 했다.

2. 사전 편찬의 형식을 취해 중요한 사건은 가능한 한 출처를 밝혀 이용자가 관심을 갖는 경우 언제든지 원문을 확인할 수 있게 했다. 그러나 해방이후는 신문·방송·인터넷 등 출처가 다양해 생략했다.

3. 지역은 한반도와 일본 열도를 중심으로 했는데, 19세기 이후는 구미지역까지 확대하여 수록했다.

4. 색인은 만들지 않았지만, 향후 DB구축과 검색을 할 수 있도록 가능하면 인명·지명 등 고유명사를 포함하여 작성했고, 경인문화사의 〈한국학종합DB〉 연계하여 이용할 수 있도록 했다.

해방 후 1세대의 한일관계사 연구자로서 나는 언제나 연구의 전제로 다음 5가지를 강조했다. 첫째, 〈학회〉를 통해 발표와 토론의 공론화장을 만들고, 학회지를 발간해 연구자들의 텃밭을 가꾸어 가는 일, 둘째, 연구의 기초가 되는 〈사료집〉를 발간하고, 셋째, 그것을 바탕으로 〈연표〉를 정리하는 일, 넷째 기존연구사의 회고와 전망을 통해 향후 연구 방향을 제시받을 수 있는 〈연구논저목록〉을 발간하는 일, 다섯째, 한일관계사는 상호관계사이므로 항상 양쪽의 사료나 연구가 충실하게 반영되어야 객관적인 연구가 가능하다는 논리이다.

이상의 몇 가지 원칙을 전제로 이 연표를 작성하기 위해 기존의 연구성과인 《한일관계사료집성》과 일본의 《대외관계사종합연표》를 가장 기본 자료로 이용했고, 그 외에도 《범례》에 제시한 여러 자료를 적극적으로 활용했다. 이 자리를 빌어 이들 자료편찬에 참여한 여러 연구자들의 노고에 깊이 감사한다. 그리고 무엇보다도 한국학과 한일관계사에 관한 출판사업을 위해, 한상하 회장님의 대를 이어 헌신하고 있는 한정희 대표와 한주연 팀장, 그리고 실무를 담당해 준 김지선과정과 김한별님에게 감사한다. 정말로 경인문화사가 아니면 절대 불가능한 일이다.

아울러 한일수교 60주년을 맞아 《경인한일관계연구총서》 100권이 발간도 함께 축하하며, 나아가 AI시대를 맞이하여 한국학의 발전을 위해 《한국문집총간》을 비롯해 〈한국학종합DB사업〉을 통해 '한국학의 세계화'를 추진하고 있는 경인문화사의 전 직원에게 감사하며, 그 열정에 깊은 경의를 표한다.

2025년 11월

용인 雲耕齊에서 孫承喆

<범 례>

1. 이『한일관계사 종합연표』는 선사시대부터 한일수교 60주년인 2025년 6월까지를 대상으로 했다.

2. 한국편에서는 1895년 말까지 음력, 그 이후는 양력으로 표기했으며, 일본편에서는 1872년 말까지 음력, 이후는 양력으로 표기했다. 그 외의 지역에 대해서는 그 사건이나 사실이 일어난 지역의 기록(典據)을 기준으로 표기했다.

3. 한국과 일본의 기사를 글자에 색(한국은 검은색, 일본은 연한 하늘색)을 넣어 구분했고, 기사의 내용이 많은 경우 좌·우로 이동하여 연속하여 기술했으며 기호 ▼▲로 표시했다.

4. 같은 날에 일어난 사항에 대해서는, 별도로 연월일을 표기하지 않고, / 기호로만 표기했다.

5. 날짜가 미상인 경우, - 기호로 표시했으며, 년도만 알고 월일이 미상인 경우는 '이해'로 표기했다.

6. 각 기사의 서술형 '했다'와 '하다'의 표기는 어떤 기준을 정해서 기술한 것이 아니고, 그때그때 문장의 느낌을 살리는 쪽으로 표기했다.

7. 출처의 표시는 한국편은 1차 사료와, 아울러 편자의 『한일관계사료집성』을 인용했다. 일본편의 경우는 『일본 고중세 문헌속의 한일관계사료집성』, 『일본 고중세고려자료연구』, 『대외관계사종합연표』를 인용했다.

8. 이 연표를 작성하는데 인용한 참고자료와 그 표기는 다음과 같다.

　　〈한국편〉

　　『삼국사기』→『三國史記』

　　『삼국유사』→『三國遺事』

　　『고려사』→『高麗史』

　　『고려사절요』→『高麗史節要』

　　『조선왕조실록』→ 왕조대의 명칭. 예 『世宗實錄』

　　손승철 편, 『한일관계사료집성』→『集成』

　　국사편찬위원회, 한국사데이터베이스 중 한국근대사료DB, 한민족독립운동사13, 한민족독립운동사연표

　　독립기념관, 한국독립운동의 역사 제50권 연표

　　한일역사공동연구위원회, 한국측위원회『근현대 한일관계연표』

　　이계형편저, 『한국근대사연표』(1863~1945)

이계현편저, 『한국현대사연표』(1845~2020)

주일본국 대한민국대사관 홈페이지 〈한일관계연표〉

〈일본편〉

『日本書紀』→『書記』

『古事記』→『古事記』

『續日本記』→『續紀』

『일본 고중세 문헌속의 한일관계사료집성』,(혜안, 2005)

張東翼, 『日本 古中世 高麗資料硏究』, (서울대출판부, 2004)

『日本史總合年表』(吉川弘文館, 2001)

『對外關係史總合年表』(吉川弘文館, 平成 11년, 1999)

재일한인역사자료관『사진으로 본 재일코리안 100년』(明石書店, 2008)

연도	한국
-2333	【한국】 -. 단군 왕검 아사달을 도읍지로 정하고 古朝鮮을 세우다.(『三國遺事』, 『帝王韻紀』)
-194	【한국】 -. 고조선을 공격하여 왕검성을 탈취하고, 위만조선을 세우다.
-108	
-57	【한국】 -. 赫居世, 徐羅伐(新羅) 건국하다.(『三國史記』1)
-50	【한국】 -. 倭人이 군사를 동원하여 新羅의 辺境을 침입했지만, 王의 神德을 듣고 물러가다.(『三国史記』1, 『集成』1-1)
-37	【한국】 -. 朱夢, 卒本扶餘에서 즉위하여 高句麗를 건국하다.(『三國史記』1)
-27	
-33	
-28	
-20	【한국】 2.-. 신라가 狐公을 馬韓에 파견했다. 狐公은 원래 倭人으로 弧를 허리에 차고 바다를 건너왔기 때문에 그 이름을 붙였다 한다. (『三國史記』1, 『集成』1-1)
-18	【한국】 -. 溫祚王 慰禮城에서 百濟를 건국하다.(『三國史記』1)
0	
14	【한국】 -. 倭人이 兵船100여척으로 와서 新羅 海辺의 民家를 약탈했다. 新羅가 六部의 精兵을 동원하여 막았다.(『三国史記』1, 『集成』1-2)
57	【한국】 -. 이 해에 新羅 脫解王이 即位하다. 脫解王은 倭国의 東北 1000里에 있다고 하는 多婆那国에서 태어났다. 赫居世王 39년 (前19)에 辰韓의 阿珍浦에 표착했다고 한다.(多婆那国을 丹波国·但馬国·肥後国 등에 比定하는 설이 있다. 또 『三国 遺事』에는 多婆那国을 竜城国으로, 阿珍浦표착을 南解王代(4年~23年)라고 했다). (『三國史記』1/『三国遺事』紀異1脫解王, 『集成』1-2)
59	【한국】 5.-. 新羅가 倭国과 好誼를 맺고 使者를 교환하다.(『三國史記』1, 『集成』1-3)
61	
71	
73	【한국】 -. 倭人이 木出島를 침범하자, 新羅가 角干羽鳥를 보냈으나 패하고 전사하다.(『三國史記』1, 『集成』1-3)
121	【한국】 4.-. 倭人이 新羅의 東辺을 침범하다.(『三國史記』1, 『集成』1-4)
122	【한국】 4.-. 東쪽에서 大風이 불어왔다. 新羅王都의 사람들이 倭兵이 크게 몰려 온다는 소문을 듣고 山과 계곡으로 숨었다.(『三國史 記』1, 『集成』1-4)

일본

【일본】
한무제 위만조선을 멸하고, 진번·임둔·낙랑·현도의 4군을 세움.(『漢書』6 地理志)

【일본】
3.-. 新羅王子 天日槍이 玉·刀·梓·鏡 등을 가져오다. 播磨国·近江国·若狭国를 거쳐 但馬国에 머무르다.(『書紀』6)

【일본】
7.-. 任那国, 蘇那曷叱知을 보내어 조공하다. 任那는 筑紫国에서 2천여리, 신라의 西南에 있다고 하다.(『書紀』6)

【일본】
-. 임나국의 蘇那曷叱知이 귀국하다. 도중에 新羅人에 의해 일본에서 任那王에게 보내는 赤絹 100필을 빼앗기다. 任那와 新羅의 다툼이 이 때부터 시작되다. 崇神天皇때에 이마에 뿔이 있는 사람이 越国의 笥飯浦에 왔는데, 이곳을 角鹿라고 한다. 스스로를 意富加羅国의 王子 都怒我阿羅斯等(于斯岐 阿利叱智干岐)라고 하면서 日本国에 聖皇있다고 듣고 귀화한다고 말했다. 崇神天皇의 死後에 垂仁天皇을 3년 모시고 붉은 비단을 받아 귀국했다. 그 후에 崇神天皇의 이름 「御間城(미마기)」를 따서 나라 이름을 弥摩那(미마나, 任那)国이라 부른다. 新羅人이 그것을 듣고, 出兵하여 赤絹을 빼앗아 갔다고 한다.(『書紀』6)

【일본】
이 무렵 倭가 100여 国으로 나뉘어져 있고, 楽浪郡에 조공했다.(『漢書』28下地理)

【일본】
1.8. 倭의 奴国이 後漢에 조공하고, 光武帝로부터 印綬를 받았다.(『後漢書』倭伝·1)

【일본】
7.10. 天日槍이 가져 온 보물을 天日槍의 曾孫 清彦에게 헌상시켜 神府에 헌상했다.(『書紀』6)

【일본】
2.1. 清彦(天日槍曾孫)의 아들 田道間守(多遲摩毛理)를 常世国에 보내어 非時香菓(橘)를 구하도록 했다.(『書紀』/古事記)

【일본】
3.12. 田道間守이 常世国에서 非時香菓를 가지고 돌아오다.(『書紀』/古事記)

연도	한국
123	【한국】 3.-. 新羅가 倭国과 講和하다.(『三國史記』1, 『集成』1-5)
157	【한국】 -. 延烏郎·細烏女 夫婦가 新羅에서 日本에 갔다. 日本人들은 그 모습이 심상치 않음을 보고 延烏郎을 왕으로 삼았다. 이때부터 新羅에서는 해와 달에 빛이 사라졌다. 阿達羅王이 使者를 日本에 보내어 해와 달의 精인 2人을 찾게 한다. 延烏郎, 細烏女이 짠 細網을 使者가 가지고 돌아가 하늘에 제사를 지내니, 이로부터 해와 달이 옛날로 돌아 갔다한다.(『三国遺事』紀異1 延烏郎細烏女, 『集成』1-40)
158	【한국】 3.-. 倭人이 來聘했다.(『三國史記』2, 『集成』1-5)
173	【한국】 5.-. 倭의 女王 卑弥呼의 使者가 新羅에 이르렀다.(『三國史記』2, 『集成』1-5)
193	【한국】 6.-. 왜인 천여명이 대기근으로 食糧을 구하러 新羅에 오다.(『三國史記』2, 『集成』1-5)
199	
200	
205	
208	【한국】 4.-. 倭人이 新羅의 辺境을 침입하자 新羅가 伊伐食利音을 파견하여 막았다.(『三國史記』2, 『集成』1-5)
232	【한국】 4.-. 倭人이 갑자기 신라에 침입하여 金城을 포위했다. 신라의 助于王이 스스로 출격하여 격퇴하고, 倭軍 1,000여인을 잡아 죽였다.(『三國史記』2, 『集成』1-6)
233	【한국】 5.-. 倭兵이 신라의 東辺에 처들어 왔다.(『三國史記』2), 『集成』1-6) 7.-. 신라의 伊食昔于老가 倭人과 沙道에서 싸워, 倭人의 배를 불태우고 전멸시켰다.(『三國史記』2, 『集成』1-6)
239	
240	
243	
244 ▼	

일본

【일본】

9.5. 筑紫에서 熊襲討伐에 대해 협의했는데, 神功皇后気長足姫尊(息長帯日売命, 神功皇后)에게 맡겨 金銀이 풍부한 나라인 新羅国을 토벌하면 熊襲도 스스로 복종할 것이라고 고하다. 그러나 천황이 따르지 않아 熊襲을 공격했으나 이기지 못하고 돌아갔다.(『書紀』동일조·神功摂政前紀, 『古事記』)

【일본】

2.6. 神功皇后가 神을 우러러 받들며 신라국에의 出兵을 다짐하다.(『書紀』2.5条·神功摂政前紀, 『古事記』)

10.3. 神功皇后의 船軍이 和珥津(対馬)를 떠나 곧바로 船軍이 신라에 이르다. 新羅王 波沙寐錦(婆娑尼師今)이 놀라서 항복하고, 微叱己知波珍干岐(未斯欣)을 인질로 보내고, 조공을 약속했다. 高句麗王과 백제왕이 신라의 항복을 알고 皇后軍에게 투항하고, 조공을 약속했다.(『書紀』神功摂政前紀, 『古事記』) → 朝鮮390. この年 →朝鮮402.3.-]

12.14. 신라가 日本에 항복했을 때에 日本이 新羅王을 잡아 살해하여 파묻고, 新羅에 使臣 1人을 남겨두었다. 후에 使臣이 新羅王의 妻와 國人에게 속아 넘어갔다. 日本이 이를 알고 노하여 군대를 보내어, 新羅 国人과 王의 妻를 죽였다.(『書紀』80)

【일본】

3.7. 新羅王이 汗礼斯伐·毛麻利叱智·富羅母智등을 보내어 조공하고, 毛麻利叱智등이 인질이 된 微叱己知을 귀국시키기 위해 微叱己知와 짜고서 본국에서 처자가 종이 되었다고 속여서 귀국을 청했다. 神功皇太后가 이를 허락하고 葛城襲津彦에게 송환시키도록 하여 対馬에 이르렀다. 毛麻利叱智가 襲津彦을 속여 微叱己知를 도망시키자, 襲津彦이 신라 使者 3인을 잡아 불태워 죽였다. 그리고 신라로 가서 草羅(歃良)城을 공략하여 포로를 잡아 돌아왔다.(『書紀』9)

【일본】

6.-. 倭의 여왕 卑弥呼의 사자 大夫 難升米등이 帯方郡에 와서 朝献을 원하자, 帯方郡의 태수 劉夏가 難升米등을 都洛陽에 보냈다.(『魏志』倭人伝, 『梁書』倭伝)

12.-. 魏에서 倭의 女王 卑弥呼를 親魏倭王으로 하고 金印紫綬를 주고, 大夫 難升米를 率善中郎将, 副使 都市牛利을 率善校尉로 하고 銀印青綬를 주었다. 또 卑弥呼가 바친 生口·班布에 답하여 錦등을 回賜하고 별도로 銅鏡100枚 등을 回賜했다.(『魏志』倭人伝, 『梁書』倭伝)

【일본】

1.-. 東倭가 魏에 朝貢했다.(晋書1, 冊府元亀968)/ 이 해에 帯方郡의 太守 弓遵, 建中 校尉 梯儁을 倭에 보냈다. 詔書·印綬를 받들어 倭国에 이르러 倭王에게 仮授하고, 아울러 詔書를 가져오게 하고 金·帛·錦·蘭·刀·鏡 등을 하사했다. 倭王이 魏의 사자에 맡겨 上表하고 사죄했다.(『魏志』倭人伝)

【일본】

12.-. 왜의 여왕 卑弥呼의 사자 대부 伊声耆·掖邪狗 등 8인이 魏에 이르러 生口 등을 바치자, 少帝가 掖邪狗등을 率善中郎将으로 하고, 印綬를 주었다.(『魏志』倭人伝)

【일본】

7.-. 百済의 肖古王이 일본국에 통교하기 위해 久氐·弥州流·莫古 등 3인을 보냈다. 이 달에 久氐등이 卓淳国에 이르지만 交通路를 안내받지

연도	한국
▲ 244	
246	
247	
249	【한국】 4.-. 倭人이 舒弗邯(伊伐飡)昔于老를 살해했다.(『三國史記』2, 『集成』1-7)
250	
251	
252	
253	【한국】 -. 倭国使 葛那古가 이르러 館에 머물렀다. 接待担当인 昔于老가 장난삼아 「머지않아 다음 왕으로 塩奴를 삼겠다」고 하자, 倭王이 이를 듣고 노하여 장군 于道朱君를 파견하여 신라를 치자. 于老가 倭軍에 변명하지만 붙잡혀 불에 태워 죽었다.(『三國史記』45, →249.4.-)
255	
256	
262	
262-284	【한국】 -. 倭国의 大臣이 来聘하자 昔于老의 처에게 倭 使臣을 향응하여 술에 취하게 하고, 불에 태워죽이자, 왜인이 노하여 金城을 공격하여 이기고 돌아왔다.(『三國史記』45) [→200. 이해]
264	
265	
266	
272	
276	
277	

일본
못해 나아가지 못하고 되돌아 갔다.(『書紀』神功摂政46.3.1조)
-. 魏의 少帝가 조서를 내려 帯方郡에 命하여 倭의 難升米에게 黃瞳을 내렸다.(『魏志』倭人伝)
【일본】
3.1. 斯摩宿禰을 卓淳国에 보내다. 斯摩가 백제가 일본에 通交하려는 것을 듣고 사자를 백제에 보내다. 백제의 肖古王이 사자를 환대하다. 사자가 卓淳国에 돌아가 복명하고 斯摩가 귀국하다.(『書紀』9)
【일본】
4.-. 이에 앞서 百済使 久氐·弥州流·莫古가 日本을 향해 가는 도중에 길을 잃고 新羅에 이르렀다. 이 달에 新羅使와 함께 와서 朝貢하다. 久氐가 가져 온 新羅의 貢物은 久氐가 가져온 百済의 貢物을 빼앗은 것을 말한다. 따라서 千熊長彦을 新羅에 보내어 그 잘못을 책망했다.(『書紀』9)
【일본】
3.-. 荒田別·鹿我別를 将軍에 임명하여 신라를 토벌하다. 荒田別이 百済使 久氐와 함께 卓淳国에 이르다. 이윽고 백제의 장수 将木羅斤資의 원군과 함께 신라를 공격하여 물리치다. 比自体·南加羅㖨国·安羅·多羅·卓淳·加羅의 7国을 평정하고, 나아가 忱弥多礼(済州島)를 취하여 百済에 주었다. 한편 百済王이 父子·比利 等 4邑을 평정하고, 이어 王都 漢城에 돌아와 荒田別·木羅斤資과 만나다. 百済王과 千熊長彦이 辟支山과 古沙山에 올라 맹세하기를 百済王은 금후로 千秋万歳에 걸쳐 西蕃이라고 칭하고 춘추로 조공할 것을 서약했다.(『書紀』9)
【일본】
2.-. 荒田別등이 귀국했다.(『書紀』9)
5.-. 千熊長彦, 久氐등이 같은 길로 백제로부터 귀국했다. 神功皇太后, 多沙城을 백제에 주어 往還路의 역으로 삼았다.(『書紀』9)
【일본】
3.-. 이해에 百済王이 久氐를 보내 입공했다. 千熊長彦를 久氐등의 귀국에 동행시켜 백제에서 百済王 父子가 영구히 西蕃으로서 두 마음을 갖지 않을 것을 맹세했다.(『書紀』9)
【일본】
9.10. 百済使 久氐등이 千熊長彦의 귀국에 동행하여 이르렀다. 七支刀·七子鏡 등을 바쳤다.(『書紀』 → 369. 이해)
【일본】
百済의 肖古王이 죽었다 한다.(『書紀』神功摂政55년조, → 375.11.-)
【일본】
百済의 王子 貴須이 즉위했다고 한다.(『書紀』神功摂政56년조)
【일본】
-. 新羅, 조공하지 않자 襲津彦(沙至比跪)를 보내어 신라를 치게 했다. 襲津彦이 신라에 회유되어 加羅国을 공격했다. 加羅国王등이 백제로 도망하여 그간의 사정을 일본에 알렸다. 天皇이 분노하여 木羅斤資를 파견하여 加羅国을 되찾았다. 襲津彦이 石穴에 들어가 죽었다고 한다.(『書紀』)
【일본】
百済国 貴須王이 죽고, 王子 枕流王이 즉위했다고 한다.(『書紀』神功摂政64년조) [→384. 4.-]
【일본】
百済国 枕流王이 죽고, 死去.王子 阿花가 어려서 叔父 辰斯가 왕위를 빼앗았다고 한다.(『書紀』神功摂政65년조) [→385.11.-]
【일본】
11.5. 倭 女王이 西晋에 입공했다.(『晋書』3·倭人伝, 『書紀』神功摂政66년조)
【일본】
-. 百済王이 天皇에 대하여 예를 잃었다하여 紀角등을 백제에 보내어 꾸짖고 百済王을 죽여 사죄하게 하고, 紀角등이 阿花를 왕위에 즉위시키고 귀국했다.(『書紀』→ 朝鮮392.11.-)
【일본】
9.-. 高句麗人·百済人·任那人·新羅人이 래조하자 武内宿禰에게 韓人들을 이끌고 연못을 만들게 했다. 그래서 이 연못을 韓人池이라고 이름 붙였다.(『書紀』, 『古事記』)
【일본】
-. 百済王子 直支(支)이 인질로 래조하여 일본에 대해 예를 잃었던(선대 辰斯王 때의 일을 가리킨다) 枕弥多礼(済州島) 및 東韓 등의 땅을 되찾기를 원했다.(『書紀』応神8.3. → 朝鮮397.5.-)

연도	한국
278	
283	
284	
285	
287	【한국】 4.-. 倭人이 신라의 一礼部를 습격해 1,000인을 끌고 갔다.(『三國史記』2, 『集成』1-7)
289	【한국】 5.-. 신라가 倭兵의 래습을 듣고, 배와 병기 등을 수선하고 정비했다.(『三國史記』2, 『集成』1-7)
292	【한국】 6.-. 倭兵이 신라 沙道城을 함락하자, 신라가 一吉湌 大谷을 보내어 성을 확보했다.(『三國史記』2, 『集成』1-7)
294	【한국】 -. 이 해에 倭兵이 신라의 長峯城을 공격했지만 격퇴했다.(『三國史記』2, 『集成』1-7)
295	【한국】 -. 이해 봄에 신라의 儒礼王이 倭国을 百済와 함께 공격할 것을 기도했지만 신하의 반대에 의해 중지했다.(『三國史記』2, 『集成』1-8)
297	
300	【한국】 1.-. 신라가 倭国과 사자를 교빙하다.(『三國史記』2, 『集成』1-8)
306	
308	
310	
310-312	
312	【한국】 3.-. 倭国王이 신라에 사자를 보내어 아들의 혼처를 구하자 신라가 阿湌急利의 딸을 보내다.(『三國史記』2, 『集成』1-8)
323	
324	
329	

일본

【일본】

4.-. 武内宿禰을 筑紫에 파견했다. 이 때에 武内宿禰의 동생 甘美内宿禰가 武内宿禰가 三韓을 거느리고 天下를 탐한다고 고자질하자 武内宿禰를 帰京시켜 죽이게 했으나 探湯에 의해 혐의가 없음이 밝혀졌다.(『書紀』)

【일본】

2.-. 百済王이 縫衣工女 真毛津를 바쳤다.(『書紀』)/ 이해에 弓月君이 百済에서 와서 120県의 인민을 거느리고 왔는데, 新羅人의 방해로 모두 加羅国에 머물고 있음을 알리자 葛城襲津彦을 加羅에 보내어 弓月의 민을 불렀으나 3년이 지나도 돌아오지 않았다.(『書紀』,『古事記』)

【일본】

8.6. 백제의 照古王이 阿直岐(阿知吉師)를 보내어 良馬 2匹을 바쳤다. 阿直岐가 경전에 능통하여 太子 菟道稚郎子의 스승으로 삼았다. 天皇이 나아가 阿直岐보다 뛰어 난 博士를 물으니 阿直岐는 王仁(王適吉師)을 추천하여 荒田別·巫別을 보내어 王仁을 초빙했다.(『書紀』,『古事記』)

【일본】

2.-. 王仁이 百済에서 『論語』·『千字文』을 가지고 와서 太子 菟道稚郎子의 스승이 되었다.(『書紀』,『古事記』)

8.-. 平群木菟·的戸田을 加羅에 보내어 襲津彦의 귀국을 막는 신라를 공격했다. 新羅王이 그 죄를 인정했다. 木菟등이 襲津彦와 함께 弓月의 民을 거느리고 귀국했다.(『書紀』)/ 이해에 百済의 阿華王이 죽자, 天皇이 直支(腆支)에게 王位継承을 명하고, 東韓의 땅을 주고 귀국시켰다.(『書紀』) → 朝鮮405. 이해)

【일본】

9.-. 阿知使主(後漢霊帝의 후손이라 함)의 아들이 都加使主와 그 党類 17県을 거느리고 왔다.(『書紀』,『古事記』)

【일본】

-. 이 해에 百済의 直文王 (腆支王)이 사거하고, 아들 久爾辛이 즉위했다. 久爾辛이 어려서 木満致가 국정을 다스렸다. 무례한 일이 많아 応神天皇이 이것을 힐책했다.(『書紀』応神25년조 → 420.3.-)

【일본】

9.-. 高句麗가 조공하며 「高麗王教日本国」을 운운하는 表를 보내오자 太子 菟道稚郎子가 表状의 무례함에 노하여 高句麗의 사자를 책망하고 표를 破하다.(『書紀』)

【일본】

8.-. 新羅의 調使가 武庫에 머무르다. 新羅人이 불을 내서 정박 중인 많은 일본 배가 불탔고, 두렵고 놀란 新羅王이 匠工을 보내다.(『書紀』)

【일본】

2.1. 阿知使主·都加使主를 呉나라에 보내 縫工女를 구했다. 阿知使主등이 高句麗를 거쳐 呉나라에 이르렀다. 呉의 왕이 工女 兄媛·弟媛·呉織·穴織등 4명의 婦女를 보내다.(『書紀』)

【일본】

2.-. 百済 直文王의 妹 新斉都媛이 7인의 婦女를 데리고 来朝하다.(『書紀』)

【일본】

2.-. 阿知使主등이 縫工女를 거느리고 呉에서 귀국하다.(『書紀』)/ 新羅 国主의 子 天之日矛가 妻를 데리고 도래했다. 但馬国에 머물렀다고 한다.(『古事記』 → 前27.3.-)/ 百済国의 手人이 韓鍛卓素·呉服西素를 바치다.(『古事記』)

【일본】

-. 沙宇宿禰를 韓国에 보내어 倭의 屯田 및 屯倉을 묻기 위해 吾子籠를 소환시키자, 游宇와 吾子籠를 거느리고 귀국하다.(『書紀』仁徳即位前紀)

【일본】

10.-. 이 해에 入貢한 新羅人이 茨田堤(河内国) 축조에 사역하다.(『書紀』)

【일본】

7.3. 高句麗使가 来朝하여 鉄盾(방패)와 鉄的(과녁)을 바치다.(『書紀』)

8.10. 高句麗使를 饗応하고, 群臣 및 百官을 모아 고구려 방패와 과녁을 쏘개하다. 的臣의 祖 盾人만이 鉄的을 관통시켰다. 다음날 盾人에게 的戸田라는 이름을 내리다.(『書紀』)

【일본】

9.-. 그해에 新羅가 조공하지 않자, 이달에 的砥田·小泊瀬賢遣를 신라에 보내어 조공하지 않은 이유를 묻자, 신라에서 調絹 등을 바쳤다.(『書紀』)

연도	한국
344	【한국】 2.-. 倭国이 신라에 사자를 보내어 혼인을 청하자, 딸이 이미 출가했다는 이유로 거절하다.(『三國史記』2, 『集成』1-8)
345	【한국】 2.-. 倭王이 신라에 글을 보내 국교를 끊다.(『三國史記』2, 『集成』1-9)
346	【한국】 -. 倭兵이 갑자기 신라의 風島를 습격하고, 이어 金城을 포위하고 공격했지만 식량이 떨어져 퇴각하려 하자, 康世가 추격하여 쫓아버리다.(『三國史記』2, 『集成』1-9)
353	
355	
364	【한국】 4.-. 倭兵이 대거 신라에 이르렀지만 격퇴시키다.(『三國史記』3, 『集成』1-9)
365	
390	【한국】 倭王이 신라에 사신을 보내어 인질의 파견을 구하자, 奈勿王의 第3王子인 美海(未吐喜·未斯灰)에게 朴娑覽을 붙여 倭에 파견했다.(『三国遺事』紀異1, 『集成』1-41) [→日本 200.10.3 →402.3.-]
393	【한국】 5.-. 倭人이 신라를 侵入하여 金城을 포위했지만, 소득이 없자 퇴각하는 중에 추격하여 크게 이겼다.(『三國史記』3, 『集成』1-10)
397	【한국】 5.-. 百済 阿莘王의 太子 支(腆支)를 인질로 倭国에 보내다.(『三國史記』25, 『集成』1-19)
402	【한국】 3.-. 신라의 実聖王이 奈勿王의 子 未斯灰을 인질로 삼아 倭国에 보내다.(『三國史記』3, 『集成』1-10) → 日本, 200.10.3 百済·阿莘王11 → 390 이해) 5.-. 百済가 使者를 倭国에 보내어 大珠를 구하다.(『三國史記』25, 『集成』1-19)
403	【한국】 2.-. 倭国의 使者가 백제에 이르러 王이 후하게 환영을 했다.(『三國史記』25, 『集成』1-19)
405	【한국】 4.-. 倭兵이 신라에 침입하여 明活城을 공격했지만 격퇴했다.(『三國史記』3, 『集成』1-10) -. 이 해에 百済의 腆支王이 倭国의 병사의 호위를 받아 귀국하여 즉위했다.(『三國史記』25, 『集成』1-19)
407	【한국】 3.-. 倭人이 신라의 東辺을 침입했다. 6월에 南辺을 쳐들어 와 100인을 데리고 갔다.(『三國史記』3, 『集成』1-10)
408	【한국】 2.-. 신라의 実聖王이 倭人이 対馬島에 軍営을 설치하고 병기·자재·식량을 저축하며 신라 습격을 도모한다는 정보를 듣고 대책을 강구했다.(『三國史記』3, 『集成』1-11)
409	【한국】 -. 倭国이 백제에 사자를 보내어 夜明珠를 보내다.(『三國史記』25, 『集成』1-20)
413	
414	
415	【한국】 8.-. 신라가 倭人과 風島에서 싸우다.(『三國史記』3, 『集成』1-11)
417 ▼	【한국】 -. 新羅王이 倭·高句麗의 人質이 된 동생인 未斯欣과 卜好의 생환을 묻자 識者인 朴堤上을 추천했다. 堤上을 우선 고구려에

일본

【일본】

3.-. 紀角을 百済에 보내어 처음으로 国郡의 경계를 나누고, 郷土의 산물을 기록하게 했다. 이 때에 백제의 王族인 酒君이 예를 잃었기 때문에 襲津彦에 붙여 日本에 보냈다.(『書紀』)

【일본】

9.1. 依網屯倉에서 献上한 鷹를 百済人 酒君에게 주었다. 酒君이 매를 훈련시켜 다시 헌상하자, 이날 百舌鳥野에 행차하여 鷹로 遊猟했다. 이 때부터 鷹甘部를 정했다.(『書紀』)

【일본】

5.-. 그 해에 新羅가 조공하지 않자, 이 달에 竹葉瀬를 신라에 보내어 조공하지 않은 이유를 묻고, 竹葉瀬의 弟 田道에게 精兵을 주어 신라에 보내었다. 田道가 신라군과 싸워 4邑의 民을 잡아 귀국했다.(『書紀』)

【일본】

-. 高句麗·倭国 등이 東晋에 方物을 바치다.(晋書10, 南史倭国伝·高句麗伝)

【일본】

1.1. 新羅에 使를 보내 良医를 구하다.(『書紀』)

8.-. 新羅로부터 医師가 와서 天皇의 병을 치료하여 후하게 상을 내리고 귀국시키다. 新羅王이 調船 81척을 보냈다. 新羅의 大使 金波鎮漢紀武가 약을 잘 처방하여 天皇의 병을 치료했다고 한다.(『書紀』,『古事記』)

연도	한국
▲ 417	보내 卜好을 귀국시키고, 이어 倭国에 가서 策略에 의해 未斯欣을 귀국시켰다. 박제상은 미사흔을 거짓으로 도망시킨 죄로 木島에 유배되어 태워죽였다.(『三國史記』45朴堤上, 『集成』1-33)
418	【한국】 -. 이해 여름에 백제가 사자를 倭国에 보내어 白綿 10필을 보냈다.(『三國史記』25, 『集成』1-20)
421	
428	【한국】 2.-. 倭国의 사자와 從者 50인이 함께 백제에 이르다.(『三國史記』25)
429	
430	
438	
440	【한국】 6.-. 이에 앞서 倭人이 新羅의 南辺을 침입하여 住民을 끌고 갔다. 이 달에 또 東辺을 침입했다.(『三國史記』3, 『集成』1-12)
444	【한국】 4.-. 倭兵이 신라에 침입하여 金城을 포위하고 10일이 지나 식량이 떨어져 퇴각하다. 王이 추격하여 격파했다.(『三國史記』3, 『集成』1-12)
451	
452	【한국】 -. 金官国의 始祖 首露王과 그의 妃가 혼인한 장소에 王后寺를 창건하고, 그 후에도 명복을 기원할 겸 南쪽의 왜를 진압하기 위해 재물을 봉안했다고 한다.(『三国遺事』紀異2.駕洛国記)
453	
458	
459	【한국】 4.-. 倭人이 병선 100여 척으로 신라 東辺을 습격하여 月城을 포위했지만, 신라병이 추격하여 海口에 이르렀으나 왜적의 익사자가 과반에 이르렀다.(『三國史記』3, 『集成』1-12)
460	
461	
462	【한국】 5.-. 倭人이 신라 活開城을 습격하여 1,000명을 잡아갔다.(『三國史記』3, 『集成』1-13)
463 ▼	【한국】 2.-. 倭人이 신라의 歃良城(慶尙北道)를 침입했다. 伐智·德智가 맞아 싸워서 물리쳤다. 慈悲王이 倭人의 침입을 막기 위해 변경에 2성을 쌓았다.(『三國史記』3, 『集成』1-13)

일본

【일본】

2.10. 倭王 讚이 宋에 조공하고 武帝로부터 詔書를 받다.(『宋書』倭国伝, 『南史』1·倭国伝)

【일본】

-. 百済의 蓋鹵王이 즉위했다고 한다.(『書紀』雄略2.7)

【일본】

1.-. 倭国王이 宋에 조공하다.(『宋書』5, 『南史』2)

【일본】

4.30. 이보다 앞서 倭王 讚이 서거하자 동생 珍을 세웠다. 이 해에 珍이 宋에 입공하여 上表하여 스스로를 使持節都督倭·百済·新羅·任那·秦韓·慕韓六国諸軍事安東大将軍倭国王이라고 칭하고, 정식으로 任命해 줄 것을 청했다. 이 날 文帝가 詔를 내려 珍을 安東将軍倭国王으로 했다. 또 珍의 요구에 따라 倭隋등 13人에게 平西·征虜·冠軍·輔国将軍의 호칭을 부여했다.(『宋書』倭国伝·5, 『南史』倭国伝·2)

【일본】

-. 宋의 文帝가 倭王 済에게 使持節都督倭·新羅·任那·加羅·秦韓·慕韓六国諸軍事를 加号하고, 安東将軍은 원래대로 하되, 그의 部下23人에게 軍郡의 号를 주었다.(『宋書』倭国伝, 『南史』倭国伝)

【일본】

1.14. 允恭天皇이 죽다. 新羅王이 그 죽음을 애도하며 調船 및 여러 종류의 樂人을 보내다.(『書紀』)

11.-. 新羅弔使들이 귀국할 때에 大泊瀬皇子(후에 雄略天皇)가 弔使들의 언동을 오해하고 가두자 新羅人이 크게 원망하고 그 후에 貢上品의 수량을 감하겠다고 하다.(『書紀』)

【일본】

7.-. 百済의 池津媛이 불의를 범했기 때문에 불에 태워 죽였다. 이보다 앞서 己巳年에 백제의 蓋鹵王이 즉위하자, 天皇이 阿礼奴跪를 백제에 보내어 女郎을 청해 백제가 適稽女郎(池津媛)을 보냈다.(『書紀』 → 朝鮮429. 이해 → 朝鮮455.9.-)

【일본】

12.19. 倭国이 宋에 조공했다.(『宋書』6, 『南史』2)

【일본】

4.-. 百済의 蓋鹵王(加須利君)이 池津媛의 죽음을 알리다. 동생 軍君(昆支)을 天皇을 섬기기 위해 일본에 보냈다. 軍君의 청에 의해 자신의 아들을 잉태한 부인을 그의 처로 동행시켰다.(『書紀』雄略5.4.일소, 『書紀』雄略5.7)

6.1. 百済의 蓋鹵王이 보낸 軍君(昆支)의 처가 筑紫의 各羅島에 출산하자 아들을 島君이라고 이름짓다. 軍君이 島君과 婦를 백제에 돌려 보내고, 이 아이가 후에 武寧王(諱는 斯摩)이라고 한다.(『書紀』)

7.-. 百済의軍君(昆支)이 入京하다.(『書紀』)

【일본】

3.22. 이에 앞서 倭王 済가 死去하고, 世子 興를 세워 宋에 공헌했다. 이날, 孝武帝가 詔를 내려 興을 束将軍倭国王으로 했다.(『宋書』6·倭国伝, 『南史』2·倭国伝)

【일본】

-. 吉備上道田狭이 그의 妻를 연모했던 天皇에 의해 任那国司가 되어 任地로 보내지다. 그 후에 天皇에게 妻를 빼앗긴 것을 알고 田狭이 구원을 청하러 신라에 가려고 했다. 그즈음 신라가 日本을 섬기지 않자, 新羅를 치기 위해 田狭의 아들 弟君·吉備海部赤尾등을 파견했다.

연도	한국
▲ 463	
464	
465	
467	
468	
470	
476	【한국】 6.-. 倭人이 신라의 東辺을 침입했다. 将軍 德智가 나아가 물리쳤다.(『三國史記』3)
477	【한국】 5.-. 倭人이 다섯 경로로 침입했으나 공을 세우지 못하고 돌아갔다.(『三國史記』3)
478	
479	【한국】 -. 이 해에 倭国의 兵이 新羅를 침입하다. 新羅가 明活城을 쌓아 방어하고, 倭兵이 梁州의 2城을 포위했지만 전과가 없이 돌아 갔다.(『三国遺事』王暦, 『集成』1-39)
482	【한국】 5.-. 倭人이 신라의 변경을 침입하다.(『三國史記』3, 『集成』1-13)
483	
486	【한국】 4.-. 倭人가 신라의 변경을 침입하다.(『三國史記』3, 『集成』1-14)
487	
493	【한국】 7.-. 新羅가 倭賊의 侵入에 대비하여 臨海·長嶺의 2鎮을 설치했다.(『三國史記』3, 『集成』1-14)

일본
弟君 등이 우선 백제에 이르렀다. 그러나 신라가 다시 더 먼 것을 알고 百済의 才伎를 거느리고 귀국하려 했다. 田狭이 百済의 弟君에게 使를 보내어, 弟君에게 백제에 머무를 것을 권하자, 이것을 알았던 弟君의 妻가 夫를 죽이고, 海部赤尾등이 백제가 비친 手末의 才伎를 거느리고 귀국했다.(『書紀』)
【일본】
-. 雄略天皇의 즉위 이래 이해에 이르기까지 8년이 되었으나 新羅가 日本에 入貢하지 않자, 新羅가 日本의 노여움을 두려워 해 고구려에 우호를 맺고, 고구려가 파병하여 신라를 지켰다. 신라가 고구려가 신라를 침탈하려는 모략을 알고, 양국이 불화가 생겼다. 新羅가 任那의 「日本府行軍元帥」등에게 구원을 청하자, 任那王이 膳斑鳩등을 보내 고구려와 싸워 크게 격파했다.(『書紀』雄略8.2)
【일본】
3.-. 天皇이 신라가 先代까지는 日本에 称臣·朝貢해왔음에도 불구하고 자신의 대에 이르러 조공하지 않고, 또 고구려나 백제의 조공을 방해한 것을 불만으로 여겨 紀小弓·蘇我韓子·大伴談·小鹿火宿禰등을 파견하여 신라를 토벌시켜 小弓등이 땅을 빼앗지만 談이 전사하고, 小弓은 병사하는 등 고전했다. 또 小弓의 아들 大磐을 신라에 파견했지만, 大磐과 蘇我韓子·小鹿火宿禰등과 대립하여 신라 공략은 실패했다.(『書紀』)
【일본】
7.-. 吳나라 사람 貴信이 百済国으로부터 도망왔다.(『書紀』)
【일본】
4.4. 身狭青·檜隈民使博德를 吳에 보냈다.(『書紀』)
【일본】
1.13. 身狭青등이 吳国의 使者와 함께 手末才伎, 漢織·吳織, 衣縫의 兄媛·弟媛등을 이끌고 귀국하여 住吉津에 이른다.(『書紀』)
1.-. 吳의 使者를 위해 길을 만들어 磯歯津路로 통하게 하고 이것을 吳坂이라고 이름 붙였다.(『書紀』)
3.-. 吳의 使者등을 맞이하여 檜隈野에 안치하고, 그곳을 吳原이라고 이름을 붙였다. 衣縫의 兄媛을 三輪神으로 받들고 弟媛을 漢衣縫部로 했다.(『書紀』, 古事記)
【일본】
-. 이해 겨울, 高句麗王이 諸将으로부터 百済의 유민을 쫓을 것을 진언 받았지만, 百済가 오랫동안 日本 官家인 것 등, 百済와 日本과의 관계를 생각하고 그만두었다.(『書紀』雄略20. 이해 겨울条)
【일본】
3.-. 天皇이 百済가 高句麗에 졌다는 것을 듣고, 百済의 文周王(文洲王)에게 久麻那利(熊津)를 주고 다시 일으켜 세웠다.(『書紀』)
11.29. 倭国이 宋에 사신을 보냈으나 方物을 보내지 않았다. 이보다 앞서 倭王 興이 死去하고 弟인 武가 즉위했다. 武가 스스로 使持節都督倭·百済·新羅·任那·加羅·秦韓, 慕韓七国諸軍事 安東大将軍 倭国王이라고 칭했다.(『宋書』10, 倭国伝, 『南史』倭国伝)
【일본】
5.12. 倭王 武가 宋에 使를 보내어 方物을 바치지 않고, 또 上表하여 父兄과 스스로의 뜻을 말하기를 高句麗의 無道를 비난하고, 자칭하기를 開府儀同三司에 임명되고 싶다고 했다. 順帝가 武를 使持節都督倭·新羅·任那·加羅·秦韓, 慕韓 六国諸軍事安東大将軍倭王이라고 했다.(『宋書』10·倭国伝, 『南史』3·倭国伝)
7.-. 丹波国의 瑞江浦島子(水江浦嶼子)가 바다에서 잡은 큰 거북이 여자로 변신하자, 이를 부인으로 삼아 함께 바다에 들어가 蓬莱山(常世)에 이르렀다고 한다.(『書紀』, 釈日本紀12, 丹後国風土記)
【일본】
8.7. 雄略天皇이 죽자 征新羅将軍吉備尾代가 거느린 蝦夷500인이 吉備国에서 天皇이 서거소식을 듣고 반란을 일으켰다. 尾代가 이를 진압했다.(『書紀』).이 해에 百済의 三斤王(文斤王)이 死去하자 天皇이 昆支(軍君)의 아들, 末多王을 불러 兵器를 주어 筑紫의 軍士에게 호위시켜 귀국시켰다. 末多王이 즉위하여 東城王이 되었다.(『書紀』4. 一条)/ 백제의 調賦가 평소보다 많았다. 筑紫의 安致臣·馬飼臣등이 船軍을 거느리고 고구려를 공격했다.(『書紀』)
【일본】
2.1. 阿閉事代를 任那에 보내다.(『書紀』)
-. 紀生磐(大磐)이 任那에 웅거하여 三韓에 왕노릇을 하면서 高句麗를 통해 百済의 臣下를 죽이지만 百済王의 반격에 부딪혀 의해 실패하고, 任那에서 帰国했다. 百済가 生磐에 加担한 任那의 左魯등을 죽였다.(『書紀』顕宗3)
【일본】
9.4. 日鷹吉士를 高句麗에 보내어 巧手者(技術者)를 구했다. 이 해에 日鷹吉士가 귀국하여 工匠須流根·奴流枳등을 헌상했다.(『書紀』)

연도	한국
497	【한국】 4.-. 倭人이 신라의 변경을 침입했다.(『三國史記』3, 『集成』1-14)
500	【한국】 3.-. 倭人이 신라를 공격하여 長峯鎭을 함락시켰다.(『三國史記』3, 『集成』1-14)
501	【한국】 12.-. 百済의 東城王이 死去하고, 武寧王이 즉위했다.(『三國史記』26, 『三国遺事』王暦)
502	
504	
505	
508	
509	
512	【한국】 6.-. 이찬 이사부가 何瑟羅州 군주가 되어 우산국을 항복시키다.(『三國史記』 신라본기4)
513	
514	
515	
516	
522	
527	
528	
529 ▼	

일본

【일본】

11.-. 百済의 意多郎이 죽자, 高田丘의 언덕위에 장사지냈다.(『書紀』)

【일본】

4.10. 梁 武帝가 왕조를 수립하고, 鎮東大将軍倭王武의 호를 내리고 征東(大)将軍으로 했다.(『梁書』2·倭伝,『南史』6·倭国伝)

【일본】

10.-. 百済가 麻那君을 보내어 調를 바치다. 百済가 数年에 걸쳐서 貢職을 하지 않아 귀국시키지 않았다.(『書紀』)

【일본】

4.-. 百済王이 斯我君을 보내어 進調하고 上表로 麻那으로 바꾸어 朝廷에 벼슬할 것으로 말하다.(『書紀』)

【일본】

12.-. 耽羅人이 처음으로 百済国에 통했다.(『書紀』継体2.12.-条)

【일본】

2.-. 久羅麻致支弥을 백제에 보내어 任那의 県邑으로 도망한 百済人 백성의 자손에게 백제의 호적으로 복귀시켰다.(『書紀』)

【일본】

4.6. 穂積押山을 백제에 보내어 筑紫国의 馬 40필을 바치다.(『書紀』)

12.-. 백제가 사자를 보내어 調를 바치고, 上表하여 任那의 上哆唎·下哆唎·娑陀·牟婁 4県의 할양을 청하자, 天皇이 哆唎国守 穂積押山과 大連大伴金村의 말을 듣고 4県을 주다. 그 때에 金村과 押山이 백제로부터 뇌물을 받았다는 소문이 돌았다.(『書紀』)

【일본】

6.-. 백제가 姐弥文貴将軍·州利即爾将軍을 穂積押山에 보내어 五経博士 段楊爾를 바쳤다. 또 伴跛国에 의해 빼앗긴 己汶의 땅의 반환을 원하다.(『書紀』)

8.26. 백제 武寧王의 太子淳陀가 죽다.(『書紀』継体7.8.26조)

11.5. 百済의 姐弥文貴 将軍·新羅의 汶得至·安羅의 辛巳奚와 賁巴委佐·伴跛의 既殿奚과 竹汶至등이 함께 朝見했다. 百済国에 己汶·滞沙의 땅을 주었다.(『書紀』)

11.-. 伴跛国이 戢文를 보내어 珍宝를 바쳤다. 伴破国이 己汶의 땅을 청했으나 주지 않았다.(『書紀』)

【일본】

3.-. 伴跛国이 子呑·帯沙에 城을 쌓고, 烽候·邸閣를 보내어 日本의 공격에 대비했다. 또 爾列比·麻須比에도 城을 쌓고, 士卒·兵器를 모아서 신라를 습격했다.(『書紀』継体8.3)

【일본】

2.4. 백제의 사자 姐弥文貴将軍이 귀국을 청하여 物部至至를 붙여 귀국시켰다.(『書紀』)

2.-. 百済使 文貴将軍·物部至至등이 沙都島(巨済島)에 이르렀다. 伴破의 사람이 래습했다는 것을 전해 듣고, 水軍을 이끌고 帯沙江(蟾津江口)으로 나아갔다. 文貴将軍은 신라를 거쳐 귀국했다.(『書紀』継体9.2.条)

4.-. 物部至至가 帯沙江에서 伴破軍과 싸우다 패하여 汶慕羅島로 퇴각했다.(『書紀』継体9.4)

【일본】

5.-. 百済가 前部木刕不麻甲背를 己汶로 보내 物部至至를 맞이하고 이끌고 돌아오다.(『書紀』17)

9.14. 백제사 灼莫古将軍·斯那奴阿比多를 고구려사 安定등과 함께 래조하여 우호를 맺다.(『書紀』)

9.-. 物部至至가 帰国하다. 百済가 州利即次将軍를 동행시켜, 己汶의 땅을 준 것을 감사하다. 또 五経博士 段楊爾를 대신하여 五経博士 高安茂를 보냈다.(『書紀』)

【일본】

2.-. 大唐漢人 案(鞍)部司馬達止(等)이 来朝했다. 草堂을 大和国 高市郡 坂田原에 묶어 本尊을 안치하고 帰依礼拝했다.(『扶桑略記』欽明 13.10.13조)

【일본】

6.3. 近江毛野이 南加羅·喙己呑 부흥을 위해 군사 6만을 이끌고 任那로 향했다. 筑紫磐井가 신라와 통해 모반하여 火(肥)·豊国에 웅거하여 毛野의 군을 막았다.(『書紀』,『古事記』)

8.1. 物部麁鹿火를 磐井 정토를 위해 파견했다.(『書紀』,『古事記』)

【일본】

11.11. 大将軍 物部麁鹿火가 筑紫에서 磐井와 싸워 죽이다.(『書紀』,『古事記』)

12.-. 磐井의 子 筑紫葛子가 死罪를 면하기 위해 糟屋屯倉를 献上하다.(『書紀』)

【일본】

3.-. 百済王이 下哆唎国 守穂積押山을 통해 加羅의 帯沙津을 日本에의 朝貢津路로 할 것을 청했다. 이것을 허락하고 物部伊勢父根·吉士老

연도	한국
▲ 529	
530	
531	
534	
536	
537	
538	
540	
541	
543	11.8. 백제의 聖明王이 津守連이 가져 온 詔에 대해 諸臣에게 자문하다.(『書紀』欽明4.11.8조) 12.-. 백제의 聖明王이 津守連이 가져 온 詔에 대해 다시 諸臣에게 자문하다.(『書紀』欽明4.12조)/ 百濟가 施德高分屋을 보내어 任那復興을 협의하기 위해 任那諸国의 執事와 日本府의 執事를 불렀다.(書紀』欽明4.12.조)
544	3.-. 백제가 奈率阿乇得文·許勢奈率奇麻·物部連奈率奇非 등을 보내 上表하여 任那復興을 둘러싼 정세를 설명하고 日本府의 政을 전담하는 阿賢移那斯·佐魯麻都등을 日本府에서 추방할 것을 요청했다.(『書紀』) 10.-. 百済使奈率阿乇得文·許勢奈率 奇麻 등이 귀국하다. 阿賢移那斯·佐魯麻都 등의 처우에 대해서는 報勅이 없다고 하다.(『書紀』同月条所引百済本記) 11.-. 百済王이 招請에 응해 도래한 任那諸国·日本府의 執事와 함께 任那復興에 대해 협의했다.(『書紀』欽明5.11조)
545	

일본
등을 보내어 帶沙津를 백제에 주었다. 加羅의 王이 官家를 둔 이래 加羅의 조공을 받자, 이것을 비난하고 신라와 우호를 통하고, 新羅王女를 맞이했다.(一朝鮮522.3.-]/ 南加羅·㖨己吞復興을 위해 近江毛野를 安羅에 보냈다.(『書紀』)
4.7. 任那의 王 己能末多干岐(阿利斯等)가 来朝하여 新羅의 래침을 호소하며 救援을 구했다.(『書紀』)
4.-. 사자에게 己能末多干岐를 붙여 任那까지 호송시켰다. 또 任那在留의 近江毛野에게 己能末多가 奏上하는 것을 따지고, 任那와 新羅의 화해를 도모하지만 毛野가 3개월이나 조정을 도모했지만 실패하자, 新羅는 任那의 4村을 빼앗았다.(『書紀』)
【일본】
9.-. 任那의 使者가 近江毛野의 任那에서의 悪行을 호소했다. 天皇이 使者(調吉士)를 보내어 毛野를 소환하자, 毛野가 따르지 않았다.(『書紀』)
9.-. 百済와 新羅가 近江毛野가 거처하는 城을 포위하다.(『書紀』継体24.9.조)/ 이 해에 任那의 倭人들이 目頬子의 到来를 수상히 여기는 노래를 지어부르다.(『書紀』継体24)
10.-. 調吉士가 任那로부터 帰国하여 近江毛野의 行状에 대해 보고했다. 天皇이 目頬子를 보내어 毛野를 소환했다.(『書紀』)
-. 이 해에 近江毛野가 귀국 도중에 対馬에서 병사했다.(『書紀』)
【일본】
2.7. 継体天皇이 没했다.(或本에서는 同天皇28年(534)이라 한다)/ 또는 3월경, 天皇·太子·皇子가 함께 死去했다고 한다.(『書紀』/『書紀』12.5조)
3.-. 倭의 군세가 安羅에 이르자 乞乇城을 축조하다.(『書紀』継体25.12.5条所引 百済本記)
【일본】
5.-. 百済가 下部脩德嫡德孫·上部都德己州己婁등을 보내어 人貢하다. 그리고 별도로 上表했다.(『書紀』)
【일본】
5.1. 筑紫国那津에 官家를 두고, 諸国의 屯倉의 穀을 모아서 운반했다.(『書紀』)
【일본】
10.1. 신라가 任那를 攻撃했기 때문에 大伴金村의 아들 磐·狭手彦를 보냈다. 磐은 筑紫에 머물면서 三韓에 대비하고, 狭手彦은 渡海하여 任那를 지키고, 또 百済를 救援했다.(『書紀』, 肥前国風土記)
【일본】
-. 百済의 聖明王이 仏像·経教·僧侶 등을 보내왔다.(元興寺資財帳, 上宮聖徳法王帝説, 三国仏法伝通縁起中. → 552.10.-)
【일본】
2.-. 百済人 己知部가 投化하자 大和添上郡의 山村에 두었다.(『書紀』, 新撰姓氏録大和国諸蕃)
3.-. 蝦夷·隼人이 연이어 무리를 이끌고 帰附했다.(『書紀』)
8.-. 高句麗·百済·新羅·任那가 사자를 보내어 입공했다.(『書紀』)/ 秦人·漢人등 帰化人을 소집하여 戸籍을 편성하니 成秦人의 戸数가 7,053호에 이르렀다.(『書紀』)
9.5. 天皇이 新羅征討을 諸臣에게 물으니 物部尾興등이 大伴金村이 백제쪽의 上哆唎·下哆唎·娑陀·牟婁 4県 할양을 비난했다.(『書紀』)
【일본】
4.-. 百済의 聖明王이 日本 天皇의 詔書를 듣겠다고 하면서 任那諸国의 王·「任那日本府」의 吉備臣등과 함께 任那復興에 대하여 協議하다.(『書紀』欽明2.4.조)
7.-. 百済가 紀臣奈率弥麻沙·中部奈率己連등을 보내어 下韓·任那의 情勢에 대해 보고하고 아울러 上表했다.(『書紀』)/ 백제왕이 日本府의 河内直등이 신라와 내응하고 있음을 알고 사자를 보내어 꾸짖다.(『書紀』欽明2.7.-条, 『書紀』同条所引百済本記)
【일본】
4.-. 百済의 紀臣 奈率弥麻沙등이 귀국하다.(『書紀』)
9.-. 百済의 聖明王이 前部 奈率真牟貴文·護徳己州己斐·物部施徳麻奇牟등을 보내어 扶南의 財物과 奴 2口를 현상하다.(『書紀』)
11.8. 津守連(己麻奴跪)를 百済에 보내어 任那의 下韓에 있는 百済의 郡令·城主를 日本府에 종속시켜야 한다는 詔旨를 전하고, 또한 任那復興의 부기実現에 노력할 것을 요구하는 詔書를 전하다. 또 동시에 印奇臣을 신라에 보내다.(『書紀』同日条·欽明5.2.조)
【일본】
1.-. 백제가 다시 사자를 보내어 任那諸国의 執事와 日本府의 執事를 부르다.(『書紀』欽明5.1.조)/ 백제가 세번째로 任那諸国의 執事와 日本府의 執事를 부르다. 任那諸国·日本府가 함께 執事가 아닌 下級者를 보내다. 그 때문에 任那復興에 대한 협의를 하지 못했다.(『書紀』欽明5.1조)
2.-. 백제가 施徳 馬武·施徳高分屋·施徳 斯那奴次酒등을 任那에 보내어 협의 때문에 3번에 걸쳐 執事를 불렀지만, 응하지 않은 것에 대해 日本府와 任那諸国의 王 및 河内直을 비난했다. 日本府와 任那諸国의 王이 이에 대해 해명했다.(『書紀』欽明5.2.조)
【일본】
3.-. 巴提便을 백제에 보내다. 동행한 巴提便의 아들이 백제의 해변에서 호랑이에게 잡혀 먹였다고 한다.(『書紀』同月条)
5.-. 백제가 奈率其㥄·物部連奈率用奇多·施徳斯那奴次酒등을 보내 上表하다.(『書紀』)
9.-. 백제가 中部 護徳菩提등을 任那에 보내어 日本府 및 任那諸国의 왕에게 呉의 財物을 내리다.(『書紀』欽明6.9.-条)/ 百済가 丈六仏像을 만들어 自国과 任那諸国의 평안을 기원하다.(『書紀』19, 欽明6.9조)
11.-. 膳巴提便가 百済로부터 귀국하다. 巴提便가 아들을 잡아먹은 호랑이의 가죽을 가지고 돌아오다.(『書紀』)
12.20. 高句麗가 王이 병으로 後継를 둘러싸고 다툼이 일어나 전투에 의해 2,000여인이 죽었다고 하다.(『書紀』欽明6)

연도	한국
546	
547	
548	
549	
550	
551	
552	
553	8.7. 百済가 上部 奈率科野新羅·下部 固德汶休帶山등을 보내 高句麗·新羅가 百済攻擊을 共謀했다고 고하고, 다시 軍兵의 派遣과 弓馬의 지급을 요청했다.(『書紀』) 10.20. 百済의 王子 余昌이 고구려에 출병하여 高句麗王을 東聖山 위로 추격하다.(『書紀』欽明14, 10, 20年) 윤11.4. 德率次酒등이 百済로 귀국하여 内臣들은 다음해 1월에 百済로 갈 예정이라고 전하다.(『書紀』欽明15.1.9 条)
554	5.3. 内臣이 援軍을 거느리고 6月에 百済에 이르렀다.(『書紀』同日系·12.-) 12.-. 백제 왕자 余昌이 신라에 침공하자, 아비 聖明王이 新羅에 간 余昌을 위로했다. 12月9日, 日本의 内臣이 軍과 連合하여 新羅의 函山城을 공략했다. 이어 聖明王이 下部千率改干奴를 日本에 보내어 전황을 보고하고, 援軍의 파견을 요청했다. 이후, 新羅에게 퇴로를 차단당하자, 余昌은 日本兵의 도움을 받아 퇴각에 성공하지만 聖明王은 죽었다. 新羅가 승리를 틈타 百済를 멸망시키려 했지만 日本과 百済와의 관계를 고려하여 멈추었다고 한다.(『書紀』欽明15.12.一条)
555	

일본

【일본】

1.3. 百済使 中部 奈率己連등이 귀국하자, 良馬 70匹·船 10隻을 하사하다.(『書紀』)/ 高句麗가 香岡上王(安原王)의 中夫人의 子를 세워 王(陽原王)을 삼았다.(『書紀』欽明7)

6.12. 백제가 中部 奈率掠葉礼등을 보내어 調献하다.(『書紀』)

【일본】

4.-. 백제가 前部 德率真慕宣文·許勢奈率奇麻 등을 보내어 救援軍(高句麗에 대비하기 위해?)의 파견을 요청하자, 下部 東城子言을 보내어 德率改休麻那고 交代시키다.(『書紀』)

【일본】

1.3. 백제의 使者 前部 德率真慕宣文 등이 귀국을 청하자 天皇이 구원군의 파견을 약속하다.(『書紀』)

1.9. 高句麗가 百済를 공격하여 馬津城을 포위하다.(『書紀』欽明9.4.3조)

4.3. 백제가 中部 杆率掠葉礼등을 보내어 구원군의 파견연기를 요청하다. 安羅와 日本府가 高句麗의 백제진공을 권고한 의심이 있기 때문이라 하다.(『書紀』)

6.2. 백제에 使者를 보내어 그 후의 정세를 묻다.(『書紀』)

윤7.12. 백제사 掠葉礼등이 귀국하다.(『書紀』)

10.-. 백제에 370인을 보내어 得爾辛의 땅에 築城을 돕다.(『書紀』)

【일본】

6.7. 백제의 장군 久貴·固德馬次文 등이 귀국을 청하다.(来朝의 년도미상)/ 天皇이 日本府의 阿賢移那斯·佐魯麻都 등이 高句麗와 내통한 것의 진위확인과 구원군의 파견연기를 약속하다.(『書紀』)

【일본】

2.10. 백제에 阿比多를 보내다. 3월 12일에 阿比多가 百済王都에 이르러, 奈率馬武를 大使로서 使節派遣을 구했다. 또 高句麗에 대비해 矢 30具를 下賜한다는 詔를 전하다.(『書紀』)

4.1. 百済王이 帰国하는 阿比多에게 勅旨를 지킬 것을 약속해 달라고 하고, 겸하여 高句麗의 奴 6口를 헌상했다. 또 阿比多에게 별도로 1口를 주었다.(『書紀』欽明11.4.1조)

4.16. 百済가 中部 奈率皮久斤·下部施德灼干那등을 보내어 高句麗의 捕虜 10口를 헌상하다.(『書紀』19)

-. 이 해에 大伴狹 手彦이 百済와 함께 高句麗王의 陽香을 比津留都로 퇴각시켰다.(『書紀』欽明 23.8)

【일본】

3.-. 麦種 1000件을 百済王에게 하사하다.(『書紀』19)

-. 이 해에 百済王이 新羅·任那의 軍과 연합하여 高句麗와 싸워 平壤을 공격하고, 百済의 旧都 漢城과 6郡의 옛땅을 수복했다.(『書紀』欽明 12. 이해 条)

【일본】

5.8. 百済·加羅·安羅가 中部 德率木亮今敦·河内部阿斯比多등을 보내어 高句麗와 新羅가 손을 잡고, 百済와 任那를 멸하려고 한다고 알리며 救援을 청하다.(『書紀』19)

10.-. 百済의 聖明王이 西部 姫氏達率怒叶斯致契등을 보내, 金銅의 釈迦像·幡蓋·経論을 바치다. 一説에 이 때 献上된 仏像은 阿弥陀三尊像으로 후에 推古10年(602)에 信濃国 善光寺에 옮겨졌다고 한다. 또 善光寺의 阿弥陀三尊像은 百済에서 摂津国 難波에 漂着한 것이라고도 전한다.(『書紀』→ 538. 이해)

-. 이해에 百済가 漢城·平壤의 땅을 放棄했다. 新羅가 漢城에 들어갔다.(『書紀』欽明13)

【일본】

1.12. 百済가 上部 德率科野次酒·杆率礼塞敦등을 보내, 軍兵의 파견을 요청했다.(『書記』)

1.13. 百済使 中部 率木品今敦·河内部列斯등이 帰国했다.(『書記』)

6.-. 内臣을 百済에 실내, 馬·船·弓·箭을 주었다. 그리고 医博士·易博士·暦博士등의 交代要員의 파견과 卜書·暦本·각종 薬物을 요청했다. 단 内臣의 渡海는 이듬해 5月에 했다.(『書紀』, 元亨釈書20)

【일본】

1.9. 百済가 中田木菊施術文次·前部拖德日佐分屋등을 筑紫의 内臣등에게 도해예정의 軍兵에 대해 묻다. 内臣이 援軍1000人, 馬 100匹, 船 40척을 보낼 것을 전하다.(『書記』)

1.12. 百済가 下部本改新千奴를 추가로 보내 새로운 전황을 보고하고, 추가로 援軍의 파견을 요청했다.(『書記』)

2.-. 百済가 下部 千代将軍三貴·上部 奈率物部烏등을 보내어 재차 救援軍의 派遣을 요청했다. 또 率東城子英古를 보내 奈本東端子와 交代시키고, 그 외에 五経博士·僧·暦博士·易博士·医博士·採薬師·楽人도 각각 交代시켰다.(『書紀』, 元亨釈書16.20)

3.1. 百済使 中部木施法文次등이 帰回했다.(『書紀』)

【일본】

2.-. 百済王子 余昌이 동생 惠를 보내 聖明王의 戦死를 알리다.(『書紀』)

8.-. 百済의 王子 余昌이 아비의 죽음을 기리기 위해 出家하려 했지만 신하들이 말렸다.(『書紀』欽明16.8.条)

연도	한국
556	
560	
561	
562	8.-. 大将軍 大伴狹手彦을 보내어 高句麗를 공격했다(一説에 欽明11年(550)), 狹手彦이 백제의 계략에 의해 高句麗를 쳐서 파했다. 나아가 高句麗의 宮中에 들어가 많은 珍宝를 빼앗아 귀국하여 헌상했다. 狹手彦이 甲·刀·美女 등을 蘇我稲目에게 보냈다. 이때에 和藥使主이 狹手彦을 따라서 来朝했다. 内外典·藥書· 明営図·仏像·伎楽의 調度具 등을 가지고 왔다.(『書紀』, 新撰姓氏録左京諸蕃下) 11.-. 신라가 입공했다. 그 사자가 신라가 任那를 멸망시킨 것을 알고 귀국하지 않고 머물렀다.(『書紀』)
565	
570	
571	
572	
573	
574	
575	
577	
579	

일본

【일본】

1.-. 百済王子 惠가 帰国하자, 兵杖·良馬를 주고, 阿倍臣·佐伯連·播磨直등을 거느린 筑紫의 水軍에게 護送시키다. 특별히 筑紫火君을 派遣하여, 勇士 1000人을 거느리고 要害를 지키도록 했다.(『書紀』)

10.-. 蘇我稲目등을 大和国 高市郡에 데리고 가 韓人大身狭屯倉·高麗人小身狭屯倉을 두고, 여러 곳의 韓人(百済人)을 모아 大身狭屯倉의 田部에, 高句麗人을 모아 小身狭屯倉의 田部에 두어 屯倉의 이름을 얻은 것이라고 한다.(『書紀』)

【일본】

9.-. 新羅가 弥至己知奈末을 보내어 入貢하여 厚遇받은 것을 기뻐하다.(『書紀』)

【일본】

-. 新羅가 久礼叱及伐干을 보내어 調賦를 바치다. 待遇가 평소보다 礼에 미치지 못해 及伐干이 노하여 돌아가다.(『書紀』)/ 新羅가 다시 使者 奴氏大舍를 쫓아 前使의 調賦를 바치자, 奴氏가 難波大郡에서의 격식이 百済使보다 下位에 서열되는 것을 화내고, 館舍에 들어가지 않고 귀국한 것을 알리자, 신라가 城을 쌓고 日本의 공격에 대비했다.(『書紀』)

【일본】

1.-. 신라가 任那官家를 멸망시키다.(『書紀』欽明23.1.2. 12.7.1条)

6.-. 詔를 내려 任那를 파멸시킨 신라 공격을 명하다.(『書記』)

7.1. 신라가 입공했는데, 그 사자가 신라가 任那를 멸망시킨 것을 알고 귀국하지 않고 머무르다.(『書紀』)

7.-. 大将軍 紀男麻呂·副将河辺瓊缶를 任那에 보내어 新羅와 교전했지만 패했다.(『書紀』)

【일본】

5.-. 高句麗人 頭霧唎耶陛등이 帰化하여 山背国에 안치하다.(『書紀』)

【일본】

4.2. 이보다 먼저 高句麗使가 越国에 漂着했다. 越의 道君이 使人으로 하여금 調物을 빼앗아 바치게 하다. 이 날 高句麗使의 표착을 늦게 보고하다. 有司에게 명하여 山城国 相楽部에 客船을 건조시키다.(『書紀』同 日条·5条)

5.-. 膳傾子를 越国에 보내어 高句麗使를 향응하다. 傾子가 道君이 취하여 바친 調物을 使人에게 돌려주었다.(『書紀』)

7.1. 高句麗使가 近江에 이르렀다. 그리고 이달에 使者를 보내어 山背의 高機館(相楽館)에서 맞이하여 향응했다.(『書紀』)

【일본】

3.5. 坂田耳子郎君을 새로 만나서 任那를 멸망시킨 이유를 묻게 했다.(『書紀』)

3.-. 高句麗의 献上品과 表를 受納할 吉日을 점치다.(『書紀』)

4.15. 欽明天皇이 病床에 皇太子를 불러 新羅討伐과 任那復興을 명하고 死去했다.(『書紀』)

8.1. 新羅가 弔使未叱子失消등을 보냈다. 이 달에 未叱子失消등이 帰国했다.(『書紀』)

【일본】

5.1. 使者를 相楽館에 보내어 高句麗의 調物을 検録하여 都에 보내게 했다.(『書紀』)

5.15. 諸史를 불러서 鳥羽에 쓰여진 高句麗의 表文을 읽게 하자, 읽는 자가 없었는데, 王辰爾이 이것을 해독하여 칭찬을 받았다.(『書紀』)

6. 高句麗使가 調物을 詐取한 일로 内紛이 일어나 大使가 副使등에게 살해당하다.(『書紀』)

7.1. 高句麗使가 帰国하다.(『書紀』)

【일본】

5.3. 高句麗使가 越에 했으나 응대하지 않고 방치하다가 吉備海部 難波가 使人을 보내 돌려보내다.(書記)

7.1. 吉備海部 難波가 航海를 두려워 해 高句麗使 2人을 바다에 던져 殺害하고 高句麗에 가지 않고, 8월 14일에 거짓으로 복명하다.(『書紀』)

【일본】

5.5. 高句麗使가 越에 표착하다.(『書紀』)

7.20. 高句麗使가 入京하여 奏言함에 따라 지난해에 보낸 使를 죽인 吉備海部難波의 罪가 드러나다.(『書紀』)

11.-. 新羅使가 来朝하여 調를 바치다.(『書紀』)

【일본】

3.11. 百済가 使를 보내어 調를 바치다. 그 수가 예년보다 많았다.(『書紀』)

4.6. 이보다 앞서 天皇이 皇子·大臣등에게 신라가 아직 任那를 再建하지 않고 任那復興의 노력을 게을리하면 안된다고 말하다. 이날, 吉士金子을 신라에, 吉士木連子를 任那에, 吉士駅語彦을 百済에 보냈다.(『書紀』)

6.-. 新羅가 使를 보내어 調를 바쳤는데, 그 양이 평소보다 많았다. 아울러 多多羅·須奈羅·和陀·発鬼 등의 4邑의 調(任那의 調)를 바치다.(『書紀』)

【일본】

5.5. 大別王과 小黒吉士을 百済国에 보내다.(『書紀』)

11.1. 大別王등이 귀국했다. 百済王이 大別王에게 부탁하여 経論·律師·禅師·比丘尼·呪禁師·造仏工·造寺工을 바치다.(『書紀』, 扶桑略記 一条, 太子伝暦10.-条, 元亨釈書20)

【일본】

10.-. 新羅가 枳叱政奈末을 보내어 調를 바치고, 仏像을 보내다.(『書紀』, 聖徳太子伝暦, 元亨釈書20)

연도	한국
580	
582	
583	
584	
585	
587	
588	
589	
590	
591	
592	
593	
595	
596	
597	
연도	한국

일본

【일본】
6.-. 新羅가 安刀奈末·失消奈末을 보내어 調를 바쳤지만 수납하지 않다.(『書紀』)

【일본】
10.-. 新羅가 安刀奈末·失消奈末을 보내어 調를 바쳤지만 받지 않았다.(『書紀』)

7.1. 紀押野·吉備海部羽島을 百済에 보내어 任那復興의 協議를 하기 위해 火葦北国造刑部靫部阿利斯登의 아들 達率日羅를 소환하다.(『書紀』, 元亨釈書20)

10.-. 紀押勝등이 百済에서 帰国하여 복명하다. 百済王이 日羅를 소중히 여겨 보내려 하지 않는다고 하다.(『書紀』, 元亨釈書20)

12.30. 이보다 앞서 다시 吉備海部羽島등을 百済에 보내어 日羅를 소환했다. 百済王이 日羅·恩率·德爾·余怒 奇奴知·参官·柂師德率次干穂·水手등을 보내어 日羅등이 吉備児島屯倉을 거쳐 難波館에 이르다. 이어 阿斗桑市에 客館을 두어 安置하다. 朝廷에서 使者에게 国情을 물으니 日羅가 百済가 筑紫를 빼앗으려는 모략이 있다고 하다. 이에 恩率·参官이 귀국하려 할 때에 德爾등에게 日羅를 殺害하도록 교사하다. 이날 德爾등이 日羅를 살해했다. 德爾등이 잡혀서 죽임을 당했다. 認率의 帰国船이 침몰하자 参官은 津島(対馬)에 표착한 후, 결국 귀국했다고 한다.(『書紀』이해조, 元亨釈 書20)/ 이즈음 新羅使도 체재했다.(『書紀』)

【일본】
2.8. 難波吉士木蓮子을 新羅에 보내다. 木蓮子이 任那까지 갔다.(『書紀』)

-. 이해에 蘇我馬子가 9月에 百済로부터 온 鹿深(甲賀)臣이 소유한 弥勒石像 1軀·佐伯連가 소유한 仏像 1軀를 기초하여 仏殿을 만들어 弥勒石像를 안치했다. 또 鞍部司馬達等을 보내어 修行者를 구했다. 司馬達等의 딸 3人을 비구니로(善信尼등)만들어 이 3인이 大会設斎했다.(『書紀』一条·이해조, 聖德太子伝暦9. 一条, 元興寺資財帳, 元亨譯書18善着信尼·20)

【일본】
-. 任那復興을 위해 坂田耳子王를 파견하려고 했지만, 天皇·物部守屋이 욕창이 걸려 중지하다. 橘豊日皇子(후에 用明天皇)을 불러 任羅의 부흥정책을 계속하도록 했다.(『書紀』3.30조)

【일본】
6.21. 善信尼등이 戒律을 배우기 위해 百済에 갈 것을 蘇我馬子에게 청했다. 이달에 百済調使가 내조하니 馬子가 百済使와 善信尼등의 百済行에 대해 협의한 후, 우선 百済王의 허락을 얻도록 했다.(『書紀』酸即位前紀·同日条·6. 一条, 元興寺資財帳, 元亨釈書18善信尼·20)

【일본】
-. 百済가 調使인 恩率首信등과 함께 僧侶·寺工·鑪盤博士·瓦博士·画工을 보내어 仏舎利을 바쳤다. 蘇我馬子가 百済의 僧등에게 受戒의 法에 대해 묻고, 善信尼등 百済便恩率首信등에게 동행시켜서 百済에 留学시켰다. 또 飛鳥에 法隆寺(飛鳥寺)를 건립을 시작하다.(『書紀』, 聖德太子伝 3.一条, 元興寺資財帳, 元亨釈書18着信尼·20)

【일본】
1.-. 隋가 陳을 멸하고 中国을 통일하다.

【일본】
3.-. 学問尼善信등이 百済로부터 帰国하여 桜井寺에 거주했다.(『書紀』, 聖德太子伝番, 元興寺資財帳, 元亨釈書18着信尼·20)

【일본】
8.1. 天皇이 群臣과 任那復興에 대해 協議하다.(『書紀』)

11.4. 紀男麻呂·巨勢猿·大伴噛·葛城烏奈良을 大将軍으로 하여 2万여의 軍과 함께 筑紫에 파견했다. 또 吉士金을 新羅에, 吉士木蓮子를 任那에 보내어 任那의 事을 물었다.(『書紀』)

【일본】
11.3. 蘇我馬子가 東漢物에 명하여 天皇을 암살하다.(『書紀』)

11.5. 蘇我馬子가 駅使를 筑紫将軍 紀男麻呂등의 허락을 얻어 국내의 혼란에 의해 外事(任那問題)를 태만하지 않도록 경계했다.(『書紀』)

【일본】
1.16. 法興寺(飛鳥寺)의 刹柱를 세우고, 心礎의 가운데에 仏舎利를 안치하다. 蘇我馬子이하 100여인이 百済服을 입고 참예하다.(『書紀』, 扶桑略記)

4.10. 中里子(聖人子)를 皇太子로 히고 섭정하다.(『書紀』)

【일본】
5.10. 高句麗僧慧慈가 와서 皇太子廐戸皇子(聖德太子)의 스승이 되다.(『書紀』, 扶桑略記, 上宮聖德法王帝税)

7.-. 新羅征討在将軍등이 筑紫에서 귀환하다. (『書紀』) → 591.11.4

-. 이 해에 百済僧 慧聡가 왔다.(『書紀』, 扶桑略記)

【일본】
11.-. 慧慈·慧聡에게 새로 지은 法興寺에의 머무르게 했다.(『書紀』)

【일본】
4.1. 百済가 王子 阿佐를 보내어 朝貢하다.(『書紀』, 扶桑略記)

11.22. 難波吉士磐金등을 신라에 보내다.(『書紀』)

연도	한국
598	
599	
600	
601	
602	
603	
604	
605	
606	
607	
608	8.16. 裴世淸등에게 향응을 베풀었다.(『書紀』, 隋書倭国伝) 9.5. 裴世淸등을 難波大郎에서 향응했다.(『書紀』) 9.11. 裴世淸이 帰国했다. 小野妹子를 大使에, 吉士雄成을 小使에 임명하고, 隋帝 앞으로 「동쪽의 天皇이 공경하옵는 서쪽의 皇帝에게 아뢴다」는 国書를 가지고 同行시켰다. 学生倭漢福因·奈羅訳語恵明·高向玄理·新漢人大国과 学間僧新漢人日文·南淵請安·志賀漢人恵隱은·新漢人広済등 8名을 妹子를 따라 隋에 보냈다.(『書紀』, 釈日本紀1, 聖徳太子伝暦, 善隣国宝記, 異國牒状記, 扶桑略記, 隋書倭国伝) -. 이해에 新羅人이 多数帰化하다.(『書紀』)
609 ▼	

일본

【일본】

4.-. 難波吉士金등이 新羅에서 귀국하다. 가지고 온 鵲 2隻을 難波杜에서 사육시키다.(『書紀』)

8.1. 新羅가 孔雀 1隻을 바치다.(『書紀』, 扶桑略記)

【일본】

9.1. 百済가 駱駝·驢·羊·白雉 등을 貢進하다.(『書紀』, 扶桑略記3. 一条)

【일본】

-. 이해에 新羅가 任那와 싸우다. 日本에서 任那 구원을 위해 大将軍境部臣·副将軍穂積臣등을 派遣하여 新羅를 쳤다. 新羅王이 6城을 넘겨 주며 항복했다. 이어서 日本이 難波神을 新羅에, 難波木子를 任那에 보냈다. 新羅·任那가 日本에 사자를 보내어 上表하고, 歳貢을 바쳤다. 이어서 境部臣등이 귀환한 후 신라가 다시 任那를 공격했다.(『書紀』, 推古8.2.条)

【일본】

3.5. 大伴囓을 高句麗에, 坂本糠手를 百濟에 파견하여 任那救援을 요청했다.(『書紀』)

9.8. 新羅의 間諜을 対馬에서 잡아서 후에 上野에 配流했다.(『書紀』)

11.5. 신라 공격에 대하여 의논했다.(『書紀』)

【일본】

2.1. 来目皇子를 撃新羅将軍에 임명하여 兵 2만 5,000명을 주었다.(『書紀』)

4.1. 来目皇子가 筑紫에 이르러 島郡에 駐屯하고 船를 모아서 군량을 운반했다.(『書紀』)

6.3. 大伴囓·坂本糠手가 함께 백제에서 귀국했다. 撃新羅将軍 来目皇子가 병이 나서 출정하지 못하다.(『書紀』) (→601.3.5)

10.-. 百済僧 観勒이 来朝하여 暦本 및 天文地理書·遁甲方術書를 바치다. 書生 3,4人을 뽑아 観勒에게 배우게 하다.(『書紀』)

윤10.15. 高句麗僧 僧隆·雲聡이 来朝하다.(『書紀』)

【일본】

2.4. 来目皇子가 筑紫에서 죽다.(『書紀』)

4.1. 故来目皇子의 兄 当率皇子를 征新羅将軍에 임명했다.(『書紀』)

7.3. 当県皇子가 難波를 출발했다.(『書紀』)

7.6. 当摩皇子가 播磨에 이르렀지만 妻의 舎人 姫王이 明石에서 죽었기 때문에 돌아가고 征討가 中止되었다.(『書紀』)

12.5. 冠位十二階를 制定했다.

【일본】

4.1. 丈六仏像의 造立을 鞍作鳥에게 命했다. 高句麗王이 이것을 듣고 黄金 300両을 보내왔다. 또 隋文帝가 彩 1000匹을 東国에 바치라고 하다.(『書紀』, 扶桑略記, 元興寺資財帳, 太子伝玉林所引天台付法縁起)

【일본】

4.8. 丈六仏像을 元興寺 金堂에 안치하다.(『書紀』, 扶桑略記, 元興寺資財帳)

【일본】

3.5. 煬帝가 羽騎尉朱寛을 流求国에 보내다. 이어 朱寛이 流求에 이르러 流求人 1名을 잡아 帰国하다.(『隋書』3.81 流求国)

7.3. 大礼小野妹子·絞作福利(通事)등을 隋에 보냈다. 僧侶 数十人이 수행하여 파견할 때, 聖徳太子가 妹子에게 先世持誦의 「法華經」을 가지고 올 것을 부탁하다.(『書紀』, 祝日本紀1·14, 天書, 『善隣国宝記』, 元亨釈書20, 聖徳太子伝暦, 異本上宮太子伝)

-. 이해, 倭国王 多利思比孤의 使者(小野妹子등)가 이르러, 「해뜨는 곳의 天子가, 書를 해지는 곳의 천자에게 보낸다. 무례하다」는 書를 바치다. 煬帝가 이 글을 보고 분노하여 鴻臚卿에게 蠻夷의 國書로 무례한 것은 奏聞할 필요가 없다는 명을 내리다.(『隋書』倭国伝, 通典185, 『善隣国宝記』)

【일본】

4.-. 小野妹子가 隋使鴻臚寺客 文林郎 裴世清·尚書祠部 主事 遍光高등 12人을 동반하고 백제를 거쳐 筑紫에 돌아왔다. 波堆雄成을 보내어 裴世清등을 京師에 불렀다. 또 隋使를 위해 새롭게 客館을 難波에 세웠다.(『書紀』, 『隋書』倭国伝, 『三國史記』27王9.3.条, 異本上宮太子伝聖徳太子伝暦, 扶桑略記, 元興寺資財帳, 元亨釈書20, 『善隣国宝記』)

6.15. 裴世清등이 難波津에 이르러 新館에 安置했다. 中臣宮地烏摩呂·大河内糠手 船王下등이 掌客이 되다. 小野妹子가 귀국 도중에 隋帝의 國書를 百済人에게 빼앗겨 群臣이 妹子의 流刑을 결정했지만, 天皇이 이것을 용서하고 벌을 주지 않았다.(『書紀』, 聖徳太子伝暦, 隋書倭国伝)

8.3. 裴世清등이 入京했다. 飾騎 75필을 海石榴市에 보내어 歓迎하고, 額田部比羅夫가 礼辞를 썼다.(『書紀』, 『隋書』倭國伝, 聖徳太子伝暦, 元亨釈書20)

8.12. 裴世清등을 朝廷(小田宮)으로 초빙하다. 裴世清이 「皇帝, 倭(一説, 倭王)에게 묻다」로 시작하며, 小野妹子를 보내어 朝貢하러 왔다는 것을 칭찬하는 뜻의 国書를 쓰게 했다. 学客阿倍鳥가 국서를 받아 적고, 大伴囓가 大門앞의 机上에서 연주했다. 天皇이 裴世清에게 大隋国은 礼儀의 나라라고 듣고 있으므로 遣使朝貢한 것 등을 쓰도록 했다.(『書紀』, 聖徳太子伝暦, 『善隣國宝記』, 異國牒狀記, 『隋書』倭國伝, 元興寺資財帳)

【일본】

4.4. 筑紫大宰가 百済僧 道欣등 85人이 肥後国葦北津에 来着한 것을 보고했다. 難波 徳摩呂·船龍을 보내어 탐문시켰다. 道欣등이 吳國(隋)

연도	한국
▲ 609	
610	10.9. 新羅·任那使가 조견했다. 新羅導者 秦河勝등 및 任那導者間人塩蓋등이 両使를 인솔하여 南門에서 들어와 가운데 섰다. 大伴囓등이 나와서 庭에 엎드렸다. 両国의 使가 재배하고 使旨를 바치다. 大伴囓등이 이 뜻을 大臣 蘇我馬子에게 전했다. 후에 사자에게 녹을 내렸다.(『書紀』) 10.17. 新羅使를 향응했다.(『書紀』) 10.23. 新羅使任那使가 使命을 마치고 돌아가다.(『書紀』) -. 이해, 煬帝가 武賁郎將陳稜·朝請大夫張鎮州등에게 流求를 토벌시키다. 이어 陳稜이 流求에 이르러 宮室을 불지르고 男女 数千人을 포로로 잡아 돌아왔다.(『隋書』64陳稜·81流求国)
611	
612	
615	
616	
618	
620	
621	【한국】 -. 이해, 新羅가 倭外와의 외교를 담당하는 倭典을 두었는데, 이름을 다시 領客典이라 고쳤고, 뒤에 다시 왜전이라 했다. (典의 創置년대는 알 수 없다.(『三國史記』38職官上, 『集成』1-29)
623	
624	
625	
626	
627	
628	
629	
630	

일본
에 奉使했는데 전란에 의해 入国하지 못하고, 귀국 도중에 표착했다고 답했다.(『書紀』)
5.16. 德摩呂등이 복명했다. 이어 德摩呂등에게 道欣등을 백제까지 호송하도록 했다. 백제에서 귀국하는 도중에 対馬에서 日本留住를 원한 11인을 元興寺에 살도록 했다.(『書紀』)
9.-. 小野妹子가 隋에서 귀국했으나 通事鞍作福利는 돌아오지 않았다.(『書紀』, 元亨釈書20)
【일본】
1.27. 倭國使가 이르러 方物을 바치다.(『隋書』3, 冊府元亀970)
3.-. 高句麗王이 僧 曇徴·法定을 貢進 했다. 曇徴은 五径에 상세했고, 또 彩色·紙·墨·먹만드는 법등을 전해왔다.(『書紀』)
7.-. 新羅使 奈末竹世士가 任那使 大会首知買와 같이 筑紫에 이르렀다.(『書紀』)
9.-. 新羅·任那使가 京에 도착했다.(『書紀』)
10.8. 新羅·任那使가 京에 이르렀다. 이 날, 額田部比羅夫를 迎新羅客荘馬長에, 膳大伴을 迎任那客荘馬長에 임명하여 使者를 맞이하고 阿科河辺館에 安置했다.(『書紀』)
【일본】
8 - 新羅使 奈末北叱智·任那使大舎親習問習이 来朝物다.(『書紀』)
【일본】
-. 이해에 度来百済人에게 御所의 南庭에 須弥山 및 呉橋등을 만들도록 했다. 당시 사람들은 그 百済人을 路子工이라고 부르고, 芝耆摩呂라고 이름을 붙였다. 또 百済人 味摩之가 귀화했다. 伎楽에 능하여 真野弟子·新漢済文등에게 배우게 했다.(『書紀』)
【일본】
9.-. 犬上御田鍬등이 百済使를 따라 귀국했다.(『書紀』, 天書)
11.2. 百済使를 향응하다.(『書紀』)
11.15. 高句麗僧 彗慈가 귀국하다.(『書記』)
【일본】
3~7. 披玖人이 전후에 합쳐 30人이 귀화했다. 朴井에 안치했는데, 귀국전에 전원 사망했다.(『書記』)
7.-. 신라가 奈末竹世士를 보내어 仏像을 貢進하다.(『書紀』, 扶桑略記)
【일본】
8.1. 高句麗使가 隋軍 30만이 来征함을 고하고 俘虜 2명과 무기등을 진상했다.(『書紀』)/ 이 해에 安芸国에 배를 만들게 했다.(『書紀』)
【일본】
8.-. 披玖人 2人이 伊豆島에 漂着했다.(『書紀』)
【일본】
-. 이해에 新羅使 奈末伊買가 래조하여 書를 바치고 使旨를 말하다. 新羅의 上表가 이때에 시작했다.(『書紀』)
【일본】
7.-. 이보다 앞서 学問僧 恵濟·恵光, 医師恵日, 倭漢福因등이 唐으로부터 新羅에 왔다. 이달에 新羅使 奈末木智洗光爾·任那使 達率奈末智와 함께 귀국하다. 恵日등이 朝廷에 在唐의 留学生은 학업을 수료했기 때문에 소환해야 하며, 唐曆은 法式을 정비한 우수한 국가이어서 통교해야만 한다는 것을 진언했다.(『書紀』, 元亨釈書 16恵済·20, 『善隣国宝記』, 聖徳太子伝暦, 續紀天平宝字2.4.28条)
【일본】
4.17. 観勒을 僧正에, 鞍部徳積을 僧借에 임명하고, 阿曇某를 法頭로 삼았다.(『書紀』)
【일본】
1.7. 高句麗王이 僧恵灌을 貢進했다. 恵灌을 僧正에 임명했다.(『書紀』)
【일본】
-. 推古天皇朝 行善이 高句麗에 留学하다.(『日本霊異記』上6)
【일본】
4.1. 田部某를 披玖에 보내다.(『書紀』)
【일본】
3.1. 高句麗大使子抜·小使若徳 및 百済大使思率素子·小使徳率武徳이 함께 조공하다.(『書紀』)
8.5. 大仁犬上御田鍬·大仁薬師恵日등을 唐에 보냈다.(第1回遣唐使)(『書紀』, 續紀天平宝字2.4.28条)
8.8. 高句麗·百済使를 향응하다.(『書紀』)
9.4. 高句麗·百済使가 귀국했다.(『書紀』)
9.-. 田部某가 披玖에서 귀국했다.(『書紀』)
-. 이해 難波大郡部 및 三韓館을 改修했다.(『書紀』)

연도	한국
631	【한국】 -. 真平王代 彗星이 나타나 心大星을 범하려는 것을 본 3人의 花郞이 楓岳遊覽을 중지했다. 融天師가 노래를 만들어 부르니 혜성이 없어지고, 日本兵이 물러 갔다고 한다.(『三国遺事』通融天師彗星歌, 『集成』1-51)
632	
633	
635	
636	【한국】 -. 이해에 新羅의 慈藏이 入唐留学하다. 唐西의 太和池의 辺에서 神人과 문답하고, 北의 靺鞨, 南의 倭人, 高句麗와 百済의 両 隣이 新羅民의 근심이 될 것이라는 것을 말하다.(『三国遺事』塔像皇竜寺九層塔, 『集成』1-49)
637	
638	
639	
640	【한국】 -. 武王代 百済武王이 高句麗와 결탁하여 倭国과 交通하며 新羅를 침범했다.(『三國史記』6文武王 5.8.조, 『三国遺事』紀異/『旧唐書』199.上百済国, 『新唐書』220.百済)
642	4.8 百済大使 翹岐가 従者를 거느리고 拝朝하다.(『書紀』) 4.10. 蘇我馬子가 翹岐등을 畝傍의 집에 초대하여 환담하고, 馬·鉄을 바쳤다. 다만 塞上은 부르지 않았다.(『書紀』) 5.5. 河内国 依網屯倉前에 翹岐등을 불러 射獵을 보게하다.(『書紀』) 5.16. 百済使가 調를 보내오고, 国勝水鶏가 百済調使와 함께 帰国하여 難波津에 이르렀다.(『書紀』) 5.18. 百済使가 調를 보내오다. 国勝水鶏가 복명했다.(『書紀』) 5.21. 翹岐의 従者 1名이 죽었다.(『書紀』) 5.22. 翹岐의 아이가 死去했다. 翹岐 및 妻가 葬儀에 나가지 않았다. 무릇 百済·新羅의 풍속은 죽은자가 있으면 父母 兄弟 夫婦 姉妹가 죽더라도 葬儀에 참여하지 않는다고한다.(『書紀』) 5.24. 翹岐가 妻子와 함께 百済大井家로 옮겨가 아이를 石川에서 장사지냈다.(『書紀』) 7.22. 百済使 大佐平智積·아들인 達率某·恩率軍善등을 인사시키고 健児에게 相撲를 翹岐등에게 구경시켰다. 饗宴終了後에 智積등이 翹岐의 집에 와서 인사했다.(『書紀』) 8.6. 百済使 参官등에게 귀국을 위해 大舶·同船3隻을 주었다. 그날 밤에 폭풍우에 의해 선박이 파손되었다.(『書紀』) 8.13. 百済의 인질 達率長福에게 小德, 中客이하에게는 位一級을 주고 물품을 주었다.(『書紀』) 8.15. 百済参官등에게 船를 주어 귀국 시켰다.(『書紀』) 8.16. 高句麗使가 귀국했다.(『書紀』) 8.26. 百済·新羅使가 귀국했다.(『書紀』) 10.15. 新羅의 弔使·賀騰極使등이 壱岐島에 이르렀다.(『書紀』)
645 ▼	【한국】 -. 이 해에 皇竜寺 九層塔을 완성하다. 『東都成立記』(安弘撰)에 新羅 第27代 女王(善徳王)때에 德은 있었지만 威가 없어 九韓의 侵犯을 받았다. 만약 竜宮의 南쪽 皇竜寺에 九層塔(제1층을 日本이라 함)을 建立하면 隣国의 침해를 막을 수 있었을 것이라고 하다.(『三国遺事』塔像皇竜寺九層塔, 『集成』1-49), 『三國史記』5)

일본

【일본】

2.10. 披玖人이 帰化하다.(『書紀』)

3.1. 百済王 義慈가 인질로 보낸 王子 豊璋이 日本에 이르다.(『書紀』)

11.12. 日本의 遣唐使 犬上御田鍬등이 와서 方物을 바쳤다. 太宗이 倭国의 位置가 먼 것을 고려하여 歳貢을 免除했다. 新州刺史 高表仁을 御田鍬등의 귀국에 동행시켰다.(『旧唐書』倭国伝, 通典倭国伝, 唐会要倭国伝, 冊府元亀662·664高表仁·970, 『新唐書』日本伝, 『資治通鑑』, 『善隣国宝記』)

【일본】

8.-. 이보다 앞서 犬上御田鍬가 唐使 高表와 함께 入唐留学僧靈雲·日文 및 留学生 勝烏養등을 동반하여 唐으로부터 신라에 이르렀다. 이달에 신라의 送使와 함께 対馬에 帰着했다.(『書紀』, 續後紀承和3.12.3條, 元亨釈書16僧旻.20, 『善隣国宝記』)

10.4. 唐使高表仁등이 難波津에 이르렀다. 大伴馬養을 江口에 보내어 환영했고, 이어 客館에 안치했다.(『書紀』, 扶桑略記, 唐会要倭国伝, 冊府元亀662·664高表仁)

【일본】

1.26. 唐使 高表仁이 日本의 王子(일설, 王)와 礼를 둘러싸고 다투고, 朝命을 알리지 않고 도중에 귀로에 오르다. 吉士雄摩呂등에게 対馬까지 안내하게 하다. 高表仁이 帰国後에 영토를 보전할 능력이 없다고 誣했다.(『書紀』, 『旧唐書』倭国伝, 通典倭國伝, 『唐会要』倭国伝, 冊府元亀664高表仁, 『新唐書』日本伝, 『資治通鑑』貞観5.11. 12条, 『善隣国宝記』)

【일본】

6.10. 百済使 達率柔등이 조공하다.(『書紀』)

7.7. 百済使를 향응하다.(『書紀』)

【일본】

-. 이해에 百済·新羅·任那가 조공하다.(『書紀』)

【일본】

9.-. 入唐学問僧神恵隠·恵雲이 新羅를 거쳐 帰国하여, 新羅의 送使와 함께 入京하다.(『書紀』, 元亨釈書16慧隠, 『善隣国宝記』)

11.1. 新羅使를 향응하고, 冠位를 주다.(『書紀』, 扶桑略記)

【일본】

10.11. 入唐學問僧請安·学生高向玄理가 新羅·百済使와 함께 귀국했다. 新羅使등에게 位를 주었다.(『書紀』, 元亨釈書20)

-. 이해에 長安의 大学에 배우러 온 高句麗·百済·新羅·高昌·吐蕃등의 君長의 子弟가 8,000여인을 넘었다.

【일본】

1.29. 이보다 앞서 阿曇比羅夫가 百済使를 따라서 筑紫에 귀착했다.(파견년월 不詳), 이날 比羅夫가 驛馬에 의해 入京하고, 百済王 義慈王이 舒明天皇의 死去를 듣고 弔使를 파견해 온 것, 장의에 참열하기 위해 홀로 먼저 入京한 것, 또 百済의 국정이 어지럽다는 것을 알렸다.(『書紀』)

2.2. 阿曇比羅夫등이 百済弔再使에게 보내어 来日의 事情을 물었다. 百済使가 百済王이 日本에 있는 王弟인 塞上이 항상 나쁜 짓만하여 귀국시켜 달라고 해도 일본에서 허락하지 말아 달라고 청하다. 또 百済使의 종자들이 작년 11월에 大佐平智積이 죽은 것, 百済使의 종자를 바다에 던진 것, 금년 정월에 国王의 母가 죽은 것, 王子翹등 40여인이 섬에 유배된 것등을 말하다.(『書紀』)

2.6. 高句麗使가 難波에 이르렀다.(『書紀』)

2.21. 諸大夫를 難波에 보내어 高句麗使가 献上한 金銀등의 品物을 점검하다. 高句麗使가 去年 6月에 王弟인 大陽王이 죽었다는 것, 9月에 大臣인 泉蓋蘇文이 王 및 大臣等 180余人을 殺害하여 大陽王의 子를 왕(寶藏王)으로 하고, 親族을 大臣으로 삼았다는 것을 알려왔다.(『書紀』, 『三國史記』20 栄留王25.10.一条·40蓋蘇文)

2.22. 高句麗·百済使를 難波郡에서 맞이하다. 또 津守大海를 高句麗使로, 國勝水鶏를 百済使로, 草壁真跡을 新羅使로, 坂本長兄을 任那使로 임명했다.(『書紀』)

2.24. 翹岐를 불러 阿曇比羅夫의 집에 살게 했다.(『書紀』)

2.25. 高句麗·百済使를 향응했다.(『書紀』)

2.27. 高句麗·百済使가 帰国했다.(『書紀』)

3.6. 新羅種의 賀騰極使와 弔喪使가 来朝했다.(『書紀』)

3.15. 新羅使가 귀국했다.(『書紀』)

【일본】

4.1. 高句麗에 留学한 승려들이 귀국하여 同学의 鞍作得志가 高句麗人에게 毒殺된 것을 보고하다.(『書紀』)

6.8. 中大兄皇子이 蘇我倉山田麻呂에게 三韓 進調日에 蘇我入鹿을 살해하고자 하는 계획을 알리자, 麻呂가 허락하다.(『書紀』)

6.12. 大極殿에서 倉山田麻呂가 三韓의 表文을 읽어 올릴 때, 中大兄皇子등이 蘇我入鹿을 살해했다.(『書紀』)

연도	한국
▲ 645	
646	
647	
648	
649	
650	
651	
652	
653	【한국】 8.-. 百済王이 倭国과 통교하다.(『三國史記』28, 『集成』1-21) 10.10. 孝徳天皇이 難波宮에서 没했다. 이어 巨勢稲持등을 新羅에 보내어 死去를 알렸다. 新羅는 翳飡金春秋에게 응접시켰다.(『書紀』同日条·持統3.5.22条)
654	
655 ▼	8.1. 遣唐使 河辺麻呂등이 帰国했다. 入唐僧 道昭이 동행하여 帰国했다.(『書紀』/続紀文武4.3.10条) -. 이해에 高句麗·百済·新羅가 遣使朝貢했다. 新羅가 인질로 級飡弥武를 才伎 12人과 함께 보냈는데, 弥武가 病死했다.(『書紀』26)

일본

6.13. 蘇我蝦夷등이 죽음에 임박해 『天皇記』·『国記』 및 珍宝 등을 불태웠다. 船惠尺이 불속에서 『国記』를 꺼내어 中大兄皇子에게 바쳤다.(『書紀』)

7.10. 高句麗·百済·新羅使가 함께 조공했다. 百済의 調使는 任那使를 겸하여 任那의 調를 바쳤다. 百済大使佐平緣福이 병이 나서 津館(難波客館)에 머무르며 入京하지 못했다. 巨勢德太이 詔를 高句麗使·百済使에게 알렸다. 또 三輪束人·馬飼某를 遣百済使에 임명하고, 鬼部達率意斯의 처자를 보낼 것을 명하다.(『書紀』)

8.8. 仏教興隆의 詔를 선포하다. 狛大法師·福亮·惠雲·常安·靈雲·惠至·寺主僧旻·道登·惠隣·惠妙을 十師에 임명하다.(『書紀』)

【일본】

1.1. 改新의 詔를 선포하다.

2.15. 高句麗·百済·任那·新羅使가 来朝하여 調賦를 바치다.(『書紀』)

9.-. 小德高向黑麻呂(玄理)·小山中中臣押熊등을 新羅에 파견하여 人質을 바치게 하고, 任那調의 貢進을 폐지하다.(『書紀』)

【일본】

1.15. 高句麗·新羅使가 来朝하여 調賦를 바치다.(『書紀』)/ 이해에 難波小郡을 세워 宮으로 하고, 天皇이 이 宮에 행차하다.(『書紀』)/ 七色十三階의 冠位를 제정하다.(『書紀』)/ 新羅의 上臣 大阿湌 金春秋등이 高向黑麻呂등과 来日하여 孔雀·鸚鵡를 바치고, 春秋를 인질로 하다.(『書紀』)

【일본】

1.-. 唐太宗이 세 번째로 高句麗遠征軍을 파견했다.

2.1. 三韓(高句麗·百済·新羅)에 学問僧을 파견했다.(『書紀』)/ 이해에 新羅使가 来朝하여 調貢하다.(『書紀』)/ 磐舟栅을 쌓아 蝦夷에 대비하고, 越과 信濃의 住民을 뽑아 처음으로 栅戸를 설치했다.(『書紀』)

윤12.7. 新羅使金春秋등이 来朝했다.(旧唐書3)/ 이해에 倭国이 新羅에 부탁하여 表文을 보내다.(旧唐書倭国伝, 新唐書日本伝)

【일본】

5.1. 小華下三輪色夫·大山上掃部角麻呂등을 新羅에 보냈다.(『書紀』)/ 이해에 新羅가 沙湌金多遂를 인질로 보내고, 從者 37人(僧1人·侍郎2人·丞1人·達官郎1人·中客5人·才伎10人·訳語1人·傔人16人)과 함께 来日했다.(『書紀』)

4.26. 唐太宗이 죽고, 遼東의 役(高句麗遠征軍)을 멈추었다.

【일본】

2.9. 穴戸(長戸)国司가 헌상한 흰꿩에 대하여 문자 百済王子 豊璋·僧道登·僧旻등이 中国의 故事를 들어 吉祥의 징조라고 답하다. 道登이 遣唐使가 3足烏의 死骸를 가지고 돌아왔다고 말하다.(『書紀』)

2.15. 白雉라고 改元하고, 改元의 의식에 百済君豊璋·그의 동생 弟塞城·忠勝,高麗侍医毛治·新羅侍学士등도 참가했다.(『書紀』)

4.-. 新羅使가 調貢을 바치다. 일설에 의하면 孝德天皇의 代에는 每年 高句麗·百済·新羅 3国이 遣使하여 朝貢했다고 한다.(『書紀』)/ 이 해에 倭漢県·白髮部鐙·難波胡床을 安芸国에 보내어 百済舶 2隻을 만들게 했다.(『書紀』)

【일본】

6.-. 百済·新羅使가 調貢하여 物을 헌상했다.(『書紀』)

-. 이해에 新羅貢調使知万沙湌등이 唐나라 옷을 입고 筑紫에 이르렀다. 조정에서 풍속을 바꾼 것을 비난하고 책망하며 귀국 시켰다. 左大臣 巨勢德陀古가 新羅征討·問罪를 주장하다.(『書紀』)

【일본】

4.-. 新羅·百済使가 調貢하고 物을 바쳤다.(『書紀』)

【일본】

5.12. 遣唐使가 두척에 분승하여 唐으로 향했다. 1척에는 大使 小山上吉士長丹·副使 小乙上吉士駒, 学問僧 道厳·道通·道光·惠施·覚勝·弁正·惠照·僧忍·知聡·道昭·定惠·安達·道観, 学生 巨勢薬·氷老人등 121인, 다른 1척에는 大使 大山下高田根麻呂·副使 小乙上掃守小麻呂·学問僧 道福·義向등 120인이 탔다.(『書紀』, 三国仏法伝通縁起中, 続紀文武4.3.10条, 元亨釈書1道昭·9定惠·21, 宋史日本国伝, 仏祖統紀39, 善隣国宝記, 藤氏家伝上)

6.-. 百済·新羅使가 調貢하고 物을 바치다. 각처의 큰길을 고쳤다.(『書紀』25)

7.-. 遣唐使 高田根麻呂등이 乗船하여 薩摩의 曲·竹島 사이에서 조난당하다. 겨우 5인이 구조되었다.(『書紀』)

【일본】

2(일설에 5월).-. 遣唐押使大錦上(일설에 大華下)高向玄理·大使小錦下河辺麻呂·副使大山下薬師惠日·判官大乙上(일설에 小山下)書麻呂·宮阿弥陀·小乙上岡宜·置始大伯·小乙下中臣間人老·田辺鳥등이 두 척에 분승하여 新羅道를 거쳐 唐으로 향했다.(『書紀』)

4.-. 吐火羅国의 男女 4人 및 舍衛의 女 1人이 日向에 漂着했다.(『書紀』)

7.24. 遣唐大使吉士長丹·副使吉士駒등이 百済·新羅의 送使와 함께 筑紫에 帰着했는데, 唐皇帝와 会見하고, 많은 文書·宝物을 가지고 온 功에 의해 吉士長丹에게 小華下의 관위와 封戸 200과 呉의 姓을 주고, 吉士駒에게는 小山上을 주었다.(『書紀』, 扶桑略記)

-. 이해에 高句麗·百済·新羅가 모두 遣使하여 孝德天皇의 喪을 조문하다.(『書紀』25)

【일본】

3.-. 新羅使가 이르러 高句麗·百済에 뺏긴 33城의 회복을 호소하다. 唐의 蘇定方등을 파견하여 高句麗를 치게했다. 永徽年中에 新羅·日本이 통호함에 의해 使者를 両国에 보내어, 사자가 먼저 新羅에 이르렀고, 이어 日本에 향했으나 도중에 遭難조난하여 行方을 알 수 없게 되었

연도	한국
▲ 655	
656	
657	
658	
659	윤10.15. 津守吉祥등이 越州를 출발하여 29日, 皇帝 高宗이 滯在하는 洛陽에 도착했다.(『書紀』斉明5.7.3条) 윤10.30. 津守吉祥이 同行한 蝦夷와 함께 高宗에게 会見했다. 高宗이 日本의 国情·蝦夷에 대해서 물었다. 蝦夷가 白鹿皮·弓·箭 등을 高宗에게 헌상했다.(『書紀』斉明5.7.3条, 通典185 蝦夷伝, 唐会要100蝦夷国伝, 冊府元龜970·997, 新唐書日本伝, 太平御覧782蝦夷, 宋史日本国伝) 11.1. 津守吉祥이 冬至의 모임에 참례하자, 다시 高宗을 알현했다.(『書紀』斉明5.7.3条) 12.3. 遣唐使가 随員韓智興의 참언에 의해 唐朝에서 処罰되려 하자 伊吉博德이 아뢰어 처벌을 면했다. 唐에서 来年에 「海東의 정벌」 계획이 있기 때문에 일행을 帰国시킬 수 없다는 勅書가 내려져 長安에 幽閉되었다.(『書紀』26. 斉明5.7.3条·同7.5.23条)
660	【한국】 6.-. 백제가 멸망하고, 백강에서 전투하다.(『三國史記』28, 『集成』1-21) 10.-. 百済의 佐平鬼室福信의 使佐平貴智등이 唐人의 捕虜 100余人을 데리고 来朝하여 救援軍의 派遣 및 日本에 있는 百済王子余豊璋의 귀국을 要請했다. (『書紀』26, 巡礼行記開成5.2.28条). 唐使가 帰来했다.(扶桑略記) 11.1. 唐의 将軍 蘇定方등에 의해서 잡힌 百済 義慈王이하 百済의 王族·高官등 58人이 高宗의 앞에 끌려가자, 高宗이 義慈王등을 회유했다.(『書紀』26, 斉明6.7.16条, 旧唐書 4) 11.19. 津守吉祥이 노고를 치하받고 이어 24日에 洛陽을 출발하다.(『書紀』26, 斉明6.7.16条) 12.24. 鬼室福信의 요청에 응하여 救援軍의 파견을 결정하고 難波宮에 행차하여 同所에 軍器를 준비하다.(『書紀』26) -. 이해에 百済 救援에 쓸 배를 駿河国에서 만들도록 하다. 그런데 이유없이 艫舳이 반대하자 못사람들이 함께 救援軍이 敗戦할 징조라고 했다. 또 童謡가 있었다.(『書紀』26)
661	5.23. 遣唐使 津守吉祥등이 耽羅王子 阿波伎를 동반하여 筑紫의 行在所 朝倉橘広庭宮에 귀착했다.(『書紀』26) 7.24. 斉明天皇이 朝倉宮에서 没하다. 皇太子 中大兄皇子가 称制하다.(『書紀』26) 7.-. 唐軍이 水陸으로 高句麗를 공격했다. 皇太子 中大兄皇子가 長津宮에 천도하여 해외의 군정을 장악하다.(『書紀』26) 8.-. 백제 구원을 위해 前将軍에 大華下阿曇比羅夫·小華下河辺百枝, 後将軍에 大華下阿倍比羅夫·大山上物部態·大山上守大石를 임명하여 파견하고, 武器·食料 등을 보냈다.(『書紀』26) 9.-. 百済王子 豊璋에게 織冠을 주고, 多蔣敷의 누이를 처로 삼게 했다. 이어서 大山下狭井賀郷·小山下秦田来津에게 兵 5,000여 인을 주어 本国에 호송시켰다. 풍장이 돌아가자 鬼室福信이 나와 절하고 국정을 맡겼다.(『書紀』27) 11.-. 百済의 佐平鬼室福信이 唐人의 捕虜 続守등 106인을 보내왔다. 그러자 唐人을 近江国墾田에 거주시켰다.(『書紀』27. 11.7条) -. 이해에 日本軍이 百済의 加巴利浜에서 불을 피웠는데, 재가 변하여 구멍에서 살촉이 우는 소리가 들렸는데, 어떤 사람이 고구려와 백제가 망하는 징조의 소리라고 했다.(『書紀』27. 天智即位前紀 이해 條)

일본
다.(『太平広記』481)
7.11. 難波朝廷에서 北(越)蝦夷 99人·東(陸奥)蝦夷 95人 및 百済의 進調使大使西部達率余宜受·副使東部恩率調信仁등 150人을 향응하다.(『書紀』26)

【일본】
8.8. 高句麗使 大使達沙·副使伊利之등 81人이 来朝하여 調를 바치다.(『書紀』26)

9.-. 高句麗에 大使膳葉積·副使 坂合部磐鍬·大判官犬上白麻呂·中判官河内書某·小判官大蔵衣縫麻呂를 파견했다.(『書紀』26)

-. 이해에 飛鳥 岡本에 새롭게 宮地를 정했다. 이 때에 高句麗·百済·新羅使가 来朝했다. 이 궁터에 장막을 치고 향응을 베풀었다. 후에 宮殿을 세워 천도하고, 後飛鳥 岡本宮이라고 이름짓다.(『書紀』26)

【일본】
7.3. 筑紫에 漂着한 吐火羅人 男女 6人을 京에 초청되어 15日에 吐火羅人을 향응하다.(『書紀』26, 釈日本紀14)/ 이 해에 遣新羅使 僧智達·間人御廐·依網稚子등을 新羅에 보내어 新羅使의 入唐에 智達을 同行해 줄 것을 청하자 新羅가 受諾하지 않아 智達등이 新羅로부터 帰国하다.(『書紀』26) (→朝鮮658.7.-)/ 西海使小華下阿曇煩垂·小山下津倔僂가 百済로부터 帰国했는데, 駱駝1頭·驢2頭를 데리고 돌아왔다.(『書紀』26) (→658. 이 年)

【일본】
7.-. 日本僧 智通·智達이 新羅船을 타고 入唐했다. 入唐後에 玄奘에게 師事했다.(『書紀』斉明4.7. 이달조, 扶桑 略記斉明4.7.-条, 三国仏法伝通縁起中法相宗, 元亨釈書16智通·21, 善隣国宝記, 宋史日本国伝, 仏祖統紀39)

-. 出雲国이 갖가지 이변을 전하다. 百済滅亡의 전조라고 하다. 또 西海使 小華下阿曇煩垂가 百済에서 帰国하다. 百済에서 馬의 이상한 행동을 알리고, 혹 敵에 멸망될 전조라고 말하다.(『書紀』26)

【일본】
7.3. 遣唐使 小錦下 坂合部石布·大仙(山)下津守吉祥을 2船에 분승시켜 難波三津浦를 출발하여 筑紫로 향했다. 이때에 道 奥蝦夷 男女 2人을 동반했다.(『書紀』, 扶桑略記7.-条)

8.11. 遣唐使 坂合部石布등이 筑紫大津浦를 출발하다.(『書紀』7.3条)/ 이 해에 来朝한 高句麗使가 羆皮 1枚의 값을 綿 60근으로 판다고 하니 市司가 웃으며 피해 가다. 後에 高麗 子麻呂가 高句麗使를 자기집에 초대하여 官의 羆皮 70枚를 빌려 자리를 베푸이 高句麗使가 이것을 부끄러워하고 돌아갔다고 하다.(『書紀』26)

9.13. 日本의 遣唐使 坂合部石布가 百済 南辺의 伊志余利島에 이르다.(『書紀』斉明5.7.3条, 釈日本紀14)

9.16. 日本의 遣唐使 津守吉祥의 배가 越州会稽県須岸山에 이르렀다. 이어 22日에 越州余姚県를 거쳐 윤 10月1日에 越州々街에 이르렀다.(『書紀』斉明5.7.3条)

【일본】
1.1. 高句麗使 乙相 賀取文등 100人이 筑紫에 이르다.(『書紀』26)

3.-. 阿倍比羅夫가 船師 200艘을 거느리고 肅慎国을 쳤다.(『書紀』26)

3.-. 唐이 蘇定方을 神丘道行軍大総管에 임명하여 水陸軍으로 百済攻撃을 명했다. 新羅王에게도 派兵을 명했다.

5.8. 高句麗使 乙相賀取文이 難波館에 이르다.(『書紀』26)

5.-. 阿倍比羅夫이 蝦夷 50여인을 바치다. 石上池辺에 須弥山을 만들고 肅慎47人을 향응하다.(『書紀』26)/ 많은 百姓들이 이유없이 武器를 가지고 길을 왔다 갔다 하다. 国老가 百済滅亡의 전조라고 했다.(『書紀』26)/ 中大兄皇子이 漏刻(水時計)를 만들었다.

7.16. 高句麗使 乙相賀取文이 귀국했다.(『書紀』26)/ 吐火羅人 乾豆波斯達阿등 数十人이 귀국했다.(『書紀』26)

9.5. 百済人 達率某·沙弥覚従이 이르러, 지난 7월에 新羅가 唐軍을 끌어들여서 百済를 공격하여 国王등을 포로로 잡았다는 것, 그 후에 西部 恩率 鬼室福臣 및 達率 余自進등은 遺臣을 모아 反撃하고 있다는 것, 国人들은 2人을 존경하며 佐平福信·佐平自進이라고 부르고 있다는 것을 말했다.(『書紀』26)

9.12. 長安에 幽閉되어 있던 日本의 遣唐使津守吉祥의 帰国을 허락하고, 이어 19日에 長安을 出発했다.(『書紀』26. 斉明6.7.16条)

10.16. 津守吉祥이 洛陽에 도착하여 여기서 처음으로 入唐때에 遭難했던 坂合部石布의 船에 탔다가 구조된 東漢長阿利麻등 5을 만났다.(『書紀』26. 斉明6.7.16条)

【일본】
1.6. 天皇이 西征을 위해 難波을 出帆하여 8日, 大伯海, 14日, 伊予 熟田津의 石湯行宮에 정박했다. 이어 3月25日에 那大津에 이르러 磐瀬行宮에 도착했다. 이곳의 이름을 長津으로 고쳤다.(『書紀』26)

1.25. 日本의 遣唐使 津守吉祥이 越州에 이르렀다.(『書紀』斉明7.5.23条)

3.-. 이보다 앞서 百済의 遺臣 福信,僧道探등이 周留城에서 反乱을 일으켰다. 倭国에 인질이었던 王子 余豊璋을 맞이하여 王으로 삼았다. 唐의 劉仁軌를 帯方州刺史에 임명하고 新羅와 함께 豊璋·福信등을 치도록 했다. 이달에 福信이 任存城으로 도망갔다. 이해 겨울에 高句麗에 寒気가 엄습하자 浿江이 얼어, 唐軍이 강을 건너 高句麗를 동격했지만, 高句麗가 이를 격퇴했다.(『書紀』27, 天智即位前紀12.-条, 朝鮮史1/3)

4.1. 津守吉祥이 越州를 떠나 돌아오는 길에 7日에 檉岸山에 도착했고, 8日에 檉岸山을 떠나 9日에 8夜를 표류하다가 耽羅島에 도착했는데, 耽羅王子阿波伎와 함께 日本으로 향했다.(『書紀』斉明7.5.23条)

4.-. 百済의 鬼室福信이 遣使上表하여 일본에 있는 王子(礼解) 豊璋의 송환을 요청했다.(『書紀』26)

연도	한국
662	6.28. 百済가 達率 万智등을 보내어 調物을 바쳤다.(『書紀』27)/ 百済를 구원하기 위해 兵甲을 수선하고 船舶을 준비하였다.(『書紀』27) 12.1. 百済王 豊璋·佐平 鬼室福信이 狭井某·朴市(秦)田来津에게 州柔(周留)城은 周囲에 田畑가 많아서 長期 駐留에는 적합지 않아서 南方의 避城으로 옮길 것을 물으니, 田来津이 避城은 적지에서 가깝고, 또 州柔城은 견고한 요해지여서 옮겨서는 안된다는 것을 주장했다. 豊璋이 이것을 듣지 않고 避城으로 천도했다.(『書紀』27. 天智1.12.1条)
663	【한국】 7.17. 新羅王이 豆率城(州柔城)에 있는 百済·日本軍을 치기 위해 스스로 군을 거느리고 출발하여 熊津州에서 唐의 劉仁願의 군과 합류했다.(『三國史記』42金庚信, 『集成』1-21) 8.13. 이보다 앞서 新羅는 百済王 豊璋이 腹心을 참한 것을 듣고, 州柔城 공격을 시도했다. 이날 豊章이 新羅의 計略을 알고, 諸将에게 日本의 救援軍 盧原某가 드디어 到着한다는 것을 알리고, 이들을 맞이하기 위해 白村江에 나아갔다.(『書紀』27. 天智2.8.13条, 『三國史記』42金庚信, 『集成』1-21) 8.17. 新羅軍이 州柔城을 포위하고, 또 唐의 戦船 170隻이 白村江에 陣列했다.(『書紀』27. 天智2.8.17条, 『三國史記』28 竜朔2.7. -条·6 文武王 3.5. -条·7 文武王 11.7.26条, 『集成』1-21) 8.27. 百済救援日本軍의 先鋒이 白村江에 도착하여 唐軍과 싸웠으나 이기지 못하고 退却했다.(『書紀』27. 2.8.27条, 『三國史記』28竜朔2.7.-条·6文武王3.5. -条·7文武王11.7.26条, 『集成』1-21) 8.28. 日本軍이 白村江에서 다시 唐軍과 싸웠으나 大敗하여 다수가 溺死하고, 朴市田来津이 戦死했다. 百済王 豊璋이 高句麗로 도망갔다.(『書紀』27. 天智2.8.28条, 『三國史記』28竜朔2.7. 一条·7文武王11.7.26条, 『旧唐書』84劉仁軌·199上百済, 新唐書 3·108劉仁軌·220 百済, 『集成』1-21) 9.7. 百済의 州柔城이 唐軍에 항복했다. 사태가 어찌할 수 없게 되었다. 사람들은 "백제의 이름은 오늘로 끊어졌다. 이제 조상의 분묘가 있는 곳을 어떻게 갈 수 있겠는가?"라고 하면서 弓礼城으로 가기로 日本軍과 협의하고, 이어 11日에 出発하여 13日에 弓礼城에 이르렀다.(『書紀』27. 天智 2.9.7条·9.11条·9.13条, 『三國史記』6文武王3.5. 一条·7文武王11.7.26条·42金庚信, 『旧唐書』84 劉仁軌· 199上百済, 『新唐書』108劉仁軌·220百済, 『資治通鑑』竜朔3.9.8条, 『集成』1-21).
664	10.1. 中臣鎌足이 物을 郭務悰에게 주었다.(『書紀』27) 10.4. 郭務悰이 향응했다.(『書紀』27) 12.12. 鎮西将軍의 牒状을 郭務悰에게 주어 귀국시켰다.(『書紀』27. 同日条·10.1条, 『善隣国宝記』) -. 이해에 対馬·壱岐·筑紫等에 防人을 두고, 烽燧를 세우고, 筑紫에 水城을 쌓았다.(『書紀』27)
665	【한국】 8.13. 倭国使가 百済熊津城에서 新羅文武王과 熊津都督扶余隆과의 맹서에 참여했다. 이어 帯方州刺史 劉仁軌를 따라서 唐高宗 封禅의 의식에 참여하기 위해 泰山으로 향했다.(『旧唐書』84劉仁軌·199上百済, 『新唐書』108劉裴妻·220百済, 『三国遺事』1, 『三國史記』6, 『資治通鑑』麟徳2.8.13条, 『集成』1-14) 8.-. 劉仁軌가 新羅·百済·耽羅·倭의 4国使者를 데리고 海路로 西還하여 회맹하러 泰山에 제사지낸다.(『三國史記』6文武王5.8. -条, 『旧唐書84劉仁軌, 『新唐書』108劉裴妻, 『資治通鑑』麟徳2.8.13条, 『集成』1-14)
666	10.26. 高句麗 大使 乙相奄鄒·副使 達相遁·二位玄武若光가 来朝하여 調를 바쳤다.(『書紀』27) 12.-. 李勤을 遼東行軍大総管으로 하여 高句麗征討軍을 파견했다. -. 이해 겨울 百済人 男女 2000여인을 東国에 거주시켰다.(『書紀』27)
667	11.9. 唐의 百済鎮将 劉仁願이 使熊津都督府 熊山県令 上柱国 司馬 法聡과 坂合部石積등을 보내 筑紫都督府에 이르렀다.(『書紀』27) 11.13. 司馬法聡이 帰国할 때, 小山下伊吉博徳·大乙下笠諸石이 送使했다.(『書紀』27) 11.-. 大和国 高安城·讃岐国 屋島城·対馬国 金田城을 쌓았다.(『書紀』27) 윤11.11. 耽羅使 椽磨에게 비단 50필, 솜 100근, 가죽 100매 와 斧·彰·刀子등을 하사하여 金東嚴에게 딸려 보냈다.(『書紀』27)
668 ▼	1.23. 伊吉博徳이 帰国하여 復命하였다. 入唐留学僧妙位·法勝,学生氷老人·高黄金이 別倭種韓智興·趙元宝을 수행하여 귀국했다.(『書紀』27. 同日条·白雉5.2.-条)

일본

【일본】

1.27. 鬼室福信에게 矢 10万隻·糸 500斤·綿 1,000万·布 1,000端·韋 1,000張 및 稻種 3,000斛을 주었다.(『書紀』27)

3.4. 百5王(余豊璋)에게 布 300端을 주었다.(『書紀』27)

4.-. 쥐가 말의 꼬리에 새끼를 낳았다. 僧 道顯이 이것을 점을 쳤는데, 北国의 人이 南国에 붙으려 한다. 이것은 高句麗가 패하여 日本에 붙으려는 전조라고 했다.(『書紀』27)

5.-. 大将軍 大錦中 阿曇比羅夫가 船師 170艘을 거느리고 豊璋등 百済에 보내주고, 勅을 선포하여 豊璋에게 왕위를 계승시키고, 福信에게 金策을 주고 작록을 내렸다.(『書紀』27)

【일본】

2.2. 百済가 達率 金受를 보내어 調를 바쳤다. 新羅에게 百済 南部 4州 및 安德등의 요지를 빼앗겼다는 것, 避城은 敵地에 가까워서 形勢가 不利하기 때문에 州柔城으로 還都했다는 것을 보고했다.(『書紀』27)

3.-. 前将軍 上毛野稚子·間人大蓋, 中将軍 巨勢神前訳語·三輪根麻呂와 後将軍 阿倍比羅夫·大宅鎌柄에게 兵 2万7000人을 주어 新羅를 치게했다.(『書紀』27)

5.1. 犬上君이 高句麗에서 帰国했다. 百済 石城에서 豊璋과 会見하여 鬼室福信의 죄를 말했다고 한다.(『書紀』27)

6.-. 백제구원 일본군의 전장군 上毛野稚子가 新羅의 沙鼻와 岐奴江 2성을 공략했다. 또 백제왕 豊璋이 鬼室福信을 죽였다.(『書紀』27. 天智 2.6. -条, 『三國史記』28竜朔2.7.-条, 旧唐書199上百済, 新唐書145百済)

9.24. 日本의 船師 및 佐平 余自進·達率 木素貴子·谷那晋首·憶礼福留 및 국민들이 弓礼城에 이르렀다. 다음날 日本을 향해 출발했다.(『書紀』27. 天智2.9.24 조)

【일본】

3.-. 百済王 善光등을 難波에 살게했다.(『書紀』27)

5.17. 唐의 百済鎮将 劉仁願이 보낸 朝散大夫 郭務悰이 対馬를 거쳐 筑紫에 이르렀다. 大山中采女通信侶·僧智弁을 보내어 응접했는데, 郭務悰이 劉仁願의 牒状·方物을 바쳤다.(『書紀』27 『善隣国宝記』)

9.-. 大山中津守吉祥·大乙中伊吉博德·僧智弁이 郭務悰에게 百済鎮将의 私使나 牒状과 私信이기 때문에 使者의 入京을 허가하지 않고, 첩장도 조정에 진상할 수 없다는 뜻을 筑紫大宰의 말로서 고하였다.(『善隣国宝記』)

【일본】

2.-. 亡命했던 達率 鬼室集斯에게 百済의 官位를 줄 것을 검토했다. 또 佐平 鬼室福信의 공적을 고려하여 小錦下의 位를 주었다. 또 百済人 男女 400여인을 近江国 神前郡에 거주시켰다. 3월에 田을 주었다.(『書紀』27)

8.-. 達率 答体春初를 長門国에 보내 城을 쌓게했다. 또 達率 憶礼福留·達率 四比福夫를 筑紫国에 보내 大野·椽의 두성을 쌓게 했다. 耽羅使가 来朝했다.(『書紀』27)

9.20. 唐使 朝散大夫 沂州司馬 上柱国 劉德高·右戎衛郎将 上柱国 百済禰軍·朝散大夫 柱国 郭務悰등 254人이 対馬를 경유하여 筑紫에 이르렀다. 이어 22日에 表函을 올렸다. 日本僧 定惠가 同行하여 唐에서 帰国했다.(『書紀』9.23条·白雉5.2.-条/藤氏家伝上)

12.14. 劉德高등에게 物을 하사했다. 이어 德高가 帰国했다.(『書紀』27)

-. 이해에 小錦守大石·小山坂合部石積·大乙吉士岐弥·吉士針間를 唐에 보냈다.(『書紀』27)

【일본】

1.11. 高句麗가 前部能婁를 보내 調를 바쳤다. 耽羅王子 姑如를 보내 貢献했다.(『書紀』27)

1.-. 倭国使가 高宗의 泰山에서의 封禅의 의식에 참여했다.(冊府元亀36, 旧唐書 5.84劉仁軌, 資治通鑑, 唐会 要95新羅伝)

6.4. 高句麗使 能婁가 귀국했다.(『書紀』27)

6.-. 이에 앞서 高句麗 泉蓋蘇文이 죽고, 蓋蘇文의 長子男生이 이어서 国政을 다스렸지만 동생과 内紛이 생겨 唐에 救援을 청했다. 이달에 高宗이 高句麗에 軍을 파견할 것을 명했다.

【일본】

2.27. 高句麗·百済·新羅人이 大田皇女의 葬儀에서 참예했다.(『書紀』27)

3.19. 近江大津宮에 遷都했다.

7.11. 耽羅使 佐平椽磨가 来朝하여 貢献했다.(『書紀』27)

10.-. 高句麗의 大兄泉男生이 弟와 다투고, 唐에 亡命하여 高句麗 滅亡을 도모했다.(『書紀』27, 天智6.10. 一条)

【일본】

1.3. 皇太子 中大兄 皇子가 即位했다.(『書紀』27)

연도	한국
▲ 668	9.26. 内臣 中臣鎌足이 僧 法弁·秦筆을 보내어 新羅上臣 大角干 金庚信에게 보낼 船1隻을 金東嚴에게 딸려 보냈다.(『書紀』27) 9.29. 布勢 耳麻呂를 사신으로 新羅王에게 보내는 御調輸送船 1隻을 東嚴에게 딸려 보냈다.(『書紀』27) 11.1. 新羅王에게 준 絹50匹·綿500万·韋100枚를 東嚴에게 부탁했다. 또 東嚴 등에게 物을 하사했다.(『書紀』27) 11.5. 小山下道守麻呂·吉士小鮪을 新羅에 보내고, 新羅使 金東嚴이 귀국했다.(『書紀』27) -. 이해에 僧 道行이 草薙劍를 훔쳐 新羅로 도망치다가 도중에 풍랑을 만나 길을 돌아왔다.(『書紀』27, 扶桑略記, 熱田太神宮緣起, 古語拾遺)
669	【한국】 5.-. 唐이 高句麗 3万8200人을 唐内 各地의 空閑地에 이주시켰다. -. 大唐摠管 薛仁貴에게 王이 답장을 보냈는데, 그 내용이 이해에 唐이 倭国을 정벌하기 위해 선박을 수리한다고 했는데 실은 新羅를 치기 위한 것이라는 정보가 전해졌다.(『三國史記』7文武王11.7.26条)
670	【한국】 12.-. 倭가 国号를 日本이라고 고쳤다고 한다.(『三國史記』6 文武 王10.12.-,『集成』1-14)
671	6.-. 新羅使가 来朝하여 調를 바쳤다. 별도로 水牛 1頭·山鷄 1隻을 바쳤다.(『書紀』27) 8.3. 高句麗使 可婁가 귀국했다.(『書紀』) 10.7. 新羅使 沙湌 金万物가 래조하여 調를 바쳤다.(『書紀』27) 11.2. 이보다 앞서 唐使 郭務悰 2,000人이 船 47隻에 나누어 타고 日本으로 향했는데, 途中에 比知島에 停泊했다. 郭務悰이 다시 入朝의 뜻을 알리도록 하여 동행한 日本僧 道久·筑紫薩野馬·韓島婆婆·布師磐등 먼저 보냈다. 이날 道久가 対馬에 도착하여 郭務悰의 뜻을 전했다. 이어 対馬国司가 이 뜻을 大宰府에 알리고, 그후 郭務悰이 筑紫에 이르렀 大津館에 안치했다.(『書紀』27. 11.10条, 善隣国宝記) 11.29. 新羅王에게 絹50匹·麵50匹, 綿1,000근, 韋100枚를 하사했다.(『書紀』27) 12.17. 新羅使 金万物 등이 귀국했다.(『書紀』27)
672	5.30 郭務悰이 帰国했다.(『書紀』28) 6.24. 大海人 皇子가 吉野를 出発하여 東国에 들어갔다. 7月26日에 大海人軍의 将軍이 不破宮에 이르러 大友皇子의 목을 바쳤다. (壬申의 乱). 이 사이에 大海人皇子가 戦略을 唐人에 諮問했다.(『書紀』28, 釈日本紀15) 11.24. 新羅使 金押実을 筑紫에서 향응하고 禄物을 주었다.(『書紀』28) 12.15. 新羅使에게 船 1隻을 주었다.(『書紀』28) 12.26. 新羅使 金押実이 귀국했다.(『書紀』28)
673	8.25. 新羅의 賀騰極使 金承元이 中客 이상 27人을 京師에 불렀다. 耽羅使는 慶賀使를 부르지 않고 国王 및 王子 久麻芸에게 大乙上의 位를 내려 帰国시켰다. 大乙上은 本国의 佐平에 상당한다고 한다.(『書紀』29) 9.28. 新羅使 金承元을 難波에서 향응하며 여러 가지 음악을 연주하며 禄物을 하사했다.(『書紀』29) 11.1. 金承元이 귀국했다.(『書紀』29) 11.21. 高麗使 邯子·新羅使薩儒을 筑紫大郡에서 향응하고 禄物을 주었다.(『書紀』29)
674	
675	7.7. 小錦上大伴国麻呂를 遣新羅大使에, 小錦下三宅入石을 副使에 임명하여 新羅에 보냈다.(『書紀』29) 8.1. 耽羅의 調使 王子久麻伎가 筑紫에 이르렀다.(『書紀』29) 8.25. 新羅王子 金忠元이 使命을 가지고 難波에서 帰途에 올랐다.(『書紀』29) 8.28. 新羅·高句麗 2国의 調使를 筑紫에서 향응하고 禄物을 하사했다.(『書紀』) 9.27. 耽羅王 姑如가 難波에 이르렀다.(『書紀』29) 10.16. 筑紫에서 보내온 唐人 30名을 遠江国에 거주시켰다.(『書紀』29)
676 ▼	【한국】 2.-. 唐이 安東都護府를 遼東故城으로 옮겼다. (이듬해에 다시 遼東新城으로 옮겼다.) 新羅가 실질적으로 朝鮮半島를 통일했다.

일본

4.6. 百済使 末都師父가 来朝하여 調를 바치고, 16日에 귀국했다.(『書紀』27)

7.-. 高句麗使가 越路에서 来朝하고 調를 바쳤다. 風浪이 높아 귀국하지 못했다.(『書紀』27)

9.12. 新羅使 沙険級彼金東厳이 래조하여 調를 바쳤다.(『書紀』27)/ 唐軍이 高句麗의 王都 平壤을 공격하여 高句麗王 高蔵·大臣 泉男建 등을 잡았다. 高句麗가 滅亡했다.(『旧唐書』5·199上高麗, 『新唐書』3·220高麗, 『書紀』天智7.10. 一条)

【일본】

3.11. 耽羅王子 久麻伎가 来朝하여 貢献했다.(『書紀』)

3.18. 耽羅王에게 五穀의 종자를 주고, 이날 久麻伎가 帰国했다.(『書紀』27)

9.11. 新羅使 沙湌 督儒가 来朝하여 調를 바쳤다.(『書紀』)/ 佐平 余自信·鬼室 集斯가 百済人 男女700여인을 近江国蒲生郡에 이주시켰다.(『書紀』27)

【일본】

3.-. 倭国王의 使者가 이르러 高句麗 平定을 축하했다.(『唐会要』99倭国伝, 冊府元亀970, 『新唐書』日本伝)

8.-. 新羅가 安勝을 高句麗王으로 봉했는데, 安勝은 高句麗 先王의 嗣子 또는 庶子라고 한다.

9.1. 阿曇頬垂를 新羅에 보냈다.(『書紀』27)

【일본】

1.9. 高句麗使 上部大相 可婁가 来朝하여 調를 바치다.(『書紀』27)

1.13. 唐人 李守真가 百済의 鎮将劉仁願의 使를 칭하며 래조하여 表를 바쳤다.(『書紀』27)

1.-. 佐平 余自信·法官大輔 沙宅紹明에게 大錦下, 学識頭 鬼室集斯에게 小錦下, 達率谷那晋首·木素貴子·憶礼福留·答㶱春初·㶱日比子賛波羅金羅金須·鬼室集信에게 大山下, 達率徳頂上·吉大尚·許率母·角福牟에게 小山上을 내렸다. 이외에 達率 등 50여인에게 小山下를 내렸다.(『書紀』27)

2.23. 百済使臺(一説,壹) 久用善이 来朝하여 調를 바쳤다.(『書紀』27)

6.4. 百済三部使者가 요청한 군사에 대해 선언이 있었다.(『書紀』27)

6.15. 百済使翠真子가 래조하여 調를 바쳤다.(『書紀』27)

【일본】

3.18. 이보다 앞서 内小七位 阿曇稲敷을 筑紫에 보내어 天智天皇의 喪(昨年12月3日没)을 郭務悰에게 알렸다. 이날 郭務悰이 喪服을 입고 挙哀를 했다.(『書紀』28)

3.21. 郭務悰이 書函과 信物을 바쳤다.(『書紀』28, 『善隣国宝記』, 異国状記)

5.12. 郭務悰에게 甲冑·弓矢를 주고, 또 麵 1673匹·布 2852端·綿 666斤을 주었다.(『書紀』28, 扶桑略記)

5.28. 高句麗 前部富加抾를 보내 来朝하고 調를 바쳤다.(『書紀』28)

【일본】

윤6.6. 百済人 大錦下 沙宅昭明이 죽었다. 昭明은 秀才로 불렸고, 外小紫位를 주고, 거듭하여 本國의 大佐平位를 내렸다.(『書紀』29)

윤6.8. 耽羅王子 久麻芸·都羅·宇麻가 래조하여 조공했다.(『書紀』29)

윤6.15. 新羅가 韓阿湌 金承元·阿湌 金祇山·大舎霜雪을 보내 래조하고 즉위를 축하했다. 또 一吉湌 金薩儒·韓奈末金池山을 보내 天智天皇의 喪에 조문했다.(『書紀』29)

윤6.24. 新羅의 送使貴干 宝·真毛를 筑紫에서 향응하고 禄物을 내렸다.(『書紀』29)

8.20. 高句麗使 上部 位頭大兄 邦子·前部大兄 碩干이 新羅使 韓奈末 金利益와 함께 보내져 筑紫에 이르러 조공했다.(『書紀』29)

【일본】

1.10. 百済 王昌成(百済 義慈王의 孫, 善光의 子)이 죽었다. 小紫位를 추증했다.(『書紀』29)

2.-. 唐이 新羅王의 冊封官爵를 剝奪하자 新羅王이 謝罪하여 다시 복위했다.

【일본】

1.1. 舎衛 及 吐火羅의 女·百済王 善光·新羅 仕丁들이 大学寮의 学生등이 함께 薬 및 진귀한 品物을 바쳤다.(『書紀』29)

2.-. 新羅使 王子 金忠元·大監級湌金比蘇·大監奈末金天沖·弟監大麻(舎?)朴武摩·弟監大舎金洛水등이 送使奈末金風那·佘末金孝福과 함께 来朝하여 調를 바쳤다.(『書紀』)

3.14. 新羅使 金風那를 筑紫에서 향응하고, 風那가 帰国했다.(『書紀』)

3.-. 高句麗使 大兄富干·大兄多武가 来朝하여 朝貢했다. 또 新羅使 級湌 朴勤修·大奈末金美賀, 来朝하여 調를 바쳤다.(『書紀』29)

4.-. 新羅使 王子金忠元이 難波에 이르렀다.(『書紀』29)

【일본】

2.24. 耽羅客에게 船 1隻을 하사했다.(『書紀』29)

2.-. 遣新羅使 大伴国麻呂이 新羅에서 帰国했다.(『書紀』29)

7.8. 耽羅客이 帰国했다.(『書紀』29)

9.13. 諸蕃의 사람들에게 百官人과 함께 禄物을 하사했다.(『書紀』29)

연도	한국
▲ 676	11.23. 高句麗大使 後部主簿 阿干·副使 前部大兄 德富와 新羅使 大奈末 金楊原이 筑紫에 이르러 조공을 바쳤다.(『書紀』29)
677	5.7. 新羅人 阿湌 朴刺破, 從者 3人·僧侶 3人과 함께 血鹿島(値嘉島)에 표착했다.(『書紀』29) 8.27. 新羅大使 金淸平가 漂着한 新羅人朴刺破등과 함께 귀국했다.(『書紀』29) 8.28. 耽羅王子 都羅가 來朝하여 조공하다.(『書紀』29)
678	
679	9.23. 遣高句麗使·遣耽羅使가 귀국하여 拜朝했다.(『書紀』29) 10.17. 新羅使 阿湌 金項那·沙湌 薩藝生이 래조하여 조공했다. 調物은 金·銀·鉄·鼎·綿·絹·布·皮·馬·狗·騾·駱駝등 10여 종을 넘었다. 또 별도로 天皇·皇后·太子에게 金·銀·刀·旗등을 헌상했다.(『書紀』29) 11.23. 大乙下倭馬飼部連를 大使에, 小乙下上光父를 小使에 임명하여 多禰島에 보내고, 爵一級을 내렸다.(『書紀』29)
680	
681	9.3. 遣高句麗使·遣新羅使가 귀국하여 拜朝했다.(『書紀』29) 9.14. 多禰島人을 飛鳥寺 西河辺에서 향응했다.(『書紀』29) 10.20. 新羅使 沙喙 一吉湌 金忠平·大奈末 金壱世가 來朝하여 調를 바쳤다. 調物은 金·銀·銅·鉄·錦·絹·鹿皮·細布등이고, 또 별도로 天皇·皇后·太子에게 金·銀·霞錦·幡·皮등을 한상했다.(『書紀』29) 10.-. 新羅使(金忠平?)가 來朝하여 国王(文武王)의 죽음을 알려왔다.(『書紀』29) 12.10. 小錦下河辺子首를 筑紫에 보내어 新羅使 金忠平을 보게하다.(『書紀』29)
682	【한국】 -. 이해에 新羅의 神文王이 父文 武王의 遺志를 받들어 倭兵을 막기 위해 東海의 바닷가에 感恩寺를 세우고, 文武王의 遺骨을 東海口의 大石(大王岩)에 묻었다.(『三国遺事』紀異万波息笛,『集成』1-45)
683	
684	5.28. 三輪引田難波麻呂를 遣高句麗大使, 桑原人足을 小使에 임명하여 高句麗에 보냈다.(『書紀』29) 10.3. 県犬養手繼을 遣耽羅大使, 川原加尼를 小使에 임명하여 耽羅에 보냈다.(『書紀』29) 12.6. 이보다 앞서 入唐留学生 土師甥·白猪宝然 및 百済 救援에 出征하여 唐軍의 補虜가 된 猪使子首·筑紫三宅得許가 唐에서 新羅에 이르자, 이날 新羅使 大奈末 金物儒를 보내어 筑紫에 귀착했다.(『書紀』29)
685	9.20. 遣高句麗使가 귀국했다.(『書紀』29) 9.27. 帰化高句麗人에게 禄物을 내렸다.(『書紀』29) 10.4. 나이 100歳의 百済僧 常輝에게 封戸 30戸를 내렸다.(『書紀』29) 10.8. 百済僧 法蔵·優婆塞 益田金鍾를 美濃에 보내 白朮(약초)을 다리게 하고, 絁·綿·布를 내리다.(『書紀』29) 11.24. 法蔵이 다린 白朮을 献上했다.(『書紀』) 11.27. 新羅使 波珍湌 金智祥·大阿湌 金健勲이 來朝하여 정치를 보고하고 調를 바쳤다.(『書紀』29)

일본
10.10. 遣新羅大使에 大乙上物部 摩呂, 小使에 大乙中山背百足을 임명하여 新羅에 보냈다.(『書紀』29)
11.3. 新羅使 沙湌金淸平가 来朝하여, 정무를 보고하고, 또 汲湌 金好儒·弟監大舍 金欽吉을 보내 調를 바쳤다. 送使인 奈末 被珍那·副使 奈末好福은 淸平을 筑紫까지 안내했다. 그달에 肅愼人 7人이 淸平을 따라서 래조했다.(『書紀』29)
【일본】
2.1. 遣新羅使 物部摩呂가 新羅에서 귀국했다.(『書紀』29)
3.19. 新羅使 金淸平이하 13人을 京으로 불렀다.(『書紀』29)
4.14. 新羅送使 被珍奈가 筑紫에서 향응을 받고 被珍奈가 귀국했다.(『書紀』)
5.3. 大博士 百済人 率母에게 大山下位를 주고, 30戸를 하사했다. 또 倭画師 音檮에게 小山下位를 내리고 20戸를 주었다.(『書紀』29)
【일본】
1.22. 耽羅人인이 京에 왔다.(『書紀』29)/ 이해에 新羅使 奈末 加良井山·奈末 金紅世, 調使 沙湌 金消勿·大奈末 金世世가 日本을 향해 오던 중 海上에서 暴風에 조난을 당해 사방으로 흩어졌는데, 井山등은 무사히 해안에 도착했으나 消勿등은 行方不明이 되었다.(『書紀』29)
【일본】
1.5. 新羅送使 加良井山이 京을 향했다.(『書紀』29)
2.1. 高句麗使 上部大相桓父·下部大相帥婁와 新羅送使 奈末甘勿那가 筑紫에 이르러 조공했다.(『書紀』29)
9.16. 遣新羅使가 귀국하기 위해 拜朝했다.(『書紀』29)
【일본】
2.27. 新羅의 仕丁 8人이 귀국했다.(『書紀』29) (→675.1.1)
4.25. 新羅使 金項那를 筑紫에서 향응하고, 禄物을 주었다.(『書紀』29)
5.13. 高句麗使 南部大使卯問·西部大兄俊徳와 新羅使 大奈末考那가 筑紫에 이르러 朝貢하다.(『書紀』29)
6.5. 新羅使 項那가 귀국했다.(『書紀』29)
11.4. 斉明天皇의 葬儀에 참례하여 그대로 滞留했던 高句麗使 19人이 귀국했다.(『書紀』29)
11.24. 新羅使 沙湌金若弼·大奈末 金原升가 来朝하여 調를 바쳤다. 日本語를 배우려는 3人이 따라왔다.(『書紀』29)
【일본】
4.17. 高句麗使 卯問을 筑紫에서 향응하고 禄物을 주었다.(『書紀』29)
5.26. 高句麗使 卯問이 귀국했다.(『書紀』29)
6.5. 新羅使 金若弼을 筑紫에서 향응하고 禄物을 주었다.(『書紀』29)
7.4. 小錦下 采女竹羅를 遣新羅大使에 当摩楯을 小使에 임명하여 新羅에 보냈다. 또 小錦下佐伯広足를 遣高句麗大使에 小墾田麻呂를 小使에 임명하여 高句麗에 보냈다.(『書紀』29)
8.10. 三韓의 諸人에게 10年間의 調税免除의 特典이 이미 끝났지만, 帰化할 때 따라온 子孫과 함께 課役을 면제했다.(『書紀』29)
8.20. 多禰島에 보낸 使者가 귀국하여 多禰国図를 바치고, 그 地理·風土등을 보고했다.(『書紀』29)/ 新羅使 金若弼이 귀국했다.(『書紀』29)
【일본】
1.11. 筑紫에서 新羅使 金忠平을 향응하다.(『書紀』29)
2.12. 新羅使 金忠平이 귀국했다.(『書紀』29)
5.16. 遣高句麗大使佐伯広足·小使小墾田麻呂가 帰国하여 使旨를 御所에 보고하다.(『書紀』29)
6.1. 高句麗使 下部 助有卦婁毛切·大古昻加와 新羅送使 大那末 金釈起가 筑紫에 이르러 方物을 바치다.(『書紀』29)
7.25. 多禰人·掖玖人·阿麻弥人에게 禄物을 내려주다.(『書紀』29)
8.3. 筑紫에서 高句麗使를 향응하다.(『書紀』29)
【일본】
3.19. 多禰에 보낸 사자가 귀국했다.(파견 날짜는 알수 없다.)(『書紀』29)
7~8.-. 百済僧 道蔵이 祈雨를 하여 비가 왔다.(『書紀』29)
11.13. 新羅使 沙湌 金主山·大那末 金長志이 来朝하여 調를 바쳤다.(『書紀』29)
【일본】
3.23. 新羅使 金主山이 귀국했다.(『書紀』29)
4.20. 小錦下 高向麻呂를 遣新羅大使, 小山下都努牛甘을 小使에 임명하여 新羅에 보냈다.(『書紀』29)
5.14. 帰化 百済人 僧과 俗人 男女 23人을 武蔵国에 안치했다.(『書紀』29)
【일본】
2.4. 唐人·百済人·高句麗人을 합쳐 147人에게 爵位를 주었다.(『書紀』29)
3.14. 新羅使 金物儒를 筑紫에서 향응했다. 漂着新羅人 7人이 同行하여 돌아갔다.(『書紀』29)
4.17. 新羅人 金主山이 귀국했다.(『書紀』)
5.26. 遣新羅使 高向麻呂·都努牛甘이 学問僧 観常·霊観이 따라왔다. 新羅王의 献上品은 馬 2匹·犬 3頭· 鸚鵡 2隻·鵲 2隻등을 가져왔다.(『書紀』29)
8.20. 遣耽羅使가 귀국했다.(『書紀』29)

연도	한국
686	5.9. 百済人 侍医 億仁이 병들어 臨終할 때에 勤大壱位를 주고 封戸 100戸를 내렸다.(『書紀』29)/ 新羅使 金智祥을 筑紫에서 향응하고 禄物을 주니, 帰国했다.(『書紀』29) 6.2. 入唐留学生이 爵位를 받았다.(『書紀』29) 9.9. 天武天皇이 没했다.(『書紀』29) 9.30. 百済王 良虞가 百済王 善光을 대신해 조사를 읽었다.(『書紀』29) 10.29. 新羅僧 行心을 大津皇子의 謀反에 관여한 죄로 飛騨国의 절로 보내게 했다.(『書紀』30) 윤12.-. 筑紫 大宰가 高句麗·百済·新羅 3国의 百姓 男女 및 僧尼를 합쳐 62人을 바쳤다.(『書紀』30)
687	9.23. 新羅使 王子 金霜林·級湌 金薩慕·級湌 金仁述·大舎 蘇陽信이 来朝하여 国政을 奏請하고 調를 바쳤다. 学問僧 智隆이 同行하여 帰国했다. 筑紫 大宰가 霜林에게 天武天皇의 死去를 고하자 그날로 霜林등이 喪服을 입고 東方을 향해 三拝하고 세 번 哭을 했다.(『書紀』30) 12.10. 直広参 路迹見을 新羅使를 향응하는 勅使로 임명했다.(『書紀』30)
688	2.29. 霜林이 帰国했다.(『書紀』30) 5.8. 百済人 敬須徳那利를 甲斐国에 이주시켰다.(『書紀』30) 7.20. 百済僧 道蔵에게 기우제를 지내게 하자 머지않아 비가 내렸다.(『書紀』30) 8.25. 耽羅使 佐平加羅가 来朝하여 方物을 바쳤다.(『書紀』30) 9.23. 耽羅使 加羅등을 筑紫館에서 향응하고 禄物을 하사했다.(『書紀』30)
689	6.19. 唐人 続守言·薩弘格에게 벼를 차등있게 주었다.(『書紀』30) 6.20. 筑紫大宰 粟田真人을 불러 学問僧 明聡·観智등이 新羅의 師友에게 보낼 綿各 140斤을 支給하도록 했다.(『書紀』30) 6.24. 新羅弔使 金道那등을 筑紫小郡에서 향응하고 禄物을 하사하다.(『書紀』30) 7.1. 新羅使 金道那등이 귀국했다.(『書紀』30)
690	10.10. 智宗등이 入京했다.(『書紀』30) 10.15. 新羅使 金高訓등을 筑紫에서 향응했다. (『書紀』30) 11.7. 新羅使 金高訓등에게 상을 내렸다.(『書紀』30) 12.3 新羅使 金高訓등이 귀국했다.(『書紀』30)
691	
692	
693	
694	

일본

【일본】

1.-. 新羅使 金智祥을 향응하기 위해 浄広肆川内王·直広参大伴安麻呂·直大肆藤原大島·直広肆境部魚·直広肆穂積虫麻呂를 筑紫에 보냈다.(『書紀』29)

4.13. 新羅使를 향응하기 위해 川原寺의 伎楽을 筑紫에 보내고, 皇后宮의 私稲 5000束을 川原寺에 시주했다.(『書紀』29)

4.19. 新羅가 献上한 調物을 筑紫에 보내왔다. 進上品은 細馬 1匹·騾 1頭·犬 2狗·鏈金器·金·銀·霞錦·綾羅·虎豹皮 및 薬物 등 모두 100余種이었고, 智祥·健勲등이 별도로 金·銀·霞錦·綾羅·金器·屏風·鞍皮·絹布·薬物등 60余種을 바쳤다. 또 별도로 皇后·皇太子 및 諸親王에게 物을 바쳤다.(『書紀』29)

【일본】

1.19. 直広肆田中法麻呂·追大弐守苅田를 新羅에 보내어 天武天皇의 喪을 알렸다.(『書紀』30) (→689.5.22)

3.15. 投化한 高句麗人 56인을 常陸国에 이주시키고 田을 주었다.(『書紀』30)

3.22. 帰化 新羅人 14인을 下毛野国에 거주시켜 田을 주고 農業에 종사시켰다.(『書紀』30)

4.10. 筑紫 大宰가 帰化 新羅人 僧尼와 百姓 男女 모두 22인을 바치니, 武蔵国에 거주시켜 田을 주고 農業에 종사시키다.(『書紀』30)

【일본】

1.23. 天武天皇死去의 旨를 新羅使 金霜林등에게 알리자 霜林등이 3번 곡을 했다.(『書紀』30)

2.2. 筑紫 大宰가 新羅가 調賦한 金·銀·絹·布·皮·銅·鉄등 10余種 및 仏像·彩絹·鳥·馬등 10余種, 또 霜林이 献上한 金·銀·彩色, 여러 가지 珍奇한 品物 등 80余種을 바쳤다.(『書紀』30)

2.10. 新羅使 金霜林등을 筑紫館에서 향응하고 禄物을 하사했다.(『書紀』30)

【일본】

1.8. 遣新羅使 田中法麻呂등이 귀국했다.(『書紀』30)

1.9. 出雲国司에게 漂着한 외국인을 왕경에 올려보내게 했다.(『書紀』30)

4.8. 投化新羅人을 下毛野에 거주시켰다.(『書紀』30)

4.20. 新羅使級湌 金道那등이 来朝하여 天武天皇의 喪을 조문하고, 金銅阿弥陀像·金銅観世音菩薩像·大勢至菩薩像 各1軀, 綵帛·錦·綾을 바치고, 学問僧 明聡·観智와 同行하여 帰国했다.(『書紀』30)

5.22. 新羅使 金道那를 불러 昨年에 遣新羅使 田中法麻呂가 왔을 때, 新羅側이 前例를 들어 蘇判位의 官人에게 응접시킨 것, 또 天智天皇 崩御의 때에 弔使는 一吉湌이었는데, 이번에는 級湌을 보낸 것, 여러 척의 배로 朝貢한 예가 있음에도 이번에는 1隻인 것, 忠誠心을 다하지 않는다는 것등 여러 가지 違例·無礼를 지적하고. 이 뜻을 新羅王에게 전하게 했다.(『書紀』30)

【일본】

2.11. 新羅僧 詮吉·級湌 北助知등 50人이 帰化하다.(『書紀』30)

2.25. 帰化新羅人 韓奈末 許満등 12人을 武蔵国에 거주시켰다.(『書紀』30)

5.10. 百済人 男女21인이 귀화했다.(『書紀』30)

8.11. 帰化新羅人을 下毛野国에 거주시켰다.(『書紀』)

9.23. 이보다 앞서 入唐僧 智宗·義徳·浄願 및 百済救援에 出征하여 捕虜가 되어 唐에 억류되어 있던 筑後国上陽咩郡사람 大伴部博麻가 新羅에 도착하여 이날, 新羅使 大奈末金高訓등에게 보내져 筑紫에 귀착했다.(『書紀』30)

【일본】

9.4. 唐人 音博士 続守言·薩弘格, 書博士 百済의 末士善信에게 각각 銀 20両을 주었다.(『書紀』30)

【일본】

10.11. 山田史御形에게 務広肆를 주다. 御形은 전에 僧으로 新羅에 유학했고, 후에 환속했다.(『書紀』30)

11.8. 新羅使 級湌 朴億徳·金深薩등이 来朝하여 調를 바쳤다. 또 遣新羅使에 直広肆息長老·務大弐川内連등을 임명하고 禄物을 내렸다.(『書紀』30)

11.11. 新羅使朴億徳등을 難波館에서 향응하고 禄物을 하사했다.(『書紀』30)

12.14. 唐人 音博士 続守言·薩弘格에게 水田 各4町을 주었다.(『書紀』30)

12.24. 新羅의 調를 伊勢·住吉·紀伊·大倭·菟名足의 5社에 바쳤다.(『書紀』30)

【일본】

1.15. 故百済王善光에게 正広参을 추증하고 博物을 하사했다.(『書紀』)

2.3. 新羅使 沙湌 金江南·韓奈麻 金陽元등이 래조하여 国王의 喪을 고했다.(『書紀』30)

2.30. 표착 신라인 牟自毛礼등 37인을 신라사 朴億徳등의 귀국에 동행시켰다.(『書紀』30)

3.16. 遣新羅使 直広肆息長老·勤大弐大伴子君 및 학문승 弁通·神叡등에게 絁·綿·布를 하사했다. 또 新羅王의 博物을 맡겼다.(귀국일은 알 수 없다.) (『書紀』30)

6.1. 高句麗僧 福嘉를 환속시켰다.(『書紀』30)

11.7. 耽羅王子·佐平某등에게 禄物을 하사하다.(『書紀』30)

【일본】

3.18. 百済王의 一族인 嶋大寺의 徳聡등이 父母의 恩에 보답하기 위해 観世音菩薩像을 만들다.(法隆寺蔵 銅板造像記)

연도	한국
695	
696	
697	
698	
699	
700	
701	
702	
703	
704	
705 ▼	
연도	한국

일본

【일본】

3.2. 新羅가 王子 金良琳·補命薩湌 朴強国등과 韓奈麻 金周漢·金忠仙등을 보내 国政을 奏請하고 調와 物品을 바쳤다.(『書紀』30)

3.23. 務広弐 文博勢·進広参下訳語諸田등을 多禰에 보내어 蛮의 所居를 찾아보게 했다.(『書紀』30)

7.26. 遣新羅使 直広肆小野毛野·務大弐伊吉博徳등에게 物品을 하사했다.(『書紀』30)

9.6. 遣新羅使小野毛野등이 出発했다.(『書紀』30)

【일본】

1.11. 百済王 南典에게 直大肆의 관위를 내렸다.(『書紀』30)

4.27. 唐에 抑留되어 있던 伊予国風速郡의 사람 物部薬·肥後国 皮石郡의 사람 壬生諸石에게 追大弐의 位를 제수하고 각각 絁4 匹·糸 10 絢·布 20端·鍬 20口·稲 1000束·水田 4町을 주고, 戸의 調役을 면제했다.(『書紀』30)

10.28. 新羅使 一吉湌 金縮徳·副使 奈麻 金任想등이 래조했다.(『統紀』)

11.11. 務広肆坂本鹿田·進大壱大倭五百足을 陸路로, 務広肆土師大麻呂·進広参習宜諸国을 海路로 각각 筑紫에 보내어 新羅使를 맞이하게 했다.(『統紀』)

【일본】

1.1. 天皇이 大極殿에서 朝賀를 받았는데, 新羅使도 拝賀했다.(『統紀』1)

1.3. 新羅使 金弼徳이 調物을 바쳤다. 이어 17일에 이것을 여러 신사에 바쳤다.(『統紀』1)

1.19. 直広参土師馬手를 天武天皇 大内山陵에 보내어 신라의 貢物을 바치다.(『統紀』1)

2.3. 新羅使 金弼徳이 帰途에 올랐다.(『統紀』1)

【일본】

1.26. 京職이 林坊의 新羅人 女性 牟久売가 한번에 2男 2女를 낳았다고 하여 絁·綿·布·稲 와 乳母를 하사했다.(『統紀』1)

【일본】

3.10. 前入唐留学僧 道昭가 죽다.(72歳) (『統紀』1, 元亨釈書1道昭)

5.13. 遣新羅使에 大使直広肆 佐伯麻呂, 小使勤大肆 佐昧賀佐麻呂, 이외에 大少位(佑?) 各1人, 大少史 各1人을 임명했다.(『統紀』1)

6.17. 唐人 勤大壱 薩弘恪를 大宝律令을 撰定한 功으로 刑部親王등과 함께 禄物을 하사하다.(『統紀』1)

10.19. 佐伯麻呂가 新羅에서 돌아와 孔雀과 珍物을 바쳤다.(『統紀』1)

11.8. 新羅使 薩湌 金所毛가 래조하여 孝昭王의 모친상을 고하다.(『統紀』2)

【일본】

1.1. 天皇이 大極殿에서 朝賀를 받다. 蕃夷의 使者도 参列하다.(『統紀』2)

1.14. 新羅大使 薩湌 金所毛가 죽다. 絁·綿·布등을 내리고, 小使級湌 金順慶 이하 水手이상에게 禄物을 하사하다.(『統紀』2)

1.23. 遣唐使를 임명하다.(『統紀』2)

4.12. 遣唐使 粟田真人등이 拝朝하다.(『統紀』2)

5.7. 粟田真人에게 節刀를 내려주고, 遣唐使가 入唐할 때에 留学僧 道慈·弁正등도 随行하도록 했다.(『統紀』同日条)

8.3. 大宝律令을 완성하다.

【일본】

6.29. 遣唐使가 昨年에 筑紫를 출항했지만 暴風에 의해 渡海하지 못하고, 이날 다시 入唐의 길에 올랐다.(『統紀』2)

【일본】

1.9. 新羅使 薩湌 金福護·級湌 金孝元등이 来朝하여 国王(孝昭王)의 喪을 고했다.(『統紀』3)

4.4. 従五位下 高麗 若光에게 王의 姓을 내리다.(『統紀』3)

윤4.1. 新羅使를 難波館에서 향응하고, 新羅王의 喪에 조문하다.(『統紀』3, 扶桑略記)

5.2. 新羅使 金福護등이 帰国하다. 日本에 滞在中인 漂着 新羅人을 金福護과 동행하여 帰国하게 하다.(『統紀』3. 同日条·5.3条)

9.22. 従五位下 波多広足을 遣新羅大使에 임명하다.(『統紀』3)

10.25. 天皇이 大安殿에서 遣新羅使波多広足·額田人足에게 각각 衾 1領·衣 1襲을 하사하다. 또 新羅王에게 보낼 錦 2匹·麺 40匹을 주었다. (『統紀』3)

【일본】

7.1. 遣唐執節使 正四位 下粟田真人등이 帰国하다.(『統紀』3, 扶桑略記)

8.3. 遣新羅使 従五位上波多広足등이 新羅로부터 帰国하다.(『統紀』3)

10.9. 粟田真人등이 入京하여 拝朝하고, 正六位 上幡文通을 遣新羅大使에 임명하다. 16일에 幡文通에게 造姓을 내리다.(『統紀』3)

11.14. 粟田真人에게 田 20町·穀 1000斛을 주다.(『統紀』3)

【일본】

5.25. 幡文通등이 新羅로부터 帰国했다.(『統紀』3)

8.11. 正四位下 粟田真人에게 従三位를 주다. 그 외에 遣唐使人에게도 位와 物을 주다.(『統紀』3)

10.30. 新羅 貢調使一吉湌 金儒吉·薩湌 金今古등이 来朝했다.(『統紀』3)

11.13. 新羅使를 맞이하기 위해 諸国의 騎兵을 徴発하고, 正五位上 紀古麻呂를 騎兵大将軍으로 삼았다.(『統紀』3)

연도	한국
▲ 705	
706	윤1.13. 新羅의 調物을 伊勢太神宮 및 七道諸社에 보냈다.(『続紀』3) 2.22. 粟田真人이 타는 遣唐船에 従五位下를 내렸다.(『続紀』3) 8.21. 従五位下 美努浄麻呂를 遣新羅大使에 任命하고, 副使는 従六位下 対馬堅石로 했다.(『続紀』3. 同 日条·11.3条) 11.3. 新羅国王앞으로 慰労詔書를 美努浄麻呂등 편에 보냈다.(『続紀』3)
707	
708	
709	
711	
712	
713	
714	
715	
716	
717	
718	
719 ▼	

일본
12.27. 新羅使 金儒吉등이 入京했다.(『続紀』3)
【일본】
1.1. 天皇이 大極殿에 나아가 朝賀를 받았다. 新羅使 金儒吉등도 参列하고, 朝廷의 儀衛를 했는데, 상례와 달랐다.(『続紀』3)
1.4. 新羅使가 貢調했다.(『続紀』3)
1.7. 金儒吉등을 朝堂에서 향응하고, 諸方의 楽을 연주하고 位를 내리고 禄物을 하사했다.(『続紀』3)
1.12. 新羅使 金儒吉등이 帰国하자, 新羅国王앞으로 慰労詔書를 보냈다.(『続紀』3)
【일본】
5.26. 이보다 앞서 40여년전에 百済救援에 出征하여 捕虜가 되어 唐에 抑留되었던 讃岐国那賀郡人 錦部刀良, 陸奥国信太郎人 壬生五百足, 筑後国山門郡人 許勢部形見등이 遣唐使와 함께 帰国했다. 이날 錦部刀良등에게 衣 및 塩·穀을 주고, 唐抑留中의 労苦를 위로했다.(『続紀』3)
5.28. 遣新羅使 従五位下 美努浄麻呂, 学問僧 義法·義基·惣集·慈定·浄 達등과 함께 新羅로부터 帰国했다.(『続紀』3)
8.16. 遣唐副使 従五位下 巨勢邑治를 正五位上에, 中位従七位上 鴨吉備麻呂를 従五位下에 임명하고 , 그 외에 使人의 位를 내리고 또 水手등에게 다시 10年을 주었다.(『続紀』3)
【일본】
3.13. 正5位上 百済王遠寶를 左衛士督으로 삼다.… 従4位下 百済王南典을 備前守로 삼다.(續紀4)
【일본】
3.15. 新羅使 金信福등을 海陸 両道로 맞이하다.(『続紀』4)
5.20. 新羅使 金信福등이 方物을 바치다.(『続紀』4)
5.27. 新羅使 金信福등에게 饗宴을 朝堂에서 개최하고, 使者에게 禄物을 하사하고, 국왕에게 줄 絹 20匹·美濃絁 30匹·糸 200絇·綿 150屯을 부탁하다. 또 이날 右大臣 藤原不比등이 新羅使를 弁官庁内에 불러 회견하다.(『続紀』4)
6.2. 新羅使 金信福등이 귀국하다.(『続紀』4)
【일본】
-. 종5위하 狛朝臣秋麿가 본래 姓은 阿倍인데 2世祖 比等古臣이 고구려에 사신으로 갔기 때문에 狛이라 했는데 본래 姓으로 돌아가기를 청하여 허락하다.(『続紀』5)
【일본】
1.28. 太安万侶가 『古事記』를 헌상하다.
9.19. 従五位下 道君首名을 遣新羅大使에 任命하다.(『続紀』5)
10.28. 遣新羅使를 辞見하다.(『続紀』5)
【일본】
8.10. 遣新羅使 道君首名이 新羅에서 帰国하다.(『続紀』5)
【일본】
11.11. 이보다 앞서 新羅使 重阿湌 金元静등 20여인이 来朝하다. 이날 畿内·七道 諸国의 騎兵 990人을 徴発하여 入朝의 儀衛를 삼다.(『続紀』6)
11.15. 新羅使를 맞이하기 위해 使者를 筑紫에 보내다.(『続紀』6)
12.26. 新羅使가 入京하다. 従六位下 布勢人·正七位上大野東人이 騎兵 170人을 이끌고 와서 新羅使를 三椅에서 맞이하게 하다.(『続紀』6)
【일본】
1.16. 百官 및 新羅使 金元静등에게 향연을 中門에서 개최하고 諸方의 樂을 연주하고 녹을 내렸다.(『続紀』6)
1.17. 新羅使가 大射에 参列하다.(『続紀』)
3.23. 金元静등이 帰国하자 大宰府에 綿 5,450斤·船 1艘을 지급하도록 하다.(『続紀』6)
【일본】
5.16. 駿河·甲斐·相模·上総·下総·常陸·下野 등 7国의 高麗人 1,799人을 武蔵国에 옮겨 高麗郡을 두다.(『続紀』7)
6.7. 正七位上馬伊麻呂이 新羅国의 紫驃馬 2疋을 바치다.(『続紀』7)
【일본】
1.4. 정5위상 百済王良虞에게 종4위하를 주다.(『続紀』7)
11.8. 本国이 敗戦에 의해 投化한 高句麗·百済의 士卒에게 終身토록 課役을 면해주다.(『続紀』7)
【일본】
3.20. 少納言 正5位下 小野馬養을 遣新羅大使로 삼다.(『続紀』8)
5.23. 遣新羅使이 辞見하다.(『続紀』8)
【일본】
2.10. 遣新羅使小野馬養이 帰国하다.(『続紀』8)
5.7. 新羅貢調使 級湌 金長言등 40人이 来朝하다.(『続紀』8)
윤7.7. 新羅使가 調物과 螺馬 牡牝 各 1疋을 바치다.(『続紀』8)

연도	한국
▲ 719	
721	
722	【한국】 10.-. 新羅가 毛伐郡(毛火郡)城을 쌓아 日本의 賊의 通路를 막다.(『三國史記』8·34/『三国遺事』紀異, 『集成』1-17)
723	
724	
725	
726	
727	【한국】 -. 이해에 渤海郡王 大武芸, 寧遠将軍郎将 高仁義·遊将軍果毅都尉德周·別将舎航등 24인을 일본에 파견했다.(『続紀』10. 神亀 　4.12.29条)
728	4.16. 高斉徳등 8人에게 綵帛·綾·綿을 주고, 渤海王앞으로 慰労詔書 및 綵帛 10疋·綾10疋·絁 20疋·絲 100絢·綿 200屯을 보 　냈다. 渤海使가 滞京中에 長屋王邸에 초청되었다.(『続紀』10, 長屋王家木簡) 6.5. 送渤海使使가 拝辞했다.(『続紀』10) 6.7. 送渤海使使 水手以上 62人에게 位를 내리다.(『続紀』10)
730	
731	【한국】 4.-. 日本国의 兵船 300艘이 新羅의 東辺을 침입하니 新羅가 出兵하여 크게 쳐부수었다.(『三國史記』8, 『集成』1-17)
732 ▼	5.11. 新羅使 金長孫등 40인이 入京하다.(『続紀』11) 5.19. 新羅使 金長孫등이 拝朝하고 여러 가지 財物과 鸚鵡 1口·鸜鵒 1口·蜀狗 1口·猟狗 1口·驢 2頭·螺 2頭를 바치다. 또 来朝 　의 시기를 3년에 한번으로 청하다.(『続紀』11) 5.21. 金長孫등의 饗宴을 朝堂에서 열고 来朝의 시기를 3年에 1번으로 하다. 饗宴後에 禄을 내리고, 新羅国王에게 贈物을 보내 　다.(『続紀』11)

일본
윤7.11. 新羅使 金長言등에게 饗宴을 베풀고 禄物을 내리다. 新羅国王에게 보낼 贈物을 부탁하다. 이날 大外記 従六位下 白猪広成을 遣新羅使에 임명하다.(『続紀』8)
윤7.17. 新羅使 金長言등이 帰途에 오르다.(『続紀』8)
8.8. 遣新羅使 白猪広成이 辞見하다.(『続紀』8)
【일본】
1.27. 음양에 뛰어난 고구려사람 王仲文 角兄麻呂등에게 絁·絲·布등을 내리다.(『続紀』8)
6.23. 百済僧 道蔵은 法門의 袖領로 釈道의 棟梁인데, 지금 80歳가 넘어 기력이 쇠하여 伽·綿·布를 지급하고, 또 同籍의 親族에게는 道蔵이 生涯를 마칠 때까지 復을 내려주다.(『続紀』8)
6.26. 종4위상 百済王南典를 播磨按察使로 삼다.(『続紀』8)
12.-. 新羅貢調使 大使一吉湌 金乾安·副使薩湌 金弼이 筑紫에 来着했는데, 元明上皇이 돌아가자 大宰府에서 되돌아가다.(『続紀』8)
【일본】
2.27. … 百済人成에게 밭 4町을 주었는데, 律令을 찬하여 올린 공 때문이다.(『続紀』9)
5.10. 式部大録正七位下 津主治麻呂를 遣新羅使로 임명하다.(『続紀』9)
5.29. 主治麻呂등이 拝朝하다.(『続紀』9)
12.23. 遣新羅使 津主治麻呂가 帰国하다.(『続紀』9)
【일본】
1.1. 천황이 중궁에서 … 百済王南典에게 정4위하를 주다.(『続紀』9)
8.8. 新羅使 大使韓奈麻 金貞宿·副使 韓奈麻 昔楊節등 15人이 와서 来貢하다. 9일에 朝堂에서 饗宴을 개최하고 大射를 행하며 諸方의 楽을 연주하다.(『続紀』29)
8.25. 新羅使 金貞宿등이 帰途에 올랐다.(『続紀』9)
【일본】
8.21. 従五位上 土師豊麻呂을 遣新羅大使로 임명하다.(『続紀』9)
【일본】
5.22. 遣新羅使 土師豊麻呂등이 귀국하다.(『続紀』9)
【일본】
5.24. 新羅使 薩湌 金造近(金犂勲)등이 来朝하여 伊湌 金順貞이 작년 6月30日에 죽었다는 것을 알려오다.(『続紀』9, 同 日条·7.13条)
6.5. 新羅使 金造近이 調物을 바치다. 6일, 朝堂에서 新羅使의 향연을 베풀다.(『続紀』9)
7.13. 이보다 앞서 長屋王이 自邸에 新羅使를 불러 詩宴을 개최하다. 이날 新羅使 金造近등이 帰途에 오르다. 金順貞의 상을 조문하는 부의 물로 黄絁 100匹·綿 100屯을 보내고 칙서를 내리다.(『続紀』9)
【일본】
9.21. 渤海郡王使 高仁義등 24人이 出羽国에 来着하다. 仁義以下 16人이 蝦夷에게 살해되고 首領 高斉徳등 8人이 겨우 죽음을 면하고 온 것인데, 使者를 보내어 위로하고 時服을 하사했다.(『続紀』10)
12.20. 渤海郡王使 高斉徳등 8人이 入京했다.(『続紀』10)
12.29. 高斉徳등에게 衣服·冠履을 하사했다.(『続紀』10)
【일본】
1.3. 天皇이 大極殿에서 朝賀를 받고, 渤海使도 参列했다.(『続紀』10)
1.17. 渤海使 高斉徳이 渤海王 大武芸의 書幷 및 方物을 바치다. 大武芸는 高句麗의 旧領에서 재흥했다는 것, 「親仁結援」을 구하는 사자에게 貂皮 300張을 보낸다는 것등을 적었다. 高斉徳등 8人에게 正六位上을 내리고 当色服을 하사하고 향연을 베풀었다.(『続紀』10)
2.16. 従六位下 引田虫麻呂을 送渤海客使로 임명했다.(『続紀』10)
【일본】
8.29. 送渤海使使 引田虫麻呂등이 귀국하다.(『続紀』10, 天平二年越前国正税帳)
9.2. 天皇이 中宮에 나아가니 引田虫麻呂이 渤海郡王의 信物을 바치다.(『続紀』10)
9.25. 使者를 山陵 6개소 및 藤原不比等墓에 보내어 渤海郡王의 信物을 바치다.(『続紀』10)
10.29. 渤海郡王의 信物을 諸国의 名神社에 바치다.(『続紀』10)
【일본】
7.29. 雅楽寮의 大唐楽·百済楽·高麗楽·新羅楽·度羅楽·諸県舞·筑紫舞等雑楽生의 員数를 정하고, 百済·高麗·新羅等의 楽生은 모두 그 나라 出身者로 배우게 하다.(『続紀』10)
【일본】
1.20. 従五位下角家主를 遣新羅使에 임명하다.(『続紀』11)
1.22. 新羅使 韓奈麻 金長孫등이 来朝하다.(『続紀』11)
2.27. 遣新羅使가 拝朝하다.(『続紀』11)
3.5 新羅使 金長孫등을 大宰府에 부르다.(『続紀』11)

연도	한국
▲ 732	8.17. 遣唐使를 任命를 임명하다.(『続紀』11. 同日条) 10.3. 처음으로 造客館司를 설치하다.(客館은 후에 鴻臚館) (『続紀』11)
733	
734	
735	【한국】 2.-. 唐이 新羅에 淏江(大同江) 이남의 땅을 領有하는 것을 인정하다.(新羅의 朝鮮半島를 통일하다.)
736	
737	
738	
739	
740	3.15. 外従五位下紀必登을 遣新羅大使에 임명했다.(『続紀』13) 4.2. 遣新羅使紀必登등이 拝辞했다.(『続紀』13) 4.20. 遣渤海使 大伴犬養을 辞見하다.(『続紀』13) 9.3. 大宰少弐藤原広嗣이 玄昉·吉備真備의 배제를 요구하며 挙兵했다.(『続紀』13) 9.21. 이보다 앞서 藤原広嗣를 征討하기 위해 九州로 간 大将軍大野東人은 遣新羅使船이 長門国에 来泊했다는 것을 알리고, 이 날 東人에게 遣新羅使船의 積載荷物을 長門国에 주고, 使節 가운데에서 追討軍에 적임자가 있으면 任意로 採用할 것을 명령했다.(『続紀』13) 10.5. 遣渤海郡使大伴犬養등이 帰国했다.(『続紀』13) 10.15. 遣新羅使 紀必登이 帰国했다.(『続紀』13) 11.1. 肥前国松浦郡에서 藤原広嗣를 참수했다.(『続紀』13, 11.5条)
742	【한국】 10.-. 日本国使가 来着했으나 받아들이지 않다.(『三國史記』9, 『集成』1-17)

일본

6.26. 新羅使 金長係등이 귀국하다.(『続紀』11)

8.11. 遣新羅使角家主등이 귀국하다.(『続紀』11)

【일본】

6.2. 武蔵国 埼玉郡의 新羅人德師등 男女 53人의 청에 의해 金의 姓을 내리다.(『続紀』11)

【일본】

3.11. 散位 종4위하 百済王遠寶가 죽다.(『続紀』11)

12.6. 大宰府에 新羅貢調使 級伐飡 金相貞등이 来泊하였음을 보고하다.(『続紀』11)

【일본】

2.17. 新羅使 金相貞등이 入京하다.(『続紀』11)

2.27. 中納言多治比県守를 兵部曹司에 보내어 新羅使가 来朝한 이유를 심문시키다. 그런데 新羅国이 本号를 고쳐 王城国으로 칭했기 때문에 使者를 귀국시켰다.(『続紀』11)

5.5. 遣唐使 및 唐人이 北松林에서 騎射를 할 때, 唐·新羅의 楽을 연주하고 弄槍의 芸를 보였다.(『続紀』12).[→754.2.20]

-. 이해에 新羅의 尼僧 理願가 大伴安麻呂의 집에서 죽었다. 래조한지 수십년이 지났다고 한다.(『万葉集』3460·461)

【일본】

4.17. 遣新羅使阿倍継麻呂등이 拝朝하다. 이어 難波에서 出帆하여 豊前国을 거쳐 大宰府에 이르렀다. 이어 壱岐·対馬를 경유하여 新羅로 향했다. 豊前国에 遣新羅使料로 春稲 256束을 지급하다.(『続紀』12, 『万葉集』15-3578-3717, 天平九年 豊後国正税帳)

【일본】

1.26. 遣新羅使 大判官 壬生宇太麻呂·少判官 大蔵麻呂등이 帰国했다. 入京大使阿倍継麻呂은 対馬에서 죽고 副使大伴三中은 올해 대유행한 疱瘡에 의해 入京하지 못했다.(『続紀』12)

2.15. 遣新羅使가 新羅国이 常礼와 다르게 使旨를 받아들이지 않은 이유를 보고함에 따라 官人 45人을 불러서 의견을 물었다.(『続紀』12)

2.22. 諸司가 新羅対策에 관한 의견을 제시했는데, 使者를 보내어 사정을 묻는게 좋다든가, 혹은 兵을 내어서 征伐을 하자고 했다.(『続紀』12)

3.28. 遣新羅使 副使 正六位上大伴三中등 40人이 拝朝했다.(『続紀』12)

4.1. 伊勢神宮·大神社·筑紫住吉社·八幡社 및 香椎宮에 奉幣하고 新羅無礼의 상황을 고하다.(『続紀』12)

9.22. 筑紫의 防人이 本郷에 돌아오므로 筑紫의 사람을 壱岐·対馬에 파견하여 수비하도록 시키다.(『続紀』12)

【일본】

1.-. 大宰府에서 新羅使 級飡 金想純등 147인이 래조했음을 보고하다.(『続紀』13)

3.-. 이보다 앞서 日本使 判官平群広成등이 玄宗에게 渤海를 거쳐 귀국하기를 청하여 허락을 받고 귀국했는데, 이달에 登州를 출발하여 5月에 渤海領内에 도착했다.(『続紀』13, 天平11.11.3조)

6.24. 大宰府에 使者를 보내어 新羅使 金想純등을 향응하고, 곧 돌려보내다.(『続紀』13)

10.21. 長門国 豊浦郡 擬大領 正八位下 額田部広麻呂등이 耽羅島人 21人을 데리고 上京하는 도중에 周防国을 지나며 供給을 받았다.(天平十年周防国正税帳)

【일본】

7.13. 渤海副使 雲麾将軍 己珎蒙등이 日本의 遣唐使 平群広成등 4人을 따라 出羽国에 来着했다. 大使若忽州 都督胥要德등 40인이 도중에 해상에서 표류하다 죽었다.(『続紀』13, 同日条·11.3条)

10.27. 遣唐判官平群広成 및 渤海使등이 入京했다.(『続紀』13, 扶桑略記)

11.3. 平群広成가 拝朝했다. 唐에서 귀국 중에 南海에 표착하여 다시 당으로 돌아갔다가, 渤海를 거쳐 帰国에 이르는 전말을 전했다.(『続紀』13)

12.10. 渤海使 己珎蒙등이 拝朝하여 方物을 바쳤는데, 견당사 朝臣廣業의 발해래착과 호송의 전말을 전하다.(『続紀』13)

【일본】

1.1. 天皇이 大極殿에서 朝賀를 받았다. 渤海使·新羅学語등도 参列했다.(『続紀』13)

1.7. 渤海副使雲麾将軍己珎蒙등에게 位를 내리다. 또 朝堂에서 饗宴을 열었다. 渤海王에게 美濃絁紙 30匹·絹30匹·糸 150絇·調綿 300屯, 己珎蒙에게 美濃絁 20匹·絹10匹·糸 50絇·調綿 200屯을 내리다. 그 외 다른 사람에게도 賜物을 내렸다.(『続紀』13)

1.13. 外従 五位下大伴犬養을 遣渤海大使에 임명했다.(『続紀』13)

1.16. 百官 및 渤海使의 향연을 朝堂에서 베풀었다.(『続紀』13)

1.17. 大射를 행했다. 渤海使 己珎蒙등에게도 쏘게했다.(『続紀』13)

1.29. 使者를 客館에 보내어 故渤海大使忠 武将軍胥要德에게 従二位, 首領無位己閼棄蒙에게 従五位下를 추증하고, 調布 115端·庸布 60段을 주었다.(『続紀』13)

1.30. 天皇이 中宮의 閤門에서 己珎蒙등의 渤海楽을 들었다.(『続紀』13)

2.2. 己珎蒙등이 귀국에 올랐다.(『続紀』13)

【일본】

2.3. 大宰府(筑前国)에서 新羅使 沙飡 金欽英등 187人의 来着을 알리다.(『続紀』14)

2.5. 조칙을 내려 紫香楽宮이 造営中이어서 大宰府에 右大弁紀飯麻呂를 보내어 新羅使를 饗応시키고, 同地에서 귀국시켰다.(『続紀』14)

연도	한국
743	
744	
745	
746	
747	
748	
749	
750	
752	6.22. 金泰廉등이 大安寺·東大寺에 가서 礼仏하다.(『続紀』18)/ 新羅使가 『法花経』·『梵網経』·『頭陀経』 등을 바치다.(大日本古文書編年12의 288頁)/ 泰廉등이 在京中에 貿易을 행하다.(正倉院宝物銘文集成 2의 250号·251号, 正倉院佐波理加盤付属文書, 買新羅物解) 7.24. 新羅使金泰廉등이 귀국 중에 難波館에 이르다. 使者를 보내어 絁·布와 酒肴를 내리다.(『続紀』18) 9.24. 渤海使 輔国大将軍 慕施蒙등 75人이 越後国 佐渡島에 오다.(『続紀』18) 10.7. 左大史坂上老人을 越後国에 보내어 渤海使의 소식을 묻다.(『続紀』18)
753	【한국】 8.-. 日本国使(小野田守)가 이르렀는데, 傲慢하고 無礼하여 引見하지 않고 帰国시키다.(『三國史記』9, 『集成』1-17)
754	
757	
758 ▼	6.25. 大和国 原史年足 등 96인과 근강국 桑原史人 등 남녀 1155인이 함께 자신의 조상이 인덕천황때 고구려에서 귀화했는데, 지금 여러성으로 나뉘어져 있으니 칙으로 사자를 고쳐서 같은 성으로 해주기를 청하다. 이에 桑原史, 大友桑原史, 大友史, 大友部史, 桑原史戸, 史戸의 6氏에게 桑原直姓을 내리고 船史에게 船直姓을 내리다.(『続紀』20)

일본

【일본】
3.6. 이보다 앞서 筑前国에서 新羅使 薩湌 金序貞등의 来着을 보고하다. 이날 從五位下 多治比土作·外従五位下 葛井広成을 筑前国에 보내어 新羅使의 応接을 맡도록 하다.(『続紀』15)
4.25. 検校新羅客使 多治比土作등이 新羅使가 調를 土毛라고 칭하고, 書의 구석에 物数를 기록하는 등 旧例와 다르다고 보고했다. 이날 太政官이 新羅使의 水手以上을 불러서 失礼의 실상을 지적하고 大宰府에서 돌려보낼 것을 명령했다.(『続紀』15)
6.30. 従五位下百濟王敬福을 陸奥守로 삼다.(『続紀』15)
【일본】
9.15. 정5위하 百濟王全福을 山陰道使로 삼다.(『続紀』16)
-. 천황이 安曇江에 행차하여 松林을 유람하다. 百濟王등이 百濟楽을 연주하다. 조칙으로 无位百濟王女天에게 종4위하를 주고, 종5위상 百濟王慈敬과 종5위하 孝忠, 全福에게 아울러 정5위하를 주다.(『続紀』16)
【일본】
9.4. 정5위하 百濟王全福을 尾張守로 삼다.(『続紀』16)
【일본】
4.1. 종5위하 百濟王敬福을 上總守로 삼다.(『続紀』16)
-. 이해에 渤海 및 鉄利人1,100余人이 来朝하여 出羽国에 안치한 후, 衣粮을 지급했다.(『続紀』16)
【일본】
1.20. 百濟王孝忠에게 정5위상을 주다.(『続紀』17)
【일본】
2.19. 百濟王孝忠에게 종4위하를 주다. …百濟王元忠에게 종5위하를 주다.(『続紀』17)
【일본】
4.22. 陸奥守百濟王敬福이 黄金 900両을 바쳤다.(『続紀』17)
12.27. 宇佐八幡의 禰宜尼大神社女가 東大寺를 참배하다. 天皇·聖武上皇·光明皇太后가 東大寺에 行幸하여 5,000人의 僧을 청하여 礼仏読経을 하고, 大唐·渤海·呉楽等을 연주했다.(『続紀』17)
【일본】
1.27. 従四位上 肖奈王 福信등 6인에게 高麗朝臣의 姓을 내리다.(『続紀』18)
3.12. 종4위하 百濟王孝忠을 出雲守로 삼다.(『続紀』18)
5.14. 종3위 百濟王敬福을 宮内卿으로 삼다.
-. 종5위하 百濟王元忠에게 종5위상을 주다.(『続紀』18)
【일본】
1.25. 正七位下 山口人麻呂를 遣新羅使에 임명하다.(『続紀』18)
윤3.22. 大宰府에서 新羅王子 韓阿湌 金泰廉·貢調使 大使金暄·送王子使 金弼言등 700人이 来泊하여 머물고 있음을 알리다.(『続紀』18)
윤3.28. 使者를 大内(天武·持統)·山科(天智)·惠我(応神)·直山(元明)등의 山陵에 보내어 新羅 王子의 来朝를 고하다.(『続紀』18)
4.9. 東大寺大仏을 開眼供養하고, 菩提僊那이 導師를 맡다.
6.14. 이보다 앞서 新羅王子 金泰廉등의 入京때에 官使에게 宣命으로 迎馬를 내리고, 泰廉등이 馬上에서 答謝하고, 이날 拝朝하고 調物을 바치고, 또 使者 370余人을 거느리고 入朝하는 뜻을 알리다.(『続紀』18)
6.17. 新羅使의 饗宴을 朝堂에서 열고, 조칙을 내려 前代의 新羅王의 欠礼를 지적하고, 또 国王以外의 者가 올 때에는 반드시 表文을 지참할 것을 알리다.(『続紀』18)
【일본】
1.1. 遣唐使가 귀국하여 당나라 含元殿에서 신년하례식때 新羅使와 座次문제로 쟁의가 있었음을 아뢰다.(『続紀』19)
2.9. 従五位下 小野田守를 遣新羅大使에 임명하다.(『続紀』19)
5.25. 渤海使 慕施蒙등이 拝朝하여 信物을 바치다. 渤海王이 前回의 使者로부터 10余年이 지나 慕施蒙등을 파견하는 뜻을 알려오다.(『続紀』19)
5.27. 慕施蒙등의 향연을 조당에서 열고, 位를 주고 禄을 내리다.(『続紀』19)
6.8. 渤海使 慕施蒙등의 귀국에 渤海王앞으로 慰労詔書를 보내고, 渤海王이 上表文을 올리지 않은 것을 책하는 뜻을 전하다.(『続紀』19)
【일본】
2.13. 정6위상 百濟王理伯에게 종5위하를 주다.(『続紀』19)
4.5. 종5위하 百濟王理伯을 亮으로 삼다.(『続紀』19)
【일본】
4.4. 高句麗·百済·新羅의 帰化人으로 賜姓을 원하는 자에게 허락하다.(『続紀』20, 後紀延暦18.12.5条, 新撰姓氏録序)
11.10. 対策文에 蕃礼를 잃은 新羅에게 武를 사용하여 굴복시키는 方策을 묻자 文章生紀真象이 이에 답하다.(経国集20)
【일본】
4.28. 度遣唐使 薬師恵日의 아들 難波薬師奈良의 먼조상이 고구려사람으로 백제에 귀화했고, 應略天皇대에 일본에 오는데, 薬師의 성을 바꾸어 難波連의 姓을 내리다.(『続紀』20)

연도	한국
▲ 758	10.28. 遣渤海大使 從五位下 小野田守에게 從五位上, 副使正六位下 高橋老麻呂에게 從五位下를 주고, 그 외의 使人 66人에게도 授位하다.(『続紀』21) 12.24. 발해사 揚承慶이 王京으로 들어오다.(『続紀』21)
759	6.18. 新羅征討를 위해 大宰府에 行軍式을 만들게 했다.(『続紀』22) 8.6. 大宰帥三品船親王을 香椎廟에 보내어 新羅征討의 일을 고하게 했다.(『続紀』) 9.4. 大宰府에 勅을 내려 渡来 新羅人안에 再三事情을 聽取하여 帰国을 원하는 자에게는 식량을 주어 귀국 시킬 것을 명했다.(『続紀』22) 9.19. 新羅征討에 쓸 배 500艘의 造船을 諸国명했다. 北陸道諸国에 89艘, 山陰道諸国에 145艘, 山陽道諸国에 161艘, 南海道諸国에 105艘를 부과하여 3年이내에 만들도록 시켰다.(『続紀』22) 10.18. 迎入唐大使 使判官 内蔵全成이 渤海使輔国大将軍兼将軍玄菟州刺史兼押衙官開国公高南申등과 같이 渤海로부터 귀국 도중에 역풍을 만나 対馬에 漂着하여 高南申이 따라와서 中台省의 첩보에 의하면 唐国内의 安禄山·史思明의 난에 의해 入唐이 곤란했기 때문에 迎入唐大使一行중에 大使高元度 등 11인만 唐에 들어가게 했고, 判官全成등은 渤海에서 되돌아 왔음을 말하다.(『続紀』22) 10.23. 渤海使를 大宰府에 불렀다.(『続紀』22) 12.19. 渤海使 高南申 및 内蔵全成등이 難波의 江口에 도착했다.(『続紀』22) 12.24. 渤海使 高南申이 入京했다.(『続紀』22)
760	2.20. 渤海使 高南申이 건의하여 正四位下 藤原河清(清河)에게 文部卿(式部卿)을 겸임시키다.(『続紀』22/公卿補任) 4.28. 帰化 新羅人131을 武蔵国에 살게하다.(『続紀』22) 9.16. 新羅使 級湌 金貞巻이 来朝하다. 陸奥按察使 從四位下 恵美朝獦(朝狩)을 보내어 来朝의 理由를 묻게하다. 貞巻에게 금후 専対할 수 있는 자, 忠信이 있는 자, 믿을 만한 禮와 調를 바치는 자, 책임있는 말을 하는 4가지를 구비한자를 보내줄 것을 본국에 전하게 했다.(『続紀』22) 11.11. 送高南申使外從五位下陽侯玲琴가 渤海로부터 帰国했다. 玲琴에게 從五位下를 주고 이하의 자도 授位했다.(『続紀』22)
761	
762	11.16. 参議 從三位 武部卿藤原巨勢麻呂·散位外從五位下土師犬養을 보내어 香椎廟에 奉幣하고 新羅征討의 훈련을 하고 있음을 고하다.(『続紀』24) 12.11. 故遣高麗大使 從五位下 高麗大山에게 正五位下를 추증하다. 또 副使正六位上 伊吉益麻呂에게 外從五位下를 내리다. 判官以下에게도 授位하다.(『続紀』24) 윤12.19. 高麗使王新福등이 入京하다.(『続紀』24)
763	2.10. 新羅使級湌 金体信등 211人이 朝貢하다. 左少弁從 五位下大原今城·讃岐介外從五位下池原天守등을 보내어, 지난해에 金貞巻과 약속했던 것을 尋問하게 하고, 金体信이 오직 調物을 바치는 것외에 다른 일은 알지 못한다고 하여 入京을 허락지 않고 귀국시켰다.(『続紀』24) (→ 760.9.16) 2.20. 渤海使 王新福등이 돌아갔는데, 그후 渡海때 送使判官 平群虫麻呂의 駕船가 파손되어 送使史生 이상의 승선을 멈추고 배를 수리하여 左兵衛 正七位下板持鎌束을 船師로 임명하여 渤海까지 보내게 했다.(『続紀』24, 同日条·10.6条) 8.24. 新羅人 中衛少初位下 新良木舎前麻呂등에게 清住造라는 姓을 하사했다.(『続紀』24) 10.6. 이에 앞서 板持鎌束이 渤海使 王新福과 함께 渤海에 이르렀다. 日本人 留学生高内弓一家 및 入唐僧戒融등을 데리고 돌아오던 중 海上에서 暴風 때문에 遭難을 당했는데, 바람을 막기 위해 内弓의 妻 高氏등을 바다에 投下하고, 10여일 후에 隠岐国에 표착했다. 이날 罪를 물어 禁獄했다가 그 다음해에 藤原仲麻呂의 乱에 의해 獄에서 풀려나 近江国에 옮겨졌다.(『続紀』24)
764	

일본
8.24. 帰化 新羅人僧 32人·尼 2人·男 19人·女 21人을 武蔵国의 空閑地에 이주시켜 처음으로 新羅郡을 설치하다.(『続紀』20)
9.18. 遣渤海使 小野田守등이 渤海使 輔国大将軍兼将軍行木底州刺史兼兵署少正開国公楊承慶·副使帰徳将軍楊泰師등 23人을 데리고 帰国 하여 越前国에 안치시키다.(『続紀』21)

【일본】

1.1. 天皇이 大極殿에서 朝賀를 받다. 渤海使도 参列하여 拝賀했다.(『続紀』21)

1.3. 渤海使 楊承慶등이 方物을 바치고, 渤海王 大欽茂가 聖武上皇의 死去에 조문하는 使者를 보내는 表文을 바친다는 뜻을 상주하니 이것을 가상히 여기다.(『続紀』22)

1.18. 渤海大使 楊承慶에게 正三位, 副使 楊泰師에게 従三位, 判官 馮方礼에게 従五位下를 내리다. 録事 이하 19人에게도 授位했다. 또 国王에게 絹 40疋, 美濃絁 30疋·糸 200絇·綿 300屯 및 錦 4疋·両面 2疋·纈羅 4疋·白羅 10疋·彩帛 40疋·白綿100帖을 하사했다. 大使 이하에게도 禄物을 내리고, 이어서 조당에서 饗宴을 열었다. 女楽을 만들어 연주하고 内教坊의 踏歌를 하게 했다.(『続紀』22)

1.19. 内射를 행하고, 渤海使에게도 쏘게 했다.(『続紀』22)

1.27. 大保恵美押勝(藤原仲麻呂)이 田村第에서 渤海使를 불러 餞別의 饗宴을 열었다. 勅으로 内裏의 女楽과 綿 1万屯을 내렸다. 当代의 文士로 送別의 詩를 짓게하고, 渤海副使 楊泰師가 이에 답했다.(『続紀』22)

2.1. 渤海王 앞으로 慰労詔書를 보내어 聖武上皇의 死去에 弔問한 것을 가상히 여기고 土物을 보냈다.(『続紀』22)

2.16. 渤海使 楊承慶등이 迎入唐大使 高元度등 99人을 따라서 귀로에 올랐다.(『続紀』22)

3.24. 大宰府에서 辺防의 不安한 곳에 警固式에 의해 博多大津 및 壱岐·対馬等 要害의 地域에 船舶100隻 이상을 두어 대비해야 하는 데 警備가 충분치 못해 館内의 防人의 築城과 習戦에 대해 府官의 사이에서 의견이 일치하지 않는다고 했다.(『続紀』22)

【일본】

1.1. 天皇이 大極殿에서 朝賀를 받았다. 渤海使도 参列하여 拝賀했다.(『続紀』22)

1.5. 渤海使 高南申이 方物을 바쳤다. 渤海王 大欽茂가 사자를 보내어 在唐의 藤原河清(清河) 의 上表를 転送하고, 아울러 공물을 바치니, 가상히 여겼다.(『続紀』22)

1.7. 孝謙上皇 및 天皇이 閤門에서 五位 이상의 官人 및 渤海使에게 詔를 내려 渤海大使 高南申에게 正三位, 副使 高興福에게 正四位下, 判官 李能本·解臂鷹·安貴宝에게 従五位下를 주고, 録事이하에게도 授位했다. 그 외에 또 渤海王에게 주는 絁 30疋·美濃紙 30疋·糸 200絇·調綿 300屯을 맡기고, 大使이하에게도 品物을 주고, 이어서 향연을 베풀었다.(『続紀』22)

1.17. 渤海使에게 内射에 参列토록 했다.(『続紀』22)

【일본】

1.9. 新羅를 征討하기 위해 美濃国·武蔵国의 少年 各20人에게 新羅語를 배우게 하다.(『続紀』23)

3.15. 百済系·高句麗系·新羅系·中国系의 渡来人多数에게 姓을 내리다.(『続紀』23)

10.22. 遣高麗大使에 武蔵介를 임명하다.(『続紀』23)

11.17. 南海道節度使에 従三位 百済王 敬福을 임명하고, 각각 船·兵士·子弟·水手를 검정하고 五行의 陣을 調習시키다.(『続紀』23)

【일본】

4.17. 判官 正六位上中臣鷹主에게 従五位下를 주고, 送唐人大使 ,正六位上 高麗広山을 副使로 임명하고, 中臣鷹主에게 節刀를 하사하다.(『続紀』23)

10.1. 遣高麗副使正六位上伊吉益麻呂이 渤海使 紫綬大夫 行政堂左允開国男王新福등 23人과 함께 帰国하여 越前国 加賀郡에 安置하다. 大使 高麗大山은 渤海부터 돌아오는 船中에 병을 얻어 佐利翼津에서 죽다.(『続紀』24)

11.1. 正六位上借緋多治比小耳를 送高麗人使에 임명하다.(高麗人이란 渤海使王新福등)(『続紀』24)

【일본】

1.1. 天皇이 大極殿에서 朝賀를 받다. 高麗使도 参列하여 拝賀하다.(『続紀』24)

1.3. 高麗使王 新福이 方物을 바치다.(『続紀』24)

1.7. 天皇이 閤門에서 高麗大使 王新福에게 正三位, 副使李能本에게 正四位上, 判官楊懐珍에게 正五位上, 品官着緋達能信에게 従五位下를 주고, 이하의 者에게도 授位하다. 또 国王에의 贈物을 보내고, 使者의 傔人 이상에게 禄物을 내리고 饗宴을 베풀었다.(『続紀』24)

1.17. 高麗使의 饗宴을 朝堂에서 개최했다. 高麗使등에게 綿을 하사하고 또 高麗使 王新福이 唐의 内乱에 대해 보고하고 朝貢이 困難하다는 것을 말했다.(『続紀』24)

1.21. 高麗使가 内射에 参列했다.(『続紀』24)

1.24. 造東大寺司主典志斐麻呂등이 高麗客人이 礼仏会의 날에 楽器를 破損한 것을 보고했다.(大日本古文書編年16의 324쪽)

2.4. 太師恵美押勝이 自第에서 高麗使를 饗応하고 雑色給衣 30櫃를 주다.(『続紀』24)

【일본】

7.19. 新羅使 大奈麻 金才伯등 91人이 大宰府 博多津에 来着하다. 右少弁紀牛養·授刀大尉栗田道麻呂등을 보내 尋問시키다.(『続紀』25)

10.7. 百済朝臣益人 등에게 종5위하를 주다.(『続紀』25)/ 종6위상 百済王武鏡에게 종5위하를 주다.(『続紀』25)

10.9. 高野天皇이 外衛大将 百済王敬福 등을 보내어 군사 수백 명을 거느리고 中宮院을 포위하게 하다.(『続紀』25)

10.20. 정4위하 高麗朝臣福信을 但馬守로 삼다.(『続紀』25)

10.29. 정5위하 百済朝臣足人에게 종4위하를 주다.(『続紀』25)/ 종5위하 百済朝臣益人을 주방수로 삼다.(『続紀』25)

연도	한국
765	
766	5.10. 종5위하 百濟王三忠을 民部少輔로 삼고, 종5위하 百濟王文鏡을 出羽守로 삼다.(『續紀』27) 6.28. 刑部卿從三位 百済王 敬福이 죽다. 그 아들 豊璋王 및 禪廣王을 보내어 천황을 모시게 했다. 齊明天皇에 이르러 義慈王이 전쟁에서 패하여 唐에 항복하자, 그 신하인 佐平 福信이 사직을 회복하고자 멀리서 豊璋을 맞이하여 끊어진 왕통을 일으키다.(69歲) (『續紀』27) 11.5. 종5위하 百濟王理伯에게 종5위상을 주다.(『續紀』27)
767	
768	
769	
770	5.12. 右京大夫 종4위하 勳4等 百濟朝臣足人이 죽다.(『續紀』30) 7.20. 정5위상 百濟王理伯에게 종4위하를 주다.(『續紀』30) 8.28. 종3위 高麗朝臣福信을 武藏守로 삼다.(『續紀』30) 10.25. 百濟王明信에게 정5위하를 주다.(『續紀』30) 10.26. 百濟公水通에게 외종5위하를 주다.
771	
772	2.28. 발해사 壹万福에게 渤海王 앞으로 慰勞詔書를 보내다. 渤海王의 書의 違例·無礼한 곳을 지적하고 高句麗王 高氏時代의 日本通交狀況과 比較하여 礼에 어긋나다는 것을 썼다. 또 壹万福등의 帰国에 앞서 今後 渤海使는 大宰府를 경유하여 래조할 것을 통고했다.(『續紀』32) 2.29. 발해사 壹万福등의 귀로에 武生鳥守등에게 환송하도록 했다. 留学僧 永忠도 동행하고, 발해를 경유하여 入唐하도록 했다.(『續紀』32) 9.20. 送渤海客使 武生鳥守 및 渤海使 壹万福등이 출항후 바람에 조난하여 能登国에 표착하여 能登国 福良津에 안치시켰다.(『續紀』32)
773 ▼	했는데, 무사히 帰着했는지 알 수 없어 壹万福을 보냈다. 4年이 경과해서도 壹万福이 帰国하지 않아서 알아보기 위해 来朝했다고 알리다.(『續紀』32) 6.24. 使者를 보내어 渤海使 烏須弗에게 太政官 処分을 전하게 했다. 즉 壹万福등이 가져온 渤海王의 書状에 違例가 있다는

일본

【일본】

1.7. 정4위하 高麗朝臣福信에게 종3위를 주다. …百濟安宿公奈登麻呂에게 외종5위하르다.(『続紀』26)

10.13. 종3위 百濟王敬福을 御後騎兵将軍으로 삼다.(『続紀』26)

10.30. 弓削寺에 행차하여 예불하고 뜰에서 唐樂·高麗樂을 연주하다. 刑部卿 종3위 百濟王敬福이 百濟의 춤을 추다.(『続紀』26)

윤10.2. 弓削寺에 행차하여 예불하고, 唐·高麗樂을 연주하고 黑山企師部의 춤을 추다.(『続紀』26)

윤10.6. 정6위상 百濟王利善·百濟王信上·百濟王文鏡에게 종5위하, 종6위상 百濟王文貞 등 3인에게 작위를 내리다.(『続紀』26)

【일본】

3.12. 대납언 정3위 藤原朝臣眞楯이 죽다. 眞楯이 大宰守일때에 渤海使臣 楊承慶의 송별연회를 베풀었는데, 承慶이 매우 감탄하여 그를 칭찬하다.(『続紀』27)

3.26. 종5위하 百濟王利善을 飛彈守로 삼다.(『続紀』27)

5.8. 上野国의 新羅人 子午足등 193인에게 吉井連의 姓을 하사하다.(『続紀』27)

【일본】

1.18. 종5위상 百濟王理伯에게 정5위상을 주다.(『続紀』28)

3.20. 종5위하 百濟王三忠를 少輔로 삼다. … 高麗朝臣福信을 人夫로 삼다.

8.16. 大屬 百濟公秋麻呂에게 外従5위下를 주다.(『続紀』28)

8.29. 정5위상 百濟王理伯을 攝津大夫로 삼고 … 종5위하 百濟王武鏡을 但馬介로 삼다.(『続紀』28)

10.24. 大極殿에 나와 승려 600명을 불러 대반야경을 轉讀케하고, 唐樂·高麗樂 및 內教坊의 踏歌를 연주하다.(『続紀』28)

【일본】

2.18. 종4위하 百濟朝臣足人을 右京大夫로 삼다.(『続紀』29)/ 정6위하 百濟王清仁에게 종5위하를 주다.(『続紀』29)

6.28. 天智2年(663)에 百濟에서 亡命했던 沙門 詠의 孫 内蔵頭兼大外記遠江守高丘比良麻呂가 죽다.(『続紀』29)

9.22. 陸奥國에서 종3위 百濟王 景福이 다른 나라의 鎮兵을 중지시키고 병사를 세밀히 조사하고, 이에 맞추어 병력을 확보하기를 청하다. 또 날씨 관계로 調·庸을 10년에 한번 王京에 바치기를 청하여 허락을 받다.(『続紀』29)

10.24. 新羅交関物을 구입하기 위해 大臣以下에게 大宰綿을 내렸다. 左右大臣에게 各 2万屯, 大納言譚 弓削御浄清人에게 各 1万屯, 従二位 文室眞人浄三에게 6000屯, 中務卿従三位 文室大市·式部卿従三位 石上朝臣宅嗣에게 各 4000屯, 正四位下伊福部女王에게 1000屯. 30日에 井上内親王에게 1万屯을 내렸다.(『続紀』29)

【일본】

8.19. 외종5위하 百濟公秋麻呂를 允으로 삼다.(『続紀』30)

11.12. 新羅使 級湌 金初正등 187人 및 導送者 39인이 対馬에 도착하다.(『続紀』30)

12.19. 員外右中弁大伴祢伯麻呂·摂津大進外従五位下津連真麻呂등을 大宰府에 보내어 新羅使에게 来朝한 사정을 尋問하게 하다.(『続紀』30)

【일본】

3.4. 이에 앞서 来朝의 이유를 질문 받은 新羅使 金初正등이 在唐日本人 藤原河清(清河)·阿倍仲麻呂등이 新羅의 入唐宿衛王子에게 부탁한 書状을 転送하기 위해 派遣되었다고 答하고 調土 대신에 土毛라고 고친 뜻에 답하다. 이날, 左大史外従五位下 堅部人主를 보내어 金初正등에게 지난해 金貞卷과의 약속을 지키지 않아서 접대치 않았다는 것, 그러나 唐의 정보 및 藤原河清등의 書状을 전한 것을 가상히 여겨 大宰府에서 饗応하고, 禄物을 지급했다. 또 新羅国王에의 贈物로 絁 25疋·糸 100絇·綿 250屯을 보낸다는 것을 알리게 했다.(『続紀』30)

【일본】

6.27. 渤海使 青綬大夫 壱万福등 325人이 17隻의 배를 타고 出羽国의 賊地 野代湊에 来着하여 常陸国으로 옮겼다.(『続紀』31)

7.23. 종5위하 百濟王武鏡을 主計頭로 삼다. 百濟王理伯을 伊勢守로 삼다. 百濟王利善을 讃岐員外介로 삼다.(『続紀』31)

10.14. 渤海使 壱万福등 40인을 朝賀에 参列시키기 위해 入京을 명했다.(『続紀』31)

12.21. 渤海使 壱万福등이 入京했다.(『続紀』31)

【일본】

1.1. 天皇이 大極殿에 나아가 朝賀를 받았다. 발해사도 참례하여 拜賀했다.(『続紀』32)

1.3. 발해사 壱万福등이 方物을 바치다.(『続紀』32)

1.16. 이보다 앞서 壱万福이 바친 渤海王의 表에 日付의 아래에 官品姓名을 쓰고, 書尾에 天孫이라고 쓰는 등 違例·無礼한 곳이 있어서 壱万福을 책망했다. 이날 壱万福에게 表函의 受領을 거부하는 뜻을 알렸다.(『続紀』32)

1.19. 발해왕의 信物을 壱万福에게 돌려주다.(『続紀』32)

1.25. 발해사 壱万福의 表文을 고치고, 国王을 대신하여 陳謝하다.(『続紀』32)

2.2. 발해사의 향연을 朝堂에서 열다. 또 大使 壱万福에게 従三位, 副使 慕昌禄에게 正四位下, 大判官에 正五位上, 少判官에게 正五位下、録事 및 訳語에게 従五位下, 着緑의 品官이하에게도 授位했다. 国王에게 보내는 美濃絁 30疋·絹 30疋·糸 200絇·調綿 300屯을 보내고, 壱万福등에게도 禄物을 주었다.(『続紀』32)

【일본】

2.20. 渤海副使 正四位下 慕昌禄이 죽자, 従三位를 주고 부의를 내리다.(『続紀』32)

6.12. 能登国에서 渤海大使 烏須弗등 40人이 来着한 것을 보고하다. 지난해 日本使 内雄(高内弓)등이 발해에서 음악을 배우고 日本에 귀국

연도	한국
▲ 773	10.13. 送壱万福使 正六位上 武生鳥守등이 渤海에서 귀국했다.(『続紀』32) 윤11.23. 散位 종4위하 百濟王元忠이 죽다.(『続紀』32)
774	9.4. 高麗朝鮮石麻呂를 員外少輔로 삼다.(『続紀』33) 10.3 天智2年(663)에 百済에서 亡命한 国骨富의 孫인 国中公麻呂인 죽다. 본래 백제국 사람이며, 조부인 德率 國骨富가 귀화했다. 길이가 5丈인 盧舍那銅像을 만드는데, 감히 손을 댈만한 자가 없었는데, 公麻呂가 힘을 기울여 마침내 그 일을 이루다. 그 공로로 4위에 제수되고, 벼슬이 造東大寺次官 겸 但馬員外介에 이르다. 寶字 2년에 大和國 葛下國 國中村에 살았으므로 지역이름으로 姓氏를 삼게하다.(『続紀』33)
775	
776	
777	5.7. 발해사가 騎射에 参列했다. 5위 이상으로 하여금 장식한 말을 타고 달려 나아가 무대에서 田儛를 추게하다. 발해사 역시 자기 나라의 음악을 연주하다.(『続紀』34) 5.10. 日本来着의 때에 遭難死한 渤海使 判官高淑源에게 正五位上, 少録事某에게 從五位下를 주다.(『続紀』34) 5.23. 渤海使 史都蒙이 帰途에 올랐다. 大学少允 正六位上 高麗殿嗣에게 호송시키다. 史都蒙등에게 渤海王앞으로 慰労詔書를 보내어 即位를 축하한 것을 가상히 여기고, 또 王妃의 喪에 조문하며, 国王·王妃에게 각각 品物을 주는 旨를 보내다.(『続紀』34) 10.13. 종5위하 百濟王仙宗을 助로 삼다. … 百濟王仁貞을 員外佐로 삼다.(『続紀』34) 12.14. 出羽國 군대가 志波村의 적과 싸우다가 패하여 물러나다. … 百濟王俊哲에게 勳5等을 주다.(『続紀』34)
778	10.6. 送渤海客使 正六位上 高麗殿嗣에게 從五位下를 내리다.(『続紀』35) 11.10. 이보다 앞서 遣唐使 第4船이 唐으로부터 돌아오는 길에 耽羅島에 漂着했는데, 判官海上三狩등은 島人에게 억류당했는데, 録事韓国源등 40余人은 탈출하여 이날 薩摩国 甑島郡에 漂着했다.(『続紀』35) 12.17. 正六位上 大網広道을 送高麗客使에 임명하다.(『続紀』35)
779 ▼	【한국】 3.-. 金巖을 日本에 보냈다.(『三國史記』43金頂信, 『集成』1-30, 『東国通鑑』) 3.17. 高麗朝臣福信에게 高倉朝臣이라는 姓을 내려주다.(『続紀』35) 4.21. 領唐客使가 唐使가 行列의 左右에 旗를 세우는 접대의례에 대해 글을 올리다. 来日新羅使·渤海使의 예를 들어 어떻게 할 것인가를 묻다.(『続紀』35) 5.17. 唐使의 饗宴을 朝堂에서 개최하던 중에 海上에서 조난당한 사람들을 애도했다.(『続紀』35) 5.29. 백제왕덕에게 종5위하를 주다.(『続紀』35) 7.10. 大宰府에서 遣新羅使下道長人등이 遣唐判官海上三狩들을 이끌고 귀국한 것을 보고했다. 이때에 唐使高鶴林등 5인 및 新羅使 薩湌 金蘭蓀·副使級湌金巖 등이 같이 도착하다.(『続紀』35) 10.9. 大宰府에 勅을 내려, 新羅使 金蘭蓀등의 래조한 사정을 묻고, 또 表凾을 所持했으면 渤海의 예에 따라 案文을 書写하여 제출할 것을 명하다.(『続紀』35)

일본

것을 지적하고 귀국시켰지만, 能登国司의 報告에 의하면 烏須弗등이 가져온 表文도 違例・無礼하여 入京을 허가지 않고 帰国시켰다. 또 渤海使는 今後에도 旧例에 따라 大宰府를 경유하여 来朝할 것을 거듭 알렸다.(『続紀』32)

【일본】

3.4. 이보다 앞서 新羅使 礼府卿 沙湌 金三玄등 235人이 大宰府에 来泊하여, 河内守 従五位上 紀広純・大外記 外従五位下 内蔵全成등을 보내어 来朝한 事情을 尋問시키다. 金三玄이 旧好를 맺기위해 来朝했는데, 아울러 国信物 및 在唐의 藤原河清(清河)의 書状을 가지고 왔다고 했다. 이날 紀広純등에게 勅하기를 新羅使가 調를 信物이라고 칭하는 등의 無礼한 言動이 있었기 때문에 渡海料를 支給해주고 帰国시켰다.(『続紀』33)

5.17. 大宰府에 勅하여 이무렵에 와서 우리나라에 머무는 新羅人은 帰化가 아니고, 漂着이 많다. 이후 이러한 新羅人에게는 必要한 船나 食料를 주어 귀국시킬 것을 명령했다.(『続紀』33)

【일본】

1.16. 百済王玄鏡 에게 종5위하를 주다.

11.15. 陸奥国에 사신을 보내어 포로들이 桃生城을 침략하자 이를 토벌하여 항복하도록 회유한 종6위상 百済王俊哲에게 勲6等을 주다.(『続紀』34)

【일본】

1.7. 百済王利善, 百済王武鏡 에게 모두 종5위상을 주다.(『続紀』34)

3.6. 造宮卿 高麗朝臣福信을 近江守로 삼다.(『続紀』34)

6.16. 右京大夫 종4위하 百済王理伯이 죽다.(『続紀』34)

12.22. 渤海使 献可大夫 司賓少令開国男 史都蒙등이 来朝하여 越前国 加賀郡에 안치했다. 史都蒙등이 光仁天皇의 즉위를 축하하고 아울러 渤海王妃의 喪을 고하기 위해 187人이 日本을 향했는데, 日本近海에서 遭難하여 간신히 46人이 구조되었다고 한다.(『続紀』34)

【일본】

1.7. 百済王仁貞에게 종5위하를 주다.(『続紀』34)

1.20. 使者를 보내어 渤海使 史都蒙등에게 지난해 烏須弗등에게 大宰府에서 통고한대로 따르지 않은 것을 심문했는데, 史都蒙등은 그 통고는 烏須弗로부터 들어서 알고 있고, 그대로 本国의 南海府 吐号浦를 떠나서 対馬島 竹室津을 향했는데, 悪風을 만나 当地에 흘러 왔다고 답했다.(『続紀』34)

1.27. 百済王玄鏡을 石見守로 삼다.(『続紀』34)

2.18. 정6위상 百済王仙宗에게 종5위하를 주다.(『続紀』34)

2.20. 발해사 史都蒙등 46人을 入京시키다. 처음 30人에 한정해서 入京시키려 했는데, 史都蒙이 来着의 경위를 말하며 生存者全員의 入京을 청하여 이를 허가한 것이다.(『続紀』34)

4.9. 발해사 史都蒙등이 入京다음날, 10日에 太政官을 使者로 보내어 慰問시키다.(『続紀』34)

4.22. 발해사 史都蒙등이 方物을 바치고, 渤海王이 史都蒙등을 보내어 光仁天皇의 즉위를 축하하는 뜻을 아뢰다.(『続紀』34)

4.27. 발해대사 史都夢에게 正三位, 大判官高禄思・少判官高鬱琳에게 正五位上, 大録事 史道仙에게 正五位下, 少録事 高珪宣에게 従五位下를 내리다. 그 외의 사람들에게도 授位하고, 또 国王에의 贈物인 絹 50疋・絁 50疋・糸200絇・綿 300屯 및 黄金小 100両・水銀大100両・金漆 1缶・漆 1缶・海石榴油 1缶・水精念珠 4貫・檳榔扇 10枝 및 王妃에게 絹20疋・絁 20疋・綿200屯을 보냈다. 그 외에 史都蒙등에게도 禄物을 주었다.(『続紀』34)

【일본】

4.30. 앞서 宝亀7年(776)에 遭難死한 渤海使 30人의 遺体가 越前国江沼・加賀 2郡에 표착했다. 이날 遺体를 매장시켰다.(『続紀』35)

6.25. 陸奥・出羽의 国司이하 전투에서 공이 있는 자 2,267명에게 관작을 주다. …훈6등 百済王俊哲에게 훈5등을 주다.(『続紀』35)

9.21. 送渤海客使(渤海客=史都蒙)高麗殿嗣이 渤海의 送使献可大夫 司賓少令張仙寿등을 따라서 越前国坂井郡三国湊에 귀착했다. 越前国에 送渤海客使 및 渤海使를 편하게 안치하고 殿嗣1人만을 빨리 入京시켰다.(『続紀』35)

【일본】

1.1. 天皇이 大極殿에서 朝賀를 받다. 渤海使도 参列했다.(『続紀』35)

1.5. 渤海使張仙寿등이 方物을 바쳤다. 高麗殿嗣등이 遠来의 地에 漂着했는데, 배 2艘를 만들어 보내 준 것에 감사한다는 뜻을 張仙寿등과 함께 殿嗣등을 보내어 入朝시킨다는 渤海王의 奏言을 전했다.(『続紀』35)

1.7. 5위이상 발해사신 仙寿등에게 朝堂에서 향연을 베풀고 녹을 내리다. 발해왕의 사신 仙壽등이 내조한 것을 기쁘게 여겨 位階를 더해주고 아울러 禄과 물건을 내리다.(『続紀』35)

1.16. 발해사신에게 朝堂에서 연회를 베풀고 禄을 내려주다.(『続紀』35)

1.18. 内射에 발해사신 역시 대열에 참가하다.(『続紀』35)

1.23. 百済王利善에게 정5위하를 주다.(『続紀』35)

2.2. 발해사신이 본국으로 돌아가다. 그 나라 왕에게 璽書를 내리고 아울러 信物을 더하다.(『続紀』35)

2.13. 大宰少監 正六位上下 道長人을 遣新羅使로 임명하고, 唐에서 귀로에 新羅에 표착한 遣唐判官 海上三狩 및 唐使高鶴林등을 환영하게 했다.(『続紀』35)

2.23. 百済王仙宗을 安房守로 삼다.(『続紀』35)

연도	한국
▲ 779	12.22. 撿校渤海人使가 발해사신 押領 高洋粥 등이 타고 온 배가 파손되어 돌아갈 계책이 막연하니 조정에서 배 9척을 내려주어 본국에 이를 수 있도록 해주기를 간청하다.(『続紀』35)
780	3.1. 命婦 정5위상 百濟王明信에게 종4위하를 주다.(『続紀』36) 3.20. 百濟王俊哲에게 종5위하를 주다.(『続紀』36) 4.26. 百濟王俊哲에게 종5위상을 주다.(『続紀』36) 5.11. 武蔵国 新羅郡人 沙良真態에게 広岡造, 摂津国 豊島郡人 韓人稲村에게 豊津造의 姓을 주다. 이 가운데 沙良真態은 新羅琴의 名手로 알려져 있다.(『続紀』36) 6.8. 百濟王俊哲을 陸奥의 鎮守副將軍으로 삼다.(『続紀』36) 12.27. 陸奥의 鎮守副將軍인 百濟王俊哲이 적에게 포위되어 병사가 지치고 화살도 다했는데, 挑生, 白河 등 군의 神社 11곳에 빌었더니 포위가 풀려서, 신사에 재물을 바치기를 청하여 허락했다.(『続紀』36)
781	9.12. 无位 百濟王清刀自에게 종5위하를 주다.(『続紀』36) 9.22. 百濟王俊哲에게 정5위상 훈4등을 주다. … 百濟王英孫에게 종5위하를 주다. 모두 오랑캐를 정벌한 상을 준 것이다.(『続紀』36) 11.20. 종4위하 百濟王仁貞을 播廳介로 삼다.(『続紀』36)
782	
783	
784	
785	
786	【한국】 10.11. 日本王文慶이 擧兵하여 新羅를 치려고 했지만, 新羅에 万波息笛이 있다는 소리를 듣고, 사자를 보내어 金 50両을 가지고 그 피리를 청하다.(『三国遺事』紀異, 元聖大王, 『集成』1-47)

일본

일본
10.17. 大宰府에 勅을 내려, 唐使判官高鶴林등 5人과 新羅使 金蘭蓀등을 入京시켰다.(『續紀』35)
11.3. 少輔正五位下 内蔵全成을 大宰府에 보내어 新羅使 金蘭蓀가 来朝한 事情을 묻게 했다.(『續紀』35)
11.9. 撿校渤海人使에게 勅을 내려 押領 高洋粥 등이 올린 表가 무례하이 올리지 못하게 하고, 築紫에도 나아가지 못하게 하다.(『續紀』35)
11.10. 撿校渤海人使가 鐵利의 官人이 항상 오만하여 남을 업신여기기니 太政官이 처분해주기를 청하다. 발해의 通人인 종5위하 高說昌은 멀리서 험한 파도를 건너 수차례나 입조했고, 말과 생각이 충성스럽고 근실하니 높은 자리를 제수하기를 청하다.(『續紀』35)

【일본】

1.2. 天皇이 大極殿에서 朝賀를 받다. 唐使·新羅使등도 参列하여 拜賀하다.(『續紀』36)
1.5. 新羅使가 方物과 調를 바치고, 아울러 元正을 축하하는 뜻을 아뢰다. 参議左大弁 正四位下 大伴伯麻呂에게 勅을 내려 貢調 및 賀正을 가상히 여기고 常礼에 따라 厚遇할 것을 이르다. 唐使·新羅使의 향연을 朝堂에서 개최하다.(『續紀』36)
1.6. 新羅使 大使 薩湌 金蘭蓀에게 正五品上, 副使級湌 金巖에게 正五品下, 大判官 韓奈麻薩仲業·少判 官奈麻金貞楽·大通事韓奈麻金蘇忠등 3인에게 從五品下를 내리고, 当色에 따라 옷과 신발을 하사하고, 그 외의 자들에게도 授位하다. 또 大判官薩仲業(翰林薛仲業·辞判官)은 저명한 승려 元曉의 孫으로 日本滞在中에 日本의 上宰(일설에 石上宅 嗣)과도 대화를 나누었다. 또 日本国의 真人(일설에 淡海御船=真人元開)에게서 받은 詩序에『金剛三昧経 論疏』의 저자인 元曉의 孫을 만난 것을 기뻐하여 詩를 주고 받았다고 한다.(『續紀』36, 『三国史記』46薛聡)
1.7. 唐使·新羅使의 饗宴을 朝堂에서 개최했다.(『續紀』36)
1.16. 唐使 및 新羅使를 위해 大射 및 踏歌를 행하다.(『續紀』36)
2.15. 新羅使 金蘭蓀등이 귀국 할 때에 新羅国王 앞으로 慰労詔書를 보내고, 金蘭蓀등이 表文을 소지않고 온 것에 대해 본래대로 라면 入京 시키지 않고 돌려 보낼 것이나 海上三狩등을 護送한 노고 때문에 賓礼를 가지고 대우했다는 것, 앞으로의 사자는 반드시 表文을 가지 고 올 것, 大宰府 및 対馬에 表文을 가지고 오지 않는 사자는 入境시키면 안된다는 것을 명했다.(『續紀』36)

【일본】

4.8. 百済王仁貞을 近衛員外少将으로 삼다.(『續紀』36)
4.15. 百済王利善에게 정5위상을 주다.(『續紀』36)
5.25. 百済王利善을 散位頭로 삼다.(『續紀』36)
7.16. 右京人 정6위상 栗原藤子公이 선조인 伊賀都臣이 백제 사신으로 가서 그 땅의 여자를 취하여 本大臣과 小大臣 두 아들을 낳았고, 다시 귀화했는데, 그 후 거주지 이름으로 성씨를 삼도록 명하여 드디어 栗原勝이라는 성을 가지게 되다. 다시 中臣栗原連을 내려 달라고 하다. 이에 子公 등 남녀 18인에게 청에 따라 그것을 고쳐주다.(『續紀』36)

【일본】

2.7. 百済王武鏡을 大膳亮으로 삼다.(『續紀』37)

【일본】

2.5. 百済王仁貞에게 종5위상을 주다.(『續紀』37)
6.21. 百済王仁貞을 備前介로 삼다.(『續紀』37)
10.16. 百済王 등 行在所에서 천황을 모신 사람 한 두명에게 位階를 높이고 爵을 더하여 주다. 百済寺에 近江, 播磨 2國의 正税 각 5,000속을 사납하고, 정5위상 百済王利善에게 정4위하를, 종5위상 百済王武鏡에게 정5위하를, 정5위하 百済王元德과 百済王玄鏡에게 종5위상, 百済王明信에게 정4위하를, 정6위상 百済王眞善에게 종5위하를 주다.(『續紀』37)
11.24. 百済王明信에게 정4위상을 주다.(『續紀』37)

【일본】

2.1. 女儒 无位 百済王眞德에게 종5위하를 주다.(『續紀』38)
3.14. 정5위하 百済王武鏡을 周防守로 삼다.(『續紀』38)
5.24. 散位頭 종4위하 百済王利善이 죽다.(『續紀』38)

【일본】

1.9. 百済王明信에게 정4위상을 주다.(『續紀』38)
1.15. 百済王仁貞을 備前守로 삼다.(『續紀』38)
1.27. 百済王玄鏡을 少納言으로 삼다.(『續紀』38)
5.20. 百済王英孫으로 陸奥鎭守權副将軍으로 삼다.
5.28. 百済王元基에게 종5위하를 주다.
6.10. 後漢霊帝의 曾孫 阿智王의 子孫 坂上大忌寸苅田麻呂등의 청에 의해 坂上·内蔵·平田·大蔵·文·調·文部·谷·民·佐太·山口의 忌寸姓 16人에게 姓 宿禰를 주다.(『續紀』38)

【일본】

1.7. 百済王孝德에게 종5위하를 주다. 연회가 끝나자 祿을 주다.(『續紀』39)
1.28. 百済王玄鏡을 右兵衛督으로 삼다.(『續紀』39)
9.18. 出羽國에서 발해국 사신이 표착했음을 보고하다.(『續紀』39)
9.29. 百済王英孫을 出羽守로 삼다.(『續紀』39)

연도	한국
787	【한국】 7.7. 日本이 新羅에 사자를 보내어 金 1000両을 가지고 거듭하여 万波息笛을 청하다. 新羅王이 거짓으로 所在不明이라고 요청을 거절하고 銀 3000両을 사자에게 주고, 金은 돌려주었다. 8월, 日本使가 돌아가다.(『三国遺事』紀異, 元聖大王, 『集成』1-47)
788	
789	12.15. (皇后를) 大枝山陵에 장사지내다. 皇太后의 선조는 백제 武寧王의 아들인 純拖太子에서 나왔다. 황후의 용모는 덕스럽고 정숙하여 일찍이 명성을 드러냈다. 光仁天皇이 아직 즉위하지 않았을 때 혼인했다. 지금의 桓武天皇과 早良親王, 能登内親王을 낳았다. 寶龜年中에 姓을 高野朝臣이라 고친다. 그 백제의 먼 조상인 都慕王이라는 사람은 河伯의 딸이 태양의 정기에 감응해서 태어난 사람인데, 황태후는 곧 그 후손이다. 이로 말미암아 시호를 받들다.(『続紀』40)
790	7.17. 津連真道등이 上表하여, 百済貴須王의 후손인 王辰爾의 자손으로서의 功績을 말하고, 朝臣의 姓을 청하여 菅野朝臣의 성을 내리다.(『続紀』40) 7.24. 종5위하 百済王元信을 肥後介로 삼다.(『続紀』40) 11.10. 韓国源등은 원래 物部大連의 후예로 父祖가 奉使로 간 나라의 이름으로 姓을 했는데, 三韓의 新来로 誤解되어서 새로 사는 곳의 이름을 따라 高原의 姓을 청하여 하사받았다.(『続紀』40) 12.1. 詔를 내려 外祖父 高野朝臣과 外祖母 土師宿祢에게 모두 정1위를 추증하고, 土師氏를 고쳐 大枝朝臣이라 하게 하다. 또한 마땅히 菅原眞仲과 土師菅麻呂 등도 마찬가지로 大枝朝臣으로 삼도록 하다.(『続紀』40)
791	4.8. 百済로부터 도래한 王仁의 자손, 文忌寸最弟들의 청에 의해 宿祢의 성을 내리다.(『続紀』40) 7.13. 大伴弟麻呂를 征夷大使에, 坂上田村麻呂를 副使로 삼다.(『続紀』40) 7.28. 종5위하 百済王忠信을 越後介로 삼다.(『続紀』40) 7.29. 左中弁 종4위하 百済王仁貞이 죽다.(『続紀』40) 8.24. 攝津國 百済郡 사람 정6위상 廣井造眞成에게 連의 姓을 내려주다.(『続紀』40) 9.22. 下野守 정5위상 百済王俊哲을 陸奥鎮守將軍으로 삼다.(『続紀』40) 10.12. 右大臣이 百済王 등을 거느리고 百済樂을 연주하다. 정5위하 藤原朝臣乙叡에게 종4위하를 주고, 종5위하 百済王현풍, 百済王善貞에게 모두 종5위하, 종5위하 藤原朝臣淨子에게 정5위하를, 정6위상 百済王貞孫에게 종5위하를 내리다.(『続紀』40)
795	
796	10.2. 正六位上 御長広岳등이 발해에서 귀국하여, 渤海王 大嵩隣의 書를 가져오다. 嵩璘이 日本에의 遺使에 쓸 造船用의 大木이 없다는 것, 또 사절이 蝦夷로부터 위험이 많다는 것 등 遺使의 어려움이 많다는 것을 들어 금후는 使者의 員数를 20人으로 하고, 来朝의 年期에 대해 日本側의 의향에 따르겠다는 것등을 기록하며 裁定을 구하는 사자의 파견을 청했다.(『後紀』5) 10.4. 正六位上 御長広岳에게 従五位下, 正六位上 桑原秋成에게 外従五位下를 내리다. 送渤海使로서 사명을 잘 수행한 공이 있었다.(『後紀』5) 11.10. 百済王孝法, 百済王恵信 등에게 종5위상의 관위를 내리다.(『後紀』5)
797	3.27. 종4위하 百済王英孫을 右兵衛督으로 삼다.(『後紀』5) 5.28. 神功皇后 이래의 百済의 日本에 대한 功績을 칭송하고, 百済王氏의 課·雜絲를 영구히 면제하다.(三代格17, 賦役令集解没落外蕃条所引格)

일본

【일본】

1.7. 百濟王玄風에게 종5위하를 주다.(『續紀』39)

2.5. 百濟王玄風을 美濃守로 삼다.(『續紀』39)

2.19. 渤海使 李元泰등이 来着했을 때에 이미 施師·挾杪가 살해 되었기 때문에 귀국할 수 없다는 뜻을 알려오다. 越後国에 명하여 船 1艘 및 施師·水手등을 주어 発遣시키다.(『續紀』39)

윤5.5. 百濟王俊哲이 죄를 입어 日向權介로 강등되다.(『續紀』39)

8.24. 천황이 高椅津에 행차했다가 돌아올 때, 大納言 종2위 藤原朝臣繼繩의 집을 지나면서 그의 아내 정4위상 百濟王明信에게 종3위를 주다.(『續紀』39)

10.20. 主人(藤原朝臣繼繩)이 百濟王 등을 거느리고 여러 가지 음악을 연주하다. 종5위상 百濟王玄鏡·藤原朝臣乙叡에게 모두 정5위하를 주고, 정6위상 百濟王元眞·善貞·忠信에게 모두 종5위하를, 정5위하 藤原朝臣明子에게 정5위상, 종5위하 藤原朝臣家野에게 종5위상, 무위 百濟王明本에게 종5위하를 주다.(『續紀』39)

【일본】

2.6. 百濟王善貞을 (伊豆)介로 삼다.(『續紀』39)

2.28. 종5위하 百濟王教德을 右兵庫頭로 삼다.(『續紀』39)

【일본】

1.6. 정5위하 百濟王玄鏡에게 정5위상을 주다.(『續紀』40)

2.4. 정5위상 百濟王玄鏡을 上總守로 삼고… 종5위하 百濟王教德을 讚岐介로 삼다.(『續紀』40)

3.16. 종5위하 百濟王仁貞을 中宮亮으로 삼다.(『續紀』40)

10.17. 고구려계 후손 高倉朝臣福信이 죽다.(81歲)/ 福信은 武藏國 高麗郡 사람이다. 본성은 背奈이다. 그 조부 福德은 당나라 장군 李勣拔이 평양성을 함락했을 때, 우리나라에 귀화하여 武藏에 살게 되었는데, 福信은 곧 福德의 손자이다.(『續紀』40)

【일본】

1.26. 百濟王仁貞 등을 周忌御齊會司로 삼다.(『續紀』40)

2.27. 詔를 내려 百濟王 등은 外戚이므로 한 두사람 발탁하여 爵位를 더하게 하다.(『續紀』40)

3.4. 日向權介 정5위상 勳4等 百濟王俊哲의 죄를 면해주고 王京으로 들어오도록 하다.(『續紀』40)

3.10. 종5위하 百濟王鏡仁을 豊後介로 삼다.(『續紀』40)

3.26. 정5위상 百濟王仁貞을 左中弁으로 삼다. 종5위하 百濟王元信을 治部少輔로 삼다. 左中弁 정5위상 百濟王仁貞을 木工頭로 삼다. 종5위하 百濟王忠信을 中衛所藏으로 삼다.(『續紀』40)

【일본】

1.7. 정5위상 百濟王仁貞에게 종4위하를 주다. 百濟王英孫에게 종5위상을 주다.(『續紀』40)

1.9. 无位 川原女王·吳岡女王, 정6위상 百濟王難波姬, 無位 縣犬養宿禰額子에게 모두 종5위하를 주다.(『續紀』40)

1.12. 春宮亮 정5위하 葛井連道依와 主稅大屬 종6위하 船連今道 등이, 葛井·船·津連 등은 본래 한 조상에서 나왔는데 3姓으로 나뉘었고, 지금 津連 등은 朝臣을 받았지만 道依와 今道등은 아직도 連姓에 머물러 있으니 姓을 고쳐 달라고 하다. 이에 道依 등 8인에게 宿禰의 성을 내린다. 今道 등 8인에게는 사는 곳에 따라 宮原宿禰를 내리고, 또한 對馬守 정6위상 津連吉道 등 1인에게는 宿禰를 내렸으며, 少外記 津連巨都雄 형제자매 7인에게는 사는 곳을 따라 中科宿禰를 내린다.(『續紀』40)

1.18. 정5위상 百濟王俊哲·종5위하 坂上大宿禰田村麻呂를 東海道로 보내고, 5위하 藤原趙信眞鷲를 東山道에 보내어 군사를 조사하고 무기를 점검하게 하였다. 蝦夷를 정벌하기 위함이다.(『續紀』40)

1.22. 정5위상 百濟王俊哲을 下野守로 삼다.(『續紀』40)

【일본】

11.3. 出羽国에서 渤海使 匡諫大夫工部郎中 呂定琳등 68人이 蝦夷地 志理波村에 漂着하여 약탈당했음을 알려오다. 勅을 내려 越後国에 옮기게 했다.(類聚国史193, 紀略)

【일본】

4.27. 渤海使 呂定琳등이 方物과 渤海王 大嵩隣의 書를 바치다. 嵩璘인 前王 大欽茂가 大興57年(794) 3月에 죽은 것을 알리기 위해 呂定琳등을 보낸다는 것과 또 定琳이 在唐의 日本僧 永忠등의 書狀도 가지고 오다.(『類聚国史』193, 紀略)

5.17. 渤海使 呂定琳등이 귀국했다. 正六位上行上野介朝長広岳·正六位上行式部大録桑原秋成에게 보내게 했고, 또 渤海王 앞으로 慰労詔書를 보내고, 先王의 喪을 조문하며, 新王 嵩璘의 王位継承을 축하함과 함께 渤海国啓가 旧儀에 어긋남을 언급하며 国王에게 絹 20疋·絁 20疋·糸 100絇·綿 200屯을 보낸다고 썼다. 또 太政官이 在唐 日本僧 永忠등 앞으로 書状 및 沙金小 300两을 보냈다.(『類聚国史』193, 紀略)

10.15. 大納言 神王이 上表하여 渤海王의 書가 지금까지의 것과 비교하여 礼義에 맞아, 天皇의 德化가 발해에 미침을 보인다고 奉賀하다.(『後紀』5)

【일본】

1.7. 종4위하 百濟王玄鏡에게 종4위상, 정6위상 百濟王總哲에게 종5위하의 관위를 내리다.(『後紀』5)

1.13. 종5위하 百濟王元勝을 安房守로 삼고, 종5위하 百濟王總哲을 出羽守로 삼다.(『後紀』5)

1.24. 能登國 羽咋, 能登 2郡에서 몰수한 官田 및 임야 77町를 尙侍 종3위 百濟王明信에게 하사하다.(『後紀』5)

2.13. 菅野朝臣眞道 등이 『續日本紀』를 찬진하다.(『後紀』5)

연도	한국
798	12.27. 이보다 앞서 遣渤海使 内蔵賀茂麻呂등이 渤海使慰軍大将軍左熊衛都将 上柱将開国子 大昌泰등과 함께 隱岐国 智夫郡에 귀착하다. 이날 大昌泰등이 方物을 바치고, 国王 大嵩璘의 書를 전하다. 嵩璘은 入朝의 年期가 6年에 한번은 간격이 너무 크기 때문에 재고해주기를 구했다.(後紀延暦18.5.13条, 類聚 国史193, 紀略)
799	5.29. 遣新羅使의 파견을 정지했다.(『後紀』8) 6.16. 종5위하 百濟王鏡仁을 右少弁으로 삼다.(『後紀』8) 9.2. 종5위하 百濟王貞孫에게 관위 5위상을 주다.(『後紀』8) 9.10. 정4위하 百濟王玄鏡을 刑部卿으로 삼고, 종5위상 百濟王教德을 上總守로 삼고, 종5위하 百濟王教俊을 下野守로 삼다.(『後紀』8) 9.20. 送渤海使 滋野船白가 渤海로부터 귀국하여 渤海王 大嵩璘의 書를 가지고 오다. 大嵩璘이 遣使의 年期를 제한하지 않은 것에 감사하다.(『後紀』8) 12.5. 甲斐国人 止弥若虫·久信耳鷹長등 190인이 天平勝宝9歳(757) 4月4日의 勅旨로 받은 蕃姓을 고치기를 청하다. 若虫에게는 石川, 鷹長등에게는 広石野의 姓을 내리다. 若虫등의 선조는 百済人으로 渡来後, 우선 摂津職에 안치되었지만 丙寅년(天智5年(666)이나 神亀3年(726)에 甲斐国에 옮겼다고 한다. 또 信濃国人 外従六位下卦婁真老는 小治田朝·飛鳥朝의 時期에 高句麗로부터 帰化한 자손에게 須須岐의 姓을 하사했다.(『後紀』8) 12.29. 勅으로 諸氏의 本系帳을 進上시켰는데, 三韓諸蕃의 諸氏도 対象으로 했다.(『後紀』8)
800	
802	【한국】 12.-. 金均貞에게 大阿飡을 내리고 가짜 왕자로 삼아 倭国에 인질로 보내려 했지만 均貞이 사퇴하다.(『三國史記』10, 『集成』1-17)
803	【한국】 7.-. 日本国과 交聘結好하다.(『三國史記』10, 『集成』1-18)
804	【한국】 5.-. 日本国이 使者를 보내어 黄金 300両을 바치다.(『三國史記』10, 『集成』1-18)
805	
806	【한국】 3.-. 日本国使가 오자, 왕이 朝元殿에서 引見하다.(『三國史記』10, 『集成』1-18)
808 ▼	【한국】 2.-. 日本国使가 이르자 왕이 후한 禮로서 대하다.(『三國史記』10, 『集成』1-18)

일본

【일본】

4.24. 外従五位下 内蔵賀茂麻呂를 遣渤海大使에, 正六位上御使今嗣를 同判官에 임명하다.(類聚国史193)

5.19. 遣渤海使 従五位下 行河内介内蔵賀茂麻呂등이 辞見하다. 이에 渤海王 앞으로 慰労詔書를 보내고, 渤海王으로부터 裁定의 요청에 대해 来朝의 年期 등에 대해 人数는 특별히 제한을 두지않고, 기간은 6年에 1번 하는 것이 타당하다고 회답하고, 絹·絁 各 30疋·糸 200絢·綿 300屯을 주고, 또 在唐 日本僧 永忠앞으로의 서장을 부탁하여 渤海에 전송해줄 것을 의뢰했다.(類聚国史193渤海上同日条·12.27条)

【일본】

1.1. 天皇이 大極殿에서 朝賀를 받다. 渤海使도 参列했다. 이 때문에 四拝를 再拝로하고 拍手하지 않았다.(『後紀』8)

1.7. 豊楽院造営中이어서 大極殿앞의 竜尾道上에 仮殿을 만들어 侍臣 및 渤海使의 饗宴을 베풀다.(『後紀』8)

1.16. 侍臣 및 渤海使등에게 饗宴을 大極殿에서 개최하다.(『後紀』8)

1.18. 渤海使가 朝堂院에서 활을 쏘다.(『後紀』8)

2.7. 종3위 百済王明信에게 정3위의 관위를 내리다.(『後紀』8)

2.20. 종5위하 百済王鏡仁을 少輔로 삼고, 종4위하 百済王英孫을 右衛士督으로 삼다.(『後紀』8)

4.15. 渤海使 大昌泰등이 귀로에 올랐다. 式部少録 正六位上 滋野船白등에게 환송하게 했다. 또 渤海王 앞으로 慰労詔書를 보내고, 来朝의 年期에 대해 특별히 制限하지 않는다는 뜻의 旨를 보내다.(『後紀』8)

4.16. 正六位上 大伴峰麻呂를 遣新羅使로 임명하다.(『後紀』8)

5.13. 前遣渤海使 内蔵賀茂麻呂는 작년에 渤海로부터 귀국할 때, 海上에서 표류했지만 火光에 이끌려 隠岐国 智夫郡에 도착할 수 있었다.(『後紀』8)

5.20. 太政官符을 縁海諸国에 내리고 渤海王의 요청에 의해 渤海使 来朝의 年期를 6年에 한번으로 한다는 규정을 폐하고, 年限을 특별히 두지 않는 다는 것을 전했다.(三代格18天長1.6.20官符)

【일본】

9.2. 諸国의 駅家가 파손된 것이 많고, 만일 蕃客이 내조한다면 국위를 손상시키게 되므로 수리해야 할 것을 명하다.(延暦交替式)

【일본】

1.24. 百済王忠宗을 伊豫介로 삼다.(『後紀』12)

1.28. 坂上田村麻呂을 征夷大将軍으로, 百済王教雲을 副将軍에 임명하다.(『後紀』12)

4.8. 百済王元勝을 内兵庫正으로 삼다.(『後紀』12)

4.27. 百済系 도래인의 후손인 中納言 종3위 和朝臣家麻呂가 사망하다.(『後紀』12)

6.27. 勅을 내려 渤海使가 来着하는 일이 많은 能登国에 客院을 만들게 하다.(『後紀』12)

7.7. 종5위상 百済王恵信을 정5위상을 주다.(『後紀』12)

9.18. 병부소승 정6위상 大伴兮萬里를 신라에 보내다. 지참한 太政官牒에는 지난 7월에 견당사선 4척이 출항했는데, 2척의 배가 행방불명으로 신라에 표착했을 가능성이 있다고 하고, 만약 표착했다면 보호를 요청하는 일, 표착하지 않았다면 당에 사신을 보내 확인하고 싶다는 뜻을 아리다.(『後紀』12)

【일본】

1.16. 종5위상 百済王鏡仁을 右中弁으로 삼다.(『後紀』12)

2.-. 일본의 견당대사 藤原葛野麻呂가 渤海王子에게 서장을 보내어, 전날의 회견을 기뻐하고 이별후 재회의 기회가 어려움을 말하다.(『性霊集』권제5)

9.25. 종5위상 百済王聡哲을 主計頭로 삼다.(『後紀』13)

11.15. 종4위하 百済王教法에게 相模国大住郡 田二町을 하사하다.(『後紀』13)

【일본】

1.28. 종5위상 百済王鏡仁을 河内守로 삼고, 종5위하 百済王教俊을 兼美濃守로 삼다.(『後紀』13)

2.16. 종5위하 百済王元勝을 鍛治正으로 삼다.(『後紀』13)

3.18. 종5위하 百済王教俊 등을 作路司로 삼다.(『後紀』13)

4.15. 左衛土佐 종5위하 百済王教俊을 파견하여 伊勢国에서 内親王을 맞이하다.(『後紀』13)

5.1. 종5위상 百済王聡哲을 越後守로 삼다.(『後紀』13)

【일본】

6.3. 散位 종3위 藤原朝臣乙叡가 죽다. 그는 右大臣 종1위 豊成의 孫이고, 右大臣贈 종1위 継縄의 아들이다. 母인 尚侍 百済王明信이 황제의 총애를 입었고, 부모의 덕으로 중납언의 관직에 이르렀다. 후에 죄에 연루되어 죽으니 나이 48세이다.(『後紀』17)

6.9. 정5위하 百済王聡哲을 刑部大輔로 삼고, 越後守는 그대로 두다. 鎮守将軍 종5위하 百済王教俊을 陸奥介를 겸하게 하다.(『後紀』17)

7.4. 조칙을 내려, 鎮将의 임무는 변방을 지키는 일에 전념하는 것인데, 鎮守将軍 종5위하 겸 陸奥介 百済王教俊이 鎮에서 멀리 떠나 항상

연도	한국
▲ 808	
809	
810	9.29. 渤海使 和部少卿兼和幹苑使開国子 高南容이 方物을 바치고, 渤海王 大元瑜의 書를 바치다. 大元瑜는 桓武天皇의 崩御·平城天皇의 讓位·嵯峨天皇의 即位의 慶弔에 대해 말하고 日本使의 派遣을 청하다.(『後紀』20) 12.4. 送渤海客使에 従六位上 林東人, 同録事에 大初位下上 毛野継益를 임명하다.(『後紀』20)/ 이해에 新羅人 金巴兄등이 본국에서 곡물을 운반하는 도중에 海賊을 만나자 도망쳐서 日本에 漂着하다.(『後紀』20)
811	8.12. 大宰府에서 지난해에 표착했던 新羅人 金巴兄 등이 다른 流来 新羅人의 귀국을 듣고 同船해서 本国에 돌아가기를 청하니 그것을 허락했다.(『後紀』21) 8.27. 山城國人 정하위상 高麗人 東部黑麻呂에게 廣宗連의 姓을 하사하다.(『後紀』21) 10.2. 遣渤海使林東人등이 발해에서 귀국하다. 발해와의 계가 常例에 어긋나서 가지고 가지 않았다는 사실과 録事 上毛野継益 등이 탄 第2船이 日本을 출항하여 行方不明된 것등을 아뢰다.(『後紀』21) 12.6. 新羅賊船 3艘이 対馬西海에 나타났는데 그 중 1척이 下県郡 佐須浦에 이르렀다. 그후 20여 일을 西海에 떠 다녔는데, 対馬島司가 先着한 新羅賊 10人을 살해 또는 捕獲했다고 大宰府에 보고했다.(『後紀』21) 12.15. 故遣渤海 録事 上毛野継益에게 종6위하를 내리다.(『後紀』21) 12.28. 大宰府에서 対馬에 新羅訳語 및 軍毅등을 파견하고, 또 旧例에 따라 管内 및 長門·石見·出雲等의 国의 要害를 견고하게 지킬 것 등을 알리는 奏状을 올렸다.(『後紀』23)
812	3.19. 종5위하 百濟王教勝을 刑部少輔로 삼다.(『後紀』22) 9.9. 新羅人 劉清등 10인에게 식량을 지급하고 放還하다.(『後紀』22) 11.20. 종5위하 百濟王教俊에게 종5위상을 주고 出羽守로 삼다.(『後紀』22) 12.8. 渤海人 高多仏에게 高庭高雄의 姓名을 하사하다.(『後紀』22)
813	9.29. 이보다 앞서 大宰府에서 対馬에 新羅船이 왔을 때 言語不通하여 島民과 新羅人간에 傷害事件이 일어나기 때문에 対馬島의 史生 1인을 바꾸어 新羅訳語를 둘 것을 청하다. 이것을 허락하여 이날 官符를 내리다.(三代格5)
814	9.30. 渤海使王孝廉등이 래조하다.(出雲国에 来着) (『後紀』24) 10.13. 新羅商人 31인이 長門国 豊浦郡에 표착하다.(『後紀』24) 10.27. 大宰府에서 新羅人 辛波古知 등 26인이 筑前国 博多津에 漂着한 것을 보고하다.(『後紀』24) 11.9. 出雲国의 田租를 면제하니, 이는 俘囚이 反乱 및 渤海使接待에 이바지 한 것에 따르는 것이다.(『後紀』24)
815 ▼	1.16. 豊楽院에서 5위이상 및 渤海使에게 연회를 베풀고 踏歌를 연주하다.(『後紀』24) 1.19. 渤海大使 王孝廉에게 返書를 보내다. 書와 함께 詩를 보낸 것을 감사하고, 孝廉의 叙位를 내리고 慶賀하다.(高野雑筆集下, 平安遺文4398号) 1.20. 朝集堂에서 渤海使 王孝廉를 향응하다.(『後紀』24) 1.22. 발해사 王孝廉등이 帰途에 오르다. 渤海王 大言義 앞으로 위로조서를 보내고, 전왕 大元瑜의 죽음에 조의를 표하고, 新王의

일본

國府에 있다고 하니, 만약 비상한 일이 일어나면 무엇으로 나라를 구하겠는가. 이후로는 그런 일이 없도록 하라고 하다.(『後紀』17)

9.5. 정5위하 百濟王敎德을 宮內大輔로 삼다.(『後紀』17)

11.17. 종5위하 百濟王元勝 등을 종5위상으로 삼다.(『後紀』17)

【일본】

1.16. 종5위하 백제왕교준을 下野守로 삼다.(『後紀』17)

2.5. 조칙을 내려 「倭漢惣歷帝譜図」를 諸司官人에게서 몰수하다. 同譜図가 天御中主尊을 始祖로 하고, 魯王·吳王·高麗王·漢高祖등을 그 후예로 하여 天宗을 어지럽히기 때문이었다.(『後紀』17)

2.13. 종5위상 百濟王元勝을 大判事로 삼다.(『後紀』17)

3.21. 雅樂寮雜樂師를 정하여 唐樂師·高麗樂師·百済樂師·新羅樂師·度羅樂師·林邑樂師等으로 하다.(『後紀』17)

10.1. 渤海使高南容이 方物을 바치고, 渤海王大元瑜의 書를 보내오다.(『紀略』전편14)

【일본】

4.1. 渤海使高南容등에게 鴻臚館에서 향응을 베풀다.(『紀略』전편14)

4.8. 渤海使高南容등이 歸途에 오르자, 渤海王앞으로 慰労詔書를 보내다.(『紀略』전편14)

5.27. 渤海使의 일행과 헤어져 越前国에 잔류하던 首領高多仏을 越中国으로 이주 시키고, 史生 羽栗馬長 및 習語生들에게 高多仏로부터 渤海語를 배우게 하다.(『紀略』전편14)

9.17. 越前介 종5위하 阿部朝臣淸繼와 權少掾 百濟王愛筌 등은 太上天皇이 伊勢國에 행차했다는 말을 듣고 군사를 일으켜 새로 임명된 越前介 종5위하 登美眞人藤津을 붙잡고 교체를 받아들이지 않았다. 紀朝臣南麻呂 등을 보내어 조사하여 벌주다. 淸繼 등은 먼 곳으로 유배당하다.(『後紀』20)

【일본】

1.1. 渤海使가 文武百官과 함께 朝賀하다.(『後紀』21)

1.7. 五位以上 및 渤海使에게 연회를 베풀다.(『後紀』21)

1.17. 豊楽院에서 渤海使에게 角弓을 쏘게하다.(『後紀』21)

1.22. 渤海使 高南容등이 귀국하자, 渤海王 앞으로 書를 보내어 王이 天皇即位를 慶賀한 것에 감사하고, 또 高南容등의 駕船 손상 때문에 다른 배를 사자에게 보낸 것 등을 설명하다.(『後紀』21)

1.29. 종4위하 백제왕교법에게 山城國乙訓郡의 自田一町을 주다.(『後紀』21)

4.26. 阿波國人 百濟部廣濱 등 100명에게 百濟公의 姓을 하사하다.(『後紀』21)

4.27. 遣渤海使 林東人등이 귀국 인사차 배알하니 의복을 하사하다.(『後紀』21)

5.23. 大納言 정3위 兼 右近衛大將 兵部卿 坂上大宿禰田村麻呂가 죽다. 그의 선조는 阿智使主인데 後漢 靈帝의 후손이다. 漢의 社稷이 魏로 옮겨가자 帶方으로 피했다. 譽田天皇 때에 部落을 이끌고 와서 복속했다. 집안은 대대로 武를 숭상했다. 변방의 군사를 이끌고 출전하여 공을 세웠다. 栗田別莊에서 죽었는데 종2위를 추증했다. 이때 나이는 54세였다.(『後紀』21)

【일본】

1.5. 勅을 내려, 対馬 周辺에 출몰한 新羅海賊에 대해 방비태세를 갖출 것을 관내에 出雲·石見·長門等의 国에 경고하고, 큰 걱정이 없으면 경계를 해제하도록 하다.(『後紀』22)

1.7. 정5위하 百濟王敎德 등을 종4위하로 하다.(『後紀』22)

1.12. 右京人 정6위상 飛鳥戸造善宗과 河内國人 정6위상 飛鳥戸造名繼에게 百濟宿祢의 성을 하사하다.(『後紀』22)

3.1. 流来 新羅人 淸漢波등을 원하는 대로 放還하다.(『後紀』22)

1.7. 종5위하 百濟王忠宗 등에게 종5위상을 내리다.(『後紀』22)

1.10. 外納言從 5위상 百濟王忠宗에게 左兵衛佐를 겸하게 하다.

3.18. 이보다 앞서 肥前国 基肆団 校尉定弓등이 2월 9일자 解状에서 小近島의 島民이 船 5艘으로 도래한 新羅人 110인과 싸워 9인을 죽이고, 101인을 잡았다고 肥前国에 보고했고, 이어서 肥前国이 3월 4일자 解状으로 이것을 大宰府에 보고했다. 또 肥前国이 3월 7일자 解状으로 新羅人 一淸이 淸漢巴등이 일본에서 돌아온 경유를 보고했고, 이어 大宰府가 이것을 보고했다. 이날 사정을 물어 만약 귀국을 원하면 돌려보내고, 歸化를 구하면 예에 따라서 進上할 것을 명했다.(『紀略』전편14)

【일본】

5.9. 신라의 王子가 來朝했을 때, 만약 조공의 의지가 있으면 발해의 예에 준해 처우하겠지만, 隣好를 원한다면 답례하지 말고, 還糧을 지급한 뒤에 즉시 귀국시키도록 하다.(『紀略』전편14)

8.23. 귀화한 신라인 6인을 미농국에 배치하다.(『後紀』24)

9.7. 종4위하 百濟王敎德을 治部大輔로 삼다.(『後紀』24)

【일본】

1.1. 渤海使 王孝廉등이 朝賀에 참석하다.(『後紀』24)

1.7. 5위 이상 및 渤海使에게 연회를 베풀다. 또 渤海大使 王孝廉에게 종3위, 부사 高景秀에게 정4위하, 判官 高英善·王昇基에게 정5위하, 録事 釈仁貞·烏賢偲 및 訳語 李俊雄에게 종5위하를 내리다. 이 때, 渤海使 接待의 文人과 詩를 증답하다.(『後紀』24, 文華秀麗集)

1.8. 종8위하 백제숙이사천자 등에게 외종5위하를 주다.(『後紀』24)

연도	한국
▲ 815	5.18. 渤海使 王孝廉등이 出帆後 逆風을 만나 漂廻했고, 乘船한 배는 損壞되어 이용할 수 없게 되다.(『後紀』24) 5.23. 越前国에 渤海使가 乘用할 大船을 준비하도록 했다.(『後紀』24) 6.14. 渤海大使 王孝廉이 죽다. 詔를 내려 애도하고 정3위를 내리고, 또 渤海王에게 信物·使人의 禄物을 내리다. (『後紀』24) 7.20. 『新撰姓氏録』을 최종 완성하여 再上表하다. 10.15. 散事 종2위 百濟王明信이 죽다.(『後紀』24)
816	
817	
818	
819	
820	1.22. 唐人 周光翰·言升則등이 귀국을 청하여 渤海使 李承英의 귀국에 동행시키다.(『紀略』전편 14) 2.1. 天皇의 諸儀式에 착용하는 의복을 정하여 蕃国使의 表(国書)·幣(信物)을 줄 때는 黄櫨染衣를 입도록 하다.(『紀略』전편14) 2.13. 遠江·駿河 両国의 新羅人 700인이 반란을 일으켜, 人民을 살해하고 屋舍를 불태우다. 両国에서 兵을 보냈지만, 진압하지 못했다. 新羅人이 더욱이 伊豆国의 곡식을 빼앗아 해상으로 도주했다. 相模·武蔵 등 7国의 군사를 동원하여 결국 평정하다.(『紀略』전편14) 5.4. 新羅人 李長行 등이 投羊 2頭·白羊 4頭·山羊 1頭·鸞鳥 2匹을 진상하다.(『紀略』전편14)
821	
822	
823	
824 ▼	3.28. 新羅人 165인에게 乘田 24町8段을 내려 口分田으로 삼고, 種子 및 農具 구입비를 하사하다.(『類聚国史』159) 4.17. 越前国에서 진상된 渤海王의 信物·大使高 貞泰등의 別貢物을 進覧하다. 또 契丹大狗 2口·矮子 2口를 진상하다.(『類聚国史』194) 4.21. 渤海副使 璋藩의 種別貢物을 되돌려 보내다.(『類聚国史』194) 4.22. 천황이 神泉苑에 행차하여 渤海使가 진상한 狗에게 苑内의 사슴을 쫓게 했으나 중도에 멈추다.(『類聚国史』194)

일본

즉위를 축하하다. 또 弘仁 2년(811)의 遣渤海使 林東人이 발해에서 귀국할 때, 발해왕이 書狀의 형식을 啓에서 狀으로 고친 違例를 책망하다.(『後紀』24)

1.30. 対馬島의 史生 1人을 바꾸어 新羅訳語를 두다.(『後紀』24)

2.18. 百濟王 등이 봉헌하다. 5위 이상 6위이하 및 百濟王 등에게 녹을 내리다.(『後記』24)

3.2. 조칙을 내려 蕃國의 사신 입조에는 기한이 있고, 객관의 시설을 견고하게 해야 하는데, 근자에 병든 백성이 이곳에 머물고, 상당한 사람이 주검의 장소로 삼는다며, 객관의 담장이 파손되고 뜰과 길이 오염되니 彈正臺와 京職으로 하여금 살피도록 했다.(『後記』24)

【일본】

5.2. 渤海副使 高景秀 이하, 大通事 이상에게 夏衣를 내리다. 이 날, 새로이 渤海王 앞으로 慰労詔書를 보내고, 渤海王 大元瑜의 죽음을 애도하고, 新王의 즉위를 축하하다. 또 使人 王孝廉 등의 죽음에 애도의 뜻을 표하다.(類聚国史194)

10.13. 大宰府에서 新羅人 清右珍 등 180인의 帰化를 보고하다. 時服 및 路糧을 지급하고, 便船을 이용하여 入京시키다.(『紀略』전편14)

【일본】

2.15. 大宰府에서 新羅人 金男昌 등 43인의 귀화를 보고하다.(『紀略』전편 14)

4.22. 大宰府에서 新羅人 遠山知 등 144인의 귀화를 보고하다.(『紀略』전편 14)

【일본】

1.13. 大宰府에서 新羅人 張春 등 14이 도착하여 驢 4마리를 바쳤다고 보고하다.(『紀略』전편 14)

4.5. 이보다 앞서 渤海使 慕感德 등이 来朝하다. 渤海王 앞으로의 勅書를 交付하지 않고 귀국시키다. 또 慕感徳등이 往路에 조난하여 駕船이 파손하여 귀국에 앞서 船 1隻을 주었다. 또 慕感徳등의 접대에 관한 庶務·担当者등에 대해서 누락하는 것이 많아 자주 奏上하는 것을 반복하게 했고, 이 때문에 이날 이후, 渤海使 来着의 소식이 도착지의 国司부터 올라올 때는 접대의 방법에 대해 参議 이상 모여서 선례를 참고하여 미리 정해놓도록 했다.(類聚符宣抄6)

【일본】

6.16. 唐 越州人인 周光翰·言升則 등이 新羅人의 배를 타고 도착하다. 唐의 상황에 대해 816년(元和11)에 円州節度使 李師道가 반란을 일으켜 天下가 소요하고 있다는 사실을 전하다.(『紀略』14)

11.20. 渤海使 文籍院述作郎 李承英등이 方物을 바치고, 渤海王 大仁秀의 書를 올리다. 大仁秀이 지난번 사신 慕感徳 등이 귀국할 때에 배를 내어준 것에 감사했다. 이날 李承英에게 慕感徳이 帰国할 때, 渤海王 앞으로의 勅書가 없었음에도 불구하고 大仁秀의 글에 「伏奉書問」라고 기재되어 있는 것은 사실과 다르다고 책망하고, 귀국을 명했는데, 王의 書詞에 공경하는 뜻이 있어 과실을 용서하고 대우하는 뜻을 전했다.(『類聚国史』194) / 이 행에 唐人 張覺済 兄弟·新羅人 王請등이 교역을 위해 日本을 향했지만, 悪風에 조난을 당해 出羽国에 표착했고, 그 후에 王請은 長門国에 이르렀다.(『巡礼行記』, 開成4.1.8条)

【일본】

1.1. 渤海使가 文武百官과 함께 朝賀하다.(『類聚国史』71)

1.7. 豊楽殿에서 渤海使에게 연회를 베풀고 大使 李承英등에게 位를 내리다.(『類聚国史』99·194)

1.16. 豊楽殿에서 渤海使에게 연회를 베풀고 踏歌를 연주하다.(『類聚国史』72)

1.21. 渤海使에게 渤海王 앞으로 慰労詔書를 보내다. 渤海王이 旧例 따라 사자를 보내 온 것과 前使 慕感徳一行에 대해 日本의 援助에 보답한 것을 嘉賞하다.(『類聚国史』194)

【일본】

11.13. 渤海使 政堂省 左允王 文矩등이 方物과 渤海王 大仁秀의 書를 바치다.(『類聚国史』194)

【일본】

1.1. 渤海使가 大極殿에서 朝賀에 참열하다.(『類聚国史』71)

1.7. 豊楽殿에서 渤海使등에게 연회를 개최하다.(『類聚国史』71·194)

1.16. 豊楽殿에서 渤海使에게 연회를 개최하다. 踏歌를 연주하고 王文矩등이 打毬를 행하다.(『類聚国史』72)

1.20. 朝集殿에서 王文矩등에게 연회를 베풀다.(『類聚国史』194)

1.21. 渤海使 王文矩등이 귀도에 오르다. 渤海王 앞으로 書를 보내어 遠路를 불구하고 頻繁하게 조빙하는 것을 嘉賞히 여기는 뜻을 말하다.(『類聚国史』194)

7.17. 新羅人 40인이 帰化하다.(『紀略』전편 14)

【일본】

11.22. 加賀国에서 渤海使 高貞泰 등 101인의 来着을 보고하다.(『類聚国史』194)

12.8. 今年은 눈이 많이 와서 왕래가 어려우니 存問渤海客使의 파견을 정지하고, 勅을 내려 加賀守 紀末成·同掾秦島主등에게 예에 준해서 渤海使에게 存問하도록 했다.(『類聚国史』194)

【일본】

1.5. 渤海使大使 이하, 録事 이상 6인에게 겨울 의복료를 내려주다.(『類聚国史』194)

1.24. 右大臣藤原緒嗣기 上表하여 渤海使의 来朝年期를 一紀一貢(12년에 1회)로 하기를 청하다.(『類聚国史』194)

2.3. 近年에 諸国에 흉년이 계속되고 역병이 일어나고 농번기이기 때문에 渤海使의 入京을 정지하고 귀국시키자는 뜻을 선포하다.(『類聚国史』194)

연도	한국
▲ 824	6.20. 太政官符를 諸国에 내려 渤海使 来朝의 年期가 一紀一貢으로 改定된 것을 緣海의 諸郡에 주지시키다.(三代實錄18) 8.20. 大宰府管内에 거주하는 新羅人을 渡来의 新旧를 막론하고 陸奥国의 空閑地로 옮길 것을 명하다.(三代実錄 17) -. 이해에 新羅人 張大使(張宝高)가 来日했다가 新羅僧(후에 환속한 李信惠)을 동반하여 唐에 귀국했다.(巡礼行記会昌5.9.22条)
825	
826	
827	
828	【한국】 4.-. 이보다 앞서 張保皐(宝高·弓福)가 唐의 徐州에서 귀국하여 海賊掃討를 위해 清海(莞島)에 鎭을 설치할 것을 청하여 허락하다.(『三國史記』10·44)
831	
833	
834	6.22. 和泉人國 정6위상 蜂田藥師文主, 종8위하 同姓安遊 등에게 深根宿祢의 성을 주다. 그들의 선조는 모두 百濟國人이다.(『続後紀』3) 7.1. 종4위하 百濟王安義를 右兵衛督으로 삼고 丹波守는 그대로 하다.(『続後紀』3) 9.25. 勘解由主典阿直史福吉, 散位同姓核公 등 3인에게 清根宿祢의 姓을 주다. 核公의 선조는 百濟國人이다.(『続後紀』3) 11.5. 정6위상 百濟王奉義, 정6위상 百濟王慶仁에게 모두 종5위하를 주다.(『続後紀』3)
835	5.29. 右京人丹波權大目昆解宮繼, 内堅同姓河繼 등에게 廣野宿祢의 성을 주다. 그들은 百濟國人 夫子의 후손이다.(『続後紀』4) 10.27. 遣唐録事 松川造貞嗣, 散位同家繼 등에게 高峯宿祢의 성을 하사하다. 선조는 高句麗人이다.(『続後紀』4) 11.20. 遣唐使 知乘船事香山連清貞 등에게 宿祢의 성을 하사하다. 선조는 百濟人이다.(『続後紀』4)

일본
5.11. 新羅人 辛良·金貴賀·良水白 등 54인을 陸奧国에 안치하고, 法에 따라 집과 乘田을 주고, 口分田으로 충당하다.(『類聚国史』159)
5.15. 渤海王앞으로 보내는 勅書에 日月 위에 날인하다.(『類聚国史』194)
5.20. 詔를 내려 渤海王에게 贈物 및 大使 高貞泰에게 品物을 내릴 것을 고하다. 使人을 향응하게 하고, 이어 高貞泰 등에게 귀국할 때에 渤海使 来朝의 年期를 一紀一元으로 改定하는 뜻을 고하고, 국왕에게 전하게 하다.(『類聚国史』194)

【일본】

12.3. 隱岐国에서 渤海使 政堂省 信部少卿 高承祖등 103의 来着을 보고하다. 渤海使가 在唐 日本僧 霊仙의 書状등을 가지고 오다.(『類聚国史』194)

12.19. 이보다 앞서 12월 7일, 右大臣 藤原緒嗣가 上表하여 渤海使 高承祖등은 一紀一貢의 규정을 지키지 않고 来朝했기 때문에 入京시키지 말고 귀국시킬 것을 命하다. 이날 勅答하여 허락하지 않다.(『類聚国史』194)

【일본】

3.1. 右大臣 藤原緒嗣가 거듭하여 上表를 올려 이번의 渤海使는 年期를 위반하여 来朝했기 때문에 入京을 허락하지 않고 귀국시킬 것을 청하자, 渤海使는 「実은 商旅이고, 隣客이라고 할 수 없다」고 했으나, 칙을 내려 허락하지 않다.(『類聚国史』194)

5.8. 渤海使 高承祖등이 入京하자, 鴻臚館에 안치하다.(『類聚国史』194)

5.12. 渤海使에게 位授를 내리다. 大使 高承祖에게 정3위, 副使 高如岳에게 정4위상, 判官 王文信·高孝英에게 정5위상, 録事 高成仲·陳嵩彦에게 종5위상, 訳語 李隆郎·李承宗에게 종5위하, 그 외 11명에게 6위이하를 주다.(『類聚国史』194)

5.14. 渤海使가 帰途에 올라 加賀国으로 向하다.(『類聚国史』194)

5.15. 渤海使 高承祖에게 渤海王 앞으로의 慰労詔書를 보내고, 唐日本僧 霊仙의 書状등을 転送한 것에 감사하다.(『類聚国史』194)

【일본】

12.29. 渤海使 政堂省左允 王文知 등 100인이 但馬国에 来着했다. 国司가 国博士 林遠雄을 보내어 来朝의 이유, 年期規定을 위반한 것 등에 대해 심문했다. 王文矩가 唐의 溜青節度使 康志睦에 관한 정보를 전하기 위해 違期를 알고도 래조했다고 답하고, 또 駕船損壊에 의해 新船의 지급을 청하자, 王文矩등을 郡家에 안치하고 食料를 지급했다.(三代格18)

【일본】

1.2. 太政官符를 但馬国에 내려 渤海使에 관한 4개 条를 命하다. 一. 渤海使 王文矩등은 年期違反하여 来朝했기 때문에 食料의 지급을 規定의 절반으로 할 것. 一. 渤海使의 駕船을 수리해 줄 것. 一. 사사로이 渤海使와 교역하는 것을 금지할 것. 一. 渤海使가 来朝했을 때는 到着地의 관리가 먼저 使者가 휴대하고 온 함(王啓·中臺省牒)을 열어보고 進上한 것이 만약 사실과 다를 경우는 그대로 돌려 보낼 것(三代格18)

1.17. 但馬国에서 渤海使의 来着을 보고하다.(『類聚国史』194)

2.2. 但馬国에서 渤海王 大彝震의 書·中臺省의 案文을 올려보내다.(『類聚国史』194)

4.29. 渤海使의 大使 以下, 梢工이상에게 絹綿를 지급하고, 이어서 年期未満 때문에 入京을 허락하지 않고, 年期가 채워진 후에 来朝할 것을 勅旨하고, 귀국시켰다.(『類聚国史』194)

【일본】

9.7. 大宰府에 官符를 내려 来日하는 新羅商人으로부터 부당하게 비싸게 구입하는 현상은 大宰府司의 태만에 의한 것이니, 금후에 만약 商人이 래착하면 선내의 물품을 모두 검사하여 조정에서 필요한 물품을 우선 확보하여 駅을 이용하여 진상하고, 그 이외의 물품은 大宰府司의 관리하에 적정한 가격으로 交易할 것을 命하다.(三代格18)

【일본】

4.1. 右京大夫 종4위하 百濟王勝義가 百濟國의 風俗舞를 추다.(『続後紀』1)

4.8. 投化 新羅人 金禮眞등 남녀 10인을 左京五条에 등록하다.(『続後紀』1)

4.22. 攝津國 百濟郡의 荒廢田 27町을 源朝臣勝에게 주다.(『続後紀』1)

6.1. 百濟王 愛筌등을 近江에 안치하다.(『続後紀』1)

8.15. 肥前國人 直講博士 정6위상 韓部廣公은 直道宿祢의 성을 받았다. 그의 선조는 백제국인이다.(『続後紀』1)

10.28. 정5위하 百濟王安義에게 종4위하를 주고, 정6위상 百濟王文操에게 종5위하를 주다.(『続後紀』1)

【일본】

1.12. 종5위하 百濟公縄繼를 參河介로 삼다.(『続後紀』3)

2.2. 大宰管内에 来着한 新羅人을 射傷시킨 자는 罪科에 따라 벌을 주며, 또 被害者에게는 치료를 해주고, 식량을 주어 돌려보낸다.(『続後紀』3)

2.14. 忠良親王也에게 4품을 주다. 그는 先太上天皇의 4子로 母는 百濟氏이다.(『続後紀』3)

5.-. 左京人 정7위하 文忌寸歳主, 无位同姓三雄 등에게 淨野宿祢의 姓을 주다. 河內國人 정6위상 文忌寸繼立의 姓을 宿祢로 바꿔주다. 歳主, 三雄, 繼立 등의 선조는 모두 百濟國人이다.(『続後紀』3)

【일본】

1.7. 종4위하 百濟王勝義 등에게 종4위상을 주다.(『続後紀』3)

1.23. 左近衛戸島守 등에게 安岑連의 성을 주다. 島守의 선조는 百濟人이다.(『続後紀』4)

3.14. 大宰府에서 이즈음 신라 상인의 왕래가 끊이지 않고 壹岐島의 방위가 불충분하기 때문에, 島民 330인에게 무기를 지니게하여 14곳의 해를 입기 쉬운 산길에 배치하기를 청하자 이를 승인하다.(『続後紀』4)

연도	한국
836	윤5.13. 遣唐使의 출발에 즈음하여 太政官에게 旧例에 준하여 新羅에 표착한 경우, 同地로부터 唐을 향해 항해할 수 있도록, 원조를 의뢰하는 新羅執事省앞으로의 蝶狀을 遣新羅使 武蔵権大掾紀三津의 편에 보내다.(『続後紀』5) 윤5.17. 美濃國人 主殿寮少屬美見造貞繼가 본관을 바꾸어 左京6條2坊에 속하게 하다. 그의 선조는 百濟人이다.(『続後紀』5) 8.16. 정3위 百濟王慶命을 尙侍로 삼다.(『続後紀』5) 8.25. 大宰府에서 급하게 遣新羅使가 출발한 것과 遣唐使 제3선이 対馬島 上県郡 南浦에 표착하여 生存者가 3인뿐이었다는 사실을 보고하다.(『続後紀』5) 10.22. 遣新羅使 紀三津이 大宰府에 귀환하다.(『続後紀』5) 12.3. 遣新羅使 紀三津이 복명하다. 三津은 新羅에 遣唐使船이 漂着한 경우에 보호를 요구하기 위해 파견됐지만, 사신으로 간 취지를 잃어버려 신라에서 쫓겨 돌아왔다. 태정관 앞으로 보내는 新羅執事省牒에는 "紀三津이 거짓으로 朝聘使라고 칭했으나 公牒을 살펴보니 거짓으로 사실이 아니다"라고 했다.(『続後紀』5)
837	
838	
839	8.14. 遣唐錄事 大神宗雄이 大宰府에 보낸 첩장에 의하면, 宗雄, 遣唐船 3척이 불완전해서 遣唐使 일행은 9척의 新羅船을 楚州에서 빌려타고 신라의 南境을 지나 귀도에 올랐고 宗雄은 그 제6선에 탔다고 하다.(『続後紀』8) 8.20. 大宰大貳 南淵永河 등에게 遣唐使가 탄 新羅船 9척 중 제6선 이외의 배에 대해 각 방면에서 충분히 감시하는 태도를 취할 것, 大神宗雄 등을 객관에 안치해야 할 것을 명하다.(『続後紀』8) 8.29. 加賀國人 정6위상 百濟公豊貞의 본관을 바꾸어 左京 4條3坊에 속하게 하였다. 豊貞의 선조는 百濟國人이다.(『続後紀』8) 11.5. 左京人 정6위상 御春宿禰春長 등 11명에게 朝臣의 姓을 내리다. 이들은 백제왕의 種族인 飛鳥戶 등의 후손이다.(『続後紀』8)
840	9.23. 大宰府에 主船1명(정8위하 相當官)을 두다. 大唐通事에게 主船을 겸하게 하여 遣唐使가 귀국에 사용한 新羅船의 관리책임자로 하다.(『続後紀』9) 11.29. 종4위하 百濟王教法이 죽다. 그는 桓武天皇의 女御이다.(『続後紀』9) 12.27. 번국의 신하인 張寶高가 사신을 보내어 방물을 바치다. 신하된 자로서 외국과 교류할 수 없다라고 하여 鎭西(大宰府)에서 추방하다.(『続後紀』9)
841	12.22. 長門國에서 渤海使 賀福延 등 105명의 來着을 알리다.(『続後紀』10) / 式部大丞 小野恒柯·少外記 山代氏益(후에 少内記 豊階安人과 바꿈)을 存問渤海客使로 삼다.(『続後紀』10) 12.25. 式部大丞 小野恒柯·少外記 山代氏益(후에 少内記豊階安人과 바꿈)을 存問渤海客使로 삼다.(『続後紀』10)
842 ▼	3.28. 右大史蓄良農持를 鴻臚館에 보내 渤海使를 위로하게 하고, 賀福延 등이 中臺省牒을 올리다.(『続後紀』11) 3.29. 侍從 藤原春津을 鴻臚館에 보내 渤海王의 別狀에 대해 存問使가 질책하던 중, 사자가 과실을 인정했고 年期를 지켜 래조했으므로 특별히 우대한다는 勅旨를 渤海使에게 알리다.(『続後紀』11) 4.1. 右大史 山田文雄을 보내 渤海使에게 때에 맞는 의복을 지급하다.(『続後紀』11) 4.2. 賀福延 등이 八省院에서 渤海王의 國書·信物을 바치다.(『続後紀』11) 4.5. 渤海使을 農樂殿에서 연회를 베풀다. 大使 賀福延 등 13명에게 각각 位를 내리고 右少弁兼右少將 藤原氏宗에게 供食하게 하다.(『続後紀』11) 4.7. 渤海大使 賀福延가 개인적으로 방물을 바치다.(『続後紀』11) 4.9. 渤海使 등을 朝集堂에서 접대하고 惟良春道를 배석하게 함 국왕 및 大使 賀福延 등에게 물품을 전하는 취지를 말하다.(『続後紀』11)

일본

【일본】

1.20. 无位 百濟王永琳에게 종5위하를 주다.(『續後紀』4)

1.24. 정6위상 百濟王慶苑, 百濟王元仁에게 모두 종5위하를 주다.(『續後紀』5)

3.3. 木工寮算師八戶史礒益, 同姓弥繼 등 28인에게 常澄宿祢의 성을 주다. 그 선조는 모두 高句麗人이다.(『續後紀』5)

3.22. 能登史生馬史眞主, 右近衛同姓貞主 등에게 春澤史의 성을 주다. 그 선조는 모두 百濟國人이다.(『續後紀』5)

4.30. 遣唐判官 외종5위하 長岑高名에게 종5위를 내리다. 이날 遣唐錄事 高岑宿에게 朝臣의 성을 내리다. 선조는 高句麗人이다.(『續後紀』5)

5.22. 參議 文室秋津·常陸權介 永野王·內舍人 良岑清風 등을 天智·光仁·桓武天皇陵, 神功皇后陵등에 보내어 遣唐使의 平安을 빌다.(『續後紀』5)

윤5.10. 右京人 內藏大屬 百濟連清繼에게 多朝臣의 성을 清繼는 의부의 성을 잘못따라 근본으로 돌아가고자 하는 청이 있었다. 右京人 左衛門權少志大原史河麻呂의 성을 고쳐서 宿祢로 했다. 그의 선조는 百濟國人이다.(『續後紀』5)

【일본】

6.23. 左衛門督 종4위상 百濟王勝義를 宮內卿을 겸하게 하고 相模守는 그대로 두다.(『續後紀』5)

6.28. 右京人 左京亮 종5위상 吉田宿禰書主, 越中介 종5위하 吉田宿禰高世 등에게 興世朝臣의 성을 내리다. 시조 鹽乘津은 倭人이었는데, 후에 나라의 명에 따라 三己汶에 가서 살았다. 그 땅은 마침내 백제에게 예속되었다. 鹽乘津의 8대손인 달솔 吉大尙과 그의 아우 少尙 등은 잇달아 내조하여 대대로 의술을 전수하고 아울러 문예에 통달했다. 자손에게 吉田連의 성을 내렸다.(『續後紀』6)

10.28. 종5위상 百濟王慶仲에게 정5위하를 주고 정6위상 百濟王忠誠에게 종5위하를 내리다. 이는 先太上天皇이 交野의 사냥터에서 넌지시 지시했기 때문에 제수한 것이다.(『續後紀』6)

12.2. 右兵衛督 종4위하 百濟王安義가 죽다.(『續後紀』6)

【일본】

1.7. 종5위하 百濟王永豊등에게 종5위상을 내리다.(『續後紀』7)

7.25. 이보다 앞서 壹岐島에 新羅商人의 왕래가 끊기지 않아 경계를 위해서 史生 1員을 감하여 弩師를 둘 것을 청하니 이를 太政官이 받아들여 이날 官符를 내리다.(三代格5)

11.13. 정6위상 百濟王敎疑 등에게 종5위하를 내리다. 일찍이 戰功이 있었기 때문이다.(『續後紀』7)

【일본】

1.7. 정5위하 百濟王慶仲에게 종4위하를 내리다.(『續後紀』8)

1.11. 從4位下 百濟王慶仲을 民部大輔로 삼다.(『續後紀』8)

2.15. 종4위상 百濟王勝義에게 종3위를, 정6위상 百濟王永仁에게 종5위하를 내리다.(『續後紀』8)

3.18. 종4위하 百濟王惠信에게 종3위를 내리다.(『續後紀』8)

7.17. 大宰府에 명하여 풍파에 강한 新羅船을 建造시키다.(『續後紀』8)

【일본】

1.30. 종5위하 百濟王慶苑을 河內介로 삼다.(『續後紀』9)

6.13. 備中介外 종5위하 余河成, 右京大屬 정6위하 余福成 등 3인에게 百濟朝臣의 성을 내리다. 그들의 선조는 百濟國人이다.(『續後紀』9)

7.7. 右大臣 종2위 황태자의 스승 藤原朝臣三守가 죽다. 民部大輔從4位下 百濟王慶仲 등을 보내 그 집에 가서 조서를 내려 종1위로 추증하다.(『續後紀』9)

9.5. 大宰府에서 對馬島司가 해상 왕래에서 자주 漂沒하는 사고를 당하기 때문에, 풍파에 강한 新羅船1척의 分給을 청하니 이를 허락하다.(『續後紀』9)

【일본】

2.27. 太政官이 大宰府에 新羅人 張寶高가 작년 12월에 말안장 등을 진상했지만, 장보고는 남의 나라의 신하이므로 조공하는 것은 법규에 어긋난다고 하여 헌상품은 돌려주고, 적재한 화물에 대해서는 민간인들과 교역하는 것을 허락하다. 또 使者에게는 前例에 준해서 양곡을 지급할 것 등을 명하다.(『續後紀』10)

4.20. 종4위하 百濟王慶仲이 죽다. 慶仲은 百濟氏 중에서 적합하게 등용된 사람이다. 비록 큰 그릇은 아니지만 관리로서 재능과 명성이 있었다. 지방에서는 武藏守가 되었고 중앙에 들어와서는 民部大輔를 맡다.(『續後紀』10)

11.21. 정3위 百濟王慶命에게 종2위를 내리다.(『續後紀』10)

【일본】

1.10. 이전에 新羅人 李少貞 등 40명이 筑紫大津에 도착 少貞은 張寶高가 죽은 후 부하가 반란을 일으켰으나 閻丈이 평정했다고 하다. 만약 그 잔당이 일본에 왔다면 체포하고, 또 작년 무역을 위해 일본에 온 이충 등은 장보고의 부하 및 자손이 파견했기 때문에 신속히 본국으로 보내줄 것을 말하다.(『續後紀』11)

1.13. 종3위 百濟王勝義에게 相撲守를 겸하게 하다. 宮內卿은 그대로 두다.(『續後紀』11)

2.20. 渤海使를 入京하게 하다.(『續後紀』11)

3.6. 存問兼領渤海客使 小野恒柯·少內記 豊階安人 등이 渤海使勘問記 및 渤海王 大彜震의 문서, 中臺省牒의 案文을 올리다. 大彜震, 前使王文矩에게 보고받은 취지에 바탕을 두어 조빙의 年期가 왔기 때문에 使者를 보내 취지를 말하다.(『續後紀』11)

3.27. 渤海使 賀福延 등이 河陽에서 왕경에 들어오다. 式部 少輔 藤原諸成을 郊勞使에게 맡겨 영접시키고 鴻臚館에 안치하다.(『續後紀』11)

연도	한국
▲ 842	9.8. 散事 종3위 百濱王惠信이 죽다.(『續後紀』12)
843	8.22. 大宰府에서 對馬島上縣郡竹敷崎의 防人이 新羅의 方角으로부터 지난 정월 중순부터 금월 6일까지 定時에 북소리가 들려왔다는 사실 등 異變의 이유를 보고하니 칙명을 내려 경계에 힘쓰게 하다. 12.1. 出羽國河邊郡 백성 外종5위하 勳8等 奈良己智豊繼 등 5명에게 大瀧宿禰의 성을 내리다. 그들의 선조는 百濟國人이다.(『續後紀』13) 12.9. 新羅人 張公靖 등 26명이 長門國에 來着하다.(『續後紀』13)
844	
845	
846	
847	
848	
849	4.30. 渤海使에게 時服을 지급하다.(『續後紀』19) 5.2. 渤海使 王文矩 등이 八省院에서 국왕의 國書·信物 등을 바치다.(『續後紀』19) 5.3. 農樂殿에서 渤海使 등에게 연회를 베풀고 位를 내림. 大使 王文矩에게 종2위, 副使 烏孝愼에게 종4위상, 大判官馬福山·少判官 高應順에게 정5위하, 大錄事 高文信·中錄事多安壽·少錄事李英眞에게 종5위하 그 외의 品官·首領에게도 位를 내리다. (『續後紀』19) 5.5. 渤海使가 武德殿에서 騎射를 관람하다. 渤海使에게 樂玉과 술을 내리다.(『續後紀』19) 5.10. 公卿을 朝堂에 보내 渤海使를 영접함. 국왕 및 王文矩 등에게 물품의 하사를 고하다.(『續後紀』19) 5.12. 參議小野篁 등을 鴻臚館에 보내 渤海王에 보내는 國書, 中臺省에 보내는 太政官牒을 渤海使에게 전함. 이날 大使 王文矩 등 귀국길에 오름. 渤海使 체재중 文矩, 時康親王(뒤에 光孝天皇)의 起居 모습을 보고 至貴의 相이 있어 반드시 天子의 位에 오를 사람이라고 말하다.(『續後紀』19)
850	11.6. 종4위하 治部大輔興世書主가 사망하다(73세)/ 선조는 백제인 書主는 和琴을 잘 연주하여 大歌所別當에 임명되었다. 게다가 신라인 沙良眞熊에게 新羅琴을 배워 그 秘道를 깨쳤다고 하다.(『日本文德天皇實錄』권1)
851	

일본
4.12. 勅使를 鴻臚館에 보내어 천황의 詔를 전하고, 賀福延에게 渤海王에게 보내는 국서를 맡기다. 이날 勘解由 判官 藤原粟作, 文章生大中臣淸世를 領歸鄕客使로 임명하여 賀福延 등을 귀국시키다.(『續後紀』11)
8.15. 大宰大貳 藤原衛, 4개조의 건의문을 올리다. 신라의 조공은 聖武천황때부터 시작되었다고 하면서 간사한 마음으로 나라의 사정을 엿보니, 新羅人의 입국을 일체 금할 것을 청하다. 이에 來朝 新羅人에 대해 일반인의 경우는 표착의 예에 준하여 식량을 지급하여 돌려보내고, 상인의 경우는 민간 교역을 허락하고 끝난 후에는 속히 귀국시킬 것 등을 명하다.(『續後紀』12)

【일본】

1.5. 散位 종4위상 伴宿禰友足가 죽다. 友足의 사람됨은 공평하고 곧았으며 세상 물정에 거스리지 않았다. 武藝가 뛰어났고 매와 개를 좋아하였다. 百濟勝義王과 함께 사냥을 하지만, 勝義王이 사슴을 잡으면 그 고기를 나누어 주지 않는데, 友足은 천황에게 예물로 바치고 나머지는 여러 대부들에게 나누어 주었다. 이에 대부들이, 만약 友足이 지옥에 가게되면 그를 구하고, 勝義가 極樂淨土에 가게 되면 지옥에 떨어지도록 하겠다고 하다.(『續後紀』13)

2.11. 종5위하 百濟王忠誠을 大監物로 삼고, 종5위하 百濟王永仁을 右兵庫頭로 삼다.(『續後紀』13)

4.1. 楯列陵守가 지난달 18일 祭祀 때에 山陵이 2차례 울렸는데, 그 소리가 우뢰와 같았다고 하다. 參議 正躬王을 보내어 산릉의 나무를 베어내게 하였는데 이루 헤아릴 수 없다. 陵守長인 百濟春繼가 조사하여 아뢰다.(『續後紀』13)

【일본】

1.7. 종5위하 百濟王善義 등에게 종5위상을 내리다.(『續後紀』13)

【일본】

1.7. 종5위하 百濟王慶世 등에게 종5위상을 주고, 外종5위하 百濟宿禰河成 등에게 종5위하를 내리다.(『續後紀』15)

2.25. 兵部卿 忠良親王 및 百濟王 등이 천황에게 예물을 바치다.(『續後紀』15)

12.5. 大宰府에서 馳驛하여 新羅人이 康州의 편지 2통을 갖고 일본인 표류민 50여명을 호송하여 來着한 것을 보고하다.(『續後紀』15)

【일본】

2.29. 종5위하 百濟宿禰河成을 安藝介로 삼다.(『續後紀』16)

3.15. 播磨國 揖保郡人 散位 정8위상 百濟公淸永과 남녀 각 1인의 本居를 바꾸어 左京 3條2坊에 속하게 하다.(『續後紀』16)

【일본】

1.7. 정6위상 百濟王安宗 등에게 종5위하를 내리다.(『續後紀』17)

9.18. 新羅人 金珍 등이 입당구법승 圓仁 등과 함께 7월20일 登州를 떠나 9월18일 鴻臚館에 도착하다.(『續後紀』17)

12.14. 종5위상 百濟王慶世를 齋院長官으로 삼다.(『續後紀』17)

【일본】

3.26. 天台宗 승려로서 入唐求法하던 圓仁이 제자 性海와 惟正 등을 데리고 작년 10월에 신라상선을 타고 대재부에 도착하다.(『續後紀』18)

12.30. 이 날 能登國에서 渤海使 王文矩 등 100명이 도착했다고 하다.(『續後紀』18)

【일본】

1.7. 정6위상 百濟宿禰康保 등에게 外종5위하를 내리다.(『續後紀』19)

1.22. 尙侍 종2위 百濟王慶命이 죽었다. 조칙을 내려 종1위를 추증하고 종4위상 豊江王 등을 보내 장례를 감독하도록 하다.(『續後紀』19)

2.1. 少內記 정7위상 縣犬養大宿禰貞守와 直講 정6위상 山口忌村西成 등을 存問渤海客使로 삼아 能登國으로 보내다.(『續後紀』19)

2.25. 대재부에서 「對馬島司가 이르기를 이 섬은 해중에 있고 신라에 가까워 만약 급한 일이 생기면 무엇으로 변고를 막을 것입니까. 바라건대 史生 1명 대신에 弩兵 1명을 배치를 요청합니다」라고 하다. 청한 바에 따라 허락하다.(『續後紀』19)

3.14. 存問渤海客使 縣犬養貞守 등이 渤海王 大彛震의 國書·中臺省牒 등의 案文을 진상하다. 渤海王은 年期 되지 않았지만 隣好를 위해 使者를 보낸다는 뜻을 말하다. 中臺省牒도 같은 취지이다.(『續後紀』19)

3.21. 存問渤海客使가 違期來朝를 사유를 묻고 問答記를 올리다.(『續後紀』19)

3.28. 存問渤海客使에게 領渤海客使를 겸하게 하다.(『續後紀』19)

4.28. 領渤海客使가 渤海使 王文矩 등을 인솔하여 입경하다. 이어 宣命하여 有司는 違期 入朝이기 때문에 입경을 불허하여 귀국시킬 것을 진상했지만, 遠路 거친 파도를 넘어 고생 끝에 來朝한 것을 고려하여 특별히 대우한다는 뜻을 고하다.(『續後紀』19)

【일본】

1.7. 정6위상 百濟王敎福 등에게 종5위하를 내리다.(『續後紀』20)

5.2. 정6위상 百濟王忠岑 등을 伊勢大神宮에 보내 內親王을 맞이하여 乾禮門 앞에서 祓禊를 올리다.(『日本文德天皇實錄』권1)

5.3. 正散位 종5위하 百濟王敎福 등을 元興寺使로 삼고, 散位 종5위상 百濟王慶世 등을 藥師寺使로 삼다.(『日本文德天皇實錄』권1)

5.5. 太皇大后를 深谷山에 장사지냈다. 태황태후의 父는 淸友인데 어려서부터 심기가 깊고 마음이 넓었으며 書記 섭렵하였다. 寶龜 8년(777) 고려국의 사신이 왔을때 그는 弱冠의 나이로 접대역을 맡았다. 高麗大使가 淸友의 관상을 보고 골상이 뛰어나 자손 가운데 크게 귀한 사람이 있을 것이라고 하였다. 그 후 淸友는 田口氏의 딸과 결혼하여 太后를 낳다.(『日本文德天皇實錄』권1)

【일본】

4.1. 종5위하 百濟王永仁 등을 모두 次侍從으로 삼다.(『日本文德天皇實錄』권3)

9.5. 散事 종4위하 百濟王貴命이 죽었다. 貴命은 종4위하 陸奧鎭守將軍 兼 下野守 俊哲의 딸이다. 嵯峨太上天皇 때 발탁하여 女御로 삼았는데, 바로 二品式部卿 大宰帥 忠良親王의 어머니이다.(『日本文德天皇實錄』권3)

연도	한국
852	
853	
854	
855	
856	
857	
858	
859	5.10. 存問兼領渤海客使 安倍清行 등이 渤海王 大虔晃의 국서, 中臺省牒 및 信物 등을 전함 大虔晃은 朝聘의 年期가 다가왔기 때문에 使者를 보낸다는 뜻을 말하다. 中臺省牒도 같은 취지이다.(『日本三代實錄』권2) 6.23. 渤海使편에 渤海王 앞으로 위로 조서를 보내다. 先帝(文德天皇)가 작년 8월에 사망한 이유 등으로 烏孝愼 등을 入京시키지 않고 귀국시킨다는 것을 말하다. 中臺省에 보내는 太政官牒도 거의 같은 취지로 年期를 지켜야만 한다는 것 및 乘船을 수리한 것 등을 말하다.(『日本三代實錄』권3) 7.21. 6일 渤海使 烏孝愼 등이 加賀國에서 출발하여 귀국길에 오르다. 21일 存問兼領渤海客使 直講 苅田安雄이 발해사의 귀국을 알리다.(『日本三代實錄』권3) 11.19. 정6위상 丹波權掾 百濟王俊聰에게 종5위하를 내리다.(『日本三代實錄』권3) 11.20. 外종5위하 百濟王香春 등에게 종5위하를 내리다.(『日本三代實錄』권3)
860	
861 ▼	1.28. 散位 藤原春景·兵部少錄 葛井善宗을 領渤海客使로 蕃磨少目 春日宅成을 通事에 임명하다. 使事를 끝낼 때 까지 藤原春景을 但馬權介, 葛井善宗을 因幡權掾으로 잠시 칭하게 하다.(『日本三代實錄』권5) 3.14. 東大寺에서 無遮大會를 베풀고 毗盧遮那大佛을 공양하다. 이 날 부처님을 點眼하니 그 장엄한 威儀를 다. 적을 수 없을

일본

【일본】

2.8. 參議 정4위하 行宮內卿 兼 相撲守 滋野朝臣 貞主가 죽었다. 嘉祥2년(849) 봄, 大宰府의 많은 관리들의 폐해가 심하여 貞主가 表를 올려, 大宰府는 서쪽 끝의 큰 땅으로 요지이다. 동쪽은 長門으로써 關門을 삼고 서쪽은 신라를 막고 있다. 唐과 高麗·新羅·百濟·任邾 등은 모두 이 곳에 입조하여 조공하기도 하는 등 제국들이 모이는 곳이며 국내외의 관문이다. 따라서 덕과 재능이 있는 자를 관리로 삼았다. 그런데 요즘 관리들이 부끄러움을 잊고 재물을 탐하여 탐관오리가 되었다고 하니 府司와 國宰가 슬프고 마음 아프지 않음이 없다라고 하다.(『日本文德天皇實錄』권4)

【일본】

1.7. 종5위하 百濟王永善 등에게 모두 종5위상을 내리다.(『日本文德天皇實錄』권5)

1.16. 종5위하 百濟王安宗을 安芸介로 삼다.(『日本文德天皇實錄』권5)

3.28. 越中權守 紀椿守가 사망하다. 椿守는 예서에 능하여 渤海에 답하는 글(渤海王 앞으로의 위로조서)을 두번이나 담당하며 조정의 칭찬을 받다.(『日本文德天皇實錄』권5)

8.24. 散位 종5위하 百濟朝臣河成이 죽었다. 河成의 本姓은 余인데 뒤에 百濟로 고쳤다. 무예에 뛰어나고 强弓에 능하였다. 그림을 잘 그려 옛 사람의 모습과 山水·草木 등이 모두 살아 있는 것 같았다. 오늘날의 畵風은 모두 그 법을 취한다. 향년 72세이다.(『日本文德天皇實錄』권5)

【일본】

2.16. 종5위하 百濟王教凝을 侍從으로 삼다.(『日本文德天皇實錄』권6)

4.2. 散位 百濟王教福이 죽었다. 教福은 종4위하 安義의 아들이다. 嘉祥 3년 정월에 종5위하를 받았는데, 향년 48세이다.(『日本文德天皇實錄』권6)

10.23. 公卿들이 前 伊豆守 百濟宿禰康保가 部下 百姓 여러 명을 때려 죽였으니 康保의 죄는 죽어 마땅합니다라고 아뢰니, 멀리 유배보내도록 하다.(『日本文德天皇實錄』권6)

【일본】

7.20. 종3위 百濟王 勝義가 죽었다. 勝義는 종4위하 元忠의 손자이며, 종5위하 玄風의 아들이다. 어려서 大學에 들어가 文章을 익혔다. 承和 4년에 相撲守를 겸직하였고 宮內卿이 되다. 6년(839)에 종3위에 서품되었는데 年老하다고 하여 벼슬을 그만두고 河內國 讃良郡 산기슭에 한가로이 살다.(『日本文德天皇實錄』권7)

【일본】

1.7. 종5위하 百濟王安宗 등에게 종5위상을 내리다.(『日本文德天皇實錄』권8)

3.9. 大宰府에서 신라인 30명의 표착을 알리다. 식량을 지급하고 돌려보내다.(『日本文德天皇實錄』권8)

【일본】

1.8. 無位 종6위상 百濟王 貞琳 등에게 종5위하를 내리다.(『日本文德天皇實錄』권8)

11.5. 右京大夫 兼 加賀守 정4위하 藤原朝臣衛가 죽었다. 嘉祥 2년(849)에 발해의 사신이 입조할 때, 皇帝가 武德殿에서 사신에게 연회를 베풀고, 侍臣 가운데 말을 잘 하는 자를 택하여 사신을 접대하는 中使를 삼도록 했다. 그 날 衛에게 長命縷를 하사하여 차게 하니, 사신과 빈객들이 그 예의범절에 찬탄하다.(『日本文德天皇實錄』권9)

【일본】

1.7. 종5위하 百濟王淳仁 등에게 모두 종5위상을 내리다.(『日本文德天皇實錄』권10)

1.16. 종5위상 百濟王安宗을 安藝守로 삼다.(『日本文德天皇實錄』권10)

1.27. 安藝國에서 守 종5위상 百濟王安宗이 죽었다고 아뢰다.(『日本文德天皇實錄』권10)

11.7. 종5위하 右兵庫頭 百濟王永仁 등에게 종5위상을 내리다.(『日本三代實錄』권1)

11.26. 左京職이 매년 올리는 鍛冶戶 百濟品部의 戶等計帳은 公家에 무익하고 職史에게 번잡함으로, 이를 폐기하여 올리지 않기를 청하자, 이에 따르다.(『日本三代實錄』권1)

【일본】

1.22. 能登國에서 渤海使 政堂省左允烏孝愼 등 104명이 珠洲郡에 來着한 것을 알리다.(『日本三代實錄』권2)

1.28. 少外記 廣宗安人·大內記 安倍淸行을 領渤海客使로 삼다.(『日本三代實錄』권2)

2.4. 渤海使가 能登國에 도착하다. 이날 加賀國에 안치시키다.(『日本三代實錄』권2)

2.7. 廣宗安人에 대신하여 直講刈田(후에 紀)安雄을 領渤海客使로 삼다.(『日本三代實錄』권2)

2.9. 春日宅成을 渤海通事로 삼다.(『日本三代實錄』권2)

2.13. 散位 종5위상 百濟王慶世를 大輔로 삼고, 右兵庫頭 종5위상 百濟王永仁을 攝津權介로 삼다.(『日本三代實錄』권2)

3.13. 領渤海客使 安倍淸行 등이 京都를 출발하다. 그들을 存問兼領渤海客使라고 칭하게 함. 그 날 渤海副使 周元伯이 文筆에 능해서 越前權少掾 島田忠臣을 임시 加賀權大掾으로 임명하여 應接, 唱和의 役을 맡게 하다.(『日本三代實錄』권2)

4.2. 이 날 종5위상 百濟王慶世를 次侍從으로 삼다.(『日本三代實錄』권2)

【일본】

11.16. 散位 百濟王貞惠에게 종5위하를 내리다.(『日本三代實錄』권4)

【일본】

1.20. 出雲國에서 渤海使 李居正 등 105명이 隱岐國을 경유하여 島根郡에 來着한 것을 보고하다.(『日本三代實錄』권5)

1.21. 出雲國에 명하여 渤海使에게 穀秬을 지급하게 하다.(『日本三代實錄』권5)

연도	한국
▲ 861	8.19. 左京人 散位 外종5위하 伴大田宿禰常雄에게 伴宿禰의 姓을 주었다. 이에 앞서 정3위 伴宿禰善男 등이 아뢰기를, 常雄의 家諜을 보니 저희들과 조상이 같은데 金村大連公의 아들 狹手彦의 후예이다. 狹手彦은 宣化天皇 때에 任那에 가서 신라를 정벌, 任那를 회복하고 백제를 도왔다. 欽明天皇 때는 백제의 요청으로 고구려를 정벌하였다. 敏達天皇 때에 돌아와서 고구려의 포로를 바쳤는데 지금 山城國의 狛人들이 그들이다. 狹手彦이 다시 해외에 사신으로 파견되어 功을 세웠으나 후예들은 높은 자리에 올라간 자 없다. 善男의 家記가 틀림이 없음으로 宿禰의 성을 내려 이 本源에 들어오도록 요청하자 이에 따르다.(『日本三代實錄』권5)
862	
863	8.21. 右京人 難波連縵麻呂와 難波連實得, 難波連淸宗 등에게 모두 朝臣의 姓을 내리다. 그 선조는 高麗國人이다.(『日本三代實錄』권7) 10.11. 右京人 飛鳥戶造淸貞과 飛鳥戶造淸生, 飛鳥戶造河主, 飛鳥戶造有雄 등에게 모두 百濟宿禰의 姓을 내리다. 그 선조는 百濟國人 比有王의 후예라고 한다.(『日本三代實錄』권7) 11.17. 이에 앞서 丹後國에서 細羅國人 屎鳥舍漢 등 54명이 竹野郡松原村에 표착한 것을 보고하다. 細羅國은 新羅 東方의 別島라고 답했다라고 하다. 또 因幡國에서 新羅人 57명이 荒坂浜에 來着한 것을 보고하고 상인같다고 하다. 이 날 칙을 내려 路糧을 지급하고 본국으로 돌려보내다.(『日本三代實錄』권7) -. 이해 新羅人 30여명이 石見國 美乃郡의 해안에 표착했는데, 사망자 10여명이고 생존자가 24명이라고 하다.(『日本三代實錄』권7)
864	【한국】 4월조, 일본국사절이 오다.(『삼국사기』11, 『集成』1-18)
865	
866	11.17. 칙서를 내려 요즈음 계속적으로 나타나는 怪異를 점치니, 신라의 적병이 틈을 엿보는 조짐이라고 함. 따라서 能登·因幡·伯耆·出雲·石見·隱岐·長門의 諸國 및 大宰府에 명하여, 官內의 諸神에게 班幣하여 鎭護의 효능을 빌어야 할 것, 또 병사에게 훈련을 실시할 것을 명하다.(『日本三代實錄』권13) -. 이해 隱岐國의 浪人 安曇福雄, 前隱岐守 정6위상 越智貞原이 신라인과 공모하여 반역을 계획했다고 밀고했으나 뒤에 무고인 것으로 판명되다.(『日本三代實錄』권16)
867	
869 ▼	12.5. 大宰府에서 아뢰기를, 옛날 新羅海賊이 侵寇하여 약탈하던 날에 統領과 選士들을 보내어 추격하여 토벌하였는데, 사람들이 두려워 행하려 하지 않았다. 비상시에 오랑캐에 대응하기 어렵다고 하다.(『日本三代實錄』권16) 12.14. 伊勢大神宮에 奉幣하여 신라 해적의 내습 사실 및 大鳥가 大宰府의 樓門 등에 군집하는 등 怪異를 고하여 平安을 기원하다.(『日本三代實錄』권16) 12.17. 지난 여름 신라 해적이 貢綿을 약탈하다. 大宰府廳에 大鳥 군집의 사실을 神祇宮·陰陽寮가 점을 치니 隣國의 兵寇의 전조라고 함. 또 肥後國에 風水의 難, 陸奧國에 지진의 재난 등이 있었다. 이날 諸國에 이르기를 國內 諸社에 奉幣해 後害를 막도록 하다.(『日本三代實錄』권16)

일본
정도였다. 堂宇에 가득하게 唐, 高麗, 林邑 등의 음악이 울려 퍼지다.(『日本三代實錄』권5)

5.21. 存問兼領渤海客使 등에게 渤海使 李居正 등은 年期를 지키지 않고 조문해 온데다 국왕의 書도 違例가 많아 入京을 허락하지 않고 귀국시켜야 하지만, 李居正은 70세를 넘는 고령의 公卿이기 때문에 특별히 入京을 허락하기로 하다. 또 발해사의 국서, 信物은 받지 않고 中書省牒만을 진상하는 일, 出雲國의 絹, 綿을 발해사에게 지급하는 일 등을 고하다.(『日本三代實錄』권5)

5.26. 渤海國 中臺省에 보내는 太政官牒을 存問使 및 出雲國司에 보냄. 별도로 絁10필·綿 40屯을 大使 李居正에게 내리다.(『日本三代實錄』권5)

6.16. 이에 앞서 陰陽頭兼曆博士大春日眞野麻呂가 貞觀元年(859)에 渤海使 烏孝愼이 가져온 唐의 新曆(長慶宣明曆)에 대해 검토하고, 그것의 우수함을 아뢰고 채용할 것을 청하다. 그 날 長慶宣明曆을 시행하다.

【일본】

7.28. 左京人 前越後介 등에게 坂上宿禰의 姓을 내리다. 이들은 後漢 孝靈皇帝의 4대손인 阿智使主의 후예이며, 坂上大宿禰와 조상이 같다. 右京人 道祖史豊富에게 惟道宿禰의 姓을 내렸는데, 阿智使主와 같이 백제국에서 귀화하였다. 左京人 飛鳥戶造彌道에게 百濟宿禰의 성을 내렸는데 그는 百濟國 混伎의 후예이다. 河內國 安宿郡人 百濟宿禰有世를 左京職에 옮기다.(『日本三代實錄』권6)

【일본】

1.3. 大納言 정3위 兼 行右近衛大將 源朝臣定이 죽었다. 그는 嵯峨太上天皇의 子이고, 母는 百濟王氏이다. 嘉祥 2년(849) 中納言에 임명되었는데 이 달에 母인 尙侍 白濟王氏가 죽다. 향년 49세이다.(『日本三代實錄』권7)

4.1. 이에 앞서 大宰府에서 新羅僧 元著·菖嵩·淸願 등 3명이 博多津에 來着한 것을 보고하다. 이 날 3명을 鴻臚館에 安置하여 양식을 지급하고 唐人船의 來航을 기다려 放却해야 한다고 명하다.(『日本三代實錄』권7)

5.20. 神泉苑에서 몸소 靈會를 베풀다. 雅樂寮의 伶人으로 하여금 음악을 연주하게 하고, 천황의 近侍 兒童 및 양가집의 자제를 舞人을 삼아 唐과 高麗 춤을 추게 하다.(『日本三代實錄』권7)

7.26. 囚獄司의 죄수가 防援右兵衛 百濟豊國을 상해하다.(『日本三代實錄』권7)

8.9. 右京人 종5위하 行皇太后宮 大進 御船宿禰彦主 등 남녀 6명에게 菅野朝臣의 姓을 내렸다. 彦主 등의 선조는 百濟國 貴須王에서 시작한다.(『日本三代實錄』권7)

8.17. 右京人飛鳥戶造 豊宗 등 남녀 8명에게 御春朝臣의 姓을 내리다. 그 선조는 百濟國人 現伎에서 시작한다.(『日本三代實錄』권7)

【일본】

2.17. 石見國司에게 조서를 내려, 작년 美乃郡에 표착한 신라인에게 路糧을 지급하고 돌려보내다.(『日本三代實錄』권8)

8.8. 左京人 大丘造塵繼와 大丘連비치 등 4명에게 宿禰의 姓을 내리다. 그 선조는 百濟人이다.(『日本三代實錄』권9)

8.13. 이에 앞서 大宰府에서 大唐通事 張友信이 渡海해 언제 일본에 돌아가는지 몰라, 不定期에 來朝하는 唐人에 대비하여 友信의 부재중에 唐僧 法惠를 觀世音寺에 留住시켜 通事의 역할을 맡도록 청하다. 그날 太政官이 이를 허락하다.(『日本三代實錄』권9)

8.17. 右京人 藩良朝臣 豊村과 右大史 葛井連宗之, 兵部少錄 葛井連居都成 등에게 菅野朝臣의 성을 내리다. 本系는 百濟國人 貴須王이다. 左京人 百濟宿禰有世에게 御春朝臣의 姓을 내리다. 그 선조는 百濟國人 比有王에서 시작한다.(『日本三代實錄』권9)

10.14. 散位 종5위하 百濟王俊聰을 伯耆守로 삼다.(『日本三代實錄』권9)

【일본】

10.14. 左京人 道祖史永主와 道祖史高直 등 2명에게 惟道宿禰의 姓을 내리다. 그 선조는 百濟國 王孫인 許里에서 시작한다.(『日本三代實錄』권9)

10.26. 雅樂 權大允 外종5위하 和邇部宿禰大田麿가 죽었다. 피리를 부는 (樂人)출신으로 伶官이 되다. 天長(824-833) 초에 雅樂 百濟笛師에 임명되었다가 이어 唐橫笛師로 관직을 옮기다. 몇 년이 지나 雅樂 少屬이 되었고, 얼마 있다가 大屬으로 바뀌다. 貞觀 3년(861) 정월 21일에 外종5위하를 받다.(『日本三代實錄』권11)

【일본】

1.26. 右京人 정6위상 安峯連小嶋와 종6위하 安峯連眞魚 등 5명에게 宿禰의 姓을 내리다. 그 선조는 百濟人이다.(『日本三代實錄』권12)

6.16. 無位 高子內親王이 죽다. 그녀는 仁明天皇의 皇女인데, 어머니는 百濟王氏로서 종5위상 敎俊의 딸이다.(『日本三代實錄』권13)

7.15. 大宰府에서 馳驛하여 肥前國 基肆郡 擬大領 山春永, 藤津郡領 葛津貞津, 高來郡 擬大領 大刀主. 彼杵郡人 永岡藤津 등이 공모하여, 신라인 珍賓長과 함께 신라에 건너가 무기를 제조하여 對馬島의 탈취를 계획하고 있음을 보고하고, 아울러 射手 45명(一說, 35명)의 명부를 올리다.(『日本三代實錄』권13)

【일본】

5.26. 신라와 경계를 接하는 伯耆·出雲·石見·隱岐·長門 등의 諸國에게 四天王像 각 1鋪를 내려 불법을 닦아 적의 항복과 재앙, 변란을 없애도록 하다. 國分寺 僧 등을 청하여, 『最勝王經』四天王護國品을 春秋로 7일간 轉讀시키다.(『日本三代實錄』권14)

【일본】

5.22. 대재부에서 지난 22일 밤에 新羅海賊船 2척이 博多津에 와서 豊前國의 年貢 絹綿을 약탈하여 즉시 추격했으나 잡지못했다고 하다.(『日本三代實錄』권16)

7.2. 大宰府司에 이르기를 관내 諸國의 貢調使에게 동일 행동을 취해야함에도 불구하고, 豊前貢調使를 먼저 보냈기 때문에 新羅 해적의 피해를 받았음을 힐책하다.(『日本三代實錄』권16)

10.26. 이에 앞서 貞觀8년(866)에 越智貞原이 신라인과 공모하여 반역을 꾀했다고 밀고한 安曇福雜을 무고죄로 遠流에 처하다.(『日本三代實錄』권16)

연도	한국
▲ 869	12.29. 石淸水神社에 봉폐하여 신라해적의 침략과 제국의 이변을 고하고 평안을 기원하다.(『日本三代實錄』권16)
870	9.15. 貢綿을 약탈한 혐의가 있는 신라인 潤淸 등 20명을 武藏·上總·陸奧 3국에 배치하고 이들을 경계하도록 하다. 그러나 죄를 용서하고 이들에게 口分田·營種料를 합해 가을의 수확때까지는 公糧을 지급하도록 하다. 그 중 潤淸 등 3명은 造瓦의 기술에 종사하고 있어 특별히 陸奧國 修理府 料造瓦事에 두어 그 기술을 현지 사람들에게 傳習시키다.(『日本三代實錄』권18) 11.13. 筑後權史生 佐伯眞繼가 新羅國牒狀을 올려 大宰少貳 藤原元利万侶가 신라 국왕과 공모하여 국가를 害하려 한다고 아뢰다.(『日本三代實錄』권18) 11.17. 大宰府에 칙을 내려 藤原朝臣元利萬侶 등 5인을 체포하게 하고, 大內記安倍朝臣興行을 推問使로서 大宰府에 보내다.(『日本三代實錄』권18) 12.11. 발해사 楊成規 등 105명이 加賀國 해안에 도착했음을 아뢰다.(『日本三代實錄』권18)
872	5.18. 左中將兼備中權守原舒를 鴻臚館에 보내 渤海王의 국서·中臺省牒 및 信物(大虫皮7張·豹皮6張·熊皮7張·蜜5斛)을 살피도록 하다. 渤海王 大玄錫이 舊例에 준해 年期가 다 되었기 때문에 선린의 사자를 파견하는 취지를 말하다.(『日本三代實錄』권21) 5.19. 조칙을 내려 參議左大弁兼解由長官近江權守 大江音人을 鴻臚館에 보내 渤海使에게 位階와 告身을 내리다.(『日本三代實錄』권21) 5.20. 內藏寮가 渤海使와 교역을 행하다. (『日本三代實錄』권21) 5.21. 京師의 사람과 渤海使가 교역하는 것을 허락하다.(『日本三代實錄』권21) 5.22. 市人과 渤海使와의 私交易을 허용하다. 이날 渤海使에게 官錢 40만貫을 주고 市廛의 사람들을 불러모아 사신들과 토산물을 매매하도록 하다. 또 前筑後少目 伊勢興房을 領歸鄕渤海客使通事로 삼다.(『日本三代實錄』권21) 5.23. 大學頭兼文章博士阿派介 巨勢文雄·文章得業生越前大掾 藤原佐世를 鴻臚館에 보내 渤海使에게 연회를 베풀게 하다.(『日本三代實錄』권21) 5.24. 渤海大使 楊成規가 개인적으로 天皇·皇太子에게 물품을 바침. 이 날 民部少輔 兼 東宮學士橘廣相을 보내 渤海使에게 曲宴을 베풀게 하다. 또 兵部少輔兼下野權介高階令範을 보내 御衣를 하사하다.(『日本三代實錄』권21) 5.25. 칙서를 내려 使者를 鴻臚館에 보내다. 參議右大弁 兼 讚岐守 藤原家宗 등은 渤海王에게 보내는 위로조서를, 少納言兼侍從和氣彝範 등은 中臺省에 보내는 太政官牒을 渤海使에게 전하다. 위로조서에 年期를 지켜 遣使해 온 것이 가상하다는 뜻을 말하다. 이날 발해사 양성규 등이 홍로관을 출발하여 귀국길에 오르다.(『日本三代實錄』권21)
873	9.8. 甲斐國에서 貞觀12년(870)에 大宰府에서 上總國에 옮겨진 新羅沙門 傳僧·卷才 2명이 山梨郡에 머물고 있는 것을 알림. 上總國으로 돌려보내다.(『日本三代實錄』권24) 9.25. 이에 앞서 대재부에서 지난 9월25일에 신라인 32명이 1척의 배를 타고 對馬島에 표착하다. 對馬島司가 使者에 딸려 大宰府로 보내어 鴻臚館에 안치했다고 아뢰다.(『日本三代實錄』권24) 12.17. 대재부에서 新羅海賊에 대비하여 경비를 강화하고 경비의 비용을 충당하기 위해 警固田을 두고, 그 이자로서 잡용에 충당하기를 청하자 이를 허락하다.(『日本三代實錄』권24) 12.22. 大宰府에 勅을 내려 9월25일 對馬에 표착하여 鴻臚館에 구금되어 있던 신라인 32명을 돌아가게 하다.(『日本三代實錄』권24)
874	
876	
연도	한국

일본
12.25. 제국에 칙을 내려 3일간 金剛般若經을 轉讀하고 지진, 풍수의 재난 및 隣國의 공격를 방지하는 기도를 하게 하다.(『日本三代實錄』권16)
12.28. 이보다 앞서 鎭西에 大鳥가 출현하는 괴이한 일이 있어 점을 치니 노략질이 보임을 아뢴다. 따라서 坂上大宿禰瀧守를 大宰權少貳로 임명하여 군사, 무기를 배치하여 鴻臚館 등의 방비에 힘쓰게 하다.(『日本三代實錄』권16)

【일본】
2.12. 이보다 앞서 大宰府에서 鸕鷥鳥를 잡기 위해 신라 국경에 갔다가 신라에 잡힌 對馬島人 卜部乙屎麻呂가 도망와, 신라가 大船을 建造하고 병사를 훈련시켜 對馬島 탈취를 꾀하고 있다는 말을 아뢴다. 이 날 大宰府에 칙을 내려 신라의 침공에 대비하여 연해의 諸郡에게 특히 경계할 것을 명하다.(『日本三代實錄』권17)

2.15. 八幡大菩薩宮 및 香椎廟·宗像大神·甘南備神에게 奉幣하여 신라 해적의 침략과 諸國의 이변 등을 고해 평안을 기원함. 또 使者를 深草山陵(仁明天皇)·田邑山陵(文德天皇)·楯列山陵(神功皇后)에게 보내 신라 해적의 침략을 고하다.(『日本三代實錄』권17)

2.20. 이보다 앞서 大宰府에서 신라 해적의 貢絹 약탈에 관련된 혐의로 그곳에 거주하는 신라인 潤淸 등의 신병을 구속하여 주상하다. 이날 大宰府에 칙을 내려 潤淸 등 30명 및 이전부터 관내에 거주한 신라인을 상경하게 하다.(『日本三代實錄』권17)

6.13. 이보다 앞서 大宰府에서 肥前國 杵嶋郡의 兵庫가 震動하여 북이 2번 울려 점을 쳐보니 隣兵을 警戒해야 한다고 아뢴다. 이 날 筑前國·肥前國·壹岐島·對馬島에 경계를 명하는 조칙을 내리다.(『日本三代實錄』권18)

8.28. 이에 앞서 對馬嶋에서 경계가 신라에 가까워 침략할 것 같다고 하고, 긴급시에 대응하기 어려움으로 弩師 1명을 두기를 바란다고 하다. 大宰府에 칙을 내려 적임자를 뽑아 임명하고 恒例를 삼도록 하다.(『日本三代實錄』권18)

【일본】
1.6. 少內記 菅原朝臣道眞, 直講 美努連淸名을 存問渤海客使로, 園池正 春日朝臣宅成을 通事로 삼다.(『日本三代實錄』권21)

1.20. 이달 京都에서 咳逆病에 의해 사망한 자가 많았다. 이것은 來朝한 渤海使가 가져온 독기에 의한 것이라는 說이 있어 이날 建禮門 앞에서 큰 푸닥거리를 하다.(『日本三代實錄』권21)

1.26. 少外記 大春日安守를 存問渤海客使에 임명했다. 이는 菅原朝臣道眞이 모친상을 당해 사직했기 때문이다.(『日本三代實錄』권21)

3.14. 存問渤海客使 大春日朝臣安守 등에게 渤海領客使를 겸하게 하다.(『日本三代實錄』권21)

3.23. 이번 봄 이래 괴이한 일이 빈발하여 사자를 각 신사에 보내 奉幣하다. 작년 陰陽寮가 점을 쳐보니 蕃客이 오기 때문에 상서롭지 못한 일이 있을 것이라고 하였지만, 이번의 渤海使는 年期를 지켜 來朝했기 때문에 入京시켰음을 아뢴다.(『日本三代實錄』권21)

4.13. 存問渤海客使가 渤海王의 國書·中臺省牒 등을 조사하고 違例를 大使에게 질책하는 問答記 및 加賀國을 향하는 도중의 소식을 기록한 것을 역마를 타고 주상하다.(『日本三代實錄』권21)

4.16. 少內記都言道·式部少丞平季長를 掌渤海客使로, 常陸少掾多治守善·文章生菅野惟肖를 領歸鄕渤海客使에 임명하다.(『日本三代實錄』권21)

5.7. 掌渤海客使 都言道가 外國使를 응접하기 위해 「姓名相配」의 뜻에 맞게 이름을 良香으로 고치기를 청하자 이를 허락받다.(『日本三代實錄』권21)

5.15. 郊勞使右少將 藤原山蔭이 山城國 字治郡 山科村에 부임하여 領渤海客使와 함께 발해사 20명을 入京시켜 鴻臚館에 안치하다. 또 左官掌 狛人氏守를 玄蕃屬으로 임명하여 발해사의 연회와 응접의 역을 맡게 하다. 그의 선조는 高句麗人이다.(『日本三代實錄』권21)

5.17. 右馬頭左原業平을 鴻臚館에 보내 渤海使를 위로하게 하다. 이날 발해사에게 時服을 내리다.(『日本三代實錄』권21)

【일본】
3.11. 지난 3월21일에 국적을 알 수 없는 60명이 탄 선박 2척이 薩摩國 甑島郡에 漂着하다. 이 중에서 우두머리인 崔宗佐 등이 글을 써서 발해국 사람이라고 하나 신라인이 발해인이라고 사칭하고 있는 것이 아닐까 의심하여 2척을 이끌고 大宰府로 향하다. 도중 1척이 도망쳐 사라지다. 大宰府에서 이를 朝廷에 알리다.(『日本三代實錄』권23)

5.27. 大宰府에 이르기를 薩摩國에 표착한 崔宗佐 등이 渤海人이라면 위로하고 食料를 지급하고 귀국시켜야만 한다는 것, 만일 신라인이라면 구금하고 보고할 것과 管內 諸國에 경계를 엄중히 하도록 명하다.(『日本三代實錄』권23)

6.21. 武藏國司에서 신라인 金連 등 3명이 도망하여 소재를 알 수 없다고 보고하자, 諸國에 수색, 체포하도록 명하다. 이들은 貞觀12년(870)에 大宰府에서 옮겨 안치한 사람들이다.(『日本三代實錄』권24)

7.8. 이보다 앞서 薩摩國에 표착해 大宰府로 향하는 도중 도주한 발해인 崔宗佐·門孫·宰孫 등이 탄 1척이 肥後國 天草郡에 표착하다. 大宰府에서 大唐通事를 보내 사유를 듣고 이어 宗佐 등의 일기, 휴대한 封書, 弓劍 등을 바치다. 이날 칙을 내려 崔宗佐 등의 휴대품을 조사한 바 발해인이 분명하기 때문에 衣糧을 지급하고 승선할 2척을 수리할 것과 그가 일본과 발해가 우호관계에 있음을 알고 있을텐데 도망하는 것은 유감이라고 말하다.(『日本三代實錄』권24)

【일본】
6.4. 이보다 앞서 발해인 崔宗佐 등 56명이 石見國에 표착하자 식료품 등을 지급하고 돌려보내다.(『日本三代實錄』권25)

8.8. 이에 앞서 대재부에서 新羅人 金四·金五 등 12인이 1척의 배를 타고 對馬嶋에 표류해 왔음을 아뢰자, 대재부에 칙을 내려 그 사유를 묻고 조속히 돌려보내도록 하다.(『日本三代實錄』권26)

【일본】
3.9. 大宰權帥 在原行平이 肥前國 松浦郡 庇羅·値嘉 兩鄕을 합해 上近·中近 2郡으로 하고 値嘉島로 삼기를 청하자 이를 허락하다. 이 섬은 唐·新羅人이 오는 곳이고 日本의 遣唐使 등이 반드시 경유하고 貞觀11년(869)의 신라의 해적도 이 섬을 지나가는 등 나라의 중심지라고 하다.(『日本三代實錄』권28)

12.26. 渤海使 楊中遠 등 105명이 出雲國에 도착하다. 일본에 온 이유를 謝恩·請使 때문이라고 말하다.(『日本三代實錄』권30)

연도	한국
877	6.25. 渤海使 楊中遠 등이 出雲國에서 귀국길에 오르다. 太政官이 내조의 기한을 어기고 사신을 보낸 것에 대해 王啓와 信物을 받지 않고 귀국하게 하는 취지를 말하다.(『日本三代實錄』권31) 12.16. 右京人 종5위하 行山城權介 船連副使 麿·內藏權少允 정7위상 津宿禰 補主·主殿允 大初位下 葛井連 直臣 등 3인에게 菅野朝臣의 성을 내리다. 그 선조는 백제국 사람이다.(『日本三代實錄』권32) 12.25. 河內國 行主稅助 百濟宿禰有雄의 本居를 고쳐 右京3條에 속하게 하다.(『日本三代實錄』권32)
878	
879	
880	
881	
882	【한국】 4월조. 일본국왕이 사신을 보내 황금 3백냥과 明珠 10개를 진상하다.(『삼국사기』신라본기, 『集成』1-19)
883	5.2. 渤海使 裴頲 등이 朝堂에서 국왕의 國書·信物을 올리다. 所司는 이것을 받아 內裏에 바치다.(『日本三代實錄』권43) 5.3. 天皇이 豊樂殿에서 渤海使에게 연회를 베풀다. 大使裴頲에게 관위와 朝衣를 내리다.(『日本三代實錄』권43) 5.5. 渤海使, 武德殿에서 활쏘기 의식을 관람하다. 伊勢守 安倍興行을 陪席시키다. 大使 이하 錄事 이상에게 續命縷, 品官 이하에게 菖蒲縷를 내리다.(『日本三代實錄』권43) 5.7,8. 渤海大使 裴頲이 別貢物을 바치다. 이 날 內藏頭和氣彝範, 內藏寮의 官人을 인솔하여 鴻臚館에 가서 渤海使와 교역하고 이어 다음날도 행하다.(『日本三代實錄』권43) 5.10. 朝集堂에서 渤海使에게 연회를 베풀다. 公卿 및 5位 이상의 容儀가 뛰어난 者 30인을 堂의 상석에 앉히고 左衛門權佐 藤原良積으로 하여금 渤海使를 인도하여 西堂에 陪席하게 하다.(『日本三代實錄』권43) 5.12. 渤海使 귀국길에 오름. 使者를 鴻臚館에 보내어 參議右衛門督兼近江權守 藤原諸葛 등은 발해왕 앞으로 위로조서를, 太皇太后宮權 亮平惟範 등은 中臺省 앞으로의 太政官牒을 각각 渤海使에게 부치다.(『日本三代實錄』권43) 5.14. 이달 3일 豊樂院에서 발해 사신에게 연회를 베풀다.(『日本三代實錄』권43) 5.26. 神泉苑에 白鹿이 태어나다. 멀리서 사절이 내조했는데 이러한 상서로운 일이 있으니 어찌 좋은 일이 아니겠는가.(『日本三代實錄』권43) 10.29. 渤海使의 귀국시에 탈 선박의 목재를 확보하기 위해 能登國 羽咋郡 福良泊 부근의 山木의 벌채를 금지하다.(『日本三代實錄』권44)
885	

일본

【일본】

1.16. 이날 出雲國에서 지난해 12월 26일에 渤海使 楊中遠 등이 來着하여 嶋根郡에 안치한 것을 알리다.(『日本三代實錄』권30)

2.3. 少外記 大春日安名·前讚岐掾 占部月雄을 存問渤海客使로, 園池正 春日宅成을 通事로 삼다.

3.11. 存問渤海客使에게 領客使를 겸하게 하다.(『日本三代實錄』권30)

4.18. 存問兼領渤海客使가 渤海王大玄錫의 國書와 中臺省牒의 사본을 올리다. 발해왕이 발해의 견당사절이 일본에 표착했을 때 무사히 귀국시킨 것을 감사하고 사의를 전하기 위해 年期 미만이지만 견사했음을 말하고 일본사절의 파견을 청하다.(『日本三代實錄』권31)

6.18. 渤海國 中臺省에 보내는 太政官牒을 草하여 이국인이 일본에 표착하는 것은 연 2, 3회 있으며 그때마다 극진한 보호를 하고 이번 門孫宰 등에 대해서도 특별히 보답받을 필요도 없는 大國으로서 당연한 행위라는 것, 年期가 찼을 때 來朝해야만 한다는 것 등을 말하다.(『都氏文集』권4)

【일본】

7.13. 조칙을 내려 大宰權少貳 藤原朝臣仲直에게 경계하는 일을 맡게 하였다. 지난 貞觀 11년(869) 左近衛 坂上大宿禰瀧守가 이 일을 맡았는데 임기가 끝나 入京하였다. 이제 隣敵이 틈을 엿본다는 점괘가 있어 또한 그렇게 한 것이다.(『日本三代實錄』권34)

12.11. 이 날 大宰少貳 등이 橿日宮에서 新羅의 약탈선이 我國을 향한다는 神託이 있다고 하여 방비할 것을 말하다. 이에 守刑部大輔 弘道王을 보내 伊勢太神宮에서 신의 도움을 청하도록 하다.(『日本三代實錄』권34)

12.24. 兵部少輔平朝臣 季長을 大宰府에 보내 橿日·八幡 및 姬神·住吉·宗形 등의 大神에게 奉幣하게 하였다. 대재부에서, 신탁에는 新羅凶賊들이 우리의 틈을 엿보고 있다라고 하다.(『日本三代實錄』권34)

【일본】

1.7. 종5위하 和泉守 百濟王俊聰 등을 종5위상을 내리다.(『日本三代實錄』권35)

4.2. 貞觀 12년(868) 9월 15일 신라인 5인을 武藏國에 배치하였는데 2인은 도망갔다. 이에 太政官이 左右京과 5畿 7道에 명을 내려 수색하게 하다.(『日本三代實錄』권35)

11.25. 散位 右馬大充 百濟王敎隆 등에게 종5위하를 내리다.(『日本三代實錄』권36)

【일본】

5.23. 이에 앞서 西國의 流言에, 新羅凶賊이 장차 침입해 온다고 하여 左近衛 少將 坂上大宿禰 瀧守를 大宰少貳를 겸직시키다.(『日本三代實錄』권37)

8.29. 下野國 종5위하 三和神에게 정5위상을 제수하고 河內國 飛鳥戶神社에 田 1町을 내려 춘추의 제사의 비용에 충당하게 하다. 이는 氏人인 主稅助 百濟宿禰 有雄 등의 청에 의한 것이다.(『日本三代實錄』권38)

【일본】

11.9. 종4위하 坂上大宿禰 瀧守가 죽다. 그는 貞觀11년(869) 12월에 大宰府 少貳에 나아갔고, 이 해에 신라의 해적이 大宰府의 貢綿을 약탈하자 後衛를 방비하면서 大宰府의 경계를 관장하다. 향년 54세이다.(『日本三代實錄』권40)

【일본】

10.29. 能登國에 칙을 내려 渤海使의 귀국시에 탈 선박의 목재를 확보하기 위해 羽咋郡 福良泊 부근의 山木의 벌채를 금지하도록 하다.(『日本三代實錄』권42)

11.27. 加賀國에서 이번 달 14일에 渤海使 裴頲 등 105명의 來着했음을 말하다.(『日本三代實錄』권42)

11.28. 太政官符를 加賀國에 내려 渤海使를 편안한 곳에 안치하고 대우해야 할 것과 渤海使가 가져온 貨物을 마음대로 교역해서는 안된다는 것을 명하다.(『日本三代實錄』권42)

【일본】

1.1. 少外記大藏善行·式部少丞高階戊範을 存問渤海客使로 前筑後少目伊勢興房을 通事로 삼다.(『日本三代實錄』권43)

1.26. 渤海使의 入京路에 해당하는 山城國·近江國·越前國·加賀國 등의 관사·道橋를 수리하고 路邊의 死骸를 매장해야한다는 것을 명하고, 또 越前國·能登國·越中國 3개국에 渤海使에게 제공하는 술·고기·생선·새 등을 加賀國에 보내게 하다.(『日本三代實錄』권43)

2.21. 大安寺에서 林邑樂人 107명을 습득시키고 발해사에게 관람하도록 하다. 그날 存問渤海客使에게 領客使를 겸하게 하다.(『日本三代實錄』권43)

2.25. 渤海使에게 지급하는 겨울 時服을 弁官의 史生을 加賀國에 보내 領客使로 하여금 나눠주게 하다.(『日本三代實錄』권43)

3.8. 存問兼領渤海客使가 출발하려고 內裏에서 알현하고 하직하였는데 御衣袴 각 1襲을 내리다.(『日本三代實錄』권43)

4.2. 右衛門大尉坂上茂樹·文章得業生紀長谷雄을 掌渤海客使로 삼고 民部大丞淸原常岑·文章生多治有友를 領歸鄕渤海客使로 삼다.(『日本三代實錄』권43)

4.21. 渤海使에게 연회를 베풀기 위해 발해사가 왕경에 있는 동안에는 諸司의 官人, 雜色人 등에게 禁物의 휴대를 허락하다. 또 大使裴頲을 응접하기 위해 式部少輔兼文章博士加賀權守 菅原道眞을 임시로 治部大輔로 삼고 美濃介島田忠臣을 玄蕃頭로 삼다.(『日本三代實錄』권43)

4.28. 칙을 내려 郊勞使右近衛少將 平正範이 山城國 宇治郡 産階鄕 부근에 도착하여 渤海使를 위로하고, 이어 領客使와 함께 使節을 인솔하여 鴻臚館에 들어왔다.(『日本三代實錄』권43)

4.29. 右大史 家原高鄕을 鴻臚館에 보내 渤海使를 위로하다.(『日本三代實錄』권43)

5.1. 右兵衛 佐源元을 鴻臚館에 보내 渤海使를 위문하다.(『日本三代實錄』권43)

【일본】

6.20. 이날 대재부가 말하기를 지난 4월12일에 新羅使 判官 徐善行 등 48명이 肥後國 天草郡에 來着했다고 함. 大宰府에서 國書가 없고 소지한 新羅執事省牒도 다르다고 해서 牒狀의 寫文 및 적재한 화물을 기록하여 進上하다. 칙을 내려 신라인을 돌려보내다.(『日本三代實錄』권47)

연도	한국
890	
891	
892	
893	윤5.7. 大宰府의 飛驛使가 오다.(『日本紀略』前篇20) 6.6. 大宰府의 飛驛使가 京에 오자 勅符를 내려 보내다.(『日本紀略』前篇20) 6.20. 大宰府 飛驛使가 와서 新羅賊徒의 일을 아뢰자 勅符를 내려 보내다.(『日本紀略』前篇20) 10.25. 長門國 阿武郡에 표착한 신라인의 사유를 조사해 조속히 올리게 하다.(『日本紀略』前篇20)
894	8.9. 이에 앞서 지난 貞觀18년(876)에 정지된 對馬島의 防人을 부활시키다.(『類聚三代格』卷18) 9.5~9. 對馬島에서 新羅의 賊船45척이 來襲한 사정을 大宰府에 말하자, 9일 大宰府, 飛驛使를 보내다.(『扶桑略記』第22) 9.17. 對馬守 文室善友가 郡司 등을 인솔하여 新羅賊과 싸워 302명을 사살하고, 배 11척 외 무기, 武具를 빼았다. 포로인 新羅人에 의하면 신라국내의 기근으로 선박100척에 2천5백명이 승선하여 來襲하였고 그 중에는 唐人도 있다는 등을 말하다.(『扶桑略記』第22) 9.19. 大宰府에서 飛驛使가 와서 新羅賊 200여명을 사살한 것을 아뢰다. 또 隱岐國의 請에 의해 延曆 연간에 폐지된 봉수를 出雲·隱岐 양국에 復置시키다.(『日本紀略』前篇20) 9.30. 大宰府 飛驛使가 와서 新羅賊 20명을 타살한 사정을 아뢰다. 그 국에 勅符를 내려 경계시키다. 이 날 對馬島의 和多都美神 등의 神位를 各 1階 올리다.(『日本紀略』前篇20) 9.-. 그날 遣唐使를 중지하다. 10.6. 大宰府 飛驛使가 와서 新羅賊船이 退去한 사유를 아뢰다 그 날 대재부에 勅符를 내리다.(『日本紀略』前篇20) 12.29. 渤海使 105명이 伯耆國에 도착하다.(『日本紀略』前篇20)
895	5.14. 渤海使 裴頲 등에게 朝集堂에서 연회를 베풀다.(『日本紀略』前篇20) 5.15~16. 菅原道眞·紀長谷雄 등을 鴻臚館에 보내 渤海使에게 酒饌을 내리다. 16일, 渤海使가 귀국길에 오르다.(『日本紀略』前篇20) 7.20. 越前國의 史生 1명을 대신하여 弩師를 두다.(『類聚三代格』卷5) 9.27. 大宰府에서 壹岐島의 官舍 등이 賊에게 모두 소실된 것을 아뢰다.(『日本紀略』前篇20) 11.2. 伊豫國의 史生 1명을 폐하고 弩師를 두다.(『類聚三代格』卷5) 12.9. 越中國의 史生 1명을 폐하고 弩師를 두다.(『類聚三代格』卷5)
899	
906	
908	5.5. 天皇이 南殿(紫宸殿)에 나와 左右馬寮가 올린 渤海使를 위한 乘用馬 각 20필을 어람하다.(『扶桑略記』第23) 5.10,11. 渤海使 王啓, 信物을 바치다. 11일에 豊樂院에서 연회를 베풀다.(『貞信公記抄』) 5.12. 宇多法皇이 渤海大使 裴璆의 귀국할 때, 書를 보내 이별의 情을 말하다.(『本朝文粹』) 5.15. 朝集堂에서 渤海使를 대접하다. 渤海國王 등에게 물품을 하사함. 또 使者를 鴻臚館에 보내 勅書 및 太政官牒을 주고 大使 裴璆의 別貢物에 대한 答物로 御衣 1습을 내리다.(『扶桑略記』) 6.-. 渤海掌客使 및 文人 등이 鴻臚館에서 餞別의 연회를 베풀다.(『日本紀略』後篇1)
919 ▼	使 응접을 위해 都在中을 越前掾으로 임명하다. 都在中은 大使 裴珍과의 이별에 즈음하여 詩를 보내자 裴璆이 크게 감탄함. 그 후 체재중에 勅命을 받지않고 마음대로 蕃客에게 보냈다고 해서 질책받았는데, 裴璆가 칭찬했다고 하여 용서했다고 하다.(『江談抄』第4) 12.5. 式部少丞 橘惟親 直講依知秦廣助를 爲存問渤海客使로 삼고, 阿波權掾 大和有卿을 通事로 삼다. 또 연회의 날에 酒部의 수를 延喜 8년의 반으로 줄여 40명으로 하다.

일본

【일본】
10.3. 隱岐國에서 작년 10월3일에 신라인 35명이 표착한 사정을 올리다.(『日本紀略』前篇20)

【일본】
2.26. 작년 隱岐國에 표착한 신라인에게 쌀·소금·생선·藻 등을 사여하다.(『日本紀略』前篇20)

【일본】
1.8~11. 발해사가 出雲國에 도착하다. 11일에 少內記 藤原菅根·大學大允 小野良弼을 存問使로 삼다.(『日本紀略』前篇20)

6.24. 渤海王에게 보내는 칙서를 左近衛少將 藤原敏行에게 쓰게 하다.(『日本紀略』前篇20)

6.29. 渤海國中臺省에 보내는 太政官牒을 藤原敏行과 小野美材에게 각각 1통씩 쓰게 하다. 牒狀에서 年期 위반의 來朝이기 때문에 入京시키지 않고 귀국시키는 일, 出雲國司에게 명하여 배를 만들게 하고 양식을 지급하는 일, 기간이 다 됐으면 來朝해야 한다는 것을 기록하다.(『日本紀略』前篇20)

8.7. 存問渤海客使가 歸京하다.(『日本紀略』前篇20)

【일본】
3.3. 長門國에 표착한 신라승 3명에게 그 사유를 묻고 다른 일이 없어 양식을 지급하고 돌려 보내다.(『日本紀略』前篇20)

5.22. 大宰府의 飛驛使가 와서 5월11일 新羅賊이 肥前國松浦에 來襲한 사정을 아뢰다. 당일 大宰府에 勅符를 내려 追討를 명하다.(『日本紀略』前篇20)

윤5.3. 大宰府 飛驛使가 와서 新羅賊이 肥後國飽田郡을 습격하여 人家를 태운 뒤 肥前國松浦 방면으로 도망한 것을 아뢰다. 즉시 칙부를 내려 追討를 명하다.(『日本紀略』前篇20)

【일본】
2.22. 大宰府 飛驛使가 와서 新羅賊의 내침을 아뢰자, 같은 날 勅符를 내려 追討를 명하다.(『日本紀略』前篇20)

3.13. 大宰府 飛驛使가 와서 新羅賊이 辺島에 내침한 사실을 아뢰자 즉시 勅符를 내려 追討를 명하다.(『日本紀略』前篇20)

4.10. 大宰府 飛驛使가 와서 大宰府管內의 諸神에게 奉幣했음을 아뢰다.(『日本紀略』前篇20)

4.14. 大宰府 飛驛使가 와서 新羅賊이 對馬島에 내침한 사실을 아뢰자 같은 날 勅符를 내리다.(『日本紀略』前篇20)

4.16. 大宰府 飛驛使가 와서 新羅賊을 追討하기 위해 장군의 파견을 청하자 그날. 參議藤原國經을 權帥로 임명하다.(『日本紀略』前篇20)

4.17. 大宰府에 勅符를 내려 新羅賊의 討平을 명하다. 또 北陸·山陰·山陽道 諸國에 武具를 갖추고 精兵을 선발하여 경계에 임할 것을 명하다.(『日本紀略』前篇20)

4.18. 금일 東山道, 東海道의 용사를 소집하다.(『日本紀略』前篇20)

4.19. 新羅賊 追討를 위해 伊勢大神宮에 奉幣하다.(『日本紀略』前篇20)

4.20. 陸奧國, 出羽國에 경계에 임할 것을 명하고, 같은 날 제신사에 봉폐사를 보내다.(『日本紀略』前篇20)

5.7~8. 大宰府 飛驛使가 와서 新羅賊 도망한 사정을 알림. 다음날 勅符를 내려 경계를 명하다. 이달 발해사 裴頲 등이 입조하다.(『日本紀略』前篇20)

【일본】
1.22. 備中權掾 三統理平, 明法得業生 中原連岳 등을 存問渤海客使로 삼다.(『日本紀略』前篇20)

3.13. 博多警固所에 夷俘 50명을 增置하여 新羅賊에 대비토록 하다.(『類聚三代格』卷18)

5.4. 平安京의 鴻臚館을 巡檢시키다.(『日本紀略』前篇20)

5.7. 渤海使 裴頲 등은 公卿 등이 제공한 말을 타고 鴻臚館에 도착하다.(『日本紀略』前篇20)

5.11. 天皇이 豐樂院에서 渤海使에게 연회를 베풀고 位階를 내리다.(『日本紀略』前篇20)

【일본】
4.5. 肥後國의 史生 1명을 폐하고 弩師를 두다.(『類聚三代格』卷5)

【일본】
7.13. 隱岐國에서 新羅賊船의 帆柱 등이 떠내려 온 것을 아뢰다.(『日本紀略』後篇1)

【일본】
1.8. 左大臣(藤原時平)이 渤海使 裴璆 등이 도착했음을 전하는 伯耆國의 解狀을 올리다.(『扶桑略記』第23)

3.20. 存問渤海客使大內記 藤原博文, 直講假大學權允 奏維興 등을 伯耆國에 보낸 것을 아뢰다.(『扶桑略記』第23)

4.2. 式部大丞 紀淑光, 散位 菅原淳茂를 渤海掌客使로 삼고 兵部少丞 小野葛根, 文章生 藤原守眞을 領客使로 삼다.(『扶桑略記』第23)

4.8. 存問渤海客使 藤原博文이 裴璆 등을 存問하다.(『日本紀略』後篇1)

4.21. 渤海領客使가 今來河 부근에서 曲宴을 열다.(『日本紀略』後篇1)

4.26. 渤海使가 入京 때 탈 말을 寬平의 例에 준하여 公卿에게 바치게 하다.(『扶桑略記』第23)

【일본】
11.18. 若狹國에서 渤海使 裴璆 등 來着한 사유를 아뢰다.(『扶桑略記』第24)

11.21. 若狹國에서 보낸 渤海使 牒狀에 丹生浦의 海上에 머문 채 着岸하지 않는 것, 또 일행의 인원수 및 來着한 것은 기록되어 있지만, 상세한 상황 설명이 없다고 하다. 藏人에게 若狹國 解文을 宇多法皇에게 육조원에서 奉覽하게 하다.(『扶桑略記』第24)

11.25. 渤海使를 若狹國에서 越前國으로 옮기는 일과 入京시키는 일 등을 정함. 左中弁 藤原朝臣邦基를 行事弁으로 하다.(『扶桑略記』第24)/ 渤海

연도	한국
▲ 919	12.24. 이보다 앞서 若狹國의 解狀이 도착하여 渤海使 105명을 越前國 松原驛館에 안치했던 일, 同驛館에 行事를 위한 官人이 없고 薪炭도 비치되지 않은 사실을 아뢰다. 이날 解狀을 아뢰고 越前掾 維明을 蕃客行事로 삼다.(『扶桑略記』第24)
920	5.15. 掌客使 藤原季方이 大使 裴璆의 別貢物을 藏人所에 바치다.(『扶桑略記』第24) 5.16. 渤海使의 향연을 朝集堂에서 개최함. 아울러 渤海王에게 答信物 등을 하사하다.(『日本紀略』後篇1) 5.17. 宇多法皇이 書狀을 渤海大使 裴璆에게 보내다.(『日本紀略』後篇1) 5.18. 渤海使 裴璆가 귀국길에 오름. (渤海國 中臺省 앞으로) 太政官牒을 보내다.(『日本紀略』後篇1) 6.14. 渤海掌客使 大江朝綱이 藏人所를 통해 渤海大使 裴璆의 書狀 및 贈物을 아뢰니 返書는 보내고 贈物은 되돌려 주어야 한다고 하다.(『扶桑略記』第24) 6.20. 朝綱이 裴璆에게 보내는 返書를 아뢰다. 그러나 裴璆는 이미 고향으로 돌아간 후여서 贈物의 帶裘를 바치다.(『扶桑略記』第24) 6.26. 右大臣 藤原忠平이 權右少弁 藤元方에게 領歸鄕渤海客使大學少允 坂上恒蔭 등이 말한, 渤海使 중 4명이 돌아가지 않고 머무는 사유를 아뢰게 하다. 이어 28일에 大同5년(810)의 例에 준하여 머물고 있는 4명을 越前國에 안치시키다.(『扶桑略記』第24)
922	
929	5.17. 甄萱의 使者 張彦澄 등 20명이 大宰府司, 對馬島司에 보내는 書狀 및 信物을 갖고 對馬에 도착하여 표류민의 송환에 감사하고 또한 朝貢을 위해 大宰府로 향하기를 求하다. 對馬島司는 사신을 구류하고 사유를 大宰府에 알리고 大宰府는 太政官에 보고하다.(『扶桑略記』第24) 5.21. 太政官符를 大宰府에 내려 新羅甄萱의 使者 張彦澄 등에게 양곡을 지급하여 돌려보내다. 또 文章博士 등이 작성한 大宰府와 對馬島의 返牒, 返書 등의 안을 작성하게 하여 張彦澄 등에게 교부시키다. 여기에는 甄萱은 新羅王의 신하이므로 外交의 자격 없어 朝貢을 인정하지 않는다고 하다.(『扶桑略記』第24)
930	【한국】 8.-. 우릉도에서 토산물을 바치다. 고려조정에서 벼슬을 내리다.(『高麗史』세가)
935	
937	
939	
942	
952	
954	
972	
974	

일본
12.16. 渤海使에게 연회를 베풀 날의 內教坊 舞人 등을 선정하다. 舞人 20명, 舞童 10명, 音聲 20명(延喜8년에 36명), 威儀 20명 등으로 하다.(『扶桑略記』第24)

【일본】

3.22. 渤海使에게 의복을 지급하기 위해 右史生依知 秦興枏을 越前國에 보다.(『扶桑略記』第24)

4.2,5. 渤海掌客使를 정하고 아울러 領客使에게 召命을 내리다. 5일, 領客使에게 召命을 내리다.(『貞信公記抄』)

4.20. 渤海使 裴璆 등에게 안부를 묻다.(『日本紀略』後篇1)

5.5. 渤海使가 入京하는 날과 체재할 동안에 禁物의 착용을 허락하다. 渤海使 왕경에 있을 동안 매일 사슴 2마리를 제공하기로 하다.(『扶桑略記』第24)

5.7. 漢語에 능통한 大藏三常을 渤海通事로 삼다.(『扶桑略記』第24)

5.8. 渤海使 裴璆 등 20명이 鴻臚館에 도착하다. 渤海使의 人京에 대비하여 掌客使 藤原季方·大江朝綱에게 御衣를 하사하다.(『日本紀略』後篇1)

5.10. 右大臣(藤原忠平)이 渤海國 牒狀을 보다. 渤海大使 裴璆에게 정3위를 내리다.(『日本紀略』後篇1)

5.11~12. 渤海使 裴璆가 八省院에서 王啓 및 信物 등을 바치다. 王啓는 外記에 보관하고, 信物은 內藏寮로 옮기게 하다. 12일, 豊樂院에서 연회를 베풀다.(『日本紀略』後篇1)

【일본】

6.5. 이에 앞서 新羅(後百濟)의 使者 輝嵒 등이 對馬島에 도착하여 表函·方物을 바침. 이날, 官符를 大宰府에 보내고 陪臣의 朝貢은 인정하기 어려워 表函·方物과 함께 朝廷에 보내지 않고 돌려보낸다는 취지의 牒을 교부시키다.(『扶桑略記』第24)

9.2. 越前國에서 渤海使를 안치하는 사유의 解文을 올리다.(『扶桑略記』第24裡書)

【일본】

1.13. 지난 정월 13일에 新羅의 耽羅島와의 교역선이 對馬島 下縣郡에 표착하다. 島守坂上經國이 양식을 지급하고 擬通事 長岑望通, 檢非違使 秦滋景 등에게 이들을 全州까지 송환시키다.(『扶桑略記』第24)

3.25. 秦滋景이 돌아와 그간의 사정을 말하다. 全州王 甄萱이 日本에 朝貢하기 위해 使者를 보냈지만 거부당한 일, 그래서 새로이 조공선을 보내려고 할 때에 長岑望通 등이 왔기 때문에 견훤은 본심을 전하기 위해 長岑望通은 억류하고 秦滋景 만을 귀국시킨 일, 앞서의 표류민의 송환에 대한 감사와 조공을 바라는 반첩을 張彦澄에게 부치고, 그 후 復禮使 李榮 등을 파견한다는 일 등을 아뢰다. 이영은 결국 오지 않았다.(『扶桑略記』第24)

【일본】

1.3. 丹後國에서 渤海使(實은 東丹國使)의 來着을 알림. 左大臣(藤原忠平) 등이 사절 93인을 人京시킬 것인지를 의논하다.(『扶桑略記』第24裡書)

1.20. 渤海使(東丹國使) 선박의 수리료는 若狹, 但馬 兩國이 순번을 정하여 교대로 행하고, 발해사에 대한 향응은 正稅에서 지출하게 하다.(『扶桑略記』第24裡書)

3.2. 渤海存問使가 발해사 裴璆를 심문한 내용을 보고하다.(『日本紀略』後篇1)

4.1. 唐客(발해사)이 東丹國使라 칭하고 丹後國에 내착했기 때문에 자세히 신문한 바, 사자의 惣狀이 전후 다름이 있어 거듭 동단국사를 심문하다. 동단국사는 원래 발해인이었는데 항복해서 지금은 契丹王(東丹國)에 봉사하는 신하이고, 대답중에 契丹王의 죄악을 많이 언급한다. 이 때문에 사자를 책문하고 그 과오를 올리도록 단후국에 명하다.(『扶桑略記』第24)

【일본】

12.30. 新羅人 살해사건에 관한 官符를 大宰府에 내려 경계하게 하다.(『日本紀略』後篇2)

【일본】

8.5. 좌우대신 이하 高麗牒狀에 대해 논의하다.(『日本紀略』後篇2)

【일본】

2.15. 高麗國牒狀을 大江朝綱에게 부치다.(『貞信公記抄』)

3.11. 大宰府에서 高麗使에게 廣評省에 보내는 牒狀을 주어 돌려 보내다.(『日本紀略』後篇2)

6.21,23,24. 21일, 左大弁(藤原元方)이 高麗牒狀과 大宰府解狀 등을 가져오다. 23일에 左中弁(藤原在衡)이 와서 文章博士 大江朝綱, 大江維時의 勘文高麗牒狀을 부쳐 兩名으로 묻게 하다. 24일, 左中弁이 와서 말하기를 兩江(大江朝綱, 大江維時)이 勘文을 서명해서 바쳐야 할 사유를 (藤原忠平에게) 전했다고 하다.(『貞信公記抄』)

【일본】

5.17. 殿上에서 蕃客 來朝의 禮(모의 의식)이 있었다. 이것은 詩興을 개최하기 위해서이다.(『日本紀略』後篇2)

11.15. 出雲國에서 新羅船 7척이 殷岐國에 기착한 사유를 알리다.(『日本紀略』後篇2)

【일본】

3.-. 신라국 照明王의 大樋皇后가 일본의 長谷寺에 33종의 보물을 기증했다고 하다.(『長谷寺靈驗記』상, 第12)

【일본】

1.25. 신라 침공의 풍문으로 임시회의를 열어 藤原朝忠을 大宰大貳로 임명하다.(『吉記』)

【일본】

9.23. 大宰府에서 高麗國 南原府使 咸吉兢 등 對馬島에 來着한 사유를 올리다. 10월 7일 京에 전해지다.(『日本紀略』後篇6)

【일본】

윤10.30. 高麗國 交易使 國雅(雅章)가 高麗馬와 기타 화물을 갖고 들어오다.(『日本紀略』後篇6)

연도	한국
984	
990	
996	
997	
998	
999	【한국】 10.-. 일본국 사람 道要彌刀 등 20호가 와서 利川郡에 살게하다.(『高麗史節要』권2, 목종2, 『集成』2-137)
1002	
1004	
1012	【한국】 8.3. 일본의 潘多 등 35인이 고려에 來投하다.(『高麗史』권4, 현종 3, 『集成』1-53, 『高麗史節要』권2, 현종3, 『集成』2-137)
1018	
1019	【한국】 4.29. 鎭溟의 船兵都部署에서 여진 선박 8척을 나포하여 일본인 남녀 259명을 구출해서 귀환시켰다.(『高麗史』권4, 현종 10, 『集成』1-53, 『高麗史節要』권2, 현종10, 『集成』2-137) 9.23. 權大納言 源俊賢이 서장을 藤原實資에게 보내 어제의 결정에 불만의 뜻을 표하고 고려사는 빨리 대마도에서 귀국시켜야 할 것 등을 주장하다.(『小右記』) 9.24. 源俊賢이 서장을 藤原實資에게 서장을 보내어 고려사에게 대마도에서 返牒, 物을 지급하고, 同地에서 되돌려 보낼 것을 거듭 주장하다.(『小右記』) 12.30. 大宰府가 高麗使를 조사한 일기를 바치고 對馬島에서 筑前國으로 향하던 고려사선 3척중 30인승 1척이 漂沒한 사정을 보고하다. 피로인의 송환은 고려 안동도호부의 명령에 의한다고 보고하다.(『小右記』)
1020	

일본

【일본】
4.3. 高麗人이 筑前國 부良郡에 내착하다. 21일에 고려인의 일을 논의하다.(『小記目錄』권16)

【일본】
-. 宋 상인 2인이 와서 말하기를, 百濟國妃가 장년이 되기도 전에 백발이 된 것을 고민한다고 하다. 왕비의 꿈에 日本攝津國僧尾寺의 觀世音菩薩에게 기도하자 다시 흑발이 되었다고 한다. 따라서 이해 百濟王妃가 宋商人에게 부탁해서 聖觀音像 등을 僧尾寺에 봉납하게 하다.(『元亨釋書』28, 志2, 寺像志)

【일본】
5.19. 石見國에 來着한 高麗人의 처우에 대해 의논하다. 延喜年中에 但馬國에 來着한 異國人의 例에 준해 양식을 지급하고 본국으로 돌려보냈다.(『小右記』)

【일본】
5.-. 勘解由長官이 말하기를 高麗牒狀에 日本을 모욕하는 文言이 있다고 하고, 前丹波守貞副朝臣이 와서 말하기를 大宰大貳 藤原有國이 관내의 兵을 징집해 要客을 경계했다고 하다.(『小右記』)
6.13. 공경들이 高麗牒狀 3통에 대해 논의하다. 返牒를 보내지 않고 要害를 방비하고 祈禱를 하기로 정하다. 고려첩장에 일봉국(을 욕하는) 문구가 있고, 고려국첩과 같지 않아 宋國의 모략일 것이라는 의견도 있다. 따라서 대재부에 官符를 내려 고려국이 예의에 어긋났던 일을 상객(사자)이 돌아갈 때에 전하여 그 나라에 알려야 할 것 등의 의견이 나오다.(『小右記』)
10.1. 대재부에서 飛驛使가 와서 南蠻賊徒가 肥前, 備後, 薩摩 등 제국을 약탈했음을 전하다. 또 고려인이 來寇했다는 풍설이 있다.(『權紀』第1)

【일본】
-. 대재부에서 고려국인을 추벌하다.(『百練抄』)

【일본】
6.27. 공경들이 高麗人들이 그 나라의 가혹에 못이겨 日本에 온 일에 대해 논의하다.(『百練抄』)
7.16. 대재부에서 올린 표착한 高麗人 4명에 관한 일과 이주해 온 고려인 20명에 대해 宣旨 2통을 내리다.(『權紀』第2)

【일본】
3.7. 凶幡國에 내착한 울릉도인의 처우에 대해서 논의하다. 源爲憲이 울릉도인에 대신해서 皇恩에 감사하는 詩를 草하다.(『權紀』第2)

【일본】
4.21. 高麗의 舞와 音樂악을 감상하다.(『左經記』)

【일본】
4.24. 3월 12일에 신라와 전쟁이 있었다.(『神皇正統錄』中)/ 藤原實資가 寬平 6년(894) 9월 신라해적의 내습시의 宣命草(小野美村 자필)을 찾아내어 藤原道長, 藤原賴通에게 보이다.(『小右記』)
4.25. 惟圓이 藤原實資에게 이국인 포로를 상경시킨다는 이야기를 전하다. 후에 虛報로 판명되다.(『小右記』)
5.29. 고려 康州人 末斤達이 筑前國 志摩郡에 표착하다. 末斤達은 작년 3월 16일 쌀 천석을 京都(開城)로 운반하고, 5월 16일 귀로에 올랐지만 역풍으로 표류하여 宋의 明州에 도착하다. 이에 5월 16일 귀로에 올랐지만 역풍으로 표류하여 송의 명주에 도착하다. 이해 5월 24일 명주에서 고려로 향했지만 도중에 역풍을 만나 筑前國에 도착했다고 한다. 신고 내용에 의심이 있어 구금하여 심문하다.(『小右記』)
7.7. 長嶺諸近이 高麗軍에게 보호된 일본인 포로중, 여자 10인을 동반하여 고려에서 귀국하다. 마음대로 이국에 간 사정을 증언받기 위해 포로를 대동하다. 大宰府에서 長嶺諸近의 귀국문서를 만들고 귀국한 포로 內藏石女등의 申文(刀伊에게 잡힌 이래 長嶺諸近과 함께 귀국할 때까지의 경과, 刀伊의 풍습 등을 述한 것)을 부쳐서 태정관에 보내다.(『小右記』)
9.4. 이보다 앞서 對馬島가 高麗國에서 피로인을 인솔한 送使 일행이 도착했던 일, 對馬島에 보내는 安東都護府 牒狀을 가져온 일 등을 대재부에 알리다. 이날 대재부에서 이 내용을 解狀으로 인정하고 태정관에게 보고하다.(『小右記』)
9.22. 評議를 행하고 大宰府가 올린 고려사의 대마도 도착의 일을 논의하다. 藤原道長이 회의에 앞서 신라 조공때의 예를 참조해서 絹, 米 등을 지급할 것을 지시하고 이어서 심의하다. 고려사를 대재부에 불러 심문하고 그 보고에 따라 처리하는 일, 대재부 解文에 刀伊國, 고려첩장에 女眞國이라는 이동의 설명을 구하는 일, 또 치역을 이용하지 않아 보고에 시간이 걸린 일을 질책해야 할 것등을 정하고, 이러한 취지의 관부를 내리기로 하다.(『小右記』)

【일본】
2.16. 우대신이하 공경들이 평의를 행하여 대재부에서 고려에 返牒을 보내는 일, 정자량 및 포로 등을 교환시키는 일 등을 논의하다.(『日本紀略』後篇6)
4.11. 이보다 앞서 大宰府에서 高麗使 鄭子良이 귀국을 바라는 사유를 보고하다. 이날 子良 등에게 祿物과 返牒을 주어야 할 취지의 대부에 태정관부를 내리다.(『左經記』)
8.25. 이보다 앞서 대재부에서 고려사 정자량에게 祿物을 지급하는 일에 대해 解狀을 바치다. 이날 우대신이 하달하려고 했지만 凶事로 연기하다.(『左經記』)

연도	한국
1029	【한국】 7.28. 風波를 만나 동남쪽 섬에 漂着했던 耽羅人 貞一 등 21명이 7개월간 억류되어 있다가 그 중 7명이 日本 那沙府로 갔다가 귀환하다.(『高麗史』권5, 현종 20, 『集成』1-54, 『高麗史節要』권2, 현종10, 『集成』2-137)
1031	
1034	
1036	【한국】 7.16. 일본국이 일본에 표류한 고려인 11인을 귀환시키다.(『高麗史』권6, 정종2, 『集成』1-54, 『高麗史節要』권2, 정종2, 『集成』2-138)
1039	【한국】 일본 백성 26명이 와서 의탁하다.(『高麗史節要』권4, 정종 5, 『集成』2-138)
1048	
1049	【한국】 11.29. 동남해선병도부서사가 일본의 對馬官이 사람을 보내어 일본에 표착한 고려인 20인을 압송해서 금주에 왔음을 아뢰다.(『高麗史』권7, 문종 3, 『集成』1-54, 『高麗史節要』권4, 문종3, 『集成』2-138)
1051	【한국】 7.11. 일본의 대마도, 사자를 보내 대마에 도망온 고려의 죄인을 송환하다.(『高麗史』권7, 문종 5, 『集成』1-55, 『高麗史節要』권4, 문종5, 『集成』2-138)
1056	【한국】 10.1. 일본국사 등 30명이 금주 객관에 도착하다.(『高麗史』권7, 문종 10, 『集成』1-55, 『高麗史節要』권2, 문종10, 『集成』2-139)
1060	【한국】 7.27. 동남해 선병도부서에서 대마도가 예성강 사람 위효남을 송환해 왔다고 아뢰니, 왕이 대마도 사절에게 예물을 후하게 주었다.(『高麗史』권8, 문종 14, 『集成』1-55) 7.-. 대마도가 바람에 떠밀려갔던 우리 표류민을 돌려보냈다.(『高麗史節要』권5, 문종14, 『集成』2-139)
1072	
1073	【한국】 7.1. 일본국인 王則·貞松·永年 등 42명이 螺鈿, 鞍裝 등을 바치고, 壹岐島 勾當官 藤井安國 등 33명을 파견하여 東宮 등에게 토물을 바치려 하니, 왕이 그들에게 解老를 통하여 서울에 오도록 했다.(『고려사』권9, 문종 27, 『集成』1-55, 『高麗史節要』권5, 문종27, 『集成』2-139) 11.12. 팔관회 연등대회에서 송, 흑수, 탐라, 일본 등 여러 나라 사람들이 예물과 명마를 바쳤다.(『고려사』권9, 문종 27, 『集成』1-56)
1074	【한국】 2.2. 日本國 船頭 重利 등 39명이 와서 土物을 바치다.(『高麗史』권9, 문종 28, 『集成』1-56, 『高麗史節要』권5, 문종28, 『集成』2-139)
1075	【한국】 윤4.5. 日本 商人 大江 등 18명이 와서 土物을 바치다.(『高麗史』권9, 문종 29, 『集成』1-56, 『高麗史節要』권5, 문종29, 『集成』2-139) 6.22. 日本人 朝元·時經 등 12명이 와서 土物을 바쳤다.(『高麗史』권9, 문종 29, 『集成』1-56, 『高麗史節要』권5, 문종29, 『集成』2-140) 7.10. 日本 商人 59명이 우리나라에 오다.(『高麗史』권9, 문종 29, 『集成』1-56, 『高麗史節要』권5, 문종29, 『集成』2-140)
1076	【한국】 10.15. 日本國의 승려·속인 등 25명이 靈光郡에 와서 불상을 만들었다고 하면서 서울로 가서 바치려 한다고 아뢰자, 왕이 이를 허락하다.(『高麗史』권9, 문종 30, 『集成』1-57, 『高麗史節要』권5, 문종30, 『集成』2-140)
1078	【한국】 9.1. 일본국에서 탐라표류민 고려 등 18명을 돌려 보내다.(『高麗史』권9, 문종 32년, 『集成』1-57, 『高麗史節要』권5, 문종32, 『集成』2-140)
1079 ▼	【한국】 9.-. 일본국에서 표류해 갔단 우리나라 상인 안광 등 44인을 송환하다.(『高麗史』권9, 문종 33, 『集成』1-57, 『高麗史節要』권5,

일본

【일본】

2.19. 頭弁 藤原經任이 藤原實資의 허락으로 大宰府 解文을 지참하다. 탐라도인 8명의 내착을 전하는 작년의 解狀에서 태만으로 심의되지 않았던 것, 關白 藤原賴通은 탐라인에게는 야심이 없는 것같기 때문에 식료등을 지급해서 귀국시켜도 좋다고 하다.(『小右記』)

2.24. 關白 賴通이 藤原實資에게 표착 탐라인에게 식량을 지급해서 귀국시켜야 할 취지의 官符를 대재부에 내려야 할 것을 청하다.(『小右記』)

2.26. 표착한 탐라인 8인외에 伯達이라는 자가 있어 숫자가 서로 다른 것을 대재부에 보내는 관부에 기록하기로 결정하다.(『小右記』)

【일본】

3.-. 對馬島에서 大隅國에 표착한 고려인에게 후히 위로하여 귀국시켰던 일을 보고하다.(『日本紀略』第後14)

【일본】

5.2. 대재부가 新羅(高麗)曆을 진상하니, 日本曆과 12월의 대소가 다르다고 하다.(『百錬抄』第4)

【일본】

7.10. 高麗金州牒狀에 대하여 의논하다. 후에 返牒을 보내어 첩장을 상인의 선편에 부탁하여 보내온 무례를 비난하다.(『百錬抄』第4)

【일본】

3.20. 일본의 對宋 구법승 成尋 일행이 탄 선박이 탐라도 부근을 통과하다.(『參天台五臺山記』)

4.23. 중국의 항주에 머물고 있던 成尋 일행이 일본어를 알고 있는 고려인과 만나다.(『參天台五臺山記』)

【일본】

11.-. 고려 禮賓省이 풍질을 치료하는 유능한 의사의 파견을 요청하는 大宰府 앞으로로의 첩장을 일본상인 王則貞 편에 보내다.(『朝鮮群載』20)

연도	한국
▲ 1079	문종32, 『集成』2-140) 11.5. 일본 상인 藤原 등이 와서 法螺 30개와 海藻 300束을 興王寺에 시주하고 왕의 장수를 축원하였다.(『高麗史』권9, 문종 34, 『集成』1-57, 『高麗史節要』권5, 문종33, 『集成』2-141)
1080	【한국】 윤9.11. 일본국 薩摩州에서 사절을 파견하여 토물을 바쳤다.(『高麗史』권9, 문종 34, 『集成』1-57, 『高麗史節要』권5, 문종33, 『集成』2-141) 9.4. 關白 藤原師實이 차례로 諸卿을 불러 高麗返牒에 대해 審議하다. 먼저 大江匡房이 이번 高麗牒狀의 違例의 6個條를 지적하고, 또 外記 淸原定俊도 先例를 勘申하고 심의에 들어갔다. 違例를 지적한다면 충분하므로 의사를 파견하지 않는다는 것등을 쓸 필요는 없다고 하다. 또 王則貞 이외의 인물에게 부탁하고 則貞등은 고려에 보내지 말아야 할 것을 정하다.(『帥記』, 『水左記』) 9.6. 大江匡房이 源俊房에게 高麗牒狀의 前例와 다른 점을 써거 보내다.(『水左記』) 9.12. 大江匡房이 源俊房의 허가를 받아 高麗返牒草案을 지참하다. 俊房의 지적으로 文中의 '殊俗'의 字를 '蕃王'으로 고치다.(『水左記』) 9.17. 關白 藤原師實이 源俊房 등을 차례로 불러 大江匡房이 지참한 高麗 返牒의 案을 보이다. 이어 匡房에게 전달하게 하다.(『水左記』) 9.18. 大江匡房이 高麗牒狀 초안을 源俊房의 허락으로 지참하다. 俊房은 그후 前筑後守 俊光에게 淸書하게 하다.(『水左記』) 9.24. 大江匡房이 源俊房의 허가를 받아 高麗國廣平省 牒狀을 지참하다.(『水左記』) 10.2. 太政官符를 大宰府에 하달하여 고려가 요청한 의사는 파견하지 않을 것, 보내온 方物은 되돌려 보낼 것, 大宰府의 返牒을 사자를 보내야 할 것, 王則貞은 법에 따라 罪科에 처해야 한다는 것 등을 명하다.(『帥守記』) 10.10. 大江匡房이 高麗返牒案을 源俊房의 허락으로 가져와 약간의 字句를 수정하다.(『水左記』) 10.11. 大江匡房이 고려에 보내는 첩장의 초안을 源俊房에게 들고 가니 俊房이 살펴본 후에 이를 關白인 藤原師實에게 보이다.(『水左記』) 11.2. 源俊房이 關白 藤原師實의 허락에 따라 高麗返牒 案을 보고, 약간의 문구를 上下로 바꿔야 한다고 하다.(『水左記』) 11.3. 大江匡房이 源俊房의 허락을 받아 返牒의 문구를 수정하고 그후 반첩을 완성하여 이것을 大宰府에 하달하다.(『水左記』, 『朝野群載』)
1081	
1082	【한국】 11.9. 일본국 대마도에서 사절을 파견하여 토물을 바쳤다.(『高麗史』권9, 문종 36, 『集成』1-58, 『高麗史節要』권5, 문종33, 『集成』2-141)
1084	【한국】 6.20. 일본 筑前州의 상인 信通 등이 와서 水銀 50근을 바쳤다.(『高麗史』권10, 선종1, 『集成』1-59, 『高麗史節要』권6, 선종1, 『集成』2-142)
1085	【한국】 2.13. 대마도 勾當官이 사절을 파견하여 柑橘을 바쳤다.(『高麗史』권10, 선종 2, 『集成』1-59, 『高麗史節要』권6, 선종2, 『集成』2-142)
1086	【한국】 3.22. 대마도 勾當官이 사절을 파견하여 土物을 바쳤다.(『高麗史』권10, 선종 3, 『集成』1-59, 『高麗史節要』권6, 선종3, 『集成』2-142)
1087	【한국】 3.20. 일본 상인 重元親宗 등 32명이 와서 토물을 바쳤다.(『高麗史』권10, 선종 4, 『集成』1-59, 『高麗史節要』권6, 선종4, 『集成』2-143) 7.21. 동남도 都部署에서 일본국 대마도의 元平 등 40명이 와서 진주, 수은, 寶刀, 牛馬를 바친 사실을 보고하였다.(『高麗史』권10, 선종 4, 『集成』1-59, 『高麗史節要』권6, 선종4, 『集成』2-143)
1089	【한국】 8.19. 일본국의 大宰府 상인이 와서 수은, 진주, 화살, 칼을 바쳤다.(『高麗史』권10, 선종 6, 『集成』1-60, 『高麗史節要』권6, 선종6, 『集成』2-143)
1093	【한국】 7.8. 연평도 순검군이 해적선 한 척을 포착했는데, 송인 12명과 왜인 19명이 타고 있었는데, 활, 화살, 칼, 갑옷, 투구가 있었다. 체포한 해적들을 모두 영외로 유배하다.(『高麗史』권10, 선종 10, 『集成』1-60, 『高麗史節要』권6, 선종10, 『集成』2-143)

일본

【일본】

2.16. 右中弁 藤原通俊이 都督(大宰帥 藤原資仲)으로부터 高麗國皇帝의 牒이 올라왔고, 금명간 大宰府解와 함께 高麗牒狀을 진상할 예정임을 말하다.(『水左記』)

3.5. 상인 王則貞이 가져온 高麗禮賓省牒狀을 이날 대재부가 解狀을 첨부하여 태정관에 올리다.(『朝野群載』)

4.19. 공경들이 의사파견을 요청한 高麗牒狀에 대해 논의하다.(『水左記』)

8.7. 藏人弁 藤原伊家가 의사요청의 高麗牒狀에 대해 王則貞의 陳狀을 참고로 심의해야만 한다는 취지의 宣旨를 (대납언 源俊房에게) 전하다.(『水左記』)

윤8.2. 공경들이 조정에서 고려가 의사파견을 요청한 것에 대해 논의하다.(『水左記』)

윤8.5. 공경들이 評議를 행하고 고려의 의사파견 요청등에 대해 의사를 보낼 것인가 말 것인가, 보낸다면 누가 좋은 가, 또 返牒은 어떻게 할 것인가를 논하다.(『水左記』)

윤8.8. 大納彥 源俊房이 고려측의 의사요청건에 대해 공경들이 논의한 陳定文을 藏人辨 藤原伊家에게 전하다.(『水左記』)

윤8.11. 藤原伊家가 源俊房의 허락으로 지난 8일에 건네 받은 陳定文을 가져오고, 의사소재의 정보에 대해 애매한 점을 거듭 王則貞에게 심문해야 하는 사유를 전하다.(『水左記』)

윤8.13. 藤原伊家가 源俊房에게 王則貞을 심문한 기록을 전하다.(『水左記』)

윤8.14. 評議를 행하여 宋皇帝로부터의 贈物에 대한 처치 및 高麗求醫에 대해 의논하다. 전자에 대해서는 贈物을 受領해야 하지만, 答信物은 매번 보낼 필요는 없고, 返牒에는 단지 수령한 취지를 쓰면 된다는 의견이 나오고, 후자에 대하여는 丹波雅忠에게 상담하는 것이 어떨까라는 의견이 나오다.(『水左記』)

윤8.22. 지난 14일의 평의한 의견에 따라 丹波雅忠을 불렀으나 피곤함을 이유로 불참하다. 이어 關白 藤原師實이 사람을 보내 雅忠에게 자문하다. 雅忠이 고려에 꼭 의사를 파견해야 한다면 惟宗俊通이 좋다는 뜻을 회답하다.(『帥記』)

윤8.23. 關白 藤原師實의 꿈에 藤原賴通이 나타나 고려에 의사를 파견해서는 안된다고 告했다고 하다.(『水左記』)

윤8.24. 關白 藤原師實이 고려에 의사를 파견하지 않기로 하고, 그러한 취지의 返牒의 起草를 大江匡房에게 명하다.(『水左記』)

윤8.25. 藤原師實이 源經信에게 고려에 의사를 파견해서는 안된다는 藤原賴通의 夢告가 있었다는 것을 말하고, 大江匡房에게 명하는 返牒의 언사를 어떤식으로 할 것인지를 묻다. 源經信이 앞서의 평의에서 반대한 사람들의 의견을 전한다면 좋을 것이라고 답하다. 또 지금까지도 고려에서의 요청에 대해 반드시 모든 것을 허락한 것은 아니라고 말하다.(『帥記』)

9.2. 藤原師實이 源經信을 불러 大江匡房이 작성한 고려에의 답신을 보여주다.(『帥記』)

9.3. 藤原師實이 大江匡房·源經信을 불러 高麗返牒에 대해 검토하다. 다음달 공경을 불러 심의하기로 하다.(『帥記』,『水左記』)

【일본】

5.2. 宋皇帝의 進物에 대한 答信物이 可否와 返牒, 大宰府가 신청한 高麗返牒에 대한 일 등에대해 논의하다.(『帥記』)

【일본】

9.14. 延曆寺의 승려 戒覺이 송나라 상인의 배를 타고 탐라도 부근을 통과하다.(『渡宋記』)

연도	한국
1095	
1097	
1105	
1108	
1116	【한국】 2.2. 일본국에서 감자를 진상하다.(『高麗史』권14, 예종 11, 『集成』1-60, 『高麗史節要』 권8, 예종11, 『集成』2-144)
1120	
1147	【한국】 8.13. 일본 都綱 黃仲文 등 21명이 우리나라에 왔다.(『高麗史』권17, 의종1, 『集成』1-60)
1151	【한국】 -. 이 무렵 日本国 対馬島官人으로부터 東南海都部署 앞으로 첩장이 도착했다. 조정에서 의논하여 尚書都省에서 회답할 것을 결정했는데, 都兵馬録事 李文鐸이 변방의 관리인 對馬島官人에게 尚書都省에서 회답을 하는 것은 체모를 잃는 것이니 불가론을 주장하여 都部署에서 回答할 것을 건의하여 朝廷에서 그 의견에 따랐다.(『韓国金石全文』359号 李文鐸墓誌)
1159	
1160	
1169	【한국】 1.30. 왕이 신하들에게 연회를 열어 일본에서 바친 진기한 물품을 주다.(『高麗史』권19, 의종23, 『集成』1-61)
1181	
1185	
1188	
1197	
1205	
1206	
1213	

일본

일본
【일본】 10.-. 興福寺의 僧 某가 대재부에서 송나라 상인 柳裕를 만나 고려의 대각국사 義天에게 極樂要書, 彌陀行願相應經典章疏 등을 구해 줄 것을 요청하다. 宋人 柳裕가 앞서의 약속을 지켜 興福寺의 僧 某에게 極樂要書 등 13서 20권을 가져오다. 5월 23일에 僧 某에게 전달되다.(『平安遺文』)
【일본】 9.20. 高麗笛을 연주하다.(『中右記』)
【일본】 5.-. 仁和寺 覺行法親王이 사자를 고려에 파견하여 釋論通玄鈔 등을 구해 올 것을 청하다.(『東大王大記』)
【일본】 2.9. 高麗人의 來着을 알리다.(『中右記』)
【일본】 7.8. 高麗國에서 가져온 法華傳을 필사시키다.(『平安遺文』)
【일본】 8.2. 조정에서 고려상인의 일에 대해 논의하다.(『百鍊抄』第7)
【일본】 4.28. 對馬島司가 貢銀採掘丁 등이 高麗金海府에 구금된 것을 보고하다. 이날 제도에 의견서를 제출하게 하다.(『百鍊抄』第7) 12.17. 高麗가 對馬島의 商人을 억류한 것에 대해 논의하다.(『百鍊抄』第7, 『山槐記』)
【일본】 1.30. 興福寺가 東金堂後戶의 釋迦三尊像의 파손된 상황을 조정에 보고하다. 그 像은 新羅國에서 貢上된 것이라고 한다.(『玉葉』卷36)
【일본】 3.4. 對馬守 藤原親光이 平氏의 난을 피해 高麗에 건너가다.(『吾妻鏡』, 『玉葉』卷36) 5.23. 源範賴가 對馬守 親光을 맞이하기 위해 대마도에 배를 보내다. 親光이 平氏의 공격을 피하기 위해 고려로 건너가다.(『吾妻鏡』卷4) 6.14. 親光이 대마로 돌아오다. 親光이 平氏의 추격을 피해 임신한 부인을 데리고 고려로 건너가서 광야의 임시 거처에서 아이를 낳다. 호랑이가 이를 노리고 오자, 親光이 활을 쏘아 맹호를 잡으니, 고려의 왕이 이에 감복하여 親光에게 3개국을 하사하고, 그가 돌아갈 때 3척의 貢船에 귀한 보물을 실어 보내다.(『吾妻鏡』卷4, (『玉葉』卷44))
【일본】 5.17. 天野遠景이 고려를 정벌했다고 잘못 전해지다.(『吾妻鏡』卷7)
【일본】 3.24. 元興寺塔의 心柱에서 불사리를 발견하였는데, 이 불사리의 일부는 성덕태자가 백제로부터 받은 사리를 안치한 것이라 한다. 崇峻天皇 원년(587) 3월 백제국 사신과 승려 혜총 영흔 등이 바친 불사리로서 그 이전에는 사리가 전해지지 않았다.(『本元興寺塔下掘出御舍利緣起』)
【일본】 8.-. 日本国恒平等 11人이 文牒을 가지고 왔지만, 이 牒이 전례가 없이 곧바로 礼賓省 앞으로 보냈기 때문에 묻지도 않고 帰国시켰다.(『平戶記』仁治1)
【일본】 2.2. 대마도 사자 明賴 등 40인이 金州 南浦에 와서 圓鮑 2,000帖, 黑鮑 2,000果, 鹿皮 30매를 진봉하다. 금주방어사가 대마도에 첩을 보내어 明賴가 가져온 牒이 예에 맞지 않음을 책망하고 돌려보내는 뜻을 전하다.(『平戶記』1)
【일본】 5.3. 北條軍 朝夷名義秀에게 토벌당한 鎭西主人 小物資政은 源賴朝 때에 고려를 정벌한 대장군이라 한다. 義秀軍은 병선을 이끌고 安藝國으로 숨다. 일설에는 義秀軍 등은 고려의 부산포 절영도로 갔으며 그곳에 朝夷名詞가 있다고 전하다.(『吾妻鏡』卷20, 『續本朝通鑑』卷87, 『大日本史』卷197)

연도	한국
1216	【한국】 2.6. 일본국 중이 와서 불법을 가르쳐 달라고 하다.(『高麗史』권22, 고종 3, 『集成』1-61)
1223	【한국】 5.22. 왜가 金州를 침구하였다.(『高麗史』권22, 고종 10, 『集成』1-61)
1224	
1225	【한국】 4.8. 倭船 2척이 경상도 연해의 州県에 침구하였으나 高麗軍에게 모두 붙잡혔다.(『高麗史』권22, 고종 12, 『集成』1-61), (『高麗史節要』『集成』2-144)
1226	【한국】 1.27. 倭人이 경상도 연해의 州郡에 침구했다. 巨済県令 陳竜甲이 水軍을 거느리고 統営郡의 沙島에서 싸워 2級을 참하다.(『高麗史』권22 고종 13, 『集成』1-61), (『高麗史節要』, 『集成』2-145) 6.1. 対馬島의 倭人이 金州에 침구하다.(『高麗史』권22, 고종13., 『集成』1-62), (『高麗史節要』, 『集成』2-145), (『吾妻鏡』脱漏安貞1.5.14条)
1227	【한국】 4.15. 倭人이 金州에 침구하므로 防護別監 盧旦이 군사를 동원하여 賊船 2艘을 포획하고, 30여급을 참하다.(『高麗史』권22, 고종 14, 『集成』1-62), (『高麗史節要』, 『集成』2-145) 5.2. 倭人이 慶尚南道 熊神県에 침구하자, 別将 金億등이 산속에 숨어 있다가 갑자기 내달아 적 7級을 참하다.(『高麗史』권22, 고종 14. 『集成』1-62), (『高麗史節要』, 『集成』2-146) 5.17. 日本国에서 書를 보내어 賊船이 변경을 침구한 것을 사죄하고, 아울러 修交互市를 구하다.(『高麗史』권22, 고종 14, 『集成』1-62), (『高麗史節要』, 『集成』2-146), (『民経記』安貞1.5.15条) -. 이해에 及第 朴寅을 日本에 보내어, 倭寇의 우환을 알리고 우호관계를 구하자, 日本이 賊倭를 찾아내어 죽였다. 이로부터 侵掠이 잠잠해 졌다.(『高麗史』권22, 고종 14, 『集成』1-62), (『高麗史節要』)
1228	11.-. 박인이 태재부에 다다른지 일년만에 화친하는 첩문을 가져오다.(『高麗史節要』, 권15, 『集成』2-146)
1234	
1240	
1241	
1243	【한국】 9.29. 金州防禦官이 日本国人이 方物을 바치고, 高麗의 漂風人을 돌려 보냈다고 보고하다.(『高麗史』권23, 고종 30. 『集成』1-63), (『高麗史節要』권16, 『集成』2-147)
1244 ▼	【한국】 2.2. 有司가 탄핵하여 아뢰기를, "전 제주부사 盧孝貞과 판관 李珏은 제주에 있을 때에 일본 상선이 자기 경내에서 폭풍으로

일본

【일본】

지난해 겨울, 고려인이 승선한 배가 越後國 寺泊浦에 표착하다.(『吾妻鏡』卷24)

【일본】

2.29. 高麗船이 北條朝 越後國에 표착한 것은 지난해(1223년) 겨울이었으나, 이때 고려선에 싣고 있던 궁전 등의 물건이 압수되어 막부에 바쳐졌다. 여기에는 활, 화살, 칼, 허리띠, 은수저 등이 포함되어 있었는데, 그 모양을 잘 기술하고 있다. 특히 허리띠에 차고 있던 銀簡에 4자의 銘이 있었지만 읽는 이가 없다.(『吾妻鏡』卷24)

4.11. 길이 10여 장의 異國船이 越後國 白石浦에 표착했는데, 길이가 10여장 이었으며 그 배안에 4명이 생존하였다.(『百鍊抄』第13)

【일본】

8.27. 太政官文殿에 불이 나서 누대의 문시 외에 백세에서 전래된 御齊會本尊이 소실되다.(『百鍊抄』第13)

10.16. 대마국과 고려국의 전쟁에 관한 소문이 전해지면서 적국의 침입을 두려워하다.(『明月記』第2)

10.17. 松浦黨의 배 수십척이 고려의 섬을 습격하여 민가를 약탈하고 銀器 등을 훔쳐 돌아왔다는 풍문이 있다. 이로 인해 고려가 거병하여 송과의 왕래가 곤란해질까 두려워 하다.(『明月記』第2)

12.7. 九條敎實로부터 고려의 공격 가능성에 대한 우려를 듣고 이에 대해 논의하다.(『明月記』第2)

12.27. 肥後·壹岐國의 백성이 고려국과 전쟁을 하여 고려로 쳐들어 갔다는 소문이 있다.(『民經記』1)

【일본】

2.18. 藤原定家는 고려 문제 등에 관한 태만을 이유로 大宰大貳를 경질하기 위한 회의가 열린다고 듣다.(『明月記』第3)

5.1. 고려국 牒狀이 大宰府에 도착하여 1통은 武家로, 1통은 公家로 보내다.(『民經記』1)

5.14. 高麗國牒이 鎌倉에 도착하다.(『吾妻鏡』卷25)

5.-. 全羅州道 按察使가 承存 등 20인을 파견해 日本國摠官 大宰府에 牒을 보내다. 이에 의하면 對馬人 등이 무술(1226년) 6월에 침입한 것에 대해 질책하고, 원래 進奉體制를 폐지하고 마음대로 왕래하면서 악행을 저지르는 이유를 물으면서 즉시 회답할 것을 요구하다.(『吾妻鏡脫漏』)

7.18,21. 7월 21일, 關白의 숙소에서 고려에 반첩하는 문제에 관하여 평의하다. 여기서 작년 6월 대마도민이 전라도 경략을 보고하면서, 少貳資賴가 이를 개봉해서 보고 첩사의 면전에서 賊徒 90인을 죽이고 반첩을 쓴 것은 자국의 수치이며, 첩장은 무례하다고 말하다.(『民經記』1)

8.12. 고려가 또 첩장을 보낼 것이라는 항간의 소문이 있다.(『明月記』第3)

【일본】

3.13. 이 자료는 肥前國의 小値賀島地頭職을 둘러싸고 松浦黨 일족과 山代固가 다투는 것을 가마쿠라 막부가 판결한 문서로서 安貞 2년(1228)의 자료이다. 이에 의하면 淸原三子가 子息 山代固에게 肥前國 小値賀島 地頭職을 이양하였다고 한다(1183년). 그러나 고려와 관련해서는 本 領主였던 是包가 高麗船을 공격했다고 해서 仁平 2년(1152) 지행권을 박탈당한다는 내용이 있다.(『靑方文書』第1)

7.21. 攝政의 숙소에서 고려 첩장의 문제를 의논하다.(『皇帝起抄』8)

윤9.17. 肥前國 鏡社의 住人이 고려에 가서 밤에 도적질을 하였다고 하여, 이날 막부는 그를 자세하게 심문하다.(『吾妻鏡』卷27)

【일본】

-. 이해에 고려국왕이 일본으로 가는 貢船을 통해 法語를 구하다.(『聖一國師年報』)

-. 이해 圓爾는 고려국왕이 貢船을 보내 法語를 구하니, 顯密 兩宗의 大旨로 답하다.(『元亨釋書』第7-淨禪2)

【일본】

4.3. 攝政의 숙소에서 여러 卿들이 고려국첩에 관해 논의하다.(『百鍊抄』第14)

4.13,14. 대장경 管原爲長이 平經高에게 와서 이전의 고려첩장에 관해 말하면서 이전 牒狀(1206년)에서 고려가 대마도첩의 무례함과 進奉이라는 용어가 보이지 않음을 꾸짖고 진봉물을 돌려 보냈다는 내용을 전하다. 平經高는 近衛兼經에게 고려첩장에 관하여 大宰府解와 存問記등을 가져오게 하여, 不審條條를 찾아내고 그 이유를 아뢰다. 14일 經高, 定詞를 바치다.(『平戶記』1)

4.17. 管原爲長이 藤原親經家의 문서중에서 泰和6년(1206) 고려국첩장을 찾아내고 平經家의 집으로 대조를 위해 가져가다. 經高는 이 상황을 일기에 쓰다.(『平戶記』1)

【일본】

5.-. 聖一國師가 1241년 5월 명주 정해현을 출발해서 대양에 이르러 바람이 심하여 표류하다가 6월 그믐에 고려국 탐라에 4일간 머무르고, 7월에 하카다에 도착하다.(『聖一國師年譜』)

연도	한국
▲ **1244**	인하여 파선을 당한 일이 있었는데 노효정 등이 그들이 가졌던 비단, 은, 주옥 등 재부로 사복을 채웠습니다.” 라고 하므로, 노효정은 은 28근을, 이각은 은 20근을 각각 물리고 섬으로 귀양을 보냈다.(『高麗史』권23, 고종 31, 『集成』1-63), (『高麗史節要』권15, 『集成』2-147)
1247	
1248	
1251	【한국】 金州에 성을 쌓아 왜구를 대비케 했다.(『高麗史』병지2, 신우3, 『集成』1-191, 『高麗史節要』권15, 『集成』2-147)
1259	【한국】 7.28. 監門衛 錄事 韓景胤, 權知直 史館 洪貯를 일본에 파견하여 해적을 금지하라고 요구하였다.(『高麗史』권25, 고종 46, 『集成』1-63), (『高麗史節要』15, 『集成』2-147)
1260	【한국】 2.2. 済州副使 判礼賓省事 羅得璜에게 防護使를 겸임시켜 宋商과 島倭에 의한 非常事態에 대비하도록 하다.(『高麗史』25, 원종 1, 『集成』1-63, 『高麗史節要』18, 『集成』2-148)
1262	
1263	【한국】 2.22. 倭가 金州 관내인 熊神縣 勿島에 침입하여 여러 고을의 공납물 수송선을 약탈하여 갔다.(『高麗史』25, 원종 4, 『集成』1-64, 『高麗史節要』18, 『集成』2-148) 4.5. 大官署丞 洪泞, 詹事府錄事 郭王府 등을 일본국에 보내 해적을 금지할 것을 요구하는 통첩을 보내다.(『高麗史』25, 원종 4, 『集成』1-64, 『高麗史節要』18, 『集成』2-148) 6.-. 이 달에 일본의 官船大使 如眞 등이 송나라에 들어가 불법을 배우려고 떠났다가 풍파를 만나 표류하여 승려, 속인 합계 230명은 開也所島에 닿았으며, 265명은 群山, 楸子 두 섬에 도착하였다. 한편 大宰府 少卿殿의 상선에 탄 78명의 사람들이 송나라에서 본국으로 돌아가는 도중 작은 배로 宣州 加次島에 표류하자, 전라도 안찰사에게 명하여 양식과 배를 주어 그들의 나라로 호송하여 주었다.(『高麗史』25, 원종 4, 『集成』1-65, 『高麗史節要』18, 『集成』2-149)
1265	【한국】 7.1. 倭가 南島의 바닷가 고을을 침입하여 왔으므로 將軍 安洪敏 등에게 명령하여 三別抄 군사들을 보내 이를 방어케 하였다.(『高麗史』권26, 원종 6, 『集成』1-66, 『高麗史節要』18, 『集成』2-149)
1266	【한국】 11.25. 몽고에서 黑的, 殷弘 등을 파견하여, 고려사람 趙彝의 말을 빌어, ‘일본이 고려와 이웃 나라인데 그 나라의 법전과 정치가 가상히 여길 만한 것이 있고 한나라, 당나라 때로부터 때때로 사신을 보내온 일도 있었다.’고 하면서, 지금 黑的 등을 일본에 보내어 우호 관계를 맺자고 하는 바이니, 일본으로 가는 사신의 길을 안내하여 하도록 부탁하다.(『高麗史』권26, 원종 7, 『集成』1-66, 『高麗史節要』18, 『集成』2-150) 11.28. 樞密院 부사 宋君斐, 侍御史 金贊 등에게 명령하여 黑的 등과 함께 일본으로 가게 하였다.(『高麗史』권26, 원종 7, 『集成』1-66, 『高麗史節要』18, 『集成』2-150)
1267	【한국】 1.-. 宋君斐, 金贊이 몽고 사신과 더불어 거제도 松邊浦에 이르러 풍파가 험한 것을 보고 두려워서 도로돌아왔다. 왕이 송군비에게 명령하여 黑的을 따라 몽고에 가서 보고하기를, ‘귀국의 사신을 이렇게 위험한 길에 경솔하게 안내할 수없으며, 일본은 본래 고려와 통호하지 않았고, 다만 대마도 사람들이 때때로 무역하러 金州에 올 뿐이라고 하였다.(『高麗史』권26, 원종 8, 『集成』1-67, 『高麗史節要』18, 『集成』2-150) 8.1. 黑的, 殷弘, 宋君斐 등이 되돌아왔다. 皇帝가 꾸짖어 이르기를, “전번에 내가 사신을 보내 일본을 회유하려고 당신에게 길 안내할 것을 위임하였더니 당신은 이 말 저 말로 핑계하면서 마침내 헛걸음을 하고 돌아오게 하였다. 생각건대 일본이 이미 고려와 우호 관계를 맺어 왕래하고 있은즉 일본은 고려의 내막을 모두 다 잘 알고 있을 것이므로 공연히 다른 말로써 핑계한 것일 것이다. 이번 일본에 대한 일은 당신에게 일임한 것이니 나의 뜻을 받들고 일본에 잘 타일러서 반드시 요령을 얻어 내도록 결심하여야 할 것이다.”라고 하였다.(『高麗史』권26, 원종 8, 『集成』1-67, 『高麗史節要』18, 『集成』2-151) 8.23. 起居舍人 潘阜로 하여금 몽고의 書와 國書를 가지고 일본에 가게 하였다. 몽고의 書에는 ‘지금으로부터 서로 왕래 문안도 하고 우호 관계도 맺음으로써 서로 친목하게 지내자는 것이다.’라고 했고, 고려 국서에는 ‘이번에 황제가 귀국과 우호하려는 것은 귀국의 공납을 탐내서가 아니라 아마도 자기의 덕화를 입지 않은 곳이 이 세상에 없다는 명성이 천하에 떨칠 것을 바라는 것으로 생각되니 만약 귀국이 통호한다면 반드시 후대할 것이다. 그런즉 한번 사람을 보내 보는 것이 어

일본

【일본】
-. 이 해에 고려승 了然法明이 송에서 장기체류하다가 상선을 따라 일본에 오다. 京·鎌倉을 돌아보다.(『日本洞上聯燈錄』第卷1, 了然法明)

【일본】
3.18. 승려 公鏡이 醍醐山 安養院 教法坊에서 발해국사가 가져온 『加句靈驗尊勝陀羅尼記』을 사경하다.(『醍醐寺文書記錄聖教目錄』49下 489函)
10.25. 島津忠綱이 賴嗣에게 고려산 새 2마리를 헌납하다.(『吾妻鏡』卷37)

【일본】
3.18. 羽州 玉泉寺 了然法明 선사는 弘章이라고 불렸는데 고려국인이다. 出羽國 善見村에 玉泉寺를 열고, 이어서 北國에 道元을 방문하여 그 법을 계승하다.(『日本洞上聯燈錄』第卷1, 了然法明)

【일본】
8.-. 赤山法華院의 山王은 신라의 明神이라 한다.(『古簡雜纂』2)
7.27. 日本商船 30인이 平安北道 龜州와 艾島에 표착하자 양곡을 주어 호송해 보내도록 하다.(『高麗史』권25, 원종 4, 『集成』1-65, 『高麗史節要』18, 『集成』2-149)
8.1. 洪狩·郭王府가 일본으로부터 돌아와 왕에게 보고하기를, "해적을 끝까지 추궁해 보니 그것은 대마도에 있는 왜여서, 그들에게서 쌀 20석, 귀밀 30석, 소가죽 70장을 징벌해 가지고 왔습니다."고 하였다.(『高麗史』권25, 원종 4, 『集成』1-65, 『高麗史節要』18, 『集成』2-149)

【일본】
7.-. 몽고국왕이 고려와의 통교건으로 北條時宗에게 書狀을 보내다.(『歷代鎭西要略』卷第2)
8.-. 몽고국에서 일본에 보낸 牒이다. 일본이 사신을 보내 통호하지 않음을 책망하고 통교할 것을 요구하다. 이 첩장은 고려의 사신인 潘阜와 李仁挺이 1267년 11월 대마도를 거쳐 태재부에 도착하여 전달한 문서이다.(『蒙古國牒案』, 『鎌倉遺文』第13卷)
-. 몽고 사신과 고려 사신이 오다. 큰 배가 3척이다.(『武家年代記裏書』)

【일본】
9.-. 고려 元宗 王植이 일본국왕에게 국서를 보내어 몽고의 뜻을 전하면서 황제가 통호하고자 하는 뜻에 따르도록 요청하고 황제의 글을 보내다.(「高麗國書案」『鎌倉遺文』第13卷)
11.25. 고려첩장이 도래하여 몽고가 고려를 공격하여 차지한 사실과 일본을 공격할 이유를 말하다.(『外記日記』新抄4 伏敵編)
12.-. 高麗使 起居舍人 潘阜가 몽고의 서장을 가지고 대마도에 이르러 守護 宗組國에게 大宰府에 보내주도록 청하다.(『續本朝通鑑』卷103)

떠하겠는지 귀국에서도 잘 생각하여 보라.'고 했다.(『高麗史』권26, 원종 8, 『集成』1-68, 『高麗史節要』18, 『集成』2-152)
11.11. 왕이 아우인 안경공 王淐을 몽고에 파견하여 신년을 축하하는 동시에 潘阜를 또다시 일본에 사신으로 보내었다는 것을 첨부하여 보고하였다.(『高麗史』권26, 원종 8, 『集成』1-69, 『高麗史節要』18, 『集成』2-153)
-. 8년에 몽고가 병부시랑 黑的 등을 파견하여 일본을 초유하라고 시켰다.(『高麗史』권102, 열전, 원종 8, 『集成』2-4)

연도	한국
1268	**【한국】** 2.21. 安慶公 王淐이 몽고에서 돌아왔다. 황제는 왕에게 西錦 한 필과 曆書 한 권을 주었다. 처음에 황제는 趙彝의 참소를 듣고 노여움이 풀리지 않아서 친히 왕창에게 말하기를, 고려가 일본과 교통한 일이 없다고 거짓 회답을 한 것을 힐문하다.(『高麗史』권26, 원종 9, 『集成』1-69, 『高麗史節要』18, 『集成』2-154) 6.25. 몽고에서 吾都止를 藏用과 함께 보내 병선의 수효와 군대 인원 수를 검열하였다.(『高麗史』권26, 원종 9, 『集成』1-70, 『高麗史節要』18, 『集成』2-154) 7.18. 起居舍人 潘阜가 일본으로부터 돌아왔다. 閣門使 孫世貞, 낭장 吳惟碩 등을 몽고에 파견하여 황제의 생일을 축하케 하고 또 반부도 함께 가게 하면서, 일본에 간 사신이 대재부에서 5개월이나 머물렀음에도 손님접대가 박했고, 친서와 국서를 주었어도 답장이 없었고, 결국 듣지않고 압박하였으므로 아무 요령도 얻지 못하고 돌아왔음을 보고했다.(『高麗史』권26, 원종 9, 『集成』1-70, 『高麗史節要』18, 『集成』2-156) 8.-. 대장군 崔東秀로 하여금 吾都止를 따라 몽고에 가서 황제에게 보고하기를 군사를 겨우 만명을 얻고 병선은 이미 바닷가 고을의 관리들에게 명령하여 방금 재목을 갖추어 건조하기 시작했다고 했다.(『高麗史』권26, 원종 9, 『集成』1-70, 『高麗史節要』18, 『集成』2-156) 10.13. 몽고가 명위장군 都統領 脫朶兒, 무덕장군 통령 王國昌, 무략장군 부통령 劉傑 등 14명을 보내 함선을 검열하고, 조서에 이르기를 탐라에서 따로 100척을 짓게 하고, 군대와 선박들을 항상 비치하도록 하고, 먼저 관원을 보내 黑山과 일본 간의 길을 시찰케 하고, 그들을 안내하여 호송토록 하다.(『高麗史』권26, 원종 9, 『集成』1-71, 『高麗史節要』18, 『集成』2-156) 10.22. 낭장 朴臣甫, 都兵馬錄事 禹天錫으로 하여금 王國昌, 劉傑 등을 따라서 흑산도에 가 보게 하였다.(『高麗史』권26, 원종 9, 『集成』1-71) 11.20. 黑的, 殷弘 등을 다시 사신으로 보내 반드시 일본에 도달케 하려고 하니, 마땅히 대신으로 하여금 길 안내를 하게 하여 그 전처럼 지연시키거나 방해하지 말 것을 조서로 보내다.(『高麗史』권26, 원종 9, 『集成』1-72, 『高麗史節要』18, 『集成』2-157)
1269	**【한국】** 3.16. 黑的과 申思佺 등이 대마도에 도착하여 왜인 2명을 잡아왔다.(『高麗史』권26, 원종 11, 『集成』1-72, 『高麗史節要』18, 『集成』2-157) 4.3. 參知政事 申思佺으로 하여금 黑的과 함께 왜인 2명을 데리고 몽고에 가게 하였다.(『高麗史』권26, 원종 11, 『集成』1-72, 『高麗史節要』18, 『集成』2-158) 5.2. 경상도안찰사가 급보하기를, "제주도 사람이 바람을 만나 표류하여 일본에 갔다가 돌아와서 말하기를 '일본은 병선들을 갖추어 장차 우리나라를 침범해 오려고 한다.'"라고 하였다. 이에 三別抄와 大角班을 파견하여 해변을 순찰하며 경비하게 하였다. 또 해변의 각 군, 현에 지시하여 성을 잘 관리하며 양곡을 저축하도록 하였으며 彰善縣에 간수하였던 國史를 珍島로 옮겼다.(『高麗史』권26, 원종 11, 『集成』1-73) 7.21. 몽고 사신 于婁大, 于琔 등 여섯 사람이 왜인과 함께 왔다. 淐이 교외에까지 마중 나갔다. 처음에 申思佺이 왜인과 더불어 황제를 알현하니, 황제가 비단을 주며 연경의 만수산에 있는 玉殿과 여러성, 궁전을 돌아보게 하였다.(『高麗史』권26, 원종 11, 『集成』1-73, 『高麗史節要』18, 『集成』2-158) 12.20. 세자 諶이 몽고의 斷事官 不花, 孟祺 등과 함께 돌아왔다. 왕이 교외까지 나가 마중하였는데 황제의 조서에 이르기를, '나와 당신은 이미 한집안이 되었은즉 우리 국가의 힘에 의거하여 먼 곳에 있는 자들을 위압해야 한다. 이로부터는 南宋이건 日本이건 간에 만일 그들과 어떤 일이 생기거든 군대, 마필, 병선, 양곡을 재빨리 준비하도록 할 것이다.'라고 했다.(『高麗史』권26, 원종 11, 『集成』1-74, 『高麗史節要』18, 『集成』2-158)
1270	**【한국】** 12.-. 세자 諶이 몽고에서 돌아왔다. 황제가 고려가 남송·일본과 교통한 일을 책망하다.(『高麗史節要』18, 『集成』2-158)
1271 ▼	**【한국】** 1.12. 不花, 孟祺 등이 돌아갈 때 왕이 추밀원사 金鍊으로 하여금 동반하여 가게 하였으며 그 길로 청혼을 하였다. 이때 몽고의 중서성에서 고려에 屯田經略司를 둘 것을 청하는 자가 있었다. 이에 대해 왕이 "우리나라는 이미 황제의 명령을 받고 자재와 식량을 운반하는 사업을 지시하고 이미 여러 도들에 勸農使 등을 보내 있는 힘을 다하여 마련하고 있다. 대신 여러 분들은 황제에게 잘 여쭈어 간사한 자들의 둔전 설치의 청을 방지하여 주기를 바란다."고 하였다.(『高麗史』권27, 원종 12, 『集成』1-75, 『高麗史節要』19, 『集成』2-159)

일본

【일본】

1.-. 高麗使 潘阜, 李仁挺은 많은 방물을 가지고 태재부에 도착하여 少貳資能에게 글을 보냈는데 몽고·고려의 국서를 王所에 전달하도록 청하다. 이 글에 의하면 대몽고국이 강성하여 고려도 귀복하였으니 일본도 몽고에 복종하기를 당부하면서 먼저 몽고와 고려의 국서를 京都의 일본국왕에게 전달할 수 있도록 요청하다.(『高麗國牒狀案』, 『鎌倉遺文』第13卷)

1.-. 高麗使 起居舍人 潘阜가 몽고의 서장을 가지고 大宰府에 와서 少貳武藤資能에게 關東으로 전해주도록 청하다.(『續本朝通鑑』卷103)

윤1.8. 武藤資能의 파발이 鎌倉에 도착하여 몽고·고려의 첩장을 막부에 전달하였다. 異國의 첩장에 대한 返牒 사례를 기록, 몽고 고려의 書契를 어떻게 처리할 것인가를 논의하다.(『師守記』제9)

윤1.15. 몽고국의 첩장을 받들면서 고려의 첩장을 첨부하다. 고려국은 거란 소속의 달단국이었다. 근년에 거란국 대송국을 격파하고 고려도 함락시켰다. 조양필을 첩사로 고려의 사신을 부사로삼고 건너왔다. 두통의 첩장 가운데 하나는 몽고 첩장으로 문영 3년 병인 9월의 장이며, 고려의 첩장은 지난해 8월의 첩장이다.(『五代帝王物語』龜山)

2.1,7. 몽고첩장이 도착했는데 일본과 고려는 개국이래 중국과 통호관계를 맺어 왔다고 하면서, '짐이 특별히 사신을 보내어 짐의 뜻을 전하니, 군사를 쓰지 않고 통교하자'고 요구하다.(『八幡宇童訓』上)

2.-. 北朝時宗이 京師에 상주하여 이르기를, "듣건데 蒙古는 中華의 땅을 모두 빼앗고 우리나라에 조공을 청하면서 고려 사신 潘阜를 대마도에 보내어 蒙古의 서장을 대마도 수호를 통해 太宰府에 전하니 少貳武藤資能가 보고하였다. 몽고의 서장을 闕下에 삼가 보냅니다"라고 하다. 이에 그 서장을 개봉하여 보다.(『續本朝通鑑』卷108)

12.4. 지문하성사 申思佺, 시랑 陳子厚, 기거사인 潘阜를 보내 黑的, 殷弘과 함께 일본으로 가게 하였다.(『高麗』권26, 원종 9, 『集成』1-72, 『高麗史節要』18, 『集成』2-157)

【일본】

2.16. 몽고 관인 3인(黑的·殷弘을 포함)·同從人 5인·고려인 67인(國使 4인포함), 배 4척에 타고 對馬島 豊岐浦에 도착했다.(『蒙古來使記錄』「蒙古信使覺書」)

3.7. 몽고국사 8명 고려국사 4명이 從類 70여명을 데리고 대마도에 도착하다.(『帝王編年記』卷26)

6.-. 이 문서는 1269년 6월 몽고의 중서성에서 일본을 초유하기 위해 보낸 첩의 사본이다. 이에 앞서 1269년 2월 紀德(黑的)과 殷弘 등이 대마도에 이르렀으나 목적을 달성하지 못하고 돌아갔다. 이에 따라 1269년 9월, 김유성이 고려의 첩장과 함께 가져온 몽고의 첩장이다.(『蒙古國中書省牒』『異國出契』)

7.26. 이 자료는 宗性이 고려의 大興王寺에서 壽昌 원년(1095)에 간행한 속장경으로 일본에 전래된 판본 중 澄觀이 주석한 『華嚴經演義鈔』에 심취하여 이를 文永 6년(1269)에 읽었음을 밝힌 필사이다.(『大方廣佛花嚴經隨疏演義鈔』卷第6下)

8.-. 이 문서는 1269년 2월 北朝(몽고)의 사신 黑的과 殷弘 등이 대마도에 이르렀다가 목적을 달성하지 못하고 돌아가면서 잡아간 대마도인 2인을 돌려 보낸다는 사실을 통보하는 고려의 첩이다. 이때 상주목 장교 1명과 진주목 장교 1명, 鄕通事 2명, 水手 20여명이 이들을 호송했다.(『高麗國慶尙晉安東道按察使牒』『異國出契』)

9.-. 몽고 고려첩장이 다시 도착했는데 牒使는 金有成 高柔 두 사람이다.(『關東評定傳』, 『鎌倉年代記裏書』, 『北條九代記』)

10.27. 牒使 2인이 몽고첩 1통과 고려첩 1통을 가지고 대마도에 도착하다.(『蒙古信使覺書』)

11.28. 日蓮이 四條賴基에게 書狀을 보내다. 이에 의하면 震旦·고려는 禪·念佛을 하여 수호 善神에게 버림을 받고 몽고에 정복당했으며 일본에서도 邪法이 만연하여 천태법화종을 소홀히 하여 山門이 동요하고 있다고 서술하다.(「佛燈國師塔銘」)

12.-. 12월에 몽고가 오다.(『武家年代記裏書』)

-. 몽고의 사신이 고려의 배를 타고 對馬國에 도착하다. 돌아갈 때 대마인 2인을 데리고 가서 봉록을 수여하고 본국으로 돌려 보내면서 첩장을 보내다.(『五代帝王物語』龜山)

-. 蒙古의 배가 대마도에 와서 塔二郎·彌三郎을 잡아갔는데, 그 이후 두사람이 녹을 받아오다.(『歷代鎭書要略』)

【일본】

1.-. 일본국 太政官이 몽고국 중서성에 첩을 보내다. 高辻長成에게 文永 7년(1270) 1월 太政官牒(蒙古國 中書省 앞)을 초안하게 하고, 幕府에 자문하다. 막부가 평정하여, 먼저번 첩사가 내조할 때의 예에 준희어, 반첩히지 않을 수 없음을 회신하고 빈첩하다.(「贈蒙古國中書省牒」『本朝文集』卷67)

2.-. 일본국 대재부 수호소가 고려국 경상진안동도 안찰사 앞으로 보낸 첩으로서 지난번 대마도인을 돌려보내준데 대해 감사하면서, 첩사가 도착할 때 응대가 소홀한 점을 사과하다.(「贈高麗國牒」『本朝文集』卷67)

【일본】

9.1~7. 關東使가 西園寺 大納言 實兼의 집에 고려첩장(실은 삼벼로의 장)을 가져오다. 첩장에는 장차 몽고가 일본을 공격할 것이라 하고, 곡식과 구원병을 요청하고 있다. 實兼은 이를 원에 아뢰다. 고려의 첩장에 대해 평의를 한 결과 참여한 이들은 이를 대체로 신뢰하지 않다. (『古續記』2)/ 이 자료는 삼별초가 일본에 보낸 문서 가운데 의심난 항목을 기록한 문서로서, 삼별초가 고려라는 국명을 사용하여 일본과 연합하여 몽고에 대항하려한 사실을 보여준다.(『高麗牒狀 不審條條』)

9.19. 肥前國 今津에 몽고인 조양필을 시작으로 100여명이 내조하다.(「五代帝王物語」龜山)

연도	한국
▲ 1271	1.15. 몽고가 일본에 國信使로 비서감 趙良弼 및 忽林赤, 王國昌, 洪茶丘 등 40여 명을 보내왔다. 그들이 가져온 조서에 이르기를, '조양필을 국신사로 보내니 반드시그가 일본에 도착하도록 할것이며, 아울러 이와 아울러 홀림적, 왕국창, 홍다구의 장병들을 해변가에까지 보내 국신사가 돌아올 무렵까지 우선 金州 등지에 주둔하게 되었으니 이에 필요한 군량은 전임 관리에게 맡겨 그 지방에 파견하고 그 인근 지방에서 마련하여 공급하도록 할 것이며 선박과 군함들을 한데 모아 금주에서 대기하게 하되 늦어지거나 부족함이 없도록 할 것'을 지시하다.(『高麗史』권27, 원종 12, 『集成』1-76, 『高麗史節要』19, 『集成』2-160) 3.3. 몽고가 忻都 및 史樞 등을 보내 阿海를 대신케 하였다. 그 조서에 이르기를, 일본을 정벌하기 위하여 군대를 파견하고 둔전을 경작하도록 이르다. 또 중서성에 이르기를, 황제의 지시를 받들고 흔도, 사추 등을 鳳州 등지에 보내 經略司를 설치하고 둔전을 경영케 하니 소유해야 할 둔전과 소 6천두는 동경 등지에서 그 절반을 내고 나머지 3천두는 경략사로 하여 금 값을 받아 고려에 가서 사들이도록 하고, 이외의 농기구, 종자 같은 것과 가을까지의 군량을 모두 공급하여 부족함이 없게 할 것이다."라고 하였다.(『高麗史』권27, 원종 12, 『集成』1-77, 『高麗史節要』19, 『集成』2-160) 3.-. 殿中監 郭汝弼을 몽고에 보내, 고려와 일본이 비밀리에 통한 일이 없다고 진정하는 표문을 보낸다. E한 중서성의 공문에 지적한 봉주 屯田과 農牛, 농기구, 종자, 군량 등의 일등에 대해 상기의 물건은 모두 지시한 수량을 충족하지 못하더라도 힘 자라는대로 마련 할 것을 약속하고, 위의 물품들은 다 백성들의 농사 밑천이므로 다 빼앗아 공급하면 곧 삼한의 백성이 더 자주 기아에 빠져들어 죽어버릴 것이라고 호소하다.(『高麗史』권27, 원종 12, 『集成』1-77)
1272	【한국】 1.18. 趙良弼이 일본으로부터 돌아왔다. 서장관 張鐸을 파견하여 일본사신 12명을 인솔하고 원나라로 가게 하였다. 왕이 譯語郎將 白琚를 보내 축하하는 서신을 보냈다.(『高麗史』권27, 원종 13, 『集成』1-78, 『高麗史節要』19, 『集成』2-161) 3.10. 세자 왕심이 일본 정벌 사업을 조금이라도 돕겠다며 원나라에서 돌아오다. 나라 사람들이 세자가 변발 머리에 되놈의 옷을 입은 것을 보고 모두 탄식하였고 심지어는 우는 사람까지 있었다.(『高麗史』권27, 원종 13, 『集成』1-79, 『高麗史節要』19, 『集成』2-162) 4.3. 일본의 사신이 원나라로부터 돌아왔다. 張鐸이 그들과 함께 와서 황제가 벼슬을 내리라는 명을 전달하였고, 이에 통역원들인 별장 徐偁과 교위 金貯에게 將軍과 郎將의 벼슬을 내렸다.(『高麗史』권27, 원종 13, 『集成』1-80, 『高麗史節要』19, 『集成』2-162)
1273	【한국】 3.20. 趙良弼이 일본에 가서 太宰府에 이르렀으나 國都에는 들어가지 못하고 돌아왔다.(『高麗史』권27, 원종 14, 『集成』1-81, 『高麗史節要』19, 『集成』2-163) 3.22. 왕이 인견하여 수고를 위로하고은 3근과 저포 10필을 선물로 주었다. 達魯花赤 李益도 역시 물품을 선사하니 趙良弼이 이것을 고려 인민을 침해하고 착취해서 얻은 것이라고 하면서 받지 않고 돌아갔다.(『高麗史』권27, 원종 14, 『集成』1-81)
1274 ▼	【한국】 2.17. 별장 李仁을 원나라에 파견하여 배를 만드는 군대들에 대한 식량 공급의 어려움을 아뢰다.(『高麗史』권27, 원종 15, 『集成』1-82, 『高麗史節要』19, 『集成』2-163) 2.-. 원나라에서 總管 察忽을 파견하여 병선 300척을 건조하는 것을 감독하게 하였다. 병선 건조에 필요한 장인들과 역군 및 일체 자재들은 전부 우리나라의 부담으로 맡겼다. 이때 길에는 각 역참의 전령 기병들이 그칠 새 없었고 여러 가지 사무가 번거롭고 많은데다가 공사의 기한이 촉박하기가 마치 우레, 번개와 같았으므로 백성들이 심히 고통스러워하였다.(『高麗史』권27, 원종 15, 『集成』1-81, 『高麗史節要』19, 『集成』2-163) 3.9. 원나라에서 경략사 王總管을 파견하여 군사 5천명을 징발하여 일본 정벌을 원조하라고 명령하였다. 이때 전라주도에서 선박 건조의 일군들 30,500여 명과 홍다구(洪茶丘)가 영솔하는 선박 건조 감독을 위한 군대들에 대한 공급이 부족해서 동경, 진주도 내에서 주려고 한 계유년분의 녹봉들을 운반하였다가 돌려주었다. 왕은 백성들의 요역이 너무 번거롭고 수송까지 부담하는 폐단이 많아서 농사일을 방해하는 것을 근심하여 상장군 李汾禧를 홍다구에게 보내 그를 설복하고 부역 나온 백성의 절반을 고향에 돌려보내어 농사를 짓게 하자고 제의하였더니 홍다구가 배 2척마다 雙丁 50명만 남기고 그 나머지 單丁은 모두 돌아가서 농사짓게 하였다.(『高麗史』권27, 원종 15, 『集成』1-83, 『高麗史節要』19, 『集成』2-164) 4.18. 諫議大夫 郭汝弼을 원나라에 파견하여 東征軍을 보충하여 주기를 바란다는 표문을 보내다.(『高麗史』권27, 원종 15, 『集成』1-84, 『高麗史節要』19, 『集成』2-164) 5.14. 원나라의 征東兵 1만 5천명이 왔다.(『高麗史』권27, 원종 15, 『集成』1-84, 『高麗史節要』19, 『集成』2-165) 5.21. 지추밀원사 宋松禮, 추밀원 부사 奇蘊, 應揚軍 상장군 金光遠에게 명령하여 征東軍을 더 뽑게 하였다.(『高麗史』권27, 원종 15, 『集成』1-85, 『高麗史節要』19, 『集成』2-165) 5.25. 원나라에서 사신을 파견하여 백성들에게 농사와 누에치기를 장려하고 또 군량을 저축하라는 조서를 보내어왔다. 그리고 洪茶丘에게 농사를 감독하고 검열할 것을 명령하였다.(『高麗史』권27, 원종 15, 『集成』1-85, 『高麗史節要』19, 『集成』2-165) 5.-. 金方慶이 원나라 원수 忽敦, 홍다구(洪茶丘, 1244~1291) 등과 더불어 일본을 정벌하려 일기까지 진군했으나 패하여 돌아오지 못한 군사가 13,500여 명에 달했다.(『高麗史』연표, 원종 15, 『集成』1-196) 6.16. 대장군 羅裕를 원나라에 보내 중서성에 글을 보내기를, 정월 15일에 모두 한 곳에 모으고 16일에 역사를 시작하여 5월

일본
9.21. 몽고의 침략에 대처하기 위해 仁王會를 개최하기로 하고 祝願文에 西蕃(高麗)의 사신이 와서 北狄(몽고)의 음모를 고하다고 싣다. 北狄의 문자는 첩장에 몽고를 北朝라고 쓴 것에 의한다. 그런데 祝願文에는 고려는 북쪽에 있지만, 몽고는 서쪽인지 서북쪽인지에 대해 논란을 벌이다.(『吉續記』2)
9.22. 呪願文에 고려는 몽고를 北朝라고 하니 이에 준해서 기재하다. "몽고는 고려로부터 북에 있지만 일본의 북에 있지는 않다"고 하여 도리에 위배되지 않는가 라고 논란을 벌인다는 내용이다.(『吉續記』2)
9.23. 北狄문제는 지난 번 고려첩장에 몽고를 북조황제의 서라고 한 사유로 奉行職事가 사죄하였다고 하니 오히려 그럴 수 없는 일이 아닌가라고 하는 내용이다.(『吉續記』2)
9.-. 몽고사 趙良弼이 글을 올려 통호를 요청하면서 고려의 첩장도 가지고 오다. 朝議에서 답서를 초안했으나, 北條時宗이 보내지 않고 사신을 물리치다.(『薩藩舊記雜錄前編』)/ 元蒙古(몽고가 大宋을 다스리고 大元國으로 고치다) 사신 조양필이 고려의 서신을 가지고 筑前國今津에 와서 글을 보내 나를 달래었으나, 답을 얻을 수 없어 조양필 등이 돌아가다.(『歷代鎭西要略』卷2)
10.-. 몽고의 첩장이 다시 오다. 趙良弼로 하여금 앞서 반첩이 없음에 대해서 금번에는 바로 대장군에게 전하도록 하다. 다음해 5월 張鐸이 돌아오면서 고려의 첩장을 또 가지고 오다.(『鎌倉年代記裏書』,『北條九代記』,『武家年代記裏書』,『關東評定傳』)
4.7. 어사 康之邵를 파견하여 일본 사신을 보호하여 그 나라까지 돌아가게 하였다.(『高麗史』권27, 원종 13, 『集成』1-80)
7.8. 왜선이 金州에 도착하였는데 경상도 안무사 曺子一이 일본과 교통한 일이 발각되면 원나라에서 견책을 받을까 두려워서 가만히 귀국하도록 명령하였다. 洪茶丘가 이 소식을 듣고 조자일을 엄격히 심문하고 황제에게 급히 보고하였다.(『高麗史』권27, 원종 13, 『集成』1-80, 『高麗史節要』19, 『集成』2-162)
12.26. 원나라에서 다시 趙良弼을 일본에 파견하여 일본으로 하여금 귀순하여 오도록 타이르게 하였다.(『高麗史』권27, 원종 13, 『集成』1-81)
【일본】
2.-. 원의 사신 杜世忠과 고려인이 博多津에 도착하다. 鎌倉에 사절 셋을 보내라 하였으나 반서가 오지 않자 속히 귀국하라고 명령하다.(『高野春秋編年輯錄』卷第9)
5.17. 법명 日圓은 檀那인데, 그의 선조가 신라로부터 온 三郞義光 등이다.(『日蓮聖人註畵讚』卷5, 入身延山 第27)
10.5~29. 대마도 서안 佐寸浦로 異國 船團 450척에 3만여 명이 타고 들어오다.(『日蓮聖人註畵讚』卷5, 蒙古來第28)
10.5,14. 몽고가 대마도와 壹岐를 공격하다.(『薩藩舊記雜錄前編』)
10.6. 전투가 일어나고 守護代 資國 등이 몽고를 쳤지만, 資國의 자식들이 모두 죽다.(『日蓮聖人註畵讚』卷5)
10.14. 壹岐島의 守護代 平內左衛門景隆 등이 성곽을 쌓고 방어를 했지만, 몽고병이 난입하자 景隆은 자살하고, 백성들 중 남자는 죽거나 잡히고, 여자는 한 곳에 모아 손을 묶어 배에 묶다.(『日蓮聖人註畵讚』卷5)
10.19. 몽고병이 筑前, 博多, 箱崎, 今津, 佐原 등으로 오다.(『日蓮聖人註畵讚』卷5)
10.29. 9국의 병사들이 모여 싸우다 죽으니, 죽은자가 서로 베개를 베듯하다.(『日蓮聖人註畵讚』卷5)
11.1. 鎌倉막부가 몽고인이 대마도와 일기를 공격했다는 小貳資能의 소식을 듣고, 막부는 武田에게 安藝로 내려가 그 지역의 御家人과 주민을 동원하여 이를 방어하도록 명령을 내리다.(『東寺百合文書』『鎌倉遺文』第15卷)
그믐에 공사를 끝내니 큰 배, 작은 배 도합 9백 척을 완공하였으며 사용하여야 할 물건들도 또한 모두 원만히 구비되었기에 3품관 중에서 유능한 사람들에게 분공하여 뱃머리를 돌려 이미 금주로 향해 떠나게 하였다고 보고하다.(『高麗史』권27, 원종 15, 『集成』1-85, 『高麗史節要』19, 『集成』2-166)
7.12. 김방경(金方慶)이 정동군(征東軍)의 선봉대로서 별초(別抄)를 거느리고 첫 출발을 하였다.(『高麗史』권27, 원종 15, 『集成』1-86)
8.6. 원나라에서 일본 정토(征討) 도원수(都元帥) 홀돈(忽敦)을 보내 경군(京軍) 458명을 더 동원하라고 하였다.(『高麗史』권28, 원종 15, 『集成』1-86, 『高麗史節要』19, 『集成』2-166)
8.30. 동정부원수(東征副元帥) 홍다구(洪茶丘)가 충청도의 초공(梢工), 수수(水手)들이 제 기한 내에 도착하지 못하였다 하여 부부사인 대

연도	한국
▲ 1274	장군 최면(崔沔)을 형장 치고 대부경 박휘(朴暉)를 그의 대신으로 임명하였다.(『高麗史』권28, 원종 15, 『集成』1-86, 『高麗史節要』19, 『集成』2-166) 10.3. 도독사 金方慶으로 중군을 통솔하게 하고, 朴之亮, 金忻을 지병마사로, 任愷를 부사로 임명하고 金侁을 좌군사로, 金文庇를 우군사로 임명한 후 전체를 三翼軍이라 총칭하였다. 원나라 도원수 忽敦, 우부원수 洪茶丘, 좌부원수 劉復亨과 더불어 蒙漢軍 25,000명과 아군 8,000명, 초공, 引海, 水手 6,700명과 전함 900여 척으로 일본을 정벌하러 출발하였는바 一岐島에 이르러 1,000여 명의 적을 죽이고 길을 나누어 진격하니 왜인이 퇴각하여 죽어 넘어진 시체가 삼대 쓰러진 것처럼 많았다. 그런데 때마침 밤중에 폭풍우가 일어나서 전함들이 바위와 언덕에 부딪치어 많이 파손, 침몰되었고 김선은 물에 빠져 죽었다.(『高麗史』권28, 원종 15, 『集成』1-86, 『高麗史節要』19, 『集成』2-166)
1275	【한국】 1.4. 東征 원수들인 忽敦, 洪茶丘, 劉復亨이 북으로 돌아갔다.(『高麗史』권28, 충렬왕 1, 『集成』1-87) 1.8. 시중 金方慶, 대장군 印公秀를 원나라에 파견하여, 근자에 역적들을 소탕하는 일과 많은 군사들의 양식을 공급하는 일로 인하여 이미 수년간에 걸쳐 가가호호에서 징수하였고 게다가 또 왜나라를 정벌하기 위하여 전함들을 건조하는데 장정들은 모두 그 역사에 동원되었음을 알리고, 만약 일본 정벌을 또다시 일으킨다면 거기에 소용되는 전함들과 군량은 실로 우리나라에서는 공급할 능력이 없어, 결국 나라가 파멸되어 없어지게 될 것임을 호소하였다.(『高麗史』권28, 충렬왕 1, 『集成』1-88, 『高麗史節要』19, 『集成』2-168) 3.10. 일본을 선유하러 보내는 원나라의 사신 예부시랑 殷世忠, 병부 낭중 河文著가 왔다.(『高麗史』권28, 충렬왕 1, 『集成』1-88, 『高麗史節要』19, 『集成』2-168) 3.17. 원나라에서 사신을 보내 고려에 머물러 있는 동정군들을 감독하여 데리고 갔다.(『高麗史』권28, 충렬왕 1, 『集成』1-88) 9.21. 원나라에서 사신과 함께 劍工, 古內를 파견하였다. 古內가 원나라에 있을 때 고려에서 일본으로 통하는 지름길이 있다고 말하였으므로 그를 파견한 것이었다.(『高麗史』권28, 충렬왕 1, 『集成』1-89, 『高麗史節要』19, 『集成』2-168) 10.25. 원나라에서 장차 일본을 다시 정벌하려 하였으므로 金光遠을 경상도에 파견하여 도지휘사로 임명하고 전함을 수리, 건조하였다.(『高麗史』권28, 충렬왕 1, 『集成』1-89, 『高麗史節要』19, 『集成』2-169)
1276	【한국】 1.29. 통역을 원나라에 파견하여 일본의 밤[栗]을 바치게 하였다. 처음에 조양필(趙良弼)이 일본 밤을 얻어 그것을 의아현(義安縣)에다 심었었는데 이때에 이르러 열매를 맺었던 것이다.(『高麗史』권28, 충렬왕 2, 『集成』1-90) 7.-. 왕이 원나라 중서성에 김방경과 문연을 원나라에 보내어 성절을 하례하게 했는데, 虎頭金牌를 하사하여 후인을 권장하기 바란다고 상서하다.(『高麗史節要』19, 『集成』2-169) -. 낭장 왕견이 후에 왜적을 정벌하러 갔다가 물에 빠져 죽었다.(『高麗史』후비열전2, 『集成』2-1)
1277	12.-. 전 대장군 위득유와 중랑장 노진의 등이 김방경이 반역을 계획한다고 무고하다.(『高麗史節要』19, 『集成』2-170) -. 명덕태후가 양배안을 도당에 보내어 왜적들의 만행해 대해 말하다.(『高麗史』후비열전2, 『集成』2-1)
1278	【한국】 7.3. 왕이 황제를 보고 말하기를, 다시 배를 만들고 양곡을 저축하여 일본의 죄를 聲討하기를 바란다고 하니, 황제가 왕이 돌아가서 대신들과 의논하여 사람을 보내어 조고하도록 하다.(『高麗史』권28, 충렬왕 4, 『集成』1-91, 『高麗史節要』19, 『集成』2-170) 7.17. 王이 合浦의 鎭戍軍은 남겨두어 倭寇에 대처하기를 청하니, 皇帝가 倭寇는 두려워 할 것이 없으니 다 귀국하게 명령하였다고 타이르다.(『高麗史』권28, 충렬왕 4, 『集成』1-91, 『高麗史節要』19, 『集成』2-171)
1279	【한국】 6.25. 盧英이 의원 두 명과 함께 원나라에서 돌아왔다. 東征元師府에서 渻의 명령을 받고 전함 9백척을 만들라고 통고하여 왔다.(『高麗史』권29, 충렬왕 5, 『集成』1-92, 『高麗史節要』19, 『集成』2-172) 8.-. 이달에 客館을 건축하였다. 稍工, 上左, 引海, 一沖 등 4명이 일본에서 탈주하여 와서 말하기를 "지원 12년에 황제가 일본으로 사신을 보내었을 때 우리 나라에서는 통역관 낭장 徐贊 및 초공 水手 30명을 함께 일본에 보냈었는데 사신과 서찬 등이 모두 살해당하였다"고 보고하므로 왕이 낭장 池瑄으로 하여금 상좌 등을 원나라로 압송하여 보고하게 하였다.(『高麗史』권29, 충렬왕 5, 『集成』1-93, 『高麗史節要』19, 『集成』2-173) 9.9. 許珙을 경상도에, 洪子藩을 전라도에 보내 각각 도지휘사로 임명하여 전함을 수리 건조케 하였다.(『高麗史』권29, 충렬왕 5, 『集成』1-93, 『高麗史節要』19, 『集成』2-173)
1280 ▼	【한국】 5.3. 왜적이 고성 칠포에 침입하여 어부를 사로잡아 갔으므로 대장군 韓希愈를 파견하여 바닷길을 지키게 하였다. 또 忽赤 巡馬 여러 領府 등에서 2백 명을 선발하여 경상도 전라도로 나누어서 수비하게 하였다. 왜적이 또 合浦에 침입하여 어부 2

일본

11.27. 일본을 정벌하러 갔던 군대가 合浦에 돌아왔다. 동지추밀원사 張鎰을 파견하여 그들을 위로하였는데 이번 전쟁에서 돌아오지 못한 자의 총수가 무려 13,500여명이나 되었다.(『高麗史』권28, 원종 15, 『集成』1-87, 『高麗史節要』19, 『集成』2-167)

12.28. 시중 金方慶 등이 군대를 거느리고 돌아왔다. 忽敦은 포로하여 온 童男, 童女 2백명을 왕과 공주에게 바치었다.(『高麗史』권28, 원종 15, 『集成』1-87, 『高麗史節要』19, 『集成』2-167)

-. 15년에 황제가 일본을 정벌코자 글을 보내, 김방경과 홍다구에게 전함 만드는 것을 감독하게 했다.(『高麗史』열전17, 원종 15, 『集成』2-6)

【일본】

1.18. 몽고인 2인, 고려인 1인, 명주인 1인이 鎭西로부터 關東으로 보내졌는데, 洛中에 들어가지 못하고 山崎 동쪽으로부터 岡屋 醍醐 땅으로 갔다고 한다.(『帝王編年記』卷26)

4.15,8.-.9.7. 몽고가 大元으로 개칭하고 正使 杜世忠 副使 何文若 都魯丁 등이 長門國 室津에 이르렀다. 이전 첩사 5인이 관동에 불려가서(8월), 9월 7일 참수되어 영구히 화친이 단절된 데 대해 문책을 하다.(『關東評定傳』)

4.15. 大元國의 사신이 4월 15일 長門國 室津浦에 도착하다.(『鎌倉年代記裏書』)

7.21. 鎭西로부터 蒙古人이 關東으로 건너가다.(『帝王編年記』卷26)

8.13. 이 해 몽고 사신 두세충이 고려인을 거느리고 태재부를 공격하고, 세사람은 鎌倉에 보냈다고 한다.(『歷代鎭西略記』卷第3)

8.-. 8월에 牒使 5인이 關東으로 불려가다.(『鎌倉年代記裏書』, 『北條九代記』)

9.6. 관동에서 몽고국사 9인의 목을 베다.(『帝王編年記』卷26)

9.7. 8월에 牒使 5인이 關東으로 불려 갔는데 9월 7일 龍口에서 참수되다. 이 5인의 牒使 가운데 高麗 譯語郞將 徐가 포함되어 있었는데, 高麗譯語郞將 徐가 시를 짓다.(『鎌倉年代記裏書』)/ 北條時宗은 公使 비용을 줄이고자 京師의 大番兵을 폐지하고, 鎭西諸國에 무사를 보내는 등 元寇에 대비하다. 몽고가 고려를 향도 삼아 壹岐, 對馬 및 연해 郡邑을 침탈하니, 北條時宗은 장차 고려를 정벌하려 西國에 명령을 내리다.(『薩藩舊記雜錄前編』, 「町田元祖常陸介忠經譜中」)

12.8. 막부는 安藝守護 武田信時에게 명년 3월경 고려를 정벌하기 위해 梶取 水手 등 鎭西에서의 부족분을 山陽 山陰 南海道로부터 보충해 오기를 少貳經資에게 바란다는 것을 전하게 하다.(『東寺百合文書』「關東御敎書案」)

【일본】

3.10. 少貳經資가 肥前國 深江村地頭에게 고려에 發兵하는 사람 이외에는 일체 異國警固要害의 石築地役을 힘쓰게 하라는 旨를 전하고, 20일 이전에 인부를 모집해 博多津으로 향하라고 명하다.(『深江家文書』「少貳經資石築地役催促狀」)

3.22. 소이경자가 비전국둥웅사대궁사에게 이국정벌을 위해 관동에서 무사가 내려올 것이라는 뜻을 전하고 함께 고려로 건너가도록 요구하다.(「關東御敎書案」)

윤3.5. 薩摩守護島津久時가 大隅五郞 吉富次郞에게 고려정벌을 위해 關東에서 무사가 파견되었다는 사실을 알리고 함께 할 것을 명령하다. 이 과정에서 몽고 사신 趙良弼의 파견, 北條時宗의 답신거부, 몽고의 對馬침략 등의 사실을 기록하다.(『薩藩舊記雜錄前編』「町田元祖常陸介忠經譜中」)

6.26. 6월에 異國의 牒船이 대마도에 도착했다는 풍문을 築紫 使者가 關東에 전하다.(『師守記』卷9)

9.-. 왜적이 인월역에 주둔하고 있는 것을 태조가 공격해 크게 무찔렀다.(『高麗史』연표, 충렬왕 7, 『集成』1-197)

10.3. 원나라에서 우단치 塔納, 필도적 哈伯那를 파견하여 전함을 만드는 것을 감독하게 하였다.(『高麗史』권29, 충렬왕 5, 『集成』1-93, 『高麗史節要』20, 『集成』2 174)

10.9. 광평공 王譓가 塔納 哈伯那와 함께 경상도와 전라도에 가서 전함을 건조하는 것을 시찰 독려하였다.(『高麗史』권29, 충렬왕 5, 『集成』1-94)

10.-. 장차 일본을 치기 위하여 경병을 검열케하고 사신을 각도에 보내 군사를 점검케 하다.(『高麗史』병지1, 충렬왕 6, 『集成』1-181)

【일본】

2.-. 고려에서 전하기를 2월에 몽고 사신 杜世忠이 鎌倉에서 죽게 되자 몽고가 대군을 이끌고 왔다고 하다.(『歷代鎭西略記』卷第3)

12.8. 北條時宗은 大友兵庫에게 몽고·고려가 내년 4월에 鎭西를 공격한다고 운운하니 일찍이 役所로 향하도록 하고 御家人들로 하여금 충

연도	한국
▲ 1280	명을 잡아갔으므로 이에 대장군 印侯, 낭장 池瑄을 원나라에 파견하여 이 사실을 보고하였다.(『高麗史』권29, 충렬왕 6, 『集成』1-94, 『高麗史節要』20, 『集成』2-174) 5.4. 柳庇가 원나라에서 돌아왔는데 황제는 고려의 군졸들로써 왜적을 방어할 것을 명령하였다고 전달하였다.(『高麗史』권29, 충렬왕 6, 『集成』1-94) 6.-. 장군 박의를 원나라에 보내어 동정하는 일은 직접 입조하여 품의하고 명을 받겠다고 아뢰다.(『高麗史節要』20, 『集成』2-174) 8.26. 洪茶丘와 范文虎가 모두 일본의 壹岐島에 모여 곧바로 일본을 칠 것을 약속하다.(『高麗史』권29, 충렬왕 6, 『集成』1-95, 『高麗史節要』20, 『集成』2-175) 8.-. 왕이 원나라에 가서 일본을 정벌할 사업에 대해 의논하고 9월에 돌아오다.(『高麗史』연표, 충렬왕 6, 『集成』1-197) 9.18. 정동 원수부 진무 也速達이 두 통의 공문을 가지고 왔다. 그 하나는 "황제의 명령에 의하여 흔도, 홍다구, 范 右丞, 李 左丞에게 일본을 정복하는 行中書省의 사업을 위임하니 즉시로 군대 마필 군수품을 조사하되 고려에서 현재 관찰하고 있는 군량 저축, 전함, 초공, 水手 및 일체의 군수품들의 수량에 의거하여 법식대로 준비하여 대기하고 있다가 쓰게 할 것이며, 또하나는 지시하는 공문을 내려보내어 마땅히 榜을 써서 내붙이어 금지하게 할 것을 요망한다는 것이었다.(『高麗史』권29, 충렬왕 6, 『集成』1-96) 9.29. 원나라에서 야속달 崔仁著를 보내 수달단으로서 開元, 북경, 요양의 각 路에 있는 자들을 동녕부에 이송하여 두게 하였는바 이것은 장차 일본 정벌에 동원하려는 것이었다.(『高麗史』권29, 충렬왕 6, 『集成』1-96, 『高麗史節要』20, 『集成』2-175)
1281	【한국】 1.20. 開元路 동녕부 王萬戶, 也先大王이 모두 사신을 보내 왔는데 일본 정벌 사업 때문에 온 것이었다.(『高麗史』권29, 충렬왕 7, 『集成』1-100) 1.28. 行省에서 공문을 보내 왔는데 새로 초모한 군인 15,000명분의 식량 및 원나라 군대이 절령으로부터 合浦에 이르는 도중에서 쓸 사료를 마련하여 두라고 하였다.(『高麗史』권29, 충렬왕 7, 『集成』1-101) 2.16. 장군 李仁을 원나라에 파견하여 군마의 사료를 감해 줄 것을 요청하였다.(『高麗史』권29, 충렬왕 7, 『集成』1-101) 3.17. 원수 金方慶, 만호 朴球, 金周鼎이 군대를 거느리고 합포로 출발하였다.(『高麗史』권29, 충렬왕 7, 『集成』1-101, 『高麗史節要』20, 『集成』2-178) 3.19. 원나라에서 정동 행중서성 右丞 忻都, 洪茶丘를 파견하여 오다.(『高麗史』권29, 충렬왕 7, 『集成』1-101) 3.20. 장군 盧英이 황제가 고려 국왕에게 '駙馬 國王 宣命 征東行中書省印' 이라는 인신을 가지고 돌아오다.(『高麗史』권29, 충렬왕 7, 『集成』1-101, 『高麗史節要』20, 『集成』2-178) 4.1. 왕이 合浦로 떠났는바 우부승지 鄭可臣이 왕을 호위하여 따라 갔다.(『高麗史』권29, 충렬왕 77, 『集成』1-102) 4.15. 王이 合浦에 도착하였다.(『高麗史』권29, 충렬왕 77, 『集成』1-102) 4.18. 王이 合浦에서 대규모 사열을 하였다.(『高麗史』권29, 충렬왕 7, 『集成』1-102) 5.3. 忻都, 洪茶丘 및 金方慶, 朴球, 金周鼎 등이 함대와 군사들을 거느리고 일본을 정벌하러 떠났다.(『高麗史』권29, 충렬왕 7, 『集成』1-102, 『高麗史節要』20, 『集成』2-178) 5.28. 行省 摠把가 보고하기를 "이달 26일에 여러 군대들이 一岐島로 향했는데, 忽魯勿塔의 선군 113명과 초공 및 수수 36명이 풍랑을 만나 행방불명이 되었다"고 했고, 낭장 유비를 원나라에 보내 통지하였다.(『高麗史』권29, 충렬왕 7, 『集成』1-102) 5.-. 김방경이 혼독, 홍다구와 더불어 일본을 정벌하려고 패가대까지 이르렀으나 전패하고 돌아오지 못한 군사가 10여 만명에 달했다.(『高麗史』연표, 충렬왕 7, 『集成』1-197) 6.8. 金方慶 등이 일본군과 싸워 300여명의 적을 죽였고, 다음날에 다시 싸웠는데 洪茶丘의 군대는 크게 패전했으며, 범문호도 또한 전함 500척, 蠻軍 10여만 명을 거느리고 왔으나 때마침 큰 폭풍을 만나 만군이 모두 물에 빠져 죽었다.(『高麗史』권29, 충렬왕 7, 『集成』1-102, 『高麗史節要』20, 『集成』2-179) 6.22. 원나라에서 기병 300명을 보내 合浦의 수자리를 지키게 하였다.(『高麗史』권29, 충렬왕 7, 『集成』1-103) 7.21. 원수 金方慶이 중랑장 朴㫆을 보내 보고하기를 "여러 군대들이 太宰府에 도달하여 여러 번 교전하다가 퇴각하였는데, 蠻船 50척이 뒤따라와서 다시 太宰府를 향하여 나아갔습니다"라고 하면서 노획한 갑옷, 활, 화살, 말안장과 말 등 물건들을 바쳤다. 왕이 朴㫆을 攝將軍으로 임명하였다.(『高麗史』권29, 충렬왕 7, 『集成』1-103, 『高麗史節要』20, 『集成』2-180)
1282 **▼**	【한국】 1.-. 이달에 원나라에서 征東 行中書省을 폐지하였다.(『高麗史』권29, 충렬왕 8, 『集成』1-104, 『高麗史節要』20, 『集成』2-180) 2.-. 동정할 때에 전몰한 이들이 축낸 관청 돈을 탕감해주다.(『高麗史節要』20, 『集成』2-180) 4.20. 東征軍이 패전하였으므로 군대 340명을 보내 合浦를 지키게 하였고 60명은 王京을 지키게 하여 불의의 변에 대비하였다.(『高麗史』권29, 충렬왕 8, 『集成』1-104, 『高麗史節要』20, 『集成』2-181) 6.1. 蠻軍 摠把 沈聰 등 6명이 일본에서 탈주하여 와서 하는 말이, 13~14만명의 군대들이 작은 산에 의지하여 모두 살고 있었는바 10월 초 8일에 일본군이 쳐들어왔으나 우리 군사들은 굶주려서 싸울 기력이 없으므로 모두 항복하였더니 일본에서는 수공업자(工匠)들과 밭갈이할 줄 아는 자들을 선택하여 남겨 두고는 나머지 군사들은 모조리 죽였다"라고 하였다.(『高

일본

심으로 방어할 것을 명령하다.(『立花大友文書』,「關東御教書」)

-. 몽고가 築前州 志賀島를 공격해 와서 전투가 일어나다. 大元國 병사 370만, 병선 7만척이 쳐들어 오니 九州 사람이 모두 도망하다.(『日蓮聖人註畵讚』卷5, 龍象房第29)

10.-. 이달에 원나라 행중서성에서 征東軍事에게 공문을 보내 왔는데, 황제의 명령을 받고 일본을 정벌하게 되었는데, 추밀원 공문에 의하면 먼젓번에 군대를 전선에 출동시켰을 때에 도망 사고와 혁역 군인들이 있었으므로 각 路의 奧魯 관리들과 함께 다시 조사하게 하였고 만일 그 사이에 기만 은폐 도익한 자가 있으면 오로 관리들에게 책임을 추궁하여 그들을 파직시키고 그 인구와 재산을 몰수하였는바 이와 같이 엄격히 취급하여 보충케 하였으므로, 전달받은 황제의 명령과 추밀원의 조례에 의거하여 일을 처리하고 다시 군인들이 주둔하러 간 곳으로 이것을 보내 항상 명백하게 읽어 주고 엄밀하고 상세한 훈계를 하도록 하였다.(『高麗史』권29, 충렬왕 6, 『集成』1-96)

11.11. 우승지 조인규, 대장군 印侯를 원나라에 파견하여, "우리 나라에서는 이미 병선 900척과 초공. 수수 15,000명, 正軍 10,000명을 준비하였으며 군량은 중국의 石으로 계산하여 110,000석을 준비했고 그 밖의 기자재들은 일일이 헤아릴 수 없을 정도로 많이 준비하고 있는 힘을 다하여 황제의 은덕에 보답하려 하고 있다고 보고했다.(『高麗史』권29, 충렬왕 6, 『集成』1-97, 『高麗史節要』20, 『集成』2-176)

11.22. 중찬 金方慶, 밀직부사 朴球, 金周鼎이 일본 정벌에 참가할 군사들을 사열하였다.(『高麗史』권29, 충렬왕 6, 『集成』1-99)

【일본】

4.-. 「太政官符」와 「天野記」에 따르면 신령이 巫에 가탁하여 이르기를, 몽고군이 래습시 일본의 신령들이 도와줄 것이라 하면서, 오는 6,7월에 본조가 안전에 위 을 받을 것이라 하여 부마를 차출해 京都와 鎌倉에 알리고 신탁에 맡기도록 하다. 곧 이국의 적선이 肥前 筑前津으로 내습하다.(「高野春秋編年輯錄」卷第9)

5.21. 원의 장수 俄剌罕·范文虎와 고려인 忻都·洪茶丘 등이 병선 4000척과 甲士 24萬을 이끌고 博多에 모였으나, 明神官符幷山史에 의하면 신령의 도움을 받았다고 전하다.(「高野春秋編年輯錄」卷第9)

5.-. 몽고와 고려 병사들이 73,000척의 큰 배를 타고 오면서 거주를 위해 각종 살림도구 및 경작을 위해 호미와 가래 등도 가지고 오다. 고려선 500척이 壹岐·對馬로부터 오면서 보이는 자를 죽이니 인민들이 감당하지 못하여 처자를 데리고 깊은 산으로 숨다. 또한 몽고병이 박다로 온다고 하다.(『日蓮聖人註畵讚』卷5)

7.-. 大元 賊徒가 宋朝·고려로부터 배 수천척을 타고 와서 對馬島 해상에 수일동안 머무른 후, 肥前國 鷹島에 모였다. 30일 밤에 대풍이 불어 적선이 거의 표몰하고 죽은 자가 수천 수만에 이른다.(『鎌倉年代記裏書』, 『北條九代記』下, 『關東評定傳』)

8.16. 막부가 고려정벌을 위해 少貳氏와 大友氏를 대장군으로 삼고 3개국의 御家人과 大和·山成의 惡徒 56인을 鎭西로 향하게 하다.(「聖守書狀」『鎌倉遺文』第19卷)

8.16. 별장 金弘柱가 合浦로부터 行宮에 와서 동정군이 패배하고 원수 등이 합포에 돌아왔다는 것을 보고하였다.(『高麗史』권29, 충렬왕 7, 『集成』1-103)

윤8.-. 이달에 忻都, 홍다구, 범문호 등은 원나라로 돌아갔으나 원나라 군대로서 돌아오지 못한 자가 무려 10만 명 이상이었다.(『高麗史』권29, 충렬왕 7, 『集成』1-104, 『高麗史節要』20, 『集成』2-180)

11.20. 각 도 안렴사들이 보고하기를, "일본 정벌군 9,960명 초공, 수수가 17,029명이었는데 그 중 살아서 돌아온 자가 19,397명이다"라고 하였다.(『高麗史』권29, 충렬왕 7, 『集成』1-104)

-. 穆祖가 일찍이 배 15척을 만들어 왜구를 방비했다고 적다.(조선 『太祖』권1, 『集成』3-1)

-. 世祖때에 合浦에서 日本을 征伐할 때, 翼祖가 雙城惣管府의 三撒千戶와 蒙古의 大塔失 등과 忠烈王을 알현하다.(조선 『太祖』권1, 『集成』3-2)

-. 좌사의 대부 김구용이 글을 올려 왜구의 침탈상황에 대해 보고했다.(『高麗史』열전 17, 『集成』2-11)

【일본】

10.9. 고려에서 운반하던 鐘이 비전국 鐘崎에서 격량에 침몰하여 갑자기 바다에 빠졌는데 종이 和泉國隆池院에 도착하다.(『鎌倉遺文』第19卷「隆池院鐘緣記」)

11.24. 원나라에서 禿渾, 賀仲謙을 보내 전함을 수리, 건조하도록 하였다.(『高麗史』권29, 충렬왕 8, 『集成』1-105, 『高麗史節要』20, 『集成』2-181)

12.10. 상장군 인후를 원나라에 보냈다./ 일본을 정벌할 때에 峰城의 백성으로서 왜적에게 붙들렸다가 원나라 明州로 도망하여 간 사람이

연도	한국
▲ 1282	麗史』권29, 충렬왕 8, 『集成』1-104) 8.9. 蠻軍 5명이 일본에서 도망쳐 왔다.(『高麗史』권29, 충렬왕 8, 『集成』1-105, 『高麗史節要』20, 『集成』2-181)
1283	【한국】 1.20. 낭장 仇千壽를 원나라에 보내 東征 사업의 추진 정형이 긴급한가 혹은 완화되었는가를 염탐하게 하였는바 平灤州에 이르러 전함을 수리 건조하는 것을 보고 곧 돌아왔다.(『高麗史』권29, 충렬왕 9, 『集成』1-106, 『高麗史節要』20, 『集成』2-182) 2.23. 원나라에서 束干 李良茂를 파견하여 楮繒 3천 錠을 보내 전함 수리 건조 비용으로 쓰게 하였다. 또한 유주가 황제에게 고려와 만자로 일본을 정벌하게 학, 군량 20만석을 준비하라고 아뢰다.(『高麗史』권29, 충렬왕 9, 『集成』1-106, 『高麗史節要』20, 『集成』2-182) 3.1. 중랑장 柳庇가 원나라에서 돌아와서 말하기를 황제가 강남의 군대들을 징발하여 장차 8월에 동쪽으로 일본을 정벌할 것이라고 보고하였다.(『高麗史』권29, 충렬왕 9, 『集成』1-107, 『高麗史節要』20, 『集成』2-183) 3.16. 각 도에 사신들을 보내 군량을 준비하며 병기를 제작하며 전함을 수리 건조하도록 하였다.(『高麗史』권29, 충렬왕 9, 『集成』1-107, 『高麗史節要』20, 『集成』2-183)
1285	【한국】 11.18. 원나라에서 '동녕부가 우리나라의 수안, 곡주를 빼앗으려고 다투었다.'는 이유로 단사관 蘇獨海를 보내 시찰하게 하였고 또 겸하여 東征用 선박 건조도 독려하였다.(『高麗史』권30, 충렬왕 11, 『集成』1-110, 『高麗史節要』20, 『集成』2-185) 12.4. 원나라 중서성에서 사람을 보내 선박 건조를 독려하였고, 또 군사들과 梢工 水手의 명단을 보내라고 요구하였다.(『高麗史』권30, 충렬왕 11, 『集成』1-110) 12.6. 동지밀직사사 宋玢을 경상도 造船都指揮使로 임명하였고 또 여러 도들에 사신을 보내 선박 건조와 군량 저축을 독려케 하였다.(『高麗史』권30, 충렬왕 11, 『集成』1-110, 『高麗史節要』20, 『集成』2-185) 12.27. 원나라에서 화살을 만드는 箭匠 10명을 보내 왔다.(『高麗史』권30, 충렬왕 11, 『集成』1-110) 12.30. 원나라 中書省에서 공문을 보내 軍糧 10만석을 징발, 조달하라고 요구하였다.(『高麗史』권30, 충렬왕 11, 『集成』1-110, 『高麗史節要』20, 『集成』2-186)
1286	【한국】 1.19. 원나라에서 사신을 보내 대사령을 발포하고 일본 정벌 사업을 중지한다고 통지하였다.(『高麗史』권30, 충렬왕 12, 『集成』1-111, 『高麗史節要』21, 『集成』2-186) 8.17. 日本人 19명이 내조하였다.(『高麗史』권30, 충렬왕 12, 『集成』1-111) 9.11. 중랑장 池瑄으로 하여금 일본인들을 원나라에 압송하게 하였다.(『高麗史』권30, 충렬왕 12, 『集成』1-111, 『高麗史節要』21, 『集成』2-186)
1287	【한국】 3.30. 합포를 수비하던 군사들이 원나라로 돌아갔다.(『高麗史』권30, 충렬왕 13, 『集成』1-111)
1289	【한국】 윤10.13. 원나라 상서성 및 추밀원에서 관원을 보내 동쪽 일본을 정벌할 때에 사용하던 무기로서 합포에 보관해 둔 것을 검열하였다.(『高麗史』권30, 충렬왕 15, 『集成』1-111, 『高麗史節要』21, 『集成』2-187) 12.23. 왜선이 蓮花·楮田 두 섬에 와서 정박하였다.(『高麗史』권30, 충렬왕 15, 『集成』1-112, 『高麗史節要』21, 『集成』2-187)
1290	【한국】 1.3. 대장군 元卿을 원나라에 파견하여 일본이 변경을 침범한 데 대하여 보고하였다.(『高麗史』권30, 충렬왕 16, 『集成』1-112, 『高麗史節要』21, 『集成』2-187)
1292	【한국】 8.19. 丁右丞이란 자가 고려로 하여금 전선을 만들어 일본을 다시 정벌할 것을 황제에게 말하다.(『高麗史』권30, 충렬왕 18, 『集成』1-112, 『高麗史節要』21, 『集成』2-188) 9.24. 원나라에서 洪君祥을 보내 일본 사람들을 호송하여 그 나라로 돌려보낼 것을 우리에게 위임하였다.(『高麗史』권30, 충렬왕 18, 『集成』1-113, 『高麗史節要』21, 『集成』2-188) 10.3. 태복윤 金有成으로 하여금 일본인을 호송하게 하면서 供驛署令 郭麟을 書狀官으로 임명하고, 원에 입조하고 화친을 할 것을 書를 붙여 보내었다.(『高麗史』권30, 충렬왕 18, 『集成』1-113)
1293	【한국】 7.24. 진변 만호 韓希愈가 풍랑에 표류되어 온 왜인 8명을 잡아 왔다.(『高麗史』권30, 충렬왕 19, 『集成』1-115) 8.10. 낭장 宋英을 원나라에 파견하여, "왕이 직접 입조하여 일본 정벌에 대한 대책과 방침을 보고하겠다."고 청하였다.(『高麗史』권30, 충렬왕 19, 『集成』1-116, 『高麗史節要』21, 『集成』2-189) 8.-. 원나라에서 만호 洪波豆兒를 파견하여 선박을 건조하는 것을 관할케 하였고, 寶錢庫副使 瞻思丁을 보내 군량을 관할케 하였는바 이것은 장차 다시 일본을 정벌하기 위해서였다.(『高麗史』권30, 충렬왕 19, 『集成』1-115, 『高麗史節要』21, 『集成』2-189)

일본

있었는데, 황제는 그에게 更生이란 이름을 지어 주고 百戶로 임명하여 우리 나라로 돌려 보냈다.(『高麗史』권29, 충렬왕 8, 『集成』1-106, 『高麗史節要』20, 『集成』2-181)

4.4. 여러 도에 사신을 보내 전함을 수리 건조하는 일부 夫匠들 중에서 3분의 1을 축감 귀환시켜 농사를 짓게 하였다.(『高麗史』권29, 충렬왕 9, 『集成』1-107)

4.7. 원나라에서 塔納 阿孚禿刺를 파견하여 전함을 수리 건조하는 것을 독려하였다./ 동계의 杆城 사람인 宋蕃이 4만석의 세납을 받아 東征軍의 양식으로 충당하도록 원나라에 일러바치다.(『高麗史』권29, 충렬왕 9, 『集成』1-108, 『高麗史節要』20, 『集成』2-184)

4.23. 호군 曹允通, 산원 韋守全이 원나라에서 돌아와서 趙仁規가 開平에 도착하여 황제에게 군량을 삭감하여 달라고 청하였더니, 황제가 좋다고 하였다.(『高麗史』권29, 충렬왕 9, 『集成』1-108)

5.26. 鄭仁卿 등이 원나라에서 돌아왔는데 황제가 일본 정벌 계획을 중지하게 하였다고 전달하였으므로 왕이 전함 제조와 군대 초모 등의 사업을 중지하라고 명령하였다.(『高麗史』권29, 충렬왕 9, 『集成』1-109, 『高麗史節要』20, 『集成』2-185)

5.-. 상장군 羅裕에게 忽只 三番에서 각각 10명씩 선발하여 東征軍에 충당하게 하다.(『高麗史』병지1, 충렬왕 9, 『集成』1-183)

6.10. 왕이 군량을 아직 수송하지 않은 재상 등의 이름을 상세히 기록하여 내라고 하다.(『高麗史』권29, 충렬왕 9, 『集成』1-109)

6.-. 趙仁規가 원나라에서 돌아왔는데 황제는 왕을 정동중서성 좌승상으로 책봉하고 부마 고려 국왕은 이전과 같으며 阿塔海와 함께 일을 보라고 하였다고 전달하였다.(『高麗史』권29, 충렬왕 9, 『集成』1-109, 『高麗史節要』20, 『集成』2-185)

【일본】

10.-. 원의 장수 阿答海·劉國傑·陳巖과 고려 장수 左蒸·洪茶丘 등이 군병을 이끌고 수천척의 배에 승선해 동쪽으로 일본을 정벌하러 오니, 이는 원의 지원 18년, 일본 後宇多 洪安 4년 '破軍의 役'인데, 이들이 퇴각하면서 서쪽의 섬과 바닷가 마을들을 약탈하면서 속히 배를 돌리니 이는 본조의 무력을 두려워 한 때문이다.(「高野春秋編年輯錄」卷第9)

【일본】

10.27. 고려 충렬왕이 김유성 등을 통해 일본국왕에게 보낸 서신이다. 이에 의하면 일본 상인이 탐라에 표류하였는데 탐라인이 그 2명을 잡아서 보내다. 大元國에 압송하니 황제가 본국으로 돌려보내면서 글을 쓰다. 여기서 일본도 고려처럼 원을 섬기기를 촉구하다.(『鎌倉遺文』第23卷 「高麗國王書寫」)

12.10. 이는 後深草上皇의 고려첩장(1292 충렬왕 18년 10월)에 대한 답신으로서 고려의 첩장에 미심쩍은 부분이 있다고 하면서 고려 국왕이 처신이 무례하고 기괴하다고 하다.(『細川護立氏所藏文書』, 『鎌倉遺文』第23卷, 「後深草上皇書狀」)

연도	한국
1294	【한국】 1.22. 戰艦 건조를 그만두게 하고, 마침 황제가 죽었으므로 洪君祥이 승상 完澤에게 제의하여 드디어 일본 정벌을 중지하게 되었다.(『高麗史』권31, 충렬왕 20, 『集成』1-116, 『高麗史節要』21, 『集成』2-189) 12.15. 원나라에서 중서 사인 愛阿赤을 보내 왔다. 이보다 앞서 일본 정벌을 위하여 강남 지방의 쌀 10만석을 운반하여다가 강화도에 두었었는데 지금에 와서 遼藩 지방에 기근이 들었으므로 황제의 명령에 의하여 5만 석을 가져다가 구제하게 한 것이다.(『高麗史』권31, 충렬왕 20, 『集成』1-116, 『高麗史節要』21, 『集成』2-190)
1298	【한국】 1.21. 일본에 호송사로 갔던 부밀직사사로 차사한 김유성과 공억령, 곽린 등을 일행의 자손들을 배려하여 등용할 것을 교서로 내리다.(『高麗史』권33, 충렬왕 27)
1301	【한국】 5.12. 지도첨의사사 閔萱을 원나라에 보내 耽羅를 우리나라에 예속시켜 萬戶府를 설치할 것을 청하다.(『高麗史』권32, 충렬왕 27, 『集成』1-117)
1302	【한국】 -. 이해에 遼陽省이 황제에게 보고하여 征東, 요양의 두 성을 한 개의 성으로 통합하고 관청은 東京으로 옮겨 두자고 요청하다.(『高麗史』권32, 충렬왕 28, 『集成』1-118, 『高麗史節要』21, 『集成』2-190)
1307	
1323	【한국】 1.21. 왕이 일본에 護送使로 갔던 김유성 등의 자손들을 등용할 것 등 7가지 조목의 교서를 내리다.(『高麗史』권33, 충선왕 1, 『集成』1-120) 6.27. 왜가 會原의 운수선을 群山島에서 노략하였다.(『高麗史』권35, 충숙왕 10, 『集成』1-120, 『高麗史節要』24, 『集成』2-192) 6.28. 楸子島 등지에서 노략하여 老弱 남녀들을 사로잡아 갔다.(『高麗史』권35, 충숙왕 10, 『集成』1-120, 『高麗史節要』24, 『集成』2-192) 7.10. 內府副令 宋頎를 전라도에 파견하여 왜구와 싸워 백여 級을 참하였다.(『高麗史』권35, 충숙왕 10, 『集成』1-120, 『高麗史節要』24, 『集成』2-192)
1324	【한국】 7.29. 왜국 선박이 풍랑에 밀려 靈光郡에 도착하였는데 그 인원이 220여 명이었다. 우리나라에서 선박을 준비하여 그들을 본국으로 돌려보냈다.(『高麗史』권35, 충숙왕 11, 『集成』1-121, 『高麗史節要』24, 『集成』2-192)
1333	【한국】 3.-. 원나라 우승상 燕帖木兒가 황태후와 황태자에게 고하기를, "고려는 왜국와 이웃하고 있는데 현재 그 나라 임금이 오랫동안 우리나라에 체류하고 있으니 그를 자기 나라로 돌려보내기를 바란다."고 하였다.(『高麗史』권35, 충숙왕 후2년, 『集成』1-124, 『高麗史節要』25, 『集成』2-194)
1340	【한국】 3.13. 원나라에서 내시 普賢을 우리나라에 보내 불경을 요구하였고 황제의 명령으로 院使 楊安吉과 少府尹 趙興門을 소환하였으며 왜인을 압송하여 원나라로 보냈다.(『高麗史』권36, 충혜왕 후1년, 『集成』1-124)
1345	
1348	【한국】 12.17. 王煦 등이 李齊賢을 원나라에 보내 상표하기를, 우리나라는 아직 귀순하지 않은 일본과 이웃하고 있기 때문에 하루라도 임금이 없어서는 안 될 것이다라 하면서 왕의 책봉을 청하다.(『高麗史』권37, 충목왕 4, 『集成』1-125, 『高麗史節要』25, 『集成』2-194)
1350	【한국】 2.17. 왕이 친히 연경궁에서 倭賊祈禳法席을 베풀었다.(『高麗史』권37, 충정왕 2, 『集成』1-126) 2.-. 倭가 固城, 竹林, 巨濟 등지를 침범하였다. 合浦 천호 崔禪과 都領 梁琯 등이 이를 격파하고 3백여 명의 적을 죽였다. 왜구가 침입한 것이 이때로부터 시작되었다. (『高麗史』권37, 충정왕 2, 『集成』1-125), (『高麗史節要』26, 『集成』2-194) 3.26. 연성군 李權을 경상, 전라도 도지휘사로, 첨의 참리 柳濯을 전라·양광도 도순문사로 임명하여 왜구를 방비하게 하였다.(『高麗史』권37, 충정왕 2, 『集成』1-126, 『高麗史節要』26, 『集成』2-195) 4.14. 왜선 백여 척이 順天府에 침입하여 남원·구례·영광·장흥 등지에 있는 운수선을 약탈하였다.(『高麗史』권37, 충정왕 2, 『集成』1-126, 『高麗史節要』26, 『集成』2-195)

일본

【일본】
10.8. 大德 2년(1298) 여름 元僧 一山一寧이 바람을 따라 승선하여 고려로부터 하루만에 博多에 입항하다.(『一山國師行記』)

【일본】
3.23. 嘉元4년(1306) 외적 침공에 대비한 肥前國 담당의 博多津의 役을 1년 260일 근무하도록 하다.(『關東御教書案』)

【일본】
-. 승려 如聞이 작년에 원으로 가다가 고려의 탐라에 표류하여 이때 입수한 古林淸茂의 偈頌集을 얻어 기록해 돌아오다. 이해 가을 椿庭海壽가 如聞이 고려에서 입수한 古林淸茂의 偈頌集 未刊分 294首를 간행하다.(『古林淸茂禪師拾遺偈頌』「刊古林和尙拾遺偈頌緒」)
-. 南海寶洲가 원으로 들어가기 위해 九州에서 同志 여러 명과 함께 출발하였으나, 배가 난파하여 삼한의 땅 고려에 표류하였다가 돌아오다.(『續群書類從』第9輯下「正統下南海和尙傳」)

5.27. 왜선 66척이 순천부에 침입하였으므로 우리 군사가 추격하여 배 한 척을 노획하고 적병 13명을 죽였다.(『高麗史』권37, 충정왕 2, 『集成』1-126, 『高麗史節要』26, 『集成』2-195)
6.14. 왜선 20척이 합포에 침입하여 그곳의 병영 및 고성·회원 등 여러 군을 불살랐다.(『高麗史』권37, 충정왕 2, 『集成』1-126, 『高麗史節要』26, 『集成』2-195)
6.18. 왜가 장흥부 安壤鄕에 침입하였다.(『高麗史』권37, 충정왕 2, 『集成』1-127)
11.18. 왜가 동래군을 침략하였다.(『高麗史』권37, 충정왕 2, 『集成』1-127, 『高麗史節要』26, 『集成』2-195)

연도	한국
1351	【한국】 8.10. 왜선 130척이 紫燕, 三木 두 섬에 침입하여 인가를 거의 다 불살랐다.(『高麗史』권37, 충정왕 3, 『集成』1-127, 『高麗史節要』,26, 『集成』2-196) 8.12. 만호 元顥를 서북면에 파견하고 만호 印瑠과 전 밀직 李權으로 西江에 주둔하여 왜를 방비하게 하였다.(『高麗史』권37, 충정왕 3, 『集成』1-127)
1352	【한국】 2.1. 교서를 내리기를, 왜적이 변방 지역을 침노하여 백성을 살육하고 주택에 방화하며 回漕船을 약탈하고 있다. 이것은 모두 방어에서 규율이 없어서 그런 것이라고 하였다.(『高麗史』권38, 공민왕 1, 『集成』1-128) 3.9. 捕倭使 金暉南이 왜적을 막으려 楓島까지 갔다가 싸우지 않고 퇴각하다.(『高麗史』권38, 공민왕 1, 『集成』1-129) 3.11. 金暉南과 부사 張成一이 窄梁, 安興, 長巖에서 적과 싸워서 적선 1척을 포획하였다. 왕은 김휘남에게 좌상시, 장성일에게 중랑장의 벼슬을 주었다.(『高麗史』권38, 공민왕 1, 『集成』1-129) 3.12. 서주 방호소에서 왜적의 배 1척을 포획하여 적을 다 죽이고 포로 2명을 바쳤다.(『高麗史』권38, 공민왕 1, 『集成』1-129, 『高麗史節要』26, 『集成』2-197) 3.15. 倭船이 대거하여 왔으므로 金暉南이 병력으로 적과 대적할 수 없어서 서강까지 후퇴하여 구원병을 청하였으므로 모든 領兵들과 忽赤을 동원하여 서강, 갑산 및 교동에 나누어 보내 방비케 하였다. 서울이 크게 놀랐다. 또 뭇 관리들과 민가들에서 군량과 화살을 등급에 따라 징발하였다.(『高麗史』권38, 공민왕 1, 『集成』1-130, 『高麗史節要』26, 『集成』2-197) 3.16. 왜가 교동·갑산·창전에 불을 놓았다. 대언 崔源이 싸워서 적의 배 2척을 포획하였다.(『高麗史』권38, 공민왕 1, 『集成』1-130, 『高麗史節要』26, 『集成』2-198)
1353	【한국】 9.9. 경상도 合浦 만호가 왜 포로 8명을 바쳤다.(『高麗史』권38, 공민왕 2, 『集成』1-131) 10.14. 경상도 도순문사에게 倭 10여 명을 잡은 공로로 술과 은 50냥을 주다.(『高麗史』 권38. 공민왕2, 『集成』1-132, 『高麗史節要』26, 『集成』2-199)
1354	【한국】 4.17. 倭가 全羅道 漕船 40여 척을 약탈하다.(『高麗史』권38, 공민왕 3, 『集成』1-132, 『高麗史節要』26, 『集成』2-199) 6.21. 全羅道萬戶 印瑠이 倭의 포로를 바치다.(『高麗史』권38, 공민왕 3, 『集成』1-132, 『高麗史節要』26, 『集成』2-199) 7.7. 왜 포로를 각 기관에 나누어 예속시키다.(『高麗史』권38, 공민왕 3, 『集成』1-132) 11.18. 全羅道都巡問使 申仲佺이 倭의 귀를 바치다.(『高麗史』권38, 공민왕3, 『集成』1-132, 『高麗史節要』26, 『集成』2-199)
1355	【한국】 3.14. 倭가 全羅道를 침범하다.(『高麗史』권38, 공민왕 4, 『集成』1-133) 4.25. 倭가 全羅道의 漕運船 200여 척을 약탈하다.(『高麗史』권38, 공민왕 4, 『集成』1-133, 『高麗史節要』26, 『集成』2-200) -. 倭寇가 楊廣道에 침구하자, 京城의 방비를 엄중히 하다.(조선 『태조』권1, 『集成』1-1332)
1356	【한국】 6.-. 왕이 염호가 왜구로 인하여 소금을 바치지 못하므로 염세포를 감해 줄 것을 명하다.(『高麗史』식화지3, 공민왕 5, 『集成』1-179) 6.-. 해안에 제방을 싣고 물을 막아 왜적을 방어하는 군졸을 시켜 농사를 짓게하다.(『高麗史』병지2, 공민왕 5, 『集成』1-192) 10.20. 政堂文學 李仁復을 元나라에 파견하여 日本을 방어하기 의해 설치한 五萬戶府와 都鎭撫司를 폐지할 것과, 倭를 방어를 하는 것이 급선무이니 元의 여러 기관에 보내는 사람이나 方物을 폐지할 것을 건의하는 表文을 보내다.(『高麗史』권38, 공민왕 5, 『集成』1-133, 『高麗史節要』26, 『集成』2-200)
1357	【한국】 5.14. 倭가 喬桐에 침입하여 서울이 계엄 중에 놓이다.(『高麗史』권39, 공민왕 6, 『集成』1-134, 『高麗史節要』26, 『集成』2-200) 8.15. 金得培를 西北面 紅頭軍 倭賊防禦都指揮使로 임명하다.(『高麗史』권39, 공민왕 6, 『集成』1-134) 9.26. 倭가 昇天府 興天寺에 들어와서 忠宣王과 韓國公主의 초상화를 떼어가다.(『高麗史』권39, 공민왕 6, 『集成』1-134, 『高麗史節要』26, 『集成』2-201) 9.-. 왜적의 난리로 인하여 조세를 나르는 뱃길이 막혔으므로 9품관원은 녹을 주지 못하다.(『高麗史』식화지, 공민왕 6, 『集成』1-177)
1358 ▼	【한국】 3.11. 倭가 角山防禦所에 침입하여 배 300여 척을 불사르다.(『高麗史』권39, 공민왕 7, 『集成』1-135, 『高麗史節要』26, 『集成』2-201) 3.26. 靜州副使 朱永世와 全羅道 萬戶 姜仲祥이 상경하여 왕을 알현하였는데 동쪽에 倭奴의 재화가 있어 백성이 불편한데 자기 관할지를 떠났다고 하여 왕이 노해 그들을 옥에 가두다.(『高麗史』권39, 공민왕 7, 『集成』1-136, 『高麗史節要』26, 『集成』2-201) 4.13. 大將軍 崔瑩을 楊廣道와 全羅道의 倭賊體覆使로 임명하다.(『高麗史』권39, 공민왕 7, 『高麗史節要』26, 『集成』2-201) 4.29. 倭가 韓州와 鎭城倉에 침입하므로 全羅道 鎭邊使 高用賢이 바닷가 창고를 內地로 옮길 것을 청하자 왕이 이를 따르

일본
8.13. 왜가 또 남양부·쌍부현을 침범하였다.(『高麗史』권37, 충정왕 3, 『集成』1-127)
8.17. 印瑠 등에게 명령하여 바다로 가서 왜구를 잡으라고 하였더니 李權이 돌아와 사양하고 가지 않았다.(『高麗史』권37, 충정왕 3, 『集成』 1-128)
10.-. 왕이 전 판삼사사 李齊賢으로 정승을 대행케 하여 임시로 정동성 사무를 처리케 하였다.(『高麗史』권37, 충정왕 3, 『集成』1-128)
11.6. 왜가 南海縣을 침구하였다.(『高麗史』권37, 충정왕 3, 『集成』1-128, 『高麗史節要』26, 『集成』2-196)
3.-. 정남병 10만명을 고려에서 징발하기 위해 최유등을 보내다.(『高麗史節要』26, 『集成』2-196)
3.-. 왜가 巴音島 사람들을 도륙하다.(『高麗史節要』26, 『集成』2-197)
5.-. 왜가 국경 가까이 오므로 영사 한 명에게 활과 화살을 주어 숙위하게 하다.(『高麗史』병지2, 공민왕 1, 『集成』1-190)
6.25. 왜가 전라도 茅頭梁에 침입하였는데 지익주사 金輝가 수군을 거느리고 가서 적을 공격하였으나 이기지 못하였다. 沃溝監務 鄭子龍이 나아가지 않았으므로 형장을 치고 突山의 烽率로 귀양 보내었다. 왜가 강릉도에 침입하였다.(『高麗史』권38, 공민왕 1, 『集成』1-130, 『高麗史節要』26, 『集成』2-198)
7.2. 전라도 도순문사가 倭船 2척을 포획하였다.(『高麗史』권38, 공민왕 1, 『集成』1-130)
7.6. 만호 印瑠가 왜선을 포획하였는데 왕이 그것을 東池에 띄워 놓고 보았다.(『高麗史』권38, 공민왕 1, 『集成』1-131)
7.16. 合浦萬戶가 왜 포로를 바쳤다.(『高麗史』권38, 공민왕 1, 『集成』1-131, 『高麗史節要』26, 『集成』2-198)
8.27. 捕倭使 印瑠이 禁軍과 동강 서강 및 교동의 水手 천명을 거느리고 왜적을 방어하면서 머무적거리고 나아가지 않았으므로 왕이 印瑠을 옥에 가두었다.(『高麗史』권38, 공민왕 1, 『集成』1-131, 『高麗史節要』26, 『集成』2-198)
9.2. 왜선 50여 척이 合浦에 침입하였다.(『高麗史』권38, 공민왕 1, 『集成』1-131, 『高麗史節要』26, 『集成』2-199)
윤9.21. 上將軍 李云牧과 將軍 李蒙古大를 보내 倭를 추격하여 체포하라고 하다.(『高麗史』권39, 공민왕 6, 『集成』1-135)
윤9.24. 倭가 喬桐에 침입하였는데 李云牧과 李蒙古大가 비겁하게 싸우지 않았으므로 그들을 巡軍에 가두다.(『高麗史』권39, 공민왕 6, 『集成』1-135, 『高麗史節要』26, 『集成』2-201)
11.20. 樞密院直學士 金得培를 西北面都巡問使 겸 西京尹上萬戶로, 前戶部尙書 金元鳳을 西北面紅頭軍 및 倭賊防禦指揮 겸 副萬戶로 임명하다.(『高麗史』권39, 공민왕 6, 『集成』1-135)
다.(『高麗史』권39, 공민왕 7, 『集成』1-136, 『高麗史節要』27, 『集成』2-202)
4.-. 왜적을 막아내지 못한 합포진변사 유인우를 순군옥에 가두다./ 왜가 면주, 용성을 침범하다./ 경성에 계엄을 내리고, 장정들을 뽑아 군사를 만들었다./ 도평의사사가 시중 벼슬을 지낸 사람과 伯에게 녹봉을 주자고 아뢰다.(『高麗史節要』27, 『集成』2-202)
5.3. 倭가 窄梁까지 침입하자 樞密院副使 李春富를 防禦使로 임명하고 곧 여러 영의 군사들을 동원하여 東江과 西江으로 가게 하였으며 少尹 鄭之祥을 察訪으로 임명하다.(『高麗史』권39, 공민왕 7, 『集成』1-136)
5.11. 倭가 沔州와 龍城에 침입하자 아군이 싸워서 적의 배 2척을 노획하다.(『高麗史』권39, 공민왕 7, 『集成』1-137)
5.14. 倭가 喬桐에 불을 질렀으므로 京城이 계엄 상태에 들어가고 坊과 里의 장정을 징발하여 병사로 임명하다. 李春富를 西江兵馬使로, 安祐를 東江兵馬使로, 前護軍 李元琳을 喬桐倭賊追捕副使로 임명하다.(『高麗史』권39, 공민왕 7, 『集成』1-137)

연도	한국
▲ 1358	5.-. 도평의사사에서 왜적으로 뱃길 수송로가 막혀 백관의 녹봉을 줄 수 없다고 보고하다.(『高麗史』식화지, 공민왕 7, 『集成』 1-177)/ 왜가 교동에 불을 놓아 忽只·忠勇衛·坊里兵을 출동시키다.(『高麗史』병지1, 공민왕 7, 『集成』1-184) 6.28. 全羅道 鎭邊使가 倭 2명을 바치다.(『高麗史』권39, 공민왕 7, 『集成』1-137) 7.15. 都評議使가 왕에게 全羅道都鎭撫 兪益桓·慶尙道鎭撫 牛承吉·固城縣令 魏良用이 倭와의 싸움에 공이 있음을 들어 천거 하자 왕이 이를 허락하다.(『高麗史』권39, 공민왕 7, 『集成』1-137)
1359	【한국】 2.29. 倭가 海南縣에 침입하다.(『高麗史』권39, 공민왕 8, 『集成』1-138, 『高麗史節要』27, 『集成』2-203) 3.20. 全羅道都巡問使 黃順이 倭의 귀 4개를 베어 바치다.(『高麗史』권39, 공민왕 8, 『集成』1-138) 5.8. 倭가 禮成江을 침입하다.(『高麗史』권39, 공민왕 8, 『集成』1-139, 『高麗史節要』27, 『集成』2-203) 5.15. 倭가 침입하여 국내에 들어왔다 하여 太廟에 기도를 드리다.(『高麗史』권39, 공민왕 8, 『集成』1-139) 5.18. 倭가 翁津縣을 방화하다.(『高麗史』권39, 공민왕 8, 『集成』1-139) 5.26. 全羅道 追捕副使 金鈜이 甫若島에서 倭를 쳐서 20여 명을 생포하다.(『高麗史』권39, 공민왕 8, 『集成』1-139, 『高麗史節 要』27, 『集成』2-203)
1360	【한국】 4.20. 倭가 泗州 角山에 침입하다.(『高麗史』권39, 공민왕 9, 『集成』1-139, 『高麗史節要』27, 『集成』2-204) 5.2. 倭가 全羅道 會尾, 沃溝 등지에 침입하다.(『高麗史』권39, 공민왕 9, 『集成』1-139, 『高麗史節要』27, 『集成』2-204) 5.23. 倭가 楊廣道의 平澤·牙州·新平 등의 縣을 침입하고 10여 縣을 방화하자 계엄을 선포하고 平章事 柳濯을 京畿兵馬都統 使로 임명하는 등 군대를 편성하고 모든 관리에게 助戰하도록 명령하다.(『高麗史』권39, 공민왕 9, 『集成』1-140)
1361	【한국】 2.22. 全羅·楊廣道防禦使 金鈜이 倭의 배 5척을 납포하고 30여명을 살상하고 포로하다.(『高麗史』권39, 공민왕 10, 『集成』 1-140, 『高麗史節要』27, 『集成』2-205) 3.6. 倭가 南海縣에 불을 지르다.(『高麗史』권39, 공민왕 10, 『集成』1-141, 『高麗史節要』27, 『集成』2-205)
1362	【한국】 2.21. 倭가 晉州 岳陽縣에 불을 지르다.(『高麗史』권40, 공민왕 11, 『集成』1-141, 『高麗史節要』27, 『集成』2-206, 『高麗史節要』 27, 『集成』2-206) 3.13. 黑山島 사람이 倭의 포로를 바치다.(『高麗史』권40, 공민왕 11, 『集成』1-141) 6.23. 監察司에서 왕에게 水原으로 행차하여 궁궐을 짓는 것은 倭가 침범할 우려가 있으니 불가하다고 간하자 왕이 이를 都僉 議司에서 의논케 하다.(『高麗史』권40, 공민왕 11, 『集成』1-142)
1363	【한국】 3.9. 倭國이 포로해 갔던 우리나라 사람 30여 명을 돌려보내다.(『高麗史』권40, 공민왕 12, 『集成』1-142, 『高麗史節要』27, 『集成』2-207) 4.15. 明나라 中書省에 올린 글에 우리의 왕이 倭가 침노할 때마다 싸워서 이겨 東方을 다스리라는 천자의 명령을 수행하였다 고 적다.(『高麗史』권40, 공민왕 12, 『集成』1-142)
1364	【한국】 3.5. 倭의 배 200여 척이 葛島에 정박하다.(『高麗史』권40, 공민왕 13, 『集成』1-144, 『高麗史節要』28, 『集成』2-208) 3.8. 倭가 河東에 침입하다.(『高麗史』권40, 공민왕 13, 『集成』1-144, 『高麗史節要』28, 『集成』2-208) 3.11. 倭가 固城과 泗州에 침입하다.(『高麗史』권40, 공민왕 13, 『集成』1-144) 3.20. 倭가 金海府에 침입하다.(『高麗史』권40, 공민왕 13, 『集成』1-144) 3.21. 倭가 密城郡에 침입하다.(『高麗史』권40, 공민왕 13, 『集成』1-145) 3.22. 倭가 梁州에 침입하여 200여 호를 방화하다. 全羅道 稅米運輸船이 倭에게 막혀 다니지 못하자 왕이 京畿右道兵馬使 邊 光秀와 左道兵馬使 李善에게 명하여 보호케 하였으나 대패하다.(『高麗史』권40, 공민왕 13, 『集成』1-145, 『高麗史節要』 28, 『集成』2-208)
1365	【한국】 3.2. 倭가 喬桐과 江華를 침범하자 東西江都指揮使이며 贊成事인 崔瑩에게 군사를 거느리고 東江에 나아가 진수하라고 명령 하다.(『高麗史』권41, 공민왕 14, 『集成』1-146, 『高麗史節要』28, 『集成』2-210) 3.11. 倭가 昌陵에 들어와서 世祖의 초상을 훔쳐 가다.(『高麗史』권41, 공민왕 14, 『集成』1-146, 『高麗史節要』28, 『集成』2-210) 4.11. 倭가 喬桐·江華를 침범하고 東西江까지 들어오자 贊成事 安遇慶·李龜壽로 하여금 방어하게 하다.(『高麗史』권41, 공민왕 15, 『集成』1-147, 『高麗史節要』28, 『集成』2-210) 5.-. 요승 遍照의 참소로 崔瑩이 왜가 창릉에 들어와서 세조의 초상을 가져간 것도 몰랐다는 이유로 계림윤으로 좌천시켰 다.(『高麗史節要』28, 『集成』2-210)
1366	【한국】 5.1. 倭가 深嶽縣에 침범하다.(『高麗史』권41, 공민왕 15, 『集成』1-147, 『高麗史節要』28, 『集成』2-211) 5.24. 倭가 喬桐에 침범하여 주둔하였으나 아무런 대책을 세우지 못하다.(『高麗史』권41, 공민왕 15, 『集成』1-147, 『高麗史節

일본
7.26. 倭가 黔毛捕에 침입하여 全羅道의 漕運船을 방화하다.(『高麗史』권39, 공민왕 7,『集成』1-138,『高麗史節要』27,『集成』2-203)
8.13. 倭가 花之梁에 불을 지르다.(『高麗史』권39, 공민왕 7,『集成』1-138,『高麗史節要』27,『集成』2-203)
8.-. 倭가 仁州에 침입하다.(『高麗史』권39, 공민왕 7,『集成』1-138)
5.-. 왜가 龍城 등 10여 현을 침공하니 柳濯을 경기도통사로 삼고 坊里사람들로 군대를 조직하다.(『高麗史』병집, 공민왕 9,『集成』1-184)
윤.5.1. 倭가 江華에 침입하여 300여 명을 죽이고 쌀 4만 여 석을 약탈하자 沈夢龍 나가 싸워 倭가 13명을 베었으나 결국 적에게 죽임을 당하다.(『高麗史』권39, 공민왕 9,『集成』1-140,『高麗史節要』27,『集成』2-204)
윤.5.18. 倭가 喬桐縣에 불을 지르다.(『高麗史』권39, 공민왕 9,『集成』1-140,『高麗史節要』27,『集成』2-204)
4.16. 倭가 固城·蔚州·巨濟에 침입하다.(『高麗史』권39, 공민왕 10,『集成』1-141,『高麗史節要』27,『集成』2-205)
5.-. 전라도 안렴사 田綠生이 왜적을 막을 때의 폐단이 제일 크므로 봉화를 정비할 것을 아뢰다.(『高麗史節要』27,『集成』2-205)
8.15. 倭가 東萊와 蔚州에 침입하여 불을 지르고 약탈하였으며 그 漕運船을 빼앗고, 梁州·金海府·泗州·密城郡에도 침입하다.(『高麗史』권39, 공민왕 10,『集成』1-141,『高麗史節要』27,『集成』2-206)
【일본】
3.-. 中岩圓月·實出元頴 등이 古今을 논하던 중, "고려인은 銀을 부를 때 '南'의 音이 된다. 따라 銀의 音은 南이라고 한다"라고 하다.(『坐華日用工夫略集』卷1)
4.20. 倭의 선박 230척이 喬桐에 정박하자 安遇慶을 倭賊防禦使로 임명하였는데, 倭가 또 守安縣에 침입하다.(『高麗史』권40, 공민왕 12,『集成』1-143,『高麗史節要』27,『集成』2-207)
5.2. 왕이 倭賊이 재삼 침입하였으나, 중흥의 정치를 이룩하자는 교서를 내리다.(『高麗史』권40, 공민왕 12,『集成』1-143,『高麗史節要』27,『集成』2-207)
4.4. 全羅道巡禦使 金鍄이 운수선을 인솔하고 內浦까지 와서 倭賊과 싸웠으나 패배하다.(『高麗史』권40, 공민왕 13,『集成』1-145)
5.-. 慶尙道都巡問使 金續命이 倭 3천을 쳐서 대파하고 전승고를 올리니 왕이 옷과 술과 금띠를 하사하고 군사들에게도 벼슬을 내려주다.(『高麗史』권40, 공민왕 13,『集成』1-145,『高麗史節要』28,『集成』2-209)
6.6. 倭가 海豊郡에 침입하다.(『高麗史』권40, 공민왕 13,『集成』1-145)
6.-. 최유가 황제에게 본국에 돌아갈 것을 꾀하다.(『高麗史節要』28,『集成』2-209)
8.8. 倭가 窄梁에 침입하자 密直副使 邊安烈과 判開城府事 石文成에게 명하여 군대를 영솔하고 가서 방어하도록 하다.(『高麗史』권40, 공민왕 13,『集成』1-146)
12.1. 倭가 阻江에 침입하여 관리를 죽이자 贊成事 崔瑩에게 명령하여 격퇴하게 하다.(『高麗史』권40, 공민왕 13,『集成』1-146,『高麗史節要』28,『集成』2-210)
要』28,『集成』2-211)
9.29. 倭가 陽川縣에 침입하여 운송선을 약탈하다.(『高麗史』권41, 공민왕 15,『集成』1-147,『高麗史節要』28,『集成』2-212)
11.14. 檢校中郞 金逸을 日本에 파견하여 海賊을 금할 것을 요청하다.(『高麗史』권41, 공민왕 15,『集成』1-148)

연도	한국
1367	【한국】 2.17. 왕이 元나라 皇帝에게 金庾가 倭를 체포하기 위해서 濟州를 토벌했다고 알리다.(『高麗史』권41, 공민왕 16, 『集成』1-148) 2.-. 왕이 그전처럼 제주에 목사와 만호를 두기를 청하다.(『高麗史節要』28, 『集成』2-212) 3.13. 倭가 江華府를 노략질하다.(『高麗史』권41, 공민왕 16, 『集成』1-148, 『高麗史節要』28, 『集成』2-212) 5.30. 元나라 中書省이 直省舍人 乞徹牒을 파견하여 말하기를 倭가 침입할 때 高麗를 경유할 것이므로 출병하여 잡으라고 하다.(『高麗史』권41, 공민왕 16, 『集成』1-149) 5.20. 고려 첩장의 반첩에 대해 殿上에서 논의하다.(『師守記』第9) 5.21. 고려첩장과 관련하여 여러 공경들이 吉田神主의 의견을 구하다.(『師守記』第9) 5.23. 고려에 보낼 반첩을 작성하는 일로 관백이하 여러 관료들이 전상에서 어떤 형식으로 할 것이니 등을 의논하다.(『師守記』第9, 『後愚昧記』1, 『愚管記』2) 5.27. 家君이 家尹인 月輪中將에게 이전의 異國牒狀을 예로 하여 초할 것을 지시하다.(『師守記』第9) 5.28. 家君이 지난 5월 23일 이국첩장의 일로 殿上에서 정한 條條不審事를 봉행하도록 하다.(『師守記』第9) 6.2. 中原師守가 고려에 보낼 첩장을 작성하기 위해 卜部 兼熙宿祢에게 勘例를 구하다.(『師守記』第9) 6.4. 中原師守가 異國牒狀의 勘例를 吉田神主 兼熙宿祢에게 졸려 주면서 초분 1첩을 함께 보내다.(『師守記』第9) 6.7. 吉田神主 兼熙宿祢가 고려에 보낼 반첩의 초안을 올리다.(『師守記』第9) 6.13. 近衛(道嗣)殿에서 異國牒狀 초본 한통을 올리는 바가 늦어지므로 그 연유를 진상할 것을 말하다.(『師守記』第9) 6.26. 고려 사신인 金乙과 金龍 일행은 장군 足利義詮으로부터 반첩과 예물을 받고 귀국길에 오르다.(『師守記』第9) -. 고려 사신이 일본에 도착하여 머문 시기부터 고려로 귀국할 때까지의 사정을 포괄적으로 알려주는 자료이다. 곧 일본 조정이 고려의 합포 등지 연안을 어지럽히는 이 사건은 모두 四國·九州의 도적들의 소행이기 때문에 고려에 답장은 보내지 않고, 답례품과 奉送使를 딸려 사신들을 고려국으로 돌려 보낸다는 내용이다.(『太平記』3) -. 고려 사신 일행은 京都에 도착하여 天龍寺에 머물렀는데, 당시 天龍寺의 長老는 春屋和尚이었다. 그는 사신이 가져온 牒狀을 수령하여 일본 조정에 바치고, 그들을 후대하다. 특히 이들 고려의 사신단 일행이 귀국할 때 이들을 위해 시를 지어 전별하다.(『智覺普明國師語錄』권8, 「寶幢開山智覺普明國師行業實錄」)
1368	【한국】 1.17. 日本國에서 僧 梵盪과 梵鏐를 시켜 金逸과 함께 답례하게 하다.(『高麗史』권41, 공민왕 17, 『集成』1-149, 『高麗史節要』28, 『集成』2-213) 7.7. 日本이 사자를 보내 來聘하다.(『高麗史』권41, 공민왕 17, 『集成』1-149) 7.11. 對馬島萬戶가 사자를 보내 土産物을 바치다.(『高麗史』권41, 공민왕 17, 『集成』1-149, 『高麗史節要』28, 『集成』2-213) 윤9월.-. 講究使 李夏生을 對馬島에 파견하다.(『高麗史』권41, 공민왕 17, 『集成』1-149) 11.9. 對馬島萬戶 崇宗慶이 사자를 파견하여 入朝하자 쌀 1천 석을 내려주다.(『高麗史』권41, 공민왕 17, 『集成』1-150, 『高麗史節要』28, 『集成』2-213)
1369	【한국】 7.9. 巨濟 南海縣의 歸化한 倭人들이 배반하고 本國으로 돌아가다.(『高麗史』권42, 공민왕 18, 『集成』1-150) 11.1. 牙州에서 倭船 3척을 노획하고 포로 2명을 바치다.(『高麗史』권42, 공민왕 18, 『集成』1-150) 11.27. 倭가 寧州·溫水·禮山·沔州의 양곡 운송선을 약탈하였다. 이들은 전에 巨濟島에 거주하면서 화친관계를 맺고자 하므로 조정에서 허락하였는데, 도적이 되어 침입한 것이다.(『高麗史』권42, 공민왕 18, 『集成』1-150, 『高麗史節要』28, 『集成』2-213)
1370	【한국】 2.9. 倭가 內浦에 침입하여 兵船 30여 척을 파괴하고 벼와 조를 약탈하다.(『高麗史』권42, 공민왕 19, 『集成』1-150, 『高麗史節要』29, 『集成』2-214) 2.13. 倭가 宣州에 침입하자 楊伯淵이 이를 격퇴하고 적 50여 명을 베다.(『高麗史』권42, 공민왕 19, 『集成』1-151) 5.26. 成准得이 明나라로부터 돌아와 皇帝의 친서를 보내었는데, 그글에서 倭賊의 침입으로 해안의 백성들이 편안히 살 수 없다고 하다.(『高麗史』권42, 공민왕 19, 『集成』1-151, 『高麗史節要』29, 『集成』2-214)
1371	【한국】 3.3. 倭가 海州에 침입하여 館舍를 放火하고 牧使의 처와 딸을 잡아가다.(『高麗史』권43, 공민왕 20, 『集成』1-152, 『高麗史節要』29, 『集成』2-215) 7.3. 倭가 禮成江에 침입하여 兵船 40여 척을 불사르니 兵馬使 金立堅을 쳐서 安山으로 귀양보내고, 太祖 李成桂를 西江 都指揮使로, 楊伯淵을 東江 都指揮使로 임명하다.(『高麗史』권43, 공민왕 20, 『集成』1-152, 『高麗史節要』29, 『集成』2-214)
1372 ▼	【한국】 2.2. 諫官이 全羅道의 稅穀漕運船이 倭賊에게 약탈당하고 있으므로 육로로 운반시킬 것을 청하다.(『高麗史』권43, 공민왕 21,

일본

【일본】

2.14. 고려에서 해적의 禁壓을 요구하기 위해 파견한 사신 金龍 일행 30여 명이 일본에 도착했고, 같은 달 27일에 金一 일행이 일본에 도착하여 경도의 천룡사에 머물다. 당시의 사정을 알려주는 고문서로 醍醐寺文書가 남아 있다.(『善隣國宝記』卷上)

3.15. 沙彌性心과 知足 등이 고려의 종을 周防州 三井庄 賀茂社에 기증하다.(坪井良平, 『朝鮮鐘』角川書店)

3.24. 몽고와 고려 사신이 내조하여 첩장을 가져왔는데, 이들을 천룡사에 머물도록 하다.(『後愚昧記』1)

4.6. 고려인 30여인을 嵯峨의 천룡사에 머물도록 하다.(『師守記』第9)

4.17. 良知房이 고려첩장을 가져와 中原師守와 대면하다.(『師守記』第9)

4.18. 장군 足利義詮이 天龍寺 雲居庵으로 행차하여 고려의 舞樂을 관람했다. 일본의 伶人도 함께 춤을 추다.(『師守記』第9)

4.23. 大理 柳原忠光이 異國牒狀 勘例를 분실하여 中原師茂에게 이를 필사하여 줄 것을 요구하고, 이에 다시 베껴쓴 본을 바치게 되었음을 고하다.(『師守記』第9)

4.24. 三條公忠이 고려 첩장을 처리하기 위해 弘安·正應 연간의 이국첩에 대한 사례를 참고할 것을 논의하다.(『師守記』第9)

4.25. 고려 첩장을 처리하기 위해 嘉祿·文永 연간의 이국첩에 대한 사례를 요청받은 中原師茂가 답신을 올린다는 내용이다.(『師守記』第9)

4.26. 고려 첩장을 처리하기 위해 文永 연간의 이국첩에 대한 사례를 요청받은 中原師茂가 올린 답신에 대해 萬里小路가 답하다.(『師守記』第9)

4.28. 고려국첩에 대해 조정에서 논의하고자 하였으나, 여러 경들이 불참하다.(『愚管記』2)

5.5. 고려국첩에 관한 文永 연간 이후의 예를 작성하여 中原師香에게 보내다.(『師守記』第9)

5.8. 二條良基가 고려국첩의 무례한 행위를 두고 返牒의 방식에 대해 논의하다.(『師守記』第9)

5.9. 고려국첩에 대한 返牒의 방식을 논의하다. 그리고 지난 이국첩장에 대한 반첩의 사례를 들고 있다.(『師守記』第9)

5.10. 殿下가 中將家尹에게 奉書하고 家君에게 이국첩장에 대해 묻다. 이에 中原師茂가 永保 2년 宋의 返牒 사례를 들어 장계를 올리다.(『師守記』第9)

5.12. 조정에서 고려첩장에 대해 永保 2년의 예를 따를 것인지 대책을 논의하다.(『後愚昧記』1)

5.13. 조정에서 고려첩장에 대해 殿上議定을 열다.(『愚管記』2)

5.15. 新中納言 實綱이 이국첩장에 대한 일을 아뢰다.(『師守記』第9)

5.16. 日野宰相이 家君에게 고려에 보낼 외교문서를 承保·永保·安貞 元年의 예에 따라 정하는 일과 누가 작성할 것인지를 논의하다.(『師守記』第9)

5.18. 고려첩장에 대해 반첩할 것인지를 殿上에서 의논하다.(『師守記』第9)

5.19. 고려의 사신 일행이 南都인 奈良로 가서 大佛殿 등을 두루 참배하다.(『師守記』第9)

【일본】

윤6.2. 고려 사신들이 작년에 귀국할 때 함께 갔던 천룡사 승려들이 귀국했다고 듣다.(『愚管記』2)

秋7월.-. 대마도 雲岩公이 고려에 사신을 보내 토물을 바치자, 이에 고려에서 11월에 李夏生을 파견하여 쌀 1천석을 내리다.(『十九公實錄』)

【일본】

11.3. 興東藏主가 江南에서 돌아와서 諸老의 送偈을 義堂周信에게 보이고, 강남의 혼란과 介然中端과 絶海中津이 무사하다고 전하다. 또 강남 明州 해변에서 배를 만들고 있으며, 곧 고려국을 치려고 한다고하면서 필시 일본에까지 그 영향이 미칠 것이라고 전하다.(『空華日用工夫略集』卷1)

8.23. 倭가 鳳州를 침범하다.(『高麗史』권43, 공민왕 20, 『集成』1-152, 『高麗史節要』29, 『集成』2-214)

10.11. 全羅道都巡問使가 倭船 1척을 나포하다.(『高麗史』권43, 공민왕 20, 『集成』1-152, 『高麗史節要』29, 『集成』2-214)

12.16. 諫官이 군비를 엄중히 하여 倭賊을 방어하며 상벌을 신중히 하고, 군사의 사기를 고무할 것을 청하다.(『高麗史』권43, 공민왕 20, 『集成』1-153)

『集成』1-153)

2.4. 倭가 白州 金谷驛에 침입하다.(『高麗史』권43, 공민왕 21, 『集成』1-153, 『高麗史節要』29, 『集成』2-214)

연도	한국
▲ 1372	3.3. 定遼衛에서 倭가 가까운 곳에서 난리를 일으켜 그 세력이 점점 커지고 있다는 글을 보내다.(『高麗史』권43, 공민왕 21, 『集成』1-153) 3.16. 倭가 順天·長興·耽津·道康 등 각 郡을 침범하다.(『高麗史』권43, 공민왕 21, 『集成』1-154, 『高麗史節要』29, 『集成』2-214) 4.15. 倭가 鎭溟倉을 약탈하다.(『高麗史』권43, 공민왕 21, 『集成』1-154, 『高麗史節要』29, 『集成』2-216) 4.25. 民部尙書 張子溫을 明나라 서울에 파견하여 耽羅를 토벌할 것을 청하는 表文을 보냈는데 그 글에 倭가 明으로 향하는 길을 가로막고 있다고 적다.(『高麗史』권43, 공민왕 21, 『集成』1-154) 6.6. 倭가 江陵府와 盈德 및 德原의 縣을 침범하다.(『高麗史』권43, 공민왕 21, 『集成』1-154, 『高麗史節要』29, 『集成』2-214) 6.10. 倭가 安邊과 咸州를 침범하였으나 安邊府使 張伯顔이 그것을 막지 못하다.(『高麗史』권43, 공민왕 21, 『集成』1-155, 『高麗史節要』29, 『集成』2-214) 6.24. 太祖 李成桂를 和寧府尹으로 임명하였다가 이어 元帥로 임명하여 倭賊을 방어하게 하다.(『高麗史』권43, 공민왕 21, 『集成』1-155, 『高麗史節要』29, 『集成』2-214) 6.26. 倭가 동계의 安邊 등지를 침범하여 부녀자를 잡아가고, 미곡 1만여 석을 약탈하여 가다.(『高麗史』권43, 공민왕 21, 『集成』1-155, 『高麗史節要』29, 『集成』2-214)
1373	【한국】 2.27. 倭가 龜山縣을 침범하자 慶尙道巡問使 洪師禹가 수백명을 죽이고 노획한 무기를 바치다.(『高麗史』권43, 공민왕 22, 『集成』1-158, 『高麗史節要』29, 『集成』2-218) 3.8. 倭가 河東郡을 침범하다.(『高麗史』권44, 공민왕 22, 『集成』1-158, 『高麗史節要』29, 『集成』2-218) 4.23. 全羅道 都巡問使 都興이 倭賊의 포로병과 노획한 무기를 바치다.(『高麗史』권44, 공민왕 22, 『集成』1-158, 『高麗史節要』29, 『集成』2-218) 4.27. 倭가 가까운 섬에 있자 評理 柳淵에게 명하여 東江을 지키게 하다.(『高麗史』권44, 공민왕 22, 『集成』1-158) 5.-. 왜가 침입하므로 10호를 한통으로 만들어 한 사람을 5일에 한번씩 방어에 내보내게 하다.(『高麗史』병지2, 공민왕 22, 『集成』1-190)/ 간관 禹玄寶가 수전에 대비하여 함선을 만들고 무기를 갖추어 요충지를 방어하자는 글을 올리다.(『高麗史』병지3, 공민왕 22, 『集成』1-193) 6.26. 倭賊의 배가 東江와 西江을 침범하고 이어 陽川을 거쳐 漢陽에 들어와 民家를 방화하고 백성을 살해하고 포로하다.(『高麗史』권44, 공민왕 22, 『集成』1-159, 『高麗史節要』29, 『集成』2-219) 7.6. 江華萬戶 河乙沚와 漢陽 尹辛廉이 倭賊을 방어하지 못하여 烽卒로 유배시키다.(『高麗史』권44, 공민왕 22, 『集成』1-159, 『高麗史節要』29, 『集成』2-219)
1374	【한국】 1.7. 楊廣道와 全羅道에 安撫使를 파견하고 모두 捕倭萬戶를 겸하게 하다.(『高麗史』권44, 공민왕 23, 『集成』1-162) 1.-. 중랑장 이희가 바다 섬에 나가는 사람이나 배 조종에 익숙한 자를 데리고, 적을 치자고 글을 올리다.(『高麗史』병지3, 공민왕 23, 『集成』1-194) 2.28. 明나라에 교통로를 열어줄 것을 요청하는 表文에 密直副使 鄭庇를 보내 洪武 7年의 新年을 축하하게 하였으나 倭가 출범하지 못하였다고 적다.(『高麗史』권44, 공민왕 23, 『集成』1-162) 3.9. 倭가 安州에 침입하자 牧使 朴修敬이 격퇴하다.(『高麗史』권44, 공민왕 23, 『集成』1-162, 『高麗史節要』29, 『集成』2-221) 3.20. 倭가 安州에 들어오다. 倭가 慶尙道를 침범하여 병선 40척을 파괴하다.(『高麗史』권44, 공민왕 23, 『集成』1-163, 『高麗史節要』29, 『集成』2-221) 4.17. 倭船 350척이 慶尙道 合浦에 침입하여 군영과 병선을 방화하다.(『高麗史』권44, 공민왕 23, 『集成』1-163, 『高麗史節要』29, 『集成』2-221) 4.29. 倭가 紫燕島에 침입하다.(『高麗史』권44, 공민왕 23, 『集成』1-163, 『高麗史節要』29, 『集成』2-222) 4.-. 서해도만호 李成과 부사 韓方道, 崔思正이 왜적과 木尾島에서 싸우다 죽다.(『高麗史節要』29, 『集成』2-222) 5.20. 倭가 江陵을 침범하다.(『高麗史』권44, 공민왕 23, 『集成』1-163) 5.24. 倭가 慶州와 蔚州를 침범하다.(『高麗史』권44, 공민왕 23, 『集成』1-163) 5.28. 倭가 三陟을 침범하다.(『高麗史』권44, 공민왕 23, 『集成』1-164, 『高麗史節要』29, 『集成』2-222)
1375 ▼	【한국】 1.-. 倭가 密城을 방화, 약탈하자 장군 崔仁哲을 보내 원인을 조사하고 萬戶에게 책임을 추궁하게 하다.(『高麗史節要』열전46, 신우1, 『集成』2-93) 2.-. 判典客寺事 羅興儒를 日本에 친선사절로 보내다.(『高麗史節要』권30, 신우1, 『集成』2-93)/ (『高麗史節要』29, 『集成』2-223)/ 각도 주, 군들에서 왜적의 침입과 수재, 한재가 덮쳐 공물을 면제히도록 명하다.(『高麗史』식화지3, 신우1, 『集成』1-179) 3.-. 倭가 慶陽縣을 노략질하였는데 都巡問使 韓邦彦이와 접전하였으나 패하다.(『高麗史』열전46, 신우1, 『集成』2-93, 『高麗史節要』29, 『集成』2-223)

일본
6.27. 倭가 咸州와 北靑州를 침범하자 萬戶 趙仁璧이 적을 격퇴하고 70여 명을 베다.(『高麗史』권43, 공민왕 21, 『集成』1-155, 『高麗史節要』29, 『集成』2-217)
6.28. 倭가 洪州에 침입하다.(『高麗史』권43, 공민왕 21, 『集成』1-156, 『高麗史節要』29, 『集成』2-217)
6.-. 倭寇가 東北界에 침구하자 太祖를 和寧府尹으로 삼아 방어케 하다.(조선 『太祖』권1, 『集成』1-156)
7.14. 倭가 楊廣道에 침입하다.(『高麗史』권43, 공민왕 21, 『集成』1-156)
9.16. 楊廣道巡問使 趙天輔가 倭賊과 龍城에서 싸워서 패전하여 죽다.(『高麗史』권43, 공민왕 21, 『集成』1-156, 『高麗史節要』29, 『集成』2-217)
9.18. 明나라 皇帝가 張子溫에게 말하기를 高麗에서 倭賊의 약탈이 심하여 해변 백성들이 도피하고 있으나 진수하지 못한다고 하는데 이 도적들이 바다를 건너와 소란스럽게 하므로 倭賊의 배 13척을 포획하였다고 하다.(『高麗史』권43, 공민왕 21, 『集成』1-156)
10.8. 倭賊의 배 27척이 陽川에 들어와 3일간 머물러 있어 아군이 나아가 싸웠으나 대패하다.(『高麗史』권43, 공민왕 21, 『集成』1-157, 『高麗史節要』29, 『集成』2-217)
10.22. 王이 經浦峰에 올라 水軍을 열병하다.(『高麗史』권43, 공민왕 21, 『集成』1-157)
10.-. 왜선 27척이 陽川浦에 침입했는데 여러 장수들이 나아가 싸우다 패하다.(『高麗史』병지1, 공민왕 21, 『集成』1-185)
7.13. 皇帝로부터 奉天門 아래에서 倭賊 젊은것을 몇 죽이니 바다가 고요해 졌다는 말을 전해듣다.(『高麗史』권44, 공민왕 22, 『集成』1-159)
7.15. 倭가 喬桐을 함락하다.(『高麗史』권44, 공민왕 22, 『集成』1-160, 『高麗史節要』29, 『集成』2-219)
7.-. 왜가 西江을 침입하므로 성안의 烟戶軍을 조사하여 모두 방어에 나가게 하다.(『高麗史』병지1, 공민왕 21, 『集成』1-185)
9.3. 倭가 海州를 침입하여 牧使 嚴益謙을 죽이다.(『高麗史』권44, 공민왕 22, 『集成』1-160, 『高麗史節要』29, 『集成』2-219)
9.19. 西海道萬戶 許子麟이 倭賊을 방어하지 못하자 三司左尹 鄭丹鳳을 體覆使로 파견하여 그를 곤장치게 하다.(『高麗史』권44, 공민왕 22, 『集成』1-160, 『高麗史節要』29, 『集成』2-220)
10.-. 崔瑩이 楊廣道都巡問使 李成林이 倭賊을 막지 못하자 그를 형장을 쳐서 烽卒에 편입하고 그의 都鎭撫를 베다.(『高麗史』권44, 공민왕 22, 『集成』1-161, 『高麗史節要』29, 『集成』2-220)
11.21. 全羅道都巡問使 都興이 倭賊을 방어하지 못하여 파면되다.(『高麗史』권44, 공민왕 22, 『集成』1-161, 『高麗史節要』29, 『集成』2-220)
11.-. 이 달에 明나라 中書省에 자문을 보내어 倭賊의 침입을 막기 위한 화약공급을 요청하다.(『高麗史』권44, 공민왕 22, 『集成』1-161)
윤11.-. 도총도감을 설치하고, 중·동부는 동강에, 남·서·북부는 서강에 가서 싸우게 하다.(『高麗史』병지2, 공민왕 22, 『集成』1-190)
【일본】
10.1. 宗順이 신라에서 주조한 종을 出雲의 임제종 사찰인 雲樹寺에 기증하다.(『朝鮮鐘』)
5.-. 동정군 각령과 부에 명하여 동반산직인과 백정들을 붙잡아 보고하게 하다.(『高麗史』병지, 원종 15, 『集成』1-180)
6.10. 倭가 襄州를 침범하자 아군이 적의 머리 1백여 개를 베다.(『高麗史』권44, 공민왕 23, 『集成』1-164)
6.18. 鄭庇 등이 明나라에서 가지고 온 皇帝의 친서에 倭賊 나포선척을 건조하기 위해 소용되는 기계, 화약, 유황 등 물품의 분양을 신청한 우리의 공문을 접수하였으나 도와줄 수 없다고 적혀있다.(『高麗史』권44, 공민왕 23, 『集成』1-164)
8.4. 倭가 淮陽을 침범하다.(『高麗史』권44, 공민왕 23, 『集成』1-165)
9.8. 倭가 서울 가까운 곳에 왔으므로 서울에 대한 경비를 엄중히 하게 하다.(『高麗史』권44, 공민왕 23, 『集成』1-165, 『高麗史節要』29, 『集成』2-222)
9.11. 倭가 安州에 침입하다.(『高麗史』권44, 공민왕 23, 『集成』1-165, 『高麗史節要』29, 『集成』2-223)
12.-. 왜가 밀성을 침범하여 관청을 불사르고, 사람과 재물을 노략질하다.(『高麗史』열전46, 권30, 공민왕 23, 『集成』2-92, 『高麗史節要』29, 『集成』2-223)
【일본】
6.23. 義堂禪師가 鎌倉 報恩寺의 鐘으로 高麗 銅鐘(당시 가격은 萬錢)을 구입하여 봉안하기 위하여 募緣의 偈를 작성하다. 곧 고려의 銅鐘을 구입하여 鎌倉의 報恩寺에 걸고 義堂周信이 12월에 鐘銘을 짓다.(『空華日用工夫略集』卷2, 「報恩化鐘偈 并序」『空華集』卷19, 「相陽南陽山報恩護國禪寺鐘銘」『空華集』卷20)
11.19. 고려 사신인 羅興儒 일행이 京都에 도착하자, 이들을 영접하기 위해 부담을 부과한 내용을 담고 있다.(『東寺文書之十一』「播磨失野莊人夫役等催促狀案」)
12.9. 고려의 사신인 羅興儒 일행이 京都에 도착하자, 이들을 영접하기 위해 부과된 부담을 시행한다는 내용을 담고 있다.(『東寺文書之十一』「播磨失野莊人夫役等催促狀案」)

연도	한국
▲ 1375	5.-. 왜인 藤經光이 무리를 거느리고 와서 항복했다.(『高麗史節要』29, 『集成』2-223) 6.-. 倭人 公昌 등 16인이 투항하다. 明人 張來興 등이 倭賊에게 포로로 되었다가 돌아왔으므로 明나라 서울로 호송하게 하다.(『高麗史』열전46, 신우-1, 『集成』2-93), (『高麗史節要』권30, 신우1. 『集成』2-224) 7.-. 藤經光을 꾀어 죽이려다 모의가 누설되어 겨우 3명만을 잡아 죽이다.(『高麗史節要』30, 『集成』2-224). 8.-. 倭가 樂安·寶城을 침범하다. 慶尙道副元帥 尹承順이 倭賊 20명을 베다.(『高麗史』열전46, 신우-1, 『集成』2-93), (『高麗史節要』권30, 신우-1, 『集成』2-224) 9.-. 倭의 선박이 德積島와 紫燕島에 모여들자 太祖 李成桂와 判三司事 崔瑩으로 하여금 적을 방비하게 하도록 하다. 倭가 寧州·瑞州·結城 등을 침범하다.(『高麗史』열전46, 신우-1, 『集成』2-94), (『高麗史節要』30, 신우-1, 『集成』2-225)/ 倭의 배가 德積島와 紫燕島에 모이니, 太祖와 判三司事 崔瑩이 東江과 西江의 군대로 위엄을 보여서 방비하다.(조선 『太祖』권1, 『集成』3-3, 『高麗史節要』권30, 신우-1, 『集成』2-225)/ 왜가 서주, 결성에 침범했다.(『高麗史節要』권30, 신우-1, 『集成』2-225)
1376	【한국】 1.-. 전라도 도안무사 河乙沚가 왜선 1척을 잡아 옷과 술을 주다.(『高麗史節要』권30, 신우-2, 『集成』2-226) 3.-. 왜가 진주를 침범하니 조민수가 싸워 머리 13급을 베어 바치다.(『高麗史節要』권30, 신우-2, 『集成』2-226) 6.-. 倭가 固城縣을 불사르고 노략질하다.(『高麗史』열전46, 신우-2, 『集成』2-95)/ 왜가 임주를 침범하니, 진주도 병마사 柳實 등이 싸워서 물리치다.(『高麗史節要』권30, 신우-2, 『集成』2-226) 7.-. 倭賊의 배 20척이 全羅道元帥營과 榮山 등지를 침범하다. 왜가 靈巖, 扶餘, 石城, 郞山, 豐堤등을 침입하다.(『高麗史』열전46, 신우-1, 『集成』2-95), 『高麗史節要』권30, 신우-2, 『集成』2-227)/ 도평의사가 각 기관의 철물로 절기를 제조하여 사변에 대비하도록 하다.(『高麗史』병지1, 공민왕 21, 『集成』1-185)/ 왜장이 도성을 침략한다 하여 방리군으로 하여금 성을 지키게 하다.(『高麗史』병지2, 신우-2, 『集成』1-191)/ 왜가 전라도 원수의 군영을 침범하고, 영산과 나주를 침범하여 불을 놓고 노략질을 하다./ 목사 김시혁이 공주에 이른 왜적을 맞아 싸웠으나 패전하여 공주가 함락되다./ 판삼사사 최영이 왜적 치기를 자청하다./ 교동현 백성을 경성 근처로 높겨 왜구를 피하게 하다./ 왜가 도성을 침범한다는 소문이 있어 군사를 징발하여 성을 지키게 하다./ 최영이 양광도 도순무사 최공철 등과 함께 홍산에서 왜적을 섬멸시키다.(『高麗史節要』권30, 신우-2, 『集成』2-228) 9.-. 倭가 古阜,泰山,興德 등지에 침입하여 관청을 불사르고 또 保安,人義,金堤,長城 등의 고을에 침입하다.(『高麗史』열전46, 신우-2,『集成』2-96, 『高麗史節要』권30, 신우2『集成』2-229)/ 왜적이 전주를 함락시키니, 목사 유실이 적과 싸워 패전하다./ 왜적이 임파현을 함락시키고 다리를 끊고 지키자, 유실 등이 적의 반격으로 패하다.(『高麗史節要』권30, 신우-2, 『集成』2-229) 윤9.-. 倭의 침입으로 뱃길이 막히자 歲米 운수를 중지하고 全羅道,楊廣道의 해변 고을에 요역을 차등 있게 감면해 주다.(『高麗史』열전46, 신우-2, 『集成』2-96)
1377	【한국】 1.-. 倭가 會原倉을 약탈하자, 池湧寄를 楊廣道 副元帥로 삼았다.(『高麗史』열전46, 신우-3, 『集成』2-97, 『高麗史節要』권30, 신우-3, 『集成』2-233) 2.-. 楊廣道 都巡問使 洪仁桂가 新平縣에 침입한 倭를 격파하다. 楊廣道副元帥 印海가 慶陽·平澤縣에 침입한 倭賊에게 패하다.(『高麗史』열전46, 신우-3, 『集成』2-97, 『高麗史節要』권30, 신우-3, 『集成』2-233)/ 양민의 자제와 군현 관리를 모집하여 왜를 막게 하다.(『高麗史』병지1, 신우-3, 『集成』1-186,『高麗史節要』권30, 신우-3, 『集成』2-233) 3.-. 倭가 西部 邊境을 침범하자, 海州 須彌寺에 文殊道場을 차리고 불공을 드리다. 倭가 江華를 침범하니 崔瑩 등에게 명령하여 격퇴하게 하다.(『高麗史』열전46, 신우-3, 『集成』2-96, 『高麗史節要』권30, 신우-3, 『集成』2-234)/ 倭寇가 江華府에 침범하니 太祖와 黃裳이 西江의 군대로 위엄을 보이다.(조선 『太祖』권1)/ 최영이 각 원수에게 명하여 애마, 궁사 창고인을 징발하여 군졸로 삼아 강화에 주둔시키다.(『高麗史』병지2, 신우-3, 『集成』1-191)/ 경상도 원수 우인열이 조전원수를 보내 요해처를 방비하게 해 달라고 보고하다.(『高麗史節要』권30, 신우-3, 『集成』2-234) 4.-. 倭가 蔚州·雞林·梁州·密城 등을 노략질하자 연회를 금지시키고 전함을 건조하게 하다. 雞林府尹 尹承順이 彦陽縣에 침입한 倭賊 4인을 베다. 倭가 西江에 침입하자 崔瑩과 邊安烈이 출전하여 이를 격퇴하다.(『高麗史』열전46, 신우-3, 『集成』2-98, 『高麗史節要』권30, 신우-3, 『集成』2-235)/ 울주를 침입한 왜적을 원수 우인열이 가서 치다.(『高麗史節要』권30, 신우-3, 『集成』2-235)/ 김해부사 박위가 왜적을 황산강 어귀에서 쳐 29급을 베었다.(『高麗史節要』권30, 신우-3, 『集成』2-235)/ 왜적이 울주, 양주, 밀성, 언양현을 침범하다./ 서강에 들어 온 왜선을 최영과 변안열이 군사를 내어 물리치다./ 왜가 여미현을 침범하다.(『高麗史節要』권30, 신우-3, 『集成』2-236) 5.-. 倭가 密城에 침구하다. 왜가 京城부근에 침구하여 內地로 都邑을 옮기려 하다. 왜가 南陽·安城·宗德·江華에 침입하다.(『高麗史』열전46, 신우-3, 『集成』2-98, 『高麗史節要』권30, 신우-3)/ 도평의사가 서울의 방비를 위해 동리의 연호군으로 지역을 지키게 하다.(『高麗史』병지1, 신우-3, 『集成』1-186)/ 太祖가 智異山 밑에서 倭寇를 섬멸하다.(조선 『太祖』권1, 『集成』3-4)/ 왜가 밀성을 침범하자 왕빈이 쳐서 불리치다./ 왜의 침입이 끊이지 않으므로 도읍을 내륙지방으로 옮기는 일에 대해 의논하다.(『高麗史節要』권30, 신우-3, 『集成』2-237)/ 김해부사 박위가 황산강에서 왜적을 쳐서 이기다.(『高麗史節要』권30, 신우-3, 『集成』2-238)/ 왜가 강화에서 양광도 바닷가의 고을 들을 쳐서 함락시키다.(『高麗史節要』권30, 신우-3, 『集成』2-239)/ 왜가 남양, 안성, 종덕 등을 침범하고, 다시 강화를 침범하다. 왜적이 강활을 침범하여 노략질하다.(『高麗史節

일본

윤9.-. 도평의사사에서 연해 지방의 각 고을들의 부역과 잡공물 및 소금세 등을 면제하자고 아뢰다.(『高麗史』식화지3, 신우1, 『集成』1-179)

10.-. 司憲府에서 楊廣道 安撫使 鄭庇와 巡問使 韓邦彦이 倭를 방어하지 못한 것을 탄핵하여 戍卒로 편입하게 하다.(『高麗史』열전46, 신우1, 『集成』2-94, 『高麗史節要』권30, 신우1, 『集成』2-225)

11.-. 楊廣道安閒使 朴仁桂가 배 2척에 탄 倭를 섬멸하다.(『高麗史』열전46, 신우1, 『集成』2-94, 『高麗史節要』권30, 신우1, 『集成』2-226)

12.-. 倭가 楊廣道 해변 고을을 침범하자 判典儀寺事 金仕寶를 兵馬使로 임명하여 적을 방어하게 하다.(『高麗史』열전46, 신우1, 『集成』2-94, 『高麗史節要』권30, 신우1, 『集成』2-226)

【일본】

4.-. 大内義弘이 왜구의 진압을 위해 고려에 파견할 船舶의 水手를 확보하려는 傳令을 내리다.(「大内氏奉行人連署奉書」)

5.3. 坊城俊任이 近衛道嗣에게 왜구금지를 청하는 고려 국왕의 牒狀을 가지고 가다. 近衛道嗣가 이를 국가의 重大事로 다루고자 殿上定을 열어야 한다고 제의하다.(『愚管記』4)

윤9.-. 사헌부에서 전라도 원수 유영을 형벌로 다스리는 일 등을 상소하다.(『高麗史節要』권30, 신우2 『集成』2-230)

10.-. 羅興儒가 日本에서 파견한 僧 良柔와 함께 돌아와서 예물을 바치고, 九州만 평정하면 海賊을 금할 수 있음을 약속하는 편지를 가져오다. 倭가 鎭浦,江華府,韓州 등을 침범하다.(『高麗史』열전46, 신우2, 『集成』2-96, 『高麗史節要』권30, 신우2, 『集成』2-230)/ 왜가 부령을 침범하자, 변안열, 나세, 조사민 등이 나가 싸워 크게 이기다.(『高麗史節要』권30, 신우2, 『集成』2-230)

11.-. 倭가 晋州, 溟珍縣, 咸安, 東萊, 梁州, 彦陽, 機張, 固城, 永善 등지를 노략질하다. 倭가 密城郡 및 東萊縣을 침구하다. 晋州班城縣, 蔚州, 會原, 義昌, 密城郡 등을 침공하여 불사르고 노략질하다.(『高麗史』열전46, 신우2, 『集成』2-97, 『高麗史節要』권30, 신우2, 『集成』2-231)/ 왜적이 전주를 침범하자 원수 뽑기를 의논하다가, 지윤과 이임이 틈이 난 것을 알았다.(『高麗史節要』권30, 신우2, 『集成』2-231)/ 왜적이 진주 반성현, 울주, 회원, 의창 등지를 침범하다.(『高麗史節要』권30, 신우2, 『集成』2-232)

12.-. 倭가 合浦營을 불사르고, 梁州, 蔚州, 義昌, 會原, 咸安, 固城, 東萊, 機張 등의 현민을 살육하고 재물을 소각하다.(『高麗史』열전46, 신우2, 『集成』2-97, 『高麗史節要』권30, 신우2, 『集成』2-232)

要』권30, 신우3, 『集成』2-240)

6.-. 倭가 西海道 安州·長澤縣을 침구하다. 判典客寺事 安吉祥을 일본에 보내다. 왜가 濟州道·長淵, 豐州·安岳·咸從·三和·江西 등을 침공하다. 辛禑가 江華·西海의 주민에게 동과 布를 보낼 것을 명하다.(『高麗史節要』권30, 신우3, 『集成』2-241)/ 사헌부에서 왜를 잡았다고 허위보고를 한 최인철을 탄핵하다.(『高麗史』열전46, 신우3, 『集成』2-99, 『高麗史節要』권30, 신우3, 『集成』2-240)/ 왜가 신주, 웅진, 문화등지를 침범하다.(『高麗史節要』권30, 신우3, 『集成』2-240)/ 왜가 순천, 낙안 등지를 침범하니 병마사 정지가 18급을 베고, 3명을 생포했다.(『高麗史節要』권30, 신우3, 『集成』2-241)/ 신우가 적에게 잡혔다가 도망하여 온 자를 죽이지말고 포상하라고 이르다.(『高麗史節要』권30, 신우3, 『集成』2-241)/ 판전객사사 안길상이 일본에 도착하여 병들어 죽다. 왜선 200척이 제주 및 영강, 장연, 풍주 등의 현을 침범하다. 신우가 적에게 죽은 강화 및 서해 백성의 시체를 매장하도록 이르다.(『高麗史節要』권30, 신우3, 『集成』2-242)

7.-. 전라도 수군 만호 정룡이 왜적의 배 한 척을 잡아 모두 죽이다.(『高麗史節要』권30, 신우3, 『集成』2-242)/ 倭가 豐州를 침입하자 西海道 上元帥 朴普老가 이를 격퇴하였는데 이때 副使 趙天玉 등 10여 인이 전사하다.(『高麗史』열전46, 신우3, 『集成』2-101, 『高麗史節要』권30, 신우3, 『集成』2-243)/ 개성부에서 왜적 방비책을 올리다.(『高麗史』병지1, 신우3, 『集成』1-186)

8.-. 倭가 信州·文化·安岳·鳳州 등을 침공하자 元帥 梁伯益·羅世 등이 공격하였으나 패하자 다시 李成桂 등이 출정하여 海州에서 倭賊을 공격하다. 日本이 答禮使 僧 信弘을 보내오다. 倭가 다시 海州를 침공하다.(『高麗史』열전46, 신우3, 『集成』2-96, 『高麗史節要』권30, 신우3, 『集成』2-243)/ 倭寇가 西海道 信州·文化·安岳·鳳州에 침구하여 太祖가 물리치다.(조선 『太祖』권1, 『集成』3-5)

9.-. 倭가 靈光·長沙·牟平 등을 침공하자 崔瑩·禹仁烈 등으로 하여금 적을 격퇴하게 하다. 倭가 岳陽縣을 침공하자 元帥 李琳이 이를 격퇴하고 적의 배 2척을 노획하다. 정몽주를 일본에 보내 답례하고 왜구를 금지하기를 청하다. 왜가 洪州를 도륙하고 溫水縣 등지를 침범하다.(『高麗史節要』권30, 신우3, 『集成』2-244)

10.-. 倭賊 40여 척의 전함으로 東萊縣을 침공하다. 倭가 咸悅縣을 침공하다. 왜적이 영주, 이주를 침범하니 왕안덕, 홍인계 등이 싸워 쫓아버리다.(『高麗史』열전46, 신우3, 『集成』2-103, 『高麗史節要』권30, 신우3, 『集成』2-245)/ 왜가 함열현을 침범했다.(『高麗史節要』권30, 신우3, 『集成』2-246)/ 火㷁都監을 두고 각도의 군대를 징발하여 왜적을 방비케하다.(『高麗史』병지1, 신우3, 『集成』1-187)

11.-. 倭가 扶餘·定山·鴻山을 침공하였으며, 적선 1백 30척이 金海·義昌 등을 침공하였으나 都巡問使 裵克廉이 막지 못하고 패전하다. 왜가 부여, 정산, 홍산에 침범하다. 왜가 김해부 및 의창현을 침범하다. 왜가 수안, 동성, 통진 들을 침범하다.(『高麗史』열전46, 신우3, 『集成』2-103, 『高麗史節要』권30, 신우3, 『集成』2-246)

연도	한국
1378	【한국】 1.-. 倭가 延安府를 침공하다.(『高麗史』열전46, 신우4, 『集成』2-103, 『高麗史節要』권30, 신우4, 『集成』2-247) 2.-. 倭가 安山·仁州·富平·衿州 등을 침공하다. 江華府가 倭의 침공을 받아 주민들이 생업을 잃자 양곡 300석을 내어주어 구제하다.(『高麗史』열전46, 신우4, 『集成』2-103, 『高麗史節要』권30, 신우4, 『集成』2-247)/ 5부 방리군도 모두 동원하여 왜적을 함께 잡게하다.(『高麗史』병지3, 신우4, 『集成』1-195) 3.-. 왜가 태안군에 침범했다.(『高麗史節要』권30, 신우4, 『集成』2-247)/ 倭가 富平·泰安郡 및 南陽·林州·韓州 등지를 침입하다.(『高麗史』열전46, 신우4, 『集成』2-104, 『高麗史節要』권30, 신우4, 『集成』2-247) 4.-. 倭가 德豐·合德 등을 침공하여 都巡問使營을 불태우고, 倭의 배가 昇天府에 침입하자 李成桂와 楊伯淵이 합세하여 적을 무찌르다.(『高麗史』열전46, 신우4, 『集成』2-104, 『高麗史節要』권30, 신우4, 『集成』2-247)/ 太祖와 崔瑩이 海豊郡에서 倭를 물리치다.(조선 『太祖』권1, 『集成』3-6)/ 경기좌우도 군인을 소집하여 동서강 왜적을 막게하다.(『高麗史』병지3, 신우13, 『集成』1-195)/ 착량에 모여든 왜적을 태조, 양백언, 최영이 전멸시키다.(『高麗史節要』권30, 신우4, 『集成』2-248) 5.-. 倭가 西州·庇仁縣을 침공하고, 또 水原·龍駒 등처를 침공하자 戶長 李富가 적 10여 인을 사로잡다.(『高麗史節要』권30, 신우4, 『集成』2-248) 6.-. 倭가 淸州 및 木州·寧州·溫水縣을 침공하다. 九州節度使 源了俊으로 하여금 왜를 잡게하다.(『高麗史』열전46, 신우4, 『集成』2-104)/ 왜적이 청주를 침범하고 노략질하니 틈을 타서 습격하여 10여급을 베다./ 일본 九州節度使 源了俊이 중 信弘을 시켜 군사 69명을 거느리고 와서 왜구를 잡다./ 왜적이 목주, 영주, 온수현을 침범하다. 우인열이 왜적에게 이겼다고 첩서를 올렸다./ 왜적이 宗德, 松莊, 永新 등을 침범하니, 원수 崔公哲, 王賓, 朴修敬 등이 물리치다.(『高麗史節要』권30, 신우4, 『集成』2-249) 7.-. 鄭夢周가 九州節度使 源了俊이 보낸 周孟仁과 함께 돌아오다. 日本 僧 信弘이 倭賊과 兆陽浦에서 싸워 배 1척을 붙잡고 포로였던 부녀 20여 명을 놓아 보내오다.(『高麗史』열전46, 신우4, 『集成』2-105, 『高麗史節要』권30, 신우4, 『集成』2-250)
1379	【한국】 1.-. 諫官들이 근자에 倭의 침략으로 백성들의 생활이 곤란함으로 구휼해 줄 것을 진언하다.(『高麗史』열전47, 신우5, 『集成』2-107, 『高麗史節要』권31, 신우5, 『集成』2-254) 1.-. 간관이 각 도에 미리 장수를 포치했다가 왜적이 오면 즉시 싸우도록 글을 올리다.(『高麗史』병지1, 신우5, 『集成』1-188) 2.-. 日本에서 僧 法印을 보내 朝聘하고 선물을 바치다. 倭가 順天·兆陽 등지를 침입하자 鄭地가 나가 싸웠으나 패전하다.(『高麗史』열전47, 신우5, 『集成』2-107, 『高麗史節要』권31, 신우5, 『集成』2-254) 3.-. 倭가 道康縣에 침입하다. 倭가 谷城과 南原에 침입해서 判官을 죽이고 3일간 있었으며 또 順天府에 침입하다.(『高麗史』열전47, 신우5, 『集成』2-108, 『高麗史節要』권31, 신우5, 『集成』2-255) 4.-. 萬戶 鄭龍·尹松을 보내 전함 20척을 가지고 倭賊을 추격하여 잡게하다. 倭가 安山郡에 침입하다.(『高麗史』열전47, 신우5, 『集成』2-108)/ 평리상의 한방언 등을 양광, 전라, 경상도 조전원수로 삼다.(『高麗史節要』권31, 신우5, 『集成』2-255)/ 왜가 안산군을 침범하다./ 왜가 연안부를 침범하니, 김해군 金庾와 연안군 羅世를 보내어 치게하다./ 왜가 합포를 침범하니 원수 우인열이 물리치다.(『高麗史節要』권31, 신우5, 『集成』2-256) 5.-. 倭가 豐川에 침입하여 知州事 柳滋와 按廉 金侃을 죽이고 60여 명을 포로로 해가다. 韓國柱가 大內殿義弘이 보낸 朴居士와 그가 인솔한 군사 186명과 함께 돌아오다. 倭가 信州에 침입하다./ 왜가 진주를 침범하자 양백연, 우인열, 배극렴 등이 반성현에서 싸우다.(『高麗史』열전47, 신우5, 『集成』2-108, 『高麗史節要』권31, 신우5, 『集成』2-256)/ 왜가 豊州를 침략하다./ 羅世와 金庾가 龍岡縣 木串浦에서 왜적과 싸워 섬멸하다./ 왜가 신주를 침범하다./ 안주만호 崔元沚가 永淸縣에서 왜적을 쳐서 이기다.(『高麗史節要』권31, 신우5, 『集成』2-256) 윤5.-. 安州元帥 崔元沚가 永淸縣에서 倭賊과 싸우다 패전하다. 倭가 蔚州와 鷄林府에 침구하다. 檢校禮儀判書 尹思忠을 日本에 報聘使로 보내다./ 왜가 울주, 계림부를 침범하니 일본해도포착군관 박거사가 싸웠으나 패하다.(『高麗史』열전47, 신우5, 『集成』2-109, 『高麗史節要』권31, 신우5)
1380 ▼	【한국】 2.-. 倭가 永善縣에 침입하고, 寶城郡에 침입하여 富有縣으로 들어가다.(『高麗史』열전47, 신우6, 『集成』2-111, 『高麗史節要』권31, 신우6, 『集成』2-261) 3.-. 倭가 順天 松廣寺에 침입하다. 倭가 光州, 綾城, 和順에 침입하자 元帥 崔公哲, 金用輝 등을 全羅道로 보내 倭賊을 방어하게 하다.(『高麗史』열전47, 신우6, 『集成』2-111, 『高麗史節要』권31, 신우6, 『集成』2-261) 5.-. 倭가 結城과 洪州에 침입하다. 崔瑩이 東江·西江으로 출동 주둔하여 倭賊을 방비하다. 全羅道助戰元帥 崔公哲과 楊廣道 都巡問使 安翊를 귀양보내고, 都鎭撫 2명을 사형에 처하다.(『高麗史』열전47, 신우6, 『集成』2-111, 『高麗史節要』권31, 신우6, 『集成』2-262) 6.-. 倭가 幷邑縣에 침입하자 元帥 池湧奇가 격퇴하다.(『高麗史』열전47, 신우6, 『集成』2-111, 『高麗史節要』권31, 신우6, 『集成』2-262, 『集成』2-262) 7.-. 全羅道元帥 池湧奇가 우리나라 사람 100여 명을 탈환하다. 倭가 西州, 扶餘, 雲梯, 高山, 儒城, 靑陽, 新豐, 鴻山, 沃州 등의

일본
8.-. 慶尙道 都元帥 裵克廉가 倭를 欲知島에서 공격하여 50급을 베었다.왜가 沿岸府·海州·衿州·陽川 등지를 침공하다.(『高麗史』열전46, 신우4, 『集成』2-105, 『高麗史節要』권30, 신우4, 『集成』2-250)/ 倭賊 500척이 鎭浦에 침입하여 下三道를 어지럽히니, 太祖가 공격하여 倭將 阿其拔都를 죽이다.(조선 『太祖』권1, 『集成』3-6)/ 왜적이 장흥부를 침범하자 탁사청을 보내 회령현에서 싸우게 하다./ 왜적이 연안부와 해주, 금주, 양천을 침범하다./ 판승녕부사 나세 등을 보내 여러 섬에서 왜적을 수색하다.(『高麗史節要』권30, 신우4, 『集成』2-251)
8.-. 헌사가 왜적의 침략을 겪은 주·군들에게 민간의 고통과 수령의 잘못을 보고하도록 청하다.(『高麗史』형법지1, 신우4, 『集成』1-196)
9.-. 倭가 瑞州, 鐵州, 連山, 尼山, 公州, 益州 등을 침공하다.(『高麗史』열전46, 신우4, 『集成』2-106, 『高麗史節要』권30, 신우4, 『集成』2-251)
10.-. 倭가 沃州, 珍同, 懷德 등을 침공하자 楊廣道元帥 韓邦彦이 적 2명을 베고 말 10필을 노획하다. 李子庸 등을 日本에 보내 해적을 금지하라고 요청하며 금·은·인삼 등을 선물로 보내주다./ 왜가 임주, 전주를 침범하다./ 왜가 영광, 광주, 同福縣을 침범하니, 도순문사 지용기, 순천병마사 정지가 싸워 이기다.(『高麗史』열전46, 신우4, 『集成』2-106, 『高麗史節要』권30, 신우4, 『集成』2-252)
11.-. 倭가 益州에 침입하였고, 覇家臺 倭人의 사절 信弘이 蔚州에 정박하여, 왜에게 겁을 주다. 信弘이 固城郡 赤田浦에서 倭賊에게 패하고 日本으로 돌아가다. 왜가 담양현을 침범하니 지용기와 정지가 싸워 17급을 베다.(『高麗史』열전46, 신우4, 『集成』2-106, 『高麗史節要』권30, 신우4, 『集成』2-252)
12.-. 倭가 河東·晉州를 공격하자 都巡問使 裵克廉이 兵馬使 兪益桓과 협공하여 적 19명을 베고 泗州까지 추격하여 2명을 베다. 司憲府가 왜의 침입으로 창고가 비어있음을 아뢰다.(『高麗史』열전46, 신우4, 『集成』2-107, 『高麗史節要』권30, 신우4, 『集成』2-253)/ 사헌부에서 공로가 없는데 군으로 책봉된 자에게는 녹봉을 주지말자고 글을 올리다.(『高麗史』식화지, 신우4, 『集成』1-178, 『高麗史節要』권30, 신우4, 『集成』2-253)

【일본】

10.13. 고려에서 사신을 파견할 때, 春屋妙葩에게 金縷大衣를 선물하고 그의 圖象을 그려가 瞻禮했다.(『智覺普明國師語錄』권8「日本國智覺普明國師塔銘 幷序」)

6.-. 淸道郡에 침입한 倭를 元帥 愚仁烈이, 龍州에 침입한 倭를 萬戶 張侶가 격퇴하다./ 사헌부에서 남원부사 盧成達이 잔치를 즐기고 백성을 구휼하지 않았다고 탄핵하다./ 왜가 강릉도로 향하자, 趙仁壁을 강릉도 원수로 겸하게 하다./ 왜가 龍州를 침범하자 의주만호 張侶가 쳐서 물리치다.(『高麗史』열전47, 신우5, 『集成』2-109, 『高麗史節要』권31, 신우5, 『集成』2-258)

7.-. 李子庸이 日本에서 돌아왔는데 九州節度使 源了俊이 우리나라 포로 230여 명을 돌려보내고 창·검·말을 바치다. 왜가 武陵島에 침입하여 반달이나 머물다.(『高麗史』열전47, 신우5, 『集成』2-109, 『高麗史節要』권31, 신우5, 『集成』2-259)/ 왜가 낙안군을 침범하다./ 왜가 울주에 머무르면서 기장, 언양까지 침범하다.(『高麗史節要』권31, 신우5, 『集成』2-259)

8.-. 倭가 餘美縣에 침입하였으며 또 隨州와 郭州에 침입하다.(『高麗史』열전47, 신우5, 『集成』2-109, 『高麗史節要』권31, 신우5, 『集成』2-259)

9.-. 倭가 丹溪, 居昌, 冶爐, 山陰, 晉州, 泗州, 咸陽 등지를 침입하다.(『高麗史』열전47, 신우5, 『集成』2-110)/ 반성현을 침범한 왜를 우인열, 박수경, 오언이 합심하여 공격해 이기다./ 사신을 보내 수군을 점검하고, 왜적에 대하게 하다.(『高麗史節要』권31, 신우5, 『集成』2-260)

10.-. 門下評理 李茂方 등을 경사로 보내 공물을 바치고 진정 表文을 보냈는데 그 글에 倭의 침입으로 토산말이 거의 다 없어져 충당하기 곤란하다고 적다. 贊成使 睦仁吉·密直副使 睦子安·梁濟 등을 보내 全羅道 방면의 倭賊을 잡다.(『高麗史』열전47, 신우5, 『集成』2-110, 『高麗史節要』권31, 신우5, 『集成』2-261)

縣에 침입하다. 太祖의 진영을 順興으로 옮기게 하다.(『高麗史』열전47, 신우6, 『集成』2-112, 『高麗史節要』권31, 신우6, 『集成』2-263)

8.-. 倭가 公州에 침입하다 崔茂宣 등이 鎭浦에서 아국인 234명을 탈환하고, 金斯革이 저은 臨川에서 추격하여 46명의 머리를 베다. 倭가 黃澗, 禦侮, 中牟, 功城, 靑利, 京山府 薪谷과 部曲, 咸陽에 침입하여 성안 사람들을 도륙하다. 海道元帥 羅世, 沈德符, 崔茂宣을 보내어 전함 100척으로 왜를 쫓아 잡았다./ 金斯革이 공주를 침범한 왜적을 치다.(『高麗史』열전47, 신우6, 『集成』2-112, 『高麗史節要』권31, 신우6, 『集成』2-263)/ 김사혁이 임주에서 왜적을 쫓아 46급을 베었다./ 왜적이 황간, 이모 등의 현을 침범하다./ 왜적이 善州를 불사르다./ 왜적이 京山府를 침범하다.(『高麗史節要』권31, 신우6, 『集成』2-264)/ 太祖를 양광, 전라, 경상도 도순찰사로 삼다.(『高麗史節要』권31, 신우6, 『集成』2-265)/ 사근내역의 왜적을 배극렴, 김용휘, 지용기, 오언, 정지 등이 공격했으나 패하다.(『高麗史節要』권31, 신우6, 『集成』2-266)

9.-. 倭가 雲峯縣에 침입해서 방화하다. 太祖 李成桂가 雲峯에서 倭를 격파하자 적의 패잔병이 知異山으로 도망하다.(『高麗史』열전47, 신우6, 『集成』2-113, 『高麗史節要』권31, 신우6, 『集成』2-266)

10.-. 倭가 金海府에 침입해서 방화하다.(『高麗史』열전47, 신우6, 『集成』2-113, 『高麗史節要』권31, 신우6, 『集成』2-269)

11.-. 禁賊使 安吉祥이 日本에서 病死하다. 日本에 예물을 가지고 갔던 中郞將 房之用이 日本人 探題將軍·五郞兵衛 등의 사신과 함께 와서

연도	한국
▲ 1380	日本의 토산물을 바치다.(『高麗史』열전47, 신우6, 『集成』2-113) 12.-. 憲府가 倭의 침입이 빈번하여 국가가 多事多難하다고 상소하다.(『高麗史』열전47, 신우6, 『集成』2-113)
1381	【한국】 2.-. 倭가 寧海府에 침입하여 방화하다.(『高麗史』열전47, 신우7, 『集成』2-114, 『高麗史節要』권31, 신우7, 『集成』2-269) 3.-. 羅世와 黃裳을 沿江 요충지대에 배치하여 倭가 수로로 침입하는 것을 방비케 하다. 倭가 江陵道의 松生, 蔚珍, 三陟, 平海 등지에 침입하여 三陟縣을 불사르다.(『高麗史』열전47, 신우7, 『集成』2-114, 『高麗史節要』권31, 신우7, 『集成』2-270) 4.-. 倭가 智異山에 침입했다가 無等山으로 도망하여 木柵을 세우자 全羅道都巡問使 李乙珍이 木柵을 불살라 격퇴하고, 나머지 倭가 바다로 도망가자 羅公彦 등이 快速船을 타고 추격하여 모조리 죽이고 13명을 생포하다.(『高麗史』열전47, 신우7, 『集成』2-115, 『高麗史節要』권31, 신우7, 『集成』2-270) 5.-. 倭가 伊山戍에 침입하자 楊廣道都巡問使 吳彦이 이를 격퇴하여 8명을 죽이고 1명을 생포하다 雞林元帥 尹虎가 倭 11명의 수급을 베다. 安東兵馬使 鄭南晉이 倭賊을 공격하여 16명의 수급을 베다. 倭가 寧海府에 침입하다.(『高麗史』열전47, 신우7, 『集成』2-115, 『高麗史節要』권31, 신우7, 『集成』2-270) 6.-. 왜선 50척이 김해부를 침범하니 원수 남질이 쳐서 물리치다.(『高麗史節要』권31, 신우7, 『集成』2-271)/ 倭가 庇仁縣, 永州, 蔚州, 梁州, 彦陽, 蔚珍縣에 침입하다. 倭의 침략으로 공물과 부세를 바치지 못해서 料物庫와 각 창고의 저장물이 고갈되다.(『高麗史』열전47, 신우7, 『集成』2-115, 『高麗史節要』권31, 신우7, 『集成』2-271)/ 전밀직사 지용기를 전라, 경상도의 조전원수로 삼다./ 왜가 울진현을 침범하니, 권현룡이 싸워 물리치다.(『高麗史節要』권31, 신우7, 『集成』2-271) 7.-. 倭가 金海府에 침입하자 慶尙道安廉報가 倭들 丑山島로 들어가 安東 등지를 침입하려고 하므로 甫州 普門寺에 藏史籍을 內地로 옮기자고 보고하다. 倭가 固城縣에 침입하자 南秩이 싸워 8명의 수급을 베다.(『高麗史』열전47, 신우7, 『集成』2-116, 『高麗史節要』권31, 신우7, 『集成』2-272)
1382	【한국】 2.-. 倭가 林州에 침입하자 都巡問使 吳彦이 나가 싸웠으나 패하다.(『高麗史』열전47, 신우8, 『集成』2-117, 『高麗史節要』권31, 신우8, 『集成』2-273)/ 일본 원정에서 전사한 자에게 나라 돈을 쓰고 갚지 못한 자는 면제하여 주다.(『高麗史』병지1, 충렬왕 8, 『集成』1-182) 윤2.-. 倭가 林州, 扶餘, 石城 등지에 침입하다. 倭가 平海郡에 침입하다. 日本에서 포로로 잡아갔던 본국포로 150명을 돌려보내다.(『高麗史』열전47, 신우8, 『集成』2-117, 『高麗史節要』권31, 신우8, 『集成』2-273) 3.-. 倭가 三陟, 蔚珍, 羽溪縣에 침입하다. 倭가 寧越, 禮安, 榮州 등의 고을에 침입하다.(『高麗史』열전47, 신우8, 『集成』2-117, 『高麗史節要』권31, 신우8, 『集成』2-273) 4.-. 사헌부에서 왜적을 막지 못한 경상도 도순문사 南秩을 탄핵하여 의령현에 안치시키다.(『高麗史節要』권31, 신우8, 『集成』2-274)/ 禾尺들이 倭로 가장하고 寧海郡을 침입하여 민가를 방화하다. 江陵道 上元帥 趙仁璧, 副元帥 權玄龍이 倭와 싸워 적 30명을 죽이다. 倭가 竹領을 넘어 丹陽郡에 침입하자 元帥 邊安烈과 韓邦彦 등이 적을 격파하다.(『高麗史』열전47, 신우8, 『集成』2-117, 『高麗史節要』권31, 신우8, 『集成』2-274)
1383	【한국】 1.-. 해도부원수 鄭地가 왜적을 쳐서 크게 격파시키다.(『高麗史節要』권31, 신우8, 『集成』2-278) 3.-. 중방이 동정군 중 도망가는 자는 전정을 빼앗고, 숨긴자에게는 은 두근을 받아내다.(『高麗史』병지1, 충렬왕 9, 『集成』1-182)/ 윤수양이 과거에 합격하지 못한 국자감 학생들을 동정군으로 충당하게 하자고 하다.(『高麗史』열전47, 신우9, 『集成』2-119, 『高麗史』병지1, 충렬왕 9, 『集成』1-183) 6.-. 交州, 江陵道의 禾尺·才人 등이 倭로 가장하고 平昌·原州 등지를 약탈하다. 倭가 慶尙道의 吉安, 安康, 杞溪, 永州, 丹陽, 酒泉, 平昌, 橫川 등지를 침입하다. 倭가 內地를 침입하자 忠州 開天寺의 史籍을 竹州 七長寺로 옮겨두다.(『高麗史』열전47, 신우9, 『集成』2-119, 『高麗史節要』권31, 신우9, 『集成』2-278)/ 왜가 경상도 길안, 안강, 기계 및 단양, 제주를 침략하다.(『高麗史節要』권31, 신우8, 『集成』2-279) 7.-. 漢陽府尹 禹夏가 倭의 간첩 3명을 체포하다. 倭가 大丘, 京山, 善州, 金山 등지에 침입하다.(『高麗史節要』권31, 신우9, 『集成』2-279)/ 交州, 江陵道都體察使 崔公哲이 芳林驛에서 倭와 싸워 적 8명을 죽이고 적의 병장기와 말 59필을 빼앗다.(『高麗史』열전47, 신우9, 『集成』2-120, 『高麗史節要』권31, 신우9, 『集成』2-280)
1384	【한국】 1.-. 都評議使司가 倭賊에게 납치당했던 明나라 登州사람 王才甫 등 2명을 공문서와 함께 遼東으로 돌려보내다.(『高麗史』열전48, 신우10, 『集成』2-122) 2.-. 辛禑가 各道에 귀양 보냈던 사람들에게 기병이나 해군으로 되어 倭를 잡아서 속죄하도록 하다. 倭가 鎭浦에 들어와서 잡아간 부녀 25명을 돌려보내다.(『高麗史』열전48, 신우10, 『集成』2-122, 『高麗史節要』권32, 신우10, 『集成』2-285) 7.-. 倭가 求禮縣을 함락하다. 倭가 永同, 朱溪, 茂豊 등 고을에 침입하다./ 전라도 도순무사 지용기가 왜적 8급을 베다.(『高麗史』열전48, 신우10, 『集成』2-123, 『高麗史節要』권32, 신우10, 『集成』2-286) 8.-. 倭가 梁山縣에 침입하다. 倭가 銀川所·永同·靑山 등 고을에 침입하고, 또 全羅道 安城所·所川驛에 침입하다. 倭가 天靈所에 침입하다. 日本國이 사신을 파견하여 포로였던 남녀 92명을 돌려보내다.(『高麗史節要』권32, 신우10, 『集成』2-286)

일본

【일본】
8.6. 室町幕府가 九州探題 今川了俊에게 명령을 내려 왜구의 고려 침략을 금지하게 하다.(「室町幕府御教書案」)

8.-. 왜구로 인해 지급하지 못한 녹봉을 비로소 나누어 주다.(『高麗史』식화지3, 신우7, 『集成』1-178)

9.-. 倭가 永州와 端州에 침입하다. 南秩이 智異山에 남아있는 倭를 공격하여 4명을 죽이고 말 16필을 노획하다.(『高麗史』열전47, 신우7, 『集成』2-116, 『高麗史節要』권31, 신우7, 『集成』2-272)

10.-. 倭가 臨河縣에 침입하다.(『高麗史』열전47, 신우7, 『集成』2-116, 『高麗史節要』권31, 신우7, 『集成』2-272)/ 왜가 潘南縣을 침범하니, 원수 池湧奇와 李乙珍이 싸워 물리치다.(『高麗史節要』권31, 신우7, 『集成』2-272)

11.-. 倭가 保寧縣에 침입하다. 倭가 密城郡에 침입하자 知兵馬使 李興富가 적과 싸워 3명의 수급을 베다.(『高麗史』열전47, 신우7, 『集成』2-116, 『高麗史節要』권31, 신우7, 『集成』2-273)

5.-. 자신을 미륵불이라 칭하고 여러 사람을 속인 伊金을 베다.(『高麗史節要』권31, 신우8, 『集成』2-275)/ 倭가 永春縣에 침입하다. 倭가 淮陽府에 침입하다.(『高麗史』열전47, 신우8, 『集成』2-118, 『高麗史節要』권31, 신우8, 『集成』2-275)/ 邊安烈, 韓邦彦 등이 안동에서 왜적을 쳐서, 30여 급을 베고, 말 60필을 노획했다.(『高麗史節要』권31, 신우8, 『集成』2-275)/ 왜가 淮陽府에 침입했다.(『高麗史節要』권31, 신우8, 『集成』2-276)

6.-. 倭가 慶山, 大丘, 和園 등지에 침입하다. 倭가 通溝縣에 침입하다. 諫官 鄭釐 등이 상소하기를 倭賊들이 깊이 각 고을에 침입하였을 뿐만 아니라, 서울을 정찰하기 위한 刺客의 변고가 있을까 염려스럽다고 아뢰다.(『高麗史』열전47, 신우8, 『集成』2-118, 『高麗史節要』권31, 신우8, 『集成』2-276)/ 수성사람 조희참 등의 절개와 효도를 기리는 비석을 세우다.(『高麗史節要』권31, 신우8, 『集成』2-276)

10.-. 倭가 南原에 침입하자 慶尙道助戰元帥知兵馬使 沈于老가 倭賊 3명의 수급을 베다.(『高麗史』열전47, 신우8, 『集成』2-118, 『高麗史節要』권31, 신우8, 『集成』2-278)

11.-. 明나라에 보내는 왕위 계승 요청 表文에 이르기를 倭賊과의 싸움이 오래 계속되는 시기이기 때문에 재정마저 고갈하여졌다고 하다.(『高麗史』열전47, 신우8, 『集成』2-119)

8.-. 왜가 槐州 長延縣을 침략하니, 원수 王安德, 金斯革, 都興이 맞서 싸우다.(『高麗史節要』권31, 신우9, 『集成』2-281)/ 왜가 임실현을 침범했다. 沃州, 報令 등을 함락시키고, 계룡산에 웅거한 왜적을 文達漢 등이 나가 공격했다.(『高麗史節要』권31, 신우9, 『集成』2-282)

9.-. 日本國이 被虜男女 112명을 돌려보내다. 倭가 江陵府에 속한 縣에 침입하다. 倭가 淮陽府를 함락하다. 倭가 金化縣, 平康縣, 洪川縣을 함락시키자 元帥 金立堅과 李乙珍이 싸워 적 5명을 죽이다. 南佐時 등이 金化縣에서 倭와 싸우다 패하다.(『高麗史』열전48, 신우9, 『集成』2-120, 『高麗史節要』권32, 『集成』2-283)

10.-. 都體察使 崔公哲의 아들이 倭의 포로로 되다. 體覆使 鄭承可가 倭와 싸워 楊口에서 싸우다. 倭가 春州를 거쳐 加平縣까지 침입하다. 왜가 安邊府 歙谷縣에 침입하다.(『高麗史』열전48, 신우9, 『集成』2-121, 『高麗史節要』권32, 신우9, 『集成』2-284)

11.-. 李乙珍이 固城浦, 淸風郡에 침입하다. 知門下府使 鄭地가 各道에서 兵船을 건조하여 倭賊을 방어 할 것을 청하니 그대로 따르다./ 청풍군에서 왜적이 침략하자 도순찰사 한방언이 금곡촌에서 맞서 싸우다.(『高麗史』열전48, 신우9, 『集成』2-122, 『高麗史節要』권32, 신우9, 『集成』2-284)

10.-. 倭가 西海道 館梁에 침입하나.(『高麗史』열선48, 신우10, 『集成』2-123, 『高麗史節要』권32, 신우10, 『集成』2-287)

윤10.-. 倭가 長淵縣에 침입하자 西海道上元帥 王承寶가 패하다. 倭가 淸河縣에 침입하다.(『高麗史』열전48, 신우10, 『集成』2-123, 『高麗史節要』권32, 신우10, 『集成』2-286)

11.-. 왜가 함양군에 침략하니, 도순문사 윤가관, 진주목사 박자안이 적과 싸우다.(『高麗史節要』권32, 신우10, 『集成』2-288)/ 倭가 同福縣에 침입하자 都巡問使 尹有麟 등이 싸워 9명을 죽이다./ 代言이 된 權近을 왜적을 방어하는 것이 합당하다며 비목에서 이름을 지워버리다.(『高麗史』열전48, 신우10, 『集成』2-124, 『高麗史節要』권32, 신우10, 『集成』2-288)/ 倭가 水原 工二鄕에 침입하였고, 副使 許操가 倭賊 간첩 3명을 생포하다.(『高麗史節要』권32, 신우10, 『集成』2-289)

12.-. 海道萬戶 尹之哲이 德積島에서 倭船 2척을 나포하여 섬멸하고, 남녀 80명을 찾아오다.(『高麗史』열전48, 신우10, 『集成』2-124, 『高麗史節要』권32, 신우10, 『集成』2-289)

연도	한국
1385	【한국】 1.-. 海道副元帥 前開城尹 曹彦이 汝走島에서 倭를 쳐서 적선 1척을 노획하고 적 3명을 포로로 하다. 安東元帥 皇甫琳이 倭賊 2명을 죽이다.(『高麗史』 열전48, 신우11, 『集成』2-124, 『高麗史節要』 권32. 신우11, 『集成』2-289) 2.-. 倭가 西海道 皮串에 침입하다.(『高麗史』 열전48, 신우11, 『集成』2-124)/ 요동으로 압송하던 중, 김득경이 죽자 왜적의 피해를 당한 것이라고 보고하다.(『高麗史節要』 권32. 신우11, 『集成』2-290) 3.-. 倭가 永康縣에 침입하다.(『高麗史』 열전48, 신우11, 『集成』2-125, 『高麗史節要』 권32. 신우11, 『集成』2-290) 4.-. 倭가 交州道에 침입하다. 倭가 襄州에 침입하다.(『高麗史』 열전48, 신우11, 『集成』2-125, 『高麗史節要』 권32. 신우11, 『集成』2-290) 5.-. 倭船 28척이 丑山島에 들어와 정박하다.(『高麗史』 열전48, 신우11, 『集成』2-125, 『高麗史節要』 권32. 신우11) 6.-. 辛禑가 諫官의 명단을 작성하여 倭防禦로 보내야겠다고 하니, 간관들이 병을 사칭하다. 倭가 瓮津麒麟島·平海府에 침입하다. 萬戶 鄭龍, 尹之哲 등이 兵船을 영솔하고 바다 안 섬으로 가서 倭를 수색하여 잡다.(『高麗史』 열전48, 신우11, 『集成』2-125) 7.-. 좌사의 李至 등에게 왜적을 막게 하다./ 왜가 단주를 침략하니 동북면 상원수 沈德符가 싸웠으나 패하다./ 웅진 기린도를 침략하니, 해도만호 鄭龍이 이를 추격했다./ 왜가 평해부를 침략하니, 강릉도 체찰사 睦子安이 물리치다.(『高麗史節要』 권32 신우11, 『集成』2-291)
1386	【한국】 7.-. 日本覇家臺에서 잡혀간 본국인 150명을 돌려보내다.(『高麗史』 열전48, 신우12, 『集成』2-127, 『高麗史節要』 권32. 신우12, 『集成』2-294)
1387	【한국】 1.-. 倭가 江華에 침입하자 都統使 崔瑩이 海豐으로 나가 주둔하다.(『高麗史』 열전48, 신우13, 『集成』2-127, 『高麗史節要』 권32. 신우13, 『集成』2-294) 5.-. 偰長壽가 明나라에서 가져온 황제의 교시로 羅州 일대에 성을 만들고, 군함을 만들어 倭가 침입하지 못하게 하도록 이르다.(『高麗史』 열전49, 신우13, 『集成』2-128) 8.-. 정지가 일본을 치기를 자청하다.(『高麗史節要』 권32. 신우13, 『集成』2-294)
1388	【한국】 1.-. 辛禑가 都統使 崔瑩에게 일본칼 20자루를 하사하다. 倭를 방어하지 못한 이유로 江華萬戶 金辛寶를 巡軍獄에 가두다.(『高麗史』 열전50, 신우14, 『集成』2-129) 3.-. 全羅道와 慶尙道가 倭賊의 소굴이 되다.(『高麗史』 열전50, 신우14, 『集成』2-129)/ 禑가 찬성사 우현보에게 명하여 경성에 머물러 지키게 하고, 영비와 최영과 함께 서해도로 가다.(『高麗史節要』 권33. 신우14, 『集成』2-296) 4.1. 太祖 李成桂가 遼東征伐에 대해서 倭의 침입 외에도 세 가지 이유를 들어 반대하다.(『高麗史』 열전50, 신우14, 『集成』2-130, 『高麗史節要』 권33. 신우14, 『集成』2-296) 4.13. 奉天船都元帥同知密直 李光甫에게 명령하여 開京·西江으로 돌아가서 주둔하여 倭賊의 침입을 방비케하다.(『高麗史』 열전50, 신우14, 『集成』2-130, 『高麗史節要』 권33. 신우14, 『集成』2-297) 4.-. 왕이 요동정벌을 결정하자 太祖(조선)가 온 나라 군사를 동원하면 그 허술한 틈을 타 왜적이 침구할 것이라고 말하다.(조선『太祖』 권1, 『集成』3-13) 5.-. 全羅道安廉使 柳亮報가 倭船 80여 척이 와서 鎭浦에 정박하였다고 보고하다. 楊廣道安廉使 田理가 倭가 40여 군에 침입하였다고 급보하니 원수 都興·金湊 등을 파견하여 방어하라고 하다.(『高麗史』 열전50, 신우14, 『集成』2-131, 『高麗史節要』 권33. 신우14, 『集成』2-297) 6.1. 倭가 全州에 침입하여 관청을 불사르고, 또 金提·萬頃·仁義 등의 縣에도 침입하다.(『高麗史』 열전50, 신우14, 『集成』2-131)/ 모든 군사가 최영을 제거하지 않으면 종사를 전복시킬 것이라는 내용의 글을 올렸다./ 왜적이 전주 및 김제, 만경, 인의 등을 침범하다.(『高麗史節要』 권33. 신우14, 『集成』2-298)
1389	【한국】 2.-. 慶尙道元帥 朴葳가 對馬島를 공격하다.(『高麗史』 열전50, 신창1, 『集成』2-133, 『高麗史節要』 권33. 신창1, 『集成』2-303) 4.-. 全州元帥 陳乙瑞가 倭를 잡아서 면과 말을 하사하다.(『高麗史』 열전50, 신창1, 『集成』2-133, 『高麗史節要』 권33. 신창1) 6.-. 京畿道沿海節度使 朴子安이 倭船을 획득하고 倭 32급을 베다./ 경기절제사 박자안이 왜적과 싸우다.(『高麗史』 열전50, 신창1, 『集成』2-133, 『高麗史節要』 권33. 신창1, 『集成』2-304) 7.-. 왜선이 해주에 정박하니, 절제사 柳曼殊와 恭靖王을 보내어 막다./ 倭가 咸陽, 晉州에 침입하자 節制使 金賞이 구원하러 갔다가 패전하다. 全羅道都節制使 金宗衍가 倭와 싸워 이겨서 포로를 바치다./ (『高麗史』 열전50, 신창1, 『集成』2-133, 『高麗史節要』 권33. 신창1『集成』2-304) 8.-. 琉球國 中山王 察度가 玉之를 파견하여 신하를 자청하며 倭賊의 포로였던 본국사람을 귀환시키고 토산물을 바치다. 이에 앞서 琉球國王의 사신이 順天府에 도착했다. 典客令 金允厚·副令 金仁用을 琉球國에 답례사로 보내다.(『高麗史』 열전50, 신창1, 『集成』2-134, 『高麗史節要』 권33. 신창1, 『集成』2-305) 9.-. 雞林兵馬制制使 朴可實이 倭를 쳐서 전승 보고를 올리다. 崔瑩이 倭가 海州·鎭浦·楊廣·慶尙 등지에 침입한 倭賊을 격퇴하여 인민들이 평안히 살수 있게 하다.(『高麗史』 열전50, 신창1, 『集成』2-135)/ 영흥군 환이 표류하여 일본국에 이르렀다는 얘기를 듣고 그의 아내 신씨가 가노를 시켜 데려오다.(『高麗史節要』 권33. 신창1, 『集成』2-305)

일본

8.-. 倭가 端州에 침입하다. 全羅道 海道元帥 陳元瑞가 倭 20여 명을 잡다.(『高麗史』열전48, 신우11, 『集成』2-126, 『高麗史節要』권32, 신우11, 『集成』2-292)

9.-. 倭가 咸州·洪原 등지에 침입하자 太祖 李成桂가 咸州 兎兒洞에서 적과 싸워서 승리하다. 前知門下事 李乙珍을 江陵道 元帥로 임명하여 倭賊을 잡게하다.(『高麗史』열전48, 신우11, 『集成』2-126, 『高麗史節要』권32, 신우11, 『集成』2-292)/ 倭船 150척이 咸州·洪原·北靑·哈蘭北에 침구하니 太祖가 이를 섬멸하다.(조선 『太祖』권1, 『集成』3-11, 『高麗史節要』권32, 신우11, 『集成』2-292)

10.-. 忠州兵馬使 崔雲海가 倭 6명을 죽이고 무기를 노획하다.(『高麗史』열전48, 신우11, 『集成』2-126, 『高麗史節要』권32, 신우11, 『集成』2-293)

11.-. 雞林府尹 裵元龍이 倭 4명을 죽였으며, 海道元帥 朴子安이 倭 2명을 죽이다.(『高麗史』열전48, 신우11, 『集成』2-126)/ 경상도 도순문사 박위가 왜적 14급을 베다. (『高麗史節要』권32, 신우11, 『集成』2-294)

12.-. 安翊 등이 明나라로부터 돌아와 황제의 유고물을 전하였는데 거기에 이르기를 바닷길에 익숙한 사람을 안내자로 세우면 倭를 치겠다고 하는 내용과, 倭賊들이 침입하는 要路에 병영을 만들고 수비하라는 내용이 적혀있다.(『高麗史』열전48, 신우11, 『集成』2-127, 『高麗史節要』권32, 신우11)

10.-. 倭가 林州, 西州, 鴻山縣에 침입하자 都巡問使 王承寶가 나가 싸웠으나 패하다.(『高麗史』열전49, 신우13, 『集成』2-128, 『高麗史節要』권32, 신우13, 『集成』2-295)

11.-. 全州元帥 權和가 倭 2명을 죽이다.(『高麗史』열전49, 신우13, 『集成』2-129)/ 전 서운경 김언경의 처 김씨가 정조를 지키다 해를 당하다.(『高麗史節要』권32, 신우13, 『集成』2-295)

12.-. 倭가 井邑縣에 침입하여 경덕의의 처 안씨를 위협하자, 안씨가 정조를 지키려다 죽다.(『高麗史』열전49, 신우13, 『集成』2-129, 『高麗史節要』권32, 신우13, 『集成』2-295)

6.-. 昌王이 敎를 내려 丁巳年과 庚申年의 倭奴의 침공을 막아낸 太祖의 공을 치하하다.(조선 『太祖』권1, 『集成』3-15)

7.-. 倭가 光州를 함락시키자 皇甫琳과 楊廣道副元帥 都興 등에게 명령하여 구원하게 하다. 日本國使 妙葩·關西省探題 源了俊이 사람을 보내어 方物을 바치고 납치되었던 우리사람 250명을 돌려보내며 大藏經을 청구하다.(『高麗史』열전50, 신우14, 『集成』2-132, 『高麗史節要』권33, 신우14, 『集成』2-299)

8.-. 慈惠府尹 曹彦, 密直副使 崔七夕 등을 파견하여 倭賊을 방어하게 하도록 하다. 倭가 巨濟島, 連日縣 開泰寺, 淸州, 儒城, 鎭岑, 樂安郡, 高興縣, 豐安縣, 晉州에 침입하다.(『高麗史』열전50, 신우14, 『集成』2-132)/ 왜가 3도를 침범하니, 정지에게 김백홍, 김용균 등과 함께 가서 치도록 명하다.(『高麗史節要』권33, 신우14, 『集成』2-299)/ 왜적이 거제를 침략하자 진무 한원철이 맞서 싸우다./ 왜적이 연산현 開泰寺를 침범하다./ 전라, 경상, 양광 3도의 적의 형세가 성하니, 크게 군사를 일으키자는 등의 시무를 진술하여 아뢰다./ 왜적이 청주, 유성, 및 낙안군, 고흥, 풍안 등을 침범하다./ 왜적이 진주를 침범하여, 목사 李賁이 전사했다./ 경상도 도순문사 朴葳와 안동원수 崔鄲이 상주 증모현에서 왜적을 물리치다. (『高麗史節要』권33, 신우14, 『集成』2-301)/ 왜가 남원에 이르니, 도지휘사 정지가 도순문사 최운해 등과 함께 쳐서 크게 물리치다./ 慶尙道副元帥 具成老가 倭를 5명을 죽이다./ 왜적이 옥주, 황간, 영동 등의 고을을 침범했다.(『高麗史節要』권33, 신우14, 『集成』2-302)/ 사헌부에서 둔전을 경리하고 전함을 수리하며 변방을 안정시킬 것을 상소하다.(『高麗史』병지2, 신우14, 『集成』1-193)

9.-. 박위가 고령현에서 왜적을 쳐서 35급을 베었다. (『高麗史節要』권33, 신우14, 『集成』2-302)/ 서해도 관찰사 조운흘이 해도를 장수와 군관들의 식읍으로 만들면 적이 엿보지 못할 것이라고 아뢰다.(『高麗史節要』권33, 신우14, 『集成』2-303)

11.-. 倭가 求禮 등지에 침입하여 金宗衍을 원수로 삼다.(『高麗史』열전50, 신우14, 『集成』2-132, 『高麗史節要』권33, 신우14, 『高麗史節要』권33, 신우14, 『集成』2-303)

【일본】
2.18. 고려의 경상도 원수 朴葳가 전함 백여척을 이끌고 대마도를 침입하다.(『十九公實錄』)

10.-. 왜적이 양광도의 도둔관을 침범하여 도체찰사 왕안덕이 싸웠으나 패하다.(『高麗史節要』권33, 신창1, 『集成』2-306)

11.-. 全羅道節制使 朴子安이 倭를 치고 포로를 바치다.(『高麗史節要』권33, 신창1)

11.23. 倭가 求禮 등지에 침입하다.(『高麗史』권45, 공양왕1, 『集成』1-165)

12.19. 西海道觀察使 金南得이 倭 포로를 바치다.(『高麗史』권45, 공양왕1, 『集成』1-166)

12.-. 대사헌 조준등이 왜적의 난리와 수재로 인해 동남쪽 여러 고을에 적축이 전혀 없다고 아뢰다.(『高麗史』식화지3, 공양왕1, 『集成』1-178, (『高麗史節要』권33, 신창1, 『集成』2-306)/ 헌사에서 병제를 정비하여 왜적을 제거하고 적을 격파하면 적의 완편 귀만을 바치도록 아뢰다.(『高麗史』병지1, 공양왕1, 『集成』1-189)

-. 이 해에 宗室 永興君 環이 倭에게 사로잡혀 수십년만에 돌아오니, 李崇仁이 그를 변호하다.(조선 『太祖』권1, 『集成』3-16)

연도	한국
1390	【한국】 4.1. 왕이 중관을 태조의 집에 보내어 왜적을 격파한 것을 치하하다.(『高麗史』 권45. 공양왕2, 『集成』1-166) 4.-. 恭讓王이 태조에게 왜구를 패퇴시켜 서해를 보전한 공을 기록한 교지를 내리다.(조선 『太祖』 권1, 『集成』3-16) 윤4.1. 楊廣道都節制使 王承貴가 倭의 포로를 바치다.(『高麗史』 권45. 공양왕2, 『集成』1-166) 5.19. 日本關西九州節度使 源了俊이 周能 등을 파견하여 土物을 바치다.(『高麗史』 권45. 공양왕2, 『集成』1-167) 6.18. 楊廣道觀察使가 倭賊의 침입에 대하여 보고하고 아울러 山城의 수축을 제외하다.(『高麗史』 권45. 공양왕2, 『集成』1-167) 6.19. 倭가 楊廣道에 침입하여 陰竹·陰城 등에 이르자 知密直司事 尹師德 등을 파견하였더니 寧州道 高山 밑에서 적을 만나 100여 명을 죽이고 포로되었던 사람과 가축을 탈환하여 돌아오다.(『高麗史』 권45. 공양왕2, 『集成』1-167) 6.-. 공정왕과 지밀직사사 윤사덕이 영주 도고산 밑에서 적과 싸우다.(『高麗史節要』 권33. 신창1, 『集成』2-307, 『高麗史節要』 권33. 신창1, 『集成』2-308)
1391	【한국】 3.17. 兼典醫寺丞 房士良이 현행문제 11조항에 대해 올린 상소에 庚寅年 倭寇부터 주와 군들이 폐허가 되고 백성이 유리하여 사람이 살지 않는 고을도 있다고 적혀 있다.(『高麗史』 권46. 공양왕3, 『集成』1-169) 6.4. 判繕工寺事 楊天植과 禮曹摠郎 孔俯를 明나라에 보내 말 1500필을 바치고 倭와의 전쟁에서 그 쓰임새가 좋았던 우리나라 말을 칭찬한 내용이 있는 공문을 함께 보내다.(『高麗史』 권46. 공양왕3, 『集成』1-169) 7.3. 暹羅斛國이 보낸 奈工 등이 土産物을 바치면서 日本에서 1년 머물렀던 일 등에 대해 아뢰다.(『高麗史』 권46. 공양왕3, 『集成』1-170) 8.9. 日本九州節度使 源了俊이 사자를 파견하여 方物을 바치고 포로 되었던 남녀 68명을 돌려보내며 海賊을 체포하게 했다는 내용의 글을 보내오다.(『高麗史』 권46. 공양왕3, 『集成』1-170, 『高麗史節要』 권33. 신창1, 『集成』2-309)
1392	【한국】 2.26. 倭가 慶尙道 仇羅島에 침입하자 萬戶 李興仁이 이것을 격파하고 그 兵船을 나포하여 바치니 그에게 쌀 20석을 내려주다.(『高麗史』 권46. 공양왕4, 『集成』1-172, 『高麗史節要』 권33. 신창1, 『集成』2-309, 『高麗史節要』 권33. 신창1, 『集成』2-310) 3.21. 慶尙道 水軍萬戶 車俊이 倭船 1척을 나포하여 바치니 왕이 비단을 내려주다.(『高麗史』 권46. 공양왕4, 『集成』1-172) 6.10. 日本이 사자를 보내 불교 경전을 청구하고 方物을 바치다.(『高麗史』 권46. 공양왕4, 『集成』1-173, 『高麗史節要』 권33. 신창1, 『集成』2-310) 8.18. 琉球國 中山王이 使臣을 보내어 來朝하다.(『太祖實錄』 권1 태조1, 『集成』3-21) 8.23. 李崇仁의 졸기에 己巳年 가을 어느 일본사람이 와서 스스로 永興君이라고 일컬었다고 적혀있다.(『太祖實錄』 권1 태조1, 『集成』3-21) 9.11. 琉球國 使臣이 朝會에 참석하여 東班 5品下, 吾良哈은 西班四品下에서 알현하고 方物을 바치다.(『太祖實錄』 권1 태조1, 『集成』3-24) 9.21. 大司憲 南在 등이 倭寇의 갑작스런 침구에 대비하여 騎船軍과 陸守軍을 선발하여 서울로 보내지 않도록 상서하다.(『太祖實錄』 권1 태조1, 『集成』3-25)
1393	【한국】 3.15. 倭寇에게 병선 3척을 빼앗긴 高灣梁 萬戶 申用茂를 참형으로 논죄하다.(『太祖實錄』 권1 태조2, 『集成』3-30) 3.16. 慶尙道 按廉使 沈孝生이 변경의 倭寇를 대비하여 각도에 節制使를 보낼 것을 청하다.(『太祖實錄』 권1 태조2, 『集成』3-31). 3.18. 三道節制使 義安伯 李和, 前 門下評理 朴葳, 崔雲海를 楊廣道, 興安君 李濟 등을 慶尙道, 지금의 殿下와 陳乙瑞를 全羅道에 보내 倭寇를 방비케 하다.(『太祖實錄』 권1 태조2, 『集成』3-31) 3.19. 左道水軍都節制使 朴子安과 右道水軍都節制使 金乙貴에게 명하여 倭賊을 잡도록 하고, 高灣良 萬戶 申用茂를 용서하여 朴子安과 함께 倭賊을 치게 하다.(『太祖實錄』 권1 태조2, 『集成』3-31) 3.29. 西北面 都巡問使 趙溫이 倭寇를 공격하다가, 寧海州人 李唐信을 사로잡아 바치니, 金乙祥을 시켜 요동으로 보내다.(『太祖實錄』 권1 태조2, 『集成』3-32) 4.14. 倭寇가 스스로 물러가니, 義安伯 李和등 여러 節制使가 돌아오다.(『太祖實錄』 권1 태조2, 『集成』3-32) 4.20. 楊廣道 按廉使 趙璞이 倭船 30척이 연해지방을 침입하려 한다는 보고를 하다.(『太祖實錄』 권1 태조2, 『集成』3-32) 4.21. 羅世를 沿海等處의 兵船助戰節制使로 삼아 親軍衛의 勇士를 모집하여 가게 하다.(『太祖實錄』 권1 태조2, 『集成』3-32) 4.26. 中樞院使 李茂에게 西江의 軍船을 점검하여 倭寇를 방비케 하다.(『太祖實錄』 권1 태조2, 『集成』3-32) 5.7. 倭 13척이 高灣良에 침구하여, 萬戶 崔用濡와 두아들을 전사시키고, 배 5척을 빼앗아 갔다.(『太祖實錄』 권1 태조2, 『集成』3-33) 5.8. 倭가 全羅道 阿容浦에 침구하여 군선 1척을 빼앗아 가다./中樞院使 李茂에게 江華의 병선을 점고하고, 연해의 요로에 정박하여 倭賊을 잡게 하다.(『太祖實錄』 권1 태조2, 『集成』3-33)
1394 ▼	【한국】 1.12. 欽差內史 盧他乃등이 咨文을 보내어, 高麗王 李成桂가 倭賊을 仮造하고, 釁端을 일으키며, 女眞의 관리를 꾀어서 보냈다고 했다.(『太祖實錄』 권1 태조3, 『集成』3-38) 2.13. 慶尙道 水軍 僉節制使 安處善이 倭 12명을 참하고 병기를 헌상하니, 宮醞과 비단을 주다.(『太祖實錄』 권1 태조3, 『集成』3-39)

일본

8.8. 密直 李豆蘭과 張思吉을 파견하여 西海道에서 倭를 치게 하다.(『高麗史』권45, 공양왕 2, 『集成』1-167, 『高麗史節要』권33, 신창1, 『集成』2-308)

8.10. 倭가 全羅道에 침입하자 都節制使 李茂가 이를 격퇴하고 27명의 목을 베니 왕이 그에게 옷과 술을 내려주다.(『高麗史』권45, 공양왕 2, 『集成』1-168, 『高麗史節要』권33, 신창1, 『集成』2-308)

8.28. 金允厚 등이 琉球에서 中山王 察度가 보낸 신하 玉之 등과 우리나라 피로인 37명과 함께 돌아오면서 土産物을 바치다.(『高麗史』권45, 공양왕 2, 『集成』1-168)

8.-. 유구국 중산왕 찰도가 사신과 함께 피로인 37명을 돌려 보내다.(『高麗史節要』권33, 신창1, 『集成』2-308)

12.5. 倭의 침입이 잦자 竹州의 七丈寺에 보관하고 있던 국사를 忠州로 옮기다.(『高麗史』권45, 공양왕 2, 『集成』1-169)

12.-. 태조에게 왜구를 섬멸한 공으로 門下侍中都摠中外諸軍事로 삼았으나 사양하다. (조선『太祖』권1, 『集成』3-19)

9.1. 倭가 南陽을 침범하자 楊廣道都觀察使 安景良이 군사를 보내 이를 격퇴하고 15명을 잡아 바치니 왕이 술과 綵帛을 상으로 내리다.(『高麗史』권46, 공양왕 3, 『集成』1-171, 『高麗史節要』권33, 신창1, 『集成』2-309)

10.11. 判宗簿寺事 宋文中이 日本九州節度使 源了俊을 報聘하다.(『高麗史』권46, 공양왕 3, 『集成』1-171, 『高麗史節要』권33, 신창1, 『集成』2-309)

10.18. 明나라 皇帝가 倭賊에 의해 납치되었던 우리측 사람 10여인을 돌려 보내주다.(『高麗史』권46, 공양왕 3, 『集成』1-171)

10.21. 日本國 僧 玄教가 僧 道本 등 40여 인을 파견하여 土物을 바치고 稱臣하는 表文을 올리다.(『高麗史』권46, 공양왕 3, 『集成』1-171)

11.6. 日本國 源了俊이 사자를 보내 方物을 바치다.(『高麗史』권46, 공양왕 3, 『集成』1-172, 『高麗史節要』권33, 신창1, 『集成』2-309)

【일본】

11.-. 고려의 승려 覺鎚가 와서 征夷大將軍에게 海寇의 禁壓을 요청하는 글을 보내다.(『善隣國宝記』卷上)

12.27. 장군 足利義滿이 승려 壽允을 고려로 보내어 답신을 하고, 鎭西의 守臣에게 명하여 賊船을 禁壓하고 잡힌 포로들을 송환하도록 명령을 내리다.(『善隣國宝記』卷上)

-. 李成桂가 고려왕을 폐하고 조선을 개국하다.(『十九公實錄』)

10.19. 日本 築州太守 藏忠佳가 僧 藏主宗順을 보내어 被虜人을 송환하고 수호를 청하다.(『太祖實錄』권1, 태조 1, 『集成』3-26)

11.9. 慶尙道 兵馬都節制使 崔有璉이 倭寇에게 붙잡혔던 중국 溫州府 樂淸縣의 李順 등 3인을 서울로 보내와 임금이 李乙修로 하여금 南京으로 보내다.(『太祖實錄』권1, 태조 1, 『集成』3-26)

12.16. 左侍中 趙浚의 箋에, 琉球와 南蠻의 入貢을 말하다.(『太祖實錄』권1, 태조 1, 『集成』3-26)

윤12.28. 이 해에 琉球國 中山王 察度가 稱臣奉書하니, 通事 李善 등을 보내어 被虜 男女 8인을 송환하다.(『太祖實錄』권1, 태조 1, 『集成』3-30)

5.14. 倭가 喬桐에 침구하다.(『太祖實錄』권1, 태조 2, 『集成』3-33)

5.20. 倭가 喬桐에 침구하다.(『太祖實錄』권1, 태조 2, 『集成』3-34)

5.21. 義安伯 李和와 여러 節制使를 보내 倭를 치게하니 倭가 도망하다.(『太祖實錄』권1, 태조 2, 『集成』3-34)

5.26. 倭를 방비키 위하여 각도의 군사를 점고하니, 8도에 馬兵과 步兵, 騎船軍이 20만 8백여 명이고, 子弟들과 鄕史, 驛史와 有役者가 10만 5백명이었다.(『太祖實錄』권1, 태조 2, 『集成』3-34)

6.6. 倭가 文化縣, 永寧縣에 침구하니, 永安君과 張思吉, 郭忠輔를 보내어 치게하다.(『太祖實錄』권1, 태조 2, 『集成』3-34)

6.16. 日本 一岐島의 僧 建哲이 被虜 男女 200여인을 돌려보내고, 方物을 바치다.(『太祖實錄』권1, 태조 2, 『集成』3-35)

6.24. 判三司事 尹虎의 卒記에 倭를 물리친 공을 적다.(『太祖實錄』권1 태조2, 『集成』3-35)

7.13. 倭와 싸우다 패전한 知事事 金鈞과 金勸을 곤장을 치고, 領船千戶를 처형토록 하다.(『太祖實錄』권1, 태조 2, 『集成』3-35)

7.26. 문하시랑찬성사 鄭道傳이 태조가 왜구를 물리친 공을 서술하여 악사를 지어 바치다.(『太祖實錄』권1, 태조 2, 『集成』3-36)

9.11. 日本國에서 使臣을 보내어 칼 20사루를 바치니, 신하들에게 나누어주다.(『太祖實錄』권1, 태조 2, 『集成』3-37)

9.14. 倭가 西北面 定州에 침구하다.(『太祖實錄』권1, 태조 2, 『集成』3-37)

10.19. 倭寇 40여명을 죽인 泥城萬戶 李龜鐵에게 의복과 술을 하사하다.(『太祖實錄』권1, 태조 2, 『集成』3-37)

11.28. 都評議使司에서 倭寇의 침구가 적어진 것이 船軍의 힘이라고 하면서, 船軍의 점고를 강화할 것을 말하다.(『太祖實錄』권1, 태조 2, 『集成』3-37)

2.19. 명에 보내는 奏文에 고려 말에 왜구의 작란이 있었다는 내용과 거짓으로 왜적을 꾸며 山東의 寧海州를 침범한 적이 없다는 내용을 적다.(『太祖實錄』권1, 태조 3, 『集成』3-39)

2.20. 慶尙道 水軍 萬戶 車俊이 倭船 1척과 13명을 베자, 宮醞과 비단을 주다.(『太祖實錄』권1, 태조 3, 『集成』3-40)

2.26. 倭船 2척을 포획한 水軍 萬戶 車俊에게 술을 하사하다.(『太祖實錄』권1, 태조 3, 『集成』3-41)

연도	한국
▲ 1394	2.29. 判義興三軍府事 鄭道傳이 북쪽의 遼, 동쪽의 女眞·日本·또는 草賊을 방비하기 위하여 군제개정을 건의하다.(『太祖實錄』 권1 태조3, 『集成』3-41) 3.4. 倭가 延安府에 침구하다.(『太祖實錄』 권1 태조3, 『集成』3-44) 3.9. 全羅道 昌平縣令 愼原節이 倭 7명을 베고, 1명을 사로잡았으며, 慶尙道 水軍 萬戶 李之帶가 倭船 1척을 잡으니, 그들에게 宮醞과 비단을 하사하다.(『太祖實錄』 권1 태조3, 『集成』3-44) 3.17. 全羅道 觀察使 安景恭의 보고에 水軍 僉節制使 金賮吉과 萬戶 金允劍·金文發이 倭船 3척을 잡아 다 죽이었다고 하자, 弓矢와 비단, 명주를 하사하다.(『太祖實錄』 권1 태조3, 『集成』3-44) 3.23. 倭船 1척을 잡은 全羅道 水軍 僉節制使 金賮吉에게 宮醞과 비단, 명주를 하사하다.(『太祖實錄』 권1 태조3, 『集成』3-44) 4.9. 倭船 3척을 잡은 全羅道 水軍 僉節制使 金賮吉에게 宮醞과 비단, 명주, 은대, 은사발을 하사하다.(『太祖實錄』 권1 태조3, 『集成』3-45) 4.11. 도평의사사에서 장정들이 왜적을 방어 하는 일 외에는 농사일에만 힘쓰게 하자고 아뢰다.(『太祖實錄』 권1 태조3, 『集成』3-45) 4.14. 倭船 1척을 잡은 慶尙道 水軍 僉節制使 安處善에게 宮醞, 비단, 명주를 하사하다.(『太祖實錄』 권1 태조3, 『集成』3-45) 5.23. 倭가 豊州에 침구하다./ 京畿右道 水軍節制使 崔七夕의 졸기에 倭寇를 방비한 사실이 있다고 했다.(『太祖實錄』 권1 태조3, 『集成』3-46) 5.28. 日本 回禮使 金巨原이 僧 梵明과 함께 본국 被虜人 569명을 데려오다.(『太祖實錄』 권1 태조3, 『集成』3-46) 6.21. 知中樞院事 皇甫琳의 卒記에 陽光·慶尙·全羅道 南原에서 倭寇를 공격하였다고 적다.(『太祖實錄』 권1 태조3, 『集成』3-46)
1395	【한국】 1.3. 倭人 表時羅 등 4인이 와서 항복하니 慶尙道 고을에 두다.(『太祖實錄』 권1 태조4, 『集成』3-50) 3.9. 慶尙道 見乃梁 水軍萬戶 車俊이 倭船 2척을 잡았다.(『太祖實錄』 권1 태조4, 『集成』3-50) 4.19. 倭寇 퇴치를 위해 화약을 발명한 檢校參贊門下府事 崔茂宣이 卒하다.(『太祖實錄』 권1 태조4, 『集成』3-50) 4.25. 日本 薩摩守總州 藤伊九가 피로인을 돌려보내고, 中伊集院太守 藤原賴久가 稱臣, 奉書하며 被虜人을 돌려보내다.(『太祖實錄』 권1 태조4, 『集成』3-51) 4.27. 倭를 막지 못하고, 군인의 딸을 첩으로 삼은 倉浦千戶 朴仁守를 참형에 처하다./倭寇에 항거하여 죽은 完山節婦 任氏의 旌門을 세우다.(『太祖實錄』 권1 태조4, 『集成』3-52) 5.15. 倭에게 사로 잡혀 수절하고 죽은 前別將 李堤 아내 百丁 曹長壽의 旌表를 세우다.(『太祖實錄』 권1 태조4, 『集成』3-52) 7.1. 日本 九州節度使 源了俊이 僧 原正泉 등을 보내어 土物을 바치다.(『太祖實錄』 권1 태조4, 『集成』3-52) 7.8. 倭船 1척을 잡은 慶尙道水軍 僉節制使 金天仲과 萬戶 車俊에게 宮醞과 비단을 하사하다.(『太祖實錄』 권1 태조4, 『集成』3-53) 7.10. 日本回禮使 崔龍蘇가 九州節度使 源了浚이 보낸 僧 宗俱와 함께 疲勞人 남녀 570인을 데리고 돌아오다. 보내온 글에 倭寇禁止, 피로인쇄환, 戶曹典書 金積善편에 보내 大藏經 호송에 감사하다.(『太祖實錄』 권1 태조4, 『集成』3-53)
1396	【한국】 2.13. 倭船 1척을 잡은 豊海道 觀察使 宋文中에게 金漸을 보내어 宮醞과 비단을 하사하다.(『太祖實錄』 권1 태조5, 『集成』3-57) 2.22. 倭寇로 인하여 松林寺에 옮겨 두었던 菩提樹葉經과 佛頭骨捨利를 通度寺로 가져오게 하다.(『太祖實錄』 권1 태조5, 『集成』3-57) 3.29. 日本國 左京權大夫 多多良義弘이 禪僧 通竺과 永琳을 보내어 倭寇를 금하고, 擄掠人을 돌려보냄을 알리고, 예물을 바치면서 大藏經을 청하다.(『太祖實錄』 권1 태조5, 『集成』3-57) 6.1. 判禮賓寺事 金定卿을 全羅, 忠淸道에 보내어 전투와 병선의 수를 점고하게 하다.(『太祖實錄』 권1 태조5, 『集成』3-58) 6.15. 全羅道 珍島萬戶 金寶桂가 倭 10여급을 베었다.(『太祖實錄』 권1 태조5, 『集成』3-58) 6.18. 慶尙道 東萊萬戶 尹衡과 石浦千戶 李義敬이 倭船 1척을 잡아 보내니, 宮醞과 비단을 하사하다.(『太祖實錄』 권1 태조5, 『集成』3-58) 6.29. 이달에 薩摩州 伊集院太守 藤原賴久가 사람을 보내어 禮物을 바치다.(『太祖實錄』 권1 태조5, 『集成』3-58) 7.11. 暹羅斛國에 回禮使로 갔던 李子瑛이, 그 使臣 林得章 등과 함께 돌아오다가, 全羅道 羅州에 이르러 倭寇에게 다잡혀 죽고, 李子瑛만 日本으로 잡혀갔다가 돌아오다.(『太祖實錄』 권1 태조5, 『集成』3-58) 7.24. 右道 水軍節制使 金英烈이 倭船 2척을 楸子島에서 잡고, 3명을 사로잡다.(『太祖實錄』 권1 태조5, 『集成』3-59) 8.9. 倭船 120척이 慶尙道에 쳐들어와 병선 16척을 탈취하고, 水軍萬戶 李春壽를 죽였으며, 東萊·機張·東平城을 함락하다.(『太祖實錄』 권1 태조5, 『集成』3-59) 8.12. 禮賓卿 辛有定을 倭寇를 방비하기 위하여 忠淸·全羅·慶尙道 敬差官으로 삼다.(『太祖實錄』 권1 태조5, 『集成』3-59) 8.18. 大將軍 吳用權을 倭寇를 방비하기 위하여 忠淸·全羅·慶尙道 敬差官으로 삼다./ 倭가 慶尙道에 침구하여 通洋浦의 병선 9척을 탈취해가다.(『太祖實錄』 권1 태조5, 『集成』3-59) 8.23. 倭가 寧海城을 함락하다.(『太祖實錄』 권1 태조5, 『集成』3-60)
1397 ▼	【한국】 1.3. 倭寇의 魁首 相田·於中 등이 蔚州浦로 들어오자, 知州事 李殷이 식량을 주고 후히 접대하였으나, 李殷·朴靑·李藝 등을 잡아가지고 도망가다.(『太祖實錄』 태조6, 『集成』3-65) 1.6. 大司憲 閔汝翼이 知中樞院事 趙狷을 合浦에서 倭寇를 막지 못한 것을 이유로 탄핵하려다가 오히려 탄핵을 당하다.(『太祖

일본

7.5. 回禮使 裴厚와 함께 귀국하던 暹羅斛 使者 張思道가 日本에서 겁탈당하고 돌아와 구리그릇과 黑人 두사람을 바쳤다.(『太祖實錄』권1, 태조 3, 『集成』3-47)

7.13. 日本國 九州節度使 原了俊의 사자가 僧 梵明과 함께와서 被虜 男女 659명을 돌려보내고, 梵明이 원숭이를 바쳤다.(『太祖實錄』권1, 태조 3, 『集成』3-47)

7.14. 倭가 海州에 침입하여 병선 1선을 빼앗아 달아나다.(『太祖實錄』권1, 태조 3, 『集成』3-47)

8.15. 倭寇가 忠淸道 安城에 침입하였는데, 水軍 萬戶 張龍劒이 倭船 9척을 노획하다.(『太祖實錄』권1, 태조 3, 『集成』3-48)

8.22. 倭船 10여척이 靈光郡에 침입하였으나, 鹽夫 30여인이 싸워 3인을 목베니 倭寇들이 쫓겨갔다.(『太祖實錄』권1, 태조 3, 『集成』3-48)

9.9. 琉球國 中山王 察度가 被虜 남녀 12인과 함께 箋文과 예물을 바치고, 망명한 山南王의 아들 承察度를 돌려 보내라고 청하다.(『太祖實錄』권1, 태조 3, 『集成』3-48)

9.11. 王이 조회에 나가니, 日本과 琉球의 使臣들이 行禮했다.(『太祖實錄』권1, 태조 3, 『集成』3-48)

9.17. 全羅道 觀察使 趙璞이 전함을 만들어 長浦와 南原에서 倭寇를 막은 判開城府事 鄭地의 집에 旌表를 세우다.(『太祖實錄』권1, 태조 3, 『集成』3-48)

10.6. 임금이 집비둘기 3쌍을 日本 九州節度使 源了俊의 청에 의해 보내다.(『太祖實錄』권1, 태조 3, 『集成』3-49)

10.11. 前 工曹典書 崔龍蘇를 九州節度使 源了俊에게 보내어, 被虜人 700명을 돌려보내준 것에 감사하는 書와 土宜를 보냈다.(『太祖實錄』권1, 태조 3, 『集成』3-49)

12.26. 이달에 日本國 鎭西節度使 源了俊이 使臣을 보내어 大藏經을 청구하다.(『太祖實錄』권1, 태조 3, 『集成』3-50)

7.11. 日本國 日向州 사람이 土物을 바치다.(『太祖實錄』권1, 태조 4, 『集成』3-54)

7.16. 日本國 薩摩州 사람이 와서 土物을 바치다.(『太祖實錄』권1, 태조 4, 『集成』3-54)

8.9. 慶尙道 觀察使가 보고하기를, 倭가 夫成浦에 들어와 배 1척을 불사르고 군사 3인을 죽였다고 아뢰다.(『太祖實錄』권1, 태조 4)

8.27. 倭船 1척과 倭 21인을 사로잡은 右道水軍 僉節制使 金英烈에게 廐馬 1필과 비단, 宮醞을 하사하다.(『太祖實錄』권1, 태조 4, 『集成』3-54)

9.16. 各道에서 孝子·順孫·義夫·節婦등을 보고하였는데, 喬桐의 前別將 李提의 아내 조씨를 節婦로 旌表하다.(『太祖實錄』권1, 태조 4, 『集成』3-55)

9.29. 金英烈이 잡은 倭寇를 城東에서 참형하다.(『太祖實錄』권1, 태조 4, 『集成』3-55)

윤9.3. 三陟府使 朴蔓이 침입한 倭寇 2인을 죽이니, 李自芬을 보내어 內醞을 하사하다.(『太祖實錄』권1, 태조 4, 『集成』3-55)

11.11. 都評議使司에 명하여 水軍節制使 金英烈과 刑曹典書 金承霔을 불러 倭寇를 공격할 계책을 논의하게 하다.(『太祖實錄』권1, 태조 4, 『集成』3-56)

12.14. 回禮使 金積善이 日本에서 돌아오다./島倭들이 來朝하여 다시 무역을 하게 되었다고 하다.(『太祖實錄』권1, 태조 4, 『集成』3-56)

12.16. 日本 大內殿 多多良이 사람을 보내 土物을 바치다.(『太祖實錄』권1, 태조 4, 『集成』3-57)

8.26. 倭寇를 방비하기 위해 忠淸·全羅·慶尙道 都察理使와 각도의 助戰節制使를 임명하다.(『太祖實錄』권1, 태조 5, 『集成』3-60)

10.27. 倭가 東萊城을 포위하였다가, 이기지 못하고 물러가면서 병선 21척을 불살랐고, 水軍萬戶 尹衡과 任軾이 전사하다.(『太祖實錄』권1, 태조 5, 『集成』3-60)

11.2. 慶尙道 都節制使 崔雲海와 鷄林尹 柳亮 등이 長鬐에서 倭寇와 싸워 倭兵 3급을 베다.(『太祖實錄』권1, 태조 5, 『集成』3-60)

11.5. 倭가 平海城을 포위하다.(『太祖實錄』권1, 태조 5, 『集成』3-61)

11.9. 商議中樞 郭忠輔와 前 商議中樞 李天祐를 江陵道에 보내어 倭를 방비하게 하다.(『太祖實錄』권1, 태조 5, 『集成』3-61)

11.13. 慶尙道 都節制使 崔雲海가 倭寇를 寧海에서 치니, 倭가 배를 돌려 江原道로 향하다.(『太祖實錄』권1, 태조 5, 『集成』3-61)

11.17. 倭가 蔚珍縣에 침입하다./蔚州 知州事 李殷이 倭 6급을 베니 비단을 내려주다.(『太祖實錄』권1, 태조 5, 『集成』3-61)

11.23. 三司右僕射 權和와 商議中樞院副使 張思靖, 漢城尹 曹益修를 江原道에 보내어 倭寇를 방비케하다.(『太祖實錄』권1, 태조 5, 『集成』3-62)

12.3. 門下右政丞 金士衡으로 五道兵馬都處置使로 삼아 5도의 병선을 모아서 一岐와 對馬島를 공격하려고 떠날 때 임금이 남대문박까지 전송하고 교서를 내리다.(『太祖實錄』권1, 태조 5, 『集成』3-62)

12.9. 萬戶 林溫 등이 觀察使 韓尙質에게 보고한 것에 의하면, 倭船 60척이 寧海 丑山島에 이르러, 鷄林府尹 柳亮 등에게 괴수 5명이 수백인을 거느리고 투항하여 오다.(『太祖實錄』권1, 태조 5, 『集成』3-63)

12.13. 司衣司直 宋得居와 前別將 盧文理등이 倭寇討伐을 위한 五道都統處置使의 휘하에서 선봉이 되기를 청하다.(『太祖實錄』권1, 태조 5, 『集成』3-63)

12.21. 降倭 魁首 疚六이 3인을 인솔하고 와서 長劍과 還刀를 바치고 숙배하다.(『太祖實錄』권1, 태조 5, 『集成』3-63)

12.22. 降倭 疚六에게 宣略將軍龍驤巡衛司 行司直兼海道管軍民萬戶, 非疚時知에게 敦勇校尉龍驤巡衛司左領行司正兼管軍百戶를 수직하다.(『太祖實錄』권1, 태조 5, 『集成』3-63)

實錄』태조 6, 『集成』3-65)

1.28. 五道都統使 金士衡이 降倭 羅可溫·아들 都時老·伴儻 昆時羅 등이 知蔚州事 李殷을 납치한 일 때문에 三南 都節制使등을 논죄하다.(『太祖實錄』태조 6, 『集成』3-65)

2.8. 右政丞 金士衡을 위한 잔치에 謝恩使 權仲和 이하 여러 使臣과 疚六이 참예하다.(『太祖實錄』태조 6, 『集成』3-66)

연도	한국
▲ 1397	2.9. 倭가 前判事 魏种과 知蔚州事 李殷을 돌려보내다.(『太祖實錄』 태조6, 『集成』3-66) 2.10. 倭 萬戶 羅可溫의 아들 都時老에게 司正, 昆時羅, 望沙門에게는 副司正을 제수하고, 의복과 冠을 하사하다.(『太祖實錄』 태조6, 『集成』3-66) 2.11. 임금이 勤政殿에서 조회를 받고, 疚六을 위문하니 땀과 눈물을 흘리다./ 降倭가 도망한 일로 崔雲海·李龜鐵·金賚吉·金英烈을 巡軍獄에 가두고 심문하다./ 使司에서 庚寅年 이후 海寇가 난동을 부려 연해변의 주군이 蕭然하였으나, 근년에 兵船을 만들어 도적이 오지못하고, 居民도 土着하여 살게 되었으므로, 배타는 軍戶의 役을 줄이도록 아뢰다.(『太祖實錄』 태조6, 『集成』3-67) 2.12. 商議中樞院事 柳亮이 倭魁의 아들 童時羅 등 2인을 거느리고, 鷄林으로부터 오니 童時羅에게 의복을 하사하다.(『太祖實錄』 태조6, 『集成』3-68) 2.18. 降倭가 도망한 일로 崔雲海·李龜鐵·金賚吉·金英烈 등을 유배시켜 水軍에 속하게 하다.(『太祖實錄』 태조6, 『集成』3-68) 2.27. 對馬島에 가서 잡혀있던 蔚州事 李殷을 데리고 온 朴仁貴 등 5인에게 쌀 각각 10석을 주다.(『太祖實錄』 태조6, 『集成』3-69) 2.28. 降倭 疚六에게 쌀 30석과 콩 20석을, 伴人에게는 의복과 갓을 한벌씩 주다.(『太祖實錄』 태조6, 『集成』3-69) 3.25. 通事 前少監 朴仁貴등이 對馬島로부터 돌아왔는데, 倭船 10척이 항복하기를 빌었다.(『太祖實錄』 태조6, 『集成』3-69) 3.27. 上이 慶尙道에서 항복하기를 비는 倭人의 항복을 받되, 만약에 대비토록 廟堂에 명하다.(『太祖實錄』 태조6, 『集成』3-69) 4.1. 降倭의 魁首 羅可溫이 병선 24척을 거느리고 항복하기를 청하다.(『太祖實錄』 태조6, 『集成』3-70) 4.5. 大將軍 金季壽와 前萬戶 朴文崇을 慶尙道에 보내어 倭를 막는 대책을 세우도록 하다./降倭 魁首 2인이 무리 6인을 거느리고 慶尙道 觀察使에게 술을 대접하다.(『太祖實錄』 태조6, 『集成』3-70) 4.6. 倭魁에게 觀察使가 쌀 2백석을 주다./羅可溫이 무리 80인을 거느리고 密陽府에 이르자, 觀察使 李至가 羅可溫 등 10인을 서울로 보내다.(『太祖實錄』 태조6, 『集成』3-71) 4.8. 倭賊 방어를 위해 忠淸道 군사 5백명을 징발해 慶尙道, 全羅道에 보내다.(『太祖實錄』 태조6, 『集成』3-71) 4.12. 倭人에게 항복을 종용하려고 僧 義雲을 倭國에 보내자고 한, 韓尙質과 柳亮을 諫官이 탄핵하다.(『太祖實錄』 태조6, 『集成』3-71) 4.16. 降倭 疚六·都時老 등 5인에게 각각 옷 1습을 주다.(『太祖實錄』 태조6, 『集成』3-71) 4.23. 倭人에게 잡혀갔다 도망해 온 暹羅斛國 使臣 林得章 등 6인이 도망해 오자, 그들에게 각각 옷 1습을 주었다.(『太祖實錄』 태조6, 『集成』3-72) 4.24. 倭魁 羅可溫이 12인을 거느리고 서울에 왔다.(『太祖實錄』 태조6, 『集成』3-72) 4.25. 諫官이 降倭때문에 생업을 돌보지 못하는 각도의 군사들에게 宿衛를 정지할 것을 건의하다.(『太祖實錄』 태조6, 『集成』3-70) 4.26. 勤政殿 朝會에 降倭 羅可溫은 東8品 班頭 조금뒤에, 暹羅斛國 使臣은 西8品 班頭 조금뒤에 서열하다.(『太祖實錄』 태조6, 『集成』3-73) 4.27. 降倭 羅可溫은 宣略將軍, 그 부하 都時羅등 8인은 각각 領司正, 副司正을 수직하다.(『太祖實錄』 태조6, 『集成』3-73) 4.28. 都觀察使, 都節制使에게, 배반한 倭人을 잡아들이도록 명하다.(『太祖實錄』 태조6, 『集成』3-73) 5.2. 諫官이 降倭의 처리를 잘못한 商議中樞院司 柳亮을 국문할 것을 상소하다.(『太祖實錄』 태조6, 『集成』3-73) 5.6. 前 司宰少監 朴仁貴를 日本 對馬島에 보내어, 受職을 배신한 上萬戶의 죄상을 알리고 처벌하도록 對馬島守護 李大卿에게 通書하다.(『太祖實錄』 태조6, 『集成』3-74) 5.8. 諫官이 倭賊을 놓친 柳亮의 죄를 청하니, 僧 義雲이 나타날 때까지 기다리도록 하다.(『太祖實錄』 태조6, 『集成』3-75) 5.10. 諫官이 다시 柳亮을 벌주기를 청하니, 하옥시키고 국문하도록 하다.(『太祖實錄』 태조6, 『集成』3-75) 5.14. 倭가 海州에서 도둑질을 하다.(『太祖實錄』 태조6, 『集成』3-75) 5.15. 倭가 瓮津鎭에 들어와 병선 2척을 불태우다.(『太祖實錄』 태조6, 『集成』3-75) 5.18. 倭賊을 쫓아 全羅道 鎭浦에 이르렀던 朴子安의 목숨을 그의 아들 朴實이 殿下에게 읍소하여 刑을 집행하기 전에 구하다./倭寇를 방어하지 못한 合浦군관을 처벌하도록 慶尙道에 이첩하다.(『太祖實錄』 태조6, 『集成』3-75) 5.22. 倭에 포위된 宣州城을 泥城道의 副萬戶 金元桂가 구원하다 전사하다.(『太祖實錄』 태조6, 『集成』3-77) 5.27. 倭가 龍州에서 도둑질을 하다./ 朴子安을 巡軍獄에 가두고 국문하고 慶尙道都節制使 尹邦慶과 鷄林府尹 河崙을 옥에 가두다.(『太祖實錄』 태조6, 『集成』3-77) 5.29. 萬戶 車承鶴이 長淵에서 倭 5급을 베었다.(『太祖實錄』 태조6, 『集成』3-78) 6.2. 全羅道 觀察使가 水軍 萬戶 崔原忠이 倭船 1척을 잡았음을 보고하다.(『太祖實錄』 태조6, 『集成』3-78)
1398 ▼	【한국】 1.1. 勤政殿에서 조회가 끝난 후 日本國使者와 一岐·對馬·覇家臺 使人과 吾都里·吾郎哈이 함께 잔치에 참여하다.(『太祖實錄』 태조7, 『集成』3-87) 1.11. 慶尙道 觀察使의 보고에 倭寇의 침노 때문에 변방의 백성들이 流移하여 사방으로 흩어졌다가, 근년에 차츰 돌아오고 있으니, 魚鹽의 세를 몇년 미룰 것을 청하다.(『太祖實錄』 태조7, 『集成』3-88) 1.26. 蔚州州事 李殷을 對馬島에까지 따라가서 구해온 蔚州吏 李陶·朴焉의 鄕役을 면제하다.(『太祖實錄』 태조7, 『集成』3-88) 2.16. 晉陽에 우거중인 琉球國 山南王 溫沙道가 15인을 거느리고 오니, 의복과 쌀과 콩을 주다.(『太祖實錄』 태조7, 『集成』3-89) 2.17. 降倭 萬戶 疚六를 藤六으로, 羅可溫을 林溫으로 改名하고 수직을 하였으며, 望沙門·昆時羅·沙門吾羅·三寶羅平·吾音甫·

일본

6.5. 龍岡縣에서 노략질한 倭船을 잡지 못한 兵馬節度使 李居易를 국문하다.(『太祖實錄』 태조 6, 『集成』3-78)

6.8. 諫官이 宣州에 침구한 倭를 막다가 전사한 泥城萬戶 金元桂에게 관직을 추서하고 자손을 서용할 것을 상언하다.(『太祖實錄』 태조 6, 『集成』3-79)

6.9. 柳亮이 병들자 그 가둔 것을 보석하다.(『太祖實錄』 태조 6, 『集成』3-79)

6.17. 巡軍에 명하여 朴子安을 베고, 尹邦慶과 河崙을 각각 廣州와 水原에 安置하다./ 巡軍官을 보내어 崔雲海·金賮吉·李龜鐵·金英烈을 곤장을 때린 후 모두 직첩을 거두고 수군으로 보충하게 하다.(『太祖實錄』 태조 6, 『集成』3-79)

6.18. 西北面 安州道 水軍萬戶 朴原廷이 병선 10척으로 倭船 24척과 싸우다 병선 6척을 잃다.(『太祖實錄』 태조 6, 『集成』3-80)

6.21. 日本 九州節度使 源了俊이 사람을 보내어 土産物을 바치다.(『太祖實錄』 태조 6, 『集成』3-80)

6.27. 倭가 長山串에 침구하여 병선 10척을 불태우다./ 京畿友道 水軍節制使 金乙寶와 左道水軍 僉節制使 姜揚에게 명하여 西北面 倭寇를 추격하게 하다.(『太祖實錄』 태조 6, 『集成』3-80)

6.28. 門下侍郎 贊成事 金湊를 西北面 都察理使로 삼아 倭를 잡게하다.(『太祖實錄』 태조 6, 『集成』3-81)

6.29. 判典農寺事 金鼎卿을 全羅道에 보내어 日本使者를 살해하고 예물을 나누어 가진 水軍萬戶 崔原忠을 잡아오도록 했으나, 崔原忠은 도망가고, 공모한 자 柳天隱만 처형하다.(『太祖實錄』 태조 6, 『集成』3-81)

7.1. 右道水軍僉節制使 李淳이 倭人5인을 잡아 올리다.(『太祖實錄』 태조 6, 『集成』3-81)

7.3. 判禮賓寺事 姜仲琳으로 忠淸道 敬差官을 삼아 병선을 거느리고 豊海·西北面 沿海 등처에서 倭를 잡게하다.(『太祖實錄』 태조 6, 『集成』3-81)

7.7. 商議中樞院使 陳乙瑞와 中樞院副使 辛克恭·辛有賢·張思靖으로 助戰節制使로 삼아 豊海·西北沿海 등처의 倭를 잡게하다.(『太祖實錄』 태조 6, 『集成』3-82)

7.11. 順寧君 枝·商議中樞院事 李天祐 등을 海路에 보내어 甲士·擲石軍을 거느리고 倭寇를 잡게하다.(『太祖實錄』 태조 6, 『集成』3-82)

7.16. 日本 九州節度使가 土物을 바치다.(『太祖實錄』 태조 6, 『集成』3-82)

7.19. 倭魁 羅可溫의 아들 都時老가 죽자, 사람을 보내어 致祭하여 주다.(『太祖實錄』 태조 6, 『集成』3-82)

7.21. 降倭 望沙門이 세사람을 데리고 오니, 각각 옷을 하사하다.(『太祖實錄』 태조 6, 『集成』3-83)

7.25. 日本 六州刺史 多多良朝臣 義弘이 사자를 보내 都堂에 글을 바쳤는데, 行人 通竺 등의 回禮를 답하며, 一岐·對馬島의 변방 사람들의 침노를 막을 것을 약속하다.(『太祖實錄』 태조 6, 『集成』3-83)

8.5. 僉節制使 姜思德이 藍浦鎭에 침입한 倭賊 8급을 목베고 노획한 병기를 바치니, 비단과 宮醞을 하사하다.(『太祖實錄』 태조 6, 『集成』3-83)

8.6. 禹仁烈·陳乙瑞 등이 倭賊을 쫓았으나, 미치지 못하고 돌아오다./ 琉球國 中山王 察度가 표류인 9인과 함께 方物과 글을 바치다.(『太祖實錄』 태조 6, 『集成』3-84)

8.9. 降倭를 外方에 分置하다.(『太祖實錄』 태조 6, 『集成』3-84)

8.14. 倭가 龍州를 노략질하다.(『太祖實錄』 태조 6, 『集成』3-84)

8.18. 羅世 등에게 명하여 龍州의 왜적을 잡게하다.(『太祖實錄』 태조 6, 『集成』3-84)

8.23. 前判事 鄭漸에게 擲石軍과 군사를 모아 倭를 잡게하다./ 被虜本國 男女 19명, 倭人 3명, 唐人 2명이 日本에서 돌아오다.(『太祖實錄』 태조 6, 『集成』3-85)

8.25. 醫術을 조금 아는 日本僧 原海가 처자를 거느리고 오자, 典醫博士를 수직하여 주고 姓을 平이라 하다. (『太祖實錄』 태조 6, 『集成』3-85).

8.28. 琉球國使가 돌아가다.(『太祖實錄』 태조 6, 『集成』3-85)

8.30. 倭를 막지못한 이유로 義州·安州·平壤道의 水軍萬戶 3인을 참하다.(『太祖實錄』 태조 6, 『集成』3-85)

9.4. 京畿右道 水軍節制使 金乙寶가 倭船 1척을 잡아, 14급을 베고 24인을 사로잡아 바치니, 비단과 宮醞을 하사하다.(『太祖實錄』 태조 6, 『集成』3-86)

10.1. 日本 九州節度使의 使者와 본국의 僧 梵明이 와서 土物을 바치다./ 豊海·西北 등지의 倭를 잡는 군인들을 凍死를 우려하여 집으로 돌아가게 하다.(『太祖實錄』 태조 6, 『集成』3-86)

10.8. 降倭 괴수 疚六에게 쌀과 콩 50석을 하사하다.(『太祖實錄』 태조 6, 『集成』3-86)

11.14. 日本國 六州牧 義弘이 僧 永範·永廓을 보내어 土物을 바치다.(『太祖實錄』 태조 6, 『集成』3-86)

12.25. 日本 六州牧 義弘의 사자 永範·永廓이 돌아가니, 前秘書監 朴惇之를 回禮使로 삼아 義弘에게 大相國의 倭寇금압의 뜻에 감사하고 두 나라가 화호할 것을 글로 보내다.(『太祖實錄』 태조 6, 『集成』3-87)

12.29. 日本 關西道 九州探題 源道鎭이 사람을 보내어 예물을 바치고, 大藏經을 청구하다.(『太祖實錄』 태조 6, 『集成』3-87)

【일본】

8.-. 조선 사신 朴敦之가 大內義弘의 使와 동행하여 도착하여 장군 足利義滿에게 왜구의 금압을 요청하다.(『南方紀傳』下), 조선사신 朴敦之가 足利義滿에게 왜구의 금압을 요청하다. 足利義滿이 大夫에게 글을 보내어 왜구의 금압, 조선에 大藏經과 銅鏡 등을 요청할 것을 명하다.(『善隣國宝記』卷中)

望時羅·賢准·阿時羅 등도 이름을 고치고 수직하다.(『太祖實錄』 태조 7, 『集成』3-89)

연도	한국
▲ 1398	3.22. 前密直使 金先致의 卒記에, 그가 壬午年에 全羅道 都巡問使 柳濯을 따라 倭寇를 막아서 수십인을 처죽였다고 기록되어 있다.(『太祖實錄』 태조7, 『集成』3-89) 4.16. 山南王 溫沙道 등이 조회하다.(『太祖實錄』 태조7, 『集成』3-90) 4.17. 對馬島 使者가 오다.(『太祖實錄』 태조7, 『集成』3-90) 5.25. 對馬島의 被虜人 8명이 倭人 9명과 더불어 돌아오니, 被虜人은 집으로 돌아가게 하고, 倭人은 州縣에 분치하고, 의복과 양식을 주다.(『太祖實錄』 태조7, 『集成』3-91) 윤5.11. 知中樞院事 李至의 상소문에 백성들이 왜적에게 사로잡혀 州郡이 떠들썩하다고 적혀있다.(『太祖實錄』 태조7, 『集成』3-91)
1399	【한국】 3.13. 근래 倭寇가 조용하고 변경이 편해져 東北面과 江原道 船軍을 파하고, 京畿·慶尙·忠淸·全羅道의 船軍을 감하다.(『定宗 實錄』 정종1, 『集成』3-96) 3.-. 降倭와 吾郞哈이 부정한 짓을 저지른 故 中樞院副使 具成祐의 妻를 용서하여 아내로 삼기를 청하였으나 거절하다.(『定宗 實錄』 정종1, 『集成』3-95) 5.16. 通信官 朴惇之가 日本 大將軍과 倭寇의 근절책을 교섭하고, 大將軍 使臣과 함께 피로인 남녀 1백인과 함께 돌아오다. 大 內殿 義弘과 大將軍의 母后도 칼·비단·胡椒 등을 바치다.(『定宗實錄』 정종1, 『集成』3-96) 6.15. 백성들이 郭忠輔의 간통사건을 비유하여, 차라리 倭寇를 만나지 郭忠輔는 만나지 않겠다고 하다.(『定宗實錄』 정종1, 『集 成』3-98) 6.-. 軍器監으로 하여금 日本國 使臣들에게 불꽃놀이를 베풀어 구경하게 하다.(『定宗實錄』 정종1, 『集成』3-97) 7.1. 日本國 大相國이 倭賊을 격파하였다는 말을 듣고 騎船을 파하는 일을 의논하다./ 日本國 對馬島 都惣管 宗貞茂가 사자를 보내어 方物과 말 9필을 보내고, 書에 '지금은 국토가 통일되어 바다와 육지가 평온하니, 금후 왕래가 자유롭고, 寺刹과 沿海의 人家가 전처럼 경영되기를 바란다'고 하다.(『定宗實錄』 정종1, 『集成』3-99) 7.10. 日本左京大夫 六州牧 義弘이 九州를 쳐서 이긴 후, 사자를 보내어 자신이 百濟의 후손임을 자처하면서 土田을 청하였으 나, 거절하다.(『定宗實錄』 정종1, 『集成』3-99) 7.21. 임금이 日本使者 10인을 서쪽 凉廳에서 인견하다. 日本使者에게 大將軍과 義弘이 우리나라를 위해 적을 멸한 것을 사례 하고, 大藏經을 청구한 것에 대해 缺本을 보충한 후, 받아가도록 하다.(『定宗實錄』 정종1, 『集成』3-102)
1400	【한국】 1.10. 豊海道에서 배에 머물러 있던 倭人이 배4척을 가지고 몰래 돌아가다.(『定宗實錄』 정종2 (『定宗實錄』 정종, 『集成』3-107) 3.19. 參贊門下府事 趙英茂를 海州에 보내 降倭를 西北面에 分置하다.(『定宗實錄』 정종2, 『集成』3-107) 4.18. 對馬島守 刑部少輔 宗貞茂와 그 아비 沙彌靈鑑이 말을 바치면서 성심으로 도적을 금하겠다고 하다.(『定宗實錄』 정종2 (『定宗實錄』 정종, 『集成』3-107) 4.-. 對馬島 倭人이 말 16필을 바치다./ 趙英茂가 海州에서 降倭를 豊海道에 分置하다.(『定宗實錄』 정종2, 『集成』3-107) 5.17. 世子의 賓客이 강론중에 2년 이래로 倭寇가 잠잠하나 불우의 변을 방비하기 위하여 山城을 수축하도록 하다.(『定宗實 錄』 정종2, 『集成』3-108) 6.2. 世子가 賓客 鄭擢과 忠孝의 도리를 강론하다가 丁丑年에 朴子安이 倭賊을 막지 못해 죽게 되었을 때 그 아들 朴實이 아버 지 구한 것을 말하다.(『定宗實錄』 정종2, 『集成』3-109)
1401	【한국】 1.14. 靑城伯 沈德符의 卒記에 庚申年 倭賊이 남쪽변방을 침구하였을 때, 누선 40척을 거느리고 쳐서 막다고 적다.(『太宗實 錄』 태종1, 『集成』3-113) 1.25. 對馬島 沙彌靈鑑이 사람을 시켜 말 6필을 바치다./ 巡軍에 명하여 降倭를 州·縣에 분치하다.(『太宗實錄』 태종1, 『集成』3-113) 윤3.1. 參贊 權近이 상소하기를, 故 崔茂宣이 처음 화약을 제조하여 海寇의 제압에 공이 있다고 하다.(『太宗實錄』 태종1, 『集 成』3-113) 윤3.7. 見乃梁 水軍萬戶 白思儉이 倭船 1척을 노획하다.(『太宗實錄』 태종1, 『集成』3-114) 윤3.11. 倭가 南陽府 변경을 침구하고, 紫燕島·三木島의 鹽場을 노략질하다.(『太宗實錄』 태종1, 『集成』3-114) 윤3.29. 이달에 對馬島 沙彌靈鑑이 사람을 시켜 예물을 바치고 被虜人을 돌려보내다.(『太宗實錄』 태종1, 『集成』3-114) 4.29. 日本의 慈雲寺 僧 天眞과 對馬島守護 宗貞茂 등이 海島에서 노략질하여 판사람들을 돌려 보내다.(『太宗實錄』 태종1, 『集成』3-115) 6.5. 倭船 4척이 高巒梁의 병선 1척을 빼앗자, 千戶 徐安禮가 도망하다.(『太宗實錄』 태종1, 『集成』3-115) 6.18. 日本國 汜州太守가 사자를 보내어 말3필과 약재를 바치다.(『太宗實錄』 태종1, 『集成』3-115) 6.28. 對馬島 沙彌靈鑑이 말 4필을 바치다.(『太宗實錄』 태종1, 『集成』3-115) 7.8. 全羅道 水軍節制使가 倭船 9척이 西北面으로 향하였다고 하자, 左右道 水軍都節制使 金英烈을 豊海道 西北面에 보내어 倭寇를 방비하게 하다.(『太宗實錄』 태종1, 『集成』3-115)
1402 ▼	【한국】 1.1. 兀良哈 5인과 倭人 9인이 賀禮에 참예하다.(『太宗實錄』 태종2, 『集成』3-118)

일본
윤5.21. 山南王 溫沙道 등 7인이 조회에 참예하다.(『太祖實錄』 태조 7, 『集成』3-92)
7.27. 日本 肥前州 駿州太守 源慶이 사람을 시켜 예물을 바치다.(『太祖實錄』 태조 7, 『集成』3-92)
8.26. 鄭道傳·南誾·沈孝生·朴輚·柳曼殊의 졸기에 각기 倭에 관한 사항을 적다.(『太祖實錄』 태조 7, 『集成』3-92)
10.15. 山南王 溫沙道가 죽다.(『太祖實錄』 태조 7, 『集成』3-93)
12.20. 倭로 인하여 처소를 잃었던 慶尙道의 溟珍縣을 江城郡에 병합시키고, 珍城이라고하다.(『太祖實錄』 태조 7, 『集成』3-93)
12.29. 日本 六州牧 多多良義弘이 相國大夫人의 명을 받아 중 靈智를 보내어 예물을 바치고 大藏經을 청구하다.(『太祖實錄』 태조 7, 『集成』3-94)

8.26. 戶曹典書 崔云嗣를 日本에 보내어 報聘하다.(『定宗實錄』 정종 1, 『集成』3-102)
9.10. 慶尙道 兵馬節制使의 보고에 의하여 海寇의 침입을 우려하여 각도에 騎船軍을 부활하다./ 倭가 西北面 宣·博州에 침구하여, 助戰節制 使 陳乙瑞를 西北面, 朴蔓을 豊海道, 李彬을 忠淸道, 崔雲海를 全羅道에 보내다./ 日本 對馬島 惚管 宗貞茂의 使僧 등이 詣闕하여 拜辭 하니, 黑麻布 3필, 白苧布 3필, 虎皮 1령을 주다./ 임금이 海州에서 사냥을 하고자 하니, 아직 禾稼를 거두지 안았고, 倭寇가 침구할지 도 모르니, 사냥 대신 溫泉에 가기를 청하다.(『定宗實錄』 정종 1, 『集成』3-103)/ 이달에 日本國 博多城 慈雲禪庵 住持 天眞과 一岐 安 國의 새 住持 顯悅이 사람을 시켜 예물을 바치다.(『定宗實錄』 정종 1, 『集成』3-104)
10.19. 倭가 瓮津에 침입하다./ 倭가 豊海道에 침입하여 병선 1척을 불태우고, 船軍 50명을 죽이다./ 倭가 豊州 西村에 침구하다.(『定宗實 錄』 정종 1, 『集成』3-105)
11.8. 倭船 7척이 명나라 연해지방을 침략하고, 돌아가는 길에 豊海道·西北面에 와서 六州牧 高義弘이 군사를 일으켜 섬멸한다는 소문을 듣 고, 항복하기를 청하니, 降倭 仇陸·藤昆을 보내어 초유하다.(『定宗實錄』 정종 1, 『集成』3-105)
11.25. 仇陸이 宣州에 이르러 萬戶 藤時羅老에게 우리나라에서 降倭 대접을 후하게 한다고 초유한 후, 그들을 데리고 都下에 이르다.(『定宗實錄』 정종 1, 『集成』3-105)/ 조회에 降倭 14명이 西班 8品下에 참예하다/ 判殿中寺事 朴惇之를 보내어 降倭를 宣州에서 위로하고 萬戶 藤望吾 時羅와 船主 彼堅都老 등 60인과 잡혀온 중국인 21명을 분치하여 살게하다.(『定宗實錄』 정종 1, 『定宗實錄』 정종, 『集成』3-106)
11.30. 降倭에게 司直이하를 授職하고, 宣略인 자는 銀帶를 주다.(『定宗實錄』 정종 1, 『定宗實錄』 정종, 『集成』3-106)
11.-. 日本 西海道 駿州太守 貞宗이 사람을 보내 土物을 바치다.(『定宗實錄』 정종 1, 『集成』3-105)
12.-. 降倭 17인이 와서 창과 갑옷 6部를 바치니, 모두 襲衣를 주다.(『定宗實錄』 정종 1, 『定宗實錄』 정종 1, 『集成』3-106)

7.1. 임금의 탄일에 日本使臣도 9品말미에서 行禮하다.(『定宗實錄』 정종 2, 『集成』3-109)
7.2. 大赦免令을 반포한 가운데, 바닷가 백성중 유약한 자녀가운데, 倭寇에게 잡혀갔다가 다른 고을에 버려져 다른 사람의 첩이나 종이 된 자는 소재지 관사에서 파악하여 본 고향으로 돌아가게 하다.(『定宗實錄』 정종 2, 『集成』3-109)
8.21. 이달에 日本 駿州太守 源定이 被虜人과 말 2필, 博多城 承天禪寺 住持 聞公이 사람을 보내어 예물을 바치고, 大藏經을 청구하였고, 慈 雲禪院 住持 天眞이 예물을 보내고, 피로인을 돌려보내다.(『定宗實錄』 정종 2, 『集成』3-110)
8.-. 日本이 使臣을 보내와 柑子·梅花를 각각 한분씩 바치다.(『定宗實錄』 정종 2, 『集成』3-110)
9.8. 倭寇에게 잡혀갔던 中國人 士女 20여명을 遼東에 돌려보내다.(『定宗實錄』 정종 2, 『集成』3-111)
9.-. 對馬島 沙彌靈鑑이 사람을 시켜 말 6필을 바치다.(『定宗實錄』 정종 2, 『集成』3-111)
10.15. 琉球國王 察度가 箋을 받들고 方物을 바치고, 또한 世子 武寧이 王世子에게 禮物을 바치다.(『定宗實錄』 정종 2, 『集成』3-111)

【일본】
9.16. 장군 足利義滿이 兵庫浦에 가서 조선의 사신이 타고 온 선박이 해안에 도착한 것을 관찰하다.(『迎陽記』)

7.27. 上護軍 沈龜齡과 礪良監務 鄭芬이 庚寅年 이후부터 倭寇로 인하여 沿海州郡의 황폐했던 田地에 다시 사람이 모여 田野가 개간되니, 측량을 새로하여 貢賦를 정하도록 하자고 진언하다.(『太宗實錄』 태종 1, 『集成』3-116)
8.2. 박돈지의 상소에 의해 남쪽지방의 賦稅를 倭寇때문에 육지로 운반하던 것을 다시 바다로 水運하게 하다.(『太宗實錄』 태종 1, 『集成』 3-116)
9.7. 倭使가 와서 조회하다.(『太宗實錄』 태종 1, 『集成』3-117)
9.29. 日本國 權對馬島太守 宗貞茂가 말6필을, 對馬州守 沙彌靈鑑이 말 4필을, 博多의 慈雲住持 天眞이 石膏 5근과 白礬 30근을 바치 다.(『太宗實錄』 태종 1, 『集成』3-117)
10.1. 對馬島 太守 宗貞茂와 一岐島 守護 志宗의 使人이 돌아가므로, 호피·표피·쌀·콩등을 하사하다.(『太宗實錄』 태종 1, 『集成』3-117)
10.16. 明의 監生 劉敬이 말을 청하자, 임금이 조선에는 원래 말이 많이나지 않고, 삼면이 바다에 접하여 倭寇가 많아, 騎兵으로 수어하기 때 문에 말 만필을 준비하기가 어렵다고 하다.(『太宗實錄』 태종 1, 『集成』3-117)
11.1. 倭가 慶尙道 固城縣에 침구하다.(『太宗實錄』 태종 1, 『集成』3-118)
1.4. 倭人 4인 와서 土産物을 바치다.(『太宗實錄』 태종 2, 『集成』3-118)
1.7. 倭使 人日이 賀禮에 참예하여 劍을 바치다.(『太宗實錄』 태종 2, 『集成』3-118)

연도	한국
▲ 1402	1.28. 東平縣 富山浦에 倭가 침구하여 千戶 金南寶와 士卒 10여명을 죽이다.(『太宗實錄』 태종2, 『集成』3-119) 2.5. 京畿左右道 水軍節制使 金英烈이 全羅道水軍중 정예한 자로 海寇를 막기위해 喬桐·江華에 살게하며 軍籍에 올린자 중 도망한 자가 161명이라고 아뢰고, 그들의 舊役을 다시 정하도록 하다.(『太宗實錄』 태종2 『集成』3-119) 2.15. 倭에게 잡히었다가 중국의 변경에서 도망한 船軍 金鐵力·派稅·金莫惠 등 세사람이 賀正通事 閔德生의 편에 돌아오다.(『太宗實錄』 태종2 『集成』3-119) 2.27. 倭船 4척이 南陽의 仙佐島에 침구하여 사람과 물건을 약탈해 가다.(『太宗實錄』 태종2 『集成』3-119) 4.9. 豊海道 觀察使 張子忠이 騎船人이 倭寇를 추격하여 船所를 떠나면 굶주리는 경우가 많다고 하면서 5家 1戶로 料를 주도록 청하다.(『太宗實錄』 태종2, 『集成』3-120) 5.26. 對馬島 守護 宗貞茂·宗和殿의 宗九郎·宗五郎과 小二殿 등에게 쌀과 콩등을 하사하다.(『太宗實錄』 태종2, 『集成』3-120) 6.1. 임금이 金士衡 등에게 日本 使臣인 僧에 대한 접대절차를 의논하니, 정승이하가 對酌토록 하다.(『太宗實錄』 태종2,『集成』3-120) 6.3. 全羅道 領船萬戶를 倭에게 漕運船 1척을 빼앗긴 죄로 巡衛府에 가두다.(『太宗實錄』 태종2, 『集成』3-121) 6.6. 日本國 大相에게 그가 보내온 使人편에 인삼·호피 등 土物을 하사하다.(『太宗實錄』 태종2, 『集成』3-121)
1403	【한국】 1.23. 日本國使 12인이 와서 土物을 바치다.(『太宗實錄』 태종3, 『集成』3-124) 2.13. 日本 大相國 大內殿·一岐島 志佐殿·對馬 宗鳥宗府郎의 使人이 돌아간다하여 받은 것보다 후하게 물건을 하사하다.(『太宗實錄』 태종3, 『集成』3-125) 2.27. 日本使가 와서 土物을 바치다.(『太宗實錄』 태종3, 『集成』3-125) 2.30. 對馬州 守護 宗貞茂가 使人을 보내 예물을 바치다.(『太宗實錄』 태종3, 『集成』3-125) 4.1. 倭寇 방어에 공이 있는 都憁制 郭忠輔에게 50석을 賻儀하다.(『太宗實錄』 태종3, 『集成』3-125) 4.24. 倭가 全羅道·慶尙道 해변의 州郡을 겁탈하다.(『太宗實錄』 태종3, 『集成』3-126) 5.11. 倭醫 平原海에게 奴婢 2口를 주었다.(『太宗實錄』 태종3, 『集成』3-126) 5.23. 倭寇 방어에 공이 있는 高麗朝의 장수 鄭地의 후손을 서용하라고 명하다.(『太宗實錄』 태종3, 『集成』3-126) 5.30. 一岐州 知主 源良喜가 被虜人을 돌려보내고 예물을 바치다.(『太宗實錄』 태종3, 『集成』3-126) 6.5. 임금이 횡포를 부린 甲士 鄭習之 등 40인을 옥에 가두고 곤장을 때리게 명하면서 甲士들의 포학함이 倭와 같다고 하다.(『太宗實錄』 태종3, 『集成』3-127) 6.11. 議政府의 건의에 따라 各道에 倭寇를 잡기위한 小船을 10척씩 만들게 하다.(『太宗實錄』 태종3, 『集成』3-127) 7.26. 倭船 8척이 江陵 羽溪縣에 침입하다.(『太宗實錄』 태종3, 『集成』3-127) 7.30. 倭寇 방어를 위해 左軍 僉憁制 辛有定을 江原道 助戰兵馬使로 삼다.(『太宗實錄』 태종3, 『集成』3-128) 8.1. 倭寇방어를 위해 떠나는 江原道 助戰兵馬使 辛有定에게 조급하지 않도록 하다./ 倭船 8척이 長鬐의 변경을 침범하다.(『太宗實錄』 태종3, 『集成』3-128) 8.11. 강릉도의 무릉도 거민을 육지로 나오게 했으니, 감사의 말에 따른 것이었다.(『太宗實錄』 태종3, 『集成』3-128.누락)
1404	【한국】 1.6. 尹世珍에게 쾌선을 거느리고 倭賊을 잡게하다.(『太宗實錄』 태종4, 『集成』3-131) 1.9. 議政府에서 對馬島 守護官 宗貞茂에게 글을 보내고, 虎皮·豹皮 등을 보내다.(『太宗實錄』 태종4, 『集成』3-131) 2.22. 倭船 수십척이 濟州에 침입하여 客館과 민가를 불사르고, 7인을 죽이고 10여인을 잡아가다.(『太宗實錄』 태종4, 『集成』3-132) 2.27. 知寧越郡事 許稠가 관내의 효자·열녀 집의 부역 면제를 청하면서 釋奴가 왜적이 이를 때 팔십 넘은 어미를 업고 험하고 막힌 곳을 발섭하여 피하였음을 보고하다.(『太宗實錄』 태종4, 『集成』3-132, 『集成』3-132) 3.6. 倭船 2척이 忠淸道에 침입하여 병선 2척을 빼앗고 군인 60여인을 죽이다.(『太宗實錄』 태종4, 『集成』3-132) 3.10. 左政丞 河崙이 海道 萬戶·千戶와 水軍에게 添設職을 주자고 하였으나 허가하지 않다.(『太宗實錄』 태종4, 『集成』3-133) 3.12. 倭가 南陽에 침입하여 兵船을 빼앗고, 사람을 죽이고 노략질을 하다.(『太宗實錄』 태종4, 『集成』3-133) 3.13. 倭와 싸우다 죽은 安行梁 萬戶 李生年에게 賻儀하고, 그의 집에 부역을 면제해 주다./ 三道水軍 都指揮使 金英烈이 海道에서 능히 방어하지 못한 자에게 甘結을 받다.(『太宗實錄』 태종4, 『集成』3-133) 4.4. 倭船 3척이 全羅道 靈光郡에 침입하여, 知郡事 鄭井이 싸워서 물리치다.(『太宗實錄』 태종4, 『集成』3-134) 4.27. 一岐州 知主 源良喜가 使人을 보내 禮物을 바치다.(『太宗實錄』 태종4, 『集成』3-134) 5.9. 順天府에 있던 李芳幹을 倭寇가 침입하기 쉬운 곳에 있다하여 다시 益州로 안치하다.(『太宗實錄』 태종4, 『集成』3-134)
1405 ▼	【한국】 3.17. 鷄城君 李來 등이 京師에서 본래 朝鮮國 사람인데 倭賊에게 사로잡혔었다고 하는 도적 6명을 송환한다는 등의 禮部 咨文을 가지고 돌아오다./ 遼東都指揮使司에서 본래 朝鮮國 사람인데 倭賊에게 사로잡혔었다고 하는 도적 6명의 송환에 관한 문건을 謄抄해 보내다.(『太宗實錄』 태종5, 『集成』3-139) 5.16. 藝文館 大提學 李行을 京師로 보내어 猛哥帖木兒 등이 本國 東北面의 땅에 이르러 居住하였는데, 差役을 당하여 倭賊을 방어한 功이 있어 萬戶의 職을 맡긴지 몇 해가 지났으므로 朝鮮에서 관할하도록 上奏하게 하다.(『太宗實錄』 태종5, 『集成』3-140)

일본

6.11.	日本 志佐殿이 보낸 仇郞文·宋羅君 등이 돌아가다.(『太宗實錄』 태종 2, 『集成』3-121)
6.14.	慶尙道 見乃梁 萬戶 睦哲을 지난해 5월에 日本使船 1척을 잡아 15명을 죽인죄로 참수하고 日本國에 諭書를 보내다.(『太宗實錄』 태종 2, 『集成』3-122)
7.11.	議政府에서 日本國 大將軍에게 海寇를 잡아 없애고, 俘虜를 돌려 보낸 것에 대해 조관을 보내어 사례의 글을 전하고, 예전의 화호를 닦도록 하다.(『太宗實錄』 태종 2, 『集成』3-122)
7.28.	一岐島 知主가 예물을 바치고, 俘虜를 돌려 보내다.(『太宗實錄』 태종 2, 『集成』3-123)
9.8.	日本 源賴秀의 使人이 하직하니, 쌀·콩 등을 하사하다.(『太宗實錄』 태종 2, 『集成』3-123)
9.29.	日本 薩州山城의 太守 源賴秀가 稱臣封書하고 예물을 바치다. 一岐州 知主 源良喜도 예물을 바치고, 俘虜를 돌려 보내다.(『太宗實錄』 태종 2, 『集成』3-123)
10.12.	어릴 때 倭人에게 잡혀갔다가 중국을 통해서 온 세사람이 임금을 알현하다.(『太宗實錄』 태종 2, 『集成』3-123)
10.14.	全羅道 興德의 水軍萬戶가 倭船 2척을 잡다.(『太宗實錄』 태종 2, 『集成』3-124)
11.10.	全羅道 都節制使 洪恕에게 倭人 10인을 잡은 공로롤 宮醞과 表裏를 주다.(『太宗實錄』 태종 2, 『集成』3-124)

【일본】

10.29. 조선 사신이 北山殿을 참배하였는데, 장군 足利義滿과 만나다.(『吉田家日次記』)

9.27.	倭가 樊溪浦에 침입하여 千戶 仇永臣을 잡아가다.(『太宗實錄』 태종 3, 『集成』3-129)
9.29.	각도의 兵船·軍官이 적선을 만나면 매번 逆風이라 핑계를 대면서 힘을 다하여 잡지 않으니, 앞으로는 都節制使 및 沿海各官에 장부를 비치하여 바람·안개·비·눈등을 상세히 기록하여 매달 觀察使에게 보고토록 하다.(『太宗實錄』 태종 3, 『集成』3-129)
10.3.	倭船 5척이 豆毛浦에 침입하여 射官 2인을 사로잡고, 兵船 5척을 불태우다.(『太宗實錄』 태종 3, 『集成』3-129)
10.8.	日本國使 20여인이 土物을 바치며 피로인 130명을 데리고 왔다.(『太宗實錄』 태종 3, 『集成』3-129)
10.9.	倭가 甘北浦에 침입하여 전함 3척을 불태우고, 군인 12명을 죽이다.(『太宗實錄』 태종 3, 『集成』3-130)
10.10.	日本使僧 雪菴등 10여인이 와서 土物을 바치고, 雪菴이 시를 지어 올리다.(『太宗實錄』 태종 3, 『集成』3-130)
10.30.	肥前州 駿州太守 源圓珪가 使人을 보내 예물을 바치고 被虜人을 돌려보내며 도적을 금할 것을 알려오다.(『太宗實錄』 태종 3, 『集成』3-130)
12.7.	倭가 全羅道 樂安浦에 침입하여 萬戶 任原龍을 잡아가고, 병선 4척을 불태웠는데, 군인으로 피살된자가 86인이고, 살아난 자가 185명이다.(『太宗實錄』 태종 3, 『集成』3-130)
12.15.	倭賊의 침입을 자주받은 全羅·慶尙道 各浦의 兵船을 점검하고 규율을 새로 세우다.(『太宗實錄』 태종 3, 『集成』3-130)
12.18.	倭가 全羅道에 침입하여 전함 5척을 빼앗아 가다.(『太宗實錄』 태종 3, 『集成』3-131)

5.19.	計稟使 金瞻이 女眞人民 參散千戶 李亦里不花 등 十處人員이 本國에 와서 산지가 오래되고 倭寇의 침략으로 거의 없어져 本國의 人民과 서로 혼인하여 賦役에 이바지하므로 朝鮮에서 관할하기를 청하는 奏本을 가지고 明에 가다.(『太宗實錄』 태종 4, 『集成』3-135)
7.1.	金英烈에게 全羅道로 향하는 倭船 33척을 방어하도록 명하다.(『太宗實錄』 태종 4, 『集成』3-135)
7.6.	日本國으로 가다가 폭풍을 만나 全羅道 耽津浦에 이르른 中國 使臣 馬榮宗을 위로하여 전송하다.(『太宗實錄』 태종 4, 『集成』3-135)
7.9.	前 參判 崔雲海의 卒記에 順興府使로 있을 때에 倭를 함몰시킨 사실을 적다.(『太宗實錄』 태종 4, 『集成』3-136)
7.17.	日本 田平殿 源圓珪가 使人을 보내 土物을 바치다.(『太宗實錄』 태종 4, 『集成』3-136)
7.30.	日本國王 源道義가 使臣을 보내 禮物을 바쳤다. 日本國 防長刺史 大內多多良盛見도 예물을 바치다.(『太宗實錄』 태종 4, 『集成』3-136)
8.8.	倭船 1척을 포획하고, 6인을 생포한 水軍都指揮使 金英烈에게 表裏를 하사하다.(『太宗實錄』 태종 4, 『集成』3-137)
9.19.	司諫院 左諫 趙休 등이 부모형제가 아울러 船軍에 충당하는 것을 바꾸도록 건의하다.(『太宗實錄』 태종 4, 『集成』3-137)
9.25.	司譯院 判官 崔雲이 倭寇에게 잡혔다가 도망해 온 寧波府民 陳阿狗 등 4명을 데리고 遼東으로 가다.(『太宗實錄』 태종 4, 『集成』3-138)
10.24.	日本國王使 周棠등이 돌아간다고 하니, 임금이 無逸殿에서 접견하고 공궤하다.(『太宗實錄』 태종 4, 『集成』3-138)
10.25.	典書 呂義孫을 日本國에 보내어 國王에게 報聘하다.(『太宗實錄』 태종 4, 『集成』3-138)
12.30.	이달에 對馬州牧 宗貞茂가 사람을 보내 도적을 금지할 것을 진달하다.(『太宗實錄』 태종 4, 『集成』3-138)

【일본】

5.1. 명의 사신 300여명이 상경하여 동사의 금당에서 휴식하다. 그 사이에 조선의 사신이 인사하러 오다. 조선의 사신이 3월 28일에 돌아가다.(『東寺王代記』)

5.24. 肥前州 駿州太守 源圓珪와 肥前州 山西敎寺 住持 源奇가 각각 사람을 보내어 禮物을 바치다.(『太宗實錄』 태종 5, 『集成』3-141)

연도	한국
▲ 1405	5.29. 對馬島 萬戶 藤陸등 5인에게 포를 하사하다.(『太宗實錄』 태종5, 『集成』3-141) 6.3. 日本 志佐殿이 僧 道君을 보내어 말 두필, 大刀·藥材등을 바치다.(『太宗實錄』 태종5, 『集成』3-141) 6.6. 倭人 林溫과 表時羅가 가족을 보고자 본토로 돌아가다.(『太宗實錄』 태종5, 『集成』3-142) 6.22. 日本 志佐殿 使僧이 하직하니, 음식과 포등을 내려주다.(『太宗實錄』 태종5, 『集成』3-142) 6.29. 이달에 日本國王 源道義가 使臣을 보내어 도적을 사로잡은 것을 보고하고, 禮物을 바치다.(『太宗實錄』 태종5, 『集成』3-142) 8.29. 忠淸道 觀察使가 道內의 安波寺가 倭에 의해 廢寺된 寺社의 田·民의 屬公을 건의하다.(『太宗實錄』 태종5, 『集成』3-142)
1406	【한국】 1.1. 임금이 世子와 百官을 거느리고 朝賀를 받았는데, 吾都里·兀良哈·日本客使가 모두 참여하다.(『太宗實錄』 태종6, 『集成』3-145) 1.6. 奏聞使 戶曹參議 李玄이 돌아와 보고하기를, 중국에서 조선과 日本의 교통을 경계하고 있고, 日本使臣의 중국에 入朝때 조선보다 윗자리에 있었음을 알리다.(『太宗實錄』 태종6, 『集成』3-145) 1.16. 日本 志佐殿의 使人이 하직하니, 志佐殿과 使人에게 물품을 하사하다.(『太宗實錄』 태종6, 『集成』3-146) 1.18. 倭船 6척이 長興府 周浦에 침범하여 병선 1척을 약탈하여 가다.(『太宗實錄』 태종6, 『集成』3-146) 1.25. 慶尙道 乃而浦 千戶 李賢阜에게 倭船 1척을 포획한 공로로 면포 1필을 하사하다.(『太宗實錄』 태종6, 『集成』3-146) 1.26. 倭寇가 연해지방을 침공하였을 때, 종군하여 공을 세운 降倭 林溫·藤昆·吳文·朴生 등과 山南人 玉芝·吳仁·羅萬·羅道·朴南 등에게 상을 주어 보내다. / 倭船 16척이 濟州를 침략하였는데, 州兵이 격퇴하고 1급을 베다.(『太宗實錄』 태종6, 『集成』3-147) 2.6. 忠淸道 觀察使 成石因이 上書하여, 中國이 남으로 日本과 通好하고 있고, 또 우리나라 使臣 李玄의 자리를 倭使밑에 두었다고 하면서, 土木의 역사를 중지하기를 청하다.(『太宗實錄』 태종6, 『集成』3-147) 2.7. 全羅道의 倭賊을 잡기위해 降倭 藤陸·藤賢과 皮古沙只에게 각기 면포를 주다.(『太宗實錄』 태종6, 『集成』3-148) 2.8. 日本國王使 僧 周黨이 하직하니, 그 일행에게 물품을 하사하다.(『太宗實錄』 태종6, 『集成』3-148) 2.13. 全羅道 巖墮島에 침입한 倭船을 물리친 鹽夫에게 콩과 쌀을 하사하다. 이때 被虜人 2명이 도망하여 오다.(『太宗實錄』 태종6, 『集成』3-148) 2.20. 檢校 工曹參議 尹銘을 日本에 가서 日本國王에게 예물을 보내어 보빙토록 하였으나 西生浦에서 배가 파선되어 5명이 죽었으나, 다시 배를 수리하여 가도록 하다.(『太宗實錄』 태종6, 『集成』3-148) 2.27. 日本에 使臣으로 갔다가, 명나라 使臣에게 통역 黃奇를 빼앗기고, 또 명에서 日本에 유시하여 우리나라를 협공한 말을 전하지 않은 呂義孫을 珍島에 유배시키다. / 日本國王 道義가 使臣을 보내어 大藏經을 청하였고, 九州節度使 源道鎭이 토물을 바치고 俘虜를 돌려 보내다.(『太宗實錄』 태종6, 『集成』3-149) 3.4. 降倭 吳文과 藤昆이 全羅道 船軍을 거느리고 倭賊을 잡아서 葛島에 이르렀다가 돌풍을 만나 익사하자, 쌀과 콩을 하사하고, 道觀察使를 추핵하다.(『太宗實錄』 태종6, 『集成』3-150) 3.20. 倭船 4척이 三木島에 침략하여 사선 2척을 빼앗아 갔다.(『太宗實錄』 태종6, 『集成』3-150) 3.22. 慶尙道 兵馬都節制使 柳龍生에게 倭船 1척을 잡은 공로로 綵絹을 하사하다.(『太宗實錄』 태종6, 『集成』3-150) 3.24. 全羅道 水軍團撫使 金文發이 降倭 林溫 등과 함께 安釜島에서 倭船 1척을 잡다.(『太宗實錄』 태종6, 『集成』3-150) 3.29. 對馬島 守護 宗貞茂에게 부친상을 당한 위로로 쌀·콩 200석을 하사하다.(『太宗實錄』 태종6, 『集成』3-151) 3.30. 全羅道 水軍僉節制使 具成美가 楸子島에 정박한 倭船 14척과 싸워 물리쳤으나 具成美가 流矢를 맞았다.(『太宗實錄』 태종6, 『集成』3-151) 4.4. 全羅道 觀察使 朴訔·都節制使 金繼志·團撫使 金文發, 慶尙道 都節制使 柳龍生에게 倭賊을 잡은 공로로 宮醞을 하사하다.(『太宗實錄』 태종6, 『集成』3-151)
1407 ▼	【한국】 1.17. 日本 丹州의 使者가 하직하고, 回回沙門 都老가 처자를 데리고 와서 함께 살기를 청하여 집을 주다.(『太宗實錄』 태종7, 『集成』3-159) 1.19. 領議政府事 成石璘이 倭와 隣好를 수결할 것등 時務 20條를 진달하다.(『太宗實錄』 태종7, 『集成』3-160) 2.1. 日本 薩摩州 太守가 사람을 보내어 土物을 바치다.(『太宗實錄』 태종7, 『集成』3-161) 2.26. 日本國王使가 聘問하고 도적을 없앴다고 통보하였고, 三州刺史 大内多多良德雄이 左政丞 河崙에게 書를 올리다.(『太宗實錄』 태종7, 『集成』3-161) 3.11. 上이 正殿에서 日本國王使를 인견하다.(『太宗實錄』 태종7, 『集成』3-161) 3.16. 對馬島 守護 宗貞茂가 平道全을 보내, 被虜人과 土物을 바치면서, 여러부락을 거느리고 武陵島에 옮겨와서 살기를 청하였으나, 거절하다.(『太宗實錄』 태종7, 『集成』3-161) 3.26. 日本의 志佐殿이 被虜人 35명을 돌려보내다.(『太宗實錄』 태종7, 『集成』3-162) 4.8. 임금이 日本의 使客과 북쪽 변방의 野人이 많이 와도 太平館과 僧舍로 충분하다고 하고, 僧徒들로 館舍 등을 짓는 일을 정지하다.(『太宗實錄』 태종7, 『集成』3-162) 4.19. 對馬島倭 남녀 58인이 투항하다.(『太宗實錄』 태종7, 『集成』3-163) 4.28. 左軍同知摠制 盧을 보내어 女眞人 崔咬納이 人戶 20戶를 끌고 本國의 吉州 阿罕地面에 와서 살면서 倭賊을 막아 功이 있어

일본
9.18. 千秋使 尹穆 등이 京師에서 돌아와서 太祖 高皇帝 때에 雲南으로 귀양갔던 人物과 倭에게 잡혀갔던 人物들을 皇帝께서 모두 돌려보내 었는데, 猛哥帖木兒를 보내지 않는다는 宣諭와 聖旨를 전하다.(『太宗實錄』 태종 5, 『集成』3-143)
10.25. 前 全羅道水軍都節制使 金贇吉의 卒記에 倭를 막은 공로를 적다.(『太宗實錄』 태종 5, 『集成』3-143)
12.6. 日本國王이 僧 周棠을 보내어 聘問하다.(『太宗實錄』 태종 5, 『集成』3-144)
12.10. 日本 志佐殿이 사람을 보내어 조회하다.(『太宗實錄』 태종 5, 『集成』3-144)
12.16. 日本國王使를 5品班行에서 인견하고, 해적토벌을 치하하다.(『太宗實錄』 태종 5, 『集成』3-144)
12.29. 이달에 宗貞茂가 사람을 보내 말 10필과 被虜人 60명을 돌려보내다.(『太宗實錄』 태종 5, 『集成』3-145)
4.8. 倭船 18척이 全羅道 漕船 14척과 호송병선 1척을 安行梁에서 약탈하여, 쌀 4천 90석을 빼앗아 가다.(『太宗實錄』 태종 6, 『集成』3-152)
4.11. 敬差官 判軍資監事 尹向을 忠淸道에 보내어, 都節制使 崔迤와 都觀察使 成石因을 漕船을 빼앗긴 죄로 按問하고, 左右道 都萬戶 盧仲 濟 등 4인에게 杖 60대를 치다. / 京畿 左右道 水軍都節制使 李之實에게 전함을 수리하여 倭船을 잡도록 하다. / 倭寇에 부상당한 僉節 制使 具成美에게 宮醞을 하사하고, 漕運船을 약탈당한 都節制使 金繼志를 힐문하다.(『太宗實錄』 태종 6, 『集成』3-152)
4.14. 倭奴의 별종인 紀南寶國의 客人이 와서 土物을 바치다.(『太宗實錄』 태종 6, 『集成』3-153)
4.16. 日本 西海道 丹州太守 源迎이 使臣을 보내어 土物을 바치다.(『太宗實錄』 태종 6, 『集成』3-153)
4.17. 慶尙道 兵馬使 金乙雨와 鹿島 千戶 金仁祥이 倭船 1척을 잡았는데, 倭人 30인이 바다에 빠져죽고, 9급을 베어바쳐 차등을 두어 內廐 馬·段·絹 등 상을 내리다.(『太宗實錄』 태종 6, 『集成』3-153)
4.22. 日本 呼子殿의 客人이 와서 土物을 바치다.(『太宗實錄』 태종 6, 『集成』3-153)
5.3. 議政府에서 倭寇에 의해 陳荒地가 된 바닷가의 땅을 다시 개간하여 量田한 結數를 올리다.(『太宗實錄』 태종 6, 『集成』3-154)
5.10. 全羅道 水軍 萬戶 詹波豆이 安行梁에서 倭賊에게 양곡을 약탈당한 죄로 곤장 60대를 맞다.(『太宗實錄』 태종 6, 『集成』3-154)
6.1. 日本國王이 使臣을 보내 내빙하다.(『太宗實錄』 태종 6, 『集成』3-154)
6.4. 慶尙道 見內梁 千戶 金甌와 鹿島 千戶 金仁祥이 倭船 1척을 小知島에서 잡고, 13급을 벤 공로로 상을 받다.(『太宗實錄』 태종 6, 『集成』 3-154)
6.26. 上이 정전에 나가 日本國王使를 인견하고 위무하다.(『太宗實錄』 태종 6, 『集成』3-155)
윤7.3. 日本回禮官 李藝가 被虜人 남녀 70여인을 쇄환하다.(『太宗實錄』 태종 6, 『集成』3-155)
8.6. 日本 一岐州 知主 源良喜가 使人을 보내 俘虜 76인을 돌려보내고, 宗貞茂도 土物을 바치다.(『太宗實錄』 태종 6, 『集成』3-155)
8.11. 南藩 爪蛙國使 陳彦祥이 全羅道 群山島에 이르러 倭寇에게 약탈당하다. 陳彦祥은 甲戌年에 내빙하여 朝奉大夫 書雲副正을 제수한 자 이다.(『太宗實錄』 태종 6, 『集成』3-155)
8.17. 司譯院 直長 金有珍으로 하여금, 왜구를 만나 약탈당하고 뗏목을 타고 兆陽縣에 표박한 浙江 紹興衛의 三江千戶所 摠旗 吳進등을 요 동으로 압송하다.(『太宗實錄』 태종 6, 『集成』3-156)
9.1. 爪蛙國使 陳彦祥이 從者 17명과 함께 全羅道에 이르렀는데, 中官에게 명하여 물품을 주다.(『太宗實錄』 태종 6, 『集成』3-156)
9.16. 爪蛙國의 陳彦祥이 돌아가니, 약탈당한 증빙의 回文과 40料가 되는 경쾌한 小船을 태워보내다.(『太宗實錄』 태종 6, 『集成』3-157)
9.26. 對馬島 守護 宗貞茂가 南蕃船에서 약탈한 孔雀·蘇木 등의 물품을 바치다.(『太宗實錄』 태종 6, 『集成』3-157) / 日本 呼子遠江守 源瑞 芳·鴨打三川守 源傳와 一岐州守護代 源賴廣·源擧가 각각 被虜人과 禮物을 바치다.(『太宗實錄』 태종 6, 『集成』3-158)
10.5. 倭人에게 붙잡혔다가 돌아온 사람들을 원하는 바에 따라 州縣에 分置하다.(『太宗實錄』 태종 6, 『集成』3-158)
10.19. 薩摩州傍官 元師의 使人이 禮物을 바치고 被虜人을 돌려보내다.(『太宗實錄』 태종 6, 『集成』3-159)
11.1. 日本 薩摩州守 藤原賴久가 使人을 보내어 蘇木을 바치고, 被虜人을 돌려보내다.(『太宗實錄』 태종 6, 『集成』3-159)
12.21. 日本國 丹州守와 肥州守가 使臣을 보내어 蘇木·胡椒·玉帶·槍劍·水牛角 등을 바치다.(『太宗實錄』 태종 6, 『集成』3-159)

【일본】
일본의 大內氏가 대장경을 요청하기 위해 조선 의정부 관리들에게 글과 예물 목록 등을 보내다.(『大內氏實錄土代』)

鏡城 등처의 萬戶의 직책을 받고, 差役에 이바지한다는 咨文을 禮部로 보내다.(『太宗實錄』 태종 7, 『集成』3-163)
5.6. 日本 志佐殿과 呼子殿이 使者를 보내 예물을 바치다.(『太宗實錄』 태종 7, 『集成』3-164)
5.9. 왕이 日本國王使를 廣延樓에서 인견하다.(『太宗實錄』 태종 7, 『集成』3-164)
5.24. 郎句餘 太守 및 呼子津 遠江守 源瑞芳과 鴨打三河 源傳·一岐島 左文君이 각각 사람을 보내어 禮物을 바치고, 도적을 금할 것을 고하 다.(『太宗實錄』 태종 7, 『集成』3-164)
5.26. 一岐의 本井浦 大郎·五郎이 사람을 보내어 土物을 바치고, 知主 源良喜가 被虜人을 보내다.(『太宗實錄』 태종 7, 『集成』3-164)
7.15. 投化倭人 平道全을 員外司宰少監을 삼고, 銀帶를 주다.(『太宗實錄』 태종 7, 『集成』3-164)
7.21. 日本國 大內 多多良德雄이 사자를 보내어 예물을 바치다.(『太宗實錄』 태종 7, 『集成』3-165)
7.26. 倭船 3척이 三陟府를 노략질하고 한사람을 죽이고 갔는데, 千戶 丁仁富가 두려워하여 쫓아가 잡지 못하자, 觀察使가 벌주기를 청하 다.(『太宗實錄』 태종 7, 『集成』3-165)

연도	한국
▲ 1407	7.27. 慶尙道 兵馬節制使 姜思德이 蔚州·多大浦 등지의 방어와 興利倭人과 倭客의 使船이 向化倭人과 왕래하는 것을 금하여 내륙의 먼곳으로 옮겨살도록 청하다. (『太宗實錄』 태종7, 『集成』3-165)/ 興利倭船이 연속하여 慶尙道에 이르자, 앞으로는 정한 곳에 와서 정박한 倭船만이 무역하게 하되, 무역이 끝난 뒤에는 즉시 돌아가게 하다.(『太宗實錄』 태종7, 『集成』3-167) 7.30. 忠淸道 병선 11척이 全羅道 倭寇를 수색하여 群山島에 이르렀다가 돌풍에 파손되다.(『太宗實錄』 태종7, 『集成』3-167) 8.5. 日本 田平殿이 사자를 보내 禮物을 바치다.(『太宗實錄』 태종7, 『集成』3-167) 8.11. 慶尙道 兵馬都節制使 姜思德이 對馬島 倭人 餘彌多羅·非古時羅의 말대로 倭의 침입에 대비하여 各浦의 병선을 모아 대비할 것을 청하다.(『太宗實錄』 태종7, 『集成』3-167) 8.25. 倭가 庇仁縣과 木浦에 침입하여 배 1척과 5인을 죽이고, 5인을 잡아가다.(『太宗實錄』 태종7, 『集成』3-168) 9.1. 肥前州 平戸島代官 金藤貞과 駿州太守 源圓珪가 사람을 시켜 俘虜를 돌려보내고 예물을 바치다./ 日本 大內多多良德雄의 客人이 하직하니, 청에 따라 大藏經 1부를 하사하다.(『太宗實錄』 태종7, 『集成』3-168)
1408	【한국】 1.2. 司諫院에서 船軍 개선 대책 8조목을 上言하고, 李季挴 등을 下三道의 海道察訪으로 보내다.(『太宗實錄』 태종8, 『集成』3-171)/ 全羅道 兵馬都節制使 成發道와 興德鎭 兵馬使 成達生에게 倭賊을 잡은 공로로 각기 宮醞과 廐馬 한필을 내리다.(『太宗實錄』 태종8, 『集成』3-172) 1.22. 全羅道 水軍 僉節制使 具成美·左道 都萬戸 鄭幹등에게 倭賊을 막지 못한 죄를 물어 태형을 가하다.(『太宗實錄』 태종8, 『集成』3-172) 1.23. 倭가 兆陽鎭에 쳐들어와 兵船 1척을 불태우고, 35명을 죽이다.(『太宗實錄』 태종8, 『集成』3-173) 1.26. 日本의 原滿直이 사람을 보내어 禮物과 不老圓 1백개를 바치다./ 경기 수군도절제사 김문발을 충청·전라도 수군도체찰 추포사로 삼아 경기의 병선 15척을 거느리고 가게 하다.(『太宗實錄』 태종8, 『集成』3-173) 2.1. 一岐 守護代 源攀가 사람을 보내어 禮物을 바치다.(『太宗實錄』 태종8, 『集成』3-173) 2.3. 鹽干 金羅進과 葛金 등이 연일 巖泰島를 도둑질하는 倭船 9척을 쫓아버리다.(『太宗實錄』 태종8, 『集成』3-173) 2.23. 倭變에 의해 소집하였던 京畿 各浦의 下領船軍을 歸農케 하다.(『太宗實錄』 태종8, 『集成』3-174) 2.27. 日本 鎭西探題將軍 源道鎭이 使者를 보내어 예물을 바치다.(『太宗實錄』 태종8, 『集成』3-174) 2.30. 知郡事 趙瑜가 靈光의 鹽所를 도둑질하는 倭船 11척과 싸워서 2급을 베고 물리치다.(『太宗實錄』 태종8, 『集成』3-174) 3.6. 水軍 僉節制使 玄仁貴가 忠淸道 水營에서 倭船 23척과 싸우다 화살에 맞아 전사하고, 병선 2척을 빼앗기다.(『太宗實錄』 태종8, 『集成』3-174) 3.8. 左軍 都總制 朴子安으로 京畿·忠淸·全羅道 水軍都體察使로 삼아, 경기의 병선을 거느리고 倭寇와 싸우게 하다./ 忠淸道 兵馬都節制使 李都芬에게 結城縣에서 倭寇와 싸워 3급을 벤 공로로 廐馬 1匹을 주다.(『太宗實錄』 태종8, 『集成』3-175) 3.14. 日本 通信官 朴和가 被虜人 남녀 수백인을 추쇄하여 돌아오다.(『太宗實錄』 태종8, 『集成』3-176) 3.26. 知沔州事 李致와 唐津監務 金叔良을 명령을 어겨 倭寇에게 노략질당한 죄로 태형을 쳐서 환임시키다.(『太宗實錄』 태종8, 『集成』3-176) 4.10. 對馬府 宗貞茂가 사자를 보내어 말 3필을 바치다./ 議政府에서 三道體察使중 京畿道를 제외한 節制使를 모두 올라오게 하고, 육지의 防守는 營에 딸린 鎭屬 軍官이 맡도록 하다.(『太宗實錄』 태종8, 『集成』3-176) 4.19. 日本國 仇沙殿이 使者를 보내어 禮物을 바치다.(『太宗實錄』 태종8, 『集成』3-176) 4.29. 朴和가 日本에서 돌아올 때 被虜人 1백명을 推刷하여 보냈으므로, 日本國 仇沙殿의 使人이 하직할 때 쌀 1백50석과 황두 50석을 주어 보내다.(『太宗實錄』 태종8, 『集成』3-177) 5.10. 日本回禮官 金恕가 刷出한 被擄人 20명을 데리고 돌아오다.(『太宗實錄』 태종8, 『集成』3-177) 5.11. 投化向國人이 서울에 살면서 王室을 호위하나, 소속이 없어서 京外를 임의로 출입하여, 이들을 모두 兵曹에 소속시키다./ 全羅道에서 倭船을 격파한 三道都體察使 朴子安과 助戰節制使 沈龜齡에게 宮醞을 내리고, 倭賊을 따라다닌 우리 나라 사람을 놓아준 것을 꾸짖다.(『太宗實錄』 태종8, 『集成』3-177)/ 全羅道海道察訪 韓雍이 各浦의 事宜를 올려 貫甲皮와 鹿皮와 天鵝의 眞羽를 면제케 해달라 하자 議政府에 명하여 貫甲皮 외의 것은 없애다.(『太宗實錄』 태종8, 『集成』3-178) 5.12. 日本 志佐·客人의 護送官 李春發이 刷出한 被虜人 28명을 데리고 돌아오다.(『太宗實錄』 태종8, 『集成』3-179) 5.14. 倭寇가 성한데 朴子安 등이 이를 잡지 못한다고 의정부에서 아뢰자, 大護軍 韓雍을 忠淸·全羅道의 監戰敬差官으로 삼다./ 倭船 14척이 쳐들어와 瑞州 鉏近梁의 병선 2척과 瑞州 倉浦의 병선 3척 및 三道都體察使 軍營을 불사르고, 저축한 군량 1백여석을 약탈하다.(『太宗實錄』 태종8, 『集成』3-179) 5.15. 倭船 14척이 唐津縣에 이르러, 육지에 올라 약탈하니, 都節制使 李都芬이 물리치다.(『太宗實錄』 태종8, 『集成』3-179) 5.17. 許稠를 三道都覆使로 삼아 朴子安·沈龜齡 등이 倭賊에게 패한 까닭을 조사하게 하고, 安瑗, 金重寶, 李培등을 甲士 1백여명과 함께 각도에 나누어보내어 倭賊을 대비케 하다.(『太宗實錄』 태종8, 『集成』3-180) 5.18. 熙川君 金宇 등을 京畿左·右道에 나누어 보내어 倭賊을 방비케 하다.(『太宗實錄』 태종8, 『集成』3-180) 5.20. 豊海道都觀察使가 倭賊의 배가 道內에 나타난 것을 보고하였으므로, 韓珪·趙涓 등을 東西江·富平·安山 등의 助戰節制使로 삼아 대비하였으나 倭寇가 아니라 本國의 배로 판명되다./ 忠淸·全羅道 監戰敬差官 韓雍에게 명하여 倭賊을 막지
1409 ▼	【한국】 1.8. 對馬島 宗貞茂가 使者를 보내 禮物을 바치다.(『太宗實錄』 태종9, 『集成』3-193)

일본

9.2. 倭가 南陽府 鹽場에 침구하고, 또 紫葱島를 노략질하여 9인을 죽이고, 1인을 잡아가다.(『太宗實錄』태종 7,『集成』3-168)

10.3. 成發道·李都芬·尹子當을 下三道의 兵馬都節制使로 삼아 倭賊을 방비케하다.(『太宗實錄』태종 7,『集成』3-169)

10.19. 判禮賓寺事 李台貴를 對馬島 守護官 宗貞茂에게 보내어 쌀과 콩 등을 하사하다.(『太宗實錄』태종 7,『集成』3-169)

10.26. 日本 薩摩州 藤原賴久가 사자를 보내어 예물을 바치다.(『太宗實錄』태종 7,『集成』3-169)

11.8. 倭船 1척이 楛島에 침입하여 全羅道 水軍 僉節制使 具成美가 맞아 싸웠으나, 날이 어두어 따라 잡지 못하다.(『太宗實錄』태종 7,『集成』3-169)11.26. 日本 對馬島守護 宗貞茂가 사람을 보내어 禮物을 바치다.(『太宗實錄』태종 7,『集成』3-170)

12.9. 倭가 眈津을 침구하여 萬德寺를 불태우다.(『太宗實錄』태종 7,『集成』3-170)

12.16. 日本 志佐殿과 一岐州 世官 源良喜가 土物을 바치고 被虜人 19인을 돌려보내다.(『太宗實錄』태종 7)

12.25. 兵馬使 成達生이 興德鎭에 침입한 倭賊을 물리치고, 2급을 베다.(『太宗實錄』태종 7,『集成』3-170)

12.30. 倭使 앞에서 火山臺를 베푼 軍器監 火藥匠 33명에게 쌀 1석씩을 내리다.(『太宗實錄』태종 7,『集成』3-170)

못한 자를 조사케 하여 軍民官 6品 이상을 直斷하다.(『太宗實錄』태종 8,『集成』3-181)

5.22. 日本回禮官 崔在田이 大內殿 使人과 推刷한 본국 被虜人 44명을 데리고 蔚山浦에 돌아와 日本의 형세에 대해 上言하고, 倭의 使臣에게 상을 줄 것을 품하여 使臣과 함께 上京하다.(『太宗實錄』태종 8,『集成』3-181)/ 忠淸道 道觀察使 柳廷顯이 倭賊 한 사람을 생포하여 바치다.(『太宗實錄』태종 8,『集成』3-182)

6.3. 日本의 志左殿·御廚殿이 使子를 보내어 禮物을 바치다.(『太宗實錄』태종 8,『集成』3-182)

6.14. 兵馬使 柳殷之가 長淵鎭 阿郞浦에 쳐들어온 倭船 15척을 물리치다.(『太宗實錄』태종 8,『集成』3-182)

6.21. 成石璘과 李茂가 中國의 使臣이 館에 있고, 倭賊이 변방을 침구함을 들어 임금이 政事를 듣도록 건의하다.(『太宗實錄』태종 8,『集成』3-183)

6.24. 倭船 12척이 宣州에 쳐들어오다.(『太宗實錄』태종 8,『集成』3-184)

6.28. 이달에 日岐太守 源良喜가 至曇을 보내 禮物과 함께 被虜人 23명을 돌려보내고, 下松浦 三河守가 使子를 보내 禮物을 바치다.(『太宗實錄』태종 8,『集成』3-184)

7.5. 倭船 2척이 西北面 寧朔縣에 入寇하다.(『太宗實錄』태종 8,『集成』3-184)

7.6. 日本의 大內殿이 屋轎子·倂風·藥材·器皿·綾絹등의 禮物을 바치다.(『太宗實錄』태종 8,『集成』3-184)

7.20. 日本 薩摩州 太守가 使者를 보내 禮物을 바치다.(『太宗實錄』태종 8,『集成』3-184)

7.29. 駿州太守 源圓珪와 日向州 地公河가 사람을 보내어 被虜人을 돌려보내다.(『太宗實錄』태종 8,『集成』3-185)

8.1. 前書雲觀丞 金浹을 日本에 보내 大內殿의 多多良德雄에게 報聘케 하고, 大藏經 등을 주다.(『太宗實錄』태종 8,『集成』3-185)

8.21. 日本國 九州節度使가 使者를 보내 土物을 바치다.(『太宗實錄』태종 8,『集成』3-185)

9.12. 議政府에서 倭賊 追捕와 선박호송을 위해 濟州에 全羅道의 兵船匠을 보낼 것을 아뢰다.(『太宗實錄』태종 8,『集成』3-185)

9.17. 全羅道兵馬都節制史 姜思德이 倭寇 방비를 위해 道內軍營 재배치와 碧骨堤를 수축할 것을 건의하다.(『太宗實錄』태종 8,『集成』3-186)

9.18. 日本國王使와 九州節度使의 使者가 하직하여 음식을 대접했으나, 使者가 임금께 친히 나오지 않는다 하여 가려하자, 同副代言 吳陞을 보내어 까닭을 알리고 翌日 謁見하도록 하다.(『太宗實錄』태종 8,『集成』3-186)

9.19. 上이 正殿에서 素服차림으로 日王의 使者를 引見하고 使者에 대한 대우가 불민했음을 말하다.(『太宗實錄』태종 8,『集成』3-187)

9.29. 日本 筑州太守가 사람을 보내 禮物을 바치다.(『太宗實錄』태종 8,『集成』3-187)

10.1. 司諫院에서 全羅道에 倭寇가 침입하는 시기에 全羅道都節制使 李之實을 능멸한 都鎭撫 鄭初을 治罪할 것을 아뢰자 임금이 다시 논하지 말라고 하다.(『太宗實錄』태종 8,『集成』3-187)

10.16. 倭가 楸子島에 침입하여 濟州의 배 1척을 빼앗아 간 것에 대해 全羅道 都觀察使를 推考하다.(『太宗實錄』태종 8,『集成』3-188)

10.17. 慶尙道 水軍僉節制使 金乙雨가 加羅島에서 倭船 1척을 잡고, 머리 7급을 베자 表裏를 내려 주었다.(『太宗實錄』태종 8,『集成』3-188)

10.21. 임금이 日本의 使者가 倭奴婢를 데리고 간 것을 듣고, 倭奴婢의 賣買를 금하다.(『太宗實錄』태종 8,『集成』3-189)

10.26. 倭가 光陽縣 蟾居驛에 入寇하다.(『太宗實錄』태종 8,『集成』3-189)

10.28. 日本國王 源道義가 사람을 보내 草竊의 禁制를 아뢰고 예물을 바치다.(『太宗實錄』태종 8,『集成』3-189)

11.6. 日本 丹州守 源延이 使者를 보내 土物을 바치고 被虜人을 돌려보내다.(『太宗實錄』태종 8,『集成』3-189)

11.7. 河崙을 守直한 李有喜의 말에 관해 海島의 倭賊이 서로 해하고 죽이는 것에 비유하여 有喜의 말은 진실로 倭賊과도 같다고 말하다.(『太宗實錄』태종 8,『集成』3-190)

11.16. 護軍 平道全이 對馬島에서 돌아올 때, 宗貞茂가 사람을 보내어 陳慰하고, 말을 바치고 被虜人을 돌려보내다.(『太宗實錄』태종 8,『集成』3-191)

11.23. 倭가 會寧縣에 쳐들어와 우리나라 남녀 두사람을 죽이다.(『太宗實錄』태종 8,『集成』3-191)

11.25. 司諫院에서 日本에 使臣 갔다 온 공으로 大官에 임명된 崔在田을 彈劾하니, 임금이 파직시키다.(『太宗實錄』태종 8,『集成』3-191)

12.6. 日本 九州牧 源道鎭이 使者를 보내 禮物을 바치다.(『太宗實錄』태종 8,『集成』3-192)

12.24. 全羅水軍都節制使가 倭賊을 방어하기 위해 水營의 이전 등을 건의하자 임금이 允許하지 않다.(『太宗實錄』태종 8,『集成』3-192)

12.25. 內藥房 醫員 平原海를 임금의 약을 정하게 조제하지 못하였기 때문에 典醫監에 근무하도록 하다.(『太宗實錄』태종 8,『集成』3-193)

【일본】

3.-. 조선 사신이 일본의 博多에 도착하다.(『歷代鎭西要略』『善隣國宝記』『南方紀傳』下)

연도	한국
▲ 1409	1.11. 日本 志佐殿이 使者를 보내 禮物을 바치고, 日本國王의 죽음을 고하다.(『太宗實錄』 태종9, 『集成』3-193) 1.26. 一岐島와 對馬島의 酋長이 土物을 바치다.(『太宗實錄』 태종9, 『集成』3-193) 1.29. 京畿水軍都節制使 崔龍和의 건의로 倭寇의 침입을 대비해 江華·喬桐의 토지를 軍資田에 이속시키다.(『太宗實錄』 태종9, 『集成』3-194) 2.18. 豊海島 都節制使 金繼志가 倭船 14척이 和好를 보이기 위해 지난 여름에 잡아간 부녀자를 돌려보내고 白翎島로 감을 보고하자, 임금이 倭賊을 치기 위해 복병을 숨길 것을 지시하다.(『太宗實錄』 태종9, 『集成』3-194) 2.19. 摠制 權緩이 倭賊에게 잡힌 조선인의 송환에 관한 禮部의 咨文을 가지고 명에서 돌아오다.(『太宗實錄』 태종9, 『集成』3-195) 3.6. 日本 志佐殿이 使者를 보내어 禮物을 바치다.(『太宗實錄』 태종9, 『集成』3-195) 3.10. 倭賊을 잡다 폭풍을 만난 중국배를 수리하게 하고 위로하여 돌려보내다.(『太宗實錄』 태종9, 『集成』3-195) 3.14. 降倭인 前護軍 具陸에게 米豆 10석을 주다.(『太宗實錄』 태종9, 『集成』3-196) 3.16. 慶尙道 水軍僉節制使 金乙雨가 商船이라 주장하는 倭船 2척을 잡았는데, 兵馬都節制使 尹子當이 모두 죽이고, 중국에 알릴 것을 논의하다.(『太宗實錄』 태종9, 『集成』3-196) 3.26. 명에서 倭賊에게 잡혔다가 도망한 우리 나라 사람 李注莊 등 8인을 의복과 노자를 주어 돌려보내다./ 日本 一岐州와 肥州殿에서 사람을 보내어 陳慰하고 禮物을 바치다.(『太宗實錄』 태종9, 『集成』3-197)/ 日本 下松浦 三河守 融君이 사람을 보내 鎭慰하고 禮物을 바치다.(『太宗實錄』 태종9 『集成』3-198) 4.1. 임금이 대신들과 더불어 宗貞茂를 招諭하는 문제를 의논하다.(『太宗實錄』 태종9, 『集成』3-198) 4.11. 日本 田平殿이 使者를 보내어 土物을 바치다.(『太宗實錄』 태종9, 『集成』3-198) 4.12. 明皇帝가 倭寇의 포로가 된 朝鮮人 金孟碎를 謝恩使 李良祐 편에 돌려보내다.(『太宗實錄』 태종9, 『集成』3-198) 4.13. 日本 豊厚州가 使者를 보내어 土物을 바치다.(『太宗實錄』 태종9, 『集成』3-198) 4.21. 護君 平道全을 對馬島에 보내 報聘하다.(『太宗實錄』 태종9, 『集成』3-199) 4.23. 日本 駿州太守 源圓圭가 사람을 보내어 陣慰하고 예물을 바치다.(『太宗實錄』 태종9, 『集成』3-199) 윤4.11. 日本 大內殿 多多良德雄이 僧 周鼎등을 보내어 土物과 觀音畵像을 바치다.(『太宗實錄』 태종9, 『集成』3-199) 윤4.19. 對馬島에 있는 모친이 죽은 判典醫監事 平原海에게 쌀등을 하사하다.(『太宗實錄』 태종9, 『集成』3-199) 윤4.26. 日本으로 돌아가는 大內殿의 使者 周鼎등에게 大藏經 등을 하사하다.(『太宗實錄』 태종9, 『集成』3-199) 5.27. 日本 志左殿 客人이 土物을 바치다.(『太宗實錄』 태종9, 『集成』3-200) 6.15. 豊海島 觀察使가 倭賊을 핑계로 閔無咎를 甕津 邑城에 가두고 通來를 금했는데, 임금이 閔無咎를 예전 살던 곳으로 돌아가게 하고, 閔無咎를 治罪하자는 대신들의 上訴를 허락하지 않다.(『太宗實錄』 태종9, 『集成』3-200)
1410	【한국】 1.8. 日本 志左殿 一岐州에서 土物을 바치다.(『太宗實錄』 태종10, 『集成』3-205) 1.17. 日本에 잡혀갔던 淮安衛軍 胡原 등 2명을 중국의 정세를 탐문토록 遼東으로 보내다.(『太宗實錄』 태종10, 『集成』3-205) 1.19. 하직하는 日本國王使에게 前 日本國王에 대해 弔喪하지 못한 것과 잡혀간 被虜人 등을 돌려보낸 것에 대해 사의를 표시하다./ 節期와 백성의 노고 등을 이유로 倭寇 방비를 위한 육지의 築城工事를 沿海邊의 성을 제외하고 중지토록 하다.(『太宗實錄』 태종10, 『集成』3-206) 1.28. 一岐知州 源良喜와 代言 源覺眞이 사람을 보내어 예물을 보내고 大藏經을 청하다.(『太宗實錄』 태종10, 『集成』3-206) 2.4. 前海州黎使 梁需를 禮物과 함께 日本에 보내어 報聘과 弔喪을 하다.(『太宗實錄』 태종10, 『集成』3-207) 2.27. 朝廷의 논의에 따라 平道全에게 그 아들 望古와 그 무리 3인을 이끌고 慶尙·全羅 등지의 倭賊을 막도록 하다.(『太宗實錄』 태종10, 『集成』3-208) 4.8. 司諫院에서 倭奴의 革罷 등에 대한 8가지 時務策을 올리자 議政府에 내려 의논하게 하다.(『太宗實錄』 태종10, 『集成』3-208) 4.14. 日本 志左殿 源秋高가 예물이 만족스럽지 않자 被虜人을 구하러 간 司直 朴和를 拘留하고 있다가 議政府의 答書를 받은 후 돌려보내다.(『太宗實錄』 태종10, 『集成』3-209) 4.18. 球沙殿의 倭客人이 土物을 바치자 議政府에서 後禮하기를 간하니 임금이 允許하다.(『太宗實錄』 태종10, 『集成』3-209) 4.27. 宗貞茂가 使者를 보내어 土物을 바치다.(『太宗實錄』 태종10, 『集成』3-210) 4.28. 日本 草野賴永과 筑州太守 藏親家가 사람을 보내 土物을 바치고, 一岐知主 源良喜가 사람을 보내 藏經을 구하다.(『太宗實錄』 태종10, 『集成』3-210) 5.7. 日本 長村殿이 보낸 客人이 羅州에 배를 대어 料를 받지 못해 4명이 굶어 죽자, 임금이 이를 수치로 여겨 日本客人을 서울로 보내도록 명하다.(『太宗實錄』 태종10, 『集成』3-210) 5.13. 日本 江州守 板窓滿家가 使者를 보내 土物을 바치고, 大般若經의 缺本을 청하자, 임금이 寺院에 명하여 보충하게 하다./
1411 ▼	【한국】 1.9. 日本 九州節度使 源道鎭이 使者를 보내 土物을 바치다.(『太宗實錄』 태종11, 『集成』3-214) 1.26. 日本에 使臣으로 갔다가 해적에게 약탈당한 梁需가 日本國王의 答書를 가지고 돌아오자, 임금이 이를 불쌍히 여겨 쌀 등을 하사하다.(『太宗實錄』 태종11, 『集成』3-215) 2.22. 日本國王 源義持가 使者를 보내어 코끼리를 바치니 司僕寺에서 기르게 하다.(『太宗實錄』 태종11, 『集成』3-215)

일본
6.18. 管領 斯波義將이 조선 의정부 좌우정승에게 글을 보내다. 義滿의 부고와 새 막부장군의 계승을 알리다. 倭寇禁壓·漂流人·被擄人의 송환을 약속하고 大藏經을 요청하다.(『善隣國宝記』卷上)
6.18. 足利義持가 신궁에 참배하다. 管領 斯波義將은 조선 의정부 관리들에게 편지를 보내어 足利義滿의 죽음과 足利義持의 征夷大將軍 계승을 알리다. 아울러 대장경을 요청하다.(『足利家官位記』『京都將軍家譜』)
6.27. 이달에 一岐州 知州 源良喜가 사람을 보내 禮物을 바치다.(『太宗實錄』 태종 9, 『集成』3-200)
7.15. 欲知島에서 倭船 1척과 倭賊 10급을 벤 水軍 僉節制使 金乙雨에게 물품을 하사하다.(『太宗實錄』 태종 9, 『集成』3-200)
7.26. 日本 丹大殿이 使者를 보내 土物을 바치다.(『太宗實錄』 태종 9, 『集成』3-201)
8.4. 全羅道 海珍의 仙山島에 들어온 倭寇에게 烽卒 4명이 잠시 잡혀있다 도망하다.(『太宗實錄』 태종 9, 『集成』3-201)
8.30. 日本 九州牧 右武衛將軍 源道鎭이 使者를 보내 陣慰하고 禮物을 바치다.(『太宗實錄』 태종 9, 『集成』3-201)
9.6. 日本 一向州 사람이 와서 土物을 바치다.(『太宗實錄』 태종 9, 『集成』3-201)/ 海島에 들어가 倭賊을 수색하던 全羅道 병선이 파선되어 兵使가 죽자 임금이 듣고 희생자의 가족들을 救恤토록 하다.(『太宗實錄』 태종 9, 『集成』3-202)
9.21. 琉球國 中山王 思紹가 使臣편에 피로인 부녀 3인의 송환과 貿易등에 관한 咨文과 禮物을 보내다.(『太宗實錄』 태종 9, 『集成』3-202)/ 豊海道 兵馬都節制使 柳殷之가 道內 沿海의 要害處에 守禦할 곳이 많으므로 軍額을 증가하도록 요청하다.(『太宗實錄』 태종 9, 『集成』3-203)
9.28. 이달에 日本 筑州太守가 사람을 보내 陣慰하고 예물을 바치다.(『太宗實錄』 태종 9, 『集成』3- 203)
10.1. 一岐州 倭人이 使者를 보내어 土物을 바치다.(『太宗實錄』 태종 9, 『集成』3-203)
10.30. 이달에 日本薩州 藤原賴久가 使者를 보내어 陣慰하고 方物을 바치다.(『太宗實錄』 태종 9, 『集成』3-203)
11.8. 日本筑前州 客人이 대궐에 나와 土物을 바치다.(『太宗實錄』 태종 9, 『集成』3-204)
11.14. 司諫院에서 군량의 확보, 진헌마, 倭人의 朝鮮居住 등에 관한 문제점을 지적한 時務策을 임금에게 올리자, 임금이 군량에 관한 계책을 의논케 하다.(『太宗實錄』 태종 9, 『集成』3-204)
12.11. 對馬島 客人이 대궐에 나와 土物을 바치다.(『太宗實錄』 태종 9, 『集成』3-205)
12.17. 日本國王이 使者를 보내어 聘問하다.(『太宗實錄』 태종 9, 『集成』3-205)
12.28. 各道 沿海邊에 안치한 倭人들을 內陸으로 옮기도록 명하다.(『太宗實錄』 태종 9, 『集成』3-205)

【일본】
8.26. 일본의 周防·長門·筑前의 三州 刺史인 大內盛見이 조선의 의정부 좌우정승에게 글을 보내어 大藏經을 요청하다.(『不二遺稿』)

對馬島의 宗貞茂가 朝鮮의 정성이 예전같지 않음을 平道全에게 말하자 前 護軍 李藝를 보내어 厚賜하다.(『太宗實錄』 태종 10, 『集成』3-211)
5.17. 日本에서 보내온 원숭이를 司僕寺에 기르게 하다가 各鎭에 나누어주다.(『太宗實錄』 태종 10, 『集成』3-211)
5.22. 平道全이 싸우러 나가기를 청하니 임금이 장하게 여겨 무리 10여인을 붙여 보내다.(『太宗實錄』 태종 10, 『集成』3-212)
5.25. 日本國 珥球殿이 使者를 보내서 土物을 바치다.(『太宗實錄』 태종 10, 『集成』3-212)
6.18. 對馬島 宗貞茂가 사람을 보내어 土物을 바치다.(『太宗實錄』 태종 10, 『集成』3-212)
6.19. 日本 日向州에서 使者를 보내어 禮物을 바치다.(『太宗實錄』 태종 10, 『集成』3-213)
6.30. 이달에 肥前州 松浦의 宇久源銳와 土官 藤滿通이 각각 사람을 보내어 被虜人과 土物을 바치다.(『太宗實錄』 태종 10, 『集成』3-213)
7.19. 日本 薩州 市來寓鎭 藏親家가 사람을 보내어 被虜人과 禮物을 바치다.(『太宗實錄』 태종 10, 『集成』3-213)
9.7. 日本 紀伊島 客人이 와서 土物을 바치다.(『太宗實錄』 태종 10, 『集成』3-213)
9.13. 日本 薩摩州 藤原賴久와 그 아내 常喜가 사람을 보내어 예물을 바치고 쌀과 포목을 청하고, 木隅州가 또한 土物을 바치다.(『太宗實錄』 태종 10, 『集成』3-213)
10.19. 琉球國 中山王 思紹가 模都結制를 보내 朝見하고 被虜人 14인을 送還하다.(『太宗實錄』 태종 10, 『集成』3-214)
11.11. 琉球國 模都結制등이 돌아가다.(『太宗實錄』 태종 10, 『集成』3-214)
12.24. 日本 九州 節度使 源道鎭이 姓名·字號의 小印을 청하자 諸侯國이라는 이유를 들어 허락지 않다.(『太宗實錄』 태종 10, 『集成』3-214)
2.26. 對馬島 宗貞茂의 使人과 兀良哈 毛憐衛의 사람이 와서 土物을 바치다.(『太宗實錄』 태종 11, 『集成』3-215)
3.20. 使臣이 하직하면서 임금을 뵙기를 원하자 昌德宮에 행차하여 廣延樓에서 使臣을 接見하다.(『太宗實錄』 태종 11, 『集成』3-216)
3.25. 前護軍 林溫이 고향 對馬島로 돌아가기를 원하자 苧布 등을 내려 위로하다.(『太宗實錄』 태종 11, 『集成』3-216)
4.7. 攸司로 하여금 戊寅年에 事情이 있어 申呈하지 못한 奴婢의 訟事를 聽理하게 하다. / 議政府에서 倭에게 포로로 잡혀갔다가 돌아온 자와 다른 나라에 포로로 잡혀 있다가 年限을 넘긴 자들이 노비 쟁송을 청하자 임금이 允許하다.(『太宗實錄』 태종 11, 『集成』3-216)

연도	한국
▲ 1411	5.26. 日本國 九州江州守 窓滿家와 沙彌 源英이 사람을 보내어 예물을 바치고 大藏經을 구하다.(『太宗實錄』 태종11, 『集成』 3-217) 6.7. 日本國 雲州太守 源銳가 사람을 보내어 禮物을 바치다.(『太宗實錄』 태종11, 『集成』 3-217) 6.11. 日本 一岐州 倭使가 와서 土物을 바치다.(『太宗實錄』 태종11, 『集成』 3-217) 7.15. 都觀察使 安騰의 보고에 따라 慶尙道 沿海邊 州郡 守令으로 문무 겸비한 자를 差遣하도록 하다.(『太宗實錄』 태종11, 『集成』 3-217)/ 甲士 表時羅의 어머니가 80세에 이르러 表時羅를 보기를 원하므로, 日本 志佐殿 使送客人과 함께 고향에 가서 勤親하도록 명하다.(『太宗實錄』 태종11, 『集成』 3-218) 7.25. 一岐 知主 源良喜가 사람을 보내어 예물을 바치고, 大藏經을 구하다.(『太宗實錄』 태종11, 『集成』 3-218) 8.21. 日本國 對馬島主 宗貞茂가 사람을 시켜서 土物을 바치다.(『太宗實錄』 태종11, 『集成』 3-218) 9.11. 對馬島와 和好를 맺고 침입하는 倭賊을 금하도록 요구하기 위해 對馬 宗貞茂와 護軍 平道全에게 쌀 등을 하사하다.(『太宗實錄』 태종11, 『集成』 3-218)
1412	1.19. 日本 小二殿·宗貞茂 등의 使人이 와서 土物을 바치다.(『太宗實錄』 태종12, 『集成』 3-220) 2.19. 小二殿과 宗貞茂가 使送한 客人이 오다.(『太宗實錄』 태종12, 『集成』 3-221, 『集成』 3-221) 3.6. 建州衛 吾都里 사람과 日本의 無羅加多 사람 등이 와서 土物을 바치다.(『太宗實錄』 태종12, 『集成』 3-221) 3.20. 日本 江州太守 板倉滿家의 使人이 예물을 바치고 큰 鍾을 청하고 해적을 금할 뜻을 아뢰다.(『太宗實錄』 태종12, 『集成』 3-221) 4.19. 宗貞茂가 使送한 중 세 사람이 와서 土物을 바치다.(『太宗實錄』 태종12, 『集成』 3-221) 4.21. 琉球의 別種인 爪蛙國 亞列 陳彦祥이 손자 實崇을 보내어 土物을 바치고 예전에 베풀어 준 은혜에 감사하는 글을 올리다.(『集成』 3-221)/ 日本 肥州 宇久殿이 使送한 客人 10인이 와서 土物을 바치다.(『太宗實錄』 태종12, 『集成』 3-222) 4.28. 日本 筑前州 宗像社務經이 사람을 시켜 禮物을 바치다.(『太宗實錄』 태종12, 『集成』 3-222) 5.13. 倭人 陸郎에게 옷 한 벌을 내려 주다.(『太宗實錄』 태종12, 『集成』 3-222) 5.25. 日本國 宇久殿의 使人과 爪蛙國 陳彦詳의 使人이 하직하매 陣彦祥의 使人이 호송을 청하였으나 윤허하지 않다.(『太宗實錄』 태종12, 『集成』 3-223) 5.28. 宗貞茂의 使人이 人口를 돌려보낼 것과 法華經을 청하다.(『太宗實錄』 태종12, 『集成』 3-223) 6.8. 日本 一岐州 사람이 와서 土物을 바치다.(『太宗實錄』 태종12, 『集成』 3-223) 6.9. 兵曹參議 梁需를 日本에 使臣으로 갔던 공을 참작하여 江陵 大都護府事로 貶出하다.(『太宗實錄』 태종12, 『集成』 3-223) 6.11. 一岐州 上萬戶가 사람을 시켜서 예물을 바치고 人口를 돌려보내다.(『太宗實錄』 태종12, 『集成』 3-224) 6.14. 宗貞茂가 使送한 客人이 와서 土物을 바치었다.(『太宗實錄』 태종12, 『集成』 3-224)
1413 ▼	1.4. 對馬島 宗貞茂의 使人이 와서 土物을 바치니 宗貞茂에게 쌀 1백석을 하사하다.(『太宗實錄』 태종13, 『集成』 3-227) 1.14. 代言 柳思訥에게 명하여 漢江에서 우리나라의 兵船과 平道全이 만든 倭船의 속력을 비교해 보다.(『太宗實錄』 태종13, 『集成』 3-228) 1.15. 倭寇를 방어하기 위해 要衝地에 정박하고 있던 忠淸道 泥山의 병선 1척이 바람을 만나 침몰해서 10명이 익사하다.(『太宗實錄』 태종13, 『集成』 3-228) 1.27. 倭에게 포로되었다가 金海에 도망쳐 온 唐人 葉官生을 刑曹判書 崔迆편에 중국에 보내려 하니, 거절하다.(『太宗實錄』 태종13, 『集成』 3-228) 2.5. 임금이 臨津渡를 지나다가 거북선과 倭船이 싸우는 것을 구경하다.(『太宗實錄』 태종13, 『集成』 3-229) 2.7. 慶尙道 都觀察使의 보고에 따라 倭賊에 대항하여 절개를 지키다 죽은 節婦의 門을 旌表하도록 하다.(『太宗實錄』 태종13, 『集成』 3-229) 2.19. 豊海道 都觀察使 閔若孫이 牛峴 이남지역을 倭奴가 침입하던 땅이라고 하면서, 講武하는 곳을 정하자 하니, 識者들이 모두 비루하게 여기다.(『太宗實錄』 태종13, 『集成』 3-230) 2.30. 一岐 知主 源良喜의 使人이 예물을 바치고, 大藏經을 청하다.(『太宗實錄』 태종13, 『集成』 3- 230) 3.2. 對馬島 宗貞茂의 使人이 와서 大藏經의 하사에 대한 사례를 위해 土物을 바치다.(『太宗實錄』 태종13, 『集成』 3-230) 3.5. 日本 對馬島 宗貞茂의 使人이 와서 土物을 바치다.(『太宗實錄』 태종13, 『集成』 3-230) 3.20. 明에서 돌아온 通事 林密이 보고한 명의 日本征伐 계획에 대해 의논하다.(『太宗實錄』 태종13, 『集成』 3-231)/ 平道全이 河崙에게 中國이 日本을 征伐하려고 하는지 물은 것에 대해 임금에게 아뢰다.(『太宗實錄』 태종13, 『集成』 3-232)/ 議政府에서 中國의 征倭에 관하여 武臣 80여명을 沿海의 수령에 대치하기를 청하자, 임금이 농삿달이라하여 停寢하게 하다.(『太宗實錄』 태종13, 『集成』 3-233) 3.27. 宗貞茂의 使人이 하직하니 宗貞茂에게 쌀 등을 하사하다.(『太宗實錄』 태종13, 『集成』 3-233) 3.29. 對馬州 榮生의 使人이 예물을 바치고 양식을 청하자 쌀 1백석을 하사하다.(『太宗實錄』 태종13, 『集成』 3-233) 4.26. 日本 九州節度使와 盧心殿의 使人이 와서 土物을 바치다.(『太宗實錄』 태종13, 『集成』 3-233) 4.29. 日本 九州節度使 源道鎭, 肥州太守 源昌淸 등이 土物을 바치고, 佛祠의 銅鐘을 청하니 모두 하사하다.(『太宗實錄』 태종13, 『集成』 3-234) 5.11. 日本 小府殿이 客人을 보내 土物을 바치다.(『太宗實錄』 태종13, 『集成』 3-234)

일본

10.21. 大藏經을 얻고자 日本國王과 大內殿 多多良 德雄이 使臣을 보내 土物을 바치다./ 宗貞茂가 사람을 시켜서 土物을 바치다.(『太宗實錄』 태종 11, 『集成』3-219)

12.1. 日本國王使와 大內殿의 使人이 하직을 고하자 임금이 經筵廳에 나가서 引見하고, 大藏經 1부를 하사하다.(『太宗實錄』 태종 11, 『集成』3-219)

12.9. 직무를 게을리하여 倭使를 朝衙에 참석시키지 못한 禮曹佐郎 鄭藹然과 兵曹佐郎 琴柔를 憲司에 推問케하여 파직하다.(『太宗實錄』 태종 11, 『集成』3-219)

12.15. 對馬島 宗貞茂의 使人이 와서 朝會하다.(『太宗實錄』 태종 11, 『集成』3-220)

12.18. 日本 對馬島 宗貞茂의 使人이 와서 土物을 바치다.(『太宗實錄』 태종 11, 『集成』3-220)

윤12.13. 倭館에서 金銀을 가지고 무역한 礪良君 宋居信을 司憲府에서 彈劾하자 임금이 논하지 말라고 하다.(『太宗實錄』 태종 11, 『集成』3-220)

6.17. 日本 對馬島 宗貞茂가 사람을 시켜 土物을 바치다.(『太宗實錄』 태종 12, 『集成』3-224)

6.21. 日本 仇沙殿이 使送한 客人이 와서 土物을 바치자 임금이 이를 各司에 나누어 주다.(『太宗實錄』 태종 12, 『集成』3-224)

7.22. 日本 對馬島의 宗貞茂가 보낸 客人이 와서 土物을 바치다.(『太宗實錄』 태종 12, 『集成』3-225)

8.1. 日本 九州節度使의 使人이 와서 土物을 바치다.(『太宗實錄』 태종 12, 『集成』3-225)

8.9. 倭船 17척이 慶尙道 梁州 富山浦에 와 있다는 觀察使의 보고에 따라 大護軍 田興을 보내 살피게 하다.(『太宗實錄』 태종 12, 『集成』3-225)

8.26. 日本 田平殿의 使人이 와서 土物을 바치다.(『太宗實錄』 태종 12, 『集成』3-225)

10.17. 大護軍 平道全에게 銀帶 1벌을 하사하다.(『太宗實錄』 태종 12, 『集成』3-225)/ 慶尙道觀察使가 倭奴가 도망칠 우려가 있다하여 倭奴를 궁벽한 곳에 옮기기를 청하자 允許하다.(『太宗實錄』 태종 12, 『集成』3-226)

10.29. 宗貞茂의 使人이 와서 土宜를 바치다.(『太宗實錄』 태종 12, 『集成』3-226)

11.10. 宗貞茂의 使人과 兀良哈 등이 와서 土宜를 바치다.(『太宗實錄』 태종 12, 『集成』3-226)

12.1. 江原道 都觀察使의 보고에 따라 倭寇의 要衝地인 江原道 三陟府 沃原驛에 沃原 驛丞 겸 守城 千戶의 직을 만들도록 하다.(『太宗實錄』 태종 12, 『集成』3-226)

12.10. 前工曹典書 李臾가 日本國王이 바친 코끼리에 밟혀 죽다.(『太宗實錄』 태종 12, 『集成』3-227)

12.13. 倭船 80여척이 朝鮮 安釜島 등처에 머물면서 사냥하고, 중국으로 향한 것을 日本 對馬島의 宗貞茂가 알려오다.(『太宗實錄』 태종 12, 『集成』3-227)

12.18. 宗貞茂의 使人이 土宜을 바치다.(『太宗實錄』 태종 12, 『集成』3-227)

5.13. 宗貞茂와 宰府 小二殿의 使人이 와서 土物을 바치다.(『太宗實錄』 태종 13, 『集成』3-234)

6.2. 志佐殿의 使人이 土物을 바치고 被虜人을 刷還할 뜻이 있음을 아뢰자 議政府에서 通信官을 보내 推刷해야함을 임금에게 아뢰니 임금이 允許하다.(『太宗實錄』 태종 13, 『集成』3-234)

6.4. 日本 一岐州 知主 源良喜의 使人이 土物을 바치다.(『太宗實錄』 태종 13, 『集成』3-235)

6.7. 日本 對馬島 宗貞茂의 아들 宗祐의 使人이 와서 土物과 玉帶를 바치다.(『太宗實錄』 태종 13, 『集成』3-235)

6.11. 日本國 筑州 藤公이 大藏經을 청하므로 보내주다./ 임금이 大護軍 平道全의 말을 듣고, 日本 小二殿의 使僧 慶勝의 引見에 대해 成石璘 등과 상의하고 引見하다.(『太宗實錄』 태종 13, 『集成』3-235)

6.16. 司諫院 左司諫 大夫 玄孟仁 등이 朴礎의 과거 행실을 들어 日本 通信官으로 삼는 것에 대해 반대하였으나, 議政府와 논의한 후, 通信官으로 삼아 志佐殿에는 虎皮 등을, 宗貞茂에게는 米豆 등을 하사토록 하다.(『太宗實錄』 태종 13, 『集成』3-236)

6.24. 日本 江州 太守의 使人이 와서 土物을 바치다.(『太宗實錄』 태종 13, 『集成』3-236)

6.28. 勤政門에 나아가 兵曹로 하여금 吹角했을때 平道全이 倭人이면서 궐문 밖으로 나온 것을 보고, 임금이 平道全의 뜻을 가상케 여겨 음식 먹이기를 명하다.(『太宗實錄』 태종 13, 『集成』3-237)

6.30. 이달에 對馬島 右衛門 左貞茂의 使人이 예물을 바치고 倭寇를 금할 뜻을 고하다.(『太宗實錄』 태종 13, 『集成』3-237)

7.18. 吉川君 權跬·知議政府事 呂稱 등이 北京에서 돌아와 아뢰는 것을 듣고 대신들과 더불어 중국이 日本을 征伐에 대한 것과 日本에서 조선을 침략할 것인지 등에 의논하다.(『太宗實錄』 태종 13, 『集成』3-237)

7.26. 임금이 左政丞 등과 日本에 힘을 합쳐 邊防을 방비하는 것 등에 대해 의논하다.(『太宗實錄』 태종 13, 『集成』3-238)

7.28. 미역을 따러 全羅道 黑山島에 들어간 倭人 童時羅의 죄를 감하고, 금후로는 漢城府에 방을 고시하게 하여 알리게 하다.(『太宗實錄』 태종 13, 『集成』3-239)

7.29. 日本 江州太守 平滿家가 사람을 시켜 예물을 바치고 큰 鐘을 청하다.(『太宗實錄』 태종 13, 『集成』3-240).

8.6. 司憲府에서 倭寇 등에 대비하여 別賜田·功臣田·寺社田·公廨田의 조세를 거두어 군자에 충당할 것을 上疏하자 上疏를 궁중에 머물러 두다.(『太宗實錄』 태종 13, 『集成』3-240)

8.8. 宗貞茂와 林溫이 使送한 客人등이 土物을 바치다.(『太宗實錄』 태종 13, 『集成』3-241)

8.16. 對馬島主 宗貞茂에게 쌀 25석을 賜送하다.(『太宗實錄』 태종 13, 『集成』3-241)

8.23. 對馬島主 宗貞茂의 客人이 와서 土物을 바치다.(『太宗實錄』 태종 13, 『集成』3-241)

8.25. 知司譯院事 康邦祐를 보내어 倭에게 포로되었다가 慶尙道 固城으로 도망온 錢得興등 4인을 遼東으로 보내다.(『太宗實錄』 태종 13, 『集

연도	한국
▲ 1413	成』3-241) 8.26. 宗貞茂가 사람을 시켜 本島人으로 忠州에 거주하는 자 수십인을 되돌려주도록 청한 것을 허락하다.(『太宗實錄』태종13, 『集成』3-242) 8.30. 對馬州 管領 源榮이 사람을 시켜 예물을 바치고, 도적을 금지할 뜻을 고하다.(『太宗實錄』태종13, 『集成』3-242) 9.1. 忠淸道都觀察使 李安愚가 倭賊 방비에 水軍에 비해 소홀한 육군의 증강책 등을 포함한 時務 몇 조를 올리자 임금이 嘉納하고 議政府에 내려 의논케 하다.(『太宗實錄』태종13, 『集成』3-242) 9.11. 日本 大內殿이 使臣을 보내서 土物을 바치다.(『太宗實錄』태종13, 『集成』3-243) 9.20. 倭寇에게 포로되어 海島에 버려졌던 廣東 海南衛 崖州人 劉官保의 妻등 2인을 遼東으로 압송하다.(『太宗實錄』태종13, 『集成』3-243) 10.14. 日本 大內殿이 使臣을 보내서 土物을 바치다.(『太宗實錄』태종13, 『集成』3-243) 10.18. 敬差官을 호송하던 제주 병선 1척이 倭寇를 만나 싸우다가 침몰하여 6명이 익사하다.(『太宗實錄』태종13, 『集成』3-243) 11.5. 日本 薩摩州 源佑鎭의 使人이 와서 土物을 바치다.(『太宗實錄』태종13, 『集成』3-243)/ 兵曹判書 柳庭顯의 進言에 따라 코끼리를 全羅道 海島에 두도록 명하다.(『太宗實錄』태종13, 『集成』3-244) 11.9. 建州衛 千戶 金希珠가 土物을 바치고, 一岐州 上萬戶 大郞古羅가 아들 李貴生을 보내 土宜를 바치고 李貴生에게 授職하기를 청하다.(『太宗實錄』태종13, 『集成』3-244)
1414	【한국】 2.1. 對馬島 宗貞茂가 사람을 시켜 土物을 바쳤다.(『太宗實錄』태종13, 『集成』3-246)/ 日本에 대한 경계의 표시로 日本 通信使 朴賁의 행차를 정지시키다.(『太宗實錄』태종14, 『集成』3-247) 2.26. 倭寇로 인해 內地로 옮긴 珍島 舊治에 知海珍郡事에게 명하여 다시 들어가게 하고, 珍島郡에 목장을 만들 것과 推刷한 자들을 옮겨 둘 것을 의논하다.(『太宗實錄』태종14, 『集成』3-247) 3.11. 對馬島 宗貞茂의 使人이 와서 土物을 바치다.(『太宗實錄』태종14, 『集成』3-248) 3.24. 倭人 沙蒙古老와 通事 崔古音龍이 술에 취해 講廳에 들어가려 하다가 행패를 일으키자 巡禁司에 가두었다가 풀어주다.(『太宗實錄』태종14, 『集成』3-248)/ 全羅道 泰仁·長成등지에 나누어 두었던, 庚寅年에 투항한 倭人 32명을 宗貞茂의 청으로 돌려보내다.(『太宗實錄』태종14, 『集成』3-249) 4.19. 日本 九州節度使와 宗貞茂가 보낸 客人이 와서 土物을 바치다.(『太宗實錄』태종14, 『集成』3-249) 4.22. 日本國王使는 六曹判書가, 諸島의 使客은 禮曹 堂上官이 대접하고 宴會하는 법을 정하다.(『太宗實錄』태종14, 『集成』3-249) 4.28. 이달에 日本 江州太守 平滿家의 使人이 예물을 바치고 큰 鍾을 구하다.(『太宗實錄』태종14, 『集成』3-249) 5.1. 日本 楚殿의 使倭가 와서 土物을 바치다.(『太宗實錄』태종14, 『集成』3-249) 5.3. 順天府 獐島에 放牧중인 길들인 코끼리를 육지에 내보내 처음처럼 기르게 하다./ 兵曹에 명하여 各道에 安置되어 있는 倭人의 身上에 대해 보고케 하다.(『太宗實錄』태종14, 『集成』3-250) 5.9. 巡禁司가 南在·柳亮·鄭擢·許盤石 등이 倭人과 密貿易한 사실을 임금에게 고하자, 임금이 이로 인해 法을 만드는 것은 치욕이니 비밀에 붙일 것을 명하다.(『太宗實錄』태종14, 『集成』3-250) 5.19. 日本의 賊中에서 온 唐人 徐亞端 등을 原州에 가서 살게 하다.(『太宗實錄』태종14, 『集成』3-250)/ 禁法을 어겨 금은의 禁物을 倭人에게 판매한 尹仁富 등에게 杖 1백대를 때리고 家産을 籍沒하다.(『太宗實錄』태종14, 『集成』3-251) 5.26. 日本 右武衛 源道孝가 사람을 보내 예물을 바치고, 그 아비의 訃音을 고하다.(『太宗實錄』태종14, 『集成』3-251) 5.27. 日本 小二殿의 使人이 와서 土物을 바치다.(『太宗實錄』태종14, 『集成』3-251) 5.29. 이달에 對馬島 豆地浦 萬戶 沙斤多羅의 使人이 예물을 바치고, 人口를 돌려주기를 청하다.(『太宗實錄』태종14, 『集成』3-251) 6.1. 僉知司譯院事 裵蘊을 보내어 일찍이 倭寇의 포로가 되었던 唐人 金保奴 등을 遼東에 押送하다.(『太宗實錄』태종14, 『集成』3-252) 6.20. 日本國王使 圭籌 등이 土物을 바치고 大藏經을 청하다./ 宗貞茂의 使人이 土物을 바치다.(『太宗實錄』태종14, 『集成』3-252) 6.28. 筑州 太宰府 司馬少卿 藤源滿眞의 使人이 예물을 바치고 梵鐘과 左衛門을 청하다.(『太宗實錄』태종14, 『集成』3-252) 7.11. 日本國王이 大藏經을 청하니 임금이 代言 등과 상의하여 大藏經을 보내고, 大般若經을 圭籌에게 주었는데, 倭의 使臣이 藏經을 未足하게 여기자 예의에 대해 말하여 꾸짖다.(『太宗實錄』태종14, 『集成』3-252)
1415 ▼	【한국】 2.4. 倭人 副司正 禹原之가 覲親을 청하자 大護軍 平道全의 말을 들어 쌀을 주어 보내다.(『太宗實錄』태종15, 『集成』3-261) 2.30. 對馬島의 宗貞茂가 사람을 보내 예물을 바치고 人蔘을 청하다.(『太宗實錄』태종15, 『集成』3-261) 4.22. 對馬島 豆地浦萬戶 早田이 예물을 바치고 人口를 돌려주기를 청하고, 筑前州 宗像社 務顯도 土物을 바치고 梵鐘을 청하다.(『太宗實錄』태종15, 『集成』3-262) 5.21. 對馬島 守護 宗貞茂가 사람을 보내 土物을 바치다.(『太宗實錄』태종15, 『集成』3-262) 5.25. 九州의 回回沙門이 彦次郞을 보내 예물을 바치고, 一岐 上萬戶 道永이 土物을 바치고 被虜人을 돌려보내다.(『太宗實錄』태종15, 『集成』3-262) 5.26. 日本 西都 京兆尹 宗貞澄이 사람을 보내 土物을 바치다.(『太宗實錄』태종15, 『集成』3-262)

일본

11.12. 日本 宇久殿이 사람을 시켜 土物을 바쳤다.(『太宗實錄』 태종 13, 『集成』3-244)

11.21. 對馬島 宗貞茂의 使人이 와서 土物을 바쳤다.(『太宗實錄』 태종 13, 『集成』3-244)/ 議政府에서 全羅道 水軍都節製使 洪有龍이 倭寇의 피해를 막지 못한 이유로 治罪할 것을 청하니 임금이 允許하다.(『太宗實錄』 태종 13, 『集成』3-245)

11.24. 日本에 回禮官으로 갔던 朴礎가 復命하다./ 宗貞茂의 아우 宗右馬多茂世와 和田浦 萬戶 兵衛時兵衛 沙衛門이 사람을 시켜 예물을 바치다.(『太宗實錄』 태종 13, 『集成』3-245)

12.1. 通信官檢校 工曹參議 朴賁을 慶尙道都觀察使에게 명령하여 虎皮 등을 주어 日本에 보내게 하다.(『太宗實錄』 태종 13, 『集成』3-245)

12.12. 兀良哈 千戶 加乙多 등 4인과 日本 九州節度使의 使送人이 土物을 바치다.(『太宗實錄』 태종 13, 『集成』3-245)

12.14. 對馬島 宗貞茂의 使人이 돌아가다.(『太宗實錄』 태종 13, 『集成』3-246)

12.16. 大護軍 平道全이 본국에 돌아가 掃墳하기를 청하자 옷을 내려 주어 보내다.(『太宗實錄』 태종 13, 『集成』3-246)

12.24. 日本 一岐州 源良喜의 使送人이 土物을 바치다.(『太宗實錄』 태종 13, 『集成』3-246)

12.29. 軍器監에서 화약을 대궐 뜰에 설치하여 疫疾을 쫓는 연례적인 행사를 兀良哈과 倭使의 참관하에 거행하였는데, 불화살이 발사되자 兀良哈등이 놀라다.(『太宗實錄』 태종 13, 『集成』3-246)

7.23. 一岐上萬戶 道永이 사람을 시켜 예물을 바치고 梵鐘을 구하였고, 大內 多多良道雄이 僧을 보내 예물을 바치고 大般若經과 큰 鐘을 청하다.(『太宗實錄』 태종 14, 『集成』3-254)

7.27. 日本 豐後州·日向州의 客人이 와서 土物을 바치다.(『太宗實錄』 태종 14, 『集成』3-254)

8.4. 甲辰/太宗14/應永21/檢校 議政府 右議政 盧嵩가 卒하다. 己巳年 全羅道都觀察使 시절 倭寇가 성할 적에 紀綱을 진작시키고 백성들의 조세를 3년동안 면제하였다. (『太宗實錄』 태종 14, 『集成』3-255)

8.7. 對馬島 宗貞茂 使人 34명과 小二殿 31명, 一岐州 20명, 日向州 20명 등 합계 105명이 蔚山에서 청한 鐘을 늦게 준다고 행패를 부리다.(『太宗實錄』 태종 14, 『集成』3-255)

8.29. 日本 大內殿이 使送한 자가 행패를 부린 연고로 杖刑을 가하여 돌려보내고, 倭使의 행패에 대한 律令을 정하다.(『太宗實錄』 태종 14, 『集成』3-256)

9.1. 對馬島 宗貞茂의 使人이 와서 土物을 바치다.(『太宗實錄』 태종 14, 『集成』3-256)/ 倭寇로 인하여 內地로 옮겼던 長興府의 백성들이 옛 治所에 다시 入居하기를 원하니 임금이 允許하다.(『太宗實錄』 태종 14, 『集成』3-257)

9.3. 일본 구주절도사가 토의를 바치다.(『太宗實錄』 태종 14, 『集成』3-257)

9.5. 刑曹에서 倭人의 범죄를 論決하는 법을 올리자 임금이 허락하다.(『太宗實錄』 태종 14, 『集成』3-257)

9.16. 禮曹判書 黃喜가 宗貞茂의 使人편에 經板의 가치와 倭人의 행패에 대한 글을 보내다.(『太宗實錄』 태종 14, 『集成』3-258)

9.21. 倭人이 바치는 물건에 대하여 철저히 검사하도록 承政院에 명하다.(『太宗實錄』 태종 14, 『集成』3-258)

9.25. 大護軍 平道全에게 慶尙道에 집을 지어주고 濡衣 한 벌을 내리다.(『太宗實錄』 태종 14, 『集成』3-259)

9.29. 宗貞茂가 사람을 시켜 예물을 바치고 人口의 송환과 梵鐘을 청하고, 肥前 太守 源昌淸이 土宜를 바치고 梵鐘의 하사를 사례하다.(『太宗實錄』 태종 14, 『集成』3-259)

윤9.21. 戶曹參議 黃自厚의 復命을 들은 임금이 배가 정박하는 곳을 開鑿하려 하자 金承霆 등이 반대하다.(『太宗實錄』 태종 14, 『集成』3-259)

윤9.22. 對馬島 豆地浦 萬戶 부田이 사람을 시켜 예물을 바치고, 兵衛 三甫羅가 土宜를 바치고, 被虜人을 돌려보내다.(『太宗實錄』 태종 14, 『集成』3-260)

윤9.26. 宗貞茂의 使人이 와서 土物을 바치다.(『太宗實錄』 태종 14, 『集成』3-260)

10.17. 日本 小二殿과 宗貞茂가 使送한 客人이 와서 土物을 바치다.(『太宗實錄』 태종 14, 『集成』3-260)

10.26. 倭客 通事 尹仁甫의 上言을 듣고 司譯院에 명하여 日本語를 익히도록 하다.(『太宗實錄』 태종 14, 『集成』3-260)

11.11. 日本 對馬島 化田浦千戶 表溫時羅가 와서 土物을 바치다.(『太宗實錄』 태종 14, 『集成』3-261)

11.15. 日本 一岐州 上萬戶가 使送한 客人이 와서 土物을 바치다.(『太宗實錄』 태종 14, 『集成』3-261)

11.21. 九州都元帥 右武衛 源道鎭이 예물을 바치고, 大般若經을 청하고, 筑州 藤源滿眞이 예물을 바치고 白銀을 청하다.(『太宗實錄』 태종 14, 『集成』3-261)

5.29. 日本 二溫都老가 사람을 보내 말 한 필을 바치다./ 倭船 23척이 濟州에 침입하여 노략질하자, 임금이 宋全에게 병선 등을 이끌고 가게 하고 宋全에게 옷 한벌을 하사하다.(『太宗實錄』 태종 15, 『集成』3-263)

6.12. 上護軍 平道全이 日本式으로 한강에서 비를 빌도록 청하자 임금이 윤허하고, 비가 오지 않는 책임을 자신에게 돌리다.(『太宗實錄』 태종 15, 『集成』3-263)

6.24. 對馬島 豆地浦 萬戶가 사람을 보내어 土物을 바치다.(『太宗實錄』 태종 15, 『集成』3-263)

6.26. 宗貞茂가 사람을 보내어 土物을 바치다.(『太宗實錄』 태종 15, 『集成』3-264)

6.30. 宗貞茂가 사람을 보내어 土物을 바치다.(『太宗實錄』 태종 15, 『集成』3-264)

7.2. 宗貞茂의 使人이 와서 土物을 바치다.(『太宗實錄』 태종 15, 『集成』3-264)

7.6. 倭使가 바친 蘇木을 議政府·六曹와 여러 代言에게 나눠주다.(『太宗實錄』 태종 15, 『集成』3-264)

연도	한국
▲ 1415	7.11. 日本 九州節度使가 친아들을 보내서 土宜를 바치다.(『太宗實錄』 태종15, 『集成』3-264) 7.16. 日本 九州節度使의 使人이 와서 土宜를 바치다./ 左代言 卓愼이 倭賊 방비를 위한 兵船 수리 등 兵備에 대한 事宜를 올리다.(『太宗實錄』 태종15, 『集成』3-265) 7.18. 임금이 刑曹·臺諫員을 불러 직사에 나오게 하고, 지금부터 사직서를 올리려면 日本이나 遼東으로 달아나는 것이 마땅하다고 하다.(『太宗實錄』 태종15, 『集成』3-266) 7.20. 日本 大內殿이 使者를 보내 土物을 바치고 大藏經을 청하자, 우리 나라에 全本이 1개뿐임을 들어 거절하다.(『太宗實錄』 태종15, 『集成』3-266) 7.23. 通事 姜庾卿이 遼東에서 돌아와 倭賊이 中國의 旅順을 노략질한 것을 아뢰자, 中國이 日本을 征伐하는 것에 의한 영향을 염려하다.(『太宗實錄』 태종15, 『集成』3-267) 7.25. 宗貞茂의 使人이 와서 土宜를 바치고, 煉鐵을 청하다.(『太宗實錄』 태종15, 『集成』3-267) 7.29. 日本濃州太守 平宗守와 肥州 太守 源昌淸이 使人을 보내 土物을 바치다.(『太宗實錄』 태종15, 『集成』3-267) 8.1. 倭寇를 대비해서 쌓던 長興·高興·光陽의 築城을 정지하고 金堤郡 碧骨堤를 먼저 쌓도록 하다.(『太宗實錄』 태종15, 『集成』3-267)
1416	【한국】 1.13. 宗貞茂의 使人과 林溫의 使人 등이 와서 土宜를 바치다.(『太宗實錄』 태종16, 『集成』3-270) 1.27. 倭에 잡혀 琉球國으로 팔려간 자들을 刷還하기 위해 前 護軍 李藝를 琉球國에 보내어 刷還을 청하다.(『太宗實錄』 태종16, 『集成』3-271) 2.25. 宗貞茂의 使人이 와서 土物을 바치다.(『太宗實錄』 태종16, 『集成』3-271) 3.2. 一岐島의 上萬戶 道永과 和田浦의 兵衛郞이 사람을 시켜 양식을 청하다.(『太宗實錄』 태종16, 『集成』3-271) 3.8. 임금이 대신들과 의논하여, 上護軍 平道全을 꾀어 벌레가 생긴 蘇合油를 典醫監·承政院 등에 바치기로 모의한 韓尙德·黃子厚·李養修를 義禁府에 내리다.(『太宗實錄』 태종16, 『集成』3-271) 3.9. 日本 濃州太守 平宗壽의 使人이 예물을 바치고 圖書를 청하다.(『太宗實錄』 태종16, 『集成』3-277) 3.12. 知申事 柳思訥·前判原州牧事 權緩을 蘇合油에 관한 일로 義禁府에 가두고, 平道全이 진상한 蘇合油의 연유를 묻다.(『太宗實錄』 태종16, 『集成』3-277) 3.16. 蘇合油에 관한 일로 平道全과 공모한 자들의 처리 대책을 代言 趙末生 등과 논의하다.(『太宗實錄』 태종16, 『集成』3-278) 3.21. 蘇合油에 관한 일로 平道全과 공모한 權緩·柳思訥 등의 죄를 청하는 上疏를 司諫院과 司憲府에서 올리자 임금이 받아보고 상소문의 잘잘못을 말하다.(『太宗實錄』 태종16, 『集成』3-279) 3.24. 倭賊의 병선이 中國에 入寇하려 한다는 소식을 듣고 倭賊에 대비하여 要衝地 섬에 兵船을 나누어 정박시키다.(『太宗實錄』 태종16, 『集成』3-281) 4.1. 宗貞茂와 田平殿의 使人이 와서 土物을 바치다.(『太宗實錄』 태종16, 『集成』3-282) 4.2. 文城 府院君 柳亮이 卒하다. 그는 丑年 倭賊이 쳐들어 왔을 때 유화책을 쓰다가 실패하여 合山으로 귀양갔었다.(『太宗實錄』 태종16, 『集成』3-282) 4.6. 司憲府 大司憲 金汝知가 平道全 등과 蘇合油에 관한 일로 共謀한 權緩·黃子厚등의 죄를 청하였으나 임금이 더 이상 治罪하지 않다.(『太宗實錄』 태종16, 『集成』3-283) 4.13. 宗貞茂·秋月殿·田平殿과 宗貞茂의 어미가 사람을 보내 土物을 바치자 宗貞茂의 어미에게 쌀 84석을 하사하다.(『太宗實錄』 태종16, 『集成』3-284) 4.26. 宗貞茂의 아우 而老古老와 士萬二溫都老의 使人이 와서 土物을 바치다.(『太宗實錄』 태종16, 『集成』3-284) 4.29. 日本 長州太守 禪種의 使人이 예물을 바치다.(『太宗實錄』 태종16, 『集成』3-285) 5.1. 對馬島의 近江守 宗茂世의 使人이 양식을 청하다.(『太宗實錄』 태종16, 『集成』3-285) 5.8. 對馬島의 唯宗과 信濃守 滿茂가 사람을 시켜 예물을 바치고 般若經을 청하다.(『太宗實錄』 태종16, 『集成』3-285)
1417 ▼	【한국】 1.4. 日本 濃州太守 平宗壽, 筑州府 京兆尹 宗貞澄의 使人이 와서 土物을 바치다.(『太宗實錄』 태종17, 『集成』3-292) 1.29. 倭人이 와서 土物을 바치다.(『太宗實錄』 태종17, 『集成』3-292) 2.5. 慶尙道監司의 보고에 따라 禮曹에 명하여 큰 黑驄馬를 宗貞茂에게 주다.(『太宗實錄』 태종17, 『集成』3-292) 2.8. 于山·武陵島의 居民을 쇄출하되, 金麟雨를 安撫使로 삼다.(『太宗實錄』 태종17, 『集成』3-293) 2.10. 前判司譯院事 偰耐에게 倭寇에게 被擄되었다가 도망친 中國人 林新貴 등을 遼東으로 압송하는 내용의 咨文을 주어 京師로 보내다.(『太宗實錄』 태종17, 『集成』3-293) 3.17. 宗貞茂의 使人이 와서 土物을 바치다.(『太宗實錄』 태종17, 『集成』3-293) 4.25. 前都摠制 金乙雨가 兵船을 만들 때의 煙薰에 관한 事宜를 올리자 임금이 允許하다.(『太宗實錄』 태종17, 『集成』3-294) 5.4. 日本 客人에게 金銀을 파는 것을 금하다.(『太宗實錄』 태종17, 『集成』3-294) 5.8. 對馬州 守護萬戶 林溫이 使人을 보내 土物을 바치다.(『太宗實錄』 태종17, 『集成』3-294) 5.20. 對馬島 守護 宗貞茂가 土物을 바치고 쌀을 청하자 쌀을 하사하다.(『太宗實錄』 태종17, 『集成』3-294)/ 禮曹에서 倭使가 바치는 深黃을 받아들이지 않도록 청하니 그대로 따랐는데, 黃色 사용을 금했기 때문이다.(『太宗實錄』 태종17, 『集成』3-295)

일본

8.5. 左代言 卓愼이 琉球國에 使臣을 보내 被虜人을 데려올 것을 아뢰자, 平道全을 불러 琉球國으로 가는 바닷길의 險易함을 묻다.(『太宗實錄』태종 15, 『集成』3-268)

9.2. 宗貞茂의 使人이 와서 土物을 바치고, 사람을 보내어 배를 만드는 것을 청하다.(『太宗實錄』태종 15, 『集成』3-269)

9.29. 對馬島 林溫이 친아들을 보내어 예물을 바치다.(『太宗實錄』태종 15, 『集成』3-269)

10.16. 宗貞茂가 보낸 사람과 兀良哈千戶 등이 와서 土物을 바치다.(『太宗實錄』태종 15, 『集成』3-269)

11.19. 日本의 蘇摩二溫都老가 보낸 客人이 와서 土宜를 바치다.(『太宗實錄』태종 15, 『集成』3-269)

11.24. 日本 志左殿 및 宗貞茂 등이 보낸 客人이 와서 土宜를 바치다./ 對馬州 宗右馬兒茂世·筑前州 宗象社務顯이 각각 사람을 시켜서 예물을 바치다.(『太宗實錄』태종 15, 『集成』3-270)

12.13. 日本 薩摩州 藤原賴久가 表를 받들어 예물을 바치고 굶주림을 賑恤해 줄 것을 청하였으며, 藤原賴時가 예물을 바치고 被虜人을 돌려보내고 大般若經을 청하다.(『太宗實錄』태종 15, 『集成』3-270)

12.30. 日向州 島津 源元久와 新納 藤賴明이 각각 使人을 보내 예물을 바치다.(『太宗實錄』태종 15, 『集成』3-270)

5.12. 戶曹의 건의로 倭人을 포함한 向化人들에 대한 경비를 줄이다.(『太宗實錄』태종 16, 『集成』3-285)

5.20. 가뭄이 심하자, 騎船軍중 戰亡한 자식은 추고하여 錄用토록 하다.(『太宗實錄』태종 16, 『集成』3-285)

5.21. 日本 九州都元帥 右武衛 源道鎭의 使人이 와서 土物을 바치다.(『太宗實錄』태종 16, 『集成』3-286)

5.28. 肥州太守 左將軍 源昌淸의 使人이 예물을 바치고 白苧布를 청하다.(『太宗實錄』태종 16, 『集成』3-286)

6.18. 知司譯院事 鄭喬로 하여금 倭에게 약탈당했다가 도망해 온 唐人 李名등 18명을 遼東으로 보내다.

6.19. 日本 志佐殿의 使人이 와서 土物을 바치다.(『太宗實錄』태종 16, 『集成』3-286)

6.28. 對馬島 宗貞茂의 使人이 塔을 만들 자료를 청하다.(『太宗實錄』태종 16, 『集成』3-287)

7.3. 日本 志佐殿의 使人이 通信官을 보내줄 것을 청하자, 被虜人의 수를 먼저 통보한 후에 通信官을 보낸다고 통보하고 議政府·六曹에 명하여 通信官을 보내는 것을 의논하게 하다./ 宗貞茂가 平道全을 통하여 쌀을 청하자, 임금이 대신들과 의논하여 쌀 등을 주다.(『太宗實錄』태종 16, 『集成』3-287)

7.13. 日本國 九州節度使가 使人을 보내 土物을 바치다.(『太宗實錄』태종 16, 『集成』3-288)

7.21. 日本 僧 圓持가 塔을 만들기 위하여 綿紬·苧布등을 청하자 李原 등과 상의한 후 하사하다.(『太宗實錄』태종 16, 『集成』3-288)

7.23. 琉球國 通信官 前 護軍 李藝가 被虜人 44인을 推刷하여 돌아오니, 그중 부모가 이미 죽어 喪을 追後하여 입으려 하는 慶尙道 咸昌縣 사람 全彦忠을 임금이 불쌍히 여기어 겹옷 등을 하사하다.(『太宗實錄』태종 16, 『集成』3-288)

8.20. 對馬島 宗貞茂와 大內 多多良道雄이 使者를 보내 大藏經을 청하자, 禮曹의 말을 들어 각 사찰에서 골라서 帙을 만들어 하사하다.(『太宗實錄』태종 16, 『集成』3-289)

8.23. 서울에 머물러 있는 倭人을 各道에 나누어 두어 農業을 하게하다.(『太宗實錄』태종 16, 『集成』3-289)

8.25. 對馬島 宗貞茂와 左衛門 大郞의 使人이 예물을 바치다.(『太宗實錄』태종 16, 『集成』3-289)

9.2. 倭賊이 武陵島에 들어와 江原道를 침노할 것을 염려하여 金麟雨를 武陵 등지 安撫使로 삼다.(『太宗實錄』태종 16, 『集成』3-289)

9.7. 倭의 所産이 아닌 물건을 貿易치 못하게 한 것에 대해 倭가 반발하자, 대신들과 의논하여 서울에서 賣買하는 것만 금지토록 하다.(『太宗實錄』태종 16, 『集成』3-290)

9.13. 豊儲倉使 李文幹이 倭館禁亂官 당시 倭人이 행패를 부린 사건으로 파직되다.(『太宗實錄』태종 16, 『集成』3-291)

10.10. 日本國 日向州 사람이 와서 土物을 바치다.(『太宗實錄』태종 16, 『集成』3-291)

10.13. 日本國 客人이 經을 印刷할 수 없는 종이와 먹을 들고와 大般若經을 印出하기를 청하자 종이를 만들어 印刷하여 주다.(『太宗實錄』태종 16, 『集成』3-291)

10.27. 對馬州 和田浦 萬戶 守助羔가 사람을 보내 예물을 바치고 大般若經을 청하다.(『太宗實錄』태종 16, 『集成』3-292)

12.25. 對馬島 近江守 宗茂世의 使人이 土物을 바치다.(『太宗實錄』태종 16, 『集成』3-292)

5.27. 慶尙道 都觀察使와 都節製使에게 명하여 倭人이 沿海에서 배 만드는 것을 금하게 하다./ 藤次郞을 거느리고 온 倭人 三昧時羅의 母喪에 쌀·콩 등을 내려주다.(『太宗實錄』태종 17, 『集成』3-295)

윤5.1. 왜인에게 피납되었던 중국인들을 요동으로 압송하다.(『太宗實錄』태종 17, 『集成』3-295)

윤5.4. 對馬島 宗貞茂와 濃州太守 平宗壽의 使人이 土物을 바치다.(『太宗實錄』태종 17, 『集成』3-296)

윤5.9. 唐人 押送官 偰耐가 北京에서 돌아와 皇帝가 征倭의 뜻을 가짐을 임금에게 아뢰다.(『太宗實錄』태종 17, 『集成』3-296)

윤5.14. 日本 和田浦 萬戶 守助丞의 使人이 예물을 바치고 般若經을 청하다./ 譯科에 응시하는 자가 日本文字를 통하면 分數를 더하는 내용을 포함한 과거의 法을 禮曹에서 올리자 임금이 允許하다.(『太宗實錄』태종 17, 『集成』3-297)

윤5.19. 議政府·六曹·功臣 등에 명하여 倭人에게 材木을 주는 것에 대해 의논케하다.(『太宗實錄』태종 17, 『集成』3-297)

윤5.28. 義禁府 都事 金有恭을 江原道로 보내어 平海郡 厚里浦에서 정탐하다 잡힌 倭人 惡羅를 잡아오게하다.(『太宗實錄』태종 17, 『集成』3-298)

6.3. 江原道에 賊船이 출몰한 것에 대해 신하들과 의논하고, 大護軍 南得良을 助戰 僉節制使로 보내다.(『太宗實錄』태종 17, 『集成』3-298)

6.4. 平安道 都巡問使가 中國사람이 閭延등지에서 도망한 軍人 小宋을 청한다고 보고하다.(『太宗實錄』태종 17, 『集成』3-299)

6.11. 日本 菊池殿의 使送人이 朝衛禮에 참여하고, 還國을 고하다.(『太宗實錄』태종 17, 『集成』3-299)

6.27. 九州探題 右武衛 源道鎭의 使人이 예물을 바치고, 거류중인 回回沙文을 돌려보내도록 청하다.(『太宗實錄』태종 17, 『集成』3-300)

연도	한국
▲ 1417	7.6. 日本 一岐州에서 使者를 보내 쌀을 청하고, 遠江州에서 使者를 보내 大般若經을 구하며 각각 土物을 바치다.(『太宗實錄』 태종17, 『集成』3-300) 7.8. 해안에 올라와 물을 긷고 있던 倭賊 5인 중 3인을 迎日鎭 兵馬使 朴寅吉과 長籤縣監 崔以和가 잡다./ 兵曹에 명하여 지난 5월에 무기도 없이 투항한 倭人을 쏘아죽인 旌義縣監 李貽를 覈實하다.(『太宗實錄』 태종17, 『集成』3-300)/ 우리 변경을 도둑질한 一岐州 副萬戶 沙彌道英에게 신하들의 반대를 무릅쓰고 쌀·콩을 주다./ 兵曹에서 全羅道 都觀察使의 牒報에 의거하여 倭賊이 楸子島에 숨어 해를 끼치니, 公私船에 倭賊을 대비해 軍機와 衣甲을 갖추자는 事宜를 올리니 임금이 允許하다.(『太宗實錄』 태종17, 『太宗實錄』 태종17, 『集成』3-301) 8.6. 倭賊이 于山島·武陵島에서 도둑질하다.(『太宗實錄』 태종17, 『集成』3-301) 8.11. 日本國 三州刺使의 使人이 와서 土物을 바치자, 임금이 知申事 趙末生, 右代言 河演 등에게 나누어 주다.(『太宗實錄』 태종17, 『集成』3-302) 8.20. 兵曹에서 多大浦가 倭賊 방지에 중요함을 아뢰자 임금이 慶尙道 多大浦에 萬戶를 差遣하다.(『太宗實錄』 태종17, 『集成』3-302) 9.19. 宗貞茂와 그 아우 管領 宗貞澄의 使人이 예물을 바치다.(『太宗實錄』 태종17, 『集成』3-302) 9.30. 大內 多多良道雄의 使人이 예물을 바치고 大藏經 등을 구하다.(『太宗實錄』 태종17, 『集成』3-302) 10.22. 兵馬都節制使가 鹽浦에 倭船이 자주 왕복하니 萬戶를 두기를 청하자, 임금이 兵曹에 내리어 의논한 후 允許하다.(『太宗實錄』 태종17, 『集成』3-303)
1418 ▼	【한국】 1.13. 倭客人의 왕래가 많은 水站에 民戶의 수를 더하고, 船軍의 예에 의하여 左領과 右領으로 나누도록 하다.(『太宗實錄』 태종18, 『集成』3-306) 1.22. 禮曹에서 日本 客人에 대한 厚待로서 주는 衾枕을 兀良哈·兀狄哈에게도 주기를 아뢰자 임금이 允許하다.(『太宗實錄』 태종18, 『集成』3-307) 1.24. 日本國 日向州太守 源元久의 使人이 와서 土物을 바치다./ 日本國 宗像成社務氏의 使人이 와서 土物을 바치다.(『太宗實錄』 태종18, 『集成』3-307) 2.25. 倭人에게 사로잡혔던 中國人을 朝鮮에서 사서 中國에 보낸 것에 대한 내용이 포함된 表文·箋文을 가지고 刑曹判書 尹向 등이 京師로 가다.(『太宗實錄』 태종18, 『集成』3-308) 2.29. 對馬島 宗貞茂가 使送한 沙彌時羅가 中國 浙江에서 노략질하여 얻은 中國人들을 우리 나라에서 遼東으로 돌려보내고, 그 대가로 沙彌時羅에게 쌀을 하사하다.(『太宗實錄』 태종18, 『集成』3-308) 3.2. 兵曹에서 慶尙道 水軍都節制使의 牒呈에 의거하여 富山浦에 거주하는 倭人의 폐단에 대해서 아뢰자 慶尙道의 興利倭人을 나누어 安置하도록 명하다.(『太宗實錄』 태종18, 『集成』3-309) 3.14. 宗貞茂가 휴가차 對馬島에 간 平道全의 편에 風病의 약을 청하고, 임금이 각도에 倭變에 대비하도록 騎馬驛子를 보내다.(『太宗實錄』 태종18, 『集成』3-309)/ 宗貞茂에게 蘇合元 등의 風病에 관한 藥과 燒酒를 주다.(『太宗實錄』 태종18, 『集成』3-310) 3.15. 日本 對馬島 左衛門大郎이 黃柑과 柑子 등을 바치다.(『太宗實錄』 태종18, 『集成』3-310) 3.20. 代言 河演이 거주한 지 오래된 投化한 倭人들에게 양식을 그만 줄 것을 아뢰자, 임금이 允許하고 倭賊이 中國을 약탈할 때 朝鮮에 피해가 있을 것에 대해 염려하다.(『太宗實錄』 태종18, 『集成』3-310) 3.24. 對馬州 宗貞茂의 代官 左沙仇里의 使人이 예물을 바치다.(『太宗實錄』 태종18, 『集成』3-311) 3.29. 知司譯院事 姜邦祐로 하여금 倭人에게 사로잡힌 中國人 夏寧등 4인을 遼東으로 보내다.(『太宗實錄』 태종18, 『集成』3-311) 4.4. 洪武 丙寅에 倭寇를 치는 데 공로가 있고, 후에 京畿·忠淸·全羅·慶尙道의 水軍都節制使를 역임한 前黃海道都觀察使 金文發이 卒하다.(『太宗實錄』 태종18, 『集成』3-311) 4.18. 日本國 能州太守 源昌淸이 土物을 바치고, 人蔘·白苧布 등의 물건을 청하다.(『太宗實錄』 태종18, 『集成』3-312) 4.24. 日本 對馬島守護 宗貞茂가 죽으니 李藝를 보내어 致祭하고 쌀·콩 등을 賻儀하다.(『太宗實錄』 태종18, 『集成』3-312) 5.3. 倭學生徒로 他司에 入屬하여 1백일을 채우는 자를 還屬시켜 學業을 닦도록 하다.(『太宗實錄』 태종18, 『集成』3-312) 5.21. 對馬州 豆地浦·要里浦 都萬戶 沙文多羅의 使人이 예물을 바치다.(『太宗實錄』 태종18, 『集成』3-313) 5.26. 一岐 上萬戶 道永의 使人이 예물을 바치고 本國의 도망자 백성을 돌려보내다.(『太宗實錄』 태종18, 『集成』3-313) 6.4. 判司譯院事 鄭喬로 하여금 倭에게 사로 잡혔던 唐人 陳益原 등 24인을 遼東으로 보내다.(『太宗實錄』 태종18, 『集成』3-313) 6.10. 九州節道使 代官이 와서 土物을 바치다.(『太宗實錄』 태종18, 『集成』3-313) 6.14. 黃海道都觀察使가 海州에 倭寇의 노략질에 대비해 築城할 것을 아뢰자 兵曹에 내려 의논한 후, 築城은 하지 않고 鎭을 설치케 하다.(『太宗實錄』 태종18, 『集成』3-313) 6.29. 能州太守 平宗壽의 使人이 土物을 바치다.(『太宗實錄』 태종18, 『集成』3-314) 7.8. 前司譯院判官 崔天老를 보내어 日本으로부터 도망해 온 中國사람 倪專心 등 남녀 5명을 遼東으로 보내다.(『太宗實錄』 태종18, 『集成』3-314) 8.3. 日本國 大內殿 德雄·多多良道雄 등이 使臣을 보내 土物을 바치다.(『太宗實錄』 태종18, 『集成』3-314) 8.14. 琉球國王 둘째아들 賀通連이 사람을 보내어 편지와 丹木·白礬 등을 바치므로, 九升白苧布·黑麻布 등을 주고 禮曹判書

일본

11.5. 九州探題 右武衛 源道鎭의 使人이 예물을 바치고, 銅器 등의 물건을 청하다.(『太宗實錄』태종 17, 『集成』3-303)

11.7. 對馬州 左衛門大郎의 使人이 예물을 바치다.(『太宗實錄』태종 17, 『集成』3-303)

11.20. 日本 能州太守 源昌淸의 使人이 예물을 바치고 虎豹皮와 人蔘을 구하다.(『太宗實錄』태종 17, 『集成』3-303)

11.21. 對馬島守護 宗貞茂가 사람을 보내 土物을 바치다.(『太宗實錄』태종 17, 『集成』3-303)

12.8. 東平館에서 工曹의 公物을 무역하는데 私物을 섞어 무역한 工曹左郎 朴景斌·趙壽山·李修를 파직하다.(『太宗實錄』태종 17, 『集成』3-304)

12.9. 對馬島守護 宗貞茂가 鍾을 본보기로 만들 것을 청하며 銅 5백근을 보내다.(『太宗實錄』태종 17), 『集成』3-304)

12.19. 兵曹判書 金漢老·都鎭撫 李原이 大內殿과 宗貞茂의 싸움중 倭寇가 발생할 것을 대비하자는 계책을 올리자, 임금이 백성이 놀랄 것을 이유로 允許하지 않다.(『太宗實錄』태종 17, 『集成』3-304)

12.20. 盧龜山·元閔生 등이 北京에서 돌아와 明나라 皇帝가 日本 국왕에게 보내는 勅書 등에 대해 임금에게 아뢰다.(『太宗實錄』태종 17, 『集成』3-305)

12.30. 對馬島 宗貞茂·藤次郎·遠州太守 源瑞芳·駿州太守 源圓珪·濃州太守 平宗壽가 각각 사람을 시켜 土物을 바치다.(『太宗實錄』태종 17, 『集成』3-306)

【일본】

6.-. 조선의 이종무가 대마도 정벌을 하는 것에 대해, 일본에서는 몽고의 침략으로 잘못 이해하여 작성한 글이다.(『立川寺年代記』)

로 하여금 回答書를 하게 하다./ 倭人 司正表沙貴가 銅鐵匠을 데리고 오다./ 對馬島 敬差官 李藝가 우리나라에 銅鐵이 없으니 火筒碗口를 무쇠로 만들 것을 아뢰다.(『世宗實錄』세종즉위, 『集成』3-317)

8.19. 慶尙道 水軍都節制使가 倭賊이 지나가는 巨濟와 南海의 두섬이 땅이 기름져 농사가 가능하니, 이곳에 거주하는 백성들을 위해 木柵을 세워 倭賊으로부터 보호하라고 啓하다.(『世宗實錄』세종즉위, 『集成』3-318)

8.21. 禮曹에서 日本國 防長豐三州刺史 大內多多良道雄에게 청구한 大藏經이 없어 보내지 못한다는 답서를 올리다./ 日本國 西海道 日向州太守 藤元九가 對馬州 篠栗山城守 종요가 사람을 보내 土産物을 바치므로 값을 쳐서 주다./ 慶尙道觀察使가 琉球國의 사절이 풍랑으로 인하여 70여 인이 죽고 예물을 잃었으며, 현재 閑山島에 머물고 있다고 보고하다.(『世宗實錄』세종즉위, 『集成』3-319)

8.25. 日本 對馬州守護 都都熊瓦가 사람을 보내와 梵鐘과 般若經을 청구하다.(『世宗實錄』세종즉위, 『集成』3-320)

9.2. 日本 對馬州 守護代榮이 사람을 보내와 土産物을 받치고, 敬差官 李藝가 貞茂의 죽음에 賻儀와 致祭를 하여 고맙다는 글을 禮曹에 보내다.(『世宗實錄』세종즉위, 『集成』3-320)

9.9. 倭賊이 제주의 漕船을 약탈하다.(『世宗實錄』세종즉위, 『集成』3-320)

9.18. 一岐 萬戶 道永이 사람을 보내 丹木·白磻 等物을 바치고 米穀을 요구하다.(『世宗實錄』세종즉위, 『集成』3-320)

9.20. 判司譯院事 張洪守로 하여금 倭山에서 도망해 온 明나라 浙江人 陳宗 등 남녀 6인을 遼東으로 보내다.(『世宗實錄』세종즉위, 『集成』3-321)

9.25. 慶尙道 觀察使가 蔚山이 鹽浦에 가까워 倭人이 무시로 출입하므로 蔚山鎭兵馬使를 다시 설치할 것을 아뢰니, 임금이 議政府·六曹로 하여금 의논케 하다.(『世宗實錄』세종즉위, 『集成』3-321)

9.28. 京畿道 觀察使가 倭寇를 막기 위해 喬桐과 江華에 파견되었던 前 萬戶의 생계에 관한 고충을 듣고 보고하자, 上王이 다른 水軍의 예에 따라 左右領으로 나누어 방어케 하다.(『世宗實錄』세종즉위, 『集成』3-321)/ 慶尙道 觀察使 申商이 浦口의 水軍들을 4번으로 나누어 생업에 종사토록 하다. 특히 富山浦·乃而浦 水軍에는 반달치 식량을 임시로 지급토록 하다.(『世宗實錄』세종즉위, 『集成』3-322)

10.3. 司諫院에서 倭賊이 기근으로 인하여 全羅道로 침입할 것에 대비하여 都節制使를 武藝가 줄충한 사람으로 교체할 것 등을 상소하다.(『世宗實錄』세종즉위, 『集成』3-323)

10.6. 一岐州의 上萬戶가 사람을 보내어 土物을 바치다.(『世宗實錄』세종즉위, 『集成』3-323)

10.8. 對馬島主 宗貞盛이 사람을 보내어 土物을 바치다.(『世宗實錄』세종즉위, 『集成』3-324)

10.13. 日本國 九州總守와 西海路美作太守가 사람을 보내 方物을 바치다.(『世宗實錄』세종즉위, 『集成』3-324)

10.14. 日本國 日向州太守 源氏島津元九가 表를 올려 臣이라 칭하고 土物을 바치다./ 肥前州의 僧 吉見昌이 사람을 보내어 方物을 바치고 모시와 삼베 및 虎皮를 요구하다.(『世宗實錄』세종즉위, 『集成』3-324)

10.17. 對馬島 宗俊이 사람을 보내어 朝會하다.(『世宗實錄』세종즉위, 『集成』3-324)

10.29. 日本國 肥前州의 僧 吉見昌淸·日向州太守 源氏島津元九·關西道 筑前州 石城官府 平滿景이 사람을 보내 칼·香 등의 물품을 바치니, 삼베·무명 등을 하사하다.(『世宗實錄』세종즉위, 『集成』3-325)

10.30. 日本 關西路 九州都元帥右武衛 源道鎭이 使者를 보내어 土物을 바치다.(『世宗實錄』세종즉위, 『集成』3-325)

11.11. 宗貞盛의 요구로 해변에 사는 倭人을 돌려보내기를 청하니, 원하는 자를 돌려보내다.(『世宗實錄』세종즉위, 『集成』3-325)

11.14. 藝文館 大提學 卞季良이 太宗의 神道碑文에 太宗이 倭寇의 침입을 토벌하고, 交隣으로 倭邦이 來庭하였던 것등을 찬하다.(『太宗實

연도	한국
▲ 1418	錄』 태종18, 『集成』3-314) 11.15. 對馬島의 左衛門大郎이 사람을 보내 水晶과 갓끈을 바치고, 中原에서 사자를 보낸 것을 보고하다.(『世宗實錄』 세종즉위, 『集成』3-326) 11.16. 上이 望闕禮를 행하고 仁政殿에서 朝賀하였는데, 島倭 50여명도 賀禮하는 반열에 참여하여 賀禮하다.(『世宗實錄』 세종즉위, 『集成』3-326) 11.21. 彭善才 등 中國人 13인이 日本에서 도망하여 왔으므로 이들을 위로하고 遼東으로 호송하다.(『世宗實錄』 세종즉위, 『集成』3-326) 11.29. 日本國 西海路 美作太守 淨存 등 여러 지역에서 土産品을 바치므로 紬布와 綿布 등을 하사하다.(『世宗實錄』 세종즉위, 『集成』3-326) 12.1. 慶尙道觀察使 申商과 左道萬戶 金徙善이 사사로이 宗貞盛에게 글을 보내 被擄人을 돌려줄 것을 요구했는데, 上王이 그 죄를 용서하다.(『世宗實錄』 세종즉위, 『集成』3-327)
1419 ▼	【한국】 1.1. 이 仁政殿에서 賀禮를 받았는데, 僧徒·回回·倭人도 참례하다.(『世宗實錄』 세종1, 『集成』3-330) 1.3. 日本國 對馬島 萬戶 左衛門大郎이 사람을 보내어 土産物을 바치다.(『世宗實錄』 세종1, 『集成』3-330) 1.6. 對馬州 都萬戶 表阿時 등이 土産物을 바치다./ 對馬州 代官 宗俊이 전에 항복한 倭人 30인을 돌려줄 것을 요구하니 이에 따르다.(『世宗實錄』 세종1, 『集成』3-330) 1.13. 慶尙道觀察使가 倭賊에게서 도망 온 中國人 金得觀 등 2명이 3월경에 倭賊이 中國 沿海를 침입할 것이라는 보고가 있었다.(『世宗實錄』 세종1, 『集成』3-331) 1.14. 上王이 倭賊을 염려하여 讓寧大君을 江華가 아닌 陽根에 두도록 명하다.(『世宗實錄』 세종1, 『集成』3-331) 1.15. 中國人 金得觀의 倭情에 관한 진술을 中國에 알리는 방법에 대한 논의가 있었는데, 金得觀을 급히 中國에 보내 아뢰게 하다.(『世宗實錄』 세종1, 『集成』3-331) 1.21. 上王이 중국使臣에게 위로연을 베풀면서 倭國이 국경에 근접하여 있어, 와서 침략도 하고 혹은 물건을 팔아 식량을 사 간다고 말하다.(『世宗實錄』 세종1, 『集成』3-332) 1.24. 中國人 彭亞瑾 등 16명이 倭島로부터 도망하였기에 司譯院 判官 吳義를 보내어 遼東으로 압송하다.(『世宗實錄』 세종1, 『集成』3-333) 1.25. 慶尙道 觀察使가 도망해 오는 被漢人을 通譯할 자를 보내주기를 청하다.(『世宗實錄』 세종1, 『集成』3-333) 2.12. 進獻使通事 全義가 倭人에게서 도망해 온 中國人 賈三 등 남녀 6명을 遼東으로 압송하다.(『世宗實錄』 세종1, 『集成』3-333) 2.15. 對馬島 倭人 宗祐馬가 被擄人 1명을 돌려주면서 土産品을 바치고 양곡을 구걸하므로 백미 20석을 주다.(『世宗實錄』 세종1, 『集成』3-333) 2.25. 對馬島 宗貞茂의 아들 都都熊瓦가 잡혀 간 우리나라 사람 2명을 보내주자 임금이 후대하게 하고 綿布와 紬布를 내리다.(『世宗實錄』 세종1, 『集成』3-334) 2.29. 對馬島 二位郡主 宗滿茂가 사람을 보내어 慶尙道 水軍節制使에게 양곡을 꾸어 달라고 청하며 白磻 68斤을 바쳤기로, 백미 20석을 주게 하다.(『世宗實錄』 세종1, 『集成』3-334) 3.1. 對馬島守護 都都熊瓦가 사람을 보내어 土産物을 바치자 백미 40석을 주다./ 對馬島 海副邢都萬戶 正欣가 사람을 보내어 土産物을 바치고 양곡을 빌리기를 청하자 백미 20석을 주다./ 對馬島 篠栗山城守 宗俊이 사람을 보내어 土産物을 바치므로 紬布·麻布·綿布 등의 물건을 주다.(『世宗實錄』 세종1, 『集成』3-334) 3.5. 司譯院 判官 許原祥으로 하여금 도망해 온 中國人 孫孫 등 4명을 遼東으로 압송하다.(『世宗實錄』 세종1, 『集成』3-335) 3.7. 日本 九州都元帥 源道鎭이 使臣을 보내어, 大般若經 1질을 청구하고 土産物을 바치므로, 紬布·綿布·麻布를 주다.(『世宗實錄』 세종1, 『集成』3-335) 4.4. 日本國 肥州太守 吉見源昌淸이 使臣을 보내어 土産物을 바치고 절을 重創할 자본을 청했고, 長州太守 大臟禪種·對馬島 和田浦都萬戶 守助丞도 각각 使臣을 보내어 土産物을 바치자 백미를 내려주다.(『世宗實錄』 세종1, 『集成』3-335) 4.13. 禮曹判書 許稠가 倭國 商人의 銅·鑞·鐵을 매입하여 祭器를 주조하자 아뢰자 임금이 응하다.(『世宗實錄』 세종1, 『集成』3-336) 4.26. 對馬島 宗俊이 사람을 보내어 土産物을 바치다.(『世宗實錄』 세종1, 『集成』3-336) 5.4. 忠淸道 都節制使가 倭船이 結城 지경에 출몰했다고 보고하다.(『世宗實錄』 세종1, 『集成』3-336) 5.5. 全羅道 都節制使가 倭船 39척이 明에서 도적질하고 인근 섬에 주둔하고 있다는 보고가 있자, 靈光 지경에 둔병하여 방비케 하다.(『世宗實錄』 세종1, 『集成』3-336) 5.7. 忠淸觀察使 鄭津이 倭船 50여척이 庇仁縣 都豆音串에 침입하여 우리 兵船을 불살랐다고 飛報하자, 上王은 忠淸道의 방비를 엄하게 하라고 명하고, 倭人 平道全을 助戰兵馬使로 삼아 倭人 16명을 거느리고 가라고 파견하다./ 忠淸觀察使 鄭津이 또다시 庇仁縣에서의 倭賊과의 접전 상황을 보고하기에 僉摠制 李中至를 忠淸道 助戰兵馬都節制使로, 趙菑를 忠淸道 體覆使로 삼아 戰地로 보내다.(『世宗實錄』 세종1, 『集成』3-337) 5.9. 司諫 鄭守弘이 禹博이 水軍節制使때에 商倭와 매매하였다고 아뢰어, 濟州牧使로 임명함이 부당하다고 했다.(『世宗實錄』 세종1, 『集成』3-338)

일본

12.6. 對馬島 宗貞盛이 사람을 보내어 方物을 바치다.(『世宗實錄』세종즉위, 『集成』3-327)

12.11. 上王과 上이 使臣을 전송하는 연회에서 島倭의 배 300여척이 中國을 침구할 것에 염려하다.(『世宗實錄』세종즉위, 『集成』3-327)

12.20. 倭山에서 도망 온 중국인 兪興과 梁泰 2명을 司譯院 注簿 仇敬夫로 하여금 遼東으로 보내다.(『世宗實錄』세종즉위, 『集成』3-328)

12.27. 武略이 있는 자를 연해지방의 守令에 충원하여 倭寇를 방비하도록 명하다./ 禮曹에서 對馬島의 倭人 有溫이 中國여자를 上에게 바치려 한다고 啓하니, 임금이 中國으로 호송하라 명하다.(『世宗實錄』세종즉위, 『集成』3-328)/ 禮曹에서 이후부터는 島倭가 중국인을 데리고 올 때에 서울로 올라오지 못하게 하라고 아뢰자, 왕이 倭人을 노하게 하여 변고를 내게 해서는 안된다는 開諭를 禮曹判書로 하게 하다.(『世宗實錄』세종즉위, 『集成』3-329)

12.29. 日本國 筑前州太守 臟親家가 사람을 보내어 蘇木·硫黃 等物을 바치므로 上이 흑색 세미포와 면포를 하사하다.(『世宗實錄』세종즉위, 『集成』3-329)

12.30. 被漢人 李阿謹등 5인이 倭山에서 도망와 遼東으로 보내다.(『世宗實錄』세종즉위, 『集成』3-329)

【일본】

5.23. 조선·대당국(明)·南蠻등이 일본을 침공할 것이라는 정보가 조선에서 전해지자, 室町幕府가 매우 놀라다.(『看聞御記』上)

8.13. 조선·명(蒙古)의 군함 500여 척이 對馬島를 침략하자, 太宰 少貳가 九州의 군사를 동원하여 격파했다고 하다.(『看聞御記』上)

8.-. 異國 흉도가 대마도를 쳐들어 와서, 병선 500여척이 풍파에 휩쓸리다.(『南方紀傳』下)

-. 조선장수 李從茂가 전함 22척과 병력 17,285명을 거느리고 대마도를 침략하자, 대마도의 宗貞茂가 조선군을 물리치다.(『宗氏家譜』)

5.10. 忠淸左道都萬戶 金成吉이 倭賊을 방비하지 못한 죄로 體覆使에 의해 참형당하고, 官兵에 잡힌 한 倭人은 對馬島의 기근으로 浙江을 노략질하려 하였으나, 양식이 떨어져 먼저 庇仁을 털고 海州를 도적질하려 하였다고 말하다.(『世宗實錄』세종 1, 『集成』3-338)/ 倭로부터 도망한 漢人 李西立 등 2명을 遼東으로 보내다.(『世宗實錄』세종 1, 『集成』3-339)

5.12. 權蔓을 慶尙道 都體察使에, 朴礎를 全羅道 都體察使에, 李之實을 忠淸道 都體察使로 삼았다./ 黃海道 監司 權蔓이 倭賊 7척이 海州에서 도둑질한다고 급보하다.(『世宗實錄』세종 1, 『集成』3-339)

5.13. 黃海道 監司가 海州 연평곶이에서 倭船과의 대치상황을 급보하니, 金孝誠을 京畿·黃海助戰兵馬使로, 張友良을 黃海道敬여 파견하고, 上王과 임금은 朴訔 등과 對馬島를 섬멸할 계책을 밀의하다.(『世宗實錄』세종 1, 『集成』3-340)

5.14. 戰艦의 존폐문제에 대해 논의하였는데, 임금은 戰艦의 폐지를 하고자 하였으나 대신들은 高麗末의 예를 들어 존속시키기를 주장하다.(『世宗實錄』세종 1, 『集成』3-340)/ 王과 임금이 대신들과 함께 對馬島가 허술한 틈을 이용하여 치는 문제를 의논하였는데, 李從茂를 三軍都體察使로 임명하는 등의 일과 倭寇를 요격하기 위하여 6월 초8일에 각도 兵船들과 함께 見乃梁에 모일 것을 약속하다.(『世宗實錄』세종 1, 『集成』3-341)/ 兩上이 戶曹參議 曹致를 黃海道 體覆使로 삼고, 諸將들 중에서 일을 늦추었다가 失機한 자를 살필 것을 명하다.(『世宗實錄』세종 1, 『集成』3-342)

5.15. 兵曹에서 각 관에 안치한 倭人들이 마음대로 출입하거나 수령을 능욕하고 횡패하는 자는 징계할 것을 아뢰니, 上王이 이에 따르다./ 상이 投化한 倭人들은 우리 백성이니 이름을 등록케 하고 세금을 면제하고 공이 있는 자는 포상하겠다는 등의 宣旨를 하다.(『世宗實錄』세종 1, 『集成』3-342)

5.16. 상이 倭人 방비에 나갔던 5인에게 麻衣 한벌씩을 주다./ 上王이 廣州 牧使 朴成陽을 中軍節制使로, 仁壽府 尹 文繼宗을 廣州牧事로 임명하다./ 朴礎와 禹博에게 忠淸·全羅道 兵船과 軍卒 및 器械를 整齊하고 점검하게 한 후 對馬島를 征伐하러 가라고 명하다.(『世宗實錄』세종 1, 『集成』3-343)/ 兵曹에서 三軍 都體察使와 都節制使·節制使에는 각각 口傳軍 15인, 三軍 兵馬使·知兵馬使·兵馬使·副使 3품에는 伴黨 3인을 주고, 4품에는 각각 2인을 주게 할 것을 청하다.(『世宗實錄』세종 1, 『集成』3-344)/ 3.4. 對馬島 宗貞茂의 아들 宗俊이 사람을 보내어 倭人 望古羅 등 23명의 소환을 요구하므로, 慶尙道觀察使에게 명하여 돌려보내게 하다.(『世宗實錄』세종 1, 『集成』3-335)

5.18. 倭船에서 도망쳐 온 被虜漢人 宋舍佛을 譯者 金希福으로 하여금 遼東으로 돌려 보내다./ 上王과 上이 豆毛浦 白沙汀에 나가 李從茂 등 여덟장수를 전송하고 술을 내리고 활과 화살을 주었다.(『世宗實錄』세종 1, 『集成』3-345)/ 中軍과 右軍이 發行하고, 左軍은 다음날에 發行하기로 하다./ 忠淸道 體覆使 조치가 都節制使 金尙旅가 庇仁을 구원하지 아니한 죄를 계하니, 上王이 義禁府에 내려 국문할 것을 명하다.(『世宗實錄』세종 1, 『集成』3-345)

5.19. 上이 承政院에 명하여 各道의 監司로 하여금 都體察使·都節制使·節制使에게 술과 소주를 공급하게 하고, 또 都體察使 이하 軍官에게 이르기까지 활·화살·벙거지·비옷 등을 주게 하다./ 上王이 金乙和는 늙었으므로, 右軍 僉節制使에 명하고, 이천은 副節制使를 삼았다.(『世宗實錄』세종 1, 『集成』3-345)

5.20. 上王이 領議政 柳廷顯을 三道 都統使로, 參贊 崔閏德을 三軍 都節制使로, 舍人 吳先敬과 軍資 正 郭存中을 都統使 從事官으로, 司直 丁艮과 金允壽를 都節制使 鎭撫로 삼았다./ 對馬島 宗峻의 使臣이 本島로 돌아갈 것을 고하니, 知申事 元肅으로 하여금, 倭賊이 변방을 침구하는 것을 꾸짖고, 上王이 이들 8인을 咸吉道로 分置시키다.(『世宗實錄』세종 1, 『集成』3-346)/ 임금이 충청·경상·전라·황해도에서 別膳 진상을 못하게 할 것을 宣旨하다.(『世宗實錄』세종 1, 『集成』3-347)

5.21. 都節制使 崔閏德이 떠날 때에, 上王이 활과 화살을 주어 보내다.(『世宗實錄』세종 1, 『集成』3-347)

5.24. 平道全이 倭人 伴人 17명과 尹得洪이 伴人 朴英忠을 거느리고 壽康宮에 나가 俘虜와 兵器·衣甲을 바치니, 上王이 곡식·말, 활과 화살

연도	한국
▲ 1419 ▼	등을 내려주다. (『世宗實錄』 세종1, 『集成』3-348)./ 兵曹에서 倭寇가 성하므로 間諜 방비를 위해 要害地를 지켜 철저히 할 것을 아뢰므로, 上王이 그대로 따르다.(『世宗實錄』 세종1, 『集成』3-349) 5.25. 上王이 三軍都統使 柳廷顯에게 바다의 도적을 섬멸케 하여 임금을 높이고 백성을 보호하라는 宣旨와 鈇鉞을 보내 주고, 漢江亭에 나가 전송하며 하사품을 주다.(『世宗實錄』 세종1, 『集成』3-349)/ 임금이 金尙旅의 사형을 용서하여 削職하고, 명하여 忠淸道 都節制使에 따라가서 散軍으로 방어하는 일을 보게 하다.(『世宗實錄』 세종1, 『集成』3-350) 5.26. 兵曹에서 倭賊의 침입에 대비하여 海中과 육지에서 烽火하는 방법을 변경하자고 아뢰자, 上王이 이에 따르다.(『世宗實錄』 세종1, 『集成』3-350) 5.27. 上王이 義禁府에 명하여 倭人을 형벌하는 것을 직접 참관하지 않은 留後 韓雍을 잡아오게 하여 국문하고 파면하다.(『世宗實錄』 세종1, 『集成』3-351) 5.29. 日本國 九州節度使의 使僧 正祐가 義를 사모하여 머물러 있고자 원하니, 임금이 허락하고 후히 접대하다./ 都體察使에게 명하여 對馬島 守護에게 倭賊의 침구에 대하여 꾸짖고, 전하의 뜻을 받들어 賊黨으로서 섬에 있는 자들을 모두 쓸어서 보내라는 등의 글을 보내다.(『世宗實錄』 세종1, 『集成』3-351) 6.1. 義禁府에 명하여 倭人 포로 4인을 베고, 승려 正祐에게 말과 의복을 주다./ 崔閏德이 乃而浦에 이르러 군사를 정비하고 倭人을 잡아서 멀리 분치하고, 각 관에서는 완악하고 흉한 平望古와 같은 倭人 21명의 목을 베다./ 日本 西海路 筑前州石城府管事 平萬景이 사람을 보내어 土産物을 바치고, 萬景의 印子를 구하여 通好의 증거로 한다고 하니, 禮曹에 명해 日本의 敵人을 꾸짖어 징계하고 被虜人을 쇄환할 것을 당부하는 글과 虎豹皮 등을 주다.(『世宗實錄』 세종1, 『集成』3-353) 6.2. 對馬島征伐과 倭賊 토벌에 공이 있는 李蕆과 尹得洪에게 左軍同知摠制와 左軍僉摠制로 삼았다./ 倭賊을 추적하지 않은 高灣梁萬戶 黃彦과 應戰을 늦게 한 忠淸道 都節制使道都鎭撫 金粹와 知經歷 金理恭을 義禁府에서 심문하다./ 尹得洪이 잡은 倭賊내의 中國人 胡鑑淸 등 2명을 通事 史周卿을 시켜 遼東으로 압송하다.(『世宗實錄』 세종1, 『集成』3-354)/ 兵曹에서 對馬島征伐로 허술해진 각 浦口와 육지의 방어책에 대해 아뢰므로 上王이 그대로 따르다./ 日本 西海路 九州總管右武衛 源道鎭이 사람을 보내어 南蠻船이 朝鮮으로 가다가 도적에게 약탈당했음과 해변방비를 철저히 할 것을 알려왔으므로, 禮曹判書가 답서를 써주고 虎·豹皮 등을 하사하다.(『世宗實錄』 세종1, 『集成』3-355) 6.3. 降倭 平道全이 倭寇토벌에 진력하지 않았음을 尹得洪이 아뢰자, 平道全과 그 처자들은 平壤에 두고, 따라온 자들은 咸吉道 각 관가에 두라고 분치시키다.(『世宗實錄』 세종1, 『集成』3-356) 6.4. 柳廷顯이 慶尙道 各浦에 머물고 있는 倭人과 販賣倭人을 잡아서 분치하였는데, 慶尙道에 355명, 忠淸道에 203명, 江原道에 33명으로 총591명이고, 포로로 할 때 죽은자가 136명, 피로한인이 6명이었다.(『世宗實錄』 세종1, 『集成』3-356) 6.5. 倭寇가 침략하므로 연해의 수령을 武官으로 대신하게 하다.(『世宗實錄』 세종1, 『集成』3-357) 6.6. 두 임금이 樂天亭에 나아가 주연을 베풀고, 平道全의 아들 平望古의 죽음에 대해 이야기하다./ 三軍都統使에게 九州節度使가 對馬島征伐의 본의를 모르고 의혹하지 않도록 하라는 교지를 내리다.(『世宗實錄』 세종1, 『集成』3-357) 6.8. 임금이 교지를 내려 成達生, 李思檢, 李德生 등을 모두 私馬로 서울에 올라오게 하다.(『世宗實錄』 세종1, 『集成』3-358) 6.9. 上王이 對馬島는 본래 우리 땅으로 궁벽하고 누추하여 倭놈이 거류하게 되었는데, 변경을 도둑질하고 군민을 살해하여 征伐하게 되었다는, 對馬島征伐의 이유를 中外에 교유하다.(『世宗實錄』 세종1, 『集成』3-358) 6.13. 時散 2품 이상에게 倭人分置의 可否를 의논한다.(『世宗實錄』 세종1, 『集成』3-359) 6.14. 上王이 倭通事 朴貴가 平道全을 따르는 것은 다른 마음이 있기 때문이라 하여 義禁府로 하여금 鞫問케 하여, 杖刑 80대에 처하고 부모형제를 모두 몰수하여 官奴로 삼다.(『世宗實錄』 세종1, 『集成』3-360) 6.17. 三軍都體察使 李從茂가 九節制使를 거느리고 巨濟島를 떠나 바다로 나갔다가 바람에 거슬려 다시 巨濟島로 돌아오다.(『世宗實錄』 세종1, 『集成』3-360) 6.19. 李從茂가 巨濟島 남쪽의 周原防浦에서 출발하여 다시 對馬島로 향하다.(『世宗實錄』 세종1), 『集成』3-360) 6.20. 午時에 우리 군사 10여척이 對馬島 豆知浦에 도착하여 賊船을 불사르고 倭賊을 베고 사로잡는 등 큰 성과를 거두었는데, 이에 앞서 上王이 諸將들에게 發船이 늦은 것에 대해 문책하는 교지를 보내다.(『世宗實錄』 세종1, 『集成』3-361) 6.21. 上이 平道全을 빙자하여 발선을 미루고, 마음대로 도적에게 양식을 준 李思儉을 국문하도록 하다.(『世宗實錄』 세종1, 『集成』3-361) 6.23. 義禁府가 成達生 등의 죄상을 갖추어서 아뢰니, 上이 교지를 내려 成達生은 連山으로, 曹致는 竹山으로 귀양 보내고, 李思儉과 李德生은 水軍에 보충하게 하다.(『世宗實錄』 세종1, 『集成』3-362) 6.25. 兵曹에서 本島로 돌아가는 對馬島 倭賊을 치기 위해서 각처의 助戰節制使로 하여금 병선을 거느리고 要害地에 머물게 할 것을 아뢰니, 上王이 權蔓을 助戰節制使로, 朴礎와 李之實을 全羅·忠淸海島助戰節制使로 임명하다.(『世宗實錄』 세종1, 『集成』3-362) 6.26. 權蔓이 길을 떠나니, 임금이 宦官 朴成祐에게 명하여 전송하다.(『世宗實錄』 세종1, 『集成』3-362) 6.27. 投化倭人 皮古와 沙古 등이 풍랑에도 배가 傾覆되지 않도록 倭船처럼 꼬리를 만들게 해달라고 아뢰니, 그대로 따르다.(『世宗實錄』 세종1, 『集成』3-363) 6.29. 柳廷顯의 從事官 趙義昫가 對馬島에서 돌아와 勝戰을 고하자, 上王이 訓練官 崔岐를 통해 宣旨 2통을 李從茂에게 보내다.(『世宗實錄』 세종1, 『集成』3-363)/ 對馬島 尼路郡에서 左軍節制使 朴實이 많은 군사를 잃어 節制使 李順蒙 등이 적을 만나 힘껏 싸워 막으니 적이 물러갔는데, 都都熊瓦가 글을 받들고 군사를 물려 修好하기를 바라다.(『世宗實錄』 세종

일본

1, 『集成』3-364)

6.30. 上王이 上護軍 吳益生에게 宣醞을 가지고 慶尙道에 가서 諸將을 위로하게 하다.(『世宗實錄』 세종 1, 『集成』3-365)

7.3. 李從茂 등이 舟師를 이끌고 돌아와 巨濟島에 머물다.(『世宗實錄』 세종 1, 『集成』3-365)

7.4. 一岐州上萬戶 道永이 글을 올려 즉위함을 賀禮하다./ 倭船 2척이 黃海道에서 忠淸道까지 이르러 安興梁에 들어와 全羅道 貢船 9척을 노략하고 對馬島로 향하다.(『世宗實錄』 세종 1, 『集成』3-365)

7.5. 黃海監司가 중국에서 돌아오는 倭寇 수십척이 小靑島 海洋에 출몰하였다고 급보하니, 上王이 柳廷顯에게 연해 요로에 兵船을 예비하였다가 변에 대비하라고 명하다.(『世宗實錄』 세종 1, 『集成』3-365)

7.6 朴訔과 許稠가 島倭는 우리민족과는 다르므로 서울과 경상·全羅道에 分置하지 말고, 궁벽한 곳에 두도록 건의하다./ 通事 崔天老로 하여금 被擄漢人 秦瑛 등 11명과 逃軍 朴上佐 등 10명을 遼東으로 보내다./ 李從茂가 보내온 鎭撫 宋有仁이 戰艦의 귀환을 보고하니, 上王이 친히 상황을 묻고 말 1필을 주고 임금은 옷 1벌을 내리다.(『世宗實錄』 세종 1, 『集成』3-366)/ 朴訔이 中國에서 돌아오는 對馬島 倭賊을 李從茂 등으로 치면 殄滅시킬 수 있다고 아뢰자, 上王이 그렇게 여기다.(『世宗實錄』 세종 1, 『集成』3-367)

7.7. 對馬島征伐에 공이 있는 여러 節制使들을 승진시키고 술로 위로하였으며, 上王은 柳廷顯에게 中國으로부터 돌아온 적선을 치기 위해 對馬島로 갈 것을 명하다.(『世宗實錄』 세종 1, 『集成』3-367)

7.9. 右議政 李原이 막 돌아온 水軍을 돌려 다시 對馬島를 치는 것은 옳지 않고 바람이 평온해지기를 기다려 군사를 整齊하여 칠 것을 이뢰자, 上王은 그렇게 여겼는데, 朴訔은 고집하여 듣지 않았다.(『世宗實錄』 세종 1, 『集成』3-368)

7.10. 柳廷顯이 對馬島에서 전사한 자가 180명이라고 다시 아뢰다.(『世宗實錄』 세종 1, 『集成』3-368)

7.12. 千秋使 通事 金聽이 北京으로부터 돌아와 禮部의 咨文과 中國에서의 倭寇토벌에 관한 상황을 아뢰니, 上王이 柳廷顯에게 對馬島 再討伐을 중지하고 要害處의 방비를 철저히 하라고 하다.(『世宗實錄』 세종 1, 『集成』3-368)

7.15. 東征하는 장수들이 仇良梁에 모여서 對馬로 향하려 할 즈음 再征伐을 중지한다는 敎旨를 선포하였는데, 이날 東風이 급히 불어 兵船이 부서지고 죽은 자가 발생하다.(『世宗實錄』 세종 1, 『集成』3-369)

7.16. 王이 忠淸道 水軍都節制使 王麟을 시켜 도적을 잡게 하였으나 倭賊을 잡지 못하므로 私馬로써 상경을 명하다.(『世宗實錄』 세종 1, 『集成』3-369)

7.17. 前甲山郡事 張蘊을 東征때 싸움을 당하여서 배에서 내리지 않은 죄로 義禁府에 하옥시키다./ 上王이 兵曹判書 趙末生에게 명하여 對馬島 守護 都都熊瓦에게 敎化에 응하라는 宣諭의 글을 投化倭人 藤賢 등에게 가지고 對馬로 가게 하다.(『世宗實錄』 세종 1, 『集成』3-370)

7.18. 三軍都統使 柳廷顯 등을 서울로 불러 投化倭人 藤賢 등에게 大魔를 교유하기로 하되, 만약 對馬島에서 이들을 구류하게 되면 장차 다시 군사를 일으켜 問罪할 것이니 방어를 임히 하라는 선지를 하다.(『世宗實錄』 세종 1, 『集成』3-372)

7.20. 出征했다가 病死한 船軍 21명에게 米豆 4석을 주고, 復戶하다.(『世宗實錄』 세종 1, 『集成』3-373)

7.21. 上이 이번 東征에서 잡힌 漢人 130여명을 被擄漢人 예에 따라 의복과 신발등을 주어 遼東으로 보내다.(『世宗實錄』 세종 1, 『集成』3-373)

7.22. 倭賊방어에 진력하지 않은 忠淸右道 水軍都萬戶 李枚와 高巒梁海領 萬戶 安權의 사형을 면제하고 각각 削職充軍과 散軍으로 방어케 하다.(『世宗實錄』 세종 1, 『集成』3-373)/ 朴訔이 對馬島에서 패군할 때의 상황을 알고 있던 漢人 宋官童 등 12명의 中國 송환 중, 임금이 通事를 보내어 官童 등을 中路에서 보고 그 소견을 탐문케 하다.(『世宗實錄』 세종 1, 『集成』3-374)

7.26. 上王이 水부의 재앙과 對馬의 남은 무리가 항복하지 않으면 가을과 겨울 사이에 다시 군사를 일으킬 것이므로, 토목의 역사를 일체 중지시킨다고 宣旨하다.(『世宗實錄』 세종 1, 『集成』3-374)

7.28. 柳廷顯이 倭寇의 침입에 대비한 방책 6가지를 조목별로 아뢰니, 上王이 兵曹와 議政府로 하여금 의논하라 하였으나 시행되지 못하다.(『世宗實錄』 세종 1, 『集成』3-375)/ 兵曹에서 9월과 10월 사이에 군사를 일으켜 對馬島를 섬멸한다 하니 병선을 정리하게 해달라고 아뢰니, 上王이 그대로 따르다./ 柳廷顯이 扶餘人 尹含 등이 倭船으로부터 도망하여 도적이 中國을 침범하였다가 패하여 겨우 돌아갔다고 말했다고 아뢰다.(『世宗實錄』 세종 1, 『集成』3-377)

8.1. 上王과 임금이 慶尙道에서 돌아온 柳廷顯과 全羅道에서 돌아온 崔閏德 등을 주연을 베풀어 위로하다.(『世宗實錄』 세종 1, 『集成』3-377)

8.2. 忠淸道 監司 鄭津이 對馬島 征伐에 나간 鹽干들의 貢納을 반감해 줄 것을 장계하니, 임금이 특별히 바칠 소금만을 면제케 하다.(『世宗實錄』 세종 1, 『集成』3-378)

8.3. 兵曹에서 서울의 관청과 개인에게 하사한 倭奴 중 부자간에 서로 만나는 것을 허가해 줄 것을 아뢰니, 上王이 그대로 따르다.(『世宗實錄』 세종 1, 『集成』3-378)

8.4. 李從茂·禹博·朴成陽 등이 돌아오니, 임금이 漢江에서 맞이하고 樂天亭에서 연회를 베풀면서, 兵船은 더 만들 것을 지시하다./ 朴礎·柳濕도 돌아와서 復命하다.(『世宗實錄』 세종 1, 『集成』3-379)

8.5. 통사 崔雲과 宣存義가 宋官童 등 12명을 中路에 나가 보고 對馬島에서 본 바를 上王에게 아뢰니, 上王은 명하여 官童 등을 遼東으로 보내게 하다.(『世宗實錄』 세종 1, 『集成』3-379)/ 李順蒙과 李蔵이 慶尙道로부터 돌아오다.(『世宗實錄』 세종 1, 『集成』3-380)

8.6. 上이 柳廷顯·朴訔 등과 太平館을 개수할 것을 논하던 중, 그보다는 兵船과 변방의 성을 쌓는 일에 주력하도록 건의받다.(『世宗實錄』 세종 1, 『集成』3-380)

8.7. 李之實이 慶尙道에서 병으로 말미암아 뒤늦게 돌아오다.(『世宗實錄』 세종 1, 『集成』3-380)/ 上護軍 崔雲을 보내어 對馬島 征伐 때 포로로 잡은 遼東·浙江·廣東 등지의 남녀 142명을 遼東으로 보내다.(『世宗實錄』 세종 1, 『集成』3-381)

8.10. 上王이 王과 함께 善養亭에서 東征에 노고가 많았던, 柳廷顯·李從茂·崔閏德·李之實·李順蒙·禹博·朴成陽·朴礎·李蔵 등과 從事官 및 兵使 4품이상을 불러 연회를 베풀다.(『世宗實錄』 세종 1, 『集成』3-381)/ 兵曹에서 東征한 三軍僉節制使·兵馬使 이하 軍官과 軍人 등의

연도	한국
▲ 1419	功賞의 서열을 정하다./ 兵曹에서 朴實이 左軍師로서 敗戰하여 많은 士卒을 죽게 했다고 죄주기를 청했으나 윤허하지 않다./ 上王이 禹博을 慶尙道·朴礎를 全羅道·李藏을 忠淸道 兵馬都節制使로 임명하여 各道 水軍兵馬都節制使와 의논하여 兵船을 만들어 東征에 대비토록 하다.(『世宗實錄』 세종11, 『集成』3-382) 8.11. 吉州牧使 曹備衡이 안치되어 있는 倭人 楊古老가 記官 金河生과 日守 金自溫을 죽이고, 이어 牧使와 判官을 죽이려다 千戶 金鏃에 의해 죽었다고 보고하다./ 京畿左道 水軍僉節制使 李恪이 병선을 더 만드는 일, 군인의 수를 늘려 水軍에 충원하는 일, 江華 喬桐의 좌우변 소속 관군의 군적 정리, 江華에 축성의 건, 배 만드는 재목인 소나무를 심고 기르는 것 등을 상서하니, 上王이 따르다.(『世宗實錄』 세종11, 『集成』3-383) 8.12. 兵曹에서 관원들이 하사받은 倭奴를 입궐이나 거둥, 시위할 때 인솔하지 못하게 아뢰니, 上王이 허락하다.(『世宗實錄』 세종11, 『集成』3-384) 8.13. 兵曹에서 吉州에 소속된 倭奴 楊古老와 같이 배로 와서 각 고을에 分置했던 자는 모두 추려내게 하여 징계하고, 회술레하여 돌려서 후일을 경계하라고 아뢰니, 上王이 그대로 따르다.(『世宗實錄』 세종1, 『集成』3-384)/ 朴實이 慶尙道에서 돌아오다.(『世宗實錄』 세종1, 『集成』3-385) 8.14. 上王이 朴實이 軍律을 어겨 패한 이유를 들어 하옥시키다.(『世宗實錄』 세종1, 『集成』3-385) 8.16. 義禁府 提調 卞季良이 朴實이 패군한 죄를 供述하니 李從茂와 柳濕, 朴礎도 죄가 있으므로 국문할 것을 아뢰자, 上王이 東征할 때 패전은 적고 승리가 많았으며, 朴實은 功臣의 자식이니 면죄시키게 하다.(『世宗實錄』 세종1, 『集成』3-385) 8.18. 上王이 朴實을 석방하다.(『世宗實錄』 세종1, 『集成』3-386) 8.22. 司諫院 右正言 李堅基가 李從茂·柳濕·朴礎 등과 朴實을 대질시켜 그 죄를 밝히여 처분하여 뒷사람을 경계할 것을 아뢰었으나, 임금이 對馬島 征伐에서 공이 많았으므로 허락치 않다.(『世宗實錄』 세종1, 『集成』3-386) 8.25. 被擄漢人 杜隆 등 5명이 對馬島에서 도망하였으므로, 通事를 보내 遼東으로 압송하게 하다.(『世宗實錄』 세종1, 『集成』3-387) 8.27. 兵曹에서 지방에 나누어 준 倭奴들이 제 마음대로 왕래하니 이를 금지시키고, 전과 같이 오고가는 자는 그 주인이 관청에 고발하여 엄벌케 할 것을 아뢰니, 上王이 그대로 하게 하다.(『世宗實錄』 세종1, 『集成』3-387) 9.4. 司憲府 掌令 鄭淵이 李從茂가 宣旨를 기다리지 않고, 不忠한 金訓·盧異를 거느리고 출정한 것을 벌하도록 계를 올리다.(『世宗實錄』 세종1, 『集成』3-387)/ 兵曹에서 外方에 分置한 관청과 私家 倭奴들의 도주를 막기 위하여 公私의 선박을 등록시키고 왕래하는 것을 살필 것을 아뢰니, 上王이 그대로 하게 하다./ 兵曹에서 京畿道 廣州와 麗州에 저장해 둔 무기와 對馬島에서 노획한 무기를 군기가 없는 고을에 보급할 것을 아뢰니, 上王이 그대로 따르다.(『世宗實錄』 세종1, 『集成』3-388) 9.6. 謝恩使 曹洽과 副使 李興發이 北京에서 돌아와 보고하기를, 倭賊이 都督 劉江에게 패하여 1,500명이 죽고, 103명이 생포되었다고 했고, 皇帝가 都苞串에서 倭에게 붙들려 갔던 被擄船軍 李元生 등 3명을 돌려 보내왔다.(『世宗實錄』 세종1, 『集成』3-388) 9.8. 慶尙道 右道都節制使가 對馬에서 도망 온 中國人이 倭賊이 9, 10월간에 침략한다는 말이 있으니 비상사태에 대비할 것을 아뢰니, 그대로 따르다.(『世宗實錄』 세종1, 『集成』3-389) 9.11. 柳廷顯이 분치하였던 一岐州 倭도 對馬島 倭의 예에 따라 奴婢로 삼게 해 달라고 아뢰니, 上王이 먼 官의 奴婢가 되게 하라 하다.(『世宗實錄』 세종1, 『集成』3-389) 9.20. 藤賢·邊尙 등이 對馬島에서 돌아왔고, 對馬島守護 宗都都熊瓦가 禮曹判書 앞으로 都伊端都老를 보내어 항복하기를 빌고 印信 내리기를 청원하며, 土物을 헌납하다.(『世宗實錄』 세종1, 『集成』3-389) 9.21. 許稠가 근년에 日本의 使臣이 많은데 그들의 내왕을 허락한다면 도성 밖에 倭館을 지어 줄 것과, 都都熊瓦과 宗俊 등의 문서를 가지고 온 자들은 예로써 접대하는 등 내왕의 개시를 엄격히 할 것을 아뢰다.(『世宗實錄』 세종1, 『集成』3-390) 9.24. 李順蒙이 對馬島 출정시 논공행상이 불공평하다고 아뢰다.(『世宗實錄』 세종1, 『集成』3-391) 9.25. 朴子靑·李順夢 등에게 관직을 제수하고 東征한 공을 논하였는데, 상직을 받은 자가 200여명이다./ 兵曹에서 倭賊방어를 위하여 각도의 軍器·衣甲·兵船을 보수·수리하고 있으니, 후에 따로 관원을 보내 점검케 할 것을 아뢰므로, 그대로 따르다.(『世宗實錄』 세종1, 『集成』3-391) 10.1. 禮曹에서 日本國 九州의 田平殿이 보낸 珍源 등 5인과 억류한 格倭 36명에게 禦寒襦衣를 지급할 것을 아뢰니, 그대로 따르다.(『世宗實錄』 세종1, 『集成』3-392) 10.3. 慶尙右道 兵馬節制使가 對馬島에 이미 사람을 보내어 納款해 왔고, 가을갈이와 밤 줍는 일을 위해 육지 주둔 군인들을 잠시 놓아 보낼 것을 아뢰니, 上王이 그대로 따르다./ 兵曹에서 여러 도의 軍丁들이 對馬島를 재차 토벌하는 것을 피하려고 유망하고 있으니, 忠淸·全羅·慶尙의 감사를 시켜 서울로 잡아올려 징계하여 본보기를 보여 줄 것을 아뢰므로, 上王이 그대로 따르다.(『世宗實錄』 세종1, 『集成』3-392)
1420 ▼	【한국】 1.3. 順孝大王을 厚陵에 장사하였는데, 일찍이 太祖를 따라 出征하여 공을 세웠는데, 庚午年에 군사를 거느리고 禮山에서 倭賊을 잡아 승리를 거두었다고 誌文에 말하다.(『世宗實錄』 세종2, 『集成』3-405) 1.5. 日本國 京都 小弗阿常賀와 九州總管 源道鎭과 農州守 平宗壽 등이 사람을 보내어 土産物을 바치다.(『世宗實錄』 세종2, 『集成』3-406) 1.6. 日本國使臣 亮倪이 西班 從三品의 반열에 서게 하여 부하를 거느리고 임금에게 예를 행하였는데, 임금이 大藏經 1부를 주

일본

10.4. 慶尙右道 水軍節制使가 추수를 위해 本浦를 떠난 군사들을 倭賊의 침입을 대비하여 각각 본포로 돌아와서 방어 대비할 것을 아뢰다.(『世宗實錄』세종 1,『集成』3-393)

10.6. 權希達이 表箋奏啓本을 받들고 明에 갔는데, 죽은 定宗의 諡號를 청하는 請諡奏本에는 庚午年에 定宗이 무략이 뛰어나 禮山에서 倭賊을 잡아 승리를 거두었다고 하다.(『世宗實錄』세종 1,『集成』3-393)

10.11. 上王이 柳廷顯 등을 불러 對馬島의 투항을 說諭하는 방책을 의논하였는데, 宗俊 등이 投化하면 생업이 안정되게 해 줄 것이라는 내용으로 兵曹와 禮曹가 함께 설유하여 보내도록 하다.(『世宗實錄』세종 1,『集成』3-393)/ 忠淸道 兵馬節制使가 對馬島 원정에 도망쳤던 甲士·侍衛牌·鎭屬軍官 등을 船軍에 보충했던 실태와 앞으로는 재능이 많고 충실한 자를 골라서 보충할 것을 아뢰다.(『世宗實錄』세종 1,『集成』3-394)

10.12. 被虜漢人 曾亞倣 등 5명이 돌아오자, 譯者 全義를 遼東으로 가게 하다.(『世宗實錄』세종 1,『集成』3-395)

10.13. 趙末生이 許稠와 함께 都伊端都老에게 항복을 설유하였는데, 都伊端都老가 돌아가서 都都熊瓦에게 宣旨의 뜻을 말했으며, 宣旨內에는 對馬島내 사람들이 모두 도적질을 했다고 하였으니 답답하다고 대답하다.(『世宗實錄』세종 1,『集成』3-395)

10.17. 對馬島의 賊 中都萬戶 左衛門大郎이 對馬島征伐시에 자신들이 협력했으므로 전일에 보낸 배와 사람들을 돌려보내 달라고 禮曹에 글을 보내다.(『世宗實錄』세종 1,『集成』3-395)

10.18. 禮曹判書 許稠가 宣旨를 받들고 都都熊瓦가 보낸 都伊端都老에게 對馬島인이 항복하면 印信과 후한 녹을 내려줄 것이며, 전에 分置한 倭人들에게는 의류와 양곡을 관급해 주었다고 都都熊瓦가 보낸 서신에 답하여 말하다.(『世宗實錄』세종 1,『集成』3-396)

10.25. 上이 今年에는 東征으로 인하여 인민이 고달퍼졌으니, 명년의 鐵의 공납을 면하도록 하다.(『世宗實錄』세종 1,『集成』3-397)

10.26. 임금이 대신들과 對馬島 再征伐에 관한 논의를 하였는데, 倭人이 항복했으니 再征伐은 정지하며, 만약 나쁜 짓을 하면 다시 征伐할 것이니 준비하라고 移文할 것을 아뢰니, 上王이 그렇게 하라고 명하다.(『世宗實錄』세종 1,『集成』3-397)

10.27. 임금이 倭人接待가 다시 시작하였으니, 성 밖에 館舍를 짓는 일이 급하다고 말하다./ 慶尙右道 都節制使가 軍籍을 개정할 것을 계하자, 上이 그대로 따르다.(『世宗實錄』세종 1,『集成』3-398)

11.1. 李從茂·李迹·徐省을 金訓의 죄로 인하여 義禁府에 하옥하다.(『世宗實錄』세종 1,『集成』3-399)

11.15. 楸子島에서 濟州의 商船을 습격한 倭賊을 濟州道按撫使 鄭乙賢 등이 賊船을 공격하여 大靜縣 사람 3명을 구출하였으므로, 鄭乙賢을 嘉靖大夫로 승급시키고 募軍들에게도 차등있게 상을 주다.(『世宗實錄』세종 1,『集成』3-400)

11.17. 司諫院에서 金訓·盧異·李從茂·李迹·林尙陽·徐省등을 律科의 죄로 처단할 것을 청하다.(『世宗實錄』세종 1,『集成』3-400)

11.18. 柳廷顯등이 李從茂의 죄를 청하였으나 듣지 않다.(『世宗實錄』세종 1,『集成』3-401)

11.20. 慶尙道觀察使가 日本國王使 僧 和子, 亮倪와 九州摠兵官 使人 등이 都豆音串에서 사로잡혔던 前司正 姜仁發과 對馬島征伐시 잡혔던 甲士 金定命 등 4명을 거느리고 富山浦에 도착했다고 보고하다.(『世宗實錄』세종 1,『集成』3-401)

11.23. 護軍 李繩直을 慶尙道에 보내어 日本國王使를 맞아 위로하게 하다.(『世宗實錄』세종 1,『集成』3-401)

11.25. 日本 右武衛原公元臣과 濃州太守 平宗壽가 사람을 보내어 細藤·石硫黃·環刀를 진상하므로, 명주와 면포를 하사하다.(『世宗實錄』세종 1,『集成』3-402)

12.1. 上王과 임금이 樂天亭에서 三板船 건조 문제와 日本國王이 使臣을 보낸 것은 主上의 즉위를 축하하기 위함이니, 回禮使의 파견 문제를 논의하라고 말하다.(『世宗實錄』세종 1,『集成』3-402)

12.10. 두 임금이 壽康宮에서 中國으로 도망간 중들의 사건에 대해 의논하였는데, 上王이 전에 尹彝·李初가 明나라에 들어가 本國의 일을 고자질하고 가짜 倭寇를 꾸며 明나라를 엿본 일이 생각난다고 하다.(『世宗實錄』세종 1,『集成』3-403)

12.12. 全羅道都觀察使가 靈光郡에 거주하는 知甲山郡事 金該의 아들 金彦容이 對馬島征伐에 나가 생사를 모르는 그의 아비를 對馬島에 가서 찾기를 청한다고 아뢰니, 그대로 따르다.(『世宗實錄』세종 1,『集成』3-404)

12.14. 日本國王使가 서울에 들어오자 內贍判事 金時遇를 한강에 나아가 맞이하게 하였고, 兵曹에서 日本國王使에 대한 禮待를 諸道의 使臣보다 한 등급을 높일 것을 아뢰다.(『世宗實錄』세종 1,『集成』3-404)

12.16. 兵曹에서 沿海 各官의 侍衛別牌의 船軍은 용렬하고 재주가 없어 倭賊을 만나면 오히려 해침을 당할 것이니, 武才와 恒産이 있는 자를 뽑아서 船軍과 바꾸어 외적방어를 엄하게 할 것을 아뢰다./ 全羅道 都節制使가 對馬島征伐때 甲士와 別牌도 사사로 軍裝을 준비하게 할 것을 아뢰니, 上王이 그대로 따르다.(『世宗實錄』세종 1,『集成』3-405)

12.17. 日本國 源義持의 使臣 亮倪가 釋典 7千軸을 구한다는 내용의 書契를 올리고 土産物을 바치니 客廳에서 접대하다.(『世宗實錄』세종 1,『集成』3-405)

고 화친을 다지자 하고, 지난해에 對馬島를 친 연유를 말하다.(『世宗實錄』세종 2,『集成』3-406)

1.9. 上王이 朴블·卞系良 등과 재능없는 水軍을 侍衛軍으로 환속시키는 것에 논의하였는데, 柳廷顯이 倭寇가 염려되니 道의 水軍을 충실한 군사로 바꾸어 정하여 뜻밖의 일에 대비하라고 아뢰다.(『世宗實錄』세종 2,『集成』3-4076)

1.21. 임금이 교서를 내려 孝子·節婦·義夫·順孫의 實跡을 아뢰라 하였는데, 倭賊에 의해 포로가 된 善山의 趙乙生의 처 藥加伊가 8년 동안 수절한 것 등, 禮曹에서 올린 행장을 의논한 것이 41인에 이르다.(『世宗實錄』세종 2,『集成』3-408)

1.22. 亮倪 등이 까치와 흰 비둘기·오리를 청하니, 상이 명하여 흰 비둘기와 오리 각각 2쌍과 까치 5쌍을 잡아 하사하다.(『世宗

연도	한국
▲ 1420 	實錄』세종2, 『集成』3-409) 1.25. 對馬島主 宗俊이 사람을 보내어 土産物을 바치다.(『世宗實錄』세종2, 『集成』3-409) 윤1.6. 亮倪와 正祐 등이 本國으로 돌아가려 하므로 임금이 전상에 오르게 하여 위로하니, 正祐가 行錄을 지어 바치면서 文士가 전송하는 詩를 지어 줄 것을 청하므로 文臣에게 명하여 지어주다.(『世宗實錄』세종2, 『集成』3-409) 윤1.10. 禮曹에서 對馬島의 都都熊瓦의 부하 時應界都가 와서 말하기를, 우리 섬을 귀국의 영토 안의 州郡의 예에 의하여 명칭을 정해 주고, 印信을 주면 마땅히 신하의 도리를 지켜 시키는 대로 따르겠다고 한다고 아뢰다.(『世宗實錄』세종2, 『集成』3-409) 윤1.14. 對馬島의 都都熊瓦가 사람을 보내어 土産物을 바치다.(『世宗實錄』세종2, 『集成』3-410) 윤1.15. 日本에서 사절을 보낸 것에 대한 답례로 仁寧府少尹 宋希璟을 보냈는데, 풍랑에 표류되어 여러 섬에 흩어져 사는 우리 백성을 돌려보내면 고맙겠으니, 大藏經 전질과 別幅도 보낸다는 서한을 보낸다.(『世宗實錄』세종2, 『集成』3-410) 윤1.23. 都都熊瓦의 서한에 對馬島는 보고나 문의할 일이 있으면 慶尙道觀察使에 보고하며 직접 본조에 올리지 말 것이며, 청한 인장의 篆字와 하사품을 보낸다는 답서를 禮曹判書 許稠에게 명하여 하게 하다.(『世宗實錄』세종2, 『集成』3-411) 윤1.27. 上王이 巨濟·南海·昌善의 3개섬 가운데 田地가 많은 곳에 木柵이나 토성을 쌓고 백성이 무기를 가지고서 농사를 짓게 하며, 낮에는 망을 보고 밤에는 兵船으로 수호케 하라 하다.(『世宗實錄』세종2, 『集成』3-411) 윤1.28. 日本 九州總管 平宗秀가 사람을 보내어 土産物을 바치다.(『世宗實錄』세종2, 『集成』3-412) 2.25. 日本國 九州의 前都元帥 源道鎭과 肥州太守 源昌淸이 사람을 보내어 土産物을 바치니, 縣布를 주어 보내다.(『世宗實錄』세종2, 『集成』3-412) 4.28. 倭館에서의 물건매매 금법과 임금의 명령을 허위로 조작한 죄로 戶曹參判 李安愚를 寧海郡으로 귀향보내다.(『世宗實錄』세종2, 『集成』3-412) 5.7. 禮曹에서 洪武 己未年에 倭賊에 의해 죽은 烈女 靈巖 선비 崔仁祐의 딸의 아들인 鄭習이 雜科에 과거볼 수 있게 해달라고 아뢰다.(『世宗實錄』세종2, 『集成』3-413) 5.11. 許稠가 倭人 三未多羅가 사람을 보내 연전에 뺏은 배와 분치한 三未三甫羅 등을 돌려 줄 것을 청한다고 아뢰니, 임금이 上王께 아뢰어 교지를 받아 시행하라 하다.(『世宗實錄』세종2, 『集成』3-414) 5.16. 上王이 許稠에게 對馬島의 倭賊이 아니고 九州의 사람이므로 三未多羅의 청을 들어주는 것이 옳다고 하다.(『世宗實錄』세종2, 『集成』3-414) 5.19. 日本國 西海道 九州前摠管 源道鎭이 사람을 보내어 편지를 가져와 被虜 我國人 2명을 돌려보내면서 土産物을 헌사하고, 道林 등을 돌려보내 주기를 청하다.(『世宗實錄』세종2, 『集成』3-415) 5.23. 對馬島 都都熊瓦의 어미가 사람을 보내어 土産物을 바치다.(『世宗實錄』세종2, 『集成』3-415) 5.29. 日本 豫州太守 大內多多良이 사람을 보내어 土産物을 진상하다.(『世宗實錄』세종2, 『集成』3-415) 7.6. 禮曹判書 許稠가 日本 九州前摠管 源道鎭과 九州都督 源義俊에게 答書를 하고, 참의는 平滿景에게 답서하다.(『世宗實錄』세종2, 『集成』3-415) 8.2. 日本 西海道 肥前州平寓鎭駿州牧 源省이 사람을 보내어 土産物을 바치고 체류중인 倭人을 돌려주기 청하니, 윤허하지 않다./ 禮曹判書가 道林 등 9인중 多漏波音 등 7명은 使臣편에 돌려보내고, 나머지 2명은 조사가 끝나면 돌려보낼 것이라고 豫州太守 多多良에게 답하다.(『世宗實錄』세종2, 『集成』3-416) 8.9. 日本 前西海道 九州都元守가 使臣을 보내어 土産物을 바치다.(『世宗實錄』세종2, 『集成』3-417) 9.19. 全羅道 水軍都節制使 邊頤가 倭船 한척을 잡고 9級을 베었으므로, 上王이 宣醞과 웃감을 하사하다.(『世宗實錄』세종22, 『集成』3-417) 10.2. 東平縣 백성 李松이 倭人을 가장하고 日本으로 향하다 발각되어 참형되다.(『世宗實錄』세종22, 『集成』3-417) 10.4. 許稠가 全羅道 海南縣에 와서 도적질하려는 倭賊을 倭將 仇乍鎭이 금지시켰으므로 그 처에게 의복과 양식을 줄 것을 아뢰니, 임금이 다시 알아보고 주라고 하다.(『世宗實錄』세종22, 『集成』3-417) 10.8. 日本國 回禮使 通事 尹仁甫가 먼저 돌아와 복명하고, 日本의 사정과 明의 日本侵略說, 國書에 日本年號의 사용하지 않은 점, 對馬島에서 붙잡혀 간 倭人의 조속한 송환을 요구한 것 등에 관해 아뢰다.(『世宗實錄』세종22, 『集成』3-418) 10.16. 司諫院에서 疏를 올려 對馬島 東征때 상복을 벗고 鎭營에 부임한 知古阜郡事 金倣과 이를 명령한 朴礎에게 죄를 내려 풍속을 격려하라고 청하다.(『世宗實錄』세종2, 『集成』3-419) 10.17. 宋希景을 日本에 奉使한 공로로 繕工監 正을 삼아 포상하다.(『世宗實錄』세종2, 『集成』3-419) 10.21. 上王이 日本國王이 우리가 永樂年號를 쓰는 것을 책망하고 또 都都熊壽가 절교할 뜻을 보이니, 兵船을 요해에 두고 對馬島를 압박하면 항복할 것이며, 그렇지 않으면 공격함이 옳을 것이라 말하다.(『世宗實錄』세종2, 『集成』3-419)
1421 ▼	【한국】 1.5. 禮曹判書가 九州總管과 九州都元帥에게, 禮曹參議도 藤元九에게 회답서를 보냈다. 이때 日本 여러 섬의 사절이 끊이지 않아 驛路가 피폐되므로 오고 가는 길을 두 길로 하게 하다.(『世宗實錄』세종3, 『集成』3-434) 1.6. 禮曹正郎 金復恒이 多多良滿世에게, 禮曹佐郎 房九達이 宗金에게 회답서를 보내고 縣布 등을 賜給하다.(『世宗實錄』세종3, 『集成』3-434)

일본

10.22. 上王이 柳廷顯 등과 對馬島 征伐과 使臣의 구류에 대하여 의논하였는데, 許稠가 各官에 분치한 倭人을 本國에 돌려보내면 倭變이 없을 것이라 아뢰다.(『世宗實錄』 세종 2, 『集成』3-420)

10.23. 上王이 對馬島 倭賊의 使臣을 구류하는 것이 해가 되는지를 의논하라 전지하였고, 또 임금이 元肅을 불러 九州客人에게 그 國王에게 傳諭케 하고, 小二殿과 都都熊壽의 오만하고 불공한 사실을 九州節度使에게 諭示하라고 말하다.(『世宗實錄』 세종 2, 『集成』3-421)

10.25. 日本 回禮使 宋希景이 돌아와, 釋典을 보내주어 감사하다는 말과 諭示했던 여러 섬에 흩어져 사는 朝鮮百姓을 탐문하여 선편을 기다려 돌려보내겠다는 日本國王의 서한을 가지고 復命하다.(『世宗實錄』 세종 2, 『集成』3-422)

10.26. 許稠가 對馬島 倭人을 구류하는 것은 불가하니 돌려보내기를 청하였고, 元肅 등이 저들이 여러 지방을 침략하면 우리 백성들이 편히 살 수 없으니 구류하지 않는 것이 좋을 것이라 아뢰다./ 上王이 宋希景을 보고 日本의 事變을 묻다.(『世宗實錄』 세종 2, 『集成』3-422)./ 日本國 九州節度使 源道鎭이 사람을 보내어 土産物을 바치므로 綿布를 주다.(『世宗實錄』 세종 2, 『集成』3-423)

10.27. 巨濟에서 병선을 모으는 일과 구류한 倭使를 돌려보낼지에 대해 의논하였는데, 上王이 倭使를 구류하면 爭端을 일으키는 것이니 불가하다고 하다.(『世宗實錄』 세종 2, 『集成』3-423)

11.1. 임금이 對馬島가 무례하므로 그들이 바친 공물을 물리치고 使者를 박대하며, 반면에 九州節度使의 사자만을 후대하여 은혜와 신의를 차별하여 보이고자 하니, 對馬島에 開諭할 말을 의논하라고 명하다.(『世宗實錄』 세종 2, 『集成』3-424)/ 우박·성달생·박초·황상·김점·원윤 능이 설하고 떠나가려 하니, 약물을 주어 보내다.(『世宗實錄』 세종 2, 『集成』3-426)

11.2. 上王이 倭使에게 開諭할 것에 말했는데, 節制使를 全羅道에 두어 적변이 있으면 추격하고, 또 慶尙道 중요지에 정박케 하여 處變할 뜻을 癸酉해 주라고 하다.(『世宗實錄』 세종 2, 『集成』3-426)

11.3. 趙末生과 許稠가 九州節度使의 사자를 위로하고 對馬島의 使者를 開諭하였는데, 九州使者가 島倭가 항복하면 兵船을 거두어 줄 것을 요구하였고, 對馬島使者는 속히 돌아가 島主에게 開諭의 뜻을 전달하겠다고 하다.(『世宗實錄』 세종 2, 『集成』3-426)

11.7. 禮曹에서 《元·續六典》안에 실려 있는 判旨를 명백히 거행하고, 이를 어긴 자를 논죄할 것을 청하다.(『世宗實錄』 세종 2, 『集成』3-427)

11.11. 九州節度使의 使者가 대궐에 나와 하직하니, 許稠에게 명하여 平滿景의 書簡에 있는 明의 日本정벌 문의는 우리가 명과 멀리 떨어져 있어 모르니 節度使에게 말하라고 이르다.(『世宗實錄』 세종 2, 『集成』3-428)

11.15. 許稠와 趙末生이 돌아가는 都都熊瓦의 사자를 傳諭하였는데, 사자가 都都熊瓦의 祖父 靈鑑으로부터 조선을 부모와 같이 섬겼으며 딴마음이 없다고 대답하다.(『世宗實錄』 세종 2, 『集成』3-428)/ 九州節度使의 서간에 대하여 許稠에게 명하여 明나라가 정벌한다는 일은 본국에서도 들어보지 못한 일이니 의심할 것이 없으며, 近島의 흉한 무리가 도적질을 하니 마땅히 징계하여 영구히 좋게 지내자는 답을 하게 하다.(『世宗實錄』 세종 2, 『集成』3-429)

11.16. 上王이 知兵曹事 郭存中을 보내어 倭賊의 꾀는 측량하기 어려우니 咸吉道에 水軍으로 방비를 엄히 하라고 傳旨하다.(『世宗實錄』 세종 2, 『集成』3-430)

11.17. 上王이 大護軍 尹得民에게 명하여 빠른 배 3척을 만들어 楊花渡에서 倭船과 빠르기를 경주케 하다.(『世宗實錄』 세종 2, 『集成』3-430)

11.22. 一岐州萬戶 多羅古羅가 사람을 보내 土産物을 바치고 본국사람으로 被虜人 9명을 보내므로 옷감을 하사하다./ 倭를 방어할 계책에 대해 의논하였는데, 許稠가 금년에는 흉년이 들었으니 후대하고, 풍년이 들기를 기다려서 할 것을 啓하다.(『世宗實錄』 세종 2, 『集成』3-431)

11.23. 慶尙道觀察使가 對馬島 商船이 乃而浦에 도착했다고 보고하니, 임금이 禮曹에게 熊壽가 절교하겠다는 말이 있으니 너희들을 구류하겠다고 전하라고 명하다.(『世宗實錄』 세종 2, 『集成』3-431)

11.24. 임금이 宣旨가 이미 내렸으니 경솔하게 고칠 수 없으므로, 그대로 知印에게 명하여 선지를 倭商에게 전하라고 말하다.(『世宗實錄』 세종 2, 『集成』3-432)

11.25. 日本國 九州總管 源義俊이 사람을 보내어 硫黃 2천근·蘇木 5백근·銅 2백근을 보내와, 麻布 30필·綿布 470필을 回賜하다. 濃州太守 平宗壽·筑州石城管事民部少輔平滿景·石城商倭 宗金 등이 각기 사람을 보내 土物을 바치다.(『世宗實錄』 세종 2, 『集成』3-432)

11.26. 上王이 倭奴가 복종하지 않을 터이니 巨濟營의 밭을 경작케 하고, 여러 도에 기근이 있으니 水軍으로 兵船을 만들게 하라고 兵曹에게 명하다.(『世宗實錄』 세종 2, 『集成』3-433)

11.28. 日本 泟州太守 源昌淸이 사람을 보내 土産物을 바치므로 縣布를 주다.(『世宗實錄』 세종 2, 『集成』3-433)

12.2. 日本 防長豊三州都護이며 大內殿의 家姪인 多多良滿世가 사람을 보내어 칼과 유황 등을 바치므로, 답으로 麻布와 綿布를 주다.(『世宗實錄』 세종 2, 『集成』3-433)

12.8. 日本國 九州都元帥 右武衛 源道鎭이 사람을 보내어 土産物을 바치며 大藏經과 大鐘을 구하였고, 田平殿과 源省도 道鎭의 인편으로 土産物을 바치다.(『世宗實錄』 세종 2, 『集成』3-433)

12.9. 日本國 九州總管 源義俊과 日向州刺史 藤元久 등이 사람을 보내어 土産物을 바치다.(『世宗實錄』 세종 2, 『集成』3-434)

1.7. 倭人의 被虜人였다가 도망친 漢人을 遼東으로 돌려보내다.(『世宗實錄』 세종 3, 『集成』3-435)

1.13. 日本에 通信使로 갔던 宋希景이 日本의 國都까지의 길을 인도한 惟臥仇羅에게 포상할 것을 아뢰니, 縣布를 하사하다.(『世宗實錄』 세종 3, 『集成』3-435)

1.16. 禮曹判書가 源義俊에게 본국 사신을 후하게 대접하고 호송하여 안전하게 바다를 건넌 것에 기쁘다는 편지를 보내고, 正郞 金復恒도 宗壽와 滿京에게 답장하고 옷감을 주다.(『世宗實錄』 세종 3, 『集成』3-435)

연도	한국
▲ 1421	11.23. 上王이 禮曹에 對馬島의 倭商 表溫而老에게 貞盛의 아우 熊壽가 국교를 끊으려 한다는 것이 사실인지를 알아 올 것을 명하다.(『世宗實錄』 세종3, 『集成』3-436) 2.2. 慶尙道右道 水軍都節制使가 啓를 올려, 船上의 火砲를 고치게 하고, 道內에 萬戶나 千戶의 경험이 있는 자를 巨濟島에 보내어 방어케 하다.(『世宗實錄』 세종3, 『集成』3-436) 2.23. 日本國 源義俊·平宗秀·平滿景 등이 사람을 보내어 方物을 獻上하다./ 慶尙道左道水軍都按撫處置使가 對馬島 倭賊의 경비를 위해 여러 포구의 兵船을 모아 변란에 대응할 것을 아뢰다.(『世宗實錄』 세종3, 『集成』3-437) 3.14. 慶尙道觀察使가 交易倭奴婢로서 도망친 자에 대한 처벌법을 아뢰니, 도망한 자가 있으면 엄중 심문하여 보고할 것을 宣旨하다.(『世宗實錄』 세종3, 『集成』3-437)./ 慶尙左道 水軍都安撫處置使가 日本征伐 때 나포한 日本 배를 깨뜨려 쇠와 못은 새로 兵船에 사용할 것을 아뢰니 허락하다.(『世宗實錄』 세종3, 『集成』3-438) 3.16. 司憲府에서 궁전의 供上과 祭祀와 中國使臣 및 日本使臣을 접대 이외에는 술을 금지할 것을 啓하니, 임금이 환영과 전송에 마시는 것만 금지하도록 명하다.(『世宗實錄』 세종3, 『集成』3-438) 4.1. 對馬島 宗貞盛과 都萬戶左衛門大郎 등이 遺使하여 來朝하다.(『世宗實錄』 세종3, 『集成』3-438) 4.5. 선지하기를 나누어 준 倭奴婢를 보호하여 마음을 안정시키고, 흉악스러운 자가 난잡하게 놀거나 개인적으로 통하는 자는 주인이 관가에 고발하여 죄를 다스리라고 하다.(『世宗實錄』 세종3, 『集成』3-438) 4.6. 對馬島主 宗貞盛이 仇里安을 보내 禮曹判書에게 大國의 변경을 침입한 것에 용서를 빌고, 구류되어 있는 왜인의 송환을 요구하는 글을 올리니, 글 내용이 공손하지 못하다 하여 사절을 접대하지 않고 예물도 거절하다.(『世宗實錄』 세종3, 『集成』3-439) 4.7. 前萬戶 安權이 倭賊을 방어하지 못해 告身을 회수케 하였는데, 告身을 제때 반납하지 않은 것과 관련해 그에게 벌을 주는 宣旨가 내리다./ 禮曹에서 임금의 지시를 받아 宗貞盛의 사절인 仇里安에게 回禮使 파견과 書契 내용 중 구류왜인 등의 문제들을 묻다.(『世宗實錄』 세종3, 『集成』3-440) 4.16. 對馬島의 左衛門大郎이 사람을 보내어 龍腦, 犀角 등을 바치니, 면포를 回賜하다.(『世宗實錄』 세종3, 『集成』3-442) 4.17. 上王이 禮曹에게 명령하여 仇里安에게 성심으로 귀의하고 순종하면 옛날과 같이 대우할 것을 이르고, 사사로 가져온 물품의 무역을 허락하다.(『世宗實錄』 세종3, 『集成』3-442) 6.9. 刑曹가 倭館을 출입하는 商人들이 지나치게 무역하여 防禁의 법을 마련했지만, 법을 지키지 않으니 금후부터는 密賣하는 자는 大明律에 의해 법을 엄중히 할 것을 아뢰다.(『世宗實錄』 세종3, 『集成』3-442)/ 黃海道觀察使가 倭賊을 막기 위하여 圓防牌와 入坊牌를 섞어 만들 것을 아뢰다.(『世宗實錄』 세종3, 『集成』3-443) 6.10. 日本國 九州總管 源義俊이 禮曹判書에게 글과 硫黃 등의 물품을 바쳐 원경 황태후의 喪事에 조문하고, 對馬島의 억류당한 倭人을 돌려보낼 것을 청하다.(『世宗實錄』 세종3, 『集成』3-443) 6.24. 忠淸道 水軍 都安撫處置使가 연해지방과 山郡의 백성을 고루 나누어 여러 포구에 속하게 하여 적변에 대비하도록 하다.(『世宗實錄』 세종3, 『集成』3-443) 7.4. 禮曹判書 許稠가 倭人이 도착하면 觀察使가 本曹에 보고하고 回報를 기다려 사신을 올려보내어 浦口에 1~2월까지 기다려, 館의 양곡이 많이 허비한다고 아뢰니, 임금이 보고한 후에 사절은 5~6일을 기다려 보내도록 명하다.(『世宗實錄』 세종3, 『集成』3-444) 7.5. 日本國의 竺州府石城縣使 民部小輔 平滿景이 사람을 보내어 硫黃 등을 바쳐 元敬皇太后의 喪을 弔問하였고, 宗金도 사람을 보내어 土産物을 바치다.(『世宗實錄』 세종3, 『集成』3-4443) 7.13. 對馬島의 左衛門大郎이 慶尙右道 水軍都按撫使에게 서신을 보내고 鞭藤를 기증하자, 都按撫使都鎭撫에게 명하여 신하는 私交할 수 없으므로, 호피와 자리를 보낸다는 답서를 하게 하다.(『世宗實錄』 세종3, 『集成』3-445) 7.20. 배를 잘 만드는 倭人 藤次郎·三末三甫羅 등에게 집과 양식 및 奴婢를 내려주다.(『世宗實錄』 세종3, 『集成』3-445) 7.27. 趙菑가 朴礎가 倭賊을 잡는다고 핑계로 섬에 들어가 고기잡이와 사냥하다 배가 부서지고 병기를 잃게 한 책임으로 刑을 청하니, 朴礎의 죄는 조사가 끝난 뒤 의논할 것이라 宣旨하다.(『世宗實錄』 세종3, 『集成』3-445) 8.3. 對馬島 都萬戶左衛門大郎이 사람을 보내어 硫黃 등을 바치고, 一岐州太守 源重도 사람을 보내어 유황과 麒麟香 등을 바치다.(『世宗實錄』 세종3, 『集成』3-446) 8.6. 一岐州萬戶 道永이 丹木 등을 바치고, 그의 아들 宮內大郎도 사람을 보내어 편지와 土産物을 바치다.(『世宗實錄』 세종3, 『集成』3-446) 8.8. 禮曹에서 倭學生徒가 학업에는 부지런하나, 나갈 직업이 없어서, 폐절될 염려가 있으므로, 司譯院 祿官의 자리를 정해서 輪番으로 제수하게 하고, 생도로 자격이 된 자는 吏曹에서 적당한 관직을 제수하도록 계하다.(『世宗實錄』 세종3, 『集成』3-446)
1422 ▼	【한국】 1.24. 日本國 九州節度使 源義俊과 薩摩州의 藤原賴와 肥州의 田平殿 源省이 사람을 보내 土産物을 바치고 구류된 對馬島 倭人의 송환을 원하다.(『世宗實錄』 세종4, 『集成』4-1) 2.7. 倭賊이 배 한척을 猬島에서 빼앗아 가다.(『世宗實錄』 세종4, 『集成』4-1) 2.8. 임금이 倭奴가 성심으로 歸附한다고 여겨 사신의 배나 商人의 배를 만나도 경비하지 않아 변고가 있으면 패전당 할 것이니, 海門의 방어를 엄중히 하라는 宣旨하다.(『世宗實錄』 세종4, 『集成』4-1) 2.11. 咸吉道 觀察使가 兵船이 정박하고 있는 浪城浦·曹至浦·微塵浦·者外浦·多信浦의 僉節制使와 萬戶에게 民官을 겸임케 하

일본

8.15. 日本 西海道 九州前總管右武衛 源道鎭이 사람을 보내어 元敬王太后의 上을 조문하고 硫黃 등을 바쳤고, 熊州刺史 源昌淸도 사람을 보내어 조문하면서 土産物을 바치다.(『世宗實錄』 세종 3, 『集成』3-447)

8.18. 禮曹判書가 源義俊에게 회답한 서간에 본국 回禮使를 호송한 것에 감사드리고, 八郞次郞과 彌大郞을 人便에 돌려보내고 면포를 보낸다고 말하다.(『世宗實錄』 세종 3, 『集成』3-447)

8.24. 兵曹參判 李明德이 水軍들이 稅納 준비로 兵器 준비를 하지 못하여 賊倭를 만나면 대응하지 못하니, 稅納을 감면하고 兵器를 정리시킬 것을 아뢰다.(『世宗實錄』 세종 3, 『集成』3-447)/ 全羅道觀察使가 倭船이 배의 재목을 구하러 全羅道 해변에 드나든다고 啓하니, 李順蒙이 해변의 소나무를 모두 벌채하면 倭船이 오는 것을 끊을 수 있다고 하고, 또 兵船을 海島에 보내 재목을 수호하면서 배를 만들 것을 아뢰다.(『世宗實錄』 세종 3, 『集成』3-448)/ 全羅道觀察使가 왜선이 계속해서 출입하므로, 鼈牌·侍衛牌들이 해변에 여러 가지 명색으로 習陣하는 것을 제외하고, 각기 제 고을로 가서 변고를 대비할 것을 啓하다.(『世宗實錄』 세종 3, 『集成』3-449)

8.27. 全州府尹 權湛과 藍浦鎭節度使 金益生이 하직인사를 하자, 임금이 兵器를 준비하고 烽火를 삼가히 하여 海賊을 대비할 것과 己未에 따라서 방책을 결정하라고 말하다.(『世宗實錄』 세종 3, 『集成』3-449)/ 禮曹參議가 平滿景에게 지난해 사신이 돌아올 때, 배를 내어준 것에 대해 감사의 서한과 함께 緜布 3백필을 주고, 또 宗金에게 緜布 50필을 주다.(『世宗實錄』 세종 3, 『集成』3-450)

8.30. 判黃州牧使 鄭孝文이 己亥年 東征 후에 對馬島 倭가 복수한다고 하니, 강건하고 용감한 자 뽑아 군함 한척에 4~5명씩만을 두고 그 이름을 船甲土로 하게 할 것 등의 성소를 하다.(『世宗實錄』 세종 3, 『集成』3-450)

9.1. 禮曹判書가 日本國 右武衛 源道鎭에게 專人으로 위문하여 주신 정성이 간절하니, 土産物을 돌아가는 사람에게 부친다는 서간을 하다./ 禮曹佐郞이 對馬島 都萬戶左衛門大郞에게 우리나라의 두터운 은혜를 배반하지 말라는 내용과 一岐州 上萬戶 道永에게는 친아들을 문안하려 온다니 아름다운 일이라는 내용으로 각각 緜布를 부친다는 회답서한을 하다.(『世宗實錄』 세종 3, 『集成』3-451)

9.6. 임금이 明使臣이 濟州의 말 마릿수를 물으면, 큰말 종자는 倭亂으로 인하여 이미 절종되고, 다만 작은말 뿐이라고 답하라 하다.(『世宗實錄』 세종 3, 『集成』3-451)

9.9. 日本 平滿景이 사람을 보내 蘇木 등을 바치고, 一岐州 太守 源重도 사람을 보내 土産物을 바치다.(『世宗實錄』 세종 3, 『集成』3-452)

9.19. 禮曹參議가 一岐州 太守 源重에게 답하는 서간에는 義를 흠모하는 정성이 더욱 돈독함을 알겠다는 뜻을 밝히고 緜布를 부친다고 이르다.(『世宗實錄』 세종 3, 『集成』3-452)

9.20. 禮曹判書가 西海道 九州總管 源道鎭에게, 禮曹參議가 熊州刺史 源昌淸에게 답하는 서간을 하고, 平滿景의 사자에게 緜布를 주다.(『世宗實錄』 세종 3, 『集成』3-452)

10.4. 對馬의 倭에게 도적의 변란을 慶尙左·右道의 兵船과 水軍을 모아서 巨濟島에 분치시켜 대비하며, 여러 포구의 水軍은 부근의 侍衛牌로 대행케 한다고 宣旨하다.(『世宗實錄』 세종 3, 『集成』3-453)

10.11. 慶尙道 右道水軍都按撫使와 慶尙道觀察使가 倭賊의 폐해와 그 대비책을 아뢰므로, 海島에 숨어 노략질을 하는 것을 알지 못하니 水軍按撫使와 萬戶들을 국문할 것이며, 징집한 군사를 귀환케 하라고 宣旨하다.(『世宗實錄』 세종 3, 『集成』3-453)

10.17. 慶尙道左道都節制使가 倭가 鹽戶에 일하는 세 사람을 죽였다고 급보하다.(『世宗實錄』 세종 3, 『集成』3-454)

10.18. 對馬島都萬戶 左衛門大郞이 사람을 보내어 硫黃과 丹木 등을 보냈는데, 사의가 공손하지 못한 書를 함께 보내다.(『世宗實錄』 세종 3, 『集成』3-454)

10.19. 慶尙道 左道兵馬節制使가 倭賊이 海上에 출몰하므로 그 방책에 대해 아뢰니, 軍士와 軍馬를 미리 뽑아두었다가 적변이 있을 때 모아서 덮쳐 잡게하라고 명하다.(『世宗實錄』 세종 3, 『集成』3-454)

10.22. 禮曹佐郞이 對馬島都萬戶 左衛門大郞에게 편지의 사의가 무례하며, 守護官 宗貞盛이 정성과 예를 극진하게 하여 공손히 우리나라를 섬기면 啓聞하여 후대할 것이라는 내용의 답하는 서간을 하다.(『世宗實錄』 세종 3, 『集成』3-455)

10.25. 全羅道都按撫使가 倭가 섬에 침입하여 두 사람을 잡아갔다는 급보를 하다.(『世宗實錄』 세종 3, 『集成』3-455)

11.6. 日本國 前九州摠管 源道鎭이 사신을 보내 議政府에 琉球國의 商船이 對馬島의 賊에게 요격되었으므로, 귀국에서도 적의 변고에 대비하라고 서신을 전하고 硫黃 등을 바치다. 平宗壽도 죽은 太后를 조문하고 硫黃 등을 바치다.(『世宗實錄』 세종 3, 『集成』3-455)

11.16. 日本 九州總管 源義俊이 사람을 보내어 土産物을 바치고 大藏經을 청구하였고, 平滿景과 宗金도 사람을 보내어 土産物을 바치다.(『世宗實錄』 세종 3, 『集成』3-456)

12.7. 水軍으로 水戰에서 여러 번 海寇를 물리친 바 있는 尹得洪을 京畿水軍都按撫使로 삼다.(『世宗實錄』 세종 3, 『集成』3-456)

12.18. 禮曹參議가 日本 九州의 平宗壽에게 그대의 아비가 우리나라에 정성을 바친지 오래되었는데, 죽었다니 매우 슬프다는 내용의 答書를 보내다.(『世宗實錄』 세종 3, 『集成』3-456)

【일본】

5.-. 足利義持가 조선에 외교문서를 보내어 大藏經을 요구하다.(『善隣國宝記』卷中)

고, 방어를 튼튼하게 할 것을 아뢰다.(『世宗實錄』 세종 4, 『集成』4-2)

2.21. 兵曹에서 忠淸道와 全羅道에서 개인의 배가 홀로 다니다가 倭賊에게 약탈당하는데, 지금부터는 개인의 배는 行狀을 만들어 이를 일정한

연도	한국
	규정으로 삼을 것이며, 行狀을 조사하지 않는 자는 죄줄 것을 청하다.(『世宗實錄』 세종4, 『集成』4-2)
	2.25. 巨濟古縣의 인민과 전부터 왕래하면서 田地를 경작하던 연변의 백성들을 모두 섬 안으로 옮겨서, 營田을 개간토록 하며, 병선 66척으로 방어케하다.(『世宗實錄』 세종4, 『集成』4-3)
	2.26. 日本의 源義俊·藤原賴·源省 등이 사람을 보내어 土産物을 바치므로 면포를 차등있게 하사하다.(『世宗實錄』 세종4, 『集成』4-3)
	3.5. 日本의 九州總管 源義俊이 사람을 보내어 土産物을 바치다./ 九州 前 摠管 源道鎭이 사람을 보내 토산물을 바치다.(『世宗實錄』 세종4, 『集成』4-3)
	3.8. 禮曹佐郎 房九達이 日本 西海道 駿州太守 源公의 書信에 人民을 돌려보내기를 청하기로, 各道에 공문을 보내 찾았으나 찾지 못했다는 내용을 답서하다./ 一岐州의 宮內大郎이 九州가 귀국의 恩義를 저버리고 반역을 꾀하고 있는데, 귀국 조정에 아뢸 수 없다는 글을 올리다./ 一岐州의 上萬戶 道永이 사람을 보내어 土産物을 바치다.(『世宗實錄』 세종4, 『集成』4-4)/ 對馬島 舟越의 左衛門大郎이 사람을 보내 土産物을 바치고, 억류된 倭人을 돌려보내 주기를 청하다.(『世宗實錄』 세종4, 『集成』4-5)
	3.26. 九州總管 源義俊 등이 사람을 보내어 土産物을 바치니, 면포를 차등있게 하사하다.(『世宗實錄』 세종4, 『集成』4-5)
	3.27. 對馬島 左衛門大郎이 土産物을 바치니, 禮曹佐郎이 宗彦六이 진실로 歸附한다면 예로써 접대하기를 전과 같이 할 것이라는 서신을 답하다.(『世宗實錄』 세종4, 『集成』4-5)
	4.8. 禮曹에서 慶尙右道處置使都鎭撫가 對馬島 左衛門에게 藤次郎의 아들을 서울로 보냈다는 내용의 서계를 하다.(『世宗實錄』 세종4, 『集成』4-5)
	4.11. 禮曹判書 李之剛이 九州前摠管 源道鎭에게 宗彦六이 정성으로 공경하고 순종하면, 억류된 對馬島 倭人을 돌려보낼 것이라고 서계에 답하고, 또 總管 源義俊에게는 부탁한 宗周의 侍者를 돌려보낼 것이라고 서계에 답하다.(『世宗實錄』 세종4, 『集成』4-6)
▲ 1422 ▼	5.9. 錦川 府院君 朴訔이 卒하다.(『世宗實錄』 세종4, 『集成』4-6)
	5.15. 刑曹判書 李潑과 左軍同知摠制 李隨를 北京에 보내어 上王의 訃告를 전하고 諡號를 청했는데, 太大王의 行狀에 己亥 7월에 對馬島를 함락시켜 漢人捕虜 140명을 北京으로 보냈다고 하다.(『世宗實錄』 세종4, 『集成』4-7)
	5.16. 兵曹에서 倭奴들의 왕래를 고찰하지 않은 首領과 監司는 법에 의하여 죄 줄 것이며, 倭奴를 撫育치 않고 무리하게 사역하여 도망하게 하면 首領과 家長도 죄를 따지겠다고 아뢰다.(『世宗實錄』 세종4, 『集成』4-7)
	7.5. 日本 防·長·豊 三州太守 多多良道雄이 사람을 보내어 方物을 바쳤고, 對馬島 左衛門大郎도 土産物을 바치다.(『世宗實錄』 세종4, 『集成』4-8)
	7.6. 九州의 源道鎭이 사람을 보내 조문하고 方物을 바치면서 倭人被擄人의 송환을 청하였는데, 禮曹判書가 宗彦六이 조공하면 청을 들어 주겠다고 서계에 답하였고, 筑州府 平滿景도 銅 등을 바치고 억류된 對馬島 倭人의 송환을 청하다.(『世宗實錄』 세종4, 『集成』4-8)
	7.7. 全羅道 水軍都按撫處置使가 왜선 1척이 彩雲浦에서 30여명을 잡아갔다고 보고하니, 임금이 三軍鎭撫 李伯仁을 보내어 조사케 하다.(『世宗實錄』 세종4, 『集成』4-8)
	7.12. 九州節度使 源義俊이 사신을 보내어 方物을 바치고 억류된 對馬島 倭人의 송환을 청하다.(『世宗實錄』 세종4, 『集成』4-8)
	7.21. 倭船이 全羅·忠淸道에 출몰하여 兵船을 보면 도망가고 私船을 만나면 노략질하므로, 上護軍 金祐生을 全羅道, 申得海를 忠淸道, 尹得民을 京畿道 海道察訪에 임명하다.(『世宗實錄』 세종4, 『集成』4-9)
	7.22. 日本國 大內多多良道雄과 九州前總管 源道鎭·總管 源義俊이 사람을 보내 方物을 바치다.(『世宗實錄』 세종4, 『集成』4-9)
	7.23. 一岐州上萬戶 道永과 民部少輔 平滿景·對馬島 熊壽·九州上使 平民少早川·美作州前司 入道尙嘉 등이 사신을 보내 방물을 바치다.(『世宗實錄』 세종4, 『集成』4-9)
	8.8. 議政府 舍人司가 大內殿 多多良에게 足下가 우리나라를 공손히 섬겨서 성의가 돈독하다는 내용을 답하는 서간을 하다.(『世宗實錄』 세종4, 『集成』4-10)
	8.13. 義禁府에서 왜를 잡지 못한 죄로 全羅道水軍處置使 관하의 姜得海·趙琛·承安道·鄭德成을 참하기를 청하니, 임금이 곤장과 贖杖에 처하고 수군에 편입시키다.(『世宗實錄』 세종4, 『集成』4-10)
1423 ▼	【한국】
	1.1. 九州總管 源義俊이 사람을 시켜 土産物을 바치고, 죽은 太宗을 慰問하는 글을 禮曹에 올렸으며, 또 禮曹에 글을 올려 구류되어 있는 對馬島 倭人의 송환을 청하면서 土産物을 바치다.(『世宗實錄』 세종5, 『集成』4-21)/ 禮曹判書 金汝知가 源義俊의 서신에 厚意에 감사하지만, 對馬島 사람의 문제는 앞의 서신에 말하였기에 다시 말하지 않겠으며, 면포를 내린다는 내용을 답하다.(『世宗實錄』 세종5, 『集成』4-22)
	1.4. 筑州 平滿景의 使人 表阿三甫羅가 사사로 香을 드리기를 청하였으나, 물리치고 받지 않다./ 琉球國使라 칭하는 자가 사람을 보내어 土産物을 올렸으나, 書契와 圖書가 가짜이므로 물리치다.(『世宗實錄』 세종5, 『集成』4-22)
	1.5. 鼻居刀는 큰배를 따라 행사토록 하고, 慶尙左道 각 포에서 배를 만들어 두도록 하다.(『世宗實錄』 세종5, 『集成』4-23)
	1.12. 日向·大隅·薩摩 세 州의 太守 源朝臣 久豊이 사람을 시켜 土産物과 硫黃 등을 바친 것에 대해 접대하고, 禮曹判書가 久豊의 서신에 通好하니 매우 기쁘다는 뜻을 답하다./ 忠州에 사는 船軍 李龍이 陰城 迦葉寺 골짜기에서 세 부처를 보았는데, 부처

일본
8.15. 大司憲 成揜 등이 全羅道 都按撫處置使 趙菑가 倭賊이 商船을 겁탈하는데 무서워 머뭇거린 죄와 承安道·趙琛·鄭德成등이 때를 타서 토벌하지 못한 죄를 처벌하기를 청하였으나, 윤허하지 않다.(『世宗實錄』세종 4,『集成』4-10)
8.16. 全羅道 都按撫處置使 趙菑가 鎭撫 金得明과 朴賢祐를 보내어 왜선 한 척을 黑山島 海上에서 잡아 12명을 베고, 被擄人이 되었던 男婦 9명을 빼앗다. / 恩津縣의 여자 李德이, 남편 文成己가 己亥年에 倭賊에게 피살되자 남편의 옷을 堂에 모시고 애통해 하기를 지극히 하니, 그 고을 사람들이 칭송하다.(『世宗實錄』세종 4,『集成』4-11)
8.19. 慶尙道 水軍都按撫處置使가 烽火를 올리는 장소에 보루와 장벽을 의탁할 곳이 없어 敵의 겁탈을 당하니, 烟臺와 활쏘는 집과 화포 및 병기를 두어 적의 변동을 관망케 하자고 아뢰자, 여러 도에 명하여 연대를 쌓으라 명하다. / 商船 여러 척이 倭賊의 노략질을 당하므로 工曹를 시켜 배 위의 병기를 조사케 하였고, 6~7척이 되어야 海上에 나가는 行狀을 주었는데, 工曹佐郎이 船隻의 수효를 생각치 않고 行狀을 발급한 것에 대해 憲府에서 請罪하다.(『世宗實錄』세종 4,『集成』4-12)
8.20. 全羅道 水軍都按撫使 趙菑에게 적의 머리 10여급을 벤 공로로 의복과 술을 내리다.(『世宗實錄』세종 4,『集成』4-13)
8.23. 刑曹에서 倭通事 朴奇·朴用珍 등이 倭使를 부추겨 우리나라 사람을 때리게 하고 官廳에 바로 들어오게 하였으므로, 그를 죽이라고 청하였으나, 임금이 減等할 것을 명하다.(『世宗實錄』세종 4,『集成』4-13)
9.12. 對馬島守護 宗彦六 및 그의 모친이 사신을 보내어 土産物을 바치니, 參贊 許稠가 후대하고 답례를 넉넉히 할 것을 啓하니, 그대로 따르다.(『世宗實錄』세종 4,『集成』4-13)
9.23. 京畿海道察訪 尹得民이 왜선 한 척을 잡았으므로 成均直講을 보내 宣醞을 가지고 위로하고 의복을 내리다.(『世宗實錄』세종 4,『集成』4-14)
9.25. 倭를 잡은 공로로 趙菑를 左軍同知摠制로 삼아 全羅道水軍都按撫處置使로 유임시키다.(『世宗實錄』세종 4,『集成』4-14)
10.12. 大護軍 盧龜祥을 慶尙道로 보내어 日本國王使를 맞아 위로케 하다.(『世宗實錄』세종 4,『集成』4-14)
11.13. 九州都元帥 源義俊이 본국 皇太后의 명으로 사람을 보내어 土産物을 바치고 大藏經을 청구하다.(『世宗實錄』세종 4,『集成』4-14)
11.16. 日本國王과 그 母后가 僧 圭籌를 보내어 方物과 大藏經全秩 7천권을 보내달라고 청하다. 圭籌를 君臣의 예로 殿庭 뜰 아래에서 절하게 하다.(『世宗實錄』세종 4,『集成』4-15)
11.18. 對馬島 宗彦六·藤次郎·右衛門大郎 등이 사신을 보내어 土産物을 바치고 太宗의 喪을 慰問하다.(『世宗實錄』세종 4,『集成』4-15)
11.22. 全羅道 水軍都安撫處置使가 本營의 병선 두 척과 左·右道의 병선 각 한 척씩을 요해지인 會寧浦에 배치하여, 사변에 대비하도록 청하다.(『世宗實錄』세종 4,『集成』4-16)
11.25. 忠淸·全羅道의 水軍 중 海上에서 적을 쫓은 자는 한달 동안 휴가를 주라고 임금이 兵曹에 명하다.(『世宗實錄』세종 4,『集成』4-16)
11.26. 임금이 仁政殿에서 日本國王使 圭籌를 맞아 위로하였는데, 圭籌가 大藏經의 청구와 對馬島 宗貞茂의 아내가 上王의 위문과 賻儀를 올린다고 말하다.(『世宗實錄』세종 4,『集成』4-16)
11.27. 卒記에 太祖 2년에 九州節度使 源了俊에게 報聘使로 가서 사로잡혀 간 남녀 500여명을 찾아서 돌아왔다고 전하는 前判漢城府事 崔龍蘇가 卒하다.(『世宗實錄』세종 4,『集成』4-17)
12.4. 禮曹에서 日本에 보내는 回禮使의 복장 문제에 대해 아뢰니, 임금이 三議政과 더불어 의논하여 아뢰라고 하다.(『世宗實錄』세종 4,『集成』4-18)
12.10. 慶尙道 觀察使가, 巨濟島는 바다가운데 쑥 들어가 있어, 방어가 긴요한 곳이므로, 文武兼全한 사람으로 縣令을 삼도록 상계하다.(『世宗實錄』세종 4),『集成』4-18)
12.16. 임금이 仁政殿에서 日本國王使 圭籌에게 交隣의 정의가 지극하므로, 청구한 大藏經 正秩을 回禮使에 부쳐 보내겠다고 이르다.(『世宗實錄』세종 4,『集成』4-18)
12.20. 日本回禮使로 朴熙中 등이 길을 떠나므로, 이들에게 옷 등을 하사하고, 日本國王과 太后가 청구한 大藏經을 回禮使 편에 보낸다는 國書를 내리다. / 對馬島 征伐 때에 잡아온 倭人 左衛門三郎과 藤次郎에게 의복과 옷감 등을 내리고 돌려보내게 하다.(『世宗實錄』세종 4,『集成』4-19)
12.25. 慶尙道觀察使가 日本國王이 사신을 보냈는데, 배에 남은 倭人들이 홑옷을 입고 있으니, 두꺼운 옷을 지어 주기를 청한다고 아뢰다.(『世宗實錄』세종 4,『集成』4-20)
윤12.4. 九州總管 源義俊이 사람을 보내어 土産物을 바치다.(『世宗實錄』세종 4,『集成』4-20)
윤12.17. 禮曹에서 倭國의 사신들이 사사로이 進上하는 것을 허락하지 말 것을 아뢰다.(『世宗實錄』세종 4,『集成』4-20)
윤12.23. 九州總管 源義俊이 사람을 보내어 土産物을 바치다.(『世宗實錄』세종 4,『集成』4-21)

【일본】

6.7. 조선 사신 朴熙中이 進物 數萬貫·大藏經을 가져오자, 足利義持가 宝幢寺 室町殿에서 조선 사절을 맞이하다.(『看聞御記』上)

7.-. 足利義持가 圭籌·梵齡 등을 조선에 보내어 大藏經의 版木을 요구하고, 조선인 被擄人을 찾아내어 돌려 보낼 것을 약속하다.(『善隣國宝記』卷中)

가 동방 對馬島에서 온 貴人을 대접하여 보내면 풍년이 될 것이라는 요망한 말을 하므로 형률대로 다스리게 했다가 놓아 보내다.(『世宗實錄』세종 5,『集成』4-23)/ 筑州管事 平滿景이 사람을 시켜 土産物을 바치고 先考皇帝의 죽음에 慰問하는 내용의 서신을 보내므로, 접대하고 禮曹參議가 위문에 깊이 감사하다고 답서하다. / 昌寧府院君 成石璘의 卒記에 甲年 여름에 倭賊이 升天府에 들어왔을 때, 元帥로써 계책을

연도	한국
▲ 1423 ▼	세워 적을 물리쳤다고 하다.(『世宗實錄』 세종5,『集成』4-24) 1.14. 司直 鄭崇立이 戰艦으로 海寇를 꾀어 水陸 伏兵으로 잡을 것, 경쾌한 배로 여러 섬을 搜探할 것, 濟州의 貢船을 萬戶가 巡行하여 守護할 것 등의 倭賊을 잡는 계책을 진술하다.(『世宗實錄』 세종5,『集成』4-25) 1.17. 判左軍都摠制府事 金南秀의 卒記에 아들 金孝誠이 己亥年에 對馬島征伐에 나가니, '마땅히 노력하여 나라의 은혜를 갚으라고' 하였다고 기록하다.(『世宗實錄』 세종5,『集成』4-25) 1.20. 禮曹에서 慶尙道監司의 關文에 의거하여, 日本의 回禮使의 행차에 雜物과 禁物을 몰래 賣買하는 것을 搜檢하기를 啓하니, 禁物만 수검하도록 명하다.(『世宗實錄』 세종5,『集成』4-26) 1.21. 全羅道 監事가 계하기를, 道內 進禮梁의 병선을 內禮梁으로 옮겨 巨濟島 西面 平山浦의 兵船과 서로 대하여 적군을 막도록 하다.(『世宗實錄』 세종5,『集成』4-26) 1.22. 임금이 죽은 判漢城府事 崔龍蘇에게 日本에 使臣으로 가서는 자못 아름다움이 칭찬이 있었다는 祭文을 내리다.(『世宗實錄』 세종5,『集成』4-26) 1.24. 禮曹에서 左衛門大郎이 慶尙道 水軍處置使都鎭撫處에 使臣을 보내어 물건을 보내왔으므로, 신하는 私交할 수 없으므로 돌려보낼 것을 아뢰니, 그대로 따르다.(『世宗實錄』 세종5,『集成』4-27) 1.28. 日本의 源才가 禮曹에 서신을 바치고 圖書를 청하니, 圖書 2개를 내리라 명하다./ 前九州總管 源道鎭이 使臣을 보내 寺鐘을 청구하고 硫黃 등을 바쳤고, 駿州太守 源省과 肥州太守 源昌清이 禮曹에 使臣을 보내 위로하고 禮物을 바치니, 禮曹判書가 우리나라에도 梵鐘이 많지 않아 들어줄 수 없다고 답하다.(『世宗實錄』 세종5,『集成』4-27) 2.5. 左衛門大郎이 土産物을 바쳤고, 또 小早河常嘉와 源道鎭이 사람을 시켜 禮曹에 先考皇帝에 문위하는 서신을 보내 물품을 바쳤으므로, 옷감 등을 하사하다.(『世宗實錄』 세종5,『集成』4-28) 2.7. 兵曹에서 左道의 水站에서 倭客의 왕래가 많아 接對가 번잡하므로 水夫의 戶內 雜役을 면제하기를 啓하다.(『世宗實錄』 세종5,『集成』4-29) 2.10. 禮曹에서 法聖浦萬戶 李壽山이 倭賊을 쫓다 바다에 빠져 죽었으므로 賻儀하기를 청하다.(『世宗實錄』 세종5,『集成』4-30) 2.18. 戶曹에서 면포의 수량이 적으니 倭客人에게 回賜할 때 麻布도 아울러 쓰기를 청하다.(『世宗實錄』 세종5,『集成』4-30) 2.21. 禮曹에서 慶尙道監司의 關文에 의거하여 對馬島 倭人 邊三甫羅와 萬時羅 등 妻子 24명이 本島에는 賦稅가 과중하여 생계가 어려우므로 귀화해서 편안히 살기를 원한다고 바다를 건너왔다고 아뢰다.(『世宗實錄』 세종5,『集成』4-30) 2.25. 戶曹에서 晉州 경계에 있는 昌善島의 토지가 비옥하고, 밖에서 兵船이 정박해 호위하고 있으니, 백성들이 자원하여 농사짓는 일을 허가해 줄 것을 청하다.(『世宗實錄』 세종5,『集成』4-31) 2.26. 日本國의 下松浦 志佐와 一岐州太守 源重이 사람을 시켜 위로하고 土産物을 바치므로, 正布를 주다.(『世宗實錄』 세종5,『集成』4-31) 3.2. 倭僧 法勤에게 여름 의복 한벌과 갓과 신을 주고, 興天寺에서 安接하게 하다.(『世宗實錄』 세종5,『集成』4-31) 3.4. 禮曹에서 源省이 보내온 使臣 金元珍은 본시 우리나라 사람인데, 日向·薩摩·大寓의 都摠인 日向太守에게 청하여 사로잡힌 우리나라 사람을 돌려보냈으므로 瑗珍에게 옷감 등을 줄 것을 아뢰다.(『世宗實錄』 세종5,『集成』4-32) 3.5. 兵曹에서 全羅道 靈巖 등지의 소금창고에 소속된 鹽干들 중 倭賊을 잡은 공로가 있는 자는 左右番으로 나누게 하고 身貢을 면하게 해 줄 것을 啓하니, 그대로 따르다.(『世宗實錄』 세종5,『集成』4-32) 3.11. 禮曹에서 중국의 使臣이 돌아갈 동안, 倭客人은 이르는 고을에 停留시켜 우대할 것을 아뢰다.(『世宗實錄』 세종5,『集成』4-32) 3.12. 兵曹에서 여러 관청과 의논하여 倭客人이 모두 육로로 上京하여 各驛이 고역이니 배가 다닐만 하면 수로를 이용하는 것이 편리하다고 아뢰니, 한두 번 올라오게 한 후 편리함을 따져 다시 아뢰도록 명하다.(『世宗實錄』 세종5,『集成』4-33) 3.21. 兵曹에서 嶺東 各浦의 船軍을 전쟁이 있을 때는 번을 합하고, 전쟁이 없을 때는 번을 나누어, 일정한 법식으로 삼도록 하다.(『世宗實錄』 세종5,『集成』4-33) 3.25. 임금이 全羅道에 安置된 倭人 平三甫羅와 萬時羅 등 24명이 농업을 하기 전까지 양식을 주라 전지하다.(『世宗實錄』 세종5,『集成』4-33)/ 임금이 全羅道에 安置된 倭人에게 田租는 3년, 徭役은 10년간 면제하라고 하다.(『世宗實錄』 세종5,『集成』4-34) 4.11. 兵曹에서 慶尙道監司의 關文에 의해 對馬州의 波知羅沙門이 자기 집과 일가에서 부리던 被擄된 본국인을 송환하였으므로, 그 使臣으로 온 船主와 門而羅를 京中에 보내어 후대하기를 청하니, 그대로 따르다.(『世宗實錄』 세종5,『集成』4-34) 4.16. 慶尙道監司가 對馬州의 商倭 多羅三甫羅 등이 타고 온 배 4척이 乃而浦에 정박하므로, 鎭撫 盧漢卿을 시켜 富山浦로 정박케 했다고 보고하다.(『世宗實錄』 세종5,『集成』4-34) 5.2. 日本僧 源才에게 여름옷 한 벌을 주라고 명하다.(『世宗實錄』 세종5,『集成』4-35) 5.13. 禮曹에서 投化者에 대해 의복은 매 1인당 봄·여름에 저포 2필, 면마포 각 1필과 가을과 겨울에 면주 4필, 저포 2필, 면포 1필, 면자 3근 7냥을 주도록 하다.(『世宗實錄』 세종5,『集成』4-35) 5.19. 關西道九州部 石城式部小輔 源俊臣이 사람을 보내어 土産物을 바치고, 형 源道鎭은 交隣의 義를 굳게 하고 있다는 내용의 글을 보내오다. 禮曹參議에게 정성을 표함이 부지런하다는 내용의 答書를 보내도록 명하다.(『世宗實錄』 세종5,『集成』4-35) 5.25. 九州都元帥 源義俊이 사람을 보내어 土産物을 바쳤으므로, 옷감을 회사하다./ 筑州府石城管事 平滿景이 사람을 보내어 土産物을 받쳤으므로, 회사로 옷감을 주다./ 作州前刺史 平常嘉가 사람을 보내어 유황 등을 바치므로, 回賜로 正布와 綿紬를 주다.(『世宗實錄』 세종5,『集成』4-36)

일본

5.28. 禮曹에서 가히 거행할 수 있는 것을 조목별로 나열하여 아뢰었는데, 大司憲 河言은 각도 연해지방의 烽火軍 중에서 正軍奉足을 삼고, 이 중 보고하여 倭寇를 잡은 자는 船軍으로 등용하게 할 것을 陳言하다.(『世宗實錄』 세종 5, 『集成』4-37)

6.3. 倭人 藤次郎과 그 모친이 土産物을 바치고, 三末三甫羅도 丹木과 硫黃을 바치므로 正布를 하사하다.(『世宗實錄』 세종 5, 『集成』4-37)

6.4. 對馬島 和知難洒無가 被擄된 唐人 藍三 등 4명을 돌려보내니 면포와 쌀을 주게 하고, 藍三 등에게도 옷 등을 주다.(『世宗實錄』 세종 5, 『集成』4-037)

6.12. 倭人에게 被擄된 唐人 榮官保에게 의복·갓·신과 저마포 등을 주고, 僉知司譯院 裵蘊으로 하여금 遼東으로 보내다.(『世宗實錄』 세종 5, 『集成』4-38)

6.15. 源道鎭이 客人 而羅三甫羅를 보내어 본국사람으로 被擄된 1명을 거느리고 오니, 면포를 주라 명하다./ 左衛門大郎이 사람을 보내어 硫黃과 銅鐵 등을 바치므로, 禮曹佐郎이 본국인으로 피로된 朴貴山과 金同을 돌려보내라고 답서하다.(『世宗實錄』 세종 5, 『集成』4-38)

6.21. 平滿景·源道鎭·源義俊·源俊信·常嘉가 사람을 시켜 丹木과 硫黃 등을 바치므로 正布를 回賜하다./ 源省의 正使 僧 秀嶺이 사관에 머물면서, 禮曹에 源公이 貢納한 硫黃 수천근을 현재 富山浦에 두었는데, 변변치 못한 土産物이지만 받아주시기를 희망하는 내용의 서간을 올리다.(『世宗實錄』 세종 5, 『集成』4-39)

6.26. 禮曹에서 倭客人이 진헌하는 銅과 丹木을 육로로 수송하지 말고 貢船에 硫黃과 함께 실어서 올려 보낼 것을 아뢰다./ 對馬州代官 野馬多老重久가 사람을 보내어 丹木 등을 바치니 正布를 回賜하다.(『世宗實錄』 세종 5, 『集成』4-40)

6.27. 慶尙道監司가 자원해서 投化倭人 平三甫羅의 妻父 全車가 죽었으므로 助哀米豆 각 3석을 청한다고 보고하다.(『世宗實錄』 세종 5, 『集成』4-40)

7.3. 源義俊이 使臣을 보내어 土産物을 바치다.(『世宗實錄』 세종 5, 『集成』4-41)

7.11. 源義俊과 平滿景이 사람을 보내 土産物을 바치고, 禮曹에 日本國王이 청구한 大藏釋典을 보내주어서 은혜롭다는 내용의 서신을 보내서, 禮曹判書와 參議가 그 서신에 답하다.(『世宗實錄』 세종 5, 『集成』4-42)

7.17. 對馬島의 左衛門大郎이 사람을 보내어 丹木을 바치니 正布를 하사하다.(『世宗實錄』 세종 5, 『集成』4-42)

8.9. 遠接使 權軫이 嘉平驛의 日守 鄭玄을 보내어 使臣의 이번 행차에 本國과 日本語를 이해하는 자가 많이 따라 온다고 아뢰다.(『世宗實錄』 세종 5, 『集成』4-42)

9.5. 刑曹에서 왜선을 撲串에서 만나 항복하는 倭人을 죽이고 거짓 보고를 한 慶尙道 右道處置使都鎭撫檢工曹參議 李漢을 참형에 처할 것을 아뢰니, 減等하고 곤장 80대를 치라고 명하다.(『世宗實錄』 세종 5, 『集成』4-42)

9.16. 九州都元帥 源義俊과 美作太守 平常嘉 등이 사람을 시켜 土産物을 바치니, 正布를 하사하다.(『世宗實錄』 세종 5, 『集成』4-43)

9.18. 九州前總管 源道鎭과 筑州府石城管事 平滿景이 사람을 보내어 土産物을 바치고 각자 禮曹에 글을 올렸는데, 大藏經을 보내주어서 고맙다는 것과 長州人 鬚左近의 송환을 요구하는 내용이다.(『世宗實錄』 세종 5, 『集成』4-43)

9.24. 日本 禪僧 和子源才에게 의복과 가죽신을 내려주다./ 筑前州太守 藤源滿貞과 幕下인 備州刺史 砥上大藏氏種과 左衛門大郎 등이 사람을 시켜 土産物을 바치고, 각기 禮曹에 서신을 올리다.(『世宗實錄』 세종 5, 『集成』4-44)

9.26. 戶曹에서 鐵·銅·鑞의 주조는 공조에서 관장케 하고, 濟用監에서 正布로 倭客으로부터 사도록 아뢰다.(『世宗實錄』 세종 5, 『集成』4-45)

9.27. 본토에서 생산되지 않기에 倭客人들이 바친 金線段子를 들이지 못하게 전지하다.(『世宗實錄』 세종 5, 『集成』4-45)

9.28. 禮曹에서 平滿景이 源道鎭의 管下이므로 郎官으로 하여금 서신에 답하게 하기를 아뢰다.(『世宗實錄』 세종 5, 『集成』4-46)

10.3. 孤島에 숨어 있는 倭賊 선박을 추격하여 적의 배를 나포하고 적의 머리 8급을 벤 全羅道處置使 尹得洪과 前萬戶 李貴生에게 옷과 술을 내리고, 功績의 등급을 논하라 명하다.(『世宗實錄』 세종 5, 『集成』4-46)

10.4. 對馬州太守 宗貞盛이 사람을 보내어 土産物을 바치고 지난해 승하한 聖德神功太上太宗殿下의 慰問하는 글을 禮曹에 올리니, 禮曹參議에게 답서할 것을 명하다.(『世宗實錄』 세종 5, 『集成』4-46)

10.10. 慶尙道監事가 보고하기를, 源省이 金原珍을 보내어 薩摩州 太守 久豐이 本國 被擄 남자 5명과 여자 4명을 인솔하고 왔으므로 원적지로 보낼 것을 청하니, 그대로 따랐다./ 西海道 源道鎭의 조카 中務大輔 源滿直과 關西道 九州右衛門 佐大莊氏滿種, 그리고 一岐守護代 源朝臣과 白濱伯耆守 沙彌 光秀 등이 土産物을 바치니 正布를 하사하다.(『世宗實錄』 세종 5, 『集成』4-47)

10.13. 日本回禮使 書狀官 吳敬之가 복명하고, 回禮使 朴熙中이 본국의 被擄된 사람들을 찾으려고 博多에 머무르고 있다고 아뢰다./ 被擄逃來 唐人 散林·存林·奏只에게 의복을 내려주다.(『世宗實錄』 세종 5, 『集成』4-48)

10.14. 上護軍 金時雨가 遼東都指揮使司에게 본국이 근래 倭寇의 침구 때문에 방어에 바쁘고, 또 수년간 한재와 수재가 겹쳐 군사와 백성이 곤란을 겪고 있으며, 말 먹일 풀이 넉넉지 않아 馬匹의 損耗를 가져왔다는 내용의 咨文을 치다.(『世宗實錄』 세종 5, 『集成』4-48)

10.15. 九州 多多良德雄과 筑前州管事 平滿景이 사람을 보내 土産物을 바치고, 각자 禮曹에 지난해 죽은 太宗의 慰問과 말안장을 청구하는 글을 올렸는데,위문을 전달하여 감사하며, 말안장은 제조하기 쉽지 않다는 회답서를 주다.(『世宗實錄』 세종 5, 『集成』4-49)

10.16. 禮曹에서 토지를 점유하고 있는 倭人들이 바친 紗羅와 綾段을 전례에 의해 수납할 것을 아뢰니, 그대로 따르다.(『世宗實錄』 세종 5, 『集成』4-50)

10.18. 九州 源義俊·平常嘉·源昌淸 등이 사람을 보내어 土産物을 바치므로, 正布를 하사하다.(『世宗實錄』 세종 5, 『集成』4-50)

10.22. 日本僧 源才가 楊州 檜巖寺에서 죽으니, 장사비용을 지급하다.(『世宗實錄』 세종 5, 『集成』4-50)/ 司譯院 判官 朴茂에게 왜에게 잡혀 갔다 도망온 漢人 林撰·吳一起 등에게 삼베를 주고 풀어 보내다.(『世宗實錄』 세종 5, 『集成』4-51)

10.25. 慶尙道監司가 倭客의 접대를 위해 물품을 운반하는 폐단을 없애기 위해서는 乃而浦와 富山浦에 館舍와 창고를 지어 鋪陳할 器皿을 두고, 米麵과 잡물 등의 支供케 하여 농번기에 짐을 싣고 왕래하는 폐단을 없애라고 건의하다./ 源義俊·平滿景·源省·左衛門大郎 등이 사람을

연도	한국
▲ 1423	을 보내어 土産物을 바치므로, 正布를 하사하다.(『世宗實錄』세종5,『集成』4-51) 10.27. 日向·大隅·薩摩州太守 修理大夫匠作인 源久豐과 아들 源貴久가 사람을 보내어 土産物을 바치며, 弔慰를 표하고 피로인 10명을 보냈다는 내용의 글을 左右大政丞에게 올리니, 禮曹判書와 佐郞이 답서하다.(『世宗實錄』세종5,『集成』4-52) 11.17. 源義俊·平滿景·源朝臣이 사람을 보내어 물품을 보내고 각기 大藏經과 大般若經을 요구하고, 被虜人된 사람의 송환을 청하다./ 禮曹에서 源義俊이 보내온 客人과 一岐州 源重이 보내온 石硫黃은 서계가 없으니 수납하지 말라고 아뢰다.(『世宗實錄』세종5,『集成』4-53) 11.23. 慶尙道監司가 回禮使의 선박이 日本國王의 使臣 배와 같이 20일에 乃而浦에 도착했다고 보고하다.(『世宗實錄』세종5,『集成』4-53) 11.24. 日本國王使 宣慰使 典農寺尹 李洽이 출발하다./ 源道鎭이 사람을 보내 土産物을 바쳤고, 平滿景도 사람을 보내 禮曹에 回禮使가 4월 23일 冷川津을 출발하여 며칠 안에 서울에 도착할 것이라는 글을 올리니, 正布를 하사하다.(『世宗實錄』세종5,『集成』4-54) 11.27. 禮曹에서 對馬島 茂世가 보낸 서간의 文辭가 격식에 어긋나므로 되돌려 주고, 禮賓寺에서 饋餉케 하고, 가져온 商品은 매매하여 돌아 가게 할 것을 아뢰다.(『世宗實錄』세종5,『集成』4-54) 12.4. 日本의 回禮使로 갔던 直提學 朴熙中과 副使 護軍 李藝가 돌아와 복명하다.(『世宗實錄』세종5,『集成』4-55) 12.5. 博多에서 回禮使 船軍 金貞을 구타 살해한 日本僧 曾川과 曾益을 죄주지 않고 용서하여 日本國王의 使送船에 부쳐 보낼 것을 선지하다./ 回禮使로 따라가 日本에서 죽은 船軍 金貞과 魏思俊을 致祭하고, 세금을 면제하게 할 것을 선지하다.(『世宗實錄』세종5,『集成』4-55)
1424 ▼	【한국】 1.1. 日本國王使臣 圭籌·梵齡과 船主 久俊 등이 대궐에 나와 正祖拜禮를 올리고 방물을 드리니, 正布를 回賜하다.(『世宗實錄』세종6,『集成』4-60)/ 圭籌 등이 知申事에게 임금이 漢字로 된 7천권 經板을 내리게 하면 日本國王이 기뻐할 것이며, 만약 그렇지 않다면 자기들은 무슨 면목으로 본국에 돌아가겠냐는 내용의 글을 올리다.(『世宗實錄』세종6,『集成』4-61) 1.2. 圭籌와 梵齡이 大藏經板을 구하다가 얻지 못하자, 단식하다 (『世宗實錄』세종6,『集成』4-61) 1.4. 禮曹佐郞 金䃤을 倭使館에 보내어 圭籌와 梵齡에게 식사하기를 권하다.(『世宗實錄』세종6,『集成』4-61) 1.5. 直提學 朴熙中·護軍 李藝·尹仁甫 등을 圭籌와 梵齡에게 보내어 음식 먹기를 권하게 하다.(『世宗實錄』세종6,『集成』4-61) 1.6. 朴熙中·李藝·尹仁甫 등에게 명하여 圭籌와 梵齡에게 '經板을 얻지 못한다 하여 경솔하게 트집하려 하는 것이 使臣된 체통이냐' 말하게 하고, 먹을 것을 주라고 명하자 圭籌 등이 그제야 먹다./ 九州 源道鎭이 사람을 시켜 土産物을 바치다.(『世宗實錄』세종6,『集成』4-61) 1.8. 임금이 護軍 尹仁甫를 보내어 圭籌 등을 曉諭하고 密敎大藏經板과 注華嚴經板·大藏經 1부를 내려주며 回禮使를 보낸다는 뜻을 밝히고, 金字로 쓴 華嚴經1부를 겸하여 보낸다고 하다.(『世宗實錄』세종6,『集成』4-61) 1.9. 大內殿 德雄·宗貞茂·左衛門大郞에게 回禮使 편에 물품을 보내고, 源義俊·小二殿 藤源滿貞·宗貞盛 등에게는 壬午年의 예에 의하여 물건을 하사하게 하다.(『世宗實錄』세종6,『集成』4-61) 1.14. 禮曹에서 日本國 回禮使와 副使에게 비단 겹옷 한 벌씩을 지어 줄 것을 아뢰자, 李藝에게 목면과 겹옷 두벌을 더 지어 주라고 명하다.(『世宗實錄』세종6,『集成』4-61) 1.16. 副提學 申檣에게 日本客人 光柱 등이 청구한 額子와 道號를 써 주라고 명하다.(『世宗實錄』세종6,『集成』4-61) 1.17. 兵曹에서 日本國王에게 보내는 經板을 驛馬만으로는 실어 보낼 수 없으므로, 각역 근처 동리의 소와 말을 출동시켜 보낼 것을 아뢰다./ 戶曹에서 禪和子書記 周顯과 昌悅, 僧 妙音과 船主 五郞·右衛門資長·船軍 左衛門有正·三甫羅 등이 方物을 進上하였다고 아뢰니, 正布를 하사하다.(『世宗實錄』세종6,『集成』4-61) 1.18. 日本國王使 圭籌 등이 御所에 보고할 狀抄를 누설한 伴人 加賀를 결박하여 방안에 가두다.(『世宗實錄』세종6,『集成』4-61)1.19. 圭籌에게 袈裟長衫과 신발 및 大般若經을 내려 주다.(『世宗實錄』세종6,『集成』4-61) 1.20. 圭籌와 梵齡이 본국에 보내려고 朝鮮에서 大藏經을 약탈하자는 草案이 隨從한 倭僧 加賀에 의해 밝혀져, 倭通事 尹仁甫와 尹仁始 및 그의 倭奴 3명을 義禁府에 가두고 領議政 등이 합동으로 심문케 하다.(『世宗實錄』세종6,『集成』4-61) 1.21. 對馬島 宗彦六에게 명주와 저포 및 綵花席을 내리어 回禮使에 부쳐 보내다./ 東西館墨寺에 分置한 倭客人들의 내왕을 금지시키고, 부득이 내왕하고자 할 경우 監護官에게 事意하고 通事와 같이 출입하라 전지하다.(『世宗實錄』세종6,『集成』4-66) 1.22. 圭籌와 梵齡이 加賀를 구류하여 御所에 보고할 書狀을 通事 李春發에게 전했다는 심문을 한 후, 禮曹에 서장으로 알리다.(『世宗實錄』세종6,『集成』4-66) 1.24. 戶曹에서 日本 客人 私物의 무역을 허가하였는데, 市裏人들의 재물이 한정되어 있으니, 銅鑞·丹木·胡椒·大刀 등의 물건은 工曹와 軍器監·義盈庫에서 무역하게 할 것을 아뢰다./ 倭僧 加賀의 書를 尹仁甫에게 보이고 통역한 禮曹正郞 鄭載를 義禁府에 가두다.(『世宗實錄』세종6,『集成』4-69) 1.25. 日本國王使 圭籌 등에게 餞別宴을 禮曹에서 내리다./ 日本國使 圭籌와 梵齡이 가지고 있던 山水圖 및 道號의 讚과 詩를

일본

12.8. 倭人 金源珍의 딸에게 家舍를 주도록 하다.(『世宗實錄』 세종 5, 『集成』4-56)

12.19. 禮曹에서 日本에서 죽은 副司正 金自湖와 任所에서 죽은 淳昌郡事 崔直之에게 부의를 내려 줄 것을 아뢰다.(『世宗實錄』 세종 5, 『集成』4-56)

12.20. 禮曹에서 日本國王이 보낸 客人들을 세 곳에 나누어 사관을 정하면 禮賓寺에서 홀로 판득하기 용이하지 않을 것이니, 객인의 접대를 여러 관청에서 나누어 정하도록 아뢰다.(『世宗實錄』 세종 5, 『集成』4-56)

12.25. 日本國王使 圭籌·梵齡과 都船主 久俊 등 135명이 대궐에 나아가 토산품을 바치고 日本國王의 서간을 올렸는데, 임금이 국왕이 요구한 大藏經板을 제외한 密敎大藏經板과 註華嚴經板·漢字大藏經은 전부 보내준다고 말하다.(『世宗實錄』 세종 5, 『集成』4-56)/ 對馬州의 左衛門大郎이 사자를 보내어 土産物을 바치므로, 正布를 하사하다.(『世宗實錄』 세종 5, 『集成』4-57)/ 司憲府에서 흉년으로 대소의 祭享과 各殿의 供上과 明나라 使臣의 접대와 隣國 客人의 供饋 이외에는 公私간에 쓰는 술을 일절 금지할 것을 청하다.(『世宗實錄』 세종 5, 『集成』4-58)/ 倭寇에 납치되었던 唐人 張淸 등 12인이 日本에 거주한 지 7년만에 배를 훔쳐 타고 건너와 慶尙道로부터는 역마를 타고 서울에 와서는 太平館에 寄寓하게 하다.(『世宗實錄』 세종 5, 『集成』4-59)

12.27. 張淸 등 남녀 22인에게 옷과 신발 등을 하사하다./ 圭籌와 梵齡이 本曹에서 요구하는 것은 大藏經板이고, 임금이 허락한 것은 다른 것으로, 비록 가지고 본국에 가면 견책당할 것이니, 본국에서 구하는 經板을 하사해 달라는 글을 禮曹에 올리다.(『世宗實錄』 세종 5, 『集成』4-59)

12.28. 九州의 前都元帥 源道鎭이 사람을 보내어 유황 등을 바치니, 正布를 하사하다.(『世宗實錄』 세종 5, 『集成』4-60)

【일본】

8.1. 足利義持가 조선국왕에게 답장을 보내어 거듭 大藏經의 版木을 요구하고 양국관계를 돈독히 하고자 하다.(『善隣國宝記』 卷中)

구하다.(『世宗實錄』 세종 6, 『集成』4-69)/ 倭僧 加賀와 通事 李春發·尹仁始를 義禁府에서 대질 심문한 결과, 加賀의 죄가 밝혀졌으나, 이웃나라의 使人이니 불문에 붙이고 용서하다.(『世宗實錄』 세종 6, 『集成』4-71)/ 倭人에게 잡혔다가 도망온 張淸을 서울의 近道에 살게하다.(『世宗實錄』 세종 6, 『集成』4-72)

1.26. 日本國王이 보내온 上副官人, 上官人, 僧 和子·周顯·周文과 都船主와 押物에게 면주와 백저포 등을 주다.(『世宗實錄』 세종 6, 『集成』4-73)

1.27. 임금이 兵曹에게 日本國王使 圭籌가 돌아가므로 각지에 나누어 두었던 倭人은 慶尙道 乃而浦에 모여 使臣이 돌아가는 것을 기다리게 할 것을 전지하다.(『世宗實錄』 세종 6, 『集成』4-73)

1.28. 日本國王使가 詣闕하여 절하고 하직하니 임금이 알현하였는데, 正使 圭籌와 副使 梵齡은 殿 안에 들어오고, 都船主 久俊은 西階에 있게 하다./ 禮曹參議 成槩가 對馬州守護 宗公의 慈親에게 우리나라에서 先守護公의 정성을 받은 것을 잊지않아 糙米와 細布를 보낸다고 답장하다.(『世宗實錄』 세종 6, 『集成』4-74)/ 禮曹參議 成槩가 청구한 人口는 각도에 공문을 내어 몇 명을 찾아 보낸다는 내용을 對馬州守護 宗公에게 답하다./ 司憲府에서 日本回禮使 副使의 행차 안에 가지고 사는 雜物을 戶曹에서 분간하여 법을 詳定하여 세우기를 청하니, 그대로 따르다.(『世宗實錄』 세종 6, 『集成』4-75)

2.1. 義禁府에서 周文의 말을 日本國王使 圭籌에게 한 護軍 尹仁甫와 倭書를 尹仁甫에게 보이고 통역한 禮曹正郎 鄭載를 법대로 처단하기를 청하다.(『世宗實錄』 세종 6, 『集成』4-75)

2.3. 禮曹에서 日本國王使로 온 上官人 圭籌 일행에게 반 달분의 양식과 草芚은 적당한 수량을 주기를 아뢰다.(『世宗實錄』 세종 6, 『集成』4-76)

2.4. 判禮賓寺事 李叔當에게 圭籌를 한강까지 전송케 하고, 典農正 李治으로 宣諭使로 삼다.(『世宗實錄』 세종 6, 『集成』4-76)

2.7. 日本回禮使 判繕工監事 朴安臣과 副使 大護軍 李藝 등이 拜辭하니 선물을 내려주었고, 朴安臣 등이 日本國王에게 請求한 佛經을 보낸다는 내용의 회답서간을 받들고 떠나다.(『世宗實錄』 세종 6, 『集成』4-76)/ 禮曹參議는 九州前都元帥 源道鎭에게, 禮曹參議는 筑前州太宰府少卿 藤源滿貞에게, 禮曹佐郎은 對馬島 左衛門大郎에게, 禮曹參判은 日本國 大內殿 多多良公에게, 禮曹參判은 九州都元帥將監 源義俊에게 답서하다.(『世宗實錄』 세종 6, 『集成』4-77)

2.8. 平陽府院君 金承霔의 卒記에 그가 知豊州事일 때, 倭寇가 여러 번 침범하자, 應變하니 倭가 침범하지 못하였다고 적다.(『世宗實錄』 세종 6, 『集成』4-78)

2.9. 遼東都司가 1만 필의 말을 주문하자, 임금이 倭寇가 沿海等地와 北門常川防禦地域에 내왕하며 作亂하므로, 말을 그 수대로 보내기가 어렵다고 자문을 보내다.(『世宗實錄』 세종 6, 『集成』4-79)

2.13. 中國人 張淸등 11인을 全羅道 全州·忠淸道에 分置하고, 良家의 처녀를 가려서 장가들게 하고, 田土 및 奴婢를 주었다.(『世宗實錄』 세종 6, 『集成』4-79)

2.14. 禮曹에서 幽谷驛子 崔敬을 살해한 倭人 與毛多羅를 日本國으로 돌려 보내자고 청하니, 그대로 따르다.(『世宗實錄』 세종 6, 『集成』4-80)

3.4. 日本國 源昌淸이 사람을 보내어 土産物을 바치니, 回賜로 정포를 내려주다.(『世宗實錄』 세종 6, 『集成』4-80)

연도	한국
▲ 1424	3.20. 兵曹에서 萬戶 李貴生이 全羅道 孤草島에서 倭를 잡을 때 함께 공을 세운 一等鹽干 3인에게 補充軍이 될 것을 허락하고, 二等鹽干 15인에게는 자신의사역을 면제하고 功牌를 만들어 주자고 청하니, 그대로 따른다.(『世宗實錄』세종6, 『集成』4-80)/ 戶曹에서 鎭安縣에 安置하였던 倭人 萬時羅·表阿時羅·三昧三甫羅 등을 救恤할 것을 청하니, 上이 그대로 따르다.(『世宗實錄』세종6, 『集成』4-81) 3.23. 日本國 使臣 梵齡과 都船主 久俊이 각각 1백24근의 中鍾과 3백13근의 大鍾을 요청하니, 그대로 따라 내려주다.(『世宗實錄』세종6, 『集成』4-81) 3.25. 司憲府에서 直提學 朴熙中이 回禮使로서 타국에 使臣으로 가서 唐人 張儀를 몰래 데리고 와 對馬島 胎生이라고 잘못 계문하고 종으로 부린 것에 대해 징계를 청하였으나, 윤허하지 않다.(『世宗實錄』세종6, 『集成』4-81) 3.26. 左司諫 朴冠 등이 朴熙中이 日本에 奉使하여 예의는 돌보지 않고 오직 이익만 탐해 唐人 張儀를 데리고 와서 종으로 만들었으므로, 그 죄를 탄핵할 것을 청하다.(『世宗實錄』세종6, 『集成』4-82) 5.11. 對馬州 左衛大郎이 사람을 보내어 土産物을 바치고 被虜人된 사람을 돌려주기를 청하므로, 정포를 回賜하다.(『世宗實錄』세종6, 『集成』4-82) 5.12. 임금이 領議政 柳廷顯·左議政 李原 등과 논의하여, 倭에 被虜人였다가 全州에 우거하였던 中國人 張淸을 돌려보내기로 하고, 朴熙中이 倭에서 사가지고 온 張儀는 明나라에 奏聞하기로 하다./ 故 知郡事 金彦卿의 妻, 金氏가 洪武 丁卯年에 倭寇가 침입하여 겁탈하려고 하자, 저항하다가 목숨을 잃었으므로 旌門하고 復戶하도록 명하다.(『世宗實錄』세종6, 『集成』4-83) 5.14. 禮曹에서 倭人이 禮曹에 呈書하는 외에 저희들끼리 사사로이 소식을 통하는 것을 금하게 할 것을 청하니, 그대로 따르다.(『世宗實錄』세종6, 『集成』4-84) 5.20. 日本國 肥州田平에 寓居하는 鎭海州太守 原省의 後室 融仙이 사람을 보내어 漂流한 朝鮮人 12명을 金源珍으로 하여금 호송하게 하고 土産物을 바치니, 禮曹좌랑 金墳이 답서하고 면포와 정포를 회사하다./ 日本國 一岐本居浦에 寓居하는 藤實이 사람을 보내어 土産物을 바치다.(『世宗實錄』세종6, 『集成』4-84) 6.4. 被虜漢人 張淸·郭天保 등 男婦 14인에게 옷과 신발을 하사하다.(『世宗實錄』세종6, 『集成』4-85) 6.6. 中軍司直 艾儉으로 하여금 被虜漢人 張淸·郭天保 등 14인을 遼東으로 보내게 하다.(『世宗實錄』세종6, 『集成』4-85) 6.16. 九州 原義俊이 사람을 시켜 扇子·蘇木·金欄 등을 바치니, 正布를 하사하다./ 石城管事 平滿景이 사람을 시켜 土産物을 바치고 亮積을 生還하도록 요청하니, 禮曹좌랑 金墳이 亮積을 行移하여 찾겠다고 答書하고, 土産物로 정포를 회사하다.(『世宗實錄』세종6, 『集成』4-85) 6.20. 日本 作州 前刺史 早河平常嘉가 사람을 시켜 土産物을 바치니, 정포를 하사하다./ 對馬州 宗貞盛이 사람을 시켜 土産物을 바치고 平將軍 道全의 가족과 아울러 日本人의 송환을 요청하니, 禮曹參議 成揜가 국법에 접촉되어 귀양 중인 平將軍을 제외하고 우선 발견한 11명을 돌려 보내며, 정포를 회사하다.(『世宗實錄』세종6, 『集成』4-86) 7.2. 對馬州의 宗彦六의 모친이 사람을 보내어 土産物을 바치니 정포를 회사하고, 對馬州의 左衛門大郎이 사람을 보내어 柑橘栽 50본을 獻上하다.(『世宗實錄』세종6, 『集成』4-87)
1425 ▼	【한국】 1.6. 日本 九州都元帥 源義俊이 사람을 보내어 硫黃·銅 등의 물품을 바치면서 귀국의 사절의 행차가 下邑을 경과하여 선척을 내어 호송하였다고 아뢰니, 禮曹判書 申商이 감사의 표시로 正布를 부치다./ 日本 筑州府 宗金이 사람을 보내어 樓金酒旋子와 鑞鐵 등의 물품을 바치니, 답례로 正布를 하사하다.(『世宗實錄』세종7, 『集成』4-99) 1.9. 日本 九州의 前摠管 源道鎭·石城管事 平滿景·對馬島의 左衛門大郎 宗彦七 등이 사람을 보내어 土産物을 바치니, 답례로 正布를 하사하다.(『世宗實錄』세종7, 『集成』4-99) 2.23. 慶尙右道處置使 李順蒙이 鎭撫 金時喬를 보내어 금월 19일에 渴伊島에 정박하고 있던 倭賊 20여 명을 물리친 것을 보고하니, 임금이 그에 대해 논공하라고 명하다.(『世宗實錄』세종7, 『集成』4-100) 2.24. 禮曹에서 日本國王使의 수가 너무 많아 驛路에서 적지 않은 폐해를 입으므로 감사로 하여금 4~50명을 넘지 못하도록 조절하여 올려 보내도록 하자고 청하니, 그대로 따르다.(『世宗實錄』세종7, 『集成』4-100) 2.25. 全羅道 監司가 周浦는 倭賊이 오는 첫 길목이기 때문에 召麻浦의 병선 4척을 周浦로 이박시키는 것이 편리하겠다고 계하니, 계한대로 시행하라고 명하다.(『世宗實錄』세종7, 『集成』4-100)/ 黃海道 敬差官 黃垞이 兵曹의 관문에 의하여, 海州 槌串과 長淵의 大串·阿郎浦 등지에 머무르는 兵船을 요해지로 이박시키는 것에 대해 보고하다.(『世宗實錄』세종7, 『集成』4-101) 2.27. 兵曹에서 古邑에 성을 쌓아서 倭賊이 돌입할 수 없게 하자고 청하니, 논의하여 계책대로 시행하라고 명하다.(『世宗實錄』세종7, 『集成』4-102) 3.7. 慶常右道 處置使가 2월 21일에 倭船이 蓮花島에서 欲知島에 이르는 것을 鎭撫 李權·黃允厚와 副司正 金乙萬으로 하여금 물리치게 하고 倭船을 취했다고 계하니, 兵曹에 명하여 論功行賞하라고 하다.(『世宗實錄』세종7, 『集成』4-103) 3.13. 僉知 司譯院事 趙忠佐로 하여금 被倭漢人 徐車夫에게 의복·저포·마포등을 하사하고, 遼東으로 돌려보내다.(『世宗實錄』세종7, 『集成』4-103) 3.17. 禮曹에서 日本國王使의 上·副 官人이 타고 오는 배의 格人에게 糧料를 주자고 청하니, 그대로 따르다.(『世宗實錄』세종

일본

7.14. 禮曹에서 對馬州守護 宗貞盛 등이 人口를 돌려 보내 달라고 청하므로, 倭人 31명을 넘겨 주되 머물러 살기를 원하는 자는 살게 하자고 아뢰니, 그대로 따르다.(『世宗實錄』 세종 6, 『集成』4-87)

7.17. 今後의 向化倭人에게는 田租는 3년, 徭役은 10년 면제케 해주다.(『世宗實錄』 세종 6, 『集成』4-87)

8.20. 종이를 진헌하러 中國에 가는 賚進官 工曹參議 朴冠과 通事 中軍副司直 艾儉 편에 倭에 잡혔던 被擄漢人 孟斗保를, 또 通事 趙忠佐 편에 被擄漢人 孫貴등 6인을 遼東으로 보내게 하다.(『世宗實錄』 세종 6, 『集成』4-88)

8.21. 九州의 作州刺史 平常嘉가 사람을 보내어 蘇木·丁香·藿香등을 바치니, 正布를 회사하다./ 日本國 太宰府宗右馬 近江守茂世가 사람을 보내어 土産物을 바치다./ 筑州刺史 藤源滿貞이 사람을 보내어 金欄·光絹·土黃 등의 土産物을 바치니, 正布를 회사하다.(『世宗實錄』 세종 6, 『集成』4-88)

9.4. 全羅道 監司가 倭變에 대비하여 樂安郡의 土城을 넓혀서 성을 쌓자고 아뢰니, 그대로 허락하다.(『世宗實錄』 세종 6, 『集成』4-89)

9.20. 全羅道 水軍都安撫處置使 尹得洪이 錄事 錢丁理를 보내어 9월 12일에 서쪽 餘鼠島에 정박한 倭賊의 배 12척을 물리쳤다고 계하니, 임금이 兵曹에 명하여 論功하게 하다.(『世宗實錄』 세종 6, 『集成』4-89)

10.6. 對馬島 左衛門大郎이 사람을 보내어 被擄人 1명을 돌려보내고 方物을 바치니, 縣布를 회사하다./ 日本國 一岐州守朝臣 源重이 사람을 보내어 蘇木·金粧飾食·麒麟血 등을 바치니, 正布를 회사하다./ 護軍 申丁理가 각도에 都節制使를 두어 군사를 훈련시키는 것은 倭寇를 방어하려는 것이라고 상서하다.(『世宗實錄』 세종 6, 『集成』4-90)

10.7. 全羅道 處置使가 左道都萬戶 楊漸이 倭賊을 釜島에서 추격하다가 패전하여 軍官 3명이 살해되고 船卒 4명이 물에 빠져 죽었다고 보고하니, 招魂祭를 지내게 하고, 각기 쌀과 콩을 내리고, 부역을 면제시키게 하다.(『世宗實錄』 세종 6, 『集成』4-91)

11.7. 濟州都安撫使 金素가 倭寇를 쫓아내고 배를 포획하자, 奉常少尹 高得宗을 보내어 內醞과 옷 한 벌을 하사하다.(『世宗實錄』 세종 6, 『集成』4-91)

11.13. 日本國 西海道 筑州 宗像社務氏經이 사람을 보내어 방물을 바치니, 正布를 회사하다.(『世宗實錄』 세종 6, 『集成』4-92)

11.23. 日本國 石城管事 平滿景이 사람을 보내어 金欄·丹木·犀角·縮砂 등의 방물을 바치니, 正布를 回賜하다.(『世宗實錄』 세종 6, 『集成』4-92)

12.3. 日本國 前九州都元帥 源道鎭이 사람을 보내어 丹木·蘇香油·陳皮 등의 土産物을 바치니 回賜品으로 正布를 내려주다.(『世宗實錄』 세종 6, 『集成』4-92)

12.10. 領敦寧 柳廷顯에게 己亥年에 水軍을 통솔하고 對馬島를 숙청한 공을 치하하여 几杖을 하사하다./ 日本國 回禮使 上護軍 朴安臣과 副使 大護軍 李藝가 復命하고, 日本 國王의 서신과 筑前太宰 藤原滿貞과 對馬州守 宗貞盛 등이 보낸 예물을 바치다.(『世宗實錄』 세종 6, 『集成』4-92)

12.17. 兵曹에서 水陸으로 방어하러 나갔다가 병사한 자는, 그 집의 復戶를 1년간 면제하고, 公事로 죽은자는 3년간, 戰死한 자는 5년간 면제토록 하다.(『世宗實錄』 세종 6, 『集成』4-93)

12.21. 兵曹에서 지난 9월에 全羅道 處置使 尹得洪이 西餘鼠島에서 倭寇를 잡을 때 일등 공을 세운 順天 記官 張伸은 그 자손의 역을 면제하고, 이등 공을 세운 鹽干 등 12명은 신역을 면제하고, 모두 功牌를 주자고 청하니, 그대로 따르다.(『世宗實錄』 세종 6, 『集成』4-98)

12.24. 進賀使 通事 兪興俊을 管押官에 임명하여 被擄된 中國人 李也失帖木兒 등 남녀 5명을 요동으로 解送하다.(『世宗實錄』 세종 6, 『集成』4-98)

12.29. 임금이 火棚을 闕內에 만든 후 倭人과 함께 불구경을 하다.(『世宗實錄』 세종 6, 『集成』4-98)

【일본】

5.-. 조선 世宗이 足利義持가 요구했던 大藏經 木板을 줄수 없다고 알리다.(『善隣國宝記』卷中)

7, 『集成』4-104)

3.21. 對馬島의 左衛文大郎이 사람을 보내어 土産物을 바치고, 日本國王使가 오는 것을 보고하니, 正布와 燒酒를 답례로 하사하다.(『世宗實錄』 세종 7, 『集成』4-104)

3.25. 日本 九州의 前節度使 原道鎭이 使客을 보내어 土産物을 바치고 大般若經을 구하니, 正布와 大般若經을 답례로 하사하다./ 日本 一岐州 知主 原朝臣重이 사람을 보내어 土産物을 바치니, 正布를 내려주다.(『世宗實錄』 세종 7, 『集成』4-104)

4.1. 禮曹에서 日本國王과 여러 섬의 領主들이 자주 佛經의 판본을 구하므로, 그 수효와 사연을 기록하여 奏聞하게 하자고 아뢰니, 그대로 따르다.(『世宗實錄』 세종 7, 『集成』4-105)

4.10. 禮曹에서 倭國 使臣의 숙배하는 절차에 대하여 계하다.(『世宗實錄』 세종 7, 『集成』4-105)

4.12. 日本國王使 西堂과 梵齡 등이 와서 土産物을 바치고, 回禮使 朴熙中을 따라 왔다가 도망하여 머물러 있던 선군 1명을 데리고 왔다고 아뢰며, 大藏經의 판본을 구하니, 임금이 東廊에서 접대하라고 명하다.(『世宗實錄』 세종 7, 『集成』4-105)

4.23. 日本國 副使 僧 梵齡이 禮曹에 글월을 보내어 日本人들의 본국 송환과 더불어 전별하는 시를 청하니, 임금이 그대로 해 주도록 명하다./ 司憲府에서 농사철에 비가 오지 않자, 祭享과 使臣을 접대하는 일 이외에는 술을 쓰지 않도록 하다.(『世宗實錄』 세종 7, 『集成』4-107)

4.25. 僉知司譯院事 趙忠佐에게 被倭漢人 李三官을 遼東으로 보내게 하다.(『世宗實錄』 세종 7, 『集成』4-108)

4.26. 朝會에 日本司辰 西堂·梵齡 등이 參見하니, 東廊에서 음식 접대를 하라고 명하다./ 忠淸道 恩津縣의 李德이 남편인 船軍 文成奇가 己亥年에 倭賊과 싸우다 죽자 수절하니, 임금이 명하여 旌門을 세우고 復戶하게 하다.(『世宗實錄』 세종 7, 『集成』4-108)

5.1. 日本國王使의 上官人 中兒가 억류되어 있는 日本인 源三郎·太郎·衛門四郎 등 14인을 풀어주기를 청하니, 임금이 兵曹에 명하여 돌려보

연도	한국
▲ 1425	낼 것을 명하다.(『世宗實錄』세종7, 『集成』4-109) 5.2. 慶尙道 監司가 姜孫奇의 婢夫였던 倭人 伊只時羅가 고향에 갔다가 摩多而羅 등과 다시 와서 살기를 자원한다고 계하니, 伊只時羅는 姜孫奇에게 돌려주고 摩多而羅는 농사 짓게 하고 그 동안의 먹을 양식을 주라고 명하다.(『世宗實錄』세종7, 『集成』4-109) 5.6. 日本國王使 上·副 官人·都船主·都船主·押物에게 명주·모시·베 등을 하사하다.(『世宗實錄』세종7, 『集成』4-110) 5.9. 梵齡이 禮曹에 글월을 올려 己亥年에 被虜人이 되어 종이 된 慶秀라는 對馬州 今海의 한 여자를 풀어주기를 청하니, 임금이 倭案을 조사하여 찾아 보내라고 명하다. / 梵齡이 가지고 온 詩卷에 跋文을 구하니, 藝文提學 尹淮에게 명하여 그 청을 들어주게 하다.(『世宗實錄』세종7, 『集成』4-110) 5.11. 임금이 倭使 中兌와 梵齡 등 40여 인이 하직하니, 日本國王에게 回答書와 함께 검은 마포·붉은 저포·가는 명주 등의 土産物을 주어 보내다. / 임금이 承文院事 權孟孫으로 하여금 詩卷을 가져다 주게 하고, 漢江에서 전송하도록 하라고 명하다.(『世宗實錄』세종7, 『集成』4-111) 5.14. 對馬州의 左衛門大郎이 사람을 보내어 土産物을 바치고, 호피와 자리를 청구하며, 日本國 皇帝 國王이 죽은 것을 보고하니, 正布를 하사하다.(『世宗實錄』세종7, 『集成』4-113) 6.9. 長川府院君 李從茂의 졸기에 己亥年에 對馬島를 征伐할 때, 三軍都體察使로서 舟師를 거느리고 가서 討罪하고 돌아왔다고 적다.(『世宗實錄』세종7, 『集成』4-113) / 被虜唐人 남녀 11명에게 의복과 苧麻布를 주고, 司譯院判官 河圖로하여금 요동으로 보내게 하다.(『世宗實錄』세종7, 『集成』4-114) 6.14. 吏曹에서 朴元寶가 지난 戊子年에 槍浦萬戶로 있을 때 倭寇와 싸우다 죽었으므로 그 아들 朴德中에게 관직을 제수할 것을 청하니, 임금이 그대로 따르다.(『世宗實錄』세종7, 『集成』4-114) 7.3. 세 번이나 日本回禮使의 從事官이 되어 포상할 만한 공로를 세운 司直孔達을 宗簿寺 判官으로 제수하도록 명하다.(『世宗實錄』세종7, 『集成』4-116) 7.15. 日本의 筑前州太宰 宗貞澄이 사람을 보내어 山水畵圖疊·卓子·犀角·丹木 등과 여러 가지 약재를 바치니, 正布를 회사하다.(『世宗實錄』세종7, 『集成』4-116) 7.25. 葛伊島 등지에서 倭人을 잡을 때에 공을 세운 鹽干 黃福只·金加叱達 등 13명을 己亥年 東征의 예에 따라 공패를 주고, 부역을 면제해주다.(『世宗實錄』세종7, 『集成』4-116) 8.8. 判長鬐縣事 金麟雨를 于山島·武陵島 등지의 安撫使로 삼아, 武陵島에 숨어사는 사람들을 잡아 오도록 하다.(『世宗實錄』세종7, 『集成』4-116) 8.25. 對馬島 左衛門大郎이 사람을 시켜 土産物을 바치다.(『世宗實錄』세종7, 『集成』4-117)
1426 ▼	【한국】 1.1. 임금이 世子와 百官을 거느리고 望闕禮를 행하고, 勤政殿에 나아가 여러 신하와 倭人·野人·回回僧徒의 朝賀를 받다.(『世宗實錄』세종8, 『集成』4-124) / 慶會樓에서 연회를 베풀었는데, 倭人과 野人은 동편과 서편 행랑에서 나누어 먹이게 하다.(『世宗實錄』세종8 『集成』4-125) 1.3. 禮曹에서 慶尙道 監司의 공문에 의거하여 對馬의 時羅三甫羅와 沙伊文仇老 등 남녀 14명이 乃而浦에 거주하기를 원하므로 들어줄 것을 청하니, 그대로 따르다.(『世宗實錄』세종8, 『集成』4-125) 1.4. 日本의 源昌淸과 平常嘉가 사람을 시켜 硫黃·丹木 등의 土産物을 올리니, 답례로 正布를 내려주다.(『世宗實錄』세종8, 『集成』4-125) 1.14. 忠淸道 庇仁縣의 방비를 위해 장정 50명을 추가배치하고, 4번으로 수호하도록 하다.(『世宗實錄』세종8, 『集成』4-126) 1.18. 對馬島의 左衛門大郎이 三末三甫羅를 보내어 乃而浦와 富山浦 이외에 左右道 각지의 항구에서도 무역을 할 수 있도록 청하니, 佐郞 愼幾가 蔚山의 鹽浦에서도 무역을 할 수 있도록 허가하는 답서를 보내다.(『世宗實錄』세종8, 『集成』4-126) 1.21. 日本國의 愁溫都老·藤原賴久·源朝臣貴久 등이 사람을 보내 硫黃·丹木·白磻·珠鑞·칼·창·피물 등을 바치니, 답례로 正布를 내려주다. / 禮曹에서 倭에서 온 사람에 대하여 上官人·副官人·船主·押物에 대한 조석공대는 쌀 2되와 현미와 콩 5되씩으로 하고, 伴從人에게는 쌀 1대와 콩 1대 5홉씩으로 하자고 아뢰니, 그대로 따르다.(『世宗實錄』세종8, 『集成』4-127) 1.25. 小二殿 九州 節度使 對馬島 宗彦七·彦六의 어머니와 그 할머니와 左衛門大郎 등에게 술·과일·양곡을 三末三甫羅에게 부쳐 보내도록 명하다.(『世宗實錄』세종8, 『集成』4-127) 1.28. 倭人 三末三甫羅에게 의복·갓·신을 내리다.(『世宗實錄』세종8, 『集成』4-128) 2.9. 向化倭人 副司直 池文이 고향인 對馬島에 보내줄 것을 청하니, 임금이 대신들에게 의논하게 하고, 의복·갓·신·술 등을 하사하다.(『世宗實錄』세종8, 『集成』4-128) 2.12. 임금이 石見州·對馬島의 賜物管押使 大護軍 李藝를 접견하고, 石見州의 長濱 因幡守·對馬州의 左衛門大郎·宗彦七·越浦 등에게 풍파를 만난 본국사람 10명을 송환하여 준 것에 대한 회답 서한과 함께 답례로 土産物을 내리다.(『世宗實錄』세종8, 『集成』4-128) 3.7. 司憲府에서 尹得洪이 全羅處置使 였을 때 甲辰年 9월에 倭賊을 잡는데 공이 없는 李陽·金孟敬 등이 공이 있다고 거짓 보고 하였으므로, 죄를 줄 것을 청하였으나, 문제삼지 않다.(『世宗實錄』세종8, 『集成』4-130) 3.20. 戶曹에서 銅鐵을 倭人에게 사는 것은 영구한 계책이 아니므로 銅이 생산되는 慶尙道 昌原府에서 100근, 黃海道 遂安과

일본

9.19. 日本國 源道鎭과 宗貞盛이 사람을 시켜 硫黃·藥材·蘇木 등의 물품을 바치니, 正布를 하사하다. (『世宗實錄』 세종 7, 『集成』4-118)

10.8. 日本國 駿州太守 源省의 처 融仙이 사람을 보내어 被擄人된 人口를 돌려 보내기를 청하고, 白銅·丹木 등의 물건을 바치니, 正布를 회사하다.(『世宗實錄』 세종 7, 『集成』4-118)

10.9. 싸움에서 죽은 船軍 金乙甫의 아들 金祖를 채용하기를 명하다./ 禮曹에서 慶尙道 監司의 관문에 의거하여 對馬島의 장사하는 倭船의 船主 所溫田知가 기한이 지난 路引을 가지고 함부로 오므로, 기한이 지난 路引은 곧 거두어서 함부로 이용하는 것을 방지하자고 계하니, 그대로 따르다.(『世宗實錄』 세종 7, 『集成』4-118)

10.13. 日本國 源道鎭·平常嘉·宗金이 사람을 보내어 土産物을 바치다./ 禮曹에 전지하기를, 倭客人이 바치는 물건은 전연 쓰지 못할 것 외에는 品秩을 분별하지 말고 모두 헌납함을 허락한다고 하다.(『世宗實錄』 세종 7, 『集成』4-119)

10.16. 禮曹에서 日本國 駿州太守의 後室 融仙이 청한대로 左衛門五郞·衛門大郞 등 두 사람을 돌려보내 주기를 청하니, 그대로 따르다./ 敬差官 許誠이 巨濟島의 沙月浦가 적을 방비하기 쉬우니, 邑城을 만들어서 백성을 살게하자고 하여, 그대로 따르다.(『世宗實錄』 세종 7, 『集成』4-119)

10.18. 倭人 宗金의 청대로 圖書를 만들어 주고, 歸化人 金好心波 등에게 살림살이와 벼슬을 내리고 장가들게 하다.(『世宗實錄』 세종 7, 『集成』4-120)

10.20. 于山·武陵 등지에서 安撫使 金麟雨가 本道의 避役人 남녀 20인을 수색해 잡아와 복명하다.(『世宗實錄』 세종 7, 『集成』4-120)

10.26. 于山·武陵 등지의 安撫使 金麟雨에게 겨울옷 두벌과 갓·신을 하사하고, 伴人 金加勿에게는 겹옷 한 벌과 갓·신을 하사하였다.(『世宗實錄』 세종 7, 『集成』4-121)

11.1. 日本 九州의 源道鎭과 筑州의 平方式部丞 宣行이 사람을 보내어 蘇木·明礬 등의 물건을 바치니, 正布를 회사하다.(『世宗實錄』 세종 7, 『集成』4-121)

11.4. 景福宮 勤政殿에서 冬至望闕禮를 행하였는데, 倭客들도 참예하다.(『世宗實錄』 세종 7, 『集成』4-121)

11.14. 崔閏德이 巨濟島 한 섬에다가 邑城을 설치하여 수가 적은 兵船으로써 섬 밖에 배를 대고 서서 보호해 지키기가 어려우니, 육지를 지키는 것이 편리하다고 아뢰다./ 平滿景과 源昌淸이 사람을 보내어 硫黃·犀角 등의 물품을 바치니, 正布를 회사하다.(『世宗實錄』 세종 7, 『集成』4-122)

11.20. 禮曹와 戶曹에서 茂陵島로 들어갈 때 배가 깨어져서 金麟雨가 日本으로 漂流하였다고 아뢰다.(『世宗實錄』 세종 7, 『集成』4-122)

12.16. 兵曹에서 赴防한 水軍이 병으로 사망하면, 그의 본가를 1년동안 復戶하고, 공무로 익사한 자는 3년동안 復戶하며, 수군이나 육군으로 전사한 자는 5년동안 復戶하게 하다.(『世宗實錄』 세종 7, 『集成』4-123)

12.28. 무릉도에 들어갈 때 표류했던 수군 평해인 張乙夫 등이 일본국으로부터 돌아오다.(『世宗實錄』 세종 7, 『集成』4-123)

長淵에서 각각 50근씩 매해 上納케 하자고 아뢰니, 그대로 따르다.(『世宗實錄』 세종 8, 『集成』4-130)

3.29. 判江西縣事 金綱과 京畿左道 僉節制使 李鵬 등에게, 對馬島와 一岐의 倭賊이 日本의 전란 관계로 양식이 떨어지면 우리나라의 변경에 들어와 도둑질을 할 수 있으니, 방비를 철저히 하도록 하라고 명하다./ 對馬島 左衛門大郞이 사람을 시켜 숫돌을 올리니, 답례로 糙米를 내려주다.(『世宗實錄』 세종 8, 『集成』4-131)

4.4. 兵曹에서 水軍處置使의 馳報에 의거하여, 黔毛浦 千戶 趙公永과 群山 副萬戶 趙磨 등이 倭賊을 경계하는 것에 소홀히 하여 백성들이 해를 입었으므로 공문을 보내어 추핵하자고 아뢰니, 그대로 따르다.(『世宗實錄』 세종 8, 『集成』4-131)

4.5. 鹽浦에 都萬戶를 설치하여, 西生浦의 병선 10척중 3척을 덜어 鹽浦에 정박시키다.(『世宗實錄』 세종 8, 『集成』4-132)

4.11. 임금이 勤政殿에 나아가서 會試에 입격한 儒生 南秀文 등에게 이르기를, 倭國이 와서 복종하여 朝政과 민간이 昇平하며백성이 편안하고 물질이 풍성하다고 하다.(『世宗實錄』 세종 8, 『集成』4-132)

4.19. 刑曹에서 日本에 들어갔다가 돌아온 使臣 행차에 법을 범한 大小人員은 北京에 간 使臣 행차 중에서 법을 범한 인원을 논죄한 예로 죄를 과하자고 아뢰니, 그대로 따르다.(『世宗實錄』 세종 8, 『集成』4-133)/ 日本에 使臣으로 갔다가 죄를 지은 일이 있는 南原府使 朴熙中이 자기 관할에서 또 죄를 짓자 곤장 백대에 刺字하고 倍償하게 하다.(『世宗實錄』 세종 8, 『集成』4-134)

4.22. 임금이 고기잡는 사람을 침략한 倭船을 4월 16일 群山 西面에서 擊捕하여 물리친 水軍處置使 朴實에게 兵曹에 명하여 論功行賞하게 하고, 吏曹正郞 金宗瑞를 보내어 倭賊을 잡은 공로로 등급지어 아뢰라고 명하다.(『世宗實錄』 세종 8, 『集成』4-134)

5.13. 李光敬을 倭賊을 잡은 공으로 保功大護軍을 제수하다.(『世宗實錄』 세종 8, 『集成』4-134)

5.14. 兵曹에서 4월 16일 鎭撫인 전 護軍 李光敬 등이 倭賊을 잡을 때, 2등 공을 세운 鹽干 등에게 功牌를 주고 身役을 년제시켜 주사고 청하니, 그대로 따르다.(『世宗實錄』 세종 8, 『集成』4-135)

5.15. 左議政으로 치사한 柳廷顯의 卒記에 己亥년 對馬島 정벌 때 三軍都統使가 되어 공을 세웠다고 적다.(『世宗實錄』 세종 8, 『集成』4-135)

5.21. 對馬島에 다녀온 石見州의 賜物 管押使인 大護軍 李藝가 복명하고, 宗貞盛 등이 영원히 복종하며 섬기겠다고 하며 環刀와 書信을 올린 것을 계문으로 올리다.(『世宗實錄』 세종 8, 『集成』4-135)

5.29. 對馬島 左衛門大郞이 사람을 보내어 一岐島의 왜선 2척이 全羅道를 향해 떠났다고 보고하다.(『世宗實錄』 세종 8, 『集成』4-136)

6.1. 對馬島의 左衛門大郞이 사람을 시켜 盤 50개를 바치므로 正布 50필을 하사하고, 宗彦六이 사람을 시켜 화살촉 등을 바치므로 답례로 청구한 악장과 正布 등을 내려주다.(『世宗實錄』 세종 8, 『集成』4-137)

6.9. 左道水站轉運判官 安尙縝이 水夫와 轉運奴子가 祿轉과 雜貢을 운발할 뿐만아니라, 倭客의 왕래까지 일이 많다고 하다.(『世宗實錄』 세종 8, 『集成』4-137)

연도	한국
▲ 1426	6.11. 前 都安撫使 辛有定의 졸기에 丙寅年에 忠淸道 都元帥 李承源을 따라 倭寇를 치고, 癸未年에 江原道에 침구한 倭賊을 물리치는 등의 공을 세웠다고 적다.(『世宗實錄』세종8, 『集成』4-138)/ 忠淸道 監司가 左道都萬戶 金孝誠이 경계를 소홀히 하여 倭賊이 國境에 들어와 노략하게 하였다고 아뢰니, 職牒을 회수하고 변방의 군사로 충당하도록 하라고 명하다.(『世宗實錄』세종8, 『集成』4-140) 7.7. 對馬島의 左衛門大郞이 客人을 보내어 면포와 마포 등의 하사를 치사하고 硫黃 2천 근을 바치며 富山浦에서의 造船을 청하므로, 正布 등으로 답례하고 造船의 청을 들어주게 하다./ 宗彦六이 被虜倭人 時羅望古 등 5명의 방환을 청하니, 이를 허락하다.(『世宗實錄』세종8, 『集成』4-140) 7.23. 禮曹에서 對馬島의 倭人 沙斤古羅가 처자와 漢人 4명을 데리고 와서 살기를 원하므로, 漢人은 北京으로 보내고, 倭人들은 忠淸道 육지안에 안치하고 田地 등을 주어 살게 하자고 청하니, 그대로 따르다.(『世宗實錄』세종8, 『集成』4-141) 7.29. 司諫院에서 甲辰年 9월에 倭賊을 체포할 때 공이 없는데도 직을 받은 副司正 羅繼와 副司直 安格의 職牒을 불사를 것을 아뢰니, 임금이 그대로 따르다.(『世宗實錄』세종8, 『集成』4-141) 8.10. 兵曹에서 倭人 麻多和知가 피로되었던 德恩船軍 曹德生과 礪山船軍 朴亡達을 따라 귀화하였는데, 2인중 한 사람과 거주하기를 자원하므로 그 청을 들어주고, 내년까지 식량과 곡식 종자를 지급하자고 아뢰니, 그대로 따르다.(『世宗實錄』세종8, 『集成』4-142) 8.23. 禮曹에서 對馬島에서 온 倭人 邊三甫羅·時羅三甫羅·老吾妙 등이 머물러 살기를 원하므로 자원에 따르도록 하자고 청하니, 그대로 따르다.(『世宗實錄』세종8, 『集成』4-142) 8.26. 해변의 소나무를 방화 도벌하는 것을 수령 및 各浦의 萬戶·千戶로 하여금 엄금하게 하다.(『世宗實錄』세종8, 『集成』4-142) 8.27. 全羅道 處置使 朴實이 倭賊을 물리치고 배 1척을 체포하니, 朴實에게 말·옷 1襲·宣醞 등을 내리고 군관들의 전공을 등급을 정하여 보고하라고 명하다.(『世宗實錄』세종8, 『集成』4-143) 10.14. 全羅道 都安撫使 朴實 등이 茅草島에서 倭人을 사로잡을 때, 1등 공을 세운 鹽干은 補充軍으로 삼고, 2등 공을 세운 鹽干은 役을 면제해 주고 功牌를 주자고 아뢰다. (『世宗實錄』세종8, 『集成』4-143) 10.17. 兵曹에서 忠淸道 監司의 關文에 의하여 배 만드는 데 합당치 않은 재목을 골라서 棺槨을 만들게 하기를 아뢰다.(『世宗實錄』세종8, 『集成』4-144) 11.1. 日本 筑州石城管事 宗金이 사람을 시켜 土産物을 바치므로 正布를 회사하고, 筑前州 太宰 少貳 藤原滿貞과 對馬州 宗貞盛 등이 土産物을 바치며 平奴田 형제를 풀어주기를 청하였으나, 이들은 죄인이었으므로 그 청을 거절하다.(『世宗實錄』세종8, 『集成』4-144)
1427	【한국】 1.1. 임금이 왕세자와 문무의 신하를 거느리고 望闕禮를 의식대로 행한 후, 勤政殿에 나아가서 朝賀를 받을 때 倭人들이 모두 朝賀에 참예하다.(『世宗實錄』세종9, 『集成』4-150) 1.3. 領敦寧府事 李枝의 졸기에 丁巳년에 海州에서 太祖가 倭寇를 징벌할 때 공을 세웠다고 적다.(『世宗實錄』세종9, 『集成』4-150) 1.7. 慶尙道 船軍을 銅을 채취하는 사역에서 중지시키자고 청했으나, 윤허하지 않다.(『世宗實錄』세종9, 『集成』4-150) 1.10. 禮曹에서 對馬島에서 倭女 阿磨而所가 남편 古羅時羅와 아들 三昧三甫羅, 딸 甘因珠를 찾아 왔다고 보고하니, 임금이 順興에서 가족과 함께 살도록 해 줄 것을 명하다.(『世宗實錄』세종9, 『集成』4-151) 1.13. 戶曹에서 巨濟縣은 남정들이 세를 운반하러 金遷江으로 간 사이에 倭寇가 침입하는 경우가 있으므로, 그 세를 縣의 창고에 운반하게 하여 倭寇의 침입을 방지하자고 아뢰니, 그대로 따르다.(『世宗實錄』세종9, 『集成』4-152)/ 日本國 一岐州의 知主 源朝臣重이 사람을 시켜 般若經과 重字印을 청하며 土産物을 바치니, 大般若經·圖書·正布 등을 회사하다./ 左衛門大郞이 그 아들을 시켜 朝見하고 土産物을 바치니, 正布를 회사하다./ 肥前州의 松浦에 僑居한 源臣昌明이 사람을 시켜 硫黃·南木香 등의 土産物을 바치다.(『世宗實錄』세종9, 『集成』4-153) 1.14. 倭人 皮古老古와 佐衛門大郞이 使者로 보낸 사람 19명이 각기 土産物을 바쳤다.(『世宗實錄』세종9, 『集成』4-154) 1.19. 黃海道 白翎鎭이 倭寇에게 침략당할 때, 그 스스로 보존하지 못하자 永康鎭에 소속시킨 후 康翎鎭이라고 일컫게 하다./ 日本國 關西道 薩摩州 伊集院 寓鎭 藤原賴久가 사람을 보내어 土産物을 바치니, 綿布와 正布를 회사하다.(『世宗實錄』세종9, 『集成』4-154)/ 平常貴·平滿景·源久貴 등이 使臣으로 보낸 上官人 24명이 土産物을 바치다./ 薩摩州 太守 源久貴가 사람을 시켜 土産物을 바치니, 正布를 돌아가는 使臣을 통해 하사하다./ 日本 九州 巡撫使 作州 前 刺史 平常嘉가 사람을 보내어 土産物을 바치다./ 日本 九州府 石城管事 民部 少輔 平滿景이 사람을 보내 土産物을 바치다.(『世宗實錄』세종9, 『集成』4-155) 1.22. 京畿監司가 倭客의 왕래가 끊어지지 않아 많은 짐바리를 縣의 백성이 忠州 땅 40여리를 건너가서 운반하게 되므로, 忠州 땅으로 넘어 들어간 陰竹縣에 속한 無極驛을 원래대로 하게 하여 폐단을 없애자고 아뢰니, 그대로 따르다.(『世宗實錄』세종9, 『集成』4-155) 2.2. 藤原賴久와 平滿景이 被虜女를 돌려 보내자, 縣布를 회사하다.(『世宗實錄』세종9, 『集成』4-156)
1428 ▼	【한국】 1.4. 忠淸道 監司가 安眠 廣地串의 백성들을 원하는 곳에 옮겨 살도록 하다./ 忠淸道 監司가 大山浦의 병선을 모두 波治島로

일본

11.15. 임금이 冬至望闕禮를 儀式대로 행하고 勤政殿에 임어하여 朝賀를 받을 때 倭人들이 賀禮에 참여하다./ 倭人에게 南廊에서 음식을 먹이다.(『世宗實錄』세종 8, 『集成』4-145)

11.16. 筑前州 冷川津 平方式部尉行吉이 그 아들 次郞 등을 시켜 土産物을 바치므로 正布를 회사하고, 九州의 前 摠管 源道鎭이 사람을 시켜 土産物을 바치며 虎皮 등을 청구하므로, 正布와 虎皮 등을 하사하다.(『世宗實錄』세종 8, 『集成』4-145)

11.26. 對馬州 宗貞盛이 貝化軍의 어선이 愁伊島의 병선에 나포된 것을 항의하는 글을 올리니, 禮曹參議 金孝孫이 乃而·富山·鹽浦 이외에는 왕래를 금했으므로 체포하였다는 답서와 함께 天鵝·靑魚 등을 부치다.(『世宗實錄』세종 8, 『集成』4-145)

11.28. 日本 石見州 周布因幡刺史 藤觀心이 書記 景雅를 보내어 土産物을 바치니, 正布·苧麻布·滿花席 등을 답례로 회사하다.(『世宗實錄』세종8, 『集成』4-146)/ 宗貞盛이 사람을 보내서 帳幕 등 잡물을 하사한 것을 하례하고, 겸하여 被擄人로 잡힌 多于智 등 4명을 풀어주기를 청하니, 찾아서 돌려보내도록 하라고 명하다.(『世宗實錄』세종 8, 『集成』4-147)

12.3. 禮曹에서 평안도 陽德에 안치한 倭人 平道全이 생계가 어려워 그의 딸이 시집을 가지 못한다고 계하니, 임금이 그 곳 수령에게 명하여 시집보내게 하다.(『世宗實錄』세종 8, 『集成』4-147)

12.4. 禮曹에서 平方行吉과 宗金이 使臣이 왕래할 때마다 후하게 대접했으니 그 답례로 그 아들인 二郞古羅와 表阿古羅에게 옷을 내리자고 청하니, 그대로 따르다.(『世宗實錄』세종 8, 『集成』4-147)

12.6. 禮曹에서 西平館의 手本에 의거해서, 南蠻國産 丹木의 가격을 縣紬 1필에 단목 20근이던 것을 15.6근으로 고치자고 하다.(『世宗實錄』세종 8, 『集成』4-148)

12.13. 兵曹에서 嶺東沿海에서 화약을 만드는 사람들 중 혹시 對馬島 등지로 도망가서 그 秘術을 倭人에게 가르치는 사람들이 있을 수 있으므로, 연해의 각 수령들에게 화약을 구워 만들지 못하도록 하자고 아뢰니, 그대로 따르다.(『世宗實錄』세종 8, 『集成』4-148)

12.14. 筑前府 石城縣의 藤氏宗金이 사람을 시켜서 土産物을 바치니, 正布를 회사하다./ 九州 前都元帥 源道鎭이 사람을 시켜 華氈·練緯 등의 土産物을 바치니, 正布를 회사하다./ 肥州太守 吉見源昌淸이 사람을 시켜 捉子·비단 등의 물품을 바치니, 正布를 회사하다.(『世宗實錄』세종 8, 『集成』4-148)

12.28. 전에 向化倭人과 지금 온 倭人들을 대궐로 불러 除夜의 불꽃놀이를 보게 하다.(『世宗實錄』세종 8, 『集成』4-149)

12.29. 禮曹에서 倭使는 동쪽에서, 野人은 서쪽에서 行禮토록 하다.(『世宗實錄』세종 8, 『集成』4-149)

2.19. 丹木이 倭客의 매매로 國用에 제공되다.(『世宗實錄』세종 9, 『集成』4-157)

3.27. 左衛門大郞이 禮曹에 물건을 매매하고 고기를 잡는 것을 固城의 仇羅梁까지 허가해 줄 것을 청하는 서신을 보내며 土産物을 바치니, 禮曹佐郞 李師孟이 허락하는 답서와 함께 正布·燒酒 등의 土産物을 내려주다./ 對馬島의 宗右馬 등이 사람을 보내어 土産物을 바치고 對護軍 李藝를 통하여 虎皮·豹皮 등을 구하므로, 正布를 회사하고 특별히 米豆·虎皮·豹皮 등을 내려주다.(『世宗實錄』세종 9, 『集成』4-157)

5.7. 임금이 全羅道水軍處置使였을 때 倭賊을 잡는데 공이 없는 자를 공이 있다고 거짓 보고를 한 尹得洪에게 職牒을 다시 내어주자, 司憲府에서 부당하다는 계를 올렸으나 허락하지 않다.(『世宗實錄』세종 9, 『集成』4-158)

5.11. 大護軍 李蓁이 全羅道의 元帥府가 있는 道康縣이 倭賊의 침입을 막기에 적당하지 않은 이유를 들며 元帥府를 光州의 舊營에 복귀시킬 것을 상서하다.(『世宗實錄』세종 9, 『集成』4-159)

6.29. 對馬島 守護 宗彦六이 사람을 시켜 環刀·丹木 등을 바치니 正布를 하사하고, 宗貞澄이 사람을 시켜 環刀·長劍 등을 바치며 굶주리는 사정을 고하니, 답례로 正布·쌀·콩 등을 하사하다.(『世宗實錄』세종 9, 『集成』4-161)

7.1. 對馬島의 都萬戶 左衛門大郞이 使臣으로 보낸 上官人 僧 蘇緊이 日本이 귀국의 경계를 침략할 수 있다는 보고를 하자, 兵曹에서 각 도에 공문을 보내어 방어를 더욱 엄중히 하자고 아뢰니, 그대로 따르다.(『世宗實錄』세종 9, 『集成』4-161)

7.8. 全羅道監司 등이 呂島의 병선을 沙梁에 정박시키고, 浦所와 訖羅梁 등지는 萬戶들로 하여금 수호를 하게 한다면 倭寇의 침략을 막을 수 있다고 보고하니, 그대로 따르다.(『世宗實錄』세종 9, 『集成』4-162)

7.16. 監司가 병선을 平海郡의 越松浦에서 蔚珍의 守山浦와 三陟浦로 옮겨 소속시키자 고을의 백성들이 倭賊의 침략시에 방비가 어렵다고 하므로, 도로 병선을 정발시키자고 아뢰니, 그대로 따르다.(『世宗實錄』세종 9, 『集成』4-162)

8.26. 임금이 江華를 그 백성을 옮겨 말의 방목 장소로 사용할 것을 이르자, 右議政 孟思誠 등이 江華는 바다의 요새이기 때문에 倭寇가 경유할 수 있으니, 거주하는 백성을 다 옮기는 일은 옳지 못하다고 아뢰다.(『世宗實錄』세종 9, 『集成』4-163)

8.28. 임금이 銅鐵과 丹木을 倭客에게서 사는 것을 금하지 못하게 하다.(『世宗實錄』세종 9, 『集成』4-164)

9.29. 동지총제 朴礎가 慶源의 아전과 역자에게 倭賊을 잡은 염간에 예에 의해서 功牌를 주고, 役을 면하고, 그 성공한 등급을 따라서 차차로 관직을 상주하게 하자고 청하다.(『世宗實錄』세종 9, 『集成』4-164)

11.3. 內庫에 있는 倭紙 959첩을 鑄字所에 주어 綱目通鑑을 인쇄하게 하다.(『世宗實錄』세종 9, 『集成』4-165)

11.24. 知蔚山郡事 李友가 蔚山에 두성이 있으나 軍戶가 많지 않아 수어하기가 어렵다고 아뢰다.(『世宗實錄』세종 9, 『集成』4-165)

【일본】

3.-. 足利義持가 조선에 글을 보내어, 伊豆國 東福敎寺에 安置할 大藏經을 요구하다. 글과 함께 別幅도 왔다.(『善隣國宝記』卷中)

연도	한국
▲ 1428	옮겨 정박토록 하다./ 京畿右道의 邊軍과 水軍 중 井浦에 있는 군대와 병선 3척을 左道로 옮기고, 萬戶와 千戶의 직함은 花之梁 萬戶·千戶라 일컫다.(『世宗實錄』 세종10, 『集成』4-166) 1.7. 對馬島 太守 宗貞盛이 사람을 보내어 米豆를 내린 것을 사례하며 土産物을 바치다. 1.12. 日本國 雲州太守 源銳·肥後州太守 藤元調·肥前州太守 源貞·駿州太守 源省의 家室 融仙이 사절을 보내 물품을 바치니, 正布를 회사하다. 1.14. 僉節制使 李恪이 江華島에 성을 쌓고 백성을 옮겨 살게 하자는 것을 추수때까지 기다리게 하다. 1.18. 禮曹에서 前 楊花渡丞 崔孝生이 日本에 使臣으로 가다가 죽은 그의 아버지 戶曹典書 崔云嗣의 枯骨을 수습하고자 하므로, 日本에 가는 使臣과 동행하게 하자고 아뢰니, 그대로 따르다. 1.25. 日本의 左衛門大郎·平滿景·宗金이 사람을 보내 銅과 鐵을 가지고 와서 무역하기를 원하니, 그 청을 들어주다./ 宗貞盛이 서신을 보내 己亥年에 억류당한 藏主 등 3인을 돌려보내 주기를 청하며 土産物을 바치니, 원하는 자들만 돌려보내고 면포를 회사하고, 左衛門大郎이 사람을 보내 土産物을 바치니, 正布를 회사하다.(『世宗實錄』 세종10, 『集成』4-169)/ 融仙이 보낸 사람인 孫六이 鑞鐵과 布貨로써 鉢螺·風爐·磬子등의 물건을 바꾸고자 하니, 공조에서 만들어 주도록 하다.(『世宗實錄』 세종10, 『集成』4-170)/ 融仙이 보낸 사람인 孫六이 鑞鐵과 布貨로써 鉢螺·風爐·磬子등의 물건을 바꾸고자 하니, 공조에서 만들어 주도록 하다.(『世宗實錄』 세종10, 『集成』4-170) 2.2. 日本의 平滿景 등과 西海道 筑州府의 石城縣의 藤宗金이 서신을 보내어 虎皮·豹皮·黑細麻布 등을 청하며 土産物을 바치니, 서신에 답하고 正布를 회사하다.(『世宗實錄』 세종10, 『集成』4-170) 2.8. 宗貞盛이 賜物과 使人을 후히 대접한 것에 대해 謝禮하며 土産物을 바치니, 正布 등을 회사하다.(『世宗實錄』 세종10, 『集成』4-171) 2.17. 大臣들이 對馬島에 내릴 쌀·콩 등의 수량을 논의하여 2백석으로 정할 것을 계하다.(『世宗實錄』 세종10, 『集成』4-171)/ 임금과 禮曹判書 申商 등이 對馬島 등 세 섬에 억류당한 사람들을 찾아오는 것에 대해 의논한다./ 禮曹에서 宗貞盛이 보낸 宗大郎 등이 물고기와 소금으로 곡식을 사고자 하여 乃伊浦에 정박했는데 화매하는 사람이 없어 지금까지 돌아가지 못한다고 하므로 쌀 등을 내리고 인민들에게 화매하게 하자고 아뢰니, 그대로 따르다.(『世宗實錄』 세종10, 『集成』4-172) 2.18. 宗貞盛이 人物을 돌려보내 주기를 청하자 禮曹에서 자원하는 사람만 보내자고 아뢰니, 그대로 따르다.(『世宗實錄』 세종10, 『集成』4-173) 2.26. 日本의 井大郎兵衛家次와 宗右亮茂秋와 對馬州의 宗彦七 등이 사람을 보내 土産物을 바치다.(『世宗實錄』 세종10, 『集成』4-173) 3.1. 日本國의 九州 巡撫使 平常嘉가 물품을 바치며 大般若經을 구하였으나, 正布만 회사하다.(『世宗實錄』 세종10, 『集成』4-173) 3.6. 宗彦七이 使臣을 보내어 養料를 주기를 청하니 쌀·콩 등을 하사하고, 船主 大郎兵衛가 아버지 張甫의 무덤이 忠淸道에 있으므로 성묘하기를 청하니, 쌀과 함께 성묘할 奠物도 갖추어 내려주다.(『世宗實錄』 세종10, 『集成』4-174) 3.22. 日本國의 薩摩三州太守 源貴久가 사람을 보내어 土産物을 바치다.(『世宗實錄』 세종10, 『集成』4-174) 윤4.17. 日本의 藤貴久와 藤原賴久가 사람을 보내어 土産物을 바치니, 正布를 회사하다.(『世宗實錄』 세종10, 『集成』4-174) 윤4.27. 判府事 卞季良이 계하기를, 侍衛軍士가 농사에만 힘쓰지말고, 재란과 한란에 대비토록 하다.(『世宗實錄』 세종10, 『集成』4-175) 5.7. 對馬島의 宗右馬助貞證이 사람을 보내어 土産物을 바치므로 正布 등을 회사하고, 左衛門大郎이 사람을 보내어 土産物을 바치며 國王皇帝가 薨逝하였다는 소식을 보고하므로, 正布·黑細麻布 등을 회사하다.(『世宗實錄』 세종10, 『集成』4-175)/ 宗貞盛이 사람을 보내어 土産物을 바치니, 正布를 회사하다.(『世宗實錄』 세종10, 『集成』4-176) 5.12. 禮曹判書 申商이 宗貞盛이 보낸 사람이 진지를 받고 우리의 백성이 되기를 청한다고 계하자, 贊成 權軫이 倭人의 계책은 추측할 수 없으므로 허락하지 말자고 아뢰니, 임금이 그대로 따르다.(『世宗實錄』 세종10, 『集成』4-176) 5.18. 對馬島의 左衛門大郎이 禮曹에 글을 올려 巨濟島 밖의 작은 섬에 보리를 심게 해 달라고 청하였으나, 허락하지 않다.(『世宗實錄』 세종10, 『集成』4-176) 5.29. 宗貞盛과 左衛門大郎이 사람을 보내 土産物을 바치니, 正布를 회사하다.(『世宗實錄』 세종10, 『集成』4-177) 6.3. 禮曹에서 對馬島의 소년 吾都音甫侍가 학습을 위해 왔으므로 양식을 지급하고 司譯院에 나아가게 하자고 청하니, 그대로 따르다.(『世宗實錄』 세종10, 『集成』4-177) 6.8. 對馬島의 四郎左衛門이 사람을 보내 土産物을 바치므로, 正布를 회사하다.(『世宗實錄』 세종10, 『集成』4-177) 6.26. 임금이 日本이 만일 금을 생산한다면 금값을 回禮使에게 부쳐 사오도록 명하다.(『世宗實錄』 세종10, 『集成』4-177) 7.1. 임금이 通信使를 日本國에 보내 百篇尙書를 사오게 하고, 겸하여 倭國의 종이가 단단하고 질기므로 만드는 방법도 배워 오도록 하라고 명하다.(『世宗實錄』 세종10, 『集成』4-178)
1429 ▼	【한국】 1.5. 左司諫 柳孟聞 사신으로 가는 자들의 물품을 北京에 가는 使臣의 예에 따라 금지 물품을 정하고 그 가지고 가는 수량을 한정하여 엄히 규제하라고 상소하다.(『世宗實錄』 세종11, 『集成』4-189) 1.13. 禮曹에서 乃而浦에 사는 倭人 37호가 失火하여 그 가재와 미곡을 다 태웠으므로 양식이 떨어진 자를 가려 還上穀을 헤아려주도록 하자고 청하니, 그대로 따르다.(『世宗實錄』 세종11, 『集成』4-190) 1.16. 忠淸道 延豐縣人들이, 戶曹의 使客과 倭客의 내왕이 심하고, 또 쇠를 제련하여 배를 만드는 요역이 심하므로 행정구역을 정리할 것을 청하다.(『世宗實錄』 세종11, 『集成』4-190)

일본

7.4. 對馬州의 宗右京亮茂秋가 사람을 보내 土産物을 바치니, 正布를 회사하다.(『世宗實錄』 세종 10, 『集成』4-178)/ 禮曹에서 宗貞盛의 書契가 別幅이 없고 圖書도 찍혀 있지 않으며 글씨의 자획도 書契와 다르므로, 바치는 물건을 받지 말자고 건의하니, 그대로 따르다.(『世宗實錄』 세종 10, 『集成』4-179)

7.10. 日本의 源英이 사람을 보내 土産物을 바치니, 正布를 회사하다./ 日本의 平常嘉가 사람을 보내 土産物을 바치므로, 正布를 회사하다./ 九州 少貳 藤滿貞이 사람을 보내 土産物을 바치고 大般若經을 구하였으나, 正布만을 회사하다.(『世宗實錄』 세종 10, 『集成』4-179)/ 宗貞盛이 사람을 보내 土産物을 바치므로, 正布를 회사하다.(『世宗實錄』 세종 10, 『集成』4-180)

7.14. 石城管事 宗金이 禮曹에 글을 보내 國王이 죽은 것과 그의 아우가 대를 이었다는 것을 보고하며 중국인 被虜人 2명을 보내고 土産物을 바치니, 면포·正布·소주 등을 회사하다.(『世宗實錄』 세종 10, 『集成』4-180)

7.15. 日本國 源貞이 사람을 보내 土産物을 바치니, 正布를 회사하다.(『世宗實錄』 세종 10, 『集成』4-180)

8.4. 禮曹에서 通信使가 日本에 도착한 후 祭祀와 喪禮를 다 마치지 않았으면 흰옷에 烏紗帽·黑角帶를 입게 하고, 이미 마쳤다면 吉服을 입게 하자고 아뢰니, 그대로 따르다.(『世宗實錄』 세종 10, 『集成』4-180)

8.6. 禮曹에서 左衛門大郎이 書契에 본국은 전쟁이 그치지 않아 길이 막혀 다니기 어렵다고 하므로 通信使를 보내는 것을 정지 시키자고 청하니, 그대로 따르다.(『世宗實錄』 세종 10, 『集成』4-181)

8.13. 禮曹에서 內而浦의 恒居倭人 而羅三甫羅가 時郞古羅를 죽이고 伊羅時羅가 다시 而羅三甫羅를 죽인 것에 대해 그 죄를 懲艾亥야 하겠지만 우리나라에 投化한 것과는 다르므로 그 죄를 묻지 말자고 아뢰니, 그대로 따르다.(『世宗實錄』 세종 10, 『集成』4-181)

8.14. 宗貞盛이 사람을 보내 土産物을 바치고 大般若經을 요구하니, 般若經과 正布를 내려주다.(『世宗實錄』 세종 10, 『集成』4-181)

8.26. 九州 巡撫使 平常嘉가 大般若經을 구하는 글을 보내며 土産物을 바쳤으나 正布만을 하사하고, 石見州 藤觀心이 土産物을 바치니, 正布를 회사하다.(『世宗實錄』 세종 10, 『集成』4-182)

8.27. 각 고을에서 바치는 기와 굽는 데 사용할 나무는 소나무를 쓰지 말도록 工曹에 전지하다.(『世宗實錄』 세종 10, 『集成』4-182)

8.29. 左衛門大郎이 사람을 보내어 억류되어 있는 妙善 등 10인을 돌려보내 주기를 청하며 土産物을 바치니, 그 사람들을 돌려 보내도록 명하고 正布를 회사하다.(『世宗實錄』 세종 10, 『集成』4-183)

9.3. 刑曹에서 靑松人 養女 加伊가 私奴 夫金, 이웃사람 李乃斤乃와 함께 倭人 孫多를 죽였으므로 加伊는 교형에 청하는 율로, 夫金은 참형, 李乃斤乃는 교형에 처하자고 아뢰니, 加伊는 한 등급 감하게 하고 나머지는 그대로 따르게 하다.(『世宗實錄』 세종 10, 『集成』4-183)

9.21. 石城 宗金이 사람을 보내어 土産物을 바치니, 正布를 회사하다.(『世宗實錄』 세종 10, 『集成』4-183)

9.24. 一岐州의 小大郎家次가 禮曹에 글을 올려 印子를 내려준 것을 사례하고 土産物을 바치니, 正布를 회사하다.(『世宗實錄』 세종 10, 『集成』4-184)

10.16. 兵曹에서 周原島에 정박하고 있던 倭船에서 사로잡은 倭賊을 각 고을에 유치하고 그들이 가지고 온 물건을 조사하자고 아뢰니, 그대로 따르다.(『世宗實錄』 세종 10, 『集成』4-184)

10.20. 咸吉道 城基巡審使 工曹參判 李蕆이 본도의 병선 중에 大船의 제도는 신속하지 못하여 倭賊에 대한 방비를 잘 할 수 없으므로 中猛船을 개조하여 방어를 실하게 하자고 아뢰니, 그대로 따르다.(『世宗實錄』 세종 10, 『集成』4-184)

10.26. 筑前州의 太宰 少貳 藤原滿貞이 禮曹에 산물을 내려달라는 글을 올리며 물품을 바치니, 이에 답사하고 쌀·白細苧布·黑細麻布 등을 회사하다.(『世宗實錄』 세종 10, 『集成』4-185)

10.28. 禮曹에서 潭陽人 崔有龍의 아내가 戊辰年에 倭寇가 침입하였을 때 적이 강간하려 하자 완강히 저항하다 칼에 찔려 죽었다고 보고하다.(『世宗實錄』 세종 10, 『集成』4-185)

11.26. 임금이 日本의 大內殿과 小二殿에 전례에 의하여 물품을 보내도록 하라고 명하다./ 임금이 禮曹判書 申商 등과 함께 小二殿의 使客이 돌아갈 때 禮物을 보낼 것인지에 대해 논하다.(『世宗實錄』 세종 10, 『集成』4-186)

12.7. 日本通信使 大司成 朴瑞生·副使 大護軍 李藝·書狀官 前 副校理 金克柔가 新主의 嗣位를 하례하고, 前主에게 致祭하기 위해 떠나다./ 朴瑞生과 李藝에게 각기 段子衣 1襲과 紬衣 1襲을 내리고, 옷·갓·신 등을 하사하다.(『世宗實錄』 세종 10, 『集成』4-187)

12.9. 左衛門大郎이 사람을 보내 土産物을 바치다.(『世宗實錄』 세종 10, 『集成』4-188)

12.14. 九州의 宗金과 藤原滿貞이 土産物을 바치고, 大友殿이 土産物을 바치며 사냥개를 청하니, 正布와 사냥개를 하사하였다. 宗彦七 등이 土産物을 바치며 被留人의 放還을 요청하니, 被留人 16인을 돌려보내고 正布를 회사하다.(『世宗實錄』 세종 10, 『集成』4-188)

12.20. 吏曹에서 司譯院의 漢學, 別學, 蒙學, 倭學의 遞兒職의 수와 漢學과 別學은 따로 遞兒를 주지 말고 차례로 敍用하도록 아뢰다.(『世宗實錄』 세종 10, 『集成』4-189)

1.24. 禮曹에서 日本 通信使들이 金銀·銅錢·花紋席 등의 물건을 가지고 가는 것을 금하고, 監司는 差使員을 발하고, 憲府에서도 吏員을 보내 이를 搜檢하게하자고 아뢰니, 그대로 따르다.(『世宗實錄』 세종 11, 『集成』4-191)

1.25. 許稠가 慶尙道 연해 각 고을에 倭寇들의 침입이 잦은데도 城堡가 완전하지 못하다고 아뢰자, 임금이 慶尙道 연해 각 고을에 성을 쌓는 일을 두 議政에 고하라고 명하다.(『世宗實錄』 세종 11, 『集成』4-191)

2.10. 禮曹 判書 申常이 倭에게 사로잡혀 갔다가 己亥年에 우리나라로 온 中國人 多金夫를 明나라로 돌려 보내자고 아뢰니, 임금이 그대로 따르다.(『世宗實錄』 세종 11, 『集成』4-192)

3.20. 判府事 許調가 三島의 倭人 중 乃而浦 등지에서 장사를 하면서 사는 자들에게 세금을 거두자고 아뢰었으나, 허락하지 않고 倭人의 수

연도	한국
	효만을 물어서 아뢰도록 하라고 명하다.(『世宗實錄』 세종11, 『集成』4-194)
	3.22. 左代言 許誠이 乃而浦 등지에 상주하는 倭人들의 물품 판매의 세금을 左衛門大郎이 모두 걷어 세법에 대한 문제가 어렵다고 계하였으나, 임금이 倭人들의 장사 유래가 오래되었으니 다시 세법을 세울 필요가 없다고 말하다.(『世宗實錄』 세종11, 『集成』4-195)
	3.23. 밤에 도둑이 倭通事 李春發을 薰陶坊의 거리에서 살해하다.(『世宗實錄』 세종11, 『集成』4-195)
	3.24. 義禁府와 刑曹가 합동으로 李春發을 죽인 범인을 잡기 위해 縣布 1백필을 걸다.(『世宗實錄』 세종11, 『集成』4-195)
	3.27. 禮曹에서 宗貞盛이 보낸 表阿多羅가 銅·鐵 등과 螺鉢·火爐, ·磬子·銅盆·銅湯灌 등을 교역할 것을 청한다고 아뢰니, 명하여 工曹로 하여금 手工錢을 계산하여 받고 주조하도록 하다. / 通信使 朴瑞生이 對馬島의 宗彦七과 宗貞盛이 기아와 곤궁을 구제해 주기를 원하므로 米豆를 하사하자고 청하니, 그대로 따르다.(『世宗實錄』 세종11, 『集成』4-196)
	3.28. 宗貞盛이 禮曹에 글을 올려 般若經의 하사를 치사하고, 土産物을 바치니, 正布를 회사하다.(『世宗實錄』 세종11, 『集成』4-197)
	4.2. 對馬島의 宗彦七과 宗盛國이 서신을 보내 抑留한 人口를 돌려보낸 것에 謝禮하고 土産物을 바치니, 쌀과 콩을 회사하다.(『世宗實錄』 세종11, 『集成』4-197)
	4.3. 禮曹에서 朝廷의 使臣이 올 것이므로 倭人을 올려보내지 말도록 하자고 아뢰니, 그대로 따르다.(『世宗實錄』 세종11, 『集成』4-197)
	4.6. 向化倭人인 副司直 邊相이 倭通事 洪成富가 李春發을 죽인 것 같다고 아뢰니, 그를 가두고 鞫問도록 하라고 명하다.(『世宗實錄』 세종11, 『集成』4-197)
	4.12. 全羅道 監司가 蛇梁의 병선을 倭賊의 침입에 대비하여 呂島로 옮겨 정박하게 하자고 청하니, 명하여 兵曹에 내리게 하다.(『世宗實錄』 세종11, 『集成』4-198)
	4.13. 禮曹에서 對馬島의 장사하는 倭人이 본국의 돈을 역대의 돈과 섞어 판매하므로, 각 고을과 포구에서 돈으로 매매하는 것을 금하고, 한편 司正 藤次郎에게 배를 빌린 값으로 쌀을 주기로 한 약속을 지키자고 아뢰니, 그대로 따르다.(『世宗實錄』 세종11, 『集成』4-198)
	4.20. 禮曹에서 崔源이 深重靑 만드는 법의 전습을 위해 日本에 갔다가 죽었으므로 致祭하고 賻儀로 米豆를 내리자고 청하니, 그대로 따르다.(『世宗實錄』 세종11, 『集成』4-199)
▲ 1429	4.21. 一岐州 志佐 源朝臣重이 議政府에 서신을 보내어 쌀과 콩 및 호피·표피·주겹 등을 청하며 土産物을 바치니, 禮曹에서 답서하고 正布를 회사하다. / 禮曹 判書 申商이 倭館의 貿易이 심히 외람되다고 아뢰니, 임금이 倭人의 왕래를 잠정적으로 정지하라고 명하다.(『世宗實錄』 세종11, 『集成』4-199)
	4.23. 兵曹에서 倭賊의 水軍都節制使가 전보하게 하고, 행선할 때는 都節制使가, 倭使와 商船은 觀察使가 전보하게 하자고 아뢰니, 그대로 따르다.(『世宗實錄』 세종11, 『集成』4-200)
	5.7. 義禁府 提調 贊成 權軫·判書 安純·金自知 등이 金生彦이 李春發을 살해한 진위는 드러나지 않았지만, 禁物를 倭館에게 몰래 판 것도 死刑에 해당 되므로 律에 따라 시행하자고 아뢰었으나, 임금이 다시 사유를 묻도록 명하다.(『世宗實錄』 세종11, 『集成』4-200)
	5.12. 李春發을 죽인 工曹의 匠人 姜龍을 잡아 가두었는데, 그 무리가 60명이고, 李得時는 南山에 도망하여 숨어서, 義禁府·鎭撫所·軍器監으로 하여금 수색토록 하다.(『世宗實錄』 세종11, 『集成』4-201)
	5.15. 右軍 副司直 偰振을 보내어 被擄中國人 多金夫 등 4명을 遼東으로 보내다.(『世宗實錄』 세종11, 『集成』4-201)
	5.17. 大小祭享과 各殿의 供上, 그리고 朝廷使臣과 隣國客人을 접대하는 것이외에는 술을 금하다.(『世宗實錄』 세종11, 『集成』4-201)
	5.20. 義禁府에서 洪成富·金生彦·李得時 등이 李春發를 죽인 사유를 국문하여, 이들이 李春發의 倭通事의 直任을 빼앗고자 하여 죽였다고 아뢰다.(『世宗實錄』 세종11, 『集成』4-202)
	6.6. 黃海道 監司가 殷栗縣이 왜선이 정박하는 楮島와 가까우므로 적의 변고가 두려워 일찍이 廣巖梁의 병선을 설치하여 殷栗 등의 고을을 구원하게 했다고 계하다.(『世宗實錄』 세종11, 『集成』4-202)
	6.11. 兵曹에서 倭人 馬多時知 등 3인이 對馬島의 땅이 메말라 농사를 지을 수 없게 되자 도망하여 국경에 이르렀다고 계하니, 田宅과 양식 등을 주어 구호하도록 하라고 명하다.(『世宗實錄』 세종11, 『集成』4-204)
	6.13. 日本國의 宇武衛 源道鎭이 사람을 보내어 土産物을 바치니, 면포 등을 회사하고, 宗金·六郎·次郎이 사람을 보내어 土産物을 바치니, 正布를 회사하다.(『世宗實錄』 세종11, 『集成』4-205)
	6.14. 禮曹에서 倭館에서 매매하는 장사꾼들이 통사와 司令과 통하여 禁物을 몰래 파는 사람이 많으므로 金銀과 彩花席 등의 물건은 禁斷할 것을 아뢰니, 그대로 따르다.(『世宗實錄』 세종11, 『集成』4-205)
	6.18. 日本 駿州太守 源省의 後室 融仙이 서신을 보내 大般若經을 구하며 土産物을 바쳤으나, 正布만을 회사하다.(『世宗實錄』 세종11, 『集成』4-206)
	7.4. 日本國의 藤原滿貞이 사람을 보내 土産物을 바치니, 正布를 회사하다.(『世宗實錄』 세종11, 『集成』4-206)
	7.9. 對馬島의 宗貞澄이 사람을 보내 土産物을 바치니, 正布를 회사하다.(『世宗實錄』 세종11, 『集成』4-206)
	7.30. 日本國의 豊州太守 源持直이 서신을 보내어 大般若經과 큰 쇠북을 구하며 土産物을 바치니, 답서하고 般若經과 正布를 회사하다. / 宗金·宗貞盛·宗茂直 등이 사람을 보내 土産物을 바치니, 각각 正布를 회사하다.(『世宗實錄』 세종11, 『集成』4-207) / 義禁府에서 李春發을 살해하고, 왜객과 공모하여 銀과 銅錢을 가지고 잡물을 무역한 洪成富·金生彦·李得時 등

의 죄는 斬刑에 해당한다고 아뢰자, 명하여 처결하게 하다.(『世宗實錄』세종 11, 『集成』4-208)

8.15. 琉球國人 包毛加羅 등 15인이 표류하니, 임금이 명하여 驛傳하여 서울로 보내게 하고, 여관에 우대하여 옷과 신을 하사하다.(『世宗實錄』세종 11, 『集成』4-208)

8.25. 吏曹參判 崔士康을 江華에 보내어 성터를 살펴 정하게 하다.(『世宗實錄』세종 11, 『集成』4-208)

8.28. 禮曹에서 풍랑에 표류되어 온 琉球國人의 처리 문제에 대해 머물러 살기를 원한다면 慶尙道 沿海 지방에서 생업에 종사하게 하고, 本土로 돌아가고자 한다면 보내는 것이 좋겠다고 아뢰니, 그대로 따르다.(『世宗實錄』세종 11, 『集成』4-209)

9.6. 禮曹에서 物故한 琉球國人 理馬加羅에게 棺과 종이 20권을 주고, 漢城府로 하여금 香徒를 모아 거두어 감사하고, 墓標를 세우고 간략한 掩壙奠을 차리게 하자고 아뢰니, 그대로 따르다.(『世宗實錄』세종 11, 『集成』4-209)

9.8. 日本國 河州太守 源傳이 사람을 보내 土産物을 바치니, 正布를 회사하다./ 源省의 後室 融仙이 사람을 보내 土産物을 바치니, 正布를 회사하다.(『世宗實錄』세종 11, 『集成』4-209)

9.14. 兵曹에서 江原道 守山浦萬戶 張弘道와 判蔚珍縣事 金益祥이 각각 琉球國人 7명과 8명을 사로잡았으므로 벼슬을 높이고 상을 주자고 청하니, 그대로 따르다.(『世宗實錄』세종 11, 『集成』4-210)

9.15. 石城의 小吏 宗金이 사람을 보내어 土産物을 바치다.(『世宗實錄』세종 11, 『集成』4-210)

9.17. 禮曹에서 藤七·左衛門大郎·子也伊知가 圖書를 요청하므로 모두 만들어 줄 것을 청하니, 그대로 따르다./ 黃海道 巡威梁의 船軍들이 병선을 松明浦로 옮겨도 倭變에 대해서 두려워할 것이 없으므로 옮길 것을 아뢰었으나, 左議政 黃喜 등이 의논하여 巡威梁의 병선 정박하는 곳은 예전대로 두도록 하자고 아뢰니, 그대로 따르다.(『世宗實錄』세종 11, 『集成』4-210)

9.24. 大司憲 金孝孫 등이 判蔚珍縣事 金益祥 등은 적선이 아님에도 불구하고 琉球國의 客人을 죽였으므로 그에 대해 죄를 주자고 청하였으나, 허락하지 않다.(『世宗實錄』세종 11, 『集成』4-211)

9.29. 琉球國人 包蒙古羅 등 14인이 하직하니, 물품을 주어 돌려보내고, 西海道의 日向·大隅·薩摩의 太守 藤貴久에게 서신을 보내어 배를 내어 護送하도록 하라고 명하다.(『世宗實錄』세종 11, 『集成』4-212)

10.4. 임금이 慶尙道 監司에게 樊溪萬戶가 나포한 왜선 안에 있던 중국 사람은 서울로 보내게 하고, 倭人은 田宅과 衣糧을 주고 소재지의 수령이 항상 撫慰하도록 하라고 명하다.(『世宗實錄』세종 11, 『集成』4-213)

10.12. 僉知司譯院事 趙忠佐를 시켜 日本에 被擄人되었던 唐人 柳伊馬羅 등 20명을 引率하고 遼東으로 가서 풀어주게 하다.(『世宗實錄』세종 11, 『集成』4-213)

10.15. 宗貞盛이 表時羅의 아들 天命의 侍衛를 허용해 주도록 청하는 글을 바치며 土産物을 바치고, 六郎·次郎이 사람을 보내어 土産物을 바치니, 正布를 회사하다.(『世宗實錄』세종 11, 『集成』4-213)

10.21. 兵曹에서 江華城의 기지를 本州의 烟戶軍 및 下番水軍, 京畿 各浦의 當嶺船軍 9천 명을 동원하여 봄부터 시작하여 5개년을 기한하고 쌓도록 아뢰다.(『世宗實錄』세종 11, 『集成』4-214)

10.28. 宗貞盛이 사람을 보내어 土産物을 바치니, 正布를 회사하다.(『世宗實錄』세종 11, 『集成』4-214)

10.29. 임금이 日本國 武衛가 우리 通信使를 지성껏 접대하였으므로 그가 구하는 물품은 마땅히 모두 갖추어 보내도록 하고, 九州의 宗金도 그 곳 토호이니 館穀의 등급을 높여주도록 하라고 명하다./ 慶尙右道 處置使 宋希美를 慶尙右營에 寄寓하던 日本商人을 경망하게 죽인 죄를 물어 파직하고, 鎭撫 金湧을 倭人이 보는 앞에서 머리를 베다.(『世宗實錄』세종 11, 『集成』4-214)/ 禮曹에서 日本國王이 구하는 향로·물병 등을 鑄鐘所로 하여금 주조하게 하고, 左武衛가 구하는 靑斜皮 등은 공조로 하여금 갖추게 하되 모두 주문대로 만들게 하자고 아뢰니, 그대로 따르다.(『世宗實錄』세종 11, 『集成』4-215)

11.19. 日本人 宗金이 土産物을 바치니, 正布를 회사하다.(『世宗實錄』세종 11, 『集成』4-215)

12.3. 通信使 朴瑞生이 日本에서 돌아와 日本 國王 源義敎의 答書와 彩扇·長刀 등의 예물을 바치다.(『世宗實錄』세종 11, 『集成』4-215)/ 朴瑞生이 日本에 이르러 對馬島로부터 兵庫에 이르기까지 적들의 수효와 왕래하는 길을 살펴보고 와서, 시행할 만한 일들을 갖추어 아뢰다.(『世宗實錄』세종 11, 『集成』4-216)/ 朴瑞生이 日本에서의 深重靑, 鍍銀造紙, 朱紅輕粉 등의 제조법을 갖추어 아뢰다.(『世宗實錄』세종11, 『集成』4-220)

12.4. 禮曹에서 通信使가 데리고 온 여자 福生과 노비 등 6명은 본 고향인 古阜郡에서 평안히 살도록 하고, 晉州 船軍 鄭元右가 무역한 바 있는 倭奴는 내륙지방에 팔자고 아뢰니, 그대로 따르다.(『世宗實錄』세종 11, 『集成』4-220)

12.9. 임금이 좌우 신하들에게 무례했던 日本國王이 다시 신하로서 服事하고자 하는 것에 대해, 논의하여 아뢰도록 하라고 명하다.(『世宗實錄』세종 11, 『集成』4-221)

12.19. 兵曹判書 崔閏德으로 忠淸·全羅·慶尙·三道都巡問使를 삼고, 僉摠制 朴坤으로 副官을 삼아 沿邊의 성터를 순회하며 살펴보게 하다.(『世宗實錄』세종 11, 『集成』4-222)

12.23. 中軍摠制 李蕆이 炒鐵法을 오랫동안 폐하였기 때문에 日本에서 배워온 법에 의하여 출산지를 구하도록 하고, 日本의 深重靑石과 水銀石을 각도로 나누어 보내어 그 모양의 돌을 널리 구하자고 아뢰니, 그대로 따르다.(『世宗實錄』세종 11, 『集成』4-223)

12.27. 日本 石城의 小吏 宗金이 사람을 보내어 土産物을 바치니, 正布를 회사하다.(『世宗實錄』세종 11, 『集成』4-223)

연도	한국
1430 ▼	**【한국】** 1.4. 左司諫 柳孟聞 등이 前 處置使 宋希美가 倭賊의 배가 국경에 이르렀다는 말을 듣고도 鎭撫만을 보냈고, 도적의 배가 아니었음에도 상받는데만 급급하여 啓聞을 올렸다가 발각되었으므로 처단하기를 상소하였으나, 윤허하지 않다.(『世宗實錄』 세종12, 『集成』4-223) 1.5. 임금이 宋希美를 처단치 않은 이유를 말하다.(『世宗實錄』 세종12, 『集成』4-224) 1.17. 日本의 源持直이 土産物을 바치니 답례로 正布 등을 하사하고, 宗貞盛이 억류당한 사람들의 송환을 청하면서 土産物을 바치니, 正布를 하사하고 억류당한 사람 5명을 돌려 보내주다.(『世宗實錄』 세종12, 『集成』4-225) 1.24. 日本의 作州刺史 小早川常賀·肥前州의 源英·對馬島의 六郎과 次郎·一岐州의 佐志 平種長 등이 土産物을 바치니, 正布를 회사하다.(『世宗實錄』 세종12, 『集成』4-225) 1.26. 六郎·次郎·藤次郎 등에게 각각 米豆를 내려주다.(『世宗實錄』 세종12, 『集成』4-225) 2.11. 日本國王이 보낸 宗金·道成 등 24명이 朝班에 따라 들어오니, 임금이 宗金과 道成을 殿안에서 불러보다.(『世宗實錄』 세종12, 『集成』4-225) 2.19. 日本國王이 보낸 宗金과 道性이 하직을 고하니, 이에 답하여 호피·표피·잡채화석 등의 土産物을 별폭에 갖추어 보내고, 禮曹에서 左武衛 原義淳에게 土産物을 石城宗公의 편에 부친다는 서계를 부치다.(『世宗實錄』 세종12, 『集成』4-226) 3.3. 禮曹에 宗貞盛이 서신을 보내어 섬 사람이 물고기를 잡으려 나갔다가 山達浦 節度使에게 잡혔다고 아뢰니, 수모한 군관을 處刑하고 쌀과 콩을 내려 주도록 하라고 명하다.(『世宗實錄』 세종12, 『集成』4-226) 3.4. 宗貞盛이 서신을 보내어 억류당한 사람을 돌려 보내즐 것을 청하며 土産物을 바치니, 正布를 회사하고 人口를 돌려보내다.(『世宗實錄』 세종12, 『集成』4-227) 3.25. 濟州牧使 金治이 倭賊과 싸우다가 적이 형세가 급박하게 되자 스스로 바다에 뛰어들어 죽다.(『世宗實錄』 세종12, 『集成』4-227) 4.5. 兵曹에서 倭賊에게 被虜되었던 본국사람 時今都老 등 4인과 倭人 4인, 중국인 남녀 2인 등이 배를 타고 몰래 왔는데, 중국인을 서울로 압송하여 요동으로 보내고, 왜인은 自願대로 살게 하자고 청하니, 그대로 따르다.(『世宗實錄』 세종12, 『集成』4-227) 4.12. 慶尙左道 處置使가 倭寇의 침입에 대한 방비책을 아뢰니, 兵曹에 명하여 議政府와 諸曹가 함께 의논하여 아뢰도록 하라고 명하다.(『世宗實錄』 세종12, 『集成』4-227) 4.14. 兵曹參議 朴安臣이 倭寇를 막을 병선을 제조할 것을 上書하니, 그대로 따르다.(『世宗實錄』 세종12, 『集成』4-228) 5.7. 宗貞盛이 사람을 보내어 抑留된 인구를 돌려줄 것을 청하며 土産物을 바치니, 正布를 회사하고 사람들을 돌려보내다.(『世宗實錄』 세종12, 『集成』4-231) 5.11. 判府事 崔閏德에게 全羅·忠淸·慶尙 三道 각 고을의 城으로 예전 터에 그대로 수축할 만한 곳과 새로 성을 쌓을 만한 곳을 마련하여 아뢰게 하고, 三道의 城堡를 수축하는 方針을 일임하다.(『世宗實錄』 세종12, 『集成』4-231) 5.15. 對馬島 宗茂直이 사람을 보내어 섬안에 살기가 매우 곤란함을 고하고 土産物을 바치니, 正布를 회사하고 쌀과 콩을 내려주다./ 禮曹에서 井大郎兵衛가 데리고 온 寶城사람 小斤毛知와 衿川사람 鄭德 등을 친족과 함께 살도록 하고 밭 등을 주어 구휼하게 하자고 청하니, 그대로 따르다.(『世宗實錄』 세종12, 『集成』4-232) 5.16. 兵曹에서 倭賊의 침입에 대비하여 각도의 侍衛牌를 매월 반드시 윤번으로 時衛하게 하자고 청하니, 그대로 따르다.(『世宗實錄』 세종12, 『集成』4-232) 5.19. 禮曹에서 大護軍 李藝의 말이 大內殿이 군사를 들어 칠지도 모른다고 하므로 각 포구의 병선과 군기를 점검하여 만일의 경우에 대비하자고 아뢰니, 그대로 따르다.(『世宗實錄』 세종12, 『集成』4-233) 5.22. 對馬島 六郎·次郎과 筑前州 藤原의 朝臣滿貞이 사람을 보내 土産物을 바치니, 명주와 正布를 회사하다.(『世宗實錄』 세종12, 『集成』4-234) 5.24. 兵曹에서 중국의 배의 제도에 따라 병선을 제조할 것을 건의하다.(『世宗實錄』 세종12, 『集成』4-235) 5.28. 宗彦七·宗聖國 등이 사람을 보내 土産物을 바치고 물건을 주기를 청구하니, 쌀·콩·正布를 하사하다./ 兵曹에서 慶尙道와 全羅道의 각 浦口는 倭人의 침입을 받기쉬우므로 추수 후에 兵船과 器械를 점고하자고 아뢰니, 그대로 따르다.(『世宗實錄』 세종12, 『集成』4-235) 6.1. 宜寧에 거주하는 船軍 沈乙이 日本에 건너가 칼 만드는 법을 배워와 만들어 올리니, 명하여 軍役을 면제시키고 옷·쌀·콩을 하사하다./ 禮曹判書 申商이 본토로 돌아가고자 하는 倭人들이 많다고 아뢰니, 兵曹에 명하여 모두 찾아 돌려 보내도록 하라고 명하다.(『世宗實錄』 세종12, 『集成』4-236) 6.3. 宗貞盛이 사람을 보내 土産物을 바치니, 正布와 燒酒를 회답으로 내려주다.(『世宗實錄』 세종12, 『集成』4-236) 6.4. 濟州敬差官 司僕少尹 朴好問이 倭寇의 침입에 대비하여 旌義縣을 兎山으로 옮기고, 大靜縣은 甘山으로 옮길 것을 아뢰니, 兵曹에 살펴보도록 하라고 명하다.(『世宗實錄』 세종12, 『集成』4-237) 6.5. 對馬島 宗滿茂가 사람을 보내 土産物을 바치니, 正布를 회사하다.(『世宗實錄』 세종12, 『集成』4-237) 6.11. 對馬島 宗貞澄이 사람을 보내 土産物을 바치니, 正布·쌀·콩 등을 회사하다.(『世宗實錄』 세종12, 『集成』4-237) 6.13. 對馬島 宗貞盛이 글을 보내 억류된 妙性 등을 돌려보내 주기를 청하니, 답서하고 돌려 보내다.(『世宗實錄』 세종12, 『集成』4-237)

일본

6.23. 兵曹에서 倭寇에 대비하여 全羅道 高興鎭에 本府 守城軍을 33명으로 하여 軍官을 적당히 늘리고, 각 고을에 거주하는 新白丁 등과 閑散人 등을 뽑아 번을 나누어 성을 지키게 하자고 아뢰니, 그대로 따르다.(『世宗實錄』 세종 12, 『集成』4-238)

7.7. 刑曹에서 通信使의 通事 尹仁甫가 무역용 紬·苧布를 倭人에게 은밀히 주고 七品金 등을 사가지고 왔는데, 본국의 시장 가격에 비하여 더 주고 사왔으므로 처벌하자고 계하니, 그대로 따르되 李藝와 朴瑞生은 논하지 말라고 명하다.(『世宗實錄』 세종 12, 『集成』4-239)

7.27. 太宰小二와 小法師瓦가 면주와 미곡 등을 하사해 줄 것을 청하며 土産物을 바치니, 正布를 회사하고, 師瓦에게 쌀과 주필 등을 내리다.(『世宗實錄』 세종 12, 『集成』4-239)

8.14. 使臣 昌盛이 護身用 倭劍을 보여달라고 하다.(『世宗實錄』 세종 12, 『集成』4-240)

8.23. 判府事 崔閏德이 국경 연변과 下三道의 城堡를 수축할 것을 건의하다.(『世宗實錄』 세종 12, 『集成』4-240)

8.25. 兵曹 判書 趙啓生이 濟州에서 倭人을 잡은 사람을 論功할 필요가 없다고 아뢰니, 임금이 左·右議政과 같이 논의하여 아뢰도록 하라고 명하다.(『世宗實錄』 세종12, 『集成』4-241)/ 兵曹에서 東萊縣 사람 車元吉의 딸 小斤이 倭人에게 잡혀가 對馬島에서 거주했는데, 이제 東萊 倭館으로 도망해 元吉과 같이 살기를 청한다고 아뢰니, 이를 허락하고, 의복과 양곡을 주라고 명하다.(『世宗實錄』 세종 12, 『集成』4-242)

8.29. 禮曹에서 倭學의 진흥책으로 蒙學의 예에 따라 遞兒職을 하나 더주어 2명씩 나아가도록 권장하다./ 禮曹에서 對馬島에 사람을 보내 책을 만들 종이 倭楮를 구해오라고 전지하다.(『世宗實錄』 세종 12, 『集成』4-242)

9.1. 慶尙右道 處置使가 倭賊의 배를 추격할 경우 배에 준비한 식량의 보충이 필요하므로 각 고을 國庫의 米穀을 大·中·小의 선박에 나누어 적재하게 할 것을 청하고, 아울러 추격할 선박을 더 제작할 것을 건의하니, 그대로 따르다./ 掌令 崔文孫이 判府事 崔閏德을 忠淸道에 보내어 城堡의 기지를 시찰케 하는 것이 불가하다 아뢰다.(『世宗實錄』 세종 12, 『集成』4-243)

9.2. 執義 鄭苯등이 城堡의 시찰을 위해 崔閏德을 忠淸道에 파견하는 것의 부당함을 아뢰었으나 듣지 않다.(『世宗實錄』 세종 12, 『集成』4-244)

9.24. 宗貞盛이 土産物을 바치니 正布를 회사하고 억류된 倭人 20명을 돌려보내고, 六郎·次郎 등과 石見州의 藤觀心이 固城浦·仇羅梁 사람을 보내어 土産物을 바치니, 각각 正布와 전포를 회사하다.(『世宗實錄』 세종 12, 『集成』4-245)/ 都巡察使 崔閏德이 庇仁縣 竹寺洞과 保寧縣 古邑 池內里에 邑城을 수축할 것을 건의하다./ 兵曹에서 각처의 성을 구축할 때는 그 지형을 따라 1백 보마다 1개의 敵臺를 쌓도록 아뢰다.(『世宗實錄』 세종 12, 『集成』4-246)

9.25. 刑曹에서 상품을 무역하는 倭人을 나포하고 그 공을 받으려고 倭賊을 생포했다고 사칭하여 보고한 濟州安撫使 金洽을 律에 따라 처할 것을 청하니, 徒年은 면제하고 贖바치게 하라고 명하다.(『世宗實錄』 세종 12, 『集成』4-247)

9.27. 戶曹에 各道의 監司로 하여금 水車를 제조 설치하게 할 것을 전지하다.(『世宗實錄』 세종 12, 『集成』4-247)

10.7. 禮曹에서 각 지방에 나누어 둔 倭人 중에 이곳에 거주하기를 희망하는 자에게는 遊休地를 주어 復戶하고, 가족과 헤어져 있는 자는 그들의 희망에 따라 한 곳에 모여 살게 하자고 청하니, 그대로 따르다.(『世宗實錄』 세종 12, 『集成』4-247)

10.11. 司諫院에서 금년에 농사가 잘 안되어서 성쌓는 공사의 중지를 요청하였으나 듣지않다.(『世宗實錄』 세종 12, 『集成』4-248)

10.13. 慶尙監司가 倭人이 머무는 각포의 船軍 가운데서 나이가 적고 재치있는 사람을 뽑아서, 乃而浦·富山浦에 각 10명, 鹽浦에 6명을 선발하여 倭語를 배우게 하다./ 吏曹에서 金洽을 濟州安撫使에 임명하고, 濟州道에서의 金洽사건을 잘못조사한 少尹 朴好問과 判官 李苗을 국문토록 하다.(『世宗實錄』 세종 12, 『集成』4-249)

10.17. 開城留後司에서 본 도성의 서남쪽에 성곽을 축조하게 할 것을 아뢰니 政府와 六曹로 하여금 의논하여 보고하게 하다.(『世宗實錄』 세종 12, 『集成』4-250)

10.25. 兵曹에서 지난 己酉年에 나온 對馬島 倭人 餘時老와 餘每時羅 등이 우리나라에 거주하기를 원하므로 희망하는 곳에 정착하게 하자고 청하니, 土地·家포·종·식량을 주고 수령에게 돌보게 하라고 명하다.(『世宗實錄』 세종 12, 『集成』4-250)

10.29. 刑曹에서 司僕 少尹 朴好問이 太石鈞의 倭人을 잡은데 대한 최초보고서의 초안을 잘못 주달하여, 安撫使 金洽을 허위사건으로 꾸몄다하여 처벌하도록 건의하다.(『世宗實錄』 세종 12, 『集成』4-250)

11.2. 宗貞盛이 禮曹에 加背梁 등지에서 고기를 잡게 해 주고, 左衛門五郎을 돌려보내 주기를 요청하였으나 모두 허락하지 않았고, 六郎과 次郎이 土産物을 바치니, 각각 正布를 회사하다.(『世宗實錄』 세종 12, 『集成』4-251)

11.6. 禮曹에서 藤七과 六郎·次郎 등이 강아지를 달라고 요청한 것을 들어주지 말자고 아뢰니, 그대로 따르다.(『世宗實錄』 세종 12, 『集成』4-251)

11.15. 宗貞盛과 宗彦七이 사람을 보내 土産物을 바치며 억류당한 사람들을 돌려보내 주기를 요청하니, 正布를 회사하고 인구를 돌려보내 주다.(『世宗實錄』 세종 12, 『集成』4-252)

11.22. 兵曹에서 慶尙左道 處置使 李思儉의 공문에 의거하여 성을 쌓는 공사가 한꺼번에 시작되고 있는데 船軍을 부리고 있어 倭人들의 사변이라도 일어난다면 방어할 수 없을까 염려되니 烟戶軍으로 성을 축소하게 아뢰다./ 兵曹에 추위시 얼음이 얼었으니, 全羅道·忠淸道·慶尙道에서 성을 쌓는 군인을 모두 풀어 보내게 전지하다.(『世宗實錄』 세종 12, 『集成』4-252)

12.1. 日本石城 宗金이 사람을 보내 土産物을 바치니, 답례로 正布 등을 하사하고, 大友人·孫七 등 18명을 돌려보내다.(『世宗實錄』 세종 12, 『集成』4-253)

12.5. 前摠制 朴礎가 武科 출신 중에서 師範이 될 만한 자를 뽑아 각 營·鎭·浦에 보내어 돌아가면서 가르치게 하고, 바닷길에는 큰 배·중간 배·작은 배를 운행하며 승리하는 방법을 연습하게 하기를 上書하다.(『世宗實錄』 세종 12, 『集成』4-253)

12.23. 兵曹에서 僉節制使 이하의 官員이 사적으로 營舍를 설치하여 軍官을 데리고 육지에 올라와 있고 船軍을 시켜서 개인의 말을 보살피고 기르게 하여 폐단이 적지 않으니 三軍鎭撫를 파견하여 不時에 적발할 것을 아뢰다.(『世宗實錄』 세종 12, 『集成』4-254)

12.25. 宗貞盛이 阿馬라는 여자를 돌려주기를 청하며 특산품을 바쳤으나, 그 여자는 도망와 있는 처지였기 때문에 보내지 않고 正布만 회사하다. (『世宗實錄』 세종 12, 『集成』4-254)

연도	한국
▲ 1430	12.29. 都巡問使 崔閏德이 경상도의 延日·昆南·蛤浦와 전라도의 臨陂·務安·順天과 충청도의 庇仁·保寧 등의 성을 쌓다.(『世宗實錄』 세종12, 『集成』4-254) 윤12.8. 吏曹判書 權軫이 都巡問使 崔閏德이 副使와 수행하는 官員을 데리고 간 곳마다 지방의 접대가 번폐하니, 성을 쌓을 터가 결정되었다면 성 축조를 내년 가을로 미룰 것을 아뢰다./ 宗貞盛이 사람을 보내 土産物을 바치니, 답례로 正布를 회사하다.(『世宗實錄』 세종12, 『集成』4-255) 윤12.9. 宗貞盛이 禮曹에 서한을 보내 호피·표피·양곡을 청하고 土産物을 바치니, 쌀·콩·正布 등을 회사하다.(『世宗實錄』 세종12, 『集成』4-256) 윤12.13. 임금이 日本國 大內殿이 쌀과 표피를 요청한 것에 대해 의논하여 보고하라고 명하다.(『世宗實錄』 세종12, 『集成』4-256)
1431 ▼	【한국】 1.1. 임금이 倭人 使客 7명의 하례를 받다.(『世宗實錄』 세종13, 『集成』4-258) 1.11. 임금이 倭와 琉球에 通信을 전할 때 禮曹郎廳의 印章을 주조하여 그 등급에 따라 印章을 사용하자고 했으나, 여러 사람이 종전대로 하는 것이 온당하다고 아뢰다.(『世宗實錄』 세종13, 『集成』4-259) 1.16. 前 判羅州牧使 鄭守弘이 城堡는 倭寇가 일어남을 기다려서 막기 어려운 사태가 있은 후에 쌓아도 늦지 않을 것이라고 보고했으나, 윤허하지 않다.(『世宗實錄』 세종13, 『集成』4-259) 1.21. 倭人과 野人의 使客이 衙會 朝參때에는 東西로 나누어 세울 것을 정하다.(『世宗實錄』 세종13, 『集成』4-261) 1.26. 藤原貴久·藤原賴久·六郎·次郎이 와서 土産物을 바치니, 正布를 회사하다.(『世宗實錄』 세종13, 『集成』4-262) 2.11. 日本 國王과 宗金·宗貞盛·幹朶里千이 사람을 보내 土産物을 바치다.(『世宗實錄』 세종13, 『集成』4-262) 2.24. 日本國 使·副와 船主와 押物에게 옷·갓·신·저포·마포 등을 하사하다.(『世宗實錄』 세종13, 『集成』4-263) 2.26. 宗彦七이 보낸 사람이 와서 土産物을 바치니, 正布와 면포 등을 하사하다.(『世宗實錄』 세종13, 『集成』4-263) 2.29. 宗金과 道性 등이 廣絹와 花流木 등을 바치니, 답례로 인삼을 내려주다.(『世宗實錄』 세종13, 『集成』4-263) 3.6. 임금이 좌우의 신하들과 무례한 日本使節에 대한 답례에 대해 논의하다.(『世宗實錄』 세종13, 『集成』4-263)./ 六郎·次郎 등이 사람을 보내 土産物을 바치니, 正布를 회사하다.(『世宗實錄』 세종13, 『集成』4-264) 3.8. 임금이 倭人들이 무시로 오는 까닭에 使客이 불참하는 경우가 많으므로, 특별히 使遣하는 경우를 제외하고는 모든 작은 섬의 使客들이 班列에 참예하는 날은 다만 小駕의 의장만을 배설케 하도록 하다. 3.13. 임금이 日本國王使가 예물을 바친 후 돌아가니, 土産物을 내려주다.(『世宗實錄』 세종13, 『集成』4-265) 3.16. 日本 井大郎兵衛와 宗上總守 등 5명이 와서 土産物을 바치니, 正布를 하사하다.(『世宗實錄』 세종13, 『集成』4-265) 4.9. 刑曹에서 倭人 金亡乃가 교지로써 금지한 銅錢 등을 如豆多知에게 부쳐 그 나라에 가지고 갔으므로 돈을 몰수하고 형벌을 내리자고 청하니, 그대로 따르다.(『世宗實錄』 세종13, 『集成』4-266) 5.6. 筑前州의 宗貞澄이 사람을 보내 土産物을 바치므로 正布를 하사하다./ 對馬州의 宗貞澄이 사람을 보내 土産物을 바치다.(『世宗實錄』 세종13, 『集成』4-266) 5.11. 禮曹에서 宗貞澄이 表阿仇羅를 보내 미곡을 청하므로 그 청을 들어주자고 아뢰니, 그대로 따르다.(『世宗實錄』 세종13, 『集成』4-266) 5.16. 승문원제조 右議政 孟思誠 등이 논의하여 宗貞澄이 서계 없이 구두로 미곡을 청했으므로 50석만 주자고 아뢰니, 그대로 따르다.(『世宗實錄』 세종13, 『集成』4-267) 5.17. 知印 李克剛이 우리나라도 中國이나 倭國처럼 水車를 설치하도록 건의하다.(『世宗實錄』 세종13, 『集成』4-268) 5.20. 임금이 신하들과 日本의 左武衛의 알현과 답례품·청구품 등에 관해 논의하여, 左武衛를 알현하고 답례품과 청구품을 함께 보내되 청구품은 별폭에 기록하여 書契만 올리라고 명하다.(『世宗實錄』 세종13, 『集成』4-269) 5.21. 日本國 源義淳이 사람을 보내 彩扇·大刀 등의 물품을 바치니 上·副官人 등에게 옷·갓·신 등을 하사하고, 上官人이 絲花 한송이를 청하니, 하사하라고 명하다.(『世宗實錄』 세종13, 『集成』4-270) 5.27. 임금이 倭國과의 교역을 위해 잣새와 꿩을 준비하게 하다.(『世宗實錄』 세종13, 『集成』4-270) 5.29. 右議政 孟思誠 등이 임금에게 左武衛의 사인은 날이 개기를 기다린 후에 만나보는 것이 옳겠다고 아뢰니, 그대로 따르다. 6.2. 형을 집행하는 관리들에게 공평하고 신중한 獄事를 판결하도록 명하면서, 己酉年 倭通事 李春發의 사건을 예로 들다.(『世宗實錄』 세종13, 『集成』4-271)/ 兵曹에서 平安道와 黃海道에 배정한 焰硝의 元數가 너무 많아 제조하기가 어려우니, 留後司에서 忠淸·慶尙·全羅道에 매년 軍器監員을 정해 보내어 陸地의 깊고 먼 각 고을에 나아가서 제조하여 쓰게 하기를 아뢰다.(『世宗實錄』 세종13, 『集成』4-272) 6.3. 工曹參議 朴瑞生이 日本에 가서 보고 온 물레방아를 제조하여 시험하였더니 중국의 水車보다 우수하다고 아뢰다.(『世宗實錄』 세종13, 『集成』4-273) 6.11. 임금이 左武衛가 보낸 上·副官人을 殿上에서 인견하다.(『世宗實錄』 세종13, 『集成』4-275) 6.25. 禮曹判書 申商이 左武衛에게 회답으로 준 물건이 박한 것 같다고 아뢰니, 임금이 廣絹 1필에 면포 5필, 부채 1자루에 포자 1필로 준하여 다시 마감하여 아뢰도록 하라고 명하다./ 左武衛가 사람을 시켜 농감미·흰 오리 1쌍·큰 개 한 마리를 청하니, 주기를 명하다.(『世宗實錄』 세종13, 『集成』4-275)

일본
윤12.15. 禮曹에서 鹽浦 나와 있는 倭人 而羅三甫羅 등이 우리나라에서 살기를 원한다고 아뢰니, 임금이 근처의 각 고을에 閑田과 의복과 식량을 주어 살게 하도록 하라고 명하다.(『世宗實錄』세종 12, 『集成』4-256)
윤12.23. 임금이 經筵에 나아가서 講하다가 倭人이 매우 强惡하지만 윗사람을 섬김에 있어 절조를 위해 죽는 사람이 많다고 하다.(『世宗實錄』세종 12, 『集成』4-257)
윤12.26. 通事 金源珍이 琉球國長史 梁回의 서한을 가지고 돌아오다.(『世宗實錄』세종 12, 『集成』4-257)
윤12.27. 日本國 河州太守 源傳이 사람을 보내어 특산품을 바치니 답례로 正布를 하사하고, 非州太守 源貞이 표피를 원하며 특산품을 바치니, 正布를 내리며 억류당한 乙五郎 등 25명을 돌려보내 주라고 명하다.(『世宗實錄』세종 12, 『集成』4-258)

【일본】

6.19. 유구의 사신이 조선 세종을 알현하고 유구왕 상파지의 국서를 전달하다. 양국우호를 강조하고 교역을 요청하다.(『歷代宝案』第2冊)

7.28. 조선에서 銅錢 1000貫, 唐物등을 足利義持에게 보내다.또 키 1尺 45寸, 나이 50세 가량의 小人島 사람이 와서 足利義持를 접견하다.(『看聞御記』上)

12.-. 조선 세종이 琉球王 尙巴志의 국서를 받은 후 답서와 함께 흑세포와 백저포 등의 예물을 보내다.(『歷代宝案』第2冊)

6.27. 左武衛가 사절로 보낸 上·副官人·船主·押物에게 명주와 삼베 등을 하사하다.(『世宗實錄』세종 13, 『集成』4-276)

6.28. 임금이 左武衛가 보낸 사람이 하직을 고하니, 백세저포·흑세마포 등의 답례품과 백학·흰오리자웅 등의 청구품을 함께 보내라고 명하다.(『世宗實錄』세종 13, 『集成』4-276)

7.1. 宗貞盛이 글을 올려 억류된 鳩方 등 5명을 돌려보내 달라고 청하고 대도를 바쳤는데, 鳩方은 자원하여 살기를 원하므로 末津介六郎 등만 찾아서 돌려보내고 正布를 회사하다.(『世宗實錄』세종 13, 『集成』4-276)

7.6. 藤七이 사람을 보내 土産物을 바치니, 正布를 하사하고 억류된 孫三郎을 돌려보내다.(『世宗實錄』세종 13, 『集成』4-277)

7.16. 慶尙道 監司가 富山浦에 들어온 如仇·而老·古味而老 등이 乃而浦에 常住하는 모친을 보고자 하므로, 원하는 대로 서로 보게 해 줄 것을 청하니, 그대로 따르다.(『世宗實錄』세종 13, 『集成』4-277)

7.17. 刑曹에서 乃而浦에 사는 倭人 時羅三甫羅가 자신을 위협하는 李先을 죽인 것에 대하여 벌을 내리자고 하였으나, 허락하지 않다.(『世宗實錄』세종 13, 『集成』4-277)

7.27. 慶尙道 監司가 巨濟島 栗浦·河山島·海平 등의 경작 주민의 거주·수호방책 등에 대하여 아뢰다.(『世宗實錄』세종 13, 『集成』4-278)

7.30. 判府事 崔閏德이 倭人들은 비오고 습한 날 싸우기를 좋아하므로 지금부터 화살을 심줄로 잡아매고 칠을 해야 한다고 아뢰니, 그대로 따르다./ 초하루 朝賀때 倭人이나 野人이 반열에 따라 조하할 경우는 軒架를 갖추도록 하다.(『世宗實錄』세종 13, 『集成』4-279)

8.7. 星山府院君 李稷의 卒記에 建文 己卯年에 中秋院使로서 西北面 都軍門 察里使를 겸임하여, 겨울에 항복한 倭賊을 달래 배 6척을 모두 서울로 보냈다고 적다.(『世宗實錄』세종 13, 『集成』4-280)

8.11. 藤次郎이 글을 보내어 九州에서 전쟁이 일어나 大內殿 등 21명의 용사사 전사하고 多由殿은 화살을 맞고 달아났다고 아뢰다.(『世宗實錄』세종 13, 『集成』4-280)

9.6. 禮曹에서 琉球國의 客人이 乃而浦에 정박하였는데 國王의 使臣이면 그 예를 日本 國王의 使臣의 예에 의할 것이며, 사사로이 온 것이라면 客人의 예에 의거하기를 청하니, 그대로 따르다.(『世宗實錄』세종 13, 『集成』4-281)

9.19. 對馬島 六郎·次郎과 그 어미 妙山가 土産物을 바치므로, 삼베를 회사하다.(『世宗實錄』세종 13, 『集成』4-281)

9.25. 戶曹參議 朴坤을 下三道에 보내어 성 쌓기를 마치게 하고,각각 그 道의 監司 및 都節制使로 하여금 감독하게 하다.(『世宗實錄』세종 13, 『集成』4-281)

10.1. 禮曹에서 倭人 邊相이 金源珍에게 慶尙道 巨濟處置使를 설치한 것은 너의 꾀라고 하며 꾸짖은 것에 대해 엄격하게 고문할 것을 청하니, 그대로 따르다.(『世宗實錄』세종 13, 『集成』4-282)

10.9. 禮曹에서 琉球國 中山王이 보낸 사람을 특별히 관원을 보내 데리고 오도록 하자고 아뢰니 그대로 따르고, 예문 直提學 裵桓을 宣慰使로 임명하다.(『世宗實錄』세종 13, 『集成』4-282)

10.13. 工曹에서 慶尙道 延日縣의 군사를 옮겨 合浦와 昆南의 축성을 하도록 하다.(『世宗實錄』세종 13, 『集成』4-284)

10.15. 임금이 申商 등과 琉球國 使臣을 접대하는 예에 대해서 논의하다./ 宗茂直과 宗金 등이 사람을 보내어 土産物을 바치므로, 正布를 회사하다.(『世宗實錄』세종 13, 『集成』4-285)

10.18. 倭寇를 물리쳐 변방을 안정시킨 훈공을 이룬 죽은 都摠制 郭承祐에게 사제하다.(『世宗實錄』세종 13, 『集成』4-285)

10.28. 禮曹에서 龍安縣에 사는 高天桂는 己亥年에 對馬島를 征伐할 때 아버지를 대辛亥 구류되었다가 庚子年에 돌아왔으므로 포상할 것을 청하니, 그대로 따르다.(『世宗實錄』세종 13, 『集成』4-286)

10.30. 총제 李澄石이 乃而浦의 병선을 전의 수효보다 증가시키고 玉浦 都萬戶를 乃而浦에 옮겨 임명하여 倭賊의 침입에 대비하자고 상언하니, 임금이 각 도의 監司와 處置使에게 물은 후에 다시 의논하여 시행하도록 하라고 명하다.(『世宗實錄』세종 13, 『集成』4-286)/ 判書 安純

연도	한국
▲ 1431	이 倭水車는 논에 물을 대는데 쓰고, 吳致善이 만든 수차는 우물물을 끌어올리는데, 유용하다고 아뢰다.(『世宗實錄』 세종13, 『集成』4-287) 11.6. 琉球國王使人을 東平館에 거처하게 하고, 禮官에게 위문하도록 명하다.(『世宗實錄』 세종13, 『集成』4-287) 11.7. 琉球國의 使臣을 접견하는 문제에 대해, 黃喜 등이 조하를 받고 난 후 들어와서 西班 三品의 서열에 서서 예를 행하게 하고 그대로 불러 보도록 하라고 아뢰니, 그대로 따르다.(『世宗實錄』 세종13, 『集成』4-287) 11.8. 判府事 崔閏德이 沿海 지방에 倭寇의 침입을 대비하여 성을 쌓는다는 것을 임금에게 상언하니, 임금이 옳게 여겨 받아들이다.(『世宗實錄』 세종13, 『集成』4-288) 11.9. 琉球國王의 使臣 夏禮久와 副使 宜普結制와 船主 등이 西班 3品의 배례를 마치고, 예물로 蘇木과 白礬을 바치다.(『世宗實錄』 세종13, 『集成』4-289)/ 임금이 琉球國의 使臣을 從2品의 반열에 서게 하자고 이르자, 黃喜와 申商 등이 전대로 三品의 항렬에 서게 하자고 하니, 그대로 따르다.(『世宗實錄』 세종13, 『集成』4-290) 11.13. 琉球國王이 보낸 使臣과 副使 등에게 의복 등을 하사하다.(『世宗實錄』 세종13, 『集成』4-290) 11.14. 琉球國의 正使 夏禮久가 烏梅木·深中靑·胡椒 등을 바치고, 副使 宜普結制가 束香·靑磁盃를 바치므로, 正布를 회사하다.(『世宗實錄』 세종13, 『集成』4-290) 11.15. 임금이 琉球國王이 자문을 보낸 것에 대한 답을 자문으로 할 것인지 書契로 할 것인지에 대해, 옛날의 제도를 상고하여 아뢰도록 하라고 명하다.(『世宗實錄』 세종13, 『集成』4-291) 11.18. 임금이 倭人들에게 중국 使臣이 서울에 왔으므로 肅拜를 그만두고, 바칠 물건은 禮曹 郞廳에 전해 올리도록 하되, 九州節度使가 보낸 사람은 肅拜하도록 허가한다고 명하다./ 倭水車와 唐水車의 사용을 권장하다.(『世宗實錄』 세종13, 『集成』4-292)
1432 ▼	【한국】 1.8. 禮曹에서 日本國王과 左茂衛大內殿의 사인 이외에 諸島의 客人들의 上京路는 따로 정하여 시행하기를 청하니, 그대로 따르다.(『世宗實錄』 세종14, 『集成』4-296) 2.13. 贊成 許稠과 判書 申商이 倭人들이 염초를 굽는 것을 본다면 능히 전습해 갈 것이므로 화가 미칠 것이니, 東界와 西界에서도 염초를 구워 항上 화포를 익히게 하는 것이 좋겠다고 아뢰다.(『世宗實錄』 세종14, 『集成』4-298) 2.25. 全羅道 處置使에게 도내 白山島의 倭人을 정탐하도록 명하다.(『世宗實錄』 세종14, 『集成』4-298) 3.3. 宗貞盛·宗茂直 등이 사람을 보내어 土産物을 바치니, 正布를 회사하다.(『世宗實錄』 세종14, 『集成』4-298) 3.8. 黃喜·孟思誠 등이 倭人 邊相의 亂言사건에 대해 그를 幽僻한 곳에 안치시켜서 그 出入을 금지한 채 여생을 보전하게 하자고 아뢰다.(『世宗實錄』 세종14, 『集成』4-299) 3.10. 判府事 崔潤德·禮曹判書 申商에게 江華城의 터와 牧場의 터를 살펴보게 하다.(『世宗實錄』 세종14, 『集成』4-299) 3.17. 崔潤德과 申商이 江華에서 돌아와 전일에 골라잡은 옛 궁궐터에 下三道의 築城의 例에 의하여 도내의 각 고을로 나누어 江華邑城을 축조할 것을 아뢰다.(『世宗實錄』 세종14, 『集成』4-299) 3.22. 宗貞盛이 사람을 보내어 土産物을 바치니, 回賜品으로 正布를 내려주다.(『世宗實錄』 세종14, 『集成』4-300) 4.7. 水陸에서 국방에 종사하다가 物故한 자에게는 1년간 그의 집을 復戶하는 법을 세우게 하다.(『世宗實錄』 세종14, 『集成』4-300) 4.16. 前 光陽縣監 姜希呂가 南海島의 彌助項·鄣項·冬乙毛浦 등 병선이 정박할 곳에 방어 시설을 하지 않아서 倭變을 당할 때가 염려되므로, 赤梁의 병선을 이곳에 정박시킬 것을 上書하니, 임금이 兵曹에서 논하여 아뢰게 하다.(『世宗實錄』 세종14, 『集成』4-300) 4.17. 工曹에서 慶尙右道의 鹽干을 사면 모두 요충이라 병선을 배치하고 있어 倭寇가 침입할 우려가 없으므로 옮기자고 아뢰니, 그대로 따르다.(『世宗實錄』 세종14, 『集成』4-301) 4.20. 淸州의 倭奴 甫羅가 船軍 姜松萬을 구타하여 살해하였으므로 斬刑을 시킬 것을 아뢰다.(『世宗實錄』 세종14, 『集成』4-302) 5.4. 日本國王使 梵齡이 釜山浦에서 죽다.(『世宗實錄』 세종14, 『集成』4-302) 5.8. 對馬島의 六郞·次郞이 사람을 보내어 土産物을 바치니, 正布를 회사하다.(『世宗實錄』 세종14, 『集成』4-303) 5.15. 軍器監正 權專을 보내 梵齡에게 致祭하게 하다.(『世宗實錄』 세종14, 『集成』4-303) 5.16. 右副代言 權孟孫이 日本 國王이 새로 즉위했을 때에는 예물을 日本에서 온 使者에게 부쳐 보내는 것이 옳다고 아뢰니, 임금이 저들이 성의를 가지고 通信하니 우리도 성의로 예에 보답하는 것이 당연하다고 말하다.(『世宗實錄』 세종14, 『集成』4-303) 5.23. 日本 國王이 書信을 보내 《大藏經》 2벌을 청구하고 예물을 보내고, 石城宗金이 禮曹에 서신을 보내어 불경을 청구하며 土産物을 바치니, 正布를 회사하다.(『世宗實錄』 세종14, 『集成』4-304)/ 日本國王使의 副官人 而羅에게 옷·갓·신·명주·저포·인삼 등을 하사하고, 나머지 사람들에게도 물품을 差等있게 하사하다.(『世宗實錄』 세종14, 『集成』4-305) 6.3. 宗貞盛이 사람을 보내 土産物을 바치니, 正布를 회사하다.(『世宗實錄』 세종14, 『集成』4-305) 6.5. 임금이 신하들과 日本은 자기네끼리 나라를 다투어 완전한 임금이 없으므로, 사자를 보낼 것인지에 대해 논의하다.(『世宗實錄』 세종14, 『集成』4-305) 6.11. 임금이 日本國王使를 대우하는 예가 薄하다고 생각되니, 安崇善에게 여러 재上들과 의논하여 厚하게 대우하라고 명하다.(『世宗實錄』 세종14, 『集成』4-305)

일본

11.19. 崔閏德이 慶尙道 南海와 東萊는 倭賊이 가장 먼저 침입하는 곳이므로 성을 쌓아 대비해야 하는데, 농민들은 역사시키는 것은 옳지 못하므로 船軍으로 하여금 성을 쌓게 하자고 청하였으나, 허락하지 않다.(『世宗實錄』 세종 13, 『集成』4-293)

11.20. 宗貞盛이 서신을 보내어 藤次郎을 보내 미곡을 청하므로, 1백석을 내려주다. / 琉球國使와 副使·船主·伴人에게 의복을 하사하다.(『世宗實錄』 세종 13, 『集成』4-293)

11.23. 對馬島의 六郎·次郎 등이 와서 土産物을 바치다.(『世宗實錄』 세종 13, 『集成』4-294)

11.28. 임금이 倭客人이 바치는 물건에 대해 回贈하는 포자를 계산할 때, 우수리가 있을 경우 3, 4필은 5필로 하고 6, 7필은 5필로 감하여 계산하도록 하라고 명하다.(『世宗實錄』 세종 13, 『集成』4-294)

12.6. 琉球國王使 夏禮久·宜普結制 등이 하직을 고하니, 저포·마포·인삼 등의 土産物을 하사하다.(『世宗實錄』 세종 13, 『集成』4-294)

12.10. 濟州人 千戶 金石등 8인이 竹島 西海에서 海寇를 참획하여, 쌀 3석을 하사하다.(『世宗實錄』 세종 13, 『集成』4-295)

12.12. 禮曹에서 藤次郎 서신을 가져와 쌀과 콩을 청하므로 30석을 내려줄 것을 청하니, 임금이 그대로 따르다.(『世宗實錄』 세종 13, 『集成』4-295)

12.22. 參判 崔府가 白翎島에서 國馬를 기르게 했는데 해마다 불을 질러 소나무가 말라죽으니, 말을 놓아기르지 말게 아뢰다.(『世宗實錄』 세종 13, 『集成』4-295)

12.25. 倭水車와 唐水車를 만드는 匠人을 각도에 파견하다.(『世宗實錄』 세종 13, 『集成』4-296)

6.12. 임금이 宣慰使로 藝文直提學 裵桓을 廣州로 보내 연를 열어, 日本國王使를 위로하다.(『世宗實錄』 세종 14, 『集成』4-306)

6.13. 裵桓이 돌아와 副官人이 편지를 보내 館伴 李孟常을 바꿔주기를 청하였다고 아뢰니, 즉시 許稠과 申商 등에게 의논하여 繕工監正 安玖를 대신 임명하다.(『世宗實錄』 세종 14, 『集成』4-306)

6.14. 兵曹에서 玉浦와 乃而浦 都萬戶를 전임시키는 일을 논하던 중, 乃而浦에는 따로 품질이 높은 萬戶를 보내도록 아뢰다.(『世宗實錄』 세종 14, 『集成』4-307)

7.19. 禮曹에서 宗貞盛이 宗貞澄의 使人을 통해 進上하는 물건과 서계를 수납하지 말기를 청하였으나, 孟思誠 등이 섬 오랑캐가 예절과 의리를 알지 못하여 견줄 것이 못되므로 받는 것이 옳다고 아뢰니, 上이 이들의 의논에 따르다.(『世宗實錄』 세종 14, 『集成』4-307)

7.21. 宗貞盛이 사람을 보내 土産物을 바치니, 正布를 회사하다.(『世宗實錄』 세종 14, 『集成』4-308)

7.26. 임금이 日本國王에게 土産物을 보내고, 九州都元帥 源公에게 백세면주 등의 물품을 증정하였으며, 左茂衛 源公과 對馬州 宗貞盛 등에게 물품을 보내고 억류되어 있는 우리 인민들을 돌려보내 주도록 명하다.(『世宗實錄』 세종 14, 『集成』4-308)

8.5. 前摠制 李恪이 要害地를 골라 지켜 邊境을 튼튼하게 할 것을 上書하다.(『世宗實錄』 세종 14, 『集成』4-309)

8.9. 日本國王使 四郎 등이 하직하니, 임금이 勤政殿에 나가 四郎 등을 불러보다.(『世宗實錄』 세종 14, 『集成』4-310)

8.16. 宗貞盛과 宗貞澄 등이 사람을 보내어 土産物을 바치니, 正布를 회사하다.(『世宗實錄』 세종 14, 『集成』4-310)

8.22. 禮曹에서 돌려보내 줄 것을 청한 倭人 중 公州에서 거주하는 阿道古·彼古·時羅·伊老·時老 등이 남아서 거주하기를 원하므로 돌려보내지 말 것을 청하니, 그대로 따르다.(『世宗實錄』 세종 14, 『集成』4-310)

8.28. 禮曹에서 宗貞盛이 사찰을 다시 세우고자 하여 미곡을 요청한 것을 허락하지 말자고 아뢰니, 그대로 따르다.(『世宗實錄』 세종 14, 『集成』4-310)

9.1. 宗貞盛이 土産物을 바치니 正布를 회사하다. / 刑曹에서 倭奴 甫羅가 船軍 姜松萬을 죽였으니, 형률에 의거하여 참형에 처할 것을 아뢰다.(『世宗實錄』 세종 14, 『集成』4-311)

9.9. 都巡察使 鄭欽之를 全羅道에 보내어 大窟水營을 옮겨 배치할 장소를 살펴보게 하다.(『世宗實錄』 세종 14, 『集成』4-311)

9.21. 對馬島의 宗貞直이 土産物을 바치니 正布를 회사하고, 특별히 米豆를 내려주다.(『世宗實錄』 세종 14, 『集成』4-312)

9.26. 井太郎兵衛에게 옷·갓·신을 내려주다.(『世宗實錄』 세종 14, 『集成』4-312)

10.10. 權軫이 각도의 城을 쌓는 데 人丁를 내게 하되 백성들 괴롭게 여기니 그 수효를 감할 것을 아뢰다.(『世宗實錄』 세종 14, 『集成』4-312)

10.20. 임금이 약재를 和賣하는 일은 우리나라 소산으로도 족하나, 唐藥이 드물고 귀하니 唐藥을 和賣하여 백성을 구제하고, 禮曹 判書 申商에게 倭人들이 가져오는 沈香은 갑절을 준다 해도 가하니, 禮曹에서 논하여 아뢰노록 하라고 명하다. / 全羅道 都巡察使 鄭欽之가 水營을 木浦로 옮길 것을 아뢰니, 그대로 쫓았다.(『世宗實錄』 세종 14, 『集成』4-313)

11.1. 宗貞盛이 사람을 보내 土産物을 바치니, 正布를 회사하다.(『世宗實錄』 세종 14, 『集成』4-314)

11.4. 吏曹判書 許稠가 向化人으로서 관직을 받은 자에게 科田을 주는 것은 법에 어긋난다고 아뢰자, 임금이 向化人으로 本朝의 관직을 받은 것은 類士가 된 것이니 科田을 줌이 옳다고 하다.(『世宗實錄』 세종 14, 『集成』4-314)

11.6. 六郎·次郎이 土産物을 바치니, 正布를 회사하다.(『世宗實錄』 세종 14, 『集成』4-314)

11.28. 禮曹 判書 申商이 大內殿의 使人은 成數를 쓰고, 宗貞盛과 같은 類는 전례에 의해 零數를 쓰자고 청하니, 임금이 다시 의논하여 아뢰도록 하라고 명하다.(『世宗實錄』 세종 14, 『集成』4-314)

12.3. 日本國 源融剛이 土産物을 바치니, 正布를 회사하다.(『世宗實錄』 세종 14, 『集成』4-315)

12.11. 石見州의 藤觀心이 土産物을 바치니, 正布를 회사하다.(『世宗實錄』 세종 14, 『集成』4-315)

연도	한국
▲ 1432	12.18. 吏曹參判 金益精이 소나무는 戰艦을 만드는 재목인데, 斫伐하는 것을 금하고 막는 것이 解弛하여져서, 소나무가 거의 없어졌다고 아뢰다.(『世宗實錄』 세종14, 『集成』4-315)/ 知中樞院事 이천이 船隻을 견고하게 만드는 방법을 陳言하니, 임금이 卿與 尹得洪을 提調로 삼아 치밀하고 견고하게 만들도록 하다.(『世宗實錄』 세종14, 『集成』4-316)
1433	【한국】 1.1. 임금이 왕세자 및 군신을 거느리고 望闕禮를 행하고 勤政殿에 나아가 왕세자와 신하들의 賀禮를 받을 때, 倭人도 참예하다./ 임금이 勤政殿에 나아가서 처음으로 雅樂을 사용하여 會禮宴을 의식에 따라 베풀었는데, 이때부터 軒架 雅樂 및 舞童의 技藝를 쓰고, 女樂을 쓰지 않으며, 이웃나라 使客의 연회에도 여악을 쓰지 아니하였다고 하다.(『世宗實錄』 세종15, 『集成』4-317) 1.13. 兵曹에서 慶尙道 昆南·新城의 敵臺가 앞면은 넓고 좌우는 좁아서 守禦하기에 적당치 못하니, 앞면은 15척, 좌우는 20척으로 정하고, 1백 50보마다 敵臺를 설치하면 功力이 적게 들고 막을 수 있다고 아뢰다.(『世宗實錄』 세종15, 『集成』4-317) 1.15. 禮曹에서 본국의 銅錢을 倭商에게 파는 자는 처참하고, 알고도 고하지 않는 자도 죄를 같이하며, 규찰하지 못한 해당 관리는 장 1백대에 처하고, 잡아서 고하는 자는 면포를 줄 것을 청하니, 그대로 따르다.(『世宗實錄』 세종15, 『集成』4-318) 1.16. 禮曹에서 倭人이 소식을 알리기 위해 오면, 다른 例에 의하여 料를 주고 바다를 건널 양식을 주자고 아뢰니, 그대로 따르다.(『世宗實錄』 세종15, 『集成』4-318) 1.18. 戶曹判書 安純이 돈이 점점 적어지는 것을 한스러워하니, 임금이 돈을 倭人에게 파는 자가 있다고 하며, 논의하게 하다.(『世宗實錄』 세종15, 『集成』4-319) 1.19. 임금이 太宗이 對馬島를 토벌하여 적에게 두려움을 심어주었다고 하니, 崔閏德이 對馬島의 일은 백 년 동안의 준비였다고 아뢰다.(『世宗實錄』 세종15, 『集成』4-319) 1.21. 對馬島 宗彦七이 土産物을 바치다.(『世宗實錄』 세종15, 『集成』4-321) 2.6. 새로 撰定한 原廟樂章에 高麗의 운수가 끝나려 할때 백성들이 殃禍에 걸렸는데, 동·서로 쳐서 사방을 편케하고, 倭寇도 달아났다는 내용이 실려있다.(『世宗實錄』 세종15, 『集成』4-321) 2.11. 禮曹에서 客使를 연회할 때 쓰는 男樂의 芙蓉冠과 綠雲冠에 대해 아뢰다.(『世宗實錄』 세종15, 『集成』4-322) 2.15. 刑曹判書 鄭欽之가 己亥年 對馬島의 征役에 太宗이 성심으로 결단해 군사를 일으켜 죄를 토벌하므로, 倭人들이 위엄을 두려워 하고 은혜를 생각해 신하로 복종하여 백성들이 그 은혜를 받았다고 아뢰다.(『世宗實錄』 세종15, 『集成』4-322) 2.21. 임금이 예전에 對馬島를 정벌했을 때 太宗께서 출정하는 장병들에게 활과 화살을 하사하셨다고 말하다.(『世宗實錄』 세종15, 『集成』4-323) 2.28. 對馬州 太守 宗貞盛이 加背梁·仇羅梁·豆毛浦 등지에서 흥판하기를 청하였으나, 임금이 富山·乃而浦·鹽浦 등 세 곳에서 장사하기를 허락했으므로 이를 거절하다.(『世宗實錄』 세종15, 『集成』4-323) 3.1. 對馬州의 六郎 次郎이 土産物을 바치다.(『世宗實錄』 세종15, 『集成』4-324) 3.19. 對馬島 宗大膳이 사람을 보내 土産物을 바치다.(『世宗實錄』 세종15, 『集成』4-324) 3.27. 禮曹參議 尹粹가 對馬州 太守 宗貞盛에게 回禮使 李藝의 배가 해적에게 약탈 당했으니, 호송하도록 致書하다.(『世宗實錄』 세종15, 『集成』4-325) 4.8. 朴瑞生이 日本에 使臣으로 갔다가 돌아와서 水車의 이익을 역설하니, 임금이 그 이해에 따라 스스로 도는 水車만 설치하도록 명하다.(『世宗實錄』 세종15, 『集成』4-325) 5.11. 己亥年에 對馬島를 정벌하고 온 都統使 柳廷顯 등이 돌아올적에 代言 柳穎에게 명하여 맞이하라고 이르고, 사로잡은 사람은 본토로 돌려보내도록 하라고 명하다.(『世宗實錄』 세종15, 『集成』4-326) 5.28. 各道에 陳法을 훈련시키려고 하는데 南道는 倭國과 가까워 倭人이 듣고 의심할 것이니 兵曹로 하여금 계획을 세워서 올리게 하다.(『世宗實錄』 세종15, 『集成』4-327) 6.7. 日本回禮副使 金久冏이 六郎·次郎의 使送편에 上言하기를 4월 13일에 海賊船의 침입을 받았는데 大內·大友 등 여러 사람의 호송으로 5월 24일 對馬島로 돌아왔다고 아뢰다.(『世宗實錄』 세종15, 『集成』4-327) 6.14. 黃喜 등이 全羅道 珍島는 倭人이 오는 첫 지면이라 방어하는 일을 갖추어야 하므로 수령을 두어 변경을 굳게 하자고 아뢰니, 그대로 따르다.(『世宗實錄』 세종15, 『集成』4-328) 6.16. 對馬島 上總守 宗茂直이 사람을 보내어 土産物을 바치고 梵鐘과 圖書를 구하였으나, 圖書·燒酒·正布만 하사하다.(『世宗實錄』 세종15, 『集成』4-328) 6.19. 對馬州 太守 宗貞盛이 사람을 보내어 土産物을 바치니 禮曹로 하여금 회답하게 하고, 겸하여 본도의 배 한척이 본국의 배 한척을 도둑질하고 사람을 죽였으므로, 그 죄를 밝히고 즉시 회보하라고 명하다.(『世宗實錄』 세종15, 『集成』4-328) 6.21. 宗金이 사람을 보내 土産物을 바치다.(『世宗實錄』 세종15, 『集成』4-329) 6.27. 前 副司直 朴自興이 全羅道 寶城任內의 豊安·道化 등의 縣에 병선을 두어 倭寇의 침입을 방지하고 백성으로 하여금 거주하게 하자고 아뢰니, 그대로 따르다.(『世宗實錄』 세종15, 『集成』4-329) 6.29. 禮曹判書 申商이 倭國이 우리나라와 가까이 있으므로 서로 交通해야 바닷가에 근심이 없을 것이라고 아뢰다.(『世宗實錄』 세종15, 『集成』4-330) 7.19. 琉球國의 船匠이 모형배를 올리므로, 司水色에 내려보내다.(『世宗實錄』 세종15, 『集成』4-330) 7.21. 對馬州의 六郎·次郎이 사람을 보내 土産物을 바치다.(『世宗實錄』 세종15, 『集成』4-330)

일본

12.20. 吏曹에서 다시 司水色을 설치하여 전문적으로 戰艦을 관장하게 하고, 소나무를 培養하고 船隻을 修造하는 따위의 일을 검찰하게 할 것을 아뢰다.(『世宗實錄』 세종 14, 『集成』4-316)

【일본】

1.26. 12월에 조선사신이 일본 조정에 도착하다.(『如是院年代記』)/ 조선사신이 左大臣殿에 도착했는데, 말을 탄자가 20여명이다. 이를 구경하는 사람이 길가에 가득하다.(『薩戒記』)

2.-. 조선사신이 일본에 오다.(『南方紀傳』下)

7.22. 임금이 倭人들의 왕래가 전과 같지 않은 이유를 묻자, 申商이 九州 지방에 난리가 나서 내왕이 드물다고 아뢰다./ 六郞·次郞이 琉球國의 배짓는 기술자를 보내겠다고 아뢰니, 쌀과 콩 50석을 내리다.(『世宗實錄』 세종 15, 『集成』4-331)

7.27. 日本에 回禮副使로 갔던 金久冏이 복명하니, 임금이 약과 먹을 것을 내려주다.(『世宗實錄』 세종 15, 『集成』4-331)

8.1. 임금이 禮曹에 日本에 가는 使臣이 돌아올 때는 반드시 일·월식의 있고 없음을 考證하게 하라고 전지하다.(『世宗實錄』 세종 15, 『集成』4-332)

8.6. 對馬州의 上摠守 宗茂直이 사람을 보내어 우리 回禮使의 호송을 말하며, 梵鐘과 도망간 노비를 보내주기를 청하였으나, 백저포·명주·호피·인삼만을 하사하다.(『世宗實錄』 세종 15, 『集成』4-332)

8.15. 兵曹에서 생계가 곤란한 倭國 사람을 구휼하고, 나이 늙은 자는 병역을 감면하자고 청하니, 그대로 따르다.(『世宗實錄』 세종 15, 『集成』4-333)

8.16. 宗貞盛이 사람을 보내 土産物을 바치다.(『世宗實錄』 세종 15, 『集成』4-333)

8.17. 임금이 日本에 갔던 回禮使 李藝와 副使 金久冏 및 從事官과 格軍 등에게 상을 내리고 위로하라고 명하다.(『世宗實錄』 세종 15, 『集成』4-333)

윤8.4. 全羅道 都安撫處置使 王麟이 文繼元 등이 西餘鼠島에서 왜선을 추격하여 물리쳤다고 아뢰니, 임금이 繼元에게 옷을 하사하고 李師孟에게 명하여 그 공적을 차례로 아뢰도록 하라고 명하다. /兵曹에서 병기 제작에 쓰일 수 있는 철재를 倭人에게 방매하는 자는 엄중히 처단하자고 아뢰니, 그대로 따르다.(『世宗實錄』 세종 15, 『集成』4-334)

윤8.9. 全羅道 水軍處置使가 西餘鼠島에서 倭賊이 金石伊의 일행을 도둑질하고 그 중 3명을 죽였다고 보고하다.(『世宗實錄』 세종 15, 『集成』4-335)

윤8.14. 임금이 議政府와 여러 조에 명하여, 珍島에 倭寇의 침략을 막기 위해서 수령관을 둘 것인지에 대해 논의하게 하다.(『世宗實錄』 세종 15, 『集成』4-335)

윤8.18. 임금이 琉球國人 船匠 吾甫也古 등을 장가들게 하다.(『世宗實錄』 세종 15, 『集成』4-336)

윤8.27. 濟州道 安撫使 金綱이 鎭撫 朴元意 등과 舟子島 근처에서 왜선을 물리쳤는데, 그 중 14명이 형세가 불리하여 항복하였다고 아뢰니, 임금이 사변을 신문한 뒤에 다 죽여도 가할 것이라고 이르다./ 兵曹에서 濟州에서 나포한 倭寇들을 신문한 후 濟州 사람의 소원대로 크게 징벌하자고 청하니, 임금이 그대로 따르되 미약한 자는 죽이지 말라고 명하다.(『世宗實錄』 세종 15, 『集成』4-336)

윤8.29. 명 太祖 황제때 琉球國 宰相의 자제를 보내어 入學하게 하다.(『世宗實錄』 세종 15, 『集成』4-338)

9.8. 尹處恭으로 하여금 安撫使 金綱에게 그의 倭賊 잡은 군공을 등급 매기게 하고, 倭寇의 사변을 신문해 가지고 오게 하다.(『世宗實錄』 세종 15, 『集成』4-338)

9.17. 知申事 安崇善 隣國客人이 예궐할 때에 防牌세우는 것을 없앨 것과 儀仗세우는 곳에 대해 아뢰다.(『世宗實錄』 세종 15, 『集成』4-339)

9.24. 兵曹에서 中國使臣과 隣國使臣이 詣闕할 때에, 化化門에 防牌軍을 폐지하고, 문지기 군사에게는 유색 갑옷을 입게 하여 궁문의 위엄을 갖추도록 건의하다.(『世宗實錄』 세종 15, 『集成』4-339)

10.6. 回禮使 李藝가 日本에 갔다가 돌아와 日本國王에게 倭寇에게 빼앗긴 물건을 기록하여 아뢰니, 國王이 수색하여 수송하라고 명하였으나 도둑들은 체포하지 못하고 進上 方物과 船軍들의 雜物만을 보내왔다고 아뢰다.(『世宗實錄』 세종 15, 『集成』4-339)

10.15. 都承旨 安崇善이 宮門差備軍士가 常時로 갑옷을 착용하지 않기 때문에, 使臣이나 倭人·野人 능이 내궐에 나아가면 신후 사례를 잃고 있으니 상시로 갑옷을 착용할 것을 아뢰다.(『世宗實錄』 세종 15, 『集成』4-340)

10.22. 對馬州의 宗貞盛·六郞·次郞 등이 回禮使를 호송하여 오니, 각각 쌀과 콩을 하사하다.(『世宗實錄』 세종 15, 『集成』4-340)

11.5. 宗金의 아들 家茂가 사람을 보내 土産物을 바치다.(『世宗實錄』 세종 15, 『集成』4-340)

11.6. 倭國의 宗茂直이 사람을 보내 土産物을 바치다.(『世宗實錄』 세종 15, 『集成』4-341)

11.23. 對馬州 太守 宗貞盛이 사람을 보내 土産物을 바치고 加袂波우와 都時羅를 돌려주기를 청하였으나, 加袂波우는 호적에 붙이지 않았고 都時羅는 그대로 살기를 원하므로, 허락하지 않다.(『世宗實錄』 세종 15, 『集成』4-341)

12.27. 禮曹에서 肥前州 太守 源義의 使者를 외국 사자들이 머무는 객관에 들게 하고 서울에서 접대하자고 청하니, 그대로 따르다.(『世宗實錄』 세종 15, 『集成』4-341)

연도	한국
1434 ▼	【한국】

【한국】

1.1. 임금이 望闕禮를 행하고 왕세자와 군신들의 賀禮를 받을 때, 倭人도 이에 참예하고 土産物을 바치다.(『世宗實錄』 세종16, 『集成』4-342)

1.4. 禮曹에서 鹽浦에 상주하는 굶주리는 倭人들에게 환자 양곡을 적당히 나누어 줄 것을 청하니, 그대로 따르다.(『世宗實錄』 세종16, 『集成』4-342)

1.11. 임금이 勤政澱에 나아가 조회를 받을 때 倭人 宗貞盛이 보낸 使者 3명도 반열을 따라 예를 행하다.(『世宗實錄』 세종16, 『集成』4-342)

1.12. 日本에 使臣으로 갔다고 돌아온 直藝文館 金久冏이 면주 등의 잡물을 강탈당한 것을 늦게 보고하니, 義禁府에 가두고 국문도록 하라고 명하다.(『世宗實錄』 세종16, 『集成』4-343)

1.16. 倭人이 와서 土産物을 바치다.(『世宗實錄』 세종16, 『集成』4-343)

1.22. 禮曹에서 日本 博多에 사는 倭人 道性은 평소 통신하지 않았으며 땅을 가지고 있는 사람이 아니므로 그의 진상과 서계를 받아들이지 말자고 아뢰니, 그대로 따르다./ 禮曹에서 宗貞盛이 그의 朝鮮人 노비 田奉金衆 돌려보내 달라는 글을 보냈으나 허락하지 말자고 아뢰니, 그대로 따르다.(『世宗實錄』 세종16, 『集成』4-343)

1.25. 慶尙道 監司가 倭人 兵衛四郎이 본국인 朴夫存의 처 都道溫을 인솔하여 왔다고 보고하니, 임금이 이들을 구호하라고 명하다.(『世宗實錄』 세종16, 『集成』4-344)

1.28. 禮曹에서 지난 壬寅年에 牙山縣監 印原誓가 蔓平에 이르러 倭賊과 싸울 때 상황이 위급해지자 아전 全哲이 縣監과 옷을 바꾸어 입고 나갔음을 아뢰다.(『世宗實錄』 세종16, 『集成』4-344)

1.30. 濟州 鮮慰別監 尹處恭이 濟州에서 倭人을 포착한 각인의 공로를 등급대로 계달하다.(『世宗實錄』 세종16, 『集成』4-345)

2.2. 對馬州 太守 宗貞盛과 上總守 宗茂直이 사람을 보내 土産物을 바치다.(『世宗實錄』 세종16, 『集成』4-346)

2.24. 前 刑曹判書 柳龍生은 다섯 차례 倭賊을 포획하여 공을 바치다.(『世宗實錄』 세종16, 『集成』4-346)

2.25. 倭의 생도들이 모두 지방에 주거하여 식량을 휴대하기가 어려우므로 倭學 각 15명에게 매일 한 끼씩을 공급하여 이들을 권장 면려하게 하자고 청하니, 그대로 따르다.(『世宗實錄』 세종16, 『集成』4-346)

2.26. 上總守 宗茂直의 使人이 와서 土産物을 바치다.(『世宗實錄』 세종16, 『集成』4-347)

3.1. 右議政 崔閏德이 陽德에 있는 平道全이 곤궁 막심하므로 용서해주기를 청하였으나, 허락하지 않다. 對馬島 倭人 彦四郎·宗四郎 등이 그의 처자와 친족 등 42명을 인솔하고 와서 朝鮮에 영주하기를 청하다.(『世宗實錄』 세종16, 『集成』4-347)

3.2. 對馬島의 倭人 六郎·次郎이 사람을 보내 土産物을 바치다.(『世宗實錄』 세종16, 『集成』4-348)

3.5. 禮曹에서 倭人 宗彦次郎과 宗貞盛이 보낸 馬豆甫 등을 접대하다./ 對馬州 太守 宗貞盛이 禮曹에 글을 올려 大藏經을 청구하였으나, 허락하지 않다.(『世宗實錄』 세종16, 『集成』4-348)

3.6. 宗貞盛이 사람을 보내 土産物을 바치다.(『世宗實錄』 세종16, 『集成』4-349)

3.7. 宗貞盛이 마필을 청하였으나 허락하지 않고, 對馬州의 倭人이 기아로 인해 도망해 오니 막지 않는 대신 그 회답의 글을 마련하여 계달하도록 하라고 명하다.(『世宗實錄』 세종16, 『集成』4-349)

3.9. 對馬州의 倭人 宗彦七이 사람을 보내어 미곡의 하사를 치하하고 土産物을 바치다.(『世宗實錄』 세종16, 『集成』4-351)

3.16. 임금이 兵曹에 각 해에 도망해 온 倭人들의 생계와 빈부의 실태를 上細히 고찰하여 계달하라고 전지하다.(『世宗實錄』 세종16, 『集成』4-351)

3.18. 喜雨亭이 거등하여 새로 제조한 戰艦과 琉球國 사람이 제조한 戰艦의 속도를 비교하다.(『世宗實錄』 세종16, 『集成』4-352)

3.20. 임금이 琉球國 선장과 그의 아내에게 月料를 주도록 하라고 명하다./ 倭人의 鑞鐵을 사적인 매입은 금하고 모두 공적 무역만을 하게 하니 지대의 폐단이, 생겨 공사를 막론하고 이를 매매할 수 있도록 하게 하라고 명하다.(『世宗實錄』 세종16, 『集成』4-352)

3.22. 各道의 軍容城子巡審使를 兵曹 堂上과 都鎭撫로 선임하고 平安道는 매년 10월부터 이듬해 2월까지, 나머지 各道는 10월에 나누어 보내어 방어에 관한 일까지도 점검하게 하며 이를 恒式으로 삼게 하다./ 禮曹와 承文院提調에서 對馬州에서 도망온 사람의 처리 문제는 때에 따라 적당히 응답하고, 宗貞盛이 말을 청구한 것은 우선 면주와 호피만을 부쳐 보내도록 하자고 아뢰니, 그대로 따르다.(『世宗實錄』 세종16, 『集成』4-353)

3.25. 임금이 對馬島 被虜 本國女性 仇之에게 의복·식량 등을 갖추어 지급하라고 명하다./ 禮曹에서 倭人 三末三甫羅가 被虜 本國人 尹元萬을 인솔하고 왔으므로 賞布를 급여하자고 청하니, 그대로 따르다.(『世宗實錄』 세종16, 『集成』4-354)

3.29. 對馬州 太守 宗貞盛이 사람을 보내 소주와 미곡의 하사를 치사하며 土産物을 바치다.(『世宗實錄』 세종16, 『集成』4-354)

3.30. 禮曹에서 倭客이 가지고 온 銅·鑞鐵의 매매에 대해서 논의하다./ 對馬州 上總守 宗茂直이 사람을 보내 土産物을 바치다.(『世宗實錄』 세종16, 『集成』4-355)

4.1. 對馬州 太守 宗貞盛 및 六郎·次郎·宗茂直 등이 사람을 보내 土産物을 바치다./ 對馬州 太守 宗貞盛이 사자를 보내 공적인 청과 사적인 청을 구분하여 圖書를 찍겠다는 것을 아뢰다.(『世宗實錄』 세종16, 『集成』4-356)

4.2. 承文院提調에서 慶尙道 富山浦에 살고 있는 굶주리는 倭人 15호에게 호구를 계산하여 10일에 한 차례씩 구제하자고 청하니, 그대로 따르다.(『世宗實錄』 세종16, 『集成』4-356)

4.4. 對馬州에 사는 倭人 六郎·次郎이 주림으로 양식을 청하니, 쌀과 콩 20석을 내려주다.(『世宗實錄』 세종16, 『集成』4-357)

일본
4.7. 倭人 六郎·次郎이 사람을 보내 土産物을 바치다.(『世宗實錄』 세종 16, 『集成』4-357)
4.11. 禮曹에서 귀화하여 侍衛하는 倭人이 살 집을 관에 속한 家舍와 빈 家舍로서 주되, 만일 없다면 가구 수에 따라 2간 또는 3간을 繕工監으로 하여금 修粘하게 하여 주고 이를 恒式으로 삼자고 청하니, 그대로 따르다.(『世宗實錄』 세종 16, 『集成』4-357)
4.12. 倭人 宗彦七이 圖書를 청했으나, 형인 宗貞盛에게 이미 圖書를 주었기 때문에 허락하지 않다.(『世宗實錄』 세종 16, 『集成』4-358)
4.21. 工曹參議 張友良이 倭賊에 대비하여 慶尙道 지방의 船軍들에게 오로지 守禦에만 전력하게 하자고 아뢰니, 그대로 따르다.(『世宗實錄』 세종 16, 『集成』4-358)
4.22. 對馬島 越中守 宗資茂의 使人이 닥나무 뿌리를 바치니, 임금이 다음부터는 種子를 가져오도록 하라고 이르고, 進上의 예에 답하도록 하라고 명하다./ 承文院에서 지난 癸丑年에 回禮使로 간 李藝에게 배를 빌려준 倭人 道性子·井大郎·伊也二郎 등에게 면주와 미두 등을 하사하자고 청하니, 그대로 따르다.(『世宗實錄』 세종 16, 『集成』4-360)
4.25. 倭人 宗彦次郎이 사람을 시켜 쌀을 청구하였으나, 書契가 없었으므로 이를 거절하다.(『世宗實錄』 세종 16, 『集成』4-361)
5.2. 對馬州의 宗勘解由가 사람을 보내 土産物을 바치고자 하였으나 본래 通信하던 사람이 아니고 토지도 없었으므로, 받아들이지 않고 그냥 돌려보내다.(『世宗實錄』 세종 16, 『集成』4-361)
5.7. 琉球國 船匠 吾甫也古에게 賻儀로 관·종이·쌀을 내려주고 掩壙奠을 행하도록 하다.(『世宗實錄』 세종 16, 『集成』4-361)
5.11. 임금이 李藝의 탄핵문제를 논의하게 하다.(『世宗實錄』 세종 16, 『集成』4-361)
5.15. 兵曹에서 나누어 배치한 倭人들이 모두 安業하고 있다고는 하나 각 고을의 수령이 完恤하는 일이 잘 되지 못한 바가 있으므로, 各道 監司로 하여금 순행할 때 자세히 살피고 더욱 完恤을 더하게 하자고 아뢰니, 그대로 따르다.(『世宗實錄』 세종 16, 『集成』4-361)
5.26. 對馬州 太守 宗貞盛·越中守·宗資茂가 보낸 使人이 와서 土産物을 바치다.(『世宗實錄』 세종 16, 『集成』4-362)
5.29. 右議政 崔閏德이 지난 丙申年에 倭賊에게 義昌 등 7고을을 함락당했던 것은 견고한 성이 없었기 때문이라고 아뢰다.(『世宗實錄』 세종 16, 『集成』4-363)
6.1. 임금이 남방은 섬나라 倭人과 이웃하고 있어서 방어가 매우 긴요한 곳이나, 倭寇가 빈복하기 때문에 방어를 약간 늦추었다고 이르다.(『世宗實錄』 세종16, 『集成』4-364)
6.7. 晉陽大君 이유·安平大君 李瑢·臨瀛大君 李璆·都承旨 安崇善 등에게 藏義門 밖에 가서 自激水車를 보게 하다.(『世宗實錄』세종 16, 『集成』4-364)
6.8. 義禁府에서 日本 回禮副使로서 부정한 直藝文館 金久冏에게 처벌을 내리자고 청하니, 속장 1백에 처하라고 명하다.(『世宗實錄』 세종 16, 『集成』4-365)
6.11. 倭人 宗茂直이 사람을 보내 土産物을 바치다.(『世宗實錄』 세종 16, 『集成』4-365)
6.16. 倭人 藤好久·源朝臣胤 등이 사람을 보내 土産物을 바치다.(『世宗實錄』 세종 16, 『集成』4-365)
6.19. 倭人 源義가 사람을 보내 土産物을 바치다./ 仁壽府少尹 李吉培가 남해안의 섬들은 倭賊이 오는 길목이 되는 요해지이므로 都萬戶를 差定하고, 병선을 더 설치하는 등 방어를 굳건히 하자고 청하니, 兵曹에 내려 마련하여 아뢰도록 하라고 명하다.(『世宗實錄』 세종 16, 『集成』4-366)
6.22. 一岐守 源朝臣胤이 禮曹에 글을 올려 쌀을 청하였으나, 쌀을 내리는 일은 除하고 진상에 대한 회례만 하다.(『世宗實錄』 세종 16, 『集成』4-367)
6.23. 藤好九에게 正布를 회사하다.(『世宗實錄』 세종 16, 『集成』4-368)
6.24. 許稠 등이 倭館이 東館과 西館으로 나누어져 있어 倭人들이 서로 왕래하며 무역을 하기 때문에 그 폐단이 크므로, 東·西館을 한관으로 만들고 무역을 금하게 하자고 청하니, 그대로 따르다.(『世宗實錄』 세종 16, 『集成』4-368)
7.11. 倭人 藤原賴久가 사람을 시켜 土産物을 바치다./ 임금이 倭人이 바치는 물건의 품질이 좋고 나쁨을 논하지 말고 모두 바치게 하고, 다만 그 물품의 고하에 따라서 회답하는 물건의 많고 적음을 정하도록 하라고 명하다.(『世宗實錄』 세종 16, 『集成』4-369)
7.13. 임금이 忠淸·全羅·慶尙道의 성곽 관리를 刑曹判書 鄭欽之, 咸吉道의 성곽은 戶曹參判 沈道源, 平安道의 성곽은 戶曹參判 朴坤으로 맡게 하다.(『世宗實錄』 세종 16, 『集成』4-369)
7.25. 都承旨 安崇善이 書雲觀 전 監候 鄭習이 효행이 있고, 그 어미는 倭賊에게 죽임을 당하여 열녀의 열에 실려 있다고 아뢰니, 임금이 鄭習에게 벼슬을 제수하여 그 절의를 표창하라고 명하다.(『世宗實錄』 세종 16, 『集成』4-370)
7.27. 右議政 崔閏德 등이 南海의 섬에 쌓은 성에 홀로 지키는 관리를 두지 않아 倭賊에게 변을 당할 수 있으므로, 수령을 두는 것의 적당한 여부를 순행하여 살피게 하자고 청하니, 그대로 따르다.(『世宗實錄』 세종 16, 『集成』4-370)
8.1. 兵曹에서 忠淸·全羅·慶尙道의 各年에 시작해 쌓는 城의 마치지 못한 것을 금년 안으로, 남해에 쌓는 성은 船軍을 부리어 계속히여 쌓고, 金海의 邑城도 今年에 시작하여 쌓게 하기를 아뢰다.(『世宗實錄』 세종 16, 『集成』4-371)
8.3. 慶尙道 東萊縣과 京畿 江華에서 재배하는 倭椒의 작황을 보고하게 하다.(『世宗實錄』 세종 16, 『集成』4-371)
8.5. 黃喜가 乃而浦 縣城을 쌓아 倭賊의 변이 있을 때 백성들로 하여금 옮겨 들어와서 피난하게 하자고 아뢰니, 그대로 따르다./ 임금이 己亥年 對馬島 정벌 때에 전공이 있어 資憲에 오른 李順蒙에게 禁酒令을 어긴 죄로 벼슬을 파면하다.(『世宗實錄』 세종 16, 『集成』4-372)
8.18. 都承旨 安崇善이 임금에게 己亥年 東征의 싸움에는 비록 우리군사가 불리하였지만, 倭賊이 두려워하고 굴복하여 지금까지 변경에 근심이 없다고 아뢰다./義禁府에서 私奴 每邑, 金莫同, 金難大, 禿同 등을 倭人과 몰래 통하여 白銀을 放賣한 죄로 참형에 처하다.(『世宗實錄』 세종 16, 『集成』4-374)
8.23. 임금이 慶尙·全羅·忠淸道 등에 일이 없을 때 급히 성을 쌓아서 후환을 방비케 하다.(『世宗實錄』 세종 16, 『集成』4-375)
8.28. 刑曹判書 鄭欽之를 忠淸·全羅·慶尙道에, 漢城府尹 朴坤을 江原道에 보내어, 州·郡 각 고을을 순행하여 성 쌓을 터를 정하게 하다.(『世

연도	한국
▲ 1434	宗實錄』세종16,『集成』4-375) 8.30. 司憲府에서 各道에 水災와 旱災, 凶年 등이 있으니 8도에 대신을 보내어 軍容을 점검하는 것을 중지할 것을 아뢰다.(『世宗實錄』세종16,『集成』4-375) 9.8. 唐焰硝를 通州 以東에서 몰래 무역하여 오게 하다.(『世宗實錄』세종16,『集成』4-376) 9.9. 全羅道 處置使 徐沈이 前隊副 尹得莘을 보내 倭寇를 쳐서 잡았다고 아뢰니, 沈과 得莘에게 옷을 하사하고 군인들에게 음식을 제공하다. / 중국에 倭賊을 잡는데 쓰는 火㷁과 火藥物을 만드는 재료를 무역해 줄 것을 청하다.(『世宗實錄』세종16,『集成』4-377) 9.11. 領議政 黃喜 등이 焰硝는 소중한 물건이니 주청하여 매수함이 마땅하고, 呈文을 禮部에 올리는 것은 불가하다고 아뢰다.(『世宗實錄』세종16,『集成』4-378) 9.22. 議政府·六曹에게 喜雨亭에 가서 戰艦을 살펴보고 빠르고 둔한 것을 분별하게 하다.(『世宗實錄』세종16,『集成』4-378) 9.23. 임금이 兵曹에 명하여 각 포의 戰艦은 琉球國 船匠이 만든 月字船을 견양으로 삼아 만들라고 명하다.(『世宗實錄』세종16,『集成』4-378)
1435	【한국】 1.1. 倭人이 와서 土産物을 바치다. / 임금이 會禮宴을 베풀 때 倭人이 참예하다.(『世宗實錄』세종17,『集成』4-382) 1.14. 對馬島 宗彦七이 井大郎 등 5명을 보내 土産物을 바치고, 圖書를 내려 준 것에 대해 치사하다.(『世宗實錄』세종17,『集成』4-382) 1.15. 禮曹에서 李間의 양자가 되어 성을 李氏로 가칭한 向化 倭人 馬三甫老의 아들 李根에게 과거응시를 허락하자고 청하니, 그대로 따르다.(『世宗實錄』세종17,『集成』4-382) 1.29. 禮曹參判 許誠이 乃而浦에 머무르는 倭人은 국가에 아무런 공로가 없으므로 물품의 하사는 없게 하자고 했으나 임금이 우선 조금 주게 하라고 명하다.(『世宗實錄』세종17,『集成』4-383) 2.6. 宗貞盛이 源左衛門을 보내 土産物을 바치고 大般若經을 청하니, 禮曹로 하여금 내려주도록 하라고 명하다.(『世宗實錄』세종17,『集成』4-383) 2.7. 宗貞盛이 보내온 源左衛門과 宗彦七이 보내온 井大郎兵衛가 미곡의 지급을 청하니, 이를 허락하다.(『世宗實錄』세종17,『集成』4-384) 2.10. 隣國의 使客과 연회할 때, 判書가 有故하면, 他曹의 判書로 대신하여 壓宴케 하다.(『世宗實錄』세종17,『集成』4-384) 2.12. 倭人 六郎次郎이 사람을 보내 土産物을 바치다.(『世宗實錄』세종17,『集成』4-385) 2.28. 藤次郎의 아들 都時羅와 野人의 指揮 李洪所老 등 4명이 와서 토산물을 바치다.(『世宗實錄』세종17,『集成』4-385) 3.6. 勤政殿에서 조회를 받으니 倭人과 野人이 참예하다.(『世宗實錄』세종17,『集成』4-385) 3.10. 藤次郎에게 의복·갓·목화 등을 하사하다.(『世宗實錄』세종17,『集成』4-386) 3.12. 兵曹에서 慶尙右道와 全羅左道는 倭寇의 초입지로 그 방어가 가장 긴요한 지역이므로, 양도의 각 포의 역을 면제하여 사변에 대비하게 하자고 아뢰니, 그대로 따르다.(『世宗實錄』세종17,『集成』4-386) 4.6. 日本 九州志佐殿 源茂子千代若이 사람을 보내 土産物을 바치며 糧米를 청하였으나, 이를 거절하고 回奉하는 물건만 내리다.(『世宗實錄』세종17,『集成』4-386) 4.12. 右議政으로 치사한 權軫의 졸기에 倭賊의 침략을 받은 義昌縣의 현령이 되어 오래된 폐단을 없애고 궁핍한 사람을 진휼하였다고 적다.(『世宗實錄』세종17,『集成』4-387) 4.16. 源代若이 보낸 사람과 野人 千戶 金巨波 등 세사람이 와서 토산물을 바치다.(『世宗實錄』세종17,『集成』4-388) 5.12. 宗彦七이 사람을 보내 土産物을 바치고 己亥년에 구류된 사람을 돌려 보내주기를 청하였으나, 모두 명부에 기록하지 않아 찾을 길이 없다고 회답하다.(『世宗實錄』세종17,『集成』4-388) 5.26. 宗彦七이 사람을 보내 土産物을 바치다.(『世宗實錄』세종17,『集成』4-388) 6.8. 禮曹와 議政府에서 慶尙道 乃而浦 등처에 와서 居接하고 있는 倭人들의 수가 많아 변을 낼 수 있으므로, 편의에 따라 들여 보낼 방책을 그 도의 감사와 處置使로 하여금 의논해서 시행하자고 아뢰다.(『世宗實錄』세종17,『集成』4-390) 6.28. 兵曹에서 濟州에서 倭寇를 잡아 공이 있는 사람에게 상을 내리자고 청하니, 그대로 따르다.(『世宗實錄』세종17,『集成』4-391) 7.8. 兵曹에서 慶尙道에서 商業하는 倭人들 중 사사로이 병기를 갖춘 사람들은 병기를 회수하고 즉시 돌려 보내자고 계하니, 그대로 따르다.(『世宗實錄』세종17,『集成』4-391) 7.13. 宗茂直이 보낸 寶云禪과 六郎次郎이 土産物을 바치며 양곡을 내려주기를 청하니, 이를 허락하다.(『世宗實錄』세종17,『集成』4-391) 7.20. 慶尙道監司가 아뢰기를 乃而浦에 와서 商業하는 倭人이 사사로이 병기를 가지고 있고, 또 그 수효가 너무 많아 변고를 낼까 의심스러우므로 본토로 돌려보내자고 아뢰니, 임금이 議政府와 각 조에 의논하게 하라고 명하다.(『世宗實錄』세종17,『集成』4-392)
1436 ▼	【한국】 1.1. 임금이 望闕禮를 행하고 왕세자와 신하들로부터 하례를 받을 때 倭人들도 참예하다.(『世宗實錄』세종18,『集成』4-402) 2.4. 宗貞盛이 사람을 시켜 土産物을 바치다. / 吏曹에서 倭賊으로 인하여 땅을 잃었던 珍城縣을 丹城으로 고쳐 일컫게 하자고

일본

9.26. 琉球國 船匠 三甫羅에게 쌀과 콩을 하사하고, 戶曹로 하여금 달마다 三甫羅와 그의 아내에게 料를 주도록 명하다.(『世宗實錄』세종 16,『集成』4-379)

10.5. 京畿監司에게 명하여 鐵原에 안치한 倭人 한 사람마다 쌀 1석 씩을 주게 하다.(『世宗實錄』세종 16,『集成』4-379)

10.7. 全羅道 선위별감 卜孝文이 와서 復命하고 三峰島에서 倭人을 잡은 군사의 공로 등급을 올리고, 處置使 徐沈이 고깃배를 왜선이라고 꾸며 보고하였으므로 법률에 의하여 죄를 줄 것을 아뢰니, 그대로 따르다.(『世宗實錄』세종 16,『集成』4-379)

10.15. 兵曹에서 濟州 按撫使의 呈啓에 의거하여, 濟州·旌義·大靜 등 고을에 防禦所用인 玄字鐵翎皮 翎箭·黃字鎭翎皮 翎箭·金鏃·走火 등물을 주기를 청하다. / 兵曹에서 忠清道 處置使의 牒文에 의거하여 左都萬戶, 波知島萬戶, 高欒島萬戶는 항상 배 위에서 방어를 예비하고, 舒川浦·大津·唐津浦萬戶·千戶는 賊變을 기다려 바다에 내려가 助戰하여 방어하게 할 것을 아뢰다.(『世宗實錄』세종 16,『集成』4-380)

11.6. 宗貞盛이 사람을 보내 土產物을 바치다.(『世宗實錄』세종 16,『集成』4-381)

11.26. 宗貞盛이 사람을 보내 土產物을 바치다.(『世宗實錄』세종 16,『集成』4-381)

12.6. 商倭 宗金이 와서 土產物을 바치다.(『世宗實錄』세종 16,『集成』4-381)

12.26. 宗貞盛과 李滿住의 사인이 와서 土產物을 바치다.(『世宗實錄』세종 16,『集成』4-381)

7.28. 宗貞盛이 古河 등 8명을 보내고, 宗茂直이 看頭沙 등 7명을 보내 土產物을 바치다.(『世宗實錄』세종 17,『集成』4-393)

8.6. 宗彦七이 藤金 등 9명과 죽은 藤七의 아들 藤九郎 등 4명을 보내 土產物을 바치다.(『世宗實錄』세종 17,『集成』4-393)

8.9. 六郎次郎 등 7명이 와서 土產物을 바치다.(『世宗實錄』세종 17,『集成』4-393)

8.10. 對馬島에서 도망온 倭人 蔓都老 등 26명을 서로 소식을 듣지 못하도록 全羅道에 나누어 배치하다.(『世宗實錄』세종 17,『集成』4-393)

8.16. 日本國 肥州太守 源義가 金原珍 등 8명을 보내 土產物을 바치고 별채하기를 청하였으나, 이를 거절하다. / 詳定所에서 의논하여 변경을 방비하는 要害의 城은 거의 이미 쌓았으니, 지금부터는 마땅히 각 고을로 하여금 각자가 本邑의 성을 쌓도록 하자고 아뢰니 그대로 따르다.(『世宗實錄』세종 17,『集成』4-394)

8.25. 각 고을에 성을 쌓을 때 節制使로 하여금 감독하도록 하고, 監司로 하여금 규찰하도록 하게 하다.(『世宗實錄』세종 17,『集成』4-395)

8.29. 兵曹에서 熊神縣은 倭寇가 쳐들어 오는 초면이므로 각 포의 선군을 내어다 성을 쌓도록 하자고 아뢰니, 그대로 따르다.(『世宗實錄』세종 17,『集成』4-395)

9.2. 日本의 源親重이 使臣으로 延照 등 11명을 보내고, 宗貞盛이 使臣으로 阿而羅 등 2명을 보내서 土產物을 바치다.(『世宗實錄』세종 17,『集成』4-396)

9.6. 李貴齡이 임금에게 옛날에는 倭寇가 쳐들어 와 한강에 이르렀으나, 지금은 사방의 국경이 편안하다고 아뢰다.(『世宗實錄』세종 17,『集成』4-396)

9.7. 兵曹判書 崔士康이 연변에 각 고을에 성 쌓는 일은 미리 공문을 보낸 후에 하자고 아뢰니 그대로 따르다.(『世宗實錄』세종 17,『集成』4-396)

9.8. 日本國 薩摩州의 藤源爲久가 사람을 보내 土產物을 바치다.(『世宗實錄』세종 17,『集成』4-397)

9.9. 宗貞盛이 古河를 보내 양식을 주기를 청하고, 商業 때문에 귀국의 경내에 가 있는 본도의 백성이 돌아오지 않으므로 무역을 해서 돌려보내 주기를 청하니, 이를 허락하며 쌀 등을 하사하다.(『世宗實錄』세종 17,『集成』4-397)

9.12. 宗貞盛이 사람을 보내 土產物을 바치다.(『世宗實錄』세종 17,『集成』4-398)

9.16. 對馬의 宗茂直·宗金 등이 사람을 보내 土產物을 바치다.(『世宗實錄』세종 17,『集成』4-398)

10.17. 禮曹에서 倭人들이 加背梁 근처에서 무역하는 것을 금하고 開雲浦 등처에서 왕래하며 고기 잡는 것만 허가하자고 아뢰니, 그대로 따르다.(『世宗實錄』세종 17,『集成』4-399)

10.21. 同知中樞院事 偰循의 卒記에 向化倭人 平元海의 아들 平順이 뜸을 잘못 떠서 죽었다고 적다.(『世宗實錄』세종 17,『集成』4-399)

10.24. 宗貞盛이 사람을 보내 土產物을 바치다.(『世宗實錄』세종 17,『集成』4-399) / 禮曹參議 黃致身이 對馬州守護 宗貞盛에게 서신을 보내어, 對馬州 사람들이 三峰島에서 사람을 죽인 것에 대해 그 죄를 다스리고 회보하기를 요청하다. / 禮曹에서 琉球國 船匠 吾夫沙豆가 金原珍을 따라 돌아가 妻子를 보고 오겠다고 하므로 그 소원을 들어주고 縣紬와 돗자리 등을 내려 주자고 청하니, 그대로 따르다.(『世宗實錄』세종 17,『集成』4-400)

10.26. 宗茂直이 사람을 보내 土產物을 바치고 三甫羅의 아들 石金을 侍衛하도록 청하였으나, 이를 거절하다.(『世宗實錄』세종 17,『集成』4-401)

11.4. 禮曹에서 宗貞盛이 使臣으로 보낸 押物阿彌羅가 죽었으므로 관청에서 葬事와 致奠을 다스리게 하자고 아뢰니, 그대로 따르다.(『世宗實錄』세종 17,『集成』4-401)

11.12. 向化受職人은 본국의 일을 알지 못하므로, 관직을 받은 후 3년까지는 순회하면서 줄근하여 上直하는 것을 세하고, 八衙日과 朝賀에만 參朝케하다.(『世宗實錄』세종 17,『集成』4-401)

11.24. 임금이 望闕禮를 행하고 왕세자와 신하들의 하례를 받을 때 倭人들도 반열에 따라 서다.(『世宗實錄』세종 17,『集成』4-401)

12.11. 宗貞盛이 사람을 보내 土產物을 바치다.(『世宗實錄』세종 17,『集成』4-402)

12.13. 戶曹에서 乃而浦에 항시 거주하는 倭人이 묵은 땅을 새로 개간하는 것을 금지하지 말고 다른 예에 의거하여 세를 징수하게 하자고 아뢰니, 그대로 따르다.(『世宗實錄』세종 17,『集成』4-402)

12.22. 宗貞盛이 阿末·甘末 등 5명을 보내 土產物을 바치다.(『世宗實錄』세종 17,『集成』4-402)

　 아뢰니, 그대로 따르다.(『世宗實錄』세종 18,『集成』4-403)

2.9. 宗貞盛과 藤好久가 사람을 보내 土產物을 바치다.(『世宗實錄』세종 18,『集成』4-403)

2.25. 藤次郎의 아들 藤時羅에게 의복과 갓·신을 하사하다.(『世宗實錄』세종 18,『集成』4-403)

연도	한국
▲ 1436 	2.26. 對馬州의 宗貞盛이 馬多三甫羅 등 6명을 보내 土産物을 바치다.(『世宗實錄』 세종18, 『集成』4-404) 3.1. 日本 筑州의 宗金의 아들 宗家茂가 사람을 시켜 土産物을 바치다.(『世宗實錄』 세종18, 『集成』4-404) 3.19. 議政府 太守 宗貞盛이 사람을 보내 全羅道에서 사람을 죽인 大郎 등의 머리를 베고, 인민을 도둑질 한 彦五郎 등을 잡아 보낸다고 치서하니 宗貞盛에게 의복·갓·신등을 하사하다.(『世宗實錄』 세종18, 『集成』4-404) 3.29. 宗貞盛이 禮曹에 서신하여 乃而浦에 거주하는 倭人들을 돌려보내고, 그대로 거주하기를 청하는 사람은 백성으로 삼아 거주하게 하기를 청하니, 이를 허락하다.(『世宗實錄』 세종18, 『集成』4-405) 4.2. 崔閏德이 국방을 정비할 것을 아뢰다.(『世宗實錄』 세종18, 『集成』4-405) 4.9. 勤政殿에 나아가 策問의 제목으로 野人과 倭人문제를 내다.(『世宗實錄』 세종18, 『集成』4-406) 4.21. 宗貞盛이 보낸 等麟 등 3인과 宗彦次郎이 보낸 加知老 등 2인이 土産物을 바치다.(『世宗實錄』 세종18, 『集成』4-406) 5.6. 宗貞盛의 使人 兵衛四郎 등 3인 와서 土産物을 바치다.(『世宗實錄』 세종18, 『集成』4-407) 5.14. 對馬島 太守 宗貞盛이 보낸 妙吾弟 등 5인과 六郎·次郎이 보낸 永琳 등 2인이 와서 土産物을 바치다.(『世宗實錄』 세종18, 『集成』4-407) 5.24. 慶尙監司가 倭人 太郎左衛門 등 15인이 蔚山 波連巖 등처에서 잡혔다고 보고하자, 임금이 즉시 돌려보내라고 명하다.(『世宗實錄』 세종18, 『集成』4-407) 5.29. 兵曹에서 부지런한 사람 4인을 뽑아서 別監으로 삼아 각 고을의 성 쌓는 일을 맡아보게 하자고 아뢰니, 그대로 따르다.(『世宗實錄』 세종18, 『集成』4-407) 6.11. 宗貞盛이 보낸 左衛門三郎 등 3인과 源胤이 보낸 梵悅 등 8명과 藤九郎 등이 와서 土産物을 바치다.(『世宗實錄』 세종18, 『集成』4-408) 6.16. 議政府 太守 宗貞盛이 보낸 早田 등 5인이 와서 土産物을 바치다.(『世宗實錄』 세종18, 『集成』4-408) 6.28. 對馬島의 都萬戶 六郎次郎 등 11명이 와서 土産物을 바치므로 쌀과 콩 등을 하사하다.(『世宗實錄』 세종18, 『集成』4-408) 윤6.2. 宗彦七이 九郎左衛門등 6명을 시켜 土産物을 바치므로 쌀과 콩을 하사하다.(『世宗實錄』 세종18, 『集成』4-408) 윤6.4. 宗茂直이 善永 등 7명을 보내어 土産物을 바다.(『世宗實錄』 세종18, 『集成』4-409) 윤6.15. 대마주 伊奈郡主와 越中守 宗資茂가 사람을 보내 土産物을 바치고 풍랑에 표류한 倭人 大郎左衛門의 송환을 청하다.(『世宗實錄』 세종18, 『集成』4-409) 윤6.18. 對馬島의 오랑캐들이 邊地를 침범하여 포학을 잔행하자 임금이 크게 노하여 大擧 東征을 명하사 그 죄를 치고 戰艦으로 다스려서 邊備를 엄중하게 하다.(『世宗實錄』 세종18, 『集成』4-409) 윤6.19. 江原道 監司 柳季聞이 武陵島에 인민을 모집하여 채우고, 萬戶와 守令을 두자고 아뢰었으나 윤허하지 않다.(『世宗實錄』 세종18, 『集成』4-412)
1437 ▼	【한국】 1.1. 왕세자 및 종친과 여러 신하를 거느리고 望闕禮를 행하고, 倭人과 野人이 와서 土産物을 바치고 班列에 따라 예를 행하다.(『世宗實錄』 세종19, 『集成』4-421) 1.3. 宗貞盛이 사람을 보내어 土産物을 바치다.(『世宗實錄』 세종19, 『集成』4-421) 1.5. 蔚山을 都護府로 승격시키고 李思儉을 慶尙左道 都節制使 兼判蔚山府使로 삼다.(『世宗實錄』 세종19, 『集成』4-421) 1.6. 宗貞盛과 宗彦七이 각각 土産物을 바치고 양식을 청하니 내려주고, 宗彦七에게 앞으로는 太守 宗貞盛의 文引을 받아 가지고 와야만 예로써 접견하는 것을 허락하겠다고 하다./ 各浦의 방어의 긴급함을 이유로 慶尙左道와 全羅右道의 진상과 공물을 감하게 하다.(『世宗實錄』 세종19, 『集成』4-422) 1.7. 上이 慶州判官 金斯中을 불러 금년에는 飢饉이 너무 심하므로 흉년을 구제하는 것에 힘쓰라고 말하다.(『世宗實錄』 세종19, 『集成』4-422) 1.9. 하직하는 知海珍郡事 梁瓊에게 日本사람들이 國亂으로 인하여 對馬島로 도망하여 사는 자가 많아 그 조짐이 두려우니, 미리 조치하여 변방의 근심이 없게 하라고 하다.(『世宗實錄』 세종19, 『集成』4-423) 1.17. 宗貞盛이 四郎·次郎 등 6인을 보내어 土産物을 바치다.(『世宗實錄』 세종19, 『集成』4-423) 1.19. 하직하는 濟州安撫使 韓承舜에게 倭人의 선박이 정박하는 要害處의 조건과 수군의 많고 적음을 조사하여 배치하도록 하다.(『世宗實錄』 세종19, 『集成』4-423) 1.23. 李山斗는 예전에 倭人의 器皿을 사들인 죄가 있었지만, 용서하여 知甲山郡事에 제수한 적이 있는 자인데, 皇甫仁의 계책에 따라 李山斗를 知梁山郡事로 삼다.(『世宗實錄』 세종19, 『集成』4-423) 1.30. 對馬島의 흉년, 병란 등의 근심으로 굶주린 倭人들이 漕運船을 약탈할 수 있으니, 慶尙道·全羅道 監司에게 兵備를 엄히 하도록 하다.(『世宗實錄』 세종19, 『集成』4-424) 2.1. 宗貞盛·石見州 藤觀心이 사람을 보내 土産物을 바치다.(『世宗實錄』 세종19, 『集成』4-425) 2.6. 宗貞盛과 一岐州 藤九郎이 사람을 보내 土産物을 바치다.(『世宗實錄』 세종19, 『集成』4-425) 2.8. 茂陵島에 매년 사람을 보내 섬 안을 탐색하거나, 土産物을 채취하고, 목장을 만들어 倭人들이 점거하지 못하도록 하기 위해, 필요한 인원과 배, 바람, 파도 등을 조사하게 하다.(『世宗實錄』 세종19, 『集成』4-425)

일본

윤6.20. 禮曹에서 對馬太守 宗貞盛에게 글을 보내어 본국에서 잡혀간 文成奇를 돌려보내도록 하다.(『世宗實錄』 세종 18, 『集成』4-413)

윤6.26. 乃而浦에 거류하는 倭人들이 本島의 倭人들과 은밀히 상통하고 있다는 보고에 따라, 宗貞盛으로 하여금 모든 섬의 倭人들의 이름을 기록하여 보내게 하다.(『世宗實錄』 세종 18, 『集成』4-413)

7.8. 源親重이 보낸 正持 등 3인과 源指直이 보낸 連淨등 5인과 野人 등이 와서 土産物을 바치다.(『世宗實錄』 세종 18, 『集成』4-414)

7.9. 平安道 監司와 都節制使에게 麟山·隨川의 두 고을이 野人과 倭賊의 침입이 염려된다는 의견에 따라 烟臺와 작은 石堡의 축조를 신중히 논하도록 하다.(『世宗實錄』 세종 18, 『集成』4-414)

7.16. 倭人 藤熙久가 左衛門吳郎 등 7인을 보내 土産物을 바치다.(『世宗實錄』 세종 18, 『集成』4-415)

7.18. 野人들이 해마다 침구하니 金宗瑞등이 이에 대한 대책으로 간첩을 활용하기를 청하였으나, 參贊 河演이 옛날에 倭賊이 마구 날뛸 때에 物貨를 주고, 왕래하게 하여 다스린 일을 아뢰니 간첩 보내는 일을 신중히 하도록 하다.(『世宗實錄』 세종 18, 『集成』4-415)

7.23. 倭人과 野人들이 국경에 이르러 慝考할 일이 있으면 지체없이 공문을 보내도록 하다.(『世宗實錄』 세종 18, 『集成』4-416)

8.11. 日本國 薩州寅眞 肥州太守 藏久家가 사신을 보내 土産物을 바치다.(『世宗實錄』 세종 18, 『集成』4-416)

8.24. 宗貞盛의 使臣 衛門大郎 등 7인이 와서 土産物을 바치다.(『世宗實錄』 세종 18, 『集成』4-416)

9.6. 全羅道 處置使 柳漢이 倭船을 잡아 적의 머리 2급을 바치다.(『世宗實錄』 세종 18, 『集成』4-416)

9.13. 倭賊을 잡은 全羅道 處置使 柳漢에게 工曹佐郎 崔庵을 보내어 선위하고 의복 한 벌을 내리다.(『世宗實錄』 세종 18, 『集成』4-417)

9.25. 宗貞盛이 사람을 보내어 土産物 바치다.(『世宗實錄』 세종 18, 『集成』4-417)

11.8. 對馬島에서 해마다 흉년이 들어 도적질을 할까 염려되니, 慶尙道에 거주하는 甲士·別侍衛·內禁衛·侍衛牌 중에서 侍丁으로 고향에 있는 사람은 모두 抄錄하게 하여, 적변이 있으면 이를 거느리고 대응하게 하다.(『世宗實錄』 세종 18, 『集成』4-417)

11.22. 倭人들이 왕래하고 모이는 乃而浦에 文才와 武才를 겸비한 자를 뽑아 差定하여 右道 都萬戶라 하고, 그 전의 右都萬戶는 玉浦萬戶라고 부르게 하다.(『世宗實錄』 세종 18, 『集成』4-417)

11.26. 一岐州의 九郎四郎 등 5인과 野人 先主 등 4인이 土産物을 바치다.(『世宗實錄』 세종 18, 『集成』4-418)

12.16. 宗貞盛이 次郎左衛門등 2인을 보내 土産物을 바치다.(『世宗實錄』 세종 18, 『集成』4-418)

12.22. 倭通事 尹仁甫·尹仁紹등이 가뭄으로 인한 흉년 구제책으로 日本人들이 칡뿌리와 고사리 뿌리를 먹는다고 아뢰니, 慶尙道·全羅道·忠淸道에 보내어 그 방법을 가르치게 하다./ 日本國의 大內殿과 小二殿이 서로 전쟁을 일으켜 남방의 정세가 불안하니, 倭人의 침략에 대비하여 남쪽의 방어를 강화하도록 하다.(『世宗實錄』 세종 18, 『集成』4-418)

12.26. 宗貞盛이 左衛門四郎 등 16인을 보내 土産物을 바치다.(『世宗實錄』 세종 18, 『集成』4-420)

12.29. 宗貞盛이 보낸 等麟 등 4인과 宗彦七이 보낸 三郎 등 3인과 野人 등이 土産物을 바치다.(『世宗實錄』 세종18, 『集成』4-421)

2.10. 對馬島에서 도망해 온 倭人 남녀 6인을 돌려보내다.(『世宗實錄』 세종 19, 『集成』4-426)

2.11. 宗貞盛이 蘇溫沙島에서 나무를 베어 배를 만들기를 청하였으나 허락하지 않다.(『世宗實錄』 세종 19, 『集成』4-426)

2.15. 宗貞盛이 土産物을 바치고 大般若經을 청구하였으나, 들어주지 않고 베 다섯 필을 주다.(『世宗實錄』 세종 19, 『集成』4-426)

2.17. 宗貞盛이 四郎·次郎 등 6인을 보내 土産物 바치다.(『世宗實錄』 세종 19, 『集成』4-427)

2.19. 각도의 極邊 初面에 봉화를 세우다.(『世宗實錄』 세종 19, 『集成』4-427)

2.21. 宗貞盛이 桂樹 등 4인을 보내 土産物을 바치다.(『世宗實錄』 세종 19, 『集成』4-427)

2.22. 慶尙道 金海의 熊神縣을 熊神鎭으로 승격시키고, 金海府使가 僉節制使를 겸하게 하여 熊神에서 가까운 乃而浦의 商倭들을 감독하게 하다.(『世宗實錄』 세종 19, 『集成』4-427)

2.24. 護軍 吳致善에게 自激水車를 近郊에 설치하여 시험하게 하다.(『世宗實錄』 세종 19, 『集成』4-428)

2.30. 岐佐志殿과 議政府 宗茂直이 사람을 보내 土産物을 바치다./ 宗貞盛이 妙法蓮花 등의 佛經을 청하여 이를 주고, 倭人 여자 한 명을 돌려보내다.(『世宗實錄』 세종 19, 『集成』4-428)

3.1. 慶尙道에 정박한 굶주린 倭人들을 구휼하게 하고, 굶주린 倭人의 배가 끊이지 않으므로 漕船에 대한 대책을 세우다.(『世宗實錄』 세종 19, 『集成』4-428)

3.2. 宗彦七과 盛國이 立石 등 네 사람을 보내어 土産物을 바치다.(『世宗實錄』 세종 19, 『集成』4-429)

3.3. 宗貞盛이 對馬島에서 도망한 馬三郎 등 26명을 쇄환해 줄 것을 청하였으나, 申槩 등의 의논에 따라 돌려보내지 아니하다.(『世宗實錄』 세종 19, 『集成』4-429)

3.6. 倭人들이 우리나라 군인들의 片箭 쏘는 모습을 보고 배울 염려가 있다고 하여 各浦의 군인으로 하여금 倭人과 함께 있는 곳에서 편전을 익히지 못하도록 하다.(『世宗實錄』 세종 19, 『集成』4-429)

3.11. 宗貞盛이 사람을 보내어 土産物을 바치다.(『世宗實錄』 세종 19, 『集成』4-430)

3.12. 宗茂直이 사람을 보내어 土産物을 바치다.(『世宗實錄』 세종 19, 『集成』4-430)

3.13. 金海府使 林仁山이 연로를 이유로 사면하기를 청하니 유임하도록 하고, 都鎭撫가 熊神을 진수하되 都節制使와 鎭僉節制使가 수시로 점검하게 하다.(『世宗實錄』 세종 19, 『集成』4-431)

3.16. 宗貞盛이 近次郎 등 18인을 보내고, 六郎次郎이 又次郎 등 2인을 보내 土産物을 바치다.(『世宗實錄』 세종 19, 『集成』4-431)

연도	한국
▲ 1437	3.21. 宗貞盛·宗彦次郎·盛世 등이 사람을 보내어 土産物을 바치다.(『世宗實錄』 세종19, 『集成』4-431) 3.23. 倭人에게 잡혔다가 도망해 온 鄭馬兒 등을 遼東으로 보내다.(『世宗實錄』 세종19, 『集成』4-431) 3.26. 宗貞盛이 彦四郎등 6인을 보내 土産物을 바치다.(『世宗實錄』 세종19, 『集成』4-432) 4.1. 勤政殿에 나가 조회를 받으니, 倭人들이 班列에 따르다.(『世宗實錄』 세종19, 『集成』4-432) 4.3. 宗彦次郎이 사람을 보내 양식을 청하니, 쌀과 콩 등 모두 20석을 하사하다.(『世宗實錄』 세종19, 『集成』4-432) 4.20. 全羅道 珍島에 萬戶를 겸하는 관리를 두게 하다.(『世宗實錄』 세종19, 『集成』4-432) 4.21. 宗貞盛이 사람을 보내 土産物을 바치다./ 남회·조민을 무릉도순심경차관으로 삼았다.(『世宗實錄』 세종19, 『集成』4-432) 4.28. 日本이 大藏經板을 청하는 이유가 우리나라가 불교를 숭상하지 않아 經板을 가벼이 여긴다고 생각하기 때문이라고 하여, 大藏經板이 있는 고을의 수령으로 하여금 직접 관리하도록 하다.(『世宗實錄』 세종19, 『集成』4-433) 5.6. 宗貞盛이 又六亇多 등 11인을 보내고, 源持直이 營規 등 8인을 보내어 土産物을 바치다.(『世宗實錄』 세종19, 『集成』4-433) 5.11. 宗貞盛이 衛門五郎을, 宗茂直이 兵衛虎릌를, 六郎次郎이 三早田 등을 보내 土産物을 바치다.(『世宗實錄』 세종19, 『集成』4-433) 5.16. 宗貞盛이 보낸 二郎·三郎 등 5인과 藤次郎의 아들 乙四郎 등이 와서 土産物을 바치다.(『世宗實錄』 세종19, 『集成』4-434) 6.1. 宗貞盛이 三郎左衛門을 보내어 土産物을 바치다.(『世宗實錄』 세종19, 『集成』4-434) 6.2. 忠淸道 巡問使 安純이 船軍의 漁梁 使役을 중지할 것을 건의하였으나 허락하지 않다.(『世宗實錄』 세종19, 『集成』4-434) 6.23. 토지가 기름지고 성이 튼튼한 南海島에 倭賊의 변이 있으면 구원할 수 없으니, 縣을 설치하고 武略이 있는 자를 임명하여 倭賊을 방어하게 하다.(『世宗實錄』 세종19, 『集成』4-434) 7.2. 平安道 都節制使의 본영을 江界府로 옮기는 것을 논의하는데, 獻議하는 자가 江界에 본영을 옮기면 宣川 등의 방어가 허술해 질 수 있으나, 倭寇들을 水軍節制使가 족히 방비할 수 있다고 말하다. 7.4. 慶尙道 金海 熊神縣에 무용과 지략이 있는 자를 萬戶나 千戶로 임명하여 군사 일을 전임시키고 府使는 민정을 담당하도록 하다.(『世宗實錄』 세종19, 『集成』4-435) 7.6. 通津縣의 船軍 宋勿金이 상선 3척을 거느리고 어느 섬에 정박하였다가, 倭寇를 만나 서로 싸워 적 3급을 베니 적의 배가 뒤집혀 적들이 모두 죽었다고 全羅道 監司가 아뢰다.(『世宗實錄』 세종19, 『集成』4-436) 7.11. 慶尙右道 都萬戶로 병자년에 전사한 李春秀의 아들이 병으로 죽으니 嫡孫 李末生 등에게 벼슬을 주다.(『世宗實錄』 세종19, 『集成』4-437) 7.19. 戶曹와 禮曹의 관리들이 倭人이 바친 石硫黃의 값을 잘못 주었다하여 더 준 포목을 골고루 倍徵하도록 하니, 崔萬里가 상소하여 포목을 징수하지 말도록 건의하다.(『世宗實錄』 세종19, 『集成』4-437) 7.20. 金元珍이 琉球에 가서 본국 사람 金龍德 등 6인을 되찾아 돌아오니, 면주 2필과 마포 4필을 상으로 내리다.(『世宗實錄』 세종19, 『集成』4-438)
1438 ▼	【한국】 1.1. 倭人 怒隣과 三郎兵衛 등 90여인이 각각 土産物을 바치다./ 왜인들은 勤政殿 남쪽의 行廊에서 供饋하다.(『世宗實錄』 세종20, 『集成』5-1) 1.7. 倭人들이 식량을 많이 받기 위해 데려오는 뱃사공의 수를 속이는 등의 계책을 부린다는 議政府의 보고에 따라, 倭館에 출입하는 倭人의 수효를 철저히 헤아려 남의 이름으로 食料를 받아가는 폐단을 막도록 하다.(『世宗實錄』 세종20, 『集成』5-1) 1.13. 議政府의 청에 따라 乃而浦에 정박한 倭船의 어업 날짜를 정하는 문제를 監司와 都節制使에게 논의하도록 하다.(『世宗實錄』 세종20, 『集成』5-2) 1.16. 日本 肥州 佐志源이 보낸 皮古·時老 등 두 사람이 土産物을 바치다.(『世宗實錄』 세종20, 『集成』5-3) 1.19. 倭人들이 친족과 친구를 방문할 때 주는 술과 과실을 가지고 사람들을 접대하면서 금단하는 물품을 매매하니, 부자·형제 이외에는 만나지 못하게 하고 방문한다 하더라도 公館에 酒果를 주어 만나도록 하다.(『世宗實錄』 세종20, 『集成』5-3) 1.26. 倭人 藤觀心이 栢花尙 등 5인을 사신으로 보내고, 宗貞盛이 삼랑·좌위문 등 20인을 사신으로 보내 土産物을 바치다.(『世宗實錄』 세종20, 『集成』5-3) 1.28. 向化人에게는 良夫에게 시집가서 낳은 여자를 주도록 하는 것을 항식으로 삼도록 하다.(『世宗實錄』 세종20, 『集成』5-4) 2.1. 宗貞盛이 사람을 보내 土産物을 바치다.(『世宗實錄』 세종20, 『集成』5-4) 2.2. 禮曹에서 議政府 太守 宗貞盛에게 사신으로 오는 배에 일정한 수효가 없어 煩弊스러우니, 中船에는 20명, 小船에는 15명을 정원으로 하여, 가지고 오는 편지에 정확히 기록하도록 치서하다.(『世宗實錄』 세종20, 『集成』5-5) 2.15. 宗貞盛이 보낸 船隻을 乃而浦·鹽浦·富山浦 등 세 곳에 정박하도록 다시 通諭하고, 乃而浦에서 상경하는 길을 두 길로 나누다./ 禮曹에서 宗貞盛에게 보내는 배를 富山浦·鹽浦·乃而浦 세 곳에 정박하도록 두 세 번이나 통유하였으나, 乃而浦에만 정박하여 번잡하니 금후로는 세 곳에 고르게 정박하게 하도록 하다.(『世宗實錄』 세종20, 『集成』5-5) 2.19. 禮曹에서 朴敦之가 日本에 사신으로 갔을 때 구해 온 日本國 地圖를 바치다./ 倭館과 野人館을 迎接都監의 예에 의하여 관원을 두도록 하고 倭館은 東平館 監護官으로, 野人館은 北平館 監護官으로 부르게 하다.(『世宗實錄』 세종20, 『集成』5-6) 2.20. 野人과 倭人에게 내려주는 苧布·麻布는 8升 이하로만 쓰고, 길이는 35척으로 하다.(『世宗實錄』 세종20, 『集成』5-7) 2.21. 宗貞盛이 衛門四郎 등 3인을 보내 土産物을 바치다.(『世宗實錄』 세종20, 『集成』5-7) 2.26. 宗貞盛이 佐衛門二郎 등 13인을, 宗茂直이 藤二郎 등 2인을, 宗濃이 六郎左衛門 등 2인을, 故 藤七의 아들 藤九郎 등 2인

일본
7.21. 宗茂直이 三郎·五郎 등 5인을 보내고, 藤熙久가 左衛門五郎 등 7인을 보내 土産物을 바치다.(『世宗實錄』 세종 19, 『集成』4-438)
7.24. 日本의 여러 섬과 북방의 野人들이 진상하는 물건의 값을 내려줄 때 '回奉'이라 하지 말고, 송나라의 예에 따라 '答賜'라고 하게 하다.(『世宗實錄』 세종 19, 『集成』4-439)
8.3. 宗貞盛이 사람을 보내 土産物을 바치다.(『世宗實錄』 세종 19, 『集成』4-439)
8.6. 宗貞盛이 八郎五郎 등 9인을 보내고, 藤熙久가 左近三郎 등 7인을 보내 土産物을 바치다.(『世宗實錄』 세종 19, 『集成』4-439)
8.8. 熊神縣의 萬戸·千戸를 管軍僉節制使로 개칭하다.(『世宗實錄』 세종 19, 『集成』4-440)
8.11. 宗貞盛이 四郎 次郎을, 宗茂直이 登麟을, 源持直이 宗阿彌陀佛을 보내 土産物을 바치다./ 의정부에서 아뢰기를, 慶尙道 左道節制使가 蔚山府使를 겸하게 하지 말고 蔚山을 郡으로 복구하게 하자고 하니 그대로 따르다.(『世宗實錄』 세종 19, 『集成』4-440)
8.26. 宗貞盛이 九郎 등 9인을 보내 土産物을 바치다.(『世宗實錄』 세종 19, 『集成』4-440)
9.2. 宗貞盛이 彦三郎 등 4인을 보내 土産物을 바치다.(『世宗實錄』 세종 19, 『集成』4-440)
9.11. 宗貞盛이 羅溫 등 4인을 보내 土産物을 바치다.(『世宗實錄』 세종 19, 『集成』4-441)
9.21. 宗貞盛이 彦四郎 등 3인을 보내 土産物을 바치다.(『世宗實錄』 세종 19, 『集成』4-441)
10.16. 宗貞盛이 妙寬 등 4인을, 宗茂直이 織豆 등 2인을, 宗出羽秀茂가 左衛門五郎 등 2인을 보내 土産物을 바치다.(『世宗實錄』 세종 19, 『集成』4-441)
11.1. 宗貞盛이 親左衛門을, 宗彦七이 所翁要求 등을 보내 土産物을 바치다.(『世宗實錄』 세종 19, 『集成』4-441)
11.16. 宗貞盛이 보낸 三郎·兵衛 등 8인이 土産物을 바치다.(『世宗實錄』 세종 19, 『集成』4-441)
11.19. 平安道 都節制使가 三和縣의 千戸 金義德의 呈文에 의거하여 黃海道의 椒島와 曹鴨島에 倭船이 나타났다고 치보하니, 자세히 탐문하여 아뢰도록 하다.(『世宗實錄』 세종 19, 『集成』4-442)
11.22. 咸吉道 都節制使에게 萬人血石과 龍角에 대해 조사하도록 전지하면서 예전에 日本사람이 邪氣를 물리치는 것이라고 하면서 바친 뼈를 예를 들어 대해 말하다.(『世宗實錄』 세종 19, 『集成』4-442)
11.25. 平安道 監司가 椒島·德島 등지에 나타났던 왜선이 다시 나타나지 않았다고 치보하다.(『世宗實錄』 세종 19, 『集成』4-443)
11.26. 宗貞盛이 사람을 보내 土産物을 바치다.(『世宗實錄』 세종 19, 『集成』4-443)
11.27. 琉球國의 문자를 아는 자를 찾아서 司譯院 訓導로 차임하도록 하고, 倭 學生에게 겸해서 익히게 하다.(『世宗實錄』 세종 19, 『集成』4-443)
12.19. 宗貞盛이 衛門大郎 등 21인을, 宗金이 六郎·二郎 등 9인을, 源義가 又四郎 등 15인을, 宗茂直이 兵衛 四郎 등 6인을, 佐志胤이 藤次郎 등 7인을 보내 土産物을 바치다.(『世宗實錄』 세종 19, 『集成』4-443)
등이 土産物을 바치다.(『世宗實錄』 세종 20, 『集成』5-7)
2.29. 왜관의 관원을 東平館監護官이라고 정하다.(『世宗實錄』 세종 20, 『集成』5-8)
3.1. 서울에 왔다가 돌아가는 倭人들이 모두 東萊溫井에 목욕하여 길을 돌아가는 폐단이 있으니 乃而浦에 정박한 倭人들은 靈山溫井에서, 富山浦에 정박한 倭人들은 東萊溫井에 목욕하도록 하다.(『世宗實錄』 세종 20, 『集成』5-8)
3.7. 宗貞盛이 금령을 범하고 구금된 伊集院船主 佐衛門五郎을 방환해 주기를 청하였는데, 禮曹에서 이미 석방했다고 알리다.(『世宗實錄』 세종20, 『集成』5-8)
3.8. 東平館 두 곳을 각각 1소, 2소라 부르게 하다.(『世宗實錄』 세종 20, 『集成』5-9)
3.16. 對馬島 馬多而羅 등 6인이 土産物을 바치다./ 宗貞盛이 썩고 부서진 배를 보수해 주기를 청하였으나, 禮曹에서 전례가 없어 계달하기 어렵다고 회답하다.(『世宗實錄』 세종 20, 『集成』5-9)
3.21. 倭通事 尹仁甫에 대한 起復出仕는 취소하다.(『世宗實錄』 세종 20, 『集成』5-9)
4.2. 宗貞盛·宗茂直 등이 사람을 보내어 土産物을 바치고, 쌀과 콩을 요청하니 각기 쌀과 콩을 40석씩 하사하다.(『世宗實錄』 세종 20, 『集成』5-10)
4.3. 議政府에서 東·北平館의 등급을 五品衛門의 예에 의하도록 하다.(『世宗實錄』 세종 20, 『集成』5-10)
4.9. 議政府에서 禮曹 정문의 의하여 對馬島에 왕래하는 三品 이하의 敬差官은 三品 이하의 관원으로 北京에 가는 單使의 예에 따라 쌀과 콩을 아울러 15석을 지급하도록 아뢰다.(『世宗實錄』 세종 20, 『集成』5-11)
4.10. 宗貞盛이 光後書記 등 32명을, 六郎次郎이 和知羅를, 茂直이 仇羅를, 宗彦七이 井太郎 등 8명을 보내 각기 土産物을 바치다.(『世宗實錄』 세종 20, 『集成』5-11)
4.11. 李藝를 僉知中樞院事로 삼아 對馬島에 파견하고, 禮曹에서 宗貞盛에게 글을 보내 포로로 잡아왔던 사람들은 모두 송환하였으니, 일방적인 말을 듣고송환을 요구하면서 많은 사람을 보내 번거롭게 하지 말라고 알리다.(『世宗實錄』 세종 20, 『集成』5-11)
4.21. 宗貞盛이 사람을 보내어 土産物을 바치다./ 前護軍 南薈와 前副司直 曹敏을 茂陵島巡審敬差官으로 삼다.(『世宗實錄』 세종 20, 『集成』5-12)
4.26. 宗貞盛이 사람을 보내어 土産物을 바치다.(『世宗實錄』 세종 20, 『集成』5-13)
5.2. 六郎次郎이 사람을 보내 土産物을 바치고 미곡을 요청하니, 쌀과 콩을 아울러 20석을 하사하다.(『世宗實錄』 세종 20, 『集成』5-13)
5.23. 議政府에서 兵曹의 정문에 의하여 倭賊들의 초입지인 全羅道 珍島郡에 요해지가 많다고 하면서 珍島郡의 수군 운영에 대해 아뢰다.(『世宗實錄』 세종 20, 『集成』5-13)

연도	한국
▲ 1438	5.27. 判中樞院事 李順蒙이 선군과 병선의 폐단에 대해서 아뢰다.(『世宗實錄』 세종20, 『集成』5-13) 6.10. 宗貞盛이 倭人 34명의 송환을 청하니 議政府 및 諸曹들이 對馬島와 大內殿의 관계에 대해 논하고, 큰 나라로서의 신의를 온전히 하고 후일의 변란을 막기 위해 송환을 건의하였으나, 송환하지 않기로 하다.(『世宗實錄』 세종20, 『集成』5-14) 6.11. 宗貞盛이 도망온 倭人의 송환을 다시 요청하니 수색하였으나 잡지 못했다고 답서하다.(『世宗實錄』 세종20, 『集成』5-15) 6.13. 倭人들이 서울에 체류하는 기간을 제한하는 문제를 계달하도록 하였으나, 李藝가 돌아오면 다시 숙의하기로 하다.(『世宗實錄』 세종20, 『集成』5-16) 6.23. 一岐州의 志佐男壽丸이 彦大郎 등 4명을 보내오고, 六郎次郎이 延守 등 4명을 보내 土産物을 바치다.(『世宗實錄』 세종20, 『集成』5-17) 6.26. 日本 石見州의 周布兼貞이 都山을, 佐志源胤이 汝阿圭를, 源持直이 所阿彌를, 源道眞이 聖育을, 宗貞盛이 七郎左衛門을 보내 土産物을 바치다.(『世宗實錄』 세종20, 『集成』5-17) 7.4. 佐志源胤이 彦左衛門 등 3명을 보내고, 宗貞盛이 左衛門四郎 등 6명을 보내 土産物을 바치다.(『世宗實錄』 세종20, 『集成』5-18) 7.15. 南薈·曹敏이 茂陵島에서 돌아와 포획한 남녀 66명과 각종 산물을 바치다.(『世宗實錄』 세종20, 『集成』5-18) 7.15. 宗貞盛이 左衛門四郎 등 6명을, 宗茂直이 孫四郎등 4인을, 佐志源胤이 五郎·四郎 등 4인을 周布兼貞이 次郎左衛門을 보내 土産物을 바치다./ 江原道 監司에게 茂陵島에서 포획해 온 사람들을 구제하고 보호하도록 하라고 전지하다.(『世宗實錄』 세종20, 『集成』5-19) 7.21. 議政府에서 禮曹의 정문에 의거하여 아뢰기를, 客人을 접대할 때 필요한 돼지의 수를 규정을 정하여 각 고을에서 상납하게 하자고 하다.(『世宗實錄』 세종20, 『集成』5-19) 7.23. 巨濟·興善·南海 등 섬에서는 소형 선박의 왕래를 금하지 말도록 하다.(『世宗實錄』 세종20, 『集成』5-20) 7.26. 江原道 監司에게 茂陵島의 위치를 탐문하여 계달하라고 전지하다.(『世宗實錄』 세종20, 『集成』5-20) 8.1. 宗貞盛이 八郎兵衛 등 2명을, 佐志源胤이 次郎左衛門 등 6명을, 宗茂直이 五郎左衛 등 2명을, 六郎次郎이 八郎을 보내 土産物을 바치다.(『世宗實錄』 세종20, 『集成』5-20) 8.5. 議政府의 주청에 따라 倭人이 가져오는 동·납·철을 수로로 운송하게 하고, 결빙기에는 가져오지 않게 하다.(『世宗實錄』 세종20, 『集成』5-21) 8.6. 宗貞盛이 光軌 등 8명을 보내 와서 土産物을 바쳤다.(『世宗實錄』 세종20, 『集成』5-21) 8.9. 李順夢이 船軍을 사역시키지 말고 선상방어 연습을 시켜 급변에 대비하기를 상언하다.(『世宗實錄』 세종20, 『集成』5-21) 8.11. 宗貞盛이 沙蒙仇羅 등 13명을 보내고, 宗茂直이 五郎·次郎 등 6인을 보내 土産物을 바치다.(『世宗實錄』 세종20, 『集成』5-22) 8.13. 禮曹의 청에 의해 咸吉道 監司로 하여금 북방의 野人들도 日本 모든 섬의 倭人들처럼 簿籍을 작성하도록 하다.(『世宗實錄』 세종20, 『集成』5-22)
1439 ▼	【한국】 1.1. 石見州 周布兼貞이 보낸 道山과 佐志源胤이 보낸 汝阿圭, 源持直이 보낸 所阿彌多甫 등이 土産物을 바치다.(『世宗實錄』 세종21, 『集成』5-34) 1.13. 禮曹의 청에 따라 倭人 五郎衛門 등 12戶가 慶尙道 포소에 도착하여 여러 달을 지냈음에도, 이를 보고하지 않은 慶尙道 觀察使와 處置使를 추국하다./ 造紙所의 건의에 따라 왜닥씨[倭楮種]를 泰安·珍島·南海·河東에 나누어 심게하다.(『世宗實錄』 세종21, 『集成』5-34) 1.16. 忠淸·全羅·慶尙道 都巡問使 趙末生의 건의에 따라 적량의 병선을 池島浦에 옮기도록 하다.(『世宗實錄』 세종21, 『集成』5-35) 2.1. 議政府에서 對馬島의 宗大善이 倭人이 살해된 것을 보고 분함을 품어 밤에 도적질하러 올지 모르니, 각도 연변에 대비하게 아뢰니 그대로 따르다.(『世宗實錄』 세종21, 『集成』5-35) 2.4. 慶尙右道節制使가 宗彦七이 보낸 井大郎의 말에 의거하여 對馬島萬戶 倭賊 六郎次郎, 三末三甫羅 등이 宗貞盛의 허락을 얻어 2, 3월에 中國에 도적질하러 갔다가 5, 6월에 돌아올 계획을 세웠다고 병조에 馳報하다./ 戶曹의 보고에 따라 順天에 造防牌를 신설하여 군비를 엄중하게 하도록 하다.(『世宗實錄』 세종21, 『集成』5-35) 2.6. 議政府에서 성심으로 귀순한 井大郎이나 大內殿, 菊池殿은 宗貞盛이 처분할 수 없으니, 慶尙道 관찰사에게 이들이 보내는 사신들은 宗貞盛의 문인이 없더라도 돌려보내지 말고 치보하여 결재를 기다리도록 아뢰니, 그대로 따르다.(『世宗實錄』 세종21, 『集成』5-36) 2.7. 經筵에서 義倉은 倭人이 부러워하는 좋은 제도이지만 운영에 여러 문제가 있음을 논하다.(『世宗實錄』 세종21, 『集成』5-37) 2.12. 議政府에서 中國에 도둑질 가는 倭人들이 우리 국경을 지나다 도둑질 할까 염려되니, 각도에 방비를 엄히할 것을 아뢰니, 그대로 따르다.(『世宗實錄』 세종21, 『集成』5-38) 2.20. 慶尙道觀察使에게 倭 鐵工 加智沙也文과 그 처자를 올려 보내라고 전지하다.(『世宗實錄』 세종21, 『集成』5-39) 윤2.4. 濟州道安撫使 韓承舜이 濟州道내에 倭船이 정박할 수 있는 요해지에 대한 방어책을 보고하다.(『世宗實錄』 세종21, 『集成』5-39) 윤2.15. 宗貞盛의 文引이 없이 온 宗茂直의 사신 仇羅沙也文을 京中으로 올려 보낼지에 대해 의논하여 領議政 黃喜, 右議政 許稠 등의 의견에 따라 올라오게 하다.(『世宗實錄』 세종21, 『集成』5-41)

일본

8.21. 宗貞盛이 藤四郎 등 6인을 보내 土産物을 바치다.(『世宗實錄』 세종 20, 『集成』5-23)

9.2. 宗貞盛이 左衛門四郎을, 宗彦七이 五郎左衛門을, 佐志源胤이 善求를, 宗茂直이 延柱를, 藤熙久가 六郎을 보내 土産物을 바치다./ 全羅道 監司가 流移民의 송환문제를 지역별로 나누어 아뢰면서, 江原道에는 高麗末에 倭亂을 피해 온 자가 많다고 말하다.(『世宗實錄』 세종 20, 『集成』5-23)/ 義禁府의 보고에 따라 倭人에게 白銀을 판 都官奴 吾麽大를 참형에 처하도록 하다.(『世宗實錄』 세종 20, 『集成』5-24)

9.8. 都節制使 河敬復에게 제사를 내리면서 보내는 글에 倭寇를 진압한 일을 적다./ 佐志源胤이 善林 등 2명을, 石見州의 周布兼貞이 三郎兵衛 등 2명을 보내 土産物을 바치다.(『世宗實錄』 세종 20, 『集成』5-24)

9.10. 領中樞院事 崔閏德이 泗川山城을 쌓는 일에 대해서 상언하니, 상이 황희의 의논에 따라 泗川邑城을 다 쌓고서도 감당하기 어려운 적변이 있으면 다시 산성을 쌓아 사변에 대응하도록 하라고 명하다.(『世宗實錄』 세종 20, 『集成』5-25)

9.12. 宗貞盛이 四郎을, 宗茂直이 彦九郎을, 宗彦七이 看前都老를 보내 土産物을 바치다.(『世宗實錄』 세종 20, 『集成』5-26)

9.13. 禮曹로 하여금 議政府의 大臣 및 僉知中樞院事 李藝와 더불어 議政府 倭人의 접대에 관한 사목을 의논하게 하였으나, 의견이 분분하여 보류하다.(『世宗實錄』 세종 20, 『集成』5-27)

9.18. 議政府에서 李藝가 議政府에 가서 宗貞盛과 약정하였으니 각처에서 사자로 보내 온 사람이 宗貞盛의 문인이 없으면 접대를 허락하지 말도록 아뢰니 따르다.(『世宗實錄』 세종 20, 『集成』5-28)

9.21. 宗貞盛·宗茂直·藤熙久 등이 사람을 보내 土産物을 바치다.(『世宗實錄』 세종 20, 『集成』5-28)

9.29. 議政府에서 日本의 각 섬에서 보낸 사절들이 돌아갈 때 지급하는 식량이 과다하니, 佐志殿, 志佐殿 20일, 肥州 15일, 九州 20일, 石見州, 薩摩州, 大友殿은 30일분의 식량을 주고, 議政府는 종전대로 주도록 아뢰니 따르다.(『世宗實錄』 세종 20, 『集成』5-29)

10.1. 仇良梁의 兵船을 蛇梁으로 옮겼으므로 萬戶 호칭을 사량만호로 개칭하게 하다.(『世宗實錄』 세종 20, 『集成』5-29)

10.18. 禮曹에서 津江次郎 편으로 宗貞盛에게 수호하는 약조에 관한 네 가지를 글로 보내고, 더불어 말·紅綿子·氈冠·쌀·콩 등을 보내다.(『世宗實錄』 세종 20, 『集成』5-30)

10.24. 所訖浦 萬戶 房喜慶이 군졸을 거느리고 倭賊을 잡다가 표류하여 실종되었으므로, 제사를 지내고 부의를 주었으며 復戶하게 하다./ 議政府에서 倭賊을 잡으려 실종된 全羅道 處置使 道醫員, 仇思敬, 萬戶 房喜慶의 일을 예로 들어 萬戶, 千戶 등이 병선을 가볍게 움직이지 못 하도록 해야 한다고 아뢰니, 그대로 따르다.(『世宗實錄』 세종 20, 『集成』5-31)

10.27. 全羅道 處置使 田時貴가 倭賊선 한 척을 추적하여 잡아오니, 戶曹正郎 李寧商에 명령하여 宣慰하게 하다.(『世宗實錄』 세종 20, 『集成』5-31)

11.1. 對馬島의 九郎四郎 등 2명이 와서 土産物을 바치다.(『世宗實錄』 세종 20, 『集成』5-32)

11.23. 司諫院이 상소하여 사람을 보내 각도의 城堡를 순찰하지 말고 監司에게 일임하여 처리하도록 건의하다.(『世宗實錄』 세종 20, 『集成』5-32)

11.24. 咸吉道 都節制使 金宗瑞에게 火砲軍에 투속하는 자가 많게 하기 위한 방안을 계달하도록 전지하면서, 倭寇와 野人이 火砲를 두려워한다고 말하다.(『世宗實錄』 세종 20, 『集成』5-33)

11.25. 刑曹에서 茂陵島에 도망가는데 首謀가 된 金安은 교형에, 나머지 從犯은 모두 경성으로 옮기도록 하다.(『世宗實錄』 세종 20, 『集成』5-33)

【일본】

7.-. 조선의 사신인 高得宗, 尹仁甫가 오다.(『南方紀傳』下)

12.25. 足利義教가 蔭凉軒에게 일본에 도착한 조선의 통신사인 高得宗을 殿中에서 맞이할 것을 명하다.(『蔭凉軒日錄』一)

12.26. 조선통신사 일행이 室町殿 殿中의 南面 欄中에서 인사하고 國書를 보이다. 가져 온 方物은 正實坊 御倉에 바치다. 國書와 別錄은 蔭凉軒에 보관토록 하다.(『蔭凉軒日錄』一)

12.26. 조선 세종이 일본국왕에게 보내 국서로 高得宗과 尹仁甫를 사신으로 보낸다는 내용이다.(『善隣國寶記』卷中)

윤2.25. 鐵原府에 안치한 倭人 也時乃에게 쌀 1석을 하사하도록 전지하다.(『世宗實錄』 세종 21, 『集成』5-41)

윤2.28. 議政府에서 向化한 倭人·野人들의 向化한 연월의 오래되고 가까운 것과 생계의 빈부를 조사하여 料를 주도록 아뢰니, 그대로 따르다.(『世宗實錄』 세종 21, 『集成』5-41)

윤2.29. 慶尙道 관찰사가 宗貞盛이 보낸 上官人 永角이 병으로 죽었으니, 棺槨과 斂具를 준비하여 장사지내고, 제사를 내려주도록 禮曹에 移文하니 禮曹에서 이를 아뢰다.(『世宗實錄』 세종 21, 『集成』5-42)

3.8. 對馬州의 上總守 宗茂直이 사람을 보내어 土産物을 바치다.(『世宗實錄』 세종 21, 『集成』5-43)

3.11. 日本國 石城縣의 少史 道性이 보낸 吾羅以羅 등 8인과 宗茂直이 보낸 仇羅沙也文 등 2인이 반열에 참예하여 土産物을 바치다./ 議政府에서 全羅道 宣慰別監 李寧商의 계본대로 상고한다면 孤草島에서 잡은 倭賊은 5명인데, 軍功으로 상받을 자는 167인이니, 이대로 한다면 濫賞할 폐단이 있으므로 이에 대한 대책을 아뢰니 그대로 따르다.(『世宗實錄』 세종 21, 『集成』5-43)

3.15. 慶尙道 觀察使가 中國으로 도적질 가는 六郎次郎에게 宗貞盛이 朝鮮의 국경을 침범하지 말라 하였다고 倭人 多羅時羅의 말을 禮曹에 이문하니, 禮曹에 이를 아뢰다.(『世宗實錄』 세종 21, 『集成』5-44)

3.16. 日本國 石城의 小吏 宗金이 보낸 多羅時羅 등 9인과 宗貞盛이 보낸 而羅沙毛 등 2인이 반열에 참예하여 土産物을 바치다.(『世宗實錄』 세종 21, 『集成』5-44)

3.19. 平安道 都節制使가 근자에 倭賊이 원망을 품고 있으니, 이에 대비하여 領船을 뽑아 船軍을 연습시키고, 三和·龍岡 등 9읍에 성을 쌓기

연도	한국
▲ 1439 ▼	를 치계하니, 兵曹의 의견에 따르다.(『世宗實錄』 세종21, 『集成』5-44) 3.23. 李藝가 日本에 사신으로 갔을 때 大內殿이 도와준 일을 아뢰면서 通信하기를 청하여, 禮曹에 내려 議政府와 의논하게 하였는데 의견이 각기 달라 보류하다.(『世宗實錄』 세종21, 『集成』5-45) 3.26. 宗貞盛이 淡波·皮古沙文과 승려 堅水 등 6인을 보내 土産物을 바치다.(『世宗實錄』 세종21, 『集成』5-46) 4.9. 全羅道 觀察使가 珍島郡은 倭賊이 침범하는 길목이므로 守城軍을 280인을 더 늘려주기를 兵曹에 이문하여 청하니, 兵曹에서 100인을 더 정하여 방어하도록 아뢰니, 그대로 따르다.(『世宗實錄』 세종21, 『集成』5-46) 4.10. 임금의 탄신일이니 宗貞盛이 吾難而羅를, 藤觀心의 아들 兼貞이 所預를, 道姓이 吾羅而羅를, 宗茂直이 仇羅沙也文을, 宗金이 多羅時羅를, 周布兼貞이 延沙를, 宗彦七이 延沙文都老를, 佐志源胤이 而羅都老를 보내 土産物을 바치다.(『世宗實錄』 세종21, 『集成』5-46) 4.11. 司憲府의 건의에 따라 大小祭享 및 진상과 明나라 사신, 隣國客人을 접대하는 것 외에는 술을 쓰지 못하도록 하다. / 全羅道 所訖浦에서 兵船을 鉢浦로 옮겼으니 浦萬戶라는 칭호로 印信을 새로 만들어 주도록 하다.(『世宗實錄』 세종21, 『集成』5-47) 4.15. 議政府에서 兵曹 牒呈에 의거하여 務安縣 木浦와 寶城縣 呂島는 倭賊이 드나드는 요해지이므로 따로 兵船을 설치하고, 萬戶를 임명하여 보내기를 청하니, 그대로 따르다.(『世宗實錄』 세종21, 『集成』5-47) 4.17. 宗貞盛과 여러 섬에서 사신들을 자주 보내오면 폐단이 생길수 있으니, 이들을 접대하는 문제를 다시 의논하도록 하다.(『世宗實錄』 세종21, 『集成』5-48) 4.18. 僉知中樞院事 李藝가 倭人으로서 書契를 위조하여 오는 자가 있으니, 宗貞盛·小二殿에게 후하게 하사하여 금단하게 하고, 大內殿은 별도로 사절을 보내어 금단시킬 것을 아뢰다.(『世宗實錄』 세종21, 『集成』5-48) 4.27. 敬差官을 對馬島에 보내어 使送船의 크기에 따른 승선인원, 宗貞盛의 文引이 없는 자는 접견하지 않는다는 약조를 공개해 말할 것, 서울에 머물러 장사하는 客人의 기한을 정하였으니 공개할 것 등의 내용이 담긴 사목을 전하다.(『世宗實錄』 세종21, 『集成』5-49) 4.29. 高得宗에게 告身을 돌려주고 日本 通信使로 삼다.(『世宗實錄』 세종21, 『集成』5-50) 5.1. 宗貞盛이 都古麼豆 등 17인을, 志佐源胤이 而羅沙也文 등 2인을, 周布兼貞이 汝每仇羅 등 3인을 보내 土産物을 바치다.(『世宗實錄』 세종21, 『集成』5-50) 5.4. 持平 鄭孝康이 高得宗은 中國에 사신으로 갔다가 貪汚를 범하였기 때문에 日本에 사신으로 간다면 節操가 없을 것이니, 감찰을 보내도록 아뢰었으나 허락하지 않다.(『世宗實錄』 세종21, 『集成』5-50) 5.6. 宗貞盛이 보낸 而羅洒毛 등 6인이 土産物을 바치다.(『世宗實錄』 세종21, 『集成』5-51) 5.11. 僉知中樞院事 李藝가 宗貞盛이 보낸 사람이 한 달 동안에 수천 명이니 사람을 보내 금단하게 하고, 倭人이 書契를 가져 오면 정박하는 곳의 萬戶로 하여 禮曹에 보내어 진위를 살필 것 등을 아뢰니 議政府에서 논하게 하다.(『世宗實錄』 세종21, 『集成』5-51) 5.14. 禮曹에서 宗貞盛에게 글을 보내 使送船에 탄 사람이 너무 많으니 배에 따라 정원을 정하고, 對馬島에서 도망온 자들에 대한 송환문제는 약조대로 하고, 이러한 사유를 九州 여러 곳에 照會하도록 하다.(『世宗實錄』 세종21, 『集成』5-52) 5.18. 倭人 三未三甫羅가 경내에서 汝每時羅를 죽이고 돌아갔으니, 이를 방관한 都萬戶는 국문하고 宗貞盛에게 글을 보내 三未三甫羅의 죄를 묻고, 이후 죄를 짓는 倭人은 六典謄錄에 따라 소재한 고을관리가 구속해 처리하기로 하다.(『世宗實錄』 세종21, 『集成』5-52) 5.28. 禮曹에서 慶尙道 觀察使 첩문에 의거하여 宗貞盛이 羅斤時老를 보내 六郎次郎이 中國을 침략한 상황에 대해 말한 것을 아뢰다. / 宗貞盛이 사람을 보내어 土産物을 바치고, 磬子를 청하므로 베 5필과 대·소 磬子 각 하나씩을 하사하다.(『世宗實錄』 세종21, 『集成』5-53) 5.29. 議政府에서 이미 오래전에 귀화하여 사는 向化人들을 대대로 向化人이라 일컬음은 적당하지 못하니 본국 사람의 예에 의거하여 시행하도록 아뢰니, 그대로 따르다.(『世宗實錄』 세종21, 『集成』5-53) 6.6. 宗貞盛이 보낸 表阿三甫羅 등 8인과 佐志源胤이 보낸 時知難都 등 2인이 隨班하고 土産物을 바치다.(『世宗實錄』 세종21, 『集成』5-54) 6.7. 議政府에서 禮曹의 정문에 의거하여 宗彦七, 宗盛國 등이 보낸 사신들은 宗貞盛의 文引이 없더라도 보고하기를 기다려 올려 보내면 오래 浦所에 머물러 폐가 적지 않으니, 보고하지 말고 보내기를 청하니 그대로 따르다.(『世宗實錄』 세종21, 『集成』5-54) 6.12. 對馬州 宗彦次郎이 사람을 보내어 土産物을 바치고 軍糧을 청하므로 베 5필과 쌀·콩을 각각 10석씩 하사하다.(『世宗實錄』 세종21, 『集成』5-55) 6.16. 慶尙道 觀察使가 도내의 방어하는 계책을 아뢰다.(『世宗實錄』 세종21, 『集成』5-55) 6.21. 宗貞盛 등과 野人이 사람을 보내 土産物을 바치다.(『世宗實錄』 세종21, 『集成』5-55) 6.26. 宗貞盛이 보낸 三甫老汝文 등 2인과 宗茂直이 보낸 多羅沙也文 등 2인이 隨班하여 土産物을 바치다.(『世宗實錄』 세종21, 『集成』5-56) 7.3. 日本通信使 僉中樞院事 高得宗이 事目을 올리다.(『世宗實錄』 세종21, 『集成』5-56) 7.8. 黃海道 觀察使가 근년 이래로 倭賊이 뜸하여 居民들이 수목을 다 베어 경작하니, 산악이 벌거숭이가 되어 숨길 곳이 없다

일본

고 하면서 이에 대한 대책을 말하다.(『世宗實錄』 세종 21, 『集成』5-56)

7.9. 兵曹에서 鄕戶의 入居에 대해 아뢰면서 남방의 倭寇가 가까이 있어서 備邊의 걱정이 적지 않다고 말하다.(『世宗實錄』 세종 21, 『集成』5-57)

7.11. 通信使 高得宗이 하직하니 日本國王에게 보내는 글을 전한다. / 宗貞盛이 老古羅·沙也文 등 26인을 보내어 土産物을 바치다.(『世宗實錄』 세종 21, 『集成』5-58)

7.12. 日本 通信使 高得宗에게 글을 주어 日本에 가는 길에 발생하는 일에 대해 신중히 처리하도록 하다.(『世宗實錄』 세종 21, 『集成』5-59)

7.16. 宗貞盛이 充延을, 宗茂直이 皮古仇老를, 宗彦七이 三甫郎 등을 보내 土産物을 바치다.(『世宗實錄』 세종 21, 『集成』5-59)

7.20. 兵曹에서 내이포, 부산포, 염포 등 비변의 계책을 올리니 의정부에 내려 의논하도록 하다.(『世宗實錄』 세종 21, 『集成』5-59) / 宗貞盛이 妙善 등 6인을, 宗茂直이 時羅而羅 등 2인을 보내어 土産物을 바치다.(『世宗實錄』 세종 21, 『集成』5-63)

7.26. 議政府에서 兵曹의 呈文에 의거하여 倭 護送官이 浦에 이르면 萬戶로 하여금 그 浦에 도착한 일시와 상경한 일시를 써서 회송하도록 아뢰니, 그대로 따르다.(『世宗實錄』 세종 21, 『集成』5-63)

7.27. 知興海郡事 李興門과 慶源判官 李萃를 불러 각각 경상도와 함길도의 방비에 힘쓸 것을 당부하다.(『世宗實錄』 세종 21, 『集成』5-64)

8.6. 前 中軍 都總制 柳濕의 졸기에 己亥年에 右軍 元帥가 되어 對馬島를 정벌하였다고 적다.(『世宗實錄』 세종 21, 『集成』5-64)

8.10. 宗貞盛이 보낸 酒毛時羅 등 22인과 宗茂直이 보낸 皮仇時羅 등 4인과 宗彦七이 보낸 也婆知 등 10인이 土産物을 바치다.(『世宗實錄』 세종 21, 『集成』5-65)

9.2. 同知中樞院事 李思儉이 備邊策을 올려 倭人들은 臣服하였다가 바로 배반하니, 密陽·靈山 두 고을중에 客館을 지어 倭人을 접대할 것과 慶尙道 左道의 船軍이 배에 익숙하지 않아 倭賊의 변이 염려된다고 하면서 대책을 말하다.(『世宗實錄』 세종 21, 『集成』5-65)

9.6. 宗貞盛이 老仇難·酒毛 등 8인을 보내어 토산물을 바치다.(『世宗實錄』 세종 21, 『集成』5-66)

9.8. 의정부에서 요사이 검찰이 해이해져 소나무 벌채가 심해지고 있으므로 성밑 10리는 한성부와 사헌부로 하여금, 10리 밖은 소재지의 수령으로 하여금 검찰하게 하자고 아뢰니 그대로 따르다.(『世宗實錄』 세종 21, 『集成』5-66)

9.10. 僉知中樞院事 李藝가 津江次郎에게 三浦에 의탁하여 사는 자가 많으니 쇄환할 것과 三浦에서 고기를 잡도록 한 일 등을 말하고, 鐵箭을 잘 만들어 서울에 두게 한 看知沙也文은 甲鑋의 의논에 따라 그대로 서울에 머물게 하다.(『世宗實錄』 세종21, 『集成』5-66)

9.16. 宗貞盛이 所溫沙也文등 6인을 보내 土産物을 바치다.(『世宗實錄』 세종 21, 『集成』5-67)

9.21. 宗貞盛이 보낸 時羅酒毛 등 9인이 와서 土産物을 바치다.(『世宗實錄』 세종 21, 『集成』5-67)

9.26. 宗貞盛이 보낸 仇難酒毛 등 6인이 와서 土産物을 바치다. / 宗貞盛이 津江次郎을 보내어 土産物을 바치고 虎·豹皮와 苧·麻布를 청하니, 禮曹에서 宗貞盛에게 조미 100석, 황두 100석, 백세저포, 흑세마포, 등을 보내면서 쇄환하는 일과 三浦에서 고기 잡는 일에 대해 글을 보내다.(『世宗實錄』 세종 21, 『集成』5-68)

9.29. 李藝가 津江次郎에게 허위로 圖書를 찍은 자가 있어 진위여부를 가리기 어려우니, 새 圖書를 만들어 주겠다고 말한 것과 朝官을 보내 津江次郎과 의논하여 이유 없이 三浦에 머무는 객인들을 돌려보낼 것을 아뢰다.(『世宗實錄』 세종 21, 『集成』5-69)

9.30. 禮曹에서 宗貞盛에게 회답하여 境內에 와서 六郎三郎 등 2인을 마음대로 죽인 也三郎을 극형에 처하고, 사유를 갖추어 회보해 주도록 하다.(『世宗實錄』 세종 21, 『集成』5-69)

10.5. 左議政 許稠가 乃而浦에 왕래하는 倭人의 수가 날로 늘어나 접대비용이 증가하고, 변이 생길까 염려되니 모두 돌려 보내도록 아뢰자, 通信使 高得宗이 돌아오기를 기다려 대책을 세우기로 하다.(『世宗實錄』 세종 21, 『集成』5-70)

10.6. 宗彦七이 보낸 皮孔古老 등 2인이 하직을 고하다.(『世宗實錄』 세종 21, 『集成』5-70)

10.7. 明에 사절로 가는 柳守剛에게 내린 事目에, 明에서 바람에 표류되어 온 倭人을 돌려주도록 부탁하면 데려오고, 교통한 실정을 물으면 국경이 멀지 않아 서로 예로써 접대하며, 通信使가 왕래하고 있는 것을 답하라고 적다.(『世宗實錄』 세종 21, 『集成』5-70)

10.8. 慶尙道 관찰사가 宗貞盛이 보낸 沙毛多老와 延時老가 문서를 고쳐 장사하러 왔다고 하므로, 處置使 李恪에게 移文하여 구류하게 하였더니, 倭人들이 저의 본토로 도망하였으므로 군령이 엄하지 못한 李恪을 죄를 주도록 치계하다.(『世宗實錄』 세종 21, 『集成』5-71)

10.9. 宗貞盛의 인장을 위조하여 온 몰古多老 등은 숙배하지 못 하게 하고, 음식 접대도 하지 말고 바다를 건너갈 양식만 조금 주어 돌려보내도록 禮曹에서 아뢰니, 그대로 따르다.(『世宗實錄』 세종 21, 『集成』5-72)

10.15. 慶尙道 寧海人 前縣監 柳囿 등이 倭賊의 침입으로 온 고을이 패망하였는데, 남은 사람들이 성을 쌓았으나, 아직 미비하니 더 쌓기를 상언하니, 觀察使와 都節制使로 하여금 성을 살피게 한 후 다시 의논하게 하다.(『世宗實錄』 세종 21, 『集成』5-72)

10.19. 慶尙道 金海府 加忘浦는 倭寇가 들어오는 첫 길로 요해지이임에도 翎船 4척 뿐이니, 특별히 萬戶를 두고 別船 5, 6척을 더 두도록 히다.(『世宗實錄』 세종 21, 『集成』5-74)

10.20. 宗貞盛에게 서신으로 세 번 圖書를 찍은 문서를 가져온 자는 예전대로 접대하고, 거짓으로 문서를 가져온 자는 浦所에 머물게 할 것 등 倭人 접대에 관한 방법과 절차를 통지하다.(『世宗實錄』 세종 21, 『集成』5-74)

10.21. 宗貞盛이 보낸 上官人 老古難都老 등 4인이 朝班에 참예하여 土産物을 바치다. / 禮曹에서 宗貞盛에게 예전부터 정한 범례대로 정식으로 오는 배에만 식량과 魚鹽을 주도록 되어 있으나, 이를 어기는 경우가 너무 많으니 금후로는 전년에 李藝와 정한 약조대로 하도록 하고, 행하여야 할 사목을 보내다.(『世宗實錄』 세종 21, 『集成』5-75)

10.25. 承政院에 있는 宗貞盛의 圖書가 찍힌 서류 3통을 三浦에 보내, 差使員과 萬戶로하여 서류가 올때마다 진위여부를 가리도록 하다.(『世宗實錄』 세종 21, 『集成』5-76)

10.26. 宗貞盛이 仇羅沙也文을 보내 土産物을 바치다.(『世宗實錄』 세종 21, 『集成』5-77)

연도	한국
▲ 1439	10.29. 乃而浦에 사는 酒毛而羅 등이 僉知中樞院事 李藝에게 양식을 청하였는데, 포구에 머무르는 식량과 바다를 건너갈 식량을 대·중·소선을 나누어 주기로 했으니, 주지 말고 부득이한 경우는 監司에게 조사하여 보고하도록 하다.(『世宗實錄』 세종21, 『集成』5-75) 11.8. 宗貞盛이 보낸 也阿毛時羅 등 17인과, 石見州 布兼이 보낸 波古仇老 등 8인이 土産物을 바치다.(『世宗實錄』 세종21, 『集成』5-77) 11.15. 倭人 羅沙也文이 宗貞盛의 서계를 위조하여 왔으므로, 土産物은 받지 않고 식량도 주지 않아 돌려보내다.(『世宗實錄』 세종21, 『集成』5-77) 11.18. 左議政 許租가 병이 심하여 그의 아들 左副承旨 許詡를 시켜 都承旨 金墩에게 宗茂直·宗彦七은 宗貞盛과 마음이 다르니, 계달하여 모두 후하게 撫恤하도록 말하다.(『世宗實錄』 세종21, 『集成』5-78) 11.20. 慶尙道 長기·迎日·南海·金海 등에 성을 쌓다.(『世宗實錄』 세종21, 『集成』5-78) 11.22. 倭人 多郎古羅, 宗茂가 宗貞盛의 圖書를 위조하고, 孔古老는 宗茂直의 書契를 지우고 고쳤으므로, 土産物을 받지 않고 접대도 하지 않도록 하여 돌려보내다.(『世宗實錄』 세종21, 『集成』5-78)/ 慶尙道 左道 都節制使 李澄玉이 비변책을 올려 연해 각 고을에 거민들이 魚鹽의 이익 때문에 흩어져 살아 倭賊이 침입하면 구원하기 어렵다고 하면서 그에 대한 대책과 倭人이 연변의 여러 곳으로 쳐들어 올 수 있다고 말하다.(『世宗實錄』 세종21, 『集成』5-79)/ 宗貞盛이 禮曹에 글을 올려 해변에서 안심하고 고기를 잡게 해달라고 하니, 富山浦·乃而浦·鹽浦 등을 이미 정해주어 다시 아뢰기는 어렵다고 宗貞盛에게 답서하다.(『世宗實錄』 세종21, 『集成』5-80)
1440 ▼	【한국】 1.6. 宗茂直이 보낸 要時老 등이 土産物을 바치다.(『世宗實錄』 세종22, 『集成』5-86) 1.16. 宗貞盛이 보낸 郞甘末·多羅而羅·而羅非也·波仇沙羅·望古音甫羅 등과 宗彦七이 보낸 表阿時羅 등이 土産物을 바치다.(『世宗實錄』 세종22, 『集成』5-86) 1.19. 倭人들이 병을 치료하기 위하여 온천에 오는데, 萬戶로 하여 병이 중환자는 5일간 유하게 하고, 거짓으로 병을 칭하는 자는 서계와 예물을 모두 돌려주고 받아들이지 않도록 하다.(『世宗實錄』 세종22, 『集成』5-87) 1.21. 宗彦七이 보낸 而羅加臥都古 등이 土産物을 바치다.(『世宗實錄』 세종22, 『集成』5-87) 2.7. 禮曹判書 閔義生이 富山浦에 항거하는 倭人이 6천여 명인데, 營에 소속된 선군은 8백여명 뿐이니 진의 군사를 늘리도록 아뢰다.(『世宗實錄』 세종22, 『集成』5-87) 2.11. 宗茂直이 보낸 沙每而羅, 宗貞盛이 보낸 多羅沙也文 등이 반열에 따라 土産物을 바치다.(『世宗實錄』 세종22, 『集成』5-88) 2.16. 宗貞盛이 보낸 三末仇羅·五羅와 宗茂直이 보낸 三甫羅而羅·而郞古羅 등이 반열에 따라 土産物을 바치다.(『世宗實錄』 세종22, 『集成』5-88) 2.20. 富山浦에 사는 倭人이 料를 받고자 林溫의 아들 而羅 등의 뱃사공이 왔다고 거짓말을 하니, 李藝를 보내 推刷하여 송환하게 하고, 그 冒濫된 사유를 宗貞盛에게 알리다.(『世宗實錄』 세종22, 『集成』5-89) 2.29. 禮曹에서 宗貞盛에게 글을 보내 富山浦에 사는 倭人 藤三郞 등 39명이 양식을 받으려고 거짓말을 하여 관련된 자들을 돌려 보내니, 이들을 治罪하도록 요구하다.(『世宗實錄』 세종22, 『集成』5-89) 3.1. 領中樞院事 崔閏德이 慶尙·全羅道의 여러 섬·곳에 平安·咸吉道의 예에 의하여 千戶·百戶를 둘 것, 바닷가에 성을 쌓아 倭人의 침략에 대비할 것, 小堡와 木柵을 설치할 것 등을 상언하다.(『世宗實錄』 세종22, 『集成』5-89) 3.11. 知中樞院事 成達生이 黃海道都巡察使로 순행한 후 黃海道 沿邊에 倭寇의 침입 규모에 따른 대응책과 康翎鎭은 倭寇의 요해처이니 중앙이 되는 곳에 본읍을 설치하고 성을 쌓아 변방을 견고히 할 것 등을 상소하다.(『世宗實錄』 세종22, 『集成』5-90) 3.22. 李藝가 宗彦七·宗茂直이 보낸 사신을 받아들이지 않아 그들이 원한을 품어 도적과 연결하여 침략할지 모르니, 사신을 보내어 倭人들의 冒濫한 상황을 알리면서, 술을 내려주고 西餘鼠島에서 고기잡이를 허락할 것을 아뢰다.(『世宗實錄』 세종22, 『集成』5-93) 3.26. 宗貞盛이 보낸 多羅而羅 등이 土産物을 바치고 鑞器를 청구하다.(『世宗實錄』 세종22, 『集成』5-93) 3.27. 禮曹에서 宗彦七이 用度가 부족하다는 것을 듣고, 인편으로 쌀·콩 각 30석을 보내다.(『世宗實錄』 세종22, 『集成』5-93) 4.29. 禮曹에서 宗貞盛에게 對馬島에서 여러 관인이 사송하는 배들이 富山浦에만 정박하여 번거로우니, 三浦에 나누어 보내도록 한 약속을 지키도록 하고, 만일 이를 어길 경우 접대하지 않는다는 글을 보내다.(『世宗實錄』 세종22, 『集成』5-94) 5.19. 日本 通信使 書狀官 金禮蒙이 돌아오니 인견하고, 日本 산천의 지형·궁실의 제도·접대의 후하고 박한 것에 대해 묻다./ 禮曹에서 宗貞盛에게 글을 보내 양식을 받고자 사인이라 사칭한 三郞左衛門, 八郞左衛文과 포소에 머물면서 언사가 패만한 太郞·三郞·六郞左衛門 등을 돌려보냈음을 알리다.(『世宗實錄』 세종22, 『集成』5-95) 5.20. 日本僧 知融이 舍利閣을 유람하고 시 한 절구와 짧은 서문을 써서 절의 승려에게 주다.(『世宗實錄』 세종22, 『集成』5-95) 5.25. 通信使 僉知中樞院事 高得宗과 副使 上護軍 尹仁甫 등이 돌아와 思政殿에서 인견하고, 日本國王의 서계와 通守修理大夫 多々良持世와 管領 京兆大夫 源持之가 禮曹에 보낸 답서를 보고하다.(『世宗實錄』 세종22, 『集成』5-96) 5.26. 慶尙道觀察使가 三浦의 禁網이 소루하고 주밀하지 않아 倭人들이 조금도 두려워하고 꺼리는 것이 없어 더욱 방종을 자행하므로 금하고 막는 조건을 상세히 기록하여 아뢰다.(『世宗實錄』 세종22, 『集成』5-97) 5.29. 高得宗이 宗貞盛과 宗茂直이 孤草導에서 고기잡는 것을 허락해 준다면 영구히 도둑질 할 마음이 없어질 것이라고 말한

일본

11.25. 乃而浦와 富山浦에 倭人들이 장사하러 왔다고 칭하면서 그대로 사는 자가 많으니, 처음에 정한 60명 이외의 인원은 宗貞盛에게 글을 보내 돌려보내도록 하다. / 禮曹에서 宗貞盛에게 글을 보내 乃而浦, 富山浦에 정한 60명 이외의 불법 체류 倭人은 오는 봄에 모두 돌려보내겠다고 말하다.(『世宗實錄』 세종 21, 『集成』5-81)

11.26. 宗貞盛이 보낸 三末三甫羅 등 10인이 반열에 따라 土産物을 바치다.(『世宗實錄』 세종 21, 『集成』5-82)

11.28. 兵曹에서 忠淸·慶尙·全羅道 海道察訪인 鄭之澹의 各道· 各浦의 비변에 관한 사목을 올리다.(『世宗實錄』 세종 21, 『集成』5-82)

12.2. 右正言 鄭次恭이 處置使로 임명된 尹重富가 무재가 없어 倭人 왕래가 잦은 慶尙右道를 방어하는 데 적임이 아니라는 것 등을 아뢰다.(『世宗實錄』 세종 21, 『集成』5-83)

12.5. 宗茂直이 보낸 而羅洒父와 汝每而羅가 방을 지키는 종을 구타하였고, 宗彦七이 보낸 而羅餘文은 원래 乃而浦에 사는데 使者라고 칭탁하여 왔으니 이들 모두를 拜辭하지 말게 하고, 접대도 하지 않고 본토로 돌려보내도록 하다.(『世宗實錄』 세종 21, 『集成』5-83)

12.6. 宗茂直이 보낸 而羅沙也文 등 11인이 반열에 따라 土産物을 바치다.(『世宗實錄』 세종 21, 『集成』5-84)

12.7. 사사로이 銀을 倭人에게 팔려고 한 銀工 李德中과 그의 아비 李知의 죄를 논의하다.(『世宗實錄』 세종 21, 『集成』5-84)

12.16. 倭客 20여인과 野人들이 土産物을 바치다.(『世宗實錄』 세종 21, 『集成』5-85)

12.21. 一岐州賊 萬戶 都九羅 등 6인, 宗彦七이 보낸 都如文 등 4인, 宗貞盛이 보낸 吾羅汝文 등 2인, 宗茂直이 보낸 吾羅而羅 등 2인과 野人들이 土産物을 바치다.(『世宗實錄』 세종 21, 『集成』5-86)

【일본】

1.10. 조선의 사신이 方物을 將軍 足利義教에게 보내다. 일본의 고위관리들이 의복을 갖추고 조선 사신과 만나는 장소로 나아가다.(『建內記』三)

1.12. 足利義教가 조선의 사신에게 京都의 五山을 관람시키도록 飯尾貞連을 보내어 명령하다.(『蔭凉軒日錄』一)

1.18. 足利義教가 조선 사신이 相國寺를 방문하였을 때, 접대하도록 하고, 사찰 경내를 청소하도록 명하다.(『蔭凉軒日錄』一)

1.28. 조선 사신 일행이 사찰을 방문하다.(『蔭凉軒日錄』一)

1.29. 조선 사신 일행이 사찰을 방문하여 一見하고, 정중한 예를 올리다.(『蔭凉軒日錄』一)

2.9. 足利義教가 조선의 사신에게 줄 답례품의 出資를 籾井方에 명하다.(『蔭凉軒日錄』一)

2.15. 蔭凉職 季瓊眞藥이 조선의 사신인 高得宗 일행에게 보낼 답서의 國書 草案을 쓰고, 이를 정서해서 장군에게 열람하도록 하다.(『蔭凉軒日錄』一)

2.18. 足利義教가 조선으로 보낼 답례품을 僧侶에게 보낼 것을 명하다.(『蔭凉軒日錄』一)

2.19. 조선의 사신이 귀국하기 위해 室町殿 會所에서 足利義教에게 작별인사를 하고 떠났다. 足利義教가 조선 국왕 앞으로 보낼 답신과 답례품을 사절에 맡기다. 답례품은 扇子100, 太刀 10, 朱椀1, 奈良通2 등이다.(『蔭凉軒日錄』一) / 足利義教가 조선 국왕에게 보내는 국서이다. 두 나라의 우호를 바라는 내용이다.(『善隣國宝記』卷中)

2.29. 足利義教가 이번 조선 사신 일행이 왜구 금압을 요청하자 少貳嘉賴, 國池持朝에게 항복을 허락하고 大內持世에게 화목을 명하다.(『建內記』三)

6.15. 足利義教가 조선에 보낼 답례품의 주문을 살핀 후, 그 담당을 籾井方에서 正實坊으로 변경할 것을 명하다.(『蔭凉軒日錄』一)

것을 아뢰다.(『世宗實錄』 세종 22, 『集成』5-100)

6.12. 宗貞盛이 孤草島에서 고기잡이를 청한 일은 사람을 보내어 살펴본 연후에 다시 의논할 것 등을 宗貞盛에게 서신으로 보내다.(『世宗實錄』 세종 22, 『集成』5-102)

6.18. 持平 宋翠가 사신으로 왕래 당시 물의를 일으킨 高得宗을 면죄시키는 것에 대해 이의를 제기하다.(『世宗實錄』 세종 22, 『集成』5-103)

6.22. 倭人들에게 孤草島에서 고기잡는 일의 허락여부를 논의하였으나 결정하지 못하다.(『世宗實錄』 세종 22, 『集成』5-104)

6.26. 《國語》와《音義》를 펴냈는데 한 본이 탈락한 것이 많아 中國에서 별본을 얻었으나 완전하지 못하고, 또한 日本에서도 구하여 상세한 것과 소략한 것 두 본, 甫音 세 권을 얻었으나 완전하지 못하였다고 하다.(『世宗實錄』 세종 22, 『集成』5-104)

7.6. 宗貞盛이 보낸 和知時羅가 土産物을 바치다.(『世宗實錄』 세종 22, 『集成』5-104)

7.8. 日本國 肥前州 雲州 太守 源銳가 禮曹에 봉서하여 拈頌 한 벌을 청하다.(『世宗實錄』 세종 22, 『集成』5-105)

7.13. 領議政 黃喜가 貢法의 편의성에 대해 말하면서 동쪽의 倭賊과 북쪽의 오랑캐를 경계하는 변경 방비 같은 것은 법을 변경해서 백성을 시끄럽게 하는 폐단이 있더라도 해야 한다는 것을 예로 들다.(『世宗實錄』 세종 22, 『集成』5-105)

7.19. 咸吉道都節制使 金宗瑞에게 도망한 野人 문제에 대해 전지하면서 무과에 응시하는 자가 擊毬의 기예를 싫어하여 '毬杖으로 倭賊을 칠 것인가'라고 비웃다가 죄를 받은 자가 있었음을 말하다.(『世宗實錄』 세종 22, 『集成』5-107)

8.1. 日本 大內殿 多多良持世가 보낸 上官人·禪和子 등이 반열에 따라 土産物을 바치고, 通信使 高得宗을 통해 하사품을 내린 것을 監司하는 글을 禮曹에 올리고, 高得宗에게는 通信使 일행 중 도망간 金淵의 일을 알리는 글을 보내다.(『世宗實錄』 세종 22, 『集成』5-107)

8.17. 全羅道處置使가 倭賊 7명을 잡았는데, 2명은 물에 빠져 죽었다고 치보하다.(『世宗實錄』 세종 22, 『集成』5-109)

연도	한국
▲ 1440	8.19. 向闕賀禮·迎命, 冬至·正朝·誕日, 冊封會禮宴, 日本國王의 使送人을 인견할 때는 모두 勤政殿에서 거행하고, 그 외의 朝 參과 客人을 인견할 때는 勤政門에서 거행할 것을 禮曹에 전지하다.(『世宗實錄』 세종22, 『集成』5-109) 9.11. 日本國 大内殿이 보낸 一照 등이 하직하므로, 의복을 하사하고 酒食을 供饋하다.(『世宗實錄』 세종22, 『集成』5-109) / 禮曹에 서 多多良持世에게 바친 예물은 수납하였으며, 土産物과 大藏經1부를 돌아가는 사신편에 보내고, 通信使가 돌아올 때 도망 하고 돌아오지 않은 船軍 金淵을 끝까지 搜探하여 보내달라는 내용의 글을 보내다.(『世宗實錄』 세종22, 『集成』5-110) 10.15. 永享12/倭人들이 孤草島에서 고기잡는 일에 대한 허락여부를 논의하였으나, 대신들의 의견이 달라 결정하지 못 하 다.(『世宗實錄』 세종22, 『集成』5-110) 11.18. 宗貞盛이 보낸 望古沙伊文이 土産物을 바치다.(『世宗實錄』 세종22, 『集成』5-111)
1441	【한국】 1.11. 宗貞盛이 보낸 時羅沙也文 등 8인과 吾都里 遊德 등 10인이 와서 土産物을 바치다.(『世宗實錄』 세종23, 『集成』5-114) 1.15. 禮曹에서 宗貞盛이 法華經을 구하니, 허락해 주도록 청하니 이를 허락하다.(『世宗實錄』 세종23, 『集成』5-114) 1.27. 宗貞盛이 보낸 沙伊三甫羅등 3인이 土産物을 바치다.(『世宗實錄』 세종23, 『集成』5-114) 2.1. 宗貞盛이 승려 佑金등 4인을 보내 土産物을 바치다.(『世宗實錄』 세종23, 『集成』5-114) 2.7. 議政府에서 선군 완휼법에 대해 아뢰다.(『世宗實錄』 세종23, 『集成』5-115) 2.9. 李藝가 倭國의 소식을 듣고, 小二殿에게 信使를 보내기를 청하였으나 議政府의 논의에 따라 보내지 않다.(『世宗實錄』 세 종23, 『集成』5-116) 2.11. 宗貞盛이 보낸 吾羅時羅 등 7인이 土産物을 바치다.(『世宗實錄』 세종23, 『集成』5-116) 2.16. 宗貞盛이 보낸 延沙文 등 5인이 土産物을 바치다.(『世宗實錄』 세종23, 『集成』5-116) 3.6. 宗貞盛이 보낸 승려 而阿末 등 9인, 宗彦七이 보낸 沙近三甫羅 등 2인, 宗盛家에서 보낸 馬豆五大郞·沙也文 등 2인이 土 産物을 바치다.(『世宗實錄』 세종23, 『集成』5-117) 3.16. 一岐州의 藤九郞 등 9인이 土産物을 바치다.(『世宗實錄』 세종23, 『集成』5-117) 5.11. 宗彦七·宗盛國이 井大郞 등을 보내 土産物을 바치니, 의복과 미곡을 내려주다.(『世宗實錄』 세종23, 『集成』5-117) 5.21. 一岐州 萬戶 藤九郞 등 9인이 반열에 따라 朝謁하다.(『世宗實錄』 세종23, 『集成』5-117) 6.5. 宗貞盛이 加知時只甫 등 30인을 보내어 土産物을 바치다.(『世宗實錄』 세종23, 『集成』5-117) 6.11. 宗彦七이 皮昆而羅 등 2인을 보내 土産物을 바치다.(『世宗實錄』 세종23, 『集成』5-118) 6.12. 鹽干 등을 모집하여 各浦에 分定하고, 전투연습을 시키고 능력에 따라 貢鹽을 감해주고 부방하게 하도록 하다.(『世宗實 錄』 세종23, 『集成』5-118) 6.16. 宗貞盛이 보낸 望古沙也文이 土産物을 바치다.(『世宗實錄』 세종23, 『集成』5-118) 6.25. 慶尙道觀察使가 倭人 沙伊文仇羅는 그의 부모가 우리나라 사람이라고 하면서 머물러 살도록 청하니, 허락하다.(『世宗實 錄』 세종23, 『集成』5-119) 7.8. 배를 건조하는 일을 관장하는 제조관을 증원하다.(『世宗實錄』 세종23, 『集成』5-119) 7.13. 蒙學·倭學의 生徒를 譯科試取할 때에 四書도 아울러 講하게 하고, 倭學人은 매 試取 때마다 한 사람 이상은 선발하지 말 도록 하다.(『世宗實錄』 세종23, 『集成』5-119) 7.16. 慶尙道와 全羅道에서 배를 공납하는 일을 3년에 한번 하게 하다.(『世宗實錄』 세종23, 『集成』5-120) 7.17. 司憲掌令 洪深이 高得宗을 義禁府提調에 제수한 것의 철회를 청하면서 高得宗이 通信使로 日本에 갔을때 참람되게 無賴 한 사람을 데리고 간 것을 아뢰다.(『世宗實錄』 세종23, 『集成』5-121)
1442 ▼	【한국】 1.7. 持平 朴山酋가 우리나라에서 생산되지 않는 丹目, 白磻 등을 明의 사신들이 무역하러 오는 것은 부당하다고 아뢰니, 임금 이 丹木 등의 물품은 日本에서 생산되는 것으로, 우리나라에서 日本과 교통이 있는 것은 中國도 안다고 말하다.(『世宗實 錄』 세종24, 『集成』5-129)/ 海道察訪 鄭之澹의 건의에 따라 바닷가 백성들이 병기를 지니고 다니는 것을 허락하다.(『世宗 實錄』 세종24, 『集成』5-130) 1.8. 右正言 余孝溫이 丹木·白磻 등은 中國과 무역하지 못하는 것이 법으로 정해져 있으므로 使臣館에서 거래하는 것이 부당 하다고 아뢰다.(『世宗實錄』 세종24, 『集成』5-130) 1.23. 忠淸道 安興梁에 兵船을 정박해 놓고 萬戶로 하여금 수어하게 하는 일을 다시 의논하게 하다.(『世宗實錄』 세종24, 『集 成』5-131) 1.28. 全羅道 觀察使 琴柔가 察訪과 監牧이 牧場 사찰하는 법을 없애기를 청하다.(『世宗實錄』 세종24, 『集成』5-131) 2.11. 宗茂直이 信廉溫 등 2인을, 宗盛家가 馬豆老와 吾羅沙也文 등을 보내 土産物을 바치다.(『世宗實錄』 세종24, 『集成』5-131) 2.14. 司譯院 祿官들에게 원내에서는 우리말을 쓰지 못하도록 하고 어길 경우 처벌하도록 하다.(『世宗實錄』 세종24, 『集成』5-132) 2.24. 日本으로부터 온 中國人을 北京으로 들여보낼 것인가의 여부를 의논하게 하니, 여러 사람들이 돌려보내야 한다고 하 다.(『世宗實錄』 세종24, 『集成』5-133) 3.1.《龍飛御天歌》를 짓고자 하여 慶尙道와 全羅道觀察使에게 禑王 6년 9월에 太祖가 雲峯에서 倭寇를 소당한 사실을 상세히 기록하여 아뢰도록 전지하다.(『世宗實錄』 세종24, 『集成』5-133) / 右承旨 趙克寬에게 慶尙道 蛇梁萬戶의 革罷 여부를 물

일본
11.26. 議政府에서 海道察訪의 差遣에 대해 건의하다.(『世宗實錄』세종 22,『集成』5-111) / 全羅道 都體察使 鄭淵이 아뢴 備邊策을 병조에 내려 의논하게 하니, 병조에서 海道察訪으로 하여금 邊郡을 순행하면서 효유하고 장려하게 하자고 아뢰므로 그대로 따르다.(『世宗實錄』세종 22,『集成』5-112)
12.8. 前 判漢城府事 許周의 卒記에 그가 知襄州事에 나갔을 때 倭寇가 충만하여 백성들이 모두 산으로 도망했는데, 許周가 읍성을 쌓고 倭寇를 방비함에 법제가 있게 했다고 적다.(『世宗實錄』세종 22,『集成』5-113)
12.10. 宗貞盛이 보낸 仇乃時羅·溫都老 등 2인이 와서 土産物을 바치다.(『世宗實錄』세종 22,『集成』5-113)
12.23. 對馬島의 倭人 表溫古老 등 6인이 풍랑을 만나 全羅道 長興에 숨었는데, 宗貞盛에게 글을 보내 이들을 치죄하지 않고 양식을 주어 돌려보냈음을 알리다.(『世宗實錄』세종 22,『集成』5-113)
7.18. 議政府에서 濟州 各浦의 公私 船隻이 防護所에 소속되었으나 體統이 없으니, 모두 찾아내어 三軍으로 나누어 각기 관내에 정박시켰다가 倭賊이 있으면 좌우에서 협공하도록 아뢰니, 그대로 따르다.(『世宗實錄』세종 23,『集成』5-121)
7.19. 司憲府에서 高得宗이 通信使로 日本에 갈 때 雜戲를 좋아하여 거짓으로 金海官奴 申福이 선상에 익숙하다고 계문하여 데리고 간 사실을 상소하다.(『世宗實錄』세종 23,『集成』5-122)
8.4. 掌令 金孟獻이 高得宗이 日本에 통신사로 갔을 때의 일을 말하면서 聖節使로 삼은 것을 취소하도록 아뢰었으나, 허락하지 않다.(『世宗實錄』세종 23,『集成』5-122)
8.5. 司憲府에서 高得宗이 日本에 통신사로 갈 때 잡기를 좋아하여 耳目을 즐기려고 金海의 官奴를 선상에 익숙하다고 계문한 일과 그의 행동을 아뢰면서 聖節使로 삼은 명령을 거두어 달라고 상소하였으나 윤허하지 않다.(『世宗實錄』세종 23,『集成』5-123)
8.16. 宗彦七이 보낸 皮古三甫羅등 4인과 吾良哈 充賞 등 3인이 반열에 따라 土産物을 바치다.(『世宗實錄』세종 23,『集成』5-123)
8.22. 咸吉道 都節制使가 포로가 된 漢人 李相의 일을 치계하여 의논하게 하니, 黃喜, 安止 등이 포로가 漢人을 野人으로부터 사서 解送하는 일은, 한인으로서 倭寇에게 포로된 자를 사서 해송하는 전례대로 하도록 아뢰다.(『世宗實錄』세종 23,『集成』5-124)
9.12. 慶尙右道 處置使 李澄石이 鐵蒺藜는 兵家의 利器이니, 倭賊의 요해로에 빽빽히 펴 놓아 대비할 것을 아뢰다.(『世宗實錄』세종 23,『集成』5-124)
9.21. 宗貞盛이 보낸 由羅沙也文 등 2인이 반열에 따라 土産物을 바치다.(『世宗實錄』세종 23,『集成』5-124)
11.6. 宗貞盛이 보낸 頓沙文 등 네 사람이 隨班하고 土産物을 바치다.(『世宗實錄』세종 23,『集成』5-125)
11.21. 宗貞盛이 보낸 上官人 而羅時羅 등 11인이 隨班하고 土産物을 바치다. / 右承旨 李承係을 인견하고 大內殿이 新羅의 후예라는 것과 太宗朝에 百濟의 땅에 농사짓기를 청한 일을 얘기하면서, 倭人이 孤草島에서 고기잡는 것에 대해 의논하여 아뢰게 하다.(『世宗實錄』세종 23,『集成』5-125)
11.22. 領議政 黃喜, 左贊成 河演 등의 의논에 따라 孤草島에 倭人들이 고기잡는 일을 허락하고, 宗貞盛에게 글을 보내 배의 대소를 구분하여 文引을 주어 내왕하게 하고, 知世浦에 세를 바칠 것 등을 알리다.(『世宗實錄』세종 23,『集成』5-126)
11.23. 右議政 申槩가 倭人이 孤草島에서 고기잡는 일을 허락해서는 안 된다고 청하였으나, 윤허하지 않다.(『世宗實錄』세종 23,『集成』5-127)
윤11.10. 集賢殿副提學 崔萬里가 興天寺의 사리각 경찬회를 베풀지 말도록 상소하면서, 근래에 野人과 倭賊의 침략으로 성을 쌓고 백성을 옮기는 일로 閭里가 소란하다고 말하다.(『世宗實錄』세종 23,『集成』5-127)
윤11.14. 司諫院과 司憲府에서 연명으로 사리각 경찬회를 파하기를 청하면서, 우리나라에서는 위에 북쪽으로는 野人의 방비를 엄히 하고 남쪽으로는 倭賊의 경계를 중하게 한다고 말하다.(『世宗實錄』세종 23,『集成』5-128)
12.3. 慶尙道左道處置使 金孝誠이 宗貞盛이 보낸 望古時羅가 日本國王과 大內殿이 阿可馬豆에 의해 살해되었음을 말했다고 치보하다.(『世宗實錄』세종 23,『集成』5-129)
12.15. 義禁府에서 高得宗·金智 등에 대한 형량을 아뢰니 得宗만 告身을 빼앗고 나머지는 논하지 말도록 하다.(『世宗實錄』세종 23,『集成』5-129)

【일본】
11.7. 足利義勝이 征夷大将軍이 되다.
-. 이해 가을, 安東盛季가 南部義政에게 津輕十三湊을 공격하려고 小泊의 柴館으로 떠나다.(『新羅之記録』)

으니, 倭寇들이 우리나라나 中國으로 도적질 갈 때 蛇梁을 경유하여 蓮花浴池島에 식수를 가져가는 곳이니, 革罷하지 말고 지략이 있는 자를 보내어 지키는 것이 좋다고 답하다. / 兵曹에서 慶尙道 觀察使의 보고에 의거하여 居叱多浦는 對馬島와 民家의 煙火를 서로 바라볼 수 있을 정도로 가까우니, 여기서 도로가 서로 통하는 防垣峴에 煙臺를 설치하여 적변이 있으면 빨리 알리도록 아뢰니, 그대로 따르다.(『世宗實錄』세종 24,『集成』5-134)

3.2. 京畿水軍을 합번하고 60이 넘어도 강장한 자는 계속 쓰도록 하다.(『世宗實錄』세종 24,『集成』5-135)

3.26. 慶尙道處置使 李澄石이 對馬島의 倭人이 中國에 들어가 도적질을 하고 있다고 치계하다.(『世宗實錄』세종 24,『集成』5-136)

5.1. 宗貞盛이 보낸 延由 등 28인이 土産物을 바치다. / 禮曹에서 宗貞盛에게 글을 보내어 對馬島에서 보내는 使送船과 貿易船을 약조한 대로 乃而浦, 富山浦, 鹽浦에 한 차례씩 돌아가면서 정박하도록 알리다.(『世宗實錄』세종 24,『集成』5-136)

5.6. 宗彦七이 圖書를 빌려서 銅鑼를 요구하니 禮曹에서 圖書는 부자간일지라도 빌려서 쓸 수 없는 것이지만, 교분을 생각하여 한 부만 보내니 이후로는 傳借하는 일이 없도록 하는 글을 보내다.(『世宗實錄』세종 24,『集成』5-137)

연도	한국
▲ 1442	5.11. 宗貞盛이 보낸 時知羅·沙也文이 土産物을 바치다.(『世宗實錄』 세종24, 『集成』5-137) 5.21. 宗貞盛이 보낸 表阿時羅 등 9인이 土産物을 바치다.(『世宗實錄』 세종24, 『集成』5-138) 6.6. 宗貞盛이 보낸 頓沙文 등 13인과 宗彦四郎盛化가 보낸 仇羅沙也文 등 2인이 朝班에 따라 土産物을 바치다.(『世宗實錄』 세종24, 『集成』5-138) 6.15. 倭人 頓沙文이 小二殿이 전쟁에 패하여 군사 5천여 명을 거느리고 對馬島에 머물러 있다고 말하니, 慶尙左·右道 兵馬都節制使와 水軍都安撫處置使에게 알아보라고 전지하다.(『世宗實錄』 세종24, 『集成』5-138) 6.16. 宗熊二郎丸이 建牧 등 2인을 보내 土産物을 바치다.(『世宗實錄』 세종24, 『集成』5-138) 6.17. 宗貞盛이 孤草島의 釣魚에 대한 세를 감면해주기를 청하니, 대선 한척에 500마리에서 300마리로, 중선 한척에 400마리에서 250마리로, 소선 한척에 300마리에서 200마리로 세를 감면해 주다.(『世宗實錄』 세종24, 『集成』5-139) 6.19. 吏曹에서 咸吉道·平安道·全羅道·慶尙道에 위치한 邑과 縣은 적이 침입하는 길의 요충지라서 방어가 긴요한 지역이라고 아뢰다.(『世宗實錄』 세종24, 『集成』5-139) 6.29. 全義君 李梡을 北京에 皇后의 冊封을 하례하기 위해 보내면서, 그 奏本에 野人과 倭賊에게 잡혔다가 도망온 中國 사람을 解送한 수가 모두 1,275명이라고 적다.(『世宗實錄』 세종24, 『集成』5-139) 7.1. 宗貞盛이 보낸 其知 등 7인이 와서 土産物을 바치다./ 宗貞盛에게 쌀과 대두 2백 석과 소주 50병·면주 10필·흰 모시베 5필·검은 삼베 5필·호피 5장·마른 청어 1백 두름·마른잉어 1백 마리·鑼鍋 1개·靑銅火爐 1개·놋쇠 동이 2개·滿花方席 10장을 하사하다.(『世宗實錄』 세종24, 『集成』5-140) 7.6. 宗貞盛이 而羅·時羅 등을 보내 土産物을 바치다.(『世宗實錄』 세종24, 『集成』5-140) 7.11. 宗貞盛이 보낸 大郎·四郎 등 3인이 반열에 따라 土産物을 바치다./ 領中樞院事 崔閏德이 남쪽의 倭人들이 자기들끼리 서로 전란을 일으키고 있으니 남쪽의 수비를 엄중하게 하기를 청하면서, 역대 倭寇가 흥성하고 쇠약했던 일과 우리나라의 征東하던 옛 일을 진술하다.(『世宗實錄』 세종24, 『集成』5-141) 7.15. 唐津縣監 宋元미이 辭朝하니, 인견하고 근래 倭寇의 소문이 잇달아 들려오고 백성들이 厄運을 만나 편하게 살지 못하니, 나아가 직무를 다하라고 하다.(『世宗實錄』 세종24, 『集成』5-141) 7.20. 慶尙道 四川·固城·寧海 등을 비롯한 下三道 邑城을 우선 축조하고 점차 내지의 읍성을 축조하기로 하다.(『世宗實錄』 세종24, 『集成』5-142) 7.21. 宗貞盛이 보낸 汝每·多羅 등 4인이 土産物을 바치다.(『世宗實錄』 세종24, 『集成』5-142) 8.1. 宗貞盛이 보낸 仇羅沙也文 등 2인과 望古羅 등 3인이 와서 土産物을 바치다.(『世宗實錄』 세종24, 『集成』5-142) 8.4. 兵曹에서 해안 방위에 미진한 사항을 보충하여 건의하다.(『世宗實錄』 세종24, 『集成』5-143) 8.6. 宗貞盛이 보낸 沙應·古時羅·沙也文 등 11인이 와서 土産物을 바치다.(『世宗實錄』 세종24, 『集成』5-144) 8.10. 兵曹에서 각도와 진의 僉節制使와 萬戶 수급방안을 건의하다.(『世宗實錄』 세종24, 『集成』5-144)/ 慶尙右道處置使가 倭船이 동태가 수상하고, 對馬島에는 적도의 무리가 모이고 있어, 우리 군사가 合番하여 방어하고 있다고 아뢰니, 합번하여 방어하지 말고 매월의 당번인 水陸軍이 정비를 강화하여 방어하게 하다.(『世宗實錄』 세종24, 『集成』5-145) 8.11. 宗茂直이 보낸 信廉溫 등 2인이 土産物을 바치다.(『世宗實錄』 세종24, 『集成』5-145) 8.16. 宗貞盛이 보낸 古老·羅時 등이 土産物을 바치다.(『世宗實錄』 세종24, 『集成』5-145) 8.21. 宗彦七과 宗盛國이 井大郎 등 3인을, 宗貞盛이 多羅沙也文 등 5인을 보내 土産物을 바치다.(『世宗實錄』 세종24, 『集成』5-145) 8.24. 全羅道 觀察使가 鉢浦千戶 金井缶가 羅老島에 도착한 倭人 9명을 체포하고, 呂島千戶 崔浣이 4척에 배에 나누어 타고 伊老島로 향하는 倭人 38명을 사로잡았다고 치보하다.(『世宗實錄』 세종24, 『集成』5-146)
1443 ▼	【한국】 1.1. 倭人 早田光軌·藤九郎 등이 土産物을 바치다.(『世宗實錄』 세종25, 『集成』5-155) 1.8. 倭賊 萬戶 六郎次郎에게 전례에 따라 쌀·콩 50섬과 의복·갓·신을 하사하다.(『世宗實錄』 세종25, 『集成』5-156) 1.9. 축성감독을 잘하여 5년이 되도록 무너지지 않은 자를 조사하여 아뢰도록 하다.(『世宗實錄』 세종25, 『集成』5-156) 1.10. 濟州安撫使가 세 곳에 성을 쌓아 방어할 것을 건의하다.(『世宗實錄』 세종25, 『集成』5-156) 1.13. 倭使 崔浣이 倭人을 죽인 일에 대해 물으면 어떻게 대답할 것인지와 日本에 보내는 通信使에 대해 논의하다.(『世宗實錄』 세종25, 『集成』5-157) 1.14. 각 포구에 정박하는 倭人들을 함부로 살해하지 말도록 兵曹에 전지하다.(『世宗實錄』 세종25, 『集成』5-158) 1.22. 禮曹참판 許詡가 通信使의 행차에 樂工을 제외할 것을 건의하였으나, 허락하지 않다.(『世宗實錄』 세종25, 『集成』5-158) 1.28. 崔浣을 義禁府에 가두고 倭人을 잡아죽인 사유를 다시 추궁하게 하다.(『世宗實錄』 세종25, 『集成』5-159) 2.1. 宗貞盛이 보낸 而羅沙也文 등 33인이 반열에 따라 土産物을 바치다.(『世宗實錄』 세종25, 『集成』5-159) 2.5. 議政府와 禮曹에서 慶尙道 처치사가 보내온 편지에 의거하여 日本 국내에 변고가 있으므로, 뒤에 오는 倭人에게 물어서 사변을 안 연후에 通信使를 보내길 청하니, 그대로 따르다.(『世宗實錄』 세종25, 『集成』5-159) 2.6. 宗貞盛이 三甫羅洒毛등 4인을 보내 土産物을 바치다.(『世宗實錄』 세종25, 『集成』5-160) 2.11. 宗貞盛이 보낸 吾羅洒毛 등 17인이 土産物을 바치다./ 禮曹에서 파선하여 빠져 죽은 倭人 두 명은 萬戶로 하여금 장사지내주고, 생존한 다섯 사람은 의복과 양식을 주어 돌려보내도록 청하니, 그대로 따르다.(『世宗實錄』 세종25, 『集成』5-160)

일본

8.27. 禮曹에서 宗貞盛에게 羅老島와 伊老島에서 사로잡은 倭人이 宗貞盛의 증명서를 지녔으므로 석방하면서 약정에 의거하여 처벌하고 회보해 달라는 公文을 보내다.(『世宗實錄』 세종 24, 『集成』5-146)

9.21. 각도 각포의 병선 손실에 대해 해당관리에게 현물대신 대가를 징수하도록 하다.(『世宗實錄』 세종 24, 『集成』5-147)

10.6. 全羅道 處置使 李恪이 今音毛島에 도착한 倭人 11명을 崔浣이 죽였다고 아뢰니, 굶주린 倭人을 한 명도 산 채로 잡지 않았다고하여 그 사유를 推鞫하여 아뢰라고 전지하다.(『世宗實錄』 세종 24, 『集成』5-147)

10.8. 兵曹에서 崔浣이 倭人들을 만나 그들이 항거해 싸웠다는 것은 실상을 인정하기 어려우니, 朝官을 보내어 推覈하도록 아뢰니, 그대로 따르다.(『世宗實錄』 세종 24, 『集成』5-148)

10.11. 宗貞盛이 보낸 仇羅沙也文등 16인과 宗盛家가 보낸 昌益 등 3인이 반열에 따라 土産物을 바치다./ 大護軍 金連枝를 보내 崔浣의 일을 조사하도록 하다.(『世宗實錄』 세종 24, 『集成』5-148)

10.16. 宗貞盛이 보낸 和知羅文 등 8인이 土産物을 바치다.(『世宗實錄』 세종 24, 『集成』5-149)

10.21. 宗貞盛이 보낸 望古三甫羅 등 4인과 宗彦七이 보낸 井大郎 등 3인이 반열에 따라 土産物을 바치다.(『世宗實錄』 세종 24, 『集成』5-149)

10.25. 禮曹에서 宗貞盛에게 宗盛家가 보낸 沙應古·時羅沙也文, 宗茂直이 보낸 馬豆老·吾羅沙也文, 宗貞盛이 보낸 時羅三甫羅 등이 거짓으로 문서를 꾸며 와서 논죄해야 하니, 회답을 달라는 서신을 보내다.(『世宗實錄』 세종 24, 『集成』5-149)

10.28. 日本國 筑州石城의 小吏 宗金이 아들을 보내어 土産物을 바치다.(『世宗實錄』 세종 24, 『集成』5-150)

11.1. 宗貞盛이 보낸 時羅 등 4인이 土産物을 바치다.(『世宗實錄』 세종 24, 『集成』5-150)

11.8. 漢學·蒙學·倭學 通事와 마찬가지로 女眞通事도 승진하는 길을 열어 주도록 하다.(『世宗實錄』 세종 24, 『集成』5-150)

11.12. 宗貞盛이 時知郞古羅 등 24인을 보내 土産物을 바치다.(『世宗實錄』 세종 24, 『集成』5-150)

11.13. 全羅道 敬差官 金連枝가 崔浣의 일을 조사하여 倭人들이 今音毛島에 이르러 圖書文引을 바치는데 이를 보고, 崔浣이 모두 목을 베었으니, 금고시키고 추국하도록 치계하자, 그대로 따르다.(『世宗實錄』 세종 24, 『集成』5-151)

11.19. 議政府에서 禮曹의 정문에 의거하여 서울에 올라와 무역하는 倭人의 왕래가 끊이지 않아 그에 따른 폐단이 많다고 하면서, 그에 대한 대책을 아뢰다.(『世宗實錄』 세종 24, 『集成』5-151)

12.1. 宗貞盛이 보낸 三甫羅·沙伊文 등 2인이 반열에 따라 土産物을 바치다.(『世宗實錄』 세종 24, 『集成』5-152)

12.3. 禮曹에서 一岐州의 上萬戶 都仇羅는 원래 강한 도적이었는데, 지금 친히와서 조회한다고 아뢰면서, 쌀·콩 20석과 의복·갓신을 내려 주길 청하니, 그대로 따르다.(『世宗實錄』 세종 24, 『集成』5-152)

12.4. 倭人과 같이 배를 타고 온 中國人을 中國으로 돌려 보낼것인가에 대해 의논하였으나, 돌려보내지 않고 對馬島로 보내다.(『世宗實錄』 세종 24, 『集成』5-152)

12.11. 禮曹에서 적의 萬戶 부田과 宮內四郎은 모두 강한 도적인데 지금 친히 와서 조회하니, 부田에게는 쌀·콩 30석과 의복·갓·신을 내려 주고 宮內四郎에게는 쌀·콩 20석과 의복·갓·신을 내려주길 청하니, 그대로 따르다.(『世宗實錄』 세종 24, 『集成』5-153)

12.16. 宗貞盛이 보낸 三甫羅·多羅 등 2인과 宗彦七이 보낸 時知羅·沙文 등 2인과 野人들이 土産物을 바치다./ 日本에 通信使를 보내는 문제를 議政府에 의논하게 하여, 黃喜의 의견에 따라 보내기로 하고, 吏曹에 명하여 通信使가 될 만한 사람을 선택하게 하다.(『世宗實錄』 세종 24, 『集成』5-153)

12.21. 日本國의 승려 光軒이 시를 청구하니, 文臣에게 명하여 시를 지어 주게 하다.(『世宗實錄』 세종 24, 『集成』5-154)

12.24. 卞孝文이 日本國의 通信使가 되니, 그의 告身을 돌려주다.(『世宗實錄』 세종 24, 『集成』5-154)

12.26. 宗彦次郎이 보낸 加知老·時羅甫 등 2인과 對馬島의 都萬戶 六郎 등 5인과 宗貞盛이 보낸 羅伊照 등 4인과 野人들이 土産物을 바치다./ 倭人 부田이 관작을 받고자 하니, 金宗瑞에게 가서 부田이 관작을 받고자 하는 의도를 상세히 물어보도록 하다.(『世宗實錄』 세종 24, 『集成』5-154)

【일본】

5.6. 管領 畠山持國이 조선 사신의 상경 경비를 여러 大名이 지불하지 않았기 때문에, 사신을 돌려보내려는 안을 大外記 淸原業忠에게 諮問하다. 業忠이 外交文書의 과오로써 문책하는 안을 제시하자, 사절의 名目이 足利義教를 弔問하는 것으로 상경을 허락하다.(『康富記』一)

6.11. 조선의 사신 일행이 일본에 오다.(『續史愚抄』卅六)

6.19. 조선의 사신 일행들이 太政大臣인 足利義教를 조문하기 위한 사신이라고 말하다.(『續史愚抄』卅六)

6.19. 조선의 사신인 卞孝文 일행이 室町殿에서 將軍 足利義勝의 접견을 받다. 일행은 50명 정도가 말을 타고, 鉦鼓 등을 길에서 연주하다.(『康富記』一)

6.23. 播磨國에서 몰락당해 행방을 감춘 赤松左馬助가 菊池氏와 서로 모의하여 조선에 들어갔는데, 조선의 사신이 와서 이러한 사정을 호소하자, 막부가 퇴치를 명해다는 것을 전해 듣다.(『建内記』六)

6.-. 조선의 사신이 와서 足利義勝를 조문하다. 6월 19일 조선사절은 장군을 만나다.(『南方紀傳』下)

7.2. 조선사신 卞孝文이 足利義教를 조문하기 위해 相國寺의 범당에 참석하다.(『武家年代記』裏書)

7.6. 万里小路時房은 조선사신 卞孝文 일행이 자택의 문앞을 통과하는 것을 모다. 말위에서 악기를 연주하는 자가 있다.(『建内記』六)

-. 宗貞盛이 대마도주가 되어 조선과 약조를 맺다. 조선의 사신 일행들이 와서 足利義教를 조문하다. 조문 사절이 끊이지 아니하다.(『嘉吉記』)

-. 조선과 대마도가 癸亥約條를 체결하여 諸藩의 세견선의 수를 모두 정하다. 대마도는 별도로 50척을 세견선의 수로 정하다. 접대를 원활히 하기 위해 삼포왜관에 나누어서 정박하도록 하다.(『十九公實錄』)

-. 조선의 사신이 對馬島에 도착하여 宗氏와 交隣의 儀를 맺다. 이때 조선과 대마도가 歲遣船 및 여러 가지 일을 약조하다.(『宗氏家譜』)

연도	한국
▲ 1443 ▼	2.13. 宗貞盛이 보낸 頓沙文 등 4인이 土産物을 바치니, 頓沙文에게는 의복 두 벌·갓·신·쌀·콩 30섬을 주고, 나머지 세 사람에게는 의복을 각 한 벌씩 주다.(『世宗實錄』세종25, 『集成』5-160) 2.14. 金宗瑞가 頓沙文이 작년 8월에 倭人 38명이 고기를 잡으려고 증명서를 가지고 孤草島 근처에 도착했는데, 崔浣이 붙잡아 옥에 가두고 물건을 빼앗았다고 말한 것을 아뢰니, 崔浣이 義禁府에 잡혀 있어 그 사유도 함께 문초하다./ 全羅道處置使 李恪이 崔浣이 倭人을 잡은 일은 조심하지 않았음이 覈實되었다고 치보하니, 義禁府에서 崔浣을 문초하길 청하다.(『世宗實錄』세종25, 『集成』5-161) 2.16. 宗貞盛이 보낸 多羅溫沙毛 등 4인과 野人들이 土産物을 바치니, 옷, 갓, 신을 주다.(『世宗實錄』세종25, 『集成』5-161) 2.19. 禮曹에서 大內殿에게 致奠하는 의식을 아뢰다.(『世宗實錄』세종25, 『集成』5-161) 2.21. 通信使 卞孝文과 副使 尹仁甫가 日本國王에게 보내는 서계와 제사하는 글, 大內殿에게 제사하는 글과 서계, 小二左武衛, 關西道大友, 議政府太守, 一岐州 佐志, 九州 松浦의 佐志 등에게 줄 예물과 글을 가지고 日本으로 떠나다.(『世宗實錄』세종25, 『集成』5-162) 2.25. 禮曹에서 宗貞盛이 보낸 頓沙文이 쌀 1백섬과 말 2필을 청하는데, 崔浣의 일도 있으니 그 청을 들어주도록 아뢰니, 그대로 따르다.(『世宗實錄』세종25, 『集成』5-163) 2.26. 全羅道觀察使에게 崔浣이 죽인 倭人의 유골을 거두어 매장하고 제사를 지내주도록 전지하다.(『世宗實錄』세종25, 『集成』5-163) 2.28. 崔浣이 倭人을 죽인 일에 대해 의논하고, 全羅道 觀察使와 處置史, 義禁府 都事 宋繼祀에게 安島와 今毛島가 孤草島로 왕래하는 곧은길인지 아닌지 差使員을 보내어 살피고 보고하도록 전지하다./ 宗貞盛의 아들 千代熊瓦가 宗交를 보내어 말 두필을 바치다.(『世宗實錄』세종25, 『集成』5-165) 4.7. 왕세자가 慶尙監司가 바친 바다 섬 지도를 놓고 수로를 살펴 崔浣의 죄를 논하다.(『世宗實錄』세종25, 『集成』5-165) 4.9. 戶曹判書 朴從愚 등이 崔浣의 죄를 논의하여 아뢰니, 임금이 율대로 참형에 처하는 것이 가하다고 하면서 단단히 가두도록 하다.(『世宗實錄』세종25, 『集成』5-166) 4.21. 宗貞盛이 沙未三甫羅등 2인을 보내 土産物을 바치다./ 義禁府에서 倭人을 함부로 죽인 呂島 千戶 崔浣을 處斬하도록 아뢰니, 金海府로 보내어 가두게 하다.(『世宗實錄』세종25, 『集成』5-166) 5.6. 倭人 吾羅沙文 등 25인이 수반하여 土産物을 바치다.(『世宗實錄』세종25, 『集成』5-167) 5.11. 宗貞盛이 而羅沙毛 등 28인을 보내 土産物을 바치다.(『世宗實錄』세종25, 『集成』5-167) 5.13. 入京한 倭人들이 朝參日이 아니더라도 숙배를 할 수 있게하여 오래 머물러 있는 폐단을 없게 하라고 禮曹에 전지하다.(『世宗實錄』세종25, 『集成』5-167) 5.16. 司諫院에서 축성공사를 완화할 것 등을 건의하다.(『世宗實錄』세종25, 『集成』5-167)/ 宗貞盛이 仇羅時羅 등 5인을 보내 土産物을 바치다.(『世宗實錄』세종25, 『集成』5-168) 5.20. 宗貞盛이 輿毛時羅 등을 보내 土産物을 바치다.(『世宗實錄』세종25, 『集成』5-169) 5.21. 浙江 昌國縣 사람 衛小旗·戴弗名 등 6명이 倭人에게 잡혔다가 도망쳐 오니, 司譯院 判官 金精秀를 보내 遼東으로 압송하다.(『世宗實錄』세종25, 『集成』5-169) 5.22. 慶尙道觀察使에게 崔浣이 倭人을 죽여 극형을 받는다는 사실을 숨기지 말고, 倭人들에게 저절로 전파되게 하라고 전지하다.(『世宗實錄』세종25, 『集成』5-169) 5.23. 宗貞盛이 馬都甫 등 3인을 보내 土産物을 바치다.(『世宗實錄』세종25, 『集成』5-169) 5.28. 지평 李宗兼이 日本 通信使 卞孝文와 書狀官 申叔舟가 日本에 갈 때 慶尙道의 首領, 萬戶들이 기생 10여명과 함께 2, 3일동안 전송했는데, 이를 거절하지 않았다 하여 이들의 파직을 청하였으나, 허락하지 않다./ 濟州 安撫使가 三更防護所에 성을 쌓기를 청하나 요해처에만 방어하게 하다.(『世宗實錄』세종25, 『集成』5-170) 6.10. 司憲府 持平 張敔가 高得宗을 외방에 종편하게 명한 것은 부당하다고 아뢰면서, 高得宗이 日本에 사신으로 갔을 때 죄가 중했으나 가벼운 법에 따랐다고 말하다./ 友獻納 趙峿가 고득종이 처벌이 가벼움을 아뢰니 상이 서울에 들어오지 못하게 하였으므로 징계하는 것이 족하다고 말하다./ 全羅道處置使가 倭船이 西餘鼠島에서 濟州道 貢船 한척을 공격했다고 치보하니, 義禁府 知事 李亨增을 全羅道에 보내 조사하게 하고, 李繼賢을 慶尙道에 보내어 孤草島에 오는 倭人은 모두 가두고, 추국하여 계달하게 하다.(『世宗實錄』세종25, 『集成』5-171) 6.11. 司憲府와 知司諫院事 李思哲이 高得宗의 죄에 대해 상소하면서, 高得宗이 日本에 사신으로 갈 때 지은 죄를 말하다.(『世宗實錄』세종25, 『集成』5-172) / 예조에서 귀화한 사람들 중 문제를 일으키는 자는 마을 色掌과 管領 등으로 하여금 바로 본조에 고발하도록 하게 하여 그 죄가 가벼운 자는 문책만 하고, 중한 자는 계달하여 區處하도록 하자고 청하니 그대로 따르다.(『世宗實錄』세종25, 『集成』5-174) / 倭人 多羅沙也文이 東平館에서 함부로 관문을 나가니 문을 지키는 자가 이를 금하였더니 때려서 상처를 입혔으므로 監護官을 보내어 문책하고, 이 사실을 島主에게 공문을 보내 알리다.(『世宗實錄』세종25, 『集成』5-174) 6.14. 申槩, 皇甫仁 등과 貢船을 침범하고 약탈한 倭船에 대한 대책을 논의하여, 尹仁紹를 對馬島에 보내 사정을 살핀 후에 朝官을 보내도록 하다.(『世宗實錄』세종25, 『集成』5-175) 6.21. 宗貞盛이 要吾時羅 등 6인을 보내 土産物을 바치다.(『世宗實錄』세종25, 『集成』5-176) 6.22. 禮曹參判 許詡가 李藝가 對馬島에 갈 사신을 자정한다고 아뢰니, 從使官 등은 李藝가 정부와 더불어 선택하여 계달하도

일본

록 하고, 의복 일곱 벌과 紗帽를 하사하다.(『世宗實錄』 세종 25, 『集成』5-176)

6.25. 慶尙道 敬差官 李繼賢이 乃而浦에 거류하는 三未而羅가 대마도 왜선 2척과 一岐州 왜선 3척이 3, 4월에 중원에서 도적질하고 귀환하면서 一岐州의 배가 西餘鼠島에서 공선을 공격하고 본섬으로 돌아갔다고 말한 것을 치계하다.(『世宗實錄』 세종 25, 『集成』5-176)

6.27. 濟州道 安撫使 辛處康이 知大靜縣事 康純이 倭船 한 척을 만나 2인은 죽이고 9인을 사로 잡았다고 치계하니, 鄭廣元을 보내어 그들을 위로하고 체포한 倭人중에 괴수 2, 3명을 압송하도록 전지하다.(『世宗實錄』 세종 25, 『集成』5-177)

7.1. 慶尙道處置使 丁艮이 一岐州 上萬戶 都仇羅가 濟州官船을 노략질한 자가 一岐州의 豆加磨頭라고 말했다고 치계하니, 이에 대해 黃喜, 皇甫仁 등과 의논하여 豆加磨頭를 조사하기 위해 通事를 보내어 都仇羅를 부르게 하다.(『世宗實錄』 세종 25, 『集成』5-177)

7.6. 宗貞盛이 而羅沙也文 등 20인을 보내어 土産物을 바치다.(『世宗實錄』 세종 25, 『集成』5-179)

7.7. 黃喜, 申槩 등과 日本에 잡혀간 사람들을 찾아올 방도에 대해 의논하고, 사로잡은 倭人들은 먼저 보내야 할 것이라고 말하다.(『世宗實錄』 세종 25, 『集成』5-179)

7.9. 倭通事 李秀材가 慶尙道에 돌아와 都仇羅가 명령을 듣고 기뻐하여 길을 떠났다고 아뢰다.(『世宗實錄』 세종 25, 『集成』5-180)

7.10. 都仇羅에게 상을 하사할 방도를 의논하다.(『世宗實錄』 세종 25, 『集成』5-181)

7.12. 議政府와 禮曹에서 對馬島에 副使로 가는 車恂의 계급을 四品에서 三品으로 올려주기를 청하니, 갑자기 공도 없이 올려줄 수는 없고 돌아온 뒤에 공이 있으면 올려주겠다고 하다.(『世宗實錄』 세종 25, 『集成』5-181)

7.13. 濟州에서 잡은 蘇吾預 등 3인이 오니, 義禁府에 내려서 국문하게 하다./ 宗貞盛이 與毛三甫羅등 4인을 보내 土産物을 바치다.(『世宗實錄』 세종 25, 『集成』5-182)

7.14. 잡아온 倭人들을 공초하고, 楊州府에 가두게 하다.(『世宗實錄』 세종 25, 『集成』5-182)

7.17. 宗貞盛이 沙伊文을 보내 禮曹에 글을 올려 崔浣를 죽이는 것은 交隣의 도에 어긋나니 죽이지 말기를 청하니, 답서에 국가에서 區處가 있을 것이라고 적어 보내다./ 議政府體察使 李藝가 하직하다.(『世宗實錄』 세종 25, 『集成』5-183)

7.18. 倭通事 崔雄이 濟州道 貢船을 공격한 자는 對馬島의 時羅死也文과 一岐州의 毛都里에 사는 頓沙也文이었다는 尹仁紹의 사목과 이를 조치하는 내용을 담은 宗貞盛의 書契를 가지고 오다.(『世宗實錄』 세종 25, 『集成』5-183)/ 皮尙宜가 倭人 都仇羅를 데리고 오다.(『世宗實錄』 세종 25, 『集成』5-184)/ 禮曹참판 許詡에게 먼저 생포한 倭人을 돌려보내고 잡혀간 본국 사람을 돌려 받을 것인지를 議政府에서 의논하게 하다.(『世宗實錄』 세종 25, 『集成』5-185)

7.19. 義州判官 洪有江이 가져온 皇帝의 勅書에 浙江都司 海門衛가 倭寇 7명을 생포하여 北京으로 압송했는데, 1명이 병으로 죽었다는 내용이 기록되다.(『世宗實錄』 세종 25, 『集成』5-185)/ 禮曹參判 許詡에게 中國에 표착한 아국인을 데려옴에 어느때 中國에 사은할지를 議政府와 의논하게 하다.(『世宗實錄』 세종 25, 『集成』5-186)

7.20. 都仇羅가 一岐州에 가서 도둑질한 倭人을 잡아오고, 우리나라 사람들을 찾아올 방도에 대해 말하다.(『世宗實錄』 세종 25, 『集成』5-186)/ 宗貞盛이 老仇羅 등 7인을 보내 土産物을 바치다.(『世宗實錄』 세종 25, 『集成』5-187)

7.22. 右議政 申槩의 의견에 따라 招撫官 康勸善을 金九郎[都仇羅]과 함께 一岐州에 使臣으로 보내고, 戶曹判書 朴從愚의 의견에 따라 藤九郎으로 하여금 蘇吾預를 만나보게 하다.(『世宗實錄』 세종 25, 『集成』5-187)

7.23. 楊洲에 갇혀 있는 蘇吾預 등에게 옷·띠[帶]·갓[笠]·신[靴]을 내려주고, 후하게 支待할 것을 명하다./ 金宗瑞와 許詡가 생포한 倭人을 돌려보낼 것인지에 대해 의견을 달리하니, 임금이 藤九郎이 蘇吾預를 만나 본 뒤에 결정하기로 하다.(『世宗實錄』 세종 25, 『集成』5-189)/ 濟州安撫使 辛處康에게 사로잡은 倭人 세 명을 구휼하여 죽지 않도록 하라고 전지하다.(『世宗實錄』 세종 25, 『集成』5-190)

7.24. 對馬島體察副使 牟恂 등이 體察使를 먼저 對馬島에 보낸 후에 康勸善을 보내는 것이 좋다고 아뢰니, 여러 의논에 따르겠다고 하다.(『世宗實錄』 세종 25, 『集成』5-190)

7.26. 體察副使 車恂이 對馬島를 향해 떠나다./ 掌令 趙孜가 一岐州 招無官 康勸善의 사신직 제수가 부당함을 아뢰다.(『世宗實錄』 세종 25, 『集成』5-192)/ 金宗瑞가 藤九郎에게 도둑질 한 倭人을 꼭 잡아와야 한다고 이르니, 藤九郎이 大國의 위엄에 의하여 身命을 다하겠다고 하다.(『世宗實錄』 세종 25, 『集成』5-193)

7.27. 陽州에 있는 倭人 蘇吾預 등 3인을 서울로 보내어 藤九郎과 상견하게 하다./ 바다에 표류된 사람을 추고하러 羅州에 간 敬差官 朴元亨의 보고가 늦어지자 각도에 전지하여 배를 탔다가 행불된 자를 조사하여 보고하게 하다.(『世宗實錄』 세종 25, 『集成』5-193)

7.28. 藤九郎이 하직하니 의복 등의 물건을 하사하고, 通事 皮尙宜를 藤九郎과 함께 一岐州에 가도록 하다.(『世宗實錄』 세종 25, 『集成』5-194)

7.29. 平安道 教諭 兪信이 倭寇에게 사로잡혔던 戴弗名 등 6인을 보내준 데 대한 고마움과 변방의 방비를 엄히하고, 긴급한 소식이 있으면 遼東摠兵에게 알리라는 내용의 칙서를 가지고 오다.(『世宗實錄』 세종 25, 『集成』5-194)

8.1. 倭人 沙伊文古羅 등이 와서 土産物을 바치다./ 全羅道敬差官 朴元亨이 연해 각 고을을 수색하여 바다에 飄風된 자를 찾을 것을 馳啓하다.(『世宗實錄』 세종 25, 『集成』5-195)

8.2. 一岐州 招撫官 康勸善이 하직하다./ 奏聞使가 北京에 가는데 朝廷에서 倭國과 通好하는지에 대해 물으면 도적을 금지하기 위해서 통호한다고 답하라고 하다./ 刑曹判書 安崇善이 海寇가 침입할 곳에는 모두 萬戶와 千戶를 배치하고 병선을 갖추어 방어태세가 확립되었으나 육지는 그렇지 못하다고 상소하다.(『世宗實錄』 세종 25, 『集成』5-196)

8.4. 慶尙右道處置使 李澄石이 도둑질 한 倭人에게 쌀·소금을 준 望義時老, 도둑질한 것을 알고 숨긴 몇三甫羅, 文引을 고쳐 받지 않고 孤草島에 이른 時羅而羅를 구류하도록 치계하니, 望義時老, 時羅而羅는 가두고, 몇三甫羅는 보내다.(『世宗實錄』 세종 25, 『集成』5-198)

8.8. 奏聞使 工曹參判 鄭苯이 가져가는 奏本에 倭寇의 침략했던 일에 대해서 열거하다.(『世宗實錄』 세종 25, 『集成』5-198)

8.14. 一岐州 佐志 源次郎이 僧 視音之 등 3인을 보내어 土産物을 바치면서 同志의 화호를 맺고자 하니, 禮曹에서 옛 화호를 다시 계속하게 한

연도	한국
▲ 1443	다고 회답하고, 백세면주 8필·흑세마포 8필·虎皮 4領·雜彩花席 10장·정포 22필을 보내다.(『世宗實錄』세종25,『集成』5-200)/ 宗貞盛이 沙末時羅 등 13인을 보내 土産物을 바치다.(『世宗實錄』세종25,『集成』5-201) 8.18. 下三道 각포에 사람을 보내어 방수의 준비 상황을 점검하게 하다.(『世宗實錄』세종25,『集成』5-201) 8.24. 濟州에서 中國으로 바람에 밀려간 사람들을 확인하려 節日使 편에 주문을 보내도록 하고 표풍된 사람의 신상을 조사하도록 하다.(『世宗實錄』세종25,『集成』5-202) 8.28. 宗貞盛이 延而羅 등을 보내 土産物을 바치다.(『世宗實錄』세종25,『集成』5-202) 9.7. 宗貞盛이 보낸 時羅三甫羅가 죽으니 제사를 내리고 棺과 종이를 하사하다./ 倭人이 돌아갈 때 司譯院 官員이나 朝官이 호송하지 말고, 상경할 때 데려오는 것처럼 돌아갈 때도 시골 通事가 호송하게 하다.(『世宗實錄』세종25,『集成』5-203) 9.15. 濟州에서 바람에 밀려간 7인의 성명과 신체의 모양에 대해 주본을 지어 節日使에게 주다.(『世宗實錄』세종25,『集成』5-203) 9.20. 全羅道觀察使에게 濟州에 잡혀 있는 倭人에게 각기 솜옷을 주게 하고, 供饋를 후하게 하여 보호하도록 하다.(『世宗實錄』세종25,『集成』5-203) 9.24. 宗彦七이 伊老皮古 등을 보내 土産物을 바치다.(『世宗實錄』세종25,『集成』5-204) 10.13. 日本에 通信使로 갔던 卞孝文이 돌아와 慶尙道 玉浦에서 對馬島에서 도착한 일부터 大內殿을 만난 일, 京都에 입경을 거부당했다가 들어간 일, 相國寺에서 제사지낸 일, 日本 國王이 죽은 일 등 日本에서의 일을 치계하다.(『世宗實錄』세종25,『集成』5-204)/ 日本 國王의 죽음에 다시 사신을 보낼 것인가에 대해 의논하였는데, 의견이 달라 卞孝文이 오는 것을 기다려 의논하기로 하다. 10.15. 六郎次郎이 愁桂·三甫羅를 보내 土産物을 바치다.(『世宗實錄』세종25,『集成』5-206) 10.16. 集賢殿 直提學 辛碩祖를 慶尙道에 보내어 日本國 사신을 선위하게 하니, 禮曹에서 宣慰使의 행동 법도를 아뢰다.(『世宗實錄』세종25,『集成』5-207) 10.19. 日本 通信使 卞孝文이 돌아오니 思政殿에서 인견하고, 卞孝文이 日本 國王의 書契와 예물을 바치다.(『世宗實錄』세종25,『集成』5-208)/ 日本에 사신을 보내는 문제에 대해 禮曹判書 金宗瑞에게 물으니, 다시 사신을 보낼 필요는 없고 書契와 예물은 와 있는 日本 사신편에 보내는 것이 좋다고 아뢰니, 議政府·六曹와 다시 의논하여 정하기로 하다.(『世宗實錄』세종25,『集成』5-209) 10.22. 領議政 黃喜, 右議政 申槩, 右贊成 皇甫仁 등을 불러 日本에 사신을 보낼것인가의 여부를 논의하였는데, 각 대신들이 의견을 다르게 말하다.(『世宗實錄』세종25,『集成』5-210) 10.23. 日本에 사신을 보내는 문제에 대해 각 대신들의 의견을 올리게 하고, 머무르고 있는 日本 사신이 돌아갈 때는 서계와 예물만 보내고, 멀지 않아 新使를 보내겠다고 말하도록 하다.(『世宗實錄』세종25,『集成』5-211) 10.24. 慶尙道觀察使가 對馬島體察使 李藝와 宗貞盛이 보낸 津江次郎 등이 賊倭를 잡아왔다고 치계하다.(『世宗實錄』세종25,『集成』5-212) 10.25. 承旨들이 宗貞盛이 적왜를 잡아온 것을 하례하자, 對馬島主가 적왜를 잡아 보낸 것은 작은 일이니 하례하지 말도록 하다./ 宗貞盛이 三末仇老 등 4인을 보내 土産物을 바치다.(『世宗實錄』세종25,『集成』5-212) 10.27. 日本에 사신을 보내기로 하고, 上使·副使·書狀官을 천거하도록 하다./ 義禁府 鎭撫 安崇直을 慶尙道에 보내어 對馬島에서 잡아 보낸 적왜를 국문하게 하다.(『世宗實錄』세종25,『集成』5-213) 11.1. 對馬島體察使 李藝가 慶尙道 善山府에 돌아와 적왜 時羅沙也文 등 13명을 津江次郎 등 9인과 함께 호송해 왔고, 약탈해 간 재물과 병기를 가지고 왔다고 치계하다.(『世宗實錄』세종25,『集成』5-213)/ 宗貞盛의 관하가 사로잡았던 중국 浙江 昌國衛의 군사 徐成을 李藝를 따라 오다.(『世宗實錄』세종25,『集成』5-214) 11.3. 對馬島體察副使 车恂이 오니, 思政殿에서 인견하다./ 漢城少尹 鄭而漢을 慶尙道에 보내어 安崇直과 더불어 對馬島에서 잡아 보낸 적왜를 국문하게 하다.(『世宗實錄』세종25,『集成』5-214)/ 津江次郎 등 9명에게 襦衣를 한 벌씩 내려주다./ 兼成均注簿 李甫欽이 성 쌓는 방책에 대해 상소하다.(『世宗實錄』세종25,『集成』5-215) 11.5. 李藝로 中樞院副使를 삼고 车恂에게 두 자급을 가하여 적왜를 잡은 것을 치하하다.(『世宗實錄』세종25,『集成』5-216)
1444 ▼	【한국】 1.1. 日本國 사신 光嚴 등 80인과 野人 49에게 대궐마당에서 음식을 주고, 날이 저무니 勤政殿 뜰에 火棚을 설치하여 倭人과 野人으로 하여금 보게 하다.(『世宗實錄』세종26,『集成』5-233) 1.2. 司譯院 注簿 李熙를 보내어 倭人에게 잡혀갔던 漢人 徐成을 요동으로 解送하게 하다.(『世宗實錄』세종26,『集成』5-233) 1.7. 向化한 倭人 副司正 邊佐와 그 아들 邊孝忠·邊孝生 등이 직위가 낮고 녹봉이 박하다하여 忿怨을 일으키고 본토로 돌아가려 하므로, 義禁府에 내려 국문하다.(『世宗實錄』세종26,『集成』5-233)/ 倭人 馬都音甫가 객관에서 죽으니, 棺과 賻物을 하사하여 장사지내게 하다.(『世宗實錄』세종26,『集成』5-234) 1.10. 日本國 사신 光嚴 등이 하직하니, 명하여 음식을 먹이게 하고, 의복·갓·신·《大般若經》등을 하사하고, 日本國王에게 회답하는 글과 禮曹에서 日本 管領, 左武衛에게 글을 주어서 보내다.(『世宗實錄』세종26,『集成』5-234)/ 세자에게 輪參官 李順蒙이 우리나라는 피혁이 희귀한데 倭人이 피혁을 많이 가지고 왔으니 무역하여 저축할 것을 건의하다.(『世宗實錄』세종26,『集成』5-235) 1.20. 王世子가 대신들과 함께 明을 침범한 倭寇를 잡아오라고 명나라에서 勅旨를 내리기 전에 잡아온 倭寇를 사유를 갖추어

일본

11.6. 倭賊 13명을 慶尙道 尙州에 가두게 하다.(『世宗實錄』세종 25, 『集成』5-216)

11.7. 임금이 李藝를 따라 온 中國人 徐成을 보낼 것인지에 대해 의논한 것을 承政院에 보이고, 의논하여 아뢰게 하다.(『世宗實錄』세종 25, 『集成』5-217)

11.8. 安崇直과 鄭而漢이 賊倭가 국문에 승복하지 않고 있으며 적의 괴수는 時羅沙也文이라고 치계하니, 살해한 수와 약탈한 것을 자세히 국문할 필요는 없고 괴수와 參謀한 자를 물어서 그 경중을 구분하도록 하다.(『世宗實錄』세종 25, 『集成』5-219)

11.9. 對馬島의 宗盛家가 小大郎 등 2인을 보내고, 宗彦七이 皮孔古羅 등 2인을 보내고, 宗言次郎이 皮孔古老 등 2인을 보내 土産物을 바치니, 의복·갓·목화를 내려주다.(『世宗實錄』세종 25, 『集成』5-219)

11.14. 宗貞盛이 老古羅沙也文 등 8인을 보내 土物을 바치다.(『世宗實錄』세종 25, 『集成』5-220)

11.15. 奏聞使 鄭苯이 돌아왔는데, 倭寇를 방어하는 방도를 잘 살펴서 함부로 放肆하지 못하게 한다면 변방의 근심이 없을 것이라는 내용이 담긴 칙서를 가지고 오다.(『世宗實錄』세종 25, 『集成』5-220)/ 對馬島體察使 李藝가 와서 復命하다./ 日本國 사신을 賜見할 때 通事를 서서 宣傳하게 하고, 기일을 가리지 말고 賜見하도록 하다.(『世宗實錄』세종 25, 『集成』5-221)

11.17. 司諫院에서 卞孝文이 日本에 갈 때, 죄인 李續의 손자 李仁畦를 데리고 갔다가 돌아왔는데, 李仁畦가 司勇 벼슬을 받았으니 죄인의 손자를 서용해서는 안 되고 卞孝文도 논핵하기를 청했으나, 이미 논핵하였다 하고 죄주지 않다.(『世宗實錄』세종 25, 『集成』5-221)/ 薩摩州 太守 藤源貴久가 召其 등 8인을 보내어 土産物을 바치다./ 禮曹에서 日本國王의 사신에게 잔치를 베풀 때 좌석의 위치에 대해 아뢰니, 그대로 따르다.(『世宗實錄』세종 25, 『集成』5-222)

11.18. 흉년과 조운선의 파선으로 인하여 議政府·六曹의 冬至宴과 客人을 대접하는 것 외의 賜宴은 모두 정지하도록 하다.(『世宗實錄』세종 25, 『集成』5-222)/ 日本國 사신 僧 光嚴 등 29인이 大藏經을 청구하는 書契와 함께 土産物을 가져오다./ 禮曹에서 日本의 사신을 賜見하는 禮度에 대해 아뢰니, 그대로 따르다.(『世宗實錄』세종 25, 『集成』5-223)

11.20. 日本國 사신 光嚴·祐椿 등 29인이 예물을 바치니, 의장과 시위를 베풀고 一岐州에서 우리나라 사람을 추쇄한 것을 치하하다./ 日本에서 올린 銚子·提子 각 1개씩을 承旨 6인에게 내려 주다.(『世宗實錄』세종 25, 『集成』5-224)

11.22. 倭人·野人 70명에게 궐내에서 잔치를 내려주니, 日本國 사신 光嚴과 祐椿이 술에 취하여 饌卓 위에 있는 綠花를 日本에 가서 과시하겠다고 하면서 청하니, 허락하다.(『世宗實錄』세종 25, 『集成』5-224)

12.4. 中樞院副使 柳守剛을 中國에 보내어 漂風人을 돌려보낸 것에 사례하다.(『世宗實錄』세종 25, 『集成』5-225)

12.11. 宗貞盛이 酒蒙古羅 등을 보내어 土産物을 바치다.(『世宗實錄』세종 25, 『集成』5-225)/ 日本國 大內多多良敎弘이 僧 德模·慶柔를 보내어 土産物을 바치고, 毘盧法寶尊經을 청구하다.(『世宗實錄』세종 25, 『集成』5-226)

12.12. 宗貞盛이 보낸 津江次郎이 하직하니, 綿紬·木棉·襦衣·갓 등을 내려주고, 宗貞盛의 아들 千代熊과 宗盛家·宗彦七·宗彦次郎·宗茂直·六郎次郎 등에게도 면주·목면·호피 등을 주다.(『世宗實錄』세종 25, 『集成』5-226)/ 日本에 通信使를 보내어 故王에게 치제할 때 吉祭가 아니므로 주악을 하지 않기로 하다./ 禮曹에서 津江次郎이 宗貞盛의 아들 千代熊이 명년 정월에 冠禮를 하여 면주 4필·마포 3필·저포 3필 등을 청한다고 아뢰니, 주도록 하다.(『世宗實錄』세종 25, 『集成』5-227)

12.14. 禮曹에서 宗貞盛에게 倭賊 時羅沙也文 등을 잡아 보낸데 대해 치하하여 鞍具馬 1필, 白紬子·白綿布 10필·黑麻布·白苧浦 각 5필 등을 주고, 글을 보내어 아직 잡지 못한 적도도 끝까지 조사하여 잡도록 하다.(『世宗實錄』세종 25, 『集成』5-227)

12.16. 江次郎이 도망하여 숨은 倭賊이 三浦로 들어올지 모른다고 아뢰니, 慶尙左道處置使 李澄石·右道處置使 柳江에게 여러 계책을 풀어 숨어 들어오는 倭人을 잡도록 하다.(『世宗實錄』세종 25, 『集成』5-228)

12.17. 임금이 日本에 사신을 보내지 말고, 日本 사신 光嚴에게 致祭·致賻의 예물을 주어서 보내도록 하고, 장차 사신을 보낸다면 正使는 通信使라 칭하여 치하를 맡고, 副使는 弔慰使라 칭하여 치제를 맡는 것이 어떻겠냐고 말하다.(『世宗實錄』세종 25, 『集成』5-229)

12.20. 日本國 사신 德模·慶柔 등이 대궐에 나와 土産物을 바치니, 思政殿에서 인견하다.(『世宗實錄』세종 25, 『集成』5-230)

12.22. 日本國 사신 光嚴이 卞孝文과 尹仁甫에게 잡혀 온 倭賊중 한두 명이라도 돌려주길 청하여, 아뢰니 다시 말하거든 계달하기 어렵다고 대답하도록 하다.(『世宗實錄』세종 25, 『集成』5-230)

12.27. 司譯院注簿 金有禮를 遼東都司에게 보내 李藝가 對馬島에서 데리고 나온 浙江 사람 徐成이 日本에 잡혀간 경로와 李藝를 따라 우리나라로 오게 된 연유를 말하고 곧 解送한다는 것을 移咨하다.(『世宗實錄』세종 25, 『集成』5-231)/ 日本에 通信使를 보내지 않고, 새 왕에 대한 致賀·致奠의 예물을 日本사신 光嚴에게 부쳐 보내다.(『世宗實錄』세종 25, 『集成』5-232)

【일본】

-. 仁位群主 盛家는 조선과 세견선의 수를 4척으로 하였다가 享德 1년(1452)에 3척을 더 증가시켰다. 享德 2년에 4척으로 약조하다.(『十九公實錄』)

보낼것인지에 대한 가부를 논의하다.(『世宗實錄』세종 26, 『集成』5-235)

1.21. 日本의 大內殿이 보낸 德模 등이 하직하니, 의복·갓·신과 면주 3필, 저마포 각각 3필·석자 5장·인삼 10근 등을 하사하다.(『世宗實錄』세종 26, 『集成』5-236)

1.26. 王世子가 書筵에서 講하는 자리에서 吏曹判書 朴安臣이 倭寇를 막는 방책은 戰艦이 제일이니, 각도로 하여금 소나무를 베는 것을 금하게 하고, 엄히 고찰하여 후일에 쓸 수 있도록 할 것을 아뢰다.(『世宗實錄』세종 26, 『集成』5-237)

연도	한국
▲ 1444 ▼	1.29. 義禁府 知事 金如晦가 慶尙道에서 倭賊 12명을 영솔하여 오다.(『世宗實錄』 세종26, 『集成』5-237) 2.2. 奏聞使 兵曹參判 辛引孫으로 하여금 濟州 官船을 약탈하고 중국을 침범한 倭寇 失刺沙也門·蘇崖 등 57명을 중국으로 압송하게 하다.(『世宗實錄』 세종26, 『集成』5-238) 2.5. 宗貞盛이 李藝가 잡아 온 倭賊을 모두 죽이지 말고 돌려보내 주기를 청하였는데, 明나라에서 보내라하여 어쩔수 없이 보냈다고 宗貞盛에게 답하도록하다.(『世宗實錄』 세종26, 『集成』5-239) 2.20. 集賢殿 副提學 崔萬理 등이 諺文 제작의 부당함을 상소하면서 蒙古·西夏·女眞·日本·西蕃에 글자가 있으나, 이는 모두 夷狄의 일이므로 말할 것이 없다고 하다.(『世宗實錄』 세종26, 『集成』5-240) 2.27. 모든 제향과 각궁에 대한 진상, 이웃나라 사람의 접대 외에는 술을 금하다.(『世宗實錄』 세종26, 『集成』5-241) 3.14. 奏聞使 辛引孫이 遼東에 도착하여 鎭撫 張瑛에게 倭賊을 押領해온 까닭을 설명하니, 張瑛이 예전에 없던 드문일이라고 하고, 館에 도착한 이후로 구경하러 오는 자가 거리와 골목을 메웠다고 馳啓하다.(『世宗實錄』 세종26, 『集成』5-241)/ 宗彦七이 井大郎 등을 보내 土産物을 바치니, 宗彦七에게 쌀과 콩을 합하여 30섬을 주고, 井大郎에게 옷·갓·신·쌀과 콩을 합하여 20섬을 주어 보내다.(『世宗實錄』 세종26, 『集成』5-242) 4.2. 倭賊 也木古羅의 아들 而羅時羅가 아비 대신 잡혀왔고, 또한 병이 심하게 들었으니 돌려 보내기로 하고 內醫를 보내서 치료하다./ 招撫官 康勸善이 藤九郎과 함께 倭賊 皮古失羅·撤òㄹ羅 등을 잡아 가지고 와서 對馬島에 이르러 치계하자, 中國에 보낼것인지에 대해 논의하니, 대신들이 보내는 것이 좋다고 하다.(『世宗實錄』 세종26, 『集成』5-242) 4.3. 慶尙道觀察使에게 倭賊을 잡는데 공로가 큰 藤九郎과 招撫官 등에게 잔치를 베풀도록 敎諭하다.(『世宗實錄』 세종26, 『集成』5-243) 4.10. 判中樞院事 成達生의 졸기에, 戊子年에 倭寇들이 甲子기 근경에 침범했는데 成達生이 추격하니 倭寇들이 곧 달아나고, 太宗이 御廐馬를 하사하고 잔치를 베풀어 위로했다고 적다.(『世宗實錄』 세종26, 『集成』5-243) 4.19. 慶尙道觀察使 成奉祖가 招撫官 康勸善이 藤九郎과 더불어 17일에 富山浦에 왔다고 치계하고, 招撫官의 소식을 가지고 온 倭人 都今甫에게 쌀과 콩을 합하여 15석, 宗貞盛에게는 면주 20필을 주다.(『世宗實錄』 세종26, 『集成』5-243) 4.22. 行司正 尹仁紹와 郷通事 朴貴 등이 招撫官 康勸善의 소식을 가지고 먼저 왔으므로, 尹仁紹에게 옷 2령을, 朴貴에게 옷 3령을 하사하다.(『世宗實錄』 세종26, 『集成』5-244) 4.23. 倭人들에게 잡아온 적왜들을 中國의 명령때문에 解送한다고 할 것인지에 대해 의논하도록 議政府에 전지하니, 左贊成 河演·右贊成 皇甫仁 등이 대의를 좇아 보낸 것이니 그렇게 하지 않아도 된다고 아뢰다.(『世宗實錄』 세종26, 『集成』5-244) 4.25. 金宗瑞가 尹仁紹의 말을 빌어 招撫官의 소식을 가져 온 都今甫는 宗貞盛이 보낸 것이 아니고, 一岐島의 사람으로 招撫官의 청으로 왔다고 하면서 米豆 20석, 綿紬 10필을 주고 宗貞盛은 물건을 주지 말도록 청하니, 그대로 따르다.(『世宗實錄』 세종26, 『集成』5-246) 4.28. 議政府·禮曹·承文院提調에게 명하여 倭賊 皮古失羅 등을 解送하는 문제를 의논하게 하니, 黃喜·申槩 등은 解送하도록 하고, 河演·皇甫仁 등은 解送하지 말도록 하니, 임금이 賊倭를 보내는 것은 괜찮을 것이라고 말하다.(『世宗實錄』 세종26, 『集成』5-246) 4.30. 招撫官 康勸善이 一岐島에서 돌아와 對馬島·一岐島·上松浦 등지의 사람을 후하게 대하여 순종하고 복종하게 할 것을 아뢰었으며, 肥前州 등 日本의 각 섬에서 禮曹에 答書하다.(『世宗實錄』 세종26, 『集成』5-247) 5.1. 招撫官 康勸善이 倭人 租田 등이 中國에 入寇하고자 한다고 아뢰니, 임금이 지난번 황제의 勅旨에 만일 변고가 있거든 즉시 보고하도록 한 사실을 들어 주달해야 할 것이니, 議政府·禮曹·承文院提調가 함께 의논하도록 하다.(『世宗實錄』 세종26, 『集成』5-249) 5.3. 僉知中樞院事 辛處康을 北京에 보내어 적왜 皮古失剌·撤古羅 등을 押送하도록 하다.(『世宗實錄』 세종26, 『集成』5-250) 5.7. 통사 金辛이 북경에서 돌아오면서 가지고 온 칙서에 조선에서 적왜를 해송하였다는 내용이 적혀 있다.(『世宗實錄』 세종26, 『集成』5-251) 5.12. 議政府에서 禮曹의 呈文에 의거하여 적왜 吾羅時羅가 죄가 중한데도 불구하고, 通事의 紗帽를 벗기고 횡패가 막심하니 官奴로 예속시키도록 청하자, 그대로 따르다.(『世宗實錄』 세종26, 『集成』5-252) 5.13. 議政府에서 禮曹의 첩정에 의거하여 倭人 因入羅·馬打字는 正賊이 아니니, 바다를 건너갈 양식을 주어 돌려보내고 靑松의 죄수 倭人 而羅時羅에게 옷과 갓을 내려주길 청하니, 그대로 따르다. 5.16. 禮曹에서 宗貞盛에게 글을 보내어 아비의 죄를 대신하여 잡혀온 四郎次郎에게 모자·목화·의복·양식을 주어 돌려보냄을 알리다.(『世宗實錄』 세종26, 『集成』5-252) 5.17. 倭人 藤九郎 등에게 賊倭를 잡은 공로로 안장을 갖춘 말 1필·쌀 2백석·콩 1백석·縣紬 10필·綿布 10필·麻布 5필·樗蒲 5필·虎皮 4령·燒酒 40병 등을 주고, 기타의 휘하에게도 차등있게 상을 하사하다.(『世宗實錄』 세종26, 『集成』5-253) 5.18. 禮曹에서 呼子가 보낸 而郎古羅, 鹽津이 보낸 時羅沙文, 眞弓이 보낸 皮九三甫羅 등에게 각각 쌀 4석과 면주 2필·옷 1령을 내려주길 청하니, 그대로 따르다./上護軍 尹仁甫가 倭人 平左衛門과 中尾彌正 형제를 후대하기를 청하니, 通信使 李藝와 金久冏을 구호한 공만을 들어 平左衛門에게 의복·갓·목화·쌀 등을 주고, 中尾彌正 등에게도 의복·갓·목화를 주다.(『世宗實錄』 세종26, 『集成』5-253) 5.19. 奏聞使 兵曹判書 辛引孫이 倭賊을 잡아 바친 공을 치하하는 勅書와 賞賜를 가지고 北京에서 돌아오다.(『世宗實錄』 세종

일본

26, 『集成』5-254)

5.23. 倭人 郞可沙豆老·愁弄可이 와서 말 2필을 바치다.(『世宗實錄』세종 26, 『集成』5-255)

5.25. 倭人 表安而羅 등이 와서 土産物을 바치다./ 禮曹판서 金宗瑞가 倭人과 野人을 대접할 때에는 押宴官이 있으나 우리나라 사신을 연회할 때 없는 것은 옳지 못하다고 아뢰었으나, 承政院 承旨들이 倭人 등의 押宴官은 말씨를 응대하기 때문이라고 아뢰니, 옳게 여기다.(『世宗實錄』세종 26, 『集成』5-255)

6.2. 李澍로 箕城君을 삼고 倭人 藤九郎을 護軍으로 삼다.(『世宗實錄』세종 26, 『集成』5-255) / 倭賊을 잡는데 공을 세운 藤九郎에게 銀帶와 紗帽를 하사하다.(『世宗實錄』세종 26, 『集成』5-256)

6.3. 慶尙道觀察使가 宗貞盛이 보낸 배 3척이 모두 數外의 것으로 식량이 떨어져 왔다고 馳報하니, 禮曹와 承政院에서 對馬島가 흉년이니 받아들이기로 하고 島主에게 글을 보내 정약한 배만 보낼 것을 알리도록 하니, 그대로 따르다.(『世宗實錄』세종 26, 『集成』5-256)/ 적의 萬戶 부田에게 의복·갓·신·쌀·콩을 하사하다.(『世宗實錄』세종 26, 『集成』5-257)

6.4. 宗貞盛이 禮曹에 글을 보내어 表思溫의 아내와 장모를 보내주길 청하였으나, 議政府에서 돌려주는 것은 옳지 못하다고 하고 表思溫을 拘留하도록 아뢰니, 그대로 따르다.(『世宗實錄』세종 26, 『集成』5-257)

6.6. 宗貞盛이 보낸 老仇羅而羅 등 10인과 宗茂直이 보낸 時知羅沙也文 등 2인이 와서 土産物을 바치다.(『世宗實錄』세종 26, 『集成』5-257)

6.7. 禮曹판서 金宗瑞와 表思溫에 대해서 논하고, 表思溫이 섬 사람들이 가을에 中原에 入寇하려 한다고 말한 것의 진위를 가려 中國에 주달할 것인가 논의하게 하다.(『世宗實錄』세종 26, 『集成』5-257) / 禮曹에서 宗貞盛에게 글을 보내어 사신으로 보내온 左衛門四郎·三郎·五郎 등의 船隻 수가 약정한 것을 넘었으나, 도적을 잡은 공적을 헤아려 접대하여 보냄을 알리다./ 宗貞盛에게 글을 보내어 풍랑을 만나 죽은 倭人 35명의 시체를 수색하여 제사지내고, 그 가족들에게 쌀을 하사하고 살아온 八郎左衛門 등 8인에게는 의복과 양식을 주어 돌려보냄을 알리다.(『世宗實錄』세종 26, 『集成』5-259)

6.9. 禮曹에서 表思溫은 우리나라에 와서 司正의 벼슬까지 받아 國恩은 후히 입었음에도 불구하고, 돌아가서 불러도 항거하고 오지 않아 장차 釁端을 꾸미려는 것이 확실하니 추핵하기를 청하니, 義禁府에 내려 국문하게 하다.(『世宗實錄』세종 26, 『集成』5-259)

6.11. 宗貞盛과 六郎次郎이 사람을 보내 土産物을 바치다.(『世宗實錄』세종 26, 『集成』5-260)

6.12. 義禁府의 탄핵으로 表思溫의 告身을 빼앗게 하다.(『世宗實錄』세종 26, 『集成』5-260)

6.13. 宗貞盛이 禮曹에 글을 보내어 對馬島 사람이 우리나라 사람을 죽였다는 말의 진위여부를 밝혀줄 것을 청하니, 西餘鼠島에서 倭賊이 공선 1척을 공격한 사실을 말하도록 하다.(『世宗實錄』세종 26, 『集成』5-261)

6.16. 각도의 觀察使·節制使·處置使에게 섬의 倭人들이 西餘鼠島에서 도둑질을 하여, 招撫官 康勸善이 추쇄하였더니 倭賊들이 무리를 지어 숨었다가 가을이나 겨울에 틈을 타서 다시 도적질 할 지 모르니 엄중히 경계하도록 유시하다.(『世宗實錄』세종 26, 『集成』5-261)/ 表思溫이 자신을 본도로 돌려보내지 않으면 자살하겠다고 하니, 義禁府에 내려 국문하게 하다.(『世宗實錄』세종 26, 『集成』5-262)

6.18. 慶尙道관찰사가 對馬島 六郎次郎이 보낸 吾羅而羅가 倭人들이 배를 수리하여 入寇하려 한다는 말을 듣고 이를 치계하니, 각도에 이에 대한 방어를 하도록 諭示하다.(『世宗實錄』세종 26, 『集成』5-262)

6.19. 慶尙左道處置使 丁艮과 右道都萬戶 金允富에게 藤九郎이 두 종류의 兵符를 가지고 對馬島에 가서, 倭人이 침입의 聲息 여부에 따라 兵符를 보내기로 했으니 藤九郎의 연락이 있거든 잘 조치하도록 유시하다.(『世宗實錄』세종 26, 『集成』5-262)/ 禮曹에서 大內殿에게 招撫官 康勸善이 갔을 때 대접해 준일과 倭賊을 잡을 때 협조해준 데 대해 치하하는 글과 함께 白細絹紬 15필·白縣布 15필·白細苧布 15필·雜彩花席 15필·虎皮 6령 등을 보내다./ 禮曹에서 日本國 關西島 筑州府 石城 宗公에게 전일에 招撫官을 대접하고 사람을 보내어 호송해 준 일들을 치하하며, 正布 40필, 白細絲紬 10필, 白細縣布 10필, 黑細麻布 5필 등을 하사하다.(『世宗實錄』세종 26, 『集成』5-263)

6.20. 義禁府에서 表思溫의 죄를 탄핵하여 아뢰니, 그 아내와 함께 京畿道 朔寧郡에 귀양보내게 하다.

6.21. 宗貞盛이 보낸 三甫羅·多羅가 와서 土産物을 바치다.(『世宗實錄』세종 26, 『集成』5-264)

6.25. 禮曹에서 宗貞盛에게 글을 보내어 表思溫의 지은 죄를 알리고, 밖으로 安置했음을 알리다.(『世宗實錄』세종 26, 『集成』5-264)

7.9. 兵曹에 전지하여 흉년이 든 下三道에 성 쌓는 일을 정지하도록 하다.(『世宗實錄』세종 26, 『集成』5-265)

7.10. 大內殿이 보낸 經恬 등 20여인이 土産物을 바치다.(『世宗實錄』세종 26, 『集成』5-265)

7.15. 思政殿에 나아가 日本國 大內殿 多多良이 보낸 經恬 등을 인견하니, 經恬이 大藏經을 내려준 것에 대해 감사하는 말을 하다.(『世宗實錄』세종 26, 『集成』5-265)/ 右議政 申槩, 左贊成 河演 등과 倭人을 죽인 崔浣을 항복한 자를 죽인 죄와 고의로 살인한 죄 중에서 어느 죄를 적용할 것인가를 놓고 의논하였는데, 故殺罪를 적용해야 한다고 하는 자가 많다.(『世宗實錄』세종 26, 『集成』5-266)

7.20. 江原道觀察使 李孟常에게 각 浦口의 문제점을 살펴서 보고하라고 유시하면서, 江原道에 倭寇가 끊기게 된지 백년이 되어 각 포구에 모래가 쌓여 있어 倭寇가 오면 兵船이 바다로 나갈 수 없다고 獻議한 것을 말하다.(『世宗實錄』세종 26, 『集成』5-267)

윤7.5. 倭人들이 정박하고 있는 熊神縣은 양곡의 저축이 없는데 倭人에게 식량을 지급하는 폐단이 있으니, 道에 공문을 보내 熊神縣의 농민, 향리, 관노비의 수와 僉節制使가 縣事를 겸임하는 것이 좋은지 계달하도록 吏曹에 전지하다.(『世宗實錄』세종 26, 『集成』5-267)

윤7.7. 慶尙·全羅道의 觀察使·都節制使·水軍處置使, 江原·黃海道의 觀察使에게 佐志殿管下의 倭船 13척이 孤草島에서 고기잡는다는 핑계로 宗貞盛의 증명서도 받지 않은채 온다고 하니, 이에 대한 방비를 철저히 하게 하다.(『世宗實錄』세종 26, 『集成』5-268)

윤7.18. 全羅道觀察使가 이달 초 8일에 倭船 3척이 母尊巖에서 安釜島로 향하였으므로 각 진에 공문을 보내어 엄중히 경계하도록 했다고 兵曹에 통첩을 보내어 알리다./ 議政府에서 船軍을 다른 군과 서로 옮겨 定役하는 것에 대한 폐단과 시정책을 아뢰다.(『世宗實錄』세종 26, 『集成』5-269)

윤7.22. 禮曹에서 宗貞盛에게 對馬島에서 오는 使送船의 수, 배에 크기에 따라 승선하는 인원, 포구에 머무를 때 식료를 지급하는 日數, 孤草

연도	한국
▲ 1444	島에서 고기잡이에 관한 문제 등에 대한 글과 함께 예물을 보내다.(『世宗實錄』 세종26, 『集成』5-270) 8.13. 肥前州 太守 源義가 牛丹都老를 보내어 풍랑에 표류한 金目을 돌려보내니 그에게 縣紬·麻布·雜彩花席 등의 예물을 보내고 공문을 보내어 아직 돌아오지 못 한 金目의 동생 寞金을 돌려주기를 요청하다.(『世宗實錄』 세종26, 『集成』5-271)/ 領議政 黃喜, 右議政 申槩 등이 崔浣을 사형에 처하지 말고, 군법에 따라 처리할 것을 아뢰다.(『世宗實錄』 세종26, 『集成』5-272) 8.19. 尹仁甫를 對馬島에 보내 전일에 보낸 적왜의 일로 宗貞盛에게 상을 내리려 하였는데, 적왜의 가족들이 忿怨을 품을지 모르니 보내지 않고 藤九郎이 오면 그로 하여금 通諭하는 것이 어떤지 의논하여 아뢰도록 議政府에 전지하다.(『世宗實錄』 세종26, 『集成』5-273) 8.22. 慶尙道觀察使가 宗貞盛이 보낸 井大郎과 半人 要吾 등을 淸州에 보내니, 禮曹判書 金宗瑞, 右參贊 李叔畤를 보내어 연회를 베풀어 위로하게 하다.(『世宗實錄』 세종26, 『集成』5-273) 8.25. 각도의 觀察使·節制使·處置使 등에게 倭寇의 소식이 잇달아 들리고 있으니, 해상과 육지의 수비를 엄중히 하도록 유시하다.(『世宗實錄』 세종26, 『集成』5-274) 8.27. 向化한 倭人 源根에게 襦衣 두벌과 말 한필을 주다.(『世宗實錄』 세종26, 『集成』5-274) 9.2. 江原道 觀察使 李孟常가 知平海郡事가 越松浦萬戶를 겸직하고 있어 만일 倭寇의 침입이 있으면 두 가지 일을 하기 어렵다고 하면서 따로 萬戶를 임명해주도록 아뢰니, 의논하여 그대로 따르다.(『世宗實錄』 세종26, 『集成』5-275) 9.4. 慶尙道左·右道都節制使와 全羅道水軍處置使에게 倭賊의 배가 자주 보인다는 소식이 끊이지 않으니, 각 고을과 포구에 만일의 사태에 대비하여 방비를 엄히 하도록 유시하다.(『世宗實錄』 세종26, 『集成』5-275)
1445 ▼	【한국】 1.1. 景福宮 남쪽에서 倭人·野人들에게 음식을 먹게 하다.(『世宗實錄』 세종27, 『集成』5-281) 1.12. 群山島에서 고기잡이 배를 수호하는 船軍 10명이 풍파를 만나 빠져 죽다.(『世宗實錄』 세종27, 『集成』5-281) 1.23. 倭人과 野人으로서 숙배하려는 자는 동궁이 朝參을 받을때에 불러서 보게 하다.(『世宗實錄』 세종27, 『集成』5-281) 1.25. 中國 변경을 침범하였던 倭을 知司譯院事 唐蒙賢을 보내어 北京으로 압송하다.(『世宗實錄』 세종27, 『集成』5-281) 1.27. 向化한 倭人 護軍 藤九郎에게 옷·갓·신을 하사하고, 집 한 채와 노비 4명·안장 갖춘 말·살림기구 등을 주다.(『世宗實錄』 세종27, 『集成』5-282) 2.1. 大小祭享과 各殿·各宮의 진상과 中國 사신이나 이웃나라 客人을 접대하는 이외에는 술을 금하다.(『世宗實錄』 세종27, 『集成』5-282) 2.3. 議政府에서 禮曹의 정문에 의거하여 동궁이 日本 大內殿 使臣을 인견할 때의 절차에 대해 아뢰다.(『世宗實錄』 세종27, 『集成』5-282) 2.7. 宗貞盛이 向化한 也馬沙其를 송환해 달라고 청하니, 也馬沙其는 軍器監에서 匠人들과 생활한지가 7년이나 되어 화약을 만드는 법을 배웠으니 우선은 머물러 두고, 宗貞盛이 다시 청하면 살펴서 보내기로 하다.(『世宗實錄』 세종27, 『集成』5-283) 2.8. 對馬島 宗盛弘이 禮曹에 글을 보내어 1년에 왕래하는 배의 수를 10척으로 정하길 청하였으나, 1년에 4척으로 정하다.(『世宗實錄』 세종27, 『集成』5-283) 2.9. 日本 大內殿 多多良敎弘이 所吾古 등을 보내오다.(『世宗實錄』 세종27, 『集成』5-284) 2.12. 세자가 大內殿에서 보낸 사신 所吾古를 인견하니, 所吾古가 전일에 사신들을 후하게 대접해준 일과 大藏經을 보내 준 일에 대해 監司하다.(『世宗實錄』 세종27, 『集成』5-284) 2.18. 宗貞盛이 多羅沙也文등 5인을 보내 土産物을 바치다.(『世宗實錄』 세종27, 『集成』5-284) 2.21. 大內殿의 多多良敎弘이 宗香 등 20인을 보내오고, 對馬島 宗貞盛이 表溫而老 등을 보내어 土産物을 바치다.(『世宗實錄』 세종27, 『集成』5-284) 2.22. 議政府에서 江原道 沿邊은 깊이 들어간 곳도 없고, 倭寇들이 드나드는 곳도 아니므로 연변에 사는 백성들을 예전처럼 흩어져 살게 하기를 청하니, 그대로 따르다.(『世宗實錄』 세종27, 『集成』5-285) 2.23. 慶尙·忠淸·全羅道의 觀察使·處置使·節制使에게 지난번에 잡은 一岐島 倭賊의 족속과 도망한 倭賊 10여척의 배가 3월부터 9월 사이에 변방에 와서 도둑질하여 원한을 갚고자 한다고 하니, 방비에 만전을 기하도록 유시하다./ 同知中樞院事 李藝의 卒記에 李藝가 아전으로 있을 때 倭賊에게 잡힌 자신의 상관을 살린 일, 對馬島·一岐島·琉球에 가서 우리나라 사람들을 찾아 온 일, 倭國으로 使命으로 간 것이 40여 차례라고 적다.(『世宗實錄』 세종27, 『集成』5-285) 2.26. 宗貞盛이 宗彦七을 보내오고, 一岐島 鹽津實譽가 時羅沙文을 보내와서 特産物을 바치다.(『世宗實錄』 세종27, 『集成』5-287) 3.2. 세자가 강에서 水戰을 연습하도록 명하고 大君과 함께 관전하다.(『世宗實錄』 세종27, 『集成』5-287) 3.3. 議政府에서 禮曹의 정문에 의거하여 大內殿 敎弘이 보내 온 宗香 등 2인에게 물품을 하사할 것을 아뢰니, 그대로 따르다.(『世宗實錄』 세종27, 『集成』5-287) 3.11. 議政府에서 禮曹의 정문에 의거하여 鹽津源聞이 倭賊을 잡아 보냈으니 물품을 하사하기를 아뢰니, 그대로 따르다.(『世宗實錄』 세종27, 『集成』5-287) 3.12. 議政府와 禮曹의 건의에 따라 日本 呼子殿에게 大藏經을 주다.(『世宗實錄』 세종27, 『集成』5-288) 4.6. 議政府에서 禮曹의 정문에 의거하여 日本의 呼子殿이 土産物을 바쳤다고 하면서 물품을 하사해 주기를 청하니, 그대로

일본
9.9. 의금부에서 崔浣을 참형에 처하여 內而浦의 倭人들에게 보이도록 아뢰니, 그대로 따르다.(『世宗實錄』 세종 26, 『集成』5-276)
9.12. 議政府에서 慶尙右道都節制使가 올린 정문에 의거하여 防牌와 近仗은 모두 농사를 짓는 자들이니, 큰 변 이외에는 징집하지 않도록 하다.(『世宗實錄』 세종 26, 『集成』5-276)
9.16. 慶尙道觀察使가 固城縣令의 정문에 의거하여 外每每島에서 불이 났는데, 倭人이 놓은 불로 판단되어 각 포구와 고을에 이첩하여 방어에 대한 여러 조치를 취하였다고 아뢰다.(『世宗實錄』 세종 26, 『集成』5-277)
10.12. 中國에 청하여 화포기술을 익히는 방법에 대해 논의하였으나, 右議政 申槩 등의 의견에 따라 청하지 않기로 하다.(『世宗實錄』 세종 26, 『集成』5-277)
10.20. 王世子가 楊花渡에서 화포를 쏘아 그 거리의 원근을 시험하고, 큰 배 3척은 왜선, 다른 3척은 우리 배라고 가장하여 양편에서 적대하여 전투하는 형상으로 시험하다.(『世宗實錄』 세종 26, 『集成』5-278)
10.21. 倭人 井大郎이 벼슬 받기를 청하니, 예전에 벼슬을 준 부田藤九郎은 그 조상이 본국에서 나간자 이었고, 井大郎의 아비는 일찍이 우리나라에 와서 숙위하여 벼슬을 준 것이나 井大郎은 조건이 맞지 않아 들어주지 않기로 하다.(『世宗實錄』 세종 26, 『集成』5-278)/ 宗盛家가 자신이 倭賊을 잡은 공이 있으니, 쌀·콩·삼베·표범 가죽 따위의 물건을 달라고 청하니, 議政府·禮曹와 의논하여 내려주다.(『世宗實錄』 세종 26, 『集成』5-279)
10.27. 禮曹에 전지하여 客人들이 처음 들어와 肅拜하거나 하직인사를 드리러 하는 경우, 그 중 한 번은 東宮이 朝參을 받을 때에 신하들의 반열에 따르도록 하라고 하다.(『世宗實錄』 세종 26, 『集成』5-279)
11.1. 宗盛家가 僧 光俊을 보내 1년에 왕래하는 배의 수효를 정해줄 것 등 6가지 조목을 청하니, 배는 1년에 4척, 곡식 10석을 주며 富山浦에는 한 집만 살게 하고, 온천에서 목욕하는 것 등만 들어주기로 하다.(『世宗實錄』 세종 26, 『集成』5-279)
따르다.(『世宗實錄』 세종 27, 『集成』5-288)
4.7. 大內殿 使臣 和知羅多羅 등이 東平館 담을 넘어서, 이를 힐문하는 監護官 孫繼租에게 행패를 부린 表阿時羅와 向化한 表思溫이 和知羅多羅를 불러 良女 富貴와 간통시키고, 倭人의 금을 은으로 바꾸어 주니, 함께 옥에 가두게 하다.(『世宗實錄』 세종 27, 『集成』5-288)
4.9. 金宗瑞가 전일에 가둔 倭人 중 먼저 담을 넘은자는 갇혔으나 그 외의 倭人들은 속여서 다른 倭人을 대신 갇히게 했다고 아뢰니, 尹仁甫로 하여금 대신 갇힌 자를 석방하고 正犯者를 국문하고, 나흘 뒤에 석방하다.(『世宗實錄』 세종 27, 『集成』5-289)
4.11. 여러 섬에 興利하는 倭人들과 日本國王의 使臣과 大內殿이 보낸 객인들의 물건은 같은 것이니, 公私의 값을 같게 하다.(『世宗實錄』 세종 27, 『集成』5-290)
4.13. 長山道 監牧官은 木浦 千戶가 겸하고, 南道浦 萬戶는 방어에만 전임하게 하다.(『世宗實錄』 세종 27, 『集成』5-290)
4.16. 세자가 朝參日이 아닌데도 宗貞盛이 사송한 光軌와 野人들에게서 조회를 받다.(『世宗實錄』 세종 27, 『集成』5-291)
5.1. 唐蒙賢이 倭賊을 잡아 압송한 것에 대해 기쁘게 여긴다는 것과 앞으로로 倭賊에 대한 방비를 엄히 하도록 하라는 내용이 담긴 칙서를 가지고 北京에서 돌아오다.(『世宗實錄』 세종 27, 『集成』5-291)
5.6. 세자가 繼照堂에서 朝參을 받으니, 一岐州에서 사절로 보낸 都時羅 등이 와서 조회하다./ 議政府에서 禮曹의 첩정에 의거하여 東平館과 北平館에 중국조정의 예에 의거하여 쌀·콩·술·고기 등을 5일에 한 번씩 客使에게 주어 마음대로 먹도록 할 것을 아뢰니, 그대로 따르다.(『世宗實錄』 세종 27, 『集成』5-292)
5.9. 임금이 倭人들이 焰硝를 배우고자 하여, 中國人을 사로잡아서 화포의 법을 알았고 전일에 李藝가 日本에 갔을 때 염초를 청한 일 등을 말하면서 염초를 제조하게 하고 司石豹局을 두어 담당하게 하다.(『世宗實錄』 세종 27, 『集成』5-292)
5.14. 宗貞盛이 船數 20척을 더하기를 청하니, 禮曹에서 글을 보내어 이미 정한 배의 수도 많으므로 다시 청하는 것은 옳지 못하다고 하고, 大藏經 1부를 인편으로 보냄을 알리다.(『世宗實錄』 세종 27, 『集成』5-293)
5.19. 海門에서 멀리 떨어져있는 義州·平壤의 水營을 이전하도록 하다.(『世宗實錄』 세종 27, 『集成』5-294)
5.25. 京畿道에 處置使를 두는 일 등에 대해 논의하다./ 義禁府에서 倭人 和知羅多羅와 간통한 良女 富貴의 죄는 참형에 해당한다고 아뢰니, 한 등을 감하라고 하다.(『世宗實錄』 세종 27, 『集成』5-294)
6.9. 議政府에서 禮曹의 呈文에 의거하여 日本國 사신과 大內殿 使送船을 제외하고는 다른 여러 섬의 상선은 對馬島의 예에 의하여, 큰 배 40인·중간 배 30인·작은 배 20인으로 정하여 料를 주도록 하다.(『世宗實錄』 세종 27, 『集成』5-295)
7.6. 議政府의 건의에 따라 京畿 左右道 水軍僉節制使를 명망이 있는 자로 삼아 방어를 엄중히 하도록 하다.(『世宗實錄』 세종 27, 『集成』5-296)
7.11. 議政府와 禮曹에서 故 倭人 六郎次郎의 아들 梨花溫이 아비에 이어 來朝하므로 쌀·콩·의복·갓·목화 등을 주길 청하니, 그대로 따르다.(『世宗實錄』 세종 27, 『集成』5-296)
7.16. 對馬州의 倭船 2척이 약속을 어기고 孤草島 등에서 어로 행위를 하다.(『世宗實錄』 세종 27, 『集成』5-296)
7.20. 議政府에서 禮曹의 첩정에 의거하여 孤草島에서 고기를 잡은 倭人들이 활·화살·창·긴칼·환도·갑주를 가졌을때만 병기를 소유한 것으로 하길 아뢰니, 그대로 따르다.(『世宗實錄』 세종 27, 『集成』5-297)
7.26. 全羅監司에게 倭人들이 黑山島에서 소나무를 베어 배를 만든다는 소문이 있는데 이것이 사실이라면 그냥 버려둘 수 없으니, 黑山島의 수로를 살펴서 보고하게 하다.(『世宗實錄』 세종 27, 『集成』5-297)
8.5. 向化한 倭人 表思溫, 表明 등이 倭人과 밀매한 금·은·진주 등을 몰수하고, 表思溫이 옥중에서 죽으니 아들 表明은 독자이므로 사형을 감하여 慶源府로 귀양 보내고, 독자여부를 확인하지 않은 義禁府를 司憲府에 명하여 탄핵하게 하다.(『世宗實錄』 세종 27, 『集成』5-298)
8.19. 議政府의 건의에 따라 忠清道 藍浦에 성을 쌓게 하다.(『世宗實錄』 세종 27, 『集成』5-298)
8.21. 각도에 監鍊官을 보내 화포를 주조하게 하다.(『世宗實錄』 세종 27, 『集成』5-299)

연도	한국
▲ 1445	9.3. 司諫院에서 全羅·慶尙道의 석보 쌓는 것을 정지할 것을 청하다.(『世宗實錄』세종27,『集成』5-299) 9.22. 投化한 倭人 藤九郎이 倭船의 체제를 모방하여 배를 만들어 완성되니, 여러 진의 배를 楊花渡에 모아 새로 만든 배를 적선으로 삼아 여러 화포를 발사하여 서로 싸우는 모양을 하고, 議政府와 六曹에 명하여 가서 보게 하다.(『世宗實錄』세종27,『集成』5-299) 10.2. 司諫院에서 下三道의 축성을 정지할 것 등에 대해 아뢰다.(『世宗實錄』세종27,『集成』5-300) 10.11. 集賢殿 直提學 金汶 등이 주조한 錢文이 倭國으로 흘러들어가는 폐단에 대해서 아뢰다.(『世宗實錄』세종27,『集成』5-300)
1446	【한국】 1.17. 領中樞院事 崔閏德에게 제사를 내리는 글에 동쪽으로 바다의 도적을 征討하였다고 적다.(『世宗實錄』세종28,『集成』5-302) 1.26. 봉화제도가 제대로 시행되지 못하는 것에 대해 논하다.(『世宗實錄』세종28,『集成』5-303) 2.10. 倭人 藤九郎과 野人 童伊麟哈이 와서 조회하니, 의복·갓·신을 내려 주다.(『世宗實錄』세종28,『集成』5-303) 2.16. 日本의 肥前州와 一岐州에서 사람을 보내어 土産物을 바치다.(『世宗實錄』세종28,『集成』5-304) 2.27. 宗貞盛이 사람을 보내어 쌀·콩과 약재를 청하니, 명하여 쌀·콩 각각 1백석과 人蔘·五味子·大黃·黃耆·杏仁·天麻 등의 약재를 내려주다.(『世宗實錄』세종28,『集成』5-304) 3.26. 日本의 因番守 井太郎이 와서 조회하니, 護軍을 제수하다.(『世宗實錄』세종28,『集成』5-304) 3.30. 向化하여 관직을 받은 倭人은 外方에 두도록 하고, 倭人 未也甫 등은 육지의 주현에 나누어 두고 田地를 주어 安業하게 하다.(『世宗實錄』세종28,『集成』5-304)/ 宗貞盛이 사람을 보내 投化한 倭人 也應沙其를 보내어 처자와 서로 만나 보게 하길 청하니, 이를 허락하다.(『世宗實錄』세종28,『集成』5-305) 4.3. 議政府에서 禮曹의 정문에 의거하여 卒哭 전에 倭人과 野人을 館에서 접대하는 것과 대궐에 나왔을 때 먹이는 것은 모두 素饌을 쓰고, 卒哭이 지난 뒤에는 전례에 의해 본조에서 먹이고 樂은 쓰지 않기를 청하니, 그대로 따르다.(『世宗實錄』세종28,『集成』5-305) 4.5. 日本 肥州太守 源義가 사람을 보내 土産物을 바치다.(『世宗實錄』세종28,『集成』5-305) 4.20. 宗貞盛이 使送한 井太郎 등 2인에게 의복·갓·쌀·콩·신·명주·면포 등을 주고, 一岐州의 眞弓源吉과 鹽津留聞에게 가는 명주·黑麻布·白苧浦·雜彩花席 등을 차등있게 주다.(『世宗實錄』세종28,『集成』5-305) 4.30. 領議政 黃喜, 右議政 河演 등이 小堡 쌓는 것에 대해 논의하면서 倭寇는 짧은 무기를 잘 쓰고, 성을 잘 공격한다고 말하다.(『世宗實錄』세종28,『集成』5-306)
1447 ▼	【한국】 2.4. 慶尙道處置使에게 對馬島·一岐島·肥前州의 倭人들이 서로 결합하여 徒黨이 되어 2, 3월 사이에 도둑질 하려고 배를 수리하였는데, 도둑질하러 가는 곳을 알지 못하니 장사하는 倭人에게 탐문하여 아뢰도록 論旨를 내리다.(『世宗實錄』세종29,『集成』5-318) 2.17. 慶尙·全羅·忠淸·黃海·平安道의 觀察使, 節制使, 處置使에게 倭人들이 2월에 中國으로 도둑질을 하러 간다 하니, 지나면서 우리 변방을 노략질 하지 못하도록 연변의 방비를 강화하도록 論旨를 내리다.(『世宗實錄』세종29,『集成』5-319) 2.21. 通事 金幸을 遼東에 보내어 倭人 也馬沙只가 對馬島·一岐島·上松浦 등지의 倭人들이 배 50척을 수리하여 2, 3개월내에 中國의 연변에 쳐들어간다고 말한 것을 보고하다.(『世宗實錄』세종29,『集成』5-319) 2.26. 焰硝의 제조를 은밀히 하도록 하다.(『世宗實錄』세종29,『集成』5-320) 3.4. 議政府에서 兵曹의 呈狀에 의거하여 沿邊의 煙臺를 축조하는 방식, 腹裏에 烽火를 배설하는 제도, 監考하는 군인을 권려하고 完護하는 조목에 대해서 참작하여 기록하다.(『世宗實錄』세종29,『集成』5-320) 3.16. 前兵曹佐郎 曹彙를 對馬島에 보내어 지난해에 宗貞盛의 집에 불이 난 것을 위로하고 米豆·布貨·燒酒·淸蜜·天鵝·靑魚·松子·乾柿·黃豆·白細苧布·黑細麻布 등을 내리다.(『世宗實錄』세종29,『集成』5-321) 4.5. 忠淸道 都巡察使 金宗瑞의 계본에 따라 泰安郡 知靈山에 봉화대를 쌓다.(『世宗實錄』세종29,『集成』5-321) 4.10. 해안 방비의 책임을 맡은 處置使의 직무 유기를 철저히 단속하게 하다.(『世宗實錄』세종29,『集成』5-322) 4.11. 船軍을 代立하지 못하도록 목패를 만들다.(『世宗實錄』세종29,『集成』5-323) 윤4.19. 慶尙道監司에게 宗金이 서울과 포구에서 무역을 할 수 있도록 한 것은 국가에서 후대한 것이니, 그 뜻을 宗金에게 자세히 일러주고 원하는 바가 있거든 모두 들어주라고 유시하다.(『世宗實錄』세종29,『集成』5-323) 윤4.25. 宗貞盛이 귀화하여 護軍 벼슬을 받은 井大郎을 보내어 말 한필을 바치고, 井大郎도 土産物을 바치다.(『世宗實錄』세종29,『集成』5-324) 5.1. 임금이 杠輞에 대해 말하면서 中國뿐만 아니라, 日本에서도 수차를 사용한다고 하다.(『世宗實錄』세종29,『集成』5-324) 5.5. 세자가 輝德殿에서 端午祭를 거행하였는데, 日本 關西道 筑州府 宗金이 사람을 보내어 향을 올리고, 禮曹에 글을 보내다./ 宗貞盛이 汝毛多老 등 43인을 보내어 말 2필과 環刀 17자루를 바치다.(『世宗實錄』세종29,『集成』5-325) 5.6. 對馬島 敬差官 前兵曹佐郎 趙彙가 돌아와 복명하고, 宗貞盛이 後櫻加臥를 보내서 土産物을 올리고 禮曹에 글을 보냈으며, 의술에 능한 僧 崇泰가 宗貞盛의 서간을 가지고 오다.(『世宗實錄』세종29,『集成』5-325)

일본
11.6. 議政府에서 禮曹의 정문에 의거하여 墨寺를 헐어버리고 나온 재목과 기와로 倭館을 수리하길 상신하니, 그대로 따르다.(『世宗實錄』 세종 27, 『集成』5-301)
11.13. 풍년을 베풀고 종친이 侍宴하니, 景福宮 남쪽 廊廡에서 倭人과 野人에게 음식을 먹게 하다.(『世宗實錄』 세종 27, 『集成』5-301)
12.5. 領中樞院事 崔閏德의 卒記에 아버지를 따라 寧海의 礎浦에서 倭賊을 공격한 것과, 對馬島를 정벌할 때 都節制使에 제수되었음을 적다.(『世宗實錄』 세종 27, 『集成』5-301)
12.22. 倭人과 野人을 접대하는 일에 대해 의논할 일이 있으면 먼저 政府와 함께 의논하여 계달하라고 禮曹에 전지하다.(『世宗實錄』 세종 27, 『集成』5-302)
5.4. 議政府 건의에 따라 내지와 小堡 공사는 일단 정지하도록 하다.(『世宗實錄』 세종 28, 『集成』5-308)
5.10. 行司醞 注簿 李善老가 우리나라가 해마다 흉년이 들었으니 野人의 來朝와 倭奴의 朝貢을 일체 허락하지 말고, 수어의 방비를 엄히하여 수년의 풍년의 기다리기를 상서하였으나, 政府에서 지나친 의논이라고 아뢰다.(『世宗實錄』 세종 28, 『集成』5-309)
5.22. 倭人 羅看仇而羅에게 의복·갓·신을 주다.(『世宗實錄』 세종 28, 『集成』5-311)
6.18. 日本國 大內殿 多多良敎弘이 僧 德模 등 25인을 보내어 《大藏經》을 청구하고 예물을 바치니, 德模 등을 勤政殿 西廊에서 대접하고 大藏經 1부와 예물을 주다.(『世宗實錄』 세종 28, 『集成』5-311)
7.1. 日本國 筑前州의 藤源定淸이 사람을 보내어 원숭이를 바치다.(『世宗實錄』 세종 28, 『集成』5-312)
8.2. 宗彦七의 아들 貞國에게 쌀과 콩 15석을 내리고, 宗盛世의 아들 熊虎丸에게 쌀과 콩 10석을 내리다.(『世宗實錄』 세종 28, 『集成』5-312)
8.29. 知中樞院事 李思儉이 卒記에 倭賊이 黃海道에 침입했을 때 助戰節制使가 되었는데, 도적을 만나도 싸우지 않아 甕津으로 貶職되었다고 적다.(『世宗實錄』 세종 28, 『集成』5-312)
9.9. 上護軍 尹仁甫가 日本國王이 장성했으니 사신을 보낼 것과 琉球에서 조회하였는데 회례가 없었다는 것, 琉球에 잡힌 우리나라 사람이 많다는 것, 우리의 배도 中國과 倭人처럼 正鐵로 닻을 만들고, 蒿草로 돛을 만들 것 등을 아뢰다.(『世宗實錄』 세종 28, 『集成』5-313)
9.20. 日本國 筑州 宗金이 사람을 보내 土産物을 바치다.(『世宗實錄』 세종 28, 『集成』5-315)
10.1. 慶尙道 東萊縣에 城을 쌓다.(『世宗實錄』 세종 28, 『集成』5-315)
10.6. 봉수의 법을 주밀하게 정하고 철저히 시행하도록 하라고 하다.(『世宗實錄』 세종 28, 『集成』5-315)
10.25. 全羅道觀察使가 연변의 고을에 倭寇로 인해 토지를 잃어 본래 살던 자는 적고 새로 寄留한 자가 많은데, 법령에 따라 수 만여명을 원래의 지역으로 옮기면 倭寇의 방어가 허술해지니 30년전부터 거주한 자는 그대로 두기를 아뢰다.(『世宗實錄』 세종 28, 『集成』5-317)
10.28. 判中樞院事 李順蒙이 號牌法을 다시 시행하기를 上書하면서 고려말에 倭寇가 興행하였는데, 우리나라의 백성들이 거짓으로 倭人의 의복을 입고 黨을 만들어 난을 일으킨 것을 말하다.(『世宗實錄』 세종 28, 『集成』5-317)
12.26. 臘享을 輝德殿에서 행하니 宗貞盛이 僧 道闇 등을 사신으로 보내어 진향하다.(『世宗實錄』 세종 28, 『集成』5-318)

【일본】
11.26. 白河建聖院의 文溪和尙이 南禪寺에 봉안할 大藏經의 요청을 위해 조선에 건너가다.(『建內記』十)

5.19. 宗貞盛이 也老仇를 보내어 木芙蓉 3그루와 楊梅木 1그루를 바치니, 上林園에 심으라고 명하다.(『世宗實錄』 세종 29, 『集成』5-327)
5.26. 세자가 繼照堂에서 조참을 받았는데, 日本 關西道 筑州府 冷泉津의 宗金 등 50인이 勤政殿 서편 뜰에 나아가 숙배하고 土産物을 바치고, 인하여 반열에 따라 繼照堂 뜰에서 再拜하다. / 宗金이 데리고 온 中國人 觀音保를 송환하는 문제와 孤草島에서 약속을 어기고 고기를 잡는 倭人들을 군사를 보내어 수색하고 체포하는 일 등을 여러 대신들과 의논하다.(『世宗實錄』 세종 29, 『集成』5-327)
5.28. 日本 石見州 周布因幡制史 藤兼貞이 사람을 보내 土産物을 바치고, 인하여 圖書를 하사받길 청하니 그대로 따르다.(『世宗實錄』 세종 29, 『集成』5-330)
6.4. 龍飛御天歌 定大業 赫整에 太祖가 여러번 倭寇를 쳐서 섬멸한 것과 震耀에 太宗이 對馬島를 정벌한 일을 적다.(『世宗實錄』 세종 29, 『集成』5-330)
6.11. 宗貞盛과 一岐州 源永이 사람을 보내 土産物을 바치다.(『世宗實錄』 세종 29, 『集成』5-331)
6.20. 一岐州 兵部少輔 源永이 사람을 보내 土産物을 바치고, 禮曹에 글을 보내 지난해 皇后의 승하에 조의를 표하니, 베·명주·무명 등을 주다.(『世宗實錄』 세종 29, 『集成』5-331)
6.26. 세자가 承政院에 원숭이가 있는 곳은 말이 병들지 않는다는 金宗瑞·尹仁甫의 말을 전하고, 倭人이 가져온 원숭이의 값을 죽은 수컷 값도 지불하고, 尹仁甫로 하여금 倭人에게 말할 때 국가에서 원숭이를 구하는 뜻을 보이라고 하다.(『世宗實錄』 세종 29, 『集成』5-332)
7.3. 宗貞盛이 藤茂家와 藤茂利를 보내 조회하다.(『世宗實錄』 세종 29, 『集成』5-332)
7.13. 倭人과 野人이 바친 물건의 품등 규정을 上下로 나누도록 하다.(『世宗實錄』 세종 29, 『集成』5-332)
7.15. 議政府의 宗貞盛과 薩馬州의 藤原熙久가 사람을 보내어 土産物을 바치다.(『世宗實錄』 세종 29, 『集成』5-333)
7.21. 世子가 繼照堂에서 조참을 받는데 日本 覇家臺의 倭人 藤原定淸이 와서 土産物을 바치다.(『世宗實錄』 세종 29, 『集成』5-333)
7.27. 議政府 右贊成 金宗瑞가 사졸 훈련에 대해 上書하면서 동남으로는 島夷가 가까이 있다고 말하다.(『世宗實錄』 세종 29, 『集成』5-333)
8.29. 日本國 薩州島 大隅太守 藤原熙久가 사람을 보내어 土産物을 바치다.(『世宗實錄』 세종 29, 『集成』5-339)
9.6. 宗貞盛이 사람을 보내어 土産物을 바치다.(『世宗實錄』 세종 29, 『集成』5-339)

연도	한국
▲ 1447	9.7. 通事 金有禮를 遼東에 보내어 日本에 잡혀갔던 浙江 백성 12인을 압송하게 하다.(『世宗實錄』 세종29, 『集成』5-339) 10.20. 全羅·忠淸·慶尙道 監司에게 倭國의 닥나무 종자를 보내어 동산이나 채소밭에 심어서 배양하고 싹이나서 생장하는 상황을 申達하도록 하다.(『世宗實錄』 세종29, 『集成』5-339) 10.26. 日本 小二殿 藤敎賴가 加珍·老吾羅·灑毛 등을 보내어 土産物을 바치다.(『世宗實錄』 세종29, 『集成』5-340) 11.9. 藝文館 大提學 朴安臣의 卒記에 回禮使로 日本에 갔을 때 日本國王이 요청한 大藏經板이 없다는 이유로 들이지 않았으나, 朴安臣이 馳書하여 交隣의 뜻을 전해 예접한 일과 一岐島에 우리에게 원망이 있는 倭人을 타이른 일을 적다.(『世宗實錄』 세종29, 『集成』5-340)
1448	【한국】 1.1. 曲宴을 내전에서 베풀었는데 倭人과 野人은 勤政殿 뜰에서 먹게 하다.(『世宗實錄』 세종30, 『集成』5-342) 1.11. 日本國使臣 宣慰使 姜孟卿에게 사신을 따라 서울에 들어올 인원은 20명으로 한정하고, 무역할 물건의 값은 서울이나 지방이나 같다는 것을 말하고, 丹木이나 銅鐵 등의 물건은 반드시 포구에 두라는 등의 내용이 담긴 사목을 주다.(『世宗實錄』 세종30, 『集成』5-342) 1.15. 同知中樞院事 尹得洪의 卒記에 倭賊이 忠淸道에 와서 도적질하고 또 黃海道에 침범하였는데, 尹得洪이 京畿水軍僉節制使로서 10여명을 죽이고 배 한척을 빼앗은 일과 全羅道 處置使가 되었을 때 倭賊을 잡은 일 등을 적다.(『世宗實錄』 세종30, 『集成』5-342) 1.25. 宗貞盛의 청구에 따라 木鼠·大犬羔·白鶴鴉·白鵝·人蔘·쌀·콩 등을 내려주다.(『世宗實錄』 세종30, 『集成』5-343) 2.1. 全羅·咸吉道 監司에게 倭人이 헌납한 甘草를 심어 가꾸도록 유시하다.(『世宗實錄』 세종30, 『集成』5-343) 2.11. 議政府에서 禮曹의 정문에 의거하여 倭人이 무역하는 丹木·銅·鑞·烏梅木·白燔皮張 등을 모두 하품으로 처리하는 것은 옳지 못하니, 이후로는 그 本品을 따라 자세히 분간하기를 상신하니, 그대로 따르다.(『世宗實錄』 세종30, 『集成』5-343) 2.15. 議政府에서 戶曹의 정문에 의거하여 孤草島에서 日本 어선이 稅로 바친 고기는 監司가 처리하여 使客을 대접하는 비용으로 쓰고, 나머지는 쌀과 베를 사서 국가에서 쓰도록 아뢰니, 그대로 따르다.(『世宗實錄』 세종30, 『集成』5-344) 2.20. 司譯院 判官 皮尙宜를 一岐島에 보내어 풍랑으로 표류된 사람을 쇄환하게 하다.(『世宗實錄』 세종30, 『集成』5-344) 2.25. 議政府에서 禮曹의 정문에 의거하여 倭人과 野人이 진상한 물건을 禮曹에서 독자적으로 看品하지 말고, 戶曹의 郎廳이 市准人을 데리고 禮曹의 낭청과 같이 간품하도록 아뢰니, 그대로 따르다.(『世宗實錄』 세종30, 『集成』5-344) 3.10. 日本 僧 崇泰가 부모의 畵像을 가지고 讚을 청하니, 直集賢殿 朴彭年에게 명하여 짓게 하다.(『世宗實錄』 세종30, 『集成』5-345) 3.12. 大內殿이 보낸 倭人이 사무역을 청하니, 禮曹에서 尹仁甫를 보내어 반드시 看品한 후에 그 高下를 정할 것이라고 하고, 같은 물건에 공무역과 사무역의 값이 다른 것은 아뢰도록 하겠다고 하다.(『世宗實錄』 세종30, 『集成』5-345) 3.26. 兵曹에서 東宮이 日本國王·大內殿의 사신이나 忽剌溫을 접견할 때에는 大儀仗을 쓰도록 아뢰니, 그대로 따르다.(『世宗實錄』 세종30, 『集成』5-346) 4.6. 守藝文直提學 鄭陽를 慶尙道에 보내어 倭人이 가져온 丹木·銅·鑞·鐵 등의 품질의 등수를 정하게 하다.(『世宗實錄』 세종30, 『集成』5-346) 4.20. 議政府에서 兵曹의 첩정에 의거하여 慶尙道 盈德·慶州·蔚山·迎日 등은 해변에 사람을 보내 밤낮으로 지키는 水直軍을 두었는데, 이는 다른 도에는 없고 매우 힘들어 倭賊에게 잡혀갈 수 있다면서 革罷하기를 상신하니, 그대로 따르다.(『世宗實錄』 세종30, 『集成』5-346) 4.27. 日本國 사신 文溪正祐가 內而浦에 도착하여 輝德殿에 진향하는 일, 大藏經 7천여권을 청하는 일, 사신으로 와서 오랫동안 日本에 머무른 江南 출신 趙文瑞·柴江과 함께 왔다는 내용이 담긴 글을 올리다.(『世宗實錄』 세종30, 『集成』5-347) 5.11. 宗貞盛의 使送人 등이 土物을 바치다.(『世宗實錄』 세종30, 『集成』5-348) 5.13. 對馬島 宗貞國이 사람을 보내어 土産物을 바치고, 禮曹에 글을 보내 그의 아버지 宗盛國 때는 해마다 쌀을 5, 60석 혹은 80석을 주었는데 지금은 15석만 주니 전대로 해주길 청하니, 禮曹에 내려 의논하고 미두 20석을 주기로 하다.(『世宗實錄』 세종30, 『集成』5-348) 5.14. 宣慰使 姜孟卿이 日本使臣 正祐 등이 銅·鑞을 서울로 수송하지 않으면 본국으로 돌아가겠다고 말한 것을 치계하니, 尹仁甫를 보내어 이미 입법된 일이니 가고 오는 것은 임의대로 하라고 말하게 하다.(『世宗實錄』 세종30, 『集成』5-349) 6.3. 宣慰使 姜孟卿에게 日本 國使는 다른 島倭와 다르니, 서울에 올라오는 인원은 60명으로 정하고, 銅·鑞·丹木 등도 서울로 수송하게 하라고 유시하다.(『世宗實錄』 세종30, 『集成』5-349)
1449 ▼	【한국】 1.1. 내전에서 曲宴을 베풀고, 倭人과 野人에게는 弘禮門 좌우 행랑에서 음식을 먹게 하다.(『世宗實錄』 세종31, 『集成』5-371) 1.22. 司諫院에서 상소하기를, 각 도의 監司가 牧使를 겸하고 있기 때문에 倭客에게 쌀 등의 곡식을 내릴 경우 시간이 지체되어 여러가지 폐단이 생긴다고 아뢰다.(『世宗實錄』 세종31, 『集成』5-372) 1.26. 司諫院에서 상소하기를, 각 도의 監司가 牧使를 겸하고 있기 때문에 倭客에게 쌀 등의 곡식을 내릴 경우 시간이 지체되어 여러가지 폐단이 생긴다고 아뢰다.(『世宗實錄』 세종31, 『集成』5-373) 2.5. 咸吉道의 변경에 대한 일과 倭人, 野人을 접대하는 일을 우찬성 金宗瑞와 의논하도록 禮曹에 전지하다.(『世宗實錄』 세종31, 『集成』5-373)

일본

11.26. 倭商이 가져온 잡물중에서 단목·동·납·철 등 무거운 물건은 浦所에 두어 공무역에 의하여 관가에서 값을 줄 것 등의 관리방식을 정하다.(『世宗實錄』 세종 29, 『集成』5-340)

12.28. 日本國 大內殿 多多良敎弘이 聖孫 등 13인을 보내어 土産物을 바치니, 세자가 繼照堂에서 인견하였는데 聖孫이 大內殿이 왕비가 승하한 것을 알았으나 국내에 난이 있어 陳慰하는 예를 하지 못했다고 말하다.(『世宗實錄』 세종 29, 『集成』5-341)

6.8. 임금이 中國 사람 柴江 등 2인이 서울에 와서 日本이 中國에 조공하는 일을 우리나라에 청한다면 어떻게 할 것인가 하니, 皇甫仁이 上國에 조공하는 것은 우리나라가 간여할 일이 아니라고 답하는 것이 좋다고 아뢰다.(『世宗實錄』 세종 30, 『集成』5-350)

6.12. 日本使臣이 東宮에 절을 할 때의 예법에 대해 물으니, 禮曹判書 許詡가 倭人은 뜰 아래에서 절하고, 東宮은 繼照堂 위에 앉아서 받는 것이 좋다고 아뢰다.(『世宗實錄』 세종 30, 『集成』5-350)

6.16. 宣慰使 姜孟卿이 日本國 使臣 僧 正祐 등이 왔음을 복명하다.(『世宗實錄』 세종 30, 『集成』5-351)

6.19. 日本國 使臣 正祐를 따라온 鄕通事 金貴善이 倭人과 서로 친압하였다하여 監護官 元尙孚·李桂遂 등이 그 죄를 다스리고자 하였는데, 正祐가 이를 제지하여 문제가 발생하니, 조사하여 監護官과 金貴善에게 차등있게 죄를 주다.(『世宗實錄』 세종 30, 『集成』5-353)

6.21. 日本國 使臣 正祐가 國書를 전달하고 예를 행하고, 임금이 承政院에 正祐는 和好하고 경판을 청구하러 온 것인데, 진향을 위해서 왔다고 한 것을 禮曹와 議政府에서 의논하도록 하여 진향을 하게 하다./ 禮曹에서 日本國王使臣이 輝德殿에서 진향할 때의 의복을 정해서 아뢰니, 그대로 따르다.(『世宗實錄』 세종 30, 『集成』5-356)

6.25. 日本國王使臣이 輝德殿에서 진향할 의식을 啓定하다.(『世宗實錄』 세종 30, 『集成』5-359)

6.28. 日本國王使臣 正祐 등이 輝德殿에서 진향하다.(『世宗實錄』 세종 30, 『集成』5-360)

7.2. 政府에서 日本에 회례하는 물건에 대해 논의하여 전보다 적당하게 수량을 더하도록 아뢰니, 그대로 따르다.(『世宗實錄』 세종 30, 『集成』5-361)

7.5. 司譯院 判官 皮尙宜가 一岐島에 가서 표류한 濟州 사람 莫金을 데리고 돌아오다.(『世宗實錄』 세종 30, 『集成』5-361)/ 議政府와 禮曹에서 日本國使 正祐가 거느리고 온 배가 日本國王 교서에 적힌 한 척이 아니라 세 척이고, 사람의 수도 4백이나 된다고 아뢰니, 이에 대해 논의하다.(『世宗實錄』 세종 30, 『集成』5-362)/ 日本國 筑前州 博多津 藤原定이 사람을 보내어 土物을 바칠것과 圖書를 청하고, 자신의 아들 多羅가 벼슬받기를 원하면서 莫金을 쇄환한 뜻을 더불어 말하니, 圖書와 벼슬을 주는 것은 허락하지 않고 쇄환한 공로로 예물을 주다.(『世宗實錄』 세종 30, 『集成』5-364)/ 宗貞盛이 皮尙宜를 통해 土物을 바치고, 또 사람을 보내어 土物을 바치고 人蔘·斜皮·白鶴 등을 청하니, 인삼 10근·청사피 3령·백학 1쌍을 주고, 皮尙宜를 호송한 공으로 쌀과 콩 각 50석을 주다.(『世宗實錄』 세종 30, 『集成』5-364)

7.9. 日本에 回禮하는 苧麻布의 척수를 의논하여 35척으로 정하다.(『世宗實錄』 세종30, 『集成』5-365)

7.23. 右參贊 鄭甲孫, 禮曹判書 許詡 등과 불당을 파해야 한다고 아뢰었으나 대답하지 않고 다만 日本 國使에게 물건을 주는 일을 물으니, 鄭甲孫 등이 각각 의견을 말하다.(『世宗實錄』 세종 30, 『集成』5-366)

8.27. 議政府에서 兵曹의 첩정에 의거하여 각 도의 監司와 守令, 萬戶로 하여금 소나무를 사사로이 베지 못하도록 감독 관리하여 兵船을 만드는 것에 대비하도록 하자고 아뢰니 그대로 따르다.(『世宗實錄』 세종 30, 『集成』5-366) / 日本國 使臣 正祐 등이 돌아가니, 회답하는 글과 함께 大藏經과 예물을 주어 보내다.(『世宗實錄』 세종 30, 『集成』5-369)

9.1. 吏曹參判 李邊을 明나라에 보내어 聖節을 하례하게 하고, 禮部에 咨文을 보내 日本에서 온 中國人 趙文瑞와 柴江에 대한 것과 一岐島의 해적이 中國 변경에 소요를 일으킨 것을 알리다.(『世宗實錄』 세종 30, 『集成』5-369)

9.6. 議政府에서 禮曹의 첩정에 의거하여 倭人과 野人의 進上과 下直肅拜를 大殿에만 행하지 말고 東宮에도 숙배하도록 상신하니, 그대로 따르다.(『世宗實錄』 세종 30, 『集成』5-370)

10.22. 투화한 倭人 護軍 藤九郎이 조참에 수반하기를 청하였으나, 禮曹와 議政府의 의논에 따라 허락하지 않다.(『世宗實錄』 세종 30, 『集成』5-370)

12.6. 議政府에서 兵曹의 보文에 의거하여 各色 銃筒箭을 제조하는 방법과 총통을 放射하는 방법에 대해서 상신하다.(『世宗實錄』 세종 30, 『集成』5-371)

12.22. 議政府에서 戶曹의 정문에 의거하여, 巨濟縣의 방비가 田稅를 忠州로 운반하는 틈을 타 허술해 질 수 있으므로 縣倉에 바로 바치게 하자고 아뢰니, 그대로 따르다.(『世宗實錄』 세종 30, 『集成』5-371)

12.23. 投化倭人 護軍 藤九郎에게 쌀·술·소금·간장·어육 등을 하사하다.(『世宗實錄』 세종 30, 『集成』5-371)

【일본】

5.11. 조선에서 大藏經(一切經)은 오지 않고 대신 虎豹皮, 布, 人蔘 등이 공물로 오다.(『康富記』三)

2.25. 日本 薩摩州 藤原熙久가 사람을 보내어 丹木 1천근·鑞鐵 1백근·胡椒 9근·束香 1백근·白檀香 50근·白蛤 10개·藤 5백개·烏梅木 1천근·硫黃 2백 50근·象牙 11근을 바치니, 正布 1천 1백 24필을 회답으로 주다.(『世宗實錄』 세종 31, 『集成』5-373)

3.23. 倭護軍 平茂永이 來朝하니, 의복·갓·신 등을 하사하다.(『世宗實錄』 세종 31, 『集成』5-374)

연도	한국
▲ 1449	4.6. 禮曹에서 宗貞盛에게 對馬島 사람 鹽表阿 등 8명이 孤草島에서 고기를 잡은 후에 文引도 반환하지 않고, 漁稅도 바치지 않고 그냥 도망갔으니, 이를 조사하여 치죄하고 회답해 주기 바란다는 글을 보내다.(『世宗實錄』 세종31, 『集成』5-374) 4.19. 對馬州 宗虎熊瓦가 사람을 보내어 조회하니, 쌀 10석을 주다.(『世宗實錄』 세종31, 『集成』5-374) 4.21. 對馬州 宗茂直의 아들 宗盛直이 사람을 보내 말을 바치고 왕래하는 배의 수를 정해 주기를 청하였으나, 허락하지 않고 쌀, 콩 20석을 주다.(『世宗實錄』 세종31, 『集成』5-375) 5.3. 對馬州 宗虎熊瓦가 사람을 보내 土産物을 바치면서 양식과 印命을 청하니, 그 아비 宗盛世의 예에 의하여 圖書와 쌀 10석을 주다.(『世宗實錄』 세종31, 『集成』5-375) 5.12. 禮曹에서 宗貞盛에게 글을 보내어 慶尙道 慶州 사람 原奉 등 12명이 지난 정월에 바다에서 고기를 잡다가 동쪽으로 표류하였는데, 對馬島나 인근섬에 이르렀을 것이니 힘을 다하여 조사 찾아서 보내주길 요청하다.(『世宗實錄』 세종31, 『集成』5-375) 5.15. 宗貞盛이 사람을 보내어 土産物을 바치다.(『世宗實錄』 세종31, 『集成』5-376) 5.17. 一岐州 鹽津留 源聞이 사람을 보내 원숭이를 바치다.(『世宗實錄』 세종31, 『集成』5-376) 5.19. 對馬州 宗貞盛·宗盛弘·宗盛家·宗盛國이 각각 사람을 보내어 土産物을 바치다.(『世宗實錄』 세종31, 『集成』5-376) 5.20. 宗貞盛과 宗盛家가 사람을 보내어 土産物을 바치다.(『世宗實錄』 세종31, 『集成』5-376) 6.3. 對馬州 宗虎熊瓦가 사람을 보내어 土産物을 바치다.(『世宗實錄』 세종31, 『集成』5-376) 6.7. 宗貞盛·宗貞國이 사람을 보내어 土産物을 바치다.(『世宗實錄』 세종31, 『集成』5-376) 6.15. 議政府와 禮曹에서 倭人을 영접하고 전송할 때 日本國王, 大內殿, 宗貞盛 등 보낸 사람에 따라 다르게 접대하기를 청하니, 그대로 따르다.(『世宗實錄』 세종31, 『集成』5-377) 8.4. 一岐州 上松浦 鹽津留 源聞이 사람을 보내어 土産物을 바치니, 白細緜布·黑細麻布·白細苧布 각 3필과 쌀·콩 30석을 내려주다.(『世宗實錄』 세종31, 『集成』5-377) 8.19. 宗貞盛이 僧 道闇을 보내어 環刀와 원숭이를 바치고, 《大藏經》·白犬·白鶴 등을 청하니, 左議政 河演 등은 구례에 따라 허락해야 한다고 하고, 左參贊 鄭苯 등은 허락하지 말도록 청하니, 河演 등의 의논을 따르다.(『世宗實錄』 세종31, 『集成』5-377)
1450 ▼	【한국】 1.6. 中國使臣 때문에 日本國 사신을 中路에서 머물게 하는 것이 예절에 맞는지와 동시에 대접하는 것이 어떠한지 정부와 함께 의논하기를 禮曹에 전지하니, 議政府에서 어렵지 않다고 아뢰어 集賢殿 直提學 崔恒을 宣慰使로 삼다.(『世宗實錄』 세종32, 『集成』5-384) 1.15. 集賢殿副校理 梁誠之가 備邊에 대한 방책 중 열 번째로 倭人을 備禦하는 방책을 아뢰다.(『世宗實錄』 세종32, 『集成』5-384) 윤1.15. 倭人이 丹木·銅鑞 등을 서울로 수송하여 무역하고자 하니, 임금이 명주를 보내어 받으면 명주를 더 보내고 받지 않으면 서울로 운반해 무역하게 하여 서울과 외방의 값이 다르지 않음을 알도록 하는 것이 좋을 듯하다고 말하다.(『世宗實錄』 세종32, 『集成』5-386) 2.9. 禮曹參議 閔恭이 宗貞盛에게 글을 보내어 全羅道 順天府 사람 鄭得希 등 5명이 지난 겨울에 바다 가운데서 고기를 잡다가 바람을 만나 표류하였는데 對馬島나 혹은 부근의 섬에 갔을지 모르니, 찾아서 보내주기를 요청하다.(『世宗實錄』 세종32, 『集成』5-387) 2.14. 同副承旨 鄭而漢에게 倭人·野人을 접대할 때 조심하여, 조금도 허술함이 없도록 하라고 말하다. 2.16. 日本國 使臣僧 敬楞이 大藏經를 청하는 源義成 글을 가지고 와서 예물을 바치다.(『世宗實錄』 세종32, 『集成』5-388) 2.22. 知中樞院事 李渲을 北京에 보내어 임금의 부고를 고하고, 禮部에 상신하는 글에 9년에 賊倭 失剌沙也門 등 60명을 잡아서 北京에 보낸 것, 10년 정월에 賊倭를 잡아 보낸 것, 倭奴를 적당히 접대하여 사방이 경계할 것이 없어졌다고 적다.(『世宗實錄』 세종32, 『集成』5-389) 2.20. 司憲府의 건의에 따라 대소제향과 각전·각궁의 공상, 中國使臣 및 인국 객인에 대한 접대 이외에는 술을 금하도록 하다.(『文宗實錄』 문종즉위년, 『集成』5-391) 2.23. 皇甫仁 등이 日本國王 使臣이 왔으니 임금이 큰 일의 어려움을 생각하여 大孝를 마쳐야 한다고 아뢰다.(『文宗實錄』 문종즉위년, 『集成』5-391) 3.3. 首陽大君, 安平大君이 佛事의 반대를 반박하는 上書를 올려 불사를 간하려고 한 黃孝源을 죄주기를 청하고, 黃孝源이 만일 諫한 것을 들어주지 않아 日·野人·琉球·南蠻에 가서 마음대로 한다면 경내에 구류할 수 있겠느냐고 말하다.(『文宗實錄』 문종즉위년, 『集成』5-392) 3.5. 成均館 生員 卓中이 佛事를 반대하는 上書를 올려 日本의 섬 오랑캐는 간사하고 속이는 계책을 헤아릴 수 없다고 하면서 불사를 일으킬 것이 아니라, 그 비용을 백성과 軍備에 사용해야 한다고 아뢰었으나, 윤허하지 않다./ 一岐州 倭人 藤九郎이 사람을 보내어 土産物을 바치다.(『文宗實錄』 문종즉위년, 『集成』5-394) 3.11. 三國시대부터 高麗에 이르기까지 외적이 와서 침범한 일과 우리나라에서 미리 준비하고 방어한 계책의 首尾와 得失을 자세히 참고하고 주워 모아 후에 찬집을 완성하여 이름을 東國兵鑑이라 하다.(『文宗實錄』 문종즉위년, 『集成』5-394) 3.14. 議政府에서 禮曹의 呈狀에 의거하여 日本國王 使臣이 가지고 온 書契와 예물은 儀禮에 따라 殯殿에 바치길 청하니, 그

일본

8.20. 領中樞院事 李順蒙의 卒記에 對馬島의 정벌에 나서 여러 장수들이 모두 패했으나, 오직 그 휘하의 군대만 손실이 없이 돌아왔다고 적다.(『世宗實錄』 세종 31, 『集成』5-378)

8.22. 李順蒙이 바친 金銀과 土田 등을 받지 않겠다는 전지를 다시 내려야할 지에 대해 논의하면서 李順蒙이 日本을 정벌하고, 野人을 치는 데 공로가 많았다고 말하다.(『世宗實錄』 세종 31, 『集成』5-379)

8.23. 慶尙道의 金甫山 등이 倭人 酒末仇羅가 尙州에 갈 때 都節制使가 영접하는데 吹角 소리가 들려 酒末仇羅가 묻으니 당신을 잡으려 한다고 거짓말을 하여 酒末仇羅가 도망가 거의 죽게 되었는데, 이일로 갇혀 있던 金甫山 등을 保放하다.(『世宗實錄』 세종 31, 『集成』5-379)

8.24. 一岐州 呼子 源高가 사람을 보내어 土産物을 바치니, 쌀과 콩 각각 15석을 하사하다.(『世宗實錄』 세종 31, 『集成』5-379)

8.25. 集賢殿副提學 鄭昌孫에게 印章에 대해 말하면서, 우리나라에서 주조한 것으로 倭人이나 野人을 제수하는데 사용함은 타당하지 못하다고 헌의한 것을 전하다.(『世宗實錄』 세종 31, 『集成』5-380)

8.27. 좌의정 河演이 변방의 방비책에 대해 상서하면서 우리나라는 삼면이 바다를 끼고 있어 島倭 등이 가까이 있다고 말하다./ 倭人을 회롱하여 도망가게 한 金甫山 등은 그 죄에 비해 오랫동안 옥중에 있었는데, 이러한 일을 방치한 해당 郞廳의 首領官과 差使員을 국문하게 하다.(『世宗實錄』 세종 31, 『集成』5-381)

9.4. 對馬島로 돌아가는 道闇에게 藏經 1부·白犬·白鶴 각 1쌍과 미두 1백석을 답서와 함께 주어 보내다.(『世宗實錄』 세종 31, 『集成』5-382)

9.19. 漢城府尹 金何가 中國에 징병 면제를 청하러 가는 奏本에 우리나라는 3면이 바다에 접해있어 倭山·對馬·一岐·花加에 접해있다는 것과 倭人 道闇의 말을 빌어 宗貞盛이 원한을 품고 있어 침략할지 모른다는 것을 적다.(『世宗實錄』 세종 31, 『集成』5-382)

10.10. 세자가 承政院에 금후의 조참은 齋戒를 당했다 하더라도, 倭人·野人의 肅拜가 있을 경우에는 상의하여 신달하도록 하다.(『世宗實錄』 세종 31, 『集成』5-383)

11.24. 議政府에서 兵曹의 정문에 의거하여 海南·康津의 경내에 있는 莞島는 바다 가운데에 떨어져 있어서 達梁·馬島의 방어소와 멀기 때문에 倭賊의 침입이 있으면 위험하다고 하면서 농사짓는 것을 금하도록 아뢰니, 그대로 따르다.(『世宗實錄』 세종 31, 『集成』5-383)

대로 따르다./ 禮曹에서 日本國 使臣이 殯殿에 배례하는 의식을 계문하다.

3.15. 日本國使臣 景楞 등 25인이 殯殿에 나와서 哭을 하고 예물과 書契를 바치다.(『文宗實錄』 문종즉위년, 『集成』5-395)

3.23. 禮曹에서 尹仁甫의 말에 의해 금년 2, 3월에 對馬島의 商倭가 오지 않았는데, 이는 中國에 도둑질 가는 것이 우리나라에 누설될 것을 두려워하기 때문이니 대책을 세우기를 아뢰자, 議政府에서 비밀히 조치할 것이라고 하다.(『文宗實錄』 문종즉위년, 『集成』5-396)

3.24. 日本國王使臣이 가져온 赤銅을 모두 官에서 무역하려고 하자, 日本使臣이 가져온 물품의 절반은 大臣의 것이라고 하면서 私貿易을 하게 해 달라고 청하니, 議政府에서 의논하도록 하다.(『文宗實錄』 문종즉위년, 『集成』5-397)

3.25. 議政府에서 국가가 평안할 때 사변에 대비해야 한다고 하면서, 倭人 藤九郎이 도착했으니 그에게 물어보아 처리하기를 아뢰니 그대로 따르다.(『文宗實錄』 문종즉위년, 『集成』5-398)

3.26. 日本國王使臣으로 온 上官人·副官人과 船主 이하의 사람에게 의복·관·신발을 하사하다.

4.16. 慶尙道左道處置使가 지금의 水直은 倭賊이 오면 반드시 사로 잡히니, 바닷가의 慶州·蔚山·長鬐의 지경에 煙臺를 높이 쌓아서 海賊을 망보게 하고 水直은 없애기를 아뢰니, 그대로 따르다.(『文宗實錄』 문종즉위년, 『集成』5-399)

4.30. 議政府에서 변방에 事變이 있어 武才가 時急하므로 武略이 있어 변방을 방비할 만한 사람은 모두 薦望하도록 청하니 그대로 따르다.(『文宗實錄』 문종즉위년, 『集成』5-399)

5.5. 慶尙右道 處置使 成勝이 固城縣 사람 11명이 牛島에 가서 해물을 채취하다 갑자기 倭賊을 만나 6명은 살해당하고 5명은 도망해 왔다고 보고하니, 宗簿寺少尹 羅洪書를 보내어 국문하게 하다.(『文宗實錄』 문종즉위년, 『集成』5-400)

5.6. 日本國王使臣 景楞 등이 대궐에 나와서 하직하니, 접대하도록 명령하고 답서를 보내다./ 禮曹에서 客人이 배사하는 의례를 아뢰니, 그대로 따르다.(『文宗實錄』 문종즉위년, 『集成』5-400)

5.7. 議政府에서 日本에 回謝하는 예물의 봉하는 절차를 아뢰다.(『文宗實錄』 문종즉위년, 『集成』5-401)

5.8. 日本國使臣 景楞 등이 私的으로 丹木과 鑞鐵을 바치다.(『文宗實錄』 문종즉위년, 『集成』5-401)

6.4. 一岐州 倭人 藤九郎과 一岐州에 머무는 源聞이 使送한 2인과 實譽가 使送한 2인, 議政府 宗貞盛이 使送한 11인이 와서 土宜를 바치다.(『文宗實錄』 문종즉위년, 『集成』5-402)

6.24. 一岐州 知守 源義·議政府 宗虎熊丸 등이 사람을 보내어 土宜를 바치다.(『文宗實錄』 문종즉위년, 『集成』5-402)

6.29. 議政府 倭人 宗貞家가 東萊溫泉에서 목욕하므로 集賢殿 修撰 李克堪을 보내어 선위하고, 鞍馬·의복·가죽신·쌀·雜彩花席·虎皮 등을 하사하다.(『文宗實錄』 문종즉위년, 『集成』5-402)

6.30. 議政府에서 禮曹의 정문에 의거하여 一岐州 太守 源義가 圖書를 청한다고 하면서 주조하여 주도록 아뢰니, 그대로 따르다./ 議政府에서 禮曹의 정문에 의거하여 一岐州의 松林院 實譽가 성심으로 귀환하였다고 하면서 黑麻布와 白苧布 각각 2필을 주기를 청하니, 그대로 따르다./ 議政府에서 禮曹의 정문에 의거하여 宗貞盛의 使人 萬時羅가 忠淸道 淸風郡에 이르러 갑자기 죽었으니, 쌀·콩 합하여 5석을 부조하고, 忠淸道로 하여금 치제하도록 아뢰니, 그대로 따르다.(『文宗實錄』 문종즉위년, 『集成』5-403)

7.5. 宗貞盛이 사람을 보내어 土物을 바치고, 또 通事 尹仁甫와 皮尙宜에게 胡椒·鹿皮 등을 주니, 禮曹와 議政府에서 신하된 사람은 사사로이 교제할 수 없다고 아뢰니, 퇴각하도록 하다.(『文宗實錄』 문종즉위년, 『集成』5-403)

연도	한국
▲ 1450	7.7. 一岐州에 머무르는 源聞이 正倫을 보내고, 對馬州 宗貞盛이 光軌 등을 보내어 輝德殿에 향을 올리고, 倭 護軍 藤九郎도 향을 올리니, 각각 苧麻布와 衣帶를 내려주다.(『文宗實錄』 문종즉위년, 『集成』5-403) 7.9. 議政府에서 禮曹의 정문에 의거하여 우리나라의 漂流人이 一岐州의 鴨打殿과 呼子殿 지방에 도착했다 하니, 論書와 함께 黑麻布·白綿紬 각 3필을 보내어 돌려보내게 하도록 아뢰니, 그대로 따르다.(『文宗實錄』 문종즉위년, 『集成』5-404) 7.12. 對馬島 宗貞盛이 사람을 보내어 土産物을 바치다.(『文宗實錄』 문종즉위년, 『集成』5-404) 7.13. 議政府 宗貞國의 使送人과 倭 護軍 井大郎, 中尾彌正이 와서 土産物을 바치다.(『文宗實錄』 문종즉위년, 『集成』5-404) 7.16. 議政府 宗盛弘이 사람을 보내어 土物을 바치다.(『文宗實錄』 문종즉위년, 『集成』5-404) 7.22. 左贊成 金宗瑞, 知中樞院事 金孝誠 등에게 각종 彭排의 사용을 의논하게 하니, 평상시에는 木圓彭排를 쓰는 것이 좋다고 하면서 琉球國 彭排와 우리나라의 彭排와 李澄玉이 만든 銃筒連接彭排는 쓰기에 불편하다고 아뢰다.(『文宗實錄』 문종즉위년, 『集成』5-404) 7.26. 對馬州 宗盛弘이 사람을 보내어 土物을 바치다.(『文宗實錄』 문종즉위년, 『集成』5-405) 7.27. 慶尙左道, 慶尙右道, 全羅道 處置使 등이 하직하다./ 對馬州 宗盛弘이 사람을 보내어 土物을 바치다.(『文宗實錄』 문종즉위년, 『集成』5-405) 7.29. 全羅道 都觀察使 成奉祖에게 濟州에서 잡은 倭人에게 먹는 것을 후하게 주고, 집과 의복을 주도록 하유하다.(『文宗實錄』 문종즉위년, 『集成』5-406) 8.1. 議政府에서 兵曹의 呈狀에 의거하여 濟州安撫使가 잡은 倭人 48명이 약정을 어기고, 문인도 없는 배와 孤草島를 벗어나 楸子島까지 갔으니, 그들을 압송하여 全羅道 육지 깊숙한 고을에 가두고 추국하도록 아뢰니, 그대로 따르다.(『文宗實錄』 문종즉위년, 『集成』5-406) 8.7. 承政院都提調와 提調가 本院의 직무는 事大交隣 사무에 專念해야 하기 때문에 관계가 지극히 중대하므로 본원 직사에 대하여 개정해 줄 것을 아뢰니, 그대로 따르다./ 對馬島 宗貞國이 사람을 보내서 土物을 바치다.(『文宗實錄』 문종즉위년, 『集成』5-407) 8.11. 향을 올린 倭人 宗貞國에게 白綿布 3필·면주 4필, 井大郎·中尾彌正·和知難洒毛에게 白綿布 각 3필·면주 각 3필, 藤九郎에게 白綿布 5필·면주 5필을 回賜하다./ 議政府에서 禮曹의 呈狀에 의거하여 倭人 和知難洒毛에게 護軍을 주기를 청하니, 그대로 따르고 의복·사모·각대를 주다.(『文宗實錄』 문종즉위년, 『集成』5-407) 8.28. 對馬州 宗盛弘이 사람을 보내 土宜를 바치다.(『文宗實錄』 문종즉위년, 『集成』5-408) 9.1. 知經筵事 金宗瑞가 근래에 북방의 방비에만 힘쓰고, 남방은 근심이 없다고 여겨 倭人을 방비하는 계책을 조금 늦추는 것에 대한 왕의 염려에 대하여 각도의 弓矢를 많이 제조하는 방책을 아뢰니, 그대로 따르다.(『文宗實錄』 문종즉위년, 『集成』5-408) 9.2. 慶尙右道兵馬節制使 辛叔晴이 巨濟와 海子 읍성의 수리를 청하다.(『文宗實錄』 문종즉위년, 『集成』5-409) 9.15. 對馬州 宗盛弘이 迎山 등 3인을 보내어 輝德殿에 향을 올리니, 의복을 하사하다.(『文宗實錄』 문종즉위년, 『集成』5-409) 9.19. 左承旨 鄭而漢이 변경에 대한 방책을 아뢰면서, 우리나라는 삼면이 해변이어서 倭賊이 두렵다고 말하다.(『文宗實錄』 문종즉위년, 『集成』5-409) 9.22. 倭人의 護軍 平茂永 등 3인과 彌音甫 등 3인이 와서 土物을 바치다.(『文宗實錄』 문종즉위년, 『集成』5-411) 9.23. 司憲府 掌令 河緯地가 下三道에 體察使를 보내어 郡邑의 城 쌓는 일을 감독케 하는 일에 대한 폐단을 아뢰다. 9.25. 掌令 河緯地가 下三道의 城을 쌓는데 별도의 大臣을 보내는 것에 대해 아뢰니, 마땅히 헤아려 생각해 보겠다고 하다.(『文宗實錄』 문종즉위년, 『集成』5-411) 10.1. 倭人 彌音甫 등 2인이 輝德殿에 향을 올리다./ 司憲 持平 趙安孝가 지난날 下三道 都體察使를 보내는 일의 부당함을 다시 아뢰다.(『文宗實錄』 문종즉위년, 『集成』5-412) 10.3. 誕辰賀禮를 정지하니, 日本國 藤賢 등 17인과 琉球국 毛三郎 등 2인이 詣闕하여 하례하다.(『文宗實錄』 문종즉위년, 『集成』5-412)
1451 ▼	【한국】 1.1. 野人 41인과 倭人 50인이 예궐하여 하례하니, 그들을 供饋하라고 명하다.(『文宗實錄』 문종1, 『集成』6-1) 1.4. 日本國 關西路 薩摩州·大隅州·日向州 3州 太守 藤原忠國이 보낸 春谷 등이 와서 土物을 바치고 여러 물건을 청하자, 은·동·철·인삼을 제외하고 들여주다.(『文宗實錄』 문종1, 『集成』6-2) 1.10. 中國에 진헌하거나 日本에 보내는 표피·수달피·호피 외에는 완전히 갖추어진 것이 아니라도 수납케 하다.(『文宗實錄』 문종1, 『集成』6-2) 1.13. 平安道觀察使가 金於郎이 말한 蠱毒을 치료하는 방법과 金於郎의 外曾祖 盧端知가 倭人에게 사로잡혀 倭國에서 15년동안 살다가 돌아왔는데 蠱毒을 치료하는 방법을 傳習해 왔다는 것을 아뢰다.(『文宗實錄』 문종1, 『集成』6-2) 1.17. 和順縣監 尹自信이 辭朝하니, 引見하여 말하기를, 下三道의 각 고을에서 활을 만들어 牛角과 힘줄을 감독하여 거두어 들이는 일과 堤堰에 폐단이 없도록 하라고 하다.(『文宗實錄』 문종1, 『集成』6-3) 1.18. 병조에서 경기의 當領船軍 1천 명과 충청도의 2천 명을 징발하여 都城의 무너진 곳을 수축하기를 아뢰자, 그대로 따르다.(『文宗實錄』 문종1, 『集成』6-3)/ 掌令 羅洪緖가 경기·충청도 兩都의 船軍을 역사시키는 일에 대한 폐단을 아뢰자, 장차 商量하겠다고 하다.(『文宗實錄』 문종1, 『集成』6-4)

일본

10.7. 日本國 關西 肥州·筑州 太守 藤原朝臣·菊池爲房이 加羅無羅 등 8인을 보내어 土物을 바치고, 禮曹에 치서하여 강아지·다람쥐·거위·흰 오리·花席 등을 청하니, 禮曹의 논의에 따라 청구한 물품을 주다.(『文宗實錄』 문종즉위년, 『集成』5-413)

10.8. 司諫院 左正言 具人文이 下三道에 大臣을 보내어 성터를 살펴서 정하기로 한 것을 직질이 낮은 朝官과 畫工을 보내어 그 폐단을 없애기를 아뢰다.(『文宗實錄』 문종즉위년, 『集成』5-414)/ 司憲執義 魚孝瞻, 掌令 申叔舟·河緯地, 持平 李英喬가 정분을 보내는 것은 적당하지 않다고 面對하길 청하니, 引見하고 말하기를 장차 다시 생각하여 보겠다고 하다.(『文宗實錄』 문종즉위년, 『集成』5-416)

10.9. 都體察使 右贊成 정분이 辭朝하였다.(『文宗實錄』 문종즉위년, 『集成』5-416)

10.10. 前承文院校理 郭恂이 諸島의 연변에 있는 州·郡의 任內 창고의 미곡을 각각 그 고을의 창고로 들이어서 倭寇의 도적을 막도록 상서하니, 議政府의 의논을 듣고, 그대로 따르다.(『文宗實錄』 문종즉위년, 『集成』5-416)/ 集賢殿 直提學 盧叔仝이 慶尙道의 동남쪽 해변은 倭山과 가까이 있어 島夷의 요충지이고, 倭人을 供待할 때 道의 곡식을 변방에 수송하는 폐단이 있으니, 해변의 조세를 州倉에 더 바치게 하여, 倭客을 供待하기를 上書하다./ 刑曹判書 趙惠가 船軍의 率丁을 다른 役에 부리지 말것과 各浦에서 船軍이 수자리를 사는 것에 대한 폐단을 上書하다.(『文宗實錄』 문종즉위년, 『集成』5-417)/ 藝文館提學 李先齊가 재정을 충당하는 방책에 대해 아뢰면서, 근년 이래로 向化人의 衣食과 장사하는 倭人의 판매를 支對하기가 번잡하다고 말하다.(『文宗實錄』 문종즉위년, 『集成』5-419)

10.11. 日本國 石見州 周布和兼이 要守 등을 보내어 土物을 바치다.(『文宗實錄』 문종즉위년, 『集成』5-420)

10.18. 日本國 藤原朝臣熙久가 而羅汝文 등을 보내 와서 土物을 바치다./ 議政府에서 濟州宣慰別監 李宗謙의 계본에 의거하여 倭人을 붙잡은 高全道는 1자급을 더하고, 74인에게는 목면 3필을, 82인에게는 2필을 주기를 청하니, 그대로 따르다.(『文宗實錄』 문종즉위년, 『集成』5-420)

10.21. 兵曹參判 黃守身이 倭人 2000여명이 乃而浦·富山浦·鹽浦 등지에 거주하는데, 변을 일으킬지 모르니 都體察使로 하여금 살펴보도록 아뢰다.(『文宗實錄』 문종즉위년, 『集成』5-420)

10.28. 都體察使 鄭苯이 知世浦와 吾兒浦 사이에 있는 勿士浦는 길이 멀고 험조하여 倭賊이 밤을 타서 도적질 하면 잡기가 어려우니, 두 포구 사이에 있는 助羅浦에 兵船을 정박시켜 수어하도록 치계하니, 그대로 따르다.(『文宗實錄』 문종즉위년, 『集成』5-421)

11.16. 日本國 關西路 筑前州 今川·宗金 등 10인이 와서 土物을 바치다.(『文宗實錄』 문종즉위년, 『集成』5-422)

11.22. 中樞院副使 朴堧이 세종 때 客人의 연희에 女樂을 쓰지 않은 것을 들어 女樂의 폐지를 上言하니, 三韓 이래로 써 오던 것을 갑자기 폐지하기 어렵다 하여 우선 舊習을 그대로 따르게 하다.(『文宗實錄』 문종즉위년, 『集成』5-422)

12.1. 日本國 關西路 筑前州 冷泉·宗金 등 18인이 와서 輝德殿에 향을 올리다.(『文宗實錄』 문종즉위년, 『集成』5-425)

12.2. 얼음이 어는 기간에는 客人을 대접하는 것 외에는 물고기를 쓰지 말도록 하다./ 日本國 一岐州 眞弓兵部少甫 源永이 보낸 元少只 등 4인과 宗盛家가 보낸 三甫羅多羅 등 4인이 와서 土物을 바치다.(『文宗實錄』 문종즉위년, 『集成』5-425)

12.8. 同知中樞院使 高得宗이 兵船은 漕運에 쓸 수 없으니, 監役官을 따로 파견하여 漕運船을 만들기를 아뢰니, 평안도에 물어본 뒤에 조치토록 하다.(『文宗實錄』 문종즉위년, 『集成』5-426)

12.13. 宗金이 大藏經을 청하니, 善山府 得益寺에 갈무리했던 3천 8백권을 주다./ 倭護軍 邊沙也文 등 2인과 宮內四郎의 조카 宮內守延 등 2인이 와서 土物을 바치고, 一岐州의 眞弓兵部小輔 源永이 보낸 元少只 등 4인이 와서 輝德殿에 향을 올리다.(『文宗實錄』 문종즉위년, 『集成』5-426)

12.15. 倭護軍 邊沙也文 등 2인과 宮內四郎의 조카 宮內守延 등 2인이 輝德殿에 향을 올리다.(『文宗實錄』 문종즉위년, 『集成』5-426)

12.18. 日本國 一岐州의 呼子 源高가 보낸 簞富安 등 10인과 野人들이 土物을 바치다.(『文宗實錄』 문종즉위년, 『集成』5-427)

12.22. 성을 쌓고 읍을 옮기는 등의 일은 다른 고을 사람을 사역 치 말고 후년을 기다리게 하다./ 鄭苯이 蔚山郡 柳浦, 慶州府 上西知·下西知 등은 백성들이 조밀하게 퍼져 농사를 짓고 사는데, 倭賊이 왕래하는 곳이니 柳浦에 목책을 설치하고 울산과 경주의 船軍을 二番으로 나누고 수호하도록 아뢰니, 그대로 따르다.(『文宗實錄』 문종즉위년, 『集成』5-427)

12.23. 日本國 關西路 薩州·隅州·日州 3州 太守 源貴久가 보낸 春谷 등 9인이 와서 土物을 바치다.(『文宗實錄』 문종즉위년, 『集成』5-428)

【일본】

1.11. 對馬峰郡의 峰權現의 社壇造營勸進을 위해 宮司인 美濃坊가 三浦에 가므로 조선 삼포의 백성이나 送使船은 모두 마음을 다하여 기부하도록 하다.(『宗家御判物寫』)

1.20. 倭人과 野人이 지나는 각 고을의 수령은 반드시 친히 대접하고 館穀을 후하게 하도록 하다.(『文宗實錄』 문종 1, 『集成』6-5)

1.23. 日本島 宇久大和 源勝이 보낸 延都 등이 와서 土物을 바치니, 禮曹에서 致書하여 戊辰年에 우리나라의 표류인 莫金을 쇄환해 준 것을 말하고, 白細綿紬·白細苧布·黑細麻布·雜彩花席 등의 예물을 하사하다.(『文宗實錄』 문종 1, 『集成』6-5)

1.25. 晉州 判官 楊淵이 사조하니 倭國과 인접한 지역인 만큼 방어에 만전을 기하도록 당부하다.(『文宗實錄』 문종 1, 『集成』6-5)

1.26. 黃海道都體察使 정분에게 當領船軍을 역사시켜 축성에 쓰일 돌을 모으라고 諭示하다.(『文宗實錄』 문종 1, 『集成』6-6)

2.10. 宗貞盛이 보낸 無羅也亇·老愁桂등 4인과 宗盛直이 보낸 隣書記등 3인 부田彦八·平茂持등 3인과 三甫羅洒毛등 2인이 와서 土物을 바치다.(『文宗實錄』 문종 1, 『集成』6-6)

연도	한국
▲ 1451	2.13. 倭護軍 中尾彈正의 아들 三末仇羅 등 3인이 와서 土物을 바치다.(『文宗實錄』 문종1, 『集成』6-6) 2.16. 宗盛直이 보낸 隣書記 등 3인, 宗貞盛이 보낸 無羅也亇·老沙亇·老愁桂 등 4인, 부田彦八·平茂持 등 3인, 三甫羅洒毛 등 2인, 中尾彈正의 아들 三末仇羅 등 3인이 輝德殿에 향을 바치다.(『文宗實錄』 문종1, 『集成』6-6) 2.21. 倭人 孔古老 등 2인이 와서 土産物을 바치다.(『文宗實錄』 문종1, 『集成』6-7) 2.23. 포의 선군은 각포의 곁에 가까이 사는 백성으로 대신 바꾸어 정하도록 하다.(『文宗實錄』 문종1, 『集成』6-7) 2.28. 倭護軍 藤影繼 등 3인과 宗貞盛이 보낸 馬多時羅 등 2인이 와서 土物을 바치다.(『文宗實錄』 문종1, 『集成』6-8) 3.1. 對馬島 護軍 藤影繼·孔古老 등이 輝德殿에 향을 올리다.(『文宗實錄』 문종1, 『集成』6-8) 3.5. 薩州·隅州·日州 三州의 太守 源貴久가 사신을 보내어 土物을 바쳤는데, 면포 2,394필을 답으로 하사하다.(『文宗實錄』 문종1, 『集成』6-8) 3.8. 吏曹에서 金淳은 築城從事官으로 합당하지 않다고 하였으나 윤허하지 않다.(『文宗實錄』 문종1, 『集成』6-8) 3.19. 知珍島郡事 安位가 사조하니 방비를 당부하다.(『文宗實錄』 문종1, 『集成』6-9) 3.22. 慶尙右道都節制使 辛修晴이 도내의 玉浦·甘浦·永登浦·山達浦는 倭賊이 먼저 이르는 곳이니, 요해처를 골라 목책을 설치하기를 아뢰다.(『文宗實錄』 문종1, 『集成』6-9) 4.1. 宗貞盛이 사람을 보내어 土物을 바치다.(『文宗實錄』 문종1, 『集成』6-9) 4.2. 司譯院 注簿 盧尙紋을 시켜 日本에 포로가 되었던 中國 사람 趙胡失麻 등 16명을 遼東으로 解送하다.(『文宗實錄』 문종1, 『集成』6-10) 4.5. 日本國 大内가 使者로 보낸 三甫羅多羅가 濟州 사람 2인이 풍랑에 표류하여 薩馬州에 닿았다고 말하니, 禮曹에서 薩馬州 太守에게 移書하여 쇄환하여 우호를 더욱 돈독히 하라고 하다.(『文宗實錄』 문종1, 『集成』6-10) 4.7. 珍島縣 花山烽火를 館 근처로 옮기게 하다.(『文宗實錄』 문종1, 『集成』6-10) 4.8. 對馬島 宗盛家가 土物을 바치고 미곡을 구하니 쌀과 콩을 내려주다.(『文宗實錄』 문종1, 『集成』6-10)4.10. 日本國 薩州 伊集院寓鎭·愚州太守 藤熙久가 사람을 보내어 土物을 바치다.(『文宗實錄』 문종1, 『集成』6-11) 4.11. 宗貞盛이 사람을 보내 와서 土物을 바치다.(『文宗實錄』 문종1, 『集成』6-11) 4.12. 對馬島 護軍 井大郎이 사람을 보내어 土物을 바치다./ 官給한 向化人의 집을 마음대로 매매하지 못하게 하다.(『文宗實錄』 문종1, 『集成』6-11) 4.13. 南海縣·巨濟縣은 염초를 굽는 흙을 수납하는 일을 그만두고 수어에만 전념케 하다.(『文宗實錄』 문종1, 『集成』6-11) 4.16. 對馬島 宗盛弘이 사람을 보내 와서 土物을 바치다.(『文宗實錄』 문종1, 『集成』6-12) 4.18. 大靜縣監 安位가 사조하니 방어에 충실할 것을 당부하다./ 병선을 甲造하는 법을 中國에 사람을 보내어 배워오도록 하다.(『文宗實錄』 문종1, 『集成』6-12) 4.19. 南海縣 城峴의 守禦軍을 4백명으로 늘리다.(『文宗實錄』 문종1, 『集成』6-13) 4.24. 宗貞盛이 사람을 보내 와서 土物을 바치다.(『文宗實錄』 문종1, 『集成』6-13) 4.25. 永興府에 사는 辛思貴가 太祖가 慶尙道에서 倭賊을 정벌할 때 자신이 모두 배종하였는데, 이제 나이가 89세인데 가난하고 産業이 없으니 敍用해 주기를 上言하니, 명하여 쌀 3석을 주게 하다.(『文宗實錄』 문종1, 『集成』6-13) 5.6. 倭護軍 藤九郎이 몰래 글을 보내어 博加大·一岐州의 倭人들이 朝鮮측이 죄 없는 자신들의 族親을 잡아서 中國으로 보낸다고 하여 巨濟를 쳐서 보복하려 한다는 것을 알리니, 가을에 巨濟縣의 읍성을 옮겨 쌓도록 하다.(『文宗實錄』 문종1, 『集成』6-13) 5.7. 宗貞盛이 사람을 보내어 土物을 바치다.(『文宗實錄』 문종1, 『集成』6-15) 5.10. 刑曹에서 각 도의 사수들을 사람이 없는 섬으로 보낸다면 倭船을 따라 도망할 수도 있다고 아뢰다.(『文宗實錄』 문종1, 『集成』6-15) 5.11. 對馬島의 宗貞盛·宗貞國이 각각 사람을 보내어 土物을 바치다.(『文宗實錄』 문종1, 『集成』6-16) 5.15. 通事 護軍 崔倫으로 하여금 日本에 포로가 되었던 中國人 王順 등 38명을 遼東으로 풀어 보내게 하다.(『文宗實錄』 문종1, 『集成』6-16) 5.17. 宗貞盛이 사람을 보내어 土物을 바치다.(『文宗實錄』 문종1, 『集成』6-17) 5.25. 배의 건조는 單造만 쓰게 하고 甲造船을 만드는 규식을 적어서 의궤로 삼게 하다.(『文宗實錄』 문종1, 『集成』6-18) 5.25. 선군으로 상번하지 않는 자를 율문에 따라 다스리고 月令이라 칭하여 잡물을 징속하는 자를 금하게 하다.(『文宗實錄』 문종1, 『集成』6-18) 5.26. 對馬島의 宗虎熊瓦가 보낸 可知老·時今甫 등이 輝德殿에 진향하고자 하니, 素服을 내리다.(『文宗實錄』 문종1, 『集成』6-19) 5.30. 日本 石見州 太守 宗盛久가 와서 土物을 바치다.(『文宗實錄』 문종1, 『集成』6-19) 6.1. 對馬島 宗虎熊瓦가 可知老·時今甫 등을 보내어 輝德殿에 향을 바치다.(『文宗實錄』 문종1, 『集成』6-19) 6.7. 兵曹에서 하서하여 왜총사 3중에서 사용 1로 하다.(『文宗實錄』 문종1, 『集成』6-20) 6.10. 임금이 輝德殿에 나아가 朔祭를 행하니, 對馬島 宗彦七·宗貞國이 사람을 보내 와서 土物을 바치다.(『文宗實錄』 문종1, 『集成』6-21) 6.12. 議政府의 건의에 따라 兵船은 모두 單造하도록 하다.(『文宗實錄』 문종1, 『集成』6-21) 6.15. 임금이 輝德殿에 나아가 望祭를 행하니, 對馬島의 石見州守 宗盛久가 향을 진상하다.(『文宗實錄』 문종1, 『集成』6-21)

일본

6.16. 檢討官 河緯地가 白丁들은 紅賊·倭寇 때의 일처럼 변고가 생기면 때로 모여 난을 일으킬 것이니 평민과 혼인하게 하고, 왜객이 세 길로 왕래하고 있는데 한 길로 왕래하게 하여 두루 보지 못하게 해야 한다고 아뢰다.(『文宗實錄』 문종 1, 『集成』6-22)

6.21. 左贊成 金宗瑞가 倭寇는 반드시 여름철에 일어나니, 여름에 쓸 활을 갖추어야 한다고 아뢰다.(『文宗實錄』 문종 1, 『集成』6-22)

6.25. 右贊成 鄭苯과 읍성을 쌓는 일에 대해 의논하다.(『文宗實錄』 문종 1, 『集成』6-22)

7.1. 日本國 一岐州 上松津 鹽布에 머물고 있는 源聞에게 쌀·콩 각각 10석·면주 4필·정포 38필을 내리다.(『文宗實錄』 문종 1, 『集成』6-23)

7.6. 黃海道都體察使 정분이 黃州 棘城의 돌 줍는 일을 그 도의 監司·首領官이 고찰하도록 청하니 그대로 따르다.(『文宗實錄』 문종 1, 『集成』6-23)

7.16. 忠清道 都觀察使가 소나무를 금벌케 하는 조목을 아뢰다.(『文宗實錄』 문종 1, 『集成』6-24)

7.20. 議政府에서 병조의 정문에 의거하여 濟州 鎭撫 金德吉 등이 庚午年 7월에 왜선 5척을 잡은 공로로 받은 면포 3필외에 影職을 주거나 海領의 직을 주기를 청한 것을 아뢰었으나, 議政府의 의논에 따라 허락하지 않다.(『文宗實錄』 문종 1, 『集成』6-24)

7.21. 對馬島 宗彦七·宗貞國이 사람을 보내어 土物을 바치니, 규례대로 쌀·콩 15석을 내리다.(『文宗實錄』 문종 1, 『集成』6-25)

7.22. 의정부에서 병조의 정문에 의거하여 초지량은 海寇가 먼저 들어오는 땅이고 물이 다시 깊어져 배를 댈 만하며, 昭陵과도 가까우니 마땅히 守禦를 설치하여야 하므로 다시 초지량으로 營을 옮기도록 아뢰니, 그대로 따르다.(『文宗實錄』 문종 1, 『集成』6-25)

7.29. 임금이 各浦의 倭人의 수가 증가하는 것을 우려하니, 모두 말하기를 倭人의 수는 世宗朝에서 推刷하여 정하였음을 알리다.(『文宗實錄』 문종 1, 『集成』6-26)

8.4. 日本國 關西路 九州總官 源教直이 禪和子 靈旭을 보내어 진향하고 土物을 바치니, 명하여 음식을 먹이게 하다.(『文宗實錄』 문종 1, 『集成』6-26)

8.5. 議政府에서 禮曹의 정문에 의하여 倭客이 행로와 遲速을 그들 임의대로 하는 것은 옳지 못하니, 유숙할 사유가 있으면 반드시 그 소재 관아에 고하게 하도록 아뢰니, 그대로 따르다.(『文宗實錄』 문종 1, 『集成』6-26)

8.10. 倭人 井大郎 등 3명이 와서 土物을 바치다.(『文宗實錄』 문종 1, 『集成』6-26)

8.13. 司憲府에서 아뢰기를, 棘城을 쌓기 위해 船軍을 영솔하여 돌 줍는 일을 정지시키자고 하니, 상기 다시 擬議하여 시행하겠다고 하다.(『文宗實錄』 문종 1, 『集成』6-27)

8.21. 議政府에서 全羅道 각 고을의 성이 규식에 맞지 않게 쌓여져 있다고 아뢰다.(『文宗實錄』 문종 1, 『集成』6-28)

8.22. 左議政 皇甫仁·右議政 南智·左贊成 金宗瑞·右參贊 허후가 말하기를, 康翎鎭을 폐하여 본진으로 옮기고 군민으로 하여금 棘城을 지키도록 하는 일에 대하여 명년 가을까지 기다리게 하도록 아뢰다.(『文宗實錄』 문종 1, 『集成』6-30)

8.24. 議政府에 舍人을 보내어 아뢰기를, 康翎鎭은 海寇가 침투해 오는 첫 길인 한편, 大內殿과 對馬島가 서로 싸우려고 하는데 만일 大內殿이 이기면 섬의 倭人들이 도둑이 되어 난동을 부릴 수 있으므로 폐하지 말자고 하다.(『文宗實錄』 문종 1, 『集成』6-31)

8.26. 議政府에서 康翎鎭의 혁파가 불가함을 아뢰다.(『文宗實錄』 문종 1, 『集成』6-32)

9.5. 鄭苯이 慶尙道·忠清道의 규식에 맞지 않는 城子를 마감하여 계문하다.(『文宗實錄』 문종 1, 『集成』6-32)

9.21. 日本國 呼子 源高가 才中和尙 등을 보내어 土物을 바치다.(『文宗實錄』 문종 1, 『集成』6-35)

9.24. 東萊사람들이 東萊의 貢稅를 金遷으로의 납부에서 제외하고 州의 창고에 납입하여 倭客의 支待와 過海糧에 대비하도록 上言하다.(『文宗實錄』 문종 1, 『集成』6-35)

9.28. 濟州牧使 李鳴謙이 濟州牧官·旌義縣·大靜縣 등에 전함을 나누어 줄 것을 청하다.(『文宗實錄』 문종 1, 『集成』6-36)

10.1. 忠清·全羅·慶尙道 都體察使 정분이 홍해의 漆布가 倭船이 정박할 수 있는 동을배곶이와 좌우로 서로 마주보고 있어 海門을 환히 바라볼 수 있고, 盈德의 烏浦와 장기의 包伊浦에다 수륙의 중앙에 수자리를 두어 방어한다면 실로 要害地가 될 것이라고 아뢰자, 그대로 따랐다.(『文宗實錄』 문종 1, 『集成』6-36)

10.2. 禮曹에서 呼子津 源高에게 回賜할 물건을 아뢰니, 주는 물건이 바친 물건값에 이르지 못한 것은 불가하니 議政府에서 의논하도록 하다.(『文宗實錄』 문종 1, 『集成』6-37)

10.3. 百官이 箋을 올려 임금의 탄신을 하례하고, 향화한 日本國의 藤賢 18인과 琉球國 사람 2인이 숙배하다.(『文宗實錄』 문종 1, 『集成』6-37)

10.15. 直集賢殿 河緯地를 日本國使臣의 宣慰別監으로 삼았는데 承政院에서 河緯地는 3품이 아니라 별감으로 삼았는데, 倭人들은 사신이 오면 宣慰使를 보내는 것으로 알고 있으니 다시 의논하길 아뢰자, 河緯地를 使로 부르도록 하다.(『文宗實錄』 문종 1, 『集成』6-37)

11.3. 밤섬에 심었던 甘草가 무성하니, 명년 봄에 各道에 나누어 심도록 명하였다.(『文宗實錄』 문종 1, 『集成』6-38)

11.5. 工曹判書 鄭麟趾가 金得水를 樂安郡에 보내어 水脈을 찾게 하다.(『文宗實錄』 문종 1, 『集成』6-38)/ 日本國 石見州의 周布 藤原和兼이 而羅音波를 보내어 土物을 奉獻하니, 명하여 그에게 음식을 먹이도록 하다.(『文宗實錄』 문종 1, 『集成』6-39)

11.11. 集賢殿副提學 辛碩祖가 向化人에게는 司僕을 겸하지 말도록 아뢰다.(『文宗實錄』 문종 1, 『集成』6-39)

11.18. 黃海道·平安道監司에게 하천의 제방과 관개의 긴요함에 대한 유서를 지어 내리면서, 日本에서도 관개를 이용한다고 말하다.(『文宗實錄』 문종 1, 『集成』6-39)

11.22. 鄭苯이 金海의 熊申·莞補·川邑 세 縣과 昌原의 山餘 세 마을은 큰 산이 막아 하나의 경계를 이루었으므로, 하나의 읍을 따로 설치하여 熊川이라 칭하고 僉節制使로 하여금 縣監을 겸하게 하여 倭賊에 대비할 것을 아뢰다.(『文宗實錄』 문종 1, 『集成』6-40)

11.27. 三道 都體察使 鄭苯이 耽津에 성을 쌓고 읍을 설치하도록 청하다.(『文宗實錄』 문종 1, 『集成』6-41)

11.28. 江原道 監司가 도내 각 고을의 읍성을 수축할 것을 청하다.(『文宗實錄』 문종 1, 『集成』6-42)

11.30. 慶尙道 巨濟縣의 성을 쌓다.(『文宗實錄』 문종 1, 『集成』6-43)

연도	한국
1452	**【한국】** 2.2. 祔廟한 후에는 倭人과 野人의 來朝하는 사람도 하례하는 班列에 참여하고, 서울과 외방에서도 箋文을 바치고 方物을 바치도록 하다.(『文宗實錄』 문종2, 『集成』6-43) 2.6. 日本國使臣의 宣慰使 河緯地가 慶尙道로 떠나면서 하직하니 인견하고, 이웃나라 사신을 대할 때는 후하게 하면서 정직하게 해야 한다고 말하다.(『文宗實錄』 문종2, 『集成』6-43) 2.9. 烽火 설치지대의 편부를 점검하는 문제 등을 의논하다.(『文宗實錄』 문종2, 『集成』6-44) 2.12. 忠淸道 瑞山邑城과 慶尙道 蔚山 柳等浦의 石堡와 泗川鎭城을 쌓도록 하다.(『文宗實錄』 문종2, 『集成』6-44) 3.8. 慶尙道 都事 洪敬孫과 山陰縣監 姜應文이 하직하니 방비에 만전을 기하도록 당부하다.(『文宗實錄』 문종2, 『集成』6-44)/ 右參贊 허후가 큰 彩棚을 없애고 다정의 작은 彩棚만 사용하면 倭客人의 來朝하는 자가 구경하려 할 때 강제로 중지시킬 수 없음을 아뢰자, 중간 彩棚을 설치하여 茶亭을 장식하도록 하다.(『文宗實錄』 문종2, 『集成』6-45) 3.9. 慶尙道右道의 合浦鎭 군사 2백여인이 本鎭은 對馬島와 서로 바라보고 있어 倭賊이 내왕하는 곳인데, 지금은 盜賊이 스스로 복종하여 태평하지만 방어의 어려움은 예전과 같은데도 敍用될 길이 없다고 아뢰다.(『文宗實錄』 문종2, 『集成』6-46) 3.13. 日本國 大內殿이 宗香·宗三郎 등 36인을 보내어 土物을 바치다.(『文宗實錄』 문종2, 『集成』6-47) 4.10. 근정전에 나아가 중앙과 지방의 하례를 받는데 倭人 40여명도 참여하다.(『文宗實錄』 문종2, 『集成』6-47) 4.25. 日本國王의 사신이 오니, 判奉常時事 朴昭를 명하여 漢江에서 맞이해 위로하게 하다.(『文宗實錄』 문종2, 『集成』6-47) 5.3. 임금의 병이 낫지 않았으므로 日本國王의 사신을 먼저 文昭殿에 나가서 진향한 후에 인견하기로 하다.(『文宗實錄』 문종2, 『集成』6-48) 5.6. 日本使臣이 임금에게 먼저 배례하고 昇遐殿에 배례하기를 원하니, 日本使臣 監護官 河緯地가 임금이 先王보다 먼저 배례를 받을 수 없다고 말한것을 전하다.(『文宗實錄』 문종2, 『集成』6-49) 5.7. 禮曹에서 河緯地로 하여금 日本使臣에게 回禮使를 보내면 같이 갈 수 있는지 물으니, 國王의 나이가 어려 丁巳가 國王의 어머니에게서 나오고, 가을철에 風氣가 순조롭지 못하니 예물로써 보내줄 것을 말하다.(『文宗實錄』 문종2, 『集成』6-49) 5.18. 魯山君이 卽位하고, 頒敎하기를, 각도의 節制使·處置使 및 沿邊의 鎭守官은 일체의 방어 사무를 게을리 하지 말라고 하다./ 日本國 大內殿 使者 등이 館에 있으면서 大行王의 訃音을 듣고 廳事에 位版을 베풀고 조석으로 禮拜하며 상복 입기를 청하니, 베를 주다.(『端宗實錄』 단종즉위년, 『集成』6-51) 5.19. 평안도 麟山郡 사람 李同良의 상언에 따라 麟山郡 의 옛이름을 회복하고 수령을 보내도록 하다./ 宗貞盛이 使者를 보내어 土物을 바치다.(『端宗實錄』 단종즉위년, 『集成』6-52) 5.20. 議政府의 건의에 따라 부산포, 제포, 염포 등에서 3월부터 6월까지는 총통과 화살 만드는 것을 정지하도록 하다.(『端宗實錄』 단종즉위년, 『集成』6-52) 5.22. 宗貞盛이 使者를 보내어 土物을 바치다.(『端宗實錄』 단종즉위년, 『集成』6-53) 5.24. 宗貞盛이 使者를 보내어 土物을 바치다.(『端宗實錄』 단종즉위년, 『集成』6-53) 5.25. 議政府에서 禮曹의 정문에 의거하여 倭護軍 平茂持가 복상하기를 원하고, 함께 온 邊時羅등 7인도 상복주기를 청하였는데, 平茂持는 이미 관직을 받았으니 中尾彌正의 예에 따라 주고 나머지는 주지 말도록 아뢰니, 그대로 따르다.(『端宗實錄』 단종즉위년, 『集成』6-53) 5.28. 議政府에서 禮曹의 呈文에 의거하여 日本國王 및 大內殿과 여러 섬의 사자를 支待하는 절목을 아뢰다.(『端宗實錄』 단종즉위년, 『集成』6-53) 5.29. 宗貞盛이 使者를 보내 土物을 바치다.(『端宗實錄』 단종즉위년, 『集成』6-54) 6.1. 議政府 太守 宗貞盛과 代官 宗貞盛이 각각 使者를 보내어 土物을 바치고, 一岐州 護軍 藤九郎 등이 와서 土物을 바치다.(『端宗實錄』 단종즉위년, 『集成』6-54) 6.3. 日本國 對馬州 太守 宗貞盛·代官 宗盛弘이 각각 使者를 보내어 土物을 바치다.(『端宗實錄』 단종즉위년, 『集成』6-54) 6.13. 宗貞盛이 使者를 보내어 土物을 바치다.(『端宗實錄』 단종즉위년, 『集成』6-54) 6.14. 日本國 議政府 宗盛家·宗貞國, 一岐州 呼子源高가 각각 使者를 보내어 土物을 바치다.(『端宗實錄』 단종즉위년, 『集成』6-55) 6.15. 보름날 奠을 올리니, 日本國王의 使者 定泉 등이 반열에 따라 哭臨하다./ 日本國 議政府 宗盛弘·宗貞國이 각각 사자를 보내어 土物을 바치다.(『端宗實錄』 단종즉위년, 『集成』6-55) 6.16. 宗貞盛과 宗盛家·宗盛弘이 각각 使者를 보내어 土物을 바치다.(『端宗實錄』 단종즉위년, 『集成』6-55) 6.20. 宗貞盛이 使者를 보내어 土物을 바치다.(『端宗實錄』 단종즉위년, 『集成』6-55) 7.3. 日本國 上松浦 鹽津에 머무르는 源聞이 사신을 보내어 土物을 바치다.(『端宗實錄』 단종즉위년, 『集成』6-56) 7.4. 망실 또는 파손된 병선은 연수에 따라 체감하여 그 값을 징수하는 법을 세우다.(『端宗實錄』 단종즉위년, 『集成』6-56) 7.7. 日本國 議政府 宗盛家·宗盛弘 등이 사신을 보내어 土物을 바치다.(『端宗實錄』 단종즉위년, 『集成』6-57) 7.8. 各浦口에서 번상한 선군들을 돌아가며 교대로 입역하게 하다.(『端宗實錄』 단종즉위년, 『集成』6-57)
1453 ▼	**【한국】** 1.7. 忠淸·全羅·慶尙道 都體察使가 慶尙道 熊川縣의 邑城은 성안이 좁고 샘물이 적으며 倭人이 朝夕으로 왕래하는 곳이니, 가

일본

【일본】

4.-. 公과 世子가 八幡本宮에 一切經을 바치다. 양국의 통교이후 처음 조선에서 가져 온 것을 바치다.(『十九公實錄』)

윤7.-. 조선의 사신이 2척의 배로 대마도에 도착하여 1척은 宗貞盛의 죽음을 조문하고, 1척은 새 대마도주의 승계를 축하하다.(『十九公實錄』, 『宗氏家譜』)

7.10. 宗貞盛이 사신을 보내어 土物을 바치다.(『端宗實錄』 단종즉위년, 『集成』6-57)

7.14. 禮曹에서 議政府에 글을 보내 금년 2월에 濟州의 주민 高奉 등 9명이 바다를 건너 고향으로 가다가 풍랑을 만나 동쪽으로 표류하여 갔으니, 이들을 찾아서 돌려보내 주기를 요청하다.(『端宗實錄』 단종즉위년, 『集成』6-57)

7.15. 慶尙道觀察使가 對馬島主 宗貞盛이 6월 22일에 죽고, 그 아들 宗盛織이 島主가 되었다고 아뢰니, 새로운 島主가 어려서 섬 사람들이 邊釁을 일으킬 수 있어 연변의 수령을 武才가 있는 자들로 대신하다.(『端宗實錄』 단종즉위년, 『集成』6-58)

7.23. 慶尙道觀察使에게 對馬島主가 바뀐 것을 우리나라가 의심하는 事端을 倭人들이 듣게 하여 동요하는 일이 없도록 하라고 유시하다.(『端宗實錄』 단종즉위년, 『集成』6-58)

8.1. 충청·전라·경상도 도체찰사 정분이 종사관을 본읍에 파견하여 축성에 관한 일을 감독하게 할 것을 청하니 그대로 따르다. (『端宗實錄』 단종즉위년, 『集成』6-59)

8.4. 成均司藝 李堅義와 護軍 皮尙宜를 對馬島에 보내어 조상하고, 제문을 주어 致奠하게 하다.(『端宗實錄』 단종즉위년, 『集成』6-59)

8.10. 奏問使 李蓄이 칙서를 받아 가지와 왔는데, 그것을 보고 들은 事目에 倭人과 野人에게 사로잡혔다가 도망온 인구와 값을 주고 사 와서 해송한 中國사람의 수가 1,850명이라고 적다.(『端宗實錄』 단종즉위년, 『集成』6-60)

8.23. 中國使臣 陳鈍이 成均館에서 조선에는 秦火를 겪지 않은 尙書가 있는데 보고 싶다고 하니 없다고 답하고, 鄭麟趾가 日本에는 秦火를 겪지 않은 尙書가 있다고 하나 서로 통하지 않아 이를 보지 못했다고 하다.(『端宗實錄』 단종즉위년, 『集成』6-61)

8.27. 倭護軍 藤九郞·藤影繼 등이 國葬을 지낼 때에 朝臣의 예에 의거하여 시위하기를 청하니, 허락해 주다.(『端宗實錄』 단종즉위년, 『集成』6-62)

9.6. 司憲府에서 邊邑의 城塹 敵臺의 수축 및 유포의 石堡와 영광·함흥의 邑城 역사를 모두 정지하기를 청하다.(『端宗實錄』 단종즉위년, 『集成』6-62)

9.22. 전 副知通禮門事 辛永孫을 전라도에 보내어 靈光의 성을 쌓는 것을 감독하게 하다.(『端宗實錄』 단종즉위년, 『集成』6-63)

9.24. 判典農寺事 金淳을 경상도에 보내어 四川城을 감독해 쌓게 하다.(『端宗實錄』 단종즉위년, 『集成』6-63)

윤9.12. 議政府에서 병조의 呈文에 의거하여 경상도의 通洋浦萬戶營의 이름을 柴浦로 고치기를 아뢰니, 그대로 따르다.(『端宗實錄』 단종즉위년, 『集成』6-63)

윤9.16. 日本國 筑前州 冷泉津 藤源定清·肥前州 上松浦 呼子 一岐守 源高가 각각 使人을 보내 와서 土物을 바치다.(『端宗實錄』 단종즉위년, 『集成』6-63)

윤9.27. 日本國 對馬州 倭護軍 井大郞 등이 와서 土物을 바치다.(『端宗實錄』 단종즉위년, 『集成』6-64)

10.2. 晉州의 蛇梁萬戶營을 옛 영소로 옮기고 앞 봉우리에 보를 설치하도록 하다.(『端宗實錄』 단종즉위년, 『集成』6-64)

10.15. 日本國 使者 定泉이 大藏經을 청하니, 僧 覺宗을 보내어 우리나라에서 간행한 大藏經을 찾아서 脫卷을 보완해 주도록 하다.(『端宗實錄』 단종즉위년, 『集成』6-64)

10.17. 宗貞盛의 致奠官 成均司藝 李堅義·致賻官 皮尙宜가 돌아와서 복명하고, 새 島主의 나이가 24세라는 것과 치전할 때 많은 사람들이 모여 들어다는 것 등을 아뢰다.(『端宗實錄』 단종즉위년, 『集成』6-65)

10.19. 日本國 薩州 伊集院寓鎭·隅州太守 藤原朝臣熙久가 사람을 보내어 와서 土物을 바치다.(『端宗實錄』 단종즉위년, 『集成』6-66)

11.2. 日本國 對馬島 太守 宗彦六이 사람을 보내어 土物을 바치다.(『端宗實錄』 단종즉위년, 『集成』6-66)

11.3. 慶尙道 巨濟縣 사람들이 倭寇로 인해 경작을 금지한 玉面浦·知世浦 등을 다시 경작할 수 있도록 청하여 조사하게 하니, 點馬別監 權孝良이 玉面浦는 왜선이 정박하는 곳이라 안 되나, 그외에는 受敎에 의거해 나누어 주었다고 아뢰다.(『端宗實錄』 단종즉위년, 『集成』6-66)

11.28. 日本國 對馬州 太守 宗彦六이 成職하고, 成職島嶼 및 兒名 千代熊圖書를 청하니, 그대로 따르다.(『端宗實錄』 단종즉위년, 『集成』6-67)

12.13. 議政府가 禮曹의 정문에 의거하여 元 世宗이 日本을 정벌할 때 元帥가 되어 日本征伐에 참여한 金方慶과 日本에 使臣으로 가서 倭寇를 금할 것을 청하고 포로된 사람들을 데려온 鄭夢周를 王氏의 제사와 함께 지내도록 아뢰다.(『端宗實錄』 단종즉위년, 『集成』6-67)

12.24. 議政府에서 倭種 닥나무를 심어 기르게 한 것에 대한 불편함을 아뢰다.(『端宗實錄』 단종즉위년, 『集成』6-68)

12.26. 日本國 對馬島主 宗盛職이 使臣을 보내 와서 土物을 바치다./ 慶尙道觀察使가 三浦 등은 倭人의 접대에 필요한 양곡이 매우 많아 창고가 비었으니, 盈德 등 19읍의 軍資米豆는 상납하지 말고 각각 그 고을에서 軍需에 충당하도록 아뢰니, 戶曹의 의견에 따라 2년을 기한으로 시행하게 하다.(『端宗實錄』 단종즉위년, 『集成』6-69)

12.28. 日本國 一岐州 眞弓 兵部少甫 源永과 肥前州 上松浦 呼子 一岐州守 源高 등이 使臣을 보내 土物을 바치다.(『端宗實錄』 단종즉위년, 『集成』6-69)

12.29. 對馬州 宗貞國이 使臣을 보내어 土物을 바치다.(『端宗實錄』 단종즉위년, 『集成』6-69)

을이 되기를 기다려 증축하기를 아뢰니, 그대로 따르다.(『端宗實錄』 단종 1, 『集成』6-70)

1.15. 對馬州의 倭 副司直 看知沙也文이 慶禧殿에 진향하다.(『端宗實錄』 단종 1, 『集成』6-70)

연도	한국
	1.21. 전 慶昌府 少尹 閔大生이 外邑의 貢物을 대납한 아들의 죄를 서용해 줄 것을 청하다.(『端宗實錄』 단종1, 『集成』6-70)
	1.24. 對馬州 宗盛弘·宗虎熊丸이 각각 使臣을 보내어 土物을 바치다./ 慶尙·忠淸·全羅道 都體察使가 慶尙道 助羅浦는 倭船이 닿는 要害處이므로 萬戶를 두어 唐浦·吾兒浦·玉浦의 小猛船 각 1척씩을 助羅浦에 移屬시키기를 아뢰니, 그대로 따르다.(『端宗實錄』 단종1, 『集成』6-72)
	1.25. 對馬州의 倭護軍 藤茂家가 와서 土物을 바치다.(『端宗實錄』 단종1, 『集成』6-73)
	2.1. 對馬州 宗盛直이 使臣을 보내어 土物을 바치다.(『端宗實錄』 단종1, 『集成』6-73)
	2.2. 對馬州 宗盛職의 使者 候樓加臥가 술주정을 하지 말 것, 억지로 물건을 사게 하지 말 것, 칼을 차지 말 것, 사람을 때리지 말 것, 서울에 이르면 무례한 일을 하지 말 것 등의 宗盛職의 禁制를 禮曹에 바치다.(『端宗實錄』 단종1, 『集成』6-73)
	2.15. 慶禧殿에서 望祭를 지내니, 對馬州 宗盛直의 使者 僧 中堪과 宗虎熊丸의 使者 加知時只文·倭護軍 藤茂家 등이 班次에 따라 진향하다.(『端宗實錄』 단종1, 『集成』6-73)
	3.4. 對馬州 太守 宗盛職·薩馬州 伊集院 寓鎭 隅州太守 藤熙久가 각각 사람을 보내어 土物을 바치다.(『端宗實錄』 단종1, 『集成』6-74)
	3.11. 琉球國王의 使者 道安이 慶尙道의 釜山浦에 도착하니, 內贍寺尹 鄭自濟를 보내어 선위하게 하고, 가지고 간 사목에 접대는 辛亥年 琉球國王의 使者 夏禮久의 예대로 시행하고 琉球國 사람이 아니면 倭人의 예로써 대우하라고 적다.(『端宗實錄』 단종1, 『集成』6-74)
	3.19. 對馬州의 倭護軍 中尾彈正이 와서 土物을 바치다.(『端宗實錄』 단종1, 『集成』6-74)
	3.21. 議政府에서 병조의 정문에 의거하여 함길도의 例에 의하여 제읍으로 하여금 총통전과 군기를 1년씩 輪次로 만들게 할 것을 아뢰니, 그대로 따르다.(『端宗實錄』 단종1, 『集成』6-75)
	3.27. 對馬州의 中尾仇難而羅와 宗虎熊丸이 각각 사람을 보내어 土物을 바치다.(『端宗實錄』 단종1, 『集成』6-75)
	4.5. 對馬州 宗盛職·宗盛弘·護軍 平茂續 등이 와서 土物을 바치다.(『端宗實錄』 단종1, 『集成』6-75)
	4.12. 日本國 肥前州 上松浦 呼子 一岐守 源高·對馬州 宗盛直 등이 보낸 使臣이 와서 土物을 바치다.(『端宗實錄』 단종1, 『集成』6-75)
	4.13. 日本國 筑前州 太宰府 藤源敎賴가 使臣을 보내어 土物을 바치다./ 議政府에서 兵曹의 정문에 의거하여 對馬州의 致奠官 守成均司藝 李堅義가 데리고 가는 군사와 伴人에게 배가 떠나는 날로부터 돌아오는 날까지 매1일에 到 5를 주길 청하니, 그대로 따르다.(『端宗實錄』 단종1, 『集成』6-76)
▲ 1453	4.15. 對馬州 왜 護軍 中尾彈正 등이 慶禧殿에 향을 바치다.(『端宗實錄』 단종1, 『集成』6-76)
	4.24. 舍人 李禮長이 廣平大君夫人이 東萊溫井에서 목욕한 것이 여러달이므로, 여러 읍에서 支持하는 폐단이 있고, 또 倭人들이 목욕을 할 수가 없어서 머물러 있는 자가 많다고 아뢰다.(『端宗實錄』 단종1, 『集成』6-76)/ 慶尙道觀察使 李崇之에게 廣平大君夫人이 東萊溫井에서 오랫동안 목욕을 하여 여러 고을에 폐단이 있고, 倭人으로서 목욕하는 자가 여럿이 머물러 있는 폐단 또한 적지 않으니, 독촉하여 서울로 돌아오게 하라고 유시하다.(『端宗實錄』 단종1, 『集成』6-77)
	5.1. 임금이 친히 朔祭를 慶禧殿에서 행하니, 對馬州 太守 宗盛直·筑前州의 藤源敎賴·上松浦 一岐 鹽津 觀音寺의 宗殊의 使人 등이 隨班하여 진향하다.(『端宗實錄』 단종1, 『集成』6-78)
	5.2. 日本國 筑前州 太宰府 藤源敎賴가 사람을 보내 土物을 바치다.(『端宗實錄』 단종1, 『集成』6-78)
	5.3. 對馬州 宗盛織이 사람을 보내어 土物을 바치다.(『端宗實錄』 단종1, 『集成』6-78)
	5.6. 對馬州 宗盛織이 사람을 보내어 土物을 바치다.(『端宗實錄』 단종1, 『集成』6-78)
	5.7. 對馬州 宗盛職·宗貞國 등이 사람을 보내어 와서 土物을 바치다.(『端宗實錄』 단종1, 『集成』6-79)
	5.10. 對馬島主 宗盛織이 사람을 보내어 土物을 바치다.(『端宗實錄』 단종1, 『集成』6-79)
	5.11. 琉球國 中山王의 使者 道安에게 연회를 베풀고, 禮曹에서 道安과 琉球에 표류하였던 萬年·丁祿 등의 말을 듣고, 琉球에 대한 풍속과 의복, 생활, 기후, 土物 등에 대해서 기록하여 아뢰다.(『端宗實錄』 단종1, 『集成』6-79)
	5.15. 對馬州 太守 宗盛直·宗盛弘 등이 사람을 보내어 土物을 바치다.(『端宗實錄』 단종1, 『集成』6-81)
	5.16. 對馬州 太守 宗盛織과 一岐州 眞弓源永 등이 사람을 보내어 土物을 바치다.(『端宗實錄』 단종1, 『集成』6-81)
	5.19. 對馬州 太守 宗盛職·宗盛弘과 一岐州 眞弓源永 등이 사람을 보내어 와서 土物을 바치다.(『端宗實錄』 단종1, 『集成』6-82)
	5.21. 對馬州 宗盛家가 사람을 보내어 土物을 바치다.(『端宗實錄』 단종1, 『集成』6-82)
	5.23. 日本國 上松浦 鹽津의 源聞과 對馬州의 宗盛弘 등이 사람을 보내어 土物을 바치다.(『端宗實錄』 단종1, 『集成』6-82)
	5.27. 投化人에 대한 생초지급은 5년에 한하도록 하다.(『端宗實錄』 단종1, 『集成』6-82)
	5.29. 日本國 大內殿 多多良敎弘이 사람을 보내어 土物을 바치다.(『端宗實錄』 단종1, 『集成』6-83)
	6.1. 日本國 呼子 一岐守 源高·對馬州 太守 宗盛職·宗盛家·一岐州 倭 護軍 藤九郎·護軍 藤影繼가 각각 사람을 보내어 土物을 바치다.(『端宗實錄』 단종1, 『集成』6-83)
	6.4. 議政府에서 왜학하는 이에게 가자하여 승진 천전 하는 길을 열어주기를 청하다.(『端宗實錄』 단종1, 『集成』6-83)
	6.6. 對馬州 宗盛家·石見州 周布和兼이 각각 사람을 보내어 土物을 바치다.(『端宗實錄』 단종1, 『集成』6-84)
	6.8. 持平 柳誠源이 琉球國의 船匠 毛三甫羅의 아들 毛貴同이 私婢 紫今에게 장가들었는데, 紫今의 祖母 孝道가 집으로 紫今을 데려가 內禁衛 廉有恒에게 시집보내 첩으로 삼았다고 아뢰니, 議政府에 내려 의논하게 하다.(『端宗實錄』 단종1, 『集成』

일본

6-84)/ 舍人 羅洪緒가 廣平大君夫人이 東來溫井에 돌아가 倭人들로 하여금 모두 그가 멀리 온 것을 알게끔 하기에 이르렀는데도 이를 금지하지 못한 申自守를 파직시키기를 청하니, 그대로 따랐다.(『端宗實錄』 단종 1, 『集成』6-85)

6.9. 議政府에서 여러 도의 都會所에서 만드는 軍機의 일정 액수를 정하기를 청하다.(『端宗實錄』 단종 1, 『集成』6-85)

6.15. 日本國 大內殿 左京兆 多多良敎弘의 使者가 慶禧殿에 진향하다./ 琉球國王의 使者 道安이 돌아가니, 예물을 내리고 답서를 보내 다시 표류하는 자가 있으면 계속해서 쇄환해 주길 바란다는 것을 알리다.(『端宗實錄』 단종 1, 『集成』6-87)

6.21. 鄭苯이 下三道에 성을 修築할 곳을 살피기를 아뢰니 辛永孫을 보내기로 하다.(『端宗實錄』 단종 1, 『集成』6-88)

6.24. 日本國 大內殿 使者 有榮이 日本의 聖德太子가 不法을 높힐 때 百濟國王이 太子 琳聖을 보내 이에 대항하는 大連 등을 멸하는 것을 도왔고 琳聖은 大內公인데, 琳聖太子가 日本에 간 기록을 찾아 주길 바라니, 명하여 기록을 찾아 주다.(『端宗實錄』 단종 1, 『集成』6-88)

6.26. 日本國 上松浦 一岐州守 源高가 使者를 보내어 와서 土物을 바치다.(『端宗實錄』 단종 1, 『集成』6-89)

7.1. 對馬州의 宗盛家와 石見州 周布和兼 등의 使者 및 倭護軍 和知難洒毛 등이 慶禧殿에 진향하다.(『端宗實錄』 단종 1, 『集成』6-89)

7.3. 對馬州 宗朝茂가 使臣을 보내 土物을 바치다.(『端宗實錄』 단종 1, 『集成』6-90)

7.4. 禮曹에서 日本僧 道安이 가져온 日本과 琉球의 지도 4벌을 簇子로 만들어 1벌은 궐내에, 그 나머지는 議政府·春秋館·禮曹에 나누어 보관하도록 아뢰니, 그대로 따르다.(『端宗實錄』 단종 1, 『集成』6-90)

7.5. 日本國 薩州 伊集院寓鎭과 隅州太守 藤熙久와 一岐州 上松浦 鹽津에 머무는 伊勢守 源聞이 각각 使者를 보내 土物을 바치다.(『端宗實錄』 단종 1, 『集成』6-90)

7.11. 對馬州 太守 宗盛職과 一岐州의 源聞이 각각 使者를 보내어 土物을 바치다.(『端宗實錄』 단종 1, 『集成』6-90)

7.15. 日本國의 一岐州 源聞의 使者가 慶禧殿에 진향하다./ 禮曹에서 日本國 大內殿 多多良의 使者 僧 喜益이 鍼灸와 醫方에 정통하므로 의원으로 하여금 전습하도록 아뢰니, 內醫 金吉浩·鄭次良·金智에게 명하여 가서 배우게 하다.(『端宗實錄』 단종 1, 『集成』6-91)

7.19. 右議政 鄭苯이 三道 연변의 여러 읍성 및 군용 등을 순찰하러 가기를 청하다.(『端宗實錄』 단종 1, 『集成』6-91)

7.22. 日本國의 一岐州 上松浦 鹽津에 머물러 있는 松林院實圓과 肥前州 一岐守 源高가 각각 使者를 보내어 土物을 바치다.(『端宗實錄』 단종 1, 『集成』6-92)

7.27. 右獻納 李承胤이 鄭苯이 축성하는 일로 下三道에 가는 일을 정지하기를 청하다.(『端宗實錄』 단종 1, 『集成』6-92)

7.28. 下三道의 축성에 관해 李禮長·許詡 등이 의논하다./ 都體察使 鄭苯이 下三道 築城의 監役 인원도 구법에 의거하기를 아뢰니, 그대로 따르다.(『端宗實錄』 단종 1, 『集成』6-93)/ 議政府와 禮曹에서 對馬州 賊首 六郎洒文이 受職하기를 간청하므로, 적수 平茂續의 예에 의하여 軍職을 제수하길 청하니, 그대로 따르다.(『端宗實錄』 단종 1, 『集成』6-94)

8.1. 兵曹判書 趙克寬이 慶尙道·全羅道는 昇平한 날이 오래되어 백성들이 洲浦에 깊숙이 들어가 살고 있는데, 만약 倭寇가 군사를 일으키면 피할 수 없으니, 鄭苯을 보낼 때 利害를 살펴서 옮겨 살게 하기를 아뢰다.(『端宗實錄』 단종 1, 『集成』6-94)

8.3. 羅洪緒 등의 건의에 따라 慶尙道·全羅道에 鄭苯 대신 다른 이를 보내도록 하다.(『端宗實錄』 단종 1, 『集成』6-95)

8.5. 全羅·慶尙·忠淸道 都體察使 정분이 사조하니 궁전과 마장을 하사하다.(『端宗實錄』 단종 1, 『集成』6-95)

8.6. 都承旨 朴仲孫에게 명하여 鄭苯을 교외에서 전송하게 하다.(『端宗實錄』 단종 1, 『集成』6-95)

8.12. 對馬州 倭護軍 和知難洒毛가 使者를 보내어 土物을 바치다.(『端宗實錄』 단종 1, 『集成』6-96)

8.23. 議政府에서 萬頃縣의 甕城築造와 軍資庫 營繕의 시기를 늦추기를 청하다.(『端宗實錄』 단종 1, 『集成』6-96)

8.26. 日本國 上松浦 呼子 一岐州 源高·關西道 一岐州 護軍 藤九郎·五島 宇久守 源勝이 각각 사자를 보내어 와서 토물을 바치다./ 金淳을 慶尙道에 보내어 巨濟城의 축성을 감독하게 하다.(『端宗實錄』 단종 1, 『集成』6-97)

8.28. 議政府에서 兵曹의 보문에 의거하여 고을의 築城·習陣과 염초를 굽는 일은 가을을 기한하여 停罷하고, 銃筒箭은 충청도·경상도의 예에 의하여 半을 만들도록 청하니, 그대로 따르다.(『端宗實錄』 단종 1, 『集成』6-97)

9.1. 一岐州守 源高가 사자를 보내어 土物을 바치다.(『端宗實錄』 단종 1, 『集成』6-97)

9.22. 日本國 薩州 伊集院寓鎭과 隅州太守 藤熙久가 使者를 보내어 土物을 바치다.(『端宗實錄』 단종 1, 『集成』6-97)

9.24. 皇甫仁·金宗瑞 등이 《世宗實錄》을 찬수하는데 崔潤德의 卒記에 倭賊을 공격한 공로와 행적 등이 지나치게 칭찬되어 있다고 하여 벼슬을 지낸 차례만 쓰도록 하다.(『端宗實錄』 단종 1, 『集成』6-98)

9.29. 鄭苯에게 축성을 정지하도록 하다.(『端宗實錄』 단종 1, 『集成』6-99)

10.3. 對馬州 宗盛直이 使者를 보내어 土物을 바치다.(『端宗實錄』 단종 1, 『集成』6-99)

10.14. 日本國 五道宇久守 源勝과 對馬州 宗右馬助盛直 등이 사람을 보내어 土物을 바치다.(『端宗實錄』 난종 1, 『集成』6-99)

10.21. 對馬州 宗盛職의 使人이 와서 土物을 바치다.(『端宗實錄』 단종 1, 『集成』6-99)

11.9. 日本國 關西路 薩隅日三州太守 源貴久가 사람을 보내어 土物을 바치고, 濟州의 표류인 李金金 등 7인을 송환하다.(『端宗實錄』 단종 1, 『集成』6-100)

12.8. 日本國 薩州 伊集院寓鎭 隅州太守 藤熙久와 對馬州 宗盛直이 使臣을 보내어 土物을 바치다.(『端宗實錄』 단종 1, 『集成』6-100)

12.12. 對馬州 倭護軍 藤影繼가 사람을 보내어 土物을 바치다.(『端宗實錄』 단종 1, 『集成』6-100)

12.16. 日本國 呼子 一岐守 源高가 사람을 보내어 土物을 바치다.(『端宗實錄』 단종 1, 『集成』6-100)

12.23. 對馬州 倭護軍 井太郎의 아들 井可文愁戒가 와서 土物을 바치다.(『端宗實錄』 단종 1, 『集成』6-100)

연도	한국
1454	【한국】 1.6. 首陽大君이 농사에 힘을 쓰고, 군사를 양성하여 진법을 익히니, 倭人과 野人들이 모두 威德을 흠모하여 와서 朝見하다.(『端宗實錄』 단종2, 『集成』6-101) 1.9. 對馬島 宗右馬助盛直이 使者를 보내어 土物을 바치다.(『端宗實錄』 단종2, 『集成』6-101) 1.10. 對馬島主 宗盛職이 使者를 보내어 土物을 바치다.(『端宗實錄』 단종2, 『集成』6-101) 1.12. 南海縣 望雲山·城峴 두 봉화를 혁파하다.(『端宗實錄』 단종2, 『集成』6-102) 1.29. 日本國 上松浦 呼子·一岐州守 源高가 使者를 보내어 土物을 바치다.(『端宗實錄』 단종2, 『集成』6-102) 2.14. 對馬州 太守 宗盛職이 보낸 使臣이 土物을 바치고, 글을 올려 우리나라에 兵亂이 있어 군사를 보내어 돕고자 한다는 글을 올리고, 盛直도 兵亂이 있다는 말을 듣고 島主가 군사를 보내겠다고 글을 올리니, 이들에게 예물을 내려주다.(『端宗實錄』 단종2, 『集成』6-102) 2.17. 日本國 一岐守 源高가 使臣 보내어 土物을 바치다.(『端宗實錄』 단종2, 『集成』6-103) 2.23. 日本國 肥前州 田平寓鎭 源朝臣彌正少弼弘이 使臣을 보내어 土物을 바치다.(『端宗實錄』 단종2, 『集成』6-103) 2.28. 對馬州 太守 宗盛職이 使臣을 보내어 土物을 바치다.(『端宗實錄』 단종2, 『集成』6-103) 3.6. 議政府에서 戶曹의 정문에 의거하여 倭人들이 가져오는 銅鑞을 전례대로 모두 서울로 수송하도록 아뢰니, 그대로 따르다.(『端宗實錄』 단종2, 『集成』6-103) 3.26. 日本國 一岐州知主 源義와 對馬島 倭護軍 平茂家와 野人이 土物을 바치다.(『端宗實錄』 단종2, 『集成』6-104) 4.4. 日本國 肥前州의 田平寓鎭 源朝臣彌正小弼弘이 사람을 보내어 土物을 바치다.(『端宗實錄』 단종2, 『集成』6-104) 4.7. 日本國 一岐州 上松浦 鹽津에 머무는 松林院主 重實이 사람을 보내어 土物을 바치다.(『端宗實錄』 단종2, 『集成』6-104) 4.14. 對馬州 宗盛職이 사람을 보내어 土物을 바치다.(『端宗實錄』 단종2, 『集成』6-105) 4.17. 日本國 一岐州 倭護軍 藤影繼 등이 土物을 바치다.(『端宗實錄』 단종2, 『集成』6-105) 4.20. 日本國 肥前州 田平寓鎭 源朝臣彌正小弼弘이 사람을 보내어 土物을 바치다.(『端宗實錄』 단종2, 『集成』6-105) 4.21. 日本國 一岐州 三甫羅洒毛가 鹽津에서 도망쳤는데, 鹽津의 使人 皮古沙也文에게 물으니 본래 관하에 있던 자도 아니고, 書契와 예물을 盜用하여 염진에서 境外로 내친자라고 하니, 慶州에 그냥 두고 鹽津에 알리다.(『端宗實錄』 단종2, 『集成』6-105) 4.22. 對馬島主 宗盛職이 사람을 보내어 土物을 바치다.(『端宗實錄』 단종2, 『集成』6-105) 4.24. 日本國 上松浦 呼子 一岐守 源高가 사람을 보내어 土物을 바치고, 禮曹에 奉書하다.(『端宗實錄』 단종2, 『集成』6-106) 4.28. 日本國 關西道 都元帥 源教直, 上松浦呼子 一岐州守 源高 등이 사람을 보내어 土物을 바치다.(『端宗實錄』 단종2, 『集成』6-106) 5.1. 京畿 安山·水原·廣州·衿川 등지에서 倭寇가 왔다고 거짓말을 한 자들을 붙잡아 都事로 하여금 推鞫하게 하다.(『端宗實錄』 단종2, 『集成』6-106) 5.5. 日本國 一岐州 智主志佐 源義가 사람을 보내어 土物을 바치다.(『端宗實錄』 단종2, 『集成』6-106) 5.10. 對馬州 太守 宗盛職이 사람을 보내어 土物을 바치다.(『端宗實錄』 단종2, 『集成』6-107) 5.12. 對馬州 宗盛家가 사람을 보내어 土物을 바치다.(『端宗實錄』 단종2, 『集成』6-107) 5.14. 對馬州 太守 宗盛職이 사람을 보내어 土物을 바치다.(『端宗實錄』 단종2, 『集成』6-107) 5.17. 日本國 關西道 都元帥 源教直이 사람을 보내어 土物을 바치다.(『端宗實錄』 단종2, 『集成』6-107) 5.21. 日本國 一岐州 眞弓兵部少甫 源永이 사람을 보내어 土物을 바치다.(『端宗實錄』 단종2, 『集成』6-107) 6.2. 日本國 太宰都督 司馬少貳 藤源教賴가 사람을 보내어 土物을 바치다.(『端宗實錄』 단종2, 『集成』6-108) 6.12. 對馬州 宗貞國이 사람을 보내어 土物을 바치다.(『端宗實錄』 단종2, 『集成』6-108) 6.20. 對馬州 宗盛直의 使人 禪和子 中堪이 죽으니, 有司로 하여금 염습하여 장사지내도록 하고 치제하다.(『端宗實錄』 단종2, 『集成』6-108) 6.24. 議政府에서 禮曹의 정문에 의거하여 對馬島에서 도망온 萬古老 등 4인을 훔쳐온 배와 함께 時羅而羅를 통하여 돌려보내길 청하니, 그대로 따르다.(『端宗實錄』 단종2, 『集成』6-108)/ 日本國 田平寓鎭 彌正小弼弘이 사람을 보내어 土物을 바치다.(『端宗實錄』 단종2, 『集成』6-109) 7.1. 對馬州 宗盛弘의 使者가 班列에 따라 진향하다.(『端宗實錄』 단종2, 『集成』6-109) 7.9. 對馬州의 倭司直 看知·沙也文 등 2인이 와서 土物을 바치다.(『端宗實錄』 단종2, 『集成』6-109)
1455 ▼	【한국】 1.1. 朝賀를 받으니, 倭人과 野人이 모두 반열에 따라 土物을 바치다.(『端宗實錄』 단종3, 『集成』6-120) 1.4. 日本國 一岐州 眞弓 源永·呼子 源高가 각각 사람을 보내어 土物을 바치다.(『端宗實錄』 단종3, 『集成』6-120) 1.7. 都統使가 議政府에서 倭人·野人을 접견할 때에도 隨從하는 군사를 內禁衛 20인, 上大護軍 20인, 軍士 550인으로 하도록 하다.(『端宗實錄』 단종3, 『集成』6-120) 1.12. 日本國 薩摩州 伊集院寓鎭 隅州太守 藤熙久가 사람을 보내어 土物을 바치다.(『端宗實錄』 단종3, 『集成』6-121) 1.14. 首陽大君이 군사를 일으킨다는 소문이 돌고 있는데 그러한 소문을 퍼뜨리는 자가 있으면 잡아서 알리라고 下教하면서, 전에 倭寇가 올 것이라고 거짓말을 하여 혼란하게 했던 일을 말하다.(『端宗實錄』 단종3, 『集成』6-121)

일본

2.5. 宗成職이 大山宮內左衛門에게 고려와 관계되는 여러 가지 일을 허가하다.(『宗家御判物寫』)

11.-. 築前州 宗像氏正이 조선의 禮曹判書 앞으로 書契를 보내다.(『宗像大宮司氏正書案』)

7.13. 日本國 上松浦의 呼子 一岐守 源高가 사람을 보내어 土物을 바치다.(『端宗實錄』 단종 2, 『集成』6-109)

7.16. 文宗大王과 顯德王后의 神主를 宗廟에 祔廟할 때 日本인 64인이 巡廳 길 서쪽에 서 있다.(『端宗實錄』 단종 2, 『集成』6-109)

7.18. 倭船 1척이 中國으로 朝見하러 갔다가 돌아오는 길에 표류하여 全羅道 內禮浦에 정박하여 薺浦로 가고자 하니, 全羅道觀察使에게 양곡과 指路船을 주고, 慶尙道觀察使에게 도내에 이르거든 후히 대접하라고 유시하다.(『端宗實錄』 단종 2, 『集成』6-110)

7.27. 日本國 薩州 伊集院寓鎭 隅州太守 藤熙久가 사람을 보내 土物을 바치다.(『端宗實錄』 단종 2, 『集成』6-110)

7.30. 日本國 一岐州 志佐 源義가 禮曹에 奉書하여 난이 끝나지 않았으니 군사를 인솔하여 돕고자 한다고 하니, 禮曹에서 敎旨를 받들어 답서하고 예물을 하사하다.(『端宗實錄』 단종 2, 『集成』6-111)

8.6. 對馬州 太守 宗盛職이 보낸 三甫羅都老·于桂沙也文 등이 배 12척과 함께 薺浦에 이르니 邊將이 이미 약정한 50척이 모두 왔으므로 돌아가도록 하였으나 듣지 않으니, 判通禮門事 元孝然을 浦所에 보내어 돌려 보내도록 하다.(『端宗實錄』 단종 2, 『集成』6-111)

8.7. 日本國의 上松浦 呼子 一岐守 源高와 薩州 伊集院寓鎭 隅州太守 藤熙久 등이 사람을 보내어 土物을 바치다.(『端宗實錄』 단종 2, 『集成』6-112)

8.13. 日本國 肥前州 田平寓鎭 源朝臣彈正小弼弘이 사람을 보내 土物을 바치다.(『端宗實錄』 단종 2, 『集成』6-113)

9.2. 日本國 筑後州의 野部莊에 寓居하는 大內進亮多多良朝臣이 사람을 보내 土物을 바치다.(『端宗實錄』 단종 2, 『集成』6-113)

9.3. 全羅道觀察使에게 倭船이 표류하여 境內에 이르면 그 眞僞를 살펴서 접대하고, 양식을 구하면 적당히 지급하며 그들이 내지에 오지 않도록 해서 우리의 虛實을 알지 못하게 하라고 曉諭하다.(『端宗實錄』 단종 2, 『集成』6-113)

9.5. 日本國 對馬州 倭護軍 藤茂가 등 3인이 土物을 바치다.(『端宗實錄』 단종 2, 『集成』6-113)

9.12. 議政府에서 兵曹의 정문에 의거하여 諸島·諸浦의 방어할 사목을 아뢰다.(『端宗實錄』 단종 2, 『集成』6-114)

9.21. 議政府에서 兵曹의 呈文에 의거하여, 下番의 別時衛·銃筒衛의 防牌·攝六十·近仗들을 모두 甲士의 例에 의하여 시행하도록 아뢰다.(『端宗實錄』 단종 2, 『集成』6-114)

10.5. 議政府에서 禮曹의 정문에 의거하여 宗盛職의 使人 觀喜가 金剛山을 구경하고자 한다면서 侍奉 1인과 通事 1인으로 하여금 데려가도록 아뢰니, 그대로 따르다.(『端宗實錄』 단종 2, 『集成』6-115)

10.8. 對馬州 宗盛職이 사람을 보내 土物을 바치다.(『端宗實錄』 단종 2, 『集成』6-115)

10.15. 議政府에서 慶尙道 監司의 關門에 의거하여 熊川縣에서 倭客을 支待하기 위해 부근 읍의 典農寺 노비 및 亂臣의 노비 35구를 倭館에 소속시키기를 청하니, 그대로 따르다. / 對馬州 宗盛職이 사람을 보내 土物을 바치다.(『端宗實錄』 단종 2, 『集成』6-116)

10.26. 日本國 上松浦 呼子 一岐守 源高와 上松浦 鹽津에 머무는 伊勢守 源文과 一岐州 太守 源義 등이 사람을 보내 土物을 바쳤다.(『端宗實錄』 단종 2, 『集成』6-116)

10.28. 日本國 一岐州 太守 源義와 一岐州知主 志佐 源義·上松浦 鹽津에 머무는 伊勢守 源聞 등이 사람을 보내 土物을 바치다.(『端宗實錄』 단종 2, 『集成』6-116)

11.8. 慶尙道 右道 水軍處置使의 건의에 따라 봉화를 적변에 따라 일시에 들도록 하다.(『端宗實錄』 단종 2, 『集成』6-116)

12.7. 僉知中樞院事 元孝然을 對馬島 敬差官으로 삼아 지난번에 약정을 어기고 使船을 보낸 문제에 대한 사목과 예물을 가지고 對馬島로 보내다.(『端宗實錄』 단종 2, 『集成』6-117)

12.22. 日本國 肥前州 田平寓鎭 源朝臣彈正小弼弘이 사람을 보내 土物을 바치다.(『端宗實錄』 단종 2, 『集成』6-119)

12.28. 日本國 呼子 源高와 肥前州 太守 源義 등이 사람을 보내 土物을 바치다.(『端宗實錄』 단종 2, 『集成』6-119)

12.29. 日本國 一岐州 鹽津에 머무르는 伊勢守 源聞이 사람을 보내 土物을 바치다.(『端宗實錄』 단종 2, 『集成』6-119)

12.30. 日本國 一岐州 知主 志佐 源義가 사람을 보내 土物을 바치다.(『端宗實錄』 단종 2, 『集成』6-119) / 임금이 慶會樓 아래서 火山棚을 구경하는 자리에 倭人과 野人도 들어와 구경하다.(『端宗實錄』 단종 2, 『集成』6-120)

-. 이해에 『세종실록지리지』를 편찬하다. 우산국은 우산과 무릉 두섬으로 되어있고, 두섬의 거리는 멀지 않아 날씨가 맑으면 볼 수 있다고 했다.(『世宗實錄』 153권, 지리지, 강원도, 삼척도호부, 울진현)

-. 建仁寺 수리비용의 마련을 위해 永嵩와 禪密을 조선에 파견하다.(『南方紀傳』下)

1.21. 承文院判事 宋處寬 등이 《日本國書契》1권, 《日本國大內殿書契》1권 등을 올리다.(『端宗實錄』 단종 3, 『集成』6-121) / 日本國 上松浦 呼子 源高와 一岐州 上松浦 松林院 住持 重實이 각각 사람을 보내어 土物을 바치다.(『端宗實錄』 단종 3, 『集成』6-122)

1.26. 日本國 一岐州 眞弓·兵部少甫 源永·上松浦 鹽津에 머무는 伊勢守 源文이 각각 사람을 보내어 土物을 바치다.(『端宗實錄』 단종 3, 『集成』6-122)

연도	한국
▲ 1455 ▼	1.29. 日本國 上松浦 那護野 寶泉寺 住持 祐位가 사람을 보내어 土物을 바치다.(『端宗實錄』 단종3, 『集成』6-122) 2.8. 日本國 一岐州 眞弓·兵部小甫 源永·上松浦에 머무르는 伊勢守 源聞이 사람을 보내어 土物을 바치다.(『端宗實錄』 단종3, 『集成』6-122) 2.15. 日本國 一岐州 上松浦 鹽津에 머무는 伊勢守 源聞과 上松浦의 呼子와 一岐守 源高가 각각 사람을 보내어 土物을 바치다.(『端宗實錄』 단종3, 『集成』6-122) 2.20. 議政府에서 禮曹의 정문에 의거하여 一岐州 源聞의 使者 于界沙也文이 三甫羅酒毛를 송환시켜 주길 청하였다고 아뢰면서, 慶尙道觀察使로 하여금 비밀리에 布置하여 于界沙也文이 돌아갈 때 보내기를 청하니, 그대로 따르다.(『端宗實錄』 단종3, 『集成』6-123) 2.26. 日本國 一岐州知主 志佐源義가 사람을 보내어 土物을 바치다.(『端宗實錄』 단종3, 『集成』6-123) 3.1. 日本國 一岐州 志佐 源義가 使臣을 보내어 土物을 바치다.(『端宗實錄』 단종3, 『集成』6-123) 3.6. 日本國 薩州 伊集院寓鎭 隅州太守 藤熙久가 보낸 禪和子 子山이 客館에서 병사하니, 攸司로 하여금 관을 준비하여 장사 지내게 하고 치제하도록 하다.(『端宗實錄』 단종3, 『集成』6-124) 3.20. 日本國 肥前州 上松浦 波多島 源納·源盛·源德이 각각 使者를 보내어 土物을 바치다.(『端宗實錄』 단종3, 『集成』6-124) 4.4. 慶尙道·全羅道·忠淸道·黃海道 등의 觀察使·都節制使·處置使에게 對馬州 敬差官의 事目에 對馬島 賊倭들이 戰艦 20여 척으로 장차 4월에 中國에 입구하려 한다고 하니, 엄하게 방비하도록 유시하다.(『端宗實錄』 단종3, 『集成』6-124) 4.7. 對馬島 敬差官 元孝然이 對馬島에 도착하여 對馬島主와 約定船에 대해 논의한 것과 對馬島에서 보고 들은 사건에 대해서 치계하다(『端宗實錄』 단종3, 『集成』6-124) / 議政府에서 慶尙道水軍處置使 朴居兼의 정문에 의거하여 遼東 都指揮使司에게 對馬島에 거주하는 倭賊들이 금년 4월에 배 2, 30척을 가지고 中國의 연해에 노략질 하러 간다고 하는 것에 대해 移咨하다.(『端宗實錄』 단종3, 『集成』6-129) 4.12. 對馬島 敬差官 元孝然이 와서 復命하다.(『端宗實錄』 단종3, 『集成』6-130) 4.18. 對馬州 宗彦七·宗貞國이 사람을 보내어 와서 土物을 바치다.(『端宗實錄』 단종3, 『集成』6-130) 5.5. 通事 박유생과 孫繼宗, 樂工 尙洛山·金剛·權美 등은 對馬島 敬差官 元孝然을 따라 왕래한 공로로 가자하여 敍用하라고 吏曹에 전지하다.(『端宗實錄』 단종3, 『集成』6-130) 5.12. 日本國 上松浦 鹽津에 머무르는 伊勢守 源聞, 一岐州 眞弓 兵部少輔 源永, 上松浦 呼子 一岐州守 源高가 각각 사람을 보내어 土物을 바치다.(『端宗實錄』 단종3, 『集成』6-130) 5.16. 日本國에 머무르는 伊勢守 源聞이 보낸 上官人 大羅沙也文이 죽었으므로 해당 관청으로 하여금 장사지내고, 제사를 지내도록 하다.(『端宗實錄』 단종3, 『集成』6-131) 5.22. 慶尙道觀察使가 禮曹에 一岐州 源聞이 보낸 于界沙也文에게 三甫羅酒毛를 잡아 주니, 그 부하 20여인을 데리고 倭館 앞 길에서 목 베어 죽였다고 移文하다.(『端宗實錄』 단종3, 『集成』6-131) 6.6. 日本國 上松浦 松林院主 重實과 一岐州 知主 志佐 源義·上松浦 呼子 一岐州守 源高·一岐州 上松浦 鹽津에 머무는 伊勢守 源聞·對馬州 宗盛職이 각각 使者를 보내어 土物을 바치다.(『端宗實錄』 단종3, 『集成』6-131) 6.7. 對馬州 宗盛職이 使者를 보내어 土物을 바치고, 漂流人 朴元生을 보내다. (『端宗實錄』 단종3, 『集成』6-131) 6.13. 對馬州 宗盛職이 사람을 보내어 土物을 바치다.(『端宗實錄』 단종3, 『集成』6-132) 6.17. 日本國 宗磨蟠守 朝茂와 對馬島 宗盛家·宗貞國, 上松浦 呼子 一岐代官 牧山 源實, 石見州 藤源周布和兼, 對馬島主 宗盛職 등이 각각 사람을 보내어 土物을 바치다.(『端宗實錄』 단종3, 『集成』6-132) 6.18. 對馬島主 宗盛職이 사람을 보내어 土物을 바치다.(『端宗實錄』 단종3, 『集成』6-132) 6.19. 日本國 眞弓兵部少輔 源永과 對馬島主 宗盛職이 각각 사람을 보내어 土物을 바치다.(『端宗實錄』 단종3, 『集成』6-132) 6.24. 日本國 對馬島主 宗成職 등이 土物을 바치다.(『端宗實錄』 단종3, 『集成』6-132) 6.28. 慶尙道 觀察使 黃守身의 건의에 따라 성안에 나무를 심었다가 유사시 사용하도록 하다.(『端宗實錄』 단종3, 『集成』6-133) 윤6.5. 慶尙道觀察使 黃守身이 鹽浦·薺浦·富山浦에 恒居하는 倭人들과 내왕하는 倭人들이 서로 응하여 변을 일으킬 것에 대비하여 그 방책을 아뢰니, 兵曹에 내려 의논하게 하다.(『端宗實錄』 단종3, 『集成』6-133) 윤6.16. 對馬島 宗盛職이 使者를 보내어 土物을 바치다./ 慶尙道 觀察使가 柳浦와 熊川에 책을 설치하고 가을에 성을 쌓도록 청하다.(『世祖實錄』 세조1, 『集成』6-137) 윤6.21. 日本國의 源持直·上松浦의 僧 源祐·對馬州의 宗盛職이 각기 사자를 보내어 土物을 바치다.(『世祖實錄』 세조1, 『集成』6-138) 윤6.29. 日本國 上松浦 波多島의 源納·五島宇久守의 源勝·薩州 伊集院寓鎭 隅州太守 藤熙久·對馬州 宗盛家가 각기 使者를 보내 土物을 바치다.(『世祖實錄』 세조1, 『集成』6-138) 7.1. 日本國 肥前州 宗象郡知守 宗像朝臣氏正·上松浦 丹後太守 源盛이 각기 使者를 보내어 土物을 바치다.(『世祖實錄』 세조1, 『集成』6-138) 7.3. 對馬州 宗盛職·宗盛家가 각기 使者를 보내어 土物을 바치다.(『世祖實錄』 세조1, 『集成』6-138) 7.5. 集賢殿 直提學 梁誠之가 민심의 수습·제도의 정비·예법 등에 관해 상소하면서, 慶尙道는 倭人을 支待하는 방법에 신중을 己亥야 하며, 高麗末期에 倭寇가 네 차례나 침입하여 백성이 안심하고 살 수 없었다고 말하다.(『世祖實錄』 세조1, 『集成』6-139) 7.11. 日本國 藤源朝臣 敎賴·呼子 源高와 五島宇久守 源勝과 對馬州의 宗盛家가 각기 使客을 보내어 土物을 바치다.(『世祖實

일본

錄』세조 1, 『集成』6-141)

7.18. 左參贊 姜孟卿이 通信使 파견문제는 倭人들이 와서 하례를 하면 회례하고, 倭船의 수효를 정하는 것은 하교한 대로 하는 것이 좋다고 아뢰니, 通信使의 파견은 정지하고, 倭船의 수효는 정하여 아뢰라고 전교하다.(『世祖實錄』세조 1, 『集成』6-141)

7.21. 日本國 源高·源永과 對馬州의 宗盛職·宗盛弘·宗虎熊瓦가 각기 使者를 보내어 土物을 바치다.(『世祖實錄』세조 1, 『集成』6-142)

7.22. 右參贊 黃守身이 熊川과 薺浦에는 많은 倭人들이 우리의 백성들과 더불어 살고 있어 변고가 생길지 모르니, 城子를 쌓고 물이 얕은 곳에는 木柵를 설치하며 관문을 세워 把守하게 할 것을 아뢰다.(『世祖實錄』세조 1, 『集成』6-142)

7.24. 兼判禮曹事 姜孟卿·參判 河緯地·參議 洪允成 등이 倭護軍 藤九郎에게 九州地方의 각 太守·토지·부락의 수효·土物을 바치러 오는 자들의 세력의 정도 등에 대해 묻다.(『世祖實錄』세조 1, 『集成』6-143)

7.30. 日本國 石見州의 藤原·周布和兼이 使者를 보내어 土物을 바치다.(『世祖實錄』세조 1, 『集成』6-147)

8.3. 日本國 五島宇久守 源勝·肥前州 丹後太守 源盛이 각각 使者를 보내어 土物을 바치다.(『世祖實錄』세조 1, 『集成』6-147)

8.13. 日本國 藤原教賴·呼子源高와 對馬州 宗貞國·宗盛弘이 土物을 바치다.(『世祖實錄』세조 1, 『集成』6-148)

8.17. 日本國 藤源義永이 使者를 보내어 土物을 바치다.(『世祖實錄』세조 1, 『集成』6-148)

8.18. 對馬州 倭護軍 井大郎이 土物을 바치다.(『世祖實錄』세조 1, 『集成』6-148)

8.19. 兵曹에서 右參贊 黃守身의 單字에 의거하여 熊川 薺浦에 城子와 木柵 설치하고 관문을 세워 출입을 통제할 것을 아뢰었으나, 이유없이 城子를 쌓으면 倭人들이 놀라 변고가 생길 수 있다고 하면서 허락하지 않다.(『世祖實錄』세조 1, 『集成』6-148)

8.22. 日本國 肥前州 上松浦의 志佐源氏의 딸이 使者를 보내어 土物을 바치다.(『世祖實錄』세조 1, 『集成』6-149)

8.25. 琉球國 使者인 倭僧 道安이 반열에 따라 국왕 尙泰久의 書契와 花錫·蘇木 각각 1천근을 바치고,《藏經》을 얻어가지고 가지고 가기를 원한다고 아뢰다.(『世祖實錄』세조 1, 『集成』6-149)

9.2. 日本國 薩州 伊集院寓鎭 隅州太守 藤熙久와 一岐州 眞弓 兵部小輔 源永과 五島宇久守 源勝이 각각 使者를 보내어 土物을 바치다.(『世祖實錄』세조 1, 『集成』6-149)

9.5. 鎭·浦의 방수를 철저히 하도록 하다.(『世祖實錄』세조 1, 『集成』6-150)

9.6. 戶曹와 禮曹에서 道安이 가지고 온 銅·鐵·蘇木 등은 정한 수량을 서울로 수송하게 하여 商買로 하여금 무역하게 하고, 浦所에 留置한 물건도 受敎에 의하여 민간으로 하여금 무역하도록 아뢰니, 그대로 따르다.(『世祖實錄』세조 1, 『集成』6-150)

9.11. 兵曹에서 각도의 내지에도 거진을 설치와 지휘 체계에 대해 건의하다.(『世祖實錄』세조 1, 『集成』6-150)

9.20. 日本國 一岐州의 倭護軍 藤九郎과 上松浦의 神田能登守, 源朝臣德이 각기 使者를 보내어 土物을 바치다.(『世祖實錄』세조 1, 『集成』6-155)

9.29. 日本國 薩州 伊集院寓鎭 隅州太守 藤熙久와 五島宇久守 源勝, 上松浦 波多島 願納이 각각 使者를 보내어 土物을 바치다.(『世祖實錄』세조 1, 『集成』6-155)

10.8. 日本國 關西路 筑前州 冷川家茂가 使者를 보내어 土物을 바치다.(『世祖實錄』세조 1, 『集成』6-155)

10.14. 日本國 五島宇久守 源勝이 使者를 보내어 土物을 바치다.(『世祖實錄』세조 1, 『集成』6-156)

10.16. 萬戶營의 소재지인 慶尙道 蛇梁을 所非浦로 고치다.(『世祖實錄』세조 1, 『集成』6-156)

10.17. 禮曹에서 向化倭人·向化野人은 생계가 부유한 자가 드물며, 모두 그 직임만큼 녹을 얻지 못하는 형편이니, 月廩·衣纏·馬料 등의 수량을 줄이지 말기를 청하니, 그대로 따르다.(『世祖實錄』세조 1, 『集成』6-156)

10.19. 戶曹에서 여러 官司의 수요로 改造·神造·例造하는 모든 물건들은 進獻하거나 使客에게 支供하는 것을 제외하고는 모두 工役을 정지시키다.(『世祖實錄』세조 1, 『集成』6-156)

10.29. 日本國 上松浦 九沙島의 藤源義永과 伊勢守 源聞 등이 使者를 보내어 土物을 바치다.(『世祖實錄』세조 1, 『集成』6-157)

11.1. 日本國 薩州 藤熙久, 五島宇久守 源勝, 一岐州 眞弓 源永, 一岐守 呼子 源高 등이 각각 使者를 보내어 土物을 바치다.(『世祖實錄』세조 1, 『集成』6-157)

11.5. 임금이 冬至望闕禮를 행하니, 倭人들이 班列에 따라 土物을 바치다.(『世祖實錄』세조 1, 『集成』6-157)

11.6. 日本國 五島宇久守 源勝과 肥前州 上松浦 丹後太守 源盛이 각기 使者를 보내어 土物을 바치다.(『世祖實錄』세조 1, 『集成』6-157)

11.9. 禮曹參議 洪允成이 교지를 받들어 對馬州太守 宗盛職에게 使者의 파견을 전례와 같이 하여 빈번한 파견을 자제해 줄 것을 당부하는 글과 함께 예물을 보내다.(『世祖實錄』세조 1, 『集成』6-158)

11.13. 日本國 薩州의 藤熙久, 五島宇久守 源勝이 각기 使者를 보내어 土物을 바치다.(『世祖實錄』세조 1, 『集成』6-158)

11.17. 慶尙道·全羅道·忠淸道 등의 觀察使 등에게 변방수어를 위로하기 위해 잔치를 내리다.(『世祖實錄』세조 1, 『集成』6-159)

11.26. 임금이 承旨 成三問에게 倭人·野人들이 전에 비해 많이 오고 있으나, 즉위한 처음에 성의껏 대하지 않으면 釁端을 일으킬 수 있으니 후하게 대접하라고 말하다.(『世祖實錄』세조 1, 『集成』6-159)

11.27. 日本國 一岐守 源高와 伊勢守 源聞이 각각 使者를 보내어 土物을 바치다.(『世祖實錄』세조 1, 『集成』6-159)

12.8. 이 해에 日本國의 여러 곳에서 使人으로 보낸 倭人이 6,116명이니, 禮曹에서 支待하는 사목을 의논하여 아뢰자, 議政府에 내려 의논하게 한 후에 鄭麟趾 등의 의논에 따르다.(『世祖實錄』세조 1, 『集成』6-160)

12.9. 日本國 管堤가 使者를 보내어 土物을 바치다.(『世祖實錄』세조 1, 『集成』6-161)

12.11. 勤政門에 나아가 朝參을 받으니, 野人과 倭護軍 井大郎이 수반하다.(『世祖實錄』세조 1, 『集成』6-161)

12.12. 日本國 肥前州 田平寓鎭·彈正小弼弘·藤源定泉이 각각 使者를 보내어 土物을 바치다.(『世祖實錄』세조 1, 『集成』6-161)

12.14. 琉球國 使者 道安, 倭護軍 井大郎 및 野人들을 인견하고 술과 함께 호피와 표피를 각 1장씩 하사하다.(『世祖實錄』세조 1, 『集成』6-162)

연도	한국
▲ 1455	12.15. 勤政殿에 나아가 朝參을 받으니, 倭人이 隨班하다./日本國 五島宇久守 源勝이 使者를 보내어 土物을 바치다.(『世祖實錄』 세조1, 『集成』6-162)
1456	【한국】 1.1. 望闕禮를 행하고 百官의 朝賀를 받으니, 倭人·野人 5백여인이 수반하다.(『世祖實錄』 세조2, 『集成』6-162) 1.7. 琉球國 使者 僧 道安이 拜辭하니, 명하여 賓廳에서 供饌하게 하다.(『世祖實錄』 세조2, 『集成』6-163) 1.11. 임금이 慶會樓에 나아가 春香祭 飲福宴을 베풀고, 倭人·野人 70여인을 인견하여 술을 베풀다.(『世祖實錄』 세조2, 『集成』6-163) 1.15. 日本國 肥前州 下松浦 山城太守 源吉·肥前州 松浦 丹州太守 源盛·一岐州 眞弓兵部少輔 源永이 각각 使人을 보내 土物을 바치다.(『世祖實錄』 세조2, 『集成』6-163) 1.20. 日本國 大内進亮 多多良朝臣教之가 使人을 보내 土物을 바치다.(『世祖實錄』 세조2, 『集成』6-163) 1.21. 勤政門에 나아가 朝參을 받으니, 倭人이 수반하다.(『世祖實錄』 세조2, 『集成』6-164) 1.25. 侍講官 梁誠之가 倭人·野人들에게 弓馬를 내려주는 것은 옳지 못하다고 아뢰었으나, 임금이 해롭지 않다고 말하다.(『世祖實錄』 세조2, 『集成』6-164) 2.9. 對馬州 崇泰가 使人을 보내 土物을 바치다.(『世祖實錄』 세조2, 『集成』6-164) 2.13. 慶會樓 아래서 세자, 종친 등과 倭人·野人이 참석한 가운데 社稷祭飲福宴을 베풀다.(『世祖實錄』 세조2, 『集成』6-164) 2.30. 日本國 關西道 九州都元帥 源教直이 보낸 道源이 百韻詩를 지어 禮曹에 바치다.(『世祖實錄』 세조2, 『集成』6-165) 3.5. 日本國 鹽津에 머무르는 伊勢守 源聞이 使人을 보내 土物을 바치다.(『世祖實錄』 세조2, 『集成』6-165) 3.6. 對馬州 倭護軍 中尾彈正이 와서 土物을 바치다./ 日本國 一岐州 上松浦에 머무르는 伊勢守 源聞·一岐州 源義, 五島宇久守 源勝이 각각 使人을 보내 土物을 바치다.(『世祖實錄』 세조2, 『集成』6-165) 3.15. 勤政殿에 나아가 朝賀를 받으니, 日本國王의 使者 僧 承傳 등이 隨班하여 土物을 바쳤고, 大藏經 7천여 권을 얻고자 하다.(『世祖實錄』 세조2, 『集成』6-166) 3.21. 禮曹에서 日本國王이 使者를 보내어 수호하였으므로 구례에 따라 使臣을 보내어 回禮하기를 아뢰니, 議政府와 더불어 의논하라고 전교하다.(『世祖實錄』 세조2, 『集成』6-166) 3.23. 禮曹에서 皇后의 喪으로 倭人들에게 고기를 供饋하지 못하였다고 아뢰자, 議政府에 내려 의논하게 하니, 고기를 공궤하는 것이 가하다고 아뢰어 그대로 따르다./ 日本國 關西道 豊州太守 源持直·眞弓兵部少輔 源永·五島宇久守 源勝·呼子 源高·對馬州 宗盛職이 각각 使人을 보내 土物을 바치다.(『世祖實錄』 세조2, 『集成』6-167) 3.24. 日本國 眞弓兵部少輔 源永, 鹽津에 머무르는 伊勢守 源聞·薩州의 藤熙久·呼子 源高가 각각 使人을 보내 土物을 바치고, 對馬州 倭護軍 六郎酒毛도 土物을 바치다.(『世祖實錄』 세조2, 『集成』6-167) 3.28. 集賢殿 直提學 梁誠之가 春秋의 大射·五京 등에 관해 상소하면서 高麗朝에 거란이 침입했을 때 白丁들이 앞서서 嚮導하고 仮倭 노릇을 했다는 것과 原平府는 倭寇를 海口에서 막을 수 있는 곳 이라는 것 등을 말하다.(『世祖實錄』 세조2, 『集成』6-168) 4.6. 禮曹參議 洪允成이 邊將을 잘 가려서 남방의 守禦에 유념할 것을 청하다.(『世祖實錄』 세조2, 『集成』6-170) 4.10. 慶會樓에 나아가 宗廟夏享祭飲福宴을 베풀고, 日本國王의 使者 僧 承傳·梵準 등 5인을 불러 赴宴하게하여 虎皮, 豹皮, 綿紬, 白綿布,《大學》,《中庸》,《論語》,《孟子》등을 내려주다.(『世祖實錄』 세조2, 『集成』6-171) 4.14. 日本國 上松浦 呼子 源高, 五島宇久守 源勝, 對馬州 宗貞·宗盛家가 각각 使人을 보내어 土物을 바치다./ 사로잡혔던 中國人 童浩眞이 對馬州에서 도망해 오다.(『世祖實錄』 세조2, 『集成』6-172) 4.19. 對馬州 宗盛職, 五島宇久守 源勝이 각각 使人을 보내어 土物을 바치고, 倭護軍 阿馬豆도 와서 土物을 바치다.(『世祖實錄』 세조2, 『集成』6-172) 4.21. 對馬州護軍 平盛秀가 와서 土物을 바치고, 豊州太守 源持直이 使人을 보내어 土物을 바치다.(『世祖實錄』 세조2, 『集成』6-172) 4.22. 對馬州護軍 井大郎의 아들 司正 井可文愁界가 와서 土物을 바치고, 宗蟠磨守 朝茂, 上松浦 呼子 源高, 神田能守 源德이 각각 使人을 보내어 土物을 바치다.(『世祖實錄』 세조2, 『集成』6-172) 5.4. 日本國 藤熙久의 使者 吾羅三甫羅가 靈山溫井에서 죽으니, 慶尚道觀察使가 예에 의하여 치제하고, 관을 갖추어 장사지내다.(『世祖實錄』 세조2, 『集成』6-173) 5.6. 戶曹佐郎 鄭忱 등을 불러 明나라 使臣이 청한 蘇木을 구해 주도록 하다.(『世祖實錄』 세조2, 『集成』6-173) 5.7. 日本國 薩馬州의 日向太守 藤原盛久·上松浦 觀音寺看主 宗殊·五島宇久守 源勝·對馬州의 宗盛家가 각각 使者를 보내어 土物을 바치다.(『世祖實錄』 세조2, 『集成』6-173) 5.8. 朴元亨과 具致寬이 下三道의 船制와 鎭守를 고치는 것이 불가함을 아뢰다.(『世祖實錄』 세조2, 『集成』6-173)
1457 ▼	【한국】 1.10. 日本國 筑前州의 大宰都督司馬少卿 藤源朝臣教賴가 使人을 보내어 土物을 바치다.(『世祖實錄』 세조3, 『集成』6-184) 1.16. 임금이 勤政殿에서 회례연을 행하니, 倭人들이 참석하고 연회를 마치려고 할 때에 倭國의 上官人 3과 副官人 1인에게 호피·표피·면주 등을 내려주다.(『世祖實錄』 세조3, 『集成』6-184)/ 忠淸道·全羅道·慶尚道의 都巡察使 朴薑이 각도의 鎭과 여러 浦를 돌아보고 島夷는 水戰에 능하니 그들을 육지로 내려오게 해 응전해야 한다는 것과 慶尚道 熊川·向州 등의 倭人에 대한 대책을 아뢰다.(『世祖實錄』 세조3, 『集成』6-185)

일본

【일본】

-. 幕府가 建仁寺 수리를 위한 비용을 조선에 요구하다. 또 대장경의 증여에 감사하고 명과의 통교재개를 위해 중개를 의뢰하다.(『善隣國宝記』卷中)

5.21. 思政殿에 나아가서 倭護軍 阿馬豆를 인견하다.(『世祖實錄』세조 2, 『集成』6-174)

5.24. 對馬州護軍 井大郎·一岐州護軍 藤影繼 등이 와서 土物을 바치고, 宗盛弘·宗盛家·宗盛職과 薩州의 藤熙久도 각각 使人을 보내어 土物을 바치다.(『世祖實錄』세조 2, 『集成』6-174)

6.2. 對馬島主 宗盛職·宗賀茂·眞弓兵部少輔 源永이 각각 使人을 보내어 土物을 바치다.(『世祖實錄』세조 2, 『集成』6-174)

6.3. 慶尙道觀察使·左右都制使·左右都處置使에게 野人들은 入侍하는 자가 많은데, 三浦의 倭人들은 항상 경내에 거주하면서도 입시하는 자가 없으니, 입시할 만한자 3, 4명을 골라 올려보내도록 유시하다.(『世祖實錄』세조 2, 『集成』6-174)

6.11. 勤政殿에 나아가 조참을 받으니, 對馬島主 宗盛職의 使人 亏面老 등 10명이 隨班하다.(『世祖實錄』세조 2, 『集成』6-175)

6.19. 忠淸道·慶尙道·全羅道의 觀察使·節制使·處置使에게 국방력의 강화에 힘 쓸 것을 명하다.(『世祖實錄』세조 2, 『集成』6-175)

6.20. 慶尙道觀察使·左右都節制使·左右都處置使에게 島倭들이 배의 숫자를 정액한 데 감정을 품고 변방을 침략하려고 한다는 소식이 있으니, 이에 대비하라고 유시하면서 더불어 全羅道·忠淸道에도 유시하다.(『世祖實錄』세조 2, 『集成』6-176)

6.24. 對馬島主 宗盛職이 使臣을 보내어 土物을 바치다.(『世祖實錄』세조 2, 『集成』6-176)

6.26. 對馬州 宗盛職이 使者를 보내어 土物을 바치다.(『世祖實錄』세조 2, 『集成』6-176)

7.1. 日本國王의 使臣 承傳 등이 하직하니, 답서와 함께 예물을 보내다.(『世祖實錄』세조 2, 『集成』6-176)

7.3. 對馬島主 宗盛職이 使人을 보내어 土物을 바치다.(『世祖實錄』세조 2, 『集成』6-177)

7.11. 禮曹에서 倭護軍 井大郎이 對馬島主와 선척의 숫자를 정하는데 공을 세웠으니 큰 벼슬을 받기를 원한다고 하면서, 그 공로가 인정되니 大護軍의 직으로 올려 주기를 청하니, 그대로 따르다.(『世祖實錄』세조 2, 『集成』6-177)

7.15. 忠淸全羅慶尙道都巡察使가 모든 浦口중에서 倭寇의 첫 길목에서 방어가 가장 긴요한 곳은 徭役을 면제시킬 것 등의 事目을 아뢰다.(『世祖實錄』세조 2, 『集成』6-177)

7.21. 慶尙全羅忠淸三道巡察使 朴薑과 副使 具致寬등이 拜辭하니, 思政殿에 나아가서 引見하고 전송하게 하다.(『世祖實錄』세조 2, 『集成』6-177)

7.22. 倭船의 押物인 安吉이 通事 高嶠를 통하여 監護官 李克培에게 뇌물로 綵段 4필을 주니, 李克培의 아비 戶曹判書 李仁孫이 사유를 갖추어 禮曹에 고하였는데, 채단은 돌려주고 安吉은 외국인이므로 논죄하지 않다.(『世祖實錄』세조 2, 『集成』6-179)

7.27. 對馬의 宗貞國이 使人을 보내어 土物을 바치다.(『世祖實錄』세조 2, 『集成』6-180)

7.28. 日本國 肥前州의 眞弓兵部少輔 源永이 使者를 보내어 土物을 바치다.(『世祖實錄』세조 2, 『集成』6-180)

7.30. 對馬州 宗盛職이 使人을 보내어 土物을 바치다.(『世祖實錄』세조 2, 『集成』6-180)

8.12. 朴薑과 具致寬에게 昌原과 蔚山에 성을 쌓는 일의 편부를 아뢰게 하다.(『世祖實錄』세조 2, 『集成』6-180)

9.11. 日本國 對馬州 宗盛弘이 使人을 보내와 土物을 바치다.(『世祖實錄』세조 2, 『集成』6-181)

9.19. 承政院에서 傳旨를 받들어 慶尙道觀察使에게 熊川節制使 金乙孫이 宗盛職의 使者 亏面老·三甫羅都老가 가져온 書契와 還刀 등을 발로 차는 등 使臣들을 박대한 일들을 조사하여 아뢰라고 馳書하다.(『世祖實錄』세조 2, 『集成』6-181)

9.28. 對馬州 宗貞國이 보낸 使人과 倭護軍 文和知難洒毛가 와서 土物을 바치다.(『世祖實錄』세조 2, 『集成』6-181)

10.21. 注書 梁順石 등에게 對馬島主 宗盛職·宗貞國 등이 漂流人을 刷還하여서 내린 물건이 미흡한 것 같다고 하면서 贊成 申叔舟와 의논하라고 전교하니, 申叔舟가 上敎가 윤당하다고 아뢰다.(『世祖實錄』세조 2, 『集成』6-182)

10.27. 對馬島護軍 平茂續이 와서 土物을 바치다.(『世祖實錄』세조 2, 『集成』6-182)

11.1. 勤政殿에 나아가 朝賀를 받으니, 倭護軍 平茂續이 반열에 따라 숙배하고 土物을 바치다.(『世祖實錄』세조 2, 『集成』6-183)

12.24. 兵曹에서 慶尙道의 鹽浦·富山浦·薺浦의 倭船이 처음 정박하는 곳과 倭人이 거주하는 곳의 防成가 가장 중요하므로, 근처에 있는 都節制使의 진과 東萊·熊川의 진에 방수하는 군사를 늘리도록 아뢰니, 그대로 따르다.(『世祖實錄』세조 2, 『集成』6-183)

12.25. 兵曹에서 慶尙道 金海 등의 여러 邑은 모두 바다와 접하여 防禦가 가장 시급하므로, 군사를 보내 지키게 할 것을 청하니 따르다.(『世祖實錄』세조 2, 『集成』6-183)

【일본】

-. 秦盛幸과 조선이 歲遣船 수를 1척으로 約條하고 圖書를 받다.(『十九公實錄』)

1.29. 忠淸道·全羅道·慶尙道의 都巡察使 朴薑이 慶尙道의 昌原·蔚山 등은 읍성을 축조할 필요는 없으나, 熊川은 倭人이 거처하는 곳인데

연도	한국
▲ 1457 ▼	읍성이 매우 협착하니 축조해야한다고 아뢰다.(『世祖實錄』 세조3, 『集成』6-190) 2.5. 右議政 鄭昌孫 등과 함께 慕華館에 가서 武科의 初試 및 重試를 시험하고, 野人과 倭人 등에게 음식을 먹게 하다.(『世祖實錄』 세조3, 『集成』6-191) 2.25. 吏曹에서 京畿觀察使의 啓本에 의거하여 果川과 衿川을 합쳐서 衿川으로 治所하였는데, 倭人을 지대하기에는 果川이 낫다고 하면서 그전대로 果川으로 治所하기를 아뢰니, 그대로 따르다. / 領議政 鄭麟趾 등이 巡察使 朴薑의 계본에 의거하여 각 지역 연변의 방비에 대해 의논하면서, 島夷는 水戰에는 장점이 있으나 騎戰에는 약하고, 倭奴가 표독하고 날래다는 것과 고려 말기에 왜적이 咸興까지 이르렀다고 말하다.(『世祖實錄』 세조3, 『集成』6-191) 2.28. 日本國 肥前州 下松浦 山城太守 源吉이 使人을 보내어 土物을 바치다.(『世祖實錄』 세조3, 『集成』6-195) 3.1. 日本國 一岐州 上松浦 呼子 源高가 사람을 보내어 와서 土物을 바치고, 對馬州의 中尾彈正 平盛秀 등도 와서 土物을 바치다.(『世祖實錄』 세조3, 『集成』6-195) 3.3. 日本國 大内殿 多多良教弘이 使人을 보내어 와서 土物을 바치다.(『世祖實錄』 세조3, 『集成』6-195) 3.7. 임금이 思政殿에 나아가 豊呈을 바치고, 倭人 三甫羅沙也文 등 13인과 野人들에게 뜰 아래서 음식을 대접하다.(『世祖實錄』 세조3, 『集成』6-196) 3.13. 對馬島 宗盛弘이 使人을 보내어 와서 土物을 바치다.(『世祖實錄』 세조3, 『集成』6-196) 3.14. 對馬州의 宗盛家가 使人을 보내어 土物을 바치다.(『世祖實錄』 세조3, 『集成』6-196) 3.15. 日本國王使者 僧 全密·永崇 등 9인이 日本國王의 書契와 예물을 바치고, 大内殿 多多良教弘의 使者 僧 德模 등 14인도 土物을 바치다.(『世祖實錄』 세조3, 『集成』6-196) 3.30. 日本國 肥前州 田平寅鎭 源朝臣彈正少弼弘과 肥前州 下松浦 三栗野太守 源滿과 薩馬州 日向太守 藤源盛久가 각기 使人을 보내 土物을 바치다.(『世祖實錄』 세조3, 『集成』6-197) 4.2. 日本國王이 5만 緡의 돈을 청하였는데, 이 돈은 너무 많으므로 얼마나 지급해야 좋을지 前例를 상고하여 아뢰라고 承政院에 전교하다.(『世祖實錄』 세조3, 『集成』6-197) 4.3. 임금이 思政殿에 나아가 飮福宴을 베푸니, 禮曹판서 洪允成의 청에 따라 大内殿의 使者와 日本國王使者가 같이 술을 마시도록 하다.(『世祖實錄』 세조3, 『集成』6-198) 4.5. 兵曹에서 李士平의 啓本에 의거하여 船軍은 馬兵이 아니므로 육지에서 陣法을 익히는 것이 그 本務가 아니므로, 그것을 제거해 줄 것을 청하니 따르다.(『世祖實錄』 세조3, 『集成』6-198) 4.6. 慶尙左道處置使 宣炯이 근래에는 국가의 撫恤로 인하여 倭人이 歸順하였으나, 조금이라도 그들 뜻대로 되지 않으면 변고가 생길 수 있으니, 방비를 엄히하고 임무에 태만한 首領은 논죄해야 한다고 아뢰다.(『世祖實錄』 세조3, 『集成』6-199) 4.11. 日本國 肥前州 上松浦 三栗野太守 源滿과 薩馬州 日向太守 藤源盛久가 각각 使人을 보내어 土物을 바치다.(『世祖實錄』 세조3, 『集成』6-200) 4.13. 對馬島의 宗盛弘이 使人을 보내어 土物을 바치다.(『世祖實錄』 세조3, 『集成』6-200) 4.14. 對馬州의 宗盛家가 使人을 보내어 土物을 바치다.(『世祖實錄』 세조3, 『集成』6-200) 4.16. 일찍이 江陵 副使로 재임했던 柳守剛이 嶺東을 防禦하는 일에 대해 조목을 갖추어 상언하니, 임금이 그대로 따랐으나, 다만 牛山島와 茂陵島 두 섬에 유랑하여 寓居한 사람은 쇄환하지 말게 하였다.(『世祖實錄』 세조3, 『集成』6-201) 4.25. 勤政殿에 나가 朝參을 받으니, 對馬島 宗貞盛의 使者 時羅·多羅 등 2인과 肥前州 上松浦 山城太守 源吉의 使者 可文·都老 등 2인과 一岐州 呼子 源高의 使者 和知羅沙也文과 對馬州 護軍 中尾彈正 등 2인이 班列에 따르다.(『世祖實錄』 세조3, 『集成』6-203) 4.29. 對馬島의 宗盛職·宗虎熊瓦, 一岐州의 眞弓兵部少輔 源永이 각각 使人을 보내어 土物을 바치다. 5.2. 對馬島의 宗盛家가 使人을 보내어 土物을 바치다.(『世祖實錄』 세조3, 『集成』6-203) 5.6. 임금이 慕華館에 나아가니, 文武百官과 日本國王의 使者 僧 全密·永崇 등 9인과 大内殿 多多良教弘의 사자 僧 德模 등 80여인이 侍衛하므로 술자리를 베풀어 倭國의 使者들을 위로하다.(『世祖實錄』 세조3, 『集成』6-204) 5.8. 日本國 使者 全密·永崇 등이 禮曹에 서신을 올려 돌아갈 것을 말하니, 禮曹에 명하여 申叔舟에게 보이게 하다.(『世祖實錄』 세조3, 『集成』6-204) 5.10. 日本國 薩州 伊集院寓鎭 隅州太守 藤熙久와 對馬州 宗盛家가 각기 使人을 보내어 土物을 바치다.(『世祖實錄』 세조3, 『集成』6-205) 5.13. 對馬州 倭護軍 六郎洒文이 와서 土物을 바치다.(『世祖實錄』 세조3, 『集成』6-205) 5.17. 임금이 慕華館에 나아가니, 日本國王使者 全密·永崇과 大内殿의 使者 德模 등 72인이 慕華館 앞의 길 왼편에 차례대로 서서 御駕를 맞이하다.(『世祖實錄』 세조3, 『集成』6-205) 5.22. 禮曹에서 倭人과 野人에 대한 支待가 소홀한 고을의 수령들과 觀察使는 罷黜하기를 청하니, 그대로 따르다.(『世祖實錄』 세조3, 『集成』6-205) 5.25. 思政殿에 나아가 常參을 받고, 대신들과 日本國王의 使者 全密·英崇 등 26인이 입시하니, 빈청에 명하여 잔치를 내려주다.(『世祖實錄』 세조3, 『集成』6-206) 5.26. 예전에 李藝가 日本國王使者를 宣慰하는 일로 慶尙道에 갔다가 함께 왔는데, 이때에 이르러 使者가 李藝의 집에 가기를

일본

청하면서 李藝에게 段子 1필을 선사하니, 명하여 濟用監의 10升 麻布 2필로 이에 보답하게 하다.(『世祖實錄』 세조 3, 『集成』6-206)/ 日本國王使者 全密 등이 하직하니, 서신과 예물을 주어 보내다.(『世祖實錄』 세조 3, 『集成』6-207)

5.28. 對馬島의 宗盛家와 一岐州의 上松浦의 重實이 각각 使人을 보내 土物을 바치다.(『世祖實錄』 세조 3, 『集成』6-207)

6.1. 思政殿에 나아가서 연회를 베풀어 倭使를 위로하다.(『世祖實錄』 세조 3, 『集成』6-208)

6.7. 日本國 肥前州 上松浦 寶泉寺 住持 源祐位, 對馬島 宗盛家·宗盛弘·宗貞國이 각각 使人을 보내어 土物을 바치다.(『世祖實錄』 세조 3, 『集成』6-208)

6.10. 日本國王이 船主 道幸을 시켜 禮曹에 글을 보내 양국 상인간의 거래에 대해 시정과 감독을 청하였는데, 이미 정한 값이 있으니 바꿀수 없다고 禮曹에서 아뢰니, 그대로 따르다.(『世祖實錄』 세조 3, 『集成』6-208)

6.15. 御駕로 慕華館에 거둥하여 餞別宴을 베풀고, 두 사신에게 刀子·倭扇·鷹子를 주었다.(『世祖實錄』 세조 3, 『集成』6-210)

6.17. 日本國 肥前州太守 原義와 對馬島 宗貞國이 각각 使臣을 보내어 土物을 바치다.(『世祖實錄』 세조 3, 『集成』6-210)

7.1. 對馬島主 宗盛職이 使臣을 보내어 土物을 바치다.(『世祖實錄』 세조 3, 『集成』6-210)

7.9. 日本國王使臣·大內殿의 使送人·宣慰使左弼善 柳子滉이 하직하고, 薺浦로 떠나다.(『世祖實錄』 세조 3, 『集成』6-210)

7.12. 持平 金埼 등이 富山浦·薺浦에는 倭人이 모여 사는데, 巡幸을 하면서 간략히 한다면 侍衛하는 뜻이 없어지고, 많이한다면 倭人들이 두려워하여 소동을 일으킬 수 있으니 중지하기를 아뢰었으나, 허락하지 않다.(『世祖實錄』 세조 3, 『集成』6-210)

7.13. 司憲掌令 權衡 등이 근년의 가뭄·홍수가 잇달아 公私가 비어있으며 三浦의 倭人들이 놀라고 두려워 할 수 있으니, 巡狩를 정지하기를 상소하다.(『世祖實錄』 세조 3, 『集成』6-211)

7.14. 琉球國王使者 倭僧 道安 등 15인이 와서 土物을 바치고, 琉球로 표류해간 濟州 사람 韓金光·金新石乙伊·之內를 데리고 오다.(『世祖實錄』 세조 3, 『集成』6-212)

7.15. 韓明澮가 全羅道·慶尙道에 가뭄 기운이 심함을 고하니, 임금이 姜孟卿·李仁孫·申叔舟·權남과 승지 등을 불러서 巡狩하는 일의 可否를 의논하고, 화곡의 상태를 아뢰게 하다./ 사헌부에서 또 巡狩를 정지하도록 청하니, 傳旨하기를, "내가 마땅히 생각하겠다." 하였다.(『世祖實錄』 세조 3, 『集成』6-213)

7.17. 兵曹에서 慶尙左道의 進上과 倭人들이 輸貢하는 물건은 모두 忠淸道의 長林·黃澗 등지와 京畿道의 安平·新津 등지의 역을 경유하여 彫殘하기가 심하므로 驛丞을 혁파하고 察訪을 두도록 아뢰니, 그대로 따르다.(『世祖實錄』 세조 3, 『集成』6-213)

7.19. 思政殿에 나아가 琉球國 使者 道安 등 13인을 인견하다.(『世祖實錄』 세조 3, 『集成』6-214)

7.21. 左承旨 趙錫文이 申叔舟의 의논을 가지고 巡狩하는 것은 진실로 아름다운 일이고 한 번의 巡幸으로 倭人들을 복종시킬 수 있으나, 금년에는 慶尙道의 가뭄이 심하므로 巡狩를 중지하기를 아뢰니, 그대로 따르다. (『世祖實錄』 세조 3, 『集成』6-214)/ 琉球國王使者인 倭僧 道安과 倭人 信沙也文에게 護軍職을 주고, 銀帶를 각각 1腰씩 내려주다.(『世祖實錄』 세조 3, 『集成』6-215)

7.22. 禮曹에서 琉球國의 使臣 倭僧 道安에게 연회를 베풀어 주고 護軍職을 제수한 것을 말하니, 道安이 돌아가지 않고 이곳에서 살기를 원한다고 말하다.(『世祖實錄』 세조 3, 『集成』6-215)

7.23. 禮曹判書 李承孫에게 명하여 倭人 信沙也文을 그 집에서 연회를 베풀어 주다.(『世祖實錄』 세조 3, 『集成』6-215)

7.25. 倭人 信沙也文의 이름을 金信文으로 바꾸어 예복차림으로 入侍하게 하고, 이어서 兼司僕으로 명하다.(『世祖實錄』 세조 3, 『集成』6-216)

7.29. 咸吉道都節制使에게 來附하는 野人들에 대한 支待方略을 유시하면서 野人과 倭人들은 모두 우리의 藩籬라고 말하다.(『世祖實錄』 세조 3, 『集成』6-216)

9.10. 思政殿에 나아가서 日本國 總官府 源勝元의 使者 등 20여인을 인견하니, 使者가 오게 된 사연을 書契로 올리다.(『世祖實錄』 세조 3, 『集成』6-217)

9.13. 琉球國 使者 道安이 하직하다./ 對馬島主 宗盛職과 代官 宗盛直이 각각 使者를 보내어 土物을 바치다.(『世祖實錄』 세조 3, 『集成』6-217)

9.15. 對馬島 宗盛直, 肥前州 上松浦 押打 源永이 각각 使者를 보내어 土物을 바치다.(『世祖實錄』 세조 3, 『集成』6-217)

9.16. 日本國 西海路 一岐州의 護軍 藤九郎의 아들 司正 也三甫羅가 와서 土物을 바치고, 上松浦 九沙島主 藤原朝臣次郎과 關西路 肥後州 瀨高郡守 藤原武磨가 각각 使者를 보내어 土物을 바치다.(『世祖實錄』 세조 3, 『集成』6-217)

9.22. 對馬島 宗盛職이 使者를 보내어 土物을 바치다.(『世祖實錄』 세조 3, 『集成』6-218)

9.25. 日本國 肥前州 平戶前寓鎭 肥州太守 源義가 使者를 보내어 土物을 바치다.(『世祖實錄』 세조 3, 『集成』6-218)

9.27. 日本國 管領이 使者를 보내 와서 土物을 바치고, 一岐州 護軍 藤九郎도 와서 土物을 바치다./ 慶尙右道兵 馬節制使 兪益明이 所非浦의 兵船은 원래대로 柯島에 정박하게 하고, 慶尙道觀察使가 知世浦 船軍 金得禮의 狀告에 의거하여 知世浦를 개혁하여 所管 군인을 빼내어 고기잡는 倭人들의 응접하는 일을 하도록 아뢰다.(『世祖實錄』 세조 3, 『集成』6-218)

10.4. 對馬島護軍 井大郎이 와서 土物을 바치다.(『世祖實錄』 세조 3, 『集成』6-220)

10.6. 對馬島의 宗盛職이 使者를 보내어 土物을 바치다.(『世祖實錄』 세조 3, 『集成』6-221)

10.8. 對馬島 宗盛職·肥前州 松浦의 丹後太守 源盛이 각기 使者를 보내어 土物을 바치다.(『世祖實錄』 세조 3, 『集成』6-221)

10.10. 思政殿에 나아가서 日本國 源勝元의 使者 禪和子乾珀과 護軍 藤九郎 등을 인견하고, 명하여 賓廳에서 供饋하게 하다.(『世祖實錄』 세조 3, 『集成』6-221)

10.13. 日本國 管領이 使者를 보내 와서 土物을 바치다.(『世祖實錄』 세조 3, 『集成』6-221)

10.17. 對馬島主 宗盛職이 使者를 보내어 土物을 바치다.(『世祖實錄』 세조 3, 『集成』6-221)

10.20. 兵曹의 건의로 각도의 중익·좌익·우익을 혁파하고 巨鎭을 설치하다.(『世祖實錄』 세조 3, 『集成』6-222)

연도	한국
▲ 1457	10.22. 日本國 肥前州 碧海의 源正浚이 使者를 보내어 土物을 바치다.(『世祖實錄』 세조3, 『集成』6-224) 10.24. 나라의 큰 일은 軍政이며, 군정의 중요한 것은 절제사가 械器를 정돈하고 城郭을 공고히 하도록 教閱하는 것이다 라고 하여, 각도 節制使에게 諭示하였다.(『世祖實錄』 세조3, 『集成』6-224) 10.28. 日本國 豊州太守 太友親繁, 肥前州 上松浦의 呼子 源高와 對馬州의 宗貞國·宗盛直이 각각 使者를 보내어 土物을 바치다.(『世祖實錄』 세조3, 『集成』6-225)
1458 ▼	【한국】 1.1. 日本國 管領使者 曾齡, 護軍 井大郎, 藤九郎 등 13인을 인견하고, 彩花席·鹿皮·虎皮 등의 물건을 차등있게 내려주다.(『世祖實錄』 세조4, 『集成』6-225) 1.3. 禮曹의 건의로 對馬州 書契를 修答할 때 긴요한 일 이외에는 反譯하지 말도록 하다.(『世祖實錄』 세조4, 『集成』6-226) 1.6. 倭人 大護軍 井大郎·藤九郎 등에게 각기 銀帶 1腰씩 내려주다.(『世祖實錄』 세조4, 『集成』6-226) 1.19. 日本國 神田 能登守 源德이 使人을 보내어 土物을 바치다.(『世祖實錄』 세조4, 『集成』6-226) 1.30. 監察 李恕長이 英陵·獻陵의 제사를 獻官 1인으로 겸하게 함은 불가하고, 司僕은 侍御하는 관원인데 倭人·野人 1인으로 겸임하게 하면 반드시 深淺을 엿볼 것이니 불가하다고 아뢰다.(『世祖實錄』 세조4, 『集成』6-227) 2.1. 左贊成 申叔舟 등이 倭人으로서 우리나라에 사는자가 많은데 習陣하는 날에 諸鎭의 군사가 모두 巨鎭에 모이는 것을 알고 본도와 몰래 내통하여 빈 것을 틈타서 입구할 수 있으니, 습진하는 날을 정하지 않도록 아뢰다.(『世祖實錄』 세조4, 『集成』6-227) 2.3. 對馬島主 宗盛職에게 鞍子 1개·옷 1벌을, 代官 宗盛直에게 안자 1개를, 肥前州 源德에게 苧布·麻布 각 3필을 내려주다.(『世祖實錄』 세조4, 『集成』6-227) 2.9. 慕華館에 나아가 활쏘는 것을 구경하고 잔치를 베푸니, 倭人과 野人이 술을 올리다.(『世祖實錄』 세조4, 『集成』6-228) 2.11. 병조에서 全羅道 水軍 安撫 處置使의 啓本에 의거하여, 전라도의 소가포·사월곶이의 배와 선군을 금갑도에 붙이게 하니, 그대로 따랐다.(『世祖實錄』 세조4, 『集成』6-228) 2.12. 筑前州 宗像 朝臣氏正이 사인을 보내어 土物을 바치다.(『世祖實錄』 세조4, 『集成』6-229) 2.18. 承政院에 명하여 종성직에게 관직을 주는 것에 대하여 의논하게 하다./ 左議政 鄭昌孫·右議政 姜孟卿·左贊成 申叔舟·右贊成 黃守身 등이 宗盛職에게 관직을 내려주는 것에 대해서 의논하다.(『世祖實錄』 세조4, 『集成』6-229) 2.25. 對馬島主 宗盛職이 使人을 보내어 土物을 바치다.(『世祖實錄』 세조4, 『集成』6-231) 2.26. 禮曹에서 慶尚道觀察使의 關文에 의거하여 琉球國王의 使者 吾羅沙也文이 표류인 卜山·升通吾之 등을 데리고 왔는데, 이들이 표류할 때 濟州에서 觀察使에게 보고했는지 道觀察使가 추핵하여 보고하게 하도록 아뢰니, 그대로 따르다./ 兵曹에서 諸道 巨鎭의 習陣事目을 아뢰면서 慶尚道의 熊川·東萊·蔚山의 3진은 倭人이 恒居하여 邑을 비워두는 것이 불가하다고 하면서 主鎭의 장수로 하여금 왕래하며 습진하도록 하니, 그대로 따르다.(『世祖實錄』 세조4, 『集成』6-231) 윤2.8. 對馬島主 宗盛職이 使人을 보내어 土物을 바치다.(『世祖實錄』 세조4, 『集成』6-233) 윤2.10. 對馬島主 宗盛職, 上松浦 呼子 一岐守 源高가 각각 使人을 보내어 土物을 바치다.(『世祖實錄』 세조4, 『集成』6-233) 윤2.12. 對馬島主 宗盛職이 使人을 보내어 土物을 바치다./ 병조에서 濟州·旌義·大靜 등의 三邑도 鎭을 설치하도록 하였으므로, 제주를 主鎭으로 삼고 旌義·大靜 兩邑을 소속하게 하자고 청하니 그대로 따르다.(『世祖實錄』 세조4, 『集成』6-233) 윤2.13. 琉球國에서 바치는 물건을 받을 것인지에 대해 의논하였는데, 임금이 琉球國이 물건을 받지 않을 수 없다고 말하고 戶曹로 하여금 答賜할 것을 의논하여 아뢰도록 하다.(『世祖實錄』 세조4, 『集成』6-233) 윤2.14. 禮曹의 건의로 琉球國王의 進上만 받고, 답사는 戶曹에서 갖추게 하다./ 倭護軍 六郎洒文이 와서 土物을 바치다.(『世祖實錄』 세조4, 『集成』6-234) 윤2.21. 對馬島主 宗盛職이 使者를 보내어 土物을 바치고, 倭護軍 平盛秀 등 2인이 來朝하다.(『世祖實錄』 세조4, 『集成』6-235) 윤2.22. 慶尚道 薺浦의 倭人들이 거주하는 倭人 막사에서 失火한 것을 禮曹에서 아뢰니, 注書를 左贊成 申叔舟의 집에 보내어 存恤할 모든 일을 의논하여 아뢰게 하다./ 慶尚右道都萬戶로 하여금 詰浦에 거주하는 皮古汝毛가 몰래 본도로 돌아간 것과 怒多羅時羅가 館의 鎭撫에게 통고한 일을 누설하고 살해하려고 한 일을 국문하다.(『世祖實錄』 세조4, 『集成』6-235) 윤2.23. 申叔舟가 失火한 倭人을 存恤하는 사목을 아뢰니, 姜孟卿·曹錫文에게 명하여 함께 의논하게 하다./ 禮曹佐郎 李繼孫을 薺浦에 보내어 失火한 倭人을 존휼하고, 비밀히 倭人의 호수를 아뢰게 하다.(『世祖實錄』 세조4, 『集成』6-236) 윤2.25. 成均館에 나아가 視學하고 策題하면서 우리국가는 북쪽으로는 野人이 있고, 남쪽으로는 倭가 있는데 投化하여 糊口하는 자가 날로 더하여 끊이지 않는다고 말하다./ 戶曹에서 慶尚道觀察使 李克培의 계본에 의거하여 南海縣은 방어가 긴요한데 糧餉이 결핍되고 田稅도 바다를 건너 金遷倉에 수납하므로, 이제부터는 熊川에 수납하여 倭料로 쓰이는 것을 빼고는 州倉에 두어 軍需로 삼도록 아뢰다.(『世祖實錄』 세조4, 『集成』6-236) 3.3. 對馬島主 宗盛職이 使者를 보내어 土物을 바치다.(『世祖實錄』 세조4, 『集成』6-237) 3.8. 對馬島主 宗盛職이 使者를 보내어 土物을 바치다.(『世祖實錄』 세조4, 『集成』6-237) 3.9. 琉球國王이 使者 友仲僧 등 8인을 보내어 土物을 바치고, 漂流人 何逡를 돌려보낸다는 咨文을 보내다.(『世祖實錄』 세조4, 『集成』6-237) 3.10. 驪興府使 安思吉이 倭客과 서로 힐난하다가 倭客이 칼로 자신을 찔렀다고 府使 李蕃에게 고하니, 李蕃이 監司에게 보고하

일본
12.29. 저녁에 慶會樓에 나아가 火砲 쏘는 것을 구경하면서, 日本國 管領使者 曾齡 및 井大郎·藤九郎 등을 불러 구경하게 하다.(『世祖實錄』 세조 3, 『集成』6-225)

【일본】

2.21. 建仁寺는 조선의 奉加錢으로 건축을 시작하다.(『蔭凉軒日錄』一)

2.29. 方丈과 府君이 建仁寺에 도착하다. 慈視閣에서 올 봄에 조선에서 가져온 大藏經을 열람하다.(『臥雲日件錄拔尤』)

2.29. 瑞溪周鳳이 義政을 따라 建仁寺에 도착하다. 慈視閣에서 조선에서 가져온 대장경을 열람하다.(『蔭凉軒日錄』一)

3.12. 조선에서 建仁寺에 가져온 奉加錢에 대해 飯尾攝州가 묻다.(『蔭凉軒日錄』一)

3.24. 建仁寺에서 조선에서 보내온 奉加錢 1萬貫에 대해 將軍 足利義政에게 처분을 해 줄 것을 청하다.(『蔭凉軒日錄』一)

4.5. 建仁寺에서 조선에서 보내온 奉加錢 1萬貫에 대해 편지를 보내 묻다.(『蔭凉軒日錄』一)

4.26. 建仁寺는 조선에서 보낸 奉加錢은 飯尾左衛門太夫가 사찰 안에서 처리하겠다고 하다.(『蔭凉軒日錄』一)

5.6. 建仁寺가 季瓊眞蘂에게 防州 龍岡和尙은 건인사를 조영함에 季瓊이 이뜻을 台聽에 전달하다.(『蔭凉軒日錄』一)

6.21. 美濃守護 土岐持益은 조선과의 감합무역의 권리를 장군 義政에게 신청하다. 조선에서 대장경을 가져와서 美濃一宮에 봉납하기 위해서이다.(『蔭凉軒日錄』一)

8.7. 美濃守護 土岐持益은 조선과의 감합무역에 대해 장군 義政에게 묻다.(『蔭凉軒日錄』一)

8.12. 建仁寺의 大衆이 副使 寂路庵 惠光이 조선의 奉加錢을 횡령한 사건에 관한 소장을 막부에 제출하다.(『蔭凉軒日錄』一)

8.14. 義政이 建仁寺의 조선의 奉加錢을 횡령한 寂路庵 惠光에 대한 조사를 伊勢와 飯尾에게 명하다.(『蔭凉軒日錄』一)

8.16. 寂路庵 惠光이 조선에서 보낸 建仁寺의 奉加錢을 횡령한 죄를 추궁받자 신병은 聖護院에, 家財는 鹿怨院에 맡겨두다.(『蔭凉軒日錄』一)

8.24. 蔭凉職 季瓊眞蘂이 美濃一宮守諸經船의 조선에 보낸 國書에 '德有隣'印을 날인하고, 蹉川臟人을 통해서 美濃守護 土岐持益에 보내다. 정사는 秀弥, 부사는 滿順이다.(『蔭凉軒日錄』一)

-. 대마도의 彦左衛門이 受職을 하고, 그후 寬正 庚辰에 圖書를 받고 熊川에 거주하면서 삼포를 통치하다.(『十九公實錄』)

여 계문하였는데 義禁府에 명하여 이를 국문하니, 실상이 아니므로 李蕃을 파직하다.(『世祖實錄』 세조 4, 『集成』6-238)

3.11. 琉球國王使人을 보내어 土物을 바치고, 大藏尊經을 하사받은 일을 감사하고 표류인 何卜山과 倭志를 돌려보낸다는 자문을 보내다.(『世祖實錄』 세조 4, 『集成』6-238)

3.14. 對馬島主 宗盛職이 使人을 보내어 土物을 바치다.(『世祖實錄』 세조 4, 『集成』6-238)

3.15. 對馬島主 宗盛職이 使人을 보내어 土物을 바치다.(『世祖實錄』 세조 4, 『集成』6-239)

3.16. 琉球國王의 使者 友仲僧의 副官人은 병으로 누웠는데, 거짓으로 對馬島 倭人을 副官人으로 데려오면서 倭通事 金自江이 숨기고 계달하지 않았으며, 鄕通事 鄭安直은 관문 밖에서 倭語로 밀설하였으니, 모두 국문하라고 전지하다.(『世祖實錄』 세조 4, 『集成』6-239)

3.21. 慶尙道觀察使 李克培에게 琉球國王使의 副官人이 富山浦에서 병을 얻었다기에 內醫 文煥을 보내어 치료하게 하니, 약재와 음식물을 갖추어 주도록 諭示하다.(『世祖實錄』 세조 4, 『集成』6-240)

3.28. 琉球國王 使者 友仲僧이 病死하니 제사를 내려주다.(『世祖實錄』 세조 4, 『集成』6-240)

4.8. 日本國 肥州·筑州 2주의 太守 藤源朝臣 菊知爲邦이 사인을 보내어 土物을 바치다.(『世祖實錄』 세조 4, 『集成』6-240)

4.10. 日本 京極殿이 使人을 보내어 土物을 바치다.(『世祖實錄』 세조 4, 『集成』6-240)

4.13. 日本國 畠山殿이 使人을 보내어 土物을 바치다.(『世祖實錄』 세조 4, 『集成』6-240)

4.15. 日本國 九州都元帥 源敎直이 使人을 보내어 土物을 바치다.(『世祖實錄』 세조 4, 『集成』6-241)

4.21. 慕華館에 나아가 잔치를 베풀고 倭人을 인견하다.(『世祖實錄』 세조 4, 『集成』6-241)

4.24. 李承召가 事大交隣을 원활히 하기 위한 인재를 기를 것 등에 대하여 상서하다.(『世祖實錄』 세조 4, 『集成』6-241)

5.3. 義禁府에서 琉球國 使者의 뇌물을 받고 副官人을 사칭한 倭通事 金自江과 金自江의 무탁을 받고 三甫多羅와 몰래 倭語로씨 金白江의 말을 전한 鄭安直의 죄가 참형에 해당된다고 아뢰니, 명하여 2등을 감하게 하다.(『世祖實錄』 세조 4, 『集成』6-242)

5.5. 慕華館에 나아가 잔치를 베풀고 倭人과 野人을 인견하다.(『世祖實錄』 세조 4, 『集成』6-242)

5.13. 琉球國 使者 吾羅沙也文이 불손하여 義禁府에 가두고 국문하였으나, 吾羅沙也文이 船主와 押物이 수량 외에 倭料를 청한 것을 얻지 못한 허물을 자신에게 돌렸기 때문이라고 하니, 곧 용서하고 의논하여 申叔舟의 의견을 따르다.(『世祖實錄』 세조 4, 『集成』6-242)

5.14. 日本國 關西路 都元帥 源敎直의 使者 등이 拜辭하니, 細綿布·豹皮·寢席 등을 차등있게 내려 주다.(『世祖實錄』 세조 4, 『集成』6-243)

5.18. 日本國 京極殿 使者 僧 源職·琉球國 使者 吾羅沙也文 등이 拜辭하니, 호피·표피·명주·침석 등을 차등있게 내려주다.(『世祖實錄』 세조 4, 『集成』6-243)

5.19. 畠山殿의 使者 僧 紹音 등이 拜辭하니, 호피·표피·명주·면포·침석을 차등있게 내려주다.(『世祖實錄』 세조 4, 『集成』6-243)

5.20. 宗盛職의 使者 沙斤要 등이 배사하니, 명주·면포·침석을 주다.(『世祖實錄』 세조 4, 『集成』6-244)

연도	한국
▲ 1458	5.25. 慶尙左道節制使 李好誠이 연변 諸邑의 騎軍·船軍 외의 諸色軍人은 東西兩界의 예와 같이 각각 본읍에 소속시켜서 수어하게 하는 등 왜적에 대한 방비책을 상서하다.(『世祖實錄』 세조4, 『集成』6-244) 6.5. 對馬州太守 宗盛職이 使臣을 보내어 土物을 바치다.(『世祖實錄』 세조4, 『集成』6-245) 6.7. 兵曹에서 向化人을 敍用하는 것에 대해 아뢰다./ 日本國 筑前州 宗像朝臣氏正이 使臣을 보내어 土物을 바치다.(『世祖實錄』 세조4, 『集成』6-246) 6.17. 병조에서 慶尙道 觀察使의 啓本에 의거하여 아뢰기를, 병부를 보내는 일에 관해 아뢰다.(『世祖實錄』 세조4, 『集成』6-246) 6.19. 賑恤使로 갔던 韓明澮가 와서 復命하니, 하삼도의 습진하는 일과 禾穀의 흉풍과 여러 浦口의 배들의 허실 등을 아뢰었다.(『世祖實錄』 세조4, 『集成』6-247) 6.29. 兵曹에서 都巡察使의 계본에 의거하여 慶尙道 知世浦萬戶를 혁파하였으나 知世浦는 倭寇의 첫 길목이어서 방어에 가장 긴요하니 다시 세우길 아뢰자, 그대로 따르다.(『世祖實錄』 세조4, 『集成』6-247) 7.4. 秋享大祭를 지내고 慶會樓 아래에 나아가서 음복연을 베푸니, 倭人과 野人들이 참여하다.(『世祖實錄』 세조4, 『集成』6-248) 7.26. 日本國 上松浦 鹽津에 머무르는 伊勢守 源聞이 使臣을 보내어 와서 土物을 바치고, 一岐州 倭大護軍 藤九郎·司正 也三甫羅 등이 와서 土物을 바치다.(『世祖實錄』 세조4, 『集成』6-248) 8.3. 思政殿에 나아가 飮福宴을 베푸니, 대신들이 술을 올리고 倭人 祐多都老와 野人 등 36명도 侍宴하다.(『世祖實錄』 세조4, 『集成』6-248) 8.15. 勤政殿 月臺 위에 나아가 飮福宴을 베푸니, 倭人으로서 우두머리 되는 자가 잔을 올리고 倭人 正官에게 鞍馬·刀子·綵囊·綿布 등을 내려주다.(『世祖實錄』 세조4, 『集成』6-249) 8.19. 日本國 關西路 筑前州 冷泉津 種金督의 아들 宗家茂 등 5인이 와서 土物을 바치다.(『世祖實錄』 세조4, 『集成』6-249) 8.21. 琉球國王使者가 와서 土物을 바치다.(『世祖實錄』 세조4, 『集成』6-249) 8.24. 兵曹에서 兵符가 없는 水軍을 위해 여러 浦口의 兵符 條件을 아뢰니, 그대로 따랐다.(『世祖實錄』 세조4, 『集成』6-249) 9.8. 忠勳府에서 豊呈을 올리고 임금이 思政殿에 나아가 친히 倭人과 野人들에게 음식을 먹이고, 그 우두머리들로 하여금 술을 따라 올리게 하다.(『世祖實錄』 세조4, 『集成』6-250)
1459 ▼	【한국】 1.1. 百官들이 望闕禮를 행하니, 中國人·倭人·野人 등도 入侍하다.(『世祖實錄』 세조5, 『集成』6-256) 1.4. 行僉知司譯院事 金有禮가 표류해 온 中國人 鎖慶 등에 대한 奏本과 倭人의 聲息에 대한 咨文을 가지고 明나라에 가다.(『世祖實錄』 세조5, 『集成』6-256) 1.10. 琉球國의 使者 覇家島와 冷泉津의 平氏와 護軍 道安이 우리나라에서 보내는 예물과 書契를 받아 돌아가다가 對馬島에 이르러 약탈당하니, 對馬島에 글을 보내어 그 사유를 묻도록 전지하다.(『世祖實錄』 세조5, 『集成』6-257) 1.12. 日本國 大內殿에서 使臣을 보내어 土物을 바치다.(『世祖實錄』 세조5, 『集成』6-257) 1.14. 勤政殿 月臺에 나아가서 飮福宴을 베푸니, 중국인·倭人·野人 등이 侍宴하다.(『世祖實錄』 세조5, 『集成』6-257) 1.15. 對馬島主 宗盛職에게 書契를 보내어 琉球國王의 使臣을 약탈한 일을 조사하도록 하다./ 병조에서 忠淸道 水軍 處置使의 啓本에 의거하여, 波知島 萬戶의 水營을 古營으로 옮길 것을 청하니, 그대로 따랐다.(『世祖實錄』 세조5, 『集成』6-258) 1.20. 兵曹에서 慶尙左道 處置使의 本營을 開雲浦와 所非浦의 營을 옮기는 일에 대해 아뢰다.(『世祖實錄』 세조5, 『集成』6-258) 2.5. 병조에서 慶尙右道 處置使의 牒呈에 의거하여, 兵船匠 등의 고역을 아뢰니, 그대로 따랐다.(『世祖實錄』 세조5, 『集成』6-259) 2.16. 日本國 大內殿에서 使臣을 보내어 쌀을 청하니, 명하여 쌀 2백석을 내려주다.(『世祖實錄』 세조5, 『集成』6-259) 3.1. 對馬島主 宗盛職과 宗盛直, 一岐州 眞弓源永, 筑前州 太宰都督 司馬少卿 藤源朝臣敎賴가 각각 使臣을 보내어 土物을 바치다.(『世祖實錄』 세조5, 『集成』6-259) 3.12. 西山에서 사냥하는 것을 구경하고, 잡은 산돼지를 御駕를 수행한 종친·宰樞·倭人·野人에게 내려주다.(『世祖實錄』 세조5, 『集成』6-259) 3.13. 承政院에서 교지를 받들어 日本國王의 使者 盧圓에게 奏聞使 金有禮가 日本國이 明나라에 조공하는 것을 아뢴 사실을 유시하여야 하니, 浦所에 기다리게 하였다가 聖旨를 받들어 살펴본 후에 가게 하라고 東萊縣令에게 치서하다.(『世祖實錄』 세조5, 『集成』6-260) 3.25. 忠順堂에 아나가서 활쏘는 것을 구경하고, 倭護軍 皮古汝文을 인견하여 술을 내려주고, 苧布帖裏 2령·綿布單帖裏·綿布單褶兒 등을 하사하다.(『世祖實錄』 세조5, 『集成』6-260) 4.8. 임금이 명의 使臣 陳嘉猷를 만나서 野人과 倭人들이 우리나라에 來朝하는 것에 대해 대답하면서 우리나라는 서북쪽은 野人과 연해있고, 동남쪽은 對馬島·一岐島·覇家臺島 등의 倭人과 접해있어 釁端을 일으킬 수 있다고 말하다.(『世祖實錄』 세조5, 『集成』6-260) 4.10. 行知司譯院事 金有禮가 日本이 明에 조공하러 가는 문제에 대한 明나라 禮部의 조치가 담긴 칙서를 가지고 돌아오다.(『世祖實錄』 세조5, 『集成』6-261) 4.16. 吏曹參判 曹錫文에게 野人과 통교한 내용을 알리는 奏本을 가지고 明나라에 가게 했는데, 주본에 북쪽은 野人과 동쪽으로

일본

9.14. 兵曹에서 申叔舟의 啓本에 의거하여 평안도·황해도 兩道에 發兵陰符를 보낼 것을 아뢰니, 그대로 따랐다.(『世祖實錄』 세조 4, 『集成』 6-251)

10.9. 兵曹에서 都節制使營을 건조하는 것과 柳浦의 石堡를 쌓고 쯉州城을 쌓는 일에 관해 아뢰니, 그대로 따랐다.(『世祖實錄』 세조 4, 『集成』6-251)

10.12. 思政殿에 나아가 日本國 使者 盧圓·柴江 등 13인을 인견하였는데, 怒怨 등이 日本에서 明나라에 專使를 보내고자 하는 뜻을 전해 주기 바란다는 書契를 가지고 오다.(『世祖實錄』 세조 4, 『集成』6-251)

10.16. 兵曹에서 忠淸道 處置使의 啓本에 의거하여 波知島에도 難知島와 같이 옛 군영을 다시 설치할 것을 아뢰니, 그대로 따랐다.(『世祖實錄』 세조 4, 『集成』6-252)

10.18. 慕華館에 나아가니, 宗親·宰樞·倭人·野人들이 배시하고, 日本國 使者 盧圓·柴江 등에게 명하여 술을 올리게 하다.(『世祖實錄』 세조 4, 『集成』6-252)

11.14. 兵曹에서 慶尙道都巡察使의 계본에 의거하여 海雲浦와 開雲浦는 倭人들이 항상 왕래하고 있는 등 방어에 가장 중요한 곳이니, 예전대로 鎭軍을 설치하기를 아뢰자, 그대로 따르다.(『世祖實錄』 세조 4, 『集成』6-252)

11.20. 女眞學도 倭學의 예에 의거해 관리를 임명하도록 하다.(『世祖實錄』 세조 4, 『集成』6-253)

11.21. 日本國 千葉殿이 使者를 보내어 土物을 바치다.(『世祖實錄』 세조 4, 『集成』6-253)

12.1. 兵曹에서 忠淸道와 慶尙道의 驛吏들은 倭人의 지대로 인하여 고생이 되어 다른 驛이나 다른 고을로 도망하니, 본역에 남아 있는 자들이 고생을 감당하지 못하여 잇달아 流亡한다고 아뢰면서 그에 대책을 건의하니, 그대로 따르다.(『世祖實錄』 세조 4, 『集成』6-254)

12.5. 思政殿에 나아가 臘享祭의 飮福宴을 베푸니, 倭人·野人들도 侍宴하다.(『世祖實錄』 세조 4, 『集成』6-254)

12.7. 慶尙道觀察使에게 日本國 大內殿이 差遣한 上官人이 병으로 고생하고 있어 의원을 보내어 치료하게 하니, 증세에 따라 약을 준비하여 먼 곳에서 온 사람을 憐恤하는 뜻에 부응하도록 유시하다.(『世祖實錄』 세조 4, 『集成』6-255)

12.20. 淸溪山에서 사냥하는 것을 구경하였는데, 倭人·野人들도 車駕를 따르다.(『世祖實錄』 세조 4, 『集成』6-255)

12.21. 日本國 上松浦 波多島 源納과 五島宇久大和守 源勝과 對馬島太守 宗貞國이 각각 使者를 보내어 土物을 바치다.(『世祖實錄』 세조 4, 『集成』6-255)

12.22. 임금이 豊壤에서 사냥을 구경하는데 倭人, 野人 등이 따르다.(『世祖實錄』 세조 4, 『集成』6-255)

【일본】

2.1. 조선 世祖가 명과의 무역 재개를 위해 도움을 청한 義政에게 답장을 보내면서 일본의 의향을 전하기 위한 사절을 명에 파견하겠다고 알리다.(『善隣國宝記』 卷中)

8.1. 政所執事 伊勢貞親이 多武峰이 조선에 大藏經을 요구하자 藏主 雪心等栢을 통해 國書의 起草僧의 선임을 鹿苑僧錄 瑞溪周鳳에게 의뢰하다. 또 雪心에게 國書의 料紙·使者의 이름 등도 동시에 건네다. 瑞溪가 天英周賢에게 국서의 집필을 명령할 것을 雪心에게 전하다.(『臥雲日件錄拔尤』第42冊)

8.20. 蔭凉軒職 季瓊眞藥이 多武峰이 조선에 大藏經을 요구하자 政所執事 伊勢貞親을 통해 조선에 보낼 국서의 작성을 義政에게 알리다. 또 季瓊이 근래 조선에서의 通信이 빈번함이 그다지 적합하지 않다는 鹿苑僧錄 瑞溪周鳳의 의견을 義政에게 전하다.(『蔭凉軒日錄』一)

8.27. 政所執事 伊勢貞親이 季瓊眞藥을 통해 義政에게 多武峰이 대장경을 요청하므로 조선에 보낼 國書의 건을 신청하고 허가를 받다.(『蔭凉軒日錄』一)

9.18. 天英周賢이 多武峰의 대장경 요청과 관련하여 자신이 초안한 조선에 보낼 國書를 瑞溪周鳳에게 보이다.(『臥雲日件錄拔尤』第42冊)

-. 대마도인 六郎左衛門이 조선에서 圖書를 받다. 또 鐵匠內野左衛門과 그의 아들 某抵가 조선에서 직을 받고 돌아오다.(『十九公實錄 宗氏家寶』)

는 倭人이 있어 모두 침범을 받는 곳이므로 화목하여 변방의 경계를 보전하기 위해 통교한다고 적다.(『世祖實錄』 세조 5, 『集成』6-262)/ 成均直講 李約束이 勅書의 사본과 日本이 明에 조공하는 것에 대한 허락을 얻었다는 書契를 가지고 富山浦에 가서 日本國 使者 盧圓에게 주다./ 日本國 山名殿이 使者를 보내어 土物을 바치다.(『世祖實錄』 세조 5, 『集成』6-263)

4.17. 日本國 山名殿 源敎豊이 사자를 보내어 書契·불상·土物을 바치고, 紬布·絹布·虎皮·豹皮·雉鳥 등의 물품을 요구하다.(『世祖實錄』 세조 5, 『集成』6-263)

4.25. 勤政門에 나아가서 朝參을 받고, 倭人 井大郎등을 인견하다.(『世祖實錄』 세조 5, 『集成』6-264)

4.27. 倭人, 野人과 軍情의 긴급한 사무로 왕래가 잦은 京中으로부터 연변에 이르는 고을은 軍需와 말먹이를 많이 저축하도록 하다.(『世祖實錄』 세조 5, 『集成』6-264)

5.2. 임금이 慕華館에 거둥하니 宗親 및 宰樞, 倭人, 野人 등이 따르다.(『世祖實錄』 세조 5, 『集成』6-264)

5.5. 임금이 慕華館에 거둥하니, 宗親과 宰樞 및 野人 乃也哈과 倭人 井大郎 등이 隨駕하다.(『世祖實錄』 세조 5, 『集成』6-264)

5.11. 對馬島主 宗盛職과 一岐州 眞弓源永이 각각 使者를 보내어 土物을 바치다.(『世祖實錄』 세조 5, 『集成』6-265)

5.14. 對馬州 倭護軍 藤茂家와 薩摩州 持久의 使者 등이 와서 土物을 바치다.(『世祖實錄』 세조 5, 『集成』6-265)

5.15. 對馬州 宗虎熊瓦가 使者를 보내어 土物을 바치다.(『世祖實錄』 세조 5, 『集成』6-265)

연도	한국
▲ 1459	5.27. 上護軍 具信忠에게 日本이 明나라에 조공하는 것에 대해 明의 禮部에서 조치해 준 일을 日本使臣을 통해 日本國王에게 알렸다는 주본을 가지고 明나라에 가게 하다.(『世祖實錄』세조5, 『集成』6-265) 6.2. 日本國王이 使者를 보내 土物과 佛像 3鉤를 바치다.(『世祖實錄』세조5, 『集成』6-266) 6.3. 思政殿에 나아가서 日本國王 源義政의 使者인 僧 秀彌 등 20인을 인견하고 청구한 大藏經에 대해 말하다.(『世祖實錄』세조5, 『集成』6-267) 6.6. 倭司正 有羅와 多羅 등이 와서 土物을 바치다.(『世祖實錄』세조5, 『集成』6-267) 6.15. 兵曹에서 觀察使·節制使·處置使가 替代할 때에는 發兵符를 虎符의 例에 의거하여 서로 주고 받은 후에 事由를 갖추어 아뢰게 하니, 그대로 따르게 하다.(『世祖實錄』세조5, 『集成』6-267) 6.24. 戶曹에서 兵曹의 關文에 의거하여 서울에서 諸道에 이르는 沿道의 여러 고을은 倭人·野人의 왕래 및 軍情의 일로 비용이 다른 곳보다 갑절이나 사용된다고 하면서 연변 여러 고을의 軍資를 千石으로 비축하길 청하니, 그대로 따르다.(『世祖實錄』세조5, 『集成』6-268) 7.8. 日本國의 使者 僧 秀彌에게 成道記를 내려주다.(『世祖實錄』세조5, 『集成』6-268) 7.11. 兵曹에서 慶尙道 節制使의 啓本에 의거하여, 여러 진에 인을 주조하여 줄 것을 아뢰니, 그대로 따랐다.(『世祖實錄』세조5, 『集成』6-268) 7.16. 對馬州의 宗盛家가 使者를 보내어 土物을 바치다.(『世祖實錄』세조5, 『集成』6-269) 7.17. 兵曹에서 韓明澮의 啓本에 의거하여 忠淸道·慶尙道·全羅道의 방어하는 일에 대해서 아뢰니, 그대로 따랐다.(『世祖實錄』세조5, 『集成』6-269) 7.22. 日本國使者 僧 秀彌를 인견하고 佛經을 내려주다.(『世祖實錄』세조5, 『集成』6-270) 7.27. 對馬州의 倭護軍 平家久의 아들 而難酒也文 등 2인이 와서 土物을 바치다.(『世祖實錄』세조5, 『集成』6-271) 8.1. 對馬州의 宗盛家가 使者를 보내어 土物을 바치다.(『世祖實錄』세조5, 『集成』6-271) 8.16. 對馬島主 宗盛職의 使臣 皮古汝文, 一岐州의 倭司正 藤也三甫羅 등이 와서 土物을 바치고, 關處鎭守 秦盛幸이 皮古汝文을 통해 道安이 琉球의 예물을 탈취당했다는 것은 거짓말이라는 내용의 書契를 보내다.(『世祖實錄』세조5, 『集成』6-271)
1460 ▼	【한국】 1.1. 勤政殿에 나아가 朝賀를 받고 이어서 연회를 베푸니, 倭人 迎酒毛와 野人들이 입시하다.(『世祖實錄』세조6, 『集成』6-280) 1.3. 日本國 通信使 宋處儉이 데리고 갔던 船軍 韓乙이 通信使 일행이 풍랑을 만나 宋處儉과 書狀官 李覲의 배는 표류하여 간 곳을 알지 못하고, 副使 李宗實의 배는 전복하였다고 아뢰니, 朝官을 보내어 시체를 찾고 致祭하게 하다.(『世祖實錄』세조6, 『集成』6-281) 1.4. 日本國 通信使 일행이 표류하였음에도 이를 馳啓하지 않은 慶尙道觀察使 金連枝·右道處置使 李茵·知世浦萬戶 宋石堅 등을 추국하여 아뢰라고 司憲府에 전지하다.(『世祖實錄』세조6, 『集成』6-282) 1.5. 慶尙道·全羅道·江原道·咸吉道·忠淸道·黃海道·平安道의 觀察使에게 宋處儉 등의 通信使 일행이 풍랑을 만났으니, 표류하는 사람이 있거든 구휼하고 시체를 발견하면 잘 보존하도록 유시하다.(『世祖實錄』세조6, 『集成』6-282) 1.6. 倭人·野人들을 인견하고, 倭人 迎酒毛에게 호피·주포·침석 등의 물건을 내려주다.(『世祖實錄』세조6, 『集成』6-282) 1.7. 宋處儉의 집에 쌀 10석, 李覲의 집에 쌀 5석을 내려주고, 注書에게 명하여 가서 위로하도록 하다. 2.26. 黃海道 無知串에 營을 다시 설치하도록 하다.(『世祖實錄』세조6, 『集成』6-283) 2.30. 禮曹에서 對馬州太守 宗盛職에게 글을 보내어 韓乙을 보내준 일, 표류한 通信使 일행을 수색하여 찾아줄 것, 一岐州 藤也三甫에게 보내는 면포와 전해줄 것 등을 알리다.(『世祖實錄』세조6, 『集成』6-283) 3.12. 兵曹에서 忠淸道節制使 康袞의 계본에 의거하여 泰安·藍浦는 倭寇의 첫 路程인데 방수가 허술하니, 인근 州縣의 侍衛牌를 써서 鎭軍과 바꾸도록 청하니, 그대로 따르다.(『世祖實錄』세조6, 『集成』6-284) 3.18. 慕華館에 거둥한 자리에서 野人과 倭人을 인견하다.(『世祖實錄』세조6, 『集成』6-285) 3.20. 忠順堂에 나아가서 활쏘는 것을 구경하고, 이어서 仲朔宴을 베풀었는데 倭人과 野人이 입시하다.(『世祖實錄』세조6, 『集成』6-285) 4.5. 日本國 西海路 上松浦 神田能登守 源德, 筑前州 太宰都督 司馬少卿 藤源敎賴, 西海路 肥後·筑復 2州太守 菊池藤源爲邦 등이 각각 使者를 보내어 土物을 바치고, 對馬島刈直 源茂奇 등이 와서 土物을 바치다.(『世祖實錄』세조6, 『集成』6-286) 4.12. 一岐州 呼子 源高가 使人을 보내어 土物을 바치다.(『世祖實錄』세조6, 『集成』6-286) 4.13. 司諫院에서 행방불명된 宋處儉 등 通信使 일행의 職을 파면하지 말고 祿을 지급하여 처자를 구휼하길 청하니, 그대로 따르다.(『世祖實錄』세조6, 『集成』6-286) 4.14. 戶曹에 명하여 日本通信使 宋處儉과 書狀官 李覲의 夏孟朔의 녹을 주게 하다.(『世祖實錄』세조6, 『集成』6-287) 4.24. 慕華館에 나아가 술자리를 베풀고 倭人과 野人들을 부르다.(『世祖實錄』세조6, 『集成』6-287) 4.25. 咸吉道都體察使 申叔舟에게 野人 兀良哈·兀狄哈에 대해 유시하면서 24일에 慕華館에 倭人과 野人들을 불렀다고 말하다.(『世祖實錄』세조6, 『集成』6-288) 4.26. 日本國 豊州太守 源師能이 使者를 보내어 土物을 바치고, 倭護軍 六郎酒文 등 2인도 와서 土物을 바치다.(『世祖實錄』세조6, 『集成』6-289)

일본

8.17. 思政殿에 나아가서 丁巳를 보고, 倭人 皮古汝文 등 6인을 인견하고 술자리를 베풀다.(『世祖實錄』세조 5, 『集成』6-272)

8.19. 日本國 關西道 周坊州의 多多良別駕敎行이 使者를 보내어 土物을 바치다.(『世祖實錄』세조 5, 『集成』6-272)

8.20. 對馬州의 宗盛職에게 慶尙道의 쌀 1백석을 특별히 내려주다.(『世祖實錄』세조 5, 『集成』6-272)

8.21. 日本國 九州都元帥 源敎直이 使者를 보내어 土物을 바치다.(『世祖實錄』세조 5, 『集成』6-273)

8.23. 禮曹에서 關處鎭守 秦盛幸에게 道安이 물품을 탈취당한 일과 청에 따라 佛經과 法器를 내린다는 내용이 담긴 회답서를 아뢰다./ 僉知中樞院事 宋處儉을 日本國의 通信使로, 行護軍 李從實을 副使로, 宗簿寺注簿 李覲을 書狀官으로 삼아 日本國 使臣 秀彌와 함께 日本에 보내다.(『世祖實錄』세조 5, 『集成』6-273)

9.3. 日本國 薩馬州 日向太守 藤源盛久와 對馬州 宗盛直이 각기 使者를 보내어 土物을 바치다.(『世祖實錄』세조 5, 『集成』6-277)

9.17. 琉球國王이 而羅洒毛 등 6인을 보내고, 對馬島主 宗盛職이 僧 昌藤을 보내어 土物을 바치다.(『世祖實錄』세조 5, 『集成』6-277)

9.25. 琉球國王이 使者를 보내어 土物을 바치다.(『世祖實錄』세조5, 『集成』6-277)

10.8. 仁政殿에 나아가 飮福宴을 베풀고, 倭人과 野人에게 명하여 술을 올리게 하다.(『世祖實錄』세조5, 『集成』6-278)

10.15. 御駕가 豊壤의 離宮에 이르러, 館舍에 머물고 있는 倭人에게 돼지·술을 내려주다.(『世祖實錄』세조 5, 『集成』6-278)

10.18. 都城에 남아있는 承旨에게 사슴 1구·술 10병을 倭人에게 내려주라고 치서하다.(『世祖實錄』세조 5, 『集成』6-278)

10.23. 勤政殿에 나아가 연회를 베푸니, 倭人 護軍 平茂續 등이 입시하다.(『世祖實錄』세조 5, 『集成』6-278)

10.29. 後苑에 나아가 활쏘는 것을 구경하고, 倭人과 野人을 인견하다.(『世祖實錄』세조 5, 『集成』6-278)

11.3. 倭護軍 平茂續을 引見하여, 음식을 먹게 하고 의복을 내려주다.(『世祖實錄』세조 5, 『集成』6-279)

12.1. 吏曹에서 兵曹의 關文에 의거하여 아뢰기를, 下三道 沿邊 여러 鎭의 守令을 節制判官이라고 일컫게 하자고 하니 그대로 따르다.(『世祖實錄』세조 5, 『集成』6-279)

12.4. 禮曹에서 對馬州 사람은 관직을 받은 자 이외에는 의복을 주지 않은 것처럼 日本, 琉球, 大內殿, 京極殿, 畠山殿, 山名殿, 源敎直의 使者인 上官人과 副官人, 이외에는 對馬州의 예에 따라 의복을 주지 말기를 청하니, 그대로 따르다.(『世祖實錄』세조 5, 『集成』6-279)

12.23. 文昭殿에 나아가 제사를 지내니 倭人과 野人들이 입시하다.(『世祖實錄』세조 5, 『集成』6-280)

12.24. 黃守身이 금년 가을과 겨울에는 倭人이 使者를 보낸 사람이 없으니, 염탐하여 알아야 한다고 아뢰다.(『世祖實錄』세조 5, 『集成』6-280)

【일본】

3.10. 美濃守護 土岐持益이 조선에서 大藏經이 도착하여 대장경을 요청하기 위해 조선에 파견한 使船이 귀국했기 때문에, 御禮로서 義政에게 5,000匹을 헌상한다는 書狀과 대마도주 宗成職과 조선에 파견된 사절의 귀국에 동행한 조선의 사절 宋處儉 등 일행이 예물 5,000匹을 바친다는 서장이 있다. 서장을 열어보니 잃었다는 등의 내용이다.(『蔭凉軒日錄』一)

3.22. 美濃守護 土岐持益가 조선에서 大藏經이 도착하다 御禮로서 5,000匹을 義政에게 獻上하다.(『蔭凉軒日錄』一)

7.8. 建仁寺 주지 雪岩이 丈室에서 대중을 만나 게송을 하다. 密光과 더불어 대장경을 요청하기 위해 고려에 가다.(『碧山日錄』卷4)

8.17. 조선사절 宋處儉 일행의 선박 한척이 표류하다 돌아가고, 1선은 침몰하여 답서가 유실되었기 때문에, 다시 조선에서 보낸 답서가 도착하다. 李瓊眞藥이 義政에게 답서의 내용을 읽어서 들려주다.(『蔭凉軒日錄』一)

-. 조선 사절 宋處儉 일행의 선박 한척이 표류하다 돌아가고, 1선은 침몰하여 답서가 유실되었기 때문에, 다시 조선에게 보낸 답서가 도착하다. 季瓊眞藥이 의정에게 답서의 내용을 읽어서 들려주다.(『蔭凉軒日錄』一)

-. 足利義政이 일본과 조선은 대장경과 재화를 교류하면서 돈독한 관계를 가져왔다고 하면서 명과의 무역재개의 중개를 조선에 의뢰하다.(『善隣國宝記』卷中)

-. 大浦人 宗茂次가 조선에 漂流民을 호송하다. 應人 정해(1467)에 조선에서 그를 후하게 포상하다.(『十九公實錄』)

-. 대마도인 平松二郎左衛門이 조선에서 圖書를 받았다. 宗貞秀 또한 圖書를 받고, 조선과 歲遣船 1척을 약조하다.(『十九公實錄』)

5.6. 日本國 肥前州 下松浦 三栗野太守 源滿과 關處鎭守 秦盛幸이 각각 使臣을 보내어 土物을 바치다.(『世祖實錄』세조 6, 『集成』6-289)

5.14. 日本國 畠山殿이 使臣을 보내어 土物을 바치다.(『世祖實錄』세조 6, 『集成』6-289)

5.15. 日本國 畠山殿 源義就·源義忠이 각각 使臣을 보내어 土物과 表文 바치다.(『世祖實錄』세조 6, 『集成』6-289)

6.6. 倭人들이 邊將의 營에 섞여 거처할 수 없다하여 慶尙左道 水營을 이전하지 말도록 하다.(『世祖實錄』세조 6, 『集成』6-290)

6.10. 對馬島主 宗盛職이 使臣을 보내어 土物을 바치다.(『世祖實錄』세조 6, 『集成』6-291)

6.17. 對馬州 宗盛家·宗盛直과 筑前州 太宰都督 司馬少卿 敎賴가 각각 使臣을 보내어 土物을 바치다.

6.20. 思政殿에 나아가 倭僧 契讃 등 16인을 인견하여 술을 내려주고, 이어서 물건을 차등있게 내려주다./ 倭上護軍 井大郎 등 13인이 와서 土物을 바치다.(『世祖實錄』세조 6, 『集成』6-292)

6.23. 日本國 關西路 肥前·筑州太守 藤原朝臣菊池爲邦, 對馬州太守 宗貞國, 肥前州 上松浦 波知島 源納이 각각 使臣을 보내어 土物을 바치다.(『世祖實錄』세조 6, 『集成』6-292)

6.26. 日本國 薩馬州 藤熙久와 對馬州 宗盛職·宗貞國과 關西路 安藝州 持平이 각각 使臣을 보내어 土物을 바치다.(『世祖實錄』세조 6, 『集成』6-292)

6.27. 日本國 五島宇久守 源勝과 鹽津에 머무르는 伊勢守 源聞과 豊州守 大友親繁, 對馬州太守 宗盛職이 각각 使臣을 보내어 土物을 바치

연도	한국
▲ 1460	다.(『世祖實錄』 세조6, 『集成』6-293) 7.2. 對馬州太守 宗盛職이 使臣을 보내어 土物을 바치다.(『世祖實錄』 세조6, 『集成』6-293) 7.9. 日本國 忠吉, 對馬州 宗盛職·宗貞國·宗盛弘·宗盛家가 각각 使者를 보내어 土物을 바치다.(『世祖實錄』 세조6, 『集成』6-293) 7.25. 對馬州 宗盛直·宗盛弘이 각각 使者를 보내어 土物을 바치다.(『世祖實錄』 세조6, 『集成』6-293) 8.29. 對馬州 宗盛職이 使臣을 보내어 土物을 바치고 皮古汝文이 말 1필을 바치니, 忠順堂에 나아가 인견하고 각각 虎皮 1장·油紙席 2장·彩文席 2장을 내려주다.(『世祖實錄』 세조6, 『集成』6-293) 9.4. 日本國 左兵衛 源義敏, 薩馬州 藤持久, 一岐州 源聞, 對馬州 宗虎熊丸이 각각 使者를 보내어 土物을 바치다.(『世祖實錄』 세조6, 『集成』6-294)
1461 ▼	【한국】 1.4. 日本國 肥前州 上松浦 那護野, 寶泉寺의 源祐位, 上松浦 呼子, 一岐州 代官 枝山, 帶刀 源實이 각각 사람을 보내어 土物을 바치다.(『世祖實錄』 세조7, 『集成』6-298) 1.7. 日本國 肥前州 上松浦 九汝島主 藤原次郎이 사람을 보내어 土物을 바치다.(『世祖實錄』 세조7, 『集成』6-298) 1.16. 勤政殿에 나아가 飮福宴을 베풀고, 倭人·野人 등이 시연하니 많은 음식을 내려주다.(『世祖實錄』 세조7, 『集成』6-298) 1.28. 對馬州太守 宗盛職이 사람을 보내어 土物을 바치다.(『世祖實錄』 세조7, 『集成』6-299) 1.30. 日本國 九州都元帥 源教直, 對馬州 宗茂次가 각기 사람을 보내어 土物을 바치다.(『世祖實錄』 세조7, 『集成』6-299) 2.22. 慶尙道觀察使 金淳이 日本은 큰 바람과 홍수로 인하여 기근에 빠져 사망자도 많다는 對馬州太守 宗盛職의 글을 치계하니, 倭人중에 流離한 자가 변경을 소요할까 의심하여 廓連城을 慶尙右道節制使로, 權懽을 處置使로 삼다.(『世祖實錄』 세조7, 『集成』6-299) 2.27. 對馬州의 기근에 대해 그 대응책을 신하들과 논의하고 변경을 방비하는 일을 더욱 곡진히 하도록 하다.(『世祖實錄』 세조7, 『集成』6-299) 3.8. 禮曹에서 慶尙道觀察使의 關文에 의거하여 薺浦에 사는 倭人 38호가 失火로 연소되었는데, 원래는 본조의 郎官을 보내어 진휼하여야 하나, 지금은 농사철이라 驛路가 번거롭다고 하면서 觀察使로 하여금 진휼하도록 아뢰니, 그대로 따르다./ 禮曹의 건의에 따라 外國의 客人을 궤향하거나 우리 나라 使臣을 전별할 때 술을 쓰도록 하다.(『世祖實錄』 세조7, 『集成』6-301) 3.10. 日本國 肥前州 上松浦 鴨打 源永과 對馬州太守 宗盛職이 각각 사람을 보내어 土物을 바치다.(『世祖實錄』 세조7, 『集成』6-301) 3.11. 倭人 平茂續을 兼司僕으로 삼다.(『世祖實錄』 세조7, 『集成』6-301) 3.12. 禮曹判書 洪允成에게 명하여 平茂續을 司僕寺에 소속시켜 시위하라고 전교하다.(『世祖實錄』 세조7, 『集成』6-302) 3.13. 日本國 筑前州 太宰都督 司馬少卿 藤源明의 朝臣 敎賴와 五島宇久守 源勝이 각기 사람을 보내어 土物을 바치다.(『世祖實錄』 세조7, 『集成』6-302) 3.16. 忠順臺에 나아가 射侯하였는데, 倭人 平茂續에게 弓矢를 내려주다.(『世祖實錄』 세조7, 『集成』6-303) 3.19. 平茂續을 僉知中樞院事로 삼다.(『世祖實錄』 세조7, 『集成』6-303) 4.17. 對馬州의 平朝臣 宗彦九郎貞秀가 사람을 보내어 土物을 바치다.(『世祖實錄』 세조7, 『集成』6-303) 4.22. 倭人 僉知中樞院事 平茂續이 하직하니, 인견하고 술자리를 베풀었는데 명하여 술을 올리게 하고 만일 다시 온다면 品質을 올릴 것이라고 말하다.(『世祖實錄』 세조7, 『集成』6-303)/ 對馬州太守 宗盛職의 어미가 죽으니, 上護軍 皮尙宜를 보내어 선위하고 물품을 내려주다.(『世祖實錄』 세조7, 『集成』6-304) 4.27. 兵曹에서 아뢰길, 소나무 베는 것을 금하는 법은 매우 엄하지만,京外의 관리 및 산지기들이 예사로 여기고 살피어 禁制하지 않는 것에 대해서 엄금할 것을 건의하니, 그대로 따랐다.(『世祖實錄』 세조7, 『集成』6-305) 5.4. 倭人 護軍 三甫郎大郎 등이 와서 土物을 바치다.(『世祖實錄』 세조7, 『集成』6-305) 5.12. 對馬州 宗盛家가 사람을 보내어 土物을 바치다.(『世祖實錄』 세조7, 『集成』6-305) 5.15. 對馬州太守 宗盛職이 사람을 보내어 土物을 바치다.(『世祖實錄』 세조7, 『集成』6-306) 5.24. 日本國 關西道 九州都元帥 源教直이 사람을 보내어 土物을 바치다.(『世祖實錄』 세조7, 『集成』6-306) 5.26. 對馬州太守 宗盛職이 사람을 보내어 土物을 바치다.(『世祖實錄』 세조7, 『集成』6-306) 5.29. 對馬州太守 宗盛職이 사람을 보내어 土物을 바치다.(『世祖實錄』 세조7, 『集成』6-306) 5.30. 琉球國王이 使臣을 보내어 土物을 바치고, 아울러 우리나라의 표류한 사람 孔佳 등 2인을 보내다.(『世祖實錄』 세조7, 『集成』6-306) 6.2. 日本國 筑前州 博多의 등안길이 來朝하여 숙위를 청하다.(『世祖實錄』 세조7, 『集成』6-307) 6.8. 丙子年에 琉球國으로 표류했던 梁成·高石壽를 琉球國 使臣이 데리고 오다./ 倭護軍 藤安吉이 禮曹判書 洪允成의 집에 가니, 洪允成이 잔치를 베풀다.(『世祖實錄』 세조7, 『集成』6-308) 6.11. 兵曹에서 全羅道水軍處置使 柳泗의 첩정에 의거하여 倭人의 中船 9척과 小船 11척이 慶尙道 南海縣의 魯島로부터 본도의 今音勿頭까지 오랫동안 정박하고 있어 조치를 취하였다고 아뢰니, 이는 고기를 잡으러 온 배라고 하다.(『世祖實錄』 세조7, 『集成』6-308)/ 全羅道觀察使에게 왜선이 정박한 것은 고기를 잡기 위해서이고, 지금은 농사철이라 바쁠때인데

일본

9.19. 對馬州 宗虎熊丸이 使者를 보내어 土物을 바치다.(『世祖實錄』 세조 6, 『集成』6-294)

9.27. 日本國 左武衛의 使者인 僧 寶桂 등 10여인을 인견하고, 《大藏經》, 《成道記》, 《法華經》, 《金剛經》, 《飜譯名義》, 《證道歌》, 《起信論》, 《永嘉集》, 《心經》, 《大悲心經》 등을 내려주겠다고 諭示하다.(『世祖實錄』 세조 6, 『集成』6-294)

10.2. 咸吉道 都體察使 申叔舟가 箋文을 올려서 잔치와 表裏를 내려 준 것에 대하여 謝禮하였다.(『世祖實錄』 세조 6, 『集成』6-296)

10.13. 大駕가 黃州에 이르니, 耆老·儒生·女妓 등이 歌謠를 올리었는데, 耆老의 가요에 聲敎가 日本 동쪽에 미치었다고 하다.(『世祖實錄』 세조 6, 『集成』6-296)

윤11.25. 日本國 源朝臣敎信이 使者를 보내어 土物을 바치다.(『世祖實錄』 세조 6, 『集成』6-297)

12.21. 병을 평계로 衙日 賀禮와 객인 접견에 참석하지 않는 자를 처벌하도록 하다.(『世祖實錄』 세조 6, 『集成』6-297)

12.26. 日本國 一岐州 護軍 藤影繼가 자식을 보내어 土物을 바치다.(『世祖實錄』 세조 6, 『集成』6-298)

【일본】

3.28. 조선에서 첨지중추원사 宋處儉·대호군 李宗實 등을 일본에 파견하여 義政에게 작년에 파견된 通信使의 遭難을 전하고 수색을 의뢰하다.(『善隣國宝記』卷中)

4.7. 寂路庵 惠光이 建仁寺의 조선 奉加錢 횡령사건으로 처벌받자, 大上(日野重子)·建仁寺 字姜宗永의 評定狀에 의해 義政이 사면을 허락하다. 같은 죄의 全密西堂도 역시 京極方·建仁寺 寺家의 評定狀에 의해 사면되다.(『蔭凉軒日錄』一)

7.7. 조선 세조가 유구국왕에게 보낸 국서로, 1년 전에 유구가 사신을 파견하고, 조선 표류민을 보내주어 고맙다는 내용이다.(『歷代宝案』제2책)

11.26. 天龍寺가 寺家의 連署狀으로 僧堂의 조영 기금을 마련하기 위해 寺家의 連署狀을 足利義政에게 보내다. 이를 위해 조선과의 勘合 관계에 대해 의견을 묻는 내용이다.(『蔭凉軒日錄』一)

12.2. 足利義政이 天龍寺에서 조선에 파견할 사신에게 조선에서 牛黃을 구해오도록 하다.(『蔭凉軒日錄』一)

12.3. 蔭凉職 季瓊眞藥이 東岳和尚에게 天龍寺가 조선으로 사신을 파견하는 것과 牛黃을 구하려고 하는 것을 朝鮮에 보낼 國書에 기재할 것을 전하다.(『蔭凉軒日錄』一)

여러 포의 백성들을 入保하게 한 것은 잘못된 것이니, 다시 유시하여 器械를 정비하고 입보하지 않도록 하라고 馳書하다.(『世祖實錄』 세조 7, 『集成』6-309)

6.13. 對馬島主 宗盛職이 受職을 청하니, 대신들과 의논하여 從一品을 제수하기로 하다.(『世祖實錄』 세조 7, 『集成』6-309)

6.14. 對馬島主 宗盛職을 判中樞院事 兼 對馬州都節制使에 제수하라고 吏曹에 전지하다.(『世祖實錄』 세조 7, 『集成』6-310)

6.18. 慶尙右道處置使 李茵이 薺浦의 船軍들이 倭人과 사귀어 서로 왕래하고 있어 箭箭의 사용법을 倭人들이 알 수 있다고 하면서 그 대책을 치계하니, 申叔舟와 의논하여 朝官을 보내어 開諭하도록 하다.(『世祖實錄』 세조 7, 『集成』6-310)

6.19. 日本國 筑前州 冷泉津尉 田原의 藤原貞成과 對馬州의 宗盛弘이 각각 사람을 보내어 土物을 바치다.(『世祖實錄』 세조 7, 『集成』6-312)

6.23. 慶尙道 敬差官 李垤이 하직하니 倭人對策問題에 대한 사목을 내리다.(『世祖實錄』 세조 7, 『集成』6-312)

6.26. 對馬島主 宗盛職에게 내려주는 祿俸의 수를 여러 대신들과 의논하고, 宗盛職이 벼슬을 받고자 한다면 書契를 갖추어 보낼 것 등의 사목을 皮尙宜에게 주어 宗盛職에게 말하게 하다.(『世祖實錄』 세조 7, 『集成』6-312)

6.27. 宗盛職에게 질문하는 事目에 벼슬받기를 기다리는지의 여부와 臣이라고 일컬으며 힘을 다할 것인가에 대한 항목을 추가하라고 하다.(『世祖實錄』 세조 7, 『集成』6-312)

7.7. 日本國 石見州 藤氏 周布和兼·五島宇久守 源勝이 각각 사람을 보내어 土物을 바치다.(『世祖實錄』 세조 7, 『集成』6-313)

7.11. 慶會樓에 나가 飮福宴을 베푸니 宗盛職의 使者 豆奴銳 등이 입시하니, 宗盛職에게 벼슬을 제수하였으니 朝官과 더불어 가서 잘 효유하라고 豆奴銳에게 말하고, 金致元을 對馬州敬差官으로, 金瓘을 從使官으로 삼다.(『世祖實錄』 세조 7, 『集成』6-314)

7.17. 宗盛職의 祿俸으로 米豆·布貨·楮貨를 科에 의하여 주라고 禮曹에 전지하다.(『世祖實錄』 세조 7, 『集成』6-315)

7.18. 對馬州從使官 金瓘의 어머니가 늙은 까닭으로 사임하므로 申叔舟가 李繼孫으로 대신하기를 청하니, 慶尙道觀察使에게 馳書하여 熊川에 充軍한 李繼孫을 驛馬로 올려보내도록 하다.(『世祖實錄』 세조 7, 『集成』6-315)

7.19. 禮曹에서 倭人과 野人에게 음식을 먹일 때 女樂을 쓰도록 청하니, 그대로 따르다.(『世祖實錄』 세조 7, 『集成』6-315)

7.21. 禮曹에서 宗盛職의 迎命儀에 대해 아뢰다.(『世祖實錄』 세조 7, 『集成』6-315)

7.28. 慶尙右道處置使 李好誠이 知世浦萬戶 宋石堅의 정문에 의거하여 우리나라 사람과 倭人이 서로 싸워 吾羅汝毛는 죽고 表阿時羅 등은 부상을 당하였다고 치계하니, 黃守身의 의논에 따라 처리하다.(『世祖實錄』 세조 7, 『集成』6-316)

7.29. 慶尙右道處置使 李好誠에게 表阿時羅 등을 開諭하여 올려보내도록 하고, 道觀察使 盧叔仝에게는 倭人을 살상한 사람을 잡아 국문하여 아뢰라고 유시하다.(『世祖實錄』 세조 7, 『集成』6-318)

8.6. 兵曹에서 全羅道 백성들이 海島에 도망해 들어간 자가 많으니 쇄환키를 청하니, 대신들과 의논하여 兵曹判書 金師禹를 보내어 데려오도록 하고, 또 倭人 表阿時羅와 더불어 싸운 사람을 잡아 국문하도록 하다.(『世祖實錄』 세조 7, 『集成』6-319)

8.9. 領議政 鄭昌孫 등과 함께 金師禹가 가져갈 사목을 의논하고, 申叔舟의 의논에 따라 멀고 가까운 곳을 막론하고 섬에 있는 모든 사람은 모두 본고장으로 돌려보내도록 하다.(『世祖實錄』 세조 7, 『集成』6-320)

8.20. 僧 信云이 全羅道의 靈光 時兒島에 倭楷가 있다고 司憲府에 호소하므로, 김영전을 罷職하고 잡아 와서 鞫問하게 하였다.(『世祖實錄』

연도	한국
▲ **1461**	세조7, 『集成』6-320) 8.25. 對馬州 宗虎熊丸이 사람을 보내어 土物을 바치다.(『世祖實錄』 세조7, 『集成』6-321) 8.27. 對馬島敬差官 成均司藝 李繼孫이 하직하니, 인견하고 술자리를 베풀다.(『世祖實錄』 세조7, 『集成』6-321) 8.28. 敬差官 李繼孫이 對馬島에 가져갈 사목에 對馬島에 도착하면 儀注를 보내어 郊迎하게 할 것, 서로 대면할 때의 좌석위치, 倭人을 죽은일에 대해 물으면 잡아서 크게 징계하고자 한다는 것 등을 적다.(『世祖實錄』 세조7, 『集成』6-321) 9.9. 思政殿에 나아가 倭人 表阿時羅 등 3인을 인견하고, 우리나라 사람들과 싸운 일에 대해서 물어보다.(『世祖實錄』 세조7, 『集成』6-322) 10.2. 임금이 申叔舟와 더불어 西北野人이 거주하는 지방과 山川·道程을 의논하면서 《遼東誌》를 가지고 이를 고증하고 또 함께 金師禹가 전라도의 전선제조와 추쇄에 관해 아뢰었다.(『世祖實錄』 세조7, 『集成』6-323) 10.21. 大內殿에서 僧 能縣을 보내어 말소 2마리를 바치니, 行上護軍 趙得琳에게 명하여 熊川에서 기르다가 봄에 가지고 오도록 하다.(『世祖實錄』 세조7, 『集成』6-324) 10.24. 敬差官 李繼孫에게 書狀을 보고 事意를 알았다고 하면서 琉球國의 使者를 영접하여 올라오고, 豆老銳는 포구에 머물게 하여 平茂續이 상경하기를 기다려 처치한 뒤에 돌려보내도록 유시하다.(『世祖實錄』 세조7, 『集成』6-324) 11.19. 倭人과 野人들의 귀순에 대해 御札로 이르다.(『世祖實錄』 세조7, 『集成』6-324) 11.28. 典船色 都提調가 새로 제조한 漕船으로 개조할 것과 상장을 粧飾하지 말고, 때에 따라 철거하도록 하는 등조선하는 사의를 조목별로 고하여 아뢰니, 그대로 따랐다.(『世祖實錄』 세조7, 『集成』6-325) 12.2. 琉球國의 中山王이 普須古·蔡璟 등을 보내어 土物을 바치며 大藏經을 청구하고, 우리나라에서 표류한 사람을 보내다.(『世祖實錄』 세조7, 『集成』6-325) 12.4. 琉球國 使者 普須古 등이 숙배하다.(『世祖實錄』 세조7, 『集成』6-326)
1462 **▼**	【한국】 1.1. 술과 음악을 琉球國 使臣에게 내려주다.(『世祖實錄』 세조8, 『集成』6-332) 1.2. 저녁에 임금이 중궁과 더불어 景福宮에 나아가 火山棚을 구경하였는데, 琉球國 使臣과 倭人·野人 등을 불러 이를 구경하게 하다.(『世祖實錄』 세조8, 『集成』6-332) 1.5. 琉球國 使臣에게 술·고기·감자 등의 물건을 내려주다.(『世祖實錄』 세조8, 『集成』6-332) 1.7. 琉球國 使臣에게 別下程으로 술·어육·흰산자·흰엿을 내려주다.(『世祖實錄』 세조8, 『集成』6-332) 1.10. 琉球國의 使臣 普須古·副使 蔡璟 등에게 안자, 병풍, 《漢文》, 《柳文》, 《李白選詩》 등을 내려주다.(『世祖實錄』 세조8, 『集成』6-333) 1.11. 上黨府院君 韓明澮가 珍島郡을 혁파하여 목장으로 삼는다면 이것은 藩籬를 없애 倭賊의 길을 열어주는 것이라고 하며 혁파하지 말기를 청하니, 敬差官 卜承利로 하여금 珍島에 가서 조치하도록 유시하다.(『世祖實錄』 세조8, 『集成』6-334) 1.15. 勤政殿에 나아가 음복연을 베풀어 琉球國 使臣 普須古 등을 접견하고, 요청한 서책은 구할 수 없는 것이라 中國에서 구해온 책들을 보낸다는 것을 普須古 등에게 전지하다.(『世祖實錄』 세조8, 『集成』6-334) 1.16. 琉球國의 使臣 普須古 등이 書契와 大藏經1부를 비롯한 예물을 가지고 돌아가다.(『世祖實錄』 세조8, 『集成』6-335) 1.20. 日本國 關西路 肥州·筑州 2州太守 藤源朝臣 菊池爲邦이 사람을 보내어 土物을 바치다.(『世祖實錄』 세조8, 『集成』6-336) 1.27. 對馬州太守 宗盛職·代官 宗盛直이 사람을 보내어 土物을 바치다.(『世祖實錄』 세조8, 『集成』6-335)/06-336) 2.4. 宣政殿에 나아가서 日本國 京極殿의 使臣인 僧 修慶 등 14인을 인견하고 술자리를 베풀다.(『世祖實錄』 세조8, 『集成』6-336) 2.16. 船軍 梁成은 표류하여 琉球國의 북쪽 仇彌島에 이르고, 肖得誠 등 8인은 琉球國 彌阿槐島에 이르렀는데 돌아와서 琉球國의 지형, 국내정세, 城의 모양, 풍속, 의상, 화폐, 군사제도, 土物 등에 대하여 말한 것을 기록하다.(『世祖實錄』 세조8, 『集成』6-336) 2.28. 琉球國 使臣의 宣慰使 李繼孫이 丁巳 普須古와 부사 蔡璟에게 文獻通考에 기재된 琉球國의 풍속에 의거하여 琉球의 형벌제도·풍속·土物 등에 대해 묻고, 聞見事目을 올리다.(『世祖實錄』 세조8, 『集成』6-342) 3.9. 客人을 궤향할 때 女樂을 쓰지 말도록 하다.(『世祖實錄』 세조8, 『集成』6-347)/ 洪允成·申叔舟 등과 三浦를 왕래하며 장사하는 倭人들에 대해서 논의하다.(『世祖實錄』 세조8, 『集成』6-348) 3.13. 禮曹에서 慶尙右道處置使 李好誠의 啓本에 의거하여 日本國 京極殿의 使者 和也時老牛馬要가 종 都羅臥可가 도망하여 恒居倭人의 막사를 수색하였으나 찾지 못했다고 하니, 諸邑에 移文하여 돌려보내기를 청하자, 그대로 따르다.(『世祖實錄』 세조8, 『集成』6-349) 3.27. 慶州·蔚山·密陽 등지에서 찾아낸 隱丁을 三番으로 수자리 살게 하다.(『世祖實錄』 세조8, 『集成』6-349)/ 日本國 藝州海賊大將 藤原朝臣 村上備中守國重이 사람을 보내어 土物을 바치고, 護軍 藤茂家가 와서 土物을 바치다.(『世祖實錄』 세조8, 『集成』6-350) 4.5. 禮曹에서 慶尙道觀察使의 關文에 의거하여 薺浦의 倭人 三未時羅의 집 등 30여호가 연소하여 熊川縣監 등이 구휼하였고, 禮曹의 郎廳을 보내 살펴보아야 하나 驛路의 폐단이 있으니 觀察使로 하여금 진휼하도록 아뢰니, 그대로 따르다.(『世祖實錄』 세조8, 『集成』6-350) 4.7. 官吏를 보내 京畿·忠淸·江原·黃海·全羅·慶尙道의 禁松에 대해 살피도록 하다.(『世祖實錄』 세조8, 『集成』6-350) 4.10. 對馬州 秦盛幸이 사람을 보내어 土物을 바치다.(『世祖實錄』 세조8, 『集成』6-351)

일본

12.9. 琉球國使臣에게 酒菓와 魚肉을 내려주다.(『世祖實錄』 세조 7, 『集成』6-326)

12.10. 日本國 山城州 藤源林右馬가 사람을 보내어 土物을 바치다.(『世祖實錄』 세조 7, 『集成』6-326)

12.11. 右參贊 李承孫이 肉膳을 올리길 청하니, 琉球國의 使臣을 인견하여 잔치를 베풀게 되면 肉膳을 올릴 것이라고 말하다.(『世祖實錄』 세조 7, 『集成』6-326)

12.12. 勤政殿에 나아가 음복연을 베풀고, 琉球國의 正使 普須古와 부사 蔡璟을 인견하고 使臣들이 가져온 天竺酒를 普須古로 하여금 개봉하게 하니 술이 아니고 사탕이었으나, 문제삼지 않다.(『世祖實錄』 세조 7, 『集成』6-327)

12.13. 琉球國의 使臣 普須古 등에게 옷·갓·鞾鞋 등의 물건을 내려주다.(『世祖實錄』 세조 7, 『集成』6-329)

12.15. 琉球國의 使臣·倭人·野人으로 하여금 수반하게 하였는데, 비로 인해 정지하다.(『世祖實錄』 세조 7, 『集成』6-329)

12.19. 注書를 보내어 琉球國 使臣에게 酒肉을 내려주다.(『世祖實錄』 세조 7, 『集成』6-329)

12.20. 慕華館에 나아가 琉球國의 使臣·倭人·野人을 불러서 잔치를 베풀고, 명하여 倭人과 野人에게도 射侯하도록 하다.(『世祖實錄』 세조 7, 『集成』6-330)

12.23. 景福宮 序賢亭에 나아가서 琉球國의 使臣을 인견하고, 우리나라가 琉球國과 수호하고자 하였으나 물길이 험악하여 시행하지 못하였으니, 물길에 익숙한 琉球人으로 하여금 우리나라 使船을 지휘하여 왕래하고자 한다고 말하다.(『世祖實錄』 세조 7, 『集成』6-330)

12.26. 琉球國의 使臣 普須古 등이 興天寺 및 저자를 구경하길 청하니, 명하여 술과 고기를 주어 구경하게 하다.(『世祖實錄』 세조 7, 『集成』6-330)

12.26. 日本國의 防州·長州·豊州·筑州의 四州太守 大内佐京比·多多良敎弘이 사람을 보내어 土物을 바치고, 향화한 倭人 僉知中樞院事 平茂續이 來朝하다.(『世祖實錄』 세조 7, 『集成』6-331)

12.27. 思政殿에 나아가 大内殿의 使臣 三郎右衛文·家次 및 平茂續 등을 인견하고, 平茂續에게 宗盛職이 관작을 받는데 중간에서 막았느냐고 묻자, 平茂續이 자신이 그런 것이 아니고, 豆奴銳가 거짓말을 한 것이라고 아뢰다.(『世祖實錄』 세조 7, 『集成』6-331)/ 日本國의 肥前州 松浦 一岐州太守 志佐源義가 사람을 보내어 土物을 바치고, 倭護軍 平茂特 등도 와서 土物을 바치다.(『世祖實錄』 세조 7, 『集成』6-332)

【일본】

1.29. 建仁寺 주지 雪岩이 죽다. 雪岩과 密光이 조선에 가서 조선국왕을 만난 사실을 기록하다.(『碧山日錄』卷4)

2.12. 蔭凉職 季瓊眞藥이 天龍寺 僧堂의 조성비용을 위해 조선에 보내는 국서에 대해, 1457년 조선에서 建仁寺 奉加錢 1萬貫을 보낸 것에 대한 인사, 遣明船 지연문제, 조선사절의 해난사고 등의 내용을 국서에 기재할 것인가를 足利義政에게 묻다. 足利義政은 3가지 내용을 기재하도록 명령하다.(『蔭凉軒日錄』一)

2.17. 斯波義廉이 조선과의 통신에 필요한 印子(圖書)를 이전에 분실하여 다시 교부받기를 희망하고 天龍寺에 주선을 의뢰하다.(『蜷川家文書』之一)

2.29. 蔭凉職 季瓊眞藥이 天龍寺에서 조선에 보낼 국서와 국서에 찍을 도장을 정사인 俊超西堂에게 보내다. 도장에는 '德有鄰'이라 새겨져 있는데, 도장을 御倉에 반납하다.(『蔭凉軒日錄』一)

4.13. 琉球國에서 올린 물소 2마리를 熊川에서 기르다가 司僕寺尹 朴徐昌을 보내어 가져오게 하여 昌德宮 後苑에서 司僕寺 관원들이 倫次로 보살피게 하고, 醫經과 諸書의 養生法을 초록하여 醫生 4인으로 하여금 익히게 하다.(『世祖實錄』 세조 8, 『集成』6-351)

4.14. 日本國 畿内의 津州에 사는 兵庫津 平方子 民部衛 忠吉, 五島宇久守 源勝, 肥前州 松浦志佐 一岐州太守 源義가 모두 사람을 보내어 土物을 바치다.(『世祖實錄』 세조 8, 『集成』6-351)

4.18. 司譯院 都提調가 倭學을 권장하기 위한 조건을 갖추어 건의하다.(『世祖實錄』 세조 8, 『集成』6-352)

4.24. 李朝에서 投化倭人 行大護軍 平順 등의 狀告에 의거해 平順의 아비 平原海와 皮尚宜의 아비 皮沙古는 모두 侍衛하다 죽었고, 平順 등이 우리나라에서 태어나 本鄕 받기를 원한다고 아뢰니, 皮尚宜는 東萊, 平順은 昌原을 내려주다.(『世祖實錄』 세조 8, 『集成』6-352)

4.27. 兵曹의 건의에 의해 慶尙道 加望浦의 배를 安骨浦로 옮기고 萬戶도 개칭하다.(『世祖實錄』 세조 8, 『集成』6-353)

4.28. 병조의 건의로, 煙臺는 본래 변방의 急變을 알리기 위한 것이므로, 都節制使로 하여금 다시 살펴서 磨勘하도록 하다.(『世祖實錄』 세조 8, 『集成』6-353)

5.9. 日本國 上松浦 鹽津에 머무르는 松林院 源重實이 사람을 보내어 土物을 바치다.(『世祖實錄』 세조 8, 『集成』6-353)

5.20. 日本國 肥前州 上松浦 丹後太守 源盛이 사람을 보내어 土物을 바치고, 倭護軍 六郎洒文이 와서 土物을 바치다.(『世祖實錄』 세조 8, 『集成』6-354)

5.28. 日本 肥前州 上松浦 佐志源次郎이 사람을 보내 土物을 바치다.(『世祖實錄』 세조 8, 『集成』6-354)

6.13. 對馬州太守 宗盛職이 사람을 보내와서 土物을 바치고, 倭護軍 三甫郎大郎이 와서 土物을 바치다.(『世祖實錄』 세조 8, 『集成』6-354)

6.14. 日本國 薩州伊集院 寓鎭偶州 藤熙久가 사람을 보내어 土物을 바치다.(『世祖實錄』 세조 8, 『集成』6-354)/ 예조에서, 품직에 따라 除授하는 漢學·蒙學등이 병을 칭탁하여 出仕하지 않는 자가 있으니, 司譯院 祿官에 대해 三醫司의 例에 의해 前衛을 포폄하도록 하였다.(『世祖實錄』 세조 8, 『集成』6-355)

6.19. 兵曹에서, 모두 主鎭에 병합·예속되어 있는 諸道 沿海의 여러 고을과 달리, 홀로 下三道에만 진을 치고 있는 것은 軍國에 어긋남을 지적하여 主鎭에 병합·예속 시키도록 하였다.(『世祖實錄』 세조 8, 『集成』6-355)

6.27. 日本國 西海路 宗像朝臣氏卿과 對馬州太守 宗盛職이 각각 사람을 보내어 土物을 바치다.(『世祖實錄』 세조 8, 『集成』6-355)

연도	한국
▲ 1462	6.28. 병조에서, 諸道의 鎭軍은 긴요하고 더딘 것을 분간하지 않으므로, 定額을 磨勘하고 三番으로 나누어 2달에 서로 갈마들게 하였다.(『世祖實錄』 세조8, 『集成』6-356) 7.4. 日本國 關西路 九州都元帥 源教直이 사람을 보내어 土物을 바치다.(『世祖實錄』 세조8, 『集成』6-356) 7.9. 對馬州太守 宗盛職이 사람을 보내어 土物을 바치다.(『世祖實錄』 세조8, 『集成』6-356) 7.10. 對馬州太守 宗盛職이 사람을 보내어 土物을 바치다.(『世祖實錄』 세조8, 『集成』6-357) 7.11. 內廂 守城軍을 3번으로 나누어 정액하고 鎭軍이라 하다.(『世祖實錄』 세조8, 『集成』6-357) 7.12. 對馬州太守 宗盛職·教賴 등이 사람을 보내어 土物을 바치다.(『世祖實錄』 세조8, 『集成』6-357) 7.20. 對馬州 宗盛家가 사람을 보내어 土物을 바치다.(『世祖實錄』 세조8, 『集成』6-358) 8.5. 對馬州 宗盛家와 宗盛職이 각기 사람을 보내어 土物을 바치다.(『世祖實錄』 세조8, 『集成』6-358) 8.6. 倭護軍 多羅而羅汝文이 와서 土物을 바치다.(『世祖實錄』 세조8, 『集成』6-358) 8.7. 日本 對馬州 太守 宗盛職·倭 護軍 多羅而羅가 土物을 바치다.(『世祖實錄』 세조8, 『集成』6-358) 8.28. 對馬州太守 宗盛職이 사람을 보내어 土物을 바치다.(『世祖實錄』 세조8, 『集成』6-358) 9.3. 御札로 諸道觀察使에게 유시하기를, 소나무 벌채를 금하는 법이 해이해졌으므로, 허물을 덮어두지 말고 推鞫히야 계달토록 하였다.(『世祖實錄』 세조8, 『集成』6-359)
1463	【한국】 1.9. 船軍을 동원하여 大倉을 構築하니, 구치관의 건의로 京畿 백성에게 영조케 하였다.(『世祖實錄』 세조9, 『集成』6-362) 1.14. 상이 承政院에 株數를 감하여 兵船을 만들자고 하니, 洪應이 불가하다고 아뢰다.(『世祖實錄』 세조9, 『集成』6-363) 1.18. 慶尙右道處置使 李好誠에게 濟州의 漂流人을 救活한 倭人 三末而老 등이 賞 받기를 기다렸다는데, 돌려보낸 것은 먼 곳 사람을 접대하는데 있어 잘못된 것이니, 이제부터는 이런 일이 없도록 하라고 유시하다.(『世祖實錄』 세조9, 『集成』6-363) 2.1. 日本國 上松浦一岐州 鹽津에 머무르는 伊勢守 源聞이 사람을 보내어 土物을 바치다.(『世祖實錄』 세조9, 『集成』6-364) 2.2. 李克培·尹子雲을 慶尙道·忠淸道·全羅道로 보내 군용을 순찰케 하다.(『世祖實錄』 세조9, 『集成』6-364) 2.12. 日本國 肥前州 田平寓鎭 小弼弘이 사람을 보내어 土物을 바치다.(『世祖實錄』 세조9, 『集成』6-364) 2.28. 日本國 海賊大將 藤原朝臣 國重이 사람을 보내어 土物을 바치다.(『世祖實錄』 세조9, 『集成』6-364) 3.3. 倭司直 三甫難洒文 등이 와서 土物을 바치다.(『世祖實錄』 세조9, 『集成』6-365) 4.7. 日本國 肥前州平戶 寓鎭肥州太守 源義가 사람을 보내어 土物을 바치다.(『世祖實錄』 세조9, 『集成』6-365) 4.15. 日本國 肥前州 上松浦 佐志源次郎이 사람을 보내어 土物을 바치다.(『世祖實錄』 세조9, 『集成』6-365) 4.19. 對馬州 關處鎭守 秦盛幸이 사람을 보내어 土物을 바치다.(『世祖實錄』 세조9, 『集成』6-365) 4.27. 對馬州 平茂持가 와서 土物을 바치다.(『世祖實錄』 세조9, 『集成』6-365) 5.3. 對馬州 平朝臣 宗彦九郎·貞秀, 薩州伊集院 寓鎭寓州太守 藤熙久가 각기 사람을 보내어 土物을 바치다.(『世祖實錄』 세조9, 『集成』6-366) 5.16. 日本國 筑前州 太宰府都督 司馬小卿 藤源朝臣教賴, 畿內 攝津州 兵庫津 平方民部尉 忠吉이 각각 사람을 보내어 土物을 바치다.(『世祖實錄』 세조9, 『集成』6-366) 6.21. 日本國 關西路肥築通守 菊池 藤原朝臣爲邦과 西海道 肥前州上松浦 神田能登守 源德, 對馬州太守 宗盛職, 對馬州宗信濃守 盛家가 각기 使人을 보내어 土物을 바치다.(『世祖實錄』 세조9, 『集成』6-366) 7.5. 對馬州 宗盛家·宗盛弘·關西路安藝州 小早川美作守 持平·西海道周防州 大內進亮多多良別駕教之가 각각 사람을 보내어 土物을 바치다.(『世祖實錄』 세조9, 『集成』6-366)/ 倭上護軍 宗盛吉 등 3인과 護軍 多羅而羅 등 2인이 와서 土物을 바치다.(『世祖實錄』 세조9, 『集成』6-367) 7.7. 對馬州 宗盛家가 사람을 보내어 土物을 바치다.(『世祖實錄』 세조9, 『集成』6-367) 7.11. 日本國 對馬州 平朝臣 宗彦八郎, 茂世代官 宗盛直, 肥前州下松浦三栗野太守 源滿이 각각 사람을 보내어 土物을 바치다.(『世祖實錄』 세조9, 『集成』6-367) 7.14. 日本國王이 使人을 보내어 土物을 바치고 通信使 宋處儉 일행을 수색한 것에 대한 書契를 보냈으며, 左武衛將軍 源義廉·光祿卿 源生觀·九州都元帥 源教直 등이 사람을 보내어 土物을 바치다.(『世祖實錄』 세조9, 『集成』6-367) 7.16. 倭護軍 六郎洒文 등 2인이 와서 土物을 바치다.(『世祖實錄』 세조9, 『集成』6-368)/ 對馬州代官 宗盛直, 上松浦呼子一岐州代官牧山帶刀 源實이 각각 사람을 보내어 土物을 바치다.(『世祖實錄』 세조9, 『集成』6-369) 7.18. 日本國 九州都元帥 源教直이 사람을 보내어 土物을 바치다.(『世祖實錄』 세조9, 『集成』6-369) 7.20. 對馬州 宗貞國·宗盛弘·五島宇久守 源勝·石見州 藤源周布和兼이 각각 사람을 보내어 土物을 바치다.(『世祖實錄』 세조9, 『集成』6-369) 윤7.11. 對馬州 宗貞國·代官 宗盛直·肥前州 上松浦 波多島 源納 등이 각각 사람을 보내어 土物을 바치다.(『世祖實錄』 세조9, 『集成』6-369) 윤7.14. 濟州安撫使 卜承利가 楸子島에 정박한 倭船이 知世浦萬戶의 路引을 보였으나 路引에는 楸子島에 가는걸 허락하지 않았고, 배 안에 병기와 우리나라의 옷이 많았기 때문에 倭賊船으로 의심하여 49명을 가두었으니, 區處해 주기를 아뢰다./ 對馬州 宗盛弘·宗茂世·宗盛家, 關西路 肥州·筑州 2州太守 藤源朝臣菊池爲邦·肥前州上松浦 丹後太守 源盛·五島

일본
9.14. 병조에서 도체찰사 韓明澮의 啓本에 의거하여, 蔚珍과 三陟의 양 浦는 도적이 지나는 요충지이므로, 수령으로써 겸하는 것을 피하여 山城萬戶·連谷萬戶를 없애고 울진·삼척에 만호를 두게 하였다.(『世祖實錄』 세조 8, 『集成』6-359)
9.26. 對馬州 平朝臣 宗彦八郎 茂世가 사람을 보내어 土物을 바치다.(『世祖實錄』 세조 8, 『集成』6-359)
10.5. 向化한 倭人 平茂續·藤安吉에게 紵絲帖裏을 각각 1領씩 내려주다.(『世祖實錄』 세조 8, 『集成』6-360)
10.9. 日本國王 源義政이 僧 順惠를 보내어 土物을 바치고, 書契를 보내어 藏經과 銅錢을 요청하다.(『世祖實錄』 세조 8, 『集成』6-360)
10.23. 日本國 使臣 順惠 등을 인견하고 大藏經은 주어 보내고 銅錢은 우리나라에서 쓰지 않는 것이니, 장차 찾아서 보내겠다고 전교하다.(『世祖實錄』 세조 8, 『集成』6-361)
11.12. 全羅道 觀察使에게 靈光 巨頭山에서 나는 倭楮를 조사·간수케 하다.(『世祖實錄』 세조 8, 『集成』6-361)
11.23. 百官이 冬至를 하례하고, 勤政殿에 나아가 冬至宴을 베푸니, 日本國王의 使臣 등이 입시하다.(『世祖實錄』 세조 8, 『集成』6-361)
11.26. 日本國 關西路 九州都元帥 源教直이 사람을 보내어 土物을 바치다.(『世祖實錄』 세조 8, 『集成』6-362)
12.14. 日本國 使僧 順惠 등이 하직을 고하니, 大藏經·銅錢·土宜 등을 주고, 獼猴와 宜馬를 요청하는 書契를 주어 보내다.(『世祖實錄』 세조 8, 『集成』6-362)

【일본】
1.3. 八幡宮의 재앙을 제거하기 위한 행사에 필요한 비용에 朝鮮 米·拾苞·大刀 一口 등이 사용되다.(『十九公實錄』)
11.3. 大乘院이 良堯房에서 보내온 '高麗國觀音現相記' 1帖을 받다.(『大乘院寺社雜事記』第3卷)
-. 仁位人 宗盛吉이 조선에서 圖書를 받다. 盛吉은 郡主인 盛家의 아우이다.(『十九公實錄』)

宇久守 源勝·肥前州 一岐州 眞弓兵部少輔 源永 등이 使臣을 보내고, 倭護軍 井可文愁戒가 와서 土物을 바치다.(『世祖實錄』 세조 9, 『集成』6-370)
윤7.18. 左翊衛 權綸을 濟州敬差官으로 삼았는데 가지고 갈 事目에 倭人이 가진 軍器와 우리나라의 물건의 출처를 묻고, 만약 도둑질한 倭人이면 가두어 두고, 아니면 후대하되 모두 馳啓하고 取旨하라고 적다.(『世祖實錄』 세조 9, 『集成』6-370)
윤7.19. 日本國 九州都元帥 源教直이 사람을 보내어 土物을 바치다.(『世祖實錄』 세조 9, 『集成』6-371)
윤7.21. 勤政殿에 나아가니, 日本國 使臣 俊超·梵高와 京極武衛 源教直의 사자가 모두 뜰에 들어와 四拜禮를 마치고, 俊超 등에게 佛經·法帖·彩席·衣服 등을 내려주다.(『世祖實錄』 세조 9, 『集成』6-371)
윤7.23. 源教直의 使者 靈彩가 흰 옷을 입은 觀音菩薩을 그려서 바치다.(『世祖實錄』 세조 9, 『集成』6-372)
윤7.24. 日本國 使臣 俊超가 布貨를 줄 것과 回禮使 파견을 요청하니, 議政府에 내려서 의논하게 하다.(『世祖實錄』 세조 9, 『集成』6-372)
윤7.27. 日本에 보낼 布貨를 6백 필로 정하고, 불손하게 행동한 浪將家老를 의금부에 가두다.(『世祖實錄』 세조 9, 『集成』6-373)
윤7.29. 禮曹正郎 李元孝가 日本國 使臣이 布貨를 받는 것이 日本國王이 바라는 것이라고 말한 것을 아뢰다.(『世祖實錄』 세조 9, 『集成』6-373)
8.1. 李仁全으로 하여금 日本國 使臣과 武衛京極殿 九州都元帥의 使者에게 청한 물건을 내려주고, 回禮使는 장차 보낼 것이라고 말하다.(『世祖實錄』 세조 9, 『集成』6-374)
8.6. 日本國 西海老筑前州 冷川津尉 田原成과 肥前州上松浦 九沙島主 藤源次郎과 薩馬州日向太守 藤源盛久가 각각 사람을 보내어 土物을 바치다.(『世祖實錄』 세조 9, 『集成』6-374)
8.11. 宗盛家·宗貞國, 上松浦 鹽津留 松院主 源重實, 肥前州 上松浦 呼子 一岐守 源高 등이 각각 사람을 보내어 土物을 바치다.(『世祖實錄』 세조 9, 『集成』6-375)
9.26. 日本國 一岐州 倭護軍 阿馬豆 등 2인과 肥前州 上松浦 那護野寶泉 源祐位가 보낸 伊羅沙也文 등 2인이 와서 土物을 바치다.(『世祖實錄』 세조 9, 『集成』6-375)
10.29. 日本國 都督 司馬少卿 教賴, 平朝臣 元胤·宗茂世·源永 등이 각각 使臣을 보내어 土物을 바치다.(『世祖實錄』 세조 9, 『集成』6-375)
11.24. 對馬州 宗盛職이 사람을 보내어 土物을 바치다.(『世祖實錄』 세조 9, 『集成』6-375)
11.28. 濟州敬差官 權綸이 濟州에서 잡은 倭人을 후하게 대접하여 바다를 건너갈 양식과 베 1필씩을 주어 보냈음을 아뢰다.(『世祖實錄』 세조 9, 『集成』6-376)
12.13. 對馬州 宗盛職이 使者를 보내어 土物을 바치다.(『世祖實錄』 세조 9, 『集成』6-376)
12.23. 對馬州 宗盛職·上松浦 鹽津에 머무는 伊勢守 源聞이 각각 사람을 보내어 土物을 바치다.(『世祖實錄』 세조9, 『集成』6-377)
12.24. 對馬島 宗盛職이 사람을 보내어 土物을 바치다.(『世祖實錄』 세조 9, 『集成』6-377)
12.28. 對馬州 宗盛職이 사람을 보내어 土物을 바치다.(『世祖實錄』 세조 9, 『集成』6-377)

연도	한국
1464	【한국】 1.1. 勤政殿에 나아가 朝賀를 받고 會禮宴을 베푸니, 倭人·野人들이 모두 반열에 나아가다.(『世祖實錄』 세조10, 『集成』6-377)/ 對馬州太守 宗盛職이 使者를 보내어 土物을 바치다.(『世祖實錄』 세조10, 『集成』6-378) 1.6. 對馬州太守 宗盛職이 使者를 보내어 土物을 바치다.(『世祖實錄』 세조10, 『集成』6-378) 1.9. 對馬州太守 宗盛職이 使者를 보내어 《論語》와 《三體詩》를 구하니, 이를 하사하다.(『世祖實錄』 세조10, 『集成』6-378) 1.16. 勤政殿에 나아가 음복연을 베푸니, 倭人·野人 등이 반열에 나아가 절하다.(『世祖實錄』 세조10, 『集成』6-378) 1.17. 對馬州太守 宗盛職이 使者를 보내어 土物을 바치다.(『世祖實錄』 세조10, 『集成』6-379) 1.22. 對馬州太守 宗盛職이 使者를 보내어 土物을 바치다.(『世祖實錄』 세조10, 『集成』6-379) 1.30. 日本國 九州都元帥 源敎直과 對馬州太守 宗盛職이 각각 사람을 보내어 土物을 바치다.(『世祖實錄』 세조10, 『集成』6-379) 2.2. 日本國 一岐州 倭人 司正 有羅多羅 등 2인이 와서 土物을 바치다.(『世祖實錄』 세조10, 『集成』6-379) 2.14. 日本國 藝州 海賊大將 藤源朝臣村上備中守國重이 사람을 보내어 土物을 바치다.(『世祖實錄』 세조10, 『集成』6-380) 2.15. 慶尙道의 昌原府 峰山과 梁山郡 鷄鳴山의 烽火를 옮기도록 하다.(『世祖實錄』 세조10, 『集成』6-380) 2.16. 對馬州太守 宗盛職에게 法華經1부와 쌀·콩 1백석을 하사하다.(『世祖實錄』 세조10, 『集成』6-380) 2.17. 日本國 使者 僧 俊超가 전년에 하직하고 돌아갔는데 바람에 막히어 永登浦에 있다고 하여 禮賓少尹 鄭忱을 보내어 선위하고, 이를 계달하지 않은 만호 柳培를 鄭忱에게 명하여 서울로 잡아왔다가 사면한다.(『世祖實錄』 세조10, 『集成』6-380) 2.21. 正朝使의 通事 金繼朴이 중국에서 돌아와 정월 17일에 皇帝가 崩하고 4일을 지나 皇太子가 즉위하였다고 아뢰다.(『世祖實錄』 세조10, 『集成』6-381) 2.27. 禮曹에서 中國 조정의 使臣이 오면 倭人과 野人을 도착한 곳에 머물러 두게 하고 使臣이 돌아가기를 기다려 入朝하기를 허락하는데, 지금 순행할 때에 오는 倭人과 野人도 이 예에 의하도록 아뢰니, 그대로 따르다.(『世祖實錄』 세조10, 『集成』6-381) 4.14. 兵曹에서 청하기를, 沿海에 있는 郡과 縣의 백성들이 소나무를 벌목하는 것을 금지시켜 배를 만드는 것에 대비하자고 하다.(『世祖實錄』 세조10, 『集成』6-382) 4.22. 상이 牙山郡을 다시 설치하는 일에 대해 물으니, 金澕이 徙民敬差官으로 충청도에서 돌아와 아뢰기를 이 고을은 倭船이 왕래하는 관문이고 租稅를 수납하는 요지이므로 다시 설치하는 것이 편하겠다고 아뢰다.(『世祖實錄』 세조10, 『集成』6-382) 4.28. 京畿忠淸全羅慶尙道都巡察使 尹子雲이 청하기를, 여러 도의 都節制使로 하여금 煙臺를 순찰 조사하게 하여 아뢰도록 하자고 하니, 상이 그대로 따르다.(『世祖實錄』 세조10, 『集成』6-383) 5.23. 禮曹에서 여러곳의 使臣으로 온 倭人들이 明나라 使臣으로 인하여 여러달 동안 浦口에 머물면서 養料만 허비하고 있는데, 이제 明나라 使臣이 돌아갈 날이 임박했다고 하면서 전례대로 서울로 올려보내도록 아뢰니, 그대로 따르다.(『世祖實錄』 세조10, 『集成』6-383) 6.14. 對馬州太守 宗盛職이 秦盛幸 등 6인을 보내어 土物과 明나라에 上達하여 통교하게 해 주길 바라는 書契를 바치다./ 禮曹에서 秦盛幸은 對馬島에서 권력을 잡고 있는 사람이니, 大內殿이 使送한 사람의 예에 의하여 우대하길 청하니, 그대로 따르다.(『世祖實錄』 세조10, 『集成』6-384)/ 秦盛幸이 三浦에서 무역하는 倭人들이 우리나라의 僧人들과 무역을 하면서 승인들이 자신들을 해치려 하고, 이를 萬戶에게 알렸으나 萬戶도 그들을 힐책하지 않는다고 말한 것을 禮曹에서 東平館의 呈文에 의거하여 아뢰다.(『世祖實錄』 세조10, 『集成』6-385) 6.18. 秦盛幸이 中國과 교통하고자 하나 일찍이 賊倭가 明나라의 국경을 침범한 일이 있으므로, 우리나라의 旗를 얻어서 통행하여 왕래하려 한다고 하니, 議政府와 兵曹에서 불가하다고 의논하다.(『世祖實錄』 세조10, 『集成』6-385) 6.26. 勤政殿에 나아가 잔치를 베풀고 倭人 秦盛幸 등 6인에게 虎皮·黑麻布·白苧浦·油紙席 등을 차등있게 내려주다.(『世祖實錄』 세조10, 『集成』6-386) 7.5. 承政院에서 교지를 받들어 慶尙道觀察使에게 海印寺 大藏經 가운데 大般若經을 뽑아서 倭人 秦盛幸에게 주고, 즉시 그 숫자를 채우라고 馳書하다.(『世祖實錄』 세조10, 『集成』6-386) 7.15. 禮曹에서 새로 정한 橫看에 巨酋와 使人을 접대하는 等數가다르지만 宗盛職은 巨酋로 매년 오는 배가 50척으로 후한 것이므로 別例로 특별히 보내오는 사람을 제외하고는 여러 島의 使人의 예로 접대하길 청하니, 그대로 따르다.(『世祖實錄』 세조10, 『集成』6-387) 7.22. 藝文直提學 具達을 秦盛幸의 護送官으로 삼아서 僧人 등이 倭人과 강제로 買入하다가 겁탈한 사건과 三未羅가 致死한 근본원인을 국문하게 하다.(『世祖實錄』 세조10, 『集成』6-387) 7.23. 禮曹에서 慶尙道觀察使의 關文에 의거하여 對馬州의 宗伯耆守茂次가 通信使 宋處儉 일행의 船軍 韓乙을 구원한 공으로 매년 입조하고자 하고, 또 金海의 표류한 사람 4인을 救療하였다고 하면서 접대하는 것만 허락하도록 청하자, 그대로 따르다.(『世祖實錄』 세조10, 『集成』6-387)/ 對馬島主 宗盛職에게 회서하여 金剛經五家解註本과 法華經·成道記·圓覺經·楞嚴經·大般若經등과 예물을 秦盛幸 편에 보내다./ 日本國 畿內 攝津州兵庫津 平方民部尉忠吉과 對馬州 宗右衛門衛盛弘과 一岐州 上松浦鹽津留松林院 源重實 등이 사람을 보내어 土物을 바치다.(『世祖實錄』 세조10, 『集成』6-388)
1465 ▼	【한국】 1.1. 勤政殿에 나아가 회례연을 베풀고, 倭人과 野人이 참여하니 御饌과 酒肉을 내려주다.(『世祖實錄』 세조11, 『集成』6-398) 1.12. 對馬州太守 宗盛職, 關西路筑前州 太宰府都督 司馬少卿 藤源朝臣敎賴, 肥前州 上松浦 呼子 一岐守 源義 등이 각각 사람

일본

【일본】

9.12. 天龍寺가 僧堂의 勸進의 비용을 마련하기 위해 正·副의 두 사신을 조선에 파견했는데, 船頭가 조선에서 가져 온 財物의 일부를 은닉했으므로 죄를 받다.(『蔭凉軒日錄』一)

-. 대마도인 宗茂時의 아우 彦次郎이 조선에서 관직을 받다.(『十九公實錄』)

7.25. 日本國 五島宇久守 源勝·肥前州上松浦鴨打 源永·關西路 筑前州太宰府都督 司馬少卿 藤源朝臣敎賴 등이 각각 사람을 보내 土物을 바치다.(『世祖實錄』 세조 10, 『集成』6-388)

7.29. 倭人 秦盛幸 등 6인이 하직하니, 술자리를 베풀고 如來現相圖와 金剛經을 내려주다./ 日本國 肥前州 上松浦 佐志 源次郎, 關西路 安藝州 小早川 美作守 平朝臣持平, 石見州 周布源源和兼, 五島宇久守 源勝, 一岐州 守護代官 眞弓兵部少輔 源永 등이 각각 사람을 보내어 土物을 바치다.(『世祖實錄』 세조 10, 『集成』6-389)

7.30. 日本國 上松浦 波多島 源納·肥前州 上松浦 丹後太守 源盛·薩州伊集院寅鎭 隅州太守 藤熙久·西海路 筑前州 宗像郡知守朝臣氏卿·上松浦 一岐州 佐志殿 源滿 등이 사람을 보내어 土物을 바치다.(『世祖實錄』 세조 10, 『集成』6-389)

8.1. 同知中樞院事 梁誠之가 군법·군정·군액·군제·사역 등에 관해 상서하면서, 三國史記에 우리나라 사람들이 열 번 싸우면 中國人에게는 7번 이기고, 倭人에게는 3번 이기고, 野人에게는 5번 이긴다는 기록이 있음을 말하다.(『世祖實錄』 세조 10, 『集成』6-390)

8.2. 對馬州 平朝臣 宗彦七貞國과 賀州·筑州 二州太守 守仁保·平氏盛安과 肥前州下松浦 山城太守 源吉 등이 각각 사람을 보내어 土物을 바치다.(『世祖實錄』 세조 10, 『集成』6-392)

8.3. 日本國 西海道 筑前州 大宰府都督 司馬少卿 原朝臣敎賴, 西海道 防州山口의 大內進多多良朝臣敎之, 薩馬州 日向太守 藤源盛久, 關西道 薩馬州 島津 藤源朝臣持久, 上松浦 呼子 一岐州守 源高가 각각 사람을 보내 土物을 바치다.(『世祖實錄』 세조 10, 『集成』6-393)

8.4. 日本國 肥前州 下松浦 三栗野太守 源滿, 對馬州 仁位郡 宗信濃守盛家·平朝臣 宗彦八郎茂世, 西海路 肥前州 上松浦 神田能登守 源德 등이 각각 사람을 보내어 土物을 바치다.(『世祖實錄』 세조 10, 『集成』6-393)

8.6. 日本國 大內殿 防長豊竺 4州太守 多多良敎弘이 僧 通譯 등을 보내어 土物을 바치다.(『世祖實錄』 세조 10, 『集成』6-393)/ 倭護軍 六郎洒文 등이 와서 土物을 바치다.(『世祖實錄』 세조 10, 『集成』6-394)

8.17. 對馬州太守 宗盛職, 肥前州 小城 千葉介 平朝臣 元胤, 肥前州 上松浦 九沙島主 藤源次郎, 西海路 豊州太守 大友八郎 源朝臣師能, 對馬州 守護代官 平朝臣 宗右馬助盛直 등이 각각 사람을 보내어 土物을 바치다.(『世祖實錄』 세조 10, 『集成』6-394)

8.18. 日本國 藝州의 海賊大將 藤源朝臣村上 備中守 國重·關西路 九州都元帥 源敎直·對馬州 平朝臣 宗彦八郎茂世 守護代官 平朝臣 宗盛直·平朝臣 宗彦九浪貞秀·平朝臣 宗彦七貞國 등이 각각 사람을 보내어 土物을 바치다.(『世祖實錄』 세조 10, 『集成』6-394)

9.3. 勤政殿에 나아가 養老宴을 儀式과 같이 베푸는데, 倭人 50여인이 참석하다.(『世祖實錄』 세조 10, 『集成』6-394)

9.5. 日本國 一岐州 上松浦 鹽津留 觀音寺看主 宗殊·對馬州 宗右衛門尉 盛弘, 上松浦 呼子 一岐守 源高, 一岐州 眞弓兵部少輔 源永, 五島宇久守 源勝, 對馬州 平朝臣 宗彦七貞國이 각각 사람을 보내어 土物을 바치다.(『世祖實錄』 세조 10, 『集成』6-395)

9.16. 倭護軍 多羅而羅 등과 倭司直 皮古時羅 등이 와서 土物을 바치다.(『世祖實錄』 세조 10, 『集成』6-395)

9.18. 兵曹에서 船軍에 대한 萬戶의 횡포를 막기 위해 朝官을 파견하여 살피도록 하자고 아뢰니, 상이 그대로 따르다.(『世祖實錄』 세조 10, 『集成』6-395)

9.18. 對馬州代官 宗盛直이 使者를 보내 土物을 바치다.(『世祖實錄』 세조 10, 『集成』6-396)

9.22. 對馬州 宗盛弘이 使者를 보내 土物을 바치다.(『世祖實錄』 세조 10, 『集成』6-396)

9.26. 對馬州 守護代官 平朝臣 宗右馬助盛直, 上津郡 追捕 平朝臣 宗伯耆守茂次, 仁位郡 宗信濃守盛家, 關西路 九州都元帥 源效直, 肥前州 田平寅鎭 源朝臣 彈正少弼弘 등이 각각 使臣을 보내어 土物을 바치다.(『世祖實錄』 세조 10, 『集成』6-396)

9.27. 禮曹에서 大內殿의 使者 刑部가 바친 銅·鑞·鐵의 값으로 綿布 542필과 正布 1,080필을 주니 정포는 필요 없다고 하면서 받지 않는데, 大內殿은 후하게 대접해야 할 자이므로 모두 면포로 주기를 청하니, 그대로 따르다.(『世祖實錄』 세조 10, 『集成』6-396)

10.25. 日本國 源敎直이 使臣을 보내어 土物을 바치다.(『世祖實錄』 세조 10, 『集成』6-397)

10.27. 日本國 肥前州 田平寅鎭 朝臣 彈正小弼弘이 使臣을 보내어 土物을 바치다.(『世祖實錄』 세조 10, 『集成』6-397)

11.15. 對馬州 上津軍 追捕 平朝臣 宗伯耆守茂次, 仁位郡 宗信濃守盛家, 關西路 九州都元帥 源敎直, 肥前州 田平寅鎭 源朝臣 彈正小弼弘이 각각 使臣을 보내어 土物을 바치다.(『世祖實錄』 세조 10, 『集成』6-397)

12.29. 忠順堂에 나아가 火砲 쏘는 것을 구경하니, 野人과 倭護軍 三甫郎·大郎 등 3인이 입시하였고 後苑과 白岳山 꼭대기에서 일시에 화포를 쏘는 소리가 천지를 진동하니, 倭人과 野人들이 놀라다.(『世祖實錄』 세조 10, 『集成』6-397)

【일본】

2.7. 天龍寺가 僧堂의 勸進의 비용을 조선에 요청하다. 船頭가 조선에서 가져 온 財物의 일부를 은닉했으므로 조사를 받다.(『蔭凉軒日錄』一)

9.10. 宗成職이 小島奇合中에 대해 陸地(九州)·朝鮮으로의 船公事 등을 免除하다.(『宗家御判物寫』)

연도	한국
▲ 1465	을 보내 土物을 바치다.(『世祖實錄』 세조11, 『集成』6-398) 2.3. 對馬州 宗右衛門佐盛弘이 사람을 보내 土物을 바치다.(『世祖實錄』 세조11, 『集成』6-398) 2.6. 倭司正 有羅多羅가 사람을 보내어 土物을 바치다.(『世祖實錄』 세조11, 『集成』6-399) 2.11. 日本國 關西路 肥筑州通守 菊池藤源朝臣爲邦이 사람을 보내어 土物을 바치다.(『世祖實錄』 세조11, 『集成』6-399) 2.28. 對馬州代官 宗盛直의 아들 宗彦七郎 등 16인이 와서 土物을 바치다.(『世祖實錄』 세조11, 『集成』6-399) 3.2. 對馬州 守護代官 平朝臣 宗右馬助盛直이 사람을 보내어 土物을 바치다.(『世祖實錄』 세조11, 『集成』6-399) 3.3. 對馬州太守 平原朝臣 宗盛職이 사람을 보내어 土物을 바치다.(『世祖實錄』 세조11, 『集成』6-399) 3.8. 平茂續에게 쌀 5석을 내려주었는데 平茂續은 倭人이나, 그 어미는 우리나라 高靈縣 사람으로 高麗末에 사로잡혀 가서 平茂續을 낳은 후에 우리나라에 와서 살다./ 對馬島主 宗盛職에게 쌀·콩 각각 1백석·綿布 50필·비단 3필을, 代官 宗盛直에게 쌀·콩 각각 50석·면포 40필을 내려주다.(『世祖實錄』 세조11, 『集成』6-400) 3.9. 思政殿에 나아가 잔치를 베풀었는데 宗彦七郎·酒文多難 등이 입시하고, 宗彦七郎에게 大紅羅·藍羅·白苧浦·黑麻布·虎皮·表皮 등을 내려주니, 宗彦七郎이 뜰 아래에서 拜謝하다.(『世祖實錄』 세조11, 『集成』6-400) 3.26. 通事 咸仲良을 보내어 倭에 사로 잡혔다가 돌아온 中國人을 遼東으로 돌려 보내다.(『世祖實錄』 세조11, 『集成』6-401) 4.2. 日本國 關西路 豊州太守 大友八郎 源朝臣師能이 사람을 보내와서 土物을 바치다.(『世祖實錄』 세조11, 『集成』6-401) 4.5. 日本國 西海道 筑前州 太宰府都督 司馬少卿 藤源朝臣敎賴와 肥前州 下松浦 三栗野太守 源滿 등이 각각 사람을 보내어 土物을 바치다.(『世祖實錄』 세조11, 『集成』6-402) 4.14. 思政殿에 나아가니 忠勳府에서 풍정을 올리었는데, 野人들과 倭人 延酒毛 등 2인이 入侍하니, 御卓을 내려주다.(『世祖實錄』 세조11, 『集成』6-402) 4.26. 奉常判官 具達忠이 金海의 죄수 倭僧 上一을 잘못 탄핵했기 때문에 파직하다.(『世祖實錄』 세조11, 『集成』6-402) 5.2. 日本國 肥前州 田平寓鎭 源操身 彈正小弼弘과 對馬州 守護代官 平朝臣 宗右馬助盛直 등이 각각 사람을 보내어 土物을 바치다.(『世祖實錄』 세조11, 『集成』6-402) 5.5. 日本國 一岐州 上松浦 鹽津留 觀音寺看主 宗殊, 對馬州 仁位郡 宗信濃守盛家 등이 각각 사람을 보내어 土物을 바치다.(『世祖實錄』 세조11, 『集成』6-403) 5.6. 백관이 진하하는 자리에서 倭僧 融勘이 임금에게 술을 올리다.(『世祖實錄』 세조11, 『集成』6-403) 5.10. 日本國 西海路 周防州 山口에 거주하는 大內進亮 多多良朝臣敎之와 對馬州 守護代官 平朝臣 宗右馬助盛直 등이 각기 사람을 보내어 土物을 바치다.(『世祖實錄』 세조11, 『集成』6-404) 5.22. 對馬州 宗盛弘이 三甫難酒文 등 5인을 보내어 土物을 바치다.(『世祖實錄』 세조11, 『集成』6-404) 5.25. 日本國 肥前州 上松浦 波多島의 源納이 使人을 보내어 土物을 바치다.(『世祖實錄』 세조11, 『集成』6-404) 5.29. 兵曹에서 아뢰기를, 평안도·함길도·경기도의 강화 교동등 방어가 긴요한 연해마을에 성터를 정하고, 본 고을 사람들이 해마다 농한기에 쌓도록 하자고 아뢰다.(『世祖實錄』 세조11, 『集成』6-404) 6.3. 日本國 上松浦 波多島의 源納, 西海道 肥前州 上松浦 神田能登守 源德, 對馬州 仁信郡 宗信濃守盛家 등이 각각 사람을 보내어 土物을 바치다.(『世祖實錄』 세조11, 『集成』6-405) 6.7. 日本國 上松浦 呼子 一岐州 代官 牧山帶刀 源實, 對馬州 平朝臣 宗右衛尉盛弘 등이 각각 사람을 보내어 土物을 바치다.(『世祖實錄』 세조11, 『集成』6-405) 7.2. 日本國 宇久守 源勝, 對馬州太守 宗盛職, 肥前州 上松浦 押打 源永 등이 각각 사람을 보내어 土物을 바치다.(『世祖實錄』 세조11, 『集成』6-405) 7.4. 日本國 一岐州 守護代官 眞弓兵部少輔 源永, 上松浦 一岐州 鹽津留 松林院州 源重實, 薩摩州 日向太守 藤源盛久 등이 각각 사람을 보내어 土物을 바치다.(『世祖實錄』 세조11, 『集成』6-406) 7.6. 京畿觀察使 崔漢卿에 유시하기를, 道內의 萬戶 2인으로 하여금 諸浦의 大船 2척에 騎軍 각각 80인을, 小船 6척에 각각 30인을 거느리고 水戰할 기구와 함께 이 달 26일에 楊花渡에 정박하게 하라고 하다.(『世祖實錄』 세조11, 『集成』6-406) 7.7. 日本國 關西路 安藝州 小早川美作守 平朝臣持平, 肥筑通守 菊池 藤源朝臣爲邦, 對馬州 平朝臣 宗彦七貞國 등이 각각 사람을 보내어 土物을 바치다.(『世祖實錄』 세조11, 『集成』6-406) 7.8. 日本國 關西路 九州都元帥 溫敎直, 對馬州 守護代官 平朝臣 宗右馬助盛直, 肥前州 小城 千葉介 平朝臣元胤, 上松浦 丹後太守 源盛 등이 각각 사람을 보내어 土物을 바치다.(『世祖實錄』 세조11, 『集成』6-406)
1466 ▼	【한국】 1.1. 勤政殿에 나아가 朝賀를 받고 회례연을 베풀고, 倭人과 野人이 참여하였는데 倭人과 野人이 말[馬]을 다투어 서로 길에서 싸우다가, 野人이 쫓기어 말을 달려 광화문으로 뛰어드니, 兵曹에 명하여 把門軍士를 국문하게 하다.(『世祖實錄』 세조12. 『集成』6-413) 1.2. 司憲府에서 軍籍使從事官 李枰이 慶尙道 咸昌에 도착한 日本國 管提 源義就의 使者를 제대로 접대하지 못하고 객인을 경멸하는 시를 주었으니, 추핵하기를 아뢰자, 李枰에게 客人과 더불어 만나거나 시를 주지 말라고 치서하다.(『世祖實錄』 세조12. 『集成』6-413) 1.4. 對馬州太守 宗盛職, 關西道 豊筑守大夫 師能, 關西路 筑前州 冷泉津尉 兼 內州太守 田原藤源貞盛 등이 각각 사람을 보내

일본

12.6. 南都의 興福寺가 金堂의 수리비용을 위해 조선에 사절을 보낼 것을 희망하다. 興福寺 奉行 飯尾之種을 통해 조선에 보낼 國書를 足利 義政에게 요청하다.(『蔭凉軒日錄』二)

12.17. 季瓊眞藥이 南都 興福寺의 金堂 수리비용을 위해 파견할 선박이 조선에 가져갈 예물의 품목에 대해 이전의 규정을 가지고 興福寺 奉 行 飯尾之種과 상담하다. 足利義政에게 알릴 것은 언급하지 않다.(『蔭凉軒日錄』二)

-. 대마도 宗國久가 조선에서 圖書를 받고, 세견선 1척을 약조하다. 太郎有劵가 조선에서 같은 도서를 받다.(『十九公實錄』)

7.14. 日本國 肥前州 上松浦 志佐 源次郎, 一岐州太守 源義, 對馬州 平朝臣 宗彦七貞國, 平朝臣 宗彦九郎貞秀, 平朝臣 宗彦八郎茂世가 각각 사람을 보내어 土物을 바치다.(『世祖實錄』세조 11, 『集成』6-406)

8.2. 임금이 中宮과 더불어 喜雨亭에 거둥하여 水戰을 구경하다.(『世祖實錄』세조 11, 『集成』6-407)

8.3. 日本國 肥前州 上松浦 志佐 源次郎, 對馬州太守 宗盛職 등이 각기 使人을 보내어 土物을 바치다.(『世祖實錄』세조 11, 『集成』6-407)

8.4. 日本國 一岐州 守護代官 眞弓兵部少輔 源永, 肥前州 上松浦 志佐 源次郎, 對馬州太守 宗盛職이 각각 사람을 보내어 土物을 바치다.(『世 祖實錄』세조 11, 『集成』6-408)

8.6. 對馬州太守 宗盛職이 使人을 보내어 土物을 바치다.(『世祖實錄』세조 11, 『集成』6-408)

8.8. 日本國 上松浦 一岐州 鹽津留 伊勢守源聞, 西海路 筑前州 宗償郡知守 宗像朝臣氏卿, 肥前州 田平寓鎭 源操身彈正少弼弘 등이 각각 사 람을 보내어 土物을 바치다.(『世祖實錄』세조 11, 『集成』6-408)

8.12. 對馬州 仁位郡 宗信濃守盛家, 守護代官 平朝臣 宗右馬助盛直, 平朝臣 宗彦七貞國 등이 각각 사람을 보내어 土物을 바치다.(『世祖實錄』 세조 11, 『集成』6-408)

8.16. 兵曹에서 바다에 들어가는 사람은 각각 그 배가 정박하는 곳의 守令과 萬戶로 하여금 꼼꼼하게 수색하게 하자고 아뢰다.(『世祖實錄』 세조 11, 『集成』6-409)

9.4. 日本國 五島宇久守 源勝, 關西路 薩馬州 島津 藤源朝臣持久 등이 각각 사람을 보내어 土物을 바치다.(『世祖實錄』세조 11, 『集成』 6-409)

9.7. 日本國 畿內 攝津州 兵庫津 平方式部尉忠吉, 西海路 九州都元帥 源敎直, 對馬州 平朝臣 宗彦七貞國 등이 각각 사람을 보내어 土物을 바 치다.(『世祖實錄』세조 11, 『集成』6-409)

9.24. 對馬州太守 宗盛職이 使人을 보내어 土物을 바치다.(『世祖實錄』세조 11, 『集成』6-409)

9.30. 日本國 薩馬州 伊集院寓鎭 隅州太守 藤熙久, 對馬州太守 宗盛職 등이 각각 사람을 보내어 土物을 바치다.(『世祖實錄』세조 11, 『集成』 6-410)

10.3. 日本國 石見州 周市 藤源和兼, 對馬州太守 宗盛職이 각각 사람을 보내어 土物을 바치다.(『世祖實錄』세조 11, 『集成』6-410)

10.7. 對馬州太守 宗盛職이 사람을 보내어 土物을 바치다.(『世祖實錄』세조 11, 『集成』6-410)

11.3. 都體察使 韓明澮가 江華와 喬桐은 그 백성이 적어 성을 쌓기가 어려우므로 京畿의 號牌軍籍과 徙民을 전송하는 일이 끝난 후에 쌓도 록 하자고 아뢰니 상이 그대로 따르다.(『世祖實錄』세조 11, 『集成』6-410)

11.6. 對馬州太守 宗盛職, 平朝臣 宗彦八郎茂世, 肥前州 上松浦 邢護野 寶泉寺 源祐位 등이 각각 사람을 보내어 土物을 바치다.(『世祖實錄』 세조 11, 『集成』6-411)

11.14. 日本國 肥前州 下松浦 山城太守 源古, 對馬州 關處鎭守 秦盛幸, 佐護郡代官 平朝臣 宗大膳助茂友 등이 각각 사람을 보내어 土物을 바 치다.(『世祖實錄』세조 11, 『集成』6-411)

11.15. 大司憲 梁誠之가 軍國便宜 10條를 올리다.(『世祖實錄』세조 11, 『集成』6-411)

12.8. 對馬州太守 宗盛職, 平朝臣 宗彦七貞國이 각각 사람을 보내어 土物을 바치다.(『世祖實錄』세조 11, 『集成』6-412)

12.12. 對馬州 平朝臣 宗彦七貞國이 사람을 보내어 土物을 바치다.(『世祖實錄』세조 11, 『集成』6-412)

12.15. 日本國 都管提 畠山殿 源義就, 對馬州太守 宗盛職이 각각 사람을 보내어 土物을 바치다.(『世祖實錄』세조 11, 『集成』6-412)

12.16. 對馬州太守 宗盛職이 사람을 보내어 土物을 바치다.(『世祖實錄』세조 11, 『集成』6-412)

12.19. 승정원에 전지하기를, 倭人에게 주는 물건을 看品하여 규찰하라고 하다.(『世祖實錄』세조 11, 『集成』6-412)/ 對馬州太守 宗盛職이 사 자를 보내어 土物을 바치다.(『世祖實錄』세조 11, 『集成』6-413)

【일본】

2.16. 조선을 방문하는 南都 興福寺 勸進船의 正使 融円이 조선에 보낼 國書 基礎者의 任命權을 위임 받은 季瓊眞藥을 방문하다.(『蔭凉軒日 錄』二)

2.28. 足利義政이 조선 국왕에게 국서를 보내어 藥師寺 중흥의 비용을 마련하기 위해 正使 融円 副使 宗禮 등을 보내다.(『善隣國宝記』卷 中)/ 南都 興福寺의 金堂과 藥師寺 勸進의 비용을 조선에 요청하기 위해 사절이 가져갈 國書의 초안을 絹谷西堂에게 작성하게 하다. 조선에 보내는 국서에는 '德有鄰'이 새겨진 도장을 찍을 것을 알리다.(『蔭凉軒日錄』二)

연도	한국
▲ **1466**	어 土物을 바치다.(『世祖實錄』 세조12. 『集成』6-414)
	1.15. 관제를 다시 정하여 倭學에 訓導 각각 2인을 두다.(『世祖實錄』 세조12. 『集成』6-414)
	1.26. 日本國 雍州·河州·紀州·越州·能州의 五州 摠太守 畠山右金吾督 源朝臣義就와 西海路 豊州太守 大友八郎 源朝臣師能 등이 각각 사람을 보내어 土物을 바치다.(『世祖實錄』 세조12. 『集成』6-414)
	2.17. 日本國 關西路 筑前州 太宰府都督 司馬少卿 藤源朝臣教賴가 사람을 보내어 土物을 바치다.(『世祖實錄』 세조12. 『集成』6-414)
	2.24. 禮曹에서 江原道에 순행한 뒤에 日本國王의 使臣과 管提 大內殿이 使送한 別例의 객인이 浦에 이르면 禮曹에 移文하고 啓聞하여 접대하는 등의 倭人과 野人의 접대하는 절차를 아뢰다.(『世祖實錄』 세조12. 『集成』6-415)
	3.11. 日本國 西海路 筑前州 宗像朝臣氏卿이 사람을 보내어 土物을 바치다.(『世祖實錄』 세조12. 『集成』6-415)
	3.15. 日本國 肥前州 上松浦 那文野能登臣 藤原朝臣賴永이 僧 守蘭 등 두사람을 보내고, 一岐州 上松浦 鹽津留 伊勢守 源聞이 沙知羅沙也文을 보내고, 對馬州太守 平朝臣 宗盛職이 僧 迎藏主를 보내 土物을 바치다.(『世祖實錄』 세조12. 『集成』6-415)
	3.28. 禮曹에서 日本國 肥前州 上松浦 賴永이 倭賊에 사로잡혔던 中國 浙江省 杭州의 寧波府 사람 楊吉을 보내었는데, 楊吉이 우리나라에서 살기를 원한다고 아뢰었으나, 申叔舟 등의 의논에 따라 中國으로 돌려보내기로 하다.(『世祖實錄』 세조12. 『集成』6-416)
	윤3.27. 순행하여 지나는 곳에 상서가 여러 번 나타나고 환궁한 뒤에 舍利가 分身하니 百官들이 陳賀하고, 勤政殿에 나아가 議政府와 六曹에서 풍봉을 올렸는데, 日本國 賴永의 使者 僧 守蘭 등 2인을 불러 시연하게 하다.(『世祖實錄』 세조12. 『集成』6-416)/ 禮曹에서 日本國 賴永의 書契에 中國人 楊吉을 보내는 것과 圖印을 받고자 한다고 아뢰면서 圖書는 따를 수 없다고 하니, 명하여 면주 10필·백저포 10필·호피·표피 각각 1장씩을 내려주다.(『世祖實錄』 세조12. 『集成』6-417)
	윤3.28. 對馬州 平朝臣 宗左衛門盛弘이 사람을 보내어 와서 土物을 바치다.(『世祖實錄』 세조12. 『集成』6-417)/ 賴永의 使者 僧 守蘭의 편에 순행중에 상서로움이 있었고, 舍利가 分身했다는 내용이 담긴 書契를 日本國王에게 보내다.(『世祖實錄』 세조12. 『集成』6-418)
	4.13. 對馬州太守 宗盛職이 代官 宗盛直과 上郡追浦 平朝臣 宗伯耆守茂次가 각각 사람을 보내어 土物을 바치다./ 禮曹에서 守蘭은 日本國王 및 여러 곳의 書契와 예물을 많이 가지고 가는데 通事 한 사람으로 押領해 갈 수 없으니, 따로 朝官을 보내어 호송하길 청하자, 그대로 따르다.(『世祖實錄』 세조12. 『集成』6-419)
	4.28. 日本國 賴永의 使者 僧 守蘭이 장차 귀국하려고 하니, 인견하여 술을 내리고 표피·호피·유지석·면포·저포·서책 등을 내려주다.(『世祖實錄』 세조12. 『集成』6-419)
	5.2. 對馬州 守護代官 平朝臣 宗右馬助盛直과 上郡 追浦의 平朝臣 宗伯耆守茂次, 平朝臣 宗貞國과 上松浦 呼子 一岐守 源義 등이 각기 사람을 보내어 土物을 바치다.(『世祖實錄』 세조12. 『集成』6-420)
	5.7. 日本國 西海道 筑前州의 太宰府都督 司馬少卿 藤源朝臣教賴, 肥前州 上松浦의 鴨打 源永, 長門州 赤間關太守 藤原朝忠重 등이 각기 사람을 보내어 土物을 바치다.(『世祖實錄』 세조12. 『集成』6-420)
	5.18. 對馬州 平朝臣 宗彦七貞國, 平朝臣 宗左衛門盛弘, 平朝臣 宗右馬助盛直, 關西路 肥筑通守 菊池 藤源朝臣爲邦 등이 각기 사람을 보내어 土物을 바치다.(『世祖實錄』 세조12. 『集成』6-421)
	6.7. 日本國 肥前州 小城千葉介의 平朝臣 元胤, 對馬州太守 平朝臣 宗盛職 등이 각기 사람을 보내어 土物을 바치다.(『世祖實錄』 세조12. 『集成』6-421)
	6.13. 禮曹判書 元孝然의 卒記에 倭國의 使臣이 끊이지 않고 올 때 임금의 명을 받고 對馬島에 가서 도주를 開諭하여 약정 이외의 使船은 금지시켰다고 적다.(『世祖實錄』 세조12. 『集成』6-421)
	6.19. 日本國 藝州의 海賊大將 國重, 一岐州 鹽津 源重實, 呼子 一岐守 源義, 對馬州太守 宗盛職, 平朝臣 宗盛家, 宗彦八郎義世 등이 각기 사람을 보내어 土物을 바치다.(『世祖實錄』 세조12. 『集成』6-421)
	7.1. 日本國 上松浦 一岐州 鹽津留 松林院의 源重實, 藝州의 海賊大將 藤原朝臣, 村上備中守 國重 등이 각기 사람을 보내어 土物을 바치다.(『世祖實錄』 세조12. 『集成』6-422)
	7.7. 日本國 關西路 備筑通守 菊池 藤源朝臣爲邦, 畿內의 攝津州 兵庫津 平方式部尉忠吉, 肥前州 田平寓鎭 源朝臣 彈正小弼弘, 一岐州 倭護軍 藤源三甫郎·大郎 등이 각기 사람을 보내어 土物을 바치다.(『世祖實錄』 세조12. 『集成』6-422)
1467 **▼**	**【한국】**
	1.1. 勤政殿에 나아가 會禮宴을 베푸니, 野人들과 倭僧 4인이 殿內에 들어와 侍宴하다.(『世祖實錄』 세조13. 『集成』6-429)
	1.8. 日本國 京城澁河 源朝臣義堯가 僧 逃隱 등을 보내어 土物과 불상을 1軀를 바치고, 對馬州 守護代官 宗盛直이 仇難洒毛를 보내어 四書五經을 구하니, 명하여 典校署에 소장된 것을 보내게 하다.(『世祖實錄』 세조13. 『集成』6-429)
	1.13. 日本國 九州都元帥 源教直이 使者를 보내 와서 土物을 바치다.(『世祖實錄』 세조13. 『集成』6-430)
	2.12. 三浦曉諭使 藤安吉과 副使 高台弼 등이 曉事 倭人 信鹽溫과 信古羅·表阿三甫羅 등을 거느리고 와서 복명하다.(『世祖實錄』 세조13. 『集成』6-430)
	2.13. 倭人 信鹽溫 등을 宣諭하고, 禮曹에서 對馬州太守에게 邊民을 겁탈하고 살해한 자와 萬戶를 위협한 자, 公田을 함부로 경작한 자를 찾아내어 징계하고, 三浦에 거주하는 자도 약정대로 할 것 등을 알리는 서한을 보내다.(『世祖實錄』 세조13. 『集成』6-430)

일본
7.11. 對馬州의 宗盛職·宗彦八郎茂世 등이 각기 사람을 보내어 土物을 바치다.(『世祖實錄』 세조 12, 『集成』6-422)
7.23. 兵曹에서 慶尙道觀察使의 關文에 의거하여 大內殿과 小二殿이 싸우다가 小二殿이 패하여 對馬島에 머무르고 있는 등 정세가 불안하니 연변의 여러고을로 하여금 미리 방비를 해서 변고에 대비하기를 청하니, 그대로 따른다.(『世祖實錄』 세조 12, 『集成』6-422)
7.27. 對馬州太守 宗盛職과 一岐州 上松浦 鹽津留 觀音寺 宗殊 등이 사람을 보내어 土物을 바치고, 對馬州 向化護軍 波古時羅가 와서 土物을 바치다.(『世祖實錄』 세조 12, 『集成』6-423)
7.29. 對馬州太守 宗盛職과 肥前州 上松浦의 鴨打源永 등이 각기 사람을 보내어 土物을 바치다.(『世祖實錄』 세조 12, 『集成』6-423)
8.1. 對馬州太守 平朝臣 宗盛職과 一岐州 上松浦 鹽津留 觀音寺 宗殊와 一岐州의 守護代官 眞弓兵部少輔 源永이 각기 사람을 보내어 土物을 바치다.(『世祖實錄』 세조 12, 『集成』6-423)
8.8. 日本國 西海老 周防州에 거주하는 大內進亮多多良朝臣敎之, 對馬州太守 宗盛職, 平朝臣 宗彦九郎貞秀 등이 각기 사람을 보내어 土物을 바치다.(『世祖實錄』 세조 12, 『集成』6-424)
8.11. 日本國 九州都元帥 源敎直, 對馬州太守 宗盛職, 平朝臣 宗盛家, 日向太守 盛久, 上松浦의 源德이 각기 사람을 보내어 土物을 바치다.(『世祖實錄』 세조 12, 『集成』6-424)
8.15. 對馬州 仁位郡 宗信濃守盛家, 西海道 肥前州 上松浦 神田能登守 源德, 薩摩州 日向太守 藤源盛久가 각기 사람을 보내어 土物을 바치다.(『世祖實錄』 세조 12, 『集成』6-424)
8.21. 慶尙道 固城 사람 朱治民이 고을 사람 丁自守가 한 달에 두 번이나 倭賊을 만나 상해를 입었다고 상언하니, 兵曹에서 이를 보고하지 않은 固城縣令과 右道水軍節度使를 觀察使로 하여금 추국하도록 아뢰니, 그대로 따른다.(『世祖實錄』 세조 12, 『集成』6-424)
8.24. 日本國 西海路 筑前州 博多城의 冷川津藤氏와 母遣茂村 등 2인이 와서 土物을 바치다.(『世祖實錄』 세조 12, 『集成』6-425)
9.6. 對馬州太守 宗盛職, 守護代官 宗盛職이 각각 사람을 보내어 土物을 바치다.(『世祖實錄』 세조 12, 『集成』6-425)
9.7. 對馬州太守 宗盛職, 守護代官 宗盛職, 筑前州 太宰府都督 司馬少卿 藤源朝臣敎賴, 肥前州 上松浦 呼子 一岐守 源義가 각기 사람을 보내어 土物을 바치다.(『世祖實錄』 세조 12, 『集成』6-425)
10.5. 對馬州太守 宗盛職, 仁郡 宗信濃守 平朝臣 盛家, 關處鎭守 秦盛幸, 西海路 筑前州 宗像郡氏卿, 肥前州寓鎭 彈正小弼弘, 肥前州 松浦 一岐州太守 志佐 源義 등이 각기 사람을각기 사람을 보내어 土物을 바치다.(『世祖實錄』 세조 12, 『集成』6-426)
10.17. 日本國 肥前州 松浦 志佐 一岐州太守 原義, 對馬州 關處鎭守 秦盛幸이 각기 사람을 보내어 土物을 바치다.(『世祖實錄』 세조 12, 『集成』6-426)
10.21. 日本國 西海路 筑前州 宗像郡持守 宗像朝臣氏卿, 九州都元帥 源敎直이 각기 사람을 보내어 土物을 바치다.(『世祖實錄』 세조 12, 『集成』6-426)
11.2. 大司憲 梁誠之가 우리나라의 동남쪽에 敵國으로 對馬島가 가까운데 훗날 편안하지 못한 사건이 있다면 군사를 일으켜 정벌할 필요가 없고, 輕舟를 보내어 화포로써 對馬島의 舟楫을 불살라 버릴 것 등을 상소하다.(『世祖實錄』 세조 12, 『集成』6-426)
11.9. 對馬州太守 平朝臣 宗盛職, 肥前州 上松浦 九島主 藤原次郎가 각기 사람을 보내어 土物을 바치다.(『世祖實錄』 세조 12, 『集成』6-427)
11.17. 慶尙道 南海 사람이 巨濟縣과 全羅道의 珍島縣은 倭寇가 充斥하는 섬이어서 백성들을 변방으로 옮기지 않았고, 南海縣도 이와 같으므로 9호를 옮기지 말기를 상언하니, 入送하지 않은 5호는 옮기지 않도록 하다.(『世祖實錄』 세조 12, 『集成』6-427)
12.17. 三浦의 倭人이 來投하여 날로 증가하니 禁防이 엄중하지 못하고, 더욱 교만하여 禁制할 수 없는 지경에 이르러 藤安吉을 三浦曉諭使로, 高台弼을 부사로 삼아 사목을 주어 宣諭하도록 하다.(『世祖實錄』 세조 12, 『集成』6-427)
12.20. 日本國 關西道 筑前州의 僧 融勘 등 2인이 와서 土物을 바치다.(『世祖實錄』 세조 12, 『集成』6-428)
12.23. 對馬州의 源茂岐 등 2인이 와서 土物을 바치다.(『世祖實錄』 세조 12, 『集成』6-428)
12.30. 對馬州 而羅洒文·家次가 土物을 바치고, 對馬州太守 宗盛職, 代官 宗盛直, 肥前州 一岐州 眞弓兵部少輔 源永, 筑前州 太宰府都督 司馬少卿 藤源朝臣敎賴, 對馬州 左護軍 代官 平朝臣 宗大膳助茂友가 각기 사람을 보내어 土物을 바치다.(『世祖實錄』 세조 12, 『集成』6-428) / 中宮과 함께 忠順堂에서 화포 쏘는 것을 구경하고 아울러 倭人, 野人에게도 慶會樓 아래에 모여 화포 쏘는 것을 관람하도록 하다.(『世祖實錄』 세조 12, 『集成』6-429)

【일본】
4.2. 博多州의 승려 道安이 琉球國王府에 보낸 서인데, 조선에서 유구에 보내는 물품의 목록을 먼저 전하다.(『歷代宝案』第二冊)

8.19. 조선국왕이 유구국왕에게 보낸 국서로, 이보다 먼저 유구에서 각종 선물을 보내 준건에 감사하여 이에 대한 사례로서 국서와 선물을 보내다.(『歷代宝案』第二冊) / 유구국왕이 조선국왕에게 보낸 국서로, 조선에서 보낸 물품이 화재로 인해 유구에 전달되지 못함을 알리고, 이에 대한 사례로서 국서와 선물을 보내다.(『歷代宝案』第二冊)

-. 宗貞秀가 조선과 歲遣船 7척을 약조하고, 宗茂世가 세견선 3척을 약조하다. 宗茂實 또한 조선으로부터 職祿을 받다.(『十九公實錄』)

2.16. 信鹽溫·信古羅·表阿三甫羅 등이 하직하니, 물건을 차등있게 내려주다.(『世祖實錄』 세조 13, 『集成』6-432)

연도	한국
▲ 1467	3.5. 琉球國王이 使臣을 보내어 앵무새를 바치다.(『世祖實錄』세조13.『集成』6-432) 3.6. 日本 僧 逃隱이 拜辭하고 圓覺寺의 탑을 구경하기를 청하니, 禮曹에 전지를 내려 供覽하도록 하다.(『世祖實錄』세조13.『集成』6-432) 3.7. 注書 盧盼을 보내어 日本 僧 逃隱에게 如來現相圖와 觀音現相圖를 내려주고, 副官人 圓庵主와 伴從人 등에게도 물품을 차등있게 내려주다.(『世祖實錄』세조13.『集成』6-433) 3.12. 日本國 一岐州 鹽津留 伊勢守 源聞이 사람을 보내어 土物을 바치다.(『世祖實錄』세조13.『集成』6-433) 3.13. 兵曹에서 慶尙道觀察使의 關文에 의거하여 唐浦 彌勒山의 烽燧軍 吳仲山이 2월 1일에 왜선 12척이 楸島에서 돛을 올리고 小智島를 향하였다고 고하였으니, 諸島 연변의 營鎭으로 하여금 엄히 방비하도록 아뢰니, 그대로 따르다.(『世祖實錄』세조13.『集成』6-434) 4.3. 日本國 住臣 大友小佐衛門 등 5인이 와서 土物을 바치다.(『世祖實錄』세조13.『集成』6-434) 4.14. 咸吉道觀察使 吳凝이 厚羅土島에 배 13척이 정박해 있는데 慶尙道 唐浦에 출현했던 倭船인 듯 하다고 馳啓하니, 회답하여 확실하지 않은 聲息으로 백성을 소요하지 말 것을 유시하다.(『世祖實錄』세조13.『集成』6-434) 5.9. 함길도절도사 康孝文에게 유시하기를, 망령되게 厚羅土島에 왜선이 있다고 말한 吳凝을 죄로 다스리게 하다.(『世祖實錄』세조13.『集成』6-435) 5.14. 琉球國의 사자가 富山浦에 도착하니 禮曹판서 姜希孟이 敵國의 使者의 예로써 대우하기를 의논하자, 그대로 따르고 護軍 李克墩에게 명하여 富山浦에 가서 宣慰하게 하다.(『世祖實錄』세조13.『集成』6-435) 5.28. 大司憲 梁誠之가 북방을 備禦하는 事宜를 올리며 義州와 江界 등지의 防戍를 배나 더 근신하게 하여, 三浦의 왜인이 있는 곳까지 이 聲息이 있는 것이 새지 않도록 하자고 아뢰다.(『世祖實錄』세조13.『集成』6-436) 6.9. 康寧殿에 나아가 河東君 鄭麟趾·高靈君 申叔舟 등과 琉球國 聘使의 宣慰할 일을 의논하다.(『世祖實錄』세조13.『集成』6-436) 7.8. 慶會樓 아래에서 高靈君 申叔舟·延城君 朴元亨·종친·宰相 등을 불러서 琉球國 使臣을 접견하는 儀注를 주어 연습하게 하다.(『世祖實錄』세조13.『集成』6-436) 7.13. 琉球國王이 僧 同照·東渾 등을 보내어 앵무새·큰 닭·胡椒·犀角·書籍·沈香·天竺酒 등의 물건을 바치다.(『世祖實錄』세조13.『集成』6-437) 7.14. 百官들이 琉球國王의 使臣이 來朝한 것을 하례하다.(『世祖實錄』세조13.『集成』6-437) 7.17. 慶會樓 아래에 나아가 琉球國 使臣을 宴會하고, 正使가 天竺酒를 바치니, 天竺酒와 天竺國에 대해서 묻고 琉球國 使臣을 접대하는 의주에 따르다.(『世祖實錄』세조13.『集成』6-437)
1468	【한국】 1.1. 勤政殿에 나아가 會禮宴을 하니, 來朝한 倭人 등이 참여하다.(『世祖實錄』세조14.『集成』6-448) 1.17. 勤政殿에 나아가 飮福宴을 베푸니, 倭人·野人들중 조정에 있는 자가 참여하였으며, 宗盛職의 使者인 僧 淸藏主를 인견하고 島主의 불행함을 애도한다고 말하다.(『世祖實錄』세조14.『集成』6-448) 1.19. 投化倭人 平茂續이 對馬州에서 오다.(『世祖實錄』세조14.『集成』6-448) 3.1. 明나라 使臣이 왔을 때 倭人으로 입조한 자의 거취에 대해 申叔舟에게 물으니, 明나라 使臣이 오더라도 倭人이 온 것을 숨길 수 없고, 舊例대로 기다리게 한다면 폐단이 있으니 올라와서 기다리게 하도록 아뢰다.(『世祖實錄』세조14.『集成』6-449) 3.15. 思政殿에 나아가 잔치를 베푸니, 日本國 使臣 融圓과 宗禮 등이 侍宴하고 土物과 綵花를 바치었으며, 바닷길이 험하여 한 번도 회례를 못하였다고 하고, 融圓 등이 藥師寺를 지으려 하니 도움을 받고자 한다고 말하다.(『世祖實錄』세조14.『集成』6-449) 3.20. 日本國 藥師寺에 助緣할 물건의 수를 여러 宰臣들에게 의논하게 하니 의논이 각기 달리하다.(『世祖實錄』세조14.『集成』6-451) 3.24. 上黨君 韓明澮가 金良璥·權恪·李克墩을 擬望하여 日本國 通信使로 삼고, 崔灝·金季昌·河漢近을 부사로 삼고, 金閏宗을 書狀官으로 삼아 아뢰니, 權恪에게 通信使로서 日本에 갈 수 있느냐고 묻다.(『世祖實錄』세조14.『集成』6-452) 3.25. 承政院에서 日本使臣에게 禮曹郎官을 보내어 明나라 使臣이 오는 연유에 대해서 말하게 하도록 아뢰니, 通事로 하여금 말하게 하다.(『世祖實錄』세조14.『集成』6-452)/ 日本使臣에게 예전에 通信使의 배가 파선되어 수백 인이 죽은 것을 말하고, 이제 日本使臣이 돌아가는 편에 通信使를 보내려 한다고 말하다./ 朴時衡이 獄中에서 억울함을 호소하는 글에서 임금이 즉위한 이래로 野人이나 日本, 三島, 琉球國이 모두 來庭하였다고 말하다.(『世祖實錄』세조14.『集成』6-453) 3.27. 日本國王에게 牛黃 4部와 藥師寺를 돕기 위해 綿布·麻布 각각 2천필, 綿紬 5백필과 그 절의 액자를 주다.(『世祖實錄』세조14.『集成』6-453) 4.1. 申叔舟에게 慕華館의 武擧試에 나아가 겸하여 日本使臣을 인견하겠다고 말하다.(『世祖實錄』세조14.『集成』6-454) 4.16. 思政殿에 나아가 日本國 使者 僧 融圓 등을 인견하고 日本에 使臣을 보내려고 하였으나, 명나라의 使臣이 있어 일이 많고, 우리나라 사람이 물길에 익숙하지 못하여 보낼 수가 없다고 말하다.(『世祖實錄』세조14.『集成』6-454) 4.17. 日本國 使臣 融圓에게 須陀味를 주다.(『世祖實錄』세조14.『集成』6-454) 5.16. 琉球國 閔意가 사람을 보내어 土物을 바치니, 對馬州의 特送하는 예로써 대우하게 하다.(『世祖實錄』세조14.『集成』6-455) 5.25. 상이 전교하기를, 金輔가 만일 왜인에 대해 물으면, 비록 오는 자가 있더라도 모두 慶尙道로 부터 오므로 그 자상한 것은 알지 못한다고 하라고 하다.(『世祖實錄』세조14.『集成』6-455)

일본

7.18. 琉球國 使臣에게 別下程을 보내고, 延城君 朴元亨·禮曹判書 姜希孟에게 명하여 대접하게 하니, 同照 등이 배사하고 燒香·胡椒·史纂錄·林間語錄·羅先生文集 등을 바치다.(『世祖實錄』 세조 13, 『集成』6-439)

7.21. 對馬州 平朝臣 宗彦九郎貞秀가 邊沙文을 보내어 歲遣商船의 숫자를 늘이도록 청하고 예물을 바치었으나, 禮曹에서 배의 숫자는 이미 정한 법이 있으니 다시 아뢰기 어렵다고 回報하다.(『世祖實錄』 세조 13, 『集成』6-439)

7.22. 日本國 京極 京兆尹 江岐雲 3州 刺史로서 京極에 사는 左左木氏 兼 大膳大夫 源生道가 사람을 보내어 土物을 바치고, 표류인 金石伊 등 2인을 돌려보내다.(『世祖實錄』 세조 13, 『集成』6-440)

7.24. 日本國 關西路 安藝州 小早川美作守 持平 莒崎津 右衛門 藤源安直·肥前州 松浦一岐州 太守 志佐 源義가 각기 使者를 보내 土物을 바치다.(『世祖實錄』 세조 13, 『集成』6-440)

8.6. 琉球國 使臣과 倭人 등을 勤政殿에서 宴會하니, 倭僧이 차례로 술을 올리고 金佛像 3軀를 바치다.(『世祖實錄』 세조 13, 『集成』6-440)/ 大司憲 梁誠之가 琉球國에 木綿 1만필과 綿紬 5천필을 보내는 것은 불가하다고 하면서 그 이유로 日本이 이 소식을 듣고 琉球의 예를 인용하여 청하면 사양하기 어렵다는 등 주어서는 안 될 20가지 이유를 상서하다.(『世祖實錄』 세조 13, 『集成』6-441)

8.8. 禮曹에서 對馬州太守가 보낸 宗彦四郎 등이 전에 三浦에서 姦慝한 짓을 한 倭人의 사건을 島主에게 알려 그 죄를 다스리게 한 공이 있으니, 쌀·콩 모두 30석을 더 주길 청하니, 그대로 따르다.(『世祖實錄』 세조 13, 『集成』6-443)

8.14. 注書 慶俊을 보내어 琉球國 使臣 上官人·副人에게 鞍子·화초병풍·인삼·法華經·金剛經등의 각종 불경과 서적, 油紙席 등을 주고 侍奉僧 1인과 伴從 13인에게도 물품을 내려주다.(『世祖實錄』 세조 13, 『集成』6-443)

8.17. 琉球國王에게 紅細苧布·白細苧布·白細綿紬·人蔘·鞍子·柏子·燒酒·法經論·圓覺經등의 각종 불경과 서적을 주다.(『世祖實錄』 세조 13, 『集成』6-444)

8.19. 琉球國 使臣이 하직하다.(『世祖實錄』 세조 13, 『集成』6-445)

8.24. 禮曹에 전지하여 對馬州太守 宗盛職에게 3表裏·말 1필·안자 1면을, 代官 宗盛直에게 2表裏를 내려주다.(『世祖實錄』 세조 13, 『集成』6-445)

9.23. 向化倭人 行副護軍 藤安吉이 돌아가서 어머니를 만나니, 兵曹에 명하여 驛馬를 주고, 慶尙道觀察使로 하여금 쌀·콩을 아울러 15석을 주고, 겸하여 食物도 주게 하다.(『世祖實錄』 세조 13, 『集成』6-445)

11.13. 日本國 冷泉津 藤氏의 어미가 使送한 茂村은 藤安吉의 동생인데, 亡父를 위하여 僧 3인이 쓴 刺血寫의 法華經1건을 청하여 사찰에 安置하고자 하였으나, 오지 못하게 하고 無注法華經을 주어 淸淨寺에 주어 安置하도록 하다.(『世祖實錄』 세조 13, 『集成』6-445)

12.1. 戶曹에 전지하여 倭人 平茂續에게 쌀 6석을 주다.(『世祖實錄』 세조 13, 『集成』6-446)

12.4. 行上護軍 鄭種이 三浦에 항상 거주하는 倭人들을 蓄盛하게 할 수 없다고 아뢰니, 그에 대해서 의논하고 있다고 말하다.(『世祖實錄』 세조 13, 『集成』6-446)

6.4. 兵曹에서 江原道의 兵馬節度使·水軍節度使의 계본에 의거하여 江陵은 인구가 조밀하여 倭寇가 있을 수 있으니, 革罷한 連谷浦·襄陽浦 두 포의 선척과 水夫를 安仁浦에 移屬하고 萬戶를 보내어 방어하도록 아뢰니, 그대로 따르다.(『世祖實錄』 세조 14, 『集成』6-456)

6.22. 琉球國王의 아우 閔意가 使者로 보낸 古都老·而難酒毛 등 5인을 인견하고, 須陀味를 주니 香·硯滴·扇子 등을 올리다.(『世祖實錄』 세조 14, 『集成』6-456)

7.4. 琉球國 使者 古都老·而難酒毛 등이 하직하니, 兵曹參知 柳子光을 護送官 삼고, 더불어 三浦에 가서 倭船을 造作하는 모양을 보도록 하다.(『世祖實錄』 세조 14, 『集成』6-457)

7.12. 河東君 鄭麟趾·高靈君 申叔舟·綾城君 具致寬 등을 불러 琉球國에서 올린 天竺酒를 내려주었는데, 그 맛이 쓰고 매워서 사람들이 쉽게 마시지 못하다.(『世祖實錄』 세조 14, 『集成』6-457)

7.30. 行護軍 金好仁이 對馬島로부터 돌아와 복명하고, 對馬島에서는 가죽신은 없고 항상 나막신을 신고 다닌다는 것과 도주가 거처하는 곳 등에 대해서 말하다.(『世祖實錄』 세조 14, 『集成』6-458)

9.16. 중국에 訃告하고 諡號를 정하게 하고, 의정부에서 행실을 찬하여 예부에 주달하는 글에, 완악하고 흉악한 島倭들이 왕의 위엄에 놀라고 德에 무안해 하지 않음이 없었다고 하다.(『世祖實錄』 세조 14, 『集成』6-458)/ 中樞府知事 李石亨·漢城府左尹 李坡를 보내어 명나라에 가서 告訃·請諡하게 하였는데 그 표문에 義로써 交隣하여 島倭들도 모두 위엄을 두려워하고 은덕에 보답하지 않음이 없었다고 적다./ 禮曹에서 國喪 중에 倭人과 野人을 먹일 때에는 素饌을 쓰게 하다./(『睿宗實錄』 예종즉위년, 『集成』7-1)

9.23. 兵曹參知 柳子光이 浦에 사는 倭人의 수를 아뢰고 처치를 바라니, 禮曹에서 倭人의 수를 기록·계달하게 하다.(『睿宗實錄』 예종즉위년, 『集成』7-2)

9.29. 日本國 對馬州 太守 宗貞國과 宗貞秀가 각각 使者를 보내어 와서 土物을 바치다.(『睿宗實錄』 예종즉위년, 『集成』7-2)

10.8. 戶曹에서 東萊, 蔚山, 熊川의 田稅를 수납하여, 양식이 부족한 倭人에게 料를 주게 하다.(『睿宗實錄』 예종즉위년, 『集成』7-2)

10.18. 日本國 對馬州 太守 宗貞國·石見州 周布和兼이 각각 使臣를 보내어 와서 土物을 바치다.(『睿宗實錄』 예종즉위년, 『集成』7-2)

10.22. 日本國 對馬州 倭護軍 皮古仇羅·井藏家 등이 와서 土物을 바치다.(『睿宗實錄』 예종즉위년, 『集成』7-3)

11.8. 日本國 對馬州 守護代官 平朝臣·宗助六盛俊이 使臣을 보내어 와서 土物을 바치다.(『睿宗實錄』 예종즉위년, 『集成』7-3)

11.15. 日本國 對馬州 宗司郎職家·宗大膳助茂友·宗茂世·馬助家次등이 각각 使臣을 보내어 와서 土物을 바치다.(『睿宗實錄』 예종즉위년, 『集成』7-3)

11.23. 日本國 對馬州 太守 宗貞國이 使臣을 보내 와서 土物을 바치다.(『睿宗實錄』 예종즉위년, 『集成』7-3)

11.28. 太上王을 光陵에 장사지냈는데 그 誌文 事大와 交隣에 있어 모두 그 도리를 다하여, 섬의 오랑캐가 복종하며 멀리서 이르지 않는 자가 없었다고 하다.(『世祖實錄』 세조14, 『集成』6-459)

12.4. 日本國 冷泉津 倭護軍 道安이 와서 土物을 바치다.(『睿宗實錄』 예종즉위년, 『集成』7-3)

연도	한국
1469	【한국】 1.2. 日本國 對馬州 太守 宗貞國이 使者를 보내어와서 土物을 바치다.(『睿宗實錄』 예종1.『集成』7-4) 1.11. 日本國 對馬州 太守 宗貞國이 使者를 보내와서 土物을 바치다.(『睿宗實錄』 예종1.『集成』7-4) 1.29. 日本國 對馬州 太守 宗貞國이 사람을 보내 와서 土物을 바치다.(『睿宗實錄』 예종1.『集成』7-4) 3.6. 日本國 畠山殿의 義就이 使者를 보내어 와서 土物을 바치다.(『睿宗實錄』 예종1.『集成』7-4) 3.9. 申叔舟가 倭人을 꾀어 금을 받고 약속보다 물건을 적게 준 李吉生은 處斬하게 하고, 그의 주인 鹽夫·流里大·通事 金致中은 가산을 적몰케 하기를 청하자, 상이 윤허하고 또한 三浦의 私貿易을 금하다.(『睿宗實錄』 예종1.『集成』7-4) 3.10. 日本國 西海道 日向·大隅·薩摩 三州太守 藤源立가 使者를 보내어 와서 土物을 바치다.(『睿宗實錄』 예종1.『集成』7-6) 3.13. 倭人 望古羅 등 7인이 표류되었다가 全羅道 지방에 이르러 양식을 구하였는데, 우리 나라 사람들이 양식을 빼앗고 死傷하였다는 것을 듣고 承政院이 通事를 보내어 그들을 위로하게 하다.(『睿宗實錄』 예종1.『集成』7-6) 3.16. 日本國 對馬州 太守 宗貞國이 使者를 보내어 와서 土物을 바치다.(『睿宗實錄』 예종1.『集成』7-6) 3.22. 禮曹에서 對馬州 太守 宗貞國이 보낸 中山和尙이 우리 나라에서의 倭人 피살 사건을 심핵하게 할 것과 양식 주는 것에 대한 문제를 고 다고 아뢰자, 상이 古例에 의해 따르게 하다.(『睿宗實錄』 예종1.『集成』7-7) 4.1. 日本國 對馬州 太守 宗貞國이 使人을 보내어, 永昌殿에 進香하다.(『睿宗實錄』 예종1.『集成』7-7) 4.8. 對馬州太守 宗貞國이 사람을 보내와서 土物을 바쳤다.(『睿宗實錄』 예종1.『集成』7-8) 4.14. 日本國 九州都元帥 源教直과 對馬州 太守 宗貞國이 각각 使人을 보내 와서 土物을 바치다.(『睿宗實錄』 예종1.『集成』7-8) 4.20. 日本國 西海道 肥前州 下松浦 丹後太守 源勝이 使人을 보내 와서 土物을 바치다.(『睿宗實錄』 예종1.『集成』7-8) 4.25. 日本國 關西路 九州都元帥 源教直이 使人을 보내와서 土物을 바치다.(『睿宗實錄』 예종1.『集成』7-8) 4.27. 日本國 對馬州 太守 宗貞國이 使人을 보내 와서 土物을 바치다.(『睿宗實錄』 예종1.『集成』7-8) 5.27. 院相 綾城君 具致寬이 倭人과의 교린을 위해 禮曹가 각년의 倭人을 대접한 受敎를 두루 상고하게 할 것을 청하다.(『睿宗實錄』 예종1.『集成』7-9) 5.28. 日本國 對馬州 太守 宗貞國이 禮曹에 글을 보내어 변방 백성들의 안전을 요구하자, 임금이 宗貞國의 書契는 무례하고 사연이 있는 듯 싶으니, 全羅道·慶尙道의 觀察使와 節度使에게 미리 防備하라고 諭示하다.(『睿宗實錄』 예종1.『集成』7-9) 5.29. 임금이 對馬州 太守 宗貞國의 使臣을 접대함에 있어서 소홀했던 것을 사과하기 위해, 친히 慶尙道·全羅道 節度使를 골라서 日本國에 파견하다.(『睿宗實錄』 예종1.『集成』7-10) 6.2. 都承旨 權瑊이 三浦倭人의 동요를 이유로 金國光과 李克培를 下三道에 보내 군기를 점검하는 것을 반대하다. / 日本國 九州都元帥 源教直과 上松浦 鹽津 源經이 각기 使者를 보내 와서 土物을 바치다.(『睿宗實錄』 예종1.『集成』7-11) 6.7. 倭船이 포구에 머물러 있는 동안 식량을 주지 않아, 그 문제를 의논하러 온 倭人 僧 崇悅 등 14인을 임금이 慶會樓에서 引見하다.(『睿宗實錄』 예종1.『集成』7-11) 6.9. 伴送使 申叔舟가 對馬島 太守 宗貞國이 새로 즉위해 경험이 없어 무례한 書契를 보냈으니, 노여움을 풀 것을 아뢰자, 임금이 思政殿에 나아가 引見하다.(『睿宗實錄』 예종1.『集成』7-12) 6.11. 上이 申叔舟와 崔恒 등에게 명하여 文臣과 成均館儒生으로 殿講에 나온 자를 思政殿에 모이게 한 후, '議政府에서 琉球國의 내조한 것을 하례하다' 라는 제목 등 세 가지의 表文을 내리다.(『睿宗實錄』 예종1.『集成』7-12) 6.16. 日本國 筑前州 太宰府都督 司馬少卿 籍忠이 使者를 보내어 永昌殿에 進香하다. / 임금이 禮曹參議 梁順石에게 명하여, 연례에 따라 보낸 使者의 선박을 京師에 들어가지 못하게 한 것에 대한 이유 설명을 위해, 日本國 對馬州 太守 宗貞國의 서신에 답하게 하다.(『睿宗實錄』 예종1.『集成』7-13)
1470 ▼	【한국】 1.5. 日本國 肥前州 松浦志佐 一岐太守 源義와 對馬州 宗貞秀가 사람을 보내어 土宜를 바쳤으며, 倭護軍 又四羅盛屯 등 2인이 來朝하다.(『成宗實錄』 성종1.『集成』7-24) 1.14. 禮曹에서 三浦에 범입하는 倭人의 論罪로 인하여 온 宗盛俊의 使臣을 서울로 올려 보내니, 特例로 접대한다는 뜻을 설명해 주길 청하다.(『成宗實錄』 성종1.『集成』7-25) 1.25. 日本國 對馬州 太守 宗貞國과 그 아들 宗貞秀와 仁位郡 信濃守 宗盛家, 四郎 宗盛職이 사람을 보내어 와서 土宜를 바치다.(『成宗實錄』 성종1.『集成』7-25) 2.7. 東萊人 金得仁은 어미가 죽자 3년 동안 廬墓살이를 하였는데 倭賊들이 와서 劫迫하여도 묘를 떠나지 않는 등 효성이 지극하니, 禮曹에서 이것에 의거하여 褒賞을 가해 後來를 권하게 할 것을 청하다.(『成宗實錄』 성종1.『集成』7-25) 2.14. 日本國 關西路 九州侍所 宗彦八郎茂世, 對馬州의 越中守 宗盛弘, 對馬州의 宗貞秀가 사람을 보내어 土宜를 바치고, 倭護軍 宗家茂 등이 來朝하다. / 司諫院 大司諫 金壽寧 등이 夕講 시행, 署經의 회복, 貢賦, 嫡妾문제, 倭人·野人 무리의 시위 문제, 刊經都監, 諫諍人 추가문제 등을 아뢰다.(『成宗實錄』 성종1.『集成』7-26) 3.1. 對馬州 越中守 宗盛弘이 사람을 보내어 永昌殿에 향을 올리다.(『成宗實錄』 성종1.『集成』7-27) 3.12. 日本國 一岐州 守護大官 眞弓兵部少輔 源武가 사람을 보내어 土宜를 바치다.(『成宗實錄』 성종1.『集成』7-27) 4.5. 日本國 筑前州 宗像郡知守 氏鄕이 사람을 보내어 土宜를 바치다.(『成宗實錄』 성종1.『集成』7-27) 5.12. 禮曹에서 宗貞國의 特送 平茂續 등 135인이 여러 달 머물면서 돌아가지 아니하고 양식을 소비하는 것을 아뢰며, 임금에

일본

6.19. 日本國 百濟精舍 法江이 使者를 보내 와서 土物을 바치다.(『睿宗實錄』예종 1,『集成』7-15)

6.23. 日本國 筑前州 冷泉津 倭司直 茂材 등 3인이 와서 土物을 바치다.(『睿宗實錄』예종 1,『集成』7-15)

6.27. 上이 慶尙道 東來와 熊川 등의 고을에서 倭國의 使者를 관대하는 데 마땅함을 잃었으므로, 司贍副正 李克基를 보내어 按覈하게 하고, 식량 지급 문제와 미곡 수송 여부를 아울러 推覈케 하다.(『睿宗實錄』예종 1,『集成』7-15)

6.29. 日本國 對馬州 太守 宗貞國이 使者를 보내 와서 土物을 바치다./ 工曹判書 梁誠之가 국정 전반에 대해 상서하였는데, 高麗史 반포에 대한 상서에서는 史略과 같이 中國이나 日本에 전해도 좋을 것을 제시하다.(『睿宗實錄』예종 1,『集成』7-16)

7.4. 倭司正 藤茂村이 永昌殿에 향을 올리다.(『睿宗實錄』예종 1,『集成』7-17)

7.11. 임금이 慶尙左道·右道의 水軍節度使에게 항상 거주하는 倭人이라도 對馬島 왕래에 대한 형적을 드러내도록 하라고 명하다.(『睿宗實錄』예종 1,『集成』7-17)

7.13. 임금이 領議政 韓明澮, 綾城君 具致寬 등에게 명하여 가벼운 죄로 붙들린 자를 석방할 것을 의논하고, 中山和尙에게 무례함을 보였던 倭通事 房係尙을 석방케 하다.(『睿宗實錄』예종 1,『集成』7-18)

8.3. 禮曹에서 薺浦와 富山浦의 倭學訓導를 熊川·東萊 두 고을에 나누어 學舍를 세우고, 訓導 및 僕從·馬料는 여러 고을의 鄕校의 예에 따르도록 하다.(『睿宗實錄』예종 1,『集成』7-18)

8.4. 日本國의 宗石見守國吉이 使者를 보내어 와서 土宜을 바치다.(『睿宗實錄』예종 1,『集成』7-18)

8.11. 日本國 肥筑通守 菊池爲邦이 使者를 보내어 와서 土宜를 바치다.(『睿宗實錄』예종 1,『集成』7-19)

8.15. 日本國 五道 宇久守 源勝이 使者를 보내어 永昌殿에 進香하다.(『睿宗實錄』예종 1,『集成』7-19)

8.20. 日本國 讚岐州 四或七島에 사는 藤原朝臣安富 筑後種家가 使者를 보내어 와서 土宜를 바치다.(『睿宗實錄』예종 1,『集成』7-19)

11.7. 院相 申叔舟는 朝官을 보내 平茂續을 위로하고, 通事를 對馬島에 보내어 書契와 선물을 전달케 하여 小二殿 일을 경축하는 등 交隣의 도리를 다할 것을 청하다.(『睿宗實錄』예종 1,『集成』7-19)

11.10. 日本國의 持平이 使臣을 보내어 와서 土宜를 바치다.(『睿宗實錄』예종 1,『集成』7-20)

12.8. 日本國 九州都元帥 源敎直이 사람을 보내어 와서 土宜를 바치다./ 對馬州 太守 宗貞國이 井皮孔古羅 등을 특별히 보내어 土宜를 바치다.(『成宗實錄』성종즉위년,『集成』7-21)

12.10. 兵曹佐郎 金利貞이 對馬島로부터 온 倭中樞 平茂續에게 들은 三浦居住 倭人의 동태와 日本國의 정세를 임금에게 아뢰다. (『成宗實錄』성종즉위년,『集成』7-21)

12.14. 禮曹에서 對馬州 太守 宗貞國이 平茂續을 특별히 대우하였으니, 이에 대한 回禮로 물품을 보내기로 하고 그 수량과 종류를 임금에게 아뢰다./ 對馬州 太守 宗貞國이 井皮孔古羅를 보내 우리나라에서 하사한 書信에 대한 감사와 三浦 居住者 문제에 대한 내용을 書契에 아뢰다.(『成宗實錄』성종즉위년,『集成』7-22)

12.15. 申叔舟 등이 潘熙가 富山浦僉節制使였을 때 그 지방의 倭人을 모두 복종시켰으므로 慶尙道水軍節度使에 임명할 것을 청하다.(『成宗實錄』성종즉위년,『集成』7-23)/ 日本國 關西路 九州都元帥 源敎直의 使者 信沙也文이 永昌殿에 향을 올리다.(『成宗實錄』성종즉위년,『集成』7-24)

12.24. 禮曹兼判書 申叔舟가 倭人 平茂續의 생활이 궁핍함을 알리며, 그에게 물품을 하사하여 우대할 것을 청하다.(『成宗實錄』성종즉위년,『集成』7-24)

【일본】

8.28. 足利義政이 僧 光以를 조선에 파견하여 국서를 보내 조선국왕의 卽位를 축하하고, 전란으로 분실했던 옛 印을 대신하여 새로운 印을 사용하고 있음을 전하다.(『善隣國宝記』卷中)

게 돌아가도록 명할 것을 청하다.(『成宗實錄』성종 1,『集成』7-27)

6.8. 韓明澮가 倭人들은 칡을 채취하여 먹으니 우리나라 사람들도 칡을 채취하여 기근에 대비하게 할 것을 아뢰다.(『成宗實錄』성종 1,『集成』7-28)

6.16. 對馬州 太守 宗貞國·平朝臣·宗貞秀·越中守 宗盛弘이 사람을 보내어 土宜를 바치다.(『成宗實錄』성종 1,『集成』7-28)

6.21. 日本國 肥前州 下松浦 五道宇久守 源勝·關西路 九州侍所 宗彦八郎茂世·薩州鎭隅主 太守 伊集院 藤熙久·對馬州 太守 宗貞國·平朝臣 宗貞秀가 사람을 보내어 土宜를 바치다.(『成宗實錄』성종 1,『集成』7-28)

6.23. 日本國 對馬州 太守 宗貞國·仁位郡 信濃守 宗盛家·越中守 宗盛弘·守護代官 宗助六盛俊·周防州 山口 大內進亮敎之·薩摩州 市來太守 國久가 사람을 보내어 土宜를 바치다.(『成宗實錄』성종 1,『集成』7-29)

6.29. 琉球國 中平田大道 平州守 等悶意가 仁叟和尙 등 6인을 보내어 土宜를 바치다.(『成宗實錄』성종 1,『集成』7-29)

7.6. 日本國의 宗貞國·宗盛弘, 宗茂次·源勝·源盛·宗殊, 源重實, 源經·源正과 賴忠이 사람을 보내어 土宜를 바치다.(『成宗實錄』성종 1,『集成』7-29)

연도	한국
▲ 1470	7.9. 憲府掌令 朴崇質이 全羅道 水軍節度使 趙宗知가 군사를 징벌하여 海島에서 사냥하다 倭賊을 만나 우리나라 사람이 被殺되었으니, 이에 罷黜하고 鞫問케 할 것을 청하다. / 禮曹에서 三浦의 官吏가 來朝하여 오는 倭人을 接待하는 事目을 아뢰다.(『成宗實錄』 성종1. 『集成』7-30) 7.12. 日本國 宗貞國·平朝臣·宗貞秀·宗盛弘·宗盛家·源德·宗彦八郎茂世·國重·藤原持久가 사람을 보내어 土宜를 바치다.(『成宗實錄』 성종1. 『集成』7-31) 7.13. 日本國 周防州 山口所司 代杉河守 源弘安이 사람을 보내 土宜를 바치다.(『成宗實錄』 성종1. 『集成』7-31) 7.15. 日本國 西海島 肥前州 松浦 丹後太守 源盛이 僧 題壽兒를 使臣으로 보내어 永昌殿에 향을 올리다.(『成宗實錄』 성종1. 『集成』7-31) 7.19. 日本國 京城管領 畠山殿 左京大夫 源義勝이 僧 向陽을 보내어 土宜를 바치다. / 日本國 對馬州 太守 宗貞國·仁位郡 信濃守 宗盛家·越中守 宗盛弘·肥前州 下松浦 三栗太守 源滿와 筑前州 冷泉津 藤氏의 어미가 사람을 보내어 土宜를 바치다.(『成宗實錄』 성종1. 『集成』7-32) 7.27. 日本國 石見州의 藤原周布左近將監와 兼과 貴海之國 交公이 사람을 보내어 土宜를 바치다.(『成宗實錄』 성종1. 『集成』7-33) 8.1. 日本國 畠山殿 源義勝·薩摩州 藤原持久·筑前州 藤氏母가 사람을 보내어 와서 永昌殿에 進香하다. / 對馬州 越中守 宗盛弘이 사람을 보내어 와서 景安殿에 進香하다.(『成宗實錄』 성종1. 『集成』7-33) 8.7. 日本國 宗貞國·宗盛家·大友八郎師能·源吉·佐志源次郎·國光·忠國·伊集院·藤熙久가 사람을 보내어 와서 土宜를 바치다.(『成宗實錄』 성종1. 『集成』7-33) 8.14. 日本國 薩摩州 伊集院 寓鎭 隅州太守 藤原熙久가 사람을 보내어 와서 永昌殿에 進香하다.(『成宗實錄』 성종1. 『集成』7-33) 8.18. 日本國 對馬州 太守 宗貞國이 土宜를 바치며, 자신들이 원하는 것을 歸國 선물로 줄 것을 청하다.(『成宗實錄』 성종1. 『集成』7-34) 8.21. 源義勝의 使臣인 僧 向陽이 하직하니, 禮曹에서 답서와 土宜를 내리다.(『成宗實錄』 성종1. 『集成』7-34) 8.23. 日本國 對馬州 太守 刑部小補 宗貞國·平朝臣 宗貞秀·筑前州 太宰都督 司馬少卿 賴忠·仁位郡 信濃守 宗盛家·關處鎭守 秦盛幸이 사람을 보내어 와서 土宜를 바치다.(『成宗實錄』 성종1. 『集成』7-35) 8.24. 日本國王 懷守納政所 伊勢守 政親이 보낸 入道 등이 와서 土宜를 바치고, 管領 細川과 山名의 전쟁을 진압하기 위한 물건을 보내 줄 것을 청하는 書契를 보내다.(『成宗實錄』 성종1. 『集成』7-35) 8.25. 日本國王 源義政이 보낸 心苑東堂 등이 來聘하여 金印을 내려줄 것을 요구하며 선물을 바치다.(『成宗實錄』 성종1. 『集成』7-36) / 日本國 對馬州 太守 宗貞國·守護代官 宗助六盛俊·關西路 肥筑通守 爲邦·筑前州 冷泉津 藤氏母·平左衛門信重·安藝州 小早川美作守 平持平이 사람을 보내 와서 土宜를 바치다.(『成宗實錄』 성종1. 『集成』7-37) 8.27. 禮曹兼判書 申叔舟와 參判 李承召가 日本國王이 있는 곳에서 公事를 出納하는 자인 政親이 가지고 온 書契에 圖書가 날인되지 않은 이유를 묻기 위한 술자리를 마련할 것을 상에게 청하다.(『成宗實錄』 성종1. 『集成』7-37) 8.28. 日本國 細川 左吾頭 持賢이 사람을 보내어 와서 土宜를 바치다.(『成宗實錄』 성종1. 『集成』7-38) 8.29. 禮曹에서 宣慰官 田養民의 使行이 통과하는 곳인 一岐州의 源義·源武·源永·源義, 鹽津留의 源繼, 上松浦의 源次郎에게 선물을 보내고, 아울러 護送하여 달라는 뜻을 유시하길 상에게 청하다.(『成宗實錄』 성종1. 『集成』7-38) 8.30. 임금이 院相 및 戶曹·禮曹에 명하여, 倭 使臣 賴忠과 政親이 청구한 物貨에 대한 지급 수량을 의논하게 하다.(『成宗實錄』 성종1. 『集成』7-38)
1471 ▼	【한국】 1.1. 仁政殿에 나아가서 會禮宴을 행할 때 함께 참석한 倭人들에게 술을 내린 후 물건을 차등 있게 내려 주다.(『成宗實錄』 성종2. 『集成』7-51) 1.10. 掌令 朴崇質 全羅道의 바닷가에 있는 州·縣이 飢饉이 심해도 賑恤 하는 것이 쉽지 않고, 仁政殿·勤政殿은 朝廷에서 外賓을 禮待하는 곳이므로 女樂을 쓸 수가 없다고 하다.(『成宗實錄』 성종2. 『集成』7-52) 1.11. 日本國 對馬州 太守 宗貞國이 사람을 보내어 와서 土宜를 바치다.(『成宗實錄』 성종2. 『集成』7-52) 1.12. 日本國 豊後守 源高忠이 사람을 보내어 와서 土宜를 바치다.(『成宗實錄』 성종2. 『集成』7-52) 1.15. 日本國 對馬州 太守 宗貞國이 사람을 보내어 와서 土宜를 바치다.(『成宗實錄』 성종2. 『集成』7-53) 1.16. 日本國 石見州 櫻井津 土屋修理大夫 賢宗이 사람을 보내어 와서 土宜를 바치다.(『成宗實錄』 성종2. 『集成』7-53) 1.23. 日本國 對馬州 太守 宗貞國과 一岐州上松浦 鹽津留 松林院 源重實이 사람을 보내어 와서 土宜를 바치다.(『成宗實錄』 성종2. 『集成』7-53) 1.24. 戶曹에서 三浦의 私貿易을 금지하라는 상의 敎旨를 받고도 薺浦·熊川에서는 倭人과 무역하니, 그 道의 觀察使로 하여금 적발하도록 하고, 蔚山·東萊·熊川의 장사아치에게는 路引을 발급하지 말 것을 청하다.(『成宗實錄』 성종2. 『集成』7-53) 2.5. 戶曹에서 倭人들이 돌아갈 때 주는 양식을 觀察使에게 移文하여 지급했는데, 倭人들을 押送할 通事에게 移文하게 하여 지급하는 것이 덜 지체 될 것이라고 아뢰자, 상이 그대로 따르다.(『成宗實錄』 성종2. 『集成』7-54) 2.6. 日本國 對馬州 太守 宗貞國·薩馬州 太守 盛久·肥前州 上松浦 神田能登守 元德이 사람을 보내어 와서 土宜를 바치다.(『成宗實錄』 성종2. 『集成』7-54) 2.9. 禮曹에서 慶尙道 觀察使의 關文에 의거하여 倭의 使人들이 歸國하지 않고 지체하며 미곡을 축내니, 10일을 기한으로 하

일본

9.1. 對馬州 宣慰官 司譯院僉正 田養民이 하직하자, 使船의 폐단과 三浦의 이해를 적은 글과 土宜를 내리다.(『成宗實錄』 성종 1, 『集成』7-39)

9.8. 日本國王使臣 副官人 僧 壽藺書記 등 3인이 永昌殿에 進香하다.(『成宗實錄』 성종 1, 『集成』7-43)

9.11. 對馬州 太守 宗貞國이 特送 僧 賀禪師 등을 보내어 土宜를 바치고, 凶報에 대한 애통함을 표하다.(『成宗實錄』 성종 1, 『集成』7-43)

9.15. 對馬州 太守 宗貞國의 特送 僧 賀禪師 등이 景安殿에 進香하다.(『成宗實錄』 성종 1, 『集成』7-44)

9.18. 禮曹에서 宗貞國이 特送한 豆老 등이 하직하니, 宗貞國의 옛 땅 수복을 축하하고, 神堂 건축에 필요하여 요청한 것들을 주상께서 윤허하였다는 내용의 書契를 보내다.(『成宗實錄』 성종 1, 『集成』7-44)

9.19. 임금이 宣政殿에 나아가서 酒宴을 베풀고, 日本國王의 使臣 94인을 引見한 후에, 仁政殿 문 밖 남쪽 행랑에서 식사 대접을 하게 하다./ 日本國 因伯丹三州 太守 山名殿 小弼 源教豊이 僧 一庵을 보내 와서 土宜를 바치고, 萬福寺라는 精舍伽藍을 수축할 것이니 大般若經 등을 보내 줄 것을 청한다는 내용의 書契를 보내다.(『成宗實錄』 성종 1, 『集成』7-45)

9.27. 日本國 伊勢守 政親의 使臣 入道 등이 하직하니, 답례의 물건과 書契를 보내다.(『成宗實錄』 성종 1, 『集成』7-46)

9.28. 日本國 西海路 筑前州 宗像郡知守氏鄕이 사람을 보내 와서 土宜를 바치다./ 日本國王의 使臣 僧 壽藺이 벼슬과 袈裟를 청하다.(『成宗實錄』 성종 1, 『集成』7-47)

9.29. 宗貞國의 特送 賀 禪師 등이 하직하니, 禮曹參議 金永濡가 답서를 보내다.(『成宗實錄』 성종 1, 『集成』7-47)

10.7. 源教豊의 使僧 一庵이 하직하니, 요구하는 물건을 일일이 따르지 못해 부끄럽고 한탄스럽다는 내용을 답서로 보내다.(『成宗實錄』 성종 1, 『集成』7-48)

10.8. 日本國 豊州太守 大友八郎師能·長門州 赤間關太守 忠重·關西路 九州侍所 宗彦八郎茂世 등이 사람을 보내 와서 土宜를 바치다.(『成宗實錄』 성종 1, 『集成』7-48)

10.24. 日本國 關西道 九州都元帥 源教直이 사람을 보내 와서 土宜를 바치다.(『成宗實錄』 성종 1, 『集成』7-49)

11.1. 日本國 關西路 九州侍所의 宗彦八郎茂世·對馬州 太守 宗貞國·仁位郡 信濃守 宗盛家·肥前州 平戶寅鎭 肥前太守 源茂松·京城 奉行頭 飯尾 肥前守 之種·上松浦 鴨打 源永·武田 大膳大夫 信賢이 사람을 보내 와서 土宜를 바치다./ 日本國 關西道 九州都元帥 源教直이 僧 珍佐師 등을 使者로 보내어 京安殿에 進香하다.(『成宗實錄』 성종 1, 『集成』7-49)

11.11. 司憲府에서 鉢浦萬戶 高守謙은 船軍을 마음대로 발하여 바다 밖 絶島에서 사냥하다 賊倭에게 우리 군인을 被殺케 하였음을 아뢰자, 상이 盧思愼의 의견을 따라 高守謙의 職牒을 거두게 하다.(『成宗實錄』 성종 1, 『集成』7-49)

12.8. 日本國 對馬州 太守 宗貞國·宗見駿河守 信忠·四川伊與住人 河野 形部 大夫 敎通·肥前州 千葉介 元胤·桂川修理大夫 乘永이 사람을 보내 와서 土宜를 바치다.(『成宗實錄』 성종 1, 『集成』7-50)

12.16. 임금이 宗廟에 나아가 世祖의 神主를 받들어 太室에 올려 合祔하고 還宮할 때 倭人과 野人 등이 敦化門 밖에서 侍立하다.(『成宗實錄』 성종 1, 『集成』7-50)/ 상이 仁政殿에 나아가 飮福宴을 베푸니, 宗宰 및 宗廟·文昭殿·永寧殿·永昌殿의 여러 執事와 倭人·野人이 모두 참여하다.(『成宗實錄』 성종 1, 『集成』7-51)

12.18. 日本國 九州都元帥 源教直, 對馬州 太守 宗貞國 및 宗貞秀, 一岐州 上松浦 鹽津留 觀音寺看主 宗秀가 사람을 보내어 와서 土宜를 바치다.(『成宗實錄』 성종 1, 『集成』7-51)

12.27. 日本國 對馬州 太守 宗貞國 및 宗貞秀가 사람을 보내어 와서 土宜를 바치다.(『成宗實錄』 성종 1, 『集成』7-51)

여 그 시일이 지나면 料를 주지 말 것을 아뢰자, 상이 그대로 따르다.(『成宗實錄』 성종 2, 『集成』7-54)

2.28. 日本國 對馬州 太守 宗貞國, 肥前州 下松浦 三栗太守 源納, 松浦 志佐 一岐太守 源義가 사람을 보내어 와서 土宜를 바치다.(『成宗實錄』 성종 2, 『集成』7-55)

3.10. 日本國 一岐州 眞宮 兵部小補 源武가 사람을 보내어 와서 土宜를 바치다.(『成宗實錄』 성종 2, 『集成』7-55)/ 상이 尹弼商에게 各人들을 應接하는 절차와 동봉하는 事目을 잘 살펴서 적당한 형편에 따라서 시행하여 오래 지체시키지 말라고 諭示하고, 日本國王의 使臣 중 浦口에 머무는 자를 타이르고 후하게 饋餉하고 위로하여 보내라고 명하다.(『成宗實錄』 성종 2, 『集成』7-56)

3.23. 禮曹에서 慶尙道 觀察使의 關文에 의거하여 庚寅年에 田養民이 宗貞國에게 가지고 가서 通論한 事目대로, 正官만을 饋餉하고 그 이외에는 모조리 料만 지급할 것을 아뢰자, 상이 그대로 따르다.(『成宗實錄』 성종 2, 『集成』7-57)

3.27. 임금이 倭人들의 왕래가 많아지자 선비들에게 폐단 없이 그들을 대접할 수 있는 방법에 대해 책문하다.(『成宗實錄』 성종 2, 『集成』7-58)

3.28. 日本國 對馬州 太守 宗貞國·筑前州 宗像郡知守 氏鄕·肥前州 下松浦 三栗太守 源滿이 사람을 보내 와서 土宜를 바치다.(『成宗實錄』 성종 2, 『集成』7-58)

4.1. 日本國 對馬州 太守 宗貞國, 肥前州 下松浦 三栗太守 源滿이 使人을 보내 와서 土宜를 바치다.(『成宗實錄』 성종 2, 『集成』7-58)

4.7. 禮曹에서 倭의 使客에게 수량 이외의 일정한 양식을 청하면 부득이 삼분지일을 더 주는 폐단이 있으므로, 금후로는 使客의 배의 대소를 자로 재고, 大船 40명, 中船 30명, 小船 20명에게 일정하게 양식을 줄 것을 아뢰다.(『成宗實錄』 성종 2, 『集成』7-59)

4.9. 禮曹에서 倭人이 上京할 때와 포구로 돌아갈 때 오랜 시간을 路上에서 遷延하여 허비하는 糧料가 많으니, 금후로는 程途에 한도를 세운 것을 따라서, 한도가 지나면 留浦糧은 주지 말 것을 아뢰자, 상이 그대로 따르다.(『成宗實錄』 성종 2, 『集成』7-59)

4.12. 倭人 向化僧 信玉이 度牒을 받고 某山에 의지하여 거주하기를 원하자, 禮曹에서 그가 우리나라의 산천 형세와 虛實에 대해 모르는 것

연도	한국
▲ 1471	이 없으므로 돌려보내지 말고 度牒을 주어 서울 근처 절에서 거주하게 할 것을 청하다.(『成宗實錄』 성종2. 『集成』7-60) 4.21. 禮曹에서 對馬州 太守 宗貞國에게 倭使 가운데 邊將을 핍박하고 위협하거나, 또한 진짜 使臣이 아니한 자도 있으니, 諸使의 왕래에 엄격히 戒約을 가하여 그 不法을 다스려 주기를 바란다는 書契를 보내다.(『成宗實錄』 성종2. 『集成』7-60) 4.25. 日本國 對馬州 太守 宗貞國·薩摩州 島津 藤原持久·肥前州 田平寓鎭 彈正少弼弘·松浦 志佐殿 一岐太守 源義가 사람을 보내 와서 土宜를 바치다.(『成宗實錄』 성종2. 『集成』7-61)/ 戶曹에서 下三道의 倭人에게 주는 養料가 갑절로 늘어나 저축한 軍資가 점점 다하므로 軍資 미곡을 보충하는 데에 시행할만한 조건을 開錄하여 아뢰다.(『成宗實錄』 성종2. 『集成』7-62) 5.3. 禮曹에서 慶尙道 觀察使의 關文에 의거하여 倭船 8隻이 몰래 漆原·爾於浦 등지에서 물품을 賣買함을 아뢰고, 對馬島主를 효유하여 禁하여서 그치게 하며, 또한 三浦의 인근 고을에도 알려 禁約하게 할 것을 청하다.(『成宗實錄』 성종2. 『集成』7-63) 5.4. 禮曹에서 교지를 받들어 對馬州 太守 宗貞國에게 對馬島人으로서 三浦에 기거하는 자의 戶數를 約定하고, 그 居止와 互市·入海·釣魚는 모두 恒處를 두었으니, 다른 地境으로 갈 수 없게 한다는 약정을 준수하라고 효유하다.(『成宗實錄』 성종2. 『集成』7-63) 5.22. 日本國 肥前州 上松浦 神田能登守 元德이 사람을 보내 와서 土宜를 바치다.(『成宗實錄』 성종2. 『集成』7-64) 5.25. 日本國 對馬州 太守 宗貞國과 그 아들 宗貞秀, 肥前州 上松浦 山城太守 源吉, 下松浦 吾道寓久守 源勝, 周防州 山口에 거주하는 大內進亮敎之, 筑前州 冷泉津 藤氏 平左衛門慰 信重이 사람을 보내 와서 土宜를 바치다.(『成宗實錄』 성종2. 『集成』7-64)/ 禮曹에서 倭人의매해 朝貢 인원수 책정, 通事의 倭客人을 護送할 때 기한 고찰, 倭人이 돌아갈 때 청구하는 陸物과 鐵釘을 헤아릴 것과 倭使가 올 때 伴從人은 1명만 거느릴 것, 접대는 前例에 따르도록 하겠다는 單子의 조목을 아뢰다.(『成宗實錄』 성종2. 『集成』7-65) 6.1. 日本國 對馬州 太守 宗貞國·甲斐 遠尾越濃四州太守 源政盛·守護代官 宗助六盛俊이 사람을 보내 와서 土宜를 바치다.(『成宗實錄』 성종2. 『集成』7-65) 6.4. 日本國 日向大隅薩摩三州太守 立久·肥前州松浦 志佐·一岐 太守 源義·若州 十二關一番 遠敷守護備中守 忠常·對馬州 宗貞秀가 사람을 보내 와서 土宜를 바치고, 倭護軍 又四郞盛數 등 4인이 來朝하다.(『成宗實錄』 성종2. 『集成』7-65) 6.9. 日本國 對馬州 太守 宗貞國이 津江二郞左衛門을 보내 와서 土宜와 書契를 바치다.(『成宗實錄』 성종2. 『集成』7-66) 6.10. 慶尙道 賑恤使 尹弼商이 淸河縣의 城이 狹窄하여 무리를 용납할 수 없고, 우물이 적어 守禦할 수 없으므로, 縣城을 移築하여 邊備를 굳게 하자고 馳啓하니, 상이 그대로 따르다.(『成宗實錄』 성종2. 『集成』7-66) 6.11. 日本國 長門州 赤間關鎭守 忠秀가 사람을 보내 와서 土宜를 바치다.(『成宗實錄』 성종2. 『集成』7-66) 6.22. 宗貞國의 特送 津江二郞左衛門이 하직하니, 禮曹에서 답서와 土宜를 보내다.(『成宗實錄』 성종2. 『集成』7-67) 6.23. 助羅浦萬戶 柳偶生이 하직하니, 임금이 器仗을 정제하고 군졸을 撫綏하여 備禦하는 계책을 해이함이 없게 하라고 명하다.(『成宗實錄』 성종2. 『集成』7-67)/ 禮曹에서 庚寅年에 田養民이 가지고 가서 宗貞國에게 유시한 事目을 어기고 倭使들이 고의로 지체하며 糧餉을 받는 것을 아뢰며, 그들이 도착한 후 15일, 浦口로 돌아간 뒤 20일이 지나면 양식을 주지 말 것을 청하다.(『成宗實錄』 성종2. 『集成』7-68) 6.25. 日本國 薩摩州 市來太守 國久가 사람을 보내 와서 土宜를 바치다.(『成宗實錄』 성종2. 『集成』7-68) 6.27. 日本國 筑前州 宗像郡知守氏鄕이 사람을 보내 와서 土宜를 바치다.(『成宗實錄』 성종2. 『集成』7-68) 7.3. 日本國 西海道 對馬州 關處守 秦盛幸이 사람을 보내어 土宜를 바치다.(『成宗實錄』 성종2. 『集成』7-69) 7.22. 日本國 對馬州 宗彦九郞貞秀가 사람을 보내어 와서 土宜를 바치다.(『成宗實錄』 성종2. 『集成』7-69) 8.3. 상이 여러 浦口에서 倭人과 무역할 때, 金·銀을 사용하는 것을 금하는 법령은 奉行하는 데 지극하지 못한 점이 있으니, 다시 檢察하라고 司憲府에 傳旨하다.(『成宗實錄』 성종2. 『集成』7-69) 8.13. 日本國 西海路 豊後州 日田郡守 親常이 사람을 보내어 와서 土宜를 바치다.(『成宗實錄』 성종2. 『集成』7-69) 8.22. 상이 宣政殿에 나아가 對馬州 太守 宗貞國의 特送 宗大膳 등 8인을 引見하고, 小二殿이 잃은 땅을 收復한 것을 가상히 여기시어, 申叔舟에게 명하여 물건을 내려주게 하다.(『成宗實錄』 성종2. 『集成』7-70) 8.23. 使臣이 慶州府尹 田稠生은 故 倭通事 崔雄의 妻를 妾으로 삼고, 崔雄의 가산이 넉넉하므로 자신의 집으로 들이어 그 재산을 다 자기의 소유로 삼았다가 崔雄의 族親에게 고소당하자, 士林에서 그를 비루하게 여겼다고 논평하다.(『成宗實錄』 성종2. 『集成』7-70)
1472 ▼	【한국】 1.2. 日本國 西海路 筑前州 冷泉津慰 兼 內主太守 田原貞盛이 사람을 보내 와서 土宜를 바치다.(『成宗實錄』 성종3. 『集成』7-84) 1.8. 日本國 肥前州 下松浦 五道宇久守 源勝이 사람을 보내 와서 土宜를 바치다.(『成宗實錄』 성종3. 『集成』7-84) 1.9. 倭司正 都羅馬豆가 와서 來朝하다./ 임금이 星變 때문에 祔廟祭의 飮福宴을 정지하게 하자, 院相 韓明澮·尹子雲이 祖宗의 古事인 祔廟는 폐할 수 없음을 아뢰다.(『成宗實錄』 성종3. 『集成』7-84) 1.12. 임금이 宗廟에 나아가 丑時에 桓祖, 懿惠 王后, 睿宗, 章順 王后의 神主를 祔祔하고 還宮하자, 倭人 등이 敦化門 밖에 侍立하다./ 임금이 仁政殿에 나아가 陰伏宴을 행하니, 倭人 西華西堂 등도 또한 참여하였으며, 잔치가 끝나자 倭人에게 물건을 차등 있게 내리다.(『成宗實錄』 성종3. 『集成』7-85)

일본

8.24. 상이 宣政殿에 나아가 源豊久의 使臣 僧 圓守藏主, 親常의 使臣 沙豆林分酒文, 宗貞秀의 使臣 而難沙也文 등을 引見하고, 각각 사람을 보내어 來朝함을 가상히 여겨 申叔舟로 하여금 물건을 하사하라고 명하다.(『成宗實錄』 성종 2, 『集成』7-71)

8.26. 禮曹에서 倭客人에게 양식을 주는 일수와 程途의 멀고 가까움이 맞지 않아 未便하니, 對馬島 5일치, 一岐 15일치, 九州 20일치를 지급케 하고, 日本 國王使臣과 京都 근처와 琉球國 使人에게는 20일치를 題給할 것을 청하다.(『成宗實錄』 성종 2, 『集成』7-71)

9.9. 日本國 倭護軍 宗家茂 등 3인이 와서 土宜를 바치다.(『成宗實錄』 성종 2, 『集成』7-72)

9.11. 禮曹에서 日本國 使臣들이 나올 때, 上京하는 사람의 정원을 정하지 아니하여 未便하므로 詳定할 것을 청하자, 상이 그대로 따르다.(『成宗實錄』 성종 2, 『集成』7-72)

9.20. 日本國 對馬州 仁位郡 信濃守 宗盛家가 사람을 보내 와서 土宜를 바치다.(『成宗實錄』 성종 2, 『集成』7-73)

윤9.3. 日本國 山陰路 隱岐州守護 源榮熙가 사람을 보내어 와서 土宜를 바치다.(『成宗實錄』 성종 2, 『集成』7-73)

윤9.25. 日本國 一岐州 守護代官 眞弓 兵部小補 源武·對馬州 仁位郡의 信濃守 宗盛家가 사람을 보내어 와서 土宜를 바치다.(『成宗實錄』 성종 2, 『集成』7-73)

10.2. 日本國 對馬州 四郎 宗職盛이 사람을 보내 와서 土宜를 바치다.(『成宗實錄』 성종 2, 『集成』7-74)

10.17. 日本國 肥前州 上松浦 佐志 源次郎이 사람을 보내어 와서 土宜를 바치다.(『成宗實錄』 성종 2, 『集成』7-74)

10.21. 日本國 豊州太守 大友 八郎師能과 肥前州 下松浦 丹後太守 源盛이 사람을 보내어 와서 土宜를 바치고, 倭中樞 平戊續 등 다섯 사람이 來朝하다.(『成宗實錄』 성종 2, 『集成』7-74)

10.23. 日本國王 源義政이 僧 光以臟主 등 23인을 보내어 來聘하고, 舊印의 새로 새긴 것에 대한 이유를 적은 書契와 土宜를 바치다.(『成宗實錄』 성종 2, 『集成』7-74)

10.26. 日本國 對馬州 守護代官 宗助六 盛俊이 사람을 보내어 와서 土宜를 바치다.(『成宗實錄』 성종 2, 『集成』7-75)

11.2. 琉球國王 尙德이 僧 自端西堂 등을 보내어 來聘하고 幣邑에 절을 세우려니, 선왕께 宸翰額을 내려 주기를 바란다는 내용과 使者가 一船를 失火하여 내려주신 土宜를 전달받을 수 없었다는 것을 아뢰는 書契와 土宜를 바치다.(『成宗實錄』 성종 2, 『集成』7-75)

11.5. 日本國 肥前州 下松浦 山城太守 源吉이 사람을 보내 와서 土宜를 바치다.(『成宗實錄』 성종 2, 『集成』7-76)

11.6. 상이 仁政殿에 나아가 日本國王의 使者 光以臟主 등에게 잔치를 베풀고, 光以臟主에게 술을 올리라고 명하였으며, 물건을 차등 있게 내려주다.(『成宗實錄』 성종 2, 『集成』7-77)

11.9. 禮曹에서 琉球國王의 使臣 自端이 이미 喪制의 때가 지나 禮를 갖추어 香을 올릴 수는 없으나, 靈殿 나아가 香을 올리기를 원한다고 말한 것을 아뢰다.(『成宗實錄』 성종 2, 『集成』7-77)

11.10. 상이 仁政殿에 나아가 琉球國 使臣 自端西堂 등 23인과 倭人 皮古仇羅 등 9인에게 잔치를 베풀고, 물건을 내려주게 하다.(『成宗實錄』 성종 2, 『集成』7-78)

11.11. 侍講官 金紐가 三浦에 거주하는 倭人이 1천여 호에 이른다고 아뢰다.(『成宗實錄』 성종 2, 『集成』7-78)

11.14. 日本國 關西路 肥筑通守 爲邦과 一岐州 上松浦 鹽津留 助次郎 源溪이 사람을 보내 와서 土宜를 바치다.(『成宗實錄』 성종 2, 『集成』7-79)

11.23. 禮曹에서 琉球國 使臣 信重이 우리나라의 圖書를 받기를 원함을 아뢰며, 從二品職을 제수하길 청하다.(『成宗實錄』 성종 2, 『集成』7-79)

11.28. 상이 禮曹·戶曹·刑曹에 銅·鐵·蘇木 등 국가에서 긴요하게 쓰이는 물건은 浦所에서 倭人과 몰래 賣買하는 것을 禁하게 하라고 전교하다.(『成宗實錄』 성종 2, 『集成』7-79)

12.1. 日本國 九州都元帥 源敎直, 薩州伊集院 寓鎭隔州太守 藤熙久, 對馬州 宗貞秀 등이 사람을 보내 와서 土宜를 바치다.(『成宗實錄』 성종 2, 『集成』7-80)

12.2. 日本國王의 使臣 光以藏主 등이 하직하니, 國王에게 답하는 글과 土宜를 보내다.(『成宗實錄』 성종 2, 『集成』7-80)

12.12. 日本國 越尾遠三州總太守 左武衛將軍 源義廉肥前州 上松浦 鴨打 源永이 사람을 보내어 와서 土宜와 皇華寺를 도움받아 복구하길 원하는 書契를 보내다.(『成宗實錄』 성종 2, 『集成』7-81)

12.13. 琉球國王의 使臣 僧 自端西堂 등이 하직하니, 전에 보낸 土宜를 盡達하지 못하였음 알게 되었다는 내용과 精舍를 세우는 일에 부응하지 못함을 이해해 주길 바란다고 적힌 答書와 土宜를 보내다.(『成宗實錄』 성종 2, 『集成』7-82)

12.15. 임금이 全羅道水軍節度使 李惇仁에게 順天·興陽·樂安의 諸道 海島 가운데 8~9인이 무리를 지어 밤에 倭服을 입고 사람을 겁탈하고, 도둑질을 하므로 비밀리에 잡을 것을 유시하다.(『成宗實錄』 성종 2, 『集成』7-83)

12.16. 日本國 對馬州 太守 宗貞國이 사람을 보내어 와서 土宜를 바치다.(『成宗實錄』 성종 2, 『集成』7-84)

12.25. 日本國 筑前州 冷泉津의 藤氏母가 사람을 보내와서 土宜를 바치다.(『成宗實錄』 성종 2, 『集成』7-84)

【일본】

8.-. 막부에서 조선에 국서를 보냈고, 亂後에도 보냈다. 조선에 국서를 전한 인물은 東福門下의 승려이다.(『綿谷曒禪師行狀』)

10.3. 足利義政이 高野山 西光院 中興의 助緣을 요구하기 위해 正救 首座를 조선에 파견하여 國王에 국서를 보냈다. 국서 중에 이전의 細川·伊勢 兩氏가 使者라고 해서 조선에 갔던 것은, 앞으로는 새로운 印을 사용한 것을 말하다.(『善隣國宝記』卷中)

1.13. 對馬州 宗貞秀가 사람을 보내 와서 土宜를 바치다.(『成宗實錄』 성종 3, 『集成』7-86)

연도	한국
▲ 1472	1.15. 對馬州 宗貞秀가 사람을 보내 와서 土宜를 바치다.(『成宗實錄』 성종3. 『集成』7-86) 1.17. 薺浦의 倭戶에서 失火하니, 상이 慶尙道 觀察使에게 守令을 보내어 宣慰하고 賑恤하라고 명하다./ 禮曹에서 慶尙道 觀察使의 관문에 의거하여 琉球國 喜里主는 본시 通信한 일이 없기에 그의 使者를 접대하지 말고, 양식을 반감하여 즉시 돌려보내자고 아뢰니, 상이 그대로 따르다.(『成宗實錄』 성종3. 『集成』7-86) 1.24. 刑曹에서 慶尙道 敬差官 金春卿의 啓本에 의거하여 倭寇를 刷還하고서 도리어 刷出을 얻었다고 하거나, 몰래 倭戶에 投接하는 관원들을 推鞫하게 할 것을 아뢰다.(『成宗實錄』 성종3. 『集成』7-87) 1.25. 倭使臣 西華西堂 등이 하직하니, 禮曹에서 足下의 世管隣使가 우리의 행인을 후대하고, 우리 행인을 효유하기 위해 東光寺를 修葺하게 된 것을 上께서 아시고 土宜를 주시어 修葺을 돕길 원한다는 내용의 답서를 보내다.(『成宗實錄』 성종3. 『集成』7-87) 1.30. 濟州點馬別監 사목에 이르기를 倭橘 등의 종자가 이미 3읍에 들여보내 栽植하였으니 그 재식한 條數와 배양한 형상을 點視하여 아뢰도록 하라고 하다.(『成宗實錄』 성종3. 『集成』7-88) 2.6. 黃海道 觀察使 李芮가 三聖堂의 祭器는 倭亂 이후 沙器를 쓰다가 梅佐가 비로소 鍮器를 만들었다는 등 三聖堂의 事蹟을 기록하여 올리니, 禮曹에서 이에 근거하여 檀君廟에 향과 祝文을 내려 제사하기를 청하다.(『成宗實錄』 성종3. 『集成』7-88) 2.7. 日本國 安藝州 小早川美作守 平持이 사람을 보내 와서 土宜를 바치다./ 上이 全羅道 觀察使 金良璥·水軍節度使 李惇仁에게 네 척의 배를 타고 弓矢를 가지고서 혹 倭人이라 속이고 혹은 濟州人이라 하며, 여러 섬에서 도둑질하는 자들을 비밀로 捕獲하라고 유시하다.(『成宗實錄』 성종3. 『集成』7-90) 2.15. 日本國 筑前州 太宰府都督 司馬少卿 賴忠이 사람을 보내 와서 土宜를 바치다.(『成宗實錄』 성종3. 『集成』7-90) 2.24. 日本國 對馬州 太守 宗貞國이 사람을 보내 와서 土宜를 바치다.(『成宗實錄』 성종3. 『集成』7-90) 3.3. 禮曹에서 慶尙道 觀察使의 關文에 의거하여 日本國과 琉球國의 양국 使臣이 浦所로 돌아가서 여러 달 동안 머물며 給料와 비용을 많이 허비하는 것을 아뢰고, 給料를 10일로 한정할 것을 청하자, 상이 그대로 따르다.(『成宗實錄』 성종3. 『集成』7-91) 3.9. 日本國 日向大隅薩摩三州太守 立久가 사람을 보내 와서 土宜를 바치다.(『成宗實錄』 성종3. 『集成』7-91) 3.16. 日本國 對馬州 古河山城守 家次가 사람을 보내 와서 土宜를 바치다.(『成宗實錄』 성종3. 『集成』7-91) 3.18. 日本國 石見州의 周布 藤原和兼이 사람을 보내와서 土宜를 바치다.(『成宗實錄』 성종3. 『集成』7-92) 3.20. 禮曹에서 三峰島 敬差官의 행차에 倭通事와 女眞通事 1인씩을 差遣하도록 傳旨하다.(『成宗實錄』 성종3. 『集成』7-92) 3.25. 日本國 對馬州 太守 宗貞國과 肥前州 下松浦 三栗太守 源滿이 사람을 보내어 와서 土宜를 바치다./ 工曹에서 南道의 倭人들이 경유하는 곳의 館舍를 修葺하게 하자고 아뢰니 그대로 따르다.(『成宗實錄』 성종3. 『集成』7-92) 3.30. 日本國 對馬州의 越中守 宗盛弘이 사람을 보내와서 土宜를 바치다.(『成宗實錄』 성종3. 『集成』7-93) 4.8. 日本國 肥前州 小城 千葉介 元胤이 사람을 보내 와서 土宜를 바치고, 倭護軍 平松而羅·沙也文 등 2인이 來朝하다.(『成宗實錄』 성종3. 『集成』7-93) 4.15. 日本國 一岐州 上松浦 鹽津留 助次郎 原經·關西路 九州侍所 宗彦八郎 茂世·攝津州 兵庫津 平方式部衛忠吉이 사람을 보내 와서 土宜를 바치다.(『成宗實錄』 성종3. 『集成』7-93) 4.26. 日本國 西海道 對馬州 關處守 秦盛幸이 사람을 보내와서 土宜를 바치다.(『成宗實錄』 성종3. 『集成』7-93) 5.3. 日本國 肥前州 田平寓鎭 彈正少弼弘이 사람을 보내와서 土宜를 바치다.(『成宗實錄』 성종3. 『集成』7-94) 5.6. 詳定廳에서 海島의 작은 고을에 해마다 造米를 수납하여 쌓는 것이 未便하니, 조미 6백 석을 熊川으로 납입하여 倭料로 충당케 하고, 그 위의 도의 여러 고을의 倭料를 빼내어 그 6백 석을 충당하자고 아뢰자, 상이 그대로 따르다.(『成宗實錄』 성종3. 『集成』7-94) 6.5. 日本國 對馬州 太守 宗貞國이 특별히 可臥老·而信都老를 보내어 土宜와 우리나라가 日本使臣에 대한 대우를 예전과 같이 회복해 주길 바란다는 書契를 보내다.(『成宗實錄』 성종3. 『集成』7-94)
1473 ▼	【한국】 1.1. 上이 仁政殿에 나아가 會禮宴을 행하였는데, 倭人 仇難洒毛 등 15인이 참여하였고, 연회가 파하려 할 때에 물건을 차등 있게 내려주다.(『成宗實錄』 성종4. 『集成』7-108) 1.6. 日本國 對馬州 太守 宗貞國이 사람을 보내 와서 土宜를 바치다.(『成宗實錄』 성종4. 『集成』7-108) 1.7. 禮曹에서 向化한 倭人 藤安吉·藤仇郎은 국가에서 후대하는 자이고, 三甫羅는 倭語를 번역한 공로가 있으니, 서로 交遞하여 벼슬을 除授하는 것은 未便하므로 前職을 그대로 둘 것을 청하다.(『成宗實錄』 성종4. 『集成』7-109) 1.12. 日本國 對馬州 太守 宗貞國이 사람을 보내어 와서 土宜를 보내다.(『成宗實錄』 성종4. 『集成』7-109) 1.17. 日本國 對馬州 太守 宗貞國이 사람을 보내어 와서 土宜를 바치다.(『成宗實錄』 성종4. 『集成』7-109) 1.19. 日本國 關西路 九州都元帥 源敎直이 사람을 보내어 와서 土宜를 바치다.(『成宗實錄』 성종4. 『集成』7-110) 1.20. 對馬州 太守 平朝臣 宗貞國이 藤安吉의 아들에게 貴國에서 벼슬을 내려 주기를 바란다는 글을 보내자, 禮曹에서 司正을 除授하고, 그 亡父에게 致奠하게 했다는 답서를 보내다.(『成宗實錄』 성종4. 『集成』7-110) 1.26. 日本國 對馬州 太守 宗貞國이 사람을 보내 와서 土宜를 바치다.(『成宗實錄』 성종4. 『集成』7-110) 1.28. 日本國 對馬州 太守 宗貞國이 사람을 보내 와서 土宜를 바치다.(『成宗實錄』 성종4. 『集成』7-110) 2.14. 日本國 對馬州 太守 宗貞國이 사람을 보내 와서 土宜를 바치다.(『成宗實錄』 성종4. 『集成』7-111)

일본

6.6. 禮曹에서 日本國 上松浦 源納의 使送 四郎衛門正秀가 世祖의 御容을 만들어 서울에 안치하기 원한다고 아뢰자, 상이 凡人은 군왕의 御容을 그리는 것이 중한 죄이나 정성에 보답하도록 하자는 申叔舟 등의 의견에 따르다.(『成宗實錄』 성종 3, 『集成』7-95)

6.8 日本國 對馬州 仁位郡 信濃守 宗盛家가 사람을 보내어 와서 土宜를 바치다.(『成宗實錄』 성종 3, 『集成』7-97)

6.11. 倭司直 源茂崎 등 2인이 來朝하다.(『成宗實錄』 성종 3, 『集成』7-97)

6.13. 日本國 周防州 大內進亮教之가 사람을 보내어 와서 土宜를 바치다.(『成宗實錄』 성종 3, 『集成』7-97)

6.20. 禮曹에서, 申叔舟가 물품 대신 벼슬을 제수받기를 원하는 倭人 正秀에게 臣民이 君上의 聖容을 만드는 것은 중죄이지만 지성을 가상히 여기어 상이 물품을 하사했다고 하니 正秀가 물품을 받았다고 아뢰다.(『成宗實錄』 성종 3, 『集成』7-97)

6.21. 禮曹에서 正秀가 만약 물품을 받으면 선왕의 御容을 팔아 값을 받아 왔다고 本土人들이 譏笑하기 때문에, 司正의 직책을 제수하길 청했다고 아뢰다.(『成宗實錄』 성종 3, 『集成』7-98)

6.22. 戶曹에서 慶尙道 觀察使의 啓本에 의거하여, 倭使가 바친 銅鐵·蘇木 등을 운반 폐단이 적지 아니하다고 아뢰다.(『成宗實錄』 성종 3, 『集成』7-98)

7.2 兵曹에서 慶尙右道水軍節度使의 계본에 의거하여 右道水軍僉節制使 李陽固가 倭船을 방비하지 못하였으므로 파직할 것을 청하니 그대로 따르다.(『成宗實錄』 성종 3, 『集成』7-98)

7.3. 임금이 仁政殿에 나아가 飮福宴을 베풀고, 佐理功臣의 錄券을 주었는데, 倭人 可臥老 등이 참여하고 또한 飮福宴을 마치려고 할 때, 倭人에게 물품을 하사하다.(『成宗實錄』 성종 3, 『集成』7-99)

7.5. 對馬島의 特送 而信 등이 對馬島의 客人의 糧料를 줄 때, 묵고 썩은 쌀을 주어 섬 사람들이 島主에게 하소연했음을 아뢰자, 상이 慶尙道 觀察使 尹弼商에게 이 도리에 어긋나는 것을 都事로 하여금 推鞫하여 아뢸 것을 효유하다.(『成宗實錄』 성종 3, 『集成』7-99)

7.12. 對馬主의 特送 可臥老·而信都老 등이 지난날의 歲賜 및 特賜의 쌀·콩의 숫자가 균일하였는데, 근년에 와서 균일치 않다고 말하자, 禮曹에서 상에게 觀察使로 하여금 때로 검찰을 가하도록 하자고 아뢰다.(『成宗實錄』 성종 3, 『集成』7-99)

7.17. 宗貞國의 特送 可臥老·而信都老 등이 하직하니, 禮曹에서 宗盛俊, 宗貞秀 등에게 답서와 土宜를 보내다.(『成宗實錄』 성종 3, 『集成』7-100)

8.11. 禮曹에서 慶尙道 觀察使의 啓本에 의거하여, 倭寇의 겁탈을 입고도 부모의 묘에서 居廬하기를 폐하지 않았던 金得仁·林貴撻·林載承 등 효자들에게 상 줄 것을 청하자, 상이 그대로 따르다.(『成宗實錄』 성종 3, 『集成』7-103)

8.23. 상이 근검하고 절용하여 生業을 이루어, 함께 태평을 누리게 하자고 議政府에 傳旨하면서 日本의 풍속은 검박하고 인색함이 더욱 심하다고 하다.(『成宗實錄』 성종 3, 『集成』7-103)

9.5. 日本國 對馬州 宗彦九郎貞秀가 사람을 보내어 와서 土宜를 바치다.(『成宗實錄』 성종, 『集成』7-105)

10.5. 임금이 仁政殿에서 飮福宴을 행할 때 倭人 및 野人들이 참여하다.(『成宗實錄』 성종 3, 『集成』7-105)

10.7. 임금이 豊壤山城에 거둥하여 사냥을 구경할 때 倭人 皮昆酒毛 등 3인이 御駕를 扈從하다.(『成宗實錄』 성종 3, 『集成』7-105)

10.24. 領議政 申叔舟가 근래에 倭人끼리의 싸움에서 패하는 자들이 우리 변방에 출몰할지 모르니 방비하고, 倭人이 왕래하는 요새의 땅 昌原府에 武才있는 수령으로 바꾸어 보내자고 아뢰니, 상이 가하다고 하다.(『成宗實錄』 성종 3, 『集成』7-106)

11.4. 趙錫文이 南方은 倭國의 섬과 연하고 있으므로 城堡를 보수하여 변방을 공고하게 할 것을 청하다.(『成宗實錄』 성종 3, 『集成』7-106)

11.9. 宣慰使 金自貞이 하직하니, 임금이 對馬島와 深遠한 곳의 倭人의 형적을 비밀리 보고할 것을 명하며 활과 화살을 내려주다.(『成宗實錄』 성종 3, 『集成』7-107)

11.18. 上이 慶尙道 觀察使 尹弼商에게 倭人들이 옛 약조를 어기고 薺浦와 永登浦 사이에서 兵器를 가지고 방자하게 행동하니, 그 사는 곳의 守令과 萬戶로 하여금 이런 행동을 하는 倭人을 찾아내어 고하게 하라고 유시하다.(『成宗實錄』 성종 3, 『集成』7-108)

2.19. 日本國 對馬州 太守 宗貞國과 薩州伊集院寓鎭 藤熙久가 사람을 보내 와서 土宜를 바치다.(『成宗實錄』 성종 4, 『集成』7-111)

2.27. 日本國 對馬州 太守 宗貞國과 仁位郡의 信濃守 宗盛家가 사람을 보내 와서 土宜를 바치다.(『成宗實錄』 성종 4, 『集成』7-111)

3.1. 倭中樞 平茂續 등 5인이 來朝하다.(『成宗實錄』 성종 4, 『集成』7-111)

3.9. 日本國 對馬州 太守 宗貞國·仁位郡의 信濃守 宗盛家·薩馬州의 島津 藤源持永·肥前州 下松浦의 五島宇久守 源勝·上松浦의 佐志 源次郎이 사람을 보내 와서 土宜를 바치다.(『成宗實錄』 성종 4, 『集成』7-111)

3.13. 日本國 京極殿 京兆尹 佐佐木氏와 江岐雲 三州太守 太膳大夫 入道 生觀이 사람을 보내 와서 土宜를 바치고, 명주와 무명을 내려 주기를 바라는 書契를 보내다.(『成宗實錄』 성종 4, 『集成』7-112)

3.15. 日本國 筑前州 太宰府都督 司馬少卿 賴忠·對馬州 太守 宗貞國·肥前州 下松浦의 丹後 太守 源盛,. 對馬州의 宗貞秀가 사람을 보내 와서 土宜를 바치다.(『成宗實錄』 성종 4, 『集成』7-112)

3.19. 日本國 對馬州 太守 宗貞國과 肥前州 上松浦의 波多島 源納이 사람을 보내 와서 土宜를 바치다.(『成宗實錄』 성종 4, 『集成』7-112)

3.28. 日本國 對馬州 太守 宗貞國, 肥前州 田平寓鎭 彈正少弼弘, 一岐州 守護代官 眞弓 兵部 少輔 源武가 사람을 보내 와서 土宜를 바치다.(『成宗實錄』 성종 4, 『集成』7-113)

4.4. 上이 宣政殿에 나아가 宗廟의 夏享大祭를 행하고 飮福한 후, 日本國 京極殿의 使送 光珍首座와 小二殿의 使送 正聖首座 등 74인을 引見하고, 土宜를 바친 藤熙久, 宗助六盛俊, 宗盛弘의 使臣들에게 술과 물품을 하사하다.(『成宗實錄』 성종 4, 『集成』7-113)

연도	한국
▲ **1473**	4.9. 日本國 肥前州 上松浦 呼子 一岐守 源義·上松浦 鴨打 源永·上松浦 那久野 能登守 賴永·關西路 肥筑通守 爲邦·對馬州 太守 宗貞國·仁位郡 信濃守 宗盛家가 사람을 보내어 와서 土宜를 바치다.(『成宗實錄』성종4.『集成』7-114) 4.18. 京極殿 生觀의 使者 光珍이 辭朝하자, 禮曹에서 답서와 土宜를 보내다. / 日本國 攝津州 兵庫進의 平方式部衛忠吉이 사람을 보내 土宜를 바치다.(『成宗實錄』성종4.『集成』7-114) 4.24. 日本國 對馬州 太守 宗貞國이 사람을 보내어 와서 土宜를 바치다.(『成宗實錄』성종4.『集成』7-115) 4.26. 禮曹에서 倭人들이 例를 어기고, 횡포 부린다는 것을 알리는 글을 對馬州 太守 宗貞國에게 보내다.(『成宗實錄』성종4.『集成』7-115) 5.1. 日本國 對馬州 太守 宗貞國·仁位郡 信濃守 宗盛家 사람을 보내어 와서 土宜를 바치다.(『成宗實錄』성종4.『集成』7-116) 5.6. 日本國 菊池藤原爲幸·平持平·秦盛幸·元胤·藤熙久·宗貞國·宗助六盛俊·家次가 사람을 보내어 土宜를 바치고, 그 중 菊池藤原爲幸은 軍功으로 扶桑 殿下께서 내려 주신 爲幸에 圖書를 내려주길 바란다는 書契를 보내다.(『成宗實錄』성종4.『集成』7-116) 5.9. 日本國 宗茂次, 信賢이 사람을 보내어 와서 土宜를 바치고, 倭護軍 皮古仇羅 등 4인이 來朝하였는데, 宗茂次는 두 字의 圖書를 내려 주길 바란다는 내용의 書契를 보내다.(『成宗實錄』성종4.『集成』7-116) 5.17. 日本國 肥前州 松浦 志佐, 一岐州 太守 源義, 對馬州 越中守 宗盛弘, 守護代官 宗助六盛俊이 사람을 보내어 와서 土宜를 바치다.(『成宗實錄』성종4.『集成』7-117) 5.21. 日本國 對馬州 太守 宗貞國, 越中守 宗盛弘, 四郎 宗職盛이 사람을 보내어 와서 土宜를 바치고, 倭護軍 又四郎盛數 등 2인이 來朝하다.(『成宗實錄』성종4.『集成』7-117) 5.25. 日本國 對馬州 太守 宗貞國·越中守 宗盛弘·四郎 宗職盛이 사람을 보내 와서 土宜를 바치고, 倭護軍 正可文愁戒 등 3인이 來朝하다.(『成宗實錄』성종4.『集成』7-117) 5.28. 日本國 對馬州 太守 宗貞國이 僧 周繁 首座를 보내 와서 土宜를 바치고, 國分精舍를 위해서 圖書를 내려 주시기를 바란다는 書契를 보내다.(『成宗實錄』성종4.『集成』7-118) 6.4. 日本國 肥前州 下松浦 五道宇久守 源勝이 사람을 보내어 와서 土宜를 바치다.(『成宗實錄』성종4.『集成』7-118) 6.8. 日本國 對馬州 太守 宗貞國이 사람을 보내 와서 土宜를 바치다.(『成宗實錄』성종4.『集成』7-119) 6.18. 倭護軍 道安 등 2인이 來朝하다.(『成宗實錄』성종4.『集成』7-119) 6.24. 禮曹에서 蒙古·倭·女眞의 三學訓導를 漢學訓導의 例에 의거하여 30朔에 서로 遞職하게 하고, 黃州·平壤·義州의 譯學訓導 및 薺浦·富山浦의 倭學訓導는 諸邑訓導의 例에 의거하여 30朔에 서로 遞任하자고 아뢰다.(『成宗實錄』성종4.『集成』7-119) 6.25. 日本國 長門州 三島衛貞成이 사람을 보내어 와서 土宜를 바치다.(『成宗實錄』성종4.『集成』7-119) 6.30. 對馬州太守 宗貞國이 特送한 周繁·首聖 등이 하직하니, 임금이 宣政殿에 나아가 引見하고, 禮曹에서는 왕래한 사자 중에 不法한 자를 접대하지 않은 이유를 적은 書契와 土宜를 내리다.(『成宗實錄』성종4.『集成』7-119) / 日本國 對馬州 宗貞秀가 사람을 보내어 와서 土宜를 내리다.(『成宗實錄』성종4.『集成』7-121) 7.4. 倭護軍 皮古汝文 등 3인이 와서 朝會하다.(『成宗實錄』성종4.『集成』7-121) 7.12. 日本國 肥前州 松浦 志佐 一岐太守 源義가 사람을 보내어 와서 土宜를 바치다. / 사헌부 大司憲 徐居正 등이 京畿 水軍節度使 설치에 많은 폐단이 있으니 설치하지 말기를 청하자, 상이 日本國의 잦은 兵亂 속에서 패한 자가 邊境을 침범할 것에 대비하려는 것이라고 傳旨하다.(『成宗實錄』성종4.『集成』7-121) 7.26. 日本國 因伯丹三州太守 山名殿 少弼 源敎豊이 亮瑛西堂을 보내 와서 土宜와 四書 각각 1件씩을 바치고, 萬福禪寺라고 하는 옛 사찰을 재건하려 하니 대왕께서 布金의 봉시를 행하여 주시기를 바란다는 내용의 書契를 보내다.(『成宗實錄』성종4.『集成』7-122) 8.1. 日本國 筑前州 太宰府都督 司馬少卿 賴忠·肥前州 志佐殿 一岐太守 源義가 사람을 보내어 와서 土宜를 바치다.(『成宗實錄』성종4.『集成』7-123) 8.9. 日本國 防長攝泉四州太守 大內別駕 多多良政弘이 源周德을 보내어 와서 土宜과 淸水寺의 大殿을 재건하기 위해 필요한 4만 絹錢을 베풀길 바란다는 내용의 書契를 보내다.(『成宗實錄』성종4.『集成』7-123) 8.14. 日本國 關西路 筑豊肥三州摠太守 太宰府都督 司馬少卿 藤原政尙·薩摩州 市來太守 國久·對馬州 出羽守 宗貞秀·越中守 宗盛弘이 사람을 보내 와서 土宜를 바치다.(『成宗實錄』성종4.『集成』7-125) 8.17. 戶曹에서 倭使臣 亮瑛西堂이 牛皮 값을 가지러 왔는데 그 가격이 비싸다고 하자, 同副承旨 金紐는 禮曹로 하여금 타일러 보내자는 의견을 아뢰고, 申叔舟는 그 값을 주는 것이 타당하다고 아뢰니, 상이 申叔舟의 의견을 따르다.(『成宗實錄』성종4.『集成』7-125) 8.24. 山名殿의 使送 亮瑛西堂이 辭朝하니, 임금이 宣政殿에 나아가 引見하고, 물건을 하사하며, 禮曹로 하여금 답서할 것을 명하다.(『成宗實錄』성종4.『集成』7-126)
1474 **▼**	【한국】 1.1. 상이 仁政殿에 나아가 會禮宴을 행하였는데, 倭人 永書記 등 13인이 入參하니, 물건을 차등 있게 내려주다.(『成宗實錄』성종5.『集成』7-141) 1.13. 倭人 司直 信盈 등 2인이 來朝하고, 兀狄哈 司猛 加應只乃 등 2인이 와서 土宜를 바치다.(『成宗實錄』성종5.『集成』7-141)

일본

8.25. 日本國 京城管領 畠山殿 左京大夫 源義勝이 照隣을 보내 와서 土宜과 天德禪寺에 藏殿을 창건하고 안치하기 위한 자금을 찬조받기를 원한다는 내용의 書契를 보내다.(『成宗實錄』 성종 4, 『集成』7-127)

8.29. 日本國 長門州 三島衛 貞成·關西路 九州侍所 宗彦八郎茂世·對馬州 仁位郡 信濃守 宗盛家·肥前州 上松浦 波多島 源納이 사람을 보내어 와서 土宜를 바치다.(『成宗實錄』 성종 4, 『集成』7-127)

9.2. 畠山殿의 副官人 良心이 日本國의 戰亂에 대하여 아뢴 書契를 올리다.(『成宗實錄』 성종 4, 『集成』7-128)

9.3. 日本國 筑前州 太宰府都督 司馬少卿 賴忠의 使者 光臺 등이 하직을 고하니, 임금이 宣政殿에 술을 마련해 놓고 引見하다.(『成宗實錄』 성종 4, 『集成』7-129)

9.10. 日本國 防長攝泉四州太守 大內殿 別駕 多多良政弘의 使者 源周德이 辭朝하니, 임금이 宣政殿에 나아가 引見한 후 물건을 하사하고, 禮로 하여금 답서하게 하다.(『成宗實錄』 성종 4, 『集成』7-129)

9.16. 日本國 關西路 筑豊肥三州摠太守 太宰府都督 司馬少卿 藤原政尙의 使者 信戒要時 등이 辭朝하니, 임금이 宣政殿에 나아가 引見하고, 上官人·副官人에게 명하여 술을 올리게 한 후 물건을 하사하다.(『成宗實錄』 성종 4, 『集成』7-130)

9.24. 日本國 西海路 筑前州 博多城 冷泉津의 藤氏母와 長門州 赤間關太守 忠重이 사람을 보내어 와서 土宜를 바치다.(『成宗實錄』 성종 4, 『集成』7-130)

9.27. 日本國 對馬州 西海道 關處守 秦成幸이 사람을 보내어 와서 土宜를 바치다.(『成宗實錄』 성종 4, 『集成』7-131)

10.3. 禮曹에서 對馬州의 秦盛幸이 世祖大王을 위하여 寫經하여 園陵에 奉安하고, 또 精舍에서 佛事를 행하고자 하여 소용되는 물건을 요구하니, 그 願에 따를 것을 청하자, 상이 그대로 따르다.(『成宗實錄』 성종 4, 『集成』7-131)

10.12. 日本國 對馬州 宗貞秀·仁位郡 信濃守 宗盛家·一岐州 守護代官 眞弓 兵部少部 源武가 사람을 보내어 와서 土宜를 바치다.(『成宗實錄』 성종 4, 『集成』7-131)

10.15. 上이 慶尙道·全羅道·京畿·黃海道·忠淸道의 觀察使와 兵馬節度使·水軍節度使에게 日本 海賊을 엄히 방비할 것을 諭示하고, 水軍節度使에게 事目을 주다.(『成宗實錄』 성종 4, 『集成』7-131)

10.17. 畠山殿의 使者 照隣 등 11인이 하직하니, 임금이 宣政殿에 나아가 引見하고, 禮曹로 하여금 답서할 것을 명하며, 물건을 하사하다.(『成宗實錄』 성종 4, 『集成』7-132)

10.21. 日本國 薩州 伊集院寓鎭 隅州太守 藤熙久·一岐州大官 牧山十郎 源正·肥前州 下松浦 山城太守 源吉·關西路 九州侍所 宗彦八郎茂世·對馬州 宗貞秀·仁位郡 信濃守 宗盛家가 사람을 보내 土宜를 바치다.(『成宗實錄』 성종 4, 『集成』7-133)

10.23. 全羅道 水軍節度使 閔孝幹이 倭語를 쓰는 도적 10여 사람이 惠休 등을 죽이고, 재물을 약탈해 갔음을 啓達하자, 임금이 院相들에게 倭人을 가장한 해적들을 소탕하기 위한 방책을 의논할 것을 명하다.(『成宗實錄』 성종 4, 『集成』7-133)/ 임금이 李克均·朴墳·閔孝幹·鄭孝常·朴居謙·李居仁에게 順天府의 倭寇를 가장한 우리나라 사람인 해적을 소탕할 것을 諭示하고, 도적을 잡아 상을 논하는 등의 일을 同封한 事目을 내리다.(『成宗實錄』 성종 4, 『集成』7-134)

10.26. 임금이 韓明澮·金礩·李克培·玄碩圭와 더불어 三浦의 倭人의 수가 많으니, 水軍을 보충하여 防戍를 강화해야 한다는 문제에 대해 논하다.(『成宗實錄』 성종 4, 『集成』7-135)

11.3. 刑曹에서 熊川의 官奴 朱方이 倭人과 銅鐵을 밀매한 죄를 아뢰니 참형을 내리다.(『成宗實錄』 성종 4, 『集成』7-135)

11.14. 日本國 關西路 九州侍所 宗彦八郎茂世·關西路 肥筑通守 爲邦·薩麻州 島津 藤源持久·壹岐州 上松浦 鹽津留 助次郎 源經·藝州 海賊大將 國重 등이 사람을 보내어 土宜를 바치다.(『成宗實錄』 성종 4, 『集成』7-136)

11.15. 임금이 근래 日本에서 병란이 있으므로 방어하는 여러 가지 일에 조치를 더하도록 하라고 이르다.(『成宗實錄』 성종 4, 『集成』7-136)

11.17. 慶尙右道兵馬節度使 朴居謙에게 薺浦의 恒居倭人 10여 명이 도망하였는데 安接시킨 후 馳啓하라고 유시하다.(『成宗實錄』 성종 4, 『集成』7-136)

11.22. 經筵에서 洪允成이 아뢰기를, 三浦倭人 10여명이 밤을 틈타 도망하였다고 하며, 城堡를 쌓고, 銃筒과 軍器를 엄하게 하도록 아뢰다.(『成宗實錄』 성종 4, 『集成』7-137)

11.25. 日本國 薩州 伊集院 寓鎭 寓州太守 藤熙久가 사람을 보내어 와서 土宜를 바치다.(『成宗實錄』 성종 4, 『集成』7-138)

12.11. 日本國 一岐州 上松浦 鹽津留 松林院 源實次가 사람을 보내어 와서 土宜를 바치다.(『成宗實錄』 성종 4, 『集成』7-138)

12.17. 임금이 世祖朝에 정해진 橫看의 참고가 不可함을 알고, 申叔舟에게 객인을 宴享하는 조목을 改定하라고 전교하다.(『成宗實錄』 성종 4, 『集成』7-139)

12.18. 日本國 關西路 九州都元帥 源敎直·對馬州 守護代官 宗助六盛俊이 사람을 보내어 와서 土宜를 바치다.(『成宗實錄』 성종 4, 『集成』/-139)

12.26. 領事 申叔舟가 상에게 조선의 兵船은 倭船에 비하여 功役과 비용은 倍가 되지만, 견고하고 빠르다는 것을 아뢰다.(『成宗實錄』 성종 4, 『集成』7-140)

12.28. 日本國 關西路 肥筑通守 爲邦·對馬州의 宗貞秀가 사람을 보내어 와서 土宜를 바치다.(『成宗實錄』 성종 4, 『集成』7-140)

12.30. 日本國 對馬州 宗貞國이 사람을 보내어 와서 土宜를 바치고, 兀狄哈 中樞 金亐豆 등 9인이 來朝하다.(『成宗實錄』 성종 4, 『集成』7-141)

【일본】

2.5. 宗貞國이 小田豊前守에게 當國 조선의 여러 公事를 허가하다.(『宗家御判物寫』)

9.5. 足利義政이 사절을 조선에 파견하여 朝鮮國王에게 국서를 보내다. 일본과 명과의 무역에서 景泰勘合을 사용하도록 하는 내용을 조선이 명에 중개해 줄 것을 의뢰하다.(『善隣國宝記』卷中)

연도	한국
▲ 1474 ▼	1.20. 日本國 肥前州 上松浦 佐志殿 源次郎·長門州 三島尉 貞成이 사람을 보내어 와서 土宜을 바치다.(『成宗實錄』성종5.『集成』7-141)/ 對馬州 太守 宗貞國의 特送 其小只가 와서 土宜과 貴國의 僧 39人이 표류하다 닿은 포구는 宇久守와 姓이 같은 鳴主가 함께 다스리는 영토인데, 鳴主는 곧바로 보내려 하나 宇久守는 내년에 보내려 한다는 내용의 書契를 바치다.(『成宗實錄』성종5.『集成』7-142) 1.24. 領事 申叔舟가 富山浦·薺浦의 倭人의 집이 같은 날 불탔음을 아뢰고, 三浦는 倭人의 수가 많아 후일에 침범이 염려스러우니, 이 기회에 萬戶營廳의 담장을 쌓도록 할 것을 청하니, 상이 그대로 따르다.(『成宗實錄』성종5.『集成』7-142) 1.27. 日本國 關西路 九州都元帥 源敎直이 사람을 보내어 와서 土宜를 바치다./ 임금이 禮曹佐郎 南俤를 薺浦·富山浦에 보내어 失火한 倭人들을 먹이게 하고, 담을 쌓아 한계를 두라고 명하다.(『成宗實錄』성종5.『集成』7-143) 2.3. 日本國 肥前州 平戶寓鎭 肥州太守 源豊久·田平寓鎭 彈正少弼弘이 사람을 보내어 와서 土宜를 바치다.(『成宗實錄』성종5.『集成』7-144) 2.11. 日本國 關西路 九州侍所의 宗彦八郎茂世가 사람을 보내어 와서 土宜를 바치다.(『成宗實錄』성종5.『集成』7-144) 2.21. 日本國 對馬州 太守 宗貞國이 사람을 보내어 와서 土宜를 바치다.(『成宗實錄』성종5.『集成』7-144) 2.25. 日本國 對馬州 太守 宗貞國이 사람을 보내어 와서 土宜를 바치다.(『成宗實錄』성종5.『集成』7-145) 2.29. 倭使臣 其小只·看小只·要溫而老가 하직하니, 임금이 宣政殿에 나아가 引見하고, 禮曹에서는 宗貞國에게 표류된 僧徒의 송환을 감사한다는 내용과 薺浦·富山浦의 失火문제가 적힌 書契와 土宜를 보내다.(『成宗實錄』성종5.『集成』7-145) 3.6. 日本國 對馬州 太守 宗貞國이 使人을 보내와서 土宜를 바치다.(『成宗實錄』성종5.『集成』7-146) 3.12. 日本國 對馬州 太守 宗貞國·護軍 井可文助·藤原職家 등이 使人을 보내 와서 土宜를 바치다.(『成宗實錄』성종5.『集成』7-147) 3.19. 日本國 薩州의 伊集院 寓鎭 隅州의 藤熙久·對馬州 太守 宗貞國이 使人을 보내 와서 土宜를 바치다.(『成宗實錄』성종5.『集成』7-147) 3.25. 日本國 關西路의 九州侍所 宗彦八郎茂世·對馬州 太守 宗貞國이 使人을 보내 와서 土宜를 바치다.(『成宗實錄』성종5.『集成』7-147) 4.1. 日本國 對馬州 太守 宗貞國과 四郎 宗職盛이 사람을 보내 와서 土宜를 바치고, 倭護軍 六郎洒文 등 2人이 來朝하다.(『成宗實錄』성종5.『集成』7-147) 4.10. 日本國 對馬州 太守 宗貞國이 사람을 보내어 와서 土宜를 바치다.(『成宗實錄』성종5.『集成』7-148) 4.15. 日本國 對馬州 太守 宗貞國·守波代官 宗助六盛俊·安藝州 小早川美作守 平持平·豊州 太守 大友八郎師能·一岐州 上松浦 鹽津留 觀音寺看主 宗殊八郎과 宗職盛이 사람을 보내 土宜를 바치다.(『成宗實錄』성종5.『集成』7-148) 5.16. 日本國 對馬州 太守 宗貞國·古河山城守 家次·攝津州 兵庫津 平方式部衛 忠吉·幡摩州 日向 太守 盛久·肥前州 松浦 志佐 一岐 太守 源義가 사람을 보내 와서 土宜를 바치고, 倭護軍 時難洒毛 등 2人이 來朝하다.(『成宗實錄』성종5.『集成』7-148) 5.22. 日本國 對馬州 太守 宗貞國·上津群 追浦 伯耆守 宗茂次·筑前州 像郡知守 宗氏鄕이 사람을 보내어 와서 土宜를 바치고, 倭護軍 皮古仇羅 등 6인이 來朝하다.(『成宗實錄』성종5.『集成』7-148) 6.13. 日本國 對馬州 太守 宗貞國과 肥前州 上松浦 波多島 源納과 一岐州 上松浦 鹽津留 助次郎 源徑이 사람을 보내 와서 土宜를 바치다.(『成宗實錄』성종5.『集成』7-149) 6.28. 日本國 對馬州 太守 宗貞國·西海路 筑前州 博多城 冷泉津 藤氏母·關西路 肥後州守 菊池爲幸이 사람을 보내 와서 土宜를 바치다.(『成宗實錄』성종5.『集成』7-149) 윤6.10. 日本國 周方州 大內進凉敎之·肥前州 源納·下松浦 源盛·薩摩州島津 藤原持久·一岐州 源徑·對馬島主 宗助六盛俊이 사람을 보내 와서 土宜를 바치고, 倭護軍 井可文愁戒 등 2인이 來朝하다.(『成宗實錄』성종5.『集成』7-149) 윤6.11. 倭人 井可文愁戒가 말 2匹을 바치다.(『成宗實錄』성종5.『集成』7-149) 윤6.12. 禮曹에서, 對馬島 太守 宗貞國이 보낸 書契에 日本國王이 장차 중국과 修貢하려하니 先容의 말을 전해달라는 내용이 있었는데, 이는 日本國王이 아닌 島主의 편지로는 주청하여 알리기 어렵다고 회답하길 청하다.(『成宗實錄』성종5.『集成』7-150) 윤6.14. 講을 마치고, 申叔舟가 倭寇 방어를 소홀하게 할 수 없으므로 船軍의 소금 바치는 수량을 감하고 營繕하는 役事를 중지시켜 방어에만 전력하게 할 것을 청하다.(『成宗實錄』성종5.『集成』7-150) 윤6.15. 日本國 西海路 筑前州 博多城 冷泉津 藤氏母·上松浦 那久野能登守 賴永·肥前州 平戶寓鎭 肥州 太守 源豊久가 사람을 보내 와서 土宜를 바치다.(『成宗實錄』성종5.『集成』7-151) 윤6.22. 日本國 關西路 九州侍所 宗彦八郎茂世가 사람을 보내 와서 土宜를 바치다.(『成宗實錄』성종5.『集成』7-151) 윤6.29. 日本國 日向大隅薩摩三州 太守 立久·對馬州 太守 宗貞國·越中守 終成弘이 사람을 보내 와서 土宜를 바치다.(『成宗實錄』성종5.『集成』7-151) 7.3. 日本國 甕何紀越能五州摠太守 畠山右金吾督 源義就가 宗祥書記를 보내어 와서 土宜와 兵亂으로 불 타 없어진 德本寺를 再建하기 위한 祿物을 많이 내려달라는 내용의 書契를 보내다.(『成宗實錄』성종5.『集成』7-152) 7.12. 日本國 肥前州 小城 千葉介 元尹이 사람을 보내어 와서 土宜를 바치다.(『成宗實錄』성종5.『集成』7-152) 7.17. 日本國 對馬州 太守 宗貞國과 一岐州代官 牧山十郎 源正이 사람을 보내 와서 土宜를 바치다.(『成宗實錄』성종5.『集成』7-152) 7.27. 日本國 防長攝泉四州 太守 大內別駕 多多良政弘이 사람을 보내 와서 土宜와 書契를 바치다./ 上이 慶尙道 觀察使 金永濡·

일본

左道兵馬節度使 金舜臣·水軍節度使 李陽東·右道兵馬節度使 朴居謙·水軍節度使 李居仁에게 三浦의 倭人들이 한계 밖에는 집을 짓지 못하도록 하고, 우리 백성도 가까이하지 못하게 하라고 下諭하다.(『成宗實錄』 성종 5, 『集成』7-153)

8.6. 畠山殿 源義就의 使者 宗祥書記 등이 하직하니, 임금이 宣政殿에 나아가서 引見하고, 禮曹에서는 書契와 土宜를 보내다.(『成宗實錄』 성종 5, 『集成』7-154)

8.7. 日本國 肥前州 上松浦 神田能登守 源德·志佐 源次郎이 사람을 보내 와서 土宜를 바치다.(『成宗實錄』 성종 5, 『集成』7-154)

8.9. 日本國 肥前州 下松浦 三栗 太守 源滿과 松浦志佐 一岐 太守 源義가 사람을 보내어 와서 土宜를 바치다.(『成宗實錄』 성종 5, 『集成』7-155)

8.11. 日本國 對馬州 太守 宗貞國과 越中守 宗盛弘이 사람을 보내어 와서 土宜를 바치다.(『成宗實錄』 성종 5, 『集成』7-155)

8.15. 全羅道 觀察使 李克均이 興陽縣 鉢浦萬戶 裵孝修가 倭船 1척을 捕獲하였음을 아뢰자, 상이 宗簿寺正 金升卿을 추천·파견하여 국문 하게 하다.(『成宗實錄』 성종 5, 『集成』7-155)

8.16. 임금이 領議政 申叔舟를 引見하니, 申叔舟가 갇힌 興陽 海賊의 신변 보호 문제 등에 대해 아뢰다.(『成宗實錄』 성종 5, 『集成』7-156)

8.19. 임금이 工曹와 尙衣院에 傳旨하여 奏聞使 金礩에게 倭刀 1자루 등을 내리도록 하다.(『成宗實錄』 성종 5, 『集成』7-156)

8.21. 日本國 下松浦山城 太守 源吉이 사람을 보내어 와서 土宜를 바치다.(『成宗實錄』 성종 5, 『集成』7-156)

8.24. 日本國 對馬州 太守 宗貞國이 사람을 보내어 와서 土宜를 바치다.(『成宗實錄』 성종 5, 『集成』7-157)

8.27. 임금이 講을 마치고 興陽 海賊에 관하여 묻자, 申叔舟가 倭人이 島主의 文引이 있다고만 稱託하여 믿을 수 없으니, 島主에게 開諭하게 하고 邊將으로 하여금 경비를 엄하게 하여 騷擾를 일으키지 말게 할 것을 청하다.(『成宗實錄』 성종 5, 『集成』7-157)/ 全羅道 觀察使 李克均·兵馬節度使 林子蕃·水軍節度使 閔孝幹에게 倭船 8척이 孤草島 사이에 머물고 있다 하니 방비를 엄하게 하고, 賊倭의 여부를 확실히 가려서 함부로 살상하지 말 것을 諭示하다.(『成宗實錄』 성종 5, 『集成』7-158)

8.28. 大內殿 政弘의 使者 都音非多 등이 하직하니, 임금이 宣政殿에 나아가서 引見하고, 물건을 차등 있게 내려주다.(『成宗實錄』 성종 5, 『集成』7-158)/ 禮曹에서 日本 使臣 政弘에게 회답하고, 土宜를 내려주다.(『成宗實錄』 성종 5, 『集成』7-159)

8.29. 日本國 關西路 肥筑通守 重朝가 사람을 보내어 와서 土宜를 바치다.(『成宗實錄』 성종 5, 『集成』7-159)

9.3. 兵曹에서 慶尙道 바닷가의 각 고을에 있는 소나무가 兵船을 만드는데 긴요하므로, 그 道 觀察使와 水軍節度使로 하여금 엄금하여 베지 못하게 하고, 三浦의 백성들 중 몰래 소나무를 베어 倭人에게 파는 자 역시 엄금할 것을 청하다.(『成宗實錄』 성종 5, 『集成』7-159)

9.11. 執義 李亨元이 全羅道 光陽·樂安·順天 등의 鰒魚 貢納 때문에 倭人과 변경 분쟁이 일어남을 아뢰고, 倭賊의 침략에 대비하여 兵器와 兵船을 준비하고 邑城을 쌓게 할 것을 청하다.(『成宗實錄』 성종 5, 『集成』7-160)/ 李克均에게 光陽·興陽·樂安 등의 사람들이 貢納을 위하여 먼 섬에 들어가 전복을 따는 바람에 倭人과의 변경 분란이 염려되니, 가까운 섬에 전복이 나는지의 유무, 전복 따는 섬의 지명 등의 내용을 아뢸 것을 명하다.(『成宗實錄』 성종 5, 『集成』7-162)

9.15. 日本國 肥前州 田平寓鎭 彈正少弼弘이 사람을 보내어 와서 土宜를 바치다.(『成宗實錄』 성종 5, 『集成』7-162)

9.16. 임금이 義禁府에 興陽의 倭賊 多羅三甫羅 등이 근방의 섬에 돌아다니면서 우리 船軍을 劫掠하다가, 鉢浦萬戶 裵孝修에게 쫓기면서 官兵을 쏘아 상하게 하였음을 알리며, 이를 추국하게 하다.(『成宗實錄』 성종 5, 『集成』7-162)

9.19. 상이 講을 마치자, 申叔舟가 이미 죄를 자복한 倭賊이 本島로 돌아갈 때, 그들이 兵器를 가지고 마음대로 돌아다닌 죄상을 禮曹로 하여금 書契에 기록하여 島主에게 알리고, 正使와 副使를 보낼 것을 청하다.(『成宗實錄』 성종 5, 『集成』7-163)

9.22. 日本國 對馬州 太守 宗貞國과 藝州 海賊 大將 國重이 사람을 보내어 와서 土宜를 바치다.(『成宗實錄』 성종 5, 『集成』7-163)

9.23. 임금이 慶尙道 觀察使 金永濡에게 對馬島 고기 잡는 倭人들에 대한 사항을 자세히 보고하라고 명하다.(『成宗實錄』 성종 5, 『集成』7-163)/ 임금이 全羅道 觀察使 李克均에게 鉢浦 賊倭의 배와 아울러 실은 물건은 장차 對馬島로 보낼 것이니, 비밀리에 慶尙道 固城縣에 옮겨 정박하게 하라고 명하다./ 임금이 鉢浦 賊倭의 배와 아울러 실은 물건을 장차 對馬島로 보낼 것인데, 이미 固城縣에 옮겨 정박하게 한 것을 慶尙道 觀察使 金永濡에게 알리며, 비밀히 하여 三浦의 倭人들이 소요를 일으키지 않게 할 것을 명하다.(『成宗實錄』 성종 5, 『集成』7-164)

10.4. 成均館生員 趙漢柱 등이 司成 閔貞을 對馬島에 差遣하는 것을 반대하며, 成命을 고치시어 閔貞으로 하여금 敎訓에만 전력하게 할 것을 청하니, 상이 이를 들어주지 아니하다.(『成宗實錄』 성종 5, 『集成』7-164)

10.5. 鄭昌孫 등이 賊倭의 처리에 대해 通信使 閔貞이 對馬島의 特送과 함께 갈 때 賊倭를 特送에게 맡기자고 아뢰니 그대로 따르다./ 申叔舟·韓明澮가 通信使 閔貞은 文學과 吏幹이 있어서 우리나라에서 쓸 만한 사람이고, 외모가 외소하여 사람들의 보는 바에는 합당하지 못하니 보내지 말 것을 청하자, 임금이 가하다고 하다.(『成宗實錄』 성종 5, 『集成』7-165)

10.6. 日本國 對馬州 太守 宗貞國이 宗茂勝을 보내어 土宜와 書契를 바치다.(『成宗實錄』 성종 5, 『集成』7-166)

10.8. 상이 講을 마치자, 侍讀官 崔淑精이 남쪽에는 倭變, 서북 兩界에서도 다 聲息이 있었으니, 大臣을 보내어 변경을 순찰할 것을 청하다.(『成宗實錄』 성종 5, 『集成』7-167)

10.10. 司憲府掌令 李瓊仝 등이 箚子를 올려 倭人이 번성하고 왕래가 잦은 雄川에, 縣監으로 鄭亨을 명한 것은 합당하지 않음을 아뢰었으나, 임금이 따르지 아니하다.(『成宗實錄』 성종 5, 『集成』7-168)

10.11. 상이 講을 마치자, 大司諫 鄭佸·掌令 李瓊仝이 倭人과 왕래의 길목인 熊川의 현감으로 행실이 좋지 않은 鄭亨가 임명된 것은 부적합한 것이라고 아뢰자, 임금이 생각해 보겠다고 말하다.(『成宗實錄』 성종 5, 『集成』7-168)/ 임금이 左副承旨 李克基에게 鄭亨이 密陽과 滿浦에서 죄를 범했다 하여 다른 직에 서용하게 하다.(『成宗實錄』 성종 5, 『集成』7-170)

10.14. 상이 講을 마치고, 대신을 보내어 변방을 순찰할 때 閱兵을 한다고 하면 倭人이 놀라고 두려워하겠지만, 열병을 한다고 하면 의심하지 않은 것이라고 말하다.(『成宗實錄』 성종 5, 『集成』7-170)

연도	한국
▲ 1474	10.15. 申叔舟·韓明澮가 中臣을 보내어 변방을 순찰하게 하면 우리 백성들을 騷擾하게 할 뿐만 아니라 對馬島에서 반드시 의심할 것이니, 굳이 大臣을 따로 보내지 말고, 다만 감사나 병사로 하여금 沿海를 살피게 하자고 아뢰다.(『成宗實錄』 성종5. 『集成』7-170) 10.16. 倭僉知 平松而羅·洒毛家繼 등 2인이 來朝하다. / 金永堅 등이 三浦에 관리를 보내어 倭人을 감시할 것과 倭人들이 관리에게 주는 뇌물의 처리에 대해 아뢰다.(『成宗實錄』 성종5. 『集成』7-171) 10.17. 芮承錫과 朴良信이 하직하니, 임금이 인견하고, 全羅道의 주민들이 많이 海谷에 깊이 들어가 살면서 倭人들과 더불어 물건 매매로 교통하므로 일이 생길까 염려되니, 그들을 모두 쇄출하라고 명하다.(『成宗實錄』 성종5. 『集成』7-173) 10.18. 對馬島主의 使臣이 三浦에 사는 倭人 중 횡포하고 빙자하여 순종하지 않는 자를 貴國에서 죄를 줄 것을 청하자, 申叔舟가 이것은 원망을 우리나라로 돌리기 위한 것이므로, 허락하지 말 것을 청하다. / 임금이 申叔舟에게 명하여 宗茂勝 등 9인을 먹이게 하고 三浦에 사는 倭人들을 스스로 刷還하라 하였으며, 倭人 宗茂勝은 도서를 청하고 皮古汝文은 관직을 제수받길 청하다.(『成宗實錄』 성종5. 『集成』7-174) 10.23. 日本國 石見州 周布藤原和兼·薩摩州 渡津 藤原持久·長門州 三島衛 貞成·對馬州 太守 宗貞國이 사람을 보내 와서 土宜를 바치다.(『成宗實錄』 성종5. 『集成』7-177) 10.27. 日本國王 源義政이 중 正球 등을 보내 聘問하고 土宜를 바치다.(『成宗實錄』 성종5. 『集成』7-178) 10.28. 司憲府 大司憲 李恕長이 倭의 침략 방비를 위해 兵船을 함부로 사용치 말고 船軍을 헛되이 노역시키지 말며, 無人絶島에 들어가서 漁獵하는 자를 엄히 다스리고 慶尙道 조세 수입은 상납치 말고 倭料에 보충하게 할 것을 청하다.(『成宗實錄』 성종5. 『集成』7-178) 11.5. 상이 仁政殿에 나아가 忠勳府에서 올리는 잔치를 받은 후, 正球首座 와 宗茂勝 등에게 兵亂의 상황에 대하여 묻다.(『成宗實錄』 성종5. 『集成』7-182) 11.10. 倭使 宗茂勝 등 9인이 하직을 고하니, 임금이 宣政殿에 나아가 引見하는 자리에서 倭人들의 약탈이 빈번함을 알리며, 島主에게 말하여 금하게 할 것을 청하다.(『成宗實錄』 성종5. 『集成』7-182) / 禮曹에서 宗貞國에게 바친 예물을 잘 받았다는 글과 함께 別幅特賜를 보내다.(『成宗實錄』 성종5. 『集成』7-183)
1475 ▼	【한국】 1.1. 임금이 仁政殿에 나아가 會禮宴을 행하니, 倭人 不二 등 3인이 入參하였는데, 그들에게 물건을 차등 있게 내려주다.(『成宗實錄』 성종6. 『集成』7-195) 1.5. 임금이 講을 하는데, 李承召가 倭人을 접견할 때에 반드시 술잔을 올리게 하지 말 것을 청하다.(『成宗實錄』 성종6. 『集成』7-195) 1.6. 禮曹에서 慶尙道 觀察使의 啓本에 의거하여, 富山浦의 私鹽場은 倭人과 뒤섞여서 販賣를 하여, 혹 釁端이 생길까 두려우니, 撤去하게 할 것을 청하다.(『成宗實錄』 성종6. 『集成』7-196) 1.10. 日本國 關西路 九州都元帥 源教直·對馬州 太守 宗貞國이 사람을 보내어 와서 土宜를 바치다.(『成宗實錄』 성종6. 『集成』7-196) 1.18. 對馬島主 宗貞國의 特送 宗沙交·五島宇久守 源勝의 使僧 雲書記·五島島主 源繁의 使僧 泉藏主가 하직을 고하자, 임금이 宣政殿에 나아가 인견하고, 土宜를 내려주다.(『成宗實錄』 성종6. 『集成』7-196) 1.22. 日本國 對馬州四郎 宗直盛이 사람을 보내 와서 土宜를 바치다.(『成宗實錄』 성종6. 『集成』7-197) / 畠山殿 源義勝의 使僧 不二 등이 하직을 고하니, 禮曹에서 답서를 내리다.(『成宗實錄』 성종6. 『集成』7-198) 2.5. 日本國 對馬州 太守 宗貞國·四郎 宗直盛이 사람을 보내어 와서 土宜를 바치다.(『成宗實錄』 성종6. 『集成』7-141)/07-198) 2.15. 日本國 對馬州 太守 宗貞國·守護代官 宗助六盛俊·宗出友守貞秀가 사람을 보내어 와서 土宜를 바치다.(『成宗實錄』 성종6. 『集成』7-198) 3.2. 慶尙道 觀察使가 諭旨를 받들어, 三浦에 사는 倭人의 戶口의 數를 馳啓하다.(『成宗實錄』 성종6. 『集成』7-199) 3.4. 日本國 對馬州 太守 宗貞國이 사람을 보내 와서 土宜를 바치다.(『成宗實錄』 성종6. 『集成』7-199) 3.19. 日本國의 薩州 伊集院 寅鎮 隅州 太守 藤熙久·西海道의 對馬州 關處守 秦盛幸·古下 山城守 家次가 사람을 보내 와서 土宜를 바치다.(『成宗實錄』 성종6. 『集成』7-199) 3.21. 임금이 全羅道 觀察使 芮承錫에게 賊倭를 잡는데 功을 세운 鉢浦萬戶 裵孝修와 그의 군졸을 功의 등급을 매겨서 아뢰도록 하라고 下書하다.(『成宗實錄』 성종6. 『集成』7-199) 4.2. 상이 講을 마치고, 領事 申叔舟와 日本國에 通信使를 보내는 것에 관한 내용을 의논하다.(『成宗實錄』 성종6. 『集成』7-200) 4.21. 日本國 對馬州 太守 宗貞國의 使臣과 倭護軍 六郎洒文·副司果 愁戒仇羅가 土宜를 바치다.(『成宗實錄』 성종6. 『集成』7-200) 4.23. 禮曹에서 倭使가 浦口에서 머물 동안 많은 양의 식량을 허비하니, 特送 倭使 이외에 約條에 의하여 오는 倭船은 守令과 節制使가 書契에 상고하고 圖書를 대조하여 거짓의 유무를 확인하게 할 것을 청하다.(『成宗實錄』 성종6. 『集成』7-200) / 日本國王使臣 宣慰使 裵孟厚를 불러서 慶尙道의 財穀이 倭料로 다 없어지니, 오랫동안 머물고 있는 國王 使臣 正球 등을 속히 돌아가게 할 것을 명하다.(『成宗實錄』 성종6. 『集成』7-201)

일본

11.13. 日本國 肥前州 松浦 志左殿·一岐 太守 源義가 사람을 보내어 와서 土宜를 바치다.(『成宗實錄』 성종 5, 『集成』7-187)

11.15. 講을 마치자, 申叔舟가 特送倭에게 우리나라에서 日本에 通信하려 하는데, 三浦에 거주하는 이들 중 通信使로 보낼 이가 있는지의 여부를 묻자, 倭使가 兵亂 때문에 자세한 소식을 모른다고 한 것을 임금에게 아뢰다.(『成宗實錄』 성종 5, 『集成』7-187)

11.24. 日本國 對馬州 太守 宗貞國, 越中守 宗盛弘이 사람을 보내어 와서 土宜를 바치다.(『成宗實錄』 성종 5, 『集成』7-187)

11.25. 상이 仁政殿에 나아가서 日本國 使臣 正球 등 22인에게 연회를 베풀고, 물건을 차등 있게 하사하다. (『成宗實錄』 성종 5, 『集成』7-188)

11.28. 禮曹에서 日本國王의 使臣이 구하는 三角山圖를 圖畫署로 하여금 만들게 하여, 尙衣院에서 장식하여 하사할 것을 청하자, 상이 그대로 따르다.(『成宗實錄』 성종 5, 『集成』7-188)

12.1. 日本國 對馬州 太守 宗貞國의 特送 宗沙交·肥前州 下松浦 五島宇久守 源勝·五島鳴主 源繁이 사람을 보내 와서 土宜를 바치고, 癸巳年 2월 중순에 漂流된 우리나라의 僧徒 39명에 대해 아뢴 書契를 보내다.(『成宗實錄』 성종 5, 『集成』7-188)

12.3. 申叔舟가 日本에서 보내 온 圖書를 지금 온 倭使에게 보였더니, 日本의 文書가 아니라고 하므로, 畠山殿과 大內殿·京極殿·細川殿 등 여러 곳에 이 뜻을 通諭할 것을 청하다.(『成宗實錄』 성종 5, 『集成』7-191)

12.7. 日本國 對馬州 太守 宗貞國이 사람을 보내 와서 土宜를 바치다.(『成宗實錄』 성종 5, 『集成』7-191)

12.15. 日本國王의 使者 正球 등 22인이 하직하니, 임금이 宣政殿에 나아가 引見하고, 日本의 大臣으로 우리와 通信한 자나 혹은 使者를 보낼 일이 있으면 符信을 주어 속임수를 막을 것을 청하는 내용의 答書와 土宜를 보내다.(『成宗實錄』 성종 5, 『集成』7-191)/ 상이 宗茂勝의 護送官 金瑄에게 하서하여, 昌原에 도착한 賊倭 7인이 사람을 傷害하고 도망하고자 하므로 부득이 법에 의하여 가두었음을 알리고, 特送使에게 말하여 속히 區處하도록 할 것을 청하다.(『成宗實錄』 성종 5, 『集成』7-193)

12.19. 日本國 對馬州 太守 宗貞國이 사람을 보내와서 土宜를 바치다.(『成宗實錄』 성종 5, 『集成』7-193)

12.24. 洪允成이 倭와 野人으로서 내조하는 자가 전일의 갑절이 되어, 역로의 疲弊함이 이로 말미암는 것이니, 상에게 節度使로 하여금 숫자를 정하도록 할 것을 청하다.(『成宗實錄』 성종 5, 『集成』7-193)/ 日本國 京城管領 畠山殿 左京大夫 源義勝이 사람을 보내 와서 土宜과 書契를 바치다.(『成宗實錄』 성종 5, 『集成』7-194)

【일본】

9.-. 조선 成宗이 足利義政이 명나라의 勘合무역을 위해 조선이 중개해주도록 부탁한 내용을 明의 皇帝에게 전달하였음을 알리는 답서를 보냈다.(『續善隣國宝記』)

4.30. 申叔舟가 임금에게 禹賢孫이 熊川縣監으로 있을 때 청렴하고 근엄하여 倭人을 대할 때 실수가 없었다고 아뢰다.(『成宗實錄』 성종 6, 『集成』7-201)

5.5. 戶曹에서 倭料를 거두어들이는 都會官이 명확치 않아 백성들의 폐해가 크므로, 熊川·東萊·蔚山을 都會官으로 하여 田稅의 例에 따라 稅吏를 정할 것을 청하다.(『成宗實錄』 성종 6, 『集成』7-202)

5.6. 日本國 對馬州 太守 宗貞國이 사람을 보내어 와서 土宜를 바치다.(『成宗實錄』 성종 6, 『集成』7-203)

5.8. 日本國 肥前州 上松浦 鴨打 源永·豊州 太守 大友八郎師能과 對馬州 太守 宗貞國이 사람을 보내어 와서 土宜를 바치다.(『成宗實錄』 성종 6, 『集成』7-203)

5.10. 禮曹에서 對馬島주 宗貞國에게 萬戶의 文引을 받아 고기를 잡기 위해 바다로 나간 吾羅時羅 등 5인과 黃善明이 돌아오지 않으니, 貴島에서 찾아서 보내주기를 바란다는 내용의 글을 보내다./ 司諫院 大司諫 鄭佸 등이 上疏를 올려, 조정에 뵈러 오는 倭人이 으레 禮曹의 堂上官에게 土宜를 보내는데, 이것이 幣帛을 가지고 相見하는 禮인 듯하기는 하나 실은 명목 없는 선물이므로, 이제부터는 받지 말게 할 것을 청하다.(『成宗實錄』 성종 6, 『集成』7-203)

5.15. 領事 申叔舟가 명주를 줄이면 倭人에게 줄 양이 부족해 질 것이라고 아뢰다.(『成宗實錄』 성종 6, 『集成』7-204)/ 對馬島의 倭人 宗貞秀·宗茂勝이 禮曹에 對馬島의 죄인을 전하께서 직접 다스리지 않고, 本島로 압송하여 처형하게 한 것을 감사하는 내용의 書契를 바치다.(『成宗實錄』 성종 6, 『集成』7-205)

5.25. 咸安의 日守 尹自半 등 8인이 배를 타고 바다로 나갔다가 해적을 만나서 死傷당하였는데, 그들이 이를 알리지 아니하였으므로, 都事를 시켜 鞫問하여 아뢸 것을 慶尙道 觀察使 尹壕에게 下諭하다.(『成宗實錄』 성종 6, 『集成』7-205)

5.27. 상이 경연에 나아가 講讀을 하는 중에, 同知事 李承召가 西域人들은 원망하는 사람이라도 절에 들어가면 버려 두고 추구하지 않는 것이, 日本國과 같음을 아뢰다.(『成宗實錄』 성종 6, 『集成』7-205)

6.4. 講을 마치고, 領事 鄭昌孫과 洪允成이 日本國에 通信使를 파견하는 의견에 대하여 반대하자, 임금은 日本國의 正球首座가 使臣을 청하였다고 알리다.(『成宗實錄』 성종 6, 『集成』7-206)

6.5. 日本國 上松浦 那久野能登守 賴永과 對馬州 太守 宗貞國이 사람을 보내 와서 土宜를 바치다.(『成宗實錄』 성종 6, 『集成』7-207)

6.10. 倭護軍 井可文愁戒가 하직 인사를 하니, 禮曹에서 下敎를 받들어 對馬島주에게 慶尙道의 경계를 노략질하는 對馬島인들을 징계하기 바란다는 내용의 書契를 보내다.(『成宗實錄』 성종 6, 『集成』7-207)

6.12. 日本國王의 使送인 正球首座를 타일러서 재촉하여 보낼 것을 宣慰使 裵孟厚에게 글을 내려 명하다.(『成宗實錄』 성종 6, 『集成』7-208)

연도	한국
▲ 1475	6.16. 日本國 薩摩州 市來 太守 國久·攝津州 兵庫津의 平方式部衛 忠吉·對馬州 太守 宗貞國이 사람을 보내어 와서 土宜를 바치다.(『成宗實錄』 성종6.『集成』7-209) 6.21. 癸亥年에 國家에서 使臣을 보내어 日本과 交聘할 때, 書狀官으로 보내어진 領議政 申叔舟가 卒하다.(『成宗實錄』 성종6.『集成』7-209) 6.25. 兵曹에서 全羅道 觀察使의 啓本에 의거하여, 倭賊과 싸워 공로가 있는 興陽縣 사람을 論賞하고, 裵孝修와 盧効愼은 1등에 따라 상을 줄 것을 청하다.(『成宗實錄』 성종6.『集成』7-210) 6.28. 同知事 李承召가 倭中樞 信重이 우리나라의 漂流人 3명을 돌려보내 왔는데, 이를 예로써 厚待하자고 아뢰고, 韓明澮와 洪允成은 日本에 通信使를 보내고자 한다면 젊고 智略이 있는 자로 보낼 것을 청하다.(『成宗實錄』 성종6.『集成』7-211)/ 同副承旨 任士洪이 日本國 使臣 新衛門을 別下程의 1차를 하사할 것을 청하자, 임금이 그대로 따르다.(『成宗實錄』 성종6.『集成』7-212) 7.11. 日本國 長門州 三島尉 藤原貞成이 사람을 보내어 와서 土宜를 바치다.(『成宗實錄』 성종6.『集成』7-212) 7.16. 領議政 鄭昌孫과 左議政 韓明澮가 日本國 通信副使로 임명된 李則은 팔에 병이 있어서, 다른 나라 사람이 보기에 좋지 않고, 書狀官 表沿沫는 시를 잘 짓지 못한다 하니 고쳐서 다시 임명할 것을 청하다.(『成宗實錄』 성종6.『集成』7-212)/日本國 通信士를 議政府舍人 裵孟厚와 副使人 弘文館修撰 李命崇과 書狀官인 吏曹正郞 蔡壽로 落點하다.(『成宗實錄』 성종6.『集成』7-213) 7.26. 日本國 對馬州 太守 宗貞國과 關西路 九州侍所 宗彦八郞茂世가 사람을 보내어 와서 土宜를 바치다.(『成宗實錄』 성종6.『集成』7-213) 8.8. 日本國 對馬州 太守 宗貞國과 仁位郡 宗四郞職家와 關西路 九州侍所 宗彦八郞茂世가 사람을 보내어 와서 土宜를 바치다.(『成宗實錄』 성종6.『集成』7-213) 8.11. 日本國王 源義政이 僧 性春을 보내어 來聘하여, 日本國이 中國과 通信을 하려고 하니, 우리나라가 明나라에게 소개해 줄 것을 바라는 書信을 올리다.(『成宗實錄』 성종6.『集成』7-214) 8.12. 同知事 李承召가 日本의 使者가 禮物없이 왔으니 너무 소홀하게 생각이 되어지고, 私的으로 進上하는 것도 또한 다른 例보다 薄하며, 書契에도 또한 圖書가 없으니 이것들이 모두 의심할 만한 일임을 아뢰다.(『成宗實錄』 성종6.『集成』7-214) 8.14. 尹子雲과 李承召가 日本國王의 使臣 性春과 本國에서 길을 떠난 일시, 兵亂의 止息 여부, 大內殿이 本土로 돌아갈 수 있는 시기, 국왕이 中國 明나라에 朝貢하려는 본 뜻, 明나라에 朝貢한 節次 등을 問答한 후, 그 내용을 아뢰다.(『成宗實錄』 성종6.『集成』7-215) 8.15. 日本國 對馬州 太守 宗貞國이 사람을 보내어 와서 土宜를 바치다.(『成宗實錄』 성종6.『集成』7-218)/ 禮曹兼判書 尹子雲과 判書 李承召가 倭使臣 性春에게 本曹에서 通信使를 보내도록 啓請하려 한다고 말하자, 性春이 本國에는 兵禍가 그치지 않아 길이 막혀 다른 길로 가야만 하는데 博多를 거쳐야 한다고 답한 것을 아뢰다./ 임금이 性春에게 通信使를 보내는 문제에 대하여 얘기하고, 院相들에게 그 의견을 묻자, 단지 曹錫文과 金礩만이 通信士를 보내어 그 虛實을 엿보게 하는 것이 옳다고 아뢰다.(『成宗實錄』 성종6.『集成』7-219) 8.18. 日本國 肥前州 田平寅鎭 彈正少弼弘·長門州 三島尉 貞成·對馬 太守 宗貞國·越中守 宗盛弘·上津郡 追浦泊着守 宗茂次가 사람을 보내어 와서 土宜를 바치고, 倭護軍 信盈 등 2인이 와서 朝貢하다.(『成宗實錄』 성종6.『集成』7-220) 8.20. 禮曹에서 日本國 使臣 性春이 임금이 使臣을 보낼 것을 啓請한다고 한 것은 지극히 후하지만, 다만 길이 막혔으니 부득이하게 다른 길로 가야 한다고 말한 것을 아뢰다.(『成宗實錄』 성종6.『集成』7-220) 8.21. 禮曹에서 日本國에 가는 通信使는 아직 發送시키지 말라고 傳敎하다.(『成宗實錄』 성종6.『集成』7-221) 8.23. 尹子雲과 李承召가 宗貞國이 茂勝을 보내어 三浦의 倭人을 推刷하기 위해 온 것을 아뢰며, 島主의 使者가 오는 것을 기다렸다가 사람을 보내, 人物을 刷還하려 한 데 대하여 謝禮하게 하고, 한편으로는 本島의 虛實을 살필 것을 청하다.(『成宗實錄』 성종6.『集成』7-221) 8.28. 임금이 日本國 使臣 性春 등에게 宴會를 베풀고, 李承召에게 명하여 물건을 차등 있게 下賜할 것을 명하다.(『成宗實錄』 성종6.『集成』7-222) 8.30. 日本國 肥前州 小城千業介 元胤과 對馬州 太守 宗貞國이 사람을 보내어 와서 土宜를 바치다.(『成宗實錄』 성종6.『集成』7-222) 9.3. 日本國 長門州 赤間關 太守 忠重·幡摩州 日向 太守 盛久 .對馬州 太守 宗貞國.藤原 宗織家가 사람을 보내 와서 土宜를 바치다.(『成宗實錄』 성종6.『集成』7-222)
1476 ▼	【한국】 1.1. 임금이 仁政殿에 나아가서 會禮宴을 행하니, 倭人이 참여하다.(『成宗實錄』 성종7.『集成』7-233) 1.13. 日本國 關西路 九州都元帥 源敎直과 對馬州 太守 宗貞國이 사람을 보내어 와서 土宜를 바치다.(『成宗實錄』 성종7.『集成』7-233) 1.15. 지출 용도가 많은 慶尙道의 儲備에 대해 논의하던 중, 領事 金礩이 전에는 倭料를 거리가 1일 路程인 昌寧에서 收納했는데, 점차 그 거리가 멀어져 草帖 以南에서 곡식을 운반하게 되었음을 아뢰다.(『成宗實錄』 성종7.『集成』7-234) 1.21. 日本國 一岐州 代官 牧山十郞 源正과 肥前州 下松浦 五道宇久守 源勝과 對馬州 出羽守 宗貞秀가 사람을 보내어 와서 土宜를 바치다./ 對馬州 太守 宗貞國이 特送 助國次를 보내어 土宜과 三浦의 刷還하는 일에 대한 書契를 보내다.(『成宗實

일본

9.12. 禮曹에서 日本國使 性春이 中國과 日本이 通貢할 수 있도록 도와줄 것을 부탁한 요청을 아뢰다.(『成宗實錄』 성종 6, 『集成』7-223)

9.13. 日本國 肥前州 松浦 志佐·一岐 太守 源義·上松浦 波多島 源納·薩摩州 島津 藤原持久·幡摩州 日向 太守 盛久·對馬州 井加文助 藤原 宗職家가 사람을 보내어 와서 土宜를 바치다.(『成宗實錄』 성종 6, 『集成』7-223)/ 鄭昌孫·韓明澮가 우리가 倭人과 交通하는 것을 본시 中國으로 하여금 알지 못하게 했고, 앞서 倭使臣 盧圓이 왔을 적에 청하는 대로 中國과의 通貢을 奏達하자 이미 옳지 못하다고 하였으므로, 性春의 청을 거절하자고 아뢰다.(『成宗實錄』 성종 6, 『集成』7-224)

9.14. 상이 禮曹에 명하여 郎廳을 보내어, 우리나라는 中國과의 通貢을 부탁드릴 수 없다는 것을 듣고 노여워하는 性春을 曉諭하게 하다.(『成宗實錄』 성종 6, 『集成』7-224)

9.19. 倭使臣 性春 등이 하직하니, 전에 中國에 符驗을 청한 일은 中國에 주달하여 인준하는 回報를 받았고, 貴國의 貢獻은 이미 통했으니 소개할 필요가 없으며, 中國을 욕되게 했으니 悚懼하여 청하지 못했음을 알리는 답서를 내리다.(『成宗實錄』 성종 6, 『集成』7-225)

10.4. 日本國 筑前州 宗像郡知守 氏鄕·肥前州 松浦 志佐 一岐 太守 源義·對馬州 太守 宗貞國이 사람을 보내 와서 土宜를 바치다.(『成宗實錄』 성종 6, 『集成』7-225)

10.7. 日本國 肥前州 松浦志佐·一岐 太守 源義·上松浦 波多島 源納·石見州 藤原周布左近將監和兼 鴨打 源永·對馬州 太守 宗貞國, 越中守 宗盛弘이 사람을 보내 와서 土宜를 바치다.(『成宗實錄』 성종 6, 『集成』7-225)

10.10. 禮曹兼判書 尹子雲·判書 李承召·參判 李克墩·參議 安寬厚가 敬差官 李德崇을 宣慰官이라 칭하여 對馬島로 보내기를 청하다.(『成宗實錄』 성종 6, 『集成』7-226)

10.18. 日本國 一岐州 守護代官 眞弓兵部小輔 源武·對馬州 太守 宗貞國·越中守 宗盛弘이 사람을 보내 와서 土宜를 바치다.(『成宗實錄』 성종 6, 『集成』7-226)

10.20. 右承旨 李克基가 倭寇를 대비하는 것은 오직 船軍 뿐인데, 여러 군사 가운데에 가장 노고하니, 금후로는 船軍을 役事하지 말도록 청하다.(『成宗實錄』 성종6, 『集成』7-227)

10.21. 日本國 西海路 防長二州 守護代官 陶五郎弘尙이 사람을 보내 와서 土宜를 바치다.(『成宗實錄』 성종 6, 『集成』7-227)

10.28. 日本國 肥前州 上松浦 佐志 源次郎·下松浦 三栗 太守 源滿·對馬州 太守 宗貞國·越中守 宗盛弘이 사람을 보내어 와서 土宜를 바치다.(『成宗實錄』 성종 6, 『集成』7-227)

11.4. 領事 韓明澮가 三浦에 倭人이 많이 살아 變亂이 있으면 지키기 힘들 것이라 아뢰며, 對馬島에 使臣을 보내는 일을 늦추어서는 않된다고 청하다.(『成宗實錄』 성종 6, 『集成』7-228)

11.12. 同知事 李承召가 對馬島主 使臣의 불공함을 아뢰다.(『成宗實錄』 성종 6, 『集成』7-228)

11.15. 對馬島 敬差官 李德崇이 足病으로 사직하니, 상이 醫員을 보내어 진료하게 하고 金自貞으로써 대신하게 하다.(『成宗實錄』 성종 6, 『集成』7-229)

11.25. 慶尙道 觀察使가 보고하기를 對馬州代官 仇難都老가 三浦에 도착하여, 倭人을 刷還하고 죄를 범한 倭人의 목을 베니, 奉常寺正 朴安性을 보내어 이를 위로하게 하다.(『成宗實錄』 성종 6, 『集成』7-229)

11.26. 領事 尹子雲이 對馬州 代官 仇難都老에게 使臣을 보내어, 그 사정을 파악한 후 人情의 양을 정하기를 청하니, 상이 裵孟厚를 출발시키다./ 日本에 가는 宣慰使 議政府舍人 裵孟厚가 하직하다.(『成宗實錄』 성종 6, 『集成』7-230)

11.28. 院相 鄭昌孫이 對馬州 代官 仇難都老가 富山浦에 도착하여 마음대로 薺浦로 향하였으나, 萬戶는 즉시 보고하지 않았고 觀察使도 啓聞이 늦었음을 아뢰자, 상이 裵孟厚로 하여금 추국하게 하다.(『成宗實錄』 성종 6, 『集成』7-230)/ 慶尙道 觀察使 尹壕에게 對馬島 代官 仇難都老에 대해 상세히 기록하여 신속히 보내지 않은 것을 질책하다.(『成宗實錄』 성종 6, 『集成』7-231)

12.1. 日本國 日向·大隅·薩摩三州 太守 立久·薩州 伊集院寓鎭 隅州 太守 藤熙久·肥前州 田平寓鎭 彈正少弼弘·對馬州 太守 宗貞國·四郎 宗直盛이 사람을 보내어 와서 土宜를 바치다.(『成宗實錄』 성종 6, 『集成』7-231)

12.6. 임금이 晝講에서 三浦의 倭의 戶數와 刷還하는 자의 數에 대하여 묻다.(『成宗實錄』 성종 6, 『集成』7-232)

12.8. 日本國 肥前州 下松浦 丹後 太守 源盛과 平戶寓鎭 肥州 太守 源豊久가 사람을 보내어 와서 土宜를 바치다.(『成宗實錄』 성종 6, 『集成』7-232)

12.11. 日本國 一岐州 守護代官 眞弓 兵部小輔 源武와 對馬州 太守 宗貞國 및 그 아들 宗貞秀가 사람을 보내 와서 土宜를 바치다.(『成宗實錄』 성종 6, 『集成』7-232)

12.21. 日本國 關西路 九州都元帥 源敎直·一岐州 上松浦 鹽津留 觀音寺 看主 宗殊·對馬州 守護代官 宗助六盛俊이 사람을 보내 와서 土宜를 바치다.(『成宗實錄』 성종 6, 『集成』7-233)

12.24. 戶曹에서 黃金이 1년이나 2년 사이의 用度에 남음이 있으니, 丙申년에는 모든 道의 黃金 수납을 감할 것을 청하다.(『成宗實錄』 성송 6, 『集成』7-233)

錄』 성종 7, 『集成』7-235)

1.24. 都承旨 柳輊가 慶尙道는 倭料에 소비되는 것이 많으므로 이 道 奴婢의 身貢은 햇수를 한정하며 쌀과 콩을 州倉에 收納하여, 軍資에 對備할 것을 청하다.(『成宗實錄』 성종 7, 『集成』7-236)

1.25. 임금이 宣政殿에 나아가, 宗貞國이 特送한 助國次 등을 불러 三浦의 倭人을 刷還해 준 것을 감사하고, 上官과 副官에게 명하여 물품을 차등 있게 下賜하다.(『成宗實錄』 성종 7, 『集成』7-236)

1.29. 戶曹와 禮曹에서 對馬島主 宗貞國에게 綿紬 1천 필과 綿布 3천 필을 줄 것을 명하다.(『成宗實錄』 성종 7, 『集成』7-237)

2.1. 日本國 對馬州 出羽守 宗貞秀가 사람을 보내어 와서 土宜를 바치다.(『成宗實錄』 성종 7, 『集成』7-237)

2.12. 安東府使 安迢와 安陰縣監 崔哲山·對馬島 宣慰使 金自貞이 하직을 고하자, 임금이 日本國의 兵禍에 대해 자세히 물어오고 浦所에

연도	한국
▲ 1476 ▼	오랫동안 머물고 있는 倭使를 돌려보내라고 명하다.(『成宗實錄』 성종7. 『集成』7-237)/ 對馬島 宣慰使 金自貞이 우리 변방에서 도둑질한 자를 징계하고, 三浦의 倭人을 刷還한 두 가지 일의 조치가 適宜하게 되어 감사하다는 내용의 書契와 土宜를 가지고 가다.(『成宗實錄』 성종7. 『集成』7-238)/ 宣慰使 金自貞이 14항목이 적힌 書契를 가지고 對馬島로 가다.(『成宗實錄』 성종7. 『集成』7-239)/ 院相 韓明澮가 對馬島 宣慰使 金自貞의 임시직인 堂上官을 승진시켜 제수할 것을 청하다.(『成宗實錄』 성종7. 『集成』7-244) 2.14. 宗貞國의 特送 宗兵庫 助國次 등 9인이 하직하니, 임금이 引見한 후 물건을 차등 있게 下賜하고, 禮曹에서는 중국 조정의 使臣의 도착으로 인해 비용을 많이 써 청구한 물 것을 모두 내려주기는 어렵다는 내용의 답서를 보내다.(『成宗實錄』 성종7. 『集成』7-244) 2.18. 倭護軍 宗家茂가 와서 朝會하다.(『成宗實錄』 성종7. 『集成』7-245) 2.19. 明나라 使臣이 琉球國과 交趾國도 詔勅를 맞이하는 절차를 大明集禮에 따르는데, 우리나라는 藩國義에 따라 행하니, 이것이 마땅치 않음을 말하자, 問禮官 安處良이 이를 임금에게 아뢰다.(『成宗實錄』 성종7. 『集成』7-245) 2.20. 遠接使 徐居正이 交趾國·琉球國과 같은 나라에서도 大明集禮를 행하는데 우리나라에서 행하지 않는 것을 明나라 使臣들이 論駁하고 있다고 아뢰자, 임금이 明나라 使臣들이 도착한 후 詔書와 勅書를 반포하다.(『成宗實錄』 성종7. 『集成』7-246) 3.5. 日本國 肥前州 下松浦 吾道宇久守 源勝이 사람을 보내어 와서 土宜를 바치다.(『成宗實錄』 성종7. 『集成』7-246) 3.27. 임금이 날로 번성하고 있는 三浦 倭人의 문제에 대해 발표하다.(『成宗實錄』 성종7. 『集成』7-247) 4.5. 日本國 海西路 上松浦 一岐州에 거주하는 藤也三甫羅·母理祐·肥前州 上松浦 神田能登守 源德이 사람을 보내 와서 土宜를 바치다.(『成宗實錄』 성종7. 『集成』7-247)/ 임금이 吳瀅가 薺浦에 있을 때 倭人을 대한 것이 마땅함을 얻었으므로 가상하게 여겼다고 하다.(『成宗實錄』 성종7. 『集成』7-248) 4.8. 忠淸道·全羅道·慶尙道의 觀察使와 兵馬節度使·水軍節度使에게 日本의 大內殿·赤間關 등지의 倭賊이 粧船 1백 척을 가지고 中原지방으로 쳐들어가려 하니, 所管部에 諭示하여 방비를 삼가게 하라고 下書하다.(『成宗實錄』 성종7. 『集成』7-248) 4.11. 日本國 肥前州 上松浦 鴨打 源永·關西路 九州侍所 宗彦八郎茂世·對馬州 古河山城守 家次가 사람을 보내 와서 土宜를 바치다.(『成宗實錄』 성종7. 『集成』7-249) 4.16. 日本國 關西路 筑豊肥 三州 總太守 太宰府都督 司馬少卿 藤原政尙이 사람을 보내 와서 土宜를 바치다.(『成宗實錄』 성종7. 『集成』7-249) 5.1. 日本國 關西路 肥筑通守 重朝, ·攝津州 兵庫津 平方式部衛 忠吉·對馬州 太守 宗貞國·出羽守 宗貞秀·守護代官 宗助六盛俊이 사람을 보내 와서 土宜를 바치고, 倭護軍 又四郎盛數 등 2인이 와서 朝會하다.(『成宗實錄』 성종7. 『集成』7-249) 5.11. 倭 護軍 六郎洒文 등 세 사람이 來朝하다.(『成宗實錄』 성종7. 『集成』7-249) 5.14. 禮曹에서 倭人에게 주는 留浦糧의 관리가 정확하지 않아 많이 소비됨을 아뢰며, 관리 糾檢의 방안을 논의하다.(『成宗實錄』 성종7. 『集成』7-250) 5.25. 倭護軍 時難洒毛 등 4인이 來朝하다.(『成宗實錄』 성종7. 『集成』7-250) 6.4. 同副承旨 洪貴達이 南方의 군사들은 倭變을 망령되게 전하는 등 敵軍에 대항하고자 하는 마음이 없다는 것을 아뢰며, 水軍 節度使와 萬戶의 職任을 모두 才行을 겸비한 자를 써서 邊備를 강하게 할 것을 청하다.(『成宗實錄』 성종7. 『集成』7-250) 6.12. 諸道觀察使에게 慶尙道 蔚山郡의 庫子 佛生·甫見 등 10명이 맡고 있는 창고의 곡식을 도둑질 한 것에 대해 그 正臟을 추문했더니 조미 10두였는데, 그 10두는 도둑질 한 것이 아니라 倭奴에게 나누어 줄 落庭米였다고 하서하다.(『成宗實錄』 성종7. 『集成』7-251) 6.17. 知事 李克培 등이 水戰할 때 가상 倭船을 만들어 교전하자고 아뢰니 임금이 옳다고 말하다.(『成宗實錄』 성종7. 『集成』7-251) 6.22. 永安道觀察使 李克均에게 鏡城의 金漢京 등 2인이 三峰島에 漂泊하여 섬사람들과 서로 만났었다고 하니, 三峰島에 사람을 보내 수색하여 볼 것을 명하다.(『成宗實錄』 성종7. 『集成』7-252) 7.26. 對馬島 宣慰使 金自貞이 5월 초2일부터 7월 초5일까지의 보고 들은 사건을 馳啓하다.(『成宗實錄』 성종7. 『集成』7-256) 7.29. 對馬島 宣慰使 金自貞이 와서 復命하니, 임금이 引見하고 對馬島 사정을 下問하다.(『成宗實錄』 성종7. 『集成』7-265)/ 對馬州 太守 宗貞國의 特送 席野將堅이 와서 土宜와 書契를 바치다.(『成宗實錄』 성종7. 『集成』7-266) 8.15. 日本國 對馬州 出羽守 宗貞秀가 사람을 보내어 와서 土宜를 바치다.(『成宗實錄』 성종7. 『集成』7-267) 8.18. 禮曹에서 宣慰使 金自貞의 행차에 길을 안내한 功이 있는 倭人 時羅汝文과 信而羅를, 소재한 고을의 僉節制使로 하여금 직접 대접하게 하고, 쌀·콩 아울러 5碩씩을 내려 줄 것을 청하다.(『成宗實錄』 성종7. 『集成』7-267) 9.7. 兵曹에서 申叔舟의 말을 들어 만든 兵船을 金自貞이 對馬州에 갈 때 타고 바다를 건너니 倭船보다 빠르므로, 諸道의 兵船을 또한 이 배의 만듦새에 의거하여 만들도록 하라고 전교하다.(『成宗實錄』 성종7. 『集成』7-268) 9.10. 日本國 對馬州 太守 刑部小補 宗貞國·越中守 宗盛弘·四郎 宗直盛·出羽守 貞秀·守護代官 宗助六盛俊 등이 사람을 보내어 와서 土宜를 바치다.(『成宗實錄』 성종7. 『集成』7-268) 9.13. 日本國 關西路 薩摩州 島津 持久·對馬州 出羽守 宗貞秀·薩摩州 市來 太守 國久가 사람을 보내어 와서 土宜를 바치

일본

다.(『成宗實錄』 성종 7, 『集成』7-268)

9.22. 日本國 長門州 三島尉 貞成·對馬州 出羽守 宗貞秀·國分寺 住持僧 崇睦이 사람을 보내어 와서 土宜를 바치고, 對馬州 太守 宗貞國이 特送 盛種을 보내어 와서 土宜를 바치다.(『成宗實錄』 성종 7, 『集成』7-269)

9.24. 倭僉知 平松而羅洒文家繼 등 3인이 와서 土宜를 바치다.(『成宗實錄』 성종 7, 『集成』7-269)

10.2. 상이 慶尙道·全羅道·충청도의 觀察使·兵馬 節度使·水軍 節度使에게, 倭人이 50여 척의 배를 정비해 가지고 우리나라를 침범하려 한다고 하니, 將卒에게 申飭하여 소홀함이 없게 하라고 下諭하다.(『成宗實錄』 성종 7, 『集成』7-269)

10.3. 日本國 西海路 筑前州 冷泉津尉 藤原貞盛·對馬州 太守 宗貞國·佐須奈浦代官 石見守 宗卓吉이 사람을 보내어 土宜를 바치고, 倭僉知 平國忠 등 6인이 來朝하다.(『成宗實錄』 성종 7, 『集成』7-270)

10.4. 倭人이 가지고 온 黃金은 사사로이 팔고 사도록 할 것을 전교하다. (『成宗實錄』 성종 7, 『集成』7-270)

10.5. 倭中樞 平戊續 등 5인이 來朝하다.(『成宗實錄』 성종 7, 『集成』7-270)

10.9. 慶尙道·全羅道·忠淸道의 觀察使에게 海外의 여러 섬에 도망해 숨은 陸地의 居民들을 모두 돌아오게 하려 하니, 事目을 살펴서 水軍節度使와 상의하여 데려오게 下書하다.(『成宗實錄』 성종 7, 『集成』7-270)

10.11. 상이 宣政殿에 나아가 對馬島에서 特送한 盛種 등을 引見하고, 宣慰官 金自貞이 갔을 때에 매우 후하게 禮遇한 데에 대해 감사하며, 물품을 차등 있게 下賜하다.(『成宗實錄』 성종 7, 『集成』7-271)

10.13. 日本國 肥前州 下松浦 志佐 源義·田平寓鎭 彈正少弼弘·對馬州 出羽守 宗貞秀·橘氏立石 右京 亮國長이 사람을 보내 와서 土宜를 바치고, 倭護軍 皮古九羅 등 10인이 와서 土宜를 바치다.(『成宗實錄』 성종 7, 『集成』7-271)

10.15. 禮曹에서 宣慰使를 護送한 特送 盛種에게 쌀·콩 아울러 30석, 副官人 國正에게는 쌀·콩 아울러 10석을 줄 것을 청하다.(『成宗實錄』 성종 7, 『集成』7-272)

10.16. 日本國 五島鳴州 源藝·對馬州 太守 宗貞國·出羽守 宗貞秀·仁位郡 四郎 宗織家·越中守 宗盛弘이 사람을 보내 와서 土宜를 바치고, 倭護軍 源茂 崎 등 2인이 來朝하다.(『成宗實錄』 성종 7, 『集成』7-272)/ 對馬州에서 特送한 盛種이 通事에게 대접이 차츰 박해지니, 이렇게 본다면 3~4년이 못 가서 두 나라의 교제가 악화될 것이라고 한 것을 禮曹에서 아뢰다.(『成宗實錄』 성종 7, 『集成』7-272)

10.17. 임금이 對馬州에서 特送한 盛種 등에게 후하게 대우하고, 또 그의 청을 들어주라고 하다.(『成宗實錄』 성종 7, 『集成』7-273)/ 禮曹에서 宗貞國이 特送한 盛種이 宣慰使를 호송한다는 명칭으로 와 그의 청을 들어주지 않을 수가 없으니, 소관한 浦의 僉節制使로 하여금 尺度와 容量을 자세히 조사하게 하여 접대하고 給料할 것을 청하다.(『成宗實錄』 성종 7, 『集成』7-274)

10.21. 日本國 賴永·源武·元胤·重朝 그리고 對馬州 宗貞國·宗貞秀·宗盛弘이 사람을 보내 와서 土宜를 바치고, 倭護軍 道安子四郎이 來朝하다.(『成宗實錄』 성종 7, 『集成』7-274)/ 宗貞國이 特送한 盛種 등 6인과 倭中秋 平戊續 등 3인이 하직하니, 상이 土宜를 내리다.(『成宗實錄』 성종 7, 『集成』7-275)

10.25. 日本國 肥前州 上松浦 志佐 源次郎·關西路 九州侍所 宗茂世·對馬州 太守 宗貞國이 사람을 보내어 와서 土宜를 바치다.(『成宗實錄』 성종 7, 『集成』7-275)

10.27. 兀良哈 都指揮使 老童 등 8인과 日本國 肥前州 下松浦 志佐 源義와 周防州 大内進亮教之가 사람을 보내 와서 土宜를 바치다.(『成宗實錄』 성종 7, 『集成』7-275)

11.1. 日本國 筑前州 宗像郡知守 氏鄕·上松浦 鹽津留 觀音寺 看主 宗殊·一岐州 上松浦 鹽津留 助次郎 源經·肥前州 上松浦 波多島의 源納·對馬州 太守 宗貞國이 사람을 보내 와서 土宜를 바치다.(『成宗實錄』 성종 7, 『集成』7-276)

11.4. 禮曹에서 倭司果 所溫皮古破知를 司直으로 올려 제수할 것을 청하다.(『成宗實錄』 성종 7, 『集成』7-276)

11.5. 日本國 肥前州 下松浦 志佐 源義·一岐州 守護代官 兵符小補 源武·五島宇久守 源勝·對馬州 太守 宗貞國·豊唐二郡 太守 宗盛俊이 사람을 보내어 와서 土宜를 바치다.(『成宗實錄』 성종 7, 『集成』7-276)

11.13. 慶尙道 薺浦의 恒居 倭人인 皮古沙也文의 집에 불이 나서 68戶가 延燒되었는데, 명하여 소금·간장 및 여러 가지 물건을 주게 하다./ 戶曹에서 倭人에게 지급한 綿布의 수량을 상고해 보니, 해마다 갑절씩 더하여 장차 이어대기가 지극히 어려우니, 慶尙道의 田稅·魚船箭網稅 등을 倭人에게 주는 데 소용될 만한 정도에 한하여 綿布로 환산할 것을 청하다.(『成宗實錄』 성종 7, 『集成』7-277)

11.14. 日本國 薩摩州 日向 太守 盛久·對馬州 太守 宗貞國이 사람을 보내어 와서 土宜를 바치다.(『成宗實錄』 성종 7, 『集成』7-277)

11.17. 日本國 關西路 九州 都元帥 源教直·豊州守 出友 親繁·薩磨州 日向太守 宗盛久·對馬州 出友守 宗貞秀가 사람을 보내 와서 土宜를 바치다.(『成宗實錄』 성종 7, 『集成』7-278)

11.19. 薺浦의 倭戶가 失火한 것에 대해 右道 年籍 敬差官으로 하여금 事目에 의하여 진휼하기를 청하다.(『成宗實錄』 성종/, 『集成』7-278)

11.20. 日本國 五島 宇久守 源勝·薩州 伊集院 寓鎭·隅州 太守 藤熙久·對馬州 太守 宗貞國이 사람을 보내 와서 土宜를 바치다.(『成宗實錄』 성종 7, 『集成』7-278)

11.29. 日本國 肥前州 上松浦 鴨打 源永·長門州 赤間關 太守 忠重·關西路 九州 侍所 宗彦八郎茂世가 사람을 보내 와서 土宜를 바치다.(『成宗實錄』 성종 7, 『集成』7-279)

12.3. 日本國 肥前州 山成 太守 源吉·田平 寓鎭 彈正 少弼弘·肥後州守 爲幸·對馬州 太守 宗貞國이 사람을 보내 와서 土宜를 바치다.(『成宗實錄』 성종 7, 『集成』7-279)

12.13. 日本國 一岐州 代官 牧山 十郎 源武·對馬州 太守 宗貞國·出羽守 宗貞秀·仁位郡 四郎 宗職家가 사람을 보내 와서 土宜를 바치다.(『成宗實錄』 성종 7, 『集成』7-279)

연도	한국
▲ 1476	12.22 夜對에서 任士洪과 日本과의 通信에 대해 논하다.(『成宗實錄』 성종7. 『集成』7-279) 12.27. 日本國 松浦 丹後 太守 源盛과 對馬注 太守 宗貞國이 사람을 보내 와서 土宜를 바치다.(『成宗實錄』 성종7. 『集成』7-280)
1477 ▼	【한국】 1.1. 日本國 一岐州 上松浦 鹽津留 助次郎 源經이 보낸 사람들과 兀良合의 副萬戶 阿哈 등 10인이 土宜를 바치다.(『成宗實錄』 성종8. 『集成』7-280)/ 會禮宴에 倭人 觀書記가 잔치에 참가하다.(『成宗實錄』 성종8. 『集成』7-281) 1.8. 禮曹에서 日本國 通信使 事目을 아뢰다.(『成宗實錄』 성종8. 『集成』7-281) 1.15. 日本國 肥前州 下松浦 三栗太守 源滿과 對馻州太守 宗貞國이 사람을 보내어 土宜를 바치다.(『成宗實錄』 성종8. 『集成』7-283) 1.18. 倭 中樞 平茂續등 3인이 하직하자 前例를 참고하여 선물을 하사하다.(『成宗實錄』 성종8. 『集成』7-283) 1.21. 日本國 西海路 筑前州 博多城 冷泉津 藤氏母가 사람을 보내 土宜를 바치다.(『成宗實錄』 성종8. 『集成』7-284) 1.22. 慶尙道觀察使 柳輊에게 倭人의 약탈을 금하라고 이르다.(『成宗實錄』 성종8. 『集成』7-284) 1.25. 日本國 對馬州 太守 宗貞國이 사람을 보내어 土宜를 바치다.(『成宗實錄』 성종8. 『集成』7-284) 1.26. 昌原府使 朴崇質이 薺浦의 倭人들이 고을의 형세에 익숙하였기 때문에 武臣을 제수하였는데 뜻밖의 사변이 일어났을 때 이들에게 어떻게 대응해야 할지 염려가 된다고 아뢰다.(『成宗實錄』 성종8. 『集成』7-285) 1.28. 知事 姜希孟이 火藥庫에 石硫黃과 焰草가 있는데 放火에 쓰면 倭人의 石硫黃과 다름이 없다고 아뢰다.(『成宗實錄』 성종8. 『集成』7-285) 2.5. 日本國 肥前州 上松浦 派多島 源納·對馬州 太守 宗貞國이 사람을 보내 土宜를 바치다./ 兵曹에서 慶尙道觀察使 柳輊의 啓本에 의거하여 梁山의 大渚池島의 居民을 그대로 살게 하자고 아뢰니 그대로 따르다.(『成宗實錄』 성종8. 『集成』7-286) 2.7. 日本國 石見州 藤原 周布 左近將監 和兼·肥前州 松浦 志佐 一岐 太守 源義가 사람을 보내어 土宜를 바치다.(『成宗實錄』 성종8. 『集成』7-286) 윤2.5. 兵曹에서 高靈君 申叔舟가 禮曹 參議 金自貞이 對馬島에 갔을 때 새 兵船을 타고 갔는데, 倭船에 비해 빠르다고 아뢰다.(『成宗實錄』 성종8. 『集成』7-287) 윤2.10. 韓明澮는 倭의 침입에 대비하기 위하여 성을 쌓도록 청하였고, 大司憲 金永濡는 慶尙道는 倭奴가 왕래하는 땅이므로 군량을 비축하도록 아뢰다.(『成宗實錄』 성종8. 『集成』7-287) 윤2.11. 議政府와 六曹등이 모여 倭人이 경유하는 洛東江 변의 邑城을 쌓는 문제를 의논하다.(『成宗實錄』 성종8. 『集成』7-289) 윤2.15. 日本國 豊州 太守 大友 八郞 師能·肥前州 平戶寓鎭 肥州 太守 源豊久가 사람을 보내어 土宜를 바치다.(『成宗實錄』 성종8. 『集成』7-287) 윤2.25. 日本國 對馬州 太守 宗貞國이 사람을 보내어 土宜를 바치고, 倭 護軍 助國次 등 2인이 來朝하다.(『成宗實錄』 성종8. 『集成』7-287) 윤2.28. 全羅道觀察使가 長興의 미역을 따는 公私船 8척이 平伊每島에 정박하였다가 倭船 2척을 만나, 船主 1인이 倭에게 살해를 당하였다고 아뢰다.(『成宗實錄』 성종8. 『集成』7-288) 3.3. 兵曹에서 慶尙道의 昌原·蔚山과 全羅道의 扶安의 城은 본 고을에 살고 있는 백성으로 쌓게 했는데, 功役이 쉽게 진행되지 못할 것이니, 兩道의 觀察使에게 명하여 가까운 고을에서 장정을 보내 기한을 두고 점차 쌓게 아뢰다.(『成宗實錄』 성종8. 『集成』7-288) 3.11. 日本國 八代 太守 敎信이 사람을 보내어 土宜를 바치다./ 禮曹에서 아뢴대로 倭의 副護軍 助國次에게 한 자급만을 더하고 本職은 그대로 제수하도록 하다.(『成宗實錄』 성종8. 『集成』7-299) 3.20. 禮曹에서 慶尙道 觀察使 柳輊의 啓本에 의거하여 주인없는 땅이라 하더라도 倭人으로 하여금 경작하지 못하도록 할 것을 아뢰다. (『成宗實錄』 성종8. 『集成』7-299) 3.21. 日本國 關西路 肥後 州守 菊池 藤原 爲幸이 사람을 보내어 土宜를 바치다.(『成宗實錄』 성종8. 『集成』7-300) 3.30. 日本國 肥前州 松浦 志佐 一岐 太守 源義·上松浦 鹽津留 松林院 源實次·對馬州 宗貞秀·護軍 井可文助·藤原 職家가 사람을 보내어 土宜를 바치다.(『成宗實錄』 성종8. 『集成』7-300) 4.7. 日本國 對馬州 宗貞秀가 사람을 보내어 土宜를 바치다.(『成宗實錄』 성종8. 『集成』7-300) 4.12. 唐浦 萬戶 金仲孫이 멋대로 兵船을 보내어 倭人을 만나 衣服과 軍裝을 빼앗겨 烽燧軍 尹元奇·金元京과 함께 형을 받다.(『成宗實錄』 성종8. 『集成』7-300) 4.16. 都承旨 玄碩圭가 倭人이 변방의 백성과 함께 약탈하고 三浦에 倭人이 많이 늘어 倭患을 염려하였으며 檢討官 成聃年이 三浦 倭人의 난을 염려하다. (『成宗實錄』 성종8. 『集成』7-301) 4.23. 日本國 對馬州 宗貞秀와 出羽秀 宗貞秀가 사람을 보내어 土宜를 바치다.(『成宗實錄』 성종8. 『集成』7-302) 4.25. 忠淸道 觀察使·忠淸道 水軍節度使·全羅道 觀察使·全羅道 水軍節度使·慶尙道 觀察使·慶尙道 左右道水軍 節度使에게 倭船으로부터 백성을 보호할 것을 전교하다.(『成宗實錄』 성종8. 『集成』7-302) 4.26. 日本國 肥前州 上松浦 那久野 寶泉寺 主持 源祐位와 對馬州 出羽守 宗貞秀가 사람을 보내어 土宜를 바치다.(『成宗實錄』 성종8. 『集成』7-303) 5.3. 對馬州 倭 護軍 井可文助·藤職家가 사람을 보내어 土宜를 바치고, 倭 護軍 六郞洒文 등 6인이 와서 朝會하다.(『成宗實錄』 성종8. 『集成』7-303)

일본

12.29. 日本國 關西路 九州 都元帥 源敎直·日向 大隅 薩摩3州 太守 立久·對馬州 太守 宗貞國이 사람을 보내 와서 土宜를 바치다.(『成宗實錄』성종 7, 『集成』7-280)

5.8. 禮曹에서 對馬島主가 본국에 兵戈가 그치지 않아서 통신할 수 없다고 글을 보내니 日本과 通信을 정지할 것을 아뢰다.(『成宗實錄』성종 8, 『集成』7-303)

5.17. 日本國 石見州 藤原 周布 左近將監 和兼·肥前州 平戶 寓鎭 肥州 太守 源豊久·對馬州 倭護軍 井可文助·藤原 職家가 사람을 보내어 土宜를 바치다.(『成宗實錄』성종 8, 『集成』7-304)

5.21. 慶尙道 觀察使 尹孝孫이 琉球 國王의 사자에게 蘇木 등의 물건을 받다.(『成宗實錄』성종 8, 『集成』7-304)

5.24. 鄭麟趾·金國光과 日本에 通信使를 보내는 문제를 의논하다.(『成宗實錄』성종 8, 『集成』7-305)

5.25. 日本國 藝州 海賊大將 國重·肥前州 松浦 志佐 一岐太守 源義·對馬州 守護代官 宗助六 盛俊이 사람을 보내어 土宜를 바치고, 倭僉知 平松而乃酒文등 3인이 와서 조회하다.(『成宗實錄』성종 8, 『集成』7-306)

5.27. 日本國 對馬州 太守 宗貞國이 특별히 중 小古를 보내어 土宜를 바치다.(『成宗實錄』성종 8, 『集成』7-306)

5.29. 琉球 國王의 使臣이 樂生驛에 이르러 물에 막혀 오지 못하므로 사람을 보내어 이를 위로하고자 하다.(『成宗實錄』성종 8, 『集成』7-307)

6.2. 慶尙右道 水軍 節度使 洪利老가 老母의 일로 부임을 거절하였으나 倭變으로 인하여 赴任되다.(『成宗實錄』성종 8, 『集成』7-308)

6.6. 琉球 國王 尙德이 內原里主 등을 보내어 來聘하다.(『成宗實錄』성종 8, 『集成』7-308)/ 宗定國의 使者 小古가 하직하자 禮曹에서 귀국에 군사의 우환이 있어 聘禮를 하지 못하다가, 근간에 전쟁이 그치면 금년 가을에 使臣을 보내려 하였다는 내용으로 答書를 보내다.(『成宗實錄』성종 8, 『集成』7-309)

6.12. 日本國 長門州 三島尉 貞成·肥前州 上松浦 神田 能登守 源德·對馬州 太守 宗貞國·守護 代官 宗 助六 盛俊, 越中守 宗盛弘이 사람을 보내어 土宜를 바치다.(『成宗實錄』성종 8, 『集成』7-310)

6.17. 慶尙右道 水軍 節度使 洪利老·永川 郡守 金克鍊이 辭朝하여 慶尙道를 倭로부터 방어하여 백성을 보호하다.(『成宗實錄』성종 8, 『集成』7-310)

6.21. 日本國 肥前州 松浦 志佐 一岐 太守 源義·幡摩州 日向 太守 成久·西海島 對馬州 關處守 秦盛幸·對馬州 太守 宗貞國이 사람을 보내어 土宜를 바치다.(『成宗實錄』성종 8, 『集成』7-310)

6.22. 司憲府 掌令 李瓊仝이 上書하기를 倭人 僧을 경계할 것을 아뢰다. (『成宗實錄』성종 8, 『集成』7-311)

6.30. 琉球國의 使臣을 접견시 풍악을 쓰는 문제를 의논하다.(『成宗實錄』성종 8, 『集成』7-312)

7.1. 日本國 肥前州 小城千葉介 元胤·下松浦 三栗太守 源滿·對馬州 太守 宗貞國·出羽守 宗貞秀·佐須那 代官 石見守 宗國吉이 사람을 보내어 土宜를 바치고, 倭 護軍 三甫郞大郞등 4인이 와서 朝會하다.(『成宗實錄』성종 8, 『集成』7-313)

7.4. 상이 景福宮에 거동하여, 琉球國王 使臣 內原里主 등에게 잔치를 베풀다.(『成宗實錄』성종 8, 『集成』7-313)

7.5. 日本國 對馬州太守 宗貞國이 사람을 보내 土宜를 바치다.(『成宗實錄』성종 8, 『集成』7-313)

7.13. 姜希孟이 南方의 郡縣에 山城을 수축하고 井泉을 깊이 파며, 군량을 저축해서 쌓아둔다면 賊變이 있더라도 근심할 것이 없다고 아뢰다.(『成宗實錄』성종 8, 『集成』7-313)

7.16. 琉球國王의 使人 內原里主 등 18인이 하직하니 答書를 보내다.(『成宗實錄』성종 8, 『集成』7-314)

7.17. 日本國 一岐州 上松浦 鹽津留 觀音寺 看主 宗殊·關西路 九州 侍所 宗彦八郞 茂世·對馬州 太守 宗貞國이 사람을 보내어 土宜를 바치다. (『成宗實錄』성종 8, 『集成』7-315)

7.21. 長門州三島尉 貞城·薩摩州市來太守 國久·關西路九州太守 宗彦八郞茂世·對馬州太守 宗貞國 등이 사람을 보내어 土宜를 바치고, 倭護軍 부田彦 등 8인이 와서 朝會하다. (『成宗實錄』성종 8, 『集成』7-315)

8.5. 慶尙道觀察使 등에게 濟州의 豆禿也라고만 하는 사람이 의복은 倭人과 같으나 언어는 倭語도 한어도 아니며, 船體는 倭人의 배보다 더욱 견실하다고 하니 그들을 안심시키는 한편 그 출입을 엄중하게 하라고 유시하다.(『成宗實錄』성종 8, 『集成』7-316)

8.12. 日本國 對馬州太守 宗貞國이 사람을 보내어 土宜를 바치고, 倭司正 井彦八이 來朝하다.(『成宗實錄』성종 8, 『集成』7-316)

8.16. 日本國 豊州守 源朝臣 大友 親繁이 사람을 보내어 土宜를 바치다.(『成宗實錄』성종 8, 『集成』7-316)

8.26. 野人과 島倭를 방어하기 위해 議政府 左贊成 尹弼商과 同知中樞府事 柳輊를 弓角을 收買하기 위하여 중국에 보내다.(『成宗實錄』성종 8, 『集成』7-317)

9.4. 禮曹에서 매년 한 번씩 倭人에게 入朝하기를 청할 것을 아뢰다.(『成宗實錄』성종 8, 『集成』7-317)

9.5. 日本國 肥前州 松浦 志佐 一岐 太守 源義·關西路 九州 侍所 宗彦八郞 茂世·西海路 筑前州 博多城 冷泉津 藤氏母가 사람을 보내어 土宜를 바치다.(『成宗實錄』성종 8, 『集成』7-318)

9.12. 日本國 一岐州 上松浦 鹽津留 助次郞 源經과 對馬州 太守 宗貞國이 사람을 보내어 土宜를 바치다.(『成宗實錄』성종 8, 『集成』7-318)

9.20. 全羅道 觀察使 李克增·節度使 李淑琦가 倭船의 약탈에 대하여 馳啓하다.(『成宗實錄』성종 8, 『集成』7-318)

9.21. 日本國 關西路 薩摩州 島津 藤原 持久·一岐州 代官 牧山 十郞 源正·上松浦 那久野 能登守 賴永이 사람을 보내어 土宜를 바치다.(『成宗實錄』성종 8, 『集成』7-318)

9.26. 禮曹에서 慶尙道 觀察使의 關文에 의거하여 倭人 表阿三甫羅를 엄격하게 벌하도록 아뢰니 그대로 따르다.(『成宗實錄』성종 8, 『集成』7-319)

9.27. 倭의 石硫黃과 慶州·淸風의 石硫黃의 품질이 거의 비슷하다.(『成宗實錄』성종 8, 『集成』7-319)

연도	한국
▲ 1477	9.28. 日本國 一岐州 守護 代官 眞弓 兵部 少輔 源武·肥前州 下松浦 五島 宇久守 源勝·對馬州 太守 宗貞國·出羽守 宗貞秀·上津郡 追浦 伯耆守 宗茂次가 사람을 보내어 土宜를 바치다.(『成宗實錄』 성종8. 『集成』7-319)/ 倭 僉知 平國忠 등 9인이 來朝하다.(『成宗實錄』 성종8. 『集成』7-320) 9.29. 禮曹에서 倭賊들의 노략질에 관하여 對馬州 太守 宗貞國에게 馳書하다.(『成宗實錄』 성종8. 『集成』7-320) 9.30. 對馬州 上津郡 追浦 平朝臣 伯耆守 宗茂次의 使人 所溫波古破知을 宣略 將軍 副護軍으로 제수하다.(『成宗實錄』 성종8. 『集成』7-321) 10.1. 日本國 對馬州 太守 宗貞國이 특별히 仇難都老 등을 보내어 土宜를 바치다.(『成宗實錄』 성종8. 『集成』7-321) 10.2. 慶尙右道 水營 領船 白文明이 마음대로 군인을 풀어 해산물을 채취하다 倭賊을 만나 군인 6명이 피살당한 죄로 死刑을 당하다.(『成宗實錄』 성종8. 『集成』7-322) 10.12. 左副承旨 孫比長과 參贊官 李孟賢과 日本에 通信使 파견에 대해 논하다.(『成宗實錄』 성종8. 『集成』7-322) 10.13. 領事 尹子雲이 宗貞國이 使臣을 보낸 이유는 元子를 축하하기 위함과 朝鮮을 위해 짓는 절의 비용을 청구하기 위한 것이니 근일의 進宴할 때에 부르자고 아뢰니 이에 따르다.(『成宗實錄』 성종8. 『集成』7-323) 10.14. 人政殿에 나가니 議政府와 六曹에서 進宴하였으며 宗貞國이 보낸 仇難都老 등도 참여하였는데 侍宴이 끝난 후 倭人에게 물건을 차등 하게 내려주다.(『成宗實錄』 성종8. 『集成』7-324) 10.15. 領事 韓明澮가 泗川에 사는 濟州 사람들이 근래 해적으로서 살인한 자들로 의심되므로 추쇄할 것을 청하니 그대로 따르다./ 兵曹에서 거짓으로 頑惡한 백성들이 倭賊 노릇하면서 변방의 백성들을 침탈하려는 조짐이 있으니, 그 도의 觀察使와 水軍 節度使로 하여금 끝까지 체포할 것을 아뢰니 이에 따르다.(『成宗實錄』 성종8. 『集成』7-324) 10.16. 兵曹에서 濟州人들이 사용하는 배들은 튼튼하고 치밀하고 가볍고 날카로워서 倭賊을 따라잡는데 편리하니 여러 浦口의 兵船을 이것에 의거하여 만들도록 아뢰니 그대로 따르다.(『成宗實錄』 성종8. 『集成』7-325) 10.18. 日本國 通信使 파견에 대하여 鄭昌孫·韓明澮·尹子雲·金國光·尹士昕·沈澮이 논한 대로 兵亂이 끝난 후에 보내는 것으로 하다.(『成宗實錄』 성종8. 『集成』7-325) 10.25. 兵曹 參判 朴楗이 위엄과 인망이 있는 자를 골라서 慶尙左道에서부터 시작하여 鈇鉞을 주어 鎭撫시키고 倭의 情僞를 살펴서 우리나라의 은혜와 위엄을 보여 倭의 침략을 방어하도록 아뢰었으나 이를 回報하지 아니하다.(『成宗實錄』 성종8. 『集成』7-327)
1478 ▼	【한국】 1.9. 日本國 豊州 太守 大友八郎師能과 西海路 上松浦 一岐州 藤氏의 처 理淸이 사람을 보내어 土宜를 바치다.(『成宗實錄』 성종9. 『集成』7-336) 1.12. 承旨 등이 大內殿에서 청구한 綿紬·木綿·正布를 1천 필을 넘지 않도록 할 것을 아뢰니 수량을 6백 필로 정하다.(『成宗實錄』 성종9. 『集成』7-337) 1.16. 大內殿이 귀국에 만일 사변이 있으면 兵馬 1만군을 지원하겠다는 제의에 대해 知事 洪應과 논하다.(『成宗實錄』 성종9. 『集成』7-337) 1.18. 都承旨 申俊 등이 大內殿이 제의한 만일 변방에 일이 있으면 1만 군사를 지원하여 돕겠다는 말은 허황된 말이라고 아뢰다.(『成宗實錄』 성종9. 『集成』7-338) 1.19. 李克培가 船軍이 노고를 견디지 못하므로 土木雜賦 등은 다른 고을로 옮겨 정하고 漕運하는 것은 私船을 쓰자고 아뢰니, 漕運은 병선과 사선을 반씩 쓰되, 토목잡부를 옮겨 정하면 그 고을의 백성이 폐해를 받을 것이라고 이르다.(『成宗實錄』 성종9. 『集成』7-340) 1.27. 1日本國 肥前州 上松浦 波多島 源納이 사람을 보내어 土宜를 바치다.(『成宗實錄』 성종9. 『集成』7-340) 2.2. 承政院에 三浦에 사는 倭人이 많아지고 있어 단속하기 어려우니 刷還할 것을 전교하다.(『成宗實錄』 성종9. 『集成』7-340) 2.3. 兵曹參判 李拱·戶曹參議 鄭垠·吏曹 參議 任士洪·兵曹參議 盧公弼·禮曹參議 李孟賢이 三浦의 倭人은 대략 60호를 머물도록 약정하였는데, 그 후 인구가 많아지고 있어 지금 쇄환하지 않으면 방어하기 어렵다고 아뢰다.(『成宗實錄』 성종9. 『集成』7-341) 2.6. 兵曹에 전교하여 全羅道 연해 긴요한 곳의 各浦의 萬戶는 兼司僕·內禁衛의 文武의 재주를 겸한 자를 가려서 充差하라고 하다.(『成宗實錄』 성종9. 『集成』7-343) 2.8. 倭賊의 침략을 저지하기 위해 兵使·水使·萬戶를 가려 보내 성상의 뜻을 알게 하다.(『成宗實錄』 성종9. 『集成』7-343)/ 承旨 孫比長과 金升卿을 引見하고 倭賊의 토벌을 위해 守令과 萬戶를 改差하다.(『成宗實錄』 성종9. 『集成』7-344)/ 倭賊의 변고 때문에 戶曹參議 鄭垠을 全羅道 察理使로, 李蓀을 從事官으로 삼다.(『成宗實錄』 성종9. 『集成』7-345) 2.9. 領事 韓明澮가 忠淸道와 黃海道는 가까운 섬이 많으니, 예측하지 못한 변란이 있으면 倭賊을 방어하기 어려우니 海州에 鎭을 설치할 것을 제의하다.(『成宗實錄』 성종9. 『集成』7-345)/ 兵曹에서 平山浦의 船軍 朴好善이 船軍 金知 등 3인이 倭賊을 만나서 피살된 것을 알면서도 이를 고하지 않아 처벌할 것을 아뢰니 이를 따르다./ 姜希孟이 倭賊의 토벌을 제의하고 朝官으로 李蓀을 보내다.(『成宗實錄』 성종9. 『集成』7-346) 2.10. 1海州에 鎭을 鎭을 설치하는 문제에 대해 金自貞·李則·慶俊 등이 海州는 예전에 倭寇가 침입한 땅이었으나, 늘 倭賊이 들어오는 길이 아니므로 설치할 필요가 없다고 아뢰다.(『成宗實錄』 성종9. 『集成』7-347)/ 임금이 下三道의 觀察使와 水

일본

10.26. 上黨府院君 韓明澮가 南方에 대신을 보내어 閱兵할 것을 아뢰니 임금이 즉시 判中樞府事 李克培를 三道巡察使로 삼다.(『成宗實錄』 성종 8, 『集成』7-329)

10.28. 宗貞國이 보낸 仇難都老 등이 하직하자 禮曹에서 國分寺를 지어 놓은 산의 이름을 福利山이라 하고 扁額과 장식을 써서 보낸다는 내용으로 答書를 보내다.(『成宗實錄』 성종 8, 『集成』7-330)

10.19. 尹子雲·李世匡 등이 倭人의 물건 청구와 僧徒들에 대한 물건 지급에 대해 아뢰다.(『成宗實錄』 성종 8, 『集成』7-330)/ 下三道巡察使 李克培가 三浦의 倭人의 饋餉을 아뢰니 그대로 따르다./ 이달에 慶尙道 蔚山에 읍성을 쌓다.(『成宗實錄』 성종 8, 『集成』7-331)

11.7. 兵曹에서 全羅道水軍節度使로 하여금 여러 포구의 수군 중 활에 능한 자에게 角弓을 나누어주어 항상 習射하도록 하고 3개월에 한번씩 감독하되, 이들의 잡무를 면제시켜 주자고 아뢰니 그대로 따르다.(『成宗實錄』 성종 8, 『集成』7-331)

11.8. 日本國 對馬州 宗貞國·越中守 宗盛弘이 사람을 보내어 土宜를 바치다./ 議政府檢詳 李枰이 下三道에 都巡察使를 나누어 보내 여러 진의 군사를 점검하게 하자고 아뢰었으나, 임금이 한사람의 巡察使도 폐가 된다고 하며 따르지 않다.(『成宗實錄』 성종 8, 『集成』7-332)

11.10. 三道巡察使 李克培에게 三道에 가서 各鎭에서 간수한 것과 군사들의 무기를 점검하도록 하고, 水軍에 이르러서는 활 쏘는 것을 시험하게 하며, 경계하고 훈도하여 患亂을 생각하고 미리 막으려는 뜻에 副應하도록 敎書하다.(『成宗實錄』 성종 8, 『集成』7-332)/ 忠淸道·全羅道·慶尙道의 觀察使와 兵馬節度使에게 判中樞府事 李克培를 보내어 道內의 兵馬를 점검하여 보게 하였으니, 여러 고을과 여러 浦口에 두루 曉諭하도록 하라고 下書하다.(『成宗實錄』 성종 8, 『集成』7-333)

11.19. 倭의 司猛 可文이 內朝하다.(『成宗實錄』 성종 8, 『集成』7-334)

12.6. 慶尙道 觀察使 尹孝孫의 啓本에 있는 三浦의 倭田의 收租에 대해 논하다.(『成宗實錄』 성종 8, 『集成』7-334)/ 日本國 肥前州 下松浦 丹後 太守 源盛·關西路 肥筑通守 重朝·對馬州 太守 宗貞國이 사람을 보내어 土宜를 바치고, 倭護軍 皮古仇羅 등 2인이 內朝하다.(『成宗實錄』 성종 8, 『集成』7-335)

12.9. 日本國 肥前州 上松浦 佐志 源次郎·筑前州 宗像 郡知守 氏鄕,對馬州 太守 宗貞國·國分禪寺 住持僧 崇睦이 사람을 보내어 土宜를 바치다.(『成宗實錄』 성종 8, 『集成』7-335)

12.16. 參贊官 李孟賢·右副承旨 金升卿이 倭의 刷還·倭田의 收租에 대해 논하다.(『成宗實錄』 성종 8, 『集成』7-335)

軍節度使에게 海錯船이 무리를 짓는 법을 밝게 하도록 하라고 하다.(『成宗實錄』 성종 9, 『集成』7-348)

2.11. 日本國 日向 大隅 薩摩 三州 太守 立久와 對馬州 太守 宗貞國이 사람을 보내어 土宜를 바치다./ 禮曹 佐郎 李從允이 倭賊과의 관계를 이간하는 자에 대해 아뢰다.(『成宗實錄』 성종 9, 『集成』7-349)/ 三浦의 倭人을 刷還하는 일과 賊倭를 금지하는 일을 通諭하기 위해 通諭使를 보내다.(『成宗實錄』 성종 9, 『集成』7-350)

2.12. 慶尙左道 兵馬 節度使 權擎이 2월 초 2일에 倭船 3척이 南海縣 彌助項에 들어와 변란을 일으킨 것을 馳啓하다.(『成宗實錄』 성종 9, 『集成』7-351)

2.15. 下三道와 黃海道·江原道의 觀察使에게 各鎭의 留防하는 군사가 아들·사위·아우·조카로써 代立하는데, 本鎭의 守令이 게을리하여 검거하지 않으니 代立을 단속하기를 下諭하다.(『成宗實錄』 성종 9, 『集成』7-352)

2.16. 京畿·忠淸道·全羅道·慶尙道의 觀察使에게 全羅道 順天府 突山浦와 慶尙道 南海縣 赤梁에 事變이 있었는데도 평시대로 횃불 하나로 서로 맞추었으니, 서로 맞추는 곳을 차례로 推鞫하여 아뢰라고 下書하다.(『成宗實錄』 성종 9, 『集成』7-352)

2.18. 1承政院에서 倭賊의 변란이 順天 등지에 자주 나타나는데, 전 府使 盧好愼은 武才가 없고 金伯謙은 늙은 어미가 祥原에 있어 곧 부임하지 못하므로 黃州牧使 朴植을 제수할 것을 아뢰니 이에 따르다.(『成宗實錄』 성종 9, 『集成』7-353)

2.21. 日本國 西海路 豐後州 日田 郡守 親常과 三河守 源弘安 등이 사람을 보내어 土宜를 바치다.(『成宗實錄』 성종 9, 『集成』7-353)

2.28. 戶曹에서 慶尙道 觀察使의 啓本에 의거하여 三浦의 倭田에 대해 아뢰니 이를 그대로 따르되, 전세는 예전대로 하다.(『成宗實錄』 성종 9, 『集成』7-353)

3.1. 兵曹에서 萬戶 및 軍官들의 직무 태만에 대한 처벌을 아뢰니, 각각 杖 1백 대를 때려 本浦에 充軍하고 功을 세워 스스로 속죄하도록 명하다.(『成宗實錄』 성종 9, 『集成』7-354)

3.2. 持平 姜居孝·領事 金國光이 趙崇智는 海島에서 사냥하다가 倭賊을 만나 士卒이 죽었는데도 이를 숨기고 啓聞하지 않은 이유 등을 들어 衛將에 제수에 부적격하다고 아뢰었으나 수락하지 않다.(『成宗實錄』 성종 9, 『集成』7-354)

3.3. 蔚珍浦 萬戶 金貴亨과 呂島 萬戶 李埏에게 倭變이 있는 呂島 수비의 중요성을 당부하다.(『成宗實錄』 성종 9, 『集成』7-355)

3.5. 日本國 對馬州 兵部 少輔 宗茂勝이 사람을 보내어 土宜를 바치다.(『成宗實錄』 성종 9, 『集成』7-356)

3.6. 法聖浦 萬戶 蔡允敏과 鹿島 萬戶 權迥에게 倭賊 방어에 만전을 기할 것을 명하다.(『成宗實錄』 성종 9, 『集成』7-356)

3.12. 戶曹에서 慶尙道의 贓贖을 布를 무역하여 倭人의 物價로 지급할 것을 아뢰니 이에 따르다.(『成宗實錄』 성종 9, 『集成』7-356)

3.16. 向化倭人 金三甫羅 沙也文의 뜬 말에 대한 推鞫을 啓聞할 것을 義禁府에 전지하다.(『成宗實錄』 성종 9, 『集成』7-357)

3.16. 東平館의 倭客人의 房守의 횡포를 단속하여 制書有違律로 論罪하라고 禮曹에 전지하다.(『成宗實錄』 성종 9, 『集成』7-357)

4.2. 全羅道水軍節度使 權宗孫이 康津縣 사람 金守鈴·李中 등의 海錯船 5척이 犯津浦에 이르러 도적의 배 2척을 만나 李中 등 4인이 害를 당하였다고 馳啓하니, 敬差官 李蓀으로 하여금 실정을 알아내어 아뢰게 하다.(『成宗實錄』 성종 9, 『集成』7-357)

4.15. 全羅道觀察使 李克增이 倭賊의 변란에 대해 섬의 수색을 제의하자, 답서를 기다려본 후 치기로 하다.(『成宗實錄』 성종 9, 『集成』7-358)

연도	한국
▲ 1478	4.16. 日本國 肥前州 九沙島主 源次郎 永氏와 對馬州 古河 山城守 家次가 사람을 보내어 土宜를 바치다.(『成宗實錄』 성종9. 『集成』7-359) 4.24. 日本國 幡摩州 日向 太守 盛久·西海道 對馬主 關處守 秦盛幸·關西路 肥後州守 菊池 藤原爲幸·對馬州 國分寺 住持 崇睦·出羽守 宗貞守·護軍 并家文助·藤原 職可 등이 사람을 보내어 土宜를 바치다.(『成宗實錄』 성종9.『集成』7-359) 5.6. 日本國 周防州 大內 進亮 教之·肥前州 松浦 志佐 一岐 太守 源義·對馬州 護軍 并可文助·藤原 職家·國分寺 住持 崇睦 등이 사람을 보내어 土宜를 바치다.(『成宗實錄』 성종9.『集成』7-359) 5.11. 對馬州 出羽守 宗貞守와 越中守 宗盛弘이 사람을 보내어 土宜를 바치다.(『成宗實錄』 성종9.『集成』7-359) 5.28. 日本國 西海道 肥後州 八代 太守 教信·肥前州 松浦 志佐 一岐 太守 源義·下松浦 丹後 太守 源盛·藝州 海賊 大將 國重·幡摩州 日向 太守 盛久가 사람을 보내어 土宜를 바치다.(『成宗實錄』 성종9.『集成』7-360) 6.11. 日本國 關西路 九州 侍所 宗 彦八郎 茂世·對馬州 太守 宗貞國·守護 代官 宗助六盛俊·對馬州의 宗貞秀가 사람을 보내어 土宜를 바치다.(『成宗實錄』 성종9.『集成』7-360) 6.15. 日本國 肥前州 上松浦 波多島 源納·一岐州 守護 大官 眞弓 兵部 少輔 源武·上松浦 鹽津留 松林院 源實次·潘摩州 日向 太守 盛久·關西路 九州 侍所 宗彦八郎茂世·對馬州 出羽守 宗貞秀가 사람을 보내어 土宜를 바치다.(『成宗實錄』 성종9.『集成』7-360) 6.26. 日本國 寶泉寺 住持 源佑位·一岐州 上松浦 鹽津留 助次郎 源經·對馬州 守護 代官 宗助六盛俊이 사람을 보내어 土宜를 바치다.(『成宗實錄』 성종9.『集成』7-360) 6.28. 日本國 肥前州 上松浦 波多島의 源納·對馬州 太守 宗貞國 등이 사람을 보내어 土宜를 바치다.(『成宗實錄』 성종9.『集成』7-361) 7.8. 日本國 肥前州 下松浦 五島 宇久守 源勝·三栗 太守 源滿·小城 千葉介 元胤·石見州 藤原 周布 左近將監·和兼·對馬州 太守 宗貞國·越中守 宗盛弘이 사람을 보내어 土宜를 바치다.(『成宗實錄』 성종9.『集成』7-364) 7.11. 日本國 一岐州 守護 代官 眞弓 兵部少輔 源武·安藝州 小早川 美作守 平持平·豊內守 大友親繁·對馬州 太守 宗貞國·國分寺 住持僧 崇睦이 사람을 보내어 土宜를 바치다.(『成宗實錄』 성종9.『集成』7-361) 7.13. 日本國 肥前州 平戶 寓鎭 肥州 太守 源豊久·筑前州 宗像 郡知守 氏鄕·對馬州 太守 宗貞國이 사람을 보내어 土宜를 바치다.(『成宗實錄』 성종9.『集成』7-361) 7.16. 左副承旨 金升卿 등이 각 진에 角弓을 보낼 것 등에 대해 아뢰다.(『成宗實錄』 성종9.『集成』7-361) 7.16. 日本國 使臣 妙茂 등 3백 명이 배 3척을 타고 明나라에 朝貢갔다 오다가 바람을 만나 大靜縣 경계에 漂泊하고 있는 것을 濟州牧使 鄭亨이 위로하여 도와주었으므로 특진시키도록 하다.(『成宗實錄』 성종9.『集成』7-366) 7.20. 鄭昌孫 등의 의논에 따라 倭寇의 침입에 대비해 全羅道 順天府의 石堡에 군인을 더 두고 於蘭·達梁 두 浦 사이에 堡를 설치하도록 하다.(『成宗實錄』 성종9.『集成』7-364) 7.30. 禮曹에서 判官이 거느리고 간 軍官 한 사람을 감하여 倭의 通事로 겸해서 임명하도록 아뢰니 이에 따르다.(『成宗實錄』 성종9.『集成』7-367) 8.1. 掌令 林秀卿이 濟州牧使 鄭亨이 倭人을 위로한 이유로 특진한 것은 부당하다고 하였으나 그대로 특진시키기로 하다.(『成宗實錄』 성종9.『集成』7-367) 8.1. 日本國 薩摩州 市來 太守 國久·對馬州 太守 宗貞國·倭護軍 并可文助 藤原 織家 등이 와서 土宜를 바치다.(『成宗實錄』 성종9.『集成』7-368) 8.4. 持平 李世匡·獻納 崔潘·領事 鄭昌孫이 倭人을 접대한 것은 邊將의 직분이므로 濟州 牧使 鄭亨의 특진은 부당하다고 아뢰었으나 특진시키기로 하다.(『成宗實錄』 성종9.『集成』7-368)/ 都承旨 孫舜孝 등이 合辭하여 倭人을 접대한 濟州牧使 鄭亨의 특진은 諭書를 이미 내렸으므로 철회는 불가능하다고 하니 그대로 하다.(『成宗實錄』 성종9.『集成』7-369)
1479 ▼	【한국】 1.1 日本國 日向大隅薩摩三州太守 立久·薩州 李集院寓鎭 寓州 太守 藤熙久가 사람을 보내어 土宜를 바치다.(『成宗實錄』 성종10.『集成』7-383) 1.6. 兵曹에서 倭變이 있으면 全羅左道가 먼저 침입을 받을 것이므로 內禮浦에 主鎭을 두어 水軍 節度使 1員을 설치하기를 청하니 이를 허락하다. / 兵曹에서 全羅道巡察使 李克培의 啓本에 의거하여 順天鎭의 留防正兵 旅를 石堡에 移屬시켜 兵馬 節度使의 軍官으로 하여금 領率하여 防護하게 아뢰다.(『成宗實錄』 성종10.『集成』7-384) 1.12. 日本國 對馬州 太守 宗貞國이 特送한 盛長이 하직하자 禮曹에서 충성을 변치말라는 내용으로 답서하다.(『成宗實錄』 성종10.『集成』7-384) 1.18. 昌城 都護府使 李季仝을 日本國 通信 副使로 임명하다.(『成宗實錄』 성종10.『集成』7-385) 1.19. 日本國 通信使 軍官의 눈을 가리기 위하여 文臣에게 활쏘기를 구경시키고, 秦使日本에 대한 것을 長篇으로 지어 올린 趙之瑞를 日本으로 보내다.(『成宗實錄』 성종10.『集成』7-385) 1.20. 禮曹에서 日本에 갈 通信使의 使行에 응당 해야 할 여러 가지 일들을 乙未年의 例를 상고하여 기록하여 아뢰다.(『成宗實錄』 성종10.『集成』7-386) 1.24. 慶尙道觀察使 朴楗에게 倭船의 속임수를 살피고 邊將의 法을 엄수할 것을 명하다.(『成宗實錄』 성종10.『集成』7-387)

일본

8.15. 日本國 關西路 九州侍所 宗彦八郎茂世가 보낸 사람이 와서 土宜를 바치다./ 倭人 愁戒仇羅는 죽은 아비를 대신하여 護軍이 되고자 하나 거절하고 다음에 來朝하면 벼슬을 제수하기로 하다.(『成宗實錄』성종 9, 『集成』7-370)

8.19. 日本國 攝灘州 兵庫津 平方式部尉 源忠能과 肥前州 田平寓鎭 彈正小弼弘이 사람을 보내어 土宜를 바치다.(『成宗實錄』성종 9, 『集成』7-370)

8.23. 정승들과 觀察使·節度使를 불러 全羅道의 倭變을 핑계대어 중국의 請兵을 거절하는 문제를 의논하다.(『成宗實錄』성종 9, 『集成』7-371)

8.25. 日本國 對馬州太守 宗貞國·佐須那代官 石見守 宗國吉·上津郡 追浦 伯耆守 孟茂次가 사람을 보내어 土宜를 바치고, 倭僉知 平松而羅·文이 內朝하다.(『成宗實錄』성종 9, 『集成』7-374)

9.3. 日本國 關西路 九州都元帥 源教直이 사람을 보내어 土宜를 바치다.(『成宗實錄』성종 9, 『集成』7-374)

9.18. 日本國 對馬州太守 宗貞國이 사람을 보내어 土宜를 바치고, 倭護軍 中尾吾郎 등이 와서 土宜를 바치다.(『成宗實錄』성종 9, 『集成』7-375)

9.24. 日本國 肥前州 田平寓鎭 彈正少弼弘과 對馬州太守 宗貞國이 사람을 보내어 土宜를 바치다.(『成宗實錄』성종 9, 『集成』7-375)

10.3. 日本國 薩摩州 島津藤原持久·對馬州太守 宗貞國·越中守 宗盛弘·宗大膳國幸 등이 사람을 보내어 土宜를 바치다.(『成宗實錄』성종 9, 『集成』7-375)

10.12. 日本國 長門州 三島尉 貞盛이 사람을 보내어 土宜를 바치다.(『成宗實錄』성종 9, 『集成』7-375)

10.13. 工曹 判書 梁誠之가 倭賊에게 火砲를 만드는 법이 넘어가면 동남쪽 지방이 위험하므로 五禮儀의 兵器圖設 부분을 삭제하고 다시 반포하기를 청하다.(『成宗實錄』성종 9, 『集成』7-375)

10.15. 同知事 李承召는 銃筒을 만드는 법에 藥을 쓰는 법이 실리지 않아 倭人에게 알려져도 염려가 없으므로 軍禮를 빠뜨려서는 안된다고 아뢰고 久邊國의 通信使를 의심하다.(『成宗實錄』성종 9, 『集成』7-376)

10.25. 對馬州 太守 宗貞國이 사람을 보내어 土宜를 바치다.(『成宗實錄』성종 9, 『集成』7-378)

10.26. 日本國 一岐州代官 牧山十郎 源正·肥前州 上松浦 神田能登守 源德·西海道 對馬州 關處守 秦盛幸이 사람을 보내어 土宜를 바치다.(『成宗實錄』성종 9, 『集成』7-378)

11.3. 久邊 國主 李獲이 日本國 薩摩州 사람을 통하여 朝鮮을 알게 되어 閔富를 보내어 土宜를 바치다.(『成宗實錄』성종 9, 『集成』7-378)

11.13. 同知事 李承召가 書契의 筆跡 倭書와 비슷하다고 하여 久邊國 使臣을 믿을 수 없으니 인견하지 말 것을 청하다.(『成宗實錄』성종 9, 『集成』7-379)

11.14. 日本國 豊州太守 大右八郎師能과 肥前州 松浦 志佐 一岐 太守 源義가 사람을 보내어 土宜를 바치고, 倭護軍 宗家茂가 內朝하다.(『成宗實錄』성종 9, 『集成』7-379)/ 禮曹에서 久邊國의 衣冠·刑罰·言語·官爵 등에 대해 아뢰면서 8일거리에 薩摩州가, 북쪽으로 2일 거리에 琉球國이 있음을 아뢰다.(『成宗實錄』성종 9, 『集成』7-380)

11.16. 禮曹에서 齊浦의 倭人이 失火하여, 本道의 巡察使의 從事官 李仁錫으로 하여금 丙申年의 例에 따라 賑恤하도록 아뢰니 이에 따르다.(『成宗實錄』성종 9, 『集成』7-380)

11.21. 慶尙道觀察使 朴楗에게 陜川郡 海印寺에 所藏된 大藏經과 板子는 모두 先王朝 때에 마련한 것이고, 또 客人이 구하는 바이어서 國用에도 없을 수 없으니, 숫자와 물목을 자세히 살펴서 아뢰라고 下書하다./ 禮曹와 司譯院 提調 등이 倭學 등을 일으킬 조건에 대해 상의하다.(『成宗實錄』성종 9, 『集成』7-381)

12.1. 久邊國主 李獲의 使者 閔富가 하직하니, 禮曹에서 土産의 正布 7필, 綿布 3필 등을 다녀가는 사자 편에 부치고 大藏經은 전에 여러 酋長들이 구해 가서 거의 없으므로 요청대로 따르기 어렵다고 答書하다.(『成宗實錄』성종 9, 『集成』7-382)

12.7. 對馬州太守 宗貞國의 特遣 宗盛長이 와서 土宜를 바치고 條格에 어긋난 釣魚船의 出入文引을 가진 자를 조사하여 법대로 벌할 것이라는 내용의 書契를 바치다.(『成宗實錄』성종 9, 『集成』7-383)

12.27. 日本國 肥前州 下松浦 五島宇久守 源勝과 西海路 筑前州 博多城 冷泉津 藤氏母가 사람을 보내어 土宜를 바치다.(『成宗實錄』성종 9, 『集成』7-383)

2.4. 曹伸은 시를 잘 지어 日本 通信使軍官으로 差任으로 임한데 이어 內侍教官으로 除授하다.(『成宗實錄』성종 10, 『集成』7-388)

2.7. 日本國 關西路 筑豊肥三州摠太守 太宰府都督 司馬少卿 藤原政尙이 사람을 보내어 土宜를 바치다.(『成宗實錄』성종 10, 『集成』7-388)

2.8. 임금이 初試의 策問에 이르기를 三浦의 倭人이 우리 백성과 섞여 사는 문제에 대해 어떻게 처리할 것인지 이르다.(『成宗實錄』성종 10, 『集成』7-388)

2.9. 상이 前經歷 李仁畦를 引見하여 日本의 풍속·학문·관대 등을 물어보다.(『成宗實錄』성종 10, 『集成』7-389)

2.10. 左承旨 金升卿이 南方의 邑城 중에 좁은 곳은 대신을 보내어 보고 헤아려서 쌓게 하기를 아뢰니, 兵曹判書로 하여금 농사가 틈날 때에 가서 살피게 하다.(『成宗實錄』성종 10, 『集成』7-392)

2.13. 日本國 筑前州 冷泉津 藤氏平左衛門尉信重과 對馬州太守 宗貞國이 사람을 보내어 土宜를 바치다.(『成宗實錄』성종 10, 『集成』7-392)

2.18. 兵曹에서 水軍 중에서 射御에 능한 자는 別侍衛에 소속시킬 수 있게 하고, 文武의 才行이 뛰어난 자는 節度使·觀察使로 하여금 啓聞하게 하여 재주에 따라 敍用하여 권장하게 할 것을 아뢰다.(『成宗實錄』성종 10, 『集成』7-393)

2.22. 日本國 西海路 防長二州守護代官 陶五郎弘尙이 사람을 보내어 土宜를 바치다./ 全羅左道水軍節度使 朴良信이 右道의 水軍 25인을 本道로 移屬시키고 城堡를 설치하여 뜻밖의 변에 대비하게 하며 六銃筒을 석 달마다 한 번 쏘는 것을 익히게 할 것을 아뢰다.(『成宗實錄』성종 10, 『集成』7-393)

2.23. 領事 韓明澮가 金崇海를 東萊 懸令에 除授하는 것은 倭人의 눈에 거슬려 좋지 못하다고 아뢰다.(『成宗實錄』성종 10, 『集成』7-394)

연도	한국
▲ 1479 ▼	2.26. 知事 姜希孟이 日本에 通信使를 보낼 때 銃筒軍 중에 火藥을 모르는 자를 보낼 것을 청하니 이에 따르다.(『成宗實錄』 성종10. 『集成』7-394) 3.11. 日本國 薩摩州 李集院 寓鎭 隅州太守 藤熙久·對摩州太守 宗貞國이 사람을 보내어 土宜를 바치다.(『成宗實錄』 성종10. 『集成』7-395) 3.13. 倭護軍 助國次 등 5인이 來朝하다.(『成宗實錄』 성종10. 『集成』7-395) 3.22. 日本國 對馬州의 宗彦七貞秀가 사람을 보내어 土宜를 바치다.(『成宗實錄』 성종10. 『集成』7-395) 3.25. 禮曹에서 日本國에 가는 通信使가 가지고 가는 事目에 대해 아뢰다.(『成宗實錄』 성종10. 『集成』7-395) 3.29. 日本國 肥前州 下松浦 五島宇久守 源勝·對馬州太守 宗貞國·宗出羽守貞秀가 사람을 보내어 土宜를 바치고, 倭護軍 皮古波知 등 2인이 來朝하다.(『成宗實錄』 성종10. 『集成』7-397) 4.1. 日本國 通信使 李亨元과 副使 李季全, 書狀官 金訢이 日本이 만약 事目과 가는 길을 가르쳐 주지 않을 경우의 대처 방안에 대해서 논하다.(『成宗實錄』 성종10. 『集成』7-398)/ 禮曹에서 對馬島主에게 보내는 賜物과 書契를 전하는 의식을 아뢰다.(『成宗實錄』 성종10. 『集成』7-399) 4.2. 禮曹에서 日本國王에게 書幣를 전하는 의식을 아뢰다.(『成宗實錄』 성종10. 『集成』7-401) 4.4. 日本 通信使 李亨元 등이 하직하니, 承政院에 명하여 음식을 먹이게 하다.(『成宗實錄』 성종10. 『集成』7-402) 4.7. 大內殿과 小二殿의 싸움으로 通信使 파견이 정지되고 三浦에 사는 倭人을 보내어 정황을 살피도록 하다.(『成宗實錄』 성종10. 『集成』7-402) 4.13. 日本國 薩摩州 市來太守 國久·肥前州 九沙島主 源次郎永氏·對馬州太守 宗貞國·宗彦七貞秀가 사람을 보내어 土宜를 바치다.(『成宗實錄』 성종10. 『集成』7-403) 4.17. 日本國 大內殿 左京兆尹 中大夫 政弘이 僧 瑞興을 보내어 佛像과 討議를 바치고, 對馬州太守 宗貞國의 特遣 平國忠이 와서 土宜를 바치다.(『成宗實錄』 성종10. 『集成』7-403)/ 大內殿의 使送 上官人 僧 瑞興이 日本에 병란이 일어났다고 하자 通信使 파견이 정지되었는데 다시 이를 의논한 결과 통辛巳를 보내지 않는 것은 交隣의 義에 어긋나므로 通信使를 보내기로 하다.(『成宗實錄』 성종10. 『集成』7-404)/ 大內殿에서 보내 온 佛像을 처음에는 거절하고 나중에 받기로 하다.(『成宗實錄』 성종10. 『集成』7-406) 4.19. 여러 道의 觀察使와 兵馬節度使에게 변방의 城이 협소하여 사람과 말을 수용할 수 없다고 하니 살펴서 아뢰도록 下書하다.(『成宗實錄』 성종10. 『集成』7-406)/ 日本이 보낸 불상을 받아들이되, 成宗이 불교를 믿지않음을 禮曹가 使臣에게 전하도록 하다.(『成宗實錄』 성종10. 『集成』7-407) 4.21. 典經 金壽童의 의견에 따라 불상을 헐값에 주고, 日本에게 불교를 믿지 않는다는 뜻을 유시하도록 하다./ 禮曹가 日本國 使臣으로부터 본국의 내전에 대해서 들은 내용을 아뢰다.(『成宗實錄』 성종10. 『集成』7-408) 4.26. 大內殿이 바친 불상에 대한 회답으로 正布 5필을 줄 것을 戶曹에 전교하다.(『成宗實錄』 성종10. 『集成』7-410) 5.1. 日本國 薩摩州 島津 藤原持久·對馬州 太守 宗貞國·古河 山城守 家次·護軍 井可文助 藤原職家가 사람을 보내어 土宜를 바치다.(『成宗實錄』 성종10. 『集成』7-410) 5.6. 日本國 對馬州 太守 宗貞國·出羽守 宗長秀·佐須那 代官 石見守 宗國吉·上津郡 追浦 伯耆守 宗茂次·國分寺 住持僧 崇睦이 사람을 보내어 土宜를 바치다./ 倭護軍 부田 彦八 등 4인이 와서 土宜를 바치다.(『成宗實錄』 성종10. 『集成』7-411) 5.7. 大內殿이 使送한 僧 瑞興과 對馬島主가 특별히 보낸 平國忠을 접견하고 京都의 兵亂이 종식되었음을 듣고 通信使를 보내기로 하다.(『成宗實錄』 성종10. 『集成』7-411) 5.13. 宗貞國의 使送인 馬多老古가 日本國의 내정 상황을 아뢰다.(『成宗實錄』 성종10. 『集成』7-412) 5.16. 宣慰使 李則이 濟州道 漂流人을 데리고 온 상황을 琉球國의 使臣으로부터 듣고 아뢰다.(『成宗實錄』 성종10. 『集成』7-412) 5.17. 日本國 三河守 源弘安이 사람을 보내어 土宜를 바치다./ 濟州 敬差官 南季堂에게 琉球國으로부터 돌아온 濟州道 漂流人들의 가족을 위로케 하고 죽은 이들의 가족에게 恤典을 베풀도록 하서하다.(『成宗實錄』 성종10. 『集成』7-414) 5.20. 日本國 一岐州 上松浦 鹽津留 松林院 源實次·肥前州 上松浦 鴨打 源永·寶泉寺住持 源祐位·對馬州太守 宗貞國·越中守 宗盛弘·橘氏立石右京 亮國長·護軍 井可文助 藤原職家가 사람을 보내어 土宜를 바치다.(『成宗實錄』 성종10. 『集成』7-415) 5.22. 大內殿 政弘의 使送人 僧 瑞興과 宗貞國이 特遣한 平國忠 등이 사별하니 하사품을 내리다.(『成宗實錄』 성종10. 『集成』7-415) 5.25. 日本國 肥前州 小城千葉介 元胤·松浦 志佐 一岐太守 源義·肥後州 八代太守 敎信·上松浦 波多島 源納·平戶寓鎭 肥州太守 源豐久·對馬州太守 宗貞國 등이 사람을 보내어 土宜를 바치다.(『成宗實錄』 성종10. 『集成』7-416) 5.30. 日本國 肥前州 上松浦 波多島 源納·松浦 志佐 一岐太守 源義·對馬州太守 宗貞國이 사람을 보내어 土宜를 바치다.(『成宗實錄』 성종10. 『集成』7-416) 6.10. 濟州道 漂流人 金非衣·姜茂·李正 등 세사람이 琉球國으로부터 돌아와 琉球國 풍속과 日本國 사정을 아뢰다.(『成宗實錄』 성종10. 『集成』7-416) 6.11. 日本國 肥前州 下松浦 五島宇久守 源勝·石見州 藤原周布左近將監 和兼·關西路 肥後州守 菊池爲幸·西海道 筑前州와 對馬州 二州守護代官 三郎 宗茂家가 사람을 보내어 土宜를 바치다.(『成宗實錄』 성종10. 『集成』7-428) 6.19. 日本國 一岐州 守護代官 眞弓 兵部小輔 源武·肥前州 上松浦 佐志 源次郎·幡摩州 日向太守 盛久·對馬州太守 宗貞國·兵部少輔 宗茂勝이 사람을 보내어 土宜를 바치다.(『成宗實錄』 성종10. 『集成』7-428)

일본

6.20. 漂流人 金非衣 등 세 사람을 濟州로 送還하다.(『成宗實錄』 성종 10, 『集成』7-428)

6.22. 琉球國王 尙德이 使臣을 보내어 聘禮를 올리다.(『成宗實錄』 성종 10, 『集成』7-428)

6.23. 日本國 西海道 肥後州의 八代太守 敎信·一岐州 上松浦 鹽津留 觀音寺看主 宗殊·對馬州太守 宗貞國·國分寺住持僧 崇睦이 사람을 보내어 土宜를 바치다.(『成宗實錄』 성종 10, 『集成』7-429)

6.26. 漂流人을 돌려보내 준 것에 감사하여 琉球國의 使臣인 上官人 新時羅 등에게 연회를 베풀고 물건을 내리다.(『成宗實錄』 성종 10, 『集成』7-429)

6.28. 日本國 關西路 九州都元帥 源敎直·長門州三島尉 貞成·對馬州太守 宗貞國이 사람을 보내어 土宜를 바치다.(『成宗實錄』 성종 10, 『集成』7-430)

7.1. 日本國 肥前州 田平寅鎭 彈正少弼弘·一岐州代官 牧山十郎 源正·對馬州 守護代官 宗助六盛俊·宗大膳國幸이 사람을 보내어 土宜를 바치다.(『成宗實錄』 성종 10, 『集成』7-430)

7.2. 政丞 沈澮가 溫陽관가와 노비문제로 쟁송하자 이에 대해 金季昌이 丁丑년 이전의 安天保의 文券은 있으나 溫陽은 倭兵이 불태워버린 뒤 공적이 유실되어 丁酉年에 이르러 正案을 이루었으니 모두 溫陽의 노비는 아니라고 아뢰다.(『成宗實錄』 성종 10, 『集成』7-430)

7.5. 兵曹에서 全羅道觀察使의 啓本에 의거하여 南原에 城을 쌓는 功役은 중지할 수 없으나 廣闊하게 물러서 쌓도록 修城從事官을 보내어 觀察使·節度使와 살피게 하기를 아뢰다.(『成宗實錄』 성종 10, 『集成』7-431)

7.11. 知事 鄭孝常이 險阻한 山城이 있어 倭寇를 피하였던 高麗를 참고하여 먼저 沿海의 城子를 쌓고, 南原같은 것은 단지 山城만을 수축할 것을 아뢰니 이에 따르다.(『成宗實錄』 성종 10, 『集成』7-431)

7.13. 同知事 李承召가 倭人이 木蘭皮를 가지고 계피라고 모칭하였으니 이를 받고서 답서만 하지 않는 것이 어떻겠냐고 아뢰었으나 이를 거절하다.(『成宗實錄』 성종 10, 『集成』7-432)/ 柳子光이 國家의 兵船에는 木釘을 사용하고 倭船에 鐵釘을 사용하고 있으며 對馬島主의 使送이 타고 오는 배가 本島의 배가 아님을 上疏하다.(『成宗實錄』 성종 10, 『集成』7-433)

7.14. 對馬州太守 宗貞國·筑前州 宗像郡知守 氏鄕·一岐州 上松浦 鹽津留 助次郎 源經·肥前州 上松浦 佐志 源次郎·下松浦 五島宇久守 源勝·松浦 志佐 一岐太守 源義·上松浦 那久野能登守 賴永등이 사람을 보내어 土宜를 바치다./ (『成宗實錄』 성종 10, 『集成』7-433)/ 通信使의 파견 여부와 對馬島主의 힐책을 위해 朝官을 보내어 開諭하도록 하다.(『成宗實錄』 성종 10, 『集成』7-434)

7.15. 對馬島에 朝官을 보내는 것을 중지하고 對馬島主의 간사한 형상을 내용으로 하는 馳書를 보내도록 하다.(『成宗實錄』 성종 10, 『集成』7-436)/ 對馬島주가 왕도의 병란을 일으켜 남로를 통하지 못하게 하니, 사선은 북로를 경유하여 가도록 通信使 李亨元 등에게 유시하다.(『成宗實錄』 성종 10, 『集成』7-438)

7.17. 都承旨 洪貴達이 源敎直의 使送人이 돌아갈 때 護送官이 있어야 하므로 鄭誠謹을 差遣하면 공사간에 좋을 것이라고 아뢰자 전교하기를 승지의 말로서 모두 급마할 수 있느냐고 하다.(『成宗實錄』 성종 10, 『集成』7-438)

7.18. 司憲府에 職秩의 高下에 따라 給仮만 하게 하였더니 洪貴達이 經筵官에게 給馬한 例를 들고, 護送官으로 差除하여 보낼 것을 청하니, 그 情由를 鞫問하여서 아뢸 것을 전지하다.(『成宗實錄』 성종 10, 『集成』7-439)

7.19. 日本國 肥前州 田平寅鎭 彈正少弼弘·豊州太守 大友八郎師能·肥前州 下松浦 丹後太守 源盛이 사람을 보내어 土宜를 바치다.(『成宗實錄』 성종 10, 『集成』7-439)

7.25. 日本國 對馬州太守 宗貞國이 보낸 源茂崎 등이 와서 土宜를 바치고 書契에서 通信使가 北海로 갈 것을 청하다.(『成宗實錄』 성종 10, 『集成』7-439)

7.27. 琉球國王의 使臣 新時羅 등이 辭還하니, 使臣에게 大藏經을 구하지 못하였음을 알리는 書契를 주다.(『成宗實錄』 성종 10, 『集成』7-441)

7.28. 禮曹에서 通信使가 南海로 가는 것을 반대한 이유를 對馬島 使臣에게 물어 아뢰다.(『成宗實錄』 성종 10, 『集成』7-441)

8.5. 日本國 對馬州太守 宗貞國·護軍 井可文助 藤原宗職家 등이 사람을 보내어 土宜를 바치다.(『成宗實錄』 성종 10, 『集成』7-441)

8.9. 日本國 豊州太守 大友親繁·肥前州 下松浦 三栗野太守 源滿·一岐州 上松浦 鹽津留 助次郎 源經·對馬州 關處鎭守 秦盛幸 등이 사람을 보내어 土宜를 바치다.(『成宗實錄』 성종 10, 『集成』7-442)

8.19. 日本國 一岐州 守護代官 眞弓 兵部少輔 源武·對馬州太守 宗貞國·越中守 宗盛弘이 사람을 보내어 土宜를 바치다./ 宗貞國의 特送 源茂岐가 하직하고 돌아가니, 禮曹에서 왕이 효유하는 말로서 答書하다.(『成宗實錄』 성종 10, 『集成』7-442)

8.21. 禮曹에서 對馬島의 彌源司가 직을 받고자 하니, 正七品 司正職을 제수할 것을 청하니 이에 따르다.(『成宗實錄』 성종10, 『集成』7-443)

8.22. 日本國 對馬州太守 宗貞國이 사람을 보내어 土宜를 바치다.(『成宗實錄』 성종 10, 『集成』7-443)

8.29. 日本國 關西路 筑前州 左衛門 源國吉, 日向·大隅·薩摩 三州 守護代官 忠次, 肥前州 山城太守 源吉, 西海道 肥前州太守 源德, 對馬州 國分寺住持 崇睦이 사람을 보내어 土宜를 바치다.(『成宗實錄』 성종 10, 『集成』7-444)

9.11. 日本國 幡摩州 日向太守 盛久鳴, 島主 源繁, 對馬州 越中守 宗盛弘이 사람을 보내어 土宜를 바치다.(『成宗實錄』 성종 10, 『集成』7-444)

9.12. 右副承旨 金季昌이 刑曹에서 三覆한 向化人 李阿叱大가 사람을 射殺한 죄를 아뢰자, 祖宗朝의 일을 상고하여 처리하게 하다.(『成宗實錄』 성종10, 『集成』7-444)/ 都承旨 洪貴達이 아뢰기를, 통신사 李亨元이 巨濟에 돌아와 죽었다고 하다.(『成宗實錄』 성종 10, 『集成』7-445)/ 蔡壽가 아뢰기를 宋處儉과 李覲이 日本에 使臣으로 갔다가 죽었을 때 관원을 보내 치전하였으므로 通信使 李亨元도 宋處儉의 예에 따르자고 아뢰니 임금이 그대로 따르다.(『成宗實錄』 성종 10, 『集成』7-446)

9.13. 日本國 關西路 九州都元帥 源敎直이 사람을 보내어 土宜를 바치다.(『成宗實錄』 성종 10, 『集成』7-446)/ 全羅道觀察使 成俊에게 日本國 通信使 李亨元에게 棺槨을 갖추도록 글을 내리다./ 兵曹에게 卒한 副提學 李亨元의 아내가 全羅道 光州에 내려갈 때에 鋪馬 네 필을 주고 지나가는 여러 고을과 驛으로 하여금 유숙을 허락하며, 從人에게도 음식을 먹게 할 것을 傳旨하다.(『成宗實錄』 성종 10, 『集成』7-447)

연도	한국
▲ 1479	9.21. 戶曹에서 密陽邑城을 쌓는데, 本道 여러 고을에 貢鐵吹鍊·採金·焰硝煮取 등 雜役을 前例에 의하여 감면하기를 아뢰다.(『成宗實錄』 성종10. 『集成』7-447) 9.25. 戶曹에서 通信使押物官의 牒에 의거하여 賜送雜物과 路次盤纏雜物 등의 처리 문제에 대해 아뢰다.(『成宗實錄』 성종10. 『集成』7-447) 10.1. 倭司正 四郎三郎이 와서 土宜를 바치다.(『成宗實錄』 성종10. 『集成』7-448) 10.15. 日本國 通信副使 李季仝과 書狀官 金訢이 와서 復命하니 倭의 사정을 묻고, 李季仝과 金訢에게 1資級을 더하다.(『成宗實錄』 성종10. 『集成』7-448) 10.21. 日本國 肥前州 上松浦 鴨打 源永과 筑典太宰 滿城院住持 良俊이 사람을 보내어 土宜를 바치다.(『成宗實錄』 성종10. 『集成』7-449) 10.24. 侍講官 成叔이 釜山僉節制使와 薺浦僉節制使를 堂上官으로 임명한 것은 倭船이 머물고 倭人이 거주하는 곳이기 때문에 鎭服시키고자 한 것이라고 아뢰다.(『成宗實錄』 성종10. 『集成』7-449) 10.26. 全羅道觀察使 成俊이 도내 光陽縣監 鄭仲亨은 본래 儒生으로서 邊邑 수령으로는 합당하지 않으니, 武才가 있는 雲峯縣監 朴迪孫과 바꾸기를 馳啓하다./ 禮曹에서 倭通事 등은 倭말을 익히지 못하였으니 傳習할 節目을 상의하여 아뢰도록 傳旨하다.(『成宗實錄』 성종10. 『集成』7-450) 10.27. 通信副使 李季仝이 對馬島 左馬大夫의 말을 인용하여 귀국이 倭에 대한 대우가 예전과 같지 않아 섭섭히 여기니 의심을 풀 수 있게 하도록 하다.(『成宗實錄』 성종10. 『集成』7-450) 10.28. 侍讀官 金訢이 日本에 튼튼한 선척이 있어 변에 있으면 위험하므로 이에 대비하도록 아뢰니 該司로 하여금 상의하여 아뢰도록 하다.(『成宗實錄』 성종10. 『集成』7-451) 윤10.7. 徐居正이 관직 등이 있는 사람들이 의탁하여 正兵의 保人이 되는바 이와 같은 사람을 모두 뽑아 正兵에 속하게 하고, 그 정병의 정원을 줄여서 수군을 증가시키자고 아뢰니, 여러 도의 장정을 모두 찾아 아뢰도록 하라고 하다.(『成宗實錄』 성종10. 『集成』7-452) 윤10.16. 日本國 對馬州太守 宗貞國이 사람을 보내어 土宜를 바치고 倭僉知 平松而羅 등 4인이 來朝하다.(『成宗實錄』 성종10. 『集成』7-452) 윤10.20. 文明11/日本國 肥前州 下松浦 五島宇久守 源勝·松浦 志佐 一岐太守 源義·筑前州 博多城 冷泉津 藤氏母·對馬州太守 宗貞國·豐崎守 宗盛俊이 사람을 보내어 土宜를 바치고, 倭護軍 宗家茂 등 3인이 來朝하다.(『成宗實錄』 성종10. 『集成』7-453)
1480 ▼	【한국】 1.1. 會禮宴에 倭人과 野人이 참가하고 이들에게 물품을 차등하게 下賜하다.(『成宗實錄』 성종11. 『集成』8-1) 1.7. 倭護軍 皮古時羅 등 2인이 와서 土宜를 바치다.(『成宗實錄』 성종11. 『集成』8-1) 1.23. 韓明澮가 慶尙道와 全羅道의 여러 浦의 萬戶가 배 부리는 것을 익히지 아니한다 아뢰고, 執義 李德崇이 배를 만드는 데에는 소나무를 써야 하니, 沿海의 여러 고을에 소나무의 禁伐令을 거듭 밝힐 것을 아뢰다.(『成宗實錄』 성종11. 『集成』8-1)/ 상이 夜對에 나가 倭人이 三浦에 많이 거주하고 있어 후일에 釁端이 생길까 염려하다.(『成宗實錄』 성종11. 『集成』8-2) 1.24. 上黨府院君 韓明澮를 江華와 南陽 등지에 보내어 여러 浦의 防禦의 설비를 검사하도록 하다.(『成宗實錄』 성종11. 『集成』8-2) 2.6. 倭僉知 平國忠 등 3인이 와서 土宜를 바치다.(『成宗實錄』 성종11. 『集成』8-3) 2.22. 三浦에 거주하는 倭人에 대해 領事 韓明澮와 논하니, 島主에게 通諭하여 倭人들을 刷還하도록 하다.(『成宗實錄』 성종11. 『集成』8-3) 3.5. 倭護軍 助國次 등 3인이 와서 土宜를 바치다.(『成宗實錄』 성종11. 『集成』8-3) 3.7. 日本國 對馬州의 宗言七貞秀와 國分寺 住持僧 崇睦이 사람을 보내어 土宜를 바치다.(『成宗實錄』 성종11. 『集成』8-4) 3.8. 倭變이 있어 이를 島主에게 유시하는 것에 대해 논의하였는데, 상이 同知事 李承召에게 功을 탐하는 자가 고기 낚는 倭人을 賊倭로 여기어 격살할까 염려된다고 이르다.(『成宗實錄』 성종11. 『集成』8-4) 3.21. 對馬州 宗彦七貞秀가 사람을 보내어 土宜를 바치다.(『成宗實錄』 성종11. 『集成』8-4) 3.25. 倭中樞 平茂續 등 3인이 와서 土宜를 바치다.(『成宗實錄』 성종11. 『集成』8-5) 4.7. 琉球國摠守 李國圓子·摠安子·圓長子와 日本國 對馬州太守 宗貞國이 사람을 보내어 土宜를 바치다.(『成宗實錄』 성종11. 『集成』8-5) 4.20. 日本國 對馬州太守 宗貞國·出羽守 宗彦秀·國分寺 住持僧 崇睦이 사람을 보내어 土宜를 바치다.(『成宗實錄』 성종11. 『集成』8-5) 5.16. 對馬州太守 宗貞國이 特送한 僧 梵賀가 土宜를 바치다.(『成宗實錄』 성종11. 『集成』8-5) 5.19. 關西路 九州都元帥 源教直이 사람을 보내어 土宜를 바치다.(『成宗實錄』 성종11. 『集成』8-6) 6.5. 日本國 關西路 筑豊肥三州摠太守 太宰府都督 司馬小卿 藤原政尙이 사람을 보내어 土宜를 바치다.(『成宗實錄』 성종11. 『集成』8-6) 6.7. 琉球國王 尙德이 敬宗을 보내어 來聘하다.(『成宗實錄』 성종11. 『集成』8-6) 6.10. 同知事 禮曹判書 李承召가 琉球의 사자 대부분은 倭人이 장사하러 갔다가 書契를 받아온 것이니 琉球國王 書契의 사연

일본

윤10.22. 侍讀官 金訢이 日本 通信使 書狀官으로 對馬島에 있어 왕비의 폐위시킨 것을 알지 못하였으나 元子가 있으므로 따로 한 곳에 두고 서 그 垣牆을 튼튼히 하고 기다릴 것을 아뢰다.(『成宗實錄』 성종10, 『集成』7-453)

윤10.26. 李瓊仝이 富山浦와 薺浦만 堂上官을 가려서 임명하면서도 군직을 겸하지 않도록 하는 것은 옳지 못하다고 아뢰다.(『成宗實錄』 성종10, 『集成』7-453)

윤10.29. 이달에 慶尙道 密陽의 邑城을 쌓다.(『成宗實錄』 성종10, 『集成』7-454)

11.3. 大司憲 金良璥과 大司諫 朴安性이 李季仝을 黃海道監司로 제수한 것의 부적절함을 아뢰었으나 日本使臣의 일을 잘 수행하였으므로 이를 거절하다.(『成宗實錄』 성종10, 『集成』7-454)

11.13. 盧思愼이 예전에 元나라에서 日本을 징벌할 때 군사를 지원을 요구하여 마지못해서 이를 따랐으니, 다시 강을 건너 西征하지 말라고 아뢰다.(『成宗實錄』 성종10, 『集成』7-455)

11.21. 日本國 對馬州太守 宗貞國과 對馬州의 宗茂國이 사람을 보내어 土宜를 바치다.(『成宗實錄』 성종10, 『集成』7-455)

11.24. 상이 富山浦 僉節制使 鄭從雅와 富平府使 高台翼과 阿吾地萬戶 吳永碩이 하직하니 富山浦는 倭人이 왕래하는 곳이어서 방어를 철저히 하도록 이르다.(『成宗實錄』 성종10, 『集成』7-456)

11.26. 光陽縣에 雲峰縣監 朴迪孫을 바꾸어 보내고 앞으로는 武臣을 임명하게 하다.(『成宗實錄』 성종10, 『集成』7-456)

11.29. 對馬州의 宗出犲守貞秀와 宗彦七貞秀가 사람을 보내어 土宜를 바치고, 倭司果 愁戒仇羅와 司猛 皮古三甫羅가 來朝하다.(『成宗實錄』 성종10, 『集成』7-457)

12.1. 平安道敬差官 權健이 老江·宣沙浦·廣梁보다 安州가 倭人 방어에 더 중요한 곳이므로 三浦의 수군을 각각 1백명 씩 뽑아 합계 3백 명을 安州를 방어하도록 하는 것에 대해 아뢰니 兵曹와 의논하여 아뢰도록 하다.(『成宗實錄』 성종10, 『集成』7-457)

12.9. 同知事 李承召가 對馬島에서 特送한 通信使를 따라온 사람의 말을 인용하여 本國의 전쟁으로 인하여 通信使를 보내지 못한 것을 사죄하였다고 아뢰다.(『成宗實錄』 성종10, 『集成』7-458)

12.15. 日本國의 日向州·大隅州·薩摩州 三州 太守 立久와 薩州 伊集院 寓鎭 隅州 太守 藤熙久와 對馬州 太州 宗貞國이 사람을 보내어 土宜를 바치다./ 司憲府大司憲 金良璥과 司諫院大司諫 朴安性이 上疏하기를, 李昌臣이 日本의 풍토를 눈으로 본 것도 아니면서 通信使가 가는 것을 재앙이라고 했다고 아뢰니, 상이 이 문제를 정승들과 의논하라고 전교하다.(『成宗實錄』 성종10, 『集成』7-459)

12.21. 日本國 西海路 筑前州 博多城 冷泉津의 藤氏母가 사람을 보내어 土宜를 바치다.(『成宗實錄』 성종10, 『集成』7-460)

12.23. 日本國王 懷守納政所의 伊勢守 政親과 對馬州의 守護代官 宗助六成俊이 사람을 보내어 土宜를 바치다.(『成宗實錄』 성종10, 『集成』7-460)

12.30. 初昏에 임금이 後苑에 나가 불놀이를 구경하였는데, 宗親과 宰樞 2품 이상의 관원이 入侍하고, 倭人과 野人도 들어오다.(『成宗實錄』 성종10, 『集成』7-460)

을 물어볼 것을 아뢰다.(『成宗實錄』 성종 11, 『集成』8-8)

6.13. 琉球國王의 사자 敬宗 등에게 잔치를 베풀어 주고, 宗宰가 차례로 잔을 올리다.(『成宗實錄』 성종 11, 『集成』8-8)

6.17. 宗貞國이 特送한 僧 梵賀가 하직하다.(『成宗實錄』 성종 11, 『集成』8-8)

7.5. 日本國 景城管領 畠山 左京大夫 源義勝 사람을 보내어 土宜를 바치다.(『成宗實錄』 성종 11, 『集成』8-9)

7.8. 琉球國王의 使僧 敬宗이 하직하다.(『成宗實錄』 성종 11, 『集成』8-10)

8.11. 領事 鄭昌孫이 倭人들이 소란을 피운다면 막을 자가 없으므로 敬差官을 보내어 변방의 방비를 철저히 하자고 아뢰다./ 司憲府大司憲 鄭佸 등이 韓明澮가 巡察使로 下三道에 가려는 것이 부당하다고 아뢰었으나 임금이 들어주지 아니하다.(『成宗實錄』 성종 11, 『集成』8-11) 源義勝의 使者 治部가 하직하다.(『成宗實錄』 성종 11, 『集成』8-12)

8.13. 對馬州太守 宗貞國이 助國次를 보내어 土宜를 바치다.(『成宗實錄』 성종 11, 『集成』8-12)

9.11. 宗貞國의 特送인 助國次가 하직하다./ 日本國 肥前州 小城 千葉介 源胤·上松浦 鴨打 源永·神田 能登守 源德 등이 사람을 보내어 土宜를 바치다.(『成宗實錄』 성종 11, 『集成』8-13)

9.12. 日本國 薩州 伊集院 隅鎭 隅州太守 藤熙久와 藝州 海賊大將 國重·對馬州 越中守 宗盛弘·佐須那 代官 石見守 宗國吉·宗大膳國幸이 사람을 보내어 土宜를 바치다.(『成宗實錄』 성종 11, 『集成』8-13)

9.18. 日本國 筑前州 宗像郡知乎氏鄕과 一岐州 守護代官 眞弓 兵部 少輔 源武·上松浦 鹽津留 觀音寺 看主 宗殊·安藝州 小早川 美作守 平持平이 사람을 보내어 土宜를 바치다.(『成宗實錄』 성종 11, 『集成』8-14)

9.24. 日本國 薩州 伊集院寓鎭 隅州太守 藤熙久·肥前州 田平 寓鎭 彈正少弼弘·對馬州 越中守 宗盛弘이 사람을 보내어 土宜를 바치다.(『成宗實錄』 성종 11, 『集成』8-14)

10.4. 倭僉知 平松而羅·文家繼 등이 와서 土宜를 바치다.(『成宗實錄』 성종 11, 『集成』8-14)

10.5. 日本國 對馬州太守 宗貞國과 護軍 井可文助 藤原職家가 사람을 보내어 土宜를 바치다.(『成宗實錄』 성종 11, 『集成』8-14)

10.7. 日本國 上松浦 那久野能登守 賴永·肥前州 松浦 志佐 一岐太守 原義·幡摩州 日向太守 盛久·關西路 肥後州守 菊池 藤原爲幸·肥筑通守 重朝·對馬州太守 宗貞國·井可文助 藤原職家가 사람을 보내어 土宜를 바치다.(『成宗實錄』 성종 11, 『集成』8-15)

10.13. 日本國 肥前州 松浦 志佐 一岐太守 源義·上松浦 波多島 源納·對馬州太守 宗貞國, 國分寺 住持僧 崇睦이 사람을 보내어 土宜를 바치다.(『成宗實錄』 성종 11, 『集成』8-15)

10.18. 日本國 肥前州 平戶 寓鎭 肥州太守 源豊久·西海道 對馬州關處守 秦盛幸·幡摩州 日向太守 盛久·筑前州·對馬州 二州 守護代官 宗三郎茂家가 사람을 보내어 土宜를 바치다.(『成宗實錄』 성종 11, 『集成』8-15)

10.22. 日本國 日向州·大隅州·薩摩州 三州太守 立久, 幡摩州 日向太守 盛久, 對馬州太守 宗貞國, 守護大官 宗助六盛俊이 사람을 보내어 土宜

연도	한국
▲ 1480	를 바치다.(『成宗實錄』 성종11.『集成』8-15) 11.6. 日本國 周防州 山口에 거주하는 大內進亮敎之가 사람을 보내어 土宜를 바치다.(『成宗實錄』 성종11.『集成』8-1)(『成宗實錄』 성종11.『集成』8-16)
1481 ▼	【한국】 1.1. 상이 仁政殿에 나아가 會禮宴을 행하니, 연회에 참석한 倭人과 野人에게 차등있게 물건을 내리다.(『成宗實錄』 성종12.『集成』8-16) 1.5. 鄭昌孫·尹弼商·尹壕 등과 倭賊을 甲子기 捕捉하면 변방에 釁端이 생길 것을 염려되니 鎭의 警備를 견고하게 할 것을 의논드리니 承政院에 留保하도록 하라고 명하다.(『成宗實錄』 성종12.『集成』8-16)/ 慶尙道觀察使 金自行·水軍節度使 禹賢孫에게 泗川 沈水島에 鎭을 설치하는 것의 편리 여부를 함께 살펴보라고 下書하다.(『成宗實錄』 성종12.『集成』8-17) 1.8. 日本國 關西路 筑豊肥 三州摠太守 太宰府 都督 司馬少卿 藤原政尙이 사람을 보내어 土宜를 바치다.(『成宗實錄』 성종12.『集成』8-17) 1.11. 倭護軍 皮古時羅 등 2인이 와서 土宜를 바치다./ 日本國 對馬州太守 宗貞國이 특별히 宗彦五郞秀家를 보내어 土宜를 바치다.(『成宗實錄』 성종12.『集成』8-18) 1.22. 侍讀官 李昌臣이 倭寇들이 가옥을 태우거나 백성을 죽이고 재물을 빼앗는 참상은 없어 국가가 태평한데도 도성 안 輦穀之下에서 수백명이 術家의 말 때문에 가옥이 헐리고 있음을 아뢰다.(『成宗實錄』 성종12.『集成』8-18) 1.23. 日本國 肥前州 下松浦 山城太守 原吉이 사람을 보내어 土宜를 바치다.(『成宗實錄』 성종12.『集成』8-19) 1.26. 日本國 對馬州 兵部 少輔 宗茂勝이 사람을 보내어 土宜를 바치다.(『成宗實錄』 성종12.『集成』8-19) 3.2. 日本國 西海路 筑前州 博多城 冷泉津 藤氏母와 對馬州 宗彦七貞秀가 사람을 보내어 土宜를 바치다.(『成宗實錄』 성종12.『集成』8-19) 3.23. 禮曹에서 倭學生徒 曹招山 등의 上言에 의거하여 倭學은 司譯院에서 錄名하여 試取한다고 하면 三浦의 생도에게 鄕試를 베풀 수 없으니, 사는 고을에서 재주를 성취한 사람을 가려 給狀하여 本院으로 보내자고 아뢰다.(『成宗實錄』 성종12.『集成』8-19) 3.28. 肥前州 小城千葉介 元胤이 사람을 보내어 土宜를 바치다.(『成宗實錄』 성종12.『集成』8-20) 4.2. 日本國 一岐州 上松浦 鹽津留 松林院 源實·關西路 肥後州守 菊池 藤原爲幸·肥前州 上松浦 波多島 源納·肥前州 上松浦 波多島 源納 등이 사람을 보내어 土宜를 바치다.(『成宗實錄』 성종12.『集成』8-20) 4.5. 日本國 藝州 海賊大將 國重·對馬州護軍 井可文助 藤原職家가 사람을 보내어 土宜를 바치다.(『成宗實錄』 성종12.『集成』8-20) 4.10. 日本國 上松浦 那久野 能登守 賴永·筑前州 冷泉津 藤氏平左衛門尉信重 등이 사람을 보내어 土宜를 바치다.(『成宗實錄』 성종12.『集成』8-20) 4.12. 日本國 一岐州 守護代官 眞弓兵部少輔 源武·對馬州 宗茂國·宗出羽守貞秀가 사람을 보내어 土宜를 바치다.(『成宗實錄』 성종12.『集成』8-21) 5.3. 日本國 對馬州 宗出羽守貞秀·護軍 井可文助 藤原職家 등이 사람을 보내어 土宜를 바치다.(『成宗實錄』 성종12.『集成』8-21) 5.14. 禮曹에서 慶尙道觀察使의 關文에 의거하여 5월 초2일에 對馬島 倭人 우阿音波 등 15명이 작은 배를 타고 齊浦에 도착하여 해적의 머리를 바친 일을 보고하고 特送이 온 후 이 일을 다시 논하기로 아뢰니 이에 따르다.(『成宗實錄』 성종12.『集成』8-21) 5.27. 成均館 進士 李績이 三浦의 倭人을 刷還할 것을 上疏하다.(『成宗實錄』 성종12.『集成』8-22) 5.28. 對馬州 宗出羽守貞秀가 사람을 보내어 土宜를 바치다.(『成宗實錄』 성종12.『集成』8-23) 6.16. 禮曹에서 宗貞國이 賊倭를 斬首하니 그 공을 가상하니 후하게 대우하도록 아뢰니 이에 따르다.(『成宗實錄』 성종12.『集成』8-23) 6.17. 前 內資寺正 鄭孝終이 上言하여 癸巳年에 倭使를 慶尙道에 호송하였음을 아뢰다.(『成宗實錄』 성종12.『集成』8-23) 6.29. 朴叔達이 慶尙道都事였을 때 鄭孝終이 倭人을 호송하는 관원으로 와서 뇌물을 요구했음을 아뢰다.(『成宗實錄』 성종12.『集成』8-24) 8.21. 對馬州太守 宗貞國이 特送한 宗茂勝·平國忠 등이 와서 土宜를 바치고 빠른 준말의 요청과 해변가의 백성을 살상한 왜적의 일에 대한 사죄를 書契에 이르다.(『成宗實錄』 성종12.『集成』8-24) 8.22. 承政院에서 對馬島主가 왜놈의 목을 베어 가져왔는데 이것의 진위 여부를 알 수 없어도 선물을 줄 것을 아뢰니 이에 따르다.(『成宗實錄』 성종12.『集成』8-26) 8.26. 李坡가 宗茂勝과 平國忠 등이 도둑질한 倭人의 목을 베어와서 고하였으나, 이것을 믿을 수 없다더라도 引見할 것을 아뢰니 이들에게 벼슬을 제수하도록 하다.(『成宗實錄』 성종12.『集成』8-26) 8.28. 日本國 關西路 筑豊肥 三州太守 太宰府 都督 司馬少卿 藤原政尙·九州 都元首 源敎直이 사람을 보내어 土宜를 바치다.(『成宗實錄』 성종12.『集成』8-27) /임금이 仁政殿에서 연회를 베풀고, 宗貞國이 特送한 宗茂勝·平國忠·孔古羅 등을 인견하다.(『成宗實錄』 성종12.『集成』8-27)/ 平國忠을 嘉善大夫 行護軍, 宗貞秀를 嘉善大夫 同知中樞府事로 제수하도록 禮曹·曹에 전교하다.(『成宗實錄』 성종12.『集成』8-28) 9.3. 戶曹判書 許琮이 三浦에 거주하는 倭人들을 島主에게 유시하여 많은 사람을 쇄환해야 한다고 아뢰니, 임금이 中樞로 陞職시켜 제수하여 쇄환하도록 하다.(『成宗實錄』 성종12.『集成』8-28) 9.5. 임금이 對馬島는 땅이 메마르고 백성이 가난한가를 물으니 金自貞이 對馬島는 토지가 메말라서 모두 石田이고 島主의 집

일본

12.27. 對馬州 出羽守 宗貞秀가 사람을 보내어 土宜를 바치다.(『成宗實錄』 성종 11, 『集成』8-16)

【일본】

5.2. 足利義政이 조선에 勘合船을 보내어 大和國 円成寺에 사용될 대장경을 조선에 요청하다.(『京都御所東山御文庫記錄』)

5.-. 足利義政이 조선에 파견되는 사신(大藏經을 요청하러 가는 大和國円成寺의 사절)에게 약재 등을 구해오도록 요청하다.(『從東山殿高麗
　　　國に被誂遣土産註文』)

　　　뒤에는 水田 수십 頃이 있다고 답하다.(『成宗實錄』 성종 12. 『集成』8-28)

9.7. 全羅道水軍節度使 沈貞源이 9월 초2일에 虞候 朴閏敬이 突山島 등에서 倭船 3척을 만나 싸우다가 朴閏敬과 군사 2명이 죽었음을 馳啓
　　　하다.(『成宗實錄』 성종 12. 『集成』8-29)

9.10. 日本國 關西路 九州都元帥 源教直·摩多羅島 主賊船 大將軍 源安光·長門州 三島懃 貞成·備後州 支津代官 등이 사람을 보내어 土宜를
　　　바치다.(『成宗實錄』 성종 12. 『集成』8-29)

9.14. 對馬州代官 宗出羽守貞秀가 내려 준 벼슬을 사양하므로, 곧 '衣服·鞍馬를 내려 주었다.'는 제목을 擬定하여 弘文館의 관원들에게 箋文
　　　을 짓게 하였는데, 典翰 權健이 장원하여 兒馬 1필을 내려 주다.(『成宗實錄』 성종 12. 『集成』8-30)

9.18. 日本國 肥前州 下松浦 五島宇久守 源勝·松浦 志佐 一岐太守 源義·一岐州代官 牧山十郎 源正·下松浦 丹後太守 源盛 등이 사람을 보내어
　　　土宜를 바치다./ 領敦寧 이상에게 명하여 突山島의 倭變을 의논하게 하니, 상이 왜가 다시 침입하면 시기에 맞추어 군사를 정비하였다가
　　　공격하도록 전교하다.(『成宗實錄』 성종 12. 『集成』8-30)/ 左承旨 李古甫가 慶尙右道節度使 金瑞通이 군사를 셋으로 나누어 倭人을 追捕한
　　　일을 아뢰니, 임금이 함부로 군사를 일으킨 것은 옳지 못하므로 兵曹로 하여금 鞫問하도록 하다.(『成宗實錄』 성종 12. 『集成』8-31)

9.19. 仁政殿에 나아가 宗貞國이 特送한 宗茂勝과 平國忠 등 18인을 引見하고, 임금이 島主가 성심으로 적들을 사로잡음을 가상히 여긴다고
　　　전교하다.(『成宗實錄』 성종 12. 『集成』8-31)

9.20. 倭使 宗茂勝 등이 倭賊을 사로잡았다고 하니, 임금이 이 뜻을 島主에게 曉諭하다.(『成宗實錄』 성종 12. 『集成』8-32)/ 日本國 長門州
　　　三島懃 貞成, 薩州 伊集院寓鎭 隅州太守 藤熙久, 鳴島主 源繁, 對馬州太守 宗貞國, 守護代官 宗助六盛俊·宗彦七貞秀가 사람을 보내어
　　　土宜를 바치다./ 全羅道와 慶尙道의 觀察使·兵馬節度使·水軍節度使에게 왜적의 邊方 침범에 대비하도록 諭示하다.(『成宗實錄』 성종
　　　12. 『集成』8-33)

9.24. 道承旨 金升卿이 承文院에서는 事大文書와 倭의 書契 등의 일을 관장한다고 아뢰다.(『成宗實錄』 성종 12. 『集成』8-33)

9.27. 持平 金錫元이 倭人들이 드나드는 東萊의 鎭將으로 金嶒을 삼는 것은 옳지 못하다고 아뢰다./ 日本國 一岐州 上松浦 鹽津留 助次郎 源經,
　　　肥前州 松浦 志佐 一岐太守 源義, 對馬州太守 宗貞國·宗彦七貞秀가 사람을 보내어 土宜를 바치다.(『成宗實錄』 성종 12. 『集成』8-34)

10.1. 宗貞國이 特送한 宗茂勝 등이 하직하다.(『成宗實錄』 성종 12. 『集成』8-35)

10.3. 右副承旨 成俊이 順天 突山島는 肥沃하여 농사를 지을 만하고 적이 온다 하여도 피할 수가 있으니, 백성들이 농사짓기를 허가함과 水
　　　軍은 모두 평상시에 항상 활쏘기를 익히게 할 것을 아뢰다.(『成宗實錄』 성종 12. 『集成』8-36)/ 임금이 全羅左道兵馬節度使 李秉正에
　　　게 귀순하는 적과 반역하는것은 물론 倭人을 함부로 죽이면 변방에 분쟁이 일어나므로 함부로 倭人을 잡지 못하도록 이르다.(『成宗實
　　　錄』 성종 12. 『集成』8-37)

10.4. 日本國 肥前州 平戶寓鎭 肥州太守 源豊久와 關西路 肥築通守 重朝가 사람을 보내어 土宜를 바치다.(『成宗實錄』 성종 12. 『集成』8-37)

10.8. 日本國 關西路 筑豊肥三州摠太守 太宰府都督 司馬少卿 藤原政尙이 사람을 보내어 土宜를 바치다.(『成宗實錄』 성종 12. 『集成』8-37)

10.12. 禮曹에서 對馬島에서 特送한 倭人 宗茂勝의 말을 인용하여 倭賊이 全羅道 지방의 포구에서 해산물을 채취하는 사람을 약탈하고 弓
　　　矢·器皿·衣糧 등을 빼앗아 對馬島민 모르게 石見州로 가서 팔아 생활한다고 아뢰다.(『成宗實錄』 성종 12. 『集成』8-38)

10.16. 對馬州太守 宗貞國이 사람을 보내어 土宜를 바치다.(『成宗實錄』 성종 12. 『集成』8-38)

10.17. 南原君 梁誠之가 수백리의 땅을 空地인 채로 버려두는 것은 두 나라의 영토가 서로 混同될 수 있으며, 만일 간사한 무리들이 釁端을
　　　일으켜 達子나 倭人을 가장하여 도적질을 할 수 있다고 上言하다.(『成宗實錄』 성종 12. 『集成』8-38)

10.19. 日本國豊州守 大友親繁·薩摩州 市來太守 國久·島津의 藤原持久·對馬州太守 宗貞國 등이 사람을 보내 土宜를 바치다.(『成宗實錄』 성
　　　종 12. 『集成』8-39)

11.6. 全羅道水軍節度使 沈貞源이 경작이 금지된 외딴섬을 함부로 개간하다가 倭賊을 만나 군인이 살해되었는데도 보고하지 않았으므로 그
　　　를 推鞫하도록 義禁府에 傳旨하다.(『成宗實錄』 성종 12. 『集成』8-39)

11.10. 日本國 筑前州 宗像郡持守氏鄉, 日向·大隅·薩摩 三州太守 立久, 薩摩州 島津 藤原持久, 對馬州太守 宗貞國이 사람을 보내어 土宜를 바치
　　　고, 倭護軍 右四郎 盛敷 등 4인이 來朝하다.(『成宗實錄』 성종 12. 『集成』8-39)/ 沈貞源이 虞候 朴閏敬을 絶島에 보내 屯田에서 수확하고 구
　　　황작물을 채취하였다고 거짓보고 하자 御書로 杖刑은 속바치게 하고 外方에 부처하게 하다.(『成宗實錄』 성종 12. 『集成』8-40)

11.16. 日本國 一岐州 上松浦 鹽津留 觀音寺主 宗殊, 幡摩州 日向太守 盛久, 對馬州 太守 宗貞國이 사람을 보내어 土宜를 바치다./ 倭司正
　　　吾羅仇羅가 來朝하다.(『成宗實錄』 성종 12. 『集成』8-40)

12.18. 司僕寺에 전지하여 內官 文仲善에게 倭馬 1필을 하사하게 하다.(『成宗實錄』 성종 12. 『集成』8-40)

연도	한국
▲ 1481	12.21. 日本國 畿內 攝津州 兵庫津 平方式部慰 源能忠·西海道 對馬州關處守 秦盛幸·對馬州太守 宗貞國이 사람을 보내어 土宜를 바치다.(『成宗實錄』 성종12. 『集成』8-41)
1482 ▼	【한국】 1.1. 日本國 對馬州太守 宗貞國이 特送한 闇書記가 土宜를 바치다.(『成宗實錄』 성종13. 『集成』8-41) 1.13. 日本國 一岐州 上松浦 鹽津留 助次郎 源經, 肥前州 上松浦 鴨打 源永, 對馬州太守 宗貞國·宗彦七貞秀, 越中守宗盛弘이 사람을 보내어 土宜를 바치다.(『成宗實錄』 성종13. 『集成』8-41) 1.23. 倭人護送官 洪碩輔가 復命하고 倭人의 배 설계도를 바치니, 임금이 典艦司로 하여금 이것을 모방하여 배를 만들도록 이르다.(『成宗實錄』 성종13. 『集成』8-41) 2.2. 日本國 對馬州太守 宗貞國이 使臣을 보내어 土宜를 바치다.(『成宗實錄』 성종13. 『集成』8-42) 2.7. 久邊國의 임금이 李獲이 中務衛 등을 보내오자, 국경을 지키는 장수로 하여금 후하게 대접하게 하되 서울에서 조공할 수 없음을 말하고 돌려보내도록 하라고 명하다.(『成宗實錄』 성종13. 『集成』8-42) 2.11. 日本國 對馬州出羽守 宗貞秀가 사람을 보내어 土宜를 바치고, 倭司正 仇羅沙也文과 國助 등이 來朝하다.(『成宗實錄』 성종13. 『集成』8-43) 2.13. 南原君 梁誠之가 倭僧 道安이 만든 日本·琉球國圖와 大明天下圖는 비단과 종이로 만든 簇子가 각기 하나씩 있으니 이것들을 거두어 議政府에서 보관하도록 상소하다.(『成宗實錄』 성종13. 『集成』8-43) 2.14. 宗貞國이 特送한 闇書記 등이 하직하다.(『成宗實錄』 성종13. 『集成』8-43) 2.20. 日本國 西海路 豊後州 日田郡守 親常·上津郡 追浦 伯耆守 宗茂次·肥前州 下松浦 山城太守 源吉·對馬州太守 宗貞國이 사람을 보내어 土宜를 바치다.(『成宗實錄』 성종13. 『集成』8-44) 2.25. 韓明澮가 下三道는 나라의 腹心이므로 조종조에서 倭船이 정박할 만한 곳에는 모두 鎭을 두어 防戍하게 하고 節度使와 萬戶를 파견하여 방어하도록 아뢰다.(『成宗實錄』 성종13. 『集成』8-44) 2.29. 日本國 對馬州太守 宗貞國과 福利山 國分寺에 새로 住持가 된 중 崇統과 越中寺 宗盛弘 등이 사람을 보내어 土宜를 바치고, 倭의 中樞 平茂續 등이 來朝하다.(『成宗實錄』 성종13. 『集成』8-45) 3.1. 全羅道觀察使 鄭蘭宗·兵馬節度使 辛以中·右道水軍節度使 李秉正 등에게 어업에 종사하는 倭人들의 작은 變故에도 자주 군사를 징발하는 폐단이 있으므로 수·육군의 지휘권을 통합하여 방어를 손쉽게 하도록 하서하다.(『成宗實錄』 성종13. 『集成』8-45) 3.5. 日本國 肥前州 松浦 志佐 一岐太守 源義와 幡摩州 一向太守 盛久가 사람을 보내어 土宜를 바치다.(『成宗實錄』 성종13. 『集成』8-46) 3.12. 日本國 一岐州 上松浦 鹽津留 松林院 源實次·助次郎 源經·觀音寺看主 宗殊·對馬州 宗彦七貞秀·上津郡 追浦 伯耆守 宗茂次가 사람을 보내어 土宜를 바치고, 倭護軍 所溫皮古破知 등 2인이 내조하다.(『成宗實錄』 성종13. 『集成』8-46) 3.22. 左承旨 盧公弼이 倭使臣 平茂續의 말을 인용하여 對馬島와 三浦 등지에서 倭人들이 도둑질을 도모한다고 아뢰니 임금이 禮曹로 하여금 이것을 平茂續에게 물어보게 하다.(『成宗實錄』 성종13. 『集成』8-46) 4.1. 日本國 肥前州 上松浦 鴨打 源永, 上松浦 呼子 一岐州 代官 源正, 藝州 海賊大將 村上 備中守 國重, 對馬州太守 宗貞國·宗彦七貞秀와 護軍 井可雪助 藤原職家가 사람을 보내어 土宜를 바치다.(『成宗實錄』 성종13. 『集成』8-47) 4.9. 日本國王이 榮弘需座 등을 보내어 來聘하고, 夷千島王 遐叉가 宮內卿 등을 보내어 土宜를 바치고, 大藏經을 보내주길 요청하다.(『成宗實錄』 성종13. 『集成』8-47) 4.11. 倭語에 뛰어난 자를 東·西班에 擢用하여 獎勸하는 뜻을 보이도록 하라고 하다.(『成宗實錄』 성종13. 『集成』8-49) 4.12. 兵曹에 전교하여 倭語 등에 뛰어난 자를 東·西班에 擢用하라고 하다.(『成宗實錄』 성종13. 『集成』8-49) 4.14. 임금이 譯者로서 그 업에 정통한 자는 東·西班에 탁용하라고 명한 것은 譯學은 交隣 事大하는데 큰 역할을 하는데 倭通事에 만약 徐仁達이 없다면 누구에게 배우겠냐며 그 이유를 설명하다.(『成宗實錄』 성종13. 『集成』8-49) 4.15. 司憲府大司憲 蔡壽 등이 倭語 등에 뛰어난 자를 東·西班에 擢用하는 것은 옳지 못하다고 아뢰었으나 임금이 고칠 수 없다고 답하다.(『成宗實錄』 성종13. 『集成』8-50) 4.17. 후추가 日本에서 생산되는 것은 아니지만 日本을 통해서 들어왔으므로, 日本을 통해 琉球國으로부터 후추씨를 얻도록 禮曹에게 전교하다.(『成宗實錄』 성종13. 『集成』8-52) 4.18. 司憲府大司憲 蔡壽가 倭語 등에 뛰어난 자를 東·西班에 擢用하는 것이 온당치 않다고 아뢰었으나 임금이 卓異한 자가 있으면 마땅히 등용할 것이라고 하다./ 禮曹에서 日本國王이 청구한 大藏經 1건은 慶尙道에 있는 것을 보내고 절을 짓는데 쓰이는 비용의 지급에 대해 아뢰다.(『成宗實錄』 성종13. 『集成』8-53) 4.19. 임금이 日本國 使臣에게 宴會를 베풀 적에 접견하여 할 말을 領敦寧 이상에게 의논하도록 명하다./ 임금이 仁政殿에 나아가 日本國 使臣 중 榮弘 등 20인을 접견하다.(『成宗實錄』 성종13. 『集成』8-54) 4.25. 李克培가 南閭浮州는 우리나라와 교통하지 않다가 지금은 來朝를 하고 있는데 이 州는 日本의 동쪽에 있어서 日本이 이 州의 일들을 잘 알고 있을 것이니 그들이 王이라 칭하는지의 여부 등을 日本 使臣에게 물어볼 것을 아뢰다.(『成宗實錄』 성종13. 『集成』8-55) 5.1. 倭護軍 皮古仇羅 등 2인이 來朝하다.(『成宗實錄』 성종13. 『集成』8-56)

일본

【일본】

5.12. 成宗이 足利義政에게 大和國 忍辱山 円成寺에 바치기 위해 요청한 大藏經을 보낼 것임을 알리다.(『續善隣國宝記』)

5.2. 慶會樓 아래에서 臨御하여 日本國의 使臣 榮弘 등 20인을 접견하다.(『成宗實錄』성종 13.『集成』8-56)

5.5. 日本國 肥前州 上松浦 波多島 源納이 사람을 보내어 土宜를 바치다.(『成宗實錄』성종 13.『集成』8-56)

5.11. 慶尙道兵馬節度使 王宗信과 水軍節度使 李仁忠에게 德島는 倭賊이 염려되므로 방어를 더 엄하게 조치하도록 하서하다.(『成宗實錄』성종 13.『集成』8-57)

5.12. 日本國王 源義政의 使僧 榮弘과 夷千島主 遐叉가 보내 온 宮內卿이 하직하다.(『成宗實錄』성종 13.『集成』8-57)

5.15. 對馬州太守 宗貞國이 사람을 보내어 土宜를 바치다.(『成宗實錄』성종 13.『集成』8-58)

5.21. 日本國 對馬州太守 宗貞國이 特送한 僧 正首座 등을 보내어 土宜를 바치고, 三浦의 刷還·상아 요청 등을 書契에 이르다.(『成宗實錄』성종 13.『集成』8-58)

6.6. 禮曹에서 司譯院提調와 함께 倭語와 女眞語를 학습하는 것은 문신의 勸課節目임을 아뢰고, 三浦와 六鎭 안에 본고장 말에 정숙한 자를 가려서 通事에 대비하라고 명하다.(『成宗實錄』성종 13.『集成』8-59)

6.10. 大妃의 병환이 醫藥으로도 효력이 없으니 對馬島主의 特送에게 島內에 良藥이 있는지 없는지를 물어볼 것을 承政院에 전교하다.(『成宗實錄』성종 13.『集成』8-60)

6.14. 倭護軍 부田彦八 등 두 사람이 來朝하다.(『成宗實錄』성종 13.『集成』8-61)

6.15. 蔡壽가 수군은 방어에 가장 긴요한데 船軍이 入番하는 것을 괴로워하여 한달의 役價를 萬戶에게 뇌물을 바치므로 특별히 朝官에게 명하여 만호영에 나누어 보내 징계할 것을 아뢰니, 임금이 옳다고 말하다.(『成宗實錄』성종 13.『集成』8-61)

6.17. 임금이 宣政殿에 나아가 對馬州에게 特送한 중 正首座 등 4인을 引見하다.(『成宗實錄』성종 13.『集成』8-62)

6.21. 宗貞國이 特送한 僧 正首座 등이 하직하다.(『成宗實錄』성종 13.『集成』8-62)

7.13. 司憲府大司憲 蔡壽 등과 司諫院大司諫 李世弼 등이 安仲佐의 벼슬을 파하기를 반복하여 論啓하다가 辭職하자, 임금이 臺諫들은 江南이나 倭國으로 가려고 하는지, 다시 조정에 있지 않으려고 하는지 물어 보라고 하다.(『成宗實錄』성종 13.『集成』8-63)

7.16. 禮曹에 庚子年부터 농사를 실패하였으니 백성들을 부리는 일은 罷하도록 하고, 宗宰의 葬事에 군사를 주어서 墓를 만드는 일은 防禦가 허술한 데 이를 것이니 폐단이 없이 묘를 만드는 일을 상의하도록 전지하다.(『成宗實錄』성종 13.『集成』8-63)

8.12. 폐비 尹氏에 대한 일을 논하던 중 侍講官 金訢가 자신은 폐비를 당할 때에 日本國에 있어서 자세한 내막을 알지 못하나 폐비를 당한 죄가 많음을 알고 놀랐다고 아뢰다.(『成宗實錄』성종 13.『集成』8-64)

8.17. 日本國 一岐州 守護代官 眞弓 兵部少輔 源武·肥前州 上松浦 寶泉寺住持 源祐位·下松浦 志佐 一岐太守 源義·五島宇久守 源勝·對馬州太守 宗貞國·宗出羽守貞秀·宗大膳國幸·橘氏立石 右京 亮國長이 사람을 보내어 土宜를 바치다.(『成宗實錄』성종 13.『集成』8-64)

8.25. 日本國 五島鷗島主 源繁·肥前州 下松浦 五島宇久守 源勝·一岐太守 源義·上松浦 佐志 源次郎·那久野 能登守 賴永·西海路 筑前州 冷泉津 藤原貞成·關西路 肥筑國守 重朝 등이 사람을 보내어 土宜를 바치다.(『成宗實錄』성종 13.『集成』8-65)

윤8.8. 日本國 關西路 筑豊肥三州摠太守 藤原政尙이 사람을 보내어 土宜를 바치다./ 鄭昌孫·韓明澮 등이 鄭孝終이 倭人의 護送官으로 慶尙道에 갔을 때 朴叔達로부터 뇌물을 받은 것에 대해 의논하다.(『成宗實錄』성종 13.『集成』8-65)

윤8.11. 1日本國 西海路 筑前州 博多城 冷泉津 藤氏母·筑前州 宗像郡知守氏鄕·對馬州太守 宗貞國·兵部少輔 宗茂勝·出羽守 宗貞秀가 사람을 보내어 土宜를 바치다.(『成宗實錄』성종 13.『集成』8-66)

윤8.12. 持平 李義亨이 濟州流民들이 海中에 출몰하며 倭人의 말을 배우고 倭人 의복을 입고서, 海物을 채취하는 백성들을 침략하니 推刷하여 본고장으로 돌려보내도록 아뢰니, 觀察使로 하여금 推刷하도록 하다./ 慶尙道觀察使 金自貞과 全羅道觀察使 鄭蘭宗에게 유민들이 倭人 행세를 하는 것을 조사하라고 하다.(『成宗實錄』성종 13.『集成』8-66)

윤8.14. 久邊國主 李獲이 使臣을 보내어 土宜를 바치며, 書契에 지난 해에 日本의 薩州人 아무개를 통하여 귀국에 방문할 뜻을 말하니, 薩州의 守護代官 占貞久相이 배 1척을 주면서 해로의 험난함을 알려주었다고 내용을 적다.(『成宗實錄』성종 13.『集成』8-67)

윤8.21. 司憲府에서 崔水山이 齊浦萬戶에 임명되어 관가에서 몰수한 倭物을 사사로이 썼음을 아뢰다.(『成宗實錄』성종 13.『集成』8-68)

윤8.22. 日本國 肥前州 九沙島主 源次郎永氏·西海路 肥後州 八代太守 敎信·筑前州 冷泉津 藤原貞成·一岐州 守護代官 眞弓 兵部少輔 源茂·周防州 山口의 大內進亮敎之·對馬州太守 宗貞國 등이 사람을 보내어 土宜를 바치다.(『成宗實錄』성종 13.『集成』8-68)

9.9. 日本國 西海路 筑前州 博多城 冷泉津의 藤氏母와 對馬州 越中守 宗盛弘이 사람을 보내 土宜를 바치다.(『成宗實錄』성종 13.『集成』8-68)

9.18. 日本國 關西路 九州都元帥 源敎直이 사람을 보내어 土宜를 바치다.(『成宗實錄』성종 13.『集成』8-69)

9.24. 倭人 宗茂勝이 使者로 보낸 豆老可文에게 칼을 만들도록 하는 일과 관직을 제수하는 일 등을 의논케 하니, 韓明澮·沈澮·尹士昕 등의 의견에 따라 시험삼아 칼을 만들게 하다.(『成宗實錄』성종 13.『集成』8-69)

9.25. 日本國 肥前州 松浦 志佐 一岐太守 源義·上松浦 九沙島主 筑後守 義永·對馬州太守 宗貞國·越中守 宗盛弘이 사람을 보내어 土宜를 바치다.(『成宗實錄』성종 13.『集成』8-70)

연도	한국
▲ 1482	10.15. 日本國 關西路 九州都元帥 源教直이 사람을 보내어 土宜를 바치다.(『成宗實錄』 성종13. 『集成』8-70) 10.21. 日本國 肥前州 松浦 志佐 一岐太守 源義·石見州 藤原周布左近將監和兼·對馬州太守 宗貞國, 守護代官 宗助六盛俊이 사람을 보내어 土宜를 바치다. / 倭護軍 宗家茂 등 2인이 來朝하다.(『成宗實錄』 성종13. 『集成』8-70) 10.25. 임금이 仁政殿에 나아가서 南方과 北方에서 敵國의 침입에 勝利하는 계책과 北方, 南方을 방비하는 것 등의 策文 題目을 내어 進賢試를 시험하다.(『成宗實錄』 성종13. 『集成』8-70) 11.6. 獻納 李從允이 諸道水軍節度使가 항상 本營에만 있고 여러 浦를 순찰하지 않아 倭變이 있으면 큰 일이므로 使臣을 보내어 적발하도록 아뢰니 이에 따르다.(『成宗實錄』 성종13. 『集成』8-71)/ 奉常寺의 兼官을 두는 것과 兵營을 옮기는 일을 地圖를 본 뒤에 다시 의논하게 하다.(『成宗實錄』 성종13. 『集成』8-72) 11.17. 日本國 對馬州太守 宗貞國이 사람을 보내어 土宜를 바치다.(『成宗實錄』 성종13. 『集成』8-72) 12.1. 崔景риг가 여러 포에 城子가 없으므로 賊變이 있으면 萬戶가 먼저 사로잡히게 될 것이므로 성을 쌓는 것이 적당하다고 아뢰었으나, 모두가 성이 있으면 방어가 허술해질 수 있다고 아뢰니, 임금이 그러하다고 답하다.(『成宗實錄』 성종13. 『集成』8-72)
1483 **▼**	【한국】 1.15. 日本國 薩摩州 島津 藤原持久·對馬州 太守 宗貞國 등이 사람을 보내 土宜를 바치고, 倭 護軍 又四郎盛愁 등 4인이 내조하다.(『成宗實錄』 성종14. 『集成』8-74) 1.21. 日本國 幡摩州 日向太守 盛久·日向大隅薩摩三州太守 立久·西海道 筑前對馬二州守護代官 宗三郎茂家가 와서 土宜를 바치다.(『成宗實錄』 성종14. 『集成』8-74) 1.25. 對馬州 宗出羽守貞秀가 사람을 보내어 土宜를 바치다.(『成宗實錄』 성종14. 『集成』8-75) 1.28. 倭司正 仇羅沙也文國助가 來朝하다.(『成宗實錄』 성종14. 『集成』8-75) 1.30. 兵曹에서 倭船이 固城지역을 침입하여 의복과 양식, 물건을 약탈하였는데 蛇梁權管 黃孝從과 赤梁權管 鄭以義가 방어에 소홀하여 이 일이 일어났으므로 慶尙道 泗川에 充軍하도록 아뢰니 이에 따르다.(『成宗實錄』 성종14. 『集成』8-75) 2.8. 司憲府持平 金惇이 鄭以禮가 薺浦僉節制使로 제수하였는데, 薺浦는 對馬島와 접경하고 있어 변고가 생길 경우 이에 대한 대응을 할 능력이 없으므로 改差하도록 아뢰니, 상이 한 번의 실수로 영영 버릴 수가 있겠는가 하고 전교하다.(『成宗實錄』 성종14. 『集成』8-76) 2.10. 日本國 畿內 攝津州 兵庫津 平方式部慰 源忠能이 사람을 보내어 土宜를 보내다.(『成宗實錄』 성종14. 『集成』8-76) 2.11. 兵曹에 전지하기를 富山浦와 薺浦의 僉節制使는 堂上官으로 임명하여 보내도록 하라고 하다.(『成宗實錄』 성종14. 『集成』8-76) 2.18. 日本國 對馬州太守 宗貞國이 平國幸을 특별히 보내어 土宜과 書契를 바치다.(『成宗實錄』 성종14. 『集成』8-76) 2.21. 同知事 李坡가 對馬島島主가 特送한 平國幸 등의 요구가 번거롭다고 아뢰니, 임금이 우선 후히 禮待하라고 말하다.(『成宗實錄』 성종14. 『集成』8-78) 2.24. 日本國 肥前州 下松浦 山城太守 源吉, 對馬州太守 宗貞國·宗彦七貞秀가 사람을 보내어 土宜를 바치다.(『成宗實錄』 성종14. 『集成』8-78) 2.29. 全羅道兵馬節度使 卞宗仁이 倭船 수 척이 達梁·青山島에 이르러 商船을 약탈하고, 백성을 살해하였다고 馳啓하다.(『成宗實錄』 성종14. 『集成』8-79) 3.4. 對馬島主가 銅錢 1만 緡을 청구한 것을 領敦寧 이상의 관원에게 의논하도록 傳教하다.(『成宗實錄』 성종14. 『集成』8-79)/ 임금이 仁政殿에 나아가 對馬島 宗貞國의 特送 平國幸 등에게 잔치를 베풀어 주다.(『成宗實錄』 성종14. 『集成』8-80) 3.5. 兵曹에서 全羅道에서 倭賊이 여러 번 일어났으므로 全羅道·忠清道·慶尙道의 兵馬節度使와 水軍節度使로 하여금 倭賊을 잡도록 조치를 취할 것을 아뢰니 이에 따르다.(『成宗實錄』 성종14. 『集成』8-80) 3.8. 日本國 藝州 海賊大將 國重이 사람을 보내어 土宜를 바치다.(『成宗實錄』 성종14. 『集成』8-81) 3.9. 倭人 義直 등 6인을 접대하는 것이 적당한가를 領敦寧 이상의 관원에게 의논하게 하다.(『成宗實錄』 성종14. 『集成』8-81) 3.11. 倭中樞 平茂續 등 3인이 와서 土宜를 바치다.(『成宗實錄』 성종14. 『集成』8-82) 3.13. 戶曹와 禮曹에서 宗貞國의 銅錢 1만 緡의 요청에 대하여 아뢰니 領敦寧 이상의 관원에게 의논하게 하다.(『成宗實錄』 성종14. 『集成』8-82) 3.21. 倭司猛 吾羅仇羅 등 8인이 와서 土物을 바치다.(『成宗實錄』 성종14. 『集成』8-83) 3.24. 野人 李巨右와 沈汝弄介 등을 접견할 때의 坐次와 進爵하는 일을 領敦寧 이상의 관원에게 의논하게 하니 鄭昌孫이 倭人도 進爵을 허가하고 있으니 野人에게도 진작을 허가해야 한다고 아뢰다.(『成宗實錄』 성종14. 『集成』8-83) 3.25. 倭人과 野人을 접견하는 예절이 있으므로 禮曹에서 禱雨하는 일을 미루기로 하다.(『成宗實錄』 성종14. 『集成』8-85) 3.26. 倭人 平國幸과 野人 李巨右 등에게 잔치를 베풀고, 임금이 禮曹判書 李坡에게 平國幸에게 薺浦에 불이 나 가옥이 탔으니 관원을 보내어 慰問하고 賑救하게 하였다고 말하라고 명하다.(『成宗實錄』 성종14. 『集成』8-85) 3.27. 獻納 李從允이 南方의 防備가 엄중하지 못하여 변고가 있을 때 이를 방어할 수 없고, 水軍節度使는 內地만을 돌아다녀 방어하는 방법에 어긋날 뿐 아니라 州·郡에 폐를 끼치는 것도 많다고 아뢰다.(『成宗實錄』 성종14. 『集成』8-86) 4.3. 宗貞國이 特送한 平國幸이 하직하다.(『成宗實錄』 성종14. 『集成』8-87)

일본

12.4. 兵曹에서 濟州와 大靜邑城 안에는 우물과 샘이 없으므로 시냇물을 끌어들일 형세, 물살에 충돌하여 허물어지는 여부와 성터의 尺數를 濟州牧使로 하여금 살펴보고 馳啓하게 할 것을 아뢰다.(『成宗實錄』 성종 13. 『集成』8-73)

12.8. 日本國 肥前州 下松浦 一岐州太守 源義와 對馬州太守 宗貞國이 사람을 보내어 土宜를 바치고, 倭僉知 平松而羅 등 5인이 來朝하다.(『成宗實錄』 성종 13. 『集成』8-73)

12.15. 肥前州 松浦志佐 一岐太守 源義·對馬州太守 宗貞國이 사람을 보내어 土宜를 바치고, 倭僉知 平松而羅쇄文 등 5인이 來朝하다.(『成宗實錄』 성종 13. 『集成』8-74)

12.17. 司譯院提調 尹弼商·李克培·任元濬과 行司直 張有誠·黃中이 入侍하였는데, 通事에게 漢·倭·女眞의 글을 講하게 하다.(『成宗實錄』 성종 13. 『集成』8-74)

12.26. 日本國 對馬州 出羽守 宗貞秀가 사람을 보내어 土宜를 바치다.(『成宗實錄』 성종 13. 『集成』8-74)

4.4. 禮曹에서 國恤을 당하여 卒哭 전에는 倭客人을 浦所에서 접대하는 것의 便否문제를 禮에 어긋나지 않게 이전과 같이 하도록 아뢰니 이에 따르다.(『成宗實錄』 성종 14. 『集成』8-88)

4.19. 倭護軍 皮古時羅 등 2인이 와서 土宜를 바치다.(『成宗實錄』 성종 14. 『集成』8-88)

4.25. 全州府尹 李封이 陳慰箋을 받들고 서울에 이르러 상소하기를 世祖께서 琉球의 먼나라도 오는 것을 허락하였다고 하다.(『成宗實錄』 성종 14. 『集成』8-88)

5.8. 慶尙道觀察使 金自貞이 左道兵馬節度使와 水軍節度使가 모두 蔚山에 있어 백성의 폐단이 크므로 蔚山을 都護府로 올려 府使와 判官을 두되, 兵馬節度使에게 府使를 겸임하게 하고 다른 영은 다른 곳으로 옮기자고 아뢰다.(『成宗實錄』 성종 14. 『集成』8-89)

5.10. 鄭昌孫 등이 三浦에 거주하는 倭人이 날로 인구가 늘어 강성해졌음을 아뢰다.(『成宗實錄』 성종 14. 『集成』8-90)

5.14. 日本國 關西路 筑豊肥三州總太守 太宰都督 司馬少卿 藤原政尙과 對馬州太守 宗貞國이 사람을 보내어 土宜를 바치고, 倭護軍 皮古仇羅 등 4인이 와서 土宜를 바치다.(『成宗實錄』 성종 14. 『集成』8-91)

6.2. 禮曹에서 慶尙道觀察使의 關文에 의거하여 倭人 原忠이 왔으나 원래 定約한 사람이 아니고 관례를 만들 수가 없어 돌려보내라고 아뢰니 이에 따르다.(『成宗實錄』 성종 14. 『集成』8-91)

8.8. 司諫院大司諫 朴繼姓 등이 箚子를 올려 沈貞源은 全羅水使로 있을 때 守禦를 성실하게 하지 못하여 倭寇가 虞候를 살해하였는데도 구출하지 못하였으니 서용하지 말라고 아뢰다.(『成宗實錄』 성종 14. 『集成』8-92)

8.10. 刑曹에서 達梁萬戶 南熙와 馬島萬戶 金九鼎 등이 자신의 경내에 倭賊이 횡행하여 인명이 살해되었는데도 追捕하지 못한 죄로 변방의 充軍으로 징발하도록 아뢰니, 承旨에서 다시 아뢰도록 전교하다.(『成宗實錄』 성종 14. 『集成』8-92)

9.1. 金海府使 金崇海가 일찍이 慶尙右道水軍節度使가 되었다가 東萊縣令에 제수되었는데 그때 조정에서 邊將이었다가 縣令으로 낮추어 제수하는 것은 倭人이 보는데에 적당치 못하다고 하여 바꾸어 정했음을 아뢰다.(『成宗實錄』 성종 14. 『集成』8-93)

9.2. 金崇海가 金海府使가 되는 것에 대해서 李克培 등이 金海가 倭人이 경유하는 곳이기는 해도 右軍水軍節度使의 얼굴은 알지 못하므로 부임하는 것에 아무런 방해가 없다고 아뢰다.(『成宗實錄』 성종 14. 『集成』8-92)

9.5. 司憲府掌令 李從允이 朴之蕃은 전에 忠淸道水軍節度使로 제수되었다가 사람과 벼슬이 맞지 않다고 하여 바꾸었는데 倭人이 왕래하여 중요한 곳에 慶尙右道水軍節度使로 제수되니 바꾸어 임명하도록 아뢰다.(『成宗實錄』 성종 14. 『集成』8-93)

9.6. 參贊官 金宗直이 祖宗朝때에 通事 李興라는 자가 倭人에게 사로잡혔음에도 불구하고 倭國에서 문안하기를 평상시와 같아 그 절의를 가상히 여겨 포상하였음을 아뢰다.(『成宗實錄』 성종 14. 『集成』8-94)/ 司憲府 持平 李祿崇이 朴之蕃은 학문이 없는 까닭으로 방어가 긴요한 慶尙道에 있을 인물이 아니라고 아뢰었으나 임금이 들어주지 아니하다.(『成宗實錄』 성종 14. 『集成』8-95)

9.13. 日本國 大內左京兆尹中大夫 兼 防長豊筑州太守 多多良政弘이 僧 淸鑑 등을 보내어 土物을 바치고, 承天寺의 보수를 도와달라고 청하다.(『成宗實錄』 성종 14. 『集成』8-96)

9.14. 李德良 등이 慶尙道는 倭人의 땅과 경계하는 곳이므로 朴之蕃이 있을곳이 아니며, 적당한 사람을 임명할 것을 청하다.(『成宗實錄』 성종 14. 『集成』8-96)

9.24. 임금이 宣政殿에 나아가 倭僧 淸鑑 등 15인을 접견하다.(『成宗實錄』 성종 14. 『集成』8-97)

9.25. 국가에 연고가 많아 日本에 通信使를 보내지 않기로 하였으나, 倭通事 許得江이 일본에서 通信使가 간다는 것을 듣고 도로를 닦고 기다리고 있다고 하자, 다시 의논하기로 하다.(『成宗實錄』 성종 14. 『集成』8-97)

9.26. 鄭昌孫·沈澮·尹弼商 등이 국가에 일이 많은데 日本에 通信使를 보내는 것은 무리라고 아뢰니 承政院에게 보류하도록 명하다.(『成宗實錄』 성종 14. 『集成』8-98)

10.29. 大內殿 政弘의 使者 淸鑑 등이 辭朝하다.(『成宗實錄』 성종 14. 『集成』8-99)

11.3. 檢討官 朴文幹이 倭人이 진상한 물건을 禮曹로 하여금 받지 말도록 아뢰니 倭人이 물건을 주는 것은 이미 오래 되었으니 받도록 하다.(『成宗實錄』 성종 14. 『集成』8-99)

11.4. 禮曹에서 慶尙道觀察使 韓僩의 계본에 의거하여 日本國 長門州 赤間關太守 矢田 藤原朝臣貞重은 본래 通信修好의 定約에 없었으므로 그 使送 上官人 僧 堅坐兒 등을 돌려보내도록 아뢰니 이에 따르다.(『成宗實錄』 성종 14. 『集成』8-100)

11.16. 吏曹에 전지하여 全羅左道水軍節度使일 때 倭賊을 추격하지 못한 죄로 義州牧使 李秉正에게 낮췄던 資給을 도로 주게 하다.(『成宗實

연도	한국
▲ 1483	錄』성종14. 『集成』8-100) 11.29. 肥前州 上松浦 志佐 源次郎이 사람을 보내어 土宜를 바치다.(『成宗實錄』성종14. 『集成』8-100) 12.14. 日本國 肥前州 下松浦 丹後太守 源盛, 筑前州 冷泉津 藤氏 平左衛門尉信重, 對馬州 宗彦七貞秀, 兵部少輔 宗茂勝이 사람을 보내어 土宜를 바치다.(『成宗實錄』성종14. 『集成』8-101)
1484	【한국】 1.5. 日本國 對馬州太守 宗貞國이 宗修理·亮國滿·永珊을 특별히 보내어 土宜를 바치다.(『成宗實錄』성종15. 『集成』8-102) 1.11. 日本國 長門州 三島懇 貞盛, 對馬州太守 宗貞國, 橘氏立石 右京 亮國長이 사람을 보내어 土宜를 바치다.(『成宗實錄』성종15. 『集成』8-103) 1.15. 對馬州太守 宗貞國이 使者를 보내어 泰慶殿에 香을 올리다.(『成宗實錄』성종15. 『集成』8-103) 1.16. 日本國 薩摩州 市來太守 國久, 肥前州 下松浦 五島宇久守 源勝 등이 사람을 보내어 土宜를 바치고, 對馬州太守 宗貞國이 특별히 職宣을 보내어 土宜를 바치다.(『成宗實錄』성종15. 『集成』8-103) 1.22. 承政院에서 前例를 상고하여 宗貞國이 特送한 永删·亮國滿·職宣에게 하사할 물건을 아뢰니 사명에 따라 차등하게 물건을 하사하기로 하다.(『成宗實錄』성종15. 『集成』8-104) 1.23. 日本國 肥前州 松浦 志佐 一岐太守 源義, 下松浦 五島宇久守 源勝, 豊州守 大友 親繁, 對馬州太守 宗貞國이 사람을 보내어 土宜를 바치다.(『成宗實錄』성종15. 『集成』8-105) 1.24. 임금이 宗貞國이 보낸 永珊·宗修理·亮國滿 등을 인견하고 宗貞國의 성심을 가상하게 여긴다고 하며 물건을 차등있게 내려주다.(『成宗實錄』성종15. 『集成』8-106) 1.25. 日本國 關西路 九州都元帥 源教直이 사람을 보내어 土宜를 바치다.(『成宗實錄』성종15. 『集成』8-106) 1.28. 日本國 關西路 肥後州守 菊池 藤原爲幸과 對馬州太守 宗貞國이 사람을 보내어 土宜를 바치다./倭護軍 助國次가 來朝하다.(『成宗實錄』성종15. 『集成』8-106) 2.2. 琉球國王 使臣 新四郎 등이 하직하다.(『成宗實錄』성종15. 『集成』8-107) 2.8. 宗貞國의 特送 亮國滿과 중 永珊 등이 하직하다.(『成宗實錄』성종15. 『集成』8-107) 2.9. 日本國 肥前州 小城 千葉介 元胤, 九沙島主 源次郎永氏, 關西路 筑通守 重朝, 肥前州 上松浦 波多島 源納 등이 사람을 보내어 土宜를 바치고, 兀良哈 僉知 句赤格 등 10인이 來朝하다.(『成宗實錄』성종15. 『集成』8-107) 2.12. 日本國 肥前州 下松浦 三栗太守 源滿, 上松浦 志佐 一岐太守 源義, 一岐州 上松浦 鹽津留 助次郎 源經, 薩州 伊集院寓鎭 隅州太守 藤熙久 등이 사람을 보내어 土宜를 바치다.(『成宗實錄』성종15. 『集成』8-108) 2.13. 日本國 薩摩州 島津 藤原持久, 肥前州 田平寓鎭 彈正少弼弘, 上松浦 那久野 能登守 賴永, 寶泉寺住持 源祐位, 對馬州太守 宗貞國, 越中守 宗盛弘 등이 사람을 보내어 土宜를 바치다.(『成宗實錄』성종15. 『集成』8-108) 2.13. 宗貞國이 特送한 職宣이 하직하다.(『成宗實錄』성종15. 『集成』8-108) 2.16. 日本國 一岐州 守護代官 眞弓 兵部少輔 源茂, 對馬州太守 宗貞國, 佐須那代官 石見守 宗國吉, 護軍 井可文助 藤原職家, 越中守 宗盛弘이 사람을 보내어 土宜를 바치다./倭中樞 平國忠 등 5인이 來朝하다.(『成宗實錄』성종15. 『集成』8-109) 2.19. 日本國 日向·大阿·薩摩 三州太守 立久, 肥前州 上松浦 鴨打 源永, 下松浦 山城太守 源吉, 神田能登守 源德, 田平寓鎭 彈正少弼弘 등이 사람을 보내어 土宜를 바치다.(『成宗實錄』성종15. 『集成』8-109) 2.29. 日本國 對馬州 上津郡 伯耆守 宗茂次가 사람을 보내어 土宜를 바치다.(『成宗實錄』성종15. 『集成』8-109) 3.1. 日本國 對馬州 佐須那代官 石見守 宗國吉이 사람을 보내어 泰慶殿에 香을 올리다.(『成宗實錄』성종15. 『集成』8-110) 3.4. 日本國 一岐州 上松浦 鹽津留 助次郎 源經, 肥前州 上松浦 鴨打 源永, 對馬州太守 宗貞國이 사람을 보내어 土宜를 바치다.(『成宗實錄』성종15. 『集成』8-110) 3.8. 日本國 一岐州 上松浦 觀音寺看守 宗殊, 肥前州 松浦志佐 一岐太守 源義가 사람을 보내어 土宜를 바치다.(『成宗實錄』성종15. 『集成』8-110) 3.10. 日本國 幡摩州 日向太守 盛久, 對馬州太守 宗貞國이 사람을 보내어 土宜를 바치다.(『成宗實錄』성종15. 『集成』8-110) 3.12. 日本國 對馬州 關處鎭守 秦盛幸이 사람을 보내어 土宜를 바치다.(『成宗實錄』성종15. 『集成』8-111) 3.18. 日本國 對馬州太守 宗貞國, 肥前州 松浦志佐 一岐太守 源義, 一岐州 守護代官 源武, 筑前州 宗像郡知守 氏鄕, 一岐州 上松浦 鹽津留 松林院 源實次, 豫州 海賊大將 國重이 사람을 보내어 土宜를 바치다.(『成宗實錄』성종15. 『集成』8-111) 3.26. 日本國 關西路 筑豊肥三州摠太守 太宰府都督 司馬少卿 藤原政尙이 사람을 보내어 土宜를 바치다.(『成宗實錄』성종15. 『集成』8-111) 4.14. 日本國 大智賀島 守護兼尾州太守 源幡, 豊州太守 大友八郎師能, 越中守 宗盛弘 등이 사람을 보내어 土宜를 바치고, 朝鮮國 濟州 商船이 표류하여 귀국으로 돌려보내려 한다고 源幡의 書契에 이르다.(『成宗實錄』성종15. 『集成』8-111)
1485 ▼	【한국】 1.2. 일본국 대마주 태수 宗貞國이 특별히 國秀를 보내 土地를 바치다.(『成宗實錄』성종16. 『集成』8-126) 1.5. 日本國 日向·大隅·薩馬三州太守 立久, 薩州 伊集院 寓鎭 隅州太守 藤熙, 對馬州太守 宗貞國등이 사람을 보내 土宜를 바치다.(『成宗實錄』성종16. 『集成』8-126) 1.9. 右議政 洪應을 京畿·忠淸·全羅·慶尙道의 巡察使로 삼다.(『成宗實錄』성종16. 『集成』8-126)

일본

12.18. 琉球國王 尙圓이 新四郎을 보내어 來聘하다.(『成宗實錄』성종 14.『集成』8-101)

12.29. 임금이 思政殿에 나가 琉球國王의 使臣 新四郎 등을 접견하다.(『成宗實錄』성종 14.『集成』8-102)

5.3. 日本國 關西路 筑豊肥三州摠太守 太宰府都督 司馬少卿 藤原政尙이 사람을 보내어 土宜를 바치다.(『成宗實錄』성종 15.『集成』8-112)

6.16. 日本國 對馬島州 宗彦七貞秀가 사람을 보내어 土宜를 바치고, 倭中樞 平茂續 등 7인이 來朝하다.(『成宗實錄』성종 15.『集成』8-112)

6.27. 倭司果 豆留保時가 來朝하다.(『成宗實錄』성종 15.『集成』8-113)

7.2. 1忠淸道水軍節度使 金世勣이 辭朝하니, 倭賊이 없어 民情 安逸에 익숙하니 군졸을 단련하고 行船을 연습하라고 전교하다.(『成宗實錄』성종 15.『集成』8-113)

7.5. 倭護軍 波古仇羅 등 2인이 來朝하다.(『成宗實錄』성종 15.『集成』8-113)

7.23. 承旨들이 倭人에게 잔치를 내려주고 禮에 의해 음식을 대접할 것을 아뢰니 그대로 따르다.(『成宗實錄』성종 15.『集成』8-113)

8.19. 日本國 對馬州의 宗彦七貞秀가 사람을 보내어 土宜를 바치고, 倭護軍 時羅洒文 등 2인이 來朝하다.(『成宗實錄』성종 15.『集成』8-114)

9.11. 倭人 仇羅沙也文과 助明 등이 와서 土宜를 바치다.(『成宗實錄』성종 15.『集成』8-114)

9.18. 領事 韓明澮가 倭人과 野人의 접대비용이 많아 慶尙道가 지탱하지 못하여 全羅道의 저축을 실어다가 보충하는 것으로 되어있으나 그것보다는 公·私賤의 推刷 방법을 도모하라고 아뢰다.(『成宗實錄』성종 15.『集成』8-114)

9.20. 日本國 對馬州太守 宗貞國이 사람을 보내어 土宜를 바치다.(『成宗實錄』성종 15.『集成』8-115)

10.3. 洪應이 者羅太·多羅介 등을 올라오게 하는 문제를 倭人의 예에 따르도록 할 것을 아뢰니 그대로 따르다.(『成宗實錄』성종 15.『集成』8-115)

10.17. 日本國 肥前州 松浦志佐 一岐太守 源義, 下松浦 丹後太守 源盛, 上松浦佐志 源次郎, 西海道 筑前對馬二州守護代官 宗三郎茂家, 對馬州太守 宗貞國·宗彦七貞秀가 사람을 보내어 土宜를 바치다.(『成宗實錄』성종 15.『集成』8-116)

10.27. 日本國 西海道 肥後州八代太守 敎信, 鳴島主 源繁, 肥前州 下松浦 五島宇久守 源勝田, 平宇鎭, 彈正少弼弘, 對馬州太守 宗貞國, 宗大膳國幸이 사람을 보내어 土宜를 바치다.(『成宗實錄』성종 15.『集成』8-116)

10.28. 執意 曹淑沂가 慶尙道는 倭人이 왕래하는 곳인데 驛路가 조폐함은 작은 연고가 아니므로 예전대로 하자고 아뢰다.(『成宗實錄』성종 15.『集成』8-116)

10.29. 承政院에서 全羅道·慶尙道 沿邊에 堡를 설치하는 일을 의논하니, 尹弼商이 현재의 형편으로 보면 倭船이 틈을 타서 몰래 나타나면 육지의 물건과 船隻이 일시에 없어질 염려가 있으니 천천히 보를 설치할 것을 아뢰다.(『成宗實錄』성종 15.『集成』8-118)

11.5. 日本國 對馬州 橘氏立石 右景 亮國長이 사람을 보내어 土宜를 바치다.(『成宗實錄』성종 15.『集成』8-120)

11.6. 全羅·慶尙道의 연해의 여러 浦에 보를 설치할 만한 곳을 대신을 보내 살펴보고 정하게 하라고 하다.(『成宗實錄』성종 15.『集成』8-120)

11.15. 日本國 肥前州 小城 千葉介 元胤이 사람을 보내어 土宜를 바치다.(『成宗實錄』성종 15.『集成』8-121)

11.18. 日本國 對馬州太守 宗貞國이 사람을 보내어 土宜를 바치다.(『成宗實錄』성종 15.『集成』8-121)

12.2. 司諫院正言 閔暉가 沈貞源은 전에 全羅道水軍節度使로 있을 때 虞候가 倭賊에게 피살되었는데도 구원하지 못하였으므로 서용이 부당하다고 아뢰니 이에 따르다.(『成宗實錄』성종 15.『集成』8-121)

12.6. 日本國 長門州 三島尉 貞成과 對馬州太守 宗貞國이 사람을 보내어 土宜를 바치다.(『成宗實錄』성종 15.『集成』8-121)

12.7. 兵曹參知 權侹이 倭人이 관에서 무역할 때 모두 義禁府로 하여금 비위를 규찰하게 한다고 아뢰다.(『成宗實錄』성종 15.『集成』8-122)

12.8. 日本國 國分寺住持 源祐信, 關西路 肥筑通守 重朝, 肥後州守 菊地藤原爲幸, 肥前州 松浦 志佐 一岐太守 源義, 對馬州太守 宗貞國, 豆豆南 天道山 藤阿比, 留治部大人 宗茂 등이 사람을 보내어 土宜를 바치다.(『成宗實錄』성종 15.『集成』8-122)

12.12. 李克培가 達罕의 아들들이 돌아가며 조회하러 오는 것에 대해 對馬島는 1년에 배 50척 밖에 접대하고 있으니 野人에게도 그 예에 따라 인원수를 정하여 禮曹에서 통지해서 약속하는 것이 어떻겠냐고 아뢰다.(『成宗實錄』성종 15.『集成』8-123)

12.15. 日本國 肥前州 上松浦 波多島 源納, 攝津州 兵庫津 平方式部衛 源忠能, 豊州太守 大友八郎帥能, 對馬州太守 宗貞國이 사람을 보내어 土宜를 바치다.(『成宗實錄』성종 15.『集成』8-124)

12.16. 金을 채취하는 일을 여러 대신들과 의논하고, 전교하기를, 금은 무역을 해서 쓰고 倭人이 오지않아 무역할 수 없고 긴요하게 쓸 곳이 생기면 채취해 쓰는 것으로 하다.(『成宗實錄』성종 15.『集成』8-124)

12.21. 日本國 脾前州 下松浦 三栗太守 源滿, 松浦 志佐 一岐太守 源義, 幡摩州 日向太守 盛文, 石見州 藤原周布左近將監和兼, 豊州守 大友親繁, 對馬州太守 宗貞國, 守護代官 宗助六盛俊, 越中守 宗盛弘 등이 사람을 보내 土宜를 바치다.(『成宗實錄』성종 15.『集成』8-125)

12.27. 日本國 關西路 筑豊脾三州摠太守 太宰府都督 司馬少卿 藤原政尙이 사람을 보내 土宜를 바치다.(『成宗實錄』성종 15.『集成』8-126)

1.10. 日本國 關西路 九州都元帥 源敎直이 사람을 보내와서 土宜를 바치다.(『成宗實錄』성종 16.『集成』8-127)

1.14. 日本國 築前州 冷泉津 藤氏, 平左衛門尉信重, 安藝州 小早川 美作守 平持平, 對馬州太守 宗貞國, 越中守 宗盛弘 등이 사람을 보내 土宜를 바치다.(『成宗實錄』성종 16.『集成』8-127)

1.16. 敦寧府僉正 尹陽老가 여러 浦에 倭船과 다름이 없는 海採船을 몇 척 만들어서 射官으로 하여금 타기를 익히게 하면 倭人이 아무리 칼을 잘 쓴다고 해도 반드시 대적하지 못할 것이라고 아뢰다.(『成宗實錄』성종 16.『集成』8-128)

연도	한국
▲ 1485 ▼	1.17. 日本國 一峽州 守護代官 眞弓 兵部少輔 源武 , 對馬州太守 宗貞國, 佐須那代官 石見守 宗國吉이 사람을 보내 土宜를 바치다.(『成宗實錄』 성종16. 『集成』8-129) 1.18. 日本國 薩州 伊集院 寓鎭 隅州太守 藤熙久, 一岐州代官 牧山十郞 源正, 肥前州 上松浦 鴨打 源永, 對馬州太守 宗貞國이 사람을 보내 土宜를 바치다.(『成宗實錄』 성종16. 『集成』8-129) 1.20. 戶曹判書 李德良등이 花原縣으로 하여금 興利人의 布를 가두게 하여 관에서 和賣하여 주면 폐단이 없어질것이며 銅鐵도 민간에 넉넉할 것이니, 倭人과의 銅鐵의 私貿易을 허락한 것을 거두기를 청하다.(『成宗實錄』 성종16. 『集成』8-129) 1.24. 右議政 洪應이 辭朝하고, 三浦의 倭人들이 자신이 가는 것을 보고서 의견을 자신에게 고하면 어떻게 처리하느냐고 물으니, 임금이 말하기를 政丞이 때에 따라 조치하라고 이르다.(『成宗實錄』 성종16. 『集成』8-130) 1.26. 禮曹에서 右議政 洪應이 堡를 설치할 곳을 살펴보는 일과 軍容과 軍器를 考閱하는 일로 全羅道와 慶尙道를 가는데, 倭人이 반드시 의혹이 생겨 의심을 품을 것이니, 倭人의 안부도 묻도록 청하다.(『成宗實錄』 성종16. 『集成』8-131) 1.27. 日本國 西海道 對馬州 關處守 秦盛幸, 一岐州 上松浦 鹽津留 觀音寺看主 宗殊, 幡摩州 日向太守 盛久, 薩摩州 市來太守 國久, 肥前州 上松浦 神田能登守 源德, 平戶寓鎭 肥州太守 源豊久등에서 사람을 보내 土宜를 바치다.(『成宗實錄』 성종16. 『集成』8-131) 2.6. 宗貞國의 特送 國秀등이 崇統의 선척에 관한 일에 응답하고 하직하다.(『成宗實錄』 성종16. 『集成』8-131)/ 李克培가 의논하기를 九州都元帥 源教直이 죽었는지의 여부를 對馬島主에게 의논하기로 하다.(『成宗實錄』 성종16. 『集成』8-132) 2.15. 三浦의 倭人무역에 대해 領敦寧 이상 등의 신하에게 물어보고, 하교하기를 서로 무역하도록 하되 불화나 틈을 만들지 않고 엄하게 禁法을 세우기로 하다.(『成宗實錄』 성종16. 『集成』8-132) 2.16. 日本國 一岐州 守護代官 眞弓 兵部少輔 源武, 對馬州太守 宗貞國이 사람을 보내어 土宜를 바치다.(『成宗實錄』 성종16. 『集成』8-135) 2.24. 日本國 一岐州 上松浦 鹽津留 次郞 源經, 上松浦 鹽津留 松林院 源實次, 藝州 海賊大將 村上 備中守 國重이 사람을 보내어 土宜를 바치다.(『成宗實錄』 성종16. 『集成』8-135) 2.26. 임금이 命召하여, 倭人 물품을 사사로이 무역함이 적당한지 논의하고 엄중하게 금함으로 폐단을 막고자 하고, 재상들에게 다시 의논하도록 명하다.(『成宗實錄』 성종16. 『集成』8-135) 2.28. 正朝使 李克墩 등이 倭人 1천여명이 金銀을 가지고 와서 무역을 하고 있었다고 아뢰다.(『成宗實錄』 성종16. 『集成』8-138) 3.1. 倭人과의 무역문제에 대해, 商人을 시켜 사사로이 서로 무역하게 하고, 特送이 오거든 島主에게 이르고 나서 시행하겠다고 전교하다.(『成宗實錄』 성종16. 『集成』8-138) 3.3. 日本國 薩摩州 島津 藤原持久와 對馬州代官 兵部少輔 宗茂勝 등이 사람을 보내어 土宜를 바치다.(『成宗實錄』 성종16. 『集成』8-140) 3.7. 日本國 一岐州 上松浦 鹽津留 助次郞 源經이 사람을 보내어 土宜를 바치다.(『成宗實錄』 성종16. 『集成』8-140) 3.13. 日本國 關西路 筑豊肥三州摠太守 太宰府都督 司馬少卿 政尙이 사람을 보내 土宜를 바치고 倭護軍 助國次 등 3인이 來朝하다.(『成宗實錄』 성종16. 『集成』8-140) 3.17. 四道巡察使 洪應이 와서 復命하고, 浦를 加背梁浦와 所乙非浦로 옮기기를 청하니, 임금이 堡를 설치하는 곳과 三浦의 倭人,三浦에서 나오는 倭船, 등 여러 가지를 묻다.(『成宗實錄』 성종16. 『集成』8-140) 3.25. 日本國 對馬州太守 宗貞國이 사람을 보내어 土宜를 바치다./ 倭護軍 又四郞 盛數 등 5인이 와서 土宜를 바치다./ 四道巡察使 洪應이 諸道 諸浦에 堡를 설치한 곳의 坐地의 방향, 둘레, 길이, 浦 안의 샘의 수, 거리등에 대해 書啓하다.(『成宗實錄』 성종16. 『集成』8-143)/ 洪應이 全羅道·慶尙道 백성의 申訴를 채택하여 書啓하기를 南海 彌助項·金海 金丹串등도 倭船이 왕래하는 要害地이니, 石堡를 쌓아 방수하라는 등의 내용을 올리다.(『成宗實錄』 성종16. 『集成』8-145) 3.26. 司諫院正言 李績이 對馬州와 日本州의 倭人에 대해 상소를 올리고, 전교하기를 倭人과 서로 무역하는 일과 內需司의 長利는 이미 대신들과 의논하여 고칠 수 없다고 하다.(『成宗實錄』 성종16. 『集成』8-147)/ 小二殿 政尙의 使者가 胡椒 1천근을 바치니, 전교하기를 倭人이 바친 후추가 많으니 交隣의 도리로 琉球國에서 후추 씨를 구하여 바치도록 하라고 하다.(『成宗實錄』 성종16. 『集成』8-148) 4.1. 日本國 上松浦 那久野 能登守 賴永과 對馬州 宗彦七貞秀가 사람을 보내어 土宜를 바치다.(『成宗實錄』 성종16. 『集成』8-148) 4.7. 倭護軍 中尾吾郞 등 2인이 來朝하다.(『成宗實錄』 성종16. 『集成』8-148)/ 右部承旨 李世佑가 泗良의 방수를 파하면 倭人이 정박하여 도둑질을 할 것이므로 巨鎭을 설치하여 예전대로 방수함이 옳다고 아뢰니, 임금이 지도를 보고 처리하겠다고 답하다.(『成宗實錄』 성종16. 『集成』8-149) 4.12. 領事 洪應이 鮑作人은 居處가 없고 성품이 凶悍하며, 倭賊을 만나도 두1려워하지 않으니, 연해 여러 고을로 하여금 所在해 있는 곳에 따라서 곡진하게 撫恤을 더하게 하라고 아뢰다.(『成宗實錄』 성종16. 『集成』8-149) 4.14. 日本國 西海道 筑前·對馬 二州의 守護代官 宗三郞茂家와 對馬州 兵部少輔 宗茂勝·宗彦七貞秀가 사람을 보내어 土宜를 바치다.(『成宗實錄』 성종16. 『集成』8-150) 4.16. 韓明澮·尹弼商 등이 蛇梁鎭을 옮겨 설치한다면 倭賊이 와서 정박하여 虛實을 엿보고, 기회를 틈타 도둑질을 할 形勢가 반드시 이를것이니, 孤軍이 먼 섬에서 防戍하는 것이 염려 된다면 軍人을 더하는 것이 마땅하다고 아뢰다.(『成宗實錄』

일본

성종 16. 『集成』8-150)

4.28. 日本國 肥前州 上松浦 鴨打 源永이 사람을 보내 土宜를 바치다./ 倭司猛 宗家吉 등 2인이 來朝하다.(『成宗實錄』 성종 16. 『集成』8-151)

윤4.7. 司諫院 正言 安晉生이 倭人들이 虜候를 살해하였을 때 구원하지 못했던 沈貞源을 寧海의 지방관으로 삼는 것은 옳지않다고 아뢰다.(『成宗實錄』 성종 16. 『集成』8-151)

윤4.11. 經筵에서 洪應 등이 倭寇가 虜候를 살해하는 것을 당하고도 구원하지 않은 沈貞源의 寧海 府使 除授가 마땅치 않음과 堡를 설치할 때에 모든 驛의 館舍는 守令들이 힘을 합쳐 修理하게 하는 것이 마땅하다고 아뢰다.(『成宗實錄』 성종 16. 『集成』8-152)

윤4.19. 客人을 접견할 때 胸背를 각기 준비하여 부착하도록 하라고 하다.(『成宗實錄』 성종 16. 『集成』8-153)

5.4. 日本國 仁位郡 宗四郞職家가 사람을 보내 土宜를 바치고, 倭司正 林沙也文이 와서 조회하다.(『成宗實錄』 성종 16. 『集成』8-154)

5.17. 倭護軍 井彦八 등 4인이 와서 土宜를 바치다.(『成宗實錄』 성종 16. 『集成』8-154)

5.3. 日本國 薩摩州 島津 藤原持久가 사람을 보내어 土宜를 바치다.(『成宗實錄』 성종 16. 『集成』8-154)

6.15. 日本國 西海路 筑前州 冷泉津尉 田原 藤原貞成과 日向·大隅·薩摩 三州太守 島津 陸奧守 立久, 薩摩大隅日向太守 武久, 武久 幕下의 執事 經安이 사람을 보내어 토산물을 바치다.(『成宗實錄』 성종 16. 『集成』8-154)

6.19. 上黨府院君 韓明澮가 와서 倭人이 葛根을 먹는다 하기에 죽을 만들어 먹었더니 배를 채울 만하고, 松子도 가루를 만들어서 싸라기와 섞어 먹으면 좋으니 이 방법을 써서 흉년을 구제하기를 아뢰다./ 흉년이므로 倭人의 수효를 감하는 문제를 大臣을 불러 의논토록 하다.(『成宗實錄』 성종 16. 『集成』8-155)

6.20. 領敦寧 이상과 議政府·六曹·漢城府·臺諫을 불러, 倭船의 수효를 감하는 일에 대하여 의논하게 하여 미리 島主에게 스스로 재량하여 감소하게 曉諭하는 書契를 보내도록 하다.(『成宗實錄』 성종 16. 『集成』8-156)/ 對馬島主에게 慶尙道 전체가 부재로 인하여 곡식이 다 타버렸으니, 타고 오는 사람의 수효를 적당히 감하여 보내도록 致書하다.(『成宗實錄』 성종 16. 『集成』8-158)

7.1. 日本國 對馬州太守 宗貞國이 職宣을 특별히 보내어 土物을 바치고 書契를 올리다.(『成宗實錄』 성종 16. 『集成』8-158)

7.8. 日本國 對馬州 豊唐二郡太守 宗盛俊과 仁位郡의 宗四郞職家가 사람을 보내어 토산물을 바치다.(『成宗實錄』 성종 16. 『集成』8-159)

7.16. 沈澮와 李克培가 群臣의 朝見하는 禮를 오랫동안 폐하였고, 客人으로 오는 자가 天光을 뵙지 못하면 실망하니 正殿에 나아가도록 아뢰다.(『成宗實錄』 성종 16. 『集成』8-159)

7.25. 都承旨 權健 등이 부재로 正殿을 피하시어 群臣이 오래도록 모시지 못하였으며, 倭人과 野人의 來朝한 자를 오래도록 接見하지 않으시니, 正殿으로 돌아가 視朝하도록 아뢰다.(『成宗實錄』 성종 16. 『集成』8-160)

8.2. 日本國 對馬州 豊唐二郡太守 宗盛俊이 사람을 보내어 와서 土宜를 바치다.(『成宗實錄』 성종 16. 『集成』8-160)

8.5. 宗貞國이 特送한 職宣이 하직하다.(『成宗實錄』 성종 16. 『集成』8-160)

8.16. 日本國 對馬州太守 宗貞國이 사람을 보내어 와서 土宜를 바치고, 倭中樞 平茂續 등 6인이 來朝하다.(『成宗實錄』 성종 16. 『集成』8-160)

8.30. 日本國 大内左京兆尹 中大夫 겸 防長長豊筑四州太守 多多良政弘이 元肅을 보내어 와서 土宜를 바치고, 大藏經 구하는 書契를 보내다.(『成宗實錄』 성종 16. 『集成』8-161)

9.15. 掌令 金鷺이 禮曹의 堂上·郞廳이 倭人에게 人情의 물품을 받는 것은 格例가 되었는데, 후추·약재같이 자질구레한 물품 외에는 모두 물리치고 받지 못하게 할 것을 아뢰다.(『成宗實錄』 성종 16. 『集成』8-161)

9.16. 日本國 肥前州 下松浦 丹後太守 源盛이 사람을 보내어 와서 土宜를 바치다./ 大内殿이 求請한 大藏經에 대한 일을 領敦寧 以上과 議政府에 의논하다.(『成宗實錄』 성종 16. 『集成』8-162)

9.17. 禮曹에서 客人이 주는 물품을 받는 것을 물리치고자 하더라도 저들이 노할 듯하다고 아뢰니, 國家에서는 받게 할 수도, 받지 못하게 할 수도 없으므로 禮曹의 조처하는 바에 달려 있다고 전교하다.(『成宗實錄』 성종 16. 『集成』8-164)

9.19. 宣政殿에 나아가 술자리를 베풀고, 大内殿의 使人인 上官人 元肅과 副官人 朱村 등을 引見하다.(『成宗實錄』 성종 16. 『集成』8-164)

9.22. 禮曹郞廳을 보내어 大内殿 使人 原肅에게 소장하고 있는 大藏經이 없으나 사사로이 간직하고 있는 것을 수색하여 주기로 하고, 胡椒씨를 얻어서 심으려고 하다.(『成宗實錄』 성종 16. 『集成』8-165)

9.24. 大内殿 使人이 大藏經을 수색하게 함이 기쁘고, 胡椒를 書信을 통하여 구하겠다고 말한 것을 禮曹佐郞 朴三吉이 아뢰다.(『成宗實錄』 성종 16. 『集成』8-165)

10.1. 大内殿 使送 元肅을 보내어 絶句를 지어 大藏經을 청구하는 뜻을 붙이어 禮曹郞廳에 주었으므로, 禮曹에서 아뢰니, 임금이 弘文館으로 하여금 排律長篇을 강운을 달아 지어서 使送 元肅에게 화답하게하다.(『成宗實錄』 성종 16. 『集成』8-166)

10.5. 日本國 肥前州 松浦 志佐 一岐太守 源義, 對馬州太守 宗貞國, 宗彦七貞秀가 사람을 보내 와서 토산물을 바치다.(『成宗實錄』 성종 16. 『集成』8-167)

10.6. 韓明澮가 各浦의 水軍으로 하여금 역사를 시키자고 아뢰다.(『成宗實錄』 성종 16. 『集成』8-167)

10.7. 尹壕·韓明澮등이 使人 元肅의 書簡을 보고 胡椒의 종자를 구하는 일에 대해 의논하도록 전교하다(『成宗實錄』 성종 16. 『集成』8-168)

10.8. 對馬州 太守가 특별히 僧 仰之를 보내 土宜를 바치고, 그 書啓에 이르기를, 金剛山 楡岾寺를 우러러 禮佛하기를 원하였으나 갈 수 없으니, 仰之和尚이 金剛山 楡岾寺에 이르러 대신 香을 올리게 하여 달라고 청하다.(『成宗實錄』 성종 16. 『集成』8-170)

10.8. 大内殿 使送 元肅등이 하직하고 都承旨 權健이 명을 받고 胡椒의 종자를 찾아서 보낼 일을 말하니, 元肅이 대답하기를, 胡椒의 종자가 저희 땅에서 생산되는 것이 아니더라도 구해 바치겠다고 하다.(『成宗實錄』 성종 16. 『集成』8-171)

10.10. 大内殿 使人 元肅에게 그가 청한 四書·六經·老子등을 내려 주다.(『成宗實錄』 성종 16. 『集成』8-171)

연도	한국
▲ 1485	10.11. 侍講官 金訢 등이 胡椒는 南蠻과 琉球國 등에서 생산되고 日本에는 없으니 구하려고 해도 쉽게 얻을 수 없으며, 倭人은 거짓이 많으니, 倭人에게 胡椒 종자를 구하는 것이 부당하다고 아뢰었으나 받아들이지 않다.(『成宗實錄』 성종16. 『集成』8-172) 10.13. 日本國 對馬州 太守 宗貞國, 宗大膳亮國幸, 越中守 宗盛弘, 橘氏立石右京亮國長이 사람을 보내어 土宜를 바치고, 倭僉知 平松而羅 등 네사람이 내조하다.(『成宗實錄』 성종16. 『集成』8-172) 10.24. 日本國 豊州太守 大友親繁·五島鳴主 源繁·肥前州 下松浦 三栗太守 源滿·對馬州太守 宗貞國이 사람을 보내 土宜를 바치다.(『成宗實錄』 성종16. 『集成』8-173) 10.25. 大司憲 李瓊仝이 水軍이 營繕하는 데 피곤하므로 역사가 있으면 煙戶軍을 쓰고, 수군을 역사시켜서는 안된다고 아뢰니, 임금이 煙戶軍은 역사시킬 수 없다고 하다.(『成宗實錄』 성종16. 『集成』8-173)/ 禮曹判書 柳輊등이 金剛山을 구경하려고 하는 仰止 和尙에게 內地를 보이는 것이 옳지 않다고 청하니 領敦寧 이상에게 의논하도록 하다.(『成宗實錄』 성종16. 『集成』8-174) 10.26. 仰止가 金剛山을 구경하기를 청하는 일을 의논하게 하니 鄭昌孫·韓明澮 등이 의논하기를, 원하는 바를 따라서 보도록 허락하는 것이 좋겠다고 아뢰니, 옳다고 전교하다.(『成宗實錄』 성종16. 『集成』8-174) 10.29. 司憲府 大司憲 李瓊仝이 次子를 올리기를 金剛山 구경의 부당함을 아뢰자 대신들에게 의논하라고 전교하다.(『成宗實錄』 성종16. 『集成』8-175) 11.1. 大司憲 李瓊仝이 仰止의 金剛山 구경을 중지하도록 청하니 그의 의사를 살펴보라고 전교하다.(『成宗實錄』 성종16. 『集成』8-175)/ 交隣의 예로 金剛山을 구경하도록 허락하였으나, 仰止에게 강원도의 길이 험하고 위험하니 다시 생각하라는 御書를 내리다./ 日本國 西海路 周防州 大內進亮敎之, 上松浦 鹽津留 松林阮 源實次, 上松浦 寶泉寺住持 源祐位, 肥後州 八代太守 敎信, 上松浦 呼子 一岐州 源義, 對馬州太守 宗貞國, 國分禪寺住持 崇統이 사람을 보내 土宜를 바치다.(『成宗實錄』 성종16. 『集成』8-177) 11.2. 禮曹正郎 鄭光世가 와서 仰止가 金剛山 구경을 청한다고 아뢰니, 전교하기를 눈이 많이 내린 때에 위험을 무릅쓰고 가서 예측하지 못한 일이 생긴다면 도주가 잘 타이르지 않았다고 여길것이기 때문에 諭示한 것이라고 하다.(『成宗實錄』 성종16. 『集成』8-178) 11.4. 戶曹參判 金升卿이 年分等第를 다시 의논하였는데 세금을 더하는 것은 잘못이라고 아뢰니, 領議政 尹弼商이 국가의 經費가 많아 慶尙道의 倭料는 太半이나 부족하여 年分의 등급을 더하는 것은 하지 않을 수 없다고 하다.(『成宗實錄』 성종16. 『集成』8-178)/ 賑救하는 비용과 調度의 수를 폐할 수 없고 慶尙一道는 倭料로 支供하는 것이 太半이나 부족한 실정이니, 연분의 등급을 더하는 것이 국가의 대계 때문임을 曉諭하라고 議政府에 전지하다.(『成宗實錄』 성종16. 『集成』8-179)
1486 ▼	【한국】 1.16. 江陵 大都護府使 曹淑沂가 우리 나라 남쪽으로는 섬 오랑캐에 이웃하고 있으니, 鎭을 所非浦에 옮기어 蛇梁과 聲勢를 서로 의지하여 변을 막게 하는 등의 상서를 올리니 領敦寧 이상에게 의논하도록 명하다.(『成宗實錄』 성종17. 『集成』8-187) 1.17. 日本國 薩摩州 上松浦 九沙島主 筑後守 義永, 薩州 伊集院 寓鎭 隅州太守 藤熙久, 一岐州代官 牧山十郎 源正, 對馬州太守 宗貞國이 사람을 보내 土宜를 바치다.(『成宗實錄』 성종17. 『集成』8-189) 1.20. 日本國 西海路 筑前州 冷泉津尉 藤原貞成, 肥前州 上松浦 佐志 源次郎, 對馬州 佐須那代官 石見守 宗國吉이 사람을 보내 土宜를 바치다.(『成宗實錄』 성종17. 『集成』8-190) 2.1. 日本國 攝津州 兵庫津 平方式部尉 源忠能, 對馬州太守 宗貞國이 사람을 보내 土宜를 바치다.(『成宗實錄』 성종17. 『集成』8-190) 2.10. 大司憲 李瓊仝이 各浦로 하여금 城堡를 설치하여 軍器를 간수하게 하면, 萬戶와 水軍이 모두 배를 버리고 항상 城 안에서 살아 倭寇가 나타나면 배를 지키는 사람이 없을 것이니 城堡를 설치하는 것은 옳지 않다고 아뢰다.(『成宗實錄』 성종17. 『集成』8-190) 2.14. 日本國 豊州太守 大友八郎師能, 肥前州 下松浦 五島宇久守 源勝, 對馬州太守 宗貞國 등이 사람을 보내 土宜를 바치다.(『成宗實錄』 성종17. 『集成』8-191) 2.21. 日本國 筑前州 冷泉津 藤氏 平左衛門尉信重, 肥前州 下松浦 五島宇久守 源勝, 對馬州太守 宗貞國이 사람을 보내 土宜를 바치다.(『成宗實錄』 성종17. 『集成』8-191)/ 倭護軍 中尾吾郎 등 4명이 내조하다.(『成宗實錄』 성종17. 『集成』8-192) 2.25. 日本國 關西路 肥筑通守 重朝, 薩摩州 市來太守 國久, 對馬州太守 宗貞國, 上津郡 追捕 伯耆守 宗茂次가 사람을 보내 土宜를 바치다.(『成宗實錄』 성종17. 『集成』8-192) 3.2. 日本國 關西路 筑豊肥三州摠太守 太宰府都督 司馬少卿 藤原貞尙이 사람을 보내 土宜를 바치다.(『成宗實錄』 성종17. 『集成』8-192) 3.21. 日本國 肥前州 上松浦 神田能登守 源德이 사람을 보내어 土宜를 바치다.(『成宗實錄』 성종17. 『集成』8-192) 3.29. 慶尙道·平安道·永安道의 觀察使·兵馬節度使·水軍節度使에게 彼人이 주는 물건을 받지 말라고 下書하다.(『成宗實錄』 성종17. 『集成』8-193) 4.1. 日本國 一岐州 本城에 거주하는 源一, 關西路 九州都元帥 源政敎, 肥前州 下松浦 五島宇久守 源勝, 西海路 大知賀島守護 겸 尾州太守 源幡, 上松浦 那久野 能登守 賴永이 사람을 보내 土宜를 바치다.(『成宗實錄』 성종17. 『集成』8-193) 4.7. 對馬州 太守 宗貞國이 特遣한 職久가 와서 아뢰기를, 胡椒의 種子는 本道에서는 생산되지 않으나, 널리 구하고자하고 있

일본

11.8. 大司諫 韓堰이 戶曹에서 倭料 6천석이 부족하다는 이유로 연분의 등급을 더하는 것은 옳지 못하다고 간청하였으나 들어주지 않았다.(『成宗實錄』성종 16.『集成』8-180)/ 日本國 關西路 肥筑 二州太守 菊池重朝, 上松浦 波多島 源納, 肥前州 小城 千葉介 元胤, 九沙島主 源次郎永氏, 關西路 肥後州守 菊爲幸, 肥前州 平戶寅鎭 肥州太守 源義, 對馬州太守 宗貞國이 사람을 보내 土宜를 바치다.(『成宗實錄』성종 16.『集成』8-182)/ 宗貞國의 特送 僧 仰之가 하직하다.(『成宗實錄』성종 16.『集成』8-183)

11.10. 仰止의 護送官 康伯珍이 仰止에게 楡岾寺는 東海가 내려다보이므로 사자들에게는 보일 수 없으니, 表壎寺와 正陽寺 등 다른 사찰을 보여주도록 청하니 이를 따르다.(『成宗實錄』성종 16.『集成』8-183)/ 仰止가 誠心으로 구경하기를 청하면 楡岾寺를 보여주라고 전교하다.(『成宗實錄』성종 16.『集成』8-183)

11.11. 禮曹佐郞 朴三吉에게 명하여 仰止에게 胡椒의 種子를 구하는 것에 대해 말하게 하니, 仰止가 대답하기를 胡椒의 種子는 南蠻에서 생산되고, 琉球國은 무역을 해오므로, 琉球國에 使者를 보냈으니 곧 돌아올 것이라고 아뢰다.(『成宗實錄』성종 16.『集成』8-184)

11.15. 日本國 對馬州太守 宗貞國이 사람을 보내 土宜를 바치다.(『成宗實錄』성종 16.『集成』8-184)

11.18. 日本國 一岐州 守護代官 眞弓 兵部少輔 源武, 呼子 一岐守 源義, 安藝州 小助川美作守 持平, 上松浦 押打 源永, 對馬州太守 宗貞國 등이 사람을 보내 土宜를 바치다.(『成宗實錄』성종 16.『集成』8-185)

11.23. 江原道觀察使 李有仁에게, 宗貞國의 特送인 仰止의 護送官 康伯珍이 체포한 倭僧을 급속히 올려 보내고 도망하지 못하게 하라고 下書하다.(『成宗實錄』성종 16.『集成』8-185)

11.28. 日本國 肥前州 田平寅鎭 彈正少弼弘, 對馬州太守 宗貞國, 宗彦七貞秀, 兵部少輔 茂勝, 西海道 對馬州 關處鎭守 秦盛幸이 사람을 보내 土宜를 바치다.(『成宗實錄』성종 16.『集成』8-185)

11.30. 建州衛酋長 達罕, 日本國 肥前州 上松浦 波多島 源納이 사람을 보내 土宜를 바치다.(『成宗實錄』성종 16.『集成』8-186)

12.4. 日本國 一岐州 守護代官 眞弓 兵部少輔 源武, 筑前州 宗像郡知守氏鄕, 薩摩州 日向太守 盛久, 對馬州代官 兵部少輔 宗茂勝등이 사람을 보내 土宜를 바치다.(『成宗實錄』성종 16.『集成』8-186)

12.6. 右衛의 副酋長 羅下가 童巨右同 등 5인을 시켜 와서 土宜를 바치고 倭의 中樞 平國忠 등 2인이 來朝하다.(『成宗實錄』성종 16.『集成』8-186)

12.16. 日本國 對馬州太守 宗貞國, 越中守 宗盛弘, 石見州 藤原周布左近將監和兼, 一岐州 上松浦 觀音寺看主 宗殊 등이 사람을 보내 土宜를 바치다.(『成宗實錄』성종 16.『集成』8-186)

12.22. 文明17/日本國 對馬州 越中守 宗盛弘이 사람을 보내 와서 土宜를 바쳤고, 倭의 僉知 부田彦八등 2人이 來朝하였으며, 建州右衛 酋長 甫花土가 사람을 보내 土宜를 바치다.(『成宗實錄』성종 16.『集成』8-187)

12.25. 日本國 一岐州 上松浦 鹽津留 助次郎 源經, 薩摩州 日向太守 盛久 등이 사람을 보내 土宜를 바치다.(『成宗實錄』성종 16.『集成』8-187)

【일본】

5.6. 季弘大叔이 조선에서 가져온 곶감을 먹었는데, 맛이 좋았다고 하다.(『蕉軒日錄』)

5.26. 足利義政이 조선의 大藏經(一切經)을 요구하고 싶다는 越後國 安國寺 在田庵의 요청을 받다. 조선에 보낼 국서를 작성하기 위한 적임자를 의논하다.(『蔭凉軒日錄』二)

5.27. 越後國 安國寺에 안치할 대장경을 요청하는 국서 작성을 거듭 橫川景三에 의뢰하다. 결국 橫川이 이를 승낙하다.(『蔭凉軒日錄』二)

5.28. 飯尾元連 등이 足利義政에게 越後國 安國寺에 안치할 대장경을 요청하기 위해 조선에 보낼 國書의 起草를 橫川景三에 명하였음을 보고하다.(『蔭凉軒日錄』二)

5.29. 前蔭凉職의 栖老軒 益之宗築이 조선관계의 문서류를 넣었던 赤箱과 함께 '德有鄰'의 도장을 現蔭凉職의 龜泉集証에 넘겨주다. '德有鄰' 도장의 재료는 櫻木이고, 작은 상자에 들어 있고, 인주는 없었다.(『蔭凉軒日錄』二)

6.28. 龜泉集証이 조선에 보낼 진상에 관한 서장과 대장경을 안치할 越後國 安國寺 내의 在田庵에 있는 使節僧 梵堅首座의 서장 등을 橫川景三에 건네주다.(『蔭凉軒日錄』二)

7.1. 飯尾元連이 龜泉集証에게 조선에 보낼 國書의 件을 독촉하다.(『蔭凉軒日錄』二)

7.2. 橫川景三이 조선에 보낼 국서의 초안을 써서 龜泉集証에게 가다. 龜泉이 足利義政을 알현하고 국서의 초안과 진상 서장을 보이다.(『蔭凉軒日錄』二)

7.4. 龜泉集証이 조선에 보낼 國書의 草案을 足利義政의 台覽에게 주다. 橫川景三에게 정서를 명령할 것을 幕府 奉行人 飯尾元連에 전하다.(『蔭凉軒日錄』二)

7.9. 勝鬘院이 龜泉集証에게 조선에 보낼 국서의 일을 독촉하다. 龜泉은 국서의 紙에 대해 先例를 알고 있는 恩藏主가 尾張國으로 내려가서, 지금 늦게 상경하고 있음을 말한다. 선례를 알아내어 국서의 紙를 마련하면 정서함이 늦지 않는다는 뜻을 말하다.(『蔭凉軒日錄』二)

7.10. 飯尾元連이 越後國 安國寺에 안치할 대장경을 요구하기 위해 조선에 보낼 國書의 완성을 龜泉集証에게 독촉하다. 龜泉이 澤甫에게 명하여 종이의 네끝을 맞추어 자르고, 이것을 다듬어서 國書 및 別幅으로 쓸 두가지 종이를 마련하다.(『蔭凉軒日錄』二)

7.11. 龜泉集証이 足利義政을 알현하다. 조선에 보낼 國書의 명의를 '源義政'의 3자에 '准三后道慶'의 5자로 고친 草案을 台覽에게 주다.(『蔭凉軒日錄』二)

7.12. 龜泉集証은 橫川景三을 意足室로 불러 조선에 보낼 國書를 정서시키다.(『蔭凉軒日錄』二)

7.13. 飯尾元連이 龜泉集証에게 조선에 보낼 국서의 상자를 포장하기 위한 赤紗를 보내다.(『蔭凉軒日錄』二)

7.17. 龜泉集証이 조선에 보낼 국서에 도장을 찍어서 足利義政의 台覽에게 주다. 義政이 龜泉에게 國書를 飯尾元連에 넘기도록 지시하고, 다

연도	한국
▲ 1486	으며, 지난해 구해간 大藏經 가운데 14책이 風雨로 손실되었으니 다시 내려 주기를 청하며 土宜를 바치다.(『成宗實錄』 성종17. 『集成』8-194) 4.8. 禮曹에서 아뢰기를 少二展의 使倭가 우리 島主에게 대하는 것이 大內殿과 對馬州만 같지 못하다고 성을 내며 바친 胡椒의 값이 적다고 아뢰니, 戶曹로 하여금 더 주도록 전교하다.(『成宗實錄』 성종17. 『集成』8-194) 4.9. 禮曹參議 權仲麟이 倭人이 진상하는 물품이 값이 너무 비싸서 드는 비용이 적지 아니하니 邊將에게 諭示하여 그들로 하여금 바치지 못하도록 하라고 청하니, 戶曹로 하여금 상의하여 아뢰게 하다.(『成宗實錄』 성종17. 『集成』8-195) 4.19. 日本國 對馬州 宗大膳國幸이 사람을 보내 土宜를 바치다.(『成宗實錄』 성종17. 『集成』8-196) 4.17. 戶曹에서 倭人이 긴요치 않은 물건을 바치면 邊將으로 하여금 바치지 못하도록 하라고 아뢰니, 李克培·盧思愼 등이 의논하기를 倭人이 土宜를 바치는 것을 거절한다면 懷柔하는 뜻이 아니니, 전례대로 하라고 청하다.(『成宗實錄』 성종17. 『集成』8-196) 4.17. 禮曹에 전교하여 倭使에게 차후 물건을 바치지 말라고 이르게 하다.(『成宗實錄』 성종17. 『集成』8-196) 4.21. 日本國 本城 源一, 尾州太守 源幡이 우리나라 漂流人을 遞送하고 圖書와 歲約船으로 通好할 것을 청하니 禮曹에서, 청하는 것을 따르지 않는다면 漂迫하는 자들을 救護하지 않을 것이니 전례대로 圖書를 내려주도록 청하다(『成宗實錄』 성종17. 『集成』8-197) 4.25. 思政殿에서 잔치를 베풀고 倭使 職久 등 5인을 접견하며 전교하기를, 너희 島主가 사람을 시켜 입회하게 하고 賊倭를 죽였으니 매우 가상히 여긴다고 하고 물건을 차등있게 내려 주다.(『成宗實錄』 성종17. 『集成』8-198) 5.2. 倭司猛 宗家吉이 내조하다.(『成宗實錄』 성종17. 『集成』8-198) 5.8. 宗貞國의 特送 職久가 하직하니 禮曹에서 答書하기를 胡椒의 種子를 널리 구해서 보내는 일은 기쁘게 여기면서 기다리고 있고, 요구한 바의 大藏經은 여러 使人이 구해 감으로 거의 다하여 말씀드리지 못한다고 아뢰다.(『成宗實錄』 성종17. 『集成』8-198) 5.15. 日本國 關西路 筑豊肥三州摠太守 太宰府都督 司馬少卿 藤原政尙이 사람을 보내 土宜를 바치다. / 韓明澮 등이 永安道 會寧城底의 斡朶里 金丹多茂 등이 兀狄哈과 더불어 怨恨을 맺고서 惠山鎭의 塔洞에 이거하고 있으니, 朝臣을 가려 보내어 移居할수 없다는 뜻으로 諭示하고서 몰아내도록 아뢰다.(『成宗實錄』 성종17. 『集成』8-199) 6.10. 永安道觀察使 成俊 등이 金丹多茂가 사는 것은 三浦의 倭에게 본보기가 되니 會寧으로 돌려 보내는 문제를 馳啓하니 金悌臣이 올라오면 처치하기로 하다.(『成宗實錄』 성종17. 『集成』8-200) 6.17. 日本國 對馬州太守 宗貞國과 國分寺住持 崇統이 사람을 보내 土宜를 바치다.(『成宗實錄』 성종17. 『集成』8-203) 8.19. 日本國 對馬州 太守 宗貞國이 사람을 보내어 土宜를 바치며 그 書契에 이르기를 胡椒栽를 구하는 명을 받았으나 南蠻에서 나는 것이고, 琉球 거쳐 와서 그 비용이 많으니 구하는 것을 얻을 수 없다고 하다.(『成宗實錄』 성종17. 『集成』8-201) 9.12. 禮曹에서 對馬島主 上官人 宗職經이 賊倭는 5인인데 4인은 죄를 받았으나 1인은 도망하여 三浦로 들어갔으니 돌아갈 때에 推刷하려고 한다고 아뢰다.(『成宗實錄』 성종17. 『集成』8-202) 9.14. 임금이 景福宮에 거동하여 思政殿에 나아가서 宗貞國의 特送 宗職經등을 接見하고 물건을 차등있게 내려주다.(『成宗實錄』 성종17. 『集成』8-202) 10.6. 日本國의 源繁·宗貞國 등이 사람을 보내 土宜를 바치고 大明國의 백성 潛巖을 明으로 돌려 보내주기를 원한다는 書契를 올리다.(『成宗實錄』 성종17. 『集成』8-204)/ 宗貞國의 特送 宗職經이 拜辭할 때 회답하는 書契에 이르기를 도망한 賊徒를 성심으로 잡아 보내어 죄를 받았으니, 참으로 기쁘다고 하다.(『成宗實錄』 성종17. 『集成』8-204) 10.10. 日本國 對馬州太守 宗貞國, 宗彦七貞秀, 兵部少輔 宗茂勝이 사람을 보내와서 土宜를 바치다.(『成宗實錄』 성종17. 『集成』8-206) 10.13. 鄭昌孫 등이 對馬島 國分寺住持 崇統이 보낸 中國人 潛巖의 처리를 논하고 의논하기를 禮曹에 명하여 明으로 돌려 보내지 않고 우리 땅에 살게 하였다.(『成宗實錄』 성종17. 『集成』8-206) 10.15. 日本國 肥前州 下松浦 三栗太守 源滿과 薩摩州島津 藤原持久와 日向·大隅·薩摩三州太守 武久와 西海路 筑前州 冷泉津尉 藤原貞成과 對馬州太守 宗貞國이 사람을 보내어 土宜를 바치다.(『成宗實錄』 성종17. 『集成』8-207) 10.18. 日本國 一岐州 上松浦 鹽津留 觀音寺看主 宗殊, 助次郎 源經, 對馬州 兵部少輔 宗茂勝이 사람을 보내어 土宜를 바치다.(『成宗實錄』 성종17. 『集成』8-207) 10.19. 李璟소이 各浦에 城堡를 쌓는 것이 옳지 않다고 아뢰고 다시 의논하여 처리하겠다고 말하다./韓明澮 등이 각 浦에 城堡를 쌓는 일의 편부를 의논하고 李璟소이 반대하나 일이 거행되었으므로 멈출 수 없고, 변고가 있으면 별도의 조치를 하라고 전교하다.(『成宗實錄』 성종17. 『集成』8-208)
1487 ▼	【한국】 1.7. 日本國 肥前州 五島宇久守 源勝, 薩州 伊集院 寓鎭 隅州太守 藤熙久가 사람을 보내어 土宜를 바치다.(『成宗實錄』 성종18. 『集成』8-221) 1.12. 特進官 李德良이 倭人과의 和賣로 부족한 비용을 보충할 것을 아뢰고 명하니, 1년에 倭人에게 進上하는 價費와 국고에 저장한 布貨의 수량을 모두 기록해서 아뢰게 하다.(『成宗實錄』 성종18. 『集成』8-221) 1.17. 日本國 肥前州 松浦 志佐 一岐太守 源義, 田平寓鎭 彈正少弼弘, 西海路 筑前州 冷泉津尉 藤原貞成, 對馬州 橘氏立石 右京 亮國長 등이 사람을 보내어 土宜를 바치다.(『成宗實錄』 성종18. 『集成』8-222)

일본

시 雜掌態谷에게 國書를 건네다.(『蔭凉軒日錄』二)

8.4. 足利義政이 조선 성종에게 국서를 보내다. 그 내용은 越後國 安國寺에 대장경을 안치하기 위해 이번 사절을 보낸다는 것이다.(『續善隣國宝記』卷下)

8.21. 季弘大叔은 鐵牛西堂이 大內政弘의 조선 사절의 正使가 되어 防州國에 도달했다는 이야기를 壽侍(長壽)로부터 듣다.(『蕉軒日錄』)

8.29. 鐵牛西堂이 大內弘政의 명령으로 장차 조선에 사신으로 파견될 것이라고 하다.(『蕉軒日錄』)

10.4. 季弘大叔이 鐵牛西堂을 조선에 보내다.(『蕉軒日錄』)

10.7. 季弘大叔이 退藏庵에 도착하여 鐵牛西堂의 조선도항을 축하하다.(『蕉軒日錄』)

10.8. 조선의 사신이 福成寺 鐵牛西堂의 堺를 출발하다.(『蕉軒日錄』)

10.28. 兵曹에서 倭賊의 침입을 방어하지 못한 慶尙道水軍節度使를 鞫問하도록 청하다.(『成宗實錄』 성종 17. 『集成』8-211)

10.29. 이달에 慶尙道 薺浦城을 쌓다.(『成宗實錄』 성종 17. 『集成』8-211)

11.6. 日本國 對馬州太守 宗貞國·宗彦七貞秀, 佐須那代官 石見守宗國 등이 사람을 보내어 土宜를 바치다.(『成宗實錄』 성종 17. 『集成』8-212)

11.7. 慶尙道觀察使 孫舜孝에게 軍民이 倭人에게 살해된 진상을 아뢰도록 하다.(『成宗實錄』 성종 17. 『集成』8-212)

11.9. 侍講官 鄭誠謹등이 아뢰기를 防戍가 허술하니 사람을 보내 살펴보도록 하고 木柵을 새로이 설치하여 지키기를 아뢰다.(『成宗實錄』 성종 17. 『集成』8-212)

11.10. 日本國 薩摩州 日向太守 盛久, 筑前州 宗像郡知守氏鄕, 肥前州 上松浦 寶泉寺住持 源祐位, 田平寓鎭 彈正少弼弘, 對馬州太守 宗貞國이 사람을 보내어 土宜를 바치다./ 戶曹判書 李德良등이 倭人의 回奉을 이유로 그 道의 災傷 敬差官 閔孝男과 같이 풍년든 고을만 골라 등급을 더하기로 하다.(『成宗實錄』 성종 17. 『集成』8-213)

11.22. 慶尙道觀察使 孫舜孝가 연해의 防戍에 대한 글을 올리니, 전교하기를 변경을 방비하는계책으로 彌助項과 三千里에 辰을 설치하기로 하나 慶州 이북 각진의 군사의 수가 적어 예전대로 하기로 하다.(『成宗實錄』 성종 17. 『集成』8-214)

11.23. 日本國 薩摩州 日向太守 盛久, 關西路 肥筑通守 重朝, 對馬州太守 宗貞國이 사람을 보내어 土宜를 바치다.(『成宗實錄』 성종 17. 『集成』8-217)

11.24. 鄭昌孫 등이 蛇梁에 鎭을 옮길 곳에 대하여 의논하나 그대로 두기를 명하다.(『成宗實錄』 성종 17. 『集成』8-217)

11.25. 日本國 肥前州 肥前州 松浦 志佐 一岐太守 源義, 西海道 肥後州 八代太守 敎信, 對馬州關處守 秦盛幸, 對馬州太守 宗國, 仁位郡 宗四郎職家등이 사람을 보내어 土宜를 바치다.(『成宗實錄』 성종 17. 『集成』8-218)

12.2. 日本國 肥前州 上松浦 波多島 源納, 關西路 肥筑通守 重朝 등이 사람을 보내어 土宜를 바치다.(『成宗實錄』 성종 17. 『集成』8-218)

12.6. 日本國 肥前州 九沙島主 源次郎永氏, 薩州 伊集院 寓鎭 隅州太守 藤熙久, 下松浦 丹後太守 源盛, 薩摩州 市來太守 國久, 對馬州太守 宗貞國등이 사람을 보내어 土宜를 바치다.(『成宗實錄』 성종 17. 『集成』8-218)

12.15. 日本國 肥前州 松浦 志佐 一岐太守 源義, 石見州 藤原周布左近將監和兼, 下松浦 山城太守 源吉, 豊州太守 大友八郎師能, 對馬州太守 宗貞國 등이 사람을 보내어 土宜를 바치다.(『成宗實錄』 성종 17. 『集成』8-218) 議政府에서 景福宮에 거동하시어 野人을 접견하지 말 것과 對馬島 敬差官은 지금 보낼수 없으며, 官服을 버린 일로써 敬差官을 보내면 저들이 우리가 두려워한다고 할 것이라고 아뢰었으나, 허락하지 않다.(『成宗實錄』 성종 17. 『集成』8-219)

12.20. 同副承旨 李則이 근래 全羅道에 水賊이 성하여 섬에 사는 백성이 하나도 없음을 고하자, 水軍節度使와 羅州牧使를 국문하라고 명하다.(『成宗實錄』 성종 17. 『集成』8-219)

12.22. 尹弼商이 수적의 변은 倭人과 같지 않다고 아뢰다.(『成宗實錄』 성종 17. 『集成』8-220)

12.23. 全羅道觀察使 李約束과 全羅右道水軍節度使 辛鑄에게 도내의 수적을 모1두 잡으라고 유시하다.(『成宗實錄』 성종 17. 『集成』8-220)

12.29. 日本國 肥前州 上松浦 鴨打 源永, 小城 千葉介 元胤, 神田能騰守 源德, 波多島 源納, 那久野能畿守 賴永, 關西路 肥後州守 菊池藤原爲幸, 畿內 攝津州 兵庫津 半方式部尉 源忠能 등이 사람을 보내어 土宜를 바치다.(『成宗實錄』 성종 17. 『集成』8-221)

12.29. 倭中樞 平國忠 등 아홉 사람이 來朝하다.(『成宗實錄』 성종 17. 『集成』8-221)

【일본】

7.-. 조선 成宗이 足利義政에게 대장경을 보내 줄 것을 알리는 국서.(『續善隣國宝記』)

12.24. 招慶院春藏主가 堺 상인이 조선으로 선박을 보낸다는 이야기를 듣고 龜泉集証에게 국서로 쓸 종이 1매를 요청하다. 飯尾元連에게 伯民部卿(源忠富)이 조선 파견의 비용을 묻자, 安國寺에서 조선에 사절을 보낼 때의 일을 말하다.(『蔭凉軒日錄』三)

12.30. 龜泉集証이 조선에 보낼 國書에 선박 파견 이유를 자세히 설명하도록 飯尾元連에게 요구하다. 또 元連이 국서의 용지 6매를 蔭凉軒에 증정하다. 龜泉이 景徐周麟에게 國書의 집필을 의뢰하고 승낙을 얻다.(『蔭凉軒日錄』三)/ 天皇이 足利義政에게 伏見에 船舟 三昧

연도	한국
▲ 1487 ▼	1.19. 中國人 潘巖을 서울 안에 장가 들고 倭譯人으로 하여금 늘 같이 있게 하여 편히 있도록 전교하다.(『成宗實錄』 성종18. 『集成』8-222) 1.25. 日本國 一岐州 上松浦 鹽津留 助次郎 源經, 鹽津留 松林阮 源實次, 對馬州 越中守 宗盛弘, 一岐州代官 牧山十郎 源正 등 이 사람을 보내어 土宜를 바치다.(『成宗實錄』 성종18. 『集成』8-222) 1.29. 承文院 郊理 柳陽春이 倭船의 歲遣船의 수를 정할 것을 청하다.(『成宗實錄』 성종18. 『集成』8-223) 2.1. 倭中樞 平松而羅刷文家繼와 中樞 平茂續 등이 來朝하다.(『成宗實錄』 성종18. 『集成』8-224) 2.7. 日本國 關西路 九州都元帥 源政敎와 對馬州太守 宗貞國이 사람을 보내와 土宜를 바치면서 毘盧法寶 1藏을 내려 주기를 바라며 書契를 올리다.(『成宗實錄』 성종18. 『集成』8-224) 2.14. 承政院에서 해마다 보내는 倭船의 수를 약정한 일은 조정의 의논으로 정한 것이므로 다시 고칠 수 없다고 아뢰다.(『成宗實錄』 성종18. 『集成』8-225) 2.16. 日本國 平州太守 大友親繁, 對馬州太守 宗貞國, 仁位郡 宗四郎職家 등이 사람을 보내어 土宜를 바치다.(『成宗實錄』 성종18. 『集成』8-225) 2.20. 日本國 肥前州 松浦 志佐 一岐太守 源義, 平戶寓鎭 肥州太守 源豊久, 對馬州太守 宗貞國, 仁位郡 宗四郎職家가 사람을 보내어 土宜를 바치다.(『成宗實錄』 성종18. 『集成』8-225)/ 禮曹에서 國事를 누설한 倭 驛子를 推鞫하기를 청하나, 臆測 하여 通事를 죄 줄수 없다고 전교하다.(『成宗實錄』 성종18. 『集成』8-225) 2.23. 侍講官 鄭誠謹이 저들이 우리에게 險阻함을 보이려고 島主가 있는 곳까지 10여리인데도 일부러 돌아가서 뱃길로 4·5 일을 지나서야 내린다고 하고, 平國忠·平戊續과 더불어 가겠다고 아뢰다.(『成宗實錄』 성종18. 『集成』8-226) 2.28. 日本國 肥前州 上松浦 鴨打 源永·對馬州太守 宗貞國이 사람을 보내어 土宜를 바치다./ 倭司果 都豆馬·豆留保時가 來朝 하다.(『成宗實錄』 성종18. 『集成』8-227) 2.29. 이달에 忠淸道의 德山城·淸州城·永安道의 柔遠鎭城을 쌓다.(『成宗實錄』 성종18. 『集成』8-227) 3.9. 倭 護軍 宗家茂 등이 來朝하다./ 宗貞國의 特送 國秀 등이 하직하니, 土物과 大藏經을 돌아가는 使臣에게 주다.(『成宗實錄』 성종18. 『集成』8-227) 3.15. 司憲府大司憲 金自貞이 水軍을 설치한 것은 海賊을 막기 위해서이므로 전심으로 水戰에 익숙하게 해야 한다고 아뢰 다.(『成宗實錄』 성종18. 『集成』8-228) 3.17. 指平 崔灌이 倭船이 정박하고 財貨가 모이는 곳인 東萊에 縣令을 改差하라고 아뢰니, 吏曹에게 물으라고 전교하다.(『成宗實錄』 성종18. 『集成』8-229) 3.18. 吏曹判書 申浚 등이 東萊는 倭人이 모이는 것이며 倭人이 가지고 오는 銅錢이 모두 이곳으로 들어오는데 延井洌로 지키게 하면 반드시 변방의 釁端을 내게 될 것이니 改差하도록 아뢰니, 改差하라고 전교하다.(『成宗實錄』 성종18. 『集成』8-230) 3.21. 日本國 對馬州 宗彦七貞秀가 사람을 보내어 土宜를 바치다.(『成宗實錄』 성종18. 『集成』8-231) 3.25. 對馬州 宣慰使 鄭誠謹과 通事와 軍官을 賓廳에서 대접하도록 명하고, 始終을 한결같은 덕으로 하시기를 上書하다.(『成宗實錄』 성종18. 『集成』8-231) 3.26. 對馬島 宣慰使 鄭誠謹이 辭朝하다.(『成宗實錄』 성종18. 『集成』8-232) 3.27. 日本國 對馬州 宗彦七貞秀와 仁位郡 宗四郎職家가 와서 土宜를 바치다.(『成宗實錄』 성종18. 『集成』8-232) 4.7. 宗親 1品 儀賓 1품과 經筵官·特進官과 六曹·漢城府의 堂上官과 承旨·主書와 弘文館·藝文館 官員에게 倭의 紫硯을 각각 하나씩 내려주다.(『成宗實錄』 성종18. 『集成』8-232) 4.15. 宣慰使 金悌臣이 符驗이 없는 永承의 使送이라고 하는 자가 日本使臣과 함께 薺浦에 왔는데 접대하는 것이 합당한지 물 으니, 전교하기를 특별히 접대하기는 하나 이 뒤로부터 符驗이 없는 자는 접대를 허락치 않겠다고 하다.(『成宗實錄』 성 종18. 『集成』8-233) 4.17. 日本國 關西路의 筑豊肥三州摠太守 太宰府都督 司馬少卿 藤原政尙이 사람을 보내어 土宜를 바치다.(『成宗實錄』 성종18. 『集成』8-233) 4.23. 日本國 對馬州太守 宗貞國, 仁位郡 宗四郎職家가 사람을 보내어 土宜를 바치다./ 倭의 司直 次郎·仇郎 등이 조회하 다.(『成宗實錄』 성종18. 『集成』8-234) 4.24. 同知事 李瓊仝이 符信이 없는 日本國王使 永承에게 料를 주지 않는 것이 마땅하나 굳이 청한 다면 料를 주지 않을 수 없 다고 아뢰다.(『成宗實錄』 성종18. 『集成』8-234) 4.26. 日本國王 源義政이 等堅首座를 보내어 聘問하며 大藏經을 보내준 감사로 別幅을 갖추어 보내다.(『成宗實錄』 성종18. 『集成』8-235) 4.27. 領敦寧 이상, 여섯 承旨, 經筵堂上 및 弘文館등에게 日本國 使臣 等堅이 바친 물품을 내려주다.(『成宗實錄』 성종18. 『集 成』8-235) 4.28. 戶曹에서 三浦의 銅鐵을 星州의 花園으로 실어다 저장할 때 守令과 萬戶로 하여금 영수하여 받게 하라고 아뢰고 전교 하기를 守令은 백성에 관한 일을 전담하고 있으니 驛丞과 察訪 등으로 하여금 영수하게 하라고 하다.(『成宗實錄』 성종 18. 『集成』8-236) 5.2. 禮曹에서 倭使가 浦에 머무르면서 身病을 稱託해, 그 예대로 文契를 주어 국고의 곡식을 함부로 허비하여 폐단이 있다고

일본

寺를 건립하기 위해 조선에 사신을 보낼 것을 권고하다.(『鹿苑日錄』第一卷)

아뢰니, 전교하기를 이로 인하여 틈이 생길수도 있으니 예전대로 하기로 하다.(『成宗實錄』 성종 18. 『集成』8-236)

5.8. 日本國 對馬州 宗大膳國幸이 사람을 보내와서 土宜를 바치다.(『成宗實錄』 성종 18. 『集成』8-237)

5.15. 領事 沈澮가 軍器寺에 간직한 倭刀를 가볍게 和賣하는 것은 좋지 않다고 아뢰다.(『成宗實錄』 성종 18. 『集成』8-238)

5.17. 임금이 仁政殿에 나아가서 日本國 使臣 等堅 등 24인에게 잔치를 베풀다./ 承政院에 전교하기를 客人을 접견할 때 입시한 재상이 軒 밖에 나가지 않는 것은 실례이므로, 이 뒤로 내가 거둥이 있으면 軒 밖에 나가 있어야 할 것이니 儀註에 첨록하는 것이 가하다고 하다.(『成宗實錄』 성종 18. 『集成』8-238)

5.19. 司諫院大司諫 李德崇이 萬戶는 海寇를 방어하는 중대한 임무를 띠고 있으므로 이후로 內禁衛에서 萬戶를 골라 차임하여 방어를 충실하게 하자고 아뢰다.(『成宗實錄』 성종 18. 『集成』8-239)

5.22. 日本國 藝州 海賊大將 國重과 對馬州太守 宗貞國이 사람을 보내어 土宜를 바치고, 倭의 護軍 愁戒仇羅 등 두사람이 來朝하다.(『成宗實錄』 성종 18. 『集成』8-239)

5.25. 日本國의 僧 等堅이 금을 팔기를 청하니, 전교하기를 저들이 멀리 와서 요청하는데 들어주지 아니할 수 없으니, 모두 무역하는 것이 가하다고 하다.(『成宗實錄』 성종 18. 『集成』8-239)

5.26. 日本國 對馬州太守 宗貞國이 사람을 보내와서 土宜를 바치다.(『成宗實錄』 성종 18. 『集成』8-240)

5.28. 慶尙道·忠淸道·京畿道 觀察使에게 倭人이 浦에 머물면서 양식을 얻으려고 꾀하여 거짓 병을 稱託해서 오래 머무르더라도, 그 사이에는 정말 병든자가 있을 것이니, 연로의 여러 고을에 유시하여 확인토록 하다.(『成宗實錄』 성종 18. 『集成』8-240)

6.9. 禮曹에서 日本 僧 元鴷의 贈行詩에 대한 和章과 陳祖田의 杏林亭詩에 대한 序後跋을 弘文館으로 하여금 짓도록 아뢰니, 詩文을 구하는 것은 우리나라의 인재를 보려고 하는 것이므로, 文臣으로 시문에 능한 자가 시문을 짓게 하다.(『成宗實錄』 성종 18. 『集成』8-240)/ 司憲府地坪 尹坡가 都承旨 李世祐가 사명을 받들고 對馬島에 들어갈때에 사흘 路程밖에 안되는 것을 6일을 경과하고 돌아왔으니 臣子의 도리가 없다고 아뢰다.(『成宗實錄』 성종 18. 『集成』8-241)

6.10. 對馬島宣慰使 鄭誠謹이 와서 복명하자, 임금이 인견하여 접대하는 절차, 활쏘기는 있는지, 병기는 어떠한지, 의복, 島主의 나이등에 대하여 아뢰고 병선제작에 관해 倭船과 같이 물위로 편리하도록 만들기를 청하다.(『成宗實錄』 성종 18. 『集成』8-241)

6.16. 日本國 左京兆尹 中大夫 兼 防長豊筑四州太守 多多良政弘이 土宜를 바치며 그 書契에 大藏經 1部를 내려준다면 우리 나라의 靈場으로 하여금 法輪이 항상 돌게 하면 海內가 편안하고 전쟁이 그칠것이라고 이르다.(『成宗實錄』 성종 18. 『集成』8-245)

6.20. 沈澮·洪應등이 居刀船 폐하는 문제에 대하여 반대하고 盧思愼이 의논하기를 居刀船은 폐할 수 없으며, 節度使와 萬戶가 적합한 사람이면 비록 倭賊이라 하더라도 제어할 수 있는데, 도둑의 무리들은 안되겠냐고 말하다.(『成宗實錄』 성종 18. 『集成』8-246)

6.27. 임금이 慶會樓에 나아가 日本國 使僧 等堅·宗眞 등을 인견하고 잔치를 베풀다.(『成宗實錄』 성종 18. 『集成』8-247)

7.9. 日本國王使 僧 等堅이 하직하니 그 답서에, 부탁해 온 大藏經은 여러 곳으로 구하고 찾았으나 가지고 있는 것이 거의 없어, 거듭 요청을 어기게 되었고, 겨우 一件을 만들어 回使에 부쳐보낸다고 이르다./ 日本國 對馬州의 兵部小輔 宗茂勝이 사람을 보내어 土宜를 바치다.(『成宗實錄』 성종 18. 『集成』8-247)

7.20. 倭中樞 平國忠 등 세 사람이 來朝하다.(『成宗實錄』 성종 18. 『集成』8-248)

7.21. 임금이 景福宮에 거동하여 慶會樓 아래 나아가 大內殿의 使僧 鐵牛 등에게 잔치를 베풀어 주고 물건을 차등있게 하사하다.(『成宗實錄』 성종 18. 『集成』8-248)

7.26. 禮曹에서 大內殿의 使者 鐵牛가 大藏經과 回奉할 倭人들의 養料 등을 요구하니, 전교하기를 옛날에 인출한 大藏經이 있어 國王의 청에 대비하고 있는 실정이니 청을 따르기가 어려울 것이라고 하다.(『成宗實錄』 성종 18. 『集成』8-248)

8.2. 日本國 肥前州 上松浦 左志 源次郎이 사람을 보내어 와서 土宜를 바치다.(『成宗實錄』 성종 18. 『集成』8-248)

8.3. 源政弘의 使者 鐵牛가 하직하니 그에게 보내는 답서에 이르기를, 요구한 大藏經은 일찍이 여러 州에서 구해가버렸기 때문에 거의 남아 있는 것이 없으나, 사사로이 간직하고 있는 것을 찾아보고서 雅教에 답하겠다고 이르다./ 禦侮將軍 崔湜이 崔茂宣이 火砲를 사용하여 倭寇를 물리친 공로가 컸음을 아뢰다.(『成宗實錄』 성종 18. 『集成』8-249)

8.20. 1日本國 對馬州 兵部少輔 宗茂勝·宗彦七貞秀 등이 使人을 보내 토산물을 바치다./ 倭中樞 平茂續이 와서 朝會하다./ 對馬州太守 宗貞國이 특별히 보낸 宗貞吉이 와서 土宜를 바치다.(『成宗實錄』 성종 18. 『集成』8-250)

8.21. 弘文館典翰 鄭誠謹이 城을 쌓는다면 사람들이 배를 버려두고 城으로 들어올 것이어서 방어가 허술해지니, 石堡를 쌓지 말도록 아뢰자, 모든 포구의 성 쌓는 일을 올해는 정지하라고 전지하다.(『成宗實錄』 성종 18. 『集成』8-250)

8.26. 禮曹에서 對馬島의 特送 宗貞吉의 말로 아뢰기를, 鄭誠謹에게 島主가 還刀 두 자루를 주었는데 받지 않았으니, 어떻게 처리해야 하는지 문자 전교하기를, 鄭誠謹이 받지 않은 것은 잘한 일이고, 다시 의논해보겠다고 하다.(『成宗實錄』 성종 18. 『集成』8-251)/ 日本國 關西路 筑豊肥 三州摠太守 太宰府都督 司馬少卿 藤原政尙이 土宜를 바치다.(『成宗實錄』 성종 18. 『集成』8-252)

8.27. 直提學 鄭誠謹이 對馬島에서 받지 않은 環刀를 여기에서 받을 수 없다고 아뢰자, 領敦寧 이상이 받고 안받고는 鄭誠謹에게 달려 있는 일이라고 의논하다.(『成宗實錄』 성종 18. 『集成』8-252)

9.2. 禮曹에서 5일 進宴때 宗貞吉의 무리만 접견하는 것을 領敦寧 이상에게 의논토록 하고, 전교하기를 貢物을 바치러 오는 倭人들은 국가

연도	한국
▲ 1487	에서 대접하는 예절에 차등이 있는 것을 알고 있으니 모두 참석시키라고 하다.(『成宗實錄』성종18.『集成』8-253) 9.5. 임금이 小二殿 使送 僧 慶首座와 宗貞國의 特送 宗貞吉 등 20인을 접견하고 각각 차등을 두어 물건을 내리다.(『成宗實錄』성종18.『集成』8-254) 9.7. 禮曹에서 向化倭人·野人의 손자를 軍役에 充定하라고 아뢰니, 손자는 너무 가까우니 曾孫에 이르러 軍役에 充定하라고 전교하다.(『成宗實錄』성종18.『集成』8-256) 9.17. 特進官 李克墩이 慶尙道의 薺浦 築城에 대해 倭寇가 甲子기 침입하여 배 위의 물건을 지키지 못하면 뭍에 있는 물건도 지키기 어렵다고 아뢰니, 當領船軍을 시켜 쌓게 하라고 명하다.(『成宗實錄』성종18.『集成』8-255) 9.29. 宗貞國의 特送 宗貞吉이 拜辭하다.(『成宗實錄』성종18.『集成』8-255) 10.26. 護送官 金悌臣이 宣慰使 鄭誠謹이 島主를 대하는 예가 매우 거만하여 도주가 심히 불평하였다 아뢰니 慶尙道 觀察使와 水軍節度使에게 馳諭하여 변방을 방비하는 여러 일을 비밀히 조치하는 것이 가하다라고 전교하다./ 慶尙道 觀察使 李世佐등이 對馬島와 三浦의 倭들이 薺浦에 城을 개축한다는 말을 듣고 의심이 있으니, 여러 堡 城子의 축조하는 것을 정지하자고아뢰었으나 전교하기를 성 쌓는 것을 정지하지 말도록 監司에게 유시하라고 하다.(『成宗實錄』성종18.『集成』8-256) 10.28. 禮曹에서 宣慰使 鄭誠謹이 島主를 대하는 예가 엄해 도주가 불평하는 마음을 품어 使船이 오지 않는다고 아뢰니, 지금 가는 통사 徐得綱으로 하여금 詗察하라고 전교하다./ 이달에 全羅道 扶安城, 永安道 細川 農堡城, 美鐵鎭城, 長城, 阿吾地堡城을 쌓다.(『成宗實錄』성종18.『集成』8-258) 11.1. 京畿道 觀察使 李世佐에게 글을 내리기를 諸浦의 성을 쌓는 것은 功役이 바야흐로 한창인데, 까닭없이 이를 중지하면 저들이 또한 의심을 낼 것이니 ,예전대로 쌓도록 하다.(『成宗實錄』성종18.『集成』8-258)
1488 **▼**	**【한국】** 1.9. 日本國에서 宗貞國이 특별히 사람을 보낸 職宣이 와서 藏經을 구한 것을 이유로 土宜를 바치다.(『成宗實錄』성종19.『集成』8-264) 1.13. 職船이 가져온 書契에서 條例를 따르지 않고 府內에 突入한 일, 배에서 내려 客館에 들어가지 않고 곧바로 島主의 집으로 간 일, 回答하는 書契를 받지 않고 집으로 돌아간 일을 鄭誠謹의 허물로 돌리다.(『成宗實錄』성종19.『集成』8-265) 1.14. 禮曹에서 鄭誠謹의 일을 아뢰고 領敦寧 이상과 의논하여 우리도 鄭誠謹을 엄하게 꾸짖었다고 대답하기로 하고, 특별히 接見하여 위로해 주기로 하다.(『成宗實錄』성종19.『集成』8-265) 1.19. 對馬島 島主가 특별히 接見할 때 銀錢을 내려주는 일 등을 보고 비로소 두려움을 풀고 노여워 했던 일은 잘못된 생각이며 사선은 어김없이 보내기로 하였다고 직선이 말한 것을 禮曹正郎 權景祐가 아뢰다.(『成宗實錄』성종19.『集成』8-266) 1.29. 임금이 仁政殿에 나아가 忠翊府가 베푸는 연회를 받았는 데 對馬島主가 特送한 上官人 日本의 職善도 참석하게 하다.(『成宗實錄』성종19.『集成』8-268) 윤1.10. 日本國 關西路 筑豊肥三州摠太守 太宰府都督 司馬少卿 藤原政尙이 사람을 보내어 土宜를 바치다.(『成宗實錄』성종19.『集成』8-268) 윤1.12. 廣陽君 李世佐가 邊將이 候望을 삼가지 아니하고 방비를 게을리 하여 倭船이 향하는 곳을 즉시 馳報하지 아니하였으므로 여러번 변경을 침범하는 일이 일어난 것이라고 아뢰다.(『成宗實錄』성종19.『集成』8-268)/ 慶尙道 觀察使 成俶에게 南海 彌助項은 防戍가 긴요하지 아니하므로 鎭을 두는 것이 유익함이 없다고 하니, 節度使와 더불어 성을 새로 쌓는 일이 적당한지의 여부를 살펴서 아뢰라고 下書하다.(『成宗實錄』성종19.『集成』8-270) 윤1.13. 領事 洪應이 江原道 沿邊과 開城府에 城을 쌓게 하였으나 후일을 기다려 쌓기를 아뢰니, 임금이 이에 따르다.(『成宗實錄』성종19.『集成』8-264)/ 中國 使臣과 日本 倭人들이 매양 보기를 와서 청하는 圓覺寺가 화재가 났는데, 弘文館副提學 安瑚가 圓覺寺의 重修의 부당함을 아뢰다.(『成宗實錄』성종19.『集成』8-270) 윤1.14. 參贊官 安瑚·檢討官 閔祥安이 圓覺寺에 재목과 기와를 주는 것에 대해 백성의 노력에서 나왔다 하여 적당하지 못함을 아뢰었는데, 中國 使臣과 日本 使臣이 보기를 요구하는 곳이므로 폐해 버릴 수 없다고 하다.(『成宗實錄』성종19.『集成』8-271) 윤1.15. 弘文館副提學 安瑚 등이 圓覺寺 重修의 명을 거두기를 箚子를 올려 아뢰었으나 들어주지 아니하였다.(『成宗實錄』성종19.『集成』8-272) 윤1.16. 侍讀官 李承健이 圓覺寺의 불난 곳을 국가에서 재목과 기와를 갖추어 주도록 하였는데 補修할 필요는 없다고 아뢰니, 임금이 이 절은 客人들이 유람하는 곳이기 때문에 주게 한 것이라고 하다.(『成宗實錄』성종19.『集成』8-272)/ 日本國 肥前州 下松浦 五島宇久守 源勝, 九沙島主 源次郎永氏, 松浦 志佐 ,一岐太守 源義, 對馬州太守 宗貞國, 西海道 筑前·對馬二州守護代官 宗三郎茂家·宗大膳國幸·宗彦七貞秀가 사람을 보내어 土宜를 바치다.(『成宗實錄』성종19.『集成』8-274) 윤1.27. 日本國 一岐州 守護代官 眞弓 兵部少輔 源武, 薩摩州日向太守 盛久, 上松浦那久野能登守 賴永, 對馬州太守 宗貞國, 國分寺住持 崇統, 越中守 宗盛弘이 사람을 보내어 土宜를 바치다./ 倭의 護軍 皮古汝文 등 두 사람이 來朝하였다./ 宗貞國의 特送 職宣이 하직하다.(『成宗實錄』성종19.『集成』8-274) 2.2. 日本國 一岐州 守護代官 眞弓 兵部少輔 源武, 肥前州 下松浦 三栗太守 源滿, 西海路 筑前州 冷泉津尉 藤原貞成, 宗像郡知守 氏鄕, 安藝州 小早川 美作守 平持平이 사람을 보내어 土宜를 바치고, 倭護軍 두사람이 來朝하다.(『成宗實錄』성종19.

일본

11.2. 慶尙道 兵馬節度使 吳純과 水軍節度使 韓忠仁·右道兵馬節度使 등에게 諭示하기를, 事勢를 잘 헤아려서 미리 준비하여 막는 모든 일을 비밀히 布置하여, 저들로 하여금 우리가 미리 준비하여 막는 것을 알지 못하게 하라고 하다.(『成宗實錄』 성종 18. 『集成』8-259)

11.8. 僧 學祖가 海印寺大藏經板堂의 修補監役을 면해 주기를 청하다./ 海印寺大藏經板堂을 修創하는 것은 이웃나라의 求請을 위함이니 慶尙道監司에게 諭示하여 修創하는 資金을 보조하게 하고, 그대로 學祖로 하여금 맡게 하라고 전지하다.(『成宗實錄』 성종 18. 『集成』8-259)

11.17. 兵曹判書와 鄭蘭宗등이 金丹多茂를 內地로 옮기는 문제를 의논하니 金丹多茂를 그대로 머물러 살도록 허락하지 않다.(『成宗實錄』 성종 18. 『集成』8-260)

11.24. 都承旨 宋瑛이 對馬島主의 船舶이 해마다 50척을 약속하였는데, 지금은 10여척뿐이니 이는 鄭誠謹이 使臣으로 가서 마땅함을 잃었기 때문이다라고 말하다.(『成宗實錄』 성종 18. 『集成』8-261)

11.25. 諸道 兵馬水軍節度使에게 근자에 野人이 平安道 邊民을 약탈하고 賊倭가 慶尙道 民丁을 죽였으니 환란을 예측할 수 없으므로 諸鎭·諸浦에서 士卒을 훈련시키고 器槪를 정돈하여 변방을 굳게 하라고 諭示하다.(『成宗實錄』 성종 18. 『集成』8-261)

12.3. 司憲府執義 韓斯文 등이 軍籍·給保·老除하는 일 등에 대해 上疏하다.(『成宗實錄』 성종 18. 『集成』8-262)

12.12. 領事 洪應이 慶尙道 沿邊의 여러 鎭은 城堡가 있다면 敵을 방어하기에 어렵지 않으니, 쌓기를 청하자 임금이 이를 따르다.(『成宗實錄』 성종 18. 『集成』8-263)

12.13. 蛇梁萬戶 徐昌이 辭朝하고 아뢰기를, 倭賊은 어둠을 틈타 가까운 섬에 몰래 다가가 엿보아서 도둑질한다고 하니, 멀리 바라볼 수 있는 곳에서 斥候와 巡邏船을 충실히 대비하고 있다가 변고가 있으면 곧바로 對應하겠다고 하다.(『成宗實錄』 성종 18. 『集成』8-264)

【일본】

1.18. 足利義政이 조선에 보낼 국서를 景徐周麟이 작성하도록 蔭凉職 龜泉集証에게 명하다.(『蔭凉軒日錄』三)

1.29. 龜泉集証이 明·朝鮮에 보낼 사신 등에 대해 飯尾元連·高橋神明 등과 함께 의논하다.(『蔭凉軒日錄』三)

2.9. 조선에서 사신이 와서 연회를 베풀다. 26일에 詩會가 있었는데, 大軸 一卷과 跋 등이 있어 한번 보고 돌려주다.(『蔭凉軒日錄』三)

2.10. 建仁寺의 勸進을 위해 長祿 연간에 조선에서 一万貫의 奉加錢을 보내왔는데, 그 중의 일부를 全密西堂과 寂路庵 惠光 兩人이 횡령했던 사실들을 말하다.(『蔭凉軒日錄』三)

2.12. 龜泉集証이 成化勘合을 사용할 수 있도록 足利義政에 중개할 것을 掘河殿에게 의뢰하다. 建仁寺의 勸進을 위해 長祿 연간에 조선에서 奉加錢을 가져왔는데, 全密西堂과 寂路庵 惠光 兩人이 일부는 횡령하고 일부는 建仁寺의 조성비용으로 사용하다.(『蔭凉軒日錄』三)

2.13. 建仁寺 주지 天隱龍澤이 建仁寺의 수리문제에 대해 長祿 연간의 조선 奉加錢 횡령사건의 설명을 서장에 기록하여 足利義政에게 알리다. 서장에는 횡령한 全密西堂과 寂路庵 惠光으로부터 몰수한 자금과 남은 무역품으로 4,000貫文을 마련하여 수리비용에 충당했다고 하다.(『蔭凉軒日錄』三)

3.6. 宗茂勝이 부田治部左衛門에 대해서 조선 배와 관련한 공적인 일을 면제하다.(『宗家御判物寫』)

3.9. 飯尾元連이 越後國 安國寺 聽經船이 가져온 조선의 답서를 義政이 보도록 하니, 蔭凉軒에 전하라는 명령이 있어 龜泉集証에게 보내다.(『蔭凉軒日錄』三)

3.10. 龜泉集証이 조선 답서 및 별폭의 초안을 橫川景三과 읽으면서 의논하다. 그 중에는 이해하기 어려운 문구가 있다고 하다.(『蔭凉軒日錄』三)

3.11. 龜泉集証이 조선의 답서를 足利義政에게 보이다. 足利義政이 선례대로 답서를 蔭凉軒에 맡겨야 한다고 명령하다.(『蔭凉軒日錄』三)

3.27. 飯尾元連이 조선에 보낼 國書의 箱 및 別幅 草案, 使者의 이름, 요청품인 大藏經 등의 목록을 龜泉集証에게 주다.(『蔭凉軒日錄』三)

3.28. 龜泉集証이 景徐周麟에게 조선에 보낼 國書의 작성을 의뢰하다.(『蔭凉軒日錄』三)

3.30. 飯尾元連이 조선에 보낼 國書 완성을 독촉하고 대장경을 요청하다. 使者가 惠仁인 것과 진상품의 목록을 景徐에게 알리다.(『蔭凉軒日錄』三)

4.8. 龜泉集証이 傳奏勸修寺로부터 조선에 보낼 國書의 완성을 독촉받다. 同 國書의 초안을 담당했던 景徐周麟이 國書의 초안을 蔭凉軒에 가지고 오다.(『蔭凉軒日錄』三)

4.9. 龜泉集証이 조선에 보낼 국서의 초안을 傳奏勸修寺에 보내어 초안이 좋으면 정서를 하고, 초안에 문제가 있다면 필요한 부분을 첨삭하도록 지시하다. 그 후 초안은 飯尾元連에게 돌려주다.(『蔭凉軒日錄』三)

4.10. 龜泉集証이 飯尾元連에게 사자를 보내어 조선에 보낼 國書의 草案을 돌려 받다.(『蔭凉軒日錄』三)

4.16. 龜泉集証이 景徐周麟이 작성한 조선에 보낼 국서의 초안을 足利義政에게 보이다. 정서하여 도장을 날인할 것을 결정하다. 龜泉이 蔭凉軒에 그 도장이 있는 것을 확인하다.(『蔭凉軒日錄』三)

4.22. 橫川景三이 蔭凉軒에 와서 조선에 보낼 국서를 정서하다. 龜泉集証이 국서를 상자에 넣고 열쇠를 채워 足利義政에게 올리다. 義政이 국서를 飯眉元連에 전하도록 명령하다.(『蔭凉軒日錄』三)

4.26. 龜泉集証이 조선에 보낼 國書를 사절에게 교부하다. 正使 惠仁이 있지 않으므로 대리인인 雜掌僧 統圓·雜掌西村係左衛門衛에게 國書를 넘기다.(『蔭凉軒日錄』三)

5.5. 조선에서 가져온 대장경의 상자는 거의 60상자인데, 경전은 모두 綴 本이다. 지금 대장경 전체를 갖춘 곳은 거의 없다.(『蔭凉軒日錄』三)

11.18. 等特寺 景徐周麟이 蔭凉軒에 와서 연회가 이루어지다. 景徐周麟이 선주 삼매원의 대장경을 요청하기 위해 조선에 가는 사절인 正使

연도	한국
▲ **1488** **▼**	『集成』8-275) 2.12. 都承旨 宋瑛 등이 歸厚署 綿布 三千匹을 海印寺에 주어 板堂을 修葺하게 하는 것은 未便하다고 아뢰니, 五百匹을 減하라고 전지하다.(『成宗實錄』 성종19. 『集成』8-275) 2.18. 大司諫 權侹·掌令 奉元孝가 歸厚署의 綿布를 海印寺에 내려 주어 板堂을 補葺하게 하는 것은 부당하다고 아뢰니, 임금이 先后의 遺意이니 修葺하지 않을 수 없고 客人이 求하는 經板을 朽滅시킬 수는 없다고 하다/ 日本國 薩摩州 松浦 志佐 一岐太守 源義, 對馬州太守 宗貞國이 사람을 보내어 土宜를 바치다.(『成宗實錄』 성종19. 『集成』8-276) 2.19. 日本國 周防州 山口居住 大內進亮敎之, 對馬州太守 宗貞國이 사람을 보내어 土宜를 바치다./08-276/ 司憲府掌令 奉元孝 등이, 이웃나라에서 찾는 大藏經을 폐결하는 일은 잘못된 일이 아니며, 이웃나라 使臣이 와서 大藏經을 구하면 우리나라는 佛敎를 崇信하지 않고 經板이 殘缺하여 거의 없어졌다고 말하도록 청하다.(『成宗實錄』 성종19. 『集成』8-277) 2.22. 大司諫 權侹·執義 韓斯文이 護佛할 수 없음을 아뢰니 임금이 그대로 따르다.(『成宗實錄』 성종19. 『集成』8-277)/ 歸厚署의 綿布 二千五百匹을 海印寺에 주지 말라고 전교하다.(『成宗實錄』 성종19. 『集成』8-279) 2.28. 日本國 肥前州 上松浦 寶泉寺住持 源祐位, 波多島 源納, 小成千葉介 元胤, 對馬州太守 宗貞國, 守護代官 宗助六盛俊, 越中守 宗盛弘이 사람을 보내어 土宜를 바치다.(『成宗實錄』 성종19. 『集成』8-279) 3.2. 掌令 金楣가 全羅一道의 頑悍한 풍속이 다른 道에 비하여 심해 倭服에 倭語를 하는 水賊이 있으니, 留鄕所를 세워 鄕風을 維持하여 頑兇한 무리가 그치게 할 것을 아뢰다.(『成宗實錄』 성종19. 『集成』8-279)/ 慶尙道觀察使 成俶에게 중 學祖의 말하는 바를 들어, 긴요치 않은 물건은 적당한 데 갖추어 주고 백성에게 폐단을 끼치지 말도록 下書하다.(『成宗實錄』 성종19. 『集成』8-280) 4.5. 永安道의 觀察使와 節度使를 지낸 宰相을 모아 五鎭의 長城 밖의 斡朶里가 거주하는 곳에 土城을 쌓아 寇賊을 방비하게 하는 일과 閭延·茂昌에 새로운 鎭을 설치하는 일, 南海의 彌助項에 城을 쌓는 일을 의논하게 하다.(『成宗實錄』 성종19. 『集成』8-280) 4.16. 日本國에서 宗貞國이 특별히 普賢을 보내어 船의 수를 2선을 더하고 해마다 3선을 허락해달라는 이유로 土宜를 바치다.(『成宗實錄』 성종19. 『集成』8-281) 4.17. 右贊成 孫舜孝가 沿邊의 形勢를 갖추 살펴 보았는데 昆陽·金海 등에 賊倭가 지나는 섬을 셀 수가 있었고, 彌助項은 倭賊이 내왕하는 길인데 지키지 않으면 倭賊이 서로 慶賀할 것이니, 巡察使를 보내어 잘 조사하기를 아뢰다.(『成宗實錄』 성종19. 『集成』8-282) 4.28. 日本國 官署路 筑豊肥三州摠太守 太宰府都督 司馬少卿 藤原 政尙이 사람을 보내어 土宜를 바치다.(『成宗實錄』 성종19. 『集成』8-283) 5.10. 慶尙道에 倭船이 자주 出沒하여 그 방어에 대해 여러 신하들과 논의하고, 彌助項·加背梁을 잘 방어하며, 島主에게 書諭하기를 우리 변경을 침범하여 살해하는 일이 다시 일어난다면 용서하지 않고 격퇴시킬 것이라고 전교하다.(『成宗實錄』 성종19. 『集成』8-283)/ 慶尙左道 兵馬節度使 吳純·水軍節度使 韓忠仁 등에게 諭示하기를 성을 쌓기 위해 돌을 줍는 것도 倭賊을 방비하는 거사니 관할하는 지역을 糾察하고 더욱 엄히 방비하여 軍機를 잃지 않도록 하라고 하다.(『成宗實錄』 성종19. 『集成』8-286) 5.11. 日本國 關西路 肥筑通守 重朝·肥前州 上松浦 波多島 源納, 鴨打 源永, 神田能登守 源德, 薩摩州 日向太守 盛久, 藝州 海賊大將 國重, 對馬州 宗大膳國幸이 사람을 보내어 土宜를 바치다./ 倭司正 九羅沙也文 등 두사람이 來朝하다./ 議政府, 領敦寧 이상과 邊方의 일을 아는 宰相을 命召하여 논의하기를, 우리나라 沿海의 백성들이 늘 倭賊에게 피해를 당하는데 島主에게 通諭하여 저들로 하여금 깨달아서 回報하게 하고, 그 뒤에 다시 의논키로 하다.(『成宗實錄』 성종19. 『集成』8-287) 5.12. 文臣堂下官을 仁政殿 뜰에 모으고 섬 오랑캐와 野人을 控制하는 방법과 彌助項과 永安道의 寧北鎭은 鎭을 설치하고 군사를 배치하여 지키는 것에 대한 문제를 내어 시험하다.(『成宗實錄』 성종19. 『集成』8-288) 5.16. 宗貞國이 특별히 보냈던 特送 普賢 등이 하직하고 그 答書에 이르기를, 宗茂國의 船隻 숫자를 증가시켜 달라는 일은 해마다 한 隻을 접하도록 약속을 정한 것이 이미 오래 되어 증가할 이유가 없다고 하다./여러 道의 觀察使에게 烽燧臺 단속하여 게으름이 없도록 馳書하다.(『成宗實錄』 성종19. 『集成』8-289) 5.17. 日本國 一岐州 上松浦 鹽津留 助次郞 源經, 薩摩州島津 藤原持久, 肥前州 上松浦 九沙島主 筑後守 義永, 松林阮 源實次 對馬州太守 宗貞國, 兵部少輔 宗茂勝·宗彦七貞秀, 越中守 宗盛弘등이 사람을 보내어 土宜를 바치다.(『成宗實錄』 성종19. 『集成』8-289) 5.20. 日本國 肥前州 平戶寓鎭 肥州太守 源豊久, 西海路 筑前州 冷泉津尉 藤原貞成, 日向大隅薩摩三州太守 立久, 一岐州代官 牧山十郞 源正, 對馬州太守 宗貞國, 仁位郡 宗四郞職家가 사람을 보내어 土宜를 바치다.(『成宗實錄』 성종19. 『集成』8-290)
1489 **▼**	**【한국】** 1.11. 慶尙道觀察使 金礪石이 辭朝하고, 本道의 바닷가에 사는 백성은 모두 겁이 많고 나약하여 만일 倭變을 들으면 앞을 다투어 피하고 감히 대항하지 못하고, 남쪽 지방의 일은 진실로 작은 연고가 아니니 유념해 달라고 아뢰다.(『成宗實錄』 성종20. 『集成』8-300) 1.13. 日本國 關西路 肥筑通守 重朝, 薩摩州 島津 藤原持久, 薩州 伊集院 寓鎭 隅州太守 藤熙久, 對馬州太守 宗貞國이 사람을

일본

惠仁이 月叩에게 그를 대신해 조선으로 갈 것을 의뢰하였다는 내용을 龜泉集証에 말하다.(『蔭凉軒日錄』三)

12.23. 조선의 奉加錢으로 建仁寺의 大悟堂을 수축하다. 그런데 중수를 기념하는 詩를 東沼和尚이 짓다. 詩에 조선국왕의 은혜에 감사한다는 내용이 포함되다.(『蔭凉軒日錄』三)

5.25. 掌令 權景禧가 軍籍의 착오가 많으니 개정하기를 아뢰고, 特進官 李克均이 全羅道·慶尚道에서 漕運하는 일과 沿邊의 여러 고을에 다시 獨鎭을 설치할 것, 慶尚右道 蛇浦의 防戍를 該曹로 하여금 疑議하게 할 것을 아뢰다.(『成宗實錄』 성종 19. 『集成』8-290)

5.26. 日本國 大知賀島 守護 겸 尾州太守 源幡, 豊州守 大友親繁, 對馬州 佐須那代官 石見守 宗國吉이 사람을 보내어 土宜를 바치다./ 倭護軍 右四郎盛數 등 두 사람이 來朝하다(『成宗實錄』 성종 19. 『集成』8-292)

5.29. 日本國 對馬州 兵部少輔 宗茂勝이 사람을 보내어 土宜를 바치다.(『成宗實錄』 성종 19. 『集成』8-292)

6.2. 沈澮·洪應등이 突山島는 倭人이 왕래하는 길에 해당되므로, 鎭과 節度使營을 설치할만하다 의논하니 전교하기를 觀察使로 하여금 거리가 각각 며칠의 일정이고 어느 곳이 倭船을 널리 관측할 수 있는지 形勢를 그려서 아뢰도록하다.(『成宗實錄』 성종 19. 『集成』8-292)

6.3. 全羅左道水軍節度使 邊處寧·右道水軍節度使 李惇仁에게 下書하기를 防戍의 임무를 맡겼으나, 물고기를 낚는 倭賊들이 잇달아 남몰래 오가니, 邊防의 방비를 소홀히 하지 말라고 하다.(『成宗實錄』 성종 19. 『集成』8-294)

6.8. 日本國 筑前州 冷川津 藤氏平左衛門尉信重, 西海路 冷泉津尉 藤原貞成, 對馬州太守 宗貞國, 越中守 宗盛弘, 兵部少輔 宗茂勝이 사람을 보내어 土宜를 바치다.(『成宗實錄』 성종 19. 『集成』8-294)./ 倭護軍 中尾吾郎 등 두사람이 來朝하다.(『成宗實錄』 성종 19. 『集成』8-295)

6.15. 戶曹判書 鄭蘭宗이 倭人이 바친 물건은 所用되는 것이 긴요하지 않고 값만 비싼데, 만약 값을 깎아서 받는 다면 答賜하겠지만, 그렇지 않으면 원하는 바에 따르기 어렵겠다고 아뢰니 전교하기를 禮曹와 商議하도록 하다.(『成宗實錄』 성종 19. 『集成』8-295)

6.26. 行司勇 許混이 彌助項에 鎭을 설치하고, 加背梁에 萬戶를 다시 설치 할 것을 청하니, 兵曹로 하여금 商議하도록 전교하다.(『成宗實錄』 성종 19. 『集成』8-295)

6.29. 이달에 慶尚道의 巨濟 水營鎭에 城을 쌓다.(『成宗實錄』 성종 19. 『集成』8-296)

7.7. 日本國 對馬州 宗彦七貞秀가 사람을 보내어 土宜를 바치다./ 倭護軍 彼古三甫羅등 두사람이 來朝하다.(『成宗實錄』 성종 19. 『集成』8-296)

7.17. 倭中樞 平國忠 등 22인이 來朝하다.(『成宗實錄』 성종 19. 『集成』8-296)

7.27. 日本國 肥前州 下松浦 三栗太守 源滿, 上松浦 鴨打 源永, 松浦 志佐 一岐太守 源義, 對馬州太守 宗貞國, 國分寺住持 崇統이 사람을 보내어 土宜를 바치다.(『成宗實錄』 성종 19. 『集成』8-296)

8.1. 刑曹正郎 趙之瑞가 倭人의 護送官으로 慶尚道로 가면서 密旨를 받들고 廣州·驪州·堤川·清風·聞慶·尚州·密陽·昌寧 官吏의 不法한 일들을 적발하여 아뢰다.(『成宗實錄』 성종 19. 『集成』8-297)

8.6. 日本國 肥前州 松浦志佐 一岐太守 源義, 下松浦 五島宇久守 源勝, 丹後太守 源成, 九沙島主 源次郎永氏, 上松浦 波多島 源納, 對馬州太守 宗貞國, 守護代官 宗助六盛俊이 사람을 보내어 土宜를 바치다.(『成宗實錄』 성종 19. 『集成』8-297)

8.16. 日本國 肥前州 下松浦 五島宇久守 源勝, 豊州太守 大友八郎師能, 西海道 肥後州 八代太守 教信, 對馬州 守護代官 宗助六盛俊이 사람을 보내어 土宜를 바치다.(『成宗實錄』 성종 19. 『集成』8-297)

8.18. 전교하기를 突山島에 비록 倭人이 때로 도둑질을 한다해도 염려할 것은 못되나, 倭變이 있다면 근심할 바가 유독 이 땅뿐만이 아니므로, 突山島를 개간하고 경작하는 것이 마땅하니 領敦寧 이상에게 의논토록 하다.(『成宗實錄』 성종 19. 『集成』8-298)

8.25. 全羅道敬差官 金悌臣에게 突山島는 토지가 비옥하여 전지를 만들면 얻는 이익이 많을 것이라고 하니 節度使 李季소과 같이 편의 사항을 조목 지어 올리도록 下書하다.(『成宗實錄』 성종 19. 『集成』8-298)

9.10. 日本國 肥前州 上松浦 波多島의 源納이 사람을 보내어 土宜를 바치다./ 倭護軍 宗家茂가 來朝하다.(『成宗實錄』 성종 19. 『集成』8-298)

11.4. 日本國 薩摩州 松浦志佐 一岐太守 源義가 사람을 보내어 土宜를 바치다.(『成宗實錄』 성종 19. 『集成』8-299)

11.14. 日本國 豊州守 大友親繁, 周防州 山口居住 大內進亮教之, 關西路 肥後州守 菊池藤原爲幸, 對馬州太守 宗貞國이 사람을 보내어 土宜를 바치다.(『成宗實錄』 성종 19. 『集成』8-299)

11.29. 日本國 薩摩州 小城 千葉介 源胤이 사람을 보내 土宜를 바치다./ 倭中樞 平茂贖 등 다섯 사람이 와서 土宜를 바치다.(『成宗實錄』 성종 19. 『集成』8-299)

12.17. 日本國 對馬州太守 宗貞國, 佐須奈浦代官 石見守 宗國吉, 越中守 宗盛弘이 사람을 보내 土宜를 바치다.(『成宗實錄』 성종 19. 『集成』8-299)

12.29. 日本國 對馬州太守 宗貞國이 土宜를 바치고 倭의 僉知 平松而羅 등이 來朝하다.(『成宗實錄』 성종 19. 『集成』8-300)

12.30. 이달에 慶尚道 泗川縣 三千鎭의 성을 쌓다.(『成宗實錄』 성종 19. 『集成』8-300)

【일본】

2.11. 飯尾元連이 遣明使 파견을 조선에서 명에 알리도록 할 것. 명에 보내는 국서는 빨리 작성하여 조선에 보낼 것. 조선에서 그 국서를 명에 보내도록 하는 일을 蔭凉職 龜泉集証에게 말하고 용지 2매를 보내다.(『蔭凉軒日錄』三)

2.17. 龜泉集証이 天源院 肅元壽嚴에게 명에 사신을 파견하기 전에 명에 보낼 서장을 조선을 통하여 명에 보낸 선례 유무를 묻자, 天源院 肅元이 그러한 선례는 없다고 답하다.(『蔭凉軒日錄』三)

연도	한국
▲ 1489 **▼**	보내 土宜를 바치다.(『成宗實錄』성종20.『集成』8-300) 1.17. 日本國 薩摩州 田平寅鎭 彈正少弼弘, 對馬州 宗貞秀가 사람을 보내와서 土宜를 바치다./ 對馬州太守 宗貞國이 職宣 등을 보내 土宜를 바치다.(『成宗實錄』성종20.『集成』8-301) 1.26. 日本國 畿內 攝津州 兵庫津 平方式部尉 源忠能과 對馬州 太守 宗貞國이 사람을 보내어 土宜를 바치고 倭護軍 皮古羅 등 두사람이 來朝하였다.(『成宗實錄』성종20.『集成』8-301) 2.4. 築城都體察使가 下三道의 築城 기준을 일정하게 할 것을 아뢰니, 그대로 따르다.(『成宗實錄』성종20.『集成』8-302) 2.6. 日本國 筑前州 氏像郡知守 氏鄕, 薩摩州 日向太守 盛久, 對馬州 酉豆豆南 天道山 藤阿比留治部大夫茂國이 사람을 보내어 土宜을 바치다.(『成宗實錄』성종20.『集成』8-302) 2.21. 日本國 薩州 伊集院 寅鎭 隅州太守 藤熙久, 肥前州 上松浦 九沙島主筑後守 義永, 上松浦, 鴨打 源永, 神田能登守 源德, 對馬州太守 宗貞國이 사람을 보내어 土宜를 바치다.(『成宗實錄』성종20.『集成』8-302) 2.30. 日本國 關西路 筑豊肥三州摠太守 太宰府都督 司馬少卿 藤原政尙, 藝州 海賊大將 國重, 對馬州 宗大膳國幸 등이 사람을 보내어 土宜를 바치다./ 宗貞國의 特送 職船이 辭朝하였고 그 답서에 이르기를 黃金의 값은 이미 정한 법이 있는 데 다시 보탤수 없으니 살펴서 영수하라고 이르다./ 日本國 西海路 筑前州 氏鄕이 보낸 邊沙也文 등이 辭朝하고, 대궐에서 음식을 마련할 때 司宰監에서 바친 脯에 좀이 먹은 것이 있어서 임금이 承政院이 전교하기를, 이런 더러운 물건을 썼으니 該司의 관원을 推鞠하여 죄주라 하다.(『成宗實錄』성종20.『集成』8-303)/ 이달에 慶尙道 南海縣 城古介鎭城을 쌓다.(『成宗實錄』성종20.『集成』8-304) 3.8. 日本國 石見州 藤原周布左近將監和兼, 肥前州 松林阮 平戶寅鎭 肥州太守 源豊久, 上松浦 鹽津留 對馬州 宗貞國, 越中守 宗盛弘 등이 사람을 보내 土宜를 바치다./ 對馬州代官 宗茂勝의 공순하지 못함에 대하여 領敦寧 이상이 의논하고, 洪應이 倭人의 글이 매우 공손치 못하니 書契를 닦아서 마땅히 꾸짖는 뜻을 보여서 깨우치고 살피게 해야 할것이라고 의논하다.(『成宗實錄』성종20.『集成』8-304)/ 禮曹에서 宗貞國 特送 職船이 馱物이 많아서 운반에 폐단이 많으니, 水路를 이용하되 원하는 대로보내는 것이 어떠한지 아뢰다.(『成宗實錄』성종20.『集成』8-305) 3.15. 敬差官 李誼가 忠淸道에 돌아와 水賊을 방비할 대책 등을 書啓하니, 領敦寧 以上에게 보이게 하다.(『成宗實錄』성종20.『集成』8-306) 3.19. 日本國 肥前州 田平寅鎭 彈正少弼弘, 一岐州 上松浦 鹽津留 助次郞 源經, 一岐州 守護代官 眞弓 兵部少輔 源武, 對馬州 太守 宗貞國, 橘氏立石右京亮國長이 사람을 보내어 土宜를 바치다.(『成宗實錄』성종20.『集成』8-307) 4.8. 日本國 五島鳴島主 源繁, 肥前州 下松浦 五島宇久守 源勝, 大馬州太守 宗貞國이 사람을 보내어 土宜를 바쳤다./ 倭護軍 又四郞盛守 등 4인이 來朝하다(『成宗實錄』성종20.『集成』8-307) 4.12. 日本國 對馬州太守 宗貞國, 仁位郡 宗四郞職家, 兵部少輔 宗茂勝이 사람을 보내어 土宜를 바쳤다. (『成宗實錄』성종20.『集成』8-307) 4.17. 日本國 一岐州 守護代官 眞弓 兵部少輔 源武, 對馬州 太守 宗貞國, 守護代官 宗助六盛俊이 사람을 보내 土宜를 바치다.(『成宗實錄』성종20.『集成』8-308) 4.22. 兵曹에 수군을 다른 군사들의 保人의 例에 의하여 취재 시험을 허락한다면 방어가 허술하게 될 것이니, 水軍의 保人은 취재 시험에 나가는 것을 하락하지 말라고 전지하다.(『成宗實錄』성종20.『集成』8-308) 4.24. 禮曹에서 전지하기를 向化人은 본디 巢穴이 없어 살아가기가 실로 어려우니, 그 자식들은 該曹에서 차례로 移文하고, 兵曹에서는 도목때마다 남은 輪의 遞兒職을 제수하여 그들의 祿을 잃지 말도록 하라고 하다.(『成宗實錄』성종20.『集成』8-308) 5.8. 特進官 成俶이 水營과 방어가 긴요하지 않는 곳의 兵船을 뽑아다가 要害處에 주둔시킬 것을 아뢰니, 임금이 가하다 이르다.(『成宗實錄』성종20.『集成』8-309) 5.10. 禮曹에서 對馬州 宗茂勝의 使送인 仁田都老가 忠州에서 죽었으므로, 장사를 지내고 제사까지 지냈는데 그 가지고 온 進上物과 回奉하는 일등은 通事로 하여금 浦에 머물고 있는 船主에게 전해주어 들여보내도록 하기를 아뢰다.(『成宗實錄』성종20.『集成』8-309) 5.11. 日本國 對馬州 越中守 宗盛弘이 사람을 보내 土宜를 바치다.(『成宗實錄』성종20.『集成』8-310) 5.18. 日本國 肥前州 上松浦 寶泉寺 住持 源祐와 對馬島太守 宗貞國, 仁位郡 宗四郞職家가 사람을 보내어 土宜를 바치다./倭僉知 早田彦八 등 4인이 來朝하다.(『成宗實錄』성종20.『集成』8-310) 5.19. 領事 盧思愼이 宗廟 제사 때에 돼지 다리 한 짝만을 사용하고, 나머지는 모두 倭人과 野人들에게 주는 것은 온당하지 못하니, 제사에만 전부 쓰게 아뢰니, 임금이 가하다고 하다.(『成宗實錄』성종20.『集成』8-310) 5.26. 日本國 對馬州太守 宗貞國과 國分寺住持 崇統이 사람을 보내 土宜를 바치다.(『成宗實錄』성종20.『集成』8-311) 6.1. 臨淄萬戶 文贊이 辭朝할 때, 船軍을 武事에 능한 자, 배를 부리는 데 능한 자, 활쏘기에 능한 자 등을 고르게 정하면 적을 방어하는 도리를 얻을 것이라 아뢰니, 兵曹로 하여금 의논해 아뢰게 하다.(『成宗實錄』성종20.『集成』8-311) 6.2. 日本國 肥前州 下松浦 五島宇久守 源勝, 關西路 筑前州 冷泉津尉 藤原貞成, 對馬州太守 宗貞國이 사람을 보내어 土宜를 바치다.(『成宗實錄』성종20.『集成』8-311) 6.3. 兵曹에서 여러 浦의 僉節制使와 萬戶는 船軍을 나누어 붙일 때에 射藝의 능한 자를 분별하여 고르게 하기를 힘쓰게 하고, 항상 활쏘기를 익히게 하여 해이해짐이 없도록 할 것이라고 아뢰니, 그대로 따르다.(『成宗實錄』성종20.『集成』8-312)

일본

2.19. 飯尾元連이 龜泉集証에게 명에 보낼 書狀의 작성을 독촉하다. 龜泉이 조선을 거쳐 보낸 예가 있으면 명령할 수 있지만, 없으면 명할 수 없다고 답하다. 元連이 虛通事가 명에 갈때의 例가 있다고 하고 기록을 찾아보다.(『蔭凉軒日錄』三)

2.20. 龜泉集証이 景徐周麟에게 허통사가 명에 갈 때 조선을 경유하여 명에 국서를 보낸 일이 있다고 하다. 景西가 『國宝記』를 조사할 뜻을 답하다.(『蔭凉軒日錄』三)

2.21. 景徐周麟이 龜泉集証에게 『善隣國宝記』의 조사 결과를 보고하다. 虛通事가 明에 가기에 앞서 조선을 경유하여 명에 보낼 서장을 보낸 것은 없지만 조선에 보낸 國書 중에 명에 사신을 보낼 의향을 미리 전해 주기를 바란다고 의뢰한 적이 있다고 하다. 그 예로서 『善隣國宝記』에 실린 조선에 보낸 國書의 寫本을 보이다.(『蔭凉軒日錄』三)

2.23. 龜泉集証이 堀河殿에게 명에 보낼 서장의 일을 묻다. 龜泉集証이 虛通事가 파견되었을 때의 서장과 같다고 하자, 堀河殿은 飯尾元連에게 의견을 구하도록 하다.(『蔭凉軒日錄』三)

2.29. 龜泉集証이 飯尾元連에게 等特使 僧 月印이 惠仁을 대신하여 조선으로 건너 간 것에 대하여 장군에게 호소하여 처벌할 것을 주장하다.(『蔭凉軒日錄』三)

5.8. 飯尾元連이 龜泉集証에게 조선에 보낼 國書를 빨리 처리하라고 하는 명령을 전하다.(『蔭凉軒日錄』三)

5.12. 飯尾元連이 龜泉集証에게 조선에 보낼 국서의 작성을 조속히 완성할 것임을 알리다.(『蔭凉軒日錄』三)

5.23. 景徐周麟이 조선에 보낼 국서의 초안을 작성하다.(『鹿苑日錄』第1卷)

5.26. 景徐周麟이 조선에 보낼 국서의 초안을 가져오다.(『蔭凉軒日錄』三)

7.13. 龜泉集証이 堀河殿과 遺明船 4척의 일을 논의하다. 堀河殿이 네 번째의 선박은 大內氏가 요청한 것임을 말하다.(『蔭凉軒日錄』三)

8.8. 명나라와 조선에 보낼 국서에 御判은 없고 御印判만을 사용하므로 공문서에는 御印을 사용하는 것이 좋다고 말하다.(『蔭凉軒日錄』三)

8.16. 心月梵初가 龜泉集証에게 4척의 선단으로 入貢하는 것은 미리 조선을 통해 알리도록 제안하다.(『蔭凉軒日錄』三)

8.28. 龜泉集証이 堀河殿에게 명나라에 보내는 선단을 4척으로 하는 것은 전례가 없음을 말하다. 명나라에 사절을 보내는 일을 조선에 보내는 국서에 기록하는 것은 선례가 없다고 말하다.(『蔭凉軒日錄』三)

8.29. 龜泉集証이 堀河殿에게 명에 보낼 사신을 선 4척 파견하는 것에 반대함을 전하다. 堀河殿이 다시 1척 파견을 바라는 자가 있음을 전하고, 진위를 확인할 때까지 조선에 보낼 國書에 添船의 문제를 기록하는 것은 보류해야한다고 답하다.(『蔭凉軒日錄』三)

9.-. 조선 成宗이 足利義政에게 요청한 대장경을 보낼 것임을 알린 답신이다.(『續善隣國宝記』)

-. 足利義政이 조선 成宗에게 대장경을 보내 줄 것이라는 것에 감사하고, 명과의 통교회복의 알선을 의뢰한 문서이다.(『翰林蒿盧集』)

6.6. 金宗直이 의논하기를 근년의 倭變이 모두 右縣에서 났으니, 右縣에 진을 두면 적이 감히 와서 침범하지 못할 것이며 수령이 入番한 군사를 거느리고 빨리 달려가면 미쳐 다다를 수 있으니 加背梁을 더 설치할 필요가 없다고 하다.(『成宗實錄』성종 20. 『集成』8-312)

6.15. 日本國 關西路 筑豊肥三州摠太守 太宰府都督 司馬少卿 藤原政尙이 사람을 보내 土宜를 바치다.(『成宗實錄』성종 20. 『集成』8-313)

6.17. 司諫院正言 趙球가 朝市 사이에 있어 이미 옳지 못하고, 헐지는 못한다 하더라도 圓覺寺의 수리를 중지할 것을 아뢰니 전교하기를, 이 절은 日本使臣과 中國 太監의 무리가 모두 보기를 요구하므로 甲子기 버릴수 없다고 하다.(『成宗實錄』성종 20. 『集成』8-313)

6.18. 司諫院司諫 金珹 등이 圓覺寺는 先王朝에서 세운 바이고, 다른 나라 사신이 구경하는 곳이므로 수리하는 것은 聖明에 累가 되니, 圓覺寺 수리를 중단할 것을 건의하였지만, 들어주지 아니하다./ 金珹 등이 圓覺寺 수리의 중단을 누차 아뢰자, 상이 祖宗께서 세운 절을 수리하는 것도 禮이고, 더구나 이 절은 다른 나라의 使臣으로 혹 구경하는 자가 있으니, 수리해야 한다고 전교하다.(『成宗實錄』성종 20. 『集成』8-314)/ 兵曹에서 海島에 水賊이 의지할 만한 곳은 근방의 萬戶에게 나누어 붙여서 수색, 체포하게 하여 없어지게 하고, 路引의 법을 거듭 밝혀 路引이 없는 자는 구속, 推鞫하게 할 것을 아뢰니, 그대로 따르다.(『成宗實錄』성종 20. 『集成』8-315)

6.22. 日本國 日向大隅薩摩三州太守 武久, 肥前州 松浦志佐, 一岐太守 源義, 對馬州太守 宗貞國이 사람을 보내 土宜를 바치다.(『成宗實錄』성종 20. 『集成』8-315)

6.27. 日本國 上松浦 那之野 能登守 賴永, 西海路 筑前州 冷泉津尉 藤原貞成이 사람을 보내 土宜를 바치다.(『成宗實錄』성종 20. 『集成』8-315)/ 임금이 臺諫과 弘文館을 引見하고 말하기를, 大藏經 은 倭人이 요구하는 것인데 板本이 없으면 요구에 응할 수 없다고 여겨 특별히 수리하도록 명한 것이니, 경판을 위해서 그만둘 수 없다고 하다.(『成宗實錄』성종 20. 『集成』8-316)

7.1. 辭朝하는 忠淸道兵馬節度使 邊脩·慶尙右道水軍節度使 柳睍를 임금이 引見하고 職分을 다하고, 器械를 더욱 정비해야 한다고 말하다.(『成宗實錄』성종 20. 『集成』8-318)

7.6. 辭朝하는 慶尙左道節度使 邊處寧을 임금이 引見하고 방어의 준비를 소홀히 하지 않아야 한다고 말하다.(『成宗實錄』성종 20. 『集成』8-318)

7.15. 日本國 肥前州 下松浦 三栗太守 源滿, 上松浦佐志 源次郎, 松浦志佐 一岐太守 茂久, 對馬州太守 宗貞國, 越中守 宗盛弘이 사람을 보내어 土宜를 바치다.(『成宗實錄』성종 20. 『集成』8-318)

7.19. 小二殿의 使者가 바친 銅鐵의 값을 戶曹에서는 그 값으로 綿紬·綿布·正布를 섞어서 주자고 의논하였으나 모두 綿布를 원하니 다 綿布로 주라고 전교하다.(『成宗實錄』성종 20. 『集成』8-319)

7.29. 禮曹에서 日本國王의 使臣이 大藏經을 청구한다고 아뢰니,倭使에게 이 불경은 우리 나라에 많이 있지 않아서 겨우 한 帙을 얻어 그 소원을 들어 주는 것이니, 이 밖에 나머지가 없다하여 뒷날의 요구를 막으라고 전교하다.(『成宗實錄』성종 20. 『集成』8-319)

8.4. 日本國 肥前州 上松浦 波多島의 源納과 周防州 山口에 거주하는 大內進亮敎之와 西海道 筑前對馬二州守護代官 宗三郎茂家가 사람을

연도	한국
▲ 1489	보내어 土宜를 바치다.(『成宗實錄』 성종20. 『集成』8-319) 8.8. 日本國의 關西路 肥後州 八代太守 教信과 安藝州 小早川 美作守 平持平과 肥前州 九沙島主 源次郎永氏와 肥前州 下松浦 丹後太守 源盛과 對馬州 越中守 宗盛弘이 사람을 보내와서 土宜를 바치다.(『成宗實錄』 성종20. 『集成』8-320) 8.10. 日本國王 源義政이 僧 惠人을 보내어 와서 聘問하고 土宜를 바치며 글에 이르기를, 大藏經을 구해서 國寶로 삼고자 하고 經卷의 散秩을 수집하여 하사해달라고 하다.(『成宗實錄』 성종20. 『集成』8-320) 8.15. 禮曹에서 日本國王의 使臣을 應接하는 禮를 戶曹와 상의하여 館待의 禮를 풍성히 할 것을 청하다.(『成宗實錄』 성종20. 『集成』8-321) 8.26. 倭中樞 平國忠 등 7인이 와서 土宜를 바치다./ 禮曹에서 아뢰기를, 倭中樞 平國忠이 通事를 보고 모든 待遇하는 바를 너무 厚하게 할 필요가 없고, 般舟三昧院에서 청산 布貨를 만드는 것은 비용이 적지 않아서 따르기가 어려울 것 같다고 아뢰다.(『成宗實錄』 성종20. 『集成』8-321)/ 禮曹에서 日本國 使臣이 구하는 서책은 다만 論語와 孟子만 주는 것이 어떻겠냐고 아뢰니, 전교하기를 좋은 方書를 얻는다면 東坡詩·杜詩·詩學大成·등의 책을 허락하는 것이 가하지 않겠는가라고 하다.(『成宗實錄』 성종20. 『集成』8-322) 8.29. 임금이 仁政殿에서 忠勳府와 忠翊府에서 연회를 베풀어 올렸는데, 日本國王의 使臣인 上官人 僧 惠人과 副官人등이 또한 참석하여 임금이 물건을 하사하다.(『成宗實錄』 성종20. 『集成』8-322) 9.12. 仁政殿에 나아가 日本國王使 上官人 僧 惠仁과 副官人 片剛에게 宴會를 베풀고 물건을 하사하다.(『成宗實錄』 성종20. 『集成』8-322) 9.15. 日本國王의 使臣 片剛 등이 獺子皮를 바치니 綿布를 하사하다.(『成宗實錄』 성종20. 『集成』8-323)/ 慶尙道觀察使 金礪石이 密陽의 守山堤는 水陸軍 5백 명으로 農軍을 삼아 服役하게 하니, 防禦가 허술하고, 彌助項에 속히 水軍과 萬戶를 두기를 글로 아뢰다.(『成宗實錄』 성종20. 『集成』8-323) 9.25. 倭人이 黃金 2斤을 바치자 綿布를 내리다.(『成宗實錄』 성종20. 『集成』8-324) 9.27. 日本國王使 僧 惠仁이 大藏經을 얻은 것에 謝禮하고 土宜를 바치고 하직하다.(『成宗實錄』 성종20. 『集成』8-324) 10.4. 洪應이 예전의 倭變은 水營이 없기 때문인데, 남쪽 지방에 갔다가 邊方의 사정을 살펴보았더니 水營에 방비만 갖추면 길이 염려할 것이 없다고 아뢰다.(『成宗實錄』 성종20. 『集成』8-324) 10.16. 日本國 對馬州太守 宗貞國이 助國次를 보내 土宜를 바치고 그 書契에 圖書를 내려줄 것을 청하다.(『成宗實錄』 성종20. 『集成』8-325) 10.22. 日本國 肥前州 上松浦의 鴨打 源永, 對馬州太守 宗貞國, 越中守 宗盛弘, 仁位郡의 宗四郎職家가 사람을 보내 土宜를 바치다.(『成宗實錄』 성종20. 『集成』8-326) 10.27. 慶尙左道水軍節度使 李從生·江華府使 趙憬·咸安郡守 康伯珍·巨濟縣令 成順全·鎭川縣監 李植이 하직하니, 임금이 引見하고 변방 방어와 백성을 다스리는데 힘쓸 것을 이르다./ 吏曹判書 成俊에게 慶尙道 固城 加背梁과 南海 彌助項에 鎭을 설치하기가 편리한지의 여부를 살펴보도록 명하다.(『成宗實錄』 성종20. 『集成』8-326) 11.1. 正言 李守恭이 南海 彌助項의 鎭설치와 固城縣의 성 쌓는 일은 監司와 節度使로 하여금 다시 살펴보고 馳啓하게 할 것을 아뢰자 임금이 조정의 의논이 紛紛하니, 대신을 보내는 것이 마땅하다고 이르다.(『成宗實錄』 성종20. 『集成』8-327) 11.2. 兵曹에서 아뢰기를 10월 23일에 倭人들이 順天府 多老浦에 침입하여 住民들의 의복과 음식을 약탈했는데, 節度使 禹賢孫·曹益文 등은 邊將으로서의 의무를 다하지 않았으니 推鞫하라고 말하다.(『成宗實錄』 성종20. 『集成』8-327) 11.7. 義禁府에서 全羅左道水軍節度使 禹賢孫·禹侯 曹益文등은 방어하는 모든 일을 미리 조치하지 않아, 水賊들이 제멋대로 노략질을 했으니 鞫問하여 아뢰라고 진지하다.(『成宗實錄』 성종20. 『集成』8-328) 11.11. 侍讀官 姜景敍가 全羅道에 水賊의 변이 있었다는데 朝官을 보내어 피살된 수를 고찰해보도록 아뢰니, 임금이 可하다고 하다.(『成宗實錄』 성종20. 『集成』8-328) 11.12. 侍讀官 趙之瑞가 加背梁·彌助項 두 곳에 시급히 진을 두고 숨은 장정을 軍籍에 올려 軍士로 삼아 防守하여 든든한 형세를 보이면 변방이 더욱 견고해질 것이라고 아뢰니, 임금이 대신이 돌아오면 차차 의논하겠다고 이르다.(『成宗實錄』 성종20. 『集成』8-329)/ 參贊官 韓健이 乙巳年에 全羅道 沿海의 고을에 水賊들이 사람들을 살해하고 재물을 약탈하여 海岸의 길이 통하지 못했으니, 끝까지 추격하여 잡아 해안 길이 다시 통하도록 해야 한다고 아뢰다.(『成宗實錄』 성종20. 『集成』8-330)
1490 ▼	【한국】 1.1. 회례연에 왜인 盛能 등이 참석하다.(『成宗實錄』 성종21. 『集成』8-342) 1.5. 임금이 倭人의 활과 화살은 그다지 굳세지 않으니 長技는 아니며, 다만 우리 군사가 스스로 겁내고 나약한 것을 근심할 뿐이고, 對馬島·一岐州가 흉년이 들었는지의 여부는 節度使 등으로 하여금 수색하기 하라고 명하다./ 의금부에서 倭船의 침략을 막지 못한 全羅左道 水軍節度使 禹賢孫 등이 倭船이 마음대로 도둑질하도록 한죄로 벌하기를 청하니, 그대로 따르다.(『成宗實錄』 성종21. 『集成』8-343) 1.9. 正言 趙球와 持平 權柱가 倭賊이 함부로 다니면서 노략질을 하는 것은 萬戶 등이 마음을 써서 방어하지 못한 것이니 檢察하기를 청하다. /慶尙道問弊使 弘文館應教 閔師騫이 와서 復命하고 右道兵使 李欽石이 昌原에서 병으로 드러누워 本營에 돌아가지 못하므로 防戍가 허술하다는 등의 일을 아뢰다.(『成宗實錄』 성종21. 『集成』8-344)

일본

11.15. 禮曹에서 宗貞國의 特送 助國次에게 늙은 倭人이라고 圖書를 준다면 이를 본받아 요구하는 자가 많을 것이므로 그의 요청을 허락하지 않는 것이 좋겠다고 아뢰니, 상이 그대로 따르다.(『成宗實錄』 성종 20. 『集成』8-330)

11.17. 兵曹에서 全羅道觀察使의 馳啓에 의거하여 倭賊들이 萬戶와 交戰했을 때 살해, 피로된 것이 한 사람만이 아닐 것이므로 萬戶를 심문하여 사실을 알아내고, 節度使에게 방어에 충실하게 할 것을 아뢰니, 그대로 따르다./ 議政府·六曹·漢城府와 全羅道에서 있은 倭變의 대책을 논의하니 李世佐가 鹿島에 침범한 이는 水賊들이 아니라 倭賊인 것이 분명하니, 島主에게 通諭하고 問責하며 禁斷하는 책임을 분명히 보여줘야 한다고 아뢰다.(『成宗實錄』 성종 20. 『集成』8-331)/ 全羅道水軍節度使 朴巖이 사직하다.(『成宗實錄』 성종 20. 『集成』8-334)/ 慶尙道와 全羅道의 觀察使·兵馬節度使·水軍節度使에게 倭賊들이 興陽에 침범했으니, 邊防 백성들이 놀라지 않도록 하고 이전과 같이 安堵하게 하라고 諭示하다.(『成宗實錄』 성종 20. 『集成』8-335)

11.18. 日本國 肥前州 田平寓鎭 彈正小弼弘, 上松浦 鴨打 源永, 對馬州 宗貞國, 宗彦七貞秀, 宗大膳國幸이 사람을 보내어 土宜를 바치다./ 承政院에 전교하기를 萬戶들로 하여금 군사를 정돈하여 변방을 방비하다가 만일 倭奴들이 틈을 타 침범해 온다면 끝까지 베거나 잡도록 하되, 만일 실효를 거두지 못하게 된다면 드러나게 그의 죄를 다스리는 것이 가하다고 하다.(『成宗實錄』 성종 20. 『集成』8-335)

11.19. 全羅·慶尙道의 觀察使·兵馬節度使·水軍節度使에게 賊船이 우리 지경을 침범하는 것을 추격하여야 하지만, 고기잡이 배를 만났을 경우 功을 탐내어 군사의 威勢를 부리지 말 것을 諭示하다.(『成宗實錄』 성종 20. 『集成』8-337)

11.29. 日本國 肥前州 田平寓鎭 彈正小弼弘, 一岐州 浦海飯田 出羽守 源集, 對馬州太守 宗貞國이 사람을 보내어 土宜를 바치다./ 倭人 中樞 平茂續 등이 朝會하다.(『成宗實錄』 성종 20. 『集成』8-337)

12.1. 慶尙左道水軍節度使 李從生과 慶尙右道 水軍節度使 柳眡에게 各浦에서 오는 倭船의 體制를 비밀리 조사하라고 下書하다.(『成宗實錄』 성종 20. 『集成』8-337)

12.2. 吏曹判書 成俊이 慶尙道에서 돌아와 彌助項의 地圖를 올리고 鎭을 설치하지 말 것과 남쪽 지방에 봉수의 법을 밝힐 것 등을 아뢰다./ 慶尙道 水軍節度使 柳眡에게 加外梁은 賊路의 要衝이므로, 權管을 위임하여 防戍를 삼가하는 것이 가하다고 諭示하다.(『成宗實錄』 성종 20. 『集成』8-338)

12.2. 慶尙左道兵馬節度使 邊處寧·水軍節度使 李從生·右道兵馬節度使 李欽石·水軍節度使 柳眡에게 봉수의 법과 兵船의 운용을 잘 헤아려 다스릴 것을 下書하다.(『成宗實錄』 성종 20. 『集成』8-339)

12.3. 日本國 日岐州 上送浦 鹽津留 助次郞 源經, 肥前州 下松浦 山城太守 源吉, 筑前州 宗像郡知守氏鄕, 對馬州太守 宗貞國 등이 사람을 보내어 土宜를 바치다.(『成宗實錄』 성종 20. 『集成』8-339)

12.10. 全羅道節度使 朴星孫이 倭人을 막기 위해 여러 浦에 豆禿也只船의 체계에 의하여 가벼운 배를 만들고, 활쏘기에 능한 사람을 골라서 군관을 더 두게 하라고 치계하다.(『成宗實錄』 성종 20. 『集成』8-339)

12.11. 日本國 筑前州 冷川津 藤氏 平左衛門尉信重 五島鳴島主 源繁, 一岐州 守護代官 眞弓 兵部少輔 源武, 肥前州 上松浦 寶泉寺住持 源祐, 對馬州太守 宗貞國이 사람을 보내어 土宜를 바치다.(『成宗實錄』 성종 20. 『集成』8-340)

12.12. 特進官 李克均이 국가에서 倭人과 더불어 무역하기를 허락하였는데, 奸猾한 무리가 熊川縣守에게 뇌물을 바쳐서 상품 鐵은 모두 收買하고 국용으로 저장한 것은 모두 惡鐵이니 倭人과 무역하는 데 틈이 생길 듯하다고 아뢰다.(『成宗實錄』 성종 20. 『集成』8-340)

12.15. 日本國 豊州守 大友親繁, 一岐州 上松浦 鹽津留 松林阮 源實次, 對馬州太守 宗貞國이 사람을 보내어 土宜를 바치다.(『成宗實錄』 성종 20. 『集成』8-341)

12.17. 倭人 皮古三甫羅가 사사로이 銅鐵을 바치매 값으로 布를 내려주다.(『成宗實錄』 성종 20. 『集成』8-341)

12.18. 倭人 平茂續 등이 사사로이 銅鐵을 바치매 값으로 綿布를 내려주다.(『成宗實錄』 성종 20. 『集成』8-341)

12.22. 濟州 사람 咸允武 등이 供進할 물건을 가지고 楸子島에 이르러 倭賊에게 겁탈당하였다고 하니, 全羅道觀察使 李淑瑊에게 군졸을 정돈하여 邊境을 범하는 倭賊을 소탕할 것을 諭示하다.(『成宗實錄』 성종 20. 『集成』8-342)

12.27. 日本國 對馬州太守 宗貞國이 盛能을 보내어 書契와 土物을 전하다.(『成宗實錄』 성종 20. 『集成』8-342)

【일본】

4.4. 大館視康이 龜泉集証에게 명에 모낼 使臣의 連署書狀·朝鮮에 보낼 國書를 공개하라는 지시가 있을 때까지 보류할 것을 전하다.(『蔭凉軒日錄』四)

6.28. 松泉軒에 가서 가죽신 1켤레를 주다.(『蔭凉軒日錄』四)

7.9. 조선에서 귀국한 상인이 饒鉢을 천황에게 진상하다.(『御ゆとのゝ上の日記』)

7.10. 조선에서 귀국한 상인이 饒鉢을 天皇에게 진상하다. 이날 이것을 幕府에 하사하다.(『實隆公記』)

8.3. 妙貞藏主·陽藏主가 조선에 보낼 사절에 대해 龜泉集証을 방문하고 1,000필의 종이를 가져오다. 飯尾兼連이 조선에 보낸 國書에 사자의 정사가 永年慶彭인 것, 遣明船이 4船인 것, 遣明船 파견을 미리 명에 알려줄 것등을 기록하도록 龜泉에게 요청하다.(『蔭凉軒日錄』四)

8.6. 龜泉集証이 明의 正使를 사직한 景徐周麟에 대해 조선에 보낼 國書 작성을 명령하다. 景徐가 이를 거절하고 彦龍周興에게 지시할 것을

연도	한국
▲ 1490 ▼	1.10. 日本國 對馬州太守 宗貞國이 특별히 宗職吉을 보내어 와서 土宜를 바치고, 宗盛吉이 사망하고 그 아들 宗職吉이 圖書를 가지고 왔으니, 職吉에게 관작을 내려주고 登用할 것을 바란다는 書契를 보내다./ 日本國 畿內 攝津州 兵庫津 平方式部尉 源忠能, 一岐州 守護代官 眞弓 兵部少輔 源武, 代官 牧山十郎 源正, 豊州太守 大友八郎師能, 肥前州 平戶寓鎭 肥州太守 源豊久, 上松浦 神田能登守 源德 등이 사람을 보내어 土宜를 바치다.(『成宗實錄』성종21.『集成』8-345) 1.12. 對馬州太守 宗貞國이 梵賀禪師를 특별히 보내어 글을 보내기를, 倭國에서 온 사자가 병이 났는데 여러 고을 各驛에서 救療를 삼가지 아니하여 사망하게 되었다고 하니, 전교하기를 관할 驛卒을 倭人이 보는 곳에서 決罪하기로 하다.(『成宗實錄』성종21.『集成』8-346) 1.16. 日本 對馬州太守 宗貞國이 특별히 職船을 보내와서 土宜를 바치고 그 글에 이르기를 매년 보내는 黃金 82挺과 朱紅 5백 24裹에 대한 恩賜로 綿布의 情好하고 細密한 것을 특별히 바라며, 서울에서 내려주시면 다행이겠다고 하다.(『成宗實錄』성종21.『集成』8-347)/ 侍讀官 趙之瑞가 아뢰기를 忠淸道 延豊縣은 慶尙道의 사이에 있는데, 토지가 척박하고 倭人의 왕래도 이곳을 경유하며, 그 백성들이 짐을 실어내리는 괴로움을 견디지 못하니 공포를 감하여 줄 것을 청하다.(『成宗實錄』성종21.『集成』8-348) 1.22. 漆浦萬戶 尹紹宗이 辭朝하니, 承政院에 전교하여 변방 방비에 충실할 것을 下敎해 보내게 하다.(『成宗實錄』성종21.『集成』8-348) 1.23. 日本國 藝州 海賊大將 國重, 西海道 薩摩州 島津 藤原持久, 上松浦 呼子 一岐州 源義, 薩摩州 伊集院 寓鎭 隔州太守 藤熙久가 사람을 보내어 土宜를 바치다.(『成宗實錄』성종21.『集成』8-348) 1.24. 宗親이 妓女로 첩을 삼아 아들을 낳은 자를 璿源錄에 올리고 인하여 어미의 역을 內宴이외에 나머지 賜樂 및 客人의 燕享과 일체 여러 곳에는 역을 하지 말게 하는 것에 대해 領敦寧 以上에게 의논하게 하라고 전교하다.(『成宗實錄』성종21.『集成』8-349)/ 前 掌樂院正 林重이 武庫의 갑옷과 병기를 禁衛軍士에게 나누어주는 일, 水軍을 完護하고 軍官·萬戶를 골라 임명하여 보내는 것 등 布營使從事官에 있을 때 느낀 바를 上書하니, 兵曹에 회부하게 하다.(『成宗實錄』성종21.『集成』8-350) 1.25. 忠淸道·全羅道·慶尙道의 觀察使·兵馬水軍節度使 등에게 활쏘기 연습을 부지런히 할 것을 下書하다./ 宗貞國의 特送 盛能이 辭朝하다.(『成宗實錄』성종21.『集成』8-352) 1.29. 日本國 肥前州 上松浦 波多島 源納, 薩摩州 日向太守 登院持久, 對馬州太守 宗貞國 佐須那代官 石見守 宗國吉이 사람을 보내어 土宜를 바치다.(『成宗實錄』성종21.『集成』8-352) 2.7. 宗貞國의 特送인 僧 梵賀가 하직하니, 禮曹에서 答書하기를 보낸 禮物을 잘 받았고, 忠州官吏에 대한 일은 즉시 보이신 뜻을 가지고 罪를 주도록 啓請하였다고 하다.(『成宗實錄』성종21.『集成』8-353) 2.18. 日本國 對馬州太守 宗貞國·宗大善國幸이 사람을 보내 土宜를 바치다./ 宗貞國의 特送 宗職吉이 하직하다.(『成宗實錄』성종21.『集成』8-353) 2.19. 兵曹判書 韓致禮 등이 李末이 바친 弓弩가 비용만 많이 들고 쓸모가 없다고 아뢰자, 이 弓弩를 각각 한개씩 慶尙道와 全羅道의 水軍節度使에게 보내어 兵船에서 쓸 만한가의 與否를 시험해 보고 아뢰도록 承政院에 傳敎하다.(『成宗實錄』성종21.『集成』8-353) 2.21. 對馬州太守 宗貞國이 倭人 宗職吉로 하여금 그 아비의 職을 이어받도록 청하였는데, 전교하기를 이번만은 관직을 제수케하고 이 뒤로는 이와 같이 하지 말라는 뜻을 書契에 기재하다.(『成宗實錄』성종21.『集成』8-354) 2.22. 兵曹에서, 郡守 朴恒卿·興陽의 戶長 申穆 등은 倭賊의 일을 숨기고 알리지 않았으니 軍法으로 처벌하기를 건의하니 전교하기를, 律에 의하여 시행하라고 하다.(『成宗實錄』성종21.『集成』8-354) 2.23. 護軍이었던 宗職吉의 아들에게 어떤 벼슬을 제수하는 것이 좋은지 禮曹에서 아뢰자, 倭人 宗職吉에게 司直을 제수토록 하라고 전교하다.(『成宗實錄』성종21.『集成』8-355) 2.27. 日本國 薩摩州 市來太守 國久와 對馬州 宗貞秀가 사람을 보내어 土宜를 바치다.(『成宗實錄』성종21.『集成』8-356) 2.30. 兵曹에서 아뢰기를 倭賊이 多老浦로 들어와서 人物을 殺害했을 때 미처 구원하지 못한 蛇梁萬戶 閔懷哲과 呂島萬戶 金孝末의 죄의 처벌에 대해 건의하다.(『成宗實錄』성종21.『集成』8-356) 3.2. 大司諫 李枰이 密陽 守山縣의 國屯田의 경작에 水軍을 役使시키지 말도록 청하고, 特進官 柳輊가 全羅道兵馬節度使 朴星孫은 연로하여 邊將에 적합하지 않다고 아뢰다.(『成宗實錄』성종21.『集成』8-356)/ 南方 연안의 倭賊들이 도둑질하여 백성들의 산물을 약탈해가니 慶尙道觀察使·左道節度使 등에게 軍器를 정비하여 조금도 해이하지 말기를 下書하다./ 慶尙道觀察使·水軍節度使등에게 도내 바다 연안의 백성들이 도적이 이를 것은 염려하지도 않으면서 魚鹽의 釣採를 生業으로 삼고 있으니, 이를 법으로 禁斷하라고 하서하다.(『成宗實錄』성종21.『集成』8-357) 3.6. 日本國 關西路 九州都元帥 源政敎, 石見州 藤原周布左近將監和兼, 對馬州太守 宗貞國이 사람을 보내어 土宜를 바치다.(『成宗實錄』성종21.『集成』8-358) 3.13. 戶曹判書 盧公弼·參判 宋瑛이 와서 宗貞國이 가져온 公貿易의 값을 綿紬·正布·綿布 등의 물건으로 주도록 건의하다.(『成宗實錄』성종21.『集成』8-358) 3.16. 兵曹에서 長興府使 申允元이 倭賊의 邊境 침범을 당했을 때 즉시 馳啓하지 않은 죄의 처벌을 건의하다.(『成宗實錄』성종21.『集成』8-358)

일본

龜泉에게 답하다.(『蔭凉軒日錄』四)

8.7. 龜泉集証이 茂叔을 大德 景徐周麟에게 보내어 조선에 보낼 국서를 논의하게 했으나 景徐周麟이 출타 중이라고 하다.(『蔭凉軒日錄』四)

8.9. 龜泉集証이 梅首座를 飯尾元連에게 보내다. 조선에 보낼 국서에 대해 선례를 논의하다. 또 재작년 파견된 일본 사절이 귀국길에 있는지, 조선에 있는지 등을 국서에 기록함을 의논하다.(『蔭凉軒日錄』四)

윤8.10. 龜泉集証이 조선에 보낼 국서에 대해 조목조목 葉室光忠에게 설명하다.(『蔭凉軒日錄』四)

9.8. 足利義持가 万阿를 통해 龜泉集証에게 조선에서 온 象牙符가 蔭凉軒에 있는 가를 조사하다. 蔭凉軒과 御倉에도 象牙符는 없다. 재작년의 조선에서 보낸 답서는 御倉에 있고, 후일 蔭凉軒에 전하도록 하다.(『蔭凉軒日錄』四)

9.14. 足利義持가 재작년에 조선에서 온 답서 상자를 蔭凉軒에 전달하다.(『蔭凉軒日錄』四)

9.16. 万阿가 龜泉集証에게 朝鮮勘合을 가지고 있는지 묻다. 集証이 조선 勘合은 존재하지 않고 象牙破符가 있고, 이를 갖고 조선을 왕래한다고 말하다.(『蔭凉軒日錄』四)

9.18. 東山 養德院 僧 岳藏主가 曇華院 慈泉庵에서 조선에 보내는 국서의 일로 蔭凉軒에 서장을 보내다. 龜泉集証이 慈泉庵에 가서 岳藏主에게 설명하고 돌아오다.(『蔭凉軒日錄』四)

9.20. 東山 養德院 僧 岳藏主가 조선에 보낼 國書는 和尙(橫川景三)이 기초했다고 말한 것은 거짓이다.(『蔭凉軒日錄』四)

9.21. 龜泉集証이 葉室光允에게 선례에 따라 조선의 답서 상자를 蔭凉軒에 맡길 것을 요청하고 이에 가지고 돌아오다.(『蔭凉軒日錄』四)

9.27. 飯尾元連이 龜泉集証에게 조선에 보낼 國書의 別幅 목록·書紙 2매를 전달하다.(『蔭凉軒日錄』四)

9.29. 龜泉集証이 足利義持를 알현하고 1486년·1488년에 조선에 거듭 대장경을 요청한 일을 아뢰다. 그러므로 이번에 대장경을 요청하는 일은 옳지 않다고 아뢰다.(『蔭凉軒日錄』四)

9.30. 龜泉集証이 조선에 보낼 예물에 대해 飯尾元連에게 사람을 보내 의논하다. 이전의 예물은 10종이었는데 이번에 8종인 것은 적당하지 않다. 이전의 예물 별폭에는 屛風 2쌍·畫扇 100자루가 있었는데, 이번에는 屛風 1쌍·부채 10자루라고 한 것은 매우 소략하다고 말하다. 또 大藏經 요청에 대해서 이전에 두 번이나 '거의 없다'고 말해 왔기 때문에, 이번에 요청하는 것은 옳지 않다고 말하다.(『蔭凉軒日錄』四)

10.1. 大內雜掌 秀文의 使僧이 龜泉集証에게 오다. 秀文은 景泰 연간의 勘合이 細川政元에게 인도된 시기를 묻다. 龜泉이 이를 설명하고, 조선에 보내는 국서의 일을 언급하다.(『蔭凉軒日錄』四)

10.2. 景徐周麟이 음양헌을 방문하다. 龜泉集証이 景徐에게 조선에 보낼 國書의 작성이 將軍의 命令인 것, 遣明 正使에서 면제된 것을 전하다.(『蔭凉軒日錄』四)

10.3. 飯尾兼連이 龜泉集証에게 조선에 보내는 예물 목록의 제출, 대장경 요청은 博多 妙樂寺에 허락하였기 때문에 철회할 수 없다는 것 등을 전하다. 龜泉이 대장경의 요청을 國書에 적고, 唐鳥·生麝·沈香에 대해서 기록 여부를 묻다.(『蔭凉軒日錄』四)

10.4. 景徐周麟이 蔭凉軒을 방문하다. 龜泉集証이 景徐에게 조선에 보낼 國書에 大藏經 요청의 내용을 기록할 것을 전하다.(『蔭凉軒日錄』四)

10.5. 龜泉集証이 葉室光忠에게 조선 관련 서류를 보이다. 그 서류에는 景徐周麟이 국서를 작성할 것, 조선에서 사향·침향은 구할 수 없다는 것, 진귀한 동물을 조선에서 구하는 것과 대장경 요청을 국서에 기록하는 등의 내용이 실려있다.(『蔭凉軒日錄』四)

10.8. 龜泉集証이 橫川景三을 방문하니, 먼저 왔던 景徐周麟과 대화하다. 景徐가 조선에 보낼 국서의 草案을 龜泉에게 보이다.(『蔭凉軒日錄』四)

10.9. 景徐周麟이 조선에 보낼 國書를 정서하여 蔭凉軒에 가지고 오다. 龜泉이 九峰完成에 명하여 국서에 날인하고 상자에 넣게 하다. 조선에 보내는 別幅에 劍 대신 槍으로 기록하게 하다.(『蔭凉軒日錄』四)

10.10. 龜泉集証이 景徐周麟에게 조선에 보낼 國書가 將軍의 의향에 맞는 것을 전하다.(『蔭凉軒日錄』四)

10.11. 飯尾元連이 龜泉集証에게 慈泉庵에서 조선에 보낼 國書를 받았다는 것을 알리고 국서함의 열쇠를 전하다. 龜泉은 국서가 이미 완성되어 지난 9일 도장을 날인하여 상자에 넣고, 足利義持에게 바쳤음을 元連에게 전하다.(『蔭凉軒日錄』四)

10.13. 飯尾元連이 龜泉集証에게 담화원에서 조선에 보낼 國書를 進上하라는 명이 있었다고 전하다. 龜泉이 지난 9일 萬阿를 통해 足利義持에게 국서를 바치다.(『蔭凉軒日錄』四)

10.14. 南伯眞棠이 조선에 보낼 國書의 일을 萬阿에게 묻다.(『蔭凉軒日錄』四)

10.15. 飯尾兼連쪽에서 匹出五郞左衛文衛가 조선에 가기를 희망하는 사람을 데리고 蔭凉軒에 오다. 龜泉集証이 국서함의 열쇠를 匹出에게 건네다.(『蔭凉軒日錄』四)

11.29. 龜泉集証이 伊勢貞宗의 집을 방문하다. 조선에 보낼 使節의 관련 인물이 白紙의 印判狀을 신청해 온 것을 보고하다. 貞宗이 葉室光忠에게 白紙 印判狀의 일을 묻다. 葉室光忠은 백지에 어판을 찍은 것은 자기도 알 수 없고, 장군 足利義材도 어판을 찍지 않았을 것이라고 대답하다.(『蔭凉軒日錄』四)

12.5. 藤左方에서 歲暮의 禮狀이 있다. 歲暮의 예물은 靑苔百把·野里三巢·布子一面 등이다. 布綾의 안쪽은 朝鮮紬이다.(『蔭凉軒日錄』四)

3.18. 日本國 肥前州 九沙島主 源次郞永氏, 對馬州太守 宗貞國, 兵部少輔 宗茂勝·宗彦七貞秀, 關西路 肥後州 局地戰 藤原朝臣爲幸이 사람을 보내 와서 土宜를 보내다.(『成宗實錄』 성종 21. 『集成』8-359)

3.27. 倭司直 仇羅沙也文國助가 와서 朝會하다.(『成宗實錄』 성종 21. 『集成』8-359)

4.7. 日本國 周防州 山口居住 大內進亮敎之, 對馬州太守 宗貞國, 越中守 宗盛俊·宗彦七貞秀가 사람을 보내어 土宜를 바치고, 倭護軍

연도	한국
▲ 1490 ▼	時難酒毛가 來朝하다.(『成宗實錄』성종21. 『集成』8-359)
	4.9. 日本國 對馬州太守 宗貞國, 肥前州 小城 千葉介 元胤, 橘氏 立石 右京 亮國長이 사람을 보내어 와서 土宜를 바치고, 倭僉知 早田彦八 등이 來朝하다.(『成宗實錄』성종21. 『集成』8-359)
	4.19. 日本國 肥前州 下松浦 五島宇久守 源勝, 對馬州太守 宗貞國, 國分寺住持僧 崇統, 宗彦七貞秀가 사람을 보내어 土宜를 바치다.(『成宗實錄』성종21. 『集成』8-360)
	4.22. 日本國 筑前州 太宰府都督 司馬少卿 賴忠이 사람을 보내와서 土宜를 바치다.(『成宗實錄』성종21. 『集成』8-360)
	4.28. 日本國 肥前州 上松浦 波多島의 源納, 對馬州太守 宗貞國, 兵部少輔 宗茂勝이 사람을 보내와서 土宜를 바치고, 倭護軍 中尾吾郞 등이 來朝하다.(『成宗實錄』성종21. 『集成』8-360)
	4.29. 이달에 全羅道 會寧浦에 城을 쌓다.(『成宗實錄』성종21. 『集成』8-360)
	5.14. 尹弼商이 野人 童約沙의 귀환에 대해 설득했다가 듣지 않을 경우 그들의 집을 불태우며 농토를 짓밟고 쫓아내어 돌아가게 하면 경상도 三浦의 倭人도 鑑戒가 될 것이라고 의논드리다.(『成宗實錄』성종21. 『集成』8-361)
	5.20. 日本國 肥前州 下松浦 五島宇久守 源勝, 對馬州太守 宗貞國, 守護代官 宗助六盛俊, 國分寺住持인 중 崇統이 사람을 보내어와서 土宜를 바치다.(『成宗實錄』성종21. 『集成』8-361)
	5.30. 이달에 慶尙道 鹽浦의 성을 쌓다.(『成宗實錄』성종21. 『集成』8-361)
	6.6. 日本國 肥前州 松浦 一岐太守 源義, 安藝州 小早川 美作守 平持平, 對馬州太守 宗貞國이 사람을 보내어 土宜를 바치다.(『成宗實錄』성종21. 『集成』8-362)
	6.16. 石城縣監 李亨孫과 井浦萬戶 鄭文興이 하직하니, 임금이 引見하고 백성을 수고롭게 하는 것은 옳지 못하다고 이르다.(『成宗實錄』성종21. 『集成』8-362)
	6.18. 日本國 肥前州 上松浦 波多島 源納, 松浦志佐 一岐太守 源義, 對馬州太守 宗貞國, 越中守 宗盛弘, 西海島 筑前對馬二州 守護代官 宗茂家 등이 사람을 보내 土宜를 바치다.(『成宗實錄』성종21. 『集成』8-362)
	6.23. 日本國 肥前州 田平寓鎭 彈正少弼弘, 松浦志佐 一岐太守 源義, 上松浦 鴨打 源永, 對馬州 宗大膳國幸이 사람을 보내 土宜를 바치다.(『成宗實錄』성종21. 『集成』8-363)
	6.28. 이달에 慶尙道 助羅浦와 全羅道 突山浦에 성을 쌓다.(『成宗實錄』성종21. 『集成』8-363)
	7.23. 武靈君 柳子光이 全羅道에 任實縣 坪堂院에 숨어든 海賊을 武臣을 보내어 잡게 할 것을 아뢰니, 僉正 呂承堪을 보내어 도적을 잡게 하다.(『成宗實錄』성종21. 『集成』8-363)
	7.24. 都承旨 申從濩 등이 전라도의 해적 소탕에 무신을 파견할 것을 아뢰니, 무신을 보내어 도적을 잡게 하는 것이 가하다고 전교하다.(『成宗實錄』성종21. 『集成』8-364)
	8.7. 同知中樞府事 李則이 馬梁의 鎭을 防禦所로 옮길 것과 群山鎭의 軍士를 舒川鎭에 더하고 群山을 혁파할 것 등을 아뢰니, 利害를 살피어서 하라고 이르다.(『成宗實錄』성종21. 『集成』8-364)
	8.19. 對馬州太守 宗貞國이 사람을 보내어 土宜를 바치고, 倭中樞 平國忠 등 4인이 조회하다.(『成宗實錄』성종21. 『集成』8-365)
	8.25. 丑山浦萬戶 元自江이 하직하니, 임금이 引見하고 마땅히 不虞에 대비하여 船軍을 망령되이 役事시키지 말고 公事를 빙자하여 私事를 경영하지 말라고 이르다.(『成宗實錄』성종21. 『集成』8-365)
	8.29. 이달에 慶尙道 富山浦城, 玉浦城, 唐浦城, 加背梁城을 쌓다.(『成宗實錄』성종21. 『集成』8-365)
	9.6. 日本國 關西路 筑豊肥三州摠太守 大宰府都督 司馬少卿 藤原政尙이 사람을 보내어 土宜를 바치다.(『成宗實錄』성종21. 『集成』8-366)
	9.18. 日本國 大中大夫 左京兆尹兼防長豊筑四州太守 多多良政弘이 土宜를 바치고, 書契를 보내어 紀州 安樂禪寺는 南方의 福이 되는 곳인데 大藏經이 없으므로 通信使 慶彭首座를 보내어 그 뜻을 고하니 맑게 들어주기를 청하다.(『成宗實錄』성종21. 『集成』8-366)
	9.24. 日本國 西海路 筑前州 冷川津府兼內州太守 藤原貞成, 豊州太守 大友八郞師能, 肥前州 平戶寓鎭 肥州太守 源義, 上松浦 鴨打 源永, 上松浦 呼子一岐守 源義, 日向大隅薩摩三州太守 茂久등이 사람을 보내어 土宜를 바치다.(『成宗實錄』성종21. 『集成』8-366)/ 領敦寧 이상으로 하여금 倭人에게 大藏經을 보내주는 문제를 의논하게 하고 전교하기를, 우리나라는 佛敎를 믿지 않는 까닭으로 山寺에서 사사로이 간직한 것을 얻어서 응한것이라고 하면 다시는 청하지 않을 것이다 하다.(『成宗實錄』성종21. 『集成』8-367)
	9.28. 都巡察使 成健이 沃溝·群山浦 등 西海지방의 여러 浦의 방비 대책에 대해 아뢰다.(『成宗實錄』성종21. 『集成』8-368)
	9.30. 이달에 慶尙道 平山浦城을 쌓다.(『成宗實錄』성종21. 『集成』8-368)
	윤9.1. 許混 등을 論賞하는 일을 의논하게 되었는데, 洪應 등이 乙未年에 全羅道의 興陽·鉢浦에서 倭賊을 殺獲한 例를 들어 軍功을 하사함이 어떤지 아뢰니, 전교하기를 黃事孝가 돌아오는 것을 기다려서 등급을 정하기로 하다.(『成宗實錄』성종21. 『集成』8-369)
	윤9.7. 承政院에서 倭使의 자리를 '御座 西南쪽에 설치하되 동쪽을 향하게 하고 북쪽을 위로 삼는다'는 五禮儀에 따라 변경시킬 것을 건의하였으나, 옮기게 되면 저들이 혹 의혹을 품을 것이니 전과 같이 하라고 전교하다.(『成宗實錄』성종21. 『集成』8-369)
	윤9.28. 倭人이 바친 銅鐵의 값을 綿布로 받기를 청하자 禮曹에서 前例에 의거하여 稟旨하니, 李克培가 銅鐵은 우리나라에서 생산되지 아니하고, 綿布는 궁진함이 없으니 청한대로 지급하는 것이 타당하다고 의논하고 그대로 따르다.(『成宗實

일본

錄』 성종 21. 『集成』8-370)

윤9.29. 이달에 慶尙道의 赤梁城·知世浦城·泗良城·安骨浦城·永登浦城과 全羅道의 鉢浦城을 쌓다.(『成宗實錄』 성종 21. 『集成』8-370)

10.3. 張順孫이 倭人을 接見할 때 御榻에 오르게하여 술잔을 바치게 하3는 것을 옳지 않으니, 內官으로 하여금 술을 따르게 하라고 아뢰다.(『成宗實錄』 성종 21. 『集成』8-371)

10.4. 倭人과 野人에게 술잔을 바치는 것의 便否를 領敦寧 이상과 議政府·禮曹에서 의논하게 하였는데, 아직 舊例에 의거하여 술잔을 올리게 하라고 전교하다.(『成宗實錄』 성종 21. 『集成』8-371)

10.13. 日本國 一岐州 守護代官 眞弓 兵部少輔 源武, 對馬州太守 宗貞國, 平調信 宗國勝이 사람을 보내 土宜를 바치고 倭中樞 平茂績 등 2인이 와서 土宜를 바치다.(『成宗實錄』 성종 21. 『集成』8-372)

10.14. 大內殿 政弘의 使臣인 慶彭首座 등이 하직하였는데 그 答書에 이르기를 大藏經은 이보다 전에 여러 州에서 거의 모두 구해갔으며, 또 나라에서 佛敎를 숭상하지 않아, 겨우 1部만 얻어 책임만 면했으니 살피기 바란다고 하다.(『成宗實錄』 성종 21. 『集成』8-372)

10.24. 日本國 關西路 肥筑州太守 菊池重朝, 肥前州 平戶寓鎭 肥州太守 源豊久, 對馬州太守 宗貞國이 사람을 보내어 土宜를 바치다.(『成宗實錄』 성종 21. 『集成』8-372)/ 濟州人으로 進上할 方物을 가져오던 자가 倭賊에게 빼앗긴 일을 재상들과 의논하고, 따로 朝官을 보내어 節度使와 함께 의논해서 의심할 만한 곳을 끝까지 수색하여 잡게 하고 對馬島主에게 유시하여 금지시키도록 하다.(『成宗實錄』 성종 21. 『集成』8-373)

10.28. 全羅道觀察使 朴安性에게 적변이 그칠 동안 제주의 진상물을 실은 배를 본주로 하여금 군사를 뽑아 호송하게 하라고 명하다.(『成宗實錄』 성종 21. 『集成』8-375)

10.29. 全羅道水賊追捕敬差官 柳順汀이 하직하니 임금이 事目에 濟州의 進上物을 掠奪한 자는 倭人이 아니고, 水賊들이 한 짓인데 지금 懲罰하지 않으면 장차 도모하기 어려우니 같은 날 擧事하여 사로잡을 것을 기약할 것 등을 이르다.(『成宗實錄』 성종 21. 『集成』8-375)

10.30. 이달에 全羅左道 水營의 城과 鹿島城, 永安島의 乾元堡를 쌓다.(『成宗實錄』 성종 21. 『集成』8-376)

11.1. 日本國 肥前州 五島宇久守 源勝, 日岐州 守護代官 眞弓 兵部少輔 源武,對馬州太守 宗貞國이 사람을 보내 土宜를 바치다.(『成宗實錄』 성종 21. 『集成』8-376)

11.3. 洪應이 해마다 防守하고 있는 邊方의 군사들에게 가끔씩 은혜를 베풀어 資給을 더해주거나 물품을 하사하고, 鉢浦에서 倭賊 잡은 例에 의하여 시행할 것을 의논하다.(『成宗實錄』 성종 21. 『集成』8-377)/ 10월 초 2일에 海圖에서 倭賊을 만나 의복과 식량을 빼앗겼고 18일에 倭賊의 배가 群山 등의 지역으로 향하고 있다는 등의 倭賊의 출호를 全羅道兵馬節度使 辛鑄가 아뢰니, 領敦寧 이상과 議政府, 兵曹에 의논하라고 전교하다.(『成宗實錄』 성종 21. 『集成』8-378)

11.4. 大司憲 李季仝이 邊方에 익숙한 자를 뽑아 柳順汀과 의논토록 아뢰고, 임금이 말하기를 남쪽 지역에는 태평한 지가 오래 되었는 데, 지금 倭變이 자주 일어나니 매우 염려가 된다고 하다.(『成宗實錄』 성종 21. 『集成』8-379)/ 領敦寧 이상과 議政府 六曹에 명하여 全羅道에 助戰軍官을 내려 보내는 일과 같은 날 擧事할 것을 朝官을 보내어 對馬島主에게 通諭하는 것이 좋은지에 대해 의논하다.(『成宗實錄』 성종 21. 『集成』8-380)/ 訓鍊院正 李永禧를 보내어 柳順汀과 함께 조치하여 倭賊을 수색하여 잡도록 하다.(『成宗實錄』 성종 21. 『集成』8-381)

11.6. 侍講官 趙之瑞 등이 지금 南方에 事變이 있는데 各浦의 兵船은 썩어서 사변에 對應할수 없으므로, 各浦의 兵船을 兵使·水使로 하여금 점검하도록 아뢰다.(『成宗實錄』 성종 21. 『集成』8-381)

11.8. 仁政殿에 나아가 策文을 발표하니, 근래 남쪽에 倭賊 또는 水賊이 여러번 노략질을 하는데 변장이 이를 제대로 막을 수가 없으므로, 子大夫들은 도적을 견제하고 백성을 편안하게 하는 계책을 밝히도록 명하다.(『成宗實錄』 성종 21. 『集成』8-382)

11.16. 日本國 對馬州太守 宗貞國이 特使를 보내어 土宜를 바치고 書契에 이르기를, 賊船이 계속 侵入했다는 말에 놀랐고 귀국의 변방 관리 중에 이익만을 탐하는 무지한 자가 함부로 보고하는 것이라 하다.(『成宗實錄』 성종 21. 『集成』8-383)

11.17. 都承旨 申從濩가 宗貞國의 書契 내용 중 貴國의 변방 관리 중에 이익만 탐하는 無知한 자가 죄를 덮어 씌워 함부로 보고한다는 내용이 매우 傲慢하니, 書契를 보류해 두고 확실히 안 다음 시행토록 아뢰다.(『成宗實錄』 성종 21. 『集成』8-384)

11.25. 全羅道觀察使 朴安性과 兵馬節度使 申鑄 등에게 남해의 수적을 모두 수색하여 쇄환시키도록 하라고 명하다.(『成宗實錄』 성종 21. 『集成』8-384)

11.29. 金應箕·趙之瑞가 滿浦에서 獻捷하여 邊釁을 아뢰었고, 湖南에서는 적을 수색하여 오랑캐의 마음을 불안하게 하였는데, 깊이 염려하지 않을 수 없는 일이므로 留意하라고 書契하다./ 이 달에 慶尙道의 多大浦城을 쌓다.(『成宗實錄』 성종 21. 『集成』8-385)

12.1. 同知事 李世左가, 南方에 倭變있는데 敬差官을 보내어 같은 날 擧事하여 잡도록 해야하고, 慶尙右道와 全羅左道는 倭賊이 오가는 곳이니 武臣으로서 그곳을 지키게 하여 잡은 다음 島主에게 宣諭하여 금지시키게 하라고 아뢰다.(『成宗實錄』 성종 21. 『集成』8-385)/ 武靈君 柳子光이 倭船 체제의 모양을 만들어 올 事理를 아는 朝士를 파견할 것을 건의하다.(『成宗實錄』 성종 21. 『集成』8-386)

12.2. 慶尙·全羅左右道의 水軍節度使에게 하서하기를 도내의 萬戶중 무재가 있고 사리를 아는 자와 무재가 없고 용렬한 자를 분간하여 기록해서 아뢰라고 하다.(『成宗實錄』 성종 21. 『集成』8-386) 慶尙道와 全羅道의 觀察使에게 하서하기를 도내 무재가 탁한 사람을 가려 뽑아 기록하여 아뢰라고 하다.(『成宗實錄』 성종 21. 『集成』8-387)

12.8. 兵曹에서 甫吉島萬戶를 설치하여 楸子島까지 겸해 관장하게 할 것을 아뢰니, 領敦寧 以上, 議政府, 六曹, 漢城府와 과거에 守令과 奉使를 지낸 사람들을 함께 불러와 의논하게 하다./ 司憲府大司憲 李季仝이 倭人을 접견할 적에 殿에 올라 술잔을 올리지 말고, 倭奴가 침범하여 官船을 노략질 했는 데 三浦의 倭人의 짓이니 굳이 使臣을 보내는 것보다는 李永禧·柳順汀 등을 우선 돌아오게 하라고 상서하다.(『成宗實錄』 성종 21. 『集成』8-387)

12.9. 沈瀚·尹弼商 등이 甫吉島는 濟州에 往來하는 사람이 바람을 피하는 곳이며, 倭賊의 소굴이기도 하니 鎭을 설치해야하며, 軍卒의 출입

연도	한국
▲ 1490	이 제때에 할 수 없어 賊變이 있어도 구원할수 없으니 대책을 세워야 한다고 의논하다.(『成宗實錄』 성종21. 『集成』 8-389)/ 日本國 一岐州 上松浦 鹽津留, 助次郞, 五島鳴主, 源繁과 畿內 攝津州 兵庫津 平方式部尉 源忠能과 對馬州太守 宗貞國, 越中守 宗盛弘이 사람을 보내와서 土宜를 바치다.(『成宗實錄』 성종21. 『集成』8-390) 12.13. 日本國 對馬州 宗貞國이 사람을 보내어 土宜를 바쳤고, 倭 護軍 皮孔古羅 등 3명이 와서 朝會하였다./ 全羅道敬差官 李永禧 등이 水賊과 접촉한 의심이 있는 사람을 鞠問하게 했음을 아뢰고, 임금이 전교하기를 倭賊은 동풍을 기다려서 오는데, 요즘 날씨가 추워 수색해 잡기가 어려우니 監司와 水使에게 다시 諭示하도록 하다.(『成宗實錄』 성종21. 『集成』8-391)
1491 ▼	【한국】 1.5. 宗貞國이 특별히 보내 온 國續이 하직인사를 하니 禮曹에서 答書하기를 족하는 모든 섬을 수색하여 網漏한 姦賊을 잡아 그 죄를 분명히 다스리고 그 머리를 함에 넣어 와서 바치는 것을 유념하라고 하다.(『成宗實錄』 성종22. 『集成』8-393)/ 生員 趙有亨을 불러 引見하고 이르기를 慶尙道 沿海의 고을에는 倭奴들이 섞여 살고 全羅道 沿邊의 땅에는 방어 태세가 소홀하니 苞桑에 잡아 매는 경계를 더하라고 아뢰다.(『成宗實錄』 성종22. 『集成』8-394) 1.9. 倭司果 四郞三郞 등이 와서 土宜를 바치다.(『成宗實錄』 성종22. 『集成』8-394) 1.16. 日本國 上松浦 那久野 能登守 賴永과 對馬州太守 宗貞國과 佐須那代官 石見守 宗國吉과 越中守 宗盛弘이 사람을 보내 土宜를 바치다.(『成宗實錄』 성종22. 『集成』8-394) 1.22. 弘文館直提學 金諶이 倭船을 본떠 만들기 위해서 척량을 써서 올리다.(『成宗實錄』 성종22. 『集成』8-395) 2.4. 宗貞國의 特送 職宣이 하직하다.(『成宗實錄』 성종22. 『集成』8-395) 2.26. 日本國 一岐州 上松浦 鹽津留 助次郞 源經, 關西路 薩摩州 島津 藤原持久, 對馬州太守 宗貞國이 사람을 보내어 와서 土宜를 바치고, 倭 護軍 所溫皮古破知 등 일곱 사람이 내조하다.(『成宗實錄』 성종22. 『集成』8-395) 3.9. 日本國 肥前州 上松浦 筑後守 義永, 一岐州代官 牧山十郞 源正, 薩州 伊集院 寓鎭 隅州太守 藤熙久, 一岐州 上松浦 鹽津留 松林阮 源實次, 對馬州太守 宗貞國, 宗彦七貞秀가 사람을 보내어 土宜를 바치다.(『成宗實錄』 성종22. 『集成』8-395) 3.19. 日本國 薩州 伊集院 寓鎭 隅州太守 藤熙久, 對馬州太守 宗貞國, 仁位郡 宗四郞職家가 사람을 보내 土宜를 바치다.(『成宗實錄』 성종22. 『集成』8-396) 3.29. 이달에 全羅道의 呂島城을 쌓다.(『成宗實錄』 성종22. 『集成』8-396) 4.6. 日本國 西海路 肥後州 八代太守 敎信, 藝州 海賊大將 國重, 關西路 肥後州守 菊池藤原爲幸, 對馬州 宗彦七貞秀, 伊豫守 宗茂勝, 仁位郡 宗四郞職家·宗大膳國幸이 사람을 보내어 土宜를 바치다./ 對馬州太守 宗政國이 특별히 보낸 職永이 와서 土宜를 바치고 그 글에 이르기를 내년에 進貢船을 大明國으로 보내려고 하니, 大明國에 아뢰어 편하게 尊報를 부상 전하에게 받들도록 해 달라고 아뢰다.(『成宗實錄』 성종22. 『集成』8-396) 4.10. 日本國 關西路 冷川津에 살고있는 嘉善大夫 同知中樞府事 信重, 豊州太守 友親繁, 薩摩州 日向太守 盛久, 對馬州太守 宗貞國이 사람을 보내 土宜를 바치고, 倭護軍 又四郞盛數 등이 내조하다.(『成宗實錄』 성종22. 『集成』8-397) 4.11. 領事 洪應이 倭船·濟州船·漕船을 새로 만들어 시험한 결과 倭船이 가장 빨랐다고 아뢰다.(『成宗實錄』 성종22. 『集成』8-397) 4.21. 日本國 肥前州 上松浦 波多島 源納, 上松浦 那久野 能登守 賴永, 上松浦 鴨打 源永, 下松浦 大內進亮 多多良敎之, 安藝州 小早川 美作守 平持平, 對馬州太守 宗貞國, 仁位郡 宗四郞職家가 사람을 보내어 와서 土宜를 바치다./ 弘文館副提學 金克憸이 宗貞國의 글의 내용을 보니 매우 불손한 데 관계되며, 해마다 보내는 船隻을 늘리고자 하는 의도 등을 아뢰다.(『成宗實錄』 성종22. 『集成』8-398) 4.24. 司諫院獻納 姜參이 거사하는 시기가 적당하지 않고, 남쪽 지방을 대비하여 방어하는 계책을 解弛하게 할 수 없다고 아뢰다.(『成宗實錄』 성종22. 『集成』8-399) 4.26. 弘文館 金克憸이 남쪽 지방은 섬 오랑캐와 이웃하고 있고 全羅道에서 여러 차례 노략질을 당하였으며, 이제 수만의 寇賊이 머물고 있다고 해서 船隻을 들어 달라고 하니 저들의 실정과 허위를 알 수 없다고 아뢰다.(『成宗實錄』 성종22. 『集成』8-399) 4.28. 同知事 李世佐 등이 世宗朝 왜인을 죽인 만호에 대해 아뢰며 북정의 불가함을 논하였으나, 상이 이를 들어주지 아니하다.(『成宗實錄』 성종22. 『集成』8-399)/ 侍讀官 趙之瑞가 下三道에서는 倭奴가 국경 침범의 기회를 엿보는 등 시국이 어지러우니 북정의 시기로는 적절치 못하다고 아뢰다.(『成宗實錄』 성종22. 『集成』8-400) 4.30. 夕講이 끝나고 侍讀官 金應箕가 시국의 상황을 아뢰며, 북정의 불익함을 계하다.(『成宗實錄』 성종22. 『集成』8-401) 5.1. 同知事 愼承善이 宗政國의 書辭가 불손한데, 南道의 군사를 모두 북방에 가게 하는 것이 적당하지 못하다고 아뢰었으나, 임금이 宗貞國의 의식이 오로지 우리나라에 달려 있는데, 어찌 배반할 마음이 있겠는가라고 하다.(『成宗實錄』 성종22. 『集成』8-401)/ 禮曹에서 宗政國이 使者로 보낸 職永解文은 화를 잘 내며 지금 청을 들어 주지 않고 圖書를 틀린 것으로 島主에게 서신을 보낸다면 職永이 돌아가서 거짓을 꾸며 不和의 씨를 만들까 염려되니 權道의 말로서 답하도록 아뢰다.(『成宗實錄』 성종22. 『集成』8-402) 5.2. 南方의 倭賊은 衣食을 우리 나라에서 의뢰하고 있으니 우리를 배반하지 않을 것이라 임금이 말하니 大司憲 申從皓가 어찌 憤兵을 억지로 일으켜 조그만 오랑캐와 다툴려고 하느냐라고 아뢰었다.(『成宗實錄』 성종22. 『集成』8-402) 5.3. 임금이 말하기를 오랑캐가 城을 함락시키고 장수를 죽이며 사람과 家畜을 죽였으니 나라의 羞恥가 심하고, 이때가 바로 군사를 일으켜 죄 있는 자들을 징벌할 때라고 하다.(『成宗實錄』 성종22. 『集成』8-403)

일본

12.20. 日本國 關西路 九州都元帥 源政敎와 肥前州 上松浦 寶泉寺住持 源祐位와 石見州 藤原周布左近將監和兼과 一岐州 上松浦 鹽津留 觀音寺看主 宗殊와 對馬州太守 宗貞國 등이 사람을 보내서 土宜를 바치다.(『成宗實錄』 성종 21. 『集成』8-392)

12.27. 日本國 對馬州太守 宗貞國이 職宣을 特使로 보내어 土宜를 바치고 그글에 絹布나 麻布의 類는 본래 나라에 있으나 다만 木棉이 없으니 오직 木棉만을 희망한다고 이르다.(『成宗實錄』 성종 21. 『集成』8-392)

【일본】

5.16. 蔭凉軒에서 조선의 布 2端을 취하다. 값은 3貫 100文으로 모두 白布이다. 한 단은 3丈 9尺 7寸이고, 다른 한 단은 3丈 9尺 3寸이다.(『蔭凉軒日錄』四)

10.11. 西菴이 蔭凉軒에 오다. 丹後紬와 朝鮮紬를 齋用으로 하다.(『蔭凉軒日錄』四)

10.12. 紫色인 조선의 紬로써 小袖를 만들다.(『蔭凉軒日錄』四)

10.-. 조선 成宗이 足利義政에게 筑前國 妙樂寺에 안치하기 위해 요청한 大藏經과 여타의 물건을 보낼 것임을 알린 답서이다.(『翰林葫蘆集』)

12.22. 萬福寺에서 온 木毯을 西菴에게 보내어 고려 紬를 얻다.(『蔭凉軒日錄』四)

-. 足利義材가 조선에 慶彭을 보내어 장군의 취임을 알리다. 또한 筑前國 妙樂寺에 안치할 大藏經과 그것을 보관할 건물의 조성에 충당할 木棉을 청하다.(『翰林葫蘆集』)

5.12. 日本國 肥前州 上松浦 波多島의 源納과 對馬島主태수 宗貞國과 國分寺住持 崇統과 李豫守 宗茂勝과 橘氏立石右京의 亮國長과 越中守 宗盛弘과 筑前對馬二州의 守護대관 宗茂家가 사람을 보내 土宜를 바치다.(『成宗實錄』 성종 22. 『集成』8-403)

5.17. 慶尙左道兵馬節度使 河叔溥가 하직하니, 임금이 引見하고 이르기를, 倭奴가 허술한 틈을 타서 소란을 일으킨다면 염려할 만한 일이니 방비에 엄중히 하라고 하다.(『成宗實錄』 성종 22. 『集成』8-404)

5.18. 日本國 對馬州太守 宗政國과 福利山 國分禪寺의 住持 崇統과 古何治部 少部職次 越中守 宗盛弘과 大知賀島守護兼尾州太守 源幡이 사람을 보내 土宜를 바치다.(『成宗實錄』 성종 22. 『集成』8-404)

5.26. 持平 李績이 各浦의 僉使와 萬戶는 다만 용렬하고 衰耗할 뿐만 아니라 才藝도 없으니, 그런 까닭으로 前日에 倭寇가 변방을 침범하여도 적을 잡지 못했다고 아뢰다.(『成宗實錄』 성종 22. 『集成』8-404)

5.28. 宗政國의 特送 職永이 하직하다.(『成宗實錄』 성종 22. 『集成』8-405)

6.9. 日本國 對馬州代官 李豫守 宗茂勝과 越中守 宗盛弘이 사람을 보내 土宜를 바치다.(『成宗實錄』 성종 22. 『集成』8-406)

6.15. 日本國 關西路 筑豐肥三州摠太守 太宰府都督 司馬少卿 藤原政尙이 사람을 보내어 土宜를 바치다.(『成宗實錄』 성종 22. 『集成』8-406)

6.16. 獻納 鄭鐸이 興天社 수리를 중지시킬 것을 건의하니 전교하기를, 異端을 숭상해서가 아니라 祖宗朝부터 倭人으로 조정에 오는 자 중에 혹 보기를 요구하는 사람이 있으므로, 무너트릴 수가 없다고 하다.(『成宗實錄』 성종 22. 『集成』8-406)

6.17. 司憲府持平 劉璔 등이 興天寺 修理가 부당하다고 아뢰니, 전교하기를 다만 倭客人을 위한 것이 아니라, 先王께서 創建한 것이므로 수리하지 않을 수 없다고 하다.(『成宗實錄』 성종 22. 『集成』8-406)

6.22. 日本國 肥前州 平寓鎭 彈正少弼弘, 五島鳴主 源繁, 下松浦 五島宇久守 源勝, 對馬州太守 宗貞國, 入石藏人尉 國幸, 能登守 宗盛俊이 사람을 보내어 土宜를 바치다.(『成宗實錄』 성종 22. 『集成』8-407)

7.16. 江原道觀察使 金礪石이 蔚珍縣에서 말을 오로지 倭人과 같으나 本國의 말을 섞어서 하기도 하고 입은 옷의 푸른 무늬는 倭와 같기도 한 사람을 잡아서 原州에 가두었음을 馳啓하다.(『成宗實錄』 성종 22. 『集成』8-407)

7.19. 日本國 肥前州 上松浦鴨打 源永과 下松浦 五島宇久守 源勝과 對馬州太守 宗貞國과 薩摩州市來太守 國久가 사람을 보내 土宜를 바치다.(『成宗實錄』 성종 22. 『集成』8-407)

7.20. 司憲府持平 劉璔이 倭人들은 그 성질이 의심이 많다고 아뢰다.(『成宗實錄』 성종22. 『集成』8-407)/ 江原道敬差官 鄭光世 등이 倭人 皮古而羅를 初聞한 결과를 보고하다.(『成宗實錄』 성종 22. 『集成』8-408)

7.21. 承政院에 倭人 皮古而羅를 推鞫한 후의 처리 문제를 재상들에게 의논토록 하고, 島主에게 護送하기로 전교하다./ 司憲府獻納 鄭鐸이 남방의 군대를 뽑고 병졸을 징발하였는데 다시 순찰하면서 포를 쏘면 三浦의 倭人들이 의심하고 두려워할 것이므로 포를 쏘고 재주를 시험하는 등의 일은 節度使 등에게 스스로 알아서 하도록 하자고 아뢰다.(『成宗實錄』 성종 22. 『集成』8-409)

7.22. 司諫院 正言 趙珩이 변방을 순찰하는 것이 적당하지 않다는 일과 李榮의 일을 두 번이나 아뢰었으나, 들어주지 않았다.(『成宗實錄』 성종 22. 『集成』8-410)

7.28. 司憲府 掌令 李琚가 監司와 節度使에게 諭書를 내려, 방어와 관계된 일을 정제케 하고 대신을 보내지 말게 해 남방의 어수선함을 진정시킬 것을 청하다.(『成宗實錄』 성종 22. 『集成』8-410)

7.29. 江陵都護府使 黃允亨의 보고에 이르기를 倭船 5척이 형체를 드러내었는데, 江陵府의 군사의 수효가 적으므로 防禦가 孤單하니 嶺東의 군사 2백 6명을 남겨두어 변방을 防備하기를 청하다.(『成宗實錄』 성종 22. 『集成』8-410)

8.4. 武靈君 柳子光이 倭變을 당한 江原道에 大臣을 보내어 民心을 안정시킬 것을 청하다./ 日本國王이 使臣을 보내어 와서 安否를 물었는데, 그 書契에 이르기를 筑前州에 禪刹이 있는 것을 妙樂寺라 하는데 法寶가 빠진지 오래 되었으니 大藏經과 木棉을 하사해 주길 청하

연도	한국
▲ **1491**	다.(『成宗實錄』 성종22. 『集成』8-411) 8.11. 江原道敬差官 李苗이 杆城에 도착하여 倭變의 眞僞를 推問하니, 그 鹽區 앞에 停泊한 배와 海中에서 엿보는 배 등의 일은 모두가 거짓말이었다고 아뢰다.(『成宗實錄』 성종22. 『集成』8-412) 8.13. 江原道觀察使 金礪石이 倭變을 함부로 上奏하여 성상의 聽聞을 驚動시켰으며, 水害를 招來하였으니, 臣의 관직을 파면하라고 청하다.(『成宗實錄』 성종22. 『集成』8-413) 8.14. 推考한 倭人을 돌려보내고 島主에게 정해진 수 이상으로 몰래 왕래하지 말 것을 이르다.(『成宗實錄』 성종22. 『集成』8-413) 8.19. 仁政殿에 나가서 日本國王使 慶彭首座 등 25인에게 宴會를 베풀어 주다.(『成宗實錄』 성종22. 『集成』8-413) 8.20. 三浦의 倭人에게 음식물을 접대하지 말 것을 명하다.(『成宗實錄』 성종22. 『集成』8-414) 8.26. 江原道敬差官 李苗이 와서 倭賊의 배는 섬에 의지해 停泊하여 우리를 엿보다가 몰래 일어나는데 江原道는 큰 바다 가까이 있으며, 동쪽으로 對馬島에 이르기까지 아득히 섬이 없으므로 지형상 倭變의 염려가 없음을 아뢰다.(『成宗實錄』 성종22. 『集成』8-415) 8.28. 임금이 景福宮에 거동하여 日本國王의 使臣인 중 慶彭首座 등에게 잔치를 베풀어 주다.(『成宗實錄』 성종22. 『集成』8-415) 9.4. 巡邊使 鄭佸 등이 말하기를 水軍은 활 잘 쏘는 자가 적으므로 倭奴가 도적질을 한다면 방어하기가 어려우니, 下番이라도 아울러 가려 뽑아 같이 방어함이 어떤지 아뢰다.(『成宗實錄』 성종22. 『集成』8-415) 9.5. 禮曹에서 日本國王 源義政이 죽고 源義材가 계승하였으니, 使臣을 보내어 致賻하고 致祭하기를 아뢰다.(『成宗實錄』 성종22. 『集成』8-416) 9.7. 諸浦의 水軍射官이 활쏘기를 익히지 않는다고 하므로 朝官으로 하여금 검찰하고 시사하게 하라고 명하다.(『成宗實錄』 성종22. 『集成』8-417) 9.8. 禮曹에서 對馬島主에게 致書하여 內地로 숨어든 對馬島 사람 皮考而羅를 잡아 돌려 보냄을 알리다.(『成宗實錄』 성종22. 『集成』8-417) 9.11. 日本國 冷川津兼內州太守 貞成, 肥前州 上松浦佐志 源次郎, 對馬州 宗貞國이 사람을 보내어 土宜를 바치다./ 禮曹에서 아뢰기를 使臣이 왔는데도 訃告를 하지 않고, 절을 창건하는데 助緣하기를 청하며, 그 書契에도 다만 繼立하였다고 일컫고 先王이 薨逝하였다는 말이 없으니 戶曹의 건의에 따라 致賻하는 것을 그만 두게 하다.(『成宗實錄』 성종22. 『集成』8-418)
1492 **▼**	**【한국】** 1.4. 同副承旨 曹偉가 忠淸道 모든 고을의 水軍이 거의 다 그 수효를 거짓으로 과장해 놓아 폐단이 심하니, 虛實을 핵실할 것을 청하다.(『成宗實錄』 성종23. 『集成』9-1) 1.7. 知事 李克增이 倭寇가 甲子기 침입해 와서 육지의 물건을 불사른다면 萬戶의 水軍은 자기 몸을 보전하기 바쁘니, 이것이 바로 城이 없이 방비할 수 없는 까닭이라고 아뢰다.(『成宗實錄』 성종23. 『集成』9-1) 1.8. 同知事 李克墩이 倭敵이 甲子기 침입하여 군량과 병기를 불사르는 변이 있다면 능히 방어 하지 못하고, 三陟浦는 海口에 있기 때문에 더욱 城을 쌓지 않을 수 없다고 아뢰다.(『成宗實錄』 성종23. 『集成』9-2) 1.12. 戶曹에서 倭人이 答賜하는 것으로는 綿布와 正布와 綿紬 등 세가지로 나누어 주도록 하려고 전교하다.(『成宗實錄』 성종23. 『集成』9-3) 1.14. 임금이 崔溥에게 표류할 때의 일에 대해 물으니, 中國의 官人 許淸이 그를 倭人으로 오해하여 대했기 때문에 印信과 馬牌를 내보여 그 오해를 풀었다고 아뢰다.(『成宗實錄』 성종23. 『集成』9-4) 1.21. 日本國 對馬州 浦海 飯田出羽守 源集, 對馬太守 宗貞國, 仁位郡 宗四郎職家가 사람을 보내어 土宜를 바치다.(『成宗實錄』 성종23. 『集成』9-6) 1.24. 盧思愼이 野人을 접대하는 것에 대해서 倭人과 野人을 접견한 古例가 있다고 아뢰다.(『成宗實錄』 성종23. 『集成』9-6) 2.7. 鄭佸이 全羅道의 各浦의 水軍들이 전혀 화포를 익히지 않아 위급한 경우에 소용이 없다고 아뢰다.(『成宗實錄』 성종23. 『集成』9-7) 2.8. 訓練院都正 邊處寧이 국가에서 水賊은 推刷하고 있으나, 이 무리들은 배를 잘 다루니 잘 활용한다면 倭賊을 당할 수 있어 진실로 有益할것이라고 아뢰다.(『成宗實錄』 성종23. 『集成』9-7) 2.9. 銅鐵의 값을 모두 綿布로 받고자 하는 琉球國의 使臣을 모두 綿布로 줄수 없으므로 銅鐵을 가지고 도로 돌아가게 하다.(『成宗實錄』 성종23. 『集成』9-8) 2.16. 琉球國의 使臣이 禮曹에 고하기를 銅鐵의 값을 모두 綿布로 주어 살길을 열어달라고 强請하다.(『成宗實錄』 성종23. 『集成』9-8) 2.18. 參贊官 安琛이 倭國의 풍습은 죄를 범한 자가 산속의 절에 숨으면 다스릴 수 없다고 하는데 이를 본받아야 할 것인가에 대해 묻다.(『成宗實錄』 성종23. 『集成』9-9) 2.21. 日本國 一岐州 上松浦 鹽津留 松林阮 源實次, 助次郎 源經, 肥前州 松浦志佐 一岐太守 源義, 薩摩州 島津 藤原持久, 豊州太守 大友八郎師能, 對馬州太守 종정국이 사람을 보내어 土宜를 바치다.(『成宗實錄』 성종23. 『集成』9-10)/ 堂上職에 있는 火刺溫兀狄哈이 倭人보다 上席에 앉는 것에, 倭人이 불만을 품으니, 이에 다른 대청에 따로 자리를 베풀어 대접하다.(『成宗實錄』 성종23. 『集成』9-10) 3.3. 琉球國王의 使臣 也次郎 등이 하직하다.(『成宗實錄』 성종23. 『集成』9-10)

일본
9.30. 沈澮가 石硫黃은 우리 나라에서 생산되기는 하지만 倭土의 所産만 같지 못하니 倭人으로 하여금 가져오게 하라고 아뢰다.(『成宗實錄』성종22.『集成』8-418)/ 하직하는 日本國王의 使臣 편에 답서를 보내어 大藏經과 土物 등을 보내다.(『成宗實錄』성종 22.『集成』8-419)
10.4. 日本國 關西路 筑豊肥三州摠太守 太宰府都督 司馬少卿 政尙이 사람을 보내어 土宜를 바치다.(『成宗實錄』성종 22.『集成』8-419)
10.29. 이달에 全羅道에 蛇渡城을 쌓다.(『成宗實錄』성종 22.『集成』8-419)
11.2. 特進官 朴崇質이 司畜署 관원이 부족하여 禮曹의 客人에 대한 宴享과 闕內의 供饋시에 司中이 빈다 하여 관원을 典涓司·造紙署 등의 別坐로 충원할 것을 아뢰다.(『成宗實錄』성종 22.『集成』8-419)
11.29. 李克培가 全羅左道 內禮는 倭人들이 왕래하는 곳이므로 방어가 긴요하다고 아뢰다.(『成宗實錄』성종 22.『集成』8-420)
12.2. 特進官 李克墩이 祖宗朝의 例에 의해 朝賀·朝參·등 궁전에 임어하셨을때, 倭人과 野人으로 하여금 班列에 따르도록 하라고 아뢰다.(『成宗實錄』성종 22.『集成』8-421)/ 上이 承政院에 전교하여 忠順衛·忠贊衛·別侍衛·族親衛 등에 객사가 詣闕할 때에는 典設司로 하여금 휘장을 설치케 하다./ 琉球國王이 耶次郎 등을 보내어 來聘하였고, 그 글이 이르기를 毘盧法寶를 보내어 줄 것을 청하다.(『成宗實錄』성종 22.『集成』8-422)
12.5. 全羅道巡邊使 鄭佸이 突山浦는 倭寇의 要衝인데 방어에 충실하지 못한 突山浦 萬戶 李解와 順天府 李居仁을 체직시킬 것 등을 청하다.(『成宗實錄』성종 22.『集成』8-394)/08-423
12.8. 日本國 日向大隅三州太守 武久가 사람을 보내어 와서 土宜를 바쳤다.(『成宗實錄』성종 22.『集成』8-423)
12.9. 慶尙道巡察使 鄭文炯이 수군이 모두 활이 없기 때문에 활을 얻으려 하니, 활로 賞을 주게 할 것을 청하다.(『成宗實錄』성종 22.『集成』8-424)
12.20. 日本國 肥前州 田平寓鎭 彈正少弼弘과 松浦志佐太守 源義와 下松浦 山城太守 源吉과 平戶寓鎭 肥州太守 源豊久과 冷泉津尉兼內州太守 貞盛과, 下松浦 丹後太守 源盛과, 對馬州太守 宗貞國이 사람을 보내어 土宜를 바치다.(『成宗實錄』성종 22.『集成』8-424)
12.22. 임금이 仁政殿에 나아가 琉球國 使臣 耶次郎 등에게 잔치를 베풀고 차등있게 물품을 하사하다.(『成宗實錄』성종 22.『集成』8-424)

【일본】
3.7. 龜泉集証을 비롯한 여러 인물이 조선에 보내는 국서의 작성문제를 논의하기 위해 막부에 모이다.(『蔭凉軒日錄』五)
6.30. 橫川景三이 壽侍者를 蔭凉軒에 보내다. 龜泉集証이 壽侍者에게 별폭을 조선에 보내는 국서함에 넣어 건네주다.(『蔭凉軒日錄』五)
7.6. 龜泉集証에게 義材로부터 조선의 勘合에 대한 下問이 있었기 때문에 使僧을 파견할 것을 요청하다.(『蔭凉軒日錄』五)
7.7. 龜泉集証이 義材가 있는 陣으로 秀材宗賢을 보내다. 義材에게 朝鮮勘合의 일을 설명하다.(『蔭凉軒日錄』五)
7.9. 葉室光忠이 蔭凉軒에 오다. 조선에 보낼 국서의 일을 義材가 허락함을 알리고, 龜泉集証에게 국서를 작성하도록 요청하다. 이에 龜泉은 재작년 9월에 조선에 파견한 사신이 돌아온 후에 국서작성이 가능하므로 우선 선박과 예물을 준비하는 일을 알려주다.(『蔭凉軒日錄』五)
7.10. 葉室光忠이 龜泉集証에게 우선 국서 일을 하도록 義材의 명령이 있었다고 전하다. 龜泉集証은 중국과 조선의 일을 강조하고, 義材의 명령을 따르다.(『蔭凉軒日錄』五)
7.12. 龜泉集証이 季材宗賢을 義材에게 파견하다. 조선에 보낼 國書의 일을 葉室光忠에게 말하다. 그는 상례대로 할 것을 지시하다.(『蔭凉軒日錄』五)
7.19. 龜泉이 葉室光忠에게 조선에 보낼 국서의 작성을 서두르는 이유를 질의하다. 光忠이 국서가 없으면 외교업무를 할 수 없다고 설명하다. 이에 龜泉이 국서의 일을 서두르도록 하다.(『蔭凉軒日錄』五)
7.28. 正使 副使 등이 沈香은 명에서 산출되지 않고, 朝鮮·南蠻·琉球에서 명으로 수입되는 것이라고 말하다.(『蔭凉軒日錄』五)
8.16. 龜泉集証이 月光壽桂를 栖芳軒에 파견하다. 조선에 보낼 국서에 관한 일을 의논하다. 栖芳軒이 직접 蔭凉軒에 와서 강하게 거절하고 돌아가다.(『蔭凉軒日錄』五)
8.17. 龜泉集証이 小補를 방문하다. 조선에 국서를 보내는 일에 대해 月翁周鏡이 거절한 것을 이야기 하다.(『蔭凉軒日錄』五)
8.21. 葉室光忠이 加藤淸正을 蔭凉軒으로 보내다. 龜泉集証에게 조선에 보낼 국서의 작성을 독촉하다.(『蔭凉軒日錄』五)
8.22. 龜泉集証이 茂叔集樹를 栖芳軒(月翁周鏡)에게 보내다. 조선에 보낼 국서의 일을 채촉하다. 月翁이 이를 수락하다.(『蔭凉軒日錄』五)
8.23. 季材宗賢이 義材의 陣에서 蔭凉軒에 돌아오다. 季材는 조선의 답서를 龜泉集証에게 전하다. 답서 및 별폭을 상자에 보관하다.(『蔭凉軒日錄』五)
8.24. 龜泉集証이 弘治 4년(1491) 10월부 조선답서 사본 1통을 月翁周鏡에게 보내다. 또한 최근 조선에서 온 답서의 사본 7통을 茂叔에게 보내 栖芳軒에 전하다.(『蔭凉軒日錄』五)
8.27. 月翁周鏡이 조선에 보낼 국서의 초안 3통을 가지고 蔭凉軒의 龜泉集証을 방문하다. 龜泉의 건강이 좋지 않아 만나지 못하다.(『蔭凉軒日錄』五)
8.28. 龜泉集証이 前日 月翁周鏡으로부터 온 조선에 보낼 國書의 초안 3통이 모두 좋다고 하다. 이 가운데 1통을 결정하여 초안을 준비할 것을 지시하고 義材에게 보이다.(『蔭凉軒日錄』五)
8.29. 龜泉集証이 季材宗賢을 義材의 陣에 파견하다. 조선에 보낼 國書 초안 1통과 그것에 加点한 다른 1통을 義材에게 보이다. 원래 초안을 되돌려 받은 즉시 정서하도록 하다. 華胤宗肋에게 조선에 보낼 국서 용지 2매(서 및 별폭)을 준비시키다.(『蔭凉軒日錄』五)

연도	한국
▲ 1492 	3.5. 日本國 肥前州 上松浦 寶泉寺住持 源祐位와 對馬州太守 宗貞國과 兵部少輔 宗茂勝 등이 사람을 보내 土宜를 바치다./ 倭中樞 平國忠 등 2人이 내조하고 兀良哈 副護軍 羅陽介 등이 來朝하다.(『成宗實錄』 성종23. 『集成』9-11) 3.11. 對馬州太守 宗貞國이 職船을 特使로 보내 土宜를 드리고, 情好한 綿布를 恩賜하여 줄 것을 청하다.(『成宗實錄』 성종23. 『集成』9-11)/ 日本國 關西路 九州都元帥 源政教, 攝津州 兵庫津 平方式部尉 源忠能, 石見州 藤原周布左近將監和兼, 薩摩州 日向太守 盛久, 對馬州太守 宗貞國, 佐須那代官 石見守 宗國吉이 사람을 보내어 와서 土宜를 바치다./ 倭護軍 助國次 등 두 사람이 來朝하다.(『成宗實錄』 성종23. 『集成』9-12) 3.21. 日本國 一岐州 上松浦 鹽津留 觀音寺看主 宗殊 助次郎 源經, 肥前州松浦志佐 一岐太守 源義, 薩摩 伊集院寓鎭 隅州太守 藤熙久, 豊州守 大友親繁, 關西路 肥筑通守 重朝등이 사람을 보내 土宜를 바치다.(『成宗實錄』 성종23. 『集成』9-12) 3.23. 慶尙道觀察使 李克墩·李克培가 銅鐵을 받는 일, 倭人에게 주는 綿布·倭人이 오래 머무는 일 등에 대해 交隣에 관계되는 일이므로 戶曹와 禮曹에 의논토록 하다.(『成宗實錄』 성종23. 『集成』9-13) 3.25. 日本國 筑前州 宗像郡知守 氏郷, 肥前州 上松浦 波久嶋 源納, 神田能登守 源德, 薩州 伊集院寓鎭 隅州太守 藤熙久, 日向太守 盛久, 松浦志佐 一岐太守 源義, 守護代官 眞弓兵部小輔 源武가 사람을 보내어 土宜를 바치다.(『成宗實錄』 성종23. 『集成』9-14) 對馬州太守 宗貞國이 國吉을 特使로 보내어 와서 土宜를 바치다.(『成宗實錄』 성종23. 『集成』9-15) 4.11. 日本國 西海道 肥後州 八代太守, 一岐州 大官 牧山十郎 源正, 關西路 肥後州守 菊池藤原爲幸, 大知賀島守護兼 尾州太守 源潘, 對馬州太守 宗貞國, 正部少輔 宗茂勝 등이 사람을 보내어 土宜를 바치다.(『成宗實錄』 성종23. 『集成』9-16) 4.22. 日本國 肥前州 下松浦五島宇久守 源勝, 上松浦 那久野 能登守 賴永, 周防州 山口 居住 大內進亮教之, 筑前州 冷川津 藤氏平左衛門尉信重, 對馬州 宗彦七貞秀, 兵部少輔 宗茂勝이 사람을 보내 土宜를 바치다.(『成宗實錄』 성종23. 『集成』9-16) 5.1. 日本國 肥前州 上松浦 九沙島主 筑後守 義永 源次郎永氏와 對馬州太守 宗貞國과 國分寺住持 崇統이 사람을 보내어 와서 土宜를 바치다.(『成宗實錄』 성종23. 『集成』9-17) 5.14. 對馬島主가 吉宣·平國忠 등을 特使로 보내어 黃金과 朱紅으로 官貿하기를 청하고 綿布를 받고자 하다.(『成宗實錄』 성종23. 『集成』9-17) 5.15. 金升卿이 日本이나 對馬州에 갔다가 온 자의 논공문제에 대해 물으니 임금이 使臣으로 간 것은 정벌에 따라 간것과 비할 수 없다고 답하다.(『成宗實錄』 성종23. 『集成』9-18) /戶曹判書 鄭崇祖와 禮曹判書 成健 등이 倭人의 銅鐵을 浦所에서 私貿易하도록 했는데, 사사로이 장사하는 자들이 兵器·銃筒과 같은 禁物을 가져가다 서로 貿易할가 염려된다고 아뢰다.(『成宗實錄』 성종23. 『集成』9-18) 5.16. 兵曹에서 倭船의 체제와 형세는 가볍고 빠르므로 全羅左右道水軍節度使에게 분부하여 그대로 제조하도록 하자고 아뢰니 그대로 따르다.(『成宗實錄』 성종23. 『集成』9-19) 5.25. 日本國 關西路 筑豊肥三州摠太守 太宰府都督 藤原政尙 藤原政尙, 西海路 筑前州 冷泉津尉 藤原貞成, 對馬州太守 宗貞國, 國分寺住持 崇統, 守護代官 宗助六盛俊, 仁位郡 宗四郎職家가 사람을 보내어 土宜를 바치다.(『成宗實錄』 성종23. 『集成』9-19) 6.5. 宗貞國이 特使로 보낸 國吉이 하직하다.(『成宗實錄』 성종23. 『集成』9-20) 6.6. 日本國 長門州 三島尉 貞成, 對馬州太守 宗貞國, 越中守 宗盛弘이 사람을 보내어 土宜를 바치다.(『成宗實錄』 성종23. 『集成』9-20) 6.21. 禮曹가 職宣이 倭人에게는 綿布를 주면서 자신의 島主에는 안준다고 하며 도로 금을 가져간다고 하니 상이 이번에만 들어주기로 하고 후에는 正布, 綿布, 綿紬로 등분하는 법을 따를 것이라고 이르도록 전교하다.(『成宗實錄』 성종23. 『集成』9-20)/ 禮曹에서 宗貞國의 特使 職宣이 황금값으로 綿布만을 요구하고 있다고 아뢰니 상이 나라에 이미 정해진 법이 있으므로 세 가지로 등분한 값을 받아가게 하라고 전교하다.(『成宗實錄』 성종23. 『集成』9-22) 6.23. 日本國 一岐州居住 本城 源一과 對馬州太守 宗貞國이 사람을 보내어 와서 土宜를 바치고 倭護軍 次郎, 九郎등 2인이 內朝하다.(『成宗實錄』 성종23. 『集成』9-22) 7.1. 議政府右贊成 鄭文炯이 倭船이 三浦에 이르면 銅과 淇를 花園으로 실어 오게 하여 사무역을 하게 하자고 청하니 상이 이를 의논하게 하였는데 모두 폐단이 있을 것이라 하니 시행하지 말라고 전교하다.(『成宗實錄』 성종23. 『集成』9-23) 7.6. 宗貞國 特使 職宣이 하직하면서 그 答書에 이르기를 이제는 정해진 제도에 따라 각각의 도리를 지켜 무역을 해야 한다고 하다.(『成宗實錄』 성종23. 『集成』9-24) 7.7. 司憲府掌令 楊熙止가 權仲麟·趙忠老·金成孫의 改差를 아뢰니 이를 의논하게 하여 倭人들이 섞여 살고있으며, 뇌물이 공공연하게 행해지고 있는 熊川에 청렴한 선비 金成孫을 東班職에 제수하여 시험하게 하다.(『成宗實錄』 성종23. 『集成』9-25) 7.19. 知世浦 萬戶 金鎭에게 知世浦는 방어가 긴요한 곳이므로 신중하게 할 것을 명하다.(『成宗實錄』 성종23. 『集成』9-26) 7.26. 三陟府使 李藝堅 등을 인견하여 兵船을 정비할 것을 명하다.(『成宗實錄』 성종23. 『集成』9-27) 7.29. 鹿島 萬戶 金九賴 등을 인견하고 이르기를 水軍을 방치하여 방어에 허술함이 없도록 하라고 하다.(『成宗實錄』 성종23. 『集成』9-27)
1493 ▼	【한국】 1.1. 임금이 仁政殿에 나아가 會禮宴를 행하였는데 倭人 阿可馬多羅沙也文 등 13인과 野人 浪都郎介 등 62인이 참여하다.(『成宗實錄』 성종24. 『集成』9-35)

일본

9.2. 龜泉集証이 茂叔을 시켜서 조선에 보낼 國書 草案과 國書紙를 栖芳軒(月翁周鏡)에게 보내다. 국서 초안의 정서를 독촉하다. 月翁이 淸書의 件을 동의하다.(『蔭涼軒日錄』五)

9.3. 蔭涼軒에 조선에 보낼 국서의 상자 및 포장용 布가 도착하다. 또 栖芳軒(月翁周鏡)이 孚首座(大川周孚)를 蔭涼軒에 보내어 조선 국서의 초안을 전하다. 孚首座가 龜泉集証에게 정서 담당자를 묻다. 龜泉集証은 孚首座가 좋다고 명하다.(『蔭涼軒日錄』五)

9.5. 月翁周鏡이 정서한 조선 국서와 별폭을 가지고 蔭涼軒에 龜泉集証을 방문하다. 龜泉은 이것을 받고 내일 義材에게 보일 것을 말하다.(『蔭涼軒日錄』五)

9.6. 龜泉集証이 昌子(盛文慈昌)에게 조선에 보낼 국서와 별폭에 도장을 찍도록 명하다.(『蔭涼軒日錄』五)

9.8. 龜泉集証이 季材宗賢을 義材의 陣에 파견하다. 조선에 보낼 국서를 義材에게 보이다.(『蔭涼軒日錄』五)

9.9. 龜泉集証이 月翁周鏡에게 月江壽桂를 보내다. 조선에 보낼 國書를 義材에게 보이다. 法淨院이 와서 折紙錢 五緡을 蔭涼軒에 바치다. 이에 龜泉集証은 조선에 보낼 국서를 季才를 통해 건네다.(『蔭涼軒日錄』五)

9.12. 月翁周鏡이 孚首座를 蔭涼軒에 보내어 조선에 보낼 국서의 집필을 맡은 것에 대해 이야기 하다.(『蔭涼軒日錄』五)

12.6. 西菴에 도둑이 들다. 龜泉集証은 小紬面·黑梅布綾靑面·朝鮮紬紫色·同靑色·平絹靑裏 등을 분실하다.(『蔭涼軒日錄』五)

8.2. 임금이 吳興武에게 兵船과 器械를 정비하도록 하라고 명하다.(『成宗實錄』 성종 23. 『集成』9-27)

8.8. 烏浦萬戶 盧漢經 등에게 남방의 방어를 철저히 하도록 하라고 명하다.(『成宗實錄』 성종 23. 『集成』9-28)

8.12. 京畿觀察使 李季소이 연해 제읍에 가뭄이 심하니, 前年의 字等第를 따를 것을 청하다.(『成宗實錄』 성종 23. 『集成』9-28)

8.19. 武靈君 柳子光이 南原의 성터가 좁아 만약 變이 일어난다면 入保하기가 어려우니 지세를 살펴서 넓혀 쌓을 것을 청하다.(『成宗實錄』 성종 23. 『集成』9-28)/ 上이 全羅道觀察使 許琛에게 유인궤가 쌓은 南原邑城의 둘레를 재어 아뢰고, 더불어 李克增이 살펴 정하라고 한 성터를 측량하라고 下書하다.(『成宗實錄』 성종 23. 『集成』9-29)

9.7. 廣陵府君 李克培가 平安道는 흉년이 들어서 義州에 성쌓는 일은 할 수 없으나, 남쪽 지방은 조금 풍년이 들었으니 從事官을 보내어 南原城을 쌓게 할 것을 청하다.(『成宗實錄』 성종 23. 『集成』9-29)

9.13. 司諫院正言 崔世傑이 南原城의 築城은 급한 것이 아니며, 비록 쌓아야 마땅하다 하더라도 觀察使가 할 수 있는 것이 아님을 아뢰다.(『成宗實錄』 성종 23. 『集成』9-30)

9.21. 執義 趙文琡가 番上正兵과 當領船軍가 모두 土木 일에 부역하는데 정병에 비해 수군의 휴식이 적어 그 고통이 심하고, 또 營繕에 勞役케 하는 것은 옳지 못하다고 아뢰다.(『成宗實錄』 성종 23. 『集成』9-30)

10.30. 江原道 平海邑에 성을 쌓다.(『成宗實錄』 성종 23. 『集成』9-30)

11.6. 掌令 申經이 지난 己酉年에 倭賊이 興陽·長興·康津을 침략하였는데 백성들이 兵事를 잘 알지 못하여 피해를 입으니 節度使로 하여금 陳法 연습을 大典에 의하여 거행하게 하도록 아뢰다.(『成宗實錄』 성종 23. 『集成』9-31)

11.14. 左承旨 曹偉가 倭寇가 固城을 침략하였는데 이는 固城內地에서 候望을 근실하게 하지 않았기에 발생한 것이니 唐浦·蛇梁의 萬戶를 국문하여 죄를 주게 하자고 아뢰다.(『成宗實錄』 성종 23. 『集成』9-31)/ 鄭錫堅에게 倭賊이 固城지방을 침범하여 사람을 살해하였는데 그 침해를 입은 民戶와 죽고 사로잡힌 수를 관리가 반드시 실상대로 啓達하지 않을 것이 속히 本縣에 도착하여 끝까지 추궁하여 실정을 알아내라고 하서하다.(『成宗實錄』 성종 23. 『集成』9-32)

11.17. 慶尙右道水軍節度使 趙修 등을 인견하고 이르기를 적이 와서 침범하거든 기회를 타서 요격하여 실패하지 말도록 하라고 명하다.(『成宗實錄』 성종 23. 『集成』9-32)

11.20. 唐浦萬戶 殷長孫 등을 인견하고 이르기를 남방의 기계를 수리하고 士卒을 정돈하여 항상 적이 이르는 것처럼 하여 실패하는데 이르지 말게 하라고 명하다.(『成宗實錄』 성종 23. 『集成』9-32)

11.21. 임금이 倭人들의 왕래가 絡繹不絶하다고 말하다.(『成宗實錄』 성종23. 『集成』9-33)

11.22. 慶尙右道兵馬節度使 趙益貞이 倭賊이 固城지방을 침략하여 민가를 약탈해 간 것을 치계하자 鄭錫堅으로 하여금 邊將을 鞫問하여 계달하게 하라고 전교하다.(『成宗實錄』 성종 23. 『集成』9-33)

11.23. 日本國 關西路 筑豊肥三州摠太守 太宰府都督 司馬少卿 政尙이 사람을 보내어 와서 土宜를 바치다.(『成宗實錄』 성종 23. 『集成』9-33)

11.29. 이 달에 慶尙道 梁山 邑城과 漆原 邑城을 쌓다.(『成宗實錄』 성종 23. 『集成』9-34)

12.24. 日本國 對馬州 兵部少輔 宗茂勝이 사람을 보내어 와서 土宜를 바치다.(『成宗實錄』 성종 23. 『集成』9-34)

12.25. 司憲府大司憲 李世佐 등이 근년 이래로 海寇가 여러 번 침범하니 邊境의 방비를 허술하게 할 수 없음을 아뢰고, 水軍의 힘을 쉽게 할 것을 청하다.(『成宗實錄』 성종 23. 『集成』9-34)

12.30. 承文院校理 洪瀚이 古城 西南面 바닷가에 倭賊이 침략하므로 바닷가에 있는 땅은 단지 사람이 경작하는 것만 허락하고 모여 살지 못하도록 청하니 領敦寧 등에게 의논하게 하다.(『成宗實錄』 성종 23. 『集成』9-35)

【일본】

4.2. 龜泉集証이 能壽를 西庵에 보내어 1緡을 전하고 朝鮮紬 1端을 내리다.(『蔭涼軒日錄』五)

4.4. 蔭涼軒에서 朝鮮 紬 一端을 취하여 西菴에게 小紬의 안감으로 쓰도록 하다.(『蔭涼軒日錄』五)

연도	한국
▲ 1493 ▼	1.11. 日本國 肥前州 下松浦의 五島宇久守 源勝이 사람을 보내어 土宜를 바치다.(『成宗實錄』성종24.『集成』9-35) 2.5. 日本國 關西路 九州都元帥 源政教, 肥前州 下松浦 三栗太守 源滿, 對馬州太守 宗貞國이 사람을 보내어 土宜를 바치다.(『成宗實錄』성종24.『集成』9-36) 2.11. 日本國 關西路 肥筑通守 重朝, 肥前州 上松浦 九沙島主 筑後守 義永, 鴨打 源永, 對馬州太守 宗貞國, 宗大膳國幸이 사람을 보내어 土宜를 바치다.(『成宗實錄』성종24.『集成』9-36) 2.21. 日本國 肥前州 上松浦 寶泉寺住持 源祐位, 石見州 藤原周布 左近將監和兼 豊主太守 大友親繁, 對馬州太守 宗貞國 太善國幸, 左須那代官 石見守 宗國吉이 사람을 보내어 土宜를 바치다.(『成宗實錄』성종24.『集成』9-36) 2.22. 寶玄이라는 자가 承旨 鄭誠謹에게 富商大賈들이 금하는 물품을 가지고 몰래 三浦에 가서 倭人들과 사사로이 사고 파는 일이 있으니 체포하기를 청하다.(『成宗實錄』성종24.『集成』9-36) 3.1. 日本國 肥前州 下松浦 丹後太守 源盛이 사람을 보내어 와서 土宜를 바치다.(『成宗實錄』성종24.『集成』9-37) 3.10. 日本國 畿內 攝津州 兵庫津 平方式副慰 源忠能, 一岐州 南海 飯田出羽守 源集, 豊州太守 大友八郎死能, 對馬州 朔豆南天道山 藤阿比 留治夫大夫 茂國이 사람을 보내어 土宜를 바치다./ 對馬州太守 宗貞國이 久禪를 특사로 내어 書契와 土宜를 바치다.(『成宗實錄』성종24.『集成』9-37)/ 日本國 肥前州 松浦志佐 一岐太守 源義 薩摩州 日向太守 盛久, 島津 藤原持久, 對馬州 太守 宗貞國이 사람을 보내어 와서 土宜를 바치고 倭의 司果 四郎三郎 등 2인이 내조하다.(『成宗實錄』성종24.『集成』9-38) 4.1. 日本國 關西路 筑豊肥三州摠太守 太宰府都督 司馬少卿 藤原貞尙, 肥前州 平戶寓鎭 肥州太守 元豊久, 安藝州 少早川美作守 平持平, 藝州 海賊大將 國重, 對馬島太守 宗貞國 등이 사람을 보내어 와서 土宜를 바치다.(『成宗實錄』성종24.『集成』9-38) 4.5. 日本國 肥前州 下松浦 五島宇久守 源勝, 一岐州 上松浦 鹽津留 助次郎 源經, 松浦 志佐 一岐太守 源義, 對馬州太守 宗貞國등이 사람을 보내어 土宜를 바치다.(『成宗實錄』성종24.『集成』9-39) 4.11. 日本國 對馬州 宗彦七·宗貞秀가 사람을 보내어 와서 土宜를 바치다.(『成宗實錄』성종24.『集成』9-39) 4.19. 宗貞國의 特送 久宣이 하직하다.(『成宗實錄』성종24.『集成』9-39) 4.21. 日本國 大知賀島守護兼尾州太守 源繁, 對馬州 守護代官 宗助六盛俊이 사람을 보내어 와서 土宜를 바치다.(『成宗實錄』성종24.『集成』9-39) 4.27. 正言 閔壽謙이 聖節使 행차에 금을 가져가는 일에 대해 아뢰니 상이 승정원에 의논하게 하여 政院에 倭人이 금을 잘 이용하니, 후하게 人情을 주고 吹鍊하는 방법을 익히게 하는 것이 옳다고 전교하다.(『成宗實錄』성종24.『集成』9-40) 5.5. 日本國 一岐州代官 牧山十郎源正과 對馬州太守 宗貞國과 守護代官 宗助六盛俊과 兵部 少輔 宗茂勝이 사람을 보내어 土宜를 바치다.(『成宗實錄』성종24.『集成』9-41) 5.6. 禮曹에서 琉球國王이 보낸 두 使臣이 浦所에 이를 것이니 각각 宣慰使를 보내어 맞이하도록 아뢰다.(『成宗實錄』성종24.『集成』9-41) 5.21. 倭司直 仇羅沙也文國助 등이 來朝하다.(『成宗實錄』성종24.『集成』9-42) 5.22. 司諫 鄭錫堅이 唐浦·蛇梁 등지에 倭人이 釣採하러 와서 居民들을 약탈하자 백성들을 바닷가에서 살지 못하게 하자고 아뢰자 임금이 大臣을 시켜 穩便한지 않은지를 의논하게 하다.(『成宗實錄』성종24.『集成』9-42) 5.27. 戶曹判書 鄭崇祖가 날씨는 가물 조짐이고 琉球國의 使臣이 서울에 오면 支應 따위의 일은 禮賓寺에 맞겨서 미리 갖춰야 하므로 부득이 供饋하여야 할 곳을 제외하고, 나머지는 노비가 있는 各司를 시켜 供饋하도록 아뢰다.(『成宗實錄』성종24.『集成』9-43) 윤5.8. 廣原君 李克墩이 慶尙道監司로 있을 때 왜에 관해 목격한 일을 7개로 조열하여 여러 신하와 의논하여 아뢰다.(『成宗實錄』성종24.『集成』9-43) 윤5.11. 參贊官 姜龜孫이 倭人이 왕래할 때에 여러 고을에 오래머물러 폐단이 적지 않은데 이는 鄕通事가 사주하기 때문이니 沿路의 수령을 시켜 이를 감시하여 監司에게 申報하여 監司가 아뢰게 하자고 아뢰다.(『成宗實錄』성종24.『集成』9-47) 윤5.21. 日本國 一岐州 上松浦 鹽津留 觀音寺看主 宗殊와 西海道 肥後州 八大太守 教信, 對馬州太守 宗貞國, 越中守 宗盛弘등이 사람을 보내어 土宜를 바치다.(『成宗實錄』성종24.『集成』9-48) 윤5.26. 禮曹에서 琉球國使臣이 琉球 本國의 사람이 아니고 圖書를 빌려서 오고 또 그 圖書의 진위도 확실치 않으니 迎慰하지 말도록 아뢰자, 尹弼商·尹壕 등에게 의논하게 하여 禮曹에서 아뢴 대로 시행하도록 하다.(『成宗實錄』성종24.『集成』9-48) 윤5.28. 同知中樞府事 成健이 倭人이 가져온 물건중 국용에 긴요한 것만 무역하고 나머지는 私貿易하게 하고, 銅鐵로 배를 사지 말아야 하는 등의 국정의 세 가지 폐단을 상소하다.(『成宗實錄』성종24.『集成』9-49) 6.6. 琉球國왕 尙圓이 梵慶과 也次郎에게 각각 書契와 함께 보내어 來聘하다.(『成宗實錄』성종24.『集成』9-51) 6.9. 上이 문서를 위조한 也次郎의 조치에 대해 비록 對馬島와는 상관이 없으나 오는 자가 경유하는 곳이니 琉球書契의 印跡이 의심스럽다는 뜻을 글로 써서 알리도록 전교하다./ 承政院에서 琉球國의 使臣은 本國人이 아니고 중간에서 興販하는 무리이며 지난해 書契와 이번의 書契를 비교하니 印文이 다르니, 필시 九州사이에 살면서 圖書를 위조하여 이익을 늘리는 것을 일삼는 자일 것이라고 아뢰다.(『成宗實錄』성종24.『集成』9-52)/ 左承旨 金應箕 등이 也次郎이 가져온 琉球國의 書契가 위조임을 아뢰다.(『成宗實錄』성종24.『集成』9-53) 6.12. 禮曹에서 琉球國王에게 也次郎·梵慶 등이 가지고 도착한 書契의 印跡은 篆文을 이루지 못하였고 이전의 書契와 크게 달

일본

4.6. 蔭凉軒에서 조선 紬 一端을 사다. 西菴 布綾의 안감으로 쓰도록 하다.(『蔭凉軒日錄』五)

5.8. 彦三郎이 龜泉集証에게 砂糖壺를 가져와 朝鮮産이라고 하다.(『蔭凉軒日錄』五)

6.28. 朝鮮 布로 一片身赤片身白·一片身白片身萠黃을 만들다.(『蔭凉軒日錄』五)

8.27. 後藤佐渡守親綱이 季才를 보내어 龜泉集証에게 古服 一領을 청하다. 龜泉集証이 古服一領·面黑茶 丹後紬 裏朽葉朝鮮紬 등을 주다.(『蔭凉軒日錄』五)

9.1. 龜泉集証이 桂藏主를 栖芳軒에 보내 明에 보낼 國書 草案 2通, 명에서 온 답서 2통, 조선에 보내는 국서초안 여러 통, 조선에서 온 답서 여러 通을 건네다.(『蔭凉軒日錄』五)

9.2. 月翁周鏡이 龜泉集証을 방문하여, 明·朝鮮關係의 外交文書를 빌려 본 것에 감사하다.(『蔭凉軒日錄』五)

9.3. 栖芳軒 月翁周鏡이 승려를 보내 빌린 明·朝鮮關係의 文書를 되돌려 주다.(『蔭凉軒日錄』五)

9.17. 茂叔集樹·盛文慈昌이 명에서 온 답서를 넣을 상자 2개, 조선에서 온 답서를 넣을 상자 4개를 마련하다. 現蔭凉職 葦洲等綠에게 전하기 위함이다.(『蔭凉軒日錄』五)

9.23. 龜泉集証이 茂叔集樹에게 명하여, 명에서 온 답서를 넣을 상자 2개, 조선에서 온 답서를 넣을 상자 4개를 준비하도록 하다.(『蔭凉軒日錄』五)

라서 믿을 만한 使臣으로 대접할 수 없다는 뜻으로 답하고 아울러 對馬島主에게도 유시하자고 아뢰다.(『成宗實錄』성종 24.『集成』9-54)/ 李德崇이 外居奴婢의 貢布는 司贍寺에 바치고 그 포를 倭人에게 답사하는 것이 예사라고 말하다.(『成宗實錄』성종 24.『集成』9-55)

6.13. 司諫院正言 金士元이 부유하게 사는 사람들이 倭와 興販한 일을 의금부로 하여금 국문하게 한 것은, 外國과 사사로이 매매하기 때문인데 禮曹判書 盧公弼이 薺浦僉使에게 청탁하는 서신을 보냈으니 국문하자고 청하다.(『成宗實錄』성종 24.『集成』9-56)

6.14. 禮曹에서 郎官을 보내어 梵境과 也次郎에게 이번 書契의 印信이 篆文이 이루지지도 않았으며 전에 가져온 書契의 印信과 大小가 같지 않아 本朝에서 입계하였으나 상이 館待하여 보내지 않을 수 없다고 한 것을 말하다.(『成宗實錄』성종 24.『集成』9-56)/ 司諫院正言 金士元이 倭物의 무역에 관련해 大臣으로서 청탁하는 편지를 써서 부탁한 盧公弼이 옳지 않으므로, 그를 국문할 것을 청하다.(『成宗實錄』성종 24.『集成』9-57)

6.15. 義禁府에서 盧公弼을 국문하도록 청하자 盧公弼을 불러 묻게하니 浦所의 倭物에 대한 禁令이 있는데 어찌 법을 범하겠는가 하며 단지 金波回의 종을 보호해 달라고 청하는 편지라고 하자 국문하지 못하게 하다.(『成宗實錄』성종 24.『集成』9-58)

6.27. 史曹判書 洪貴達이 이번에 온 琉球國王의 書契에 답하는 일에 대해 아뢰니 상이 領敦寧 이상과 議政府에 의논하도록 명하다.(『成宗實錄』성종 24.『集成』9-59)

6.29. 司諫院大司諫 李德崇 등이 薺浦는 대개 倭物을 홍정하고 매매하는 곳이며 禮曹에서 倭客을 접대하는 곳인데, 盧公弼은 興利하는 무리를 위하여 薺浦에 편지를 보냈으니 개정하도록 箚子를 올리다.(『成宗實錄』성종 24.『集成』9-60)

7.1. 日本國 肥前州 上松浦 波多島 願納, 周防州山口居住 對內進亮教之, 一岐州居住本城 源一, 對馬州越中守 宗盛弘이 사람을 보내어 와서 土宜를 바치다.(『成宗實錄』성종 24.『集成』9-60)

7.3. 大寶를 쓰는 문제에 대해 李鐵堅이 事大交隣과 倭人의 관계에만 大寶를 쓰는 것이 좋을 것 같다고 아뢰다.(『成宗實錄』성종 24.『集成』9-61)

7.6. 兵曹에서 水軍의 계승문제를 어떻게 해야 할지 논의하니 임금이 船軍의 아들 모두를 船軍으로 정할 수 없다고 답하다.(『成宗實錄』성종 24.『集成』9-62)/ 임금이 船軍으로 다른 역에 이속되어 벼슬이 3, 4품에 이른 자 외에는 모두 쇄환하여 채워서 정하는 것이 마땅하다고 하다.(『成宗實錄』성종 24.『集成』9-66)

7.8. 兵曹判書 韓致亨 등이 船軍의 役은 다른 것에 비해 고통스러워 사람들이 피하기 때문에 만약 남쪽 지방이 不虞의 사변을 만나면 잔열한 선군으로 방어가 어려움을 아뢰고, 선군 정하는 것에 대해 논의하다.(『成宗實錄』성종 24.『集成』9-68)

7.15. 琉球國王의 書契에 日本國 簿多 지방에 거주하는 倭僧 梵慶과 倭子 也次郎 등이 琉球國의 使臣이며 조선에 왔는데 가지고 온 書契를 보니 印文이 전과 같지 않았는데 隣國사이에 거짓됨이 있을까 염려스럽다고 답하다.(『成宗實錄』성종 24.『集成』9-69)

7.18. 掌令 黃啓沃이 국가에서 倭에게 매우 후하게 대하여 그 하고자 하는 바에 굽혀 따르는데 이와 같이 하면 방비하면 주밀하지 못하게 되는 등 수군의 폐단을 4개의 조목으로 나누어 箚子를 올리다.(『成宗實錄』성종 24.『集成』9-70)

7.21. 日本國 肥前州 松浦志佐, 一岐太守 源義, 豊州太守 大友八郎師能, 安藝州 小早川美作守 平持平, 對馬主太守 宗貞國 仁位郡 宗四郎職家가 사람을 보내어 土宜를 바치다.(『成宗實錄』성종 24.『集成』9-71)

7.22. 禮曹에서 倭使船이 浦所에 이르면 법에 의하여 척량하고, 三浦에 있는 倭船은 觀察使로 하여금 그 수를 알게 하며 大小를 나누어 치부하고 烙印하여 標를 붙여서 대신 점검을 받지 못하도록 島主에게 통유하게 하자고 계달하다.(『成宗實錄』성종 24.『集成』9-71)

7.25. 兵曹에서 黃州牧使 柳睅 등이 船軍의 役을 정하는 일에 대해 진술한 말을 아뢰다.(『成宗實錄』성종 24.『集成』9-72)

8.1. 上이 月城君 李鐵堅을 보내어 南原城을 살펴보라고 명하였으나, 순찰사도 大相이니 아울러 살펴보게 할 것을 청하다.(『成宗實錄』성종 24.『集成』9-74)

8.11. 日本國 大內大中大夫 左京兆尹兼防長豊筑 四州太守 多多良政弘이 元叔西堂을 보내어 와서 土宜와 書契를 바치다.(『成宗實錄』성종 24.『集成』9-74)

연도	한국
▲ 1493	8.16. 왜연 71면을 문신에게 나누어 주다.(『成宗實錄』성종24. 『集成』9-75) 8.21. 日本國 肥前州 下松浦 三栗 太守源滿, 上松浦 波多島 源納, 長門州 三島尉 貞成, 上松浦 佐志 源次郎, 對馬主太守 宗貞國이 사람을 보내어 土宜를 바치다. / 司憲府大司憲 許琛 등이 倭人이 橘木을 바치고 琉球使者가 異木을 바쳤는데 邊將에게 유시하여 물리치도록 아뢰니 상이 琉球의 櫻木은 약재이므로 올려 보내게 하고 橘木은 우리 나라에서도 생산되니 받지 않다.(『成宗實錄』성종24. 『集成』9-75) 8.22. 慶尙道觀察使 李克均이 倭使船이 장차 이르게 되면 三浦에 사는 倭人이 큰 배로 바꾸어 타고 와서 浦에 머무는 양식을 많이 받기를 꾀하며, 三浦에 사는 倭人은 연해 지방을 약탈을 행하고 있어 배에 標를 붙여 구별하자고 아뢰다.(『成宗實錄』성종24. 『集成』9-76)/ 禮曹에서 慶尙道觀察使 李克均이 倭船에 표를 붙이는 일에 대해 아뢰자 배에 표를 붙이는 것을 三浦倭人에게 물어서 그 뜻을 들어 李克均이 적당한 아니한지를 시험하여 계달한 뒤에 다시 의논하자는 盧思愼의 의견을 따르다.(『成宗實錄』성종24. 『集成』9-77) 9.1. 禮曹判書 成俔이 왜학을 취재함에 있어서는 글자만 쓰게 하므로 그 합격자는 말을 한마디도 알지 못해 조정을 기만함이 심하다고 아뢰다.(『成宗實錄』성종24. 『集成』9-78) 9.24. 大內殿의 使送 元叔西堂을 접견하고 상관인과 부관인에게 명하에 술잔을 올리게 하였으며 물품을 차등있게 내려주다.(『成宗實錄』성종24. 『集成』9-78) 9.30. 倭人에게 내리는 官敎와 모든 賜牌는 모두 새로 만든 玉寶를 사용할 것이라고 하다.(『成宗實錄』성종24. 『集成』9-79) 10.3. 禮曹에서 大內殿 使送을 전별하는 잔치에서 元叔 등이 銅錢·木綿 등의 題給을 허락 할 것과, 方物의 값을 題給하여 빨리 귀로에 오를 수 있도록 하게 해 달라는 등 書契하자 그 요청을 모두 들어주다.(『成宗實錄』성종24. 『集成』9-79) 10.5. 侍講官 成世明이 慶尙道 鹽浦의 客館이 협소하고 부실하여 客人을 접대할 수 없어 倭使가 혹은 성밖의 佛舍에 머물기도 하고 혹은 恒居倭舍에서 머물기도 한다니 客館을 수리하게 하고 보충하도록 청하다.(『成宗實錄』성종24. 『集成』9-80) 10.6. 侍讀官 黃啓沃이 水軍을 營繕의 일로 몰아다가 赴役케 하니 浦에 머무는 자가 적어 방어 지역이 허술함과 進上의 폐단을 아뢰다.(『成宗實錄』성종24. 『集成』9-81)/ 慶尙道觀察使 李克均에게 鹽浦의 客館이 허술하여 倭使들을 간혹 성외의 佛舍나 恒居倭人의 집에 분산시켜 머물게 했기 때문에 저들로 하여금 허실을 엿보게 한다고 하서하다.(『成宗實錄』성종24. 『集成』9-81) 10.15. 禮曹에서 大內殿의 使送 元叔이 朱紅의 무역을 요청한 것을 아뢰니 상이 公貿易으로 하게 하다.(『成宗實錄』성종24. 『集成』9-81)/ 禮曹에서 尹壕를 연회 자리에 나아간 뒤에 들어와서 참여하게 할 것을 청하다.(『成宗實錄』성종24. 『集成』9-82) 10.20. 政弘의 使僧 元叔西堂 등이 辭朝 하다. / 慶尙道節度使 趙益貞이 薺浦의 倭人들이 연변 백성의 고기잡는 곳을 빼앗고 이를 말리는 官差를 구타하였는데 本浦의 倭奴는 編氓과 다름없는데 작은 일로 橫逆하고 있으니 그 뜻이 여기에 그치지 않을 것이라고 치계하다.(『成宗實錄』성종24. 『集成』9-83)/ 大客內官이 大內殿의 使者 元叔이 朱紅의 일을 허락하면 日本國王이 대왕의 후한 은혜를 감사히 여겨 聘禮하는 길이 막히지 않을 것이라는 등의 글을 올리다.(『成宗實錄』성종24. 『集成』9-84)/ 임금이 慶尙右道節度使 趙益貞에게 항상 거주하는 倭人은 우리 編氓과 다름이 없는데 조금 횡패 부리는 것을 보고 먼저 겁내어 나약함을 보여 백성들을 불안하게 한 것에 대해 계달하라고 유시하다.(『成宗實錄』성종24. 『集成』9-86)
1494 ▼	【한국】 1.4. 上이 諸道水軍節度使에게 倭寇를 備禦할 방책이 상세한 大典에 의거하여 射官을 揀選하도록 유시하다.(『成宗實錄』성종25. 『集成』9-102) 1.9. 大司諫 許誠가 諸浦 水軍으로 하여금 習射하게 하였는데 水軍들이 모두 잘 쏘지 못함을 목격하고 왜구의 침입을 염려하자, 領事 盧思愼이 節度使를 시켜 糾察를 엄하게 할 것을 청하다.(『成宗實錄』성종25. 『集成』9-102) 1.18. 日本國 肥前州 下松浦 志佐 一岐太守 原義, 上松浦 鴨打 源永, 對馬主太守 宗貞國, 兵部少輔 宗茂勝이 사람을 보내어 와서 土宜를 바치다.(『成宗實錄』성종25. 『集成』9-103) 1.24. 禮曹判書 成俔과 參判 鄭敬祖가 단지 倭賊과의 魚箭 사건인데 朝官을 보내는 것이 미편한 듯하니 宗貞國의 使送이 回還할 때 前例에 의거하여 書契를 주어서 보내자고 아뢰다.(『成宗實錄』성종25. 『集成』9-103) 2.14. 對馬島敬差官 權柱가 許諫·李世纘·朴自範을 그의 軍官으로 삼게 해주기를 청하니 이를 허락하다.(『成宗實錄』성종25. 『集成』9-104) 2.25. 量田巡察使 尹孝孫이 三浦에 사는 倭人이 경작하는 전지의 세금을 우리 백성들이 대납하고 있어 倭人에게도 세금을 거두자고 아뢰니, 세금을 거두기 전에 島主에게 통유한 연후에 시행하도록 하자는 李克培 등의 의견을 따르다.(『成宗實錄』성종25. 『集成』9-105) 2.27. 弘文館副提學 宋軼 등이 薺浦의 倭人이 우리 백성과 魚梁을 다투다가 官差를 구타하였으니 마땅히 島主에게 유시하여야 하는데 특별히 朝官을 파견한다고 하니 이를 반대하는 이유를 3가지 조항으로 나누어 箚子를 올리다.(『成宗實錄』성종25. 『集成』9-105) 3.2. 弘文館副提學 宋軼 등이 朝官을 보냈다가 島主가 명령을 들어주지 않는다면 그 후의 처치가 어려우므로 差官을 보내는 것이 불가하다고 다시 아뢰다.(『成宗實錄』성종25. 『集成』9-108)

일본

10.21. 掌令 楊熙止가 鹽浦에 사는 倭人들이 倭人의 출입을 제한하는 근방지역을 넘보니 兵營을 內地로 옮겨 설치기를 청하자 대신들과 더불어 의논하여 처리하겠다 하다.(『成宗實錄』 성종 24. 『集成』9-86)/ 倭人推鞫敬差官 鄭錫堅이 倭人에 대한 조치를 묻다./ 上이 元叔에게 兵戈로 인하여 왔으니 우선 청을 들어준다 하고는 朱紅의 무역을 허락하는 것이 가하다고 전교하다.(『成宗實錄』 성종 24. 『集成』9-87)

10.22. 上이 慶尙道蔚山 兵營을 옮기는 것에 대해 의논하게 하였는데, 大將이 있는 곳이 倭賊이 사는 곳과 너무 가까우면 虛實과 動靜을 倭人들이 알아낼 것이니 대신을 보내어 옮길 만한 곳을 살펴보게 하자는 許琮의 의견을 따르다.(『成宗實錄』 성종 24. 『集成』9-88)

10.24. 慶尙道水軍節度使 呂允哲을 인견하고 이르기를 남쪽지방의 방어를 충실히 하라고 전교하다.(『成宗實錄』 성종 24. 『集成』9-90)

11.5. 禮曹에서 水島의 恒居倭人들이 밭을 개간하며 제멋대로 방자하게 행동하고 있는데 장차 백성들의 田地를 빼앗아 차지하여 몰래 산 섬을 차지하는 폐단이 있게 될 것이니 염려스럽다고 아뢰다.(『成宗實錄』 성종 24. 『集成』9-90)

11.9. 임금이 倭人들이 답사로 받은 것을 장사꾼들의 면포와 교역한다고 아뢰다.(『成宗實錄』 성종 24. 『集成』9-91)

11.15. 慶尙道敬差官 鄭錫堅이 薺浦에 이르러 倭酋 沙豆沙也文 등을 거느리고 東島에 가서 和知羅沙也文이 고기잡이를 하고 있어 떠나라고 하니, 如細浦와 毛郞浦의 땅도 점유하고자 한다며 답했는데 어떻게 처리 할 지를 치계하다.(『成宗實錄』 성종 24. 『集成』9-93)/ 鄭錫堅에게 沙豆沙也文 및 愁戒仇羅 등을 불러다 힐책하게 하고 큰 고을에 나누어서 가둔 뒤에 치계하라고 하서하다.(『成宗實錄』 성종 24. 『集成』9-95)

11.22. 同副承旨 鄭錫堅이 倭人들이 神堂에 제사지낸다고 하면서 섬으로 들어가고, 혹은 고기잡이를 한다고 나갔으므로 잡아 가두지 못했다고 치계하다.(『成宗實錄』 성종 24. 『集成』9-95)

11.23. 鄭錫堅이 국문한 薺浦의 倭人에 관한 일을 의논하도록 명하니, 尹弼商, 許琮, 盧思愼 등이 이를 의논하다.(『成宗實錄』 성종 24. 『集成』9-96)

12.1. 상이 薺浦에 사는 倭人이 官差를 구타한 일을 島主에게 通諭할 書契를 朝官에게 위임해서 보내야 할 것인지 또는 對馬島의 特送人이 薺浦에 이르렀다고 하니 이 사람에게 부쳐서 보내야 하는지 등을 의논하라고 전교하다.(『成宗實錄』 성종 24. 『集成』9-96)

12.2. 상이 對馬島主에게 通諭하는 일은 평범한 倭人에게 부칠 수 없고, 만약 特送이 돌아갈 때를 기다린다면 일이 늦어질 것이므로 朝官에게 위임하여 보내고자 한다고 전교하다.(『成宗實錄』 성종 24. 『集成』9-98)

12.5. 1弘文館副應敎 權柱를 對馬島敬差官으로 삼다.(『成宗實錄』 성종 24. 『集成』9-98)/ 承政院에서 對馬島主에게 通書하는 문제를 아뢰니, 상이 王旨에 받들어 쓰고 三浦에 사는 倭人은 우리 나라의 백성과 다름이 없는데 이와 같이 피해를 입힌다면 극형으로 처치할 것이라는 내용으로 하라고 전교하다.(『成宗實錄』 성종 24. 『集成』9-98)

12.7. 司憲府에서 同副承旨 鄭錫堅이 倭人이 개간한 田地를 推考하는 敬差官으로서 時宜를 잘못 헤아렸으며 倭人을 잡아 가두지 않았고 또한 倭人과 東島에 가서 여러 번 일을 그르쳐 국외를 훼손시켰으니 형벌을 가하자고 아뢰다.(『成宗實錄』 성종 24. 『集成』9-99)

12.20. 特進官 洪興이 忠淸道泰安郡의 安波寺에서 水陸齋를 베풀 때 공미를 여러 고을에 나누어 정하는데 도내의 州郡이 모두 견실하지 못하여 倭人의 宴享에 드는 비용도 갖추어 바칠 수 없는 등의 폐단이 있으니 혁파하도록 아뢰다.(『成宗實錄』 성종 24. 『集成』9-100)

12.23. 持平 姜詗이 對馬島主에게 朝官을 보내는 것을 다시 의논하기를 아뢰니, 임금이 국가에서 魚梁을 만들지 않고, 倭人이 官差를 상해하기에 이르렀는데 일이 커지기 전에 朝官을 보내어 도주가 어떻게 처치하는가를 살펴보자고 하다.(『成宗實錄』 성종 24. 『集成』9-100)/ 承政院에 對馬島에 通諭할 書契를 보내는 것에 대해 의논하도록 전교하다.(『成宗實錄』 성종 24. 『集成』9-102)

3.5. 日本國 關西路 肥筑通守 重朝, 上松浦 那久野能登守 賴永, 對馬州太守 宗貞國이 사람을 보내어 와서 土宜를 바치고 倭 護軍 助國次 등 네 사람이 와서 조회하다.(『成宗實錄』 성종 25. 『集成』9-109)

3.6. 對馬島敬差官 權柱가 對馬島로 보내는 書契가 엄하고 예물도 너무 적다고 아뢰니 이를 논하여 다시 거둬들이다.(『成宗實錄』 성종 25. 『集成』9-109)/ 大司諫 尹愍이 丙戌年에 固城 사람이 倭人에게 피살된 일이 있었을 때 島主에게 通書하고 그 賊倭를 다스리도록 하였는데 지금은 다만 魚梁을 다투었을 뿐이네 朝官을 위임하는 것이 불가하다고 아뢰다.(『成宗實錄』 성종 25. 『集成』9-110)

3.8. 姜詗·南世冑·李克培등이 對馬島에 朝官을 보내는 일, 倭人의 變故의 대비책, 倭船이 尺量할 때의 폐단 등을 아뢰어 의논하다.(『成宗實錄』 성종 25. 『集成』9-110)/ 임금이 對馬島敬差官 權柱를 인견하여 對馬 島主에게 三浦에 사는 倭人에게 세금을 걷는 것에 대해 말하는 것을 의논하고, 權柱가 이번에 오는 助國次는 島主의 從弟로 用事하는 자이니 슈을 내려 호송하게 하라고 아뢰다.(『成宗實錄』 성종 25. 『集成』9-112)

3.10. 禮曹에 助國次를 權柱와 동행하게 하는 것에 대해서 논의 하도록 전교하니 禮曹에서 助國次는 심술을 헤아리기 어려워 權柱와 같이 가게 되면 利害를 헤아릴 수 없어 같이 가는 것이 未便하다고 아뢰다.(『成宗實錄』 성종 25. 『集成』9-114)

3.11. 日本國 肥前州 下松浦 志佐 一岐州太守 原義, 上松浦 九沙島主 筑後守 義永, 薩摩州 島津 藤原持久, 對馬州太守 宗貞國이 사람을 보내어 와서 土宜를 바치다.(『成宗實錄』 성종 25. 『集成』9-114)

3.12. 禮曹에 명하여 助國次에게 지금 薺浦의 倭人이 魚梁을 다투어 빼앗는다는 일로 인하여 朝官을 위임하여 보내어 島主에게 開諭하려고 하는데 마침 돌아가는 시기가 서로 맞닥치게 되었으니 같이 돌아가라고 말하다.(『成宗實錄』 성종 25. 『集成』9-114)

3.18. 慶尙道觀察使 李克均이 倭人들의 상황을 늦게 보고한 釜山浦僉節制使 文俊에 대해 아뢰니 임금이 文俊을 逮捕하는 것에 대해 承政院에 묻다.(『成宗實錄』 성종 25. 『集成』9-115)/ 戶曹判書 盧公弼이 倭人들에게 줄 綿布 등이 부족하여, 물품의 가격을 減하여, 사사로이 진상하는 것을 줄이자고 아뢰니 이를 의논하게 하다.(『成宗實錄』 성종 25. 『集成』9-116)

3.19. 義禁府에 釜山浦 僉節制使 文俊이 우두머리 倭人 而羅多羅의 말을 듣고 즉시 보고 하지 않았으니 推鞫하게 하라고 傳旨하다.(『成宗實錄』

연도	한국
▲ 1494 ▼	성종25.『集成』9-117) 成俔 등이 琉球國王은 마땅히 스스로 國王 某라고 일컬어야 하는데 다만 中山府主라고 일컫고, 그 서찰에는 朝鮮國王이라고 해야 하는데 禮曹大人이라고 지칭하니 使臣으로 온 자가 의심스럽다고 아뢰다.(『成宗實錄』성 종25.『集成』9-118)
	3.20. 琉球國使臣의 일을 의논하게 하여 尹弼商등의 의견에 따라 의심스러운 점을 事目으로 작성하여 宣慰使로 하여금 진위 를 알아보게 하다.(『成宗實錄』성종25.『集成』9-119)/ 戶曹判書 盧公弼과 禮曹判書 成俔이 사사로이 바치는 倭人의 물 품을 금하게 하고, 書契의 기록된 물품의 값을 더하거나 감하자고 아뢰니 이를 허락하다.(『成宗實錄』성종25.『集成』9-121)
	3.21. 日本國 肥前州 下松浦 五島宇久守 源勝田, 平寓鎭 彈正 少弼弘, 對馬主太守 宗貞國등이 사람을 보내어 와서 土宜를 바치 다.(『成宗實錄』성종25.『集成』9-122)
	3.22. 承政院에서 倭人의 사무역을 금하게 하였는데 지금 助國次가 權柱와 함께 가는 때에 甲子기 금지시켜 화를 내게 하는 것은 불가하니, 그 불가한 이유를 이해시켜 말하도록 草하여 아뢰게 하자고 아뢰다./ 의심스러운 琉球國 使臣을 접대하 는 대책에 대해서 의논하게 하다.(『成宗實錄』성종25.『集成』9-122)
	3.24. 承政院에 명하여 琉球國使臣을 접대하는 것에 대해 의논하게 하여 金應箕·姜龜孫 등이 의논하다.(『成宗實錄』성종25. 『集成』9-124)/ 宣慰使 李昌臣에게 琉球國의 書契가 의심스러워 사절하여 보내는 것이 마땅하지만 먼 곳에서 險을 무 릅쓰고 왔으니 다만 使臣으로 대우할 수 없고 巨酋의 使送 例로써 접대하도록 하서하다.(『成宗實錄』성종25.『集成』 9-125)
	3.25. 日本國 一岐州 守護代官 眞弓兵部少輔 源武, 對馬州太守 宗貞國 등이 사람을 보내어 와서 土宜를 바치고 倭 僉知中樞 平松而羅狸文家繼 등 네 사람이 와서 土宜를 바치다.(『成宗實錄』성종25.『集成』9-126)
	3.26. 對馬島敬差官 權柱가 하직하니, 禮曹에서 宗貞國에게 薺浦의 倭人들이 庶民을 침해하고 官差를 구타하며, 또한 全羅道 楸山島 지방을 약탈하니 이를 바로잡을 것을 致書하고, 가지고 갈 土物을 別幅에 갖추어 하사하다.(『成宗實錄』성종25. 『集成』9-126)
	3.28. 禮曹에서 倭人이 사사로이 바치는 예물의 수효가 많아 , 輕重이 같지 않을 뿐만 아니라, 의리에도 해가 될 것 같다고 하 여 원망을 사지 않고 바치는 물건을 줄이게 하는 節目을 아뢰다.(『成宗實錄』성종25.『集成』9-127)
	4.1. 慶尙道觀察使 李克均이 對馬島主와 諸酋의 使臣이 배를 거짓으로 속여, 양식을 많이 지급 받아, 손해가 있으니, 大船·中 船·小船의 숫자를 적당하게 약정하자고 아뢰니 천천히 시행하도록 하다.(『成宗實錄』성종25.『集成』9-128)
	4.3. 尹弼商 등이 오랑캐를 대접하는 도리는 峻急하게 하는 것이 마땅치 않으니 倭船의 처리 문제를 뒤로 미룬 것이 윤당하다 고 아뢰다.(『成宗實錄』성종25.『集成』9-130)
	4.5. 倭護軍 又四郞盛數 등 6인이 來朝하다./ 戶曹에서 倭人에게 답례로 하사 할 綿紬와 正布가 넉넉하지 않아 장사꾼에게 징 수하였는데 이에 대한 폐단이 생기니 임금이 이 사실을 조사하도록 전교하다.(『成宗實錄』성종25.『集成』9-130)/ 戶曹判 書 盧公弼 등이 倭人에게 綿布만을 준다면 후일에도 계속 면포만을 주어야 하므로, 장사꾼에게 징수하던 예에 의거하여 啓請하여 거행하였다고 아뢰고 三浦 倭人에게 세금을 걷도록 청하다.(『成宗實錄』성종25.『集成』9-131)
	4.7. 戶曹判書 盧公弼 등이 倭人이 사사로이 바치는 물건을 和賣하는데 있어서의 폐단을 아뢰니, 상이 倭人이 사사로이 바치 는 물건을 일절 금지시키고 綿紬와 布子를 장사꾼에게서 독촉하지 말도록 전교하다.(『成宗實錄』성종25.『集成』9-132)
	4.8. 上이 倭人들이 사사로이 바치는 것을 금지하게 하고 우리 나라에서 얻지 못하는 물건은 公貿易으로 하는 것에 대해 戶曹 에 묻다.(『成宗實錄』성종25.『集成』9-132)
	4.10. 日本國王 源義材가 僧 元菊 등을 보내어 와서 朝聘하다.(『成宗實錄』성종25.『集成』9-133)/ 禮曹에서 日本의 使臣에게 사사로이 바치는 물품을 받지 않는 법을 세웠다고 하니, 자신들이 바치는 물품은 법을 세우기 전이었으니 받아야 한다 고 답했다 하자 상이 禮曹로 하여금 이를 마지막으로 받아들이도록 전교하다.(『成宗實錄』성종25.『集成』9-134)
	4.13. 兵曹에서 慶尙道水軍節度使 邊脩의 啓本에 의거하여 倭船이 巨濟縣 永登浦에 이르러 水軍을 죽였는데 萬戶 李克儉이 보고하지 않아 본도의 都事로 하여금 推鞫하도록 아뢰니, 이를 국문하도록 하다.(『成宗實錄』성종25.『集成』9-135)
	4.18. 全羅道觀察使 權景禧가 倭船이 楸子島에 웅거하였다가 濟州에서 進貢하는 물건을 탈취하고 사람을 상하게 하였다는 것 을 馳啓하자 이를 의논하여 朝官을 골라서 보내어 倭賊을 만난 상황을 추궁하자는 金應箕 등의 의견을 따르다.(『成宗實 錄』성종25.『集成』9-135)
	4.20. 日本國 肥前州 下松浦 山城太守 源吉과 一岐州 上松浦 鹽津留 助次郞 源經이 사람을 보내어 와서 土宜를 바치다.(『成宗 實錄』성종25.『集成』9-137)
	4.24. 임금이 承政院에 楸子島 倭變을 對馬島主에게 알리는 방법을 의논하여 글로 써서 權柱로 하여금 전하게 하며 또한 書契 의 뜻을 가지고 對馬島主에게 설명해 주게끔 하자고 아뢰다.(『成宗實錄』성종25.『集成』9-138)
	4.25. 禮曹判書 成俔이 倭賊과 魚梁을 다투는 글을 楸子島 倭變을 알리는 글과 함께 1통의 글로 통일하여 權柱에게 붙이자고 아뢰다.(『成宗實錄』성종25.『集成』9-138)
	4.26. 德宗의 後宮인 權貴人이 卒하니, 客人에 대한 연회를 후일에 시행할 것을 전교하다.(『成宗實錄』성종25.『集成』9-139)
	4.29. 兵曹에서 倭船이 周原島에 들어와서 水軍 李孝進을 죽였는데 이 사실을 늦게 보고한 慶尙道水軍節度使 邊脩을 국문하 자고 아뢰다.(『成宗實錄』성종25.『集成』9-139)
	5.1. 日本國 五島鳴島主 源繁, 大知賀島守護 兼尾州太守 源疼, 對馬州太守 宗貞國·宗彦七貞秀 등이 사람을 보내어 와서 土宜를

바치다.(『成宗實錄』성종 25.『集成』9-139)/ 弘文館副提學 宋軼과 대간 등이 尹壕의 관직 개정과 興福寺 불사에 대해 처벌을 요구하고, 가뭄이 들고 남쪽의 倭賊과 북쪽의 오랑캐가 침노하니 전하를 輔相하는 사람으로 적합한 사람을 얻지 못한 것이라고 상소하다.(『成宗實錄』성종 25.『集成』9-140)/ 右議政이 臺諫이 論駁한다는 것으로 引嫌하고 나오지 않을 것이나, 客人을 引見할 때 三公을 갖추지 않을 수 없으니, 관사에 나오게 하도록 承政院에 전교하다.(『成宗實錄』성종 25.『集成』9-141)

5.2. 司憲府大司憲 許琛 등과 司諫院大司諫 尹愁 등이 尹壕의 관직 개정과 興福寺 佛事에 대한 처벌을 아뢰었으나, 들어주지 않다.(『成宗實錄』성종 25.『集成』9-141)

5.3. 임금이 仁政殿에 나아가 日本國 使臣 上官人 僧 元玏과 副官人 禪智 등을 引見하다.(『成宗實錄』성종 25.『集成』9-142)

5.5. 倭人 僉知 早田彦八 등이 내조하다.(『成宗實錄』성종 25.『集成』9-142)

5.6. 司憲府大司憲 許琛이 御史大夫로써 조정의 관원과 客人이 모인 연회에서 孫舜孝와 더불어 실수한 책임으로 자신의 직임을 改差해 주기를 아뢰었지만 들어주지 않다.(『成宗實錄』성종 25.『集成』9-143)/ 判中樞府使 孫舜孝가 日本國 使臣을 인견 할 때 御史大夫로서 술을 마셔서 위의를 잃은 것 같아 대죄를 청하니 상이 거절하다.(『成宗實錄』성종 25.『集成』9-145)

5.7. 日本國 關西路 筑豊肥三州 摠太守 太宰府都督 司馬少卿 藤原政尙이 사람을 보내어 와서 土宜를 바치다.(『成宗實錄』성종 25.『集成』9-145)

5.7. 禮曹에 日本國 使臣이 오면 圓覺寺와 興天寺를 보려고 요구하니, 허술하고 소홀함이 없도록 두 절의 주지로 하여금 미리 먼저 布置하도록 전교하다.(『成宗實錄』성종 25.『集成』9-145)

5.10. 慶尙道觀察使 李克均등이 倭人이 함부로 內地에 들어와 永登浦와 吾乙兒浦에서 사람을 죽이고 全羅道에는 楸子島와 같은 변이 있었으니 島主에게 아울러 유시하여 금지시키도록 하자고 치계하니 이를 의논하게 하다.(『成宗實錄』성종 25.『集成』9-146)/ 全羅道觀察使 權景禧가 倭變에 대비하여 內地로 옮긴 백성들이 연해로 돌아가면서 倭奴들의 노략질이 있어 연해로 옮기지 못하도록 치계하니, 兵曹에서 이를 금하면 생업을 잃을 것이니 이를 일단 금지하지 못하도록 아뢰다./ 호조에서 三浦의 倭人들에게 세금을 징수하는 일을 邊將으로 하여금 倭人들에게 말하게 하자고 아뢰다.(『成宗實錄』성종 25.『集成』9-147)

5.11. 琉球國中山府主 使僧 天章이 來聘하다.(『成宗實錄』성종25.『集成』9-148)/ 상이 慶尙道·全羅道 觀察使와 兵馬節度使·水軍節度使에게 倭人이 제멋대로 국법을 어기니 射官과 文引을 가지고 다니지 않는 倭船에 대해서는 즉시 체포하여 아뢰도록 전교하다.(『成宗實錄』성종 25.『集成』9-149)/ 兵曹에서 船軍과 小猛船을 突山浦 등에 배치하여 방어를 충실하게 하자고 아뢰다./ 慶尙道觀察使 李克均이 總統과 神機箭을 사용할 수 있는 사람이 드물다고 아뢰자 兵曹에서 이를 엄하게 고찰하여 소홀함이 없도록 하자고 아뢰니 임금이 그대로 따르다.(『成宗實錄』성종 25.『集成』9-150)

5.12. 日本國 關西路 筑前州 冷泉津尉 兼內州太守 田原貞成, 對馬州 橘氏立石 右京亮 國長등이 사람을 보내어 와서 土宜를 바치다./ 兵曹에서 左道의 主鎭과 突山 등지의 賊路 要害地에다 水軍을 보충 배치하게 할 것을 아뢰자, 六曹와 漢城府의 堂上官을 命召하여 의논하게 하다.(『成宗實錄』성종25.『集成』9-151)/ 兵曹에서 全羅道의 餘丁 8백 60명을 선군으로 정하여 적로의 요해지인 각포에 나누어 예속시켜 방어를 충실하게 하도록 계정하다.(『成宗實錄』성종 25.『集成』9-152)

5.16. 倭中樞 平茂續 등 아홉 사람이 來朝하다.(『成宗實錄』성종 25.『集成』9-152)

5.17. 領事 尹弼商 등과 北京에 가는 사람들이 가지고 가는 胡椒는 우리 나라에서 생산되는 물품이 아니어서 中國에서 倭奴들과 교통한다고 의심 할 것이니 이를 줄이는 문제와 변방의 倭變이 많아진 것 등에 대해 의논하다.(『成宗實錄』성종 25.『集成』9-153)/ 戶曹判書 盧公弼이 倭人이 바치는 물품의 값을 낮추고 올리는 것에 대해서 倭人들이 원망하지 않도록 禮曹로 하여금 타이르게 하도록 아뢰니 이를 따르다.(『成宗實錄』성종 25.『集成』9-154)/ 상이 慶尙道觀察使 李克均에게 賊倭가 몰래 발동할 때이고, 使者를 파견하여 沿邊의 軍卒과 器械를 點閱한다면 의심할 것이고, 혹시 뜻밖의 변고가 있을까 염려스러우니 倭賊 방비를 철저히 하라고 하서하다.(『成宗實錄』성종 25.『集成』9-155)

5.19. 慶尙左道兵馬節度使 曺淑沂가 船軍이 배를 운행하는 기술을 익힐 것 등과 군적의 폐단을 열거하여 書啓하였으나 兵曹의 청에 따라 시행하지 않기로 하다.(『成宗實錄』성종 25.『集成』9-155)

5.21. 日本國 使臣을 접견할 때에 음악을 쓰는 것은 使臣을 위해서 어쩔 수 없는 데서 나온 것이지만, 前後鼓吹에 이르러서는 진열만 하고 연주하지 않는 것이 가하다고 하다.(『成宗實錄』성종 25.『集成』9-156)

5.24. 全羅道兵馬節度使 金瑞衡에게 변방에 대한 대비책을 다하였는데도 賊倭가 나타나는 것은, 邊將이 마음을 다하여 조처하지 않은 까닭이니 작은 변고에 겁을 내어 소요하지 말고 형편에 따라 적당히 처리하라고 유시하다.(『成宗實錄』성종 25.『集成』9-157)/ 全羅道兵馬節度使 金瑞衡이 賊倭가 연해의 여러 섬을 겁략하니고 있으니 군사를 뽑아 倭船을 소탕하자고 치계하자, 尹弼孫 등에게 의논하게 하여 節目을 엄하게 세우지 않으면 변방의 혼란이 야기되므로 이를 거절하다.(『成宗實錄』성종 25.『集成』9-158)

5.26. 特進官 尹孝孫 등이 慶尙道의 여러 水鎭에 倭樣船 두 척을 마련하였는데 배에 군인이 없으니 大猛船軍에 옮겨 지급하여 배의 운행을 익히게 하는 것 등을 논의하다.(『成宗實錄』성종 25.『集成』9-158)

5.27. 忠淸道觀察使 曹偉가 海美·洪州 등지의 백성들이 倭變이 있다는 말에 놀라 동요하니, 이러한 말을 만들어 낸 자를 추문하자고 치계하다.(『成宗實錄』성종 25.『集成』9-159)

5.30. 日本國 關西路 九州都元帥 源政教 사람을 보내어 와서 土宜를 바치다.(『成宗實錄』성종 25.『集成』9-160)

6.5. 都承旨 金應箕 등이 접견하지 못한 日本國 使臣들이 날마다 양식을 받아 폐단이 작지 않으니, 禮曹로 하여금 접견 할 수 없는 이유를 개유하게 하고, 잔치를 내려 줄 것을 청하니 며칠 관망하였다가 처리하겠다 하다.(『成宗實錄』성종 25.『集成』9-160)

6.7. 禮曹에서 琉球國의 書契에 대한 修答을 어떻게 해야 할 지 아뢰자 例에 의하여 하라고 전교하니, 禮曹에서 海東諸國紀를 상고하건대, 議政司 大人 奉復이라고 씀이 어떠할지 아뢰다.(『成宗實錄』성종 25.『集成』9-160)

연도	한국
▲ **1494**	6.10. 日本國 關西路 筑豊肥三州摠太守 太宰府都督 司馬少卿 藤原政尙이 사람을 보내어 와서 土宜를 바치다.(『成宗實錄』성종25. 『集成』9-161) 6.11. 慶尙道觀察使 李克均이 敬差官 權柱가 對馬島北面道于老浦에 정박하였다고 치계하다.(『成宗實錄』성종25. 『集成』9-162) 6.14. 禮曹佐郎 金效侃 등이 進上을 허락해야만 詣闕하려는 日本使臣에 대해 의논하니 承政院에서 倭人은 성질이 조급하고 지금의 노함도 하고자 함을 이루지 못한 것에서 나온 것뿐이라고 하자 禮曹로 하여금 다시 개유하게 하다.(『成宗實錄』성종25. 『集成』9-162) 6.15. 禮曹佐郎 金效侃 등이 무역에 불만을 갖고 詣闕하려 하지 않는 日本使臣에게 禮物과 宴卓을 내려주면 반드시 교만한 마음을 먹을 것이니, 단지 賜宴만 하고 禮物을 내려 주지 말도록 아뢰다.(『成宗實錄』성종25. 『集成』9-163)/ 禮曹正郎 金瑗이 日本 使臣에게 宴卓을 주었더니 이를 받지 않은 것을 아뢰자, 임금이 演卓은 그곳에 두고 저들의 處置를 기다리자고 하다./ 義禁府經歷 洪貴孫이 客館에 가서 傳旨를 上官·副官에게 효유하고, 日本의 官員과 通事·伴從 등을 拿致하니 그 연유를 알지 못하고 서로 놀라 칼을 차고 달려들었는데 上官·副官이 말리자 바로 중지하였다고 아뢰다.(『成宗實錄』성종25. 『集成』9-165) 6.16. 參議 愼守勤 등이 倭人들에게 물건 값을 더 주거나, 사무역을 허락한다면 폐단이 생기는 등의 이유로 금할 것을 청하였으나, 龍腦·大浪皮·沈香은 모두 國用에 긴요하니 그 값을 물어서 무역하도록 전교하다./ 左副承旨 姜龜孫이 倭人이 演卓을 받지 않은 것에 대해 아뢰니 상이 禮曹正郎 黃陸雲을 보내어 이를 받도록 명하니, 倭人들이 죄를 뉘우쳐 四拜를 행한 뒤에 자리에 나갔다 아뢰다.(『成宗實錄』성종25. 『集成』9-166) 6.18. 日本國 使臣 元勻 등이 黃金·朱紅은 公貿易을 불허하고 私貿易을 하도록 한 것과, 答賜와 무역의 값을 舊例 보다도 감한 것에 대해 불만을 나타낸 것을 禮曹에서 아뢰다.(『成宗實錄』성종25. 『集成』9-167) 6.20. 參議 愼守勤 등이 倭人이 沈香·龍腦의 값이 저렴하다 하여 팔려고 하지 않으니 살 수가 없다고 아뢰자, 龍腦와 沈香은 國用에 긴요한 것이니, 값을 더 주고 무역하여도 좋다고 전교하다.(『成宗實錄』성종25. 『集成』9-167) 6.23. 琉球國使 天章 등이 하직하다./ 禮曹에서 對馬島主에게 琉球國使 天章이 가지고 왔던 글에 前例를 어긴 것이 있어 使臣으로 믿어 대접할 수가 없었고, 館待의 모든 일도 감히 다 舊例대로 따르지 못하였으니 照亮하라고 글을 보내다.(『成宗實錄』성종25. 『集成』9-168) 6.27. 日本國王使 元勻 등이 하직하니 그 답서에 使臣의 무례함을 알리고 土宜를 가지고 아울러 別幅에 기록하여 보내다.(『成宗實錄』성종25. 『集成』9-168)/ 右副承旨 姜龜孫이 日本國書를 改書하려고 承文院 관원을 불렀으나, 오랫동안 오지 않았는데 交隣의 일은 중요한 것이니 이를 엄하게 다스리기를 청하니, 行首掌務를 罷黜하게 하라고 전교하다.(『成宗實錄』성종25. 『集成』9-169) 6.29. 小二殿 使送 照首座가 하직하면서 書契를 禮曹郎廳에 바치기를 答賜의 값이 예전보다 반으로 줄어서 본국으로 돌아가면 죽음을 당할 것이니, 書契를 바친 뒤에야 饗宴에 나아갈 것이라고 하니, 임금이 書契를 받아들이다.(『成宗實錄』성종25. 『集成』9-169) 7.1. 司諫院正言 李元成이 柳濱 등을 改差할 것을 청하니, 權柱가 대마도에서 돌아오지 않는 등 臺諫의 임무는 비위둘 수 없어서 吏曹로 하여금 三望에 구애하지 말고 多數를 擬望토록 하도록 하니 柳濱등이 끼게되었다고 전교하다.(『成宗實錄』성종25. 『集成』9-170) 7.3. 禮曹에서 小二殿 使送 照首座 등이 進上한 물건값을 감한 것에 불평한 것 등을 아뢰니, 이를 의논하여 立法 전에 있었으니 값을 더 해주도록 하고, 戶曹로 하여금 그 값을 작정하여 원대하게 경영하는 법으로 삼도록 전교하다.(『成宗實錄』성종25. 『集成』9-171) 7.4. 慶尙右道水軍節度使 邊脩가 倭寇에게 抄掠 당했는데 죄책을 모면하려고 숨기고서 아뢰지 않았으니 국문 하다.(『成宗實錄』성종25. 『集成』9-173) 7.5. 對馬島敬差官 權柱가 通事를 보내어 對馬島에서 출발하여 동래에 도착할 때까지 보고 들은 사건을 치계하다.(『成宗實錄』성종25. 『集成』9-173) 7.7. 對馬島敬差官 權柱가 보낸 事目을 尹弼商·韓致亨 등이 의논하니, 상이 權柱가 올라오기를 기다려 推鞫하도록 전교하다.(『成宗實錄』성종25. 『集成』9-178) 7.10. 司憲府持平 申用漑가 慶尙右道水軍節度使 金允濟가 적이 강변에 나타나자 스스로 겁을 내어 적들이 高山里로 옮겨서 침범하게 한 것과, 本道는 倭變이 자주 일어나서 主將을 택하지 않을 수 없는데 이를 고치자고 아뢰다.(『成宗實錄』성종25. 『集成』9-179) 7.16. 禮曹判書 成俔등이 특사한 물건을 倭人에게 諭示하여 주었더니 前例에 准하고자 하여 이를 받지 않고 있어, 바쳤던 물건을 환급하도록 청하니 이를 의논하게 하여 尹弼商 등의 의견을 따라 물건을 환급하도록 전교하다.(『成宗實錄』성종25. 『集成』9-180) 7.17. 倭司直 三甫羅而羅가 내조하다.(『成宗實錄』성종25. 『集成』9-181)
1495 **▼**	【한국】 1.19. 日本國 畿內攝津州兵庫津 平方式·都尉 源忠能·對馬州太守 宗貞國이 사람을 보내 土宜를 바치다.(『燕山君日記』연산즉

일본

7.18. 尹孝孫 등이 胡椒는 倭土의 소산이니 興用하고 中國에 가서 팔 수 없으니 私貿易 하도록 허락하면 興利하는 무리가 범법하는 폐단이 생기니 이제부터 公貿易만 하도록 하고 또 중국에 가지고 가는 것을 금하게 하자고 아뢰다.(『成宗實錄』 성종 25. 『集成』9-181)

7.23. 慶尙道觀察使 李克均이 薺浦僉節制使 呂承堪의 牒呈에 의거하여 魚梁을 금지하는데 있어서 倭人의 邊患 대한 대비책을 아뢰니 尹弼商 등이 의논하여 恒居倭人이 눈치채지 못하도록 견고하게 방어하도록 아뢰다.(『成宗實錄』 성종 25. 『集成』9-182)

7.27. 宗貞國이 禮曹에 致書하기를 全羅道와 濟州에 침범한 賊倭를 수색하여 잡아낼 것이고 하다.(『成宗實錄』 성종 25. 『集成』9-183)/ 對馬州 平朝臣刑部少輔 宗貞秀가 禮曹에 致書하기를 薺浦의 庶民 등이 魚梁을 쟁탈하고 差官 손상시킨 것과 賊船이 全羅道와 濟州에 침범하여 해를 끼친 것에 대해 수색하여 잡아낼 것이라고 하다.(『成宗實錄』 성종 25. 『集成』9-184)/ 宗伊豫守 茂勝이 致書하기를 三浦의 庶民 등이 魚梁에 干紀하여 忿怨을 일으키게 하고 差官 손상시킨 것과, 賊船이 全羅道와 濟州에 침범하여 해를 끼친 것에 대해 수색하여 잡아낼 것이라고 하다.(『成宗實錄』 성종 25. 『集成』9-185)

7.29. 對馬島主의 書契를 의논하니 곡진하게 좇는다는 言辭는 없더라도 또한 不遜한 말이 없으니 서서히 관망하자는 尹弼商의 의논을 따르다.(『成宗實錄』 성종 25. 『集成』9-186)

8.6. 義禁府에 前全羅道水軍節度使 金四守가 여러 일들에 조치를 하지 않아 倭船이 南桃浦 項島의 守護하는 곳에 들어와 수군을 죽이고 병기를 빼앗아 갔는데도 보고하지 아니하였으니, 추국하여 아뢰도록 傳旨하다.(『成宗實錄』 성종 25. 『集成』9-186)

8.23. 兵曹判書 成俊 등이 全羅右道南逃浦에 倭變이 있었는데 이를 방어하지 못한 左道의 虞候趙澤과 연변의 首領·萬戶의 죄를 의논하여 아뢰니 수령 등을 照律하는 일은 대신에게 보이도록 전교하다.(『成宗實錄』 성종 25. 『集成』9-187)

8.24. 司憲府에서 對馬島敬差官 權柱가 抗拒하고 不服하니 追身하여 推鞫하도록 청하다.(『成宗實錄』 성종 25. 『集成』9-188)

9.3. 日本國 對馬州太守 宗貞國이 특별히 貞臣을 보내어 와서 土宜를 바치다.(『成宗實錄』 성종 25. 『集成』9-188)

9.18. 禮曹判書 成俔 등이 朝官을 浦所로 보내 對馬島 特送 宗貞信이 魚梁을 쟁탈한 사람을 刷還해 내는지를 관망하자고 아뢰니 이를 의논하여 朝官을 가려보내도록 전교하다.(『成宗實錄』 성종 25. 『集成』9-189)

9.24. 禮曹判書 成俔 등이 上體가 平復되지 않고, 年事도 흉년이니 倭人과 野人의 賜宴은 폐지할 수 없으나 그 밖의 宴饗은 정지하도록 청하다.(『成宗實錄』 성종 25. 『集成』9-190)

10.12. 義禁府에서 全羅道右水軍 節度使 金四守가 邊將으로서 방어에 충실하지 못하여 倭船이 南桃浦에 들어와 水軍을 해치고 弓甲을 약탈 당하게 했으니 벌을 줄 것을 아뢰다.(『成宗實錄』 성종 25. 『集成』9-191)

10.16. 임금이 對馬島 宗貞信 등에게 술자리를 베풀고 물건을 하사하니 宗貞信이 魚梁을 쟁탈한 사람을 治罪하는 일과 三浦의 거민을 刷還하는 등의 일은 副官人을 보내어 島主에게 보고하게 했고 마땅히 대국의 명을 받들겠다고 하다.(『成宗實錄』 성종25. 『集成』9-191)

10.19. 兵曹에서 南桃浦萬戶 李允儉이 倭賊의 竊發을 당하여 追捕하는 데 미치지 못한 죄와 珍島郡守 趙順道가 倭變을 알고도 숨긴 것에 대해 벌을 내릴 것을 아뢰니 상이 그대로 따르다.(『成宗實錄』 성종 25. 『集成』9-192)

10.25. 李克均이 慶尙道監司로 遞代되어 와서 三浦倭의 戶數를 書契하다.(『成宗實錄』 성종 25. 『集成』9-192)

10.28. 濟用監에서 倭人의 의복을 관장하다.(『成宗實錄』 성종 25. 『集成』9-193)/ 兵曹 등이 薺浦는 倭人이 互市하는 곳 이여서 청렴하고 간묵한 자를 얻어서 지키도록 하여야 하는데 柳承孫은 上下를 분별하지 못하는데 倭人을 대하는데도 이와 같을까 염려된다고 아뢰다.(『成宗實錄』 성종 25. 『集成』9-193)

11.1. 慶尙右道 兵馬節度使 辛鑄가 倭人이 永登浦에 정박하여 콩을 빼앗아가는 것을 사로잡아 本浦에 가둔 것을 치계하니, 侍講院弼善 金壽童을 보내어 鞫問하게 하다.(『成宗實錄』 성종 25. 『集成』9-194)/ 慶尙道觀察使 金悌臣에게 巨濟는 바다 바깥의 작은 고을이고 共給이 어려우니, 사로잡은 倭人을 內地의 여러 고을에 나누어 가두고, 守直人을 많이 정하여 自盡하지 못하도록 철저히 禁防하도록 下書하다.(『成宗實錄』 성종 25. 『集成』9-195)/ 慶尙右道 水軍節度使 李烈이 永登浦萬戶 鄭麟角이 미처 잡지 못했던 倭人 8명을 체포하여 국문하니, 國王使臣의 格倭로서 裝船木을 구하려 와서 굶주려 걸식한 것뿐이라고 답했으며, 熊川에 옮겨 가두었다고 雄鷄하다.(『成宗實錄』 성종 25. 『集成』9-196)

11.2. 禮曹에서 宗貞國에 답서를 보내어 三浦에 거주하는 정수 이상의 倭人을 刷還해 갈 것을 이르다.(『成宗實錄』 성종 25. 『集成』9-196)/ 慶尙道觀察使 金悌臣에게 慶尙右道 水軍節度使 李烈이 倭人 14명을 잡아 熊川縣에 가두었는데 본현이 薺浦에서 가까우니, 속히 內地의 여러 고을에 나누어 가두도록 하서하다.(『成宗實錄』 성종 25. 『集成』9-197)

11.4. 日本國 大內 大中大夫 左京兆尹 防長豊筑四州太守 多多良政弘이 사람을 보내어 土宜를 바치고, 戰袍와 旗幟의 비용으로 銅鐵·綿紬 등을 하사해 주길 청하다.(『成宗實錄』 성종 25. 『集成』9-197)/ 慶尙道觀察使 金悌臣이 日本國王 使臣이 잡은 賊倭 3, 4명을 죽이고 나머지는 薺浦 성내에 구류하고 있어 변이 생길 것 같다고 아뢰니, 尹弼商 등에게 의논하였는데 이들은 賊倭가 아니고 使臣의 隨從者라고 하다.(『成宗實錄』 성종 25. 『集成』9-198)

11.5. 의금부에 慶尙右道水軍節度使 李烈이 방어하는 일을 게을리 하여 倭人이 몰래 巨濟 場浦의 땅에 정박하여 황두를 빼앗아 가게하고 체포한 倭人들을 마음대로 熊川에 옮겨 가둔 것 등에 대해 推鞫하여 아뢰도록 傳旨하다.(『成宗實錄』 성종 25. 『集成』9-199)

11.6. 상이 慶尙道觀察使 金悌臣 등에게 薺浦倭人이 魚梁 등의 일로 불평이 있으니, 沿邊의 僉使·萬戶는 마땅히 적합한 사람을 쓰도록 하고, 鹽浦에서 全羅道 珍島까지 여러 浦의 僉使·萬戶의 방어 상황에 대해 조사하도록 下書하다.(『成宗實錄』 성종 24. 『集成』9-199)

12.28. 임금의 서거로 東平館을 5일동안 輟市하니, 倭人들이 울며 슬퍼하다.(『燕山君日記』 연산즉위. 『集成』9-201)

위. 『集成』9-201)

2.17. 對馬州 平朝臣刑部小輔 宗貞秀·肥前州田平寓鎭 源朝臣憚正少弼弘·對馬州代官 平朝臣伊豫守宗茂勝·上松浦波多島 源納 등이 사람을

연도	한국
▲ 1495	보내어 와서 土宜를 바치다.(『燕山君日記』 연산1. 『集成』9-201) 2.22. 對馬州 立石莊人尉 平國幸이 사람을 보내와서 土宜를 바치다.(『燕山君日記』 연산1. 『集成』9-202) 3.2. 薩摩州 伊集院 隅鎭·隅州太守 藤熙久와 關西路肥築二州太守 菊池藤原朝臣 重朝·對馬州佐護郡代官 平朝臣宗幡摩守 國久 등이 와서 土宜를 바치다.(『燕山君日記』 연산1. 『集成』9-202) 3.6. 倭護軍 皮孔古羅·又四郎·盛數 등이 와서 方物을 바치다.(『燕山君日記』 연산1. 『集成』9-202) 3.8. 慶尙道觀察使 金悌臣이 宗貞國이 보낸 職宣이 魚梁을 쟁탈한 倭人을 쇄환하기 위해 왔다고 아뢰다.(『燕山君日記』 연산1. 『集成』9-202) 3.9. 坡平府院君 尹弼商 등이 倭人들의 魚梁 爭奪事件에 대해 의논하였는데, 禮曹에서 職宣에게 힐문하여 쇄환할 것을 아뢰다.(『燕山君日記』 연산1. 『集成』9-203) 3.23. 肥前州下松浦志佐 壹岐州太守 源義·對馬州仁位郡 平朝臣宗職家·對馬州太守 宗貞國·對馬州平朝臣宗國勝 등이 사람을 보내어 土宜를 바치다.(『燕山君日記』 연산1. 『集成』9-204) 3.23. 倭司果 都豆馬豆馬·司猛 盛重이 와서 土宜를 바치다.(『燕山君日記』 연산1. 『集成』9-205) 3.28. 倭僉知 平松而羅·洒文·家繼 세 사람이 와서 方物을 바치다.(『燕山君日記』 연산1. 『集成』9-205) 5.1. 倭人 職宣이 漁梁을 쟁탈한일에 대해, 섬사람들로서 우리나라에 있는 자는 역시 편입된 백성이므로 불문하고, 島主에게 書契만 보내자고 하다.(『燕山君日記』 연산1. 『集成』9-205) 5.28. 忠淸道 都事 金馴孫이 皇明祖訓을 상고하니 우리나라를 安南·琉球의 아래 오랑캐로 대우하고 使臣이 다닐 때 상인이 끼어 거짓 술책을 많이 쓰니, 무역을 규제·감축할 것 등, 시국에 관한 이익과 병폐 26조목을 상소하다.(『燕山君日記』 연산1. 『集成』9-206)
1496	【한국】 1.8. 承旨들이 廣州는 倭人이 경유하는 고을이라서 이바지하기에 몹시 번거로운 곳이라고 아뢰다.(『燕山君日記』 연산2. 『集成』9-213) 1.18. 倭人 五羅·仇羅 등 4인이 와서 土宜를 바치다.(『燕山君日記』 연산2. 『集成』9-214) 2.17. 承旨 愼守勤이 甲辰年에 薺浦倭人이 熊川城 밑의 소나무를 벌채하면서 산지기를 구타한 것과 魚梁을 쟁탈한 것에 죄로 다스리지 않으면 문란해지니, 金碑을 시켜 對馬島主에게 설유하도록 아뢰다.(『燕山君日記』 연산2. 『集成』9-214) 2.23. 尹弼商이 薺浦에 사는 倭人들이 禁山의 소나무를 베어가고 사람을 때렸으니 죄로 다스려야 하지만, 金碑이 對馬島에 弔慰와 致祭로 가는 것이므로 新主에게 타이르는 것은 마땅한 때가 아니므로 용서할 것을 의논하다.(『燕山君日記』 연산2. 『集成』9-215) 3.2. 臺諫이 金孝江·鄭文炯·尹垓등의 간첩과 윤채의 죄를 처벌하기를 청하였으나, 듣지 않았다.(『燕山君日記』 연산2. 『集成』9-216) 3.24. 刑曹參判 權敬禧 등이 掌隸院의 종 白隱達이 몰래 놋쇠를 倭人에게 판 사실을 아뢰다.(『燕山君日記』 연산2. 『集成』9-217) 3.27. 對馬島致奠官 金碑과 致慰官 張珽이 倭人이 禮曹의 書契를 절하고 받을 수 없다 한다고 書啓하므로, 對馬島에서 奉使하는 자는 모두 禮曹에서 書契를 받아갔으니 禮曹의 계목에 의하여 시행하게 하다.(『燕山君日記』 연산2. 『集成』9-218) 尹弼商이 倭船을 보수하는 판자와 쇠못은 국가에서 지급한지 오래되었으므로 甲子기 변경하는 것은 불가능하다고 아뢰다.(『燕山君日記』 연산2. 『集成』9-220) 3.28. 承旨들이 倭人에게 쇠못을 지급할 것을 아뢰다.(『燕山君日記』 연산2. 『集成』9-221) 3.29. 禮曹에 구리와 주석을 倭人에게 몰래 파는 자는 장 1백대에 의거하여 처단하도록 하라고 하다.(『燕山君日記』 연산2. 『集成』9-221) 윤3.20. 對馬島致奠官 金碑과 致慰官 張珽이 拜辭하고 島主가 書契에 절을 하지 않으면 임금의 명을 욕되게 하는 것이라 아뢰니, 上이 時宜에 따라 처치하라고 명하다.(『燕山君日記』 연산2. 『集成』9-222) 4.8. 임금이 仁政殿에 나와서 섬 오랑캐와 북방 오랑캐를 대하는 방도, 水軍과 북방 수령 등에 관한 策問으로 선비를 策試하다.(『燕山君日記』 연산2. 『集成』9-222)
1497 ▼	【한국】 1.7. 禮曹에서 倭僧 雪明이 投化人의 예에 따라 京中에 살게 해달라는 공술을 아뢰니, 그대로 따르다.(『燕山君日記』 연산3. 『集成』9-231) 1.12. 戶曹判書 李世佐가 成均館 앞의 민가 10여채를 철거하고 보상으로 면포를 관에서 내려주기를 禮曹에 청했는데, 倭 황금과 銅鐵을 무역하는 경비가 적지 않으며, 中國에서도 文廟가 閭閻에 있으니 추후에 철거할 것을 아뢰다.(『燕山君日記』 연산3. 『集成』9-232) 1.14. 1右承旨 宋逸이 倭人의 향을 무역하는 것은 불가하다고 아뢰다.(『燕山君日記』 연산3. 『集成』9-232) 1.15. 朴安性이 薺浦에 있는 정한 수 밖의 倭人들을 아직 돌려 보내지 못한 것에 대해 의논드리다.(『燕山君日記』 연산3. 『集成』9-233) 1.24. 特進官 崔應賢이 成宗께서 倭奴의 침입에 대비하여 성을 쌓아 적을 피하는 곳을 만들게 하였다고 하다.(『燕山君日記』 연산3. 『集成』9-234) 1.26. 釜山浦 倭人들의 세력이 강성해져 공사의 어채하는 곳을 빼앗아 출입하고 관이나 민간에서 채취한 해물을 약탈하고 있

일본

7.3. 日本國 平方式部尉 源忠能이 사람을 보내어 土宜를 바치다.(『燕山君日記』 연산 1. 『集成』9-208)

8.7. 田平寅鎭과 源朝臣彌正小弼弘이 사람을 보내어와서 土宜를 바치다.(『燕山君日記』 연산 1. 『集成』9-208)

8.25. 特進官 成俊이 남방의 방비가 허술하여 倭船이 침입하여도 알 수 없다고 아뢰다.(『燕山君日記』 연산 1. 『集成』9-208)

9.1. 日本國 鴨打源永이 사람을 보내어 와서 土宜를 바치다.(『燕山君日記』 연산 1. 『集成』9-209)

9.6. 承旨 權景祐가 倭人이 田稅布를 回奉하는데 있어 국가에서는 굵은 베로 정하였다고 아뢰다.(『燕山君日記』 연산 1. 『集成』9-209)

10.5. 日本國 平持平이 사람을 보내어 土宜를 바치다.(『燕山君日記』 연산 1. 『集成』9-211)

10.9. 倭人이 忠州 丹月驛에 도착하여 상사중에도 불구하고 닭을 잡아 대접하라고 하는 등 倭人들의 행패가 심하다고 보고하다.(『燕山君日記』 연산 1. 『集成』9-211)

10.10. 尹弼商 등이 금령을 범한 일, 倭人가에 병기를 맡겨 둔 일 등은 모두 변방장수의 禁令이 엄하지 못한 소치때문이라고 아뢰다.(『燕山君日記』 연산 1. 『集成』9-212)

11.2. 獻納 金駧孫이 高麗朝에 倭寇가 한창 성하여 국경을 威脅하는데도 法筵을 폐지않았다고 아뢰고, 수륙제의 금지를 청하다.(『燕山君日記』 연산 1. 『集成』9-212)

11.20. 對馬州太守 平朝臣宗貞國이 사람을 보내어 土宜를 바치다.(『燕山君日記』 연산 1. 『集成』9-213)

12.6. 日本國 尾州太守 源朝臣幡이 사람을 보내어와서 土宜를 바치다.(『燕山君日記』 연산 1. 『集成』9-213)

12.25. 倭人 盛久가 사자로 보낸 沙萬老有 등이 와서 土宜를 바치다.(『燕山君日記』 연산 1. 『集成』9-213)

6.13. 對馬島에 갔던 敬差官 金硨 등이 와서 復命하다.(『燕山君日記』 연산 2. 『集成』9-223)

8.19. 野人들이 변방을 침입하는 문제를 의논하는 과정에서 李季仝 등은 동쪽으로 對馬州, 서쪽으로 建州衛, 북쪽으로 毛隣衛를 치는 것과 지키기만 하자는 방책의 의논이 한결같지 않으니, 전하의 뜻에 달려있다고 아뢰다.(『燕山君日記』 연산 2. 『集成』9-223)

9.28. 關西路 筑豊肥三州摠太守 太宰府都督 司馬少卿 藤原朝臣政尙이 사람을 보내어 土産品을 바치다.(『燕山君日記』 연산 2. 『集成』9-224)

11.2. 尹弼商 등이 三浦倭人으로 인해 많은 폐단이 생긴다고 아뢰다.(『燕山君日記』 연산 2. 『集成』9-224)

11.3. 承旨 愼守勤이 남방에는 倭의 호구가 날마다 불어나서 우환이 되었는데, 兀狄哈 伊伊厚 등이 지금은 비록 귀순하였다 하더라도 그 종족이 점점 번성한다면 반드시 우환이 될까 두렵다고 아뢰다.(『燕山君日記』 연산 2. 『集成』9-226)

11.6. 對馬州太守 平朝臣宗杙盛이 사람을 보내어 土宜를 바치다.(『燕山君日記』 연산 2. 『集成』9-226)

11.22. 承政院이 아뢰기를 三浦의 倭奴를 예를 들며 倭人이 국가 腹心의 병이 된지 오래 되었다고 아뢰다.(『燕山君日記』 연산 2. 『集成』9-227)

11.22. 對馬州 平朝臣宗大膳 亮國幸이 사람을 보내어 土宜를 바치다.(『燕山君日記』 연산 2. 『集成』9-227)

12.3. 對馬州代官 平朝臣宗伊豫守 茂勝이 사람을 보내어 土宜를 바치다.(『燕山君日記』 연산 2. 『集成』9-227)

12.8. 畿內攝津州兵庫津의 方式部尉 源忠能이 사람을 보내어 土宜를 바치다.(『燕山君日記』 연산 2. 『集成』9-228)

12.12. 西海道肥前州上松浦의 神田能登守 源德이 사람을 보내어 土宜를 헌납하다.(『燕山君日記』 연산 2. 『集成』9-228)

12.13. 對馬州福利山國 分禪寺住持 臣 僧統이 사람을 보내어 土宜를 헌납하다.(『燕山君日記』 연산 2. 『集成』9-228)

12.14. 丘致崐이 奉安驛은 慶尙道와 江原道의 지름길로서 倭人이 지나는 곳이라고 아뢰다.(『燕山君日記』 연산 2. 『集成』9-228)/ 西海道築前·對馬二州守大官 平朝臣 宗三郎戊家가 사람을 보내어 土宜를 헌납하다.(『燕山君日記』 연산 1. 『集成』9-230)

12.16. 1對馬州太守 平朝臣宗杙盛이 사람을 보내어 土宜를 헌납하다.(『燕山君日記』 연산 2. 『集成』9-230)

12.22. 肥前州上松浦의 鴨打源永이 사람을 보내어 土宜를 헌납하다.(『燕山君日記』 연산 2. 『集成』9-230)

12.24. 對馬州豊唐二郡太守 平朝臣宗能登守 盛俊이 사람을 보내어 土宜를 헌납하다.(『燕山君日記』 연산 2. 『集成』9-231)

12.25. 壹岐州의 守護大官眞弓兵部少輔 源武가 사람을 보내어 土宜를 헌납하다.(『燕山君日記』 연산 2. 『集成』9-231)

12.26. 對馬州 平朝臣宗七盛順이 사람을 보내어 土宜를 헌납하다.(『燕山君日記』 연산 2. 『集成』9-231)

【일본】

10.-. 大內義興이 조선의 예조참판에게 서계를 보내어 鷹匠의 파견을 요구하다.(『續善隣國宝記』)

11.3. 大內義興이 조선의 예조참판에게 서계를 보내다. 豊前國 崇聖寺 수리비용으로 동전·면포 등을 요청하다.(『續善隣國宝記』)

다고 아뢰니, 司憲府에서 국문하게 하라고 명하다./ 禮曹가 倭에게 잔치를 베풀어 줄 때 倭人 直宣이, 鄕通事가 사사로이 침향을 무역한 되를 다스리지 말도록 청하였다고 아뢰다.(『燕山君日記』 연산 3. 『集成』9-235)

2.9. 祔廟 後 倭人과 野人의 하례에 대하여 禮曹와 姜龜孫이 아뢰다./ 日本國王이 使臣을 보내어 土宜를 바치고, 전국 곳곳에 小利과 佛宇, 僧房을 창설하였는데 下國의 喪亂으로 재화가 부족하니 면주,목면,동전을 주기를 원하는 글을 올리다.(『燕山君日記』 연산 3. 『集成』9-236)

연도	한국
▲ 1497 ▼	3.1. 全羅道兵馬節度使 吳純이 倭船이 鹿島에 침입하였다고 치계하다.(『燕山君日記』 연산3. 『集成』9-237) 3.2. 鹿島 倭變에 대하여 魚世謙 등이 萬戶를 살해한 자는 對馬島 倭人이나 三浦의 倭人이므로, 朝臣을 三浦에 보내 왜 추장을 힐책하고, 對馬島州에게도 통문 효유하기를 아뢰다.(『燕山君日記』 연산3. 『集成』9-237) 3.3. 直提學 楊熙止를 보내어 三浦倭人들을 勅諭케 하고, 慶尙·全羅·忠淸觀察使와 節度使에게 더욱 방비하고 해이하지 말라고 효유하다.(『燕山君日記』 연산3. 『集成』9-238) 3.6. 禮曹參議 曺淑沂가 賊倭를 잡을 수 있는 계책에 대해 아뢰다.(『燕山君日記』 연산3. 『集成』9-238) 3.7. 兵曹判書 盧公弼이 여러 섬의 의심스러운 곳을 水使 등으로 搜捕하는데 그 方略과 처치를 병사에게 품해야겠다고 아뢰니, 명하여 李季仝을 보내게 하다.(『燕山君日記』 연산3. 『集成』9-239) 3.9. 持平 姜叔突이 賊倭를 잡을 때 巡邊使를 보내는 대신 從事官과 軍官 등을 보내는 것이 더 이익이 될 것이라고 아뢰다.(『燕山君日記』 연산3. 『集成』9-239)/ 獻納 朴漢柱가 아뢰기를 倭賊이 변장을 죽인 사건이 있었다고 하다.(『燕山君日記』 연산3. 『集成』9-240) 3.11. 巡邊使 李季仝이 全羅左道의 海上에는 섬이 많으므로 날랜 군사와 鼻居刀船 및 鰒作船으로 倭賊을 탐지하고, 또 搜討하면 적이 三浦로 도망가니 요해처에 정박시켰다가 초격할 것 등의 事目을 적어 아뢰다.(『燕山君日記』 연산3. 『集成』9-240) 兵曹判書 盧公弼이 李季仝과 左·右水軍節度使가 동시에 배를 띄워서 수색하면 반드시 倭人을 잡는 곳이 있으며, 이를 恒式으로 삼으면 倭奴가 마음대로 다니면서 일으키지 못할 것이라고 아뢰다.(『燕山君日記』 연산3. 『集成』9-241) 3.12. 巡邊使 李季仝이 하직하니, 군사를 調發하여 적이 다니는 여러 섬을 끝까지 탐핵하여 곧 처부수고 소굴을 뒤엎어 적을 포획 섬멸하라는 교서를 내리다.(『燕山君日記』 연산3. 『集成』9-242) 全羅左道水軍節度使 洪任이 順天府 突山島 등처에 賊倭의 도적으로 나타나 인물을 상해하고 의복과 양식을 겁탈했다고 급보하므로, 政丞 등에게 의논하게 하다.(『燕山君日記』 연산3. 『集成』9-243) 3.14. 대간이 아뢰기를, 전년에 서융이 도적질하고, 금년에 오랑캐가 와서 침노하니 이런시기에 경축과 포상하는 것은 시기가 아니라고 하다.(『燕山君日記』 연산3. 『集成』9-244) 3.18. 慶尙右道水使 崔集成이 晉州 백성이 倭人에게 줄 양곡을 熊川으로 실어가는 도중 倭賊에게 약탈당했다고 급보하니, 巡邊使 李季仝에게 소소한 도적이므로 염려할 것이 없으나 해이하지 말라고 諭書를 내리다.(『燕山君日記』 연산3. 『集成』9-244) 3.20. 비로 인하여 日本國 使臣의 접견을 중지하고, 右承旨 宋軼에게 접대를 명하다./ 禮曹가 倭人 職宣이 말하기를, 鹿島와 順天府突山島에 倭賊이 들어와 萬戶와 수십명을 살상하고 주민을 겁탈하였다고하니, 돌아가서 島主에게 그 賊倭를 처단하여 忠貞을 보일 것을 전하라고 하는 것이 어떠냐고 아뢰다.(『燕山君日記』 연산3. 『集成』9-245) 3.28. 全羅道巡邊使 李季仝이 倭賊이 왕래하는 요해수로에 여러 배를 나누어 體探하여 倭人을 수색 토벌하겠다고 급보하다.(『燕山君日記』 연산3. 『集成』9-245) 4.2. 兵曹에서 慶尙道水軍節度使 崔集成이 倭賊을 추격 체포하지 않았으니 관원을 보내어 국문하기를 아뢰다.(『燕山君日記』 연산3. 『集成』9-246) 4.3. 慶尙道 水使 卞宗仁이 남도는 방어가 긴요하온데, 신의 나이 65세라서 기력이 소모되어 國威를 손상시킬까 두렵다고 아뢰니, 사양하지 말라고 전교하다.(『燕山君日記』 연산3. 『集成』9-247) 4.10. 명하여 도망해 온 薺浦의 倭人 呂戒를 본토로 돌려 보내도록 하라고 명하다.(『燕山君日記』 연산3. 『集成』9-247) 4.13. 慶尙道三浦 倭人推考 敬差官 楊熙止가 倭酋 沙豆 등을 문초한 것에 대한 내용을 급보로 아뢰다.(『燕山君日記』 연산3. 『集成』9-248) 4.22. 姜龜孫 등이 三浦의 倭人이 날로 번성해져 그 폐단에 대한 대책으로 국가에서 島主에게 통유하고 군사를 출동하여 토벌할 수 없더라도, 接待·賜與를 降殺하여 국가의 뜻을 보이고 효유하기를 청하는 書契를 하다./ 承旨 姜龜孫이 각진과 각 포의 방어하는 일에 대해 살필 것을 청하다.(『燕山君日記』 연산3. 『集成』9-249) 4.25. 敬差官 楊熙止가 鹽浦의 倭酋 奴耳沙也文 등 왜의 料米를 겁탈한 賊倭를 추문한 내용에 대해 급보로 아뢰다.(『燕山君日記』 연산3. 『集成』9-250) 4.28. 尹弼商이 島主에게 三浦의 倭人의 폐단이 심해지면 해마다 하사하는 미두와 선척의 수를 모두 반환할것이라는 조취를 취하겠다는 뜻으로 통유하는 것이 좋겠다고 아뢰다.(『燕山君日記』 연산3. 『集成』9-251) 5.20. 임금이 仁政殿에 나가 日本國 使臣 25인을 접견하고, 물건을 차등있게 하사하다.(『燕山君日記』 연산3. 『集成』9-252) 5.29. 巡邊使 李季仝이 복명하고 倭賊을 막기 위해서 武才가 있는 자로 別軍官에 차임하여 봄·가을로 防戍하여, 한 두명의 倭賊을 잡게 할 것을 아뢰다.(『燕山君日記』 연산3. 『集成』9-252)/ 巡邊使 李季仝이 蛇梁鎭이 倭賊의 방어에 긴요한 곳임에도 불구하고 관사가 없으므로 속히 옮겨 설치하게 하자고 아뢰다.(『燕山君日記』 연산3. 『集成』9-253) 6.5. 承政院에서 慶尙道의 쌀과 콩이 倭에게 주는 料에 소모되는 등 貢賦의 수입이 적으니, 내시부에 遞兒職을 더 두는 일은 그만둘 것을 아뢰다.(『燕山君日記』 연산3. 『集成』9-253) 6.6. 弘文館 副提學 李承健 등이 남쪽 倭가 준동하여 장병이 폐몰하고 있다고 차자를 올려 아뢰다.(『燕山君日記』 연산3. 『集成』9-254) 6.26. 日本使臣 壽藺 등이 明나라에 조회하러 가다가 풍랑을 만나 濟州에 표착하다.(『燕山君日記』 연산3. 『集成』9-255)

일본

7.7. 野人들에게 童淸禮를 파견하는 문제를 논의하였는데, 特進官 李克均이 국가가 對馬島에 많은 포목과 곡물을 수송하여 호의를 보이는데, 서방의 野人에게는 그렇지 못하다고 아뢰다.(『燕山君日記』 연산 3. 『集成』9-255)

7.8. 大司諫 崔璡, 掌令 姜謙이 朴衡武가 淸風郡守로 있을 때 불법을 많이 행하다가 파직을 당했는데, 특별히 加資하여 薺浦僉使를 삼으니, 貪汚한 자를 임명해서는 안 된다고 아뢰니, 왕이 衡武의 貪汚 여부는 알 수 없다고 하다./ 薺浦에 보내는 관리는 반드시 익숙하고 단련된 자를 차송해야 한다고 아뢰다.(『燕山君日記』 연산 3. 『集成』9-256)

7.11. 왕이 經筵에 나가 오랑캐에게 使臣을 보내는 일에 대해 의논하였는데, 特進官 洪興이 남쪽 倭에게 해마다 쌀과 綿을 주고 피로연을 베풀기에 州縣의 피폐하니, 지금 三衛의 일도 그 폐단의 끝이 남쪽의 왜와 같을 것이라 아뢰다.(『燕山君日記』 연산 3. 『集成』9-257)

7.15. 特進官 許琛이 薺浦는 倭人이 살고 있으므로 마땅히 어진 사람을 선택해서 맡겨야 한다고 아뢰다.(『燕山君日記』 연산 3. 『集成』9-258)

7.21. 지평 孫蕃이 薺浦는 百貨가 모이는 곳이라 청렴한 자로 하여금 처하더라도 마음이 변하지 않을 수 없는데, 朴衡武는 淸風 같은 작은 고을에서도 욕심을 제재하지 못하였는데 하물며 薺浦겠습니까하고 아뢰었으나 듣지 않다.(『燕山君日記』 연산 3. 『集成』9-258)

7.30. 檢討官 權敏手가 국가에서 倭人들의 互市라는 것을 금하지 않는 것은 아니지만 변방장수가 능히 검거하지 못하니 이는 작은일이 아니라고 아뢰다.(『燕山君日記』 연산 3. 『集成』9-259)

8.8. 왕이 경연에 나가 군정의 일과 북방지역의 인구문제에 의논하였는데, 特進官 成俊이 三道에서 낮에는 지키지 않고 밤에만 烽火할 뿐이며 倭賊이 와도 모르니, 변장에서 신칙하여 밤낮으로 살펴야 한다고 아뢰다.(『燕山君日記』 연산 3. 『集成』9-259)/ 弘文館直提學 洪瀚을 慶尙道 釜山浦로, 應敎 張順係을 전全羅道 馬島로 보내어 防禦를 살피게 하다.(『燕山君日記』 연산 3. 『集成』9-260)

8.17. 왕이 경연에 나가 남방 각 浦口의 방비문제에 논의하였는데, 姜謙이 各浦에 있는 大猛船은 바탕이 무거워서 역풍을 만나면 나가 못하여 倭賊을 만나도 잡지 못하니, 鮑作船 같이 가볍고 빠른 배를 건조할 것을 아뢰다.(『燕山君日記』 연산 3. 『集成』9-260)/ 남방의 여러 도에 御書를 내리기를 남쪽지방은 방어가 있어 가장 중요한 지역이므로 대비하는 계책을 서둘러 수행하도록 하라고 명하다.(『燕山君日記』 연산 3. 『集成』9-261)

8.29. 濟州牧使 鄭仁雲이 치계하여 괴선 한 척을 포획하였다고 아뢰다.(『燕山君日記』 연산 3. 『集成』9-261)

9.4. 왕이 仁政殿에 나아가 남쪽 오랑캐와 북쪽 되놈이 발동하고 있으니, 對馬島에 國書를 내어 스스로 가라앉히겠는가, 아니면 三衛의 野人에게 使臣을 보내서 굴복시키겠느냐는 九經의 道에 대한 策題를 내다.(『燕山君日記』 연산 3. 『集成』9-262)

9.8. 承旨 愼守勤이 아뢰기를 三浦의 倭人들이 점점 번성하여 지금은 억제하기가 힘들므로 명확히 치계하여 점차 돌려보내 후일의 근심을 제거하자고 아뢰다.(『燕山君日記』 연산 3. 『集成』9-262)

9.17. 掌令 趙珩 등이 지금 남방의 倭賊과 혼단이 생겼는데 邊將의 일을 韓忠仁에게 위임하여 변방의 화를 도발해야 되겠냐고 아뢰고, 韓忠仁과 權仁係 등의 일을 논박하다.(『燕山君日記』 연산 3. 『集成』9-264)

9.19. 司諫 洪湜과 지평 孫蕃이 慶尙左道는 倭賊의 요충지인데, 韓忠仁이 武才가 모자라고 智略도 없으니 보내지 말라고 아뢰다.(『燕山君日記』 연산3.『集成』9-264)/ 掌令 趙珩, 獻納 孫仲暾이 韓忠仁은 한 가지도 취할 만한 장점은 없으며 狂妄하고 不廉할 따름이니, 반드시 변방의 釁端을 만들고 방비가 소홀해질 것이라고 거듭 아뢰었으나, 좇지 않다.(『燕山君日記』 연산 3. 『集成』9-266)

9.23. 李克墩이 倭人이 우리 땅에 와 살면서 의식을 얻어가는 것에 대해 의논드리다.(『燕山君日記』 연산 3. 『集成』9-267)

9.24. 大司憲 李誼과 大司諫 金永貞이 合司하여 倭賊이 魚梁을 쟁탈한 후로 跳梁과 鼠竄이 끊이지 않고 있는데, 韓忠仁과 같이 狂貪한 장수로서 강적을 방어하는 것은 한심한 일이라고 上箚하다.(『燕山君日記』 연산 3. 『集成』9-269)

9.29. 臺諫이 三浦의 倭賊의 수가 많아 수없이 需求하여 남방의 租稅의 반이 倭賊의 料가 되고 府庫의 財貨도 回奉에 수송하고 있는데, 邊將이 倭賊 4~5명을 베고 적을 굴복시켰다고 賞을 논의하는 것은 한심하다고 아뢰다.(『燕山君日記』 연산 3. 『集成』9-270)

10.2. 兵曹에서 요사이 倭變이 있으나 이는 鼠竊狗偸의 무리로서 이미 노략질하고 난 뒤에 알게되니, 추후해서 烽燧를 들 수 없다고 아뢰다.(『燕山君日記』 연산 3. 『集成』9-271)

10.14. 禮曹에서 濟州에 漂迫된 사람 10여명이 琉球國 사람인데, 東平館 倭人 四郎과 三郎으로 하여금 본국으로 송환시킬 것을 아뢰니, 그렇게 하라 전교하다.(『燕山君日記』 연산 3. 『集成』9-271)

10.15. 兵曹判書 盧公弼이 표류된 사람들은 賊倭가 아니며 스스로와 살길을 찾는 것이라고 아뢰다.(『燕山君日記』 연산 3. 『集成』9-272)/ 全羅右道水軍節度使 李良이 倭賊을 잡아 올려 보냈으므로, 義禁府에 가두고 국문케 하다.(『燕山君日記』 연산 3. 『集成』9-273)

10.17. 禮曹에서 漂流된 琉球 사람들을 명년 聖節使가 갈 때에 遼東으로 보내서 禮部에 자문하여 본국으로 보내기를 아뢰다.(『燕山君日記』 연산 3. 『集成』9-273)

10.18. 魚世謙이 심문한 賊倭가 納供을 하지 않으므로 형신을 해야만 되겠다고 아뢰다.(『燕山君日記』 연산 3. 『集成』9-273)/ 尹弼商 등이 표류된 사람이 琉球人이라면 遼東으로 보내는 것은 한갓 준례에 위배되고, 事勢로 보아도 매우 불편하다고 아뢰다.(『燕山君日記』 연산 3. 『集成』9-274)/ 義禁府에서 賊倭 沙昆伊吾를 국문한 내용을 아뢰니, 魚世謙이 이 倭人은 臟物도 없고 자복하니 전례에 의해 보내주면 반드시 感懼할 것이라고 건의하다.(『燕山君日記』 연산 3. 『集成』9-275)

11.1. 承政院에서 李良이 생포한 倭賊은 興陽 三島를 범하여 사람 4명을 죽이고 順天 金鰲島에 침입한 자들로, 邊將이 잡아온 적을 놓아주는 것은 미편하다고 아뢰다.(『燕山君日記』 연산 3. 『集成』9-275)

11.2. 尹弼商 등이 생포한 倭賊을 죽이는 것은 國威를 증가시키는 것도 후일을 경계하는 것도 아니고 원망만 맺을 뿐이니, 島主에게 보내 스스로 처단케 할 것을 아뢰다.(『燕山君日記』 연산 3. 『集成』9-276)

11.19. 判中樞府事 李克均 등이 倭人이 경유하는 安平·新津·阿川·慶安·德豊 등의 驛路·良才, 察訪의 피폐한 정황에 대해 논의하다.(『燕山君日記』 연산 3. 『集成』9-277)

연도	한국
▲ 1497	11.15. 鄭文炯·韓致亨 등이 표류된 琉球國人을 돌려보내는 일에 대해 논의하였는데, 鄭眉壽·李昌臣이 표류된 사람을 遼東으로 보내는 것이 편의하다는 것은 전에 논의해서 아뢰었다고 의논하다.(『燕山君日記』 연산3. 『集成』9-278) 11.20. 禮曹에서 對馬島에서 特送한 藤原國幸에게 琉球國 漂流人을 대동해서 보내주겠냐고 물으니, 島主에게 諭書를 보내서 허락하면 가능하다 하고, 琉球國까지 왕복 3년이 걸린다고 아뢰다.(『燕山君日記』 연산3. 『集成』9-279) 11.27. 慶尙右道 兵馬節度使 李居仁, 水軍節度使 卞宗仁이, 島主 宗杙盛이 射官을 대동하지 않고 한계선 밖으로 나갔다 하여 盛種등으로 하여금 倭人의 머리 九級과 3사람을 생포해 가지고 와서 진영 앞에서 머리를 베었다고 馳啓하다.(『燕山君日記』 연산3. 『集成』9-279)
1498	【한국】 4.11. 持平 辛服義 등이 남방의 萬戶에 대해서 倭人이 경내를 경유하여 다른땅에서 도둑질을 하더라도 잘 방어하지 못했다고 하여 죄를 주고 있다고 아뢰다.(『燕山君日記』 연산4. 『集成』9-281) 4.12. 持平 辛服義, 獻納 崔亨漢이 田霖이 적을 방어하는 데에 신중하지 않아 노획 당하는 지경에 이르렀으니 죄가 充軍에 해당하며, 玄齡은 파직하기를 아뢰니, 그대로 따르다.(『燕山君日記』 연산4. 『集成』9-282) 5.22. 왕이 仁政殿에서 對馬州에서 特送한 盛種 而羅沙也文을 인견하고, 새 島主가 倭를 잡아 죄를 다스렸으니 아름답게 여기고 즐거워한다고 전교하고, 盛種 등에게 관작을 올리고 물건을 차등있게 하사하다.(『燕山君日記』 연산4. 『集成』9-282)
1499 ▼	【한국】 1.8. 日本國 5도의 宇久字源勝이 사람을 보내어 土物을 獻納하다.(『燕山君日記』 연산5. 『集成』9-286) 1.10. 壹岐州의 守護大官인 眞弓과 兵部少輔인 源武가 사람을 보내어 土物을 獻納하다.(『燕山君日記』 연산5. 『集成』9-286) 1.11. 肥前州의 少城千葉介인 平朝臣元胤이 사람을 보내어 土物을 獻納하다.(『燕山君日記』 연산5. 『集成』9-286) 1.12. 薩摩州 日向太守 藤原朝臣盛久가 사람을 보내어 土物을 獻納하다.(『燕山君日記』 연산5. 『集成』9-286) 1.13. 對馬州太守 平朝臣 宗杙盛이 사람을 시켜 새 土物을 보내다.(『燕山君日記』 연산5. 『集成』9-286) 1.14. 1對馬州仁位郡 平朝臣宗民部小輔職家가 사람을 보내어 土物을 獻納하다.(『燕山君日記』 연산5. 『集成』9-287) 1.15. 政丞들에게 전교하여 銅鐵의 대가를 倭人들에게 지급하였는데 다시 銅鐵을 몰수하고 처벌한다면 일이 애매해지므로 이에 대해 논의하도록 하라고 명하다.(『燕山君日記』 연산5. 『集成』9-287) 銅鐵을 무역한 사람들을 처벌하지 못하도록 하라고 명하다.(『燕山君日記』 연산5. 『集成』9-288) 1.17. 議政府가 銅鐵을 사사로이 산 자는 倭人을 面對하여 賣買한 예로써 논함은 불가하다고 아뢰다.(『燕山君日記』 연산5. 『集成』9-288) 1.18. 임금이 銅鐵을 사사로이 무역한 자들을 처벌하지 말라고 명하다.(『燕山君日記』 연산5. 『集成』9-289) 1.19. 議政府에서 銅鐵을 사사로이 무역한 사람에 대한 처벌을 감할 수 없다고 아뢰다.(『燕山君日記』 연산5. 『集成』9-289)/ 승지 鄭眉壽가 日本國의 도로와 원근·풍토·씨족·접대에 관한 사항을 서술한 申叔舟의 《海東諸國記》예에 의해 북방 야인에 대한 책자를 찬집하기를 청하다.(『燕山君日記』 연산5. 『集成』9-290) 2.1. 持平 權世衡·正言 李孝敦이 銅鐵을 무역한 사람에게 이미 徒刑을 감하였사온데 또 杖刑까지 감면함이 옳지 않으니, 율에 의하여 杖刑을 행하기를 아뢰었으나, 들어 주지 않다.(『燕山君日記』 연산5. 『集成』9-290) 2.2. 持平 權世衡과 正言 李孝敦이 銅鐵을 사사로 무역한 사람을 論啓하였으나, 들어 주지 않다.(『燕山君日記』 연산5. 『集成』9-290)/ 肥前州의 下松浦山城太守 源吉이 사람을 보내어 토산물을 헌납하다.(『燕山君日記』 연산5. 『集成』9-291) 2.3. 日本國肥前州下松浦太守 源吉이 사람을 보내어 토산물을 바치다.(『燕山君日記』 연산5. 『集成』9-291) 2.4. 關西路肥筑二州太守 菊池藤原朝臣 重朝가 사람을 보내어 토산물을 헌납하다.(『燕山君日記』 연산5. 『集成』9-291) 2.7. 對馬州太守 平朝臣 宗杙盛이 사람을 보내어 토산물을 헌납하다.(『燕山君日記』 연산5. 『集成』9-291) 2.9. 肥前州의 上松浦九沙島主 藤原朝臣筑後守 義永이 사람을 보내어 토산물을 헌납하다.(『燕山君日記』 연산5. 『集成』9-291) 2.11. 正言 崔瀣가 銅鐵을 사사로 무역한 사람을 율에 의하여 처벌하도록 論啓하였으나, 들어 주지 않다.(『燕山君日記』 연산5. 『集成』9-292) 2.13. 持平 權世衡과 正言 崔瀣가 銅鐵을 사사로 무역한 사람의 처벌에 대한 일을 論啓하였으나, 들어 주지 않다.(『燕山君日記』 연산5. 『集成』9-292) 2.18. 崔明智는 銅鐵을 사사로 무역한 일로 죄를 받을 형편이었는데, 崔明智의 딸이 왕비의 시녀였으므로 典正 崔氏가 上言하여 억울함을 호소하니, 崔明智는 처벌하지 말며, 그 銅鐵의 값도 추징하지 말도록 하다.(『燕山君日記』 연산5. 『集成』9-292) 3.1. 對馬州代官 平朝臣兵部少輔 盛親이 사람을 보내어 토산물을 헌납하다.(『燕山君日記』 연산5. 『集成』9-292) 3.2. 對馬州豊唐二郡太守 平朝臣宗能登太守 盛俊이 사람을 보내어 토산물을 헌납하다.(『燕山君日記』 연산5. 『集成』9-293) 3.3. 肥前州田平寅鎭 源朝臣彈正少 弼弘이 사람을 보내어 토산물을 헌납하다.(『燕山君日記』 연산5. 『集成』9-293) 3.5. 全羅道水軍節度使 李良이 呂島 등처에 倭가 나타나 人物을 살상하고 있다고 馳啓하니, 成俊이 이는 방어가 소홀한 때문이므로 慶尙·全羅道에 下諭하여 포구의 수비에 대한 사항을 엄밀히 조치하게 할 것을 의논하다.(『燕山君日記』 연산5. 『集成』9-293) 3.7. 禮曹가 日本의 巨酋 源正尙이 보낸 倭人이 銅鐵의 무역을 요구한다고 아뢰니, 承政院에 문의하라고 전교하다.(『燕山君日記』 연산5. 『集成』9-294)

일본
12.2. 大司憲 李誼, 大司諫 金永貞이 成廟께서 昇遐하신 뒤에 三浦의 왜놈들도 魚梁을 철폐하였으나 李宗灝와 沈湄는 天崩의 날에 혼사를 치렀으되, 도리어 죄를 놓아주고 기록된 案을 삭제하옵니까하고 상소하였으나 報하지 않다.(『燕山君日記』 연산 3. 『集成』9-280)
12.5. 魚世謙이 對馬島主가 賊倭를 베어 忠謹을 바쳤으니 포상하라고 의논한다.(『燕山君日記』 연산 3. 『集成』9-281)
12.11. 倭金 30근을 납입하게 하다.(『燕山君日記』 연산 3. 『集成』9-281)
12.12. 議政府가 황금은 본국에서 생산되는 것이 아니므로 함부로 낭비하는 것은 부당하니, 倭金 30근의 소용처를 들려주옵소서 하고 아뢰니 寺刹에 주려는 것이 아니며, 10근을 줄이겠다고 전교하다.(『燕山君日記』 연산 3. 『集成』9-281)
7.8. 弘文館 副提學 李世英 등이 상소하여 倭가 몰래 틈을 노리어 그 害가 戍臣에게 미치고, 野人이 순종하지 않아 백성을 노략질하니 外夷가 변경을 침입할 조짐이라 아뢰다.(『燕山君日記』 연산 4. 『集成』9-283)
10.18. 尹弼商·鄭文炯·成俊·姜龜孫이 求禮縣은 海賊의 直路가 되므로 국가에서 성을 쌓을 것을 의논하였으나, 裵目仁이 난리를 선동하였으니 혁파할 것을 의논드리다.(『燕山君日記』 연산 4. 『集成』9-284)
윤11.29. 倭人 仇羅沙也文 國助 등에게 직위를 올려주는 것에 대해서 논의하게 하다.(『燕山君日記』 연산 4. 『集成』9-285)
12.15. 倭學訓導 延壽昊가 왜의 使臣과 사사로운 편지를 상통하여 조정의 일을 누설하므로 政府·六曹·臺諫에서 의논하여 律에 의해 처단하다.(『燕山君日記』 연산 4. 『集成』9-285)
【일본】
8.9. 義政이 大藏經을 요청하기 위해 조선에 사절을 파견하기 위한 문제를 논의하다.(『鹿苑日錄』第1卷)
8.11. 義政이 조선의 일을 宗眞에게 묻다.. 사신과 국서를 公府에 바칠 것을 말하다.(『鹿苑日錄』第1卷)
12.10. 景徐周麟이 義澄에게 조선에 보낼 국서를 작성할 것을 명하다. 조선에 대장경을 요청하기 위함이다.(『鹿苑日錄』第1卷)
12.23. 景徐周麟이 公府에 가서 義澄과 함께 조선에 보낼 國書를 읽다.(『鹿苑日錄』第1卷)
-. 足利義高가 조선에 승려 正安首座를 사절로 보내다. 寺院復興을 위해 불전을 요청하다./ 足利義高가 조선에 승려 正龍首座를 사절로 보내다. 사원 부흥을 위해 대장경과 珍禽을 요청한 글이다.(『翰林葫蘆集』)
3.10. 日本에서 銅鐵의 무역을 요구하자 公貿易으로서 허락하여 주다.(『燕山君日記』 연산 5. 『集成』9-294)
3.11. 임금이 日本國 대추장 源政尙의 사자 敬宗西堂과 壽鵬座元 등을 접견하다.(『燕山君日記』 연산 5. 『集成』9-295)
3.14. 全羅道 兵馬節度使 韓忠仁이 왜선 35척이 나타난 일을 아뢰다.(『燕山君日記』 연산 5. 『集成』9-295)
3.27. 議政府 左議政 韓致亨·右議政 成俊·左贊成 李克均·右贊成 朴楗·左參贊 洪貴達·右參贊 申浚이 王이 학문을 닦고, 언로를 열고, 상벌을 공정히 할 것, 國廩을 튼튼히 하기를 아뢰다.(『燕山君日記』 연산 5. 『集成』9-296)
4.1. 大內防長豊筑四州太守 多多良朝臣 義興이 사람을 보내어 토산물을 헌납하다.(『燕山君日記』 연산 5. 『集成』9-296)
4.12. 承旨 朴元宗이 胡椒는 倭國에서 생산되는데 만일 倭人들과 흔단이 생기면 國用이 반드시 동나게 될것이므로 어떻게 하는 것이 좋겠는지 아뢰니 임금이 우선 5석을 들이라고 명하다.(『燕山君日記』 연산 5. 『集成』9-297)
4.17. 壹岐州浦海飯田出羽守 源集이 사람을 보내어 토산물을 헌납하다.(『燕山君日記』 연산 5. 『集成』9-297)
4.19. 豊州守大友 源朝臣 親繁이 사람을 보내어 토산물을 바치다.(『燕山君日記』 연산 5. 『集成』9-297)
4.20. 肥前州 松浦鴨打 源永이 사람을 보내어 토산물을 바치다.(『燕山君日記』 연산 5. 『集成』9-297)
4.22. 肥前州 平戶寓鎭肥州太守 源豊久가 사람을 보내어 토산물을 바치다.(『燕山君日記』 연산 5. 『集成』9-298)
6.28. 戶曹에서 선왕조대에 倭人들이 蘇木을 많이 가지고 와 바쳤다고 아뢰다.(『燕山君日記』 연산 5. 『集成』9-298)
7.2. 關西路 築豊肥三州太守大宰府都督司馬少卿 藤原朝臣 政尙이 사람을 보내어 토산물을 바치다.(『燕山君日記』 연산 5. 『集成』9-298)
7.4. 對馬州 平朝臣宗彦七 盛順이 사람을 보내어 토산물을 바치다.(『燕山君日記』 연산 5. 『集成』9-298)
7.6. 對馬州佐護郡代官 平朝臣宗幡摩守 國久가 사람을 보내어 토산물을 바치다.(『燕山君日記』 연산 5. 『集成』9-299)
7.8. 壹岐州上松浦鹽津留 松林院 源實次가 사람을 보내와서 토산물을 바치다.(『燕山君日記』 연산 5. 『集成』9-299)
7.10. 對馬州太守 平朝臣 宗杕盛이 사람을 보내와서 토산물을 바치다.(『燕山君日記』 연산 5. 『集成』9-299)
7.11. 咸鏡道觀察使 李承健이 북방문제에 관한 일을 아뢰면서, 前朝 말기에 연해에 방수하는 곳이 없어 倭寇들이 竊發하여 慶尙道·江原道를 경유하여 咸州와 北靑까지 이르렀다고 상서하니, 宰相과 兵曹에게 의논하라고 전교하다.(『燕山君日記』 연산 5. 『集成』9-299)/ 上松浦呼子 壹岐州代官 牧山十郎源正이 사람을 보내와서 토산물을 바치다.(『燕山君日記』 연산 5. 『集成』9-301)
7.12. 掌令 孫蕃·獻納 洪潤德이 全羅左道는 적의 침략을 받는 가장 긴요한 곳이므로 馬島·達梁 등처는 금년에 築城하고 慶尙道 東萊 邑城은 급급한 것이 아니니 연기할 것 등을 아뢰다.(『燕山君日記』 연산 5. 『集成』9-301)
7.14. 日本國 上松浦波多島 源納이 사람을 보내와서 토산물을 바치다.(『燕山君日記』 연산 5. 『集成』9-302)
7.16. 對馬島 平朝臣 宗茂國이 사람을 보내와서 토산물을 바치다.(『燕山君日記』 연산 5. 『集成』9-302)
7.19. 對馬州 立石藏人尉 平國幸이 사람을 보내와서 토산물을 바치다.(『燕山君日記』 연산 5. 『集成』9-302)
8.21. 금년에 築城하는 일은 불가하다 하였으나, 築城使 成俊 등을 불러 그 가부를 물은 뒤에 弘文館員을 나누어 보내어 가서 살피도록 하라고 전교하다.(『燕山君日記』 연산 5. 『集成』9-302)/ 築城體察使 成俊과 李季순이 東萊의 성이 좁아서 변고가 있으면 백성을 다 수용 못하고, 또

연도	한국
▲ 1499	對馬島와 서로 마주 보고 있으니 불의의 재난을 대비하여 축성을 정지하지 말 것을 아뢰다.(『燕山君日記』 연산5.『集成』 9-303) 8.22. 獻納 洪潤德이 강원도는 예로부터 적변이 없었으므로 금년에 築城을 거행할 필요가 없다고 아뢰다.(『燕山君日記』 연산 5.『集成』9-303) 9.19. 都元帥 成俊 등이 軍需 양곡을 三浦의 水軍과 僧만으로 수송하기 어려우니 雜色軍을 더 배정하여 水運하도록 하고 全羅 道에 성을 쌓는 곳이 작고, 감독하는 從事官까지 내려갔으니, 쌓는 것이 온당하다고 아뢰니, 그대로 따르다.(『燕山君日 記』 연산5.『集成』9-304) 9.23. 임금이 尙衣院에서 간직할 倭生金을 5근에서 10근만 대궐안으로 들이도록 하라고 명하다.(『燕山君日記』 연산5.『集成』 9-304)/ 弘文館副提學 崔璡 등이 珍島와 金甲島에 倭가 도적질하니 講武하는 것을 정지할 것을 아뢰었으나, 임금이 중도에 폐지할 수 없다고 전교하다./ 全羅道水軍節度使 安潤孫이 14일 珍島의 사슴 사냥하는 군사와 南桃浦·金甲島의 船軍 등이 倭에 의해 20여명이 죽었다고 雉鷄하니, 임금이 慶尙과 全羅節度使에게 침입한 일의 책임을 묻고, 방책을 세워 잡게 하라 고 전교하다.(『燕山君日記』 연산5.『集成』9-305) 9.28. 議政府가 珍島郡守 洪碩弼이 군사 4백여 명을 거느리고 외딴 섬에 사냥 나갔다가 賊變을 불러 왔으니, 義禁府에 내리어 鞠問하기를 아뢰다.(『燕山君日記』 연산5.『集成』9-306) 10.9. 西海島 肥後州八代太守 源朝臣 敎臣이 사람을 보내어 토산물을 바치다.(『燕山君日記』 연산5.『集成』9-306) 10.12. 領事 鄭文炯이 倭와 野人은 같은데 慶尙道와 全羅道의 兵·水使가 각각 2명과 3명이니 平安道에도 左·右 節度使를 두 기를 아뢰다/ 關西路 肥筑二州太守 菊池藤原朝臣重朝가 사람을 보내어 토산물을 드리다.(『燕山君日記』 연산5.『集成』 9-307) 10.14. 對馬州 平朝臣宗越中守 盛弘이 사람을 보내어 토산물을 드리다.(『燕山君日記』 연산5.『集成』9-308) 10.15. 上松浦呼子堂岐守 源蒙이 사람을 보내어 토산물을 드리다.(『燕山君日記』 연산5.『集成』9-308) 10.17. 西海路 筑前州宗像郡知守 宗像朝臣氏卿이 사람을 보내어 토산물을 드리다.(『燕山君日記』 연산5.『集成』9-308)
1500	【한국】 1.6. 工曹參判 金應箕 등이 倭와 野人에게 주는 물건이 奉常寺의 皮物로 만들어 주었는데, 지금 납입한 물건이 없으므로 倭人 과 야인에게 하사하는 물품을 마련하지 못할 듯하다고 아뢰다.(『燕山君日記』 연산6.『集成』9-312) 1.17. 義禁府에서 全羅道水使 安潤孫이 수비를 하지 못해 倭寇가 변방백성들을 노략질하고 살해했으니 죄를 받아야 한다고 아 뢰었고 韓亨允도 兵使 韓忠仁도 국문하기를 청하다.(『燕山君日記』 연산6.『集成』9-313) 1.19. 義禁府가 全羅左道水使 韓哲손과 右道水使 安潤孫이 수비와 방어를 못하여 倭寇를 불러들였으니 律대로 杖 100대를 때 려 변방으로 充軍하기를 아뢰니, 韓哲손은 형벌을 감하여 충군하게 하다.(『燕山君日記』 연산6.『集成』9-313) 1.20. 議政府가 生金은 모두 倭國에서 나는 것이므로 들이는 것을 모두 정지할 것을 청하다.(『燕山君日記』 연산6.『集成』9-314) 1.24. 禮曹에서 三浦의 倭人을 제어하는 일에 대해 의논을 드리다.(『燕山君日記』 연산6.『集成』9-315) 1.28. 사간 崔自丑이 충청·전라도 연해변의 만호를 內禁衛 중에서 선택하여 제수하고, 甲士 등 잡된 무리로 제수하지 말도록 아뢰다.(『燕山君日記』 연산6.『集成』9-315) 2.1. 李季童이 議啓하기를 倭人이 침범한 甫吉島는 右道 水營과 左道에서 매우 멀어 구하기가 어렵다고 아뢰다.(『燕山君日記』 연산6.『集成』9-315) 2.22. 議政府가 全羅道水使 韓哲손이 말몰이 하는 군사를 倭人에게 쫓기게 하였으나 장을 때리지 말자고 아뢰니 그대로 따르 다./ 承政院이 安潤孫은 변방에 充軍하고, 韓哲손은 杖 30을 때리는 데 그침은 온당치 못하다고 아뢰니, 정승들에게 의 논하라고 전교하다.(『燕山君日記』 연산6.『集成』9-316) 2.28. 全羅道兵馬節度使 韓忠仁 등이 倭船 11척이 馬島에 침입하여 서로 싸우다 萬戶 및 軍官 한 명이 화살에 맞았다고 아뢰 다.(『燕山君日記』 연산6.『集成』9-317) 2.29. 李季仝 등이 馬島의 城에 倭가 침입해서 萬戶 및 군인 11명을 죽인 것에 대한 책임으로 韓忠仁등을 推鞫케 하고 임금이 倭가 변방에 들어오는 것이므로 邊將을 중한 법으로 다루어 우환을 없게 할 것이라 전교하다.(『燕山君日記』 연산6.『集 成』9-318) 2.30. 持平 崔瀣가 倭가 장난한 일로 특별히 敬差官을 보내 변방을 수비하는 것은 당연하지만, 수색하여 잡는 것은 兵使·水使·守令 등을 시켜 추격하게 하면 되니 따로 敬差官을 따로 보낼 필요가 없다고 아뢰다.(『燕山君日記』 연산6.『集成』9-319) 3.5. 禮曹判書 李世佐 등이 근자에 對馬島의 賊變이 매우 참혹하니 도주에게 문책하는 通諭를 하고, 저들이 교활하고 간사하 니 백방으로 통유해도 순종하지 않으면 생포하여 賊人들의 소행인지를 확실히 한 후 의논할 것을 아뢰다.(『燕山君日記』 연산6.『集成』9-320) 3.8. 兵曹에서 全羅道의 沿海邊 고을 順天 등지는 적이 다니는 길목이므로, 倭를 방비하기 위해서는 이곳의 武才가 있는 자를 守令으로 보내라고 아뢰다.(『燕山君日記』 연산6.『集成』9-322)/ 尹弼商 등이 의논하여 관원을 對馬島主에게 보내어 通諭 하는 것보다는 禮曹에서 아뢴대로 문서에 언사를 화평하게 한 書啓를 만들어 特送船 편에 부송하여 통유할 것을 아뢰다.(『燕 山君日記』 연산6.『集成』9-323)/ 禮曹에서 三浦에 거류하는 倭人에게 沿海邊에 침입하여 노략질하는 것과 금지지역에서의 고기잡이 하는 것을 성토하는 등의 通諭하는 글을 짓고, 薺浦에는 전에 射官을 결박한 일을 갖고 開諭할 것을 아뢰니, 임금

일본

10.18. 五島宇久守 源勝이 사람을 보내어 토산물을 드리다.(『燕山君日記』연산 5.『集成』9-308)

10.20. 對馬州太守 平朝臣 宗杙盛이 사람을 보내어 토산물을 드리다.(『燕山君日記』연산 5.『集成』9-308)

10.22. 對馬州仁位郡 平朝臣宗民部少輔 職家가 사람을 보내어 토산물을 드리다.(『燕山君日記』연산 5.『集成』9-309)

10.23. 領中樞府事 鄭文炯이 우리나라의 방어는 南倭·北狄이 한 가지인데 慶尙道에는 四大將, 全羅道에는 三大將으로, 咸鏡道 역시 남·북도에 大將을 두어 수시 應變하여 유지하였는데 平安道도 兩道로 나누어 방어하자고 書啓하다.(『燕山君日記』연산 5.『集成』9-309)/ 關西道 薩摩州島津藤原朝臣 特久가 사람을 보내어 토산물을 드리다.(『燕山君日記』연산 5.『集成』9-310)

10.29. 薩摩伊集院寓鎭隅州太守 藤熙久가 사람을 보내어 토산물을 드리다.(『燕山君日記』연산 5.『集成』9-310)

11.2. 日向大隅薩摩三州太守 島津藤原朝臣 武文이 사람을 보내어 토산물을 드리다.(『燕山君日記』연산 5.『集成』9-310)

11.6. 對馬州代官 平朝臣宗兵府少輔 盛親이 사람을 보내어 토산물을 드리다.(『燕山君日記』연산 5.『集成』9-310)

11.7. 肥前州 下松浦志佐壹岐太守 源義가 사람을 보내어 토산물을 드리다.(『燕山君日記』연산 5.『集成』9-310)

11.11. 對馬州太守 平朝臣宗杙盛이 사람을 보내어 토산물을 드리다.(『燕山君日記』연산 5.『集成』9-311)

11.13. 肥前州 九沙島立源次郎永氏와 大知賀島守護兼尾州太守 源朝臣幡 등이 사람을 보내어 토산물을 드리다.(『燕山君日記』연산 5.『集成』9-311)

11.20. 西海路 周防州山口居位大內進亮多多良朝臣 敎久가 사람을 보내어 토산물을 드리다.(『燕山君日記』연산 5.『集成』9-311)

11.22. 對馬州 平朝臣宗大膳亮國幸이 사람을 보내어 토산물을 드리다.(『燕山君日記』연산 5.『集成』9-311)

11.24. 石見州 周布左近將監 藤原朝臣和兼이 사람을 보내어 토산물을 드리다.(『燕山君日記』연산 5.『集成』9-311)

11.26. 筑前·對馬 두 州의 守護代官臣 宗三郎武家가 사람을 보내어 토산물을 드리다.(『燕山君日記』연산 5.『集成』9-312)

11.28. 五島鳴立源繁이 사람을 보내어 토산물을 드리다.(『燕山君日記』연산 5.『集成』9-312)

12.4. 肥前州 田平寓鎭源源朝臣 彈正少弼弘이 사람을 보내어 토산물을 드리다.(『燕山君日記』연산 5.『集成』9-312)

12.8. 關西路 九州都元帥 源才敎가 사람을 보내어 토산물을 드리다.(『燕山君日記』연산 5.『集成』9-312)

이 옳다고 하다.(『燕山君日記』연산6.『集成』9-324)

3.9. 議政府가 全羅道 沿海邊의 守令을 武臣으로 가는 것을 미루고 구휼에 힘쓰게 하기를 아뢰니, 그대로 따른다.(『燕山君日記』연산 6.『集成』9-325)

3.14. 全羅道兵馬節度使에게 長興·順天 등지는 바다와 거리가 가까우니 미리 방략을 마련하여, 倭가 下陸하면 즉시 사로잡고 놓치는 일이 없게 하라고 下書하다.(『燕山君日記』연산 6.『集成』9-325)

3.18. 兵曹判書 李季仝이 海浪島의 사람을 수색하여 데려오는 일에 招撫使가 倭·女眞·漢學通事 한 명씩을 데리고 가는 것이 좋겠다고 아뢰자, 그대로 하게 하다.(『燕山君日記』연산 6.『集成』9-326)

3.22. 右議政 成俊이 全羅道의 左水營과 右水營의 거리를 조정하여 倭亂에 서로 구원에 편리하도록 아뢰니, 그대로 좇다./ 兵曹에 전교하여 수군은 바다에서 수자리 살며 도적을 막으라고 하다.(『燕山君日記』연산 6.『集成』9-326)

6.3. 왕이 經筵에 나왔는데, 掌令 申用漑가 남방 倭寇의 변고가 불측하고 三浦의 倭種의 수가 날로 번식하는데, 安琛이 그 소임을 다하지 못하고 면직을 원하니 그 청을 좇으라고 아뢰다./ 李克均이 安琛은 軍旅의 일은 익숙하지 못하니 辭職하는 것이 마땅하나, 다른 변방의 釁端이 없으므로 이 사람을 시험하여 조치하기를 의논드리니, 그대로 따랐다.(『燕山君日記』연산 6.『集成』9-327)

8.12. 李克均이 對馬島主가 특별히 倭人을 보내어 銅鐵 10여만근을 가져와 公貿易을 원하므로 2分쯤 감해서 무역하도록 특별히 허가할 것을 아뢰니, 禮曹에 물으라 전교하다.(『燕山君日記』연산 6.『集成』9-328)

8.13. 禮曹에서 倭人에게 銅鐵의 公貿易을 허가할 수 없다면 별도로 綿布를 내려주어 위로할 것을 아뢰었는데, 尹弼商 등이 元數 11만내에서 삼분지일만은 공무역을 허락하면 그들이 실망하지 않을 것이라 아뢰다.(『燕山君日記』연산 6.『集成』9-329)

8.22. 倭人들과의 銅鐵의 무역에 관하여 尹弼商 등이 의논드렸는데, 임금이 島主가 대대로 정성을 바치니 3분의 1만 무역을 허락한다고 전지하다.(『燕山君日記』연산 6.『集成』9-330)

10.27. 司憲府에서 뇌성 번개의 變 때문에 直言을 구해들이는 上疏에 倭船에 주는 식량 때문에 南道의 곡식을 소모하게 되고 倭人들의 무역이 司贍寺의 포목을 허비하고 있는 것은 큰 폐단이라고 이르다.(『燕山君日記』연산 6.『集成』9-331)

11.3. 奉常寺正 金瑄이 倭의 방비에 대해 건의하였는데, 全羅·慶尙道의 포구 중간 要害地에 방어하는 護所를 설치하고 倭가 침범하면 이웃에 있는 포구가 나팔소리를 듣고 서로 구원하는 것이 어떠하냐고 아뢰다.(『燕山君日記』연산 6.『集成』9-331)

11.8. 琉球國 使臣의 宣慰使 成希顏이 돌아와 복명하고 琉球國 使臣의 도착과 복장·성격 등의 상황과 金海, 密陽, 忠州에서의 접대에 대하여 자세하게 아뢰다./ 琉球國王이 신하 梁廣과 梁椿을 보내어 聘問하다.(『燕山君日記』연산 6.『集成』9-332)

11.12. 禮曹에서 琉球國 使臣이 머물고 있는 곳이 높고 넓어서 추우니 이부자리를 더 주도록 청하다.(『燕山君日記』연산 6.『集成』9-333)

11.14. 李繼義가 沃溝·扶安·茂長의 군사로서 각 포구의 요해지를 나누어 지키도록 하자고 아뢰다.(『燕山君日記』연산 6.『集成』9-333)

11.17. 유구국 使臣이 肅拜하고, 바다 길을 모르고 막혀 서신연락이 오랫동안 끊어져 갈 수 없었는데, 日本商船의 도움을 얻어 使臣을 보내어 咨文과 禮物을 바치며, 《大藏尊經》을 구한다는 琉球國 中山王 尙眞의 글과 예물을 바치다.(『燕山君日記』연산 6.『集成』9-334)

11.26. 임금이 勤政殿에 나아가 琉球國 使臣을 접견하고 물품을 차등있게 내려 주다.(『燕山君日記』연산 6.『集成』9-334)

연도	한국
1501	【한국】 1.10. 禮曹에서《海東諸國記》를 상고하니 日本과 琉球國 使臣이 바다를 건널 때의 양식은 20일분인데, 전례에 따라 지급하면 너무 박하다고 아뢰니, 政丞들에게 의논하라고 전교하다.(『燕山君日記』 연산7.『集成』9-335) 1.15. 왕이 琉球國 使臣 梁廣과 梁椿子를 仁政殿에서 접견하다.(『燕山君日記』 연산7.『集成』9-335) 1.22. 琉球國 使臣 梁廣 등을 위해 慕華館에서 잔치를 베풀라고 명령하다.(『燕山君日記』 연산7.『集成』9-335)/ 兵曹判書 李季소이 琉球國의 풍토·인물·세대가 자세하지 않으니, 宣慰使 成希顔으로 하여금 상세히 물어서《海東諸國記》의 끝에 기록하게 하여 후일의 참고에 대비할 것을 아뢰다.(『燕山君日記』 연산7.『集成』9-336) 1.25. 日本의 藤原貞成이 사람을 보내어 토산물을 바치다.(『燕山君日記』 연산7.『集成』9-336) 1.27. 韓致亨 등이《海東諸國記》에 비록 日本과 琉球國 使臣의 바다를 건너는 양식은 20일분만 지급한다고 되어 있는데, 먼 지방사람으로 하여금 스스로 양식을 준비하는 것은 잘못되었다고 아뢰다.(『燕山君日記』 연산7.『集成』9-336) 1.30. 禮曹에서 平順治가 而羅多羅를 使臣으로 하여 표류인 濟州 內贍寺의 종 張廻伊를 송환하였는데, 根廻伊가 日本에 표류하여 보고 겪은 일을 듣고 아뢰다.(『燕山君日記』 연산7.『集成』9-337) 2.9. 對馬州太守 平朝臣宗杙盛이 사람을 보내어 土物을 바치다.(『燕山君日記』 연산7.『集成』9-338) 3.28. 正朝使 韓斯文 등이 明의 서울에서 돌아와 提督會同館 禮部主事 劉綱의 上書에 '朝鮮과 琉球는 자못 예의를 알고 있으니 마음대로 물건을 매매하도록 함이 진실로 이익이 된다'라고 하여 조정에서도 이를 허락했다고 아뢰다.(『燕山君日記』 연산7.『集成』9-339)
1502 ▼	【한국】 1.1. 會禮宴을 거행할 때 朝班에 따라들어 온 倭人들에게 물품을 차등있게 내려주다.(『燕山君日記』 연산8.『集成』9-342) 1.3. 肥前州 小城千葉介平朝臣 源獵 등이 사람을 보내어 토산물을 바치다.(『燕山君日記』 연산8.『集成』9-342) 1.19. 日本國 使臣 朋中이 와서《大藏經》을 청구하므로, 星州 安峰寺의 것을 내려주다.(『燕山君日記』 연산8.『集成』9-342)/ 禮曹에서 對馬島主가 너무 많은 양의 물품을 청구하는 것이 고의로 청구하여 우리를 의향을 엿보기 위해서 그렇게 하는 것인지는 반드시 사유가 있을 것이니, 朝政으로 하여금 의논케 하려고 한다고 아뢰다.(『燕山君日記』 연산8.『集成』9-343) 1.22. 對馬島主에게 責諭하는 書契에 관한 일을 禮曹가 아뢴 것에 대하여 의논하도록 명하니, 尹弼商 등이 特送사가 온 것에 대하여 전일에 諭告한 書契의 사연으로 은근한 말로 開諭하게 하여 答書하고 물건도 下賜하라고 아뢰다.(『燕山君日記』 연산8.『集成』9-345) 1.24. 領議政 韓致亨 등이 日本의 使臣이 해마다 나오게 될 것인데, 국가에서 장차 무엇으로 이들을 응대할려는지 알지 못하겠다고 아뢰며, 辭避와 用度를 절약하기를 청하다.(『燕山君日記』 연산8.『集成』9-347) 1.28. 領議政 韓致亨 등이 1년 동안의 經費 이외의 雜處用度의 수량을 써서 보고하면서, 日本國 使臣이 보물을 많이 가지고 왔는데 公貿易을 청할 것이므로 그 代價가 적지 않을 것이니 장차 國庫가 텅 비게 될 것이라고 아뢰다.(『燕山君日記』 연산8.『集成』9-347) 2.5. 倭人이 그린 병풍은 보낸 곳, 보낸 이, 그린 날짜, 마친 날짜 등에 대해 상세히 기록하라고 전교하다.(『燕山君日記』 연산8.『集成』9-348)/ 의정부가 오늘 아침 百官들이 班列에 늘어섰을 때에 사냥개가 이리저리 뛰어다녀 各人들 보기에 온당치 못했다고 아뢰니, 맡아 지킨 자를 국문하라 전교하다.(『燕山君日記』 연산8.『集成』9-349) 3.1. 日本國 關露冷泉津 嘉善大夫同知中樞府事 信重과 對馬州太守 宗杙盛 등이 使臣을 보내와 토산물을 바치다.(『燕山君日記』 연산8.『集成』9-349) 3.3. 議政府에서 장차 日本國王의 使臣이 오고 내년 봄에는 중국使臣이 오니 국가에서 경비를 줄여야 한다고 아뢰었으나, 왕이 들어주지 않다.(『燕山君日記』 연산8.『集成』9-350) 3.4. 對馬州古阿山城守 藤原朝臣職次가 와서 토산물을 바치다.(『燕山君日記』 연산8.『集成』9-350) 3.11. 日本國에서 使臣을 보내어 토산물을 바치고 면포와 豹皮를 청하다.(『燕山君日記』 연산8.『集成』9-350) 3.17. 日本國 使臣이 입고 있는 옷과 상투를 씌운 冠을 通事를 시켜 가져오라고 전교하다.(『燕山君日記』 연산8.『集成』9-350) 3.18. 禮曹에서 日本國 使臣 周般西堂이 壹岐州에 사는 鶴法師와 國次의 官爵하기를 청한다고 아뢰니, 벼슬을 올려주는 일을 정승들에게 收議하라고 전교하다.(『燕山君日記』 연산8.『集成』9-351) 3.19. 日本國 使臣 등이 청한 鶴法師와 國次의 관직을 올려주는 것을 政丞들에게 의논할 것을 명하니, 尹弼商 등이 周般·昌琇의 청한 뜻이 매우 간절하고 무소뿔을 진상한 것은 우리에게 이로우니 벼슬을 제수하여 표장하라고 아뢰다.(『燕山君日記』 연산8.『集成』9-351) 3.20. 禮曹에서 日本國 使臣이 청한 鶴法師와 國次에게 벼슬을 올려주는 일을 전례를 상고하였으나 전례가 없다고 아뢰니, 다시 政丞들에게 의논하라고 전교하다.(『燕山君日記』 연산8.『集成』9-352) 3.23. 日本國 使臣이 바친 벼루집을 칠한 빛깔이 푸르고 검으니 禮曹로 하여금 그 이유를 물어서 아뢰라고 전교하다.(『燕山君日記』 연산8.『集成』9-352) 4.1. 全羅左道水軍節度使 邊伍千이 倭가 興陽 지방에 入寇하려 했다고 馳啓하니, 왕이 변방장수들이 방비를 잊고 있어 倭가 竊發하는 것이니 변장을 타일러 조치하도록 하라고 전교하다.(『燕山君日記』 연산8.『集成』9-353 4.4. 禮曹에서 對馬州 使臣 平國總에게 저번에 源貞宣이 요구한 銀이 우리나라에 없어 대신 준 면포를 포구에 두고 간 사연을 물었

일본

4.17. 日本國 本城源壹이 사람을 보내어 토산물을 바치다.(『燕山君日記』 연산 7. 『集成』9-339)

5.6. 飯田出羽守 源集이 사람을 보내어 토산물을 바치다.(『燕山君日記』 연산 7. 『集成』9-339)

7.5. 大司憲 成俔 등이 상소하여 三浦의 倭人은 인구가 날로 늘어나 그 폐단이 심해져 남방의 근심거리가 된다고 아뢰다.(『燕山君日記』 연산 7. 『集成』9-339)

7.28. 律呂習讀官 魚無跡이 나라의 근본을 바로잡는 것, 城을 쌓는 일을 정지시킬 것 등을 上疏하였으나 회보하지 않다.(『燕山君日記』 연산 7. 『集成』9-340)

8.5. 領議政 韓致亨 등이 慶尙道 花園에서 蘇木 1천근을 수송할 것을 명했는데, 금년에 日本國 使臣이 있어서 驛路가 소요하니 정지해 줄 것 등 弊事 4조목을 써서 아뢰다.(『燕山君日記』 연산 7. 『集成』9-341)

8.28. 왕이 經筵에 나가 日本國 使臣을 접견할 때, 妓女 300명을 화려하게 꾸미게 하여 東西로 나누어 열을 지어 步虛子를 연주케 하라고 전교하다.(『燕山君日記』 연산 7. 『集成』9-341)

8.30. 왕이 日本國 使臣 朋中 등을 仁政殿에서 접견하다.(『燕山君日記』 연산 7. 『集成』9-341)

9.17. 日本國 使臣 朋中과 智瞻 등이 《東坡詩集》·《碧巖錄》과 《黃山谷》 등의 책을 요구하니, 주도록 명하다.(『燕山君日記』 연산 7. 『集成』9-342)

10.19. 왕이 仁政殿에 나아가 日本國 使臣 朋中 등을 접견하다.(『燕山君日記』 연산 7. 『集成』9-342)

【일본】

12.-. 大內義隆이 高麗鐘을 筑前州 志摩郡 平等寺에 기증하다.(『朝鮮鐘』)

는데, 그것은 島主의 뜻이 아니고 밑에서 用事하는 사람이 의논해서 청한 것이라 아뢰다.(『燕山君日記』 연산 8. 『集成』9-353)

4.12. 왕이 慶會樓에 거둥하여 日本國王의 使臣 周般西堂 등에게 잔치를 베풀다.(『燕山君日記』 연산 8. 『集成』9-354)

4.16. 坡平府院君 尹弼商이 慶尙·江原 두 도는 水路가 서로 통하므로 이미 금지하는 영이 있어 옮겨가는 것을 방지하고 있으니, 옮겨간 사람들은 本土로 잡아보내기를 아뢰니, 그대로 따르다.(『燕山君日記』 연산 8. 『集成』9-354)

4.17. 刑曹에 江原道 해변에 流浪하는 자들이 주로 어업으로 거주하는 곳이 없는데, 倭의 배가 출몰하여 竊發하더라도 반드시 금하여 잡지 못할 것이니 무마하고 방어하지 못하여 유랑케 한 사람에게도 죄를 科하겠다고 전교하다.(『燕山君日記』 연산 8. 『集成』9-354)

4.20. 禮曹에서 日本國王 源義高가 周般을 보내 서신과 물품을 바치고 《大藏經》과 虎豹皮를 요구하므로 줄 수량을 收議할 것을 아뢰니, 尹弼商 등이 그들의 청구를 다 들어 줄 수 없다고 하고 면주·면포 등을 回賜하자고 의논하다.(『燕山君日記』 연산 8. 『集成』9-355)

5.1. 護軍 崔灝元이 《太一經》을 간행·전수하자는 상소에 대해, 李克墩·成俔이 崔灝元의 상소 중 '對馬島를 가서 칠 때에도 또한 《太一經》에 의해 이로웠다'는 말은 신 등이 일찍이 듣지 못한 것이라 아뢰다.(『燕山君日記』 연산 8. 『集成』9-355)

5.3. 對馬州太守 平朝臣宗杙盛·肥前州上松浦志佐壹岐州太守 源義 등이 使者를 보내와 토산물을 바치다.(『燕山君日記』 연산 8. 『集成』9-359)

5.17. 왕이 日本國王의 使臣 周般西堂과 對馬島主가 特送한 平國總을 仁政殿에서 연회하고 물품을 내려주다.(『燕山君日記』 연산 8. 『集成』9-359)

5.21. 왕이 경연에 나갔는데, 正言 趙玉崑이 三浦의 倭人의 수가 날로 늘어 우리의 산천을 알고 있어 일시에 사단이 일어나면 막기 어려운데, 변방의 방비가 소홀하니 방비를 철저히 하기 위해 朝官을 보내 단속케 하라고 아뢰다.(『燕山君日記』 연산 8. 『集成』9-360)

6.1 對馬州太守 平朝臣宗杙盛과 橘氏立石右京亮國長 平朝臣宗彦七盛順 등 日本 여러 지역에서 사자를 보내어 토산물을 바치다.(『燕山君日記』 연산 8. 『集成』9-360)

6.15. 日本國 使臣 周般西堂 등이 하직하다.(『燕山君日記』 연산 8. 『集成』9-360)

6.19. 珍島 牧場을 혁파할 것인지에 대해 政丞들이 의논하였는데, 李克均이 珍島는 全羅道의 倭가 출입하는 문으로 근래 농사가 실패하여 백성들이 유랑하고 貢物은 옛날이나 다름없어 날로 곤궁해져 지탱할 수 없다고 아뢰다. / 人口를 刷還한 野人에게 상주는 일로 成俊이 祖宗 때에 倭人을 접대하는 규정이 있었는데, 뒤에 규정 외에 물건을 내려주어 폐단을 열어 놓은 예를 들어, 특별한 규정으로 대우한다면 南北으로 폐해를 받게 될 것이라고 아뢰다.(『燕山君日記』 연산 8. 『集成』9-361)

7.2. 對馬州太守 平朝臣宗杙盛·宗彦七盛順 등이 사자를 보내어 토산물을 바치다.(『燕山君日記』 연산 8. 『集成』9-362)

7.15. 對馬州太守 平朝臣宗杙盛·宗彦七盛順·宗膳亮國成과 肥前州太守 田平寓鎭源朝臣彈正 少弼弘 등이 사자를 보내어 토산물을 바치다.(『燕山君日記』 연산 8. 『集成』9-362)

7.16. 전교하여 왜국에서 산출된 금 3근을 내정으로 들이라고 명하다.(『燕山君日記』 연산 8. 『集成』9-362)

7.18. 持平 鄭渙이 居昌郡守 洪碩弼은 珍島郡守로 있을 때 섬에서 사냥하다 倭寇를 만나서 군사 3명을 잃는 등의 죄로 변방에 充軍된지 얼마 안되어, 職牒을 주어 敍用한 것은 잘못이므로 改正하기를 아뢰다.(『燕山君日記』 연산 8. 『集成』9-363)

7.23. 禮曹에서 氏鄕이 보낸 사자 信汝文 등이 죽었으므로 그들에게 내린 포목을 포구에서 배를 지키는 적왜에게 전달해 주기를 청하다.(『燕山君日記』 연산 8. 『集成』9-363)

연도	한국
▲ 1502	7.24. 尹弼商 등이 信汝文 등이 죽었으므로 海島로 하여금 별도로 賻儀를 해서 위문하는 것이 좋겠다고 아뢰다./ 兵曹가 慶尙道 兵使의 啓本에 의거하여, 三千鎭은 敵軍을 염탐하여 지키는 곳에 적당하므로, 烽火臺를 높이 쌓고, 군사를 뽑아 변란에 대비하도록 하다./ 倭人들이 興天寺의 舍利塔을 보기를 청하면 禮曹의 郎廳은 가서 보기만 할 뿐 문을 열고 닫는 일에는 관여하지 말라고 전교하다.(『燕山君日記』 연산8. 『集成』9-364)
	7.26. 禮曹에서 죽은 信汝文에 대해서 賻儀하는 것을 거두어 줄 것을 청하다.(『燕山君日記』 연산8. 『集成』9-365)
	8.1. 對馬州太守 平朝臣 宗盛盛과 宗彦七盛順이 사자를 보내어 토산물을 바치다.(『燕山君日記』 연산8. 『集成』9-365)
	8.12. 兵曹가 興陽縣 多古頭의 守護處에 堡를 설치하고 나누어 지키는 일은, 全羅道 監司 崔漢源이 아뢴 바에 따르기를 아뢰니, 그대로 따르다.(『燕山君日記』 연산8. 『集成』9-365)
	8.14. 承旨 金勘이 南平郡의 馬島軍官 朴信孫과 鄭利生이 倭가 入寇하여 萬戶를 죽였을 때 잡지 않은 죄는 斬待時에 해당하므로 初覆하기를 아뢰니, 왕이 律대로 하라고 하다.(『燕山君日記』 연산8. 『集成』9-366)
	8.15. 對馬州太守 平朝臣宗代盛과 石見州周布左近將監 藤朝臣 和兼이 사람을 보내어 토산물을 바치다.(『燕山君日記』 연산8. 『集成』9-366)
	8.17. 對馬州太守 平朝臣宗代盛·宗彦七盛順과 西海道筑前州守護代官 平朝臣 宗三郎茂家가 사람을 보내와서 토산물을 바치다.(『燕山君日記』 연산8. 『集成』9-366)
	8.18. 關西路筑豊肥三州摠太守 太宰府都督司馬少卿 藤原朝臣 政尙과 西海道肥前州下松浦元栗野太守 源滿 등 日本의 여러 지역에서 사자를 보내와서 토산물을 바치다.(『燕山君日記』 연산8. 『集成』9-367)
	8.30. 對馬州太守 平朝臣宗代盛·越中守 宗盛弘宗 등 日本의 여러 지역에서 사자를 보내어 토산물을 바치다.(『燕山君日記』 연산8. 『集成』9-367)
	9.7. 李克均 등이 倭人과 구리와 쇠를 무역하게 하면 그 폐단을 금지하기 어려울 것이라고 아뢰니 임금이 그대로 따르다.(『燕山君日記』 연산8. 『集成』9-367)
	9.11. 關西路肥後州守 菊池藤原朝臣爲幸·肥前州九沙島主 源次良永氏 등 日本의 여러 지역에서 사자를 보내어 토산물을 바치다.(『燕山君日記』 연산8. 『集成』9-368)
	9.18. 關西路九州都元帥 源政教·大知賀島守護兼尾州太守 源朝臣幡 등 日本의 여러 지역에서 사자를 보내어 토산물을 바치다.(『燕山君日記』 연산8. 『集成』9-368)
	9.25. 全羅道水軍節度使 金守貞이 倭 1명을 잡아 順天府에 가두고, 13명의 머리를 베어 군관 林疇를 보내서 바치다.(『燕山君日記』 연산8. 『集成』9-368)
1503	【한국】
	2.18. 監察 李安世가 三浦의 倭人은 朝宗 때 그 인원수를 정했는데, 사람이 날로 불어났으니, 倭人을 비록 돌려보낼 수 없다 하여도 島主에게 諭示를 보내어 앞으로 다시 와서 살지 못하게 하여 후환을 막는 것이 어떠하냐고 아뢰다.(『燕山君日記』 연산9. 『集成』9-377)/ 對馬島 倭人 6명이 와서 토산물을 바치다.(『燕山君日記』 연산9. 『集成』9-378)
	2.19. 慶尙道로 하여금 倭人들에게 무역할 蘇木 1천근을 진상하게 하라고 명하다.(『燕山君日記』 연산9. 『集成』9-378)
	2.24. 命하여 東平館 고지기로서 倭人을 몰래 꾀어 미끼를 주어 胡椒 20여 대를 빼앗고 국가에서 倭國 병풍을 그리게 했을 때 주사를 훔쳤으며 倭人들의 급료를 훔친 金致元의 죄를 용서해 주라고 하다.(『燕山君日記』 연산9. 『集成』9-378)
	2.25. 權憲가 金致元이 몰래 공무를 받아서 그 대가를 줄여 무녀를 불러 倭人들과 함께 술을 마신 죄는 엄중히 다스려야 한다고 아뢰다.(『燕山君日記』 연산9. 『集成』9-378)/ 金致元은 客館 고지기로서는 적합하지 않으니 그를 바꾸라고 하였다가, 얼마 안 가서 고지기를 바꾸지 말라고 전교하다.(『燕山君日記』 연산9. 『集成』9-379)
	2.30. 執義 尹金孫 등이 倭人과 함께 불법한 죄를 저지른 金致元의 재산을 몰수할 것을 청하였으나 들어주지 아니하다.(『燕山君日記』 연산9. 『集成』9-379)
	3.6. 日本國 중 義興이 중 太白西堂을 보내어 원숭이와 말을 바치므로 왕이 물리쳤는데, 西堂이 원망하므로 말만 받다.(『燕山君日記』 연산9. 『集成』9-380)
	3.25. 試讀官 鄭麟仁이 薺浦의 倭人 호수를 제한할 것을 아뢰다./ 典翰 鄭麟仁이 薺浦의 倭人數가 증가하니, 鹽浦·釜山浦도 그러할 것이므로 새로 들어오는 倭人을 막을 것 등, 三浦의 倭人과 방비문제에 대해 書契하므로, 政丞들에게 의논케 하고 本道 觀察使가 편리여부를 의계하라고 전교하다.(『燕山君日記』 연산9. 『集成』9-380)
1504 ▼	【한국】
	1.9. 上松浦那久野能登太守 藤源朝臣 賴永이 사람을 보내와 토산물을 바치다.(『燕山君日記』 연산10. 『集成』9-387)
	1.13. 西海路 筑前州冷泉津尉兼內州太守 田原藤原 貞成이 사람을 보내와 토산물을 바치다.(『燕山君日記』 연산10. 『集成』9-388)
	1.16. 大知賀島守護兼尾州太守 源朝臣 幡이 사람을 보내와 토산물을 바치다.(『燕山君日記』 연산10. 『集成』9-388)
	1.17. 肥前州田平寓鎭 源朝臣憚正少 弼弘이 사람을 보내와 토산물을 바치다.(『燕山君日記』 연산10. 『集成』9-388)
	1.30. 關西路 冷泉津 嘉善大夫同知中樞府事 信重이 사람을 보내와 토산물을 바치다.(『燕山君日記』 연산10. 『集成』9-388)
	2.5. 肥前州小城千葉介 平朝臣 元胤이 사람을 보내와 토산물을 바치다.(『燕山君日記』 연산10. 『集成』9-388)
	2.7. 西海道 肥前州下松浦三栗野太守 源滿이 사람을 보내와 토산물을 바치다.(『燕山君日記』 연산10. 『集成』9-389)
	2.11. 關西路九州都元帥 元政이 사람을 보내와 토산물을 바치다. (『燕山君日記』 연산10. 『集成』9-389)

일본

10.3. 大司諫 関暉 등이 옻칠 잘하는 사람을 三浦의 倭人과 對馬島에서 구한다고 하는데, 器皿을 위해 다른나라 사람을 구하는 것은 聖德에 累가 된다고 아뢰니, 왕이 司饗院 器皿의 칠이 저절로 벗겨졌기 때문이라고 전교하다.(『燕山君日記』 연산 8. 『集成』9-369)

10.11. 同知事 安琛이 固城縣의 春國과 安定은 倭人들이 사는 곳과 마주보고 있는 지역이므로 보를 설치하여 지키게 하자고 아뢰다.(『燕山君日記』 연산 8. 『集成』9-369)

10.20. 兵曹판서 李克墩 등이 근래 對馬島 代官 등이 청구하는 것이 번거롭고 무례한 것은, 우리나라가 자기들을 두려워하고 있다고 생각하기 때문에 그렇게 한다고 아뢰다.(『燕山君日記』 연산 8. 『集成』9-370)

10.21. 尹弼商이 倭를 잡은 논공에 대해 1등은 3품계, 2등은 2품계, 3등은 1품계를 올려주고, 賤人에게는 면포를 상으로 주어서 뒷사람들을 권장하는 것이 어떻겠냐고 아뢰다.(『燕山君日記』 연산 8. 『集成』9-370)

10.22. 對馬島 平朝臣宗越中守盛弘·五島鳴州 源繁 등 日本의 여러 지역에서 使者를 보내어 토산물을 바치다.(『燕山君日記』 연산 8. 『集成』9-371)

10.25. 壹岐州 上松浦鹽津留觀音寺看主 宗殊 등 日本의 여러 지역에서 사자를 보내어 토산물을 바치다.(『燕山君日記』 연산 8. 『集成』9-371)

11.2. 領事 尹弼商이 倭를 鞠問하였는데, 순순히 承服하였으므로 전례에 따라 三浦로 압송하고, 招辭를 書契와 함께 기록하여 島主에게 보내어 처치케 하고 형세를 살필 것을 아뢰다.(『燕山君日記』 연산 8. 『集成』9-372)

11.3. 成俊 등이 三浦의 倭人들을 다루는 법을 甲子기 바꾸면 변고를 헤아릴 수 없을 것이므로 우리 변방의 방어를 튼튼히 하는 것만 같지 못하다고 아뢰다.(『燕山君日記』 연산 8. 『集成』9-372)/ 持平 權軾가 三浦의 萬戶를 內禁衛에서 뽑아 보낼 것을 청하다.(『燕山君日記』 연산 8. 『集成』9-373)

11.14. 日本에서 암 원숭이를 바치니 御書를 내려 근자에 구리와 쇠 같은 물건도 그 값을 대기가 어려워 公貿易과 私貿易을 정지하였으니, 돌려주고 받지 않겠다고 하다.(『燕山君日記』 연산 8. 『集成』9-373)

12.7. 執義 金碑이 倭를 본국에 돌려보내는 일에 있어서 먼저 변방에 가두고 島主가 처치한 후, 우리에게 보내어 적당하게 처치하라 할 것이니, 그런 후에 돌려보내는 것이 어떻겠냐고 아뢰다.(『燕山君日記』 연산 8. 『集成』9-374)

12.9. 慶尙道觀察使 安潤德이 大內殿 使臣이 원숭이와 말을 바치기 청한다고 馳啓하자, 원숭이는 기이한 물건이니 받을 수 없고 말은 전에 바치는 사람이 있었으니 굳이 청한다면, 받는 것이 어떤지 대신들이 의논하라고 전교하다.(『燕山君日記』 연산 8. 『集成』9-375)

12.14. 日本國 巨酋가 使臣을 보내어 원숭이와 말 등을 바치니 收議하기를 명했는데, 모두 받기를 의논하자, 왕이 저들이 바치고자 하는 것은 대가를 바라는 것이며 쓸모없는 물건을 받고 후한 값을 치르면 이것도 폐단이라고 전교하다.(『燕山君日記』 연산 8. 『集成』9-375)

【일본】

3.-. 幕府將軍 足利義澄이 승려 周青을 조선에 파견하여 새로운 象牙符와 大藏經을 요청하다.(『翰林胡蘆集』)

4.1. 西海路 肥前州上松浦神田能登守 源德 등 日本 여러 지역에서 사람을 보내와 토산물을 바치다.(『燕山君日記』 연산 9. 『集成』9-383)

4.27. 對馬島太守 平朝臣宗刑部小輔代盛이 使臣을 보내어 토산물을 헌납하고 흰 모시베 1천필을 요구하므로, 年前에 보낸 使臣 源貞宣의 무례한 일에 도주를 꾸짖는 회답 書契를 하다.(『燕山君日記』 연산 9. 『集成』9-384)

7.3. 節度使 田霖 등이 薺浦의 倭人이 거주하는 뒷고개에 성을 쌓는 것을 거두어 달라고 아뢰다.(『燕山君日記』 연산 9. 『集成』9-384)

7.29. 禮曹에서 倭人에게 몰래 집을 판 사람에게 벌을 줄 것을 청하다.(『燕山君日記』 연산 9. 『集成』9-385)

9.5. 全羅道 觀察使 張順孫이 아뢴, 榮山·法聖 두 곳 창고를 沃構 지방 群山浦로 옮겨 설치하는 일은, 漕運船을 단속하여 2, 3동안 폐단이 또 전과 같다면 다시 의논하게 하다.(『燕山君日記』 연산 9. 『集成』9-385)

11.6. 倭人에게서 황금을 사들이도록 하라고 명하다.(『燕山君日記』 연산 9. 『集成』9-386)

11.23. 獻納 朴以寬이 求禮縣을 혁파하고 吏屬과 백성을 南原에 소속시켰는데, 고을이 바다에 가까워 만일 倭變이 일어나면 관부인 南原과 멀어 구원하지 못할 것이니 防禦所를 설치하여 일을 대비케 할 것을 아뢰다.(『燕山君日記』 연산 9. 『集成』9-386)

12.11. 전교하여 倭人에게서 황금을 많이 사들이도록 하라고 명하다.(『燕山君日記』 연산 9. 『集成』9-387)

2.14. 對馬州太守 平朝臣 宗代盛이 사람을 보내와 토산물을 바치다.(『燕山君日記』 연산 10. 『集成』9-389)

2.19. 關西道薩摩州島津 藤原朝臣 持久가 사람을 보내와 토산물을 바치다.(『燕山君日記』 연산 10. 『集成』9-389)

2.22. 關西路肥筑二州太守 菊池藤源朝臣 重朝와 薩摩州日向太守 藤源朝臣 盛久가 사람을 보내와 토산물을 바치다.(『燕山君日記』 연산 10. 『集成』9-389)

2.28. 肥前州上松浦那護耶寶泉寺 源祐位와 西海路豊筑守 大友八郎源朝臣 師能이 사람을 보내와 토산물을 바치다.(『燕山君日記』 연산 10. 『集成』9-390)

3.4. 刑曹에서 昌寧縣의 金山 등 7인이 倭에 붙잡혀 갔다가 돌아왔는데, 사형을 감하여 분간해서 귀향보낼 것을 아뢰니, 왕이 그대로 좇다.(『燕山君日記』 연산 10. 『集成』9-390)

3.6. 西海道肥前州高久郡守 有馬源政과 五島宇久守 源勝 등이 사람을 보내와 토산물을 바치다.(『燕山君日記』 연산 10. 『集成』9-390)

연도	한국
▲ 1504	3.9. 對馬島太守 平朝臣 宗杙盛과 代官 平朝臣宗兵部少 輔盛親이 사람을 보내와 토산물을 바치다.(『燕山君日記』 연산10. 『集成』9-390) 3.10. 承旨 李懿孫이 倭人에 대해서 『海東諸國記』가 있어 그 세계를 상고할 수 있다고 아뢰다.(『燕山君日記』 연산10. 『集成』9-391) 3.12. 肥前州 上松浦九沙島主 藤原臣筑後守 義永이 사람을 보내와 토산물을 바치다.(『燕山君日記』 연산10. 『集成』9-391) 3.14. 西海道 肥後州八代太守 源朝臣 教臣이 사람을 보내와 토산물을 바치다.(『燕山君日記』 연산10. 『集成』9-391) 3.16. 關西路 肥後州 菊池藤源朝臣 爲幸과 薩州 伊集院寓鎭隅州太守 藤熙久 등이 사람을 보내와 토산물을 바치다.(『燕山君日記』 연산10. 『集成』9-391) 3.17. 關西路 筑豐肥三州摠太守의 太宰府都督 藤原朝臣 政尙이 사람을 보내와 토산물을 바치다.(『燕山君日記』 연산10. 『集成』9-392) 3.30. 肥前州 平戶寓鎭肥州太守 源義가 사람을 보내와 토산물을 바치다.(『燕山君日記』 연산10. 『集成』9-392) 4.3. 藝州 藤原朝臣 村上과 備中守 國中이 사람을 보내와 토산물을 바치다.(『燕山君日記』 연산10. 『集成』9-392) 4.29. 關西路 安藝州美作守 小早川平持平 등이 사람을 보내와 토산물을 바치다.(『燕山君日記』 연산10. 『集成』9-392) 윤4.4. 對馬州太守 宗杙盛이 사람을 보내와 토산물을 바치다.(『燕山君日記』 연산10. 『集成』9-392) 윤4.7. 上松浦呼子 壹岐州代官 牧山十郎源正이 사람을 보내와 토산물을 바치다.(『燕山君日記』 연산10. 『集成』9-393) 윤4.19. 전교하기를 왜부채 4백 자루를 全羅道와 慶尙道에 영하여 봉진하게 하라고 하다.(『燕山君日記』 연산10. 『集成』9-393) 윤4.29. 西海路 妻島守山田佐近將監 平順治가 사람을 보내와 토산물을 바치다.(『燕山君日記』 연산10. 『集成』9-393) 5.15. 禮曹判書 金勘과 參議 李顆가 對馬島主가 특별히 書契를 보내어 虎皮 1천장을 요구한 것과 順天府에서 잡힌 倭人을 昌原에 구금한 것이 오래되니 政丞에게 의논하게 할 것을 아뢰다.(『燕山君日記』 연산10. 『集成』9-393)
1505	【한국】 3.10. 日本國王의 使臣이 가져온 銅·鐵을 많이 사서 內需司에 보내라 전교하다.(『燕山君日記』 연산11. 『集成』9-400) 4.9. 전교하기를 掌苑署 및 八道에 영하여 倭躑躅을 많이 찾아내어 흙을 붙인 채 바치되 상하지 않도록 하라고 명하다.(『燕山君日記』 연산11. 『集成』9-400) 7.18. 禮曹가 琉球國王의 使臣은 그 나라 사람이 아니라 書契를 받아 가지고 온 日本사람이니 宣諭使를 보내지 말고 通事를 시켜 맞이하라고 아뢰니, 왕이 그대로 좇다.(『燕山君日記』 연산11. 『集成』9-400) 7.24. 전교하여 倭全鰒을 사서 바치도록 하라고 명하다.(『燕山君日記』 연산11. 『集成』9-401) 8.16. 助羅島의 倭가 入寇하였을 때에 방어를 못해 백성이 많이 죽었으니, 慶尙右道水軍節度使 등을 義禁府로 하여금 잡아오게 하여 죄를 결단하되 律에 따라 充軍할 것을 전교하다.(『燕山君日記』 연산11. 『集成』9-401)
1506	【한국】 2.27. 倭人·野人에게 잔치를 베풀고 음악을 내릴 때는, 運平樂은 쓰지 말고 廣熙 三等 樂을 쓰도록 전지하다.(『燕山君日記』 연산12. 『集成』9-403) 3.8. 倭人·野人을 宴享할 때는 廣熙樂만 쓰고 運平樂은 쓰지 못하게 하다.(『燕山君日記』 연산12. 『集成』9-403) 4.25. 胡椒를 다수 왜인에게서 사들이도록 하다.(『燕山君日記』 연산12. 『集成』9-403) 9.28. 右議政 朴元宗이 변방수비를 위해 咸鏡北道 節度使와 慶尙右道節度使 沈順徑 및 薺浦僉使를 개차하도록 건의하니 윤허하다./ 右議政 朴元宗이 아뢰기를, 남쪽 三浦의 倭奴가 번성하여 변고를 예측하기 어려우니, 薺浦의 장수를 차일하도록 건의하다.(『中宗實錄』 중종1. 『集成』9-405) 10.1. 정승들이 아뢰기를, 우리나라가 3면으로 적을 받아 변방 장수를 가려서 뽑아야 함에도 불구하고 졸병이었던 자가 僉使나 萬戶로 나가 있기 때문에 변방의 수비에 문제가 있다고 아뢰다.(『中宗實錄』 중종1. 『集成』9-406) 10.4. 장령 金彦平이 三浦倭人의 세금탈취와 왜인의 접대가 옛날과 같지 않음을 아뢰자, 上이 이르기를 왜인의 접대를 구례와 같이 하도록 명하다.(『中宗實錄』 중종1. 『集成』9-406) 10.5. 임금이 三浦의 僉使 및 東海·蔚山·熊川 등의 수령 중 합당하지 못한 자가 있으면 개차하도록 하라고 명하다.(『中宗實錄』 중종1. 『集成』9-407) 10.13. 領事 柳順汀이 前大司諫 柳軒 등 5인이 배를 타고 濟州에서 오다가 水賊의 침해를 입었는데, 水賊과 倭가 분별되지 않으나 근래 변경이 허술하여 필시 倭의 소행인 듯 하니 濟州牧使로 하여금 觀察使에 推報할 것을 아뢰다./ 上이 慶尙道 觀察使 張順孫을 引見하고 倭가 熾盛하여 邊將들이 욕을 보고 연해 백성이 편히 살 수 없으니, 곤궁한 백성을 구휼하고 심력을 다하여 조치하라고 이르다.(『中宗實錄』 중종1. 『集成』9-407) 10.15. 張順孫이 水軍의 허술한 폐단을 개진하니, 삼공과 該曹에 수의할 것을 명하다.(『中宗實錄』 중종1. 『集成』9-408)
1507 ▼	【한국】 1.16. 對馬島主 宗 盛이 羅延을 보내어 方物을 헌납하다.(『中宗實錄』 중종2. 『集成』9-412) 윤1.7. 上이 薺浦에 둔 對馬島主가 보낸 銅鐵을 富商으로 하여금 무역케 하고, 그 값은 司贍寺에 바치는 慶尙道 노비의 身貢綿布로 계산해 주어 수송의 폐단을 없애라 전교하다.(『中宗實錄』 중종2. 『集成』9-412) 윤1.22. 前大司諫 柳軒 등이 濟州에서 海寇에게 상해를 당해 朝政에서 우선 島主에게 유시하여 회답을 알아본 뒤에 보내도 늦지 않다고 하는 이가 있으므로, 상이 그대로 따르다.(『中宗實錄』 중종2. 『集成』9-412)

일본

5.16. 柳洵 등이 島主가 요구한 虎皮를 무명 80필로 대신 주고, 書契에 호피 천장을 요구하는 것은 명목이 없는 것이라 꾸짖는 내용으로 보내기를 아뢰다.(『燕山君日記』 연산 10.『集成』9-395)

5.28. 對馬州太守 平朝臣 宗杙盛이 사람을 보내와 토산물을 바치다.(『燕山君日記』 연산 10.『集成』9-395)

6.3. 對馬州太守 平朝臣 宗杙盛이 사람을 보내와 토산물을 바치다.(『燕山君日記』 연산 10.『集成』9-395)

6.6. 上松浦呼子 壹岐州代官牧山十郎源正과 對馬州代官 平朝臣宗兵部少 輔盛親이 사람을 보내와 토산물을 바치다.(『燕山君日記』 연산 10.『集成』9-395)

6.9. 肥前州松浦의 志佐壹岐州太守源義와 對馬州太守 平朝臣宗能登守 盛俊이 사람을 보내와 토산물을 바치다.(『燕山君日記』 연산 10.『集成』9-396)

6.13. 日本國 西海道의 筑前·對馬兩州守護代官 平朝臣宗三郎 茂家 등이 사람을 보내 토산물을 바치다.(『燕山君日記』 연산 10.『集成』9-396)

6.18. 對馬州太守 平朝臣 宗杙盛이 사람을 보내와 토산물을 바치다.(『燕山君日記』 연산 10.『集成』9-396)

7.29. 上松浦那久野能登太守 藤源朝臣賴永과 肥前州平戶寓鎭州太守 源豊久가 사람을 보내와 토산물을 바치다.(『燕山君日記』 연산 10.『集成』9-396)

8.11. 禮曹判書 金勘이 日本國의 大内殿·小二殿이 보낸 사자가 와서 오래 머물고 있어 접견 여부를 감히 품한다고 아뢰니, 마땅히 접견할 것이나 유고하면 할 수 없다고 전교하다.(『燕山君日記』 연산 10.『集成』9-397)

8.27. 箭串을 禁標 안에 두는 일로 領議政 柳洵 등이 백성이 불편하고 倭人이나 野人들이 길을 나누어 왕래한다고 하였으나, 강행하다.(『燕山君日記』 연산 10.『集成』9-397)

10.8. 倭人이 연향할 때 기녀와 악공들을 간략하게 수를 정하라고 명하다.(『燕山君日記』 연산 10.『集成』9-398)

11.30. 義禁府에 가둔 倭人 高桂尙을 當直廳에서 고문하라고 전교하다.(『燕山君日記』 연산 10.『集成』9-399)

9.8. 日本의 倭人이 와서 唐櫻·鳳尾草 등을 바치다./ 임금이 朝政이 청하여 徽號를 올려 神寶가 이미 만들어졌으니, 이달 10일부터 쓰되 倭·野人의 官教에만 施命之寶를 쓰라고 전교하다.(『燕山君日記』 연산 11.『集成』9-401)

9.25. 전교하기를 李貴孫의 왜수피 1천장은 1장에 품질이 좋은 면포 10필씩 주라고 하다.(『燕山君日記』 연산 11.『集成』9-402)

11.17. 左贊成 金勘이 倭人이 朱漆한 硯匣을 왕에게 바치다.(『燕山君日記』 연산 11.『集成』9-402)

12.15. 倭人이 銅鐵을 무역하는 것은 浦所에서 사사로이 무역하게 하고, 寺社田은 屬公하게 하고, 冗官을 혁파하는 것은 다시 의논토록 하다.(『燕山君日記』 연산 11.『集成』9-402)

【일본】

2.10. 大内義興은 조선에 승려 安中을 通信使로 보내다. 赤間關 龜山神廟 수선 비용을 마련하기 위해 綿紬 1,000필, 綿布 1,000필을 요구하다.(『續善隣國宝記』)

2.-. 大内義興은 조선에 승려 宗梵을 사절로 파견하여 頑銅 500근을 바치고 修好를 요구하다.(『續善隣國宝記』)

10.19. 臺諫이 全羅道兵使 邊伍仟이 邊將에 합당치 못하므로 개정하자고 아뢰다.(『中宗實錄』 중종 1.『集成』9-408)/ 濟州謹理使 李芸秬가 濟州에서 나오다가 중도에 水賊을 만났다고 啓聞하다.(『中宗實錄』 중종 1.『集成』9-409)

10.24. 팔도 관찰사에게 하교하기를, 烽燧를 다시 세우는 일이 지금까지 거행하지 않으니, 다른 역사에 옮겨 배정된 봉수군은 급히 본역으로 돌아오게 하고, 빠진 자는 보충하여 배정해서 엄격하게 考核을 행하라고 하다.(『中宗實錄』 중종 1.『集成』9-409)

11.2. 柳洵 등이 對馬島主가 청한 紬는 명분이 없어 거절하였으나, 聖上이 새로 보위에 올랐으니 특별히 면주를 내리고 銅鐵은 삼분지일만 공무하도록 의논하니, 上이 이를 따르다.(『中宗實錄』 중종 1.『集成』9-409)

11.5. 朴元宗이 三浦의 왜인이 점차 번성하므로 그 지방의 수령을 가려서 뽑아 보낼 것을 아뢰다.(『中宗實錄』 중종 1.『集成』9-410)

12.3. 侍講官 李世仁이 對馬島에서 면포 3천필을 청구하니 응해야 하며, 濟州에 왕래하는 倭가 사람과 가축을 죽이고 약탈하는데 죄를 성토하기 어렵지만 島主에게 通諭하여 倭를 推治하는 것이 어떻겠냐고 아뢰다./ 檢討官 李思鈞이 淸州는 왜인이 내왕할 때 宴餉하는 곳임에도 불구하고 피폐하였으므로, 助戶를 더 지급하고 또 田稅를 면제하여 주자고 아뢰니, 상이 收議하여 처리하겠다고 아뢰다.(『中宗實錄』 중종 1.『集成』9-411)

2.15. 掌令 韓汲이 承文院이 祖宗 때부터 事大交隣의 일을 위해 설치했다라는 것과, 幣棄때에 남쪽 지방의 水軍이 다 도망해 버렸으므로 다시 불러 邊鄙를 충실히 하는 계책을 의논하게 할 것을 아뢰다.(『中宗實錄』 중종 2.『集成』9-413)

2.16. 柳洵이 각 포구의 水軍이 劣弱하여 방어가 허술하니 兵曹로 하여금 다시 검찰하게 하자고 아뢰다.(『中宗實錄』 중종2.『集成』9-413)

3.5. 倭人에게 通諭하는 일을 三公으로 하여금 의논하게 하라고 명하다.(『中宗實錄』 중종 2.『集成』9-414)

3.30. 倭人이 石菓玉과 不死藥을 헌납하다.(『中宗實錄』 중종 2.『集成』9-414)

4.2. 右議政 柳順汀이 倭人이 변방에 있는 인가에 불을 질렀음을 아뢰다.(『中宗實錄』 중종 2.『集成』9-414)

연도	한국
▲ 1507	4.3. 柳洵, 柳子光 등이 倭奴가 우리 민가에다 불을 놓았는데도 버려둔 채 묻지않으면 나라의 위엄이 없는 것이고 저들이 우리를 가볍게 여길 것이니, 金駿孫에게 回諭하되 倭의 성품이 조급하니 사세를 보아 선처할 것을 의논하다.(『中宗實錄』 중종2. 『集成』9-414) 5.13. 이보다 앞서 薺浦의 倭人이 화재를 당하다.(『中宗實錄』 중종2. 『集成』9-415) 5.19. 사간 金駿孫이 변방의 倭人들에 대한 해결책을 세울 것을 건의하다.(『中宗實錄』 중종2. 『集成』9-416) 5.21. 禮曹와 兵曹堂上이 모여 金駿孫이 書啓한 倭奴의 일을 의논하고, 三浦에 사는 倭人들의 戶數가 점점 늘어 수용하기 어려우니 원래 정한 호수 이외는 刷還하는 일을 禮曹로 하여금 對馬島主에게 통보할 것을 아뢰다.(『中宗實錄』 중종2. 『集成』9-417)
1508	【한국】 1.1. 勤政殿에서 베푼 연회에 倭人이 참여하다.(『中宗實錄』 중종3. 『集成』9-420) 1.11. 順孫이 倭料를 배로 운반한다고 하다.(『中宗實錄』 중종3. 『集成』9-420) 2.1. 對馬島主 宗 盛이 余時羅를 보내와 토산물을 바치다.(『中宗實錄』 중종3. 『集成』9-421) 2.3. 上이 思政殿에 나아가 對馬島主가 特送한 源國胤을 보고 禮曹판서 金應箕를 시켜서 너희 도주가 우리나라에 정성을 바치고 倭를 잡아왔으니 특별히 접견한다고 말하고, 船主 등에게 술을 내리고 물품을 차등있게주다.(『中宗實錄』 중종3. 『集成』9-421) 4.23. 內禁衛에서 아뢰기를, 유자광을 남방으로 귀양보내면 섬오랑캐와 함께 배반할 것이라고 아뢰다.(『中宗實錄』 중종3. 『集成』9-421) 5.27. 慶尙道觀察使가 對馬島主가 賊倭 三甫羅沙也文을 잡아 보냈으므로 처형하고 梟首하여 널리 倭人에게 보였다고 狀啓하다.(『中宗實錄』 중종3. 『集成』9-422) 8.11. 倭人이 구리를 가지고 와서 값을 받기를 청하면 書契를 만들어 도주에게 효유하는 것이 좋겠다고 아뢰다.(『中宗實錄』 중종3. 『集成』9-422) 8.23. 全羅道水使 李宗仁이 倭人의 來寇가 있을 때 통사가 있어도 도움이 되지 않으므로 火砲匠으로 1명을 갈아줄 것을 청하니 그대로 따르다./ 臺諫이 熊川縣監으로 있을 때 왜인에게 욕을 당했던 皇甫謙을 다시 제수하여서는 안된다고 아뢰다.(『中宗實錄』 중종3. 『集成』9-423)
1509 ▼	【한국】 1.4. 侍講官 金寬이 左道의 防禦는 그리 긴급한 것이 아닌데 해마다 별도 赴防하는 군사가 쉴 틈이 없으니, 대신에게 문의하여 그만 방어를 파하도록 하자고 아뢰다.(『中宗實錄』 중종4. 『集成』10-1) 1.5. 慶尙道敬差官 金謹思가 熊川의 관리가 사람을 시켜 加德島에서 재목을 취하다가 倭에 의해 피살되었는데, 저들이 사람이 홀로 깊숙히 들어간 것을 보고 그 틈에 몰래 쳐들어 가서 이러한 변고가 났다고 馳啓하다.(『中宗實錄』 중종4. 『集成』10-1) 1.15. 大司諫 柳世琛이 守令·僉使·萬戶는 擇差해야 하는데, 지금 거의가 年老才衰한 자를 파견하니 不虞의 변이 있으면 어찌 방어할 것이며, 熊川의 倭變이 있었으니 이 또한 걱정스럽다고 아뢰다.(『中宗實錄』 중종4. 『集成』10-2)/ 僉使·萬戶의 賢否를 水使가 檢하여, 만약 어질지 못한 자가 있으면 속히 馳啓하도록 유시하라고 하다./ 상이 萬戶는 武藝取才者 중에서 골라 쓰는 것이 마땅하다고 하다.(『中宗實錄』 중종4. 『集成』10-3) 1.16. 獻納 柳思敬이 백성이 安業하지 못하는 것은 오로지 隸와 水軍 때문이므로, 그들이 蘇復되기를 기하여 4번으로 나누어서 3개월을 쉴 수 있게 하자고 아뢰다.(『中宗實錄』 중종4. 『集成』10-3) 1.18. 柳洵·朴元宗·柳順汀 등이 京畿 水軍의 입번 문제에 대해 의논하다.(『中宗實錄』 중종4. 『集成』10-4) 1.22. 特進官 尹珣이 倭人들이 여러번 변환을 일으켰으므로 방비하지 않을 수 없다고 아뢰다.(『中宗實錄』 중종4. 『集成』10-4) 1.24. 三浦의 倭人을 복심의 병이라고 칭하다.(『中宗實錄』 중종4. 『集成』10-5) 1.25. 對馬島主 宗貞盛이 특별히 貞長을 보내다.(『中宗實錄』 중종4. 『集成』10-5) 2.4. 병조에서 沿邊軍士의 防戍·上道 軍士의 京中에 입번하는 일에 대해 아뢰다.(『中宗實錄』 중종4. 『集成』10-5) 2.6. 知事 洪景舟가 倭人의 횡포를 막는 방책에 대해 의논하다.(『中宗實錄』 중종4. 『集成』10-6)/ 전교하여 횡포를 부리는 倭人은 타일러서 작폐하지 못하도록 하라고 명하다./ 義禁府郞官 趙澈이 東平館에 가서 횡패를 부리는 倭人을 잡아왔다고 아뢰다./ 東平館 別坐가 아뢰기를 倭人이 문을 닫고 堂中의 鋪板을 걷어서 스스로 방비하고 있다고 아뢰다.(『中宗實錄』 중종4. 『集成』10-7) 2.7. 東平館別坐가 왜인이 議政門 밖에 와 있다고 아뢰니, 상이 禮曹郞官으로 하여금 알아 듣도록 타이르도록 하라고 전교하다./ 왜인들이 예조에서 만나는 때가 늦어지자, 노하여 가겠다고 말하고 太平館 앞에 머물렀다가 太平館으로 들어가다.(『中宗實錄』 중종4. 『集成』10-8)/ 전교하기를 倭人은 성질이 간사하고 교활함으로 대신에게 의논하여 사체에 맞게 잘 처리하라고 하다./ 柳珣, 朴元宗, 金壽童 등이 倭人의 처리문제에 대해 의논하다.(『中宗實錄』 중종4. 『集成』10-9)/ 政院이 禮曹郞官으로 하여금 倭人을 타이르도록 하는 것이 좋겠다고 아뢰다.(『中宗實錄』 중종4. 『集成』10-10) 2.8. 禮曹正郞 申鏛이 太平館에 가서 特送上副官을 만나 통사가 이들을 희롱한 것에 대해 타이르고, 이곳은 上國使臣이 留接하는 곳이니 너희들은 유숙해서는 안되고 本館으로 돌아가라고 했다고 아뢰다.(『中宗實錄』 중종4. 『集成』10-10) 2.21. 知使 洪景舟가 남방의 백성들이 곤궁하여 왜노에게 구걸하여 왜노들이 우리나라를 업신여기고 있다고 아뢰다.(『中宗實

일본

6.6. 禮曹에서 倭人 平時羅가 對馬島主에게 가는 書契를 가져가고자 하고, 서울에 살면서 朝政을 받들고자 하니 소원대로 해주는 것이 어떻겠냐고 아뢰자, 상이 그리하라고 전교하다.(『中宗實錄』 중종 2. 『集成』9-417)

6.11. 金駿孫이 倭人을 위유하는 일로 慶尙道에 있었음을 아뢰다.(『中宗實錄』 중종 2. 『集成』9-417)

9.29. 築城都監郎廳 徐祉가 三浦의 倭人들이 성을 쌓지 말기를 원한다고 아뢰니 그렇게 하라고 답하다.(『中宗實錄』 중종 2. 『集成』9-418)

11.22. 侍讀官 金緻文이 慶尙道의 水軍·步軍·選上·其人 등의 폐단이 아직 다 고쳐지지 않았다고 아뢰다.(『中宗實錄』 중종 2. 『集成』9-418)/ 領議政 柳洵 등이 水軍·步軍·選上·其人 등의 폐단의 해결책에 대해 의논드리다.(『中宗實錄』 중종 2. 『集成』9-419)

11.26. 孫順이 연변에 비축이 없어 倭料를 주기가 어렵다고 아뢰다.(『中宗實錄』 중종 2. 『集成』9-419)

12.8. 柳洵이 아뢰기를, 변방 倭料에 드는 비용이 적지 않다고 하다.(『中宗實錄』 중종 2. 『集成』9-419)

【일본】

11.2. 조선에 있던 일본인이 왜선 1척을 타고, 가덕도에 침입하다. 조선인 9명이 죽고 8명이 상해를 입다.(『異稱日本傳』)

8.25. 上이 勤政殿에 나아가 對馬島主의 特送倭人 弘明 등을 引見하였는데, 政院이 對馬島主의 特送은 국왕이 보낸 使臣이 아니므로 便殿에서 引見하고 宣教하지 않아야 하는데, 通禮院이 모르고 儀註에 따라 인도하여 늦었다고 아뢰다./ 임금이 皇甫謙이 倭人과 말썽이 있던 일을 상고하여 아뢰도록 하라고 명하다.(『中宗實錄』 중종 3. 『集成』9-424)

8.26. 상이 皇甫謙이 왜인에게 욕을 당한 일을 상고하여 아뢰다록 하라고 명하다.(『中宗實錄』 중종 3. 『集成』9-424)

8.27. 憲府에 전교하여 변방의 관리로서 倭人에게 욕을 당하여 탄핵당한 자가 있으니 상고하여 아뢰도록 하라고 명하다.(『中宗實錄』 중종 3. 『集成』9-425)

8.29. 臺諫이 皇甫謙이 倭人에게 욕을 당한 것은 폐조 때의 일이라고 아뢰다.(『中宗實錄』 중종 3. 『集成』9-425)

11.26. 大司諫 柳世琛이 三浦倭變은 廢朝의 失御 때문인데, 지금 태평하고26여 남방의 화를 장차 말로 다할 수 없으니 沿邊의 僉使·萬戶는 武才가 있는 자로 差遣할 것을 아뢰다.(『中宗實錄』 중종 3. 『集成』9-425)

12.11. 慶尙道節度使 柳繼宗이 訓鍊院 權知로 하여금 군관을 보충하여 11차임하도록 할 것을 청하다.(『中宗實錄』 중종 3. 『集成』9-426)

12.4. 領議政 柳洵, 左議政 朴元宗 등이 完川正이 柳順汀의 征倭에 관한 일을 물은 것에 대해 아뢰다.(『中宗實錄』 중종 3. 『集成』9-426)

【일본】

-. 中宗은 禮賓寺正 尹殷輔를 대마도에 사절로 보내다. 그가 가지고 간 외교문서는 작년 11월 가덕도왜변, 올해 3월 제주도 공물선 약탈사건의 주범을 대마도인과 三浦 거주 왜인이라 규정하고, 이들을 소환해 달라는 내용이다.

錄』 중종 4. 『集成』10-11)

2.23. 朝講에서 掌令 尹希仁이 倭人에게 판 慶尙道 연변의 民田을 반환하도록 하다.(『中宗實錄』 중종 4. 『集成』10-11)

3.7. 禮曹가 對馬島主에게 올해에도 전례에 따라 쌀과 콩 200석을 特送 貞長에게 付送하는 것이 어떻겠냐고 아뢰니, 上이 그리하라고 전교하다./ (『中宗實錄』 중종 4. 『集成』10-12)

3.12. 유순 등이 熊川·東萊등의 항거왜인의 수가 많음과 鹽浦·동래등의 수령과 만호를 堂上官으로 差遣할 것을 건의하다.(『中宗實錄』 중종 4. 『集成』10-12)

3.13. 왜노가 鎭將을 모해한 경우 鎭將을 改差하지 않는다는 것을 開諭하라고 명하다.(『中宗實錄』 중종 4. 『集成』10-14)

3.14. 釜山浦 倭人 豆多知가 실화하여 60여 호를 연소하다.(『中宗實錄』 중종 4. 『集成』10-14)

3.16. 敬差官 金謹思가 加德島 倭變으로 인해 薺浦와 釜山浦·鹽浦의 頭倭를 불러 조정에서 의논한 일을 등을 장계하니, 上이 내일 政丞 및 知邊事宰相에게 收議하라고 전교하다.(『中宗實錄』 중종 4. 『集成』10-14)

3.17. 柳洵 등이 加德島의 일은 頭倭가 속여 말하지 않으니 물을 수 없다고 하며, 敬差官을 보내 對馬島主에게 꾸짖고 加德島에서 도적질한 자를 속히 尋捕 치죄하게 하라고 의논드리니, 上이 그리하라고 전교하다.(『中宗實錄』 중종 4. 『集成』10-17)

3.18. 上이 對馬島通信使는 말 잘하고 사리에 밝으며 숙련된 朝士를 뽑아 차송하라 전교하다./ 禮曹에서 特送上官人의 무례함을 탓하는 뜻을 島主에게 유시하자고 아뢰다.(『中宗實錄』 중종 4. 『集成』10-18)

3.19. 禮曹에서 對馬島主 特送官인 貞長과 부관인 而羅가 관직 제수를 요구하는데, 倭奴가 작은 관직에 제수되지만 점차 副護軍에 이른 뒤에는 별도로 朝貢船이라 일컬어 粮料를 받고 배의 수가 많아져 미비되는 粮料가 많다고 아뢰다.(『中宗實錄』 중종 4. 『集成』10-18)

3.21. 掌令 李自華가 釜山浦僉使 申恭이 식견이 없고 用心도 탐오하여 왜노가 畏服하지 않을 것이니 개정할 것을 아뢰니, 上이 남방에 장차 倭變을 대비하여 堂上官을 差遣할 것을 대신이 건의했으나, 인물이 없었기 때문이라 말하다.(『中宗實錄』 중종 4. 『集成』10-19)/ 경상·전라도의 수사와 제포·웅천 등지의 수령을 차견하는 문제에 대해서 전교하다./ 金世弼을 對馬島敬差官을 삼았으나 어머니가 늙었기 때문에 사양하였는데, 禮曹에서 지난번 對馬島主가 상사를 만나 致賻하고 위문하기 위하여 上副 使를 보냈으나, 지금은 副使 朴迪孫까지 보낼 필요가 없다고 아뢰다.(『中宗實錄』 중종 4. 『集成』10-20)

3.22. 戶曹判書 李季男이 부족한 倭料를 未收田稅로 충당하여 지급하는 것을 금후로 할 수 없으므로 의논하여 조치해 줄 것을 청하다./ 司

연도	한국
▲ 1509	憲府에서 金世弼이 執義를 희망한 것은 그가 對馬島에 가지 않으니 올려 제수된 것과 加資된 것을 개정해야 한다고 아뢰니, 上이 지금 倭奴가 驕縱하니 堂上官으로 邊將을 삼아 위의를 보이게 하기 위한 것이라 전교하다.(『中宗實錄』 중종4. 『集成』10-21) 3.23. 臺諫이 朴迪孫은 對馬島副使이기에 僉正으로 제수한 것이나, 이제 가지 않게 되었으니 金世弼의 예에 의하여 改正하기를 청하다.(『中宗實錄』 중종4. 『集成』10-22)/ 禮曹가 對馬島에 가져갈 예물의 전례를 적어 아뢰어 三公에게 수의케하였는데, 柳洵이 癸丑年과 丁未年에 가져간 수의 예에 의하여 물품을 보낼 것을 아뢰니, 上이 이를 좇다.(『中宗實錄』 중종4. 『集成』10-23) 3.24. 諫院이 崔命同이 釜山浦 僉使가 사람됨이 어질어 왜노도 그 廉謹에 감복하였다고 아뢰다.(『中宗實錄』 중종4. 『集成』10-23)/ 監察 朴佺이 三浦의 倭人들을 섬멸하여 없애는 것이 옳다고 아뢰다.(『中宗實錄』 중종4. 『集成』10-24) 3.26. 전교하기를 왜노를 진압하여 복종하게 하는 것은 堂上官의 책임이 아니라고 하다./ 政院이 南方과 內地는 무비가 해이하므로 修飭하게 할 일을 아울러 수의하여 조치하자고 아뢰니, 그대로 따르다./ 柳洵 등이 倭人의 倭料와 倭船의 수 및 倭人이 상경하여 머무는 수에 대해 아뢰다.(『中宗實錄』 중종4. 『集成』10-26) 3.27. 領事 柳順汀이 근래 倭奴가 더욱 절오하는 것은 撫禦하는 邊將을 가려뽑지 않았기 때문에 우리를 능멸한다고 하고, 品秩을 높은 사람을 가려 임명하면 능히 전복시킬 수 있다고 아뢰다.(『中宗實錄』 중종4. 『集成』10-27)/ 諫院에서 대신들이 堂上官으로 임명해 보내면 倭奴가 畏服한다고 하는데 안으로 닦은 실상없이 堂上官으로 진복시킬 수 없으며, 장차 中原에 일이 있어 安靜하지 못한다니, 혼단을 열어서는 안된다고 아뢰다.(『中宗實錄』 중종4. 『集成』10-28) 3.29. 左議政 朴元宗이 對馬島主와 통신하는 것은 이미 전례가 되어 관원을 보내어 開諭하는 것은 당연하지만, 濟州 貢馬船을 賊倭가 殺掠한 것처럼 우리를 능멸한다면 敬差官을 파견한다 하여도 물품만 허비되니 파견 정지를 아뢰다.(『中宗實錄』 중종4. 『集成』10-28)/ 對馬島敬差官 尹殷輔가 島主 宗 盛이 병이 있다하는데 그 아들이 書契를 받으면 開諭하는 등의 일을 어떻게 처리할지를 아뢰니, 上이 島主에게 開諭할 일은 의논을 수합하라고 전교하다.(『中宗實錄』 중종4. 『集成』10-29) 4.1. 安處誠 등이 남방의 왜노가 강성해져 변환이 일어날까 두렵다고 아뢰다.(『中宗實錄』 중종4. 『集成』10-29)/ 柳洵 등이 倭人 중 50세 이상의 접대 문제에 대해 島主에게 開諭하게 했다고 아뢰다.(『中宗實錄』 중종4. 『集成』10-30)/ 臺諫이 부산포·염포·웅천에 당상관을 차견하면 변방에 흔단이 생길까 두렵다고 아뢰다.(『中宗實錄』 중종4. 『集成』10-31) 4.2. 金謹思가 왜노에 대한 방책으로 4조를 書契하다.(『中宗實錄』 중종4. 『集成』10-31)/ 臺諫이 앞의 일을 아뢰었으나, 윤허하지 아니하다.(『中宗實錄』 중종4. 『集成』10-33) 4.3. 朝講에서 왜노의 진압을 위해 堂上官을 파견하는 일에 대해서 논의하다.(『中宗實錄』 중종4. 『集成』10-33)/ 李宗仁이 적왜 17급을 베어 치계하다./ 수군 절도사의 巡行에는 반드시 배를 타므로, 병선을 편리하게 제작하여 군기와 粮餉을 구비하고 항상 물에 띄워 대어 놓고 변을 기다릴 것을 전교하다.(『中宗實錄』 중종4. 『集成』10-34)/ 대간이 앞의 일을 아뢰었으나 윤허하지 아니하다.(『中宗實錄』 중종4. 『集成』10-35) 4.4. 三公 등이 賊倭를 捕斬한 李宗仁에게 특별히 한 資級을 加資하고 잔치를 베풀어 위로하며 士卒들의 공로도 等第하여 알리고, 또 적왜가 소지한 長箭은 그 道의 都事가 추문할 것을 아뢰다./ 政院이 李宗仁이 베어 보낸 倭人의 머리 17級을 三浦의 倭人에게 효시할 것과 東平館의 海賊將의 자손이라는 倭人에게도 보이게 할 것을 아뢰니, 柳洵 등이 변방에 효시하는 것보다는 敬差官이 말로 하는 것이 좋겠다고 아뢰다.(『中宗實錄』 중종4. 『集成』10-35) 4.5. 전교하기를 포획한 倭船이 소유한 총통 및 장전에 새겨진 이름의 출처를 주문하여 아뢰도록 하라고 명하다.(『中宗實錄』 중종4. 『集成』10-36) 4.7. 臺諫이 女樂의 폐지를 청하니, 상이 女樂은 革罷하여도 좋으나 國俗이라 하여 中國使臣을 접대 때에 오락하였고 인하여 倭·野人을 연향할 때에 써왔는데, 朝政의 의견으로 그대로 둔 것이니 폐지해서는 안된다고 전교하다.(『中宗實錄』 중종4. 『集成』10-36) 4.11. 방어하는 일이 긴요하므로 진을 비우지 말도록 하라고 전교하다./ 朴元宗·柳順汀이 邊鎭을 오래 비울 수 없으므로 熊川 등지의 수령을 빨리 보내자고 아뢰다./ 臺諫이 三浦의 변장을 부임한 뒤에 堂上官으로 加資하는 것은 합당치 못하다고 했으나, 윤허하지 않다.(『中宗實錄』 중종4. 『集成』10-37) 4.12. 司諫 尹耕·掌令 尹希仁이 三浦 守令 濫爵된 일을 아뢰다./ 정원이 아뢰기를, 왜인이 화포에 대해서 알지 못한다고 하다.(『中宗實錄』 중종4. 『集成』10-38)/ 全羅道 水使로서 왜노의 침입을 막았던 同知中樞府事 呂允哲이 卒하다./ 大司諫 崔淑生 등이 아뢰기를, 三浦 鎭將 濫爵한 일은, 현재 論執하고 있다고 아뢰다.(『中宗實錄』 중종4. 『集成』10-39)/ 大司憲 權弘 등이 命牌로 邊將을 재촉하여 보낸 대신을 추문하자고 아뢰다.(『中宗實錄』 중종4. 『集成』10-40)/ 禮曹가 濟州 공마선을 殺掠한 자들은 三浦와 對馬의 倭人이므로 島主는 이들 적왜를 잡아 죄줄 것이며, 만약 그렇지 않다면 舊約에 의해 삼포의 倭人은 60호로 제한하고 쇄환하겠다는 敬差官 尹殷輔의 事目을 書啓로 만들다.(『中宗實錄』 중종4. 『集成』10-41)/ 釜山浦 僉使 李友曾·鹽浦 萬戶 李珣·熊川 縣監 曹潤孫이 拜辭하다.(『中宗實錄』 중종4. 『集成』10-42) 4.13. 臺諫이 合司하여 대신 추문할 것 및 曹潤孫 등의 가자 개정할 일을 청하여 극론하다.(『中宗實錄』 중종4. 『集成』10-42) 4.15. 副提學 李世仁 조윤손 등을 명패로 재촉하여 보내라는 일에 대해서 아뢰다.(『中宗實錄』 중종4. 『集成』10-42) 4.16. 臺諫이 合司하여 曹潤孫 등의 일에 대해서 아뢰기를, 추문하여 징계하자고 하다./ 副提學 李世仁 등이 南方의 鎭將을 재촉하여 부임케 한 일에 대해 대신을 책하는 上箚를 올리다.(『中宗實錄』 중종4. 『集成』10-43) 4.17. 李宗仁이 적왜의 머리 13급을 베어 치계하다.(『中宗實錄』 중종4. 『集成』10-44)/ 전교하기를, 왜노가 순종하지 않으므로

일본

三浦 鎭將은 堂上·堂下官을 교대로 차견하도록 하라고 하다.(『中宗實錄』 중종 4. 『集成』10-45)

4.18. 大司憲 權弘 등이 李宗仁에게 연이어 가자하는 것은 불가하다고 아뢰었으나 윤허하지 아니하다.(『中宗實錄』 중종 4. 『集成』10-46)/ 副提學 李世仁 등이 鎭將에게 외람되게 주어진 가자와 대신이 非義로 임금 인도한 과실을 논하였으나, 윤허하지 아니하다.(『中宗實錄』 중종 4. 『集成』10-47)

4.19. 朝講에서 成希顔이 아뢰기를, 근자에 武士와 젊은 문신들이 倭料의 비용으로 倭奴를 정벌하자고 하나, 富山浦僉使 崔命수의 일을 들어 어질게 다스리도록 건의하다.(『中宗實錄』 중종 4. 『集成』10-47)/ 三浦의 鎭將을 堂上·堂下官으로 교대하여 차견하게 하는 일에 대해서 정부의 東·西壁과 六曹判書·判尹 이상을 불러 다시 물으라고 하다./ 전교하기를, 崔命수의 일은 該曹에서 마땅히 스스로 천거하여 쓸 것이며 전에 이미 表裏로 장려했으니 더 이상 상줄 것이 없다고 하다./ 金應箕가 왜노를 전복시킴은 사람을 얻는데 있고 職秩의 고하에 있지 않으니 三浦의 僉使와 萬戶 및 首領을 옛 법대로 하는 것이 합당하다고 아뢰다.(『中宗實錄』 중종 4. 『集成』10-48)/ 적왜를 벤 李宗仁의 공로를 칭찬하고 포상하는 글을 내리다.(『中宗實錄』 중종 4. 『集成』10-49)

4.21. 侍講官 尹世豪가 임금에게 왜노가 불순한 조짐을 보이고 있다고 아뢰다.(『中宗實錄』 중종 4. 『集成』10-49)

4.22. 慶尙道觀察使 姜渾이 對馬島主 宗 盛이 4월 초6일에 죽었다고 馳啓하다.(『中宗實錄』 중종 4. 『集成』10-50)

4.23. 禮曹에서 전례에 의하면 對馬島主가 죽고 새 도주가 서면 서신을 보내어 圖書를 구한 뒤에 致慰·致奠·兩使를 보냈는데, 이미 敬差官이 떠났으니 처리를 어떻게 할 것인지 아뢰니, 使臣을 보내 조위할 일을 의논하라고 전지하다./ 府院君 金壽童 등이 對馬島主가 죽었으면 부고를 기다려 弔慰使를 보내야 하니 敬差官 尹殷輔가 가는 것을 정지하라고 의논하다.(『中宗實錄』 중종 4. 『集成』10-50)

4.24. 兵曹에서 倭를 죽인 李宗仁 이하의 軍功을 마련하여 아뢰니, 대신에게 의논케 하였는데, 柳洵 등이 倭를 포획한 군공의 논상은 마련한 것에 의하여 시행함이 합당하다 의논하므로 상이 이에 따르다.(『中宗實錄』 중종 4. 『集成』10-51)

4.30. 對馬島敬差官 尹殷輔가 忠州에서 島主가 죽은 것을 듣고 留待하다가 有旨를 보고 돌아오다.(『中宗實錄』 중종 4. 『集成』10-51)

5.10. 兵曹가 아뢰기를, 李宗仁이 며칠 사이에 재차 승첩을 아뢰어 그 군졸의 논공에 겹쳐 받은 사람이 있는데, 본조에서 능히 擅便할 수 없으니, 청컨대 대신에게 의논하게 하자고 하다.(『中宗實錄』 중종 4. 『集成』10-51)

5.11. 李季男이 倭人을 궤향함에는 어살의 세로 쓰는 것이라고 아뢰다.(『中宗實錄』 중종 4. 『集成』10-52)

5.28. 大司憲 權弘이 남방의 모두 무신으로 가려 차견하되, 만일 出身이 부족하면 무관에 응시하였던 사람을 뽑아 차견하는 것도 좋다고 아뢰다.(『中宗實錄』 중종 4. 『集成』10-54)

6.1. 柳洵이 海運判官을 가려서 檢察을 전적으로 위임하게 하자고 아뢰니,《대전》에 따라 다시 설치하게 하다.(『中宗實錄』 중종 4. 『集成』10-54)

6.9. 慶尙右道節制使 金錫哲이 薺浦에 사는 倭人 수십인이 관한안에 들어와 둔취하였다고 아뢰니 이에 이르러 兵曹에서 왜노에 대한 방비를 철저히 해야 한다고 아뢰다.(『中宗實錄』 중종 4. 『集成』10-55)

6.24. 兵曹는 변방 일을 조치하고 禮曹는 交隣과 事大를 맡은 곳이므로 兼判書를 두고자 하다./ 예조는 交隣·事大 뿐만 아니라, 객인을 접대하는 곳이므로 대신으로 하여금 겸하게 하도록 하다.(『中宗實錄』 중종 4. 『集成』10-55)

7.6. 禮曹에서 日本國 源義의 書契를 아뢰다.(『中宗實錄』 중종 4. 『集成』10-57)

7.7. 금후로 도서를 받은지 오래 된 사람이 오면 모두 힐문하라고 명하다.(『中宗實錄』 중종 4. 『集成』10-57)

7.13. 禮曹에서 對馬島主 宗盛順을 船隻를 尺量하고 商販을 금하고 舊法에 의하여 조금도 假貸하지 않은 것에 대하여 변장에게 書契를 한 것을 아뢰다.(『中宗實錄』 중종 4. 『集成』10-58)

8.8. 禮曹에서 政親의 使送人이 그 國王의 書契와 符驗을 가지고 포구에 이르렀다는 사실과 等閑意 使送人이 琉球國王의 書契를 휴대하였는데, 篆文과 年號가 틀려 의심되니 答書는 하지말고 雜物만 예에 의해 하사할 것을 아뢰다.(『中宗實錄』 중종 4. 『集成』10-59)

8.17. 全羅道水使 李宗仁에게 연속하여 倭를 잡은 功으로 中國옷감 한감을 特賜하다.(『中宗實錄』 중종 4. 『集成』10-59)

8.29. 禮曹판서 鄭光弼 등이 倭人 陣小叱 등이 釜山浦 鎭撫와 내통하였으므로 陣小叱 등을 힐문하고 그 鎭撫를 나포해 국문할 것을 청하다./ 金壽童·柳順汀 등이 의논하여 아뢰기를, 陳小叱 등이 鎭撫와 내통한 것을 익숙한 朝官을 보내어 推問하도록 하자고 하다.(『中宗實錄』 중종 4. 『集成』10-60)

9.2. 禮曹正郎 李誠彦이 東平館에 가서 圖書를 위조한 일을 陳小叱에게 물었으나 자백하지 않았다고 아뢰다.(『中宗實錄』 중종 4. 『集成』10-61)

9.5. 領事 朴元宗이 지금 군액이 유명무실해져서 경기의 각 포구 군졸이 거의 다 逃散하여 방어의 허술함이 말할 수 없다고 아뢰다.(『中宗實錄』 중종 4. 『集成』10-61)

9.29. 領事 柳順汀이 宣川과 郭山 사이에 宣沙浦鎭이 있는데 지금 倭變이 없어 방비가 긴요하지 않으니, 蜜串으로 옮겨 설치하여 금지하는 방비를 갖출 것을 아뢰다.(『中宗實錄』 중종 4. 『集成』10-61)

윤9.1. 柳洵 등이 宣沙浦鎭은 본래 倭를 방비하기 위한 것인데 倭變이 없으니 鎭을 龍川으로 옮겨 關防으로 삼는 것이 합당하나, 진을 옮기는 일은 重難하고 이해와 합당여부를 멀리서 헤아리기 어렵다고 의논하다.(『中宗實錄』 중종 4. 『集成』10-62)

윤9.16. 大司憲 金詮·大司諫 李世仁 등이 邊將을 가려뽑을 것등 임금이 경동·개신할 7가지를 상소하다.(『中宗實錄』 중종 4. 『集成』10-62)

10.8. 政院이 倭人들에게 연향할 때 악을 사용할 것인지 물으니, 전교하기를 객인의 영향에는 사용하는 것이 가하다고 답하다.(『中宗實錄』 중종 4. 『集成』10-64)

10.13. 倭人이 말 1필을 바치니 司僕寺에 두도록 하다.(『中宗實錄』 중종 4. 『集成』10-64)

10.28. 죄인 李訴·李潤·李錫孫·李福重을 推鞫하였는데 錫孫이 말하기를, 尹珣의 집이 倭館 근처에 있다는 것은 들었으나 전연 서로 알지 못했다고 하다.(『中宗實錄』 중종 4. 『集成』10-64)

12.10. 왜노를 엄하게 다스렸던 釜山僉使 李友曾에게 표리 한 벌을 주다.(『中宗實錄』 중종 4. 『集成』10-65)

연도	한국
1510 ▼	【한국】 1.23. 釜山浦僉使를 본래 당하관으로 임명하였는데, 근자에 倭虜를 진압하기 위하여 건의하여 당상관으로 임명하였다고 아뢰다.(『中宗實錄』 중종5. 『集成』10-65) 1.25. 政府, 六曹가 倭虜가 있는 곳에는 마땅히 堂上官으로 선임하여야 하겠다고 아뢰다.(『中宗實錄』 중종5. 『集成』10-66) 2.3. 禮曹에서 對馬島主致慰官을 보내어 위로한 후 島主에게 加德·甫吉島의 賊倭를 잡아 처형하지 않으면 三浦의 倭人은 60호 이외에는 모두 刷還할 것 등의 宣諭를 하는 것이 어떻겠냐고 아뢰니, 上이 그리하라고 하다.(『中宗實錄』 중종5. 『集成』10-66) 2.12. 慶尙右道水軍節度使 李義義가 2월 3일에 倭船 6척이 海採人 등을 살해하므로 輕船 60척으로 쫓아가서 賊倭 4명을 죽였다고 馳啓하고, 적의 수급을 바치다.(『中宗實錄』 중종5. 『集成』10-68) 2.14. 慶尙右道 兵馬節度使 金錫哲이 치계하기를, 2월 8일에 薺浦僉使와 熊川縣監등의 첩보에, 恒居倭 信三甫羅가 助羅浦에서 水軍 4인을 잡아가므로, 頭倭와 信三甫羅에게 항의하여 돌려보내되, 助羅浦萬戶를 징계하도록 하다.(『中宗實錄』 중종5. 『集成』10-68) 2.15. 議政府 등에 명하여 慶尙水使 李宗義의 賊倭를 벤 일을 의논케 하였는데, 金壽童 등이 李宗義가 賊倭를 추포한 일을 對馬島敬差官에게 京官을 보내어 推考해서 아뢰게 하고, 아울러 信三甫羅의 일에 대해 의논하다./ 成均司藝 金安國을 보내어 倭人을 추국하기를 청하니, 그대로 따르다./ 1(『中宗實錄』 중종5. 『集成』10-69) 3.12. 慶尙道觀察使 尹金孫이 李宗義가 잡은 적왜가 가짜이고 三甫羅의 아들이 분명하다고 장계하니, 宗義가 잡은 것이 賊倭가 아닌 것을 의심하여 該曹와 府院君 이상으로 하여금 收議케 하라고 전교하다.(『中宗實錄』 중종5. 『集成』10-70) 4.6. 政院이 아뢰기를, 慶尙道 敬差官 金安國이 推考한 바 事干人이 무릇 3백여 인데 장수와 推究할 자는 가두고, 그 나머지 긴절하지 않은 자는 모두 방송하게 하자고 하니 그대로 따르다.(『中宗實錄』 중종5. 『集成』10-70) 4.8. 慶尙右道兵馬節度使 金錫哲의 薺浦의 恒居倭首 大趙馬道 등이 倭人 4~5천명을 이끌고 薺浦를 함락시키고 熊川縣을 포위하고 있어 지금 군사를 이끌고 간다고 장계하므로, 상이 領議政 등에게 명하여 처치할 계책을 의논하게 하다.(『中宗實錄』 중종5. 『集成』10-70)/ 金壽童 등이 薺浦·釜山浦의 僉使의 생사는 알지 못하나 그 성은 이미 함락되었으니 새 僉使를 차견할 것을 청하자 그리하라고 전교하다.(『中宗實錄』 중종5. 『集成』10-72) 4.9. 領議政 金壽童 등이 倭의 형세가 치성하니 星州 등처의 군사와 忠淸道 군사를 선발하여 변에 대비케 하고, 左議政 柳順汀으로 體察使를 삼기를 아뢰니, 상이 安潤德을 都巡察使에 제수하라고 이르다.(『中宗實錄』 중종5. 『集成』10-73)/ 都巡察使 安潤德이 큰일을 감당할 수 없다고 면직을 청하였는데, 柳順汀이 倭가 오래 물러가지 않으면 다시 장수를 명하여 내려 보내야 한다고 아뢰니, 상이 물망이 이와 같으니 사퇴할 수 없다고 대답하다./ 상이 명하여 防禦使에게 옷 1襲과 弓箭 각 1部씩을 주고, 그 아래는 차등있게 내려주다./ 安潤德을 知中樞府事로, 洪淑을 兵曹參判으로, 曹繼商을 刑曹參判으로, 李偁를 釜山浦僉使로, 李偁를 薺浦僉使로 삼다./ 政院이 倭人의 성질이 조급하여 囚禁할 수 없으니 體察使로 하여금 의논하여 처치하게 하는 것이 좋겠다고 아뢰니 그대로 따르다.(『中宗實錄』 중종5. 『集成』10-74)/ 정원이 아뢰기를, 사변이 있는 것을 알면서도 가둔 수졸을 석방하지 않은 金安國을 추문하자고 하니, 윤허하다.(『中宗實錄』 중종5. 『集成』10-76) 4.10. 臺諫이 지금 倭奴가 亂을 선동하여 邊將이 피살되었으므로 과거합격자의 放榜에 하례를 강행하지 말라고 아뢰니, 上이 정부에 물어보고 權停禮로 행하라고 명하다./ 柳順汀이 관에 머물러 있는 倭人을 유인하여 죽이자고 아뢰니 임금이 그대로 따르다.(『中宗實錄』 중종5. 『集成』10-76)/ 對馬島의 代官 宗兵部盛親이 朝鮮과 日本은 화친의 약속을 견고하게 하였는데 10년 이래로 日本人에 대한 矛盾이 계속되어 난을 일으켰는데, 선례를 선포하는 명에 證狀이 있으면 병선을 물리겠다는 書契를 東萊縣令에게 보내다.(『中宗實錄』 중종5. 『集成』10-77)/ 體察使從事官 成雲이 倭人의 書契에 회답할 것은 없으나, 尹仁復이 朝政에 진달하겠다 하니, 마땅히 數罪하고 섬멸하리라는 뜻으로 對馬島에 이르는 것이 어떨지를 의논케 하라고 아뢰다./ 金錫哲 등이 倭가 熊川城과 永登浦를 불살랐으며, 薺浦에 치도하여 구원하는 모양을 보자 적이 포위를 풀고 薺浦에 둔취하였는데, 薺浦僉使 金世均의 생사가 알 수 없다고 장계하다.(『中宗實錄』 중종5. 『集成』10-78) 4.11. 都巡察使 安潤德이 拜辭하고 아뢰기를, 도내에 거주하는 驍勇하여 쓸 만한 자와 閑散 중에서 쓸 만한 자는 모두 기복하여 종군하게 하자고 하니 그대로 따르다./ 金錫哲의 書狀을 가지고 온 사람이 熊川縣監 韓倫은 성을 버렸고, 倭가 金世鈞을 생포하여 이르기를 '釜山僉使 李友曾의 죄 때문이다'라고 말하면서 적이 熊川에 이르러 포장한 金友曾의 머리를 보여주었다는 등의 말을 하다.(『中宗實錄』 중종5. 『集成』10-79)/ 三公에 전교하여 武科初試에 입격한 자는 모두 전장으로 나아가는 類에 등록하게 하고, 장수에 합당한 자를 택하여 선발하도록 하라고 하다./ 弘文館 校理 李耔 등이 상소하여 군의 사기를 높이는 방안을 세울 것을 청하였고, 金壽童 등이 성이 함락되기 전에 도망간 熊川縣監 韓倫과 군법을 시행하지 않은 節度使를 죄줄 것을 아뢰니, 上이 그대로 따르다.(『中宗實錄』 중종5. 『集成』10-80)/ 政院이 아뢰기를, 武才가 특이한 자라면 馳啓한 뒤에 기복하게 하도록 허락하시고, 勇略이 없는 자는 기복하지 말게 하시어 喪制가 무너지지 않게 하는 것이 어떠하겠냐고 하니 상이 윤허하다./ 巨濟縣令 吳世翰·東萊縣令 尹仁復이 각각 倭의 머리 5級을 베어 바치다./ 憲府가 獨啓하기를, 慶尙·全羅의 海物을 진상하는 것을 금하자고 하다.(『中宗實錄』 중종5. 『集成』10-82)/ 蘇起坡를 熊川縣監으로 삼다./ 兵曹判書 金應箕 등이 東平館에 있는 倭人 5인은 모의에 참여하지 않았을 것이므로 가두기만 할 것을 청하며, 倭의 書契는 對馬島主의 글이 아니므로 回報할 것이 못된다고 아뢰다./ 윤인복 등에게 왜가 보낸 서계의 회답 여부에 대해서 유시하다.(『中宗實錄』 중종5. 『集成』10-83)/ 各司의 긴요하지 않은 경비를 줄이도록 명하다./ 慶尙左道水使 金賢孫이 倭가 釜山浦를 깨뜨리고 東萊 屬縣 東平으로 향하여 길가에 진을 쳤으며, 東萊縣令 尹仁復은 퇴각하여 本鎭으로 들어왔는데 倭가 성 東

일본

【일본】

11.-. 大內義興은 사절을 조선에 파견하여 예조참판에게 서계를 보내다. 宗氏의 三浦倭亂 발발로 인해 우호관계가 변하는 일이 없도록 요청하다. 서계와 별폭이 오다.(『續善隣國宝記』)

-. 大內氏가 對馬島主의 文引없이 조선에 사절을 파견하니 조선이 이를 힐책하다. 일본 사절이 對馬島가 大內氏의 관할임을 내세우자 조선도 부득이하게 접대하다. 이후 조선은 대마도에서 보낸 사절을 접대하지 않다. 이에 대마도주가 격분하여 그의 宗伯父인 宗盛弘으로 하여금 각 지역의 호족과 병사 300인을 이끌고 조선을 침입하도록 하다.(『宗氏家譜』)

-. 4월 4일 조선에 도착한 일본군은 삼포왜인과 합세하여 웅천성을 함락하고 부산첨사 李友曾을 죽이다. 방어사 柳聘年과 黃衡이 적극적으로 방어하다. 宗盛弘은 4월 19일 웅천성에서 죽고, 따라 온 일본군도 거의 죽다. 이때 죽은 조선군이 6만에 이른다. 宗盛弘을 기념하기 위해 豊埼郡 高岐濱에 사당을 세우고 그를 高岐大明神으로 부르다.(『宗氏家譜』)

門으로 돌입하므로 倭 5～6명을 사살하였다고 장계하다.(『中宗實錄』중종 5. 『集成』10-84)/ 金錫哲이 4일에 적선 1천여척이 永登浦로 향하여 우리 군사와 접전하다가 主勿島에 주둔하고 반은 내지로 향했으며, 5일에는 큰 배 5척을 타고 下淸里에 상륙하니 巨濟縣令이 吳世翰이 군사 50명을 거느리고 쫓았다고 치계하다./ 對馬島敬差官 濟用監正 姜仲珍이 초5일에 熊川城을 포위한 倭의 대장은 지난해 特送인 貞長이며, 이날 하루종일 싸웠으나 倭가 많아 물러났다가 적의 야습으로 아군이 奔潰되어 熊川縣監이 金海로 갔다고 치계하다.(『中宗實錄』중종 5. 『集成』10-85)/ 金錫哲이 熊川城에서의 전투에 대한 사정을 아뢰고, 5백명의 병력으로는 적을 제어할 수 없으니 武才가 있는 서울의 軍官과 군사를 급히 내려 줄 것과 성을 고수하지 못하고 도주한 韓倫을 昌原府에 가두었다고 치계하다.(『中宗實錄』중종 5. 『集成』10-86)

4.12. 政院이 倭의 침입으로 상해를 입은 백성에게 觀察使에 글을 내려 存撫하고 약으로 구제하게 할 것을 아뢰니, 上이 그대로 따르다./ 臺諫이 근일에 倭變이 놀랄 만한데 經筵에 나가지 않음은 무슨 까닭이냐고 上에게 아뢰다./ 弘文館이 남방이 난리가 나자 남방을 방어하는 宰相·首領 등이 자신의 가족을 서울로 데려오는데 이를 엄하게 금할 것을 청하니 임금이 그대로 따르다.(『中宗實錄』중종 5. 『集成』10-88)/ 倭를 이길 계책을 듣고자 上이 三公과 府院君·六卿을 인견하고 의논하였는데, 京軍 4백명이 내려보내되 武士를 精擇하고 대신을 都元帥로 삼을 것과 都體察使를 파견하여 민심을 진정시킬 것을 이르다.(『中宗實錄』중종 5. 『集成』10-89)/ 빈청에 전교하여 도원수 외에 방략을 세우는 재상이 필요한가를 물으니 다만 충청도·전라도·경상도에 변고가 병발하면 조정에서 마땅히 함께 의논하여 처치하여야 한다고 아뢰다.(『中宗實錄』중종 5. 『集成』10-91)/ 朝廷에서 都元帥의 선임을 의논하였는데, 落點된 成希顔이 병으로 직을 사양하니 希顔에게 사양하지 말라고 전교하다./ 敬差官 金安國이 치계하여 초여드렛날 倭船 40여 척이 永登浦를 함몰시켰으며 萬戶 梁智孫은 간곳을 알지 못하겠다고 아뢰다.(『中宗實錄』중종 5. 『集成』10-92)

4.13. 柳順汀이 아뢰기를, 慶尙道 沿邊 각읍 중 무신을 差遣하지 않은 곳에, 교체하여 차견하고자 하다가 하지 못한 것은 일이 급하고 폐단이 있기 때문이라고 하다.(『中宗實錄』중종 5. 『集成』10-93)/ 右議政 成希顔이 도원수의 책임을 다하지 못할까 염려된다고 아뢰다./ 柳順汀으로 하여금 남방의 체찰사로 삼아 보낼 것을 결정하다.(『中宗實錄』중종 5. 『集成』10-94)/ 柳順汀이 아뢰기를, 全羅道防禦使로 하여금 군사를 거느려 사전에 먼저 방어하게 하자고 아뢰니 그리하라고 전교하고, 大司憲 鄭光弼을 全羅道都巡察使로, 具賢輝를 助防將으로 삼다./ 金壽童이 아뢰기를, 유순정이 都元帥로 내려가게 되었으니 마땅히 成希顔으로 都體察使로 삼아 서울에 있으면서 조치하게 하여야 한다고 하니 그대로 따르다./ 全羅道都巡察使 鄭光弼이 邊境의 일을 알지 못한다 하여 사양하였으나, 윤허하지 아니하다./ 臺諫이 아뢰기를, 이번 사변이 크기는 하나 許硫, 具之愼의 대간직을 갈아서 從事官으로 삼는 것은 불가하다고 하다.(『中宗實錄』중종 5. 『集成』10-95)/ 都元帥 柳順汀과 都體察使 朴永文·鄭光弼에게 의복을 차등 있게 하사하다./ 倭가 釜山浦에서 와서 東萊縣 東平里 인가를 약탈하므로, 節度使 柳繼宗과 東萊縣令 尹仁復이 협공하니 倭가 패하여 달아났고, 목을 벤 賊倭 2級을 바치다./ 倭 20여 명이 助羅浦에 침범하다.(『中宗實錄』중종 5. 『集成』10-96)/ 知中樞府事 安琛이 倭寇를 이길 수 있는 길은 水軍을 督戰하여 승부를 결단하는 것보다 나은 것이 없다고 밝히고, 파손되지 않은 병선과 全羅左右道의 병선을 이용한 수전방법을 아뢰므로, 상이 명하여 防禦廳에 내리다.(『中宗實錄』중종 5. 『集成』10-97)/ 東平館에 머물러 있는 왜인 10명을 義禁府에 가두다./ 宗盛親이 東萊에 난을 제지하기 위해서는 貞盛 때 약속한 법을 어기지 않고 隣接의 간절한 義를 다시 계속하면 島主도 隣交를 같이하여 위반함이 없을 것이니, 서울의 回啓를 듣고자 한다고 書契를 보내다./ 賓廳에서 전교하기를, 釜山浦僉使 李友曾이 倭奴에게 역사시키고, 右道水使 李宗義가 三甫羅의 자식을 죽인 것 때문에 사변이 일어났으므로, 강화를 원하는 왜인을 경솔히 믿지 말고, 시험하도록 이르다.(『中宗實錄』중종 5. 『集成』10-98)

4.14. 慶尙道都巡察使 朴永文이 그 직을 맡을 수 없다고 아뢰다./ 倭人이 金錫哲에게 서계로 화친 아니면 교전을 하겠다 하니 조정에서 의논하기를 석철로 하여금 회답하도록 하다.(『中宗實錄』중종 5. 『集成』10-99)/ 柳順汀을 겸 경상도 도원수로, 成希顔을 겸 병조 판서 등으로 삼다.(『中宗實錄』중종 5. 『集成』10-100)/ 金錫哲이 熊川縣에서의 전투상황을 보고하면서 적의 수효가 많고 기세가 날카로와서 진격하기 어려우니, 驍勇한 壯士와 破陣軍·神機箭을 원조하기를 아뢰다.(『中宗實錄』중종 5. 『集成』10-101)/ 柳繼宗이 倭가 釜山浦를 함락하고 근처의 민가와 多大浦 등처에 留連하면서 출입하고 각포의 병선을 모조리 불태웠기 때문에 각처의 방어가 긴급하다는 馳啓를 하다./ 薺浦僉使 金世鈞이 金錫哲의 하인에게 글을 보내기를, 왜인에 대한 대우를 심하게 했기 때문에 변을 일으켰다고 하다.(『中宗實錄』중종 5. 『集成』10-102)/ 前薺浦僉使 金世均이 적중에서 적의 병선이 계속하여 오는데 기록할 수 없다고 하며 적과 화친하는 것이 유리하다고 알렸으며, 적장 兵曹 衆同도 절도사에게 화친이 성사되면 禍亂이 멈출 것이라는 글을 보내다.(『中宗實錄』중종 5. 『集成』10-104)

연도	한국
▲ 1510 ▼	4.15. 柳順汀이 倭人이 화친하는 書契를 변장을 통해 보냈는데 화친은 허락할 수 없지만, 征討와 화친의 두 계책을 의논하기를 아뢰니, 상이 三浦倭人은 다시 거주할 수 없으나 和親과 征討는 한가지로 통일하는 것이 可하다고 전교하다./ 상이 倭寇에게 잡혀있는 金世均을 구제하고자 한다고 전교하니, 柳順汀은 金世鈞이 돌아오는 것은 급한 도모가 아니라고 아뢰다.(『中宗實錄』중종5.『集成』10-105)/ 直提學 金克愊 등이 화친하자는 의논이 한번 나오면 사기가 저상되니, 화친의 의논을 정지할 것을 청하다./ 大司諫 安世豪등이 三浦의 왜인이 까닭없이 군사를 일으켜, 장졸을 살해하고 巨鎭을 함락하였으니, 화친할 수 없음을 아뢰다./ 金壽童 등이 왜노가 변성을 함락하고 갑자기 강화를 요구하는 것은 군사의 위력으로 우리를 脅制하는 것이므로 화친을 허락하면 우리가 두려워 겁내는 것으로 여길 것이므로, 지금의 계책은 급히 치는 것이 상책이라 의논하다.(『中宗實錄』중종5.『集成』10-106)/ 直提學 金克愊이 아뢰기를, 倭奴가 변장을 살해하고 城鎭을 할거하여 죄없는 백성을 죽이니, 和親·征討의 논의는 그만두고 어서 적을 征討할 것을 주장하다.(『中宗實錄』중종5.『集成』10-107)/ 政院에서 아뢰기를, 군사의 사기를 위해서라도 和議는 그만두고 군사를 일으키자고 하다.(『中宗實錄』중종5.『集成』10-108)/ 李秉正·權權·柳坰 등이 의논드리기를, 왜인과 화친하는 것도 불가하고 정토하는 것도 또한 불가하다고 하다./ 명하여 도원수 柳順汀에게 紗帖裏 1건을 내리다./ 成希顏이 아뢰기를, 作散한 사람으로서 從軍한 자는 祿職에 붙였으니, 雜犯으로 인하여 직첩을 거둔 자는 도로 주고, 그 나머지 탐과 오리로 영구히 서용하지 않기로 한 자는 그 군공을 보아서 정하자고 하니 그대로 따르다.(『中宗實錄』중종5.『集成』10-110)/ 成希顏이 釜山浦에 입구한 倭人이 薺浦에 온 것은 巨濟 수영을 공략하고자 하는 것으로, 적의 꾀가 헤아리기 어려우니 都元帥 등에게 下諭하여 蔚山 등 여러 鎭에 조치할 것을 청하니, 임금이 그리하라고 하다./ 柳順汀이 安潤德·朴永文을 모두 부원수로 칭하여 출발시키자고 아뢰다.(『中宗實錄』중종5.『集成』10-111)
	4.16. 執義 尹世豪등이 왜적이 熊川으로 향해가니 전라도도 방어해야 함을 아뢰다./ 柳繼宗이 치계하기를, 왜적이 약탈한 薺浦·釜山浦의 양료와 잡물을 加德·絶影島로 운반하고, 釜山浦의 倭奴도 처자와 가산을 薺浦의 적왜와 군사를 연결하니, 연해 각고을의 수령을 武才가 있는 文臣으로 보내도록 하다.(『中宗實錄』중종5.『集成』10-112)/ 상이 京畿·忠淸·江原 3도의 觀察使에게 완악한 오랑캐가 창궐하여 豺虎의 흉한 짓을 자행했으므로 京畿, 忠淸, 江原의 각 고을군사는 倭를 제거하고 섬멸하여 남쪽 백성을 편하게 살게 할 것을 교시하는 敎書를 내렸다.(『中宗實錄』중종5.『集成』10-113)
	4.17. 상이 柳順汀에게 떠나는 날 餞別宴을 베푼다고 하였으나 順汀이 사양하다.(『中宗實錄』중종5.『集成』10-113)/ 成希顏이 三浦의 倭奴가 예전에 사는 곳으로 들어가지 못하면 濟州를 寇掠할 것인데, 牧使가 儒士로서 방어에 적합하지 못하니 다른 사람으로 차송하기를 청하니, 上이 그대로 따르다./ 대간이 왜의 방비를 위해 도원수를 내려보내고 安潤德을 올라오게 하자고 건의하였으나, 상이 윤허하지 않다.(『中宗實錄』중종5.『集成』10-114)/ 金錫哲이 倭가 熊川에 웅거할 태세를 보이고 있는데 이곳은 땅이 험하고 좁아 군사를 내어 엄습하기 어려우니, 水陸으로 진공하면 승리를 얻을 수 있다고 장계하다./ 對馬州太守 宗盛順이 禮曹에 貞盛 이래로 永世의 화호를 닦아 매년 約船을 보내어 禮謝를 베풀었는데, 매사가 규례에 어긋난 것 6개 조목으로 인하여 변란이 일어난 사연을 밝히고, 화호를 요청하는 書契를 보내오다.(『中宗實錄』중종5.『集成』10-115)/ 學生 金克愧가 경쾌한 병선 50-60척을 뽑아 見乃渡에서 적을 엄습하게 하여, 먼저 巨濟와 蛇梁을 원조하고, 다음에 南海를 구하고, 무재있는자를 군관으로 삼을 것을 상소하다.(『中宗實錄』중종5.『集成』10-116)
	4.18. 전라도 도순찰사 鄭光弼이 사직하다./ 體察使 成希顏 등이 島主의 서계는 禮曹로 하여금 그 죄를 하나 하나 들어서 답장할 것을 청하다.(『中宗實錄』중종5.『集成』10-116)/ 柳順汀이 지경에 들어가기 전에 도둑이 물러나면 곧 회군할 것인지 아니면 도둑이 물러가도 방어할 곳을 살펴 조치한 후 올라 올 것인지를 물으니, 倭가 물러가면 都元帥는 올라오고 副元帥는 그곳에 머물러야 한다고 전교하다.(『中宗實錄』중종5.『集成』10-117)/ 臺諫이 倭寇가 邊將을 살해한 것은 크나큰 변인데, 都元帥가 빨리 내려가지 않고 지체된다고 아뢰다./ 都元帥 柳順汀이 拜辭하니 上이 倭를 섬멸하여 위엄과 명성을 널리 펼치고 변방의 백성을 편안케 하고, 깨진 진을 수축하고 변방을 공고히 하여 남쪽을 염려하는 근심을 풀고 도둑질 하는 환을 끊을 것 등의 내용을 교서하다.(『中宗實錄』중종5.『集成』10-118)
	4.19. 慶尙左道 兵馬節度使 黃衡이 치계하기를, 倭奴가 釜山浦 僉使를 겁박하여 죽일 때에 군사와 백성 모두 1백여인을 죽였고, 東平縣 民家 12호와 東萊縣 民家 198호를 불태웠다고 전하다.(『中宗實錄』중종5.『集成』10-121)
	4.20. 상이 朝講에 나갔는데, 成希顏이 黃海·江原 두 觀察使는 兵馬水軍節度使를 겸하지만 軍官을 대동하지 않았으니, 전례에 의하여 군관 2명을 주어 倭寇에 대비할 것을 아뢰니, 上이 그리하라고 전교하다.(『中宗實錄』중종5.『集成』10-121)/ 臺諫이 李岊이 죄를 입어 付處하였는데, 倭變이 급하여 종군하는 것은 可하지만 직첩을 주는 것은 不可하다고 아뢰니, 上이 윤허하지 않는다고 전교하다.(『中宗實錄』중종5.『集成』10-122)
	4.21. 禮曹에서 對馬島主의 書契에 연전에 先太守의 부음에 使臣을 보내 조상·제사·선유하였으니 은혜로 감동시켜야 하는데, 도리어 凶徒로서 반란을 저질렀으니 이는 島主의 책임이지 우리의 책임이 아니라는 내용의 회답을 하다.(『中宗實錄』중종5.『集成』10-122)/ 安潤德이 倭가 薺浦·熊川 두 진을 함락한 후, 城邑에 웅거하여 관군을 막았는데, 熊川의 적을 치기 위해서는 水路와 陸路로 협공하겠다는 것을 치계하다.(『中宗實錄』중종5.『集成』10-124)
	4.22. 副元帥 安潤德이 軍官 崔林을 보내어 薺浦에서의 승전을 捷書로 아뢰니, 최임을 불러 薺浦에서의 싸움의 절차와 다른 곳에 倭가 둔치하지 않았는지를 묻다.(『中宗實錄』중종5.『集成』10-125)/ 上이 朝講에 나갔는데, 獻納 金 이 倭奴가 처자와 노략한 물건을 加德島에 두었으니 장수를 보내어 위엄을 보여야 한다고 아뢰고, 成希顏이 병선을 보내지 말고 都元帥로 하여금 사세에 따라 조치하도록 할 것을 아뢰다./ 檢討官 權撥이 왜적에게 殺傷된 자를 묻어주게 하자고 아뢰고, 參贊官 李世仁은 왜

노가 다시 들어오지 못하도록 굳게 방어해야 한다고 아뢰다.(『中宗實錄』중종 5.『集成』10-126)/ 도원수에게 글을 내리어, 전사한 사람 수를 기록하여 아뢰고 유골을 묻어 暴露되지 말도록 하게 하다./ 領議政 金壽童 등이 왜노가 熊川·薺浦창고의 물건을 加德島와 絶影島 등지에 옮겨 두었는데 倭寇가 여기에 은거하면 쫓아내는 것이 옳으며, 병선을 이용하여 수색하는 것은 都元帥로 하여금 형세를 보아 조치할 것을 아뢰다.(『中宗實錄』중종 5.『集成』10-127)

4.23. 慶尙左道 水軍節度使 金賢孫이 釜山浦의 형편을 아뢰기를, 성 안팎의 죽은 자가 91명인데, 모두 옷을 벗겨갔고, 남문밖 한사람은 머리를 베어갔으며, 官廨, 民家, 船隻이 불탄 것을 헤아릴 수 없다고 했다./ 忠州에 가둔 왜인을 어떻게 다스릴 것인가를 논한다.(『中宗實錄』중종 5.『集成』10-130)

4.24. 副元帥 安潤德의 군관 姜允禧가 薺浦城을 육로와 수로로 협공하여 적을 물리치고 僉使 李卷 등으로 薺浦城을 지키게 하고, 左道防禦使 黃衡 등은 군사를 거느리고 熊川鎭에 돌아왔다는 啓本을 가져오다.(『中宗實錄』중종 5.『集成』10-131)/ 宣傳官 李亮을 보내어 金錫哲로 하여금 韓倫을 베어, 좌·우도 연변 여러 진에 조리돌리게 하다.(『中宗實錄』중종 5.『集成』10-133)

4.25. 加德島를 치러가는 都元帥를 위로하는 문제에 대해서 의논한다./ 臺諫이 韓汲·李海 등에게 죄줄 것을 청하였으나, 변방의 일이 급하므로 난이 평정된 후에 다시 의논하라고 전교하다.(『中宗實錄』중종 5.『集成』10-133)/ 政院에서 전교하기를, 왜적의 수급을 바치는 것은 역로에 폐가 있으니, 그 수효만 써서 알리고, 참획한 것을 묻어 그 무덤을 크게 하여 뒤에 오는 왜인으로 하여금 경계하도록 하다./ 상이 義禁府에 갇혀있는 倭人 10명의 처리문제를 정부 등에서 의논할 것을 명하였는데 議論이 분분하자, 남방이 평정되는 것을 기다렸다가 都元帥 등이 올라온 뒤에 다시 위논하여 처치하라고 전교하다.(『中宗實錄』중종 5.『集成』10-134)

4.26. 京畿觀察使 李自健이 당상관 중에 물망이 있는 사람으로 擇差하여 여러 鎭을 檢察하게 하자고 아뢰니, 그대로 따르다.(『中宗實錄』중종 5.『集成』10-136)/ 副元帥 安潤德이 왜인 머리 31급을 바치고, 또 병장기를 바치다./ 근래 倭人과 野人의 接待·供饋·賜物등에 대해 전과같이 하여 흔단이 생기지 않도록 하다.(『中宗實錄』중종 5.『集成』10-137)

4.27. 都元帥 柳順汀이 從事官 李自華를 시켜 적왜가 이미 첩서를 올리었으나 이후 소요를 일으킬 근심이 있어, 군관을 시켜 浦와 鎭을 방수하고자 한다고 아뢰니, 이 뜻을 都體察使에게 말하라고 상이 전교하다./ 諫院이 日本使者는 돌려보내고 對馬島 倭는 典刑하라는 上敎가 있었는데, 국체에 결점이 될 것 같으니 對馬島 倭人을 남방이 평정된 후 처치하는 것이 어떠하냐고 아뢰니, 忠州의 囚倭를 추문한 후 처치하라고 상이 전교하다.(『中宗實錄』중종 5.『集成』10-137)/ 禮曹가 日本 倭를 석방할 때에 對馬島가 은혜를 생각치 않고 변방을 범하여 난을 일으켰는데, 너희가 對馬島를 지나왔으므로 국문한 것이고, 음모에 참여하지 않은 것을 알기에 용서한다고 말하여 관대하게 보낼 것을 아뢰다.(『中宗實錄』중종 5.『集成』10-138)

4.28. 大司諫 柳世琛이 방어하는 일은 게을리 할 수 없는데, 安潤德이 변방에 신칙하여 방비를 엄하지 않고 교만한 말을 치계하고, 또 宰相 등도 번거롭게 치계하니 한 도가 소연하여 支供을 감당하지 못한다고 아뢰다.(『中宗實錄』중종 5.『集成』10-138)/ 宋千喜를 보내 남정한 장사를 宣慰하고 인하여 약과 笠帽를 주고 또 궁내에서 紫金丹 3천 丁과 石牛黃 60근을 내어 宣慰使에게 부치다./ 臺諫이 李苗과 韓汲엑 죄를 주기를 청하였으나, 윤허하지 아니하다.(『中宗實錄』중종 5.『集成』10-139)/ 체찰사의 계에 따라, 蛇梁에 군관 3인을 더 두다.(『中宗實錄』중종 5.『集成』10-140)

4.29. 상이 慶尙道觀察使 尹金孫에게 백성이 농사를 근본으로 삼는데, 倭變을 듣고 도망하여 달아난 자가 있으니 就農 여부를 살피어 아뢰라고 馳書하다.(『中宗實錄』중종 5.『集成』10-140)/ 도원수 유순정이 웅천·동래·부산 등지의 부상당한 사람의 수를 아뢰었는데, 웅천이 58명, 제포가 53명, 부산포가 91명, 영등포가 95명이고, 칼에 상하나 자가 20명이었다.(『中宗實錄』중종 5.『集成』10-141)

5.1. 大提學 申用漑가 변방의 일로 冗費 절약을 위하여 임시로 讀書堂을 파하기를 청하니 상이 그대로 따르다.(『中宗實錄』중종 5.『集成』10-141)

5.2. 右議政 成希顔이 鄭光弼을 전라도에 보내어 審檢하여 조치하게 하고, 경상도에서 都元帥와 여러 장수가 올라오기 전에 論功하는 것이 좋다고 좋을 것이라고 아뢰니 그대로 따르다.(『中宗實錄』중종 5.『集成』10-141)

5.4. 安潤德이 左右道防禦使를 보내어 加德島를 수색하였으나, 적왜을 발견하지 못하고 돌아오다.(『中宗實錄』중종 5.『集成』10-142)

5.5. 都體察使 成希顔이 禁府에 가둔 왜인은 都元帥가 올라오기를 기다려 추문하고, 巨濟縣令 吳世翰이 倭奴 5급을 벤 것을 상주도록 하다.(『中宗實錄』중종 5.『集成』10-142)

5.6. 侍讀官 李耔가 李苗이 싸움에 나갈 때에 역마가 좋지 못하다 하여 驛丞을 구타하였으므로 臺諫이 아뢴대로 할 것을 아뢰니, 上이 남방의 일로 난신까지 종군하였고, 倭寇가 언제 발작할지 모르니 귀향보낼 수 없다고 이르다.(『中宗實錄』중종 5.『集成』10-142)/ 臺諫이 節度使 金錫哲이 熊川城이 함락할 때 먼저 달아났고, 尹孝聘·李海·韓倫이 차례로 달아났으니, 자세히 推閭하도록 都元帥에게 하유하도록 하다.(『中宗實錄』중종 5.『集成』10-143)

5.7. 司經 閔壽千이 李苗의 직첩을 빼앗고 죄를 줄 것을 청하였으나 윤허하지 아니하다./ 臺諫이 李苗·韓汲에게 죄 줄 것을 청하다.(『中宗實錄』중종 5.『集成』10-144)

5.8. 特進官 洪景舟가 웅천성을 버리고 달아난 못한 장수들을 죄줄 것을 청하자, 자세히 물어 징계하도록 하라고 전교하다.(『中宗實錄』중종 5.『集成』10-144)/ 전교하기를, 李苗은 직첩만 거두고 그대로 방어하게 하고 아전 및 군관 등이 三浦를 버리고 달아난 일은 도원수에게 일러 推考하게 하라고 하다.(『中宗實錄』중종 5.『集成』10-145)/ 대간이 이줄 한급에게 죄 줄 것을 청하였으나 윤허하지 아니하다./ 상이 鹽浦에서 잡은 女倭 未之介를 둘 것인지 日本倭에 딸려보낼지를 물으니, 成希顔이 男倭와 같지 않으니 內地에 두어 정성과 충성을 바치는 것을 기다린 후에 돌려보내야 하겠다고 회계하니, 上이 그러라고 하다.(『中宗實錄』중종 5.『集成』10-147)

5.9. 강원도觀察使 安潤孫이 요해처에는 육군을 써서 수자리를 방호해야 하므로 江陵 등지에 설치하고, 도내의 군사를 倭寇가 그칠 때까지 上番으로 덜어다가 방호하기를 馳啓하다.(『中宗實錄』중종 5.『集成』10-147)

연도	한국
▲ 1510 ▼	5.11. 特進官 成夢井이 熊川 등지의 성이 함락될 때 죽은 백성의 수와 약탈당한 것들의 수, 전투중에 죽은 군졸의 수도 모두 아뢰지 않았는데 이는 숨기고 있는 것이 분명하므로, 상벌을 밝혀 권장·징계할 것을 아뢰다.(『中宗實錄』 중종5. 『集成』10-148) 5.16. 상이 慶尙道 倭變으로 죽은 사람에게 제사를 내려 위로하고, 가옥이 소실된 자는 적당히 진휼하는 등, 수년간의 조세를 감면하게 하다./ 상이 都元帥 柳順汀에게 倭가 달아날 때 잡아서 국문하지 않고 보냈으니 王者의 군사라고 하겠는가 라고 말하고, 궁하고 沮喪한 채 숨어있어 잡을 수 있거든 잡아 올리라고 馳書하다.(『中宗實錄』 중종5. 『集成』10-149) 5.20. 司諫院 大司諫 柳世琛이 올린 十條疏를 嘉納하고 이어서 邊將에 마땅한 인물을 선택할 것과 水戰을 행하는 문제에 대해서 의논할 것을 명하다.(『中宗實錄』 중종5. 『集成』10-149) 5.21. 장령 申儼이 密陽으로부터 와서 약속을 지키지 않아 倭가 도망가게 만든 左道水使 金賢孫과 倭가 패하여 달아난 뒤 올라와 군공을 논하는데 참여하지 않고 지체하고 있는 安潤德 및 金錫哲을 군법으로 논단하기를 아뢰다.(『中宗實錄』 중종5. 『集成』10-150)/ 咸鏡道觀察使 高荊山이 倭를 방비하는 방략으로 江原道에서 咸鏡道까지의 고을에 煙臺를 설치할 것을 아뢰는 치계를 하니, 柳洵이 安邊의 馬岩 등지에만 연대를 설치하고 所在官으로 監察하여 척후하기를 아뢰니, 上이 따르다.(『中宗實錄』 중종5. 『集成』10-151) 5.22. 상이 우리나라가 3면으로 적의 침입을 받을 수 있기 때문에 남북의 邊將을 모두 文臣으로 섞어서 差定하였다는 것과, 武備를 다스리기 위해서 水戰을 익히게 하는 것이라고 이르다.(『中宗實錄』 중종5. 『集成』10-152)/ 政院이 李苗에게 죄 줄 것을 청하였으나 윤허하지 아니하다.(『中宗實錄』 중종5. 『集成』10-153) 5.23. 慶尙道 副元帥 安潤德이 復命하고 지체하게 된 사연이 倭가 물러난 후 邊警을 헤아릴 수 없어 연변의 각 고을에서 陪牌를 내어 기다렸고, 軍功은 都元帥의 명령이 없어 함께 의논하지 못하였다고 아뢰다./ 대간이 安潤德의 일은 이미 申儼에게서 들었던 것이며, 陪牌를 거느리고 다닌 從事官들과 金錫哲·金賢孫을 체임·추문할 것을 청하고, 倭變에는 水戰을 연습하여야 하니 장수를 명하여 익히게 할 것을 아뢰다.(『中宗實錄』 중종5. 『集成』10-154)/ 전교하기를, 兵使가 나아가 싸우려고 하지 않은 군사를 죽인 일에 대하여 의논하게 하다.(『中宗實錄』 중종5. 『集成』10-155) 5.24. 成希顔이 아뢰기를, 장수를 뽑을 때 활과 글을 시험하여 그 용모와 재기를 보아서 조용히 선택하는 것이 어떻겠느냐고 아뢰니, 상이 그대로 따르다.(『中宗實錄』 중종5. 『集成』10-155)/ 都元帥 柳順汀이 巨濟의 永登浦 등지와 固城의 唐浦, 熊川의 安骨浦 등처는 방어에 긴요한 곳으로 성을 급히 고쳐 쌓아야 守禦할 수 있고, 倭가 薺浦 등지를 다시 入寇하는 경우를 대비하여 포구에 함정을 설치할 것을 장계하다.(『中宗實錄』 중종5. 『集成』10-156) 5.27. 領事 柳洵이 倭가 뉘우쳐 깨닫고 화친을 청하면 받아들여 自新의 길을 열어주고, 囚倭는 죄가 없으니 놓아 보내는 것이 옳다고 아뢰다.(『中宗實錄』 중종5. 『集成』10-157) 5.28. 都元帥 柳順汀이 삼포 왜인이 은혜를 저버리고 난을 일으켰으므로 베고 토벌하는 것을 늦출 수 없었다고 아뢰다.(『中宗實錄』 중종5. 『集成』10-157)/ 大司諫 柳世琛 등이 차자(箚子)를 올려 이줄과 한급에게 죄 줄 것을 청하다.(『中宗實錄』 중종5. 『集成』10-158) 5.30. 慶尙道 都元帥 柳順汀이 從征한 장사의 軍功을 마련하여 馳啓하니, 상이 政府와 부원군·육조 판서·한성부 판윤 등에게 명하여 의논하게 하다./ 臺諫이 李苗 등에게 죄 줄 것을 청하였으나 상이 윤허하지 않고 일을 배소로 돌려 보내게 하다.(『中宗實錄』 중종5. 『集成』10-159)/ 金壽童·成希顔 등이 삼포 왜란의 진압에 있어서의 군공을 정하자고 아뢰다.(『中宗實錄』 중종5. 『集成』10-160)/ 상이 명하여, 軍功을 정하게 하다.(『中宗實錄』 중종5. 『集成』10-161) 6.1. 慶尙左道兵使 柳繼宗·水使 金賢孫·右道 兵使 金錫哲 등은 공과 죄가 서로 準하니 체임하고, 左道兵馬虞候 李盼·水軍虞候 李思良 등은 改差하고 推治하라고 명하다.(『中宗實錄』 중종5. 『集成』10-162) 6.3. 參贊官 宋千喜·試讀官 安處誠이 金錫哲 등의 일에 대해서 아뢰니, 병사·수사가 평시에 방어를 갖추지 않았기 때문에 함몰을 가져왔으므로 뒤에 비록 공이 있다 해도 仍任할 수 없다고 하다./ 咸安郡守 朴兼武가 싸움에 임하여 도망하여 달아난 것을 아뢰어 推治하기를 청하고, 諫院이 李公遇의 일을 獨啓하니, 李公遇는 遞差하고, 朴兼武의 일은 아뢴 대로 하라고 하다.(『中宗實錄』 중종5. 『集成』10-162) 6.4. 臺諫이 경상도의 병사·수사 및 우후를 논하여 아울러 파직하기를 청하고, 諫院이 독계하여 안윤덕을 추고하기를 청하였으나 윤허하지 아니하다./ 倭가 城鎭을 함락시켜도 구원하지 않아 장수를 죽이고 민가를 불태워 버리게 만든 慶尙左道兵馬虞候 李盼과 水軍虞候 李思良을 義禁府에 가두다.(『中宗實錄』 중종5. 『集成』10-163) 6.5. 領事 成希顔이 아뢰기를, 武人이 평시에는 상관이 없는 것 같으나, 변이 있을 때를 당하면 관계가 심히 중하므로 평시에 京職에 고루 시험하여 사체를 잘 알고 훈련하게 한 뒤에 급한 때에 쓰는 것이 가하다고 하다.(『中宗實錄』 중종5. 『集成』10-163)/ 安琛을 知敦寧府事로, 柳繼宗을 靑陽君으로, 尹熙平을 兵曹參議로, 金世熙를 薺浦僉使로, 黃衡을 慶尙左道節度使로, 李繼福을 右道節度使로, 金良弼을 左道水軍節度使로, 李卷을 右道水軍節度使로 삼다.(『中宗實錄』 중종5. 『集成』10-164) 6.6. 前靑山縣監 朴地蕃이 露島·達木島는 말목장으로 바다 가운데 있는데, 倭와 水賊이 여기에 출몰하므로 말을 점고하려 출입할 때에 만일 변이 있을까 두려우니 黃原·馬原으로 말을 옮길 것을 상소하여, 명하여 兵曹에 내리다.(『中宗實錄』 중종5. 『集成』10-164) 6.9. 左副承旨 金瑠·右副承旨 李希孟을 보내어 都元帥 柳順汀을 濟川亭에서 맞아 위로하다.(『中宗實錄』 중종5. 『集成』10-164)/ 명하여 싸움에 나아가 공을 세운 鄭殷富에게 약을 주게 하다./ 成希顔이 자신과 柳順汀을 방어 도체찰사 칭호로

일본

함께 성 쌓는 일을 의논하도록 하고, 辛允武도 또한 그대로 都巡察使를 兼帶하여 모든 변방 일을 함께 의논하여 시행하게 하자고 아뢰니, 그대로 따르다.(『中宗實錄』 중종 5. 『集成』10-165)/ 都元帥 柳順汀이 復命하고 남방의 고을·포의 방수 등의 일을 기록하여 아뢰고, 또 熊川이 失陷한 것이 金錫哲의 죄가 아니며 金賢孫이 약속을 지키지 않았다는 것은 虛言이라는 등 남방의 일을 알리다.(『中宗實錄』 중종 5. 『集成』10-166)

6.11. 柳洵 등이 남방에 倭變이 있는데 군졸이 활 없는 것이 걱정되어 奏請使를 보내어 弓角을 더 무역하여 군비를 충분히 하려면 遼東 등처의 공사의 무역을 굳게 금하지 않으면 용도에 족할 것이라 아뢰다./ 柳順汀이 아뢰기를, 長䑋浦가 진을 설치하기에 마땅하므로 이 포에 진을 설치하여 다대포를 옮겨 두고 제석곡 權管을 혁파하여 수비를 여기에 합병하면 방어가 대단히 편하겠다고 아뢰다.(『中宗實錄』 중종 5. 『集成』10-167)/ 慶尙左道兵使 柳繼宗이 倭船 5척이 나온 것을 馳啓하니, 상이 倭가 나온 뜻을 헤아릴 수 없으므로 和好를 청하면 함부로 치지 말도록 빨리 하유하라 고 전교하다./ 熊川縣을 都護府로 삼고, 薺浦에 옮겨 두어 軍民의 정사를 겸하게 하고, 永登浦萬戶를 승격하여 僉節制使를 삼고, 제포의 充軍을 영등포에 分屬하여 巨鎭을 만들 것 등을 명하다./ 柳洵 등이 의논드리기를, 연변 수령이 가족을 데리고 가지 못하는 일은, 수령의 六期三載法이 祖宗朝에 작정되어 《대전(大典)》에 실려 있으니, 한번 적변을 만났다고 해서 舊章을 다 고칠 수는 없다고 하다.(『中宗實錄』 중종 5. 『集成』10-168)/ 대신들이 가두어 놓은 倭人의 일을 의논했는데, 金壽童 등이 서울에 가둔 日本倭는 보내고, 對馬島倭와 忠州에 가둔 왜는 여러 도에 분치할 것을 아뢰니, 上이 특별히 本島로 돌려보내어 제왕의 포용하는 도량을 알리겠다고 하다.(『中宗實錄』 중종 5. 『集成』10-169)

6.12. 대간과 간원이 아뢰기를, 전라 병사 李胤宗이 늙고 武才가 없어 변장에 합당치 않으니, 급히 체임하자고 하였으나 윤허하지 아니하다./ 禮曹가 가둔 倭人을 방환할 때에 通事를 시켜 그들의 잘못을 깨우치게 하는 말을 정하게 하고, 忠州에 가둔 倭人은 觀察使로 이 뜻으로 타일러 해방하며, 義禁府에 가둔 왜를 일시에 들어보낼 일로 移文할 것을 아뢰다.(『中宗實錄』 중종 5. 『集成』10-170)

6.13. 柳洵 등이 가둔 倭人을 석방할 때에 禮曹郎官이 三浦倭人이 변장을 능욕한 일은 島主의 죄가 크다고 꾸짖는 말과 도주의 書契를 가져와 변란의 정상을 모르니 특별히 방환한다고 타일러서 놓아보내는 것이 어떠하냐고 아뢰다.(『中宗實錄』 중종 5. 『集成』10-171)/ 상이 명하여 洪慶昌·朴季老를 체임하게 하다.(『中宗實錄』 중종 5. 『集成』10-172)

6.14. 전라도의 濟源道는 參禮·獒樹 두 역에 分屬시키는 것이 어떠하겠느냐고 아뢰다.(『中宗實錄』 중종 5. 『集成』10-172)

6.15. 예조가 아뢰기를, 從征한 장사를 宣慰하는 일은, 경자년의 예에 의하도록 하고, 黃衡·柳聃年은 그대로 그 도의 병사가 되어 지금 서울에 오지 않았고 그 나머지는 모두 이미 올라왔으니, 위로하는 잔치를 열도록 하자고 하다.(『中宗實錄』 중종 5. 『集成』10-173)

6.17. 咸鏡北道節度使 崔漢洪이 野人이 서울에 살고 싶어한다고 치계하였는데, 柳順汀 등이 야인인 朴山同介가 巨濟에 옮겨 살았는데, 倭變 중에 힘껏 싸워서 공이 제일이니, 야인을 남방 絶島에 살게하는 것이 불가하지 않다고 아뢰다.(『中宗實錄』 중종 5. 『集成』10-173)/ 慶尙道人 卜孝忠이 倭奴와 싸우다 죽으니, 祭文·祭需를 내리고 復戶하다.(『中宗實錄』 중종 5. 『集成』10-175)

6.19. 간원이 知世浦萬戶 許永熙는 서울의 甲士인데, 市井에 살면서 武才도 없고 신분 또한 개정하자고 아뢰다.(『中宗實錄』 중종 5. 『集成』10-175)

6.20. 臺諫이 金錫哲 등은 한 도의 주장으로 방비하는 일에 소홀히 하여 변방에 근심을 일어나게 하였으므로 죄줄 것을 청하다.(『中宗實錄』 중종 5. 『集成』10-175)

6.23. 경상좌도 수사의 병선이 포위하지 못하여 왜선이 빠져 도망하게 되었다고 거짓 보고한 掌令 申儼을 체임하게 하다./ 諫院이 北道 野人을 우리 백성과 섞어 살게 해서는 안된다고 아뢰니, 上이 朴山介同 같은 자는 남방에서 사니 우리 백성과 다름없고, 倭를 쳐서 공을 이루기에 이르렀으니 이들은 倭人과 다르다고 답하다.(『中宗實錄』 중종 5. 『集成』10-177)

6.25. 金壽童·柳順汀·成希顔 등이 의논드리기를, 경상도의 南海·巨濟·鎭海·熊川·東萊 등의 고을은 방어가 긴급한 곳이므로 입거하는 것을 면제하여 土兵을 충실하게 하자고 하다./ 金壽童·成希顔 등이 倭를 방비하는데에 慶尙·全羅道의 육군이 각포에 나누어 방수하여 수·육군이 형세를 합하였으니, 마땅히 兵馬節度使가 水軍節度使를 겸하게 하여 힘을 합해 방비해야 한다고 의논드리다.(『中宗實錄』 중종 5. 『集成』10-178)/ 義禁府가 水軍右候 李思良은 사형을 감하고, 兵馬右候 李肦은 杖 1백으로 처분하도록 하다.(『中宗實錄』 중종 5. 『集成』10-179)

6.27. 黃衡을 경상 좌도 병마 절도사로, 柳聃年을 경상우도 병마 절도사로, 申繼宗을 전라도 병마 절도사로 삼다.(『中宗實錄』 중종 5. 『集成』10-179)

6.28. 왜선 30척이 加德島에 대어 있어, 金錫哲과 柳繼宗을 防禦使로 임명하여 대비토록 하다./ 柳順汀이 아뢰기를, 새 兵曹判書 鄭光弼로 순찰사라 칭하여 방비하는 여러 일을 의논하게 하자고 하다./ 慶尙道觀察使 尹金孫이 而羅多羅는 日本倭가 아니라 薺浦에 恒居倭이니 놓아 보내지 말 것을 치계하여 대신 간의 의견이 분분해지자, 上이 변방의 일이 종식되지 않아 놓아 보낼 수는 없으나 의논하여 처치하라고 하다.(『中宗實錄』 중종 5. 『集成』10-180)

6.29. 而羅多羅를 돌려보낼 것인지에 대하여 대신 간에 의견이 달랐으므로, 上이 적의 기세가 한창 성할 때이므로 돌려 보낼 수 없고, 또 의논이 정해지는 것을 보고 처치하자고 전교하다.(『中宗實錄』 중종 5. 『集成』10-182)

6.30. 慶尙左道兵使 柳 年이 6월 24일에 倭船이 加德島에서 薺浦에 와서 우호를 청하기 위해 왔다고 하고, 25일에는 倭船 250여척이 하륙하여 安骨浦에 들어와 성을 공격하다 熊川縣監 蘇起坡의 분전으로 퇴각하였다고 치계하다.(『中宗實錄』 중종 5. 『集成』10-185)

7.1. 慶尙右道兵使 柳聃年이 27일에 倭가 安骨浦를 범하여 성을 포위하다가 軍官 哭順間 등이 나팔을 불고 불을 놓으니 놀라서 배에 올라 加德島로 돌아가 둔치하였다고 치계하니, 上이 宰相들에게 방비할 계책을 진달하라고 명하다.(『中宗實錄』 중종 5. 『集成』10-185)/ 이날 柳聃年이 적의 형세가 加德島에 정박하여 우리의 허점을 타서 침구할 것인데 바람의 順逆을 기다려 본도로 향하고 있으며, 이후 적선이 이 섬에 정박하면 本道左道와 全羅道의 배를 합쳐 일시에 진격할 것을 또 치계하다./ 上이 安骨浦에서 兵使 柳聃年이 왜적의 기세를 꺾었으므로 글을 내려 포장하다.(『中宗實錄』 중종 5. 『集成』10-186)

연도	한국
▲ 1510 ▼	7.2. 掌令 具之愼이 자신이 전일 囚倭 처치의 일로 회의할 때에 병으로 참여하지 못하였으므로 직책을 갈아달라고 청하였으나 윤허하지 아니하다.(『中宗實錄』 중종5. 『集成』10-186) 7.5. 鄭光弼이 全羅道의 露島 등지의 목장은 수로가 멀고 倭가 몰래 나타나므로 말을 점검이 용이하지 않으니, 水草가 많은 內地牧場에 옮겨 방목할 것을 아뢰니, 上이 그대로 따르다.(『中宗實錄』 중종5. 『集成』10-187) 7.6. 憲府가 아뢰기를, 興陽은 沿海의 극변이며 또 浦口가 넷이나 있으므로 방어가 중요한 곳인데 興陽縣監 李賁은 사람됨이 경박하므로 이 사람을 임용할 수 없으니 개정하도록 하자고 하다.(『中宗實錄』 중종5. 『集成』10-187) 7.9. 上이 館에 머물러 있는 倭人과 忠州에 가둔 倭人, 그리고 而羅多羅의 문제는 지금 倭가 돌아갔으니, 오래 머물 것 없이 모두 놓아보내어 제왕의 包荒하는 도량을 보이겠다고 이르다.(『中宗實錄』 중종5. 『集成』10-187) 7.10. 金壽童 등이 倭人을 돌려보내는 것을 의논하였는데, 上이 而羅多羅를 돌려보내고자 하는데 지금 대신과 변장이 모두 불가하다고 하니, 지금은 우선 머물게 하고 다른 倭人들을 속히 놓아보내라고 전교하다.(『中宗實錄』 중종5. 『集成』10-188)/ 濟州 자제 副司猛 金義中 등이 本州는 요충지역으로 浦所 60여곳 중 방호는 9개소며 군사는 강한 병졸이 없고 통솔자도 적격자가 아니어서 倭寇가 변방을 범하면 참으로 염려되니, 武略이 있는 자를 가려서 진수하기를 상소하다.(『中宗實錄』 중종5. 『集成』10-189) 7.11. 상이 강원도 관찰사 安潤孫이 도내 연해 각읍에 성을 쌓아 방어 하기를 청한 일을 방어청에 내리자 도체찰사가 회계하기를, 江陵·三陟은 도내의 巨鎭이므로, 두 鎭의 성을 먼저 쌓게 하자고 아뢰다.(『中宗實錄』 중종5. 『集成』10-190) 7.12. 대간이 아뢰기를, 지난번에 왜변이 일어나 변방 근심이 매우 급하므로, 武人 중 상중에 있는 자를 모두 起復하여 적지에 보냈는데, 근자에 安骨浦의 변환이 조금 일어나 다시 기복의 의논이 거론되었으나 이는 매우 불가하다고 하다.(『中宗實錄』 중종5. 『集成』10-190) 7.13. 倭人이 兵船 3백척을 거느리고 우리 변성을 포위하며, 잡아간 邊將도 돌려 보내지 않으니, 館에 있던 왜인의 송환을 멈추도록 하다.(『中宗實錄』 중종5. 『集成』10-191) 7.14. 江原道觀察使 安潤孫이 倭船이 慶尚左道에 정박하고 있는데 군사가 적고 성이 없어 방비가 허술하니, 연해변 각 고을에 방호소를 설치하고 下番軍士를 나누어 備禦를 실하게 해 달라고 치계하다.(『中宗實錄』 중종5. 『集成』10-191) 7.15. 憲府가 倭變으로 下三道에 使命이 폭주하여 侍從·臺諫도 乘馹을 허락치 않는데, 承傳色 金瓊에게만 말을 주라고 명한 것은 옳지않다고 아뢰니, 상이 金瓊에게 말을 주지 말라고 비답하다.(『中宗實錄』 중종5. 『集成』10-192) 7.22. 慶尚右道 節度使 柳聃年이 安骨浦에서 적을 파한 군공을 3등으로 나누어 81인을 상주다.(『中宗實錄』 중종5. 『集成』10-192) 7.23. 諫院이 康仲珍은 본래 무재(武才)가 없는데도 군공 1등에 참여하였으니, 仲珍의 공은 논하지 말 것을 청하였으나 윤허하지 아니하다.(『中宗實錄』 중종5. 『集成』10-192) 7.25. 憲府가 安骨浦의 군공은 該司로 하여금 의논하여 정하게 하자고 아뢰다./ 政府, 府院君, 六曹判書, 判尹 이상이 궐정에 모여 安骨浦의 군공을 의논하다.(『中宗實錄』 중종5. 『集成』10-193) 7.26. 대간이 아뢰기를, 安骨浦 군공을 마련하여 議得한 것을 보니, 그 공이 薺浦에서 전승했을 때의 예와 같지 않다고 하다.(『中宗實錄』 중종5. 『集成』10-194) 8.2. 좌의정 柳順汀에게 명하여 慕華館에서 習陣하게 하다.(『中宗實錄』 중종5. 『集成』10-194) 8.4. 상이 朝講에 나갔는데, 倭에 의해 安骨浦의 성이 함락되는 것을 보고 구한 蘇起坡의 군공에 加資를 승급할 것인가에 대해 대신의 의견이 다르자, 모두 윤허하지 않다./ 薺浦僉節制使를 혁파하고 熊川縣을 승격하여 都護府로 하고, 제포에 옮겨 설치하여 軍民의 행정을 겸하게 하였으며 薺浦의 원래의 군사를 영등포에 분속시켜 巨鎭을 만들고, 多大浦를 長習浦로 옮겨서 성을 쌓아 지키게 하다.(『中宗實錄』 중종5. 『集成』10-195) 8.6. 상이 근정전에 나아가, 도원수 柳順汀과 종군했던 將士 朴永文·安潤德 등에게 慰勞宴을 베풀다./ 慶尚道의 연변 고을들이 倭變 이후 海産物을 먹은 자 중에 死傷한 자가 많았으며, 南海縣의 한 산에서 채취한 나물을 먹은 자가 모두 죽다.(『中宗實錄』 중종5. 『集成』10-197) 8.7. 領事 柳順汀이 柳聃年의 軍功은 過濫한 것이 아니라고 아뢰고, 또 慶州에 무재와 威望이 있는 宰相을 助防將으로 임명하여 남방에 倭寇가 섬에 숨어있다가 틈을 타서 侵寇할 때에 맞추어 달려가 구제할 수 있게 할 것을 아뢰다.(『中宗實錄』 중종5. 『集成』10-197) 8.8. 柳洵 등이 倭變으로 인하여 인심이 소요하고 농사도 해이해져 있는데 試取한다면 文·武科에 응시자가 많아 식량을 싸오는 등의 폐단이 한량없을 것이며, 금년 봄에 이미 試取하여 政院을 초과했으니 詩趣 중지를 요구하다.(『中宗實錄』 중종5. 『集成』10-198) 8.11. 上이 助防將을 설치하면 폐해가 많다고 하는데, 이것은 한때의 權宜의 계책이라고 하니, 柳世琛이 倭變이 거듭되면 府尹 혼자서는 아무 것도 못 할 것이며, 대신이 말한 것은 마땅한 사람을 선택해 보내라는 것이라고 아뢰다.(『中宗實錄』 중종5. 『集成』10-199)/ 諫院이 慶州 근처의 首領은 倭變이 그칠 때까지 文·武臣으로 재능이 治民하기에 가합하고 직위가 宰相에 있는 자를 임명해 보내도록 아뢰다.(『中宗實錄』 중종5. 『集成』10-200) 8.14. 병조 판서 鄭光弼이 아뢰기를, 남쪽 지방에 일이 있다고 하여 內禁衛 등의 過半數가 留防하니 侍衛가 허술하므로 仮內禁衛 50~60인을 加設하게 하게 하자고 하다.(『中宗實錄』 중종5. 『集成』10-200)/ 甲士 兪懷哲을 薺浦의 軍功으로 당상관에 陞職시킨 것은 온당하지 못하다고 아뢰다.(『中宗實錄』 중종5. 『集成』10-201)

일본

8.15. 柳順汀 등이 賓廳에 물러나와 議啓하기를, 柳聃年의 書狀을 보아 康仲珍을 1등으로 논공할 수는 없으므로 2등으로 내려서 기록하는 것이 좋겠다고 하다./ 臺諫이 康仲珍·兪懷哲·朴仁孫의 일과 坡州牧使 擇任 등의 일을 아뢰니, 파주의 일만을 아뢴 대로 윤허하다.(『中宗實錄』 중종 5. 『集成』10-202)

8.18. 崔淑生·持平 金禹瑞가 康仲珍의 공을 한 등 내리는 것만으로는 옳지 않으므로 錄功하지 말 것을 청하다.(『中宗實錄』 중종 5. 『集成』10-202)/ 慶尙右道 助防將 金敬義가 왜선 2척이 本島에서 나와 薺浦에 이르러 정박하였는데, 平時羅등 21인의 투항자라고 아뢰어, 拿推하기를 청하니 그대로 따르다.(『中宗實錄』 중종 5. 『集成』10-203)

8.19. 지평 金碴·정언 蘇世良이 柳聃年·康仲珍·朴仁孫·兪懷哲 등의 일을 논하였으나, 상이 답하지 아니하다.(『中宗實錄』 중종 5. 『集成』10-203)/ 防禦廳이 이번에 薺浦에 와서 항복한 왜인 21인을 다 잡아온다면 역이 피폐하고 군졸도 피로할 터이니, 2인만 잡아다 문죄하자고 하니, 논의하여 결정하도록 하다.(『中宗實錄』 중종 5. 『集成』10-204)

8.20. 掌令 柳仁貴·正言 李彦浩가 柳聃年·康仲珍·朴仁孫·兪懷哲 등의 일을 논하였으나, 윤허하지 아니하다./ 金壽童이 倭人 우두머리 3인을 押領하여 올라오게 하고 나머지는 昌寧·金海 등처에 나누어 囚禁하게 하여 그 도의 觀察使가 推問한 후, 의논하여 처치하게 할 것을 議啓하니, 상이 그대로 따르다.(『中宗實錄』 중종 5. 『集成』10-204)/ 備禦方略 9가지를 경상도 병사에게 내리었다.(『中宗實錄』 중종 5. 『集成』10-205)

8.21. 大司憲 柳世琛 등이 柳聃年·康仲珍·朴仁孫·兪懷哲 등의 일을 논하였으나, 윤허하지 아니하다./ 倭人 平時羅·而羅·三甫羅를 義禁府로 내리다./ 慶尙右道 兵馬節度使 柳聃年이 치계하기를, 島主가 도둑질하고자 크게 군사를 모으고 있고, 장차 代官을 보내어 오면, 倭館·熊川·薺浦의 관사가 모두 불에 탔으니 어떻게 할 것인가를 물어오다.(『中宗實錄』 중종 5. 『集成』10-206)

8.22. 參贊官 李長坤이 아뢰기를, 野人을 내지에 살게 하는 것은 倭奴를 三浦에 살게 허가한 예와는 같지 않다고 하다.(『中宗實錄』 중종 5. 『集成』10-207)

8.23. 持平 金禹瑞 등이 歸化한 朴山同介가 巨濟에 살았는데, 倭가 입구하였을 때 吳世翰과 선두에서 돌격하여 적을 斬獲한 것이 매우 많아 1등 군공의 錄功에 참여되어있는데, 胡人은 관작을 중히 여기니 벼슬을 상으로 줄 것을 아뢰다.(『中宗實錄』 중종 5. 『集成』10-208)

8.24. 倭人 平時羅가 薺浦의 성이 함락된 뒤 島主가 여러 섬에 청병하였으며, 三浦에 도둑질할 일은 島主의 본의가 아니라는 등의 供辭가 있자, 柳洵 등이 우선 잠시 平時羅를 囚禁해 두고 그 종말을 봐서 처치하는 것이 좋겠다고 아뢰다.(『中宗實錄』 중종 5. 『集成』10-209)

9.4. 同知使 鄭光弼이 달아난 倭의 餘黨이 城의 험고함을 의지하였는데 兪懷哲이 성을 넘어 들어가고 적을 쳐서 달아나게 하여 軍卒로서 1등에 참여한 것이므로 輕重을 참작하는 것이 좋겠다고 아뢰니, 상이 政府에 收議하라 전교하다.(『中宗實錄』 중종 5. 『集成』10-211)

9.5. 金壽童 등이 兪懷哲의 軍功이 크므로 당상으로 加資하는 것을 개정하여 다른 물건으로 상사하게 하자고 아뢰니 그대로 따르다.(『中宗實錄』 중종 5. 『集成』10-212)

9.9. 領事 成希顔이 倭가 薺浦城에 웅거하고 방어하므로 兪懷哲이 무너진 성을 넘어 들어가 적이 單弱한 것을 알고 군사들과 함께 奮擊하여 깨뜨렸다고 하니, 공이 1등에 참록한 것이 당연하다고 아뢰다.(『中宗實錄』 중종 5. 『集成』10-212)

9.10. 臺諫이 安潤德·兪懷哲 등의 일을 아뢰다.(『中宗實錄』 중종 5. 『集成』10-213)

9.12. 柳順汀이 아뢰기를, 우리 나라는 3면에서 적을 받으니 군공이 소중하다고 아뢰다.(『中宗實錄』 중종 5. 『集成』10-214)

9.16. 濟州牧使 張琳이 防禦 節目을 조목조목 들어서 치계하다.(『中宗實錄』 중종 5. 『集成』10-215)

9.19. 헌부가 아뢰기를, 忠淸道 馬梁·江原道 三陟鎭은 賊路에서 멀리 떨어져 있는데, 일시에 성을 쌓으면 백성들이 더욱 피곤해지므로 풍년을 기다려서 쌓게 하자고 아뢰다./ 防禦廳이 濟州牧使 張琳이 아뢴 절목에 답하여 아뢰니 그대로 따르다.(『中宗實錄』 중종 5. 『集成』10-216)

9.20. 상이 이르기를, 성을 쌓는 일은 當時의 급무이므로 안할 수는 없으나 사세의 緩急이 있으니 방어청에 물으라고 아뢰다.(『中宗實錄』 중종 5. 『集成』10-217)/ 防禦廳이 아뢰기를, 忠淸道와 江原道의 축성을 두 도에서 각기 한 곳씩 쌓는 것이 편할 듯 하다고 아뢰다.(『中宗實錄』 중종 5. 『集成』10-218)

9.24. 慶尙左道防禦使 柳繼宗이 9월 18일에 倭의 배 한척이 絶影島 남쪽으로부터 大洋에 나와 蛇梁에 정박하였다고 치계하다./ 臺諫이 安潤德·兪懷哲의 일과 족친 從良 등의 일을 논하여 두 번 아뢰었으나, 윤허하지 아니하다.(『中宗實錄』 중종 5. 『集成』10-218)

9.26. 司諫 李鐵鈞, 持平 宋好義가 安潤德·兪懷哲의 일과 왕후 족친의 從良한 일 등을 논하였으나, 윤허하지 아니하다.(『中宗實錄』 중종 5. 『集成』10-219)

9.29. 臺諫이 安潤德, 兪懷哲의 일과 왕후 족친 등의 일을 아뢰었으나 윤허하지 않고, 憲府에서 熊川이 포위되었을 때 李海와 尹孝聘이 도주하여 성이 함락 당했으므로 죄를 면하게 하는 것은 옳지 않다고 아뢰었으나 따르지 아니하다.(『中宗實錄』 중종 5. 『集成』10-219)

10.1. 持平 宋好義, 獻納 成世昌이 安潤德·兪懷哲·李海의 일과 족친 從良 등의 일을 아뢰고, 試讀官 徐厚 등도 또한 대간의 논계에 따를 것을 청하였으나, 상이 윤허하지 아니하다.(『中宗實錄』 중종 5. 『集成』10-219)

10.12. 三公등이 胡椒와 丹木은 本國所産이 아니므로 倭人과 絶和하면 구할 수 없음을 아뢰고, 倭奴를 잘 타일러서 들여보내되, 平時羅는 잠깐 僻郡에 유치하도록 건의하다.(『中宗實錄』 중종 5. 『集成』10-220)

10.4. 諫院이 箚子를 올려, 安潤德·兪懷哲의 일과 족친 족량 등의 일에 대해서 아뢰다.(『中宗實錄』 중종 5. 『集成』10-220)

10.6. 정원에서 而羅·三甫羅 등 19인과 먼저 온 왜인 15인을 들여보내고 다만, 而羅多羅와 평시라만을 유치하는 것에 대해 반대를 하면서, 그에 대한 대비를 의논하기를 청하다.(『中宗實錄』 중종 5. 『集成』10-221)

10.10. 司憲府가 상소하여 安潤德 등의 일을 극론하고, 司諫院이 또한 아뢰었으나, 다 윤허하지 아니하다.(『中宗實錄』 중종 5. 『集成』10-222)

10.12. 正言 權撥이 八道에 흉년이 들어 백성들의 곤고가 심한데, 慶尙道에 倭船 한척이 나와 군사를 모아 쉬지 않고 있으니 곧 피폐할 것이며, 남쪽지방의 수령을 倭變을 대비하여 武臣으로만 임명하면 온당치 않다고 아뢰다.(『中宗實錄』 중종 5. 『集成』10-222)

연도	한국
▲ 1510	10.17. 대신들이 囚禁되어 있는 倭人에 대해 의논하였는데, 成希顔이 而羅多羅·平時羅 등의 倭人을 돌려보낸다면, 섬의 倭人들이 우리의 포용에 감복할 뿐만 아니라 마음을 돌려서 화친을 비는 마음이 반드시 여기에 있다고 아뢰다.(『中宗實錄』 중종5.『集成』10-222) 10.18. 義禁府에 명하여, 平時羅를 江界府에, 而羅多羅를 會寧府에 유배하고, 의복 등의 물품을 주고 公賤이나 양민의 딸로써 아내 삼는 것을 허락하며, 나머지 왜인들은 모두 本島에 돌아가는 것을 허락하게 하다.(『中宗實錄』 중종5.『集成』10-228) 10.19. 倭人을 本島로 돌려 보내라는 명령을 잠시 정지하기를 계정하다.(『中宗實錄』 중종5.『集成』10-229) 10.29. 司勇 金世瑚가 군사와 관련된 18조의 상소를 올리니 그를 서용하게 하다.(『中宗實錄』 중종5.『集成』10-229) 11.3. 特進官 李蓀이 江界에 분치한 而羅多羅와 會寧 平時羅를 나누어 成川·谷山 등지에 유치시키는 것이 어떻겠느냐고 아뢰다./ 倭奴를 邊郡의 깊숙한 곳에 유치할 것을 전교하다.(『中宗實錄』 중종5.『集成』10-230) 11.12. 경상과 전라좌·우도의 兵使·水使에게 봉화를 멀리 늘리고, 군병을 먹여 길러서, 만약 적이 이르거든 우리의 정예한 기운을 축적하여 적의 기세를 꺾고, 편안함으로써 적이 피로함을 기다리라는 내용의 글을 내리다.(『中宗實錄』 중종5.『集成』10-230) 11.15. 사신의 논의에 庚午年에 征倭都元帥 柳順汀이 筆翰이 능숙한 李長吉에게 書記를 맡게 하였다고 적다.(『中宗實錄』 중종5.『集成』10-231)
1511 ▼	【한국】 1.18. 禮曹判書 申用漑가 倭人을 공궤함에 폐해가 있으니, 본섬으로 돌려보내든가, 아니면 궁벽한 고을로 보내자고 하니, 중외에 나누어 거처하도록 하다.(『中宗實錄』 중종6.『集成』10-237) 1.21. 領事 成希顔이 多大浦가 성을 쌓기에 마땅치 않은 것과 留館倭人과 외방에 구류된 왜인을 오래도록 구류함은 불가하다는 것을 아뢰다.(『中宗實錄』 중종6.『集成』10-237) 1.26. 臺諫이 아뢰기를, 李가 釜山浦僉使로 있을 때 朽敗한 배를 가지고 倭奴를 공격하여 功賞을 노리려는 것을, 主將 黃衡이 관찰사에 보고하여 심문하게 하였다고 하다.(『中宗實錄』 중종6.『集成』10-238) 1.27. 大司諫 慶世昌 등이 李의 죄 다스리기를 청하였으나, 상이 윤허하지 아니하다.(『中宗實錄』 중종6.『集成』10-238) 2.18. 憲府가 전년에 甲子년 倭變이 일어나 다시 節度使가 된 黃衡을 탐욕함이 심하여 작폐가 많은 것 등을 들어 탄핵하니, 남방 방어를 黃衡만큼 잘 아는 사람이 없으므로 바꿀 수 없다고 전교하다.(『中宗實錄』 중종6.『集成』10-239) 2.19. 諫院이 慶尙右道水使가 달려 나가 倭船을 습격할 때에 우리 배 한 척이 敗沒하고 人馬가 죽었지만, 숨기고 아뢰지 않았다 하므로 추문하기를 아뢰자, 上이 추문하겠다고 전교하다.(『中宗實錄』 중종6.『集成』10-240) 2.21. 전교하여 黃衡의 일을 풍문만을 듣고 行移한 것인지 그 사실을 확실히 알고서 行移한 것인지 防禦廳에 물어보라고 하다./ 防禦廳이 아뢰기를, 黃衡의 일은 본래 풍문에서 나온 것이니, 그 확실함을 보증할 수 없다고 아뢰다.(『中宗實錄』 중종6.『集成』10-241) 2.22. 防禦廳이 左道水營을 釜山浦로 이전하는 일에 대해서 아뢰다.(『中宗實錄』 중종6.『集成』10-241)/ 명하여 경상 좌수영을 移鎭하는 일의 편부를 의논하게 하다.(『中宗實錄』 중종6.『集成』10-242) 2.25. 대신들이 黃衡 등의 일을 아뢰어 의논하는데, 領事 金壽童이 지금 3~4월은 倭變이 염려되는 때인데, 장수를 바꾸면 방어가 허술해질 것 같으므로 黃衡을 가는 일을 다시 의논하겠다고 하다.(『中宗實錄』 중종6.『集成』10-242) 2.26. 朝講에서 侍講官 徐厚가 온 도내의 백성들이 모두 '차라리 왜의 손에 죽을 지언정 黃衡의 손에는 죽고싶지 않다'고 말하는 등 그 폐해가 심하므로 黃衡의 직을 갈 것을 아뢰다.(『中宗實錄』 중종6.『集成』10-244) 2.27. 持平 李·正言 權撥이 高荊山·黃衡의 일에 대해서 아뢰다.(『中宗實錄』 중종6.『集成』10-245) 2.28. 慶尙道 觀察使 宋千喜가 南方의 貢物을 견감하는 문제와 역마 타는 문제를 該曹의 防禦使와 의논하여 시행하게 하자고 아뢰다.(『中宗實錄』 중종6.『集成』10-246) 2.29. 持平 安處誠과 正言 崔重演이 과 함께 사연을 같이하여, 高荊山·黃衡·尙宮族親의 일에 대해서 아뢰다.(『中宗實錄』 중종6.『集成』10-246) 3.5. 上이 慶尙左道兵馬節度使 黃衡에게 영남에 침입한 倭寇의 소탕을 칭찬하고, 백성의 고통을 덜도록 유시하다.(『中宗實錄』 중종6.『集成』10-247)/ 영남 지방이 倭患을 겪은 후로 邑村이 蕭條하고 民物이 쇠잔함에도 불구하고, 그 지방을 올바르게 다스리지 못한 황형에 대해서 아뢰었으나 상이 받아들이지 아니하다.(『中宗實錄』 중종6.『集成』10-249) 3.6. 대간이 절도사와 방어사의 직을 올바르게 행하지 못한 黃衡의 죄를 아뢰고 그 직을 갈 것을 청하였으나 윤허하지 아니하다./ 政院에 전교하여 黃衡의 범행이 사실인지 아닌지 알 수 없으므로 遞差의 가부를 三公에게 收議하도록 하라고 하다.(『中宗實錄』 중종6.『集成』10-250) 3.7. 臺諫이 黃衡의 일을 논하니, 상이 여러 대신에게 의논하여 처리하겠다고 답하다.(『中宗實錄』 중종6.『集成』10-250)/ 三公이 黃衡을 체직시키자고 청하니, 상이 그대로 따르고 義禁府로 하여금 잡아다 심문하게 하다.(『中宗實錄』 중종6.『集成』10-251) 4.8. 대신이 黃衡의 직위가 2품이고 南征에 공이 있으므로 오래도록 옥에 체류시킬 수 없다하여 保放을 청하니, 명하여 黃衡을 사헌부로 옮겨 추문하게 하다./ 扶安縣監 金潰가 倭가 변경을 침구한 후로 남쪽 지방 군민 중 武才 있는 자를 추려내어 번을 나누어 防戍하여, 다시 침구하는 번에 대비하는 것 등의 일로 상소하니, 상이 해사로 하여금 행할 것을 행하게 하라고 政院에 이르다.(『中宗實錄』 중종6.『集成』10-251)

일본

11.21. 臺諫이 濟州牧使 張琳이 우물에 말을 몰고 와서 물을 먹인 백성의 말을 관에 몰수하여 말하기를 '倭變이 대비하여 싸움터를 닦아놓아야 한다'고 하여 失農하게 하였으니, 서울에 拿送하여 추구할 것을 아뢰다.(『中宗實錄』 중종 5. 『集成』10-231)

11.22. 成希顔이 濟州 牧使에 마땅한 사람을 의망하기를 청하니, 그대로 따르다.(『中宗實錄』 중종 5. 『集成』10-232)/ 상이 이르기를, 加德島 등 왜선이 침입할 때에는 그 도의 군사로 편의에 따라 방비하게 해야 할 것이라고 하다.(『中宗實錄』 중종 5. 『集成』10-233)

11.24. 大司諫 崔淑生이 金錫哲이 남방의 節度使로 있을 때 倭가 城邑을 함락시켰으나 구제하지 못하였으니, 군법으로 논하면 죄가 가볍지 않은데 지금까지 그 관직에 있어 체임할 것을 아뢰니, 上이 체임을 명하다.(『中宗實錄』 중종 5. 『集成』10-233)

11.26. 徐厚 등이 남방의 倭寇를 근심하여 金錫哲의 북도 부임을 논의하다.(『中宗實錄』 중종 5. 『集成』10-234)/ 정원에 전교하여 金錫哲에게 부임할 것을 타이르게 하다.(『中宗實錄』 중종 5. 『集成』10-235)

12.3. 倭寇가 평정될 때까지 임시로 정지하라고한 賜暇讀書를 賊變에 관계되는 것이 아니니 속히 회복하라고 명하다.(『中宗實錄』 중종 5. 『集成』10-235)

12.19. 成均館의 생원 李敬 등이 倭寇의 침입으로 더 피폐해진 백성의 고통 등을 적은 便宜 10條를 올리다.(『中宗實錄』 중종 5. 『集成』10-236)

12.20. 慶尙右道兵使 柳年과 水使 李이 몰래 정박한 倭船을 습격하여 몰아내고, 倭寇의 머리 7級과 장계를 바치다.(『中宗實錄』 중종 5. 『集成』10-236)

12.21. 上이 이번에 침범한 倭寇를 斬獲한 군사의 상줄 방법을 의논하게 하다.(『中宗實錄』 중종 5. 『集成』10-237)

4.13. 防禦廳에 묻기를, 開城府 留鎭軍은 1~2 旅만 머물러 두고, 나머지는 모두 서울로 와서 番을 서고, 남방의 군사들은 上番을 면제하여 본도에 머물러 수자리하게 함이 어떠한가 물으니, 경솔하게 고침이 불가하다고 아뢰다./ 日本使臣 彌中이 書契를 바치며 화친을 구하니, 대신들이 의논하여 宣慰使의 事目을 정해서 馳啓한 후에 처치할 것을 아뢰니 上이 그 의논을 따르다.(『中宗實錄』 중종 6. 『集成』10-252)/ 禮曹가 만일 日本使臣 彌中이 以羅多羅 등과 平時羅 등의 거처를 묻는다면, '혹은 京都에 있고 혹은 外邦에 있다'고 답하라 함이 어떠하겠는가 라는 것 등을 아뢰니, 上이 그리하라고 답하다.(『中宗實錄』 중종 6. 『集成』10-254)

4.18. 朝講에서 持平 尹宕이 預差內禁衛를 慶尙道에 설치하여 土豪들을 試取하되, 10矢 이상은 모두 방수에 나가게 하여 전일 倭에게 주던 양식을 급료로 삼도록하길 아뢰다.(『中宗實錄』 중종 6. 『集成』10-255)

4.20. 慶尙道觀察使가 漆原 장교 諸者 등이 倭人에게 붙잡혔다가 돌아온 일로 장계하였는데, 그들이 전하기를 倭人이 정중하게 대해주고, 자신들의 생활이 피폐하다고 말하더라고 하다.(『中宗實錄』 중종 6. 『集成』10-255)

4.24. 參贊官 金瑭이 아뢰기를, 三浦倭奴가 원한을 가진지 오래인데, 李友曾이 서서히 다스리지 않고, 慰撫와 防禦하는 일에 도를 잃었기 때문에 지난날의 화를 자초하였다고 아뢰다.(『中宗實錄』 중종 6. 『集成』10-256)

4.26. 전번 倭變으로 설치한 防禦廳의 沿革에 관한 일로, 대신들이 의논드리나 그 의견들이 다른데, 上이 전교하기를 仮官 1~2원을 두는 것이 어떤지 防禦廳에 물으라고 하다.(『中宗實錄』 중종 6. 『集成』10-257)

4.27. 政院이 방어청을 혁파하고 仮郎官을 병조에 소속시켜 변방 일을 관장하게 하는 문제에 대해서 아뢰다.(『中宗實錄』 중종 6. 『集成』10-257)

5.4. 弘文館直提學 趙舜이 倭寇의 난을 겪은 뒤로 남방의 수령들을 모두 무관으로 하여 관리가 은혜롭지 못하므로, 성실한 관리를 간택할 것을 상소하니, 상이 비답하다.(『中宗實錄』 중종 6. 『集成』10-258)

5.5. 上이 京外에 머물러 둔 倭人을 돌려보내는 일의 편부를 의논하게하고, 倭의 使臣 彌中이 만나보지 못하게 거처를 옮기게 하자는 金壽童 등의 의견을 채용하다.(『中宗實錄』 중종 6. 『集成』10-259)

5.8. 留置倭를 함경·평안·황해등 도의 궁벽한 고을에 나누어 두게 하다.(『中宗實錄』 중종 6. 『集成』10-261)

5.10. 三公 등이 同辭로 別啓하여 沿海 근처에 거주하게 한 倭人이 도망갈 위험이 있으므로 해변에서 먼 곳으로 옮기기를 아뢰자, 上이 그대로 따르다.(『中宗實錄』 중종 6. 『集成』10-261)

5.11. 상이 경상도에 왜환이 매우 심하므로 변장을 무인이 정하여 보내도록 하라고 하다.(『中宗實錄』 중종 6. 『集成』10-262)

5.12. 領議政 金壽童 등이 京館에 가두어 둔 囚倭들이 자진한다 하니, 北平館에 옮겨두었다가 中이 올라온 뒤에 처치하자고 하였으나, 禮曹의 堂上官을 보내어 다시 효유토록 하다.(『中宗實錄』 중종 6. 『集成』10-262)

5.13. 禮曹에서 留館倭人을 연일 開諭하였으나, 왜인들이 의심하여 믿지 않으니, 軍의 威容으로 제재하여 나누어 보내도록 건의하니, 그리하도록 하다.(『中宗實錄』 중종 6. 『集成』10-264)

5.14. 承旨 李自堅이 京館의 囚倭를 외방에 나누어 배치하려 하는데 난동을 부리므로, 政院이 순종하는 자는 나누어 배치하고 순종하지 않는 자는 포박하여 제재하기를 아뢰니 上이 그대로 따르다.(『中宗實錄』 중종 6. 『集成』10-264)/ 宣慰使 許碇이 日本使臣 彌中이 三浦居倭의 죄는 작지 않으나, 朝鮮이 包容하여 撫恤해달라고 하는데, 이것은 반드시 島主와 三浦居倭 등이 본국에 청원해서, 彌中에게 위임해 보내어 예전 거처로 돌아오려는 것이라고 치계하다.(『中宗實錄』 중종 6. 『集成』10-265)

5.18. 禮曹에 명하여 棺槨을 갖추어 자살한 倭人을 매장하게 하다.(『中宗實錄』 중종 6. 『集成』10-266)

5.20. 上이 政院에 전교하기를 彌中이 올라와서 倭人의 거처를 묻는 다면 어떻게 대답할 것인가를 收議해서 아뢰라고 하고, 바른대로 말하자는 金壽童 등의 의논을 따르다.(『中宗實錄』 중종 6. 『集成』10-266)

5.21. 檢詳 具之愼이 三公의 의견으로 아뢰기를, 水營은 요해처이니 하루라도 장수가 비어있으면 안된다고 아뢰다.(『中宗實錄』 중종 6. 『集成』10-267)/ 宣慰使 許碇이 아뢰기를 彌中이 화친에 대해서만 말하고, 전에 온 倭人 등의 일에 대하여는 거의 거론하지 않으니, 對馬島의 일을 알지 못하는 것 같다고 하다./ 日本使臣 彌中 등 16인이 서울에 오다./ 강원도 관찰사에게 하유하여, 무릉도를 살펴 알아보고 계문하게 하다.(『中宗實錄』 중종 6. 『集成』10-268)

5.22. 該曹에서 武才가 있고 왜를 칠 때 공이 큰 문신으로 李自華·申公濟·李·具之愼 등을 서계하니, 內地守令에 구애될 것 없이 널리 뽑아

연도	한국
	注擬하라고 하다.(『中宗實錄』 중종6. 『集成』10-269)
	5.25. 명하여, 그 어머니의 병이 중한 慶尙右道水使 李菶의 직을 갈게 하다.(『中宗實錄』 중종6. 『集成』10-269)
	6.4. 柳洵 등이 아뢰기를 만일 日本使臣 彌中이 화친하기를 간청하면, 三浦에는 살도록 할 수 없지만 화친을 허락해 달라는 청은 마땅히 다시 한 번 생각해서 처리하겠다고 답하자고 하니, 上이 그리하라고 전교하다.(『中宗實錄』 중종6. 『集成』10-269)
	6.10. 領議政 金壽童 등이 어제 연회에서 彌中이 화해를 청하는 書契를 주었는데, 對馬島와 三浦居倭가 먼저 卵育之恩을 저버리고 감히 반란을 하였으니, 어찌 가히 화친을 허락하겠느냐고 答報하기를 아뢰자 上이 그대로 따르다.(『中宗實錄』 중종6. 『集成』10-270)
	6.24. 朴守紋이 오는 26일에 日本使臣을 접견할 때 彌中으로 하여금 술잔을 올리도록 한다는데, 저들은 우리와는 틈이 있으니 변고를 예측할 수 없으므로, 술잔을 올리도록 하심이 불가할 듯 하다고 아뢰다.(『中宗實錄』 중종6. 『集成』10-271)
	6.26. 비 때문에 客人의 접견을 정지하고, 左議政 柳順汀을 보내어 日本使臣 彌中을 위한 잔치를 禮曹에서 베풀게 하다.(『中宗實錄』 중종6. 『集成』10-271)
	6.27. 左議政 柳順汀 등이 와서 復命하고, 客使 彌中이 對馬島를 위해 화친을 청하더라고 아뢰다.(『中宗實錄』 중종6. 『集成』10-271)
▲ 1511	7.8. 上이 勤政殿에 나와 日本國使臣 彌中등 21인을 접견하고 이어 잔치를 내리다.(『中宗實錄』 중종6. 『集成』10-272)/ 慶尙右道 兵使가 아뢰기를, 본도에서 1년에 거둔 倭料이 1만 5천여석이고, 당번군사의 兩等祿俸이 쌀·콩·밀을 합쳐 2천 여석이므로, 거둔 倭料로서 오랑캐를 대우하는 경비가 충분하다고 아뢰다.(『中宗實錄』 중종6. 『集成』10-272)
	7.10. 日本使臣 彌中이 禮曹에 呈文하여 對馬島가 화친을 청한다는 뜻을 陳達하였으므로, 禮曹가 어떻게 할지를 물으니, 上이 대신과 의논하라고 전교하다.(『中宗實錄』 중종6. 『集成』10-272)
	7.15. 金壽童 등이 화친을 청한 日本使臣 彌中의 글을 보고, 對馬島가 반란한 무리의 머리를 베어서 그것을 바친다면 三浦엔 다시 살 수 없지만, 화친은 다시 헤아려서 처치하라 하셨다고 말하자고 의논드리니, 上이 그대로 따르다.(『中宗實錄』 중종6. 『集成』10-273)
	7.19. 加德島를 수색 토벌한 軍功을 논하고, 상품을 차등 있게 주다.(『中宗實錄』 중종6. 『集成』10-274)
	7.25. 弘文館이 彌中이 온 것은 화친을 위함이나, 늠연히 거절하여 島主로 하여금 반란을 꾀한 자들을 잡아오게 하여 친히 사죄케 하고 通好하도록 건의하다.(『中宗實錄』 중종6. 『集成』10-274)
	7.26. 柳洵등이 倭奴의 화친요청에 대해, 아직 준절한 말을 하지말고, 그들에게 스스로 새로와지는 마음을 길러주는 것이 사리에 마땅하니, 준엄하게 거절하지만 말자고 하다.(『中宗實錄』 중종6. 『集成』10-275)
	8.5. 경기관찰사 成夢井이 아뢰기를, 水軍이 나누어 방어하고 있는 喬桐의 月串은, 그 고을이나 부근 고을의 수군이 수자리살게 하며, 강화의 井浦도 이와 같이하면, 수군들이 멀리까지 수자리 사는 폐단이 없을 것이라고 하다.(『中宗實錄』 중종6. 『集成』10-276)
	8.8. 김수동·유순정 등이 수군을 各 鎭의 부근 사람으로 바꾸면 왕래하고 번들기가 매우 편리하지만, 한 진의 수군 額數가 너무 많아질 수 있으므로 구례대로 시행함이 좋겠다고 아뢰니, 그대로 따르다.(『中宗實錄』 중종6. 『集成』10-277)
	8.10. 倭使 彌中과 月江 등이 慕華館에서 활쏘기·말타기와 포쏘는 것을 구경하고 모두 시를 지어 바치다.(『中宗實錄』 중종6. 『集成』10-277)
	8.11. 彌中이 다섯 조목의 書契를 올리다.(『中宗實錄』 중종6. 『集成』10-277)
	8.27. 大司諫 李世仁이 熊川·薺浦의 진을 합하여 성을 쌓자고 하니, 만일 백성이 적어 倭寇가 내침하여 사면을 에워싼다면 守禦하지 못할 것이니, 兩陣을 서로 바라보게 쌓기를 청하자, 上이 觀察使의 還報를 기다려 처리하겠다고 하다.(『中宗實錄』 중종6. 『集成』10-278)
▼ 1512	【한국】 1.5. 諫院이 金海府使 方輪은 무재는 있으나 본래 학식이 없으므로 합당하지 못하니 改差하자고 아뢰었으나 윤허하지 아니하다./ 兵曹가《東國兵鑑》에다가 前代에 倭奴들이 침범하여 노략질한 것과 庚午年 倭變의 사적을 弘文館에게 편찬하게 하도록 함이 어떡하겠느냐고 아뢰니, 上이 그리하라고 전교하다.(『中宗實錄』 중종7. 『集成』10-292) 1.8. 전교하기를, 우리나라는 三面으로 적을 받게 되어 있는데서 남쪽에 일이 있어 조정이 바야흐로 장수에 뜻을 쏟게 되었다고 하다.(『中宗實錄』 중종7. 『集成』10-292) 1.12. 戶曹가 경상도 관찰사의 狀啓에 따라 아뢰기를, 各道 流民의 전답을 상고하건대, 1만 7백 30여 結이나 되어 세를 감하기가 매우 어려우므로 庚午年의 承傳에 의하여 3분의 1만 감하도록 하자고 아뢰니, 그대로 따르다.(『中宗實錄』 중종7. 『集成』10-293) 1.15. 政府 등이 金海·寶城은 근자의 倭變 때문에 戊申을 차임하여 보냈으나, 이 두 고을은 땅이 넓고 사람이 많아 詞訟이 번다하므로, 武才가 있는 文臣을 보내자고 議啓하니, 上이 '가하다'라고 전교하다.(『中宗實錄』 중종7. 『集成』10-293) 1.16. 安州는 關防의 중요한 곳이고 성 쌓는 일도 긴급하니, 武才가 있고 勤儉한 무신을 가려 差任하여 보내도록 하고, 金海와 寶城 두 고을의 수령도 무재가 있는 문신으로 書啓하도록 하라고 전교하다.(『中宗實錄』 중종7. 『集成』10-294) 1.22. 명하여, 金海의 수령으로서 弘文館·臺諫 중에 합당한 사람을 의망하도록 하라고 하다./ 臺諫이 金海副使를 弘文館·臺諫으로 의망한 적이 없었다고 아뢰니 답하기를, 김해는 땅이 넓고 백성이 많아 문무의 재주를 겸비한 사람으로 임명해야 하기 때문에 홍문관·대간도 아울러 의망하도록 한 것이라고 하다.(『中宗實錄』 중종7. 『集成』10-294)/ 李世貞을 예조 참

일본

8.28. 領事 成希顔이 요즈음 남방에서 邊報가 오지 않는 것은 필시 中이 여기에 온 때문일 것이니, 彌中이 돌아간 뒤에는 방어에 관한 여러 일을, 변장에게 유시하여 엄중한 조치를 더하게 하자고 아뢰다.(『中宗實錄』 중종 6.『集成』10-278)/ 南方의 변장들에게 유시하여, 방비를 튼튼히 하고 백성의 괴로움을 부지런히 구휼하도록 명하다.(『中宗實錄』 중종 6.『集成』10-279)

9.4. 大司諫 李世仁·參贊官 李希孟이 금년에 흉년이 들어 백성들의 생계가 어려운데 특히 下三道는 다른 도에 비해 백성들이 많이 살아 가난을 진휼하는 것을 다른 도의 배 이상의 조치를 하지 않을 수 없다고 아뢰다.(『中宗實錄』 중종 6.『集成』10-279)/ 대간이 충청도는 賊路의 要害地가 아니므로 舒川浦의 성은 쌓지 말고 菁英會 또한 흉년이니 또한 정지해야 한다고 아뢰었으나, 윤허하지 아니하다./ 흉년으로 경상도의 點馬와 성을 쌓는 일을 정지시키다.(『中宗實錄』 중종 6.『集成』10-280)

9.5. 李蓀이 아뢰기를, 辛酉年에 抄定한 戶數 가운데 가난으로 죽은 자가 많으므로 시행하지 못한 公事는 병조로 옮길 것을 청하니, 政府의 의논을 보아 처리하겠다고 답하다.(『中宗實錄』 중종 6.『集成』10-280)/ 전라도의 點馬와 舒川浦의 성 쌓는 일을 정지하도록 명하다.(『中宗實錄』 중종 6.『集成』10-281)

9.8. 慶尙, 全羅 양도의 觀察使와 병·수사에게 彌中이 온 다음부터 邊報를 알리지 않으니, 남쪽의 방비를 더욱 튼튼히 하기를 유시하다.(『中宗實錄』 중종 6.『集成』10-281)

9.15. 慶尙道 兵馬節度使 成秀才가 왜선 18척이 登山串에 정박하였다고 치계하다.(『中宗實錄』 중종 6.『集成』10-282)

10.2. 正言 朴佺이 慶尙島의 변방 사정을 목도하여 아뢰었는데, 그 중 加德島의 북쪽은 진을 설치했던 곳으로 농사를 지을 수 있어 만약 倭가 이 섬을 점거해 침구해 온다면, 동래 등 변두리 백성들은 편히 잠잘 수 없을 것이라고 하다.(『中宗實錄』 중종 6.『集成』10-282)

10.20. 朝講에서 領事 成希顔이 아뢰길, 지난번 倭變때 柳順汀을 대신하여 맡은 兼判書를 도로 파해 달라고 하다.(『中宗實錄』 중종 6.『集成』10-283)

10.28. 宣慰使 金安國이 彌中을 전송하고 돌아와서 日本의 郡縣 지명 관제를 베낀 帖子 1책을 바치니, 上이 承文院에 내리다.(『中宗實錄』 중종 6.『集成』10-284)

11.18. 上이 黃衡의 일을 논의할 것을 명하자, 成希顔이 黃衡이 西江月을 첩으로 삼은 것은 유죄이나 韓恂과는 차이가 있고, 더우기 倭를 칠 때 그의 공로가 컸으므로 파직으로써 징계하기를 아뢰다.(『中宗實錄』 중종 6.『集成』10-284)

12.6. 承旨 尹希平이《東國兵鑑》속에는 倭變을 싣지 않았으니, 이것을 補遺하여 반포해서 武士講書 때에 모두 강하도록 함이 마땅하다고 아뢰다.(『中宗實錄』 중종 6.『集成』10-285)

12.12. 下敎하기를, 근래에 彌中이 돌아간 뒤로 왜선이 자주 나타나며 중국에도 일이 생겼다고 하다.(『中宗實錄』 중종 6.『集成』10-285)

12.16. 慶尙道 兵馬節度使 柳聃年이 加德島의 왜선을 토벌하여 3척을 포획하였는데, 20인을 죽이고, 40인을 생포하였는데, 생포왜인은 官衙에 분치하였고, 화살 맞은 12인은 熊川館에서 치료하고 있다고 아뢰다.(『中宗實錄』 중종 6.『集成』10-285)

12.17. 兵曹가 아뢰기를 올라온 啓本을 보건데, 아군의 선박 1백여 척으로 저들의 배 30여 척을 겨우 사로잡았으며 게다가 위험마저 있었으니 위엄을 보였다고 할 수는 없다고 하자, 上이 政府와 더불어 의논하라고 전교하다./ 上이 忠淸道·江原道·黃海道·濟州에 倭奴의 침구가 무상하니 변방의 방비를 戒飭하라고 下書하다.(『中宗實錄』 중종 6.『集成』10-286)

12.19. 上이 倭變에 대비하여 장수가 될 만한 자를 미리 기르도록 전교하다.(『中宗實錄』 중종 6.『集成』10-287)/ 金壽童 등이 직위가 높은 侍臣을 보내어 柳聃年이 잡은 倭奴를 推鞫하여, 그들이 온 뜻과 島主의 向背를 묻는 것이 어떻겠느냐고 처하니, 上이 그리하라고 전교하다./ 金壽童 등이 同議하여 倭奴가 加德島 등처에 정박하여 왕래만 했을 뿐인데, 경솔하게 수군을 써서 추격하였으니 이는 만전의 대책이 아니라는 것 등을 아뢰자, 上이 의논한 바를 諭書의 말에 넣어 효유함이 마땅하다고 전교하다.(『中宗實錄』 중종 6.『集成』10-288)

12.20. 朝講에서 大司諫 安彭壽가 柳遠이 倭變때 火砲를 만드는 제구에 드는 厚紙를 모두 훔쳤던 것을 아뢰자, 上이 정상을 알아본 뒤에 파직하라고 이르다.(『中宗實錄』 중종 6.『集成』10-289)

12.21. 朝講에서 조정의 회보를 기다리지 않고 舟師로 倭奴를 토벌하여 잡은 柳 年에게 諭書를 내리는 것에 관해 논의하다.(『中宗實錄』 중종 6.『集成』10-290)

12.25. 慶尙右道節度使 柳聃年이 加德島를 수토한 軍功을 論定하여 아뢰도록 명하다.(『中宗實錄』 중종 6.『集成』10-291)

【일본】

-.이해에 막부는 승려 彌中을 조선에 보내어, 삼포왜란 주모자의 머리를 조선에 바치고 화해를 요청하다. 對馬島主 宗義盛은 아들 宗盛長에게 도주 지위를 물려 줌으로써 조선에 사과를 하니, 조선이 이를 허락하다. 또한 세견선 수를 줄이다.(『大日本史料』第九編之四)

-. 삼포왜란 이후 일본과 조선은 壬申約條를 체결하고, 교역을 재개하다. 대마도주가 보내는 세견선수를 줄이다.(『朝鮮通交大紀』卷2)

-. 1512년 대마도주 宗盛長은 조선과 통교를 맺었는데 매년 세견선 25척을 파견하기로 하다. 그의 나이 11세이다.(『宗氏家譜』)

-.1512년 了菴桂悟가 사절로서 명에 파견되다. 조선과 琉球는 일본에 대항할 만한 나라가 못된다고 하다.(『正德七年(永正九年)壬申入明記』)

의로, 李長坤을 병조 참의로, 金世弼을 병조 참지로, 金協을 사헌부 장령으로, 柳潤德을 사간원 정언으로, 孔瑞麟을 홍문관 부수찬으로, 李誠彦을 김해 부사로 삼다.(『中宗實錄』 중종 7.『集成』10-295)

1.24. 臺諫이 李誠彦을 金海副使로 삼는 것이 옳지 않다고 아뢰었으나 윤허하지 아니하다.(『中宗實錄』 중종 7.『集成』10-295)

1.27. 金海府使 李誠彦이 지난번 남쪽 변방에 警報가 있었고, 金海는 巨鎭이기 때문에 그 수령 선발이 중요한데 자신은 부모가 노쇠하여 갈 수 없다고 아뢰었으나 윤허하지 아니하다.(『中宗實錄』 중종 7.『集成』10-295)

2.4. 李誠彦을 金海府使로 보내는 문제에 대해서 의논하다.(『中宗實錄』 중종 7.『集成』10-296)/ 敬差官 權敏手가 倭奴를 壓膝과 烙刑으로

연도	한국
▲ 1512 ▼	고문한 差使員을 고발하다.(『中宗實錄』 중종7. 『集成』10-298) 2.5. 兵曹가 倭奴를 잔혹하게 고문한 差使員에 대해 추고하고, 熊川府使와 宜寧縣監을 추고하게 하다.(『中宗實錄』 중종7. 『集成』10-298) 2.6. 領議政 金壽童 등이 供招를 보낸 倭人들도 반란에 추종한 무리들이니 죄를 용서할 수가 없고, 加德島에 왜놈들로 하여금 마음대로 고기잡게 할 수가 없으니, 형벌에 처해야 한다고 의논하여 아뢰다.(『中宗實錄』 중종7. 『集成』10-299) 2.7. 同知事 鄭光弼이 아뢰기를, 지난 가을에 下三道가 성쌓기와 말물이로 폐단이 있었기 때문에 牧場의 말을 내주지 않았다고 하다.(『中宗實錄』 중종7. 『集成』10-299) 2.13. 조강에서 弥中 등 이번에 온 倭人들을 접대하는 문제와 그들에게 줄 養料 등의 문제에 대해서 의논하다.(『中宗實錄』 중종7. 『集成』10-300)/ 上이 전교하기를 倭人들을 접대하는 일은 六曹·承政院 등에 收議하되, 각각 그 司에서 의논하여 啓聞하라고 하다./ 司諫院이 倭人을 접대하는 것이 不當하니, 다시 의논할 것이 없다고 아뢰다.(『中宗實錄』 중종7. 『集成』10-301) 2.15. 大司憲 尹金孫 등이 倭人 접대 등에 대해 의견을 내고, 大司諫 安彭壽가 갇힌 倭人들의 형벌에 대해 아뢰다.(『中宗實錄』 중종7. 『集成』10-301) 2.17. 領議政 金壽童 등이 倭人들이 바다 건너갈 식량을 주어 타일러 보내고, 그 중 올라올 사람의 수효를 간략히 마련하도록 하되, 포구에 머무르며 무역함은 전례대로 하는 것이 합당하다고 아뢰니, 上이 의논대로 시행하라고 전교하다.(『中宗實錄』 중종7. 『集成』10-304) 2.19. 江原道觀察使 高荊山이 江陵鎭·三陟鎭·同浦·蔚珍浦·大浦에 성 쌓는 일은, 지난 기유년에 受敎하였으나 단속하고 있지 않으므로 그 근간함과 태만함을 고찰해서 築城事目에 의해 권면 징계하도록 할 것을 청하다.(『中宗實錄』 중종7. 『集成』10-304) 2.23. 慶州府尹 李繼福이 아뢰기를 이번에 온 倭人들을 접대하지 않기로 했다 하는데, 慶尙道는 방어 능력이 부족하여 對馬島와 深處倭人이 힘을 합쳐 침범한다면 방어하지 못할 것 이라는 등의 이유를 들어 倭人들을 접대하자고 하다.(『中宗實錄』 중종7. 『集成』10-305) 2.29. 兵曹가 昌原의 일곱 倭人과 전에 가둔 倭人들의 자백이 같지 않음을 보고하다.(『中宗實錄』 중종7. 『集成』10-306) 3.10. 上이 倭變이 있으니 慶尙監司를 신중히 가려 임용하도록 전교하다.(『中宗實錄』 중종7. 『集成』10-292)/10-306 3.13. 司憲府에서 倭變을 맞아 마땅히 物望이 중한 사람을 가려 보내어 진압시킴으로써, 남쪽을 돌보는 근심이 없게 해야 하는데, 姜渾은 사람됨이 병폐가 있으므로 慶尙監司가 되기에 부적당하다고 아뢰다.(『中宗實錄』 중종7. 『集成』10-306) 3.14. 直提學 權敏手가 倭人을 推問하는 敬差官으로 갔다 와서 보고하기를 日本國 사람들을 접대한다면 對馬島가 더욱 외롭고 약하게 되어 포악한 짓을 못하게 될 것이라고 하다.(『中宗實錄』 중종7. 『集成』10-307) 3.15. 右議政 成希顔 등이 잡힌 왜놈들 중에 釜山浦에 사는 要時羅라는 倭人은 반란한 무리로서 온전히 살려줄 수 없으므로, 전에 推問한 모든 倭人의 예에 의하여 處刑할 것 등을 의논드리니, 上이 모두 그대로 따르다.(『中宗實錄』 중종7. 『集成』10-308) 3.16. 司憲府가 淸道郡守 金季愚는 倭人을 推問 할 때에 단근질을 썼는데, 지극히 잔인하므로 파출하자고 청하였으나 윤허하지 아니하다.(『中宗實錄』 중종7. 『集成』10-309) 3.22. 諫院이 熊川府使 鄭殷富는 탐욕하여 백성을 잘 다스릴 수 없으므로 체직할 것을 아뢰나, 上이 倭變이 있는 때에 鄭殷富가 장수 재질이 있으니 임용해야 한다며, 윤허하지 않다.(『中宗實錄』 중종7. 『集成』10-309) 4.1. 우의정 성희안이 아뢰기를, 정은부가 지난 경오년의 변에 왜인이 칼을 빼어 급히 쫓아올 때, 말을 타고 담을 넘으며 몸을 돌려 두 사람을 쏘아 죽였다고 하다.(『中宗實錄』 중종7. 『集成』10-309) 4.3. 팔도의 관찰사·병사·수사에게 보낼 儒書에 적을 막고 나라를 지키는 것에는 군사를 훈련하고 양식을 넉넉하게 하는 것일 따름이라고 하다.(『中宗實錄』 중종7. 『集成』10-310) 4.5. 慶尙道觀察使 安이 근래 倭變이 있어 조처하는 일이 매우 긴요하므로, 덕망있는 사람을 보내어 鎭服하기를 바라는데, 자신은 부족하므로 사면하여 달라고 아뢰나, 上이 윤허하지 않다.(『中宗實錄』 중종7. 『集成』10-311) 4.6. 경상도 관찰사를 덕망이 重厚한 安으로 보내기로 하다.(『中宗實錄』 중종7. 『集成』10-311) 4.23. 禮曹가 日本國使臣의 접대에 대해 의논을 청하였는데, 上이 闕庭에서 회의하라고 전교하다./ 左議政 柳順汀 등이 日本國使臣 弥中은 來請의 형식으로 접대하고, 對馬島의 受圖書人과 受職人은 모두 접대하지 말 자고 의견을 내다.(『中宗實錄』 중종7. 『集成』10-312) 4.28. 大司憲 尹金孫이 金安國을 다시 日本國使臣 宣慰使로 보내면 弥中이 우리 조정에 사람이 없다고 여길까 염려된다고 아뢰니, 上이 그 始末을 아는 자가 金安國이기 때문에 대신들이 보낼만 하다고 하였다고 이르다.(『中宗實錄』 중종7. 『集成』10-313) 5.4. 대간이 成秀才를 남방의 節度使에서 체직하여 북방의 절도사를 삼는 것이 부당하다고 아뢰었으나 윤허하지 아니하다.(『中宗實錄』 중종7. 『集成』10-313)/ 전교하여 우리 나라 사람이 水戰에 익숙하지 못하기 때문에 적을 보면 겁을 내므로, 지금 연습을 시키고자 하니, 병조에 말하라고 하다.(『中宗實錄』 중종7. 『集成』10-314) 5.5. 領事 成希顔이 倭가 화친을 청하는 것 같으나 끝내 보장하기 어려우므로, 남방에 대해 잘 아는 成秀才를 남방수령에 유임할 것을 청하다.(『中宗實錄』 중종7. 『集成』10-314)/ 慶尙道觀察使 宋千喜가 漆原縣에 간힌 倭人 要時羅가 深遠한 나라인 花加大國이 있는 時老未란 자를 청해다가 성책과 옥사를 분질러 없앨 계책으로 對馬島 사람들이 분분히 말하는 것 등을

일본

들고 왔다고 자백한 내용을 보고하다.(『中宗實錄』 중종 7. 『集成』10-315)

5.7. 副提學 權敏手 등이 倭에 맞서 싸울 수 있도록 軍政을 엄히 하자고 하는 것 등을 상소하다.(『中宗實錄』 중종 7. 『集成』10-315)

5.14. 江原道觀察使 高荊山이 흉년과 倭의 침입 등으로 인해 쌓인 백성의 불합리성을 상소하다.(『中宗實錄』 중종 7. 『集成』10-316)/ 日本國 使臣 僧 弸中이 오다.(『中宗實錄』 중종 7. 『集成』10-317)

5.24. 副提學 權敏手 등이 과거의 왜의 교활함을 들어 화친을 허락하지 말 것을 상소하다.(『中宗實錄』 중종 7. 『集成』10-317)

5.30. 獻納 金楊震이 弸中이 온 것은 분명 화친을 청하기 위해서 이므로 미리 의논하여 대처해야 한다고 아뢰니, 예관으로 하여금 마련하게 하라고 하다.(『中宗實錄』 중종 7. 『集成』10-319)/ 정원에 전교하기를, 괴수의 머리를 가져 오면 화친을 허락하겠다고 말하였으나, 이 는 권도로 한 말이므로 議政府, 府院君, 六曹의 參判 이상과 대간, 홍문관, 예문관으로 하여금 조정에서 의논하게 하라고 하다./ 試讀 官 洪彦弼이 아뢰기를, 弸中을 택하여 보냄은 필시 우리나라의 허실을 엿보려는 것이므로 그의 요구를 다 들어주어서는 안된다고 하 다.(『中宗實錄』 중종 7. 『集成』10-321)

윤5.1. 日本國王이 弸中을 시켜 화친을 청하자, 여러 사람이 의논 하였는데, 의견이 다 다르므로, 上이 급히 화친을 허락하지 말라고 전교하 다.(『中宗實錄』 중종 7. 『集成』10-321)/ 領事 宋軼등이 倭寇와 화친하는 것이 옳다고 아뢰나, 상이 倭寇와는 시급하게 화친할 수 없다 고 이르다.(『中宗實錄』 중종 7. 『集成』10-328)

윤5.7. 領事 成希顏이 弸中의 화친을 허락하기를 청하나, 上이 倭人이 바라는 바가 매우 크기 때문에, 아직은 화친을 허락할 수 없다고 이르 다.(『中宗實錄』 중종 7. 『集成』10-329)

윤5.8. 獻納 金楊震이 지난해에 弸中이 還國하지 않았다고 하는 것과, 對馬島 사람들이 圖書를 절취하여 쓰면서 왕래한다는 것을 弸中에게 물어 볼 것을 아뢰니, 上이 禮曹에게 물어서 아뢰라고 전교하다.(『中宗實錄』 중종 7. 『集成』10-330)/ 경상도 靈山縣에 가두었던 왜인 古時羅 등이 감옥을 뛰어넘어 도망가다.(『中宗實錄』 중종 7. 『集成』10-331)

윤5.14. 朝講에서 弸中과의 화친에 대해 논의하던 중, 申叔舟와 黃喜의 왜인에 대한 후한 접대의 예를 따를 것을 아뢰다.(『中宗實錄』 중종 7. 『集成』10-331)/ 日本의 使者 弸中이 서울에 들어오고, 對馬島主 宗順이 참한 반란한 왜인의 머리 13級을 바쳤으며, 宣慰使 金安國 이 경오년 熊川 전란 때 通事 朴桂峯이 대마도에 잡혀가 宗盛親과 談論했다고 아뢰다.(『中宗實錄』 중종 7. 『集成』10-333)

윤5.15. 領事 成希顏이 아뢰기를, 지금 남쪽에 전쟁이 그치기는 하였으나 柳聃年이 아니면 안되므로 마땅히 褒獎하여 유임시킴이 가하다고 하다.(『中宗實錄』 중종 7. 『集成』10-333)

윤5.18. 日本使臣 弸中이 肅拜하니, 上이 右承旨 金世弼을 에게 명하여 宣하여 위로하다.(『中宗實錄』 중종 7. 『集成』10-334)

윤5.21. 朝講에서 日本使臣 弸中을 접대할 때에 응대할 말을 의논하다.(『中宗實錄』 중종 7. 『集成』10-334)

윤5.23. 左議政 柳順汀 등이 日本使臣 弸中이 화친을 청한 것에 대해 끝까지 화친을 허락하지 않으려면 모르거니와, 사세가 어쩔 수 없어서 화 친을 허락할 것이라면 조금이라도 그 단서를 열어 놓아야 한다고 아뢰다.(『中宗實錄』 중종 7. 『集成』10-336)

윤5.27. 押宴官 成希顏 등이 아뢰기를 弸中이 화친을 허락받지 못하면, 다시 와서 청하지 않을 것 같다고 하다.(『中宗實錄』 중종 7. 『集成』10-337)

윤5.28. 함경도도절제사 尹熙平이 치계하기를 붕중에게 화친을 허락하는 것이 온편하겠다고 하다.(『中宗實錄』 중종 7. 『集成』10-338)

6.1. 상이 弸中에게 화친을 허락하는 것이 옳은지 그른지에 대해 대신들에게 의논하게 하다.(『中宗實錄』 중종 7. 『集成』10-338)

6.2. 政院이 成希顏의 뜻으로 아뢰기를, 弸中을 접견할 때에, 宋軼을 都摠管으로 시위하도록 하다.(『中宗實錄』 중종 7. 『集成』10-341)

6.3. 상이 慶會樓에 나가 日本國使臣 弸中 등에게 잔치를 내리다.(『中宗實錄』 중종 7. 『集成』10-342)

6.5. 禮曹가 對馬島 倭人 五古音甫 등이 우리나라의 일을 탐지했다는 것을 보고하고, 對馬島 倭人들 중 화친을 청하는 자가 있더라도 浦所 에 머무르지 못하게 할 것을 아뢰자, 上이 윤허하다.(『中宗實錄』 중종 7. 『集成』10-342)

6.15. 상이 弸中이 가지고 온 書契의 내용이 화친만을 바라는 것이 아니라 계속 청하는 것이 많으므로 경솔하게 화친을 허락할 수 없다고 전 교하다.(『中宗實錄』 중종 7. 『集成』10-342)

6.18. 이조 판서 宋軼이 弸中이 묻는 말에 대한 답변에 대해서 아뢰다./ 右議政 成希顏이 倭와의 사단이 있어 편안치 못하니, 軍務를 많이 알고 또 계책을 잘 세우는 柳順汀이 있어야 하므로 柳順汀의 本職을 갈도록 명한 것을 재고해 달라고 청하자, 上이 柳順汀의 사직을 윤허하지 않다.(『中宗實錄』 중종 7. 『集成』10-344)

6.19. 押宴官 宋軼 등이 잔치에서 弸中 등이 國幸을 접대하지 않은 것과, 화친을 허락하지 않는 이유를 물었다고 아뢰다.(『中宗實錄』 중종 7. 『集成』10-345)

6.22. 文星府院君 柳洵 등이 왜놈들이 寇抄하여 남쪽 백성들이 고통을 당할 것이기 때문에 화친을 허락해야 한다고 아뢰나, 上이 지금 화친 을 허락하면 弸中에게 말려 드는 것이요, 日本에서도 조선을 가볍게 볼 것이라고 전교하다.(『中宗實錄』 중종 7. 『集成』10-347)

6.23. 전교하여 弸中에게 화친을 허락할 것인지 말 것인지 議啓하도록 하라고 하다./ 副提學 權敏手등이 화친을 경솔히 해서는 안되며, 강 성한 宗盛親의 머리를 베어 바치도록 함으로써 강화의 요청을 방지하도록 하다.(『中宗實錄』 중종 7. 『集成』10-348)/ 左贊成 李蓀 등 이 왜가 남쪽에서 寇抄하여 방어하기 어려울까 염려하여 화친을 허락하자고 의논드리니, 上이 화친을 허락하다.(『中宗實錄』 중종 7. 『集成』10-349)

6.24. 柳順汀 등이 日本使臣 弸中의 화친에 대한 답변을 의논드리다.(『中宗實錄』 중종 7. 『集成』10-350)

6.25. 右議政 成希顏 등이 弸中의 書契를 가지고 대책을 논의하고서, 弸中에게 宗盛親이 와서 사죄한 뒤에 화친을 허락하겠다는 말을 하니, 弸中이 都船主를 급히 내려보낸다고 했다고 아뢰다.(『中宗實錄』 중종 7. 『集成』10-350)

7.24. 成希顏 등이 제포에 첨사를 둔 것은 居倭가 있었기 때문인데 지금은 거왜가 없으므로 熊川 薺浦 두 鎭을 둘 필요가 없으니 제포를 혁

연도	한국
▲ 1512	파하고 熊川都尉를 陞格, 절제사로 삼아 제포를 겸하여 진수하자고 아뢰다.(『中宗實錄』중종7.『集成』10-351) 8.4. 司諫 洪景霖 아뢰기를, 국가에서 장차 왜노와 화친할 것이니, 성 쌓는 것은 서두를 일이 아니라고 하다.(『中宗實錄』중종7.『集成』10-352) 8.18. 禮曹가 盛親이 日本에 들어가 돌아오지 못하였기 때문에 彌中이 보낸 都船主가 헛되이 돌아왔다고 아뢰니, 上이 그 조치할 바를 政府·府院君·六曹의 判書와 判尹 이상에게 의논하라고 전교하다.(『中宗實錄』중종7.『集成』10-353) 8.19. 政府·府院君 등이 彌中에게 화친을 허락할 것을 獻啓하니, 상이 화친을 허락하고, 禮曹에서 절목을 마련하여 盛親이 入啓 뒤에 다시 의논함을 전교하다.(『中宗實錄』중종7.『集成』10-353) 8.20. 禮曹가 倭人들이 화친을 핑계하며 오는 것은 다른 속뜻이 있는 것이니 이를 경계할 것을 아뢰다.(『中宗實錄』중종7.『集成』10-354) 8.21. 左議政 柳順汀 등이 禮曹의 의견을 동조하다.(『中宗實錄』중종7.『集成』10-355) 8.22. 臺諫이 合司하여 彌中의 화친요청을 재삼 생각하여 결정하기를 청하다.(『中宗實錄』중종7.『集成』10-355)/ 弘文館 副提學 李自華가 경솔하게 彌中에게 화친을 허락하지 말기를 청하다.(『中宗實錄』중종7.『集成』10-356) 8.23. 獻納 慶俶이 아뢰기를, 彌中에게 화친을 허락함은 국가의 輕重이 관계되는 일이니, 가볍게 허락하는 것은 불가하다고 하다./ 臺諫이 合司하여 아뢰기를, 붕중에게 화친을 허락하는 일은 불가하다고 아뢰었으나 윤허하지 아니하다./ 臺諫이 또 아뢰기를, 彌中에게 화친을 허락하기에 지금은 事機가 마땅치 않다고 아뢰다.(『中宗實錄』중종7.『集成』10-357)/ 弘文館이 차자를 올려 대마도에 화친을 허락할 수 없다는 뜻을 논하였으나, 윤허하지 아니하다./ 侍讀官 權撥, 說經 李淸이 대마도에 화친을 허락할 수 없다는 뜻을 극력 進達하였으나, 윤허하지 아니하다.(『中宗實錄』중종7.『集成』10-358) 8.24. 朝講에서 私姦 洪景霖 등이 對馬島에 화친을 허락할 수 없음을 아뢰나, 上이 윤허하지 않다./ 臺諫이 지금 盛親이 오지 아니한 것을 핑계해서 彌中에게 화친을 허락하지 말기를 청하다./ 左議政 柳順汀 등이 임금의 명으로 太平館에 모여 화친에 대해 의논하다.(『中宗實錄』중종7.『集成』10-359) 8.25. 彌中에게 화친을 허락하는 의논을 도로 정원에 내리다./ 대간이 合司하여 彌中에게 화친을 청하는 것을 허락하지 말자고 아뢰었으나, 윤허하지 아니하다.(『中宗實錄』중종7.『集成』10-362) 8.26. 臺諫이 合司하여 화친하지 않기를 빨리 정하도록 건의하다.(『中宗實錄』중종7.『集成』10-363)/ 弘文館이 화친을 허락할 수 없음을 빨리 정하도록 아뢰다.(『中宗實錄』중종7.『集成』10-364)
1513	【한국】 1.29. 전교하기를, 왜놈들의 變詐는 헤아릴 수 없어 염려하지 않을 수 없으니, 마음이 매우 편치 못하다고 하다.(『中宗實錄』중종8.『集成』10-373) 2.19. 臺諫이 아뢰어 居昌縣監 尹孝聘이 熊川의 倭亂 때에, 關을 부수고 나가 온 城이 함몰 되게 하고도 별로 공을 세운 것이 없으므로 敍用하지 말자고 했으나, 上이 윤허하지 않다.(『中宗實錄』중종8.『集成』10-373) 2.22. 臺諫이 소릉을 추복하는 일 및 李珣·李希輔·金義錫·尹商老·宋洗光·尹孝聘·李世應 등의 일을 아뢰었으나, 모두 윤허하지 아니하다.(『中宗實錄』중종8.『集成』10-373) 2.25. 大司憲 南袞·대사간 趙元紀 등이 合司하여, 昭陵의 일 및 尹孝聘·崔淑生 등의 일을 아뢰었으나, 모두 윤허하지 아니하다.(『中宗實錄』중종8.『集成』10-373) 3.10. 全羅, 慶尙 양도의 변장에게 彌中이 돌아간 후에 회보가 없으니, 三浦의 옛터에 거주함을 허락치 않은 것과 歲賜物이 전보다 감축한 것에 대한 반발이 염려되니, 변방의 경계를 엄히 하도록 하다.(『中宗實錄』중종8.『集成』10-374) 3.17. 兵曹判書 辛允武가 倭奴에 대한 경계를 아뢰다.(『中宗實錄』중종8.『集成』10-374) 4.8. 司猛 金世瑚가 巨濟 남쪽 南海의 근절되지 않은 倭가 변민을 괴롭히니, 倭를 잡을 것을 상소하자, 상이 府院君·政府·知邊司宰相 에게 의논하라고 명하다.(『中宗實錄』중종8.『集成』10-375) 5.3. 禮曹가 倭奴와의 문제를 아뢰자, 上이 政府에서 의논한 것 중에서 成永이 상경하기를 기다려, 그의 말을 상세히 들은 뒤에 참작하여 처리하자는 柳洵의 의논을 따르다.(『中宗實錄』중종8.『集成』10-376) 6.6. 御史 尹殷輔가 慶尙道로부터 와서 番을 다시 나눌 것과 庚午년 倭變 후에 壁報로 성을 쌓았는데, 성이 부실하므로 새로 쌓을 것을 아뢰니, 該曹에게 말하라고 전교하다.(『中宗實錄』중종8.『集成』10-377) 7.8. 禮曹가 特送 倭奴 등이 불순한 짓을 많이 하므로 이에 관해 아뢰니, 上이 널리 의논하여 결정하라고 전교하다.(『中宗實錄』중종8.『集成』10-378) 7.10. 宋軼, 鄭光弼등이 왜인의 행동에 불손한 점이 많으니, 처음의 약속에 의하는 것이 마땅하다고 아뢰다.(『中宗實錄』중종8.『集成』10-379)
1514 ▼	【한국】 1.11. 宋軼, 鄭光弼, 金應箕 등이 庚午년 倭變 후에 武才가 있는 閑良을 이미 旅外正兵으로 정하고 保率을 주었으니, 지금 뽑는 한량도 전례에 의하여 役을 정하고 본도에 分防하게 하자고 의논드리다.(『中宗實錄』중종9.『集成』10-386) 1.17. 司憲府에서 왜의 침입 때 도망친 李海를 체직할 것을 청했으나, 上이 윤허하지 않다.(『中宗實錄』중종9.『集成』10-387) 1.30. 上이 庚午년 倭變때 성이 함락되자 왜에게 항복하고, 적이 조정에 보내는 글을 起草했던, 故 齊浦僉使 金世鈞의 관작을 追奪하다.(『中宗實錄』중종9.『集成』10-387)

일본

8.27. 政院이 彌中과 화친하는 문제에 대해서 옳게 판단할 것을 아뢰다. / 臺諫이 아뢰기를, 彌中이 盛親을 타일러 오도록 하려 해도 盛親이 연고를 핑계하고 오지 않기 때문에 화친을 허락할 수 없다고 아뢰다.(『中宗實錄』 중종 7. 『集成』10-365) / 弘文館이 아뢰기를, 彌中에게 盛親이 오지 않은 것을 핑계로 화친하는 것을 허락하지 않는다면, 彌中이 반드시 말없이 스스로 물러갈 것이라고 아뢰었으나 윤허하지 아니하다. / 禮曹正郎 金希壽가 붕중에게 화친을 허락하는 뜻을 전하니 彌中이 화친을 허락하는 뜻을 아울러 대마도에서 온 사람에게 유시해 주기를 청하였다고 아뢰다.(『中宗實錄』 중종 7. 『集成』10-366)

8.30. 押宴官 宋軼 등이 彌中에게 잔치를 베풀때에, 彌中이 都船主를 상경하도록 하여 함께 하직하고 돌아가게 해달라고 청했는데, 이는 對馬島의 죄악이 매우 크기 때문에 화친을 허락하지 않을까봐 그러는 것이라고 아뢰다.(『中宗實錄』 중종 7. 『集成』10-367)

9.5. 經筵堂上이 아뢰기를, 彌中을 호송할 때에 金安國을 보낼필요가 없다고 아뢰니 상이 그리하라고 전교하다.(『中宗實錄』 중종 7. 『集成』10-368)

9.6. 日本國王에게 司成 金安國이 지은 회답을 보내다.(『中宗實錄』 중종 7. 『集成』10-368)

9.12. 정원이 아뢰기를, 흉년 때문에 특별히 해마다 저장하는 郊草을 감하였는데, 남쪽이 이미 화친을 허락하였기 때문에 준비하지 않아도 된다고 아뢰다. / 禮曹가 彌中에게 商物의 수량을 더하여 보내기를 청하다. / 左議政 柳順汀 등이 成希顔이 琉球國使臣의 宣慰使가 되었을 적에 상물의 수량을 더할 것을 청하였었는데, 成希顔이 듣지 않고 다만 別例로 주었을 뿐이니, 彌中에게 상물 주는 것도 이 예에 의하여 행함이 마땅하다고 아뢰다.(『中宗實錄』 중종 7. 『集成』10-370)

9.14. 全羅道節度使 沈順徑이 이달 초하룻날 달구리에 倭船 6척이 세 섬을 약탈했으니, 倭人들이 비록 화친하려고 하나 불의에 일어나면 사변을 예측할 수 없으므로 방어하는 모든 일을 더 조치해야겠다고 狀啓하다. / 禮曹가 日本使臣 彌中에게 글을 보내어 對馬島에게 화친을 허락하나, 접대하는 節目를 재감한다고 하다.(『中宗實錄』 중종 7. 『集成』10-371)

9.21. 慶尙道에 가두어 둔 왜인들을 참형에 처하다.(『中宗實錄』 중종 7. 『集成』10-372)

9.25. 上이 勤政殿에 나아가 日本 大內殿이 使臣으로 보내 온 康樂西堂 등을 接見하다.(『中宗實錄』 중종 7. 『集成』10-372)

11.9. 상이 이르기를, 남방에 성을 쌓는 것이 부득이한 일이지만, 그러나 한갓 성만 쌓는 것으로 방어되는 것이 아니라, 백성으로 하여금 농사를 힘쓰게 하여 곡식을 저축하는 것도 중요하다고 아뢰다.(『中宗實錄』 중종 7. 『集成』10-372)

11.27. 對馬島主 宗盛順이 宗職部將을 보내어 來朝하다.(『中宗實錄』 중종 7. 『集成』10-372)

【일본】

12.23. 宗義盛이 宗大膳亮에게 편지를 보내다. 조선에 보내는 歲遣船에 싣고 갈 書契(每年國幷書) 1통을 비롯하여 肥前千葉殿이 세견선을 파견하는 권리를 써놓은 편지 1통을 보낸다는 내용이다.(『宗家御判物寫』)

7.14. 臺諫이 아뢰기를, 成永은 우리나라 실정을 알고자 온 간첩인데 지금 온 뜻을 이루지 못하고 가므로 도중에 불순한 말이 있을까 두렵다고 아뢰다.(『中宗實錄』 중종 8. 『集成』10-380)

7.23. 禮曹가 對馬島主에게 답한 書契에다 정성을 다하여 조정을 섬기도록 하라고 이르다.(『中宗實錄』 중종 8. 『集成』10-380)

8.3. 通政大夫 許金秀가 熊川 倭館 곁에 집을 짓지 말라는 것과 倭人들이 주는 珍異의 물건을 받지 말라는 등의 문제를 상소하다.(『中宗實錄』 중종 8. 『集成』10-381)

8.9. 觀察使 韓亨允이 倭人을 대접하는 것에 관한 문제를 아뢰다.(『中宗實錄』 중종 8. 『集成』10-382)

8.12. 朝講에서 倭人을 대접하는 장소에 관한 문제를 논의하다.(『中宗實錄』 중종 8. 『集成』10-382)

10.20. 知事 張順孫이 왜인이 욕망을 이루지 못한 채 돌아갔고, 膏血이 우리땅에 남았으니, 장래 변고가 염려되니 군량을 마련하여 대비하도록 하다.(『中宗實錄』 중종 8. 『集成』10-383)

10.21. 直提學 尹殷輔가 남해에서는 片脯를 진상하려면 烟花 등에서 사냥해야 얻게 되는데, 海路가 험하여 사람이 풍파에 빠져 죽거나 倭寇에게 살해당하는 자가 수없이 많으니, 대신들과 의논하여 片脯의 양을 감해줄 것을 아뢰다.(『中宗實錄』 중종 8. 『集成』10-384)

11.2. 上이 倭의 침입에 대비하여, 慶尙右道에 배와 뱃사공을 더 두게 하다.(『中宗實錄』 중종 8. 『集成』10-384)

11.11. 成永이 朝鮮에 실례되는 일을 했기 때문에, 對馬島主가 盛正을 보내와서 사죄하다.(『中宗實錄』 중종 8. 『集成』10-385)

11.12. 尹金孫 등이 倭寇를 접대하는데, 別例로 두 船만 접대하고, 上京하는 사람의 수도 4인을 넘지 못하게 하자는 의견을 내다.(『中宗實錄』 중종 8. 『集成』10-385)

12.30. 宗宰를 명하여 입시하게 하고, 館에 머물러 있는 왜인과 야인도 입시를 허락하다.(『中宗實錄』 중종 8. 『集成』10-386)

【일본】

9.11. 大內義興은 足利義稙에게 조선 무역에 필요한 勘合 交付를 신청한다. 足利義稙은 이미 高山新左衛門尉에게 교부하였으므로 이를 허락하지 않는다. 大內義興은 다시 將軍의 측근인 畠山順光과 奉行을 통해 足利義稙에게 勘合의 교부를 신청한다.(『義稙將軍後記』7, 後鑑 卷279)

연도	한국
▲ 1514	2.18. 朝講에서 知事 申用漑가 對馬島主를 대우하는 일에 대해 아뢰니, 上이 조정에서 의논하겠다고 이르다.(『中宗實錄』 중종 9. 『集成』10-387)
	2.19. 慶尙右道節度使 尹熙平이 拜辭하니 상이 引見하고 이르기를, 경상도는 근래에 무사하지만 변방의 인심이 解弛하다 하나 방어하는 일 등에 힘을 다하라고 하다./ 宋軼이 도주의 청이 있은 후에 對馬島에 쌀을 주자고 의논드리니, 上이 따르다.(『中宗實錄』 중종9. 『集成』10-388)
	3.9. 朝講에서 上이 장수와 군사로 하여금 적을 경시하는 마음이 없도록 하라고 이르다.(『中宗實錄』 중종9. 『集成』10-389)
	3.10. 對馬島主 宗盛順이 經實을 보내어 토산물을 바치다.(『中宗實錄』 중종9. 『集成』10-390)
	4.1. 조강에서 執義 金楊震이 倭亂을 겪은 뒤로 군졸이 감소되고, 水軍의 폐단이 극도에 달하였으므로, 輪番을 실시할 것을 아뢰다.(『中宗實錄』 중종9. 『集成』10-390)
	4.4. 禮曹가 倭亂 때 잡혀간 포로를 刷還하게 하고, 對馬島主를 논상하도록 하자고 아뢰자, 上이 이를 따르다.(『中宗實錄』 중종9. 『集成』10-391)
	4.6. 柳珣, 鄭光弼, 金應箕 등이 梁智孫의 첩 등 포로된 인물을 通諭하여 쇄환하되, 書契를 기다려 보아 만약 쇄환하지 아니하면 그 때가서 문책하는 말을 전하자고 하니 상이 따르다.(『中宗實錄』 중종9. 『集成』10-391)
	9.14. 上이 宋軼등에게 전에 南方에 倭變이 있을 적에 북방에 대해, 때맞추어 조치하지 못했기 때문에 변이 뜻밖에서 일어났으니, 북방의 일은 대신이 상의하여 조치하라고 전교하다.(『中宗實錄』 중종9. 『集成』10-391)
	9.15. 領事 鄭光弼이 倭奴가 약속을 준수한다 하나 방비는 게을리 할 수 없다고 아뢰다.(『中宗實錄』 중종9. 『集成』10-392)
1515	【한국】
	1.2. 司憲府에서 邊鎭의 수령인 李海는 庚午년에 군관으로서 熊川에 있다가 倭變때 성문을 열고 달아나 성이 함락되었으나, 왜의 목을 베어 죄를 다스리지 않고 목숨을 보전했으므로 이를 체직하기를 청하나, 上이 윤허하지 않다.(『中宗實錄』 중종10. 『集成』10-397)
	1.6. 上이 金應箕으로 押宴官으로 삼아 日本國使臣 男湖西堂 등을 禮曹에서 접대하게 하다.(『中宗實錄』 중종10. 『集成』10-397)
	1.12. 柳洵 등이 對馬島에 화친을 허락하고 歲遣船을 절반만 허락했는데, 수년이 지나서 歲遣船을 청하는 使臣을 보내와서 예전의 예를 復舊하고자 하나, 관례를 예전의 예로 회복 할 수 없다고 의논드리니, 上이 그리하라고 전교하다.(『中宗實錄』 중종10. 『集成』10-398)
	1.28. 憲府에서 金錫哲은 전일 왜란 때에 전군을 상패시켰으므로 북도에 적합하지 않다고 아뢰나, 上이 윤허하지 않다.(『中宗實錄』 중종10. 『集成』10-398)
	2.2. 正言 李挺豪가 아뢰길 전일 倭變 때 나아가 구원하지 않아 패몰되었던 金錫哲이 그 잘못을 드러내어 말하지 않고, 명망이 중한 사람을 택하여 보내자고만 하면서 은밀하게 아뢰었다고 하다.(『中宗實錄』 중종10. 『集成』10-398)
	2.4. 상이 말하기를, 비록 金錫哲이 庚午年에 남방에서 敗軍한 일이 있으나 이것을 가지고 문책할 수는 없다고 아뢰다.(『中宗實錄』 중종10. 『集成』10-399)
	2.8. 上이 政府 등에게 지난번에 왜란에 대해 말하는 자가 많았는데도, 조정에서는 조치를 하지 않아서 庚午年의 난이 일어나 성이 함락되고, 남방 사람들이 魚肉이 되는 등 참혹한 일이 일어났으니 방비하라고 전교하다.(『中宗實錄』 중종10. 『集成』10-399)
	2.10. 礪原府院君 宋軼이 지난 庚午年에 倭가 熊川을 함락하였을 때 재상에게 명하여 포장을 쳐놓고 군사를 뽑았으니 완만하지 않았냐고 하면서, 경병예졸을 미리 양성할 것을 아뢰니, 上이 타당하다 하고, 신들에게 물으라고 전교하다.(『中宗實錄』 중종10. 『集成』10-400)
	2.14. 左議政 鄭光弼 등이 庚午倭亂 때에도 成希顔 등이 모두 문학과 무재가 뛰어났지만 防禦廳을 설치하고 辛允武와 의논하여 조치했으니, 柳年을 서울에 머물게 하여 방어하는 일을 의논 할 것을 아뢰니, 上이 그리하라고 전교하다.(『中宗實錄』 중종10. 『集成』10-400)
	2.15. 慶尙道觀察使 洪淑이 拜辭하니, 上이 引見하여 왜란을 겪은 뒤부터 慶尙道가 많이 소란하여졌으니, 監司의 黜陟을 조심해서 하라고 이르다.(『中宗實錄』 중종10. 『集成』10-401)
	3.17. 右副承旨 李沆이 日本國使臣에게 나라에 상사가 있어 접견하고 위로하지 못한다는 뜻으로 효유하였더니, 日本國使臣이 上恩을 입어 감격함을 다 말할 수 있겠느냐는 말을 했다고 아뢰다.(『中宗實錄』 중종10. 『集成』10-401)/ 禮曹判書 金詮이 日本國使臣이 船隻의 加定, 庚午년 난에 관직을 빼앗은 宗武臣의 復爵 등 네가지를 청했다고 아뢰니, 상이 寺利의 助緣, 銅鐵의 무역 등의 일은 들어주라고 전교하다.(『中宗實錄』 중종10. 『集成』10-402)
1516 ▼	【한국】
	1.25. 對馬島主 宗盛順이 五郎仇羅를 보내와서 土宜를 바치다.(『中宗實錄』 중종11. 『集成』10-408)
	2.18. 朝講에서 知事 張順孫이 兵曹가 下三道의 別軍官을 減하면, 邊將이 해이해질까 염려된다고 아뢰니, 上이 兵曹에 儲備한 것이 있고 또 남방의 倭變이 이미 終息되었으므로 加設軍官을 감한 것이라고 이르다.(『中宗實錄』 중종11. 『集成』10-408)
	2.21. 執義 金楊震이 慶尙道에서 倭變이후로 道內의 군사가 한달에 3번씩 番을 갈아 赴防하는데, 먼 곳은 往復하기 힘드니, 원근 등을 고려해 조절할 것을 아뢰자, 上이 倭寇가 寢息되었어도 방어를 경솔히 해서는 안된다고 이르다.(『中宗實錄』 중종11. 『集成』10-409)
	2.27. 강원도 감사 慶世昌·황해도 감사 朴好謙·전라좌도 수사 金世熙가 陛辭하니 상이 접견하고, 軍民을 보살피고 黜陟을 엄

일본

9.24. 禮曹에서 倭人을 饋餉하는데, 樂器는 벌여 놓기만 하고, 연주하지 않는 것은 災殃을 근신하는 뜻임을 왜인에게 알리도록 하다.(『中宗實錄』 중종 9. 『集成』10-392)

9.27. 禮曹에서 왜노 文愁戒가 지난 3년간의 歲賜米太를 주기를 청하자 거절하다.(『中宗實錄』 중종 9. 『集成』10-392)

10.13. 工曹參判 柳濱은 書啓하기를, 경상도 三浦에 거주하던 倭人이 이미 覆沒을 당했으므로 報復할 수 있으니 木柵을 설치하거나 담을 築造하여 그 편리한 데에 따라서 스스로 방비를 하도록 하자고 아뢰다.(『中宗實錄』 중종 9. 『集成』10-393)

11.1. 慶尙右道兵使 尹熙平이 日本國王의 使臣이 왔음을 치계하자, 禮曹가 대접할 수 없다고 아뢰고, 만약 서울에 올라오기를 굳이 청한다면 어떻게 처리할 것인지 아뢰자, 上이 政府에 의논하라고 전교하다.(『中宗實錄』 중종 9. 『集成』10-393)

11.2. 上이 日本使臣이 서울에 올라오는 일은 宣慰使가 내려가기를 기다려 南湖西堂의 말하는 것을 듣고서, 領議政 柳洵 등의 치계한 뒤에 裁決하자는 의논을 따르다.(『中宗實錄』 중종 9. 『集成』10-394)

11.10. 憲府에서 倭人과 銅鐵貿易을 금하지 않은 安骨浦萬戶를 탄핵하다.(『中宗實錄』 중종 9. 『集成』10-394)

11.26. 日本國使臣의 宣慰使인 繕工監正 安處誠이 男湖西堂의 접대에 관해 馳啓하다.(『中宗實錄』 중종 9. 『集成』10-395)

11.27. 禮曹가 日本使臣의 指路船主와 宗茂信의 일에 관해 아뢰다.(『中宗實錄』 중종 9. 『集成』10-395)

11.28. 上이 대신들의 여러 의논중 柳洵의 日本使臣의 指路船主와 宗武臣을 접대하자는 의견을 따르다.(『中宗實錄』 중종 9. 『集成』10-396)

11.29. 金應箕가 근일에 倭人을 전부 薺浦에서 접대하게 되어 驛路와 각 고을에서 宴享하는 폐가 많으니, 釜山浦의 客館을 보수하여 나누어 접대 할 것과, 柳洵은 對馬島의 과실이 크지만, 쌀과 콩을 종전대로 주자고 아뢰다.(『中宗實錄』 중종 9. 『集成』10-397)

윤4.28. 朝講에서 持平 柳沃이 倭가 왕래하는 길인 全羅左道水營 사이에 있는 杜山島에 개간한 屯田에 밭 갈기 위해 다닐 때에 군졸이 倭에게 해를 입어 파했는데, 이를 다시 개간하여 군사들이 고뇌워하니, 금지시키자고 아뢰다.(『中宗實錄』 중종 10. 『集成』10-402)

6.8. 金安國을 承文院에 두는 문제에 대해서 사신이 논하기를, 승문원은 事大交隣의 문서를 여사로 보고 부지런히 익히지 않았는데, 김안국이 判校가 되어서 부지런하고 삼가면서 직무를 수행하였다고 하다.(『中宗實錄』 중종 10. 『集成』10-402)

9.29. 大司憲 權敏手 등이 상소하기를, 下三道는 倭奴와 아주 가까우므로, 그 방비의 방책을 서둘러야 할 것이라고 하다.(『中宗實錄』 중종 10. 『集成』10-403)

10.6. 憲府가 南海縣令 李海가 熊川에 倭變이 있었을 때에 먼저 스스로 문을 열고 도망가서 성이 함락되게 했으므로, 邊將 자리에 다시 試用하지 말 것을 아뢰었으나, 上이 어찌 한 번의 잘못 때문에 邊地에 쓰지 않겠느냐고 전교하다.(『中宗實錄』 중종 10. 『集成』10-404)

10.13. 特進官 金錫哲이 아뢰기를, 武班 사람인 李海가 만약 熊川 에 있었으면 韓倫·尹孝聘과 함께 措置하여 굳게 지켰어야 할 터인데, 먼저 城을 버리고 달아났으므로 성안의 士卒이 도망하여 성이 함락되게 되었다고 하다.(『中宗實錄』 중종 10. 『集成』10-404)

10.14. 鄭光弼이 아뢰기를, 李海를 전에 敗走한 곳에 다시 邊將의 직임을 제수하면 아랫사람이 믿지 못해서 이해가 통솔하기에도 쾌하지 않을 것이라고 하다.(『中宗實錄』 중종 10. 『集成』10-404)

10.16. 弘文官副提學 金謹思 등이 上疏하기를, 근년에 熊川이 포위되었을 적에 李海가 關門을 열고 맨 먼저 달아나서 온 城이 屠戮을 당하게 하였다고 하다.(『中宗實錄』 중종 10. 『集成』10-405)

11.9. 憲府가 慶尙右道兵使 尹熙平이 安骨浦萬戶 權舜이 慶尙左道의 배를 倭船이라고 잘못 馳報하였고, 釜山浦僉使 權勝이 倭船 1백여 隻이 출현한 것을 啓聞하였는데 가져오는 자가 게을렀으니, 모두 推考할 것을 아뢰다.(『中宗實錄』 중종 10. 『集成』10-405)

11.18. 禮曹가 對馬島主에 대한 예우를 이번에 답하는 書契에 적어 모든 사람들에게 알리게 할 것을 아뢰니, 上이 그리하라고 전교하다.(『中宗實錄』 중종 10. 『集成』10-406)

11.29. 弘文館副提學 金謹思 등이 對馬島가 漂流한 사람을 刷還했으니, 그 공으로 島主의 아들에게 盛秀의 배 2~3척과 盛俊의 배1척을 허가하여 견제하는 계책으로 삼고, 예전대로 회복해 주어서는 안된다고 상차하다.(『中宗實錄』 중종 10. 『集成』10-407)

12.4. 禮曹判書 李繼孟 등이 의논하여 對馬島主의 아들 宗彦七인데, 근자에 배 7척을 보내주기를 청하였으니, 3척을 허락해 줄 것을 아뢰다.(『中宗實錄』 중종 10. 『集成』10-408)

【일본】

8.-. 大內義興은 雲英光悅을 조선에 파견하여 豊後國 萬壽寺 再建 비용을 요청하다. 서계와 별폭을 보내다. 별폭에는 병풍, 부채, 칼 등의 목록이 기록되어 있다.(『續善隣國宝記』)

명하게 하고 防禦에 대한 措置를 잘 할 것 등으로 유시하다.(『中宗實錄』 중종 11. 『集成』10-409)

3.5. 禮曹에서 근래 재변이 생기고 卽吉한지 오래되지 않았으므로 풍악을 쓰지 말자고 하였으나, 倭人과 野人의 접대에는 풍악을 쓰도록

연도	한국
▲ 1516	전교하다.(『中宗實錄』중종11.『集成』10-410) 3.12. 倭人 司正 胤次가 토산물을 가지고 와서 바치다.(『中宗實錄』중종11.『集成』10-410) 4.17. 慶尙右道兵馬節度使 尹熙平이 倭人의 조짐에 대해 對馬島主의 書契에 따라 馳啓하니, 上이 대신들에게 의논하도록 하다.(『中宗實錄』중종11.『集成』10-410)/ 柳洵 등이 書契에 대해 회답할 말을 의논하게 하니, 柳洵 등이 對馬島主가 書契에 加延助奇가 도적질 할지 의심스럽다고 하니, 禮曹에게 족가가 금단하기 여하에 달렸다고 답하게 하자고 의논드리자, 上이 의논대로 시행하라고 하다.(『中宗實錄』중종11.『集成』10-412) 4.19. 慶尙道 地方官에게 변방의 경계를 철저히 하라고 유시하다./ 함경도 관찰사와 남·북도의 병마 절도사에게 유시하였는데, 그 대략에 島夷가 틈을 노리는 흉계를 품고 있다고 하니 잠시라도 태만하지 말고 엄중히 戒飭을 가하여 신중하게 국경을 지키게 하라고 하다.(『中宗實錄』중종11.『集成』10-413)/ 全羅道 地方官에게 倭人에 대한 경계를 철저히 하라고 유시하다.(『中宗實錄』중종11.『集成』10-414) 5.4. 對馬島主 宗盛順이 사람을 보내어 土物을 바치다.(『中宗實錄』중종11.『集成』10-414) 5.8. 좌의정 김응기가 남방 군사의 別赴防하는 番期에 대해서 아뢰고, 영의정 정광필은 전라도의 騎兵과 水軍 및 各鎭·各浦의 기능에 대해서 아뢰다.(『中宗實錄』중종11.『集成』10-414) 5.12. 領事 鄭光弼이 아뢰기를, 庚午年 倭戰 때 成世良이라는 자가 戰功을 세웠는데 이처럼 전진에서 용감했던 자는 승진시켜 써야 한다고 아뢰다.(『中宗實錄』중종11.『集成』10-415)/ 전교하기를, 남방과 북방의 戰陣에서 용감했던 사람들을 그때의 장수에게 물어서 써서 아뢰라고 하다.(『中宗實錄』중종11.『集成』10-416) 5.16. 特進官 高荊山이 定虜衛에 소속되고자 하는 정병들을 소속시킬 것을 아뢰니, 領事 申用漑가 全羅道 등은 庚午년 倭變 때에는 그랬으나 이제는 매양 부방시킬 수 없으니 전례대로 하고, 番上할 만한 자를 번상할 것을 아뢰다.(『中宗實錄』중종11.『集成』10-416) 5.29. 日本國의 大內殿이 使者를 보내와 永慶殿에 進香하다.(『中宗實錄』중종11.『集成』10-417) 6.9. 大內殿의 使送倭를 접견하는 것에 대하여 논의하다.(『中宗實錄』중종11.『集成』10-417)
1517	【한국】 1.6. 對馬島主 宗盛順이 吾都音浦를 보내어 壤奠을 바쳐오다.(『中宗實錄』중종12.『集成』11-1) 1.19. 同知事 南袞 등이 아뢰기를, 우리 나라는 事大할 뿐만 아니라 交隣하는 데 있어서도 詞華가 중요하니, 권면 장려하지 않을 수 없다고 하다.(『中宗實錄』중종12.『集成』11-1) 4.25. 倭人과 野人을 잘 접대하는 것은 交隣의 예이니, 소홀히 하지 말도록 전교하다.(『中宗實錄』중종12.『集成』11-1) 4.26. 삼공이 檢詳을 보내어 아뢰기를, 왜인을 접대할 때 사관을 보내지 말고 該曹가 각별히 검속하게 하되, 궐내에서 供饋할 때는 내관이 본조 낭관과 함께 고찰하고, 留館할 때는 승정원이 본관 관원을 불러 검찰하도록 하자고 하다.(『中宗實錄』중종12.『集成』11-2) 5.5. 日本國使臣 大陰和尙 등 20여 인이 와서 方物을 바치다.(『中宗實錄』중종12.『集成』11-2) 5.20. 憲府가 黃衡은 性行이 貪暴하여 취할 것이 없어 六卿에 합당치 않은 사람이라고 아뢰니, 上이 黃衡은 지난번 倭亂 때에 공로가 없지 않았고, 莽哈의 변란 때에도 이를 진압하여 복종시켰으므로, 그 인물이 합당하다며 윤허하지 않다.(『中宗實錄』중종12.『集成』11-2) 6.8. 野人 金主成介가 未彦川에 와서 사는 것에 대해서 李繼孟 등이 아뢰기를, 와서 살게 한다면 결국 三浦倭人의 문제처럼 수습할 계책이 없게 될 것이라고 하다.(『中宗實錄』중종12.『集成』11-3) 8.7. 도승지 李荇에게 전교하기를, 客使가 연향에 참여할 것인지를 議政府의 郞廳을 불러서 收議하도록 하라고 하다./ 임금에게 客使 太陰和尙이 잔을 올리는 예도는 전과 같이 어탑 아래에서 하도록 하고 대신들도 모두 그와 같이 하도록 하다.(『中宗實錄』중종12.『集成』11-4) 8.9. 上이 仁政殿에 나아가 日本國使臣 太陰和尙을 접견하다.(『中宗實錄』중종12.『集成』11-5) 8.14. 押宴官 申用漑가 日本使臣을 접대한 뒤 復命하고, 客使들이 助緣을 청하고 放火 구경에 간절한데, 使臣이 자주 오지 않으니 구경시킬 것을 아뢰자, 上이 助緣은 전례대로 주고, 放火는 참으로 바라면 보여주라고 전교하다.(『中宗實錄』중종12.『集成』11-5)/ 政院이 宗親 등으로서 進宴에 참여할 사람의 단자를 들이고, 庚午년 倭變 후에 해마다 흉년이어서 여쭈지 않았으니, 근년에는 오래 행하지 않았을 것이라고 아뢰자, 上이 종친을 어떻게 대접할 것인지 政府에 물으라고 전교하다.(『中宗實錄』중종12.『集成』11-6)
1518 ▼	【한국】 1.6. 臺諫이 兵曹參判 金錫哲은 倭人을 칠 때 성을 뺏긴 죄가 크다고 아뢰었으나, 전교하기를, 비록 왜인을 칠 때 군율을 잃었다고 하나 그것은 한때의 실수이고 兵曹參判은 武臣을 써야 하기 때문에 체직하지 않은 것이라고 하다.(『中宗實錄』중종13.『集成』11-10) 1.10. 權撥이 아뢰기를, 庚午年의 변란 때 韓倫은 참하고 金錫哲은 참하지 않은 것이 잘못인데 더욱이 김석철을 兵曹參判의 벼슬을 하게 하는 것은 불가하다고 아뢰었으나 윤허하지 아니하다.(『中宗實錄』중종13.『集成』11-11) 1.12. 慶尙兵馬節度使 曹閏孫이 加德島와 彌助項 등에 진을 설치할 것을 청하다.(『中宗實錄』중종13.『集成』11-11) 2.21. 慶尙左道 兵馬節度使 柳湄가 拜辭하니, 남쪽사람들은 倭人과 친압하기 쉽고, 적을 가벼이 여기는 마음이 없지 않으니,

일본

6.16. 禮曹에서 大內殿의 使送을 접견하지 않을 때의 예에 대해 아뢰다.(『中宗實錄』 중종 11.『集成』10-418)

6.23. 禮曹에서 大內殿의 使送 東陽書堂에게 잔치를 베풀게하고, 都承旨를 보내서 賜物을 가지고 가서 유시하게 하다.(『中宗實錄』 중종 11.『集成』10-418)

6.24. 우의정 신용개·예조판서 권균이 왜사가 弓角을 가져와 면포로 바꾸는데, 弓角 10隻에 면포 5匹로 매기는 것은 값이 너무 싸다고 아뢰다.(『中宗實錄』 중종 11.『集成』10-418)

7.3. 全羅道觀察使가 倭船이 잇달아 침범하니 한꺼번에 수색하여 잡자고 아뢰자, 政府에서 발병하여 수색해 잡지말고 방비하다가, 賊變이 있거든 발병한 뒤에 啓聞할 것을 回啓하니, 上이 그대로 따르다.(『中宗實錄』 중종 11.『集成』10-419)

7.21. 三公이 왜란에 죽은 薺浦僉使 金世鈞을 그때에 같이 죽은 釜山浦僉使 등과 같이 致賻하게 할 것을 아뢰자, 上이 金世鈞은 나라를 위하여 죽은 자가 아니므로 이미 職牒을 거두었으니, 그 致賻는 온편치 못할 듯하다고 전교하다.(『中宗實錄』 중종 11.『集成』10-419)

8.7. 全羅道水使 蘇起坡가 倭船搜討軍官 李崇仁이 倭과의 싸움에서 패한 것을 馳啓하니, 上이 대체로 배를 잘 부리는 것이 倭人의 長技인지라 수토를 해서는 안된다고 한 말을 兵曹에 말하라고 전교하다.(『中宗實錄』 중종 11.『集成』10-420)

8.21. 囚人 朴性孫·尹禮·金仲良의 석방여부를 논하였는데, 朴性孫의 말에 金守明이 가지고 있는 푸대에 倭人이 進上한 것이라고 쓰여 있다고 했다.(『中宗實錄』 중종 11.『集成』10-421)

8.27. 特進官 高荊山이 임금에게 전라도에서 왜선을 수토한 것을 아뢰고, 왜선을 잡는 방법에 대해서 의논드리다.(『中宗實錄』 중종 11.『集成』10-421)

10.26. 전교하기를, 왜인에게 잔치를 베풀 때 紗羅綾緞을 입지 않을 수 없다고 하다.(『中宗實錄』 중종 11.『集成』10-421)

10.29. 왜인이나 야인을 연향할 때, 사라능단을 금할 것인지에 대해 의논하도록 하다.(『中宗實錄』 중종 11.『集成』10-422)

11.7. 領事 金應箕가 倭人과 野人들을 초하루 보름 조회에 모두 반열에 참여시킴은 成宗朝의 예이고, '五禮儀註'에 있는데, 지금은 폐지되었으니 다시 상고하도록 건의하다.(『中宗實錄』 중종 11.『集成』10-423)

11.23. 倭人들이 多大浦에 침입하여 사람들을 살해하다.(『中宗實錄』 중종 11.『集成』10-423)

8.17. 不時經筵에서 參贊官 成世昌이 日本國使臣이 助緣을 청한 것을 전례를 상고하여 내려주라 하셨으나, 助緣이라 하고 내려 주면 우리도 불도의 일을 숭상한다고 생각할지 모르니, 내려줄 때에 다른 일로 명목을 붙이자고 아뢰다.(『中宗實錄』 중종 12.『集成』11-6)/ 上이 政丞들에게 日本國王이 大藏經 助緣을 청한일을 전교하니, 숭상하지 않는다는 뜻을 말하고, 청이 간절하므로 주는 것이요, 助緣으로 하는 것이 아니라고 할 것을 回啓하니, 上이 助緣은 줄 수 없다고 전교하다./ 두 政丞이 日本使臣에게 助緣을 주는 일에 관해 논의하여 아뢰다.(『中宗實錄』 중종 12.『集成』11-7)

8.18. 朝講에서 上이 日本國王이 청한 大藏經과 助緣에 관해서 의논하였는데, 朝鮮은 異教를 숭상하지 않으므로 助緣을 주지 않았으면 하고 전교하자, 大臣이 이에 관해 논의하다.(『中宗實錄』 중종 12.『集成』11-8)

8.29. 掌令 蘇世讓이 아뢰기를, 客人의 연회에 반드시 無童을 쓰는데 그 폐단은 여악과 같다고 하다.(『中宗實錄』 중종 12.『集成』11-9)

11.4. 沈貞 등이 폐조 때 귀양간 자들 중에서 甲士 姜際光 등이 倭를 만나 싸우는 소리가 들렸는데도 구하지 않은 任終係에 관해 논하자, 上이 싸움터에서 구하지 않았으므로 놓아주지 말라고 이르다.(『中宗實錄』 중종 12.『集成』11-9)

11.13. 全羅道兵馬節度使 黃琛 등이 拜辭하니, 上이 引見하고 黃琛에게 倭變이 그쳤다고 생각지 말고 방어에 관한 여러 가지 일들을 힘껏 조치하라고 이르다.(『中宗實錄』 중종 12.『集成』11-9)

11.14. 司憲府에서 三浦倭亂 당시 慶尙道節度使로 있던 金錫哲을 논핵하다.(『中宗實錄』 중종 12.『集成』11-10)

11.17. 鄭光弼이 아뢰기를, 金錫哲의 일에 대해 대간이 아뢴 뜻은, 우리나라는 군기가 늘 정제되지 않아서 갑자기 큰 적을 만나면 쉽게 제어하지 못하는 형편이라는 것이라고 하다.(『中宗實錄』 중종 12.『集成』11-10)

방어하는 일에 힘을 다하도록 조처하다.(『中宗實錄』 중종 13.『集成』11-12)

4.17. 대간이 平安道虞候 李海는 庚午年 왜란 때에, 온 城을 함몰당하게 하여서 臣節을 크게 잃은 사람이니 등용할 수 없다고 아뢰자, 上이 실수는 있으나 버릴 수 없다고 전교하다.(『中宗實錄』 중종 13.『集成』11-12)

5.21. 上이 長興庫主簿 盧王筆 등을 引見하였는데, 盧王筆이 鎭海縣監 河挺이 庚午年 倭變이 있는 뒤로 生民을 蘇復시키고 백성을 극진히 돌보았으나, 발탁되지 않고 있다고 아뢰자, 上이 발탁해서 쓰라고 이르다.(『中宗實錄』 중종 13.『集成』11-12)

7.14. 正殿에서 大司憲 李沆이 熊川에서 돌이 저절로 울었는데, 庚午年에 울자 倭變이 있었고 이제 또 울었다고 아뢰자, 慶尙道觀察使에게 물었는데 다 사실이 아니다.(『中宗實錄』 중종 13.『集成』11-13)

7.21. 憲府가 아뢰기를, 경상도는 방어가 허술하고 또 재변이 있어서 인심이 의심하고 두려워 한다고 하다.(『中宗實錄』 중종 13.『集成』11-13)

연도	한국
▲ 1518	10.21. 獻納 崔山斗가 南方은 庚午倭變 이후 현재 軍額 외에, 따로 閑良을 가려 군액을 증가했는데, 그가 금방 다른 소임으로 가면 군과 집에 奉足과 餘丁이 없어서 지탱하지 못하여 침해하므로, 친척과 이웃이 그 해를 받는다고 아뢰다.(『中宗實錄』중종13.『集成』11-14)
1519	【한국】 1.25. 對馬島主 宗盛順이 皮告汝文을 使臣으로 보내오다.(『中宗實錄』중종14.『集成』11-15) 3.2. 上이 庚午년에 倭를 정벌할 때에 一等功臣에 기록되어 嘉善의 階資에 올랐던 信平君 康允禧 등을 난을 일으키려고 모의한 죄로 잡아들여 문초하고, 允禧를 下獄시키다.(『中宗實錄』중종14.『集成』11-15) 3.9. 三公이 琉球國의 使臣을 접대하는 예를 丁亥년의 예에 따라 特送의 예로 접대할 것을 청하자, 上이 따르다.(『中宗實錄』중종14.『集成』11-15) 5.3. 대간이 아뢰기를, 지난번에 倭人들이 熊川을 함락하였을 때, 그 곳 주민들이 李海만 믿었었는데 海가 사졸보다 먼저 피해 도망하여 覆沒의 환란이 있게 했었다고 하다.(『中宗實錄』중종14.『集成』11-16)
1520	【한국】 1.13. 朝講에서 參贊官 李가 閭延 등에 와서 사는 野人이 점점 불어서 조정에서 諭示해도 따르지 않았는데, 이는 장수 한 명만 보내도 섬멸 시킬 수 있으나, 오래도록 없애지 않으면 三浦倭亂 같은 환란이 있을 것 같다고 아뢰다.(『中宗實錄』중종15.『集成』11-17) 2.13. 水軍의 番을 黃海道·江原道·忠淸道 등처는 3번으로 나누고 방어가 가장 긴요한 慶尙道·全羅道는 3번으로 나누면 군사가 부족하므로 左右領으로 나누게 하도록 하다.(『中宗實錄』중종15.『集成』11-18) 3.10. 憲府가 아뢰기를, 慶尙右道는 방어가 긴요한데 兵使 李允儉은 변방 장수로는 부적합하므로 寧海府使에 그대로 仍任하도록 하자고 청하니 그대로 따르다.(『中宗實錄』중종15.『集成』11-19) 3.11. 徐祉가 아뢰기를, 남방의 倭人이나 북방의 野人들의 문제는 크게 걱정할 것이 없다고 하다.(『中宗實錄』중종15.『集成』11-19) 4.5. 朝講에서 上이 庚午倭變때 군마가 정제되지 않아서 싸움에 나아갈 즈음에 남의 말을 빼앗아 타고 갔으니 이는 작은 일이 아니므로, 흉년이라 하더라도 軍伍의 일은 정제해야 한다고 이르다.(『中宗實錄』중종15.『集成』11-19) 4.9. 政院이 咸鏡南道兵使의 啓本에 의해 金朱成哈이 지극히 오만한 말을 했으니, 兵務를 조치해야 한다고 아뢰자, 上이 쫓지 않으면 우환이 三浦倭亂과 같아질 것이니, 政丞을 지낸 사람 등을 牌招하여 의논해서 아뢰라고 전교하다.(『中宗實錄』중종15.『集成』11-20)
1521	【한국】 3.16. 對馬島主 宗盛順이 信沙也文을 보내오다.(『中宗實錄』중종16.『集成』11-22) 4.3. 日本國使臣 僧 易宗·西堂이 오다.(『中宗實錄』중종16.『集成』11-22) 4.17. 諫院이 아뢰기를, 황제가 붕했다는 소식이 이르렀는데 正殿에다 음악을 진설하고 日本使臣을 접견하는 것은 君德에 累가 될 뿐 아니라 萬世에 기롱을 받게 될 것이니 정지하기를 청하다.(『中宗實錄』중종16.『集成』11-22)/ 간원이 연회를 중지할 것을 청하였으나 전교하기를, 객사가 이미 도착했고 宴儀를 진설했으니, 불확실한 大事를 발언해서 연회를 중지시킬 수 없다고 하다.(『中宗實錄』중종16.『集成』11-23)/ 領議政 金詮 등이 아뢰기를, 오늘 客使를 접견하는 것도 交隣의 大禮라고 하니, 전교하여 어떻게 처리해야 할지 의논하도록 명하다.(『中宗實錄』중종16.『集成』11-24)/ 日本使臣을 위해 正殿에서 燕享을 베풀다.(『中宗實錄』중종16.『集成』11-25) 5.7. 朝講에서 戰艦에 대하여 논의하다.(『中宗實錄』중종16.『集成』11-25) 6.13. 兵曹判書 高荊山이 濟州牧使 李耘의 啓本에서 평소 全羅右道水使가 대비하지 못해 해상을 다니는 배가 倭를 만나 부서졌으므로, 그들을 잡아다 추고하고 새로운 사람을 임명할 것을 아뢰니, 上이 그리하라고 전교하다.(『中宗實錄』중종16.『集成』11-25) 6.14. 정부가 의논하여 아뢰기를, 변방 도둑은 변장의 쇠잔으로 말미암아 일어나니 법을 어긴 변장은 마땅히 일체 법대로 정죄해야 한다고 하다.(『中宗實錄』중종16.『集成』11-26) 7.6. 上이 政院에게 楸子島가 右道水使의 관할여부를 물으니, 濟州道와 右島에 둘다 속하지 않고, 적선은 倭인지 아닌지 잘 모르나, 조치·방어하는 水使의 임무를 金良弼이 잘 수행하지 못하여 죄주기를 청한 것이라고 아뢰다.(『中宗實錄』중종16.『集成』11-26) 7.7. 전교하여 추자도 근처에 나타난 적선을 방어하는 일이 全羅道水使 金良弼과 達梁萬戶 鄭偉 중 누구의 관할인지 의논하여 아뢰도록 하라고 명하다.(『中宗實錄』중종16.『集成』11-27) 7.8. 대신들이 全羅右道水使 金良弼 등의 일로 의논드렸는데, 上이 政丞이 아뢴 全羅右道水使가 倭 搜討하기를 청한 啓本을 兵曹로 하여금 상고하여 아뢸 것을 전교하다.(『中宗實錄』중종16.『集成』11-27) 7.11. 私奴 金光孫 등이 시정배들이 倭人과 통모해 황금 6냥을 倭人의 것이라 사칭하고 진상하였음을 고하다.(『中宗實錄』중종16.『集成』11-28) 7.25. 朝講에서 侍講官 任樞가 전일에 日本國王의 使臣이 많은 양을 進獻한 것에 대한 報償物이 매우 많아서 나라의 備蓄이 거의 바닥이 나게 됐으니, 진기한 물건을 귀히 여기지 않는다는 뜻을 보여서 貢獻의 길을 끊을 것을 아뢰다.(『中宗實錄』중종16.『集成』11-28)

일본

10.26. 上이 慶尙道觀察使 韓世桓 등에게 倭寇가 평정된 뒤부터 남쪽 변방의 장수나 사졸들까지도 적을 업신여기고, 근 10년동안 무사하므로 인정이 해태해져서 방비하지 않는다 하니, 방비에 마음을 다하고 후환이 없게 하라고 하유하다.(『中宗實錄』중종 13.『集成』11-14)

7.7. 司諫 李淸이 아뢰기를, 外方에서 倭人들을 대접할 때에 女妓에게다 男服을 입혀 음악을 시킨다고 하는데 이는 필시 男樂을 구득할 수 없기 때문이나 옳다고는 할 수 없다고 하다.(『中宗實錄』중종 14.『集成』11-16)

11.29. 李蘋이 아뢰기를, 적들이 형세가 어려워 다시 근자에 閭廷, 茂昌에 와서 살게 되니 저들을 이제 또 금하지 않으면 三浦의 患難같이 될 것이라고 하다.(『中宗實錄』중종 14.『集成』11-17)

12.2. 領事 金詮이 아뢰기를, 閭廷·茂昌 賊은 그 형세가 장차 三浦倭人의 우환처럼 될 것이므로 몰아내야 하겠으나, 蓄積이 없는 것을 생각하면 어떻게 처치해야 할지 모르겠다고 하다.(『中宗實錄』중종 14.『集成』11-17)

【일본】

-. 宗盛長은 熊萬이라는 아들이 있다. 熊萬이 조선에 보내는 세견선을 매년 3척으로 약속하였다. 또한 宗盛長의 族戚은 세견선 1척을 약속받다.(『宗氏家譜』)

4.20. 上이 兵曹判書 高荊山을 命召하여, 군사는 말이 있어야 변에 임할 수 있는데 庚午의 倭變 때 군사에게 말이 없었으니, 習陣한 뒤에는 點考하되 미리 曉諭하여 각각 말을 장만하여 변이 조석에 다가온 것처럼 하라고 분부하다.(『中宗實錄』중종 15.『集成』11-20)

5.18. 對馬島主 宗盛順이 사람을 보내어 土宜를 바치다.(『中宗實錄』중종 15.『集成』11-21)

12.13. 工曹判書 黃衡이 卒하였는데, 史臣이 黃衡은 庚午년 薺浦의 왜란 때에 힘써 싸워 柳聃年과 함께 首功에 기록되었다고 하다.(『中宗實錄』중종 15.『集成』11-21)

12.14. 通事 李碩이 중국 조정에서의 일을 아뢰기를, 佛朗機國이 滿剌國을 멸하고 明에 와서 封하여 주기를 청하였다가 거부 당하였는데 그들의 외모가 倭人과 비슷했다고 하다.(『中宗實錄』중종 15.『集成』11-22)

【일본】

4.-. 原主眞覺이 승인한 高野山西塔 再建의 勸進狀에 옛날 高山珠阿라는 속세를 떠난 사람(승려)이 조선에 渡航하여 珍寶綾羅와 같은 財貨를 모은 후, 돌아와 건립한다는 말이 있다.(「高野山之部 卷4 伽藍之三 西塔」『紀伊續風土記』4)

9.27. 宗盛長은 大山城에 있는 老若堪忍에게 편지를 보내다. 조선에 보낼 외교 문서 1통을 작성해 줄 것을 부탁하다.(『宗家御判物寫』)

-. 왜선 3척이 전라도 추자도 부근에서 朝鮮 商船 5척을 약탈하는 사건이 일어나다. 조선은 대마도주에게 외교문서를 보내어 일본인을 엄히 단속하도록 요구하다.(『朝鮮通交大紀』권2)

8.10. 兵曹判書 張順孫 등이 楸子島에 倭變이 있으므로, 水營을 移設하는 일의 가부를 살펴보게 할 重臣을 吏曹에서 차출하게 할 것을 아뢰니, 上이 오늘의 인사행정에서 차출하라고 전교하다.(『中宗實錄』중종 16.『集成』11-29)

8.25. 領議政 金詮 등이 薺浦 等處에 倭船 25척의 交通往來를 허락했는데 倭人들이 지키지 않으므로 釜山浦와 薺浦에 나누어 정박하는 것을 永久한 법식으로 삼자고 議啓하니, 上이 본도의 監司 等處에도 下諭하라고 전교하다.(『中宗實錄』중종 16.『集成』11-29)/ 三道體察使 高荊山에게 하교하기를, 鎭守하는 곳이 그 要衝을 잃는다면 急變이 있을 때에 守禦하기가 어려운데, 이제 경에게 三道體察使의 임무를 맡기니 힘을 다하라고 하다.(『中宗實錄』중종 16.『集成』11-30)

8.27. 領議政 金詮이 楸子島 근처에는 倭寇를 만나 죽은 사람이 많다고 하는데, 국가에서 알지 못하는 사람이 많을 것 같으니 鎭을 옮겨 설치하여 守護하기 쉽게 할 것을 의논드리다.(『中宗實錄』중종 16.『集成』11-31)

9.28. 禮曹判書 洪淑이 사직하며 아뢰기를, 本曹는 평상시에도 交隣事大의 소임이 지중하다고 하다.(『中宗實錄』중종 16.『集成』11-31)

10.1. 政院에서 倭人의 금을 사서 바친 漢同과 隨從 金守明을 장형하여 麟山鎭에 귀양보낸 것에 대하여 귀양지가 잘못되었음을 아뢰다.(『中宗實錄』중종 16.『集成』11-32)

12.14. 三公이 와서 아뢰기를, 요사이 외국 사신이 와 있기 때문에 사직하지 못했다고 하다.(『中宗實錄』중종 16.『集成』11-32)

12.15. 掌令 尹止衡이 아뢰기를, 全羅道體察使 高荊山의 從事官으로 海南에 갔을 때에, 兼司僕 崔子文을 만나서 그에게 해남사람이므로 諸島의 도둑이 왕래하는 길을 알 것이니 나를 위해 지시하라고 하였다고 하다.(『中宗實錄』중종 16.『集成』11-33)

12.24. 承旨 金希壽가 아뢰기를, 지난 22일 밤에 도둑이 禮曹의 官庫에 들어가 倭人과 野人을 대접할 때 쓰는 금은 그릇을 모조리 도둑질해 갔다고 아뢰니, 宿直한 관원 및 庫子들을 모두 推問하라고 하다.(『中宗實錄』중종 16.『集成』11-33)

연도	한국
1522 ▼	【한국】 1.12. 獻納 魚泳濬이 아뢰기를, 경상도의 중앙지역인 密陽 府에 서 縣으로 강등한 것을 다시 복구하자고 하다.(『中宗實錄』 중종17.『集成』11-33) 1.20. 承旨 兪汝霖이 通事 金亨錫이 禁物을 潛賣한 일과 內贍寺의 종이 倭人防守로 興利人과 黃金·龍腦등 물품을 속여서 진상한 일로 亨錫은 絞待時, 漢同은 斬待時에 처하기로 한 것이 부당하다고 아뢰다.(『中宗實錄』 중종17.『集成』11-34) 2.3. 領中樞府事 鄭光弼 등이 日本에 보낸 使臣 중에서 오직 申叔舟만이 갔다가 돌아오고 나머지는 가지도 못하였는데, 이때에는 할 일이 있어서 使臣을 보내려고 했으나, 지금은 할 일이 없으니 使臣보내는 일을 정지하자고 아뢰다.(『中宗實錄』 중종17.『集成』11-34) 2.13. 慶尙右道兵使 崔漢洪이 日本國王의 使臣 大原東堂과 對馬島주의 特送 盛重 등이 와서 정박하고, 書契와 진상할 물품을 가져왔었는데, 다만 조약을 어기고 왔기 때문에 도로 돌아가도록 했다는 것 등을 馳啓하다.(『中宗實錄』 중종17.『集成』11-36) 2.14. 병조가 아뢰기를, 彌助項의 성 쌓고 건축하는 일은 매우 큰 일이어 중지할 수 없다고 하다.(『中宗實錄』 중종17.『集成』11-36)/ 諫院이 아뢰기를, 彌助項의 성 쌓는 일로 인해 백성들에게 폐단이 미친다고 하였으나 윤허하지 아니하다./ 左議政 南袞·右議政 李惟淸 등과 일본사신이 타고 온 배를접대하는 문제에 대해서 의논하다.(『中宗實錄』 중종17.『集成』11-37)/ 南袞 등이 아뢰기를, 일본 사신 대한 변장의 행동을 죄줄 수는 없으며 또한 그들이 토벌한 반당에 대해서도 정확하게 알기 어려우므로 그들의 말을 다 들어줄 수는 없다고 하다.(『中宗實錄』 중종17.『集成』11-38)/ 洪淑이 아뢰기를, 변장의 행동에 대해서 추고하는 것은 불가능하며 다만 宣慰使로 하여금 그런 뜻을 말해 주게 하도록 하고, 또 사로잡은 倭人 처리는 지금 대신들과 함께 의논하겠다고 하다./ 南袞 등이 아뢰기를, 이번에 온 일본 사신 大原東堂에게 보내는 사람으로 直提學 蘇世讓이 적당하다고 하니, 그대로 따르다.(『中宗實錄』 중종17.『集成』11-39) 2.15. 宣慰使 蘇世讓이 日本使臣을 맞음에 은잔을 사용할 것을 아뢰니, 上이 아뢴대로 하라고 전교하다.(『中宗實錄』 중종17.『集成』11-39) 2.27. 獻納 魚泳濬이 백성이 원망하고 있는데 성을 쌓아 변방걱정을 막으려는 것이 옳은지 모르겠다고 아뢰니, 上이 濟州에 다니는 사람들이 倭에게 피해를 입으므로, 대신들이 시급히 진을 설치하라고 해서 하는 것이라고 이르다.(『中宗實錄』 중종17.『集成』11-40) 3.12. 晝講에서 特進官 韓效元이 庚午년의 倭變을 한번 겪고서 온 慶尙道의 곡식이 거의 고갈되었으니, 뜻밖의 사면에 대비하여 納粟하는 일을 해야 한다고 아뢰다.(『中宗實錄』 중종17.『集成』11-41) 3.14. 日本國使臣 大原東堂 등과 對馬島의 特送이 東平館에 도착하다.(『中宗實錄』 중종17.『集成』11-42) 3.15. 晝講에서 侍講官 尹止衡 등이 庚午년에 三浦倭人들이 난을 일으켜 사람을 살해하고 재물을 약탈하는 등의 일을 저질렀으니, 굳게 거절하여 三浦에 거주하려는 뜻을 끊어야 한다고 아뢰니, 上이 거주하게 해서는 안된다고 전교하다.(『中宗實錄』 중종17.『集成』11-42) 3.16. 日本國王의 使臣과 宣慰使 蘇世讓이 《日記》를 가지고 전일에 올린 書狀에서 미처 書啓하지 못한 일들을 아뢰었는데, 使臣이 아뢴말은 三浦에 2~3호들이 들어와 거주하는 것 등 이었다고 하다.(『中宗實錄』 중종17.『集成』11-44) 3.18. 日本國使臣 大原東堂과 對馬島主의 特送과 上官人 盛重 등이 국왕이 書契를 올리고 方物을 바쳤는데, 上이 대궐 뜰에서 잔치를 내리다.(『中宗實錄』 중종17.『集成』11-44) 3.20. 宣慰使 蘇世讓이 日本國使臣 大原東堂이 지은 詩를 入啓하니, 上이 蘇世讓이 화답한 시는 謄書하여 大內로 들여오고, 大原東堂이 쓴 시는 밖에 간수하라고 전교하다.(『中宗實錄』 중종17.『集成』11-44) 3.24. 禮曹判書 洪淑 등이 日本使臣을 위한 宴饗과 對馬島 特送에 대해 아뢰다.(『中宗實錄』 중종17.『集成』11-44)/ 承旨 趙舜이 都事가 李春茂를 잡아오고 事干人은 말이 지쳐 아직 오지 못했는데, 오늘이 國忌 이므로 推問할 것인지를 아뢰니, 上이 日本使臣 접대하는 일을 의논한 다음에 推問하라고 전교하다.(『中宗實錄』 중종17.『集成』11-45)/ 領中樞府事 鄭光弼 등이 對馬島主는 종전과 같이 접대하고, 倭를 싣고 온 船主 表忠曳는 국왕의 使臣 등과 동시에 올라왔으므로 접대를 허락할 것을 아뢰다.(『中宗實錄』 중종17.『集成』11-46) 3.25. 禮曹判書 洪淑이 日本上使와 접대에 대해 나눈 말을 아뢰다./ 左議政 南袞이 日本國王 使臣의 押宴官에서, 上使가 書契의 일을 어떻게 하느냐고 묻길래 그 일은 禮官이 맡아보게 된다고 하니, 上使가 즉각 예관에게 물었다고 아뢰다.(『中宗實錄』 중종17.『集成』11-46) 4.4. 上이 朝講때 論啓한, 병사가 수군도 겸하여 다스리게 하는 일은 倭變 때문에 그렇게 했던 것인데, 단속하는 사람이 많으면 아랫 사람들이 반드시 폐단을 받게 되는 일이 많은 법이니, 政府 郎官들을 불러 收議하라고 전교하다.(『中宗實錄』 중종17.『集成』11-47) 4.6. 日本國使臣이 요청하는 일에 대해 의논하는데, 上이 이번에 잡혀간 金世鈞 등을 돌려보내라고 책망하자고 이르니, 領事 南袞이 庚午년 倭變때에 잡혀 우리 변방에 유배된 자들을 돌려달라고 청한다면 어떻게 처리할 것이냐고 아뢰다.(『中宗實錄』 중종17.『集成』11-48)/ 上이 永登浦萬戶의 첩 등을 돌려보내기를 청하는 일은 의논하다 결정하지 못했으니, 政府 및 禮曹의 郎官을 불러 收議하여 아뢰라고 전교하다.(『中宗實錄』 중종17.『集成』11-49) 4.7. 領議政 金詮 등이 庚午年에 日本에 잡혀간 사람들을 돌려보내도록 책망하는 일에 대해 의논드리다.(『中宗實錄』 중종17.『集成』11-49)/ 上이 宣慰使 蘇世讓이 日本國使臣과 함께 화답한 詩集 중에서 위에 올린 한 건 외에 다른 건을 校書館에

일본

간수해 두라고 전교하다.(『中宗實錄』 중종 17. 『集成』11-50)

4.8. 객인 접견시 칼을 차지 못하게 하다.(『中宗實錄』 중종 17. 『集成』11-50)

4.10. 상이 勤政殿에 나아가 日本國使臣 東堂 등에게 잔치를 베풀다.(『中宗實錄』 중종 17. 『集成』11-50)

4.13. 小二殿의 使送인 功夫首座가 청한 龍鏡石 진헌문제를 의논하다./ 咸鏡道兵使 禹孟善이 野人들이 고소한 潼關僉使 都瑞麟 등을 추고한 것을 狀啓하니, 上이 三浦倭變도 邊將의 잘못된 조치로 일어났었는데, 통연하게 懲艾亥야 하므로, 파직하여 추고하라고 兵曹에게 전교하다.(『中宗實錄』 중종17. 『集成』11-51)/ 畫講에서 特進官 李繼孟이 '차라리 倭寇를 만나지 元帥는 만나지 말아야 한다'고 하는데, 이것은 사졸들은 현명한 장수를 만나야 한다는 말이라고 아뢰다.(『中宗實錄』 중종 17. 『集成』11-52)

4.17. 禮曹에서 日本國王 使臣이 放火를 관람할 때, 小二殿 및 對馬島의 代送官과 盛門의 使送에게도 放火를 관람하게 할 것을 아뢰니, 上이 그리하라고 전교하다.(『中宗實錄』 중종 17. 『集成』11-52)

4.18. 禮曹에서 龍鏡石 일에 대해 小二殿의 使送에게 書契 속에 없어서 啓達할 수가 없다고 하자, 功夫首座가 이것은 琉球國에도 없는 지극히 희귀한 것이어서 獻上하려 한 것이었다는 말을 하였다고 아뢰다.(『中宗實錄』 중종 17. 『集成』11-53)

4.19. 侍講院輔德 崔重演 등이 會講을 정지한 지 이미 오래인데다가, 日本使臣에게 잔치를 베풀 때 모시느라고 書筵도 폐하여, 전하께서 극본을 중히 여겨 德性이 배양되게 하는 뜻이 지극하지 못한 데가 있으신 듯 하다고 아뢰다.(『中宗實錄』 중종 17. 『集成』11-53)

4.21. 獻納 韓承貞이 倭들이 진헌하려는 龍鏡石은 서계에 들어 있지 않으므로 該曹에서 取棄할 것이 없다고 아뢰니, 상이 지성스러운 마음으로 진헌 하려는데 퇴각하면 그들이 실망할 것이기 때문에 예조에 묻게 한 것이라고 하다.(『中宗實錄』 중종 17. 『集成』11-54)/ 政院이 日本史臣이 武才를 관람할 때는, 그들이 모두 호기심을 가지고 보았고 詩를 지어 보였으며 또한 書契를 마련하여 禮曹에 바쳤는데, 放火할 때에는 모두 두려운 기색을 하였다고 아뢰다./ 左議政 南袞이 日本使臣이 武才를 관람하며 각각 시를 지어보였는데, 放火를 할 때에는 아주 열심히 구경하며 술잔을 기울였다고 아뢰다.(『中宗實錄』 중종 17. 『集成』11-55)

4.22. 헌부에서 경상도는 그 방어가 매우 긴요한데 慶尙右道節度使 金世熙는 그 인물이 적당하지 않으므로 체직할 것을 청하였으나 윤허하지 아니하다.(『中宗實錄』 중종 17. 『集成』11-55)

5.6. 禮曹가 對馬島 特送 들이 島主가 새로 섰으므로 관원을 보내 위문한다면 길을 인도하여 돌아가겠다고 한다고 아뢰니, 上이 政府에 收議하라고 전교하다.(『中宗實錄』 중종 17. 『集成』11-56)

5.7. 畫講에서 試讀官 李苰이 前朝 때에 兵備를 조심하지 않아서 倭가 內地까지 들어오게 되었으므로, 평시에 武備를 닦아놓아야 한다고 아뢰니, 상이 倭가 육지가 아닌 水路로 드나든다면 방어하기 어려울 듯하다고 이르다.(『中宗實錄』 중종 17. 『集成』11-56)/ 武科 및 일체 무재 시험에 육량을 전대로 획수를 사용하도록 하라고 하다./ 鄭光弼 등이 새로 선 對馬島主에게 관원을 보내 위문하지 말 자고 의논하여 아뢰다.(『中宗實錄』 중종 17. 『集成』11-58)/ 兵曹判書 張順孫 등이 對馬島主의 요청을 다 들어 줄 수 없어 변방의 환란이 염려스러운데, 이미 彌助項 등 긴요한 방어지에 성을 쌓도록 하였으므로, 방어를 더욱 신중히 해야 한다고 아뢰니, 上이 유시를 내린다고 전교하다.(『中宗實錄』 중종 17. 『集成』11-59)

5.12. 上이 勤政殿에 나아가 日本國王의 使臣과 小二殿의 使送 및 對馬島 特送 등을 접견하고, 술을 일곱 잔씩 내리다./ 禮曹判書 洪淑 등이 日本國使臣이 그가 지은 시를 禮曹에게 啓達하여 달라고 하는 것과, 對馬島主 대우와 小二殿의 잡물 무역에 관해 아뢰다.(『中宗實錄』 중종 17. 『集成』11-59)

5.16. 禮曹가 이번 對馬島主가 叔父를 살해하고 스스로 선 것이므로, 이런일에 대한 前例에 따라 島主 접대에 致慰使 대신 垂問使를 보낼 것을 아뢰니, 上이 아뢴대로 하라고 전교하다.(『中宗實錄』 중종 17. 『集成』11-60)

5.17. 禮曹判書 洪淑이 日本과의 約條·特送 및 代官에 관한 논상에 대해 아뢰니, 上이 三公에게 물어보아 처리하라고 전교하다.(『中宗實錄』 중종 17. 『集成』11-60)

5.18. 三公이 尹安仁이 書啓한 것에 日本國使臣들의 말이 무례하므로, 다시 尹安仁을 보내어 타이를 것을 議啓하니, 上이 아뢴대로 하라고 전교하다.(『中宗實錄』 중종 17. 『集成』11-62)

5.20. 政府에서 日本이 세가지 일을 가지고 요구하므로, 다방면으로 타일러 전처럼 요청하지 못하도록 하자고 議啓하니, 上이 아뢴대로 하라고 전교하다.(『中宗實錄』 중종 17. 『集成』11-62)

5.24. 宣慰使 蘇世讓이 倭人들이 소청을 얻어내지 못하고 돌아간다면 국왕이 반드시 중한 법에 처할 것이라 말했다고 書啓하다.(『中宗實錄』 중종 17. 『集成』11-63)

5.26. 정부가 楸子島에서 倭人들이 朝鮮人을 살해한 일을 아뢰다.(『中宗實錄』 중종 17. 『集成』11-64)

5.27. 政府가 이번의 倭變은 다른 때보다도 심하였으니, 全羅右道虞候 崔守川도 아울러 잡아 올 것을 아뢰니, 上이 아뢴대로 하라고 전교하다.(『中宗實錄』 중종 17. 『集成』11-64)

5.28. 全羅道水使 李宗仁, 虞候 崔守川 및 首領·萬戶·僉使에 대한 처벌을 논의하다./ 領議政 金詮이 倭寇들이 左道를 거쳐서 右道에서 소란을 일으킨 것은 左道가 허술하기 때문이므로 左道의 水使 또한 죄가 없을 수 없으나, 본도와는 차이가 있으므로 잡아오지는 않더라도 추고하여 뒷날을 경계하라고 아뢰다.(『中宗實錄』 중종 17. 『集成』11-65)

5.29. 全羅道水使 李葊이 조정에 楸子島의 倭에 대한 방비와 이에 대한 처치를 조정에 아뢰니, 上이 대신들에게 의논하겠다고 전교하다./ 禮曹判書 洪淑 등이 宣慰使 蘇世讓이 日本使臣들이 조정에서 자신들이 청하는 바를 들어주지 않아 돌아갈 수 없다는 입장에 대해 보고한 것에 따라 아뢰니, 上이 그들의 소청을 경솔하게 들어 줄 수 없다고 전교하다.(『中宗實錄』 중종 17. 『集成』11-66)/ 헌부가 아뢰기를, 柳湄에게 변방 곤수의 큰 소임을 맡길 수 없다는 것과 全羅右道 各鎭의 만호 등을 推考할 敬差官은 御史의 結銜으로 보낼 것 등을 청하다.(『中宗實錄』 중종 17. 『集成』11-69)

연도	한국
▲ 1522 ▼	5.30. 畫講에서 上이 왜놈들의 소청을 일체 다 들어줄 수 없어 倭들의 變亂이 우려된다고 이르니, 特進官 安潤德이 남쪽 지방의 萬戶 등을 가려서 보낸다면 왜놈들이 반드시 입구하지 못할 것이라고 아뢰다.(『中宗實錄』 중종17. 『集成』11-69) 6.7. 朝講에서 가뭄과 倭人들의 楸子島 노략질에 대해 논의하고, 日本使臣들의 요청에 대해서도 논의하다.(『中宗實錄』 중종17. 『集成』11-70)/ 禮曹가 日本使臣들이 上官이 자살하게 된다면 자기들만 살아돌아갈 수 없으니, 자기들의 행장을 처자에게 전해 줄 것을 客人들에게 말했다고 아뢰다.(『中宗實錄』 중종17. 『集成』11-71) 6.11. 全羅道觀察使 申鏛등이 倭船이 新達梁에 침범했다고 馳啓하니, 上이 日本使臣에게 濟州에서 인물이 피해 입은 일과 本道에서 보내온 倭人들의 화살도 보여주면서 그들의 뜻을 관찰하는 것이 어떨지 물어보라고 전교하다./ 禮曹가 日本使臣들이 歲遣船 등의 약조에 대해 상소하고 싶어한다고 아뢰니, 上이 다른나라의 使臣이 상소하는 예가 없었으므로 막아야 한다고 전교하다.(『中宗實錄』 중종17. 『集成』11-72)/ 兵曹가 倭變 때문에 助防將을 파견하기 청하니, 上이 그리하라고 전교하다.(『中宗實錄』 중종17. 『集成』11-73) 6.12. 倭가 변방을 침범한 것에 대해 左議政 南袞·右議政 李惟淸 등이 의논드리니, 上이 宣慰使 蘇世讓으로 하여금 使臣이 객관에 머무르고 있는데도 倭들이 변방에 침범하므로 약조를 해제할 수 없음을 말하라고 전교하다.(『中宗實錄』 중종17. 『集成』11-74)/ 禮曹判書 洪淑이 客使가 상소를 진달함은 사례에 어긋나므로 啓達할 수 없다고 하자, 客使가 광화문 밖에서 進呈하겠다고 말한 것을 아뢰다./ 左議政 南袞 등이 兵曹가 助防將을 파견하기를 청했는데, 倭들의 배가 11척에 불과하므로 兵使가 제어할 수 없을 경우에 보내자고 아뢰니, 上이 三品의 堂上官으로 차송하되 다시 보고하기를 기다렸다가 보내라고 전교하다.(『中宗實錄』 중종17. 『集成』11-75) 6.13. 義禁府가 李宗仁을 추고하여 변방에 充軍하기로 擬律하여 아뢰다.(『中宗實錄』 중종17. 『集成』11-76) 6.14. 慶尙道觀察使가 薺浦僉使의 보고를 禮曹에 移牒하니, 禮曹가 이번 배는 約條밖의 배라서 접대 안하려 했는데, 答書를 받고 돌아가겠다고 했으므로, 그들의 접대와 처리할 방법을 議啓하겠다고 아뢰다./ 全羅道兵使 吳堡가 倭船들이 떼를 지어 楸子島 등지에 드나들므로 南桃浦萬戶 朴禎 등이 老勤島에서 倭船을 만나 서로 싸우되, 神機箭과 銃筒을 쏘아댔고 또한 倭 5~6명이 명중된 다음에야 물러갔다고 馳啓하다.(『中宗實錄』 중종17. 『集成』11-76) 6.15. 전교하기를, 조방장은 병조의 公事대로 보내고 軍官을 더 배정함은 폐단이 있을 것이니, 전일에 啓下한 수대로 보내라고 하다./ 宣慰使 蘇世讓이 倭寇의 일에 대해 日本使臣들이, 敗戰하여 배를 타고 도망갔던 餘黨들이 화친을 청하는 줄 알아차리고 소란을 일으켜 자기들의 일을 방해하려는 것이라고 설명했다고 아뢰다.(『中宗實錄』 중종17. 『集成』11-77)/ 禮曹判書 洪淑 등이 客使가 禮曹가 상소를 막고 올리지 않는다고 생각하여 禮曹를 원망하고 있다고 아뢰니, 上이 內臣을 보내 禮曹가 저지하는 것이 아니라 조정의 공론이라 말하라고 전교하다.(『中宗實錄』 중종17. 『集成』11-78)/ 諫院이 本島에 倭變이 있는데 沿海邊 수령들이 推考를 받으면, 폐단이 클 것이므로 御使를 보내지 말고 그 道로 하여금 추고하자고 아뢰어 대신들이 의논드렸는데, 上이 南袞 등의 의논대로 御使를 불러오지 말라고 전교하다.(『中宗實錄』 중종17. 『集成』11-79)/ 대신들이 禮曹가 對馬島主에게 답한 글을 개정하게 하고, 이번에 변방일을 보고하러온 倭人들을 명분이 있는 배와 같은 예로 취급할 것을 아뢰다.(『中宗實錄』 중종17. 『集成』11-80)/ 義禁府가 前 全羅右道水軍虞侯 崔壽千이 防戍하지 않아서, 濟州에서 進上하는 물품을 싣고 오는 33명을 倭에 의해 살상 한 죄로, 변방으로 보내 充軍하기를 照律하니, 上이 杖贖하고, 파직만 하라고 전교하다.(『中宗實錄』 중종17. 『集成』11-81) 6.16. 領相 金詮 등이 禮曹參議를 보내 日本使臣을 開諭하자고 의논드리니, 上이 禮曹參議를 보내고 開諭할 말은 대신들과 禮曹가 모여서 의논하여 마련하라고 전교하다./ 대신들이 日本人의 대우에 대해 의논하였는데, 上이 접대하여 보내라고 전교하다.(『中宗實錄』 중종17. 『集成』11-82)/ 全羅道 助防將 皇甫謙이 助防將으로서 요구 사항을 아뢰다.(『中宗實錄』 중종17. 『集成』11-84) 6.18. 禮曹가 餞別宴에서 日本使臣 盛重과 그들이 요청한 것, 全羅道의 倭 사건에 관한 것, 관교에 관한 것 등에 대해 나눈 얘기를 아뢰다.(『中宗實錄』 중종17. 『集成』11-85) 6.19. 南袞 등이 전라 병사의 書狀에 倭船들이 서쪽의 큰 海洋으로 향한다고 하였다는 것과 客使가 倭館에 있을 때에는 그들이 크게 침범하지는 못할 것이라는 것 등을 아뢰다.(『中宗實錄』 중종17. 『集成』11-86)/ 左議政 南袞·右議政 李惟淸 등이 李繼孟과 高荊山으로 하여금 변방의 일을 맡게 하자고 청하다.(『中宗實錄』 중종17. 『集成』11-87)/ 巡邊使 高荊山이 변방의 직을 맡을 수 없다고 아뢰다.(『中宗實錄』 중종17. 『集成』11-88)/ 宣慰使 蘇世讓이 아뢰기를, 일본 사신을 만나기 위해서 館所에 갔던 일에 대해 아뢰다.(『中宗實錄』 중종17. 『集成』11-89)/ 高荊山·沈貞에게 전교하여, 지금 倭變이 있으니 巡邊使의 직을 사양하지 말라고 하다.(『中宗實錄』 중종17. 『集成』11-90) 6.20. 領中樞府事 鄭光弼이 스스로 변방의 일을 모른다 하여 備邊司에 참여하는 것을 사양하였으나 윤허하지 아니하다.(『中宗實錄』 중종17. 『集成』11-90)/ 巡邊使로써 高荊山에게 경상도를, 沈貞에게 전라도를 맡기다./ 鄭光弼이 庚午年에 정승이 備邊司를 겸임했다는 것과, 李宗仁을 다시 全羅道水使에 등용하는 것 등에 대해서 아뢰다.(『中宗實錄』 중종17. 『集成』11-91)/ 全羅道에 나갔던 御使 尹止衡이 들어와 全州 등지의 범법을 들어, 右道兵營의 虞候 權壽永은 水營의 權管이 되어 倭들의 변을 들은지 5일 뒤에야 갔다가 적들이 물러갔다고 하자 즉시 돌아왔다고 하는 것 등을 啓啓하다.(『中宗實錄』 중종17. 『集成』11-92)/ 畫講에 나아가 倭變과 日本 使臣의 대우에 관해 의논하다./ 전교하기를, 經筵에서 재상들이 모두 柳聃年과 金錫哲을 소환하자고 하였으나 감사는 중한 소임이어서 경솔하게 체직할 수 없고, 南道의 兵使는 비록 소환하더라도 무방할 것이라고 하다./ 전교하여, 庚午年에 대간이나 시종을 막론함이 편리하지 못했다는 것과 병조의

일본

郎官으로 종사관을 삼은 것도 편리하지 못하니 역시 改差하라고 하다. / 병조 판서 장순손, 참판 방유령이 유담년과 김석철을 소환함은 불가하다고 아뢰다.(『中宗實錄』 중종 17. 『集成』11-94) / 전라도 우도의 鮑作干들이 甫吉島에서 왜를 만나 의복·식량·잡물을 빼앗기고 배도 소실당했다.(『中宗實錄』 중종 17. 『集成』11-95)

6.21. 朝講에서 관리 임용과 宣慰使 蘇世讓이 보고한 館所의 倭人 들 접대에 관해 의논하다.(『中宗實錄』 중종 17. 『集成』11-95) / 備邊司가 倭變의 조치를 위해 重臣을 가려 巡邊使라 하게 되었는데, 이제 이를 備邊司 提調로 하자고 아뢰니, 上이 아뢴 대로 하라고 전교하다. / 병조가 남쪽 변방의 일을 아는 무신으로 김석철, 방윤, 신옥형을 적어서 아뢰다.(『中宗實錄』 중종 17. 『集成』11-97) / 영의정 김전·좌의정 남곤·우의정 이유청이 장수들의 임용에 대해 의논드리다.(『中宗實錄』 중종 17. 『集成』11-98)

6.22. 備邊司 提調 鄭光弼 등이 倭 우리 땅을 소굴로 삼아 濟州와의 길이 끊어지게 된다면 작은 일이 아니므로 수색·토벌해야 하는데, 이는 곧 큰일이니 三公들과 함께 의논하자고 아뢰자, 上이 三公에게 의논하라고 전교하다.(『中宗實錄』 중종 17. 『集成』11-98) / 備邊司가 土兵으로 倭들을 수색·토벌하라는 전교에, 鄭光弼 등이 軍官은 무재가 있고 장수는 배 운행을 잘하는 사람으로 하자고 아뢰니, 上이 同知中樞府事 李安世를 임명하고 監司의 지시를 받을 것을 전교하다.(『中宗實錄』 중종 17. 『集成』11-100) / 상이 全羅道觀察使 申으로 하여금 兵馬節度使 蘇起坡 등에게 지시를 내려 군사를 뽑아 諸將들에게 나누어주며, 賊倭들이 정박할만한 곳들을 협력해서 수색·토벌하라고 전교하다.(『中宗實錄』 중종 17. 『集成』11-101)

6.23. 禮曹가 日本使臣이 소임 받은 일 중에 船隻같은 것은 특별히 허락하고, 나머지 三浦의 거주 허락 등은 약조를 고치지 못하겠다고 書啓에 써 넣는 다면, 국왕도 반드시 對馬島를 위해 다시는 청하지 않게 될 것이라고 말했다고 아뢰다.(『中宗實錄』 중종 17. 『集成』11-102)

6.24. 領中樞府事 鄭光弼 등이 日本使臣에게 國論이 이미 결정되어 요구를 들어줄 수 없다고 말해 줄 것을 의논드리니, 上이 의논한 말이 지당하니, 이대로 日本使臣에게 말해주라고 전교하다.(『中宗實錄』 중종 17. 『集成』11-102)

6.25. 禮曹가 國論이 이미 결정되어 요청한 일을 들어줄 수 없다는 뜻으로 日本使臣에게 말하자, 日本使臣이 助緣의 액수를 올려달라고 대답했다고 아뢰다.(『中宗實錄』 중종 17. 『集成』11-103)

6.26. 전라도 관찰사 申이 치계하기를, 대마도 소속 왜인들이 於蘭串과 平伊每島에 나타나므로 別軍官의 사람들을 내보내자고 하니, 비변사와 병조를 패초하여 의논하도록 하라고 명하다.(『中宗實錄』 중종 17. 『集成』11-103) / 備邊司 提調 鄭光弼 등이 全羅道에 倭人들의 배가 나타났다는 보고에 대해 의논하여 아뢰니, 上이 全羅道 감사 등에게 적의 형세를 살펴서 수색·토벌하고, 諸鎭을 방어하게 하며, 군관을 全羅道와 嶺南에 보내라고 전교하다.(『中宗實錄』 중종 17. 『集成』11-104) / 상이 사정전에 나아가 鄭光弼·南袞·李惟淸 등을 인견하고 왜적의 방비에 대해서 의논하다.(『中宗實錄』 중종 17. 『集成』11-105) / 上이 李宗仁의 관직제수에 관하여 묻다.(『中宗實錄』 중종 17. 『集成』11-110) / 上이 政院에 全羅道觀察使 申鏛 등에게 搜討할 수 없으면 굳게 지키고, 慶尙道와 全羅道의 경우 倭變이 가라앉을 동안에는 해상 어업을 일체 금지하라는 내용으로 下書하라고 전교하다. / 鄭光弼 등이 비변사에 武臣 崔漢洪을 천거하다. / 사간원에서 전라도에 謙御史를 보내는 일을 아뢰다.(『中宗實錄』 중종 17. 『集成』11-111) / 사헌부가 함경도 단천·온성·경흥 고을 변장을 갈아야 한다고 아뢰다.(『中宗實錄』 중종 17. 『集成』11-112)

6.28. 我軍의 배를 倭船이라고 오보한 것에 대해 문책하라고 전교하다. / 대간이 이종인을 司果로 강등시킬 것을 청하다.(『中宗實錄』 중종 17. 『集成』11-112)

7.3. 司憲府가 全羅道의 會寧浦와 加里浦에 침노한 왜노를 막지 못한 邊將을 가두어야 한다고 아뢰다.(『中宗實錄』 중종 17. 『集成』11-113)

7.5. 禮曹判書 洪淑 등이 日本使臣이 요청한 歲遣船·綿布·관직 하사에 관한 것을 아뢰니, 上이 그들이 소청한 일은 조정 의논이 정해져서 따를 수 없으나, 그 중 綿布·관직에 관한 일 등은 禮曹가 마련해서 아뢰라고 전교하다.(『中宗實錄』 중종 17. 『集成』11-113)

7.12. 諫院이 全羅道의 倭變이 가라앉았으나, 변방은 항시 防戍하는 일을 태만히 해서는 안되므로, 量田하지 말자고 아뢰다.(『中宗實錄』 중종 17. 『集成』11-114)

7.14. 의정부에서 전라·경상에 어사를 보내기를 건의하다. / 정광필, 장순손, 고형산 등이 전라도 변장을 추고하도록 청하다.(『中宗實錄』 중종 17. 『集成』11-115)

7.15. 朝講에서 試讀官 尹止衡 등이 倭에 대해 미리 대비해야 한다는 것 등을 아뢰다.(『中宗實錄』 중종 17. 『集成』11-115)

7.18. 大司憲 金克成이 남쪽 변경을 침범하는 소수의 倭은 鎭將만으로 섬멸할 수 있는데도 적을 잡지 못하는데 조정에서 군사를 늘려준다고 상소하자, 上이 적이 많지 않아도 지원병을 청하니 온당치 못하다고 전교하다.(『中宗實錄』 중종 17. 『集成』11-117)

7.22. 병조에서 봉수를 자세히 살펴서 추고하라고 전교하다. / 방장과 군관은 방소에 이른 날짜와 시간을 급히 아뢰도록 전교하다.(『中宗實錄』 중종17. 『集成』11-118) / 사헌부가 方好義와 李安世의 일을 아뢰다.(『中宗實錄』 중종 17. 『集成』11-118)

7.24. 上이 法司가 李安世가 중도에서 지체했다고 하니, 二品 宰相이니 왜를 搜討하는 일을 마친 뒤에 추고하도록 전교하다.(『中宗實錄』 중종 17. 『集成』11-119)

7.25. 司憲府가 固城縣令인 李海는 庚午년 왜란때 熊川이 함몰된 것에 대해 전적으로 책임이 있으니, 체직하기를 청하나, 上이 윤허하지 않다.(『中宗實錄』 중종 17. 『集成』11-119)

7.27. 弘文館副提學 徐厚 등이 庚午倭變때 倭寇를 들어오게 했던 사람들이 오히려 높은 관직에 있으니, 倭寇가 쳐들어 왔을 때 싸움에 나서지 않은 邊將은 국문할 것을 상소하다.(『中宗實錄』 중종 17. 『集成』11-120)

7.28. 홍문관의 상소에 대해 군사의 일은 한군데서 전담할 것을 논의하다. (『中宗實錄』 중종 17. 『集成』11-121)

7.29. 三公이 군사의 일은 변방의 일을 잘 아는 宰相 등이 함께 의논해 시행하는 것과 倭寇를 방비하는 일은 소홀히 할 수 없다고 아뢰다.(『中宗實錄』 중종 17. 『集成』11-121)

8.5. 李安世·元彭祖를 잡아오도록 명하다.(『中宗實錄』 중종 17. 『集成』11-121)

연도	한국
▲ 1522	8.6. 조강에서 李海를 체직하도록 명하다./ 비변사 제조 정광필·한형윤 등이 전라 감사 신상의 일에 관한 책임을 지고 대죄를 청하다.(『中宗實錄』 중종17. 『集成』11-122) 8.7. 사헌부가 부산첨사 李華·전수사 李宗仁·우후 崔守川의 일을 아뢰니, 上이 邊將 등은 海中의 倭變을 몰랐을 것 같아 감했다고 하고, 나머지는 윤허하지 않는다고 전교하다.(『中宗實錄』 중종17. 『集成』11-122) 8.8. 전라도의 변장·수령·첨사·만호 등에 대해 법사가 죄를 청하니, 삼공에게 의논토록 하다./ 備邊司堂上 鄭光弼 등이 全羅道에서 倭를 수색·토벌한 결과 모든 섬에 倭가 없다하면서 備邊司를 없앨 것을 아뢰자, 上이 더 설치한 堂上만 감하라고 전교하다.(『中宗實錄』 중종17. 『集成』11-123)/ 高荊山·安潤德이 비변사의 일에 삼공이 참여하기를 청하다./ 영의정 김전·좌의정 남곤·우의정 이유청이 이종인·최수천과 진도·강진의 수령·첨사·만호에게 죄주는 일에 대해 의논하다.(『中宗實錄』 중종17. 『集成』11-124) 8.9. 영의정 김전·좌의정 남곤·우의정 이유청이 신상·이권의 일과 비변사 개혁에 대해 아뢰다.(『中宗實錄』 중종17. 『集成』11-125) 8.9. 李蓁과 申錦을 추고하라고 전교하다.(『中宗實錄』 중종17. 『集成』11-126)/ 대사간 柳灌이 李崇仁과 申錦을 벌주기를 청하다.(『中宗實錄』 중종17. 『集成』11-127) 8.10. 시강관 채소권이 여연·무창의 일은 미연에 방지해야 한다고 아뢰다.(『中宗實錄』 중종17. 『集成』11-127) 8.11. 병조가 조방장·별군관 등이 방소에 늦게 도착한 것에 대한 추고를 미루자 청하다(『中宗實錄』 중종17. 『集成』11-128)/ 대간이 신상을 벌주기를 청했으나, 윤허하지 않다.(『中宗實錄』 중종17. 『集成』11-129) 8.12. 좌의정 남곤·우의정 이유청이 군무에 관해 대신들이 잘못했다고 한 간원의 말에 대해 피혐하다.(『中宗實錄』 중종17. 『集成』11-129) 8.16. 경상도 군관을 잡아와서 추고하라고 전교하다.(『中宗實錄』 중종17. 『集成』11-131) 8.17. 좌의정 남곤·우의정 이유청이 경상도 조방 군관의 태만한 죄는 병조에 맡기자고 청하다.(『中宗實錄』 중종17. 『集成』11-131)/ 憲府가 全羅監司 徐祉의 일을 아뢰면서, 근자에는 全羅道에 倭變이 있으나, 通政이 嘉善인 병사를 지휘할 수 없고, 품계가 높으니 적당한 사람을 差遣해야 진압할 수 있을 것이라고 아뢰다.(『中宗實錄』 중종17. 『集成』11-132) 8.19. 의금부가 원팽조가 늦게 임지에 도착한 것을 아뢰다./ 김광복, 서지는 체직시키고, 김사달은 다른 직으로 옮기라고 전교하다.(『中宗實錄』 중종17. 『集成』11-132) 8.22. 의금부가 원팽조가 방소에 늦게 도착한 죄에 대해 아뢰다./ 간원이 이권의 일과 그를 잡아오던 의금부의 낭관을 추고할 것을 아뢰다.(『中宗實錄』 중종17. 『集成』11-133) 8.23. 의금부가 이안세 등은 주장의 명령을 어기고 군기를 잃었기 때문에 죄가 참형에 해당된다고 하다.(『中宗實錄』 중종17. 『集成』11-134) 8.24. 사헌부가 이권과 이안세는 군기에 관한 범죄가 무거우니 이에 따라 정죄할 것을 청하다.(『中宗實錄』 중종17. 『集成』11-134)
1523 ▼	【한국】 1.16. 對馬島島主 宗盛長이 皮古時羅를 보내오다.(『中宗實錄』 중종18. 『集成』11-148) 5.6. 上이 對馬島의 特送人 盛重은 명분없이 왔으니 접대할 수 없을 것이나 쉽게 처리해서는 안되니 예조로 하여금 의논하도록 전교하다.(『中宗實錄』 중종18. 『集成』11-148) 5.7. 上이 對馬島 特送人 盛重을 어떻게 처리해야 할지를 대신들에게 의논하라고 전교하다.(『中宗實錄』 중종18. 『集成』11-148) 5.8. 宣慰使 蘇世良의 회보를 기다려 特送人 盛重의 접대하도록 허락하다.(『中宗實錄』 중종18. 『集成』11-149) 5.16. 宣慰使 蘇世良이 釜山浦에서 日本使臣과 對馬島 特送 盛重과 함께 상경할 것을 장계하니 올라오게 하다.(『中宗實錄』 중종18. 『集成』11-149)/ 禮曹가 日本使臣과 對馬島 特送 盛重을 접대하는 일에 대해 아뢰다./ 南袞이 對馬島에 대하여 조약이 이미 정해져 있으므로, 우선 宣慰使로 하여금 중도에서 留連할 수 없다는 뜻을 알려주도록 하고, 그가 올라와 친히 간청하기를 기다린 다음에 허락할 것을 아뢰다.(『中宗實錄』 중종18. 『集成』11-150) 5.17. 上이 日本의 요구를 금년에도 들어주지 않는다면 해마다 실망하게 될 것이니 그들에 대한 염려가 없지 않은데, 서쪽 오랑캐들도 염려되므로 군적을 중지시키지 않도록 전교하다.(『中宗實錄』 중종18. 『集成』11-151) 5.18. 領議政 南袞 등이 日本國使臣이 서울에 도착하게 되면, 전례대로 할 수는 없고, 한 차례만 접대하자고 하다.(『中宗實錄』 중종18. 『集成』11-152) 5.22. 日本國使臣 僧 一鶚東堂이 오다.(『中宗實錄』 중종18. 『集成』11-152) 5.23. 檢詳 許寬이 特送人 盛重은 島主의 형이므로 該曹의 公事대로 접대하자고 아뢰니, 그리하라고 전교하다.(『中宗實錄』 중종18. 『集成』11-152) 5.24. 上이 일본사신의 접견을 날씨가 더우므로 慶會樓 아래서 할 수 있도록 전교하다.(『中宗實錄』 중종18. 『集成』11-153) 5.25. 日本國使臣 一鶚東堂 등이 有管氏의 반란은 자기네 나라로서는 더할 수 없는 불상사로 국가의 허비가 또한 너무도 컸었으니 助緣을 받게 되기 바라고, 土物 등을 별지에 갖추어 기록했으니 받아줄 것을 書啓하다.(『中宗實錄』 중종18. 『集成』11-153) 5.27. 黃海道觀察使 蘇世讓이 倭船이 豊川에 정박하여 여러명이 육지에 올라와서 府使 李繼長 등이 한 명을 잡았다고 馳啓하자, 그 倭人을 압송토록 전교하다.(『中宗實錄』 중종18. 『集成』11-154) 5.28. 黃海道觀察使 蘇世讓이 府使 李繼長이 椒島에서 倭船과 싸운 것과 24일 생포된 倭人에 관해 馳啓하다.(『中宗實錄』 중종18. 『集成』11-155)/ 忠淸道 등 三道 등지에 下書하여 왜노들을 요격하여 포획하도록 전교하다.(『中宗實錄』 중종18. 『集成』11-156)

일본

8.25. 三公이 申鏴도 잘못이 있으나 李安世 등은 申鏴의 명령을 따르지 않았기 때문에 啓聞한다고 아뢰니, 上이 倭가 楸子島에 있었다 하더라도 이것을 엿보고 도망쳤을 것이나, 주장의 명령을 따르지 않았기에 죄준 것이라고 전교하다./ 執義 閔壽千 등이 형률대로 죄줄 것을 청하자, 上이 다른 섬을 수색할 때 만일 逆風을 만났더라면 李安世 등은 楸子島에 들어갈 수 없어 倭를 체포하지 못했을 것이니, 심하게 다스리는 것은 마땅치 않다고 전교하다.(『中宗實錄』 중종 17. 『集成』11-135)/ 대간이 합동으로 이안세 등을 군법에 따라 처리해야 한다고 아뢰다.(『中宗實錄』 중종 17. 『集成』11-136)

8.26. 이안세와 이권에 대해 정상을 참작해서 벌주라고 전교하다./ 대간이 합사하여 이권 등의 일을 아뢰었으나 윤허하지 않다./ 의금부가 이종인과 황보검이 방소에 늦게 도착한 죄의 형률을 아뢰다.(『中宗實錄』 중종 17. 『集成』11-137)

8.27. 대간이 이권과 이안세의 죄에 대해 차자를 올리다.(『中宗實錄』 중종 17. 『集成』11-138)

8.28. 대간이 이안세의 죄에 대해 차자를 올리다.(『中宗實錄』 중종 17. 『集成』11-139)

9.3. 대간이 합사하여 이권과 이안세의 죄를 아뢰었으나 윤허하지 아니다.(『中宗實錄』 중종 17. 『集成』11-140)

9.6. 헌부가 申鏴이 군기를 그르친 일이 많으므로 律대로 죄를 정해야 한다고 아뢰다.(『中宗實錄』 중종 17. 『集成』11-141)

9.20. 慶尙左道節度使가 이달 15일에 東萊地方 鹽田에 賊倭들이 침입했음을 馳啓하다.(『中宗實錄』 중종 17. 『集成』11-141)

9.21. 倭의 침입에 대해 연해변 백성들을 성안으로 옮기는 것이 어떠할지를 兵曹·政府·備邊司에서 의논하라고 전교하다.(『中宗實錄』 중종 17. 『集成』11-141)/ 金詮 등이 倭들이 육지서 鎭將들을 위협하고 살해하였는데도 오는 줄도 몰랐고, 잡지도 못한 채 모욕을 받았으니 左道의 水使 등을 推考하되 兵使 등은 그 도의 災傷敬差官이 추고하기를 청하니, 上이 그리하라고 전교하다./ 義禁府가 前 慶尙左道 水使 金瑚·虞候 金順宗이 적왜들의 방비를 소홀히 한 죄를 아뢰자, 연해변의 백성을 철거하도록 하다.(『中宗實錄』 중종 17. 『集成』11-142)/ 의금부가 전 경상좌도 수사 김호·우후 김순종의 죄를 조율하다.(『中宗實錄』 중종 17. 『集成』11-143)

10.7. 의금부가 전 부산포 첨사 이화해·운포 만호 원희조·다대포 만호 유연의 죄를 조율하다.(『中宗實錄』 중종 17. 『集成』11-143)

11.1. 憲府가 濟州判官 李海는 예전에 熊川의 倭變이 있을 때 먼저 성문을 열고 도망하여 적이 성을 함락케 한 자이니 서용할 없다고 아뢰다.(『中宗實錄』 중종 17. 『集成』11-143)

11.9. 上이 지금 또 倭가 잇달아 나타나 서쪽과 남쪽에 다 사변이 있으니 어떻게 감당할 수 있겠는가라고 하면서, 平安道의 일을 의논할 때에 아울러 의논하라고 전교하다.(『中宗實錄』 중종 17. 『集成』11-144)

11.12. 左議政 南袞 등이 閭延·茂昌의 野人을 몰아내야 한다고 의논하니, 임금이 지금 남방에 왜노가 계속 나타나고 있다고 말하다.(『中宗實錄』 중종 17. 『集成』11-144)

12.25. 대사헌 조순이 이종인, 김극개, 조윤손, 박비정, 안지, 신희정의 죄를 논하다.(『中宗實錄』 중종 17. 『集成』11-146)

12.26. 左相 南袞이 李宗仁은 여러 번 변방 소임을 맡아보아, 왜를 방어하는 일에는 그와 맞설 사람이 적으나, 탐오한다면 나머지는 볼 것이 없다고 의논드리다.(『中宗實錄』 중종 17. 『集成』11-146)/ 대간이 조윤손, 서지, 김극개, 이종인의 일은 대신들에게 물어볼 것 없이 직접 결단하라고 청하다.(『中宗實錄』 중종 17. 『集成』11-147)

6.1. 議政府·예조에서 일본국사신의 접대와 관련하여 의계하다./ 全羅道水軍節度使 鄭允謙이 黃海道의 倭變에 대해 다시 馳啓하다.(『中宗實錄』 중종 18. 『集成』11-158)

6.2. 南袞이 日本國王使臣 등의 일로 詣闕하니, 上이 黃海道의 倭變에 대해서 실지 여부를 모르는데, 그 狀啓가 금명간에 반드시 이를 것이니, 그 장계가 온 뒤에 처치하라고 전교하다.(『中宗實錄』 중종 18. 『集成』11-160)/ 黃海道에서 생포된 倭人의 처리문제를 논하던 중, 남곤이 이들이 寧波府에 支貢가는 길이라면, 그들을 倭로 대해서는 안된다고 아뢰다.(『中宗實錄』 중종 18. 『集成』11-161)

6.3. 上이 政院에 倭를 생포한 李宗仁의 전례에 의거하여 鄭允謙도 한 자급을 더해주라고 전교하다.(『中宗實錄』 중종 18. 『集成』11-162)

6.4. 풍천에서 생포한 왜인 中林을 의금부에 가두다./ 上이 全羅右道 水軍節度使 鄭允謙에게 倭奴들이 몰래 日本使臣을 따라와서 凶毒을 자행하는 것을 막아 승리를 거두었으므로 한 자급을 더해주고 慰宴을 베푸니, 더욱 변방을 굳게 잘 지키라고 유시하다.(『中宗實錄』 중종 18. 『集成』11-163)

6.5. 倭人 中林을 義禁府에 가두었는데, 豊川에서 생포된 中林이 중국에 조공하러 갔다가 표류한 것인지를 조사하라고 하다.(『中宗實錄』 중종 18. 『集成』11-164)/ 金末文이 委官의 뜻으로, 무더위에 禁府에 갇힌 倭人이 병이날까 염려되니 項鎖만 할 것과 黃海道에 있는 倭人이 생포되기를 기다려서 비교신문 할 것을 아뢰다.(『中宗實錄』 중종 18. 『集成』11-165)

6.6. 上이 政院에 京畿道 등에 中林의 書契를 생포한 倭人들에게 보여서 저들이 만일 순종하지 아니하면 생포와 살육을 헤아리지 말고 꼭 포획하라고 유시하다.(『中宗實錄』 중종 18. 『集成』11-166)/ 上이 中林의 供辭에서 朝貢에 대해 어긋난 것이 없다면 倭로 대할 수 없어서 招諭한 것인데, 우리 나라 사람을 많이 죽였다면 본토로 돌려보낼 수 없다고 전교하다.(『中宗實錄』 중종 18. 『集成』11-167)

6.8. 상이 홍문관에 표류된 왜인의 추고를 무더위가 지난 후에 면대하도록 하다./ 上이 倭船의 향방을 찾지 못한 黃海道監司 등을 추고하도록 하고, 대신들이 중림을 어떻게 처리하는가 하는 문제를 논의하다.(『中宗實錄』 중종 18. 『集成』11-168)

6.12. 上이 倭船 1척이 인천 해상에 우리 商船의 米布를 겁탈하였 는데 이는 黃海道에 나타난 倭人이 수시로 竊發하는 것이니, 倭通事에게 中林의 書啓를 보내어, 그 書啓로 倭船을 초유하여 듣지 않거든 습격해야 한다고 이르다.(『中宗實錄』 중종 18. 『集成』11-171)/ 慶尙道 觀察使 金詋이 拜辭하자, 上이 引見하고 방금 倭變이 우려되니 兵事 등과 함께 의논하여 조치하라고 이르다.(『中宗實錄』 중종 18. 『集成』11-172)/ 商船이 倭船을 만났을 때의 방비책에 대해 전교하다(『中宗實錄』 중종 18. 『集成』11-173)/ 헌부에서 왜선을 급히 포획하도록 하다.(『中宗實錄』 중종 18. 『集成』11-174)

6.13. 倭船이 향해 가는 京畿道·忠淸道·全羅道 등지에 宣傳官을 보내 수토하고 포획케 하다.(『中宗實錄』 중종 18. 『集成』11-174)/ 倭人을 포획하지 못한 전 豊川府使 李繼長의 告身을 회수하다.(『中宗實錄』 중종 18. 『集成』11-175)

연도	한국
▲ 1523 ▼	6.14. 上이 慶尙左道節度使 尹熙平의 狀啓에 의하여 中林을 힐문할 것을 논하다.(『中宗實錄』 중종18.『集成』11-176)/ 헌부가 황해도에서 남양에 이르기까지 왜선이 지나간 각포의 첨사·만호를 추고할 것을 아뢰다.(『中宗實錄』 중종18.『集成』11-178) 6.15. 대신들이 避殿減膳을 日本使臣을 접견한 뒤에 의논하여 시행할 것과, 邊將들의 추고를 倭變이 잠잠해진 뒤에 논할 것을 아뢰다.(『中宗實錄』 중종18.『集成』11-178) 6.17. 上이 平安道 廣梁에 나타난 倭船에 대해 방비하라고 전교하다.(『中宗實錄』 중종18.『集成』11-180)/ 宣傳官이 忠淸道에서 觀察使의 장계를 가지고 와서 倭人과 싸운 일에 대해 아뢰다.(『中宗實錄』 중종18.『集成』11-182) 6.18. 남곤이 변장들의 죄를 경중을 따져 벌주도록 청하다.(『中宗實錄』 중종18.『集成』11-182)/ 남곤등이 사직을 청했으나, 왜변을 이유로 윤허하지 않다.(『中宗實錄』 중종18.『集成』11-183) 6.19. 政院이 倭人을 포획하지 못한 변장 7인을 초계하다.(『中宗實錄』 중종18.『集成』11-183) 6.21. 영의정 南袞 등이 아뢰기를, 왜선 1척이 우리 內地에 들어와 1달 이상을 체류하며 살해를 자행하므로 朝官을 보내어 세밀하게 추문한 후 의논하여 처리하자고 아뢰다.(『中宗實錄』 중종18.『集成』11-184) 6.23. 倭變을 탐문하는 일로 全羅道에 갔다가 지정된 기일에서 11일이 지나도록 돌아오지 않았는데, 이를 遲緩이라 여겨서 宣傳官 徐命千을 체직시키다.(『中宗實錄』 중종18.『集成』11-185) 6.24. 諫院이 忠淸道의 水使 등은 倭가 여러날 동안 地境 안에 있었다는 말을 듣고도 軍官만 보내어 搜捕하게 하였으므로 체직할 것을 아뢰자, 上이 이미 表憑을 보내어 推閱하고 있으니, 宣傳官 尹泗가 돌아오면 추문하라고 전교하다.(『中宗實錄』 중종18.『集成』11-185) 6.26. 兵曹判書 洪淑이 諸道의 助防將을 罷還시키는 일은 倭가 本土로 돌아갔을 것이라 여겨 罷還해야 한다고 한 것인데, 倭의 모의를 헤아리기 어려우니 대신들과 의논할 것을 아뢰자, 上이 대신과 면대하겠다고 전교하다./ 宣傳官 尹泗가 觀察使 尹希仁의 말로 沈義孫이 兵船 등을 거느리고 驍勇軍을 인솔, 바다에서 수토하다가 倭를 만나 패전해서 羅將 1인과 鎭撫1인이 피살되었다고 아뢰니, 上이 忠淸道水使 尹任 등을 잡아가두게 하다.(『中宗實錄』 중종18.『集成』11-186)/ 議政府 등 변방 일을 잘 아는 宰相을 引見하여, 倭와 관련한 병선의 제도에 대해 의논하다.(『中宗實錄』 중종18.『集成』11-187)/ 李惟淸이 尹任 등의 일은 倭變이 그치면 추고하기로 했고, 水軍의 배가 패몰했는지 여부는 宣傳官이 돌아온 뒤에 추문해도 되지만, 諫院이 아뢰니 水使 등을 체직시키고 추고하자고 의논드렸는데, 上이 이 의논에다 낙점하다.(『中宗實錄』 중종18.『集成』11-187) 6.27. 웅천현감 申玻는 내력도 없고 또한 이 지역은 왜노를 접대해야 하는 곳이므로 개정할 것을 청하다.(『中宗實錄』 중종18.『集成』11-194) 6.28. 朝講에서 倭에 패한 수령의 처리와 왜와의 무역에 관해 논의하다.(『中宗實錄』 중종18.『集成』11-194)/ 三公이 中林의 일은 반복하여 의논해 보아도 朝貢船이 아닌 것이 명백하므로 사실대로 불지 않을 경우 3~4차 刑訊할 것을 의계하니, 상이 領相 및 色承旨에게 가서 추문하라고 전교하다.(『中宗實錄』 중종18.『集成』11-196) 6.29. 上이 三公의 의논에 따라 黃海道觀察使에게 하서하여 倭船을 포획하거나 베지 못한 데 대해 추핵하도록 하라고 전교하다./ 대사헌 成雲 등이 상소하기를, 군사에 관한 계책을 修擧하고, 통솔하는 방략을 진작시켜 적에 대한 경계를 늦추지 말아야 한다고 하다.(『中宗實錄』 중종18.『集成』11-197)/ 全羅道 虞候 趙世幹이 賊倭의 머리 13급을 베고 1명을 생포하다.(『中宗實錄』 중종18.『集成』11-198) 7.1. 대간의 상소에 비답하기를, 왜선 1척이 삼도를 침입하였으므로 선전관을 보내어 조사하게 하였다고 하다./ 忠淸道觀察使 尹希仁이 舒川浦萬戶 權曒등이 倭船을 稷島에서 만나 싸운 일을 장계하다.(『中宗實錄』 중종18.『集成』11-199) 7.2. 정원에 전교하여 수사 尹任 등을 일찍 추문하여 아뢸 일을 금부에 말하라고 하다.(『中宗實錄』 중종18.『集成』11-200) 7.3. 헌부가 황해도 관찰사 蘇世讓에게 죄를 주기를 청하다.(『中宗實錄』 중종18.『集成』11-200)/ 倭船이 침입했을 때 조치를 잘 못한 黃海道 觀察使를 죄주 는 일에 대해 의논하다.(『中宗實錄』 중종18.『集成』11-201) 7.4. 承旨 蔡紹權이 委官인 禁府堂上의 뜻으로 포로로 잡은 倭人 중림을 全羅道에서 倭와 접견하였다하므로, 全羅道의 啓本이 오기를 기다려 다시 형문하도록 할 것을 아뢰니, 上이 그리하라고 전교하다.(『中宗實錄』 중종18.『集成』11-201)/ 上이 虞候는 馬梁에서 分防하고 있으므로 倭와 접전한 일에 대하여 전혀 모르고 있었으므로, 생각건대 같은 律로 다스릴 수 없는 것 같으니, 즉시 禁府郎官을 불러 堂上에게 물어서 아뢰도록 하라고 전교하다.(『中宗實錄』 중종18.『集成』11-202) 7.5. 全羅道 兵馬節度使 吳堡가 虞侯 趙世幹이 倭와 싸워 이긴 일로 啓聞하니, 上이 즉시 宣傳官 鄭公弼을 보내어 監護하여 데리고 오게 하라고 전교하다./ 의금부가 尹任·韓 등의 죄를 장 1백에 변방에 충군할 것을 조율하여 아뢰다.(『中宗實錄』 중종18.『集成』11-202)/ 전교하여, 鄭允謙이 왜적의 全船을 포획한 일은 가상한 일이라고 하다./ 上이 분탕질하던 倭船을 斬獲한 趙世幹에게 상주는 것에 대한것과 사로잡은 倭人을 詔獄에서 추문하는 것을 논하게 하다.(『中宗實錄』 중종18.『集成』11-203)/ 헌부가 아뢰기를, 왜선을 포획하지 못한 경기관찰사를 추문하자고 하다.(『中宗實錄』 중종18.『集成』11-204)/ 간원이 아뢰기를, 전 충청도 수사 尹任·韓 등은 모두 군령을 범하였으므로 율대로 정죄하자고 하다.(『中宗實錄』 중종18.『集成』11-205) 7.6. 일본국사신 一鶚東堂 등을 위하여 경회루 아래에서 연회를 베풀다./ 全羅道兵馬節度使·軍官 羅士恒이 倭船과 접전한 절차에 대해 소상히 아뢰다.(『中宗實錄』 중종18.『集成』11-205)/ 소세양을 1등 감하여 죄주다.(『中宗實錄』 중종18.『集成』11-208)

일본

7.7. 倭人 望古多羅가 표류한 중국인 8인을 海島에 안치시켰다고 하는데, 成重과 면질하여 추문하도록 전교하다.(『中宗實錄』 중종 18.『集成』11-209)/ 三公이 盛重이 오면 鄭允謙이 벤 倭의 머리를 내어 보이려 했으나, 盛重이 올라오지 않았는데 이는 반드시 내어 보일 필요는 없으므로 전례에 따라 한강 강변에 묻어버리자고 아뢰니, 上이 아뢴 대로 하라고 전교하다.(『中宗實錄』 중종 18.『集成』11-209)/ 上이 倭를 발견하여 쳐들어오는 자는 搜討하고, 도망가는 자는 추격하지 말라고 전교하다.(『中宗實錄』 중종 18.『集成』11-210)/ 承旨 蔡紹權이 中林과 望古多羅의 말의 招辭가 대략 같았다고 아뢰다./ 領議政 南袞 등이 全羅道水使 鄭允謙이 倭를 포획한 軍功에 대해서는 근년의 예에 따라 하도록 하고, 군졸에 대하여는 壬戌年의 論兵節目 중에서 따를 것을 아뢰니, 上이 아뢴대로 하라고 전교하다.(『中宗實錄』 중종 18.『集成』11-211)/ 領議政 南袞에게 전교하기를, 倭人의 招辭에 烏頭島는 일본땅인데 8명이 조선표류선에 타고 있어 大內殿에게 송환시켰다하므로, 이 내용을 다시 中林에게 묻도록 하다.(『中宗實錄』 중종 18.『集成』11-213)

7.8. 倭人 望古多羅를 추문함에 자복하지 않을 경우 刑訊하도록 하다.(『中宗實錄』 중종 18.『集成』11-213)/ 憲府가 黃海 등에 倭가 며칠 동안 머물면서 商船 등을 劫掠한 일은 대개 서로 비슷한데, 孫澍를 추고하라는 傳旨는 蘇世讓의 推辭와는 크게 다르므로 傳旨를 고쳐 받들게 할 것을 아뢰니, 上이 개정하여 받들게 하라고 전교하다.(『中宗實錄』 중종 18.『集成』11-214)

7.9. 政院에 전교하기를, 望古多羅의 招辭에 중국사람을 둔곳이 黃海道의 섬 같으니, 大靑島·小靑島·白翎島 등의 섬을 수색하도록 하다.(『中宗實錄』 중종 18.『集成』11-214)

7.10. 上이 政府堂上 등을 불러 詣闕하게 하고, 이제는 노략질하던 倭變도 없어졌으므로 邊將을 시켜 날마다 근신하여 措置하게 하면 되는 것이니, 금년에는 陵에 참배하는 일을 하라고 전교하다.(『中宗實錄』 중종 18.『集成』11-215)

7.12. 臺諫이 合司하여 尹任 등의 일을 아뢰었으나 따르지 않자, 倭가 침구했을 때 備禦에 대해 계책을 세울 줄 몰라서, 갑자기 分防하자 군사의 항오에 기강이 없고 進退를 멋대로 해서 全船이 패몰당했으니, 처참하다고 箚子를 올리다.(『中宗實錄』 중종 18.『集成』11-216)

7.13. 三公이 黃海道의 守令 등이 倭船에 대해 조치할 바를 몰라 패군했는데, 黃海道는 監司도 이미 죄를 받았고 다른 도의 경우에도 체직된 사람이 많으니, 京畿道의 僉使 등도 定罪할 것을 아뢰자, 上이 아뢴 대로 하라고 전교하다./(『中宗實錄』 중종 18.『集成』11-218)/ 대간이 합사하여 아뢰기를, 沈義孫과 韓등을 사형하자고 하였으나 윤허하지 아니하다.(『中宗實錄』 중종 18.『集成』11-219)

7.14. 尹任임을 경기도 花梁에 충군하다.(『中宗實錄』 중종 18.『集成』11-219)

7.15. 대간이 합사하여 심의손과 한필 등을 패전한 죄를 물어 사형하자고 청하였으나 윤허하지 아니하다.(『中宗實錄』 중종 18.『集成』11-220)

7.16. 심의손과 한필 등에게 죄주는 일에 대해서 논의하다.(『中宗實錄』 중종 18.『集成』11-220)/ 대간이 계속하여 심의손과 한필 등의 일을 아뢰었으나 윤허하지 아니하다.(『中宗實錄』 중종 18.『集成』11-221)

7.17. 대간이 합사하여 심의손과 한필의 일을 아뢰다.(『中宗實錄』 중종 18.『集成』11-221)

7.20. 忠淸道水使 黃琛이 섬에 표류한 8명의 일로 狀啓하니, 上이 中國 사람인지 倭人인지 분명히 판별되지 않았으니, 宣傳官 李秀을 보내어 漢學通事와 함께 그 사람들이 온 곳으로 갈 것을 전교하다.(『中宗實錄』 중종 18.『集成』11-222)

7.21. 上이 日本國使를 위하여 친히 勤政殿에서 친히 연회를 베풀다./ 領議政 南袞 등이 日本國王이 對馬島를 위하여 해마다 使臣을 보내어 舊例와 같이 대우하여 줄 것을 청하자, 壬申年의 條約은 변경할 수 없고, 對馬島도 이 條約을 지켜야 和好가 오래갈 수 있다는 것을 아뢰다.(『中宗實錄』 중종 18.『集成』11-223)

7.25. 南袞 등이 의논드리기를, 왜선에 섞여 달아났다가 돌아온 자를 중국사람과 균등한 예로 대우함에 있어서 加減하기가 어렵다고 하다.(『中宗實錄』 중종 18.『集成』11-224)

7.28. 忠淸道 鮑作人이 포획한 중국사람 8명이 서울로 올라왔는데, 上이 政院에 중국사람이 말하는 것과 倭人의 招辭가 다르니, 다음달 초 1일 제사를 행한 뒤에 추문하자는 南袞의 말대로 하라고 전교하다./ 上이 日本國使臣의 公貿易 및 賜與하는 물품에 대해 의논하라고 전교하다.(『中宗實錄』 중종 18.『集成』11-225)

8.1. 南袞 등이 忠淸道에서 잡힌 중국 사람의 일에 대해 아뢰자, 上이 중국 사람은 倭에게 사로잡혀 함께 배를 타고 나온 사람인 듯하니, 窮極히 따져 물어서 그 연유를 조사하라고 전교하다.(『中宗實錄』 중종 18.『集成』11-226)

8.2. 委官 南袞 등이 忠淸道에서 사로잡은 中國 사람을 推問할 때 숨기고 바른대로 承服하지 않은 것은, 그가 倭人과 함께 배를 타고 우리 나라의 人物을 많이 해쳤기 때문이라고 아뢰다./ 전교하여, 전라도에서 사로잡은 중국인을 추문하되 승복하지 않으면 왜인과 면질시키라고 하다.(『中宗實錄』 중종 18.『集成』11-227)/ 南袞 등이 中國 사람의 招辭와 倭人의 초사가 대개 서로 같으나, 서로 다른 것이 있으니, 오늘 詰問하여 말이 같아지도록 할 것을 아뢰자, 上이 아뢴대로 하라고 전교하다.(『中宗實錄』 중종 18.『集成』11-228)

8.3. 전교하여, 중국 사람을 쇄환할 때 왜인도 아울러 중국으로 보내는 문제를 의논하라고 하다.(『中宗實錄』 중종 18.『集成』11-229)

8.4. 상이 沈義孫과 韓佖 등의 일에 대해서 전교하다.(『中宗實錄』 중종 18.『集成』11-229)/ 전교하여, 中國人과 사로잡은 倭人을 중국에 보내는 일에 대해서 대신을 인견하여 논의하겠다고 하다./ 상이 사정전에 나아가 중국사람과 왜인의 처리 문제에 대해서 논의하다./ 承政院이 倭人의 처리에 대해서 사목을 정하여 의논하도록 건의하다.(『中宗實錄』 중종 18.『集成』11-230)/ 中國人에 대한 송환과 倭人도 중국으로 보낼 것인가에 대해 논의하다.(『中宗實錄』 중종 18.『集成』11-232)

8.5. 대간이 沈義孫과 韓佖의 일을 계속 아뢰었으나 윤허하지 아니하다.(『中宗實錄』 중종 18.『集成』11-234)

8.7. 헌부가 아뢰기를, 주문사는 중국인과 왜인을 압령하여 갈 뿐이므로 통사는 次第로 따라 보내자고 하다.(『中宗實錄』 중종 18.『集成』11-234)

8.12. 領議政 南袞 등이 日本使臣이 歲遺船·歲賜米를 청하는 등의 일을 의논하여 아뢰다.(『中宗實錄』 중종 18.『集成』11-235)

8.14. 대신들이 對馬島의 배에 관한 일을 의논하고 아뢰니, 上이 壬申년의 약조를 고쳐서는 안되겠다고 전교하다.(『中宗實錄』 중종 18.『集成』11-237)/ 對馬島에 別賜하는 일에 대한 것과 日本國使臣에게 회답하여 보낼 書契에 대한 것을 논의하다.(『中宗實錄』 중종 18.『集成』11-239)

연도	한국
▲ 1523	8.15. 領議政 南袞 등이 對馬島의 청구를 들어줄 것을 아뢰자, 上이 쉽게 들어줄 수 없으며, 약조는 무너뜨릴 수 없다고 전교하다.(『中宗實錄』 중종18. 『集成』11-243) / 대간이 합사하여 아뢰기를, 심의손 등의 죄를 사형으로 다스리자고 하였으나 윤허하지 아니하다.(『中宗實錄』 중종18. 『集成』11-244) 8.16. 홍문관에서 沈義孫과 韓佖의 처벌문제에 대해서 상소문을 올리다.(『中宗實錄』 중종18. 『集成』11-244) 8.17. 承旨 尹仁鏡 등이 의금부에 갇혀 있는 전 서천군수 韓碩豪의 추안을 가지고 아뢰다.(『中宗實錄』 중종18. 『集成』11-246) / 대간이 韓碩豪와 沈義孫에게 죄 줄 것을 청하였으나 윤허하지 아니하다.(『中宗實錄』 중종18. 『集成』11-248) 8.18. 承旨 金希壽가 이번 사로잡은 倭人 中林 등 두 포로가 宗設의 휘하라면 奏聞하는 것이 옳겠으나, 宋素卿의 휘하라면 바칠 명목이 없으므로, 이제 中林 등에게 물어서 처치할 것을 아뢰니, 上이 三公에게 물어서 아뢰라고 전교하다.(『中宗實錄』 중종18. 『集成』11-248) 8.24. 南袞 등의 沈義孫의 일에 대해서 의논드리다.(『中宗實錄』 중종18. 『集成』11-249) 8.25. 沈義孫과 韓佖을 拿致하라고 명하다.(『中宗實錄』 중종18. 『集成』11-249) 8.29. 成世昌을 중국에 보내어 倭人 2명과 倭船에서 참획한 船窓, 화살 등을 바치게 하다.(『中宗實錄』 중종18. 『集成』11-249) 8.30. 政府가 日本國使臣에게 書契를 만들어 회답하는 일을 弘文館·臺諫 이상이 모두 논의하도록 하여 중론을 채용할 것을 아뢰니, 上이 日本國이 청구하는 일은 弘文館과 六曹參議 이상에게 의논시키겠다고 전교하다.(『中宗實錄』 중종18. 『集成』11-250)
1524	【한국】 1.2. 對馬島主 宗盛長의 使送 三甫羅가 와서 방물을 바치다.(『中宗實錄』 중종19. 『集成』11-258) 1.19. 上이 族親衛 沈義孫이 忠淸道水使의 軍官으로서 倭를 만나 힘껏 싸우지 않아서 敗軍한 죄는 絞刑에 해당하므로 減死를 명하다.(『中宗實錄』 중종19. 『集成』11-258) 1.28. 영의정 南袞 등이 의논하여 아뢰기를, 황제가 상사한 물건은 주문서에 성명이 있는 자에게만 미쳤을 뿐, 왜인을 잡는 공이 있었던 사람에게는 미치지 않았다고 하다.(『中宗實錄』 중종19. 『集成』11-259) / 상이 근정전에 나아가 成世昌을 인견하다.(『中宗實錄』 중종19. 『集成』11-261) 4.25. 사간원 대사간 金楊震 등이 상소하기를, 군정이 해이하고 무비가 닦이지 않아 왜구가 침입하여도 삼도가 소연하므로 그 방비를 굳건히 하자고 하다.(『中宗實錄』 중종19. 『集成』11-261) 7.1. 병조참판 朴壤가 압마관 1인과 왜통사는 모두 武才가 있는 사람으로 데려가기를 청하다.(『中宗實錄』 중종19. 『集成』11-262) 7.28. 上이 庚午年의 倭亂 때에 변고를 듣고서야 試才하여 보낸 것은 급박하였던 것 같으니, 국가가 한가할 때에 장수를 시험하고 군졸을 훈련해야 한다고 전교하다.(『中宗實錄』 중종19. 『集成』11-262) 8.12. 일본에서 사자를 요청하므로 통신사를 보낼 것인지에 대해서 의논하다.(『中宗實錄』 중종19. 『集成』11-263) / 上이 日本使臣은 접견한 예는 있으나, 大內殿의 使臣도 접견한 전례가 있는지를 물어보고, 전에 우리나라가 中國에 바친 倭人은 大內殿 사람이고, 우리 漂流人도 그곳에 있다하니 전례가 없더라도 접견하겠다고 전교하다.(『中宗實錄』 중종19. 『集成』11-264) 8.27. 勤政殿에 나아가 大內殿의 使臣 仁叔西堂 등을 접견하고 물건을 내리다.(『中宗實錄』 중종19. 『集成』11-265)
1525 ▼	【한국】 1.9. 宋寞同이 倭人을 죽인 일에 대해 논의하다.(『中宗實錄』 중종20. 『集成』11-270) 1.14. 전교하기를, 전 慶尙道水使 李菀은 公罪일지라도, 아랫사람이 사사로이 매매하다가 왜인을 죽인 것은 놀라우므로 파직하였다고 하다.(『中宗實錄』 중종20. 『集成』11-271) 1.15. 弘文館應敎 黃孝獻이 사직하기를 청하며 아뢰기를, 弘文館應敎의 자리는 華國 및 交隣하는 문서를 다루는 중요한 직임이므로 글에 능한 자를 가려서 재수해야 한다고 하다.(『中宗實錄』 중종20. 『集成』11-272) 1.26. 李宗角의 죄가 왜인을 죽인일에는 관계가 없으니 빨리 추고하도록 禁府에 내리도록 하다.(『中宗實錄』 중종20. 『集成』11-272) 2.3. 特進官 安潤德이 倭人과의 무역에서 문제를 야기시키는 자를 엄벌할 것을 건의하다. / 安潤德이 釜山浦·薺浦의 客館이 으슥한데 있는데, 성이 없어 왜인을 살해하는 일이 있게되므로, 축성공사의 필요성을 의계하도록 하다.(『中宗實錄』 중종20. 『集成』11-273) 2.4. 對馬島主가 而羅洒毛를 보내 方物을 바치다. / 兵曹에서 薺浦의 倭館은 庚午年의 倭亂으로 옛터에 垣墙을 쌓았는데, 倭人이 담장을 넘나드는지 알 수 없으므로 성을 쌓아야 할지를 本道의 監司·兵使에게 下書하여 여부를 馳啓할 것을 아뢰니, 상이 아뢴대로 하라고 傳敎하다.(『中宗實錄』 중종20. 『集成』11-274) 2.12. 병조가 경상도의 수영을 동래 해운포로 옮겨 설치하는 일에 대해서 의논할 것을 청하다.(『中宗實錄』 중종20. 『集成』11-274) 4.5. 함경남도 병사 崔漢洪이 계본을 올려 아뢰기를, 오고가는 야인의 객관을 서울의 왜인이나 야인의 객관과 같이 下番하는 군졸을 배치하여 임의로 드나들지 못하도록 해야 한다고 하다.(『中宗實錄』 중종20. 『集成』11-275) 4.13. 領事 南袞이 아뢰기를, 남쪽에 왜인들이 많이 나와 있다고 하다.(『中宗實錄』 중종20. 『集成』11-275) 4.14. 三公이 王山赤下와 같은 軍事機密이 日本使臣 등 다른나라에게 누설될까 우려되는데, 비밀이 누설되지 않게 할 것을 아뢰니, 상이 이런 뜻을 禮曹에게 말하여 누설되지 않도록 하라고 하다. / 議政府가 對馬島 特送을 壬申年 約條에 의해 거절하고 돌려보내라는 것으로 行移 할 것을 아뢰니, 상이 다만 日本國 使臣이 漂流된 我國人을 데리고 왔으면 후한 禮로 대접하라고 傳敎하다.(『中宗實錄』 중종20. 『集成』11-276)

일본

9.3. 思政殿에서 領中樞府事鄭光弼 등이 日本國使臣에게 別賜하는 것에 관해 의논하여 아뢰니, 上이 歲遣船 안에서 떼어 줄 것을 이르다.(『中宗實錄』 중종 18. 『集成』11-251) / 上이 日本國使臣의 청에 대해, 衆議에 따라 歲遣船 안에서 적당히 줄여 주도록 하고, 禮曹를 시켜 公事를 만들어 政府에 申報하게 하라고 전교하다.(『中宗實錄』 중종 18. 『集成』11-253)

9.6. 押宴官 左議政 李惟淸 등이 日本國使臣 一鶚東堂 등이 청한 유람을 허락할 것과, 歲遣船을 전례대로 25척으로 할 것을 청하나 고칠 수 없다고 한 것과, 정포를 면포로 바꾸어 주는 것을 該司와 의논하겠다고 답한 것을 아뢰다.(『中宗實錄』 중종 18. 『集成』11-253)

9.8. 戶曹가 一鶚東堂이 正布는 짐이 무거우므로 綿布로 바꾸어 달라는 일은, 이제 들어 주면 뒤에 관례가 될 것이니 꼬투리를 열어서는 안 된다고 아뢰다.(『中宗實錄』 중종 18. 『集成』11-254)

9.28. 상이 沈義孫과 韓佖이 병선 12척과 군인 1백여 명을 거느리고 왜선을 만나 패배하였다는 내용의 계복을 듣다.(『中宗實錄』 중종 18. 『集成』11-254) / 정원이 韓佖의 死罪를 감한 것에 대해 아뢰다.(『中宗實錄』 중종 18. 『集成』11-255)

10.23. 奏聞使 成世昌이 中國人과 倭人을 데리고 무사히 遼東에 도착했음을 치서하다.(『中宗實錄』 중종 18. 『集成』11-255)

10.25. 慶尙道 監司 方有寧이 倭船 8척이 木島에 정박했음을 장계하다.(『中宗實錄』 중종 18. 『集成』11-256)

11.7. 상이 이르기를, 왜인 포로를 중국에 바쳤으므로 남방의 왜인이 원망이 있을 것이라고 하다.(『中宗實錄』 중종 18. 『集成』11-256)

12.1. 倭人이 바치는 치자를 받을 것인지에 대해 의논하다.(『中宗實錄』 중종 18. 『集成』11-257)

12.13. 올해 중국에서 도둑질한 倭人 中林과 望古多羅를 중국에 바친 일과 표류한 우리나라 사람을 쇄환하는 일에 대해 예조에 논의토록 전교하다.(『中宗實錄』 중종 18. 『集成』11-258)

9.2. 禮曹에서 琉球國의 等悶意가 보낸 都船主 國次와 仁叔西堂이 朝鮮사람이 大內殿 소속의 日本땅에 표류하여 있다고 하니, 刷還하는 일을 餞宴에서 말하고 또 書契에 써서 답하기를 아뢰므로, 上이 그리하라고 전교하다.(『中宗實錄』 중종 19. 『集成』11-265)

9.3. 上이 우리나라 사람뿐만 아니라 中國人도 刷還하면 事大하는 아름다운 것이라고 하자, 領事 南袞이 우리가 잡은 大內殿 倭人을 중국에 보냈기에 이를 들어주지 않을 것이라 하므로, 上이 西堂의 말로는 刷還할만 하다고 이르다.(『中宗實錄』 중종 19. 『集成』11-266)

9.4. 特進官 安潤德이 아뢰기를, 경상도의 면포는 모두 왜인에게 답례로 보내는 물건이라고 하다.(『中宗實錄』 중종 19. 『集成』11-267)

9.6. 三公과 禮曹가 世宗朝에는 對馬島에 使臣을 보내어 中國人을 쇄환하였으나, 大內殿은 우리와 멀고 中國과 가까운데 中國人을 刷還하면 中國이 우리의 강성함을 의심할 것이니, 成宗朝의 일에 따라 쇄환하지 말 것을 아뢰다.(『中宗實錄』 중종 19. 『集成』11-267)

11.21. 三公이 大內殿의 使送 仁叔西堂이 가져온 상물을 예전 값대로 살 것을 청하다.(『中宗實錄』 중종 19. 『集成』11-268)

12.19. 上이 慶尙道水使 趙壽千이 東萊縣의 寺奴 宋莫同이 對馬島의 使送 甫羅沙也門이 데려온 格倭 二汝毛에게 綠礬을 사고 그 값을 주지 않으려다 二汝毛를 죽였으므로 가두고 추고한다고 書狀을 내리다.(『中宗實錄』 중종 19. 『集成』11-268)

12.21. 三公이 宋莫同이 對馬島主가 보낸 格倭를 죽인 일에 대해 京官을 보내어 邊將과 죄를 범한 이를 推考하고, 倭人에게 恤典을 내려 국가의 뜻을 보이라고 아뢰니, 上이 推考敬差官을 차출하여 보낼 것을 吏曹에 전교하다.(『中宗實錄』 중종 19. 『集成』11-269)

12.22. 三公이 宋莫同이 倭人을 죽인 일을 들어 倭人과 몰래 매매하는 폐단을 摘奸하기를 청하다.(『中宗實錄』 중종 19. 『集成』11-269)

12.25. 憲府가 金山浦에서 倭人이 살해된 일에 대해 아뢰다.(『中宗實錄』 중종 19. 『集成』11-270)

12.29. 倭人의 胡椒를 올려 보내지 말라 청한 이유를 戶曹에 물으니, 戶曹에서 驛路에 폐단이 많다고 아뢰다.(『中宗實錄』 중종 19. 『集成』11-270)

【일본】

5.19. 宗盛長은 草鹿部修理亮에게 편지를 보내다. 대마도 興良郡 세 개 마을에서 조선에 가는 배에 실을 물품을 할당하는 일을 알리다.(『宗家御判物寫』)

5.27. 무역품을 팔 곳 살 곳, 육지 판매, 조선과의 일등을 전처럼 계속 유지해 달라고 요청하다.(「三根鄕 志多賀村 부田長八郎 所志 古文書」 『對馬の古文書』)

8.27, 9.2. 參內仙人翁은吉이 唐船朝鮮琉球船의 祈禱守를 담당하는 綸旨를 받다. 재차받다.(『紀伊續風土記』5「高野山之部 總分方之十 小田原谷」)

1522~1525. 12.13. (大友義鑑의 加判衆 臼杆長景 등이) 古庄秀重·臼杆親連에게 올 봄에 朝鮮에 파견할 선박을 정하도록 하다. 대마도에서 보낸 편지의 내용대로 희망하는 牙符의 使用을 인정하도록 하다. 또한 第二牙符를 사용하여 貿易에 참가한 상인들의 일을 대마도측이 숨기지 못하도록 하고, 牽制하도록 지시하다.(『由比文書』「6 大友家加判衆連署奉書」)

-. 일본 승려 宗設이 노략질을 일삼았으나 踪跡이 없고, 宋素卿과 瑞佐가 하옥되다. 조선국왕은 군대를 보내 왜구 仲林望古多羅 등 33인과 왜구에게 잡힌 중국인 8인 등을 중국에 보내다.(『異國使僧小錄』)

4.16. 상이 日本國王의 書契를 내리며 李에게 武官 袁璉이 中國人으로 日本에 사로잡혀 갔다가 중국으로 보내려 하여 우리에게 먼저 고하게 한 것이 아니냐고 물으며, 정부가 합석할 때 의논하라고 傳敎하다. / 日本國王 源義晴이 癸未年에 大明國에 進貢할 때, 使臣의 길잡이가 된 武官 袁璉을 사로잡아 日本으로 되돌아 왔는데, 내년에 袁璉 등 세 사람을 돌려보낼 것이니 陛下가 미리 大明上皇에 奏達케 해달라는 내용의 書契를 보내다.(『中宗實錄』 중종 20. 『集成』11-277)

4.17. 상이 倭의 書契를 議政府 등과 의논하였는데, 倭人이 袁璉을 자기 나라에 머물게 하고 公文으로 大明에게 주달해주기를 청했는데 이 일은 倭人이 스스로 刷還하는 것이 어떻겠냐고 傳敎하다.(『中宗實錄』 중종 20. 『集成』11-278)

4.18. 상이 日本使臣이 漂流인 9명을 데리고 왔으니 후한 뜻을 보이기 위해 세 번 親見하겠고, 접견할 때의 하사물품은 전례대로 하되

연도	한국
▲ 1525 ▼	특별히 수량을 더하여 후대하는 뜻을 보이고 싶다고 傳教하다.(『中宗實錄』중종20.『集成』11-278)/ 政府에서 日本國王이 袁璡을 직접 쇄환한다면 노략하고 잡아간 죄를 문책하게 될까 두려워 우리를 통하여 啓達하려는 것으로 중국이 쇄환하게 된 연유를 묻게 되면 대답하기 어려우니, 禮曹에서 公事를 아뢰도록 할 것을 아뢰다.(『中宗實錄』중종20.『集成』11-279) 4.19. 同知事 洪彦弼이 표류된 사람을 刷還하는 것은 이웃나라와 사귀는 의리이지만, 對馬島主가 이를 기화로 할 것이 분명하고 우리에게 없는 銅·鐵·金·銀을 가져와 綿布를 무역하면 면포가 없어지게 되어 곤란하게 된다고 아뢰다.(『中宗實錄』중종20.『集成』11-279)/ 예조판서 張順孫이 아뢰기를, 지금 이웃나라의 사신이 들어와 예조의 일이 많은데 자신이 노쇠하여 그 일을 감당할 수 없으므로 체직할 것을 청하다.(『中宗實錄』중종20.『集成』11-280) 4.20. 禮曹에서 日本使臣은 먼저 本曹에서 잔치한 후 인견할 것과 漂流人을 다수 쇄환하였으니 특별히 후대한다고 분부가 있었는데, 뒷날 한두 사람을 쇄환하고 예를 들어 요청하면 후일의 폐단이 된다고 아뢰다.(『中宗實錄』중종20.『集成』11-281) 4.22. 日本國 使臣이 漂流人을 후히 접대하다가 쇄환하였으니 진실로 반가운데, 禮曹에서 먼저 접대하고 기다렸다가 접견하면 반가워하는 뜻을 보임이 늦어지는 것이니, 먼저 접견하되 通事가 그들의 요청을 금지케 할 것이라 傳教하다.(『中宗實錄』중종20.『集成』11-281)/ 三公과 禮曹判書 등이 倭人이나 野人 및 외국인을 접대하는 일은 전례가 있으니, 祖宗朝의 구조례에 벗어나지 말 것과 이번 漂流人이 大內殿에 간 것인데 日本이 이를 빙자하여 요구하니 과한 접대를 하지 말라고 아뢰다./ 상이 日本國 使臣 接見에 관한 일은 사세가 만일 의논한 것과 같다면 전례대로 함이 可하다고 傳教하다.(『中宗實錄』중종20.『集成』11-282) 4.28. 上이 宣慰使 曹漢弼의 狀啓를 내리며, 이번의 倭人들은 평소의 倭人들과 달라 漂流民 3명을 刷還하였으니 그들의 요구를 들어 주는 것이 어떠하냐고 이르다./ 禮曹에서 倭人들의 胡椒를 浦所에 들 것과 물건값의 개정하는 일은 戶曹가 移文했지만, 倭人들이 漂流民을 쇄환하였으니 상께서 참작하여 처리하라고 아뢰다.(『中宗實錄』중종20.『集成』11-282)/ 右議政 權鈞이 日本使臣이 漂流人을 쇄환한 것을 공으로 여겨 요구할 것이고 요청을 다 들어주면 지탱하지 못할 것이며, 胡椒는 國王이 무역하는 것으로 사지 않을 수 없는데 쇄환을 구실로 삼으니 거절하기도 힘들다고 아뢰다.(『中宗實錄』중종20.『集成』11-283) 5.3. 領事 李惟清이 아뢰기를, 군사기밀이 누설된다면 남쪽의 객인들이 모두 나라의 허실을 알게 될 것이라고 하다.(『中宗實錄』중종20.『集成』11-284)/ 禮曹가 宣慰使의 特送船과 공무역에 대해 倭人들이 陳情할 수 있으니 추가로 회계할 수 없음을 아뢰다.(『中宗實錄』중종20.『集成』11-286) 5.6. 領事 南袞이 日本使臣으로 온 倭人들이 胡椒 8천9백 근을 공무역할 것인데 거절하여 실망케 해서도 안되지만, 모두 무역한다면 국가에게도 폐단이 된다고 아뢰니, 상이 모두 공무역한다면 폐해가 반드시 많을 것이라 이르다.(『中宗實錄』중종20.『集成』11-287) 5.12. 상이 가뭄이 심하여 避殿減膳하고 싶은데 正殿에서 日本使臣을 접견하고자 하니 번잡하게 피전·復殿했다 할 수 없어서 피전하지 않는 것이라 傳教하다.(『中宗實錄』중종20.『集成』11-287) 5.13. 宣慰使 曹漢弼이 복명하고, 日本使臣에 오는 도중의 宴享과 접대를 고을에 지시하여 별탈없이 왔으며, 그들이 온 것은 세견선을 더 요청하기 위해 刷還의 공을 對馬島에 돌려 자기들의 요청을 중시하게 하려는 것이라고 아뢰다.(『中宗實錄』중종20.『集成』11-288) 5.16. 상이 禮曹判書가 日本使臣과 特送船의 접대의 일을 정부에서 처리할 것이라 傳教하니, 禮曹에서 日本使臣이 요청한 것은 約條 이외의 것인데 特送船을 접대하는 일은 요청한대로 허락하면 약조가 든든하지 못하게 된다고 아뢰다.(『中宗實錄』중종20.『集成』11-288) 5.17. 日本國王 使臣 景林東堂 등 22명이 서울에 들어오다.(『中宗實錄』중종20.『集成』11-289) 5.19. 領議政 南袞 등이 재변으로 체직을 원하니, 상이 재변을 만나면 마땅히 避殿減膳이 법인데 日本使臣을 접견할 일이 있어 피전과 복전이 도리에 어그러지겠기 때문에 짐작해서 하겠다는 뜻을 이미 말했다고 傳教하다.(『中宗實錄』중종20.『集成』11-289)/ 상이 이르기를, 일본국 사신을 접대할 때 주악하고 잔치하는 일이 합당한 일인지 예관에 의논하고 싶다고 하다./ 상이 日本使臣은 正殿에서 접견하는 예만은 정지하고 싶으며, 접견하지 않더라도 그들이 내가 재변을 두려워하고 있는 뜻임을 알 것이니 禮曹에 물어보라고 傳教하다.(『中宗實錄』중종20.『集成』11-290)/ 禮曹에서 재변으로 인하여 연향하는 것은 미안하지만, 이웃나라 使臣을 접견해야 하고 접견하면 잔치하고 주악하지 않을 수 없는데, 그들이 잔치한다는 것을 알고 있으니 폐할 수 없다고 아뢰다./ 전교하여 연향일자를 어떻게 해야 할지 예조에게 묻도록 하다.(『中宗實錄』중종20.『集成』11-291) 5.21. 사간 韓承貞이 아뢰기를, 변방에 사단이 있으므로 수령들을 가려서 보내야 된다고 하다.(『中宗實錄』중종20.『集成』11-291)/ 상이 日本使臣이 助緣 무명과 胡椒의 공무역, 島主의 特送 접대, 세견선 척수 증가 등의 일을 요청했는데, 諸曹가 단독으로 의논할 수 없으니 대신들이 의논하라고 傳教하다./ 日本 使臣이 萬壽禪寺를 다시 창건하는 일 등을 요청한 것에 대해 대신들과 수용 가부를 논의하다.(『中宗實錄』중종20.『集成』11-292) 5.25. 비가 내리므로 日本使臣의 접견을 정지하고, 左議政 李惟清에게 禮曹에서 잔치하며 타이르도록 하다.(『中宗實錄』중종20.『集成』11-293) 5.27. 侍講官 鄭玉亨이 日本使臣이 누차 왔는데, 富商大賈들이 細布를 가지고 銅鐵과 교환하니 값만 올라가 公私가 고갈되어 시장에 明紬가 없다고 아뢰니, 상이 만일 公·私貿易을 금하면 그들이 많이 가져오지 않을 것이라고 하다.(『中宗實錄』중

일본

종 20.『集成』11-293)

6.1. 상이 正殿에서 日本國王의 使臣을 접견하고, 大内殿의 使臣은 慶會樓 아래에서 국왕의 使臣을 재차 잔치할 때 접견할 것이라 傳教하니, 禮曹에서 대내전의 使臣을 기다렸다가 같은 때에 접견할 것을 아뢰다.(『中宗實錄』 중종 20.『集成』11-294)

6.7. 판윤 韓亨允이 왜인들은 그 성격이 조급하고 경박하다고 하다.(『中宗實錄』 중종 20.『集成』11-294)

6.22. 상이 大内殿의 使臣이 왔으므로 표류했던 사람들을 政院에 불러 倭의 풍속과 농사짓는 방법, 大内殿에서 日本까지의 거리, 對馬島主가 바뀌게 된 사정 등을 물어 書啓하라고 傳教하다.(『中宗實錄』 중종 20.『集成』11-295)/ 禮曹에서 日本使臣을 접견일을 묻고, 對馬島主의 特送 盛重이 왔으므로 전례에 따라 연회에 참예하도록 할 것을 아뢰니, 상이 大内殿 使臣의 押宴 은 27일 이전에, 접견은 27일에 하는 것이 좋고, 盛重은 아뢴대로 하라 傳教하다.(『中宗實錄』 중종 20.『集成』11-296)

6.24. 상이 寧波府 사람들이 大内殿에 사로잡혀 있으면서 우리 漂流民에게 중국으로 돌아 갈 수 있게 貴國이 轉達하여 본토에 돌아갈 수 있게 해달라고 했는데, 우리가 日本과 상통하는 것을 의당 은휘해야 한다고 傳教하다.(『中宗實錄』 중종 20.『集成』11-296)

6.26. 侍讀官 黃孝獻이 淑惠翁主가 죽은지 오래되지 않는데, 宴享을 하기가 편리하지 못하고 정지하여도 倭人들이 알아차릴 것이라 아뢰니, 상이 日本使臣이 온지 오래고 지체되는데, 雨勢가 멎지 않으면 못하게 된다고 이르다./ 三公이 倭國 書契에는 袁璡, 표류인들은 裵大人이라 하니 서로 틀리고, 日本과 大内가 싸워서 우리 使臣이 가더라도 찾을 수 없다고 의논하니, 상이 袁璡이나 裵大人은 唐人이고, 우리가 轉奏해야 하니 논의하여 議啓하라 傳教하다.(『中宗實錄』 중종 20.『集成』11-297)/ 日本國 書契의 내용을 중국에 주달할 것인지 여부를 의논하였는데, 弘文館에서 사로잡힌 사람들이 우리의 지경에 오지도 않았는데 앞질러 자진해서 奏聞함은 온당치 않다고 의논드리니, 상이 알았다고 傳教하다.(『中宗實錄』 중종 20.『集成』11-298)

6.28. 상이 各人 接見을 慶會樓 아래에서 거행하고 싶다고 傳教하자, 政院이 정전에서 연회 차림은 합당하다고 議啓하다.(『中宗實錄』 중종 20.『集成』11-300)

6.29. 상이 勤政殿에 나가 日本使臣 중 景林東堂과 大内殿의 使送 및 對馬島 特送을 접견하다./ 禮曹判書 沈貞 등이 漂流人 金必들의 말이 이번에 日本國 및 大内殿의 使臣들은 本地人이 아니고 모두 對馬島 등지의 사람들로서 詐稱한 자들이며, 庚午年 반란의 주모자 守貞도 함께 나와 포구에 있다고 말했다고 아뢰다.(『中宗實錄』 중종 20.『集成』11-300)

7.8. 戶曹가 倭人 愚室首座가 가져온 물품과 공무역의 수량에 대해 아뢰다.(『中宗實錄』 중종 20.『集成』11-301)

7.12. 정부에서 漂流者의 공술에 倭人들 중 日本國 및 大内殿의 使臣이라고 한 자는 對馬 등지의 사람이라 하였는데, 이들을 잡는다면 本土人들도 두려워할 것이고, 반란의 죄는 불문에 붙이기로 하였으니 어찌할 수 없다고 아뢰다.(『中宗實錄』 중종 20.『集成』11-301)

7.13. 전교하기를, 왜사를 접견했으니 피전감선과 철악을 하겠다고 하다.(『中宗實錄』 중종 20.『集成』11-302)

7.22. 領事 南袞이 아뢰기를, 객인들을 대접할 때의 모든 경비를 조세로 충당하고 있으므로 조세를 감한다면 경비가 분명 부족할 것이라고 하다.(『中宗實錄』 중종 20.『集成』11-302)

7.26. 禮曹에서 日本使臣 景林東堂 등이 放砲 및 武才 관람요청은 전례가 있으니 허락할 것을 아뢰니, 상이 대신들이 알아야 하니 정부에 말하라고 傳教하다.(『中宗實錄』 중종 20.『集成』11-303)

8.18. 領議政 南袞 등이 명을 받고 日本使臣 및 大内殿 使臣을 慕華館에서 잔치를 열어 대접하고 武藝와 불놀이를 관람시키다.(『中宗實錄』 중종 20.『集成』11-304)

8.19. 領議政 南袞이 戶曹가 倭人들의 물건 중 삼분지일만 公貿易하고 나머지는 私貿易하기로 하자 倭使가 모두 본국에 가져가겠다고 하는데, 이는 국가의 체면이 매몰된다고 아뢰니, 이들은 평소의 倭人과 달라 무역을 윤허한다고 傳教하다.(『中宗實錄』 중종 20.『集成』11-304)

8.20. 政院이 정전을 복구할 것을 아뢰니, 日本使臣이 와서 接見하지 않을 수 없어 피전하지 못하다가 勿論이 있어 피전하였는데, 추수가 지났지만 즉시 정전을 복구하는 것은 미안하게 여긴다고 傳教하다.(『中宗實錄』 중종 20.『集成』11-306)

8.29. 전교하기를, 騎射는 객인들이 관무재 할 때처럼 閑良을 막론하고 1백 명을 뽑도록 하라고 하다.(『中宗實錄』 중종 20.『集成』11-306)

9.5. 禮曹판서 許磁 등이 倭人들의 관직요청을 허락하지 않았는데, 宗盛長의 特送副官 司猛宗太郎이 博多島에 가서 漂流人 4명을 데리고 와서 3品 관직을 청하니 소원대로 함이 어떠하냐고 아뢰니, 정부 등과 의논하라고 傳教하다.(『中宗實錄』 중종 20.『集成』11-307)

9.6. 鄭光弼 등이 倭人과의 公貿易을 그들이 원하는대로 하는 것이 변방의 사단이 일어나 허비하는 것보다 덜하니 들어주고, 漂流人을 데리고 와서 공이 있는 與三次郎과 宗太郎에게 관직을 줄 것을 아뢰다./ 政院이 倭人 宗太郎과 與三次郎에게 官職을 除授하는 일에 대해 아뢰다.(『中宗實錄』 중종 20.『集成』11-308)

9.22. 全羅左道水使 方好義가 9월 16일에 침입한 倭船에 대해 장계를 올리다.(『中宗實錄』 중종 20.『集成』11-309)

9.23. 兵曹가 方好義의 倭人 격파에 대한 논공을 三公에게 의논토록 아뢰다.(『中宗實錄』 중종 20.『集成』11-309)/ 남곤이 倭奴들이 틈을 노려 作亂하는데, 만일 邊將들이 조치를 잘못하여 잡지 못하면 섬 오랑캐들에게 위엄을 보일 수 없다고 의논드리니, 상이 모두 알았다고 傳教하다.(『中宗實錄』 중종 20.『集成』11-310)

9.24. 領議政 南袞이 日本使臣을 대접하는 일로 나갔는데, 宣慰使 말이 상품무역은 삼분지일로 무역하였지만 船隻에 관해서 전별잔치하는 날 요청할 것이라 하고, 해적질에 관해서는 엄중한 말로 책망할 것을 말하였다고 아뢰다.(『中宗實錄』 중종 20.『集成』11-310)/ 領議政 南袞 등이 日本使臣이 歲遣船의 隻數를 옛과 같이 할 것, 景林東堂의 조카 孫八郎에게 관직제수 요청, 쇄환의 공으로 상품의 값을 올려 무역할 것 등의 요청이 있다고 아뢰다.(『中宗實錄』 중종 20.『集成』11-311)

9.25. 戶曹가 日本國 使臣이 烏梅木 6근 값을 綿布 1필로 하는 무역은 옳지 않다고 아뢰니, 상이 傳教하기를 다시 값을 마련하여 무역하라고 하다.(『中宗實錄』 중종 20.『集成』11-312)

9.26. 禮曹가 노획한 군장을 對馬島 特送 盛重에게 보이고, 그의 태도를 아뢰다.(『中宗實錄』 중종 20.『集成』11-312)

연도	한국
▲ 1525	9.27. 慶尙左道水使 吳世翰이 倭人들이 배 7척이 妹島에 정박하므로 각포에 대비하도록 했다고 狀啓하니, 상이 日本使臣이 나오면 倭船들이 반드시 그 형체를 나타내는데, 倭奴들을 경홀하지 말고 조치를 곡진하게 할 것을 傳敎하다.(『中宗實錄』 중종20.『集成』11-313) 9.28. 禮曹가 倭人의 머리를 盛重에게 보였더니 다른 섬의 사람이라 하였는데, 島主가 비록 금단하여도 되지 않으니 歲遣船의 식량을 넉넉히 하면 마음을 써서 금단하게 될 것이라 하므로, 상이 알았다고 傳敎하다.(『中宗實錄』 중종20.『集成』11-313)/ 제주목사 金欽祖가 前朝의 말년이나 我朝의 초기처럼 倭賊이 침범하여 旌義와 大靜의 竹島까지 艦船으로 늘어놓게 된다면, 두 고을의 땅이 모두 倭賊의 소굴이 될 것이라고 상소하다.(『中宗實錄』 중종20.『集成』11-314) 9.29. 상이 이르기를, 제주목사 金欽祖가 상소한 진을 옮기는 일 등은 정부가 알아서 처리해야 한다고 하다./ 삼공이 아뢰기를, 金欽祖가 상소한 일은 方有寧·李允蕃·李耘·金錫哲이 목사로 있었으므로 이들과 의논해서 처리해야 한다고 하다.(『中宗實錄』 중종20.『集成』11-316) 10.4. 慶尙道 水軍節度使 吳世翰이 倭船 7척이 본토로 돌아갔음을 장계하다.(『中宗實錄』 중종20.『集成』11-317) 10.5. 禮曹가 倭人들의 石硫黃에 대해 무역해 줄 것을 아뢰다.(『中宗實錄』 중종20.『集成』11-317) 10.7. 제주진을 옮기는 일에 대해서 논의하다.(『中宗實錄』 중종20.『集成』11-317) 10.8. 倭人들의 상품을 무역할 때 한결같은 행동을 취할 것을 하교하다.(『中宗實錄』 중종20.『集成』11-318)/ 參贊官 李芃이 國庫가 고갈되어 있는데 倭人들이 무역하여 가져가는 남쪽지방의 면포가 많으며, 琉球國의 상품은 倭國에서 나는 것으로 국가의 저축은 한정되어 있고 그들의 요구는 한이 없으니 염려스럽다고 아뢰다.(『中宗實錄』 중종20.『集成』11-319) 10.9. 삼공이 의논드리기를, 旌義와 大靜을 옮기는 일은 제주에 새 목사가 부임한 후 살펴보아야 합당하다고 하다.(『中宗實錄』 중종20.『集成』11-319) 10.19. 兵曹가 倭人을 잡은 全羅道水使 方好義 등에 대하여 군공을 논상하도록 아뢰다.(『中宗實錄』 중종20.『集成』11-320) 11.5. 諫院이 全羅左道水軍虞侯 崔漢은 倭人을 잡는데 공이 없는데도 승진되었으니 관직을 추고하도록 건의하다.(『中宗實錄』 중종20.『集成』11-320) 11.7. 倭賊을 잡아 승진한 崔漢의 일에 대해 추고할 것을 지시하다.(『中宗實錄』 중종20.『集成』11-321) 11.8. 司諫院 大司諫 禹世準 등이 崔漢이 병으로 敵들에게 나가지 않았는데 중요한 관작을 상으로 주게되어 物議가 비등한데, 加資를 빼앗고 추고할 것을 차자하자, 상이 加資만 빼앗을 것이 아니라 큰 죄를 주어야 한다고 傳敎하다.(『中宗實錄』 중종20.『集成』11-321)
1526	【한국】 1.9. 司憲府에서 方好義가 鎭撫 姜順副 등이 잡은 倭賊을 자신이 전투를 지휘하여 잡은 것처럼 거짓 馳啓했고, 軍功의 등급을 매길 때도 공이 없는 자를 마련하여 無狀한 짓을 했으니 推鞫할 것을 아뢰므로 禁府에서 추국하라 傳敎하다.(『中宗實錄』 중종21.『集成』11-328) 1.11. 대간과 헌부가 아뢰기를, 色承旨가 方好義를 비호하려 했으므로 파직한 다음 추고하자고 하다./ 特進官 尹熙平 등이 첨사와 만호, 진무의 폐단에 대해서 아뢰다.(『中宗實錄』 중종21.『集成』11-329)/ 대사간 南世準이 상소하기를, 남쪽 지방의 도적들이 항상 우리의 틈을 노리고 있으므로 변방을 방비하는 대책을 더욱 강구해야 한다고 하다.(『中宗實錄』 중종21.『集成』11-330) 1.14. 對馬島主 宗盛長의 使送 要三表曳가 오다.(『中宗實錄』 중종21.『集成』11-331) 1.18. 특진과 조계상이 아뢰기를, 경기의 樂生驛은 왜인들이 오갈 적에 쉬는 곳인데 민가가 거의 없고 관사도 모두 퇴락하였으므로 그들이 보기에 매우 매몰했을 것이라고 하다.(『中宗實錄』 중종21.『集成』11-331)/ 상이 이르기를, 方好義가 적변을 들었을 때 바다로 가지 않고 鎭撫만 내보낸 일에 대해서 어떻게 처리해야 할지 삼공에게 수의하라고 하다.(『中宗實錄』 중종21.『集成』11-332) 1.19. 三公이 方好義가 거짓으로 啓聞한 것은 죄를 주어도 애석할 일이 없으나, 倭賊이 왕래하는 要衝地 三島에 머물다가 적변이 있은 후 營에 돌아갔으니 머뭇거리기만 있고 나가지 않은 것으로 죄줄 수 없다고 아뢰다.(『中宗實錄』 중종21.『集成』11-332)/ 臺諫이 方好義가 이미 三島에 갔다면 倭賊이 근방에 있는 것을 알았을텐데 姜順富 등만 남겨놓고 營으로 돌아온 것은 머뭇거리기만 있고 나가지 않은 일이니, 傳旨대로 끝까지 추국하여 죄를 결정하기를 아뢰다.(『中宗實錄』 중종21.『集成』11-333) 1.22. 特進官 沈貞과 左承旨 柳溥가 歸化人 童鋼을 추국할 것과 함께 조정에서 倭奴들을 三浦에 거주하도록 했는데, 庚午年의 倭變을 당했으므로 야인들을 남쪽지방에 살게하면 腹心의 고질이 되므로 본토쇄환이 상책이라 아뢰다.(『中宗實錄』 중종21.『集成』11-333)/ 臺諫이 方好義가 萬戶 朴增이 신고한 倭變에 즉시 三島에 가지 않고서 倭人을 잡았다는 기별을 듣고 간 것은 물의가 비등하고 해괴하니, 아울러 추국하기를 바란다고 아뢰다./ 左議政 李惟淸이 萬戶가 처음 倭變을 申報했을 때, 방호의가각각 三島를 나가지 않았다가 倭人을 잡았다는 기별을 듣고 나갔을리가 없다고 아뢰다.(『中宗實錄』 중종21.『集成』11-334)
1527 ▼	【한국】 2.13. 慶尙道 병사 李安世를 인견하고 남방의 사람들이 오인을 경시하는 마음이 있다고 말하다.(『中宗實錄』 중종22.『集成』11-341) 4.17. 對馬島主 宗盛長이 宗太郎을 보내오다.(『中宗實錄』 중종22.『集成』11-342)

일본

12.14. 사헌부 公事를 내리며 일러 말하기를, 洪景霖의 緘辭를 보건대 군공은 水使의 말대로 마련한 것이라 하였으니 方好義와 큰 차이라 있으므로 방호의와 같은 율로 함은 과당할 것 같다고 하다.(『中宗實錄』 중종 20. 『集成』11-327)

12.15. 李惟淸이 아뢰기를, 왜인을 잡은 공에 대해서는 감사와 수사로 하여금 함께 의논하여 아뢰도록 했다고 하다.(『中宗實錄』 중종 20. 『集成』11-328)

11.9. 南袞이 崔漢의 일에 대해 추고할 것을 의논드리다./ 전교하여, 崔漢의 일은 대신들이 의논한 대로 추고한 후 죄를 주어야 한다고 하다.(『中宗實錄』 중종 20. 『集成』11-322)

11.11. 倭人을 잡은 공으로 승진한 崔漢의 일에 대해 하교하다.(『中宗實錄』 중종 20. 『集成』11-322)

11.12. 特進官 安潤德이 日本國使臣과의 무역과 접대가 과하다고 아뢰니, 상이 倭奴의 상품이 많지만, 오랑캐를 후하게 대우하기 위해 무역하도록 한 것이라 이르니, 安潤德이 日本使臣이 해마다 오니 과오가 심하다고 아뢰다.(『中宗實錄』 중종 20. 『集成』11-322)/ 成雲이 倭人들이 우리의 藥材를 모두 무역하였다고 하니, 상이 이는 두 醫司가 전매한 짓일 것이니 提調와 禮曹가 단속해야 한다고 傳敎하다.(『中宗實錄』 중종 20. 『集成』11-324)

11.25. 全羅道 水使 方好義가 呂島萬戶 韓俊이 諸道에서 왜인을 수색하다 익사한 사실을 보고하다.(『中宗實錄』 중종 20. 『集成』11-324)

11.26. 전교하기를, 요사이 朝參을 하지 않는 것은 창덕궁의 인정문이 협소하여 왜인들이 보기에 불과하다고 하다.(『中宗實錄』 중종 20. 『集成』11-325)

11.27. 정부에서 朝賀와 朝參을 어떻게 받을 것인지에 대해서 아뢰다.(『中宗實錄』 중종 20. 『集成』11-325)

12.3. 상이 전교하기를, 우리나라 사람들은 배를 조종하는 일이 서투르므로 왜인들이 나타났을 때 수색하여 토벌하는 일은 금해야 하고, 방호의는 왜인을 많이 사로잡아 왔으므로 상을 주어야 한다고 하다.(『中宗實錄』 중종 20. 『集成』11-325)

12.11. 倭賊을 잡아 승진한 崔漢의 加資를 개정할 것을 司諫院에게 傳敎하다.(『中宗實錄』 중종 20. 『集成』11-326)

12.12. 헌부가 싸움터에 나가지 않은 崔漢을 方好義가 1등 공신으로 논하여 계문하므로 속히 잡아 추고할 것을 청하다.(『中宗實錄』 중종 20. 『集成』11-326)

12.13. 憲府와 諫院이 崔漢의 추고에 대해 아뢰다.(『中宗實錄』 중종 20. 『集成』11-327)

1.26. 參贊官 李芑이 아뢰기를, '加德島 등지에 어업을 하는 왜인들이 많이 왕래하는데 모두 잡아서 죽인다면 변방의 환란이 클 것이므로 변방의 장수들에게 신중하게 억제하도록 유시를 내림이 합당하다'고 하다.(『中宗實錄』 중종 21. 『集成』11-335)

2.9. 全羅道敬差官 趙琛이 水使 方好義가 三島에 머물다가 鎭을 비워두는 것이 미편하기에 營으로 돌아갔고, 倭賊을 잡았다는 기별을 듣고 外羅老島에 와서 倭賊을 벤 머리를 보았으니 나가지 않았을 리가 만무하다고 馳啓하다.(『中宗實錄』 중종 21. 『集成』11-336)

2.23. 檢討官 任柄이 野人들이 閭延과 茂昌에 살아 국가에서 驅逐한 것은 庚午年의 三浦倭變을 징계 삼은 것으로 우연한 계책이 아니라고 아뢰다.(『中宗實錄』 중종 21. 『集成』11-336)

3.19. 헌부가 아뢰기를 方好義의 일을 끝까지 추고하여 정죄할 것을 청하니, 상이 대신들과 의논하여 처리하겠다고 답하다.(『中宗實錄』 중종 21. 『集成』11-337)

3.20. 상이 삼공의 의논을 정원에 내리며 이르기를, 方好義의 일을 다시 추문할 수 없다고 하다.(『中宗實錄』 중종 21. 『集成』11-337)

3.21. 정원에 전교하기를, 국왕 및 추장의 사신을 박하게 대우해서는 안된다고 하다.(『中宗實錄』 중종 21. 『集成』11-338)

3.22. 집의 韓承貞이 아뢰기를, 우리나라 상인들이 白黃絲·명주·藥材 등의 물건을 왜인들이 머무는 곳 및 역로에 가지고 가서 매매하는 것은 수령들이 법을 준행하지 않기 때문이라고 하다.(『中宗實錄』 중종 21. 『集成』11-338)

4.4. 禮曹에서 大內殿의 使臣인 政尙의 書契에 지금 보내는 副官 宮內少輔 皮村岳의 아비 皮汝文이 庚午年 倭變 때 東平館에서 목찔러 죽었는데, 新太郎의 예에 의해 그 직을 제수하기 바란다고 아뢰다.(『中宗實錄』 중종 21. 『集成』11-339)

4.21. 헌부와 간원이 方好義의 嘉善 嘉資는 공이 없이 올려준 것인데 정죄한 다음 지금까지도 개정하지 않고 있으므로 시급히 개정할 것을 청하니, 상이 대신들과 의논해서 처리하겠다고 답하다.(『中宗實錄』 중종 21. 『集成』11-339)

4.22. 南袞·李惟淸 등이 의논하여 아뢰기를, 方好義는 비록 왜인들을 잡을 적에 참예하지 않았다고 하지만 논상하는 것은 진실로 합당하나, 조정을 속인죄가 적지 않으므로 개정하는 것이 합당하다고 하다.(『中宗實錄』 중종 21. 『集成』11-339)

11.1. 侍講官 任權이 남방은 庚午年 이후로 백성들이 피폐한데, 倭人은 우리에게 이익이 없이 財貨 때문에 庚午年과 같은 폐단만 일으킨다고 아뢰니, 상이 倭人이 가져오는 물건을 물리치면 오랑캐를 대우하는 도리에 어긋난다고 이르다.(『中宗實錄』 중종 21. 『集成』11-340)

12.24. 副護軍 孔瑞麟이 상소하기를, 왜인들의 경오년 변란과 마찬가지로 북쪽의 오랑캐들이 반란을 일으키려 한다고 하다.(『中宗實錄』 중종 21. 『集成』11-340)

7.28. 舍人 朴紹가 禮曹에서 정부에 보고한 公事를 回啓하고 이어 정부의 의견으로 아뢰기를, 倭人이나 琉球國의 等閑意 등이 거짓으로 使臣을 보내온 적이 많으니 결코 접대해서는 안되므로 禮曹의 공사대로 하는 것이 옳다고 하다.(『中宗實錄』 중종 22. 『集成』11-342)

10.7. 상이 虞侯 宋琳에게 인견하고 말하기를, 남방의 만호와 천호 등이 군졸을 무휼하지 않는다고 하므로 마음을 다하라고 하다.(『中宗實錄』 중종 22. 『集成』11-343)

연도	한국
▲ 1527	11.7. 鄭光弼, 沈貞 등이 倭人들의 사무역에 대한 문제를 아뢰 다.(『中宗實錄』중종22. 『集成』11-343) 11.21. 忠淸水軍虞候 朱季雲 등이 인견하니 이르기를, 충청도를 방어하는 만호와 첨사가 근래 군졸을 무휼하지 않으므로 힘을 다해서 검속하라고 하다.(『中宗實錄』중종22. 『集成』11-344)
1528 ▼	【한국】 1.28. 李賢輔가 義禁府로부터 아뢰기를, 금대 2부의 출처를 李世春에게 물으니 倭枕, 蠅弗子, 沈香 등의 물건을 훔쳤을 뿐 다른 것은 범행하지 않았다고 하다.(『中宗實錄』중종23. 『集成』11-345) 2.5. 對馬島主가 延 世文을 보내 方物을 바치다.(『中宗實錄』중종23. 『集成』11-345)/ 弘文館 副提學 兪汝霖이 상소하기를, 우리나라는 동남쪽은 島夷와 이웃하고, 서북쪽은 山戎과 경계하였으므로 보장하는 기구와 방비책이 엄중해야 한다고 하다.(『中宗實錄』중종23. 『集成』11-346) 2.8. 檢討官 周世鵬이 高麗 때에 倭賊이 해마다 노략질하러 왔으므로 元帥가 倭賊을 토벌하기 위해 南下함에 따라 南道의 폐단이 많아, 백성의 괴로워 '차라리 倭奴에게 노략질 당할 지언정 元帥는 만나지 말았으면'했다고 아뢰다.(『中宗實錄』중종23. 『集成』11-347) 2.10. 甲士 李世孫이 金仲良·金有光 등 5인이 倭通事와 密貿易한 일을 고소하니, 刑曹가 이를 아뢰다.(『中宗實錄』중종23. 『集成』11-347) 2.23. 領議政 鄭光弼이 남쪽 변방에서는 지난번에 백성이 禁令을 무시하고 바다로 나갔다가 倭寇에 해를 입었는데 오히려 주장에게 定罪했으므로, 지금도 달리 할 수 없다고 아뢰다.(『中宗實錄』중종23. 『集成』11-348) 2.27. 義禁府에서 全羅右道水使 李卷과 同知中樞府事 李安世 등이 倭寇를 搜討하여 방어할 때, 軍機를 그르친 일로 조율하고 充軍시키라고 判下한 單子를 入啓하다.(『中宗實錄』중종23. 『集成』11-348) 3.3. 상이 남쪽 沿海의 백성들이 倭寇에 포로로 잡혀갔을 때, 사형을 언도받았다가 특명으로 死刑이 면제된 兵使 李安世의 일에 비교하여 安從坦 등의 사형을 면제하다.(『中宗實錄』중종23. 『集成』11-349) 4.6. 헌부가 아뢰기를, 方好義는 韓俊이 파선하여 익사하였는데 왜인들을 정탐하였다가 죽었다고 속였고, 또한 다른 사람이 잡은 왜인을 자신이 잡은 것처럼 속여서 계문했으므로 결코 임용할 수 없다고 하다.(『中宗實錄』중종23. 『集成』11-350) 4.12. 전교하기를, 예조는 객인들을 연향하는 일이 긴요하여 장관을 오래 비워둘 수 없으므로 이번 政事때에 한가한 관원으로 바꾸어 차임하라고 하다.(『中宗實錄』중종23. 『集成』11-350) 4.16. 巡邊使 許硡이 사목을 마련한 단자를 입계하기를, 화살·활줄·왜환도를 미리 점차적으로 내려보내라고 하다.(『中宗實錄』중종23. 『集成』11-351) 6.4. 상이 이르기를, 이전부터 왜인이나 야인을 금부에 잡아두고 추문한 예가 있었다고 하다.(『中宗實錄』중종23. 『集成』11-351) 7.3. 禮曹判書 許硡 등이 日本國 大內殿의 使者 義興의 書契에 전번에 사로잡혔던 중국 指揮 袁希玉 등을 琉球國으로 보내 송환한다는데, 乙酉年에 조선이 송환요청을 들어주지 않은 일이 알려지면 事大하는 성의에 불가하다고 아뢰다.(『中宗實錄』중종23. 『集成』11-351)/ 領議政 鄭光弼 등이 倭人들과 상통하는 일은 祖宗朝로부터 隱諱한 것인데, 지금 그들의 奸僞도 알아보지 않고 전송해 준다면 사체에도 불가한 점이 있고, 한번 예가 되면 뒤에도 이러한 일을 또 청하게 될 것이라고 아뢰다.(『中宗實錄』중종23. 『集成』11-352) 7.5. 상이 祖宗朝에는 對馬島·日本·琉球國 등에 使臣으로 갔다온 자에게 걸린 일월의 수를 書啓했고, 듣고 본 사건들이 있었을 것이니 該司에서 널리 고찰하여 아뢰도록 傳敎하다.(『中宗實錄』중종23. 『集成』11-353) 7.7. 禮曹에 회계하여 모든 謄錄 및 申叔舟·趙之瑞 등이 倭國에 통신로로 갔다가 와서 올린 書契를 고찰하여 아뢰게 하다.(『中宗實錄』중종23. 『集成』11-354) 7.8. 倭人들이 올린 書契에 진헌한다는 말은 부적절하다는 것을 禮曹에 말해주게 하다.(『中宗實錄』중종23. 『集成』11-354) 7.11. 간원이 아뢰기를, 군기시에 저장된 왜환도를 순변사가 계청하여 가지고 간다고 하자 상이 모두 주어 보낼 수 없으므로 개록한 것을 보고 답하겠다고 하다.(『中宗實錄』중종23. 『集成』11-354) 7.12. 정원이 軍器寺 單子를 가지고 입계하기를, 순변사가 계청한 물목은 단지 활·화살·활줄·왜환도 등의 물품이라고 하다.(『中宗實錄』중종23. 『集成』11-355) 7.13. 大內殿이 使者를 보내 진상한 倭馬를 도로 가지고 가게 하다.(『中宗實錄』중종23. 『集成』11-356) 7.17. 禁府로 하여금 東萊縣令 盧輔世와 熊川縣監 申拘 등이 大內殿과 小二殿의 使送을 제대로 대우하지 못하였으니 파직하고 추고하게 하다.(『中宗實錄』중종23. 『集成』11-356) 7.22. 상이 黃海道觀察使 閔壽千의 書狀을 政院에 내리면서, 표류된 中國人 4명을 서울로 데려다가 연유를 묻고 후하게 대우해야 할 것과 이들이 지난 日本에 사로잡힌 자들과 다르니 奏聞하는 것이 합당한지를 의논하라고 이르다.(『中宗實錄』중종23. 『集成』11-357) 7.23. 상이 黃海道觀察使의 서장을 政院에 내리면서, 앞서 倭變 때문에 沿海 각 포구에 通事를 두자는 것을 의논하였는데, 그 때 두었고 지금도 傳習하고 있는지를 알지 못한다고 이르다.(『中宗實錄』중종23. 『集成』11-358) 7.24. 政院이 日本의 大內殿과 小二殿을 동시에 접견한 예가 없으며, 물품의 하사에도 등급을 낮추어 마련함이 어떠냐고 아뢰니, 상이 大內殿에 彩花席을 내리고, 小二殿에게도 차등있게 내리라고 傳敎하다.(『中宗實錄』중종23. 『集成』11-359) 7.28. 禮曹가 가뭄이 심하니 倭人들의 접견을 8월 15일 이후에 할 것을 건의하다.(『中宗實錄』중종23. 『集成』11-359)

일본

12.4. 謝恩使 金瑚가 朝鮮과 安南·琉球 등의 나라는 중국조정에서 禮儀國으로 대우하는데, 朝鮮은 국경이 중국과 연접해 있어 멀지 않으니 진하해도 무방하다고 太監 陳浩가 사람을 보내어 알려주었다고 아뢰다.(『中宗實錄』 중종 22. 『集成』11-344)

8.1. 삼공이 아뢰기를, 왜인을 供饋하는 일 때문에 法駕를 갖추고 다른 대궐로 행행하는 것은 사체에 방해로울 듯 하며, 또한 왜인들이 객관에 있을 적에 건방지고 오만하므로 폐단이 적지 않다고 하다.(『中宗實錄』 중종 23. 『集成』11-360)

8.3. 三公이 倭人들과 밀통한 鄕通事들을 시급히 추고하여 율대로 죄줄 것을 건의하다.(『中宗實錄』 중종 23. 『集成』11-360)/ 戶曹가 倭人들이 가지고 온 상품 전량의 公貿易 여부에 대해 의논드리다.(『中宗實錄』 중종 23. 『集成』11-361)/ 小二殿의 使倭들을 친히 접견할 것인지 아닌지를 三公에게 의논하게 하다.(『中宗實錄』 중종 23. 『集成』11-362)

8.6. 영사 沈貞이 熊川 등지에 사는 倭人들이 근처에 있으면서 항시 왕래하기 때문에 鄕通事들이 우리의 사소한 일을 상통하여 누설하며, 이득을 거두어 자신의 私腹만 채우려고 한다고 아뢰다.(『中宗實錄』 중종 23. 『集成』11-363)

8.10. 領議政 鄭光弼·左議政 沈貞·右議政 李荇 등이 아뢰기를, 국가에서 객인을 연향한다고 하는데 이제부터 시작하여 활쏘는 곳에 한 병의 술을 가지고 가는 것들을 금단하지 않는다면 소소한 폐해는 없어지게 될 것이라고 하다.(『中宗實錄』 중종 23. 『集成』11-365)

8.14. 持平 金紀 등이 倭人들의 公貿易 폐단에 대해 아뢰니, 倭人들이 가지고 오는 물건에 대한 한도를 정하는 것에 대해 논의하도록 傳敎하다.(『中宗實錄』 중종 23. 『集成』11-365)/ 전교하여 왜인들이 가지고 오는 물건의 한도를 정하는 문제에 대해서 해조에 의논하도록 하라고 명하다.(『中宗實錄』 중종 23. 『集成』11-366)

8.15. 상이 이르기를, 왜인과 친근하려고 각 고을에서 폐단을 부린 자나 왜인들과 밀무역 한 자들를 조율한 근거에 대해서 율관에게 묻게 하다.(『中宗實錄』 중종 23. 『集成』11-366)/ 禮曹에서 보통 倭人에게 물건의 한도를 다시 정하면 분개할 것이니, 따로 약조를 세우지 말고 한도를 정한 것 이외에는 수량을 더 가져오지 못하게 하는 것을 거듭 밝히는 것이 어떠냐고 아뢰다.(『中宗實錄』 중종 23. 『集成』11-367)

8.17. 領議政 鄭光弼이 大內殿의 使臣에게 잔치를 내리는 것에 대해 의논드리다.(『中宗實錄』 중종 23. 『集成』11-367)

8.19. 상이 日本國使臣이 오면 監司가 그들의 파견목적과 물건을 먼저 禮曹에 申報하고, 이에 의해 禮曹가 事目을 마련하여 아뢰면 宣慰使를 차출하는 것이 준례이니 시급히 宣慰使를 차출하여 보내라고 傳敎하다.(『中宗實錄』 중종 23. 『集成』11-368)

8.20. 상이 洪淑에게 倭使가 나오면 이전에는 市井 사람들이 먼저 나가 맞이하고 무역을 하여 외람된 일이 많이 있었으니, 宣慰使를 가려서 差出하는 일을 吏曹에서 미리 해야 한다고 이르다.(『中宗實錄』 중종 23. 『集成』11-368)

8.21. 大內殿의 使送 東雲西堂에게 역관이 간힌 것에 대해 답변할 것을 의논하다.(『中宗實錄』 중종 23. 『集成』11-369)/ 三公이 大內殿의 使送에게 답변하는 것에 대해 의논드리다.(『中宗實錄』 중종 23. 『集成』11-370)

8.23. 상이 政院에 日本國使臣이 나오면 薺浦僉使가 먼저 그 사연을 물어 監司에게 申報하고 監司는 禮曹에 移牒하는 것이 준례인데, 온 사연을 한번도 馳啓하지 않았으니 僉使 柳璋을 가두고 추고할 것을 傳敎하다.(『中宗實錄』 중종 23. 『集成』11-370)/ 禮曹에서 日本國使臣 一鶚東堂이 가져 온 書契의 뜻이 癸未年에 寧波府에서 도둑질하다가 표류한 倭人을 쇄환하는 일과 상품무역에 관한 일이었다고 아뢰다./ 憲府에서 日本國 使臣이 왔으니 그들이 무역할 것이 小二殿 使倭의 公私貿易보다 수량이 배나 될 것인데, 綿布가 한정되어 있어 倭人이 실어가면 텅비게 되어 곤란을 겪게 되니 국가의 계획이 아니라고 아뢰다.(『中宗實錄』 중종 23. 『集成』11-371)

8.24. 상이 倭人과의 무역은, 倭人들이 禮曹에 호소하여 공사를 마련하여 정부에 신보한 것인데, 日本國 使臣이 만일 뜻대로 되지 않으면 실망할 것이니, 傳敎하는 뜻과 臺諫이 아뢴 뜻을 가지고 郎官을 불러 대신과 의논하라고 傳敎하다.(『中宗實錄』 중종 23. 『集成』11-372)

8.25. 領議政 鄭光弼 등이 아뢰기를, 왜인들의 물건을 무역하는 일은 비록 그 물건이 쓸모없는 물건이라 하더라도 모두 무역하여 그 유래가 오래되었으므로 무역하지 않을 수 없다고 하다./ 鄭光弼이 왜말을 잘하지만 徒役으로 忠淸道 日新驛吏로 定役되어 있는 金石柱를 서울로 定役시켜 日本國王의 使臣이 돌아갈 때까지 통역의 일을 부리는 것이 어떻겠냐고 아뢰다.(『中宗實錄』 중종 23. 『集成』11-372)

8.29. 禮曹가 東雲西堂의 書契를 입계하고, 書契 안에 청구한 것은 모두 막았지만, 상품무역을 이전의 준례대로 할 것과 지난해 日本의 漂流民 80명을 살해하고 2명만 明에 보낸 것에 대한 것이니, 대신들과 의논할 것을 아뢰다.(『中宗實錄』 중종 23. 『集成』11-373)

8.30. 사간원이 상소하기를, 왜사가 왕래할 때 변방고을의 접대는 본래부터 일정한 예가 있으니 술 좌중에서 상스러운 놀이를 하는 것은 이미 儀式을 잃은 것이라고 하다.(『中宗實錄』 중종 23. 『集成』11-374)

9.19. 정원에 전교하기를, 景福宮을 수리한 것을 전일 慶會樓에서 왜사를 접견할 때에 친히 보고자 하였으나 접견하는 예가 중지되었으므로 보지 못하였다고 하다./ 전교하기를, 景福宮을 수리한 것을 객인들을 접견하지 못했기 때문에 보지 못하였다고 하다.(『中宗實錄』 중종 23. 『集成』11-375)

9.21. 倭人을 弘化門으로 내보내라고 傳敎하다.(『中宗實錄』 중종 23. 『集成』11-376)

9.29. 전교하기를, 왜환도를 가져가되 쓰고 나서 도로 갖다 놓으라고 하다.(『中宗實錄』 중종 23. 『集成』11-376)

10.3. 정원이 아뢰기를, 제장과 장사들에게 나누어 줄 왜환도를 사람마다 나누어 주고 쓴 뒤에 도로 바치게 하자고 하다./ 日本國이 一鶚東堂을 보내와 方物을 바치다.(『中宗實錄』 중종 23. 『集成』11-377)

10.10. 聖節使 韓效元이 京師에서 돌아와 상이 宣政殿에서 인견하였는데, 韓效元이 중국에 進賀하는 문제로 琉球와 安南은 큰 나라이지만 그 대접이 우리나라에 미치지 못하므로 進賀使를 보내지 않을 수 없다고 아뢰다.(『中宗實錄』 중종 23. 『集成』11-378)

10.19. 정언에 전교하기를, 객인을 접견하는 일이 있어서 선릉에 참배할 겨를이 없으므로 대신을 보내어 제사해야겠다고 하다.(『中宗實錄』 중종 23. 『集成』11-378)

10.27. 영의정 鄭光弼이 客人의 서계에 관해 아뢰다.(『中宗實錄』 중종 23. 『集成』11-379)

윤10.1. 上이 이가 아파서 倭人을 접견하는 일을 조보하여 낫지 않으면 행세를 보아 물리도록 하다.(『中宗實錄』 중종 23. 『集成』11-379)

연도	한국
▲ 1528	윤10.2. 客人을 접견할 때, 재변 때문에 20일 이후로 물려 가리도록 하다.(『中宗實錄』 중종23. 『集成』11-379) 윤10.5. 禮曹에서 日本國王의 書契에 大友氏는 전에 圖書를 받았고 이제 또 내려줄 것을 청하는데, 만약 도서를 준다면 해마다 사자를 보낼 것이니 그 폐단이 클 것이고, 이미 접대한 나라이므로 거절하기도 어렵다고 아뢰다.(『中宗實錄』 중종 23. 『集成』11-380) 윤10.7. 정부에서 壬申年 약조를 무너뜨리며 大友殿에게 圖書를 주어 교통하면 그 폐단이 적이 않을 것이니, 주어서는 안된다고 아뢰다.(『中宗實錄』 중종23. 『集成』11-381) 윤10.13. 禮曹에서 一鶚東堂이 돌아갈 때에 6백필을 주고자 했는데, 客人이 올 때, 쓸데없는 물건을 가져와서 우리나라의 귀한 물건을 가져가므로, 폐단이 크니, 甲戌年의 예에 따라 5백필을 주어 보내라고 하다./ 예조에서 경상감사를 속히 보내어 封進할 수 있게 하고, 客人이 온지 40일이 되었으나 宣慰使가 가지 않아, 開市와 貿易을 할 수 없으니, 宣慰使를 빨리 보내도록 아뢰다.(『中宗實錄』 중종23. 『集成』11-381) 윤10.16. 헌부에 전교하기를, 남방의 방어가 허술하여 그 범한 것이 중한자는 빨리 갈지 않을 수 없으므로 빨리 付標하여 아뢰라고 하다.(『中宗實錄』 중종23. 『集成』11-382) 윤10.18. 헌부에서 각도 각포의 만호와 첨사들 중 어사가 적간한 자를 付標하여 아뢰다.(『中宗實錄』 중종23. 『集成』11-382)/ 상이 일본국왕의 사신을 접견하는 날이 다가오기에 조리하고서 접견하려고 요즈음 시사하지 않았다고 하다.(『中宗實錄』 중종23. 『集成』11-383) 윤10.19. 상이 諫院의 상소를 보고 더 아프면 日本國의 使臣을 접견도 물려야 할 것이나, 날이 추워져 번번이 물려 거행할 수 없으므로 더 조리하였다가 접견하겠다고 傳敎하다.(『中宗實錄』 중종23. 『集成』11-383) 윤10.26. 상이 仁政殿에 나아가 日本國의 使臣 一鶚 東堂 등을 접견하고 차등을 두어 물건을 내리다.(『中宗實錄』 중종23. 『集成』11-384) 11.6. 禮曹에서 日本國의 使臣 一 東堂이 藤으로 짠 자리 등을 本曹에 진상하려 하기에 신하의 의리로는 사사로이 바치지 못한다고 답하였고, 宣慰使도 바치려는 뜻을 본조에 牒呈하여 전과 같이 답하였다고 아뢰다.(『中宗實錄』 중종23. 『集成』11-384)
1529	【한국】 2.4. 對馬島主 宗盛長이 使送 皮古沙也文이 와서 方物을 바치다.(『中宗實錄』 중종24. 『集成』11-390) 2.13. 禮曹判書 尹殷輔 등이 日本國王 書契에, 大友氏에게 전에 받았던 圖書를 다시 받기를 청한 것은 壬申年 약조에 의해 啓下되었지만 이미 巨酋의 말을 들어주지 않았는데 국왕의 청도 들어주지 않으면 안될 일이라고 아뢰다.(『中宗實錄』 중종24. 『集成』11-390) 2.15. 三公이 大友殿의 圖書 발급건에 대해 건의하다.(『中宗實錄』 중종24. 『集成』11-391) 2.22. 禮曹判書 尹殷輔 등이 倭人 商物의 옛값은 비싸서 甲申年에 새값을 다시 정하여 各浦에 榜을 걸어 났는데, 一鶚東堂이 새값으로 商物 값을 받아가면 죽을 수밖에 없다 했다고 아뢰다.(『中宗實錄』 중종24. 『集成』11-392)/ 三公이 日本國 使臣 一鶚東堂의 商物 값을 줄이는 일에 대해 답하기를, 甲申年에 이미 작성한 것으로 너희 나라에서 믿지 않을 것을 염려한다면 새 법을 작성한 것을 書契에 적겠다고 하는 것이 옳겠다고 아뢰다.(『中宗實錄』 중종24. 『集成』11-393) 4.3. 憲府에서 慶尙道, 全羅道 일대에서 출몰한 倭船의 소문을 전하다.(『中宗實錄』 중종24. 『集成』11-394) 4.4. 全羅右道水使 柳墉이 제주의 진상선이 倭船에 약탈당한 일을 보고하다.(『中宗實錄』 중종24. 『集成』11-395) 4.10. 兵曹에서 全羅道에 倭船이 계속 잠행하는데 변장들이 살피지 않아 倭船의 종적을 전혀 몰라 매우 한심하니, 倭船이 지난 곳의 僉使·萬戶 등과 水使·虞侯를 추고할 것을 아뢰다.(『中宗實錄』 중종24. 『集成』11-395) 4.12. 全羅左道水使 權彭年이 倭船 토벌의 경위에 대해 보고하다.(『中宗實錄』 중종24. 『集成』11-396) 4.15. 상이 全羅道觀察使의 서장을 政院에 내리면서 李繼綱은 倭船이 全羅道를 향한다고 慶尙道로부터 移文하였으나 申報하지 않았는데, 그 軍令에 범한 것을 서장에 가두어 推考한다고 말하지 않았으니 이는 부당하다고 이르다.(『中宗實錄』 중종24. 『集成』11-396) 4.28. 領議政 鄭光弼 등이 憲府의 상소와 재변의 발생으로 사직을 청하니, 상이 남쪽 지방을 살펴보건대 적을 하찮게 여겨 환란에 대비하지 않았다가 죄없는 민중들만 倭寇에게 당했으니 이 어찌 한심한 일이 아닐 수 있겠는 가라고 이르다.(『中宗實錄』 중종24. 『集成』11-397) 5.10. 상이 宣慰使 吳準의 書狀을 내리면서, 倭人들이 자기의 하찮은 물건을 가져와 우리의 중요한 물건을 무역하는 것에 의논이 그럴 수 없다고 하지만 이웃나라와 사귀는 도리가 그래서는 안되며 접대도 경홀해서는 안된다고 이르다.(『中宗實錄』 중종24. 『集成』11-398) 5.11. 兵曹에서 倭人을 토벌한 全羅左道水軍 姜順富의 공에 대해 논하다.(『中宗實錄』 중종24. 『集成』11-399)
1530 ▼	【한국】 1.29. 平安道節度使 李思均을 引見하였는데, 李思均이 六鎭의 성 밑에 사는 야인들과는 원망을 맺어 그들이 發憤하게 되면 그 禍가 三浦倭亂보다 더 참혹할 것이지만, 그들의 마음을 얻게 되면 모두 복종하게 될 것이라고 아뢰다.(『中宗實錄』 중종25. 『集成』11-406) 2.5. 沈貞이 우리는 三面이 바다이므로 늘 倭寇의 피해가 있어서 祖宗朝 때에 水軍을 설립한 의의는 매우 긴요하였는데, 지금 수군의 苦役이 배로 증가하여 도망가고 다른 役으로 옮겨간 숫자가 많다고 의논드리다.(『中宗實錄』 중종25. 『集成』11-406)

일본

11.11. 左議政 沈貞이 日本國 使臣들이 南蠻의 藤席을 선물로 진상하려 한다고 아뢰니, 상이 임금은 다른 나라의 진기한 禽獸를 받는다면 옳지 않지만, 이것은 한때 정의로 바치는 것이니 받아도 괜찮다고 傳敎하다.(『中宗實錄』 중종 23. 『集成』11-384)

11.12. 一鶚東堂이 바친 藤席과 벼루가 하찮은 물건이지만, 외국인이 바친 것이니, 관례대로 木綿을 주라고 전교하다.(『中宗實錄』 중종 23. 『集成』11-386)

11.15. 禮曹에서 一鶚東堂이 闕廷에서 別例로 進上하고 痾症을 얻어 興에 실려 관사로 돌아갔으므로 의원을 따로 정하여 救療할 것을 아뢰니, 상이 內醫院의 의원을 시켜 救療하라고 傳敎하다.(『中宗實錄』 중종 23. 『集成』11-386)

12.2. 전교하기를, 왜학통사로 죄를 입고 徒配한 金石柱를 어전통사로 삼아야 한다고 한 것은 매우 옳지 않다고 하다.(『中宗實錄』 중종 23. 『集成』11-386)

12.3. 간원이 아뢰기를, 예조좌랑 安瑋는 한쪽 눈이 멀어 객인을 접대하는 직임으로 예모가 합당치 않으므로 해임할 것을 청하니 그대로 따르다.(『中宗實錄』 중종 23. 『集成』11-387)

12.7. 禮曹에서 日本國王의 使臣인 一鶚東堂이 가져온 別幅에 붙이는 상물의 무역하는 예로 물명과 수량을 정하여 본조와 戶曹가 受敎하였으나, 客人이 공무역의 수가 적은 것에 분을 내어 상물을 내보이지 않는다고 아뢰다.(『中宗實錄』 중종 23. 『集成』11-387)

12.8. 政院이 政丞의 뜻으로 日本國 使臣의 商物을 公貿易하는 일은 癸未年의 例에 따라 더하거나 줄여서 該司를 시켜 짐작하여 마련할 것을 아뢰니, 상이 아뢴대로 하라고 傳敎하다.(『中宗實錄』 중종 23. 『集成』11-387)

12.10. 領事 沈貞이 各浦에 있는 兵船과 漕船은 정한 액수가 있는데 庚午年 倭變 이후에 병선을 혁파하고 輕快船을 만들어 방어에 편리하게 하였으나, 지금은 물가에 매어 두었으니 倭變이 있더라도 이 배로 쫓아낼 수 없다고 아뢰다.(『中宗實錄』 중종 23. 『集成』11-388)

12.30. 領議政 鄭光弼 등이 正朝에 日本國王의 使臣이 늘 朝賀 때와 衙日의 朝參에는 다 참여하였는데, 會禮宴에 참여하지 않는다면 事體에 합당하지 않다고 아뢰다.(『中宗實錄』 중종 23. 『集成』11-390)

【일본】

4.15. 조선인이 표류하여 博多에 머무르고 있다. 이전에는 대마도의 선박을 타고 돌아갔으나 지금은 귀국을 허락할 수 없음을 陶殿에게 알리다.(『大永享祿之比御狀幷書狀之跡付』23)

7.3. 조선에 가는 선박에 대하여 平盛廉이 듣고, 무사 귀국을 기원하는 의미에서 臼杵安藝守, 臼杵民部少輔에게 무사 귀국을 기원하는 편지를 보내다.(『大永享祿之比御狀幷書狀之跡付』27)

5.12. 三公이 倭人을 토벌한 姜順富의 공을 논의하고, 一鶚東堂에게는 회유책을 구사하도록 건의하다.(『中宗實錄』 중종 24. 『集成』11-399)/ 禮曹에서 倭人 一鶚東堂에게 회유책을 구사하도록 건의하다.(『中宗實錄』 중종 24. 『集成』11-400)

5.21. 領事 沈貞이 船隻은 운용해야만 견고해지는 것이므로 조운선으로 곡식을 운반할 때에는 兵船도 운용하여 倭寇의 약탈을 막게 함으로써 운행을 보호하게 했으니, 祖宗朝에서 병선과 조운선을 같이 운용한 뜻이 여기에 있다고 아뢰다.(『中宗實錄』 중종 24. 『集成』11-401)

5.28. 三公이 의논하여 황제가 李之芳에게 하사한 물건은 그에게 주는 것이 합당한데, 전에 倭變 뒤에 죄를 입은 사람에게도 황제가 하사한 것은 모두 頒給했으니 그렇게 하는 것이 준례라고 아뢰다.(『中宗實錄』 중종 24. 『集成』11-402)

6.16. 鄭光弼 등이 濟州와 全羅道에서 진상하러 오는 배가 倭賊을 만나 패한 일로 좌우도 僉使와 萬戶 10여인을 체직하였는데, 興陽의 4浦 등처는 倭船이 들어올 수 없는 곳이니, 그곳 萬戶를 체직한 것은 온당치 않다고 아뢰다.(『中宗實錄』 중종 24. 『集成』11-403)

6.22. 헌부가 아뢰기를, 全羅道 興陽의 4浦와 會寧浦 萬戶 등의 일을 잘못 추문한 李蘷를 추문할 것을 청하니, 병조로 하여금 조사하여 아뢰게 하다.(『中宗實錄』 중종 24. 『集成』11-403)

6.23. 全羅道 興陽의 4浦와 會寧浦 萬戶등은 높은 산이 가로막혀 있지만, 밤낮으로 정탐하고 있으므로 왜선이 관할지역을 통과하면 알 수 있을 것이니, 그 죄를 추고하도록 하다.(『中宗實錄』 중종 24. 『集成』11-404)

8.3. 臺諫이 訓鍊院副正 李海는 庚午年 倭變 때에 邊城을 함몰시킨 죄를 짓고도 이번에 또 3품의 職에 올랐으니 매우 온당치 않으므로 개정될 것을 아뢰다.(『中宗實錄』 중종 24. 『集成』11-404)

9.15. 심정이 아뢰기를, 전일에는 왜인을 참획한 병사에게는 상을 내렸고 또한 수군으로써 당상에까지 오른 자가 있었다고 하다.(『中宗實錄』 중종 24. 『集成』11-405)

【일본】

2.16. 平盛賢이 波多壹岐守에게 편지를 보내다. 周喆이 법도를 어기고 밀무역을 하여 지장이 있어 그 해결 방안을 논의하다.(『大永享祿之比御狀幷書狀之跡付』48)

5.20. 平盛廉이 陶殿에게 편지를 보내다. 조선 표류인이 귀국하지 못하고 체류하는 것에 대해 알려주다.(『大永享祿之比御狀幷書狀之跡付』55)

7.21. 平盛賢이 大內左京大夫에게 편지를 보내다. 조선인을 태우고 간 선박이 무사히 돌아옴을 축하하는 의미에서 칼을 보내다.(『大永享祿之比御狀幷書狀之跡付』110)

연도	한국
▲ 1530	2.7. 對馬島主 宗盛長의 使送 皮古沙也文이 來朝하다.(『中宗實錄』중종25.『集成』11-406) 2.19. 諫院이 富商大賈들이 倭人들의 물건을 몰래 사오다가 발각되어 慶尙道 관찰사 崔世節이 조사중이라고 아뢰다.(『中宗實錄』중종25.『集成』11-407) 2.30. 지사 金克愊이 지난해에 全羅左道에서 倭寇를 포획한 일로 그 鎭撫를 論賞하여 堂上까지 승급하였는데, 이같이 한 뒤에야 변장과 군졸이 모두 격려되어 떨쳐 일어나서 방어에 최선을 다할 것이라고 아뢰다.(『中宗實錄』중종25.『集成』11-407)/ 상이 政院에 全羅道에서 倭寇를 포획했을 때 아랫사람에게만 상을 주고 主將에게는 상을 내리지 않았다 하니, 오래된 일이라서 기억할 수 없으니 상고하라고 傳教하다./ 政院이 兵曹의 뜻으로 年前에 倭寇를 잡은 姜順富를 癸未年 例에 의하여 論賞하였는데, 癸未年은 鹿島萬戶 李守智에게 資品을 더해 주고 水使 柳墉에게는 상이 없었다고 아뢰다.(『中宗實錄』중종25.『集成』11-408) 3.10. 상이 倭船 한 척을 第島에서 공격하여 倭賊을 참획하였다는 全羅右道水使의 捕倭啓本을 三公에게 내리면서, 倭寇가 비록 노략질하다가 잡힌 것은 아니지만 海島에 머무는 자들은 앞으로 노략질하려고 할 것이라고 이르다.(『中宗實錄』중종25.『集成』11-408)/ 政院에 倭寇의 수급을 싸 가지고 온 兼司僕 高山仝에게 司饔院에 공궤하고, 弓子와 長片箭 각 1部를 주라고 傳教하다.(『中宗實錄』중종25.『集成』11-409)/ 병조와 함께 포왜한 李夢麟을 어떻게 논공할 것인지에 대해 상의하다.(『中宗實錄』중종25.『集成』11-410) 3.16. 沈貞이 祖宗朝 때와 前朝 말년에는 倭賊과 野人이 一時에 침범할 때가 있었기에 將帥로 쓸만한 사람을 抄啓하여 양성하여 불의에 대비하였으나, 지금은 인재를 양성하지 않아 불의에 대비하지 못하니 인재를 등용할 것을 아뢰다.(『中宗實錄』중종25.『集成』11-410) 3.17. 諫院이 全羅右道水使 李夢麟이 倭人을 포획한 계본에 '倭人을 포획할 때 거느렸던 군인 5명이 놀라 물에 빠져죽었다'고 하였는데, 사건의 원인과 시체가 간 곳을 자세히 조사할 것을 아뢰니, 상이 아뢴대로 하라고 傳教하다.(『中宗實錄』중종25.『集成』11-410) 4.11. 왜인을 포획한 전라우도수사 李夢麟의 군공을 임술년에 왜인을 포획한 공으로 자급을 특진시켜 주었던 金守貞의 예에 따라 논상하도록 하라고 명하다.(『中宗實錄』중종25.『集成』11-411) 4.15. 倭船 1척을 무찌른 全羅右道水使 李夢麟에게 한 자급 特加하고 잔치를 베풀어 포상하다.(『中宗實錄』중종25.『集成』11-411) 5.15. 金世亨이 倭人의 화물을 밀매하려다 발각되었는데, 매매를 달성한 자의 율에 따라 논하는 것은 옳지 않다고 하다.(『中宗實錄』중종25.『集成』11-412) 5.19. 대간이 아뢰기를, 왜인의 물건을 몰래 사려고 했던 金世亨의 죄는 죽어 마땅하다고 아뢰다.(『中宗實錄』중종25.『集成』11-412)/ 臺諫이 倭人의 물건을 몰래 사려고 했던 金世亨을 사형시킬 것을 청하다.(『中宗實錄』중종25.『集成』11-413) 5.21. 金世亨에게 사형을 가하는 것이 지나친 가를 三公에게 묻다.(『中宗實錄』중종25.『集成』11-413) 6.18. 대간이 아뢰기를, 전라우도수사 이몽린의 왜인을 포획한 사본에 군인 5명이 물에 빠져 죽었다고 하였는데 이와는 달리 군사가 많이 죽었다고 하므로 敬差官 姜顯을 보내어 감사 蘇世讓을 추고하여 계문하도록 하자고 하다.(『中宗實錄』중종25.『集成』11-414) 8.9. 濟州牧使의 啓本에 잡아온 사람이 倭賊이 아니고 琉球國人 이라 했으니, 의복과 음식물 등을 더 조치하여 송환할 것을 고찰하여 아뢰라고 傳教하다.(『中宗實錄』중종25.『集成』11-414) 8.11. 상이 政院에 琉球國 사람이 오면 義禁府로 하여금 그 동안 使臣이 오지 않은 연유 및 水路와 陸路의 里數가 얼마나 되는지 물어보라고 傳教하다.(『中宗實錄』중종25.『集成』11-415) 8.13. 대간이 전라우도 수가 李夢麟을 체직한 후 추문할 것을 청하니, 삼공과 의논하여 아뢰도록 하라고 명하다.(『中宗實錄』중종25.『集成』11-415) 8.14. 삼공이 의논하여 아뢰기를, 李夢麟을 먼저 파직한 후 추문하자고 하다.(『中宗實錄』중종25.『集成』11-416)
1531 ▼	【한국】 1.2. 대간이 李夢麟의 일을 아뢰었으나 윤허하지 않다.(『中宗實錄』중종26.『集成』12-1) 1.7. 對馬島主 宗盛長이 羅沙也文을 보내오다.(『中宗實錄』중종26.『集成』12-1) 1.23. 禮曹가 大內殿의 사신을 國恤중이라서 上을 대신하여 접견하다.(『中宗實錄』중종26.『集成』12-1) 2.28. 상이 政院에 正朝使가 琉球國의 사람을 무사히 대동하고 갔는지, 아니면 琉球國 使臣을 만나지 못한다면 나중에 本國에 돌려보내는 일은 어떻게 조치할 것인지를 즉시 通事에게 물어 啓稟하라고 傳教하다./ 상이 政院에 正朝使가 琉球國 사람을 交付하는 勅書를 받아가지고 왔는데, 칙서를 맞는 일을 어떻게 해야 할 것인지를 전례를 상고하여 아뢸 것을 傳教하다.(『中宗實錄』중종26.『集成』12-2) 2.30. 상이 政院에 琉球의 표류인들을 우리나라에서 중국에 奏請使를 보내는 길에 본국에 돌아갈 수 있게 한다면, 반드시 저들이 우리에게 중국을 통하여 回答할 것이라고 傳教하다.(『中宗實錄』중종26.『集成』12-2) 3.9. 상이 前日 謝恩使를 보내고자 하였는데, 지금 禮部가 題를 내어 琉球國 표류인을 석방하는 일에 대한 勅書를 보니, 보낼 필요가 없다고 하였으니 그에 대하여 禮曹에 말하라고 傳教하다.(『中宗實錄』중종26.『集成』12-3) 4.4. 正朝使 吳世翰이 琉球國의 백성 馬木邦 등 7인이 표류하였으므로 進貢使 편에 京師로 押解하는 것은 이웃을 돌보아 구제하는 의리라고 한, 皇帝의 勅諭하는 勅書를 받들고 중국에서 돌아오다.(『中宗實錄』중종26.『集成』12-3)

일본

7.23. 半盛廉이 陶殿에게 편지를 보내다. 조선에 가는 선박과 船役에 대해 이야기 하다.(『大永享祿之比御狀幷書狀之跡付』113)

9.20. 臺諫이 全羅右道水使 李夢麟은 조정을 속이고 爵賞을 노린 것이 분명하고 그 죄상이 중대하므로 行移해서 추국하도록 해서는 안되니 빨리 잡아다가 끝까지 추국하여 죄를 정하라고 아뢰다.(『中宗實錄』 중종 25. 『集成』11-416)

9.25. 兵曹가 全羅水使 李蒙麟을 지난번 왜인을 잡을 적에 조정을 속인 사건을 추문하는 것에 대해 아뢰다.(『中宗實錄』 중종 25. 『集成』11-418)

10.1. 義禁府가 琉球國人을 추문한 書啓를 가지고 延接都監으로 옮기고 禮曹에서 추문할 것을 아뢰니, 상이 政院에 유구국인을 연접도감으로 옮기고 날씨가 점점 추워지니 옷과 갓을 주라고 傳敎하다.(『中宗實錄』 중종 25. 『集成』11-418)

10.2. 禮曹에서 전례를 상고하니 琉球國 使臣 梁廣과 梁春이 온 이후 표류한 유구국인을 倭人 三郎四郎에게 딸려보내려 했으나, 그가 거부하므로 對馬島에 글을 보내어 倭人 貞勝에게 딸려 본국으로 송환하였다고 아뢰다.(『中宗實錄』 중종 25. 『集成』11-419)

10.3. 禮曹에서 표류한 琉球國人들은 野島 사람으로서 對馬島 倭人에게 데려가면 속이는 일이 있을지 모르니, 중국으로 보내어 본국으로 송환하면 온전히 살아 돌아갈 수 있다고 아뢰다.(『中宗實錄』 중종 25. 『集成』11-420)

10.5. 禮曹에서 표류한 유구국인을 倭人에게 데려가게 한다면, 부득이 日本國의 倭酋長 佐馬助家久를 시켜 보내야 할 것이라고 아뢰니, 상이 표류한 사람을 倭人이 데려간다면 對馬島主와 유구 등에 書契를 만들어 보내라고 傳敎하다.(『中宗實錄』 중종 25. 『集成』11-421)

10.7. 禮曹가 分禮賓寺의 관원의 牒呈에 표류인을 倭人이 데려간다고 알려주니 그들이 한밤에 통곡하였다고 아뢰니, 상이 표류인을 倭人을 시켜 본국으로 송환하게 된다면 해를 받을 폐단이 있으니 지극히 가엾다고 傳敎하다.(『中宗實錄』 중종 25. 『集成』11-422)

10.8. 상이 政院에 표류한 琉球國人을 중국에 보낸다면 아뢰고서 보낼 것인가, 표류인은 여기에 두고 正朝使를 시켜 琉球國 使臣에게 전하는 것이 어떤가, 아니면 日本國에 넘겨주는 것이 어떤가를 三公에게 注書하라고 傳敎하다.(『中宗實錄』 중종 25. 『集成』11-422)/ 표류한 유구국 사람을 본국으로 돌려보내는 것에 대해 논의하다.(『中宗實錄』 중종 25. 『集成』11-423)/ 정원에 전교하기를, 표류한 사람이 유구국 사람인지 예조에 물어서 아뢰게 하다.(『中宗實錄』 중종 25. 『集成』11-425)/ 禮曹에서 표류한 琉球國人에게 제주에서 호송한 사람을 시켜 중국으로 보낸다는 것을 말했더니, 기뻐하는 빛을 지었다고 回啓하다./ 전교하여 좌의정의 의논을 기다린 후에 결정하겠다고 답하다./ 沈貞 등이 표류인을 중국으로 보내는 것은 전례가 없는 일로 경솔히 할 수 없으니, 琉球國 使臣이 오면 인계하여 본국으로 송환하는 것이 마땅하다고 의논하니, 상이 琉球國 使臣이 正朝에는 반드시 朝貢하러 올 것이라 傳敎하다.(『中宗實錄』 중종 25. 『集成』11-426)/ 의금부의 공사를 정원에 내리면서 이르기를, 李夢麟을 상준 것을 고칠수는 없으므로 삼공에게 의논하게 하라고 하다.(『中宗實錄』 중종 25. 『集成』11-427)

10.9. 정원에 전교하기를, 유구국 사신에게 표류한 사람을 넘겨 준 데에 대한 회답을 가져와야 한다고 하는 것이 옳다고 하다.(『中宗實錄』 중종 25. 『集成』11-427)/ 正朝使 吳世翰이 표류한 琉球國人들은 南方에 살았으므로 추위를 견디지 못하고 음식도 거친 밥을 먹을 수 없으니, 의복과 음식을 따로 장만하여 데려가는 것이 어떠하냐고 아뢰니, 의복과 양식을 장만할 것을 傳敎하다./ 상이 政院에 표류한 琉球國人을 중국에 보낸다는 의논을 들으면 倭人이 믿지 않고 의심할 수도 있을 것이니, 禮曹에게 임시방편의 말을 하라고 傳敎하다.(『中宗實錄』 중종 25. 『集成』11-428)/ 領議政 鄭光弼 등이 아뢰기를, 李夢麟은 비록 죄가 있다고 하나 왜적과 싸운 공이 있으므로 상을 주지 않을 수 없다고 하다./ 司憲府에서 표류한 琉球國人을 여기에 머물게 하여 우리나라에 표류해 있다는 뜻을 咨文으로 禮部에 알린 후, 들여보내라는 황제의 허락 받은 뒤에 행차 때에 호송하는 것이 어떻겠냐고 아뢰다.(『中宗實錄』 중종 25. 『集成』11-429)

11.5. 병조에서 李夢麟의 공로를 다시 논의할 것을 청하다.(『中宗實錄』 중종 25. 『集成』11-430)

11.16. 諫院이 李夢麟은 倭賊을 만나 敗船하여 사람이 많이 죽었다는 것을 사실대로 아뢰었다면 宣慰와 賞加도 없었을 것이니, 속이는 술수에 빠지고도 개정하지 않는다면 그 참람한 賞이 막심하니 빨리 개정할 것을 아뢰다.(『中宗實錄』 중종 25. 『集成』11-431)

11.29. 전교하기를, 李夢麟은 죄는 있으나 그 공은 숨길 수 없으므로 가자를 고치지 않은 것이라고 하다.(『中宗實錄』 중종 25. 『集成』11-431)

4.27. 昌城府使 李海가 죽었는데, 史臣이 庚午倭變 때 이해가 熊川에 있었는데, 적이 온다는 소식만 듣고 도주하여 城中이 동요되어 사졸들도 도주하여 성이 함몰되었다고 논하다.(『中宗實錄』 중종 26. 『集成』12-4)

6.18. 대마도주 宗盛長이 沙也文과 愁戒 등을 보내어 효경전에 진향하다.(『中宗實錄』 중종 26. 『集成』12-4)

윤6.3. 예조가 왜의 서계로 아뢰기를, 小二殿의 상관을 접대할 때 왜관의 別坐 鄭式이 술에 취하여 왜인을 모욕하였다고 하니, 상이 삼공에게 의논하여 조치하도록 하라고 명하다.(『中宗實錄』 중종 26. 『集成』12-4)4

윤6.4. 領議政 鄭光弼이 客人들 앞에서 술에 취해 체모를 잃은 정식을 파직하고 通事도 체직하기를 청하다.(『中宗實錄』 중종26. 『集成』12-5)

윤6.8. 通事와 房守 등을 倭人이 돌아가기 전에 철저히 推問하도록하다.(『中宗實錄』 중종 26. 『集成』12-5)

윤6.24. 倭人과 비밀히 무역한 朴孟弼을 杖 일백에 全家 入居하도록 傳敎하다.(『中宗實錄』 중종 26. 『集成』12-6)

윤6.28. 담장을 넘어 들어가 몰래 무역한 朴孟弼에 대한 처벌에 대해 논의하다.(『中宗實錄』 중종 26. 『集成』12-6)/ 간원이 아뢰기를, 朴孟弼 등이 왜관의 담을 넘어가 몰래 무역한 일은 이미 그 정상이 분명하므로 철저히 추고해서 율에 의거하여 죄를 정해야 한다고 하다.(『中宗實錄』 중종 26. 『集成』12-7)

7.7. 장순손이 아뢰기를, 왜노가 삼포를 잃은 뒤로 온갖 계책을 써서 변방을 소란하게 하므로 남방변군의 수령 가운데 무재가 있는 자는 경솔히 체임할 수 없다고 하다.(『中宗實錄』 중종 26. 『集成』12-8)

7.20. 상이 倭寇를 잡을 때에 李夢麟이 아니면 이렇게 많이 잡을 수 없었을 것이며, 그 공을 생각했기 때문에 놓아주라고 명했지만, 臺諫의

연도	한국
▲ 1531	논란으로 그만 둔 것이라고 傳敎하다.(『中宗實錄』 중종26. 『集成』12-8) 10.11. 상이 政院에 琉球國 使臣이 아직 중국에 도착하지 않았는지를 하문하여 아뢰라고 傳敎하다.(『中宗實錄』 중종26. 『集成』12-9)
1532	【한국】 1.1. 對馬島主 宗盛長이 皮古酒文을 보내어 오다.(『中宗實錄』 중종27. 『集成』12-9) 2.14. 삼공이 아뢰기를, 군기시에 저축되어 있는 남철은 군비에 사용할 것으로서 수량이 많지 않으므로 내수사에서 징발하여 쓰자고 하다.(『中宗實錄』 중종27. 『集成』12-10) 2.18. 전에 왜인이 중립에 들어가 중국에서 도적질하다가 황해도에 표박하여 충청도를 거쳐 전라도에 이른 뒤에 붙잡혀 첩보를 중국에 올렸다고 하다.(『中宗實錄』 중종27. 『集成』12-10)
1533	【한국】 1.26. 對馬島主 宗盛長이 皮古沙也文을 보내어 方物을 바치다.(『中宗實錄』 중종28. 『集成』12-14) 2.18. 刑曹가 倭人으로부터 인수해 온 단목 2백근이 축난 일을 아뢰다.(『中宗實錄』 중종28. 『集成』12-14) 3.26. 전교하여 왜금 때문에 죄를 입은 사람들을 놓아주라고 하다./ 정원이 아뢰기를, 왜금 때문에 죄를 입은 사람을 이제 의금부로 하여금 그 죄명을 써서 아뢰게 해야 한다고 하다.(『中宗實錄』 중종28. 『集成』12-15) 4.2. 憲府가 倭人에게 몰래 금을 준 金玉同 등을 방환하지 말 것을 청하다.(『中宗實錄』 중종28. 『集成』12-16) 5.9. 等長國 使臣 融春堂에 대한 접대문제를 논의하다.(『中宗實錄』 중종28. 『集成』12-17) 5.13. 習陣에 倭將 허수아비를 준비할 것을 傳敎하다./ 倭人 침입, 倭人 捕捉에 대한 신호법을 政院에 傳敎하다.(『中宗實錄』 중종28. 『集成』12-18) 5.17. 상이 경상좌도 병마절도사 金鐸을 인견하고 이르기를, 남방을 방어하는 만호나 첨사가 군사를 돌보지 않으니 褒貶을 嚴明하게 하면 군졸들이 제 본분을 지킨 것이라고 하다.(『中宗實錄』 중종28. 『集成』12-18) 6.2. 권예가 아뢰기를, 멀리 왜국에 가 있더라도 힘과 형세만 있으면 어제든지 화를 일으킬 수 있다고 하다.(『中宗實錄』 중종28. 『集成』12-19) 6.3. 倭人 물건을 가로챈 釜山浦 僉使 趙允玲에 대한 처벌을 의논케 하다.(『中宗實錄』 중종28. 『集成』12-19)/ 정원에서 예조의 뜻으로 아뢰기를, 이 일은 매우 중요하니 사간도 아울러서 잡아오는 것이 마땅하다고 하다.(『中宗實錄』 중종28. 『集成』12-20) 6.4. 釜山浦 倭人 구류에 대해 논의하다.(『中宗實錄』 중종28. 『集成』12-20) 6.5. 성안으로 돌입한 倭奴를 처벌케 하다.(『中宗實錄』 중종28. 『集成』12-20) 6.9. 承旨 吳準이 典獄의 죄수 皁隷 李山壽는 중국 땅에서 몰래 장사하였으니 그 죄가 絞待時에 해당한다고 아뢰고, 刑曹判書 洪彦弼이 중국뿐만 아니라 日本사람들과도 장사를 하였으니, 죄주어야 한다고 아뢰다.(『中宗實錄』 중종28. 『集成』12-21) 6.13. 政府가 倭人 融春堂을 접대하지 말 것을 건의하다./ 司諫院 司諫 尙震이 아뢰기를, 변장들이 왜인의 재화를 빼앗는다고 아뢰다.(『中宗實錄』 중종28. 『集成』12-22) 6.18. 권예가 아뢰기를, 변방을 책임지는 관리들이 군사를 돌보지 않고 재물을 토색질하여 사복을 채운다고 하다.(『中宗實錄』 중종28. 『集成』12-22)
1534	【한국】 1.26. 對馬島主 宗盛長이 使送 皮古沙文을 보내다.(『中宗實錄』 중종29. 『集成』12-29) 1.28. 상이 이르기를, 濟州의 수령은 防禦만이 아니라 字牧도 중요하므로 수령을 가려 보내어 금지 시켜 다스리도록 하라고 명하다.(『中宗實錄』 중종29. 『集成』12-29) 2.2. 판의금부사 尹殷輔 등이 아뢰기를, 趙允玲은 복물 짐 네바리와 왜물을 가져갔는지를 세차례 형문하였으나 자복하지 않았다고 하다.(『中宗實錄』 중종29. 『集成』12-30) 4.24. 상이 思政殿에 나아가 進賀使 蘇世讓을 인견하고, 지난날 우리나라에 왔던 琉球國의 使臣도 北京에 왔었냐고 이르니, 蘇世讓이 琉球國 使臣은 椿春이고, 庚寅年에 표류했던 사람 중 4명만이 귀국하였다고 아뢰다.(『中宗實錄』 중종29. 『集成』12-30) 6.21. 간원이 아뢰기를, 자신의 물건을 가져다가 왜금이라고 하여 값을 속여 받았으므로 그 죄가 크니 끝까지 추고하여 정죄해야 한다고 하다.(『中宗實錄』 중종29. 『集成』12-31)
1535 ▼	【한국】 1.3. 對馬島主 宗盛長이 迎沙也文을 보내오다.(『中宗實錄』 중종30. 『集成』12-35) 2.14. 特進官 曹閏孫이 倭人이 다니는 길목인 加德島에 鎭과 烽燧를 설치하면 變報를 즉시 알 수 있을 것이라고 아뢰고, 崔世節은 沒雲島는 倭船의 候望處이니 이곳에 봉수를 설치하면 倭人의 왕래를 알 수 있다고 아뢰다.(『中宗實錄』 중종30. 『集成』12-35) 2.18. 상이 日本과는 信義로 교제하였는데 庚午年 倭人이 반란한 이후로 通信使를 보내지 못했으니, 祖宗朝의 예에 따라 通信使를 보내는 것이 어떠한지를 대신과 논의하라고 傳敎하다.(『中宗實錄』 중종30. 『集成』12-36) 2.20. 禮曹가 상고하여 世宗朝에는 正統 庚申年과 癸亥年에 日本國 通信使가 있었고, 成宗朝에는 成化 乙未年에 있었으며, 丁酉年에는 행장이 갖추어졌으나 보내지 말라는 傳敎가 있었고, 己亥年에는 正使가 죽어 무산되었다고 아뢰다.(『中宗實

일본

2.30. 정원이 아뢰기를, 표류해 온 강복 등이 왜인도 달자도 아니고 강남의 요동 사람이라고 했다고 하다.(『中宗實錄』 중종 27. 『集成』12-11)

9.25. 領事 鄭光弼이 庚午倭變과 安骨浦에서 접전할 때에도 烽燧가 제대로 시행되지 않았던 것 등을 아뢰다.(『中宗實錄』 중종 27. 『集成』12-12)

10.3. 鄭光弼 등이 庚午年 倭賊의 熊川 침입과 成宗朝의 羅嗣宗의 변도 보고되지 않았는데, 이 점으로 보아 烽燧의 설치는 겉치레일 뿐 옛뜻을 상실했으니 節目을 마련하는 것이 온당하다고 아뢰다.(『中宗實錄』 중종 27. 『集成』12-13)

【일본】

3.15. 半將盛이 波多壹岐守에게 편지를 보내다. 조선인이 자신의 領內에 표류한 것에 대해 그 해결책을 논하다.(『大永享祿之比御狀幷書狀之跡付』186)

6.27. 倭人, 野人이 궁궐을 왕래 할 때는 禁軍도 모두 甲冑에 칼을 차고 호위케 하다.(『中宗實錄』 중종 28. 『集成』12-23)

6.29. 倭人·野人의 肅拜時 군사 배치절목을 마련하다.(『中宗實錄』 중종 28. 『集成』12-23)

7.1. 三公이 의논하기를, 庚午年이후 釜山浦僉使로 차임된 堂上官이 숙배시 군대의 위용을 성대히 하자 저들이 꺼렸으므로, 추가 배치를 취소하다.(『中宗實錄』 중종 28. 『集成』12-24)

7.4. 삼공이 아뢰기를, 나라의 사변에 대비하여 마땅히 변장에 접합한 사람을 뽑아서 미리 양성해야 한다고 하다.(『中宗實錄』 중종 28. 『集成』12-24)/ 禮曹에서 日本國의 小二殿의 藤朝秋을 使臣으로 금년에 가지고 온 문서가 지난해 9월 것이니 중간에 사칭한 것이 명백하므로, 접대하지 말라고 아뢰다.(『中宗實錄』 중종 28. 『集成』12-25)

7.15. 정원에 전교하여, 동철은 왜국에서 생산되는 물건으로 왜인이 가져오지 않는다면 저장된 것이 한계가 있을 것이므로 지급할 경우에는 참작해서 지급하라고 하다.(『中宗實錄』 중종 28. 『集成』12-25)

10.2. 정원에 전교하여, 鐵山과 假島 등지에 우리 배인지 왜선인지 분간할 수 없는 배 4척이 떠다닌다 하므로 사로잡도록 조치하라고 하다.(『中宗實錄』 중종 28. 『集成』12-26)

10.7. 三公들에게 趙允玲에게 倭物을 청탁했던 수령들에 대한 일을 논의하게 하다.(『中宗實錄』 중종 28. 『集成』12-26)

10.8. 헌납 黃琦가 왜인들로 하여금 분독스런 마음을 터뜨리게 하여 국가의 체통을 훼손시킨 조윤령을 처벌하도록 청하다.(『中宗實錄』 중종 28. 『集成』12-27)

10.10. 諫院에서 아뢰기를, 趙允玲이 鎭將으로 사사로이 倭物을 사들이고, 그 값을 치르지 않아, 왜인들이 분한 마음을 일으켜 城中에 난입케 하였으니 처벌하도록 건의하다.(『中宗實錄』 중종 28. 『集成』12-27)

12.6. 간원이 아뢰기를, 왜물을 청한 것으로 파직된 李芃을 다시 서용할 수 없다고 하다.(『中宗實錄』 중종 28. 『集成』12-28)

12.10. 권예가 아뢰기를, 우리나라에서 왜인을 접대하면서 상세한 일도 조정에서 다 안다고 하다.(『中宗實錄』 중종 28. 『集成』12-28)

8.17. 禮曹判書 柳灌 등이 몇 년 동안 오지 않는 倭人은 접대하지 않는다는 立法과 죽은 사람의 이름으로 속여 행장을 발급한 對馬島主에게 힐책할 것을 아뢰다.(『中宗實錄』 중종 29. 『集成』12-31)

8.18. 政院에서 아뢰기를, 通事 朴玉石이 老古羅汝毛가 형인 平盛胤과 아우 平鬼德이 죽자 護軍인 아버지 而羅多羅를 封祀할 사람이 없어 承襲하고자 한일을 속여서 공초한 죄로 벌주기를 청하다.(『中宗實錄』 중종 29. 『集成』12-32)

9.29. 한효원이 아뢰기를, 부산포는 본래 왜인을 상대하는 곳이기 때문에 객관이 커서 수사가 있을만하며 다대포의 관사도 부산첨사가 있을만하니 부산진을 다대포로 옮기고 부산포를 경상좌도의 수영으로 삼는 것이 좋겠다고 하다.(『中宗實錄』 중종 29. 『集成』12-33)

10.20. 政院이 平盛胤을 추문해보니, 어긋나는 일이 많아 島主에게 서신으로 효유할 것을 의논하다.(『中宗實錄』 중종 29. 『集成』12-33)

10.22. 三公이 倭人 平盛胤의 일을 뒷사람에 징계하는 뜻으로 島主에게 효유할 것을 아뢰다.(『中宗實錄』 중종 29. 『集成』12-34)

12.14. 禮曹에서 丁卯年에 司猛으로 제수된 倭人 平盛胤이 이미 죽었는데 그 뒤에 平盛胤이라는 사람이 다시 왔으니 이는 我國人이 그들의 뇌물을 받고 僞造하여 除授했기 때문이므로 對馬島主에게 移文하여 詰問해야 한다고 아뢰다.(『中宗實錄』 중종 29. 『集成』12-34)

12.16. 政院에서 平盛胤의 格倭를 쏘아 죽인 熊川人을 잡아넣고 추문할 것을 전교하다.(『中宗實錄』 중종 29. 『集成』12-34)

錄』 중종 30. 『集成』12-36)

2.22. 左議政 金謹思 등이 日本과의 交聘은 우호로 하는 것이지만 對馬島主의 호송없이는 도달할 수 없으니, 日本國王의 使臣이 오면 신의를 보이고 島倭의 반란으로 使臣을 보내지 못한 뜻을 하유하고 관망하는 것이 어떠하냐고 아뢰다.(『中宗實錄』 중종 30. 『集成』12-37)/ 左議政 金謹思 등이 加德島에 鎭을 설치하는 일에 대해 논하다.(『中宗實錄』 중종 30. 『集成』12-38)

6.8. 상이 黃海道監司 姜顯이 中國人 賢月 등을 포획한 啓本을 政院에 내리면서, 전에 중국의 것인지 倭의 것인지 분간할 수 없는 배를 포획하지 못했는데, 黃海道에서 遼東 사람을 잡았다고 하니 올려보내어 추고하라고 이르다.(『中宗實錄』 중종 30. 『集成』12-38)

7.22. 상이 慶會樓에 나아가 日本國 大內殿 使臣인 중 孤窓西堂 등에게 宴會를 베풀다.(『中宗實錄』 중종 30. 『集成』12-39)

10.9. 柳溥가 아뢰기를, 가덕도에 진을 설치하는 일은 고려해서 행해야 하는 문제이며 또한 함경도에 살고 있는 야인의 수가 많아 지난날 제

연도	한국
▲ 1535	포의 왜인들처럼 난을 일으킬 수 있으므로 미리 조처해야 한다고 하다.(『中宗實錄』 중종30. 『集成』12-39) 10.13. 啓覆을 聽理하였는데, 倭賊을 수토할 때, 약속한 장소에 나가지 않아 事機를 그르쳐 斬待時에 해당하는 前萬戶 崔演을 初覆으로 법대로 시행하게 하다.(『中宗實錄』 중종30. 『集成』12-39)
1536	【한국】 1.11. 對馬島主 宗盛長이 仇難要를 보내와서 方物을 바치다.(『中宗實錄』 중종31. 『集成』12-41) 2.5. 領議政 金謹思 등이 遼東의 豪族 韓承慶과 倭人 也時羅의 악행에 대해 아뢰고 조치를 건의하다.(『中宗實錄』 중종31. 『集成』12-41) 2.6. 領事 金安老가 軍器寺에 소장된 弓矢가 쓸모없다고 아뢰니, 상이 지난 庚午倭變 당시 官府에 소장된 宮器가 다 쓸모없이 되었다고 하는데 아주 심한 지경에 이르기 전에 개조하라고 이르다.(『中宗實錄』 중종31. 『集成』12-41) 5.17. 헌부가 아뢰기를, 수사들이 각 포를 침학하고 잡물을 횡렴하는 등 폐단이 쌓이고 있으므로 엄하게 다스려야 한다고 하다.(『中宗實錄』 중종31. 『集成』12-42) 5.18. 정원에 전교하여 漕船과 兵船을 만드는 재목을 수송하는 과정에서 비리가 있는 지방관을 모두 추고하여 아뢰고 또한 먼저 파직한 후 추고하게 하라고 하다.(『中宗實錄』 중종31. 『集成』12-43)/ 羅州의 朴承旨 등 비리가 있는 지방관들을 공초한 후 먼저 파직한 뒤에 추고하라고 하다./ 헌부가 비리가 있는 지방관들을 추고한 내용에 대해서 아뢰다.(『中宗實錄』 중종31. 『集成』12-44) 5.26. 尹任이 아뢰기를, 요즈음 왜선이 자주 남도의 백성들을 노략질 한다고 하다.(『中宗實錄』 중종31. 『集成』12-44) 6.23. 倭人이 我國人에게 상해를 입힌 문제로 하여 倭人끼리 서로 죽이는 사건이 발생하자 변장으로 하여금 잘 타일러 보내도록 하다.(『中宗實錄』 중종31. 『集成』12-45)
1537	【한국】 1.13. 日本國王이 使臣 東陽東堂을 보내어 通信使의 요청과 《大藏經》의 구청, 日本의 표류인을 중국에 보낸 이유와 己丑年에 정한 商物에 대한 새 규례 이전으로 회복하는 것의 요구의 내용을 적은 書契를 올리다.(『中宗實錄』 중종32. 『集成』12-48) 1.25. 상이 政院에 중국에서 九廟를 이루고 尊號를 올린 것에 대한 하례를 聖節使가 함께 하는 것이 무방할 듯 한데, 左議政이 日本使臣을 위한 押宴을 명받고 대궐로 들어오니 左·右議政과 의논하라고 傳敎하다.(『中宗實錄』 중종32. 『集成』12-51) 2.1. 成均館의 進士 柳建 등이 安行梁을 파는데 중들을 부리지 말 것과 佛書를 찾아서 日本使者에게 주는 것은 허물이 된다고 상소하니, 상이 佛經은 우리가 소중히 여기지 않으니 倭使에게 주어 마음을 위안해도 무방하다고 답하다.(『中宗實錄』 중종32. 『集成』12-51) 2.2. 領議政 金謹思가 日本國이 요구한 《大藏經》을 朝宗 때에도 준 예가 있으니 주어도 무방하다고 의논하니, 상이 《大藏經》을 倭使에게 줄 때에 儒敎經典도 함께 줄 것을 禮曹에게 말하라고 傳敎하다.(『中宗實錄』 중종32. 『集成』12-52) 2.4. 성균관의 진사 柳健이 상소하기를, 다른 나라에 불경을 내린 일을 교린의 의라고 하였는데 우리 문명한 나라가 불경을 내리는 것을 교린하는 의리로 여긴다면 어찌 부끄러워 해야 하지 않겠냐고 하다.(『中宗實錄』 중종32. 『集成』12-52) 2.5. 成均館 進士 柳建 등이 日本에 《大藏經》을 주지 말 것을 상소하니, 상이 倭使에게 불경을 주는 것은 조정의 의논이 이미 정해졌으니 다시 말하지 않을 것이라고 답하다.(『中宗實錄』 중종32. 『集成』12-53) 2.6. 領議政 金謹思가 《大藏經》은 朝宗 때부터 日本이 요구하면 모두 주었으니 이번에도 주라고 아뢰니, 상이 倭使가 요구하는 것이 여러 가지인데 《大藏經》조차 주지 않으면 섭섭할 것이니 뒷날 변방이 걱정된다고 답하다.(『中宗實錄』 중종32. 『集成』12-54) 2.9. 禮曹가 日本의 書契에 佛經을 요구한 조목에 답하여 知製敎를 시켜서, 우리는 佛敎를 받들지 않아서 《大藏經》이 없어지고 남은 것이 없으나 남은 佛經을 모아 한질을 갖추어 使臣에게 보낸다는 뜻으로 書契할 것을 아뢰다.(『中宗實錄』 중종32. 『集成』12-55) 2.13. 상이 勤政殿에 나아가 日本使臣 東陽東堂 등을 접견하였고, 잔치가 끝난 뒤 上官人에서 伴人까지 차등있게 衣襨를 내리라고 명하다.(『中宗實錄』 중종32. 『集成』12-55) 3.10. 이화종이 천사의 말을 듣고 아뢰기를, 천사가 유구국의 詔使를 대하는 예와 같이 정당한 예로 대할 것을 청하였다고 하다.(『中宗實錄』 중종32. 『集成』12-56) 3.11. 천사에게 물품을 내려주었으나 받지 아니하다.(『中宗實錄』 중종32. 『集成』12-57)
1538 ▼	【한국】 1.25. 남쪽 해변의 軍民들이 해산물을 채취하려고 섬에 드나들다가 倭賊을 만나 살해당하는데 僉使와 萬戶가 죄를 얻을까 두려워 알리지 않으니, 첨사와 만호를 賞주고 처벌하는 일은 이미 하유하였다고 政院에 傳敎하다.(『中宗實錄』 중종33. 『集成』12-65) 2.11. 政府에서 濟州道는 인물이 떠돌아 공허하여 刷還하는 일이 시급한데, 여러 섬에서 倭賊을 수색하고 공격하는 일은 水路에 익숙한 자가 아니면 할 수 없으니 배를 조종할 줄 아는 자는 종전대로 役使하게 할 것을 의논하다.(『中宗實錄』 중종33. 『集成』12-66) 5.29. 삼공에게 이르기를, 왜선을 수토하기 위하여 바다에 들어갔다가 배가 뒤집혀 사람이 많이 죽었을 것이라고 하다.(『中宗

일본

10.15. 右議政 尹殷輔가 수군의 폐단에 대해서 아뢰다.(『中宗實錄』 중종 30. 『集成』12-40)

11.16. 議政府와 兵曹에서 변방 지역의 여러 문제에 논하다.(『中宗實錄』 중종 30. 『集成』12-40)

【일본】

2.-. 大願寺는 嚴嶋神社의 조영과 수리를 담당하는 사찰이다. 大願寺와 嚴嶋神社에 大藏經을 안치하기 위해 大內義隆은 사절을 조선에 파견하여 대장경을 하사해 줄 것을 요청하다.(『大願寺文書』, 『異國出契』)

10.2. 제포첨사 李珣은 탐오스럽고 무례한 사람이라서 왜인이 왕래가 잦은 제포의 관리로 적당하지 않으므로 체직시킬 것을 청하였으나 윤허하지 아니하다.(『中宗實錄』 중종 31. 『集成』12-45)

10.3. 金安老가 薺浦는 倭人과의 문제가 자주 발생하는 곳인 만큼 적任子를 잘 골라서 보낼 것을 청하다.(『中宗實錄』 중종 31. 『集成』12-46)

10.11. 표류되었던 어부들에게 一岐島의 생활 양식·기후에 대해 알아볼 것을 명하다.(『中宗實錄』 중종 31. 『集成』12-47)

11.16. 司憲府가 薺浦僉使로 임명된 元松壽는 倭人을 잘 통제할 적任子가 아니므로 체직시킬 것을 건의하다.(『中宗實錄』 중종 31. 『集成』12-47)

11.21. 臺諫이 薺浦僉使 李嗣宗의 체직을 건의하였으나 윤허하지 않다.(『中宗實錄』 중종 31. 『集成』12-47)

12.24. 日本國 古東島太守 親忠이 보낸 邊沙也文이 표류한 濟州人 11인을 데려오다.(『中宗實錄』 중종 31. 『集成』12-48)

윤12.23. 禮曹에서 日本國 使臣을 접견하는 일은 임시로 하는 것이나, 전에 重林 등이 중국에서 죄를 지었기 때문에 마음대로 할 수 없어서 형틀에 채워 중국에 보냈다는 뜻을 이미 倭人에게 말하였고 숨길 수 없다고 아뢰다.(『中宗實錄』 중종 31. 『集成』12-48)

4.1. 諫院이 多大浦 지경 안에서 倭賊들이 인민과 主將 등을 살해한 일은 水使 金義亨 등이 防備하는 措置를 餘事로만 여겨서 생긴 것이니, 모두 律대로 죄를 정하라고 아뢰다.(『中宗實錄』 중종 32. 『集成』12-58)

4.3. 상이 思政殿에서 餞慰使 허항을 인견하였는데, 허항이 天使가 安南이나 琉球 같은 나라들은 비록 글은 해독한다 하지만 禮樂이나 법도가 어찌 조선과 방불하겠냐는 말을 했다고 아뢰다.(『中宗實錄』 중종 32. 『集成』12-58)

4.9. 상이 政院에 10여 년전에 日本에서 大明國의 邊將이 표류하였으니 貴國을 통하여 송환해주기를 바란다고 했는데, 上國이 우리가 日本과 통하는 줄 알면 폐단이 있다고 하여 들어주지 않았으니 자세한 것을 고찰하라고 傳敎하다./ 상이 知製敎 鄭萬鍾이 지어 올린 日本國에 답하는 書契를 가지고 政院에 傳敎하기를, 書契 내용의 말은 박절하게 된 데가 많아 倭人들이 보면 원망할 터이니, 심하게 된 데를 고치고 싶다고 하다.(『中宗實錄』 중종 32. 『集成』12-59)

4.10. 禮曹에서 倭寇가 中國邊將 袁璉을 사로잡았다가 乙酉年에 우리나라를 통하여 보내려 하였는데, 우리가 형편이 곤란해 막았다고 아뢰다./ 상이 日本國에 답하는 書契를 내리며, 日本 書契를 보니 重林 등의 일을 논하는데 이들이 중국에서 죄를 얻게 된 것을 헤아리지 않고 우리가 억류하고 돌려보내지 않은 것만을 책망하였으니, 언사를 大義만 들어 답하라고 이르다.(『中宗實錄』 중종 32. 『集成』12-60)/ 金謹思 등이 中朝의 변장 袁璉이 倭에게 사로잡힌 것을 우리를 통하여 중국에 轉奏하고자 하였으니, 만일 중국에 推刷하여 돌려보냈다면 事大하는 정성에 있어서 매우 사리에 합당하게 되었을 것이라고 아뢰다.(『中宗實錄』 중종 32. 『集成』12-61)/ 大提學 金安老가 日本國에 답하는 書契에 언사가 박절한데가 있지만 폐단을 감당하기 위해서는 심하게 책망할 것을 아뢰니, 상이 공손하지 못한 倭人의 언사에 예를 가지고 책망할 수 없으니 박절하게 된 대문을 고치라고 하다.(『中宗實錄』 중종 32. 『集成』12-62)

4.14. 상이 政院에 倭人이 上國의 寧波府에서 해적질을 하다 표류한 것에 대한 日本使臣의 의혹이 아직 풀리지 않은 것과 《大藏經》도 불교를 숭상하지 않으니 대신 聖經賢傳을 보내겠다는 뜻을 禮曹에서 倭人에게 말하라고 傳敎하다.(『中宗實錄』 중종 32. 『集成』12-62)

4.15. 禮曹에서 倭人 而羅多羅의 아우 親秋가 그의 형 아들 廉滿이 아비의 벼슬을 이어받기를 원한다며 물소뿔 20本을 바쳤다고 아뢰다.(『中宗實錄』 중종 32. 『集成』12-64)

4.24. 宣慰使 李澄가 倭使에게 새 값에 조금 더한 값으로 무역하겠다고 하자, 一鶚東堂이 새 값대로 무역했다가 큰 벌을 받았으니 그렇게 할 수 없다고 아뢰니, 상이 議政府의 郎官을 불러서 대신들과 의논하라고 傳敎하다.(『中宗實錄』 중종 32. 『集成』12-64)

5.22. 對馬島主 宗盛長이 沙羅汝文을 使臣으로 보내오다.(『中宗實錄』 중종 32. 『集成』12-65)

10.13. 상이 仁政殿에 나아가 日本國 大內殿 義隆의 使送 松屋禪師 등을 인견하였는데, 7爵에 이르러 연회를 파하고 차등있게 선물을 내리다.(『中宗實錄』 중종 32. 『集成』12-65)

【일본】

2.-. 大願寺는 嚴嶋神社의 조영과 수리를 담당하는 사찰이다. 대원사와 엄도신사에 대장경을 안치하기 위해 大內義隆은 사절을 조선에 파견하여 대장경을 하사해 줄 것을 요청하다.(『異國出契』(內閣文庫, 和 35088))

10.-. 大內義隆이 승려를 조선에 사절로 파견한다. 지난번 요구한 五經大典 각 1부와 승방에 걸린 편액의 手迹에 대하여 문의하다. 다시 朱子의 新註五經 전부와 漏匱, 漏壺, 渴烏, 箭盆 등 물시계 기구등을 요청하다. 아울러 별폭을 작성하여 토산품을 바치다.(『異國出契』(內閣文庫, 和 35088))

연도	한국
▲ 1538	實錄』 중종33. 『集成』12-66) 6.25. 諫院이 水使 林峻이 海雲浦 경내에서 사람을 죽인 일을 신중히 처리하지 않은 죄로 체직을 청하자 윤허하다.(『中宗實錄』 중종33. 『集成』12-67) 6.27. 對馬島主가 要三表丟를 보내다.(『中宗實錄』 중종33. 『集成』12-67) 8.1. 領議政 尹殷輔 등이 庚午倭變 이후 제정된 壬申約定을 파기할 수 없다고 아뢰니, 상이 일찍이 약정한 조문이 있으니 利로써 회유하고 위엄을 보여 修好와 攘斥을 게을리 하지 말라고 답하다.(『中宗實錄』 중종33. 『集成』12-67)/ 尹殷輔 등이 對馬島主의 書契에 대하여 歲遣船과 콩·쌀을 더 지급하는 일과 特送船의 접대에 대한 일은 壬申約定에 정하여 고칠 수 없으므로, 轉啓하기 곤란하다고 답해야 한다고 아뢰다.(『中宗實錄』 중종33. 『集成』12-68) 8.5. 領議政 尹殷輔와 左議政 洪彦弼이 對馬島主의 書契가 불손한 말이 많은데, 전에는 이러한 불손이 없었으므로 반드시 음모가 있을 것으로 의심되니, 우리의 邊城을 정비하여야 한다고 아뢰다.(『中宗實錄』 중종33. 『集成』12-68) 8.6. 參贊官 閔齊仁이 庚午倭變 이후로 요새지에 보루를 설치하여 이를 믿고 경시하여 남쪽 오랑캐를 가볍게 여기는 일이 많은데, 우리나라의 변란 가운데 가장 큰 것은 倭變이라고 아뢰다.(『中宗實錄』 중종33. 『集成』12-69) 8.8. 상이 軍器가 허술하니 攔奸하겠다고 이르니, 右議政 金克成이 倭人을 힐책해서는 안되고 다만 우리의 변방 경비를 튼튼히 해야 되는데, 慶尙道의 방비는 全羅道에 비해 허술하여서 미리 유시하고 척간할 것을 아뢰다.(『中宗實錄』 중종33. 『集成』12-70) 8.19. 상이 政院에 남쪽 오랑캐와 북쪽 오랑캐를 동일하게 대우해야 하는데, 祖宗朝에서 남쪽 오랑캐를 대우함이 후한 것은 倭人의 성품이 죽음을 가볍게 여기고 뜻에 차지 않으면 분노를 일으키기에 내가 후대하는 것이라고 傳敎하다./ 領議政 尹殷輔 등이 入朝하러 釜山浦에 온 倭人들이 선적한 물품을 즉시 計量해주지 않는데 忿心을 품고 絶影島에서 풀베는 사람들을 죽였다고 하므로, 朝官을 보내어 살피고 추열하여 계문할 것을 아뢰다.(『中宗實錄』 중종33. 『集成』12-72)
1539	【한국】 1.24. 政府와 禮曹에서, 근래 朝倭들이 浦所에서 살인과 약탈을 일삼으며, 潛賣가 금지된 활과 화살을 밀매하므로, 이 사실을 島主에게 알리고 대처하도록 아뢰다.(『中宗實錄』 중종34. 『集成』12-78) 2.3. 對馬島主 宗盛長이 愁戒沙也文을 보내어 方物을 바치다.(『中宗實錄』 중종34. 『集成』12-79) 3.16. 尹殷輔 등이 아뢰기를 부경행차에 왜통사를 보내는 것은 그렇게 긴요한 일이 아니라고 하다.(『中宗實錄』 중종34. 『集成』12-79) 3.18. 왜물을 몰래 무역한 別坐 李壽康을 추고하다.(『中宗實錄』 중종34. 『集成』12-79) 4.12. 朝使가 慶會樓에 도착하여 通事를 시켜 조선과 安南은 職貢을 받듦이 근실하여 큰 의식이 있으면 관원을 파견하여 하유했고, 琉球와 暹羅 등은 그들이 冊封을 청해 오면 使臣을 파견하여 책봉했다는 單子를 올리다.(『中宗實錄』 중종34. 『集成』12-80) 4.24. 상이 재변이 일어난 책임으로 遞任을 원하는 三公에게 답하기를, 남쪽지방에도 倭變이 있으니 지탱하기 어려운데 夷狄을 접대하는 일은 조종조에 미치지 못하였으므로 그들이 노여워하게 하는 것도 또한 염려된다고 하다.(『中宗實錄』 중종34. 『集成』12-81) 4.27. 慶尙右道 水軍節度使 梁允英이 아뢰기를, 唐浦萬戶 崔琛이 당번하는 수군을 거짓으로 보고했다고 하니, 상이 국문하도록 하라고 명하다.(『中宗實錄』 중종34. 『集成』12-82) 5.8. 大司諫 愼居寬 등이 상소하기를, 우리나라는 북으로는 야인과 접하고 있고 남으로는 섬오랑캐와 접하고 있어서 撫禦의 방법이 잘못됨이 없어야 하는데도 불구하고 그 방비가 너무 소홀하다고 하다.(『中宗實錄』 중종34. 『集成』12-82)/ 홍문관 부제학 崔輔漢 등이 상소하기를 우리나라는 섬 오랑캐와 이웃하고 있고 북쪽으로는 야인들과 접하고 있어 3면으로 적을 대하고 있기때문에 하루도 방비를 잊어서는 안 된다고 하다.(『中宗實錄』 중종34. 『集成』12-83) 5.12. 大司憲 林百齡 등이 상소하기를, 변방은 나라의 울타리로 남으로는 섬 오랑캐와 이웃하고 있고 북으로는 야인과 인접하고 있어서 하루도 대비를 소홀히 할 수 없다고 하다.(『中宗實錄』 중종34. 『集成』12-83) 5.28. 倭人이나 野人으로 서울에 왔던 자가 밀매하다가 발각될 경우, 사들였던 값을 官에서 몰수하므로 원한이 깊으니, 상인만 벌주고 몰수하는 것을 그만두도록 의논하다.(『中宗實錄』 중종34. 『集成』12-84) 5.28. 倭人들의 밀무역 방지 조치 등에 대해 의논하다.(『中宗實錄』 중종34. 『集成』12-84) 7.8. 상이 정원에 전교하기를, 倭人이 銅과 鐵을 가져오지 않으면 국가에서 쓰기도 부족하니, 綿布나 雜物로 백성을 구휼하도록 하다.(『中宗實錄』 중종34. 『集成』12-85) 7.22. 상이 政院에 庚午倭亂 때에도 무기가 파손되어 사용하지 못하였으니, 이를 관리하는 자는 견고하게 소장하고 때때로 점검하라고 傳敎하다.(『中宗實錄』 중종34. 『集成』12-86) 7.29. 전교하기를, 대체로 남쪽지방의 사람들은 가끔 왜복을 입고 해상에 횡행하여 자주 도적질을 하며 물화를 탈취할 목적으로 살인을 하니 그 죄는 용납될 수 없다고 하다.(『中宗實錄』 중종34. 『集成』12-86) 윤7.1. 憲府에서, 全州判官 柳緖宗이 金海에 있을 때, 加德島에서 몰래 수렵을 하다가 東萊縣令에게 붙잡힌 일이 있었고, 倭奴를 끌여들여 밀매를 한 일이 있으므로 추고토록 아뢰다.(『中宗實錄』 중종34. 『集成』12-87) 윤7.11. 상이 日本國 使臣 龍穩東堂을 접견하는 일을 날씨가 무더워서 할 수 없다고 傳敎하다.(『中宗實錄』 중종34. 『集成』12-88) 8.10. 憲府에서 柳緖宗이 공문을 청해서 왜인을 붙들겠다고 속이고, 사사로이 倭奴와 통하여 鉛鐵을 사다가 은으로 만드는가

95

일본

8.23. 鄭光弼 등이 재변 등을 이유로 체직을 원하니, 상이 재변은 戰亂을 상징하는데, 倭賊이 동쪽을 치는 체하면서 서쪽을 공격해 우리 장사들을 피로하게 만든 후에 틈을 노려 侵寇하면 그 해가 적지 않다는 등의 28조항을 付標하다.(『中宗實錄』중종 33.『集成』12-73)

9.16. 政府 등이 의논하여 絶影島의 倭變에 대해 卞友誠 등을 추문하니 모두 변명만 하였고, 朴彦臣만이 兵使에게 7월에 絶影島에서 倭變이 있었다고 보고하고 세 번에 걸쳐 변경하였으니 朴彦臣을 招辭가 끝까지 추문할 것을 아뢰다.(『中宗實錄』중종 33.『集成』12-74)

10.29. 政府 등이 의논하여 小二殿 使臣으로 온 倭人들이 가져온 315근의 銀鐵을 公貿하는 것을 허락하면 日本 및 大內殿도 이롭게 여겨 많은 銀鐵의 공무를 요구하게 되어 나라에서 사용할 布物이 고갈될 것이니, 걱정이 된다고 아뢰다.(『中宗實錄』중종 33.『集成』12-76)

11.25. 상이 思政殿에 나아가 聖節使 許寬을 인견하였는데, 達子들이 신들에 대한 賞賜가 琉球人과 동시에 먼저 주어진다는 것을 듣고 소란을 피워 禮部主事도 금하지 못했다는 일을 아뢰다.(『中宗實錄』중종 33.『集成』12-76)

12.16. 濟州에 가서 불법한 일을 摘奸할 司成 元壽長이 大洋 한 가운데서 만약 倭賊을 만나면 변고가 있을까 두려우니, 전례에 따라 재난을 막는 방법을 갖추게 해달라고 아뢰므로, 상이 아뢴대로 하라고 傳敎하다./ 領議政 尹殷輔 등이 慶尙道敬差官 權應昌이 絶影島 倭變을 推鞫하기 위하여 갔는데, 옥사에 관련되어 무죄한 사람이 많이 걸려든 일이 있으니, 使臣을 많이 보내 소요를 일으키는 폐단이 있을까 염려된다고 아뢰다.(『中宗實錄』중종 33.『集成』12-77)

【일본】

4.14~9.13. 安藝州 大願寺 주지 尊海는 대마도의 府中을 떠나 조선으로 향하다. 부산포에 도착하여 양산, 경주, 영천, 안동, 충주, 여주 등을 지나다. 존해는 한양에 이르러 숙소인 東平館으로 들어가다. 尊海 일행은 조선국왕에게 진상 숙배하고 예조의 접대를 받다. 외교문서를 전달하고 一切經을 요청하다. 예조에서는 조선은 부처를 존경하지 않고, 寺塔이 불탔기 때문에 大藏經이 없다고 답하다.(『大願寺文書』「補遺 2 大願寺尊海渡海日記」)

5.20. 妙智院 策彦和尙이 사절로서 중국에 파견되다. 항해 도중 조선 땅을 지나다.(『策彦和尙入明記初渡集』上)

5.21. 妙智院 策彦和尙이 사절로서 중국에 파견되다. 通事 周文衡과 策彦和尙이 필담하는 내용 중에서, 日本이 朝鮮이나 琉球보다는 上國이라는 의식을 나타내다./ 妙智院 策彦和尙이 사절로서 중국에 파견되다. 중국 시인 杜牧의 『樊川集』은 희귀책인데 策彦和尙이 이책의 高麗本을 가지고 있다고 기록하다.(『策彦和尙入明記初渡集』上)

8.-. 勘合貿易을 위해 명에 갔던 大內氏의 무역선이 일본으로 돌아오다. 무역으로 山口지역이 번성하자, 명, 조선, 서역 상인들이 다시 大內氏에게 와서 교역하다.(『大內氏實錄』)

9.-. 조선 예조참판이 大內義隆에게 서계와 회례품을 보내다. 일본측이 요구한 대장경에 대해 이미 大藏經이 산질되어 조선에서 지급하기 어렵다는 사정을 말하다.(『大願寺文書』「314-7 朝鮮國禮曹參判返宛書翰寫」)

하면, 그 방법을 전수한 죄로 벌주기를 청하다.(『中宗實錄』중종 34.『集成』12-89)

8.11. 武臣을 장려하기 위해 客使 接見時 시험을 보이게 하다.(『中宗實錄』중종 34.『集成』12-89)

8.13. 日本國 大內殿이 보낸 使臣 龍穩東堂 등을 慶會樓에서 접견 하다.(『中宗實錄』중종 34.『集成』12-89)

8.19. 倭人과 서로 통하여 연철을 사다가 은을 만들고 그 방법을 倭人에게 전수한 柳緖宗을 국문하는 것에 대해 傳敎하다.(『中宗實錄』중종 34.『集成』12-89)/ 삼공에게 이르기를, 柳緖宗에게 형벌을 가하여 실정을 알아내도록 하라고 명하다.(『中宗實錄』중종 34.『集成』12-90)

9.24. 상이 進賀使 書狀官이 癸卯년에 倭人 中林이 중국에 가서 노략질하고 寧波府指揮使 元璡을 잡아갔고, 우리나라에서 노략질하다 잡혀 중국으로 송환한 것을 日本使臣이 돌려달라고 중국에 청했다는 문견한 사건을 政院에 내리다.(『中宗實錄』중종 34.『集成』12-91)

10.23. 內需司書題 朴守榮이 田地를 측량한다는 핑계로 綵緞과 白絲등을 사서 薺浦僉使에게 고한 다음, 왜인들의 잡물과 공공연히 무역을 하여 중국사람편에 보낸 쇄로 지죄하도록 정하다.(『中宗實錄』중종 34.『集成』12-91)

10.24. 內需司書題 朴守榮이 薺浦에 가서 吉禮에 쓸 것이라는 구실로 왜인들의 은을 무역하여 중국에 부쳤다고 하니, 추고하도록 전교하고, 倭銀의 밀무역을 고발한 자를 상을 주어 고발하는 사람을 많도록 하다./ 密貿易에 대한 죄를 한 등급 내려 고발을 권려하는 문제 등을 의논하다.(『中宗實錄』중종 34.『集成』12-92)

11.7. 聖節使 鄭世虎가 華察이란 者가 使臣을 찾아와 琉球國은 아직까지 使臣을 보내오는데 朝鮮에서는 한번도 안보내냐고 하였다고 아뢰다.(『中宗實錄』중종 34.『集成』12-93)

11.25. 홍문관 부제학 安玹 등이 상소하기를, 요즈음 간사한 소인배가 왜노들과 통상하면서 聖明에 누를 끼쳤는데도 엄하게 다스리지 않는다고 하다.(『中宗實錄』중종 34.『集成』12-93)

연도	한국
1540	【한국】 1.6. 對馬島主 宗盛長이 沙萬老愁戒를 보내오다.(『中宗實錄』중종35.『集成』12-94) 1.19. 상이 倭賊을 잡지 못하고 군졸과 병기를 유실한 馬島萬戶 柳克儉과 玉浦萬戶 金命堅 등을 잡아서 추고하라고 政院에 傳教하다.(『中宗實錄』중종35.『集成』12-94) 1.26. 倭人의 銀 密貿易 방지를 위해 은값을 낮추어 거래하도록 터주는 문제를 의논하게 하다./ 三公이 倭人에게 공공연히 은을 거래하도록 하는 것은 좋지 않다고 아뢰다.(『中宗實錄』중종35.『集成』12-94) 2.27. 倭人 왕래시 뇌물을 받고 수량을 늘려주는 일이 있어 징계 하도록 하다.(『中宗實錄』중종35.『集成』12-95) 4.9. 寶城에 사는 裵萬代 등 15인이 一岐島에 표류하였다가 對馬島를 통해 왔다는 全羅道관찰사 尹漑의 狀啓에 상이, 전일에 이런 경우에 書契를 보내 致謝한 예가 있으니 禮曹에 이르라고 傳教하다.(『中宗實錄』중종35.『集成』12-95) 5.19. 상이 對馬島主의 書契에 戊戌年 熊川에서 잡아 가둔 倭人 2명의 환송을 요구하니, 당시의 수령과 下人을 추문하여 답장을 보내야 하겠는데, 詔獄이 柳成根을 추문하여 刑推까지 한다면 倭人들이 헛말을 유포할까 두렵다고 하다.(『中宗實錄』중종35.『集成』12-96) 5.20. 領相과 左相이 의논하여 島主의 書契에서 언급된 熊川에 갇혀있는 倭人의 송환은 증거가 없는 일로써, 단지 書契 때문에 고을의 관리를 刑訊한다면 倭人만 기쁘게 하는 일이라고 아뢰다.(『中宗實錄』중종35.『集成』12-96) 6.27. 倭館에서의 각종 불법행위에 연루된 자들에 대한 추문을 논의하다.(『中宗實錄』중종35.『集成』12-97) 7.25. 臺諫이 倭의 銀이 유포되어 市廛을 가득 채우고 있는데, 北京에 가는 사람이 은을 싣고 가며, 심지어 公貿易을 布物을 상인에게 맡기고 은으로 빌어간다고 하니 중국물품을 금하는 시책을 시행할 것을 아뢰다.(『中宗實錄』중종35.『集成』12-97) 7.27. 의정부와 예조의 당상이 함께 의논하여 아뢰기를, 근래에 왜은이 유포되어 금법을 어기고 가지고 가서 북경에 파는 자가 많아졌다고 하다.(『中宗實錄』중종35.『集成』12-99) 8.20. 의정부와 예조가 함께 의논하여 아뢰기를, 章服은 객사를 연향할 때 입는 것이므로 품위가 없어서는 안되기 때문에 表裏를 모두 사라능단으로 쓰도록 해야 한다고 하다.(『中宗實錄』중종35.『集成』12-101) 8.23. 헌부가 아뢰기를, 연향할 때 입는 옷에 사라능단의 사용을 금지할 것을 아뢰다.(『中宗實錄』중종35.『集成』12-102) 9.6. 忠州에 사는 幼學 許磏 등이 상언하기를, 본 주는 왜인의 왕래가 잦은 곳이므로 읍호를 강등한 이유가 외국에 퍼지는 것은 온당치 못하다고 하다.(『中宗實錄』중종35.『集成』12-102) 9.18. 己亥年에 柑子를 진상하려 갔던 姜衍恭 등이 日本 五島에 표류하였다가 島主 原純定의 도움으로 濟州에 도착했다는 濟州牧使의 계본을 보고, 상이 倭人과 표류인을 속히 올라오게 하여 추문할 것이라고 傳教하다.(『中宗實錄』중종35.『集成』12-103) 9.20. 우찬성 金安國이 아뢰기를, 대제학의 임무는 사대와 교린의 문서를 제술하는 일까지도 맡는 중요한 자리라고 하다.(『中宗實錄』중종35.『集成』12-104)
1541 ▼	【한국】 1.3. 濟州牧使 趙士秀가 牛島와 大靜에 倭賊이 侵寇하면 천여 척을 정박할 수 있는데, 지금 백성을 刷還해 온 倭人이 정박하고 있어 지리의 險夷와 군사의 허실을 측량하지 못하여 침구하지 못하는 이유가 없어졌다고 상소하다.(『中宗實錄』중종36.『集成』12-118) 1.6. 對馬島主 宗盛長이 使臣 時知羅沙也文이 오다.(『中宗實錄』중종36.『集成』12-120) 5.8. 번악을 외국사자의 연향 이외에 다 멈추다.(『中宗實錄』중종36.『集成』12-121) 5.28. 釜山浦와 薺浦는 왜인이 왕래하는 긴요한 곳이므로, 堂上 文官을 차출하여 보내도록 전교하다./ 憲府에서 釜山浦는 왜인이 왕래하는 첫관문이므로, 그들을 禁制하고 撫禦하는 일이 많은데, 僉使 金璃는 인물이 어리석으니 체직하기를 청하다.(『中宗實錄』중종36.『集成』12-121) 5.30. 金安國 등이 釜山浦·薺浦에 武臣을 보내는 문제를 의논하 다.(『中宗實錄』중종36.『集成』12-122) 6.2. 倭銀을 公貿易하게 하는 일을 대신으로 하여금 의논하게 하다.(『中宗實錄』중종36.『集成』12-122) 6.4. 倭銀을 거래하여 중국으로 가지고 들어가는 문제 등을 의논 하다.(『中宗實錄』중종36.『集成』12-123)/ 간원이 중국으로 은을 가지고 들어가는 폐단에 대해서 아뢰다.(『中宗實錄』중종36.『集成』12-124) 6.10. 중국에서 은을 진공하라고 하는데 왜인들이 은을 무역하러 오지 않을 경우에 대해서 논의하다.(『中宗實錄』중종36.『集成』12-124) 6.21. 慶尙右道 兵使 方好義가 薺浦의 왜인들이 담을 넘어 마을에서 군사 3명이 죽었으니, 浦所의 담장은 浦戍軍이 지키도록 하고, 熊川城을 옛성과 연결하여 쌓되, 성밖의 민간 3백여호를 성안에 옮겨 왜인과 교통을 막도록 치계하다./ 薺浦에 있는 왜인을 속히 돌려보내되, 왜인들이 담을 넘는이유는 서울의 상인들이 금물을 倭奴와 밀매하기 때문이므로 금후 철저히 단속하도록 전교하다.(『中宗實錄』중종36.『集成』12-126)/ 禮曹에서 薺浦의 일에 관해 第1船主를 궤향할 때 엄한 말로 타이르고, 朝官을 薺浦에 보내어 살인한 倭人을 적발하여 고하지 않으면, 무역과 접대를 금한다 하고, 熊川城을 外城과 연결하여 3백호를 이주시켜, 交通을 금하도록 하다.(『中宗實錄』중종36.『集成』12-127)/ 薺浦僉使 尹俊이 체임된지가 오래되지 않으니, 命招하여 함께 의논하도록 하다./ 左議政 洪彦弼이 城을 옮겨 물려쌓는 것보다는 왜노가 들어와 있는 館處만 특별히 修築하는 것이 비용이 적고 번거롭지 않다고 의논드리다.(『中宗實錄』중종36.『集成』12-129)/ 좌의

일본

【일본】

3.2. 妙智院 策彦和尙이 중국의 玉河館에 머무를 때 朝鮮과 琉球, 韃靼人이 와서 進貢 한 후, 玉河館에 기거하는 것을 보다. 이날 오후 朝鮮人이 조선으로 돌아가는 것을 보다.(『策彦和尙入明記初渡集』中)

9.28. 領議政 尹殷輔 등이 濟州에 정박한 倭奴들이 쇄환한 공로가 있으나 서울로 부르지 말고 京官을 보내어 대접하고, 아울러 장사할 물품과 진상할 물건을 보상해 주고 留浦糧과 過海糧도 지급하게 할 것을 아뢰다.(『中宗實錄』 중종 35. 『集成』12-104)

10.11. 領事 洪彦弼이 倭人들이 濟州에 정박한 적이 없는데 이번 倭人들이 그 길을 알았으므로 돌려보낼 때 다시 濟州를 경유하지 않게 하고, 또 해변의 방어를 모두 살필 것이니 慶尙道 뱃길도 안된다고 아뢰다.(『中宗實錄』 중종 35. 『集成』12-105)

10.13. 右贊成 金安國이 문견기를 읽고 나서 아뢰기를, 지난날 襲使臣이 남방의 安南·暹羅·琉球 등의 나라는 자제를 承文院에 입학시키는데 조선만 그렇게 하지 않는다고 했다고 하다.(『中宗實錄』 중종 35. 『集成』12-105)

10.20. 이조판서 梁淵이 아뢰기를, 왜은을 사는 것을 금하는 것은 몰래 숨겨 가지고 부경하는 폐단을 막기 위해서라고 하다.(『中宗實錄』 중종 35. 『集成』12-106)/ 禮曹에서 對馬島主 宗雄萬이 對馬 근처 鹽島에 표류한 조선사람을 쇄환하려 했으나, 그 섬의 倭人들이 내주지 않고 있다는 내용의 書契를 올렸다고 아뢰다.(『中宗實錄』 중종 35. 『集成』12-109)

10.21. 領議政 尹殷輔 등이《經國大典》에 세운 법에 倭銀을 산 자도 아울러 사율로 정하니 法에 합당치 않다고 하고, 對馬島 倭人에게는 제주 표류인을 쇄환한 吳島倭人을 접대하지 않을 수 없다고 하는 것이 어떠하냐고 아뢰다.(『中宗實錄』 중종 35. 『集成』12-110)

10.23. 禮曹가 지난 초겨울에 표류한 姜衍恭 등이 日本 賊島에 거주하는 것을 쇄환한다는 對馬島主의 書契와 강연공이 藍島에 정박할 때 만든 圖書 3장이 있었다고 아뢰다.(『中宗實錄』 중종 35. 『集成』12-111)

10.24. 상이 姜衍恭이 倭人이 묻는 것에 도서를 써주었으니 마땅히 行移하여 추문해서 죄를 다스려야 한다고 政院에 傳敎하다.(『中宗實錄』 중종 35. 『集成』12-115)

10.25. 銀을 가지고 중국에 가는 자들에 대한 금지 조문에 관하여 憲府가 아뢰다.(『中宗實錄』 중종 35. 『集成』12-115)

10.26. 헌부가 아뢰기를, 왜은을 북경에 가지고 가서 파는 자가 전보다 수만배나 되어 걱정이라고 하다.(『中宗實錄』 중종 35. 『集成』12-116)

12.18. 大內殿의 使送人 上官 僧 正倪首座 등을 접견하다./ 該曹 堂上 등이 禮曹의 공사에 의거해 표류한 五島의 사송 인들이 海路를 알지 못하도록 직송하게 하는 문제를 건의하다.(『中宗實錄』 중종 35. 『集成』12-117)

12.19. 상이 이르기를, 객인을 접견하는 연회가 파한 후에 각사의 종들이 함부로 전내로 들어가는 일이 없도록 하라고 하다.(『中宗實錄』 중종 35. 『集成』12-118)

【일본】

1.-. 조선 예조참판이 大內義隆에게 외교문서를 보내다. 일본측이 요청한 유교경전, 물시계 등을 보낸다는 내용이다.(『異國出契』,『大內氏實錄土代』)

-. 高源寺 囑岳和尙이 源義忠의 사절로서 조선에 파견되다.(『高源寺略緣起』)

-. 조선에서 대마도주에게 서계를 보내다. 서계는 김안국이 작성하다. 제포왜관에 머무르는 일본인들이 밀무역, 간음, 약탈, 싸움들을 일삼자 이를 금압하는 내용이다. 특히 迎時羅 등 13인의 횡포를 강조하다.(『朝鮮通交大紀』卷2)

정의 의논을 정원에 내리면서 이르기를, 왜인에 관한 사건은 군사 기무의 중대한 일이므로 섣불리 계획해서는 안된다고 하다.(『中宗實錄』 중종 36. 『集成』12-130)

6.27. 上이 永登浦萬戶가 바다에서 倭賊을 만나 致敗하여 印信을 분실하였는데도 사실을 숨기고 보고하지 않다가 그 사실이 드러났으니, 敬差官을 보내어 만호 및 事干들을 추국하여 보고하라고 政院에 傳敎하다.(『中宗實錄』 중종 36. 『集成』12-131)

7.1. 憲府에서 永登浦 萬戶가 兵器도 없이 바나에 나갔다가 倭賊을 만나 致敗하여 사람과 물건을 잃었으니, 主將인 水使 李克恭과 萬戶 宋琚를 잡아다 추국하여 朝廷이 변을 경계하는 뜻을 보이라고 아뢰다.(『中宗實錄』 중종 36. 『集成』12-131)

7.2. 領議政 등이 왜노들이 정박하고 있는 薺浦의 문앞에서 우리 배를 致敗하였으니, 적을 제어하기 위해서는 儒臣보다는 武臣을 차임하여 보낼 것을 의논드리다.(『中宗實錄』 중종 36. 『集成』12-132)

7.4. 慶尙右道 兵使 方好義가 왜노들이 복병 3인과 군인, 군관 을 살해한 사건에 대해 치계하다./ 慶尙右道兵使가 加德島에 鎭을 설치하고, 세견선을 左道의 東萊 모노리에 倭館을 설치하여 접대할 것을 청하다.(『中宗實錄』 중종 36. 『集成』12-133)/ 敬差官 李浚慶이 薺浦에 도착하여 僉使 金光軫과 왜인을 불러 공초하였으나, 왜인들이 同類와 異類가 있어 범인을 알아내지 못하였고, 제1선주 沙滿老愁戒는 本島로 떠났다고 보고하니, 議政府·兵曹·備邊司에 논의하게 하다.(『中宗實錄』 중종 36. 『集成』12-134)

7.5. 大臣들이 범죄한 倭人을 숨기고 있으니 왜관의 倭에게 留浦糧과 過海糧을 지급하지 말고 對馬島로 보내고, 추핵하지 않으면 앞으로 倭船을 접대하지 않겠다고 島主에게 준엄한 말로 타이를 것을 의논드리다.(『中宗實錄』 중종 36. 『集成』12-134)/ 司憲府가 薺浦倭奴의 變은

연도	한국
▲ 1541	조정이 세운 계획이 적절치 못했기 때문에 발생한 것이므로, 水使는 主將으로 재략과 물망이 없으면 병사와 기무 등의 일을 조치하지 못해 國事를 그르칠 것이라고 아뢰다.(『中宗實錄』 중종36. 『集成』12-135)/ 李思曾을 경상도 수군 절도사로 삼다.(『中宗實錄』 중종36. 『集成』12-137) 7.10. 舍人 金魯가 제포첨사 金光珍을 죄주기를 청하다.(『中宗實錄』 중종36. 『集成』12-137)/ 憲府가 永登浦 萬戶 宋琚가 薺浦 앞에서 왜를 만나 낭패를 당하였는데도, 僉使 金光軫이 전혀 구원하지 않았다 하여 추문하기를 청하다./ 禮曹가 對馬島主에게 답하는 書契를 入啓하니, 상이 島主가 正犯의 倭人을 잡아보내지 않는다 하여 深處信使의 선박까지 접대하지 않으면 交隣의 도리에 어긋나니, 對馬를 제외한 大內殿과 小二殿은 접대한다고 禮曹에 이르다(『中宗實錄』 중종36. 『集成』12-138) 7.14. 領議政 등이 의논하여 對馬島主에게 通諭할 書契에 薺浦에서의 變은 거주하는 倭人이 범행한 것으로 지적되어 있는데, 확실하지 않다면 書契를 고쳐서 보낼 것을 아뢰다.(『中宗實錄』 중종36. 『集成』12-141) 7.15. 慶尙右道 水軍節度使 李克恭을 馬梁에 充軍하여 徒役 삼년 을 살도록 명하다.(『中宗實錄』 중종36. 『集成』12-142) 7.16. 該曹의 堂上들이 永登浦 萬戶 宋琚의 일을 추신하다.(『中宗實錄』 중종36. 『集成』12-142) 7.17. 정원에 전교하여 경상우도 병사 방호의의 계본은 이미 해사에 내렸으므로 정부·병조·예조의 당상을 모두 명초하여 의논하여 아뢰도록 하라고 하다.(『中宗實錄』 중종36. 『集成』12-143)/ 상이 薺浦倭館에 머물고 있는 倭人이 달아났는데, 이는 자기들의 범죄를 덮어두고 허물을 우리에게 돌리면, 그들의 말을 믿고 때로 몰려와 변방을 노략질할 것이니 이를 대비하라는 내용을 八道의 監司 등에게 하유하라고 傳敎하다./ 倭變에 대비하는 문제를 논의하다.(『中宗實錄』 중종36. 『集成』12-144)/ 대신들이 宋琚의 공초를 보니 그가 패한 것은 倭人의 짓이 분명하며, 倭人들이 주륙을 당할까 두려워서 3백명이 中船을 타고 달아났다고 아뢰다.(『中宗實錄』 중종36. 『集成』12-145) 7.19. 宋琚를 조율한 공사를 정원에 내리면서 이르기를, 송거는 減死하여 告身을 모두 빼앗은 후 장 일백에 유 삼천리로 하라고 하다.(『中宗實錄』 중종36. 『集成』12-147) 7.20. 領議政 尹殷輔 등이 宋琚가 薺浦를 왕래할 때 倭賊을 만났으면 힘을 다해 싸워야지 투항하여 결박당했으니 사형의 죄에 해당한다고 아뢰니, 상이 宋琚를 死罪한 것이 과중하여 減死하게 했는데, 그 아뢴 뜻이 지당하다고 이르다.(『中宗實錄』 중종36. 『集成』12-148) 7.22. 薺浦僉使 金光軫을 군령을 범한 죄로 파직시키다.(『中宗實錄』 중종36. 『集成』12-148) 7.24. 김광진의 고신을 모두 빼앗도록 명하다.(『中宗實錄』 중종36. 『集成』12-149) 7.25. 對馬島主가 守卒을 죽인 倭人과 작폐한 倭人을 압송하니, 尹殷輔 등이 의논하여 살인한 倭에게 수졸을 살해한 이유와 延時羅 등의 前犯에 대해 국문과 추핵을 가할 것을 아뢰다.(『中宗實錄』 중종36. 『集成』12-149) 7.27. 명철한 差使員으로 하여금, 熊川官奴 波回와 蘭孫등이 왜인과 白鐵 90근과 官木 90同을 밀매하기로 한 혐의로 추국하도록 하다./ 該曹 堂上이 倭奴가 수졸을 찔러 죽인 사건에 대해 아뢰다.(『中宗實錄』 중종36. 『集成』12-150)
1542 ▼	【한국】 1.2. 倭人과 교통하여 은을 매매한 河有孫을 추고하는 일은 熊川人을 추고한 후 하도록 건의하다.(『中宗實錄』 중종37. 『集成』12-169) 1.20. 조강에 나아가 변방의 흔단에 대해서 논의하다.(『中宗實錄』 중종37. 『集成』12-169)/ 삼공에 전교하기를, 지금 남방에 있는 왜인들이 비록 정성을 바치는 듯 하지만 그들의 간사함은 헤아릴 수 없다고 하다./ 領議政 尹殷輔가 요사이 재변이 많다고 아뢰면서 남방에서는 對馬島主가 정성을 바치는 듯 하지만, 믿을 수 없으니 남방에 대한 염려가 잊을 수 없다고 하다.(『中宗實錄』 중종37. 『集成』12-171) 3.16. 尹殷輔 등이 아뢰기를, 경상도와 충청도의 一路도 왜사의 연향으로 인하여 여악를 폐지하기가 어렵다고 하다.(『中宗實錄』 중종37. 『集成』12-172) 3.23. 대마도주가 源沙也文을 보내어서 壤奠을 바치다.(『中宗實錄』 중종37. 『集成』12-172) 4.1. 尹仁鏡이 아뢰기를, 司譯院은 交隣과 事大하는 일을 맡고 있는 중요한 곳이라고 하다.(『中宗實錄』 중종37. 『集成』12-172) 4.3. 특진관 이기에게 이르기를, 남방에 말썽의 조짐이 있으므로 장차 장수가 될만한 자를 가려서 미리 양성해야 한다고 하다.(『中宗實錄』 중종37. 『集成』12-173) 4.20. 癸亥年에 표류한 倭人을 명나라에 바친 일과 日本의 豊州浦에 표류한 80명의 明人을 琉球國을 통해 송환했다는 日本國王의 書契에 대해, 議政府와 諸曹가 의논하다.(『中宗實錄』 중종37. 『集成』12-174) 4.21. 對馬島의 特送使 宗盛世이 물건을 도둑 맞은 사건을 禮曹에서 아뢰니, 상이 倭人을 능멸하고 물건을 훔치면 변방의 말썽이 생기니 差使員 咸安郡守 閔元宗과 觀察使 李淸을 추고하라고 傳敎하다.(『中宗實錄』 중종37. 『集成』12-175) 4.24. 諫院이 日本國 사자가 通信을 명분으로 銀 8만냥을 가져왔는데, 은을 가져오는 것은 전에 없었던 일이므로 지금 허락하면 그 피해가 클 것이며, 공무역은 이미 금하고 있으니 은 무역을 하지 말라고 아뢰다.(『中宗實錄』 중종37. 『集成』12-175)/ 宣慰使 林億齡이 죄진 倭人을 잡은 것에 대한 논상을 장계하다.(『中宗實錄』 중종37. 『集成』12-176) 4.25. 대신들이 日本使臣 安心東堂 등이 가져온 書契 안에 상물인 銀이 8만냥인데 무역을 일체 거절하면 우호하는 도리가 아니므로 시가에 따라 사는 것을 허락하라고 의논드리다.(『中宗實錄』 중종37. 『集成』12-177) 4.27. 司憲府에서 銀을 금하는 법은 처음부터 세웠으니 백성에게 私貿하는 것을 허가할 수 없으며, 國用에도 관계되지 않으니

일본

8.1. 헌부가 아뢰기를, 경상우도 병사 方好義가 군졸들에게 잔인하고 포악하게 행동하여 군졸들이 변을 일으켰다고 하다.(『中宗實錄』 중종 36. 『集成』12-151)

8.2. 兵曹判書 金安國이 남방에 兵事가 일어날 것 같으니 禹孟善을 慶尙右道兵使로 임명하자는 상의 傳敎에, 남방의 일은 對馬島主가 國威에 굴복하여 죄인을 잡아보냈으니 변이 생길 우려가 서변과 같지 않다고 회계하다.(『中宗實錄』 중종 36. 『集成』12-152)

8.14. 간원이 아뢰기를, 方好義의 죄가 중한데 갑자기 조율한 것은 옳지 못하다고 하다.(『中宗實錄』 중종 36. 『集成』12-152)

9.23. 간원이 아뢰기를, 요해처에 성을 쌓는 문제는 수령이 마음대로 할 일이 아니라고 하다.(『中宗實錄』 중종 36. 『集成』12-153)

9.26. 삼공이 아뢰기를, 五島倭人이 허실을 익히 알고 있으므로 도적질할 우려가 없지 않다고 하다.(『中宗實錄』 중종 36. 『集成』12-153)/ 상이 對馬島主가 죄지은 倭人을 보내어 복종하니 使者를 보내어 宣慰한다면 重厚한 뜻을 보이는 것이며, 또한 왜놈들의 정상을 살필 수 있다고 傳敎하다./ 領議政 尹殷輔가 對馬島主가 범죄인을 보내와 특별히 포상하고 약속을 庚申하는 후의를 보였으므로 使臣을 파견하여 선위할 필요는 없다고 아뢰다.(『中宗實錄』 중종 36. 『集成』12-154)

9.27. 參贊官 李浚慶이 軍民들이 몰래 物貨를 倭館에서 매매하는 것을 금지시킨 薺浦僉使 金光軫을 교체시키지 말 것과 백성들이 바다에 나가 倭人에게 피살당하니 요해처에 장애물을 설치하면 倭人의 침범을 막을 수 있다고 아뢰다.(『中宗實錄』 중종 36. 『集成』12-155)

10.6. 三公이 의논하여 宋琚는 邊將으로 倭賊을 만나 패하고, 추문할 때에도 거짓을 하였으니 그 一罪를 조율하였는데, 刑訊을 받은 것이 많아서 지금 또 형신을 받으면 생명이 상하게 될 것이라 아뢰다.(『中宗實錄』 중종 36. 『集成』12-156)

10.20. 前 永登浦 萬戶 宋琚가 薺浦에 갔다가 돌아올 때, 왜선 1척을 만났는데, 스스로 겁내어 적에게 묶이고, 印信·軍器 및 助防將과 군인이 모두 행방불명이 되었던 죄로 斬待時에 해당하나 정상을 보아 사형을 감면하다.(『中宗實錄』 중종 36. 『集成』12-157)

10.26. 領議政 允殷輔 등에게 전교하기를, 남방의 왜를 대비하는 일을 소홀히 하지 말라고 하다.(『中宗實錄』 중종 36. 『集成』12-158)

11.2. 政院이 禮曹堂上의 뜻으로 죄지은 倭人을 압송한 倭가 宗太郎과 같은 대접에 불만을 토로하기에 特送使의 관례에 따라 했을 뿐, 우대하는 것은 아니라고 했다고 아뢰다./ 政院에 이르기를, 왜인과 문답한 일에 대해서 모두 알았다고 하다.(『中宗實錄』 중종 36. 『集成』12-159)

11.17. 宰相 등이 명을 받들어 빈청에 나와 對馬島主가 죄를 범한 倭人을 정탐·체포하여 남쪽에 顯戮하고, 또 奸賊을 막을 8가지의 계책을 마련하여 書契를 갖추어 엄숙하게 약속하였다고 아뢰다.(『中宗實錄』 중종 36. 『集成』12-159)

11.19. 特進官 尹思翼이 慶尙道의 倭人變亂에 참가한 罪倭를 對馬島主가 잡아서 보냈는데, 죄왜들이 서로 때려 죽인다고 하니 일이 수상하다고 아뢰고, 金安國이 倭人이 밤에 다니면 邊將이 현장에서 捕殺하는 규약을 정할 것을 아뢰다.(『中宗實錄』 중종 36. 『集成』12-161)

11.22. 禮曹에서 對馬島主에게 조정의 명으로 罪倭를 잡아 국경에 압송하여 공개 처형하였으니 忠順한 예절이 가상하다는 뜻의 修答하는 書契를 의정부에 보고하다.(『中宗實錄』 중종 36. 『集成』12-162)

【일본】

7.-. 일본국왕 源義晴은 조선 中宗에게 서계와 第四牙符를 지닌 受竺과 稽圍를 사절로 보내다. 서계에는 일본과 중국과의 무역 징표인 弘治勘合을 도둑 맞았는데, 大內義隆에게 명령하여 도적을 수색, 토벌하라고 시킨 일과 도적이 弘治勘合을 이용하여 僞使가 되어 명에 조공할 우려가 되는 일 등을 명에 알릴 기회가 없으므로, 조선에서 이를 명에 알려주기를 원한다는 내용이 기록되다.(『異國出契』)

-. 이해에 足利義晴이 승려 安心을 보선에 보내어, 조선에서 횡포를 저지른 대마도인들을 소환하는 일, 三浦倭戶를 다시 두는 일, 船人들을 점검하는 일 등을 요청하다. 조선국왕은 대마도주에게 이를 허용하는 서계를 보내다.(『朝鮮通交大紀』卷2)

서울로 운송하지 말고 浦所에 두었다가 가지고 돌아가게 하여 뒤폐단을 막으라고 아뢰다.(『中宗實錄』 중종 37. 『集成』12-177)

4.28. 倭銀을 사지 말 것을 諫院이 건의하다./ 憲府에서 아뢰기를, 銀을 사지 말 것을 아뢴 일은 正書契가 올라온 후에 의논하도록 하고, 무릇 事大와 交隣에 관계되는 일은 조정의 논의를 거치도록 전교하다.(『中宗實錄』 중종 37. 『集成』12-178)

4.29. 禮曹가 倭使의 銀에 관한 일은 曹中에서 감히 할 수 없으니 대신이 獻議한 뒤에 결단하여 조치하라고 아뢰다./ 尹殷輔 등이 日本의 銀에 관한 일은 이미 宣慰使가 길을 떠난 듯하니, 중도에서 浦所에 들어가게 하시 말고 올라온 뒤에 조치해도 늦지 않다고 아뢰다./ 대간이 은을 사지 말 것을 아뢰었으나 윤허하지 아니하다.(『中宗實錄』 중종 37. 『集成』12-179)

4.30. 倭銀을 사지 말 것을 司憲府가 다시 건의하다.(『中宗實錄』 중종 37. 『集成』12-179)

5.1. 諫院이 倭使가 가져온 銀은 도로 浦所에 돌려 보내라고 아뢰니, 상이 길을 떠난 지 나흘이 지났으므로 중지하기 어려울 듯하다고 답하다.(『中宗實錄』 중종 37. 『集成』12-180)

5.2. 弘文館 副提學 李浚慶 등이 日本使臣이 가져온 銀을 사는 것을 허가하지 않았지만 운송케 하였는데, 상이 길을 떠났다는 핑계로 중지할 수 없다면 물건이 도착한 고을에 두었다가 使臣이 귀환할 때 주라고 아뢰다.(『中宗實錄』 중종 37. 『集成』12-180)

5.3. 대신들이 宣慰使가 가져간 事目에 日本國王의 書契에 붙인 商物 중 가벼운 것은 올려보내고 무거운 것은 浦所에 둔다고 하였으니, 은과 유황은 무거운 물건이니 宣慰使가 가져오지 않았을 것이라고 의논하다.(『中宗實錄』 중종 37. 『集成』12-181)

5.6. 倭銀을 사지 말 것을 大司憲 申瑛이 건의하다.(『中宗實錄』 중종 37. 『集成』12-181)

연도	한국
▲ 1542 ▼	5.12. 대신들이 日本使臣이 가져온 銀을 仁同縣에 보관케하고 또 客倭를 內地에 오래 머무르게 할 수 없으니 差使員을 시켜 銀과 함께 浦所로 압송시켜, 조정에서 무역을 허가하지 않는 뜻을 客使에게 보이라고 의논드리다.(『中宗實錄』 중종37. 『集成』12-182) 5.14. 諫院이 宣慰使 林億齡이 事目에 의해 銀을 浦所에 두지 않고 가져왔으니 파면하고, 倭使는 內地에 오래 두지 말 것과 銀을 水路로 돌려보낼 것을 아뢰다./ 憲府가 아뢰기를, 銀兩을 浦所로 도로 날라 보내어, 조정이 끝내 무역을 허가하지 않는 다는 것을 客使로 하여금 알게 하도록 전교하다.(『中宗實錄』 중종37. 『集成』12-184)/ 정원에 전교하여, 임억령을 파직시키는 일을 정부와 예조에 의논하도록 하다./ 兩司에서 아뢰기를 銀을 浦所로 돌려보내고 林億齡을 파직하도록 간하다.(『中宗實錄』 중종37. 『集成』12-185)/ 政府와 禮曹에서 銀을 客舍에 놓아 둘 것과 林億齡을 파직하지 말 것을 건의하다.(『中宗實錄』 중종37. 『集成』12-186) 5.15. 宣慰使가 林億齡이 이미 떠났다는 서장과 客使가 말을 듣지 않아 15명을 鄕通事 梁澄에게 붙여서 머무르게 하였다고 알려오다.(『中宗實錄』 중종37. 『集成』12-186)/ 왜사신 安心東堂이 日本國王의 書契와 銀을 가지고 온 것에 대하여 전례가 없는 일이라고 논의하다.(『中宗實錄』 중종37. 『集成』12-187) 5.16. 大司諫 鄭大年과 執義 任說은 林億齡이 事目에 의하지 않고 銀을 客使의 청에 의해 浦所에 두지 않고 仁同까지 운송하였으니, 客使가 불안해 할까 두려워 체직을 못하는 것은 구차하다고 아뢰고, 파직을 청하다.(『中宗實錄』 중종37. 『集成』12-189)/ 領議政 尹殷輔 등과 함께 선위사를 새로 보내는 문제와 객사에게 전할 말을 의논하여 정하다.(『中宗實錄』 중종37. 『集成』12-194) 5.19. 政院에 전교하기를 은의 처리문제를 놓고 臺諫과 兩司가 대립하던중 兩司가 사직을 건의하다.(『中宗實錄』 중종37. 『集成』12-195)/ 對馬島主 宗盛長의 書契를 收議하였는데, 대신들이 島主의 書契에 공손하지 않은 말이 많으나, 島主의 使者가 올라온 뒤에 의논하여 처리할 수 있다고 아뢰다.(『中宗實錄』 중종37. 『集成』12-196) 5.20. 銀의 처리문제에 대하여 臺諫이 간언한 것을 領事 洪彦弼이 알맞게 의논하여 처리한 것이라고 아뢰다.(『中宗實錄』 중종37. 『集成』12-196) 5.22. 宣慰使 羅世纘의 書狀에 安心東堂이 日本國王의 뜻은 보물을 바치고, 있는 것과 없는 것을 서로 유통하고자 銀을 가져 왔는데 宣慰使가 浦所에 두지 않았다고 체직되었으니, 이 행차가 무익하다고 답했다고 하다.(『中宗實錄』 중종37. 『集成』12-197) 5.26. 日本國의 使者 安心東堂이 方物을 바쳤는데, 尹殷輔가 銀과 사삿짐 및 수직하는 倭人을 다 올라오게 해야 하고, 그 뒤에 은은 적당하게 처리해야 한다고 아뢰다.(『中宗實錄』 중종37. 『集成』12-199) 5.27. 憲府에서 대관과 禮官을 引見하였을 때 倭銀과 사삿짐을 날라 오도록 허가할 것을 의논하였는데, 그대로 두라고 명하였다가 또 날라 오게 하면 일의 체모가 손상될 것이니 그대로 두고 나르게 하지 말라고 아뢰다.(『中宗實錄』 중종37. 『集成』12-200) 5.28. 諫院이 倭人과 은을 무역하는 것은 뒷날의 폐단이 될 것이니, 무역하지 말기를 건의하다.(『中宗實錄』 중종37. 『集成』12-201) 윤5.11. 尹殷輔 등이 對馬島主의 書契에 歲遣船과 特送船을 예전처럼 복귀하고 新條約을 고칠 것을 원하는데, 舊,新條約은 개정하기 어렵지만 세견선을 보내는 것은 舊例대로 給料하고 인원수는 점검하지 않아도 된다고 아뢰다.(『中宗實錄』 중종37. 『集成』12-201) 윤5.17. 禮曹가 對馬島主에게 답하는 서계를 政院에 내리면서, 상이 서계에 '오만하고 불손한 말을 했다'고 한 것은 사세에 맞으나, 중복되어 실렸으니 저들이 분심을 품을 것이므로 다시 의논할 것을 禮官에게 물으라고 이르다.(『中宗實錄』 중종37. 『集成』12-202) 윤5.18. 禮曹가 전에는 對馬島主의 서계에 불손한 말이 있으면 호되게 꾸짖었는데, 그들의 요청을 다 들어주지 못하여 중복되게 답서에 開諭한 것 뿐이라고 회계하다.(『中宗實錄』 중종37. 『集成』12-204) 윤5.20. 대신들이 日本書契에 부쳐온 銀鐵은 서울로 수송했으니 싯가에 따라 무역을 할 것과 은량의 무역을 허락하지 말자는 조정의 의논이 결정되었으니 창고를 비워가며 물건을 무역해서는 않된다고 의논하다.(『中宗實錄』 중종37. 『集成』12-204)/ 憲府가 倭使가 가져온 銀兩의 무역을 하지 말라는 명이 이미 該曹에 내려졌으니, 결정된 바를 확고하게 지키고 무역을 허락하는 것을 다시 收議하지 말라고 아뢰다.(『中宗實錄』 중종37. 『集成』12-206) 윤5.21. 상이 內藏된 日本國書契謄錄을 領議政 尹殷輔에게 내리면서, 太宗代부터 成宗때까지 別幅에 銀盒·銀盃 등의 물건이 적혀 있는데, 은그릇은 祖宗朝에서 이웃나라를 후대한 뜻이었다고 이르다.(『中宗實錄』 중종37. 『集成』12-206)/ 諫院이 日本과의 교린을 위하여 청을 들어주어 銀을 무역하는 것은 어리석으니, 전일에 무역을 금한다는 명령을 고치지 말라고 아뢰므로, 상이 교린하는 일은 조정의 원대한 의논을 따르는 것이 옳다고 답하다.(『中宗實錄』 중종37. 『集成』12-207)/ 憲府에서 倭國의 銀이 현재 시중에 많이 유포되어 防禁하는 법을 세웠으니 公·私貿易을 모두 하지 않게 하라고 아뢰다.(『中宗實錄』 중종37. 『集成』12-208) 윤5.22. 尹殷輔와 金安國이 표류한 中林과 望古多羅를 중국에 보낸 이유와 庚午年 倭變 후에 결정된 歲遣船의 척수를 늘려 달려는 문제, 銀의 무역을 요구하는 日本使臣의 말을 아뢰다.(『中宗實錄』 중종37. 『集成』12-209)/ 尹殷輔 등이 日本의 은량을 3등분하여 무역할 것을 아뢰었고, 이언적은 金銀 등은 백성들의 衣食에 긴요하지 않아 받지 말아야 하지만, 이

일본

미 서울에 올라왔으니 단지 2~3만냥만 넉넉한 값으로 무역할 것을 아뢰다.(『中宗實錄』 중종 37. 『集成』12-210)/ 간원이 왜의 은을 무역하지 말자고 청하였으나 윤허하지 아니하다.(『中宗實錄』 중종 37. 『集成』12-210)

윤5.23. 臺諫이 倭銀貿易을 하지 말라고 아뢰니, 상이 日本의 商物은 祖宗朝부터 지금까지 黃金을 무역했는데, 금은 무역하지 않는다면 日本國王이 옛날처럼 대하지 않는다고 생각할 것이라고 답하다.(『中宗實錄』 중종 37. 『集成』12-211)

윤5.25. 政院이 禮曹郞官이 議得한 뜻을 倭客思에게 말하니, 사문지일만 무역하고 돌아가면 본국에서 우리에게 죄줄 것이므로, 가져온 은량의 절반만의 무역도 하지 않을 것이며 속히 回書를 받아 돌아가겠다고 답했다고 아뢰다./ 政府와 禮曹가 倭銀을 2만냥만 살 것을 아뢰다.(『中宗實錄』 중종 37. 『集成』12-211)

윤5.27. 대신들이 銀무역을 삼분지이만 허락할 것과 歲遣船을 5척 더 허락한다면, 倭人들이 곡식을 받아가는 폐단이 무궁할 것이니 허락해서는 않된다고 의논하다.(『中宗實錄』 중종 37. 『集成』12-212)

윤5.28. 憲府가 倭銀을 더 무역하지 말자고 아뢰었으나 윤허되지 않다.(『中宗實錄』 중종 37. 『集成』12-214)

6.4. 상이 日本國 使臣을 慶會樓에서 접견하고 물품을 차등있게 하사하다.(『中宗實錄』 중종 37. 『集成』12-214)

6.9. 倭銀의 수입으로 물량이 넉넉하니 端川에서 은을 캐지 말도록 하다.(『中宗實錄』 중종 37. 『集成』12-214)

6.10. 상이 倭銀의 무역은 다만 삼분지일만 하되 그 값을 조금 더해 무역할 것을 傳敎하니, 大臣들이 민간에서 무역을 하지 않기 때문에 은값이 저렴하므로 시가에 맞추어 거래하고, 客使가 욕심을 부리면 戊午年 가격에 마추라고 아뢰다.(『中宗實錄』 중종 37. 『集成』12-214)

6.13. 상이 대신들에게 濟州漂流民을 遼東鎭撫 李時·康鎭 등이 데리고 온다고 하고, 中國에서 표류민을 쇄환하는 것은 예사로운 일이 아니니 지금 와 있는 倭使도 역시 후대해야 할 것 같다고 傳敎하다.(『中宗實錄』 중종 37. 『集成』12-215)

6.15. 상이 遼東鎭撫 康鎭 등이 접견을 원하면, 日本使臣의 접견처럼 交椅에 기대어 하면 다소 거만할 듯하니 그렇게 하지 말라고 傳敎하다.(『中宗實錄』 중종 37. 『集成』12-215)

6.18. 倭銀을 더 사는 문제를 대신들과 논의하다.(『中宗實錄』 중종 37. 『集成』12-216)/ 禮曹判書 金安國이 일부 상인이 島奴가 倭人을 유인하여 장사하면서 값을 주지 않고 죄를 지었는데, 罪지은 대마倭人은 붙잡아 보냈으니 주모자인 서울상인 河有孫과 末孫을 체포하고, 對馬島 特送船을 통해 書契할 것을 아뢰다.(『中宗實錄』 중종 37. 『集成』12-217)

6.19. 憲府가 客使가 가져온 倭銀과 같이 쓸모없는 물건을 시가를 더해 무역하기 보다는 차라리 더해줄 값을 특별히 희사하는 것이 끝없는 폐단을 막을 수 있다고 아뢰니, 상이 저들의 답을 들은 후에 의논해야 한다고 답하다.(『中宗實錄』 중종 37. 『集成』12-218)/ 호조와 禮曹의 郞官들이 倭客使에게 의논을 설득하니, 외교적 목적만이 아니라 銀이 産出된지 얼마 안되서 갖고 온 것이니 그 뜻은 書契에 실려 있다고 답하다.(『中宗實錄』 중종 37. 『集成』12-219)

6.21. 倭의 은을 더 사는 것에 대해 대신들이 논의하다.(『中宗實錄』 중종 37. 『集成』12-220)

6.22. 戶曹가 1만냥의 은 값을 시가 이외에 특별히 더 주어 戊戌년에 준하도록 할 것을 아뢰니, 상이 이런대로 하라고 傳敎하다./ 倭客使가 국왕과 使臣이 요청하지도 않았는데 官木 700同을 가지고 돌아가면 명분이 없으니 받을 수 없다고 戶曹와 禮曹의 郞官에게 답하다./ 倭人에게 무역을 허락하지 말고 별도로 贈給할 것을 憲府가 건의 하다.(『中宗實錄』 중종 37. 『集成』12-221)

6.26. 禮曹에서 郞官을 倭客使에게 보내 국왕이 銀을 보낸 것에 보답하기 위하여 1만냥을 무역하고 綿布 700동을 보낸다고 하니, 客使가 요청하지 않은 물건이라 받아갈 수 없다고 아뢰다.(『中宗實錄』 중종 37. 『集成』12-222)/ 상이 銀을 더 무역하지 않으면 더 日本에서 가지고 오지 않을 것이나, 이번만은 옛값으로 주어도 폐단이 없을 것이라고 대신에게 傳敎하다./ 倭銀 1만냥의 값을 戊戌年의 가격에 준하도록 건의하다.(『中宗實錄』 중종 37. 『集成』12-223)/ 諫院에서 倭銀을 옛값으로 주지 말 것을 건의하다.(『中宗實錄』 중종 37. 『集成』12-224)

7.3. 禮曹가 회계하기를, 倭銀은 옛값으로 치고, 商物은 戶曹로 하여금 看品하여 무역하게 하다.(『中宗實錄』 중종 37. 『集成』12-224)

7.8. 宣慰使 羅世纘이 倭客使가 조정에서 허락하지 않았기에 다시 은 2만냥을 무역하기를 청했으나 허락되지 않아 속히 돌아가겠다고 아뢰니, 상이 商物의 무역은 허락했는데 무역하지 않고 돌아가면 폐단이 많다고 傳敎하다.(『中宗實錄』 중종 37. 『集成』12-225)

7.11. 宣慰使 羅世纘이 은량의 일과 상물무역을 허락한 조정의 뜻을 전하니, 倭客使가 우리의 상물을 무역하지 않는다면 속히 回答書契를 써 달랐다고 아뢰다.(『中宗實錄』 중종 37. 『集成』12-226)

7.12. 상이 客使가 오래 머무르면 폐단만 있고 사체에도 맞지 않으니, 銀을 이곳에 둘 것인지의 여부와 書契를 속히 써서 주는 일을 의논하라고 傳敎하다./ 大臣들이 倭客使가 銀兩을 이곳에 두고 간다는 것은 말도 않되며, 또 對馬島主가 몰래 물건을 매매했는데 熊川의 驛子들이 그 값을 주지 않아서 明文을 보내어 받아주기를 청하였으니, 京官을 보내어 조사하라고 아뢰다.(『中宗實錄』 중종 37. 『集成』12-226)/ 領議政 등이 各年 日本의 別幅 商物을 추고해 보니 이번 客使가 필락는 銀의 양이 너무 많아서 그들의 청을 들어주면 布貨의 소비가 無窮해져 백성들이 괴로울 것이니, 사지 말 것을 의논드리다.(『中宗實錄』 중종 37. 『集成』12-227)

7.14. 承文院 都提調 尹殷輔 등이 子弟를 遼東으로 보내어 입학하게 해 줄 것을 아뢰니, 상이 琉球國은 外夷인데도 자제를 입학시켰으니 우리가 예의로써 중국에 아뢰면 청을 들어줄 것이라고 답하다.(『中宗實錄』 중종 37. 『集成』12-228)

7.16. 倭銀을 이곳에 오래 두게 되면 비용이 많이 들것이므로 속히 돌려보내도록 하라고 명하다./ 대신들이 지금 倭客使가 銀 1만냥을 戊午年의 무역한 값으로 요구하니 1만냥을 더 무역할 것을 청하므로, 상이 1만냥을 더 무역할 경우 倭人이 더 많아 가져와 청하면 뒤폐단을 도모하기 어려우니 우선 空書契만 써주라고 이르다.(『中宗實錄』 중종 37. 『集成』12-229)/ 倭銀 5천냥을 戊戌년 값으로 무역하고 다른 상물 중 國用에 긴요한 것만 公貿易하며 나머지는 私貿易을 허락할 것을 대신들이 의논하니, 상이 銀子 5천냥과 다른 商物을 더 무역하는 것을 戶曹와 禮曹에 말하라고 이르다.(『中宗實錄』 중종 37. 『集成』12-234)

7.17. 禮曹가 상이 傳敎한 뜻으로 倭客使에게 은자 5천냥만 무역하겠다고 하자, 그렇게는 할 수 없다 한다고 아뢰니, 상이 客使가 거부하면

연도	한국
▲ 1542	접견할 필요가 없으니, 회답書契는 禮曹가 속히 작성하라고 政院에 傳教하다.(『中宗實錄』 중종37.『集成』12-236) 7.25. 압물관 홍언필이 아뢰기를, 세견선 및 상물을 더 무역하는 일을 객사가 청했는데 해사에서 이미 공무역을 했으므로 지금은 전계할 수 없다는 것과 만약 사무역이라면 객사가 알아서 해도 될 일이라고 했다고 하다.(『中宗實錄』 중종37.『集成』12-237) 8.5. 持平 南應龍이 왜인의 왕래에 慶尙道가 받는 폐단을 열거하고, 倭奴의 접대는 交隣의 의리때문이지만, 우리나라를 무시하는 폐단이 또한 크다고 아뢰다.(『中宗實錄』 중종37.『集成』12-238) 8.6. 禮曹가 倭客使에게 放火를 보여 줄 때, 여러 가지 기이한 火砲를 쏘아 우리를 업신여기는 마음을 품지 못하게 할 것을 아뢰니, 상이 평시 군사훈련할 때의 火砲 외에 神機箭 같은 火箭도 보일 것을 傳教하다.(『中宗實錄』 중종37.『集成』12-239) 8.10. 헌부가 아뢰기를, 薺浦는 남방의 요새이고 객관이 있는 곳이라서 왜인 장사꾼과 물화가 집결되는 곳이라고 하다.(『中宗實錄』 중종37.『集成』12-239) 8.13. 兵曹가 倭人에게 火砲 발사를 보이지 말라고 아뢰다.(『中宗實錄』 중종37.『集成』12-240) 8.15. 병조에서 아뢰기를, 근래 수군들의 신역이 고통스럽고 배 만드는 소나무도 점점 희귀해져 가므로 배를 보수하고 개조하는 연한을 물려서 정함으로써 역역을 덜어주는 것이 좋겠다고 하다.(『中宗實錄』 중종37.『集成』12-241) 8.18. 尹殷輔가 밤을 이용하여 화포를 쏜다면 倭人들이 화약을 만들고 장진하는 등의 제도를 배워갈 수 없을 것이며, 武才 대신에 騎射만 보여주는 것이 무방하다고 의논드리다.(『中宗實錄』 중종37.『集成』12-243)/ 禮曹가 25일 日本國王의 使臣에게 放火와 武才를 관람하는 일에 兵曹에서 客使가 기술을 배워갈까 우려하여 중지하였는데, 지금 그것을 보여주어도 쉽게 터득할 수 없으니 무재와 방화의 일을 전례대로 거행할 것을 아뢰다.(『中宗實錄』 중종37.『集成』12-244)
1543	【한국】 1.28. 冬至使 崔輔漢과 李澯 등이 북경에서 돌아오니 상이 仁政殿에 나아가 인견하였는데, 崔輔漢이 琉球는 禮義의 나라라고 호칭하면서 이번에 진하하지 않았는데 본국만 조공을 한 것은 중국조정에 綱紀가 없어서 그렇다고 아뢰다.(『中宗實錄』 중종38.『集成』12-247)/ 對馬島主 宗盛長이 平城種을 보내오다.(『中宗實錄』 중종38.『集成』12-248) 2.13. 特進官 申光漢이 倭人에게 화포를 내보이지 말게 할 것 등을 건 의하다.(『中宗實錄』 중종38.『集成』12-248) 3.22. 日本國王의 宣慰使 任說이 拜辭하고, 日本國王사가 만약 銀을 가져왔다면 조정에서 정한 조약에 의해 대답할 말을 사목에 정하겠다고 아뢰니, 銀을 가져오는 것을 허락하지 않았으니 미리 事目에 넣는 것은 부당하고 傳教하다.(『中宗實錄』 중종38.『集成』12-248) 4.16. 日本國王이 貴邦에서 우리 서찰을 明에 바치고 취지를 아뢰어 회답을 보내주면 감사하겠다는 書契에 대하여, 상이 景泰 丙子年에 전달한 전례가 있다하니, 전례를 상고한 후에 의논하는 것이 좋겠다고 傳教하다.(『中宗實錄』 중종38.『集成』12-249) 4.17. 政院이 日本國 書契의 일을 《承文院謄錄》을 상고하니 天順 2년 12월 28일에 전례가 있다고 아뢰므로, 상이 議政府·禮曹 堂上 등을 불러 의논하라고 傳教하다.(『中宗實錄』 중종38.『集成』12-250) 4.21. 承政院이 日本의 書契에 明에게 서찰을 전달해 달라는 요청은 중국에서 日本과 사이좋게 교통하고, 모든 계획을 서로 알 것이라고 의심할 것이니 후일 우리에게 돌아오는 책임이 두렵다고 아뢰다.(『中宗實錄』 중종38.『集成』12-250) 5.13. 日本國의 使臣 승려 受竺東堂이 오다.(『中宗實錄』 중종38.『集成』12-251) 5.16. 상이 日本國王 使臣이 가져와 중국에 奏達할 疏狀은 日本과 교통하는 사실을 중국조정에 숨겨야 할 일이므로 그들의 말을 따를 수 없다고 이르니, 영사 尹仁鏡이 日本이 향래하여 스스로 주달해야 한다고 아뢰다.(『中宗實錄』 중종38.『集成』12-251) 5.21. 左議政 洪彦弼 등이 倭客使에게 宴饗을 베풀 때, 이웃나라에 의지하여 서찰 전달하는 것은 매우 부당하다는 것을 조정에서 의논하여 결정했음을 전했다고 아뢰니, 상이 그 나라에서 주달하라는 뜻을 客使에게 답하라고 傳教하다.(『中宗實錄』 중종38.『集成』12-252) 5.25. 상이 인정전에 나아가 日本使臣 승려 受竺東堂 등을 접견하고 연회를 내린 후에 예물을 차등있게 하사하다./ 정부 등이 논의하여, 受竺東堂 등이 중국에 전달할 일 때문에 世祖朝의 구례를 근거로 진정하였지만, 日本이 중국에 조공을 바치고 조회한 지 오래되었으니 직접 주달해야 한다고 아뢰다.(『中宗實錄』 중종38.『集成』12-252)
1544 ▼	【한국】 1.19. 상이 표류민 19명이 琉球國의 美野古島에 이르렀으므로 琉球에서 알려와 조정에 여쭈어 호휘하여 돌려 보내겠다는 小二殿의 書契 가운데 알지 못하는 곳을 살펴 아뢰라고 傳教하니, 政院이 표류민을 쇄환하겠다는 뜻이라고 회계하다.(『中宗實錄』 중종39.『集成』12-258) 1.20. 小二殿이 明과 조선 표류민이 琉球國에 닿았으므로 明人을 우리에게 보내 중국으로 옮길 것이라는 書契에 대해, 상이 우리가 日本과 교통하는 일을 숨겨야 하기에 明人을 옮겨 송환하는 것은 허락할 수 없다고 傳教하다.(『中宗實錄』 중종39.『集成』12-259) 2.9. 對馬島主 宗盛長이 信酒也文을 보내오다.(『中宗實錄』 중종39.『集成』12-260) 2.11. 상이 冬至使의 견문사건을 보고, 琉球國 使臣이 조선인 18명이 우리 지역에 왔다고 하는데 이는 小二殿의 말과 같으니 我國人을 쇄환해야 된다고 政院에 傳教하다.(『中宗實錄』 중종39.『集成』12-260)/ 禮曹에서 표류인이 琉球國 使臣은 18명, 倭人의 書契에는 19명이라 하여 대략 같으니, 小二殿 使臣이 온 후에 아뢰겠다고 하다.(『中宗實錄』 중종39.『集成』12-261)

일본

8.24. 冬至使 李芑가 日本國王의 使臣에게 무재와 화포를 보이는 것은 예모에 합당치 않은데, 그 이유는 군사기밀에 관계된 일을 경솔히 倭人에게 보이면 뒤폐단이 발생되기 때문이라고 아뢰다.(『中宗實錄』 중종 37. 『集成』12-244)/ 領議政 尹殷輔 등이 아뢰기를, 河有孫 등의 일은 어떤 사람의 공초에서 나온말은 아니지만 그들의 名字가 왜인들의 名文에 기록되어 있고 서명도 되어 있다고 하다.(『中宗實錄』 중종 37. 『集成』12-245)

8.25. 헌부가 아뢰기를, 제포는 왜인들이 왕래하는 곳으로 이들의 응접에 마땅함을 잃게 되면 혼란이 야기될 수 있으므로 그곳의 진장은 가려서 선임해야 한다고 하다.(『中宗實錄』 중종 37. 『集成』12-245)

9.11. 日本國王의 使臣 安心東堂 등이 돌아가다.(『中宗實錄』 중종 37. 『集成』12-246)

11.19. 右參贊 李彦迪이 아뢰기를, 敬差官 閔世良이 倭物을 몰래 사들인 관련자가 90여인인데, 그 일족 8촌 이내를 모두 추쇄하면 熊川 백성으로 면할 자가없으니, 소원한 族屬은 징수하지 않도록 청하다.(『中宗實錄』 중종 37. 『集成』12-246)

11.20. 政府 및 承政院提調가 熊川 사람을 추국하는 일은 일족의 親疎 및 물가를 줄여 징수하도록 건의하다.(『中宗實錄』 중종 37. 『集成』12-247)

【일본】

-. 이해에 妙智院 策彦和尚이 조선 香積寺에 오다. 妙智院 策彦和尚이 사절로서 중국에 파견되다. 가지고 가는 조공물 가운데 조선의 木綿이 포함되다.(「四 渡唐方進貢物諸色注文 天文十二年后」)

9.17. 大司憲 林百齡이 加德島에 鎭을 두면 倭賊이 그 섬에 배를 대지 못하고 全羅道에서 도둑질하려는 자도 지나가지 못할 것이니, 內地에 둔 鎭을 옮겨 두면 매우 편리하다고 했는데, 상이 사람을 보내 살핀 후 시행할 것을 아뢰다.(『中宗實錄』 중종 38. 『集成』12-253)

9.23. 정부가 의논하여 아뢰기를, 가덕도에 진을 두는 것은 서로 의견이 다르므로 曺閏孫을 보내어 관찰사·병사·수사와 함께 살펴서 아뢰게 했다고 하다.(『中宗實錄』 중종 38. 『集成』12-254)

10.10. 三公 및 禮曹가 安心東堂이 남겨둔 商物인 硫黃 7만근을 館所에 남겨두고 돌아갔다고 하니, 전례를 살펴서 접대하게 하고, 남겨두었던 유황을 가지고 돌아가도록 건의하니, 윤허하다.(『中宗實錄』 중종 38. 『集成』12-254)

10.19. 삼공이 水卒의 신역문제에 대해서 의논드리다.(『中宗實錄』 중종 38. 『集成』12-254)

11.16. 三公이 日本객사가 오래 체재하므로 한 해의 酒米 常定이 4백석인데도 한 해가 못되어 다 쓰고 또 引納하니, 나라의 폐단 중 이보다 심한 것이 없다고 아뢰다.(『中宗實錄』 중종 38. 『集成』12-255)

11.17. 의정부·비변사·해조의 당상이 아뢰기를, 受竺東堂 등이 온갖 계책으로 사욕을 채우려고 하는데 그들이 무역하기를 청하면 적당량의 호초를 더 사서 그들을 위로하는 것이 좋겠다고 하다.(『中宗實錄』 중종 38. 『集成』12-255)

11.20. 전교하기를, 事大·交隣을 위하여 저자에서 물건을 사는 것은 어쩔 수 없다고 하다.(『中宗實錄』 중종 38. 『集成』12-256)

11.26. 삼공이 아뢰기를, 京中의 일본객사가 오래 머물러 사온서의 酒米를 미처 한해가 못되어 다 쓰고 다시 인납하니 이보다 더 심한 폐단이 없다고 하다.(『中宗實錄』 중종 38. 『集成』12-256)

12.1. 禮賓寺의 종 能石이 東平館의 고지기로서 왜인과 교통하여 은을 몰래 사고 팔았으니, 刑曹에서 恤刑하도록 전교하다.(『中宗實錄』 중종 38. 『集成』12-257)

12.20. 상이 倭客使가 소모하는 쌀이 80섬으로 몇 달을 더 머문다면 그 허비는 말할 수 없을 것인데, 물건값 및 물건의 양과 질에 얽매어 해를 넘기니 체모가 말이 아니므로, 원칙을 정하여 대우할 것을 三公에게 傳敎하다.(『中宗實錄』 중종 38. 『集成』12-257)

2.17. 상이 聞見事에 琉球國 使臣은 표류민이 18명, 小二殿 書契에는 19명이라고 하니 서로 비슷한데, 琉球國인이 표류했을 때 우리가 中國으로 보내 奏聞하고 순환했으니 琉球에서도 이렇게 힐 것이라고 三公에 傳敎하다.(『中宗實錄』 중종 39. 『集成』12-261)

3.3. 右議政 尹仁鏡이 倭銀이 유포된 후부터 북경에 가는 通事 중에 銀을 가져가지 않는 사람이 없으니 추국하여 실정을 알아내어 엄하게 國法을 보여야 한다고 의논드리다.(『中宗實錄』 중종 39. 『集成』12-262)

3.17. 政院이 禮曹가 小二殿의 使臣 春江西堂과 우리나라 표류민이 琉球國의 美野古島에 정박한 사실과 小二殿을 통해 조선으로 송환한다는 내용을 문답한 單子를 入啓하고, 堂上의 뜻을 아뢰다.(『中宗實錄』 중종 39. 『集成』12-262)/ 左·右議政이 北京에 가는 使行에 通事들이 銀을 가져가는 폐단을 막기 위해서는 倭學 등 부득이 준례로 가는 사람은 제외하고, 軍官 등을 士族으로 동행한다면 자연히 외람된 폐단이 없어질 것이라고 의논드리다.(『中宗實錄』 중종 39. 『集成』12-264)

3.18. 弘文館이 《高麗史》에서 琉球國에서 표류민을 刷還한 전례를 고찰한 것을 갖고, 承政院이 표류민을 琉球國에서 送還하였지 小二殿이나 日本에서 轉送한 것이 아니라고 아뢰다.(『中宗實錄』 중종 39. 『集成』12-265)

3.22. 대간이 아뢰기를, 충청 수사 李承碩은 나이가 들어 이미 쇠약하기 때문에 軍務를 맡길 수 없다고 하다.(『中宗實錄』 중종 39. 『集成』12-266)

연도	한국
▲ 1544 ▼	3.29. 政院이 日本에 표류한 中國人을 우리가 轉送할 수 없다는 일은 조정에서 정해졌으므로, 비록 전례가 있어도 不可하다는 禮曹의 뜻을 아뢰다.(『中宗實錄』 중종39.『集成』12-266) 4.1. 대신들이 日本이 중국에 왕래한 기록이 많았고, 최근 중국조종에 銀을 朝貢하고 皇帝의 賞賜를 받았다는 것은 安心東堂의 書契에 자상하니 그들의 요구를 경솔히 받아들이지 말라고 의논드리다.(『中宗實錄』 중종39.『集成』12-268) 4.3. 상이 日本에 표류된 中國人과 我國人을 小二殿에서 모두 송환한다고 하는데, 우리가 東으로 日本과 가깝고 西로는 중국과 가까우니 明人들을 전송해 주는 것이 옳다고 政院에 傳敎하다.(『中宗實錄』 중종39.『集成』12-269) 4.6. 대신들이 明의 梯航의 대열에 日本도 속해 있으니 中國人이 표류하면 이웃나라에 의뢰하여 중국에 譜解하는 예가 없었으므로, 이런 뜻으로 使者에게 말해주고 답하는 書契를 마련하는 것이 옳다고 의논드리다.(『中宗實錄』 중종39.『集成』12-269) 4.17. 상이 慶尙道右兵使가 4월 12일에 倭船 20여척과 倭人 2백여명이 蛇梁鎭 성을 포위하여 接戰했는데, 萬戶 柳澤이 軍官을 이끌고 倭人 1명을 죽이니 賊倭가 후퇴하였다는 啓本을 政院에 내리다.(『中宗實錄』 중종39.『集成』12-270)/ 상이 政院에 이번 蛇梁鎭倭變은 烽燧軍이 候望과 哨探한 것을 알려주지 않아 성이 포위당하게 했으니 추문해야 한다고 傳敎하다.(『中宗實錄』 중종39.『集成』12-271) 4.18. 領事 洪彦弼이 남쪽의 倭變은 근래 없던 일이니 반드시 入寇할 계획을 오래한 것이므로 각 浦口의 鎭將을 가려서 차임하고 서울의 將士도 가려두어 일에 대비해야 한다고 아뢰다.(『中宗實錄』 중종39.『集成』12-271)/ 정원에 전교하기를, 경상우도 수사 許硍의 서장에서 蛇梁鎭 倭變의 근본 원인을 만호 柳澤에게 추문하였다고 하였는데 차라리 서울로 잡아다 추고하는 것이 어떻겠는지 아울러 의논하라고 하다.(『中宗實錄』 중종39.『集成』12-277)/ 倭寇가 甲冑를 갖추고 弓矢와 성을 오르는 기구를 갖고 성을 공격하였는데도 성을 지킨 柳澤을 遞職하지 말고 仍任시킬 것과 이웃 萬戶들을 추문할 것을 대신들이 의논드리다.(『中宗實錄』 중종39.『集成』12-278) 4.19. 司憲府가 蛇梁鎭倭變을 보건대 평소에 정탐과 候望의 일을 미리 조치했다면 이런 변이 있을 수 없었을 터인데, 이는 兵使·水使가 軍令을 엄격하게 하지 못한 소치이니 이들을 추고하여 죄를 다스리라고 아뢰다./ 이조가 助防將에 합당한 사람을 초계하다./ 병조에 전교하기를, 달자들은 왜노들과 같은 유가 아니어서 완만하거나 소홀히 할 수 없다고 하다.(『中宗實錄』 중종39.『集成』12-279) 4.20. 상이 이르기를, 요사이 남쪽지방에 왜변이 있으므로 남쪽의 방어를 우연만하게 해서는 안된다고 하다.(『中宗實錄』 중종39.『集成』12-280)/ 상이 蛇梁鎭에서 노략질한 倭人들의 일을 이용하여 對馬島의 요구를 거절하자고 하는데, 먼저 對馬島 및 諸倭들에게 앞으로 변방을 침범하면 거절하겠다고 通諭하는 것이 어떨까 여기니 의논하여 아뢰라고 政院에 傳敎하다.(『中宗實錄』 중종39.『集成』12-286) 4.22. 侍講官 羅淑이 臺諫의 체신을 잃은 것을 말하며, 이번 倭變에 法官으로서는 마땅히 論啓하여야 하는데 단지 推考만을 청하기만 하였으니 법관답지 못한 일이라고 아뢰다.(『中宗實錄』 중종39.『集成』12-286)/ 상이 水使는 海路에 관한 일이 자신의 소壬寅데, 倭寇들이 水營을 거쳐서 간 것을 몰랐다는 것에 대하여는 물정이 과연 편치 못하게 여기겠다고 傳敎하다./ 尹殷輔 등이 우리가 倭人들의 후하게 접대하는데도 방비하지 않는 틈을 노렸다가 邊鎭을 침범하여 어지럽혔으니, 그들의 목적은 우리나라를 恐動하여 歲遣船의 수를 예전대로 복구하자는 것에 불과하다고 의논드리다.(『中宗實錄』 중종39.『集成』12-287) 4.23. 헌부가 아뢰기를, 方好義를 차임한 것은 지금 남쪽지방의 방어가 가장 긴급하여 무재가 있는 사람이 필요하기 때문이라고 하다./ 상이 庚午年 倭亂 때에 東平館의 倭人들이 스스로 놀라 불측한 변이 이루어질 뻔 했는데, 이번에도 변이 있었으니 모든 言語를 조심해서 하여 놀라거나 당혹하지 않도록 해야 한다고 政院에 傳敎하다.(『中宗實錄』 중종39.『集成』12-288) 4.24. 檢討官 李湛이 60여척의 歲遣船으로 인해 糧料의 요구가 증가하고, 公貿易하는 면포의 양도 늘어 米穀이 고갈되고 있어도 倭人들이 오직 이득만 생각하고 예의로 사귀는 일이 없으니 이번 사단을 기회로 끊으라고 아뢰다.(『中宗實錄』 중종39.『集成』12-289)/ 간원이 아뢰기를, 경상우도수사 方好義를 체직하고 각별히 가려서 차임할 것을 청하다.(『中宗實錄』 중종39.『集成』12-292) 4.25. 崔彦英을 경상우도 수군절도사에 제수하다.(『中宗實錄』 중종39.『集成』12-293) 4.27. 政院이 蛇梁鎭倭變은 慶尙道水使가 蓮花島 등의 搜討하기를 기다려 본 다음에 小二殿 使臣 및 東平館 常倭에게 말할 것이라 하였는데, 搜討한 啓本이 왔으니 禮曹의 郎官만 보내어 말하는 것은 경홀하다고 아뢰다.(『中宗實錄』 중종39.『集成』12-293) 4.29. 禮曹에서 蛇梁鎭倭變에 대해 조정의 의의가 倭人들을 謝絶키로 했다가 사절은 하지 말고 엄중한 말로 開諭한다고 하니, 政府 전원이 六曹 등과 의논하여 처리하는 것이 어떠하냐고 아뢰다./ 정원에 전교하기를, 왜노들이 謝絶 여부는 시급한 일이 아니므로 대신들이 후릉봉심 하기를 기다린 후 의논하도록 하라고 하다.(『中宗實錄』 중종39.『集成』12-294)/ 정원이 金海府使가 공석인데, 지금처럼 蛇梁倭變이 있을 때에는 오래 비워둘 수 없다고 備邊司 堂上의 뜻으로 아뢰다.(『中宗實錄』 중종39.『集成』12-295) 5.1. 政院이 禮曹의 뜻으로 아뢰기를, 관에 머물러 있는 왜인의 접대를 준례대로 할 것을 청하다.(『中宗實錄』 중종39.『集成』12-295) 5.5. 政府 전원과 六曹의 判書들을 命招하여 倭奴를 거절하는 것이 합당한지를 의논케 하였는데, 상이 왜놈들이 변방을 침범한

것은 죄가 크므로 物情을 거절하는 것은 당연하지만, 小二殿은 對馬島와 달라서 거절할 수 없다고 답하다.(『中宗實錄』 중종 39. 『集成』12-295)

5.10. 三公이 가뭄과 京鄕의 疑獄 죄수를 방면할 것을 청하자, 상이 御史를 파견하여 심리하려 했으나, 邊方에 蛇梁의 倭變과 서쪽의 㺚子의 소식으로 폐단이 있게 될까 싶어서 하지 않았다고 답하다.(『中宗實錄』 중종 39. 『集成』12-297)

5.16. 禮曹가 小二殿의 使送 春江西堂이 公貿易의 가격을 새 값으로 무역해 달라고 요구하여, 너희들은 邊方의 鎭에서 도둑질하면서 무슨 낯으로 이와같이 말하는가 했다고 아뢰다.(『中宗實錄』 중종 39. 『集成』12-297)

5.17. 大司諫 具壽聃 등이 倭奴의 응접을 후하게 하여 허비가 매우 심하니, 영구히 접대하지 않을 수 없더라도 이번에 歲遣船의 척수를 감하고, 公私의 무역도 하락하지 말아 모든 제재할 수 있는 방도를 의논하여 채택하라고 上箚하다.(『中宗實錄』 중종 39. 『集成』12-298)

5.21. 兵曹가 倭變을 만나서 조치하고 방어해야 할 때이니, 加德島에 鎭의 설치 여부를 의논할 것을 아뢰다./ 헌부가 아뢰기를, 왜인들을 대우하는 문제에 대해서 의논하다.(『中宗實錄』 중종 39. 『集成』12-299)/ 상이 我國 표류민이 琉球國에 닿아 있는 것을 小二殿이 송환하고자 하므로 朝廷의 의논이 허락할 듯했는데, 혹시 참으로 그런 것을 거절한다면 우리나라백성을 데리고 오지 않게 될까 염려되니 의논하라고 傳敎하다.(『中宗實錄』 중종 39. 『集成』12-300)

5.22. 領議政 尹殷輔 등을 불러 倭奴 사절, 建州右衛 등의 일을 의논하게 하다.(『中宗實錄』 중종 39. 『集成』12-300)/ 大臣들이 倭가 약조를 준수하지 않고 군사로써 침범하였으니 거절하고 加德島에 鎭을 설치할 것을 건의하자, 상이 倭들의 대우는 日本國王의 使臣 이외는 거절하고 加德島에 鎭을 설치하는 것은 衆意대로 하라고 傳敎하다.(『中宗實錄』 중종 39. 『集成』12-301)

5.24. 軍功을 세우기 위하여 함부로 倭人을 베지 말라는 傳敎를 내리다./ 간원이 아뢰기를, 왜노들을 거절하는 일은 그 의논이 이미 정해졌으므로 방어하는 일을 전보다 더하지 않으면 뒷날의 환란이 염려스러워질 것이니 장수를 가리어 위임하는 것을 더욱 시급히 해야 한다고 하다.(『中宗實錄』 중종 39. 『集成』12-304)

5.26. 慶尙道觀察使 權應昌이 拜辭하자, 상이 倭奴를 거절하였으니 방비를 철저히 하고, 日本使臣이나 倭會이 漂流民을 거느리고 書契를 가져올 경우에는 잡지 말라고 傳敎하다.(『中宗實錄』 중종 39. 『集成』12-305)/ 大司憲 林百齡이 日本國王의 사신 受竺·稽圓을 접대할 때 외람된 일로 가두었던 倭通事 張錫祉의 아내가 본인의 조카를 통해 뇌물을 주고 일을 도모하였으니, 제직시켜 줄 것은 물론이고 관련자를 推問할 것을 아뢰다.(『中宗實錄』 중종 39. 『集成』12-306)/ 尹倓을 경상우도 수군절도사에 제수하다.(『中宗實錄』 중종 39. 『集成』12-307)

5.27. 특진관 尙震이 倭人이 변방을 침범했다고 경솔하게 거절하지 말고 對馬島主에게 책망하는 書契를 보낸 후 추이를 보아 거절할 것, 成世昌은 大內殿·小二殿의 使送도 거절하면 연합, 침범이 있을 경우 피해가 크다고 아뢰다.(『中宗實錄』 중종 39. 『集成』12-307)/ 상이 成世昌이 大內殿, 小二殿을 아울러 거절하는 것은 미편하다고 한 것은 對馬島와 차이가 있는 것을 아뢴 것이니, 대신들이 의논하여 아뢰라고 承政院에 傳敎하다./ 홍문관 부제학 宋世珩 등이 상소하기를, 지금 남쪽변방에 島夷의 사단이 있는데 만일 국가에서 심상하게 여기고 대비하지 않는다면 의외의 변이 있을 수도 있다고 하다.(『中宗實錄』 중종 39. 『集成』12-309)

5.29. 慶尙右道水使 尹倓이 순찰 중 賊變을 만나게 될 때를 대비하여 火砲匠을 데려가게 할 것을 아뢰었고, 상은 琉球國에 표류한 백성을 刷還하는 배를 賊倭로 논단하여 공을 노려 사살하면 변방에 사단이 생길 것이라고 傳敎하다.(『中宗實錄』 중종 39. 『集成』12-310)

5.30. 대신들이 大內殿·小二殿의 倭人을 거절하는 문제로 의논하자, 상이 마땅히 거절할 것이지만 蛇梁의 일은 알지 못했을 수도 있고 원망하는 사람이 많게 해서는 안된다고 이르다.(『中宗實錄』 중종 39. 『集成』12-311)

6.1. 慶尙右道水使 尹倓이 변장들이 공을 얻으려고, 서계를 가지고 조공하러 오는 왜선을 도둑의 배로 지목하여 죽이는 폐이 있을 아뢰고, 왜선의 구별법을 알려오다./ 禮曹에서 大內殿과 小二殿에 회답하는 것을 예전대로 하도록 하고, 이뜻을 春江西堂에게 궤향할 때 말하도록 아뢰다.(『中宗實錄』 중종 39. 『集成』12-312)

6.4. 御史를 八道에 보내어 各道의 방어에 힘쓰도록 傳敎하다.(『中宗實錄』 중종 39. 『集成』12-313)

6.8. 大司諫 具壽聃이 蛇梁倭變으로 對馬島는 거절하고 小二殿 倭奴는 접대한다고 하는데 이들의 폐단이 對馬보다 더 심하다고 上箚하니, 二殿을 거절하면 원한을 맺는 것이 많아서 변방의 걱정이 심해진다고 답하다.(『中宗實錄』 중종 39. 『集成』12-313)

6.12. 가덕도에 성을 쌓는 일에 대해서 의논하다.(『中宗實錄』 중종 39. 『集成』12-314)/ 황해도어사 李震이 복명하고 각 포에서 摘奸單子를 입계하다./ 상이 이르기를, 왜를 거절해야 할 것인지 화친해야 할 것인지 호령이 한결같이 않은데 이미 小二殿의 사자를 돌아가게 하였으니 다른 의논은 있을 수 없다고 하다.(『中宗實錄』 중종 39. 『集成』12-315)

6.15. 禮曹에서 館倭에게 書契를 거절한 사유를 전하니, 客人이 對馬島는 辛丑年에 賊倭를 바쳤으며, 蛇梁의 변란 때문에 우리를 의심하지만 우리가 했다면 어떻게 감히 왔겠으며, 이미 왔으니 拜辭하겠다는 뜻을 밝혔다고 아뢰다.(『中宗實錄』 숭종 39. 『集成』12-316)

6.24. 상이 忠淸道觀察使의 啓本에 중국사람이 사사로이 日本에 가서 판매하다 표류되었으니, 잡아와서 推問하는 것이 마땅하다고 傳敎하다.(『中宗實錄』 중종39. 『集成』12-316)/ 전교하기를, 근래 적왜의 배가 있으면 다 잡게 하였는데 연해의 변장이 황당한 배를 보면 모두 적왜라고 생각하여 弓箭을 써서 잡는 자가 있으므로 살펴서 잘 처리하도록 하라고 하다.(『中宗實錄』 중종 39. 『集成』12-317)

6.25. 承政院에서 中國人을 推問하니 銀을 사는 일로 日本에 가다가 漂流되었다고 아뢰니, 상이 표류된 中國人은 遼東에 移咨하여 송환하지만, 南京人이면 奏聞하여 보내는 것이 전례이므로 冬至使 행차 때 주문하겠다고 傳敎하다.(『中宗實錄』 중종 39. 『集成』12-318)

7.8. 政院에서 지난번 마량에서 잡아온 중국인을 千秋使편에 보낼 때, 근년 이래로 賊倭가 홍행하므로 변장이 적왜로 의심하여 겁을 주어 달아나게 하려고 했다고 설명하도록 하다.(『中宗實錄』 중종 39. 『集成』12-319)

7.14. 마량에서 잡은 중국사람을 돌려보내면서 이르기를, 근년 이래로 적왜가 홍행하여 변장이 중국사람인 줄 모르고 적왜로 의심하여 겁을 주어 달아나게 했다고 하다.(『中宗實錄』 중종 39. 『集成』12-319)/ 左承旨 安玹이 中國人이 화포 등의 무기를 가지고 日本에 표류해서

연도	한국
▲ 1544	가르치면 큰 화가 되므로 要害處에 군사를 복병시켜 全羅道 경계를 넘지 못하게 하라고 아뢰니, 상이 화포를 日本에 가르치면 후환이 적지 않다고 傳敎하다.(『中宗實錄』 중종39.『集成』12-320) 7.17. 상이 對馬島主의 使送 三甫羅也文이 書契를 가지고 薺浦에 왔는데 僉使와 熊川縣監이 朝廷에서 거절한다는 뜻으로 일러 보내고, 書契를 복사해서 올린다는 慶尙道觀察使의 啓本을 承政院에 내리다.(『中宗實錄』 중종39.『集成』12-321) 7.18. 상이 倭奴를 거절하는 문제를 다시 논의하도록 예조에 회계하다.(『中宗實錄』 중종39.『集成』12-321) 7.19. 大臣들이 倭奴의 書契에 대한 의논을 하였는데, 右議政 尹仁鏡이 大內殿 使送 이외 倭人의 접대를 금하기로 결정하여 전일에 下書한 뜻으로 보내야 하는데도 倭人의 書契를 뜯어서 내용을 복사한 邊將을 추고하라고 의논드리다.(『中宗實錄』 중종39.『集成』12-322)/ 議得한 單子를 정원에 내리고 이르기를, 議을 보건대 별다른 논의가 없으니 이 단자를 두고 예조의 공사만을 계하도록 하라고 명하다./ 左議政 洪彦弼이 《謄錄》을 상고하니 蘇州·杭州에서 海路로 장사하는 사람이 倭寇에게 약탈당하거나 풍랑을 만나 표류하여 우리나라에 온 사람이 2백여 인이 되지만, 遼東에 移咨하고 奏聞하지는 않았다고 의논드리다.(『中宗實錄』 중종39.『集成』12-323) 7.22. 상이 역관을 시켜 중국사람에게 이르기를, 우리나라 변장이 처음에 중국사람인 줄 모르고 적왜라고 의심하였다고 하다.(『中宗實錄』 중종39.『集成』12-324) 7.23. 상이 政院에 中國人들이 표류하다가 倭의 땅으로 가면 火砲를 倭人이 익힐 것이며 日本에 가는 중국배가 끊이지 않으니 倭奴가 화포를 익히는 것은 막을 수 없다고 이르다.(『中宗實錄』 중종39.『集成』12-325) 7.25. 상이 慶尙道巡邊體察使 李芑가 拜辭하므로 敎書를 내리고, 政院에 倭奴를 거절하였으므로 南方의 일이 염려스러우니 모든 일을 더 조심하는 뜻을 이르고, 술을 내리라고 傳敎하다.(『中宗實錄』 중종39.『集成』12-326)/ 禮曹에서 於靑代島에서 漂流하는 中國人을 투항하도록 권유하라고 아뢰니, 상이 通事를 시켜 倭賊을 만나거나 양식이 떨어져도 후회없겠냐고 하면서 투항하라는 뜻으로 반복하여 타이르라고 傳敎하다.(『中宗實錄』 중종39.『集成』12-328) 7.27. 상이 泰安郡에서 잡은 中國人 施佳 등 2인중 高賢이 日本인이라는 忠淸道兵使의 書狀을 政院에 내리고, 日本人이 中國人과 배를 같이 타고 왔다면 移咨하지 못한다고 하며 施佳를 宣傳官을 시켜 압송하라고 이르다.(『中宗實錄』 중종39.『集成』12-328)/ 禮曹가 唐人이라 생각하여 잡지 못하였으나, 지금은 倭人이 함께 온 것을 알았으니 쫓아가 잡을 것을 아뢰니, 상이 倭人과 배를 같이 탄 것을 알았으니 관계되는 바가 중대하므로 中國人을 나누어 추문하라고 傳敎하다.(『中宗實錄』 중종39.『集成』12-329) 7.28. 예조가 아뢰기를, 중국사람들을 추문할 때 그 가운데 왜인이 있을까 염려되므로 군졸들을 무장시켜 보내는 것이 좋겠다고 하니 그대로 따르다./ 상이 忠淸道兵使의 서장에 唐人은 30명, 倭人 90명이라고 하는데, 만약 추문하여 당인과 倭人이 협심하여 장사한다면 각자 제 나라로 보내도 무방할 듯 하니, 상황을 적어서 冬至使가 赴京할 때 奏聞하라고 傳敎하다.(『中宗實錄』 중종39.『集成』12-330)/ 唐人 高賢이 中國人, 또는 倭人이라고 하므로 먼저 추문하게 하였는데, 상이 施佳는 高賢을 日本人이라고 했지만 他人의 供招에 中國人이라 하면 施佳의 말은 믿을 수 없다고 傳敎하다.(『中宗實錄』 중종39.『集成』12-331) 8.1. 충청도 관찰사 洪敍疇에게 전교하기를, 변장들이 공을 바라는 마음으로 중국사람을 왜노라고 지칭하기도 하니 상세히 추고하여 다스리도록 하라고 하다.(『中宗實錄』 중종39.『集成』12-331) 8.2. 헌부가 아뢰기를, 왜노의 배가 교활하게 중국배처럼 속여 들어와 변을 일으킬 수도 있다고 하다.(『中宗實錄』 중종39.『集成』12-331) 8.4. 政院이 施佳에게 高賢이 日本人인지 반복하여 물었더니, 매매하는 일로 日本에 왕래하였다는 말이 있었을 뿐이며 문답하여 쓸 때 日本人이라는 것은 끼워 쓴 것이라 하면서 육로로 中國에 송환되는 것을 바라지 않는다고 아뢰다.(『中宗實錄』 중종39.『集成』12-332)
1545 ▼	【한국】 3.16. 政院이 倭의 書契를 입계하자, 領議政 尹仁境 등이 全羅右道水使의 啓本과 倭人의 書契를 보니 賊倭는 아니지만, 全羅道는 倭人을 접대처가 아니므로 倭船을 搜討하지 않고 상륙시킨 於蘭浦萬戶와 水使를 파면하고 추고하라 아뢰다.(『仁宗實錄』 인종1.『集成』12-353) 3.18. 日本國王의 使臣과 小二殿·對馬島 特送의 배가 慶尙道에 정박하므로, 尹仁鏡 등이 국왕 使臣이 오면 吏曹에서 宣慰使를 보내야 하고, 對馬島 特送倭는 변장의 啓請대로 빨리 돌려보낼 것을 아뢰다.(『仁宗實錄』 인종1.『集成』12-354) 3.20. 臺諫이 五島의 倭는 약조를 어기고 나왔는데, 五島와 對馬島의 倭는 분별할 것이 없으니 敬差官 李若海는 돌아오라고 명하고, 본도의 觀察使·兵使·水使 등을 시켜 타이른 뒤에 돌려보내게 할 것을 아뢰다.(『仁宗實錄』 인종1.『集成』12-354) 3.21. 領議政 尹仁鏡이 日本國王과 小二殿의 使者는 전례대로 접대하기로 의논하였으나, 對馬島의 特送은 두 使者를 따라 서울로 올라오려 하더라도 허가해서는 안된다고 의논드리다./ 諫院이 아뢰기를 水使 梁允義가 오도의 왜선이 서계가 있다는 핑계로 육지에 내리게 하였으니, 나추하여 율문에 따르도록 아뢰다.(『仁宗實錄』 인종1.『集成』12-355) 3.22. 全羅道 水使 梁允義를 탄핵하다./ 司憲府가 五島의 倭가 병기를 가지고 入境하고 배가 잇달아 출몰하므로 방비하기가 실로 어려운데, 主將이 없으면 안되고 새 水使를 차출해도 임무를 감당할 보장할 수 없으니 全羅水使 梁允義를 그대로 둘 것을 아뢰다.(『仁宗實錄』 인종1.『集成』12-356) 4.8. 特進官 禹孟善이 倭使가 오는 것은 對馬島의 和親을 위한 것으로 거절하면 交隣의 뜻에 어긋나고 방어하자니 關防이 허

일본

8.5. 상이 이 唐船은 日本과 장사하기 위해 온 것으로 下諭하여 쫓지 말라고 하였고, 日本에 통행하는 唐人들이 火砲를 넘겨주고 익히게 하는 것은 막을 수 없는 일이므로 호위하여 중국에 보내는 것은 事大의 도리라고 傳教하다.(『中宗實錄』 중종 39. 『集成』12-333)/ 禮曹가 中國人과의 문답문서에 高賢을 日本人으로 잘못 처리한 泰安郡守 朴光佐와 忠淸兵使 李夢麟을 함께 추고하라고 아뢰니, 상이 忠淸兵使와 朴光佐에게 하유하게 하고 추문하라고 傳教하다./ 상이 대신들을 불러 中國人의 처리문제를 의논하면서, 日本에서 銀을 사려다가 풍랑을 만나 배를 잃은 李王乞이 高賢의 무리는 아니지만, 遼東에 移咨하고 高賢 등만 奏聞하면 안되니 먼저 遼東에 보내고 이문할 것을 전교하다.(『中宗實錄』 중종 39. 『集成』12-334)/ 施佳에게 高賢이 日本人이라는 확실하냐고 물으니 머리를 끄덕거려 日本인이라고 끼워넣어 兵使에게 고했다는 泰安郡守의 書狀을 상이 政院에 내리다.(『中宗實錄』 중종 39. 『集成』12-336)

8.11. 政院이 日本人이라는 글자를 어느 사람이 쓴 것인지를 분명하지 않아서 상이 하문한 것에 대해서도 서장에 분명하게 답변하지 않았으니, 泰安郡守를 추고하라고 아뢰다.(『中宗實錄』 중종 39. 『集成』12-337)

8.12. 상이 日本에 가다 표류하여 조선국에 있을 때 中國人 42명을 강도로 지목하였으니, 내년에 1백척을 보내어 너희를 황폐시키겠다는 唐人의 글 사연에 대한 全羅道兵使와 水使의 啓本을 政院에 내리면서, 禮曹는 議啓하라 전교하다.(『中宗實錄』 중종 39. 『集成』12-337)

8.17. 兵曹가 慶尙右道 水使 尹倓의 서장에 의해 倭船 출몰의 일을 備邊司와 함께 의논할 것을 아뢰다.(『中宗實錄』 중종 39. 『集成』12-338)

8.19. 영사 洪彦弼이 왜인을 거절하는 문제에 대해서 아뢰니, 상이 이미 조정의 의논이 정해졌기 때문에 다시 의논할 수 없다고 하다.(『中宗實錄』 중종 39. 『集成』12-338)

9.8. 헌부가 아뢰기를, 大護軍 金舜皐는 제포첨사로 있을 때 왜놈에게 크게 깔보였으므로 벼슬을 파면할 것을 청하였으나 윤허하지 아니하다.(『中宗實錄』 중종 39. 『集成』12-339)/ 상이 중국과 日本을 경계하라는 判中樞府事 宋欽의 上疏를 政院에 내리고, 倭奴를 거절하는 때이므로 唐船·倭船이 변경을 침범하는 일이 있으면 바다 가운데에서 만나더라도 도적의 배로 여겨 잡으라고 각도에 하유하라고 이르다.(『中宗實錄』 중종 39. 『集成』12-340)

9.12. 慶尙道 體察使 李芑가 올린 계본에 의하여 加德島의 진보성 축성 등에 대한 문제를 의논한다.(『中宗實錄』 중종 39. 『集成』12-342)/ 參贊官 宋世珩이 지난 蛇梁倭變이 있었을 때 主將은 죄를 받지 않고 蛇梁과 멀리 떨어진 固城縣令과 萬戶가 充軍되었는데, 이는 사체가 전도되었다고 아뢰다.(『中宗實錄』 중종 39. 『集成』12-343)

9.13. 巡邊體察使 李芑가 복명하니, 내일 조강때에 입참하도록 하라고 명하다.(『中宗實錄』 중종 39. 『集成』12-343)

9.14. 조강에서 加德島 鎭堡의 일·慶尙道 풍재 등을 의논하다.(『中宗實錄』 중종 39. 『集成』12-343)

9.18. 巡邊體察使 李芑가 多大浦·釜山浦·東萊縣 에 관한 일등 11가지를 아뢰다.(『中宗實錄』 중종 39. 『集成』12-345)

9.26. 加德島築城使 方好義가 일을 끝내고 복명하면서 倭人을 접대하는 釜山浦 등을 살펴보고 적에게 대응하는 형세와 設險하여 방비하는 일 등의 11가지를 적은 單子를 올리다.(『中宗實錄』 중종 39. 『集成』12-346)

9.27. 상이 재변이 잇달아 倭人·野人·赴京使臣 외에는 잔치를 하지 않았는데, 재변이 없을 때이니 監司·兵使·水使에게도 거행하여야 한다고 하다.(『中宗實錄』 중종 39. 『集成』12-348)

9.28. 領事 尹仁鏡이 加德의 鎭을 설치하고 倭奴를 거절하였으니, 왜노가 日本을 청하여 교통하기를 바라거나 도둑질하는 것은 당연하므로 방비하는 조치를 해야 한다고 아뢰다./ 議政府 등이 釜山浦는 倭人을 접대하는 곳이니 위엄과 명망이 있는 堂上官을 차출하고, 薺浦를 萬戶의 鎭으로 낮추어 加德鎭에 붙이는 것이 좋겠으며, 釜山浦 倭館을 本道를 시켜 미리 수리할 것을 의논드리다.(『中宗實錄』 중종 39. 『集成』12-350)/ 간원이 황당선과 접전하였을 때 대응하지 못한 全羅右水使 閔應瑞를 추고할 것과, 加德·天城 두 진에 성을 쌓는 문제에 대해서 아뢰다.(『中宗實錄』 중종 39. 『集成』12-351)

9.29. 조강에 나아가 왜노를 거절하고 加德에 성을 쌓는 문제에 대해서 의논하다.(『中宗實錄』 중종 39. 『集成』12-351)

【일본】

1.11. 流球國 中山王이 都通事 蔡朝慶을 중국에 보내다. 유황 6,000근을 비롯한 공물을 바치다. 流球國에 표류한 조선인을 송환하기 위한 파견이다.(『歷代宝案』卷30)

4.10. 對馬 豊岐郡 大浦之村의 宗左衛門大夫가 1510년~1515년 동안 행해진 일본과 조선의 通交에 대하여 기록하다. 日本國王船, 대마도주 歲遣船 파견, 大內船 도항, 壬申約條 條文, 조선인 표류등이 주요 내용이다.(『朝鮮送使國次之書契覽』)

4.-. 1545년 大願寺에서 대장경 목록을 자선하다. 그 목록에는 安藝國 人願寺 승려 尊海가 조선에 가서 대장경을 요구한 사실이 기록되어 있다.(『大願寺 文書』41)

술하다고 아뢰자, 상이 先王께서 거절하였으니 日本·小二殿이 對馬島와의 和親을 請해도 不許한다고 이르다.(『仁宗實錄』 인종 1. 『集成』12-357)

5.16. 對馬島主가 使者를 보내 토산물을 바치다.(『仁宗實錄』 인종 1. 『集成』12-357)

5.26. 同副承旨 李文楗이 戶曹에서 중국使臣이 海獺皮를 요구한다고 사서 바치라고 독촉하는데 저자 사람들이 市中에 늘 있는 물건이 아니라고 호소한다고 아뢰니, 倭人이 開市한 뒤에 사도록 하라고 전교하다.(『仁宗實錄』 인종 1. 『集成』12-358)

연도	한국
▲ 1545	6.12. 禮曹가 日本使臣 安心東堂이 金安國의 죽음에 致祭하고 燒香과 胡椒를 전해 달라고 한다고 아뢰니, 상이 호초 따위의 물건은 金安國의 집에 주어 倭使가 알게 해야 한다고 답하다.(『仁宗實錄』인종1.『集成』12-358) 6.17. 憲府에서 倭使가 胡椒 따위의 물건으로 金安國을 제사하려함은 조정의 진의를 파악해 화친을 청하기 위한 것인데, 禮曹가 잘못 처리하여 나라의 체모를 잃었으니 禮曹의 관련자를 추고하고, 胡椒 등은 사자에게 돌려주라고 아뢰다.(『仁宗實錄』인종1.『集成』12-359) 7.26. 全羅道 興陽에서 중국인 108인을 倭人으로 오인하여 참획한 사건이 일어나다./ 右參贊 申光漢이 日本과 강화하는 일에 대해 아뢰다.(『明宗實錄』명종즉위.『集成』12-361) 7.27. 원상 李彦迪이 日本國王과 小二殿의 書契에 蛇梁의 變은 對馬島主는 모르는 일이며 賊倭의 소행이라고 애걸해 왔는데, 언사가 공손하니 講和를 허락할 때라고 아뢰다.(『明宗實錄』명종즉위.『集成』12-363)/ 대신들이 中國人을 倭人이라 하여 많이 죽여 죄가 있으니 興陽縣監과 鉢浦萬戶를 推治할 것과 倭人과의 강화에 대하여 의논드렸는데, 상이 대행왕조에서 강화를 허락치 않았고 조정의 논의 또한 이와 같다고 답하다.(『明宗實錄』명종즉위.『集成』12-364)/ 弘文館典翰 李滉이 지난날 島夷들의 蛇梁變은 賊徒를 주살하고 또 倭館을 쫓아내어 국위를 떨쳤고 국법 또한 바로 섰으니, 倭人에게 和親을 허용하는 것은 옳지만 방비는 조금도 늦출 수 없다고 상소하다.(『明宗實錄』명종즉위.『集成』12-365) 8.2. 전라도 관찰사 沈光彦이 계하기를, 만호 張明遇가 중국인 92명을 왜인이라 하여 참획하였다고 하다.(『明宗實錄』명종즉위.『集成』12-369) 8.4. 무역을 위하여 日本에 왕래하다가 中國人 326명이 제주 大靜에 표류되었다는 濟州牧使 金胤宗의 계본에 兵曹·禮曹가 이 표류인들과 興陽에서 잡힌 자들이 모두 6백여명인데 奏聞하여 송환하는 것은 폐단이 많다고 회계하다.(『明宗實錄』명종즉위.『集成』12-370) 8.6. 領議政 尹仁鏡 등이 표류해 온 中國人들을 日本과 서로 교통하여 해적이 되어 계략을 꾸민다면 근심도 클 것이니, 그들의 요구대로 제주에서 송환해 줄 수 없고 육로로 귀환시킬 수밖에 없다고 아뢰다.(『明宗實錄』명종즉위.『集成』12-371) 8.7. 院相 柳灌의 건의에 따라 宣慰使 金振宗을 체직시키지 말도록 하다.(『明宗實錄』명종즉위.『集成』12-371) 8.10. 大明의 상선으로 日本과 무역하러 왔다는 중국 배 1척이 馬島에 정박했다는 全羅道觀察使 沈光彦의 啓本에 대해, 禮曹에서 이 荒唐船은 반드시 中國人이니 開諭하여 下陸하지 못하게 할 것을 대신들과 의논하라고 아뢰다./ 諫院이 이번 표류한 唐人들은 日本에 내왕하며 物貨를 가지고 이익을 취하는 자들이니, 보통사람들이 표류해 온 것과 같이 대우하지 말라고 아뢰다.(『明宗實錄』명종즉위.『集成』12-372) 8.11. 대신들이 馬島의 荒唐船은 반드시 中國人으로 日本으로 무역하려다가 표류하자, 我國人과 무역하려는 것이니 도둑질할 염려는 없으나 하륙하면 解送하는 폐단이 많을 것이니 許接해서는 안된다고 아뢰다.(『明宗實錄』명종즉위.『集成』12-373)
1546 ▼	【한국】 2.1. 상이 冬至使의 聞見事件에 濟州의 朴孫 등이 琉球國에 표류하여 국왕이 후하게 대접하였다고 하니, 本國 使臣이 中朝에서 琉球國 使臣을 보면 그 후의에 치사하라고 이르다.(『明宗實錄』명종1.『集成』12-380) 4.6. 政院에서 副司勇 金鈴의 상소에 의해 倭奴에 대한 대비책을 의논하도록 명하다.(『明宗實錄』명종1.『集成』12-382) 4.21. 檢討官 俞絳이 아뢰기를, 지금 왜노들과 단교하고 있으므로 邊務를 용의 주도하게 조치하지 않으면 안 된다고 하다.(『明宗實錄』명종1.『集成』12-383) 4.23. 侍讀官 尹仁恕가 표류된 濟州人이 琉球國에서 刷還되어 돌아오면서 중국의 福建道에서 水車의 제도를 익혀 왔으니, 백성들에게 가르치는 것이 어떠하냐고 아뢰다.(『明宗實錄』명종1.『集成』12-384) 5.4. 慶常水使 宋軫이 倭船 1척이 釜山 絶影島에 정박하고는 '島主가 朝鮮으로 향하는 倭賊 1척을 掩捕하여 11급을 베어 書契와 함께 보냈다'고 말을 아뢰다.(『明宗實錄』명종1.『集成』12-384) 6.8. 三公과 對馬島과 大·小二殿의 來朝가 뜸하고 日本도 우리의 두 임금이 죽을 것을 알고 있으면서도 아직까지 進香을 아니 하니, 邊患을 우려하지 않을 수 없다고 아뢰다.(『明宗實錄』명종1.『集成』12-384) 6.10. 彌助項僉使 朴坤에게 명하기를, 요즈음 南方의 방어가 가장 긴요한 때이니 항상 적이 이른 것같이 하여 兵備를 整齊하고 흉년에 시달리는 軍卒이 있으면 특별히 보살피라고 하다.(『明宗實錄』명종1.『集成』12-385) 6.22. 경상도 감사 安玹의 啓本에, 東萊縣令 金秀文과 多大浦僉使 吳誠이 그 방어하는 일 등을 잘 하고 있다고 하니, 金光軫의 예에 의하여 加資하라고 하다.(『明宗實錄』명종1.『集成』12-385) 7.17. 중국배인지 日本배인지 분간할 수 없는 배가 酒島에 정박했다는 慶尙道監司의 狀啓에, 상이 譯官을 보내고 만약 중국배라면 양식과 食水를 주라고 전교하다./ 三公과 備邊司가 酒島에 정박한 중국배에 식수를 공급해도 무방하다고 의계하고, 중국에서 日本으로 왕래하는 商船이 계속 되는데 우리 境內에 정박하기를 허용한다면, 그 우환을 감당하기 어려울 것이니 단절시킬 것을 回啓하다.(『明宗實錄』명종1.『集成』12-386) 7.28. 金益壽가 말하기를, 누가 혹 《소학》에 대해 발언하면 아래 있는 자가 마치 倭奴나 戎狄처럼 저지하고 있다고 하다.(『明宗實錄』명종1.『集成』12-387) 8.4. 特進官 鄭士龍이 中國人이 日本과 교역하여 왕래가 끊임이 없어 낱낱이 중국에 奏聞할 수 없는데, 주문하는 일이 그 賞賜를 노리는 것이라 의심을 받는다면 구차하게 될 것이라 아뢰다.(『明宗實錄』명종1.『集成』12-387)

일본

8.12. 禮曹가 日本國 使臣이 화의를 청하러 왔다가 돌아가게 되자 浦에 둔 胡椒·丹木 등의 물품을 貿易하려 한다고 아뢰자, 上이 수량을 헤아려서 무역하여 그들의 마을을 풀어주는 것이 可하다고 전교하다.(『明宗實錄』 명종즉위. 『集成』12-373)

8.14. 領議政 尹仁鏡 등이 日本使臣의 무역건은 戶曹와 함께 의논하였는데, 호초 등의 물품은 국가의 비축을 참작하여 수량을 헤아려 무역하는 것이 마땅하다고 아뢰다.(『明宗實錄』 명종즉위. 『集成』12-374)

8.22. 院相 李彦迪이 日本使臣이 對馬島를 위하여 화친을 청하는 일을 성사시키지 못하고, 무역 또한 만족하지 못한 듯하니 멀리서 온 사람을 박대하는 것은 불가하다고 아뢰다.(『明宗實錄』 명종즉위. 『集成』12-374)

8.23. 領議政 尹仁鏡 등이 아뢰기를, 兩界 및 남방을 방어하는 모든 일은 근래 사변을 인하여 특별히 조치할 일을 이미 行文移牒 하였다고 하다.(『明宗實錄』 명종즉위. 『集成』12-374)

8.26. 中國人들이 풍파로 洋島에 정박하자 縣監 蘇煉은 그곳 주민과 함께 이들을 거침없이 사살하고는 조정을 속여 倭賊을 잡은데 상을 받으려 했다고 史臣은 논하다.(『明宗實錄』 명종즉위. 『集成』12-375)

9.23. 尹仁鏡이 의논하여 아뢰기를, 근년에 왜인과 화친을 단절하였는데 서북 변방도 염려하지 않을 수 없으니, 마땅히 무반 가운데 재능이 있는 사람을 선택하여 등용해야 한다고 하다.(『明宗實錄』 명종즉위. 『集成』12-376)

9.24. 領議政 尹仁鏡 등이 아뢰기를, 各道에 行移하여 만약 荒唐船이 나타나면 연해의 고을로 하여금 兵威를 엄하게 보여 상륙하지 못하도록 하게 하였다고 하다.(『明宗實錄』 명종즉위. 『集成』12-376)

10.3. 대신들이 宣慰使 金振宗의 書狀에 安心東堂이 자기가 탈 배 1척을 對馬島에 보내어 迎逢船을 거느리고 와서 짐바리를 싣고 돌아간다고 하는데, 국왕使臣과 小二殿의 배를 제외한 나머지 선박은 접대하지 말라고 아뢰다.(『明宗實錄』 명종즉위. 『集成』12-377)

10.11. 宣慰使 閔筌에게 日本에서 오는 迎逢船의 일을 형편에 따라 처리할 것을 명하다.(『明宗實錄』 명종즉위. 『集成』12-378)

10.22. 상이 安心東堂의 宣慰使가 日本使臣의 짐이 많아 배를 더 내줄 것을 청한다는 書狀을 院相 鄭順朋에게 내리며 收議하라고 하다.(『明宗實錄』 명종즉위. 『集成』12-378)

10.30. 정원에 전교하여, 宣慰使 閔筌의 서장에 배 5척을 주었는데도 모자란다고 하니, 짐을 단단히 묶어 두었다가 뒤에 오는 사람을 기다려 주어 보낼 것을 사관을 보내어 三公에게 의논토록 하라고 하다.(『明宗實錄』 명종즉위. 『集成』12-378)

11.1. 대신들이 전에 日本國王 使臣은 對馬島의 선박을 이용하였으나 지금은 우리가 對馬島와 단교했으므로 安心東堂 등이 청하여 迎逢船 2척을 허락하였는데, 그들이 원하는 바에 따라 船隻을 더 주어 일시에 수송할 것을 아뢰다.(『明宗實錄』 명종즉위. 『集成』12-379)

11.8. 兵使와 水使에게 전교하여, 만일 왜인이 중국의 총통 만드는 법을 전수 받는다면 큰일이므로, 中國에서 전수한 총통제조에 대해 세밀하게 전습할 것을 명하다.(『明宗實錄』 명종즉위. 『集成』12-379)

11.17. 상이 근래 倭使가 은을 많이 가져와 팔았기 때문에 제법 넉넉하다고 하다.(『明宗實錄』 명종즉위. 『集成』12-379)

8.5. 知經筵事 閔齊仁이 아뢰기를, 요즈음 倭奴가 전혀 왕래하지 않는 것은 반드시 그 까닭이 있을 것이므로 그 방비하는 일에 대해 소홀히 해서는 안된다고 하다.(『明宗實錄』 명종 1. 『集成』12-388)

9.5. 상이 朝講에 나가자, 尹元衡, 李芑 등이 李彦迪 등의 죄에 대해서 아뢨는데, 李芑는 鄭源이 日本國使臣의 宣慰使로 慶尙道에 갔을 때에 모든 일을 李彦迪과 상의했으며 본인은 李彦迪에게 큰 덕을 보았다고 아뢰다.(『明宗實錄』 명종 1. 『集成』12-388)

9.25. 領經筵事 洪彦弼이 당초 조정에서 倭奴가 보낸 글의 사연이 불손하여 화친을 끊었는데, 근래 연이어 國恤을 당했는데도 한번도 弔問하지 않으니 변방에 변고가 생길까 염려되므로 大將 및 裨將을 미리 배양하라고 아뢰다./ 上이 14일 倭船 3척이 安島 冬羅仇에 정박하였다가 僉使 金德老 등이 추격하여 倭人 5명을 죽이고, 刀劍 등의 물건을 노획했다는 全羅道 水使 金世瀚의 계본을 政院에 내리다.(『明宗實錄』 명종 1. 『集成』12-389)/ 承政院에서 倭奴와 接戰하였는데도 烽燧가 매번 平安報의 불을 들었으니 서울에서 防踏에 이르는 一路의 烽燧人을 차례로 推考할 것을 아뢰다.(『明宗實錄』 명종 1. 『集成』12-390)

9.26. 議政府 등의 堂上이 의논하여 全羅道에서 죽은 倭人이 와서는 안되는 길로 왔고, 접전을 하였으니 賊倭이고 通信使가 아니라고 아뢰다./ 知經筵事 申光漢이 倭船 3척이 全羅右道에 정박하여 작은 배에 타고 있던 5명의 목을 베었는데, 이들이 倭人의 書契에 있는 致祭하러 오는 國王殿과 小二殿의 使臣으로 全羅道에 표류했다가 이 일을 당했는지 모르겠다고 아뢰다.(『明宗實錄』 명종 1. 『集成』12-390)

9.28. 조강에서 特進官 尙震이 왜노가 화친을 끊은 후로 사변이 자주 발생하는 것에도 불구하고 군정이 허술하다고 아뢰다./ 정원에 전교하기를, 남쪽 변방에 흔단이 있게 되었는데도 무신의 기용이 미진한 듯하다고 하다고 하다.(『明宗實錄』 명종 1. 『集成』12-391)

10.2. 慶尙監司 安玹이 弔禮드리기 위해서라는 日本國王 源義晴의 書契를 갖고 使臣 安心東堂과 小二殿 政尙의 使送 春江西堂이 兩大王의 상사를 조문하기 위해 왔다고 馳啓하다.(『明宗實錄』 명종 1. 『集成』12-392)

10.3. 禮曹가 倭人의 접대가 너무 후하여 교만하게 되었기 때문에 화친을 끊었는데, 이번에 온 使臣을 지난날보다 더 후하게 접대해서는 안된다고 아뢰다.(『明宗實錄』 명종 1. 『集成』12-393)

11.2. 禮曹에서 正統 연간에 倭奴가 昭憲皇后의 進香할 때 뜰에 들어와 절을 하고 內侍가 잔을 올렸으니, 지금의 日本使臣은 두 大王의 進香을 왔으니 그때의 예와 같지 않다고 아뢰다.(『明宗實錄』 명종 1. 『集成』12-393)

11.5. 議政府 등의 堂上들이 日本使臣이 景思殿에 진향할 때는 왕후의 位牌를 옮겨 잠시 대피시키는 것이 어떠하냐고 아뢰다.(『明宗實錄』 명종 1. 『集成』12-394)

11.11. 禮曹가 日本使臣이 進香할 때 祭文을 使臣이 지으려 하는데, 國王이 지어 보냈다면 좋지만 使臣이 짓는다는 것은 온당치 않으니 제문을 중지시키라고 아뢰다.(『明宗實錄』 명종 1. 『集成』12-394)

연도	한국
▲ 1546	11.20. 江原監司가 蔚珍에 倭船이 출몰하니 戌申을 보내 줄 것을 건의하다.(『明宗實錄』 명종1.『集成』12-394) 11.21. 參贊官 李夢亮이 蔚珍에 荒唐船이 출몰한 것이 중국배인지 日本배인지 분별이 안되는데, 백성과 관리들이 도망갔으니 그 죄를 다스려야 한다고 아뢰다.(『明宗實錄』 명종1.『集成』12-395) 11.24. 備邊司가 蔚珍에 荒唐船이 착륙했다가 갔는데, 중국어와 日本語에 능통한 通事를 보내고 新任縣令에게도 말을 주어 보낼 것을 아뢰다.(『明宗實錄』 명종1.『集成』12-396) 11.25. 상이 領議政 尹仁鏡에게 지난번 日本使臣이 왔을 때 馬島와의 화친을 요구했는데, 이번에도 이에 대하여 말할 것이므로 交隣은 중대하지만 先朝에서 화친을 거절하였으니 경솔하게 허락할 수 없음을 전교하다.(『明宗實錄』 명종1.『集成』12-396) 11.26. 領議政 등이 倭客使를 만났는데, 지난날 蛇梁의 變故는 遠行山人이 한 것으로 對馬島에서는 모르는 일인데도 단절되었으니, 국왕이 馬島와의 화친을 청원한다고 아뢰다.(『明宗實錄』 명종1.『集成』12-396)
1547	【한국】 2.5. 領府事 洪彦弼 등이 몰수한 東平館의 밀무역품을 徵給하는 문제를 의논하다.(『明宗實錄』 명종2.『集成』12-400) 2.7. 상이 日本國 副使 菊心西堂을 思政殿에서 인견하고, 禮曹判書 申光漢으로 하여금 對馬島의 죄악이 컸기 때문에 선왕조에서 절교했는데 日本에서 누차 使臣을 보내 청하니, 의논하여 처리하겠다는 宣敎를 하게 하다.(『明宗實錄』 명종2.『集成』12-400) 2.9. 대신들이 日本에서 對馬島와의 화친을 청해 온 것이 두 번째이니 허락할 수 있지만, 전에 정한 約條 중 엄격하게 개정했을 경우 對馬島가 준행하지 않는다며 화친을 허락하지 말 것을 議啓하다.(『明宗實錄』 명종2.『集成』12-401) 2.13. 대신들이 對馬島는 庚午倭變 이후 歲遣船을 30척으로 정하였고 이제 25척으로 개정하여 정수 이외의 접대를 허락하지 않는다는 것이 이번 약조인데, 접대를 일체 금지하는 것은 지나친 듯하니 留浦糧을 반만 줄 것을 아뢰다.(『明宗實錄』 명종2.『集成』12-401) 2.23. 禮曹判書 申光漢이 對馬島人의 圖書·職帖을 제수하는 원칙에 대하여 아뢰니, 상이 對馬島는 죄가 있는데도 화친을 허락하고 圖書와 職牒을 받은 者는 죄가 없는데도 거절한다면 원망이 생길 수 있다고 전교하다.(『明宗實錄』 명종2.『集成』12-403) 3.2. 憲府가 日本使臣이 가져온 물건 중 書契에 기재되면 公貿易하고 그외는 私貿易하는 물건은 요청해도 該司에서 轉啓할 수 없는데도 어려워하지 않고 啓請했으니, 禮曹의 관리를 추고하고 무역을 금하라고 아뢰다.(『明宗實錄』 명종2.『集成』12-403) 3.7. 日本國 使臣 安心東堂과 菊心西堂에게 闕廷에서 餞宴을 하사하다.(『明宗實錄』 명종2.『集成』12-404) 3.8. 司憲府에서 日本 迎逢船의 물건을 가볍게 공무역할 것을 청한 판서 申光漢의 파직을 청하다.(『明宗實錄』 명종2.『集成』12-404)/ 상이 申光漢은 자기의 職任으로써 外國에서 온 사람을 厚待하고자 했던 것이니, 이것으로써 六卿의 지위에 있는 사람을 파면하는 것은 지나친 일이라고 하다.(『明宗實錄』 명종2.『集成』12-405) 3.9. 헌부가 아뢰기를, 현재 立役하는 官婢는 겨우 20여 인으로 평상시에 客使를 支待하는 데에도 한 사람이 항상 두어 가지 일을 겸하는데 그래도 오히려 처리해내지 못한다고 하다.(『明宗實錄』 명종2.『集成』12-405)
1548	【한국】 1.26. 왜사가 봉진한 단목과 벼루집을 신하들에게 하사하다.(『明宗實錄』 명종3.『集成』12-410) 3.18. 禮曹가 山殿이 成化年間에 信使를 보냈다가 지금에 다시 왔으므로 접대하지 않는 것이 마땅할 듯하니, 대신에게 의논하여 처리할 것을 아뢰다./ 三公 등이 日本의 山殿은 지난 庚子·乙巳 연간에 使臣을 통해 오다가 이후 오지 않았는데, 그들을 접대하는 것은 합당하지만 그 圖書를 조사하여 확실하면 허가할 것을 議啓하다.(『明宗實錄』 명종3.『集成』12-410) 4.28. 헌납 李致가 아뢰기를, 지난번 倭奴와 관계를 단절한 일로 인하여 무관을 양성해야 한다는 핑계로 당상으로 승진시키거나 가선으로 승진시키기도 하였다고 하다.(『明宗實錄』 명종3.『集成』12-411) 8.11. 집의 成世章이 日本使臣이 왔을 때 京商들이 禁物을 중도에서 매매한다고 하여 5명을 가두었는데,《後續錄》에 의하면 倭人과 몰래 매매한 자는 重罪로 논한다 하니 治罪를 늦추지 말라고 아뢰다.(『明宗實錄』 명종3.『集成』12-411)
1549	【한국】 3.8. 小二殿 政尙이 嗣子인 政忠으로 圖書를 고쳐줄 것을 청해오다.(『明宗實錄』 명종4.『集成』13-1) 3.9. 李芑 등과 小二殿의 圖書를 세습해 주는 일에 대해 논의하다.(『明宗實錄』 명종4.『集成』13-1) 3.10. 小二殿 政尙의 청에 따라 圖書를 발급해 줄 것을 윤허하다.(『明宗實錄』 명종4.『集成』13-2) 8.12. 知經筵事 申光漢이 지난 庚午倭變 이후 對馬에서 보내는 歲遣船을 50척에서 25척으로 감하였고, 새 약조에는 대·중·소선 25척으로 곡식을 받아 가는 몫은 전보다 감소되었으니 5척을 더하면 노략질을 않을 것이라고 아뢰다.(『明宗實錄』 명종4.『集成』13-2)
1550 ▼	【한국】 7.6. 禮曹判書 鄭士龍이 지금 如川西堂 등이 국왕의 符驗·書契 및 本殿의 書契와 對馬島主의 文引을 가져왔으므로 접대가 당

일본
11.28. 상이 政院에 祖宗朝에서도 國恤 중에도 客使를 접견한 때가 있다고 전교하니, 尹仁鏡이 喪中에 객사를 접견하는 것은 예에 맞지 않으나 혼전에 進香하고 卽位를 하례하기 위해 왔으니 宴禮처럼 하지 않아도 된다고 의논드리다.(『明宗實錄』 명종 1.『集成』12-397)
12.2. 禮曹가 日本使臣 安心東堂이 전일에 對馬島와의 화친을 청하는 일로 禮曹에 呈文하였는데 답장을 못보았다고 하므로, 馬島가 先朝에 죄를 지었으니 경솔하게 화친할 수 없다고 답변했음을 아뢰다.(『明宗實錄』 명종 1.『集成』12-398)
12.13. 三公 등이 日本使臣이 對馬島와의 화친을 이처럼 재촉하니 아직 의논하지 말고 다른 날에 회의하는 것이 좋다고 아뢰니, 상이 지금 화친을 허락할 수 없다는 뜻으로 널리 의논하여 답하도록 한다고 이르다.(『明宗實錄』 명종 1.『集成』12-398)
12.19. 삼공이 의논하여 아뢰기를, 객사가 이미 進香과 陳賀의 두 예를 위해 왔고, 또 國喪 중에 접견한 전례도 있으니, 지금 비록 접견하더라도 宴禮처럼 하지 않으시면 무방하다고 하다.(『明宗實錄』 명종1.『集成』12-399)
12.20. 申光漢이 조정의 논의를 객사에게 누설한 通事 張錫祉의 죄를 아뢰다.(『明宗實錄』 명종 1.『集成』12-399)

【일본】

-. 妙智院 策彦和尙이 47세에 사절의 정사가 되어 明에 파견되다. 도적이 大內氏의 창고에서 勘合을 훔쳐 명에 僞貞할 까 우려하다. 조선에 이일을 알려 명과의 관계를 원만히 하는데 주선하도록 하였으나 명에 알린 여부를 알지 못하여 策彦이 사절로 파견되다.(「前住圓覺策彦良禪行實」『妙智院文書』)

3.20. 팔도의 觀察使·兵使·水使에게 방비를 소홀히 하지 말도록 하다.(『明宗實錄』 명종 2.『集成』12-406)

4.18. 日本使臣 安心東堂이 迎逢船에 실은 丹木·胡椒가 무겁다고 浦所에 그냥 둘 것을 청하자, 尹仁鏡이 이 商物은 살 것을 허락하지 않아 浦所에 두지 못하게 하였지만, 우선 유치를 허락했다가 다시 나오면 의논·처리할 것을 아뢰다.(『明宗實錄』 명종 2.『集成』12-406)

4.19. 領議政 尹仁瓊 등이 아뢰기를, 福建 사람이 倭奴와 내통하여 이미 兵器를 주고 또 화포를 가르쳐 주었다고 하다.(『明宗實錄』 명종 2.『集成』12-407)

6.17. 조강에서 知經筵事 閔齊仁의 건의로 倭人의 숫자를 조약에 따라 대조토록 하다.(『明宗實錄』 명종 2.『集成』12-407)

8.15. 靈光郡에서 日本으로 장사하러 가다가 표류된 明人 黃三을 체포했다는 全羅兵使의 啓本에 의해, 備邊司에서 漂流한 中國人을 체포하지 말라는 조정의 명령을 어긴 兵使와 靈光郡守를 추고하라고 아뢰다.(『明宗實錄』 명종 2.『集成』12-408)

8.24. 三公에게 倭船을 特送船으로 접대하는 것은 옳지 않으나, 別例로 대우하는 것이 무방하다고 아뢰다.(『明宗實錄』 명종 2.『集成』12-409)

9.3. 對馬島 倭酋 宗盛長이 使臣을 보내어 中宗·仁宗 두 大王에게 致奠할 예물을 바치다.(『明宗實錄』 명종 2.『集成』12-409)

9.27. 承政院에서 日本國 使送의 배 두척에는 약조에 의해 접대해야 하지만, 이미 喪을 마쳤는데 慶忻首座의 배 1척이 兩廟에 進香하는 일로 온 것에 대해 대신들과 의논할 것을 아뢰다.(『明宗實錄』 명종 2.『集成』12-409)

11.29. 상이 日本 大內殿 義隆의 使送 僧 稽圉西堂 등을 勤政殿에서 접견하고 차등있게 頒賜하다.(『明宗實錄』 명종 2.『集成』12-410)

8.20. 경상 우도 병사 金光軫이 배사하니 전교하기를, 근래에 軍卒이 피폐하고 변방 방비가 허술하니, 군졸을 무휼하고 방어를 조치하라고 하다.(『明宗實錄』 명종 3.『集成』12-412)

9.4. 상이 慶會樓에 나아가 日本國 使臣에게 연회를 내리다.(『明宗實錄』 명종 3.『集成』12-412)

10.8. 禮曹에서 對馬島主가 歲遣船 5척을 더 해주고 深處倭人에게 圖書와 官爵을 다시 줄 것을 요청한 것을 따르지 말라고 아뢰다.(『明宗實錄』 명종 3.『集成』12-412)

10.11. 상이 勤政殿에 나아가 日本國王의 使臣에게 연회를 베풀고 차등있게 상을 내리다.(『明宗實錄』 명종 3.『集成』12-412)

【일본】

6.3. 策彦和尙이 사절로 임명되어 두 번째 중국에 가서 北京에 머무를 때 褚大人이 朝鮮과 韃靼의 通事를 데리고 온 것을 보았다.(『策彦和尙再渡集』下)

8.3. 策彦和尙이 사절로 임명되어 두 번째 중국에 가서 北京에 머무를 때, 조선인을 매개로 하여 일본과 교역을 통하게 하다.(『策彦和尙再渡集』下)

연지만, 通信이 단절된지 수십년이어서 舊例에 의해 本曹에서 독단하기 어렵다고 아뢰다.(『明宗實錄』 명종 5.『集成』13-4)

7.11. 知經筵事 申光漢이 현재 對馬島 배의 糧料를 19척만 주고 있어 倭人들이 불만을 품고 있다는 것과 小二殿의 使行船이 표류되었는데 귀국

연도	한국
▲ 1550	에 漂着되면 접대해 달라고 한다고 하니, 대신들과 의논하라고 아뢰다.(『明宗實錄』 명종5.『集成』13-4) 9.13. 좌의정 沈連源 등이 山殿이 70년간 朝會하러 오지 않다가 이제 처음으로 나왔으니 그들의 청에 따라 甲子기 별도의 小符를 줄 수 없다는 내용으로 書契를 만들어 답할 것을 아뢰다.(『明宗實錄』 명종5.『集成』13-5) 10.10. 임금이 勤政殿에 나아가 山殿의 使臣에게 연회를 베풀고 물품을 차등있게 하사하다.(『明宗實錄』 명종5.『集成』13-5) 10.14. 司憲府가 객사의 坐次를 잘못 정했음을 아뢰고 담당 관리의 추고를 청하다.(『明宗實錄』 명종5.『集成』13-6) 10.15. 禮曹가 本曹의 儀註와 謄錄을 고찰하니 객사의 자리는 日本國王사이거나 大內殿·小二殿의 사자를 막론하고 모두 동쪽에 앉는다고 되어있는데, 이번 畠山殿의 접대도 大內殿의 접대의 예에 따라서 한 것이라고 아뢰다.(『明宗實錄』 명종5.『集成』13-6)
1551	【한국】 3.9. 특진관 安玹이 災變으로 軍務를 조치하라는 하교가 있어 謄錄을 조사하니, 庚午年 왜란 때에 都元帥의 軍官數는 3백이었으나 제장들이 부족했던 까닭에 수효를 채우지 못했다고 아뢰다.(『明宗實錄』 명종6.『集成』13-8) 10.17. 상이 勤政殿에 나아가 日本 大內殿 使臣 上官인 僧侶 梵怡西堂 등을 引見하다.(『明宗實錄』 명종6.『集成』13-8)
1552	【한국】 5.4. 珊山殿과 武衛殿의 使僧을 접대하는 일을 三公에게 수의하도록 전교하다./ 領議政과 左議政이 武衛殿은 80년만에 내조하였고, 珊山殿도 역시 오랫동안 내조하지 않다가 庚戌年에 다시 왔는데, 의심이 가지만 符驗과 文引을 가져왔으므로 접대하도록 전교하다.(『明宗實錄』 명종7.『集成』13-11) 5.14. 상이 승정원에 國王 및 山殿·武衛殿의 使臣이 동시에 나왔고, 禮曹의 公事에 對馬島主의 언사가 공손치 못하여 그들의 뜻을 헤아리기 어렵다고하니, 邊將에게 미리 下書하여 군졸들을 정돈하라고 전교하다.(『明宗實錄』 명종7.『集成』13-12) 5.16. 檢詳 任臣이 三公의 뜻으로 日本의 세 使臣은 通信하러 온 것이어서 혼단은 없을 것이며, 留浦倭人이 많은 것도 上使가 서울에 올라갔기 때문이니 兵曹에 移文하여 使客의 접대에 힘 쓸 것을 아뢰다.(『明宗實錄』 명종7.『集成』13-12) 5.30. 상이 荒唐船 1척이 川尾浦에 침구하여 사람을 죽이고 노략질했다는 倭變을 알리는 濟州牧使 金忠烈의 書狀을 政院에 내리니, 대신들이 候望을 잘못하여 倭船이 상륙했으므로 金忠烈을 체직시키고 李玎을 목사로 삼으라고 아뢰다.(『明宗實錄』 명종7.『集成』13-12) 6.1. 武人인 李玎은 이때 濟州에 倭變이 있었으므로 대신들이 천거하여 濟州牧使로 삼다.(『明宗實錄』 명종7.『集成』13-14) 6.2. 司諫院에서 濟州의 倭變은 候望을 삼가지 않았고, 방비에 힘쓰지 않아 賊倭들이 상륙하도록 내버려 둔 죄가 들어난 牧使 金忠烈과 旌義縣監 金仁을 추문하라고 아뢰다.(『明宗實錄』 명종7.『集成』13-14) 6.3. 濟州牧使의 계본에 적왜들이 험하고 견고한 벽을 점거해 방패를 둘러세우고 철환을 마구쏘면서 굳게 지키고 나오지 않아, 적왜를 포축하는 것이 힘들다고 아뢰다.(『明宗實錄』 명종7.『集成』13-15) 6.6. 濟州牧使 南致勤이 배사하면서, 濟州道에 노략질한 倭寇들은 商賈의 무리가 아니고 刑名과 戰具를 갖추었느니, 군관과 군사를 더 데리고 가게 할 것과 軍糧·火藥·花煎 역시 定數보다 더 가지고 가겠다고 아뢰다.(『明宗實錄』 명종7.『集成』13-15) 6.9. 檢詳 許曄이 慶尙道의 左·右水使가 군졸을 침탈한 것으로 논하여 파직되고 兵使도 罷遞되었는데, 마침 倭變이 있는 이때 新任과 舊任이 교체하는 사이에 방비가 허술하게 될까 염려된다고 三公의 뜻으로 아뢰다.(『明宗實錄』 명종7.『集成』13-16) 6.11. 정원에서 제주 사람의 말로 아뢰기를, 군량을 입송한다는 기별은 듣지 못하였고 군사를 입송하기 위한 선박을 정돈하는 것은 보았다고 했다고 아뢰다.(『明宗實錄』 명종7.『集成』13-16)
1553 ▼	【한국】 2.12. 政院에 대해 무역에 불만을 품고 돌아가지 않는 客使에 대해 의논하도록 전교하다./ 대신들이 왜와의 무역량을 변경하지 말도록 아뢰다.(『明宗實錄』 명종8.『集成』13-24) 2.21. 禮曹에서 倭客使가 書契에 銀子 등 물품에 대하여 舊價로 지급할 것을 요청했는데, 新價로 무역하고자 한다니 우리가 원하는 바가 아니어서 書契를 받을 수 없다는 뜻을 아뢰다.(『明宗實錄』 명종8.『集成』13-24)/ 전교하기를, 전에는 객사의 물품 값을 피차 서로 상의하여 결정했는데, 이번에는 아무 상의 없이 바로 신가로 주려 했기 때문에 저들을 화나게 하여 도리어 모욕을 받았으므로 事體에 합당치 않으니 구가로 주도록 하라고 하다.(『明宗實錄』 명종8.『集成』13-25) 2.23. 三公이 객사의 銀價를 舊價에 의해 주고, 書契도 고치지 말도록 아뢰다.(『明宗實錄』 명종8.『集成』13-25) 2.24. 宣慰使 李戡이 安心東堂에게 胡椒·丹木을 더 무역하겠다고 開諭하였더니 여전히 怒하여 書契를 버리고, 먼저 떠난 副官의 행차를 뒤따르겠다고 하므로 일단 출발을 잠시 멈추게 했으니, 속히 조처하라고 아뢰다./ 司諫院에서 객사의 일을 잘못처리한 金胤宗과 譯官을 추고할 것을 아뢰다(『明宗實錄』 명종8.『集成』13-26)/ 宣慰使 李戡이 상께서 전교한 뜻으로 거듭 開諭하였으나 安心東堂과 都船主 橘盛廣이 7개월간 倭館에 머문 것은 舊例에 따라 값을 받고자 함이니, 書契를 고쳐서 釜山浦로 보내달라 한다고 아뢰다.(『明宗實錄』 명종8.『集成』13-27)/ 領議政과 禮曹參判 書契를 고치는 것이 부당하다고 하였으나, 書契를 고쳐 舊價로 주도록 하라고 전교하다.(『明宗實錄』 명종8.『集成』13-28) 2.25. 宣慰使가 傳教의 사명으로 거듭 개유했으나, 安心東堂과 都船主가 더욱 강경하여 떠날 것이라고 아뢰니, 上이 客使가 여러 달 머문 것에 미안하여 舊價로 지급하겠다고 한 것이며, 기어코 空書契를 받겠다면 그렇게 하라고 하다./ 大臣이

일본
10.23. 司憲府에서 加德島鎭을 설치한 후 倭賊이 도둑질을 할 수 없어 남방의 重鎭으로 密陽의 군사 1백명이 이 鎭으로 出入番하려고 鳴旨 島를 경유하다 溺死하였으니, 密陽水使는 파직하고 兵使·水使를 추고하라고 아뢰다.(『明宗實錄』명종 5.『集成』13-7)
12.9. 如川西堂이 죽으니, 禮曹로 하여금 장례를 후하게 치루도록 전교하다.(『明宗實錄』명종 5.『集成』13-7)
12.17. 珊山殿의 사신인 上官 如川西堂이 京館에서 사망하였는데, 그의 조카인 善七郎이 관직을 받고 매년와서 掃墳하게 해달라고 청하니, 領議政 李芑가 사사로운 은혜를 베풀지 말 것을 아뢰다.(『明宗實錄』명종 5.『集成』13-7)
10.24. 禮曹가 日本國王의 使臣과 여러 巨酋의 使臣들이 丹木·胡椒를 많이 가져와서 綿布를 무역하는데, 올해 목화의 작황이 부실하여 면포 가 바닥났다고 아뢰니, 領議政 尹漑가 禮曹가 아뢴대로 약간만 무역하라고 의논드리다.(『明宗實錄』명종 6.『集成』13-8)
12.21. 對馬島主가 특별히 使臣을 보내어 元子의 탄신을 하례하여 왔으므로 그 접대의 허락여부를 三公에게 의논하라고 명하니, 右議政 尹 漑가 對馬島主가 경사를 위하여 특별히 使臣을 보내어 진하하는 것은 예절에 합당하다고 아뢰다.(『明宗實錄』명종 6.『集成』13-10)
6.12. 禮曹가 日本國王의 使臣이 銀兩을 많이 가져왔는데, 事目에 의해 가져온 온 물품이 많을 경우 釜山浦에 留置시킨다는 내용에 대해 收議하 라고 아뢰다. / 倭銀을 무역하지 않는다는 것을 壬寅年에 安心僧이 왔을 때 알렸으나, 다시 가져왔으니, 이는 강매하려는 것이므로 宣慰使 로 하여금 거절하고 타이를 것을 아뢰다.(『明宗實錄』명종 7.『集成』13-17)
6.26. 檢詳 許曄이 제주도는 黃霧의 재변으로 보리가 부실해졌고, 倭變까지 있어 군졸이 상하고 백성이 흩어져 실농하였으니, 戶曹로 하여 금 賑救하게 할 것을 三公의 뜻으로 아뢰다.(『明宗實錄』명종 7.『集成』13-17)
7.2. 倭의 使臣에게 제주 변란의 책임을 묻도록 하다.(『明宗實錄』명종 7.『集成』13-19)
7.3. 右相 尹漑가 濟州에서 적변을 일으킨 자들은 商倭로서 福建 等處를 왕래하는 자들인데, 破船을 당해 궁지에 몰려서 邊將과 싸워 항복하 지 않고 죽음의 길로 들어 간 것이라고 아뢰다.(『明宗實錄』명종 7.『集成』13-19)
7.30. 義禁府가 아뢰기를, 신임 목사 南致勤의 계본에 '이른바 왜인이란 자들은 절반이 중국인이고, 또 식량과 배를 애걸하나 역시 들어주 지 않았으므로 억지로 접전했다 한다.'고 하였다고 하다.(『明宗實錄』명종 7.『集成』13-20)
8.10. 大司憲 元繼儉이 軍籍을 만들고 있는데 모두 이를 피해 승려가 되면 濟州의 倭變과 慶興의 胡變과 같은 남북의 변란을 누구와 막느냐 고 하면서, 도승하는 일을 光明正大하게 처리하라고 아뢰다.(『明宗實錄』명종 7.『集成』13-20)
8.19. 金忠烈을 三和로, 金仁을 東萊로 流配하다.(『明宗實錄』명종 7.『集成』13-21)
8.28. 全羅右道水使로 제주의 倭變을 듣고도 달려가 구원하지 않은 元俊良을 波知島로 流配하다.(『明宗實錄』명종 7.『集成』13-21)
9.3. 양사가 아뢰기를, 禮賓寺典僕을 倭館의 庫直으로 만들어 주고는 銀兩을 마구 징수하였다고 하다.(『明宗實錄』명종 7.『集成』13-21)
9.27. 상이 仁政殿에 나아가 日本國王의 使臣에게 연회를 베풀고, 禮曹判書 鄭士龍으로 하여금 先朝부터 聘問하여 왔고 新王이 우호를 계속 하는 禮를 부지런히 하니 물건을 차등있게 내린다는 말을 安心東堂에게 이르다. / 檢詳 柳潛이 삼공의 뜻으로 아뢰기를, 濟州 3邑은 風 災로 실농한 데다가 이제 또 防禦에 대한 조치로 백성들이 곤란을 겪고 있다고 하다.(『明宗實錄』명종 7.『集成』13-22)
11.26. 三政丞이 丁未年約條에 日本 九州 여러 酋長 가운데 圖書를 받고 通使하는 것을 거절한다고 되어 있는데, 《海東諸國記》를 상고하니 九州는 對馬島와 가까워 회유하고 접대한데에는 반드시 깊은 뜻이 있을 것이라고 아뢰다.(『明宗實錄』명종 7.『集成』13-22)
12.5. 禮曹가 日本使臣이 6월에 餞別宴을 제안하자 書契의 일이 시행되지 않았다는 이유로 참석할 수 없다고 아뢰니, 상이 新王이 壬寅年條 約을 어기고 銀子를 특별히 무역하게 한 것은 交隣의 뜻이라고 반복해 개유하라 전교하다.(『明宗實錄』명종 7.『集成』13-23)
왜의 客使가 돌아갈 때까지 金胤宗을 仍任시킬 것을 아뢰다.(『明宗實錄』명종 8.『集成』13-29)/ 상이 임인년 약조에 은은 가져올 수 없 게 되어 있으나 저들이 신왕이 보냈다고 해서 특별히 무역을 허락하였고, 또 구가를 청하므로 지급했는데 욕심을 부려 차라리 공서계 를 받겠다 하니, 예조가 이치에 따라서 타이르라고 하다.(『明宗實錄』명종 8.『集成』13-30)/ 예조가 아뢰기를, 上官·都船主를 불러 타 이르고, 공서계 만들어 줄 뜻을 말하니, 호초·단목을 더 무역한다면 곧 떠날 것이지만 이 요청이 받아들여지지 않으면 공서계를 만들어 달라고 하였다고 아뢰자 만들어 주라고 명하다.(『明宗實錄』명종 7.『集成』13-30)
2.26. 宣慰使 李戬이 倭使 安心東堂과 都船主가 다시 胡椒·丹木의 무역을 더 늘려주기를 청한다고 아뢰니, 상이 禮曹로 하여금 空書契와 改 修한 書契를 가지고 가서 사세에 맞게 주라고 전교하다.(『明宗實錄』명종 8.『集成』13-31)
2.27. 宣慰使 李戬이 아뢰기를, 倭使 중 安心 등이 胡椒·丹木의 무역을 더 늘려 주기만을 청한다고 아뢸 뿐 공서계에 대해서는 아무 대답도 없다고 아뢰다.(『明宗實錄』명종 8.『集成』13-32)/ 三公이 倭使에게 空書契를 줄 것을 청하니, 저들이 胡椒·丹木을 팔고자 하는 것이 니, 空書契를 주어서는 안된다고 답하다.(『明宗實錄』명종 7.『集成』13-32)
3.2. 司諫院에서 크고 작은 기밀을 누설한 倭學譯官을 추국하도록 청하다.(『明宗實錄』명종 8.『集成』13-33)
3.4. 尹漑가 對馬島의 歲遣船 및 日本의 여러 酋長이 보내는 使臣과 受職倭가 타고 온 배의 대·중·소에 따라 미리 그 수를 정하면, 料를 주 는 것도 그 定數가 있으니 인원수를 점고할 필요가 없다고 아뢰다.(『明宗實錄』명종 8.『集成』13-33)
3.14. 領經筵事 沈連源이 日本 副使 天友西堂이 죽을 때 친족에게 관직을 제수할 것을 윤허하였는데, 倭人이 수직하는 것은 공을 세운 뒤에 야 관직을 제수할 수 있으니 그 요청을 들어 줄 수 없다고 아뢰다.(『明宗實錄』명종 8.『集成』13-34)
3.23. 간원이 아뢰기를, 정사룡이 倭人 접대를 소홀히 한 것 때문에 견책당했다고 하다.(『明宗實錄』명종 8.『集成』13-34)

연도	한국
▲ 1553	윤3.1. 倭譯官 徐壽長이 국가의 기밀을 누설한 죄로 3차의 형벌을 받았으니, 減死하도록 전교하다./ 沈連源·尙震·尹溉가 아뢰기를, 徐壽長은 세 차례 받은 형벌로써 징계가 하다고 하다.(『明宗實錄』명종8.『集成』13-35) 윤3.10. 對馬島太守 宗盛長이 禮曹에게 新約條 改替를 1條도 허락하지 않으니 천만유감이며, 日本이 聘船을 차정하여 바라는 것은 근년의 신약조를 다 개체하여 주는 것이라는 내용의 글을 上書하다.(『明宗實錄』명종8.『集成』13-35) 윤3.18. 知經筵使 李浚慶이 對馬島主의 글 중 不恭한 말, 즉 賊倭의 변을 미리 말한 것은 후일의 뜻을 가졌기 때문이니 우리의 허술한 全羅道 연해의 6浦와 淸洪道에 倭奴가 침입하면 방어할 방법이 없다고 아뢰다.(『明宗實錄』명종8.『集成』13-36) 4.19. 대신들이 倭人을 한 곳에 모아서 접대하도록 청하다.(『明宗實錄』명종8.『集成』13-37)/ 司憲府에서 倭人을 접대하는 방법에 관해 아뢰다.(『明宗實錄』명종8.『集成』13-38) 5.15. 정원에 전교하기를 동래는 客使를 접대하는 곳이므로 貢物을 견감해주도록 전교하다.(『明宗實錄』명종8.『集成』13-38) 5.29. 濟州住民 高允好가 濟州道에 세 고을이 흉년이 들고 倭變으로 인물이 살해되어 백성이 회복될 길이 없으니, 供物과 封進을 감면해 줄 것을 上言하므로, 상이 2년간 한정하여 감면하라 전교하다.(『明宗實錄』명종8.『集成』13-38) 5.30. 政院이 濟州에 倭變이 있어 備邊司 堂上을 牌招할 것을 아뢰니, 대신들이 本道의 觀察使 등이 군인을 미리 調發하여 요새지에 나아가 준비케 하고, 助防將은 군관을 이끌고 濟州에 도착하면 牧使의 節制를 받으라고 아뢰다.(『明宗實錄』명종8.『集成』13-39) 6.4. 간원이 수군의 법의 폐단에 대해서 아뢰다.(『明宗實錄』명종8.『集成』13-40) 6.6. 司憲府 大司憲 金澍 등이 우리 나라가 남으로 島夷와 이웃하여 그 접대하는 도리가 후하지 않은 것이 아닌데, 해마다 으르렁거리고 곁에서 엿보며 교화되지 않아 몰래 도적질한다고 아뢰다.(『明宗實錄』명종8.『集成』13-43) 6.12. 日本 山口大內殿의 使臣 正賴 등이 明에 공물을 바치러 가던 倭船 1척이 풍랑을 만나 全羅道 珍島의 南桃浦에 정박했는데, 供物을 바칠 수 있게 해 달라고 원하니, 상이 倭人은 간교하고 속임수가 많아 조치해야 한다고 전교하다.(『明宗實錄』명종8.『集成』13-44) 6.15. 倭賊이 경내에 왔는데도 아무 조치를 취하지 않은 靈巖郡守 李堅을 추국하게 하다.(『明宗實錄』명종8.『集成』13-44) 6.21. 禮曹에서 倭物의 교역에 대해 의논하도록 청하다.(『明宗實錄』명종8.『集成』13-45) 6.26. 우리 백성이 변복하고 도적질하는 폐단이 없는지 살필 것을 각도에 하유하다.(『明宗實錄』명종8.『集成』13-45) 6.27. 承旨 兪絳이 黃海道에서 도적질한 倭人 三甫羅古羅를 義禁府에서 추국하고, 이 倭人이 中國人과 함께 南京에서 장사하고 오다가 표류되었다고 하지만, 중국 연해지방을 도적질했음이 분명하다고 아뢰다.(『明宗實錄』명종8.『集成』13-45)
1554	【한국】 1.21. 상이 慕華館에서 칙서를 맞았는데, 倭逆의 잔당을 사로잡아 보내준 것에 감사하며 白金과 紋錦을 하사한다는 내용이었다./ 나라에서 倭를 중국에 바치는 것을 금해 왔으나 동지사 李澤이 가는 편에 보내다.(『明宗實錄』명종9.『集成』13-56) 2.12. 全羅水使 金景錫이 黑山島에서 賊倭를 참획했다고 알려오자 한 자급을 올려주라고 명하다.(『明宗實錄』명종9.『集成』13-57) 2.14. 特進官 曹光遠이 公人이나 私人 및 군졸들이 노역을 꺼려 섬으로 도망갔다가 표류한 倭人을 만나 서로 賣買를 트거나, 공모하여 그들에게 경유하는 길을 가르쳐 주니, 수색하여 倭賊과 내통하는 걱정거리를 없애라고 아뢰다.(『明宗實錄』명종9.『集成』13-57) 3.10. 日本 武衛殿 使臣의 副官인 平長幸이 지난해 倭人이 중국으로 가다가 표류하여 섬에 정박했다가 싸움이 일어나 죽은 사람이 있었다고 아뢰니, 상이 倭人이 표류해서 글을 써 보이며 애걸하면 죽이지 말라고 전교하다.(『明宗實錄』명종9.『集成』13-58) 4.27. 安東에 사는 生員 李苞가 상소하기를, 水軍은 나라에서 외적을 막기 위해 설치한 것인데 萬戶들은 이들을 포로같이 여겨 학대하고 매질을 하니 그 고통을 이겨낼 수 없다고 하다.(『明宗實錄』명종9.『集成』13-59) 5.25. 濟州牧使 南致勤이 이달 12일에 倭船 1척이 川尾浦에 정박하기에 한명을 죽이고 머리를 올리는데 의복이 중국의 것과 비슷하다고 馳啓하다.(『明宗實錄』명종9.『集成』13-59) 6.8. 飛陽島에서 파선된 荒唐船의 倭人과 中國人 다수를 생포하여 구류하였는데, 賊船이 밤낮으로 연락부절로 횡행하여 作賊할까 염려되니 各字銃筒과 火槍 및 弓弦을 보내달라고 濟州牧使 南致勤과 全羅右水使 김빈이 倭變을 치계하다.(『明宗實錄』명종9.『集成』13-60) 6.18. 全羅右道水軍節度使 金贇이 포왜계본을 올리다.(『明宗實錄』명종9.『集成』13-61) 6.19. 全羅右道水使 金贇이 노획한 倭船에 대해 논의하다.(『明宗實錄』명종9.『集成』13-64) 6.20. 倭人을 잡은 공로에 대한 賞에 대해 전교하다.(『明宗實錄』명종9.『集成』13-64) 6.21. 표류해 오는 倭人의 처치에 등에 관해 전교하다.(『明宗實錄』명종9.『集成』13-65) 6.25. 濟州牧使 南致勤이 倭人 12급을 참하였다고 장계하니 備邊司에게 회계하게 하다.(『明宗實錄』명종9.『集成』13-65) 6.26. 全羅道觀察使 兪絳이 拜辭하니, 상이 倭寇가 자주 나타나니 특별히 방비를 더하여 邊圉를 편안하게 하라고 전교하다.(『明宗實錄』명종9.『集成』13-66)

일본

7.9. 全羅道 哨巡軍이 珍島郡 草島 밖에서 倭奴 7~8명과 싸워 1명을 참획하다.(『明宗實錄』 명종 8. 『集成』13-47)

7.11. 司憲府가 지금 나타난 倭人은 모두 日本인으로 中國人과 교제하는 자들인데, 중국에 왕래하다가 풍랑으로 우리 국경에 정박했을 뿐 특별히 우리 국경을 침범한 일은 없다고 아뢰다.(『明宗實錄』 명종 8. 『集成』13-47)

7.17. 상이 倭人이 변경을 침범하고자 하여 왔다면 마땅이 섬멸하여야 하겠지만, 표류하는 倭船을 추격하여 먼 바다까지 쫓아가는 것은 한갓 수고롭기만 하고 이익이 없다고 대신들에게 이르다.(『明宗實錄』 명종 8. 『集成』13-48)

7.22. 상이 全羅右道水使 金景錫의 계본에 해산물 채취자들이 흑산도에 갔다가 倭賊을 만나 배가 불태워지고 피살되었다고 하니, 沿海郡縣은 해산물 채취자들이 외딴섬에 출입하지 못하도록 備邊司에 말하라고 전교하다.(『明宗實錄』 명종 8. 『集成』13-49)

7.24. 諫院이 우리 표류민을 日本은 모두 보내주었는데, 지금 포획된 倭人이 도둑질하지도 않았는데 중국으로 바쳐 공을 삼지말라고 아뢰다.(『明宗實錄』 명종 8. 『集成』13-50)

7.27. 領經筵事 沈連源이 倭寇의 피해가 없는 것은 加德島에 鎭을 설치했기 때문이지, 세견선의 양식을 더 받으려고 해서 그런 것이 아니며, 中國人이 日本에 銀이 많이 産出되면서 왕래가 많아지고 표류해 와서 도적질한다고 아뢰다.(『明宗實錄』 명종 8. 『集成』13-51)

8.7. 對馬島 倭人의 別船에 쌀을 주어 접대해야 하는지의 여부를 대신에게 의논하였는데, 尹漑가 對馬島가 例遣船을 기다리지 않고 別遣船을 보내어 감사의 뜻을 표했으니, 특별히 접대하라는 것이 夷狄을 대우하는 道理라고 아뢰다.(『明宗實錄』 명종 8. 『集成』13-52)

8.11. 憲府가 珍島郡守 趙述는 전공을 세우기 좋아하여 관군을 많이 죽게하여 倭奴의 비웃음을 샀고, 성품도 탐욕스러워 濟州道 倭變을 틈타 백성들에게 세금을 거두어 착복했으니 파직할 것을 아뢰다.(『明宗實錄』 명종 8. 『集成』13-52)

9.18. 憲府가 笠子를 쓸 때 耳掩을 堂下官 및 士族은 鼠皮·日本産 산달피로써 만들 것 등, 입자의 재료에 차등을 두어 만들며, 本府와 平市署에서 단속하겠다고 아뢰다.(『明宗實錄』 명종 8. 『集成』13-53)

9.30. 憲府가 개국초기에는 倭變으로 관작이 높은 자도 파직되어 散官이 되면 모두 軍保가 되었는데, 근래 士族들은 온갖 방법으로 부역을 회피하고 있다고 아뢰다.(『明宗實錄』 명종 8. 『集成』13-53)

11.29. 禮曹에서 武衛殿을 접대할 것인지의 여부를 대신과 의논할 것을 아뢰니, 상이 아뢴대로 하라고 전교하다.(『明宗實錄』 명종 8. 『集成』13-53) 대신들이 左武衛殿이 交隣을 끊은지 오랜만에 왔는데 이미 圖書를 받고 부신에 거짓이 없으면 거절않는 것이 예의라고 의논드리니, 상이 武衛殿이 圖書를 받고 왔으며 가지고 있는 牙符가 부합되면 접대할 것을 전교하다.(『明宗實錄』 명종 8. 『集成』13-54)

11.30. 대신과 武衛殿을 대하는 문제를 의논하였는데, 우의정 尹漑가 事知譯官을 파견하여 조회와 함께 그 진위를 파악하고, 가져온 書契와 아부를 올려보내 사실여부를 고찰한 뒤 의논하여 조치할 것을 아뢰다.(『明宗實錄』 명종 8. 『集成』13-55)

7.6. 濟州에 표류한 倭人의 본주 압송에 관해 의논하여 처치할 것을 삼공이 아뢰다.(『明宗實錄』 명종 9. 『集成』13-66)

7.12. 상이 濟州에서 잡은 日人과 中國人의 송환문제가 매우 곤란하다고 이르니, 領議政 沈連源 등이 이들 중에는 唐人 3명도 끼어있어 분배하기도 곤란하고, 또 당인을 데려와 중국에서 도둑질한 경위를 물어보고 의논하자고 아뢰다.(『明宗實錄』 명종 9. 『集成』13-67)

7.13. 參贊官 鄭惟吉이 사로잡은 中國人을 奏聞하면 日本人이 들을 것이고 장차 화풀이 할 것인데, 국내가 고갈되고 軍이 피폐해졌는데 島夷의 침범을 받으면 조정에서는 무엇으로 조치할 것이냐고 아뢰다. / 領議政 沈連源이 사로잡은 中國人과 倭人을 奏解하면 遼東에서 中國人이 군사를 내어 압송할 것이고, 倭人이 중국에서 도둑질하고 中國人을 잡아갔다는 書契는 먼저 日本에 할 필요는 없다고 아뢰다.(『明宗實錄』 명종 9. 『集成』13-68)

7.14. 邊方을 침입해오는 賊倭는 토벌하여 죽이고, 표류해 오는 자들은 배를 주어 바로 돌려보내도록 하서하다.(『明宗實錄』 명종 9. 『集成』13-70)

7.18. 중국인과 왜인을 보내는 일에 대하여 의논토록 하다.(『明宗實錄』 명종 9. 『集成』13-70)

7.19. 沈連源 등이 표류한 中國人은 禮部에 移咨하되 倭人들은 놓아보냈다는 뜻을 언급하고 倭人들은 배와 口糧을 마련하여 全羅道에서 본국으로 보내되 書契를 마련하여 對馬島를 통해 日本으로 傳報케 하는 것이 어떻겠냐고 아뢰다.(『明宗實錄』 명종 9. 『集成』13-72)

7.24. 제주목사가 사로잡았던 중국인과 왜인이 익사하였다고 보고하다.(『明宗實錄』 명종 9. 『集成』13-73)

9.9. 慶尙道觀察使 權轍이 아뢰기를, 경상도의 실농한 백성을 구제할 길에 대해서 아뢰다.(『明宗實錄』 명종 9. 『集成』13-74)

9.15. 金安國을 仁宗의 묘정에 배향했는데, 金安國은 日本使臣 弸中이 왔을 때 宣慰使로 인정을 다해 접대하므로 使臣이 존경하고 탄복했으며, 귀환할 때는 눈물로 작별하기까지 하였으니 이후 日本使臣이 오면 金安國의 안부를 묻다.(『明宗實錄』 명종 9. 『集成』13-75)

11.11. 禮曹가 對馬島 倭人 源盛의 使送 延洒也毛와 倭司直 盛種 등이 惟新縣에서 위로연을 別館에서 영접하자 준례에 어긋난 것이라 하며 칼을 빼들고 횡행하였으니, 변장들에게 추국하고 접대하지 않는다는 書契를 내리라고 아뢰다.(『明宗實錄』 명종 9. 『集成』13-75)

11.12. 右議政 尹漑가 延洒也毛 등의 행위는 해괴하니 먼저 東萊府使 曹禧로 하여금 客人들을 억류하고, 鄕通事를 추국하여 실정을 알아내어 치계한 다음에 의논하여 조치할 것을 아뢰다.(『明宗實錄』 명종 9. 『集成』13-77)

12.18. 備邊司에서 왜인 信長이 만든 총통이 정밀하기는 하나, 화약 구멍에 불을 붙이기가 쉽지 않고, 총알이 힘있게 나가지 않는다고 보고하다.(『明宗實錄』 명종 9. 『集成』13-77)

12.19. 備邊司가 倭人 信長이 말하길, 薩摩州 倭人이 耽羅島에서 도망하여 산천의 형세를 잘 알고 있어 내년 봄에 병선을 출동하여 明나라를 치겠다는데, 실은 耽羅島에 뜻이 있다고 했으니 濟州牧使를 차출해 보내 방비할 것을 아뢰다.(『明宗實錄』 명종 9. 『集成』13-78)

연도	한국
1555 ▼	【한국】 1.10. 三公 및 備邊司 堂上이 함께 제주의 방어조치에 대해서 아뢰다.(『明宗實錄』 명종10. 『集成』13-78)/ 삼공 및 비변사·병조가 함께 의논하여 아뢰기를, 파직된 무신 중에 서용할 만한 사람은 金景錫·李世麟·朴海·申鍾 네 사람이고, 전 부사 柳淑도 서용할 만 하다고 하다.(『明宗實錄』 명종10. 『集成』13-79) 1.11. 헌부에서 제주 방비에 관한 사항에 대해서 아뢰다.(『明宗實錄』 명종10. 『集成』13-79) 1.12. 제주 목사 金秀文에게 전교하기를, 軍民을 돌보고, 방비하는 모든 일도 마음을 다해 조치하라고 하다./ 三公이 倭寇들이 濟州에 모여들 때에 연해고을의 수령 및 兵使·水使·虞侯 중에서 활 잘쏘는 사람을 差任하여 繼援將으로 정하고, 통보가 오면 들어가 구원할 수 있는 節目을 備邊司에서 마련하여 통지함이 마땅하다고 의논하다.(『明宗實錄』 명종10. 『集成』13-81) 3.20. 對馬州太守 宗盛長이 書契에 歲遣船 및 賜米를 모두 그전의 額數대로 해주기를 청하였으나, 禮曹에서 허락하지 않는다는 답서를 내리다.(『明宗實錄』 명종10. 『集成』13-82) 4.10. 領議政 沈連源이 對馬島主의 書契에서 요청한 사항은 約條와 관계된 것으로 경솔하게 고칠 수 없으나, 연해에 倭船이 없는 것과 日本 賊倭의 謀議를 申報하니 특별히 30석을 사급하되, 특은으로 주는 것이라고 할 것을 의논한다.(『明宗實錄』 명종10. 『集成』13-84) 5.12. 領經筵事 尹漑가 對馬島主의 書契에 西海의 도적이 우리 지경을 침범하게 될 것이라고 한 말이 헛된 것이 아닐 듯 하다고 아뢰니, 상이 聞見事件과 倭通事의 말이 對馬島의 書契와 같으니 방비하는 일을 늦추면 안된다고 하다.(『明宗實錄』 명종10. 『集成』13-85) 5.16. 全羅道觀察使 金澍가 5월 11일에 倭船 70여척이 達梁 밖에 정박하다가 梨津浦와 達梁浦에서 동쪽과 서쪽으로 나뉘어 상륙하여 城底의 민가를 불내고 성을 포위했다고 馳啓하다.(『明宗實錄』 명종10. 『集成』13-86)/ 領議政 沈連源 등이 조그마한 鎭인 達梁이 포위되어 보존하지 못할까 두려운데, 庚午倭變의 日記를 고찰하여 의논하였으나 事勢가 급박하여 손을 쓸만한 계책이 없다고 아뢴다./ 李浚慶을 전라도 도순찰사로, 金景錫을 우도 방어사로, 南致勤을 좌도 방어사로, 曹光遠을 경상도 도순찰사로, 趙安國을 좌도 방어사로, 尹先智를 우도 방어사로, 張世豪를 청홍도 방어사로 삼다./ 상이 思政殿에서 沈連源 등을 인견하고 達梁의 倭變에 대한 방책을 듣고, 全羅左道防禦使 南致勤과 右道防禦使 金景錫에게 倭變을 조치하는 방책의 기회를 놓치지 말고 軍令을 엄중히 밝혀 일을 잘 이루라고 명하다.(『明宗實錄』 명종10. 『集成』13-88) 5.17. 憲府가 庚午年 倭變 때에 元帥 安潤德이 늦게 내려가서 때에 맞추지 못했으므로 物論이 지금까지 한스럽게 여긴다고 하면서, 達梁의 倭變에 원수 李浚慶을 조급하게 파견하라고 아뢰다.(『明宗實錄』 명종10. 『集成』13-93)/ 憲府 禮義와 孝悌는 用兵에 있어서도 급선무인데 達梁倭變으로 인해 居喪中인 武士들 全員이 起復했다 하는데, 武才가 특이하여 軍中에서 필요한 자외에 나머지는 기복하지 말게 하여 軍政의 근본이 도타와지게 할 것을 아뢰다./ 水使 崔終浩가 全羅左道 羅老島에서 왜선 2척을 추격하여 31명의 머리를 베었다./ 舍人 李壽鐵이 군마 정돈과 방어 계책의 수립을 선전관을 보내어 유시하자고 아뢰다.(『明宗實錄』 명종10. 『集成』13-94) 5.18. 倭賊가 達梁을 포위하자 節度使 元績이 성안의 양식이 다해 항복하여 함락되었는데, 元績과 長興府使 韓蘊은 살해되고 靈巖郡守 李德堅은 항복해 살아 돌아왔다고 全羅道觀察使 金澍가 치계하다.(『明宗實錄』 명종10. 『集成』13-95)/ 全羅道觀察使 李浚慶이 拜辭하자, 상이 요사이 倭變으로 근심과 염려가 한이 없으니 마음을 다해 승리할 계책을 마련하라고 답하다.(『明宗實錄』 명종10. 『集成』13-96)/ 三公 등을 상이 思政殿에 인견하여 倭變에 대처하는 방안을 아뢰게 하고, 倭寇가 해마다 변방을 침범하다가 이번에 이렇게 된 것이니 巡察使와 防禦使 등을 미리 差出했다면 일이 군색하게 되지 않았다고 이르다.(『明宗實錄』 명종10. 『集成』13-96)/ 헌부가 아뢰기를, 섬 오랑캐들이 드세져 멋대로 노략질을 하여 성이 포위당했다가 3일 만에 함락되었다고 하다.(『明宗實錄』 명종10. 『集成』13-99)/ 諫院이 倭變으로 성이 함락되고 主將이 죽었으니 큰 치욕으로 開國이래 없던 變인데, 嶺南과 湖南은 연이어 흉년이 들고 이런 변이 있는 것은 하늘이 倭賊을 도운 것이라고 아뢰다./ 弘文館이 憲府의 요청으로 全羅道監司 金澍의 체직을 명하였는데, 지금 倭變으로 兵使가 살해되고 온 道의 軍馬調發과 조치는 監司에게 달려있으니 난이 평정되기를 기다렸다가 죄를 다스릴 것을 아뢰다.(『明宗實錄』 명종10. 『集成』13-100)/ 홍문관이 아뢰기를, 江華와 喬桐 등은 적이 들어오는 길목의 要害地이므로 방어사가 미리 士卒들을 정돈하여 훈련해 놓았다가 변이 있을 때 즉각 나아가도록 한다면 거의 군색하게 될 염려가 없을 것이라고 하다./ 상이 諫官이 아뢴 倭變에 대한 계책을 備邊司에 보여주지만, 중들은 활 쏘고 말달리고 하는 재주가 없으므로 전쟁에 소용이 없다고 전교하다./ 전라도 병마 절도사 趙安國이 아뢰기를, 水使 金贇의 군사가 대부분 살해되고, 精兵도 모두 살해되었다고 하니 閑雜人들 중에서 軍官 10명을 더 배정하여 뒤따라 내려 보낼것을 청하므로 그대로 따르다.(『明宗實錄』 명종10. 『集成』13-102) 5.19. 達梁에서 倭奴들이 李德堅을 통해 軍糧 30섬을 요구하며 공갈하고 위협하는 書契를 靈巖으로 보내다.(『明宗實錄』 명종10. 『集成』13-102)/ 상이 倭寇들이 李德堅을 시켜 군량을 구하고자 하는 것은 近來 倭船들을 공격하여 살해하여 원망이 깊어졌기 때문이라 하면서, 倭寇에 대한 대책을 세우라고 三公과 備邊司에 전교하다.(『明宗實錄』 명종10. 『集成』13-103)/ 헌부가 全羅右道水使 金贇은 水營이 達梁에서 거리가 지척인데도 급히 구원하지 않았고, 倭寇와 접전하다가 旗를 뺏긴 사실도 숨겼으니 推問하여 律대로 다스리라고 아뢰다.(『明宗實錄』 명종10. 『集成』13-104)/ 沈連源 등이 아뢰기를, 全羅兵使 元績이 이번에 함몰되어 本道의 인심이 흉흉하며 장차 무너져 흩어지게 되었으니 반드시

일본

精兵을 보내어 기세를 떨쳐 구원하게 해야 할 것이라고 하다./ 諫院이 達梁이 포위 되었을 때 구원하러 가지 않은 金贇의 죄를 다스릴 것을 청하다.(『明宗實錄』 명종 10.『集成』13-106)

5.20. 18일에 달량이 함락되었다는 소식을 듣고, 기운이 편치 못하여 일을 보지 못하고 있음을 정원에 알리다./ 경상도 도순찰사 曹光遠에게 전교하기를, 흉년이 잇달아 일어나다가 전쟁까지 겹치게 되었으므로 모든 일에 마음을 다해 조치하라고 하다./ 정원에 전교하여, 승군을 선발할 때 침학받지 않게 할 것과 陵寢이 있는 곳의 절의 중들은 뽑아내지 말라고 하다.(『明宗實錄』 명종 10.『集成』13-107)/ 司憲府가 李德堅은 장수로서 왜놈들에게 꿇고 구차하게 목숨을 보전하였고, 적들의 使命이 되어 書契를 가져왔으니 사람을 보내어 軍法대로 시행할 것을 아뢰니, 상이 사태의 변동을 본 뒤에 죄줄 것이라고 답하다.(『明宗實錄』 명종 10.『集成』13-108)/ 備邊司가 庚午倭變 때에도 兩界에 비밀리 諭示하였는데, 湖南의 倭變을 북쪽지방의 백성들이 野人에게 전파하여 난이 생기게 될까 염려된다고 아뢰다.(『明宗實錄』 명종 10.『集成』13-109)

5.21. 비변사가 日本 倭人 平長親이 가져온 銃筒이 정교하고 화약도 맹렬하니, 그가 원하는 堂上의 職을 除授할 것을 아뢰다./ 忠順衛 林玄齡이 海南縣監 邊協이 茂長縣監 李楠과 함께 達梁이 포위된 것을 듣고 군사를 거느리고 구원하다가 倭賊에 패하였고, 右道水使 金贇과 珍島郡守 崔濚도 於蘭浦에서 와서 구원하다 패하여 達梁이 함락되었다고 아뢰다.(『明宗實錄』 명종 10.『集成』13-110)

5.22. 三公 등이 倭賊들이 변방에만 나타나고 서울에 닥치는게 아닌데, 앞질러서 大將을 선출하고 서울에 戒嚴을 내리는 것은 민심의 소요를 가져오게 될 것이라고 의논드리다./ 沈連源 등이 元績이 主將으로 항복하여 성이 함락되었으니 官爵을 삭탈할 것, 李德堅은 軍律대로 宣傳官을 보내 斬首할 것, 金贇과 성을 버린 崔濚은 관작을 삭탈하고 降等시켜 軍卒로써 공로를 세워 스스로 盡力하게 하라고 아뢰다.(『明宗實錄』 명종 10.『集成』13-111)/ 간원이 아뢰기를, 銃筒을 鑄造할 때 동대문 및 남대문의 성 위에 버려 둔 큰 鍾으로 총통을 주조하게 하여 철재를 사들이는 폐단이 없게 하라고 아뢰었으나, 윤허하지 아니하다./ 홍문관 부제학 鄭惟吉 등이 상차하기를, 성이 포위되었을 때 화친을 청한 元績의 죄를 단죄하는 것은 마땅하나 증거가 없다고 하다.(『明宗實錄』 명종 10.『集成』13-112)/ 정원에 전교하여, 元績의 일은 홍문관에서 올린 箚子의 뜻을 가지고 史官을 보내어 三公 및 두 府院君에게 의논하라고 하다.(『明宗實錄』 명종 10.『集成』13-114)

5.23. 왜적에게 항복한 元績의 가산을 몰수할 것을 아뢰다.(『明宗實錄』 명종 10.『集成』13-114)

5.25. 홍문관이 상차하여, 큰 종을 부수어 銃筒을 주조할 것을 論啓하였으나 윤허하지 아니하다./ 兵營 假將 柳泗와 張興 假官 李壽男이 성을 버리고 도망가자 倭賊이 군량과 병기를 모두 가져가고 營舍를 불태우다.(『明宗實錄』 명종 10.『集成』13-115)/ 상이 三公 등에게 巡察使·防禦使 등을 보낸 뒤에 倭賊들이 殲滅되기를 바랐는데 閭閻과 兵營 및 長興까지 함락되어 군량과 잡물을 약달해 통탄스럽고, 倭人으로 變裝하여 물건을 훔치는 자들을 잡아다 推鞫할 것을 전교하다./ 憲府에서 珍島郡守 崔濚이 鎭을 버리고 도망한 행위를 추국할 것을 아뢰다.(『明宗實錄』 명종 10.『集成』13-116)/ 간원이 아뢰기를, 지금 淸洪道와 水原 등지에 변방 경보가 잇달아 이른다고 하니, 대비해야 한다고 하다.(『明宗實錄』 명종 10.『集成』13-117)

5.27. 상이 三公 등에게 湖南의 倭寇들을 섬멸하기를 바랐는데, 가만히 앉아서 정세만 보고 있으니, 庚午倭變과 같이 都體察使와 元帥를 差出하는 것이 어떠냐고 전교하다.(『明宗實錄』 명종 10.『集成』13-117)/ 諫院에서 金景錫의 군무태만을 치죄할 것을 아뢰었으나 윤허하지 않다.(『明宗實錄』 명종 10.『集成』13-118)/ 禮曹判書 洪暹이 장수를 보낼 때 接見하여 계획을 하문할 것과 經筵을 열 것을 아뢰니, 상이 湖南의 倭寇로 인해 마음이 놀라 불안해서 경연을 폐한 것이지 더운 철이라 經筵을 그만둔 것이 아니라고 답하다./ 光州牧使 李希孫으로 하여금 康津縣을 지키도록 했는데, 5월 26일 성으로 버리고 도망가다.(『明宗實錄』 명종 10.『集成』13-119)

5.28. 巡察使 洪彦誠이 군졸들이 軍令을 듣지않고 흩어진 뒤 倭賊들이 康津城으로 들어왔다는 啓本을 보고, 상이 軍令에 따라 분전하도록 할 것을 備邊司에 말하라고 政院에 전교하다.(『明宗實錄』 명종 10.『集成』13-120)/ 全羅道 都巡察使 李浚慶에게 康津을 구하지 못한 金景錫을 강등시키고 李世麟으로 교체하도록 밀유하다./ 憲府가 右道防禦使 金景錫을 무능한 죄로 추국할 것을 아뢰었으나 윤허하지않다.(『明宗實錄』 명종 10.『集成』13-121)/ 湖南의 사세가 위급하여 宣傳官 張沇과 白惟忠으로 하여금 경상도와 淸洪道에서 병력을 충당하게 하다./ 5월 25일 全州府尹 李潤慶이 右道防禦使 金景錫과 함께 靈巖을 포위했던 倭賊 1백여명의 首級을 베었고, 南致勤도 南平縣에서 靈巖으로 구원가다가 倭賊 11급을 베었지만, 다음날 倭賊을 추격하여 소탕하지는 못하다.(『明宗實錄』 명종 10.『集成』13-122)

5.29. 상이 斬獲한 것이 적지만 倭賊 1백여 級을 베었으니, 巡察使에게 적을 섬멸하고 우리 군사가 굶주리지 않게 하여 힘써 싸우라는 뜻을 諭示하라고 政院에 전교하다./ 비변사가 김경석을 防禦使로 삼을 것을 都巡察使에게 密諭하자고 청하니, 그대로 따르다.(『明宗實錄』 명종 10.『集成』13-123)/ 柳辰仝을 資憲大夫 知中樞府事로, 權纘을 漢城府左尹으로, 한두를 右尹으로 삼다.(『明宗實錄』 명종 10.『集成』13-124)

5.30. 全羅道防禦使 金景錫이 軍官 南井을 보내 靈巖에서 倭賊을 토벌한 狀啓를 올리니, 상이 倭寇를 참획한 것이 조금 있지만 국가의 수치를 씻지 못하였으니 巡察使·防禦使·兵使에게 더욱 措置하여 섬멸하라고 이르다.(『明宗實錄』 명종 10.『集成』13-124)

6.1. 상이 全羅道都巡察使 李浚慶에게 本道의 倭賊이 날뛰므로 慶尙·淸洪道의 군사로 무찌르도록 하였는데, 만일 淸洪과 慶尙道에 위급해지고 全羅道의 적 기세가 치열하지 않는다면 左右防禦使가 정병을 이끌고 공격하라고 下諭하다./ 全羅道觀察使 金澍가 靈巖에서 防禦使와 함께 倭賊을 쳐서 참획한 공이 있는 全州府尹 李潤慶의 공이 제일이라고 장계하니, 상이 포상할 뜻을 비변사에 말하라고 전교하다.(『明宗實錄』 명종 10.『集成』13-128)/ 정원이 아뢰기를, 쓸모없는 鍾을 부수어 적을 막는 기구를 만드는 일은 실로 환란을 방비하는 좋은 계책이라고 하였으나 윤허하지 아니하다./ 상이 領議政 沈連源에게 바다와 육지에서 협공했다면 倭賊을 섬멸했을 것인데 倭寇가 흩어져 도망하여 후환이 클 것이니, 倭賊의 재침에 대비할 계책과 인심의 진무책을 조정에서 강구하라고 전교하다.(『明宗實錄』 명종 10.『集成』13-129)/ 헌부가 아뢰기를, 金贇 등이 머뭇거리다가 진을 버린 죄는 결코 용서할 수 없는 것인데 아직도 죄를 받지 않고 있다고

연도	한국
	하니, 의논하여 처리하겠다고 답하다./ 상이 宣傳官 洪仁祿을 보내 李浚慶에게 金景錫·南致勤·趙安國을 견책해야 하지만 우선 죄를 용서하여 분발케 하고, 倭賊이 식량과 병기를 가져가 섬을 근거로 출몰하여 난을 일으킬 염려가 있으니 대비책을 마련하라고 하유하다.(『明宗實錄』명종10.『集成』13-130)/ 정원에 전교하여 陵寢에 있는 중은 군사로 뽑지 말라고 하다.(『明宗實錄』명종10.『集成』13-131)

6.3. 備邊司가 金景錫이 康津 함락에 구원하지 않고, 靈巖에서의 승리이후 패하여 도망가는 倭賊을 섬멸하지 않은 것은 죄가 되지만, 적병이 패하여 도망간 것은 金景錫이 적의 先鋒을 꺾었기 때문이니 論賞할 대상이라고 아뢰다.(『明宗實錄』명종10.『集成』13-131)

6.4. 憲府가 海島의 少醜들이 변방에 침입하여 도적질을 하자 세 元帥를 보내 남김없이 섬멸해야 하는데, 연해의 진이 함락되고 倭賊이 도망간 것은 나라의 치욕이니 포상과 위로의 명을 속히 거두라고 아뢰다./ 諫院에서 왜적의 방비를 위해 능침에 있는 중들을 군사로 뽑을 것을 수차 아뢰니 윤허하다.(『明宗實錄』명종10.『集成』13-132)

6.5. 전주 부윤 이윤경을 가선 대부로, 김효갑을 예문관 검열로 삼다.(『明宗實錄』명종10.『集成』13-133)

6.8. 巡察使 李浚慶이 加里浦와 會寧浦에 침입한 왜선에 대해 啓本을 올리다.(『明宗實錄』명종10.『集成』13-133)

6.9. 加里浦에 침입한 왜선이 兵船을 빼앗아간 일을 備邊司에 물어보라고 전교하니, 備邊司가 아뢰기를 부득이 했다고 하다./ 비변사가 아뢰기를, 비록 도적들이 올 것을 미리 알더라도 배는 부득이 물위에 둘 수밖에 없는 것이니 옮기어 감추지 못한 것은 사세가 그러했기 때문이라고 하다./ 병조에서 이제는 적들이 물러갔으므로 지난번에 지내지 못한 纛祭를 지내기를 청하니 윤허하다./ 興陽縣監 愼之詳이 왜놈이 鹿島를 포위하자 성을 지키면서 막아냈으나, 兵使 趙安國은 오히려 愼之詳이 성을 나아가서 치지 않았다고 杖刑에 처하다.(『明宗實錄』명종10.『集成』13-134)/ 팔도의 관찰사에게 하서하기를, 각 고을 수령들이 더러는 방비를 빙자하여 백성을 침해하고 더러는 僧軍을 뽑아내는 일로 一族과 切隣을 침학하는 일이 또한 많이 있을 것이니, 각별히 거듭 신칙하여 폐단이 없게 하라고 하다.(『明宗實錄』명종10.『集成』13-135)

1555 ▲ ▼

6.10. 史臣은 남방의 백성이 적에 의해 죽음을 당한 자가 수없이 많은데 상이 근심하는 것은 중들의 일족이 침학받는 것에 있으니, 뒷날의 害가 倭寇의 변보다 클 것이라고 논하다./ 司憲府가 倭賊을 토벌하지 못한 것은 全羅道巡察使 이준경이 제대로 절제하지 못하고 軍令이 엄하지 못했기 때문이니, 倭賊이 물러가지 못하여 전과는 처벌할 수 없지만 한 資級을 삭탈하여 軍政을 정숙케 하라고 아뢰다.(『明宗實錄』명종10.『集成』13-135)/ 간원이 아뢰기를, 지금 녹도가 포위를 당한 일을 보건대, 방어사 남치근과 병사 조안국이 대군을 거느리고 홍양에 있으면서 신지상이 보낸 위급을 알리는 飛報를 본 것이 그 날 未時에 있었던 일이라고 하다.(『明宗實錄』명종10.『集成』13-138)/ 宣傳官 洪仁祿이 全羅道에서 돌아와 鹿島의 외딴섬에 倭船이 정박하여 南致勤과 趙安國이 방어하고 있으며, 倭賊이 靈巖 등지를 분탕할 때 士庶人의 부녀자가 잡혀갔다고 아뢰다.(『明宗實錄』명종10.『集成』13-138)

6.12. 巡察使 李浚慶이 倭船 28척이 鹿島에서 金堂島로 옮겨 정박한 것을 南致勤이 兵使·水使와 함께 戰艦 60여척으로 추격하면서 亂射하자, 倭賊이 배 1척을 버리고 도망갔다고 啓本을 올리다.(『明宗實錄』명종10.『集成』13-139)

6.14. 宣傳官 朴世賢이 全羅道에서 돌아와, 李浚慶의 말이 '倭賊들이 鹿島에서 패했을 때에 天字·地字銃筒이 없어서 적선을 부수지 못해 도망가게 되어 통분스럽다'했다고 아뢰다.(『明宗實錄』명종10.『集成』13-139)/ 慶尙道觀察使 權轍이 對馬島主 宗盛長의 別遣船이 와서 賊船 1천여척이 吾道 등지에서 도둑질하고 90여척이 朝鮮으로 향했고, 나머지 배는 本國에서 금단하여 귀국으로 향하지 못하겠다는 내용의 書契를 가져왔다고 啓本하다.(『明宗實錄』명종10.『集成』13-140)

6.16. 戶曹가 해마다 흉년과 稅人이 줄고 있어 繕修와 救荒의 비용이 많은데 倭變이 일어났으니, 불필요한 官員은 도태시키고 쓸데없는 비용을 삭감하여 丘史를 환수하는 일들을 의논하여 시행할 것을 아뢰다./ 謝恩使 洪曇이 중국 남방의 蘇州 등지와 江東地方에 왜놈들의 도둑질이 해마다 있었는데, 지난해 가을에는 더욱 심하여 山東 등지의 兵馬를 징발하여 방비하고 있으나 관군들이 두려워해서 소탕하지 못하고 있다고 狀啓하다.(『明宗實錄』명종10.『集成』13-140)

6.17. 전라좌도 방어사 남치근이 본도의 사찰에 있는 鍾으로 銃筒을 만들자고 청했으나 상이 따르지 아니하다./ 舍人 李瑛이 天字·地字銃筒은 雜鐵로 만들 수 없을 뿐만아니라 海路로 운송하면 시일이 늦어지고, 섬에 정박하고 있는 倭寇들에게 탈취당할 염려도 있다고 아뢰다.(『明宗實錄』명종10.『集成』13-141)

6.21. 심뇌를 花梁僉使로 삼았는데, 사신이 심뇌는 이때 남쪽 지방을 토벌하는 군사 속에 있으면서 종군하는 것을 괴롭게 여겼다고 논하다.(『明宗實錄』명종10.『集成』13-142)

6.22. 상이 湖南을 침범한 倭賊이 만일 재침한다면 군사를 다시 일으켜야 할 것이니, 慶尙·全羅道로 하여금 名山大川에 제사를 거행할 것을 備邊司에 말하라고 전교하다.(『明宗實錄』명종10.『集成』13-142)

6.23. 諫院이 남쪽지방에 토벌나갔던 從事官과 軍官들을 承傳대로 모두 본직에 准하여 녹을 줄 것을 아뢰니, 상이 아뢴대로 하라고 답하다.(『明宗實錄』명종10.『集成』13-143)

6.24. 비변사가 아뢰기를, 이제는 방비해야 할 형세가 남방과 북방이 차이가 없게 되었으니 마땅히 병마 절도사가 있는 곳에는 모두 평사를 두어 선발한 문신으로 差任하여 軍政을 돕고 변방 일을 익히도록 해야 한다고 하다.(『明宗實錄』명종10.『集成』13-143)

6.28. 濟州牧使 金秀文이 이달 21일에 倭船 40여척이 甫吉島에서 濟州 앞바다에 닻을 내리고 정박했다고 馳啓하니, 상이

일본

倭賊들이 本土로 돌아가지 않고 濟州에 출몰했으니 舟師로 挾攻할 것을 전교하다./ 讀書堂이 倭寇의 변이 생겨 主將이 죽고 성이 함락되어 자녀들은 포로가 되고 집은 잿더미가 되었는데, 湖南의 도적이 겨우 물러가자 濟州의 警報가 잇달았으니 事勢의 緩急을 헤아려 製述試驗을 미룰 것을 上箚하다.(『明宗實錄』명종 10.『集成』13-144)

7.2. 全羅道觀察使 金澍에게 下書하기를, 內需司의 公事를 보면 奸吏가 銃筒을 만든다는 핑계로 본도 여러 사찰의 銅器를 모두 거두어 갔다 하니, 각 고을에 효유하여 거두어들인 器物을 모두 각각 그 사찰에 還給하게 하라고 하다./ 史臣은 湖南의 여러 고을이 倭寇의 손에 들어갔는데도 상이 염려하는 것은 사찰의 鐘 뿐이고 倭寇를 막는 것이 급하다는 것을 알지 못하니, 倭寇의 변은 그 화가 작지만 앞으로 부처를 만드는 害는 그 禍가 클 것이라고 論하다.(『明宗實錄』명종 10.『集成』13-146)/ 상이 중의 첩보에 순찰사는 다만 鐘을 거두라고 명하였으나 색리가 鑄器까지 빼앗아 갔다 하니, 이것은 간리의 소행이 분명하다고 하다.(『明宗實錄』명종 10.『集成』13-147)/ 宣傳官 黃大獻를 이준경에게 보내어, 속히 李世麟으로 하여금 舟師를 거느리고 가서 濟州를 구하게 하라고 하유하다./ 대신과 비변사가 아뢰기를, 諸道의 評事를 이미 명망 있는 자로 差出하였으므로, 各鎭이 숙연하여져서 비록 監軍御史가 없다 하더라도 자연 외람된 짓을 하는 폐단은 없을 것이라고 하다./ 金繼輝를 이조 좌랑으로, 朴啓賢를 경상좌도 평사로, 趙德源을 경상우도 평사로, 李瓘를 전라도 평사로, 吉謙을 청홍도 평사로, 尹弘中을 함경남도 평사로 삼다./ 헌부가 지금 각도에 병마 절도사가 있는 곳은 모두 평사를 차출하였는데, 이는 《대전》에 없는 법이므로 부득이하여 차출해야 할 경우에는 《대전》에 의거 예조의 의첩 조항을 상고한 뒤에 차출하여도 늦지 않다고 아뢰다.(『明宗實錄』명종 10.『集成』13-148)

7.3. 全羅道觀察使 金澍가 倭變으로 長興·康津鄕校는 制服 등의 기물만 불에 탔으나, 靈巖鄕校는 先聖位板이 거의 타고 倭賊의 시체와 流血로 더렵혀졌으니 釋奠祭를 행하기에 온당치 못하다고 장계하다.(『明宗實錄』명종 10.『集成』13-149)

7.5. 선전관 申石溪 보내어 備邊司의 의견으로 巡察使 李浚慶에게 濟州道를 구원하도록 하다.(『明宗實錄』명종 10.『集成』13-150)

7.6. 비변사가 병조의 《등록》및 《사관선생안》을 상고하여 경상좌우도에는 모두 評事가 있었으나 중종조 임신년에 혁파하였고, 전라도는 비록 憑考할 수 없으나 경사도와 一體이니 당연히 있었을 것이라고 아뢰다.(『明宗實錄』명종 10.『集成』13-150)/ 全州府尹 李潤慶이 본인이 靈巖戰鬪에서 倭賊을 섬멸한 공로로 한 資級을 加資하고 褒論하게 했는데, 공이 없으니 은전을 거두어 달라고 書狀을 올리니, 상이 조치를 잘하여 적을 포획하는 공로가 적지 않으니 사양말라고 답하다.(『明宗實錄』명종 10.『集成』13-151)/ 濟州牧使 金秀文이 6월 27일에 倭賊 1천여명이 진을 쳐서 定虜衛와 甲士가 말을 달려 돌격하고, 紅毛頭具를 쓴 倭將을 正兵이 활을 쏘아 죽여 아군이 이 승세를 타고 추격하여 斬獲한 적이 매우 많았다고 狀啓하다.(『明宗實錄』명종 10.『集成』13-152)

7.7. 상이 濟州牧使 金秀文에게 倭賊이 변경이 침범하였다가 지난달 27일 勝戰狀況을 알게되어 근심이 감하여졌으니, 卿에게 한 資級을 더하여 주고 또 緞衣를 하사한다고 下書하다.(『明宗實錄』명종 10.『集成』13-153)

7.10. 선전관 黃大獻가 전라도에서 돌아왔으므로 보고 들은 것을 기록하여 아뢰라고 명하다./ 상이 평사는 《대전(大典)》에 의하여 차출하되, 서경(署經)은 할 필요 없다고 하다./ 兩司가 兵使 趙安國은 靈巖이 포위됐을 때 觀望하고 구원하지 않았고, 倭寇가 퇴각할 때에도 날이 저물었다는 핑계로 쫓지 않았으며, 鹿島戰鬪는 늦게 출동하여 추격의 기회를 놓쳤으니 定罪할 것을 아뢰니, 상이 拿推를 명하다.(『明宗實錄』명종 10.『集成』13-154)/ 간원이 아뢰기를, 팔도의 평사는 비록 舊例에는 있으나 이 典例를 쓰지 않은 지가 오래여서 지금은 법이라 할 수 없으므로 오랫동안 폐지된 법은 서경하는 것도 무방하다고 하다.(『明宗實錄』명종 10.『集成』13-155)

7.14. 비변사가 아뢰기를, 경상·전라 양도의 築城에 관한 일은 순찰사가 감사·병사와 협의하여 조처하도록 하고, 경기의 축성은 감사가 전담하여 하게 하자고 하니 그대로 따르다.(『明宗實錄』명종 10.『集成』13-155)

7.15. 備邊司가 공이 있는 사람을 위로할 것을 아뢰었는데, 史臣은 全羅道 倭變에 南征간 壯士들이 겁을 먹고 머뭇거리면서 군사를 끼고 앉아 自衛하였으니 공이 없다고 논하다./ 諫院이 防禦使 金景錫이 靈巖에 머물면서도 倭賊이 康津·兵營·長興이 함락되어도 구원하지 않았고, 倭賊이 퇴각한 후 馳啓할 때는 계책을 부려 자신이 절제한 것처럼 꾸몄으니 律에 의하여 治罪할 것을 아뢰니, 拿推를 명하다.(『明宗實錄』명종 10.『集成』13-156)

7.16. 정원이, 전라도로 征伐 나간 장사들의 宣勞에 대하여 三公과 두 府院君에게 收議하기를 청하니, 상이 尹元衡의 의논을 따르다.(『明宗實錄』명종 10.『集成』13-157)

7.17. 전라도 관찰사 金澍가 狀啓하기를, 本道는 여러 해 기근이 들었고 또 적병의 침구가 있어서 居民이 사방으로 흩어져 농사를 지을 수가 없다고 하다.(『明宗實錄』명종 10.『集成』13-158)

7.22. 全羅道觀察使 金澍가 倭變이 극심한데 賊船을 깨는 기구로는 大將軍箭보다 나은 것이 없으나 銃筒을 주조할 놋쇠를 준비할 방법이 없으니, 寺利의 鐘으로 주조하면 備禦에 도움이 될 것이라고 狀啓하다.(『明宗實錄』명종 10.『集成』13-158)

7.24. 茂長에 사는 儒生 安瑞順이 남방의 변에 婦女와 士子가 倭奴에 노략질당한 자가 많으나, 節義를 지키고 忠義로 죽은 자가 없다고 하니 기강을 확립하고 교화를 밝혀 적을 막는 근본으로 하라고 상소를 올리다.(『明宗實錄』명종 10.『集成』13-159)

7.30. 상이 倭變이 일어났을 때 全羅監司 金澍는 방비를 제대로 못하였으니 파직하라고 전교하다.(『明宗實錄』명종 10.『集成』13-159)

8.2. 檢詳 奇大恒이 三公의 뜻으로 아뢰기를, 金景錫의 사건은 공론에서 발론된 사건으로 보통의 獄事와는 다르기 때문에 형신을 가하는 것이 타당할 듯 하다고 하다.(『明宗實錄』명종 10.『集成』13-160)

8.10. 濟州宣勞使 尹毅中이 拜辭하고 이어 上이 濟州牧使 金秀文에게 전하라 하면서, 倭寇가 분탕질 칠 때 進討하지 않고 머뭇거리면서 進軍하지 않고, 靈巖에서 자그마한 勝捷을 얻었을 뿐이니, 어찌 雪恥라고 할 수 있겠냐고 이르다.(『明宗實錄』명종 10.『集成』13-160)/ 柳溍을 全州府尹으로, 朴麟壽를 慶尙右道水使로, 金世鳴을 加德僉使로, 沈銓을 內資寺正으로 삼다.(『明宗實錄』명종 10.『集成』13-161)

8.11. 備邊司가 左相의 뜻으로 생포된 倭人을 推鞫하였더니 보통倭人이 아니고 賊倭가 분명하므로 備邊司 전원과 禁府堂上이 太平館에 同坐하여 추국하는 것이 어떠하냐고 아뢰니, 상이 아뢴대로 하라고 답하다.(『明宗實錄』명종 10.『集成』13-161)

연도	한국
▲ 1555 ▼	8.12. 東部承旨 朴永俊이 왜인을 추국한 결과, 이들은 적왜가 아니라 명나라에 무역하고 돌아가다가 표류하였다고 아뢰다.(『明宗實錄』 명종10. 『集成』13-161)/ 慶尙道觀察使 權轍이 釜山浦僉使 唐有徵의 첩정에 對馬島主 別遣船 上官 平調光이 와서 賊船 4척이 對馬島를 통과하므로 1척을 추격하여 倭人 25명의 목을 벤 연유와 書契, 적선에 있던 朝鮮의 雨傘을 가져왔다고 啓本을 올리다.(『明宗實錄』 명종10. 『集成』13-162) 8.13. 江原道觀察使 尹仁恕가 배사하니 전교하기를, 湖南의 참변과 같은 일이 일어나지 않도록 앞으로 군기를 살펴보고 또 군사들의 훈련을 게을리하지 말아서 防備하는 제반 일에 대해 항상 적이 올때처럼 마음을 다하여 조치하라고 하다.(『明宗實錄』 명종10. 『集成』13-162)/ 비변사가 아뢰기를, 加里浦는 지원이 어려운 絶島에 있기 때문에 성을 지키기가 어려울 듯 하다고 하다.(『明宗實錄』 명종10. 『集成』13-163) 8.14. 禮曹가 對馬島主 宗盛長이 특별히 平調光을 보내어 賊倭의 머리 25級과 글을 朝廷에 啓聞을 하였으니, 접대하여 올려보내게 하는 것으로 本道에 行移할 것을 아뢰니, 상이 아뢴대로 하라고 전교하다.(『明宗實錄』 명종10. 『集成』13-163) 8.15. 全羅道巡察使 李浚慶이 復命하니, 상이 甲子기 湖南의 倭變을 만나 통탄스러움을 견딜 수 없었는데, 卿이 무더위에 군사를 동원하는 노고가 극심하여 引見하려 하였으나 停朝 중이니 모든 일을 자세히 書契하라고 전교하다.(『明宗實錄』 명종10. 『集成』13-164)/ 사신이 논하기를, 南征 나간 將士가 모두 拘禁되어 있다고 하다.(『明宗實錄』 명종10. 『集成』13-165) 8.17. 李浚慶이 命을 받고 進軍하여 征討하지 않아 倭賊으로 하여금 약탈한 것이 많았으므로, 사람들이 日本國 使臣이 왕래할 때의 宣慰와 護送의 관원이 있어 巡察使를 宣慰使, 防禦使를 護送官으로 비하다.(『明宗實錄』 명종10. 『集成』13-165)/ 헌부가 아뢰기를, 남방이 병화를 겪은 이후 전망자를 아직 장사지내지 못하였고 부상자도 겨우 자리에서 일어났을 정도라고 하다./ 상이 政院에 全羅右道水使 崔豪는 賊船을 포획하였으니 崔終浩의 예에 따라 賞加하라고 전교하다.(『明宗實錄』 명종10. 『集成』13-166) 8.19. 상이 思政殿에 나아가 全羅道都巡察使 李浚慶을 인견하고, 倭寇의 변을 만나 元績이 작은 城에 들어가 피살되었으니 죽었어도 죄가 남는데, 그것은 禍의 뿌리가 여기에 있어서 적물한 것이라고 이르다.(『明宗實錄』 명종10. 『集成』13-167) 8.20. 知經筵事 任權이 倭寇가 국경을 침범하여 郡縣을 분탕질하여 主將이 도륙되는 등 병화를 겪은 뒤라 生靈들이 도탄에 빠져있고, 약탈당한 부녀자가 울부짖고 있는데도 恤典은 시행되지 않고 연회에 풍악을 베풀고 즐긴다고 아뢰다./ 헌부가 아뢰기를, 이준경의 계문에 남치근이 두려워 피하 진군하지 않았으므로 잡아다가 추고하자고 하였으나 윤허하지 아니하다./ 諫院도 남치근을 잡아다가 추고할 것을 아뢰었으나 윤허하지 아니하였으나 다시 청하니 허락하다.(『明宗實錄』 명종10. 『集成』13-169) 8.23. 예조가 전사한 군사를 위로할 것 등의 내용을 계목으로 올리다.(『明宗實錄』 명종10. 『集成』13-170) 8.26. 정원에 전교하여, 근래 왜변이 절박하였으므로 중을 선발하여 從軍하게 하였으나 지금은 축성의 역사만 하게 하고 雜役은 시키지 말도록 하라고 팔도 관찰사와 병수사에게 하유하고 아울러 비변사에도 이르라고 하다.(『明宗實錄』 명종10. 『集成』13-170) 8.27. 비변사가 아뢰기를, 僧軍이 축성에 역사하는 것과 각도의 兵船을 만드는 것은 중요하므로 9월을 기한으로 방송하고 當領水軍은 9월부터 역사를 시작하게 하자고 하다.(『明宗實錄』 명종10. 『集成』13-171) 8.28. 비변사가 아뢰기를, 築城과 造船은 모두 방비를 위한 긴급한 일이니, 일기가 추워지기 전에 일을 마쳐야 한다고 하다.(『明宗實錄』 명종10. 『集成』13-171)/ 상이 政院에 讀書堂의 製述을 倭變 때문에 폐지하였는데, 권장에 관한 일은 오래 폐지하는 것은 온당치 못하니 大提學에게 하문하라고 전교하다. / 三公이 靈巖戰鬪에서 倭賊을 참획한 공이 있는 金景錫과 趙安國이 이미 3차의 刑訊을 받아 杖下에서 목숨을 잃을 염려가 있다고 아뢰자, 상이 景錫은 重刑에 처해도 애석하지 않으나 대신들이 營救하니 조치하겠다고 답하다.(『明宗實錄』 명종10. 『集成』13-172)/ 李希孫을 따라 강진을 지키다가 함께 달아났던 金海府使 朴敏齊를 杖一百 流三千里로 결단하다.(『明宗實錄』 명종10. 『集成』13-172) 8.30. 同知經筵事 趙士秀가 蘊이 達梁에서 죽었는데 그 시체를 찾을 수 없으므로 褒典을 베푸심이 옳을 것 같다고 아뢰다./ 全羅道觀察使 李潤慶이 拜辭하니 상이 인견하고, 흉년이 들어 백성이 곤궁한데 倭變을 만나 분탕되고 약탈당하였으니 참혹함은 말 할 수 없으나 卿을 監司에 제수한 것은 백성을 安住시키기 위해서라고 이르다.(『明宗實錄』 명종10. 『集成』13-173)/ 海南을 잘 지킨 공으로 邊協을 長興府使에 제수하다.(『明宗實錄』 명종10. 『集成』13-174) 9.2. 영의정 沈連源이 韓蘊의 죽음은 사람들의 말이 같지 않아 알 수 없으므로 그 도의 관찰사로 하여금 알아보도록 한 후 거행하자고 아뢰다.(『明宗實錄』 명종10. 『集成』13-174) 9.3. 정언 朴應男이 倭變에 여러 城鎭이 함몰되어도 수령이나 邊將中에 절의에 죽은 사람이 없고, 靈巖에서 절의에 죽은 부인이 있는데 자취가 인멸될까 두려우니, 찾아 旌表할 것을 아뢰다.(『明宗實錄』 명종10. 『集成』13-174) 9.5. 헌부가 아뢰기를, 趙安國 등을 율에 의하여 정죄할 것을 아뢰다./ 諫院에서도 조안국 등의 일을 아뢰었으나, 윤허하지 아니하다./ 전 全羅道節度使 趙安國, 及第 崔濂·李希孫·洪彦誠·柳泗를 각각 杖一百 流三千里로 결단하다.(『明宗實錄』 명종10. 『集成』13-175) 9.6. 정원에 전교하여, 鹿島·靈巖의 軍功은 金景錫·趙安國과 같이 죄를 입은 사람은 錄功에 참여할 수 없고, 나머지는 경오년의 예에 의하여 할 것이며 공을 의논하는 일은 병조와 비변사가 상의하여 시행하도록 하라고 하다.(『明宗實錄』 명종10. 『集成』13-175)

일본

9.8. 간원이 아뢰기를, 南征나간 장사들의 공을 경오년의 戰捷에 비하면 그 勝負와 勇怯의 자취가 크게 서로 다른데 전공을 논하고 상을 정함에는 이 경오년의 예를 따르니, 물정이 매우 온당치 못하게 여긴다고 하다./ 及第 이세린을 장 일백 유 삼천리로 결단하다.(『明宗實錄』 명종 10. 『集成』13-176)

9.10. 全羅道兵馬節度使 李光軾이 拜辭하니, 상이 金景錫 등을 중임을 맡겼지만 倭寇가 횡행할 때 위축되고 머뭇거려 겨우 1백여 급만 베고 도망치게 하여 통분함을 이기지 못했으니, 만약 게을러서 일을 그르치면 용서 않겠다고 전교하다.(『明宗實錄』 명종 10. 『集成』13-176)

9.12. 濟州牧使 金秀文이 軍官 姜偔를 보내어 賊倭가 바다를 지나다가 오략질하려 하자, 銃筒을 가지고 적선을 불사르고 적왜 54級을 베고 잡혀갔던 中國人 許秀를 압송케 했다는 勝捷을 올리니, 상이 偔에게 節衣를 하사하다./ 右議政 尹漑가 金秀文이 보낸 中國人을 추국하면 倭賊이 중국과 우리를 침범한 일을 알 것이고 만약 숨긴다면 倭賊과 마음이 같은 사람이니 上國의 사람으로 대우할 수 없으므로 司譯院에 가두고 禮曹를 시켜 자문할 것을 아뢰다.(『明宗實錄』 명종 10. 『集成』13-177)

9.13. 정원이 우의정 尹漑의 뜻으로 아뢰기를, 중국 사람이 일을 숨기고 바로 초사하지 않는지는 몰라도 그 形體를 보니, 嚮導는 아닌 듯 하므로 다시 추문할 것이 없으니 속히 널리 의논하여 처치하자고 하다.(『明宗實錄』 명종 10. 『集成』13-178)

9.14. 상이 政院에 金景錫은 主將으로 倭賊이 노략질할 때 위축되어 나가지 않았고 사졸이 强請한 뒤에 싸우기를 허락하였으며, 제때에 추격하지 않았으니 指揮의 공이 없으나, 南致勤은 刑推는 하지말고 파직만 하라고 전교하다.(『明宗實錄』 명종 10. 『集成』13-178)

9.15. 정원에 전교하여, 이번에 사로잡은 중국사람 許秀를 문서를 속히 마련하여 冬至使의 행차 편에 보내어 요동에 교할하게 하라고 하다.(『明宗實錄』 명종 10. 『集成』13-178)/ 정원에 전교하여, 대간이 軍功 1등이 많다고 하니, 비변사와 도순찰사가 회의하여 등급을 고쳐 마련하도록 하라고 하다.(『明宗實錄』 명종 10. 『集成』13-179)

9.19. 參贊官 沈守慶이 金景錫이 휘하의 계책을 듣고 싸워 이기면서 적왜의 세가 약화되었으므로 그 功이 적지 않다고 아뢰니, 상이 倭賊이 횡행하는데도 主將으로 위축되어 싸우지 않았으니 공은 적고 죄는 크다고 이르다.(『明宗實錄』 명종 10. 『集成』13-179)/ 상이 이르기를, 왜적이 횡행하는데 김경석은 주장으로서 위축되어 앉아 있으며 나가 싸울 생각을 하지 않았고, 휘하 군졸이 싸우기를 강청한 뒤에야 허락하였으니, 공은 적고 죄는 크다고 하다.(『明宗實錄』 명종 10. 『集成』13-180)

9.20. 義禁府가 趙安國·李世麟·李希係·柳泗·崔潾·洪彦誠·魯克精을 決杖하는 날짜가 이미 지났으나, 대간이 論啓하는 중이므로 그 처리 문제에 대해서 아뢰니 이미 명하였으므로 결장하라고 하다.(『明宗實錄』 명종 10. 『集成』13-180)

9.26. 전라도 관찰사 權轍의 장계에, 羅州에 큰 비가 와서 나주 동문으로부터 南平縣의 경계에 이르기까지와 榮山浦로부터 靈巖 所只浦에 이르기까지가 논과 밭이 침수되어 고을의 백성들이 살아갈 일이 더욱 염려된다고 하다.(『明宗實錄』 명종 10. 『集成』13-180)

9.27. 檢討官 金鑌이 아뢰기를, 羅州의 수재가 예사롭지 않으므로 마음을 미루어 백성을 어루만지고 구휼해야 한다고 하다.(『明宗實錄』 명종 10. 『集成』13-181)

10.11. 성질이 엄하고 혹독하였기 때문에 湖南의 倭變에 군졸들이 협력하지 않았던 南致勤을 全羅道兵馬節度使로 삼다.(『明宗實錄』 명종 10. 『集成』13-181)

10.12. 濟州宣勞使 尹毅中이 상을 뵙고, 濟州城 안에 兵器가 보존되어 있으니 조치만 잘하면 城을 지킬 수 있으며, 牧使와 判官이 나랏일에 마음을 다하는 자들이니 倭寇가 다시 온다고 해도 城을 침범할 수 없다고 아뢰다./ 정원에 전교하여 전라도의 병화를 입은 여러 고을에 분탕된 인호만 조세를 면제한다면 나머지 生業을 잃은 자들이 실망할 것이라고 하니, 금년에 한하여 모두 조세를 면제하도록 하라고 하다.(『明宗實錄』 명종 10. 『集成』13-182)

10.18. 備邊司가 今年의 倭變은 창졸간에 일어나 모든 일을 前例만 따라 都巡察使와 防禦使를 나누어 보냈는데, 내년에도 全羅와 慶尙道에 병화가 있더라도 巡察使와 兵馬使를 별도로 보내지 말 것을 觀察使와 兵·水使에게 하유하라고 아뢰다.(『明宗實錄』 명종 10. 『集成』13-182)

10.21. 전라도에서 싸운 군졸들의 軍功에 대하여 차등 있게 논상하다./ 安玹을 의정부 좌찬성으로, 李浚慶을 숭정 대부 우찬성으로, 李蓂을 공조 판서로, 朴民獻을 승정원 동부승지로 삼다.(『明宗實錄』 명종 10. 『集成』13-183)

10.29. 전라도 병마 절도사 南致勤에게 전교하기를, 부임하면 미리 활 잘쏘는 사람을 뽑아 항상 활 쏘기를 익히게 하고, 武備를 닦고 軍器를 손질하여, 방비에 힘쓰라고 하다.(『明宗實錄』 명종 10. 『集成』13-183)

10.30. 상이 對馬島主가 보낸 平調光에게 堂上職을 주는 것과 歲賜米·歲遣船에 대하여 庚午年의 약조를 고쳐서 舊例에 다라 허락하는 것이 마땅한가를 의논하여 아뢰게 하라고 承政院에 전교하다./ 禮曹에 平調光에게 歲遣船과 歲賜米를 더하는 것을 허락치말고, 다만 堂上의 직만을 제수하도록 하다.(『明宗實錄』 명종 10. 『集成』13-184)/ 상이 봄과 가을에는 거동하는 일이 많아 경연에 나가는 일이 드물었고, 근년에는 궁궐의 화재와 倭寇의 大變으로 심신이 놀라서 어리둥절해지고 과로하면 心熱이 치밭쳐서 일신이 보전하기 어렵다고 政院에 전교하다.(『明宗實錄』 명종 10. 『集成』13-185)

11.4. 領經筵事 沈連源이 平調光에게 堂上의 직을 제수함이 불가하다고 아뢰다.(『明宗實錄』 명종 10. 『集成』13-185)/ 영의정 沈連源 등이 아뢰기를, 近年 이래로 경상도 사람들이 무술을 익히지 않고 재주와 힘이 출중한 자도 모두 保率에 빠져 있어 변란에 대비할 수 없으므로 內禁衛와 兼司僕을 兩南에 설치하기를 청하였다고 하다.(『明宗實錄』 명종 10. 『集成』13-186)

11.19. 丹城縣監으로 除授된 曺植이 근래 변방에 변이 있어도 장수로 적합한 사람과 城에 軍卒이 없어 적이 戊寅지경으로 들어오는데, 이는 對馬 倭가 賊倭와 결탁하고 안내한 것으로 王靈이 떨치지 못해 담이 무너져 패했다고 상소하다.(『明宗實錄』 명종 10. 『集成』13-186)/ 병조에서 수군의 영을 나누는데 대한 편부는 의논할 것이 없다고 아뢰니, 앞서 이미 收議하였으나 다시 東西班 2품 이상으로 하여금 3일 안에 자기 집에서 議啓하게 하라고 하다.(『明宗實錄』 명종 10. 『集成』13-187)

11.22. 영의정 沈連源이 수군을 조종의 舊例대로 좌우령으로 나누되 閑丁을 찾아 내고 또 장성하기를 기다려 점차로 闕戶나 闕保를 보충하도록 하여 役을 담당하도록 하는 것이 타당하겠다고 하다./ 영중추부사 尹元衡 등이 수군을 詳定할 때에 각 浦의 병선에 준하여 그 수효를 배

연도	한국
▲ 1555	치하는 문제에 대해서 아뢰다.(『明宗實錄』 명종10. 『集成』13-188)/ 홍문관 부제학 尹春年 등이 아뢰기를, 왜구를 방어하는 계책은 진실로 변방을 방비하는 데 달려 있겠지만 이변을 그치게 하는 기틀은 어찌 인사밖에 있겠느냐고 하다.(『明宗實錄』 명종10. 『集成』13-189) 윤11.20. 弘文館副提學 尹春年 등이 倭奴의 患亂으로 민심이 경동하여 安居하지 못하여 도망할 계획을 세우고 있으며, 倭奴에게 포로가 되었다가 탈출한 사람들을 통해 적의 사정을 물어 방어하는 계책을 삼으라고 차자하다.(『明宗實錄』 명종10. 『集成』13-190)
1556 ▼	【한국】 1.4. 諫院에서 京畿水軍節度使 金舜皐는 備邊司提調가 되어 '倭寇가 무슨 걱정인가? 정병 2천명만 주면 적을 충분히 제어할 수 있다'고 하는 등의 경솔한 말을 하였으니 체직시키고, 여러 장수 중에서 잘 가려서 差遣할 것을 아뢰다.(『明宗實錄』 명종11. 『集成』13-203) 1.15. 영의정 심연원, 좌의정 상진, 우의정 윤개가 아뢰기를, 변방을 방비하는 모든 일을 병조가 주관하게 하지 않고 별도로 비변사와 같은 다른 局을 설치하는 것은 사체에 매우 방해된다고 하다.(『明宗實錄』 명종11. 『集成』13-204) 2.7. 諫院이 別試武科에서 2백 인을 뽑은 것은 倭寇의 소식 때문인데, 文科는 宰相·臺諫이 되지 못하여도 백성에 대한 책임을 걸머지는 것이니 文科殿試와 文武科重試에 입격하지 못하거나 점수가 낮은 자는 뽑지 말 것을 아뢰다.(『明宗實錄』 명종11. 『集成』13-205) 2.20. 文武科重試의 放榜을 했는데 武科는 李浚慶이 倭寇를 대비하기 위한다는 건의로 2백 인을 뽑다.(『明宗實錄』 명종11. 『集成』13-205) 2.21. 諫院이 아뢰기를, 濟州는 바다 가운데 있는데, 저번 흉년에 백성들이 많이 죽어 만약 적변이 생기면 안에는 守卒이 없으므로 조정에서 加里浦僉使와 珍島郡守로 濟州援將을 삼았다고 하다.(『明宗實錄』 명종11. 『集成』13-206) 2.27. 諫院이 全羅右道水使 崔豪는 倭賊이 草島에 정박했을 때에 적의 先鋒을 보고 진격하지 않고, 南桃浦萬戶 丁傑이 진격하여 倭賊을 잡아 啓聞에 자기 공으로 하여 嘉善大夫에 올랐으니 推考하여 充軍하고 가자를 개정하라고 아뢰다.(『明宗實錄』 명종11. 『集成』13-206) 2.29. 慶尙道觀察使 曺光遠이 對馬島主가 下人 調久를 보내어 日本의 賊倭가 우리나라를 도둑질하려 한다는 書契를 보내왔다고 치계하다.(『明宗實錄』 명종11. 『集成』13-208) 2.30. 大臣 등이 의논하여 書契의 내용을 八道에 알리고, 別遣船은 접대하지 않는 것이 約條이만, 調久가 특별히 나왔으니 서울로 올라오게 하여 접대하라고 아뢰다.(『明宗實錄』 명종11. 『集成』13-208) 3.8. 諫院이 지난해 倭寇의 변이 있을 때 甲子기 군사를 징집하였는데 전사에게 나누어 줄 말이 없어 민가의 말을 수색하여 나누어 주어, 백성의 원성이 자자하였으니 온편치 못한 일이라고 아뢰다.(『明宗實錄』 명종11. 『集成』13-209) 3.10. 비변사가 아뢰기를, 2품 실직을 지낸 자와 정3품 당상으로 실직을 지내고 軍職에 降付된 자와 팔도 감사는 모두 戰馬를 바치게 하고 동·서반 각품인원의 軍裝은 미리 정제한 뒤에 本司가 점검하게 하자고 하다.(『明宗實錄』 명종11. 『集成』13-209) 3.17. 大司憲 朴民獻 등이 民心이 안정되지 않아 流言蜚語난무하여 倭船이 곧 京江에 온다는 소문이 있어 士族이 피난갈 준비를 하고 있으니, 진정시키지 못한다면 倭寇가 오기 전에 안에서 무너질까 걱정된다고 箚子를 올리다.(『明宗實錄』 명종11. 『集成』13-210) 3.19. 諫院이 지난해 倭變이 있는 후로 調度가 매우 번거로워 백성들이 편안히 살 수 없으니, 備邊司에서 格軍의 수를 정하게 하여 소요하는 폐단을 없애도록 하라고 아뢰다.(『明宗實錄』 명종11. 『集成』13-211) 3.22. 領經筵事 尙震이 日本은 대대로 通信해 온 나라인데 이번의 노략질을 모를 수도 있으니, 전쟁방지와 노략질을 대비하기 위하여 日本使臣에게 이러한 利害를 진술하는 書契를 만들어 줄 것을 아뢰다.(『明宗實錄』 명종11. 『集成』13-212) 3.23. 상이 全羅道監司 李潤慶이 중국배인지 日本배인지 분간되지 않는 배 10척이 平山浦에서 羅老島로 간 啓本에 의해, 政院에 대해 日本배가 염탐하는 일이 없지 않으니 방비에 관한 일에 조처하라고 전교하다.(『明宗實錄』 명종11. 『集成』13-212) 4.1. 禮曹에서 倭人 調久가 고변으로 왔으나 島主의 書契에 調久에 대한 功을 기록하지도 않았고, 賞職의 제수도 청하지 않았다고 아뢰니, 상이 우리 변경에 賊船이 근절되면 원하는대로 해주겠다고 하고 賞物도 넉넉히 주라고 전교하다.(『明宗實錄』 명종11. 『集成』13-213) 4.10. 安岳의 校生 張應奎가 水軍 尹巡가 복 없는 자가 나라를 다스리기 때문에 水災와 旱災가 잇달아 흉년이 들고, 倭變까지 있어 백성을 지치게 한다는 亂言을 했다고 고발하므로, 闕廷에서 推鞫하도록 명하다.(『明宗實錄』 명종11. 『集成』13-214) 4.18. 政院이 對馬島 第一船 源康秀가 書契와 歲賜米를 두고 갔으니, 調久에게 源康秀가 歲賜米를 버리고 간 사연을 書契에 써서 島主에게 보낼 것과 倭人 安國이 우리나라 童子를 쇄환하였으므로 접대를 거절할 수 없다고 아뢰다.(『明宗實錄』 명종11. 『集成』13-216) 4.19. 左議政·右議政등이 倭人 安國이 우리나라 아동들을 쇄환한 것에 대해 논의하다.(『明宗實錄』 명종11. 『集成』13-216) 4.27. 諫院이 倭寇에 피납되었던 변방 백성이 刷還되거나 도망해 올 경우, 邊將에게 명하여 그들을 본고장에 살게 해주고

일본

윤11.21. 간원이 아뢰기를, 국가의 방어는 邊將에게 달려 있으며, 변장에 적합한 사람을 얻는 것은 병조에 달려 있으니, 사졸들의 마음을 얻을 수 있는 사람을 병조의 당상관으로 임명해야 한다고 하다.(『明宗實錄』 명종 10. 『集成』13-192)/ 상이 慶尙監司의 啓本에 있는 명나라에서 노략질하던 倭人들이 내년 봄에 貴國에 갈 것이라는 日本인 源勝의 書契는 모두 믿을 수 없지만, 지난날의 경험이 있으니 兵曹 등에서 의논하여 답하라고 政院에 전교하다.(『明宗實錄』 명종 10. 『集成』13-193)

復戶시킬 것을 아뢰다.(『明宗實錄』 명종 11. 『集成』13-218)

5.5. 司藝 金弘度가 倭寇가 물러나자 연회가 빈번하고, 彗星이 없어지자 상이 正殿에 돌아왔는데 생각하는 일이란 內需司에 소속된 집을 復戶하는 것과 宦官들이 쓸 學舍에 대한 것 뿐이라는 내용의 對策을 올리다.(『明宗實錄』 명종 11. 『集成』13-219)

5.8. 同知經筵事 洪暹이 對馬島 倭人 要時知가 보낸 童子는 우리나라 사람이 아닌데도 安國에게 요청하여 刷還한 것은 對馬島主가 우리를 속이는 것이니, 書契를 마련할 때 對馬島의 간사한 뜻을 질책하라고 아뢰다.(『明宗實錄』 명종 11. 『集成』13-220)/ 領議政 沈連源이 要時知가 刷還한 童子는 우리나라 사람이 아닌데 거짓으로 보냈으니 준엄한 말로 島主를 꾸짖고, 源康秀가 버리고 간 歲賜物件은 島主의 答書를 기다렸다가 처리되는 것을 본 뒤에 보내라고 의논하다.(『明宗實錄』 명종 11. 『集成』13-221)

5.11. 茂長 儒生 安瑞順이 倭賊이 남쪽을 횡행하며 사람을 죽였는데, 金景錫이 靈巖大捷이 없었다면 全羅道가 倭賊의 소굴이 되었을 것이니 天變이 거듭 나타나는 일과 倭賊의 극성은 원인이 있다고 상소를 올리다.(『明宗實錄』 명종 11. 『集成』13-224)

5.14. 諫院이 倭人 安國이 要時知를 보내어 7-8세쯤되는 아이를 우리나라 사람이라고 돌려보낸 것에 대하여 아뢰다.(『明宗實錄』 명종 11. 『集成』13-225)

6.1. 倭船 1척이 蔚山에 온 것을 섬멸하여 35명을 斬首하였다는 慶尙左道水使의 계본을 가지고 상이 政院에 我軍의 사상자가 없다고 하니, 사실대로 馳啓할 것이며, 倭를 포획한 장수·군졸에게 論功할 일을 該司에 이르라고 전교하다.(『明宗實錄』 명종 11. 『集成』13-225)

6.14. 倭賊을 잡아 濟州에서 33, 旌義에서 31급, 大靜에서 33급을 베었다는 濟州牧使의 啓本을 가지고 상이 軍器와 火砲를 미리 갖추어 방비하고, 倭賊을 잡은 것에 가상히 여기는 뜻을 牧使에게 하유하라고 政院에 전교하다.(『明宗實錄』 명종 11. 『集成』13-226)

6.15. 倭船 1척을 잡아 33級을 斬했다는 濟州牧使의 啓本을 가지고 상이 軍官 姜佋가 돌진하여 힘껏 싸웠으니, 특별히 論賞해야 한다고 政院에 전교하다.(『明宗實錄』 명종11. 『集成』13-226)/ 비변사가 제주에서 왜적을 잡은 계본에 대해 회계한 일에 대해서 아뢰다.(『明宗實錄』 명종 11. 『集成』13-227)

6.16. 헌부가 아뢰기를, 바야흐로 倭奴들이 충돌해 들어올 즈음에 邊將 등이 공공연히 군무를 빼주고 그 값을 거두어들임으로 해서 심지어는 鎭을 텅 비워 놓고 혼자 앉아 있는 자도 있다고 하다.(『明宗實錄』 명종 11. 『集成』13-228)/ 간원이 아뢰기를, 지난해 별안간 왜변을 당하자 조정에서 연변 수령은 무관이 아니면 삼을 수 없다고 논의하였다고 하다.(『明宗實錄』 명종 11. 『集成』13-229)/ 삼공·영부사·이조·병조·비변사가 함께 의논하여 아뢰기를, 근래 邊報가 끊이질 않아 外賊의 變亂이 발생한 것에 대해서는 조석간에 보장하기 어렵다고 하다.(『明宗實錄』 명종 11. 『集成』13-230)

6.17. 헌부가 제주 목사 김수문과 판관 이선원을 왜적을 잡은 공로로 資憲의 重加와 3품의 직급을 주었는데 5척의 왜선이 제주에서 도적질을 한 것은 아니므로 상을 내리는 것은 옳지 않다고 아뢰었으나 윤허하지 아니하다.(『明宗實錄』 명종 11. 『集成』13-230)

7.8. 三島 倭浦에서 倭船이 1척을 나포하여 머리 4級을 벤 全羅左道水使의 啓本과 靑藤島에서 倭船 1척을 나포하여 21級을 베었다는 右道水使의 啓本을 가지고, 상이 政院에 倭船이 나타나니 방비에 조치하라고 전교하다.(『明宗實錄』 명종 11. 『集成』13-231)

7.15. 상이 倭船 2척을 나포하여 머리 75級을 베었다는 濟州牧使 金秀文 啓本을 政院에 내리면서 나포한 倭船의 체제가 다르고 많은 병기를 실었으니 노략질한 倭이므로, 各道에 조치하여 방비하라고 하유할 것을 전교하다.(『明宗實錄』 명종 11. 『集成』13-231)

7.17. 泰安郡 禿津에 荒唐船 1척이 정박하여 人家를 뒤지고 私船을 가지고 도망갔다는 淸洪兵使 方好義의 啓本을 承政院에 내리면서, 상이 倭船인줄도 모르고 추격하고 조치하지 않은 泰安郡守·所斤浦僉使를 추고하라고 전교하다./ 倭賊 큰 배가 甫吉島와 作只島에 정박하여 長興府使 邊協이 倭人에게 항복할 것을 설득하려는데, 權管 申示禑가 倭賊을 생포하기로 한 약속을 어겨 놓쳤다는 全羅兵使 南致勤의 계본에 의해, 상이 추고하라고 政院에 전교하다.(『明宗實錄』 명종 11. 『集成』13-232)

7.19. 諫院이 江原道는 慶尙道와 잇닿아 前朝末葉에 倭寇가 소란을 일으킨 것이 많았는데, 금년에 倭船이 咸鏡道 吉州에 정박한 것은 江原道를 거쳐왔을 것이니, 觀察使 任臣을 체직하고 절제할 수 있는 자를 擇差하라고 아뢰다.(『明宗實錄』 명종 11. 『集成』13-232)

7.20. 備邊司가 보길도에서 생포한 왜인을 서울로 압송하는 것은 驛路에 폐해가 있고, 서울에 있는 왜인이 들을 수도 있으니, 本道에서 처리하도록 아뢰다.(『明宗實錄』 명종 11. 『集成』13-233)

7.26. 諫院이 慶尙道는 소속 고을의 수가 많고 倭賊을 막는 길이 있어 번거로움이 심하여 監司가 직책을 봉행하지 못하면 소홀해 지니, 병으로 사직을 원하는 觀察使 曺光遠을 체직시키라고 아뢰다.(『明宗實錄』 명종 11. 『集成』13-233)

8.4. 상이 加德僉使 鄭應奎에게 분부하기를, 근래에 첨사와 만호들이 침탈만을 일삼고 방비하는 일에는 유의하지 않아 지난해에는 변고를 당하였으니 지금부터 군기를 잘 단련시켜 날로 새롭게 변란에 대비하여야 한다고 하다.(『明宗實錄』 명종 11. 『集成』13-234)

8.6. 承政院이 斥候를 하지 않아 倭賊이 水場까지 난입했는데도 잡지 않고 도리어 군사를 다치게 하였고, 倭賊이 우리의 허실을 엿보고 돌아가게 하여 軍機를 그르친 金世鳴의 죄가 적지 않다고 아뢰다.(『明宗實錄』 명종 11. 『集成』13-234)

8.8. 諫院이 加德島僉使 金世鳴이 倭寇가 水場까지 들어와도 倭賊을 사로잡지도 못하여 우리의 허실만 알고 떠나게 하였는데도 상이 贖杖만 하게 하고 充軍하는 것을 면제하라고 명한 것을 거두고, 율대로 죄를 다스리라고 아뢰다.(『明宗實錄』 명종 11. 『集成』13-235)

8.12. 전라도 관찰사 權轍과 경상도 관찰사 兪絳이 군량미를 비축해야 한다고 하다.(『明宗實錄』 명종 11. 『集成』13-235)/ 諫院이 備邊司가 靈巖

연도	한국
▲ **1556**	倭變의 戰功을 論賞할 것을 청하였는데, 崔潾·李希孫은 城을 버린 죄는 목숨을 보존하는 것만도 다행이니 방면하고 직첩을 주라는 명은 온당치 않다고 아뢨으나, 상이 윤허하지 않다.(『明宗實錄』명종11.『集成』13-236) 8.13. 양사가, 제주와 울산의 군공에 대하여 등급을 낮추어 논상할 것과 죄인, 이희손을 방면하지 말고 직첩을 주지 말 일을 아뢰다.(『明宗實錄』명종11.『集成』13-237) 9.25. 諫院이 蔚山郡에서 倭船 3척을 포획한 것은 지난해 草島와 鹿島에서의 軍功과 같은 예로 主將에게 加資하였는데, 이는 倭船이 바람에 표류하여 좌초한 것이므로 方好智를 嘉善大夫로 加資한 일을 개정하라고 아뢰다.(『明宗實錄』명종11.『集成』13-237) 9.26. 憲府가 慶尙左兵使 方好智가 표류해서 항복을 청하는 倭賊을 포획하였다고 軍功 1등으로 嘉善으로 加資한 것은 잘못된 일이니, 개정하라고 아뢰다.(『明宗實錄』명종11.『集成』13-238) 10.2. 헌부가 아뢰기를, 延安에 성을 쌓는 공사로 온 도의 민력이 이미 곤폐해졌는데 또 長淵에서 造船하는 역사를 시작하였으니 역사할 백성도 없고 지공할 곡식도 없는 형편이라고 하다.(『明宗實錄』명종11.『集成』13-239) 10.5. 헌부가 아뢰기를, 적을 막는 계책은 銃筒보다 더 좋은 것이 없으니, 비변사가 그것을 많이 만들려고 하는 것은 과연 옳다고 하다.(『明宗實錄』명종11.『集成』13-239)/ 諫院이 지난날 倭寇의 변란에 징계되어 銃筒을 만들어 적을 막는 도구로 삼으려 하였는데, 국가에 비축된 銅鐵이 없어 백성에게서 구입하지만 동철이 시중에 귀해 값이 치솟아 백성들이 한없는 원망을 품고 있다고 아뢰다.(『明宗實錄』명종11.『集成』13-240) 10.18. 諫院이 지난해 湖南의 倭變을 日本이 비록 그 모의는 몰랐다고는 하지만 그들이 관할하고 있는 倭賊이 날뛰는 것을 몰랐다는 것은 거짓말이며, 지금 온 使臣중에 지난해 모의에 참여한 九州 等地에서 온 자도 있을 것이라 아뢰다.(『明宗實錄』명종11.『集成』13-241)
1557 **▼**	【한국】 1.4. 賊倭가 중국을 침범하여 인물을 잡아갔는데 우리 나라 장사들이 全船의 적왜를 참획하고 잡아간 인물을 쇄환시켰기 때문에 칙서를 보내어 흠사하다./ 간원이 아뢰기를, 근래 邊將들은 모두 백성들에게만 긁어 들이는 데에만 힘쓸 뿐이므로 파직시켜야 한다고 하다.(『明宗實錄』명종12.『集成』13-248) 1.5. 司憲府가 寧海府使 李善源의 파직을 아뢰었는데, 史臣은 이선원은 濟州島에서 倭賊을 잡은 공로로 3品官에 오른 것은 지나치다고 논하다.(『明宗實錄』명종12.『集成』13-248) 1.15. 日本 客使가 宣慰使 任輔臣에게 10조의 내용을 요구하자, 領議政 沈連源 등이 客使가 安心의 東堂이 박해 소란을 피우는 것이므로 商物의 값을 5백 동이라는 숫자에 채워주어 위로하자고 아뢰니, 상이 마땅하다고 답하다.(『明宗實錄』명종12.『集成』13-249)/ 左贊成 安玹과 右贊成 李俊慶 등이 倭書의 10조는 모두 따를 수 없는 요구이므로, 辛丑年에 감축한 歲遣船 5척을 환급해 주거나 혹은 銀兩·硫黃 등을 더 무역하여 위로해 주는 것이 옳겠다고 아뢰다.(『明宗實錄』명종12.『集成』13-251) 1.19. 상이 日本 使臣 天富東堂이 宣慰使에게 요구한 10조는 들어주지 않는 대신 商物의 값으로 500동을 주어 위로하게 하고, 그 나머지 일은 상세히 헤아려 조처하라고 명하다.(『明宗實錄』명종12.『集成』13-252) 1.20. 禮曹判書 洪暹과 領議政 沈連源 등이 대신들과 의논하여, 對馬島에 通信使를 보내 그들의 방비를 살펴보고 와서 回啓한 후에 歲遣船 5척을 환급하자고 아뢰니, 임금이 通信使를 3월안에 차견하도록 하라고 명하다.(『明宗實錄』명종12.『集成』13-253) 1.21. 영경연사 상진이 아뢰기를, 客使 天富東堂이 이미 와서 적변을 고했고 또 적의 머리를 베어 바쳤으니 이를 명분으로 삼아 5척을 환급하면 그들의 조급한 분을 풀게 할 수 있을 것이라고 하다.(『明宗實錄』명종12.『集成』13-254) 1.25. 中國에서 우리나라가 倭賊을 잡고 中國 사람을 쇄환시켰으므로 칙서를 내리고 은냥과 채단을 欽賜하다.(『明宗實錄』명종12.『集成』13-255) 1.27. 대사헌 洪曇 등이 箚子를 올려 倭人들의 탐욕스럽고 간사하여 자기들의 이익만을 추구하므로, 對馬島에 通信使를 보내는 것은 불가하다고 아뢰다.(『明宗實錄』명종12.『集成』13-255) 1.28. 임금이 對馬島는 日本처럼 멀지 않아서 使臣을 보내 通好하는 것이 무방하리라 여기나, 다시 廷臣 3품 이상에서 의논하도록 하라고 이르다./ 전교하여, 동서반 3품 이상과 옥당 전부를 命牌할 것으로 이미 일렀으나 다시 헤아려 보니 허다한 재상들이 궁궐에 모이면 보고 듣는 자만 놀랄 뿐이 아니라 자못 은밀하게 의논한다는 뜻이 없다고 하다.(『明宗實錄』명종12.『集成』13-258) 1.29. 對馬島에 通信使를 보내는 것에 대해, 持平 柳承善과 正言 朴應男은 불가하다고 아뢰고, 領經筵事 尹漑는 관원을 보내어 상황을 살핀 후에 歲船을 주어 명분을 세우는 것이 옳다고 아뢰다.(『明宗實錄』명종12.『集成』13-258) 1.30. 領經筵事 尹元衡과 同知經筵事 洪暹이 對馬島에 관원을 보내 상황을 살펴 본 후에 歲船을 주는 것이 마땅하다고 아뢰니, 상이 이 일은 日本과 관계된 일이라서 비밀리에 의논하게 한 것이며, 通信使는 시험삼아 보내려 한 것이라고 답하다.(『明宗實錄』명종12.『集成』13-260) 2.4. 禮曹가 日本 使臣이 對馬島 歲遣船과 熙久의 圖書가 소원대로 되지 않자 불만을 품고 書契를 받지 않는 다고 아뢰니, 임금이 다시 郎廳을 보내 타일러 書契를 받게 하라고 전교하다.(『明宗實錄』명종12.『集成』13-261) 2.6. 禮曹가 日本國王의 使臣이 회답 書契를 받지 않고 客廳에 놓아 두었는데 저들의 요구대로 상물의 값을 더 주는 것으

일본

10.19. 상이 勤政殿에서 日本國王의 使臣 上官 승려 天富東堂과 副官 중 景轍西堂 등을 접견하다.(『明宗實錄』명종 11.『集成』13-242)

10.20. 禮曹가 倭人인 司猛 胤長 등이 서책과 병기를 가져와서, '지난해 귀국에서 노략질 한 자가 甑島에 정박했다가 섬멸되고 이 물건만 남아서 가져왔다'고 말했다고 아뢰니, 상이 倭賊이 상을 받으려고 물건을 바친 것이라고 전교하다.(『明宗實錄』명종 11.『集成』13-242)

10.24. 간원이 아뢰기를, 경상좌도 절도사 方好智는 도임한 이후 오로지 수탈만을 일삼아, 군졸들을 1백여 명씩이나 여기저기 내보내어 淸蜜·白荏·全漆 등을 징수하였으므로 징계시켜야 한다고 하다.(『明宗實錄』명종 11.『集成』13-243)

10.25. 領經延事 尹元衡이 지난해 倭變을 日本使臣에게 언급할 것을 아뢰니, 상이 倭寇의 일은 전혀 말하지 않으면 두려워서 그런 줄 알 것이니, 客使에게 대강 말해도 무방하다고 답하다.(『明宗實錄』명종 11.『集成』13-243)

11.1. 聖節使 尹釜가 玉河館에서 序班 洪惠 등이 찾아와 朝鮮과 日本이 늘 使臣이 왕래하는지와 조정에서 倭寇를 제압하기 어려워 칙서를 내려 日本에 諭告를 전달한다는 내용의 聞見單子를 가져와 입계하다.(『明宗實錄』명종 11.『集成』13-244)/ 禮曹가 日本使臣이 가져온 商物 중 무역가능한 물품을 선택하여 허락하고, 綿布의 수도 다시 마련할 것과《大藏經》의 印本도 보내 줄 것을 아뢰다.(『明宗實錄』명종 11.『集成』13-245)

11.28. 禮曹가 日本國王의 使臣이 靑薄紙金字經 및 銀兩 등의 무역을 허락해 주기를 청하는 일로 單子를 本曹에 보내 啓達해 줄 것을 간청하니, 客使가 보낸 單子들과 禮曹의 관리들이 답한 내용을 가지고 입계하다.(『明宗實錄』명종 11.『集成』13-245)

12.2. 禮曹가 日本 硫黃島太守 則忠이 4월에 賊船 1척을 만났는데 그 배에 실린 무기가 모두 귀국의 물건이었으므로 圖書를 주면 적선을 막아 주겠다는 書契를 보내왔다고 아뢰다.(『明宗實錄』명종 11.『集成』13-246)

12.21. 호조가 총통을 만들 철을 사들이는 것을 비변사로 하여금 참작해 보류하게 할 것을 아뢰다.(『明宗實錄』명종 11.『集成』13-247)

로 國書를 고쳐서는 안 될 것이라고 아뢰니, 임금이 대신·영부사와 함께 의논해서 타이르도록 하라고 전교하다.(『明宗實錄』명종 12.『集成』13-261)

2.9. 大司諫 朴民獻 등이 日本 使臣이 요구대로 對馬島에 使臣을 보내는 것은, 日本이 우리를 업신여겨 국가의 체통을 훼손시킬 수 있으므로 좋은 계책이 아니라고 아뢰니, 임금이 서서히 헤아려 조치하겠다고 말하다.(『明宗實錄』명종 12.『集成』13-262)

2.12. 禮曹가 客使가 서계를 거절했다고 아뢰니, 서계는 고칠 수 없고 상물값도 더줄 수 없으니, 반복해서 잘 타이르도록 전교하다.(『明宗實錄』명종 12.『集成』13-264)

2.15. 예조 판서 洪暹이 宗伯이란 벼슬은 나라의 예를 맡아 神人을 화합하게 하는 것인데 스스로 부족하여 맡을 수 없으므로 사임하기를 청하다.(『明宗實錄』명종 12.『集成』13-265)

2.18. 임금이 對馬島에 우선 歲遣船 5척을 내린 후, 몇 해 동안 해적이 없고 島主로 하여금 사로잡힌 사람들을 쇄환하게 한 뒤에 공적을 논하여 使臣을 보내자고 하니, 左議政 尙震 등이 마땅하다고 아뢰다.(『明宗實錄』명종 12.『集成』13-266)/ 領議政 沈連源·左議政 尙震·右議政 尹漑 등의 대신들이 對馬島에 使臣을 보낼 것인지에 대해 의논하다.(『明宗實錄』명종 12.『集成』13-267)

2.27. 임금이 乙卯倭變 때부터 모든 중들을 役事시켰으나, 이제부터 度牒과 戶牌가 있는 중은 役事를 면해주라고 政院에 이르다.(『明宗實錄』명종 12.『集成』13-271)

3.17. 禮曹가 對馬島 第一 歲遣船이 나왔다고 아뢰고, 그 書契에 명나라의 蔣副使가 日本國王과 對馬島에 咨文을 보내 賊倭를 禁制하게 했다는 내용이 있다고 보고하니, 임금이 후일 궤향할 때 자세히 물어 아뢰도록 하라고 전교하다.(『明宗實錄』명종 12.『集成』13-274)

3.25. 장령 成義國이 아뢰기를, 각 鎭浦의 방비에 대한 제반 일을 살펴보니 모든 조치를 하였고 戰船도 준비되어 있었으나 水軍 5백 명이 방수하는 곳에 겨우 1백 명이 있을 뿐 그 나머지는 모두 본 고을에서 오지 않았다고 하다.(『明宗實錄』명종 12.『集成』13-275)

3.26. 禮曹判書 洪暹이 左·右相과 함께 書契에 대한 답에 대해 의논하여, 對馬島에 우선 歲遣船을 5척 환급하고, 이후 賊倭가 국경을 침범하면 도로 빼앗을 것이라고 답하는 것이 옳다고 아뢰니, 임금이 아뢴대로 하라고 이르다.(『明宗實錄』명종 12.『集成』13-276)

4.1. 禮曹에서 對馬州 太守의 書契에 대한 답을 歲遣船 5척을 환급하되, 만약 海路에 警變이 있게 되면 도로 삭감하겠다는 사연의 내용으로 하자는 계목 올리다.(『明宗實錄』명종 12.『集成』13-277)

4.19. 承文院에서 中國이 우리나라로 하여금 中國으로 가는 倭賊을 죽이게 하는 반면, 日本을 타이를 것을 요구한 것에 대해, 답할 내용을 의논하다.(『明宗實錄』명종 12.『集成』13-277)

4.21. 上이 倭人이 나타나는 경우, 倭賊과 漂流船을 잘 구별하도록 하고, 各浦의 絶戶된 水軍을 閑丁이나 나이가 차는 장정으로 점차 채워나가도록 전교하다.(『明宗實錄』명종 12.『集成』13-279)/ 領議政 沈連源 등이 倭船이 접대하는 곳이 아닌 곳에 정박하는 경우에는 賊倭로 논해 섬멸해야 한다고 아뢰니, 임금이 마땅하다고 하다.(『明宗實錄』명종 12.『集成』13-282)

4.25. 使臣이 湖南이 이미 倭變을 겪었는데도 하늘이 화를 내림을 중지하지 않아 재변이 비상하니, 장래가 걱정된다고 논하다.(『明宗實錄』명종 12.『集成』13-283)

5.7. 단양 군수 황준량이 보병에 관한 폐단 등 민폐 10조의 상소문을 올리다.(『明宗實錄』명종 12.『集成』13-283)

5.11. 司諫 金汝孚 등이 흉년이 계속되고 倭寇의 노략질이 끊이질 않으므로 수자리를 위해 징발하는 부역이 전일보다 많다고 아뢰니, 임금이 그 폐단을 개혁하라고 명하다.(『明宗實錄』명종 12.『集成』13-284)

6.4. 禮曹에서 對馬島主 宗盛長이 표류한 우리나라 여인 福藏을 쇄환하였으므로 賞典을 내려 주자고 아뢰니, 임금이 그대로 따르다.(『明宗實錄』명종 12.『集成』13-285)

6.21. 임금이 倭船 2척이 출몰했으나 체포하지 못했다고 한 淸洪監司의 서장을 보고, 죄를 줄 만한 將士 및 척후를 삼가지 않은 일 등을 자세히

연도	한국
▲ 1557	살펴 아뢰라고 명하다.(『明宗實錄』명종12.『集成』13-285) 7.4. 임금이 倭寇가 나타났다고 하는 全羅감사의 장계를 보고, 倭賊의 모의를 예측하기 어려우니, 방비에 대한 제반 일을 십분 조치하라고 명하다.(『明宗實錄』명종12.『集成』13-285) 7.5. 濟州牧使 金秀文이 계문을 보내 倭船 26척이 경내에 정박했다고 아뢰니, 임금이 경계를 철저히 하고 형세를 보고 잘 헤아려서 남김없이 무찌르라고 전교하다.(『明宗實錄』명종12.『集成』13-286) 7.7. 全羅右道水使 吳 의 倭賊을 나포한 장계를 備邊司에 내리다.(『明宗實錄』명종12.『集成』13-287) 7.27. 경상좌도병사 吳誠에게 전교하기를, 부임하거든 군졸과 기계 등 방어하는 제반 일을 마음을 다해 조치하라고 하다.(『明宗實錄』명종12.『集成』13-287) 8.2. 達梁浦가 함락되었다는 말을 듣고, 그 위급을 구하여야 함에도 불구하고 천연덕스럽게 술마시고 웃으며 일부러 시간을 끌어 적의 형세가 더욱 커지게 하였던 元俊良을 경상 좌도 수사로 삼다.(『明宗實錄』명종12.『集成』13-287) 8.14. 이조가 지난해 兩南의 관찰사를 차출할 때 삼공과 병조·비변사 당상이 함께 의논하여 儒將에 뽑힌 사람을 가리어 보내기로 하였는데 이제 이미 임기가 찼으므로 함께 의논하여 차출해 보내겠다고 아뢰다.(『明宗實錄』명종12.『集成』13-288) 8.16. 憲府가 지난번 倭變 이래 조정에서 문관으로 武才가 있는 자를 뽑아 儒將이라 부르고, 겨우 堂上에 오른 사람을 觀察使의 職에 除授하는 것은 온당치 않다고 아뢰니, 아뢴 바를 대신들에게 의논하여 처리하겠다고 답하다.(『明宗實錄』명종12.『集成』13-288) 8.17. 영의정 심연원 등이 의논드리기를, 전라·경상 양남 방백에 유장 출신을 쓰지 말고, 재상 중에서 一方을 전제할 수 있고 출척을 엄하고 밝게 할 수 있는 사람을 가리어 보내는 것이 마땅하겠다고 하니 그대로 하라고 하다.(『明宗實錄』명종12.『集成』13-289) 8.20. 諫院이 밖에서 倭寇들이 우리나라를 업신 여신다고 아뢰다.(『明宗實錄』명종12.『集成』13-289)
1558	【한국】 1.10. 諫院에서 乙卯年 倭變 때 全羅道 防禦使로서 勝戰의 공은 없고 죄없는 사람만 죽인 南致勤의 파직을 청하였으나, 本職만을 갈라고 명하다.(『明宗實錄』명종13.『集成』13-296) 2.11. 倭上護軍 源盛滿이 賊倭가 봄 2~3월에 馬島를 치고 이어 貴國으로 향할 것이라고 하자, 임금이 兵曹와 備邊司에 방비를 엄하게 갖추고 각별히 조치치 하라고 전교하다.(『明宗實錄』명종13.『集成』13-296) 2.12. 삼공·영부사·비변사가 함께 전라도와 경사도의 방어책에 대해서 의논드리다.(『明宗實錄』명종13.『集成』13-297) 2.15. 헌부가 아뢰기를, 二南은 賊路의 요충이라고는 하나, 수년 이래로 방비가 대강 갖추어지고 도내의 인심이 賊情을 잘 알며 또한 병사·수사가 있어서 날마다 방어하는 것으로 책무를 삼고 있다고 하다./ 정원에 전교하기를, 삼공·영부사·병조·비변사는 순찰사의 일을 다시 의논하여 아뢰라고 하다.(『明宗實錄』명종13.『集成』13-297) 2.16. 비변사와 대신·영부사가 함께 의논드리기를, 源盛滿은 受職倭로서 해마다 來朝하고 늘 상받기를 바라는 마음을 가졌는데, 이제 浦所에 이르러 먼저 서계로 예조에 알렸으니, 정상으로 헤아려보면 거짓이 아닌 듯 하다고 하다.(『明宗實錄』명종13.『集成』13-297)/ 경상도 순변사 김수문에게 전교하기를, 전에 耽羅에 가서 직임에 마음을 다하여 사졸의 마음을 얻고, 왜노가 침범해 왔을 때에 기회를 타 힘써 잡아서 여러 번 이긴 소식을 알렸으므로, 내가 아름답게 여긴다고 하다.(『明宗實錄』명종13.『集成』13-300) 3.3. 정원에 전교하기를, 중국 사신이 일본의 바다에서 나는 大狼皮를 원하므로 이미 무역하게 하였다고 하다.(『明宗實錄』명종13.『集成』13-300) 3.6. 尹春年이 천하에 기근이 들었는데, 남쪽 변방의 倭寇는 아직도 그치지 않고 있다고 書契하다.(『明宗實錄』명종13.『集成』13-301) 3.16. 兩司가 對馬島가 賊倭를 방어한다고 하며 6년 동안 줄 쌀과 그 밖에 방비에 관계되지 않는 물건을 청구하므로 朝廷에 의논하게 하자고 아뢰니, 그대로 따르다.(『明宗實錄』명종13.『集成』13-301) 3.24. 정원에 전교하여, 오랑캐가 歲賜米를 해마다 청한다면 참으로 들어 줄 수 없겠으나, 이번에 청하는 것은 들어 주어도 무방하겠다고 하다.(『明宗實錄』명종13.『集成』13-302) 7.2. 大臣과 備邊司가 임금에게 倭를 대우하는 일을 논의하여 아뢰고, 倭賊을 잡아 벤 사람에게 賞加를 줄 것을 청하다.(『明宗實錄』명종13.『集成』13-302) 7.3. 大司諫 尹仁恕 등이 왜인에 대한 대비를 잘못 아뢴 죄로 諫官의 책임을 다하지 못했다고 사직을 청하다.(『明宗實錄』명종13.『集成』13-305)/ 헌부가 아뢰기를, 지금 대신과 비변사가 함께 의논하여 서계한 말을 보니 적을 비호하고 도둑에게 아첨하는 짓이라고까지 하였으니 사간원이 피혐하는 것이 당연하다고 하다.(『明宗實錄』명종13.『集成』13-306) 8.14. 諫院이 남쪽 변방의 倭寇의 난동을 방비하기 위해 各道에 설치한 評事가 폐단을 끼치고 있으므로 評事를 없애자고 아뢰니, 의논하여 아뢰라고 답하다.(『明宗實錄』명종13.『集成』13-306)/ 정원에 전교하여, 간원이 아뢴 評事를 혁파하는 일을 대신들에게 收議하라고 하다.(『明宗實錄』명종13.『集成』13-307)
1559 ▼	【한국】 1.1. 勤政殿에서 望闕禮를 행하니, 왜인이 참석하다.(『明宗實錄』명종14.『集成』13-308)

일본

9.4. 경상좌도 수군 절도사 元俊良에게 전교하기를, 군졸들을 아끼고 불쌍히 여기며, 모든 일을 방비하는 데 마음을 다하여 조치하라고 하다.(『明宗實錄』 명종 12. 『集成』13-290)

9.5. 武衛殿에서 보내온 왜인을 접견하는 날짜를 물으니, 10일에서 15일 사이에 날을 가려서 아뢰도록 하다./ 전교하기를, 무위전에서 보내온 왜인을 접견하는 날짜를 10일에서 15일 사이에 날을 가려서 정할 것을 명하다.(『明宗實錄』 명종 12. 『集成』13-290)

9.11. 임금이 日本國 左武衛殿 源義淸이 보낸 중 圓叟西堂 등에게 잔치를 베풀다.(『明宗實錄』 명종 12. 『集成』13-291)

9.20. 임금이 濟州牧使 閔應瑞와 江原道 觀察使 吳祥에게 倭寇의 노략질로 민생의 곤란함이 심해지니, 모든 방비를 철저히 하라고 명하다.(『明宗實錄』 명종 12. 『集成』13-291)

9.26. 慶尙道 觀察使 金光軫과 全羅道 관찰사 元混이 배사하니, 임금이 倭寇들이 침범하여 군민의 곤궁이 심해지므로, 방비하는 일에 특별히 조치를 취하라고 명하다.(『明宗實錄』 명종 12. 『集成』13-292)

10.22. 淸洪道, 全羅道의 왜인을 잡은 軍功에 대해 單子를 가지고 정원에 전교하다.(『明宗實錄』 명종 12. 『集成』13-292)

10.23. 倭人을 잡은 全羅右道 水使 吳瀚의 공을 적으니, 爵償을 거둘 것을 청하여 윤허하다.(『明宗實錄』 명종 12. 『集成』13-292)

11.3. 兼兵曹判書 李浚慶은 을묘년에 討倭元帥가 되었으나 공을 세운 게 없어 사람들이 怯夫라고 지목하다.(『明宗實錄』명종12. 『集成』13-293)

11.19. 倭寇가 경계를 침범할 때마다 무찔러 바다 밖의 섬을 보전한 金秀文을 僉知中樞府使로 삼다.(『明宗實錄』 명종 12. 『集成』13-293)

11.20. 憲府가 乙卯年에 倭變이 있었을 때 城을 버리고 싸움에 진 崔濟과 李希孫의 告身을 거두자고 아뢰니, 그대로 따르다.(『明宗實錄』 명종 12. 『集成』13-294)

12.3. 諫院이 乙卯年 倭變이 있던 뒤부터 八道의 監司가 모두 軍官을 거느리고 있는데 그 수가 20여 인에 이르러 폐단을 저지르고 있으므로 軍官을 폐지할 것을 아뢰니, 그대로 따르다.(『明宗實錄』 명종 12. 『集成』13-294)

12.30. 禮曹에서 對馬州 太守에게 우리나라에 내왕하는 자들이 단목은 30근, 호초는 50근 이상을 진상하지 말라는 서계를 보내다.(『明宗實錄』 명종 12. 『集成』13-295)

8.15. 左議政 尹漑 등이 評事는 倭寇를 방비하는데 도움됨이 없고 폐단만 있으므로 혁파하자고 아뢰니, 그대로 따르다.(『明宗實錄』 명종 13. 『集成』13-307)

9.20. 정원에 전교하여, 濟州에서 倭人들을 잡을 적에 왜인들이 우리 나라 사람을 많이 죽였는데도 牧使 閔應瑞가 숨기고 계문하지 않았으므로 잡아다가 추문하라고 하다.(『明宗實錄』 명종 13. 『集成』13-308)

11.26. 정원에 전교하여, 변방의 守令은 마땅히 문관과 무관을 섞어서 差任해야 하며, 남쪽 지방과 서쪽 변방에 흔단이 생길 염려가 없지 않으니 더욱 방비를 굳게 해야 한다고 하다.(『明宗實錄』 명종 13. 『集成』13-308)

윤11.22. 정원에 전교하여 이조와 병조의 판서는 권한이 중대하다고 여겨 兩都目이 경과하면 반드시 사양하여 遞任하는데, 이준경은 久任하게 하라고 하다./ 李浚慶을 의정부 우찬성 겸 병조 판서로, 鄭士龍을 판중추부사로, 李戩을 병조 참판으로, 李夢亮을 동지중추부사로, 李戩을 황해도 관찰사로, 李希儉을 사헌부 장령으로, 金彛胤을 사간원 헌납으로, 金貴榮을 이조 정랑으로 삼다.(『明宗實錄』 명종 10. 『集成』13-193)

윤11.23. 상이 政院에 흉년이 연달아 심하여 기근이 들고, 궁궐을 짓는 큰 役事를 겪었으며 湖南에 倭賊의 변란이 매우 치성했으니, 고질화된 폐단을 개혁하여 바로 잡을 것들을 議政府 등에 전교하다.(『明宗實錄』 명종 10. 『集成』13-194)

윤11.24. 겸 병조 판서 李浚慶이 아뢰기를, 금년에 都巡察使의 임무를 맡아 賊倭의 세력이 치성하는데도 조치를 제대로 못하여 국가의 위엄이 꺾이고 임금의 위엄을 드날리지 못하게 하였다고 하다.(『明宗實錄』 명종 10. 『集成』13-194)/ 諫院이 湖南에 石鼓의 변이 있고 倭寇의 聲息이 끊이지 않고 있으므로, 文臣庭試의 정지를 명할 것을 아뢰니, 상이 庭試는 文翰을 권장하는 것이라 하여 윤허하지 않다.(『明宗實錄』 명종 10. 『集成』13-195)

12.2. 헌부가 이희손·최인·조안국·김빈을 律에 의거하여 定罪하고 그 나머지 分配한 장사들도 모두 죄를 지은 本鎭으로 移配하자고 아뢰니, 南征나간 장사에 대한 일은 이미 참작하여 정죄하였으니 변경할 수는 없다고 하다./ 諫院이 湖南 倭變에 南征 나아가 적을 만나도 진격하지 않고 머뭇거려 軍機를 잃어 일을 그르친 崔濟·李希孫·趙安國 등을 군율에 의거하여 定罪할 것을 아뢰니, 상이 南征나간 將士들을 이미 定罪했으니 추론할 수 없다고 하다.(『明宗實錄』 명종 10. 『集成』13-196)

12.5. 左議政 尙震 등이 人心이 안정되지 않고 倭寇가 今年보다 심할 것이라는 流言蜚語가 일어나 中外가 危懼하여 朝夕도 보장할 수 없는 때에 慈殿의 어염집 移御는 불가하다고 아뢰니, 상이 昌德宮의 東宮으로 移御한다고 답하다.(『明宗實錄』 명종 10. 『集成』13-198)

12./. 禮曹가 倭人 源盛滿과 問答한 單子와 源盛滿이 바친 兵符를 가지고 아뢰었는데, 兵符는 元績이 敗死할 때 잃어버린 것으로 倭人이 얻은 것이다.(『明宗實錄』 명종 10. 『集成』13-199)

12.15. 倭人 源勝에게 圖書, 源盛滿에게는 堂上의 품계를 주는 것이 타당한가를 대신과 宰臣에게 의논케 했는데, 禮曹判書 洪暹 등이 源勝에게는 圖書를 주고 源盛滿에게는 上護軍의 官敎와 銀釵帶와 賞物을 주라고 아뢰다.(『明宗實錄』 명종 10. 『集成』13-201)

12.20. 간원이 아뢰기를, 남정나간 장사를 처벌하는 일에 대하여 여러 날 논계하였으니 律文에 의거한 것이 상세한 것이라고 하다.(『明宗實錄』 명종 10. 『集成』13-202)

2.24. 三公이 檢詳을 보내어 黃海道 延安은 倭寇를 방어해야 하는 곳이므로 이 곳의 府使는 文武 중에 倭寇를 막을 재략이 있는 사람을 차송해야 한다고 아뢰니, 아뢴대로 하라고 답하다.(『明宗實錄』 명종 14. 『集成』13-309)

연도	한국
▲ 1559	3.6. 정원에 전교하여, 경상우도 수사 李龜琛에게 鄕表裏 한 벌을 賜給하고, 부산포 첨사 金洵은 한 資級을 더해 주라고 하다.(『明宗實錄』 명종14. 『集成』13-309) 3.15. 三公·領府事 등이 동남 지방이 오랫동안 倭寇의 침범을 받고, 기근까지 연속되어 군졸이 지쳐있다고 아뢰다.(『明宗實錄』 명종14. 『集成』13-310) 4.6. 慶尙監司 李戩이 南海島에 적선 수십 척이 떠 있다고 한 對馬島主 宗盛長의 書契를 보고하니, 임금이 三公·領府事·兵曹·備邊司에 미리 조치할 것을 논의하여 아뢰도록 하라고 명하다.(『明宗實錄』 명종14. 『集成』13-310) 4.8. 三公이 舍人을 시켜, 倭寇의 움직임에 대비하여 備邊司 郎廳을 京畿·黃海·淸洪道에 보내 여러 鎭의 방비 및 병선을 순시하고, 兵·水營의 방비 상태도 摘奸하여 계문하게 하자고 아뢰니, 그대로 따르다./ 大臣과 兵曹에서 外方에 있는 자를 書啓하도록 하여 미리 行移해서 각각 서울에 올라와서 기다리도록 하고, 兩南에 사는 사람은 본도에 머물면서 倭寇에 대한 방어준비를 하자고 아뢰니, 아뢴대로 하라고 전교하다.(『明宗實錄』 명종14. 『集成』13-311) 4.12. 임금이 현재 倭賊에 대한 보고가 이르렀으니, 水戰을 익히고 군정을 단련하는 것을 늦출 수 없다고 政院에 전교하다.(『明宗實錄』 명종14. 『集成』13-311) 5.8. 대신과 비변사가 함께 議啓하기를, 수군과 전선의 훈련에 대해서 아뢰다.(『明宗實錄』 명종14. 『集成』13-312) 5.26. 淸洪監司가 藍浦縣에 倭船 1척이 표류하여 나아가 추격해 8급을 참수하고 나머지 倭賊은 달아났다는 書狀을 올리니, 임금이 兵曹와 備邊司에 명하여 의논하여 回啓하라고 하다.(『明宗實錄』 명종14. 『集成』13-312) 5.27. 右議政 李浚慶이 乙卯倭變 때에 全羅元帥가 되어 倭賊을 잡는 방책에 잘못이 많아서 사람들에게 비난받다.(『明宗實錄』 명종14. 『集成』13-313)/ 舟師大將 南致勤이 乙卯倭變 때에 全羅防禦使가 되어 군민을 많이 죽이다.(『明宗實錄』 명종14. 『集成』13-314) 6.6. 임금이 政院에 倭船이 全羅·慶尙·淸洪·黃海道에 자주 나타나니, 방비를 철저히 하고 적선을 만나게 되면 반드시 포획하라고 전교하다./ 備邊司·大臣 등이 倭賊들이 육지에 내려와 백성을 상해하고 또 本土로 도망간다면, 우리나라의 전투하는 기밀을 상세히 파악하게 되므로, 특별히 단속하고 조치해서 포획하여 되돌아가지 못하게 하자고 아뢰니, 그대로 따르다.(『明宗實錄』 명종14. 『集成』13-314) 6.8. 임금이 備邊司에 倭船을 포획한 申翌을 포상할 것과, 安馬島에 정박하고 있는 倭船 17척을 포획하는 계책을 치밀하게 할 것을 이르다./ 영의정, 영부사, 비변사와 병조의 당상이 의논드리기를, 신익에게 마땅히 4품의 관직에 超陞시켜 남방의 邊郡에 그대로 제수하는 것이 무방할 듯 하다고 하다.(『明宗實錄』 명종14. 『集成』13-316) 6.11. 임금이 倭寇들이 자주 濟州에 나타나므로, 방비에 대한 모든일을 철저히 하여 1척의 賊船도 되돌아가지 못하게 하라고 政院에 전교하다./ 상경한 객사를 너그럽게 대하라고 전교하다.(『明宗實錄』 명종14. 『集成』13-317)
1560	【한국】 1.24. 간원이 아뢰기를, 경상도는 八方 중 제일 크고, 사무가 몹시 번거롭고 바쁜데 지금은 해안의 警報가 그치지 아니하여 節制使의 방비하는 업무가 옛날과 다르므로 方伯은 더욱 신중을 기해 가리어 보내야 한다고 하다.(『明宗實錄』 명종15. 『集成』13-328) 2.21. 鄭惟吉이 源畠山이 아우 源晴秀가 지난번 국명을 받들어 도적을 토벌할 때 얻은 印信을 보내며 공을 요구한다고 아뢰니, 임금이 대신에게 의논하여 처리하라고 명하다.(『明宗實錄』 명종15. 『集成』13-328) 4.6. 상이 경회루 아래에 나아가 전산전 사신에게 연회를 베풀다.(『明宗實錄』 명종15. 『集成』13-329) 5.12. 日本의 畠山殿 源義賢이 使臣을 보내 圖書를 주어 왕래하며 通信을 하게 해 줄 것 등을 청했으나, 임금이 圖書만을 허락하다.(『明宗實錄』 명종15. 『集成』13-329) 6.6. 임금이 政院에 倭賊을 죽일 때 倭人인지를 자세히 구분하여 구별없이 죽이지 말 것과, 備邊司에 명하여 各道에 倭寇에 대한 방비를 철저히 할 것을 전교하다.(『明宗實錄』 명종15. 『集成』13-330) 6.12. 병조 판서 安瑋가 아뢰기를, 지금 兩南에 賊變이 이미 나타났으니 지금은 바로 조치가 매우 긴박한 시기이고, 본 병조는 중요한 자리라서 더욱이 인재를 가려 제수하지 않으면 안된다고 하다.(『明宗實錄』 명종15. 『集成』13-330) 6.21. 對馬島主 宗熊滿의 청에 의해《三經》을 내리다.(『明宗實錄』 명종15. 『集成』13-331)
1561	【한국】 2.13. 全羅右道 水使 郭屹과 珍島郡守 李叔男을 黑山島에서 왜인을 잡은 일로 賞加하였으나, 憲府에서 그들이 賊倭가 아니라 漂民이라고 하면서 加資를 개정하도록 하였으나, 윤허하지 않다.(『明宗實錄』 명종16. 『集成』13-332) 2.21. 사간원 대사간 李重慶 등이 수군의 역의 폐단 등에 대해서 아뢰다.(『明宗實錄』 명종16. 『集成』13-333) 4.21. 간원이 아뢰기를, 南道兵使 南致勤을 체직시켜 서울에 머물러 있게 하자고 하니 그대로 따르다.(『明宗實錄』 명종16. 『集成』13-334) 4.28. 康津縣監 洪彦誠이 乙卯年 倭變 때 倭賊이 성 아래까지 쇄도하자 성을 버리고 달아나다.(『明宗實錄』 명종16. 『集成』13-334) 6.26. 使臣이 南道의 수령으로서 倭賊을 잡을 사람들 중 李叔男만이 상을 받은 것에 대해 논하다.(『明宗實錄』 명종16. 『集成』13-335)
1562 ▼	【한국】 1.9. 使臣이 南致勤이 湖南地方에서 倭寇를 막을 때 머뭇거리다가 失機한 죄가 있는데도 형벌이 가해지지 않았다고 논하다.(『明宗實錄』 명종17. 『集成』13-338)

일본

6.13. 武衛殿 別遣船이 비록 부실하지만, 世子册封을 경축하기 위해 특별히 보내온 것이니 잘 접대하라고 전교하다.(『明宗實錄』 명종 14. 『集成』13-318)

6.14. 禮曹에서 武衛殿의 別遣船이 符驗은 없으나 세자를 책봉한 경사로 왔으니 접대해도 무방하다고 아뢰다.(『明宗實錄』 명종 14. 『集成』13-318)

6.24. 비변사가 사로잡은 왜인을 재능을 조사하여 처리하도록 아뢰다.(『明宗實錄』 명종 14. 『集成』13-318)

6.28. 간원이 아뢰기를, 사로잡힌 중국 사람들의 수효가 매우 많다고 하니 冬至使가 가는 길에 아울러 奏聞하고 京師로 압송하는 것이 우리 나라가 事大하는 정성에 있어 매우 합당한 것이라고 하다.(『明宗實錄』 명종 14. 『集成』13-319)

7.2. 禮曹에서 黃海道에서 나포한 倭賊의 배에 사로잡혀 있던 중국사람 250여 명을 해송하는 일에 대해 아뢰다.(『明宗實錄』 명종 14. 『集成』13-320)

7.14. 淸洪監司가 倭人들이 元山島에 내려와 通事 韓繼豪를 살해하니, 水使 李元祐가 倭人들을 모두 사로 잡았다고 아뢰는 捕倭啓本을 올리다.(『明宗實錄』 명종 14. 『集成』13-321)

8.5. 領經筵事 尙震이 倭寇 중 항복을 비는 자는 모두 쇄환하고, 또 酋長에게 글을 보내 살해하지 않겠다는 뜻으로 효유하는 것이 좋을 것 같다고 아뢰다.(『明宗實錄』 명종 14. 『集成』13-321)

8.9. 禮曹가 日本國 左武衛殿의 使送인 怡天西堂과 別遣船의 平淸久가 함께 왔는데 怡天西堂은 符驗을 가지고 있고, 平淸久는 가지고 있지 않으므로 平淸久를 怡天西堂이 대동한 正官의 예로써 대접하자고 아뢰니, 그대로 따르다.(『明宗實錄』 명종 14. 『集成』13-323)

8.16. 領經筵事 安玹이 남쪽 지방에 계속하여 倭變이 있으니 武臣을 선택하여 보내되, 戰功이 있는 자를 우선적으로 등용하자고 아뢰다.(『明宗實錄』 명종 14. 『集成』13-324)

9.11. 三公·領府事·兵曹·禮曹·備邊司의 당상들이 議政府에 모여서 倭船이 나타났을 때 포획하는 일에 대해 함께 논의하여 아뢰다.(『明宗實錄』 명종 14. 『集成』13-324)

9.15. 倭人을 마구 죽이는 폐단을 없애라고 전교하다.(『明宗實錄』 명종 14. 『集成』13-326)

9.25. 禮曹에서 武衛殿의 使送인 都船主 平康吉이 아비의 직임을 承襲하기를 청하였으나 허락해서는 안 된다고 아뢰니, 임금이 그대로 따르다.(『明宗實錄』 명종 14. 『集成』13-326)

10.10. 천둥번개가 친일로 오는 12월의 武衛殿 使倭의 접견을 예조가 하도록 하다.(『明宗實錄』 명종 14. 『集成』13-327)

12.22. 임금이 乙卯年 倭變 때 국가의 비용이 부족하여 폐지하였던 능침사의 位稅를 다시 지급하라고 명하다.(『明宗實錄』 명종 14. 『集成』13-327)

【일본】

7.26. 對馬守護代 佐須盛円(宗盛円)이 日高氏에게 보낸 편지이다. 대마도와 松浦半島 사이에 현안문제를 상의하다. 특히 조선 무역에 방해 되는 해적선 등의 일을 강조하다.(『諸家引着』28)

7.-. 대마도주 宗義調가 束松浦半島의 영주인 日高大和守에게 보낸 편지이다. 예물로서 조선 병풍 1점을 보내다.(『諸家引着』22)

8.14. 正言 具思孟이 高城에서 倭賊을 잡을 때 中國人 30여 명이 피살 되었으므로 자세히 살펴 추문해야 한다고 아뢰니, 임금이 有司로 하여금 살피게 하라고 명하다.(『明宗實錄』 명종 15. 『集成』13-331)

11.12. 상이 達泉城이 함락될 때 죽은 한온의 직을 추증하라고 명하다.(『明宗實錄』 명종 15. 『集成』13-331)

12.2. 영의정 상진이 의논드리기를, 서해의 도적은 왜인이나 야인과 달라서 의복과 언어가 백성들과 다름없고 모이고 흩어짐이 무상하므로 사람들이 고발하지 않으면 비록 수많은 병사를 동원하더라도 어쩔 도리가 없을 것이라고 하다.(『明宗實錄』 명종 15. 『集成』13-332)

12.4. 상이 이미 도적을 잡는 것이 倭人을 잡는 것과는 다르다고 하다.(『明宗實錄』 명종 15. 『集成』13-332)

7.21. 金澍가 남방의 觀察使로 있을 때 倭寇를 만나 속수무책으로 당하다.(『明宗實錄』 명종 16. 『集成』13-335)

8.19. 使臣이 金澍의 유약함은 이미 全羅道 倭變에서 드러나, 벌벌 떨며 두려워한 정상이 지금까지 웃음 거리가 되고 있다고 논하다.(『明宗實錄』 명종 16. 『集成』13-336)

10.15. 使臣이 근년 이래로 倭賊을 막느라고 內外의 列邑에 무관을 임명하니, 약탈하고 침해하여 백성들로 하여금 배반케 하여 도적을 잡기도 전에 백성들이 도리어 도적이 된다고 논하다.(『明宗實錄』 명종 16. 『集成』13-336)

12.18. 임금이 지난 乙卯年 倭變 뒤로 武備가 해이하니, 三公·兵曹 등에게 명하여 무예를 단련하도록 전교하다.(『明宗實錄』 명종 16. 『集成』13-337)

4.11. 鈴平府院君 尹漑가 倭料를 각박하게 줄임으로써 변란의 흔단을 열어 놓았다고 논하다.(『明宗實錄』 명종 17. 『集成』13-339)

8.10. 을묘년 全州府尹으로서 靈巖에 외적이 들어왔을 때 즉시 달려가 싸웠던 평안도 관찰사 李潤慶이 죽다.(『明宗實錄』 명종 17. 『集成』13-339)

연도	한국
▲ 1562	8.13. 平安道觀察使 李潤慶이 乙卯年 倭變 때, 全州府尹으로 있으면서 州兵을 거느리고 가서 靈巖을 구원하다.(『明宗實錄』 명종17. 『集成』13-340) 9.5. 金澍가 乙卯年 倭變 때 全羅監司로 순행차 康津에 갔다가 兵使 元績이 패전하여 죽었다는 말을 듣고, 靈巖과 羅州로 도망하여 여러 성이 차례로 함몰되게 하다.(『明宗實錄』 명종17. 『集成』13-340) 11.5. 禮曹가 源家德이 硫黃島太守 則忠이 圖書를 받기를 원한다고 고하였으나 李浚慶과 沈通源 등이 들어주어서는 안된다고 아뢰니, 그대로 따르다.(『明宗實錄』 명종17. 『集成』13-341)
1563	【한국】 2.28. 간원이 전라도 절도사 李元祐가 여러 진의 병졸들을 모아서 방수의 役은 하지 않고 그들로 하여금 자기에게 納價하게 하고 있으므로 파직시킬 것을 청하였으나 윤허하지 아니하다.(『明宗實錄』 명종18. 『集成』13-344) 3.3. 상이 明倫堂에 나아가 전교하기를, 兩南의 변방 일이 가장 급한데 지금의 方伯들은 모두 武襲에 익숙하지 않으니 그들을 체직하고 변방의 일을 아는 사람으로 爵秩의 고하를 논하지 말고 가려서 보내도록 하라고 하다.(『明宗實錄』 명종18. 『集成』13-344)/ 의정부 영의정 某 등이 양남의 방백을 미리 체직하고 변방의 사정을 잘 아는 사람으로 가려 보내서 그 방비를 겸하여 살피게 하도록 청하는 箋을 모방하여 지으라고 하다.(『明宗實錄』 명종18. 『集成』13-345) 4.3. 憲府에서 倭人과 野人에게 주는 물건을 禮曹의 下吏가 濟用監의 書員과 공모하고 關子를 위조한다고 추고하기를 청하다.(『明宗實錄』 명종18. 『集成』13-345) 4.11. 임금이 日本國王使 景轍東堂 등 20여 인에게 慶會樓 아래에서 잔치를 내리고 女樂을 베푼 후 차등 있게 물품을 내리다.(『明宗實錄』 명종18. 『集成』13-345) 6.11. 乙卯年에 濟州牧使가 되어 倭寇가 성을 포위하자 적은 군졸로 많은 적을 방어하여 큰 공을 세운 金秀文을 同知中樞府事로 삼다.(『明宗實錄』 명종18. 『集成』13-346) 7.10. 삼공, 영부사, 비변사가 각 고을 포구의 戰艦이나 기계가 모두 노후되고 파손되었으며 軍器나 銃筒 또한 대부분 유실되었다고 하니 兵使와 水使에게 힐책해서 정비하도록 신칙하도록 하자고 아뢰다.(『明宗實錄』 명종18. 『集成』13-346) 8.7. 특진관 安瑋가 濟州牧使 金禹瑞가 倭人이 우리나라 사람 8명을 잡아갔다는 내용의 편지를 친구에게 보냈다는 소문이 있다고 아뢰니, 임금이 하서하여 자세히 알아 보라고 명령하다.(『明宗實錄』 명종18. 『集成』13-347) 8.8. 영경연사 이준경이 아뢰기를, 동래왜인에게 양료를 줄 때, 군관들이 減給하고, 대소의 선척을 바꾸는 것을 변장으로 하여금 규찰하도록 청하다.(『明宗實錄』 명종18. 『集成』13-348) 8.22. 兩司에서 前直講 李翎이 日本國에 宣慰使로 가서 멋대로 욕심을 채워 王命을 욕되게 하였으므로 귀양 보낼 것을 청하니, 임금이 谷에 유배하라고 명하다.(『明宗實錄』 명종18. 『集成』13-349)
1564	【한국】 2.18. 경상도 관찰사 李友閔에게 전교하기를, 農桑을 힘쓰며 黜陟을 분명히 하고 防備를 엄하게 하며 각별히 마음을 기울여 軍政을 엄숙히 바로잡으라고 하다.(『明宗實錄』 명종19. 『集成』13-353) 5.18. 倭의 大船 1척이 蔚山 경내에 정박하여 그 곳에 사는 백성들의 양식을 약탈하므로 병사 吳誠이 추격하여 전선을 포획하였다고 아뢰니, 이를 치하하다.(『明宗實錄』 명종19. 『集成』13-353) 8.25. 禮曹가 對馬島主의 特送副船이 사라졌음을 아뢰고, 이어 對馬島에서 보내는 特送船은 거절하여 받아들이지 않는 것이 마땅하다고 아뢰다.(『明宗實錄』 명종19. 『集成』13-354) 10.6. 삼공·영평 부원군·영부사가 함께 의논하여 아뢰기를, 우리 나라에서 나는 구리를 캐어 쓰지 않고 倭奴에게 무역하거나 중국에서 사들이는데 오히려 용도에 충분치 못하여 매우 불편하다고 하다.(『明宗實錄』 명종19. 『集成』13-355) 10.23. 諫院이 倭寇들이 中國에서 약탈한 물품을 釜山浦에서 매매하므로 이를 금할 것을 청하니, 그대로 따르다.(『明宗實錄』 명종19. 『集成』13-356)
1565 ▼	【한국】 2.21. 侍講官 李拭이 倭奴가 乙卯年에 변란을 일으킨 후는 화친을 끊고 접대하지 않았으니, 접대하지 않도록 청하다.(『明宗實錄』 명종20. 『集成』13-357) 3.10. 李鐸을 공조 참판으로, 張士重을 사간원 사간으로, 柳景深을 회령 부사로, 權應昌을 전라도 관찰사로 삼다.(『明宗實錄』 명종20. 『集成』13-358) 3.15. 임금이 日本國 使臣 景徹東堂 등에게 연회를 베풀어 주다.(『明宗實錄』 명종20. 『集成』13-358) 3.22. 洪聖民을 홍문관 정자로, 郭屹을 전라도 병마 절도사로, 高景虛를 홍문관 교리로 삼다.(『明宗實錄』 명종20. 『集成』13-358) 4.23. 宋贊을 경상도 관찰사로 삼다.(『明宗實錄』 명종20. 『集成』13-358) 8.3. 柳昌門을 전라도 관찰사로 삼다.(『明宗實錄』 명종20. 『集成』13-359) 8.19. 讀書堂 官員 金繼輝 등이 上箚하여 지난 乙卯年에 倭寇가 湖南地方을 침범한 일이 있었는데 당시의 邊報로는 크게 걱정할 만한 일이 아니었다고 아뢰다.(『明宗實錄』 명종20. 『集成』13-359) 9.3. 諫院이 濟州는 乙卯年에 倭變을 겪고난 후 번성함을 찾지 못하고 있는데, 蘇復시키는 책임은 牧使에게 달려 있으므로 가려서 보내도록 하자고 아뢰다.(『明宗實錄』 명종20. 『集成』13-360) 9.5. 南應雲을 경상도 관찰사로, 변협을 제주목사로 삼다.(『明宗實錄』 명종20. 『集成』13-360)

일본

11.6. 禮曹에서 日本國王의 使臣으로 오는 자가 문장에 능하다고 하므로, 詞章에 능한 前漢史學官 權應仁에게 宣慰使 일행을 따라가서 돕게 하자고 아뢰니, 그대로 따르다.(『明宗實錄』 명종 17. 『集成』13-342)

11.11. 政院이 源家德이 倭賊들이 上國의 南海의 섬을 점령하여 살려고 한다고 보고한 내용을 담은 備邊司의 秘密封書를 입계하니, 임금이 封書에 기록된 내용을 騰寫하여 八道 監司 및 水使에게 密諭하라고 전교하다.(『明宗實錄』 명종 17. 『集成』13-342)

12.16. 告變封書에 예조의 書史 申守眞 등이 왜인들과 교통하면서 밀무역을 한다고 하다. / 금부 당상에게 전교하여 告變封書에 적힌 사람들을 잡아 추국하라고 하다.(『明宗實錄』 명종 17. 『集成』13-343)

【일본】

3.20. 對馬守護代 佐須盛元은 恩中의 대마도주 宗義調를 대신하여 毛利元就·隆元에게 답신하다. 작년 7월, 毛利家의 의뢰에 따라, 日本國王 使를 파견하여 그 용건을 조선에 전달하다. 여러 가지로 형편이 맞지 않음을 말해왔기 때문에, 대마도주 宗義調는 조선에서 온 답서 내용을 없애버리고, 山口에 있는 正壽院에 상세하게 설명하다.(『諸家引着』64)/ 對馬守護代 佐須盛元이 內藤左衛門에게 보낸 서계이다. 毛利家가 파견한 正壽院의 승려가 조선에 건너 온 것을 알리다.(『諸家引着』66)

9.27. 同知中樞府使 金澍의 卒記에 乙卯年에 湖南의 방백이었은데 倭寇가 이르자 혼자 달아나 버렸다고 적다.(『明宗實錄』 명종 18. 『集成』13-349)

9.28. 禮曹에서 國喪中이라서 倭人의 餞送宴을 베풀지 않기로 아뢰다.(『明宗實錄』 명종 18. 『集成』13-350)

10.20. 간원이 경상좌도 병사 이원우는 본래 거칠고 사나운 사람인데다가 탐욕스러워 변방의 수비와 寇賊의 방어를 기대할 수가 없으므로 체차시킬 것을 청하니 그대로 따르다.(『明宗實錄』 명종 18. 『集成』13-351)

11.1. 경상좌도 병사 吳誠에게 전교하기를, 군졸을 잘 보살피고 방비를 튼튼히 하며 軍令을 엄숙하게 세워 변방을 안전하게 하라고 하다.(『明宗實錄』 명종 18. 『集成』13-351)

11.11. 경상우도 병마 절도사 元俊良에게 전교하기를, 군졸을 잘 보살피고 방비를 엄하게 조처하라고 하다.(『明宗實錄』 명종18. 『集成』13-351)

11.13. 刑曹가 全羅道 上道의 유생들의 난동이 倭賊들과 같다고 아뢰다.(『明宗實錄』 명종 18. 『集成』13-352)

11.18. 간원이 요즘 총통을 만드는 쇠가 부족하므로 큰 종을 그 재료로 보내줄 것을 청하였으나 윤허하지 아니하다.(『明宗實錄』 명종 18. 『集成』13-352)

12.13. 李浚慶이 乙卯年의 湖南地方 倭變 때에 都元帥가 되어 많은 병사를 거느리고 한 곳에 머뭇거리다가 軍機를 그르쳐서, 倭賊들이 침입하여 고을을 함몰하고 가게 하다.(『明宗實錄』 명종 18. 『集成』13-352)

【일본】

3.22. 대마도주 宗義調가 吉見大藏太輔에게 보낸 편지이다. 작년 毛利氏가 正壽院 승려를 조선에 파견한 것에 대해 자세히 전달하다.(『諸家引着』102)

4.6. 대마도주 宗義調가 毛利氏에게 보낸 편지이다. 작년 조선에 사절을 보낸 일이 뜻대로 되지 않기 때문에 다시 正壽院 승려를 조선에 파견하는 일을 논의하다.(『諸家引着』108)

12.7. 諫院이 全羅左道水使 崔濚이 지난 乙卯年에 珍島郡守로 있을 때 倭寇가 침범하자 鎭을 버리고 도망갔으므로, 체직하자고 아뢰었으나 윤허하지 않다.(『明宗實錄』 명종 19. 『集成』13-357)

10.2. 姜士尙을 경상도 관찰사로 삼다.(『明宗實錄』 명종 20. 『集成』13-361)

10.10. 弘文館 副提學 金貴榮 등이 남으로 倭寇들의 오만한 언사가 있으므로 방비에 대한 대책을 철저히 마련해야 한다고 아뢰니, 임금이 유의하겠다고 답하다.(『明宗實錄』 명종 20. 『集成』13-361)

10.26. 헌부가 아뢰기를, 釜山浦는 바로 왜인들이 교역하는 곳이므로 청렴 성실하고 위엄과 덕망이 있는 사람으로 僉使를 삼아야 한다고 하다.(『明宗實錄』 명종 20. 『集成』13-361)

11.5. 헌부가 지금 밖으로는 변방의 위험이 있고, 안으로는 기민이 있어 참으로 국가의 큰 걱정이므로 賑恤使를 차출하여 속히 救荒策을 마련해야 한다고 하니 윤허하다.(『明宗實錄』 명종 20. 『集成』13-362)

11.9. 郭屹을 제주 목사로, 南致勤을 전라도 병마 절도사로, 丁應斗를 평안도 관찰사로, 柳永吉을 평안도 도사로 삼다.(『明宗實錄』 명종 20. 『集成』13-362)

11.16. 乙卯倭變 이 후 兩南에 설치한 軍官이 폐단을 일으키므로 監司가 軍官을 대동하는 것을 금하자고 아뢰니, 임금이 兵曹로 하여금 처리하도록 하라고 명하다.(『明宗實錄』 명종 20. 『集成』13-363)

11.30. 임금이 변방의 분란에 대비하여 죄인들을 內地로 옮길 것을 命하니, 政院이 乙卯 倭寇가 변방을 침범했을 때도 嶺·湖南의 죄인들을 옮기지 않았다고 아뢰다.(『明宗實錄』 명종 20. 『集成』13-363)

12.1. 諫院에서 倭寇의 침범에 대비하여 죄인의 피난처를 마련하라는 명을 거둘 것을 청하니, 임금이 그대로 따르다.(『明宗實錄』 명종 20.

연도	한국
▲ 1565	『集成』13-364) 12.6. 諫院이 乙卯年 倭變 때, 軍器寺 提調가 무기 및 장비들을 단속하지 않아 녹슬고 둔해져서 모두 쓸 수 없었으므로, 提調를 품계가 높은 武班에서 택해 임명하자고 청하니, 그대로 따르다.(『明宗實錄』명종20.『集成』13-364)
1566	【한국】 1.21. 李文誠을 전라우도 수군 절도사로 삼다.(『明宗實錄』명종21.『集成』13-365) 2.18. 倭僉知 信長이 通事에게 日本의 賊倭 70척이 朝鮮을 침범하려 한다고 말하므로, 이 사실을 禮曹에서 아뢰니, 兵曹와 備邊司에 이르라고 명하다.(『明宗實錄』명종21.『集成』13-366) 3.13. 대신과 비변사가 함께 의논드리기를, 적왜가 지금 다 판옥선을 이용하고 있으므로 각처 진·포의 판옥선을 설치해야 한다고 아뢰다.(『明宗實錄』명종21.『集成』13-366)/ 政院이 金世亨·文益·匠人으로 하여금 倭人에게 吹鍊法을 배우게 할 것을 청하니, 그대로 따르다.(『明宗實錄』명종21.『集成』13-367) 3.18. 日本國 小二殿 政忠이 使臣을 보내 文德殿에 進香하다.(『明宗實錄』명종21.『集成』13-367) 4.17. 豊德郡守 李民覺이, 乙卯年 倭變 때 江郡의 수령 沈銓이 戰船을 배치하여 주민들에게 폐단을 끼쳤음을 아뢰다.(『明宗實錄』명종21.『集成』13-368) 4.28. 韓弘濟를 경상우도 수군 절도사로 삼다.(『明宗實錄』명종21.『集成』13-369) 5.12. 사간원 대사간 강사필 등이 수군의 폐단을 고치는 것 등에 대해서 상소하다.(『明宗實錄』명종21.『集成』13-369) 6.17. 洪致를 청홍도 병마 절도사로 삼다.(『明宗實錄』명종21.『集成』13-371) 7.2. 於蘭浦 萬戶 金漢과 金甲島權管 朴世廉이 중국인을 잡아죽이고, 왜인을 잡았다고 거짓 주장을 하여 죄줄 것을 청하다.(『明宗實錄』명종21.『集成』13-371) 7.3. 白惟儉을 전라우도 수군 절도사로 삼다.(『明宗實錄』명종21.『集成』13-372) 7.6. 청홍도 수군절도사 宋重器에게 전교하기를, 군졸을 撫恤하여 방비하는 일에 특별히 마음을 다하라고 하다.(『明宗實錄』명종21.『集成』13-372) 7.11. 崔希孝를 경상좌도 병마 절도사로 삼다.(『明宗實錄』명종21.『集成』13-372)
1567	【한국】 1.9. 白仁傑을 楊州牧使로, 趙安國을 경기수군절도사로 삼다.(『明宗實錄』명종22.『集成』13-378) 2.3. 화담 처사 徐敬德에게 호조 좌랑을 추증하다.(『明宗實錄』명종22.『集成』13-378) 2.29. 李戩을 전라도 병마 절도사로, 徐對을 경상우도 수군 절도사로 삼다.(『明宗實錄』명종22.『集成』13-378) 3.19. 司諫院이 水使 鄭國ზ을 德物島를 습격한 도적들을 즉시 追捕하지 않은 죄로 추국할 것을 청하다.(『明宗實錄』명종22.『集成』13-379) 5.11. 尹毅中을 경상도 관찰사로 삼다.(『明宗實錄』명종22.『集成』13-379) 5.16. 日本國에서 薺浦의 개방, 布帛尺의 사용, 對馬島 歲遣船 30척의 大·中·小型을 정하지 말 것, 熙久의 접대를 허락 할 것, 圖書 지급 등 5가지 사항을 요청하였으나, 六曹 등에서 허락하지 말자고 청하다.(『明宗實錄』명종22.『集成』13-379) 5.17. 諫院이 宋나라가 契丹을 너무 후대하다가 끝없는 근심을 초래하였으니, 이를 귀감으로 삼아 日本國의 소위 敎實 등 8명에 대해 접대는 부당하다고 아뢰었으나, 임금이 이미 결정한 일이라고 윤허하지 않다.(『明宗實錄』명종22.『集成』13-381)
1568	【한국】 1.12. 奇大升이 아뢰기를, 外方 鄕校의 儒生은 다《小學》등의 책을 읽도록 감사에게 하유하니 상이 大臣들에게 의논하게 하였다.(『宣祖實錄』선조1.『集成』14-1) 2.24. 經筵에서 柳希春이 시무책을 논하다.(『宣祖實錄』선조1.『集成』14-2) 4.25. 朝講에서 權徵이 아뢰기를, 中國 조정이 우리 사신을 천대하기가 琉球 사신만도 못하다고 아뢰다.(『宣祖實錄』선조1.『集成』14-2) 6.12. 이진·邊協·金命元 등에게 관직을 제수하다.(『宣祖實錄』선조1.『集成』14-3) 7.28. 平安兵使 金秀文의 졸기에 耽羅에서 倭賊을 물리쳤다고 적다.(『宣祖實錄』선조1.『集成』14-3)
1569	【한국】 5.22. 崔應龍을 羅州 牧使로 삼다.(『宣祖實錄』선조2.『集成』14-3) 6.6. 蘇濴을 北兵使로 李善源을 慶尙 兵使로 삼다.(『宣祖實錄』선조2.『集成』14-3) 6.7. 司諫院이 慶尙 兵使 李善源의 파직을 청했으나 허락하지 않았다.(『宣祖實錄』선조2.『集成』14-3) 6.8. 臺諫이 蘇濴과 李善源의 파직을 청하니 따르다.(『宣祖實錄』선조2.『集成』14-4) 윤6.7. 奇大升이 乙卯倭變 후부터 軍器의 摘奸에만 뜻을 두고, 학교를 권장하는 도리는 행하지 않게 되었다고 아뢰다.(『宣祖實錄』선조2.『集成』14-4)
1571 ▼	【한국】 2.4. 全羅 監司 李希閔을 체직하고 柳希春을 제수하다.(『宣祖實錄』선조4.『集成』14-4) 2.10. 加德 僉使 김오를 全羅道 左水使로 옮기다.(『宣祖實錄』선조4.『集成』14-5) 3.15. 全羅道에서 海賊의 變을 報告하다./ 柳希春이 우매한 서생으로 軍旅의 일에는 아는 것이 없고 허약한 몸이라 아뢰며 全羅監司를 사양하는 상소.(『宣祖實錄』선조4.『集成』14-5)

일본

12.27. 硫黃州 태수 則忠의 書契에 대해서 의논하다.(『明宗實錄』명종 20. 『集成』13-365)

7.18. 白惟儉을 전라도 병마 절도사로, 朴麟壽를 전라우도 수군 절도사로 삼다.(『明宗實錄』명종 21. 『集成』13-372)

7.20. 임금이 乙卯倭變 이후 湖南 한 道에 있어 특별히 명장을 뽑아 장수의 직임을 제수하다.(『明宗實錄』명종 21. 『集成』13-372)

7.28. 호조가 아뢰기를, 軍資三監을 수세하는 일 등에 대해서 아뢰다.(『明宗實錄』명종 21. 『集成』13-373)

8.10. 전라우도 수군 절도사 朴麟壽에게 전교하기를, 군졸을 무휼하고 방비하는 일에도 마음을 다해 조치하라고 하다.(『明宗實錄』명종 21. 『集成』13-374)

8.12. 전라도 병마 절도사 白惟儉과 경상좌도 병마 절도사 崔希孝에게 전교하기를, 군졸을 무휼하고 방비에 마음을 다하라고 하다.(『明宗實錄』명종 21. 『集成』13-374)

8.19. 간원이 지금 양정이 부족하므로 각도 감사로 하여금 추쇄해서 군액의 결원을 보충하도록 하자고 청하다.(『明宗實錄』명종 21. 『集成』13-374)

8.28. 姜暹을 全羅道觀察使로 삼다.(『明宗實錄』명종 21. 『集成』13-375)

9.3. 徐偉를 경상좌도 수군 절도사로 삼다.(『明宗實錄』명종 21. 『集成』13-376)

9.24. 憲府에서 乙卯倭變 이후에 造墓軍의 폐단이 생겼다고 아뢰다.(『明宗實錄』명종 21. 『集成』13-376)

10.12. 特進官 俞絳이 아뢰기를, 지금 창고가 비어 있어서 혹 국가에 일이라도 생긴다면 장차 應需할 수 없게 될 것이라고 하다.(『明宗實錄』명종 21. 『集成』13-376)

10.13. 聖節使 朴啓賢이 북경에서 돌아와 남쪽 왜노와 북쪽 오랑캐의 기세가 매우 창궐하고 있다고 서계하다(『明宗實錄』명종 21. 『集成』13-377)

11.30. 경상우도 병사 李大伸에게 전교하기를, 군졸을 무휼하고 방비에 관계된 제반 일에 마음을 다해 조처하고 각별히 임무를 살피라고 하다.(『明宗實錄』명종 21. 『集成』13-377)

12.21. 소흡을 전라좌도 수군 절도사로, 申汝悰을 廣州牧使로, 沈筍을 京畿都事로 삼다.(『明宗實錄』명종 21. 『集成』13-378)

【일본】

6.-. 일본측은 조선에 受圖書人 20명에 대한 도서발급을 요청하다. 조선측은 12명은 도서를 발급하고 8명은 발급하지 않기록 함을 알려주다.(『朝鮮通交大紀』)

7.20. 조선의 표류인이 계속 건너오므로 이에 대해 義昌이 武田又左衛門衛에게 편지를 보내 대책을 의논하다.(「伊奈鄕 志多留村 古文書」 『對馬の古文書』)

5.19. 憲府가 庚午年과 乙卯年 倭人의 作亂으로 우리에게 범한 죄가 사례가 있으며, 또한 敎實 등 8명이 約條冊·圖書冊·名簿冊 등에 기록되어 있지 않으므로 접대하는 서열에 넣어 주면 안된다고 아뢰니, 그대로 따르다.(『明宗實錄』명종 22. 『集成』13-382)

12.9. 奇大升이 日本 使臣이 간사하고 악독한 마음을 부려 물품을 요구해 가져간다고 아뢰다.(『宣祖實錄』선조즉위년. 『集成』14-1)

【일본】

-. 이해에 일본상인 嶋井宗室의 무역선 永壽丸이 조선 부산포에 도착하다. 일본 무역상단은 경기도에 올라가다. 이때 여진에서 들어온 물품을 무역한 후, 일본으로 돌아오다.(『大宰府天滿宮史料』12)

【일본】

4.20. 조선에서 信印을 보내는 일에 대해 예물 白銀 200貫目, 木綿 5束 등을 작년에 보내다. 위의 내용은 小嶋宇渡助를 통해 알릴 것이다.(「對馬島 仁位係右衛門 所持 古文書」 『對馬の古文書』)

3.20. 柳希春을 상소에 대해 빨리 부임하라는 비답.(『宣祖實錄』선조 4. 『集成』14-5)

5.3. 實錄을 奉安하러 갈 때에 민폐가 없도록 주의하라는 有旨.(『宣祖實錄』선조 4. 『集成』14-6)

8.18. 經筵官 柳濤가 水軍役인 獐鹿皮를 濟州에서 거두기를 청하니 허락하지 않다.(『宣祖實錄』선조 4. 『集成』14-7)

8.19. 南智遠·金逸駿·金田溉·申翌·徐應千 등에게 관직을 제수하다.(『宣祖實錄』선조 4. 『集成』14-7)

8.22. 鄭彦信을 全羅道 都事에 제수하다.(『宣祖實錄』선조 4. 『集成』14-7)

연도	한국
▲ 1571	9.6. 盧稙을 全羅道事에 제수하다.(『宣祖實錄』 선조4. 『集成』14-8) 9.12. 全羅監司가 靈巖·康津·海南 세 고을이 乙卯倭變을 겪은 뒤부터 防備에 대한 제반 일이 너무 많아 백성들이 고초를 겪고 있다고 치계하다.(『宣祖實錄』 선조4. 『集成』14-8) 9.29. 전라감사 柳希春이 보성 포작 3인이 海採를 하러 三島에 들어갔다가 賊倭에게 죽임을 당했다는 장계를 올리다.(眉巖 日記草)
1572	【한국】 2.8. 乙卯年에 宣務郞으로 새로 丹城縣監에 제수된 曺植이 장수와 군졸 등이 제 역할을 다 하지 못했기 때문에 對馬島의 倭賊이 무인지경으로 쳐들어 온 것이라고 상소하다.(『宣祖實錄』 선조4. 『集成』14-10) 9.13. 客人 宴享禮를 실시하다.(『宣祖實錄』 선조4. 『集成』14-11) 9.14. 申點·林櫶등에게 관직을 제수하다.(『宣祖實錄』 선조4. 『集成』14-12) 11.13. 盧守愼·李龜琛에게 관직을 제수하다.(『宣祖實錄』 선조4. 『集成』14-12)
1573	【한국】 1.23. 對馬島에 주는 양료를 對馬島主의 移文에 의거하여 그들 바라는 대로 줄 것인지, 祖宗때의 옛일대로 大·中·小로 재어서 줄 것인지에 대해 의논하다.(『宣祖實錄』 선조6. 『集成』14-12) 1.24. 諫院이 倭船을 재는 일에 옛 規則을 적용하는 일을 간하다.(『宣祖實錄』 선조6. 『集成』14-12) 2.19. 全羅 監司가 靈光 郡守 安容이 말을 못타니 다른 文官으로 차출할 것을 아뢰다.(『宣祖實錄』 선조6. 『集成』14-13) 2.25. 朝講에 柳希春 등이 愼嬪의 納穀, 權奸으로 인한 폐단등 을 논하다.(『宣祖實錄』 선조6. 『集成』14-14) 3.14. 諫院이 河東에 사는 백성 9명이 賊倭에게 잡혀간 것을 숨기고 아뢰지 않았으므로 水使 丁桀 등을 파직한 뒤에 추고하도록 명할 것을 청하니, 그대로 따르다.(『宣祖實錄』 선조6. 『集成』14-14) 3.18. 憲府가 학식이 없고 평범한 인물인 禮曹判書 成世章의 체차를 청하다.(『宣祖實錄』 선조6. 『集成』14-15) 4.4. 禮曹가 中國 使臣 과 중국 중에게 매 등을 주자고 청하다./ 禮曹가 交隣하는 도리는 恩信을 앞세우는 것이므로, 倭人을 驗包하는 것을 금할 것을 청하니 그대로 따르다.(『宣祖實錄』 선조6. 『集成』14-15) 4.18. 禮曹가 法典이나 故事에 倭人의 봇짐 뒤지는 일은 없다고 아뢰다.(『宣祖實錄』 선조6. 『集成』14-16)/ 禮曹 堂上이 待罪하다./姜侶·柳夢龍 등을 全羅 水使로 삼다.(『宣祖實錄』 선조6. 『集成』14-17) 4.19. 正言 洪仁健이 臺諫이었을 때 倭人의 驗包를 잘못 청하여 체차하다.(『宣祖實錄』 선조6. 『集成』14-17) 4.21. 司諫 金銖가 倭人의 驗包란 무게를 다는 일이었다고 변명하여 물의가 나다.(『宣祖實錄』 선조6. 『集成』14-18) 4.22. 諫院이 言官이 驗包를 잘못 아뢰었는데 禮曹가 살피지 못한 죄를 推考하라고 청하다.(『宣祖實錄』 선조6. 『集成』14-19) 5.2. 慶尙 右兵使 이전이 형을 남용하여 사람을 죽였으므로 파직시키다./ 諫院이 全羅 兵使 李龜琛이 驕妄하다 하여 파직시키다.(『宣祖實錄』 선조6. 『集成』14-19)
1574	【한국】 1.5. 鄭琢·柳塤 등에게 관직을 제수하다.(『宣祖實錄』 선조7. 『集成』14-25) 1.22. 晝講에 나아가 金宇顒이 임금은 대신과 더불어 일을 施行해야 한다고 아뢰다.(『宣祖實錄』 선조7. 『集成』14-26) 2.4. 百司와 지방관의 무사 안일을 탓하는 전교.(『宣祖實錄』 선조7. 『集成』14-26) 3.14. 經筵에서 金宇宏과 盧守愼이 孽屬들이 뇌물 받는 짓을 방임하여 뇌물이 행해지는 것에 대하여 논하다.(『宣祖實錄』 선조7. 『集成』14-27) 3.15. 憲府가, 일의 처리를 전도되게 한 慶尙道 軍籍 敬差官 鄭以周의 파직을 청하다.(『宣祖實錄』 선조7. 『集成』14-27) 4.3. 慶尙道 軍籍 敬差官 鄭以周가 병으로 사직하니 체직시키다.(『宣祖實錄』 선조7. 『集成』14-28) 4.13. 李潤德·申恪 등에게 관직을 제수하다.(『宣祖實錄』 선조7. 『集成』14-28)
1575	【한국】 2.29. 備邊司·大臣이 비밀히 監司 辛應時 등의 체직을 청하다./ 許曄·南彦經·洪仁健·洪汝諄·申磼·洪迪 등에게 관직을 제수하였다.(『宣祖實錄』 선조8. 『集成』14-30) 2.30. 備邊司가 武將을 골라 뽑고 罷散 武士들도 채비하고 기다리도록 청하다.(『宣祖實錄』 선조8. 『集成』14-31) 3.1. 憲府가 全羅水使 李淑男의 貪虐을 논핵하다.(『宣祖實錄』 선조8. 『集成』14-31) 3.17. 備邊司 郞廳이 對馬島主가 보낸 第一船에서 騰書해서 올린 書契에 적도들이 배를 손질한다고 하므로, 미리 각 도의 防禦使 등에게 방비를 마련하게 했다고 아뢰다.(『宣祖實錄』 선조8. 『集成』14-31)
1576	【한국】 3.19. 草芝 萬戶 李元祐를 軍器를 수리하지 않았다는 御使의 보고에 따라 파직하다./ 防踏 僉使 李宗元 倭船을 포획하여 귀를 베었다고 水使가 보고하자 상을 주다.(『宣祖實錄』 선조9. 『集成』14-32) 4.3. 임금이 防踏 僉使 李宗元이 倭賊의 全船을 포획한데 대해, 將卒의 軍功을 마련하라고 有司에게 명하다. /黃魚川의 海採人 10여 명이 倭賊에게 사로잡혀 가자, 조정에서 伏兵將 馬島萬戶를 추국하다.(『宣祖實錄』 선조9. 『集成』14-32)
1577	【한국】 2.4. 李遴을 慶尙 監司로 삼다.(『宣祖實錄』 선조10. 『集成』14-34) 3.27. 丁傑을 全羅 水使로 삼다.(『宣祖實錄』 선조10. 『集成』14-34)

일본

11.6. 辰時에 상이 日本國 사신을 접견하다.(『宣祖實錄』 선조 4. 『集成』14-8)

11.29. 晝講의 特進官 柳希春이 乙卯倭變 이후 발생한 漕運의 폐단과 아울러 적을 방어하는데 쓰는 板屋船·防排船·夾船 등이 매우 緊要한 데도 3~4년이 지나면 못쓰게 되는 폐단을 아뢰다.(『宣祖實錄』 선조 4. 『集成』14-8)

5.6. 正言 金誠一이 倭人의 驗包에 대해 변명한 金戣의 일로 체직을 청하다.(『宣祖實錄』 선조 6. 『集成』14-19)/ 大司憲 朴謹元이 金戣의 일과 관련된 관원의 出仕를 아뢰니 상이 윤허하나 金誠一은 동료와 함께 의논하지 않고 경솔히 아뢰었으므로 아울러 갈라고 하다./ 政院이 정언 金誠一을 체직시키는 일의 부당함을 아뢰다.(『宣祖實錄』 선조 6. 『集成』14-20)

5.7. 大司憲 朴謹元 등이 김규를 중론한 金誠一 체차와 관련, 체직을 청하다.(『宣祖實錄』 선조 6. 『集成』14-21)

6.9. 金鰲島 搜討將이 倭船과 싸웠다는 全羅 監司의 장계(『宣祖實錄』 선조 6. 『集成』14-21)

6.13. 巡撫 御史 辛應時가 靈巖·茂長 수령이 방비를 게을리 했다고 파직을 청하다.(『宣祖實錄』 선조 6. 『集成』14-21)/ 巡撫 御史 辛應時의 말대로 備邊司가 入啓하다(『宣祖實錄』 선조 6. 『集成』14-22)

7.21. 日本國 小二殿의 사신이 오다.(『宣祖實錄』 선조 6. 『集成』14-22)

7.28. 憲府가 市里의 백성들이 人蔘의 무역에 괴로운데 또 黑角을 바치라고 독촉하니 얻을 데가 없어서 冬至使가 사오기를 기다리고 우선 바치는 기한을 늦추기를 청하다(『宣祖實錄』 선조 6. 『集成』14-22)

8.4. 憲府가 北兵使 이전, 慶常 監司 朴素立 등의 체차를 청하다.(『宣祖實錄』 선조 6. 『集成』14-22)

8.6. 尹毅中·金繼輝·朴民獻·林晉 등에게 관직을 제수하다.(『宣祖實錄』 선조 6. 『集成』14-23)

9.16. 憲府가 교활하고 탐오한 慶尙 右水使 趙述을 파면하라고 아뢰다.(『宣祖實錄』 선조 6. 『集成』14-23)

10.6. 李山海·張弼武 등에게 관직을 제수하다.(『宣祖實錄』 선조 6. 『集成』14-23)

11.26. 朝講에서 盧守愼·金宇顒·李珥 등이 軍額 등에 대하여 논하다.(『宣祖實錄』 선조 6. 『集成』14-23)

12.2. 安邊 府使 金億齡이 상소하여 癸丑年 軍籍의 상고를 청하다.(『宣祖實錄』 선조 6. 『集成』14-24)

12.6. 朝講에 柳希春이 講論하고 軍籍 조사 등으로 아뢰다.(『宣祖實錄』 선조 6. 『集成』14-24)

4.23. 柳希春이 아뢰기를 金安國이 교린의 도리를 다해 日本 사람 대우했다고 하다.(『宣祖實錄』 선조 7. 『集成』14-28)

5.14. 많은 倭奴들이 배를 타고 중국으로 간다고 湖南 監司가 狀啓하다.(『宣祖實錄』 선조 7. 『集成』14-29)

5.22. 全羅道 敬差官 盧稙이 道內 正軍의 軍額을 채웠다고 보고하다.(『宣祖實錄』 선조 7. 『集成』14-29)

7.19. 憲府가 全州 사는 崔繼孫의 완악함을 아뢰다.(『宣祖實錄』 선조 7. 『集成』14-29)

9.3. 尹根壽·具鳳齡·閔純 등에게 관직을 제수하다.(『宣祖實錄』 선조 7. 『集成』14-29)

10.2. 洪致武에게 慶尙 左兵使의 관직을 내리다.(『宣祖實錄』 선조 7. 『集成』14-30)

10.6. 李增·辛應時·鄭芝衍을 특별 敍用하라고 명하다.(『宣祖實錄』 선조 7. 『集成』14-30)

11.28. 李徵을 全羅都事로 삼다.(『宣祖實錄』 선조 7. 『集成』14-30)

3.20. 郭嶸을 全羅 右水使로 삼다.(『宣祖實錄』 선조 8. 『集成』14-31)

4.19. 御史의 狀啓에 따라 軍器를 보수하지 않는 지역 수령의 罷職을 명하다.(『宣祖實錄』 선조 9. 『集成』14-33)

6.15. 加里浦 僉使 李旭이 倭船 한 척을 포획했다고 가자한 것은 지나치다는 憲府의 논핵.(『宣祖實錄』 선조 9. 『集成』14-33)

8.9. 최홍한을 특히 加資하여 全羅監司로 삼다.(『宣祖實錄』 선조 9. 『集成』14-33)

9.3. 憲府가 全羅水使 李潑을 탄핵하기를 청하였으나, 임금이 乙卯倭變 때 적을 물리친 공이 있는 것을 들어, 이를 윤허하지 않다.(『宣祖實錄』 선조 9. 『集成』14-33)

연도	한국
1578	【한국】 1.19. 崔顒을 慶尙 監司로 삼다.(『宣祖實錄』 선조11.『集成』14-34) 3.25. 慶尙道 巡撫 御史 書狀에 知禮 縣監 崔稀壽의 罷職을 청하다.(『宣祖實錄』 선조11.『集成』14-34) 4.5. 慶尙 兵使 郭嶸이 兵使들이 군기를 어긴 일을 아뢰다.(『宣祖實錄』 선조11.『集成』14-35) 5.6. 임금이 乙卯年 倭變 때, 長興府使 韓蘊 등이 절의를 지키다 죽었으므로 사제할 것을 명하다.(『宣祖實錄』 선조11.『集成』14-35) 6.17. 慶尙道 巡撫 御史가 전 郡守 宋應秀, 전 萬戶 金大立을 추고하라고 서장하다.(『宣祖實錄』 선조11.『集成』14-36)
1579	【한국】 4.19. 朝講에서 金宇顒 등이 民間의 疾苦에 대해 구제책을 논하다.(『宣祖實錄』 선조12.『集成』14-36)
1580	【한국】 5.26. 朝講에 《春秋》를 강하고, 大司諫 金添慶이 近來에 常參이 없어서 염려하니 임금이 禮文에 있다면 마땅히 해야한다고 하다.(『宣祖實錄』 선조13.『集成』14-37) 12.21. 日本國이 玄蘇·平調信 등을 시켜 내빙하고, 우리나라를 통해 中國에 조공하기를 청하였으나, 언사가 불순하여 이를 거절하다.(『宣祖實錄』 선조13.『集成』14-37)
1581	【한국】 1.20. 諫院이 濟州 牧使 郭越을 다른 사람으로 체차 하도록 청하다.(『宣祖實錄』 선조14.『集成』14-38) 1.21. 金泰廷을 濟州 牧使에 제수하다.(『宣祖實錄』 선조14.『集成』14-38) 1.26. 임금이 領敦寧이 발인을 한 뒤에 日本國 사신을 접견하는 것이 옳다고 하다.(『宣祖實錄』 선조14.『集成』14-38) / 夜對하여 《大學衍義》를 강하고 金宇顒등이 客使의 대우와 수졸의 노고를 논의하다.(『宣祖實錄』 선조14.『集成』14-39) 2.25. 典翰 李潑이 모친 병으로 뵙기를 청하니 말미를 주다.(『宣祖實錄』 선조14.『集成』14-39) 3.1. 日本이 사신을 보내어 내빙함에 연회에 女樂을 사용하다.(『宣祖實錄』 선조14.『集成』27-2) 3.6. 司憲府가 日本國 사신을 접견할 때 女樂을 사용하지 말 것을 청하였으나, 임금이 윤허하지 않다.(『宣祖實錄』 선조14.『集成』14-40)
1583	【한국】 1.22. 兵曹 判書 李珥가 軍隊를 정비할 것을 상소하다.(『宣祖實錄』 선조16.『集成』14-43) 2.10. 邊防 오랑캐가 기승을 부리자 그에 對備하라는 傳敎.(『宣祖實錄』 선조16.『集成』14-43) 2.15. 兵曹 判書 李珥가 관리의 잦은 교체, 양병, 재용, 전마, 수세 등에 대해서 상소하다.(『宣祖實錄』 선조16.『集成』14-44) 2.20. 備邊司가 兩南 연해 고을의 文官 守令을 武官으로 대체하고 파직된 戊申을 敍用하다.(『宣祖實錄』 선조16.『集成』14-49) 윤2.24. 李珥를 引見했을 때 아뢴 일이 무엇인지를 묻자 그에 대한 답.(『宣祖實錄』 선조16.『集成』14-49) / 銀溪 察訪 金慶深이 開城府에 아비를 장사지내며 소나무를 벤 일로 經筵官의 아룀에 따라 추고할 것을 명하니 경원에 移配하다.(『宣祖實錄』 선조16.『集成』14-50)
1584	【한국】 1.14. 임금이 別試를 거행하여 무사를 試取해 남쪽 倭賊의 변고에 대비하게 할 것을 전교하다.(『宣祖實錄』 선조17.『集成』14-52)
1585	【한국】 4.17. 임금이 中國이 우리 나라를 대접하는 것이 琉球에 비해 어떠한지를 이르니, 黃廷彧이 예부의 관원이 우리를 대접할 때는 위의를 이를까 걱정하였으나 琉球 사신의 연회를 베풀 때는 가지도 않는다고 아뢰다.(『宣祖實錄』 선조18.『集成』14-53) 4.21. 持平 韓應寅이 京畿 水使 洪致武가 戰船을 만든다고 價布를 징수했다며 파직을 청하다.(『宣祖實錄』 선조18.『集成』14-53) 4.29. 御使 姜紳이 배 만드는 재목이 남벌되고 있다며 安眠串의 鹽盆을 禁斷하기를 청하다.(『宣祖實錄』 선조18.『集成』14-54)
1586	【한국】 6.3. 全羅 右水使가 旌義 縣監 金大頤 등이 적을 놓친 일과 방비책 등을 치계하다.(『宣祖實錄』 선조19.『集成』14-55) 10.6. 兩司가 全羅 左水使 李璟의 직무 태만을 논하다.(『宣祖實錄』 선조19.『集成』14-55) 10.24. 義禁府가 全羅 左水使 李璟을 잡아들여 가둘 것을 아뢰었다.(『宣祖實錄』 선조19.『集成』14-55).
1587 ▼	【한국】 2.1. 興陽에 침구한 왜선을 鹿島堡將 李大元이 막아 싸우다 패하여 죽다.(『宣祖修正實錄』 선조19.『集成』27-1) 2.24. 對馬島主가 표류한 濟州사람 4명을 호송해 주니, 임금이 論賞할 것을 該曹에 명하다.(『宣祖實錄』 선조20.『集成』14-56)

일본
3.14. 兩司가 日本 사신을 접견할 때 女樂을 쓰지 말자고 논계하였으나, 윤허하지 않다./ 玉堂의 上箚에 상이 전례대로 하겠다고 답하다.(『宣祖實錄』 선조 14.『集成』14-40) 3.24. 諫院이 大闕 연회 후의 소란에 대해서 兵曹로 하여금 部將을 별도로 정해서 검속하고 신칙하게 하여 폐단을 고치게 해야한다고 아뢰다.(『宣祖實錄』 선조 14.『集成』14-40) 3.26. 임금이 勤政殿에 나아가 日本 사신을 접견하다.(『宣祖實錄』 선조 14.『集成』14-41) 4.9. 司諫院이 天安 郡守 鄭純祐, 靈巖 郡守 柳夢鼎의 체직을 청하다.(『宣祖實錄』 선조 14.『集成』14-41) 11.4. 憲府가 倭館의 潛商을 엄칙할 것을 아뢰다.(『宣祖實錄』 선조 14.『集成』14-41)/ 諫院이 李戩·邊協의 청탁과 범행을 벌하라고 청하다./ 兩司가 政事를 어지럽히고 사림을 해친 李戩의 석방을 취소하기를 청하다.(『宣祖實錄』 선조 14.『集成』14-42) 11.13. 憲府가 李戩 등의 일을 停啓한다고 아뢰다.(『宣祖實錄』 선조 14.『集成』14-43) 3.4. 南方의 防禦使를 書啓하라는 傳教에 따라 備邊司에서 올린 回啓.(『宣祖實錄』 선조 16.『集成』14-50) 4.7. 全羅 水使 李鎰과 慶源 府使 任應龍을 맞바꾸어 임명하다.(『宣祖實錄』 선조 16.『集成』14-51) 4.14. 李珥가 時弊를 들어 상소하자, 貢案·州縣 合幷·庶孼 許通 등에 대한 전교.(『宣祖實錄』 선조 16.『集成』14-51) 7.15. 成渾이 李珥가 乙卯年 倭變 때 군사들이 도중에서 말을 약탈해 가는 것을 보고, 그것이 亂階가 될 것을 깊이 우려하였다고 상소하다.(『宣祖實錄』 선조 16.『集成』14-51) 9.15. 宣政殿에 나아가 日本의 武衛殿 사신을 접견하다.(『宣祖實錄』 선조 16.『集成』14-52)
【일본】 7.11. 豊臣秀吉이 関白에 취임하다.(公卿補任) 9.3. 豊臣秀吉이 一柳末安에게 家臣団의 奮起를 기대해 大陸征服의 의도를 나타냈다.(伊予小松一柳文書天正13年9月3日一柳市介宛 豊臣秀吉朱印状)
【일본】 3.16. 秀吉이 쿠에료 등에게 明과 朝鮮征服의 의도가 있다는 것을 말했다. 코에료가 군함 2척과 乘組員을 제공하여 원조할 의향을 나타냈다.(발리냐뇨1590년 12월 14일 서한/프로이스 1586년 10월 17일 서한) 4.10. 秀吉이 毛利輝元에게 九州를 平定한 후에 朝鮮渡海計画이 있음을 알리다.(毛利家文書3 1949号) 6.16. 秀吉이 宗義調에게 日本統一을 完成하면 朝鮮出兵間近, 忠勤에게 격려해야 한다고 말하다.(宗家文書 天正 14년6월16일 宗義調宛豊臣秀吉書状) 8.5. 秀吉가 安国寺 恵瓊·黒田 孝高에게 島津氏의 항복후에 明征服計画이 있음을 알렸다.(黒田文書 天正 14년8월5일 安国寺恵瓊·黒田勘解由·宮木右兵衛入道宛豊臣秀吉朱印状) 【일본】 4.21. 예수회, 日本準管区長 가스파르 코에료가 豊臣秀吉을 肥後国八代로 찾아가 죄수의 석방을 탄원하니, 秀吉가 다시 明国을 정벌할 계획을 말하다.(日本年報 1587年度 /프로이스日本史)

연도	한국
▲ 1587	2.26. 全裸監司가 倭賊船 18척이 興陽 지경을 침범하였는데 鹿島權管 李大源이 전사했다고 치계하니, 右尹 申砬을 防禦使로 삼아 나가게 하라고 명하다.(『宣祖實錄』 선조20. 『集成』14-56) 2.27. 全羅右水使가 加里浦에 침범한 倭賊을 물리쳐 병선 4척을 빼앗고, 僉使 李泌은 화살을 맞고 퇴각하였다고 치계하다./ 三公과 備邊司 堂上이 모여 변방의 일을 논하고 權徵으로 忠淸 감사를 삼다.(『宣祖實錄』 선조20. 『集成』14-56) 2.28. 全羅右道 防禦使 邊協이 임지로 가다./ 金命元을 全羅道 巡察使로 삼았다.(『宣祖實錄』 선조20. 『集成』14-57) 2.30. 慶尙道 防禦使 申恪이 부임지로 가다.(『宣祖實錄』 선조20. 『集成』14-57) 3.2. 兵曹에서 倭賊이 전선을 준비하여 대거 침입하니, 倭變에 대응할 대비책을 회계하다.(『宣祖實錄』 선조20. 『集成』14-57) 3.3. 倭兵의 용병과 징발 등의 일을 아뢰라고 傳敎하다.(『宣祖實錄』 선조20. 『集成』14-58)/ 임금이 倭賊에 대한 방비를 철저히 하고, 烽燧나 瞭望 등의 일을 조사하고 단속하라고 전교하다./ 諫院이 술에 빠져 공무를 게을리 한 東萊 府使 盧埈의 파직을 청하다.(『宣祖實錄』 선조20. 『集成』14-59) 3.7. 湖南의 戰沒者를 제사지내고 雜役을 면제해 주도록 諭示하라는 傳敎.(『宣祖實錄』 선조20. 『集成』14-59) 3.10. 備邊司가 군사를 잃은 左水使 沈巖, 伏兵船을 잃은 우수사 元壕의 국문을 청하다.(『宣祖實錄』 선조20. 『集成』14-60) 3.28. 임금이 倭賊에게 패한 장수 沈巖을 轅門에서 斬首하여 여러 列鎭에 조리를 돌리라고 명하다.(『宣祖實錄』 선조20. 『集成』14-60) 3.29. 임금이 기율이 없어서 남쪽의 倭賊이 침모하는 것이라고 하다.(『宣祖實錄』 선조20. 『集成』14-60) 4.1. 義禁府가 沈巖·元壕가 承服하지 않는다며 形推를 청하다.(『宣祖實錄』 선조20. 『集成』14-61) 4.3. 憲府가 沈巖을 軍律에 따라 벌할 것을 청하다./ 義禁府가 大祭가 있으므로 내일 처형하라고 청하다.(『宣祖實錄』 선조20. 『集成』14-61) 4.4. 沈巖의 형을 집행하다./ 憲府가 싸우지 않은 順川 府使 邊璣를 국문 하라고 하자 兵船이 느리다고 핑계한 申榮도 조사하도록 전교하다./ 邊璣가 힘껏 싸웠다고 防禦使가 보고하자 備邊司에 의논하여 아뢰라고 전교하다.(『宣祖實錄』 선조20. 『集成』14-62)/ 死節한 李大源의 집안에 물품을 내리라는 備忘記(『宣祖實錄』 선조20. 『集成』14-63) 4.14. 政院이 李大源의 가족 상황을 아뢰다./ 全羅道 유생 梁山龍 등이 沈巖의 죄를 논하자 가상하다고 답하다.(『宣祖實錄』 선조20. 『集成』14-63) 6.1. 全羅 左水使 李薦이 약속을 어긴 寶城 군수 李屹을 죽이자 備邊司가 추고를 청하다.(『宣祖實錄』 선조20. 『集成』14-64) 6.4. 司憲府가 全羅監司 韓準이 順天에 도착하여 倭賊의 형세가 왕성하다는 말만 듣고 內地로 도망하였으므로 파직시킬 것을 청하니, 체차하라고 답하다.(『宣祖實錄』 선조20. 『集成』14-64) 6.6. 尹斗壽를 全羅 監司로, 成應吉을 全羅 兵使로 삼다.(『宣祖實錄』 선조20. 『集成』14-65) 7.3. 漂流한 濟州 사람을 對馬島主가 호송하다.(『宣祖實錄』 선조20. 『集成』14-65) 7.18. 全羅 監司가 左水使 李薦이 처사로 민심이 이산되었으며 順天은 營門과 가까운 곳이데 수령이 자주 체차되니 재능과 무략을 갖춘 사람으로 각별히 擇差할 것을 청하다.(『宣祖實錄』 선조20. 『集成』14-65) 7.21. 備邊司가 처사가 전도되어 아랫사람들의 마음이 떠난 全羅 左水使 李薦의 체차를 청하다.(『宣祖實錄』 선조20. 『集成』14-66) 7.23. 備邊司가 李薦 대신 水使에 합당한 인물을 書啓하다./ 水使 李薦의 체차와 順天 관리의 처리 문제를 내린 備忘記(『宣祖實錄』 선조20. 『集成』14-660) 7.24. 全羅 左水使 李薦이 인심을 잃었다고 監司 尹斗壽가 보고하다.(『宣祖實錄』 선조20. 『集成』14-67)/ 忠淸 監司가 병이 중한 林川 郡守 尹克新의 파직을 청하다.(『宣祖實錄』 선조20. 『集成』14-68) 7.25. 朴宣을 全羅 左水使로 삼다.(『宣祖實錄』 선조20. 『集成』14-68) 7.27. 堂上官으로 합당한 인물을 備邊司로 천거하도록 전교하자 權克智를 慶尙 監司로 삼다.(『宣祖實錄』 선조20. 『集成』14-68)
1588	【한국】 1.3. 別坐 李命生이 日本의 사신을 구류하고, 明나라에 알려서 六師를 동원시켜 정벌하여 日本의 침입에 대비하자는 상소를 올리다./ 黃璉이 倭虜는 추측할 수 없어서 그 실정을 알 수 없다고 아뢰다.(『宣祖實錄』 선조21. 『集成』14-75) 1.5. 趙憲의 疏에 日本 정벌에 대하여 논한 것과, 日本과 단절하고 우리를 강하게 하는 계책이 적혀있다.(『宣祖實錄』 선조21. 『集成』14-77) 2.9. 司憲府가 禮曹 下馬宴 때 日本國 사신들이 妓工들에게 준 면피 등을 주자 서로 빼앗아 비웃음을 받았으므로 예조의 堂上을 추고하자고 아뢰니, 그대로 따르다.(『宣祖實錄』 선조21. 『集成』14-78) 3.4. 東·西班 2품의 參議 이상이 中樞府에 회합하여 日本國에 通信使를 보낼 수 없다고 하니, 임금이 의결에 따라 시행하라고 명하다.(『宣祖實錄』 선조21. 『集成』14-78) 3.26. 임금이 倭變이 발생할 것을 염려하여 備邊司로 하여금 罪廢중에 있는 쓸만한 무사를 抄啓 敍用하게 하다./ 憲府가 죄 중에 있는 자의 서용을 거둘 것을 청하다.(『宣祖實錄』 선조21. 『集成』14-78) 4.10. 宣慰使 韓孝純이 聞慶지방의 大橋가 무너져 日本國 객인이 물에 떨어져 겨우 죽음을 모면하고 驛子는 죽었다고 보고하자, 聞慶縣監 趙宗道 등을 파직시키라고 명하다.(『宣祖實錄』 선조21. 『集成』14-79) 4.13. 備邊司가 下三道에 倭變을 대비하여 助防將을 둘 것을 아뢰니, 임금이 邊璣로써 대체하라고 명하다.(『宣祖實錄』 선조21.

일본

5.3. 島津義久가 豊臣秀吉에게 항복하여, 豊臣政權이 九州平定이 완료되다.(九州御動座記)

5.4. 豊臣秀吉가 薩摩国 川内로부터 宗義智가 九州平定 完了를 고하고, 朝鮮出兵때에 힘쓸 것을 고하였다.(宗家文書 天正15년 5월 4일 宗義調宛豊臣秀吉朱印状)

5.29. 豊臣秀吉가 夫人浅野氏(北政所)에게 九州 및 壱岐·対馬의 정복 완료를 고하고, 드디어 朝鮮国王을 参洛시켜, 明까지 정복한다는 포부를 알렸다.(妙満寺文書 天正15년 5월 29일 北政所宛豊臣秀吉 書状)

6.15. 豊臣秀吉가 宗義調·宗義智 부자에게 対馬一国을 안정시키고, 이어서 宗氏에게 朝鮮国王의 服属복속과 参洛교섭을 명하고, 国王이 参洛을 지체하면 조선에 출병한다는 것과 그때 宗氏에게 朝鮮에 대한 知行을 준다는 뜻을 고하고, 区長 코에료를 인견했다.(日本年報 1587年度)

7.30. 諫院이 監司를 능멸한 前 수사 李薦의 파직과 虞候를 무단 벌한 감사 尹斗壽의 추고를 청하다.(『宣祖實錄』 선조 20. 『集成』14-68)

8.1. 全羅 監司 尹斗壽가 李薦의 장계에 자신을 지적하여 배척하는 일이 많아 구차스럽게 자리에 있을 수 없다고 사직 서장을 올렸는데, 사직하지 말라고 전교하다./ 監司 尹斗壽가 水營의 虞候에게 형장을 집행한 일로 추고되자 그 일은 감사의 권위를 위해 있을 수 있다는 전교(『宣祖實錄』 선조 20. 『集成』14-69)/ 左水使 李薦이 防禦使가 屹이 기약한 날짜에 닿지 못한 연유를 가지고 關子를 만들어 부쳤으나 薦이 거들떠보지 않은 것은 장수를 무시한 것이라며 지휘계통을 조사하라는 전교.(『宣祖實錄』 선조 20. 『集成』14-70)

8.9. 政院이 成天祉가 획득한 要鉤金은 倭賊이 버리고 간 뒤에 온 것이므로 備邊司에 하문하여 조처할 것을 청하니, 그대로 따르다.(『宣祖實錄』 선조 20. 『集成』14-70)/ 承政院이 成天祉가 획득한 要鉤金은 倭賊이 버리고 간 뒤에 온 것이므로 비변사에 하문하여 조처할 것을 청하니, 그대로 따르다.(『宣祖實錄』 선조 20. 『集成』14-71)

8.12. 諫院이 邊璣와 成天祉를 국문한 다음 定罪하라 청하니 마땅히 方伯에게 글을 내려 소상하게 심문하고 公議를 수집한 뒤 사실대로 치계하도록 이르다.(『宣祖實錄』 선조 20. 『集成』14-71)

8.26. 全羅 水使 李薦이 防禦使의 관문을 열어 보지 않았다 하여 추국하다.(『宣祖實錄』 선조 20. 『集成』14-72)

9.1. 日本國使 橘康廣이 내빙하다.(『宣祖修正實錄』 선조 20. 『集成』27-2)/ 일본 사신 접대에 대해 종2품 이상에게 명하여 可否를 의논하게 하다.(『宣祖修正實錄』 선조 20. 『集成』27-3)

9.7. 慶尙 左水使가, 日本國 僉知 橘康年이 新王을 세웠으니 通仕하고자 한다는 말을 계본으로 올리다.(『宣祖實錄』 선조 20. 『集成』14-72)

9.20. 諫院이 防禦司 申硈은 軍에 있는데도 良家의 처녀를 첩으로 삼아 자신을 단속하지 못했으므로 파직해야 한다고 아뢰다.(『宣祖實錄』 선조 20. 『集成』14-72)

10.20. 임금과 신하들이 日本國 사신의 접대에 관해서 논하고 있던 중, 日本國 新王이 보낸 사신이 對馬島에 당도했다는 것을 島主가 書契로 통지하다.(『宣祖實錄』 선조 20. 『集成』14-73)

10.22. 임금이 日本 사람은 시에 능숙하므로, 문장에 능한 吏曹正郎 柳根을 宣慰使에 제수하라고 명하다.(『宣祖實錄』 선조 20. 『集成』14-73)

10.24. 懇願이 防禦司 從事官으로 갔던 김신원이 일행을 단속하지 못하여 여러 고을로부터 경멸을 받았으니 파직을 청하다.(『宣祖實錄』 선조 20. 『集成』14-73)

11.6. 防備를 게을리 한 伏兵將 李苾의 刑訊을 그의 병이 위중하다는 핑계로 加刑하는 것을 마음대로 중지한 禁府 堂上의 체차를 명하는 전교(『宣祖實錄』 선조 20. 『集成』14-74)

12.1. 前 教授 趙憲이 소장을 올려 왜국에 사신을 보내지 말기를 청하다.(『宣祖修正實錄』 선조 20. 『集成』27-4)/ 일본국 사신 平義智·玄蘇가 내빙하다.(『宣祖修正實錄』 선조 20. 『集成』27-12)

12.21. 諫院이 防備를 허술히 한 忠淸 水使 李淮壽를 논핵하다.(『宣祖實錄』 선조 20. 『集成』14-74)

12.22. 日本國 사신이 매를 청하니, 그 청을 들어주라고 명하다.(『宣祖實錄』 선조 20. 『集成』14-74)

『集成』14-79)

4.22. 星州에서 日本의 客人에 대한 대접을 소홀히 하자, 임금이 星州의 관리를 추고하라고 명하다.(『宣祖實錄』 선조 21. 『集成』14-80)

5.20. 備忘記를 내려 이르기를, 邊將이 倭 한두 척을 拿捕하였을 때, 宣勞하는 잔치를 내려 위로하게 하였다고 하다.(『宣祖實錄』 선조 21. 『集成』14-80)

6.28. 正言 申磁이 倭國 사신이 忠州에서 하인에게 구타당한 일로 牧使의 파직을 청하다.(『宣祖實錄』 선조 21. 『集成』14-80)

7.1. 權徵을 引見하였을 때 생포한 胡女를 환송시킬 것, 磨天嶺과 磨雲嶺에 관을 설치하여 달아나는 백성을 단속할 것, 鹿屯島 만을 유의할 필요 없다는 것, 남방에 배타는 재주를 익힌 자는 남방에, 북방의 형세를 아는 자는 북방에 사용을 청하다.(『宣祖實錄』 선조 21. 『集成』14-81)

10.15. 南都 兵使 申硈이 堡將을 모욕한 加乙波堡의 戍卒을 베고 보고하다./ 諫院이 斬刑을 함부로 쓴 申硈의 파직을 청하다.(『宣祖實錄』 선조 21. 『集成』14-81)

11.7. 全羅道 左水營 鎭撫 金介同 등이 倭奴에게 잡혀가 南蕃國에 轉賣되었다가 中國지역으로 도망쳐 조사를 받고 北京으로 移送되었는데, 사은사 柳塪이 돌아오는 길에 딸려와 아뢰다.(『宣祖實錄』 선조 21. 『集成』14-81)

연도	한국
1589	【한국】 1.21. 備邊司에서 武人을 不次 採用한다고 하자 각 신료들이 올린 명단.(『宣祖實錄』선조22.『集成』14-82) 6.30. 玄蘇東堂 등이 물품을 진상하며 살펴볼 것을 청하자, 宣慰使 李德馨이 별폭에 기재되지 않은 물품은 사사로이 살펴볼 수 없으니 조정에 품의하여 처리를 기다려야 한다고 이르다.(『宣祖實錄』선조22.『集成』14-83) 7.1. 일본국 平秀吉·平義智·玄蘇 등이 본국 포로 金大璣 등 116인을 쇄환하다.(『宣祖修正實錄』선조22.『集成』27-12)/ 平義智 등이 孔雀 1쌍과 鳥銃을 바치다.(『宣祖修正實錄』선조22.『集成』27-13) 7.12. 宣慰使 李德馨이 對馬島主의 別遣船이 孔雀 1쌍을 보내왔다고 아뢰다.(『宣祖實錄』선조22.『集成』14-83) 7.23. 琉球國의 상인 30여 명이 진도에 표류하자, 中國으로 호송하다.(『宣祖實錄』선조22.『集成』14-83) 7.28. 左副承旨 黃佑漢이 下三道의 兵·水使를 잘 선택하라는 전교를 받고 상의한 바, 적합하지 않은 사람이 있다고 아뢰다.(『宣祖實錄』선조22.『集成』14-83) 7.29. 掌令 尹暹이 善山府使 尹希吉이 倭人 객사를 영접할 때, 미숙하게 처리하여 倭人들이 잔치를 받으려 하지 않으므로 파직시키고 추고할 것을 청하니, 그대로 따르다.(『宣祖實錄』선조22.『集成』14-84) 8.1. 임금이 夕講에서《綱目》을 강하고 邊協 등과 倭賊을 방비하는 방법에 대하여 논하다.(『宣祖實錄』선조22.『集成』14-85) 8.2. 日本이 보낸 공작을 該曹로 하여금 처리하라고 전교하다.(『宣祖實錄』선조22.『集成』14-88) 8.4. 임금이 日本에서 보낸 공작을 객사가 돌아간 뒤 濟州에 놓아주라고 명하다.(『宣祖實錄』선조22.『集成』14-88)/ 임금이 도승지 趙仁後에게 전교하여, 日本과 통신하는 것에 대해 大臣·備邊司·禮曹에서 의논하여 아뢰도록 하라고 명하다.(『宣祖實錄』선조22.『集成』14-89) 8.5. 日本 사신이 사사로이 말을 진상하자, 임금이 객사는 재차 肅拜할 수 없으니 해조가 말만 받아 올리도록 하라고 명하다.(『宣祖實錄』선조22.『集成』14-90) 8.11. 禮曹가 日本 通信에 관한 정2품 이상의 收議를 入啓하다.(『宣祖實錄』선조22.『集成』14-91) 8.16. 右相 鄭彦信 등과 邊備에 관한 일을 의논하다./ 吏曹에 金元龍은 허수아비 같아서 耽羅를 맡길 수 없다고 전교하고 李渾은 제주 목사로, 孫仁甲을 加德浦 僉使로 李慶祿을 金海 府使로의 제수를 명하다./ 憲府가 濟州 牧使 李渾이 사람됨이 泛濫하여 端川 郡守로 있을 때 白金을 취하였다고 개정을 청하다.(『宣祖實錄』선조22.『集成』14-91) 8.17. 濟州 牧使에 李慶祿을 제수하라는 전교.(『宣祖實錄』선조22.『集成』14-92) 8.19. 司憲府가 日本 客人을 접견할 때 女樂 대신 男樂을 사용하자고 청하였으나, 이전의 規例대로 마련하라고 답하다.(『宣祖實錄』선조22.『集成』14-92) 8.20. 憲府가 客人을 접할 때 女樂을 쓰지 말 것을 아뢰다.(『宣祖實錄』선조22.『集成』14-92)
1590	【한국】 1.1. 琉球國 백성이 본국에 표류해 오다.(『宣祖修正實錄』선조23.『集成』27-15) 1.17. 임금이 宣慰使에 합당한 자를 吏曹郎廳을 하여금 대신에 의논하게 하라고 명하였는데, 그 望에 沈喜壽·趙瑗·吳億齡이 오르다./ 吳億齡을 宣慰使로 差遣하다.(『宣祖實錄』선조23.『集成』14-99) 2.12. 비상시 大臣을 부를 때 변고가 있을 것을 염려해서 密符를 새로 만들다.(『宣祖實錄』선조23.『集成』14-99) 2.28. 日本에서 倭國에 투항하여 그들이 노략질하는데 嚮導 노릇을 한 珍島의 거민 沙乙火同을 刷還시켜 오니, 임금이 仁政殿에 나아가 獻俘禮를 거행하다.(『宣祖實錄』선조23.『集成』14-99) 3.1. 僉知 黃允吉, 司成 金誠一, 典籍 許筬을 사신으로 일본에 보내다.(『宣祖修正實錄』선조23.『集成』27-16) 3.6. 日本 通信使 黃允吉 등이 출발하다.(『宣祖實錄』선조23.『集成』14-100) 5.20. 宣慰使 李德馨이 復命하니 상이 주선한 공로가 많다고 격려하고 直提學에 超拜하다.(『宣祖實錄』선조23.『集成』14-100) 9.1. 李山甫를 直提學에 제수하다.(『宣祖修正實錄』선조23.『集成』27-16) 12.23. 黃海 監司가 長淵 大淸島의 鮑作干들이 선척과 의복 등을 도적에게 빼앗겼다며 萬戶 元景全의 추고를 청하다.(『宣祖實錄』선조23.『集成』14-100)
1591 ▼	【한국】 1.6. 慶尙監司가 通信使가 정월달에 나올 것과, 蔚山 사람 9명이 對馬島에 표류하였다는 啓本을 올리다.(『宣祖實錄』선조24.『集成』14-101) 1.9. 義禁府가 전 判官 成天祉와 典籍 許筬은 사행이 귀향할 때를 기다려서 바로 체포하여 東萊府에 가두고 즉시 치계 하기를 청하다.(『宣祖實錄』선조24.『集成』14-101) 1.10. 備忘記로 對馬島에서 우리 나라 표류인 9명을 호송하여 왔으므로 澄泰와 上官과 都船主에게 상을 주고 職을 내리라고 이르다.(『宣祖實錄』선조24.『集成』14-102) 1.13. 朝鮮通信使 일행이 京都를 떠나 堺에 이르렀다. 이즈음, 朝鮮通信使는 堺에서 豊臣秀吉의 답서를 받았다. 通信使一行은 답서에 「閣下」·「入朝」·「方物」등 부당한 문자가 있어 이덕의 개작을 요구했으나 「入朝」만 개작이 받아들여졌다. 通信使가 11월 20일에 받은 書契에 문제가 되는 글자가 있어서 고치라고 했다는 書狀을 올리자, 예조에 啓下하다.(『宣祖實錄』선조24.『集成』14-102)

일본

【일본】

3.28. 豊臣秀吉이 宗義智에게 朝鮮国王의 参洛을 독촉했다.(宗家文書 天正17년3월28일 宗義智宛豊臣秀吉書状/榊原家所蔵文書)

11.8. 小西行長이 朝鮮通信使의 日本派遣件을 浅野長政에게 알렸다.(武家事紀35 天正17년11월8일 浅野長政宛小西行長書状)/ 이 해에 이보다 앞서 天正4년(1576), 東福寺 月渓聖澄이 「相公」(足利義昭?)의 명을 받아 豊後国에 가서 이해까지 大友義統·義宣을 위해 「大明日域通信之書」을 만들었다.(東福寺諸塔頭井十利諸山略伝)

8.23. 正言 金信元이 전에 아뢰었던 女樂에 대해 아뢰다.(『宣祖實錄』 선조 22. 『集成』14-93)

8.24. 憲府가 다시 女樂에 대한 일을 아뢰다.(『宣祖實錄』 선조 22. 『集成』14-93)

8.25. 正言 黃是가 먼저 아뢰었던 女樂에 대하여 아뢰다.(『宣祖實錄』 선조 22. 『集成』14-93)

8.27. 임금이 政院에 日本 副官이 진작하는 것에 대해 조사해서 아뢰라고 하니, 李裕仁이 禮官에게 물어 講定하자고 아뢰다.(『宣祖實錄』 선조 22. 『集成』14-93)/ 禮曹가 副官에게 이미 별도로 내린 恩典이 있으니 進爵을 허락하여도 별로 해로움이 없을 것이라 청하다.(『宣祖實錄』 선조 22. 『集成』14-94)

8.28. 임금이 日本 客使를 접견하고 별도로 술을 내리도록 하라고 명하다.(『宣祖實錄』 선조 22. 『集成』14-94)

9.3. 備邊司가 人望이 없고 지금은 이미 老衰하여 임무를 감당할 수 없는 이유로 慶尙 左水使 韓繼男의 체직을 청하다.(『宣祖實錄』 선조 22. 『集成』14-95)

9.9. 임금이 柳成龍을 引見하여, 日本에 通信使를 보낼 것과 우리 백성의 刷還 문제 등에 대해 논의하다.(『宣祖實錄』 선조 22. 『集成』14-95)

9.21. 憲府가 女樂에 대해 다시 아뢰니, 전부터 시행해 오던 規例인 데다 男樂은 평소 연습이 없었으므로 서투른 동작이 있을까 염려되니 女樂을 그대로 사용하라고 답하다.(『宣祖實錄』 선조 22. 『集成』14-92)/ 임금이 조정의 논의에 따라 通信使를 보내도록 하다.(『宣祖實錄』 선조22. 『集成』14-97)

11.1. 趙憲를 방면하여 향리로 돌아가도록 명하다.(『宣祖實錄』 선조 22. 『集成』27-13)

11.18. 임금이 黃允吉·金誠一을 日本 通信使의 上使·副使로, 許筬을 書狀官으로 차출하다.(『宣祖實錄』 선조 22. 『集成』14-97)

12.3. 通信使 黃允吉이 日本 객사 玄蘇와 風土病 등에 대해 논의한 내용을 아뢰고, 車天輅를 대동할 것을 청하니, 이를 윤허하다.(『宣祖實錄』 선조 22. 『集成』14-98)

12.21. 예조가 日本에서 보낸 공작을 濟州 대신 南陽의 絶島 중 수풀이 울창한 곳에 놓아주자고 아뢰니, 그대로 따르다.(『宣祖實錄』 선조 22. 『集成』14-98)

【일본】

2.28. 豊臣秀吉이 琉球国王 尙寧에게 書를 보내어, 전국통일을 강조하고, 나아가 政化를 이역에 넓히고 四海를 一家로 하는 뜻을 적었다. 또 별도로 書를 보내어 일본의 통일, 朝鮮国의 人貢을 적고, 나아가 明国侵入의 뜻을 표명했다.(続善隣国宝記/薩藩旧記雑録後編)

7.21. 이보다 앞서 宗義智가 朝鮮通信使 黃允吉·金誠一·許筬등을 동반하여 入洛했고, 이날, 通信使一行은 大德寺에 기숙했다.(晴豊記/朝鮮王朝実録 宣祖24.1.13条/懲悲録 /言経卿記7.19条/薩藩旧記雑録後編)

11.7. 豊臣秀吉이 聚楽第에서 朝鮮通信使一行을 인견했다. 통신사는 秀吉의 日本統一을 축하하는 国書를 제시했다. 秀吉은 黃允吉등을 服属使節로 생각했다.(晴豊記/統善隣国宝記/懲悲録)

11.-. 중순경에 鹿苑僧録 西笑承兌가 豊臣秀吉의 탄생은 기적이고, 그는 「日輪の子」(태양의 아들)이어서, 天下統一은 天命이라고 하며, 朝鮮国王의 入貢을 가상하게 여기고 「征明嚮導」를 명하는 秀吉의 答書를 기초했다.(天正18年仲冬日朝鮮国王宛日本国 関白秀吉答書)

12.26. 憲府가 전투에서 패하여 나라를 욕되게 하고 邊帥가 되어서도 군졸들에게 탐학한 짓을 한 江華 府使 邊璣의 파직을 청하다.(『宣祖實錄』 선조 23. 『集成』14-100)

【일본】

1.-. 下旬히순에 宗義智기 朝鮮通信使一行을 동반하여 対馬에 노작했고, 景轍玄蘇·柳川調信으로 하여금 通信使를 조선에 호환시켰다.(朝鮮陣記)

4.13. 豊臣秀吉이 朝鮮渡海의 선박준비와 碇鉄의 조달을 小早川隆景 등 中国勢에 명했다.(小早川家文書1의 417호)

10.-. 豊臣秀吉이 浅野長政을 惣奉行으로, 黒田孝高를 縄張奉行으로 임명하고, 「唐入り」(중국으로 들어감, 征明: 편자주)의 본영으로 肥前国 名護屋의 築城 普請을 시작했다.(黒田家譜朝鮮陣記/清正高麗陣覚書/太閤記/肥前名護屋城旧記/文禄·慶長の役城跡図集)/ 豊臣秀吉이 宗義智등에게 対馬国 厳原 清水山의 축성을 명했다.(津島紀事/対州編年略)

2.4. 諫院이 超授된 全羅 左水使 元均이 黜陟 勸懲의 뜻이 없으므로 물정이 마땅치 않게 여기니 체차하기를 청하다.(『宣祖實錄』 선조 24. 『集成』14-102)

연도	한국
▲ 1591	2.6. 兵曹가 우리 나라는 삼면으로 적의 침입을 받을 형세이나 유사시에 응하여 대적할 자가 매우 적으니 鐵丸 등 무기 훈련을 할 것을 청하다./ 慶尙 監司가 通信使가 와서 종사관 許筬과 成天祉를 東萊府에 수감하였다고 보고하다.(『宣祖實錄』 선조24. 『集成』14-103) 2.7. 憲府가 寶城은 防備와 民事를 조금도 늦출 수 없는 곳이므로 무식한 군수 趙景祿에게 맡길 수 없다고 아뢰다.(『宣祖實錄』 선조24. 『集成』14-103) 윤3.1. 왜 사신 平調信·玄蘇 등이 서울에 오다.(『宣祖修正實錄』 선조24. 『集成』27-33)/ 상이 仁政殿에 나아가 平調信·玄蘇 등을 접견하고 연향을 베풀다.(『宣祖修正實錄』 선조24. 『集成』27-34) 2.8. 憲府가 全羅 좌수영은 방어가 매우 긴요한 지역이나 출신이 한미한 水使 劉克良이 主將이니 체통이 문란하고 호령이 제대로 시행되지 않아 체차시키고 하삼도 병·수영에 녹봉을 조정하도록 청하다.(『宣祖實錄』 선조24. 『集成』14-104) 2.11. 義禁府가 許筬을 잡아들이다.(『宣祖實錄』 선조24. 『集成』14-104) 2.12. 備邊司 郎廳이 李薦·李億祺·梁應地·李純臣을 남쪽요해지에 보내 공을 세우게 하자고 청하다.(『宣祖實錄』 선조24. 『集成』14-104) 2.13. 沈岱·이홍·李慶祿·成允文 등에게 관직을 제수하다.(『宣祖實錄』 선조24. 『集成』14-105) 2.16. 韓準을 右參贊에, 邊彦秀를 京畿 水使에 제수하다./ 諫院이 全羅 左水使 李舜臣은 군수에 부임하지도 않았는데 左水使에 招授하는 것은 관작의 남용이라고 체차를 청하다.(『宣祖實錄』 선조24. 『集成』14-105) 2.18. 諫院이 招授된 李舜臣은 경력이 매우 얕으므로 衆望에 흡족하지 않아 개차하고, 羅州는 다스리기 어려운 고을인데 판관들이 모두 武弁이므로 문관을 보내고 羅州 牧使 李慶祿의 체차를 청하다.(『宣祖實錄』 선조24. 『集成』14-106)
1592 ▼	【한국】 3.1. 비변사가 적합하지 않다고 아뢰었으나 金誠一을 慶尙右兵使로 삼다.(『宣祖修正實錄』 선조25. 『集成』27-43) 4.1. 14일 倭賊이 군사를 일으켜 釜山鎭을 함락시켜 僉使 鄭撥과 府使 宋象賢이 戰死하다.(『宣祖修正實錄』 선조25. 『集成』27-44)/ 慶尙左水使 朴泓이 성을 버리고 달아나다./ 倭賊이 梁山郡을 함락시키고 密陽 지역에 쳐들오다./ 倭賊이 尙州에 침입하자 李鎰의 군대가 敗走하다.(『宣祖修正實錄』 선조25. 『集成』27-45)/ 同知中樞府事 李德馨을 倭軍에 사신으로 보내다.(『宣祖修正實錄』 선조25. 『集成』27-47)/ 都城의 수비를 의논하고 도성을 빠져나가는 자를 금지시키다.(『宣祖修正實錄』 선조25. 『集成』27-48)/상이 兵曹로 하여금 綿布를 지급하게 하라고 하교하다./ 慶尙 右兵使 金誠一을 招諭使로 삼다.(『宣祖修正實錄』 선조25. 『集成』27-49)/ 賊兵이 忠州에 침입하여 申砬이 戰死하다.(『宣祖修正實錄』 선조25. 『集成』27-50)/ 사람들이 김여물의 戰死를 추도하며 애석히 여기다.(『宣祖修正實錄』 선조25. 『集成』27-51)/ 忠州의 士民과 官屬이 倭軍 침입으로 심하게 죽음을 당하다.(『宣祖修正實錄』 선조25. 『集成』27-51)/ 倭賊이 鳥嶺에 이르러 산세를 정찰한 후 군대를 진출시키다.(『宣祖修正實錄』 선조25. 『集成』27-52)/ 以吏曹判書 李元翼을 平安道 都巡察使, 崔興源 黃海道 京畿 都巡察使로 삼다.(『宣祖修正實錄』 선조25. 『集成』27-52)/ 이달 29일 저녁에 상이 忠州에서 패전한 보고를 듣고 東廂에 나아가西幸할 계획을 의결하다./ 李陽元 留都大將으로 삼고, 李山海 이하 宰臣들을 護從하도록 명하다.(『宣祖修正實錄』 선조25. 『集成』27-53)/ 이 달 그믐에 상이 西幸하다./ 都城의 宮省에 불이 나서 도성의 간악한 백성과 亂民이 크게 일어 궁성의 창고를 노략하다.(『宣祖修正實錄』 선조25. 『集成』27-54)/ 平明에 車駕가 沙峴을 넘다.(『宣祖修正實錄』 선조25. 『集成』27-55) 4.13. 倭寇가 玄蘇와 平行長 등을 장수로 삼고 대대적으로 침입하여 東萊府와 金海·密陽 등이 함락되다. 4월 17일 丙午年에 邊報가 서울에 도착하자 이일을 巡邊使로 보냈으나 패배하였다.(『宣祖實錄』 선조25. 『集成』14-107) 4.17. 申砬을 三道 巡邊使에 제수하며 명을 듣지 않는 자는 모두 처단하며 中外의 정병을 동원하고 紫門監의 軍器를 있는 대로 사용하라고 이르다.(『宣祖實錄』 선조25. 『集成』14-108)/ 적이 상주에 이르러 通事 景應舜을 보내 화친을 청하다./ 申砬이 忠州에서 패배하다./ 兵曹 參議 沈忠謙이 각도의 군사를 징발하여 도성을 수비하자고 청했으나 朴忠侃이 지방의 군사들을 모두 징발하면 방비가 없어 고장을 지킬 수 없다고 하며 따르지 않다.(『宣祖實錄』 선조25. 『集成』14-109)/ 柳成龍·李陽元·朴忠侃·李誠中·丁允福 등에게 관직을 제수하다.(『宣祖實錄』 선조25. 『集成』14-110) 4.중순, 加藤淸正의 부장 沙也可가 수길의 출병이 大義가 아니라며 조선측에 투항했다.(慕夏堂文集) [→1597.12.28] 4.20. 王이 左議政 柳成龍을 都体察使, 申位을 三道都巡辺使에 임명하다.(壬辰日録/朝鮮王朝実録4.13条/朝鮮王朝実録宣祖修正) 4.27. 이 무렵, 尙州에서 李鎰의 패배의 소식이 漢城에 전해졌다.(『懲悲録』) 4.28. 忠州에서의 패전 보고가 이르자 播遷에 대한 말을 하니 대신 이하 모두가 눈물을 흘리면서 극언하였다. 金貴榮 등은 경성을 고수해야 한다고 이르다.(『宣祖實錄』 선조25. 『集成』14-110)/ 大臣 이하 모두가 播遷을 반대했으나 영상 李山海는 播遷의 전례가 있다고 말하니 모두가 그의 파면을 청했으나 윤허하지 않았고, 도성의 백성들은 흩어졌으므로 도성을 고수할 형편이 못되다./ 인심이 危懼해 하자 歲星이 燕分에 있으니 적은 반드시 자멸할 것이라며 전교를 내려 안심시키다. 徵兵 體察使 李元翼 등을 引見하여 각각의 대신들을 격려하고 春宮이 오래도록 비어있으니 일찍 세자를 책봉하여야 한다며 光海君을 세자로 정하다.(『宣祖實錄』 선조25. 『集成』14-111) 4.29. 光海君을 세자로 세우다.(『宣祖實錄』 선조25. 『集成』14-113)/ 金命元을 都元帥로, 申恪을 副元帥로 삼아 한강에 주둔하게 하다./ 播遷에 대한 논의가 결정되니 宗室 海豐君 李耆등이 통곡하다./ 尹斗壽에게 어가의 호종을 명하고 각 왕

일본

3.1. 통신사 黃允吉 등이 왜 사신 平調信 등과 돌아오다.(『宣祖修正實錄』선조 24.『集成』27-16)/ 金誠一이 왜인의 답서가 거만하다 하여 玄蘇에게 항의하다.(『宣祖修正實錄』선조 24.『集成』27-18)/ 일본에 도착한 사신 일행에게 倭將들이 伎樂 관람을 청하자 金誠一이 허락하지 않다.(『宣祖修正實錄』선조 24.『集成』27-20)/ 弘文典翰 吳億齡을 宣慰使로 삼아 玄蘇 등을 償接하게 하다.(『宣祖修正實錄』선조 24.『集成』27-21)/ 沃川에 있던 趙憲이 일본의 서계에 분개하여 침략에 대비할 것을 疏章을 올려 아뢰다.(『宣祖修正實錄』선조 24.『集成』27-21)/ 前 敎授 趙憲이 貼黃을 올려 일본의 침략에 대비할 것을 아뢰다.(『宣祖修正實錄』선조 24.『集成』27-29)

4.1. 상이 조강에 나아가 대신들과 倭國 정세를 중국에 奏聞해야 할지 여부를 의논하다.(『宣祖修正實錄』선조 24.『集成』27-13)

5.1. 상이 주강에 나아가 대신들과 倭國의 정세에 대해 의논하다.(『宣祖修正實錄』선조 24.『集成』27-35)/ 福建 사람 許儀後가 倭國이 明을 칠 것이라는 소식을 浙省에 투서하다.(『宣祖修正實錄』선조 24.『集成』27-38)/ 景轍玄蘇·柳川調信등이 돌아가는 편에 朝鮮国王이 征明에 짐을 지지 않겠다는 답서를 가지고 귀국했다.(『宣祖修正實錄』선조 24.『集成』27-39)/ 平義智가 부산포에 와서 邊將에게 日本이 明과 通好할 것임을 알리다.(『宣祖修正實錄』선조 24.『集成』27-41)/ 豊臣秀吉이 朝鮮을 점거할 계책을 세우다.(『宣祖修正實錄』선조 24.『集成』27-41)

7.1. 湖南과 嶺南의 城邑을 수축하였는데, 백성의 원망이 일고, 구색만 갖추었다.(『宣祖修正實錄』선조 24.『集成』27-42)

10.1. 韓應寅 등을 파견하여 日本이 朝鮮을 위협하여 明에 쳐들어가려 한다는 사정을 陳奏하다(『宣祖修正實錄』선조 24.『集成』27-42)

10.24. 日本國 사신 玄蘇 등이 우리 나라에 와서 明나라를 치기 위해 길을 인도해 달라고 한 것과 流寇가 倭奴들이 중국을 침범하려고 한다는 말을 중국에 보고하자, 그 사실 여부를 물어오므로, 奏請使를 보내다.(『宣祖實錄』선조 24.『集成』14-106)/ 中國이 우리의 자문과 琉球의 보고가 대략 같음을 보고, 倭奴의 속임수를 알다.(『宣祖實錄』선조 24.『集成』14-107)

11.1. 尹斗壽의 유배지를 海州로 옮기라고 명하다.(『宣祖修正實錄』선조 24.『集成』27-43)

12.1. 李軸을 右參贊에 제수하다.(『宣祖修正實錄』선조 24.『集成』27-43)/ 임금이 유배지를 倭賊이 출몰하는 곳에서 다른 곳으로 옮길 것을 명하다.(『宣祖實錄』선조 24.『集成』14-107)

【일본】

1.5. 豊臣秀吉이 小西行長을 비롯해서 九州·中国·四国의 여러 다이묘들에게 3월 1일부터 날씨가 좋은 때에 朝鮮渡海의 출진명령을 내렸다.(黒田文書天正20年1月5日黒田甲斐守宛豊臣 秀吉朱印状)/ 秀吉이 「唐入り」를 대비해 諸大名에게 兵糧을 잘 준비하도록 지시했다.(加藤文書 天正 20년 1월 5일, 毛利壱岐守·加藤主計頭·黒田甲斐守·小西摂津守宛豊臣秀吉朱印状)/ 秀吉이 朝鮮에 갔을 때, 秀吉 자신의 宿泊所의 준비상황과 부인과 궁녀들의 인원수에 관한 규칙을 정했다.(萩藩閣閲録10-4)/ 이보다 앞서 秀吉이 加藤清正에게 名護屋城의 普請見聞을 명했고, 이날 清正이 大坂를 출발했다.(清正行状奇)

1.18. 豊臣秀吉이 毛利(森)吉成·加藤清正·黒田長政 등에게 조선에 小西行長을 使者로 파견할 것이므로 対馬·壱岐에 대기할 것을 명했다.(黒田文書 天正 20年1月18日 毛利壱岐守·加藤主計頭·黒田甲斐守宛豊臣秀吉朱印状)

1.-. 豊臣秀吉이 関白秀次를 통해서 전국의 武士·奉行人에게 「唐入り」때에 마음 가짐을 하달하고, 또 朝鮮渡海의 諸大名에게 조선에서 난폭과 낭자한 행동을 금하는 「高麗国禁制」 및 법도를 하달했다.(吉川家文書1124号/毛利家文書 3,880号·884号)

2.27. 豊臣秀吉가 小西行長과 宗義智를 먼저 조선에 파견하여 상황을 파악하게 했으므로, 加藤清正은 조선에서 1~2里 떨어진 섬에 대기시켰고, 九州·四国의 군사들은 対馬·壱岐에 대기하면서 行長·義智의 신호를 기다리도록 지시했다.(加藤文書天正20年2月27日加藤主計頭宛豊臣秀吉朱印状)

3.13. 豊臣秀吉이 朝鮮渡海의 군사들을 9軍으로 편성하고, 名護屋·壱岐·対馬·朝鮮에 船奉行을 설치했다.(毛利家文書3 1885호·886호/ 加藤文書 天正 20年3月13日 豊臣秀吉朱印高麗渡海陣立)/ 秀吉이 亀井茲矩他 4명에게 朝鮮渡海를 위해 名護屋에 陣을 설치했다.(宮部文書乾)

3.26. 豊臣秀吉이 京都를 출발하여 征明의 길에 올랐다.(鹿苑日録3.28条/大かうさまくんきのうち)

3.27. 西笑承兌·惟杏永哲·玄圃霊三 등이 京都를 떠나 肥前国 名護屋로 향했다. 도중에 豊臣秀吉이 長門国 赤間関 阿弥陀寺에 참예하고 공양을 바쳤고, 西笑 등이 征明의 장도를 기리는 시문을 바쳤다.(鹿苑日録3.28条/征韓録)

4.18. 加藤清正·鍋島直茂·相良長毎의 제2군이 釜山浦에 상륙하다.(今井文書天 正20年5月9日加藤清正宛豊臣秀吉朱印状·下川文書天正20年5月9日加藤主計頭宛駒井中務少輔書 状/ 韓陣文書天正20年4月19日長束大蔵大輔·木下半助·駒井八右衛門宛加藤清正·鍋島直茂連署注進状)/ 제3軍군 黒田長政·大友義統나, 제4군의 毛利(森)吉成 등 諸大名가 경상도 金海에 상륙했다.(朝鮮陣朱印類天 正20年4月25日長束大蔵大輔·木下半宛小西行長注進状/ 吉川家譜12)/ 小西行長·宗義智의 제1군이 경상도 密陽을 함락시키다. 密陽府使 朴晋이 도망쳤다.(西征日記天正20.4.17条/朝鮮陣記/懲悲録)

4.19. 加藤清正·鍋島直茂 능이 慶尚道 梁山을 함락시켰다.(韓陣文書 天正 20年4月19日 長束大蔵大輔·木下半助·駒井八右衛門宛 加藤清正·鍋島直茂連署注進状)

4.20. 加藤清正·鍋島直茂 등이 경상도 彦陽을 함락시키다.(韓陣文書天正20年4 月19日長束大蔵大輔·木下半助·駒井八右衛門宛加藤清正·鍋島直茂連署注進状)/ 加藤清正·鍋島直茂 등의 일본군이 慶州一帯의 산속으로 도망친 조선인을 탐색했다.(韓陣文書天 正20年4月21日長束大蔵大輔·木下半宛加藤清正·鍋島直茂連署注進状)

4.21. 加藤清正·鍋島直茂 등이 경상도 慶州를 함락시켰다. 경주판관 朴毅가 성을 버리고 도망쳤다.(韓陣文書天正20年4月21日長束大蔵大輔·木下半介宛加藤清正·鍋島直茂連署注進状/乱 中雑録)

4.22. 豊臣秀吉이 小西行長·宗義智 등 제1군의 조선국 釜山·東萊 두성을 함락시켰다는 보고를 받고, 이어서 諸大名에게 그것을 알리고, 날씨를 무릅쓰고 도해하지 말 것, 그리고 조선에서는 法度를 준수하여 조선농민들을 還住시킬 것등을 지시했다.(鍋島家文書 32号)

4.23. 西笑承兌·惟杏永哲·玄圃霊三등이 肥前国 名護屋에 着陣했다.(等持院文書 天正 20年6月 北山等持院役者宛西笑承兌書状/鹿苑日録 文禄

연도	한국
▲ 1592 ▼	자의 호종 담당자를 정하여 咸鏡北道로 나가도록 명하다./ 밤에 호위 군사가 달아나고 宮門에는 자물쇠가 채워지지 않고 禁漏도 시간을 알리지 않다.(『宣祖實錄』 선조25. 『集成』14-114) 4.30. 새벽에 상이 仁政殿을 나오니 宮人들은 모두 통곡하면서 걸어서 따라갔으며 이날은 온종일 비가 쏟아지다./ 黃廷彧과 그 아들 黃赫이 자청하여 順和君을 받들다./ 저녁에 臨津江 나루에 닿아 배에 올라 상이 시신들을 보고 엎드려 통곡하니 좌우가 눈물을 흘리면서 감히 쳐다보지 못하다.(『宣祖實錄』 선조25. 『集成』14-115)/ 13일 밤부터 새가 대궐 안에서 이상하게 울고, 자라가 죽는 등의 변괴가 있었는데, 倭變이 일어나다./ 倭寇가 상륙한 후 임금의 침전에 이상한 기운이 일다./ 申硈이 倭寇에게 忠州에서 패전하고, 전군이 月落灘에서 몰사하다.(『宣祖實錄』 선조25. 『集成』14-116) 5.1. 상이 板門에서 점심을 들다./ 저녁에 開城에 도착하다./ 護衛兵 중에 서로 다투는 일이 생기다.(『宣祖實錄』 선조25. 『集成』14-117)/ 平安道 土兵의 말을 빼앗은 호위병을 베다.(『宣祖實錄』 선조25. 『集成』14-118)/ 상이 대신들과 행선지에 대해 의논한 후 동파관을 출발하다.(『宣祖修正實錄』 선조25. 『集成』27-56)/ 이 달 3일 倭賊이 경성에 침입하자 李陽元·金命元이 退走하다.(『宣祖修正實錄』 선조25. 『集成』27-57)/ 상이 開城을 출발하여 金郊驛에 머물다./ 상이 당시 적병이 서쪽으로 온다는 소문을 듣고 開城에서 4일만에 平壤에 이르다./ 사신을 보내 副元帥 申恪를 斬하다.(『宣祖修正實錄』 선조25. 『集成』27-58)/ 적이 도성에 침입하여 조선의 종묘가 신성하다는 이야기를 듣고 宗廟를 불태우다.(『宣祖修正實錄』 선조25. 『集成』27-59)/ 李山甫를 吏曹判書로 삼고, 韓應寅 諸道巡察使로 삼아 臨津에 주둔케 하다.(『宣祖修正實錄』 선조25. 『集成』27-60)/ 全羅 水軍節度使 李舜臣이 巨濟 앞 나루에서 倭賊을 격파하다.(『宣祖修正實錄』 선조25. 『集成』27-61)/ 備邊司에서 遼東에 구원을 청하도록 계청하다.(『宣祖修正實錄』 선조25. 『集成』27-62)/ 全羅 巡察使 李洸이 慶尙 巡察使 金晬와 忠淸 巡察使 尹國馨의 군사와 합류하다.(『宣祖修正實錄』 선조25. 『集成』27-63)/ 南原 府使 尹安性과 求禮 縣監 趙士謙이 군사를 불러모아 公州로 진격하다./ 李洸이 4만의 군사를 거느리고 진격하다.(『宣祖修正實錄』 선조25. 『集成』27-64)/ 朴晉을 慶尙 兵馬節度使로 삼다./ 助防將 元豪가 驪江에 주둔한 賊을 공격하여 섬멸시키다.(『宣祖修正實錄』 선조25. 『集成』27-65) 5.2. 상이 開城府에 유숙하다./ 咸鏡南道 兵使 신길이 親兵을 거느리고 호위하다. 백성에 대한 효유와 방어책을 논의하다.(『宣祖實錄』 선조25. 『集成』14-118)/ 播遷을 주장한 領相 李山海를 삭탈 관직하는 일과 應寅이 전세를 大洞江으로 옮겨야 한다고 청하니 전후 좌우 진지를 연결시켜야 하니 黃海道와 平安道의 병마를 조발하라고 이르다.(『宣祖實錄』 선조25. 『集成』14-120) 5.3. 상이 開城府에 있다./ 言官을 비난한 兵曹 佐郎 具宬을 파직하다./ 李忠元·이곽·李廷馨 등에게 관직을 제수하다.(『宣祖實錄』 선조25. 『集成』14-124)/ 俞泓 李恒福으로 하여금 왕자 信城君과 定遠君을 平安道에 가게 하다./ 黃海道에서 정병 6천여 명을 徵兵하다. 난동 부린 守僕들을 베어 효시하고 俞泓등을 平壤으로 보내어 平壤을 死守할 계획을 세우다./ 都承旨 李忠元 등을 가자하고 적의 형세, 민심의 동향 등을 묻다. 李石國이 宮人들이 배반하고 倭와 한마음이 되어 작폐가 심해졌다고 아뢰다.(『宣祖實錄』 선조25. 『集成』14-125)/ 輔德 沈岱를 보내 兩南의 勤王兵을 징발해 오게 하였는데 이르지 않다. 경성이 함락되어 병사들을 철수하여 본진으로 돌아가니 상은 남쪽을 바라보며 원군이 오기를 기다렸지만 무소식이다./ 직접 教書를 써서 경성 士民을 깨우치라고 주었는데 경성이 함락되었다는 보고가 오다.(『宣祖實錄』 선조25. 『集成』14-129)/ 倭賊이 京城을 함락시키니, 都檢察使 李陽元·都元帥 金命元·副元帥 申恪가 모두 달아나다./ 兩司가 李山海가 播遷을 주장했다고 논박하자 削職을 명하다./ 崔興源을 左議政에, 尹斗壽를 右議政에 제수하다.(『宣祖實錄』 선조25. 『集成』14-130)/ 承旨가 請對하자 李忠元이 왕자의 거동을 묻자 상이 옮길 일을 묻다./ 申硈이 돌아오자, 硈이 成應吉 등이 적을 방어하지 못하고 다들 후퇴하였다고 아뢰고, 平壤으로 옮길 일을 논의하다.(『宣祖實錄』 선조25. 『集成』14-131)/ 三司가 金公諒의 梟示를 청하였으나 倭變이 이 사람 때문에 일어난 것이 아니라고 답하며 윤허하지 않고, 우선 가두라고 명하다./ 군사가 패배했다는 말을 듣고 開城府를 떠나 밤에 金郊驛에 도착하다.(『宣祖實錄』 선조25. 『集成』14-133) 5.4. 상이 金郊驛을 출발하여 저녁에 寶山館에 이르다.(『宣祖實錄』 선조25. 『集成』14-133)/ 承旨 및 備邊司 堂上과 平壤으로 옮기는 일을 논의하다. 斗壽는 顯宗을 예로 들며 도성은 잃었지만 平壤은 지킬 수 있다고 아뢰다.(『宣祖實錄』 선조25. 『集成』14-134) 5.5. 상이 이른 새벽에 寶山을 떠나 비를 맞으면서 저녁에 鳳山에 이르다. 적이 서울 근처에 있어 방물을 가져갈 수 없다고 중국 禮部에 전하다./ 兵曹 判書 金應南 등을 引見하고 철환과 방패 등의 무기 제조, 호종 군대 등을 논의하다.(『宣祖實錄』 선조25. 『集成』14-136) 5.6. 鳳山을 떠나 오후에 黃州에 이르다./ 아침에 큰 재를 넘어 氣力이 매우 피곤하니 유숙하라고 명하다./ 가마를 따른 사람들을 加資하다./黃海 監司 趙仁得 등을 引見하여 군량 이송에 대하여 논의하고, 黃海道에 인심이 견고하지 못하니 감사와 함께 진압하게 하라고 헌국이 아뢰다.(『宣祖實錄』 선조25. 『集成』14-137)/ 崔興源과 尹斗壽를 引見하고 지방군의 징병, 병사의 제수 등을 논의하다.(『宣祖實錄』 선조25. 『集成』14-138)/ 開城 都事 趙希哲이 황제가 준 상품을 가지고 오니 加資하라고 전교하다./ 趙仁得·尹自新·朴崇遠 등에게 관직을 제수하다.(『宣祖實錄』 선조25. 『集成』14-141) 5.7. 상이 平壤으로 들어가다./ 司諫院 司諫 尹承勳등의 뒤쳐진 諫院들의 체직을 명하다.(『宣祖實錄』 선조25. 『集成』14-133)(『宣祖實錄』 선조25. 『集成』14-141)/ 지평 李慶禛 등이 金公諒을 梟示할 것을 청하였으나, 倭變이 이 사람 때문에 일어난 것이 아니라고 답하며, 윤허하지 않다.(『宣祖實錄』 선조25. 『集成』14-142)/ 李舜臣의 조선수군이 藤堂高虎 등

일본

2년 裏文書 天正 20년6월6일 西笑承兌書状)/ 小西行長·宗義智 등 제1군이, 경상도 仁同에 着陣했다. 義智의 종군승 天荆가 仁同 주변의 조선 농민에게 각자의 집으로 돌아와 가업에 힘쓸 것을 권고할 것, 일본군은 조선농민에 대하여 난폭·낭자하지 말 것을 지시하는 포고문을 義智의 이름으로 작성했다.(西征日記天正20.4.22条)/ 加藤清正·鍋島直茂 등이 경상도 永川을 함락하고 계속하여 新寧·義興·義城·安東·栄川·河豊津을 거쳐 竹嶺을 넘었다.(韓陣文書 天正 20년4월21일 長束大蔵大輔·木下半介加藤清正·鍋島直茂連署注進状)

4.25. 豊臣秀吉이 肥前国 名護屋에 着陣했다.(等持院文書年欠6월 北山等持院役者宛西笑承兌書状).

4.28. 豊臣秀吉이 清正의 조선국 慶州 공략을 상을 주고, 兵糧米 확보를 지시했다. 그리고 가까운 시일 내로 스스로 조선에 도해할 것을 알렸다.(加藤文書 天正 20년 4월28일 加藤清正宛豊臣秀吉朱印状·清正高麗陣覚書·懲誌録·文禄慶長の役 別編1)

5.10. 이즈음, 毛利輝元이 경상도 玄風에 在陣하다.(吉見元頼 朝鮮日記 天正20.5.10조)

5.11. 이보다 앞서, 毛利輝元이 玄風에 陣屋普請을 시작하다. 이날 資材調達의 인부가 조선민중의 습격을 받았다.(吉見元頼 朝鮮日記 天正20.5.11조)/ 小西行長·宗義智·加藤清正 등의 부대가 漢城을 출발해서 임진강에 이르렀다.(朝鮮陣記)

5.14. 小西·宗·加藤·鍋島·黒田등의 부대가 임진강을 사이에 두고 조선군과 対陣했다. 小西의 명에 의해 宗義智의 가신 柳川調信의 이름으로 조선측에 왕이 한성으로 돌아와 日明간에 화의 알선을 권고하는 和議의 서계를 작성했다. 이 때, 加藤軍이 조선측에 싸움을 걸어 서한을 보내지 못했다.(西征日記 天正20.5.14조·朝鮮陣記)/ 加藤清正가 가신 九鬼広隆등에게 秀吉의 御座所의 普請 도구조달을 명했다.(九鬼文書 天正 20년 5월 14일, 加藤清兵衛·加藤作右衛門尉·九鬼四郎兵衛宛加藤清正書状)

5.15. 加藤清正, 臨津에 진을 치고 있는 自軍을 일단 철수하고, 이로부터 柳川調信 명의의 和議勧告書를 朝鮮側에 전했는데, 朝鮮側이 和議 勧告를 거절하다.(西征日記 天正20.5.15조)

5.16. 毛利輝元의 부대가 경상도 玄風을 출발해, 이날 경상도 星州에 着陣했다.(吉見元頼 朝鮮日記 天正20.5.14-5.18조)/ 豊臣秀吉이 毛利輝元 등, 朝鮮在陣의 諸大名에게 釜山浦와 漢城間의 秀吉 宿泊所 건축을 할당했다.(加藤文書 天正20년5월16일 九州衆ら宛豊臣秀吉朱印状·毛利家文書3／926号·927号)/ 한성함락과 조선국왕의 도망에 대한 보고를 접한 秀吉은 清正 등 朝鮮在陣의 諸大名에게 조선국왕의 수색, 조선민중을 달래고 돌아오게 할 것, 兵糧의 비축, 秀吉宿泊所의 건축, 진격로의 정비, 선박의 名護屋 회송등을 지시했다.(加藤文書 天正20년 5월16일 加藤主計頭宛豊臣秀吉朱印状)

5.18. 豊臣秀吉이 関白秀次에게 25개조의 각서를 주고, 秀次의 大陸出陣 준비, 天皇의 北京行幸, 秀次를 중국의 関白으로 임명할 것을 지시하고, 秀吉 자신은 머무를 곳을 天竺·南蛮까지도 포함하는 一大帝国建設의 구상을 드러냈다.(古蹟文徴 天正20년5月18日 関白秀次宛豊臣秀吉朱印覚書·組屋文書天正20年5月18日)/ 이보다 앞서 5월16일에, 毛利輝元의 부대가 慶尚道 玄風을 출발하여 이날, 경상도 星州에 着陣했다.(吉見元頼朝鮮日記天正20.5.14-5.18조)

5.27. 이날부터 다음날에 걸쳐, 일본군이 임진강을 건너는데 성공했다.(西征日記 天正 20.5.27조·高麗日記天正20.5.28条/壬辰日録)

5.29. 臨津江의 도하에 성공한 小西·宗·加藤·鍋島·黒田 등의 일본군은 경기도 開城을 함락시켰다.(高麗日記 天正20.5.29조·普聞集天正20.5.29조)/ 이순신 등의 조선수군, 慶尚道은 河川에서 일본수군을 격파하고, 이후 경상도 巨済島를 중심으로한 해역에서 일본수군을 연속적으로 격파했다.(壬辰状草 万暦20.6.14啓本/乱中日記)

6.1. 小西行長·加藤清正·黒田長政 등의 일본군이 開城을 출발했다. 加藤清正·鍋島直茂 등의 병사들이 開城 부근의 사찰에서 兵糧을 수탈했다.(高麗日記 天正 20.6.1조·普聞集 天正20.6.1조)

6.2. 豊臣秀吉의 朝鮮渡海를 徳川家康·前田利家의 간언으로 연기하다.(中外経緯伝4년6월2日相良宮内大輔·波多三河守·井上新助宛豊臣秀吉朱印状·等持院文書年欠 6월等持院御役者宛西笑承兌書状)/ 李舜臣의 조선수군이 경상도 唐浦에서 亀井茲矩 등의 일본수군을 격파했다.(壬辰状草 万暦20.6.14계본)/ 이보다 앞서 4월18일(일본력)에 毛利氏領内 長門国徳佐로부터 築城 건축인부가 조선을 향해 출발했다. 이날, 毛利元 가신 吉見元頼의 진이 있는 경상도 若木에 도착했다.(吉見元頼朝鮮日記天正20.6.2条)/ 이순신이 弥勒島의 唐浦에서 일본군과 싸웠다. 豊臣秀吉이 亀井茲矩에게 준 亀井琉球守殿를 그린 団扇을 빼앗겼다.(史料11·1,313頁)/ 李舜臣의 조선수군이 경상도 固城 唐項浦에서 일본군을 격파했다.(壬辰状草 万暦20.6.14계본)

6.3. 西笑承兌·惟杏永哲·玄圃霊三 등, 豊臣秀吉의 뜻에 따라 조선에 在陣한 장수들에게 「朝鮮征伐」의 격문을 기초하도록 했다.(鹿苑日録 文禄2年 裏文書 天正 20년6월6日 西笑承兌書状·毛利家文書3／903호)/ 石田三成·大谷吉継·増田長盛 등 朝鮮奉行으로 渡海했다. 秀吉이 朝鮮在陣 諸大名에게 征 明의 병력재편, 朝鮮農民을 還住시킬 것, 朝鮮八道에 秀吉의 代官所를 설치하여 지배할 것, 秀吉이 조선도해 했을 때 御座所의 건축, 明으로 가는 길을 확보할 것등을 지시했다.(等持院文書 年欠6월等持院御役者宛西笑承兌書状·毛利家文書3 1904号·小早川家文書1323·加藤文書天正20년6月3日加藤主計頭宛豊臣秀吉朱印状, 天正20년6월3일 加藤主計·鍋島加賀守宛豊臣秀吉朱印状)

6.7. 경기도 開城을 출발한 일본군은 황해도 安城駅에서, 小西·宗·黒田·大友의 부대는 平安道로, 加藤·鍋島·相良의 부대는 咸鏡道로 두편으로 나누었다.(『高麗日記』天正20.6.7조·朝鮮陣記)

6.8. 毛利輝元의 부대가 경상도 金山에서 善山에 침입하다.(吉見元頼 『朝鮮日記』天正20.6.8조)

6.9. 毛利輝元와 小早川隆景가 경상도 善山에서 회담을 계획했지만, 隆景이 참석하지 않았다. 輝元이 隆景을 맞을 병사를 보냈지만, 조선측의 습격을 받아 회담을 실현시키지 못했다.(吉見元頼 『朝鮮日記』天正20.6.9조)

6.13. 黒田長政의 부대가 小西 등의 지원을 위해 대동강변에 着陣했다.(『黒田家譜朝鮮陣記』)

6.17. 加藤清正·鍋島直茂 등의 부대가 함경도 安辺에 들어갔다. 直茂의 종군승 是琢가 清正의 이름으로 조선농민 앞으로 보내는 격문안을 작성했다.(『高麗日記』天正20.6.17조·『普聞集』天正20.6.18조·泰長院文書 天正20년6월 加藤清正触書写·『朝鮮日記』天正 20.6.24조·『韓陣文書』天正 20년6월24일 長束 大蔵大輔·増田右衛門尉宛咸鏡道永興より加藤清正注進状)/毛利輝元 家臣 吉見元頼·毛利元

연도	한국
▲ 1592 ▼	의 일본수군을 경상도 玉浦·合浦에서 격파했다.(壬辰狀草 万曆20.5.10啓本·高麗船戰記)/ 黑田長政·大友義統·毛利吉成 諸 大名가 慶尙道 居昌·星州·金山에서 秋風嶺을 넘어, 충청도 鎭川·淸州를 거쳐 그즈음 漢城에 着陣했다.(吉野日記/文禄慶長の役 別編第1) 5.8. 상이 平壤에 있다./ 庶孽 出身 禁軍을 許通시켜 部長에 제수하라 전교하니 崔興源등이 아직 공을 세우지도 않았는데 벼슬을 제수하는 것은 온당치 못하다 이르다.(『宣祖實錄』 선조25.『集成』14-142)/ 禮曹가 永崇殿에 祭官을 보내어 제사지내고 告由하자고 청하다./ 備邊司가 적이 경내에 들어오지 않았으니 마땅히 인심을 진정시켜야 함에도 모인 군사들마저도 남김없이 해산시킨 江原 監司 柳永吉의 추고를 청하다./ 홍문관 부제학 洪麟祥 등이 金公諒을 죽여 인심을 안정시키고, 倭寇를 평정하자고 아뢰다.(『宣祖實錄』 선조25.『集成』14-143)/ 兩司가 金公諒을 죄 줄 것을 청하자 이미 가두고 추고 하고 있으니 定罪될 것이라 이르며 급히 논의하지 말라고 답하다./ 御膳은 生物로 하고 수량도 풍족하게 하라는 전교/ 貞嬪 洪氏·靜嬪 閔氏 등에게 하루 세 끼니를, 侍女·水母 이하에게는 두 끼니를 지급하다.(『宣祖實錄』 선조25.『集成』14-144)/ 大臣들이 세자 책봉의 반포, 지난해 미수된 공물의 감제, 역적 이외의 죄인 사면, 인재의 서용 등을 아뢰다.(『宣祖實錄』 선조25.『集成』14-145)/ 이순신 등의 조선수군이 경상도 赤珍浦에서 일본수군을 격파하다.(壬辰狀草 万曆20.5.10계본) 5.9. 상이 平壤에 있다.(『宣祖實錄』 선조25.『集成』14-145)/ 行 大司諫 李憲國 등이 국운이 비색하여 倭寇가 쳐들어옴에 각 고을이 모두 소문만 듣고도 무너지므로, 임금이 우선 인정을 얻는 것이 상책이라고 아뢰다.(『宣祖實錄』 선조25.『集成』14-146)/ 備邊司는 政事가 여러 문에서 나오면 조정에 큰 해가되는 등의 이유를 대며 道觀察使는 政事가 일관되지 않을 염려가 있으니 창설하지 말 것을 청하다./ 侍講院이 書筵 相見儀에 필요한 儀物과 官服 등이 없다며 宮僚들이 晝講·夕講만 열기를 청하다.(『宣祖實錄』 선조25.『集成』14-147)/ 吏曹가 뒤쳐진 刑曹 判書 李增이 체차를 청하다./ 1申 磙를 吏曹 參議에 제수하다.(『宣祖實錄』 선조25.『集成』14-148) 5.10. 상이 平壤에 있다./ 備忘記로 나라를 잃고 헤매고 있는데 尊號를 가질 수 없다며 삭제하라고 전교하다./本道의 사람들에게 과거를 보이되 貫革 시험으로 하여 많이 뽑음으로 기쁘게 해주라고 政院에 전교하다.(『宣祖實錄』 선조25.『集成』14-148)/ 大臣과 2품 이상이 外寇가 내침 하여 危難에 이른 것은 邊民을 방비, 조정이 대책이 잘못된 것이지 임금의 잘못이 아니라 아뢰고 尊號를 삭제하라는 명을 거두기를 청하다.(『宣祖實錄』 선조25.『集成』14-149)/ 대신이 科擧는 백성들을 慰悅시키는 일인만큼 거행함이 마땅하나 정세가 안정되지 않았으니 조금 안정된 뒤에 보일 것을 청하다./ 상이 宣傳官 閔宗信 등을 引見하고 징병 상황, 적의 형세 등을 묻다.(『宣祖實錄』 선조25.『集成』14-150)/ 都巡察使 韓應寅 등을 引見하여 병력의 상황을 물으니 應寅이 賊은 생명을 가볍게 여기므로 아군이 쉽게 무너지니 江邊의 土兵을 데리고 간다면 기대할 수 있을 것이라 아뢰다.(『宣祖實錄』 선조25.『集成』14-152)/ 宗廟 社稷의 神主를 永崇殿 左右 夾室에 봉안하다./海外 오랑캐가 침범하여 宗廟 社稷이 폐허가 되는 등의 전란의 참상을 언급하면서 임금이 經筵을 비우지 말 것을 청하다.(『宣祖實錄』 선조25.『集成』14-153)/ 兩司가 상의 편지를 留都 大臣과 都元帥에게 전하지 않아 뜻이 전해지지 않으므로 사람들이 통분하고 있는데 亞卿에 제수된 承旨 申磙의 파직을 청하다.(『宣祖實錄』 선조25.『集成』14-154) 5.11. 상이 平壤에 있다.(『宣祖實錄』 선조25.『集成』14-154)/ 藥房 都提調 尹斗壽가 문안하다./ 備邊司가 兪克良에게 군사를 주어 申礎과 함께 倭寇를 물리치게 하자고 아뢰니, 그대로 따르다./ 兩司가 吏曹 參判 申磙의 파직을 청하니 쓸만한 인재라며 윤허하지 않다.(『宣祖實錄』 선조25.『集成』14-155)/ 吏曹가 朴成立을 加資하는 데 吏曹의 官印이 없어 承政院의 도장을 쓰자고 청하다.(『宣祖實錄』 선조25.『集成』14-156) 5.12. 상이 平壤에 있다./ 司饔院이 太廟에 薦新할 봉상시 관원이 없다며 처분을 청하니 司饔院 官員이 權道에 의거 대신하게 하라고 전교하다./ 承文院 提調가 倭賊이 침입으로 儀物이 缺失되었다고 아뢰다.(『宣祖實錄』 선조25.『集成』14-156)/ 兩司가 及第 李山海는 倭變이 일어난 뒤에 나라의 어려움을 구제하기 위해 한 가지 계책이나 智謀도 낸 적이 없으므로 죄를 줄 것을 청하였으나, 윤허하지 않다./ 政院이 陰城縣과 黃澗에 나타난 倭賊에 대해 원수에게 하문하면 그 진위에 대해 알 수 있다고 아뢰다.(『宣祖實錄』 선조25.『集成』14-157) 5.13. 상이 平壤에 있다./ 弘文館 副提學가 及第 李山海는 정승의 자리에 있으면서 국사를 염려하지 않고 아부와 아첨을 하는 등의 여러 죄를 律에 의거하여 定罪하기를 청하고 강변에서 징발한 土兵을 臨津江에 보내다.(『宣祖實錄』 선조25.『集成』14-158)/ 備邊司가 도피한 수령들에게 復歸하라는 명을 내리라고 청하다./ 備邊司가 李沃 등에게 경성을 중하게 여기지 않고 外賊만 염려하여 輕重의 본의를 상실했다고 아뢰며 경성으로 달려가게 하고 牙山倉의 漕運은 서해의 해로로 보내게 하라고 청하다.(『宣祖實錄』 선조25.『集成』14-159) 5.14. 상이 平壤에 있다./ 播遷 중이라 儀物이 없어 朔望祭나 節祭도 지내지 못하다./ 兩司가 李山海의 定罪를 아뢰고, 漢陰 都正 李倪이 전란을 맞아 아첨하고 권세를 휘두르는 간신들의 머리를 베어 梟示하면 백성들은 즐거워 할 것이요 병사들은 사기가 진작될 것이라고 상소를 올리다.(『宣祖實錄』 선조25.『集成』14-160) 5.15. 상이 平壤에 있다./ 備邊司가 遊擊將 李思命이 몸도 돌보지 않고 뛰쳐나가 적의 머리를 벰으로써 다른 병사들에게 시범을 보이니 實職을 제수하도록 청하다.(『宣祖實錄』 선조25.『集成』14-161)/ 備邊司가 패전 장수와 병사, 피난한 사람들은 자발적으로 나와 공을 세우라는 방을 붙여 알리도록 청하다./ 備邊司가 平壤府의 田稅를 감면하여 救恤에 힘쓴다는 것을 보일 것과, 활쏘기 시험을 보아 賞格을 시행할 것을 청하다./ 備邊司가 고을을 용감히 지킨 龍宮 縣監 禹伏龍에게 加資하여 다른 사람들을 권장시키도록 청하다.(『宣祖實錄』 선조25.『集成』14-162)/ 兩司가 합계하여 李山海를 율에 따라 定罪할 것을 청하니 山海 혼자 죄를 받

일본

康 등이 경상도 安東의 조선부대를 진압하기 위해 善山으로 出陣하여 그날 밤에 尙州부근에 着陣했다.(吉見元頼『朝鮮日記』天正 20.6.17조)

6.20. 毛利輝元의 가신 吉見元頼·毛利元康 등이 경상도 안동부 万徳에 이르다.(吉見元頼『朝鮮日記』天正20.6.20조)

6.중순. 이즈음 加藤清正이 安辺에서, 조선왕자 형제(臨海君津·順和君牡)가 함경도 오지로 도망했다는 것을 알았다.(『浅野家文書』88호)

6.21. 吉見元頼·毛利元康 등이 안동부 万徳에서 조선인을 생포했다.(吉見元頼『朝鮮日記』天正20.6.21조)

6.22. 吉見元頼·毛利元康 등이 万徳에서 생포된 조선인의 안내를 받아 安東에 着陣했다.(吉見元頼『朝鮮日記』天正20.6.22조)

6.24. 加藤清正이 함경도 오지에서 오랑카이구역까지 병사를 보냈다는 것, 함경도의 조선농민은 山中에서 在所에 돌아오도록 했고, 法度를 준수한다는 것, 鍋島直茂은 明国에 所領을 소망하고 있다는 것을 秀吉 앞으로 급보했다.(『韓陣文書』天正20年6月24日 長束大蔵大輔·増田右衛門尉宛咸鏡道永興より加藤清正注進状·天正20년6월24일長束大蔵大輔·増田右衛門尉宛加藤清正注進状)

6.26. 加藤清正가 함경남도 7개소의 番城을 鍋島直茂와 그의 가신, 함경북도 5개소의 番城은 加藤清正의 가신이 담당하고, 清正의 본진을 安辺에 정했다.(『高麗日記』天正20.6.26조·『普聞集』天正20.7.9조) / 吉見元頼·毛利元康 등이 安東에서 金襴·緞子·虎豹皮·兵糧 등을 수탈했다.(吉見元頼『朝鮮日記』天正20.6.26조)

6.27. 毛利元康가 경상도 安東에서 조선농민은 농경에 힘쓰되, 반항자는 처벌한다는 뜻을 게시했다.(吉見元頼『朝鮮日記』天正20.6.27조)

6.29. 加藤清正가 오랑카이 경계지역까지 出兵할 것을 정했다.(『高麗日記』天正20.6.29조)

6.-. 毛利占成가 조선농민은 농경에 힘쓸 것을 권고하는 방문을 (佐賀 泰長院僧 是琢 작성)을 강원도 敏谷郡의 조선향리에서 제시했다.(『泰長院文書』天正20年6月 江原道敏谷郡六伯宛豊臣占成触書)

7.1. 吉見元頼가 安東에서 경상도 礼安으로 이동하고, 조선인을 귀순시키고, 兵糧등을 수탈했다.(吉見元頼『朝鮮日記』天正20.6.30-7.8조)

7.2. 豊臣秀吉이 加藤清正에게 첫째, 九州부대는 앞에, 四国부대는 뒤에서 唐境(義州)까지 진을 치되, 北京에의 길을 확보하여, 秀吉의 出陣 때까지 대비할 것, 둘째, 조선에 石田三成 등을 代官으로 파견하여 각 부대마다 사정을 청취하고, 법도를 지키며, 年貢収取를 신청할 것, 셋째, 清正는 韃靼国(오랑카이)에게도 병사를 보내어, 九州부대와 明과의 국경까지 陣取할 것을 지시했다.(『加藤文書』天正20년7월2일 加藤清正宛豊臣秀吉朱印状)

7.14. 조선국 경상도 閑山島·安骨浦에서 海戦의 패보가 豊臣秀吉에게 전해지자, 秀吉은 海戦을 중지하고, 巨済島에 築城하고 在番할 것을 지시했다.(『脇坂文書』天正20년7월14일 脇坂中務少輔宛豊臣秀吉朱印状·高山公実録7.16조)

7.18. 加藤清正가 함경북도의 동북으로 나아가, 가신 九鬼広隆 등을 端川 在番 奉行으로 배치하고, 摩天嶺을 넘었다. 이날 城津 부근의 海汀倉(蔵所라고도 한다)에서 咸鏡北道 兵使 韓克誠싸웠으나 성공하지 못했다.(『九鬼文書』天正20년7월18일 九鬼四郎兵衛·粟生一郎 右衛門宛加藤清正書状)

7.19. 鍋島直茂가 함경남도 각지의 인구를 조사하여 인질을 잡거나 兵糧米를 빼앗았다.(『高麗日記』天正20.7.18조·『普聞集』天正20.7.-조·朝鮮国租税蝶)

7.24. 加藤清正가 浅野長政에게 함경도에서도 평안도 상황을 듣고 싶다는 뜻을 전하다.(『浅野家文書』88호)/ 이보다 앞서, 加藤清正가, 端川에 진을 치고 있는 九鬼広隆 등에게 銀山을 채굴시킬 것과 이날 家臣 飯田角兵衛를 使者로 보내, 豊臣秀吉 앞으로 銀 30枚를 헌상할 것을 지시했다.(『九鬼文書』天正20년7월23일 九鬼広隆·粟生一郎右衛門宛加藤清正書状)

7.28. 加藤清正가 端川에 있는 九鬼広隆 등에게 첫째, 端川地域의 향리를 불러 지시할 것, 둘째, 치안유지를 강화할 것, 셋째, 豊臣秀吉에게 헌상하는 은에 부족함이 없게 할 것, 넷째, 兵糧米의 확보를 제대로 할 것, 다섯째, 鉄炮를 清正에게 보낼 것 등을 지시하고, 이때부터 오랑카이에 출병할 뜻을 전했다.(九鬼文書 天正20년7월27일 九鬼四郎兵衛宛加藤清正書状)/ 이날부터 8월23일까지 加藤清正가 오랑카이에 침입하고, 清正는 会寧에서 두만강을 건너, 吉林省 件加退(布爾哈通河流域)로 가서 城嶋를 함락시킨 후, 오랑카이인의 반격을 받았고, 鍾城門岩에서 두만강을 건너 穏城·慶源·慶興을 거쳐 西水羅에 이르러 해안선을 따라 鏡城으로 돌아왔다.(『文禄慶長の役』別編1)

8.7. 이에 앞서, 宇喜多秀家는 明軍의 남하와 조선의병의 궐기, 조선수군의 움직임에 대처하기 위해 한성에서 軍評定을 소집하여, 石田三成 등의 조선봉행, 豊臣秀吉의 上使 黒田孝高, 平安道在陣의 小西行長, 江原道在陣의 島津義弘, 黄海道在陣의 黒田長政, 全羅道在陣의 小부川隆景 등이 漢城에 모였다.(漢城의 軍議) (『黒田家譜朝鮮陣記』·『黒田長政記』)

8.22. 加藤清正가 함경북도의 모처에서 九鬼四郎兵衛 등에게 豊臣秀吉에의 銀献上에 대하여 문의함과 동시에 수일후, 端川에 着陣할 것을 보고했다. 清正가 오랑카이로부터 함경도로 帰陣했다.(『九鬼文書』天正20년8월22일 九鬼広隆·粟生一郎右衛門 宛加藤清正書状)

9.6. 加藤清正가 함경도 北青에 着陣했다.(『九鬼文書』天正20년9월6일 九鬼四郎兵衛·原田五郎右衛門尉宛加藤清正書状)

9.7. 加藤清正가 端川在番의 九鬼広隆 등에게 첫째, 清正 자신이 조선왕자를 데리고 漢城으로 갈 것을 고하고, 둘째, 端川의 在地支配를 철저히 하고, 일본되와 조선되의 차이에 대해 주의할 것을 지시했다.(『九鬼文書』天正20년9월6일 九鬼広隆·原田五郎右衛門尉宛加藤清正書状)

9.8. 加藤清正가 鍋島直茂本陣인 咸興에 着陣하고, 九鬼広隆 등에게 在地支配에 방심하지 않도록 명하고, 일본되와 조선되의 차이에 대해 거듭 주의할 것을 재촉하고, 直茂 관할의 함경남도의 조선민란은 法度가 나쁜 까닭에 일어나기 때문에, 清正의 관할 아래에서는 법도를 바르게 하여 農民이 還住하도록 할 것을 지시했다.(『九鬼文書』天正20년9월7일 九鬼四郎兵衛宛加藤清正書状)

9.21. 加藤清正가 조선왕자를 데리고 安辺에 着陣했다. 名護屋 앞으로 오랑카이의 상황, 함경도는 조용하다는 것, 小西行長의 平安道 経略을 비판하고, 현재로서는 豊臣秀吉의 明動座는 청하기 어렵다는 뜻을 급보했다.(『古蹟文徴』天正20年9月20日 木下半分宛加藤清正注進状)

9.22. 加藤清正가 영지에 鉄炮 등의 물자조달을 지시하고, 함경도는 평온하다는 것, 조선 농민반란은 法度가 나쁘기 때문에 일어난다는 뜻

연도	한국
	는 것은 합당하지 않고 이미 削職하였으니 죄를 가할 수 없다고 답하다.(『宣祖實錄』선조25.『集成』14-163)
	5.16. 상이 平壤에 있다./ 兩司가 李山海를 定罪할 것을 청하다./ 兩司가 賊兵이 臨津江에 이르렀다며 뗏목을 만들고 都巡檢使 都元帥에게 급속히 계획을 세워 조처하게 하는 등으로 대비할 것을 청하다.(『宣祖實錄』선조25.『集成』14-163)/ 備邊司가 都元帥 金命元, 守禦使 신길의 수비의 나태함과 韓應寅의 사태 대응에 대하여 아뢰다.(『宣祖實錄』선조25.『集成』14-164)/ 政院이 본원의 書吏와 使令 각기 3사람이 承政院의 모든 일을 이들에게 분담시켜 수행하게 했으나 그들의 생활이 곤란해지고 있으니 이들을 從良하고 軍職 등을 주기를 청하다./ 吏曹가 屬從한 백관의 수가 적고 擬望할 사람도 적으니 관직을 제수할 때 二望만 갖추게 하기를 청하다./ 상이 平壤에 있다./ 藥房 尹斗壽와 副提調 鄭琢이 醫官을 불러 진찰해 보도록 청하다.(『宣祖實錄』선조25.『集成』14-165)/ 備邊司가 前 府使 김치의 처사가 훌륭하다며 사람을 불러모아 안집시키는 한편 留守의 지휘를 들어 從事하게 하고, 起復시켜 관직을 제수하라고 청하다./ 兩司가 兵曹 郎官을 파견하여 都巡檢事·都元帥 및 각도의 都巡察使 등에게 宣諭하되 기한을 잡아 진격하라고 독려하여 기회를 놓치지 말도록 청하다.(『宣祖實錄』선조25.『集成』14-166)/ 兩司가 李山海를 律에 따라 定罪할 것을 청하다./ 士大夫들의 처자가 避難 도중에 굶어 죽지 않도록 진휼하라고 유시하다.(『宣祖實錄』선조25.『集成』14-167)
	5.18. 상이 平壤에 있다./ 兵曹가 試射하여 精兵 4백여 명을 뽑고 備邊司가 유망한 수령 2인을 뽑아 당상관으로 승급시키고 병사들을 통솔하게 함으로써 非常時에 대비하게 하다.(『宣祖實錄』선조25.『集成』14-167)/ 호종 하던 신하 중 부모의 생존을 몰라 辭職을 청하는 일이 많아 大臣 崔興源 등이 大義를 중하게 하기를 아뢰니 허락하지 않기로 하다./ 備邊司가 오늘날의 弊端은 기율이 엄하지 못한 데 있으므로 부원수 申恪을 명령 불복종으로 회부하여 군법을 엄하게 보임으로써 기율을 엄숙하게 해야 한다고 청하다.(『宣祖實錄』선조25.『集成』14-168)/ 軍法을 실시한다고 回啓하니 상이 허락하다.(『宣祖實錄』선조25.『集成』14-169)
▲ 1592 ▼	5.19. 상이 平壤에 있다./ 兩司가 軍機에 관한 일을 臺諫이 전혀 알지 못해 바로잡을 일이 있더라도 사세상 미칠 수가 없으므로 통고하고, 전교 등은 史官의 배석 하에 할 것을 청하다./ 備邊司가 忠淸 감사 尹先覺이 완만하게 처신한다고 급히 전진하여 날짜를 기약한 다음 있는 힘을 다하여 수복하도록 하서하기를 청하다.(『宣祖實錄』선조25.『集成』14-169)/ 臨津의 군사를 大灘에 나누어 보내는 일을 대신과 논의하니 그럴 필요는 없다고 回啓하다.(『宣祖實錄』선조25.『集成』14-170)
	5.20. 상이 平壤에 있다./ 備邊司가 蟹踰嶺 싸움에서 힘껏 싸운 仁川 府使 李時言을 堂上官에 加資하여 싸움에 나간 병사들의 사기를 격려시키기를 청하다.(『宣祖實錄』선조25.『集成』14-170)/ 임금이 大臣·備邊司·兵曹의 堂上官을 引見하고, 倭賊의 형세에 대하여 논하다.(『宣祖實錄』선조25.『集成』14-171)
	5.21. 상이 平壤에 있다./ 兩司가 進上을 줄일 것과 李聖任을 파직시켜 從軍할 것, 金貴榮에게 하서하여 咸鏡道에 가 있는 왕자의 供饋를 풍성하게 하지 못하게 하기를 청하다.(『宣祖實錄』선조25.『集成』14-174)
	5.22. 상이 平壤에 있다./ 備邊司가 혼란하고 어수선한 때에 首領이나 邊將을 체직시키는 것은 온당치 못하니 난리를 당하여 도피한 고을 수령을 불문에 붙여 체직하지 말 것을 청하다.(『宣祖實錄』선조25.『集成』14-175)/ 備邊司가 江原道助防將 元豪가 驪州 싸움에서 승리를 거두었으나, 倭賊의 머리를 베지 못하고 裝物만 올려보냈으므로 짐작해서 상을 내릴 것을 청하니, 임금이 加資하라고 명하다./ 備邊司가 行宮의 시위가 너무 적어 지장이 많음을 알고 시위하던 臣僚 중 낙후되었다가 고생을 무릅쓰고 돌아온 자를 거두어 쓰기를 청하다.(『宣祖實錄』선조25.『集成』14-176)
	5.23. 상이 平壤에 있다./ 備邊司가 都檢察使 관하에 장수에게 군사가 없으니 남군 중에서 나누어 합력하여 진격하도록 하기를 청하다./ 李陽元이 李鎰 등과 臨津에 있었는데 5월 18일에 싸우기로 약속이 되어 있었는데 군사들이 지친 상태이므로 약속이 행해지지 않아 패배하다.(『宣祖實錄』선조25.『集成』14-177)/ 備邊司가 臨津에서 패배한 군사들이 미안하게 여겨 고전한 것에 대해서 공을 감추자 그들의 죄는 묻지 말고 전과를 올리도록 작은 공로라도 기록하도록 유시하기를 청하다./ 全羅水使 李舜臣이 他道까지 들어가 적선 40여 척을 격파하고 倭賊의 수급을 베었으며 물건을 되찾으니, 임금이 加資하라고 명하다.(『宣祖實錄』선조25.『集成』14-178)/ 임금이 대신 崔興源·尹斗壽·右贊成 崔滉 등을 引見하고, 臨津 싸움 후에 각 지역의 패배 상황과 군량의 조달 등에 대해 논의한 후, 수복에 총력을 기울이라는 명을 내리다.(『宣祖實錄』선조25.『集成』14-179)/ 備邊司가 臨津에 있는 군사들이 비바람을 맞고 노숙한 지가 여러 날이어서 군사들을 위로할 일을 황해 감사에게 下書하기를 청하다./ 价川 부자 李春蘭이 모두 곡식 4천 석을 부치다.(『宣祖實錄』선조25.『集成』14-183)
	5.24. 상이 平壤에 있다./ 左副承旨 柳根이 京畿·江原 召募使를 어사로 바꾸어 명칭을 중하게 하고, 인심을 진정시키고 위로하기 위해 세금과 부역을 감면할 것을 청하다.(『宣祖實錄』선조25.『集成』14-184)/ 임금이 倭賊은 활을 두려워하고 창과 방패를 든 군대는 가볍게 보기 때문에, 지금까지 패전했다는 것을 장수들에게 깨우쳐 주도록 하라고 명하다./ 兩司가 倭變이 발생한 이 후 임금의 명을 파기한 都摠都事 金繼賢과 宣傳官 李好誼를 율에 의해 징계할 것을 청하니, 임금이 臺諫에게 이르라고 명하다.(『宣祖實錄』선조25.『集成』14-185)/ 獻納 李廷臣이 아비 夢祥이 任實 縣監으로 群衆에 와 있다며 근친하기를 상소하였으며, 부자 같은 부대에 있게 해 달라고 청하니 보류하다.(『宣祖實錄』선조25.『集成』14-186)
	5.25. 상이 平壤에 있다./ 都巡察使 李元翼이 각 고을로 하여금 군량을 지급하게 하고 있으나 도로가 멀어 굶주리는 자가 많으니 戶曹로 하여금 田稅나 창고에 저장된 쌀과 콩을 지급해 달라고 청하다.(『宣祖實錄』선조25.『集成』14-186)/ 備邊司가 倭人들의 해로 지도가 상세하므로, 이 지도에 맞추어 정예병을 뽑아 방비하는 것이 마땅하다고 아뢰니, 그대로 따르다.(『宣祖實錄』선조25.『集成』14-187)
	5.26. 상이 平壤에 있다./ 備邊司가 驪州는 倭賊이 오가는 길목이므로, 元豪를 목사로 제수하여 적을 치게 하자고 청하니, 그

을 전했다.(『西村清氏所藏文書』 天正21년9월21일 加藤喜左衛門・下川又左衛門宛加藤淸正書状)/ 豊臣秀吉이 加藤淸正에게 첫째, 漢城에서 釜山사이에서 일어나는 조선농민의 반란을 毛利輝元 등과 진압할 것, 둘째, 그해에 代官所에 맡긴 年貢・物成의 절반은 兵力数・高割에 대응하고, 나머지 절반은 兵糧으로 비축할 것을 지시했다.(『加藤文書』 天正20년9월22일 加藤主計頭宛豊臣秀吉朱印状)

9.24. 이보다 앞서, 毛利輝元가 조선국 경상도 開寧에서 병이 났다. 이날 豊臣秀吉가, 医師 曲直瀬道三를 조선에 파견했다.(『毛利家文書』 3890호.『小早川家文書』 1328호・333호)

9.29. 加藤淸正이 城津在番의 安田善介 등에게 조선농민에게 法度를 철저히 지키며, 年貢을 완납하도록 지시했다.(高宮栄太郎氏所蔵文書 天正20년9월28일, 津田貞兵衛・近藤四郎右衛門・安田善介・前野助兵衛宛加藤淸正書状)

10.16. 이보다 앞서 함경남도에서 柳応秀가 의병장이 되어 항일투쟁에 궐기했다. 이날, 무과출신 李唯一가 咸興의 鍋島直茂 본진을 습격했고, 함흥 판관 白応祥이 岐川(함흥군 上岐川面 五老里)에 주둔한 일본군을 습격하였으나 물리쳤다.(『閔氏壬辰録』 11.一条/『高麗日記』天正20.10.中旬条/『晉聞集』 天正20.10.16 조)

10.27. 加藤淸正가 端川在番의 九鬼広隆 등에게 첫째, 鍋島直茂의 관할하에서 조선농민반란이 일어났음을 알리고, 法度를 엄중하게 하면서, 兵糧米를 징수할 것을 지시하고, 둘째, 淸正 자신이 朝鮮王子를 잡기위해 端川・北青 방면으로 출동하는 뜻을 전했다.(『九鬼文書』 天正20년10월27일 加藤与左衛門・九鬼四郎兵衛・原田五郎右 衛門尉・吉益半左衛門尉・井上大五郎・貴田孫兵衛宛加藤淸正書状)

11.21. 加藤淸正가 端川在番의 九鬼広隆 등에게 吉州城의 패배는 언어도단이라고 힐책하고, 吉州城・端川城을 년초까지 유지하고, 雑穀을 兵糧으로 가져올 것을 지시했다.(『九鬼文書』 天正20년11월21일 加藤与左衛門・九鬼四郎兵衛・原田五郎右衛門尉・井上大九郎宛加藤淸正書状)

12.20. 이보다 앞서 石田三成 등이 朝鮮奉行이 鍋島直茂을 소환했다. 이날 直茂의 가신 下村生運이 咸興에서 漢城을 향했다.(『高麗日記』 天正20.12.20조・『鍋島直茂譜考』補7)

대로 따르다.(『宣祖實錄』 선조 25.『集成』14-187)/ 禮曹가 文昭殿과 延恩殿 祭供과 上供 가운데 긴요하지 않은 물건과 順懷와 恭懷, 昭格署 제공을 事變이 있는 이때 封進하기 어려우니 전액 감면할 것을 청하다./ 武科 初試를 거행하라고 承政院에 전교하다./ 吏曹가 迎慰使 柳根을 2品에 가함으로 차견하기를 청하다.(『宣祖實錄』 선조 25.『集成』14-188)

5.27. 상이 平壤에 있다.(『宣祖實錄』 선조 25.『集成』14-188)/ 병사의 수가 줄어드니 다시 조처하라는 전교에 備邊司가 元軍 4천 명 외에 수천 명은 된다고 아뢰다./ 江原 巡撫 御史 許筬이 辭朝하다.(『宣祖實錄』 선조 25.『集成』14-189)

5.28. 상이 平壤에 있다./ 藥房 提調 尹斗壽 등이 醫官과 함께 입시하기를 청하니 상이 허락하지 않고 提調만 입시하게 하다.(『宣祖實錄』 선조 25.『集成』14-189)/ 備邊司가 大灘의 경비가 중요하니 병사의 증원과 군량 등의 일이 江原 監司에 의지하고 있으니, 江原監司는 檢察使 있는 곳에서 지킬 것을 하유하라고 청하다./ 大臣이 大灘의 방비에 대비하여 이전 등의 장수들을 참여, 협력시키고 都元帥와 都巡察使에게 유시를 내려 일제히 진격하여 적을 격파하게 하라고 아뢰다.(『宣祖實錄』 선조 25.『集成』14-190)

5.29. 상이 平壤에 있다.(『宣祖實錄』 선조 25.『集成』14-190)/ 大臣과 藥房, 政院이 문안하다./ 藥房이 東宮에게 상의 체후를 문자 세 차례 수라를 들고 평안히 주戌中다고 답하다./ 兩司가 出納을 제대로 못하는 承旨를 파직하여 나머지를 경계할 것과 중책을 받은 몸으로 적이 경내에 들어오기 전에 멀리 도망친 전 판서 朴忠侃의 국문을 청하다.(『宣祖實錄』 선조 25.『集成』14-191) 備邊司가 애통해 하는 전교를 내리기를 청하다./ 兵曹가 土兵을 試射함으로써 그들의 마음을 격동시키고 居首한 자는 直赴 殿試할 것을 허락하는 등을 논의하여 아뢰다./ 備邊司가 京江의 배들이 피난을 나와 모여 있는 것이 수백여 척에 이르는데 이들 중에서 장정을 모집하여 방어에 전력하고, 경성에서 도망쳐 온 사람들 또한 모집하여 건장한 병사를 모집하는 등의 일을 아뢰다.(『宣祖實錄』 선조 25.『集成』14-192)/ 중국에서 朝鮮과 日本이 서로 짠 후 침략 당했다고 거짓말을 한다는 유언비어를 듣고, 兵部尚書 石星이 崔世臣과 林世祿을 파견하다.(『宣祖實錄』 선조 25.『集成』14-193)

6.1. 상이 平壤에 있다./ 豊原 府院君 柳成龍이 大臣의 반열에서 국가를 그르친 죄를 면할 수 없으므로, 형벌을 받아 國人들에게 사죄하여야 한다고 체직시켜 주기를 청하다./ 禮曹 判書 尹根壽가 邊報가 날마다 들어와 군무가 시급한데 이런 판국에 임금이 賓主의 예를 갖추는 것은 무리라며 자신이 중국의 差官 접견을 자청하며 현직에서 체임해주기를 청하다.(『宣祖實錄』 선조 25.『集成』14-194)/ 三道의 군사가 龍仁에서 패하여 李洸 등이 본도로 돌아가다.(『宣祖修正實錄』 선조 25.『集成』27-66)/ 李舜臣이 잇따라 倭兵을 패배시키다./ 元均이 李舜臣과 聯名으로 장계를 올리려 하였으나 李舜臣이 단독으로 장계를 올려 이로부터 두 사람의 틈이 생기게 되다.(『宣祖修正實錄』 선조 25.『集成』27-67)/ 遼東 都司使鎭撫 林世祿이 倭賊의 실정을 탐지하러 오다./ 倭將 平幸長등이 大洞江 남쪽을 침범하다./ 林世祿이 柳成龍과 練光亭에 올라 賊의 상황을 탐지하다.(『宣祖修正實錄』 선조 25.『集成』27-68)/ 左議政 尹斗壽, 都元帥 李元翼등에게 平壤城을 지키도록 명하다.(『宣祖修正實錄』 선조 25.『集成』27-69)/ 李希得을 咸鏡道 巡檢使로 삼다.(『宣祖修正實錄』 선조 25.『集成』27-70)/ 倭將이 李德馨과 江中에서 만나기를 청하다./ 상이 平壤을 떠나 尹斗壽・金命元・李元翼 등의 수행을 받고 寧邊府로 향하다.(『宣祖修正實錄』 선조 25.『集成』27-71)/ 李德馨을 請援使로 삼아 遼東에 가서 급박함을 알리도록 하다.(『宣祖修正實錄』 선조 25.『集成』27-72)/ 倭將 淸正이 關北에 침입하여 咸鏡 監司 柳永立이 사로잡히고 兵使 李渾이 적민에게 살해당하다.(『宣祖修正實錄』 선조 25.『集成』27-73)/ 세자에게 종묘 사직을 받들고 分朝하도록 명하다.(『宣祖修正實錄』 선조 25.『集成』27-74)/ 난이 일어나자 명망있는 縉紳들이 모두 도망하다.(『宣祖修正實錄』 선조 25.『集成』27-75)/ 세자가 寧邊府에 머물며 分朝하라는 상의 下敎를 받다.(『宣祖修正實錄』 선조 25.『集成』27-76)/ 平壤이 함락되자 관리들이 달아나고 亂民들의 약탈이 생기다.(『宣祖修正實錄』 선조 25.『集成』27-77)/ 遼東의 游擊 史游 ,參將 郭夢徵이 군사를 거느리고 宣川의 林畔館에 도착하다./ 상이 宣川에 머무르고 遼東 巡按御史 李時彎이 指揮 宋國臣을 보내어 우리나라에 移咨하다.(『宣祖修正實錄』 선조 25.『集成』27-78)/ 상이 車輦館에 머물다./ 상이 龍川에 머물다./ 상이 義州에 이르러 牧使의 衙舍를

연도	한국
▲ 1592 ▼	행궁으로 삼다./ 奏請使 知敦寧府事 鄭崑壽를 파견하여 大兵이 와서 구원해 줄 것을 청하다.(『宣祖修正實錄』 선조25. 『集成』27-79)/ 諸道에서 義兵이 일어나다./ 故 牧使 郭越의 아들인 玄風人 郭再祐가 擧兵하다.(『宣祖修正實錄』 선조 25. 『集成』27-80)/ 前 府使 高敬命 이 군사를 일으키다.(『宣祖修正實錄』 선조25. 『集成』27-81)/ 前 掌令 鄭仁弘이 의병을 일으켜 賊을 토벌하다.(『宣祖修正實錄』 선조25. 『集成』27-82)/ 賊이 江原道의 州縣을 함락시키다.(『宣祖修正實錄』 선조25. 『集成』27-83)/ 招討使 金誠一이 장계를 올려 郭再祐의 공과를 논하다.(『宣祖修正實錄』 선조25. 『集成』27-84)/ 倭賊이 全羅道와 忠淸道의 郡縣을 침범하다./ 全羅道 助防將 李由義 등이 八良峙에 주둔하다 鎭營을 錦山 松峙로 옮기다.(『宣祖修正實錄』 선조25. 『集成』27-86)/ 義兵將 孫仁甲 이 賊을 草溪에서 패배시키다./ 湖南義兵將 金千鎰이 군사를 거느리고 北上하다.(『宣祖修正實錄』 선조25. 『集成』27-87) 6.2. 상이 平壤에 있다./ 兩司가 江邊 土兵이 패배하여 도망하여 귀향하였으니 宣傳官을 보내 불러모으게 하면 위급할 때 쓸 수 있으니, 때가 늦기 전에 불러 모아 거느리고 오도록 아뢰다./ 右副承旨 이곽이 開城府로 가서 犒軍하고 돌아오다./ 임금이 李希得·李元翼·李恒福 등과 平壤城을 지킬 것인지, 세자와 나누어 다른 곳으로 피난할 것인지에 대해 논의하다.(『宣祖實錄』 선조25. 『集成』14-195)/ 임금이 含毬門으로 거둥하여 平壤의 父老와 군민들을 소집하여 죽음으로써 지키겠다는 뜻을 유시한 다음 활쏘기를 시험하여 金珍을 급제시키다.(『宣祖實錄』 선조25. 『集成』14-198) 6.3. 상이 平壤에 있다.(『宣祖實錄』 선조25. 『集成』14-199) 6.4. 상이 平壤에 있다.(『宣祖實錄』 선조25. 『集成』14-199)/ 咸鏡道로 왕자를 호종한 陪行官 上洛 府院君 등이 咸鏡道 병사들에게 말을 지급하고 貢物 및 진상하는 物膳 등을 감면하라는 恩命을 내리시기를 청하다.(『宣祖實錄』 선조25. 『集成』14-200) 6.5. 상이 平壤에 있다./ 임금이 明朝의 差官 崔世臣 등에게 倭賊들의 침입을 지키지 못하고 平壤으로 도피한 것이 부끄럽고 송구스럽다고 말하다.(『宣祖實錄』 선조25. 『集成』14-200)/ 毛利吉成의 일본군이 강원도 金化·金城을 거쳐 강원도 准陽에 침입했다.(閔氏壬辰錄)/ 李舜臣의 조선수군이 경상도 固城唐項浦에서 일본수군을 격파했다.(壬辰狀草 万曆20.6.14,계본) 6.6. 상이 平壤에 있다./ 兩司가 倭變이 일어난 후 宣傳官 李策이 군율을 어기고 임금의 명령을 폐기하였으므로 율에 따라 죄를 줄 것을 청하니, 그대로 따르다.(『宣祖實錄』 선조25. 『集成』14-201) 6.7. 상이 平壤에 있다.(『宣祖實錄』 선조25. 『集成』14-201)/ 巡邊使 李鎰이 江原道防禦使 文夢軒으로 하여금 灘을 지키도록 할 것과 平壤의 방어를 철저히 해야 할 것을 치계하다.(『宣祖實錄』 선조25. 『集成』14-201)/ 李鎰이 三登은 大洞江 上流에 위치하여 잃게 되면 成川·陽德 등의 도로가 막혀 북쪽 소식이 막히게 되므로 흩어진 병사를 수합하여 곳곳에 병사를 주둔시키도록 하자고 청하다.(『宣祖實錄』 선조25. 『集成』14-202)/ 淸平君 韓應寅이 江東에 도착하여 백성들을 불러 효유하여 安集하게 하고, 弓箭·火砲 및 방어에 필요한 병사의 보강을 요청하다.(『宣祖實錄』 선조25. 『集成』14-203)/ 李舜臣의 조선수군이 慶尙道 巨濟島 栗浦에서 来島通之·通總 등의 일본수군을 격파했다.(乱中日記) 6.8. 상이 平壤에 있다./ 倭賊들이 황해도 郡縣으로 침입하다.(『宣祖實錄』 선조25. 『集成』14-203) 6.9. 상이 平壤에 있다.(『宣祖實錄』 선조25. 『集成』14-203)/ 賊將 平行長 등이 遼東으로 가는 길을 열어줄 것을 요구하며 강화할 것을 청하였으나, 李德馨이 거절하다. 6.10. 倭賊이 강화를 계속 요구하니, 인심이 흉흉해지고 亂兵들의 소동이 일어나다.(『宣祖實錄』 선조25. 『集成』14-204) 6.11. 平壤을 떠나 寧邊으로 향하다.(『宣祖實錄』 선조25. 『集成』14-205)/ 李元翼 등에게 밤에 倭賊의 진영을 쳐부수도록 하여, 수백명을 사살하고 말 1백 33필을 빼앗다./ 中殿이 咸興으로 먼저 가서 상이 도착하기를 기다리기로 하다./ 상이 世子를 거느리고 大同館 문앞에서 父老들을 慰諭하고 喜壽가 敎書를 읽자 온 성안이 오열한다./ 左議政 尹斗壽가 請對하여 영변으로 피하여 倭賊이 형세를 관망하다가 위급한 일이 생기면 龍灣으로 향한 후 중국에 구원병을 청하자고 아뢰니, 그대로 따르다.(『宣祖實錄』 선조25. 『集成』14-206)/ 상이 巡按에서 晝停하고 肅川에서 유숙하다./ 義州牧使 黃璡이, 明朝의 將官이 通事 表憲 등을 불러 1백리 마다 파발을 설치하여 倭賊의 침입에 대응할 수 있게 하라고 한 것을 치계로 올리다./ 豐原府院君 柳成龍이 明朝의 差人과 倭賊의 상황을 살핀 후 倭賊들을 물리칠 가망이 있다는 것과, 明兵의 출병을 앞당기라고 한 것을 아뢰다.(『宣祖實錄』 선조25. 『集成』14-207) 6.12. 상이 雲巖院에 도착하였는데 아전과 백성들은 다 흩어지고 牧使 李民覺이 혼자 나와 영접하니 통솔하지 못한 閔覺을 곤장치다./ 左議政 尹斗壽가 羽林衛 閔汝虎 등이 倭賊을 쏘아 죽였다고 치계하다.(『宣祖實錄』 선조25. 『集成』14-208)/ 右議政 兪泓 등이 倭賊을 방비하는 가장 큰 계책은 平壤을 지키며 명군을 기다리는 것이라고 치계하다./ 吏批에게 서울에서부터 배종한 사람을 堂上으로 승진시키라고 전교하다./ 安州에서 유숙하다.(『宣祖實錄』 선조25. 『集成』14-209)/ 兩司가 나와서 접대하지 않은 安州 牧使 李民覺을 笞罰만 가하고 그만둘 수 없다고 拿捕하여 국문하라고 청하다.(『宣祖實錄』 선조25. 『集成』14-210) 6.13. 상이 安州에서부터 寧邊府로 들어가니, 관인 5~6명만 있을 뿐이다./ 음식을 올리자 상이 陪從한 신하들에게 나누어 주다./ 영변이 凋弊하여 음식물을 제공할 수 없다고 하니 세자는 이곳에 머물고 대가는 定州로 갈 것이니 준비하라는 전교하다.(『宣祖實錄』 선조25. 『集成』14-210)/ 左議政 尹斗壽가 龍川郡守 許淑에게 防禦使 金億秋와 힘을 합쳐 倭賊의 침입으로부터 內江을 방어하도록 한 것을 치계하다./ 임금이 신하들과 인견하고, 倭賊이 침입으로부터 안전하게 피난할 곳을 논의하다.(『宣祖實錄』 선조25. 『集成』14-211)/ 兩司가 寧邊府에 머무르면서 倭賊의 형세를 보아 피하기

일본

를 청하였으나, 임금이 형세가 몹시 위급하므로 급히 이주해야겠다고 말하다./ 임금이 왜적에 대비하여 자신은 遼東으로 가고, 세자는 北道로 가는 것에 대해서 신하들과 논의하다.(『宣祖實錄』 선조 25. 『集成』14-213)/ 世子가 국사를 임시로 다스려 官爵을 除拜나 상벌 등의 일을 스스로 처결할 일로 대신들에게 이르라고 전교하다.(『宣祖實錄』 선조 25. 『集成』14-218)

6.14. 상이 寧邊에 있다./ 領議政 崔興源이 청대하여 내선하겠다는 전지를 事體가 중난한 까닭으로 감히 순종할 수 없다고 아뢰다.(『宣祖實錄』 선조 25. 『集成』14-218)/ 兩司가 倭賊의 소식을 들을 수 있는 泰川으로 가자고 주청하니, 그대로 따르다.(『宣祖實錄』 선조 25. 『集成』14-219)/ 遼東으로 건너갈 계획을 결정하고 宣傳官을 보내 중전을 맞도록 하다./ 상이 大臣에게 중국에 들어가기 위해 遼東 都司에게 자문을 발송하도록 하고, 領議政 崔興源 등에게 명하여 神主를 받들고 세자를 陪從하여 보전토록 하다./ 博川에 도착하여 訓導와 座首 金禹瑞가 아전과 백성들을 거느리고 각자가 맡은 일을 다투어 힘써 하니, 그들을 칭찬하고 金禹瑞를 司饔院 참봉으로 삼다.(『宣祖實錄』 선조 25. 『集成』14-220)/ 尹根壽가 중국 差人 劉魁가 佟養正의 牌文을 가지고 왔는데 楊紹勳이 양원과 회합하여 병사를 출발시켰으니 義州로 가서 策應하라는 등의 내용이 있다./ 상이 府院君 柳成龍에게서 恩賜받은 銀 2만냥에 대해 감사의 뜻을 표하라고 하유하다./ 상이 左議政 尹斗壽에게 강의 여울을 지키는데 대비하고 軍器와 火藥도 조처하라고 하유하다.(『宣祖實錄』 선조 25. 『集成』14-221)

6.15. 임금이 柳成龍과 倭賊에 대한 방비책으로 淸川江의 浮橋를 철거하는 것과 군량의 조달, 大駕의 행선지에 대해 논의하다.(『宣祖實錄』 선조 25. 『集成』14-222)/ 임금이 명조의 總兵官을 中路에서 영접하는 일에 대해 물으니, 대신이 倭賊의 형세가 아직 멀리 있으므로 명조의 장관을 접견하는 것이 무방하다고 아뢰다./ 내전의 행차가 博川에 도착하다./ 平壤의 강 여울의 방어가 무너지자, 李元翼 등이 李好閔을 보내 그 사실을 아뢰도록 하다.(『宣祖實錄』 선조 25. 『集成』14-224)/ 상이 嘉山으로 떠나려 하니 대신들이 날이 이미 저물고 돌아오자마자 바로 출발하기가 곤란하니 이튿날 거동하기를 청하다.(『宣祖實錄』 선조 25. 『集成』14-225)/ 右議政 兪泓이 노쇠하여 遼東으로 들어갈 수 없다고 하며 세자에게 보내주기를 청하다./ 備邊司가 중국 명나라 병사를 특별히 술과 안주 등 풍부하게 준비하여 호군 하도록 할 것을 아뢰다./ 1만 명의 병사에게 솥, 꼴, 식량 등의 물건을 1만 병사에게 공급할 분량을 준비하라는 전교하다./ 博川에서 출발할 때 도적들이 朝臣의 짐바리를 노략질한 자가 있다고 하다.(『宣祖實錄』 선조 25. 『集成』14-226)

6.16. 諫司에서 柳成龍·鄭澈 등과 군량 조달, 중국에 보낼 자문 등을 논하다.(『宣祖實錄』 선조 25. 『集成』14-227)/ 임금이 定州에 도착하다./ 尹根壽가 沈喜壽가 구원병을 요청할 일로 다녀와 중국 군대의 출동 상황을 치계하다./ 朴崇元·尹又新·柳永慶 등에게 관직을 제수하다.(『宣祖實錄』 선조 25. 『集成』14-228)

6.17. 임금이 定州에 있다.(『宣祖實錄』 선조 25. 『集成』14-228)/ 大臣에게 遼東 자문을 속히 지어 통사가 가지고 가도록 하라고 전교하였다./ 請援使 李德馨이 倭賊은 병사를 움직임에 있어, 戌日을 이용하여 온다고 아뢰다.(『宣祖實錄』 선조 25. 『集成』14-229)/ 禮曹 判書 尹根壽 등이 중국 군대의 이동 상황과 수를 복하다.(『宣祖實錄』 선조 25. 『集成』14-230)

6.18. 임금이 定州를 떠나 宣川에 도착하였는데, 倭賊이 반드시 대가를 뒤쫓아 오고야 말 것이라는 말이 떠돌다./ 都元帥 金命元이 倭賊에게 漢江·臨津·大洞江에 이르기까지 도처마다 패주하다.(『宣祖實錄』 선조 25. 『集成』14-230)/ 임금이 鄭澈·柳成龍을 불러 군대를 접대할 대책을 논의하니 成龍이 여러 고을에 식량이 없다고 아뢰다.(『宣祖實錄』 선조 25. 『集成』14-231)/ 중국 군대가 도착하자 임금이 만나 행차해준 일을 황공스럽게 여겨 지휘를 삼가 받겠다고 말하다./ 遼東巡按御史 李時孳가 宋國臣을 보내 八道의 관찰사가 倭賊에 대해 언급한 것이 한마디도 없다는 자문을 보내다.(『宣祖實錄』 선조 25. 『集成』14-232)/ 巡檢使 韓應寅이 14일 申時에 倭賊이 王城灘·綾羅島로부터 건너와서, 장수와 병졸이 일시에 무너져 강여울을 지킬 수 없다고 치계하다.(『宣祖實錄』 선조 25. 『集成』14-233)/ 17일 새벽 倭賊이 大洞江을 건너다.(『宣祖實錄』 선조 25. 『集成』14-234)

6.19. 임금이 선천은 떠나 車輦館에 도착하다./ 倭賊이 平壤을 함락하다. 左議政 尹斗壽가 평양을 사수하지 못한 일로 군율에 따라 처벌받기를 청하다.(『宣祖實錄』 선조 25. 『集成』14-234)/ 宣川 郡守 李瑩이 일을 잘 처리하지 못하자 武將 宋康으로 교체하다./ 禮曹 判書 尹根壽 등이 중국 군대가 또 강을 건너왔다고 보고하다.(『宣祖實錄』 선조 25. 『集成』14-235)

6.20. 상이 龍川郡에 도착하다./ 이괄이 義州에서 郭夢徵과 王守官을 만나 명나라에 구원을 구하여 중국 군대가 군량이 마련 되는대로 기동한다고 보고하다.(『宣祖實錄』 선조 25. 『集成』14-235)/ 尹斗壽가 倭賊의 기세가 느슨한 것 같으므로 우선 義州府의 관원으로 하여금 遼東으로 건너가지 않는다는 뜻을 曉諭하여 백성을 안정시키자고 아뢰니, 그대로 따르다./ 調度使 洪世恭가 뒤에 온 중국 군대의 기율이 엄하지 않고 백성들이 놀라 흩어져 성안이 비었다고 보고하다.(『宣祖實錄』 선조 25. 『集成』14-236)

6.21. 상이 龍川에 있다.(『宣祖實錄』 선조 25. 『集成』14-236)/ 金晬·李洸·尹先覺이 水原에 진을 치고 양쪽에서 들이치는 계책을 조정에서 지휘하기를 청하다./ 領議政 崔興源이 東宮을 호위하고 侍講院 관원을 차송하도록 청하다.(『宣祖實錄』 선조 25. 『集成』14-237)/ 문·무관 중에서 흩어지고 달아나는 사람이 속출하여 이제 호종한 사람은 수십 냥에 이르지 않다./ 慶尙右水使 元均과 全羅左水使 李舜臣이 閑山 앞바다와 唐浦에서 倭船을 격파하다.(『宣祖實錄』 선조 25. 『集成』14-238)/ 義州에서 柳成龍 등에게 명나라 군사를 접대할 계책을 세우고 명나라 병사들의 군량을 조달하는 일을 명하다./ 柳根·趙挺·吳億齡·李有中·金信元·尹洞·李元翼 등에게 관직을 제수하다.(『宣祖實錄』 선조 25. 『集成』14-241)

6.22. 명나라 병사들이 약탈했기 때문에 텅 빈 성안에 黃璡·權晫이 관인들을 직접 거느리고 들어갔다.(『宣祖實錄』 선조 25. 『集成』14-241)/ 임금이 대신들에게 遼東으로 건너가겠다는 의사를 미리 중국 측에 전하라고 명하다./ 尹斗壽가 平壤에서 잘 싸운 사람과 전사한 사람을 論賞하라고 청하다.(『宣祖實錄』 선조 25. 『集成』14-242)

6.23. 遼東으로 가는 일을 준비하라고 전교하니 尹根壽·柳成龍이 강력히 말하면서 아뢰다./ 都元帥 金命元이 倭賊들의 소식을 전혀 알 수 없다고 아뢰다./ 金命元이 李鎰·李薦·金億秋·朴錫命들이 간 곳을 알 수 없고 전투가 불리하면 피난하려는 계획만 있다고 보고하다.(『宣祖實錄』 선조 25. 『集成』14-243)

연도	한국
▲ 1592 ▼	6.24. 임금이 遼東으로 갈 것을 물으니, 대신들이 倭賊의 소식을 들은 다음 水上을 경유하여 碧潼에 머물다가 江界로 가 형세를 보고, 咸興에 이르는 것이 온당하다고 아뢰다.(『宣祖實錄』선조25.『集成』14-244)/ 參將 郭夢徵이 명나라 군사들이 주둔하고 있으니, 倭賊의 소식을 들은 후 진격함이 어렵지 않을 것이라고 아뢰다.(『宣祖實錄』선조25.『集成』14-245)/ 황제가 준 은을 신하들에게 조금씩 나누어주다가 대신들이 우선 전사들에게 상을 주기를 아뢰다.(『宣祖實錄』선조25.『集成』14-246) 6.25. 임금이 禮曹 判書 尹根壽와 豊原 府院君 柳成龍에게 倭賊이 서쪽으로 향하면 명나라 장수에게 위급함을 알리도록 하라고 명하다.(『宣祖實錄』선조25.『集成』14-246)/ 判官 金毅一이 官穀을 훔치자 柳成龍이 杖殺하다.(『宣祖實錄』선조25.『集成』14-247) 6.26. 尹斗壽 등이 倭賊이 가까이 오면 昌城으로 피하자고 청하다.(『宣祖實錄』선조25.『集成』14-247)/ 前 平安道 觀察使 宋言愼이 14일 倭賊이 王城灘을 건너오자, 都巡察使 李元翼과 防禦使 李薲이 흩어져 떠났다는 치계를 올리다./ 兩司가 平壤이 陷落된 뒤 숨은 감사 宋言愼과 대가를 소홀히 한 縣監 金虎秀의 국문을 청하다.(『宣祖實錄』선조25.『集成』14-248)/ 尹斗壽가 바닷길로 남행하기를 청하자 義州에서 가는 것이 좋다고 이르렀다.(『宣祖實錄』선조25.『集成』14-249)/ 義州가 안정되자 李希參을 義禁府 道使로 삼았다./ 尹斗壽 등이 무과를 설치할 것을 청하여 田齊安 등을 급제시키다.(『宣祖實錄』선조25.『集成』14-250)/ 명나라의 내부를 청한 자문을 보고 義州의 오래 머물 계획을 세우다./ 우리 通信使 黃允吉 등이 日本에 갔을 때, 豊臣秀吉이 日本과 연합해서 명나라를 침범하자고 하였으나, 의리를 들어 거절하고 명나라에 倭賊의 실정을 알리다.(『宣祖實錄』선조25.『集成』14-250)/ 金億秋를 安州 牧使로, 尹安性을 肅川 府使로 삼다.(『宣祖實錄』선조25.『集成』14-252) 6.27. 禮曹 判書 尹根壽가 중국 祖總兵을 만나 중국은 나라를 구원한다고 했음을 보고하다./ 請援使 李德馨이 遼東에 들어가는 일을 중국에서 허락했다고 보고하다.(『宣祖實錄』선조25.『集成』14-252) 6.28. 同知 尹又新이 사태가 위급함을 알고 흩어졌다가 수상에서 와서 입조하다./ 大駕가 강계로 가지 않고 儀註로 갔다는 내용이 肅川府의 관아 기둥에 쓰여 있자, 사람들이 寧邊 사람이 倭賊이 그 지방으로 올까 두려워 한 짓이라고 하다./ 金命元이 환속한 重興寺의 중 柳中立이 平壤의 倭賊들이 금년에는 서울에서 새해를 맞고, 명년에 遼東을 침범하겠다고 한 것을 치계하니, 中立에게 상을 주어 司果로 삼다.(『宣祖實錄』선조25.『集成』14-253)/ 慶尙右道 招諭使 金誠一이 高靈의 전 佐郞 金沔·陜川의 전 掌令 鄭仁弘·宜寧의 유생 郭再祐 등이 倭賊에 대항하여 의병을 일으킨 것을 치계하다.(『宣祖實錄』선조25.『集成』14-254)/ 慶尙 右道 都巡察使 金晬가 倭賊의 창궐이 대소 제장들이 생명을 아껴 물러나 피했기 때문에 일어난 것이라고 치계하다./ 金晬가 巨濟縣令 金俊民이 倭賊에게 죽음으로써 대항한 것과, 각 수군과 星州의 史閣 상태에 대해 치계하다.(『宣祖實錄』선조25.『集成』14-262)/ 金晬가 安東·眞寶·禮安·榮川·山陰·丹城 등 남쪽 지방에서의 倭賊과의 전쟁 상황을 보고하다.(『宣祖實錄』선조25.『集成』14-263)/ 慶尙右道 兵馬節度使 曺大坤이 5월 23일 高靈縣 침입한 倭賊을 朴景祿·金應謙·鄭尙禮·孫浩 등이 무찔렀다고 치계하다.(『宣祖實錄』선조25.『集成』14-264)/ 慶尙道 防禦使 趙儆이 부상을 입어서 소속 군관을 金晬에게 이속시켰다고 보고하다./ 全羅道 節度使 崔遠이 玉浦 앞바다에서 적을 만나 총통과 화살을 쏘았다가 배를 불살라버렸다고 보고하다.(『宣祖實錄』선조25.『集成』14-265)/ 忠淸道 觀察使 尹先覺이 수원의 倭賊을 李洸·金晬 등과 의논하여 협공하여 물리친 뒤, 鏡成을 구원하겠다고 치계하다./ 忠淸 監司 尹先覺이 水原府에서 申砬·李沃을 응원한 전투 및 郭嶸의 진영이 침박을 받았던 것을 보고하다.(『宣祖實錄』선조25.『集成』14-266)/ 金晬가 金海府의 倭賊 9백여 명이 全羅監司로 사칭하고 全州로 떠났다고 하는데, 이것은 충청도에 머무른 倭賊들이 호남의 대군이 서울로 떠났다는 소식을 듣고 꾀를 부려 恐動하는 것이라고 아뢰다.(『宣祖實錄』선조25.『集成』14-267)/ 전사한 白光彦·李之詩 등에게 贈職을 명하다.(『宣祖實錄』선조25.『集成』14-268) 6.29. 義州에서 扈從한 宰臣이나 朝官 중 加資를 받지 못한 사람을 승급하라고 명하다./ 柳成龍이 병으로 중국 장수를 접대하는 일을 사양하니 임금에 左相 尹斗壽에게 계책이 있으면 말하도록 하다./ 義州에 저장된 綿布를 호종한 인원에게 나누어 주다.(『宣祖實錄』선조25.『集成』14-268)/ 諫院이 史官으로써 도망한 注書 任就正·朴鼎賢·檢閣 趙存世·金善餘 등의 삭거 사판을 청하고 조관에 내린 상의 개정을 청하다./ 兩司가 宋言愼의 일을 아뢰다./ 倭賊의 기세가 강해지자 明나라가 沈惟敬을 파견하여 倭賊과 講和하려고 하다.(『宣祖實錄』선조25.『集成』14-269)/ 備邊司가 高靈과 加利縣에서 倭賊을 벤 慶尙右道兵使 曺大坤을 일임할 것과, 倭賊에게 계속 패한 金海府使 徐禮元을 白衣從軍 시킬 것을 청하니, 그대로 따르다.(『宣祖實錄』선조25.『集成』14-270)/ 備邊司가 前 掌令 鄭仁弘, 前 佐郞 金沔, 幼學 郭再祐 등이 倭賊의 무리를 섬멸하기 위해 의병을 일으켰으므로, 관직을 제수하여 권장하는 것이 마땅하다고 아뢰니, 그대로 따르다./ 備邊司가 忠淸 兵使 申砬을 助防長 李世灝로 교체를 청하고, 金千鎰·尹景麟·鄭仁弘 등 의병장 10명에게 관직을 내리다.(『宣祖實錄』선조25.『集成』14-271) 7.1. 상이 義州에 있다./ 왕세자가 孟山에 있다./ 平安·黃海道에 土兵을 뽑을 때 다른 지역 사람을 과거보는 것을 허락하지 않는다는 전교에 대한 備邊司의 회계.(『宣祖實錄』선조25.『集成』14-272)/ 大臣이 중국의 差官 黃應陽이 倭寇가 있는 곳으로 가서 문제를 해결하고 돌아간다고 하므로, 상께서 나아가 만나는 것이 무방할 것 같다고 아뢰니, 그대로 따르다./ 禮曹가 尹斗壽와 鄭澈를 別試 文科로 인재를 뽑지 않는 것이 마땅하다고 하고, 柳成龍은 인심을 수습하기 위해 한두 사람을 뽑는 것이 마땅하고 하였음을 아뢰다./ 倭에서 중국을 침범하겠다는 내용이 담긴 書契 2통을 보냈는데, 尹根壽

일본

가 이것을 차관에게 보여주자고 아뢰다.(『宣祖實錄』 선조 25. 『集成』14-273)/ 또 다른 한 통의 내용을 보고 참정이 진짜 애인인 것을 알게 되어서 書契를 천자에게 주달하겠다고 말하다.(『宣祖實錄』 선조 25. 『集成』14-275)/ 尹斗壽가 東院의 왜군을 공격한 일에 대해 논공을 무방하지만 金明元은 자급을 회복시키고 李元翼·李빈에게 은전을 내려주기를 아뢰다.(『宣祖實錄』 선조 25. 『集成』14-276)/ 差官 黃應陽이 중국에서 관원을 파견한 것은 조선을 구원하기 위해서인 것이며 빨리 배신을 보내어 동쪽으로 향하게 하라고 편지하다./ 尹昉을 기복시켜 시위하게 하라고 전교하다./ 尹根壽가 倭의 書契를 중국 차관 黃應陽에게 보여주다.(『宣祖實錄』 선조 25. 『集成』14-277)/ 尹根壽가 중국 차관 黃應陽에게 日本의 침략이 정명가도에 있음을 설명하고 또 중국이 조선이 왜와 通謀하였다는 의심을 풀었다.(『宣祖實錄』 선조 25. 『集成』14-278)/ 南原 判官 盧從齡, 府使 尹安性 등이 도망하다.(『宣祖修正實錄』 선조 25. 『集成』27-87)/ 全羅 節制使 權慄이 왜적을 熊峙에서 물리치다.(『宣祖修正實錄』 선조 25. 『集成』27-88)/ 倭兵이 全州에 침입하였다가 퇴각하다./ 義兵將 金俊民, 郭再祐가 왜병을 물리치다.(『宣祖修正實錄』 선조 25. 『集成』27-89)/ 郭再祐가 叛賊 孔撝謙을 목베다./ 倭兵이 居昌을 침범하자 義兵將 金沔이 격퇴시키다./ 儒生 曺好益이 賊을 토벌하고 江東에 주둔하다.(『宣祖修正實錄』 선조 25. 『集成』27-90)/ 李舜臣이 倭兵을 固城 見乃梁에서 격파하다.(『宣祖修正實錄』 선조 25. 『集成』27-91)/ 都元帥 金命元 등에게 명하여 順安縣에 주둔하면서 賊을 막도록 하다.(『宣祖修正實錄』 선조 25. 『集成』27-92)/ 遼鎭에서 摠兵 祖承訓 등을 파견하여 平壤을 공격하게 하였으나 이기지 못하다./ 僧統을 설치하여 僧軍을 모집하다.(『宣祖修正實錄』 선조 25. 『集成』27-93)/ 왜장 淸正이 北界로 침입하자 會寧 사람들이 반란을 일으켜 두 두왕자와 재신을 잡아 항복하므로 咸鏡南·北道가 賊에게 함락되다.(『宣祖修正實錄』 선조 25. 『集成』27-93)/ 義兵將 高敬命이 錦山의 賊을 토벌하다 패하여 戰死하다.(『宣祖修正實錄』 선조 25. 『集成』27-95)/ 庶人 洪季男이 군사를 일으켜 賊을 토벌하다.(『宣祖修正實錄』 선조 25. 『集成』27-96)/ 高彦伯을 楊州 牧使로 삼다./ 世子가 처음에는 江界로 가려다 伊川에 머물다.(『宣祖修正實錄』 선조 25. 『集成』27-97)/ 前 府使 崔慶會를 義兵將으로 삼다./ 金千鎰·崔遠이 水原에서 仁川으로 陣을 옮기다./ 前 叅議 李廷馣이 海西에서 義兵을 일으키다.(『宣祖修正實錄』 선조 25. 『集成』27-98)

7.2. 상이 義州에 있다./ 왕세자가 孟山에 있다./ 임금이 중국 차관 黃應賜 등을 만나 倭賊으로부터 구해줄 것을 청하다.(『宣祖實錄』 선조 25. 『集成』14-279)/ 중국 差官을 문안하였는데 중국 差官들이 北京에 朝鮮이 딴 마음이 없음을 보고하다./ 咸鏡道 巡察使 李希得이 倭賊이 鐵嶺으로 향했다고 치계하다.(『宣祖實錄』 선조 25. 『集成』14-282)/ 적의 형편을 다시 들어서 일을 策應한 뒤에 조치하는 것이 마땅하다고 회계하다./ 備邊司가 尹樺·李民覺·洪世英·黃沂를 白衣從軍하게 하기를 아뢰고 大同道 및 晋州에 戊申을 파견할 일을 아뢰다./ 文科에 鄭宗溟·李自海·崔東立, 義州 사람 洪適을 뽑고 무사도 뽑다.(『宣祖實錄』 선조 25. 『集成』14-283)/ 沈岱·吳億齡·李곽·朴宗男·沈喜壽·李好閔·鄭宗溟·李尙信에게 관직을 제수하다./ 兩司가 도망간 宋言愼을 잡아서 推鞫하고 減損하는 일과 호종 신하에게 명분 없이 상을 내리는 일을 논하다.(『宣祖實錄』 선조 25. 『集成』14-284)

7.3. 상이 義州에 있다./ 왕세자는 孟山에 있다./ 兩司가 전 觀察使 宋言愼의 추국을 청하다./ 兩司가 武科의 시험이 쉬었기 때문에 실력이 없는 사람이 많이 합격했다며 다시 편전으로 시험하기를 청하여 논의하다.(『宣祖實錄』 선조 25. 『集成』14-285)/ 請援使 李德馨이 돌아와 정문을 바치고 군사를 요청한 일에 대하는 일 등을 아뢰다.(『宣祖實錄』 선조25. 『集成』14-286)/ 남쪽 군대를 소집하는 일로 내려갈 尹承勳의 출발 일자를 承政院에 전교하다.(『宣祖實錄』 선조 25. 『集成』14-289)

7.4. 상이 義州에 있다./ 왕세자가 陽德에 있다./ 세자를 시위하던 金友皐·李時言을 적을 토벌할 일이 급하기 때문에 義州로 오라고 전교하다.(『宣祖實錄』 선조 25. 『集成』14-279)/ 무과 別試의 규정에서 대간의 말에 따라 편전을 다시 시험하자 土兵들이 농성했기 때문에 상이 備邊司를 의논하게 하다./ 備邊司가 倭將을 죽인 碧潼의 土兵 金雲成을 논상할 것을 청하니, 그대로 따르다./ 備邊司가 배종하는 대신에게 글을 내려 적병의 난을 멀리 피하여 東宮을 이어하기를 청하다.(『宣祖實錄』 선조 25. 『集成』14-290)/ 柳成龍이 중국 군사에 군량을 공급하기 위해서는 먼저 定州의 곡식을 첨가해야 된다고 아뢰다./ 備邊司가 遞還한 安州 牧使 李民覺의 仍任을 청하다.(『宣祖實錄』 선조 25. 『集成』14-291)/ 柳成龍이 昌城倉과 朔州倉의 양곡 비축 상황과 定州·博川으로의 운반 방법을 아뢰다./ 尹承勳에게 남쪽 군사를 모아 힘을 합해 적을 토벌하고 공을 세우라고 전교하다.(『宣祖實錄』 선조 25. 『集成』14-292)/ 咸鏡道檢察使 李陽元이 倭賊이 安邊으로 향했다고 치계하다./ 임금이 平安監司 李元翼을 引見하고, 倭賊에게 빼앗긴 平壤城을 공격하는 일과, 倭賊의 형세 등에 대해 논의하다.(『宣祖實錄』 선조 25. 『集成』14-293)/ 遼東 都指揮司가 국왕을 배종할 군신의 숫자 등을 묻고 만에 하나라도 다른 걱정이 없게 해야 한다고 하는 咨文.(『宣祖實錄』 선조 25. 『集成』14-295)/ 尹根壽·鄭崑壽·朴崇元·洪進을 가자하고, 柳希霖·吳億齡·朴宗男 등에게 관직을 제수하다.(『宣祖實錄』 선조 25. 『集成』14-296)/ 충청도의 양반 趙憲이 충청도 公州에서 항일의병을 조직했다.(乱中雜錄)

7.5. 상이 義州에 있다./ 왕세자가 谷山에 있다./ 兩司가 合司하여, 흩어진 백성을 모으고 諸將에게 명령을 내린 후 중국 군사를 요청하여 함께 倭賊을 섬멸할 것을 아뢰다.(『宣祖實錄』 선조 25. 『集成』14-296)/ 吳億齡·朴宗男·沈喜壽·李곽·尹承勳·李尙信·李好閔·李山甫에게 관직을 제수하다.(『宣祖實錄』 선조 25. 『集成』14-297)

7.6. 상이 義州에 있다./ 왕세자가 谷山에 있다.(『宣祖實錄』 선조 25. 『集成』14-297)/ 兩司가 仍任한 慶尙右道 兵使 曺大坤이 구차하기 때문에 백의 종군하기를 청하다./ 備邊司가 체직하는 曺大坤 대신 晋州 牧使 趙儆을 청했지만 이미 관직에 있는 사람을 바꿀 수 없다고 답하다./ 備邊司가 金信元으로 三縣의 곡식을 정주·안주 등으로 船運하고 중국 군사의 군량을 조처하게 하자고 청하다.(『宣祖實錄』 선조 25. 『集成』14-298)/ 備邊司가 현신하지 않은 金元龍과 후도 康昱의 징계와 郭율의 승서, 權濩에게 관직 제수를 청하다./ 備邊司가 三縣에 있는 訓練 正 李思命을 당상에 승직시키고 都元帥의 절제를 받게 하기를 청하다.(『宣祖實錄』 선조 25. 『集成』14-299)/ 豐原 府院君 柳成龍이 倭賊이 중국의 大軍을 보고 성을 버리고 남쪽으로 달아나면, 平壤에 남은 곡식으로 군량을 댈 수 있을 것이라고 아뢰다.(『宣祖實錄』 선조 25. 『集成』14-299)/ 柳成龍이 군량 조달을 책임지겠다고 우선 辛慶晉을 보내고 일이 지연되지 않게 하겠다고 아뢰다.(『宣祖實錄』 선조 25. 『集成』14-300)/ 釜山 등처에서 이긴 실정 등을 중국에 馳奏하고, 倭賊의 머리를 1백 40개를 바치니, 遼東都使가 銀을 보내다.(『宣祖實錄』 선조 25. 『集成』14-301)

연도	한국
▲ 1592 ▼	7.7. 상이 義州에 있다./ 왕세자가 谷山에 있다.(『宣祖實錄』 선조25. 『集成』14-301)/ 備邊司가 昌城의 곡식은 숫자가 적기 때문에 朔州의 곡식과 함께 실어오자고 청하다./ 尹根壽가 처음 뜻은 병마를 셋으로 나누어 전진시키려던 것이었는데 중국 군사가 한꺼번에 도착한다고 아뢰다./ 尹根壽 등이 중국 군사가 나누어 들어오도록 조치할 것을 청하다.(『宣祖實錄』 선조25. 『集成』14-302)/ 承文院이 업무를 감당하지 못하자 淸平君 韓應寅 등을 임명하고 전 郡守 李瑩을 불러 소임을 맡도록 하기를 청하다./ 備邊司가 韓應寅에게 사 유격 등 장관의 접대를 맡기자고 청하다./ 備邊司가 義州가 흉년에 들어 官庫가 비었는데 대가에 은택을 보여야 한다고 1년간 給復과 奴婢 身貢의 면제를 청하다.(『宣祖實錄』 선조25. 『集成』14-303)
	7.8. 상이 義州에 있다./ 왕세자가 谷山에 있다./ 備邊司가 柳成龍이 중국 군대의 행군로는 멀고 험하기 때문에 변경하도록 청했던 것을 아뢰다.(『宣祖實錄』 선조25. 『集成』14-304)
	7.9. 상이 義州에 있다.(『宣祖實錄』 선조25. 『集成』14-304)/ 왕세자가 伊川에 있다./ 備邊司가 全羅右道水使 李億祺·左水使 李舜臣·慶尙水使 元均이 倭賊 39척을 쳐부순 것을 아뢰며, 논상할 것을 청하다./ 韓應寅이 중국 조 총병이 내일 강을 건너기로 하고 浮橋를 만들기로 했다고 아뢰다.(『宣祖實錄』 선조25. 『集成』14-305)
	7.10. 상이 義州에 있다./ 왕세자가 伊川에 있다./ 備邊司가 金應瑞의 용맹이 뛰어나다고 起復시켜 종군하게 하다./ 尹斗壽가 土兵 선발의 득실을 아뢰며 柳永慶·洪世恭의 공과 과를 논하고 형상을 권징하는 일이 없을 수 없다고 아뢰다.(『宣祖實錄』 선조25. 『集成』14-306)/ 柳永慶·李幼澄·奇景福·尹卓然 등에게 관직을 관직을 제수하다.(『宣祖實錄』 선조25. 『集成』14-307)
	7.11. 상이 의주에 있다./ 왕세자가 伊川에 있다./ 尹根壽가 중국 장수를 만나 사례하는 절을 행하겠다고 한 뒤 병사의 숫자 등을 아뢰다.(『宣祖實錄』 선조25. 『集成』14-307)/ 임금이 平壤의 倭賊을 몰아내면 황해도의 군량이 부족하게 되므로, 의논하여 처리하라고 논의하다./ 明의 兵部에서 倭奴는 너무 교활하여 저들의 향도가 된 중국인이 많으니, 만약 기회를 틈타 사술을 부려 침입해 오면 해를 끼침이 적지 않을 것이라는 咨文을 遼東 都司를 통해 보내다.(『宣祖實錄』 선조25. 『集成』14-308)
	7.12. 상이 義州에 있다./ 왕세자가 伊川에 있다./ 備邊司가 咸鏡道 監司 尹卓然에게 本道는 한창 사변이 있다는 것으로 巡察使를 겸하도록 하자고 청하다./ 도로가 진흙탕이 되자 禮曹로 하여금 산천에 祈晴祭를 지내도록 하다.(『宣祖實錄』 선조25. 『集成』14-309)
	7.13. 상이 義州에 있다./ 왕세자가 伊川에 있다./ 戶曹가 날씨가 추워지니 비축된 綿紬를 호위하는 사람에게 등급에 따라 나누어주기를 청하다./ 兩司가 장수를 멋대로 제수한 宰臣과 호종에서 난오한 李廷臣·李慶기의 직명을 삭제하도록 아뢰다.(『宣祖實錄』 선조25. 『集成』14-310)/ 朴東亮·李慶祿·申礁·權慄 등에게 관직을 제수하다.(『宣祖實錄』 선조25. 『集成』14-311)
	7.14. 상이 義州에 있다./ 備邊司가 동 參將의 同姓 조카라는 중국 把總이 적을 얕보다가 죽었다고 전하며 賻儀를 청하다.(『宣祖實錄』 선조25. 『集成』14-311)/ 중국 군사의 慰勞宴과 사망자에 대한 제사를 미리 준비하라고 전교하다./ 沈喜壽가 동 參將에게 賻儀를 전하더니 皇朝에서 은전이 있을 것이라고 사양했다./ 民兵을 모아 싸우고 적을 물리친 金浦 縣令 李調에게 당상을 제수하다./ 具成·沈友勝·鄭曄·具思孟에게 관직을 제수하다.(『宣祖實錄』 선조25. 『集成』14-312)
	7.15. 상이 義州에 있다./ 왕세자가 伊川에 있다./ 전사한 중국 군사의 喪柩가 도착하고 奠物과 藝文館이 지은 글을 준비하여 제사지내다./ 李調·金命元·柳永慶에게 관직을 제수하다.(『宣祖實錄』 선조25. 『集成』14-313)
	7.16. 상이 義州에 있다.(『宣祖實錄』 선조25. 『集成』14-313)/ 왕세자가 이천에 있다./ 平壤의 倭賊에게 왕래하면서 章標를 받고 그들의 敎唆를 듣는 자가 생기자, 備邊司가 이들을 엄히 형벌할 것을 청하다.(『宣祖實錄』 선조25. 『集成』14-314)
	7.17. 상이 義州에 있다./ 왕세자가 伊川에 있다./ 柳根·洪進·柳希霖·沈岱·吳億齡·柳永慶에게 관직을 제수하다.(『宣祖實錄』 선조25. 『集成』14-314)/ 備邊司가 黃海道의 군량 조달을 위해 柳永慶을 파견하자고 청하다.(『宣祖實錄』 선조25. 『集成』14-315)
	7.19. 상이 義州에 있다./ 왕세자가 伊川에 있다.(『宣祖實錄』 선조25. 『集成』14-308)/ 吏曹가 高敬命과 함께 의병을 모은 柳思敬 등의 논상을 아뢰다./ 高敬命·金千鎰·朴光玉·李好閔·鄭雲龍·朴希壽·文愼幾 등에게 관직을 제수하다./ 중국 군대가 平壤으로 진격했으니 결전의 시기를 미리 下三道에 알리라고 전교하다.(『宣祖實錄』 선조25. 『集成』14-317)
	7.20. 상이 義州에 있다./ 왕세자가 伊川에 있다./ 備邊司의 회계에 따라 金千鎰을 倡義使라고 호칭하다.(『宣祖實錄』 선조25. 『集成』14-318)/ 부총병 祖承勳·遊擊將軍 史儒 등이 平壤의 倭賊을 공격하였으나 패하다.(『宣祖實錄』 선조25. 『集成』14-319)/ 尹斗壽가 洪秀彦과 함께 양 총병에게 실정을 변명하고 沈喜壽를 조 총병에게 보내 실정을 고하게 하겠다고 아뢰다./ 賓廳이 察院에 곡절을 변명하고 형편을 보아 조처하는 일을 아뢰다./ 左議政 尹斗壽가 중국의 楊總兵에게 倭奴는 鐵丸과 장검만 쓰고 다른 기술은 없으며, 그 수효도 1~2천에 지나지 않는다고 말하다.(『宣祖實錄』 선조25. 『集成』14-320)/ 李幼澄·沈友勝·朴東亮·李光庭·梁山璹·朴希壽·郭賢에게 관직을 제수하다.(『宣祖實錄』 선조25. 『集成』14-322)
	7.21. 상이 義州에 있다./ 왕세자가 伊川에 있다.(『宣祖實錄』 선조25. 『集成』14-322)/ 都元帥·監司·兵使에게 宣傳官을 보내 중국 군사가 퇴각하였으니 平壤으로 진격하지 말라고 전교하다.(『宣祖實錄』 선조25. 『集成』14-323)
	7.22. 상이 義州에 있다./ 왕세자가 伊川에 있다./ 李忠元이 죽은 史遊擊에게 치부하는 일을 아뢰다.(『宣祖實錄』 선조25.

일본

『集成』14-323)/ 尹斗壽가 양 총병의 오해가 풀어지는 기색이 있다고 아뢰다./ 李忠元이 사 유격에게 조문하기 위해 郭參將 등이 있는 곳으로 문안했다고 아뢰다.(『宣祖實錄』 선조 25. 『集成』14-324)/ 備邊司가 위급할 때 물러난 전 監司 李洸을 치죄하지 않으면 국가의 刑政을 유지할 방도가 없게 될 것이라고 백의 종군시킬 것을 청하다./ 全羅監司 權慄을 兼巡察使로 칭하다./ 司諫 李幼澄이 李蘋이 倭賊과 내통하는 것은 진실이 아니라고 楊總兵에게 말하다.(『宣祖實錄』 선조 25. 『集成』14-325)/ 權慄·朴應福·李沃 등에게 관직을 제수하다.(『宣祖實錄』 선조 25. 『集成』14-326)

7.23. 상이 義州에 있다. 왕세자가 伊川에 있다./ 謝恩使 申點이 황제의 하사품을 가져오사 祗迎하는 일을 논의하다.(『宣祖實錄』 선조 25. 『集成』14-326)/ 備邊司가 의병들의 집에는 給復하고 올라올 때에는 官兵과 똑같이 군량을 지급하자고 청하다./ 春秋館이 기록이 유실되었다며 출납한 장계를 기록하여 후일의 참고에 대비하자고 李好閔·奇自獻을 시키기를 청하다./ 兩司가 남다른 은혜가 거듭되고 뛰어오름이 너무 빨라 物議가 매우 놀라워한다고 申礭의 가자를 개정하기를 청하다.(『宣祖實錄』 선조 25. 『集成』14-327)/ 申點을 戶曹 參議에, 鄭期遠을 刑曹 佐郎에 임명하다.(『宣祖實錄』 선조 25. 『集成』14-328)

7.24. 상이 義州에 있다./ 왕세자가 伊川에 있다./ 祖 總兵을 문안하는 것과 祖 總兵이 꾸짖고 따지는 말에 대하는 대답에 대해 전교하다.(『宣祖實錄』 선조 25. 『集成』14-328)/ 郭賢·梁山璹이 郭再祐 등이 倭賊에 대항하여 의병을 일으켰으므로 글을 내려 권장할 것을 청하니, 그대로 따르다.(『宣祖實錄』 선조 25. 『集成』14-329)/ 鄭澈 등을 引見하고 군량 조달이나 경유, 운반 방법 등을 논의하다.(『宣祖實錄』 선조 25. 『集成』14-330)/ 謝恩使 申點이 병기와 화약을 무역하고 궁각, 염초 등을 사가지고 왔다고 아뢰다./ 朴應寅·朴東彦·鄭期遠·高彦伯·柳永慶·申點 등에게 관직을 제수하다.(『宣祖實錄』 선조 25. 『集成』14-331)

7.25. 상이 義州에 있고 왕세자는 伊川에 있다./ 兩司가 헌신하는 신하가 없다고 李洸을 탄핵하고 명을 저버린 洪汝諄의 削職과 申礭에 대하는 조처를 청하다.(『宣祖實錄』 선조 25. 『集成』14-332)/ 備邊司가 적세를 보고 올라가려고 한 尹先覺·邊彦琇와 산중에 숨어 호령하지 않은 權徵의 백의 종군을 청하다./ 備邊司가 倭賊을 斬獲한 咸安郡守 柳崇仁을 加資하여 권장할 것을 청하니, 그대로 따르다.(『宣祖實錄』 선조 25. 『集成』14-333)/ 政院이 符驗의 관리를 소홀히 한 副直長 成澳의 拿鞫을 청하다./ 京畿 監司 沈岱에게 가자하라고 전교하다./ 平壤에서 급보가 와서 여러 대신들이 賓廳에서 회의하다.(『宣祖實錄』 선조 25. 『集成』14-334)

7.26. 상이 義州에 있고 왕세자는 伊川에 있다.(『宣祖實錄』 선조 25. 『集成』14-334)/ 辭한 李陽元 대신 李憲國에게 東宮을 侍衛하게 하다./ 임금이 禮曹 判書 尹根壽를 引見하고, 平壤의 倭賊의 수를 묻고, 그 실정에 대해 논의하다.(『宣祖實錄』 선조 25. 『集成』14-335)/ 備邊司가 약속하고 나가지 않은 군대의 병사를 죄주라고 전교하다.(『宣祖實錄』 선조 25. 『集成』14-338)/ 이간하는 말을 만들어 黃海道 도로와 平壤城에 버려 적이 보도록 하다./ 備邊司가 공로가 많은 判官 金時敏, 滿浦 出身 崔彦汀의 상을 청하다./ 李德馨이 資憲 大夫에 지나친 은혜를 입었다고 임명한 명을 거두고 또 본적도 체직시켜 달라고 청하다.(『宣祖實錄』 선조 25. 『集成』14-339)/ 金時敏·李尙信·金弘微·李薦 등에게 관직을 제수하다.(『宣祖實錄』 선조 25. 『集成』14-340)

7.27. 상이 義州에 있다./ 왕세자가 伊川에 있다./ 備邊司가 군량과 말먹이로 3천 명이 몇 달 지탱할 만하니 南兵 수천 명을 청해 달라고 아뢰다.(『宣祖實錄』 선조 25. 『集成』14-340)/ 군사들에게 소를 잡아 犒軍하라고 전교하다./ 湖城監 등이 珍島의 역적 李忠範의 목을 베었다고 보고하자 備邊司가 비밀히 명을 내려 모두 체포하고 군법으로 처단하도록 아뢰다.(『宣祖實錄』 선조 25. 『集成』14-341)

7.28. 상이 義州에 있다.(『宣祖實錄』 선조 25. 『集成』14-341)/ 왕세자가 新溪에 있다./ 시들여 온 棉花를 내어 都元帥·監司·兵使에게 나누어 주라고 전교하다./ 도로가 심하게 막혔기 때문에 賓廳이 鄭澈의 南中 행차를 미루자고 청하다.(『宣祖實錄』 선조 25. 『集成』14-342)

7.29. 상이 義州에 있다.(『宣祖實錄』 선조 25. 『集成』14-342)/ 왕세자가 모처에 있다./ 임금이 道體察使 鄭澈을 引見하고, 平壤 전투에서 倭賊에게 패한 것과 각 도의 倭賊의 상황에 대해 논의하다.(『宣祖實錄』 선조 25. 『集成』14-343)

7.30. 상이 義州에 있고 왕세자는 모처에 있다./ 李成中이 중국군의 도착 상황과 인원수, 및 출정 일정을 아뢰다.(『宣祖實錄』 선조 25. 『集成』14-347)/ 李誠中이 중국군이 도로가 질척거리므로 가을을 기다려 싸우려 한다고 회계하다.(『宣祖實錄』 선조 25. 『集成』14-348)/ 軍糧이 준비되었으니 중국군 4, 5천 명을 청해도 된다고 전교하다./ 禹性傳·韓述 등에게 관직을 제수하다.(『宣祖實錄』 선조 25. 『集成』14-349)

7.-. 초순에 安国寺 恵瓊가 전라도 錦山에서 농민은 농경에 힘쓸 것, 반항자는 처벌한다는 내용의 방문을 게시했다.(『乱中雑録』 7.9조)

8.1. 상이 義州에 있고 왕세자는 모처에 있다./ 政院이 바닷가 갈대밭을 잘 구획하지 못한 탓으로 소민들의 원망을 불러일으켰으니 변통하는 조처가 있어야 한다고 아뢰다.(『宣祖實錄』 선조 25. 『集成』14-349)/ 備邊司가 鳳山·載寧의 갈대밭을 혁파하여 민심을 위로하라고 청하니 사목을 만들거나 군공이 있는 사람에게 나누어 주는 것을 첨가하자고 전교하다./ 黃海道에 내리는 교서를 조정의 방문처럼 만들고, 언문으로 번역해서 촌민들이 모두 알 수 있게 작성하라고 전교하다./ 備邊司가 李渾의 名位가 무겁지 않아서 제군을 호령하기 어렵기 때문에 堂上官으로 승진시켜 달라고 아뢰니 상이 金應南·洪世恭 중에서 차정하자고 말하다.(『宣祖實錄』 신조 25. 『集成』14-350)/ 備邊司가 倭賊을 만나 죽은 자가 많으므로, 소재 고을로 하여금 백성들을 구제하게 할 것을 청하니, 그대로 따르다./ 상이 義州에 관원들이 근로가 없지 않으니, 牧使는 加資하고 判官은 堂上에 승진시켜 위로하다.(『宣祖實錄』 선조 25. 『集成』14-351)/ 諫院이 世子에게 임시로 종묘 사직을 받들게 하고서 교서와 印章을 내리지 않은 것은 온당치 못하다고 아뢰며, 該曹로 하여금 明旨에 따라 속히 거행하게 할 것을 청하다./ 洪世恭, 韓準, 金玏, 李思明, 朴宗男, 黃璡, 金軼, 李希愿, 權晫에게 관직을 제수하다./ 王世子가 伊川에서 成川으로 이주하다./ 備邊司가 스스로 응모하여 從軍하고 동궁의 서장을 가지고 어렵게 행재소에 도달한 李夢臣에게는 관직을 제수하고, 河連은 身役을 면제시킬 것을 청하다.(『宣祖實錄』 선조 25. 『集成』14-352)/ 上이 감사 李元翼과 병사 李蘋에게 賊勢의 强弱과 적의 숫자 등 적과 싸우며 듣고 본 것을 馳啓하라고 유시하다.(『宣祖實錄』 선조 25. 『集成』14-353)/ 都元帥 金命元이 巡察使 李元翼 등으로 平壤을 공격하게 하였으나 이기지 못하다.(『宣祖修正實錄』 선조 25. 『集成』27-99)/ 李舜臣 등이 釜山에 주둔한 賊을 공격하였으나 이기지 못하다./ 황제가 護軍하는 비용으로 銀 2만 냥을 내리다.(『宣祖修正實錄』 선조 25. 『集成』27-100)/ 義兵將 趙憲이 淸州城을 회복하다.(『宣祖修正實

연도	한국
▲ 1592 ▼	錄』선조25.『集成』27-101)/ 龍仁에서 패배한 죄를 물어 李洸·尹國馨 을 削奪官爵하다./ 晋州 判官 金時敏 등이 泗川·固城·鎮海의 적을 무찔러 여러 고을을 수복하다./ 상이 儒生 梁山璹를 工曹佐郎에 임명하고 湖南·嶺南에 유시하는 교서 2통을 내리다.(『宣祖修正實錄』선조25.『集成』27-103)/ 判官 金時敏을 晋州 牧使로 삼다.(『宣祖修正實錄』선조25.『集成』27-105)/ 崔遠·金千鎰 등이 長湍의 賊을 공격했으나 패배하다./ 別將 權應銖가 賊을 격파하고 성을 회복하다.(『宣祖修正實錄』선조25.『集成』27-106)/ 義兵將 趙憲과 義僧 靈圭가 錦山의 賊을 공격했으나 이기지 못하고 전사하다.(『宣祖修正實錄』선조25.『集成』27-107)/ 趙憲이 天文과 人事의 吉凶을 헤아렸는데 이는 지극하게 時運을 걱정했기 때문이다.(『宣祖修正實錄』선조25.『集成』27-109)/ 승려 靈圭를 知中樞府事에 追贈하다.(『宣祖修正實錄』선조25.『集成』27-111)/ 海南 縣監 邊應井이 倭賊을 공격하다 전사하다./ 錦山에 주둔하던 賊이 도망하다./ 李舜臣이 水軍을 거느리고 西海의 입구에 응거하다.(『宣祖修正實錄』선조25.『集成』27-112)/ 慶尙左道 義兵將 柳宗介가 賊에 패하여 戰死하다./ 慶尙左使 朴晉 등이 慶州의 賊을 공격했으나 크게 패하다.(『宣祖修正實錄』선조25.『集成』27-113)/ 全羅道 助防將 李由義 와 京畿 助防將 洪季男 등이 賊의 伏兵에 패하다./ 龍宮 縣監 禹伏龍을 安東 府使로 삼다./ 賊兵이 原州 鴒原 山城을 함락시켜 牧使 金悌甲이 戰死하다.(『宣祖修正實錄』선조25.『集成』27-114) 8.2. 상이 備邊司 堂上을 引見하고 적의 형세, 楊 總兵 등 중국군의 형편, 遼東 파천 등을 논의하다.(『宣祖實錄』선조25.『集成』14-353)/ 奇苓, 李光庭, 李尙信, 沈喜壽, 吳億齡에게 관직을 제수하다./ 備邊司가 尹根壽를 시켜 狄江가에 있는 佟 參將에게 군사를 청하는 내용으로 정문을 만들어 보내자고 아뢰다.(『宣祖實錄』선조25.『集成』14-354) 8.3. 兩司가 軍律을 잃어 적세를 심화시킨 金汝岉, 李德男, 金億秋, 許淑, 吳應鼎 등을 율에 따라 처단할 것을 청하다.(『宣祖實錄』선조25.『集成』14-354)/ 備邊司가 軍律을 잃은 장수에게 우선 죄를 용서하여 스스로 공을 세우게 하고, 李德男·金汝岉·朴錫命·金億秋의 堂上 加資를 개정하고, 李潤德·許淑은 대간이 아뢴대로 拿推할 것을 청하다.(『宣祖實錄』선조25.『集成』14-357)/ 備邊司가 李慶濬을 병사에, 豊川府使 黃允容과 平山府使 李思命을 助防將에 제수하여 黃海道의 倭賊을 물리치게 하자고 아뢰니, 그대로 따르다./ 備邊司가 군량은 계속 댈 수 있으니, 張 遊擊의 1천 군마를 義順館에 와서 주둔하게 할 것을 察院에 간청하자고 아뢰다./ 禮曹 判書 尹根壽가 군사를 요청하는 일은 察院에 呈文해야 속히 發兵할 것이라는 倪遊擊의 말을 아뢰자, 上이 沈喜壽를 시켜 呈文을 지어 察院에 바치게 하라고 전교하다./ 尹根壽가 佟 總兵을 만나 중국군의 發兵 일자 등을 알아 본 뒤에 보고하다.(『宣祖實錄』선조25.『集成』14-358) 8.4. 上이 定州로 이주할 일을 備邊司에 이르라고 전교하다.(『宣祖實錄』선조25.『集成』14-359)/ 備邊司가 大駕가 定州로 이주하는 것이 편리하겠다고 아뢰다./ 備邊司가 土兵들에게 목면을 두루 보급할 형편이 되지 않는다고 아뢰며, 각각 그들의 고을과 各堡에서 土兵들이 전에 입던 겨울옷을 거두어 각자의 옷 속에 성명을 기입하고 元帥府에 부쳐보내게 하여 나눠 줄 것을 청하다.(『宣祖實錄』선조25.『集成』14-360)/ 洪仁傑을 三陟府使에, 韓述을 예조 정랑에, 黃璨을 永興 府使에 제수하다./ 備邊司가 강변의 土兵이 3番으로 왕래하면서 쉬지 못하고 苦戰하고 있음을 아뢰며, 금년의 田租를 완전히 감면해 주기를 청하다./ 備邊司가 李德馨으로 하여금 倭賊의 書契를 楊總兵에게 보이게 하고 일찍 擧兵할 것을 청하자고 아뢰니, 그대로 따르다.(『宣祖實錄』선조25.『集成』14-361)/ 禮曹가 절후가 서늘하여 行在所 大小 인원에게 홑옷을 착용시킬 수 없음을 아뢰며, 紅紫色 외에는 준비되는 대로 염색한 옷을 입힐 것을 청하다.(『宣祖實錄』선조25.『集成』14-362) 8.5. 임금이 柳成龍의 장계에 따라 倭의 書契를 가지고 중국에 가서 중국군 5천을 요청하라고 명하다./ 伊川의 東宮 처소로부터 온 校理 李尙毅가 東宮의 형편, 각도의 인심 등을 아뢰다.(『宣祖實錄』선조25.『集成』14-362)/ 譯學 林應瑞가 呈文을 가지고 張遊擊에게 다녀와서 趙總兵의 兵馬가 속히 오지 않는 연유 등 중국군의 상황을 보고하다./ 刑曹 參判 申礁이 노모를 뵙고 오겠다고 청하자, 上이 國事가 중한데 宰臣이 적으니 사람을 보내어 探問하라고 전교하다.(『宣祖實錄』선조25.『集成』14-365) 8.6. 東宮을 모시는 제신들에게 그 도의 각 고을로 하여금 의복의 자료를 題給하라고 閔濬에게 전교하다./ 內地의 諸色 軍士를 도원수에게 보내고, 우리 나라의 일을 哨探하는 金德澮를 체포하라고 賓廳에 전교하다./ 備邊司가 자문의 내용에 倭賊의 書契 및 佟參將에게 간청하여 轉報한다는 뜻을 첨입한 다음 沈喜壽를 시켜 주선하게 하자고 아뢰니, 그대로 따르다.(『宣祖實錄』선조25.『集成』14-366)/ 上이 강계의 土兵을 뽑아 戰場으로 보내자고 賓廳에 전교하다./ 備邊司가 黃璨에게 北道의 倭賊을 물리치게 하자고 아뢰다.(『宣祖實錄』선조25.『集成』14-367)/ 戶曹가 東宮을 모시는 제신들의 의복을 각 고을에 있는 명주와 목면으로 題給할 것으로 江原 監司에게 移文하라고 청하다./ 朴東亮을 吏曹佐郎에, 鄭期遠을 兵曹佐郎에, 安世熙를 永興府使에, 鄭希玄을 平山府使에, 宋夢龍을 寧遠郡守에, 李時彦을 成均館司藝에 제수하다.(『宣祖實錄』선조25.『集成』14-368) 8.7. 임금이 左議政 尹斗壽를 引見하고, 平壤의 적병이 遼東을 침범할 것인지에 대해 논의하다.(『宣祖實錄』선조25.『集成』14-368)/ 金敬老가 倭賊이 東萊를 함락하고, 왜선 4백 85척이 黃山江으로 와서 金海를 함락한 것을 아뢰고, 安世熙가 倭賊이 蔓嶺에서 패했다는 것을 아뢰니, 임금이 각 도의 倭賊의 수에 대해 묻다.(『宣祖實錄』선조25.『集成』14-371)/ 備邊司가 적과 싸우다 죽은 孫仁甲·李亨·金景郁·李好信·曺彦男을 시급히 표창하여 風聲을 세우고 그 집을 후히 돌볼 것은 물론 그 아들 한 명을 벼슬시키자고 청하다.(『宣祖實錄』선조25.『集成』14-374)/ 兩司가 軍命을 어긴 輔德 趙挺과 直講 李弘老를 국문하여 定罪할 것을 청하다.(『宣祖實錄』선조25.『集成』14-375)/ 大司憲 李德馨이 韓潤輔를 시켜 佟 參將에게 문안을 드린 것과 小邦의 사세가 위급하여 구원을 청한 것, 중국군의 출병 일자 등을 아뢰다.(『宣祖實錄』선조25.『集成』14-376)/ 金誠一을 慶尙左道 觀察使에, 韓孝純을 慶尙右道 觀察使에, 金晬를 漢城府 判尹에 제수

일본

하다.(『宣祖實錄』 선조 25. 『集成』14-377)

8.8. 임금이 兪大建 등을 引見하고, 각 道의 倭賊의 적세에 대하여 논의하다(『宣祖實錄』 선조 25. 『集成』14-377)/ 兩司가 달아난 商山君 朴忠侃을 파직하고, 義烈로 죽은 사람들을 褒贈할 것을 청하다.(『宣祖實錄』 선조 25. 『集成』14-379)/ 備邊司가 崔遠의 군사가 나태하고 군량을 허비하고 있으니 進退시킬 것과 군율을 어기고 군사를 잃은 경기 大將 邊彦琇를 논죄할 것을 청하다.(『宣祖實錄』 선조 25. 『集成』14-380)

8.9. 備邊司가 金敬老로 하여금 黃海道에서 募兵하게 하여 黃州·鳳山의 倭賊을 토벌하게 할 것을 청하니, 그대로 따르다.(『宣祖實錄』 선조 25. 『集成』14-380)/ 備邊司가 沈友正을 召募使로 삼아서 監司와 함께 江原道 및 京畿 근처의 倭賊을 무찌르게 할 것을 청하니, 임금이 下諭하게 하다./ 備邊司가 平壤을 지키지 못하고 도망하였다가 비로소 동궁을 배알한 李薦의 전에 제수한 資級을 삭제할 것을 청하다./ 兵曹가 扈衛將士를 오랫동안 武才를 시험하지 않았다 하여, 戶曹의 명주 50필과 목면 50필을 내어 龍灣館에서 활쏘기를 시험하고 차등 있게 상 줄 것을 청하다.(『宣祖實錄』 선조 25. 『集成』14-381)

8.10. 임금이 禮曹判書 尹根壽·工曹判書 韓應寅 등을 引見하고, 倭賊이 양덕 근처에 모습을 드러냈으므로 방어에 더욱 힘쓸 것을 명하고, 각 도의 倭賊의 실정에 대하여 논의하다.(『宣祖實錄』 선조 25. 『集成』14-382)/ 兩司가 중국군을 맞아 접대하는 일이 중하고 인심도 반드시 요동할 것이라는 이유로 柳成龍을 불러오라는 명을 거두라고 청하자, 상이 따르다.(『宣祖實錄』 선조 25. 『集成』14-388)

8.11. 備邊司가 軍功에 참여하여 기록된 사람이 지나치게 많으니 3등 이하는 거행하지 말자고 아뢰고, 首功인 朴錫命은 贖罪를 허락하고, 金應瑞는 實職을 제수하며, 金國侍·呂淡·孫嗣祖에게는 관직을 제수할 것을 청하다.(『宣祖實錄』 선조 25. 『集成』14-388)/ 工曹 判書 韓應寅이 義順館에서 張 遊擊을 만나고, 이미 夾江에 도착한 南兵이 일제히 당도하면 오래지 않아 강을 건널 것이라고 아뢰다.(『宣祖實錄』 선조 25. 『集成』14-389)

8.12. 備邊司가 적을 보지도 못한 채 도망하여 江東과 江灘을 무너뜨린 죄가 있는 金億秋·許淑을 조처할 것을 청하다.(『宣祖實錄』 선조 25. 『集成』14-389)/ 兩司가 江灘에서 軍律을 어긴 諸將 朴錫命·吳應鼎·李潤德 등도 許淑과 같이 종군하여 공을 세우게 하자고 청하다./ 備邊司가 江灘에서 軍律을 어긴 다섯 사람 모두 중벌로 처치하자고 청하자, 許淑만 군율에 따라 처치하라고 답하다.(『宣祖實錄』 선조 25. 『集成』14-390)/ 鄭昆壽를 陳奏使에, 沈友勝을 陳奏使 書狀官에, 李尙吉을 司憲府 지평에, 尹昉을 성균관 直講에 제수하다./ 遼東 總兵官 楊紹勳이 곧 출정하겠다는 자문을 보내자, 우리 나라가 回咨하여 명군의 구원을 청하다(『宣祖實錄』 선조 25. 『集成』14-391)

8.13. 南方 소식을 오랫동안 모르게 되자 上이 趙憲·金沔·鄭仁弘 등이 있는 곳에 下諭하여 探聞해서 아뢰게 하고 인하여 표창하다./ 일기가 차츰 추워지자 上이 羊皮衣 3건을 사서 감사·병사 및 都元帥에게 보내다./ 備邊司가 加平에 싸우지도 않고 진 趙儆·邊應星은 白衣從軍시키고, 李馣·崔夢星·朴仁百은 장계에 따라 決杖하고 高彦伯은 本道로 하여금 推考하자고 청하다.(『宣祖實錄』 선조 25. 『集成』14-393)/ 司諫 李幼澄이 楊總兵에게 平壤의 倭賊을 먼저 제거하자고 했다는 것을 아뢰다.(『宣祖實錄』 선조 25. 『集成』14-394)/ 上이 老母를 찾는 일로 江原道에 가는 朴東彦에게 召募하는 소임을 맡겨 인민들을 모으게 하라고 申點에게 전교하다.(『宣祖實錄』 선조 25. 『集成』14-395)

8.14. 尹斗壽가 遊擊 將軍 張奇功을 문병하고, 譯官을 불러 군사의 출동 시기는 兵家의 일이라 미리 이야기 할 수 없다고 답하다./ 工曹 判書 韓應仁이 佟 總兵을 만나 적세가 매우 급하니 중국군의 출정을 서두를 것을 요청한 것과 병력의 숫자를 보고한 것에 대해 아뢰다.(『宣祖實錄』 선조 25. 『集成』14-395)

8.15. 備邊司가 國事에 마음을 다한 龜城府使 尹承吉에게 重加를 제수할 것과 거짓으로 戰馬를 보고한 泰川縣監 金虎秀를 推鞫하여 定罪할 것, 적을 인도한 安岳律生 金呂永의 머리를 베어 梟示할 것을 청하다./ 上이 譯官을 파견하여 중국에서 많은 양의 木花를 사들여와서 미리 襦衣를 만들어 두었다가 공이 있는 將士들에게 나누어주게 하다./ 持平 具盛이 平壤의 倭賊이 서쪽으로 향하려는 계책을 펴는 것과 함경·황해의 倭賊들이 合勢하려는 의도가 있다고 아뢰다.(『宣祖實錄』 선조 25. 『集成』14-397)

8.16. 黃海道 觀察使 趙仁得이 黃海道의 倭賊의 실정을 보고하다.(『宣祖實錄』 선조 25. 『集成』14-398)/ 備邊司가 의병을 일으켜 倭賊을 무찌른 郭再祐에게 5품의 관직을 제수할 것을 청하니, 그대로 따르다./ 備邊司가 軍功의 보상을 祿俸없이 관직만 주고, 現任 수령들의 공에 대해서는 癸未年 예에 의하여 京職으로 올려 제수하고 兼帶하자고 청하다./ 備邊司가 平壤庶尹 南復興이 倭賊을 참살하고 마필을 약탈한 것을 아뢰니, 임금이 당상으로 加資하라고 명하다.(『宣祖實錄』 선조 25. 『集成』14-399)/ 備邊司가 唐項浦에서 倭賊을 만나 大捷을 거둔 李舜臣을 논상할 것을 청하니, 超資하도록 하라고 명하다./ 備邊司가 李舜臣의 계보에 따라 각 고을 목장의 말을 陸戰에서 쓰되, 監牧官과 함께 그 수를 헤아려서 각 장사들에게 한 필씩 주고 적어 두었다가 성공 후에 영구히 지급하자고 청하다.(『宣祖實錄』 선조 25. 『集成』14-400)/ 唐項浦에서 戰功이 있는 李舜臣·裴興立·魚泳潭·鄭運·金浣·申浩·金得光·李夢龜·李應華·李奇男·金仁英·卞存緒와 尹承吉·南復興·金浩·朴宜에게 가자하거나 관직을 제수하다./ 政院이 沈遊擊이 韓應仁에게 陳奏使를 謝恩使로 삼아 보내라고 청한 것을 아뢰다.(『宣祖實錄』 선조 25. 『集成』14-401)

8.17. 임금이 沈遊擊과 郞備禦에게 빨리 진격하여 倭賊을 討伐할 것을 청하다.(『宣祖實錄』 선조 25. 『集成』14-401)

8.18. 上이 沈遊擊의 말은 믿기가 어려우니, 奏請使를 보낼 일을 備邊司에 일러 의논하여 아뢰라고 전교하다./ 兩司가 倭賊이 加平에 들어왔을 때 도망친 趙儆·邊應星 등을 종군하여 공을 세우게 한 뒤에 그 죄를 논하자고 아뢰니, 備邊司에 의논하여 아뢸 것을 명하다.(『宣祖實錄』 선조 25. 『集成』14-404)/ 郭再祐를 刑曹正郞에 제수하다./ 禮曹가 冕服을 분실했으니, 이번 赴京使行이 甲寅年 예에 따라 중국에 주청함이 합당하다고 아뢰다.(『宣祖實錄』 선조 25. 『集成』14-405)

8.19. 上이 諺書로 榜文을 많이 써서 宋言愼에게 보내어 민간을 효유하게 하고, 또한 柳成龍이 어떤 중과 함께 北道에 가서 정탐한다고 하니 諺書를 보내어 효유하게 하라고 전교하다./ 備邊司가 陳奏使 사행편에 誥命·冕服·章服과 中殿의 章服을 주청하자고 청하다.(『宣祖實錄』 선조 25. 『集成』14-405)/ 兩司가 合啓로 趙儆·邊應星 등이 죄를 지고 종군하는 일에 대해 아뢰니, 상이 윤허하다.(『宣祖實錄』 선조 25. 『集成』14-406)

8.20. 사신이 당시 대신들이 임금을 倭賊으로부터 안전하게 보호하기 위해 피난을 권한 것은 잘못한 일이라고 논하다.(『宣祖實錄』 선조 25.

연도	한국

『集成』14-406)

8.21. 兩司가 道檢察使 李陽元의 幕下에 있을 적에 主將의 명령을 어기고 土兵을 많이 거느리고 도망한 前 正郞 李弘老를 拿問하여 정죄할 것을 청하다.(『宣祖實錄』선조25. 『集成』14-407)

8.22. 上이 行宮의 東軒에 나아가 左議政 尹斗壽를 引見하다./ 임금이 黃海道는 이미 倭賊에게 점거 당했으므로, 적이 해로를 따라 올 것에 대비하여 龍川과 鐵山 등처를 각별히 候望할 것을 行會하도록 하라고 명하다.(『宣祖實錄』선조25. 『集成』14-407)/ 備邊司가 工曹參議 高敬命이 錦山의 倭賊을 공격하다가 해를 입었으므로 추증할 것을 청하니, 그대로 따르다./ 임금이 倭賊이 우리의 옷으로 바꾸어 입으니, 本州의 성문을 더 엄하게 기찰하도록 신칙하라고 명하다./ 大司憲 李德馨이 倭賊이 近邑에 들어와 해독을 부린다고 아뢰다.(『宣祖實錄』선조25. 『集成』14-408)/ 右承旨 洪進을 左承旨에, 右副承旨 柳希霖을 右承旨에, 吳億齡을 左副承旨에, 申之悌를 禮曹正郞에 제수하고, 工曹參議 高敬命을 禮曹判書에 추증하다.(『宣祖實錄』선조25. 『集成』14-409)

8.23. 備邊司가 賊鋒이 뒤를 엄습한 탓으로 곧바로 돌아오지 못한 尹慶元에게 백의종군을 면제하고 벼슬을 제수할 것을 청하고, 上이 배종하느라 고생한 尹自新·柳希霖·李齊閔 등에게 加資하라고 전교하다.(『宣祖實錄』선조25. 『集成』14-409)/ 兩司가 推問하라는 명이 내리자마자 곧바로 자신을 변명하는 말을 많이 한 兼 宣傳官 李弘老의 削職을 청하다.(『宣祖實錄』선조25. 『集成』14-410)

8.24. 임금이 左議政 尹斗壽 등을 引見하고, 倭賊이 명년 정월에 遼東을 침범하고자 하는 정상을 주문할 것과 각 道의 倭賊의 실정에 대해 논의하다.(『宣祖實錄』선조25. 『集成』14-410)/ 備邊司가 閑山島에서 승리할 때 공을 세운 李舜臣·僉使 金勝龍·縣令 奇孝謹 등을 논상할 것을 청하니, 그대로 따르다./ 禮曹가 勅書를 맞을 때에 雅樂을 甲子기 갖출 형편이 못되니, 定州에서 쓰고 있는 俗樂과 樂工을 移文해 와서 쓰자고 아뢰다.(『宣祖實錄』선조25. 『集成』14-413)

8.25. 柳根이 張遊擊이 平壤城에 몰래 들어가서 屋宇와 창고를 불태울 수 있는 응모자에게 조정에서 銀 1천 냥을 상으로 주겠다고 한 것에 대해 아뢰다.(『宣祖實錄』선조25. 『集成』14-413)/ 禮曹가 칙서를 맞는 儀註를 가지고 들어와 아뢰니, 上이 儀註와 문자를 지극히 간략하게 해서 모양을 이루지 못한 것처럼 하라고 전교하다.(『宣祖實錄』선조25. 『集成』14-415)

8.26. 임금이 湖城監 李柱를 引見하고, 각 道에서 倭賊을 물리친 의병에 대해 묻다.(『宣祖實錄』선조25. 『集成』14-415)/ 禮曹가 중국 사신을 맞는데 전일 통상적으로 행하던 盛禮를 그만두는 것은 곤란하다고 아뢰고, 그대로 宴儀를 하되 음식의 가짓수를 간략히 하고 잔 수를 줄일 것을 청하다./ 備邊司가 東宮을 모시는 관원이 춥고 피곤할 것이라 추측된다고 아뢰며, 堂上 이상 13員에게는 각각 20냥씩을, 堂下 30원에게는 각각 10냥씩을 題給할 것을 청하다.(『宣祖實錄』선조25. 『集成』14-418)/ 吉誨를 司憲府 지평에, 韓濩를 司憲府 감찰에 제수하다.(『宣祖實錄』선조25. 『集成』14-419)

▲
1592
▼

8.27. 韓準을 世子 左賓客에, 李德馨을 世子 右賓客에, 沈充謙을 世子 左副賓客에 제수하다.(『宣祖實錄』선조25. 『集成』14-419)

8.28. 左議政 尹斗壽가 祖總兵이 우리 나라와 倭賊이 교통했다는 일을 주문으로 전달했다고 아뢰다.(『宣祖實錄』선조25. 『集成』14-419)/ 崔鐵堅·白惟咸·柳拱辰·許筬·李春英·黃克中·奇自獻 등에게 관직을 제수하다.(『宣祖實錄』선조25. 『集成』14-420)

8.29. 政院이 중국 사신을 맞아 宴禮를 행하는 일에 대해 2품 이상이 다시 논의하자고 청하다.(『宣祖實錄』선조25. 『集成』14-421)

9.1. 上은 義州에 있고, 왕세자는 成川에 머무르다./ 勅使가 우리 나라가 兵火를 입고 있음을 이유로 연회를 없애게 하고 또 朝臣들의 冠服이 구비되지 못했음을 이유로 戎服으로 行禮하게 하다./ 禮曹가 大臣들과 議論하여, 勅使를 接見할 적에 곤룡포를 입는 것이 합당하다고 아뢰다.(『宣祖實錄』선조25. 『集成』15-1)/ 李舜臣과 功이 같은 元均과 李億祺에게 품계를 높여주고 글을 내려 아름다움을 포장하라고 政院에 전교하다./ 禮曹가 勅使를 대접할 때 上께서 친히 宴禮를 행할 것을 원하고 있음을 아뢰다./ 禮曹가 원래 勅使는 義順館에 머물게 해야 할 것인데 지금 다른 將官들이 義順館에 가득 머물고 있으니, 龍灣館에서 勅使를 영접한 다음 그대로 그 관에 묵게 하고 宴享도 그 곳에서 베풀자고 아뢰다.(『宣祖實錄』선조25. 『集成』15-2)/ 備邊司가 京畿 觀察使 沈岱가 전에 패배한 죄로 白衣從軍하고 있는 趙儆을 대장으로 삼은 것을 아뢰며, 本道에 將士가 매우 모자라 이러한 조처를 하였을 것이니 우선 그대로 두자고 청하다.(『宣祖實錄』선조25. 『集成』15-3)/ 중국 조정에서 倭의 전영에 사자로 보낸 遊擊 沈惟敬이 돌아오다.(『宣祖修正實錄』선조25. 『集成』27-115)/ 前 司成 禹性傳이 義兵을 일으키자 京畿의 士民들이 많이 따르다./ 京畿 監司 沈岱가 倭兵의 습격을 받아 살해되다.(『宣祖修正實錄』선조25. 『集成』27-116)/ 前 承旨 成泳이 前承旨 成泳에서 군대를 모집하다./ 중국 황제가 行人司行人 薛藩을 파견하여 조칙을 내리고 위로하다.(『宣祖修正實錄』선조25. 『集成』27-117)/ 順天의 前 參奉 邊士貞이 義兵을 일으켜 賊兵 2천명을 토벌하다./ 軍威縣 校生 張士珍이 賊을 토벌하다 패하여 戰死하다./ 朴晉이 慶州를 수복하다.(『宣祖修正實錄』선조25. 『集成』27-120)/ 황제의 조칙을 八方에 선포하고 官軍과 義兵이 힘을 합해 적을 토벌하도록 유시하다./ 賊을 토벌한 자에 대한 포상 규정을 中外에 반포하다./ 柳崇仁昌原 을 慶尙右兵使로, 李由義를 慶尙左水使로 삼다.(『宣祖修正實錄』선조25. 『集成』27-121)/ 全羅 巡察使 權慄이 군사를 거느리고 京城으로 향하다./ 賊이 昌原을 공격하자 柳崇仁이 패하여 도망하다./ 左監司 韓孝純이 咸昌·尙州의 적을 공격하다 패하다./ 倭賊이 延安城을 공격하자 招討使 李廷馣이 격퇴시키다.(『宣祖修正實錄』선조25. 『集成』27-122)/ 왕세자가 成川에 머물다./ 咸鏡北道 評事 鄭文孚가 군사를 일으켜 鏡城을 수복하다.(『宣祖修正實錄』선조25. 『集成』27-124)/ 成泳 督戰使로 삼아 南方의 官軍과 義兵을 京城으로 진격시키도록 하다.(『宣祖修正實錄』선조25. 『集成』27-125)

일본

9.2. 칙사인 行人司行人이 倭賊을 물리치는 것을 돕겠다는 황제의 칙서를 가지고 오다.(『宣祖實錄』 선조 25. 『集成』15-3)/ 上이 勅使를 接見하고 구원병의 출정 일정 등을 논의하다.(『宣祖實錄』 선조 25. 『集成』15-4)

9.3. 上이 龍灣館에서 勅使와 서로 揖하고 나아가 酒禮를 행하고 또 宰臣들이 勅使에게 술을 올리며 며칠 더 머무르라고 아뢰자, 兵馬를 재촉하기 위해서 머무를 수 없다고 답하다.(『宣祖實錄』 선조 25. 『集成』15-5)/ 上이 龍灣館에 行幸하여 勅使를 전송하고 相拜禮를 거행하다./ 領議政 崔興源이 驛마다 역마가 없는데다가 병이 있었던 연유로 勅使가 돌아가기 전에 미처 도착하지 못했음을 아뢰며, 죄를 징계할 것을 청하다.(『宣祖實錄』 선조 25. 『集成』15-6)/ 上이 왕자가 사로잡혔다는 말이 成川에 떠돈다고 하는 것에 대해 崔興源에게 下問하자, 정확한 근거가 없는 소식이므로 江界 등지로 사람들을 보내 정탐하고 있었다고 아뢰다./ 司諫院 司諫 李幼澄이 遼東의 巡按에게 平壤의 倭賊을 제거하면 忠淸道와 全羅道의 군량을 쓸 수 있다고 말한 것을 아뢰다.(『宣祖實錄』 선조 25. 『集成』15-7)/ 備邊司가 倭賊은 선봉인 정예병이라고 아뢰고, 王城灘에서 倭賊의 배를 나포한 李鎰을 논상할 것을 청하니, 임금이 加資하라고 명하다.(『宣祖實錄』 선조 25. 『集成』15-8)/ 上이 勅書를 속히 반포하고, 諺書로도 베껴 함경도에 많이 보낼 것을 承政院에 전교하다./ 李德馨이 平壤의 倭賊을 도모하려면 精騎의 수천 명만 투입하여도 충분하다고 아뢰다.(『宣祖實錄』 선조 25. 『集成』15-8)/ 李誠中이 呈文에 倭의 豊臣秀吉은 의리를 버리고 우리나라에 침입하여, 京城이 함락되고 종묘사직이 폐허가 되어 궁박한 상황에 몰렸다고 적다./ 좌상 尹斗壽가 沈遊擊이 倭賊들과 50일 동안 휴전하기로 하였으므로, 비밀리 감사에게 하유하여 포획하자고 아뢰니, 그대로 따르다.(『宣祖實錄』 선조 25. 『集成』15-10)/ 副總兵祖가 7월 7일 平壤城의 倭賊를 공격하였으나 패하다.(『宣祖實錄』 선조 25. 『集成』15-11)

9.5. 임금이 海豊君 李耆·順義守 李景溫 등을 引見하고, 倭賊에게 왕자가 포로로 잡힌 사실의 여부와 함경도의 倭賊의 실정에 대해 묻다.(『宣祖實錄』 선조 25. 『集成』15-12)/ 鄭思一이 倭賊의 수급을 바쳐 掌隸院司評에 제수하다.(『宣祖實錄』 선조 25. 『集成』15-13)/ 兩司가 柳永立이 方伯의 신분으로 賊倭가 嶺을 넘자 도망하여 한 道를 궤멸시켰으므로 삭직시킬 것을 청하였으나, 윤허하지 않다.(『宣祖實錄』 선조 25. 『集成』15-14)

9.6. 禮曹 判書 尹根壽와 工曹 判書 韓應仁이 査 總兵을 만나고 8월 29일 사이에 군사를 發程시킨 것에 대해 아뢰다.(『宣祖實錄』 선조 25. 『集成』15-14)

9.7. 兩司가 前의 일을 아뢰니, 上이 柳永立은 파직하고 金應瑞 이하는 備邊司에 하문하라고 명하다./ 임금이 함경도의 倭賊은 平壤보다 많으므로 尹根壽를 沈遊擊에게 보내 군사를 더 보내줄 것을 요청하다.(『宣祖實錄』 선조 25. 『集成』15-15)

9.8. 兩司가 柳永立의 일을 아뢰고, 强兵을 거느리고 나라의 어려움을 구원하지 않은 及第 李洸을 국문하여 定罪할 것과 과거에 뽑힌 날쌘 자들 중 전장에 나가지 않은 자들을 모두 내보낼 것을 청하다./ 沈遊擊이 직접 平壤에 들어가 행장 등과 講和를 의논하고 義州로 돌아오다.(『宣祖實錄』 선조 25. 『集成』15-16)/ 備邊司가 沈遊擊이 우리 군사가 휴전기간에 倭賊을 베어서 성낸 사실을 아뢰다.(『宣祖實錄』 선조 25. 『集成』15-17)/ 備邊司가 順安 지방의 장졸들이 적과 싸운 공은 크지만, 賊兵이 아직 평정되지 않아 논상하기는 어려울 것 같다고 아뢰다.(『宣祖實錄』 선조25. 『集成』15-18)

9.9. 司憲府가 柳永立이 賊에게 아부하여 죽음을 면하였으니 빨리 삭탈하자고 청하다.(『宣祖實錄』 선조 25. 『集成』15-18)/ 泰陵의 文定王后의 능묘가 倭賊들에 의해 파헤쳐졌음을 京畿觀察使가 치계하다./ 上이 도승지 柳根과 忠淸 監司를 임명하는 일을 논의하고, 賊衆을 드나들며 兵機의 進退를 결정하는 沈 遊擊에게 內廐馬 1필을 보내다.(『宣祖實錄』 선조 25. 『集成』15-19)/ 禮曹가 왕세자의 銀印 敎王을 成川에 보낼 경우 祗受하는 禮가 있어야 한다고 아뢰며, 우선 翼善冠·黑袍·角帶·靑履 1柄와 靑扇 2柄를 만들어 보낼 것을 청하다./ 備邊司가 闈陽의 賊徒를 退却시키고 군사를 거느리고 稷山에 진을 치고 있는 전 충청도 병사 李世灝를 仍任시켜 功을 세우도록 하자고 청하다.(『宣祖實錄』 선조 25. 『集成』15-20)/ 忠淸 監司의 望으로 인하여 許頊은 人望이 가볍고 尹承勳은 새로 全州 府尹에 제수되었으니 다시 擬望할 것을 政廳에 전교하다./ 崔岦·許頊·禹性傳·金沔·朴思濟·尹昉·洪渾·高彦伯·成泳에게 관직을 제수하다.(『宣祖實錄』 선조 25. 『集成』15-21)

9.10. 임금이 倭賊에게 사로잡힌 왕자를 탈출시킬 계책을 강구하라고 명하다.(『宣祖實錄』 선조 25. 『集成』15-21)/ 備邊司가 武科 試驗의 시행을 吉日이라고 하는 이 달 21일부터 시작하여 試取하자고 청하다./ 辛景行을 韓山 郡守에, 柳自新을 同知敦寧府事에, 羅級을 公州 牧使에 제수하다.(『宣祖實錄』 선조 25. 『集成』15-22)

9.11. 安城에서 군사를 모아 倭賊을 물리친 洪季男을 水原判官에 제수하다.(『宣祖實錄』 선조 25. 『集成』15-22)/ 備邊司가 戶曹에 간직된 면포가 매우 적어 전사들에게 옷을 만들어 주기가 부족하니 목화 4백 근을 도원수에게 보내어 金鎰·金應瑞와 나누게 하여 우선적으로 전사들에게 2근을 나누어주게 하라고 청하다./ 備邊司가 賊의 요새가 되는 忠淸道의 僧 靈奎·任兒·南截·趙光翼·李興宗에게 軍功의 감사로 상을 내리고, 관직을 제수할 것을 청하다.(『宣祖實錄』 선조 25. 『集成』15-23)

9.12. 宣諭使 尹承勳이 복명하여 全羅·忠淸 등 각 道의 倭賊의 실정과 군량 소날 상황 등에 대해 아뢰다.(『宣祖實錄』 선조 25. 『集成』15-24)/ 兩司가 倭賊의 목을 베어 국문에 가져오는 자에게 상을 내리자고 아뢰니, 그대로 따르다.(『宣祖實錄』 선조 25. 『集成』15-26)

9.13. 備邊司가 賊徒들이 여러 차례 들어갔으나 物力이 감소되지 않은 水原에, 賊을 만날 때마다 사살한 洪季男을 判官에 제수할 것을 청하다./ 備邊司가 全州城을 지키고 적을 퇴각시킨 崔鐵堅과 李廷鸞의 堂上 가자를 개정하고 職만 높여 敍用하라고 청하다./ 備邊司가 僉正 李·와 判官 李夢星을 함경 감사 李拏然에게 보내어 그의 지휘를 받아 기어코 왕자를 탈출시키는 일을 성사시키게 하자고 아뢰다.(『宣祖實錄』 선조 25. 『集成』15-27)/ 李睟光을 弘文館 副校理에, 崔岦을 全州 府尹에, 金堯立을 司僕寺僉正에 제수하다.(『宣祖實錄』 선조 25. 『集成』15-28)

9.14. 冬至使가 拜辭하였는데, 禮曹가 백관들이 朝服이 없다는 것을 이유로 時服으로 예식을 거행하기를 청하다./ 備邊司가 倭賊을 베다 죽은 訓鍊奉事 金虎을 堂上官으로 추증할 것을 청하니 그대로 따르고, 沈遊擊이 倭賊과 和平하려고 한다고 아뢰다.(『宣祖實錄』 선조 25. 『集成』15-28)

연도	한국
▲ 1592 ▼	9.15. 兩司가 安定의 군사가 치져 도망병이 잇따르니 侍從臣을 파견하여 軍情을 위로하고 형세를 살피자고 청하고, 自强을 도모하기 위해 군사를 늘릴 것을 아뢰다.(『宣祖實錄』선조25.『集成』15-30)/ 文同知中樞府事 李希得이 함경도 巡察使로서 復命하고, 이 도의 倭賊의 적세가 강한 것과, 倭賊이 京城에서 곧바로 육진을 공격한 일을 아뢰다.(『宣祖實錄』선조25.『集成』15-31)/ 安滉을 敦寧府 都正에, 鄭彦智를 漢城府 左尹에, 李輅를 漢城府 右尹에, 金庭睦을 戶曹 正郞에 제수하다./ 黃州牧使 金進壽가 이달 24일 別將 車殷輅 등과 平壤을 향하는 倭賊을 물리치고, 倭賊의 흉포가 날로 심해진다는 것을 遼東에 자문으로 보내다.(『宣祖實錄』선조25.『集成』15-32) 9.16. 上이 行在所에 쌀을 바친 陳自明에게 벼슬을 제수하라고 명하자, 承政院이 단지 論賞할 것을 청하다.(『宣祖實錄』선조25.『集成』15-33)/ 前 忠淸道 監司 尹先覺이 牙山倉의 田稅米와 大麥을 合送하여 군량에 보충시키게 하다./ 兩司가 京畿·忠淸·全羅道에 御史를 나누어 보내 列邑을 순행하면서 德音을 선포하고 民情과 賊勢 및 將士들의 功罪를 살펴 치계하게 함으로써 백성을 안정시키고 승리할 수 있는 계책에 도움이 되게 하자고 아뢰다./ 李希得이 倭賊將이 명령을 내려 현상금을 걸고 왕자와 대신들을 사로잡은 사실을 아뢰다.(『宣祖實錄』선조25.『集成』15-34) 9.17. 예조판서 尹根壽와 공조판서 韓應仁이 宋應昌의 兵馬는 평양의 적세를 탐지한 뒤에 나올 것이고, 산해관에 도착한 總兵 楊元은 도로가 마른 뒤에 나올 것이라는 소식을 아뢰다./ 군량을 속히 조처하라고 戶曹判書 李誠中에게 전교하다./ 임금이 備邊司의 堂上을 引見하고, 만일 沈遊擊이 칙서를 가지고 강화하면, 그 후에 倭賊을 토벌해야 할 것인지에 대해 묻다.(『宣祖實錄』선조25.『集成』15-36) 9.18. 司諫院이 倭에게 패전하여 성을 빼앗긴 海州 牧使 李泰亨과 황해 巡察使 趙仁得을 파직시킬 것을 청하니, 그대로 따르다.(『宣祖實錄』선조25.『集成』15-40) 9.19. 임금이 8월 22일 海州와 講陰에서 倭賊을 물리친 招討使 李廷馣을 重賞을 내려 격려하고, 巡察使를 겸하도록 명하다.(『宣祖實錄』선조25.『集成』15-41)/ 備邊司가 倭賊과 싸우다가 죽은 平山의 의병장 訓鍊奉事 洪承烈과 평양부의 종인 難福·難奉 형제를 추증할 것을 청하니, 그대로 따르다.(『宣祖實錄』선조25.『集成』15-42)/ 司諫院이 朴忠侃을 먼저 파직하고 나서 추문할 것, 朴致弘을 잡아다 국문할 것, 趙仁得을 파직시킬 것 등을 아뢰다.(『宣祖實錄』선조25.『集成』15-42)/ 藥房提調 尹斗壽가 大內에 紙帳을 둘러칠 곳이 있다는 말을 듣고서 두꺼운 종이를 올리고자 見樣을 내려줄 것을 청하다./ 上이 內需司에서 올린 비단을 大臣·承旨·備邊司 堂上 및 尹根壽와 韓應仁에게 頒賜하고, 뒤따라오는 宰相과 侍從들의 가족들이 지나는 고을의 관아에서는 옷과 식량을 도와주라고 전교하다./ 備邊司가 倭賊을 물리친 李廷馣을 李舜臣의 閑山 大捷의 예로 상을 내릴 것을 청하니, 그대로 따르다.(『宣祖實錄』선조25.『集成』15-43) 9.20. 上이 烏山都正이 陵寢을 奉審하고 왔다고 해서 加資하고자 하다./ 司諫院이 禮曹參議 閔仁伯이 전에 黃州牧使로 있을 적에 성을 버리고 달아나 白衣從軍의 명이 내려졌는데도 싸움터로 나가지 않았음을 아뢰며, 다시 白衣從軍할 것을 명하라고 청하다.(『宣祖實錄』선조25.『集成』15-44)/ 備邊司가 倭賊이 북에서 남쪽으로 내려온다고 하므로, 宋言愼과 金友皐에게 諸將을 거느리고 西路에 매복했다가 사살하게 하자고 아뢰니, 그대로 따르다./ 上이 備邊司와 전쟁에 나가 있는 군사들에게 옷과 耳掩을 만들어 주는 것에 대해 의논하다.(『宣祖實錄』선조25.『集成』15-45) 9.21. 備邊司가 義州의 初試에 합격한 자들에게 庭試의 例에 따라 우선 唱榜하게 하고, 順安 등지의 唱榜者들도 각기 出榜하게 하고 壯元 6인은 모두 出六시켰다가 후일 唱榜케 하자고 청하다.(『宣祖實錄』선조25.『集成』15-45)/ 備邊司가 의병들이 統屬된 데가 없게 할 수는 없으므로, 각 將帥들의 節制를 받게 하자고 아뢰다./ 上이 備邊司와 義州의 民弊를 蠲減하는 일을 시행했는지의 여부에 대해 논의하다.(『宣祖實錄』선조25.『集成』15-46)/ 東朝를 侍從하는 臣僚들의 식량이 절핍되었으므로 牙山倉의 田稅米 50~60석을 가져다 나누어주다./ 司諫院이 또 朴忠侃을 먼저 파직시키고 나서 추문할 것, 朴致弘을 잡아다 추국할 것, 李泰亨을 잡아다 추국할 것, 趙仁得을 파직시킬 것을 아뢰다.(『宣祖實錄』선조25.『集成』15-47)/ 黃沂를 禮曹正郞에, 田見龍을 海州牧使에, 趙儆을 水原府使에 제수하다.(『宣祖實錄』선조25.『集成』15-48) 9.22. 司諫院이 또 朴忠侃의 파직과 朴致弘의 삭직 및 趙仁得의 삭직을 아뢰니, 朴忠侃과 朴致弘은 그대로 따르고 趙仁得은 遞差하라고 답하다./ 尹根壽가 宋侍郞이 산해관을 출발하여 오게 되면 10일이면 도착할 것이라는 譯官의 말을 아뢰고, 夾江에 가서 駱 參將을 만나 진병하는 일시를 물을 예정이라고 보고하다.(『宣祖實錄』선조25.『集成』15-48) 9.23. 禮曹判書 尹根壽와 工曹判書 韓應寅이 倭賊을 치기 위해 온 中國의 구원병에 대해 아뢰다.(『宣祖實錄』선조25.『集成』15-48)/ 임금이 倭賊이 朝鮮의 왕자를 인질로 보냈다는 書契를 만들 것에 대비하여 張本을 만들 것을 비변사에 이르라고 명하다./ 지성으로 군사를 청한 尹根壽·申點을 加資하고, 尹斗壽와 朝官의 아들이나 사위에게 직을 제수하라고 吏曹에 전교하다./ 大臣과 左相 尹斗壽가 加資를 거두어 줄 것을 청하다.(『宣祖實錄』선조25.『集成』15-50)/ 備邊司가 흩어진 士卒을 거두고 首級 18급을 벤 奉常寺 正 禹性傳에게 重加를 내리고, 그의 휘하인 司果 李鵠立 등에게도 논상할 것을 청하다./ 尹根壽를 海平府院君에, 申點을 承政院 左副承旨에, 吳億齡을 承政院 右副承旨에 제수하다.(『宣祖實錄』선조25.『集成』15-51) 9.24. 의병장 金沔이 험지를 거점으로 倭賊을 막고 사살하여 여러 고을을 보전시키다.(『宣祖實錄』선조25.『集成』15-51) 9.25. 司憲府가 龍川郡에 파종할 만한 官屯田을 함부로 차지하여 경작한 함경감사 尹卓然을 파직시키고, 田畓은 本郡에 되돌려 주어 올가을의 수확은 군량으로 보태게 할 것을 청하다./ 尹承勳을 調度使에 제수하다./ 9월 7일 京畿 觀察使 沈岱가 倭賊이 恭僖王의 능묘를 파헤치고, 恭憲王 능묘의 齋舍를 불살랐으며, 明將과 조약을 맺고 경계까지 표시하

일본

고서도 江東지방까지 침입 하였다고 치계하다.(『宣祖實錄』 선조 25. 『集成』15-52)

9.26. 益城君 洪聖民이 入朝하여 倭賊들이 소굴을 떠돌아 다니느라고 늦게 사은한 죄에서 벗어날 길이 없다고 아뢰다.(『宣祖實錄』 선조 25. 『集成』15-53)

9.27. 왕세자가 왕자들이 사로잡히고 靖陵이 파헤쳐지는 변괴가 있었다는 말을 듣고서 刑曹判書 李憲國을 보내 行在所에 달려와 묻게 하다./ 平壤의 倭賊이 서쪽으로 향한다는 말이 있어 修總兵에게 군사를 청하다./ 倭賊을 토벌한 韓明胤을 通政大夫 永同縣監에 제수하다.(『宣祖實錄』 선조 25. 『集成』15-54)

9.28. 刑曹判書 李憲國이 서북 지방의 倭賊들이 내년 봄에 遼東을 침범할 것이라고 하는 것을 아뢰다.(『宣祖實錄』 선조 25. 『集成』15-55)

9.29. 備邊司가 백성을 安集시키고 倭賊과 싸운 永同縣監 韓明胤·전 郡守 金宗麗·전 察訪 南景誠을 논상할 것을 청하니, 그대로 따르다./ 李恒福·洪聖民·柳永吉·李海壽·洪季男·韓明胤에게 관직을 제수하다.(『宣祖實錄』 선조 25. 『集成』15-56)

9.30. 備邊司가 靖陵의 변을 아뢴 廣州 鄕吏에게 상당한 직을 제수하고, 孝陵에 제사드릴 것을 제일 먼저 주창한 守護軍을 논상하자고 청하다.(『宣祖實錄』 선조 25. 『集成』15-56)/ 兩司가 적군을 칠 것은 도모하지 않은 채 군사를 끼고 자신만을 호위한 함경도 순찰사 宋言愼의 관직을 삭탈하자고 청하다.(『宣祖實錄』 선조 25. 『集成』15-57)

10.1. 상이 義州에 있다./ 王世子가 成川에 있다.(『宣祖實錄』 선조 25. 『集成』15-57)/ 一路에 군량을 조치하라고 하였는데 얼마나 하였는지 조사하라고 전교하다./ 備邊司가 군량은 尹承勳과 白惟咸이 조치하고 있다고 아뢰니 상이 군량뿐이 아니라 柴草도 살피게 하라고 이르다.(『宣祖實錄』 선조 25. 『集成』15-58)/ 釜山 등지의 賊이 군사를 합쳐 晋州를 포위하다./ 金誠一 이 義兵將 郭再祐·李達 등을 보내어 晋州를 구원하도록 하다.(『宣祖修正實錄』 선조 25. 『集成』27-126)/ 倭賊이 우리 지경에 침입하여 성세를 크게 펼치고 노략질하다./ 高敬命의 아들 前 縣令 從厚가 父親의 남은 군사를 거두어 別軍을 만들다.(『宣祖修正實錄』 선조 25. 『集成』27-128)/ 嶺南 義兵將 鄭仁弘 등이 湖南義兵將 崔慶會 등과 開寧·星州 공격을 의논하다./ 通川 郡守 鄭述에게 通政大夫를 가자하다./ 游擊 葛逢夏가 行朝를 護衛하며 義州에 머물다./ 北道評事 鄭文孚가 吉州의 賊兵을 패배시키고 성을 포위하다.(『宣祖修正實錄』 선조 25. 『集成』27-129)

10.2. 상이 義州에, 왕세자는 成川에 거하다./ 備邊司가 駱 參將에게 성안은 주둔하기 합당하지 않다는 뜻으로 表憲을 시켜 개진하게 하고 군인들이 머물 곳을 논의하다.(『宣祖實錄』 선조 25. 『集成』15-58)/備邊司가 不得已한 조처로 중국 將帥를 성에 머무르게 하고 宰臣이 駱 參將과 의논하도록 청하다.(『宣祖實錄』 선조 25. 『集成』15-59)/ 사람을 駱 參將에게 보내어 허다한 軍馬가 성중에 모여 있게 되면 사소한 분단의 폐가 있을 것이니 미운한 백성이 이로 인해 흩어질 수도 있어 걱정이 된다며 다른 곳에 머무르게 하라고 전교하다./ 備邊司가 定州와 의중 중에서 상이 채택하여 머물도록 청하다./ 왜통사에게 금·은 등의 물건 써서 왕자를 구출하라고 전교하다.(『宣祖實錄』 선조 25. 『集成』15-60)

10.3. 상이 義州에, 왕세자는 成川에 있다./ 兩司가 咸鏡道 巡察使 宋言愼의 삭직을 청하다./ 搗鍊紙를 8권을 湖南에 내려 군사들에게 紙衣를 지어 사졸 등에게 나누어주게 하라고 전교하다./ 陣中에 있는 과거에 합격한 擧子들이 모두 살아 생전에 紅牌 받기를 바란다고 하자 備邊司가 唱榜하기를 청하다.(『宣祖實錄』 선조 25. 『集成』15-61)/ 備邊司가 倭賊에게 뇌물을 써서 사로잡힌 대신들을 돌아오게 하자고 아뢰니, 임금이 아뢴대로 하라고 명하다./ 備邊司가 국가에서 勳舊의 신하들을 돌보는 뜻에 비추어 볼 때 銀를 나누어 주어 돌아올 수 있게 도모하자고 청하다.(『宣祖實錄』 선조 25. 『集成』15-62)

10.4. 상이 義州에 머무르다./ 王世子가 成川에 있다./ 임금이 備邊司 堂上을 인견하고, 각 도의 倭賊의 실정에 대해 물으니, 북쪽에 있는 倭賊이 침구할 조짐이 보이는데, 이들은 陳大猷의 지휘를 받아 무찌르기가 어렵다고 아뢰고, 平壤의 倭賊은 소탕시킬 수 있다고 아뢰다.(『宣祖實錄』 선조 25. 『集成』15-63)/ 禮曹判書 尹根壽와 韓應寅이 修總兵이 중국의 대군이 일시에 나오게 되면 倭賊이 도망갈까 염려되어 우선 前鋒軍을 보내는 것이라고 했다고 아뢰다.(『宣祖實錄』 선조 25. 『集成』15-69)/ 兩司가 工曹 參判 宋言愼의 삭탈 관작을 청하다./ 李戩이 留都 大將으로서 호령이 엄하지 못하여 五衛 將이 모두 달아나 버리고 끝내 지키지 못했으니 책임을 못했다고 待罪하다.(『宣祖實錄』 선조 25. 『集成』15-70)

10.5. 상이 義州에, 王世子는 成川에 있다./ 중국 장수 楊元이 오자 나라의 형세가 급급해 안타까운 마음을 이길 수 없다며 미리 呈文을 준비했다가 군사를 거느리고 와서 구원하게 하라고 전교하다.(『宣祖實錄』 선조 25. 『集成』15-70)/ 兩司가 宋言愼의 삭탈 관작, 동궁을 보도하는 것도 책임이 막중한 일인데 左贊客 韓準은 하는 일에 잘못을 많이 저질러 평판이 좋지 않고, 君命을 委辱하여 중죄를 지었으니 체차를 청하다./ 諫院이 전 충청 병사 李世灝와 咸鏡道 召募使 黃璨의 가자를 개정하라고 청하다.(『宣祖實錄』 선조 25. 『集成』15-71)/備邊司가 遼東에 군사를 청하는 사람을 계속 보내어 陳乞하게 해야 한다고 尹根壽를 보내자고 청하다.(『宣祖實錄』 선조 25. 『集成』15-72)

10.6. 상이 義州에, 왕세자는 成川에 있다./ 工曹判書 韓應寅이 駱參將이 倭賊을 물리치기 위한 대군이 곧 도착할 것이라고 했다고 아뢰다./ 兩司가 宋言愼의 일을 아뢰니 윤허하지 않다.(『宣祖實錄』 선조 25. 『集成』15-72)/ 司諫院이 本道 상의원에 납부하는 貂鼠皮를 1년 기한으로 감하라고 청하다./ 備邊司가 晋州牧使 金時敏이 倭賊의 장수 小平太를 사로 잡았으므로 상을 내리자고 아뢰니, 임금이 通政大夫에 올리도록 하라고 명하다./ 李海壽를 大司諫에 金時敏을 通政 대부에 가자하다.(『宣祖實錄』 선조 25. 『集成』15-73)

10.7. 상이 義州에, 왕세자는 成川에 있다./ 駱 參將에게 精銳兵을 보내 劍術을 배우게 하라고 전교하다./ 임금이 倭賊이 얼음이 얼면 遼東으로 진격할 것이라는 자문을 遼東에 보내는 것을 의논하여 아뢰도록 하라고 명하다./ 임금이 우승지 洪進에게 倭人들이 내년 2월 12일에 遼東을 침범한다는 말에 대해 물으니, 물어서 회계하겠다고 아뢰다.(『宣祖實錄』 선조 25. 『集成』15-74)/ 洪進이 倭賊이 2월에 遼東을 친다는 말은 成男의 告目에서 나온 말이라고 아뢰다./ 工曹 判書 韓應寅이 駱 參將에게 국왕이 접견하겠다는 뜻을 전하나 대군을 이끌고 온 것은 대사의 성취를 위함인데 먼저 국왕을 뵐 수 없다고 말하다.(『宣祖實錄』 선조 25. 『集成』15-75)/ 兩司가 宋言愼을 削奪할 것을 아뢰자 宋言愼을 파직시키다./ 備邊司가 지금 避亂하고 있는 백성들이 대부분 숲을 의지해 집을 지었으나 이제는 나뭇잎이 지면서 숨을 만한 곳이 없어 살길을 찾을 수 없다고 전하고 이들이 겨울을 보낼 집과 구황책에 대해 아뢰다.(『宣祖實錄』 선조 25. 『集成』15-76)

연도	한국
▲ 1592 **▼**	10.8. 상이 義州에, 왕세자는 成川에 있다./ 備邊司가 申砬이 戰後 참획한 수급이 54級이나 된다고 하니 매우 가상한 일이라며 승진시키자고 청하다.(『宣祖實錄』 선조25. 『集成』15-76)/ 備邊司가 水上이 막중한 방비는 겨울철에 더욱 급한데 土兵이 전부 전쟁터로 나가 매우 염려스러우니 內奴·寺奴·私賤을 모두 뽑아내어 土兵과 같이 바다를 경비하자고 청하다./ 兩司가 宋言愼의 官爵을 削奪할 것을 청하다./ 備邊司가 과거로 얻은 元軍과 僧軍을 都元帥가 잘 조처하도록 下書 하자고 청하다.(『宣祖實錄』 선조25. 『集成』15-77)/ 備邊司가 柳成龍의 장계에 安邊의 倭賊이 4~5천 명이 된다고 하였다고 아뢰다.(『宣祖實錄』 선조25. 『集成』15-78) 10.9. 상이 義州에, 왕세자는 成川에 있다./ 備邊司가 흉악한 甲山, 會寧의 백성 중 倭賊에게 붙은 자 이외에 모두 용서해 주자고 아뢰니, 그대로 따르다.(『宣祖實錄』 선조25. 『集成』15-78)/ 상이 舟師로 하여금 賊船이 있는 곳을 탐지하여 기회를 살펴 밤을 틈타 불시에 덮치게 하면 원조가 끊겨 형세가 곤궁해질 것이라며 전교하다./ 禮曹가 倭變이 평정될 때까지 진전과 방물을 모두 정지시키자고 아뢰니, 그대로 따르다./ 司諫院이 宋言愼의 官爵을 削奪할 것을 청하다.(『宣祖實錄』 선조25. 『集成』15-79)/ 工曹 判書 韓應寅이 義順館에 가서 査·葛 두 장수에게 적세가 한층 급박해졌으니 구원해 달라고 간곡히 고하니 그렇게 하겠다고 하다.(『宣祖實錄』 선조25. 『集成』15-80) 10.10. 司諫院이 宋言愼의 官爵을 削奪할 것을 청하나 윤허하지 않다.(『宣祖實錄』 선조25. 『集成』15-80) 10.11. 持平 具宬이 동 참장을 만나러 갔으나 피곤하다고 만나주지 않고 答應官에게 정문을 가져오게 하여 내용을 보고 다음날 아침 일찍 사람을 시켜 비보하게 하겠다고 하다.(『宣祖實錄』 선조25. 『集成』15-80)/ 상이 東軒에 나아가 尹斗壽 등을 인견하고 凶賊에게 극도로 시달려 연이어 도망쳐 나오는 京城의 인심, 동궁의 상황, 군량 조달 등을 논의하다.(『宣祖實錄』 선조25. 『集成』15-81) 10.12. 이곽이 右相을 강화에 보내는 일을 賓廳에서 계달 한다고 아뢰다./ 鄭澈이 李蘋이 법을 어겨서 그의 자급을 깎자 나무라고, 備邊司가 李蘋의 白衣 從軍을 청하다./ 諫院이 各道에서 下吏들이 행패를 부리며 뇌물이 받아 먼지역에 있는 사람들이 이 때문에 遲滯되고 있으니 備邊司의 色郎廳을 추고하여 치죄하라고 청하다.(『宣祖實錄』 선조25. 『集成』15-85)/ 備邊司가 職을 제대로 수행하지 못하여 嶺西의 要緊한 地域을 포기한 姜紳을 추고하라고 청하다.(『宣祖實錄』 선조25. 『集成』15-86) 10.13. 江原道에 우상을 보내는 일과 崔遠의 군사가 모두 짚이나풀로 만든 옷을 입고 있으니 돌려보내고 本道에서 군사를 뽑아 대체시키고 의복과 군량을 지급하는 일을 논의하다.(『宣祖實錄』 선조25. 『集成』15-86)/ 政院이 行宮의 諸般의 일이 草創이니 觀象監 直長 鄭象賢을 提調로 차출할 것을 청하다./ 劍手가 전혀 없는데 중국 장수가 온 것은 우연한 일이 아니니 배워 익히게 한 다음 試才하여 성취된 자는 殿試에 直赴하게 하라고 전교하다.(『宣祖實錄』 선조25. 『集成』15-87)/ 駱 參將이 統軍亭의 성 위에 깃발을 꼽고 신호에 사용하다./ 具宬·奇自獻·李繼祿·宋諄·申欽·任鉉·許筬 등에게 관직을 제수하다.(『宣祖實錄』 선조25. 『集成』15-88) 10.14. 備邊司가 肅川府使 尹安性은 安東判官으로 있을 때, 倭變의 소식을 듣고 順安의 도원수 막하로 도망하였으나, 잉임시킬 것을 청하니 그대로 따르다.(『宣祖實錄』 선조25. 『集成』15-88)/ 戶曹가 慶尙 監司 金晬가 청한 대로 병화를 입은 고을은 輕重에 따라 구분해서 未納稅 및 倭料를 책납케 하여 군수에 보태도록 하고 공물을 견감시켜주라고 청하다.(『宣祖實錄』 선조25. 『集成』15-89)/ 備邊司가 對馬島에 뇌물을 주고 日本과 이간시킬 것을 청하였으나, 임금이 對馬島의 사람들도 豊臣秀吉이 보낸 사람이므로 이간시킬 수 없다고 말하며 윤허하지 않다.(『宣祖實錄』 선조25. 『集成』15-89)/ 布를 호위하는 將士와 군사에게 나누어 주다.(『宣祖實錄』 선조25. 『集成』15-90) 10.15. 備忘記로 이르기를 對馬島와 和議하는 일은 시행하기 어렵다고 하다.(『宣祖實錄』 선조25. 『集成』15-90)/ 備邊司가 생포한 倭賊을 都指揮使司에 포로로 바치자고 아뢰었으나, 임금이 답하기를 銃筒의 제조와 放砲하는 방법 및 적정을 묻는 것이 마땅하니, 의논하여 조처하라고 명하다./ 備邊司가 弱卒들을 많이 모아 식량만 허비하고 있으며 적군만 보면 앞서 무너지는 것이 큰 걱정거리이니 老弱者는 돌려보내자고 청하다.(『宣祖實錄』 선조25. 『集成』15-91) 10.16. 備邊司가 他道로 가서 장수 행세를 하는 수령이나 변장을 장계대로 장수나 군관으로 정하지 못하게 하고 죄를 다스린 다음 還任하기를 청하다./ 憲府가 조정의 使命을 무시하고, 군기를 누설시켜 사람들을 驚動시킨 孟山 縣監 權灝를 削職하라고 청하다.(『宣祖實錄』 선조25. 『集成』15-92)/ 備邊司가 別試로 試取한 사람들을 전시로 시행하라고 청하다./ 備邊司가 江原 監司 姜紳은 멀리 嶺外로 갔고 巡察使 기영 역시 멀리 있어 嶺西의 일은 조처할 사람이 없는데 쓸 만한 사람이 없으니 우선은 李薦을 防禦使로 차송하라고 청하다./ 黃璨·鄭見龍 등에게 관직을 제수하다.(『宣祖實錄』 선조25. 『集成』15-93) 10.17. 諫院이 군량을 조치하는 일을 끝내지도 않고 계품도 하지 않은 채 職事를 멋대로 남에게 맡기고서 떠나온 鄭姬藩을 파직시키라고 청하다./ 왕세자가 成川에 있으면서 건강이 상하자 藥房提調를 추국하라고 명하다./ 司憲府가 倭賊을 횡행하도록 내버려둔 江原監司 姜神을 파직시킬 것을 청하니, 체직하라고 명하다.(『宣祖實錄』 선조25. 『集成』15-94) 10.18. 備邊司에 내린 指揮와 조치의 要點 5조목 전교하니 備邊司가 엄한 아버지가 자식을 가르치는 것이라도 이보다 더하지 못할 것이라며 흐르는 눈물을 주체할 길 없다고 회계하다.(『宣祖實錄』 선조25. 『集成』15-95)/ 諫院이 지금 大駕가 머무르고 계신데 城을 돌며 순검도는 등의 일도 거행하지 않고 있으니 특별히 엄하게 신칙하라고 청하다./ 備邊司가 倭賊을 벤 金命吉과 李德好에게 관직을 제수할 것을 청하다.(『宣祖實錄』 선조25. 『集成』15-96)/ 柳永吉·李時彦·金庭睦·韓懷 등에게 관직을 제수하다.(『宣祖實錄』 선조25. 『集成』15-97)

일본

10.19. 임금이 備邊司 堂上을 引見하고, 平壤과 京城 등 각 지역의 倭賊과 우리 군사의 실정, 군량 조달 방법 등에 관해 논의하다.(『宣祖實錄』 선조 25. 『集成』15-97)/ 나라를 망친 君主는 다시 寶位에 나아갈 수 없다고 전란의 책임을 자임하며 東宮에게 선위하겠다고 전교하다./ 좌의정 尹斗壽가 이번의 倭賊의 침구는 천지간에 아직 없었던 변고라고 아뢰고 선위하겠다는 뜻을 거두라고 청하다./ 政院이 옛부터 임금이 喪亂의 변고를 만나게 되면 자신을 죄책하는 것을 잊지 않고 힘써 다스려 분발하여 최대한의 노력을 기울였다고 하며 承政院이 선위하겠다는 뜻을 거두라고 청하다.(『宣祖實錄』 선조 25. 『集成』15-105)/ 京城判官 李弘業이 倭賊 平調義가 朝鮮이 땅을 떼어 강화하면 왕자도 되돌려 보내고 군사도 파하겠다고 한 것을 아뢰다.(『宣祖實錄』 선조 25. 『集成』15-106)/ 備邊司가 큰 적과 맞서 싸운 교생 玄守白에게 상을 내리리고 청하다./ 備邊司가 文官으로서 倭書를 소지하고 온 李弘業을 禁府로 하여금 추국하라고 청하다.(『宣祖實錄』 선조 25. 『集成』15-108)

10.20. 備邊司가 倭賊에게 왕자를 잡히게 한 金貴榮·李瑛 등의직첩을 삭탈할 것을 청하니 그대로 따르다./ 군국의 機務를 東宮에게 맡기는 일을 논의하다.(『宣祖實錄』 선조 25. 『集成』15-109)/ 憲府가 事目을 세워 公賤·私賤으로 하여금 納粟 업무를 잘못한 색낭청의 파직, 뇌물을 받은 趙爾瞻의 파직을 청하다./ 諫院이 누락된 장정을 찾아내어 軍勢를 돕는 것이 급선戊寅데 병을 핑계하고 면제받은 자도 있고 대리로 점고 받아 빠져나간 자도 있으니 이의 책壬子 병조 정랑 鄭期遠의 추고를 청하다.(『宣祖實錄』 선조 25. 『集成』15-110)

10.21. 大臣들이 國勢가 날로 무너져 내리고 백성들의 마음이 흩어져가고 있으니 과감하게 진작시키라고 청하다./ 義禁府가 李弘業을 추국하라고 아뢰다./ 柳根이 東宮이 있는 成川에 다녀와 올린 보고.(『宣祖實錄』 선조 25. 『集成』15-111)/ 備邊司가 싸우다 죽은 남정류·金悌甲·趙憲 등에게 該曹로 하여금 특별히 포장하여 贈職하라고 청하다./ 金悌甲·趙憲·남丁酉·僧將 靈圭 등에게 가자하고 贈職하다.(『宣祖實錄』 선조 25. 『集成』15-113)

10.22. 李弘業을 보내 계책을 꾸며 왕자들을 탈출시키기를 도모할 만한 형세가 있겠는가를 전교하니 備邊司가 성사될 리 없다고 아뢰다./ 장령 李時彦이 적에게 잡혔다가 서장을 가지고 온 전 判官 李弘業의 죄를 청하였으나, 備邊司가 그에게 倭賊의 정상을 물어 시행할 만한 계책을 알아보자고 아뢰니, 아뢴대로 하라고 답하다.(『宣祖實錄』 선조 25. 『集成』15-113)/ 적에게 해를 당한 사람들의 시체를 거두어 묻어주지 않는다면 뼈도 찾기 어려워질 것이라며 거두어 묻어주라고 전교하다./ 상이 먼저 開城과 黃海道의 적을 討伐하면 平壤의 적들도 후방을 뒤돌아보아야 하는 염려가 있게 될 것이니 黃海道의 적을 먼저 치는 것이 좋겠다고 전교하다.(『宣祖實錄』 선조 25. 『集成』15-115)

10.23. 開城府의 적을 치는 일, 왕자를 탈출시키는 일, 郭再祐에게 상주는 일을 전교하다.(『宣祖實錄』 선조 25. 『集成』15-116)/ 司憲府가 義州城을 守備하는 일은 하루가 다급한데 該曹에서는 심상하게 여기고 아직 조처하는 것이 없으니 수리, 보완과 호종에 뒤처진 南瑾 등의 削職을 청하다.(『宣祖實錄』 선조 25. 『集成』15-117)/ 義禁府에서 李弘業에게 잡혀 있는 왕자들의 상황에 대해 물어, 유숙할 적에 왜인들이 사방에 守直으로 정하여 밤새 불을 밝혔고, 安邊에 도착하여서는 왜적들이 생선과 소 한 마리를 공궤한 사실들을 임금에게 아뢰다./ 備邊司가 李弘業이 承服하였다고 하자 죄에 의하여 조율한다면 당연히 살려줄 수 없고 오직 임금만이 재가하기에 달려있다고 하니 상이 減死하라고 명하다.(『宣祖實錄』 선조 25. 『集成』15-118)/ 工曹 判書 韓應寅이 중국군이 내일 1천명의 군사를 낼 테니 우리 나라에서도 군사를 내어 浮橋를 만들자 한다고 보고하다.(『宣祖實錄』 선조25. 『集成』15-119)

10.24. 糯薓 2件을 都元帥와 左相에게 내리다.(『宣祖實錄』 선조 25. 『集成』15-119)

10.25. 慶尙 監司 金誠一은 공로가 많고 板蕩이 된 이때에 한 일이 없지 않으니 加資하기를 청하다./ 副提學 沈忠謙이 東宮에 있으면서 倭賊이 三京을 완전히 장악하고서 요처에 나누어 주둔하고 있는데 이는 군사를 늘려서 우리 나라를 유린하여 遼東으로 향하는 길목을 만들려는 의도 등에 대해 箚子를 올리다.(『宣祖實錄』 선조 25. 『集成』15-119)/ 金大鼎·郭再祐에게 加資하다.(『宣祖實錄』 선조 25. 『集成』15-121)

10.26. 備邊司가 북쪽 오랑캐는 욕심만 많지 꾀가 없어 이익으로 달래기가 쉬우니 物品을 주어 달래기를 청하다./ 備邊司가 中國軍에 소용될 군량을 계산하여 아뢰다.(『宣祖實錄』 선조 25. 『集成』15-121)/ 諫院이 적의 서장을 뻔뻔스럽게 목숨을 부지하려 나라를 파는 것이 부끄러운 줄 생각지 못하고 가져온 李弘業을 법에 따라 조처하라고 청하다./ 備邊司가 李弘業은 용렬스러운 데다가 대의에 어두어 스스로 불측한 죄에 빠져들기까지 하고 더구나 어려운 시국이니 일단 가두었다가 난리가 끝난 뒤에 죄를 시행하자고 청하다.(『宣祖實錄』 선조 25. 『集成』15-122)

10.27. 司憲府가 죄인 李弘業의 일을 율문에 따라 처리할 것과 전투를 관망한 李薦·李好禮를 국문하라고 청하다./ 慶尙監司 金誠一을 嘉善大夫에 加資하였는데, 성일은 성품이 거칠어 日本에서 돌아와 倭奴들이 배반하지 않을 것이라고 주장하여 변경의 방비를 소홀히 하여 난리가 터지게 되었으나 사면하여 다시 제수하다.(『宣祖實錄』 선조 25. 『集成』15-123)

10.28. 備邊司가 李薦과 李好禮는 두려워 관망만 하면서 진격하지 않았으니 율문에 의거, 都元帥가 살펴 決杖케 하라고 청하다.(『宣祖實錄』 선조 25. 『集成』15-124)/ 司憲府가 李弘業을 빨리 율에 의거하여 定罪하기를 청하다.(『宣祖實錄』 선조 25. 『集成』15-125)

10.29. 아군이 朔寧에 주둔하고 있는데 적이 밤을 타고 습격하여 전군사가 섬멸당하자 죽은 京畿 觀察使 沈岱의 후임을 논의하다.(『宣祖實錄』 선조 25. 『集成』15-125)/ 憲府가 李弘業을 빨리 율문에 따라 定罪하기를 청하다./ 李廷馨을 京畿 監司에게 제수하고, 邊應井을 全羅 左水使로 추증하다.(『宣祖實錄』 선조 25. 『集成』15-126)

10.30. 及第 李弘老가 倭賊들이 중국을 침범하려 하고, 땅을 나누어 화친하려는 의도로 침범하려니 급선무로 軍糧, 政令등을 지적하여 상소를 올리다.(『宣祖實錄』 선조 25. 『集成』15-126)

11.1. 상이 義州에, 王世子는 成川에 있다./ 備邊司가 관군과 의병의 통솔에 상의하여 도모하도록 하게 하자고 청하다.(『宣祖實錄』 선조 25. 『集成』15-130)/ 遊擊 沈惟敬이 兵部의 帖으로 倭將을 타이르다.(『宣祖修正實錄』 선조 25. 『集成』27-131)/ 鄭崑壽가 북경에서 돌아왔고, 중국에서 大兵의 출동을 허락하고 銀 3천냥을 내리다.(『宣祖修正實錄』 선조 25. 『集成』27-132)/ 忠淸道 韓山人 李山謙이 趙憲의 남은 군사를 거두어 賊을 토벌하다./ 防禦使 郭嶸이 성을 쌓아 嶺南의 賊路를 방어하다./ 前 議政 沈守慶이 牙山에서 義兵을 일으켜 建義大將이라 하다.

연도	한국
▲ 1592 ▼	(『宣祖修正實錄』 선조25. 『集成』27-133)/ 세자가 肅川에서 龍岡으로 옮겨 머물다.(『宣祖修正實錄』 선조25. 『集成』27-134)/ 兩司에서 防禦使 郭嶸의 삭탈 관작을 청하나 따르지 않다./ 湖南의 士民이 곡식을 모아 義州로 수송하다./ 군량이 모자라자 양식을 바친 자에게 관직으로 상주는 영을 내리다./ 軍功廳을 설치하여 軍功을 조사하여 감정하게 하다.(『宣祖修正實錄』 선조25. 『集成』27-135) 11.2. 政院이 空名帖의 발행에 부정 행위를 막으라고 청하다./ 諫院이 중국 군사들이 와서 도와준 지 이미 달이 넘어 고생하니 犒饋하여 위로하라고 청하다.(『宣祖實錄』 선조25. 『集成』15-126) 11.3. 왕세자가 龍岡에 있다./ 備邊司가 京城 회복을 위해 權慄로 하여금 경성으로 곧장 향하게 하고, 崔遠 등의 의병을 합세하여 일시에 진격하게 하면 성공할 수 있을 것이라 아뢰다.(『宣祖實錄』 선조25. 『集成』15-132)/ 司諫院이 職任을 이탈한 李軸·韓準·李增·許昕 등의 죄를 논하다.(『宣祖實錄』 선조25. 『集成』15-133) 11.4. 左議政 尹斗壽가 국가의 기강이 없는 때일수록 법은 더욱 무겁게 하지 않을 수 없는데 다만 남쪽 지방의 경우 軍律을 그대로 적용하기 어렵다며 李洸을 옹호하다.(『宣祖實錄』 선조25. 『集成』15-133)/ 각 道에서 軍功이 날로 보고되어 더 설치할 관직이 차차 吏曹에서 더 설치하다.(『宣祖實錄』 선조25. 『集成』15-134)/ 司諫院이 李軸·任蒙正·韓準·李增의 죄를 논하니 임금이 任蒙正만 아뢴 대로하고 나머지는 논하지 말라고 이르다./ 司憲府가 防禦使 郭嶸은 평소 재략이 없고 늙고 둔하니 削職하고, 崔遠을 속히 全羅道로 내려보내 防備를 조치하게 하라고 아뢰다.(『宣祖實錄』 선조25. 『集成』15-135) 11.5. 備邊司가 崔遠의 軍隊는 속히 육지로 나와 權慄과 함께 方策을 의논하게 할 일, 郭嶸을 그대로 둘 일을 아뢰다./ 政院이 적이 빠른 배로 곧바로 쳐들어오면 심히 위험하니 舟師를 머물러 두어 차단하는 곳으로 강화를 삼아야 하는 등의 方策을 아뢰다.(『宣祖實錄』 선조25. 『集成』15-136)/ 備邊司가 왜적을 막는 일은 水戰보다 나은 방법이 없으니 戰船을 많이 만들어 변란에 대비하는 것을 水使 李薲에게 전령해 수군을 거느리도록 아뢰자 상이 그대로 따르다./ 司諫院이 李軸·韓準·李增의 파직을 청하였으나 윤허하지 않다./ 司憲府가 防禦使 郭嶸의 削職 從軍을 청하였으나 윤허하지 않다./ 王子 信城君이 卒하다.(『宣祖實錄』 선조25. 『集成』15-137) 11.6. 禮曹가 王子의 상에 臨喪하는 절차를 아뢰며 변방이라 행하기 어렵다고 아뢰다./ 備邊司가 王子의 상중이지만 軍國을 중하게 여기어 모든 公事는 이전대로 出納하기를 청하다./ 備邊司가 곡식을 옮겨 湖南과 嶺南을 구제하는 일을 아뢰다.(『宣祖實錄』 선조25. 『集成』15-138)/ 備邊司가 集慶殿 參奉 洪汝栗은 晬容을 위호하기를 게을리하지 않아 본도로부터 온 자들이 그의 충성됨을 칭찬한 자가 많으니 참봉 洪汝栗의 6품 초서를 청하다./ 司諫院이 倭賊이 門庭에 있고 중국 군사들이 곧 올 것인데 모든 城守와 芻粮 등의 일을 아직까지 조치하지 못하고 있는 등 郞署의 책임을 물어 추고하도록 아뢰다.(『宣祖實錄』 선조25. 『集成』15-139) 11.7. 司諫院이 李軸의 관직을 削奪하기를 청하자 파직시키다./ 幼學 南以順 등이 東宮에게 禪位할 것을 청하자 적을 섬멸하고 하겠다고 답하다.(『宣祖實錄』 선조25. 『集成』15-140)/ 沈惟敬 家人 沈加王이 平壤에서 돌아와 遼東으로 가는데 平壤에서 왜장이 후하게 대접하고, 두 왜병이 따르게 하여 돌아가지 못하게 하였는데 兵部의 差人이 입성하여 정성스런 뜻을 보인 뒤에야 성을 나가게 하다.(『宣祖實錄』 선조25. 『集成』15-141) 11.8. 政院이 국가의 患亂을 극복할 날을 기대하는 것은 오로지 성상의 神謀睿算만을 믿고 의지하기 때문인데 선위하겠다는 뜻을 밝히시니 거두시라고 청하다.(『宣祖實錄』 선조25. 『集成』15-141)/ 左議政 尹斗壽 등이 禪位의 뜻을 거두기를 청하나 상이 지금이 물러나기에 합당한 때이니 속히 물러나게 허락하라고 이르다.(『宣祖實錄』 선조25. 『集成』15-142)/ 尹斗壽 등이 禪位의 뜻을 거두기를 청하다.(『宣祖實錄』 선조25. 『集成』15-143) 11.9. 東宮에게 국사를 權攝하라고 전교하다.(『宣祖實錄』 선조25. 『集成』15-143)/ 尹斗壽 등이 東宮에게 국사를 권섭하라는 명을 거두기를 청하니 상이 내가 물러가고자 하는 것이 아니라 機務가 먼 곳에 있어 할 수가 없기 때문에 東宮에게 처리하게 하는 것이라 이르다./ 尹斗壽 등이 機務는 東宮이 교지에 따라 이미 裁處하고 있으니 더 처리할 일은 없다고 아뢰다.(『宣祖實錄』 선조25. 『集成』15-144) 11.10. 상이 龍灣館에서 山西潞府同知 鄭文彬을 접견하여 왜노들은 교활하여 섣불리 탐지하지 못하고 있으나 지금 추위를 견디지 못하고 있으니 섬멸하자고 하는 등의 양측 군사 상황을 논의하다.(『宣祖實錄』 선조25. 『集成』15-145) 11.11. 粮草를 조처할 일 5조목을 전교하다./ 備邊司가 5조목의 전교에 대해 처리 결과를 보고하다.(『宣祖實錄』 선조25. 『集成』15-146)/ 備邊司가 嶺南의 朴晉을 불러와 기성의 적을 토벌하게 하는 일과 高彦伯은 楊州 以北에 남게 하는 것이 좋겠다는 일 등을 아뢰다./ 備邊司가 高彦伯은 양주에 있으면서 여러 번 전공을 세워 그곳 백성들의 마음을 사고 있으며, 경성의 백성들이 모의해서 內應한 것도 다 그의 힘이라며 그대로 두자고 청하다.(『宣祖實錄』 선조25. 『集成』15-147)/ 備邊司가 지금의 사세는 하루가 급하니 헌납 金庭睦을 금일 중으로 遼東에 파견하여 조속한 출병을 청하게 하자고 아뢰다./ 中國에서 군사를 내어 구원하려고 倭奴의 수효와 정세, 倭船의 보유량, 倭將의 수와 그 이름 등과 또한 우리나라의 형세를 조목으로 물으니 비변사가 진술하다.(『宣祖實錄』 선조25. 『集成』15-148) 11.12. 沈岱가 죽은 것이 매우 참혹하여 가족을 護恤하라고 政院에 전교하다./ 備邊司가 朴晉의 후임을 구하고자 하나 대신할 사람을 구하기가 매우 어려우니 우선 정지하여 머물게 하였다가 후일을 기다려 거행해야 한다고 아뢰다.(『宣祖實錄』 선조25. 『集成』15-150)/ 備邊司가 의병을 일으켜 錦山 전투에서 죽은 贈 參判 趙憲의 妾子 完堵를 免賤하여 許通하게 하자고 청하다./ 各都에서 난리를 만나 사람들이 모여서 零賊을 죽이고는 자칭 의병이라 하여 폐단을 많이

일본

끼친다는 비난을 받고 있으니 경기·충청·전라의 의병을 權慄과 權徵에 분속하라고 이르다.(『宣祖實錄』 선조 25. 『集成』15-151)

11.13. 司諫員이 東宮의 사신을 陞敍하거나 加資하는 것이 聖意가 지나쳐 미안한 바가 있다고 논하다./ 李弘業을 죄주는 일을 논의하라고 전교하다.(『宣祖實錄』 선조 25. 『集成』15-152)

11.14. 備邊司가 李弘業이 倭賊의 文書까지 가지고 왔는데도 부끄러운 줄도 모르고 있으니 성상께서 재결하도록 청하다.(『宣祖實錄』 선조 25. 『集成』15-152) 京畿 觀察使 沈岱를 吏曹 判書에 追贈하다./ 李用淳·李惟一에게 官職을 제수하다.(『宣祖實錄』 선조 25. 『集成』15-153)

11.15. 備邊司가 지금의 정세에서 分屬시켜 軍令이 두 군데서 나오게 하는 것은 합당치 않다고 아뢰다.(『宣祖實錄』 선조 25. 『集成』15-153)/ 司憲府執義 李好閔 등이 중국군의 출동이 늦어지자, 왜적들은 추위를 겁내고 있으니 安定의 군사를 나눠 가장 추울 때 공격하자는 등의 왜적에 대한 방어책을 논하여 箚子를 올리니, 비변사로 하여금 회계하게 하다.(『宣祖實錄』 선조 25. 『集成』15-154)/ 중국군 經略 宋應昌이 島嶼에 서식하고 있던 하찮던 日本이 隣國으로서 침략한 것에 대해 분개하며 倭奴를 물리쳐서 왕의 神靈을 드러내고 箕子의 옛 땅을 보전할 것을 당부하는 내용의 檄文을 보내다.(『宣祖實錄』 선조 25. 『集成』15-156)

11.16. 大司憲 李德馨이 受由를 받아 省親하고 돌아와 각도의 대치 상황을 아뢰다.(『宣祖實錄』 선조 25. 『集成』15-158)/ 司諫院이 中國이 倭賊과 강화하려 하는데 倭賊은 겉으로는 따를 것 같이 하면서 군사를 증원할 것이니, 속히 倭賊의 소굴을 공격할 것과, 京畿道巡察使 權徵이 왜적을 피하여 도망갔으니 파직하자는 등의 내용을 아뢰다.(『宣祖實錄』 선조 25. 『集成』15-159)/ 備邊司가 사면을 포위하고 성 위의 적들을 추위에 시달리게 하여 공격하는 것이 상책이나 중국 군사의 형세를 보아가며 지휘하는 것이 마땅하고, 왜적을 참획한 공로로 右防禦使로 陞差된 李薦 등 장수들의 활동을 보고하다.(『宣祖實錄』 선조 25. 『集成』15-160)/ 書吏 趙賢範이 昭惠 王后의 位版을 가져왔다고 金千鎰이 보고하자 軍職 제수를 명하다./ 行禮曹判書 尹根壽가 遼東에 이르러 經略 宋應昌 등에게 왜적들이 새로운 군사들을 모아 얼음이 얼기를 기다렸다가 서쪽으로 침입하려 하니 구원병을 보내달라는 글을 올리다.(『宣祖實錄』 선조 25. 『集成』15-161)

11.17. 상이 대신들을 引見하여 강화하려는 倭賊의 의도에 대해 의논하고, 沈惟敬을 접견하여 왜적과 강화하려는 것과, 南方에 있는 왜적은 추위를 견뎌내지 못하니 속히 공격하자는 내용 등을 의논하다.(『宣祖實錄』 선조 25. 『集成』15-163)/ 備邊司가 京畿·江原의 북쪽에 통솔할 장수가 없어 차임하는 일을 아뢰다.(『宣祖實錄』 선조 25. 『集成』15-165)/ 備邊司가 罷職당한 權徵을 대신하여 驪州 牧使 成泳이 糧餉을 조치하되 權徵이 收聚한 規例대로 하기를 청하다./ 尹根壽, 韓應寅 成汝諧 등이 간첩이 되어 우리측의 기밀을 정탐한 상황을 沈 遊擊에게 고한 일을 아뢰다./ 尹斗壽가 하루 빨리 먼저 平壤을 奪還하여 要塞를 통과하여 討伐할 것을 청하는 등의 沈遊擊에게 올린 글.(『宣祖實錄』 선조 25. 『集成』15-166)

11.18. 宋 侍郎이 가까운 곳에 있으니 약간의 臣僚를 거느리고 친히 請兵하겠다고 전교하다./ 備邊司가 친히 淸兵하겠다는 임금의 말씀은 至尊의 행동인데 어찌 용이 하겠느냐며 宰臣들이 가야 마땅하다고 명을 거두기를 청하다./ 司憲府가 조치가 온당치 못하여 인심을 크게 잃고 있는 黃海 감사 柳永慶의 체차, 永興 府使 安世熙의 削職, 李薦 등의 임무를 게을리 한 자를 논핵하다.(『宣祖實錄』 선조 25. 『集成』15-168)/ 司諫院이 和議論에 대한 대책의 강구와 중국 관원의 접대는 소홀히 해서는 안 된다고 아뢰다.(『宣祖實錄』 선조 25. 『集成』15-169)

11.19. 尹斗壽 등을 引見하여 군사 진군에 대한 논의와 沈惟敬의 강화 노력, 조·중 합동 작전과 司憲府가 급하지 않은 官員을 감축하여 軍餉을 보충해야 하는 일을 급선무로 삼아야 한다고 청하다.(『宣祖實錄』 선조 25. 『集成』15-170)/ 沈惟敬이 平壤으로 향하다./ 咸興의 生員 陳代獻가 伏誅 되었는데, 陳代獻는 나라를 배반하고 賊黨이 되었으며 두 딸을 倭酋와 通事에게 아내로 주어 자신의 근본을 굳히는 등 왜적들이 朝鮮令公이라고 부르는 자이다.(『宣祖實錄』 선조 25. 『集成』15-173)

11.20. 司憲府가 별달리 드러난 공도 없는 密陽 府使 李守一과 기록할 만한 공로가 없는 兎山 縣監 李希愿에게 가자한 상을 개정하라고 청하다.(『宣祖實錄』 선조 25. 『集成』15-174)

11.21. 尹斗壽가 먼길을 친히 와서 疏를 올리는 사람 중에 쓸 만하면 登用하라고 청하다.(『宣祖實錄』 선조 25. 『集成』15-174)

11.22. 工曹 判書 韓應寅을 遼東에 보내 宋侍郎에게 呈文하여 군사를 재촉하여 섬멸하기를 청하다.(『宣祖實錄』 선조 25. 『集成』15-175)

11.23. 司諫院이 言路를 넓히고 人心을 복종하게 하는 등의 전란을 회복하는 방법을 아뢰다.(『宣祖實錄』 선조 25. 『集成』15-176)/ 상이 機務에 관한 일을 감당하기 어려우니 上疏와 賞罰과 諸軍의 指揮를 東宮에게 맡기라고 전교하다.(『宣祖實錄』 선조 25. 『集成』15-177)/ 河陵君에게 羊裘를 보내라고 전교하다./ 備邊司가 通川에 流落하고 있는 河陵軍에게 綿紬, 木棉, 棉花 등을 보내자고 아뢰다.(『宣祖實錄』 선조 25. 『集成』15-178)

11.24. 備邊司가 上疏를 東宮에게 재결케 하라는 전교를 거두기를 청하다.(『宣祖實錄』 선조 25. 『集成』15-178)/ 備邊司가 만약 명에 따르지 않으면 軍法으로 일을 처리해야 하니 印信을 만들어 보내 호령의 체모를 갖추어 주라고 청하다./ 權慄·李舜臣·朴光玉 등이 誕日 賀箋을 보내다.(『宣祖實錄』 선조 25. 『集成』15 179)

11.25. 柳永吉·金晬를 引見하고 적병의 숫자, 영·호남의 전투 상황 등을 묻다.(『宣祖實錄』 선조 25. 『集成』15-180)/ 備邊司에 여러 섬을 개간하여 경작하는 일을 비밀히 金晬에게 물어 密議하라고 전교하다./ 備邊司가 올린 封書를 左相이 仕進하지 않아서 士官을 보내 諭示하였는데 임금이 여럿이 의논하여 해야 하니 左相을 불러 상의하도록 하게 하다.(『宣祖實錄』 선조 25. 『集成』15-183)

11.26. 左議政 尹斗壽가 朝家의 憲章에 저촉되었는데 어찌 政事堂에 들어갈 수 있으냐며 체직을 명하고 시대를 구할 수 있는 인재를 택하기를 청하다.(『宣祖實錄』 선조 25. 『集成』15-184)/ 司憲府가 同知 柳永吉은 大臣을 모함하여 불안하게 하였다고 파직을 청하고 定州로 進駐하여 장졸들을 책려하고 三軍의 사기를 진작시키기를 아뢰다.(『宣祖實錄』 선조 25. 『集成』15-185)/ 司諫院이 同知 柳永吉은 그 말이 공정하지 않고 군사를 잃고 도망한 죄가 있는데다가 감정을 품고 讒訴하는 계책을 써 大臣을 불안하게 하고 국사를 파괴하였으므로 파직을 청하다.(『宣祖實錄』 선조 25. 『集成』15-186)

11.27. 상이 遼東都事 張三畏를 接見하여 지금 倭賊들이 추위를 견디지 못하고 있어 공격할 때인데, 중국군의 출동이 늦어지는 것에 대해

연도	한국
▲ 1592 ▼	논의하다.(『宣祖實錄』선조25.『集成』15-186)/ 司諫院이 망령되게 大臣을 배척해 조정을 遼東시킨 柳永吉을 탄핵하다.(『宣祖實錄』선조25.『集成』15-187) 11.28. 備邊司가 箕城을 아직도 大擧 탈환하지 못하고서 定州로 옮기는 일은 만전의 계책이 아니라고 아뢰다.(『宣祖實錄』선조25.『集成』15-187)/ 備邊司가 身彌島 등을 개간하는 일을 金睟와 논의하여 아뢰다./ 備邊司가 마침 들어온 判尹 金睟를 三島 巡察使로 差送하라고 청하다.(『宣祖實錄』선조25.『集成』15-188) 11.29. 司諫院이 柳永吉의 罷職을 청하다./ 司憲府가 柳永吉의 罷職, 인심을 잃고 일을 그르쳐 나라를 욕되게 한 金睟의 삭탈 관직을 청하다./ 禮曹 判書 尹根壽 등을 引見하고 중국 군대의 粮餉에 대해서 논의하다.(『宣祖實錄』선조25.『集成』15-189) 11.30. 司諫院이 勤王하기 위해 온 의병들에게 料帖을 거두어들여 양식이 떨어져 흩어지게 한 兵曹 堂上의 추고 등을 청하다./ 司憲府가 金睟를 留難하지 말고 삭탈 관직하라고 청하다./ 李準을 三道 巡察使로 삼다.(『宣祖實錄』선조25.『集成』15-191)/ 상이 都元帥의 從事官 柳熙緖 등을 인견하여, 沈惟敬이 왜적에게 강화를 청한 사실과, 順安의 병력으로 平壤의 적을 공격할 수 있는 지와, 왜적이 우리 나라의 投屬한 사람으로 하여금 아군을 정탐하게 한 사실 등을 의논하다.(『宣祖實錄』선조25.『集成』15-192)/ 禮曹가 중국군이 출발할 즈음에 名山大川에 제사를 지내고, 平壤江, 九津, 溺水에는 왜적이 있으니 望祭를 지내야 한다는 등을 아뢰다.(『宣祖實錄』선조25.『集成』15-196) 12.1. 宣傳官을 보내 京畿·黃海道 제장들이 때맞추어 거사하도록 하라고 전교하다./ 諫院이 추위로 凍死者가 생기자 그 중심한 부대의 장수인 崔遠을 치죄하도록 청하다.(『宣祖實錄』선조25.『集成』15-196)/ 司憲府가 金睟가 嶺南의 인심을 잃었다며 죄주기를 청하다.(『宣祖實錄』선조25.『集成』15-197)/ 倭賊이 宣陵과 靖陵 두 능을 파헤치다./ 全羅巡察使 權慄이 水原의 禿城으로 군사를 진출시키다./ 황제가 大兵을 파견하여 구원하게 하다.(『宣祖修正實錄』선조25.『集成』27-136)/ 右參贊 成渾이 便宜時務를 올리다.(『宣祖修正實錄』선조25.『集成』27-137) 12.2. 戶曹 判書 李誠中이 군량 조달 상황을 아뢰다.(『宣祖實錄』선조25.『集成』15-197)/ 憲府가 金睟의 삭탈 관직을 청하다./ 司諫院이 全羅道 防禦使 郭嶸이 龍仁 싸움에서 도망하였다며 정죄하기를 청하다.(『宣祖實錄』선조25.『集成』15-198)/ 備邊司가 한 나라의 존망과 성패를 다른 사람에게 맡기는 것은 한심스러운 일이므로, 중국의 구원만을 기다리지 말고 왜적을 토벌하자고 아뢰다./ 비변사가 징병하는 일에 성과가 없자 사세를 보아 처리하자고 아뢰다.(『宣祖實錄』선조25.『集成』15-199)/ 비변사가 중국 군사가 온다고 하니 京畿, 黃海道 등의 巡察使 및 諸將에게 通諭하여 임시로 擧事하게 하되, 왜적을 잡아 죽여 돌아가지 못하게 하고 중국 군사가 닿는 곳마다 糧餉을 내어놓고 기다려 때를 놓치지 말자고 아뢰다./ 李準을 兼 三道 巡察使로 삼았다가 臺諫의 반대로 파견하지 않다./ 비변사가 대간이 아뢴 곽영과 金睟의 죄를 상이 결정하라고 청하다.(『宣祖實錄』선조25.『集成』15-200) 12.3. 비변사가 遊擊이 왜인을 대동한다고 하는데, 그 계책이 행해지게 되면 국내 사정이 드러날 뿐만 아니라 왜적이 우리나라를 마음대로 출입하게 되는 것이니 駱參將 등 각처에 연락하여 왜적들이 못 지나가게 하자고 아뢰다./ 상이 豊原 府院君의 書狀에서 말한 일은 그 장계에 의하여 시행하고 왜적이 貢米를 바치지 않은 일과 貢路를 통해 주지 않은 것을 핑계 삼고 있는 왜적의 姦計에 대한 조항을 비변사로 하여금 의논하게 하다./ 禮曹判書 尹根壽가 沈遊擊이 왜적을 만나 강화 조건에 대해 논의 한 것과, 駱參將을 만나 왜적이 平壤을 나가거든 중국군이 마땅히 지켜야 하고, 적이 돌아갈 경우 적을 죽일 필요가 없다고 한 것 등을 아뢰다.(『宣祖實錄』선조25.『集成』15-201) 12.4. 좌의정 尹斗壽가 沈遊擊을 만나서 平壤成에 있는 왜적을 공격하는 것과 왜적이 王京으로 퇴둔하여 떠나려 하지 않을 경우에 대해 의논하여 아뢰다.(『宣祖實錄』선조25.『集成』15-203)/ 비변사가 豊原 府院君 柳成龍에게 都體察使란 칭호를 주도록 청하다./ 비변사가 郭嶸을 백의 종군시키라고 청하다./ 司諫院이 장정을 누락시킨 병조와 의리를 저버린 호종 신하들을 논핵하다.(『宣祖實錄』선조25.『集成』15-204)/ 敗死한 아군의 숫자를 都元帥에게 물어보라고 전교하다./ 柳成龍을 都體察使로 삼다./ 行護軍 申點이 陳奏使를 즉시 출발시키자고 아뢰다.(『宣祖實錄』선조25.『集成』15-205)/ 비변사가 陳奏使를 보내자고 청하다.(『宣祖實錄』선조25.『集成』15-206) 12.5. 左議政 尹斗壽가 동궁의 大臣 가운데 한 사람을 행재소로 불러 국사를 의논하자고 청하다.(『宣祖實錄』선조25.『集成』15-206)/ 司諫院이 장수가 될 만한 인재를 등용할 것과 논상이 지나친 점을 아뢰다.(『宣祖實錄』선조25.『集成』15-207)/ 慶尙右道觀察使 金誠一이 왜적이 진주를 침범하여 慶尙右兵使 柳崇仁 등이 성을 지킨 것을 치계하다.(『宣祖實錄』선조25.『集成』15-208)/ 비변사가 金誠一의 장계에 따라 논상을 하도록 청하다.(『宣祖實錄』선조25.『集成』15-209) 12.6. 工曹判書 韓應寅이 宋時郞을 만나 중국군의 출발 일정을 묻고 난 뒤 보고하다.(『宣祖實錄』선조25.『集成』15-209)/ 상이 함경도에 왜적의 목을 벤 장수 중 공이 큰 자를 加資하라고 承政院에 전교하다.(『宣祖實錄』선조25.『集成』15-210) 12.8. 陳奏使 知中樞府事 鄭崑壽 등이 북경에서 돌아오자 인견하고 중국 조정의 상황 인식을 논의하다.(『宣祖實錄』선조25.『集成』15-210) 12.9. 비변사가 郭再祐·崔慶會·任啓榮이 거느린 의병을 勤王하게 하자고 청하다./ 비변사가 禹性傳의 군사를 올라오게 하는 일은 올라오는 도중에 도망자가 많이 있게 되어 도움이 되지 못한다고 아뢰다(『宣祖實錄』선조25.『集成』15-213)/ 司諫院이 軍功으로 주는 상이 事目과 다르다고 강정하기를 청하다./ 司憲府가 군량과 군기의 조달, 모속 사목의 개정 등을 청하다.(『宣祖實錄』선조25.『集成』15-214)/ 상이 지금 왜적과 싸우고 있는데 唐官을 보내어 왜적에게 사례하는 일은 해괴하니 唐官을 출발하지 못하도록 비변사에 의논하라고 전교하다.(『宣祖實錄』선조25.『集成』15-215)

일본

12.10. 遊擊將軍 錢世禎이 군사 1천 명을 거느리고 강을 건너왔다.(『宣祖實錄』 선조 25. 『集成』15-215)

12.11. 大司憲 李德馨이 沈遊擊의 일이 수상하므로 오기를 기다렸다가 그의 마음을 알아보자고 아뢰다.(『宣祖實錄』 선조 25. 『集成』15-215)/ 비변사가 중국에 陳奏하는 문서는 沈遊擊이 오고 나서 들어보고 올리자고 청하다.(『宣祖實錄』 선조 25. 『集成』15-216)

12.12. 行禮曹判書 尹根壽 등이 張都司를 만나 중국군이 遼東에 모여있어 늦어질 것과, 沈遊擊이 平壤成은 공격하기가 어려워서 왜적을 꾀어 성을 나오게 하여 동쪽으로 가면 추격 하려한다는 의도 등을 전하여 아뢰다.(『宣祖實錄』 선조 25. 『集成』15-216)/ 비변사가 長奠, 寬奠 등지의 關市하는 胡人이 北道에 가서 왜적에게 보복을 하고자 하니, 官木을 주어 優恤하자고 아뢰다./ 行禮曹判書 尹根壽 등이 張 道司를 만난 중국군의 출동 시와 군량 상황을 논의하고 보고하다.(『宣祖實錄』 선조 25. 『集成』15-217)/ 司諫院이 왜적의 침입을 맞아 백성들에게 성의를 다하고, 재상을 신임할 것 등에 대해 箚子를 올리니 상이 충성과 정성이 가상하니 더욱 體念하겠다 하다.(『宣祖實錄』 선조 25. 『集成』15-218)/상이 都承旨 柳根에게 體察使 兪泓의 후임을 의논하라고 전교하다./ 執義 李好閔이 沈遊擊이 왜노와 강화한 것 등에 대해 提督이 화를 낸 것과 비단 조선을 회복하는 것만이 아니라 日本으로 진격해 토벌하겠다는 뜻을 아뢰다.(『宣祖實錄』 선조 25. 『集成』15-221)/ 중국 장수들을 별도로 主掌하는 인원을 설치하여 迎接 都監의 예와 같이 하도록 承政院이 청하다.(『宣祖實錄』 선조 25. 『集成』15-223)

12.13. 右贊成 崔滉이 중국 군사만 믿지 말고 신하를 접견하여 여러 사람의 계책을 채택하라고 청하다./ 좌의정 尹斗壽 등을 인견하여 平壤成을 공격하는 것과, 왜적을 토벌하는 데 있어서 括軍하는 일, 각도 군사를 제찰하는 일 등에 대해 의논한다.(『宣祖實錄』 선조 25. 『集成』15-224)/ 비변사가 體察使 沈守慶을 평양으로 들어와 수복하게 하라고 아뢰니 그대로 따르다.(『宣祖實錄』 선조 25. 『集成』15-231)/ 遊擊 王必迪과 棲大有가 군사를 거느리고 강을 건너왔다./ 禮曹判書 尹根壽 등이 송응창이 沈遊擊을 잡아오라고 했다는 말을 듣고 보고하다.(『宣祖實錄』 선조25. 『集成』15-232)

12.14. 兩司가 知中樞府事 洪汝諄·及第 李弘老·前 參判 宋言愼을 탄핵하다.(『宣祖實錄』 선조 25. 『集成』15-233)/ 遊擊將軍 吳惟忠이 步兵 4천 명을 거느리고 강을 건너왔다./ 禮曹判書 尹根壽, 工曹判書 韓應寅이 長都司에게서 宋 侍郞이 16일에 출발한다고 들었다고 보고하다./ 비변사가 중국 장수의 기한을 약속한 일로 인해 擧事에 장애가 된다는 都體察使 柳成龍의 狀啓를 보고 군사 배치를 大將이 전담하도록 하자고 청하다.(『宣祖實錄』 선조 25. 『集成』15-234)

12.15. 상이 承政院에 왜적을 斬하면 급제를 인정하기로 했으나 지금은 시행되고 있지 않은데, 급제를 인정하면 사람들이 다투어 분발하고 흥기 할 것이므로 비변사에 물어 의계하라고 전교하다./ 비변사가 金千鎰의 서장에 따라 한강을 건너서는 안된다고 아뢰다.(『宣祖實錄』 선조 25. 『集成』15-235)/ 비변사가 前 安東府使 鄭熙績을 길주 목사로 仍差하기를 아뢰니 그대로 따랐다./ 兩司가 洪汝諄·李弘老·宋言愼을 탄핵하고 右相 兪泓의 체차를 청하다.(『宣祖實錄』 선조 25. 『集成』15-236)

12.16. 左議政 尹斗壽가 右相 兪泓이 체직 건의에 대해 아뢰다.(『宣祖實錄』 선조 25. 『集成』15-237)/ 左議政 尹斗壽가 臺諫이 右相을 논박한 데에는 다른 뜻이 없다며 상이 재처하기를 청하다.(『宣祖實錄』 선조 25. 『集成』15-238)/ 兩司가 兪泓의 일을 아뢰었으나, 경솔하게 체직할 수 없다고 윤허하지 않았다.(『宣祖實錄』 선조 25. 『集成』15-239)

12.17. 右議政 尹斗壽 등을 인견하여 東宮이 勇剛에 있어 적의 소굴과 가까우니 돌아 올 길이 없게 되니 寧邊으로 이주하게 하는 것과, 적들이 平壤을 잃으면 다시 차지하기 어려우므로 나오지 않는 것 등에 대해 의논한다.(『宣祖實錄』 선조 25. 『集成』15-239)/ 司憲府가 죄인 洪汝諄을 定配할 때 비호하여 편리한 고장을 택하게 한 禁府堂上은 추고하고 色郞廳은 파직하여 配所를 고쳐주기를 청하였으나, 윤허하지 않았다./ 經略 宋應昌이 대병이 강을 건너 平壤과 王京 등지를 공격하여 빼앗고자 하는데 왜노들이 平壤을 중국에 주지 조선에 주지 않는 다는 말로 이간질하고 있으니, 속지 말라며 조선에 移咨하다.(『宣祖實錄』 선조 25. 『集成』15-243)/ 吏曹判書 李山甫가 봄이 되면 왜적이 날 뛸 것이므로 兵馬를 속히 진군하게 하고, 북쪽의 왜적이 犯順한 글을 보낸 것과, 동쪽의 왜적이 선왕의 묘를 파헤친 것 등을 提督에게 이야기 한 것을 치계하다.(『宣祖實錄』 선조 25. 『集成』15-244)

12.18. 沈忠謙·成渾·曺好益·李德馨에게 관직을 제수하다.(『宣祖實錄』 선조 25. 『集成』15-249)

12.19. 司諫院이 경연을 열고, 巡邊使 從事官 朴敬新을 체차할 것을 아뢰다.(『宣祖實錄』 선조 25. 『集成』15-249)/ 遊擊 錢世禎, 王問, 吳惟忠, 王必迪, 都司 棲大有가 安州로 향하였다./ 提督府 提督 李如松이 요동에 도착하자 同副承旨 心喜壽를 보내 영접하였다.(『宣祖實錄』 선조 25. 『集成』15-250)

12.20. 吳億齡·沈友勝·成泳·李廷馨·南彦經에게 관직을 제수하다./ 비변사가 節制에 복종하지 않는 병사를 엄단하고 긴요하지 않은 使命의 관직은 줄이도록 청하다.(『宣祖實錄』 선조 25. 『集成』15-250)

12.21. 同知中樞府事 閔汝慶을 요동에 보내어 이제독을 問候하였다./ 定州로 가는 宋時郞을 접대하라고 전교하다./ 비변사가 宋經略과 李提督을 접대하는 일에 대해 아뢰다.(『宣祖實錄』 선조 25. 『集成』15-251)/ 비변시가 迎接廳으로 하여금 중국 사신이 올 때 事目에 의해 시행하게 하라고 청하다./ 迎接都監이 堂上을 더 차출하라고 아뢰니, 윤허하였다.(『宣祖實錄』 선조 25. 『集成』15-252)

12.22. 비변사가 義兵의 습속이 해이해졌다며 감사 등에게 통제하게 하라고 청하다.(『宣祖實錄』 선조 25. 『集成』15-252)/ 비변사가 잇달아 승첩을 거둔 曺好益에게 該司로 하여금 급히 段衣 한 벌을 만들어 표창하게 하라고 아뢰다./ 비변사가 崔遠의 군대를 돌아가게 하고 상을 내리자고 청하니 그대로 따랐다.(『宣祖實錄』 선조 25. 『集成』15-253)/ 禮曹判書 尹根壽 등이 張都司를 만나고 군량 준비 상황을 논의하였다고 아뢰다.(『宣祖實錄』 선조 25. 『集成』15-254)/ 비변사가 중국 군사의 糧餉에 대한 조치를 아뢰다./ 비변사가 李廷馨의 군공에 따라 논상하기를 청하다.(『宣祖實錄』 선조 25. 『集成』15-255)

12.23. 同副承旨 沈喜壽 등을 인견하여 提督이 왜구를 잘 알고 있는지와 중국군의 형편, 군량조달 등에 대해 의논하다.(『宣祖實錄』 선조 25. 『集成』15-256)/ 좌의정 尹斗壽등을 인견하여 提督 李如松은 단지 胡를 방어할 줄만 알아 왜적과 싸우는 것이 걱정스럽다는 것과, 4만명의 중국 군사가 적과 싸워 이길 수 있는가에 대해 의논하다.(『宣祖實錄』 선조 25. 『集成』15-257)/ 司諫院이 知中樞府事 金晬의

연도	한국
▲ 1592	등용을 거두고 장정을 차출할 것에 대해 아뢰다.(『宣祖實錄』 선조25. 『集成』15-262) 12.24. 禮曹에서 名山大川에 大兵이 강을 건너는 날 새벽에 行祭를 지내고자 한다는 대신의 뜻을 아뢰다./ 全羅兵使 崔遠을 嘉義로, 行上護軍 李時言을 嘉善으로 자급을 올렸다./ 同知 民汝慶이 提督을 만나 沈爺가 기한이 지나도록 보고가 없어 왜적들이 스스로 의아해 하며, 城中의 양식을 정돈하고 성을 나와 무력을 과시하고 있으니 지금 적들을 치자고 한 것 등을 의논한 뒤 아뢰다.(『宣祖實錄』 선조25. 『集成』15-263) 12.25. 상이 提督을 영접하여 왜적을 물리쳐 平壤을 수복하는 것에 대해 의논하다.(『宣祖實錄』 선조25. 『集成』15-264) 12.26. 提督이 糧餉을 분급하지 않았다고 都司를 때리려다 그만두었다는 말을 듣고 상이 同副承旨 沈喜壽를 보내 위문하게 하였다./ 右承旨 洪進에게 諸將을 접견할 때의 절차를 의논하라고 전교하다./ 承政院이 옥체가 편안하지 못하여 중국 제장을 접견하지 못한다고 하자고 청하다./상이 중국 제장을 접견하지 못하는 대신 관원을 보내 대행하고 후하게 대접하라고 이르다.(『宣祖實錄』 선조25. 『集成』15-266)/ 左相 尹斗壽가 중국 장수들에게 弓子를 주어 戰陣에 갖추어 쓰게 하고 또 饌膳을 주었다고 아뢰다./ 參將 駱尙志와 遊擊 葛逢夏가 군사를 이끌고 安定으로 갔다./ 司諫院이 중국 장수를 접견할 때 미리 조치하지 못하여 窘迫하게 한 都監의 堂上 등을 추고하라고 청하다.(『宣祖實錄』 선조25. 『集成』15-267)
1593 ▼	【한국】 1.1. 상은 義州에 왕세자는 寧邊에 있다./ 司諫院이 명나라 장수의 접대를 제대로 하지 못한 牧使 黃璉의 파직과 湖西와 湖南의 곡식 운반에 대해 아뢰다.(『宣祖實錄』 선조26. 『集成』15-274)/ 상이 承政院에 군량을 운반하는 일에 대한 여러 가지 계책을 마련하여 수송할 일을 비변사에 말하여 回啓하도록 하라고 전교하다./ 接待都監이 備禦 王玠가 보병 2천 7명을 거느리고 강을 건넜으며 遵化營 및 密雲 三屯營의 군사도 양식을 나누어 받은 후 곧 전진할 것이며, 기병 2천 명이 10일 후에 도착할 것이라고 아뢰다.(『宣祖實錄』 선조26. 『集成』15-275)/ 提督 李如松이 세 協將을 거느리고 順安에 주둔하다.(『宣祖修正實錄』 선조26. 『集成』27-142)/ 提督 李如松이 平壤에 진군하여 싸워 이긴 뒤 勝捷를 상주하게 하다.(『宣祖修正實錄』 선조26. 『集成』27-143)/ 宋經略과 提督 李如松이 安州·坡州에서 싸우다가 패한 뒤 開城에 주둔하다.(『宣祖修正實錄』 선조26. 『集成』27-148)/ 倭賊이 京城 백성을 대량 학살하니 提督이 병을 핑계로 사직하다./ 咸鏡道 吉州의 賊이 성을 비워놓고 도망하였고 鄭文孚가 關北을 평정하다.(『宣祖修正實錄』 선조26. 『集成』27-150)/ 巡察使 尹卓然이 조정에 鄭文孚의 공을 반대로 고했으므로 크게 쓰이지 못하다.(『宣祖修正實錄』 선조26. 『集成』27-151)/ 戶部主事 艾維新이 와서 군량을 관리하다./ 明나라에서 劉黃裳과 袁黃이 군무를 찬획할 일로 나오다.(『宣祖修正實錄』 선조26. 『集成』27-152)/ 義州를 출발하여 다시 定州에 머물다./ 明나라에서 寧夏의 賊을 평정한 데 대한 조서를 반포하다.(『宣祖修正實錄』 선조26. 『集成』27-153) 1.2. 비변사가 牧使 黃璉을 대신할 만한 사람을 얻지 못하였으므로 우선 그대로 두도록 청하니 그대로 따르다./ 비변사가 備禦 王玠가 평양으로 출발하였고, 原任 參將 周易이 李提督의 처소로 간 것을 아뢰다./ 都督府에 각종 兵器와 軍糧 조달 상황을 移咨하다.(『宣祖實錄』 선조26. 『集成』15-276) 1.3. 상이 員外郎 劉黃裳을 접대하고, 왜적의 침략을 당하게 된 연유와 平壤 수복에 대해 논의하다.(『宣祖實錄』 선조26. 『集成』15-277)/ 大提學 洪聖民이 服中에 있으므로 遞任을 청하니 遞差하라고 하다.(『宣祖實錄』 선조26. 『集成』15-278) 1.5. 좌의정 尹斗壽 등을 인견하여 平壤의 수복책과, 沈守慶에게 海西의 적을 토벌하라고 명했는데 양식이 우려되는 것, 왜노와 싸울 때마다 패배하는 이유에 대해 의논하다.(『宣祖實錄』 선조26. 『集成』15-279)/ 尹根壽를 大提學으로 洪聖民을 兼戶曹判書로 金沔을 慶尙右道 兵馬節度使로 宣居怡를 全羅 兵馬節度使로 삼았다.(『宣祖實錄』 선조26. 『集成』15-280) 1.6. 司諫院이 군량 수송을 소홀히 한 牧使 黃璉을 파직시키고 鄕所의 色吏를 군령에 의하여 죄를 주고 戶曹堂上과 色郎廳을 추고하여 該曹로 하여금 각별히 단속하여 시행하기를 청하다./ 劉黃裳이 皇上께서 琉球와 暹羅 등의 나라에 명하여 왜노의 소굴을 소탕하도록 하였는데 조선은 이에 대해 감격해야 하고 왜노들이 명나라를 침범하려하여 군신의 의리에 배척하다가 침략을 받았다고 말하는 것은 부당하다고 하다.(『宣祖實錄』 선조26. 『集成』15-281) 1.7. 상이 劉員外에게 왜적의 패역함 등을 致謝하는 일을 비변사와 의논하다.(『宣祖實錄』 선조26. 『集成』15-282)/ 司憲府가 병기 수송을 지체시키는 수령을 各驛의 監掌軍粮宰臣으로 하여금 겸해서 검찰하게 하고 宣傳官이나 禁府 郎廳을 파견하여 군율로 처단할 것을 청하니 그대로 따르다./ 禮曹判書 尹根壽가 參將과 張都司를 만나 副將 李如栢이 定州 동쪽에서 왜적을 죽인 것과, 평양의 왜적은 5~6천 명뿐인데 모두 날래고 용감한 자들이며, 關白 平秀吉이 對馬島에 와서 머물고 있다는 등을 들어 아뢰다.(『宣祖實錄』 선조26. 『集成』15-283)/ 明兵部 武庫淸吏司員外郎 劉黃裳 등이 倭夷, 人事, 武器 등에 대해 移咨 하다.(『宣祖實錄』 선조26. 『集成』15-284)/ 당직이 큰 도적이 침범하여 종사가 폐허가되고 국토를 잃어 목숨을 기탁하고 있는데 대군을 보내어 주는 등의 은혜를 베풀어 준 데에 대한 감사의 내용을 회자하다.(『宣祖實錄』 선조26. 『集成』15-286) 1.8. 비변사가 京畿左道 監司 李廷馨이 本處의 식량이 부족하여 해변으로 옮기려 하는 것을 우선 머물면서 대기하여 천천히 進退를 의논하도록 하고 통제되지 않는 의병을 군법으로 다스리도록 하라고 아뢰다.(『宣祖實錄』 선조26. 『集成』15-287)/ 工曹判書 韓應寅 등이 提督이 거짓으로 沈遊擊이 도착했다고 하면 왜적들이 군사를 진열시키고 성을 나올 것이니 그 틈을 타서 습격한다는 전략 등을 치계하다.(『宣祖實錄』 선조26. 『集成』15-288)/ 都體察使 柳成龍이 巡邊使 李鎰이 명나라 장수 査遊擊이 왜노 23명을 유인하여 巡按에서 서로 대면하였다가 사로잡았다는 馳報를 듣고 보고하다./

일본

12.27. 상이 추량의 조달과 신추에 대한 일을 承政院에 하교하다./ 提督接伴使 工曹判書 韓應寅 등을 인견하여 平壤을 함락시키지 못하면 부족하게 되는 粮草의 조달과 平壤의 적병 수, 南軍을 거느려 京城을 회복하는 것 등에 대해 의논한다.(『宣祖實錄』 선조 25. 『集成』 15-268)/ 비변사가 중국 장수의 상견례를 다시 행하여 茶禮만이라도 하라고 청하다./ 비변사가 양향의 수송과 시초를 베게 하는 일을 都元帥 등에게 行移하도록 하자고 청하니 그대로 따른다./ 高彦伯에게 嘉義를 架資하였다.(『宣祖實錄』 선조 25. 『集成』 15-270)

12.28. 상이 李提督을 전별하고자 하였다가 李提督이 접견하기를 좋아하지 않으므로 還宮하였다.(『宣祖實錄』 선조 25. 『集成』 15-271)/ 司諫院이 중국 장수를 접대하는 일을 혼란스럽게 한 禮曹堂上과 都承旨, 色承旨를 推考하기를 청하였으나 윤허하지 않았다./ 司憲府가 중국 관원을 접대하는 예가 형편없으므로 禮曹堂上과 政院의 都承旨, 色承旨를 推考하기를 아뢰었으나 윤허하지 않았다.(『宣祖實錄』 선조 25. 『集成』 15-272)/ 兵曹判書 李恒福과 同知 이빈이 명을 받들어 提督을 祗送하다.(『宣祖實錄』 선조 25. 『集成』 15-273)

12.29. 本道 부근 地界의 수일 程 내의 郡縣에서 米粟과 太豆를 납부하는 자와 운반하는 자에게 本道의 예에 의하여 상을 주는 것 등의 京畿·黃海道 調度御使의 別事目(『宣祖實錄』 선조 25. 『集成』 15-273)/ 禮曹判書 尹根壽가 李 提督이 쓰고 그린 시와 묵죽이 든 부채를 받았다고 아뢰다.(『宣祖實錄』 선조 25. 『集成』 15-274)

【일본】

1.8. 황해도 鳳山에 在番하는 大友義統가 평양성이 明軍에 포위당했다는 것을 듣고, 鳳山番城을 버리고 도망갔다.(『朝鮮陣記』·『吉川家史臣略記』·『征韓録』·『島津家文書』2, 1954호)

1.12. 加藤淸正가 함경도 端川在番인 九鬼広隆 등에게 함경북도로부터 철퇴를 지시했다.(『九鬼文書』 文禄2年 1月11日, 加藤与左衛門·九鬼四郎兵衛·原田五郎右衛門·井上大九郎宛加藤淸正書状)

1.14. 조선봉행인 增田長盛, 鍋島直茂에게 加藤淸正의 함경북도의 패배는 명백하다고, 그의 행동을 책망하는 뜻의 서장을 보냈다.(『鍋島直茂譜考』補7)

1.15. 조선봉행인 大谷吉継, 鍋島直茂가 加藤淸正의 행동에 주의해야 한다는 뜻의 서장을 보냈다.(『鍋島直茂譜考』補7)

1.17. 小西行長 등의 軍이 漢城으로 帰陣했다.(占見元頼『朝鮮日記』文禄2.1.16조)

1.20. 이보다 앞서 1월10일에 鍋島直茂 家臣 田尻鑑種 등이 鍋島直茂에 앞서 咸鏡道 高原을 떠나 이날 漢城에 帰陣했다.(高麗日記 文禄 2.1.10조·1.19조)

1.24. 增田長盛·大谷吉継·石田三成등의 朝鮮奉行이 평양의 패배와 전황의 악화된 것을 豊臣秀吉에게 급히 알렸다. 이때, 漢城에 쌓아논 兵糧米는 兵力数의 2개월분, 1만4000석이었다.(『金井文書』文禄2年1月23日 長束大蔵大輔·山中橘内·木下半介宛 增田長盛外 4 名連署注進状)

2.5. 豊臣秀吉이 조선에 건너 간 선장과 사공의 태반이 사망했기 때문에 吉川広家의 留守居에 15~60세의 水主을 다시 名護屋에서 징발할 것을 지시했다.(『吉川家文書』1／783号)

2.14. 豊臣秀吉가 조선 및 名護屋在陣의 군사에게 도망치는 것을 금하고, 諸大名의 留守居의 領内에 人留番所을 설치하고, 通行印判이 없으면 처벌한다는 내용을 알리는 高札을 세울 것을 명했다.(『佐竹文書』文禄2年2月14日 南関城留守居宛豊臣秀吉朱印状·島津家文書1의 370호)

2.27. 豊臣秀吉가 京都·奈良에서 의사를 名護屋에 징집하고, 이들을 조선에 보내려고 했다. 이날 의사35명이 名護屋에서 출발했다.(『鹿苑日録』2.18条·多聞院日記2.26条·塩飽島文書文禄2年2月28日塩飽島船奉行中宛関白秀次朱 印状)

2.27. 宇喜多秀家 등 朝鮮在陣 諸大名가 사심을 버리고 公儀를 위해 최선을 다할 것을 서로에게 서약했다.(『吉川家文書』1·136号·吉川家譜12)

2.29. 加藤淸正·鍋島直茂 등의 군사들이 漢城에 帰陣했다.(占見元頼『朝鮮日記』, 文禄2.2.29조·鍋島直茂譜考』補8)

3.10. 豊臣秀吉가 朝鮮在陣 諸大名의 병력으로 하여금 경상도 晋州城을 포위하도록 하고, 경상도 尚州 주변성의 축성, 釜山浦 주변성의 축성, 尚州一釜山浦間 성들에 수군을 배치하도록 했다.(『事林明証』文禄2年3月10日 豊臣秀吉朱印覚書)

3.13. 이 즈음, 明의 副総兵 査大受·李如梅 등이 経略 宋応昌의 지시에 의해 일본군의 兵糧을 없애려고 漢城 竜山의 兵糧倉을 불태웠다.(『事大文軌』万暦21年3月7日, 経略宋容朝鮮国王·『両朝平壌 録』·『鍋島直茂譜考』補8)

3.23. 朝鮮在陣의 浅野長政 등이 明·朝鮮船이 기습해 오면, 海陸에서 防戦해야 할 것과 豊臣秀吉의 法度에 위배되는 싸움은 하지 말 것, 秀吉의 은혜를 잊지 않을 것을 상호간에 서약했다.(『古蹟文徴』文禄2年3月23日 浅野長政外10名連署契状)

4.12. 豊臣秀吉가 朝鮮在陣 諸大名 앞으로 薬師 20인을 파견했다.(『毛利家文書』3~1928호)

4.22. 豊臣秀吉가 朝鮮国 晋州城을 공략하여 전라·경상 양도를 억압할 것을 거듭 지시했다.(『毛利家文書』3, 892호·『浅野家文書』85호)

4.14. 加藤淸正가 漢城에서 釜山浦로 향하던 중, 安田善介을 자신의 영지에 피견하고, 조선의 투항사를 名護屋에 보낼 것, 船舶을 조달하여 鉄炮·兵糧을 釜山浦에 보내줄 것, 영지에서는 農耕에 힘쓸 것을 하달했다.(『原富太郎氏所蔵文書』欠年4月14日 加藤喜左衛門·下川又左衛門宛加藤淸正書状)

5.1. 豊臣秀吉가 浅野長政·黒田孝高·增田長盛·石田三成·大谷吉継에게 明과의 和議条項의 복안 및 조선 경상도 晋州城 공략을 지시하고, 明과의 화의가 파종될 때의 마음가짐을 전했다.(『黒田家譜朝鮮陣記』)/ 秀吉가 平壌 전투때, 조선 황해도 鳳山番城를 방기하고 도망한 大友義統의 겁쟁이 짓을 책망하고, 豊後国의 領知를 改易하고, 그 처분을 毛利輝元에게 맡기고, 義統 아들 義乗를 加藤淸正에게 처분하도록 했다. 또 薩摩国 出水의 島津忠長, 肥前国의 波多信時에 대해서도 그 겁쟁이 행태와 태만을 책망하고 改易하고, 忠辰을 小西行長에게, 信時를 黒田長政에게 맡겼다.(『島津家文書』2 1954호·1 391호·『毛利家文書』3, 1894호·『鍋島家文書』54호·『稲田海素氏所蔵文書』年欠5月29日 加藤喜左衛門·下川又左衛門宛加藤淸正書状)/ 秀吉가 熊谷直盛·水野久右衛門를 조선에 파견하여 日明講和가 성취되지 않는 경우를 상정하고, 朝鮮在陣의 諸大名에게 釜山浦 부근의 在番地域을 지정했다.(『征韓録』·『毛利家文書』3, 1894호)

연도	한국
▲ 1593 ▼	柳成龍이 아군을 평양성 밖에 모이도록 한 일을 진행하고 있다고 치계하다.(『宣祖實錄』 선조26. 『集成』15-289) 1.9. 평양에서 승리했다는 소식이 전해지다.(『宣祖實錄』 선조26. 『集成』15-289)/ 承政院이 劉員外와 袁主事가 家人을 보내어 평양을 공격하여 깨뜨리고 적장을 사로잡았으므로 국왕을 뵙기를 청한다고 아뢰다./ 평양에서 승리하자 대신들에게 수고했다고 이르다./ 상이 宋侍郎에게도 치사하라고 承政院에 하교하다./ 尹根壽가 提督이 奇聲에 진격하자 왜장이 張大膳을 시켜 명나라 군사를 잠시 물러나게 하면 福建에서 表文을 받들고 貢物을 바치겠다고 하였는데, 이를 거절하였고, 전투를 함에 있어서 죽은 왜군이 성에 가득하였다고 아뢰다.(『宣祖實錄』 선조26. 『集成』15-290)/ 상이 平壤의 적이 소탕되었으니 歸路를 정돈하고 수군은 수전으로 습격할 것을 兩南의 水使에게 宣傳官을 보내어 즉시 하유하라고 承政院에 전교하다./ 상이 중국 장수에게 몸소 나아가서 사례하겠다고 대신에게 물으니 마땅하다고 아뢰다.(『宣祖實錄』 선조26. 『集成』15-291)/ 상이 龍灣館에 나아가 劉員外와 袁主事를 접견하고 평양 수복의 공을 치사하다.(『宣祖實錄』 선조26. 『集成』15-292)/ 司諫院이 경성에서 부산까지의 군량이 미비하므로 募粟官을 뽑아 鐵嶺 一路에서 활용하는 데 미치게 하자고 청하니 그대로 따르다./ 良人 柳億 등이 적중에 들어가 仁宗·明宗의 位版을 받들어 오자, 비변사가 논상할 것을 계청하다./ 金晬를 知中樞府事로, 張雲翼을 承文院參校로, 姜緪을 奉敎로, 趙守翼을 待敎로 삼다.(『宣祖實錄』 선조26. 『集成』15-293)/ 都體察使 柳成龍이 명나라 군사가 七星門을 깨뜨리고 들어가 이미 평양을 수복한 듯 하다고 치계하다.(『宣祖實錄』 선조26. 『集成』15-294) 1.10. 禮曹가 평양의 수복의 일을 종묘와 사직에 고하고 진하하기를 청하니 그대로 따르다./ 劉員外와 袁主事를 전송하고 禮單과 贐行을 보냈으나 사양하여 받지 않다.(『宣祖實錄』 선조26. 『集成』15-294)/ 司諫院이 평양 수복은 큰 경사이긴 하지만 아직 兩京을 회복하지 못하였으므로 종묘와 사직에만 고하기를 청하니 그대로 따르다./ 司憲府가 명군의 死傷者가 많으므로 관원을 보내어 치제하여 軍情을 위로하고 都體察使로 하여금 시신을 묻고 將官을 斂殯할 것을 청하다.(『宣祖實錄』 선조26. 『集成』15-295)/ 비변사가 어가를 定州에 進駐하는 것이 옳다고 아뢰니 적의 사세를 관망하여 천천히 의논하여 처리하는 것이 타당하다고 이르다./ 비변사가 전투에 도움이 되지 못하고 양식만 허비하므로 전투에 적합하지 않은 자 10여명을 올려 보내 大駕를 扈衛하게 하라고 아뢰다.(『宣祖實錄』 선조26. 『集成』15-296)/ 비변사가 倡義使 金千鎰이 水使 李蘋에게 귀탁할 계획을 세웠다고 아뢰다./ 의주 官奴의 免役, 鄕史에 대한 관직 제수, 貢賦의 견감 등을 하교하다./ 李提督이 夜不隨 王眞이란 자를 보내어 平壤의 왜적을 물리쳤으니 안심하라고 전하고, 산으로 올라간 왜적들을 군사를 내어 포위하였는데 모두 죽일 것이고 왜장 한 명을 사로잡은 것에 대해 아뢰다.(『宣祖實錄』 선조26. 『集成』15-297)/ 비변사가 寅城府院君 鄭澈의 사직을 허락하지 말고 회유하기를 청하다.(『宣祖實錄』 선조26. 『集成』15-298) 1.11. 상이 定州에 陳奏하는 일을 준비하라고 하교하다./ 司諫院이 물력을 아끼라고 청하니 그대로 따르다.(『宣祖實錄』 선조26. 『集成』15-298)/ 상이 平壤을 수복하였다 하더라도 북방의 적을 가볍게 여겨서는 안되고 반드시 명나라 군사가 넘어가서 협공해야 할 것이며 앉아서 왜적이 도망가기를 기다려서는 안 된다고 이르다./ 상이 적을 토벌하고 수복하는데 공을 세운 鄭崑壽에게 崇政大夫로 加資하고 그의 書狀官 沈友勝을 堂上官으로 승진시키고 각 譯官에게 상을 주라고 분부하다.(『宣祖實錄』 선조26. 『集成』15-299)/ 예조가 종묘 사직의 祭文을 御押하는 일을 아뢰다./ 강원도에서 올린 物膳 중 좋은 어물은 李 提督에게 증정하다./ 상이 의병장으로 하여금 군사를 통솔하고 양식이 있는 곳에 가도록 하여 崔湜·李誠中·權徵·李廷 등이 있는 곳으로 수송하게 하라고 承政院에 하교하다.(『宣祖實錄』 선조26. 『集成』15-300)/ 戶曹가 경기도의 군량이 부족하다는 京畿 監司 李廷馨의 장계를 보고 본도의 군량과 응모한 곡식을 편의에 따라 나누어 쓰고 사세가 몹시 군색할 때 강화에 비치한 쌀을 실정에 맞게 옮겨 지공하도록 하자고 아뢰다./ 호조가 京城의 龍山倉에 비축미가 쌓여있고, 또한 왜적들이 各倉의 곡식을 小公主洞宮에다 옮겨서 비축한 것이 많다고 하니, 京城을 수복한 뒤에 장수를 보내 龍山倉 등 창고를 점거하도록 京畿左右監司에게 移文하도록 아뢰다.(『宣祖實錄』 선조26. 『集成』15-301)/ 鄭崑壽를 判敦寧府事로, 沈友勝을 折衝 將軍 僉知中樞府事로, 徐渻을 司憲府 持平으로, 洪可臣을 坡州 牧使로, 寅城 府院君 鄭澈을 謝恩使로, 金晬를 副元帥로 張雲翼을 書狀官으로, 李빈을 平安道 兵馬 節度使로, 李鎰을 知中樞府事로 삼았다./ 都巡察使 李元翼이 黃州 牧使 金進壽의 飛報를 보고 명나라 군사가 황주목으로 진격하여 洞仙峴에 이르러 1백여 명의 목을 베고 1천여 명을 사살하였다고 치계하였다(『宣祖實錄』 선조26. 『集成』15-302)/ 提督 李如松이 군사들을 거느려 平壤에서 왜적을 격파한 것을 기록하다./ 袁 主事가 팔도에 있는 兵馬의 총수 중 왜노에게 빼앗긴 수와 현존하는 병마의 수 및 현재 병마 숫자를 물었다./ 京畿道 江華府에 駐箚한 全羅道 節度使 崔遠의 군사 4천 명, 京畿道 巡察使 權徵의 군사 4백 명, 倡義使 金千鎰의 군사 3천 명, 義兵將 禹性傳의 군사 2천 명, 水原府에 駐箚한 全羅道 巡察使 權慄의 군사 4천 명 등 각도에 있는 兵馬의 숫자를 아뢰다.(『宣祖實錄』 선조26. 『集成』15-306)/ 중국군 각영 영병의 수목을 기록하다(『宣祖實錄』 선조26. 『集成』15-309) 1.12. 持平徐渻이 두 왕자를 모시고 會寧에 들어갔다가 왕자가 잡히고 재신이 사로잡혀 욕을 당했음에도 그 화를 면한 자신에게 내려진 風憲직을 사임하고자 하였으나 허락하지 않다.(『宣祖實錄』 선조26. 『集成』15-309)/ 袁 主事가 평양으로 나아가다./ 좌상 윤두수 등을 인견하고 양호의 군량 수송, 이 제독의 사우를 짓는 일을 논의하다.(『宣祖實錄』 선조26. 『集成』15-310)/ 接待都監이 宋經略의 旗牌 金希允이 9일 오전에 요동을 향하여 출발하는 등 宋經略의 일정과 병력에 대해 보고한 것을 아뢰다./ 司憲府가 병조가 邊將을 차출할 때 병사로 하여금 임시로 임명하도록 주청하여 그 失政이 심하므로 병조의 당상과 색낭청을 推考하고 그 公事를 거행하지 말도록 청하다./ 司諫院이 忠州 병사 李沃이 변란 이

일본

5.15. 石田三成·增田長盛·大谷吉継 등 조선 三奉行과 小西行長가 明使節인 謝用梓·徐一貫을 동반하여 名護屋에 着岸했다.(『時慶卿記』5.21조·6.1조·『小早川家文書』1416호·300호·『毛利家文書』3, 1897호·898호)/ 西笑承兌이 肥前国 名護屋에서 日明講和交涉하기 위해서 京都를 출발했다.(『時慶卿記』5. 14조)

5.15. 朝鮮在陣의 生駒親正 등이 「明使節」의 일본 도해후의 상황을 長束正家 등에게 묻고, 慶尙道 南岸에 築城 공사를 완료한 후, 全羅道를 토벌할 생각이 있음을 드러냈다.(『古蹟文徵』文禄2년5월14일 長束大蔵大輔·木下半介·山中橘内宛而則外5名連署状)

5.20. 豊臣秀吉가 朝鮮在陣의 諸将들에게 晋州城 攻略의 병력배치, 釜山浦를 비롯해 경상도 남해안 일대에 築城하고 在番할 것을 명했다.(『島津家文書』1, 1955호·『武家事紀』31 文禄2년5월20일 豊臣秀吉朱印朝鮮国御仕置之城々覚)

5.22. 豊臣秀吉가 小早川隆景에게 書를 보내어, 日明 화의조건이 秀吉의 뜻에 맞지 않으면 和議에 응할 수 없다고 하며, 화의교섭에 관계없이 경상도 晋州城을 포위해야 한다는 뜻을 지시했다.(『小早川家文書』1301호)

5.23. 豊臣秀吉가 明使節 謝用梓·徐一貫을 名護屋城内의 金의 茶室에서 향응했다.(『太閤記』)

6.28. 이보다 앞서 景轍玄蘇·玄圃霊三이 明使節과 和議条件을 절충했다. 이날, 豊臣秀吉가 明使節에게 일본 天皇에게 明皇帝의 공주를 며느리로 보내고, 勘合制度를 부활하며, 朝鮮領土를 나누는 것을 내용으로 하는 和議条件 7개조와 大明勅使에 대해 보고해야 하는 条目을 石田三成 등을 통해 제시했다.(『南禅旧記』·『中外経緯伝』·『太閤記』·両国和平条件·『続善隣国宝記』·『江雲随筆』·『乱中雑録』癸巳. 9. 一条)

윤9.26. 豊臣秀吉가 鍋島直茂·吉川広家·加藤嘉明 등에게 名護屋 在陣軍이 도망치는 것을 금하고, 도망치는 자를 잡아 들일 것을 지시하고, 영지에 용건이 있는 자에게는 印判을 주기로 했다.(『鍋島家文書』62号·『吉川家文書』1 1757호·近江水口 加藤文書年次後9月26日 加藤左馬助外3名宛豊臣秀吉朱印状)

11.29. 豊臣秀吉가 朝鮮在陣의 諸大名에게 朝鮮細工人·縫官女를 秀吉휘하에 징발할 것을 지시다.(『鍋島家文書』65호·『島津家文書』1, 809호)

12.-. 島津義久가 琉球国王 尙寧에 대하여 琉球가 軍役을 過半調達한 것을 기뻐하고, 朝鮮 在番中의 陣의 뜻을 薩摩·琉球가 一致해서 해야할 뜻을 전하다.(『薩藩日記』雑録 後編)

후부터 머뭇거리면서 물러나 웅크린 적이 허다하고 적을 물리친 것을 자기 공으로 삼아 거짓 보고를 하였으므로 관직을 삭탈 할 것 등을 청하다.(『宣祖實錄』선조 26. 『集成』15-315)/ 賓廳에 적의 우두머리 秀吉의 흉악한 계책은 헤아리기가 어렵고 왜적의 성질은 날래고 사나워 혹시라도 여러 도의 적을 모아서 다시 명나라 군사에게 항거할까 두려우니 정병과 양식을 조치하라고 전교하다.(『宣祖實錄』선조 26. 『集成』15-316)/ 비변사가 연해의 公私船을 조발하여 수로로 운반하고, 육로로도 수송하도록 하는 등의 내용을 명나라 장수의 차관과 의논하여 조치하겠다고 아뢰다./ 비변사가 명나라 군사가 이르는 곳의 각처 의병 중 세력을 합하고 용맹을 떨쳐 적을 쳐서 참살하는 자는 공을 上等으로 삼는 등 의병들에게 그 성과에 따라 등급을 달리 하라고 청하다./ 遼東都指揮司使가 왜노가 함부로 날뛰면서 조선을 빼앗고 명나라를 침범한다고 소문을 내고 있으니, 왜장의 목에 현상을 거는 내용 등을 移咨하다.(『宣祖實錄』선조 26. 『集成』15-317)/ 兵部主事 袁黃이 역마다 差官 1명이 출근하여 등록을 관장하고 5일에 한번 순환하도록 하여 지방 왜노의 정황을 즉시 傳報하게 하는 등의 禁約을 내어 보이다.(『宣祖實錄』선조 26. 『集成』15-319)

1.13. 상이 승지를 보내어 御寶를 받들어 東宮에게 禪位한 다음 安州로 나아가도록 하여 협력하여 책응하도록 하라고 承政院에 전교하다./ 좌의정 尹斗壽 등이 명나라 황제가 明將을 보내 왜적을 정벌, 섬멸시켜 강토를 수복하도록 기약하였는데 아직 冊封하는 奏請도 없이 傳位한다는 것은 그릇되는 일이니 禪位의 명을 거두기를 청하자, 상이 이를 거절하다.(『宣祖實錄』선조 26. 『集成』15-320)/ 尹斗壽 등이 세 번 청하였으나, 상이 윤허하지 않다./ 비변사가 병사 이일이 적왜가 밤에 도망할 적에 제때 보고하지 않아 명나라 장수로 하여금 알지 못하게 하는 등의 죄가 있으므로 국문하여 죄주기를 청하다.(『宣祖實錄』선조 26. 『集成』15-321)/ 비변사가 李沃이 패배한 죄를 요즘의 소위를 관찰한 후 그 죄를 천천히 의논하여도 늦지 않을 것이라고 아뢰다.(『宣祖實錄』선조 26. 『集成』15-322)/ 李提督이 왜적으로부터 구제하려고 조선에 왔는데 柳成龍, 尹斗壽 등이 와신상담하여 왜적을 섬멸해 수치를 씻을 생각은 하지 않고 술을 즐기는 것 등에 대해 본국에 牌를 보내다.(『宣祖實錄』선조 26. 『集成』15-323)/ 이증을 司憲府 대사헌으로 삼고, 이유징·이수광·박승종·이호민·김응남·윤우신·李德馨·김우옹·한준·신잡·윤자신·기자헌·길회 등에게 관직을 제수하다.(『宣祖實錄』선조 26. 『集成』15-324)

1.14. 대사헌 李增이 乘輿가 의주로 파천하는 날에 변을 당해 낭패하여 호종하는 반열에 미치지 못한 일에 대해 죄를 주기를 청하다./ 司憲府가 호종에 미치지 못한 대사헌 李增을 遞差하기를 청하다.(『宣祖實錄』신조 26. 『集成』15-324)/ 좌의정 尹斗壽가 提督의 軍前에 가려하자 인견하여 위로하고 경성 수호 등을 논의하고 司諫院이 군량을 柳成龍으로 하여금 잘 처리하게 하라고 청하다.(『宣祖實錄』선조 26. 『集成』15-325)/ 成渾을 司憲府 대사헌으로, 鄭姬藩을 승承政院 동부승지로, 具宬을 司諫院 사간으로 삼다./ 都巡察使 李元翼 등이 명장이 생포한 왜적의 中軍이라 일컫는 자에게 왜적의 정예군은 어디에 있었고, 함경도에 있는 적의 수효 등에 대해 심문한 내용과 왜노가 도망하였는데 黃海道의 將兵官이 일을 그르친 것 등을 치계하다.(『宣祖實錄』선조 26. 『集成』15-329)

1.15. 비변사가 李元翼 등의 장계를 보고 戰陣에서 죽은 명나라 군사에게 제물을 정성스럽게 갖추고 分戶曹 參判 成壽益으로 하여금 전장에 나아가 제사를 지내도록 하라고 청하다./ 비변사가 전진에서 죽은 천총과 파총에게 부의를 내리자고 청하다./ 知中樞府事 金應南 등이 평안도 초야의 인물을 발탁, 민생의 안정 도모 등을 청하다.(『宣祖實錄』선조 26. 『集成』15-331)/ 司諫院이 종묘 사직의 예를 거행하는 것을 군사가 조금 늦추어지기를 기다려 행하도록 하고 身病이 있다는 이유로 임명받은 곳에 나가지 않은 全城君 李準을 파직하기를 청하다.(『宣祖實錄』선조 26. 『集成』15-332)/ 司憲府가 도성을 수복하지 못하여 위로하고 사례하는 예를 종묘와 사직에 행하지 못

연도	한국
▲ 1593 ▼	했으므로 우선 文廟에 관원을 보내 고하도록 청하다./ 李時言이 先鋒의 왜적이 이미 퇴각하였으며 뒤에 있던 적들도 모두 都城을 향하여 도망갔다고 첩보하다.(『宣祖實錄』선조26.『集成』15-333)/ 領議政 崔興源과 左贊成 鄭琢이 동궁을 모시고 寧邊府에 머물러 있으면서 軍器判官 趙信道와 助防將 朴名賢을 차임하여 군사 3백 명을 명군과 합동으로 北路로 떠나게 하는 등 명군과의 합동 작전을 편 내용을 치계하다.(『宣祖實錄』선조26.『集成』15-334)
	1.16. 龍灣館에서 張都司를 접견하여 흉적들이 섬멸된 것과 식량과 말먹이 지급한 것에 대해 말하다.(『宣祖實錄』선조26. 『集成』15-334)/ 尹根壽가 張都司가 그 아들을 위해 왜적의 수급을 얻으려고 하는데 이것은 공을 꾸미려는 것으로 따를 수 없지만 도사가 우리 나라를 위하여 진력하고 있으니 요청하는 바를 따라주는 것이 온당할 듯하다고 아뢰다./ 상이 承政院에 의주 사람들의 논상하는 일에 대해 군공에 빠진 사람이 없도록 고을의 목사로 하여금 追錄하여 아뢰도록 하라고 하교하다.(『宣祖實錄』선조26.『集成』15-335)
	1.17. 상이 궐문에 나가 대소의 父老를 모으고 정주로 移駐하는데 앞서 8개월 간 한 나라의 용도를 감당하고 명나라 장수를 지공하고 접대하여 승리를 이끌게 한 것에 대해 위로하는 전교를 반포하다.(『宣祖實錄』선조26.『集成』15-323)/ 司諫院이 군주가 욕을 당하고 신하가 죽는 때를 당하여 적을 토벌하고 원수를 갚기에도 겨를이 없는 때에 元帥의 군중에서 올 때에 娼妓와 잠자리를 같이 한 兵曹正郞 柳熙緖를 파직하고 서용하지 말기를 청하니 추고하도록 하다./ 비변사가 동궁이 명나라 장수에게 예의상 직접 사례하고 겸하여 꼴과 식량을 독려하는 일에 대해 아뢰다./ 상이 18일 대가를 출발시키는 아침에 용만관에서 궐패를 마련하고 북쪽을 향해 다섯 번 절하고 세 번 머리를 조아린 뒤 張都司에게 告辭하는 등 떠날 차비를 하는 일에 대해 예조에 문의하다.(『宣祖實錄』선조26.『集成』15-337)/ 상이 이어할 때 戎服의 색깔에 대해 하문하니 예조가 紅緞戎服에 삿갓을 꾸민 것을 착용하기를 아뢰다./ 京畿觀察使 李廷馨이 抱川에 주둔한 적이 金化와 鐵原의 적과 연락하여 합동으로 진을 치고 있으며, 개성의 적은 壬辰강 하류인 德津壇 근처에 목책을 설치하고 참호를 파 이곳에 웅거하여 지킬 계획인 듯하다는 내용을 치계하다.(『宣祖實錄』선조26.『集成』15-338)
	1.18. 상이 의주를 출발하여 가다가 평양을 공격할 때 탄환에 맞아 병으로 돌아가는 중인 제독의 中軍 方時春을 만나 손을 들어 위문하고 內醫 申汝澤으로 하여금 중군을 따라가 증세를 진찰하도록 하고 활과 화살을 내려 주다./(『宣祖實錄』선조26.『集成』15-338)/ 왕세자가 영변에 있다./ 상이 대가가 지나가는 일로에 田租를 내리거나 貢賦를 감해주라고 전교하다./ 大駕가 良策館에 머무르다.(『宣祖實錄』선조26.『集成』15-339)
	1.19. 대가가 良策을 출발하여 저녁에 林畔에 머무르다./ 왕세자가 영변을 출발하여 博川에 유숙하다./ 상이 禮曹判書 尹根壽를 인견하여 변경에 머무는 노고를 위로하다.(『宣祖實錄』선조26.『集成』15-340)/ 司諫院이 대가가 진주할 때 필요한 馬匹과 기구의 수효를 이미 該曹로 하여금 行會하게 하였는데도 마필을 지나치게 낸 병조의 색낭청을 추고하라고 청하다.(『宣祖實錄』선조26.『集成』15-341)/ 司憲府가 전 全城君 李準이 병을 핑계로 물러나 있으면서 放草를 하지 않아 명나라 장수의 노여움을 샀으므로 잡아다 추국하기를 청하니 그대로 따르다./ 예조가 종묘 각실의 御寶를 찾아 왔으므로 陪進官을 차정하여 영변에 보내라고 아뢰다./ 상이 가마에 오르면서 都承旨 柳根으로 하여금 父老들을 위로하게 하고 右副承旨 沈喜壽를 시켜 龍川郡守 具思欽에게 전교하여 명나라 장수와 군사 중 우리나라의 일로 상처를 입고 돌아오는 자들에게 求療하여 돌아갈 수 있도록 하라고 하다.(『宣祖實錄』선조26.『集成』15-342)/ 명나라 조정의 사람이 奏本을 가지고 지나가자 洪純彦이 명나라 조정 사람들은 이것을 만나면 말에서 내렸다고 아뢰니 상이 말에서 내리다./ 예조가 도성으로 돌아가 영녕전 6실과 종묘 10실에 각각 腰輿를 만들어야 하며 사직 4위는 두 개의 腰輿를 만들되 네 사람이 메고 모실만한 체제로 하라고 아뢰다./ 黃海監司 柳永慶이 黃州牧使 金進壽의 馳報에 9일에 도망하는 적을 本州의 군사가 세차례 접전하여 벤 것이 백여급이라고 치계하다.(『宣祖實錄』선조26.『集成』15-343)
	1.20. 大駕가 林畔을 출발하여 저녁에 定州에 도착하자 왕세자가 영변에서 먼저 정주에 도착하여 대가를 영접하며 안부를 여쭈다./ 양사가 本邑에서 명군을 접대하지 않았으므로 군수를 명군이 보는 곳에서 決杖하게 하라고 합계하니 상이 그대로 따르다./ 司諫院이 黃海監司 柳永慶이 적이 老里峴을 넘었다는 것을 듣고도 동궁이 옮기기를 기다리지 않고 安岳으로 달아났으며 심지어 꼴과 식량을 전혀 준비하지 않아 大兵을 전진할 수 없게 하였으므로 파직하기를 청하다.(『宣祖實錄』선조26.『集成』15-344)/ 接待都監이 劉員外가 교외에서 영접하지 않고 접대하는 것이 제독만 못하였으며 定州에 도착했을 때도 供帳이 준비되지 않아 화를 냈다고 하니 沈熙壽를 보내어 사죄하게 하다.(『宣祖實錄』선조26.『集成』15-345)/ 땅거미가 질 때 왕세자가 大駕를 定州 교외에서 영접하다./ 상이 세자와 백관을 거느리고 社稷의 신주를 展謁하고 종묘 신주에 哭臨하다.(『宣祖實錄』선조26.『集成』15-346)
	1.21. 상이 정주에 있다./ 상이 대신에게 세자로 하여금 安州에 전진하도록 하여 명나라 군사에게 책응하고 식량 운반을 독려하는 일을 議啓하도록 하라고 하교하였다.(『宣祖實錄』선조26.『集成』15-346)/ 비변사가 大駕가 의주에 머물렀을 때는 왕래하는 거리가 멀었기 때문에 세자가 식량 운반을 독려하며 겸하여 책응하는 것이 온당하였으나, 대가가 정주에 머물렀으므로 이곳에서 식량을 책응해야 한다고 아뢰다./ 비변사가 黃海 監司 柳永慶과 調度 御使 鄭光績을 파직하여 다른 사람으로 遞代시키는 즈음에 명나라 군사가 지나가는 날과 서로 마주칠 것이므로 뒷날 그 죄를 천천히 의논하기를 청하니 그대로 따르다./ 司諫院이 劉 員外를 접견할 때의 예절이 잘못되었는데 承政院에서 주선을 잘못하고 실례하도록 맡겨두었으므로 洪純彦을 파직하고 都承旨와 色承旨를 추고하기를 청하다.(『宣祖實錄』선조26.『集成』15-347)/ 大司憲 鄭昌衍이 왜적이 변란을 일으켜 종묘와 사직을 모두 폐허로 만들었으나 國祿만 먹고 직책을 다

일본

하지 못한 죄 등을 이유로 직임을 체임하여 감당할 사람을 임명하도록 청하다.(『宣祖實錄』선조 26.『集成』15-348)

1.22. 상이 왕세자와 日官을 거느리고 太宗 大王의 晬容을 祗迎하다./ 영의정 최흥원이 등이 왕세자와 대가를 분리하지 말라고 청하다.(『宣祖實錄』선조26.『集成』15-349)/ 慶尙右道監司 金誠一이 적이 昌原에 주둔하여 다시 침범할 계획으로 湖南으로 향하고 있으나, 먼저 晉州成 싸움에서 왜적을 물리치고 성을 지킨 金時敏 등의 장군들에게 포상하도록 치계하다.(『宣祖實錄』선조 26.『集成』15-350)/ 倡義使 金千鎰이 외부에 흩어져 있는 왜적을 격파한 연후라야 도성 안에 점거하고 있는 적들을 공격 할 수 있으니 아직 거사하지는 않고 기회를 기다리고 있다고 치계하다./ 金千鎰이 왜적이 康陵·泰陵·大院君의 묘소를 도굴하려다 실패하였고 司憲府書吏 崔業이 왜의 書員이 되어 전적으로 능을 파는 일을 관장하여 坊里의 人丁을 뽑았다는 것을 치계하다./ 黃海監司 柳永慶이 명나라 군사가 이미 黃州를 지났는데 왜적이 소문을 듣고 京城으로 돌아갔고, 左防禦使 李時言이 9일에 도망하는 적을 추격하여 죽이고 1명을 사로잡아 명나라 장수에게 수송하였다고 치계하다.(『宣祖實錄』선조 26.『集成』15-351)/ 도체찰사 유성룡이 號令이 시행되지 않는다며 군정을 엄숙히 하라고 청하다./ 黃海道 監司 柳永慶이 일로의 적은 도망하였고 江白의 적은 그대로 소굴에 웅거하면서 끝까지 항거할 듯하며, 일로의 도망한 적들도 金郊에 진을 치고 모여 있다고 치계하다.(『宣祖實錄』선조 26.『集成』15-352)

1.23. 司諫院이 柳永慶과 鄭光績이 직무를 제대로 감당하지 못한 죄를 파면하도록 주청하였으나 비변사가 꼴과 식량을 운반하는 데 급하여 뒷날의 성과를 책임지우게 하였으나 기약이 없을 듯 하므로 파직시키기를 청하였으나 윤허하지 않다./ 司憲府가 定州 牧使 李徵이 袁主事를 접견하는 예가 있었는데도 상세히 탐지하지 못하고 嚴鼓를 두 번씩이나 쳐서 사람을 집합시켜 놓고는 헛되이 해산하게 하였으니 파직시키길 청하다./ 상이 명나라 장수 黃應賜 등을 접견하였는데 黃應賜이 暹羅國에서는 이미 日本을 정벌할 10만의 군사를 징발하였고, 왜적에게 부역한 백성들을 살리기 위해 免死帖을 가지고 왔다는 등을 말하다.(『宣祖實錄』선조 26.『集成』15-353)/ 상이 각처의 의병을 동원하여 군량을 수송하여 명나라 군사를 지공하게 하고 영을 어기는 자는 그 장수를 군령에 의거하여 시행하라고 분부하다./ 右副承旨 柳夢鼎이 요동에서 돌아와 經略 宋應昌에게 문안하다.(『宣祖實錄』선조 26.『集成』15-354)/ 호조가 都體察使 柳城龍의 장계에 명나라 장수의 선봉이 이미 七站에 도착했는데 황해도 각 고을의 곡식이 아직 일제히 이르지 않았으므로 대가 호위군 80명 등에게 순안 고을에 저축된 곡식을 받아 가는 등의 방안에 대해 아뢰다.(『宣祖實錄』선조 26.『集成』15-355)

1.24. 司諫院이 江原道 召募使 沈友正이 都元帥의 從事官이었을 때에 壬辰강이 적의 수중에 떨어지자 그의 主將을 버리고 도망하였으므로 파직시킨 뒤에 추국하라고 하니 그대로 따르다.(『宣祖實錄』선조 26.『集成』15-355)/ 司憲府가 定州 牧使 李徵에게 명나라 장수를 접대하려 하였으나 오가는 것을 정확히 보고함이 없었으니 파직하기를 청하였으나 윤허하지 않다./ 상이 承政院에 사은하는데 奏本을 쓰는지 表文을 쓰는지 하문하다./ 대신이 제독이 謝恩使를 먼저 보내려고 하니 사유를 갖추어 주문하고 겸해서 拜表하여 사례하며, 경성을 수복하기를 기다린 뒤에 다시 사은하자고 아뢰다.(『宣祖實錄』선조 26.『集成』15-356)/ 좌의정 尹斗壽가 平壤의 정비상황과, 왜적들이 발굴하려고 실패한 묘지를 새로 보수한 것 등을 치계하다.(『宣祖實錄』선조 26.『集成』15-357)/ 經略 宋應昌이 비록 平壤에서 승리하였으나 王京은 아직도 적에게 점거 당하고 있으니 都城 수복을 위해 軍民을 고무하라고 移咨하다.(『宣祖實錄』선조 26.『集成』15-358)

1.25. 각처의 관군과 의병이 도망하는 적을 차단하여 공격하고 잡는 이가 없으니 비변사로 하여금 조처하도록 전교하다.(『宣祖實錄』선조 26.『集成』15-358)/ 朴泓, 申砬 그리고 기타 패배한 장수 및 도망한 수령으로 더욱 심한 자는 즉시 전형을 시행하고 뒤따라 처리할 뜻을 비변사에 묻도록 하라고 이르다./ 비변사가 朴泓은 백의 종군하도록 허락하여 뒷날 성과를 책임였는데 그 뒤 적을 베고 사로잡은 공이 없지 않으므로 지금 와서 시행하는 것은 王政에 어긋남이 있고, 申砬 또한 끝까지 추국한 뒤 정형하는 것도 늦지 않다고 아뢰다.(『宣祖實錄』선조 26.『集成』15-359)/ 상이 吏批에게 冗官을 차출하지 말라고 전교하다./ 司諫院이 該曹로 하여금 賑救와 耕種 등의 일을 상세하게 강구하여 별도로 사목을 만들어 팔도에 행회하고 급속히 거행하여 백성이 농사철을 놓치지 않도록 하라고 아뢰다./ 同知中樞府事 金宇顒이 館에 나가 參奉 馮仲纓이란 사람을 만나 함경도의 왜적을 물리칠 대책을 논의하여 아뢰다.(『宣祖實錄』선조 26.『集成』15-360)/ 영의정 崔興源이 袁主事에게 두 왕자가 함경도의 왜적 속에 있는데 사람을 뽑아 檄文을 띄어 賊中에 보낸다면 살아 돌아올 수 있으니, 馮相公이 함경도에 가는 길에 부치자고 한 것을 아뢰다.(『宣祖實錄』선조 26.『集成』15-361)/ 상이 병세가 심하므로 즉시 禪位 할 수 없다고 하더라도, 세자가 이미 임시로 국가의 일을 대리하는 명을 받았으므로 유사의 啟辭와 政事는 모두 동궁에게 품하여 처리하라고 전교하다./ 承政院이 政事를 세자가 처리하라는 전교는 조정으로 하여금 모르게 하고서 거행할 수 없다고 아뢰니, 상이 조정에 말하지 말고 속히 거행하라고 이르다.(『宣祖實錄』선조 26.『集成』15-362)/ 비변사가 京畿 兼防禦使 高彦伯의 書狀에 李亨男이 감사가 해를 당할 때 구원하지 않은 죄를 져서 決罰할 일로 추적하여 잡아오게 하였는데 도리어 욕을 하며 도피하였다 하므로 국문하기를 청하다./ 비변사가 都體察使 柳城龍의 書狀에 兪泓이 이미 三道 體察使로 江華에 들어갔으므로 柳城龍으로 하여금 처음부터 끝까지 명나라 장수를 대접하는 일을 감독하게 하고 兪泓은 行朝로 되돌아오게 하라고 아뢰다.(『宣祖實錄』선조 26.『集成』15-363)

1.26. 司憲府가 우의정 유홍이 명나라 군사와 한번도 적을 협공하지 않고 돌아서서 강화로 나아가는 등 함께 일을 하기 어려운 상황이니 도체찰사 직임을 체차하기고 청하다./ 최흥원이 육경 이상의 청대를 아뢰다./ 영의정 최흥원이 등이 공사를 동궁에게 재결받으라는 전교를 거두어 달라고 청하다.(『宣祖實錄』선조 26.『集成』15-364)/ 영의정 최흥원이 육경 이상이 다시 아뢰다./ 양사가 동궁에 政事를 일임한다는 전교를 거두기를 청하다.(『宣祖實錄』선조 26.『集成』15-366)/ 홍문관이 옛 강토를 도모해야 할 때이므로 機務를 세자에게 일임한다는 전교를 거두기를 청하다./ 承政院이 세자에게 공사를 전임하게 하라는 전교를 거두기를 청하다.(『宣祖實錄』선조 26.『集成』15-367)/ 承政院이 宋侍郎은 詔使의 예에 의거하여 접대하라고 아뢰다./ 예조가 역관을 보내어 여러 가지 주선하게 하고 程文하여 상께서 먼저 定州에 도착하여 經略을 기다리도록 하라고 아뢰다.(『宣祖實錄』선조 26.『集成』15-368)/ 좌의정 윤두수가 壬辰강 나루터 가에 약 3~4천 명의 왜적이 모여 주둔하고 있으므로 서로 바라보이는 곳에 군영을 주둔시키는 등 개성의 왜적을 정탐한 일에 대해

연도	한국
▲ 1593 ▼	치계하다./ 좌의정 尹斗壽가 平壤에 적이 쌓아 놓은 土窟을 조사하여 치계하다.(『宣祖實錄』선조26.『集成』15-369) 1.27. 영의정 이하가 세자에게 임시로 대리하라는 명을 정지하기를 청하다./ 양사가 재차 아뢰도 옥당에서도 차자를 올렸으나, 상이 모두 굳게 거절하고 따르지 않다.(『宣祖實錄』선조26.『集成』15-370)/ 예조가 園陵이 오래도록 적의 소굴이 되어 불타고 파헤쳐진 변고가 곳곳마다 그러하니 참봉을 가려 뽑아 적이 물러나는 대로 보수하여 깨끗하게 하도록 하고 齊陵과 後陵에 朝陵使를 차출하라고 청하다./ 비변사가 명나라 군사가 승승장구하여 이제 곧 경성을 공격하려 하는데 판윤 韓準이 뒤따라갔다고 아뢰다./ 동궁이 成川에 머물고 있을 때 적의 소굴이 매우 가까워 호위가 긴급하여 별도로 義勇隊를 설치하였는데 대가가 도성으로 되돌아가기 전에 병조가 계청하여 禁軍의 예에 따라 윤번으로 숙직하게 하다.(『宣祖實錄』선조26.『集成』15-371)/ 호조가 양호의 곡식을 배로 운반하는 일을 아뢰다./비변사가 병들고 다친 중국 군사들을 同知中樞府事 盧稷으로 하여금 구휼하게 하라고 청하다.(『宣祖實錄』선조26.『集成』15-372) 1.28. 영의정 최흥원 등이 세 번 아뢰고 양사가 두 번 아뢰고,종척과 옥당, 承政院, 예문관, 육조가 모두 상차하여 임시로 대리하게 하는 명을 정지하도록 주청하였으나 상이 모두 윤허하지 않다./ 備忘記로 적이 성 위에다 설치한 軍堡를 활용하는 것과 적의 변고를 겪은 箕子墓를 치계하는 것, 왜적의 長技는 火砲에만 있으니 提督 등에게 移咨하여 焰硝를 제련하고 총을 만드는 법 등을 익히도록 하다.(『宣祖實錄』선조26.『集成』15-373)/ 비변사가 폐습의 혁신, 기자묘의 치제, 염초 제련법의 전수 등을 청하다.(『宣祖實錄』선조26.『集成』15-374)/ 柳根을 漢城府 判尹으로, 沈喜壽를 都承旨로, 沈友勝을 同副承旨로, 趙仁得을 황해 병사로 삼다./ 漢城府 判尹 李德馨이 東坡에 도착하니 적이 坡州의 梨川院에 주둔하고 있다가 명나라 군사의 파발가가 10여급을 베니 적이 모두 그들의 소굴을 태워버리고 경성으로 도망하여 들어갔다고 치계하다.(『宣祖實錄』선조26.『集成』15-375)/ 都元帥 金命元이 提督이 여러 장수를 불러 조선이 적에게 피폐 당하였으니 폐단을 일으키지 말고 왜적을 소탕하여 평정하여 백성을 편안하게 살도록 경계한 것 등을 치계하다.(『宣祖實錄』선조26.『集成』15-376) 1.29. 양사와 옥당이 세자가 임시로 대리하게 하는 명령을 정지하도록 계청하였으나 상이 따르지 않다./영의정 최흥원이 백관을 거느리고 복합하여 임시로 대리하게 하는 명령을 정지하도록 주청하다.(『宣祖實錄』선조26.『集成』15-376)/ 영의정 崔興源이 백관을 거느리고 禪位의 명을 거두기를 재차 아뢰자, 왜적이 물러가면 禪位하기로 약속하다.(『宣祖實錄』선조26.『集成』15-377)/ 承政院에 명나라 군사와 협공하여 왜적을 공격하는 것이 가장 시급하고, 兩湖로 하여금 지역의 날랜 군사를 징발하여 적을 섬멸하게 하는 것과, 三道의 水使는 수군을 거느리고 해상에서 요격하여 모두 섬멸하도록 전교하다.(『宣祖實錄』선조26.『集成』15-378)/ 상이 宋侍郎이 의주에 머물고 정주에 오지 않는다고 하니 간략하게 侍臣을 거느리고 의주에 맞이하여 찾아가겠다고 전교하다./ 비변사가 북방의 적이 아직도 있으니 京師를 수호하고 방어하는 것을 한 두 사람의 儒臣으로 曉諭하게 하는 것은 불가하니 왜적을 제어하도록 柳成龍에게 하서하자고 아뢰다./ 비변사가 전투에 나갔다가 병이 들었거나 다친 명나라 군사를 내의를 보내 치료하게 하자고 청하다.(『宣祖實錄』선조26.『集成』15-379)/ 상이 병란에 겨우 살아남은 백성들을 구제하고 경작할 방법을 강구하게 하자 호조가 회계하다.(『宣祖實錄』선조26.『集成』15-380)/ 朝陵使 刑曹 判書 李憲國, 原川君 李徽, 順寧君 李景儉이 각 능의 참봉이 난리 때문에 관아에 있지 않고, 수호하는 군사들도 흩어져 있어 불러 모을 길이 없으니 각 고을의 수령이 회동하여 奉審하게 하라고 아뢰다./ 비변사가 경성에 대신을 보내 종묘 사직을 봉심하고 父老를 위무하자고 청하다./ 상이 承政院에 하교하여 도성을 안무하는 일을 겸해서 살피게 할 대신을 의논하라고 하다.(『宣祖實錄』선조26.『集成』15-381) 1.30. 上이 평양 백성 중에 죽은 자를 조문하고 살아있는 사람을 위문하게 하고, 적에게 嚮導했거나 군기를 누설시킨 자는 구속하라고 전교하다./ 비변사가 죽은 자를 위문하는 일, 적에게 아부한 자를 적발하는 일에 대해 아뢰다.(『宣祖實錄』선조26.『集成』15-382)/ 領議政 崔興源이 左議政 尹斗壽가 식량 운반을 감독하는 것 때문에 안주에 머무르고 있는데 본 고을에 句管하고 檢督하는 사람이 따로 있어 대신이 없어도 운반을 감독할 수 있으므로 좌의정 윤두수를 불러들이자고 청하다./ 司諫院이 宋侍郎을 영접하지 말고, 동궁을 海州에 진주하여 父老들의 소망을 위로하고 불안해 하는 인심을 진정시키면 直路에서 공궤하는 폐단이 제거될 것이라고 아뢰다.(『宣祖實錄』선조26.『集成』15-383)/ 예조가 宋侍郎을 영접하는 일은 시랑의 回報를 기다린 연후에 의논하여 조처하자고 아뢰다.(『宣祖實錄』선조26.『集成』15-384)/ 漢城 判尹 柳根을 인견하고 大兵이 적을 소탕한 뒤 바로 경성으로 들어가는 일에 대해 논의하다.(『宣祖實錄』선조26.『集成』15-385)/ 상이 본도 병사에 李鎰을 임시 병사로 차임하였는데 兵曹 參判 申礎으로 제수하게 하고 試才를 통하여 무장을 뽑아 禁軍 侍衛官으로 정하여 양료를 지급하고 활쏘기를 익히게 하라고 전교하다.(『宣祖實錄』선조26.『集成』15-386)/ 예조가 평양에서 전사한 우리나라 장졸에게 제사지내어 위로하게 하고 경성과 타도는 수복이 되는 대로 거행하게 하라고 아뢰다./ 상이 政廳에 본주 및 인근 고을에 기용할 만한 사람을 임용하라고 전교하다./ 병조가 강변에 있는 장수들 가운데 두드러진 사람의 경우는 헤아려서 체임시키도록 하고 신잡을 본도의 병사로 제수하는 것이 옳다고 아뢰다./ 비변사가 군율에 따른 상벌을 엄히 확립하는 일이 중요함을 아뢰다.(『宣祖實錄』선조26.『集成』15-388)/ 李廷馣을 參判에 申礎을 平安道 兵馬 節度使에 제수하다./ 예조가 遼東 差官으로 조칙을 전달하러 온 桂聯芳은 중국 사신이라고 할 수 없으므로 茶禮는 예대로 하되 상마연과 하마연은 하지 말라고 아뢰다.(『宣祖實錄』선조26.『集成』15-389)/ 京畿 巡察使 權徵이 提督의 大君이 진군함에 따라 성밖의 적들이 東大門 밖과 南大門 밖의 沙漢理와 漢江 등처에 진을 치고 四大門 밖에는 鹿角을 많이 설치하고 경성의 젊은 사람들은 머리를

일본

깎게 하고 노인들을 모두 죽였다고 치계하다./ 豊原 府院君 柳成龍이 李 提督이 敬老가 공을 세워 속죄할 기회를 주도록 청했다고 치계하다.(『宣祖實錄』 선조 26. 『集成』15-390)

2.1. 상이 定州에 있다./ 비변사가 防禦使 김경로의 범한 죄가 매우 중하여 용서 할 수 없으나, 중국 장수에게 먼저 보고하여 사형을 용서하여 공을 세우도록 하게 하라고 移咨 하였으니 甲子기 처단하는 것은 불가하므로 천천히 의논하라고 청하다./ 司諫院이 三縣에 進駐하여 형세를 보아 전진하라고 아뢰다.(『宣祖實錄』 선조 26. 『集成』15-391)/ 戶部 主事 艾自新이 군량이 계속 조달되지 않는다고 管粮官인 知中樞府事 金應南, 戶曹 參判 閔汝慶, 義州 牧使 黃璉에게 곤장을 때리다./ 原川君 李徽가 時政을 진달하니, 비변사가 시행하기를 청하다./ 호조가 배로 의주의 곡식을 나를 것과 누락된 정부와 우마를 刷括할 것을 청하다.(『宣祖實錄』 선조 26. 『集成』15-392)/ 상이 義州를 출발하여 다시 定州에 머물다./ 中外의 軍兵에게 鳥銃을 익히게 하고 과거에서도 鳥銃에 능한 자를 뽑게 하다.(『宣祖修正實錄』 선조 26. 『集成』27-153)/ 遼東 都司가 배로 운반해 온 군량이 關西에 이르다./ 北路의 關嶺에 대한 방비를 하지 않은 鄭希玄을 삭직하고 결장하다./ 提督 李如松이 開城에서 퇴각하여 도로 平壤에 머물다.(『宣祖修正實錄』 선조 26. 『集成』27-154)/ 賊將 淸正이 安邊에서 철군하여 京城에 돌아오다./全羅 巡察使 權慄이 賊兵을 幸州에서 격파하다.(『宣祖修正實錄』 선조 26. 『集成』27-155)/ 官軍의 공격으로 기세가 꺾인 賊을 치고자 하였으나 提督이 따르지 않다.(『宣祖修正實錄』 선조 26. 『集成』27-156)/ 굶주려서 죽은 京畿 士民의 시체가 길에 쌓이다./ 召募使 邊以中이 竹山의 賊屯을 공격하다가 크게 패하다.(『宣祖修正實錄』 선조 26. 『集成』27-157)/ 世子와 中宮을 두고 定州에서 肅川府를 거쳐 永柔縣으로 이주하다./ 經歷 宋應昌이 義州에 나왔다가 安州에 進住하니 提督이 와서 일을 의논하다.(『宣祖修正實錄』 선조 26. 『集成』27-158)

2.2. 영의정 최흥원 등이 적이 이미 퇴각하고 삼경이 수복되어 대가가 점진하는 일을 늦출 수 없고, 중국 장수가 이미 돌아왔으므로 동궁을 해주로 진주하라는 전교를 다시 생각하라고 청하다.(『宣祖實錄』 선조 26. 『集成』15-393)/ 司諫院이 北賊이 창궐하여 더욱 심하게 독을 부리고 있고, 왕자들이 포로로 잡혀 있는데, 조정은 왜적이 도망갈 때 아무런 조치도 취하지 않았다며 비변사의 有司堂上을 추고하고 治罪하자고 아뢰다./ 상이 비변사에게 군사를 훈련시킬 것과, 중국 군대가 승승장구한다고 해도 여러 적이 嶺南에 모이고 豊臣秀吉이 또 군사를 더 파견하여 항거할 계책을 세운다면 승부를 알 수 없으니 왜적 방비를 철저히 하도록 하교하다.(『宣祖實錄』 선조 26. 『集成』15-394)/ 閔濬을 戶曹 參議로, 申欽을 持平으로 삼다./ 비변사가 李提督의 비석을 세우고 화상을 그리고 生祠堂을 짓는 일을 都監 堂上 중에서 전담하게 하자고 청하니 상이 윤허하다.(『宣祖實錄』 선조 26. 『集成』15-395)

2.3. 司諫院이 각 고을 수령들이 중국 장수의 지공을 핑계대고 교묘하게 명목을 만들어 폐단을 끼치는 것이 적지 않으므로 각도 감사에게 하서하여 일체 금지하게 하라고 청하니 그대로 따르다./ 상이 承政院에 의주에 있을 때 적을 토벌하는 일 중에서 가장 염려하였던 군량 문제를 좌상과 호조 판서에게 책임을 지워 그들로 하여금 검찰하게 하고 비변사도 힘을 다해 조처하라고 전교하다./ 호조가 서로의 요충지가 흉악한 적들에게 분탕질을 당해 인적이 끊어졌으므로 충청좌도의 곡식을 충주 등지 고을의 백성들에게 옮겨 분급하게 하는 등의 곡식을 운송하여 파종하게 하는 방안을 아뢰다.(『宣祖實錄』 선조 26. 『集成』15-396)

2.4. 영의정 崔興源 등을 인견하여 北賊을 토벌하는 것과 적이 군사를 증원하는 기세가 있는지, 또한 중국군의 위세를 힘입어 적을 소탕하더라도 왜적이 다시 침입해 온다면 어떻게 방어할 것인가 등에 대해 의논하다.(『宣祖實錄』 선조 26. 『集成』15-397)

2.5. 接待都監이 南兵의 千戶 吳惟珊이 말하기를 官軍이 귀국 哨兵의 거짓 보고에 넘어가 왜적은 이미 물러가고 京畿는 텅 비었다고 하며 전진하였다가 미리 매복하고 있던 왜적에게 당했다고 아뢰다./ 司諫院이 箕城을 평정한 뒤부터 파죽의 기세로 천병이 전진했는데도 성공을 못한 것은 마초와 군량을 공급하지 못하였기 때문이므로 그 업무를 담당하지 못한 호조 판서 李誠中을 추고하기를 청하다./ 비변사가 군량을 조달하라는 명을 어긴 김응서를 삭탈하고 결장하라는 것과 적병이 지난 곳의 유골을 거둬 매장하고 위령제를 지내는 일을 담당 관아에서 거행하도록 하라고 아뢰다.(『宣祖實錄』 선조 26. 『集成』15-401)/ 이호민을 동부승지로, 구성을 집의로, 권응수를 경상좌도 병마 절도사로 삼고 박진을 체직시켜 동지중추부사로 삼다./ 상이 이 제독이 낙상하자 자문을 보내 문안하라고 承政院에 전교하다./ 비변사 포수의 청병, 대가가 전진하는 일, 군량 운반 등에 대해 아뢰다.(『宣祖實錄』 선조 26. 『集成』15-403)/ 비변사가 都元帥 金命元으로 하여금 친병을 이끌고 적을 소탕하게 하라고 청하다.(『宣祖實錄』 선조 26. 『集成』15-403)/ 李提督이 坡州에 진주했다가 京城의 도로 형세를 살피기 위해 單騎로 벽제를 향했다가 왜적에게 대패하다.(『宣祖實錄』 선조 26. 『集成』15-404)

2.6. 司憲府가 행재소의 물자는 입번하는 승전색 외에는 관에서 공급하지 말기를 청하다./ 상이 北賊을 소탕하는데 있어서 李鎰이나 金應瑞를 北道防禦使로 차임 하도록 하고, 宋經略에게 형세와 사유를 갖추어 北道로 들어가 공격하거나 적을 차단하도록 하라고 承政院에 하교하다.(『宣祖實錄』 선조 26. 『集成』15-405)/ 비변사가 평양에서 적을 포위하고 있던 군사는 강의 동서에 있던 군사를 합하여 수만 명을 밑돌지 않았는데 중국군을 따라 간 3천 명 및 북쪽으로 간 군사 외 나머지 군사의 행방을 모르겠다며 都元帥 金命元과 巡察使 李元翼을 추고하길 청하다./ 예조가 宗廟署提調와 宗簿寺提調들과 함께 御寶 및 晬容을 奉審하게 하고 觀象監으로 하여금 택일하게 하라고 청하다.(『宣祖實錄』 선조 26. 『集成』15-406)/ 接待都監이 宋侍郎이 보낸 家丁 程元化가 제독이 군사 조달을 더해 달라고 청하였으므로 南兵 6만이 월말에 도착할 것이라고 했다고 보고하다./ 都體察使 右議政 兪泓이 査副摠과 高彦伯이 적을 정탐하러 갔다가 적병 6~7백을 만나 적 4백여 급을 참획했으나 많은 적이 무수히 나오므로 副摠兵이 碧蹄로 물러갔는데 賊徒가 추격해 온다는 말을 듣고 이제독이 벽제로 가는 등 벽제 전투의 전말을 치계하다.(『宣祖實錄』 선조 26. 『集成』15-407)/ 江原道 監司 姜紳이 북동의 왜적 4~5백명이 通川에 들이닥쳤는데 이는 西京과 松都가 잇따라 패몰되었다는 기별을 듣고 서울로 향하지 못하고 영동으로 남하하려는 계책일 것이라고 치계하다.(『宣祖實錄』 선조 26. 『集成』15-408)

2.7. 비변사가 군량의 운반이 제대로 되지 않는다며 삼현 근처로 이가하기를 청하다.(『宣祖實錄』 선조 26. 『集成』15-408)/ 司憲府가 비변사는 적을 토벌하는 책임을 맡고 있으면서도 건성건성 따라다니면서 독려하여 담당할 생각이 없고 대처하는 일도 문서에 국한될 뿐이므로 有司堂上을 추고하라고 아뢰다.(『宣祖實錄』 선조 26. 『集成』15-409)/ 상이 東宮은 전일 배행하던 宰臣을 거느리고 전진하여 책응해

연도	한국
▲ 1593 ▼	야 한다는 뜻을 비변사에게 말하라고 承政院에 전교하다./ 비변사가 배로 의주의 군량과 마초를 운반할 일과 운반 책 任子의 선발을 아뢰다.(『宣祖實錄』선조26. 『集成』15-410)/ 비변사가 주사의 명령으로 연로를 檢察하고 있는 金應南 등을 검찰의 명을 받은 지역인 의주만 지키다가 거듭 노여움을 사면 안되므로 형세상 전진함이 마땅하다고 아뢰다./ 호조가 중국군을 支供하는 한 가지 일로 현재 관원을 파견하여 배로 운반하는데 허다한 선박 수송의 일을 동시에 거 행하면 호남의 인력이 감당 못할 것이므로 적의 기세가 더하고 덜함과 중국군의 진퇴를 살펴서 형세에 따라 조처하라 고 아뢰다.(『宣祖實錄』선조26. 『集成』15-411)/ 상이 황해도에서 곡식 모집하는 일에 대한 의견을 수합하여 법을 만들 어 다시 조치하라고 비변사에 하교하다./ 예조가 파주에서 전사한 千摠 및 중국군은 평양에서 전사한 군사의 예에 따 라 京畿 監司 李廷馣에게 하서하여 棺殮하고 호송하라고 청하다.(『宣祖實錄』선조26. 『集成』15-412)/ 도체찰사 풍원 부원군 유성룡이 벽제에서 패한 이 제독이 개성으로 퇴각하려 한다고 치계하다.(『宣祖實錄』선조26. 『集成』15-413) 2.8. 비변사가 동궁을 전진시키라는 분부는 거두어 달라고 아뢰다.(『宣祖實錄』선조26. 『集成』15-413)/ 司諫院이 의병장 安百之는 倡義하여 군사를 모집하였고 참수한 왜적이 70여 급이나 되며 왜적의 장비도 있어 證驗할 수 있는데 義禁府 에서 그 동안의 죄를 형벌 하려고 하자, 이를 사면할 것을 청하니 상이 거절하다.(『宣祖實錄』선조26. 『集成』15-414)/ 상이 摠兵 楊元을 접견하여 왜적을 섬멸하더라도 다시 침범해 오지 않으리라 보장할 수 없고, 만약 釜山을 침범해 오 면 매번 중국군을 청할 수는 없으니 王京·開城 등지를 어떤 방략을 써서 지킬 것인가 등에 대해 논의하다.(『宣祖實錄』 선조26. 『集成』15-415)/ 비변사가 군량과 마초를 운반하는 일을 전쟁터에 종군한 사람을 제외한 나머지에게 군량 20 두씩을 順安에서 평양까지 운반하여 제독의 군문까지 수송하도록 하라고 청하다./ 接待都監이 遊擊 陳方哲이 왜적이 몰려나오며 접전하였고 伏兵이 잇따라 일어나며 李摠兵이 적진으로 돌격했다는 등의 백제 전투의 상황에 대해 전한 말을 아뢰다.(『宣祖實錄』선조26. 『集成』15-416)/ 비변사가 북적을 정벌할 중국군 포수들을 인솔할 장수로 李鎰을 추 천하다./ 상이 賊中에 들어간 백성들에게 탈출해 나오면 죄를 면해 줄 것과, 왜적을 베어 가지고 오면 죄를 면해 줄 뿐 아니라 별도로 논상 한다는 등의 귀순을 효유하는 방안을 承政院에 하교하다./ 永興 이남의 각처에 머물던 왜적이 각 기 무리를 거느리고 咸興府로 향해 갔는데 합세하여 서쪽으로 향할 계략이 확실하니, 군사를 보내어 함경도의 왜적을 소탕하자고 중국 병부에 移咨하다.(『宣祖實錄』선조26. 『集成』15-417)/ 咸鏡道 召募使 姜璨이 왜적들이 吉州 이남의 고을마다 둔치고 있었는데 永興에 머물던 왜적들이 咸興으로 향했고, 定平의 왜적은 모든 관사를 불태우며 咸興에 합 쳐서 둔치고 있는 등의 왜적의 동향을 치계하다.(『宣祖實錄』선조26. 『集成』15-418) 2.9. 상이 承政院에 북쪽의 적을 토벌하려고 하는데 왜적은 성질이 악독하고 왕자들이 잡혀 있어 예측 못할 근심이 있을 까 두려우니, 비변사에 말하여 살펴서 하라고 전교하다.(『宣祖實錄』선조26. 『集成』15-418)/ 司諫院이 의병장 安百之 를 용서하라고 아뢰니, 상이 따르다./ 상이 북쪽의 적을 토벌하려는데 왜적의 성질이 악독하고 왕자들이 그 속에 잡혀 있어 예측 못할 근심이 있을까 두려우니 비변사에게 살피라고 承政院에게 하교하다./ 慶尙右道觀察使 金誠一이 金海 府使 徐禮元이 金海의 왜적은 거의 다 돌아갔고 昌原의 왜적은 오래 머물 의도가 없었는데 疫疾이 발생하고, 흑한으 로 움츠려 그 흉악한 기세가 조금 꺾였다고 馳報한 것을 치계하다.(『宣祖實錄』선조26. 『集成』15-419)/ 咸鏡道巡察使 洪世恭이 永興判官 李汝良이 馳報하기를 왜적이 高原으로 돌아갔는데 토굴이 분탕되지 않아 추격하였으나 防禦使 鄭 希玄 등은 관망만 하였으니 고원군의 적이 허를 틈타 재를 넘을 까 두렵다는 내용 등을 치계하다.(『宣祖實錄』선조26. 『集成』15-420) 2.10. 상이 定州에 있다./ 비변사가 송시랑의 회자를 보고 북쪽의 적을 소탕하기 위해서는 포수가 아니면 불가능하므로 포 수 수천을 청하자고 아뢰니 그대로 따르다.(『宣祖實錄』선조26. 『集成』15-420)/ 비변사가 왕자들이 포로로 잡혀있 고 왜적의 성질이 지독하여 불측한 걱정이 드니, 왕자를 풀어주면 용서하겠다는 檄文을 李提督에게 청하자고 아뢰니 상이 그대로 따르다./ 비변사가 洪世恭의 장계를 보고 防禦使 鄭希玄이 군사를 끼고서 관망만 하고 적이 나가기를 앉아 서 기다리고 있으므로 북적이 다급하여 처치하기는 어려운 형편이니, 우선 세공에게 중한 벌을 주고 공을 세우게 하자 고 아뢰다.(『宣祖實錄』선조26. 『集成』15-421)/ 司諫院이 전라 순찰사 權慄이 조처가 時宜를 잃어 전후의 전쟁에서 많은 군사를 잃고 군기를 누설하여 적으로 하여금 항전할 계책을 마련하게 하여 중국군에게 불리하게 한 죄를 파직한 후 추 고하라고 청하다.(『宣祖實錄』선조26. 『集成』15-422)/ 상이 寧夏 평정을 하례한 表文과 왜적으로부터 平壤을 탈환한 데 대한 奏本을 사신 吏曹判書 韓準에게 친히 전하다.(『宣祖實錄』선조26. 『集成』15-423)/ 상이 왜적에게 포로가 되었다 돌아온 사람 중 화약을 만드는 사람을 찾아 行在所로 보내도록 承政院에 하교하다./ 상이 중국 사람이 조총과 화약 제조 법을 가르쳐 준다고 하자 비밀히 조처하라고 전교하다.(『宣祖實錄』선조26. 『集成』15-426)/ 비변사가 고을을 버린 수령 인 趙仁後, 鄭賜湖, 金秀淵, 任廷老, 文益周, 閔悅을 종군하게 하여 속죄하게 하자고 청하다.(『宣祖實錄』선조26. 『集成』 15-427)/ 査摠兵이 防禦使 高彦伯과 함께 군사를 거느리고 엄습하여 적을 거의 참획하였는데 후퇴할 때 적의 후군 대부 대가 이르다./ 중국 군이 적에 쫓기자 제독이 뒤를 막으며 후퇴했는데 대군이 점차로 후퇴하여 파주에 주둔하다./ 제독 이 동파로 물러나 주둔하려고 하니, 적의 기세는 승세를 탈 것이고 백성을 버리고 가면 모두 적에게 해를 입을 것이라고 하였으나 받아들이지 않고 행군하여 동파로 물러나 머무르다.(『宣祖實錄』선조26. 『集成』15-428)/ 平安左道 鄭希玄이 왜적이 두 왕자를 데리고 定平으로 갔는데 이는 중국 장수가 본도로 군사를 이동시킨다는 소식을 듣고서 咸興과 高原의 적들과 합세하려는 것이라고 치계하다.(『宣祖實錄』선조26. 『集成』15-429)/ 咸鏡道巡察使 洪世恭이 平壤에서 패한 뒤 중국군이 安邊으로 넘어온다는 말을 듣고 포로가 된 인물들을 살해하고, 賊將 淸正은 왕자와 왜적을 이끌고 咸興府로

일본

향했는데, 장차 진을 통합하여 돌아가려는 계책이라고 치계하다.(『宣祖實錄』 선조 26.『集成』15-430)

2.11. 비변사가 權慄을 파직시켜 교체하는 일은 중국군이 경성을 경솔히 진공하다 군사와 전마가 손상되어 송경으로 후퇴하여 후원병을 기다리고 있는 때이므로 적합하지 않다고 아뢰다./ 이조 참판 沈忠謙이 군량 운반을 위해 각 고을의 인력을 징발하는 일을 아뢰다.(『宣祖實錄』 선조 26.『集成』16-1)/ 承政院이 북쪽의 적이 남쪽으로 물러가면서 咸興을 모두 불태웠다고 하니 중국군이 오는 것을 기다려 합세하여 劍山이나 益水 등의 고개를 넘어들어가는 것이 합당하다고 아뢰다./ 提督이 平壤을 탈환하고 京城으로 나아가니 적은 조만간에 소탕될 것이고, 달래는 말과 협박하는 말을 갖추어 왕자들 및 포로들을 돌려보내달라는 격문을 쓰도록 移咨하다.(『宣祖實錄』 선조 26.『集成』16-2)/ 侍郞 宋應昌이 倭奴가 조선을 점거하여 종묘 사직을 잃고 강변에 파천하였는데 명의 도움을 입어 평양을 수복하였으니 국왕은 평양으로 돌아가 머물면서 왕성의 수복을 도모하라고 移咨하다.(『宣祖實錄』 선조 26.『集成』16-3)

2.12. 신안관에서 摠兵 楊五典과 中軍 王汝徵을 접견하고 군량 징발과 포수의 차출을 논의하다.(『宣祖實錄』 선조26.『集成』16-4)/ 領議政 崔興源 등이 쇠한 나라를 일으키고 난리를 평정하는 대업은 용감히 전진한 뒤에야 성취할 수 있는 것이라며 三縣이나 安岳, 海州로 전진하자고 아뢰다.(『宣祖實錄』 선조 26.『集成』16-5)/ 平壤이 수복되자 적들은 대부분 京城으로 모여들었고, 중국군은 전진하여 개성부에 주둔하다./ 예조가 종묘의 御寶를 提調와 함께 奉審하였더니 각실의 금, 옥, 은 3색 어보 51개가 흠없이 다 있다고 아뢰다.(『宣祖實錄』 선조 26.『集成』16-6)

2.13. 영의정 崔興源 등을 인견하고 平壤으로 진주하는 일과, 義州에 있을 때 私踐으로 왜적을 잡은 자가 있었는데 論賞을 하지 않기에 상이 論賞한 것 등에 대해 논의하다.(『宣祖實錄』 선조 26.『集成』16-6)/ 최홍원 등이 물러가 상차하고 양사가 합계하여 진주할 것을 청하니 천천히 형세를 보아 조처하겠다고 답하다.(『宣祖實錄』 선조 26.『集成』16-9)/ 상이 대가가 三縣 등으로 진주하게 된다면 북적이 격멸되지 않은 채 서쪽으로 향하여 경성의 적과 기각의 형세를 이루어 중국군의 배후를 끊게 되므로 불가하다고 전교하다./ 承政院이 三縣 등으로 전주하는 것이 불가능하다 전교한 뜻을 尹斗壽에게 하유하겠다고 아뢰다.(『宣祖實錄』 선조 26.『集成』16-10)/ 비변사가 감사, 병사 이하 수령과 장수들로서 절제를 따르지 않는 자는 일체 先斬後啓 할 것으로 柳成龍, 金命元 및 각도 감사, 병사, 수사와 여러 장수, 수령들에게 다시 하서하기를 청하다.(『宣祖實錄』 선조 26.『集成』16-11)

2.14. 중국 장수 祖廉 등이 함경도를 수복하기 위해 본국의 형세를 잘 아는 사람의 嚮導 장수를 얻어 兵事를 의논하고 싶다고 하니 전진해가서 대장 李鎰과 군사 기밀을 의논하라고 하다.(『宣祖實錄』 선조 26.『集成』16-11)/ 상이 李山甫가 군량과 마초를 독촉하여 운반하게 하겠다고 자청하였으니 급히 보내어 檢察하게 하라고 분부하다./ 비변사가 三宮이 함께 움직이게 되면 행차가 지체되고 輜軍을 징발하는 등의 일로 군량 군반에 지장이 있으므로 單騎로 평양이나 제독의 대군 뒤에 나아가 여러 가지 일들을 호령하고 군량 운반을 독려하겠다는 뜻은 윤당하다고 아뢰다./ 비변사가 군율을 어긴 鄭希玄의 加資와 別助防將 칭호를 삭제하고 군문에 잡아다 중한 죄에 따라 벌을 준 뒤 선봉으로 삼도록 하라고 청하다.(『宣祖實錄』 선조 26.『集成』16-12)/ 司憲府가 의병들이 중국 장수가 평양을 수복한 뒤 무단히 파하고 돌아갔으므로 속히 다시 모집하여 군량을 운반하고 군사를 거느리고 협공하거나 하여 적을 토벌하도록 하라고 아뢰다.(『宣祖實錄』 선조 26.『集成』16-13)/ 비변사가 평양은 兵火를 겪어 대가가 머물고 공급하는 일들이 불편하므로 順安에 진주하여 이웃 고을을 정하여 힘을 합해 支供하도록 하고 머물만한 전로를 살핀 뒤 전진하자고 청하다./ 史曹 判書 李山甫가 황해도의 마초와 단속하는 일을 空名 告身 및 免役, 免賤, 免鄕을 허락하는 문서를 가지고 가서 도움이 되게 하겠다고 아뢰다.(『宣祖實錄』 선조 26.『集成』16-14)/ 承政院이 대가가 전진할 때 左議政을 소환하여 중로에서 맞이하게 하라고 아뢰다.(『宣祖實錄』 선조 26.『集成』16-15)

2.15. 右部承旨 沈友勝이 宋侍郞을 만나 京城의 지형과 형세를 논의하고, 宋侍郞이 적의 토벌을 급하게 하지 않을 수 없으니 국왕에게 아뢰어서 군량과 마초를 독려해서 운반하도록 부탁한 것을 아뢰다.(『宣祖實錄』 선조 26.『集成』16-15)/ 비변사가 각도 및 의병장들에게 의병을 모으라는 뜻을 알린 전일 글을 보내 다시 모으라고 하고 각도의 장관이 시행했는지 여부 및 급히 시행하라는 뜻을 대간의 啓辭에 첨가하여 다시 하서하라고 청하다./ 承政院에 대가가 떠난 뒤 戶曹 判書를 머물게 하라고 전교하다.(『宣祖實錄』 선조 26.『集成』16-16)/ 병조 당상의 수가 적으므로 吏曹 參議 沈忠謙을 차임하고, 前內需司 別坐 梁嶔을 內需司 別坐로 차임하라고 전교하다./ 예조가 대가가 진주하는 날 儀禮에는 없으나 세자 및 남아 있는 신료들을 성문 밖에서 祗送하는 것이 情禮에 맞을 듯 하다고 아뢰다./ 平安 監司 李元翼이 중국군이 平壤에 입성하여 北賊 때문에 왔다며 왜적의 수를 물어본 것과, 駱參將이 大兵이 오면 대동강 동쪽은 왜적의 지역이 될 것이니 南兵을 뽑게한 것, 榮蓬春이라는 자가 帖文를 올린 것 등을 치계하다.(『宣祖實錄』 선조26.『集成』15-421)(『宣祖實錄』 선조 26.『集成』16-17)/ 상이 李元翼의 장계를 보고 宋經略에게 주선하는 일이 급하므로 회계하게 하라고 전교하다.(『宣祖實錄』 선조 26.『集成』16-18)/ 禮曹判書 尹根壽가 經略을 만나 京城 진공 일정을 의논하고, 咸鏡道 왜적을 막을 군사를 별도로 보내는 것, 적이 재침한다면 중국군이 방어 할 것이라는 것 등을 치계하다.(『宣祖實錄』 선조 26.『集成』16-19)/ 領議政 崔興源이 중국 장수가 東宮을 배알하기를 계속 강청하므로 접견하는 경우의 예모 및 복색을 예관으로 하여금 의논하여 정하도록 하라고 아뢰다.(『宣祖實錄』 선조 26.『集成』16-20)

2.16. 行左承旨 洪進이 중국 장수가 동궁을 배알할 때 翼善冠과 黑袍, 玉帶를 써서 賓主常禮로 대하고 예가 끝나면 물건을 있는 대로 증정하라고 아뢰다.(『宣祖實錄』 선조 26.『集成』16-11)/ 領議政 崔興源이 동궁은 아직 책명을 받지 못했으니 接待都監 都廳 張雲翼에게 접대하는 일을 전담하여 관장하도록 하자고 청하다./ 承政院이 죄인 金德潧, 金應灌, 金瑞男, 安珠과 아울러 그 장물을 압송해 왔다고 아뢰다./ 委官이 金德潧 등이 적의 심복이 되어 모든 흉한 계책에 참여하지 않은 것이 없으니 刑推하기를 청하다.)(『宣祖實錄』 선조 26.『集成』16-21)/ 司諫院이 物力이 피폐하여 마초와 식량을 운반하고 중국군을 支供하는 등의 일이 모양을 이루지 못하니 義州에서의 예에 따라 백관에 딸린 陪從人들을 전부 삭제하여 돕게하자고 청하다.(『宣祖實錄』 선조 26.『集成』16-22)/ 비변사가 李提督에게 자문을 가지고 가 군대의 전진을 간청하게 하자고 청하니, 상이 左相 尹斗壽로 하여금 진정하도록 하라고 이르다./ 領議政 崔興源이 三縣에 비축된 양곡이 다른 곳보다 조금 나으니 대가가 전진한 뒤 三宮도 삼현으로 옮겨 차차 나아간다면 수개월간의 支供은 견딜 수 있어

연도	한국
▲ 1593 ▼	형세가 온당할 것이라고 아뢰다.(『宣祖實錄』선조26. 『集成』16-23)/ 接伴使 尹根壽가 중국군의 진퇴 상황과 提督이 京城의 왜적은 8~9천 명에 불과하고 나머지는 모두 왜적에게 投屬한 백성들이라는 것과 왜적은 京城 남쪽에 웅거하고 백성들은 北邊에 있다고 말한 것 등을 치계하다.(『宣祖實錄』선조26. 『集成』16-24)/ 嶺南左道節度使 朴晉이 왜적의 수급 1백 11급을 베어 行在에 보내다./ 承旨 鄭姬藩이 宋侍郎이 京城에 있는 왜적 중에 과반이 조선인 투항자이고, 北賊의 형세가 우려되므로 반드시 北賊을 제거한 뒤에야 전진해야 한다고 말한 것 등을 아뢰다./ 咸鏡道評事 鄭文孚가 왜적이 吉州城에서 나오지 않아 鍾城府使 鄭見龍 등이 군사를 매복시켜 성밖으로 나오면 토벌하였고, 城柵에 있는 적을 먼저 섬멸하려고 嶺東으로 이동하던 중 약탈하던 嶺東 왜적을 친 것 등을 치계하다.(『宣祖實錄』선조26. 『集成』16-25)
	2.17. 대가가 정주를 출발하여 嘉山郡에 머물러 종묘사직의 神主에 분향하여 예를 향하고, 동궁으로 하여금 그대로 머물면서 종묘 사직을 받들게 하다./ 兵曹判書 李恒福, 戶曹參判 尹自新, 刑曹參判 李希得, 兵曹參判 沈忠謙이 領議政 崔興源으로 하여금 대가를 수행하게 하라고 청하다.(『宣祖實錄』선조26. 『集成』16-26)/ 委官이 金德澮·金應灌·金瑞男은 적에게 투항하여 갖은 흉책을 조장하였고, 行長을 따라 平壤에 와서 죄악을 행하고, 왜적과 장물을 나누었으며 왜적 延時羅로 하여금 집에 묵게 한 것 등에 죄를 물어 처단하기를 청하다.(『宣祖實錄』선조26. 『集成』16-27)/ 비변사가 중국군이 平壤으로 퇴진한다는 接伴使의 狀啓를 보고 提督에게 왜적이 군사를 합세하면 격파하기 어려우니 진격하고 군사를 뽑아 엄중하게 지키게 하자는 등의 咨文을 보내자고 아뢰니 상이 이를 따르다.(『宣祖實錄』선조26. 『集成』16-28)/ 비변사가 중국군의 위엄에 의지하여 여러 장수를 합하여 경성을 공격하려 했으나 절제를 따르지 않는 경우가 많으므로 완급과 진퇴의 일을 都體察使의 절제를 받아 전진하라는 뜻을 각 진의 장수들에게 하서하라고 청하다./ 상이 定州를 출발하면서 문밖을 나와 어가를 멈추고 인민들에게 효유하다.(『宣祖實錄』선조26. 『集成』16-29)/ 대가가 출발하려 할 때 인민들이 전 牧使 李徵의 선정을 아뢰며 풀어주기를 청하다./ 嘉山郡守 沈信謙을 通政으로 올려 제수하다.(『宣祖實錄』선조26. 『集成』16-30)/ 전 牧使 李徵을 백성들의 호소에 따라 석방하고 司憲府가 金德澮의 중벌을 청하다./상이 嘉平館 西軒에 移御하다.(『宣祖實錄』선조26. 『集成』16-31)/ 兵曹判書 李恒福 등을 인견하여 중국군이 곧바로 京城을 공격했다면 왜적은 도망갔을 것이고, 진격하지 않으면 北賊이 힘을 합칠 것이니, 함께 공격하는 것에 대해 글로 써서 하교하는 것 등에 대해 의논하다.(『宣祖實錄』선조26. 『集成』16-32)/ 接伴使 韓應寅, 李德馨 등이 제독을 만나 우리나라의 남쪽 군사가 쾌승을 거두었으니 이 기회를 틈타 송경에 머무르고 있는 군사를 진격시키라고 청하였으나, 끝내 허락하지 않다.(『宣祖實錄』선조26. 『集成』16-35)/ 接伴使 韓應寅 등이 李 提督에게 진군을 재촉하자 제독은 물러나 평양을 지키면서 말을 교환하고 군대를 보충하여 진격을 꾀하는 한편으로 북적을 막아 재를 넘어오지 못하게 하였으니 배신들에게 이를 말해 주라고 하다./ 楊摠兵이 嘉平館에 이르니 상이 西軒으로 이어하고 총병은 동헌으로 들어가다./ 防禦使 李時言이 왜적 1백여 급을 斬하고 行朝에 계문하니 비변사가 포상을 覆啓하여 그 장사들을 차등있게 논공하다.(『宣祖實錄』선조26. 『集成』16-36)/ 상이 북도를 정벌할 파수군의 증원을 청하자 宋經略이 왜적은 다방면으로 계략을 부리고 있어 모든 것을 갖추어야 하고, 만약 왜적이 對馬島로 재침할 경우 어떻게 할 것인가에 대해 묻고 스스로 방비하라고 回刺하다.(『宣祖實錄』선조26. 『集成』16-37)
	2.18. 상이 嘉平館을 출발하여 安州에 머무르다./ 摠兵 楊元 을 접견하고 王京의 적을 먼저 치는 것이 마땅하지만 도로가 험하니, 北賊을 친 뒤에 京城으로 향하자는 것 등에 대해 논의하다.(『宣祖實錄』선조26. 『集成』16-38)/ 상이 嘉平館을 나서며 인민에게 노고를 치하하며 하유하다./ 상이 廣通院에서 晝停하다./ 承政院이 본도 都事 柳思瑗으로 하여금 가서 渡江이 끝났는지 탐지한 뒤 대가가 뒤따라 도강하게 하라고 아뢰니, 同副承旨 李好閔을 총병에게 보내 도강하는 것을 호위하고 돌아오게 하다.(『宣祖實錄』선조26. 『集成』16-40)/ 大駕가 淸川江을 건너는데 상이 司謁을 시켜 왕자 定遠君에게 뒤따라오도록 전교했는데 사신이 논하기를 궁중 노비들의 폐단에 백성들이 왕자를 잡아 왜적에게 주었기에 왕자의 교만성을 방지하기 위해서 전교한 것이라고 하다.(『宣祖實錄』선조26. 『集成』16-41)/ 상이 安州 上衙에 임어하다./慶尙左道觀察使 韓孝純이 왜적이 晉州를 공격하려고 군사들을 조련시키며 팔았던 우마를 도로 사들이고 있고, 釜山 등지에 성을 쌓고 있으려 하고 있으며, 또한 군량을 阿次島에 운반해 놓고 있다고 치계하다.(『宣祖實錄』선조26. 『集成』16-42)
	2.19. 상이 安州에 있다./ 상이 安州 牧使 林仲樑이 여러 차례 전공을 세웠으므로 그의 사위 盧夢摯를 典獄署 奉事로 삼다.(『宣祖實錄』선조26. 『集成』16-42)/ 상이 영상에게 하유하여 각 고을에 분부하여 勸農하게 하라고 하교하다./ 상이 소 잡는 일을 금지하고 지공도 하지 말도록 하교하다./ 司諫院이 마초와 군량을 운송하는데 경내의 승군을 동원하는 일과 嘉山 郡守 沈信謙에 대한 가자의 개정을 청하다.(『宣祖實錄』선조26. 『集成』16-43)/ 상이 肅川府로 행행하려고 都門에 연을 멈추고 인민들에게 효유하다./ 상이 雲巖院에 晝停하다./ 상이 제독이 탄핵을 받아 되돌아가게 되었다는 장계를 보고 韓準에게 평양 수복 자문을 가지고 가는 길을 재촉하라고 이르다./(『宣祖實錄』선조26. 『集成』16-44)/ 承政院이 永柔로 진주하는 일을 미루기를 청하다./ 비변사가 李 提督이 함경도의 적을 제거한 뒤 왕경으로 진격한다는 자문을 보고 북로는 험하고 멀어 용병이 쉽지 않아 경성 도모의 시일이 오래 걸리므로 宋 經略에게 속히 진격하라는 뜻을 개진하라고 청하다./ 좌의정 尹斗壽가 개성의 적들이 물러간 지 오래지 않고 소멸되어 가는 적들이 기백을 잃고 도망갈 궁리를 하고 있으니 지금이 進軍의 기회이므로 回軍하지 말라고 치계하다.(『宣祖實錄』선조26. 『集成』16-45)/ 知中樞府事 李德馨 등을 인견하고 提督이 왜적에 쫓기어 회군하고, 적이 포를 쏘며 진격해 온 상황 등을 논의하다.(『宣祖實錄』선조26. 『集成』16-46)/ 비변사가 중국 장수가 군량과 마초가 공급되지 않아 화를 낸

다며 巡察使 李元翼에게 하유하여 조치를 취하라고 아뢰다./ 江原監司 姜紳이 原州의 왜적이 군세를 떨치며 橫城縣 경내에 들어가 隅州 등의 마을을 분탕질하고, 백성들을 포로로 삼거나 榜文을 써주고 章標를 받게 하니 附逆하지 않은 사람이 없다고 치계하다.(『宣祖實錄』선조 26.『集成』16-50)/ 都體察使 豊原府院君 柳成龍이 근일에 적병이 平壤에서 패하여 돌아온 뒤에 출입하지 못하다가 중국군이 오래도록 전진하지 않아 점차 도몰하여 한강 이남에 그 수가 더욱 많아졌다고 치계하다.(『宣祖實錄』선조 26.『集成』16-51)

2.20. 상이 肅川府에 있다.(『宣祖實錄』선조 26.『集成』16-51)/ 接伴使 知中樞府事 李德馨 등을 인견하고, 왜적이 浙江의 燒酒·杭州 등지를 침구하였을 때 함락된 이유와 왜적들 중에 銃筒을 가지고 온 자, 왜적의 징과 북 그리고 도양과 명칭에 대해 의논하다.(『宣祖實錄』선조 26.『集成』16-52)/ 盧稷, 申欽, 徐渻, 宋英耇, 南以恭 등에게 관직을 제수하고 賓廳大臣이 順安은 본디 쇠잔한 고을이고 관사와 민가가 모두 허물어졌다고 하니 우선 永柔에 머물라고 아뢰다./ 雲川君 李愼 등이 능침을 奉審하고 돌아와서 光陵 두 능과 석물은 모두 전과 같으나 丁字閣의 창과 벽이 파손되고 齋室廳이 반은 파손되는 등 파손의 여부에 대해 아뢰다.(『宣祖實錄』선조 26.『集成』16-64)/ 司諫院이 嘉山郡수 沈愼謙에게 제수한 당상의 加資를 개정하고 定州判官 崔德重은 사람됨이 허술하고 성품 또한 술을 좋아하여 모든 일을 下吏들에게 맡겨 연로변의 고을이 폐읍이 되어 가므로 파직을 명하길 청하다.(『宣祖實錄』선조 26.『集成』16-65)/ 工曹判書 韓應寅이 李 提督이 艾 主事가 陪臣의 곤장을 때렸다고 하자 유감을 표했다고 전하다.(『宣祖實錄』선조 26.『集成』16-65)/ 咸鏡道 召募使 黃璨이 吉州 이남의 왜적들이 咸興에 모였는데 大小公廨는 모두 불에 탔고 적의 무리는 咸興으로부터 定平의 草原館에 이르기까지 끊이지 않고 오고 있다고 치계하다./ 嚮導將 崔遇가 大明의 差官이 강화를 위해 安邊府로 들어가고 淸正도 京城이 패몰했다는 기별을 듣고 재촉하여 安邊府에 도착하니, 왜적들이 5리 밖까지 출영하였는데 기뻐하는 기색이 있으니 성사될 가망이 있다고 치계하다.(『宣祖實錄』선조 26.『集成』16-66)

2.21. 상이 中軍 方時春을 접견하여 北賊은 한 곳에 모여 퇴거할 기세이니 경성의 왜적을 속히 도모하는 것이 마땅하고, 全羅監司 權慄이 高陽郡 경계에서 적을 대파하였으니 속히 군사를 전진시켜 도성 안의 적을 공격하자고 답부하다./ 비변사가 伊川의 백성들이 宣傳官을 구타하고 標信을 강탈하였는데 동궁이 머물 때 괴수 1인을 잡아 죽였고, 종범들은 곡식을 바쳐 면죄 받고자 하니 개성부에 곡식을 바치게 하라고 아뢰다./ 금부가 叛賊 金德濸 등을 본부로 옮겨 가두어있는데 큰 죄를 진 극악한 인간을 시일을 지연시킬 수 없으므로 三省推鞫하기를 청하다./ 비변사가 黃海, 京畿 監司에게 군량을 잘 조치하라고 하유하기를 청하다./ 三省委官 좌의정 尹斗壽가 金德濸에게 적장의 수와, 적의 정세, 침략 의도, 조총의 조작법과 京城에 있는 적의 군량에 대해 문초하다.(『宣祖實錄』선조 26.『集成』16-68)/ 委官이 金應灤에게 왜적들이 金德濸을 永柔顯令으로 삼은 연유와 平壤 성중의 인가 벽에 팔도의 명칭을 차례로 쓰고 그 옆에는 각기 倭文으로 번역 한 이유 등에 대해 문초 한 것 등을 아뢰다.(『宣祖實錄』선조 26.『集成』16-70)/ 委官이 金瑞男을 공초하자 朴大根 등이 暗里門洞陳 등지에 출입했으니 적이 언제 물러가고 머물 것인지를 알 것이며, 적의 군량은 알지 못하고 적의 숫자는 平壤의 적이 합해진 뒤에 거의 5만에 이른다고 답한 것을 아뢰다.(『宣祖實錄』선조 26.『集成』16-71)/ 委官이 金德濸 등에게 적의 정세 및 병기를 제작하는 제도와 豊臣秀吉의 생사 여부 및 지휘 등에 대해 공초한 내용을 아뢰다./ 委官이 叛賊 金德濸가 적의 정세 등에 대해 공초한 내용을 아뢰다.(『宣祖實錄』선조 26.『集成』16-72)/ 유몽정이 평양의 군량과 마초 사정에 대해 비축된 것이 수일은 지탱할 수 있고 중국의 양곡을 연속해서 운반한다면 구제할 수 있으나 군사를 진군시키려 해도 경성의 마초와 군량이 때맞추어 조달되지 못할 것이라고 아뢰다.(『宣祖實錄』선조 26.『集成』16-73)

2.22. 반적 金德濸·金應灤 등을 伏誅하여 供辭에 왜적의 심복이 되어 백성들을 협박, 유인하여 章標를 만들어 주면서 적을 따르게 함으로써 적의 앞잡이가 되게 한 것 등에 대해 죄를 물어 陵遲處死하다./ 상이 碧蹄의 중국군이 전사한 곳에도 제사를 올릴 것인지 의논하라고 전교하다./ 비변사가 申彦春 등은 각기 고을 아전으로서 적에게 붙어 죄악을 저질러 용서할 수 없으나 끝내 후회할 줄을 알고 힘을 다해 분탕했으니 속죄할 만하다고 아뢰다.(『宣祖實錄』선조 26.『集成』16-74)/ 工曹正郎 徐渻이 接伴使 韓應寅이 황해 일로는 왜적이 분탕질한 뒤끝이라 백방으로 모아들였어도 지공하기 어려웠는데 지금 또 대군이 연속하여 왕래하니 특별히 조치하여야 접대할 수 있을 것이라고 말한 것 등을 아뢰다.(『宣祖實錄』선조 26.『集成』16-75)/ 비변사가 義州 判官 權皞에게 고을 안의 강변을 연한 상하 진보와 근처의 仇寧 등의 堡에 있는 수졸이나 토병 중에 약 4~5백 명을 선발 인솔하여 劉 員外郞에게 나아가 전차 부리는 법을 전수 받게 하라고 청하다./ 提督 接伴使인 工曹 判書 韓應寅과 同知中樞府事 李德馨이 북적이 이미 도망했으니 속히 진군해야 한다는 揭帖을 만들어 올렸다고 치계하다.(『宣祖實錄』선조 26.『集成』16-76)

2.23. 상이 비변사가 강변 군사를 뽑아 전차의 전법을 劉 員外郞에게 전수 받으려 하나 농사일이 더 중대하므로 일단 정지하라고 하교하다./ 司諫院이 중국의 마초를 운반하는 일을 중지하게 하고 군량 운반에 전념하라고 청하다.(『宣祖實錄』선조 26.『集成』16-77)/ 비변사가 전쟁이 일어난 뒤 召募官 李德海와 李春英이 공무를 빙자하여 폐단을 일으켜 수령과 이민을 침해하였으므로 잡아 가두고 죄를 다스리도록 충청도와 전라도 감사에게 하유하라고 청하다./ 이조가 양경 수복 이후에 신하들을 죄 주는 일을 公論을 기다려 행하기를 청하다.(『宣祖實錄』선조 26.『集成』16-78)/ 洪進이 永柔에 진주하는 일을 아뢰다./ 承政院이 영유로 속히 거둥하시기를 청하다.(『宣祖實錄』선조 26.『集成』16-79)/ 비변사가 중국 장수가 송경으로 출발할 것이라는 李德馨의 장계를 보고 都體察使 柳成龍에게 백방으로 재촉하여 군량과 마초 및 염장과 찬물을 완비하도록 하유하라고 청하다./ 비변사가 제독의 승전 제본이 아주 상세하여 우리나라에서 번거롭게 주달할 필요가 없다며 개성과 파주의 첩보도 형세를 보아 주달하기를 청하다.(『宣祖實錄』선조 26.『集成』16-80)/ 상이 李 提督과 3대장에게 마필을 속히 보내라고 承政院에 하교하다./ 상이 李 提督이 전진한다고 하니 군량과 관한 사항을 각별히 조치하라고 承政院에 하교하다./ 全羅監司가 보낸 幸州 군공 계본을 내리면서 이 군공을 속히 우대하여 마련하라고 이르다./ 상이 承政院에 송 시랑에게 보내는 승첩 보고 자문이 권율 장계의 내용과 다르다고 전교하다.(『宣祖實錄』선조 26.『集成』16-81)/ 全羅監司 權慄이 적들이 보복할 계책으로 한강 이남의 진들을 합세하여 다시 침범하려 한다는 소문과 도성 안의 왜적의 수를 알 수 없지만 중요한 곳이 아니므로 坡州로 진을 옮겨 중국군과 연합할 계획이라고 치계하다./ 咸鏡道觀察使 尹卓然이 吉州에 머물던 왜적이 밤중에 도주하였

연도	한국
▲ 1593 ▼	고, 도내의 왜적들이 남쪽으로 빠져나가면서 주변의 공사 건물을 불태웠으며 현재 咸興 이북에는 적이 없다고 치계하다.(『宣祖實錄』선조26. 『集成』16-82) 2.24. 全羅道觀察使兼巡察使 權慄이 幸州에서 왜적을 대파하고 高山縣監 申景禧를 보내어 勝捷을 아뢰니 상이 申景禧에게 적의 숫자와 적의 用兵 등 전투상황에 대해 묻다./ 權慄이 접견할 때 여러 장수들이 강 하나를 사이에 두고 있으면서도 구원하지 않은 한강 이남의 여러 장수들을 모두 조사하여 추고하라고 承政院에 전교하다./ 비변사가 해조로 하여금 긴요치 않은 관원을 덜어서 허비하는 일을 줄이고 모든 일에 검약하기를 힘써 적은 보탬이 되게 하라고 아뢰다.(『宣祖實錄』선조26. 『集成』16-87)/ 都承旨 심희수가 洪世恭으로 하여금 북도의 안무를 맡기자는 비변사의 의견을 아뢰다.(『宣祖實錄』선조26. 『集成』16-87)/ 왜적을 대파한 幸州大捷의 상황과, 經略 宋應昌이 權慄만이 백성들과 함께 왜적을 물리쳤으니 벼슬을 주도록 자문을 보낸 것을 기록하다.(『宣祖實錄』선조26. 『集成』16-88)/ 호조가 李提督과 3대장, 中軍, 제장 등의 봄 옷감을 나누어주라고 전교하다./ 都體察使 沈守慶이 운신을 할 수 없다며 해직을 청하자, 비변사가 여러 의병들을 단속하여 요해처를 지키고 돌아가는 적을 소탕하게 하라고 하니 그대로 따르다.(『宣祖實錄』선조26. 『集成』16-89)/ 咸鏡北道評事 鄭文孚가 端川에 진출하여 공격하니 성안에 머물던 적들이 여러 번 승리한 것을 믿고 성을 나와 진격하다가 잠복해 있던 기병들에 의해 소탕되어진 것을 치계하다.(『宣祖實錄』선조26. 『集成』16-90) 2.25. 永柔로 향하면서 숙천 부사 尹安性에게 요역의 감면, 군량 수송 등을 하교하다.(『宣祖實錄』선조26. 『集成』16-91)/ 左議政 尹斗壽를 보내 李 提督에게 진군하기를 청하다./ 司諫院이 중국 장수는 물러나 주둔하고 있어 진군할 기약이 없고, 權慄은 파주로 진을 옮겼으니 적이 허를 틈타 남하한다면 관군이나 의병의 형세로는 지탱하기 어려우므로 兩湖의 방어를 위해 군대를 파견할 것을 청하다.(『宣祖實錄』선조26. 『集成』16-92)/ 비변사가 定州에 쌀과 밀가루가 거의 다 떨어져 주선할 방법이 없고 내전과 동궁이 그대로 본주에 머물러 중국 장수가 왕래할 때 난처한 일이 많다는 領議政 崔興源의 장계를 보고 내전과 동궁을 永柔나 다른 편리한 곳에 머무르게 하라고 청하다./ 都體察使 豊原 府院君 柳成龍이 경성의 포위 상황을 아뢰며 왜적이 합세하기 전에 토벌하자고 청하다.(『宣祖實錄』선조26. 『集成』16-93) 2.26. 寅城 府院君 鄭澈이 兩湖에 있을 때 산천의 道里와 적진의 원근과 防守의 형세를 알기 위해 防禦使 郭嶸과 巡察使 許頊으로 하여금 그림으로 그려 바치게 한 지도를 입계하다.(『宣祖實錄』선조26. 『集成』16-94)/ 비변사가 左議政 尹斗壽가 평양에 있으니 중국군 포수를 빌어 남쪽 군사들에게 보내 요해처를 파수하는 일을 제독에게 품의하게 하라고 아뢰다./ 司諫院이 사목에 따라 공, 사천으로 속량할 자는 속량하게 하라고 청하다.(『宣祖實錄』선조26. 『集成』16-95)/ 호조가 倡義使 金千鎰이 장계하여 난을 만나 굶주린 백성들의 정상을 진달했는데 보기에 참혹하므로 수령으로 하여금 피곡이나 잡곡을 직접 나누어주어 성심으로 구제하라는 뜻을 京畿 安撫使 및 左右道 觀察使에게 行會하게 하라고 청하다./ 비변사가 해조로 하여금 긴요하지 않은 관원을 줄이고 허비하는 일을 덜어 모든 일을 검약하게 하라고 아뢰니, 그대로 따르다./ 예조 판서 尹根壽가 경략이 개성은 적이 물러갈 때 殘破한 곳이라 마초도 없이 그대로 머물 수 없으므로 평양으로 돌아와 후군이 오는 것을 기다려 진격하여 적을 소탕하려 한다고 치계하다.(『宣祖實錄』선조26. 『集成』16-96) 2.27. 비변사가 權慄이 접전할 때 구원하지 않은 장수들을 조사하여 결장하라고 청하다./ 대신이 宋 侍郞이 定州를 지날 때 만나지 않도록 동궁을 피하게 하자고 청하다.(『宣祖實錄』선조26. 『集成』16-97)/ 좌의정 尹斗壽 등과 왜적은 京城을 격파한다 하더라도 도망가지 않을 것인데, 이로 인해 농사를 짓지 못하여 피해가 생기는 것과 적이 합세하여 몰려온다면 兩湖는 어떻게 보존할 것인가에 대해 논의하다.(『宣祖實錄』선조26. 『集成』16-98) 2.28. 司憲府가 忠淸兵使 李沃은 적의 침범이 있을 시 방어하기 어려울 것이고, 洪州牧使 李瑛은 연로하여 연해의 主鎭에 합당치 않으니 체직하기를 청하다./ 司諫院이 義州牧使 黃璡가 중국군을 접대하고 군량을 운반하는 등의 일을 힘써 진력하지 않아 중국 장수로부터 곤장을 맞기까지 하였으니, 파직시키기를 청하다.(『宣祖實錄』선조26. 『集成』16-102)/ 상이 비변사에게 군공을 논할 때 射殺과 射中을 가지고 헤아리는데 射殺과 射中의 숫자를 보면 왜적은 이미 멸하였을 것인데 어떻게 정확하게 알아 공을 논했는가에 대해 하교하다.(『宣祖實錄』선조26. 『集成』16-103)/ 비변사가 巡邊使 이빈의 첩정을 보고 전쟁에 나가기를 꺼려서 精兵으로서 도망한 자와 새로 급제한 자로서 도망한 자를 군량 운반을 하도록 하여 속죄하게 하라고 청하다./ 비변사가 試取에서의 등과자로 도망한 자를 군량 수송에 충정하자고 청하다.(『宣祖實錄』선조26. 『集成』16-104)/ 비변사가 李鎰의 장계를 보고 북도의 적과 충주의 적이 모두 경성으로 가고 있으니 은밀히 都體察使와 都元帥에게 하유하여 그들로 하여금 경성 적세의 사실여부를 탐문하고 기회를 보아 소탕하게 하라고 아뢰다./ 禮曹判書 尹根壽가 經略에게 우리나라 군사가 京城에서 결전하여 많은 왜적을 죽여 왜적의 의기가 저하되었고 또한 모든 가옥을 태우고 행장을 꾸리고 있어 승산을 탈 기회이니 京城으로 진격하자고 상서하다.(『宣祖實錄』선조26. 『集成』16-105) 2.29. 司憲府가 아무런 까닭 없이 군사를 이끌고 돌아가고 적을 죽이거나 막을 책임을 수백 명에 불과한 丁傑의 피곤한 병사들에게 맡긴 것을 적이 알면 흉모를 키울 것이므로 宣居怡와 許頊 등의 군사를 도로 진군케 하라고 청하다./ 司諫院이 黃璡의 파직을 청하고 비변사가 근왕하는 의병 등의 숫자를 줄이자고 청하다.(『宣祖實錄』선조26. 『集成』16-107)/ 비변사가 崔漢公의 딸 終銀과 崔敬良의 처 金氏가 욕을 당하지 않고 자진했다는 黃州 幼學 朴春霖의 상소를 보고 본도 관찰사로 하여금 방문하여 장계한 뒤 포장하게 하라고 청하다.(『宣祖實錄』선조26. 『集成』16-108)

일본

2.30. 비변사가 兵使 李沃을 체직시키기를 청하자, 忠淸道 助防將 黃璉를 대신 제수하라고 이르다.(『宣祖實錄』 선조 26. 『集成』16-108)/ 工曹正郎 皇甚가 宋經略의 問禮官으로 義州에서 돌아와 平壤으로 후퇴한 이유와 京城에 있는 적을 곧 소탕 할 것과, 적진에 투항한 사람들의 처리에 대한 經略의 의견을 아뢰다.(『宣祖實錄』 선조 26. 『集成』16-109)/ 비변사가 각 아문의 小官들이 형장을 남용한다며 병조와 호조의 郎官, 接待都監의 郎廳, 의금부 낭청 등을 적발하여 추고하라고 아뢰다./ 상이 承政院에 선전관을 도원수 진중에 보내 적의 형세와 적의 숫자 등을 탐문하고 겸하여 마초와 군량의 도착량을 살펴 오게 하라고 전교하다.(『宣祖實錄』 선조 26. 『集成』16-110)

3.1. 상은 永柔에, 왕세자는 定州에 있다.(『宣祖實錄』 선조 26. 『集成』16-110)/ 司諫院이 義州牧使 黃璉를 국문 하도록 청하다./ 호조가 僉知 李春蘭이 여러 번 쌀을 바쳐서 상직으로 堂上이 되었는데 또 수백 석의 쌀을 바치니 특별히 嘉善을 제수하여 그의 공을 포장하기고 아뢰다.(『宣祖實錄』 선조 26. 『集成』16-111)/ 비변사가 부방할 군사에게 부방을 면제하고 쌀을 바치게 하는 방도를 아뢰다./ 비변사가 군량을 운반하는 일을 연로의 각 고을 및 근방 고을의 校生과 品官들로 하여금 하게 하라고 청하다./ 비변사가 납속으로 주는 벼슬을 일체 상정 사목에 의거할 것을 청하다.(『宣祖實錄』 선조 26. 『集成』16-112)/ 賊에게 잡혔다가 講和를 청하는 서신을 가져온 金貴榮을 熙川으로 귀양보내다.(『宣祖修正實錄』 선조 26. 『集成』27-158)

3.2. 司諫院이 黃璉를 잡아다 국문할 것을 청하고, 본직을 체직시킨 忠淸 兵使 李沃도 벌할 것을 청하다./ 司憲府가 군량의 운송을 독려하기 위해 假堂上과 假郎廳을 각 고을에 나누어 보냈으나 그 효과가 없으니 各站의 가관을 모두 파하도록 명하라고 아뢰다.(『宣祖實錄』 선조 26. 『集成』16-113)/ 비변사가 崔興源의 狀啓를 보건데, 宋侍郞이 왜적과 강화 할 뜻이 있는 듯하다고 하는데, 전에 왜노가 沈遊擊에게 속았으므로 강화를 요구하더라도 듣지 않을 것이고 그렇다면 군사를 쓰게 될 것이니 우선 보고만 있자고 아뢰다./ 李幼澄을 義州牧使로 삼다./ 영의정 崔興源이 指揮使 張瑞 등이 咸鏡道에서 돌아와 강화가 성립되면 왜적이 京城에서 왕자를 석방하겠다며 왕성으로 떠난 것을 치계하다.(『宣祖實錄』 선조 26. 『集成』16-114)

3.3. 司諫院이 黃璉를 잡아 국문하자고 청하였으나 따르지 않다./ 비변사가 主事 袁黃이 《經國大典》을 보게 한 金宇雄과 沈信謙을 추고하라고 청하다./ 비변사가 통辛巳를 보내어 日本과 교빙 한 조항 등에 대해 중국에서 묻는다면 어떻게 대답할지 글을 지어 아뢰도록 전교하다.(『宣祖實錄』 선조 26. 『集成』16-115)/ 상이 肅川으로 거둥하다.(『宣祖實錄』 선조 26. 『集成』16-116)

3.4. 상이 肅川에 있다.(『宣祖實錄』 선조 26. 『集成』16-116)/ 司諫院이 양호에서 싸움이 있을 것을 대비해 해산한 군사를 모아 보내기를 청하다./ 接伴使 李德馨 등을 인견하여 중국군이 碧蹄에서 왜적에게 패한 뒤 撤兵하려는 것과, 經略이 왜적과 강화하려는 것과 만약 강화한다면 적이 군사를 이끌고 물러 갈 것인가 등을 의논하다.(『宣祖實錄』 선조 26. 『集成』16-117)/ 비변사가 李 提督 등을 대접하여 진병을 재촉하자고 청하다.(『宣祖實錄』 선조 26. 『集成』16-122)/ 都體察使豊原府院君 柳成龍이 북쪽의 적이 鐵原 등지에 도착하였고 서울에 왜적이 주둔하고 있는데 적의 책모를 헤아리기가 어려우나 적의 형세가 대체로 쇠퇴해졌으므로 공격하자고 치계하다./ 都體察使豊原府院君 柳成龍이 왜적이 平壤에서 패배하여 앙심을 품고 성안을 분탕질하며 백성들을 죽인 것 등을 치계하다.(『宣祖實錄』 선조 26. 『集成』16-123)/ 중국장수의 嚮導將 崔遇가 馮相公이 安邊府로 들어가 조선의 왕자가 포로로 잡혀 있어 강화하여 어려움을 해결하기 위해 倭將 淸正과 논의한 일을 치계하다.(『宣祖實錄』 선조 26. 『集成』16-124)/전 上洛府院君 金貴榮이 賊酋가 중국의 사신과 京城에서 다시 강화를 의논하기로 약속하고 나서 기대하는 뜻을 현저히 드러내었으니 사세가 종전에 비해 매우 쉬워 질 것 같다고 賊中에서 치계하다..(『宣祖實錄』 선조 26. 『集成』16-125)

3.5. 司憲府가 각 고을의 술의 소비가 늘어난다고 하니 궐내의 御供 및 名將의 접대 외에 각 아문 및 공사처에서 술을 쓰는 것을 금단하도록 각도에 하유하기를 청하니, 그대로 따르다./ 비변사가 中和 한 읍은 한사람도 적에게 붙은 자 없이 전사한 자가 수천에 이른다고 하니 2년 기한으로 復戶 시켜주고 모든 徭役을 일체 견감해 주기를 청하다./ 좌의정 윤두수를 인견하여 양호의 방어, 농사의 권장 등을 논의하다..(『宣祖實錄』 선조 26. 『集成』16-126)

3.6. 비변사가 영의정 崔興源의 狀啓를 보니 提督이 北道에서 왜적을 벤 일은 모두 劉員外와 袁主事 관하의 사람들이 한 것인데 提督의 앞에 文報하지 않았다고 하여 본도의 장계를 보여달라고 하자 이 일을 처리하는 것을 의논하다./ 賓廳의 대신이 馮仲纓 등이 적의 수급을 청한 일을 품하지도 않고 허락했다며 대죄하다./ 상이 協守 都督府와 協守 副總府에게 속히 진병할 것을 청하다.(『宣祖實錄』 선조 26. 『集成』16-131)

3.7. 提督이 상에게 왜적을 對馬島로 추격하면 적은 강화를 빌 것이라 하자 상이 강화하지 말 것과, 왜적이 아직도 물러가지 않았고 秀吉이 군사를 증파하여 공격한다고 하는 등의 이유를 들어 속히 진격하는 揭帖을 올리다.(『宣祖實錄』 선조 26. 『集成』16-132)/ 百官이 진병하라는 뜻으로 提督에게 정문을 올리니, 제독이 唐陵君 洪純彦을 불러 經略이 평양에 도착하면 발병을 할 것이라고 답하다.(『宣祖實錄』 선조 26. 『集成』16-135)/ 宋侍郞이 오면 의리상 강화할 수 없다는 뜻으로 미리 揭帖을 올리라고 전교하다.(『宣祖實錄』 선조 26. 『集成』16-136)

3.8. 提督이 떠나자 承旨 沈喜壽를 보내어 10리 밖까지 나가 치사하도록 하다./ 司憲府가 商山君 朴忠侃의 파직과 의병에게 납속한 자와 사살한 자에게도 논상하기를 청하다.(『宣祖實錄』 선조 26. 『集成』16-137)/ 상이 提督이 遼東 등지에 군사를 매복시켰고, 沈遊擊과 서울에 있는 왜적들이 도모한다는 등의 왜적을 이간질시킬 諜文을 만들어 성안에 뿌리게 하니, 尹斗壽 등이 의심받지 않을 방법에 대해 의논하여 아뢰다.(『宣祖實錄』 선조 26. 『集成』16-138)/ 도승지 沈喜壽가 提督이 왜인이 通貢해 오다가 嘉靖 연간부터 중지하였는데, 이제 왜적들이 공물을 寧波를 통해 왕래하게 된다면 걱정이 없을 것이라 하고, 왜적과의 강화를 주장하는 듯이 말한 것 등에 대해 아뢰다.(『宣祖實錄』 선조 26. 『集成』16-139)/ 비변사가 防禦使 李時言에게 서울의 적이 물러날 때까지 강원, 영서의 군병 및 재주 있는 수령을 거느리고 대병과 함께 서울의 적을 좌우로 협공하게 하라고 청하다.(『宣祖實錄』 선조 26. 『集成』16-140)/ 비변사가 李德馨의 편지에 水兵 3만을 보내어 對馬島를 소탕하고, 沿海의 일은 提督과 의논하여 처리하기로 하였다는 부분이 의심스러워 宣傳官에게 黃海道 근처를 염탐하게 하였더니 明兵의 군중에서의 聲言이었다고 아뢰다./ 비변사가 의주 사람으로 하여금 기술을 익히게 하여 본도 및 황해도

연도	한국

의 은 산지에서 은을 제련하여 양식과 국가의 용도에 대게 하라고 청하다.(『宣祖實錄』선조26.『集成』16-141)/ 비변사가 都體察使 柳成龍의 장계와 조목을 보고 奇荅을 巡察의 직에 체직하게 하고, 金贄을 柳成龍의 부사로 삼을 것을 청하다.(『宣祖實錄』선조26.『集成』16-142)

3.9. 호종하는 재신과 시종의 家屬들에게 양료를 제급 해 주게 하다./ 提督이 書帖을 요구하자 承政院이 상이 친히 쓸 필요는 없다고 아뢰다.(『宣祖實錄』선조26.『集成』16-142)/ 承政院이 提督과 친한 鄭同知와 趙知縣이 관에 도착하니 접견하기를 청하다./ 李好閔이 鄭同知 등을 만나 經略의 행기를 묻고 나서 아뢰다.(『宣祖實錄』선조26.『集成』16-143)/ 비변사가 都體察使 柳成龍의 장계대로 적을 토벌하는 형세를 갖추기를 청하다./ 明朝에서 은 3천 냥을 발송하여 우리나라의 공이 있는 將領 및 순직한 員役에게 나누어주게 하다.(『宣祖實錄』선조26.『集成』16-144)/ 상이 밤색 騍馬 1필, 흑색 雄馬 1필, 흑색 騍馬 1필을 承旨 沈友勝을 시켜 提督에게 주다./ 都體察使 豊原 府院君 柳成龍이 서울의 적세는 요사이 수가 많이 늘었다고 보고하다.(『宣祖實錄』선조26.『集成』16-145)

3.10. 明朝의 관원 鄭同知 등을 접견하여, 군중에서 왜적과 강화한다는 소문이 나도는 것에 대해 묻고, 왜적의 變詐는 끊임없으므로 지금은 강화하기를 원하지만 속뜻은 거짓일 것이니 왜적과 강화하는 것은 부당하다고 하다.(『宣祖實錄』선조26.『集成』16-145)/ 李廷馣을 兵曹 參知로, 李有中을 弘文館 校理로, 李晬光을 弘文館 不校理로 삼다./ 상이 河陵君 李鏻의 소식을 선전관을 보내 강원 감사에게 하유하게 하고 아울러 적세를 정탐하고 농사를 권려하도록 하라고 전교하다./ 이조에 司僕 主簿 金應壽와 吳致雲이 난리에 跋涉하여 고생하였기에 사복 판관을 제수하라고 전교하다./ 상이 牽馬陪 崔國, 全龍, 崔漢斤이 난리에 跋涉하며 고생한 공로가 있으므로 수문장을 제수하라고 전교하다.(『宣祖實錄』선조26.『集成』16-147)/ 司憲府가 군량을 모으는 일로 백성들이 고통을 받는다며 수괄을 중지하도록 청하다./ 倡義使 金千鎰이 정부의 銀印 하나를 올려 보내다.(『宣祖實錄』선조26.『集成』16-148)/ 상이 河洪進에게 진상물을 본 고을에 주어 명나라 장관의 支待 및 돌아갈 때의 비용으로 쓰게 하라고 전교하다.(『宣祖實錄』선조26.『集成』16-149)

3.11. 兵曹參判 沈忠謙이 왜적의 만행과 강화를 반대하는 뜻을 적고, 왜적이 군병을 첨가하여 세력이 커지고 있어 속히 진병하여 서울을 소탕하자고 하는 등의 明將에게 보내는 咨文의 초안을 상에게 올리리 이에 대해 의논하다.(『宣祖實錄』선조26.『集成』16-149)/ 양사가 及第 金貴榮이 왕자를 적의 수중에 빠지게 하고 자신마저 사로잡혔다가 흉적들의 말을 따라 화의 시키겠다고 몸을 빼서 돌아왔다며 竄黜을 명하길 청하다./ 예조가 묘사의 신주를 정결한 곳에 택정하여 수리하게 했다고 아뢰다.(『宣祖實錄』선조26.『集成』16-152)/ 寅城 府院君 鄭澈이 평양의 성안의 말먹이 콩이 떨어져서 提督이 撤兵하겠다는 말까지 하였다 하니 寧邊, 德川, 价川 등지의 고을의 마소와 인부를 징발하여 말먹이 콩을 실어 평양 군중에 보내 구제하게 하라고 청하다./ 상이 吳應林과 蘇忠漢을 시켜 생포한 왜인에게 염초 굽는 방법을 알아내라고 兵曹判書 李恒福에게 말하다./ 상이 수급 및 왜물을 모두 査將에게 보내지 말고 행재소에 보낼 것을 도체찰사와 도원수에게 하서하라고 전교하다.(『宣祖實錄』선조26.『集成』16-153)/ 비변사가 調度御使인 掌令 金信元으로 하여금 백성을 구제하게 하라고 청하다.(『宣祖實錄』선조26.『集成』16-154)

▲ 1593 ▼

3.12. 상이 高彦伯에게 馬粧을, 曺好益에게 鹿皮 1장을 주다./ 상이 여러 차례 移駐를 겪었으니 이 고을에 노인 몇 사람에게 관직을 제수하라고 이르다./ 柳夢鼎이 힘껏 싸운 高彦伯과 曺好益에게 선전관을 보내어 물품을 내려 권장하는 뜻을 보이는 것이 마땅하다고 아뢰다.(『宣祖實錄』선조26.『集成』16-154)/ 비변사가 진병을 반대하는 張世爵에게 물품을 바치게 하라고 청하다./ 비변사가 중국의 남쪽 군사를 요청하는 일을 형편을 보아 처리하라고 하다.(『宣祖實錄』선조26.『集成』16-155)

3.13. 상이 肅川에서 永柔로 돌아와 머물다./ 상이 宋經略이 韓準이 가는 것을 저지한다고 하니 비변사가 처리하라고 이르다./ 상이 서울로 진격한 뒤 강화하는 것이 차선책이라는 자문의 내용을 삭제하라고 이르다.(『宣祖實錄』선조26.『集成』16-155)/ 西川君 鄭崑壽가 평양에서 돌아와 중국 장수들의 상황 인식을 아뢰다.(『宣祖實錄』선조26.『集成』16-157)/ 비변사가 평양으로 친히 가서 중국 장수들을 만나는 일을 우선 미루기를 청하다.(『宣祖實錄』선조26.『集成』16-158)/ 西川君 鄭崑壽 등을 인견하여, 首級은 다른 首級으로 대신 보낼 수 없으니 왜물은 이곳에 남겨 둔 것으로 채워 중국군에게 보내도록 하고, 왜적은 후원병을 두었는데 이와 같이 행하지 않은 提督 미진한 점을 지적하다.(『宣祖實錄』선조26.『集成』16-159)

3.14. 상이 永柔에 있다./ 司諫院이 南原의 官庫를 탕진한 府使 尹安性의 파직을 청하다./ 상이 金晬에게 東國通鑑을 보여서는 안된다고 하유하라고 전교하다.(『宣祖實錄』선조26.『集成』16-160)/ 비변사가 司憲府와 의금부로 하여금 소를 잡는 일을 일체 금지시키라고 청하다./ 都體察使 柳成龍이 두 왕자가 賊中에서 명장에게 보내는 편지 두 통을 올려 보내다.(『宣祖實錄』선조26.『集成』16-161)

3.15. 嚮導將 崔遇가 강화하자는 적의 편지를 전하자 최우를 국문하다.(『宣祖實錄』선조26.『集成』16-161)/ 領議政 崔興源, 寅城 府院君 鄭澈이 적들이 명장과 강화하는 일은 명장에게 맡기고 우리나라는 간여하지 말라고 아뢰다./ 좌의정 尹斗壽가 義州에서 돌아와 王通判이 조선 국왕의 형 李現이 關白에게 투항하였다는 내용의 聖旨에 대해 말한 것을 아뢰고, 왜적들의 돌아가지 않고 있는데 平秀吉이 군대를 거느리고 오면 어떻게 할 것인가 등을 의논하다.(『宣祖實錄』선조26.『集成』16-162)/ 비변사가 運粮使 權徵이 은과 명주를 가지고 왕자를 구출하는 자금으로 쓰고자 하는데 이는 다른 적에게 누설되면 도리어 화를 부르게 되므로 柳成龍, 金命元, 權徵이 함께 상의하여 기회를 살펴 온갖 방법으로 구출하도록 하라고 아뢰다.(『宣祖實錄』선조26.『集成』16-165)/ 司憲府가 물자를 마련할 때 아전들이 백성들에게 폐

일본

를 끼치자 개혁하기를 청하다./ 都體察使 柳成龍이 臨海君의 종 張世, 順和君의 종 元男등이 적왜 20명을 거느리고 왕자의 편지를 가지고 오자 답장을 하자고 치계하다.(『宣祖實錄』선조 26. 『集成』16-166)

3.16. 世宗大王의 영정을 江華에서 모셔다 묘사한 곳에 봉안하였는데 상이 왕세자와 및 뭇 신하를 거느리고 나가 祗迎하고 사배례를 행하다./ 李瑛의 편지를 대신에게 보이고 선전관을 보내 처단하라고 이르다.(『宣祖實錄』선조 26. 『集成』16-167)/ 양사가 金貴榮, 金鑭 및 韓克諴의 아들 格 등을 함께 잡다 국문하여 죄를 정하라고 상이 따르다./ 司憲府가 수행원을 많이 데리고 다니는 병조와 호조의 낭청을 추고하다.(『宣祖實錄』선조 26. 『集成』16-168)/ 상이 都體察使 柳成龍에게 江華를 말하는 자는 姦人의 행위로 간주하고 먼저 베어 효수하고 나서 계문하라고 하유하다./ 중국의 吏科 給事 楊廷蘭이 상소하여 李 提督이 평양의 싸움에서 조선 사람을 잡다 베어 수급을 바친 일을 논하자, 이 제독이 글을 올려 스스로 해명하다.(『宣祖實錄』선조 26. 『集成』16-169)/ 비변사가 提督이 우리나라를 위하여 矢石을 무릅쓰고 심력을 다하였는데 조정의 비방을 받고 있으니 주본을 보완하여 洪麟祥 편에 부치기를 청하다./ 指揮 黃應揚과 指揮 兪俊彦이 객관에 도착하니 상이 나와 다례로 대접하고 파하다./ 黃應揚이 定州에서 타던 말을 잃어서 비변사가 官馬를 주자고 청하니, 그대로 따르다./ 光陵 參奉 李爾瞻이 광묘의 영정을 모시다.(『宣祖實錄』선조 26. 『集成』16-171)

3.17. 封書를 承政院에 내리며 李瑛의 家書를 가족에게 주라고 이르다./ 司憲府가 韓克諴의 죄를 국문하여 정하라고 청하니, 그대로 따르다.(『宣祖實錄』선조 26. 『集成』16-172)/ 司諫院이 평양에서 한번 격퇴한 이후 까닭 없이 출사하지 않는 비변사 당상을 추고하여 죄를 다스리도록 하라고 청하다./ 비변사가 평양 인민 수를 張旗鼓가 묻자 우선 李元翼에게 물어 주선하자고 아뢰다.(『宣祖實錄』선조 26. 『集成』16-173)

3.18. 영의정 崔興源 등이 提督의 진병이 수일 안에 있게 될 것이라고 하니, 서울 일원의 관군과 의병을 합세하여 왜적을 섬멸하여 한 명도 돌아가지 못 하도록 宣傳官을 보내어 都體察使 柳成龍 등에게 치유하도록 아뢰다.(『宣祖實錄』선조 26. 『集成』16-174)

3.19. 定州 백성 5,60여인이 牧使 許昕이 그곳에서 생산되는 것도 아닌 淸蜜 등의 물건을 징납하여 괴로움을 견디지 못하고 도망간다고 하자, 司憲府로 하여금 살피게 하다.(『宣祖實錄』선조 26. 『集成』16-174)/ 司憲府가 楊根郡守 金巖이 적변이 처음 일어났을 때 소문만 듣고 지레 달아나면서 官倉을 불사르고 다른 곳으로 도망친 죄를 모면할 계획을 도모하여 도리어 본직을 제수하였으니 파직하고 개차시키기를 청하다.(『宣祖實錄』선조 26. 『集成』16-175)/ 兵部의 題本을 인해서 聖旨를 받들었는데 왜적이 조선을 점거하여서 遼東 땅과 접하게 되어 왜적이 문정까지 다가왔기에 군사를 보낸 것이고, 왜구를 평정하여 동쪽을 돌아보는 근심을 펴도록 하라고 하다.(『宣祖實錄』선조 26. 『集成』16-176)

3.20. 鵑川君 李增등이 평양에서 돌아와 提督이 왜적이 왕자를 돌려 보내지 않고 寧波를 경유하여 進貢하려 한다면 淸正을 죽일 것이고, 劉綎의 군병이 강을 건너기를 기다렸다가 왜적을 소탕한 뒤에 돌아갈 것이라고 한 것을 아뢰다.(『宣祖實錄』선조 26. 『集成』16-176)/ 司憲府가 同福縣監 奇孝曾은 비록 의병이긴 하나 적을 토벌한 공이 전혀 없고 지나가는 각 고을에 횡포만 부렸음에도 도리어 4품의 관직에 陞敍하였으니 파직하고 개차시키기를 청하니 그대로 따르다.(『宣祖實錄』선조 26. 『集成』16-177)/ 상이 金命元이 원수의 중임을 띠고 한강을 지키다 적이 건너기도 전에 소문만 듣고 도망쳐 끝내 패퇴하였음에도 그를 문무 재간이 있다고 하는 것이 이상하다며 權慄을 도원수로 趙好益을 순찰사로 삼는 일을 의논하라고 전교하다.(『宣祖實錄』선조 26. 『集成』16-178)/ 承政院에 首級을 비변사가 취품하지도 않고 마음대로 내주어 중국 조정을 기만하였다는 말이 있기까지 하였으니 보고를 사실대로 하라고 전교하다./ 田見龍, 崔琛, 李德弘, 宋德潤, 柳雲龍, 朴應福 등에게 관직을 제수하다.(『宣祖實錄』선조 26. 『集成』16-179)/ 兵部武庫淸吏司員外郎 劉黃裳 등이 關白이 해안으로 침략할 것에 대비하여 暹羅와 琉球의 군병과 함께 그들의 소굴을 무찌를 것이며, 西倭로 하여금 씨가 끊기게 할 것이라는 등의 내용을 移咨하다.(『宣祖實錄』선조 26. 『集成』16-180)

3.21. 忠淸道 運粮御使 姜籤이 군사를 일으킨 이래 부역이 날로 번다하여 백성들이 터전을 잡을 수 없고 난리가 일어난 뒤로는 列邑의 수령에 戊寅을 임시로 差定하여 백성들이 잔폐하고 있다며 무휼하기를 청하다.(『宣祖實錄』선조 26. 『集成』16-182)/ 대신이 자문을 가지고 經略에게 가는 대신을 차정하는 일을 아뢰니, 영상이 가도록 하라고 답하다./ 예조가 李 提督을 평양부에서 접견하는 날이 22일은 너무 임박하여 접대할 물건이 미처 조치하지 못할 것이고, 25일은 너무 먼 듯 하다고 아뢰다.(『宣祖實錄』선조 26. 『集成』16-189)/ 承政院에 賊酋를 관백 전하라고 일컫는 등 신하된 의리를 망각한 黃廷彧 부자 및 李瑛의 書狀를 三司에 내리다./ 비변사가 사살 넷에 수급하나를 준하여 수효가 올라가는 대로 공을 계산하라고 아뢰니 상이 그대로 따르다.(『宣祖實錄』선조 26. 『集成』16-190)

3.22. 持平 申欽이 왜적이 강화를 청하는 것은 두려워서 도망을 가는 것이 아니라 중국군을 지연시켜 놓고 후원군을 기다리는 것이므로, 提督에게 속히 진군을 요청하자고 아뢰다.(『宣祖實錄』선조 26. 『集成』16-190)/ 同副承旨 李好閔이 사대문서가 중요한데 그 중 군량, 마초, 포물 등의 일은 앞뒤의 왕복이 호번하여 전심하여 처리해야 하므로 본직만이라도 체차하여 달라고 청하다./ 兵部에 왜적이 오랫동안 서울을 점거하고 있는데, 날짜를 오래 끄다면 흉적이 군사를 더하여 바다를 건너올 것이니 속히 대병을 발진시켜 궁색한 왜구를 섬멸하자고 移咨하다.(『宣祖實錄』선조 26. 『集成』16-191)/ 兵部에 權慄이 대적에게 대항하고, 왜적을 유인하여 겁살한 것에 대해 상을 내린다고 移咨하니, 본국이 權慄이 적왜를 섬멸한 것은 직분상 당연한 일이고 자문 속의 사리를 따라 권율을 승진시킬 것이라고 回咨하다.(『宣祖實錄』선조 26. 『集成』16-192)

3.23. 상이 順安에서 평양으로 행행하다./ 양사가 국가의 존망이 提督의 진퇴에 달려있으므로 진병을 호소하라고 아뢰다./ 接伴使 韓應寅이 張 都司를 만나 군량의 수송을 논의하였다고 아뢰다.(『宣祖實錄』선조 26. 『集成』16-193)/ 觀察使 李元翼 등이 沈惟敬이 왜적과 강화하기로 결정한 것과, 강화한 뒤에 왜적이 돌아가지 않고 關白이 병사를 데리고 오면 어떻게 할 것이고 왜적이 물러간 뒤에 提督이 진병하려는 의도 등을 의논하다.(『宣祖實錄』선조 26. 『集成』16-195)

3.24. 平壤에서 提督이 왜적이 조선이 入貢의 길을 막고 있어, 조공을 허락한다면 돌아 갈 것이라고 한 것을 전하니 상이 왜적은 거짓으로 강화를 청하는 것이며, 南陽 등지에 왜적이 노략질하고 있으니 적정을 알 수 있을 것이라고 하다.(『宣祖實錄』선조 26. 『集成』16-198)/

연도	한국
	京畿左道觀察使兼巡察使 成泳이 왜적과 강화를 하고 온 沈遊擊을 만난 것과 서울 이북은 明兵의 위세가 커서 적이 접근을 하지 못하고 있으나 한강 이남의 果川·安山 등지는 적의 형세가 매우 극성하다고 아뢰다.(『宣祖實錄』선조26. 『集成』16-201)/ 接伴使 韓應寅이 李提督이 중전에게 옷감을 가져다 주라고 했다고 전하다./ 楊 大將의 칠언 율시를 새겨 현판을 만들라고 전교하다.(『宣祖實錄』선조26. 『集成』16-202)/ 양대장이 왜적이 여러 번 서신을 보내어 조공을 청한 것을 말하자, 상이 왜적이 중국의 위엄을 두려워하고 있었는데 강화한다는 것을 듣고 나서 仁川 등지에 노략질을 하고, 江原道까지 횡포를 부리고 있으니, 진병 하도록 청하다.(『宣祖實錄』선조26. 『集成』16-203)/ 李尙信이 駱參將을 만나고 돌아와, 提督이 실제로 강화의 의논을 주도하면서 매번 經略에게 미루니 국왕이 돌아갈 적에 經略에게 간청한다면 큰 일을 기필할 수 있을 것이라고 하였다고 아뢰다.(『宣祖實錄』선조26. 『集成』16-204)/ 承政院이 평양에 거둥할 때 절의를 지키다가 죽은 사람을 찾도록 하자고 청하다./ 의금부가 江原道 觀察使 姜紳의 장계를 보고 金命堅이 한 일이 극히 흉포하고 참혹하니 命堅이 부자 및 동당들을 잡아 국문하자고 아뢰다.(『宣祖實錄』선조26. 『集成』16-205)
	3.25. 상이 평양을 떠나 영유현으로 돌아오다./ 비변사가 서울의 적세가 전에 비해 감소하였는데도 명병의 진취에 대한 기별이 없으므로 군병의 조발과 선정을 끝낸 후 駱參將의 발병 기일을 물어 발진하지 않을 경우 관군을 먼저 보내자고 아뢰다./ 상이 左議政 尹斗壽와 右議政 俞泓을 인견하고 진병의 일이 經略에게 달려 있는 듯 하므로 가벼운 차림으로 經略을 가 보는 일에 대해 이르다.(『宣祖實錄』선조26. 『集成』16-206)/ 상이 禮曹判書에게 강화의 의논을 듣거든 그 잘못을 재진하여 왜적을 토벌하여야 한다는 의리로써 논변할 것이며, 중국이 關白을 왕으로 삼으려 하는 것은 역적을 포장하는 일이니 역시 논변해야 할 것이라고 전교하다.(『宣祖實錄』선조26. 『集成』16-208)
	3.26. 상이 永柔에 있다./ 禮曹參判 李忠元이 駱參將에게 물품을 전하니 낙참장이 天字銃筒을 써서 성을 헐고 왜적을 죽인 것과, 강화가 이루어진 것 등에 대해 말한 것을 아뢰다.(『宣祖實錄』선조26. 『集成』16-208)/ 대신이 艾主事에게는 宰臣을 보내어 문안하게 하고 또 돌아갈 적에 서로 만나자는 뜻을 전하도록 하라고 아뢰다.(『宣祖實錄』선조26. 『集成』16-209)/ 신시에 상이 肅川으로 행행하고, 李時彦·具宬·許筬·黃璡 등에게 관직을 제수하다./ 京畿左道 觀察使 成泳이 관북의 적이 상경할 적에 두 왕자가 남대문 밖 賊陣에 있었는데 黃廷彧 부자도 있다고 치계하다./ 금부가 대신들이 金貴榮을 추국하여 취초까지 하는 것은 미안하다고 했다고 아뢰다.(『宣祖實錄』선조26. 『集成』16-210)
▲ 1593 ▼	3.27. 상이 肅川에 머무르다./ 상이 艾主事 등을 만나 적을 토벌하는 것이 지연되고 있어 원수를 갚지 못할까 두렵다고 어필로서 알리고, 언제 서울로 진격할 것인가와 왜적과의 강화 등을 논의하다.(『宣祖實錄』선조26. 『集成』16-211)/ 備忘記에 염초 굽는 법을 배워 온 譯官 表憲에게 加資하라고 이르니, 사신이 우리나라의 병기가 정예롭지 않은 것은 아닌데도 왜구의 쓰임이 되는 것을 보면 오늘날 먼저 힘써야 할 것은 염초 굽는 방법에 있는 것 같다고 논하다.(『宣祖實錄』선조26. 『集成』16-212)/ 비변사가 함경남도의 군병을 선발하여 원수의 절제를 받으라는 분부가 있었는데 서울과의 거리가 멀고 군량 조달도 어려우므로 징발하는 것은 어렵다고 아뢰다./ 비변사가 황해 병사 趙仁得, 강원 감사 姜紳, 충청 감사 許彧 등에게 각기 본도의 관군과 의병 제군을 거느리고 서울로 진격하게 하여 적의 기세를 차단하게 하라고 청하다.(『宣祖實錄』선조26. 『集成』16-213)/ 僧將 惟政이 여러 차례 전공을 세웠으므로 해조로 하여금 禪敎宗 判事를 제수하여 權柄을 지니게 하고 적을 참한 중에게도 禪科를 제수하여 포장하는 뜻을 보이게 하다./ 都體察使 豊原府院君 柳成龍이 沈遊擊이 역관 金善慶 등이 沈遊擊과 平行長·淸正과 함께 강화를 하였다고 보고하였는데, 형세를 보아가며 서울에 방문을 보내자고 치계하다.(『宣祖實錄』선조26. 『集成』16-214)/ 상이 柳成龍이 강화한다는 말을 듣고 한번도 적을 치고 원수를 갚자는데 언급하거나 명장 앞에서 쟁변하는 일이 없이 강화를 당연히 받아들이는 듯하다며 權慄 등으로 바꾸자고 이르다./ 비변사가 體察使 柳成龍이 특별한 공을 세운 것도 없지만 큰 실책도 없고, 대신의 兵權을 가벼이 체직하는 일은 미안하다고 아뢰다.(『宣祖實錄』선조26. 『集成』16-215)
	3.28. 상이 肅川을 떠나 安州에 머무르다./ 상이 간첩을 써서 강화 논의를 깨뜨리는 계책을 상의하라고 전교하다./ 비변사가 강화의 논의를 이간시키는 일을 경솔히 할 수 없다고 아뢰다.(『宣祖實錄』선조26. 『集成』16-216)/ 비변사가 宋經略이 강화를 주장하면서 왜적을 함부로 죽이지 말라고 하였는데 權慄이 여러 차례 적을 죽였다는 기별을 듣고 이를 금하는 폐문을 보냈는데, 이에 대해 강화와 휴전은 절대로 할 수 없다는 자문을 보내자고 아뢰다.(『宣祖實錄』선조26. 『集成』16-217)/ 申點에게 艾 主事의 성품을 묻다./ 상이 일로의 호종이 너무 많아 백성들이 양식과 기계의 운반에 고생을 겪는다 하여 하인을 없애고 나장과 射隊의 수를 줄이게 하다./ 상이 王通判이 經略의 군부에 왔다는 말을 듣고 장령 閔夢龍을 보내어 문안하게 하다.(『宣祖實錄』선조26. 『集成』16-218)
	3.29. 상이 安州에 머물다./ 장령 閔夢龍이 王通判을 문안하고 돌아와 통판이 배알하겠다고 하였다고 아뢰다./ 대가가 王通判을 만났는데 經略이 강화쪽으로 생각이 기울었다고 전하다.(『宣祖實錄』선조26. 『集成』16-219)/ 대신이 명조가 강화하고 군사를 파하는 것을 長策으로 여기므로 자문을 회수하여 그 꾸밈새를 완곡하게 하라고 아뢰다.(『宣祖實錄』선조26. 『集成』16-223)
	4.1. 상이 安州를 출발하다.(『宣祖實錄』선조26. 『集成』16-223)/ 司憲府가 通判 王君榮이 절차와 처소를 결정하지 않아 大駕로 하여금 중도에서 되돌아오게 한 것을 아뢰며, 색승지를 체차시킬 것을 청하자 상이 그대로 따르다./ 좌승지 洪進이 義州에서 돌아와 宋經略이 倭奴에게 조공을 허락하고 관원을 파견하여 關白에게 降書를 받을 것이며 關白을 日本 국왕으로 봉하고 寧波를 통해 입공하게 하려 한다는 것 등을 아뢰다.(『宣祖實錄』선조26. 『集成』16-224)/ 未時에 대가가 嘉山에 이르다./ 도승지 沈喜壽를 沈遊擊에게 보내 왜적과 강화하는 것과 賊酋를 왕으로 봉하는 것은 간악함을 장

일본

려하고 도적질을 가르치는 행위라고 타이르고, 중국에서 왜적들의 入貢과 罷兵을 허락한 것 등에 대해 물어보다.(『宣祖實錄』 선조 26. 『集成』16-226)/ 承政院이 중국 장수 同知 沈思賢이 이번에 온 것은 강화 때문이 아니라 실지로는 적들을 속여 성을 나가게 하기 위함임을 아뢰다.(『宣祖實錄』 선조 26. 『集成』16-228)/ 經略이 沈惟敬을 보내 倭營에 들어가서 講和를 의논하게 하다.(『宣祖修正實錄』 선조 26. 『集成』27-159)/ 京城에 주둔하던 倭將들이 군사를 이끌고 南下하여 海上으로 돌아가다./ 提督 李如松이 體察使 柳成龍, 兪泓 등과 함께 京城에 들어오다.(『宣祖修正實錄』 선조 26. 『集成』27-160)/ 權慄이 군사를 거느리고 湖南으로 돌아가다./ 황제가 山東의 군량 10만석을 배로 운송하여 군량을 보충하게 하다./ 京畿 監司 成泳이 宣陵, 靖陵의 변고에 대해 狀啓하다.(『宣祖修正實錄』 선조 26. 『集成』27-161)/ 慶尙 左巡察使 金誠一의 卒記.(『宣祖修正實錄』 선조 26. 『集成』27-162)

4.2. 상이 가산군을 출발하다./ 司憲府가 중국군의 식량 조달을 위해 파견된 宰臣과 使命의 하인들이 민폐를 끼친다고 아뢰고, 대소 使命을 파할 것을 청하다.(『宣祖實錄』 선조 26. 『集成』16-228)/ 大駕가 定州에 도착하다./ 비변사가 검찰 종사관들이 강제로 세금을 부과하는 등 민폐를 끼치니 종사관들을 태거하라고 청하다.(『宣祖實錄』 선조 26. 『集成』16-229)/ 金宇顒·洪進·黃璉을 奏請使에 擬望하니, 洪進은 소임이 막중하고 나머지는 병약한 사람이므로 다시 차임하라고 전교하다./ 禮曹判書 尹根壽가 宋經略이 謝用梓 등에게 參將등의 관명을 주어 日本에 보냈고, 提督이 서울의 왜적이 물러간다면 關白의 降書를 받아오되, 중국 장수와 같은 수의 왜장을 인질로 삼을 것이라 한 것 등을 치계하다.(『宣祖實錄』 선조 26. 『集成』16-230)/ 尹根壽가 張旗鼓가 관원들로 하여금 四竿陪牌를 가지고 서울로 보내어 小西行長 등에게 왕자와 배신을 돌려보내게 할 것인데, 만약 왜적들이 약속을 어긴다면 진병하여 섬멸할 것이라고 말 한 것을 치계하다./ 員外郞 劉黃裳의 접반사 金睟가 유정과 경략의 행군을 지휘해야 할 贊劃의 행군도 아직 정확한 통보가 없음을 馳啓하다.(『宣祖實錄』 선조 26. 『集成』16-231)

4.3. 상이 定州를 출발하다./ 영의정 崔興源이 宋經略이 暹羅와 琉球의 수군으로 하여금 日本의 소굴을 치려는데 왜적이 이 사실을 알고 진심으로 조공을 청하고 있으니 왕으로 봉해주고 조공을 허락해 줄 것이라는 등의 강화하는 일을 아뢰다.(『宣祖實錄』 선조 26. 『集成』16-232)/ 右副承旨 李好閔에게 중국사신 謝用梓 등이 日本에 가지 않게 도모하도록 보내니 謝用梓 등이 關白이 진실로 조공할 것을 요청하고 왕자도 보내준다면 강화는 이루어질 것이라고 답했다고 아뢰다.(『宣祖實錄』 선조 26. 『集成』16-234)/ 大駕가 林畔館에 도착하다.(『宣祖實錄』 선조 26. 『集成』16-235)/ 上이 宋侍郞은 의리가 밝지 못하니, 만날 때 조심할 것을 하교하다.(『宣祖實錄』 선조 26. 『集成』16-236)

4.4. 상이 林畔館을 출발하여 車輦館에 도착하다./ 상이 尹根壽 등을 인견하여 加藤淸正과 小西行長의 뜻이 달라 강화가 이루어질 것인가와, 만약에 왜적과 강화한다면 적들이 과연 撤兵할 것인가 등을 의논하다.(『宣祖實錄』 선조 26. 『集成』16-236)/ 윤근수가 송경략에게 內廐馬를 보내줄 것을 아뢰자, 상이 다른 말을 주라고 하다.(『宣祖實錄』 선조 26. 『集成』16-240)

4.5. 비변사가 宋侍郞이 東宮의 書筵官을 자신에게로 보내여 강론하게 할 것을 누차 말하고 있음을 아뢰며, 빨리 書筵官을 택해 보낼 것을 청하자 그대로 따르다.(『宣祖實錄』 선조 26. 『集成』16-240)/ 비변사가 宋侍郞이 보낸 자문에 지난달 平壤에서와 같이 적을 물리치자는 내용으로 답변을 하자고 아뢰니 상이 자문의 내용이 의리에 위배되고 왜적을 두려워하는 말뿐이니 그와 더불어 변론하지 말라고 하다./ 李提督이 은과 쌀을 풀어서 張大將으로 하여금 개성의 飢民에게 나누어주어 구휼하게 하니, 상이 자문을 보내어 사례하다.(『宣祖實錄』 선조 26. 『集成』16-241)

4.6. 상이 車輦館을 출발하여 雲興館에 도착하다./ 同副承旨 具成이 義州에서 돌아와 張旗鼓가 왜적과의 싸움을 그치라고 했다고 아뢰다.(『宣祖實錄』 선조 26. 『集成』16-242)/ 비변사가 永柔나 定州로 돌아가 송 경략의 行止를 기다릴 것을 청하다./ 司憲府가 승려들이 왜적을 생포하고 首級을 바친 것의 답으로 禪科를 회복시키도록 명했던 것을 거두기를 청하니, 상이 따르다./ 鐵山의 백성들이 말과 소를 중국군에게 빼앗겨서 刷馬의 役이 어려우니, 관대하게 조치해 줄 것을 호소하다.(『宣祖實錄』 선조 26. 『集成』16-243)/ 宣川 백성 李宗仁 등이 공물과 잡역을 감해 줄 것을 호소하다.(『宣祖實錄』 선조 26. 『集成』16-244)/ 遼東 都司 張三畏가 온다는 말을 듣고 兪大敬을 보내어 문안하고 맞이할 것을 청하자, 都司가 이후에 만나자고 답하다./ 비변사가 명에 보내는 陳奏使를 경략이 제지하고 있다고 아뢰자, 상이 천천히 하라고 이르다./ 平安道觀察使 李元翼이 宋侍郞이 왜적과 교전하지 말도록 명했고, 沈遊擊은 왜인을 호송하여 부산에 도착하였으며, 謝相公을 參將이라 칭하여 日本에 보내 왜인을 데리고 入貢하게 한다는 등을 치계하다.(『宣祖實錄』 선조 26. 『集成』16-245)

4.7. 상이 가산군에 도착하여 張都司에게 군량을 조달하는 등의 일에 대해 당부하다./ 兩司가 劉員外와 宋侍郞이 도착하니 만나본 뒤 출발할 것을 청하나, 상이 따르지 않다.(『宣祖實錄』 선조 26. 『集成』16-246)/ 대신들이 博川에서 머물다가 經略이 만나기를 허락하면 安州로 가서 만날 것을 아뢰다.(『宣祖實錄』 선조 26. 『集成』16-247)

4.8. 상이 嘉山을 출발하여 博川에 도착하다./ 대신들이 經略이 주상에 머무르고 계신 곳을 묻는 등 만나려는 뜻이 없지 않은 듯 하니, 博川에서 기다릴 것을 아뢰다./ 兩司가 上에게 博川에서 머물며 經略을 기다릴 것을 청하다.(『宣祖實錄』 선조 26. 『集成』16 248)/ 賊中에서 도망해온 사람이 幸州에서 접전할 때에 墨寺洞에 있는 진은 왜장 이하 모두 죽었고, 그 외 각 진의 왜들도 죽거나 부상당하였고 말하다.(『宣祖實錄』 선조 26. 『集成』16-249)

4.9. 상이 博川에 머무르다./ 李提督의 差備 通事 金吉孫이 石尙書가 조선에 謝恩使를 재촉했다고 書啓하다.(『宣祖實錄』 선조 26. 『集成』16-249)/ 韓明胤을 尙州 牧使에, 鄭文孚를 永興 府使에 제수하다./ 비변사가 甫乙下鎭 藩胡의 추장인 邑沙가 변란이 일어났을 때를 당하여, 戰馬와 투구·갑옷을 보냈으니, 공을 논하여 軍職을 제수할 것을 아뢰다.(『宣祖實錄』 선조 26. 『集成』16-250)

4.10. 상이 博川을 출발하여 安州에 도착하다.(『宣祖實錄』 선조 26. 『集成』16-250)/ 병조 판서 李恒福이 송 경략이 만나고 싶어하지 않는다고 아뢰다./ 大駕가 博川郡을 출발하다.(『宣祖實錄』 선조 26. 『集成』16-251)/ 上이 經略이 지나갈 때 신하들을 거느리고 친히 나아가서 맞이하는 것이 황제의 命을 존중하는 공적인 예라고 전교하다.(『宣祖實錄』 선조 26. 『集成』16-252)/ 경상도 병마 절도사 朴晉이 入朝하다.(『宣祖實錄』 선조 26. 『集成』16-253)

연도	한국
▲ 1593 ▼	4.11. 상이 安州를 출발하여 永柔縣에 머무르다.(『宣祖實錄』선조26. 『集成』16-253) 4.12. 상이 永柔縣에 머물르다./ 상이 대신들에게 密陽의 백성들이 朴晉을 다시 본도의 장수로 차임할 것을 원하지만, 서울로 보내는 것이 옳을 듯 싶다고 전교하다.(『宣祖實錄』선조26. 『集成』16-253)/ 경상우도 관찰사 金誠一이 軍功의 論賞이 공평치 못하다고 치계하다./ 大臣들이 金誠一이 말한 軍功의 잘못을 해명하며 待罪하다.(『宣祖實錄』선조26. 『集成』16-255)/ 상이 僧將 惟政의 군사들이 매우 정예로워 왜적을 참획하는 공을 여러번 세웠으니 惟政을 堂上官 직으로 제수하여 원근에 있는 승려들의 마음을 분발시키도록 분부하다./ 兵曹判書 李恒福이 副總兵 劉綖에게 한강 이남과 蘆原 등처는 왜적의 노략질이 심하니 강화 요청은 믿을 수 없다고 전하고, 劉綖이 조선이 왜적에게 점거되면 중국이 왜적과 이웃이 되는 것이어서 싸우는 것이라 한 것을 아뢰다.(『宣祖實錄』선조26. 『集成』16-256)/ 팔도에 移文하여 士女로서 절개를 지키다 죽은 자를 訪問하게 하다.(『宣祖實錄』선조26. 『集成』16-258)/ 상이 朴晉은 한 자급을 加資해 주고, 僧將 惟政은 당상관으로 올려줄 것을 분부하다.(『宣祖實錄』선조26. 『集成』16-259) 4.13. 濟州 牧使 李慶祿이 군사를 뽑아 바다를 건너 토벌할 것을 청하자, 비변사가 형편상 행하기 어렵다고 회계하니 상이 따르다./ 京畿左道觀察使 成泳이 왜적이 宣陵과 靖陵을 파헤쳤다고 치계하다.(『宣祖實錄』선조26. 『集成』16-259)/ 예조가 왜적의 변고가 宣陵과 靖陵의 梓宮에까지 이르렀으니 즉시 백관을 거느리고 擧哀하기를 청하다./ 三更에 상이 궐문 안에서 擧哀하고, 宋 侍郎과 李 提督에게 관원을 보내어 兩陵의 변고에 대해 의논케 할 것을 분부하다./ 대신이 승문원에게 변고를 당한 일에 대해 자문을 마련하게 하는 일을 覆啓하다.(『宣祖實錄』선조26. 『集成』16-260)/ 대신이 예조의 관원과 함께 가서 형편을 보아 園陵을 奉審하자고 청하니, 상이 따르다. 黃璉을 行 吏曹 參議에, 張雲翼을 兵曹 參知에 제수하다./ 京畿左道觀察使 成泳이 宣陵과 靖陵의 변고를 아뢰며 京畿지방은 오랫동안 적의 소굴이 되어 祖宗의 陵寢이 더러운 적에게 빠져 있으니 속히 서울을 회복하자고 치계하다.(『宣祖實錄』선조26. 『集成』16-261) 4.14. 司憲府가 宣陵과 靖陵 두 능의 변고에 變服하는 것이 情禮에 맞지 않으므로, 該曹로 하여금 다시 講定케 할 것을 청하다./ 예조가 능침의 변고에 대한 예를 대신과 講定하라고 아뢰니, 상이 따르다./宋 經略이 世子 講官에게 강론할 經傳을 가지고 와서 토론하게 할 것을 요청하다.(『宣祖實錄』선조26. 『集成』16-262)/ 慶尙道右兵使 金沔이 卒하였는데 사신이 논하기를 金沔은 일개 書生으로서 군사를 일으켜 왜적을 토벌하다가 병으로 죽으니 軍中에 있는 사람들이 모두 애석해 하였다고 하다.(『宣祖實錄』선조26. 『集成』16-263) 4.15. 영의정 崔興源, 예조 참의 李瓘, 오산군 李鉉 등을 보내어 선릉과 정릉을 奉審하게 하다./ 비변사가 朴晉을 전쟁터에 파견하는 일과 文武科를 시행하는 일에 대해 아뢰다./ 上이 경황이 없을 때를 당하여 평상시처럼 文科까지 뽑는 것은 온당치 못하므로, 武科만을 거행하라고 政院에 분부하다.(『宣祖實錄』선조26. 『集成』16-263)/ 慶州判官 朴毅長이 군사를 거느리고 巴岑에서 왜적을 격파하다.(『宣祖實錄』선조26. 『集成』16-264)/ 비변사가 전란과 饑饉 및 수령들이 잡물까지 거두어들이며 성화처럼 독촉하여 민폐가 심하다고 아뢰며, 安集시킬 대책을 강구할 것을 청하다.(『宣祖實錄』선조26. 『集成』16-264)/ 郭再祐를 星州 牧使에, 李宗仁을 金海 府使에, 徐禮元을 晉州 牧使에 제수하다.(『宣祖實錄』선조26. 『集成』16-265) 4.16. 諫院이 嶺南지역은 적세가 극심한데 원수를 잃어 사람들이 疑懼하고 있으니 統禦할 자를 뽑아야 하는데 새로 부임한 趙儆은 加平 싸움에서 소수의 왜적을 보고 도망하여 적의 수중에 빠지게 하였으니 체직 하도록 아뢰다.(『宣祖實錄』선조26. 『集成』16-265)/ 비변사가 江華에 모여 있는 서울과 경기의 流民들이 식량이 떨어져 굶주리고 있으니, 곡식을 옮겨다가 진휼하라는 전지를 내릴 것을 청하다./ 예조가 宰臣을 보내어 韓 布政을 접대하게 하라고 아뢰다.(『宣祖實錄』선조26. 『集成』16-266)/ 宋經略에게 왜적이 宣陵과 靖陵을 범한 사실을 咨文을 보내어 보고하다.(『宣祖實錄』선조26. 『集成』16-267) 4.17. 司諫院이 전에 아뢴 肅川 府使 尹安性을 罷할 것을 啓請하고, 이어 長淵 縣監 金汝嶂을 파직할 것을 청하다./ 接伴使 李德馨이 慶尙左監司 韓孝純이 釜山과 東萊에 많은 적선이 정박하고 있다고 보고한 것을 치계하자 비변사가 강원도와 경기의 관군과 의병을 협력해서 적을 邀擊하고, 兩南의 水軍을 정돈하여 적선을 치자고 회계하다.(『宣祖實錄』선조26. 『集成』16-268)/ 武科를 실시하여 3백 53을 선발하다./ 右議政 兪泓이 肅寧館에 가서 韓 布政을 문안한 일을 아뢰다.(『宣祖實錄』선조26. 『集成』16-269) 4.18. 상이 永柔縣을 출발하여 저녁에 肅川府에 도착하다./ 예조가 劉 副總이 군사를 거느리고 嘉山에 도착하여 유숙하고 있으니 성상께서 접견하실 것을 청하다.(『宣祖實錄』선조26. 『集成』16-269)/ 대신이 德嬪의 梓宮을 찾아보는 일을 直長 尹百祥에게 시키라고 아뢰다.(『宣祖實錄』선조26. 『集成』16-270)/ 司憲府가 該官이 전혀 소임을 살피지 않아 百官에게 급료가 지급되지 않은 일을 아뢰고, 宣傳官 李宗一이 일신의 안일만을 도모하고 임금의 명을 무시하는 것에 대해 국문할 것을 청하다./ 李光岳을 慶尙 右兵使에, 李곽을 司諫院 大司諫에 제수하다./ 상이 경상도의 군량을 염려하며, 空名 告身帖을 金誠一과 韓孝純이 있는 곳으로 보내라고 분부하다.(『宣祖實錄』선조26. 『集成』16-271)/ 상이 經略이 오랫동안 林畔館에 머무는 이유를 南好正에게 물어보라고 承政院에 분부하다./ 상이 承政院에 李舜臣이 식량을 운반하는 倭船을 포획하고 朴毅長이 새 옷을 만들어 오는 왜적을 잡았다 하니, 왜적이 병력을 증파하고 있는 것이 사실이고, 또한 무수한 왜선이 도착하고 있다 하니 조처를 강구하라고 분부하다./ 상이 肅川府에 머무르다.(『宣祖實錄』선조26. 『集成』16-272) 4.19. 상이 副總兵 劉綖을 접견하여 왜적의 증강, 능침의 변고, 군량 상황 등을 의논하다.(『宣祖實錄』선조26. 『集成』16-273)

일본

4.20. 상이 肅川府에서 永柔縣으로 돌아오다./ 劉 總兵이 兵事를 아는 자를 머물게 해서 夜間에 불러 이야기를 나누고 싶다고 청하자, 朴晉을 보내는 것에 대해 의논하다.(『宣祖實錄』 선조 26. 『集成』16-275)/ 상이 承政院에 劉 員外가 보낸 乾鵝를 종묘와 사직에 올리는 일에 대해 의논하라고 분부하다./ 徐渻이 왜적을 섬멸하기 위해 劉 總兵과 왜적의 상황을 상의한 것에 대해 아뢰다.(『宣祖實錄』 선조 26. 『集成』16-276)/ 李彦祐 등은 咸鏡道會寧府 사람으로 叛賊 鞠敬仁과 모의하여 자칭 三大將이라 하며 두 왕자와 여러 재신들을 왜적에게 넘겨 주었고 鞠敬仁을 추대하여 왕을 삼으려고까지 하니 처형하다./ 同知 朴晉이 도로에서 알현하니, 상이 劉 總兵을 만나라고 이르다.(『宣祖實錄』 선조 26. 『集成』16-278)/ 호조가 總兵이 우리의 병력과 군량의 수량을 알고자 하여 본도의 군량을 조사했다고 아뢰다./ 都體察使 柳成龍 등이 賊中으로 가는 旗牌에 叩頭禮를 행하지 않은 것과, 釜山·東萊 등지는 賊徒가 많아 賊情의 소재를 헤아리기 어렵고, 別軍을 한강 이남에 파견하여 많은 적병을 斬獲하였다는 것 등을 치계하다.(『宣祖實錄』 선조 26. 『集成』16-279)

4.21. 상이 韓 布政이 校勘한 題本을 보고 의논하게 하자, 비변사가 자문을 작성하여 관원을 파견하자고 아뢰다.(『宣祖實錄』 선조 26. 『集成』16-280)/ 李 提督이 軍功에서 북군을 우선하여 남군과 북군 사이에 불화가 생기다./ 韓布政에게 提督이 흉악한 왜적을 소탕한 것과, 왜적이 서울로 후퇴하여 平安道 등의 군읍이 수복 된 것과 왕의 형인 李琿이 關白에게 항복했다는 것은 허위 날조된 것이라고 咨文을 보내다.(『宣祖實錄』 선조 26. 『集成』16-281)/ 司諫院이 전란이 일어난 이래로 삼년상을 행하는 자가 없으니, 宰臣과 武士 이외에는 일체 起復을 허용하지 말고 응당 起復을 해야 할 자들도 兩司로 하여금 署經하게 한 뒤에 공무를 행하게 할 것을 청하다.(『宣祖實錄』 선조 26. 『集成』16-282)/ 同知 朴晉이 劉總兵의 처소에서 돌아와 서울에 있던 왜적이 모두 나가고 李提督이 입성하였다고 아뢰다.(『宣祖實錄』 선조 26. 『集成』16-283)/ 安集使 金玏이 경상도의 토적 출현, 飢饉 및 疾疫에 대해 아뢰고, 전라도의 감사와 병사에게 移文하여 本道의 官穀을 급히 운반하여 경상도의 백성들을 구제하게 할 것을 청하다./ 상이 각 진영에서 바친 首級을 거두어 咨文을 갖추어서 宋 經略의 진영으로 보내게 하다./ 비변사가 영남은 가장 긴요한 지역이니 장수를 선발에 있어 십분 정밀하게 할 것, 의병장 崔慶會가 호남의 의병과 친숙해 있으니 사변이 안정될 때까지 그대로 직을 맡길 것에 대해 아뢰다.(『宣祖實錄』 선조 26. 『集成』16-284)/ 상이 죽은 金沔이 전후로 功이 있으니 追贈할 것을 承政院에 분부하다./ 上이 평양 감사가 書啓한 사람들에게 직을 제수하라고 承政院에 분부하다.(『宣祖實錄』 선조 26. 『集成』16-285)

4.22. 司憲府가 冗官 중 쓸만한 무사는 督捕使 朴晉에게 소속시키도록 아뢰니, 상이 왜적이 실제로 강화를 하고 갔다면 가더라도 할 일이 없을 것이니 서울 소식을 기다려 본 뒤에 보내도록 비변사에게 하문하도록 하다.(『宣祖實錄』 선조 26. 『集成』16-285)/ 예조가 本道의 관찰사에게 諸陵을 봉심하고 璿源殿의 影幀을 다시 奉安한 뒤에 치계하도록 下書할 것을 청하다.(『宣祖實錄』 선조 26. 『集成』16-286)

4.23. 중국 禮部 鴻臚丞 高雲程이 항복하는 왜적을 죽이지 말라는 뜻의 禮部의 자문을 전하다.(『宣祖實錄』 선조 26. 『集成』16-286)/ 益城君 洪聖民이 起復의 명을 거두어 喪을 마칠 수 있게 해달라고 상소를 올리다./ 비변사가 재신을 보내어 서울 수복을 치사하라고 아뢰니 상이 왜적이 스스로 물러가는데도 중국군은 공격도 하지 않고 그대로 호송하여 보내주었으니 서울이 수복된 것을 치사할 필요 없다고 이르다.(『宣祖實錄』 선조 26. 『集成』16-287)

4.24. 대신이 중국이 강화를 허락하고 왜적을 보내준 것이 군사를 동원하여 시원하게 적을 섬멸한 것만은 못하지만 三京을 수복한 것은 황제의 은덕이니 치사하여야 한다고 아뢰자 상이 이를 따르다./ 대신이 서울이 수복되었으니 하례하는 의식을 거행하자고 청하다.(『宣祖實錄』 선조 26. 『集成』16-288)/ 司諫院이 왜적에게 부역한 자를 처단할 것, 前僉知 成世寧이 술과 안주로 왜적을 맞이하였으니 처벌할 것, 漢水 이남은 적의 소굴이 되었는데 하례를 행한다면 적들이 업신여길 것이므로 중지할 것을 아뢰다.(『宣祖實錄』 선조 26. 『集成』16-289)/ 司憲府가 국가가 불행하여 喪亂이 극심할 때, 절개와 덕행이 있는 자를 該曹로 하여금 각도에 공문을 보내 찾아서 旌門을 세워주고 復戶도 시켜줄 것을 청하다.(『宣祖實錄』 선조 26. 『集成』16-290)/ 상이 經略이 왜적이 왕자를 돌려보내기를 기다린다는 핑계로 적을 치지 않고 놓아 준 것과, 적을 토벌하는 자문을 작성하여 經略과 提督에게 보내도록 전교하다.(『宣祖實錄』 선조 26. 『集成』16-291)/ 예조가 선릉과 정릉의 변고에 대해 전일에 거행한 四拜禮는 온당치 않다고 아뢰고, 3일 朝哭을 할 것을 청하다./ 대신이 능침의 변고를 생각해서 3일 동안 회곡하시고 백의를 입고 종사하라고 아뢰고, 개장 도감을 설치하여 제반 일을 거행할 것을 청하다.(『宣祖實錄』 선조 26. 『集成』16-292)/ 이조가 지금은 草創한 때이니 都監을 하나만 두어 겸하여 살피게 하자고 아뢰다./ 都體察使 豊原大院君 柳成龍 등이 總兵 李寧 등이 東坡에 와서 왜적에게 조공을 허락하였으니, 왜적을 죽이거나 사로잡지 말 것이며, 經略의 牌文을 따르도록 하였는데 이에 대해 쟁변한 것을 아뢰다.(『宣祖實錄』 선조 26. 『集成』16-293)

4.25. 상이 闕庭에 나아가 백관을 거느리고 會哭하다./ 대신이 宋 侍郎에게 자문으로 알려 한 번 만나보기를 요청하고, 그 可否에 대한 답변을 기다렸다가 進退하라고 아뢰다.(『宣祖實錄』 선조 26. 『集成』16-295)/ 司憲府가 능침을 수호하지 못한 廣州 牧使 李箕賓을 拿鞫하고, 京畿 左監司 成泳은 파직시킬 것을 청하다./ 司諫院이 선릉과 정릉을 보살펴 수호하지 못한 廣州 牧使 李箕賓을 拿鞫하고, 일 처리에 소홀한 監司 成泳은 파직시킬 것을 청하니, 上이 그대로 따르다.(『宣祖實錄』 선조 26. 『集成』16-296)/ 대신이 서울 주위에 있는 능침이 왜적의 수중에 있어서 침범을 당하여 변고까지 있었으니 급히 찾아가 掃墳해야 하므로, 大駕가 급히 전진하는 것이 급선무라고 아뢰다./ 상이 왜적이 왕자를 돌려보내지 않고 있으니 진병하여 왜적을 섬멸하자는 咨文을 작성하도록 전교하다.(『宣祖實錄』 선조 26. 『集成』16-297)/ 예조가 능침의 변을 위안하는 예를 거행하지 못하였으니, 香祝을 구비하여 위안제를 거행하게 할 것을 청하다./ 비변사가 經略에게 우리 나라의 蕩敗된 상황을 말하고 중국군 2천 명만 머무르게 해달라는 자문을 보낼 것을 청하다.(『宣祖實錄』 선조 26. 『集成』16-298)/ 鄭昌衍을 司憲府 大司憲에, 朴東賢을 弘文館 副應敎에, 權悏을 廣州 牧使에, 金應南을 예조 판서에, 李德馨을 漢城府 判尹에 제수하다.(『宣祖實錄』 선조 26. 『集成』16-299)

4.26. 상이 闕庭에 나아가 백관을 거느리고 會哭하다./ 司憲府가 兩陵의 변고를 사당에 고유하지 않은 예조의 堂上과 色郎廳을 속히 추고하시고 사당에 고유하는 제반 사항도 빨리 거행할 것을 청하다.(『宣祖實錄』 선조 26. 『集成』16-299)/ 司諫院이 능침의 변고를 사당에 속치 고유하기를 청하였고, 宋經略이 서울을 떠난 왜적을 초토하라고 조선 정부에 咨文을 보내다.(『宣祖實錄』 선조 26. 『集成』16-300)/

연도	한국
▲ **1593** **▼**	대신이 서울에 있던 왜적이 강을 건넜는데 서둘러 노정을 재촉하더라도 따라잡기 어려울 듯 한데 미리 조치하지 못한 經略의 뜻을 알 수 없으나, 그가 말한 바에 따라 서둘러 조치하자고 아뢰다.(『宣祖實錄』 선조26. 『集成』16-301)/ 대신이 이제야 서울이 수복되어 園陵의 변고에 대해 해야 할 조처가 지체되는 일이 많음을 아뢰고, 상에게 서둘러 서울로 진주하기를 청하다./ 대신이 都體察使 柳成龍과 順寧君 李景儉의 보고에 따라 선릉과 정릉의 상태를 아뢰다.(『宣祖實錄』 선조26. 『集成』16-302)/ 상이 朴晉에게 적이 물러갔어도 노정을 계산하여 가지 않았을 것이니 추격하여 따라잡도록 하고 또한 왜적이 嶺南에서 머무르며 퇴각하지 않을 수도 있으니 때를 놓치지 말고 섬멸하도록 분부하다./ 비변사가 왜적을 추격할 때 각도에 군량을 미리 조처하게 하자고 청하니, 상이 왜적은 반드시 곧장 돌아가지 않고 嶺南에 주둔해 있을 것이니 의논하여 아뢰도록 분부하다.(『宣祖實錄』 선조26. 『集成』16-303)/ 좌찬성 鄭琢이 국왕을 직접 접견하지 못해 성이 난 劉 員外를 문안하고 와서 아뢰다.(『宣祖實錄』 선조26. 『集成』16-304)/ 都體察使 柳成龍이 城中에 들어가니 왜적은 모두 물러갔고, 慕華館에는 죽은 자의 수효를 헤아릴 수 없이 많았고, 廟社·宮闕·陵寢은 奉審하고 난 뒤에 치계하겠다고 하다./ 예조가 慘痛한 변이 지극하여 사당에 고유하는 예가 혼란하고 어수선하여도, 전혀 거행하지 않는 것보다는 나을 것이라고 아뢰다./ 예조가 양릉을 改葬할 때의 상복을 제정할 것을 청하다.(『宣祖實錄』 선조26. 『集成』16-305)/ 劉員外가 왜적이 바닷가에 이르더라도 적을 섬멸할 수 있고, 왜적이 도성을 떠나면서 왕자를 돌려보내지 않았으므로 진병하여 초멸할 것이라고 상에게 말하다.(『宣祖實錄』 선조26. 『集成』16-306)
	4.27. 저물녘에 상이 永柔의 行宮으로 돌아오다./ 상이 承政院에 서울이 수복되었으니 望闕禮를 행하여 황제의 은혜를 사례해야 한다고 하고, 사은사를 보내는 것에 대해 예조에 이를 것을 분부하다./ 예조가 성상께서 망극한 변을 당하였으니, 1일에 백관을 거느리고 초하루의 哭禮를 하시고 2일에 망궐례를 행하라고 아뢰다.(『宣祖實錄』 선조26. 『集成』16-307)
	4.28. 대신이 영상 崔興源이 梓宮의 옥체를 자세히 조사하고, 불탄 곳 이외의 陵內 여러 곳과 의심스러운 지역을 두루 찾아서 사실을 알아내어 馳啓하라는 뜻을 하유하라고 아뢰다./ 宣陵의 壙中에는 불탄 흔적만 있었는데, 烏山君 李珙이 종이로 그 재를 싸놓고 기다리다./ 비변사가 적을 추격하는 일과 군량을 조달하는 일에 대해 아뢰다.(『宣祖實錄』 선조26. 『集成』16-308)
	4.29. 상이 군신을 거느리고 四拜를 하고 곡하다.(『宣祖實錄』 선조26. 『集成』16-309)/ 상이 대신에게 經略이 왜적을 추격하는 것을 금지하더라도 이에 논박하여 적을 토벌해야 할 것이며, 적의 수급을 베어 바치면 紅牌를 주게 하는 榜을 내걸어 精兵을 모집하도록 분부하다./ 司諫院이 양곡을 운반하는 일을 이전의 事目에 의거하여 시행하도록 할 것, 적을 섬멸할 수 있는 기회를 놓치지 말 것에 대해 아뢰다.(『宣祖實錄』 선조26. 『集成』16-310)/ 慶尙右道 觀察使 金誠一이 卒하다.(『宣祖實錄』 선조26. 『集成』16-311)
	5.1. 상이 백관을 거느리고 闕庭에 모여 곡하다./ 상이 經略에게 감사의 인사와 만나 보기를 원한다는 답서를 보낼 것을 대신들에게 분부하자, 대신들이 海州에 머물러 있기를 청하다.(『宣祖實錄』 선조26. 『集成』16-311)/ 經略 宋應昌이 왜선을 불태우고 海口에다 총포를 설치하여 공격할 것처럼 하면서 왜적을 소란시키고, 왜구는 양식이 떨어지면 도망갈 것이니 기회를 보아 섬멸하도록 咨文을 보내다.(『宣祖實錄』 선조26. 『集成』16-312)/ 비변사가 적이 아직 물러가지 않았고 또 적을 추격하려는 계획을 세우고 있으니, 門蔭과 文官 수령 외에 무반 수령으로서 起復한 자들은 아직 체직시키지 말고 사변이 안정되기를 기다리게 하자고 청하다./ 예조가 宣陵의 변고가 참혹하니 望闕禮를 정지하기를 청하자 대신과 의논하다.(『宣祖實錄』 선조26. 『集成』16-314)/ 대신이 靖陵의 遺衣가 散失되어서 옥체가 드러나기까지 하였으니, 염습할 때에 상세히 삼가서 해야 할 것이라고 청하다./ 비변사가 경성 수복에 대해 군신들이 하례할 것을 청하고, 사신을 보내어 通諭함으로써 皇恩과 종묘 사직이 다시 회복된 내용을 알려야 한다고 아뢰다.(『宣祖實錄』 선조26. 『集成』16-315)/ 司憲府가 義穀을 바치기를 원하는 자들이 行所에 이르렀으나 該官이 신속히 처리하지 않고 있어 백성들이 크게 실망하고 있다고 아뢰고, 該曹의 堂上官과 色郎廳을 모두 추고하도록 명할 것을 청하다./ 비변사가 중국군이 회군할 때 연향을 베풀고 犒饋하는 일을 품계가 높은 宰臣과 평안도 관찰사가 함께 연회를 베풀게 하고 提督의 행차를 만나게 될 경우에는 별도로 의논하여 조처하게 할 것을 청하다.(『宣祖實錄』 선조26. 『集成』16-316)/ 提督 李如松이 賊을 추격하여 聞慶까지 갔다가 되돌아와서는 해변에 주둔하다.(『宣祖修正實錄』 선조26. 『集成』27-162)/ 都元帥 金命元, 巡邊使 이빈, 權慄 등이 賊을 추격하여 嶺南에 내려가다./ 京畿 監司 成泳이 陵變을 살펴 아뢰니 大臣들을 보내 살피게 하다.(『宣祖修正實錄』 선조26. 『集成』27-163)
	5.2. 상이 淸溪館에 나아가 백관과 耆老·군민들을 거느리고 吉服을 입고서 望闕禮를 행하여 황제의 은혜에 감사드리다./ 경성을 수복한 것을 종묘와 사직에 고하다./ 兩司가 왜적에 의해 宣陵의 변고가 있으니 京城 수복을 축하하는 의식을 정지하기를 청하니 상이 따르다./ 상이 강원 감사와 의병장 金千鎰 등은 군사를 거느리고 영남으로 내려가 적을 추격하고, 황해 병사는 해주 근처에 주둔하며 적침의 대비와 동시에 御駕를 맞이하도록 할 것을 분부하다.(『宣祖實錄』 선조26. 『集成』16-317)/ 상이 韓布政을 맞기 위해 肅川에 행사하였다가 種子가 분배되지 않는다는 백성들의 호소를 듣고, 이를 조사하게 하다./ 개장 도감이 염습할 때의 稱이라는 것이 어떤 말이 맞는지를 대신들과 2품 이상의 관원들에게 물어 정하게 하라고 청하다.(『宣祖實錄』 선조26. 『集成』16-318)/ 비변사가 중국 군사가 서울에 들어와 우리 나라 장수에게 왜적을 추격하지 말게 하고, 우리 병사가 적을 치면 구속하고 있어 諸軍이 해체되었으니, 흩어진 군사들에게 왜적을 초토하라고 하교하기를 청하다.(『宣祖實錄』 선조26. 『集成』16-319)

일본

5.3. 韓布政이 중국군의 규찰 상태에 관한 간찰을 올리니 상이 조선을 구한 것과, 왜구에게 부역한 자들도 돌아오게 한 것에 대해 감사히 여긴다며 揭帖을 주다.(『宣祖實錄』 선조 26. 『集成』16-319)/ 상이 永柔의 行宮으로 돌아오다./ 宋經略이 定州를 출발하면서 通事 表憲에게 적을 토벌하는 일을 말하고 傳令箭을 보내니 상이 李舜臣에게 적선을 불태우고 해상에 머물면서 적이 바다를 건너지 못하게 하라고 전교하다.(『宣祖實錄』 선조 26. 『集成』16-320)/ 都體察使 柳成龍이 등이 提督이 적을 추격해야 하니 배를 준비하라고 하여 한강에 나가보니 왜적이 새로 만든 배가 50여 척이 있었고, 우리 배가 4척이 있어 왕래하면서 군사를 실어 나른 것 등에 대해 치계하다.(『宣祖實錄』 선조 26. 『集成』16-321)

5.4. 상이 우리 나라 諸將들로서 적을 추격하여 강을 건너간 자들을 提督이 모두 구속한 내용을 經略에게 알리는 것이 온당한지를 비변사에게 물어 아뢸 것을 承政院에 전교하다./ 상이 영의정 崔興源 등과 왜적에 의해 변고된 宣陵과 靖陵을 처리하는 것과, 왜적이 만약에 嶺南에 웅거하여 鳥嶺을 막아 지키고 호남 지방을 노략질하면 어떻게 할 것인가 등에 대해 의논하다.(『宣祖實錄』 선조 26. 『集成』16-323)

5.5. 司憲府가 왜적이 京城에서 퇴각한 뒤에 왜적의 행군을 馳啓하지 않아 인심의 해이와 軍律의 문란이 극도에 이르렀으니 都元帥 金命元과 京畿監司 李廷馨의 추고를 청하자 상이 이를 따르다./ 司諫院이 江華에 머물면서 적을 토벌하지 않은 訓鍊 都正 崔遠을 파직시킬 것을 청하자, 상이 그대로 따르다.(『宣祖實錄』 선조 26. 『集成』16-327)/ 尹根壽가 安州에서 오자 면대하여 왜적이 모두 바다를 건널 수 없을 것이니 뒤에 건너는 자들을 따라가 격살할 것이며, 왜적이 남쪽 지방을 점거하여 소굴로 삼을 까봐 걱정하고, 적을 추격하여 섬멸하는 것 등을 의논하다.(『宣祖實錄』 선조 26. 『集成』16-328)/ 張旗鼓가 譯官에게 李提督이 京城에 있으면서 왜적을 두려워하여 진격하지 않고 있고, 왜적이 군대를 철수하여 행군하는데 게을리 하고 있어 중국군이 왜적을 추격하여 남쪽으로 내려갔다고 말하다.(『宣祖實錄』 선조 26. 『集成』16-330)

5.6. 대신이 大駕가 進駐할 海州는 지세가 궁벽하고 저장된 양식도 없는데다가 관청도 불타 없어졌음을 아뢰며, 서울로 進駐할 것을 청하다./ 비변사가 忠淸道의 出稅 폐해를 아뢰며, 軍資監 正과 江監 관원을 빨리 入送하여 관리하라고 청하다.(『宣祖實錄』 선조 26. 『集成』16-331)

5.7. 대신이 車駕를 우선 海州에 머무를 것을 청하니, 옳은 듯하다고 답하다./ 司諫院이 왜적에 의해 변고를 당한 능침을 修葺하고 遺民을 진무 할 것이며, 중국 장수를 접대하는 일과 왜적을 추격하는 일에도 편리하니 한양으로 돌아가 興望에 부응하도록 아뢰다./ 비변사가 왜적을 토벌하고 수복한 공은 提督이 제일이고 經略 역시 정벌을 담당한 장수로서 모든 호령이 그에게 나왔으니 肖像을 그리는 일에 대해 아뢰다.(『宣祖實錄』 선조 26. 『集成』16-332)/ 비변사가 經略이 경성에 도착한 다음 車駕를 움직일 것을 청하다.(『宣祖實錄』 선조 26. 『集成』16-333)

5.8. 대신이 謝恩使가 가는 길에 誥命과 冕服 및 世子를 책봉할 것을 아울러 주청하자고 아뢰다.(『宣祖實錄』 선조 26. 『集成』16-333)/ 좌의정 尹斗壽가 大駕의 노정에 관하여 아뢰자, 상이 의논하여 조처하라고 명하다.(『宣祖實錄』 선조 26. 『集成』16-334)

5.9. 대신이 崔遠을 京城에 보내어 진무케 하도록 청하니 상이 啓辭는 옳지만 崔遠은 왜적을 토벌하지 못하여 특별한 공이 없어 臺諫이 아뢴 바에 따라 파직하였는데 다시 서용하면 대간의 말이 경시될까 염려된다고 하다./ 司憲府가 왜적이 서울에 들어와 점거하던 때 前正郞 柳德種이 성중에 들어가 內應한다 칭하고 探報하는 일을 하지 않고 단지 살기를 도모하려는 계책을 하여 衣冠을 더럽혔으니 削去仕版을 청하니 상이 따르다.(『宣祖實錄』 선조26. 『集成』16-334)/ 상이 군량을 모으는 일을 下官에게 맡기는 것은 너무 태만한 것이라고 하며, 李山甫와 沈忠謙을 보내어 충청도와 전라도에서 督運해 올 것을 承政院에 분부하다.(『宣祖實錄』 선조 26. 『集成』16-335)

5.10. 좌의정 尹斗壽등이 중국이 왜적의 入貢을 허락하여 다시 用兵하지 않을 줄 알고 군대를 해산하고 있고, 수군은 돌아가는 왜적을 다시 섬멸하려 하고 있다는 등의 내용으로 稟帖을 보내자고 아뢰다.(『宣祖實錄』 선조 26. 『集成』16-336)

5.11. 상이 대신들에게 經略이 왜적을 추격하다가 미치지 못하면 우리 陪臣을 처형하는 일이 있을까 염려스러우니, 중신을 파견하여 검칙하려 하니 의논하여 죄를 뒤집어쓰는 일이 없도록 전교하다.(『宣祖實錄』 선조 26. 『集成』16-337)/ 司憲府가 咸鏡 監司 尹卓然이 屋轎를 만들기 위해 잡다한 물건들을 郡縣에서 징수하여 백성들의 원망과 비난이 가득함을 아뢰며, 파직시킬 것을 청하다./ 金尙容을 兵曹佐郞에, 趙守翼을 承政院 注書에, 黃玟誠을 江華 府使에, 洪可臣을 坡州 牧使에 제수하다.(『宣祖實錄』 선조 26. 『集成』16-338)

5.12. 상이 金命元의 서장이 오지 않는 것에 대해 물었는데 사신이 논하기를 왜적이 우리 국경 안에 있는데도 그들의 정세를 조정뿐만 아니라 원수도 모르고 있으니 어떻게 적을 헤아려 승리로 이끌 수 있겠는가 하다./ 상이 비변사와 玉堂·兩司를 인견하다./ 상이 尹斗壽 등과 적이 京城을 떠나 尙州에서 분탕질한다고 하니 嶺南에 웅거할 뜻이 있는 것 같고, 호남 지역도 탕진되었으며, 經略이 한강을 경계로 하여 적을 막으려 하는 것 등에 대해 의논하다.(『宣祖實錄』 선조 26. 『集成』16-339)/ 비변사가 龍山에 잔류해 있는 왜적들이 백성의 양식을 소비하고 있으니 經略에게 처치하라는 뜻으로 咨文을 보낼 것을 청하니 상이 이를 따르다.(『宣祖實錄』 선조 26. 『集成』16-342)/ 비변사가 경략이 처음부터 싸울 의사가 없었다고 아뢰며, 파병한 군졸이 많다는 사유를 자문으로 만들어 보낼 것을 청하다.(『宣祖實錄』 선조 26. 『集成』16-343)

5.13. 司諫院이 안황에게 가서 대부를 가자해 준 것을 개정할 것을 잇달아 청하다./ 상이 海州로 進駐하는 일에 대해 전교하니, 承政院이 진주하지 말 것을 청하다./ 상이 承政院에 전교하여 왜적이 尙州에 웅거하여 빨리 퇴각하지 않을 듯하니 崔遠이 군사를 거느리고 언제쯤 출발할 것인가를 묻다.(『宣祖實錄』 선조 26. 『集成』16-343)

5.14. 臨海君 李珒과 順和君 李보가 賊中으로부터 韓克誠가 두 딸을 바치고 40조항의 계책을 꾀하기까지 하였으며 그 아들은 중국 및 우리 나라 지도를 주었다는 내용의 편지를 보내오다./ 대신들이 경성에 유민이 다시 돌아와 살고 있어 그들을 안무하고 구휼하는 것이 시급하다고 아뢰며, 兼判書 洪聖民으로 하여금 경사에 들어가 직무를 수행하게 할 것을 청하다.(『宣祖實錄』 선조 26. 『集成』16-344)

5.15. 상이 宣傳官을 보내어 全羅道巡察使 權慄에게 하유하기를 經略이 우리 병사를 더 뽑아서 중국군과 협력하여 왜적을 섬멸하라고 하니 精兵을 총동원하되 抄發할 즈음에 조처하라고 하고, 空名告身帖을 보내다.(『宣祖實錄』 선조 26. 『集成』16-344)/ 司憲府가 병권을 맡은

연도	한국

승려 休靜이 적을 초토하려는 생각은 하지 않고 오직 방자한 마음만 품고 있음을 아뢰며, 추고하여 엄히 다스릴 것을 청하다./ 司諫院이 군량 수송은 이미 규정이 있는데 추가하여 배정하게 하는 것은 백성들에게 신의를 잃는 일이니, 명령을 거두어 事目대로 시행하자고 청하다.(『宣祖實錄』 선조26. 『集成』16-345)/ 상이 근래에 승려들이 적을 참획한 것은 모두 休靜의 倡率에 의한 것이니 休靜의 제자나 가족들을 제수하거나 면역시키기도 하게 하되 그들이 원하는 대로 하게 하라고 전교하다./ 대신이 韓克誠이 왜적에게 딸을 주기까지 하였으니 신하된 자로 이보다 더 큰 죄가 없으니 속히 조처하도록 청하다(『宣祖實錄』 선조26. 『集成』16-346)

5.16. 韓克誠이 伏誅되었는데 사신이 논하기를 咸鏡北道 兵使로서 왜적에게 잡혀 賊中에 있다가 이때에 이르러서 들어와 하옥되어 복주된 것이라 하다./ 대신이 慶尙 監司 金玏의 遞差를 청하고, 崔慶會·李時言·郭再祐 등을 추천하다./ 비변사가 경상 감사는 중요한 직책인데 宰臣 중에서도 합당한 사람을 찾기 쉽지 않으니, 金玏에 대해서는 우선 그가 하는 일을 살펴보아 조처하자고 아뢰다.(『宣祖實錄』 선조26. 『集成』16-347)/ 상이 대신에게 왜적이 오래 머물고 있고, 왜적의 흉모를 헤아리기 어려워 賊勢가 극히 우려할 만하니, 계획을 다시 철저히 세워 극진히 조처하도록 비변사와 병조에게 의논하여 올리라고 전교하다./ 司諫院이 張志誠은 朔寧의 임시 수령으로 있으면서 그 군에서 해를 당했는데도 전연 구제하지 않았으며 적을 막을 의사도 없었으니, 다시 가두어 정죄하길 청하다./ 비변사가 주장이 살해되었는데 編裨의 직위에 그대로 둘 수는 없다고 아뢰며, 張志誠을 도원수의 軍前에 보내어 속죄하게 해서 적의 首級을 얻지 못할 경우 추후 논죄하라고 청하다.(『宣祖實錄』 선조26. 『集成』16-348)/ 司諫院이 張志誠이 朔寧의 임시 수령으로 있으면서 감사 심대가 그 군에서 해를 당했는데도 구제하지 않았음을 아뢰며, 다시 가두고 정죄할 것을 청하자 상이 비변사에게 의논하여 아뢰게 하다.(『宣祖實錄』 선조26. 『集成』16-349)

5.17. 비변사가 碧蹄 전투 상황을 목격한 사람을 倍臣에게 대동하게 하다.(『宣祖實錄』 선조26. 『集成』16-349)/ 司諫院이 잇달아 張志誠을 다시 가두고 정죄할 것을 계청하였으나 상이 따르지 않다가, 세 번째 계청하자 비로소 따르다.(『宣祖實錄』 선조26. 『集成』16-350)

5.19. 司憲府가 北道兵使 成允文이 刑杖을 너무 지나치게 시행하여 군민들이 실망하고 있어 백성을 진무하고 적을 막는 계책을 맡길 수 없음을 아뢰며, 遞差시킬 것을 청하다.(『宣祖實錄』 선조26. 『集成』16-350)

5.20. 상이 왜적으로부터 三京을 회복한 일로 謝恩表를 올리다.(『宣祖實錄』 선조26. 『集成』16-351)/ 상이 서울에서부터 대가를 호송하여 義州에 도착한 內外上下 인원을 모두 기록하여 아뢰라고 承政院에 전교하다./ 상이 중국군이 추격하지 않는 것을 경략에게 稟帖하여 주선해야 할 것 같다고 하면서, 비변사로 하여금 의논하여 아뢰라고 분부하다.(『宣祖實錄』 선조26. 『集成』16-352)

5.21. 비변사가 經略이 중국군의 진격과 아군의 추격까지 금하여 왜적이 마음대로 달아나게 한 뒤에야 군대를 보내는 등 처사가 괴이하지만 품첩을 만들어 형편을 보아가며 주선하게 하자고 아뢰다.(『宣祖實錄』 선조26. 『集成』16-352)/ 비변사가 적선의 元數가 거의 1만여 척에 이르고 熊川등의 여러 지역에 왜적이 오래 머물 준비를 하고 있으며, 右道의 聞慶·尙州 등지와 左道의 善山·大丘 이하에도 모두 왜적이 주둔하고 있다고 아뢰다./ 비변사가 제독의 비위를 거스리는 일은 하지 않고 다만 경략이 싸움을 재촉하고 있다는 뜻을 들어 자문을 만들어 보냈다고 아뢰다.(『宣祖實錄』 선조26. 『集成』16-353)

5.22. 상이 왜적 중에 중국군에게 투항하는 것을 賊將이 금하지 않고 있는데 저들이 平壤의 虛實과 도로 등을 본토로 도망가 알릴 수도 있으니 모두 죽이고자 하는 뜻을 經略에게 移咨하도록 전교하다.(『宣祖實錄』 선조26. 『集成』16-354)/ 상이 비변사에게 죽은 왜적의 수를 문자 首級을 세는데 있어서 여러 폐단이 있으니 상세히 조사하여야 알 수 있다고 회계하다.(『宣祖實錄』 선조26. 『集成』16-355)/ 비변사가 軍民에게 小帽나 裹頭를 착용하는데 있어서 전쟁으로 법을 따를 겨를이 없고, 또한 왜적은 말과 얼굴이 다르고 지금은 소식을 정탐할 수 없으니 용모와 연령을 笠子에 써서 붙이는 것으로 하자고 아뢰다./ 비변사가 大駕가 進駐하는 일과 巡邏를 대비하는 일을 아뢰다.(『宣祖實錄』 선조26. 『集成』16-356)/ 宣傳官 李春榮이 嶺南의 왜적은 聞慶 등지에 주둔해 있고 日本에서 새로 도착한 왜적은 加德項에 정박해 있으며, 釜山 등지에서는 적진이 그대로 있고, 梁山과 大渚島의 왜적은 곡식을 파종했다는 등을 아뢰다./ 비변사가 이름을 속이고 납속하여 訓導나 影職을 받은 자가 많아 軍額이 점차 감축되니, 군사로서 납속하고 상을 받은 자를 일일이 조사하여 별도의 다른 상을 내릴 것을 청하다.(『宣祖實錄』 선조26. 『集成』16-357)/ 慶尙左道觀察使 韓孝純이 善山의 적이 尙州의 적과 合陣하여 끊임없이 되돌아 올라오고 있고, 尙州의 적은 물러날 뜻이 없으며 원병을 많이 끌어 들이고 龍宮·醴泉 등지를 분탕질하고 있다고 치계하다./ 우의정 兪泓이 경성의 인구와 城中에 남은 곡식 상황을 치계하다.(『宣祖實錄』 선조26. 『集成』16-358)

5.23. 상이 承政院에 三道의 監司와 兵使에게 하서하여 중국 장수의 추격을 기다리지 말고 병력을 모아 왜적을 추격하라는 뜻으로 비변사에게 의논하여 아뢰도록 전교하다./ 비변사가 적들이 돌아가되 노정을 계산하여 가고 있는 것과 慶州判官 朴毅長 등이 울산에 있는 적과 싸워 적의 수급을 베어 적의 기세를 꺾어놓아 격퇴시켰으니 논상하여 다른 장수들을 권면하기를 청하다.(『宣祖實錄』 선조26. 『集成』16-359)/ 비변사가 경상도는 오랜 기간 적에게 함락되어 있어 전사들의 사기가 꺾였으니, 朴毅長·金太虛를 포상하므로써 앞으로 공을 세우는 것을 보아 장려하는 상을 크게 내리겠다는 뜻을 효유할 것을 청하다./ 經略의 병부에 투항한 왜적을 죽이지 않으니 후환이 걱정되며, 倭將 淸正이 남으로 귀환하여 도로에 막힘이 없는데도 투항하는 왜적이 많으니 왜적의 흉악하고 잔교한 꾀를 쉽게 헤아리지 못하겠다

일본

고 移咨하다.(『宣祖實錄』 선조 26.『集成』16-360)

5.24. 兩司가 적들이 남쪽으로 달아나고 舊都가 수복되어 유민들은 大駕가 수도로 돌아오기를 바라고 있음을 아뢰며, 海州로 이주한다는 명을 거두시고 곧바로 서울로 올라 올 것을 청하다.(『宣祖實錄』 선조 26.『集成』16-361)/ 상이 우리 나라 장병들에게 상으로 하사할 은 3천 냥을 먼저 중국군에게 나누어 주고, 우리 장병들에게는 다른 물품으로 바꾸어 지급하라는 내용을 비변사에게 명하여 의논하라고 承政院에 전교하다./ 대신이 속히 경성으로 進駐하시기를 청하다./ 비변사가 高彦伯 등이 군사를 거느리고 달아나는 왜적을 추격하고 있는데 지금의 형편으로는 왜적들이 아직 바다를 건너가지 못하고 있어서 그들을 추격하여 도성으로 돌아오기는 어려울 것 같다고 아뢰다(『宣祖實錄』 선조 26.『集成』16-362)

5.25. 司憲府가 海州로 이주한다는 명을 내리신 뒤부터 수령들이 車駕가 지나갈 도로를 닦는데 이로 인한 백성들의 원성이 가득하니, 役事를 멈추도록 명할 것을 청하다./ 司諫 李時彦 등이 왜적은 우리의 원수인데도 강화하자는 말과, 왜적을 호송하는 일이 당연하게 여겨지고 있고, 흉적들은 기세를 얻어 嶺南 지방을 아직도 그들의 소굴로 하고 있다는 등의 箚子를 올리다.(『宣祖實錄』 선조 26.『集成』16-363)/ 병부 시랑 송응창이 송경략에게 적병들이 아직 바다를 건너지 않고 있으니, 추격하고 막는 계책을 지연시킨다면 군대를 증가해 합세하여 쳐들어 올 것이니 이에 대한 조치를 바란다고 자문하다.(『宣祖實錄』 선조 26.『集成』16-369)/ 禁府가 대신의 신분으로서 적의 뜨락에 무릎을 꿇고 강화를 구걸하는 것만이 능사인 줄로 알아서 왕자를 버리고 빠져나올 것을 도모한 金貴榮을 조사한 결과를 아뢰다.(『宣祖實錄』 선조 26.『集成』16-370)/ 비변사가 提督이 군량과 吳惟忠·駱尙志 두 장군 및 宣府의 大同火器를 남겨둘 것을 주청하는 등 우리 나라를 염려하는 제본을 올렸으니, 接伴使에게 하유하여 치하하게 하자고 청하다.(『宣祖實錄』 선조 26.『集成』16-371)

5.26. 司諫院이 슌州성을 온전히 지킨 李廷鸞을 논상할 것과, 前 慶尙監司 金睟는 변란이 일어나던 초기에 왜적을 피하여 도망갔으며, 전 黃海監司 趙仁得은 적이 도착하기 전에 배를 타고 도망갔다고 회계하다./ 궁내에서 무역하고 宮奴가 폐단을 일으키는 일을 司憲府로 하여금 살펴 다스리게 하라는 내용을 備忘記에 기록하다.(『宣祖實錄』 선조 26.『集成』16-371)

5.27. 宋經略이 자문을 보내어 京城으로 進駐하도록 청하자, 上이 進駐할 날짜를 빨리 택하여 회계하라고 전교하다.(『宣祖實錄』 선조 26.『集成』16-372)/ 사간 李時彦·헌납 黃洛·정언 李尙信 등이 加資를 사양하려 하니, 상이 받으라고 이르다./ 상이 비변사와 중국군을 진격시킬 일과 왜적들의 동태에 대해 의논하다.(『宣祖實錄』 선조 26.『集成』16-373)/ 예조가 勅使가 우리 국경에 들어온 지 며칠이 되었는데도 한 차례의 연회가 없다면 情禮에 미안한 일이니, 宰臣을 보내어 安州나 定州에서 餞慰宴을 거행하게 할 것을 청하다.(『宣祖實錄』 선조 26.『集成』16-375)/ 호조가 田稅를 받아들이는 일 뿐만 아니라 모든 사무를 준비하는 일을 미리 계획하고자 하니, 大駕가 도성으로 돌아가기 전에 먼저 호조의 郎廳과 分曹의 堂上官을 보내자고 청하다./ 호조가 兩京 수복 후 들어온 조정 관원들의 사정을 조사하여 이미 汰去하고 宗親들은 자세히 조사하여 料를 지급하지 않았음을 아뢰며, 內宗親의 料米 지급에 대해 의논하다.(『宣祖實錄』 선조26.『集成』16-376)/ 承文院이 우리 나라 摠兵官이 1만 여명의 병졸을 거느리고 왜적에게 투항하였다는 소문에 대하여 해명하여 아뢰다.(『宣祖實錄』 선조 26.『集成』16-377)/ 비변사가 進駐에 대한 經略의 허락이 있었고 山陵의 일도 절박한 상황이며 백성들도 환도를 기다리고 있으니, 큰 고을에 며칠 간 머무르고 점차로 전진할 것을 청하다./ 비변사가 經略에게 安州로 행차하여 한번 접견하고 나서 경성으로 가겠다는 回咨를 보내자고 청하다./ 判中樞府事 尹根壽를 인견하고 왜적들이 密陽 이남 지방을 자기네 땅이라 우기는 것과 摠兵이 왜적에게 투항했다는 소문과 왜적이 부산과 경주에 웅거해 있으면서 關白에게 품하고 있다는 소문 등에 대해 의논하다.(『宣祖實錄』 선조 26.『集成』16-378)

5.28. 司憲府가 大駕가 곧바로 경성으로 나아갈 것을 啓請하니, 상이 비변사와 의논하였다고 답하다.(『宣祖實錄』 선조 26.『集成』16-387)/ 尹根壽가 劉綎은 聖旨를 받아 왜적을 섬멸하기 위해 나온 자이며 劉綎 등이 大丘에다 병사를 주둔시키면 왜적은 전라도로 들어가지 못하게 되어 군량이 떨어져 곤궁하게 될 것이라는 經略의 말을 서장을 올리어 보고하다./ 상이 대신들에게 우리 나라 장병들이 統領이 없어서 적에게 달려든 자가 없는 것과, 왜적이 釜山에 있으면서 오래 머물 계획을 하고 있는데 중국군이 철수한다면 어떻게 해야하는지 의논하여 아뢰도록 전교하다.(『宣祖實錄』 선조 26.『集成』16-388)/ 대신들이 군량의 지급 및 劉綎의 통제에 따라 적을 추격하는 일 등에 대해 아뢰다.(『宣祖實錄』 선조 26.『集成』16-390)/ 司憲府가 兩陵이 왜적에 의해 변고가 있어 役事를 감독할 일이 시급하고, 또한 提督이 진격하여 왜적을 토벌할 생각을 하지 않고 있는 등의 문제를 京城으로 돌아가 해결하도록 아뢰다.(『宣祖實錄』 선조 26.『集成』16-391)

5.29. 司憲府가 다시 아뢰어 경성으로 곧바로 진주하라고 주청하다./ 戶曹正郎 朴順南을 보내어 황제가 하사한 銀 3천 냥을 가지고 가서 제독의 군졸들에게 나누어 주게 하다.(『宣祖實錄』 선조 26.『集成』16-391)/ 상이 京城에 왜적의 堡壘를 서둘러 허문 것을 탓하고, 堡壘를 쌓을 때에 사용한 것을 주인에게 되돌려주기 어려우면 도성을 수축할 때에 쓰고, 왜적의 진지도 함부로 허물 수 없도록 비변사에게 이르도록 전교하다./ 상이 좌의정 尹斗壽 등을 인견하여 釜山에 있는 왜적을 몰아내는 방법에 대해 물으니 왜적을 비다로 유인하여 공격하여야 하는데 나오지 않고 있어, 수전 하는 것은 어렵다고 아뢰다.(『宣祖實錄』 선조 26.『集成』16-392)

5.30. 司憲府가 잇따라 大駕가 경성으로 곧바로 올라가야 한다고 계청하다./ 대신들이 왜적이 북쪽에 있을 때 그곳에 있는 土兵들이 捷獲을 많이 올려서 그 銳氣가 쇠하지 않았으니 북쪽 지방에서 2백 여명을 뽑고, 成允文으로 하여금 병사들을 거느려 출동하게 하도록 아뢰다.(『宣祖實錄』 선조 26.『集成』16-395)/ 禁府가, 죄인 金貴榮이 유배지로 압송되던 도중에 죽었다는 서장을 올리다./ 비변사가 흉적이 釜山에 모여있고 왜적이 새로운 병사로 교체되었다고 하는데 중국군은 철수하여 적에 대한 방비책이 없고 요충지인 昌原의 府使는 늙어서 싸우기 어려우니 교체하자고 청하다/ 비변사가 守宰들이 水使는 그들을 통제할 수 있는 관리가 아니라고 하여 모든 군령을 전혀 듣지 않는다는 元均의 장계를 아뢰며, 通訓 이하의 수령들을 그 죄의 경중에 따라 治罪하게 하라고 청하다.(『宣祖實錄』 선조 26.『集成』16-396)

6.1. 상이 永柔縣에 머무르다./ 호조가 우의정 兪泓이 파종을 위한 종자와 농우 조달에 대해 장계한 것에 대해 아뢰다./ 司憲府가 서울의 왜적은

연도	한국
▲ 1593 ▼	물러 갔으나 密陽에 모여 방화와 약탈을 일삼고 釜山을 자신들의 옛 소굴이라 일컬어 바다를 건너려는 뜻이 없는것과 謝恩奏의 초본에 왜적이 물러 간 것처럼 쓴 대목을 수정하기를 청하다.(『宣祖實錄』 선조26. 『集成』16-397)/ 예조가 謝恩使 鄭澈이 통辛已에 대해서 답하는 것에 대해 물으니 통辛已는 通好하려는 것이 아니고 庚寅년에 日本에서 우리 나라의 표류민을 쇄환하느라 한 번 사람을 보내고 적정을 정탐해 왔을 뿐이라고 라고 아뢰다./ 承文博士 李蕆이 劉員外에게 문안하고 돌아와 員外가 明君이 平壤 등지의 왜적을 소탕하였고 장차 왜적이 전라도를 침범한다고 하니 현명한 장수를 선발하여 전라도를 방어하게 하라고 말한 것을 아뢰다.(『宣祖實錄』 선조26. 『集成』16-398)/ 비변사가 經略이 화친에 대한 일로 잠시 駐屯하여 만나고 싶다는 자문을 보냈으니 海西로 전진하기가 어려울 것 같다고 아뢰다.(『宣祖實錄』 선조26. 『集成』16-399)/ 淸正이 우리 두 王子와 宰臣 黃廷彧, 黃赫 등을 돌려보내다.(『宣祖修正實錄』 선조26. 『集成』27-165)/ 日本에 포로로 잡혔던 黃廷彧과 黃赫 등을 下獄시키다.(『宣祖修正實錄』 선조26. 『集成』27-166)/ 倭將이 晉州를 공격하니, 원수가 관군과 의병에게 방비하게 하다./ 晉州가 倭賊에게 함락되었으며, 金千鎰, 崔慶會 등이 전사하다.(『宣祖修正實錄』 선조26. 『集成』27-168)/ 故相 黃喜의 5대손인 순성장 黃進이 죽다.(『宣祖修正實錄』 선조26. 『集成』27-173)/ 賊兵이 晉州城으로부터 군병을 나누어 昆陽, 河東, 山陰 등지를 노략질하다./ 提督 李如松과 經略이 우리나라에서 급변을 보고하는 奏文을 저지하다.(『宣祖修正實錄』 선조26. 『集成』27-174) 6.2. 비변사가 접반사 종사관 安大進의 書契를 보고, 提督을 대접하는 일과 군대 위문 잔치 때에 임시로 女樂을 써야 하는 일에 대해 아뢰다.(『宣祖實錄』 선조26. 『集成』16-399) 6.3. 司諫院이 변란이 생긴 처음에 병이라 칭하고 오랜 시간 후에 成川에 이른 행 호조 참의 洪仁恕를 파직하고, 군명을 소홀히 한 광주 목사 趙挺을 국문하라고 청하다./ 經略接伴使 尹根壽가 經略이 謝恩使 행렬을 멈추게 하여 지금 왜노가 釜山에 집결하여 있으니 왜적을 격멸한 후에 謝恩使를 발송하도록 했다고 치계하다.(『宣祖實錄』 선조26. 『集成』16-400)/ 비변사가 왜적을 섬멸한 뒤에 謝恩하게 한 經略의 뜻이 옳고, 왜적이 嶺南에 주둔하여 강토가 회복되지 않았으니 급히 진병하여 섬멸할 것을 기대한다는 뜻으로 따로 주본을 작성하여 鄭澈의 편에 부치도록 아뢰다./ 承政院이 유원외가 安州에 이른다고 하는데 접견할 것인지에 대해 아뢰자, 상이 철병할 수 없다는 뜻을 보이고 부산을 떼어 준다는 데 대하여 변명하는 일 등을 품첩을 만들어 입계하라고 이르다./ 상이 劉員外에게 보낼 품첩에 왜적이 釜山을 자기네 땅이라 우기는 것에 대해 釜山은 우리 땅이라는 것을 명시하도록 承政院에 전교하다.(『宣祖實錄』 선조26. 『集成』16-401)/ 비변사가 왜적이 嶺南 해안에서 오래 버티려 하고 있으니 적을 포위하여 공격할 것을 都元帥에게 하유하라고 아뢰다./ 慶尙右道水使 元均이 熊川·昌原의 왜적은 아직 웅거해 있고 熊浦의 왜적은 차츰 늘어나 험지를 점거하여 나오지 않고 있으며, 金海 등지의 적은 釜山 통로를 장악하고 있으니 수륙 합공을 가해야 한다고 치계하다.(『宣祖實錄』 선조26. 『集成』16-402) 6.4. 劉員外가 서울에서 온다는 말을 듣고 上이 肅川에 가서 기다리다./ 司諫院이 趙挺을 국문하고, 洪仁恕를 파직하라고 계청하다./ 예조가 좌의정 尹斗壽의 서장을 보고, 유 원외를 만난 뒤 안주에서 송 시랑을 만나기를 청하다.(『宣祖實錄』 선조26. 『集成』16-403)/ 좌의정 尹斗壽 등과 왜적을 토벌하는 일에 대해 經略의 생각과, 明將이 釜山의 왜적에 대해 어떻게 할 것인가 등에 대해 의논하다.(『宣祖實錄』 선조26. 『集成』16-404)/ 상이 安州 百祥樓에 행차하여 張雲翼을 보내어 經略에게 문안하고 趙維韓을 보내어 여러 장관에게 문안하니, 經略이 즉시 관인을 보내어 사례하다./ 접반사 윤근수가 경략을 접견하는 예를 장 기고와 상의하여 보고하다./ 知中樞府事 金晬가 沈遊擊이 日本에 가서 關白을 만났는데 關白이 조선의 賣買人들이 자신들을 얽어 명나라를 침범하려는 것이라고 말한 것과 淸正이 釜山에 있다는 것 등을 狀啓하다.(『宣祖實錄』 선조26. 『集成』16-407). 6.5. 상이 安州에 머무르다./ 상이 近臣을 보내어 經略에게 문안하다./ 상이 經略을 접견하여 釜山을 분할하여 왜적에게 내어 주었다는 소문과, 慶尙道 鳥嶺에 關防을 설치하는 것 등에 대해 의논하다.(『宣祖實錄』 선조26. 『集成』16-408)/ 劉員外를 접견하여 왜적이 조선이 釜山을 떼어주고 界牌까지 세웠다고 하는 등 왜적의 간악한 음모는 헤아릴 수 없다는 것과, 왜적은 조총과 장창을 두려워하니 조선에서도 배워야 한다는 등을 의논하다.(『宣祖實錄』 선조26. 『集成』16-411)/ 홍문관 교리 金信元을 의주 목사로 삼다./ 상이 贊畫 接伴使 金晬에게 유 원외가 천문·지리에 밝다하니, 그와 함께 경성으로 돌아가 형세를 살펴보고자 한다고 下敎하다./ 상이 三更에 肅川府로 돌아오다./ 경략이 본국의 八道 중에 왜노가 점거한 곳, 침범 당한 도와 그렇지 않은 도, 전혀 지경에 들어오지 않은 곳에 대한 사실을 세세히 갖추어 기록하여 咨復하도록 하자고 移咨하다.(『宣祖實錄』 선조26. 『集成』16-414) 6.6. 상이 肅川府에서 永柔縣 行宮으로 돌아오다./ 상이 督捕使 朴晉의 승첩 보고에 대하여 아군도 왜적을 토벌하고 있는데 중국 군사는 공격하지 않으니 判中樞에게 보내어 經略에게 보이도록 하라고 분부하다./ 司諫院이 趙挺을 나포하자고 계청하였으나, 상이 윤허하지 않다./ 상이 왜적이 釜山에 주둔하고 있는데 적의 무리가 많고 賊情을 헤아릴 수가 없는데 만약 왜적이 북쪽으로 향한다면 우리 나라는 어찌 될지 모르니 權慄를 都元帥로 삼는 것에 대해 의논하도록 이르다.(『宣祖實錄』 선조26. 『集成』16-417)/ 비변사가 당초 加資를 삭제한 金應瑞와 鄭希玄이 승첩을 거두었으니, 復爵하는 은혜를 내려 주실 것을 청하다.(『宣祖實錄』 선조26. 『集成』16-418)/ 비변사가 경략이 사은사를 잠시 정지하고 기다리라고 했다고 아뢰고, 사은사를 잠시 머무르게 하다가 일이 완결된 후에 출발시키라는 뜻을 인성 부원군 鄭澈에게 하유하라고 청하다./ 비변사가 密陽의 왜적을 朴晉 등이 승리를 거둔 것을 經略이 본다면 기세가 높아져 적을 추격하여 초토할 가능성이 있으니 經略에게 嶺南의 적세가 약해졌음을 보이도록 아뢰다.(『宣祖實錄』 선조26. 『集成』16-

일본

419)/ 비변사가 도체찰사 柳成龍의 장계 내용을 兩南 감사에게 하유하여 병사나 수사의 영이 있는 큰 고을과 武將 守令이 지키고 있는 읍으로 하여금 병사를 선발하여 조련하고, 군용 기계를 제조하여 학습케 하자고 청하다.(『宣祖實錄』 선조 26. 『集成』16-420)/ 경상좌도 병사 權應銖가 대구부의 적이 물러갔고 청도의 적은 평안 좌방어사 朴名賢, 의병장 曺好益, 별장 朴宗男이 추격하고 있다고 치계하다./ 都元帥 金命元이 중국인이 적중으로부터 와서 적의 괴수 한 명이 중국 사신과 바다를 건넜고 두 왕자 이하와 沈遊擊은 釜山에 머물러 있으며 나머지 왜적들은 머물러 회하를 기다리고 있다고 말한 것을 치계하다./ 각 진에서 승첩과 왜적의 수급을 참획한 것을 移咨 하다.(『宣祖實錄』 선조 26. 『集成』16-421)

6.7. 司諫院이 조정을 나국할 것을 계속하여 계청하니, 상이 따르다./ 尹根壽 등을 인견하여 提督이 만일 철수한다면 적이 반드시 북으로 올라올 것인데 이에 대한 방어책과 經略이 주본에 적이 물러간 사실을 첨입 하라고 한 것 등에 대해 의논하다.(『宣祖實錄』 선조 26. 『集成』16-423)/ 전라도 관찰사 權慄를 도원수로, 李延馣을 전라도 관찰사로, 黃暹을 전주 부윤으로, 朴應福을 兼 同知義禁으로, 鄭崐壽·柳永吉을 겸 도총관으로 삼다./ 호조가 提督이 군량과 마초가 부족하다고 하니, 본도에 남아 있는 곡식을 수집하고 兩湖에서 운송한 곡식도 독촉하여 보충하자고 아뢰다./ 상이 적의 무리가 아직도 남방에 주둔하고 있음을 우려하며 관을 설치하고, 燕京에 畵工을 파견하여 요동·광녕 등에 설치된 鎭과 城池의 모양을 그려오게 하라고 承政院에 전교하다.(『宣祖實錄』 선조 26. 『集成』16-427)/ 비변사가 大駕가 전진할 곳을 결정하라고 아뢰자 이에 대해 논의하다.(『宣祖實錄』 선조 26. 『集成』16-428)/ 상이 함경도의 인재 중 군공이 있는 사람으로 제수하거나 본도 토박이로서 상을 받고 승직한 자를 발탁하여 임용할 것을 전교하고, 비변사와 의논하다.(『宣祖實錄』 선조 26. 『集成』16-429)/ 비변사가 장교로서 밤을 타서 도피한 金應瑞의 부장 金希顔을 전쟁터로 보내어 공을 세우도록 하되, 만일 그렇지 못하면 율에 의해 처참할 것을 청하다.(『宣祖實錄』 선조 26. 『集成』16-430)

6.8. 비변사가 駱 參將에게 포수를 보내어 砲術을 익히도록 하라고 청하다./ 海平 府院君 尹根壽가 新兵을 보내줄 것과 군대를 남겨둘 것을 奏請함에 대하여 경략의 뜻을 알아보아야 할 것이라고 아뢰고, 이에 대해 논의하다.(『宣祖實錄』 선조 26. 『集成』16-431)

6.9. 비변사가 李 提督이 신임하는 家丁 王審大 및 다른 家丁 중에 익사한 자가 많음을 아뢰고, 자문을 지어 위로하고 겸하여 문안하자고 청하다./ 상이 성지의 수리, 安州의 풍수를 유 원외에게 물을 것 등을 承政院에 전교하다.(『宣祖實錄』 선조 26. 『集成』16-433)/ 상이 承政院에 사변이 있은 후에 포상을 하는 데 있어서 私情에 치우쳐 공정하지 못하여, 왜적의 형세가 여전하니 이러한 폐습이 제거 되지 않은 한 왜적을 죽인다 해도 왜적 같은 무리가 있을 것이라고 전교하다./ 상이 尹根壽를 불러 經略에게 제주도에서 보내 온 靑橘을 줄 것을 承政院에 전교하다.(『宣祖實錄』 선조 26. 『集成』16-434)/ 비변사가 유정·오유충 등의 병사들이 소금과 채소가 없다고 아뢰고, 호조로 하여금 靑布를 황해도 소금 생산하는 고을에 보내어 소금을 매입한 후 중국 군대가 주둔하고 하고 있는 곳으로 수송하자고 청하다./ 비변사가 적변이 일어났을 때 수령과 변장 중에 城鎭을 버리지 않은 영흥 부사 李元成, 단천 군수 姜燦, 홍원 현감 郭崘, 潼關 첨사 李應星, 小農堡 권관 鄭彦龍, 廟坡保 권관 白應祥 등에 대해 논상할 것을 청하다.(『宣祖實錄』 선조 26. 『集成』16-435)

6.10. 司憲府가 京城에서 적이 물러났고 염려되는 湖南과 嶺南은 너무 멀어 군대 주둔을 사정하며 책응하는 일 등을 수습하기 위해 京城에 진주하고, 왜적의 수급을 벤 것에 있어 공정한 논공을 하도록 아뢰다.(『宣祖實錄』 선조 26. 『集成』16-435)

6.12. 비변사가 중국 조정에서 철병 논의가 일고 있다는 윤근수의 장계를 아뢰며, 주청사를 보낼 것을 청하다.(『宣祖實錄』 선조 26. 『集成』16-436)/ 慶尙左道觀察使 韓孝純이 많은 왜적이 密陽에서 東萊 지방으로 내려 왔고, 梁山에는 적병이 가득하며, 귀환하는 배를 영접하기 위해 西生浦에 왜선이 정박해 있고, 釜山 등지의 왜적은 거의 돌아갔다고 치계하다./ 비변사가 接伴使 徐渚의 장계를 보고, 충주의 사기장 한막동이 왜의 첩자가 되어 중국군을 염탐하였다고 아뢰고, 그의 목을 벨 것을 청하다.(『宣祖實錄』 선조 26. 『集成』16-437)/ 비변사가 韓孝純의 장계를 보고 왜적은 거의 귀환했는데 포로로서 남게 된 우리 나라 사람들이 왜적의 모습으로 변장하고 바닷가에 버려져 있으니 바른 길로 들어와 생업에 종사하게 하자고 아뢰다./ 상이 宋 經略이 부산에 대해 의심하고 자문을 보내어 물어오니, 함경도에서 보낸 경상도 연해의 지도를 보여주라고 承政院에 정교하다./ 任國老를 한성부 좌윤으로, 柳英吉을 한성부 우윤으로, 遊夢河를 司憲府 지평으로, 崔沂를 司憲府 지평으로, 沈源河를 司諫院 정언으로 삼다.(『宣祖實錄』 선조 26. 『集成』16-438)

6.13. 經略이 험준한 지형인 鳥嶺·火峴·竹嶺 세 곳에 關防을 세워 나라를 지키면 왜적을 방지할 수 있다고 제안하다.(『宣祖實錄』 선조 26. 『集成』16-439)/ 상이 承政院에 平壤과 京城의 내란을 걱정하여 유의하도록 전교하자 비변사가 지금 왜적이 珍禽·名馬로써 유도하면 무슨 뜻인지 깨닫지 못하여 왜적의 함정에 빠지게 되므로 이에 대해 대비하자고 회계하다.(『宣祖實錄』 선조 26. 『集成』16-440)/ 상이 관방을 설치하는 일에 대해 의논하라고 전교하다.(『宣祖實錄』 선조 26. 『集成』16-441)/ 비변사가 京城의 백성 중에 賊中에 있던 자에 대한 율은 너그러이 처리하고 인민을 진무하고 위로하는 일을 留都大臣에게 하유하라고 아뢰다.(『宣祖實錄』 선조 26. 『集成』16-442)/ 公·私賤의 設科와 武材 시취를 통한 양민으로의 승격을 논의하라고 전교하다.(『宣祖實錄』 선조 26. 『集成』16-443)

6.15. 상이 적을 토벌하는데 애쓴 공이 있는 감사 李元翼의 中和郡 호를 승격하는 문제에 대해 상의하라고 전교하다.(『宣祖實錄』 선조 26. 『集成』16-444)/ 慶尙道觀察使 韓孝純이 唐橋·尙州·善山 등지의 왜적들이 물러갔다고 치계하다.(『宣祖實錄』 선조 26. 『集成』16-445)

6.16. 상이 생포한 왜인 중 焰硝를 구울 줄 아는 자는 영변지역으로 보내고, 조총을 만들 줄 아는 자는 철이 생산되는 지역으로 보내 제조하게 하라고 承政院에 전교하다./ 군기시가 염초와 조총을 만들어 낼 수 있는 항복한 왜인 2명을 영변으로 보내는 것이 합당하다고 아뢰다./ 상이 경략과 원외에게 海州로 진주한다는 뜻을 移咨하고, 관원을 보내 문안하라고 전교하다.(『宣祖實錄』 선조 26. 『集成』16-446)/ 經略에게 왜적이 아직도 慶尙道에 남아 점거하여 떠나지 않고 있으며, 釜山을 자기들에게 할양한 것처럼 속이고 있는 것과 오늘날 토벌 작전을 그만 둘 수 없는 이유 세 가지를 적어 移咨하다.(『宣祖實錄』 선조 26. 『集成』16-447)

6.17. 劉員外가 4개의 조항으로 글을 보내어 왔는데 이와 같이 행한다면 교활한 왜적을 막을 수 있을 것이요, 안으로는 자립을 도모하여 백 년 동안 조공을 바쳐오던 예를 다할 수 있을 것이라고 하다.(『宣祖實錄』 선조 26. 『集成』16-448)/ 예조가 병부의 石尙書가 謝恩使 韓準에게 왜적을 평정한 후에는 새로 세워진 나라와 다름이 없으니 여러 제도를 중국의 제도에 따라서 새롭게 조치하도록 했다고 아뢰다.

연도	한국
▲ 1593 ▼	(『宣祖實錄』선조26.『集成』16-450)/ 비변사가 예조와 상의하여 주본을 지체하지 말고 발송하라고 아뢰다./ 상이 생원·진사를 뽑을 때에 무예도 시험하는 일을 의논하여 아뢰라고 전교하다.(『宣祖實錄』선조26.『集成』16-451)/ 司諫院이 변란이 일어나자 도망하여 숨어 있던 宗山君 李軸을 서용하라는 명을 거두기를 청하다.(『宣祖實錄』선조26.『集成』16-452)/ 司憲府가 종실로 숙위하는 예의 개정, 상중에 벼슬을 청탁한 崔應虞의 파직을 청하다.(『宣祖實錄』선조26.『集成』16-453) 6.18. 司諫院이 李軸을 서용한다는 명을 거두기를 청하다./ 員外 劉黃裳에게 神車를 유치함으로써 적을 방어하는데 사용할 수 있게끔 자문을 보내니 員外가 神車를 적을 방비하려는 뜻을 가지려면 經略에게 신청한 다음 병부의 지시를 기다리리라고 回咨하다.(『宣祖實錄』선조26.『集成』17-1) 6.19. 대가가 평양부 西面 鑄洞의 幕次에 晝停하다./ 큰 비가 오자 大駕의 진퇴에 대해 논의하여, 頓山 村舍에서 머무르기로 하다.(『宣祖實錄』선조26.『集成』17-2)/ 大駕가 저녁에 강서현 頓山 村舍에 머무르다./ 司諫院이 李軸에게 내린 叙命을 회수할 것을 청하였으나, 상이 윤허하지 않다.(『宣祖實錄』선조26.『集成』17-3) 6.20. 大駕가 묘시에 頓山 村舍를 출발하여 오시에 강서현 行宮에 도착하다./ 상이 더위와 빗속에서 內殿 일행의 사정이 어려울 것이니 장차 어찌하면 좋을지를 대신과 상의하다.(『宣祖實錄』선조26.『集成』17-3)/ 司諫院이 李軸의 서명을 회수할 것을 청하자, 상이 파직할 수 없다고 이르다.(『宣祖實錄』선조26.『集成』17-4) 6.21. 상이 강서현에 머무르다./ 司諫院이 李軸에게 내린 서명을 회수할 것을 아뢰고, 중국군이 왕래할 때 공공연히 물화를 무역하면서 값을 속여 지불하다 중국군의 노여움을 산 中和府使 鄭曄을 파직할 것을 청하다.(『宣祖實錄』선조26.『集成』17-4)/ 비변사가 사소한 절도를 제외하고 죄상이 명백히 드러나 용서하기 어려운 자는 즉결 처분하고 왜적에게 붙었던 사람들을 힘써 진정시키라는 뜻을 留都大臣에게 하서하였다고 아뢰다./ 비변사가 經略이 사람을 보내 중국군을 감찰하라고 하자 인원을 차출하기를 청하다.(『宣祖實錄』선조26.『集成』17-5)/ 비변사가 중국군을 摘奸하는 일은 시행할 수 없다고 경략에게 통첩하라고 아뢰다./ 平壤監司 李元翼 등과 釜山에 주둔하고 있는 적세와 金海·昌原의 왜적이 나가지 않고 있는 것 등에 대해 의논하다.(『宣祖實錄』선조26.『集成』17-6) 6.22. 비변사가 李寧·祖承訓 등에게 牌子를 보내어 吳·劉와 협동하여 적을 초토하게 하고, 제독에게 자문을 갖추어 치사하라고 청하다.(『宣祖實錄』선조26.『集成』17-6)/ 예조가 왜적이 북도에 있을 때 藩胡 등이 기회를 틈타 살육과 약탈을 자행하고 관사를 분탕 하였으니 마땅히 문죄해야 하지만 잘못을 뉘우치고 항복하고 있으니 慶源의 추장 吾羅赤 등에게 상을 내리라고 청하다.(『宣祖實錄』선조26.『集成』17-16) 6.24. 司憲府가 수령 임명을 신중히 하고, 성상께서 파천하실 때 숨었다가 경성이 회복된 후에나 돌아온 鶴林都正 李慶胤의 가자를 거두고 파직을 명할 것을 청하다./ 상이 이 제독이 문안하지 않는다고 하니 移咨할 때에 문안하고, 또한 車駕가 아직 전진하지 못하였다는 뜻을 알리라고 承政院에 전교하다.(『宣祖實錄』선조26.『集成』17-17)/ 선전관 趙安邦이 도원수 金命元의 진영에 다녀와서 군인의 수와 군량을 기록한 것을 書契하다.(『宣祖實錄』선조26.『集成』17-18)/ 비변사가 宣傳官 趙安邦이 강한 왜적과 싸워 이길 수 없다는 보고서를 보고 속히 經略과 提督에게 移咨하여 進兵을 독촉하여 서둘러 왜적을 초토하여 퇴각시키고 강토를 회복하자고 아뢰다./ 江原道觀察使 姜紳이 平海郡 原里浦 나타난 荒唐船을 잡았고 왜적이 타고 있던 中船 1척도 가져왔다고 치계하다.(『宣祖實錄』선조26.『集成』17-19) 6.25. 상이 承政院에 왜적이 釜山 등처에 소굴을 만들고서 때를 틈타 湖南과 북으로 쳐들어온다면 국가를 지탱하는데 문제가 있으니 이에 대해 의논하도록 전교하다.(『宣祖實錄』선조26.『集成』17-20)/ 司憲府가 鶴林守 李慶胤을 파직하고, 마음대로 假官을 차출한 판윤 李憲國을 추고할 것을 계청하다.(『宣祖實錄』선조26.『集成』17-21) 6.26. 洪世恭을 전주 부윤으로, 李曁를 한성부 좌윤으로 삼다./ 承政院이 洪世恭에게 경략을 문안한 후에 중국 장수 同知 沈思賢, 指揮 徐一貫, 胡 參軍, 知縣 趙汝梅, 同知 鄭文彬 등에게도 문안하고 동쪽 변방의 사정을 탐지해 오도록 하라고 청하다.(『宣祖實錄』선조26.『集成』17-21)/ 예조가 황해도 관찰사 및 수령들이 大駕를 맞이하기 위해 直路의 일을 허술히 하니, 감사로 하여금 수령들을 檢飭하여 중국 장수를 환영하게 하라고 아뢰다./ 예조가 삼대장인 정 동지·조 지현·방 중군과 유격·참장 등은 높은 계급의 자들이니 우대하고 호연을 베풀어주어야 마땅하다고 아뢰다./ 상이 풍원 부원군 柳成龍을 행재소로 부르는 것에 대해 논의하라고 承政院에 전교하다.(『宣祖實錄』선조26.『集成』17-22)/ 비변사가 문경 이하의 各站에 적치되어 있는 중국 군량을 중국군만 먹이고 우리 군사에게는 전혀 지급되지 않음을 아뢰며, 군량을 덜어내어 우리 군사에게도 지급하라는 뜻을 하유하라고 청하다./ 비변사가 海州를 留營으로 삼을 것 등 황해도 각지의 특성을 아뢰다.(『宣祖實錄』선조26.『集成』17-23)/ 李曁를 한성부 좌윤으로, 洪世恭을 전주 부윤으로 삼다./ 會寧府使 鄭起龍이 及第 金守良 등이 왜적에게 투항하여 여러 재신들을 결박하거나 왕자를 왜적에게 내어 주었으므로 체포하여 효시 하였다고 치계하다.(『宣祖實錄』선조26.『集成』17-24) 6.29. 상이 承政院에 왜적이 京城을 버리고 釜山에 소굴을 만들고서 湖南 등을 엿보고 있는데 중국에서는 강화를 청하고 있으니 적추 平秀吉 같은 악독한 자가 넘보지 않을 수 없으니 왜적의 침입에 대비하도록 전교하다.(『宣祖實錄』선조26.『集成』17-25)/ 비변사가 인재를 얻는 것, 식량을 비축하는 것, 무기를 제조하는 것, 군사를 양성하는 것이 오늘날의 급선무라고 아뢰다.(『宣祖實錄』선조26.『集成』17-26)/ 상이 장병들을 犒軍해 주어야 하며, 犒軍을 하지 못했으면 위로의 뜻을 보여야 한다고 承政院에 하교하다./ 상이 적의 首級을 참획한 승려에게는 각각 禪科를 주고, 이 뜻을 여러 도의 승려에게 하유하라고 전교하다.(『宣祖實錄』선조26.『集成』17-28)/ 비변사가 적의 수급을 참획한 승려에게 禪科帖을 주는 것은 온당하다고 아뢰다./ 經略接伴使 尹根壽가 經略이 병부에 壬辰왜란 전반에 대해 게첩을 올린

것을 치계하다.(『宣祖實錄』 선조 26.『集成』17-29)/ 이 제독 접반사 李德馨이 항복한 왜인을 문초한 전말을 치계하다./ 經略接伴使 尹根壽가 經略이 왜적이 咸陽과 晉州를 향하여 수로를 이용해 전라도로 진격했다며 왜적의 토벌 방침에 대해 말한 것을 치계하다.(『宣祖實錄』 선조 26.『集成』17-34)/ 接伴使 李德馨이 劉綎의 稟帖이 도착했는데 왜적이 수륙으로 丙辰하여 이미 咸安을 함락했다는 내용 등을 치계하다.(『宣祖實錄』 선조 26.『集成』17-35)

7.1. 상이 江西縣에 머무르다./ 비변사가 황해도의 椒島·白翎島·麒麟島 등에서 소금을 구워 곡식을 무역하는 것이 饑民을 구제하는 데 도움이 된다는 우의정 兪泓의 장계를 보고 이를 아뢰다.(『宣祖實錄』 선조 26.『集成』17-36)/ 상이 劉綎이 營中에서 刺客을 만났다는 소식을 듣고 宣傳官을 보내어 문안하고 禮物을 증정하였으며, 글을 지어 보내어 위로의 뜻을 전하다./ 비변사가 도망한 군인의 全家를 流配하라는 명을 정지하고 그들이 사는 고을로 하여금 決罰한 뒤에 전쟁터로 잡아 보내자고 아뢰자, 상이 그대로 따르다./ 비변사가 변사를 헤아릴 수 없는 凶賊이 內地로 향해 오고 또 군대를 나누어 전라도를 침범하려한다 하니, 이 제독에게 진격해서 大恩을 마쳐 달라는 뜻의 揭帖을 만들어 보내자고 아뢰다.(『宣祖實錄』 선조 26.『集成』17-37)/ 상이 江西縣에 머무르다./ 賊兵이 晉州에서 湖南을 침범하고 돌아가다./ 全羅左水使 李舜臣이 군영을 閑山島로 옮기기를 청하다.(『宣祖修正實錄』 선조 26.『集成』27-175)

7.2. 中和에 있는 守門將 尹安仁 등이 상소하여 특별히 과거를 실시하여 그 고을 사람을 試取하기를 청하다.(『宣祖實錄』 선조 26.『集成』17-38)/ 비변사가 적을 격파하는 技藝에는 火攻이 좋음을 아뢰며, 행재소에 있는 武臣 및 禁軍·火砲匠을 뽑아 각종의 火砲·防牌·戰車·筤筅·槍·劍 등을 학습시킬 것을 청하다.(『宣祖實錄』 선조 26.『集成』17-39)

7.3. 상이 明將이 鳥嶺에 關을 설치할 곳을 살피는 일로 가고자 하는데, 조정에서 計慮가 있고 합당한 인물을 정하여 함께 가서 살피고 오게 하고 畵工도 함께 보내 지형을 그려오게 하라고 承政院에 전교하다./ 비변사가 여러 장군들이 주둔해 있는 곳의 적진과의 거리와 그들의 勇進, 겁퇴 등에 대해서 알고자 하는 경략의 청을 좋은 말로써 거절하자고 아뢰다.(『宣祖實錄』 선조 26.『集成』17-39)/ 비변사가 지난해 賊變때만 보더라도 왜적이 산을 넘는 것은 수월하게 여기고 물을 건너는 것은 어렵게 여겨 江東 등 여울이 있는 고을이라면 침범하지 못하고 있으니 산을 지키는 것보다 물을 지키자고 아뢰다.(『宣祖實錄』 선조 26.『集成』17-40)/ 비변사가 여울 방어론을 제기한 것은 왜적이 大陳을 이끌고 여울을 건너려 할 때 鄭希玄이 적을 퇴각시켰고, 또한 왜적이 강원 등 험한 고산지대도 탐색하였기에 산을 쉽게 넘을 수 있다고 여긴 것이라고 아뢰다.(『宣祖實錄』 선조 26.『集成』17-41)/ 상이 李鎰에 대하여 비변사 당상이 의논하지 않은 잘못을 지적하다./ 義州牧使 金信元이 張都事가 兵部의 題本에 왜적이 바다를 건너가기 전에는 군사를 철수하여 돌아와서는 안 된다고 하였으므로 이미 聖旨를 받아 宋經略에게 移咨하였다고 말한 것을 치계하다.(『宣祖實錄』 선조 26.『集成』17-42)

7.5. 상이 尹斗壽에게 적이 咸安을 함락한 뒤에 합세하여 宜寧을 공격하였는데 이 적들은 그 수가 많고 꼭 이겨야 한다는 豊臣秀吉의 사주를 받아서 죽을힘을 다해 공격할 것이므로 經略에게 도움을 요청하라고 하유하다.(『宣祖實錄』 선조 26.『集成』17-42)/ 비변사가 錦山에 들어왔던 왜적을 趙憲 등이 의병과 연합하여 섬멸한 것 등을 아뢰고 상이 諸道의 적이 모두 嶺南으로 모여 호남을 향해 진격하고 있으니 적의 형세가 錦山의 적과는 다를 것이라고 전교하다./ 提督接伴使 李德馨이 沈惟敬이 왜적을 대동하고 西路로 향했는데 이 왜적이 內地에 들어와서 피폐한 상황 등을 보고 돌아가서 흉악한 꾀를 부릴 것이니 미리 조처하도록 치계하다.(『宣祖實錄』 선조 26.『集成』17-43)/ 經略接伴使 尹根壽가 沈遊擊이 왜인을 대동하고 서울에 도착한 것과, 남쪽 상황에 대해 치계하다./ 상이 대신에게 왜적이 우리나라의 지경을 가로질러 安州에까지 가게된다면 패망하는 것과 마찬가지이니 왜적을 잡아 우리 지경을 지나지 못하게 하도록 서둘러 도모하라고 전교하다.(『宣祖實錄』 선조 26.『集成』17-44)/ 상이 承政院에 생포한 왜적을 속히 行刑하라고 전교하다./ 經略 등에게 沈惟敬과 동행한 왜적의 통과를 허락하지 말라고 移咨하다.(『宣祖實錄』 선조 26.『集成』17-45)

7.6. 상이 承政院에 開城留守 등에게 왜적이 우리 경내를 지나지 못하게 할 것, 沈惟敬이 왜적을 항복시킨다며 대사를 망친 내용, 왜적이 咸安 등지를 함락하고 湖南까지 도륙 하고자 하는 상황을 중국에 奏聞하자고 전교하다.(『宣祖實錄』 선조 26.『集成』17-48)/ 司憲府가 공명첩, 朴忠侃 탄핵, 비변사와 승承政院의 근무 태도를 논하다.(『宣祖實錄』 선조 26.『集成』17-49)/ 都元帥 金命元이 蔚山에서 왜적과 싸운 일을 치계하다.(『宣祖實錄』 선조 26.『集成』17-50)

7.7. 비변사가 경략이 장수를 불러들여 방어 시설을 만드는 것을 막을 일을 의논하다.(『宣祖實錄』 선조 26.『集成』17-50)

7.9. 비변사가 포로로 잡은 왜적 調于汝文 등의 供辭에 조선을 함락한 뒤에 중국을 침범하려 하였는데 중국에서 구원병이 나와서 日本군을 많이 죽여 關白이 회군해 돌아오도록 했다고 말했으니 참수하여 梟示하자고 아뢰다./ 왜적이 참형 당하려 할 때 行刑하는 사람의 칼을 빼앗아 옆에서 구경하고 있던 어린아이를 찔러 상해를 입히다./ 예조가 왜적이 호남을 침범하려 하므로 태조 대왕의 收容 과 선왕의 實錄을 啓請하여 行在所 근처로 옮기자고 아뢰다.(『宣祖實錄』 선조 26.『集成』17-51)/ 비변사가 변경에 도착한 명장이 싸울 뜻이 없고 제독은 경략과 감정이 대립해 있을 뿐 아니라 우리의 접대에 불만을 품으니, 近臣을 보내거나 혹은 宗親을 보내어 독촉하게 하자고 청하다./ 호조가 서울 지역 재정을 주관할 관원이 없기 때문에 소홀한 것이니, 秩이 높은 宰臣이나 曹의 堂上을 差送하여 用度를 관장시켜 冗食을 줄이도록 할 것을 청하다.(『宣祖實錄』 선조 26.『集成』17-52)/ 金命元을 分戶曹 判書로, 李恒福을 觀象監 提調로, 吉誨를 司諫院 헌납으로, 趙存性을 司諫院 정언으로 삼다.(『宣祖實錄』 선조 26.『集成』17-53)

7.10. 參將 胡澤과 經歷 沈思賢이 鳥嶺에 관을 설치하는 문제를 상의하기 위하여 왔는데, 상은 병을 이유로 만나는 것을 사절하고 尹斗壽에게 접견하도록 명하다./ 좌의정 尹斗壽가 沈遊擊이 왜장 小西飛와 서울에 도착하여 있다는 것과, 그들의 요구조건에 대해서 아뢰다.(『宣祖實錄』 선조 26.『集成』17-53)/ 비변사가 胡·沈 두 사람이 경략과 제독의 지시에 따라 관을 설치하고 성을 쌓는 일을 살피고자 하니, 金命元을 시켜 저들과 함께 헤아려 시행하게 하자고 청하다./ 接伴使 李德馨이 남방의 위급한 형세에 대해 이 제독의 계획을 듣고 馳啓하다./ 도원수 金命元이 유정에게 구원 청하였으나 경략이나 제독의 回信이 내려오기만을 기다릴 듯하니, 崔遠을 防禦使의 호칭을 주어 소속 부대를 거느리고 가서 구원하게 할 것을 치계하다.(『宣祖實錄』 선조 26.『集成』17-55)/ 慶尙右兵使 崔慶會가 沈惟敬의 傳帖에 日本이 지난해의 살육 당한 것을 분하게 여겨서 晉州를 공격하고 있는 것이며 行長이 晉州成을 비우면 撤兵하여 동쪽으로 돌

연도	한국
▲ 1593 ▼	아올 것이라고 말한 내용 등을 치계하다. / 倡義使 判決事 金千鎰이 진주성의 방어 준비 상황을 치계하다.(『宣祖實錄』 선조26. 『集成』17-56) 7.11. 司憲府가 생포한 왜적을 행형할 때 宣傳官 沈應裕가 포로를 제대로 압송하지 않아 흉적이 남의 칼을 빼앗아 두 사람을 찔렀으니 파직하도록 청하다. / 상이 왜적이 右道로 향해가고 있어 釜山 등지에는 왜적이 많지 않을 것이니 梁山에서 적을 격퇴하여 우리 수군의 길을 개통시켜 해상을 제압한다면 섬멸할 수 있으니 의논하여 아뢰도록 전교하다.(『宣祖實錄』 선조26. 『集成』17-57) / 비변사가 경상도의 형세가 위급하니, 將官들의 장계 속에서 긴요한 말만 뽑아 稟帖을 만들어 尹根壽로 하여금 경략에게 올리게 할 것을 청하다. / 宋經略에게 왜적들이 禍心을 버리지 않고 원한을 갚는다는 핑계로 내침을 계획하여 수륙으로 나가고 있으니 釜山 등지의 연해에는 남아있는 병사가 적을 것이며 哨戒 또한 허술하니, 이 틈을 이용하여 공격하자고 移咨하다.(『宣祖實錄』 선조26. 『集成』17-59) / 비변사가 새로 출신하여 赴戰하는 사람들이 沿道에서 作亂하는 짓이 끝이 없어 그들이 지나는 곳은 왜적이 분탕한 곳보다 심하니 그 중에 심한 자를 조사하여 梟示해서 一罰百戒하라는 뜻으로 都元帥에게 통지하도록 아뢰다.(『宣祖實錄』 선조26. 『集成』17-60) 7.12. 비변사가 근일 중국 군사들의 침해가 끝이 없으니 同知와 知縣으로 하여금 대군이 돌아오기 전에 두 곳에 주둔하여 중국 군사들을 단속하게 할 뜻을 경략에게 移咨하자고 아뢰다.(『宣祖實錄』 선조26. 『集成』17-60) / 全羅觀察使 權慄이 嶺南의 흉적이 진주를 공략하고 분탕질을 쳤으며, 晉州를 세 겹으로 포위하고, 南江 건너편에 수를 알 수 없을 정도로 많은 陣을 만들었다고 장계하다. / 海平府院君 尹根壽가 沈惟敬이 倭將 小西飛와 함께 서울에 도착한다는 것, 왜적이 진주를 공격하는 이유, 적의 飛語중에 漢江을 경계로 서쪽은 大明에 붙이고 동쪽은 日本에 소속시키기로 강화했다는 소문이 있다고 치계하다.(『宣祖實錄』 선조26. 『集成』17-61) / 적의 西侵을 틈타 적의 소굴을 무찌르는 일로 經略에게 咨文을 보내다.(『宣祖實錄』 선조26. 『集成』17-62) 7.13. 상이 진주의 적세가 심상치 않으니, 제독에게 계속 구원을 청하는 稟帖을 보내자고 承政院에 전교하다.(『宣祖實錄』 선조26. 『集成』17-63) / 상이 紫微星 근처에 彗星이 나왔는데 明朝의 金相에게 그 길흉 여부를 물어 아뢰라는 뜻으로 判中樞府事 金晬에게 전교하니, 사신이 金晬는 민심을 잃었다가 왜적이 境上에 다다르자 민심을 渙散하였다고 논하다. / 상이 承政院에 起草한 咨文에 왜적의 불축한 환란만을 奏文하고 沈惟敬이 왜적을 거느리고 西向하는 일을 삭제하는 것에 대해 承文院으로 하여금 의논하도록 전교하다. / 承文院이 沈惟敬이 왜적을 대동하고 이미 서울에 도착하였고 서울 이서로는 더 이상 오지 못하게 분부하여 進奏에는 별로 요청할 것이 없으니 奏文은 보내지 말고, 적을 치자는 奏文만을 보내자고 아뢰다.(『宣祖實錄』 선조26. 『集成』17-64) / 承文院이 거짓 화친으로 틈을 노리는 왜적의 속셈과 한강을 경계로 한다는 것, 그리고 沈惟敬이 왜적을 거느리고 와서 정세를 탐지하고 있다는 등을 奏文 속에 첨가하자고 아뢰니 상이 이를 따르다. / 비변사가 金吾郞 한 사람을 보내어 서울에 도착하는 黃廷彧을 잡아 올라오라는 뜻을 우의정 兪泓과 접반사 李德馨에게 下諭하시고, 경기 감사도 함께 참여하여 조처하게 할 것을 청하다.(『宣祖實錄』 선조26. 『集成』17-65) / 비변사가 權慄의 장계를 보고 왜적이 晉州를 공격하고 있는데 明君은 아직도 구원하지 않고 있으며 왜적과 對陣하고 있는 外援으로는 宣居怡·李薦·洪季男 뿐으로 그 형세가 매우 외롭고 약하다는 등을 아뢰다. / 都巡察使 權慄이 嶺南의 흉적이 晉州城을 포위하고 분탕질 하고 있으며, 偵探을 하여 도로를 차단하고 있기 때문에 진주의 소식을 들을 수 없다는 등 여러 군데서 전해들은 진주성 주변의 상황을 치계하다.(『宣祖實錄』 선조26. 『集成』17-66) 7.14. 司諫院이 戶曹判書 金命元은 서울에서 적이 물러간 뒤에 서둘러 왜적을 추격하라는 명을 행하지 않아 일을 망치고 나라를 욕되게 하였으니 파직을 청하고, 京畿가 수복되고 賊勢도 물러갔으니 환도 날자를 정하자고 아뢰다. / 상이 別試의 규정은 永柔의 예에 따라 하되, 鐵箭은 定數를 맞혔으나 騎射를 맞히지 못했거나 평상시의 分數가 부족한 자에게는 鳥銃 세 자루를 쏘게 하여 한 번 이상 맞힌 자는 모두 뽑으라고 전교하다.(『宣祖實錄』 선조26. 『集成』17-67) / 비변사가 經略의 移咨를 보니 왜적이 釜山에 주둔해 있다는 것을 말하면서 留兵에 관한 일을 의논하고자 하는데, 현재 왜적이 晉州를 공격하여 호남을 침범하려고 하니 적의 진퇴를 보아 의논하자는 뜻으로 回咨하자고 아뢰다. / 호조가 中和의 백성들에게 1년 동안 제향에 쓸 물건과 奴婢身貢 이외에 기타 일체의 貢物을 경감해 줄 것을 청하다.(『宣祖實錄』 선조26. 『集成』17-68) / 劉員外가 沈遊擊이 왜적 35명과 함께 온 것은 죽음을 면하기 위해서 온 것이며, 왜적이 바닷가에서 농사를 지었다고 하니 정탐병을 보내어 적이 추수를 못하게 하자는 등의 咨文을 보내다.(『宣祖實錄』 선조26. 『集成』17-69) 7.15. 상이 兩南이 적에게 점거 당하면 나라가 망하는 것은 시간 문제이니, 중국에 수군을 요청하자고 賓廳에 전교하다.(『宣祖實錄』 선조26. 『集成』17-70) / 賓廳 대신이 수군 요청은 실효가 없으니, 오직 至誠으로 경략과 제독의 뜻을 감동시켜 중국 군사로 하여금 우리 군사와 협동하여 진격하게 하자고 회계하다.(『宣祖實錄』 선조26. 『集成』17-71) / 영의정 崔興源이 왜구가 아직 바다를 건너지 않고 있는데 明將은 진격을 가하지 않고 강화에만 신경을 쓰고 있으며, 沈惟敬은 왜적을 거느리고 왔는데 이는 조정을 무시하는 행위라는 등의 狀啓를 올리다. / 비변사가 龍山에 병든 왜적들은 明將이 머물러 두고자 하는 자들이지만 서울에 있는 대신들에게 密通하게 하고, 寧邊의 귀순 왜적은 총 만드는 기술을 안다고 하지만 우리의 쓰임이 되지 않으니 속히 처치하자고 아뢰다.(『宣祖實錄』 선조26. 『集成』17-72) / 慶尙左道觀察使 韓孝純이 포로가 되었다가 돌아온 黃廷彧이 加藤淸正이 關白의 서신을 왕자께 보여준 것, 平行長이 왕자를 放送하지만 晉州牧使가 日本인을 많이 죽여 원수를 갚겠다고 말한 것 등의 單子 내용을 치계하다. / 원균이 흉적이 진주를 함락한 뒤로 전라도 沿海에 사는 백성들이 적이 전라도 지경에 이르기도 전에 소동을 일으켜 官舍를 태우

일본

고 창고의 곡식을 노략질한다는 것을 치계하다.(『宣祖實錄』선조 26. 『集成』17-73)/ 接伴使 鄭崑壽 등이 遊擊이 倭將과 남대문 밖에서 寓接하였는데 遊擊의 역관이 提督과 遊擊이 보낸 牌文과 稟帖을 加藤淸正이 가로막았고, 왜인이 왕자를 日本으로 데리고 가자고 하니 遊擊이 다투었다고 말한 것을 치계하다./ 경상좌도 관찰사 韓孝純이 포로가 되었다가 돌아온 黃廷彧이 올린 두 왕자의 起居에 관계된 單子 내용을 치계하다.(『宣祖實錄』선조 26. 『集成』17-74)/ 상이 赴擧한 자들에게 말을 주는 일과 군사 선발 문제를 의논하다.(『宣祖實錄』선조 26. 『集成』17-75)/ 상이 진주의 일이 매우 위급하므로 구원을 청한다는 뜻의 자문을 작성하여 경략과 제독에게 고하고, 어떤 사람을 定送하는 것이 좋을지도 비변사에 물어볼 것을 承政院에 전교하다./ 호조가 賊變으로 인하여 각도의 災傷을 踏驗하지 못했으니, 辛卯년의 예에 따라 시행할 것으로 각도에 移文하자고 청하다.(『宣祖實錄』선조 26. 『集成』17-76)/ 接伴使 鄭崑壽와 李德馨이 敵陣에서 나온 沈 遊擊과 黃廷彧의 동향을 보고하다.(『宣祖實錄』선조 26. 『集成』17-77)

7.16. 司諫院이 醴川郡守 鄭士信이 지난해 賊變이 일어났을 때 私親을 평계로 도망갔고, 왜적의 首級을 구해가지고 와 죄를 면하려고 도모하였으니 파직하여 신하로서 임금을 버린 불충의 죄를 징계하도록 아뢰다.(『宣祖實錄』선조 26. 『集成』17-77)/ 상이 備邊堂上을 인견하고, 왜적으로부터 포위 당한 晉州의 방어책과, 왜적의 首級을 벤 자에게는 及第를 허락하게 하는 등의 일을 의논하다.(『宣祖實錄』선조 26. 『集成』17-78)/ 黃海道防禦使 李時言이 晉州에 진군하였을 때 만난 定虜衛 印潑의 말로 진주성 함락을 치계하다.(『宣祖實錄』선조 26. 『集成』17-82)/ 日本이 지난해 晉州에서 많이 피살되었고 또 선척이 타거나 파손되었기에 그 분함을 품고 있다가 그 원한을 풀기 위해 晉州를 공격한 진주성 싸움의 경과를 자세히 기록하다.(『宣祖實錄』선조 26. 『集成』17-83)/ 비변사가 왜적이 晉州를 포위하여 위협하고 宜寧 등의 고을을 노략질하고 있어 攻守가 바야흐로 급한데 戰士가 부족하니 救急하는 방책으로 下三道 지역에 적의 首級을 위주로 하는 武科를 설치하자고 아뢰다.(『宣祖實錄』선조 26. 『集成』17-88)

7.17. 상이 신분에 구애될 필요없이 적의 首級을 베어 바친 각도의 사람들에게 許科하자고 承政院에 전교하다.(『宣祖實錄』선조 26. 『集成』17-89)/ 司憲府가 空名 紅牌를 보내면 허위로 될 염려가 있기 때문에 본도에서 취인하여 紅牌를 주었던 규례에 따라 수급을 벤 자의 이름을 기록하여 올려보내게 한 뒤에 紅牌에 이름을 써넣어 주어야 한다고 아뢰다./ 하삼도에서 初試에 參榜한 자로서 적의 수급을 벤 사람이 있으면 보고에 따라 홍패를 만들어 주는 것을 전에 평안도에서 給牌한 규례에 따라 하자고 아뢰다.(『宣祖實錄』선조 26. 『集成』17-90)/ 비변사가 하삼도뿐만 아니라 기타 5도에도 初試를 널리 뽑거나, 庶孽이나 公私賤을 士族이나 良人과 섞어서 시험을 보게 하여 人格하게 하면 적의 수급을 베는 것이 많아질 것이라고 아뢰다.(『宣祖實錄』선조 26. 『集成』17-91)/ 司僕副正 尹景禧가 李 提督을 문안하고 돌아와, 왜가 다시 猖獗하므로 本部는 군사 1만 명을 조발하고 수일 안으로 전라도로 출발할 것이라고 한 이 제독의 말을 아뢰다.(『宣祖實錄』선조 26. 『集成』17-92)

7.18. 상이 海州의 산성 수리 문제, 文官이라 兵事를 잘 알지 못하는 海州 牧使에 대한 遞差, 황해도 방비 문제를 承政院에 전교하다./ 비변사가 海州는 지난해 왜변이 발생한 뒤로 거의 버려진 읍이 될 지경이었으나 朴慶新이 부임하면서 백성을 잘 다스리고 있었는데 要衝地가 되면서 文官이라는 이유로 체직시킨 것에 대해 반대하여 아뢰다.(『宣祖實錄』선조 26. 『集成』17-92)/ 상이 冊遊擊이 왜적을 비호하여 朴晉 등 네 장군에게 곤장을 치고 온갖 치욕을 보인 일로 經略에게 揭帖을 보내어 상황을 자세히 말할 것을 의논하여 처리하라고 承政院에 전교하다./ 비변사의 요청으로 冊遊擊의 일에 揭帖 대신 자문을 보내다.(『宣祖實錄』선조 26. 『集成』17-93)/ 상이 賓廳에 黃璉으로 하여금 왜적은 교활 흉악하니 화친하지 말 것과, 豊臣秀吉은 임금을 죽이고 이웃 나라를 침범하였는데 그런 자를 죽이지 않고 조공까지 받아들이는 것은 그른 일이라고 중국에 알리도록 전교하다./ 賓廳이 심유경과 豊臣秀吉의 일을 奏本보다 陪臣의 呈文으로 알리자고 아뢰다.(『宣祖實錄』선조 26. 『集成』17-94)/ 비변사가 大小 武臣을 모두 起復시켜 전쟁에 종사하게 할 것으로 承傳을 받들어 시행하자고 청하다./ 비변사가 전쟁에서 도망쳐 온 자를 찾아내어 다스리고, 슈甲에 실려 있는 斬退法을 시행할 뜻으로 都元帥에게 下諭하자고 청하다./ 行判中樞府事 尹根壽가 倭將 小西飛가 조선의 도로를 경유하여 중국에 조공하기를 요구하자 提督이 이와 같이 한다면 대병을 거느리고 日本을 섬멸할 것이라 하고 전라도를 치고자 하는 의도 등에 대해 물어본 것을 치계하다.(『宣祖實錄』선조 26. 『集成』17-95)/ 平安道 右防禦使 金應瑞가 경상도 密陽에 진을 치고 근일 賊勢를 탐지해 보니, 梁山·蔚山 등지의 적이 부산·東萊·西生浦·薺浦 등지로 鎭을 옮겨 퍼져 屯聚하고 있다고 치계하다.(『宣祖實錄』선조 26. 『集成』17-96)/ 承文院이 奸賊의 믿을 수 없는 거짓 화친의 말을 받아들이지 말고 급히 대군을 보내어 제때에 물리치라는 내용을 回咨를 改製하여 官員을 차출하여 윤근수·李恒福에게 보내자고 청하다./ 提督府에게 흉적이 晉州를 함락하고 성안의 백성을 屠戮하였으며, 지금은 通和한다는 구실로 要害地를 점거하고 있으면서 徒黨을 증원하여 사방의 救援路를 막아 위태롭게 되었으니 전진하여 적을 무찔러 달라고 移咨하다.(『宣祖實錄』선조 26. 『集成』17-97)/ 刑曹判書 李德馨 등이 沈惟敬이 왜적이 晉州만 공격할 뿐 전라도를 침범하지 않을 것이라 하며 金命元을 만나 진주를 지키는 장사들에게 성을 나와 왜적의 공격을 피하게 하는 등 그의 속셈을 알 수 없다고 치계하다.(『宣祖實錄』선조 26. 『集成』17-98)

7.19. 비변사가 적의 首級을 벤 天祐와 一鐸에게 該曹로 하여금 禪科를 成給하여 8등의 방법으로 삼아 즉시 진쟁터로 나가게 하사고 청하다.(『宣祖實錄』선조 26. 『集成』17-99)/ 비변사가 적이 영남에 웅거하니 군대를 보내어 적을 치는 일과 본도를 보호하여 지키는 일을 결코 한 사람이 兼任할 바가 아니니 도원수에게 下諭하시어 善處하게 하는 것이 합당하다고 아뢰다.(『宣祖實錄』선조 26. 『集成』17-100)/ 비변사가 황해도에 대장을 差任하는 문제와 兵營 창설에 대한 의견을 아뢰다./ 提督이 釜山에 왜적이 있기는 하지만 양곡도 부족하고 계책도 궁하여 반드시 바다를 건너 돌아갈 것이라는 咨文을 보내오니, 왜적을 공격해 달라고 回咨하다.(『宣祖實錄』선조 26. 『集成』17-101)

7.20. 兵曹判書 李恒福이 經略을 만나 沈惟敬이 왜적을 대동하고 오는 것과, 왜적이 서쪽으로 향하고 있는데 劉綎의 철수 등에 대해 의논한 것을 아뢰다./ 李恒福이 남북의 諸將들 사이에 시기로 틈이 벌어져 號令이 매양 반대되니, 상의 帖文을 가지고 가서 제독을 보고 痛迫한 후 영남에 이어 호남으로 가서 유정 등 諸將을 보고 변론하자고 청하다.(『宣祖實錄』선조 26. 『集成』17-103)/ 비변사가 李恒福은 兵事를 맡은 장관이어서 行在所를 오래 떠나 있을 수 없으니, 제독을 설득하는 일은 上께서 手札로 致懇하시라고 청하다.(『宣祖實錄』

연도	한국
▲ 1593 ▼	선조26.『集成』17-104)/ 槐山 儒生 全有亨이 왜적을 막는 일 10여 조항의 方略을 상소하다./ 비변사가 全有亨의 상소를 보고 實用에 시행할 수 있는지는 알 수 없으나 文辭와 계획이 제법 볼 만하다고 아뢰고, 권면하여 올려보낼 것을 本道 감사에게 하유하자고 청하다./ 判敦領府事 鄭崐壽 등이 왜적이 진주를 함락한 뒤 전라도로 난입하고 있는데 明 君들이 진격을 꺼리고 있다고 보고하다.(『宣祖實錄』선조26.『集成』17-105)/ 督捕使 朴晉이 草溪에 진을 치고서 賊路의 要害地에 매복하고 있는데 왜적이 宜寧으로부터 일시에 쳐들어와 후퇴하자 賊徒이 官舍와 읍내 민가로 난입하여 분탕한 뒤에 본군 南山으로 올라가 둔치하고 있다는 書狀을 올리다./ 전라 관찰사 李廷馣이 적의 상황을 아뢰고, 賊勢가 가까워지자 매복한 군사들이 풍문만 듣고 모두 逃散하므로 급히 精銳한 군사 다수를 보내 줄 것을 청하다.(『宣祖實錄』선조26.『集成』17-106)/ 鄭崐壽 등이 權慄이 왜적이 運을 나누어 求禮와 雲峰縣의 경계까지 왔는데 적세는 浩大하고 아군은 孤弱하여 提督府에게 구원을 청하는 傳通을 보냈는데 提督이 미온적인 반응을 보인 것에 대해 치계하다.(『宣祖實錄』선조26.『集成』17-107)/ 비변사가 군사가 한창 급하여 機關이 매우 중한 때에 守令과 邊將에 부임하지 않는 이가 있으니, 事變이 평정될 때까지 路程의 遠近를 각기 정하여 기한을 어기는 자는 充軍律로 論斷하자고 청하다./ 비변사가 首級을 베어 바친 자에게 禪科를 주겠다는 내용을 休靜에게 通諭하여 僧軍을 모으게 하고, 該司에서 差帖을 만들어 주어 급히 僧軍을 거느리고 香山으로 내려가게 하자고 청하다.(『宣祖實錄』17-108)
	7.21. 司憲府가 慶尙 右兵使 金應瑞, 信川 郡守 宋德潤, 前 安岳 縣監 白翰南, 牙山 縣監 趙國弼의 遞差를 청하다./ 豊原府院君 柳成龍이 晉州의 함락이 비록 강대한 賊兵 때문이기도 하지만 우리쪽 대응의 잘못도 가려 4개의 조항으로 나누어 치계하다.(『宣祖實錄』선조26.『集成』17-109)/ 承政院이 진주성 전사자 문제, 柳成龍 소환, 御容 보관 문제에 대해 아뢰다.(『宣祖實錄』선조26.『集成』17-110)/ 李 提督에게 친필 편지를 보내는 문제를 의논하다./ 비변사가 적의 凶謀가 더욱 깊어가니 양곡과 군사를 요청하는 문제를 黃璡으로 하여금 呈文하게 하자고 청하다.(『宣祖實錄』선조26.『集成』17-112)/ 승문원이 黃璡이 가지고 갈 呈文을 짓는데 있어서, 沈惟敬의 일만 말하고 경략이나 제독에 관계된 것이나 중국을 핍박하는 듯한 말들은 일체 쓰지 말자고 아뢰다./ 비변사가 承政院의 啓辭를 아뢰며 진주 전사자를 위해 聖旨를 내리시어 忠義를 위로하고, 金千鎰·崔慶會·高從厚의 공이 두드러지니 등급을 높여 褒贈하자고 청하다.(『宣祖實錄』선조26.『集成』17-113)
	7.22. 判中樞府事 尹根壽가 經略이 各將에게 追殺할 것을 명하면 提督은 왜적이 이미 강화하기로 하고 부산으로 가고 있어 스스로 돌아 갈 것이니 칠 필요가 없어 經略의 명을 따르지 않을 것이라고 치계하다./ 경상우도 관찰사 金玏이 진주 사태의 守城 절차, 사망한 京外의 將士와 군인의 수, 패전 후의 상황에 대해 치계하다.(『宣祖實錄』선조26.『集成』17-114)/ 비변사가 賊의 先鋒이 이미 南原에 도착하였으니 전쟁을 잘하는 護軍 李思命을 충청도 助防將으로 삼아 軍兵을 많이 모아서 본도의 監司·兵使와 더불어 지키게 하자고 아뢰다./ 형조 판서 李德馨이 李 提督의 군량 독촉, 출발 날짜 지연 등을 보고하다.(『宣祖實錄』선조26.『集成』17-115)
	7.23. 兩司가 왜적이 晉州를 함락하고 호남에 충돌하고 있어 長驅의 형세를 막을 방법이 없는데, 提督이 南下 하겠다고 선언하였으나 진격할 의사가 없으니 왕이 면대하여 호소하도록 合啓하다.(『宣祖實錄』선조26.『集成』17-116)
	7.24. 承文院이 경략의 주문 삭제 요구를 尹根壽 등에게 주선하게 하자고 아뢰다.(『宣祖實錄』선조26.『集成』17-117)/ 慶尙 左水使 李守一이 賊船 4척을 拿捕하였다고 치계하자, 상이 守一은 加資하고 啓本에 附記한 軍功은 서둘러 논상하라고 承政院에 전교하다.(『宣祖實錄』선조26.『集成』17-118)
	7.25. 承文院이 提督이 石 尙書에게 올릴 稟帖의 내용이 마땅치 않다고 아뢰고, 제독이 橡房을 시켜 고친 草本이 實本인지의 여부를 확인하자고 청하다.(『宣祖實錄』선조26.『集成』17-118)/ 비변사가 흉적이 물러갔다가 다시 왔으니 馳奏하여 皇上께 아뢰는 것을 우리 나라의 형편으로서는 그만둘 수 없다는 黃璡의 장계 내용으로 품첩을 만들어 경략에게 보내자고 아뢰다./ 비변사가 평양에 내려와 있는 病傷한 明軍의 수가 많아 양곡이 모자라고, 疲病이 심한 사람들은 전쟁에 조용할 수도 없으니 義州로 들여보내어 駐札하게 하자고 청하다.(『宣祖實錄』선조26.『集成』17-119)/ 全應忠을 堂上으로 올려주고, 賞典 거행하는 절차를 지키라고 備忘記로 이르다./ 형조 판서 李德馨이 제독이 石 尙書에게 올릴 稟帖의 초본에 관하여 아뢰다./ 형조 판서 李德馨이 진격을 미루고 있는 沈惟敬과 李 提督의 상황을 치계하다.(『宣祖實錄』선조26.『集成』17-120)/ 知中樞府事 金晬가 曲城에 적이 침범하였는데 우리의 군병이 逃散하여 방어할 수 없음을 아뢰며, 贊畫 官家를 통해 들은 소식 등을 보고하다.(『宣祖實錄』선조26.『集成』17-122)
	7.26. 상이 의병 모집 여부를 의논하라고 비변사에 전교하다.(『宣祖實錄』선조26.『集成』17-122)/ 비변사가 召募官을 따로 두는 대신 도원수와 삼도 관찰사에게 하서하여 군사와 군량을 준비하게 하자고 청하다./ 상이 戊申 중에 믿을 만한 사람을 골라 宣傳官으로 삼아 진주로 보내어 함락된 성의 형편과 근처의 적세를 살피게 하고, 적이 물러갔다면 戰死한 성중의 시체를 매장하고 致祭하게 하라고 承政院에 전교하다./ 비변사가 함락된 성의 시체를 致祭하여 명복을 비는 일을, 먼저 宣傳官을 보내어 啓聞하게 한 뒤에 시행하자고 覆啓하다.(『宣祖實錄』선조26.『集成』17-123)/ 상이 黃璡에게 下書하여 沈惟敬이 강화로 나라를 그르쳐 적에게 나라를 팔아 넘길 상황이라는 내용을 명나라에게 呈文하는 일로 전교하다./ 奏請使를 가로막는 경략에게 尹根壽 등을 통해 정문하라고 전교하다.(『宣祖實錄』선조26.『集成』17-124)/ 奏請使 공조 판서 黃璡이 奏本에 대한 경략과 제독의 반응을 보고하고, 奏本이 내려오기를 기다린 뒤에 張旗鼓가 결정하는 말을 들어보고서 呈文을 주선할 계획이라고 아뢰다.(『宣祖實錄』선조26.『集成』17-125)
	7.27. 비변사가 遠接使에게 제독이 西還할 마음이 간절하다는 李德馨의 장계 내용을 알리자고 아뢰다.(『宣祖實錄』선조26.

일본

『集成』17-126)/ 경상좌도 감사 韓孝純이 右道에서 돌아오는 왜적 40여 명에게 들은 진주의 接戰 상황을 치계하다./ 경기 관찰사 李廷馨이 接伴使 李德馨과 상의해서 제독에게 전진하지 않아서는 안 된다는 뜻의 稟帖을 보냈으나, 제독이 다시 보文을 살펴보지 않고 재촉해 떠났음을 치계하다.(『宣祖實錄』 선조 26. 『集成』17-126)/ 형조 판서 李德馨이 제독의 回軍 사실과 稟帖을 전달하러 갔을 때의 상황에 대해 아뢰다.(『宣祖實錄』 선조 26. 『集成』17-127)

7.28. 왜적의 형상을 가장하여 촌락을 겁탈하는 자를 잡아다가 梟首하고, 용렬하고 노둔한 장군은 처벌하라고 承政院에 전교하다.(『宣祖實錄』 선조26. 『集成』17-127)/ 비변사가 전라도의 경계를 엄히 하여 賊變에 대비하지 못하고 도망한 守令 伏兵將 王景祚를 軍令에 따라 시행하고, 倭의 형상으로 노략질을 주도한 자는 梟首하고, 정탐에 실패한 장수 등을 처벌하자고 청하다./ 상이 송 경략의 揭帖 안에 甘朴宮을 平秀吉이라고 한 말의 근거를 묻다.(『宣祖實錄』 선조 26. 『集成』17-128)/ 상이 사변의 초기에 왕자를 잘 보호하지 못하여 적에게 잡히게 한 黃廷彧에 대해서 아직까지 傳旨를 받들지 않았으니, 전후의 罪狀을 具由한 傳旨를 받들라고 承政院에 전교하다./ 비변사가 왜적이 중국의 鳥銃과 長槍을 두려워하니, 조총을 배울 砲手 2백 명을 뽑을 것을 청하다.(『宣祖實錄』 선조 26. 『集成』17-129)/ 비변사가 張 都事가 山東의 盖州·復州의 배에 군량을 싣고 와 委官과 船人들을 불러 銀兩까지 주어가며 군량을 평양에 부리게 하였으니, 單子와 고마움을 致謝하는 咨文을 갖추어 보낼 것을 청하다./ 병조가 赴戰하는 일이 시급하니, 새로 及第한 사람들을 永柔의 예에 따라 唱榜하고 紅牌를 頒賜하여 즉시 내려 보내자고 청하다./ 도원수 權慄이 南原 사람들의 작란과 중국인 살해 등을 보고하다.(『宣祖實錄』 선조 26. 『集成』17-130)

7.29. 상이 李德馨의 장계 속에 중국에서 우리 나라를 논박했다는 내용의 실상을 묻다./ 甲戌年 姜紳·李浩·金春 등의 급제한 策文으로 일어난 문제에 대한 대책 등을 논의하다.(『宣祖實錄』 선조 26. 『集成』17-131)/ 경략이 진격하는 데에 대한 大駕의 전진, 평양에 와 있는 경략의 접견 문제에 대해 의논하다.(『宣祖實錄』 선조 26. 『集成』17-132)/ 좌의정 윤두수가 上의 서울 환도, 宋 侍郎의 접견에 대한 문제를 아뢰다./ 병조가 承政院이나 대신들의 啓辭에 大駕가 전진할 때 駐駕할 곳을 거론하지 않았음을 아뢰며, 一路에 모든 일을 준비하라는 先文을 보내는 것에 대해 의논하다.(『宣祖實錄』 선조 26. 『集成』17-133)/ 비변사가 平秀吉을 甘朴宮이라고 한다는 것은 포로가 되었다가 도망해 온 사람에게 들은 것이니 정확한 보고는 아닐지라도 稟帖 속에 언급하려 한다고 아뢰자, 上이 윤허하지 않다./ 비변사가 경략의 요구에 따라 鐵이 생산되는 고을과 匠人이 있는 고을을 참작하여 보고하도록 하자고 청하다./비변사가 砲手 양성에 관한 구체적인 계획을 아뢰다.(『宣祖實錄』 선조 26. 『集成』17-134)/ 경상좌도 순찰사 韓孝純이 兇賊이 진주를 무찌른 뒤에 한 갈래는 密陽 水路를 경유하여 부산으로 향하고, 한 갈래는 熊川 海路를 경유하여 草溪로 향했는데, 모두 本土로 돌아갈 것이라고 했음을 치계하다.(『宣祖實錄』 선조 26. 『集成』17-135)

8.1. 상이 江西縣에 머무르다./ 都體察使 柳成龍이 明軍에의 진격 요청, 아군 및 적세, 군량 문제 등을 치계하다.(『宣祖實錄』 선조 26. 『集成』17-135)/ 京師로 돌아가려 하는 員外 劉黃裳에게 사신을 보내 문안하다.(『宣祖修正實錄』 선조 26. 『集成』27-176)/ 賊兵이 昌原으로부터 咸安을 노략질하였고 全羅兵使 宣居怡가 패전하다./ 義兵將 邊士貞이 여러 장수가 晉州城을 구제하지 않은 죄를 아뢰다.(『宣祖修正實錄』 선조 26. 『集成』27-177)/提督 李如松이 군사를 철수해 돌아가니 黃州에 가서 전송하다./ 李舜臣을 본직은 그대로 둔 채 三道水軍統制使에 겸임시키다.(『宣祖修正實錄』 선조 26. 『集成』27-178)

8.2. 上이 군사를 징발하는 문제와 군량 문제에 대해 비변사와 의논하다./ 三省이 모여 왕자를 잘 보호하지 못해서 결국 적에게 잡히는 결과를 초래한 黃廷彧을 추국하여, 적진에서 있었던 일을 供招받다.(『宣祖實錄』 선조 26. 『集成』17-137)/ 전라도 관찰사 李廷馣이 명군의 남원성 주둔, 중국군이 求禮에 침입한 왜인의 首級을 바친 일, 求禮를 침입한 왜적이 東萊로 향한다는 馳報 등을 보고하다.(『宣祖實錄』 선조 26. 『集成』17-142)/ 都體察使 柳成龍이 경상도의 적세, 명군의 관망 자세, 군량 조달 문제를 보고하다.(『宣祖實錄』 선조 26. 『集成』17-143)

8.3. 司憲府가 왕자를 보호하지 못하고 적의 포로가 되게 한 黃廷彧과 스스로 帖子를 만들어 제 종으로 하여금 官庫를 열고 곡식을 피난민에게 준 宣傳官 柳珩을 잡아다 국문하기를 청하다.(『宣祖實錄』 선조 26. 『集成』17-144)/ 豊原 府院君 柳成龍이 沈將이 가진 倭酋의 奏本을 입수하였는데, 그 말이 매우 패역스럽다는 내용의 편지를 보냈다고 비변사에서 아뢰다.(『宣祖實錄』 선조 26. 『集成』17-145)/ 비변사가 아전들이 了役에 文簿를 뜯어고치고 법규를 멋대로 적용하여 전쟁에 나간 사람들의 가족들이 과중한 侵毒을 받으니, 평안·황해도 등의 관찰사에게 公私 官糧 이외에는 일체 侵虐하지 말라고 하유할 것을 청하다.(『宣祖實錄』 선조 26. 『集成』17-146)/ 형조 판서 李德馨이 남원에서 진주에 이르는 지역의 적세에 대해 아뢰다.(『宣祖實錄』 선조 26. 『集成』17-147)

8.4. 司憲府가 黃廷彧을 다시 鞠問하여 律에 따라 죄를 정할 것을 청하나, 상이 윤허하지 않다./ 승문원이 國書를 마냥 고칠 수 없다는 뜻을 黃璡을 통해 경략에게 고하자고 아뢰다.(『宣祖實錄』 선조 26. 『集成』17-148)/ 비변사가 진주성이 함락될 때까지 싸우다가 죽은 金千鎰·黃璡·李宗仁·張潤 등의 포상을 청하다.(『宣祖實錄』 선조 26. 『集成』17-149)

8.5. 비변사가 力戰하여 공이 있는 사람들을 다시 전쟁터로 내보내는 문제에 관해 의논하다.(『宣祖實錄』 선조 26. 『集成』17-150)/ 司諫院이 왕자를 보호하지 못하고 적에게 사로잡히게 한 黃廷彧을 처단하고, 진주성 싸움에서 죽은 사람들을 포상할 것을 청하다.(『宣祖實錄』 선조 26. 『集成』17-151)/ 司諫院이 왕자를 보호하지 못한 黃廷彧을 다시 국문하여 自服을 받아 大義로써 斷罪할 것을 청하다./ 승문원이 咨文에 沈惟敬이 왜와 교통하며 講和하고 있는 정상에 대해서 그 개요를 대략 진술하자고 아뢰다.(『宣祖實錄』 선조 26. 『集成』17-152)

8.6. 司憲府와 司諫院이 왕자를 보호하지 못하고 적에게 사로잡히게 한 黃廷彧을 율에 따라 죄를 정하자고 청하자, 兩司가 다시 국문하여 처리하기로 하다./ 尹斗壽가 黃廷彧을 三省 交坐하지 말고 의금부에서 추국하자고 아뢰다.(『宣祖實錄』 선조 26. 『集成』17-153)/ 중국 조정의 差官 謝用梓·徐一貫이 왕자를 모시고 멀리 賊中에서 나오니 상이 관원을 보내어 위문하다./ 許徵이 지어 올린 咨文이 나라를 위한 忠憤이 없다고 하며, 沈惟敬이 강화로 나라를 그르치는 실상과 진주성이 함락되어 매우 통분한 정상을 진술하여 改書할 것을 承政院에 전교하다.(『宣祖實錄』 선조 26. 『集成』17-154)/ 당초에 行在所로 불러오려 하였으나 영남에 策應할 일 때문에 下諭한 豊原 府院君을 속히 올라오게 하라고 承政院에 전교하다./ 승문원이 咨文에 復讐라는 글자와 禁約을 위배했다는 말을 개정하는 것과 진주성 함락을

연도	한국
▲ 1593 ▼	진술하는 것은 마땅하나 이 밖의 것은 그대로 두는 것이 좋겠다고 아뢰자, 上이 講和와 納貢은 부당하다고 언급할 것을 전교하다.(『宣祖實錄』 선조26. 『集成』17-155)/ 비변사가 화약을 전교에 따라 몇 년을 기한으로 私造納官하게 하고 혹은 轉賣할 것을 하나하나 들어 行會하자고 청하다./ 비변사가 진주성에 적이 침입했을 때, 구원하지 않고 도망친 자를 적발하여 斬首하여 梟示하거나 杖罰을 시행할 것을 청하다.(『宣祖實錄』 선조26. 『集成』17-156)/ 領中樞府事 沈守慶이 黃廷彧을 추국하는 일은 尹斗壽가 아뢴대로 三省 推鞫하자고 청하자, 上이 따르다.(『宣祖實錄』 선조26. 『集成』17-157) 8.7. 비변사가 진주에서 싸우다가 죽은 將士 中 狀啓에 드러난 金千鎰·黃璡·李宗仁·金俊民·崔慶會·張潤 등을 먼저 褒贈하고, 나머지는 선전관이 돌아오기를 기다려 실적을 물어 거행하자고 아뢰다.(『宣祖實錄』 선조26. 『集成』17-157)/ 이조가 金千鎰 등에게 褒贈할 典禮의 등급에 관해 의논하다.(『宣祖實錄』 선조26. 『集成』17-158)/ 비변사가 僧軍을 주관하는 자를 判事라고 하는 것은 禪宗과 敎宗을 설립하는 것 같으니, 그 명칭을 總攝으로 바꾸어 각도마다 두 사람씩 差送하자고 청하다.(『宣祖實錄』 선조26. 『集成』17-159)/ 호조가 壬辰年 12월 이후 중국에서 輸運해 온 糧穀의 수량을 보고하다./ 金千鎰·黃璡·崔慶會·李宗仁·金俊民·張潤에게 관직을 追贈하다.(『宣祖實錄』 선조26. 『集成』17-160) 8.8. 예조가 진주에서 절의를 지키다가 죽은 신하들을 따로 祭文을 지어 보내되 追贈한 6인을 제사지내는 외에는 제문에 이름을 쓰지 말고 한 곳에 合設하여 치제하자고 청하다.(『宣祖實錄』 선조26. 『集成』17-160)/ 전라도 관찰사 이정암이 下道 일대에 도적들이 官穀을 훔친 것에 대해 보고하다./ 이정암이 중국군의 움직임을 보고하다.(『宣祖實錄』 선조26. 『集成』17-161) 8.9. 우부승지 具宬이 서울에서 돌아와 詣闕하며, 왜가 진주성 함락 후 부산으로 내려갔다고 들은 일과 왕자를 만나는 일, 정릉의 개장, 이용의 일에 대해 아뢰다.(『宣祖實錄』 선조26. 『集成』17-162)/ 상이 왜적의 慶州 침범 소문에 미리 책응하여, 진주의 변과 같은 일은 막아야 한다고 비변사에 전교하다./ 委官 尹斗壽가 黃廷彧을 三省推鞫하고서 그 推案을 가지고 入啓하니, 上이 더 이상 刑推하지 말고 放送하여 멀리 귀양을 보내라고 명하다.(『宣祖實錄』 선조26. 『集成』17-164)/ 諫院이 목숨을 부지하기 위해 적에게 아첨하고 國恩을 배반한 黃廷彧을 율에 따라 죄를 정하라고 청하다./ 承政院이 黃廷彧의 죄를 율에 따라 정할 것을 계속해서 論啓하고 있어 配所로 압송하는 데에 어려움이 있다고 아뢰다.(『宣祖實錄』 선조26. 『集成』17-165) 8.10. 司憲府가 또 黃廷彧을 율에 따라 죄를 정할 것과 河陵君 護喪官 등의 爵賞을 개정할 것을 아뢰다./ 비변사가 兩南이 적의 要衝이 되는데도 유병을 청할 적에 5천 명을 넘지 않은 것은 군량을 대기 어렵기 때문이라고 아뢰다.(『宣祖實錄』 선조26. 『集成』17-166)/ 비변사와 왜적의 慶州 침입에 대비한 대책을 의논하다.(『宣祖實錄』 선조26. 『集成』17-167)/ 상이 領中樞府事 沈守慶 등을 인견하여 왜적의 동향, 沿海의 8成에 적이 굴혈을 이룬채 머물러 있는 것, 왜적이 다시 慶州의 침입을 도모하고 있는 것, 彗星이 나타난 것은 加藤淸正이 죽을 것이라 해석한 것에 대해 의논하다.(『宣祖實錄』 선조26. 『集成』17-168)/ 형조 판서 李德馨이 왕자가 적진에서 나왔음을 보고하다./ 欽差經略山東等處 兵部右侍郎 宋이 大兵을 머물려 防守시켜 外藩을 견고히 하고 內地를 편안히 할 일과 주둔 비용 문제로 다시 자문을 보내오다.(『宣祖實錄』 선조26. 『集成』17-173) 8.11. 비변사가 왜적이 慶州를 침범하겠다고 선언한 것과 왕자의 書狀에 왜적이 8城에 屯據하고 있다고 하니, 劉總兵에게 급히 공격하자는 뜻을 咨文에 언급하자고 아뢰다.(『宣祖實錄』 선조26. 『集成』17-173)/ 예조가 經略에게 陪臣을 放送하도록 청하자고 아뢰자 상이 釜山의 왜적이 돌아가지 않고 있으니 經略에게 이러한 내용으로 간절히 고하는 것이 마땅할 듯 하다고 전교하다./ 예조가 부산에 왜적이 돌아가지 않고 있으니, 경략에게 陪臣을 속히 放送해 주기를 간청하는 일에 대해 아뢰다.(『宣祖實錄』 선조26. 『集成』17-174)/ 예조가 經略에게 釜山에 주둔하고 있는 왜적에 관한 일로 자문을 보내 급한 상황을 고하여 陪臣을 發送하기를 허락해 달라는 내용으로 奏請·移咨하는 것이 어떻겠냐고 아뢰다./ 行判中樞府事 尹根壽가 紹興府 사람으로 守備 沈秉彝라는 자가 琉球通事와 같이 작년에 倭變이 일어났을 때 日本의 정세를 탐지했는데 關白이 죽어 조선에 있는 왜를 總攝할 사람이 없다는 소문을 들었던 것 등을 치계하다.(『宣祖實錄』 선조26. 『集成』17-175) 8.12. 張雲翼에게 왜적이 釜山에 있으면서 慶州를 침범하려는데 經略이 撤兵하고자 하니, 우리 나라의 민박한 실정을 글로 지어 간청하라는 내용으로 尹根壽에게 하유 하라고 전교하다.(『宣祖實錄』 선조26. 『集成』17-176)/ 예조가 接伴使 尹根壽의 장계를 보고 宋經略이 遼로 간다고 하였으니 사람을 보내어 위문하자고 청하니 상이 왜적이 아직 釜山에 있는데 우리를 버리고 떠나면 우리 나라는 憫迫할뿐이라는 내용으로 고하라고 전교하다./ 承政院이 서울을 출발한 李 提督의 행차에 따른 大駕의 행차를 묻고 이에 대해 의논하다./ 예조가 接伴使 尹根壽의 장계를 보고, 宋經略이 定州를출발하여 遼東으로 간다고 하니 中路에 사람을 보내어 慰問하는 禮가 있어야 할 것이라고 아뢰다.(『宣祖實錄』 선조26. 『集成』17-177)/ 예조가 大駕의 행차를 멈추고, 李 提督의 형세를 보아 進退하자고 아뢰다./ 宋經略에게 왜적이 돌아간다는 것은 거짓말이고 沿邊을 점유하고 있으며 晉州를 새로 격파하는 등 이런 기세로 적이 北上하게 된다면 土傾魚爛의 상태를 당할 것이니 머물러서 적을 섬멸해 주기를 청하는 移咨를 보내다.(『宣祖實錄』 선조26. 『集成』17-178)/ 經略兵部가 金潤國이 군량의 결핍으로 인해 兵馬를 다른 곳으로 옮겨가도록 하기 위해 적의 경주 침입을 날조한 일에 대해 죄를 징계한 것과 주둔군의 군량 문제로 자문을 보내오다.(『宣祖實錄』 선조26. 『集成』17-179) 8.13. 상이 黃州 尹聘의 집에 머무르다./ 비변사가 上番하는 군사를 각각 그 도의 감사로 하여금 例에 비추어 뽑아 서울의

일본

상번하는 예에 따라 날짜를 정해 都元帥에게 보내어 劉總兵의 절제를 받아 훈련하게 하자고 아뢰다.(『宣祖實錄』선조 26. 『集成』17-180)/ 비변사가 군사의 수가 왜적과 차이가 날 뿐만 아니라 哨兵도 없이 왜노들을 소탕하는 것은 어렵다는 내용의 劉綎의 자문을 보고 下三道 초발군 중 건강한 자는 전쟁터에 보내자고 아뢰다.(『宣祖實錄』선조 26. 『集成』17-181)/ 委官이 安世熙가 왜적의 변고를 당한 靖陵의 시체를 찾은 연유에 대해 李弘國을 推考하여 공초한 내용을 아뢰다.(『宣祖實錄』선조 26. 『集成』17-182)/ 상이 沈喜壽 등과 倭將 小西飛를 威金으로 하여금 지키게 하였는데 이 왜를 처리하기 위해 제독이 10여 명만을 거느리고 서둘러 가는 것 등에 대해 의논하다.(『宣祖實錄』선조 26. 『集成』17-184)/ 都體察使 豊原府院君 柳成龍이 蔚山 등지에 왜적이 많이 있고 곳곳에 진영이 가득하며 慶州에는 위급함이 급박한데 군사들이 굶주리고 있어 적을 방어할 가망이 없다는 등을 치계하다.(『宣祖實錄』선조 26. 『集成』17-186)/ 宋經略에게 적이 더욱 기승을 부려 沿海의 8城에 巢穴을 이루고서 노략질을 하고 있는데, 만일 우리의 위급한 틈을 타서 北上하여 再侵한다면 방어할 계책이 없으니 속히 陳奏使로 떠난 陪臣을 發送시켜 줄 것을 移咨하다.(『宣祖實錄』선조 26. 『集成』17-187)

8.14. 上이 尹聘의 집에서 黃州로 거둥하여 제독 李如松과 副總 陽元을 접견하고 저녁에 尹聘의 집으로 돌아오다.(『宣祖實錄』선조 26. 『集成』17-188)/ 상이 提督을 접견하였는데 적이 西生浦에만 있을 뿐 8城에 있다는 것은 빈말인 것과 전라도 小星嶺은 험하여 왜적이 반드시 경유할 길이므로 지켜야 하는 일 등에 대해 의논하다.(『宣祖實錄』선조 26. 『集成』17-189)/ 상이 接伴使 李德馨을 인견하여 提督이 서쪽으로 가는 이유를 물으니 老爺가 서쪽으로 돌아가면 한강 이남에 적이 다시 올 것이라고 여겨 새로운 군대와 교체하려는 것이라 아뢰다.(『宣祖實錄』선조 26. 『集成』17-192)

8.15. 上이 尹愻의 집에서 출발하여 저녁에 봉산 民家에 머무르다./ 王世子가 廟社와 內殿을 모시고 江西縣을 출발하여 朔時津을 건너 저녁에 中和에 도착하다./ 두 왕자가 왜적으로부터 돌아와서 길 왼쪽에서 알현하다./ 비변사가 전라감사 이정암의 狀啓를 보고, 전라도 좌우 水軍 중 戰功이 있는 諸將들에게 격려의 뜻을 보여줄 것과 高山縣監 申景禧를 잡아다 重罰로 결단할 것을 청하다.(『宣祖實錄』선조 26. 『集成』17-194)/ 비변사가 元帥나 方伯이 관직이 等閑하다고 아뢰며, 각도 감사와 도원수에게 하서하여 죄를 범한 수령은 즉시 論斷한 뒤에 啓聞하도록 하여 帥臣의 권한이 약하고 조정이 멀리서 節制하는 폐단을 개혁할 것을 청하다.(『宣祖實錄』선조 26. 『集成』17-195)

8.16. 黃赫을 공초 하였는데 땅을 분할하여 주고 講和 하라고 청한 것은 왜적이 먼저 그런 말을 한 것이고 關白殿下라고 쓴 것은 僞書이지 眞狀이 아니라고 하다.(『宣祖實錄』선조 26. 『集成』17-195)/ 李瑛을 공초 하였는데 왜적의 포로가 된 뒤에 僞狀에 서명한 것은 불학무식한 武夫로서 文墨에 있어서는 事理를 알지 못하므로 黃赫에게 물어보았더니 전하지 않을 위서라고 해서 아무 생각 없이 서명했다고 하다.(『宣祖實錄』선조 26. 『集成』17-196)/ 經略이 全羅道를 보전하고 慶尙道를 지키니 釜山으로 물러간 왜노가 도망하여 돌아가기를 애걸하였으며, 왜적이 다시 오지 않는 다고 보장할 수 없으니 서둘러 수리와 수비를 整飭하라는 등의 내용을 移咨하다.(『宣祖實錄』선조 26. 『集成』17-197)

8.17. 上이 載寧郡을 출발하여 저녁에 재령의 민가에서 묵다./ 王世子가 黃州를 출발하여 鳳山 廣串에서 묵다./ 위관이 韓格이 倭語를 배워 倭將과 사귀면서 인질을 교환하고 땅을 분할받으라고 권했으니 軍律로 처단해야 하고, 李瑛은 主將으로서 賊中에 포로가 되었고 黃赫의 죄도 다를 것 없으니 성상의 결단에 따라 처벌하도록 아뢰다.(『宣祖實錄』선조 26. 『集成』17-198)/ 兩司가 黃赫은 적에게 잡힌 뒤에 강화하라고 적에게 아첨하고 賊酋를 높여서 殿下라 했으며, 李瑛은 왜적의 포로가 된 뒤에 목숨을 부지하기 위하여 임금을 무시하고 국가를 배반했으니 율에 따라 죄를 정하도록 아뢰다.(『宣祖實錄』선조 26. 『集成』17-199)/ 비변사가 劉總兵의 군대가 서울이나 평야에서 留水하고자함은 鳥嶺 이남을 지키지 않겠다는 뜻이라 매우 염려된다고 아뢰고, 경상 좌우도 감사에게 무너진 城堞을 수선하라고 하유할 것을 청하다.(『宣祖實錄』선조 26. 『集成』17-200)

8.18. 上이 載寧을 출발하여 鵲川에서 晝停하고 저녁에 海州에 도착하다./ 司憲府가 黃赫과 李瑛을 아울러 依律하기를 잇따라 아뢰니, 황혁은 윤허하지 않고 이영은 서서히 결정하겠다고 답하다.(『宣祖實錄』선조 26. 『集成』17-200)

8.19. 상이 해주에 머무르다./ 王世子가 載寧에서 출발하였으나 비를 만나서 大慈院에 머무르다./ 전쟁에 패배하고 성을 버렸으며 임금을 잊고서 적에게 붙은 죄인 李瑛이 伏誅되다./ 訓練都監을 설치하여 합당한 인원을 差出해서 壯丁을 뽑아 활을 익히고 砲를 쏘기도 하여 모든 무예를 훈련시키는 것에 대해 의논하여 처리하라고 備忘記로 전교하다.(『宣祖實錄』선조 26. 『集成』17-201)/ 비변사가 임무를 맡아 적을 방어하는 데 도움되는 謀策을 올리지 못했다 하여 대죄하다./ 司憲府가 黃赫을 依律하기를 잇따라 아뢰자, 黃赫이 陪行한 공로가 있으니 죽이지 않는 것으로 대우해야 한다고 답하다./ 비변사가 大兵이 兩南에 留駐해야 할 형편임을 아뢰고, 山東에서 운송해 온 곡식을 중국군이 주둔한 곳으로 수송하게 하는 것에 대해 의논하다.(『宣祖實錄』선조 26. 『集成』17-202)

8.20. 王世子가 大慈院을 출발하여 海州 慈恩塔에서 晝停하고 저녁에 本州에서 머무르다./ 中殿과 東宮이 廟社의 神主를 모시고 江西에서 도착하니, 상이 百官을 거느리고 廟門 밖에서 祗迎하다.(『宣祖實錄』선조 26. 『集成』17-203)

8.22. 비변사가 倭人을 따라간 우리 나라 2만 명이 아직까지 海上에 머물러 있는데, 劉總兵에게 지문을 보내어 白旗로써 그들을 불러 生計를 마련해 주도록 하자고 청하다.(『宣祖實錄』선조 26. 『集成』17-203)/ 劉員外의 回帖을 보고 비변사의 태도 등에 대한 감회를 備忘記로 전교하다./ 비변사가 城과 臺를 설치하는 일과 군졸 훈련 등에 관한 경략의 자문에 회답한 일에 대해 아뢰다.(『宣祖實錄』선조 26. 『集成』17-204)

8.23. 비변사가 海州·延安·甕津·黃州 등에 兵營을 설치하는 문제에 대해 아뢰다./ 吳惟忠의 揭帖에 군량의 문제를 걱정하고 있다고 아뢰고, 영남에 군량에 대한 일로 내려간 李山甫가 운반을 독려하지 않고 있는 것에 대해 살필 것을 備忘記로 賓廳에 전교하다.(『宣祖實錄』선조26. 『集成』17-205)/ 비변사가 썩은 쌀로 중국군을 供饋한 선산부사 推覈 문제, 양곡이 약간 넉넉한 고을로 하여금 영남으로 양곡을 운송하는 문제, 양곡에 대한 일을 檢督하지 않은 李山甫 문제에 대해 아뢰다.(『宣祖實錄』선조 26. 『集成』17-206)

8.24. 李忠胤이 재차 추국 하였는데 왜적이 무덤을 파헤칠 적에 灰沙 등을 광중 안에 많이 쌓아 두었기 때문에 기와장을 들추니 바로 曲墻 위의 기와였다고 하다.(『宣祖實錄』선조 26. 『集成』17-206)

연도	한국
▲ 1593 ▼	8.25. 軍功 및 納贖者에 대한 포상 문제, 還上 감면 문제, 경기 지역 권농책에 대해 備忘記로 전교하다./ 承政院이 武擧를 設施한 것은 왜적을 격멸하기 위해서였는데 出征한 자를 點考할 때에 武科를 급제한 자들이 길을 떠나지 않거나 도망하여 한 사람도 적과 交戰한 자가 없으니 削榜의 규제를 가하도록 아뢰다.(『宣祖實錄』 선조26. 『集成』17-207)/ 비변사가 왜적이 아직도 경내에 있어 그 흉모를 헤아리기 어려운데 중국군이 철병하고 있어 황제께 아뢰지 않을 수 없으며, 또한 왜적이 해상으로 물러났고 왕자가 돌아왔으니 黃璡을 謝恩使로 보내자고 아뢰다./ 비변사가 사은사를 보낼 때 奏本의 끝에 기재한 내용을 경략에게 저지 받을 수도 있으니, 우선 黃璡을 체류시켰다가 경략이 回程한 뒤에 발송하자고 아뢰다.(『宣祖實錄』 선조26. 『集成』17-208)/ 承政院이 李彤이 제독에게 글을 보낸 일을 供招하다./ 李彤가 提督에게 왜적과 강화만을 하고자 하며 왜적의 使者를 城中에 들임으로서 남방의 도적들을 날뛰게 하였는데 만약 서울에 있는 적을 죽이고 嶺南의 적을 추격하면 조선의 형세를 구할 수 있다는 글을 보낸 일을 공초하다.(『宣祖實錄』 선조26. 『集成』17-209)/ 비변사가 督捕使 朴晉의 장계에 의하면 거느린 精兵들이 도망하는 이유가 군량이 떨어진 것도 있으나 국가에 紀律이 없어서라고 한 것을 아뢰며, 도망병을 처벌하고 都元帥에게 宣傳官을 보낼 것을 청하다.(『宣祖實錄』 선조26. 『集成』17-210)/ 비변사가 飢寒을 면하지 못하고 있는 劉總兵과 李提督의 군사에게 의복을 제공하기 위해 요동에서 목화 무역할 것을 청하다.(『宣祖實錄』 선조26. 『集成』17-211)
	8.26. 賓廳이 兵亂이 계속되어 군량과 군복이 떨어져 도망하는 군사가 많음을 아뢰자, 銀兩 등의 물건을 權慄에게 보내어 군사들에게 나누어주게 하라고 承政院에 전교하다./ 비변사가 飢寒을 면하지 못하고 있는 劉綎과 吳惟忠의 군사에게 의복을 보낼 대책을 아뢰다.(『宣祖實錄』 선조26. 『集成』17-212)/ 비변사가 權慄의 장계에 따라 兵船·火藥·山城에 관한 일을 다시 신칙하자고 아뢰다./ 三省交坐하여 李彤과 李彩에게 각각 세 차례 訊杖을 가하였으나 승복하지 않자, 당초 그런 의견을 생각해 낸 자와 別紙를 직접 쓴 사람을 각별히 세밀하게 신문하여 처리할 것을 청하다.(『宣祖實錄』 선조26. 『集成』17-213)/ 中樞府事 尹根壽 등이 副將 楊元이 부산의 왜적은 모두 물러났고 아직 떠나지 않은 왜적들은 西平浦로 돌아갔는데 留兵에 대한 자문 안에 왜적이 8성안에 있다는 것은 부당하다며 이에 대해 물어 본 것을 치계하다./ 行判中樞府事 尹根壽 등이 老爺가 왜적이 西平浦에 있는데 대병을 철수하여 돌아갈 경우 왜적이 다시 경상도를 침범하여 鳥嶺을 넘어 서울로 들어온다면 위험하니 유병하여 防守하지 않을 수 없다고 말한 것 등을 아뢰다.(『宣祖實錄』 선조26. 『集成』17-214)
	8.27. 비변사가 도망한 武科 及第者들의 과거를 삭제하는 대신에 年限을 정하여 영남의 防禦線에 充軍하여 그 죄를 징계하자고 청하다.(『宣祖實錄』 선조26. 『集成』17-215)/ 영남에 머물고 있는 중국 장수들이 군량이 떨어졌다고 보고하며 돌아가고자 하니, 경략이 노하여 식량 관리의 직분을 다하지 못한 영남과 호남의 管粮官 趙信道와 任發英을 잡아가다./ 비변사가 양남으로 가서 管粮하는 陪臣들을 잡아오게 한 경략의 행동이 온당치 못함을 아뢰며, 御史 尹敬立을 보내 物力이 殘破되어 독촉에 미치지 못하는 경우가 많다는 事由를 언급하는 글을 지어보내자고 청하다.(『宣祖實錄』 선조26. 『集成』17-216)
	8.28. 비변사가 張都司의 양곡 청구에 대한 충고를 아뢰며, 경략에게 우리 나라가 殘破되어 군량이 떨어졌으니 接濟할 수 있게 해달라는 뜻으로 移咨할 것을 청하다.(『宣祖實錄』 선조26. 『集成』17-217)/ 備忘記로 李彤의 招辭를 보건대 提督이 왜적을 토벌하지 않아 분이 나서 誣陷한 것이니 亂言罪로 다스리도록 이르다./ 兩司가 서울은 왜적의 屠戮에서 살아 남은 백성들이 돌아와 있으며 廟社가 폐허되고 왜적에 의해 陵寢이 변고를 겪었는데도 展拜하고 哭하는 예를 거행하지 않았으니 속히 환도할 날짜를 정하자고 청하다.(『宣祖實錄』 선조26. 『集成』17-218)
	8.29. 상이 承政院에 서울로 들어가고 싶어도 왜적이 있어 들어갈 수 없으니 왜적을 처치할 방도를 비변사에게 물어보라고 전교하다.(『宣祖實錄』 선조26. 『集成』17-219)/ 우의정 兪泓이 군사 2만 명을 머물려 호남과 영남을 지키게 할 것인데, 留兵이 먹을 군량이 충분한지를 의논 중인 戚遊擊의 뜻을 아뢰다.(『宣祖實錄』 선조26. 『集成』17-220)
	8.30. 비변사가 경략에게 보낼 자문의 내용을 고쳐 아뢰다./ 領中樞府事 沈守慶 등이 왜적이 우리의 경내에 웅거하여 있어 흉모를 헤아리기 어렵고 防守의 방책이 전보다 더 급하므로 禪位하기 불가한 시기라고 아뢰다.(『宣祖實錄』 선조26. 『集成』17-220)/ 영의정 崔興源이 沈遊擊과 함께 온 왜놈들이 중국 군사와 내통하여 약탈 하고 있다는 것과, 龍山에 있는 왜적의 처치와 降倭인은 투항의 진위를 알 수 없어 우리의 虛實을 탐지하려는 계획이 있을 듯하니 잘 조처하도록 치계하다.(『宣祖實錄』 선조26. 『集成』17-221)/ 영의정 崔興源이 戚遊擊의 通事 朴彭祖로 부터 沈遊擊이 서쪽을 향하여 출발하는데 遊擊이 거느리고 있는 왜와 龍山에 있는 왜를 經略이 모두 거느리고 오라고 하였기에 모두 거느리고 갔다는 말을 듣고 치계하다./ 상이 承政院에 왜적을 거느리고 서쪽으로 간다고 하는데 만약 왜적이 우리의 심장부를 뚫고 지나간다면 우리의 虛實을 다 알게 될 것이므로 이를 처치할 방도를 비변사에게 물어보도록 전교하다.(『宣祖實錄』 선조26. 『集成』17-222)/ 宣傳官 兪大祺가 晉州에 도착하여 성이 함락된 경위와 賊徒의 去留 등에 관한 일을 주문하여 치계하다.(『宣祖實錄』 선조26. 『集成』17-223)/ 行判中樞府事 尹根壽가 세자의 병이 완치되지 않아 양곡 운송을 위한 遠行이 어려울 것 같다고 張旗鼓에게 설명했다고 아뢰다.(『宣祖實錄』 선조26. 『集成』17-224)
	9.1. 임금이 海州에 머물다./ 承政院이 지금 倭賊이 우리 땅을 점거하고 있어서 凶謀를 예측할 수가 없고, 상처도 아물지 않았는데 甲子기 禪位하는 命을 내리는 것은 시세에 크게 어긋나므로 禪位하라는 전교를 받아들일 수 없다고 아뢰다.(『宣祖實錄』 선조26. 『集成』17-225)/ 備邊司가 倭將 小西飛가 서쪽으로 향하는 것은 본래 계획 된 것이었고 小西飛 문제는 中國 朝廷에서 공식적으로 결정된 사항인 것 같으니 아무리 말한다 하더라도 無益할 것 같다고 아뢰다.(『宣祖

일본

實錄』선조 26.『集成』17-226)/ 備邊司가 中國 軍士 1만 6천명이 慶尙, 全羅道에 주둔하고 있는데 이들을 후하게 대우하고, 忠淸道의 군사 5,6천을 보충시켜 함께 거처하게 할 것을 아뢰자, 임금이 그대로 따르다.(『宣祖實錄』선조26.『集成』17-227)/ 經略 宋應昌과 提督 李如松이 도로 鴨綠江을 건너 돌아가다.(『宣祖修正實錄』선조 26.『集成』27-179)

9.2. 세자가 지금 왜적이 약간 물러가기는 했지만 아직도 국경 안에 머물러 있으므로 민심이 흉흉하니 한번 더 생각하여 禪位하는 명을 거두기를 청하다./ 領中樞府事 沈守慶 등이 현재 왜적이 국경 안에 있으므로 인심이 흉흉하니 다시 더 생각하시어 禪位의 명을 거두기를 청하니 상이 왜적만 물러가면 즉시 물러날 것이고 禪位를 하지 않고서는 서울에 돌아가지 않겠다고 답하다.(『宣祖實錄』선조 26.『集成』17-228)/ 沈守慶 등이 왜적은 아직 국경에서 떠나지 않았는데 군량이 먼저 떨어져 굶어 죽은 일이 있는 등, 국사가 위태로워 어떻게 할 수 없는 형편이니 깊이 생각하시어 禪位의 명을 거두기를 청하다.(『宣祖實錄』선조 26.『集成』17-229)/ 沈守慶 등이 군사를 훈련시키고 국력을 배양하여 복수의 기반을 만들어야 함은 물론 왜적이 다 물러갔다고 할 수 없으니 깊이 생각하여 禪位의 명을 거두기를 청하다.(『宣祖實錄』선조 26.『集成』17-230)/ 兩司가 三京은 회복되었으나 왜적이 다 물러가지 않았으므로 時事의 어려움이 날이 갈수록 더 심해가고 있으니 禪位하는 일은 다시 생각하여 명을 거두도록 合啓하다./ 弘文館이 왜적이 차츰 물러가고 서울이 수복되어 鑾輿가 점차 서울로 가게 되었으나 거처하고 있는 곳 밖에는 왜적이 아직도 주둔해 있어 흉측스런 계획을 예측할 수 없으니 禪位의 명을 거두는 箚子를 올리다.(『宣祖實錄』선조 26.『集成』17-231)/ 都體察使 柳成龍이 흉적이 東萊·釜山을 소굴로 삼고 蔚山 등은 머리와 꼬리로 梁山 등은 허리와 등으로 삼고 있으면서 기회를 타고 비어있는 지역에 출몰함으로써 곤궁에 빠뜨리고 있으니 이에 대한 방비책을 보고하다.(『宣祖實錄』선조 26.『集成』17-232)/ 대사헌 金應南이 京城을 살펴보니 도성 백성으로서 山野에 숨어 있던 자들이 왜적이 물러나고 大駕가 돌아올 것이라는 말을 듣고 京城으로 들어 왔는데 대가가 進駐하지 않은 것 등에 대해 書啓하다.(『宣祖實錄』선조 26.『集成』17-233)/ 禮曹判書 鄭昌衍이 劉總兵의 委官인 譯官 宋業男에게 巡按御使를 만났는데도 왜적이 머물러 있는 일을 고하지 않은 것에 대해 물은 것을 치계하다.(『宣祖實錄』선조 26.『集成』17-236)

9.3. 좌의정 尹斗壽 등이 왜적이 우리 강토에 주둔하고 있어 흉계를 예측할 수가 없고 국세가 위태로우니 禪位의 명을 거두기를 청하다.(『宣祖實錄』선조 26.『集成』17-236)/ 尹斗壽 등이 지금은 결코 禪位의 시기가 아니라고 아뢰자, 임금이 啓辭를 올리지 말라고 하다.(『宣祖實錄』선조 26.『集成』17-237)/ 尹斗壽 등이 平壤의 적이 성 하나를 지키고 앉아서 감히 서쪽으로 내려오지 못하고 있고, 三京이 수복되어 도성의 사람들이 車駕가 돌아오기를 기다리고 있으니 禪位의 명을 거두기를 청하다./ 三司가 箚子를 올려 禪位하지 말기를 청하자, 임금이 윤허하지 않다.(『宣祖實錄』선조 26.『集成』17-238)/ 京畿巡察使 李廷馨이 沈遊擊이 小西飛등을 인솔하고 서쪽으로 내려가는데 접대하는 문제가 괴롭다고 하니, 대접하지 말도록 移文하다./ 備邊司가 西關 지역의 군사가 여름옷을 입고 전쟁에 임하니 의복 문제가 매우 절박하고, 영남·호남의 巡察使를 독촉하여 군사를 동원하도록 아뢰니, 임금이 그대로 따르다.(『宣祖實錄』선조 26.『集成』17-239)

9.4. 좌의정 尹斗壽 등이 왜적이 물러갈 때까지 기다린다는 하교가 있어 감격의 눈물을 흘렸는데 신하가 임금이 물러나는 것을 허락하는 것은 이치에 어긋나는 것이고 지금은 때가 아니므로 禪位의 명을 거두기를 청하다.(『宣祖實錄』선조26.『集成』17-240)/ 尹斗壽 등이 지금은 왜적이 물러난 때가 아니므로 禪位의 명을 거두기를 청하다.(『宣祖實錄』선조 26.『集成』17-241)/ 오늘날 회복의 공로는 오직 鄭崐壽가 奏聞할 적에 至誠으로 專對한 것이니 鄭崐壽에게 正一品의 職을, 申點도 專對를 잘하여 兵部尙書의 마음을 감동시켰으니 資憲大夫의 품계를 각각 제수하라는 備忘記를 내리다./ 임금이 鄭崐壽가 至誠으로 奏聞하여 오늘날 회복된 공이 있다고 특별히 輔國崇祿大夫에, 申點은 兵部尙書의 마음을 감동시켰다고 하여 資憲大夫에 승진시키다.(『宣祖實錄』선조 26.『集成』17-242)

9.5. 提督接伴使 李德馨이 察院에게 남쪽 지역 왜적의 실정까지 언급하여 李摠爺의 힘을 빌어 변방의 화근을 뿌리뽑아 바닷가의 백성을 구활시켜 달라는 요청을 하자고 치계하다.(『宣祖實錄』선조 26.『集成』17-242)/ 備忘記로 왜적이 釜山에서 돌아갈 생각을 하지 않고 있는 것과, 왜적이 군사를 거두어 물러간 것은 중국과의 강화를 기다리기 위한 것이라는 것을 巡按御使에게 上書하는 계획을 세워 대처하도록 비변사에 이르다.(『宣祖實錄』선조 26.『集成』17-243)

9.6. 備忘記로 蔚山 등처에서 東海로 해서 왜적의 소굴을 정탐하는 것과, 賊中에 있다가 도망해 올 사람을 모집하여 적의 소굴로 들어가 營寨나 양식을 불태우게 하는 등의 일을 시도하라고 이르다.(『宣祖實錄』선조 26.『集成』17-244)/ 都體察使 柳成龍이 적병이 아직도 해상에 주둔하고 있는 것과 晉州城 함락시 왜적은 배가 없이 건널 수가 없는데 柳希先이 도망가면서 光陽 등지에 적병이 온다고 함으로써 피해를 입혀 律에 따라 처벌한 것을 아뢰다.(『宣祖實錄』선조 26.『集成』17-245)/ 慶尙左道巡察使 韓孝純이 적세가 東萊·金山 등지에 주둔하여 웅거할 ㄴ未가 현저하며 그 흉모를 예측하기 어려워 변란이 안정될 기약이 없다고 치계하다./ 黃海道巡察使 柳永慶이 中國軍의 大將이 서쪽으로 가고부터는 中國 軍士가 행패를 부리며 작란하는 작태가 날이 갈수록 극심하다고 치계하다.(『宣祖實錄』선조 26.『集成』17-247)/ 右承旨 鄭姊藩이 서울에서 남아 있던 中國 군량도 다 진흘하여 義州에서 중국 군량을 급히 수송해 오시 않으면 田稅로 받은 大米도 다 떨어질 것이라고 아뢰다.(『宣祖實錄』선조 26.『集成』17-248)

9.7. 承政院이 왜적이 해안에 주둔해 있으면서 물러갈 기약이 없는데 상께서는 왜적을 쳐 회복을 도모할 생각은 않고 禪位할 생각만 가지고 있어 큰 계책을 그르치려고 하니 禪位하는 것을 찬성할 수 없다고 아뢰다.(『宣祖實錄』선조 26.『集成』17-249)/ 長雲翼이 柳希先은 豆恥津의 伏兵將으로서 왜적이 오기도 전에 먼저 도망하여 헛소문을 퍼뜨려 각 고을의 창고를 분탕질하게 하였으니 宣傳官을 보내어 標信을 가지고 가서 형을 집행하게 하도록 비변사의 말로 아뢰다.(『宣祖實錄』선조 26.『集成』17-250)

9.8. 군량의 조달, 무예 試才, 僧軍 포장, 군사의 조련, 진휼 등에 관한 10여조의 備忘記를 내리다.(『宣祖實錄』선조 26.『集成』17-251)/ 承政院이 京城에 進駐할 시기를 정하자고 아뢰니 상이 京城에는 왜적이 있어 왜적과 한 성안에 같이 있을 수 없고 먼저 進駐한다면 왜적이 우리 나라에의 일을 알게 될 것이니 비변사와 의논하여 조처하도록 아뢰다.(『宣祖實錄』선조 26.『集成』17-253)

9.9. 備忘記로 釜山 등지의 투항한 백성들이 돌아오면 화를 당할까 의심하고 있으니 효유하여 불러낼 일을 조처하라고 비변사에 이르다./ 비변사가 大明會典을 인용하여 중국 장수가 倭將 小西飛를 대동하여 조공을 미끼로 강화하려고 하는 것이니 별도로 奏本을 만들어

연도	한국
▲ 1593 ▼	禮部에 移咨하자고 아뢰다.(『宣祖實錄』 선조26. 『集成』17-253)/ 비변사가 倭將 小西飛의 수하로서 龍山에 있던 병든 왜적들이 西路로 떠나 서울에는 별로 머물러 있는 왜적이 없고 다만 항복한 왜적 한 사람만이 머물고 있으나 오래지 않아 떠날 것이니 京城으로 進駐하자고 아뢰다.(『宣祖實錄』 선조26. 『集成』17-254)/ 備忘記로 왜적은 조금만 명령을 어기면 반드시 죽이는데 우리 나라는 법을 어겨도 용서해 주니 이런 마음으로 싸운다면 결과는 뻔하니 사변 이후 군율을 어긴 자들을 살펴 법에 따라 시행하도록 비변사에 이르라 하다./ 李弘國이 왜적에게 화를 입고 발굴 당한 宣陵과 靖陵을 奉審한 일을 供招하다.(『宣祖實錄』 선조26. 『集成』17-255)/ 承政院이 중국 장수가 왜적을 대동하고서 조공을 미끼로 강화하려 하는데 만약 완전히 왜적을 섬멸하지도 못하고 조공을 전제로 강화한다면 왜적들이 전보다 더 심하게 행패를 부릴 것이니 강화하지 말자고 비변사의 말로 아뢰다./ 비변사가 성상의 하교 10여조를 보고 왜적을 막고 나라를 보존하기 위한 절실한 계책이라고 아뢰다.(『宣祖實錄』 선조26. 『集成』17-256) 9.10. 兵曹參判 沈忠謙이 군량 업무가 備邊司, 戶曹와 중복되어 번거롭다고 아뢰자, 지금은 平常時가 아니고 군량의 일은 매우 긴요하므로 戶曹와 함께 상의하여 군량 업무를 하도록 답하다.(『宣祖實錄』 선조26. 『集成』17-258) 9.11. 京城의 백성 중에 왜적에게 죽은 자가 많으니 壇을 설치하고 致祭하도록 전교하다.(『宣祖實錄』 선조26. 『集成』17-258)/ 備忘記를 내려 大駕가 떠난 다음 海州의 首陽山에 있는 山城을 수축하고 군사를 선발, 훈련하여 철저히 방어하도록 하다.(『宣祖實錄』 선조26. 『集成』17-259) 9.12. 平安道觀察使 李元翼이 이달 6일 遊擊將 戚金·趙文明이 進貢하는 倭奴 小西飛 등 30여명을 대동하고 平壤府에 들어왔다고 치계하다.(『宣祖實錄』 선조26. 『集成』17-259) 9.13. 상이 承政院에 京城에 구제할 곡식을 제대로 운반하라고 전교하였는데 사신이 京城은 오래도록 왜적의 소굴이었는데 왜적이 물러간 뒤에 즉시 舊都로 돌아와서 유민들을 돌보지 않고 굶주려 죽게 하였으니 늦은 조처라고 논하다.(『宣祖實錄』 선조26. 『集成』17-260) 9.14. 諫院이 감사 柳永慶과 목사 朴慶新에 대한 恩典이 지나치므로 개정하고, 병사 趙仁得과 판관 睦詮은 성을 버리고 도망쳤으니 파직하기를 아뢰었으나 임금이 윤허하지 않다.(『宣祖實錄』 선조26. 『集成』17-260)/ 備忘記를 내려 사방의 官兵과 義兵 중에 장수의 재목이 있으면 평소의 규정에 구애받지 말고 그 이름을 書啓하여 발탁 기용하도록 하다.(『宣祖實錄』 선조26. 『集成』17-261) 9.15. 備忘記를 내려 兵曹가 보고한 군사의 수와 실제의 수가 다르니 살펴 다스리라 이르다.(『宣祖實錄』 선조26. 『集成』17-261)/ 비변사가 서울에 남은 왜적 한 명이 흉악한 행위를 하고 있으니 守城大臣에게 유시하라고 아뢰다.(『宣祖實錄』 선조26. 『集成』17-262) 9.16. 비변사가 흉적들이 변방에 주둔하고 있어 군대를 해산시킬 기약이 없는 것 같으니 將材가 있는 자들을 要害地에 나누어 수비하자고 아뢰다.(『宣祖實錄』 선조26. 『集成』17-262)/ 司憲府가 중국군이 철수했기에 왜적이 물러갔지만 아직도 우리 땅에 머물러 연안 일대를 왜적의 소굴로 만들고 있으니 왜적의 흉악한 모략을 예측할 수가 없다는 등을 아뢰다.(『宣祖實錄』 선조26. 『集成』17-263)/ 備忘記로 왜적의 상황을 계속 비보해서 중국이 알게끔 하고 慶州·蔚山의 군사가 왜적을 잘 잡았다는 등의 내용을 전교하다.(『宣祖實錄』 선조26. 『集成』17-266) 9.17. 備忘記로 지금 왜적이 성벽을 수선하고 군량을 비축하고 있으며 또한 왜적은 이르는 곳마다 형세를 살펴서 점거하고 있으니 寧海 등지에 배를 만들어 동쪽 방면에서 번갈아 나타나 해상의 賊船을 공격하라고 비변사에 이르다.(『宣祖實錄』 선조26. 『集成』17-267) 9.18. 司憲府가 壬辰年 5월에 왜적이 載寧에 들어 왔을때 군수 尹善元이 피난을 왔다가 두고 온 물품을 왜적을 만나 잃어버렸는데 善元이 노여워 개인감정으로 형장을 남용하여 살인하였으니 파직시키자고 아뢰다.(『宣祖實錄』 선조26. 『集成』17-267)/ 黃海監司 柳永慶 등을 인견하여 왜적을 물리칠 수 있는 방법과, 慶尙道에 있는 왜적이 험한 곳에 자리 잡고 있는 것 등을 물어보다.(『宣祖實錄』 선조26. 『集成』17-268) 9.19. 領府事 沈守慶 등과 釜山의 왜적을 공격하는 것 등을 의논하다.(『宣祖實錄』 선조26. 『集成』17-269)/ 상이 오랜 평화로 훈련되지 못한 군사로 왜적을 상대하기는 어렵다고 이르다./ 接伴使 尹根壽가 經略이 세자를 빨리 남쪽에 내려보내려고 하자, 왜적이 釜山 등 8성을 차지하고 있는데 老爺가 강을 건너간 다음 서쪽으로 올라온다면 막아내기 어렵다고 말한 것 등을 치계하다.(『宣祖實錄』 선조26. 『集成』17-271)/ 總兵 劉綎이 속히 光海君을 全羅道와 慶尙道로 내려가 本鎭과 같이 협력하여 군무를 熟練하고 병법을 강습하여 국가를 보전할 계책을 세우게 하라는 자문을 보내오다.(『宣祖實錄』 선조26. 『集成』17-272) 9.22. 임금이 海州를 출발하여 州地에 있는 甥姪 李世長의 집에 머물다./ 海州 백성들이 왜적에게 탕패 당한 뒤에 지금의 牧使가 아니었으면 백성들이 살아날 수가 없었을 것이니 특별히 포상해 주도록 호소하다.(『宣祖實錄』 선조26. 『集成』17-272) 9.23. 상이 延安府에 이르러 성을 지키고 왜적을 물리친 백성들의 공을 칭찬하고 논상하라고 전교하다.(『宣祖實錄』 선조26. 『集成』17-273) 9.24. 임금이 延安府에 머물다./ 延安府에서 城을 지키다가 죽은 사람의 가족들에게 該曹로 하여금 쌀과 관직을 내리다./ 刑曹判書 李德馨이 臨海君이 經略을 만나보고서는 즉시 출발하여 강을 건넜고, 提督도 잇따라 강가에서 전쟁에 죽은 사졸의 넋을 위로하고 배를 타고 강을 건넜다는 장계를 올리다.(『宣祖實錄』 선조26. 『集成』17-274)

일본

9.25. 상이 작년에는 왜적의 수가 적어 성을 지켰으나 지금은 延安의 형세가 좋지 않다 하며 延安의 형세에 대한 의견을 전교하다./ 延安의 城을 지킨 將士들에게 활쏘기 시험을 보여 우등한 徐應斗 등 6명에게 給科하고, 임금이 客舍의 大門에 나아가 將士들을 술로 위로하다./ 우등한 6명을 뽑아 唱榜하다./ 城을 지키다가 전사한 자제 중 15세 이하는 나이가 든 후에 관직을 제수하게 하다.(『宣祖實錄』 선조 26. 『集成』17-275)/《紀效新書》를 사오고 바닷물로 염초를 만드는 법을 배워오는 자에게는 크게 포상한다는 것을 冬至使 許晉에게 하서하도록 전교하다.(『宣祖實錄』 선조 26. 『集成』17-276)

9.26. 상이 大駕가 나아가고 있는데 비변사에서는 조처하는 일이 없어 왜적에게 속임을 당할 것이 분명하니 군사를 뽑아서 연락을 하게 하거나 매복시켜 왜적의 간첩행위를 방어하도록 비변사에게 전교하다.(『宣祖實錄』 선조 26. 『集成』17-276)/ 備邊司가 延安城 증축에 대하여 아뢰니, 공사를 시작하는 것은 서서히 하라고 답하다./ 備邊司가 鳥嶺을 차단하는 것과 요소에 군사를 배치하여 간첩 행위를 방어하는 일, 한강의 여울 건널목에 군사를 배치하는 것, 도성문을 닫는 일 등에 관해 아뢰다.(『宣祖實錄』 선조 26. 『集成』17-277)

9.27. 임금이 開城府에 머물다.(『宣祖實錄』 선조 26. 『集成』17-278)

9.28. 임금이 東坡驛에 머물다.(『宣祖實錄』 선조 26. 『集成』17-278)

9.29. 임금이 碧蹄館에 머물다./ 司憲府가 사변이 처음 일어났을 적에 倭學通事 咸廷虎가 자신의 통역하는 실력을 믿고 向導가 되기를 자원, 왜적의 비위를 맞추었는데 이는 국가를 배반하고 왜적을 추정하였으니 개정하자고 청하다.(『宣祖實錄』 선조 26. 『集成』17-278)

10.1. 王世子가 海州에 머물다./ 임금이 碧蹄驛을 출발하여 彌勒院에서 晝停하고 貞陵洞 行宮으로 들어가다./ 임금이 碧蹄館에서 우리나라의 일 때문에 中國軍이 많이 죽었으니 致祭하라고 전교하다./ 京師로 돌아와서 貞陵洞에 있는 故 月山大君의 집을 行宮으로 삼다./ 倭兵의 窟室을 철거하게 하다./ 민간에게 日本語를 금하게 하다.(『宣祖修正實錄』 선조 26. 『集成』27-179)

10.2. 임금이 貞陵洞의 行宮에 머무르다.(『宣祖實錄』 선조 26. 『集成』17-279)/ 備忘記를 내려 蔚山에 있는 賊들이 慶州로 나와 약탈했다는 것을 經略과 提督에게 飛報하고, 近臣을 보내어 總兵에게 還都를 알리라고 하다./ 賊이 경내에 있어 대치하고 있으니 內外의 길가는 사람들에게 路引을 발급하고, 남자에게는 모두 號牌를 발급하는 것이 어떨지 備邊司에 의논하여 아뢰라고 전교하다./ 司憲府가 倭通事 咸廷虎는 흉적들의 嚮導가 되어 깊숙이 北道에까지 들어갔으니 나라를 배반하고 적을 따른 죄를 용서할 수 없어 개정하자고 아뢰다.(『宣祖實錄』 선조 26. 『集成』17-280)/ 도성의 백성들이 오래 왜적에게 함몰되어 있었으므로 倭語에 물들었을 수도 있을 것이니 榜을 내걸어 금지하되 혹시라도 왜어를 하는 자가 있으면엄하게 규제하여 원수인 오랑캐들의 말이 항간에 섞이지 않도록 전교하다.(『宣祖實錄』 선조 26. 『集成』17-281)

10.3. 宋經略과 李提督이 강을 건넌 다음에 問安과 치사를 위해 咨文을 마련하고 還都한 것도 고하라고 전교하다./ 還都의 일은 오로지 義州에서의 공 때문이므로 교서를 지어 위유할 것을 전교하다.(『宣祖實錄』 선조 26. 『集成』17-281)/ 兵曹가 還都하였지만 모든 것을 새로 시작해야 하므로 서울에서는 中國軍들이 刷馬를 요구하지 못하도록 하고, 驛站을 정비하고, 護衛를 증가시키고, 譏察과 京畿 水軍을 정비할 것을 아뢰다.(『宣祖實錄』 선조 26. 『集成』17-282)

10.5. 상이 군사를 훈련시켜 계책을 세워 비분한 마음을 품고 왜적을 치는 것이 합당할 것이라고 전교하다.(『宣祖實錄』 선조 26. 『集成』17-284)

10.6. 吏曹가 전쟁이 일어난 후 군공이 있는 사람들을 모두 관작을 제수하여 즉시 實職을 맡겼는데, 그 가운데 쓸만한 사람은 우선 수용하고 이미 실직을 맡겼는데도 기한이 지나도록 오지 않는 사람은 법전대로 시행할 것을 아뢰다./ 備邊司가 義兵將 崔慶長은 조정에서 이미 繼義將이란 칭호를 내렸으니, 奉命이라는 印信을 내릴 것을 청하자, 임금이 繼義將이란 칭호를 언제 내렸는지 고찰하여 아뢰라고 하다.(『宣祖實錄』 선조 26. 『集成』17-285)/ 備邊司가 싸움터에서 도망한 자들을 각자 양식을 준비하여 서울에 와서 侍衛하고 기예를 익히게 하였는데, 죄는 같은데 벌은 다르게 할 수 없다고 아뢰자 임금이 다른 대신들에게 하문하겠다고 답하다./ 慶尙道觀察使 金玏이 右道의 咸安 이하 아홉 고을은 왜적의 소굴이 되었고 나머지 고을들도 왜적의 화를 입어 고을이 될 수 없으니 左道와 右道를 합하면 융통성 있게 위급한 일을 구원할 수 있다고 치계하다.(『宣祖實錄』 선조 26. 『集成』17-286)/ 備邊司가 覆啓하니 狀啓대로 道를 합치게 하다./ 備邊司가 內需司의 奴婢에게 곡물로 身貢을 거두어 군량을 조치할 방책을 아뢰니 임금이 할 만한 것이기는 하나 各道의 부유한 백성들에게는 어찌하여 가져다 쓰지 않는가 답하다.(『宣祖實錄』 선조 26. 『集成』17-287)/ 훈련도감 제조가 訓練節目은 《紀效新書》에 자세히 기재되어 있으나 알기 어려운 데가 있으니 中國軍이 돌아가기 전에 의심나는 곳을 질정하도록 아뢰다.(『宣祖實錄』 선조 26. 『集成』17-288)/ 도망한 赴防軍에 대한 처리문제를 다른 대신들에게 하문하였으나 각자 식량을 준비하여 다시 赴防하도록 할지 備邊司로 하여금 다시 더 살펴서 처리하도록 하다.(『宣祖實錄』 선조 26. 『集成』17-289)

10.11. 상이 承政院에 成世寧이 도성에 있으면서 왜적에게 빌붙었기에 잡아오도록 영을 내렸는데 지금까지 잡아오지 않고 있으니 의금부로 하여금 잡아오도록 전교하다.(『宣祖實錄』 선조 26. 『集成』17-289)

10.13. 左承旨 張雲翼에게 生員·進士의 初試에 武才를 시험하는 것과 公私賤에게도 과거를 보이는 일을 단연코 거행해야 한다고 전교하다.(『宣祖實錄』 선조 26. 『集成』17-290)

10.16. 豊原府院君 柳成龍 등이 왜노들이 변방 고을을 소굴로 삼고 있는데 올 겨울에 섬멸하자 하고, 晋州에서 패전한 賊船들이 巨濟에 들어와 사람을 죽이고 城柵을 설치한 다음 永登浦 등지를 점거하고 있다는 등을 아뢰다.(『宣祖實錄』 선조 26. 『集成』17-290)/ 豊原府院君 柳成龍 등이 大邱·仁同·三嘉·高靈·陜川 伽倻山·安陰 등지의 山城에 요해지를 설치하는 일, 中國軍이 조금씩 철수하고 있고 적병은 굳게 주둔하고 있다고 재차 아뢰다.(『宣祖實錄』 선조 26. 『集成』17-291)/ 비변사가 지금 왜적이 지경 안에 있어 사납게 충돌하여 올 염려가 있는데, 왜적을 막아내는데 있어 중국군 만을 믿고 있다는 뜻으로 奏本을 마련하여 黃璡에게 順付하여 보내자고 아뢰다.(『宣祖實錄』 선조 26. 『集成』17-292)/ 宋經略이 石尙書에게 申報한 문서를 보면 적세에 대해 중국 조정이 매양 宋經略에게 속고 있으니 이번의 奏文 내용에 명백히 통절하게 진달해야 한다고 承政院에 전교하다.(『宣祖實錄』 선조 26. 『集成』17-293)

10.17. 備邊司가 生員·進士試의 初試에 武藝를 시험 보이는 것을 반대하는 뜻으로 아뢰자, 우리나라의 末學으로 인한 文弊는 매우 크며,

연도	한국
▲ 1593 ▼	오늘날의 이 사태도 바로 이런 데서 연유한 것이니 지체하지 말고 시행하라고 답하다.(『宣祖實錄』 선조26. 『集成』17-294)/ 繼義將前正 崔慶長의 從事官 幼學 洪涵 등의 상소를 입계하니, 崔慶長을 복직시키고 현재는 공이 없으나 一命의 職을 제수하여 慰諭해 보내는 것이 합당하다고 承政院에 전교하다./ 備邊司가 군량 문제와 관련하여 屯田策을 제시하여 아뢰자, 임금이 우리나라의 사정은 中國과는 다르니 다시 살펴서 하라고 답하다.(『宣祖實錄』 선조26. 『集成』17-295) 10.18. 右邊捕盜大將 李鎰이 豊儲倉의 종 彭石이 왜적들과 결탁하여 심지어 宣陵·靖陵으로 유인하여 발굴한 것을 아뢰니 의금부로 하여금 추국하게 하라고 전교하다.(『宣祖實錄』 선조26. 『集成』17-296)/ 비변사가 生員進士試에 武才를 시험하는 일을 지금 실시 하더라도 왜적이 물러간 뒤에는 해이해져 도리어 분분하게 고치는 폐단만 있게 될 것이라고 아뢰다.(『宣祖實錄』 선조26. 『集成』17-297) 10.19. 변란의 초기에 위험을 무릅쓰고 진격하여 왜적의 예봉을 겪었지만 곤외의 지휘를 전담함에 미쳐서는 겁을 먹고 물러나 왜적을 토벌할 뜻이 없었던 都元帥 權慄의 장계에 대해 전교하다.(『宣祖實錄』 선조26. 『集成』17-297) 10.20. 劉總兵이 大臣이 내려와야 한다고 재촉하고, 또 사세를 보아도 대신이 내려가 檢察하지 않을 수 없으니 대신을 보내라 비변사에 이르다./ 判敦寧府事 西川君 등이 상소를 올려 사직하니 왜적을 토벌하여 나라를 회복하게 된 것이 중국군 때문이기는 하지만 중국군이 오게 한 공이 있으니 사직하지 말라고 답하다.(『宣祖實錄』 선조26. 『集成』17-298) 10.21. 備邊司가 임금의 분부에 따라 生員·進士試에 武藝를 시험 보도록 아뢰다.(『宣祖實錄』 선조26. 『集成』17-298) 10.22. 상이 편전에 나아가 대신들과 함께 왜적에 대한 대책과 실정 등을 의논하다.(『宣祖實錄』 선조26. 『集成』17-299) 10.24. 備邊司가 首級을 벤 사람에게 紅牌를 주는 일에 대해 아뢰면서 먼저 紅牌는 보내되 뒷날 활쏘기 시험을 기다렸다가 석차를 정하는 방법을 아뢰자, 임금이 급히 시행하라고 답하다.(『宣祖實錄』 선조26. 『集成』17-306) 10.25. 司憲府가 金海를 구원하지 않은 曺大坤, 晉州를 구원하지 않은 前僉知中樞府事 崔遠과 全羅兵使 宣居怡를 율에 의거 定罪하고 나머지 사람도 備邊司로 하여금 처단하여 군율을 바로잡도록 아뢰다./ 司諫院이 군율을 어긴 前慶尙兵使 曺大坤, 前僉知中樞府事 崔遠, 及第 鄭熙積 등을 처벌할 것을 아뢰다.(『宣祖實錄』 선조26. 『集成』17-306)/ 상이 宗室 중에 왜적에게 살해된 사람이 있으면 매우 가엾고 측은한 일이니 제물을 제급하고 이는 곧 죽음을 조문하는 뜻이라고 전교하다.(『宣祖實錄』 선조26. 『集成』17-307)/ 조금만 義兵에게 납곡한 사람이라도 모두 상을 주어 헛되이 관직만 차지하고 있으니 論賞해서는 안된다고 전교하다.(『宣祖實錄』 선조26. 『集成』17-308)/ 왜적들이 묵던 소굴에 기거할 수 없으니 경복궁 후원에 임시 궁궐을 지을 준비를 하라고 전교하다.(『宣祖實錄』 선조26. 『集成』17-309) 10.26. 備邊司가 군율을 어긴 장수 중 우선 曺大坤과 崔遠을 국문할 것을 아뢰니, 이빈에게 먼저 군율을 실행할 것이니 다시 의논하여 시행하라고 답하다.(『宣祖實錄』 선조26. 『集成』17-309) 10.27. 晉州를 구원하지 않은 것은 巡邊使의 잘못이니 崔遠을 잡아다가 국문하는 것은 다시 의논하여 시행하라고 전교하다./ 備邊司가 李洸은 다시 국문하여 죄주고, 이빈은 공 세우는 것을 보아 천천히 죄를 논하며, 崔遠은 성상의 분부가 지당하다고 아뢰다.(『宣祖實錄』 선조26. 『集成』17-310)/ 備邊司가 世子가 全羅·慶尙道 등에 나아가 군량의 일을 策應하라는 聖旨를 받들었으나 東宮이 몸이 편치 못하여 나아가지 못하니 奏本을 찬술해야 할 것 같다고 아뢰다.(『宣祖實錄』 선조26. 『集成』17-312) 10.28. 司憲府가 前僉知中樞府事 崔遠, 全羅兵使 宣居怡, 同知中樞府事 이빈이 군사를 이끌고 도망하였으니 군율대로 죄줄 것을 아뢰니, 이미 備邊司와 의논하여 결정한 일이라 답하다./ 司諫院이 巡邊使 이빈과 前僉知中樞府事 崔遠이 적을 보고 도망하였고 각각 晉州와 仁川을 구원하지 않았으니 국문하여 죄 주기를 아뢰니, 이미 備邊司와 의논하여 정한 것이라 답하다.(『宣祖實錄』 선조26. 『集成』17-311)/ 政院에 王子의 탈출을 도모하다가 沈岱와 함께 피살된 尹慶元을 贈職하고 義兵將 禹性傳은 두 번이나 불러도 오지 않고 한번 올라와서는 공을 속였으니, 官爵을 강등할 것을 備邊司와 의논하라고 전교하다.(『宣祖實錄』 선조26. 『集成』17-312)/ 前兵使 邊彦琇가 亡命한 것 때문에 伏誅되다./ 京畿監司 沈岱는 자신을 돌보지 않고 적에게 살해되었으니 관원을 보내 致祭하고, 장사지낼 자재를 주고 처자를 돌봐 주라 전교하다.(『宣祖實錄』 선조26. 『集成』17-313)/ 備邊司가 生員·進士試를 보일 때 성상의 분부대로 武才를 시험하도록 아뢰다.(『宣祖實錄』 선조26. 『集成』17-314) 10.29. 비변사가 왜적이 漢江에 浮橋를 만들어 놓고 멋대로 출입하여 西江에 있는 禹性傳의 군사들로 하여금 浮橋를 끊게 했는데 마침 강물이 넘쳐 부교가 무너져 많은 賊船을 빼앗아 왔다고 아뢰다.(『宣祖實錄』 선조26. 『集成』17-314)/ 捕盜大將 李鎰이 朴墨石 등이 왜적과 결탁하여 陵寢을 발굴하였기에 추문 하였다고 아뢰다.(『宣祖實錄』 선조26. 『集成』17-315)/ 義禁府가 죄인 朴墨石 등 13인은 陵寢에 관계된 일이니 전례대로 三省交坐 하도록 아뢰다.(『宣祖實錄』 선조26. 『集成』17-316) 10.30. 상이 좌의정 尹斗壽에게 湖南과 嶺南에 도둑이 성행하는데 만일 왜적에게 투탁하거나 동류를 모아 떼도둑이 된다면 큰 일이니 불러모으거나 開諭하여 왜적을 참획하는 것으로 속죄하게 하는 등의 내용을 일러 의논하다.(『宣祖實錄』 선조26. 『集成』17-316)/ 領議政 柳成龍이 東宮이 전방에 나가는 일에 대해 아뢰자, 임금이 世子가 몸이 성치 않으니 자신이 대신하여 남쪽에 내려가 全州 근처에 주차하여 호남 백성을 鎭撫하고 사세를 보아 돌아오고 싶으니 의논하라 답하다.(『宣祖實錄』 선조26. 『集成』17-317) 11.1. 임금이 貞陵洞 行宮에 머무르다./ 상이 獻陵과 泰陵을 왜적들이 범하였거니와, 康陵에도 展謁하지 않을 수 없으니 예

조로 하여금 의논해서 아뢰게 하라고 전교하다./ 領議政 柳成龍이 世子의 병이 조금 나아진 다음 海州를 떠나 조금씩 나아가게 하여 聖旨를 欽遵하는 뜻을 보인다면 宋經略의 의심도 조금은 풀리게 될 것이라고 아뢰다.(『宣祖實錄』 선조 26. 『集成』17-318)/ 諫院이 이빈·崔遠은 적을 만나 도주하여 여러 번 패전하였으니 이빈은 군율대로 처단하고 崔遠은 국문하기를 아뢰니, 備邊司와 의논하여 정한 것이니 따를 수 없다고 답하다.(『宣祖實錄』 선조 26. 『集成』17-319)/ 司憲府가 이빈·崔遠·宣居怡 등이 구원을 청해도 먼저 도주하였으니 죄를 주도록 아뢰니, 이미 의논하여 결정한 것이라 답하다.(『宣祖實錄』 선조 26. 『集成』17-320)/ 倭兵이 慶州 安康縣을 노략질하자 明나라 군사가 불리한 형세로 싸우다.(『宣祖修正實錄』 선조 26. 『集成』27-180)

11.2. 宗室들도 무예를 익혀 왜적을 치는 일을 해야 할 것이라고 전교하다.(『宣祖實錄』 선조 26. 『集成』17-320)/ 賓廳大臣과 2품以上의 의논을 거두어 入啓하자, 임금이 皇帝의 명이 내렸으니 단지 자신과 世子 중에 하나가 시급히 내려가야 할 뿐 의논할 것이 없다고 답하다./ 領議政 柳成龍이 世子가 빨리 서울로 돌아와 사세를 보아가면서 점차로 내려가도록 도모하도록 아뢰자 임금이 따르다.(『宣祖實錄』 선조 26. 『集成』17-321)/ 委官 柳成龍이 白雲起가 왜적과 서로 결탁하여 宣陵과 泰陵을 공모하여 발굴한 죄상을 모두 승복했으니 決案取招로 조율하자고 아뢰니 상이 이를 따르다./ 동궁이 남쪽으로 내려가는 일에 대해 2품 이상에게 의논하게 하다.(『宣祖實錄』 선조 26. 『集成』17-322)/ 承文院이 근래 사명의 중함이 배나 되어 咨文·揭帖이 쌓이니, 글 잘하는 사람들이 함께 의논하여 抄啓, 述作을 전담케 하도록 아뢰니, 임금이 따르다.(『宣祖實錄』 선조 26. 『集成』17-323)/ 諫院이 이비 등을 定罪할 것을 잇달아 청하였으나 임금이 따르지 않다.(『宣祖實錄』 선조26. 『集成』17-324)

11.3. 政院이 東宮이 내려가는 일을 이미 윤허하였으니 그곳의 대신에게 하서 할 것을 아뢰다./ 政院에 東宮이 올라오면 海州에 있는 內殿의 侍衛를 엄하고 근신하게 할 것을 右相에게 下書하도록 전교하다.(『宣祖實錄』 선조 26. 『集成』17-324)

11.4. 司憲府가 堂上 一員으로 포상하는 일을 전담하게 하고 郎廳 몇 명을 文官 중에서 제수하여 久任시키면 지체되거나 혼란해지지 않을 것이라 아뢰니, 그대로 하라고 답하다.(『宣祖實錄』 선조 26. 『集成』17-325)

11.5. 임금이 便殿에 나아가 大臣들에게 中國이 이미 講和하기로 하였는데, 다시 진격하는 일, 공에 따라 상을 받지 못한 자들에 대해 각자의 의견을 아뢰도록 하다.(『宣祖實錄』 선조 26. 『集成』17-325)/ 備邊司가 本司의 堂上官 중에서 군공을 마련할 次知 一員을 따로 차출하고 또 郎廳 一人이 전담하게 아뢰니, 임금이 따르다.(『宣祖實錄』 선조 26. 『集成』17-327)

11.6. 임금이 南別宮에서 遊擊 胡尙忠을 접견하다./ 諫院이 京畿水使 李頔이 변란이 발생한 처음에 군량을 훔쳐내어 물화를 무역했고 왜적이 물러간 다음에는 價米를 받기위해 각 고을에 軍官을 보내어 一族을 잡아두고서 극심하게 독촉하였으므로 파직시키어 추고하자고 아뢰다.(『宣祖實錄』 선조 26. 『集成』17-328)

11.7. 비변사가 左道 八公山은 험하기 때문에 지난해 왜적이 산밑에 가득하였으면서도 끝내 올라오지 못해 백성들이 온전히 살아있으니 이곳에도 성을 축조하자고 아뢰다.(『宣祖實錄』 선조 26. 『集成』17-329)

11.8. 張都司가 이미 皇帝의 명을 받고 나오니 大臣과 禮官이 시급히 의논하라 전교하다.(『宣祖實錄』 선조 26. 『集成』17-329)

11.9. 상이 張都司를 접견하여 釜山에 있는 왜적과 그들의 조공을 準許한 것에 대해 의논하다.(『宣祖實錄』 선조 26. 『集成』17-330)

11.10. 領府事 沈守慶 등이 禪位하는 것에 대해 반대하니 상이 禪位하게 되면 왜적도 물러가게 될 것이고 반드시 세자를 책봉한 다음에야 하는 것도 아니라고 답하다.(『宣祖實錄』 선조 26. 『集成』17-332)

11.12. 임금이 총을 만들어 시험해 보라고 유성룡에게 전교하다./ 都元帥 權慄이 慶州 安康縣에 적병이 돌격해 와 中國軍 2백 20여명이 사망했다고 馳啓하니 宣傳官 한 사람을 보내어 軍情을 자세히 살펴보게 하다.(『宣祖實錄』 선조 26. 『集成』17-337)/ 備邊司가 安康府를 적이 분탕하였는데 그 기세가 더 심해진 듯 하니 慶州 근처에 주둔하고 있는 諸將들의 군사를 연합하여 파수해야 한다고 아뢰다.(『宣祖實錄』 선조 26. 『集成』17-338)/ 비변사가 慶州 등지에 왜적이 충돌하고 있어 변방의 경보가 긴급하니, 權慄과 韓孝純의 장계를 接伴使에게 보내어 張都司에게 적세를 알게 하는 것이 합당하겠다고 아뢰다./ 備邊司가 左議政 尹斗壽의 장계를 보고 富民과 상인들이 군량 募納에는 인색하여 내지 않으니 즉시 告身을 발급하되 바치는 대로 아끼지 말도록 아뢰다.(『宣祖實錄』 선조 26. 『集成』17-339)

11.13. 備邊司가 東宮이 남쪽으로 내려가면 일정하게 住駕하는데 없을 것이니 嬪宮이 따라 가는 것을 온전치 못하다고 아뢰자, 임금이 따르다.(『宣祖實錄』 선조 26. 『集成』17-339)/ 張都司의 接伴使 金晬가 韓孝純의 장계를 張都司에게 보이고 곡식 청할 일을 품하니 張都司가 상사에 전보하겠다 하다.(『宣祖實錄』 선조26. 『集成』17-340)

11.14. 備邊司가 中國軍이 다시 나온다면 군량 준비가 매우 염려스러우나 戶曹와 상의하여 사리에 합당하게 하겠다고 아뢰니 임금이 따르다.(『宣祖實錄』 선조 26. 『集成』17-340)

11.15. 奏請使 崔岦이 비록 관군이 거사하고 싶어도 형세가 할 수 없는데 禮部나 兵部가 신에게 관군이 싸우지 않는 까닭을 묻는다면 대답할 말이 없고, 재차 大兵이 오면 군량이 없으니 식량의 모자람을 고해야 할 듯 하다고 아뢰다.(『宣祖實錄』 선조 26. 『集成』17-340)/ 備邊司가 머물러 둔 군사 1만여명으로는 적을 대적하기 어렵고 新兵을 청하고 싶지만 군량을 공급하기가 매우 어렵다는 뜻의 주본을 마련할 것을 아뢰다.(『宣祖實錄』 선조 26. 『集成』17-342)

11.16. 임금이 南別宮에 나아가 張都司를 접견하고 上馬宴을 거행하다./ 接伴使 判中樞府事 尹根壽가 宋經略이 왜인들이 왕으로 봉하고 조공을 허락해 주기를 청하면서 신하가 되기를 원했으니, 왜적이 모두 저희 소굴로 돌아갈 것이라고 말한 것 등을 치계하다.(『宣祖實錄』 선조 26. 『集成』17-343)/ 禪位하고자 한다는 封書를 대신들에게 내리었는데, 備忘記로 이르길 封書를 張都司에게 친히 주려고 했는데 張都司가 甲子기 일어나 주지 못했다고 하다.(『宣祖實錄』 선조 26. 『集成』17-344)/ 謝恩使 領敦寧府事 鄭澈이 함부로 奏請한 일을 해명하니 상이 왜적을 토벌하여 원수 갚는 일을 아직도 하지 못하고 있는데 冕服을 입은 들 무슨 소용이 있겠냐고 전교하다.(『宣祖實錄』 선조 26. 『集成』17-345)/ 영의정 柳成龍 등이 宋經略이 왜적을 몰아내고 三韓을 再造하는 공을 황제에게 奏聞했다가 왜적이 오래도록 물러가지 않아 싸움을 그만둘 시기가 없게 되자 우리나라 탓으로 돌리려 한다는 등을 아뢰다.(『宣祖實錄』 선조 26. 『集成』

연도	한국
▲ 1593 ▼	17-346)/ 備邊司가 中國에서 오는 군량을 따로 1인을 시켜 관장하게 하고 실제 수량을 파악하여 앞서처럼 散失하게 해서는 안된다고 아뢰다.(『宣祖實錄』 선조26. 『集成』17-347) 11.17. 임금이 慕華館에 나아가 張都司를 전송하다가 中國이 10여만석의 군량을 보내주는 것에 대해 이야기하다.(『宣祖實錄』 선조26. 『集成』17-347) 11.18. 領府事 沈守慶 등과 經略이 왜적이 물러간 것을 자기의 공으로 돌려 중국 조정을 속였기 때문에 우리 나라 사신을 필사적으로 저지하고 있다는 것 등을 의논하다.(『宣祖實錄』 선조26. 『集成』17-348)/ 상이 總兵 戚金을 접견하여 冊封이 윤허 된 것과 지금 왜적이 迎日 등지에 둔치해 있으면서 동서로 분탕질하고 있고, 天兵 또한 2백여 명이나 살상 당한 것 등에 대해 의논하다.(『宣祖實錄』 선조26. 『集成』17-352)/ 備邊司가 慶州에 있는 賊勢가 사나운데 만약 慶州을 잃는다면 左道 또한 어쩔 수 없으니 諸將들을 책려하여 군병을 소집하여 공을 세우도록 都元帥와 兵使 高彥伯 등에게 하유하도록 아뢰니, 임금이 따르다.(『宣祖實錄』 선조26. 『集成』17-353)/ 司憲府가 흉적이 바닷가에 가득하여 城邑을 불태우고 노략질하면서 점점 內地로 접근하고 있으니 우선 拜陵을 정지하도록 아뢰다.(『宣祖實錄』 선조26. 『集成』17-354) 11.19. 都元帥 權慄이 劉總兵이 말하기를 宋經略이 왜적이 모두 바다를 건너간 것으로 속여서 조정에 보고했고, 該國의 사신 또한 왜적이 모두 물러갔다고 보고했다고 하니 이에 대해 回報할 내용을 문의하다.(『宣祖實錄』 선조26. 『集成』17-354)/ 備邊司가 登州·萊州에 있는 中國의 군량을 실어오기 위해 배를 모아 띄우는 방법을 시급히 알아보도록 아뢰니, 임금이 따르다.(『宣祖實錄』 선조26. 『集成』17-355)/ 備邊司가 權慄의 장계에 劉總兵이 우리나라가 속인 것으로 의심한다고 하니 金贊에게 풀어주게 하라고 아뢰니, 임금이 따랐다./ 劉總兵의 接伴使 徐渚이 塘報兒가 慶州에서 돌아와 왜적이 세 갈래로 나뉘어 慶州 安康縣을 침범한 형편을 보고한 것을 치계하다.(『宣祖實錄』 선조26. 『集成』17-356) 11.20. 兵曹參判 沈忠謙이 섬 오랑캐들에게 一敗塗地 당하게 된 것은 평소에 계책이 정해져 있지 않아서이니, 앞으로 李鎰·朴晉·이빈 등을 네 곳의 巡邊使로 삼고, 八道을 네 사람에게 두 道씩 분담시켜 군사를 도모하도록 아뢰다.(『宣祖實錄』 선조26. 『集成』17-357)/ 禮曹가 戚總兵이 24일 남쪽으로 내려가고, 東宮이 곧 남쪽으로 내려가니 각 고을이 분주하게 될 것이므로 拜陵에 관한 일은 다음달이나 歲前까지 기다리기를 아뢰자, 임금이 그대로 따르다./ 備邊司가 各道와 각 고을이 정예병은 모두 빼고 비렁뱅이들만 보내 도중에 도망하였으니, 각 고을 수령에게 날래고 용감한 사람만 抄發하고 소홀히 한 수령은 즉각 중죄로 다스리도록 아뢰니 임금이 그대로 따르다.(『宣祖實錄』 선조26. 『集成』17-358) 11.21. 兵曹判書 李恒福이 전일에 宋經略이 三曹의 판서들로 軍陣으로 나갈 것을 재촉하였는데 臣만 여기에 있어 반드시 화를 낼 것이라 아뢰니, 임금이 備邊司로 하여금 의논해서 조처하도록 전교하다./ 李光庭이 戚總兵이 왜적이 가지 않았기에 시급히 내려가려고 했던 것이며, 小西行長이 提督의 문서를 보고 돌아간다면 서울로 돌아가 진에 머물러 있겠으나 가지 않는다면 大邱에 머무르겠다고 말한 것을 아뢰다.(『宣祖實錄』 선조26. 『集成』17-359)/ 接伴使 金贊이 西生浦에 있는 왜적이 慶州를 침범해 왔을 때 중국군이 늦게 출동하여 적의 거처를 알 수 없던 차에 적에게 공격 당했다고 치계하다./ 上이 領府事 沈守慶 등과 都元帥 書狀에서 거론한 일곱 가지 일을 보고 賊情에 형편에 어떻게 대처 할 것인가와 왜적이 내년 봄에 다시 침략해 오면 어떻게 할 것인가 등에 대해 의논하다.(『宣祖實錄』 선조26. 『集成』17-360)/ 備邊司가 宋經略에게 위급을 고하는 것과 문안하는 일은 이제 承旨를 차출하여 보내야 할 듯한데, 張雲翼·朴東亮·李光庭 등이 적당한 듯 하니 聖上께서 가려 뽑기를 아뢰니, 임금이 다른 합당한 사람도 書啓하라고 답하다./ 備邊司가 兵曹判書 李恒福 대신 權慄을 分兵曹判書로 삼아 남쪽으로 내려보내도록 아뢰니, 兵曹의 堂上官 1인이 나아가야 할 듯 하다 답하다.(『宣祖實錄』 선조26. 『集成』17-366) 11.22. 備邊司가 咸鏡監司 尹卓然의 장계를 보고는 요사이 적들이 침범하지 않았던 곳에서 발동하고 있다 하니, 南道의 新及第 1백명을 우선 재촉하여 들여보내야겠다고 아뢰자, 임금이 그대로 따르다.(『宣祖實錄』 선조26. 『集成』17-366)/ 備邊司가 訓練都監에서 李鎰과 조경에게 砲手들을 나누어 교련시키게 하였는데, 조경이 훈련시키는 1영은 군사 수효가 미비하니, 李鎰로 하여금 騎射하는 일을 전적으로 관장하도록 아뢰니, 임금이 그대로 따르다./ 임금이 南別宮에 나아가 戚總兵을 인견하다.(『宣祖實錄』 선조26. 『集成』17-367) 11.23. 備邊司가 戚總兵은 사람이 진실한 듯 하니 近密한 신하를 보내 은밀히 우리나라에서 조처해야 할 방도와 중국 조정에 실정을 주달할 길을 물어보도록 아뢰니, 承旨를 보내어 비밀히 물어보게 답하다.(『宣祖實錄』 선조26. 『集成』17-367)/ 군량을 바치는 자에게 관직을 제수하기도 하고 물건으로 상을 주기도 하는 내용으로 敎書를 만들어 민간에게 효유하는 것이 어떤지 備邊司에 이르라고 전교하다./ 政院이 安康의 패전은 中國軍의 잘못도 있지만 우리나라 장수들이 군령이 해이해져 적 섬멸의 일을 中國軍에게만 맡기고 도망하여 숨어 있다가 적이 물러가면 나오니, 군율을 엄히 할 것을 아뢰다.(『宣祖實錄』 선조26. 『集成』17-368)/ 備邊司가 聖上의 분부에 따라 敎書를 만들어 민간을 효유하되, 자원하여 납곡하는 사람은 즉시 賞典을 마련하여 전처럼 지체하여 실망하는 폐단이 없도록 하겠다는 내용을 교서에 넣도록 아뢰니, 임금이 그대로 따르다./ 左承旨 張雲翼이 戚總兵에게 나아가 下情을 주달할 길을 가르쳐 달라고 하니, 戚總兵이 단지 사은만 하고서 그 陪臣이 형편을 보아 주선하는 것이 옳겠다라고 한 것을 아뢰자, 대신들에게 다시 계책을 마련하도록 전교하다.(『宣祖實錄』 선조26. 『集成』17-369)/ 備邊司가 戚總兵의 말대로 崔岦에게 中

일본

國 朝廷에 도착하면 적세와 답답하고 절박한 상황을 진술하고, 한편으로는 宋經略에게 謝恩使가 뜬소문을 듣고 잘못 呈文한 것이라 移咨하는 것이 합당하다고 아뢰니, 임금이 따르다.(『宣祖實錄』선조 26.『集成』17-370)

11.25. 임금이 時御所에서 沈參軍을 접견하였는데, 沈參軍이 일곱가지 사항으로 된 揭帖을 올리고는 시행한다면 곧 부국 강병하는 방법일 것이라 아뢰다./ 左承旨 張雲翼이 주문의 草稿를 戚總兵에게 보이니 戚總兵이 이것은 宋經略의 뜻과는 어긋나므로 반드시 나아가게 하지 않을 것이라 하다.(『宣祖實錄』선조 26.『集成』17-371)/ 海平府院君 尹根壽 등과 왜적이 성을 쌓고 군량을 운반하고 있어 물러갈 리가 없는데 宋經略이 謝恩한 뒤에 賊勢를 진술하자고 한 것 등에 대해 의논하다.(『宣祖實錄』선조 26.『集成』17-372)

11.26. 海平府院君 尹根壽가 黃璡은 강가에 머물면서 다시 지은 문서가 도착하기를 기다리게 하시고, 吳億齡은 도로 올라오게 하기를 아뢰니, 임금이 따르다.(『宣祖實錄』선조 26.『集成』17-374)/ 비변사가 송경략의 뜻대로 모두 들어주어 지경 안에 왜적이 없다고 할 수 없으니 왜적이 바닷가 여러 고을에 있는데 天兵이 지켜주어 우리 나라가 보존되고 있다는 내용으로 尹根壽에게 글을 짓게 하자고 아뢰다./ 備邊司가 尹根壽가 아뢴대로 黃璡을 우선 강가에 머물러 기다리게 할 것을 아뢰다.(『宣祖實錄』선조 26.『集成』17-375)

11.27. 王世子가 海州를 출발하여 저녁에 娚城 민가에 머물다./ 備邊司가 먼저 사은하는 글을 보내고 이어서 위급을 고하는 주문을 보낸다면 宋經略의 뜻을 어기지도 않고 적세도 주달하게 될 것이며, 黃璡은 우선 머물러 기다리게 할 것을 아뢰니, 임금이 따르다./ 지금 적세가 사나우니 武班 수령으로 喪中에 있는 사람들을 모두 다 종전대로 기복시킬 일을 의논하여 조처하라고 전교하니, 備邊司가 이 뜻을 各道 觀察使에게 유시를 내리도록 覆啓하다.(『宣祖實錄』선조 26.『集成』17-376)

11.28. 王世子가 延安府에 이르다./ 海平府院君 尹根壽 등과 왜적이 모두 물러간 것으로 중국이 여기고 있는 것과, 宋經略이 왜적이 없다고 꾸며대다가 마침내 허물을 조선에게 돌릴 것에 대해 의논하다.(『宣祖實錄』선조 26.『集成』17-377)/ 諸臣의 의논이 가가 異同이 있자 黃璡이 가지고 가는 咨文을 그대로 바치게 하라고 전교하다.(『宣祖實錄』선조 26.『集成』17-381)

11.29. 영의정 柳成龍이 宋經略 및 諸將들이 왜적이 물러간 것으로 말했으므로 유치시킨 군사는 왜적이 재차 오는 것을 막으려는 것에 불과하니 軍營을 잘 만들고 機械를 정밀하게 해야 한다는 등을 아뢰다.(『宣祖實錄』선조 26.『集成』17-381)

11.30. 임금이 便殿에서 領議政 柳成龍 등을 인견했는데, 柳成龍이 戚總兵의 힘을 입어 사정을 도달시키는 것은 믿을 수 없는 일이며, 經略은 그의 兵力으로 적을 격퇴시킬 수 없기 때문에 허물을 우리나라에 돌리려 한다고 아뢰다.(『宣祖實錄』선조 26.『集成』17-383)/ 兵曹判書 李恒福이 中國 使臣이 간절하게 酬唱하라고 한다면 무슨 말로 답변해야 할지 여쭈니, 화답하지 않는 것이 합당하나 부득이하면 한두번 하는 것도 무방하다고 전교하다./ 領議政 柳成龍이 戚總兵이 小紙를 보냈는데 筵中에서 전달한 諭帖의 내용이었다고 아뢰다.(『宣祖實錄』선조 26.『集成』17-384)/ 備邊司가 지금 한편으로는 天聽에 주달하고 한편으로는 宋經略에게 간절하게 진술하는 두 가지 방법으로 힘을 다해야 할 것이라고 하고 聖上께서 친히 經略과 提督 및 員外郞에게 서찰을 보내 주기를 아뢰다./ 영의정 유성룡이 중국 장수에게 성의를 보이기를 아뢰니 기초하여 들여오라 하고, 또 시어소에서 척총병을 접견하다.(『宣祖實錄』선조 26.『集成』17-385)/ 임금이 便殿에 나아가 柳成龍 등을 인견하고 戚總兵이 온 일, 撤兵에 관한 일, 謝恩使를 보내는 일 등에 대해 이야기하다.(『宣祖實錄』선조 26.『集成』17-388)

윤11.1. 임금이 貞陵洞 行宮에 머무르다./ 王世子가 延安府에 머무르다./ 임금이 南別宮에 거둥하여 戚總兵·胡參將·沈經歷을 접견하였는데, 胡參將이 倭를 재촉하여 물러가게 하고 물러가지 않으면 擊滅할 것이라 하다.(『宣祖實錄』선조 26.『集成』17-389)/ 明使가 平壤에만 오는지의 여부를 馳啓토록 遠接使에게 이르고, 呈文을 갖추어 기술하여 明使로 하여금 환히 알게 하라고 政院에 전교하다.(『宣祖實錄』선조 26.『集成』17-391)

윤11.2. 임금이 우리나라의 절박한 정상과 토벌하지 않아서는 안 된다는 뜻을 西海의 水路로 朝廷에 아뢰는 것을 政院에 분부하자, 領議政 柳成龍이 우선 행인이 오기를 기다려 조처하는 것이 옳겠다고 아뢰다./ 임금이 편전으로 나아가 영의정 유성룡을 인견하고 경략의 농락과 수로로 주달하는 일, 중국사신이 나오는 일 등의 정세를 논의하다.(『宣祖實錄』선조 26.『集成』17-392)

윤11.3. 沈惟敬과 같이 온 賊倭가 變服하고 성안에 들어와 탐정할 염려가 있으니, 성문의 경비를 각별히 하고 급히 한 장수로 防守하도록 전교하다./ 備邊司가 韓明胤이 적을 토벌하여 그 공로가 특이하고 그 아들 韓珏은 여러 번 初試에 합격하였으니 포상할 것과 各道에서 斬級科를 실행하고 있는데 또 과시를 실행하는 것은 번거롭고 중복된다고 아뢰다.(『宣祖實錄』선조 26.『集成』17-406)/ 政院이 沈惟敬이 差備通事 李愉에게 자신의 처소는 성안으로 하고 倭子와 그 거느린 군사는 문밖에 머무르게 하도록 조치하라고 이른 것을 아뢰니, 임금이 지극히 통분하다고 전교하다./ 備邊司가 體探·瞭望·斥候를 잘하여 제 때에 賊情을 알려 이길 수 있거나 약탈에 미리 대비하게 한 자는 斬級의 例에 따라 논상하도록 아뢰니, 임금이 따르다.(『宣祖實錄』선조 26.『集成』17-407)

윤11.4. 王世子가 延安府를 떠나 碧瀾渡에 머물다./ 勅書를 내린 데에 대한 謝恩은 중국 사신이 돌아가거든 곧 떠나서 北京에 가서 사신이 글을 올리되 적세를 극진히 전달할 것을 政院에 전교하다.(『宣祖實錄』선조 26.『集成』17-408)/ 海平府院君 尹根壽가 下行長이 沈惟敬에게 보낸 서찰을 入啓하다.(『宣祖實錄』선조 26.『集成』17-409)/ 備邊司가 李鎰을 忠淸道巡邊使로 差定하여 各陣의 義兵과 僧軍을 잘 점검해 순무할 것을 아뢰니, 임금이 따르다.(『宣祖實錄』선조 26.『集成』17-410)

윤11.5. 王世子가 開城府에 머물다./ 政院이 직접 沈惟敬을 접견할 것을 아뢰자, 임금이 다만 자주 문안하도록 하라고 전교하다.(『宣祖實錄』선조 26.『集成』17-411)/ 弘文館이 沈惟敬에게 문안하고 접대하는 것이 胡·沈 등에게 한 것만 같지 못하니 앞날을 생각하여 모가 드러나지 않도록 아뢰니, 大義에 있어 온당하지 않다고 답하다./ 備邊司가 다른 장수는 친히 접견하고 沈惟敬만은 접견하지 않으니 내일 특별히 引見하여 그 마음을 위로하시라 아뢰니, 大義가 지극히 엄하니 다시 의논하라고 답하다.(『宣祖實錄』선조 26.『集成』17-412)/ 備邊司가 沈惟敬을 접견하여 큰일을 이루시라 아뢰니 힘써 따르겠다고 답하다.(『宣祖實錄』선조 26.『集成』17-413)

윤11.6. 王世子가 東坡驛에 머물다.(『宣祖實錄』선조 26.『集成』17-413)/ 賊情에 관하여 告急할 일을 미리 擬定, 起草해서 入啓하고 중국 사신이 서울에 당도하는 대로 바치도록 備邊司와 承文院에 말하라고 政院에 전교하다./ 備邊司가 都元帥가 統制使 李舜臣이 이하

연도	한국
▲ 1593 ▼	水使를 모두 추고하여 죄주도록 청하였다고 아뢰니, 임금이 따르다./ 政院이 沈惟敬이 嶺南으로 떠나기 전에 대궐에 나아가 뵙겠다고 하였다는 것을 아뢰니, 알았다고 전교하다.(『宣祖實錄』 선조26. 『集成』17-414)

윤11.7. 王世子가 碧蹄驛에 머물다./ 備邊司가 崔岦이 도중에 있으므로 謝恩使로 삼아 告急하는 문서를 마련하여 중국 사신을 따라 떠나게 하면 經略이 막지 못하여 賊情도 때맞게 전달될 수 있을 것이라 아뢰니, 임금이 따르다./ 承文院이 이번의 告急文書를 御筆로 하는 것이 합당하다고 하니, 알았다고 전교하다.(『宣祖實錄』 선조26. 『集成』17-415)/ 東宮이 還朝하면 迎勅해야 하는데 아직 命을 받지 못하였고 班列의 章服도 불편하니 이 뜻을 중국 사신에게 통고하기를 아뢰자, 임금이 따르다./ 政院이 沈惟敬이 내일쯤 나갈 것이라 아뢰니, 내일 접견토록 청하라 전교하다./ 承文院이 經略·提督에게 보낼 手札의 초안을 만들어 올리는데, 이처럼 중대한 글은 神思에서 나와야 할 듯이기에 감히 품한다고 아뢰니, 알았다고 전교하다.(『宣祖實錄』 선조26. 『集成』17-416)

윤11.8. 王世子가 경성에 들어오다./ 備邊司가 이번 중국 사신이 돌아간 뒤에 따로 한 奏文을 만들어서 심정을 아뢰고 은혜를 청해야 할 듯 하니, 承文院을 시켜 미리 마련할 것을 아뢰다.(『宣祖實錄』 선조26. 『集成』17-417)/ 王世子가 海州로부터 서울로 돌라오다.(『宣祖實錄』 선조26. 『集成』17-418)

윤11.9. 政院이 중국 사신과 대좌할 때 賊情의 始末에 관한 揭帖을 미리 써 두었으니, 이것을 주어야 하며 전처럼 소란하게 소리를 높여서는 안 된다고 아뢰다./ 政院이 중국 사신에게 할 말을 써서 아뢰는 일은 政院이 독자적으로 하기는 어려우니 備邊司와 같이 의논해서 마련하는 것이 타당하다고 아뢰다.(『宣祖實錄』 선조26. 『集成』17-418)/ 左議政 尹斗壽가 總兵에게 군사를 전진시켜 죄다 죽이는 것이 우리나라가 바라는 것이라고 하자 總兵이 기뻐하였다는 것 등 總兵과의 논의를 치계하다.(『宣祖實錄』 선조26. 『集成』17-419)/ 領議政 柳成龍이 세 曹의 判書가 내려가는 일은 이미 聖旨가 되었는데, 중국 사신이 들어와 묻는다면 대답하기가 곤란할 것이라 아뢰니, 세 曹의 判書는 내려보내는 것이 마땅하다고 답하다.(『宣祖實錄』 선조26. 『集成』17-420)/ 政院이 聖翰을 보고 적이 海曲에 주둔하면서 凶謀를 더욱 주밀하게 하고 있는 정상은 의심할 여지가 없다고 아뢰다.(『宣祖實錄』 선조26. 『集成』17-421)

윤11.10. 임금이 和戰으로 대립하는 것을 중국 사신에게 그 곡절을 힘껏 개진하는 것이 어떤지 備邊司에 상의하도록 분부하다.(『宣祖實錄』 선조26. 『集成』17-421)/ 임금이 時御所에서 參將 沈惟敬을 접견하였는데, 沈惟敬이 적이 封爵과 朝貢을 바라기는 하였으나, 聖旨는 朝貢을 허가하되 封爵은 準許하지 않았으니 공 羈縻하는 듯이라 하다.(『宣祖實錄』 선조26. 『集成』17-422)/ 備邊司가 중국 사신의 물음에 답변할 操鍊하는 수, 兵粮의 수 등과 세 曹의 판서를 빨리 내려보내도록 아뢰다./ 중국 사신에게 碧蹄 전투의 실상을 알릴 것인지 전교하고, 사신이 경내에 倭兵이 없다고 말하였으니, 經略의 말을 확인하여 결말을 내려 하는 것이라 하다.(『宣祖實錄』 선조26. 『集成』17-423)

윤11.11. 知中樞府事 柳根이 북경에 들어가서 적이 바다로 나갔다는 말을 들었으나 믿을 수 없어 界碑의 곡절을 통렬히 변명하고 왜구의 정형을 상세히 설명하여 聖明께 아뢰기를 청하기까지 하였다고 상소하다.(『宣祖實錄』 선조26. 『集成』17-424)

윤11.12. 北京에 사신을 파견하여 兵部에 극진히 말하여 마음을 올리게 하고, 兵部가 들어주지 않으면 곧바로 奏文을 지어 皇帝 앞에 전달해야 한다고 전교하다./ 상이 중국사신을 맞이하여 왜노의 침입을 받아 王城을 지키지 못하여 사람들이 죽고 종묘와 사직이 폐허 되었으나 지금은 왜적의 침구로부터 풀려났으니 숨을 돌리고 나라의 용모를 다시 펴라는 내용의 칙서를 받다.(『宣祖實錄』 선조26. 『集成』17-425)/ 尹根壽가 兵部의 咨文을 베낀 題本과 經略에게 써 보낸 말들을 바치는 封書 1통을 바치다.(『宣祖實錄』 선조26. 『集成』17-426)/ 상이 중국 사신을 맞이하여 왜적이 스스로를 보전하려고 조공하기를 바란다는 말로 가탁하여 변성으로 물러가 웅거하게 된 것 등에 대해 의논하다.(『宣祖實錄』 선조26. 『集成』17-427)/ 柳成龍 등이 왜적을 우려했는데 도리어 經略에게 희롱당하여 나라의 일이 어지럽게 되었다는 등을 아뢰어 의논하다.(『宣祖實錄』 선조26. 『集成』17-429)

윤11.13. 備邊司가 東宮과 세 曹의 判書가 全羅道·慶尙道에 가서 策應하라는 뜻이 聖旨에 있었으니 지체해서는 안된다고 아뢰다.(『宣祖實錄』 선조26. 『集成』17-432)/ 寅城府院君 鄭澈이 중국에서 誥命과 冕服을 미리 청한 것에 대해 죄를 청하고, 적이 물러갔다는 말을 한 적이 없다고 상소하니, 임금이 알았다고 답하다.(『宣祖實錄』 선조26. 『集成』17-433)

윤11.14. 상이 영의정 柳成龍 등과 賊酋가 妖僧 玄蘇를 보내어 와서 投書한 것과 對馬島酋 平義智가 부산포의 섬 絶影島로 돌아가 배를 대었다가 앙심을 품고 변경을 침범한 것 등에 대해 의논하다.(『宣祖實錄』 선조26. 『集成』17-433)/ 임금이 承文院에 天使가 왜적이 온 것은 풍채가 뛰어나고 법도가 온화한 氣運을 만났기 때문이고, 天兵이 경내에서 몰아냈다고는 하지만 이는 왕의 복이 융성하여 다하지 않았기 때문이라고 답한 것 등의 封書를 내리다.(『宣祖實錄』 선조26. 『集成』17-442)

윤11.15. 領府事 沈守慶 등이 중국 사신이 조정에서 왜노에게 封爵하고 朝貢을 허가하여 근未 하는 일을 의논하고 있어 天兵을 윤허해도 군사가 오기 전에 왜적이 쳐 올라올 것인데 이에 대한 방어책에 대해 물은 것 등을 아뢰다.(『宣祖實錄』 선조26. 『集成』17-443)

윤11.16. 備邊司가 世子와 세 曹의 判書의 南行에 관해 分備邊司라 하던 것을 撫軍司라 고치고 배행하는 재신을 堂上으로 삼아 종사하게 아뢰니, 임금이 그렇게 할 수 없다고 답하다./ 欽賜一品服色行人司가 倭賊들이 도망하여 屬國이 이미 회복되었으므로 東方에 대한 염려를 해소시키는 일에 관한 자문을 보내다.(『宣祖實錄』 선조26. 『集成』17- |

일본

444)/ 接伴使 金瓚이 땅을 나누어주고, 和親을 하며, 王을 封하고, 朝貢을 허가하며, 印과 蟒龍衣 및 衝天冠을 내려 달라는 일곱가지 일을 첨부한 平行長의 서찰을 베껴서 狀啓하다.(『宣祖實錄』 선조 26. 『集成』17-448)

윤11.17. 都元帥 權慄이 왜적이 본국에 叛臣이 있다는 소식을 듣고 철수하여 돌아간다고 치계하다./ 承政院이 戚總兵이 적이 물러간다는 원수의 서장을 보고자 한다고 아뢰니 상이 전에도 왜적이 돌아간다고 말하였는데 어제 본 都元帥의 장계 또한 부질없이 전한 것이라니 장차 나라의 일이 글러질 것이라고 전교하다.(『宣祖實錄』 선조 26. 『集成』17-448)/ 영의정 柳成龍이 중국사신이 변방의 보고에 대해 물은 것과 왜적에게 조공을 허락하지 않으면 왜적이 다시 올 것인데 얼마나 군사를 늘려야 할 것인가에 대해 물은 것에 대해 답한 것을 아뢰다.(『宣祖實錄』 선조 26. 『集成』17-449)/ 戚總兵이 天使君이 國君이 나라를 중흥할 임금이라는 것, 天使가 光海君이 全羅道로 내려 가 聖諭에 보답해야 한다는 것, 天使가 귀국의 임금이 혹 가혹한 政事가 있으면 제거해야 한다 했다는 것 등이 적힌 세 쪽지를 보이다.(『宣祖實錄』 선조 26. 『集成』17-450)

윤11.18. 적의 철수 소문이 잘못된 것이고 반드시 天威로 격멸해야 물러갈 것이라고 사신에게 고할 것을 政院에 전교하다.(『宣祖實錄』 선조 26. 『集成』17-450)/ 상이 중국 사신에게 왜적이 물러간다는 말은 왜적이 흉악한 꾀를 부리는 것이니 격멸하도록 청하고, 왜적들이 약탈한 곳과 적의 무리가 둔거한 곳을 표시한 경상도의 지도를 보여주다.(『宣祖實錄』 선조 26. 『集成』17-451)/ 備邊司가 總兵의 軍 中에 양식이 떨어졌다 하니 江原道의 군량을 들여보내도록 아뢰다.(『宣祖實錄』 선조 26. 『集成』17-453)/ 司諫院이 兵部에서 왜적이 물러갔다는 說에 물었는데 사신으로서 흉악한 적이 아직도 변경을 점거하고 있어 위급하다는 형상을 호소하지 않은 謝恩使 鄭澈·副使 柳根 등을 추고하도록 아뢰다./ 領議政 柳成龍에게 사신이 떠나갈 때 백성과 군사를 시켜 흉적을 격멸해 달라 소리 높여 호소하도록 전교하니, 柳成龍이 또 전별할 때 곧 사신을 보내 奏聞하겠다고 고해야겠다고 回啓하다.(『宣祖實錄』 선조 26. 『集成』17-454)/ 왜적의 무리가 달아나 돌아가고 屬國도 회복 되었으므로 뒷일을 헤아려 처리하라는 중국의 咨文에 상이 回咨하다.(『宣祖實錄』 선조 26. 『集成』17-455)

윤11.19. 王世子가 湖南으로 떠나 果川縣에 머물다./ 세자가 陪行하는 宰臣에게 왜적이 변경에 둔거하고 있어 그 흉악한 꾀를 예측할 수 없는데 지금 우리 나라 형세는 벼랑 끝에 서있는 상태이니 더욱 힘써서 극복하자는 등의 글을 내리다.(『宣祖實錄』 선조 26. 『集成』17-456)/ 大司憲 李憲國 등이 謝恩使 鄭澈 등은 專對의 임무를 받고 남은 왜적이 없다는 說을 힘껏 변명하지 못하였는데 이를 논핵하지 않은 자신들을 파면시켜 달라고 요청하니 상이 이를 거절하다./ 임금이 南別宮에서 餞宴을 베풀었는데, 사신이 倭奴의 정세를 다 알았으니 聖天子에게 아뢰고 아울러 本兵司馬와 政府相公에게 고하겠다고 말하다.(『宣祖實錄』 선조 26. 『集成』17-457)/ 司憲府가 鄭澈 등은 남은 왜적이 없다는 說을 변명하지 못하여 왜적이 없다는 것을 미덥게 하였으니 파직하도록 청하다./ 兵曹判書 李恒福이 東宮이 南行에 있어 部將 이하가 겨우 10인이고 禁軍도 겨우 수십 인이니 侍衛하는 군사를 모집할 것을 아뢰자, 임금이 경성의 侍衛가 허술해질 것이라 전교하다.(『宣祖實錄』 선조 26. 『集成』17-459)/ 領議政 柳成龍이 중국 사신이 經略과 提督이 平壤에서 이긴 것은 기뻐하나 碧蹄에서 진 것은 매우 숨긴다고 쪽지에 써 주었다고 아뢰자, 임금이 알았다고 대답하다.(『宣祖實錄』 선조 26. 『集成』17-460)

윤11.20. 王世子가 水原府에 머물다./ 임금이 慕華館에 나아가 중국 사신을 접견하였는데, 사신이 원컨대 國王은 兵務를 연습하고 또 부지런히 군사를 청하시기를 바란다 하고는 京師로 돌아가면 눈으로 본 일을 모두 아뢰겠다고 말하다.(『宣祖實錄』 선조 26. 『集成』17-460)/ 상이 總兵 劉綎을 접견하여 중국 조정이 왜적에게 封爵과 朝貢을 허락한 것과, 봄이 오면 왜적의 형세가 커질 것인데 이에 대한 대비책 등에 대해 의논하다.(『宣祖實錄』 선조 26. 『集成』17-461)/ 遼東都指揮使司가 왜적을 정벌하다 전사한 관군을 위해 재단을 설치하고 충혼을 위안하여 군정을 격려시킬 것을 내용으로 하는 聖明께 청한 題本을 받아 보내다.(『宣祖實錄』 선조 26. 『集成』17-463)

윤11.21. 幼學 喪有亨이 적을 이기기 위해서는 민심을 얻을 것과 用人의 중요성에 대해 상소를 올리니 상이 칭찬하여 세자를 섬겨 적을 치라고 답하다.(『宣祖實錄』 선조 26. 『集成』17-465)/ 영의정 柳成龍에게 劉總兵을 만나 왜적의 정상과 군사를 쓰는 형세, 沿海 일대의 왜적의 형세에 대해 물어보았는데, 總兵이 이에 답하면서 적중에 내란이 있다고 한 것 등을 전교하다.(『宣祖實錄』 선조 26. 『集成』17-467)/ 司諫院이 謝恩使 鄭澈과 副使 柳根 및 李瓏·李忠可를 파직할 것을 아뢰니, 임금이 윤허하지 않다./ 領議政 柳成龍, 左議政 尹斗壽가 劉總兵을 면담하였는데 오후에 有司堂上 沈忠謙을 데리고 가야 할 것이라 아뢰니, 임금이 알았다고 답하다./ 영의정 유성룡이 어제 중국 사신이 벽제에 도착하여 관문 밖에서 맞이하여 면대한 일을 아뢰다.(『宣祖實錄』 선조 26. 『集成』17-468)

윤11.22. 司憲府가 원수로서 충분히 잘 살펴 왜적이 소굴로 돌아간 것을 안 뒤에 치계하여도 늦지 않은데 수령의 맹랑한 보고에 따라 급하게 아뢰어 군정을 해이해지게 했던 都元帥 權慄을 추고하도록 아뢰다.(『宣祖實錄』 선조 26. 『集成』17-469)/ 영의정 유성룡이 유총병에게 戰守에 대해 물으니 諸道의 왜적이 한 곳으로 모여있어 精兵을 더 징발하여 격면 할 것이며 군사를 돌려 內地를 지키면서 왜적을 기다려 불시에 공격하는 것이 차선책이라고 답한 것 등을 아뢰다/ 영의정 柳成龍 등이 劉總兵에게 적의 정세에 대해 물어보니 駱參將 등의 文報에 왜적 5~6천 명이 경주에서 50리 떨어진 곳에서 주둔하고 있다고 답하고 그 밖에 왜적의 상황에 대해 물어 아뢰다.(『宣祖實錄』 선조 26. 『集成』17-470)

윤11.23. 王世子가 振威縣을 지나다 민가에 머물다./ 總兵이 적이 봄이 되기를 기다려 군사를 보태어 다시 나오게 되면 어떻게 할 것인가를 물으니 상이 사정을 모르니 倭書를 보고 싶다고 하다.(『宣祖實錄』 선조 26. 『集成』17-472)/ 海平府院君 尹根壽가 전일 狀啓에 왜적이 떠났다 하고 뒷날 馳啓에는 그 말이 부실하다고 했으니 그 관계가 중대하여 그대로 그만둘 수 없으며 근일의 왜적의 사정도 개진하여 아뢰야 한다고 말하다.(『宣祖實錄』 선조 26. 『集成』17-474)

윤11.24. 王世子가 稷山縣에 머물다./ 司諫院이 이번 謝恩使는 皇上의 은혜에 사례할 뿐만 아니라 국가의 급한 사정을 고하는 것이므로 새로 차출할 것을 아뢰니, 임금이 承文院으로 하여금 의논하여 처리하도록 답하다.(『宣祖實錄』 선조 26. 『集成』17-474)/ 海平府院君

연도	한국
▲ 1593 ▼	尹根壽가 전에 遼東에 있을 때 提督이 釜山을 倭의 땅이라 한 것에 대해 극력 변명하였지만 經略이 물리쳤음을 아뢰다.(『宣祖實錄』 선조26. 『集成』17-475)/ 承文院 都提調가 諫院의 啓請대로 이번의 謝恩 행차가 중요하니 吏曹로 하여금 上使를 차출하게 하고 崔岦을 副使로 삼을 것을 아뢰니, 임금이 따르다.(『宣祖實錄』 선조26. 『集成』17-476) 윤11.25. 王世子가 溫陽郡에 머물다./ 임금이 戚將이 도리에 어긋나는 일을 남에게 강요하니 온당하지 못하다고 전교하자, 대신들이 우리로서는 환심을 잃지 말아야 한다고 회계하다.(『宣祖實錄』 선조26. 『集成』17-476) 윤11.26. 領議政 柳成龍이 戚總兵도 經略의 영향권에서 벗어나지 못하였고 小西飛를 또 遼東으로 끌어들여 갔으니 천하의 일이 이 무리들의 손안에서 잘못될 것이라 아뢰니, 임금이 알았다고 답하다./ 비변사가 왜적이 둔거하여 돌아갈 생각이 없으니 내년 봄에 창궐할 것은 의심할 여지가 없고 중국군들은 진격할 뜻이 없으니 망하기를 기다리는 것보다 군사들을 합세하여 일시에 진격하여 왜적을 공격하자고 아뢰다.(『宣祖實錄』 선조26. 『集成』17-477) 윤11.27. 弘文館 부제학 이기, 直提學 백유함 등이 난이 평정되지 않아 군신 상하가 힘을 다하여 수복을 꾀하기도 겨를이 없을 때인데, 甲子기 물러나 쉬려는 생각을 버리시라 상차하다.(『宣祖實錄』 선조26. 『集成』17-478)/ 崔岦은 전대로 빨리 들여보내고 이번 謝恩使는 따로 일행을 만들어서 뒤따라 들여보내는 것이 어떠한지 의논할 것을 전교하다./ 承文院이 부득이 崔岦을 중국 사신을 보내준 데 대한 謝恩使로 삼아서 적의 정세를 아울러 아뢰어야 사세가 온당하다고 回啓하니, 임금이 따르다.(『宣祖實錄』 선조26. 『集成』17-479) 윤11.28. 承文院이 韓布政司가 비록 군사를 주관하는 관원은 아니나 廣寧巡撫가 되어 다같이 왜적에 대비하는 책임을 가졌으므로 賊情을 상세히 설명해 移咨하여 급한 사정을 고하자고 아뢰다./ 備邊司가 戰守의 완급, 器械에 관한 일 등에 관한 무장들의 의견과 인재를 거두어야 한다고 아뢰니, 임금이 따르다.(『宣祖實錄』 선조26. 『集成』17-480) 윤11.29. 왕세자가 琉球驛에 머무르다./ 兩司가 왜적이 우리 지경 안에 있어 나라의 형세가 날로 위급하고 宗社와 백성이 편안하지 못하니 禪位의 명을 거두도록 합계하다./ 영의정 柳成龍이 백관을 거느리고 고려 顯宗은 契丹의 화를 다스리고 태평을 이루었는데 왜적의 난을 당한 이때에 화를 다스리지 않고 禪位하는 것은 불가하다고 아뢰다.(『宣祖實錄』 선조26. 『集成』17-483) 12.1. 임금이 貞陵洞 行宮에 머무르다./ 王世子가 公州에 이르다./ 반드시 中國軍에게 屯田을 설치하게 하고 우리 군대도 훈련시켜 지구전으로 挾守하도록 하는 備忘記를 大臣에게 내리다.(『宣祖實錄』 선조26. 『集成』18-1)/ 備邊司가 八莒站에는 總兵의 大軍이, 慶州站에는 駱參將, 吳遊擊, 王遊擊의 군사 수천명만이 주둔하고 있으나 군량 지급량이 서로 비슷하니 바로잡을 것을 아뢰다.(『宣祖實錄』 선조26. 『集成』18-2)/ 備邊司가 李舜臣이 고을 수령들까지도 下海시킨 것은 잘못된 것이라 하고, 都元帥 權慄에게 水軍과 陸軍을 모두 관장하게 할 것을 아뢰자, 임금이 따르다./ 備邊司가 京畿監司 李廷馨의 狀啓를 보고 道內의 여러 고을에서 적을 토벌한 軍民에 대해서는 觀察使로 하여금 요역을 감해주게 하여 포상하는 뜻을 보이시라 아뢰니, 임금이 따르다.(『宣祖實錄』 선조26. 『集成』18-3)/ 備邊司가 平安監司로 하여금 沙工 2~3명과 通事 1員을 선발하여 押領하게 하여 遼東에 있는 中國軍의 군량을 배로 실어오게 하도록 아뢰니, 임금이 시급히 실행하라고 답하다(『宣祖實錄』 선조26. 『集成』18-4)/ 戶曹가 吏曹로 하여금 空名告身의 숫자를 파악하여 원래 정해진 곡식의 石數에서 감축이 생기면 일일이 추고하도록 아뢰니, 임금이 따르다./ 비변사가 각도의 초시에 입격된 사람으로서 왜적의 수급을 참획하는 자가 많은데 적에게 포로가 되었다가 귀순한 사람을 베어와 科擧의 급제를 노리기도 하니 그 허실을 정확히 파악한 후에 紅牌를 주도록 청하다.(『宣祖實錄』 선조26. 『集成』18-5)/ 駱總兵의 接伴官 李時發이 慶州 城中에 있는 中國軍이 5천명인데 군량이 부족하니 조정에서 군량이 떨어지지 않게 해달라고 치계하다./ 備邊司가 尹根壽가 漢語에 능해 北京에 가면 陳懇하는 것이 다른 사람보다 나을 것이라 아뢰니, 임금이 差遣하기 곤란하다고 답하다.(『宣祖實錄』 선조26. 『集成』18-6)/ 光州 儒生 金德齡이 義兵을 일으키다.(『宣祖修正實錄』 선조26. 『集成』27-180)/ 柳成龍이 時務를 아뢰며 州縣에 성을 쌓고 포루의 제도를 시행할 것을 청하다.(『宣祖修正實錄』 선조26. 『集成』27-181) 12.2. 備邊司가 東宮의 행차를 撫軍司로 호칭하고 陪行한 宰臣의 2품 이상을 東宮에게 稟旨하여 堂上에 차임하도록 아뢰니, 임금이 따르다./ 備邊司가 黃海監司에게 三穴銃筒을 제작하게 하도록 아뢰니, 임금이 아뢴대로 하고 鳥銃도 倭人의 鳥銃을 準的으로 삼아 제조해야 한다고 답하다.(『宣祖實錄』 선조26. 『集成』18-7) 12.3. 좌의정 尹斗壽 등을 인견하여 왜군의 동태와 우리 나라 병력으로 왜적을 방어하는 것이 가능한 지 또한 倭將 小西飛가 遼東에 간 일 등에 대해 물어보다.(『宣祖實錄』 선조26. 『集成』18-8)/ 戶曹가 全羅道에 監牧官을 차임하여 해변의 비옥한 곳을 개간하여 屯田을 설치할 것 등 大臣과 의논한 내용을 아뢰니, 임금이 따르다.(『宣祖實錄』 선조26. 『集成』18-12)/ 備邊司가 山東에 있는 군량 10만석을 급히 청하는 것과 屯田을 경영하는 계책을 강구하도록 아뢰니 임금이 따르다.(『宣祖實錄』 선조26. 『集成』18-13/ 東宮에게 文官 1인을 초출하여 모든 명령의 출납과 撫軍司의 策應에 관한 제반 일을 날마다 기록하여 아뢰게 하라고 備忘記로 이르다./ 備邊司가 全羅監司 李廷馣의 장계에 의해 全羅道 각지의 山城을 수축하여 들어가서 지키게 하도록 아뢰니, 임금이 아뢴 대로 하라 답하다.(『宣祖實錄』 선조26. 『集成』18-16)/ 備邊司가 全羅道와 忠淸道의 누락된 정병을 수습하고 지휘계통을 세울 것을 아뢰니, 임금이 아뢴대로 하라고 하고 군대를 대신 거느리게 하는 자는 軍法으로 다스리도록 답하다.(『宣祖實錄』 선조26. 『集成』18-18) 12.4. 임금이 大臣과 備邊司 有司 堂上을 인견하여 權慄이 倭軍을 공격하려는 것에 대해 논의하고, 賊情을 먼저 알고 공격할지 방어할지를 결정해야 한다고 하다.(『宣祖實錄』 선조26. 『集成』18-20)/ 왜적에게 도망하여 온 사람에 대해 招問한

일본

뒤에 돌려보내겠다고 劉總兵에게 移咨하는 것과, 都元帥의 서장에 왜적이 물러간다고 한 것을 陪持人이 발설하여 중국 사신에게 알려진 것에 대한 대책을 논의하다.(『宣祖實錄』 선조 26. 『集成』18-24)

12.5. 政院이 奏本의 草本을 가지고 謝恩使편에 付送해야 된다고 아뢰니, 奏文에 賊情을 상세히 기록한 것을 매우 좋다고 하고, 應昌의 소행을 皇帝로 하여금 알게 해야 한다고 전교하다.(『宣祖實錄』 선조 26. 『集成』18-25)/ 備邊司가 東宮이 南方으로 내려가 있으니 取人을 위해 武科만을 거행하지 말고 文科도 시행할 것을 아뢰자, 임금이 文科는 뽑을 필요가 없다고 답하다./ 備邊司가 근래 武科만을 실시하여 인재의 궁핍이 文職에 심하니 文科와 武科를 동시에 시행하되 간략하게 하도록 아뢰다.(『宣祖實錄』 선조 26. 『集成』18-26)/ 承文院이 왜적이 중국 사신을 낮춰 부르는 것에 대해서는 진달 할 필요가 없고 晉州城이 함몰 당한 것에 대해서는 經略이 꺼리고 있는데 우리의 사정과 적세의 강·약 등이 우려되어 주문의 내용을 바꿨다고 아뢰다.(『宣祖實錄』 선조 26. 『集成』18-27)/ 備邊司가 개인의 喪事 때문에 職事를 그만두게 할 수 없으니 大小 武將과 首領들을 모두 起復하도록 아뢰니, 임금이 따르다.(『宣祖實錄』 선조 26. 『集成』18-28)

12.6. 비변사가 먼저 군량을 청하고 나서,총병이 마음대로 적을 토벌할 것을 중국에 청하도록 비밀히 아뢰다.(『宣祖實錄』 선조 26. 『集成』18-28)

12.7. 金晬에게 중국의 허락을 얻어내어 發兵한다는 기별을 가지고서야 나오게 하고, 賊情에 대한 奏文은 宋·李에게 보여서는 안된다고 전교하다./ 西生浦의 勝捷에 대해 力戰한 장사에게는 상을 논하여 포장하도록 하라고 備忘記로 이르다./ 비변사가 이일을 양호의 순변사로 차송하기를 아뢰니, 임금이 따르다.(『宣祖實錄』 선조 26. 『集成』18-29)/ 중국에 보낼 奏聞에 豊臣秀吉이 침구하여 三道가 함몰되고 社稷이 폐허가 되었고 변성 10여 구역을 점거하여 노략질과 살인을 일삼고 있는데 우리 군의 힘으로는 물리칠 수 없으니 중국군의 도움이 필요하다고 하다.(『宣祖實錄』 선조 26. 『集成』18-30)

12.8. 사은사의 사행 때 遼東巡按 周維翰, 廣寧巡按 韓取善, 송응창·이여송에게 다급함을 고하게 전교하다.(『宣祖實錄』 선조 26. 『集成』18-32)

12.9. 사행사의 사행에 임하여 병량의 숫자와 성의 수축, 군대의 조련 등 여러 가지 응대해야 될 내용에 대해 비변사로 하여금 다시 살펴서 써서 보내게 하라고 전교하다.(『宣祖實錄』 선조 26. 『集成』18-32)

12.10. 요동의 巡按·巡撫에 보낼 咨文에 왜적이 西生浦에서 巨濟島로 향하고 있다고 했는데 이는 돌아간다는 말과 같을 우려가 있으니 삭제하는 것이 온당할 것 같다고 尹承吉에게 전교하다./ 賓廳이 咨文과 奏文 8통을 모두 다시 고쳐 쓰고, 拜表도 물려 거행하도록 해야겠다고 아뢰다./상이 우리 사신이 경내에 왜적이 없다고 말하여 중국에서는 왜적이 돌아간 것으로 여기고 있는데 이제와 급박함을 고하면 經略 등이 자신들이 물러난 뒤에 왜적이 침입한 것이라 할 것이니 이에 대한 대비책을 마련하도록 전교하다.(『宣祖實錄』 선조 26. 『集成』18-33)

12.11. 兵曹가 강이 완전히 결빙되어 灘口를 수직하는 것은 매우 무익한 것이니, 군사를 파하여 城上에서 파수하게 아뢰니, 임금이 따르다.(『宣祖實錄』 선조 26. 『集成』18-34)/ 張都司의 接伴使인 金晬가 石尙書의 差官인 周成功이 적세를 탐청하기 위한 일로 대구로 가려 하면서 중국에서는 왜적이 돌아간 것으로 알고 있어 오래지 않아 평정될 것으로 여기고 있다고 말한 내용을 書狀을 올려 아뢰다./ 謝恩使 黃璡이 遼東에 도착하여 탐청하여 보니 요동 巡按 御使 周維翰 등이 주본을 올려 經略이 왜구의 토벌을 완만히 하여 재물만 허비한 정상을 논한 것에 대해 치계하다.(『宣祖實錄』 선조 26. 『集成』18-35)

12.12. 平安道觀察使 李元翼이 중국 사신을 만나 왜노들의 사정 등을 아뢰니, 중국에서는 왜노가 돌아간 것으로 알고 있으며 돌아갔더라도 釜山에서 對馬島까지는 해로가 멀지 않으니 안심해서는 안 된다고 말한 것 등을 치계하다.(『宣祖實錄』 선조 26. 『集成』18-35)/ 비변사가 적세가 긴급하니 군대를 조발하여 봄이 오기 전에 적을 섬멸할 것을 요청하는 것과, 왜적이 다시 침구해 왔다는 설을 정정하기 위해 적세를 상세히 진술하고 적병이 둔취해 있는 곳을 奏文에 상세히 기록하였다고 아뢰다.(『宣祖實錄』 선조 26. 『集成』18-36)

12.13. 謝恩使 書狀官 柳拱辰이 출발하다./ 兵曹가 火炮軍 가운데 재주가 뛰어난 자를 시상하도록 아뢰니, 임금이 官奴나 私奴의 경우에는 良人으로 삼고 良人의 경우에는 禁軍을 제수하라./ 劉總兵이 요구한 말을 문안할 때 보내고 嶺南에 있는 중국 장수들에게도 각기 관원을 보내어 모두 문안하게 하도록 政院에 전교하다.(『宣祖實錄』 선조 26. 『集成』18-37)/ 政院이 중국장수 熊守備가 張閣老·석상서·經略·員外가 劉總兵에게 주는 書簡을 가지고 嶺南으로 간다고 아뢰다./ 司諫院이 왜적이 변경에 웅거하고 있어 국사가 급박한데 아직도 이 사실을 중국 조정에 仰達되지 않고 있으니 중국 조정으로 하여금 알게 하도록 하자고 아뢰다.(『宣祖實錄』 선조26. 『集成』18-38)/ 李山甫·權慄·申點 등에게 官職을 제수하였는데, 史臣이 난리를 당하여 喪中임에도 起復시키는 것에 대해 논하다./ 全羅道 觀察使 李廷馣이 潭陽에 거주하는 校生 金德齡이 재주가 뛰어나 義兵을 모집하고 있으니, 조정에서 면려 표창하고 공효를 책임지우며, 병기 등의 물품도 題給하도록 치계하다.(『宣祖實錄』 선조26. 『集成』18-39)

12.15. 兵曹參判 沈忠謙이 국문 밖 東郊·西郊는 戶曹에서 개간하여 경작하게 하고 各道는 모두 監司에게 책임 지우도록 하는 등 屯田에 관한 의견을 아뢰다.(『宣祖實錄』 선조26. 『集成』18-40)

12.16. 중국이 보낸 병기 중 鐵鞭은 우리나라 사람들이 사용하기에 편리할 것 같다고 전교하자, 李鎰이 성을 지키는데나 전장에서 사용할 수 있다고 하다.(『宣祖實錄』 선조26. 『集成』18-41)/ 낙참장이 우리나라 일에 매우 정성스러우니 정조에문안하는 게첩에 이런 내용을 넣어 감사하다는 뜻을 보이라고 전교하다./ 承政院에 內官 金湧海·李繼榮 등이 자원하여 李興宗을 따라가서 왜적을 치겠다고 하는데 그 뜻이 가상하니 군량을 지급하라고 전교하다./ 兵曹判書 李德馨이 司使臣을 만났는데 군대를 출동시키지 않으면 山東에 왜적의 경보가 있게 될 것이니 차라리 조선 지방이 殘破되는 한이 있더라도 山東에 왜적의 경보가 있게 해서는 안 된다고 한 것 등을 아뢰다.(『宣祖實錄』 선조26. 『集成』18-42)/ 備邊司가 李安繼가 官穀 1백 40여 석이나 훔친 것은 의심의 여지가 없는 일이니 上의 분부대로 변경에서 사형에 처하고 그의 馬匹과 군량은 徵出하여 軍需에 보충할 것을 아뢰다./ 備邊司 郎廳이 大臣의 의견으로 군사들에게 屯田을 경작하게 하고, 流民을 모아 경작하게 하는 등의 屯田 설치와 경영에 대한 방책을 아뢰자, 임금이 농사철이 박두하여 오니 급히 시행하라고 답하다.(『宣祖實錄』 선조26. 『集成』18-43)

12.17. 左相이 撫軍司에 내려가기 전에 備邊司의 재상등이 의논을 정하여 일을 거행하도록 指授하였는지 備邊司에 전교하다.(『宣祖實錄』

연도	한국
▲ 1593	선조26.『集成』18-45)/ 戶曹가 兵曹로 하여금 監牧官을 급속히 파견하여 屯田官의 칭호를 兼帶시켜 馬政과 農務를 아울러 살피게 하고 大臣과 沈忠謙이 아뢴 내용을 各道 監司에게 移文하여 중지하는 폐단이 없도록 아뢰다.(『宣祖實錄』선조26.『集成』18-46) 12.18. 備邊司가 撫軍司의 狀啓에 의하면 會試를 보는 것은 어렵다고 하니 기일을 물리거나 당기도록 아뢰니, 임금이 따르다.(『宣祖實錄』선조26.『集成』18-46)/ 비변사가 중국의 새 군대를 기다릴 수 없으니 諸道의 정예병을 조발하여 지금 留防하고 있는 군사와 적의 일진을 공격 소탕함으로써 수군의 통로를 열어 수륙으로 번갈아 공격한다면 적의 돌진을 막을 수 있다고 아뢰다.(『宣祖實錄』선조26.『集成』18-47)/ 火藥이 아니면 이 凶賊을 제압할 수 없으므로 都元帥가 있는 곳에 砲手 수백명, 火藥 수천근, 火箭·震天雷를 내려보내라고 備邊司에 전교하다./ 備邊司가 砲手를 미리 내려보내면 군량이 염려되므로, 撫軍司에 통보하여 기일이 정해지면 발송시키는 것이 마땅하다고 아뢰니, 임금이 따르다.(『宣祖實錄』선조26.『集成』18-48)/ 侍衛한 砲手 2백명에게 술을 내릴 것이니 各 部將에게 데리고 오게 하다.(『宣祖實錄』선조26.『集成』18-49) 12.19. 分兵曹判書 李恒福이 비밀 書狀으로 倭軍을 공격하는 것이 지금은 불가하다고 아뢰자, 임금이 領議政 柳成龍에게 거듭 상세히 살펴보라고 전교하다./ 상이 대신들과 적의 營壘상태와 왜적을 치기 위해 鐵回鞭를 쓰는 것의 여부와 三道水使들이 永登에 있는 적을 공격하려 하고 있고 또한 선박을 옮겨 釜山에 있는 적이 돌진하여 오는 길을 막으려 하고 있다는 것 등을 의논하다.(『宣祖實錄』선조26.『集成』18-49) 12.20. 司諫院이 軍功은 활을 쏘는 한 가지 기술에만 있는 것이 아닌데 활을 쏘아 맞히지 못했다 하여 功이 있는 사람을 모두 도태시킨 것은 잘못이니 다시 備邊司로 하여 相議 결정하여 백성을 실망시키지 말 것을 아뢰다.(『宣祖實錄』선조26.『集成』18-60)/ 軍功이 있는 자는 도태시키지 말라고 하였는데 司諫院에서 이런 논계가 있으니 兵曹에 물어 아뢰라 전교하자, 軍功이 있는 자가 너무 많아 일부는 시험을 좌서 도태시켰다고 아뢰다.(『宣祖實錄』선조26.『集成』18-61)/ 한 사람이 5~6인을 대적할 수 있는 力士를 찾아 아뢰라고 政院에 전교하다./ 吏曹가 前忠淸道監司 許頊을 諸粮使로 서용할 것을 아뢰었으나, 그의 행위를 보면 국사를 위한 자가 아니니 다시 의논하라고 전교하다./ 撫軍司가 忠淸·全羅·京畿·江原 등의 군대 2만을 조발하여 嶺南으로 들어가게 한 일 등과 그 동안의 일정을 馳啓하다.(『宣祖實錄』선조26.『集成』18-62)/ 黃璡의 사행이 저지당하여 들어가지 못하고 있는데, 이번의 謝恩使는 득달할 수 있도록 방책을 모색하라고 政院에 전교하다./ 都承旨 張雲翼이 급함을 고하는 奏文·咨文과 전일 經略에게 저지당했던 賊情을 기록한 글을 웃 속에 숨겨 가지고 주선할 것을 의논드리다.(『宣祖實錄』선조26.『集成』18-63)/ 左承旨 李有中은 假本을 만들어 가지고 있다가 수색당하거든 假本을 내어주고 眞本은 품속에 은밀히 간직하고 가게 되면 득달할 수 있을 것이라고 의논드리다./ 右承旨 朴東亮이 사신들이 北京에 도착해서 各部에 呈訴하여 전후의 사정을 극진히 진달하게 하는 방법을 의논드리다./ 右副承旨 李光庭이 칙서를 내린 데 대한 사은과 世子를 책봉하는 것은 모두 經略이 저지하지 못할 것이니 한 사신이라도 呈文하여 호소한다면 賊情을 고할 수 있을 것이라 의논드리다.(『宣祖實錄』선조26.『集成』18-64)/ 都承旨와 左承旨의 의논에 따라 假表文을 만들어 가고 眞表文은 비밀히 가지고 가도록 備邊司로 하여금 의논할 것을 전교하다./ 備邊司가 張雲翼과 李有中의 의논에 반대하고 면복과 世子의 책봉을 청하는 사신을 보내어 힘을 다하는 편이 더 좋다고 아뢰자, 임금이 비변사가 左雇右眄하면서 망설이고만 있다 하고 면복과 世子의 책봉을 청하는 일은 안된다고 답하다.(『宣祖實錄』선조26.『集成』18-65) 12.21. 吏曹가 柳成龍의 뜻으로 許頊을 서용할 것을 아뢰자, 글을 잘하거든 서용하라고 전교하다./ 備邊司가 全羅·慶尙지역에 山城을 수축하여 賊勢가 멀면 백성들을 하산시켜 농사를 짓게 하고 賊勢가 급박하면 들어가 굳게 지키게 하면 전일처럼 붕괴되지 않을 것이라 아뢰니, 임금이 따르다.(『宣祖實錄』선조26.『集成』18-66)/ 임금이 武擧를 통해 精兵을 얻고, 納粟하는 자는 전투를 면하게 하라고 備邊司에 전교하자, 비변사가 고난색을 표하다./ 비변사가 經略이 賊情을 상달하지 못하게 하여 막히지 않고 우리의 사정을 중국에 고하는 방법은 급함을 고하는 奏文을 은밀히 가지고 가거나 스스로 정문하는 것은 사신에게 달려있다고 아뢰다.(『宣祖實錄』선조26.『集成』18-67) 12.22. 李光庭이 각 고을에 유치하여 둔 곡식의 수량을 조사하여 沿道에 적치하여 두었다가 중국 군대의 출동에 대비하게 하였다고 회계하다./ 撫軍司가 東宮의 扈衛大將을 前府使 朴名賢으로 삼았다고 치계하다./ 상이 비변사에게 중국이 撤兵令을 내렸지만 留兵을 청해야 하니 遼東의 周巡按直士 등이 왜적을 방비하는 직책을 겸하고 있으니 咨文을 보낼 수 있게 미리 기초하였다가 總兵의 말을 들어본 다음 조처하도록 하라고 전교하다.(『宣祖實錄』선조26.『集成』18-69)/ 擧事에 관한 말을 封入하도록 政院에 전교하다.(『宣祖實錄』선조26.『集成』18-70)
1594 ▼	【한국】 1.1. 임금은 貞陵洞 行宮에, 世子는 公州에 있다./ 임금이 中國將帥 千總 邵應忠·司守仁·施汝澤과 委官 馮夢鵬·馮芳 및 把摠 王祿을 接見하다.(『宣祖實錄』선조27.『集成』18-86)/ 接待都監 李德馨이 宋經略의 委官이 倭子와 도성에 들어왔는데 이 왜인은 小西飛의 문서를 薺浦에 있는 平行長에게 전하고 오는 길에 온 것이라 하고, 倭子들이 온 것에 대해 아뢰지 않은 金允丁을 처벌하도록 아뢰다./ 영의정 柳成龍이 왜적이 성내에 있는 것에 다시 진위를 살펴서 조치하도록 하고, 經略의 委官이 데리고 온 사람은 賊倭가 부리는 사람이 분명하니 회의하여 조처하자고 아뢰다.(『宣祖實錄』선조27.『集成』18-87)/ 비변사가 倭將 小西飛가 압록강을 건너 서쪽으로 갔는데 도성에 있는 倭子들을 죽이면 뜻밖의 변이 생길 수도 있으니 성밖으로 몰아내자고 아뢰다.(『宣祖實錄』선조27.『集成』18-88)/ 備邊司가 金德齡의 군대가 아직 功을

일본

12.23. 備邊司가 서울에 과거를 보되 임금의 뜻대로 木箭은 제하고 鳥銃으로 試取하도록 하여 법규를 만드는 것이 온당하겠다고 아뢰다.(『宣祖實錄』 선조26. 『集成』18-70)

12.24. 屯田은 重臣 한사람을 차출하여 전적으로 책임을 지워야만이 성공을 기대할 수 있으므로 備邊司로 하여금 의논하게 전교하다.(『宣祖實錄』 선조26. 『集成』18-70)/ 備邊司가 각 고을의 관리들이 該曹의 文簿가 다 없어져 憑考할 수가 없다고 하여 곡식을 훔쳐 사사로이 쓰고 있으니, 각 고을의 회계책을 謄書하여 올려보내도록 아뢰다./ 承文院이 邵千總이 砲手를 모아놓고 陣法을 가르친 功을 치하하는 咨文을 만들 것을 아뢰니, 임금이 따르다.(『宣祖實錄』 선조26. 『集成』18-71)/ 總兵이 左相을 급히 부르니 遼東巡按과 廣寧巡按에게 급히 咨文을 보내는 것이 어떠한지 政院에 전교하다.(『宣祖實錄』 선조26. 『集成』18-72)/ 沈惟敬,「関白降表」入手를 위해 경상도 熊川의 小西行長陣営에 이르다.(『事大文軌』 万暦22年2月16日 朝鮮国王倭情奏文)

12.25. 영의정 柳成龍이 金贊 등의 장계를 보니 사세가 급한 것 같아 遼東按撫에게 급히 자문을 보내야 하는데 譯官만 보낼 것이 아니라 특별히 朝臣을 가려 보내 적세를 통렬하게 진달하게 하자고 아뢰다.(『宣祖實錄』 선조26. 『集成』18-72)/ 중국에 사신을 보내는 일을 늦추지 말고 시행하고, 中國軍의 군량이 10여 일이나 끊겼다고 하니 급히 조처하도록 賓廳에 전교하다./ 遼東의 都指揮司事에서 왜적의 정세와 軍務, 각 지방의 事宜에 대한 것을 갖추어 보고하도록 咨文을 보내오니 상이 이야말로 우리 나라에서 말할 수 있는 절호의 기회이니 자세히 回咨하도록 전교하다.(『宣祖實錄』 선조26. 『集成』18-73)/ 임금이 屯田에 관한 일은 重臣 한 사람을 차출하여 맡겨야만 가능할 것이라 備邊司에 전교하니, 이미 鄭崑壽를 安集使에, 勸懲을 副使에 임명하였다고 回啓하다.(『宣祖實錄』 선조26. 『集成』18-74)

12.26. 備邊司가 撫按衙門에 賊勢를 숨김없이 진술하는 回咨를 급히 보내라는 전교가 지당하시므로 承文院으로 하여금 급속히 마련하게 하였다고 아뢰다.(『宣祖實錄』 선조26. 『集成』18-75)/ 司憲府가 屯田 지연의 일로 戶曹堂上등을 파직 할 것과 平海郡守 南瑜가 富平府使 재직시 적을 막지 않고 도망한 것을 이유로 체차시킬 것을 아뢰다.(『宣祖實錄』 선조26. 『集成』18-76)

12.27. 戶曹로 하여금 屯田에 관한 일을 급히 다시 조처하여 아뢰도록 政院에 전교하다./ 司諫院이 都紳經歷 南瑜는 畿邑의 수령으로서 왜적이 읍의 경계에 오지도 않았는데 官穀을 훔쳐내어 도주하였고, 적을 참획한 공이 전혀 없으면서 白衣律을 면하려고 도모하였으니 파직하고 서용하지 말도록 아뢰다./ 領議政 柳成龍이 巡撫가 보낸 委官에게 답서를 보내는 일은 비록 回咨에 賊勢를 갖추 진달한다고 해도 地圖로 그린 것만큼 분명하지 못하기에 地圖 1건을 보이며 文字와 같이 보내는 것이 좋겠다고 하다.(『宣祖實錄』 선조26. 『集成』18-77)/ 撫軍司의 日記를 入啓하다./ 12월 16일 乙丑에 王世子가 全州에 머무르다./ 前察訪 李麟奇가 험요한 곳을 점거하여 지켜 왜적을 제어하자는 등 왜적을 방비하는 방법에 대해 상소하다.(『宣祖實錄』 선조26. 『集成』18-78)/ 12월 17일 丙寅에 王世子가 全州에 머무르다./ 12월 18일 丁卯에 王世子가 全州에 머무르다./ 全羅巡察使 李廷馣이 중국군이 撤兵하니 우리 힘으로 왜적을 공격하자고 撫軍司에 牒呈을 올리다./ 12월 19일 戊辰에 王世子가 全州에 머무르다.(『宣祖實錄』 선조26. 『集成』18-79)/ 世子가 尼山으로 출발하기 전에 대문 밖에서 父老들을 불러 위무하다./ 12월 20일 己巳에 王世子가 全州에 머무르다.(『宣祖實錄』 선조26. 『集成』18-80)

12.29. 司諫院이 지금 遼東에서 差官을 보내어 奏報가 자세하지 않다는 이유로 왜적의 정세를 탐지하려 하니 인견하여 정성을 보인 다음에 賊勢가 매우 창궐하여 국사가 위급해진 상황을 극력히 개진하여야 한다고 아뢰다.(『宣祖實錄』 선조26. 『集成』18-80)/ 兵曹判書 李德馨이 邵應忠을 만나 왜적이 晉州를 함몰시키고 또 慶州를 침범하고 있는 이때에 중국군이 撤兵하여 왜적이 멋대로 깃밟게 하니 劉總爺는 利害의 소재를 생각하지 않은 것인가 하고 물었다고 아뢰다.(『宣祖實錄』 선조26. 『集成』18-81)/ 備邊司가 中國軍이 撤兵하니, 李德馨이 뜻대로 中國軍의 군량은 我軍에게 나누어 먹이고 要害處에 雄據하여 지키게 하자고 아뢰다./ 兩湖 지방의 首領을 武臣 내지는 전투 경험이 있는 자로 차출하는 것이 어떨지 備邊司에 하문하라고 吏批에 전교하다.(『宣祖實錄』 선조26. 『集成』18-82)/ 大臣이 首領은 武班 내지 전투를 경험한 사람 중에 현저한 공이 있는 사람으로 차출해도 무방하다고 아뢰다.(『宣祖實錄』 선조26. 『集成』18-83)

12.30. 兵曹判書 李德馨이 譯官 李海龍이 賊勢를 적은 咨文을 가지고 출발하려 하는데, 지금의 사정을 鎭撫, 巡撫, 都司에게도 전달하도록 아뢰다.(『宣祖實錄』 선조26. 『集成』18-83)/ 巡撫衙門의 差官이 도착하여 賊勢를 탐문하고 있는데 接待都監으로 하여금 각별히 후대하고 남쪽에서 오는 邊報를 계속 알려주기를 아뢰다./ 中國軍이 撤兵한 慶州 지역의 백성을 慰撫하고 전일 慶州와 蔚山에서 力戰한 사람들을 승진시키고 포상할 것을 속히 의논해 아뢰라고 전교하다./ 備邊司가 金德齡의 군대에 忠勇軍이라는 칭호를 내리고 旗幟를 내릴 것을 아뢰니, 金德齡이 아직 功을 세운 일이 없으니 다시 상의하라고 답하다.(『宣祖實錄』 선조26. 『集成』18-84)/ 備邊司가 元均과 觀察使 韓孝純으로 하여금 慶尙道 晉州의 興善島 牧場을 屯田으로 경작케 하고 場內의 馬匹의 수효를 조사하여 戰士들에게 쓰게 하라고 아뢰니, 임금이 따르다.(『宣祖實錄』 선조26. 『集成』18-85)/ 備邊司가 中國軍 撤兵 후 慶州의 민심을 慰撫하고 慶州와 蔚山에서 力戰한 사람들뿐만 아니라 宜寧의 군대도 전에 咸安에서 勝戰한 軍功에 대해서노 포상할 것을 아뢰다.(『宣祖實錄』 선조26. 『集成』18-86)

【일본】

6.10. 国王 尚寧이 島津義久에게 国家衰微를 위해「唐入り」의 군역을 조달할 수 없다고 비답하였다.(『薩藩日記』 雑録後編)

세우지 못하였으니 軍號만 내리고 旗幟를 내리는 일은 다음에 조처하는 것이 온당하다고 아뢰자, 임금이 따르다.(『宣祖實錄』 선조27. 『集成』18-89)/ 명나라 장수 駱尙志와 査大受 등이 군사를 이끌고 돌아가다.(『宣祖修正實錄』 선조27. 『集成』27-181)

1.2. 좌의정 尹斗壽가 중국 제장들이 왜적과 和議가 이루어질 것을 믿고 撤兵하려 하고 있으니 우리의 병마를 초발하여 중국군과 함께 공격

연도	한국
▲ 1594 ▼	하면 우리 군대를 믿을 수 있게 되고 왜적도 두려워 할 것이라고 치계하다.(『宣祖實錄』선조27.『集成』18-89)/ 督運御使 尹敬立이 왜적은 물러갈 기약이 없고 전쟁은 그칠 날이 없는데 근일 제수한 武弁들이 탐학하고 있으니 이를 처벌해 달라고 치계하다.(『宣祖實錄』선조27.『集成』18-90) 1.3. 光州 忠勇將 金德齡이 君命에 대해 즉시 달려가는 것이 臣下의 도리이지만, 軍機를 그르치지 않는 것도 臣下의 직분이라 상소하자 포장하는 뜻으로 하유하도록 전교하다.(『宣祖實錄』선조27.『集成』18-91) 1.4. 各道로 하여금 군사를 훈련시키게 한 것의 여부와 수령의 폐단을 막기 위해 暗行御史를 보내는 것이 어떠한지 承政院에 전교하다./ 賓廳에 국사가 어려워지고 있어 혁신을 단행하여 政化를 크게 펴야 사람들이 모두 쾌하게 여겨 왜적을 평정하고 至治를 이룩할 수 있는데 옛것을 혁신하기 위해서는 舊君인 자신이 물러가는 것이라며 禪位할 뜻을 밝히다.(『宣祖實錄』선조27.『集成』18-92)/ 備邊司가 朝廷에서 이미 金德齡의 군대에게 軍號를 내려 討賊을 위임하였으니 職名이 없어서는 안된다고 아뢰니, 임금이 職을 제수하라고 답하다.(『宣祖實錄』선조27.『集成』18-93) 1.5. 備邊司가 金德齡은 아직 功을 세우지 못했으니 우선 宣傳官에 제수하고 그대로 忠勇將이라는 명칭으로 군대를 統領하게 하도록 아뢰니, 임금이 따르다.(『宣祖實錄』선조27.『集成』18-93)/ 撫軍司가 金德齡이 모집한 義兵이 1천인에 이르렀고 遠近의 義徒들이 계속 모여들고 있다고 馳啓하다.(『宣祖實錄』선조27.『集成』18-94) 1.6. 상이 柳成龍을 인견하여 왜적의 의도에 대해 물으니 柳成龍이 왜적이 무리를 동원하여 전라도를 침범하려 하니, 험고한 데에 웅거하여 적이 물러가기를 기다리고 있다가 伏兵으로 추격하면 성공할 수 있다고 아뢰다.(『宣祖實錄』선조27.『集成』18-94) 1.8. 總兵에게 고하여 槍劍術과 火器를 다루는 법, 焰硝 굽는 법 등을 배울 것을 전교하다.(『宣祖實錄』선조27.『集成』18-96) 1.9. 駱參將에게 휘하 사람 가운데 槍劍法과 花器의 제도에 능통한 자 한두 명을 京城에 머물러 두고 우리나라 사람에게 가르쳐 줄 것과 焰硝 제조법을 상세히 써 주기를 청할 것을 전교하다./ 請粮使 許頊이 왜적의 침략을 받은 조선에 구원병을 보내어 나라를 일으켜 주는 등의 은혜에 갚을 길이 없는데 백성들이 굶어 죽어가고 있으니 곡식을 보내달라는 내용의 奏文을 가지고 북경으로 떠나다.(『宣祖實錄』선조27.『集成』18-97) 1.10. 行宮이 허술함이 木柵으로 둘러싸고 禁軍을 入直시켜 수비를 강화할 것과 전국의 烽燧가 허술해졌으니 방법을 강구할 것, 忠情道의 도적을 討捕할 것을 전교하다.(『宣祖實錄』선조27.『集成』18-98)/ 왜적과 대치하고 있는 상황에 중국군이 撤兵한다는 사정을 흉적들이 알고 있을 것이니 虛勢를 지어 중국군이 다시 온다는 등의 방문을 붙여 왜적의 귀에 들어가도록 전교하다.(『宣祖實錄』선조27.『集成』18-99) 1.11. 黃海監司의 書狀을 보고, 軍糧과 船隻을 급속히 마련하라고 전교하다./ 영의정 柳成龍 등이 도적들에 대해 아뢰니 상이 왜적이 물러간 뒤 조정에서 제때에 선처해서 統屬이 있게 하지 못한 관계로 의병들이 둔취해 있으면서 제어하기 어려운 도적이 되었으니 그들을 효유하라고 이르다.(『宣祖實錄』선조27.『集成』18-100) 1.12. 兵曹判書 李德馨이 中國 將帥 賈大才가 火砲에 숙달되어 있으니 駱總兵에게 편지를 보내 유치시켜 달라 청하도록 아뢰니, 咨文을 보내어 속히 도모하라고 전교하다.(『宣祖實錄』선조27.『集成』18-102) 1.14. 遊擊 吳惟忠이 왜적이 물러갔으니 撤兵하라는 聖旨를 받았는데, 시말하여 중국에 진달하지 않았냐고 물으니 상이 小西行長은 부산포에 있고 加藤淸正은 西生浦에 있다는 奏文이 중도에 저지 당하여 상달되지 못하였다고 답하다.(『宣祖實錄』선조27.『集成』18-102) 1.15. 병조가 충청도의 의병을 왜적이 물러간 뒤에 잘 조처하지 못하여 흩어졌으니 충청도 의병장을 수습하여 이용하자고 아뢰다.(『宣祖實錄』선조27.『集成』18-103)/ 상이 중국 장수 鄭守備를 접견하여 撤兵하려는 것에 대해 물으면서 아직 왜적이 沿海 일대에 웅거하고 있다고 하자, 鄭守備가 왜적이 물러가지 않으면 군대를 다시 조발하여 격퇴할 것이라고 답하다./ 撫軍司가 왜적으로부터 진주성을 지킨 李廷鸞을 포상할 것을 狀啓하다.(『宣祖實錄』선조27.『集成』18-104) 1.16. 中國 將帥 吳遊擊이 平壤의 싸움에서 몸에 鐵丸을 맞았어도 功은 으뜸이었지만, 우리나라의 일로 탄핵되어 파직까지 당했으니 馬粧 등의 물건을 내려 고마움을 표시하라고 전교하다.(『宣祖實錄』선조27.『集成』18-105) 1.17. 비변사가 반역자 宋儒眞의 역모의 괴수로 의병에 투탁하여 거느린 군사가 많았으나 한 명의 왜적도 체포한 적이 없던 李山謙을 지목하고 체포할 것을 아뢰다.(『宣祖實錄』선조27.『集成』18-105) 1.18. 兵曹判書 李德馨이 顧爺가 남병을 조발하여 온다는 소문에 대해 물으니 吳遊擊이 왜적이 도망갔다고 經略이 보고하여 新兵은 나올 수 없다고 답하다.(『宣祖實錄』선조27.『集成』18-106)/ 備邊司가 吳遊擊이 억울하게 파직되었다는 내용의 咨文을 巡按撫 衙門에게 보낼 것을 아뢰니, 禮部에도 移咨하도록 전교하다.(『宣祖實錄』선조27.『集成』18-107) 1.19. 忠淸道 義兵將 李宗建이 자신은 功이 있는데 論賞되지 않았다는 뜻을 진술하였으나 狀啓가 격식에 어긋나, 가지고 온 사람을 가두게 하다.(『宣祖實錄』선조27.『集成』18-107)/ 兵部尙書 石星에게 왜적이 물러가지 않고 蔚山 등지에서 둔취하고 있으면서 城壕를 수축하고 양곡을 운반하고 있는데 이는 대대적인 공격을 하기 위한 것이니 군사를 보내 줄 것을 청하는 揭帖을 보내다.(『宣祖實錄』선조27.『集成』18-108) 1.20. 宋應昌이 夜不收를 시켜 黃璡를 축출하여 도로 鴨綠江을 건너게 하였으니, 宋應昌의 간사함이 극도에 이르렀다고 전교하다./ 經略이 이미 들어갔으니 黃璡을 질책하여 다시 中國으로 들어가는 것이 어떤지 領相에게 문의하라고 전교하다.(『宣祖實錄』선조27.『集成』18-109) 1.21. 備邊司가 黃璡을 다시 들여보내지 말 것을 아뢰다.(『宣祖實錄』선조27.『集成』18-109)/ 비변사가 嶺南의 방어가 일시

일본

에 무너져서 왜적이 공략할 마음을 품고 있을 것인데 京城에는 군량이 부족하니 撤兵하는 중국군이 南原에 머무를 것을 청하다.(『宣祖實錄』선조27.『集成』18-110)/ 備邊司가 力戰한 남쪽 변방의 將士들에게 고전한 공로를 포상하여 한편으로는 軍心을 驚動시키도록 아뢰니, 임금이 따르다.(『宣祖實錄』선조27.『集成』18-111)

1.22. 義禁府都事를 보내어 黃璉을 잡아오게 하다./ 상이 承政院에 우리나라의 陪臣이 왜적이 물러갔다고 말했기 때문에 중국군이 撤兵하고 있으니 왜적이 아직 물러나지 않은 상황을 중국측에 자세히 알리도록 전교하다.(『宣祖實錄』선조27.『集成』18-111)

1.24. 영의정 柳成龍 등이 반역자인 宋儒眞과 金天壽 등을 추국하였는데 宋儒眞이 동모자는 많지만 적도들이 모여 있는 곳은 보지 못했고 賊魁는 李山謙이라고 공초하다.(『宣祖實錄』선조27.『集成』18-112)

1.26. 비변사가 防禦使 金應瑞의 장계에 5백여 척의 왜선에서 내린 군졸들이 釜山과 東萊 등처로 들어갔고 또한 왜적에게 투항한 자들을 왜적이 분류하여 屯落을 만들고 屯長을 뽑아 其兀이라 명명하고 있다는 등을 아뢰다.(『宣祖實錄』선조27.『集成』18-112)

1.27. 兵曹判書 李德馨이 譚遊擊의 家丁인 賈儒가 沈惟敬이 평양에서 강화할 적에 조선의 한강 이남 4도를 떼어 주기로 하였는데 이를 시행하지 않아 왜적이 물러가지 않고 있다고 말한 것을 아뢰다.(『宣祖實錄』선조27.『集成』18-113)

1.30. 비변사가 權慄의 장계에 巨濟의 왜적이 날로 치성하여 鎭海 등지에 많은 수의 왜적들이 분탕질하였고, 韓孝純의 장계에는 적병이 船隻을 제조하고 있으며, 賊將이 전라도에서 배를 빌려 사정을 탐색하려 하였다는 등을 아뢰다.(『宣祖實錄』선조27.『集成』18-113)/ 비변사가 오늘날의 급무는 군사를 훈련시켜 왜적을 막는 한 가지 뿐이니 黃海道와 平安道의 군사를 조련시킬 것을 청하다.(『宣祖實錄』선조27.『集成』18-114)/ 비변사에 龍山의 왜적을 처치한 것에 대해 물으니 비변사가 왜적을 죽이면 宋經略 등이 왜적이 물러가려 하는데 항복한 왜인을 죽여서 일을 그르쳤다며 허물을 우리에게 돌리는 등의 화를 당할까봐 처치하지 못했다고 回啓하다.(『宣祖實錄』선조27.『集成』18-115)

2.1. 임금은 貞陵洞 行宮에, 王世子는 公州에 있다./ 흉적이 全羅를 범하고자 하는데 여러 장수는 嶺南에 모여 있으니 金德齡에게 군사를 이끌고 鎭海·固城의 경계에 머물러 지키게 하도록 전교하다./ 備邊司가 晋州에 이빈을 대辛亥라 李鎰을 보내고 權慄의 군중에 있는 金德齡에게 宜寧의 諸將과 합세하여 昆陽·鎭海의 사이를 끊도록 할 것을 아뢰니, 임금이 아뢴대로 하라고 답하다.(『宣祖實錄』선조27.『集成』18-116)/ 倭將 加藤淸正의 군사가 慶州를 침략하자 左兵使 高彦伯등이 방어하다.(『宣祖修正實錄』선조27.『集成』27-182)

2.2. 戚總兵의 독화살에 관한 制度를 간청하여 배우던가 中國 사람에게 은근히 물어 傳習하라고 전교하다./ 왜노가 年號를 曰出國皇帝니 日落國皇帝라 고치며 중국에 거짓으로 봉함을 받기를 구하고 공물을 바치는 것을 원하는데 중국에서는 이런 사설에 현혹되어 강화를 하고자하니 이러한 왜적들의 계략을 중국에 알리라고 전교하다.(『宣祖實錄』선조27.『集成』18-117)/ 接待都監 李德馨이 戚總兵을 만났는데 왜적에게 封貢을 허락하면 沈惟敬을 日本으로 보낼 것이라 하기에 전라도를 약탈한 왜적의 형상을 아뢰자, 顧軍門이 병사를 증원하여 왔으니 싸울 것이라고 답한 것 등을 아뢰다.(『宣祖實錄』선조27.『集成』18-118)

2.3. 兵曹參判 沈忠謙이 왜적이 邊疆에 웅거하여 있으며 또한 호남을 노리고 있으니 중국군과 협력하여 왜적을 섬멸하자고 아뢰다.(『宣祖實錄』선조27.『集成』18-118)

2.4. 상이 三司 등을 인견하여 沈惟敬이 우리의 땅을 떼어준다는 조건하에 왜적이 서울에서 물러난 것과, 포로로 잡혀간 자가 왜적들이 종을 물에 던지면서 종이 가라앉으면 日本이 이긴다 하며 빌었다고 말한 것 등을 의논하다.(『宣祖實錄』선조27.『集成』18-120)

2.6. 상이 왜노의 항복 表文이 중국에 이르면 우리 나라의 일은 그만인 것이니 계속 사신을 보내게 하고, 적괴 李山謙의 일로 관계된 여러 사람들을 국문하다./ 接伴使 金睟이 總兵이 譚宗仁이 왜적의 진영에 억류되어 있으며 沈遊擊이 小西行長이 지은 거짓 표문을 가지고 왔고, 關白이 天朝와 혼인하고자 하며, 한강 이남의 땅을 할양 받고자 한다고 말한 것 등을 치계하다.(『宣祖實錄』선조27.『集成』18-126)

2.7. 總兵이 왜적이 항복문서를 바치자 중국에서 허락했는데 만약 간악함을 품고 그대로 머무른다면 大兵으로 섬멸 할 것이라 하니 상이 왜노가 항복하는 表文을 올린 것을 교활한 속임수라고 말하다.(『宣祖實錄』선조27.『集成』18-127)/ 상이 陳奏使가 사행을 갈 때 왜적이거짓으로 항복하는 表文을 올린 것과 사신을 막고 쫓아낸 사실 등을 아뢰어 날로 위태로워지는 형상을 알리도록 전교하다./ 承文院이 奏文은 오직 賊의 간사한 꾀를 통렬히 진달해야 할 것이며 經略을 논박하는 데에 관해서는 좀 부드럽게 말을 만들어야 할 것이라 아뢰니, 알았다고 전교하다.(『宣祖實錄』선조27.『集成』18-128)

2.8. 兵曹判書 李德馨이 沈惟敬이 평양과 서울에 왜적이 있을 적에도 한 조각의 땅을 허락하지 않았는데 적이 해상으로 철수하는 판국에 4개의 도를 왜에게 할양 할 리 없다고 변명한 것을 아뢰다./ 推鞫廳이 宋儒眞의 역모와 관련된 金達孝와 趙希進을 面質했는데 金達孝가 왜적의 기별은 趙瑗과 면대하여 주었는데 趙希進은 와보지도 않았다고 공초한 것을 아뢰다.(『宣祖實錄』선조27.『集成』18-129)

2.9. 이조가 예로부터 난을 평정하고 천하를 안정시킬 때는 인재수습을 최상으로 삼았으니 擧義하여 왜적을 토벌하지 않은 관원을 용서하여 다시 등용할 것을 청하다.(『宣祖實錄』선조27.『集成』18-130)

2.10. 영의정 柳成龍이 戚總兵을 만나서 왜적의 거짓 항복 表文에 대해 논하고, 沈遊擊이 거느린 왜적이 성밖에 있어 왕이 전송하지 못한 이유에 대해 말했다고 아뢰다.(『宣祖實錄』선조27.『集成』18-131)/ 沈惟敬이 왜의 表文을 가지고 갈 것이니 왜적의 사정을 알리는 우리나라 咨文이 중국에 도착할 때까지 沈惟敬의 행차를 지연시키도록 전교하다./ 영의정 柳成龍 등이 沈惟敬의 행차를 지연시키는 것은 불가하다고 密啓하니 상이 의로운 선비가 한 사람만이라도 있다면 반드시 여기에 온 왜적을 죽였을 것이라고 답하다.(『宣祖實錄』선조27.『集成』18-132)/ 政院이 沈惟敬이 오늘 떠나려 하였으나 왜놈의 卜物擡扛軍이 아직 갖추어지지 않았다고 아뢰자, 兵曹로 하여금 왜놈의 卜物을 輪轉하지 말도록 전교하다.(『宣祖實錄』선조27.『集成』18-132)

2.11. 兵曹判書 李德馨이 武藝와 칼과 창 쓰는 법을 《紀效新書》의 규칙에 맞게 하는 자는 論賞하고 아울러 과거에도 시험보이길 아뢰니, 임금이 칼과 창을 잘 쓰는 자에게는 料米를 지급하고 과거에도 시험보게 하라고 답하다.(『宣祖實錄』선조27.『集成』18-133)/ 沈惟敬이 데리고 온 倭人은 같이 데리고 갈 수 없다는 뜻을 말하라고 하다./ 承政院이 沈惟敬의 接伴官 金潤國이 가져온 왜노의 降表 謄書草本을

연도	한국
▲ 1594 ▼	入啓하니 상이 이를 읽고 우리 나라 사람의 문법 같다고 하니 承政院이 이 문법과 체제는 분명 왜노가 지은 것은 아니라고 회계하다.(『宣祖實錄』 선조27. 『集成』18-134) 2.12. 承政院 都提調가 沈惟敬이 小西行長과 밀담을 나누고 항복하는 表文을 가지고 나왔는데, 속히 중국 조정에 왜의 항복은 사실이 아니니 깊이 살펴야 한다는 뜻으로 완곡하게 陳奏자고 아뢰다.(『宣祖實錄』 선조27. 『集成』18-135)/ 承文院 都提調가 奏草의 말뜻이 지나치게 드러나서 지난날의 皇恩을 만족하지 않게 여기고 끝없이 책망하는 듯하므로 수정할 것을 다시 아뢰자, 임금이 따르다./ 鐵萬照 등이 가져온 廣寧巡撫의 咨文을 政院에 내렸는데, 咨文이 평시의 규식과 달라 眞僞를 위심하다.(『宣祖實錄』 선조27. 『集成』18-136)/ 상이 대신들을 인견하여 왜적의 降表의 진위와, 적병이 날뛰고 있으니 公私賤을 병사에 충당하는 것에 대해 논의하다.(『宣祖實錄』 선조27. 『集成』18-137) 2.13. 상이 加藤淸正의 꾀는 小西行長이 호남에서 배를 구한 사실을 가지고서 화친을 요구하려고 할 것인데 이는 침범하려는 의도이니 방어하는 일을 극력 조치하는 한편 중국 조정에 위급함을 알리도록 전교하다.(『宣祖實錄』 선조27. 『集成』18-140) 2.14. 備邊司가 劉總兵이 형벌을 완화하여 백성을 보호하도록 간곡히 부탁하였는데, 실로 외방 수령들이 함부로 형벌을 사용하고 있으니, 사람을 함부로 죽이지 말도록 中外에 申飭하시기를 아뢰다.(『宣祖實錄』 선조27. 『集成』18-140)/ 承文院 都提調가 咨文 가운데에 땅을 떼어준다던가 결혼을 요구한다던가 하는 말을 제거하기를 청하다.(『宣祖實錄』 선조27. 『集成』18-141)/ 상이 왜적들에 의해 죽은 자가 많을 것인데 상복을 입은 자가 없는 것을 괴이하게 여겨 비록 전쟁 때이지만 法司에서는 糾正하여 상복을 입게 하도록 전교하다.(『宣祖實錄』 선조27. 『集成』18-142) 2.16. 海平府院君 尹根壽가 遼東에 있을 때 먼저 奏稿를 보니 왜적이 晉州를 함락하였다는 부분에 있어 주달 되지 못할 것 같이 改撰한 奏文을 기다리라는 편지를 黃璉에게 보내어 義州로 향한 것이니 자신을 처벌해 달라고 청하다./ 司憲府가 前觀察使 柳永立은 적변 초기에 道主로서 도망하여 온 道를 궤멸되게 하였고 왜적에게 붙잡혀서는 아첨하여 빠져 나왔는데 나라를 욕되게 하였으니 처벌하도록 청하다.(『宣祖實錄』 선조27. 『集成』18-143)/ 陳奏使 許筬이 왜적의 상황 등을 서술한 자문을 가지고 赴京하다.(『宣祖實錄』 선조27. 『集成』18-144) 2.17. 상이 李時言이 사로잡은 왜적의 초사를 보고 왜적이 중국과 혼인하려는 것과, 우리 나라의 일부를 떼어달라고 요구한 것이 사실인 것 같으니 중국에 咨文을 지어 알리도록 전교하다./ 우리 나라 사람은 왜적을 잡으면 죽여 투항하는 길을 끊어버려 다른 나라의 기술을 傳習할 수가 없으니 이제부터는 왜적의 포로는 죽이지 말고 달래어 항복을 받아 그들이 가진 기술을 傳習 받으라고 전교하다.(『宣祖實錄』 선조27. 『集成』18-147) 2.19. 司諫院이 慶尙右道兵使 成允文은 포악하고 탐욕스러우니 파직하고, 接伴使 任國은 응변하는 재주가 없으니 체차하도록 아뢰다./ 領議政 柳成龍이 忠州를 지키지 못하면 漢江을 연한 수 백리가 모두 적의 공격을 받게 되며, 忠州를 지키기 위해서는 鳥嶺을 굳게 지켜야 하므로 그곳 사정을 잘 아는 辛忠元에게 방어를 맡길 것을 아뢰다.(『宣祖實錄』 선조27. 『集成』18-148)/ 備邊司가 總兵이 撤兵하여 京城으로 돌아가고자 하니, 그대로 八莒에 머물지 못한다 하더라도 湖南으로 옮겨 머물라는 뜻의 咨文을 보낼 것을 아뢰니, 임금이 따르다.(『宣祖實錄』 선조27. 『集成』18-149) 2.20. 비변사가 항복한 왜인에게는 귀순한 공으로 특별히 司猛의 告身을 주어 마음을 안정시켜 그들로 하여금 훈련시키고 가르치는 데 힘쓰게 하면 효과가 있을 것이라고 아뢰다.(『宣祖實錄』 선조27. 『集成』18-150) 2.21. 王世子가 洪州로 출발하여 定山縣에 머물다.(『宣祖實錄』 선조27. 『集成』18-150)/ 右副承旨 李光庭이 胡參將이 왜적의 상황에 대해 거짓 보고한 提督과 經略이 탄핵받았다는 것과 조선을 위해 왜적의 封貢을 허락하지 않을 수 없다는 石尙書가 上本한 내용에 대해 말한 것 등을 아뢰다.(『宣祖實錄』 선조27. 『集成』18-151)/ 王世子가 公州를 출발하여 洪州로 향하다./ 경상좌병사 高彦伯 등이 淸正이 화친을 요구했음을 알리자 비변사에서 왜적의 편지에 文錄 3년으로 年號를 고쳤으나 淸正의 편지가 틀림없고 淸正의 모략일 수도 있으니 방비를 강화하고 새로운 변란에 대비하자고 회계하다.(『宣祖實錄』 선조27. 『集成』18-152) 2.22. 王世子가 靑陽縣에 머물다./ 柳成龍이 李山謙이 의병장이 되었을 적에 민간에서는 병졸만 모아 놓고 왜적을 토벌하지는 않는다는 말들이 있었다고 아뢰다.(『宣祖實錄』 선조27. 『集成』18-154)/ 軍功廳堂上 工曹判書 金命元이 咸鏡監司 尹卓然이 咸鏡道 지역의 軍功을 논할 때는 倡義起軍한 것을 으뜸으로 삼아야 한다고 한 것을 아뢰다.(『宣祖實錄』 선조27. 『集成』18-156) 2.23. 王世子가 洪州에 도착하다.(『宣祖實錄』 선조27. 『集成』18-156)/ 欽差防海禦倭兵部左侍郞都御史 顧養謙이 關白이 왜장을 보내어 항복하기를 애걸하였고, 釜山의 倭奴는 군량을 대지 못하여 잠시 머무르는 것이며 周弘謨를 보내어 小西行長에게 돌아가도록 독촉하였다는 내용의 牌文을 보내다./ 兵曹判書 李德馨이 聞慶이 賊情을 朝廷에서 모두 알고 있으니, 倭와 우리의 사정을 알리는 陪臣의 행차를 1개월쯤 미루었다가 朝廷의 의논이 어떠한지를 보고 나서 실상을 아뢰는 것이 묘책이라고 했던 것을 아뢰다.(『宣祖實錄』 선조27. 『集成』18-157) 2.24. 비변사가 許筬이 陳奏할 일은 왜적의 表文이 가짜인 것과 왜적이 釜山 등지에 머물러 있다고 알리는 것인데 皇朝에서 이미 알고 있으니 사신을 보내는 것을 우선 정지하자고 아뢰다.(『宣祖實錄』 선조27. 『集成』18-158) 2.25. 임금이 遊擊 劉崇正, 守備 毋承宣을 접견하다./ 訓練都監이 胡大經 등이 倭人에게 兵威를 떨쳐 그 마음을 놀라게 하라고 했으니, 義勇軍과 砲手 도합 1천여명을 南大門 밖에서 炮를 쏘게 하여 적이 보고 놀라게 하도록 아뢰다./ 비변사가 金應瑞의 啓本에 있는 항복한 왜인의 招辭를 보면 그 실정을 헤아릴 수가 없고 또한 탈출해 온 왜인은 적의 형

일본

세를 자세히 말하고 있는데 金應瑞 등에게 하유하여 첩자인지의 여부와 賊情을 자세히 살피도록 아뢰다.(『宣祖實錄』 선조27. 『集成』18-160)/ 비변사가 金應瑞 계본에 있는 항복한 왜의 초서를 다 믿을 수는 없지만 왜적이 화해하자고 하면서 실제로는 새로운 적이 오기를 기다리는 것일 지도 모르니 왜의 초사를 가지고 자문을 만들어 고경략에게 告急하자고 아뢰다.(『宣祖實錄』 선조27. 『集成』18-161)

2.26. 비변사가 全羅道兵使 등 장관이 모두 慶尙道에 있어 적병이 쳐들어오면 방어하기가 어렵고, 지금 왜적이 좌·우도에 나타나는 것이 날로 심해지니 巡邊使 李鎰를 全羅左道로 전진하게 하여 변란에 대비하게 하자고 청하다./ 顧總督이 이미 鳳凰城에 도착했으니 喪中과 병으로 賊情을 잘 알지 못하는 韓應寅 대신 이곳의 宰臣을 보내어 접대하도록 賓廳에 전교하다.(『宣祖實錄』 선조27. 『集成』18-162)

2.27. 상이 비변사 유사당상을 인견하여 倭情은 어떠하고 만약 封貢을 허락한다면 파병을 할 것인지 아니면 중국을 범할 것인가와, 豊臣秀吉은 지금 어디에 있고 군병은 얼마나 되며 앞으로 무엇을 하려고 하는지 등을 의논하다.(『宣祖實錄』 선조27. 『集成』18-163)/ 비변사가 笠嚴山城은 적을 피하는 유리한 곳이니 法堅을 副總攝으로 삼아 성을 수축하도록 아뢰자 상이 왜적을 토벌한 승려를 總攝이라 할 수 있는데 산성을 수축하는 승려에게 總攝의 권한을 주는 것은 다시 생각하자고 하다.(『宣祖實錄』 선조27. 『集成』18-169)/ 備邊司가 우리나라의 배를 가지고 먼저 金州衛에 가서 운반해 오도록 급히 侍郞에게 移咨하도록 아뢰니, 임금이 따르다./ 備邊司가 항복한 倭人을 龍山舟師將 金友臯의 手下에 소속시켜 火砲·焰硝 등의 일을 가르치도록 아뢰니, 임금이 訓鍊都監에 소속시켜 방포하는 법과 刀槍 등의 법을 給料를 주어 傳習케 하도록 답하다.(『宣祖實錄』 선조27. 『集成』18-170)

2.29. 備邊司가 平壤에 온 將帥의 祠堂을 세운다면 坐次를 按排하기 어려우니 중지하고, 大提學으로 하여금 글을 지어 碑石만 세우도록 아뢰다.(『宣祖實錄』 선조27. 『集成』18-171)

3.1. 임금은 貞陵洞 行宮에, 王世子는 洪州에 있다./ 備邊司가 忠淸道 寺刹의 位田을 訓鍊都監의 경비 마련을 위해 지급할 것과 각 지방의 砲手가 되기를 원하는 사람에게 총 쏘는 법을 교습시키고 우등한 사람은 禁軍을 삼기도 하고 免賤이나 免役 시켜 줄 것을 아뢰다.(『宣祖實錄』 선조27. 『集成』18-171)/ 謝恩使 金晬 등이 御史 韓取善이 中國 使臣 司憲이 朝鮮 지방을 擾解하였다고 上本한 것과 兵部가 總兵 劉綎 등이 晋州를 구하지 아니하여 兵馬를 損傷시켰다고 上本한 것을 치계하다./ 都督 劉綎이 星州에서 南原으로 둔진을 옮기다./北兵使 鄭見龍이 易水部의 叛胡를 토멸하다.(『宣祖修正實錄』 선조27. 『集成』27-182)

3.2. 備邊司가 總督 顧養謙이 鳳凰城에 도착하였는데, 沈喜壽를 이미 接伴使로 삼았으니 許筬을 接伴府使로 삼아 달려가도록 아뢰다./ 忠勇將 金德齡이 현재 병력이 3천여명이나 되는데 군량이 부족하니 湖南軍士로 출신한 자 이외에는 모두 歸農할 것을 허락하고 嶺南에서 精兵 수천명을 뽑아 인솔하여 賊을 토벌하도록 아뢰다.(『宣祖實錄』 선조27. 『集成』18-173)

3.3. 大司憲 沈喜壽가 軍門 顧養謙을 接伴하는 임무로 멀리 떠나려 하므로 風憲의 직책을 그대로 겸대할 수 없으니 체차하도록 아뢰다.(『宣祖實錄』 선조27. 『集成』18-174)

3.4. 備邊司가 林仲樑과 吳應鼎을 千總의 中軍으로서 죄가 있으나 지금 훈련을 하는 때에 대신할 만한 다른 사람이 없으니, 우선 작은 허물을 용서하고, 뒷날의 효험을 관찰하도록 아뢰다.(『宣祖實錄』 선조27. 『集成』18-174)/ 上이 承政院에 왜적은 褊將과 裨將의 行陣에도 木柵을 세우고 營壘를 설치하여 스스로 굳게 하는데 우리 나라에는 이와 같이 하고 있지 않으니 御所의 담장 밖에 木柵을 세우도록 전교하다./ 備邊司가 防禦使 金應瑞는 軍兵 조련의 책임을 맡고 오래도록 中國 병사의 막하에 있었으나 훈련하여 성취된 것이 없으니, 곧 직무를 태만히 한 것으로 추고할 것을 아뢰다./ 都元帥 權慄과 接伴使 金瓚 등이 都督府에서 加藤淸正에게 회답하는 서신을 謄書하여 치계하다.(『宣祖實錄』 선조27. 『集成』18-175)/ 비변사가 왜적에게 포로가 되었던 중국인 康玉湖라는 사람이 淸正이 關白에게 신임을 받고 있지 않다고 달하였는데, 이번 기회에 淸正과 關白의 사이를 이간질시키기 위해 徐渚을 劉總兵에게 보내어 의논케 하자고 아뢰다.(『宣祖實錄』 선조27. 『集成』18-177)

3.5. 훈련하는 일은 미룰 수가 없는데 聞千總과 魯天祥이 죽었다고 하니 어떻게 할지 兵曹에 물으라고 政院에 전교하다.(『宣祖實錄』 선조27. 『集成』18-178)/ 兵曹가 各軍의 大會를 열어 王大貴와 胡汝和를 청해 점검하고 시험한 뒤 날마다 연습하면서 賈中軍이 돌아오는 것을 기다리도록 할 것을 아뢰다.(『宣祖實錄』 선조27. 『集成』18-179)

3.7. 接待都監이 적진으로부터 나온 譚馮時에게 왜적의 수와 군량 비축은 얼마나 되는지, 조선 포로가 어느 정도인지, 沈惟敬이 나오면 왜적이 돌아갈 것인지, 小西行長이 加藤淸正과 친밀한지 등을 물어 아뢰다.(『宣祖實錄』 선조27. 『集成』18-179)

3.8. 호조가 兩湖 및 적변을 겪지 않은 여타 고을이 적지 않을 텐데도 난리를 핑계삼아 회계를 팽개쳐 두고 있으며 또한 여러 고을 가운데 왜적의 변란을 겪지 않은 곳은 解由를 살펴본 뒤에 수령을 임명하도록 아뢰다.(『宣祖實錄』 선조27. 『集成』18-181)

3.9. 領府事 沈守慶 등을 인견하여 왜적이 慶州를 침범할 것이라는 말이 있는데 그 후 소식이 없는 것과, 왜적이 巨濟島에서 집을 짓고 木柵을 설치하고 있으며 왜적이 해상에서 병사를 주둔하고 있는 것 등을 물어 의논하다.(『宣祖實錄』 선조27. 『集成』18-181)/ 천하 사람이 모두 和親을 주장하는데 오직 劉公과 胡煥만이 和親을 배척했으니, 직접 胡煥을 接見하고 전송하고 싶다고 政院에 전교하였으나, 備邊司가 接待都監의 堂上에게 接待하여 보내게 하는 것이 합당하다고 아뢰다.(『宣祖實錄』 선조27. 『集成』18-185)

3.10. 承文院에서 胡煥에게 써준 書帖 중에 '李鎰이 달려가 적의 선봉을 범하니 적병이 조금 물러났다'라는 말이 사실과 다른 것을 힐책하다./ 撫軍司에서 훈련시킨 병졸의 수효를 조사하고, 훈련과 군량 수송을 원활히 할 것을 명하자, 宣傳官 柳成龍이 慶尙道의 피폐한 상황과 釜山浦, 薺浦 등지에 적이 전처럼 웅거하여 적선이 항상 드나드는 것을 아뢰다.(『宣祖實錄』 선조27. 『集成』18-186)/ 冬至使 許晉이 보文 1건을 禮部와 兵部에 謄書하여 바쳤는데 모두 賊情에 관계되는 것을 자세히 밝혔으나, 石尙書가 적의 형세에 대한 말을 싫어하여 奏文할 때 마음대로 삭제하여 버렸다고 아뢰다.(『宣祖實錄』 선조27. 『集成』18-188)

3.12. 병조가 嶺南의 여러 고을은 일찍이 왜적과 과감히 싸운 병사가 곳곳에 많이 있어 염려되는 것은 군량뿐이니 이제부터는 군량 마련과 정예병 여부를 살핀 뒤에 군사를 징발할 것 등을 건의하다.(『宣祖實錄』 선조27. 『集成』18-189)

3.13. 中國 朝廷의 將官이 우리나라를 위하여 훈련시키고 있으니 兵曹判書로 하여금 厚意를 바치게 하여 그들의 마음을 위로하도록 政院에

연도	한국
▲ 1594 ▼	전교하다.(『宣祖實錄』 선조27.『集成』18-190) 3.14. 兵曹判書 李德馨 등이 蔡謙이 왜적의 실정을 듣고 周弘謨와 의논하여 조처하고 싶다고 말한 것과, 釜山의 倭戶에 대한 일은 輿地勝覽을 내어 보여 중국에 해명하자고 아뢰다.(『宣祖實錄』 선조27.『集成』18-190)/ 영의정 柳成龍이 왜와 교섭하는 중국의 태도가 일관성이 없고 撤兵하여 적의 행동이 더욱 심해 질 것이며 중국 장수와 문답할 때 적의 실정 등은 書帖에 갖추어 기록하고 釜山浦가 기재된 輿地勝覽과 함께 보내려 한다고 아뢰다.(『宣祖實錄』 선조27.『集成』18-192) 3.15. 상이 遊擊 周弘謨를 접견하여 輿地勝覽을 보이면서 釜山에 倭戶가 있다는 설을 해명하고 중국 조정이 왜적에게 封貢을 허락한 것의 여부 등을 의논한다.(『宣祖實錄』 선조27.『集成』18-193) 3.16. 司諫院이 驪州牧使 崔遠을 왜적을 만나자 먼저 도망하여 숨었으니 上流의 保障에 관한 지역을 이 사람에게 맡겨둘 수 없으니 체차하도록 아뢰다./ 政院이 侍郎 顧養謙의 家人이 小西飛의 下人 왜놈 두명을 거느리고 도착하였는데 그 倭人들은 小西飛의 비밀문서를 가지고 關白에게 왕래하던 자라고 아뢰니, 전처럼 守直하여 외부로 나오지 못하도록 전교하다.(『宣祖實錄』 선조27.『集成』18-195) 3.18. 상이 承文院에 명하여 왜적이 중국과 혼인하려고 하는 것, 平行長 등이 新兵을 더 뽑아 全羅道를 거쳐 중국까지 침략 할 것이라는 등의 근일의 賊情을 써서 遊擊 周弘謨에게 보이라고 하다.(『宣祖實錄』 선조27.『集成』18-195) 3.20. 상이 비변사 등을 인견하여 加藤淸正이 慶州에 서신을 보낸것과 淸正의 마음을 자세히 알지도 못하면서 劉總兵이 關白을 도모하라는 말로써 글을 써서 보낸 것 등에 대해 의논한다.(『宣祖實錄』 선조27.『集成』18-196)/ 撫軍司에서 給料의 어려움 때문에 武士를 많이 모집하지 못한 것과 砲術을 교련한 수는 10여명에 지나지 않는다고 아뢰다.(『宣祖實錄』 선조27.『集成』18-202) 3.21. 備邊司가 투항한 倭人들이 焰硝를 굽거나 농사짓기를 바라니, 訓練都監에 소속시켜 焰硝를 굽게 하고, 焰硝가 품질이 좋으면 司猛의 告身을 부여할 것을 아뢰다.(『宣祖實錄』 선조27.『集成』18-203) 3.22. 司憲府가 嶺南 沿海의 목장이 거의 왜적의 수중에 들어갔으나 오직 晋州의 興善島만은 겨우 보존하고 있는데 만약 흥선이 진출한다면 왜적의 수중에 들어갈 것이니 본도 감사로 하여금 良馬를 뽑아서 戰馬에 충당하자고 아뢰다.(『宣祖實錄』 선조27.『集成』18-204) 3.23. 司憲府가 武科初試에 합격한 자에게 적의 首級을 참획한 후에 紅牌를 주기로 한 것은 적을 토벌하는 데 급급했기에 실시했던 것인데 지금 적의 首級을 얻기 위해 폐단이 생기고 있으니 그 진상을 조사하여 논상할 것을 청하다.(『宣祖實錄』 선조27.『集成』18-204)/ 備邊司가 慶尙道의 鎭管 중 安東과 주변지역은 아직 백성이 많이 남아 있으니 장정을 모집하여 날마다 조련하고 火砲·弓矢·槍刀 등의 기술을 가르치면 병사 수천명은 얻을 수 있을 것이라 아뢰다.(『宣祖實錄』 선조27.『集成』18-205)/ 都元帥 權慄이 왜적의 괴수가 글을 보내 화친을 청한 것이 속임수이기는 하지만 중국은 反間을 행하면서 한편으로는 그 요청을 들어주려고 하니 만일 중국의 뜻을 어길 수 없게 된다면 어떻게 선처해야 할 것인지를 치계하다./ 兵曹가 禁軍이 문란하여 계통이 서 있지 않으니, 伍를 묶고 隊를 나누어 12명으로 1隊를 만들고 3개隊에 旗摠을 두며 3개 旗摠에 1哨官을 둠으로써 통섭함이 있게 하여 윤번제로 入直하게 할 것을 아뢰다.(『宣祖實錄』 선조27.『集成』18-206)/ 備邊司가 全羅道에 거주하는 王鳳文과 李安命, 寶城에 거주하는 前萬戶 卞國經이 미곡 50석을 납입하였다고 하니, 堂上의 가자를 허락하여 다른 사람의 본보기가 되게 하도록 아뢰다.(『宣祖實錄』 선조27.『集成』18-207) 3.25. 備邊司가 慶·蔚山·密陽 등처에 종군한 사람과 죽은 자의 처자를 영원히 잡역을 면제하여 주고, 壇을 세워 招魂祭를 올려 忠魂을 위로할 것을 아뢰다.(『宣祖實錄』 선조27.『集成』18-207)/ 兵曹가 訓練都監에서 鳥銃과 弓矢·長槍과 短兵 등 여러 가지 병기로 서로 제압하게 하는 새로운 편제와 公·私賤의 科擧를 설치하는 것에 대해 才藝가 뛰어난 사람은 파격적으로 禁軍을 제수할 것을 아뢰다.(『宣祖實錄』 선조27.『集成』18-208) 3.27. 備邊司가 平安監司가 보낸 砲手의 試才를 時御所 후원에서 할 것을 아뢰니, 임금이 某處에서 兵曹堂上 및 承旨가 試才하라고 답하다.(『宣祖實錄』 선조27.『集成』18-209) 3.28. 상이 張雲翼 등을 인견하여 加藤淸正이 劉總兵에게 보낸 글의 내용과 劉總兵이 왜적에게 反間을 놓으려 한 것, 왜적이 화친을 하려는 것의 진위 등을 의논하다.(『宣祖實錄』 선조27.『集成』18-209)/ 訓練都監이 黃海道·平安道·江原道의 僧軍이 각각 수십명씩 도착하여 鳥銃과 刀槍 등의 기예를 배우고 싶어 하니, 이들을 교련하여 官軍으로 삼으면 一軍을 만들 수 있을 것이라 아뢰니, 임금이 따르다./(『宣祖實錄』 선조27.『集成』18-211) 3.29. 영의정 柳成龍이 制勝方略제도는 乙未年 倭變을 당하자 일시의 구급책으로 마련한 것이어서 겨우 소소한 적을 상대할 수는 있어도 대적을 제압할 방략이 못되니 鎭管체제로 복귀할 것을 청하다.(『宣祖實錄』 선조27.『集成』18-212)/ 政院이 晋州에서 전사한 자 중 미처 褒贈하지 못한 사람은 該司로 하여금 속히 褒贈하고, 그의 부모처자로서 각 도로 유리한 자도 돌보아 廩養할 것을 아뢰니, 임금이 따르다.(『宣祖實錄』 선조27.『集成』18-213) 3.30. 周遊擊이 인솔하여 온 降倭人이 아직 남대문에 있다고 하는데 우리의 不共戴天의 왜적이 마음대로 橫行하고 있으니 이 왜인을 그들의 소굴로 쫓아 보내도록 전교하다./ 장수가 승첩을 알리면서 적의 首級과 병기를 바치지 않고 말로만 軍功을 보고하니 자세히 조사하여 처리하도록 전교하다.(『宣祖實錄』 선조27.『集成』18-214)/ 兵曹에서 周遊擊이 대동하고 온 倭人 1명을 처치하겠다고 아뢰니, 다만 漢江 건너편 擺撥兒가 있는 곳에 머물러 두게 하라고 전교하다./

일본

備邊司가 모든 장수의 名位와 爵秩이 서로 동등하여 함께 진격하지 아니하고 패배하여도 서로 구원하지 않고 있으니, 都元帥 權慄로 하여금 호령을 분명히 하여 모든 장수가 화목하게 협력하도록 아뢰다.(『宣祖實錄』 선조27. 『集成』18-215)

4.1. 임금이 貞陵洞 行宮에 있다./ 王世子는 洪州에 있다./ 都元帥 從事官 司藝 李慶涵을 인견하여 賊情과 적을 토벌할 만한 용감한 장수, 總兵이 적과 강화를 하면서 원수에게 동참하라고 한다면 어떻게 대처한다고 했는지와 淸正의 일에 대해 承旨의 의견 등을 묻는다.(『宣祖實錄』 선조27. 『集成』18-217)/ 都元帥 權慄이 僧將 惟政을 시켜 加藤淸正을 철수하게 하였으나 성사되지 않다.(『宣祖修正實錄』 선조27. 『集成』27-183)

4.2. 備邊司가 顧侍郎이 賊勢를 두루 진달한 것을 가지고 불만을 품은 것과 中國 사람들이 우리의 급함을 고하는 등의 일을 듣기만 하면 곧 화를 내곤 하니 沈喜壽 등의 馳啓를 기다려 형세를 보아가며 대처하는 것이 좋겠다고 아뢰다./ 接伴使 金瓚이 熊川의 賊船 31척이 鎭海·固城 등지로 와 정박하고 있다가 우리나라 舟師에게 격파되었는데 이 때문에 行長이 의구심을 품고 있다고 馳啓하다./ 倭書의 내용 중에 行長이 朝鮮 사람이 兵船을 출동시켜 우리 諸營의 배들을 빼앗아 갔는데, 또 兵船을 출동시킨다면 이쪽 諸將들도 틀림없이 군대를 출동시키게 될 것이라 하다.(『宣祖實錄』 선조27. 『集成』18-220)/ 將希春 등이 '大明都督府에 淸正은 답한다'라고 쓰여져 있는 賊將 淸正이 劉總兵에게 전하는 답서를 가지고 오다.(『宣祖實錄』 선조27. 『集成』18-221)

4.3. 備邊司가 金堤郡守 鄭湛, 海南縣監 邊應井은 熊峙 싸움에서 戰死하였는데, 이밖에도 朝廷에서 알지 못하는 사람들이 있으니 慶尙·全羅·忠淸 3道의 監司로 하여금 다방면으로 널리 방문하여 아뢰도록 할 것을 아뢰다.(『宣祖實錄』 선조27. 『集成』18-222)/ 推鞫廳이 田得井이 文化에다 역모를 고발할 때 邊渷가 왜적의 진중에 들어가 左衛將이 되어 壬辰倭亂에 왔을 때 邊避福이 찾아갔더니 우리 나라 사람들이 왜적을 끌어들여 나라를 배반했다고 말한 것 등을 아뢰다.(『宣祖實錄』 선조27. 『集成』18-223)

4.5. 賓廳 대신이 2품 이상을 거느리고 현재 흉적이 물러가지 않아 날이 갈수록 위태로움이 더해져 나라가 불안하니 성상께서 국토를 수복하고 국맥을 이어나가야 하실 때이니 禪位하지 말라고 아뢰다.(『宣祖實錄』 선조27. 『集成』18-224)

4.7. 備邊司가 各陣의 군대들이 모두 군량이 모자라니 老職堂上帖과 空名告身을 필요한 숫자만큼 보내도록 아뢰니, 임금이 따르다.(『宣祖實錄』 선조27. 『集成』18-226)

4.8. 備邊司가 각처의 義兵들이 進退를 멋대로 하니 徐渻에게 監軍의 책임을 맡겨 1道의 군대 수와 糧餉 등을 총괄적으로 관리하도록 아뢰다.(『宣祖實錄』 선조27. 『集成』18-227)

4.10. 몸이 약한 자, 힘이 세지 못한 자, 몸놀림이 둔한 자, 발이 무거운 자, 나이가 많은 자들을 모두 도태시키고 건강한 자들만 뽑은 다음 毒火·毒矢의 법을 익히도록 訓練都監에 이르라고 政院에 전교하다.(『宣祖實錄』 선조27. 『集成』18-227)

4.11. 司諫院이 軍功에 대한 論賞은 때를 넘기지 않아야 하는데, 咸鏡道 한 곳만 보더라도 錄功하기를 계문한 지가 3년이나 지났어도 아직 行賞을 않고 있으니 軍功廳의 堂上을 추고하고 當該郎廳을 파직하기를 아뢰다./ 비변사가 왜적의 변란이 있은 뒤로 인심이 동요되고 있으니 유언비어의 남발에 대한 대책을 세워 아뢰다.(『宣祖實錄』 선조27. 『集成』18-228)/ 訓練都監이 精兵을 교련하는 것에 대한 것과 毒火法에 대한 것을 아뢰다.(『宣祖實錄』 선조27. 『集成』18-229)

4.12. 임금이 慕華館에 거둥하여 習陣을 사열하고 中國 교사 胡汝和 등을 접견하여 술을 내리다./ 임금이 習陣하는 것을 보고 領相 柳成龍과 兵判 李德馨에게 각각 匹段 1封씩을 내리고, 將官들도 論賞하도록 이르다.(『宣祖實錄』 선조27. 『集成』18-231)

4.13. 備邊司가 慶州 싸움에서 가장 力戰한 助防將 權應銖에게 戰馬 1필을 내려 격려하고 권장하기를 아뢰다./ 備邊司가 兵禍 이후 中國軍을 접대하는 일과 運糧과 刷馬 등의 일이 겹쳐 모든 백성들의 고혈이 이미 고갈되었는데 그중 京畿道가 가장 극심하니, 刷馬의 폐단을 경정할 것을 아뢰다.(『宣祖實錄』 선조27. 『集成』18-232)/ 兵曹가 大臣들의 주장이 庶孽과 公私賤은 鳥銃과 鐵箭·片箭을 자루와 화살의 수 및 순차의 수를 정하여 두고 세 가지에서 하나의 中 이상을 얻은 자를 初試에 참여시키는 것이 온당하다고 한 것을 아뢰다.(『宣祖實錄』 선조27. 『集成』18-233)

4.14. 備邊司가 慶尙左水使 李守一에게 近日의 事情과 水軍의 수, 주둔한 곳, 蔚山을 떠난 적선에 대한 대응책 등을 馳啓하도록 아뢰다.(『宣祖實錄』 선조27. 『集成』18-233)

4.15. 兵曹가 군대를 조련하는 哨官과 將官들에 대한 論賞에 대해 大臣들과 논의한 것을 아뢰니, 참여한 사람들을 각각 陞職시키라고 전교하다.(『宣祖實錄』 선조27. 『集成』18-234)

4.17. 接待都監이 熊川 적지에서 돌아온 指揮 胡大經을 만나 釜山과 西生浦에 대해 물은 것과, 巨濟 등 여러 곳의 營壘를 살펴본 것, 關白은 日本으로 돌아갔고 顧老爺의 榜文을 行狀이 關白에게 보냈다는 등의 적의 정세를 보고하다.(『宣祖實錄』 선조27. 『集成』18-235)/ 상이 대신들을 인견하고 적선 1만여 척이 나왔는데 이때까지 군대가 움직이지 않고 있는 것과, 왜노들이 옛날처럼 통호를 한다면 물러간다고 한 것의 진위 여부, 왜적 조총의 위력 등에 대해 의논하다.(『宣祖實錄』 선조27. 『集成』18 237)/ 지금 이후로는 奏本을 올릴 때 나만 적이 제대로 물러갈 근차가 없으니 반드시 섬멸해야만 우리나라가 보전될 수 있다는 내용만 쓰고 복수라는 말은 거론하지 말 것을 전교하다.(『宣祖實錄』 선조27. 『集成』18-247)

4.18. 備邊司가 慶州의 각 陣司에 郎廳 趙守翼을 내려보내 우리나라 백성을 죽여 倭奴라고 속이는 등의 軍功의 虛實과 諸將들의 능력 여부, 군사들의 飢飽 등 제반 사정을 살펴오게 할 것을 아뢰다.(『宣祖實錄』 선조27. 『集成』18-247)/ 비변사가 遼東都司의 咨文을 보고서 중국에서는 封貢으로 적을 물리치려 하지만 우리 나라에서는 왜적이 물러 가지 않을 것 같아 염려되니 다시 생각하여 우리 나라가 보전될 수 있게끔 해달라는 내용으로 회답하자고 아뢰다.(『宣祖實錄』 선조27. 『集成』18-248)

4.21. 2품 이하의 宗室과 文官·蔭官들에게 포 쏘는 법을 익히게 명하다.(『宣祖實錄』 선조27. 『集成』18-249)

4.23. 告急使인 判決事 李廷馨이 遼東都司가 강화를 하여 封貢을 허락한다면 왜놈들이 물러갈 것이라 하니 우리 나라는 왜적과 和할 수 없고 또 왜적들이 강화한다는 것은 거짓일 것이라고 답한 것 등을 치계하다.(『宣祖實錄』 선조27. 『集成』18-249)/ 知中樞府事 沈喜壽 등이

연도	한국
▲ 1594 ▼	封貢을 허락하라는 遼東都司의 咨文를 받았는데 왜노들이 釜山 등지로 퇴각하여 다시는 침범하지 못할 것이라는 내용을 章奏에다 넣고 封貢을 간청함으로써 왜노들이 빨리 가게 하자고 치계하다.(『宣祖實錄』 선조27. 『集成』18-250)/ 科道官 등이 講和해서는 안 된다는 뜻으로 아뢴자가 많았는데, 工科給事中 徐觀瀾은 東征에 임한 諸臣들이 저희들끼리 말을 꾸며 本兵을 속이고 있다는 등 講和해서는 안 된다는 상소를 올리다.(『宣祖實錄』 선조27. 『集成』18-252)/ 兵曹判書 李德馨이 彭守備를 만나 科道官이 나오는 것과 봉공을 둘러싼 中國 朝廷의 논의를 듣고 아뢰다.(『宣祖實錄』 선조27. 『集成』18-253)/ 備邊司가 科道官이 나온다 하니 各道에 글을 내려보내 民力을 소동시키지 말게 하고, 지공하는 일에 있어서도 체모에 손상됨이 없도록 할 것을 아뢰다./ 濟州에서 戰馬를 바친 자에게 상을 내리고 職을 제수하라고 전교하다.(『宣祖實錄』 선조27. 『集成』18-254)/ 周遊擊의 喪柩가 서울 가까이 오면 官員을 보내어 致祭하도록 전교하다./ 備邊司가 顧侍郎의 諭帖을 보면 군량을 판출하기 어려운 상황이고, 山東의 곡식 10만석은 이미 그곳 飢民을 위한 전구용으로 나왔다 하니, 군량을 요청하러 간 許頊을 돌아오도록 아뢰다.(『宣祖實錄』 선조27. 『集成』18-255)
	4.24. 임금이 大臣들과 備邊司 有司堂上을 인견하고 中國에서 科道官이 우리나라에 오는 일에 대해 논의하다.(『宣祖實錄』 선조27. 『集成』18-256)
	4.25. 慶尙左道兵使 高彦伯이 劉總府의 傳令이 蔚山 敎生과 元帥軍官 申義仁 등을 僧將 惟正과 함께 賊將 淸正의 營으로 들여보냈다고 한 것을 아뢰다.(『宣祖實錄』 선조27. 『集成』18-259)
	4.26. 海平府院君 尹根壽 등이 守備 李大諫이 顧總督이 왜적의 상황에 대해 달리 보고한 提督과 金晔의 말을 釜山에 가서 확인할 것이며 직접 倭營에 가서 왜노들을 돌아가게끔 하여 封貢을 받도록 할 것이라고 했다고 아뢰다.(『宣祖實錄』 선조27. 『集成』18-259)
	4.27. 政院이 注書 金大來가 胡參將을 만났는데, 胡參將이 총독의 문서를 가지고 왔는데 柳成龍과 尹根壽에게 보인 후 國王을 뵙고 可否를 결정하려 한다고 했던 것을 아뢰다./ 接待都監이 顧總督의 명령으로 왜적이 제 나라로 돌아가도록 권유하기 위하여 任實까지 왔다가 병에 걸려 죽은 遊擊 周弘模의 빈소를 그가 우거했던 숙소로 하자고 아뢰다.(『宣祖實錄』 선조27. 『集成』18-260)
	4.28. 備邊司가 倭賊이 거짓으로 封貢을 청하고 있는데 중국에서는 封貢을 허락하여 전쟁을 중지시키고 백성을 쉬게 하기를 도모하니 우리나라로서는 민망하고 절박한 일이라는 내용으로 封貢을 거부하는 대답을 준비할 것을 아뢰다.(『宣祖實錄』 선조27. 『集成』18-261)/ 備邊司가 舟師와 慶州의 諸將들 사이에 서로 반목하는 己하가 있으니, 都元帥에게 항상 경계와 단속을 시키고 巡撫御史 徐渻으로 하여금 軍中에 가서 타이르게 할 것을 아뢰다.(『宣祖實錄』 선조27. 『集成』18-262)/ 備邊司가 總督이 奏本에서 賊情에 관한 부분을 고쳐오면 들여보내도록 허락하겠다고 하였는데, 지금 고쳤으니 허락할 것 같다고 아뢰다.(『宣祖實錄』 선조27. 『集成』18-263)
	4.29. 海平府院君 尹根壽 등이 胡參將이 왜적의 朝貢을 허락했다고 전하니, 淸正이 아직도 西生浦에 있는 것과, 通政使 呂鳴珂가 왜적이 조선에 있으니 封貢을 허락할 수 없다는 題本을 올린 것 등을 효시 하여 논박했다고 치계하다.(『宣祖實錄』 선조27. 『集成』18-263)
	5.1. 임금이 貞陵洞 行宮에 있다./ 王世子는 洪州에 있다.(『宣祖實錄』 선조27. 『集成』18-265)/ 右參贊 成渾이 時務 14條를 올리다.(『宣祖修正實錄』 선조27. 『集成』27-183)/ 顧經略이 叅將 胡澤 을 우리 조정에 보내 箚付로 조신들을 유시하다.(『宣祖修正實錄』 선조27. 『集成』18-185)
	5.3. 任把摠을 燒葬하는 일을 금지하라 전교하였으나, 任把摠의 家丁이 관이 튼튼하지 않고, 길이 멀어 싣고 갈 수 없다고 하다.(『宣祖實錄』 선조27. 『集成』18-265)/ 備邊司가 胡參將이 回報하는 文書가 급하다 하므로 接見한 뒤 결정해서 완전하게 만들어 줄 것을 아뢰니, 임금이 接見하더라도 다시 결정하는 일은 없다고 답하다.(『宣祖實錄』 선조27. 『集成』18-266)
	5.4. 政院이 다시 사신을 보내어 賑恤할 곡식까지 陳請한다는 것은 편하지 못하고, 顧總督도 저지하여 허락하지 않은 것이니 許頊의 사행을 소환하도록 아뢰다.(『宣祖實錄』 선조27. 『集成』18-266)
	5.5. 宣傳官 元宗義가 유지를 가지고 도원수에게 갔다가 돌아와 賊勢를 탐문하니 항복한 왜적을 諸將들에게 나누어 붙여주고 왜적에게 크고 작은 검을 지니게 하되 평소에는 거두어 들이고 전투할 적에는 도로 지급한다고 書啓하다./ 遼東의 張都司가 보내온 回咨에 11명은 모두 이미 典刑을 바로잡았다고 하는데, 이는 推訊할 적에 형장을 맞고 죽은 자들이니 典刑이라고 해서는 안된다고 政院에 전교하다.(『宣祖實錄』 선조27. 『集成』18-267)
	5.6. 檢閱 金止男이 胡參將을 문안한 뒤 參將이 문서를 속히 작성해 달라고 한 것과 題本을 지어 陪臣을 차출해 자신과 함께 朝廷에 주달하도록 요청한 것을 書啓하다./ 海平府院君 尹根壽, 戶曹判書 金命元이 參將을 만나 奏文할 일은 顧老爺에게만 回報하면 되고 朝廷까지 주청할 것은 없다고 한 것을 아뢰다.(『宣祖實錄』 선조27. 『集成』18-268)/ 吏曹判書 金應南이 各道에서 前後의 軍功에 대하여 狀啓한 것을 가지고 일일이 심사하여 보았는데 論賞된 자는 얼마 없고 論賞되지 않은 자가 많은 등 論賞한 일의 잘못된 것을 아뢰다.(『宣祖實錄』 선조27. 『集成』18-269)/ 都元帥 權慄이 都總攝 惟政을 加藤淸正의 소굴에 들여보냈는데 淸正이 惟政에게 小西行長과 沈惟敬이 서로 약속한 일의 결과를 물어 본 것과, 豐臣秀吉을 왕으로 인정하고 있지 않다는 것을 치계하다.(『宣祖實錄』 선조27. 『集成』18-270)/ 惟政이 왜적의 군영에 들어갔는데 淸正이 都督府의 서찰 등과 小西飛의 소재와 심유격의 강화한 일 등을 묻고 倭의 副將 喜八郎이 조선의 땅을 갈라서 日本에 귀속시키는 등의 沈遊擊과의 강화 조건 5가지를 보여준 것을 아뢰다.(『宣祖實錄』 선조27. 『集成』18-271)

일본

5.8. 海平府院君 尹根壽 등이 稟帖을 올리니 胡參將이 顧爺가 왜를 위해서 封貢을 청하라는 것인데 이 稟帖은 주된 뜻을 상실하였다고 말했다고 하니 封貢을 청하는 것은 의리상 할 수 없다고 답했다고 아뢰다./ 軍功廳이 公·私賤이 軍功으로 높은 관직에 오르는 일을 物情이 온당하게 여기지 않다고 아뢰니, 이미 登科한 뒤에 限品敍用하는 것은 사리에 맞지 않다고 전교하다.(『宣祖實錄』 선조27. 『集成』18-272)

5.9. 梁山郡守 邊夢龍이 제멋대로 왜적에게 글을 보내어 화친을 구했다고 하는데 해괴하고 경악스러움을 견디지 못하겠으니 의논하여 조처하도록 전교하다.(『宣祖實錄』 선조27. 『集成』18-273)

5.10. 비변사가 梁山郡守 邊夢龍이 都元帥와 監司의 令도 없이 제뜻만을 가지고 왜적에게 書翰을 교통했으니 추국하자고 청하다.(『宣祖實錄』 선조27. 『集成』18-273)

5.11. 胡參將이 왜적에게 封貢을 허용한 당위성을 설명하니 상이 저번에 陪臣을 보내어 흉적을 섬멸해 주기를 청했는데도 두 달 채 못되어 또 封貢할 것을 주청하여 天聽을 번독스럽게 하는 일은 결코 할 수가 없다고 답하다.(『宣祖實錄』 선조27. 『集成』18-274)

5.12. 領議政 柳成龍이 胡參將이 이번에 온 것은 나라의 存亡이 걸린 일이니 宰相들로 하여금 날마다 번갈아 參見하도록 할 것을 아뢰다.(『宣祖實錄』 선조27. 『集成』18-277)

5.13. 柳成龍이 오늘날 근심은 왜적이지만 그 후의 화변은 왜적에게만 있는 것이 아니니 上奏하는 것이 미안한 일이나 그들이 上奏하려 한다면 이 또한 다툴 필요가 없다고 아뢰다./ 都承旨 張雲翼이 邊夢龍이 朝廷의 명령도 없이 各陣의 倭酋에게 서신을 보냈으니 朝廷과 그 죄를 의논하여 정할 것을 아뢰자, 宣傳官을 보내어 잡아오도록 전교하다.(『宣祖實錄』 선조27. 『集成』18-279)/ 상이 承政院에게 胡參將이 奏本을 올리라고 한 일에 대해 의견을 개진하도록 전교하니 行都承旨 張雲翼 등이 왜적이 연해에 아직도 웅거하고 있으나 전보다 심하지는 않고, 封貢을 허락해도 돌아가지 않을 것이라고 아뢰다.(『宣祖實錄』 선조27. 『集成』18-280)

5.14. 大司憲 金宇顒이 왜적이 변방에 쳐들어오자 군량을 계속 운송하지 못하였고 도적들이 산에 가득하여 위급한 형세가 계속 되고 있으니, 직책을 제대로 수행하지 못해 국사를 그르치게 한 자신에게 체직의 명을 내려달라고 아뢰다.(『宣祖實錄』 선조27. 『集成』18-283)/ 司諫院이 前梁山郡守 邊夢龍이 멋대로 書翰을 통하여 왜적과 강화함으로써 적의 추장이 조정에서 나온 조처인 것처럼 여겼고 중국 장수들도 의혹을 면치 못하게 만들었으니 참수하자고 아뢰다./ 비변사가 顧總督이 奏本을 올려 왜적을 위하여 封貢을 허락해 줄 것을 요구하고 있는데 이는 우리가 따라줄 수 없다 할지라도 한결같이 어기는 것은 미안하니 요즘의 賊勢를 갖추어 진달하여 奏本을 보내자고 아뢰다.(『宣祖實錄』 선조27. 『集成』18-284)/ 備邊司가 또 奏本을 올리기를 청하니, 임금이 移咨하는 것이 합당하고 奏本을 올리는 것은 불가하다고 답하다./ 司諫 李尙毅 등이 지금 物議가 夢龍을 국문하여 진상을 알아보는 것이 합당하고 賊中에서 전달된 보고로 인하여 그 곡절을 물어봐야 한다고 하는데 경솔히 참수하도록 하자고 했으니 체직을 청하다.(『宣祖實錄』 선조27. 『集成』18-285)

5.16. 左議政 尹斗壽가 北道의 精兵을 징발하여 八道의 軍兵과 함께 倭奴를 토벌할 것을 청한 비밀차자를 입계하다./ 顧侍郎의 咨文에 대해 遜避하는 것으로 移咨하여 辨白하고 사과하도록 전교하다.(『宣祖實錄』 선조27. 『集成』18-287)

5.17. 僧軍을 거느리고 龍津에서 연습하는 邊應星을 郞廳이나 堂上을 보내 시험하고 論賞하여 한편으로는 권장하고 勤慢함을 살펴보도록 전교하다./ 承文院이 지난 慶州 싸움에는 왜적이 노략질해 아군이 부득이 廝殺 한 것이니 나무하는 왜노를 죽인 것에 비할 것이 아니며 뇌물을 바치면서 화친을 청했다는 말이 降倭人의 공초에서 나왔으니 전교의 뜻대로 回咨 할 것을 아뢰다./ 備邊司가 宋經略과 李提督이 파직되었으니 그들의 공을 칭찬하는 奏文을 올릴 것을 아뢰자, 임금이 提督에 대해서는 할 수 있지만 宋經略에 대해서는 결코 그렇게 할 수 없다고 답하다.(『宣祖實錄』 선조27. 『集成』18-288)/ 訓練都監이 《紀效新書》를 번역가는 郞廳 韓嶠가 喪을 당했으나 起復시키고 給料를 주어 그 일을 마치도록 할 것을 아뢰다.(『宣祖實錄』 선조27. 『集成』18-289)

5.20. 우리나라에서 중국 朝廷에 왜적의 情形에 대해 보고한 일로 宋經略과 李提督이 견책당하여 우리나라에 대한 여론이 불리해짐과 그에 대한 대책을 備邊司가 아뢰자 임금이 영상과 의논하여 다시 아뢰도록 하다.(『宣祖實錄』 선조27. 『集成』18-290)

5.21. 司諫院이 總督의 箚付에 대한 回答文書를 아직 起草조차 하지 않은 承文院의 次知堂上과 郞廳을 추고할 것을 아뢰다.(『宣祖實錄』 선조27. 『集成』18-291)/ 備邊司가 東征에 나온 將士들이 죄를 입는 것은 미안하다는 것에 대해서 大臣들의 의논이 똑같다고 아뢰다./ 領議政 柳成龍이 姓名을 두루 거론하지 말고 다만 東征에 출전했던 諸臣이 皇上의 命을 받들어 우리나라를 구제해 주었다는 뜻으로 따로 奏文을 올릴 것을 아뢰다.(『宣祖實錄』 선조27. 『集成』18-292)

5.22. 全羅監司 李廷馣이 薺浦의 길을 열고 三浦에 許接케 하는 등 화친을 약속하여 왜적을 물러가게 할 것을 雉鷄하다.(『宣祖實錄』 선조27. 『集成』18-293)/ 都承旨 張雲翼 등이 倭賊과의 和親을 주장한 全羅監司 李廷馣을 비판하다.(『宣祖實錄』 선조27. 『集成』18-294)

5.23. 司諫院이 倭賊과 和親을 주장한 李廷馣 파직할 것을 아뢰자 임금이 허락지 않다./ 司憲府가 倭賊과 和親을 주장한 李廷馣 파직할 것을 아뢰자 임금이 허락지 않다.(『宣祖實錄』 선조27. 『集成』18-295)/ 弘文館 副修撰 鄭曄이 왜적과 화친하기를 주장한 전라감사 李廷馣을 파직할 것을 아뢰자 임금이 허락지 않다.(『宣祖實錄』 선조27. 『集成』18-296)

5.24. 備邊司가 慶尙道防禦使 金應瑞의 老母가 죽었으나 奪情起復 시켜 防禦使의 職名을 그대로 가지고 있도록 할 것을 아뢰다.(『宣祖實錄』 선조27. 『集成』18-297)/ 중국 朝廷의 科道의 회의에서 조선의 인심을 잃을 것을 염려하여 關白 平秀吉에게 封貢을 허락해서는 안된다는 논의가 나오다.(『宣祖實錄』 선조27. 『集成』18-298)/ 兵部給事中 田大益이 李如松과 宋應昌이 중국 황제에게 왜적을 막아내는데 전공이 있음을 내세우는 것에 대해 비판하다.(『宣祖實錄』 선조27. 『集成』18-300)/ 日本 關白 平秀吉이 중국 황제에게 藩王에 책봉해 달라는 내용의 表文을 올리다.(『宣祖實錄』 선조27. 『集成』18-301)

5.25. 前에 司諫院이 아뢴 것에 대해, 임금이 李廷馣의 일은 서서히 결정하겠고 益城都正 李享齡은 파직해서는 안된다고 답하다./ 前에 司憲府가 아뢴 것에 대해, 임금이 全羅監司의 일은 서서히 결정하겠고 色承旨는 파직시킬 필요가 없다고 답하다./ 全羅監司를 遞職하는 것이 마땅하니 備邊司로 하여금 議啓하도록 전교하다./ 備邊司가 李廷馣의 狀啓는 나라를 걱정하는 마음에서 나온 것이니 遞職까지 할 필요는 없다고 아뢰었으나, 임금이 遞差하도록 답하다.(『宣祖實錄』 선조27. 『集成』18-303)/ 領相이 병으로 휴가 중에 있으나 모든

연도	한국
▲ 1594 ▼	일을 領相과 評議하여 이완시키는 일이 없도록 하라고 전교하다./ 備邊司가 항복한 倭를 이미 內地의 각 고을에 나누어 보내어 安頓시켰다고 하니, 내려가는 宣傳官에게 陣中에서 아직 分送되지 않은 倭人만을 데리고 올라오게 하도록 아뢰다.(『宣祖實錄』 선조27. 『集成』18-304) 5.26. 別殿에서 신하들을 引見하고 奏請·封貢, 왜적과의 和好를 주장한 李廷馣의 처벌문제, 德嬪의 招魂葬 문제 등에 대해 논의하다.(『宣祖實錄』 선조27. 『集成』18-305) 5.27. 政院에서 왜적이 남쪽에 웅거하고 있는 시기에 지진이 일어난 것에 대해 경계할 것을 아뢰다.(『宣祖實錄』 선조27. 『集成』18-314)/ 中國 參將 胡澤이 급히 奏本을 만들어 遼陽에 보내라는 내용의 서한을 金命元에게 보내다./ 이번 陳奏하는 使行에 禪位의 奏請을 하도록 備忘記로 이르다.(『宣祖實錄』 선조27. 『集成』18-315)/ 備邊司 郞廳 柳成龍이 全羅監司 李廷馣을 遞職하지 말 것을 아뢰었으나, 임금이 備邊司가 참작하여 시행하라고만 답하다.(『宣祖實錄』 선조27. 『集成』18-316)/ 備邊司가 全羅監司 李廷馣을 속히 遞差하고 적합한 사람을 가려서 보내도록 아뢰자, 임금이 아뢴대로 하라고 답하다./ 弘文館 副提學 李廷馨 등이 倭變을 만난 이후로 經筵을 철폐한 것에 대해 다시 經筵의 講學을 열도록 임금에게 아뢰다.(『宣祖實錄』 선조27. 『集成』18-317) 5.28. 司諫院에서 鄭澈의 관작을 추급하여 삭탈할 것을 건의하자 임금이 군사를 훈련시켜 왜적을 토벌하는 것이 급선무임을 들어 허락지 않다.(『宣祖實錄』 선조27. 『集成』18-324)/ 임금이 倭亂을 이유로 船位하겠다는 뜻을 밝히자 備邊司가 대죄하다.(『宣祖實錄』 선조27. 『集成』18-325)/ 領議政 柳成龍이 병으로 사직을 청하자 임금이 왜적의 침노 등을 이유로 허락지 않다.(『宣祖實錄』 선조27. 『集成』18-327)/ 全州府尹 洪世恭을 全羅道觀察使에 제수하고 全州府尹을 겸하게 하다.(『宣祖實錄』 선조27. 『集成』18-328) 5.29. 備邊司가 禪位하지 말 것을 아뢰자, 임금이 禪位에 대한 일을 奏請함은 그만둘 수 없다고 답하다.(『宣祖實錄』 선조27. 『集成』18-329)/ 備邊司가 禪位를 奏請하지 말 것을 재차 아뢰다.(『宣祖實錄』 선조27. 『集成』18-330) 5.30. 司憲府가 鄭澈의 관작을 추급하여 삭탈할 것을 건의하자 임금이 왜란을 이유로 허락지 않다.(『宣祖實錄』 선조27. 『集成』18-330)/ 大司憲 金宇顒 등이 왜란을 이유로 들어 장수를 선발하고 병사를 훈련시킬 것, 인재를 등용시킬 것 등을 내용으로 하는 7조목의 箚子를 올리다.(『宣祖實錄』 선조27. 『集成』18-331) 6.1. 進奏하는 글의 文勢를 다듬을 것을 政院에 전교하니, 政院이 總督에게 보내는 것으로 그의 뜻에 맞춘 것이어서 직접 中國 朝廷에 요청한 것과는 차이가 있다고 回啓하다.(『宣祖實錄』 선조27. 『集成』18-333) 6.2. 劉總兵의 接伴官 金瓚이 中國 朝廷에서도 封貢에 대하여 논의가 아직 결정되지 않은 것과 禮部主客 淸吏司提督 會同館主事 洪啓濬이 奏本을 올려 封貢의 不可함을 아뢴 것에 대해 狀啓하다.(『宣祖實錄』 선조27. 『集成』18-334)/ 禮部主客 淸吏司提督 會同館主事 洪啓濬이 日本 關白 平秀吉에 대한 封貢의 不可함을 중국 황제에게 아뢰자, 황제가 兵部에 내리다.(『宣祖實錄』 선조27. 『集成』18-335)/ 兵曹가 濟州의 三邑에서 試取할 人員에 대해 아뢰니, 50인을 試取하라고 전교하다.(『宣祖實錄』 선조27. 『集成』18-338) 6.3. 대신들과 關白 平秀吉에게 封貢해주는 문제에 대해 중국에 奏文을 보내는 것을 논의하다.(『宣祖實錄』 선조27. 『集成』18-339) 6.4. 備邊司가 군량의 부족 등의 이유로 진심으로 투항하는 倭奴 이외는 招誘할 것 없다는 뜻을 元帥에게 비밀히 下諭하여 각 진영에 몰래 통지할 것을 아뢰다./ 都元帥 權慄이 金應瑞와 高彦伯의 갈등으로 高彦伯을 朴晉과 서로 바꾸게 할 것을 狀啓하자, 備邊司가 都元帥와 巡撫御史 徐渻으로 하여금 경계하여 타이르도록 할 것을 아뢰다.(『宣祖實錄』 선조27. 『集成』18-342)/ 遼東 都指揮使司가 군량 등을 이유로 關白 平秀吉에게 封貢을 허락하여 화친하자는 내용의 咨文을 조선에 보내다.(『宣祖實錄』 선조27. 『集成』18-343) 6.7. 다시 奏文을 보니 은연중 군대를 청하는 뜻의 말이 있어 매우 좋으나 다만 語勢가 너무 가벼워 總督이 읽어보고 분명 노할 것이라고 承文院에 전교하다./ 中國의 將官을 위하여 伸救하는 것이니 科道官의 말을 침해하지 않도록 備忘記로 이르다.(『宣祖實錄』 선조27. 『集成』18-348)/ 劉總兵의 接伴使 金瓚이 關白 平秀吉에 대한 封貢에 대한 중국 朝廷의 의논을 임금에게 馳啓하다.(『宣祖實錄』 선조27. 『集成』18-349) 6.9. 司憲府가 우리나라가 난도질을 당하여 남은 것은 大義뿐이니, 封貢의 허락을 進奏하는 것을 정지하도록 아뢰다.(『宣祖實錄』 선조27. 『集成』18-350) 6.10. 임금이 參將 胡澤과 把摠 張鴻儒를 接見하였는데 把摠은 山東을 撫安하는 것과 倭情을 정탐하는 일을 맡았다고 하고, 參將은 進奏하는 문서를 빨리 완결 지을 것을 아뢰다.(『宣祖實錄』 선조27. 『集成』18-350) 6.11. 試放할 때 兼司僕 李末叱還이 세 번 쏘아 세 번을 맞혔으니 將을 제수하라 전교하다./ 都承旨 張雲翼이 張把摠을 만났는데 張把摠이 封貢에 대한 中國 朝廷의 찬반 논의가 떠들썩하게 일어나 朝廷안의 士大夫뿐만 아니라 온 천하 사람이 다 일어나 서로 다투어 말하고 있다고 한 것을 아뢰다.(『宣祖實錄』 선조27. 『集成』18-351) 6.12. 弘文館 副提學 李廷馨, 副修撰 鄭曄 등이 倭奴를 위해 中國에 封貢을 허락하도록 청해서는 안 된다는 차자를 올리다.(『宣祖實錄』 선조27. 『集成』18-352)/ 司憲府 大司憲 金宇顒 등이 封貢하도록 청하는 進奏를 시행하지 말 것을 上箚하니, 임금이 廟堂과 의논하여 처리하겠다고 답하다.(『宣祖實錄』 선조27. 『集成』18-353) 6.13. 訓鍊正 白雲瑞가 西平權管이나 別將을 삼아 줄 것을 상소하자, 備邊司가 포수와 의용의 군사를 本道로 내려주고 權管이나 萬戶 중 闕員이 생기는 대로 差任할 것을 아뢰다./ 司諫院이 奏本 올리는 논의를 중지하고, 備邊司 有司堂上과

일본

唐將을 접대하는 海平府院君 尹根壽, 戶曹判書 金命元을 추고하여 치죄할 것을 아뢰다.(『宣祖實錄』 선조27. 『集成』18-355)/ 劉總兵에게 奏文하는 일을 비밀히 물어보는 것을 備邊司로 하여금 의논하도록 전교하다./ 備邊司가 奏文을 올리는 이 일은 우리나라의 本意에서 나온 것이 아니라 다만 總督의 강압과 參將의 재촉에 의한 것이니 總兵에게 물을 필요가 없다고 回啓하다.(『宣祖實錄』 선조27. 『集成』18-356)/ 備邊司가 玉堂과 憲府의 차자는 그 논의가 매우 정당하지만, 奏文은 그만두기 어려울 것 같고 오직 措辭를 잘하는 것만이 타당할 것이라고 아뢰다.(『宣祖實錄』 선조27. 『集成』18-357)

6.15. 海平府院君 尹根壽가 孫侍郞이 나왔으므로 奏本을 올리지 말라는 내용을 上箚하니, 임금이 備邊司에 내려 의논하여 조처하라고 답하다./ 備邊司가 奏本을 올리는 것에 대한 의견이 다르니, 大臣들이 함께 모여 결정하도록 아뢰다.(『宣祖實錄』 선조27. 『集成』18-358)

6.16. 備邊司가 奏本 중에 封貢에 관계된 말은 일체 삭제하고 賊의 동향도 상세히 기록하여 伸辨하는 奏本과 동시에 올리는 것이 무방하다고 아뢰다./ 備邊司가 투항한 왜적에 대해 內應을 이유로 함경·강원이나 충청·황해에 옮겨 둘 것을 아뢰자 임금이 允許하다.(『宣祖實錄』 선조27. 『集成』18-359)

6.17. 奏本을 꼭 올리려 한다면 賊의 상황을 빠짐없이 말하여 군대를 보내 우리와 협력하여 소탕하자는 내용의 奏本을 올리라고 備忘記로 일르다./ 備邊司가 倭의 封貢을 청하는 것이 아니고 顧總督·李提督 등을 伸辨하는 내용으로 奏本을 올리겠다고 아뢰자, 임금이 아뢴 내용 그대로 奏文하라고 답하다.(『宣祖實錄』 선조27. 『集成』18-360)/ 關白 平秀吉이 封貢에 대해 중국조정에 奏文을 올리는 일은 經略이 바뀐 뒤에 조치하라는 뜻을 領議政에게 비밀리에 통지하도록 하다.(『宣祖實錄』 선조27. 『集成』18-361)

6.18. 關白 平秀吉에 封貢하는 것에 대해 중국에 보낼 奏文에 대해 논의하고, 왜적에 대비하여 前府使 丁景達 등을 남부 지방으로 보내다.(『宣祖實錄』 선조27. 『集成』18-362)

6.19. 慶尙道御使 徐渻이 加藤淸正이 다른 뜻이 있음을 들은 것에 대해 高彦伯의 이름으로 加藤淸正에게 편지를 보내 뜻을 탐지할 것을 아뢰다.(『宣祖實錄』 선조27. 『集成』18-371)/ 謝恩使 金晬가 중국 대신이 부산에 본래 살고 있던 倭戶에 대해 물은 것과 三浦의 倭戶를 庚午年에 쳐서 섬멸하였다고 대답한 것 등을 아뢰다.(『宣祖實錄』 선조27. 『集成』18-372)

6.20. 요충지를 지키고 山城으로 들어갈 때 들판을 깨끗이 할 것을 都元帥 以下 諸將으로 하여금 상의해서 조치하도록 備忘記로 일르다./ 軍器寺 直長 姜洪을 멋대로 가둔 平安道 督運御史 南以恭과 義州牧使 金信元을 治罪하여 朝廷의 기강을 바로잡도록 아뢰다.(『宣祖實錄』 선조27. 『集成』18-373)/ 慶尙右道水使 元均이 下書에 따라 巨濟縣에서 軍功이 있는데도 상을 받지 못한 자를 開坐하여 아뢰니, 備邊司가 恩典을 마련하여 海邑의 殘民이 忠誠을 바친 데 대한 권장을 해야 한다고 아뢰다./ 備邊司가 胡參將이 奏文하는 것과 상관없이 떠나고자 하니, 임금의 命으로 承旨나 戶曹判書 金命元을 보내 오늘내일 사이에 만들 것이라고 곡진하게 만류할 것을 아뢰다.(『宣祖實錄』 선조27. 『集成』18-374)/ 承文院이 關白 平秀吉의 封貢 등에 대한 奏文의 중요함과 내용이 원만하도록 자세히 살펴 지어낼 것을 아뢰자 임금이 允許하다.(『宣祖實錄』 선조27. 『集成』18-375)

6.21. 備邊司가 왜적의 침입에 대비하여 들판이 곡식을 수확하게 하는 등의 일을 아뢰니 임금이 允許하다.(『宣祖實錄』 선조27. 『集成』18-376)/ 備邊司가 巡撫御史 徐渻으로 하여금 海邊의 고을을 돌아다니며 首領을 단속하고 특별히 계획을 세우게 하되, 水軍으로서 현존한 자를 몇 개의 番으로 나누어 만약 사변이 있을 때는 全 番軍이 싸움에 나가게 할 것을 아뢰다.(『宣祖實錄』 선조27. 『集成』18-377)

6.23. 奏文의 草本에 관해 대체로 請封하는 뜻이고 '倭가 실제로 通款하기를 구한다.' 라는 말은 온당치 않다고 政院에 전교하다./ 都承旨 張雲翼 등이 中國 朝廷에 보내는 奏文에 關白 平秀吉에 대해 封貢하는 부분을 고칠 것을 아뢰다./ 吏曹가 慶尙道의 郡邑을 합병하는 것에 대해 倭亂의 영향으로 백성들이 고초를 겪는 것을 이유로 반대하다.(『宣祖實錄』 선조27. 『集成』18-378)/ 임금이 倭賊에 대비하여 숨은 인재를 장수로 등용할 것을 備邊司에게 의논하여 시행하게 하도록 備忘記로 일르다.(『宣祖實錄』 선조27. 『集成』18-380)/ 備邊司가 왜적에 대비하여 要害處에 복병을 숨길 것과 곡식을 수확하여 저장하는 등의 일을 아뢰자 劉總兵과 더불어 의논하여 시행토록 명하다.(『宣祖實錄』 선조27. 『集成』18-381)

6.24. 凶賊이 장차 다시 일어나 쳐들어오려 한다는 소식을 빨리 撫軍司에 비밀히 下諭하여 시급히 조치하게 하라고 政院에 전교하다.(『宣祖實錄』 선조27. 『集成』18-382)

6.25. 備邊司가 龍津의 邊應星이 常을 당하였으므로 起復시켜서 왜적에 대비할 것을 아뢰니 임금이 允許하다.(『宣祖實錄』 선조27. 『集成』18-382)/ 왜적에게 화친을 빈 邊夢龍을 推鞫하지 않음을 이유로 堂上을 추고하고 色郞廳을 파직하다./ 遼陽으로 떠난 胡澤을 領議政 柳成龍 등이 慕華館에서 전송하다./ 尹根壽와 金命元이 胡參將이 義州에 가서 陳奏陪臣이 올 때까지 기다렸다가 함께 강을 건너가서 總督을 보겠다고 한 것을 아뢰다.(『宣祖實錄』 선조27. 『集成』18-383)

6.26. 巡邊使 李一의 교체문제, 禁軍과 守門將에 관한 일, 關白 平秀吉에 대한 封貢의 문제, 왜적의 형세에 관해 신하들과 논의하다.(『宣祖實錄』 선조27. 『集成』18-384)/ 司諫院이 水州의 새 府尹 韓德遠은 才器가 모자라 雄藩을 지키는 임무를 책임 지울 수 없으므로 遞差하기를 아뢰고, 慶尙左道兵使 高彦伯이 李謙受를 보내 淸正의 진영을 살피고 온 일을 馳啓하다(『宣祖實錄』 선조27. 『集成』18-387)/ 接伴使 金賛이 中國 소식과 賊 陣營의 상황, 督府가 적이 물러가는 것은 關白이 죽거나 大兵을 몰아 정벌하거나 封王과 朝貢을 허락하면 물러갈 것이라 한 것을 馳啓하다.(『宣祖實錄』 선조27. 『集成』18-388)/ 陳奏使書狀官 韓懷가 進奏할 초고 중에 和親과 朝貢을 허락해 주길 청하는 것처럼 보여지는 곳을 고칠 것과 양곡을 요청할 것을 아뢰다.(『宣祖實錄』 선조27. 『集成』18-389)

6.27. 訓鍊都監이 守門將 중 各間의 파수를 제외한 나머지는 다 都監에 소속시켜 의당 射手 한 부대를 만들어서 대장을 정하고 부대를 나누어 활쏘기를 익게 할 것을 아뢰다./ 투항한 왜인이 남부 지방의 왜적과 내통할 것을 우려하여 급히 다른 장소로 옮기도록 宣傳官을 파견할 것에 대해 대신들과 의논하다.(『宣祖實錄』 선조27. 『集成』18-390)

6.28. 元均이 水軍은 태반이 疫疾에 죽어 戰船을 운용하기 어렵다고 하니, 備邊司가 元均을 불러 水軍의 모든 일을 물어 조처하라고 備忘記로 일르다.(『宣祖實錄』 선조27. 『集成』18-392)

연도	한국
▲ 1594 ▼	6.29. 備邊司가 軍器를 실어갈 말을 바칠 자원자를 모집하였는데 지원자가 없으니, 兵曹의 말 8~9필로 차차 수송할 것을 아뢰다./ 吏曹가 왜적에 대비해 全州府尹에 李廷馣을 추천할 것을 아뢰자 임금이 반대하고 黃璡을 全州府尹으로 삼다.(『宣祖實錄』 선조27.『集成』18-392)/ 領府事 沈守慶 등이 全州府尹에 李廷馣을 擬望한 것에 대해 待罪하니, 待罪하지 말라고 전교하다.(『宣祖實錄』 선조27.『集成』18-393) 7.1. 임금은 貞陵洞 行宮에 있고 王世子는 洪州에 있다./ 進奏의 奏文에 諸將이 功이 있다는 것만 進奏하도록 전교하니, 承文院이 功이 있다고 진달하면 이미 賞을 청하는 뜻이 약간은 없지 않다고 回啓하다.(『宣祖實錄』 선조27.『集成』18-394) 7.2. 司諫院이 全州府尹 黃璡이 前日에 陳奏使가 되었을 때 使臣의 임무를 저버린 채 여러 달을 國境에서 서성거리고 나아가지 않은 것을 이유로 파직할 것을 아뢰니, 임금이 遞差하라고 답하다.(『宣祖實錄』 선조27.『集成』18-395) 7.3. 司憲府가 奏文에 諸將들에게 賞을 내려달라고 하는 것은 藩邦이 감히 간여할 일이 아니니, 承文院으로 하여금 고치게 할 것을 아뢰다.(『宣祖實錄』 선조27.『集成』18-395)/ 權應銖를 李思命의 후임으로 慶尙左道 防禦使를 삼도록 전교하다./ 賓廳大臣 領議政 柳成龍 등이 京中의 砲手가 3백 30명만이 있고, 훈련의 성과는 兵曹의 관원에게, 兵曹의 관원은 將官에게, 將官은 哨官에게, 哨官은 旗隊總에게 책임을 지게 하여 통솔의 체계를 세울 것을 아뢰다.(『宣祖實錄』 선조27.『集成』18-396)/ 備邊司가 顧侍郎과 孫侍郎의 교체된 때에 進奏 문제로 釁端을 일으키지 말아야 하고, 기타 응대하고 주선하는 일은 모두 사신이 臨時하여 善處하기에 달렸다고 아뢰다./ 全州府尹에 李廷馣을 제수하도록 전교하다./ 李廷立을 漢城府右尹으로, 李廷馣을 全州府尹으로 삼다.(『宣祖實錄』 선조27.『集成』18-398) 7.4. 承文院이 憲府의 東征將士 공적에 대한 奏文을 개정하는 일을 아뢰자, 藩邦이 中國 朝廷의 將官을 위해 論功의 일을 말하려 해서는 안되니 그런 말은 삭제하라고 전교하다.(『宣祖實錄』 선조27.『集成』18-398) 7.5. 兵曹가 法典에 따라 內禁衛는 4백 40員으로 정하고, 兼司僕은 1백 員, 部將은 30員, 守門將은 50員으로 정하여 그들에게 宿衛를 맡게 하고 나머지는 訓鍊都監에 보내 砲와 활을 쏘는 것을 익히도록 한 것을 아뢰다.(『宣祖實錄』 선조27.『集成』18-399)/ 劉摠兵이 關白 平秀吉에 封貢을 내리는 일의 여부에 따라 현 위치를 지킬 지 압록강까지 건너갈지를 결정하겠다고 말한 것 등에 대해서 左副承旨 李德悅이 임금에게 아뢰다.(『宣祖實錄』 선조27.『集成』18-400) 7.6. 우리나라의 邊報를 中原에 移咨하여 賊情을 알도록 하는 것이 좋겠다고 전교하다./ 備邊司가 全州城에 砲樓를 설치하고 道內의 火砲를 모으고 火藥을 많이 준비하여 뜻하지 않은 변에 대응하도록 아뢰다.(『宣祖實錄』 선조27.『集成』18-402) 7.7. 宣川郡에서 잡은 거북이를 상서롭게 여겨 倭賊 평정의 길조로서 서울로 올려보내도록 하다.(『宣祖實錄』 선조27.『集成』18-402)/ 接伴使와 慶尙右道兵使의 書狀 내용을 告急咨文에 낱낱이 열거하고, 中國軍의 火器械를 수송해 가지 말라는 咨文을 빨리 만들어 따로 譯官을 정하여 빨리 遼東에 진정하도록 하다.(『宣祖實錄』 선조27.『集成』18-403)/ 注書 南以信이 胡汝和등의 중국 교사가 長槍·三枝槍 등을 더 준비해 주고 千摠 등의 명을 듣는 예에 따라 한결같이 節制를 듣도록 말한 것을 아뢰다./ 教師差官에게 우리나라의 將官 以下로서 節制를 어기고 命을 듣지 않는 자는 軍法에 따라 포박하여 곤장을 치게 하라고 하고, 兵曹와 訓鍊都監도 그 사실을 將官 이하 관원에게 알리도록 전교하다./ 備邊司가 譯官으로 하여금 中國 事情을 다방면으로 정탐하여 시급히 回報하게 할 것을 비밀히 接伴使 沈喜壽에게 下諭하기를 아뢰다.(『宣祖實錄』 선조27.『集成』18-404) 7.8. 兼宣傳官 李榮白이 降倭를 데리고 上京하여 그 처분에 대해 아뢰다./ 訓鍊都監이 黃海道總攝인 僧 義嚴은 龍津의 僧軍 양식을 끊이지 않고 수송하여 부족한 상황이 일어나지 않게 하고, 또 소를 모아 올려 보내는 등 다른 僧人에 견줄 바가 아니니, 官敎에 御寶를 찍어줄 것을 아뢰다.(『宣祖實錄』 선조27.『集成』18-405)/ 兵曹가 濟州에서 進上馬 100여 필이 들어왔다고 하니 戰馬로 쓰기에 적합한 20~30필을 本曹에 移送하여 형편에 따라 전쟁에 나가는 사람에게 주기도 하고 혹은 試才에 입격한 禁軍에게 상으로 주도록 아뢰다.(『宣祖實錄』 선조27.『集成』18-406)/ 兵曹判書 沈忠謙이 지금 있는 교사들은 虛費가 매우 많을 뿐 아니라 娼妓를 끼는 폐단을 끼치고, 廝役賤卒로 별다른 기능이 없다고 아뢰다.(『宣祖實錄』 선조27.『集成』18-407)/ 崔永慶의 처자에 대한 御命이 지켜지지 않음을 承政院이 아뢰자 그 책임을 물어 京畿監司 柳根을 推考하도록 하다.(『宣祖實錄』 선조27.『集成』18-408) 7.9. 領議政 柳成龍이 군사를 다스리는 요체를 아뢰고, 訓鍊都監提調職을 該曹에 위임함으로써 朝廷이 관원을 맡기는 체통을 바르게 하기를 청하다.(『宣祖實錄』 선조27.『集成』18-408) 7.11. 訓鍊都監으로 하여금 여러 哨에 소속된 砲手와 殺手를 試才하여 論賞하게 하고, 귀순한 倭人에게서 槍劍 쓰는 법을 전습 받도록 전교하다.(『宣祖實錄』 선조27.『集成』18-410) 7.14. 承政院이 都監郎廳의 보고에 의거하여 顧總督이 왜적을 開諭하기 위해 夜不收 등을 부산으로 보내려 한다는 일을 아뢰다.(『宣祖實錄』 선조27.『集成』18-410)/ 兵曹가 全羅道에서 싸움터에 있는 자, 전사한 자, 실종된 자 및 沿邊의 방어가 긴급한 곳에 있는 자를 제외한 나머지 上番할 騎·步兵과 諸色軍士를 형편에 따라 올려 보내게 할 것을 아뢰다./ 承政院이 顧總督이 왜적에게 보낸 문서의 내용은 즉시 철수하라는 것과, 총독이 곧 孫侍郎로 바뀔 것에 대해 아뢰다.(『宣祖實錄』 선조27.『集成』18-411)/ 備邊司가 투항한 倭奴를 平安道 등지에 나누어 보내고 焰硝를 구울 줄 아는 자는 머물러두어 火藥을 배합하는 등의 일을 傳習하도록 할 것을 아뢰다.(『宣祖實錄』 선조27.『集成』18-412) 7.15. 備邊司가 왜적이 京中에서 정탐하는 것에 대비해서 京中에서 철저히 譏察할 것을 아뢰자 임금이 允許하다.(『宣祖實錄』 선조27.『集成』18-412) 7.16. 遼東都指揮使가 왜적을 막을 중국 군사 3천을 추가하고 糧餉의 비용은 우리가 담당하라는 내용으로 移咨하다./ 遼東

일본

都指揮使가 보낸 왜적을 막을 明軍의 糧餉비용 부담에 대한 咨文에 대해 대신들과 더불어 논의하다.(『宣祖實錄』 선조27. 『集成』18-413)

7.17. 司憲府에서 투항한 왜구가 행패를 부리고 있고 내통할 가능성도 있으니 시급히 조처해야함을 것을 아뢴다./ 임금이 柳成龍을 引見하여 遼東의 咨文에 관한 일, 군량 문제, 왜의 간첩을 방비하는 일 등에 대하여 논의하다.(『宣祖實錄』 선조27. 『集成』18-418)/ 備邊司이 遼東都指揮使의 咨文에 실린 군량을 우리가 마련한다는 내용의 趙崇善의 咨文에 대해, 군량을 중국측에 요구하자는 대책을 말하자 임금이 允許하다.(『宣祖實錄』 선조27. 『集成』18-424)

7.18. 遼東咨文의 내용을 劉總兵에게 알려 계책을 묻고, 中國 軍士가 철수할 것 같지 않으니 겨울철 의복을 미리 준비하라고 전교하다.(『宣祖實錄』 선조27. 『集成』18-426)

7.19. 전쟁에 나갈 것을 지원한 자에게 軍裝과 衣資을 지급하고 그 부모 처자를 보살피게 할 것이며 내려갈 때 술을 대접하여 보낼 것을 전교하다./ 出身과 堂上 以下의 젊은 무사를 뽑아 훈련시켜서 후일 親臨하여 試才할 때 入格한 자는 상을 주고 하지 못하는 자는 治罪하겠다고 전교하다.(『宣祖實錄』 선조27. 『集成』18-426)/ 備邊司가 劉總兵에게 咨文에 대한 계책을 묻고 南原府의 綿花 7천근으로 平安·黃海에서 수자리하는 자에게 솜옷을 만들어 줄 것을 아뢴다./ 備邊司가 南原山城을 義僧將 處英에게 僧軍을 거느리고 수축하게 하였는데 어느 정도인가를 보고 물자를 보내 도움을 주도록 아뢴다.(『宣祖實錄』 선조27. 『集成』18-427)/ 弓矢 혹은 鐵箭 수백 개를 冬至使편에 封進할 것을 備邊司에 물으라고 전교하다.(『宣祖實錄』 선조27. 『集成』18-428)

7.20. 接伴使 金瓚이 왜적에 대항하기 위해 劉摠兵이 우리나라에 머물도록 청해야 한다는 내용의 馳啓를 올리자, 이를 備邊司에게 啓下하다.(『宣祖實錄』 선조27. 『集成』18-428)/ 임금이 대신들과 더불어 兵判의 교체문제, 왜란에 대응하는 문제 등에 대해 논의하고, 劉摠兵에게 머물기를 청하는 咨文을 보내는 일과 實錄을 안전한 곳에 보관하는 일을 下命하다.(『宣祖實錄』 선조27. 『集成』18-429)

7.21. 撫軍司가 東宮이 친히 劉總兵의 軍門에 가서 머물러 주기를 청하고자 한다는 것을 馳啓하다./ 海平府院君 尹根壽가 군량을 원군이 온 후에 요청할 것과 인심이 불안하니 降倭를 京中으로 오게 하지 말 것 등에 대하여 아뢰자 임금이 允許하다.(『宣祖實錄』 선조27. 『集成』18-431)/ 備邊司가 平安道에서 군사를 조련하고 곡식을 저장하고, 屯田을 치며 요새를 지켜 전일 지키지 못했던 까닭을 구명하고 앞으로의 환난을 막을 방도를 꾀하면 다급한 때의 방어에 큰 힘이 될 것이라 아뢴다.(『宣祖實錄』 선조27. 『集成』18-432)

7.22. 備邊司가 尹斗壽를 劉總兵에게 보내 머무르기를 청하고, 동궁은 서울로 돌아오게 하여 寢膳을 살피고자 하는 생각을 위로하도록 아뢴다.(『宣祖實錄』 선조27. 『集成』18-433)

7.23. 왜적 문제에 대해 明나라에 보내는 글의 문장을 대신들과 의논하다.(『宣祖實錄』 선조27. 『集成』18-434)

7.24. 비변사가 降倭 가운데 오직 也叱只가 가장 칼을 잘 쓰고 焰硝를 달일 줄 아니, 이 倭人이 아니면 倭人 일행을 거느리기 어렵다고 하여, 그로 하여금 거느리고 가게하고 영백이 올 때 도로 데리고 오도록 한 것을 아뢴다.(『宣祖實錄』 선조27. 『集成』18-436)

7.29. 임금이 투항한 왜인들의 기술을 배울 것을 備邊司에게 이르다./ 비변사가 해조로 하여금 교사(敎師)들에게 방한 도구를 만들어 주어 그 수고를 위로하도록 아뢴다.(『宣祖實錄』 선조27. 『集成』18-437)

8.1. 임금은 정릉동 행궁에, 왕세자는 홍주에 있다.(『宣祖實錄』 선조27. 『集成』18-437)/ 都督 劉綎이 서울에 머물렀다가 얼마 지나지 않아 북쪽으로 돌아가다.(『宣祖修正實錄』 선조27. 『集成』27-186)/ 奏請使 許頊이 封倭를 청하는 奏文을 가지고 胡澤을 따라 중국에 가다.(『宣祖修正實錄』 선조27. 『集成』27-187)/ 顧養謙이 탄핵을 당하여 經略에서 체직되고 兵部右侍郞 孫鑛이 대신하다.(『宣祖修正實錄』 선조27. 『集成』27-188)

8.2. 司憲府가 徐渻, 元愼, 康孝業을 왜적을 방비하는 데 부적합하다는 이유 등으로 遞職을 권하자 임금이 允許하다.(『宣祖實錄』 선조27. 『集成』18-437)/ 備邊司이 降倭의 활용방안을 아뢰자 임금이 왜인의 처리에 관해서 묻고 논의하다.(『宣祖實錄』 선조27. 『集成』18-438)/ 내일 싸움에 나갈 張應箕 등에게 술을 주라고 전교하다.(『宣祖實錄』 선조27. 『集成』18-439)

8.3. 備邊司가 敎師 胡汝和 등의 말에 따라 鎭管 지역에 양식을 모집하여 사람을 모아 軍士를 훈련하고, 屯田을 경작하며, 長槍 등도 정돈할 것을 아뢴다.(『宣祖實錄』 선조27. 『集成』18-439)

8.4. 備邊司가 식량 부족으로 각처의 軍士가 약해져 있는 것과 水軍과 陸軍이 掎角을 이루도록 할 것을 아뢴다./ 王世子가 劉總兵을 만나러 公州로 갈 때 供待하는 일을 간략하게 하여 民弊를 끼치지 말도록 令을 내리다.(『宣祖實錄』 선조27. 『集成』18-440)

8.5. 備邊司가 宰臣을 시켜 江上에서 劉總兵을 맞아들이고 總兵이 들어온 후에 大駕가 그 처소로 나가 보시도록 아뢴다.(『宣祖實錄』 선조27. 『集成』18-441)

8.6. 王世子가 公州로 출발하다./ 劉總兵과 東宮이 올라오는 것에 대비해 左相 尹斗壽를 體察使로 삼아 모든 將帥를 통솔하고 人心을 제압하도록 하다.(『宣祖實錄』 선조27. 『集成』18-441)

8.7. 王世子가 公州에 들어가다./ 備邊司가 劉總兵이 올라오면 서울에 있는 砲手 1~2哨를 南原 지방에 보내어 湖南을 방어하도록 할 깃을 아뢴다.(『宣祖實錄』 선조27. 『集成』18-442)/ 冬至使를 北京에 보낼 때 朝鮮이 倭寇에 의해 위급한 상황이 되었음을 알리는 呈文을 미리 지어 가는 문제에 대해서 大臣들과 의논하다.(『宣祖實錄』 선조27. 『集成』18-443)/ 正言 李時發이 왜적 토벌이 시급하니 鄭澈에 대한 논죄하는 것을 뒤로 미루자고 아뢴다.(『宣祖實錄』 선조27. 『集成』18-444)/ 備邊司가 남쪽의 軍務를 大臣으로 體察使로 삼아 관장하게 한 것을 撫軍司에 의논하도록 아뢴다./ 承政院이 劉總兵은 다른 장수와 비할 바가 아니니, 대우를 융숭하게 하고 上께서 문 밖에 나가 郊外에서 맞는 것이 情禮에 합당하다고 아뢴다.(『宣祖實錄』 선조27. 『集成』18-445)

8.9. 都元帥 權慄이 高彦伯과 金應瑞가 화목하지 못하여 적병이 쳐들어오더라도 힘을 합쳐 막아내지 못할 것 같으니, 朝廷에서 잘 처리하도록 아뢴다.(『宣祖實錄』 선조27. 『集成』18-445)

8.10. 大臣들과 더불어 明에 원군을 청하는 咨文을 보내는 일과 倭賊 방비를 위한 몇 가지 人事 문제를 논한다.(『宣祖實錄』 선조27. 『集成』18-446)

연도	한국
▲ 1594 ▼	8.11. 倭에 和親을 청한 薆夢龍에 대해 大臣들과 의논하고 六鎭에 充軍토록 하다.(『宣祖實錄』 선조27. 『集成』18-450) 8.12. 大臣들과 의논하여 明에 大臣을 파견해서 시세의 급박함을 알리도록 하고, 우리나라에 머물고 있는 劉摠兵의 진퇴에 관해서 논의하다.(『宣祖實錄』 선조27. 『集成』18-451)/ 司憲府가 賑恤使 朴忠侃등을 遞職하고, 항복한 倭人들의 폐단을 곧바로 처리하지 않는 備邊司의 堂上官과 郎廳을 추고하도록 아뢰다./ 자원하여 中國에 간다고 하는 金尙寓을 超階하여 六品으로 올려주고 書狀官에 充員하도록 政院에 전교하다.(『宣祖實錄』 선조27. 『集成』18-454) 8.13. 임금이 總兵 劉綎을 南大門 밖에서 迎接하다./ 여러 대신들과 항복한 왜장의 진위 여부와 그 처리문제에 대해 논의하다.(『宣祖實錄』 선조27. 『集成』18-455) 8.14. 임금이 劉摠兵과 接見하여 왜에 대비한 중국의 원병문제와 군량문제에 대해 의논하다.(『宣祖實錄』 선조27. 『集成』18-457) 8.15. 慶尙道觀察使 洪履祥을 引見하여 왜적이 쳐들어오기 전에 추수하는 문제, 군사 훈련, 인재 등용에 대해 의논하다.(『宣祖實錄』 선조27. 『集成』18-459)/ 金晬, 李恒福이 中國에 咨文을 보내는 문제, 항복한 왜적들의 본심을 알아보는 문제 등에 대해 都督과 논의하고 임금에게 그 내용을 아뢰다.(『宣祖實錄』 선조27. 『集成』18-462)/ 備邊司과 더불어 天兵의 陳法을 익히는 문제와 倭人의 검술을 배우는 문제 등에 대해서 의논하다.(『宣祖實錄』 선조27. 『集成』18-463)/ 海平府院君 尹根壽가 倭의 의도는 中國에 혼인을 구하고 朝鮮 땅을 割讓 받는데 있다는 것을 아뢰자 임금이 備邊司에 의논하라고 내리다.(『宣祖實錄』 선조27. 『集成』18-464)/ 備邊司가 항복하려는 倭人들을 점차적으로 나오게 하고, 여러 장수와 함께 엄하게 기다렸다가 그 형적이 의심스러우면 무기를 가지고 서로 대하도록 아뢰다.(『宣祖實錄』 선조27. 『集成』18-465) 8.16. 接伴使 金瓚이 왜적에 의해 조선의 형세가 급박하다는 것을 중국에 급히 알려야 한다고 아뢰자, 임금이 允許하고 備邊司에 내리다.(『宣祖實錄』 선조27. 『集成』19-1)/ 備邊司가 항복한 왜인 諸正을 회유하도록 경상감사에게 서한을 보내야 한다고 아뢰자, 임금이 允許하다.(『宣祖實錄』 선조27. 『集成』19-2)/ 備邊司가 항복하는 倭人 諸正에게 날짜를 정해서 5~6명이나 10명씩 점차적으로 나오게 하고, 항복해 나오면 곧 여러 陣中이나 內邑에 나누어 두기를 아뢰다./ 海平府院君 尹根壽가 倭人들이 말한 '關白 平秀吉 封貢보다는 땅을 얻는 일이 속셈이었다'는 내용을 포함한 倭人의 내부 상황에 대해 아뢰다.(『宣祖實錄』 선조27. 『集成』19-3)/ 왜적이 재차 침범할 것을 이유로, 劉摠兵이 떠나려는 것을 서한을 보내서 만류하도록 명하다.(『宣祖實錄』 선조27. 『集成』19-4) 8.17. 接伴使 金瓚이 왜적이 全羅道 쪽으로 침범할 것을 아뢰자 임금이 大臣들과 더불어 그에 대한 방비를 의논하고 中國 將帥 孫時郞에게 알리도록 하다.(『宣祖實錄』 선조27. 『集成』19-5)/ 備邊司가 天兵으로서 도망한 군사를 京畿道 陪臣이 받아들였다고 하니, 京畿와 각 沿路의 州郡에 中國 軍人이 붙어 있는 자가 있거든 그 소재지를 가두어 놓고 啓聞하도록 할 것을 아뢰다./ 接待都監이 傅中軍이 接伴使 金瓚에게 '軍中에서 소금을 구할 수 없다'고 하니 該司로 하여금 속히 마련하여 題給할 것을 아뢰다.(『宣祖實錄』 선조27. 『集成』19-6) 8.18. 明에 구원군을 요청하는데 방해가 될 것을 염려하여 항복한 왜군을 明으로 보내지 말고 훈련시켜 北虜를 막는 데 활용할 것을 명하다./ 王世子가 公州의 牧使나 判官의 노고에 대해 각각 靑布 2필을 내려 장려하는 뜻을 보이도록 승하다.(『宣祖實錄』 선조27. 『集成』19-7)/ 公州 儒生 洪涵 등 1백여명이 上疏하여 鶴駕를 머물러 人心을 鎭撫할 것을 청하다.(『宣祖實錄』 선조27. 『集成』19-8) 8.19. 司憲府가 항복한 倭人이 난동을 부려 人心이 두려워하고 있으니, 귀순한 자는 즉시 칼과 소지한 무기를 모두 官에 바치게 하도록 아뢰다.(『宣祖實錄』 선조27. 『集成』19-8)/ 崔岦을 奏請副使로 삼다.(『宣祖實錄』 선조27. 『集成』19-9) 8.20. 王世子가 서울로 오다가 全義縣에 머물다./ 海平府院君 尹根壽 등을 引見하여 중국에게 양식과 군사 원조를 청하는 일에 대해 의논하고, 왜적의 진퇴에 대해 논의하다.(『宣祖實錄』 선조27. 『集成』19-9)/ 接伴使 金瓚이 劉摠兵과 함께 왜적 방비에 대해 논의한 것과 중국 측에서 우리 나라의 군량 파악이 안되는 것을 아뢰자, 임금이 備邊司에게 군량 파악에 협조할 것을 명하다.(『宣祖實錄』 선조27. 『集成』19-12)/ 海平府院君 尹根壽가 지금 危急을 고하는 使行에는 오직 정벌할 것을 간곡히 요청해야 한다고 아뢰다.(『宣祖實錄』 선조27. 『集成』19-13)/ 中國에 慶尙·全羅를 중심으로 倭賊을 방비해야 함과 군량을 朝鮮에서 조달할 수 없음을 알리는 내용의 奏文을 보내다.(『宣祖實錄』 선조27. 『集成』19-14) 8.21. 王世子가 稷山縣에 머물다./ 司憲府가 內需司 田稅를 戶曹에서 옮겨 받게 하고, 人心을 잃고 將帥들과 화합하지 못하는 慶尙道防禦使 金應瑞를 改差할 것, 京畿道의 盜賊을 여러 고을을 독려하여 토멸할 것 등을 아뢰다.(『宣祖實錄』 선조27. 『集成』19-18)/ 將帥들이 서로 화목하지 못하니 朴晉을 金應瑞로 교체할 것, 항복한 倭人 要叱只를 우대할 것 등을 大臣들과 의논하다.(『宣祖實錄』 선조27. 『集成』19-19) 8.22. 王世子가 振威縣에 머물다.(『宣祖實錄』 선조27. 『集成』19-23)/ 中國의 參戰이나 和親의 소문을 퍼뜨려 日本을 교란하는 방법을 쓰도록 備邊司에 명하다./ 備邊司가 總兵을 만나 머물러 주기를 청한 것과 水軍으로 물길을 끊어 賊의 군량을 운반하지 못하도록 한 계책을 의논한 것을 아뢰다.(『宣祖實錄』 선조27. 『集成』19-24)/ 備邊司가 水軍을 강성하게 하여 길을 차단할 계책이 있지만 우리 水軍의 수가 적어 배를 운행할 수 없다고 아뢰다./ 備邊司가 劉總兵의 兵營에 따라온 우리나라 사람들에게 軍餉廳의 軍糧을 주고 부대에 편입시킬 것을 아뢰다./ 初選된 出身武臣들의 劍術과 槍法을 試才하여 아뢰도록 政院에 전교하다.(『宣祖實錄』 선조27. 『集成』19-25)/ 備邊司에서 尙州牧使 鄭起龍

일본

을 討捕使로 삼아서 慶尙道의 土賊을 소탕하고 倭賊이 들어올 시 倭賊의 길을 끊도록 아뢰자, 임금이 允許하다./ 海州城 안의 유언비어가 성행한 것과 관련하여 牧使와 兵使를 다시 차출하도록 政院에 전교하다.(『宣祖實錄』 선조27. 『集成』19-26)

8.23. 王世子가 水原府에 머물다./ 항복해 오는 倭人을 전과같이 즉시 押送하여 遼東으로 보내도록 전교하다./ 兵曹가 武科別試의 初試의 규정을 落點하여 啓下했으나, 칼, 창을 쓰는 기술은 정해진 규정이 없어서 그 등급의 高下를 매기는 것이 주먹구구식이라고 아뢰다.(『宣祖實錄』 선조27. 『集成』19-26)/ 備邊司가 賊中에서 나오는 사람과 流離하는 사람들을 모두 거두어들여 海邊의 기름진 땅에 정착하여 농사짓게 하고 壯丁은 雜役을 면제하고 格軍에 충원하여 水軍의 兵力을 증원할 것을 아뢰다.(『宣祖實錄』 선조27. 『集成』19-27)

8.24. 王世子가 廣州의 民家에 머물다.(『宣祖實錄』 선조27. 『集成』19-27)/ 備邊司가 海州의 유언비어에 대해서 海州가 오래도록 支供하는 일을 담당해서 고통이 다른 곳보다 심했을 것이라 아뢰니, 임금이 兵使를 먼저 遞職시키라고 답하다./ 兵曹가 칼, 창 등의 技藝를 시험하는 일이 공평하지 못한 폐단이 있다고 아뢰자, 初試는 시행하지 말고 殿試만 시험하도록 전교하다.(『宣祖實錄』 선조27. 『集成』19-28)

8.25. 王世子가 서울로 들어오다./ 東宮이 들어오는 것을 항복한 倭人은 보아도 무방하지만 小西飛의 軍卒은 보지 못하도록 政院에 전교하다.(『宣祖實錄』 선조27. 『集成』19-29)/ 劉總兵을 좇아 中國으로 들어간 朝鮮人을 兵部에 移咨하여 모두 刷還하거나 타일러서 서로 이끌고 나오도록 하라고 政院에 전교하다.(『宣祖實錄』 선조27. 『集成』19-29)/ 備邊司가 劉總兵이 倭使를 만나 '朝鮮國禮曹大人閣下'라 써있는 書信을 받았다고 하니, 中國에 오해가 생기지 않도록 조처할 방안을 논의하도록 아뢰다./ 小西飛의 졸병이 禮曹에 가져온 封貢에 대한 요청에 대해 中國과 加藤淸正사이의 왕래를 이유로 거절하게 하고, 軍勢를 거짓으로 크게 보이도록 지시하다.(『宣祖實錄』 선조27. 『集成』19-30)/ 備邊司이 顧總督의 夜不收인 王官이 日本측이 封貢을 바란다고 말한 것을 아뢰다.(『宣祖實錄』 선조27. 『集成』19-31)

8.26. 경기 利川·竹山 등지의 土賊 토벌에 降倭를 쓸 것을 備邊司에 명하자, 備邊司에서 양민에 행패를 부릴 것을 이유로 좀 더 살핀 후 쓸 것을 아뢰다.(『宣祖實錄』 선조27. 『集成』19-31)/ 倭賊의 침범을 이유로 慶尙道 助防將 鄭希玄의 처벌을 이후로 미루도록 하다.(『宣祖實錄』 선조27. 『集成』19-32)

8.27. 慶尙道觀察使 韓孝純이 平義智·平調信이 보낸 和親을 청하는 글을 馳啓하여 올리다.(『宣祖實錄』 선조27. 『集成』19-33)

8.28. 大臣들이 請對하여 別殿에서 引見하고 傳位 문제와 劉摠兵 영내의 朝鮮人 刷還, 왜의 加藤淸正과 小西行長 사이의 反間計에 대한 것을 의논하다.(『宣祖實錄』 선조27. 『集成』19-35)

8.30. 接伴使 金玏이 倭賊에 대비하기 위해 明나라 軍士가 머무는 문제와 그에 따른 군량미 문제를 劉摠兵과 논의한 것에 대해 馳啓를 올리다.(『宣祖實錄』 선조27. 『集成』19-37)/ 備邊司이 倭의 加藤淸正과 小西行長사이에 反間計를 쓰는 것에 대해 아뢰다.(『宣祖實錄』 선조27. 『集成』19-38)/ 慶尙監司가 對馬州太守 豊臣義智가 보낸 和親을 청하는 서신에 대해 封貢 문제와 兩國간의 交隣 관계가 이어짐을 내용으로 한 답신을 보내다.(『宣祖實錄』 선조27. 『集成』19-39)/ 司憲府가 降倭들이 서울 근처에 머물러 거주하며 칼을 차로 횡행하는데도 즉시 처치하지 않는 色郞廳을 추고하고 降倭들을 급히 나누어 보낼 것을 아뢰다.(『宣祖實錄』 선조27. 『集成』19-41)

9.1. 體察使 尹斗壽가 巨濟의 倭賊을 이기지 못하자 兩司가 탄핵하여 파직시키다.(『宣祖修正實錄』 선조 27. 『集成』27-188)/ 沈惟敬이 倭差人 小西飛와 함께 倭營에 도로 들어가다.(『宣祖修正實錄』 선조27. 『集成』27-189)

9.2. 都元帥 權慄이 固城 지방에 복병을 숨겨 잡혀가던 남녀 50인을 되찾아 왔음을 알리는 馳啓를 올리다./ 接待都監이 劉摠兵의 差官 羅四魁 등에게 들은 왜적에 대한 중국 朝廷의 논의에 대해 아뢰다.(『宣祖實錄』 선조27. 『集成』19-41)

9.3. 備邊司가 平義智가 편지를 보낸 일은 賊中의 대단한 식라 總兵에게 알리지 않을 수 없어 상의하였음을 아뢰다.(『宣祖實錄』 선조27. 『集成』19-42)/ 雙劍 사용법을 훈련시키도록 전교하다./ 임금이 大臣과 備邊司 堂上을 引見하고 菅島 木兵衛에 官敎를 보내는 일, 平義智의 편지, 戶曹 재정, 隊伍法, 忠淸兵使 差出 문제 등을 논의하다.(『宣祖實錄』 선조27. 『集成』19-43)

9.4. 備邊司가 倭賊에 대한 離間策을 아뢰자 임금이 允許하다.(『宣祖實錄』 선조27. 『集成』19-47)/ 備邊司가 倭賊에 보내는 答書에 離間策을 쓸 것과 유언비어를 퍼뜨리는 것을 내용으로 하는 계책을 올리자, 임금이 의논하여 실행할 것을 명하다.(『宣祖實錄』 선조27. 『集成』19-48)/ 倭賊에 대한 離間策으로 쓸 방문의 내용을 明나라가 新兵을 보내어 倭賊을 토벌할 것이라는 내용으로 고치도록 명하다.(『宣祖實錄』 선조27. 『集成』19-49)

9.5. 備邊司가 黃海監司 李廷立이 狀啓로 아뢴, 海州山城를 쌓고 그 고을을 옮기는 일이 중대하다고 아뢰다.(『宣祖實錄』 선조27. 『集成』19-49)

9.6. 兼三道都體察使 議政府 左議政 尹斗壽가 全州의 砲樓 창설로 民力이 고갈되었음을 아뢰고, 砲樓 만드는 力士를 수확하는 동안 잠시 정지할 것을 아뢰다(『宣祖實錄』 선조27. 『集成』19-50)/ 大臣들을 引見하고 倭賊에 대한 離間策과 明의 軍士를 머무르게 하는 문제, 降倭의 처리 문제 등에 대해 논하다.(『宣祖實錄』 선조27. 『集成』19-51)/ 備邊司에서 왜적에 대한 답서에 쓸 離間策에 대해 아뢰자, 임금이 允許하고 그 내용을 慶尙道巡察使 洪履祥에게 내리다(『宣祖實錄』 선조27. 『集成』19-54)/ 備邊司에서 賊中에 있는 東萊校生 宋昌世가 倭賊을 이간시킬 계책에 대한 告目을 올렸음을 아뢰다.(『宣祖實錄』 선조27. 『集成』19-56)

9.7. 領議政 柳成龍이 逃亡軍으로 인해 總兵과 불미스러운 일이 생길지 모르니, 敎師 4인을 차라리 돌려보내도록 아뢰다.(『宣祖實錄』 선조27. 『集成』19-57)

9.8. 右承旨 吳億齡이 中國軍 중 逃亡軍이 賊들과 相通할까 염려되니 다 체포해야 한다고 한 總兵의 말을 아뢰다.(『宣祖實錄』 선조27. 『集成』19-57)

9.9. 임금이 劉摠兵을 南別宮에서 接見하여 倭賊에 의한 朝鮮의 상황을 中國에 알릴 것을 말하고 中國 逃亡軍 문제와 援軍 派兵에 대해 논의하다.(『宣祖實錄』 선조27. 『集成』19-58)/ 惟政과 李謙受에게 賊情을 묻게 하고, 督府가 平壤에 머물러 賊勢를 살피기를 간청하도록 政院에 전교하다./ 慶尙道의 降倭가 많이 나오는 것을 어떻게 처리할지 의논하도록 政院에 전교하다.(『宣祖實錄』 선조27. 『集成』19-59)

연도	한국
▲ 1594 ▼	9.10. 劉摠兵이 時御所에 와서 사례하고, 임금이 劉摠兵에게 平壤에 머물러 있으면서 形勢를 관망할 것을 청하다.(『宣祖實錄』 선조27.『集成』19-59) 9.11. 임금이 總兵 劉綎을 慕華館에서 전송하고, 臺上에 나아가 武士들의 騎射를 관람하다.(『宣祖實錄』 선조27.『集成』19-60)/ 督府가 賊臣이 和親을 하여 나라를 욕되게 한 것과 그들을 목베어 群情을 바로잡을 것을 아뢴 福建巡按 劉芳譽의 글을 보이다.(『宣祖實錄』 선조27.『集成』19-62) 9.12. 備邊司가 加藤淸正과 小西行長에게 쓸 離間策과 왜적에게 보낼 답신에 대해 아뢰다.(『宣祖實錄』 선조27.『集成』19-64) 9.13. 備邊司가 군기를 엄중히 하여 對馬島의 賊倭를 섬멸할 것을 아뢰고, 임금이 대신들을 引見하고 劉摠兵이 撤軍한 상태에서의 倭賊 離間, 防禦使 임명 등에 대해 논의하다.(『宣祖實錄』 선조27.『集成』19-65) 9.14. 備邊司가 降倭를 모두 올려보내지 말고 재능이나 기예가 있는 자들은 陣中에 남게 하고 나머지는 格軍을 삼도록 아뢰다.(『宣祖實錄』 선조27.『集成』19-67)/ 平安道는 나라를 위해 힘을 다하고 戰死한 자가 많으니, 戰爭에 나간 사람의 父母와 妻子에게 음식물을 題給하고, 戰爭에 나간 자는 파격적으로 陞職시킬 것을 전교하다./ 備邊司가 都元帥의 從事官 黃汝一이 내려가는 것과 관련해 精銳兵의 확보, 慶州와 宜寧간의 군사 공백 문제, 慶尙道의 人心 수습 문제, 군량미의 조달 문제 등을 아뢰다.(『宣祖實錄』 선조27.『集成』19-68)/ 慶尙道 觀察使 洪履祥이 靑松·安東 등 要害處에 助防將을 두어 慶州 진영의 후원이 되게 하여 慶州를 굳게 지킬 것을 狀啓하다./ 備忘記를 내려 行上護軍 李好閔의 起復을 사면해 달라는 상소를 허락하지 않다.(『宣祖實錄』 선조27.『集成』19-71) 9.15. 임금이 西廳에 나가 殺手들의 劍槍의 試才를 보고, 우등으로 入格한 자는 陞職하고 나머지에게는 각기 兒馬와 米布를 내리라고 이르다.(『宣祖實錄』 선조27.『集成』19-71)/ 慶尙左兵士 高彦伯이 惟政과 李謙受가 加藤淸正을 만나 강화에 대한 논의를 한 것과 그 내용을 馳啓하다.(『宣祖實錄』 선조27.『集成』19-72) 9.16. 備邊司가 外方鎭管 중 忠州와 公州 鎭管의 軍政을 잘 다스리고 퇴폐된 것을 정돈하게 할 것을 아뢰다.(『宣祖實錄』 선조27.『集成』19-73) 9.18. 대신들이 왜적에 의한 변란을 이유로 傳位에 대해 반대하다./ 備邊司가 該司로 하여금 降倭 也汝文에게 의복과 갓 등의 물건을 조치해 주고, 司正의 告身을 주며, 刑曹의 賊人의 처로 짝을 지어주어 위안할 것을 아뢰다./ 초봄에 重試를 設行하여 騎射·劍槍·放丸 등의 기술로 시험할 것을 備邊司에 말하여 議啓하도록 政院에 전교하다.(『宣祖實錄』 선조27.『集成』19-74) 9.19. 備邊司이 舟師統制使 李舜臣에게 巨濟의 왜적을 공격하게 할 것을 아뢰자, 임금이 允許하다.(『宣祖實錄』 선조27.『集成』19-75)/ 韓孝純을 兵曹參判으로, 張雲翼을 海州牧使로 삼다.(『宣祖實錄』 선조27.『集成』19-76) 9.20. 備邊司가 各道의 貢物 進上을 모두 쌀로 하게 하고, 소금을 山峽의 소금이 귀한 지역에 운반하여 곡식으로 바꾸고, 戶曹로 하여금 屯田을 시기에 맞추어 강구할 것을 아뢰다.(『宣祖實錄』 선조27.『集成』19-76) 9.21. 임금이 宣傳官 李繼命을 파견하여 軍中에 나아가 舟師를 慰諭하고 監司로 하여금 綿布와 소금을 지급하도록 하다.(『宣祖實錄』 선조27.『集成』19-77)/ 임금이 李繼命이 내려갈 때 耳掩을 보내어 바다와 육지의 여러 장수들에게 물품을 내려 노고를 치하도록 하다.(『宣祖實錄』 선조27.『集成』19-78) 9.22. 譯官을 시켜 도성에 올라온 降倭들을 잘 開諭하여 刀劍을 모두 거두라고 政院에 전교하다./ 京城 성곽 주변의 주인 없는 良田을 각 哨兵에게 나누어 지급하여 屯田을 대대적으로 개간하여 군사들을 먹일 식량을 조달하도록 政院에 전교하다.(『宣祖實錄』 선조27.『集成』19-78)/ 備邊司가 慶尙道道臣으로 하여금 倭亂으로 중단됐던 名山大川 등에 제사를 지내게 할 것을 아뢰자, 임금이 允許하다./ 備邊司가 倭의 진영에 있다가 돌아온 義僧將 惟政 및 李謙受에게 들은 賊情을 아뢰다.(『宣祖實錄』 선조27.『集成』19-79) 9.23. 僧將 惟政이 賊을 토벌하고 공적을 많이 세웠으며, 누차에 걸쳐 賊中을 출입하면서 賊의 將帥와 쟁변하였으니, 備邊司는 후한 위로를 하라 전교하다./ 지방의 門閥있는 집과 부자들을 일깨워 곡식을 바치게 하고, 높은 벼슬을 주어 신임을 잃지 않도록 할 것을 政院에 아뢰다.(『宣祖實錄』 선조27.『集成』19-80) 9.24. 임금이 巡按差官 指揮 周應奎를 別殿에서 接見하고, 왜의 세력이 强盛함을 들어 중국군을 보내 줄 것을 청하다.(『宣祖實錄』 선조27.『集成』19-81)/ 今後 戰陣에서 죽은 자는 堂上以上는 그 아들 중 1인을 6品의 實職에, 堂上以下는 東班의 實職에, 禁軍과 良人은 禁軍에, 公私賤은 免賤하도록 政院에 전교하다./ 水軍·陸軍의 諸將의 父母妻子에게 음식물을 題給하고 항상 후히 구휼하게 하도록 政院에 전교하다./ 禹拜善과 安信甲 등 軍功이 있는 者들을 官職을 除授하여 防禦使나 節度使의 幕下에 예속시켜 先鋒을 삼아 용감함을 펴도록 전교하다.(『宣祖實錄』 선조27.『集成』19-82) 9.25. 임금이 領議政 柳成龍과 상의하여 戰死者의 子孫에게 포상하고, 分數가 優等인 자에게도 加資하도록 命하다.(『宣祖實錄』 선조27.『集成』19-83) 9.26. 接伴使 工曹判書 沈喜壽가 빚을 지거나 부역을 피하려는 무리들이 모두 강을 건너가 살려고 하는 문제와 宋應昌·李如松·佟總兵 등의 頌德碑를 세울 것, 降倭를 中國에 解送할 것 등을 馳啓하다.(『宣祖實錄』 선조27.『集成』19-83) 9.27. 兼三道都體察使 左議政 尹斗壽가 倭賊 공격 방안에 대해 馳啓하자 임금이 備邊司에 내리어 논의하고 體察使에게 宣傳官을 파견하여 서두르지 않도록 명하다.(『宣祖實錄』 선조27.『集成』19-84)/ 備邊司가 賊이 王子의 편지를 보고자 하는 것을 아뢰니, 임금이 衆議가 하지 않을 수 없다면 억지로 중지시키지는 않을 것이라 답하다./ 備邊司가 王子로

일본

하여금 대략 안부를 묻는 말을 지어서 보내고 겸하여 總兵의 답서를 보내어 賊의 답장을 기다려 암암리에 이간의 계획을 쓸 것을 回啓하다.(『宣祖實錄』선조27.『集成』19-86)

9.28. 平安監司 李元翼에게 倭賊에 대한 계획을 올리도록 下書하고 아울러 降倭를 이용하도록 命하다.(『宣祖實錄』선조27.『集成』19-87)/ 安繼男을 部將으로, 邢鷗를 守門將으로 除授하라고 殺手試才單子로 전교하다./ 備邊司가 倭賊을 공격하는 일에 대해 아뢰자, 임금이 兩湖의 오합지졸 3천으로 賊을 섬멸한다고 하니 괴이한 일이라고 답하다.(『宣祖實錄』선조27.『集成』19-88)

10.1. 都元帥 權慄이 水陸戰을 직접 독려하는 일로 泗川·固城으로 떠나 巨濟에서 擧事할 계획이라고 馳啓하다./ 都元帥의 狀啓에 대하여 備邊司의 郎廳 文官을 급히 보내 實情을 자세히 알아오도록 전교하다./ 慶尙道兵馬節度使 高彦伯이 왜적이 石南村을 포위하여 焚蕩하고 남녀 5명을 잡아간 것과 賊情에 대한 것을 馳啓하다.(『宣祖實錄』선조27.『集成』19-89)/ 孫總督의 接伴使인 工曹判書 沈喜壽가 孫總督이 封貢에 대해서는 이미 결정이 되었고, 만약 賊들이 흉악한 짓을 하면 군량을 풀어 진격하여 섬멸할 것이라고 한 것을 馳啓하다.(『宣祖實錄』선조27.『集成』19-90)/ 備邊司가 元帥 등의 官員이 자세히 살펴, 力戰하여 상처를 입은 자는 비록 참수한 功이 없더라도 論功할 것을 아뢰다.(『宣祖實錄』선조27.『集成』19-91)/ 湖南과 嶺南 사이에 진치고 있는 土賊이 마을을 크게 노략질하다./ 領議政 柳成龍이 戰守에 관한 機宜十條를 올리다.(『宣祖修正實錄』선조27.『集成』27-190)

10.2. 司憲府가 兵曹의 衛將所가 軍士를 전혀 점검·단속하지 않으니 堂上과 郎廳을 推考하고, 敗軍한 同知敦寧 李潤德과 副總管 曺大坤을 遞差할 것을 아뢰다.(『宣祖實錄』선조27.『集成』19-91)/ 劉總兵의 平壤饋慰使 僉知中樞府事 朴東亮이 劉總兵은 孫經略은 鴨綠의 지역에서 방어만 하는 것을 上策으로 여긴다고 한 것을 아뢰다.(『宣祖實錄』선조27.『集成』19-92)

10.3. 司諫院이 巡按御史를 시켜 순방하여 水軍의 폐해를 啓聞하게 할 것, 巡邊使 李鎰과 巡察使 洪世恭을 推考하여 급히 土賊을 체포할 것 등을 아뢰다./ 備邊司가 敗軍한 데에는 輕重의 차이가 있는 것이니 일률적으로 논하기는 어렵고, 李潤德과 曺大坤은 이미 臺諫의 논박으로 遞職되었으니 聖上의 재량에 달려 있다고 아뢰다./ 備邊司가 戶曹判書 金晬와 尹先覺이 敗軍한 일에 文武의 차이가 없다는 전교 때문에 대죄하고 있어 처리하지 못한 일이 많으니 출사하도록 할 것을 아뢰다.(『宣祖實錄』선조27.『集成』19-93)/ 備邊司가 賊將 喜八이 새사냥을 핑계하여 여러날을 나오니 懷柔策을 시행할 것과 惟政이 내려갈 때 王子의 서신을 보낼 것에 대해 아뢰다.(『宣祖實錄』선조27.『集成』19-94)

10.4. 司諫院에서 苛斂誅求를 일삼고 노루를 사냥하다가 倭賊에게 빼앗긴 順天府使 權俊에게 죄를 주기를 청하자, 임금이 허락하다.(『宣祖實錄』선조27.『集成』19-94)/ 劉總兵이 잡아간 教師인 唐官 李二와 張六三에게 該曹로 하여금 銀兩을 적당히 지급하도록 하고, 전일 總兵이 물을 때에 헐뜯어 말한 通事와 兵曹郎廳을 詔獄에 내리라고 전교하다./ 承政院이 兵曹判書 李恒福이 教師가 劉總兵에게 잡혀간 일은 자신의 죄라 자수함을 아뢰자, 兵曹의 郎廳은 推考하지 말라고 전교하다.(『宣祖實錄』선조27.『集成』19-95)/ 備邊司가 王子의 서신을 倭에 보내는 일에 대하여 淸賊과 平行長의 불화가 깊은 것을 이용할 것을 아뢰다.(『宣祖實錄』선조27.『集成』19-96)

10.5. 慶尙道防禦使 金應瑞가 투항한 倭兵 3명 중 2명을 살해한 義興縣監 盧景福을 각별히 중하게 다스릴 것을 馳啓하다./ 嘉善大夫 平調信에게 오래도록 남의 나라에 주둔하고 있고 또 麾下의 軍卒을 잘 단속하지 못하여 끝없이 침해하니, 이것이 和議가 이루어지지 못하는 원인이므로 行長에게 자세히 論告하라는 貼文을 내리다.(『宣祖實錄』선조27.『集成』19-97)

10.7. 平安監司 李元翼 등이 劉摠兵과 軍士와 군량 조달 문제를 의논한 것에 대해 狀啓를 올리자, 이를 備邊司에 내리다.(『宣祖實錄』선조27.『集成』19-99)

10.8. 訓練都監이 總兵의 軍營에서 나온 사람들을 여러 哨所에 배속시켜 砲殺手 등의 기술을 이미 가르쳤으니, 영원히 砲手·殺手로 삼아 公私賤을 마음대로 찾아가지 못하도록 할 것을 아뢰다.(『宣祖實錄』선조27.『集成』19-100)/ 司憲府가 倭에게 굴복하고 협조한 成世寧, 成世康, 咸崇德, 裵俊 등을 論罪할 것을 아뢰다.(『宣祖實錄』선조27.『集成』19-101)/ 慶尙右水師 元均이 전황을 알리는 狀啓를 올리자 이를 備邊司에 내리다.(『宣祖實錄』선조27.『集成』19-102)

10.9. 備邊司가 근래 地方에 分散 조처한 倭兵을 처치한 者도 있는데 의외의 變을 유발시킬까 염려된다고 아뢰다./ 督運御史 尹敬立이 왜적에 대비하여 병사를 조련하는 것과 추수한 식량의 징수를 효율적으로 하여 민심을 수습할 것을 아뢰다.(『宣祖實錄』선조27.『集成』19-104)/ 忠淸巡察使 尹承勳이 굳센 병사 수백 명으로 鳥嶺을 지키게 하고, 다시 秋風嶺과 赤巖, 竹嶺을 지키면 전일처럼 유린되지 않을 것이라 아뢰다./ 備邊司가 辛忠元이 官力을 번거롭게 하지 않고 鳥嶺에 하나의 關防을 만들었으니 襃奬하여 권장할 것을 아뢰다.(『宣祖實錄』선조27.『集成』19-106)/ 備邊司에서 王子가 加藤淸正에게 보내는 편지의 초안을 올리자 正草例에 따라 다시 쓸 것을 命하다.(『宣祖實錄』선조27.『集成』19-107)

10.10. 절의에 죽었거나 倭賊에게 항거하다가 戰死한 首領·將卒의 子孫에게 除職하거나 免賤한다는 것을 曉諭하는 教書를 내리다.(『宣祖實錄』선조27.『集成』19-107)/ 巡邊使 李鎰이 辭職을 청하는 狀啓를 올렸으나, 임금이 지금은 賊兵외 형세가 한창 위급하니 그대로 그 직임을 살피라고 回諭하다.(『宣祖實錄』선조27.『集成』19-109)/ 遼東都指揮使司가 지금까지의 전황에 대해 중국 朝廷에 보고한 것을 알리는 내용과 倭賊의 情勢에 대해서 정탐하여 알릴 것을 청하는 咨文을 보내다.(『宣祖實錄』선조27.『集成』19-110)

10.11. 咸鏡北道兵馬節度使 鄭見龍이 六鎭의 오랑캐가 반란을 일으켰으나, 60명의 首級을 베었고 降倭 등도 모두 힘을 다해 싸워 술을 먹이고 慰諭하였다고 馳啓하다.(『宣祖實錄』선조27.『集成』19-119)/慶尙道巡邊使 李薲이 都元帥 權慄의 命을 받아 倭賊 방어를 위해 조처를 취했음을 알리는 馳啓를 올리다./ 大臣들을 便殿에서 引見하고 倭賊을 공략할 전략에 대해 논의하고, 功이 있는 者에게 상을 내릴 것과 朝鮮에 功이 있는 中國 將帥의 祠堂을 세울 것을 命하다.(『宣祖實錄』선조27.『集成』19-121)

10.13. 孫侍郎의 差官 두 사람이 小西飛의 從倭 두명을 데리고 돌아왔는데, 孫侍郎이 倭營에 가는 者에게 官兵을 많이 조발하여 護送하기를 청하는 牌文을 가지고 오다./ 政院이 孫侍郎의 差官이 데리고 온 小西飛의 卒倭 두명이 釜山까지 간다는 것을 아뢰다./ 備邊司가 石尙書를 위해 位版을 마련하여 李提督과 함께 한 사당에 향사하고, 副將 3인도 같이 향사할 것을 아뢰다.(『宣祖實錄』선조27.『集成』

연도	한국
	19-125)/ 備邊司가 官兵를 보내어 差官을 호송하는 일을 아뢰자 임금이 허락하다./ 備邊司가 鄭見龍과 田鳳이 열흘 사이에 계속 대첩의 功을 거두어 포상하는 일에 대해 아뢰다./ 備邊司가 小西飛의 卒倭가 내려가려고 하는데 孫侍郎이 분부한 일이 어떠한 것인지 모르겠으나 機關가 매우 중대하다고 아뢰다.(『宣祖實錄』 선조27. 『集成』19-126)/ 備邊司가 倭從이 돌아가는데 이곳의 虛實을 알았으니 反間의 계책을 쓸 것을 아뢰다./ 鄭澈의 죄가 큰데 倭쏟을 이유로 처벌이 미약했음을 史臣이 논하다.(『宣祖實錄』 선조27. 『集成』19-127)/ 都元帥 權慄이 여러 將帥들이 출전 기일을 연기하고 바다에 비가 내려 어두워서 나가지 못하여 기회를 잡지 못하였으며, 賊兵이 성문을 굳게 닫고 움직이지 않아 接戰은 하지도 못하고 軍士의 威嚴만 손상하였다고 아뢰다.(『宣祖實錄』 선조27. 『集成』19-128)/ 備邊司이 巨濟의 倭賊을 공격하는 것이 不可함과, 朝鮮 軍士들에 대해 조사하고 군기확립을 하는 일 등이 시급하니 從事官을 보내어 啓聞해야함을 아뢰자, 임금이 允許하다.(『宣祖實錄』 선조27. 『集成』19-129)
	10.14. 大臣들을 引見하여 倭賊과의 戰況, 戰爭으로 인해 거두지 않은 壬辰年의 租稅 蠲減 및 軍役에 관하여 논의하다.(『宣祖實錄』 선조27. 『集成』19-131)/ 備邊司에서 日本이 朝鮮에 허물을 돌리지 말 것을 내용으로 하는 小西行長에게 보내는 答書에 대해 아뢰다.(『宣祖實錄』 선조27. 『集成』19-133)
	10.15. 忠勳府가 倭賊의 분탕질로 소멸된 功臣錄卷을 다시 만들고, 御諱를 보관하는 일에 대해 아뢰자, 임금이 允許하다./ 兵曹佐郎 金尙寯이 求禮로부터 돌아와 임금을 引見하고 水軍의 전황에 대해 아뢰다.(『宣祖實錄』 선조27. 『集成』19-134)
	10.16. 備邊司가 全羅道 沿海 지방 首領이 바다에 나가는 일은 15邑이 서로 교대하여 往來하도록 할 것을 아뢰다.(『宣祖實錄』 선조27. 『集成』19-136)
	10.17. 中使 李奉貞과 注書 李德溫을 보내어 禿城陳에서 試才하다./ 軍資監主簿 趙穆이 降倭를 조심해야 한다는 것을 내용으로 한 上訴를 올리다.(『宣祖實錄』 선조27. 『集成』19-137)/ 備邊司가 惟政이 加藤淸正과의 기일이 박두하여 부득이 가지 않을 수 없으니 기한이 되기 전에 내려가 그들의 實情을 보아야 한다고 한 것을 아뢰다.(『宣祖實錄』 선조27. 『集成』19-138)/ 司諫府에서 倭亂으로 중단된 經筵을 계속할 것과 倭賊을 방비하기 위해 인재를 등용하고, 軍士를 양성할 것을 내용으로 하는 上箚를 올리다.(『宣祖實錄』 선조27. 『集成』19-139)
	10.18. 京畿와 兩湖 등에 土賊이 도처에 모여 있는데 官軍이 토벌하지 못한다고 하는 것과 降倭 중 용맹하고 성품이 온순한 자를 뽑아 投順軍이라 이름하여 평상시에도 陳法을 익히도록 할 것을 備忘記로 이르다.(『宣祖實錄』 선조27. 『集成』19-147)/ 劉總兵이 돌아오는 것과 관련하여 군량 확보책으로 承旨를 兩湖에 보내 空名帖을 가지고 민간에 드나들면서 간곡하게 帖을 주어 곡식을 모으게 할 것을 아뢰다.(『宣祖實錄』 선조27. 『集成』19-148)
▲ 1594 ▼	10.20. 司憲府에서 左議政 尹斗壽가 三道體察使 시절 倭賊과 대치하여 軍士를 함부로 움직인 것 등을 들어 彈劾하자, 임금이 따르지 않다.(『宣祖實錄』 선조27. 『集成』19-148)
	10.21. 司諫院에서 左議政 尹斗壽가 倭亂 초기 軍政을 제대로 처리하지 못했음 등을 이유로 彈劾하자, 임금이 따르지 않다.(『宣祖實錄』 선조27. 『集成』19-149)/ 備邊司이 黃海道의 4천 精兵에게 군사 훈련을 시키는 것에 대해 아뢰자, 임금이 允許하다.(『宣祖實錄』 선조27. 『集成』19-150)/ 司憲府가 左議政 尹斗壽가 倭亂 때 軍國事務에 관계되는 일에 소홀했던 점 등을 들어 遞免을 청하다.(『宣祖實錄』 선조27. 『集成』19-151)
	10.22. 司諫院이 左議政 尹斗壽를 遞職할 것을 청하다.(『宣祖實錄』 선조27. 『集成』19-152)
	10.23. 司諫院이 左議政 尹斗壽가 倭亂 초기 軍政을 제대로 살피지 못했음을 이유로 遞免하도록 청하자 임금이 허락하지 않다.(『宣祖實錄』 선조27. 『集成』19-153)/ 備邊司이 左議政 尹斗壽에게 죄를 묻는 것보다 巨濟의 倭寇를 치는 것이 시급함을 말하고 그 계책에 대해 아뢰자 임금이 倭寇에 대비토록 명하다.(『宣祖實錄』 선조27. 『集成』19-154)
	10.24. 지금 淸正이 惟政을 들어오지 못하게 하고 있고, 右道의 擧事로 인하여 다시 충돌하려 하고 있으므로 王子의 書信을 보낼지의 여부를 備邊司 堂上에게 의논토록 備忘記로 이르다./ 掌令 柳永詢·李鐵, 持平 宋諄이 巨濟의 擧事와 관련하여 賊을 공격하는 것을 금한 것 때문에 遞職할 것을 청하다.(『宣祖實錄』 선조27. 『集成』19-155)/ 司憲府가 倭亂 초기 蒙塵할 당시 左議政 尹斗壽가 權勢를 마음대로 휘두르고 軍政을 어지럽힌 것을 들어 遞免할 것을 청하자 임금이 允許하지 않다.(『宣祖實錄』 선조27. 『集成』19-156)/ 參軍 沈懋時가 中國 朝廷의 議論은 다시 前說이 대두되어 또 다시 沈遊擊을 내보내 講和를 하려 한다고 揭帖을 보내다./ 中國 皇帝가 朝鮮 國王이 보낸 두 本을 보고, 奏文을 올리게 하여 中國이 威嚴과 德으로 오랑캐를 제어하는 방책을 전부 잃게 하였다고 聖諭하다.(『宣祖實錄』 선조27. 『集成』19-157)/ 皇上께서 우리나라의 封貢을 요청하는 章奏로 인하여 聖旨를 내렸는데, 모두 群小輩들이 黨을 지어 大事를 괴란시킨 것이라고 지적한 것을 備忘記로 이르다.(『宣祖實錄』 선조27. 『集成』19-158)
	10.25. 備邊司가 中國에 關白 平秀吉에 대한 封貢을 요청하는 일에 대해 논의하다.(『宣祖實錄』 선조27. 『集成』19-158)
	10.29. 弘文館이 倭賊이 임박한 때에 左議政 尹斗壽의 행실이 옳지 못함을 들어 遞免하도록 청하자 임금이 允許하지 않다.(『宣祖實錄』 선조27. 『集成』19-159)/ 領議政 柳成龍 등을 引見하여 倭亂時 軍政을 문란케 한 左議政 尹斗壽에 관한 일, 關白 平秀吉에게 封貢을 내려 주는 것에 대한 일 및 倭亂으로 중단된 經筵을 여는 것 등에 대해 논의하다.(『宣祖實錄』 선조27. 『集成』19-160)
	10.30. 司憲府·司諫院에서 인재를 등용하여 國力을 기르는 것이 倭賊을 물리치는 길임을 들어 左議政 尹斗壽를 遞職하기를 청하자 임금이 允許하다.(『宣祖實錄』 선조27. 『集成』19-165)
	11.1. 비변사가 僧軍을 거느리고 오랫동안 軍列에 있었고 지금 賊陳을 두 번씩이나 드나들었던 惟政에게 僉知의 實職을 제

일본

수할 것을 청하다.(『宣祖實錄』선조27.『集成』19-165)/ 金應瑞가 李弘發을 小西行長에게 보내 和議에 대해 논의하게 하다.(『宣祖實錄』선조27.『集成』19-167)/ 慶尙兵使 金應瑞가 咸安에서 倭將 平行長 등을 만나다.(『宣祖修正實錄』선조27.『集成』27-192)

11.5. 尹斗壽를 判中樞府事에, 正言 鄭經世를 修撰에, 修將 惟政을 僉知中樞府事에, 比安縣監 李魯를 正言에 제수하다.(『宣祖實錄』선조27.『集成』19-167)/ 倭와의 화친, 關白 平秀吉에게 封貢을 내리는 문제, 중국에 군사를 청하는 문제 등의 韓·日·中사이의 외교문서를 領議政과 상의해서 처리하도록 備忘記로 명하다./ 備邊司가 權慄이 禿城과 幸州에서 賊을 이길 수 있었던 것은 유리한 지형을 알고 점거했기 때문이라고 아뢰며, 江原道監司 尹承吉에게 유리한 지형을 찾아 伏兵을 설치케 하여 賊을 막아내라고 유시할 것을 청하다.(『宣祖實錄』선조27.『集成』19-168)/ 領議政 柳成龍 등을 引見하여 현재의 전황과 日本·중국간의 외교문서 처리 등에 대해 논의하다.(『宣祖實錄』선조27.『集成』19-169)

11.6. 司諫院이 總帥의 중책을 맡고도 巨濟에 주둔하던 날 진영에 나가 策應하지 않은 都元帥 權慄을 추고할 것과 巡按御史로 하여금 전라도 戰船이 賊에게 파괴되고 수백 인이 살해당한 것을 조사하도록 하자고 청하다.(『宣祖實錄』선조27.『集成』19-173)

11.7. 都元帥 權慄에게 下書하여 倭賊의 동정을 탐지하여 보고할 것을 명하다.(『宣祖實錄』선조27.『集成』19-173)/ 備邊司가 日本과의 강화를 내용으로 하는 倭將 平調信의 서신에 대한 답변과 계책을 아뢰다.(『宣祖實錄』선조27.『集成』19-174)/ 政院에 傳敎하여 倭賊이 재침한다는 소문과 투항한다는 세 倭將에 대한 처우 등을 강구하도록 하다.(『宣祖實錄』선조27.『集成』19-175)

11.8. 備邊司가 倭賊의 재침에 대해 中國에 원군을 청할 것과 적중에 關白 平秀吉에 대한 封貢의 소문을 퍼뜨려 시간을 버는 내용으로 대책을 아뢰자 임금이 허락하다.(『宣祖實錄』선조27.『集成』19-176)/ 小西行長이 昌原府의 회담에 나가겠다는 내용의 답신을 보내오다./ 調信·義智·直茂·茂守가 다 서신을 보내왔는데 내용이 동일하다./ 小西行長 平調信이 화친의 뜻을 알리고 잘못이 조선에 있음을 알리는 서신을 보내오다.(『宣祖實錄』선조27.『集成』19-177)/ 李蘋이 倭賊의 행패를 항의하고, 전쟁의 잘못이 倭에 있음을 알리는 답신을 小西行長에게 보내다.(『宣祖實錄』선조27.『集成』19-179)/ 上이 賊將에게 우리나라에 와서 항복하라고 하는 등 가볍게 擧事하여 위엄을 손상시킨 都元帥 權慄을 염려하며, 비변사에 의논해서 아뢸 것을 전교하다.(『宣祖實錄』선조27.『集成』19-180)

11.10. 임금이 時御所의 別殿에서 徐龍과 孫統을 接見하고, 중국군이 어디쯤 도착했는지와 군량에 관한 문제, 왜적에 관한 문제를 논의하다.(『宣祖實錄』선조27.『集成』19-180)/ 右議政 金應南이 왜적으로 인해 나라가 위급한 때에 자신이 무능한 것을 이유로 司直所를 올리자 임금이 允許하지 않다.(『宣祖實錄』선조27.『集成』19-182)

11.11. 備邊司이 투항한 倭人에게 들은 왜적의 정세에 대하여 아뢰다.(『宣祖實錄』선조27.『集成』19-183)

11.12. 대신들과 더불어 李舜臣과 元均의 불화에 대해 논의하고, 元均을 위로하도록 하다.(『宣祖實錄』선조27.『集成』19-184)

11.13. 都元帥 權慄이 封貢을 미끼로 羈縻策을 쓸 것을 아뢰고, 그 허구성에 대해 史臣이 논하다.(『宣祖實錄』선조27.『集成』19-185)

11.16. 대신들과 더불어 왜적의 침공으로 인해 民怨에 신경쓰지 못하는 것 등을 논의하다.(『宣祖實錄』선조27.『集成』19-186)/ 備邊司가 海州에서 납입할 공물을 이미 반감하여 京中에서 쓸 것도 부족한데, 徭役마저 감하면 중국군의 支待에 대한 물자가 부족할 것 같다고 아뢰다.(『宣祖實錄』선조27.『集成』19-189)

11.17. 備邊司가 寧海 지역에 속해 있는 平海의 지경에 산성을 설치하면 賊徒를 차단할 수 있을 것이라고 아뢰고, 강원·경상 감사로 하여금 그 형편을 살피고 백성들의 편리 여부를 참작하여 아뢰게 할 것을 청하다./ 備邊司가 제공할 양식이 부족하여 군사를 청할 때에 3천명으로 제한해야 한다고 아뢰며, 우리나라의 양식이 蕩竭된 상황을 진술하고 아울러 수로로 양식을 운반할 것을 張鴻儒가 말한 것처럼 하라고 청하다.(『宣祖實錄』선조27.『集成』19-190)/ 慶尙道觀察使 洪履祥이 降倭의 처치에 대한 일을 소홀히 다루어서는 안된다고 아뢰다.(『宣祖實錄』선조27.『集成』19-191)

11.18. 都元帥 權慄이 右兵使 金應瑞가 왜병을 만나 行長·義智 등과의 만남과 왜와 조선의 화친 등에 대해 말한 것을 馳啓하다.(『宣祖實錄』선조27.『集成』19-192)/ 備邊司가 金應瑞에게 급히 下諭하여 우리들은 아직 만나지 말고 中國 朝廷의 처분을 기다리자는 내용으로 賊中에 통서하여 羈縻策을 쓸 것을 回啓하다.(『宣祖實錄』선조27.『集成』19-196)/ 慶尙道巡邊使 李蘋이 倭의 군관 源十良과 만난 것을 馳啓하고 화친에 관한 平調信의 서신을 임금에게 올리자, 임금이 備邊司에 내리다.(『宣祖實錄』선조27.『集成』19-197)

11.19. 訓練都監이 各營의 군사는 낮에는 砲手와 殺手 각 1旗가 번갈아 돌아가면서 營安에서 연습하고 밤에는 砲手, 撒水 각 1隊가 營安에서 直宿하되 윤번을 정해줄 것을 아뢰다.(『宣祖實錄』선조27.『集成』19-199)/ 慶尙道觀察使 洪履祥이 右兵使 金應瑞의 馳報에 대한 것을 중국에 알리자는 내용의 馳啓를 올리자, 임금이 備邊司에 내리고 그에 대해 논의하다./ 慶尙道觀察使 洪履祥이 巨濟에서의 패전과 昆陽郡守 李光岳이 功을 부풀려 보고한 것에 대해 馳啓하자 임금이 이를 備邊司에 내려 논의케 하고 都元帥와 統制使에게 우선 推考하게 하다.(『宣祖實錄』선조27.『集成』19-200)

11.21. 慶尙監司의 書狀을 보고, 巨濟의 싸움에서 군사를 상실하고도 알리지 않은 統制使·都元帥 體察使의 賊과 말하였다는 李弘發에 대해 비변사에 이르라고 전교하다./ 訓練都監이 劉總兵이 보내온 독약의 효험에 대해 아뢰고, 제조 방법을 알아내는 자에게 특별히 상을 주자고 청하다.(『宣祖實錄』선조27.『集成』19-202)

11.22. 司憲府가 都元帥 權慄과 統制使 李舜臣을 拿鞠하여 律에 의해 정죄하고, 體察使 尹斗壽를 파직시킬 것을 청하다.(『宣祖實錄』선조27.『集成』19-203)

11.23. 司諫院이 僨軍律을 범하고 欺罔한 죄가 있는 都元帥 權慄과 統制使 李舜臣을 拿鞠하고 律에 따라 정죄할 것과 국위를 손상하고 제장들의 허위 보고를 계문하지 않은 前 體察使 尹斗壽를 파직시킬 것을 청하다.(『宣祖實錄』선조27.『集成』19-203)/ 司憲府가 都元帥 權慄과 統制使 李舜臣은 모두 拿鞠하여 律에 의해 定罪하고, 體察使 尹斗壽는 파직시킬 것을 청하다.(『宣祖實錄』선조27.『集成』19-204)

11.24. 司諫院이 都元帥 權慄과 統制使 李舜臣을 拿鞠할 것과 前 都體察使 尹斗壽를 파직시킬 일을 잇따라 아뢰었으나, 따르지 않다./

연도	한국
▲ 1594	司憲府가 都元帥 權慄과 統制使 李舜臣을 拿鞫할 것과 前 都體察使 尹斗壽를 파직시킬 일을 잇따라 아뢰었으나, 따르지 않다. / 명년 1~2월에 적의 추장 平秀吉이 新兵을 거느리고 침략해 와서 곧장 중원으로 향한다는 내용을 만일 孫經略을 보거든 힘껏 진술할 것을 趙守翼에게 일러 보내라고 전교하다.(『宣祖實錄』 선조27. 『集成』19-204) 11.25. 兩司가 都元帥 權慄과 統制使 李舜臣을 拿鞫할 것과 前 都體察使 尹斗壽를 파직시킬 일을 잇따라 아뢰다.(『宣祖實錄』 선조27. 『集成』19-205) 11.26. 兩司가 都元帥 權慄, 統制使 李舜臣, 都體察使 尹斗壽 등의 일을 잇따라 아뢰다.(『宣祖實錄』 선조27. 『集成』19-205) 11.27. 都監을 더욱 독려하여 해이해지지 말게 하고, 전쟁에 나간 砲手의 처자에게 料米를 지급할 것, 水陸諸將의 가족에게 음식물을 題給하도록 전교하다.(『宣祖實錄』 선조27. 『集成』19-205) 11.28. 兩司가 權慄 등의 일을 아뢰었으나 따르지 않다. / 備邊司이 李舜臣과 元均의 불화에 대한 처리에 관하여 아뢰자, 임금이 李舜臣을 遞差하도록 하다.(『宣祖實錄』 선조27. 『集成』19-206) / 중국에 보내는 糧餉回咨에 전라도·경상도 지방을 日本에 주면 중국에 직접적인 공격이 가능하다는 내용을 넣도록 명하다.(『宣祖實錄』 선조27. 『集成』19-207) 12.1. 임금이 大臣들과 巨濟의 싸움에 대한 權慄 등의 처벌과 李舜臣과 사이가 나쁜 元均의 遞職 등에 대해 논의하다.(『宣祖實錄』 선조27. 『集成』19-208) / 備邊司가 元均은 이미 군율을 범하여 推覈 중에 있으므로 兵使의 직임으로 바꾸는 것은 온당치 않다고 아뢰다. / 備邊司가 李舜臣과 元均이 다같이 중한 군율을 범했는데 元均만 遞職시키는 것도 폐단이 있으니, 宣居怡와 서로 바꾸도록 回啓하다.(『宣祖實錄』 선조27. 『集成』19-209) 12.4. 李忠元이 石尙書의 差官들을 만나 倭에게 封貢을 허락하면 곧바로 왜군을 철군시킬 것을 내용으로 한 小紙를 본 것을 아뢰다.(『宣祖實錄』 선조27. 『集成』19-210) 12.6. 戶曹判書 金晬가 參軍 葉靖國이 行長의 진영에 가 聖旨로 宣諭케 하라는 孫軍門의 榜文을 가지고 간다고 한 것을 아뢰다.(『宣祖實錄』 선조27. 『集成』19-210) / 訓練都監이 각 지방관들로 하여금 군사 훈련을 잘 시행토록 하여 재예가 성취된 곳의 首領은 파격적으로 시상하고 연습이 낮은 곳은 首領은 파직하고 벌을 논할 것을 아뢰다.(『宣祖實錄』 선조27. 『集成』19-211) 12.7. 허위 사실이 들어 있는 軍功咨文을 承政院에 도로 내리고, 허위 사실을 改作하도록 명하다.(『宣祖實錄』 선조27. 『集成』19-212) / 都元帥 權慄가 右兵使 金應瑞가 小西行長과 만난 것을 아뢰고, 그에 따른 계책을 쓸 것을 馳啓하자 임금이 이를 備邊司에 내리다.(『宣祖實錄』 선조27. 『集成』19-213) / 都元帥 權慄이 宋忠仁에게 朝鮮 여인을 刷送하고 角弓을 진상하는 것 등 行長이 말한 것을 馳啓하다.(『宣祖實錄』 선조27. 『集成』19-214) / 備邊司가 金應瑞와 行長의 만남에 대하여 다만 사람을 보내어 사정을 자세히 염탐하고 中國 朝廷의 처분이 어떻게 이루어지는가를 바라보며, 角弓 등은 일체 받지말 것을 아뢰다.(『宣祖實錄』 선조27. 『集成』19-215) 12.8. 임금이 承文院의 草記를 보고 이 回咨에는 속이는 말이 많다고 전교하다.(『宣祖實錄』 선조27. 『集成』19-216) 12.9. 司憲府가 訓練都監 郎廳과 哨官 등의 폐단을 都監으로 하여금 적발해 도태시키고 심한자는 중벌로 다스릴 것을 아뢰다.(『宣祖實錄』 선조27. 『集成』19-216)
1595 ▼	【한국】 1.1. 明나라 장수인 遊擊 陳雲鴻이 칙서를 받들어 왜인들을 선유하다.(『宣祖修正實錄』 선조28. 『集成』27-192) 1.3. 大臣들이 封倭使臣은 義州·平壤·碧蹄의 세 곳에서 영접하는 것이 마땅하다고 아뢰다. / 吏曹判書 李德馨이 永平의 토적을 왜적을 막기 위한 군사에 포함시킬 것을 아뢰는 密啓를 올리자 임금이 允許하다.(『宣祖實錄』 선조28. 『集成』19-234) 1.4. 임금이 石尙書와 李提督의 제사를 中國 使臣이 나오기 전에 거행할 것을 政院에 전교하다. / 중국 兵部가 '우리 나라에서 日本의 封貢에 대해서 중국에 奏文을 하면, 왜군이 철군한 것을 확인한 후에 封王해 주겠다'는 내용으로 우리 나라에 移咨하다.(『宣祖實錄』 선조28. 『集成』19-235) 1.6. 倭賊을 물리치는데 功을 세운 中國의 石尙書에 대한 祠堂을 세우는 것과 降倭의 행패와 그 처치에 대하여 大臣들과 논의하다.(『宣祖實錄』 선조28. 『集成』19-236) / 兵曹가 堂下武臣으로서 검술을 익히기 위해 뽑힌 자 중 거개가 비둔하거나 늙는 자는 도태시키고, 연소하거나 장래성이 있는 자를 書契하다.(『宣祖實錄』 선조28. 『集成』19-241) 1.8. 임금이 別殿에 나아가 大臣들과 軍功의 論賞, 防守할 계책 등을 논의하다.(『宣祖實錄』 선조28. 『集成』19-241) 1.10. 임금이 別殿에 나아가 周易을 講하였는데, 李德馨이 인심이 해이해지고 百事는 와해되었다고 아뢰다. / 大臣들과 더불어 中國 皇帝가 보내오는 封倭詔勅에 대해 祗迎하는 문제를 논의하다.(『宣祖實錄』 선조28. 『集成』19-245) 1.12. 임금이 別殿에 나아가 中國에서 倭에 封貢해주는 문제로 人心이 해이해진 것에 대해 大臣들과 논의하다.(『宣祖實錄』 선조28. 『集成』19-248) 1.13. 備邊司가 李舜臣과 元均이 水軍과 陸軍으로 巨濟 등처를 협공하려고 하니 從事官을 급히 올려보내어 朝廷에 품의해 가지고 거사할 것을 비밀히 유시하도록 아뢰다.(『宣祖實錄』 선조28. 『集成』19-250) 1.14. 임금이 經略에게 전에 요청한 軍士 敎師를 보내줄 것을 요청하는 咨文을 보내도록 備邊司에 전교하다.(『宣祖實錄』 선조28. 『集成』19-250) 1.15. 備邊司가 지금 남쪽 지방에 소란이 극심한데 또 북쪽의 釁端을 열 수 없으니 宣傳官을 北道의 監司와 兵使에 보내어 망령되이 움직이지 말라고 유시할 것을 아뢰다.(『宣祖實錄』 선조28. 『集成』19-250) 1.18. 司憲府가 王子를 賊의 수중에 빠뜨리고 賊의 뜰에서 몸을 굽힌 黃廷彧과 黃赫을 推鞫할 것을 아뢰다.(『宣祖實

일본

12.13. 임금이 別殿에 나아가 大臣들과 倭賊이 재침할 경우의 倭賊의 양식으로 대해 논의하고 戰死한 宋象賢 등에게 褒賞하도록 하다.(『宣祖實錄』 선조27. 『集成』19-216)

12.16. 司憲府가 左議政 兪泓을 遞差할 것을 연이어 아뢰었으나 임금이 따르지 않다. / 備邊司가 元均 휘하의 將官 禹致績·李雲龍 등에게 논상할 것을 청하자 임금이 따르다.(『宣祖實錄』 선조27. 『集成』19-219)

12.18. 訓鍊都監이 요즘 都監의 일이 문란하니 각 담당 郎廳 및 將官을 잘 골라 임무를 살피게 하고 堂上은 특별히 考試하여 권면과 징계를 해야 할 것이라고 아뢰다.(『宣祖實錄』 선조27. 『集成』19-219)

12.19. 政院에 傳教하여 咨文의 초기 부분에 사용된 말을 다시 논해서 아뢰도록 하다. / 임금이 南別宮에 있는 遊擊 陳雲鴻의 관사에 行幸하여 關白 平秀吉에 대한 封貢문제, 中國軍이 언제 나오는지에 관한 문제와 그에 따른 식량 문제 등을 의논하다.(『宣祖實錄』 선조27. 『集成』19-220) / 備邊司가 陳遊擊이 가는 편에 兵曹佐郎 李時發을 보내어 賊의 實情을 정탐하려고 하니, 接待都監 堂上으로 하여금 遊擊에게 잘 이르도록 할 것을 아뢰다.(『宣祖實錄』 선조27. 『集成』19-222) / 司諫院이 李舜臣과 元均을 다시 격려하여 협력할 뜻으로 下書하여 호되게 꾸짖고, 그대로 元均에게 水使의 직을 맡길 것을 아뢰다.(『宣祖實錄』 선조27. 『集成』19-223)

12.20. 備邊司가 遊擊 陳雲鴻의 행차를 따라 적정을 정탐할 兵曹佐郎 李時發에게 정탐할 조목을 미리 정해주는 것에 대해 아뢰자, 임금이 允許하다.(『宣祖實錄』 선조27. 『集成』19-223)

12.21. 生員 柳瀷이 왜란을 극복할 계책으로 민심을 보존하고 冤枉을 풀어줄 것, 守令을 가릴 것 등을 내용으로 하는 上訴를 올리다.(『宣祖實錄』 선조27. 『集成』19-225)

12.22. 駱守備를 接見하고 중국군이 언제쯤 오는지와 왜적과의 강화 등에 대해서 논의하다.(『宣祖實錄』 선조27. 『集成』19-228) / 司諫院이 水使 元均을 그대로 유임시킬 것을 청하다.(『宣祖實錄』 선조27. 『集成』19-229)

12.24. 임금이 쌀과 베를 하사하여 中國 官員, 陳遊擊의 하인들, 都監兵士 등에게 술을 내릴 것을 政院에 전교하다.(『宣祖實錄』 선조27. 『集成』19-230)

12.25. 備邊司가 군사는 날로 줄고 군량은 고갈되어가니, 監司들에게 하유하여 군사와 군량의 파악을 정확히 할 것을 아뢰다.(『宣祖實錄』 선조27. 『集成』19-230)

12.27. 備邊司가 封王에 관한 中國 使臣의 접대에 대비해 接伴使를 차송해야 하고 접대의 기구도 미리 마련할 것을 아뢰다.(『宣祖實錄』 선조27. 『集成』19-230) / 降倭의 검술 등을 배우도록 備忘記로 訓鍊都監에 명하다.(『宣祖實錄』 선조27. 『集成』19-231)

12.28. 兵曹의 入直砲手試才單子를 가지고 砲手가 해이해진다고 政院에 전교하다.(『宣祖實錄』 선조27. 『集成』19-231) / 封倭하기 위한 中國 使臣의 접대 문제를 議定하도록 備忘記로 이르다.(『宣祖實錄』 선조27. 『集成』19-232)

12.29. 司諫院이 망령되이 沈惟敬의 功을 칭찬한 上護軍 黃佑漢을 파직시킬 것을 아뢰다.(『宣祖實錄』 선조27. 『集成』19-232) / 備邊司가 中國의 두 사신에 대해 該曹로 하여금 각각 差送해 보내고 처소도 참작하여 마련하는 것이 마땅하다고 아뢰다. / 郭再祐·黃應圭·尹仁涵·白惟咸 등에게 관직을 제수하다.(『宣祖實錄』 선조27. 『集成』19-233)

12.30. 備邊司가 晋州牧使 郭再祐로 하여금 山城 일도 전처럼 주관하게 하고 助防將을 겸하여 右道의 軍務를 관리하도록 할 것을 아뢰다.(『宣祖實錄』 선조27. 『集成』19-233)

【일본】

1.16. 豊臣秀吉가 寺沢正成을 朝鮮在陣 諸大名 휘하에 파견하여, 첫째, 내년에 關白 秀次의 朝鮮動座가 있기 때문에 성들을 확보하고, 釜山浦에 兵糧米를 비축할 것, 둘째, 明과의 和議가 쉽게 이루어지지 않을 것이기 때문에 조선은 九州同前에 교대로 在番 군사들을 보내, 성 주변에 밭을 경작할 것을 지시했다.(『吉川家文書』1,770号·『島津家文書』1419号·『加藤文書』年欠1月16日 加藤主計頭宛豊臣秀吉朱印状)

8.24. 会津蒲生氏가 松前에 御鷹와 함께 보낸 浅利金介에게 16貫 200文을 건넸다.(『会津若松史』8) / 文禄년간에 紀伊国 海部郡 加太村의 浄土宗 常行寺의 本尊木造 阿弥陀仏은 '文禄의 役'에 村民 四宮長兵衛가 조선에서 가져 온 高麗仏이라고 한다.(『紀伊続風土記』23)

조28. 『集成』19-251) / 司諫院이 오랑캐에게 무릎을 꿇고 賊의 酋長에게 殿下라 칭하며 本朝에는 臣이라 칭하지 않은 黃廷彧 父子를 죄로 다스릴 것을 아뢰다. / 임금이 備忘記로 禪位의 뜻을 밝히자 右議政 등이 倭賊이 아직 철군하지 않았음을 들어 반대하다.(『宣祖實錄』 선조28. 『集成』19-252)

1.19. 右議政이 임금을 請對하여 禪位의 不可함을 아뢰다.(『宣祖實錄』 선조28. 『集成』19-254)

1.20. 司諫院과 司憲府가 전에 아뢰었던 黃廷彧과 黃赫을 推鞫하여 形에 처할 것을 아뢰었으나 임금이 允許하지 않다.(『宣祖實錄』 선조28. 『集成』19-257) / 임금이 戰士者의 子弟를 論賞하는 일을 속히 행하라고 政院에 전교하다. / 備邊司가 淸正이 金應瑞가 行長 등과 만나는 것에 凶悖한 말을 하고, 惟政을 만나지도 않는 것과 관련하여 淸正을 설득시킬 일에 대해 아뢰다.(『宣祖實錄』 선조28. 『集成』19-258)

1.21. 司諫院과 司憲府가 전에 아뢴 黃廷彧 父子를 잡아다 形에 처할 것을 아뢰니, 임금이 備邊司로 하여금 의논해 처리하게 하다.(『宣祖實錄』 선조28. 『集成』19-259)

1.22. 임금이 別殿에 나아가 군사 제도와 훈련에 관한 것과 倭賊과의 강화에 대한 일 및 都元帥 權慄의 遞職에 관한 일, 禪位에 관하여 領議政 柳成龍 등과 논의하다.(『宣祖實錄』 선조28. 『集成』19-259) / 備邊司가 黃廷彧과 黃赫은 우선 臺諫이 아뢴 바에 따라 잡아다가 그 실정을 鞠問하여 처치하는 것이 不可함을 아뢰다.(『宣祖實錄』 선조28. 『集成』19-268)

연도	한국
▲ 1595 ▼	1.24. 항복한 倭將을 上京시켜서 劍術을 가르치게 하고 日本의 사정을 묻도록 訓鍊都監에 이르다./ 備邊司이 南道의 군량이 부족하고 관리가 부실한 것과 倭賊이 朝鮮側을 정탐하여 피해가 있으니 이를 막을 대책을 세울 것을 아뢰자, 임금이 允許하다.(『宣祖實錄』 선조28. 『集成』19-269)/ 備邊司가 죽은 趙憲의 妾子와 아우에게 官職을 除授할 것을 아뢰다.(『宣祖實錄』 선조28. 『集成』19-272) 1.25. 임금이 別殿에 나아가 大臣들과 公論을 북돋아 기강을 세우는 일, 臣下들이 賊과의 和議를 공언한 것에 대해 論議하다.(『宣祖實錄』 선조28. 『集成』19-272) 1.26. 金應瑞는 賊과 對陣하고 있으니 從事官 軍官을 보내어 朝廷의 뜻으로 고기를 먹게 할 것을 政院에 전교하다./ 領議政 柳成龍이 慶尙道 지방에 流民을 모으고 지형을 이용해 倭賊을 방어하고 식량을 조달할 것을 내용으로 하는 箚子를 올리다.(『宣祖實錄』 선조28. 『集成』19-273) 1.27. 임금이 別殿에 나아가 大臣들과 죽은 백성들에 대해 제사를 올리는 문제와 軍中의 문란 등에 대해 논의하다.(『宣祖實錄』 선조28. 『集成』19-275) 1.29. 備邊司가 東萊와 釜山 등에 투항해 들어가 있는 백성들이 柳德種의 소식을 듣는다면 의구심이 일어날 것이니, 뒷날을 기다려 자세히 살펴 처치할 것을 아뢰다.(『宣祖實錄』 선조28. 『集成』19-278) 1.30. 임금이 別殿에 나아가 小西行長과의 강화 협상에 대한 中國과 朝鮮 각각의 입장 등에 대해서 大臣들과 논의하다.(『宣祖實錄』 선조28. 『集成』19-278)/ 接待都監이 日本과의 강화 문제에 대한 石尙書의 견해 등에 대해 中國人 樓國安 등과 논의한 것을 아뢰다.(『宣祖實錄』 선조28. 『集成』19-280)/ 備邊司이 中國 兵部의 요구대로 差官을 樓國安에게 딸려서 倭賊의 진영으로 보내는 문제에 대해서 아뢰다.(『宣祖實錄』 선조28. 『集成』19-282) 2.2. 日本과의 강화에 대한 말을 함부로 하지 않도록 장수들에게 下書하는 문제와 屯을 설치하여 왜적을 막는 것에 대해 대신들과 논의하다./ 接伴官 李時發이 小西行長과 陳遊擊의 회담 내용과 왜적의 상황에 대해 馳啓하자, 임금이 이를 備邊司에 내리다.(『宣祖實錄』 선조28. 『集成』19-282) 2.3. 상이 承政院에 入直砲手의 中日 試放한 것을 보고 특별히 단속하여 게으름을 피우지 못하게 하라고 전교하다./ 接伴官 李時發이 철병 등에 대한 陳遊擊과 小西行長의 회담과 왜적의 상황에 대해 馳啓하자 임금이 이를 備邊司에 내리다.(『宣祖實錄』 선조28. 『集成』19-286) 2.4. 備邊司가 백성에게 민폐를 끼치고 있는 水軍의 처리문제와 해변 근처의 땅에 流民을 정착시키는 문제 등에 대해 아뢰다.(『宣祖實錄』 선조28. 『集成』19-288)/ 慶尙右道의 金應瑞가 병이 있어 회복될 예기할 수 없으니, 巡邊使의 李鎰로 하여금 군무를 대신하고 사유를 장계하게 하자고 청하다.(『宣祖實錄』 선조28. 『集成』19-289)/ 비변사가 경상도를 좌·우도로 나누자고 청하다.(『宣祖實錄』 선조28. 『集成』19-290) 2.6. 觀察使의 임명과 왜에 封貢해주고 강화하는 문제, 軍功을 내려주는 것과 軍功의 진위에 관한 문제 등을 대신들과 논의하다.(『宣祖實錄』 선조28. 『集成』19-291) 2.7. 承政院이 武備를 잊지 않게 하고 사람들로 하여금 적을 칠 뜻을 가지게 하고자 하는 뜻으로 生員·進士에게 武才를 시험 보게 한 일을 정지케 하라고 아뢰다.(『宣祖實錄』 선조28. 『集成』19-298) 2.8. 別殿에서 대신들과 낙동강 상류로 들어오려는 왜적에 대한 방어와 起服의 제한 등에 대해서 논의하다.(『宣祖實錄』 선조28. 『集成』19-298) 2.10. 接伴官 李時發이 陳遊擊과 小西行長이 封貢과 화친에 대해서 회담을 나눈 것에 대해서 書啓하다.(『宣祖實錄』 선조28. 『集成』19-299)/ 관백이 아들이 없어 그 형의 손자인 中納言을 길러 후사로 삼아 전위하다./ 천조가 관백을 봉하여 日本국왕을 삼아 여주 지방으로 거주하려 하다./ 行長이 조선을 침략한 일을 처음부터 주장했기 때문에 벼슬은 높지 않으나 호령이 모두 行長에게서 나온다.(『宣祖實錄』 선조28. 『集成』19-310)/ 淸正과 行長이 친밀하였는데 북도에 있을 때 行長이 패배하여 평양으로 달아났다는 소식을 淸正이 관백에게 급보하자 行長이 淸正을 원망하기 시작하였고 관백도 行長을 신임하고 淸正을 소원히 하게 되다./ 부산에 주둔한 倭將 安國寺는 나이는 어리지만 벼슬은 여러 장수에 비해 가장 높은데 일을 관리하지 않으므로 行長이 지시하는 대로 따르고 있다.(『宣祖實錄』 선조28. 『集成』19-311)/ 왜적이 당초 올 때 도합 35만 명이었는데 이를 여덟 갈래로 나누어 들어와 한 도씩 점령하였고, 지금 남은 수는 25만 명인데 좌·우도에 25진영을 설치하고 있다./ 현소와 평의지 등은 對馬島의 왜인을 관할하며 모든 문자와 논의에 관한 것은 현소와 죽계가 전담하고 있다./ 관백이 영웅의 위인은 되지 못하나 行長이 애타게 애걸하여 봉왕을 허락한 것이지 천조의 위세로써 수·육군을 대거 동원한다면 어려울 것이 없다고 하다.(『宣祖實錄』 선조28. 『集成』19-312)/ 日本에서의 예년 收稅法은 1묘에서 쌀 두 말을 거두었는데, 군사를 일으킨 뒤에 1묘에서 네 말을 더 수세하므로 인민 중에 秀吉을 원망하는 자가 많다./ 琉球國은 천조에 조공하고, 물화는 日本에 교역한다고 하다./ 포로로 잡은 조선의 남녀를 日本에 전매하는데 미녀일 경우 30여 냥까지 받는다고 한다고 하다./ 日本의 풍토에 대해 얘기하다.(『宣祖實錄』 선조28. 『集成』19-313)/ 홍통사는 절강 사람으로 만력 乙亥년에 포로가 되었다./ 각 진영의 倭將 성명을 그 나라 鄕談에 따라 글자에 맞추어 적다./ 진 유격이 나올 때 船主인 왜인 한 사람이 通事 張春悅에게 간청하여 자신이 데리고 온 경성 여자를 돌아갈 때 데리고 가기를 간청하다.(『宣祖實錄』 선조28. 『集成』19-314)/ 兪大戊가 현소에게 시를 주다.(『宣祖實錄』 선조28. 『集成』19-315) 2.11. 진유격을 접견하여 적의 형세 등에 대해 문답하다.(『宣祖實錄』 선조28. 『集成』19-315)

일본

2.12. 承政院에 入直하는 砲手를 후원에서 재주를 시험 보이게 하고, 그 동안 포수가 돌아가며 입직하되 중첩으로 입직하지 말게 하라고 전교하다.(『宣祖實錄』 선조28.『集成』19-318)/ 慶尙道巡撫御使 徐渻이 加藤淸正의 말이 悖慢함을 비판하고 加藤淸正과 小西行長에게 離間策을 쓸 것을 내용으로 하는 馳啓를 올리자, 임금이 備邊司과 논의하고 왜적에 대비하도록 하는 내용의 回答을 보내도록 하다.(『宣祖實錄』 선조28.『集成』19-319)

2.13. 황해도 관찰사 鄭光績에게 조정의 명령을 착실히 봉행하라고 전교하다.(『宣祖實錄』 선조28.『集成』19-322)

2.13. 황해도 관찰사 鄭光績이 吳應鼎을 군관으로 거느리고 군사 훈련시키는 임무를 책임 지울 수 있게 하고, 훈련도감으로 하여금 京匠人 중에서 화약을 제조할 수 있고 조총을 잘 만드는 자를 보내 무기를 만들어 전쟁의 쓰임에 대비하도록 하자고 아뢰다./ 비변사가 武臣 堂下를 時任과 散職을 따지지 말고 그 중 용맹 건장하고 계략이 있어 부하 거느리는 일을 감당할 만한 자를 골라 《紀效新書》를 익히게 하여 유사시의 쓰임에 대비하자고 아뢰다.(『宣祖實錄』 선조28.『集成』19-323)/ 좌의정 金應南이 愼都司·蔡都司·章把總 등을 방문한 일에 대해 아뢰다.(『宣祖實錄』 선조28.『集成』19-324)/ 비변사가 愼懋龍 등이 행장 등을 보고 밀담하려고 하는 일이 가볍지 않은 일인 것 같으므로 愼懋龍을 접견하고 진 유격에게 말하여 상의해서 잘 처리하도록 하라고 아뢰다.(『宣祖實錄』 선조28.『集成』19-325)

2.14. 承政院에 우리나라의 군사 훈련을 위해 경략이 특별히 보내 온 委官을 접대하는 일에 대해 전교하다.(『宣祖實錄』 선조28.『集成』19-325)

2.15. 상이 별전에서 愼都司 등을 접견하고 이 곳에 온 연유를 물으니 손 군문의 분부를 받들고 행장·청정의 두 진영에 가서 慰諭하고, 군사 철수의 진위를 염탐하기 위한 것이라고 답하다.(『宣祖實錄』 선조28.『集成』19-326)/ 接伴官 李時發이 유격이 洪濟院의 愍忠壇에 가서 제사를 지내고 유격이 손수 만든 儀註를 앞으로도 이에 의하여 행하라고 하다./ 평안도 관찰사 겸 도순찰사 李元翼에게 崇祿 大夫를 加階하고, 李墍를 행 대사간에, 李有中을 우승지에, 李民覺을 양주 목사에, 鄭睟를 서천 군수에 제수하다.(『宣祖實錄』 선조28.『集成』19-327)

2.16. 承政院이 武士로서 넓은 소매가 달린 품이 큰 웃옷 차림으로 말을 타는 자와 서인으로서 갓을 쓰거나 혹은 패랭이를 쓰는 자는 일체 금하여 중죄로 다스리도록 전교하다./ 司憲府가 호조 참판 成泳이 적이 근경에 이르렀을 때 막을 생각을 않고 호서로 도피하여 君親에게 죄를 얻었는데도 오히려 관작을 보존하고 있으므로 파직시키고 서용하지 말도록 하자고 청하다.(『宣祖實錄』 선조28.『集成』19-328)

2.17. 承政院에 화약의 제조와 독약을 화살에 바르는 방법을 중국인에게 배울 것을 전교하다.(『宣祖實錄』 선조28.『集成』19-329)

2.19. 훈련도감이 대오의 편성·입직 번차의 개편 등의 일로 아뢰다.(『宣祖實錄』 선조28.『集成』19-329)

2.20. 영사 鄭琢 등이 의병의 군공을 보고하지 않았을 경우 논상차 상신한다고 하면서 빼앗아 자신의 공으로 삼은 成泳의 처벌에 대한 일과 도원수의 체직 등의 일을 논의하다.(『宣祖實錄』 선조28.『集成』19-331)

2.22. 특진관 韓準 등이 중국 敎師의 작폐에 대해 논의하다.(『宣祖實錄』 선조28.『集成』19-340)/ 비변사가 도원수의 교체에 대해 경솔하게 계청하지 못하는 것을 남쪽 지방의 사세가 극히 어려운 때문이라며 중대한 일이니 신중히 할 것을 청하다.(『宣祖實錄』 선조28.『集成』19-343)

2.23. 비변사가 도체찰사를 내려보내는 일에 대해 적과 대치하여 있어 책응이 긴급하여 폐해만을 염려하여 내려보내지 않는 것도 후회가 있을 듯 하니 재량하여 시행하기를 청하다.(『宣祖實錄』 선조28.『集成』19-344)

2.24. 及第 黃赫이 壬辰倭亂 당시 왕자를 보호하며 쓴 글은 僞書이고 자신이 왜적에 무릎을 꿇은 일도 없음을 알리는 供招를 올리다.(『宣祖實錄』 선조28.『集成』19-344)

2.25. 司諫院이 황혁은 원수를 잊고 구차하게 살면서 적의 괴수를 전하라 칭하고 적소에 있을 때 방자하였으므로 엄국을 가한 뒤 죄를 정하라고 청하다./ 備邊司이 왜적이 封貢받은 후에 중국에 계속 왕래할 것을 우려하고 이를 바꿀 것을 陳遊擊에게 청할 것을 아뢰자 임금이 允許하다.(『宣祖實錄』 선조28.『集成』19-347)/ 備邊司가 도체찰사로 갈 만한 사람이 柳成龍·金應南·鄭琢이 있을 뿐이라고 아뢰다./(『宣祖實錄』 선조28.『集成』19-348)

2.26. 임금이 時御所에서 中國敎師 千棧, 陳良璣, 朱虎 등을 接見하고 중국에 청한 군사의 도착 여부에 대해 물어보다.(『宣祖實錄』 선조28.『集成』19-348)/ 行判中樞府事 尹斗壽 등이 海州의 內殿을 江華로 옮길 예정임을 馳啓하다.(『宣祖實錄』 선조28.『集成』19-349)/ 영의정 柳成龍이 체찰의 중책을 감당할 수 없다고 아뢰다.(『宣祖實錄』 선조28.『集成』19-350)/ 備邊司이 小西行長이 화친을 내용으로 하는 서신을 보내온 것과 이를 열어보지 않고 되돌려 보낸 것에 대해 아뢰다.(『宣祖實錄』 선조28.『集成』19-351)

2.27. 좌의정 金應南이 체찰사의 직임이 적을 대항하는 도원수의 직임에 비할 것은 아니지만 諸將을 호령하는 책임과 군민을 총괄해 다스리는 政事가 한 몸에 집중되는 요직이므로 감당할 수 없다며 사양하다./ 金應南이 체찰사의 직과 관련하여 入對를 청하다.(『宣祖實錄』 선조28.『集成』19-352)/ 왜적에 대비하기 위해 영남지방으로 내려가는 金應男을 引見하여 데리고 갈 副使의 선발 및 왜의 封貢에 대해 중국에 奏聞하는 문제 등을 논의하다.(『宣祖實錄』 선조28.『集成』19-353)

2.28. 戶曹判書 金睟가 비밀히 書啓하여 小西行長의 서신을 되돌려 보낸 것과 왜가 封貢을 받은 후 조선을 경유하여 중국에 드나드는 것 등에 대해 陳遊擊과 논의한 일을 아뢰다.(『宣祖實錄』 선조28.『集成』19-357)/ 西行長의 서신을 받지 않는 문제에 대해서 備邊司과 논의하다.(『宣祖實錄』 선조28.『集成』19-358)

2.29. 중국 교사 千總 曹忠, 把總 殷文龍·陣應龍 등을 접견하고 우리나라 사람을 가르쳐 준다면 적을 칠 때 도움이 될 것이라고 말하다./ 慶尙左兵使 高彦伯이 降倭 週叱只 등을 이용하여 加藤淸正을 암살하는 것에 대해 馳啓하자 임금이 備邊司에 내려 논의하고 좀 더 자중하고 우선 왜정을 정탐하도록 명하다.(『宣祖實錄』 선조28.『集成』19-360)/ 임금이 나라에 이익이 없음을 이유로 加藤淸正을 제거하는 것에 좀 더 신중히 하도록 이르다.(『宣祖實錄』 선조28.『集成』19-362)/ 備邊司이 小西行長의 서신을 중국에 보내는 것에 대해 아뢰자 임금이 다시 의논하도록 명하다.(『宣祖實錄』 선조28.『集成』19-364)

연도	한국
▲ 1595 ▼	2.30. 상이 중국 교사 千總 葉大潮, 把總 胡文桂·楊貴 등 세 사람을 접견하고 식량이 없어 많은 군사를 교련시킬 수 없다고 말하다.(『宣祖實錄』 선조28. 『集成』19-365)/ 대신 및 備邊司 등을 引見하고 加藤淸正의 제거 및 왜적이 보낸 書啓를 처리하는 문제 등에 대해 논의하다.(『宣祖實錄』 선조28. 『集成』19-366)/ 都元帥 權慄이 金海의 流民이 도로 모여 농사지을 수 있도록 小西行長에게 청한 것과 왜적의 實定 등에 대해서 馳啓를 올리자, 임금이 이를 받아 備邊司에 내려 回答토록 하다.(『宣祖實錄』 선조28. 『集成』19-374) 3.1. 慶尙道防禦使 權應銖가 加藤淸正의 군세가 심상치 않음을 馳啓하자 임금이 이를 備邊司에 내려 加藤淸正과 小西行長을 離間시켜 시간을 벌고 군량을 보내 왜적에 대비하도록 하는 回答을 하도록 하다.(『宣祖實錄』 선조28. 『集成』19-377)/ 비변사가 승려 義嚴을 都摠攝으로 삼아 婆娑 山城을 수축하게 할 것을 啓請하다.(『宣祖實錄』 선조28. 『集成』19-378)/ 都元帥 權慄이 加藤淸正이 左兵使에게 편지를 보내 온 것과 老夫 한 사람을 보내어 倭政을 탐색케 했음을 狀啓하자, 임금이 備邊司에 내려 깊이 생각하여 선처하라는 내용의 回答을 보내도록 하다.(『宣祖實錄』 선조28. 『集成』19-379)/ 孫經略이 加藤淸正에게 幣物을 주고 군사를 철수하게 하다./ 沈惟敬과 黃愼에 대해 平行長이 예모를 취하지 않다가 뒤늦게 사과하다.(『宣祖修正實錄』 선조28. 『集成』27-193) 3.4. 임금이 南別宮에서 陳遊擊을 接見하고 封倭使에 대해 奏文하는 문제와 왜의 租貢이 조선을 통과하는 문제에 대해서 논의하다(『宣祖實錄』 선조28. 『集成』19-380)/ 備邊司에서 왜적이 封貢받은 이후 조선을 경유하여 租貢한다는 遼東布政의 咨文에 대해 우려의 뜻을 아뢰다.(『宣祖實錄』 선조28. 『集成』19-382)/ 예조가 주청사 尹根壽가 가지고 오는 황제의 칙서를 상이 동궁과 함께 받을 것을 아뢰다.(『宣祖實錄』 선조28. 『集成』19-383) 3.5. 비변사에서 귀화한 사람들에 대한 대책을 건의하다./ 충청도는 水軍 및 軍糧·戰船·軍器가 모두 탕갈되어 수습하기 어렵고 패선한 일에 대해 건의하다.(『宣祖實錄』 선조28. 『集成』19-383)/ 備邊司에서 왜적이 물러가지 않았음을 들어 무사들의 起復을 용서할 것을 아뢰자, 임금이 允許하다.(『宣祖實錄』 선조28. 『集成』19-384) 3.6. 時御所에서 교사인 千摠 朱文彩와 把摠 陳文亮·屠科 등 세 사람을 접견하다./ 兩司가 黃革을 다시 추국하라고 청하였으나, 상이 따르지 않다.(『宣祖實錄』 선조28. 『集成』19-385) 3.8. 唐官 敎師 胡汝和·王大貴·李二·張六三을 접견하다./ 兩司가 黃革을 다시 추국하라고 청하니, 상이 의논하여 처리하겠다고 하다./ 義禁府에서 委官의 뜻으로 黃赫의 일에 대해 아뢰자 임금이 이를 兩司에 내려 다시 논의토록 하다.(『宣祖實錄』 선조28. 『集成』19-385) 3.9. 獻納 李鐵이 喪中임을 숨기고 등과한 자들을 削科治罪하라고 청하니 그대로 따르다.(『宣祖實錄』 선조28. 『集成』19-386) 3.11. 備邊司가 陳 千摠의 揭帖을 보고 상의 하교대로 回帖을 지어 보냈다고 아뢰다./ 三省이 죄인 黃廷彧을 壬辰倭亂 초기 왕자가 잡힐 때에 왜적에게 무릎을 꿇고 僞書를 보낸 것으로 인해 推鞫하다.(『宣祖實錄』 선조28. 『集成』19-387)/ 黃廷彧의 推案을 入啓하니 상이 의논하여 처리하라고 이르다.(『宣祖實錄』 선조28. 『集成』19-389)/ 義禁府 委官이 黃廷彧을 減死하여 遠竄하는 것이 합당하나 配所에 있을 때 공사간에 해를 끼쳤으므로 防禁을 더 엄히하여 출입하지 못하게 하자고 청하다.(『宣祖實錄』 선조28. 『集成』19-390) 3.14. 兩司에서 다시 黃廷彧·黃赫의 죄를 청하다.(『宣祖實錄』 선조28. 『集成』19-390) 3.15. 兩司가 잇따라 黃廷彧 등의 일을 청하였으나 따르지 않다./ 병조가 난리를 겪은 뒤 군정이 더욱 문란하여 중앙이나 지방의 문안들을 증빙할 수 없어 간람한 하리들이 농간을 부리므로 대립을 금할 것을 건의하다.(『宣祖實錄』 선조28. 『集成』19-390) 3.18. 兩司가 黃廷彧과 黃赫이 적에게 항복했고 나라를 팔았으며 임금을 잊어 신하라 아니하는 등의 죄를 지었음에도 조금도 자숙함이 없으므로 엄하게 鞫問을 가하여 律에 따라 정죄하기를 청하니, 그대로 따르다./ 領議政 柳成龍이 왜적 방비와 水軍의 强化 등에 대해 計策을 아뢰자 임금이 備邊司에 내려 시행토록 하다.(『宣祖實錄』 선조28. 『集成』19-392)/ 備邊司가 忠淸道 監司가 忠州에 오래 머물게 되면 本州는 극히 패퇴해 질 것이므로 鳥嶺·竹嶺 兩嶺과 淸州 일로 등을 방비하는 일을 직접 巡審하여 신속히 檢飭한 다음 公州에 주재하도록 하자고 청하다.(『宣祖實錄』 선조28. 『集成』19-395) 3.19. 參贊官 鄭淑夏가 군사들을 보내 뼈를 묻어 義塚을 만들어 그 혼을 위로해 주도록 하고 지방에도 감사에게 명하여 속히 묻어주도록 하라고 아뢰다./ 及第 黃赫이 壬辰倭亂 초기 왕자가 잡힐 때에 왜적에게 무릎을 꿇은 일이 없고 왜적에게 보낸 僞書 또한 無名狀과 마찬가지라는 내용으로 供招하다.(『宣祖實錄』 선조28. 『集成』19-396)/ 政院에 朱 千摠을 平安道로 보내어 군사를 자연 總攝하여 훈련시킬 것을 전교하다.(『宣祖實錄』 선조28. 『集成』19-397) 3.20. 備邊司가 사세를 관망하여 조치할 것을 諸將들에게 하유하도록 전교하다.(『宣祖實錄』 선조28. 『集成』19-398) 3.21. 政院이 각도로 하여금 죽은 사람의 尸骸를 수습하여 義塚을 만들고 제사를 지내게 할 것을 統制使에 하유하겠다고 아뢰다.(『宣祖實錄』 선조28. 『集成』19-398) 3.22. 대신들이 黃赫과 黃廷彧의 정죄에 대해 논의하다.(『宣祖實錄』 선조28. 『集成』19-399) 3.23. 政院에 砲手와 射手를 각각 30,40명이나 40,50명을 정밀하게 가려 뽑을 것을 전교하다./ 訓練都監이 敎師들을 각도에 나누어 파견하는 일에 대해 아뢰다.(『宣祖實錄』 선조28. 『集成』19-401) 3.24. 都總府島司 金義直이 倭營에서 돌아와 加藤淸正이 화친과 關白 平秀吉의 뜻에 대해 말한 것 등을 書啓하다.(『宣祖實錄』 선조28. 『集成』19-402)/ 慶尙左兵使 高彦伯이 왜의 古老非가 日本이 明과 혼인하고 땅을 분할 받기 전에는 화친

일본

의 뜻이 없음을 말한 것에 대해 馳啓하다.(『宣祖實錄』 선조28. 『集成』19-403)

3.26. 임금이 別殿에서 중국의 章都司 등을 接見하고, 加藤淸正과 小西行長이 화친 후 철군할 것인지 등에 관해 논의하다.(『宣祖實錄』 선조28. 『集成』19-404)

3.27. 서쪽 교외에 나아가 칙서를 맞이하다.(『宣祖實錄』 선조28. 『集成』19-405)/ 政院에 칙서 내용 중에 세자에게 군무를 총독하라고 하였으니 금후로 군무를 세자에게 품하여 재결할 것을 대신에게 말하라고 전교하다./ 左議政 金應南이 중국 조정에서는 필시 동궁께서 아직 全羅道와 慶尙道 지방에 계시다고 생각했기 때문에 全羅道와 慶尙道 지방의 군무를 총독하라는 말이 있게 된 것이므로 동궁에게 군무를 재결케 한 것은 부당하다고 아뢰다.(『宣祖實錄』 선조28. 『集成』19-406)

3.28. 備邊司에서 孫經略 앞으로 보내는 奏文에 대해 아뢰자 임금이 이를 물리치고 다시 논의할 것을 명하다.(『宣祖實錄』 선조28. 『集成』19-407)

3.29. 兼三道防禦使 權應銖가 왜적의 軍勢가 심상치 않음을 알리고 砲手·殺手 등을 보내줄 것을 청하는 馳啓를 올리다.(『宣祖實錄』 선조28. 『集成』19-408)

4.1. 封倭詔使 李宗誠과 楊邦亨이 京城에 들어오다.(『宣祖修正實錄』 선조28. 『集成』27-194)

4.3. 상이 政院에 元均에게 內廐馬 2필을 보내 1필은 元均에게 보내고 1필은 군영에 두고 길러서 전쟁에 쓰도록 하라고 전교하다.(『宣祖實錄』 선조28. 『集成』19-408)

4.4. 領中樞府事 沈守慶, 左議政 金應南, 右議政 鄭琢이 황제의 칙서가 내린 것에 대해 곡해하여 온당치 않은 전교를 하시는 것은 황제의 본의와는 크게 위배되는 일이니 심사숙고하여 여망을 따르기를 청하다.(『宣祖實錄』 선조28. 『集成』19-374)/19-409

4.5. 右副承旨 鄭述가 黃廷彧을 刑推하여 사실을 캐내자고 아뢰다./ 右副承旨 鄭述가 委官 鄭琢의 뜻으로 黃廷彧의 죄를 刑獄을 삼아 勳舊臣으로 보전하라는 뜻을 議啓할 수 없다고 아뢰다.(『宣祖實錄』 선조28. 『集成』19-409)

4.6. 備邊司가 왜적의 정황에 대해 중국의 咨文에 회답하는 문제에 대하여 密啓하다.(『宣祖實錄』 선조28. 『集成』19-409)/ 備邊司가 封倭明使가 왜영으로 들어가 적의 동정을 탐색하고 본국에 馳奏한 다음 강을 건너오겠다고 하였으나 도착하지 않아 支待하는 제반 물자를 조치하기가 어렵다는 뜻을 金晬를 보내어 알리게 하자고 청하다.(『宣祖實錄』 선조28. 『集成』19-410)/ 右承旨 李德悅에게 沈遊擊을 접대하는 일을 세자로 하여금 대행하게 할 것을 禮曹에 말하라고 전교하다./ 曺가 칙사의 접대를 대행하는 예는 결코 감히 의논할 수 없고 동궁 또한 아직 책봉을 받지 못하였으므로 더욱 大禮에 참여하는 것은 부당하다고 아뢰다.(『宣祖實錄』 선조28. 『集成』19-411)/ 備邊司가 李時發이 華語를 알고 陳遊擊을 따라 왜영을 나들었으며 요동의 자문에도 그의 이름을 들어 賊情을 묻기까지 하였으니 明使를 접응할 때 임용하자고 청하다./ 禮官 黃是가 日本과의 강화를 위해 오는 沈遊擊의 행차를 만나고 禮文에 대해서 말한 것 등을 아뢰다.(『宣祖實錄』 선조28. 『集成』19-412)

4.7. 承政院이 沈遊擊을 친히 접견하지 않고 동궁으로 하여금 대행하게 하면 그의 노여움을 더하게 될 것이니 왕이 친히 할 것을 청하다./ 備邊司가 石尙書가 尹根壽에게 보낸 帖中의 일을 조치할 수 있도록 건의하다.(『宣祖實錄』 선조28. 『集成』19-414)/ 接待都監이 沈遊擊을 접견하는 일을 당일에 하는 것으로 결정하여 간략하게 茶禮를 행하기로 했으나 접견일을 미룬다면 將官의 예에 따라 酒禮를 베풀어야 한다고 아뢰다.(『宣祖實錄』 선조28. 『集成』19-415)/ 備邊司가 沈遊擊이 행차는 지난날 왕래하던 일과 비하면 체모가 다르니 융숭히 접대하여 후의를 보이는 것이 옳으므로 친히 酒禮를 행하시라고 청하다./ 이 承政院에 沈遊擊이 小西飛가 거느리고 있는 왜인을 데리고 올 것이라고 하므로 성안에 들어와 함부로 행동하지 못하도록 단속하라고 전교하다./ 이 承政院에 敎師 唐將이 내려갈 것이므로 각 도에서는 항상 정성을 다해 융숭히 접대할 것을 전교하다./ 政院이 沈遊擊의 이번 행차는 우리나라 때문에 계획된 것이고 機關도 가볍지 않으며, 愼·章과 같은 자들에게도 직접 酒禮를 행하였는데 유독 그에게만 동궁이 대행하게 한다면 원망할 것이므로 친히 酒禮를 행할 것을 청하다.(『宣祖實錄』 선조28. 『集成』19-416)/ 司憲府가 黃廷彧이 국가의 공신으로 성상을 저버린 죄를 국문에 명하여 율에 따라 정죄하라고 아뢰다./ 邊가 왜영에 들어갈 司贍寺正 黃愼에게 노자와 銀兩을 李時發의 예에 의하여 通事와 함께 적당히 헤아려 지급하기를 청하니, 그대로 따르다.(『宣祖實錄』 선조28. 『集成』19-417)

4.8. 舍人 奇自獻이 三公의 뜻으로 唐將을 접대하는 일이 사세와 예절의 관계되는 바가 매우 중대하므로 억지로라도 酒禮를 행할 것을 청하니, 그대로 따르다./ 금이 南別宮에서 沈遊擊을 接見하고 日本과의 화친에 대해서 논의하다.(『宣祖實錄』 선조28. 『集成』19-418)

4.9. 兩司가 죄인 黃廷彧을 국문하여 법률에 의하여 죄를 정하라고 합계하다./ 官이 黃赫은 7차 刑問을 실시해야 하나 중한 형장을 가한다면 甲子기 죽을까 걱정되므로 차도가 있기를 기다려 가하자고 청하다.(『宣祖實錄』 선조28. 『集成』19-421)

4.10. 憲府가 전 감사 柳永立은 北關을 책임 맡은 총수로서 적을 차단하지 못하고 도망하였으며 심지어 賊徒에게 붙들려 아첨하여 구차하게 살아왔으므로 仕版에서 삭제하기를 청하다.(『宣祖實錄』 선조28. 『集成』19-421)/ 司가 黃廷彧을 국문하여 정죄할 것을 합계하였으나, 다시 의논하여 처리하는 것이 옳다고 답하다./ 備邊司 郎廳이 大臣의 뜻으로 劉參將은 우리나라의 일로 왔으므로 상이 친히 접견례를 행하여야 한다고 아뢰다.(『宣祖實錄』 선조28. 『集成』19-422)/ 承政院에 倭書 속에 5건이 성취되면 講和하겠다는 내용에 대해 상고할 것을 전교하다./ 政院에서 逢亡이 가진 捷書의 내용을 들어 加藤淸正이 강화의 조건을 까다롭게 내건 것은 孫軍門이 愼·章 兩都司를 加藤淸正에게 보내서 可藤淸正을 시험한 것 때문이었다는 것을 아뢰다.(『宣祖實錄』 선조28. 『集成』19-423)

4.11. 兩司가 죄인 黃廷彧을 국문하여 법에 따라 정죄하기를 청하다.(『宣祖實錄』 선조28. 『集成』19-423)/ 호조가 군량이 모두 떨어졌으므로 災傷을 잘못 조사하여 徒年定配된 書員이나 勸農官 농부 중 죄를 재심할 만한 자가 있을 경우 그의 청원에 따라 수량을 정해 쌀을 바치게 하여 군량을 보충하게 하자고 청하다./ 대신들과 명사의 접대에 대하여 논의하다.(『宣祖實錄』 선조28. 『集成』19-424)/ 接待都監 郎廳이 左議政 金應男·右議政 鄭擢 등이 沈遊擊을 만나 왜영에 갈 때 尹根壽를 데려가지 말 것 등에 대해 말한 것을 아뢰다.(『宣祖實錄』 선조28. 『集成』19-426)/ 備忘記로 沈遊擊이 학사 1명도 데려갈 필요가 없다고 하였으나 聖旨 중 배신 1명을 왜영에 따라가게 하

연도	한국
▲ **1595** **▼**	라 하였으니 이에 대해 다시 의계하라고 이르다.(『宣祖實錄』 선조28. 『集成』19-427)/ 備邊司가 沈 遊擊이 通事 李愉를 보내 接伴官 柳東立을 왜영으로 데리고 가겠으나 학사까지는 필요없다 하였으나, 黃愼도 따라가게 하겠다고 아뢰다./ 備邊司가 왜영에 黃愼을 수행하게 했음을 보고하다.(『宣祖實錄』 선조28. 『集成』19-428)/ 左議政 金應南과 右議政 鄭琢이 沈 遊擊이 閣老와 더불어 말한 尹陪臣은 적영에 들어가지 않는다 하더라도 특별히 다른 배신을 差送할 필요는 없으니 전보할 일이 있으면 柳郎中을 통해 하라고 한 말을 보고하다./ 상이 承政院에 聖旨에 배신 한 사람을 따라가게 하라고 하였으니 沈 遊擊이 배신이 따라가는 것을 노엽게 여기더라도 따라가야 한다고 전교하다.(『宣祖實錄』 선조28. 『集成』19-429)
	4.12. 兩司가 黃廷彧의 정죄를 청하였으나 윤허하지 않는다고 답하다.(『宣祖實錄』 선조28. 『集成』19-429)/ 右議政 鄭琢이 黃廷彧과 黃赫을 圍籬安置 시키자고 아뢰니 그대로 따르다./ 領敦寧府事 李山海, 領中樞府事 沈守慶, 領議政 柳成龍이 黃赫 부자에 대한 兩司의 논의를 지지하다.(『宣祖實錄』 선조28. 『集成』19-430)
	4.13. 委官이 黃廷彧·黃赫을 전일 의계한 대로 배소로 보내 圍籬安置 시킬 것을 청하니, 아뢴대로 하라고 전교하다.(『宣祖實錄』 선조28. 『集成』19-431)
	4.14. 兩司가 黃廷彧·黃赫을 국문하여 법에 따라 정죄하기를 청하였으나 윤허하지 않다./ 司諫院이 禁府가 黃廷彧·黃赫을 배소로 보내도록 주청한 것은 私恩을 베풀려고 한 듯하므로 堂上과 次知 郎廳을 모두 파직시키기를 청하다./ 司憲府가 黃赫 부자의 일은 兩司가 논집하고 있는데 禁府가 감히 정당하지 못한 이론으로 공론을 무시하고 대간을 경멸한 죄가 크니 禁府 堂上과 色郎廳의 파직을 명하기를 청하다.(『宣祖實錄』 선조28. 『集成』19-432)/ 상이 明使와 함께 오는 小西飛를 접대하는 일에 대해 備邊司가 의논하여 잘 처리하라고 전교하다./ 備邊司에서 老乙可赤가 우리나라 백성을 刷還했고, 좋은 말로 邊將에 와서 고했으니 예전에 琉球國의 先例를 들어서 접대할 것을 아뢰자 임금이 允許하다.(『宣祖實錄』 선조28. 『集成』19-433)
	4.15. 備邊司가 楊布政이 우리나라에 나온 일은 機關이 중요하므로 上使와 副使를 두어 접대하기를 청하다.(『宣祖實錄』 선조28. 『集成』19-434)/ 政院에 大臣들로 하여금 劉 參將을 전송하도록 하고 禮單과 內賜한 활과 화살을 주라고 전교하다.(『宣祖實錄』 선조28. 『集成』19-435)
	4.16. 兩司가 黃廷彧·黃赫을 국문하여 정죄할 것을 청하다./ 禮曹가 龍節을 맞이하는 예에 대해 건의하다.(『宣祖實錄』 선조28. 『集成』19-435)/ 龍節을 맞이하는 義州에 대해 備忘記로 鄭述에게 전교하다.(『宣祖實錄』 선조28. 『集成』19-436)
	4.17. 封倭明使 接伴使 李廷立이 사신 접대에 관하여 치계하다./ 兵曹가 명사 응접시 인부가 부족하므로 忠淸·江原·京畿道 등에서 徵兵하기를 아뢰니, 상이 그대로 따르다.(『宣祖實錄』 선조28. 『集成』19-437)
	4.18. 禮曹가 중국 사신을 위한 宴禮 때 樂을 쓰는 절차에 대해 아뢰다.(『宣祖實錄』 선조28. 『集成』19-437)/ 海平府院君 尹根壽가 沈遊擊을 따라가 權慄의 진영 근처에 있으면서 沈遊擊을 감시하고 倭政을 살핀 것에 대해 馳啓하겠다고 아뢰다.(『宣祖實錄』 선조28. 『集成』19-438)
	4.19. 封倭明使가 京城에 있는 동안 至公할 것에 대해 조치할 것을 명하다./ 戶曹가 명사의 경성 체류시의 접대 대책에 대해 아뢰다.(『宣祖實錄』 선조28. 『集成』19-439)/ 海平府院君 尹根壽이 沈遊擊을 따라가 馳啓하는 것에 대해 논의하다.(『宣祖實錄』 선조28. 『集成』19-440)/ 承政院이 備邊司가 降倭를 供招하여 日本의 사정에 대해 알아본 것을 아뢰다.(『宣祖實錄』 선조28. 『集成』19-441)
	4.20. 禮曹가 封倭明使의 翌日宴을 전례에 의거하여 행할 것으로 單子를 입계하다.(『宣祖實錄』 선조28. 『集成』19-443)
	4.21. 兩司가 黃廷彧·黃赫을 다시 국문하여 정죄할 것을 청하다.(『宣祖實錄』 선조28. 『集成』19-444)
	4.22. 兩司가 黃廷彧 부자를 다시 국문하여 법에 따라 정죄할 것을 합계하였으나 윤허하지 않다.(『宣祖實錄』 선조28. 『集成』19-444)
	4.24. 訓練都監이 경성에 있는 군졸만 관장할 것이 아니라 지방에서 조련하는 군대도 총괄해서 거느려야 한다고 아뢰다.(『宣祖實錄』 선조28. 『集成』19-444)
	4.25. 都元帥 權慄이 金應瑞를 보내어 沈遊擊이 나온다는 소문이 왜영에 들어갔는지의 여부를 조사한 것에 대해 馳啓하자 임금이 이를 備邊司에 내리고 경솔하게 적진에 사람을 보내지 말 것을 回答하다.(『宣祖實錄』 선조28. 『集成』19-446)/ 承政院이 함부로 왜적과 通信한 權慄과 金應瑞를 推考할 것을 아뢰자, 임금이 允許하다.(『宣祖實錄』 선조28. 『集成』19-447)
	4.26. 司憲府가 왜적과 교류하는 사람과 備邊司의 긴요한 문서를 本府로 封送하지 않은 자들을 推考할 것을 아뢰자, 임금이 允許하다.(『宣祖實錄』 선조28. 『集成』19-448)/ 備邊司가 동대문 밖에서 도망 나온 倭奴 2명을 명사가 小西飛를 만나서 그에게 넘겼다고 하니, 기밀이 누설될 것이므로 꼭 돌려 받아야 한다고 아뢰다./ 兵曹에서 왜인들이 성안으로 들어오지 못하도록 조치할 것을 아뢰자, 임금이 允許하다.(『宣祖實錄』 선조28. 『集成』19-449)
	4.28. 상이 封倭明使를 맞이하기 위해 慕華館에 거둥하였는데 左副承旨 鄭述에게 宣傳官을 보내어 탐색하고 오게 하라고 전교하다./ 日本과의 화친을 위해 온 明의 使臣을 黃幕次에 이르러 接見하다.(『宣祖實錄』 선조28. 『集成』19-450)
	4.29. 訓練都監이 명사에게 보여줄 무사들의 훈련상황을 보고하다.(『宣祖實錄』 선조28. 『集成』19-453)/ 도성 밖에 거주하고 있는 왜인을 다른 지방으로 압송하고 明의 使臣에게 알리도록 備邊司에 명하다./ 接待都監이 正使가 南好正을 불러 小西飛가 와서 뵐 때 미리 군병을 둘러세워 위엄을 보이라고 하였다고 아뢰다.(『宣祖實錄』 선조28. 『集成』19-

일본

454)/ 朴承宗이 正使의 小西飛 접견 계획에 대해 아뢰다./ 吏曹判書 李恒福이 正使가 전언하여 왜의 무리를 하루 속히 물러가게 하고 일을 완결 짓게 하기 위해 小西飛를 보는 것이나 楊老爺와 생각해 보겠다고 하였다고 아뢰다.(『宣祖實錄』 선조28. 『集成』19-455)/ 政院이 明使가 小西飛를 보려고 한다 하니 入城하지 못하게 하지 않을 수 없으나 承旨로 하여금 상의 뜻으로 간곡하게 말하여 入城하게 해서는 안된다는 뜻을 진술케 하자고 청하다.(『宣祖實錄』 선조28. 『集成』19-456)

4.30. 左議政 金應南, 右議政 鄭琢이 小西飛를 入城하지 못하게 하는 일을 明使에게 간곡히 고하자 마지못해 따랐다고 아뢰다./ 憲府가 尹根壽의 죄를 추고할 것을 재결하라고 아뢰다./ 接待都監이 正使가 南好正을 불러 小西飛를 상면하는 것을 그만두게 하였으나, 천자의 명을 받들어 小西飛와 함께 전진해야 하므로 자주 접견할 것을 말했다고 아뢰다.(『宣祖實錄』 선조28. 『集成』19-457)

5.1. 상이 承政院에 慶尙右兵使 金應瑞가 적장과 사사로이 서로 만났으며, 적장과 편지를 통하면서 小西行長을 大人이라고까지 칭하였다고 하므로 압송하여 추국할 것을 아뢰도록 備邊司에 말하라고 전교하다./ 都元帥 權慄이 小西行長이 明의 使臣을 만난 후 철군할 뜻을 밝혔음을 馳啓하다.(『宣祖實錄』 선조28. 『集成』19-458)

5.3. 司憲府가 적에게 아첨한 慶尙右兵使 金應瑞와 적을 토벌하는 일을 여사로 여기고 金應瑞의 패역한 말을 조금도 괴이하게 생각하지 않은 都元帥 權慄등을 파직시킬 것을 청하다.(『宣祖實錄』 선조28. 『集成』19-459)/ 司諫院이 公事를 각별히 신칙하라는 뜻으로 각도의 監司와 御使에게 하서할 것과 적에게 아첨한 慶尙右道 兵使 金應瑞와 이를 알면서 금지하고 막아 나라를 욕되게 하지 못한 都元帥 權慄을 압송하여 국문할 것을 청하다.(『宣祖實錄』 선조28. 『集成』19-460)/ 備邊司가 明에서 보낸 謀臣이 현재 적의 진영에 있고, 두 명의 明使가 경성에 와서 머물면서 적의 동정에 대한 소식이 오기를 기다려 진퇴를 결정하려 하고 있으니 金應瑞의 죄를 우선 용서하여 사세가 안정되면 의논하여 처리하자고 청하다./ 司諫院이 적을 막는 방책이 너무 소홀하고 기강이 해이해져 상벌이 마땅하지 않는 등의 일에 대해 차자를 올리다.(『宣祖實錄』 선조28. 『集成』19-461)

5.4. 司憲府와 司諫院이 金應瑞를 의법 처단하고 權慄을 압송 국문하며 備邊司의 有司 堂上을 추고할 것을 청하다./ 承政院에 都元帥의 장계를 보고 金應瑞의 일이 놀랍다 하여 국문할 수는 없으니 다른 사람을 차임할 것을 備邊司로 하여금 처리하라고 전교하다.(『宣祖實錄』 선조28. 『集成』19-463)/ 備邊司가 接待都監의 啓辭 내용을 보고 조만간에 倭使가 다시 와서 영접할 것이므로 全州와 南原 등지에서 명사의 행렬을 기다리게 하면 합당할 듯 하므로 備邊司로 하여금 의논하여 처리하도록 하라고 아뢰다.(『宣祖實錄』 선조28. 『集成』19-464)

5.5. 司諫院이 金應瑞와 權慄을 다시 추국할 것을 청하다.(『宣祖實錄』 선조28. 『集成』19-464)/ 司憲府가 金應瑞를 의법조치하고 權慄을 압송 국문하며 備邊司의 有司堂上을 추고할 것을 다시 청하다./ 明의 使臣이 조선의 무예를 구경하고자 함을 接待都監이 아뢰자 도성 밖의 왜가 보는 것을 조심하도록 兵曹에 명하다.(『宣祖實錄』 선조28. 『集成』19-465)

5.6. 司憲府와 司諫院이 金應瑞와 權慄을 추고할 것을 다시 청하였으나 서서히 결정할 것이고 備邊司는 추고할 수 없다고 답하다./ 政院에 金應瑞 등의 일을 備邊司로 하여금 의논하여 아뢰도록 하라고 전교하다./ 備邊司가 金應瑞와 權慄의 죄는 면하기 어려우나 지금 시기의 중요함과 사세의 어려움이 극한 상황인 점을 감안하여 위에서 재량하여 처리하기를 회계하다.(『宣祖實錄』 선조28. 『集成』19-466)/ 平安道 觀察使 李元翼이 平壤 함락시 포위되었을 때 앞장서서 적을 공격한 內禁衛 金德霖의 죽은 충혼을 위로하기 위한 旌表하는 행사를 시행할 것을 치계하다./ 文學 黃愼이 왜적의 철수여부가 의심스러움과 沈遊擊을 호위하는 병사가 적은 것에 대해 馳啓하다.(『宣祖實錄』 선조28. 『集成』19-467)/ 承政院이 왜적과 교류하는 자들에 대해 治罪할 것을 아뢰자 임금이 이를 칭찬하다.(『宣祖實錄』 선조28. 『集成』19-468)

5.8. 司憲府와 司諫院이 연이어 金應瑞와 權慄을 압송하여 국문하고 備邊司의 有司 堂上을 추고할 것을 청하다./ 政院에 金應瑞에게 장수의 임무를 그대로 맡겨둘 수 없으므로 備邊司로 하여금 다시 의논하여 아뢰도록 하라고 전교하다./ 接待都監이 小西行長이 보낸 品帖에 대해 보고하다.(『宣祖實錄』 선조28. 『集成』19-469)

5.9. 司憲府와 司諫院이 權慄의 拿鞠을 청하였으나, 拿鞠할 수 없다고 답하다./ 備邊司가 金應瑞를 교체시키는 것은 시세로 헤아려 보아 후일에 난처한 환란이 있을까 염려되므로 정죄를 미룰 것을 아뢰다.(『宣祖實錄』 선조28. 『集成』19-470)/ 政院에 兩司가 아뢴 내용으로 金應瑞의 죄를 따져 처벌하도록 전교하다./ 司憲府와 司諫院이 金應瑞를 처단하여 군중에 조리돌리도록 하라고 청하였으나 윤허하지 않다.(『宣祖實錄』 선조28. 『集成』19-471)

5.10. 接待都監에서 小西行長이 '명의 사신이 서울에 머무르고 있으면 關白 平秀吉에게 철군을 말하고 올 것'을 알리는 沈遊擊의 稟帖을 아뢰다.(『宣祖實錄』 선조28. 『集成』19-471)/ 備邊司가 金應瑞를 우선 그대로 두고 金澐으로 하여금 속히 내려가 엄하게 꾸짖게 하라고 청하다.(『宣祖實錄』 선조28. 『集成』19-472)

5.11. 司諫院이 金應瑞와 權慄을 拿鞠할 것을 아뢰었으나 모두 윤허하지 않다.(『宣祖實錄』 선조28. 『集成』19-473)

5.12. 상이 南別宮에 거둥하여 명사를 접견하고 小西의 군대를 도성에 들어오지 못하게 한 것과 책을 보내준 것에 대해 揖禮로 사례를 하다.(『宣祖實錄』 선조28. 『集成』19-473)/ 明使에게 소풍하러 나가기를 청하여 쌓인 정회를 풀도록 하라고 전교하다.(『宣祖實錄』 선조28. 『集成』19-474)

5.13. 接待都監이 왜란이 있은 후로 조선에 다녀간 明의 使臣이 조선을 헐뜯는 말을 한 것 등에 대해 아뢰다.(『宣祖實錄』 선조28. 『集成』19-474)

5.15. 備邊司와 더불어 왜군의 철군 여부 및 군량의 마련, 중국에서 군량을 들여오는 일 등에 대해 논의하다.(『宣祖實錄』 선조28. 『集成』19-475)

5.18. 慶尙道左兵使 高彦伯이 왜적들이 墳墓를 盜掘하는 것에 대해 馳啓하자 임금이 이를 備邊司에 내리다.(『宣祖實錄』 선조28. 『集成』19-479)

5.19. 政院이 軍功廳과 戶曹에 말하여 軍功의 진위를 조사할 것을 전교하다./ 備邊司가 郎廳 趙亨道가 嶺南을 다녀와서 閑山島의 주사 格軍의 상황을 보고하다.(『宣祖實錄』 선조28. 『集成』19-480)

5.20. 禮曹가 高敬命 부자의 祠宇를 세우는 일을 전쟁이 끝난 후 여러 사람의 의견을 물어 가부를 정하자고 아뢰다.(『宣祖實錄』 선조28. 『集成』19-481)

연도	한국
▲ 1595 ▼	5.25. 備邊司가 都監 敎師들의 공훈을 자문으로 발송할 것을 아뢰다.(『宣祖實錄』 선조28. 『集成』19-481)/ 訓練都監이 염초 구하는 일에 대해 보고하다.(『宣祖實錄』 선조28. 『集成』19-482) 5.26. 淸安縣監 全有亨이 小西行長과 加藤淸正사이를 離間시키자는 것을 내용으로 하는 上訴하자 임금이 이를 備邊司과 논의하여 離間策을 차후에 논의하도록 하다.(『宣祖實錄』 선조28. 『集成』19-482) 5.27. 備邊司가 군량 마련을 위해 屯田을 일굴 것을 아뢰다.(『宣祖實錄』 선조28. 『集成』19-485) 5.28. 政院에 三眼銃은 적군을 막아내는 좋은 무기이므로 입직하는 砲手들에게 연습하도록 하고 또한 논상은 鳥銃과 같이 하도록 하라고 전교하다./ 左議政 金應南이 명의 사신과 相見禮하지 못함을 아뢰다.(『宣祖實錄』 선조28. 『集成』19-486) 6.1. 領議政 柳成龍이 身病이 있어 出仕한 뒤 辭職을 청하다./ 倭를 대적하기 위해 人才를 구하는 일과 倭賊이 철군한 후 再侵할 것인가에 관한 문제 및 도성 밖의 倭人 등에 대해 領議政 柳成龍과 논의하다.(『宣祖實錄』 선조28. 『集成』20-1) 6.2. 政院에 海州의 산성 수축에 대하여 미리 조처하고, 추수가 끝나기를 기다린 다음 대대적으로 하라고 전교하다.(『宣祖實錄』 선조28. 『集成』20-4) 6.4. 軍器寺가 火砲의 주조에 대한 대책을 건의하다.(『宣祖實錄』 선조28. 『集成』20-4)/ 備邊司가 장래성 있는 堂下 武臣을 뽑아 訓練 都監에서 병법을 익히게 할 것을 아뢰다.(『宣祖實錄』 선조28. 『集成』20-5) 6.5. 임금이 別殿에서 《周易》을 강하였는데, 特進官 盧稷이 우리나라 사람이 賊陣에 출입하는데 조금도 거리낌없고 서로 친하기가 평인과 다름이 없다고 아뢰다.(『宣祖實錄』 선조28. 『集成』20-5)/ 兩司가 譯官 등에게 전에 中國 사신이 왔을 때 接伴使 등이 사신과 唱和했는데 지금은 왜 하지 않는가 라고 물으니 국가가 난리통이기 때문이었다고 接待 都監이 아뢰다./ 戶曹가 鐘樓의 깨진 종의 처리에 대하여 아뢰다.(『宣祖實錄』 선조28. 『集成』20-7) 6.6. 都元帥從事官 崔尙重이 譚都司에게 倭賊의 철군에 대한 것과 朝鮮通信司를 日本에 보내는 것에 대해 논의한 일이 있는지 등을 물어 임금에게 書啓하다.(『宣祖實錄』 선조28. 『集成』20-8)/ 訓練 都監이 군량을 마련하는 길은 오직 屯田에 있다고 하며 지을 것을 건의하다.(『宣祖實錄』 선조28. 『集成』20-9) 6.8. 接待 都監이 正使 差官 楊賓이 小西飛의 差倭와 함께 올라왔는데 분명한 소식이 없자 正使가 노하여 책하니 一路가 물에 막히고 橋梁이 없기 때문에 지체되었다고 고하다.(『宣祖實錄』 선조28. 『集成』20-9)/ 接待都監이 倭營에서 돌아온 楊賓이 보고한 倭賊의 數目에 대해서 아뢰다.(『宣祖實錄』 선조28. 『集成』20-10) 6.9. 司憲府가 懷德 縣監 鄭孝誠은 姻戚의 將帥에게 청탁하여 공로를 허위로 보고하여 승진하고 군량을 징수하여 사리 사욕을 도모한 이유로 파직을 청하다./ 政院이 正使가 남쪽으로 내려가는 사람을 내려가게 하지 말고 銅雀津의 나룻배는 두 척만 남겨 두고 숨겨두라는 등의 동태를 보고하다.(『宣祖實錄』 선조28. 『集成』20-10)/ 政院이 使臣의 동태를 보고하다.(『宣祖實錄』 선조28. 『集成』20-11) 6.10. 接待都監이 倭營에서 돌아온 楊賓의 보고에 근거하여 沈遊擊의 差官과 小西行長이 만난 것에 대해 아뢰다.(『宣祖實錄』 선조28. 『集成』20-11)/ 대신들과 더불어 沈遊擊이 小西行長에게 정탐을 목적으로 倭奴를 보낸 것과 倭賊이 철군한 후 中國이 通信司를 왜에 보낼 것을 강요할 것에 대해 논의하다.(『宣祖實錄』 선조28. 『集成』20-12) 6.11. 司諫院이 관리 임용은 공정해야 한다고 지난번에 備邊司가 薦擧한 바는 弊端이 없지 않아 물정이 온당치 않으니 該曹로 하여금 다시 뽑게 하기를 청하다.(『宣祖實錄』 선조28. 『集成』20-16)/ 政院이 東宮이 조금 차도가 있으므로 議藥하러 온 楊禮壽 에게 우선 사복시의 兒馬 1필을 주어 보내게 하라고 전교하다./ 禮曹가 甲午年 式年試를 연기하여 적이 물러가면 치르려 하였으나 적세가 물러가지 않으니 시행할 형편이 못된다고 재차 연기를 청하다.(『宣祖實錄』 선조28. 『集成』20-17)/ 接待 都監에서 중국 사신이 게시한 표첩을 아뢰다./ 上이 政院에 인민을 안정시키고 농사를 짓게 하는 등의 뜻을 말하며 산성 수축에 대해 전교하다./ 상이 政院에 戰死者 子孫에게 벼슬을 주거나 賦役을 면제시키는 등의 일을 敎書대로 즉시 거행하게 할 것을 備邊司에 이르다./ 政院에 降倭를 꾀어내는 일은 우리에게 손해 되는 것이 없고 적에게 해가 있으니 그만 두어선 안 되는 것이라고 전교하다.(『宣祖實錄』 선조28. 『集成』20-18)/ 政院에 중국 사신이 데려 온 가정 중에서 솜씨 좋은 殺手를 섭외하라고 전교하다./ 備邊司가 龍津 등처의 摘奸 單子를 보고 龍津은 물을 의지한 것만을 중시했으므로 미리 구획하여 극력 방수한다면 산을 의지한 것보다 나으며 형세를 중하게 해야한다고 아뢰다.(『宣祖實錄』 선조28. 『集成』20-19) 6.12. 備邊司가 朝廷이 여러 번 신칙해도 조치하지 않고 강상에서 노닐며 하나도 한 것이 없으니 군중에 사신을 보내 엄중히 곤장을 때리거나 군율에 따라 처단할 것을 아뢰다.(『宣祖實錄』 선조28. 『集成』20-20) 6.13. 習陣의 절차를 中國의 陣法대로 하라고 備忘記로 이르다./ 訓練都監이 《紀效新書》에서 뽑아 撮要 1권을 만들어서 열람에 편리하게 하려고 하며, 조련하고 變陣하는 법, 각종 기계와 行用하는 勢譜를 상세히 풀이하여 3권으로 분류할 것이라 아뢰다.(『宣祖實錄』 선조28. 『集成』20-21)/ 備邊司가 慶尙道의 倭賊이 철군하지 않고 動兵할 경우를 대비해 軍政의 문란을 막아야 함을 아뢰다.(『宣祖實錄』 선조28. 『集成』20-22)/ 接待分都監이 沈遊擊의 差人이 票帖을 가지고 왔는데 行長은 10일이나 11일간에 돌아올 것이라고 한 것을 아뢰다./ 備邊司가 降倭를 꾀어내는 일에 대해 당분간 성심으로 투항하는 자만 받아들이게 하고 유인하는 일은 사세를 보아가며 할 것을 아뢰다.(『宣祖實錄』 선조28. 『集成』20-23)/ 都元帥 權慄이 戰時의 전략에 대해 치계하자, 備邊司가 都元帥가 아뢴 것이 軍機에 합치된다고 아뢰다.(『宣祖實錄』 선조28. 『集成』20-24)/ 都元帥 權慄이 병으로 辭職하였는데 備邊司가 유임시킬 것을 청하다.(『宣祖實錄』 선조28. 『集成』20-26)

일본

6.14. 備邊司가 平壤 試才時 능숙한 이들에게 쌀과 베로써 試才의 上等·下等을 나누어 論賞할 것을 아뢰다./ 備邊司가 오늘날은 屯田 한 가지 계책이 가장 중요하니, 戶曹 이외에 한 사람을 더 두어 屯田을 살피게 하고 大臣이 총괄하도록 할 것을 아뢰다.(『宣祖實錄』선조28. 『集成』20-26)/ 統制使 李舜臣이 賊中에 투항했다가 도망쳐오는 朝鮮人에게 죄를 주지 말 것을 馳啓하자 임금이 이를 備邊司에 내려 李舜臣의 뜻을 允許하는 내용의 回答을 하게하다.(『宣祖實錄』선조28. 『集成』20-27)

6.15. 임금이 別殿에서 講官을 引見하고 領事 金應南 등과 倭亂 중에 임금의 명령이 끝까지 이루어지지 않는 것과 倭賊의 철군 등에 대하여 논의하다.(『宣祖實錄』선조28. 『集成』20-27)/ 咸鏡道觀察使로 가는 洪汝淳을 引見하고 倭亂 初期에 倭賊이 北方에 이르러서의 행적에 대해 논의하다.(『宣祖實錄』선조28. 『集成』20-30)/ 接待都監이 中國 使臣이 慶會池가에 이르러 배에 올라 술잔을 베풀고 풍악을 올리며 즐긴 것을 아뢰다./ 侍講院 文學 黃愼이 沈遊擊의 富通事에게 小西行長이 關白 平秀吉에게 封貢에 대해 말한 것과 포로가 된 조선인을 日本으로 데리고 가지 말도록 청한 것에 대해 아뢰다.(『宣祖實錄』선조28. 『集成』20-32)

6.16. 司諫院이 康翎縣監 尹靜이 倭賊이 京城에 들어왔을 때 義兵을 핑계로 재물을 약탈한 것을 들어 治罪할 것을 아뢰자 임금이 允許하다.(『宣祖實錄』선조28. 『集成』20-33)

6.18. 司憲府가 京畿防禦使 邊應星은 관장하는 일을 무관심하게 방치하고, 경영하는 일은 오직 사리사욕을 채우고 있으니 추고할 것을 아뢰다.(『宣祖實錄』선조28. 『集成』20-33)

6.19. 兵曹가 漢江의 西岸에 따로 한 營을 개설하고 兵曹堂上 한 명으로 그 元戎의 幕府로 삼을 것을 아뢰다./ 備邊司가 兵曹가 아뢴 것을 보고, 兵曹判書 李德馨으로 하여금 전담하게 하고 訓練分都監이라고 칭할 것을 아뢰다./ 임금이 降倭 呂汝文의 대우를 후하게 하지 않으면 안된다고 하고, 哨官 한 사람을 差出, 아동 수십 명을 뽑아 전적으로 汝文에게 敎習시킬 것을 政院에 전교하다.(『宣祖實錄』선조28. 『集成』20-34)

6.21. 訓練都監이 上의 下敎를 받들어 兒童들로써 한 부대를 만들어 통령하되, 呂汝文에게 맡겨 학습시키는 한편 편을 갈라 試才함으로써 승부에 따라 상벌을 주는 것이 마땅하다고 아뢰다.(『宣祖實錄』선조28. 『集成』20-35)

6.22. 海平府院君 尹根壽가 黃愼의 말을 빌어 關白 平秀吉이 철군을 허락함 등을 馳啓하다.(『宣祖實錄』선조28. 『集成』20-36)

6.23. 慶尙右道觀察使 徐渻이 倭賊이 晋州 지방에서 약탈하는 것과 그에 대한 백성들의 보호가 이루어지지 않다고 馳啓하자 임금이 이를 備邊司에 내려 晋州判官 朴思齊를 治罪하고 백성들은 屯田을 치고 倭賊에 대비할 것을 回答하다.(『宣祖實錄』선조28. 『集成』20-36)

6.24. 劉參將을 時御所 別殿에서 接見하고 倭賊의 情勢 등에 대하여 논의하다.(『宣祖實錄』선조28. 『集成』20-38)

6.25. 接待都監이 正使의 差官 李恕가 熊川에서 돌아와 倭營에 대해 묻고 들은 것을 아뢰다.(『宣祖實錄』선조28. 『集成』20-39)/ 訓練都監이 海土로 焰硝를 煮取하는 법을 傳習한 林夢에게 禁軍을 제수를 할 것을 아뢰자, 임금이 東班 6품의 實職을 제수하라고 답하다.(『宣祖實錄』선조28. 『集成』20-40)

6.26. 지난 2월 1일의 賞格에 대해 上上等의 賞이 上中等과 같아 온당치 않다고 備忘記로 訓練都監에 이르다.(『宣祖實錄』선조28. 『集成』20-40)/ 接待都監이 小西飛를 거느린 中國 通事 朱元이 金嘉獻이 보낸 稟帖을 보고 正使가 前後 보고의 요점을 써서 내건 방문에 대해 아뢰다./ 接待都監이 正使가 前後 보고의 요점을 써서 내건 방문 중 行長이 미리 보낸 倭館의 편지에 대해 아뢰다.(『宣祖實錄』선조28. 『集成』20-42)/ 接待都監이 正使가 前後 보고의 요점을 써서 내건 방문 중 玄蘇가 小西飛에게 보낸 편지에 대해 아뢰다./ 임금이 우리나라의 군대 교련과 防守 등의 일로 나오는 胡遊擊에 대비해 接伴官을 뽑고 십분 조심하며 敬待하라고 政院에 전교하다./ 接待都監이 中軍에서 보낸 選鋒 唐盤 등을 결박하고 때린 屯田官 韓德男을 律에 의거하여 엄중히 처단할 것을 아뢰다.(『宣祖實錄』선조28. 『集成』20-43)/ 政院이 正使가 中軍 하인이 맞은 일로 노하였으니 官員을 보내 위로하도록 한 接待都監 堂上의 말을 아뢰다.(『宣祖實錄』선조28. 『集成』20-44)/ 海平府院君 尹根壽가 倭賊에게 封貢할 冊封使에 대한 沈遊擊이 준 兵部의 公文에 대해 馳啓하다.(『宣祖實錄』선조28. 『集成』20-45)

6.29. 訓練都監이 陳良璣의 말에 따라 砲手·殺手 各哨의 군대 2哨를 합해 1哨로 합쳐 定員을 채울 것을 아뢰다.(『宣祖實錄』선조28. 『集成』20-45)/ 임금이 兒童砲殺手隊의 良賤·성명 나이를 써서 아뢰라고 전교하다./ 訓練都監이 漢江에 別營을 설치하는 일은 都監이 전심하여 관리하고, 兵曹武備司의 郎廳 1인이 감독해서 工役을 조속히 이루게 할 것을 아뢰다.(『宣祖實錄』선조28. 『集成』20-46)/ 임금이 海州에서 군대를 조련하는 것이 효과가 없으니 따로 事目을 만들거나 監司에게 돈독하게 유시하라고 政院에 전교하다.(『宣祖實錄』선조28. 『集成』20-47)

6.30. 接待都監이 小西行長이 日本에 갔다가 朝鮮에 다시 도착하는 것을 아뢰다.(『宣祖實錄』선조28. 『集成』20-47)

7.1. 副使 楊邦亨이 居昌縣에 머물면서 沈惟敬에게 倭兵의 철수를 재촉하게 하다.(『宣祖修正實錄』선조28. 『集成』27-195)

7.2. 備邊司가 海州의 군사를 조련하는 일에 대해 監司와 兵使에게 下書하여 책망하고, 不時에 試才하여 특별히 상을 주면 군사들을 興起시킬 수 있을 것이라고 아뢰다./ 司憲府에서 人事에 힘쓰고 군량을 비축하고 군사를 훈련하며 慶尙道와 全羅道의 방비를 굳세게 할 것, 馬政에 관심을 기울여 倭賊에 대비할 것을 아뢰다./ 接待都監이 倭使와 明使가 만나 撤軍 등에 대해 논의한 것을 아뢰다.(『宣祖實錄』선조28. 『集成』20-51)

7.4. 司憲府가 全羅·慶尙道 지역의 君臣들을 직무 처리가 원활하지 않음을 들어 治罪·遞職할 것을 아뢰자, 임금이 允許하다.(『宣祖實錄』선조28. 『集成』20-52)

7.5. 備邊司에서 倭賊의 방비를 위해 都元帥從事官을 보낼 것에 대해 아뢰자 임금이 이를 다시 논의해 아뢰도록 하다.(『宣祖實錄』선조28. 『集成』20-53)

7.6. 海州의 군사 훈련에 대하여 良人·內奴, 私賤을 막론하고 모두 군사가 되기를 원하며 山城을 兵營으로 만들고 근처에 屯田을 개간하여 군량의 자원으로 삼도록 할 것을 政院에 전교하다.(『宣祖實錄』선조28. 『集成』20-54)

연도	한국
▲ 1595 ▼	7.7. 都元帥從事官을 선발하여 보내는 것은 마땅하다고 政院에 전교하다.(『宣祖實錄』 선조28. 『集成』20-55)/ 訓鍊都監이 漢江가에 兵營을 설치하기 위해서 倭賊이 무너뜨린 祭壇을 옮겨 설치하는 것을 아뢰자 임금이 允許하다.(『宣祖實錄』 선조28. 『集成』20-56) 7.8. 임금이 別殿에 나아가 備邊司 堂上을 인견하고 倭賊의 撤兵 여부와 撤軍 후에 要害處를 점령하여 倭賊에 대비하는 일, 人事에 대한 일들을 논의하다.(『宣祖實錄』 선조28. 『集成』20-56)/ 備邊司가 空名牒의 폐단에 대하여 該曹로 하여금 실상을 조사하여 문서를 상고하고 숫자를 대조하여 허위가 용납되지 않도록 하며, 空名牒의 張數를 限定하도록 아뢰다.(『宣祖實錄』 선조28. 『集成』20-61)/ 慶尙右道節度使 金應瑞가 倭賊의 撤軍과 그에 대한 동향에 대해 馳啓하자 임금이 備邊司와 논의하여 倭賊 방비에 더욱 힘 쓸 것을 명하다.(『宣祖實錄』 선조28. 『集成』20-62) 7.9. 備邊司가 海州의 군대 조련에 대해 아뢰자, 임금이 선발된 자는 모두 身役을 감해주고, 事目을 작성하여 監司에게 啓下하여 힘써 시행하라고 이르다.(『宣祖實錄』 선조28. 『集成』20-64)/ 임금이 行長이 明使에게 편지를 올리기 위해 差遣한 倭人을 서울로 들어오지 못하게 하도록 政院에 전교하다.(『宣祖實錄』 선조28. 『集成』20-65) 7.10. 吏曹判書 李恒福이 明使를 수행하면서 倭賊 중에 들어갈 경우에 대해 아뢰자 임금이 李恒福의 臨機應變에 맡길 것을 備忘記로 명하고 아울러 倭賊의 철수에 대해 備忘記로 논의하다.(『宣祖實錄』 선조28. 『集成』20-65) 7.11. 副天使가 남쪽으로 내려가니, 임금이 崇禮門 밖에서 餞別宴을 행하다.(『宣祖實錄』 선조28. 『集成』20-67) 7.14. 都元帥 權慄이 黃愼의 편지와 權應銖의 馳報, 石尙書의 差官의 말을 종합하여 倭賊의 철군에 대해 馳啓하다.(『宣祖實錄』 선조28. 『集成』20-68)/ 都元帥 權慄이 일찍이 倭賊과 상통한 적이 있는 金應瑞가 명령에 불복종하는 것에 대해 馳啓하자, 임금이 이를 備邊司에 내리다.(『宣祖實錄』 선조28. 『集成』20-69)/ 大臣들과 더불어 明使가 倭賊중에 갈 때 朝鮮陪臣을 데리고 가는 문제와 倭賊을 막는 장수들에 대한 人事문제, 倭賊이 아직 철군하지 않았는데도 紀綱이 해이해져 여러 弊端이 있는 것 등에 대해 논의하다.(『宣祖實錄』 선조28. 『集成』20-71) 7.15. 司諫院이 倭亂을 겪어 그 동안의 학문이 없어진 것을 이유로 書院을 革罷하지 말 것과 機密 流出을 들어 色承旨 등을 治罪할 것을 아뢰다.(『宣祖實錄』 선조28. 『集成』20-80)/ 備邊司가 中國 使臣이 말한 배신을 데리고 간다는 것은 결코 따를 수 없으니 事勢를 보아 中國 使臣에게 힘써 말할 것이라 아뢰다./ 備邊司가 公私賤에게 科擧를 보이는 일에 대해 私賤도 함께 試取하도록 아뢰자, 임금이 다만 公賤에게 먼저 科擧를 보여 사람들의 격려되고 권장됨을 徵驗하도록 답하다.(『宣祖實錄』 선조28. 『集成』20-81) 7.17. 黃愼이 倭軍은 철수하는데 倭將은 철수하지 않는 것 등 倭賊의 동향에 대해 馳啓하다.(『宣祖實錄』 선조28. 『集成』20-82)/ 司僕寺가 馬政의 허술함과 관련하여 兵曹로 하여 주관할 사람을 선발하여 당초에 설정한 事目대로 承傳을 받들게 할 것을 아뢰다.(『宣祖實錄』 선조28. 『集成』20-83)/ 兒童隊에게 검술을 훈련시킨 降倭 山所佑에게 熟馬 한 필을 내리다.(『宣祖實錄』 선조28. 『集成』20-84) 7.18. 임금이 別殿에 나아가 領事 李元翼 등과 倭亂 당시 御容을 모시고 온 洪汝栗 등에 대한 褒賞과 倭軍 철수 후의 軍制 개편 및 壬辰年의 還上谷을 거둬들이는 것 등에 대해 논의하다.(『宣祖實錄』 선조28. 『集成』20-84)/ 備邊司가 남쪽 변방을 總裁하는 것, 人才의 선발, 곡식을 장만하는 일, 군사를 훈련하는 일 등 司憲府의 箚子에 대해 回啓하다.(『宣祖實錄』 선조28. 『集成』20-88)/ 平壤에서 眞定의 槍法을 익힌자를 올려보내게 하고, 문신들도 《紀效新書》에 따라 殺手를 가르치도록 政院에 전교하다.(『宣祖實錄』 선조28. 『集成』20-89) 7.19. 備邊司에서 熊都司가 倭賊에 사로잡힌 朝鮮人의 名單을 알린 것을 들어 奏文에 이름을 넣어 줄 것을 청한 것을 아뢰자, 임금이 朝鮮人이 풀려나올지의 여부를 알 수 없다 하여 물리치다.(『宣祖實錄』 선조28. 『集成』20-89) 7.20. 임금이 別殿에 나아가 大臣들과 倭賊의 철군이 지연되는 것에 대해 논의하다.(『宣祖實錄』 선조28. 『集成』20-90) 7.24. 대신들을 引見하여 倭亂以後 湖南 지방의 피해가 남다른 것과 倭賊과의 전투에서 패배한 이유 등에 대해 논의하다.(『宣祖實錄』 선조28. 『集成』20-90)/ 接待都監이 倭賊이 얼마나 철수했는지의 여부와 倭營의 상황에 대해 아뢰다.(『宣祖實錄』 선조28. 『集成』20-92) 7.25. 時御所의 別殿에서 遊擊將軍 胡大受를 接見하여 倭賊의 방비를 위해 朝鮮 군사를 훈련시켜 줄 것을 청하고 倭賊 방비 등에 대해 논의하다.(『宣祖實錄』 선조28. 『集成』20-93) 7.26. 李元翼이 嶺南지방에서 倭賊이 철수하면 倭賊에 투항했던 사람들이 모두 흩어져 蕩敗해질 것이라고 아뢰다.(『宣祖實錄』 선조28. 『集成』20-96)/ 江原道巡按御史 盧景任이 倭賊에게서 도망친 우리나라 사람을 무고하게 죽이고는 倭賊을 잡았다고 허위로 보고한 三陟府使 洪仁傑과 同浦僉使 朴瑊 등을 처치하도록 狀啓하다.(『宣祖實錄』 선조28. 『集成』20-97) 7.27. 政院이 高彦伯 등을 論決하는 일이 잘못 回啓하여 監司로 하여금 論決하게 하였다고 아뢰자, 임금이 備忘記로 이를 꾸짖다.(『宣祖實錄』 선조28. 『集成』20-98) 7.28. 右議政 李元翼이 胡遊擊을 만나보고 小帖의 일을 상의한 것을 아뢰다.(『宣祖實錄』 선조28. 『集成』20-98) 8.1. 임금이 貞陵洞 行宮에 거처하다.(『宣祖實錄』 선조28. 『集成』20-99) 8.2. 兵曹에서 변란을 당해 활쏘기를 시험보이고 상을 내릴 것을 건의하다.(『宣祖實錄』 선조28. 『集成』20-99) 8.4. 備邊司에서 譚宗仁을 위해 禮單을 보내 노고를 치하할 것을 건의하다.(『宣祖實錄』 선조28. 『集成』20-100) 8.5. 備邊司에서 南方과 北方의 위급한 형세에 대해 논의하다.(『宣祖實錄』 선조28. 『集成』20-100)

일본

8.6. 임금이 婆猪城에 事知郞廳을 보내 기초설계도를 그려온 후 개축토록 하다.(『宣祖實錄』 선조28. 『集成』20-104)

8.7. 訓練都監으로 하여금 宣傳官의 훈련을 강화하도록 하다.(『宣祖實錄』 선조28. 『集成』20-104)/ 備邊司에서 助防將 邊應奎를 平安兵使로 바꿀 필요가 없다고 답하다.(『宣祖實錄』 선조28. 『集成』20-105)

8.9. 備邊司에서 황해도에서 試取하는 일을 반대하다.(『宣祖實錄』 선조28. 『集成』20-105)

8.10. 司諫院에서 중국과의 약재 무역, 공물 납미, 무역해 온 물건값 책정 등에 관해 상소하다.(『宣祖實錄』 선조28. 『集成』20-106)/ 太學生 鄭鑑등이 학교건립, 청나라에 대한 복수, 제향, 公私賤 과거응시, 時務 등에 대해 상소하다.(『宣祖實錄』 선조28. 『集成』20-107)

8.13. 임금이 별전에 나가 都司 譚宗仁을 접견하다.(『宣祖實錄』 선조28. 『集成』20-112)/ 임금이 老乙可赤, 胡遊擊에 대해 비변사와 논의하다.(『宣祖實錄』 선조28. 『集成』20-113)

8.15. 訓練主簿 辛忠元이 鳥嶺과 竹嶺 關防의 폐단에 대해 상소하다.(『宣祖實錄』 선조28. 『集成』20-114)/ 司憲府에서 元均의 파직을 건의했으나 받아들여지지 않다.(『宣祖實錄』 선조28. 『集成』20-115)

8.16. 司憲府가 재차 元均의 파직을 건의하다.(『宣祖實錄』 선조28. 『集成』20-116)

8.17. 司憲府에서 元均과 李汝溫의 파직을 건의했으나 받아들여지지 않다.(『宣祖實錄』 선조28. 『集成』20-116)

8.18. 禮曹에서 宗學을 수리하여 太廟의 神御를 봉안할 것을 건의하다./ 임금이 元均과 李汝溫의 파직에 대한 司憲府의 건의를 윤허하지 않다.(『宣祖實錄』 선조28. 『集成』20-117)

8.19. 司諫院에서 휴가를 내어 조상 분묘를 첨배한 朴忠侃과 李憎을 추고하다.(『宣祖實錄』 선조28. 『集成』20-118)

8.21. 備邊司에서 방어가 긴급한 濟州道의 徭役과 賦稅를 일시 정지하다.(『宣祖實錄』 선조28. 『集成』20-119)

8.22. 임금이 시간에 구애받지 말고 견고한 山城을 수축하도록 명하다.(『宣祖實錄』 선조28. 『集成』20-119)

8.23. 임금이 言路開放, 覊縻計策, 중국과의 화의, 山城修築에 대해 신하들과 논의하다.(『宣祖實錄』 선조28. 『集成』20-120)

8.24. 司憲府에서 海州에서 試取하는 것을 중지할 것을 청했으나 윤허하지 않다.(『宣祖實錄』 선조28. 『集成』20-122)

8.25. 備邊司에서 황해도의 勇軍 선발과 번드는 內禁衛에 五衛의 칭호를 붙일 것을 건의하다.(『宣祖實錄』 선조28. 『集成』20-123)

8.27. 司諫院에서 京江의 舟師大將을 혁파할 것과 江華鎭 江場의 屯田 이외의 田地 耕作에 대해 건의하다.(『宣祖實錄』 선조28. 『集成』20-123)

8.28. 임금이 난이 평정될 때까지 일반민의 江華鎭 江場 경작을 허락하다.(『宣祖實錄』 선조28. 『集成』20-124)

8.29. 司諫院에서 參奉의 근무태만, 中殿의 還都, 太廟 배알에 대해 건의하다./ 비변사에서 舟師大將 설립를 건의하다.(『宣祖實錄』 선조28. 『集成』20-125)

9.1. 임금이 貞陵洞 行宮에 머물다./ 備邊司에서 경기도의 守成과 군사훈련에 대해 아뢰다.(『宣祖實錄』 선조28. 『集成』20-126)/ 좌의정 金應南이 신병으로 사직했으나 윤허하시 않다.(『宣祖實錄』 선조28. 『集成』20-127)/ 詔使 李宗誠이 南下하다.(『宣祖修正實錄』 선조28. 『集成』27-195)

9.3. 비변사에서 拜陵을 연기할 것을 청했으나 그대로 시행토록 하다.(『宣祖實錄』 선조28. 『集成』20-128)/ 備邊司에서 水原과 江華에 요새를 설치하고 淸州와 忠州 사이를 經略토록 하다.(『宣祖實錄』 선조28. 『集成』20-129)

9.4. 崇禮門 밖에서 封倭明使의 전별 잔치를 베풀다.(『宣祖實錄』 선조28. 『集成』20-129)/ 병조가 모병의 불가함과 上番軍 가운데 정용한 자를 선발할 것에 대해 아뢰다.(『宣祖實錄』 선조28. 『集成』20-131)

9.5. 司憲府에서 拜陵을 연기할 것을 청했으나 불허하다.(『宣祖實錄』 선조28. 『集成』20-132)/ 司諫院에서 민폐를 이유로 拜陵 연기를 청했으나 불허하다.(『宣祖實錄』 선조28. 『集成』20-133)

9.6. 임금이 孫經略의 귀환과 서북지역 방어책 및 군병 확보책 등에 대해 신하와 논의하다.(『宣祖實錄』 선조28. 『集成』20-133)/ 좌의정 金應南이 병으로 다시 사직하니 비답을 내려 윤허하지 않다.(『宣祖實錄』 선조28. 『集成』20-136)/ 우부승지 尹覃茂가 中國使臣을 문안하고 듣고 온 倭情을 보고하다.(『宣祖實錄』 선조28. 『集成』20-139)

9.9. 접반사 金晬가 正使의 행적을 치계하다.(『宣祖實錄』 선조28. 『集成』20-138)

9.10. 임금이 西郊에 거둥하여 講武·試才하고 논상하다.(『宣祖實錄』 선조28. 『集成』20-138)

9.11. 임금이 전공이 있는 金雲成을 방어가 요긴한 곳에 차임토록 하다.(『宣祖實錄』 선조28. 『集成』20-139)/ 접반사 金晬가 남방 정세와 倭營에 대해 중국 사신과 논의한 내용을 치계하다.(『宣祖實錄』 선조28. 『集成』20-140)

9.12. 시강원 문학 黃愼이 遊擊이 왜인에게 중국 사신의 집을 짓게 하려는 부당한 처사에 관해 성첩하다./ 경상도 관찰사 徐渻이 적의 정세 및 沈遊擊과 黃愼의 문답 내용을 치계하다.(『宣祖實錄』 선조28. 『集成』20-141)

9.13. 접대도감이 胡遊擊과 문답한 敎師의 폐단·銀鑛山에 대한 내용을 지계하나.(『宣祖實錄』 선조28. 『集成』20-144)

9.15. 임금이 沈惟敬이 楊布政을 청한 의도와 적의 정세 등에 대해 문답하다.(『宣祖實錄』 선조28. 『集成』20-146)/ 備邊司가 三江 주변의 백성들의 폐단을 척결할 것을 아뢰다.(『宣祖實錄』 선조28. 『集成』20-149)

9.17. 鄭經世가 魚鱉의 변괴·胡遊擊·海州에 머무는 中殿 등에 대해 아뢰다.(『宣祖實錄』 선조28. 『集成』20-149)

9.18. 임금이 빈번하게 일어나는 天變의 뜻을 유념하고 奴僕들의 폐해를 규찰토록 하다.(『宣祖實錄』 선조28. 『集成』20-151)

9.19. 접반사 李恒福이 중국 사신의 支供에 대해 치계하다.(『宣祖實錄』 선조28. 『集成』20-153)

9.20. 영의정 柳成龍 등이 민심 안정을 위해 中殿의 還都를 청했으나 불허하다.(『宣祖實錄』 선조28. 『集成』20-154)/ 海州山城 수축에 부역한 군인들에게 술을 내리다./ 弘文館에서 묘침 제사를 공경히 하고 기운을 가다듬을 것을 아뢰다.(『宣祖實錄』 선조28. 『集成』20-155)

9.21. 임금이 별전에서 宣傳官을 시험보이고 武士의 試才·老乙可赤을 위한 잔치 등에 대해 논의하다.(『宣祖實錄』 선조28. 『集成』20-159)

9.22. 侍講院 輔德 崔瓘이 어버이 봉양을 위해 군현의 수령을 청하다.(『宣祖實錄』 선조28. 『集成』20-160)/ 總督軍門 標下都指揮使司

연도	한국
▲ 1595 ▼	張鴻儒가 신속히 왜적을 축출할 것을 건의하다.(『宣祖實錄』 선조28. 『集成』20-161) 9.24. 좌의정 金應南이 貢物作米·훈련도감의 料米, 변방방어 등에 대해 차자하다.(『宣祖實錄』 선조28. 『集成』20-163) 9.27. 李鎰을 北兵使에 제수하다.(『宣祖實錄』 선조28. 『集成』20-167)/ 海州에 있는 中殿을 侍衛하는 宰臣에게 상을 주다.(『宣祖實錄』 선조28. 『集成』20-168) 9.28. 임금이 中殿의 還都·關防·敵情 등에 대해 신하들과 논의하다.(『宣祖實錄』 선조28. 『集成』20-168)/ 司憲府에서 修省 등에 대해 차자하다.(『宣祖實錄』 선조28. 『集成』20-172)/ 備邊司에서 軍國의 需用을 위한 作米와 訓練都監 禁軍의 料米 마련책에 대해 아뢰다.(『宣祖實錄』 선조28. 『集成』20-175) 9.29. 비변사에서 변방백성에 대한 침해와 소요를 자행케 하는 폐단이 없도록 하다.(『宣祖實錄』 선조28. 『集成』20-176)/ 謝恩兼奏請使 韓準이 세자 책봉에 대한 제독의 견해와 시간을 두어 책봉에 임하자는 예부의 복제를 치계하다.(『宣祖實錄』 선조28. 『集成』20-177) 9.30. 임금이 有功者와 納米者 가운데 논상을 못받은 사람들을 다시 상고하도록 하다./ 임금이 빈청에 世子冊封의 소청을 허락받도록 전교하다.(『宣祖實錄』 선조28. 『集成』20-180)/ 司憲府가 병사 林恂의 덕으로 벼슬을 얻은 關西의 參奉들을 체차하다./ 비변사에서 冊封를 다시 주청하고 敵中의 사정을 알아보기 위해 중국 사신에게 자문을 보내다.(『宣祖實錄』 선조28. 『集成』20-181)/ 비변사에서 남방에 머물러 있는 왜적 4만 7천명의 철수 대책을 도체찰사에게 세워 거행토록 하다.(『宣祖實錄』 선조28. 『集成』20-183) 10.1. 왕이 貞陵洞 行宮에 머물다./ 弘文館 教理 鄭經世가 사직을 청하는 상소를 올리다.(『宣祖實錄』 선조28. 『集成』20-184) 10.2. 임금이 세자 책봉을 빨리 준허해 줄 것을 熊都司에게 전하도록 하다./ 임금이 별전에서 熊都司를 접견하다.(『宣祖實錄』 선조28. 『集成』20-186) 10.4. 司諫院에서 尙書 石星이 李宗誠에게 보내는 封書를 承政院에서 곧바로 뜯자 색승지를 체차하다.(『宣祖實錄』 선조28. 『集成』20-188)/ 弘文館에서 인재 등용과 兵政 등에 관해 차자하다.(『宣祖實錄』 선조28. 『集成』20-190) 10.6. 임금이 별전에서 영돈녕부사 李山海를 인견하다.(『宣祖實錄』 선조28. 『集成』20-193)/ 李山海가 관직을 회수할 것을 청하자 윤허하지 않다.(『宣祖實錄』 선조28. 『集成』20-194)/ 壬辰年 還穀을 거두지 아니한 수령을 解由할 때 越等의 벌로 처리한 吏曹堂上 등을 추고하다.(『宣祖實錄』 선조28. 『集成』20-195) 10.7. 柳成龍의 歸覲을 중지시켜 소환하고 趙存善을 파직하다./ 빈청에서 16일로 예정된 拜陵을 중지할 것을 청했으나 시행토록 하다.(『宣祖實錄』 선조28. 『集成』20-196)/ 備邊司에서 오랑캐에 대해 적극적인 방비를 하고 정세를 탐지하도록 하다.(『宣祖實錄』 선조28. 『集成』20-197)/ 備邊司에서 韓明璉 등을 서쪽 변경에서 주둔케 하다.(『宣祖實錄』 선조28. 『集成』20-198)/ 備邊司에서 遼東 按撫摠鎭衙門에게 신보하여 㺚子가 군사를 일으키지 않도록 하다.(『宣祖實錄』 선조28. 『集成』20-199) 10.8. 임금이 숭례문 밖에서 무예를 친시하고 논상하다.(『宣祖實錄』 선조28. 『集成』20-200)/ 訓練都監에 외방의 포수·살수가 포쏘기를 자원할 경우 試放하고 書契토록 하다.(『宣祖實錄』 선조28. 『集成』20-201) 10.9. 임금이 숭례문 밖에서 시재하지 못하도록 하다./ 황해도 試才人에게 과거를 허락하여 부방하지 못하도록 하다.(『宣祖實錄』 선조28. 『集成』20-201)/ 변방 방어와 군량 조달에 힘쓰고 淸野策을 쓰도록 하다./ 李山海·權慄·韓準 등에게 관직을 제수하다.(『宣祖實錄』 선조28. 『集成』20-202) 10.10. 비변사에서 산성 수비·창곡 저장 등 㺚虜의 방어책에 대해 회계하다.(『宣祖實錄』 선조28. 『集成』20-203) 10.13. 대사헌 金玏이 파직시켜 줄 것을 청했으나 사퇴하지 말라고 답하다.(『宣祖實錄』 선조28. 『集成』20-205)/ 㺚虜의 침입을 대비하여 우상과 도체찰사에게 남북을 관장하게 하다.(『宣祖實錄』 선조28. 『集成』20-206) 10.15. 공이 있는 금군이 騎射) 입격하지 않더라도 도태시키지 않도록 하다.(『宣祖實錄』 선조28. 『集成』20-207) 10.16. 科擧法을 무너뜨린 예조의 당상과 색낭청을 파직하다.(『宣祖實錄』 선조28. 『集成』20-207) 10.17. 임금이 별전에서 남방과 서북쪽의 변고에 대한 비변사 당상들의 의견을 듣다.(『宣祖實錄』 선조28. 『集成』20-208) 10.19. 司諫院에서 海州에 머물러 있는 中殿을 모시고 올 것을 건의하다.(『宣祖實錄』 선조28. 『集成』20-219)/ 備邊司에서 서북 지방의 포수·별장 차임·각사의 노비 신공 등에 대한 의견을 아뢰다.(『宣祖實錄』 선조28. 『集成』20-220) 10.20. 司諫院이 중전의 환도에 대해 다시 아뢰자 윤허하지 않다./ 承政院에서 中殿의 還都에 대한 왕의 비답이 인심을 의혹시킨다고 아뢰다.(『宣祖實錄』 선조28. 『集成』20-221)/ 備邊司에서 서방 변장·남방 수령·北道人의 試才·곡식 무역에 대해 아뢰다.(『宣祖實錄』 선조28. 『集成』20-222)/ 宗廟修造都監이 宗廟의 改修를 내년 봄부터 시작하도록 청하다./ 備邊司에서 明川縣監 朴仁賢을 서울로 나국하지 말고 巡察使가 처결하도록 하다.(『宣祖實錄』 선조28. 『集成』20-223) 10.21. 具思稷을 잉임시키다.(『宣祖實錄』 선조28. 『集成』20-224)/ 海州의 賞格을 정해 備邊司에 의계하도록 하다.(『宣祖實錄』 선조28. 『集成』20-225) 10.22. 海州의 성묘에 慰祭를 거행토록 하다.(『宣祖實錄』 선조28. 『集成』20-225)/ 柳成龍이 평안도 군안 작성·얼음 위의 요새 설치·성 수비·포루 등에 대해 아뢰다.(『宣祖實錄』 선조28. 『集成』20-226) 10.23. 署經法을 지키지 않은 이조와 병조의 당상과 색낭청을 추고하다.(『宣祖實錄』 선조28. 『集成』20-228)/ 備邊司가 평안감사에게 李提督의 사당을 설치하고 畵像을 마련해 제사지낼 것을 하서하다.(『宣祖實錄』 선조28. 『集成』20-229)

일본

10.24. 春秋館이 海州에 있는 《實錄》을 배로 싣고와서 강화에 둘 것을 건의하다.(『宣祖實錄』 선조28. 『集成』20-229)/ 兵曹에서 입계한 軍籍事目을 시행하기가 이르므로 備邊司와 다시 의논토록 하다.(『宣祖實錄』 선조28. 『集成』20-230)

10.25. 黃愼이 倭營과 淸正陣營의 상황을 치계하다.(『宣祖實錄』 선조28. 『集成』20-230)/ 戶曹에서 중국군의 소요 양곡을 위해 未收된 田稅를 거둘 것을 건의하다./ 中殿의 환도길에 있는 마을의 폐해를 줄일 것을 호조에서 건의하다.(『宣祖實錄』 선조28. 『集成』20-233)

10.26. 備邊司에 왜적이 재침입할 경우에 대비하여 계책을 도모하다.(『宣祖實錄』 선조28. 『集成』20-234)

10.27. 備邊司에서 왜적 방비를 위해 거북선을 더 만들 것을 건의하다.(『宣祖實錄』 선조28. 『集成』20-234)/ 접반사 李恒福이 왜군과 왜영 상황에 대해 치계하다.(『宣祖實錄』 선조28. 『集成』20-236)/ 이원익이 왜군 철수에 대한 각처의 보고를 종합하여 치계하다.(『宣祖實錄』 선조28. 『集成』20-237)

10.29. 司諫院에서 종묘 사직·군정·체찰사·군사 훈련·병기·刷馬 등에 대해 차자하다.(『宣祖實錄』 선조28. 『集成』20-238)

11.1. 왕이 貞陵洞 行宮에 머물다./ 중국 사신에게 淸正이 떠나가고 老爺가 바다를 건넌 뒤에 사은하겠다고 하다.(『宣祖實錄』 선조28. 『集成』20-242)/ 詔使가 釜山의 倭營에 들어가다.(『宣祖修正實錄』 선조28. 『集成』27-195)/ 沈惟敬의 接伴官인 黃愼에게 釜山의 倭營에 들어가 賊을 염탐하게 하다.(『宣祖修正實錄』 선조28. 『集成』27-196)

11.2. 지평 趙挺이 대내의 封書를 늦게 진달한 죄로 파직시켜줄 것을 청하다.(『宣祖實錄』 선조28. 『集成』20-244)/ 訓練主簿 金景祥이 양산·덕도·부산의 적세를 탐심하여 書契를 올리다.(『宣祖實錄』 선조28. 『集成』20-245)

11.3. 黃愼이 왜인의 도해에 대해 遊擊의 부하와 문답한 내용을 치계하다./(『宣祖實錄』 선조28. 『集成』20-247)/ 中殿이 海州의 娚城村에서 묵다.(『宣祖實錄』 선조28. 『集成』20-248)

11.4. 備邊司에서 협상을 위해 倭營에 가는 것을 신중히 하기위해 중국 사신에게 자문을 보내다.(『宣祖實錄』 선조28. 『集成』20-248)/ 司宰監에서 줄인 其人의 承政院을 다시 회복하기를 청하다.(『宣祖實錄』 선조28. 『集成』20-249)/ 中殿이 저녁에 연안부에서 유숙하다.(『宣祖實錄』 선조28. 『集成』20-250)

11.7. 備邊司에서 활쏘기·기계·군현 합병·순안 어사 등에 대해 아뢰다.(『宣祖實錄』 선조28. 『集成』20-250)/ 中殿이 개성부에서 묵다.(『宣祖實錄』 선조28. 『集成』20-251)

11.8. 承政院에서 자문 대신 접반사에게 글을 내어 중국 사신에게 자품토록 건의하다.(『宣祖實錄』 선조28. 『集成』20-252)

11.9. 李成男이 燕岐가 金地이어서 왜적이 들어오지 못한다고 아뢰다.(『宣祖實錄』 선조28. 『集成』20-252)/ 한담이 신도가 도읍할 만하다는 내용을 알지 못한다고 아뢰다./ 趙德輔가 李成男의 일을 알지못한다고 아뢰다./ 朴仲宣이 新都의 지리를 전혀 모른다고 자백하다.(『宣祖實錄』 선조28. 『集成』20-253)/ 中殿이 벽제에서 유숙하다.(『宣祖實錄』 선조28. 『集成』20-254)

11.10. 李成男과 강효남을 문초하다.(『宣祖實錄』 선조28. 『集成』20-254)/ 三從의 추문에 강효남의 황당한 형적에 대해 잘 모른다고 하다.(『宣祖實錄』 선조28. 『集成』20-255)

11.20. 화급한 때에 병을 핑계로 관직을 그만둔 5도 감사를 모두 추고하다.(『宣祖實錄』 선조28. 『集成』20-255)/ 접반사 沈喜壽가 西邊의 水上과 水下 방어에 대해 치계하다.(『宣祖實錄』 선조28. 『集成』20-256)

11.22. 四道 都體察使 柳成龍이 의주 방어책·오랑캐 방어를 위한 화기 사용 등에 대해 아뢰다.(『宣祖實錄』 선조28. 『集成』20-257)

11.23. 병조판서 李德馨 등이 폐를 끼치는 외방 교사의 철수에 대해 아뢰다.(『宣祖實錄』 선조28. 『集成』20-259)

11.24. 司憲府에서 하문한 뒤에 書契를 올린 정구를 체차하기를 청했으나 불허하다.(『宣祖實錄』 선조28. 『集成』20-261)/ 비변사에서 부산에 銅柱를 부득이 세워야 한다면 사찰의 종을 모아 주조토록 하다.(『宣祖實錄』 선조28. 『集成』20-262)

11.27. 병조에서 군정을 현존 수효에 따라 作戶할 것을 청하다.(『宣祖實錄』 선조28. 『集成』20-263)

11.28. 호조에서 중국 사람과의 監布 매매때 편의대로 은이나 다른 물건으로 하도록 하다.(『宣祖實錄』 선조28. 『集成』20-263)

11.30. 왕이 兩南을 防戍하다가 전사한 가속에게 음식과 물건을 하사하도록 하다./ 총병 趙承訓이 領兵官으로 접경에 있자 예단을 보내 공로를 치하하다./ 상이 禁軍 가운데 출신한 사람도 입격한 뒤에 口傳하도록 하다.(『宣祖實錄』 선조28. 『集成』20-265)/ 訓練都監이 열심히 하는 외방 교사 약간인으로 교련을 마무리해 줄 것을 胡遊擊에게 요구하다.(『宣祖實錄』 선조28. 『集成』20-266)/ 備邊司가 監布를 약간만 和賣하여 중국 관원에게 전부 화매하지 못함을 보이도록 하다.(『宣祖實錄』 선조28. 『集成』20-267)/ 金晬가 중국 군대가 부산으로 행하는데 대해 중국 사신과 쟁변하고 문답하다.(『宣祖實錄』 선조28. 『集成』20-268)

12.1. 왕이 貞陵洞 行宮에 머물다./ 黃愼에게 倭營의 정황과 소식을 묻게 할 것을 備邊司에 의논하게 하다.(『宣祖實錄』 선조28. 『集成』20-270)/ 備邊司에서 黃愼에게 賊情을 물어서 급히 회보할 것을 청하다.(『宣祖實錄』 선조28. 『集成』20-271)

12.3. 경상좌도 관찰사 洪履祥이 중국 사신에게 보낸 정문을 보내다.(『宣祖實錄』 선조28. 『集成』20-271)/ 黃愼이 梁山 品官 崔沂로 하여금 倭營의 형편을 탐지한 내용을 치계하다.(『宣祖實錄』 선조28. 『集成』20-272)

12.5. 병조판서 李德馨이 余希元과 오랑캐가 문답한 내용을 아뢰다.(『宣祖實錄』 선조28. 『集成』20-273)/ 병조판서 李德馨을 인견하여 오랑캐와 왜적의 정황·평안도 군사 훈련에 대해 묻다.(『宣祖實錄』 선조28. 『集成』20-277)

12.7. 胡遊擊이 불만을 갖고있는 교역에 대해 승문원에게 회답하도록 하다.(『宣祖實錄』 선조28. 『集成』20-283)

12.8. 상이 방수한 제장 및 호종한 인원의 자제에게 관직을 제수하다.(『宣祖實錄』 선조28. 『集成』20-283)/ 이조가 호종한 재신과 시종의 자제들에게 관직을 제수하다./ 備邊司에서 黃愼에게 왜적의 동향을 자세히 탐문하여 계문할 것을 청하다.(『宣祖實錄』 선조28. 『集成』20-284)/ 備邊司에서 왕세자 책봉을 속히 다시 주정할 것을 청하다.(『宣祖實錄』 선조28. 『集成』20-285)/ 형조참의 柳祖이 문과 별시 응시를 청하는 상소를 올리자 이를 윤허하다.(『宣祖實錄』 선조28. 『集成』20-286)

12.9. 양남의 방수하는 사람의 가속과 황신의 어머니에게 음식물을 내리다.(『宣祖實錄』 선조28. 『集成』20-287)

연도	한국
▲ 1595	12.12. 邊應軫이 書契하여 중국 상사와 왜적의 동향을 아뢰다.(『宣祖實錄』 선조28. 『集成』20-287) 12.13. 黃愼이 적의 영내로 들어간 正使의 동향을 치계하다./ 접반사 金睟가 兩使의 朝節禮와 문답한 내용을 보고하다.(『宣祖實錄』 선조28. 『集成』20-288) 12.14. 余希元이 㺚子에게 가지고 간 선유문을 가져가다.(『宣祖實錄』 선조28. 『集成』20-289) 12.16. 병조에서 전일 계하한 무학 사목에 따라 군사를 조련할 것을 건의하다.(『宣祖實錄』 선조28. 『集成』20-290)/ 黃愼이 老爺의 철수 시기에 대해 沈遊擊과 문답한 내용을 치계하다.(『宣祖實錄』 선조28. 『集成』20-291) 12.19. 대가가 파천할 때에 도망간 해남현감 田仁龍을 파직하다.(『宣祖實錄』 선조28. 『集成』20-292) 12.20. 상이 당상관 이상에게 군공이 있는자와 납미한 자 중 쓸만한 사람을 천거하도록 하다.(『宣祖實錄』 선조28. 『集成』20-293)/ 상이 우리 나라에 와서 죽은 중국 사람을 위해 세시에 위령제를 지내도록 하다./ 비변사에서 유공자와 납미자 가운데 천거된 사람을 관직에 제수하다.(『宣祖實錄』 선조28. 『集成』20-294)
1596 ▼	【한국】 1.1. 왕이 貞陵洞 行宮에 있다./ 사섬시정 黃愼이 陪臣을 일본에 보내는 일에 대한 논의를 보고하다. (『宣祖實錄』 선조29. 『集成』20-308)/ 두 勅使는 釜山에 머무르고 沈惟敬과 小西行長이 먼저 日本에 들어가다.(『宣祖修正實錄』 선조29. 『集成』27-196) 1.3. 沈惟敬이 보낸 咨文에 대하여 2품 이상의 관리들에게 獻議하게 하다.(『宣祖實錄』 선조29. 『集成』20-310)/ 備邊司에서 沈遊擊의 咨文에 대한 대신들의 의논을 회계하다.(『宣祖實錄』 선조29. 『集成』20-325) 1.4. 병조판서로 하여금 沈懋時를 만나 倭兵의 철수가 늦어지는 이유와 陪臣을 요구하는 속셈을 알아보도록 하다.(『宣祖實錄』 선조29. 『集成』20-326) 1.6. 備邊司에서 沈懋時가 보낸 手書 한 장을 올리다.(『宣祖實錄』 선조29. 『集成』20-326) 1.7. 특진관 李德馨이 沈懋時를 만난 결과를 보고하고, 여러 신하가 대책을 건의하다.(『宣祖實錄』 선조29. 『集成』20-328) 1.8. 備邊司에 金德齡의 방면을 의논하도록 하다./ 司瞻寺正 黃愼이 平調信이 역관 李彦瑞에게 전한 關白의 요구사항을 보고하고 대책을 건의하다.(『宣祖實錄』 선조29. 『集成』20-330) 1.10. 備邊司에서 黃愼의 장계가 본인의 뜻인지, 들은 것인지를 확인하자고 청하다.(『宣祖實錄』 선조29. 『集成』20-331) 1.12. 司憲府에서 충청병사 元均의 추고와 崔德峋의 종사관 칭호를 박탈하도록 청하다.(『宣祖實錄』 선조29. 『集成』20-331)/ 沈發이 방비책을 상소하자 도체찰사 및 전라감사에게 베껴 보내 시행하게 하다.(『宣祖實錄』 선조29. 『集成』20-332) 1.14. 司憲府에서 金德齡을 추국하여 벌주기를 청하다./ 沈遊擊이 보내온 咨文에 답하다.(『宣祖實錄』 선조29. 『集成』20-333) 1.15. 사섬시정 黃愼과 접반관 柳東立이 연명 장계하고, 備邊司에서 변란의 대비를 건의하다.(『宣祖實錄』 선조29. 『集成』20-334)/ 沈遊擊이 日本으로 건너가려 하자 黃愼이 倭營에서 慶州나 王京으로 나오기를 청하다.(『宣祖實錄』 선조29. 『集成』20-335) 1.16. 備邊司에서 陳維가 중국인에게서 산 책에 東征에 관한 내용이 있음을 아뢰다.(『宣祖實錄』 선조29. 『集成』20-335)/ 備邊司에서 沈懋時 揭帖에 대한 회답은 沈遊擊에게 보낸 회자와 같아야 한다고 아뢰다.(『宣祖實錄』 선조29. 『集成』20-336) 1.17. 上이 대신들과 濟州 방어 조치와 奏聞의 내용, 충청목사의 적임자 등을 논의하다.(『宣祖實錄』 선조29. 『集成』20-337)/ 나주목사 李用淳을 충청감사로 택하고, 나주목사를 천거하게 하다.(『宣祖實錄』 선조29. 『集成』20-342) 1.18. 備邊司에서 나주목사로 문신 韓德遠과 무신 李福男을 천거하다.(『宣祖實錄』 선조29. 『集成』20-342)/ 사섬시정 黃愼이 倭卒들이 땅을 분할하고 쌀을 바친다는 말을 하고 있음을 보고하다.(『宣祖實錄』 선조29. 『集成』20-343) 1.20. 沈懋時가 예조판서 金命元에게 帖文을 보내다.(『宣祖實錄』 선조29. 『集成』20-344) 1.21. 司憲府에서 壬辰年 西行 이후부터 乙未年 6월까지의 《春秋館日記》를 속히 수정하도록 청하다.(『宣祖實錄』 선조29. 『集成』20-344)/ 접반사 金睟가 倭將들의 무례한 행동과 通信使 이외에 다른 요구사항이 있는 듯함을 보고하다.(『宣祖實錄』 선조29. 『集成』20-345) 1.22. 문관 한 사람을 山海關의 軍門과 遼東의 撫按 등의 아문에 보내 倭의 동태를 알리게 하다.(『宣祖實錄』 선조29. 『集成』20-346)/ 備邊司에서 충청수사 소속의 舟師와 李德祺의 舟師를 재배치하여 변란에 대비할 것을 건의하다.(『宣祖實錄』 선조29. 『集成』20-347)/ 備邊司에서 구례현감을 助防將으로 삼아 賊이 경상도에서 전라도로 침입하는 것을 봉쇄하도록 건의하다./ 備邊司에서 賊情이 불순하므로 해이해진 軍兵들을 속히 집결시켜 요해처를 수비토록 건의하다.(『宣祖實錄』 선조29. 『集成』20-348)/ 行長이 沈維敬에게 바다를 건너는 일에 대한 서신을 보내다./ 行長과 약조한 일곱 가지 일을 나열하다.(『宣祖實錄』 선조29. 『集成』20-349) 1.23. 경상우도 관찰사 徐渻이 通事倭 要時羅가 병사 金應瑞에게 한 말을 보고하다.(『宣祖實錄』 선조29. 『集成』20-350)/ 日本의 豊臣調臣이 體察大人에게 서신을 보내다.(『宣祖實錄』 선조29. 『集成』20-308)(『宣祖實錄』 선조29. 『集成』20-352) 1.24. 변방의 일이 위급하니 喪中에 있는 쓸만한 武臣을 모두 起復하여 쓰게 하다./ 훈련도감에서 병조의 五衛 제도를 法典과 같이 정비하도록 건의하다./(『宣祖實錄』 선조29. 『集成』20-353)/ 備邊司에서 철저한 下三道 방비책을 건의하다.(『宣祖實錄』 선조29. 『集成』20-354)

일본

12.21. 黃愼이 淸正의 철수 여부에 대해 玄蘇와 문답한 내용을 치계하다.(『宣祖實錄』선조28.『集成』20-295)

12.22. 金睟가 유격이 남호정을 힐책하고 문답한 내용을 별지에 기록하여 치계하다.(『宣祖實錄』선조28.『集成』20-297)

12.24. 何繼祖가 兪光祖와 馬大攻의 폐해를 지적하는 품첩의 초고.(『宣祖實錄』선조28.『集成』20-298)

12.25. 주청사 韓應寅으로 하여금 세자 책봉을 시급히 중국에 주청하도록 하다.(『宣祖實錄』선조28.『集成』20-298)

12.26. 병조에서 무과 출신을 1개월씩 서울에 와서 번들게 할 것을 건의하다. / 주청사가 북경에 가지고 간 왕세자 책봉 주문.(『宣祖實錄』선조28.『集成』20-299)

12.28. 상이 尹根壽에게 金德齡·郭再祐에 대해 묻고 신하들과 왜정 등에 관해 논의하다.(『宣祖實錄』선조28.『集成』20-302)

12.29. 沈遊擊이 우리 나라와 日本를 조정하기 위해 왜영에 들어간 후 자문을 보내다.(『宣祖實錄』선조28.『集成』20-305) / 黃愼이 왜군 철수에 대해 심유격과 문답한 내용을 치계하다.(『宣祖實錄』선조28.『集成』20-307)

【일본】

6.25. 明冊封 日本副使 沈惟敬이 伏見城에서 豊臣秀吉을 알현했다.(『義演准后日記』)

윤7.10. 朝鮮通信使 黃愼 일행이 対馬 府中에 이르러 明皇帝의 誥命을 가지고 明中軍 李大諫(沈惟敬휘하)와 합류했다.(『日本往還日記』万曆24.8.10조)

8.18. 이보다 앞서 明冊封 日本正使 楊方亨이 堺에 着津했다. 이날 明皇帝의 고명을 가진 李大森·朝鮮通信使 黃愼등이 堺에 着津했는데, 楊方亨·沈惟敬등이 이들을 出迎했다.(『日本往還日記』万曆24.8.18조·朝鮮王朝実録 宣祖29.11.6조·『両朝平攘録』)

8.29. 豊臣秀吉가 朝鮮通信使의 접견하지 않는 다는 것을 宗義智 家臣 柳川調信이 黃愼 등에게 전했다.(日本往還日記 万曆24.8.29조)

9.1. 明冊封使 楊方亨·沈惟敬이 大坂城에서 豊臣秀吉을 알현했다. 明皇帝로부터 誥命·金印·冠服을 받았다.(『梵瞬日記』·『武家事紀』11·『明実録』万曆24.12.29조·『日本往還日記』万曆24.9.2 조)

9.2. 豊臣秀吉가 明使節을 大坂城에서 향응했는데, 西笑承兌가 그 자리에서 明皇帝의 고명을 읽었다. 고명에는 「이제 특별히 職을 내려 本国王으로 삼는다」했는데, 日明講和交涉가 깨지고, 秀吉가 朝鮮再派兵을 결심했다.(『大阪市立博物館所蔵文書』万曆23년1월21일, 明皇帝法勅·『武家事紀』11·『征韓録』·『日本往還日記』万曆24.9.3-9.7조·『明史』20 万曆24.9.2조)

9.7. 豊臣秀吉가 朝鮮側이 王子를 人質로 세우지 않는 것을 책망하고, 島津義弘에게 경상도 加德島의 축성을 건의하게 하고, 군사와 병량미 확보를 지시했다. 또 日明和議의 파종에 의해 加藤清正·小西行長·毛利吉成 등에게 朝鮮 再渡海의 준비를 하도록 했다.(『島津家文書』1,424호·『薩藩旧記』雑録後編)

1.25. 경상도 관찰사 徐渻이 倭兵의 철수가 늦어지고 있는 원인에 대한 倭兵 졸개들의 말을 보고하다.(『宣祖實錄』선조29.『集成』20-355)

1.27. 司憲府에서 각도의 중요한 山城에 營門을 설치하여, 전쟁에 대한 대비를 서두르도록 건의하다.(『宣祖實錄』선조29.『集成』20-357)

1.28. 上이 備邊司와 城池 보완·양식의 저축·軍兵의 수련·충청도 두 營의 수비·沿江 일대의 요충지 파수 등을 논의하다.(『宣祖實錄』선조29.『集成』20-359) / 備邊司에서 砲樓의 설치, 大砲의 주조, 鉛鐵의 채취, 僧軍의 조직 등에 대하여 건의하다.(『宣祖實錄』선조29.『集成』20-361) / 備邊司에서 城池의 수축, 砲樓의 제작 등에 대하여 건의하다.(『宣祖實錄』선조29.『集成』20-362)

1.29. 충청·경상도 방어사 權應銖가 日本에 납치된 密陽의 幼學 卞斯循의 서찰을 올리다.(『宣祖實錄』선조29.『集成』20-363)

1.30. 上이 강원도 방비의 중요성과 긴급성에 대하여 전교하다. / 남부주부 申忠一이 변방 오랑캐의 실정에 대하여 書契를 올리다.(『宣祖實錄』선조29.『集成』20-365) / 上이 申忠一의 書契를 보고 오랑캐의 형세가 심상치 않으니 철저한 대비를 전교하다.(『宣祖實錄』선조29.『集成』20-377)

2.1. 上이 貞陵洞 行宮에 있다.(『宣祖實錄』선조29.『集成』20-377) / 備邊司에서 재력이 부족한 강원도 방비를 위해 山尺을 활용하자고 건의하다.(『宣祖實錄』선조29.『集成』20-378)

2.2. 上이 대신들과 오랑캐의 움직임·田稅·활과 화살의 제조·戰馬의 확보·인재 등용·格軍·人直·守令 등에 대하여 논의하다.(『宣祖實錄』선조29.『集成』20-378) / 副使臣의 접반사 李恒福이 倭賊과 明使와의 교섭이 잘 이루어지지 않음을 보고하다.(『宣祖實錄』선조29.『集成』20-381)

2.3. 사섬시정 黃愼이 皇京 내에 유언비어가 돌고 있음을 보고하다.(『宣祖實錄』선조29.『集成』20-382)

2.8. 유격장군 胡大受를 접견하다.(『宣祖實錄』선조29.『集成』20-382) / 예조에서 倡義로 贈職한 金沔을 제사지내도록 건의하다.(『宣祖實錄』선조29.『集成』20-383)

2.9. 備邊司에서 兎棧에 險阻를, 竹嶺에 土城이나 木柵을, 公州에 砲樓 등을 설치할 것을 건의하다.(『宣祖實錄』선조29.『集成』20-384)

2.12. 宗廟修造都監에서 종묘 뒤 산맥이 파인 곳의 흙을 메우는 방법을 건의하다.(『宣祖實錄』선조29.『集成』20-385)

2.13. 司諫院에서 우변포도대장 崔遠의 파직과 武臣의 起復에 대하여 건의하다.(『宣祖實錄』선조29.『集成』20-385)

2.14. 경상우도 감사 徐渻이 영남 일대에 癘疾이 돌므로 약을 청하다.(『宣祖實錄』선조29.『集成』20-386)

2.15. 備邊司에서 우도 방어사를 한 사람 더 뽑을 것을 건의하다. / 上이 赴防하는 砲手에게 賞을 즉시 주고, 料는 한 달분을 한꺼번에 지급하도록 전교하다.(『宣祖實錄』선조29.『集成』20-386) / 石尙書가 탄핵받은 사실과 그가 釜山에 머물러 있던 倭賊을 엄폐하여 기망하려고 하였음을 논의하다.(『宣祖實錄』선조29.『集成』20-387)

연도	한국
▲ 1596 ▼	2.16. 司憲府에서 承政院·한성부 관원의 추고와 평양판관 李應獬의 파직을 청하다.(『宣祖實錄』 선조29. 『集成』20-388)/ 이조판서 金宇顒이 시무를 논한 상차를 올리다.(『宣祖實錄』 선조29. 『集成』20-389) 2.17. 훈련도감에서 倭人 呂汝文에게서 倭人의 陣法을 전수받을 殺手兒童의 충원을 청하다.(『宣祖實錄』 선조29. 『集成』20-392)/ 훈련도감에서 중국의 敎師를 다 철회하고 陣良機 한 사람만 남게 하도록 청하다.(『宣祖實錄』 선조29. 『集成』20-393) 2.18. 上이 備邊司에 郭再祐를 助防將에 임명할 것인지를 논의하게 하다.(『宣祖實錄』 선조29. 『集成』20-393)/ 해평부원군 尹根壽가 倭의 정세에 관한 奏聞은 시기를 기다려 올릴 것을 청하다.(『宣祖實錄』 선조29. 『集成』20-394)/ 의금부에서 咸崇德·梁應運·宋犧·權克烈·朴仁賢·尹瀚·李承男 등을 조사한 결과를 보고하다.(『宣祖實錄』 선조29. 『集成』20-395)/ 접반사 金晬가 正使와 倭와의 협상이 잘 이루어지지 않고 있음을 보고하다.(『宣祖實錄』 선조29. 『集成』20-396) 2.19. 上이 각도에 敎書를 반포하여 德義를 선포하다.(『宣祖實錄』 선조29. 『集成』20-397)/ 특진관 權慄·尹先覺과 倭兵의 동태, 光州 校生 金德齡 등에 대하여 논의하다.(『宣祖實錄』 선조29. 『集成』20-399) 2.21. 司憲府에서 左監司 李用淳의 체차를 청하자, 上이 備邊司로 하여금 적합한 사람을 擬差하도록 하다.(『宣祖實錄』 선조29. 『集成』20-400)/ 司諫院에서 各司와 宮中의 인원을 줄여 비용을 절감하여 국고를 저축하자고 청하다./ 備邊司에서 金宇顒의 차자에 대한 논의를 보고하다.(『宣祖實錄』 선조29. 『集成』20-401) 2.22. 특진관 李希得이 義兵인 金時若이 별개의 一軍이 되기를 청하니 허락하도록 건의하다.(『宣祖實錄』 선조29. 『集成』20-402) 2.23. 훈련도감에서 奴僕을 군인으로 入屬시킨 主人에게 賞을 주도록 건의하다.(『宣祖實錄』 선조29. 『集成』20-404) 2.24. 관찰사 鄭逑가 강원도 平昌과 旌善에서 큰 지진이 일어났음을 보고하다.(『宣祖實錄』 선조29. 『集成』20-404) 2.25. 上이 각도의 方伯과 御史에게 徭役과 徵斂을 줄이라는 글을 내리다.(『宣祖實錄』 선조29. 『集成』20-405) 2.27. 備邊司에서 內奴와 公·私賤 장정을 군인으로 삼아 오랑캐에 대비할 것을 청하다.(『宣祖實錄』 선조29. 『集成』20-406) 2.28. 上이 내의원으로 하여금 權慄에게 약을 내려 주도록 전교하다./ 洪季男·金德齡에게 말을 주도록 명하다.(『宣祖實錄』 선조29. 『集成』20-407)/ 예문관 제학 沈喜壽가 분수에 지나치다고 예문관 제학을 사양하였으나, 上이 사양하지 말라고 대답하다.(『宣祖實錄』 선조29. 『集成』20-407)/黃愼이 어전에서 沈惟敬이 倭로 간 이유와 倭의 동태 및 대책 등을 보고·논의하다.(『宣祖實錄』 선조29. 『集成』20-408) 2.29. 司諫院이 북쪽 오랑캐에 대비하여 內奴에서 군인을 뽑을 것을 건의하다.(『宣祖實錄』 선조29. 『集成』20-410)/ 평안도 관찰사 尹承吉이 余相公과 통사 河世國이 老乙可赤을 방문한 일을 보고하다.(『宣祖實錄』 선조29. 『集成』20-411) 3.1. 上이 貞陵洞 行宮에 있다./ 上이 체찰부사 李廷馨을 인견하고 賊을 섬멸하도록 이르다.(『宣祖實錄』 선조29. 『集成』20-412)/ 李思孝의 咨文에 대해 備邊司에서 倭의 철수상황과 沈惟敬의 일을 回咨하자고 청하다.(『宣祖實錄』 선조29. 『集成』20-414) 3.2. 上이 백관의 복색이 斑斕하여 색깔이 다르니, 정비하도록 전교하다.(『宣祖實錄』 선조29. 『集成』20-414)/ 경상우도 감사 徐渻이 要時羅가 李弘發과 나눈 말을 보고하다.(『宣祖實錄』 선조29. 『集成』20-415) 3.3. 병조판서 李德馨이 中興洞 山城을 둘러보고 주위의 형세를 그림으로 올리다.(『宣祖實錄』 선조29. 『集成』20-416) 3.4. 上이 도원수 權慄을 인견하고 三軍을 거느리고 凶賊을 토벌하도록 이르다.(『宣祖實錄』 선조29. 『集成』20-417) 3.5. 吳億齡이 禁軍의 정예화 및 증원을 건의하자, 上이 병조에 말하도록 이르다.(『宣祖實錄』 선조29. 『集成』20-420) 3.6. 備邊司에서 中興山城이 천연의 요새이나 형편상 僧徒들에게 맡긴 후 나중에 城을 쌓자고 건의하다.(『宣祖實錄』 선조29. 『集成』20-420) 3.7. 備邊司에서 선전관을 도체찰사 및 접반사에 딸려 보내 賊의 동태를 탐문하도록 청하다./ 李用淳을 경상감사로, 李福男을 나주목사로 삼다.(『宣祖實錄』 선조29. 『集成』20-421)/ 승문원에서 冬至使 上通事인 玄應期가 表奏 문서를 謄書해 오지 않았으므로 추고를 청하다.(『宣祖實錄』 선조29. 『集成』20-422) 3.8. 특진관 申礏이 上에게 備邊司 堂上을 인견하여 국사를 논의하고 庶務에 관심을 두라고 건의하다.(『宣祖實錄』 선조29. 『集成』20-423) 3.9. 도지휘사 吳宗道가 揭帖을 보내다.(『宣祖實錄』 선조29. 『集成』20-425) 3.11. 접반사 金晬가 正使가 사직서를 올렸음을 보고하다.(『宣祖實錄』 선조29. 『集成』20-425)/ 경상우도 관찰사 徐渻이 沈惟敬·平行長이 3월 15일께 釜山으로 돌아온다고 보고하다.(『宣祖實錄』 선조29. 『集成』20-426)/ 접반사 李恒福이 百總官 朱國用과 兵部의 差官 劉夢麟이 使臣의 渡海를 재촉함을 보고하다.(『宣祖實錄』 선조29. 『集成』20-427) 3.13. 上이 兵曹가 시골에서 한가롭게 지내는 군사를 서울로 모아 위급함에 대비한 것을 칭찬하다.(『宣祖實錄』 선조29. 『集成』20-427)/ 전 참봉 黃廷稷이 晉城에서 賊에게 죽임을 당한 아버지 黃進의 공로로 東部參奉에 제수되는 것을 사양하는 상소를 올리다.(『宣祖實錄』 선조29. 『集成』20-429) 3.17. 함경도 巡按御史 朴東說이 직무를 태만히 하는 병사 邊良俊을 죄줄 것을 장계하였으나, 上이 정원에 이 장계를 쓰지 말도록 전교하다.(『宣祖實錄』 선조29. 『集成』20-430)/ 역관 李億禮가 余希元과 함께 老乙可赤을 방문한 일을 보고하다.(『宣祖實錄』 선조29. 『集成』20-431) 3.19. 千總 劉朝臣이 正使가 陪臣을 얻고자 하는 咨文을 가지고 오다.(『宣祖實錄』 선조29. 『集成』20-433)/ 備邊司에서 陪臣을 일본에 동행시키는 문제가 중요하니, 安東에 있는 相 柳成龍을 속히 귀경토록 청하다.(『宣祖實錄』 선조29. 『集成』20-435)

일본

3.20. 특진관 李齊閔 등이 守令을 자주 바꾸고, 備邊司에서 추천하는 폐단을 제거할 것을 건의하다.(『宣祖實錄』선조29.『集成』20-435)

3.22. 司諫院이 時務의 급선무를 건의하자, 上이 마땅히 廟堂과 의논하여 조처하겠다고 답하다.(『宣祖實錄』선조29.『集成』20-437)

3.23. 備邊司에서 倭의 동태와 唐必勝이 가지고 온 箚付에 대하여 논의하다.(『宣祖實錄』선조29.『集成』20-442)

3.25. 上이 대신들과 경연관의 숫자·唐必勝의 箚付·陪臣·胡大受가 老酋를 선유한 일 등에 대하여 논의하다.(『宣祖實錄』선조29.『集成』20-443)/ 金睟가 關白이 淸正을 對馬島로 철수시킨 후에 天使가 바다를 건너도록 명했다고 보고하다.(『宣祖實錄』선조29.『集成』20-447)

3.26. 上이《周易》을 강한뒤에 평안방백 尹承吉의 일 처리에 대해 묻고 各司郎廳이 친히 문서를 잡지 않는 일에 대해 이르다.(『宣祖實錄』선조29.『集成』20-447)

3.27. 경상우병사 高彦伯이 要時羅가 行長이 곧 釜山에 도착하니 陪臣을 정하기를 청한다고 치계하다.(『宣祖實錄』선조29.『集成』20-448)

3.28. 上이 吏批에게 李時言을 장흥부사 겸 방어사로 삼거나, 아니면 부사로 삼도록 전교하다./ 宗廟修造都監에서 正殿 뒷 뜰을 파내어 桑木主를 찾도록 건의하다.(『宣祖實錄』선조29.『集成』20-449)/ 예조에서 宗廟의 桑木主를 봉안하는 일에 대하여 대신과 의논한 결과를 보고하다.(『宣祖實錄』선조29.『集成』20-450)

3.29. 備邊司에서 李時言이 거느리던 降倭에게 冠巾과 衣裙을 주도록 건의하다./ 접대도감에서 唐必勝이 가져온 箚付에 대해 보고하다.(『宣祖實錄』선조29.『集成』20-450)

4.1. 上이 貞陵洞 行宮에 있다./ 承政院에서 宗廟에 親享할 것을 청하자, 上이 자신은 천하의 죄인이므로 廟廷을 밟고 들어갈 수 없다고 이르다.(『宣祖實錄』선조29.『集成』20-452)/ 封進正使 李宗誠이 도망쳐 돌아오다./ 正使가 도망한 것에 대해 平調信이 비난하다.(『宣祖修正實錄』선조29.『集成』27-197)/ 楊天使가 倭館들에게 철수할 경우 上使가 돌아오리라는 것을 약속하다./ 加藤淸正이 慶州로 進兵하려다가 중지하고 출병하지 않다.(『宣祖實錄』선조29.『集成』27-198)/ 沈友勝 등에게 賊의 실정과 上使가 먼저 나간 일을 명나라에 보고하게 하다./ 沈惟敬과 行長이 돌아와 중국 사신을 잡아 오겠다고 했으나 실행하지 않다.(『宣祖修正實錄』선조29.『集成』27-199)

4.2. 上이 柳成龍이 老母를 만나고 돌아오자 嶺南의 정세를 묻고 여러 가지 정사를 논의하다.(『宣祖實錄』선조29.『集成』20-453)

4.3. 上이《周易》을 강한 뒤, 사람, 가축이 벼락에 죽은 일, 劉朝臣이 가지고 온 咨文에 회답하는 일 등을 논의하다.(『宣祖實錄』선조29.『集成』20-462)/ 上이 別殿에 나아가 대신들과 遼東에서 보낸 咨文에 대하여 대책을 논의하다.(『宣祖實錄』선조29.『集成』20-464)

4.4. 備邊司에서 陪臣을 파견하는 것이 불가피함을 건의하고 上께서 재결하도록 아뢰다.(『宣祖實錄』선조29.『集成』20-471)

4.5. 行 護軍 崔岦이 당면한 현실문제 네 가지에 대해 상소하다.(『宣祖實錄』선조29.『集成』20-472)

4.6. 備邊司에서 跟隨라는 명목으로 陪臣을 차임한다고 회자하도록 청하자, 上이 마땅히 중의를 따를 것이라고 이르다./ 司憲府에서 해남현감 邊應井이 겁이 많고 무지함이 극심하니 파직하기를 청하자, 上이 그대로 따르다.(『宣祖實錄』선조29.『集成』20-475)

4.7. 강원감사 鄭述가 蔚珍의 幼學 朱景顔의 孝行과 나라를 위한 苦節을 보고하다.(『宣祖實錄』선조29.『集成』20-476)/ 備邊司에서 明使를 跟隨할 陪臣을 吏曹로 하여금 차출하도록 청하다.(『宣祖實錄』선조29.『集成』20-477)

4.8. 접대도감에서 沈惟敬이 關白의 差使에게 구타당했다는 말을 듣고 正使가 倭營을 탈출하였다고 보고하다.(『宣祖實錄』선조29.『集成』20-477)/ 上이 備邊司 堂上을 인견하여 明使가 도망한 문제와 倭賊의 방비에 대하여 논의하다.(『宣祖實錄』선조29.『集成』20-478)

4.9. 접대도감에서 正使의 휘하 李愲가 龍節·印信·勅書 등을 가지고 倭營을 빠져나온 경위를 보고하다.(『宣祖實錄』선조29.『集成』20-478)/ 司諫院에서 낙안군수 宣義問이 용맹이 없는 겁장이므로 연해의 중요한 지대를 다시 맡길 수 없다고 하여 파직을 청하다./ 備邊司에서 舟師를 巨濟島에 머물게 하고 백성을 모아 농사를 짓도록 건의하다.(『宣祖實錄』선조29.『集成』20-479)/ 朝鮮國王이 正使의 倭營 탈출과 관련하여 遼東都指揮司에게 咨文을 飛報하다.(『宣祖實錄』선조29.『集成』20-480)

4.10. 上이 正使의 접반사 金睟와 南好正을 인견하여 正使의 탈출 연유에 대하여 묻다.(『宣祖實錄』선조29.『集成』20-481)/ 金睟가 南好正이 보고한 正使의 탈출 과정을 보고하다.(『宣祖實錄』선조29.『集成』20-483)/ 司憲府가 자주 臣僚를 접촉하여 上下의 의사를 통하게 하라고 건의하자, 上이 요량하여 할 것이라고 답하다./ 備邊司에서 충청도와 전라도 군사의 조련을 어사 李時發과 방어사 李時言이 나누어 맡도록 청하자 上이 그대로 따르다.(『宣祖實錄』선조29.『集成』20-485)/ 備邊司에서 遼東의 咨文과 石尙書의 題本에 대한 回咨와 咨文을 건의하다.(『宣祖實錄』선조29.『集成』20-486)

4.11. 司諫院에서 民心의 수습과 엄정한 인사 행정을 건의하자, 上이 따르다.(『宣祖實錄』선조29.『集成』20-487)/ 上이 중국의 군사를 요청하는 奏聞에 賊情의 首末을 잘 아는 사람을 차임하도록 전교하다.(『宣祖實錄』선조29.『集成』20-488)/ 備邊司에서 史官이 啓下한 啓草로 日記를 수정하는 前例를 바로 잡자고 청하자, 上이 아뢴 말이 타당하다고 전교하다.(『宣祖實錄』선조29.『集成』20-489)

4.12. 도체찰사 종사관 盧景任이 上使가 탈출한 사실과 副使는 賊의 營內에 있음을 아뢰다.(『宣祖實錄』선조29.『集成』20-489)/ 承政院에서 南好正의 말과 달리 王中軍이 明使의 행빙을 모른다는 張天賁와 金孝舜의 傳言을 아뢰다.(『宣祖實錄』선조29.『集成』20-490)/ 팔도 선교종 도총섭 釋義嚴이 婆娑에 城을 축조하는 문제로 상소하자, 비변사備邊司에 啓下하다.(『宣祖實錄』선조29.『集成』20-491)/ 경상우도 순찰사 徐渚이 倭의 정세에 대하여 보고하다.(『宣祖實錄』선조29.『集成』20-492)

4.13. 함경북도 절도사 李鎰이 사복을 채우고 착취를 일삼는 평사 金興國의 파직을 청하다.(『宣祖實錄』선조29.『集成』20-492)/ 副天使가 倭人의 정상을 깊이 알지는 못하나 변동이 없다는 내용을 本朝에 揭帖하다.(『宣祖實錄』선조29.『集成』20-493)/ 冊封日本副使 楊方亨에게 回咨를 보내다./ 홍문관에서 李好閔 등이 京城의 民心 수습과 방위 대책에 대해 건의하자, 上이 廟堂과 의논하여 조처하겠다고 답하다.(『宣祖實錄』선조29.『集成』20-494)/ 경상좌도 병사 高彦伯이 중국사람 3명이 彦陽에서 와서 上使 및 侍從 2명의 소식을 전하자 치계하다./ 護軍 黃愼이 永川에서 正使를 맞이한 사실을 보고하다./ 경상좌도 병사 高彦伯이 上使의 탈출에 대한 淸正의 태도를 보고하다.(『宣祖實錄』선조29.『集成』20-497)/ 黃愼이 正使의 행차를 新寧縣에서 만나 孔相公에게 탈출한 곡절을 물어 보고하다.(『宣祖實錄』선조29.『集成』20-498)

연도	한국
▲ 1596 ▼	4.14. 上이 다시 封使를 청하는 것은 할 수 없고 단지 援兵과 軍糧을 청하도록 전교하다./ 備邊司에서 壬辰年 변란 때 朝臣의 가족 중 먼저 도망한 자들의 색출을 청하자, 上이 五部로 하여금 그 성명을 적어 다시는 都城으로 들어오지 못하게 하라고 이르다.(『宣祖實錄』 선조29. 『集成』20-499)/ 承政院에서 도성 밖으로 도망간 자들에 대하여 포용하자고 청하자, 上이 아뢴대로 하겠다고 전교하다./ 護軍 黃愼이 正使의 탈출 뒤 副使 楊方亨의 수습 상황을 보고하다.(『宣祖實錄』 선조29. 『集成』20-500)/ 예조에서 上使를 접대하는 절차에 대하여 아뢰자, 上이 아뢴대로 하도록 이르다.(『宣祖實錄』 선조29. 『集成』20-501) 4.15. 上이 邊報書狀을 도중에서 남몰래 뜯어 보는 폐단을 엄금하도록 전교하다./ 行 僉知中樞府事 李忠元이 倭將 行長과 淸正의 대립을 이용한 대책을 건의하자, 上이 도체찰사로 하여금 참작하여 조처하게 하다.(『宣祖實錄』 선조29. 『集成』21-1)/ 正使가 興仁門 밖에 館所를 정하다./ 朝鮮國王이 正使 탈출 뒤 副使 楊方亨의 수습 상황을 遼東都司에 飛報하다.(『宣祖實錄』 선조29. 『集成』21-4) 4.16. 上이 兵馬를 보낼 것이라는 遼東의 咨文에 따라 관원을 줄여 군량 경비의 염출을 명하다(『宣祖實錄』 선조29. 『集成』21-5)/ 朝鮮國王이 倭情에 관한 일로 咨文을 보내다.(『宣祖實錄』 선조29. 『集成』21-6)/ 備邊司에서 上使를 효유하여 賊의 정세를 시험하자고 건의하다.(『宣祖實錄』 선조29. 『集成』21-7)/ 備邊司에서 중국군 3만 3천 兵馬의 군량 비축에 대하여 건의하다.(『宣祖實錄』 선조29. 『集成』21-8)/ 예조에서 正使의 접대 절차에 대하여 아뢰다.(『宣祖實錄』 선조29. 『集成』21-9) 4.17. 司憲府에서 도성 밖으로 가족을 피신시키는 벼슬아치들의 파직을 청하다./ 備邊司에서 京城의 사수를 굳건히 하여 민심을 안정시킬 것을 청하다.(『宣祖實錄』 선조29. 『集成』21-10)/ 備邊司가 중국군이 온다는 말이 백성들 사이에 돌고 있으니 누설한 자의 처벌을 청하자, 上이 아뢴대로 하고 더욱 엄밀을 기하라고 이르다.(『宣祖實錄』 선조29. 『集成』21-11)/ 柳成龍이 水原·龍仁·陽智 등지의 城을 수축하고 軍糧을 저축할 것을 건의하다.(『宣祖實錄』 선조29. 『集成』21-12)/ 備邊司에서 경상도 좌우도에 각각 總攝을 선출하여 僧軍을 징발하는 일을 분장시킬 것을 건의하다./ 도체찰사 우의정 李元翼이 우병사 金應瑞가 要時羅와 만나 나눈 이야기를 보고하다.(『宣祖實錄』 선조29. 『集成』21-13)/ 尹洞을 사간원 헌납에, 鄭天卿을 정산현감에, 尹宖을 북도 평사에 제수하다.(『宣祖實錄』 선조29. 『集成』21-16) 4.18. 접대 별도감 낭청이 金命元 등이 正使와 나눈 이야기를 보고하고, 正使가 각 아문에 보낸 揭帖을 동봉하여 입계하다.(『宣祖實錄』 선조29. 『集成』21-16) 4.20. 上이 崇禮門 밖에 있는 중국 사신의 관소로 가서 接見禮를 행하다.(『宣祖實錄』 선조29. 『集成』21-18)/ 黃愼이 副使가 먼저 탈출하였다고 말한 南好正에 대한 副使의 항의 등을 보고하다.(『宣祖實錄』 선조29. 『集成』21-21) 4.21. 戶曹에서 3만 3천 兵馬의 반년 養料에 대한 대책을 아뢰다.(『宣祖實錄』 선조29. 『集成』21-24)/ 戶曹에서 兩湖의 田稅를 江華에 유치하기엔 적다고 아뢰다.(『宣祖實錄』 선조29. 『集成』21-25)/ 兵曹에서 군사 훈련시키는 일, 火藥을 만드는 일에 대하여 아뢰다.(『宣祖實錄』 선조29. 『集成』21-26) 4.22. 李恒福이 賊中의 사정과 正使가 탈출한 곡절을 아뢰러 왔으나, 上이 만약 門을 열면 외간에 訛言이 있을까 염려되니 내일 보겠다고 전교하다.(『宣祖實錄』 선조29. 『集成』21-27) 4.23. 上이 副天使의 접반사인 우참찬 李恒福을 인견하고 賊中의 사정·正使가 탈출한 곡절·지방의 동향 등에 대하여 이야기하다.(『宣祖實錄』 선조29. 『集成』21-27)/ 접반사 李恒福이 천총 羅秉臣과 正使를 만나 나눈 이야기를 아뢰다.(『宣祖實錄』 선조29. 『集成』21-34) 4.24. 慕華館에 나아가 正使를 전송하다.(『宣祖實錄』 선조29. 『集成』21-35) 4.25. 司諫院에서 중국의 군사와 군량을 청하도록 건의하자, 上이 備邊司에 말하여 의논해 아뢰게 하되 각별히 비밀을 유지하도록 전교하다.(『宣祖實錄』 선조29. 『集成』21-38) 4.26. 上이 倭情이 반복스러워 종말을 보장하기 어렵다는 내용으로 중국에 奏聞을 보내다.(『宣祖實錄』 선조29. 『集成』21-39) 4.27. 경상도 관찰사 李用淳이 賊中을 탈출한 路介叱致의 말을 치계하자, 備邊司에 계하하다.(『宣祖實錄』 선조29. 『集成』21-40) 4.28. 도체찰사 우의정 李元翼이 副天使 差備通事 朴義儉의 보고를 치계하다.(『宣祖實錄』 선조29. 『集成』21-41) 5.1. 上이 貞陵洞 行宮에 있었다./ 備邊司가 중국의 훈련 교관 파견에 불가하다고 回咨할 것을 아뢰자, 上이 따르다.(『宣祖實錄』 선조29. 『集成』21-42)/ 훈련도감이 중국 장수로서 病死한 聞愈와 魯天祥의 운구에 路資와 印文을 만들어 주도록 아뢰자, 上이 아뢴대로 하도록 전교하다.(『宣祖實錄』 선조29. 『集成』21-44)/ 上이 駱總兵에게 路資와 印文을 만들어 준다는 일을 회첩하고, 禮單을 마련하여 聞繼皐에게 주라고 분부하다./ 접반사 黃愼이 日本에서 돌아온 小西行長이 副天使와 나눈 대화 내용을 치계하자, 備邊司에 계하하다.(『宣祖實錄』 선조29. 『集成』21-45)/ 加藤淸正이 木寨를 태운 뒤 군대를 철수하여 바다를 건너다./ 明나라에서 封倭 副使 楊邦亨을 正使로, 沈惟敬을 副使로 삼다.(『宣祖修正實錄』 선조29. 『集成』27-199) 5.2. 備邊司가 禿城山城, 婆娑城, 龍津土城의 정비를 아뢰자 上이 아뢴대로 하도록 이르다./ 上이 兵馬, 軍糧, 冊封, 征伐 등 조선의 입장을 중국에 분명하게 주달할 것을 분부하다.(『宣祖實錄』 선조29. 『集成』21-46)/ 備邊司가 倭奴의 정상과 조선의 사정을 중국에 빨리 奏聞하겠다고 회계하자, 上이 아뢴대로 하도록 이르다.(『宣祖實錄』 선조29. 『集成』21-47)/ 접반사 黃愼이 平調信이 通信使의 파견을 재촉한다는 내용으로 치계하자, 備邊司에 계하하다.(『宣祖實錄』 선조

일본

29.『集成』21-48)

5.3. 備邊司에서 중국군의 출병에 대비해 軍糧과 馬草를 준비하는 방법에 대해 아뢰다.(『宣祖實錄』선조29.『集成』21-49)/ 上이 대신들과 중국군의 파병에 따른 倭寇의 변동과 군량, 倭와의 통호 등을 의논하다.(『宣祖實錄』선조29.『集成』21-50)

5.4. 備邊司가 중국과 倭의 현 정세를 도체찰사에게 비밀히 일러 기회를 잘 잡아 대응하도록 아뢰자 上이 따르다.(『宣祖實錄』선조29.『集成』21-57)/ 備邊司가 遼東의 咨文에 따른 軍糧 준비 등이 불가한 사정을 알릴 것을 아뢰다.(『宣祖實錄』선조29.『集成』21-58)/ 備邊司가 중국군이 渡江하면 중도에 군량의 조치가 불가능함을 설명하도록 아뢰다.(『宣祖實錄』선조29.『集成』21-59)/ 접반사 黃愼이 倭에 信使를 파견하는 일 등을 副使와 논의하였음을 치계하다.(『宣祖實錄』선조29.『集成』21-60)

5.7. 上이《周易》을 강독한 후 대신들과 民心, 賦役, 刷馬의 폐단 등의 문제를 의논하다.(『宣祖實錄』선조29.『集成』21-62)

5.8. 司憲府가 역관 南好正을 치죄하도록 아뢰다.(『宣祖實錄』선조29.『集成』21-66)

5.9. 호조판서 沈喜壽 등 대신들이 군량 문제 등 王同知와의 대화 내용을 아뢰다.(『宣祖實錄』선조29.『集成』21-66)/ 두 사신이 節을 가지고 가는데에 배신이 따르는 것이 저들에게 굴하는 것이 되지는 않을 것이라는 副使의 回咨와 回帖이 倭營으로부터 오다.(『宣祖實錄』선조29.『集成』21-67)/ 禮物을 보내준 것에 대해 감사하다는 副使의 帖文이 오다.(『宣祖實錄』선조29.『集成』21-68)

5.10. 上이 긴급하지 않은 일은 체찰사에게 移報한 후 체찰사가 짐작하여 장계하고 諸將은 장계하지 못하게 하라고 전교하다./ 上이 王同知를 접견하고 식량 문제 등을 의논하다.(『宣祖實錄』선조29.『集成』21-69)

5.12. 접대도감이 愼懋龍을 포박해 간 일로 중국에서 보낸 牌文을 올리다.(『宣祖實錄』선조29.『集成』21-72)

5.16. 上이 黃愼에게 加藤淸正이 귀국한 목적을 탐지하여 치계할 것을 하유하다.(『宣祖實錄』선조29.『集成』21-73)

5.17. 備邊司가 군량의 요청보다는 근래의 변보를 서둘러 奏聞해야 할 것을 아뢰다./ 成均館 진사 李稶 등이 成均館의 再建을 상소하니, 上이 該司에 내려 의논하여 처치하게 하다.(『宣祖實錄』선조29.『集成』21-74)/ 접반사 行護軍 黃愼이 陪臣의 차출과 信使에 관한 내용으로 서장을 올리다.(『宣祖實錄』선조29.『集成』21-76)

5.18. 접반사 行護軍 黃愼이 加藤淸正의 귀국과 倭軍의 철수에 흉모가 있다고 치계하다.(『宣祖實錄』선조29.『集成』21-76)

5.19. 備邊司가 변보의 奏聞이 더욱 급함을 아뢰니, 上이 倭의 재침 우려로 再考하게 하다.(『宣祖實錄』선조29.『集成』21-77)/ 備邊司가 兵糧과 邊報를 아울러 언급한 奏聞을 承政院에서 마련하도록 아뢰다./ 備邊司가 遼東의 咨文 3통에 따라 처치할 내용으로 시급히 回咨할 것을 아뢰다.(『宣祖實錄』선조29.『集成』21-78)

5.20. 司諫院이 文廟 重修費를 공용으로 사용한 戶曹 堂上과 色郎廳의 추고를 청하다.(『宣祖實錄』선조29.『集成』21-79)/ 청천군 韓準이 사행시 병으로 일어난 일과 기강을 문란케 한 譯官의 작태를 보고하다.(『宣祖實錄』선조29.『集成』21-80)/ 접반사 우참찬 李恒福이 倭賊의 동태에 관한 서장을 올리다.(『宣祖實錄』선조29.『集成』21-82)

5.21. 좌의정 金應南이 金命元과 함께 陳遊擊을 만나 나눈 대화내용을 아뢰다.(『宣祖實錄』선조29.『集成』21-82)/ 兵馬를 징발하여 조선과 협력하여 防守할 것이라는 遼東의 咨文이 오다.(『宣祖實錄』선조29.『集成』21-84)

5.22. 成均館 學諭 柳汝諤가 遼東都司에 咨文을 가지고 가서 일어난 일을 書契하다.(『宣祖實錄』선조29.『集成』21-84)

5.24. 備邊司가 葉遊擊의 勸勵歌에 힘입어 軍糧의 장만에 진력할 것을 回帖하도록 아뢰다.(『宣祖實錄』선조29.『集成』21-85)

5.27. 上이 赴防하는 砲手들의 妻料, 決罪, 環刀 지급 등 각 사정을 들어주도록 분부하다.(『宣祖實錄』선조29.『集成』21-85)/ 軍功廳이 金得의 軍功은 事目에 맞지 않으므로 논상할 수 없음을 아뢰다.(『宣祖實錄』선조29.『集成』21-86)

5.28. 접대도감이 王同知의 牌文에 따라 탐학한 중국 장수들의 사례를 아뢰다.(『宣祖實錄』선조29.『集成』21-86)/ 접반사 行護軍 黃愼이 倭의 通信使 요구와 철군 등에 관해 치계하다.(『宣祖實錄』선조29.『集成』21-87)/ 副使 差備通事 朴義儉이 賊營에서 오다.(『宣祖實錄』선조29.『集成』21-88)

5.29. 司憲府가 황해병사 崔遠과 광주목사 朴宗男의 파직을 청하다.(『宣祖實錄』선조29.『集成』21-88)

5.30. 일본의 冊封과 관련된 차관 陣國棟의 牌文이 遼東에서 오다./ 備邊司가 副使의 揭帖에 渡海할 陪臣에 관한 일로 대신을 모두 命招하여 회의를 청하였으나, 上이 의논이 불필요하다고 이르다.(『宣祖實錄』선조29.『集成』21-89)

6.1. 上이 貞陵洞 行宮에 있었다.(『宣祖實錄』선조29.『集成』21-90)/ 上이 通信使 차출에 대한 의논을 承政院에 분부하고, 각자 獻議하도록 하다.(『宣祖實錄』선조29.『集成』21-91)/ 副使 楊方亨의 譯官인 朴義儉을 인견하여 倭의 정세 등에 관해 묻다.(『宣祖實錄』선조29.『集成』21-92)/ 敦寧都正 黃愼 과 前 府使 朴弘長을 각각 通信正使, 副使로 삼다.(『宣祖修正實錄』선조29.『集成』27-200)/ 釜山에 둔치고 있던 倭兵이 병약해진 군병을 철수하고 신병으로 교체하다.(『宣祖修正實錄』선조29.『集成』21-201)

6.2. 司憲府가 免賤과 軍功의 개정, 南好正의 三省推鞫 등에 대해 아뢰다.(『宣祖實錄』선조29.『集成』21-95)/ 좌상 金應南이 南好正의 三省推鞫은 규례가 아니며 중국과 관계되니 늦추자고 아뢰다.(『宣祖實錄』선조29.『集成』21-96)

6.3. 영의정 柳成龍이 중국과 관련된 南好正의 죄의 조치에 다른 의견이 있음을 아뢰다.(『宣祖實錄』선조29.『集成』21-96)/ 司諫院이 同知 趙徹의 加資 개정과 禁府都事 李俊의 파직을 청하다.(『宣祖實錄』선조29.『集成』21-97)/ 판돈녕부사 李山海가 陪臣 차출과 관련된 다른 의견이 없음을 아뢰다./행 판중추부사 尹斗壽가 陪臣을 跟隨라 이름하여 중국 사신을 따라가도록 아뢰다./의정부 좌의정 金應南이 陪臣이 따라가도록 의논드리다.(『宣祖實錄』선조29.『集成』21-98)/ 행 영중추부사 沈守慶이 陪臣은 信使라 이름할 수 없으며 사신을 따라가도록 의논드리다./ 행 판중추부사 崔興源이 陪臣을 跟隨라 이름하고 國書와 禮物은 그만둘 것을 의논드리다./ 행 지중추부사 鄭琢이 陪臣을 跟隨로 이름하여 중국 사신의 접반 행차처럼 할 것으로 의논드리다.(『宣祖實錄』선조29.『集成』21-99)/ 의정부 좌찬성 鄭崑壽가 陪臣 차출은 皇朝의 지시와 沈遊擊의 행차 후 처리할 것을 아뢰다./ 의정부 좌찬성 崔滉이 陪臣을 跟隨라 차출하여 보내면 무방할 듯 하다고 의논드리다.(『宣祖實錄』선조29.『集成』21-100)/ 병조판서 李德馨이 陪臣 차출은 중국과 倭의 정세를 보아가며 처치할

연도	한국

것으로 의논드리다./ 상산군 朴忠侃이 陪臣을 跟隨라 호칭하여 들여보낼 것으로 의논드리다./ 완산군 李軸, 이조참판 金宇顒 등이 陪臣을 跟隨라 하고 雪恥屈伸할 것을 아뢰다.(『宣祖實錄』 선조29. 『集成』21-101)/ 공조판서 具思孟이 陪臣을 跟隨라 이름하여 보낼 것으로 의논드리다./ 지중추부사 宋贊이 賊을 살피는 일이니 陪臣을 跟隨로 보내도록 의논드리다.(『宣祖實錄』 선조29. 『集成』21-102)/ 지중추부사 李濟閔이 陪臣을 倭國의 정세를 살피는 일이니 보내도록 의논드리다.(『宣祖實錄』 선조29. 『集成』21-103)/ 行副護軍 崔岦이 앞날을 위하여 오늘날 조금 굽히자는 말로 의논드리다.(『宣祖實錄』 선조29. 『集成』21-103)/ 동지중추부사 沈喜壽가 陪臣을 차출하는 일은 具成의 회신을 기다렸다가 처리할 것으로 의논드리다.(『宣祖實錄』 선조29. 『集成』21-104)/ 행 장례원 판결사 尹仁涵이 陪臣을 跟隨라 이름할 것으로 의논드리다./ 行上護軍 宋言愼이 陪臣을 보내지 말 것으로 의논드리다.(『宣祖實錄』 선조29. 『集成』21-105)/ 형조참판 朴應福, 한성좌윤 黃佑漢 등이 陪臣을 跟隨라 이름하는 것으로 의논드리다./ 호조참판 尹承勳이 陪臣 차출은 관계되는 바가 많으니 具成의 회신을 기다린 후에 할 것으로 의논드리다./ 병조참판 韓孝純이 陪臣 차출과 관련해서 이미 아뢰었다고 의논드리다.(『宣祖實錄』 선조29. 『集成』21-106)/ 행 첨지중추부사 洪履祥이 陪臣 차출은 경솔하게 의논할 수 없다고 하다./ 지돈령부사 尹自新이 陪臣을 跟隨라 이름할 것으로 의논드리다./ 행 첨지중추부사 李忠元이 陪臣 차출은 중국 사신의 분부를 기다릴 것으로 의논드리다.(『宣祖實錄』 선조29. 『集成』21-107)/ 예조참판 柳希霖이 陪臣을 跟隨라 칭할 것으로 의논드리다./ 아천군 李增이 陪臣을 跟隨라 할 것으로 의논드리다.(『宣祖實錄』 선조29. 『集成』21-108)/ 청천군 韓準이 通信使의 차출이 부득이하다고 의논드리다./ 行大護軍 李輅가 皇朝의 命이라면 거절할 수 없다는 것으로 의논드리다./ 한성우윤 柳自新이 일본에 使臣을 보낼 수 없다는 것으로 의논드리다.(『宣祖實錄』 선조29. 『集成』21-109)/ 홍문관 전한 金時獻 등이 중국 조정의 지휘가 없으니 陪臣 차출은 곤란함을 아뢰다./ 上이 收議를 가지고 陪臣은 중국의 명을 어기고 보낼 수 없으니 중국이나 경략에게 품신할 것을 분부하다.(『宣祖實錄』 선조29. 『集成』21-110)

6.4. 備邊司가 중국의 지휘를 기다려 처리해야 한다는 회답을 보낼 것을 아뢰다.(『宣祖實錄』 선조29. 『集成』21-111)/ 上이 《周易》을 강하고, 使臣 차출 등의 일을 의논하다.(『宣祖實錄』 선조29. 『集成』21-112)

6.8. 上이 南別宮에 거둥하여 葉遊擊을 접견하다.(『宣祖實錄』 선조29. 『集成』21-114)/ 上이 副使에게 답하는 揭帖의 내용을 다시 대신에게 반복하여 참작해 고치도록 承政院에 분부하다.(『宣祖實錄』 선조29. 『集成』21-117)

6.9. 접반사 黃愼이 具成이 갖고 간 奏聞 등에 관해 正使와 나눈 대화내용을 치계하다.(『宣祖實錄』 선조29. 『集成』21-118)

6.10. 上이 別殿에 나아가 葉遊擊을 접견하다.(『宣祖實錄』 선조29. 『集成』21-120)/ 운성령 李玹이 紀綱, 刑法, 人和, 有備, 築城 등에 대한 상소를 올리다.(『宣祖實錄』 선조29. 『集成』21-121)

6.11. 접대도감이 葉遊擊과 勸勵歌 등에 대해 나눈 대화를 아뢰다.(『宣祖實錄』 선조29. 『集成』21-122)/ 備邊司가 葉遊擊의 勸勵歌를 널리 반포할 것을 아뢰다.(『宣祖實錄』 선조29. 『集成』21-124)/ 접반사 黃愼이 중국 사신의 渡海와 陪臣 차출에 관련하여 書狀을 올리다.(『宣祖實錄』 선조29. 『集成』21-125)

6.12. 병조 판서 李德馨이 장수를 가려 써야 하며, 郭再祐를 서용해 볼 것을 아뢰다.(『宣祖實錄』 선조29. 『集成』21-126)/ 行護軍 黃愼이 通信使의 차송 등에 관해 倭人과 나눈 대화 내용의 書狀을 올리다.(『宣祖實錄』 선조29. 『集成』21-127)

6.13. 備邊司가 영의정 柳成龍 등이 葉遊擊을 만나 군량 등에 대해 나눈 대화를 아뢰다.(『宣祖實錄』 선조29. 『集成』21-130)

6.14. 上이 《周易》을 강하고, 天災, 軍糧, 通信使, 시강원 관원 등의 일을 대신과 의논하다.(『宣祖實錄』 선조29. 『集成』21-132)/ 楊使臣이 陪臣 차출과 관련하여 우리 나라에 揭帖을 보내자 회답하다.(『宣祖實錄』 선조29. 『集成』21-137)

6.15. 司憲府가 兵曹가 시행할 군사의 점열을 연기할 것을 청하다./ 上이 宮中과 後宮, 王子 등이 출연한 쌀을 운반해 가도록 분부하다.(『宣祖實錄』 선조29. 『集成』21-139)/ 밤에 明册封日本正使 楊方亨이 釜山浦를 출발하여 対馬로 향했다.(『事大文軌』万暦24年7月9日朝鮮国王奏/明実録万暦 24.7.8条)

6.16. 접반사 成以敏이 王同知가 撥兒, 도망한 군사 등을 처치하고 분부한 일로 아뢰다.(『宣祖實錄』 선조29. 『集成』21-140)/ 李好閔·姜紳·柳熙緖 등에게 관직을 제수하다.(『宣祖實錄』 선조29. 『集成』21-141)

6.17. 司憲府가 작폐한 북병사 李鎰과 상의주부 鄭禮男, 제원찰방 韓瀛의 파직을 청하다.(『宣祖實錄』 선조29. 『集成』21-141)/ 접반사 黃愼이 중국과 조선 사신의 渡海에 관해 장계를 올리다.(『宣祖實錄』 선조29. 『集成』21-142)

6.18. 上이 자신의 병, 通信使, 군량, 염철 사업 등에 대해 대신과 의논하다.(『宣祖實錄』 선조29. 『集成』21-143)/ 上이 陪臣의 차출에 倭의 開市 요구와 철군 등을 생각하여 처리할 것을 분부하다.(『宣祖實錄』 선조29. 『集成』21-149)/ 경상우병사 金應瑞가 使臣의 渡海와 通信使 차출과 관련된 調信의 전쟁 위협 등을 書狀으로 올리다.(『宣祖實錄』 선조29. 『集成』21-150)

6.19. 備邊司가 楊使臣의 渡海와 倭의 전쟁 위협 등 動靜을 치계하도록 아뢰다.(『宣祖實錄』 선조29. 『集成』21-150)/ 承政院이 吳宗道가 아우 凝道를 통해 楊天使의 글을 들인다고 아뢰다.(『宣祖實錄』 선조29. 『集成』21-151)/ 上이 대신과 備邊司 堂上 및 三司를 인견하고 楊使臣이 渡海하는 일에 대해 의논하다.(『宣祖實錄』 선조29. 『集成』21-152)/ 上이 楊使臣이 渡海하였으니 접반사 黃愼과 朴義儉의 호출을 분부하다.(『宣祖實錄』 선조29. 『集成』21-153)/ 上이 譯官과 問安使가 楊使臣을 따라가 倭의 동정을 정탐하게 하도록 분부하다.(『宣祖實錄』 선조29. 『集成』21-154)

6.20. 上의 渡海한 사람과 목적을 아뢰라는 분부에 접대도감이 楊爺와 李爺가 거느리던 아랫사람 전부 따라갔다고 아뢰다.(『宣祖實錄』 선조29. 『集成』21-154)/ 黃愼이 天使의 渡海와 倭의 철군 등에 관한 陣遊擊과 平調信의 대화를 치계

일본

하다.(『宣祖實錄』선조29.『集成』21-155)/ 上이 대신과 備邊司 당상을 인견하고 중국 使臣의 渡海와 賊의 정세를 탐지하기 위해 陪臣을 뒤따라 들여보내는 일 등을 의논하다.(『宣祖實錄』선조29.『集成』21-156)/ 上이 奏聞을 즉시 보내고 使臣의 일정을 단축할 것을 承政院에 전교하다./ 備邊司가 通事 등을 들여보내 賊情 염탐과 使臣의 渡海 목적을 알아내도록 아뢰다.(『宣祖實錄』선조29. 『集成』21-163)

6.21. 護軍 黃愼이 중국 使臣의 渡海와 通信使 차출의 일로 서장을 올리다.(『宣祖實錄』선조29.『集成』21-164)

6.22. 備邊司가 李逢春과 趙德秀를 使臣에 딸려 보내는 내용의 揭帖의 일로 아뢰다.(『宣祖實錄』선조29.『集成』21-165)

6.23. 護軍 黃愼이 중국 正使와 渡海와 通信使의 일로 나눈 대화 내용을 치계하다.(『宣祖實錄』선조29.『集成』21-167)/ 備邊司가 跟隨 陪臣을 보내는 일로 아뢰다.(『宣祖實錄』선조29.『集成』21-168)/ 備邊司가 有司堂上 金命元 등이 葉遊擊을 만나 나눈 대화 내용을 아뢰다.(『宣祖實錄』선조29.『集成』21-169)

6.24. 護軍 黃愼이 陪臣의 차출을 늦출 수 없는 日本의 정황을 아뢰다.(『宣祖實錄』선조29.『集成』21-170)

6.25. 동부승지 柳熙緒가 陪臣에 黃愼과 權悅이 적합함을 아뢰다./ 備邊司가 黃愼을 跟隨로 보내지 않을 수 없는 사세를 아뢰다.(『宣祖實錄』선조29.『集成』21-171)/ 備邊司가 黃愼의 어미에게 식량을 제급하고 權悅에게 실직 제수를 아뢰다.(『宣祖實錄』선조29.『集成』21-172)/ 司憲府가 倭의 폐물 요구 등 예상되는 일로 陪臣 차출의 취소를 아뢰다.(『宣祖實錄』선조29.『集成』21-173)/ 備邊司가 葉遊擊의 9조에 따라 回帖하여 致謝할 것을 아뢰다.(『宣祖實錄』선조29.『集成』21-174)

6.26. 上이《周易》을 강독하고 대신들과 天災, 李舜臣과 元均 등에 관해 의논하다.(『宣祖實錄』선조29.『集成』21-175)/ 備邊司가 陪臣을 보내야 한다고 아뢰다.(『宣祖實錄』선조29.『集成』21-178)/ 司憲府가 陪臣을 보내지 말자는 것에 대해 廟堂의 의논을 따랐다고 답하다./ 冊使 楊方亨에게 黃愼 등 陪臣을 뒤따라가게 하였다고 揭帖을 보내다.(『宣祖實錄』선조29.『集成』21-179)

6.27. 司憲府가 陪臣을 차출하지 말 것을 재차 아뢰다.(『宣祖實錄』선조29.『集成』21-180)/ 弘文館이 陪臣의 차출이 事體에 부당함을 상차하다.(『宣祖實錄』선조29.『集成』21-181)/ 제주목사 李景祿이 末等浦에 荒唐船이 나타나 接戰한 사실을 啓本하다.(『宣祖實錄』선조29.『集成』21-182)/ 예문관이 倭와의 통호 허락을 취소할 것을 아뢰다.(『宣祖實錄』선조29.『集成』21-183)/ 兩司가 陪臣을 차출하지 말 것을 合啓하다.(『宣祖實錄』선조29.『集成』21-184)

7.1. 上이 貞陵洞 行宮에 있었다.(『宣祖實錄』선조29.『集成』21-184)

7.2. 司憲府가 陪臣의 차출을 취소할 것과 倭와 通好할 수 없음을 箚子를 올려 아뢰다.(『宣祖實錄』선조29.『集成』21-185)/ 홍주목사 洪可臣이 禍亂이 있게 된 연유 및 회복시킬 계책 등에 관해 임금의 求言이 있자 상소를 올리다.(『宣祖實錄』선조29.『集成』21-187)/ 예조가 臨津 전투에서 역전한 柳克良을 推獎, 贈職할 것을 아뢰다.(『宣祖實錄』선조29.『集成』21-199)

7.3. 上이 貞陵洞 行宮에 있었다.(『宣祖實錄』선조29.『集成』21-200)

7.4. 備邊司가 사세상 使臣의 차출을 정지할 수 없음을 아뢰다.(『宣祖實錄』선조29.『集成』21-200)

7.6. 홍문관이 오늘날 이 원수를 갚는데는 名과 實의 구분이 있다고 여긴다는 箚子를 올리다.(『宣祖實錄』선조29.『集成』21-201)

7.9. 司憲府가 江陰의 白川과의 합병을 취소하고 온양군수 韓淳의 파직을 청하다.(『宣祖實錄』선조29.『集成』21-203)

7.10. 備邊司가 鴻山의 변을 들은 葉遊擊이 宣諭하고자 한다는 뜻을 아뢰다.(『宣祖實錄』선조29.『集成』21-204)

7.11. 司憲府가 王都의 호위가 중하니 몇몇 哨를 이끌고 변란 진압에 합세할 것을 아뢰다.(『宣祖實錄』선조29.『集成』21-205)

7.12. 司憲府와 司諫院이 합사하여 倭에 書幣를 보내는 공사를 취소할 것을 요청하다.(『宣祖實錄』선조29.『集成』21-205)

7.13. 弘文館이 書幣의 命을 취소할 것을 箚子로 올리다.(『宣祖實錄』선조29.『集成』21-206)

7.15. 慶長01/司憲府와 司諫院이 합사하여 書幣에 관한 命을 거둘 것을 아뢰다.(『宣祖實錄』선조29.『集成』21-207)/ 司諫院이 군사를 해산시킨 죄로 備邊司의 有司堂上과 경기감사의 파직을 청하다./ 兩司가 재차 書幣에 관한 命을 거둘 것을 청하다./ 兩司가 세번째로 書幣에 관한 命을 거둘 것을 청하다.(『宣祖實錄』선조29.『集成』21-209)

7.17. 書幣를 日本국에 들여보내다.(『宣祖實錄』선조29.『集成』21-210)

7.18. 司諫院이 취소된 書幣의 발송이 이미 이루어졌다는 일로 피혐하다.(『宣祖實錄』선조29.『集成』21-210)/ 司憲府가 書幣에 관한 의논과 시정을 못한 죄로 파척을 청하다.(『宣祖實錄』선조29.『集成』21-211)

7.19. 兩司가 書幣를 뒤쫓아가 환수할 것을 합계하다./ 上이 世子의 이름으로 書契를 만드는 것이 어떨지를 承政院에 전교하다.(『宣祖實錄』선조29.『集成』21-213)

7.20. 備邊司가 書契를 世子에게 대행하게 한다고 해서 나은 것이 없다고 아뢰다.(『宣祖實錄』선조29.『集成』21-213)

7.21. 備邊司가 使臣을 보내 통신하는 일에 대한 群議가 전과 마찬가지라고 아뢰다.(『宣祖實錄』선조29.『集成』21-213)/ 兩司가 書幣를 뒤쫓아가 환수할 것을 합계하다./ 兩司가 倭와 通信할 수 없는 이유와 사례, 잘못을 들면서 書幣의 환수를 합계하다.(『宣祖實錄』선조29. 『集成』21-214)

7.24. 장령 尹泂이 義禁府 堂上 등의 파직, 災傷御史의 개차, 科擧의 연기를 청하다.(『宣祖實錄』선조29.『集成』21-216)/ 돈령부도정 黃愼이 玄蘇의 서찰 내용을 알리는 서장을 올리다.(『宣祖實錄』선조29.『集成』21-217)

7.25. 우참찬 李恒福이 釜山營 등 남방의 소식을 알기 위해 담당자를 차출할 것을 아뢰다.(『宣祖實錄』선조29.『集成』21-217)

7.27. 돈령부도정 黃愼이 平調信의 불만과 渡海 계획 및 사정 등에 관한 서장을 올리다.(『宣祖實錄』선조29.『集成』21-218)

7.28. 정언 鄭殼이 貢賦와 築城을 견감하거나 파하고 人心을 위로할 것을 아뢰다.(『宣祖實錄』선조29.『集成』21-219)

7.29. 예조가 중국의 3大將의 祭文에 某官 某公이라 했음을 아뢰다.(『宣祖實錄』선조29.『集成』21-220)

8.1. 上이 貞陵洞 行宮에 있었다./ 上이 정원에 世子 冊封과 石尙書에게 보낸 글에 대해 의논하여 아뢰도록 분부하다.(『宣祖實錄』선조29.

연도	한국
▲ 1596 ▼	『集成』21-220)/ 上이 南別宮에 거둥하여 葉遊擊을 접견하다.(『宣祖實錄』 선조29. 『集成』21-221) 8.2. 備忘記로 倭와의 통호에 관한 사세를 軍門이나 禮部에 移咨하도록 전교하다.(『宣祖實錄』 선조29. 『集成』21-222)/ 備邊司가 書幣에 관해서도 禮部에 移咨하는 것이 합당함을 아뢰다./ 吳宗道가 亂을 일으킨 자들 가운데 위협 때문에 추종한 사람들을 잘 살펴 末減해 주기를 바라는 내용의 揭帖을 보내다.(『宣祖實錄』 선조29. 『集成』21-223) 8.3. 돈령부도정 黃愼이 書幣가 오지 않는 일에 대한 書狀을 올리다./ 備邊司가 築城은 형세를 살펴가며 시행할 것을 아뢰다.(『宣祖實錄』 선조29. 『集成』21-225) 8.7. 돈령부도정 黃愼이 使臣의 동정과 書幣에 관한 平調信의 말에 관한 書狀을 올리다.(『宣祖實錄』 선조29. 『集成』21-226)/ 上이 別殿에 나아가 葉遊擊을 접견하다.(『宣祖實錄』 선조29. 『集成』21-227) 8.9. 접대도감이 葉遊擊의 勞苦를 치하하는 咨文을 軍門에 보내는 일로 아뢰다.(『宣祖實錄』 선조29. 『集成』21-228) 8.10. 司憲府가 도총부도사 閔閣道와 선전관 閔洞의 파직을 청하다.(『宣祖實錄』 선조29. 『集成』21-228)/ 黃廷彧은 시골로 놓아 보내고 黃赫은 중도로 量移하라고 전교하다./ 承文院이 石尙書에게 보낸 글을 冬至使를 통해 변명할 것을 아뢰다.(『宣祖實錄』 선조29. 『集成』21-229) 8.11. 司諫院이 火刑과 壓膝을 諭示 속에 넣지 말고 黃廷彧 등에 관한 命의 취소를 청하다.(『宣祖實錄』 선조29. 『集成』21-230)/ 司憲府가 黃廷彧과 黃赫에 관한 命을 거둘 것을 아뢰다.(『宣祖實錄』 선조29. 『集成』21-231) 8.13. 承文院 寫字官 文繼朴이 造紙局의 방치된 것, 本院을 시급히 營造할 것 등에 대해 상소하다.(『宣祖實錄』 선조29. 『集成』21-231)/ 幼學 河應益이 임금의 求言한 유지에 따라 7조목을 상소하다.(『宣祖實錄』 선조29. 『集成』21-223) 8.15. 承文院이 琉球國 世子의 元咨와 비교하여 回咨에 쓰는 문서 양식을 아뢰다.(『宣祖實錄』 선조29. 『集成』21-235)/ 承文院이 琉球國에 보낼 禮物이 중국과 같으면 괴이하니 다시 마련할 것을 아뢰다.(『宣祖實錄』 선조29. 『集成』21-236) 8.17. 上이 通信使의 차송이 책봉받은 賊酋의 致賀로 여길 것이니 禮部에 移咨할 것을 전교하다.(『宣祖實錄』 선조29. 『集成』21-236) 8.18. 호조좌랑 成以敏이 토벌과 강화를 의논할 적에 誠意로 하고, 나라가 조금 편안해지더라도 강한 원수가 멸망하지 않고 있는 것을 통분하게 여기도록 상소하다.(『宣祖實錄』 선조29. 『集成』21-237) 8.19. 朝鮮國王이 이웃나라와 우호를 돈독히 하기 위해 酬答하는 일로 琉球國에 咨文을 보내다.(『宣祖實錄』 선조29. 『集成』21-238) 8.21. 持平 宋駿이 小通事에 의해 臺官의 체모를 손상시킨 죄로 파직을 청하다.(『宣祖實錄』 선조29. 『集成』21-239) 8.22. 平行長이 謝恩使로 遼陽을 가는데 우리 나라를 경유하는 일을 議啓할 것을 전교하다.(『宣祖實錄』 선조29. 『集成』21-240) 8.27. 上이 備忘記로 병이 심하여 정무를 보기 어려우니 世子가 攝政하도록 대신들에게 전교하다.(『宣祖實錄』 선조29. 『集成』21-241) 8.28. 兩司가 거행할 수 없는 攝政에 대한 대신 등의 의논이 통하게 해줄 것을 합계하다.(『宣祖實錄』 선조29. 『集成』21-244)/ 弘文館 부제학 李好閔, 부응교 金尙容 등이 攝政의 命을 거둘 것을 청하다.(『宣祖實錄』 선조29. 『集成』21-245)/ 도체찰사 李元翼이 倭賊들과의 潛商을 금지하겠다고 書狀을 올리다.(『宣祖實錄』 선조29. 『集成』21-246) 윤8.1. 上이 貞陵洞 行宮에 머물다./ 兩司가 합사하여 世子 攝政의 부당함에 대해 아뢰다.(『宣祖實錄』 선조29. 『集成』21-246)/ 司憲府 감찰 朴大容 등이 攝政의 부당함에 대해 箚子를 올리다.(『宣祖實錄』 선조29. 『集成』21-247)/ 東宮이 攝政하라는 命을 거두어 줄 것을 청하다./ 藝文館 待敎 張晩과 檢閣 柳慶宗 등이 攝政의 부당함에 대해 아뢰다.(『宣祖實錄』 선조29. 『集成』21-248) 윤8.4. 대신들이 攝政의 명령을 거두어 줄 것을 청하다.(『宣祖實錄』 선조29. 『集成』21-249) 윤8.6. 兩司가 합계하여 攝政의 부당함에 대해 아뢰다.(『宣祖實錄』 선조29. 『集成』21-250)/ 東宮이 攝政하라는 命을 거두어 줄 것을 청하다.(『宣祖實錄』 선조29. 『集成』21-251) 윤8.7. 玉堂이 世子 攝政의 부당함에 대해 아뢰다.(『宣祖實錄』 선조29. 『集成』21-252) 윤8.8. 玉堂이 世子 攝政의 부당함에 대해 아뢰다.(『宣祖實錄』 선조29. 『集成』21-253) 윤8.9. 玉堂이 世子 攝政의 부당함에 대해 아뢰다.(『宣祖實錄』 선조29. 『集成』21-253)/ 東宮이 攝政하라는 命을 거두어 줄 것을 청하다.(『宣祖實錄』 선조29. 『集成』21-216)/21-255) 윤8.13. 上이 대신들에게 備忘記를 내려 世子 攝政의 명령을 시행하라고 이르다.(『宣祖實錄』 선조29. 『集成』21-256)/ 兩司가 합사하여 攝政의 부당함에 대해 아뢰다./ 弘文館 부제학 李好閔과 부응교 金尙容 등이 攝政의 부당함에 대해 아뢰다.(『宣祖實錄』 선조29. 『集成』21-258) 윤8.16. 委官이 역적 崔以法에 관한 전라감사의 장계에 대해 아뢰다.(『宣祖實錄』 선조29. 『集成』21-260)/ 弘文館 부제학 李好閔 등이 '啓'字를 찍어 역적을 추국할 것을 건의하다.(『宣祖實錄』 선조29. 『集成』21-261) 윤8.18. 司憲府가 色承旨의 추고와 경상좌병사의 차출을 건의하다.(『宣祖實錄』 선조29. 『集成』21-262) 윤8.21. 兩司가 합사하여 攝政의 부당함에 대해 아뢰다.(『宣祖實錄』 선조29. 『集成』21-263) 윤8.22. 대신들이 재차 아뢰었으나 허락하지 않다.(『宣祖實錄』 선조29. 『集成』21-263) 윤8.26. 兩司가 합사하여 攝政의 부당함에 대해 아뢰다.(『宣祖實錄』 선조29. 『集成』21-264) 윤8.28. 體察使 李元翼이 攝政의 부당함에 대해 아뢰다.(『宣祖實錄』 선조29. 『集成』21-264)/ 대신들이 攝政의 부당함에 대

일본

해 아뢰다.(『宣祖實錄』 선조29. 『集成』21-265)

9.1. 上이 貞陵洞 行宮에 머물다./ 경상감사 李用淳이 올린 朴弘長의 글을 적은 書狀을 備邊司에 계하하다./ 上이 黃愼의 노모에게 쌀과 콩 등을 지급하라고 承政院에 전교하다./兩南 體察使 이하 여러 장수들의 귀덮개를 만들라는 뜻을 承政院에 전교하다.(『宣祖實錄』 선조29. 『集成』21-266)/ 都體察使 李元翼이 潛商의 일과 守令을 梁山에 進住시키는 일에 대해 아뢰다.(『宣祖實錄』 선조29. 『集成』21-267)/ 詔使가 日本에 들어갔는데 日本에서는 거만하게 맞이하다.(『宣祖修正實錄』 선조29. 『集成』27-201)

9.3. 접반관 成以敏의 陣遊擊을 만난일에 대한 書狀을 備邊司에 계하하다.(『宣祖實錄』 선조29. 『集成』21-268)

9.4. 호조가 海州를 비롯한 黃海道의 공물을 감면하는 일에 대해 아뢰다.(『宣祖實錄』 선조29. 『集成』21-268)

9.6. 司諫院에서 議政府 郎廳과 李慶全·安昶 및 兵曹 堂上·色郎廳의 처벌을 청하다.(『宣祖實錄』 선조29. 『集成』21-270)

9.8. 倭賊 방어에 필요한 聚糧·額餉에 관한 중국 戶部의 題本을 기록하다.(『宣祖實錄』 선조29. 『集成』21-271)/ 日本의 정세에 관한 兵部의 題本을 기록하다.(『宣祖實錄』 선조29. 『集成』21-273)/ 도망친 冊封使 李宗城의 처벌에 대한 兵部署事刑科左給事中 徐成楚의 題本을 기록하다.(『宣祖實錄』 선조29. 『集成』21-274)

9.11. 司諫院이 체찰사에게 諭示하는 일과 內官 李奉貞을 추고하는 일을 아뢰다.(『宣祖實錄』 선조29. 『集成』21-275)

9.12. 備邊司에서 惟政의 군사를 南漢山城에 들여보내자고 건의하다.(『宣祖實錄』 선조29. 『集成』21-276)

9.14. 兵曹에서 陵에 거둥할 때 降倭들을 감시하는 일에 대해 아뢰다.(『宣祖實錄』 선조29. 『集成』21-277)

9.15. 倭賊이 재차 출동하면 중국이 구원하러 올 것이라고 奏聞使 盧稷이 書狀을 보내오다.(『宣祖實錄』 선조29. 『集成』21-277)

9.18. 上이 禹俊民에게 貂皮로 된 귀덮개 등을 나누어 주는 일에 대해 전교하다.(『宣祖實錄』 선조29. 『集成』21-277)

9.19. 全州와 충청도 지역에서의 試才 계획에 관해 都體察使 李元翼이 書狀을 올리다./ 淸正의 동태에 대한 돈령도정 黃愼이 書狀을 올리자, 上이 비변사에 계하하다.(『宣祖實錄』 선조29. 『集成』21-278)

9.20. 備邊司가 항복한 倭人을 훈련도감에 머물게 하는 일에 대해 아뢰다.(『宣祖實錄』 선조29. 『集成』21-279)

9.24. 上이 領事 金應南·知事 金睟 등과 물가·역마·종이의 공상 등에 대해 의논하다.(『宣祖實錄』 선조29. 『集成』21-279)

10.1. 上이 貞陵洞 行宮에 머물다.(『宣祖實錄』 선조29. 『集成』21-282)/ 黃愼이 日本에서 사신을 보내 倭國이 封王을 받지 않은 사정을 아뢰다./ 鄭期遠 등을 明나라에 보내 日本의 사정을 주문하고 大軍을 요청하다.(『宣祖修正實錄』 선조29. 『集成』27-202)

10.2. 上이 領事 柳成龍 등과 孫經略의 題本·刷馬의 폐단 등에 대해 의논하다.(『宣祖實錄』 선조29. 『集成』21-282)

10.5. 上이 都體察使 李元翼에게 賊의 동태와 民心 등에 대해 아뢰게 하다.(『宣祖實錄』 선조29. 『集成』21-285)

10.7. 禮曹가 宗廟 神位의 位次와 祭祀 服色에 대해 아뢰다.(『宣祖實錄』 선조29. 『集成』21-292)

10.11. 장령 尹洞이 守山君 李智의 官品 개정과 강진현감 羅大用의 파직을 청하다.(『宣祖實錄』 선조29. 『集成』21-296)

10.12. 司憲府가 守山君의 官品 개정과 備邊司 有司堂上의 추고에 대해 아뢰다.(『宣祖實錄』 선조29. 『集成』21-296)

10.17. 戶曹가 其人의 폐단에 대해 아뢰다.(『宣祖實錄』 선조29. 『集成』21-297)

10.18. 禮曹에서 謁聖試의 시행에 대하여 아뢰다.(『宣祖實錄』 선조29. 『集成』21-298)

10.19. 上이 陣遊擊의 접반관 成以敏이 보낸 장계에 대해 柳成龍·李元翼 등과 의논하다.(『宣祖實錄』 선조29. 『集成』21-298)

10.20. 司諫院이 동지중추부사 盧稷과 성균전적 呂祐吉의 파직을 청하다.(『宣祖實錄』 선조29. 『集成』21-303)

10.21. 장령 李鐵이 陣遊擊의 접반관 成以敏의 파직을 청하다.(『宣祖實錄』 선조29. 『集成』21-303)/ 李元翼 등이 其人 및 防納의 폐단과 장수의 기용 등에 대하여 아뢰다.(『宣祖實錄』 선조29. 『集成』21-304)

10.25. 陣遊擊이 접반관 成以敏이 도주하였다고 揭帖을 보내다.(『宣祖實錄』 선조29. 『集成』21-314)/ 上이 몰래 도주한 成以敏의 처치에 관해 속히 처치하라고 備邊司에 이르게 하라고 전교하다./ 許筬이 成以敏을 잡아다 추국할 것을 청하다./ 注書 趙澈이 陣遊擊의 差人으로부터 들은 접반관의 탈출 사유에 대해 아뢰다.(『宣祖實錄』 선조29. 『集成』21-315)

10.28. 成以敏의 처벌과 吏曹堂上 및 色郎廳의 추고에 대해 전교하다.(『宣祖實錄』 선조29. 『集成』21-316)/ 경상감사가 成以敏이 榮川에 있다고 보고하다./ 上이 말[馬]의 무역에 관해 備忘記로 承政院에 전교하다./ 日本에서 도망온 鄕通事 鄭哲命을 압송하는 일에 대해 전교하다.(『宣祖實錄』 선조29. 『集成』21-317)

11.1. 上이 貞陵洞 行宮에 머물다.(『宣祖實錄』 선조29. 『集成』21-318)/ 上이 《周易》을 강한 뒤, 倭賊의 침입에 대한 대책을 의논하다.(『宣祖實錄』 선조29. 『集成』21-319)

11.3. 경상우병사 金應瑞가 通信使의 상황에 대해 치계하다.(『宣祖實錄』 선조29. 『集成』21-327)

11.4. 禮曹에서 康陵의 守護軍을 충원하는 일에 대해 아뢰다.(『宣祖實錄』 선조29. 『集成』21-327)

11.5. 禮曹가 各陵의 守護軍을 충원하는 일에 대해 아뢰다./ 備邊司에서 황주목사가 병사를 겸임하는 일에 대해 아뢰다.(『宣祖實錄』 선조29. 『集成』21-328)/ 備邊司가 長門浦와 閑山島를 지키는 일에 대해 아뢰다./ 備邊司가 軍糧의 비축에 대해 아뢰다.(『宣祖實錄』 선조29. 『集成』21-329)

11.6. 黃愼의 군관 趙德秀·朴挺豪 등이 黃愼과 朴弘長의 비밀 書狀을 가져오다./ 上이 黃愼의 군관 趙德秀·朴挺豪 등을 인견하고 賊中에서 들은 것과 通信使의 동태에 관해 아뢰게 하다.(『宣祖實錄』 선조29. 『集成』21-330)/ 備邊司가 奏聞使를 차출하여 倭賊의 형세에 대해 중국에 보고하자고 건의하다.(『宣祖實錄』 선조29. 『集成』21-340)

11.7. 上이 《周易》을 강독한 뒤, 柳成龍, 李德馨 등과 倭賊 침입에 대한 대책을 논의하다.(『宣祖實錄』 선조29. 『集成』21-340)/ 上이 대신 및 備邊司 有司堂上과 함께 倭賊 침입에 대한 대책을 논의하다.(『宣祖實錄』 선조29. 『集成』21-347)/ 備邊司에서 軍功羽林衛 金得己에게 포상할 것을 청하다.(『宣祖實錄』 선조29. 『集成』21-358)

연도	한국
▲ 1596	11.8. 上이 備忘記로 정원에 李時發이 군사를 거느리는 일을 備邊司와 의논하여 아뢰라고 전교하다./ 司憲府가 온성부사 李璯의 체차를 청하다.(『宣祖實錄』선조29.『集成』21-359)/ 備邊司가 李元翼이 남방에 가는 일과 李時發의 벼슬을 높이는 일을 아뢰다.(『宣祖實錄』선조29.『集成』21-360)
	11.9. 備邊司에서 軍門에 보고하는 일과 李元翼의 南方 파견에 대해 아뢰다.(『宣祖實錄』선조29.『集成』21-361)/ 承政院에서 선전관을 보내어 충청도 순찰사와 李時言 등을 하유할 것을 청하다.(『宣祖實錄』선조29.『集成』21-362)/ 承政院에서 賊兵의 침입에 대비해 강원감사 등에게 하유하라고 아뢰다./ 禮曹가 꿩을 바치는 일에 대해 아뢰다./ 해평부원군 尹根壽가 倭賊 침입에 대한 대비책을 아뢰다.(『宣祖實錄』선조29.『集成』21-363)/ 司憲府에서 都體察使 李元翼을 시급히 南方으로 파견할 것을 청하다./ 承政院에서 備邊司가 말한 倭賊에 대한 대책에 대해 아뢰다.(『宣祖實錄』선조29.『集成』21-367)
	11.10. 朝鮮國王이 긴급한 倭情에 관한 일로 중국에 奏聞을 보내다.(『宣祖實錄』선조29.『集成』21-368)
	11.11. 備邊司에서 倭賊에 맞서라는 뜻으로써 사방에 타이르라고 건의하다.(『宣祖實錄』선조29.『集成』21-372)
	11.12. 上이 備忘記로 海州 行宮의 胎를 살피는 일과 刷馬를 마련하는 일 등에 대해 전교하다.(『宣祖實錄』선조29.『集成』21-372)/ 備邊司에서 胡都司에게 倭賊의 급박한 상황을 알리자고 건의하다.(『宣祖實錄』선조29.『集成』21-373)
	11.13. 판중추부사 尹斗壽 등이 大駕의 播遷 계책에 대해 아뢰다.(『宣祖實錄』선조29.『集成』21-373)/ 承政院에서 각도의 감사에게 倭賊과의 싸움을 독려하는 글을 보낼 것을 청하다.(『宣祖實錄』선조29.『集成』21-378)
	11.14. 司諫院에서 대신들을 비롯한 신하들과 자주 의논하라고 건의하다.(『宣祖實錄』선조29.『集成』21-380)/ 중국 군사의 접대에 대한 접대도감의 말을 承政院에서 아뢰다./ 軍備의 정비와 京城을 지키는 일에 대한 備邊司의 말을 承政院에서 아뢰다.(『宣祖實錄』선조29.『集成』21-381)
	11.15. 上이 備忘記로 播遷하는 계책에 대해 의논하라고 정원에 전교하다.(『宣祖實錄』선조29.『集成』21-382)/ 備邊司가 江華로 播遷하는 일에 대해 아뢰다.(『宣祖實錄』선조29.『集成』21-383)/ 備邊司에서 高彦伯은 南方으로 보내지 말고 서울에 머물게 하자고 건의하다./ 正使 접반사 李恒福이 日本이 國王 冊封에 뜻이 없음을 중국에 알리자고 아뢰다.(『宣祖實錄』선조29.『集成』21-384)
	11.16. 上이 長連,靑陽의 현감과 배천군수 등의 임명에 대해 吏批에 전교하다.(『宣祖實錄』선조29.『集成』21-385)/ 戶曹가 軍糧을 바치는 사람에게 盧穖·訓導·影職 등을 줄 것을 청하다./ 군대의 증원과 軍糧 확보에 대한 都元帥 知中樞府事 權慄의 글을 11월 10일에 成貼하다.(『宣祖實錄』선조29.『集成』21-386)/ 上이 備忘記로 각도의 감사가 山城에 들어가 지키는 일에 대해 논의하라고 전교하다.(『宣祖實錄』선조29.『集成』21-389)
	11.17. 備邊司에서 김협을 양근군수로 삼을 것을 청하다./ 都體察使 李元翼이 倭賊의 방비책·其人·防納 등에 대해 아뢰다.(『宣祖實錄』선조29.『集成』21-390)/ 備邊司가 軍糧을 내는 사람들을 賞주는 일에 대해 아뢰다.(『宣祖實錄』선조29.『集成』21-401)
	11.19. 備邊司에서 각도의 감사로 하여금 山城에 들어가 지키게 하는 일에 대해 아뢰다./ 弘文館이 播遷에 대한 논의보다는 힘껏 싸울 계책을 세우는 것이 옳다고 아뢰다.(『宣祖實錄』선조29.『集成』21-402)
	11.20. 上이 備忘記로 都城을 지키는 방책을 의논하여 시행하라고 政院에 전교하다.(『宣祖實錄』선조29.『集成』21-405)/ 備邊司에서 山城의 修築과 防備에 대해 아뢰다.(『宣祖實錄』선조29.『集成』21-406)
	11.21. 上이 備忘記로 松嶽山에 木柵을 설치하고 糧食을 축적하는 일에 대해 政院에 전교하다.(『宣祖實錄』선조29.『集成』21-407)
	11.22. 奏聞使 盧稷이 군사와 양식때문에 중국에 다녀온 일을 복명하다.(『宣祖實錄』선조29.『集成』21-407)
	11.23. 京城東面 巡檢使 宋言愼이 冰城을 만드는 일에 대해 아뢰다.(『宣祖實錄』선조29.『集成』21-408)/ 上이 城을 지키는 방법에 대한 備忘記를 政院에 내리다.(『宣祖實錄』선조29.『集成』21-409)
	11.24. 備邊司에서 守城策에 대해 아뢰다.(『宣祖實錄』선조29.『集成』21-409)
	11.26. 上이 領敦寧 李山海·領議政 柳成龍 등과 군량·무기·守城策 등에 대해 의논하다.(『宣祖實錄』선조29.『集成』21-411)
	11.27. 備邊司에서 賊中에 간첩을 넣는 일에 대해 아뢰다./ 兼慶尙等道副體察使 韓孝純이 軍官 宋忠仁이 정탐한 일에 대해 보고하다.(『宣祖實錄』선조29.『集成』21-427)
	11.28. 備邊司가 倭人 要時羅와 平敬直에게 벼슬을 주는 일에 대해 아뢰다.(『宣祖實錄』선조29.『集成』21-428)/ 上이 備忘記로 군율을 엄히 시행할 것과 武臣 堂上을 더 차출하는 일에 대해 政院에 전교하다.(『宣祖實錄』선조29.『集成』21-429)
1597 ▼	【한국】 1.1. 上이 貞陵洞 行宮에 있었다./ 上이 葉鰭를 맞아들여 茶禮를 행하다./ 통제사 李舜臣이 軍功이 있는 金蘭瑞,安衛,辛鳴鶴의 포상을 청하는 書狀을 올리다.(『宣祖實錄』선조30.『集成』22-1)/ 都體察使 李元翼이 土賊은 상황을 봐서 공격해야 한다고 아뢰다.(『宣祖修正實錄』선조30.『集成』27-204)/ 慶尙左道 防禦使 權應銖가 加藤淸正이 바다를 건너왔다고 보고하다.(『宣祖修正實錄』선조30.『集成』27-205)
	1.2. 경상좌병사 金應瑞의 비밀 장계에 대하여 상이 대신을 命招하여 閤門 밖에서 회의하도록 하다.(『宣祖實錄』선조30.『集成』22-2)/ 上이 黃愼을 시켜 군사를 철수하고 통호하는 것을 行長에게 권유해 보도록 우부승지 許筬에게 전교하다.(『宣祖實錄』선조30.『集成』22-3)/ 上이 앞 전교에 대하여 體察使로 하여금 편의에 따라 시행하도록 許筬에게 전교

일본

11.30. 備邊司에서 元裕男을 江原忠淸江路 助防將으로 삼을 것을 청하다.(『宣祖實錄』선조29.『集成』21-429)

12.1. 上이 貞陵洞 行宮에 있었다.(『宣祖實錄』선조29.『集成』21-430)/ 두 明나라 사신이 바다를 건너 돌아오다.(『宣祖修正實錄』선조29.
『集成』27-202)/ 豊臣秀吉의 요구가 封王을 받는 것보다 훨씬 크다./ 平行長과 加藤淸正의 교묘한 술책을 사평하다.(『宣祖實錄』선조
29.『集成』27-203)

12.2. 上이 備忘記로 城을 지킬 계책을 마련할 것을 전교하다./ 순검사 차출이 늦어진 이유를 備邊司가 아뢰다.(『宣祖實錄』선조29.『集成』21-430)/
접반사 李恒福이 成以敏이 賊의 진영에서 나오던 날 醫員 李怡만이 도망하지 않았다고 書狀하다.(『宣祖實錄』선조29.『集成』21-432)

12.3. 上이 備忘記로 중국 遼東 병졸의 작폐를 염려하고 있음을 이르다.(『宣祖實錄』선조29.『集成』21-432)

12.5. 倭賊을 방어하는 여러 방도를 政院에 전교하다.(『宣祖實錄』선조29.『集成』21-432)/ 砲手,殺手의 훈련 방법과 무기제조에 대해 政院
에 전교하다.(『宣祖實錄』선조29.『集成』21-434)/ 돈녕도정 黃愼과 上護軍 朴弘長이 淸正이 1~2월 사이에 나올 것 같다고 치계하
다.(『宣祖實錄』선조29.『集成』21-435)

12.6. 上이 南別宮에 거둥하여 葉遊擊을 접견하다.(『宣祖實錄』선조29.『集成』21-435)

12.7. 돈녕부도정 黃愼과 上護軍 朴弘長 등이 冊使 등이 兵部에 올린 품첩과 秀吉의 謝恩表文을 謄書하여 올리다./ 沈遊擊이 兵部에 日本 國王의
冊封 儀式을 거행한 것과 倭兵이 곧 철수할 것이라는 품첩을 올리다.(『宣祖實錄』선조29.『集成』21-437)/ 중국 사신이 冊封 儀式을 거행한 것
에 대해 兵部에 게첩을 보내다.(『宣祖實錄』선조29.『集成』21-437)/ 關白이 謝恩表文을 올리다.(『宣祖實錄』선조29.『集成』21-439)

12.8. 洪汝諄과 張雲翼 등을 파직할 것과 李廷馣의 가자를 개정할 것을 司憲府가 건의하다.(『宣祖實錄』선조29.『集成』21-439)/ 砲手와 殺
手의 교육방법과 납의 운반문제를 훈련도감이 아뢰다.(『宣祖實錄』선조29.『集成』21-440)/ 江邊을 수비하는 일에 대하여 備邊司가
아뢰다.(『宣祖實錄』선조29.『集成』21-442)/ 上이 備忘記로 소문을 퍼뜨려 倭賊이 두려워 하게 하는 것에 대해 備邊司에 논의하도록
政院에 전교하다./ 소문을 퍼뜨리는 방법이 좋을 것이라고 備邊司가 아뢰다.(『宣祖實錄』선조29.『集成』21-445)

12.11. 양천현령 白守宗의 파직을 司諫院이 건의하다.(『宣祖實錄』선조29.『集成』21-445)/ 平安道 출신 중 訓鍊院 奉事에 부방한 자는 승진
과 戶役을 감면할 것을 備邊司가 아뢰다.(『宣祖實錄』선조29.『集成』21-446)

12.12. 平安道 武士의 출신과 수효 파악을 政院에 전교하다.(『宣祖實錄』선조29.『集成』21-446)/ 平安道 출신 武士에 대해 兵曹가 아뢰니,
上이 급료를 가벼이 하지 말아서 굶주려 고생하지 말도록 전교하다./ 접대도감 李德馨이 葉遊擊과 倭賊 방어에 대해 나눈 대화를 아
뢰다.(『宣祖實錄』선조29.『集成』21-447)

12.16. 陣遊擊의 접반관인 濟用監正 羅級이 平行長이 釜山 진영에 와서 정박하였다고 치계하다./ 上이 내린 備忘記의 倭賊의 침입에 대항하
는 방법을 備邊司가 아뢰다.(『宣祖實錄』선조29.『集成』21-449)

12.17. 明나라 都指揮使 吳宗道가 왕에게 倭奴가 갑자기 습격할까 염려되니 대비책을 미리 강구하도록 글을 올리다.(『宣祖實錄』선조29.
『集成』21-452)/ 上이 備忘記로 兩界에서 병사 징발을 잘못한 것을 備邊司에 이르다.(『宣祖實錄』선조29.『集成』21-453)

12.19. 都司 胡應元이 倭營에 불이 나 미곡 창고·군기·화약·戰船이 모두 타버린 것을 揭帖을 올리다./ 上이 황해도 관찰사 李廷馣을 인견하
고 北神山城에서의 전투상황, 앞으로의 대비책 등에 논의하다.(『宣祖實錄』선조29.『集成』21-453)/ 上이 備忘記로 兵部 咨文의 陸文
韶가 가지고 간 간찰은 우리나라와 아무런 관계가 없다는 것을 지금 온 差官을 통하여 尙書에게 알리도록 이르다.(『宣祖實錄』선조
29.『集成』21-458)

12.21. 上이 제주목사 李景祿을 승진 제수하도록 備忘記로 이르다.(『宣祖實錄』선조29.『集成』21-458)/ 通信使 黃愼이 日本國에서 돌아와 書契
를 올리다.(『宣祖實錄』선조29.『集成』21-459)/ 上이 黃愼을 인견하고 日本의 정세를 묻다.(『宣祖實錄』선조29.『集成』21-463)/ 上이 政
廳에 黃愼에게 가자하도록 전교하다.(『宣祖實錄』선조29.『集成』21-472)

12.23. 黃愼의 가자 개정과 許徵, 閔悅, 趙光翼 등을 체차하도록 司諫院이 건의하였으나 黃愼을 제외한 세 사람에 대해서만 윤허하다.(『宣祖
實錄』선조29.『集成』21-472)/ 賊의 재침입을 방어하는 계책을 備邊司가 건의하다.(『宣祖實錄』선조29.『集成』21-473)

12.24. 黃愼의 가자 개정을 司諫院이 연이어 아뢰었으나, 上이 윤허하지 않다./ 吳宗道가 보낸 揭帖에 답하면서 倭情을 撫院衙門에 상세히
진술하여 우리나라의 어려움을 구제해 주기를 간절히 바란다고 하다.(『宣祖實錄』선조29.『集成』21-474)

12.25. 上이 黃愼이 말한 賊의 형세에 대해 대신과 備邊司의 有司堂上과 의논하다.(『宣祖實錄』선조29.『集成』21-475)/ 黃愼의 가자를 개정
할 것을 司諫院이 건의하였으나, 上이 개정할 수 없다고 답하다.(『宣祖實錄』선조29.『集成』21-480)

12.26. 黃愼의 가자 개정을 司諫院이 건의하였으나, 上이 윤허하지 않다.(『宣祖實錄』선조29.『集成』21-480)

12.27. 司諫院들이 黃愼의 일을 잘못 처리하였다 하여 체직을 건의하였으나 上이 사직하지 말라고 답하다.(『宣祖實錄』선조29.『集成』21-481)

12.29. 總督經略軍門에 南兵을 시급히 징발하여 밤낮을 가리지 말고 와서 구원해 줄 것을 청하는 咨文을 보내다.(『宣祖實錄』선조29.『集
成』21-481)

【일본】

2.21. 豊臣秀吉가 조선 再派兵의 陣立을 정했다.(『島津家文書』1·402호·403호·『毛利家文書』3의 931호·932호·『鍋島家文書』109호)

2.28. 蠣崎盛広가 德川家康로부터 御暇의 때에 虎皮 5枚·黃金 50両을 내렸다.(『新羅之記錄』)

7.9. 日本 豊後国 臼杵 安養寺의 僧 慶念이 臼杵城主 太田·一吉의 從軍 医僧으로 釜山浦에 상륙했다.(『朝鮮日々記』慶長2.7.9조)

8.25. 加藤淸正가 全州에 들어가기에 앞서 全州를 함락한 日本軍과 논의한 결과, 水陸의 군사를 나누어 전라도를 억누르되, 毛利秀元·加藤淸正
·黑田長政 등 右軍은 충청도로 북진시켜 京畿道로 향하고, 左軍 중에 宇喜多秀家·小西行長은 軍을 남쪽으로 돌려 島津義弘 등은 全羅道
의 左路를 내려가 列邑에 나누어 주둔하도록 했다.(面高連長坊『高麗日記』慶長2.8.24조·『乱中雑録』8.20조·『閔氏壬辰録』8. 一条)

8.-. 南原 전투때부터 일본군이 軍功을 증명하기 위해 朝鮮民衆의 코를 잘라서 豊臣秀吉에게 보냈다.(『藤堂文書』慶長2년9월13일 藤堂佐

연도	한국

하다./ 金應瑞에게 내리는 전교에 대해 備邊司가 아뢰다.(『宣祖實錄』선조30.『集成』22-4)/ 上이 行長과 통호하는 것에 대해 許筬에게 전교하자, 許筬이 黃愼에게 비밀리에 말해 주었다고 回啓하다./ 倭賊의 通事를 京城에 入城하지 못하게 할 것을 우부승지 許筬이 아뢰다.(『宣祖實錄』선조30.『集成』22-5)/ 지난날 賊의 소굴을 불태운 것은 釜山 水軍 許守石이라고 이조정랑 金藎國이 아뢰다.(『宣祖實錄』선조30.『集成』22-6)

1.3. 돈녕도정 黃愼이 日本에 갔을 때의 자신의 잘못을 상소하다.(『宣祖實錄』선조30.『集成』22-7)/ 上이 軍糧에 대한 일로 政院에 전교하다./ 兵曹가 李德馨과 降倭들이 倭賊 방어에 대해 논의한 내용을 아뢰다.(『宣祖實錄』선조30.『集成』22-8)

1.4. 賊과 통한 市中의 酒商輩들을 풀어준 王子와 右邊 捕盜大將의 파직을 司憲府가 건의하다.(『宣祖實錄』선조30.『集成』22-10)

1.5. 上이 別殿에 나아가 胡應元과 吳宗道를 접견하다.(『宣祖實錄』선조30.『集成』22-10)

1.6. 正使 접반사 李恒福이 倭奴 2명이 중국 使臣의 廚房에 들어와 일하다가 중국 使臣이 나올때에 즉시 돌려보냈다는 書狀을 올리다./ 上이 鄭經世에게 義兵을 모으게 할 것을 政院에 전교하다./ 鄭經世와 같이 倭賊에게 원한이 있는 자를 모으는 것에 대해 備邊司가 아뢰다.(『宣祖實錄』선조30.『集成』22-12)/ 上이 병으로 親政할 수가 없으니 世子로 하여금 雜務를 재결하도록 柳成龍에게 전교하다.(『宣祖實錄』선조30.『集成』22-13)

1.8. 上이 南別宮에 거둥하여 楊冊使에게 上馬宴을 행하다./(『宣祖實錄』선조30.『集成』22-14)

1.9. 百姓들에게 농사를 짓고 살 수 있는 방법을 마련해 주는 일에 대해 備邊司가 아뢰다.(『宣祖實錄』선조30.『集成』22-16)

1.10. 上이 南別宮에 거둥하여 遊擊將軍 陳雲鴻을 접견하다.(『宣祖實錄』선조30.『集成』22-16)

1.12. 倭賊과 장사를 한 金談을 柳成龍과 許筬이 형문하다.(『宣祖實錄』선조30.『集成』22-17)

1.13. 北兵을 다른 鎭에 分屬시키지 말 것을 兵曹가 건의하다.(『宣祖實錄』선조30.『集成』22-18)

1.14. 北軍에 대해 備邊司가 아뢰다.(『宣祖實錄』선조30.『集成』22-18)

1.16. 上이 대신 및 備邊司 堂上을 불러 倭賊을 방비하는 것에 대해 논의하다.(『宣祖實錄』선조30.『集成』22-19)

1.19. 경상도 병사 金應瑞가 淸正의 방비에 대해 要時羅에게서 들은 내용을 狀啓하다.(『宣祖實錄』선조30.『集成』22-26)

1.21. 兼慶尙等四道都體察使 議政府 右議政 李元翼이 淸正이 多大浦에 도착하여 정박하였다고 書狀을 보내다.(『宣祖實錄』선조30.『集成』22-27)/ 上이 경상도 방어사 同知中樞府事 高彦伯을 인견하고 남쪽에 내려가거든 다시 노력하여 후세에 이름을 남기다.(『宣祖實錄』선조30.『集成』22-28)/ 淸正이 바다를 건너왔으므로 방어하는 일을 가지고 備邊司가 아뢰다.(『宣祖實錄』선조30.『集成』22-29)/ 군사를 동원하는 것에 대해 備邊司가 아뢰다./ 高彦伯에게 지체하지 말고 속히 떠날것과 軍糧에 대해 備邊司가 아뢰다.(『宣祖實錄』선조30.『集成』22-30)/ 淸正의 침입에 원수로 하여금 便宜에 따라 대처하도록 할 것을 備邊司가 건의하다.(『宣祖實錄』선조30.『集成』22-31)

▲ 1597 ▼

1.22. 근래에 百官들이 官事를 태만히 하는 것에 대해 司諫院이 아뢰다.(『宣祖實錄』선조30.『集成』22-31)/ 全羅道 兵馬節度使 元均이 水軍으로 바다 밖에서 賊을 막아 공격해 賊으로 하여금 상륙하지 못하게 한다면 걱정이 없을 것이라는 書狀을 올리다.(『宣祖實錄』선조30.『集成』22-32)/ 上이 중국의 군사를 속히 움직일 수 있는 글을 지어 보낼 것을 政院에 전교하다./ 倭賊이 우리나라 衣服으로 변장을 하고 침입해 오는 것에 대해 방어하는 것을 備邊司가 아뢰다.(『宣祖實錄』선조30.『集成』22-33)/ 慶尙道 諸鎭慰撫使 黃愼이 淸正이 西生浦로 향하고 있다고 書狀을 올리다./ 경상도 우병사 金應瑞가 要時羅에게 벼슬을 주고, 銀子를 준 것에 대해 서장하다.(『宣祖實錄』선조30.『集成』22-34)

1.23. 上이 대신 및 備邊司 有司堂上을 命招하여 인견하고 奏聞使 차견, 閑山島의 李舜臣 등에 대해 논의하다.(『宣祖實錄』선조30.『集成』22-35)/ 慶尙道 慰撫使 黃愼이 宋忠仁의 말을 인용하여 淸正이 西生浦로 향한다고 하는 것을 狀啓하다.(『宣祖實錄』선조30.『集成』22-43)/ 17일의 경상우병사 金應瑞의 狀啓를 備邊司에 계하하다./ 1-15일에 成貼한 慶尙道 諸鎭慰撫使 黃愼의 狀啓를 備邊司에 계하하다.(『宣祖實錄』선조30.『集成』22-44)

1.24. 上이 僉知中樞府事 柳應秀를 인견하고 남쪽에 가거든 힘써 賊을 토벌하라고 이르다.(『宣祖實錄』선조30.『集成』22-45)/ 都體察使 종사관 弘文館 교리 盧景任과 告急使 權悏을 인견하다.(『宣祖實錄』선조30.『集成』22-47)

1.25. 兵部가 勅封을 完報하는 일로 移咨하다./ 上이 欽差冊封副使 遊擊將軍 沈維敬이 日本에서 돌아오므로 下馬宴을 행하다.(『宣祖實錄』선조30.『集成』22-51)/ 都元帥 權慄이 사냥하러 나온 倭賊들이 떼를 지어 咸安 등 7개 邑을 횡행하였다고 書狀하다.(『宣祖實錄』선조30.『集成』22-53)

1.26. 上이 備忘記로 北兵을 뽑는 일을 속히 처리하도록 좌부승지 柳永詢에게 전교하다./ 倭賊의 선박수를 書契한 李元翼의 書狀을 備邊司에 계하하다.(『宣祖實錄』선조30.『集成』22-53)

1.27. 上이 水軍을 강화하는 것에 대해 대신 및 備邊司 有司堂上과 논의하다.(『宣祖實錄』선조30.『集成』22-1)/ 李福男, 元均, 趙守準, 李守一, 李惟誠에게 관직을 제수하다./ 上이 水軍의 작전 통제권을 가지고 대신들과 논의하다.(『宣祖實錄』선조30.『集成』22-57)

1.28. 上이 備忘記로 柳永詢을 경상우도 水軍節度使 兼 경상도 통제사로 삼아 水軍을 지휘하게 하다./許筬이 備邊司 관원들이 중국 사신을 만나 전쟁에 대해 이야기한 것을 아뢰다.(『宣祖實錄』선조30.『集成』22-67)

1.29. 京畿의 고을을 순찰하는 일로 떠나는 京畿等四道 都體察使 柳成龍을 인견하다.(『宣祖實錄』선조30.『集成』22-69)/ 吳宗道가 오늘날 倭賊의 정상은 불을 보듯 명확하다는 手帖을 보내다.(『宣祖實錄』선조30.『集成』22-72)/ 吳宗道에게 結草報恩 하겠다는 回帖을 보내다.(『宣祖實錄』선조30.『集成』22-73)

일본

渡守宛豊臣秀吉朱印状·『島津家文書』1438호··『鍋島家文書』115호-118호·121호·『吉川家文書』1·138호·139호·716호-722호·『萩藩閥閲録』37 慶長2년10월 2일 赤穴久内宛吉川広家鼻請取状·『清正高麗陣覚書』·『朝鮮記』·『乱中雑録』7. 一条)

9.14. 일본 左軍大将 宇喜多秀家가 전라도 井邑에서 小西行長·島津義弘·蜂須賀家政등과 軍議했다. 현재의 전선을 견고히하고 朝鮮南岸에 거점을 둘 것을 확인했다. 이로부터 行長는 전라도 泗川에 在番, 毛利(森)吉成는 釜山浦에 在番, 義弘은 海南進出(井邑의 軍議)했다.(『島津家文書』2988호·面高連長坊『高麗日記』慶長2.9.14-9.17조)

9.17. 이보다 앞서 豊臣秀吉가 朝鮮在陣의 諸大名로부터 朝鮮·明人의 코를 잘라 받아서 이것을 方広寺西側의 묘에 묻었다. 이날, 西笑承兌에게 大明·朝鮮闘死者들의 자비를 구하는 大施餓鬼를 행하도록 명했다.(『鹿苑日録』·『承兌和尚事蹟』)

9.28. 大明·朝鮮闘死者들의 鼻塚供養의 大施餓鬼에서 西笑承兌가 導師로서 卒都婆(죽은 사람의 공양·追善을 위하여 梵字나 경문 구절 따위를 적어 묘지에 세운, 위가 탑처럼 뾰족하고 갸름한 나무 판자)를 썼다.(『鹿苑日録』·『義演准后日記』9.27조·『承兌和尚事蹟』)

9.-. 朝鮮在陣의 諸大名가 경상도·전라도의 각지에서 朝鮮農民의 還住와 上官(抗日闘争指導者)을 잡는 규정을 내걸었다.(『島津家文書』21971호-973호·『鍋島家文書』122호)

11.10. 加藤清正·浅野幸長 등이 경상도 蔚山을 거점으로 하기 위해 蔚山 島山에 축성을 하기로 했다.(『浅野家文書』80호·『清正高麗陣覚書』)

11.-. 하순에 明総督 邪列이 漢城에 들어와 軍務経理 楊鎬과 提督 麻貴를 총지휘관으로 하는 明·朝鮮軍을 편성하고, 주력을 蔚山 攻撃을 하도록 했다.(『明実録』万暦25.12.정해조)

12.27. 毛利秀元·黒田長政 등이 蔚山救援을 위해 西生浦에 결집했다.(『浅野家文書』80호)

12.28. 이보다 앞서, 10월 말부터 島津氏가 경상도 泗川에 새성을 축성하기 시작하여 이날 축성과 이전을 완료했다.(面高連長坊『高麗日記』慶長2.10.28조·10.29조·12.21조·12.27조)/ 蔚山城을 포위한 明経理 楊鎬가 加藤清正에게 항복을 권고하는 문서를 작성하여, 朝鮮通事 朴大根과 降倭 岡本 越後守를 사자로 清正에게 파견하여 蔚山籠城의 日本軍에게 和議하도록 했다.(『吉川家譜』·大河内秀元『朝鮮日記』·『再造藩邦志』)

1.30. 해평부원군 尹根壽가 중국 사신을 만나 보겠다고 청하다.(『宣祖實錄』선조30.『集成』22-73)

1.- 하순, 王이 朝廷內에서 李舜臣에 대한 비난에 의심을 품고 成均館 司成 南以信(西人派)을 한산도에 파견하여 조사를 시켰다. 以信이 「加藤清正가 해상에서 7일 정도 머물렀음에도 불구하고 舜臣이 공격하지 않아 기회를 놓쳤다」고 보고했다. (懲技録/閔氏壬辰録2. 一条)。

2.1. 上이 貞陵洞 行宮에 있었다./ 上이 南別宮에 나아가 중국 사신 沈維敬을 접견하다.(『宣祖實錄』선조30.『集成』22-74)/ 卞惟清의 上疏를 올리니, 上이 賊을 토벌하려는 정성이 가상하다고 전교하다.(『宣祖實錄』선조30.『集成』22-76)/ 金大夫가 京城에 와서 關白의 글을 전하려 하자 京城에 올라오게 해서는 안된다고 備邊司가 건의하다.(『宣祖實錄』선조30.『集成』22-77)/ 統制使 李舜臣을 下獄시키라 명하고 元均으로 대신하다.(『宣祖修正實錄』선조30.『集成』27-205)/ 중국에 급함을 보고하니 楊鎬와 邢玠, 麻貴를 보내 구원하게 하다.(『宣祖修正實錄』선조30.『集成』22-206)

2.3. 金時獻, 宋諄, 金順命이 해직을 청하며 오로지 復讎軍에 전념하겠다고 하다.(『宣祖實錄』선조30.『集成』22-78)

2.4. 통제사 李舜臣을 잡아 律에 따라 罪를 정할 것을 司憲府가 건의하다./ 金大夫가 京城에 오려 하는 이유 등에 관해 대신들과 논의하다.(『宣祖實錄』선조30.『集成』22-78)

2.5. 黃廷彧의 방면은 부당하며 나주목사 權俊을 체직할 것을 司憲府가 건의하다.(『宣祖實錄』선조30.『集成』22-81)/ 黃廷彧의 방면은 부당하며 나주목사 權俊을 파직할 것을 司諫院이 건의하다.(『宣祖實錄』선조30.『集成』22-82)

2.6. 罪人 黃廷彧을 방면하라는 命을 도로 거두고, 權俊의 파직할 것을 司諫院이 건의하다.(『宣祖實錄』선조30.『集成』22-82)/ 上이 元均과 교대한 뒤 李舜臣을 잡아오도록 金弘微에게 전교하다.(『宣祖實錄』선조30.『集成』22-83)

2.7. 경상우수사 裵興立의 파직을 司諫院이 건의하자, 上이 체직하는 것이 可하다고 답하다./ 上이 南別宮에 나아가 沈副使에게 上馬宴을 베풀다.(『宣祖實錄』선조30.『集成』22-83)/ 上이 板屋船이나 거북선을 많이 제작하라고 金弘微에게 전교하다.(『宣祖實錄』선조30.『集成』22-85)

2.8. 上이 崇禮門 밖 南池에 나아가 沈副使에게 餞別宴을 베풀다.(『宣祖實錄』선조30.『集成』22-85)

2.9. 黃廷彧을 방면하라는 命을 거둘 것을 兩司가 건의하다.(『宣祖實錄』선조30.『集成』22-87)

2.11. 倭賊의 서신에 王子가 답하는 건에 대해 備邊司가 아뢰다.(『宣祖實錄』선조30.『集成』22-87)/ 臨海君이 倭賊의 서신에 답서하다.(『宣祖實錄』선조30.『集成』22-88)

2.12. 柳夢寅 등이 黃廷彧을 방면하라는 命을 거둘 것을 건의하다.(『宣祖實錄』선조30.『集成』22-88)/ 上이 중국의 援兵을 빨리 오게 하는 것에 대해 대신들과 논의하다.(『宣祖實錄』선조30.『集成』22-94)

2.13. 黃廷彧을 방면하라는 命을 거둘 것을 兩司가 건의하다./ 奮義復讎軍이 南郊에서 會盟하다.(『宣祖實錄』선조30.『集成』22-96)

2.14. 黃廷彧을 방면하라는 命을 거둘 것을 兩司가 건의하다.(『宣祖實錄』선조30.『集成』22-96)/ 城門 譏察의 임무를 소홀히 한 兵曹의 堂上官을 추고하고 色郎廳을 파직하도록 司憲府가 건의하다.(『宣祖實錄』선조30.『集成』22-97)

2.15. 黃廷彧에게 법률 줄것을 대신들이 건의하나.(『宣祖實錄』선조30.『集成』22-97)

2.16. 黃廷彧을 방면하라는 命을 거둘 것을 司諫院이 건의하다.(『宣祖實錄』선조30.『集成』22-98)

연도	한국
▲ **1597** **▼**	2.17. 釜山에서의 접전상황을 보고한 都元帥 權慄의 書狀을 대내에 두고 내리지 않다.(『宣祖實錄』 선조30. 『集成』22-99) 2.18. 上이《周易》을 강하고, 대신들 黃廷彧의 일과 沈懋時의 揭帖 등에 대해 논의하다.(『宣祖實錄』 선조30. 『集成』22-99)/ 예조 정랑 鄭曄을 告急使로 삼아 總督과 經略의 軍門에 咨文을 보내다.(『宣祖實錄』 선조30. 『集成』22-102) 2.20. 도원수 權慄이 行長과의 密約 등에 관해 치계하다.(『宣祖實錄』 선조30. 『集成』22-102) 2.21. 黃廷彧을 방면하라는 命을 거둘 것을 兩司가 건의하다./ 李光胤을 추고할 것과 실을 강매하지 말 것을 정언 崔弘載가 건의하다.(『宣祖實錄』 선조30. 『集成』22-103)/ 沈冊使가 黃愼을 찾아 변호를 받으려 하다.(『宣祖實錄』 선조30. 『集成』22-104) 2.23. 都元帥 權慄이 倭情에 대해 치계하다.(『宣祖實錄』 선조30. 『集成』22-104) 2.25. 대신들이 黃廷彧의 일과 무과 출신자를 선발하는 것 등을 건의하다.(『宣祖實錄』 선조30. 『集成』22-107)/ 北兵士들의 戰馬에게 말먹이 콩을 주도록 兵曹가 건의하다.(『宣祖實錄』 선조30. 『集成』22-116)/ 上이 備忘記로 體察副使 韓孝純을 속히 도로 내려가도록 備邊司에 전교하다./ 上이 玉堂의 차자에 마음속에 깊이 체념하고 廟堂과 의논하여 조처하겠다고 답하다.(『宣祖實錄』 선조30. 『集成』22-117)/ 上이 都元帥를 추고하여 힐책할 것인지를 備邊司에 이르다.(『宣祖實錄』 선조30. 『集成』22-118)/ 접반사 李光庭이 중국 使臣의 동정에 대해 치계하다.(『宣祖實錄』 선조30. 『集成』22-119) 2.27. 巡檢查 申點이 城을 改修하는 것을 아뢰다.(『宣祖實錄』 선조30. 『集成』22-120) 2.28. 武科別試 시행 때 文科도 동시에 시행하는 것을 備邊司가 건의하다.(『宣祖實錄』 선조30. 『集成』22-121)/ 北兵使 吳應台의 방비책을 조정에서 상의하여 조처하도록 치계하다.(『宣祖實錄』 선조30. 『集成』22-122) 3.1. 上이 貞陵洞 行宮에 있었다./ 중국에 奏本을 올리는 것은 불가하다고 左議政 金應南이 아뢰다.(『宣祖實錄』 선조30. 『集成』22-122)/ 중국 군사의 平壤城 구원을 서둘러 기록해야 할 것을 禮曹가 아뢰다.(『宣祖實錄』 선조30. 『集成』22-123) 3.2. 중국에서 援兵을 출발시키기로 했다고 備邊司가 아뢰다.(『宣祖實錄』 선조30. 『集成』22-124) 3.3. 巡檢 朴忠侃이 城堞의 제도에 대해 아뢰다.(『宣祖實錄』 선조30. 『集成』22-124) 3.4. 武科를 시행하는 것에 관해 정언 崔弘載가 아뢰다.(『宣祖實錄』 선조30. 『集成』22-126) 3.6. 접반사 李光庭이 平調信이 要時羅 및 倭卒을 거느리고 本縣에 도착하였음을 장계하다.(『宣祖實錄』 선조30. 『集成』22-126) 3.7. 접반사 李光庭이 秀吉의 謝恩表文에 대해 치계하다.(『宣祖實錄』 선조30. 『集成』22-126) 3.8. 2일 중국 使臣이 平調信과 사람을 물리치고서 회답한 내용을 기록하다./ 李光庭이 중국 使臣과 문답한 내용을 치계하다.(『宣祖實錄』 선조30. 『集成』22-128) 3.9. 上이 대신들에게 楊布政·劉員外의 일을 묻다.(『宣祖實錄』 선조30. 『集成』22-130)/ 柳成龍의 京畿 각처에 있는 山城 修築 및 수군 강화책을 시행하도록 備邊司가 건의하다.(『宣祖實錄』 선조30. 『集成』22-135) 3.10. 경상도의 進士 權旭, 趙靖, 黃廷幹, 姜汝舵 등이 상소하다.(『宣祖實錄』 선조30. 『集成』22-135) 3.11. 上이 備忘記로 臨海君에게 보내온 倭賊의 서신에 대하여 좌부승지 禹俊民에게 전교하다.(『宣祖實錄』 선조30. 『集成』22-137) 3.12. 上이 李大鳴의 일에 관해 특진관 金命元과 논의하다.(『宣祖實錄』 선조30. 『集成』22-137) 3.13. 內需司의 奴婢들을 군사에 보충할 것을 정언 張晩이 건의하다./ 上이 備忘記로 李舜臣에게 벌하는 것을 대신들에게 의논하도록 우부승지 金弘微에게 전교하다.(『宣祖實錄』 선조30. 『集成』22-142) 3.14. 北道의 邊將의 일과 李春蘭의 일을 정언 張晩이 아뢰다./ 上이 別殿에 거둥하여 楊布政의 차관인 지휘 賓國胤을 인견하다.(『宣祖實錄』 선조30. 『集成』22-143) 3.15. 정언 張晩이 北道의 內奴들을 赴防시킬 일을 아뢰자, 上이 천천히 형편을 보아 처리하겠다고 답하다./ 上이 備忘記로 중국군이 우리 나라의 땅을 屯田하는 것에 대해 金弘微에게 전교하다./ 중국군의 屯田하는 것에 대해 領議政 柳成龍이 의논드리다.(『宣祖實錄』 선조30. 『集成』22-147)/ 중국군의 屯田의 일을 備邊司가 아뢰다.(『宣祖實錄』 선조30. 『集成』22-148)/ 義州府尹이 布政 楊鎬가 遼兵 3천 7백명을 거느리고 九連城에 머물러 있으면서 南行할 吉日을 기다린다고 書狀을 올리다./ 충청감사 金時獻이 군사의 징발 등에 관한 書狀을 올리다.(『宣祖實錄』 선조30. 『集成』22-149) 3.16. 경상우도 병사 金應瑞가 要時羅가 당일 이른 아침에 도로 들어갔음을 書狀을 올려 아뢰다.(『宣祖實錄』 선조30. 『集成』22-151) 3.18. 경상감사 李用淳이 固城의 縣令이 戰死했으므로 勤幹하고 용감한 사람을 각별히 이 고을 縣令으로 擇差하여 수삼일 안으로 서둘러 보내도록 書狀하다.(『宣祖實錄』 선조30. 『集成』22-151) 3.19. 兵部가 긴급한 倭賊의 정세에 관한 일로 移咨하다.(『宣祖實錄』 선조30. 『集成』22-152)/ 兵曹 出身들에 대하여 備邊司가 아뢰다.(『宣祖實錄』 선조30. 『集成』22-153)/ 백성들이 농사에 전념하는 일을 備邊司가 아뢰다./ 중국의 水兵이 도착할 때 안내하는 일을 備邊司가 아뢰다.(『宣祖實錄』 선조30. 『集成』22-154) 3.20. 3月 2日 成貼한 統制使의 狀啓를 備邊司에 啓下하니, 備邊司가 蔡彦男을 陣中에서 요량하여 논죄하는 것으로 行移하도록 회계하다.(『宣祖實錄』 선조30. 『集成』22-155)/ 2月 28日의 統制使 元均의 狀啓를 備邊司에 啓下하니, 備邊司가 安骨浦, 加德島에서 패전한 守令, 邊將 등을 죄주고 나주판관 魚雲級은 잡아온 뒤에 憑問하여 처치할 것으로 行移하도록 회계하다.(『宣祖實錄』 선조30. 『集成』22-156)

일본

3.21. 上이 備忘記로 勝捷 때 賊의 首級과 兵器를 본 뒤에 論賞할 것을 전교하다.(『宣祖實錄』 선조30. 『集成』22-156)/ 勝捷때 賊의 首級과 兵器를 본 뒤에 論賞할 것에 대해 備邊司가 아뢰다./ 중국 軍門에 移咨하는 것에 대해 備邊司가 아뢰다.(『宣祖實錄』 선조30. 『集成』 22-157)/ 淸正이 松雲에게 답한 편지 내용에 대해 기술한 都元帥 權慄의 장계를 3月 17日에 成貼하다./ 金大夫가 蔣希春에게 답서를 보내다.(『宣祖實錄』 선조30. 『集成』22-158)

3.24. 都元帥 權慄의 書狀을 3月 19日에 成貼하다.(『宣祖實錄』 선조30. 『集成』22-158)/ 2月 28日의 都體察使 李元翼의 書狀을 備邊司에 啓下하다.(『宣祖實錄』 선조30. 『集成』22-159)

3.25. 統制使 元均을 論賞하게 할 것을 備邊司에 전교하다./ 元均 등의 論賞에 대해 備邊司가 아뢰다.(『宣祖實錄』 선조30. 『集成』22-160)/ 경상우병사 金應瑞의 書狀을 3月 22日에 成貼하다.(『宣祖實錄』 선조30. 『集成』22-161)/ 奏聞使 鄭期遠의 書狀을 備邊司에 啓下하다.(『宣祖實錄』 선조30. 『集成』22-163)

3.26. 都體察使 李元翼의 書狀을 備邊司에 啓下하다.(『宣祖實錄』 선조30. 『集成』22-165)

3.28. 길주목사 鄭文孚가 뽑은 北兵을 李守一에게 맡기기를 備邊司가 아뢰다.(『宣祖實錄』 선조30. 『集成』22-165)

3.30. 都元帥 權慄이 경상병사 金應瑞가 올려보낸 倭의 書契에 대해 狀啓하다.(『宣祖實錄』 선조30. 『集成』22-166)

4.1. 上이 貞陵洞 行宮에 있었다./ 접반사 黃愼이 松運의 환보와 楊布政의 일로 書狀을 올리다.(『宣祖實錄』 선조30. 『集成』22-171)/ 李舜臣이 투옥된 후, 조정내에서는 명장 舜臣을 죽여서는 안된다는 목소리가 높아졌다. 이날 舜臣이 출옥하여 都元帥 權慄의 밑에서 백의종군했다. (乱中日記/懲毖錄)

4.2. 평안도 병사 李慶濬이 女眞族의 포로였던 中國人의 도망에 대해 書狀을 올리다.(『宣祖實錄』 선조30. 『集成』22-171)/ 兵曹가 平安道의 刷馬 문제를 아뢰다./ 兼四道 都體察使 李元翼이 倭船의 동태를 馳啓하다.(『宣祖實錄』 선조30. 『集成』22-173)/ 李元翼이 賊 陣營에서 나온 惟政을 올려보낸다는 書狀을 올리다./ 弘文館이 黃廷彧의 일로 箚子를 올리고, 이 일을 史臣이 논하다.(『宣祖實錄』 선조30. 『集成』22-174)

4.9. 上이 都司 審國胤을 맞이하고 조선의 屯田 설치 상정 등을 요청하다.(『宣祖實錄』 선조30. 『集成』22-175)

4.10. 중국의 구원에 감사하는 表文을 拜表하다.(『宣祖實錄』 선조30. 『集成』22-178)

4.11. 上이 都司 胡應元을 접견하여 孫經略 등의 일로 대화를 나누다.(『宣祖實錄』 선조30. 『集成』22-178)/ 備邊司가 加藤淸正의 침범에 관한 내용만의 咨文을 보낼 것을 아뢰다./ 備邊司가 惟政과 淸韓이 중국에 관하여 논한 사실을 아뢰다.(『宣祖實錄』 선조30. 『集成』22-181)

4.12. 舊義復讎軍이 忠淸 水營의 虞侯 元裕男의 本軍 장령 차임을 청하다./ 備邊司가 중국에서 요청한 設鎭·練兵·屯田·築城의 일로 아뢰다.(『宣祖實錄』 선조30. 『集成』22-182)/ 備邊司가 탄핵을 당한 石尙書와 孫軍門, 그리고 咨文의 일로 아뢰다.(『宣祖實錄』 선조30. 『集成』22-184)

4.13. 上이 대신 및 備邊司 有司堂上들과 國內外 정세에 관한 의견을 나누다.(『宣祖實錄』 선조30. 『集成』22-184)/ 僧人 惟政이 日本의 침략 목적, 倭賊의 토벌 등의 내용을 상소하다.(『宣祖實錄』 선조30. 『集成』22-192)/ 審國胤이 병민·지리·양향 등에 관한 咨文 다섯통을 가지고 오다.(『宣祖實錄』 선조30. 『集成』22-194)/ 접대도감이 胡都司가 上과의 접견을 요청하였음을 보고하다.(『宣祖實錄』 선조30. 『集成』22-197)

4.14. 鞠敬仁의 모반에 가담한 李應良을 형문하다.(『宣祖實錄』 선조30. 『集成』22-198)

4.15. 告急使 行護軍 權悏이 중국의 구원군과 군량미 지원 始末을 치계하다.(『宣祖實錄』 선조30. 『集成』22-198)/ 兵部署印 左侍郎 李楨이 긴급한 倭賊의 정세에 대하여 題本을 보내다.(『宣祖實錄』 선조30. 『集成』22-206)

4.17. 지평 吳百齡이 北道에 오랑캐의 위협에 대비해 軍額을 보충할 것을 아뢰다.(『宣祖實錄』 선조30. 『集成』22-207)/ 備邊司가 淸正이 臨海君에게 보낸 물선에 대한 회답 및 내용을 아뢰다./ 備邊司가 한유하는 出身·軍官 등을 색출하여 五衛에 소속시켜 宿衛케 하다.(『宣祖實錄』 선조30. 『集成』22-208)

4.18. 舊義復讎軍의 募兵과 行軍 절차의 지휘 체계를 體察使로 일원화하다.(『宣祖實錄』 선조30. 『集成』22-209)/ 六鎭의 방비를 위해 砲手 등으로 軍額을 보충하다.(『宣祖實錄』 선조30. 『集成』22-210)/ 淸正의 일로 보내려던 咨文이 孫軍門의 파직으로 무의미하게 되다.(『宣祖實錄』 선조30. 『集成』22-211)/ 備邊司가 倭賊 참획에 대한 중국의 질책에 승리를 고려하여 기회를 놓치는 일이 없도록 아뢰다.(『宣祖實錄』 선조30. 『集成』22-212)

4.19. 謁聖殿試 文武科 합격자를 唱榜하다.(『宣祖實錄』 선조30. 『集成』22-213)/ 전라좌수사 元均이 水陸 兩軍의 동시 출병을 청하다./ 行長이 벌목 중인 倭軍을 조선 水軍이 참획한 일로 書契를 올리다.(『宣祖實錄』 선조30. 『集成』22-214)

4.20. 戶曹가 京畿道에 軍糧 비축을 下諭하도록 아뢰다.(『宣祖實錄』 선조30. 『集成』22-215)/ 備邊司가 軍糧의 되와 말의 기준을 정하여 損失이 없도록 아뢰다./ 上이 備忘記로 倭의 포로인 朝鮮人 中 탈출자에게 賞典의 시행을 回啓토록 하다.(『宣祖實錄』 선조30. 『集成』22-216)/ 上이 備忘記로 倭 水軍의 용동소식으로 중국에 水軍을 요청하고 조선 水軍의 정비를 政院에 전교하다./ 備邊司가 포로인 朝鮮人을 招諭하도록 都體察使 등에게 하유하도록 回啓하다.(『宣祖實錄』 선조30. 『集成』22-217)

4.21. 備邊司가 裵龍吉의 상소 가운데 講和와 車駕의 進駐는 사세에 따라 처치토록 아뢰다.(『宣祖實錄』 선조30. 『集成』22-217)/ 附賊人들이 賊의 동태에 관한 告目을 올리다.(『宣祖實錄』 선조30. 『集成』22-218)/ 정탐꾼이 倭 本國에서의 出兵 論難과 山城 守備 등을 陳告하다.(『宣祖實錄』 선조30. 『集成』22-219)/ 朝鮮의 형세와 방어·군량 등에 관해 兵部가 咨文을 보내다.(『宣祖實錄』 선조30. 『集成』22-222)/ 朝鮮이 兵部에 回咨하다.(『宣祖實錄』 선조30. 『集成』22-226)

4.22. 戶曹가 京外의 各站에서 軍糧을 방출할 때 중국 장수를 入會시킬 일을 移咨하게 하다./ 備邊司가 賊의 섬멸 기회를 놓치지 말도록 都體察使 등에게 下諭할 것을 아뢰다.(『宣祖實錄』 선조30. 『集成』22-227)

연도	한국
▲ **1597** **▼**	4.24. 備邊司가 北兵을 다시 불러오는 일에 대해 아뢰다.(『宣祖實錄』 선조30. 『集成』22-228) 4.25. 헌납 金盡國이 전 주부 沈發의 추국 및 민심 위무, 군량의 포흠 방지 등을 아뢰다.(『宣祖實錄』 선조30. 『集成』22-229)/ 경상도 관찰사 李用淳이 貢生 朴啓生이 포로가 된 경위와 賊中의 형세를 보고하다.(『宣祖實錄』 선조30. 『集成』22-230) 4.26. 해평부원군 尹根壽가 歸鄕하는 北兵의 下三道 재배치를 요청하다.(『宣祖實錄』 선조30. 『集成』22-232)/ 典籍 權慶祐가 賊勢가 고약하니 要塞地를 점거하자는 계획을 書契하다.(『宣祖實錄』 선조30. 『集成』22-233)/ 權慶祐가 사세를 잘못 판단하고 있음을 경계하다./ 備邊司가 싸움과 방비를 철저히 하여 復讎雪恥할 것을 申飭하게 하다.(『宣祖實錄』 선조30. 『集成』22-234) 4.27. 檢察使 柳根이 중국 軍糧의 海運의 어려움을 호소하다.(『宣祖實錄』 선조30. 『集成』22-235) 4.29. 上이 京城의 築城·守成과 水戰에 필요한 기구 조처의 거행을 하문하다.(『宣祖實錄』 선조30. 『集成』22-236) 4.30. 司諫院 대사간 申湜이 재차 사피하여 파직을 청하다.(『宣祖實錄』 선조30. 『集成』22-236)/ 禁軍과 聽用廳의 폐해를 논하고 下三道 사람의 京職 제수를 허락하다.(『宣祖實錄』 선조30. 『集成』22-237) 5.1. 上이 貞陵洞 行宮에 있었다.(『宣祖實錄』 선조30. 『集成』22-237)/ 忠州에서의 중국군 軍糧 支供이 어려우니 公州에 머물도록 하다.(『宣祖實錄』 선조30. 『集成』22-238)/ 副摠兵 楊元이 京城을 경유해 남쪽으로 내려가니 鄭期遠을 接伴使로 삼다.(『宣祖修正實錄』 선조30. 『集成』27-238) 5.3. 大司憲 盧稷 등이 黃廷彧의 방면에 대한 책임으로 파직을 청하다.(『宣祖實錄』 선조30. 『集成』22-238)/ 大司諫 申湜이 黃廷彧의 일로 피혐하여 파직을 청하다./ 정언 趙澈이 黃廷彧 사건, 鄭期遠 등의 개정, 黃廷彧의 방면 취소에 대해 아뢰다.(『宣祖實錄』 선조30. 『集成』22-239)/ 吏曹가 洪季男의 戰功에 따른 贈職을 다시 의논하도록 아뢰다.(『宣祖實錄』 선조30. 『集成』22-241)/ 備邊司가 巡撫衙門의 신설과 築城에 관한 咨文을 신중히 준비하게 할 것을 아뢰다.(『宣祖實錄』 선조30. 『集成』22-242) 5.5. 上이 備忘記로 加德島의 倭陣을 沈遊擊에게 알려도 해롭지 않을 것이라고 이르다./ 上이 楊摠兵 入城 때 百姓들이 술을 준비하여 환영하는 일의 곡절을 묻다.(『宣祖實錄』 선조30. 『集成』22-243)/ 吏曹가 洪季男에게 증직하도록 아뢰다./ 同副承旨 權憘가 風力과 1분·2분의 뜻, 중국 조정의 문관 파견에 관해 아뢰다.(『宣祖實錄』 선조30. 『集成』22-244) 5.6. 備邊司가 국가의 지출을 억제하고 黃海道 나루터의 守備兵을 해산하기를 아뢰다.(『宣祖實錄』 선조30. 『集成』22-245)/ 備邊司가 洪季男의 어미에게 매달 料米를 지급하게 하다.(『宣祖實錄』 선조30. 『集成』22-246) 5.7. 지평 羅級이 呂祐吉의 체직 외에 출사하지 않는 承文院 參下官들을 파직하다.(『宣祖實錄』 선조30. 『集成』22-246) 5.8. 上이 慕華館에 거둥하여 楊摠兵을 위로하고 倭賊의 방어를 논의하다.(『宣祖實錄』 선조30. 『集成』22-247)/ 備邊司가 築城은 중국 장수의 지휘를 받고 소금 전매로 軍費를 마련하자고 아뢰다.(『宣祖實錄』 선조30. 『集成』22-249)/ 都元帥가 섣불리 싸우는 것은 옳지 않다는 비밀 장계를 올리다.(『宣祖實錄』 선조30. 『集成』22-250) 5.9. 摠兵이 咨文의 초고를 보고자 하고 軍糧과 築城의 담당관도 알고자 하다.(『宣祖實錄』 선조30. 『集成』22-250)/ 備邊司가 朝鮮의 元首 이하 모두가 楊摠兵의 지휘에 따르도록 아뢰다./ 備邊司가 崔濂을 任鉉으로 개차하고 沈使臣을 咸陽·居昌 등지로 이주토록 아뢰다.(『宣祖實錄』 선조30. 『集成』22-251) 5.10. 楊摠兵이 平壤으로 철수하겠다는 등의 내용이 담긴 패문을 보여주다.(『宣祖實錄』 선조30. 『集成』22-252)/ 楊摠兵이 軍糧과 築城에 대한 유지의 조속한 작성을 요구하다./ 備邊司가 倭의 書契에 대해 王子가 답서를 쓰게 하다.(『宣祖實錄』 선조30. 『集成』22-253)/ 吏曹가 馬提督의 접반사는 備邊司 堂上官 중에서 差送하도록 아뢰다.(『宣祖實錄』 선조30. 『集成』22-254) 5.11. 備邊司가 倭賊이 南蠻으로 들어간다는 말에 중국의 오해가 있으니 숨기도록 아뢰다.(『宣祖實錄』 선조30. 『集成』22-254)/ 領議政 柳成龍 등이 楊摠兵을 만나서 나눈 대화를 보고하다.(『宣祖實錄』 선조30. 『集成』22-255)/ 접반사 행 돈령부도정 黃愼이 淸正이 沈冊使를 만나고자 한 경위와 이후의 대책에 대해 치계하다.(『宣祖實錄』 선조30. 『集成』22-256)/ 行長이 沈冊使에게 보낸 편지를 기록하다.(『宣祖實錄』 선조30. 『集成』22-258) 5.12. 備邊司에서 水軍과 陸軍의 군사 작전 계획을 건의하다.(『宣祖實錄』 선조30. 『集成』22-259)/ 검열 李志完이 南原 등지의 군량 문제 등에 대해 楊摠兵과 나눈 대화를 보고하다.(『宣祖實錄』 선조30. 『集成』22-261)/ 備邊司가 聖旨에 따라 먼저 曲城과 砲樓를 세우는 일을 시행할 것을 아뢰다.(『宣祖實錄』 선조30. 『集成』22-262)/ 上이 備忘記를 내려 金睟에게 南部 지방의 軍糧 문제를 책임지우다./ 都元帥 權慄이 權慶祐의 書契에 대하여 책임을 통감하는 치계를 올리다./ 도체찰사 李元翼이 倭書 3통을 치보하고 투항하는 倭賊은 형세를 살펴 처리하도록 아뢰다.(『宣祖實錄』 선조30. 『集成』22-263)/ 중국에 倭賊의 정세를 내용으로 하는 咨文을 보내다.(『宣祖實錄』 선조30. 『集成』22-264) 5.13. 上이 楊摠兵을 접견하여 湖南의 방비와 水軍 등의 문제를 대화하다.(『宣祖實錄』 선조30. 『集成』22-265)/ 體察副使 韓孝純이 三道의 戰船과 格軍의 數 등을 치계하다.(『宣祖實錄』 선조30. 『集成』22-268) 5.14. 上이 備忘記를 내려 우리 나라 병기의 조악함을 한탄하다.(『宣祖實錄』 선조30. 『集成』22-268) 5.15. 上이 대신과 備邊司 有司堂上을 인견하고 國內外 정세와 대책을 의논하다.(『宣祖實錄』 선조30. 『集成』22-268)/ 備邊司 郎廳이 楊摠兵이 鍵子와 중국 文官 등에 대해 언급한 말을 보고하다.(『宣祖實錄』 선조30. 『集成』22-278) 5.17. 장령 權慶祐가 書契의 眞僞를 아뢰고 파직을 청하다.(『宣祖實錄』 선조30. 『集成』22-278)/ 경상도 관찰사 李用淳이

일본

官職을 버리고 가는 官吏의 刑律을 엄히 할 것을 청하다./ 지평 羅給이 承文院 책임자와 지방 守令의 파직, 權慶祐, 접반관 문제 등을 아뢰다.(『宣祖實錄』 선조30. 『集成』22-279)/ 헌납 崔天健이 尹覃茂를 출사시키고, 咨文에 비밀 누설 책임으로 담당 承旨를 추고토록 아뢰다.(『宣祖實錄』 선조30. 『集成』22-280)

5.18. 의주부윤 黃璉이 吳總兵과 麻提督의 출병을 보고하다./ 경상우병사 金應瑞가 要時羅가 日本이 대병을 출동시켜 全羅道를 유린할 계책이라고 말한 것을 치계하다.(『宣祖實錄』 선조30. 『集成』22-281)/ 都元帥 權慄이 賊情을 書狀을 올려 자세히 보고하다.(『宣祖實錄』 선조30. 『集成』22-283)/ 權慄의 書狀에 倭人의 火攻이나 淸正 殺害에 관한 내용을 아뢰다.(『宣祖實錄』 선조30. 『集成』22-286)

5.19. 上이 中門에 나가 劉都司를 영접하다.(『宣祖實錄』 선조30. 『集成』22-287)/ 접반사 黃愼이 冊使가 한 말을 보고하고 軍門 刑玠憲의 첩지 두통을 謄書해 올리다.(『宣祖實錄』 선조30. 『集成』22-288)

5.20. 上이 南別宮에 행행하여 摠兵 楊元을 접견하다.(『宣祖實錄』 선조30. 『集成』22-288)

5.21. 上이 南原으로 출발하는 摠兵 楊元에게 餞慰禮를 거행하다.(『宣祖實錄』 선조30. 『集成』22-291)/ 備邊司가 站마다 치부책을 준비하여 軍糧의 지출을 철저히 조사하도록 아뢰다.(『宣祖實錄』 선조30. 『集成』22-292)

5.22. 上이 중국군의 支供에 소홀함이 없도록 下三道에 하유하다./ 備邊司가 중국의 다섯 장수가 주둔할 지역에 支供에 만전을 기하도록 아뢰다.(『宣祖實錄』 선조30. 『集成』22-293)

5.23. 접반사 黃愼이 沈冊使가 淸正과 松雲 등의 일로 불평한 내용을 보고하다.(『宣祖實錄』 선조30. 『集成』22-294)

5.24. 평안감사 韓應寅이 부총병 吳惟忠이 鴨綠江을 건넜다고 書狀을 올리다.(『宣祖實錄』 선조30. 『集成』22-295)

5.25. 접대도감이 胡都事가 倭賊의 동태 보고가 상이하니 咨文을 보낼것을 요구한 것을 아뢰다.(『宣祖實錄』 선조30. 『集成』22-295)/ 의주부윤 黃璉 등이 吳摠兵의 지도 요청 및 軍兵의 엄한 단속 등을 보고하다.(『宣祖實錄』 선조30. 『集成』22-296)/ 平秀吉에게 보낸 咨文을 기록하다.(『宣祖實錄』 선조30. 『集成』22-297)/ 平行長에게 보낸 격문을 기록하다.(『宣祖實錄』 선조30. 『集成』22-298)/ 접반사 張雲翼이 楊經理를 遼東에서 영접해야 함을 아뢰다./ 南原의 築城과 軍糧 문제를 논의하여 처리하게 하다.(『宣祖實錄』 선조30. 『集成』22-299)/ 布政司 張이 바닷길을 조사하라는 咨文을 보내다.(『宣祖實錄』 선조30. 『集成』22-300)

5.27. 上이《周易》을 진강하고 북쪽의 방비 및 京城의 築城, 聽用廳 등을 의논하다.(『宣祖實錄』 선조30. 『集成』22-301)

5.28. 평안감사가 吳摠兵과 麻提督의 동향을 보고하다.(『宣祖實錄』 선조30. 『集成』22-310)/ 朝鮮 國王이 倭賊을 방어할 긴요한 機務를 咨文에 의논하고 협력하여 굳게 만전을 도모하는 일로 咨文을 보내다.(『宣祖實錄』 선조30. 『集成』22-311)

5.29. 上이《周易》을 진강하고 軍糧·築城 문제 등을 의논하다.(『宣祖實錄』 선조30. 『集成』22-312)

6.1. 上이 貞陵洞 行宮에 있었다./ 上이 審ън院을 접견하고 軍糧 및 간섭하는 陪臣 문제 등을 의논하다.(『宣祖實錄』 선조30. 『集成』22-317)/ 備邊司가 蔚山과 梁山의 要害地를 이용한 水陸 兩面 공격의 戰守 계획을 아뢰다.(『宣祖實錄』 선조30. 『集成』22-323)/ 水軍의 諸장수들이 巨濟에서 賊과 싸웠는데 寶城郡守 安洪國이 전사하다.(『宣祖修正實錄』 선조30. 『集成』27-206)

6.2. 上이 중국 장수들의 동태와 國內外 정세를 대신들과 의논하다.(『宣祖實錄』 선조30. 『集成』22-324)

6.3. 淸正의 軍糧船이 바람을 만났다고 體察使가 비밀 書狀을 올리다./ 蔣希春이 倭將 喜八과 문답한 別錄을 기록하다.(『宣祖實錄』 선조30. 『集成』22-328)

6.5. 정원 趙湒이 各陵 齋郎의 守直을 철저히 하고 庶孽이나 公私賤의 武科 응시를 제한하다.(『宣祖實錄』 선조30. 『集成』22-330)/ 지평 李誠이 軍器寺 參下官의 去官 규례와 곡식의 회계 출납 등에 관해 아뢰다.(『宣祖實錄』 선조30. 『集成』22-331)

6.6. 지평 南以臣이 백성들이 楊摠兵 군대의 입국 환영 때 발생한 폐단이 없도록 아뢰다.(『宣祖實錄』 선조30. 『集成』22-332)

6.8. 上이《周易》을 진강하고 兵器·軍糧·禁軍·朝報 등의 문제를 논의하다.(『宣祖實錄』 선조30. 『集成』22-333)

6.9. 沈遊擊에게 보낸 行長의 품첩을 기록하다.(『宣祖實錄』 선조30. 『集成』22-336)

6.10. 都體察使 李元翼이 水陸 兩軍의 전투 계획을 말하다.(『宣祖實錄』 선조30. 『集成』22-336)/ 조선 각 지역의 근황과 倭賊의 정세에 대해 麻都督에게 보낸 回咨하다.(『宣祖實錄』 선조30. 『集成』22-338)

6.11. 元均이 水陸의 병공을 처치해 줄 것을 요청하다.(『宣祖實錄』 선조30. 『集成』22-340)

6.12. 上이 朝報 문제를 다시 의논하도록 전교하다.(『宣祖實錄』 선조30. 『集成』22-341)/ 都體察使 李元翼이 楊摠兵과 문답한 비밀 書狀 한 통을 보내다./ 가을 추수 때 동병할 것이라는 등의 비밀 書狀이 경상좌도 방어사 權應銖로부터 오다.(『宣祖實錄』 선조30. 『集成』22-342)

6.13. 경상도 방어사 權應銖가 倭賊의 정세와 軍糧의 긴급함을 알리다.(『宣祖實錄』 선조30. 『集成』22-342)/ 軍糧의 海運 등에 관해 楊經理에게 咨文을 보내다.(『宣祖實錄』 선조30. 『集成』22-343)

6.14. 上이 慕華館에서 吳惟忠을 영접하다.(『宣祖實錄』 선조30. 『集成』22-345)/ 備邊司가 水軍으로 倭賊을 견제하면서 정세를 살펴 계책을 정할 것을 아뢰다.(『宣祖實錄』 선조30. 『集成』22-349)/ 日本이 동병하여 全羅·濟州를 유린할 것이라는 내용의 비밀 장계가 金應瑞로부터 오다./ 都元帥 權慄이 行長이 金應瑞에게 보낸 편지를 올려보내다./ 要時羅가 全羅·忠淸·慶尙·濟州를 침략할 계획과 목적 등을 알리다.(『宣祖實錄』 선조30. 『集成』22-350)/ 都元帥 權慄이 倭賊의 재침략 계획과 목적, 방비에 관한 豊茂守의 말을 보고하다.(『宣祖實錄』 선조30. 『集成』22-353)

6.15. 대사성 金宇顒이 지구전보다 결사전을 펼 것을 주장하다.(『宣祖實錄』 선조30. 『集成』22-355)/ 지평 南以信이 使臣에게 騎馬와 卜馬를 주고, 使臣이 海路를 이용하도록 청하다.(『宣祖實錄』 선조30. 『集成』22-356)/ 접대도감이 金命元이 吳總兵과 문답한 내용을 아뢰다.(『宣祖實錄』 선조30. 『集成』22-357)/ 金應瑞가 行長에게 가서 守護에 관한 말로 倭賊의 군세를 정탐하게 하다.(『宣祖實錄』 선조30. 『集成』22-358)/ 兵曹가 중국 장수에게 水陸의 軍兵 數와 器械 數를 보고하도록 아뢰다.(『宣祖實錄』 선조30. 『集成』22-359)

6.17. 上이 吳惟忠을 접견하고 倭賊의 군량과 군기를 태우게 하는 계책을 듣다.(『宣祖實錄』 선조30. 『集成』22-360)

연도	한국
▲ 1597 ▼	6.18. 지평 南以信이 어제 上이 南別宮에 거둥했을 때 난투한 자와 犯馬者를 정죄하고 부패한 관리들을 파직하다.(『宣祖實錄』 선조30. 『集成』22-362)/ 上이 대신 및 備邊司 有司堂上과 中殿의 江華島 피난과 각종 현안 문제를 의논하다.(『宣祖實錄』 선조30. 『集成』22-363)/ 倭賊 行長이 沈老爺에게 품첩하다.(『宣祖實錄』 선조30. 『集成』22-367)/ 楊摠兵이 山城의 군기와 군량을 本城으로 옮겨 방어해야 한다고 말하다.(『宣祖實錄』 선조30. 『集成』22-368) 6.20. 上이 備忘記로 翁主 등을 江華로 피난시키고 선박은 항상 대기하도록 政院에 전교하다.(『宣祖實錄』 선조30. 『集成』22-369)/ 備邊司가 賊陣에 불을 지르는 일과 潛商人의 賊陣 출입 금단을 거행하도록 아뢰다.(『宣祖實錄』 선조30. 『集成』22-370) 6.21. 政院이 中殿과 翁主 등의 피난이 國家의 存亡과 직결되므로 철회할 것을 청하다.(『宣祖實錄』 선조30. 『集成』22-370)/ 玉堂이 翁主의 피난이 잘못임을 진술하다.(『宣祖實錄』 선조30. 『集成』22-372) 6.22. 헌납 金大來가 翁主를 江華로 피난시키라는 命을 거둘 것을 청하다.(『宣祖實錄』 선조30. 『集成』22-372)/ 備邊司가 水陸 兩軍의 결사전은 楊經理에게 移咨하여 처리하도록 아뢰다./ 호조판서 金晬가 중국군 한 부대를 嶺南에 주둔시킬 만한 軍糧의 현황을 보고하다.(『宣祖實錄』 선조30. 『集成』22-373) 6.23. 領議政 柳成龍 등이 피난 계획을 거둘 것을 청하다.(『宣祖實錄』 선조30. 『集成』22-373)/ 헌납 金大來가 宮眷의 移避 계획을 거둘 것을 청하다.(『宣祖實錄』 선조30. 『集成』22-374)/ 지평 李誠이 使命에게 水路를 개방할 것과 宮眷의 移避 命을 거둘 것을 청하다./ 海運과 海島의 遠近 등에 관한 내용의 咨文을 張布政에게 보내다.(『宣祖實錄』 선조30. 『集成』22-375) 6.24. 承政院이 宮眷의 移避 계획 철회를 청하다.(『宣祖實錄』 선조30. 『集成』22-378)/ 헌납 金大來가 宮眷을 移避시키라는 命을 거둘 것을 청하다./ 지평 李誠이 宮眷의 移避를 거행하지 말고 使命의 水路를 열 것을 청하다.(『宣祖實錄』 선조30. 『集成』22-379)/ 備邊司가 중국군 일부가 주둔할 安東에서는 접제와 곡식 생산에 성의를 다하게 하도록 아뢰다.(『宣祖實錄』 선조30. 『集成』22-380) 6.25. 대사간 尹覃茂 등이 책임을 다하지 못한 죄로 파척을 청하다.(『宣祖實錄』 선조30. 『集成』22-380)/ 大司憲 등이 왕의 과실을 바로잡지 못한 죄로 파척을 청하다.(『宣祖實錄』 선조30. 『集成』22-381)/ 領議政 柳成龍 등이 왕의 뜻을 중국에 전하라는 재촉에 再考를 당부하다./ 부제학 申湜 등이 대간이 논열을 완만히 한 죄로 체차를 청하다./ 玉堂이 宮眷을 피난시키는 잘못에 관한 차자를 올리다.(『宣祖實錄』 선조30. 『集成』22-383) 6.26. 헌납 李尙信이 承政院의 單子 捧入과 江華의 轎馬와 人夫 문제 등을 아뢰다./ 備邊司가 張參議에게 水營의 현황을 보고하고 朝鮮의 戰船에도 字號를 붙이도록 아뢰다.(『宣祖實錄』 선조30. 『集成』22-384)/ 備邊司가 水軍의 여러 부대를 바다에 나가게 하여 威勢를 삼도록 아뢰다.(『宣祖實錄』 선조30. 『集成』22-385)/ 충청도 전 도사 李時言이 秋風嶺에 주둔하고 軍糧의 공급대책을 요청하다.(『宣祖實錄』 선조30. 『集成』22-386) 6.27. 대사간 李希得 등이 言官의 책임을 다하지 못한 죄로 파척을 청하다./ 지평 吳百齡이 言官의 직분을 다했을 뿐인 李希得과 李尙信의 出仕를 명하도록 아뢰다.(『宣祖實錄』 선조30. 『集成』22-388) 6.28. 접반사 尹泂이 吳總兵이 이미 國王과 王子女의 피난소식을 들어 알고 있음을 아뢰다.(『宣祖實錄』 선조30. 『集成』22-389)/ 備邊司가 宜寧에 진격하려던 倭船을 공격한 일로 吳總兵이 불만을 나타냈음을 아뢰다./ 元均이 드디어 加德島 앞바다로 향했음을 都元帥 權慄이 狀啓하다.(『宣祖實錄』 선조30. 『集成』22-390)/ 都元帥 權慄이 總兵이 丹溪에 왔다는 말로 중국 將帥들의 의도를 탐지하다.(『宣祖實錄』 선조30. 『集成』22-391) 6.29. 備邊司가 審國胤이 上이 자신을 접견하지 않은데 불만을 나타냈음을 아뢰다./ 정언 成以文이 접반사를 高官으로 차임하고, 용렬한 고부 군수 元墠를 체차하도록 아뢰다.(『宣祖實錄』 선조30. 『集成』22-392)/ 지평 吳百齡이 宮眷의 피난 관련자의 파직을 청하자, 上이 피난을 체념하다.(『宣祖實錄』 선조30. 『集成』22-393)/ 上이 審國胤을 접견하다.(『宣祖實錄』 선조30. 『集成』22-394)/ 慶尙道 都體察使 李元翼이 加德島·安骨浦에서의 전황을 보고하다.(『宣祖實錄』 선조30. 『集成』22-396) 6.30. 上이 備忘記로 중국군의 糧餉에 후회하지 않도록 전교하다./ 承文院이 咨文이 졸렬하여 오해를 불러일으키니 刑軍門에게 보내지 않도록 아뢰다.(『宣祖實錄』 선조30. 『集成』22-397) 6.-. 明副總兵 楊元이 漢城에서 남하하여 전라도 全州를 거쳐 南原城 방어에 임했다.(『乱中雑錄』 6.13조·懲悲録) 7.1. 上이 貞陵洞 行宮에 있다.(『宣祖實錄』 선조30. 『集成』22-398)/ 提督 麻貴가 군사를 이끌고 서울로 들어오다./ 賊이 水軍을 습격하여 깨뜨리니 元均과 李億祺, 崔湖가 戰死하다.(『宣祖修正實錄』 선조30. 『集成』27-207) 7.3. 상이 도독 魔鬼를 慕華館에서 영접하다./ 司憲府가 건의한 任國老·柳思瑗·南忠元의 인사문제를 상이 재가하다.(『宣祖實錄』 선조30. 『集成』22-398) 7.4. 상이 南別宮으로 거둥하여 도독 麻貴에게 감사의 뜻을 표하고 계책을 묻다.(『宣祖實錄』 선조30. 『集成』22-399) 7.5. 承政院이 명나라 군사의 범죄를 의법 처리하겠다는 도독의 전갈을 보고하다.(『宣祖實錄』 선조30. 『集成』22-401)/ 訓練都監이 아뢴 중국군의 진법과 물품에 대하여 그 장점만을 선택하여 익히는 대비책을 재가하다.(『宣祖實錄』 선조30. 『集成』22-402)/ 備邊司가 건의한 양군의 연락 체계와 남원성 축조를 재가하다.(『宣祖實錄』 선조30. 『集成』22-403)/ 체포, 압송되는 沈遊擊을 예우하는 방법에 관한 備邊司의 건의를 재가하다.(『宣祖實錄』 선조30. 『集成』22-404) 7.6. 피폐해진 文川과 順天 두 고을의 수령 임명에 대한 司諫院의 건의를 재가하다.(『宣祖實錄』 선조30. 『集成』22-405)

일본

7.7. 司諫院이 承文院 次知 提調의 추고, 閔說의 체차, 兪春陽의 파직을 건의하다.(『宣祖實錄』 선조30. 『集成』22-405)

7.8. 태학생들이 올린 문묘 중수용 米幣의 군량 전용을 재고해 달라는 상소를 해사에 내려 의논하라고 이르다.(『宣祖實錄』 선조30. 『集成』 22-406)

7.9. 수원 판관 조발의 파직과 함양 군수 원경심의 교체를 司諫院이 건의를 재가하다./ 備邊司가 문묘 중수용 米幣의 군량 전용을 재고해 달라는 태학생들의 상소를 받아들이자고 하여 재가하다.(『宣祖實錄』 선조30. 『集成』22-407)/ 상이 양 총병의 사처에 거둥하여 迎慰禮를 행하고 군사기밀을 의논하다.(『宣祖實錄』 선조30. 『集成』22-408)

7.10. 備邊司의 건의대로 원균에게 후퇴하지 말고 적을 공격할 것을 명령하다.(『宣祖實錄』 선조30. 『集成』22-410)

7.11. 司憲府가 영광 군수 金尙寯의 파직과 초관 李應順·韓承咸의 치죄를 건의하다./ 司諫院이 실록의 복사와 회령 판관 李馨元의 교체를 건의하다.(『宣祖實錄』 선조30. 『集成』22-411)

7.12. 상이 慕華館에 거둥하여 蕭應宮을 영접하고 위로하다./ 備邊司가 李用淳의 장계 내용을 보고하고 대책을 건의하다.(『宣祖實錄』 선조30. 『集成』22-412)

7.14. 아군이 적선 10여 척을 포획한 것을 都體察使 李元翼이 치계하다.(『宣祖實錄』 선조30. 『集成』22-413)

7.16. 備邊司가 국난 타개를 백성들에게 호소하는 교서를 반포할 것을 건의하다.(『宣祖實錄』 선조30. 『集成』22-413)/ 상이 陳愚衷의 사처에 거둥하여 접견례를 행하다.(『宣祖實錄』 선조30. 『集成』22-414)

7.19. 司諫院이 놀고먹는 각 도 군관과 전함 수령·邊將의 규찰 및 동원을 건의하다.(『宣祖實錄』 선조30. 『集成』22-414)/ 중국군 접대에 풍악 사용을 막지 못한 관원들의 추고를 司憲府가 건의하였으나 윤허하지 않다.(『宣祖實錄』 선조30. 『集成』22-415)

7.20. 상이 광화문 밖에 거둥하여 중국군 장수들을 접견하다.(『宣祖實錄』 선조30. 『集成』22-416)

7.21. 李元翼의 증원권 요청에 대한 치계를 비변사가 회계하여 윤허하다.(『宣祖實錄』 선조30. 『集成』22-416)

7.22. 선전관 金軾이 閑山의 사정을 탐지하고 돌아와서 보고하다./ 원균이 지휘한 수군의 패배에 대한 대책을 備邊司 당상들과 논의하다.(『宣祖實錄』 선조30. 『集成』22-417)/ 趙濈·李舜臣·權俊에게 관직을 제수하다.(『宣祖實錄』 선조30. 『集成』22-421)

7.23. 備邊司에게 충청도와 경기도의 방비를 당부하는 비망기를 내리다./ 司憲府가 황주 판관 金止男의 교체와 대국민 담화문의 필요성을 건의하다.(『宣祖實錄』 선조30. 『集成』22-422)

7.24. 전라도 관찰사 朴弘老의 교체를 備邊司에 지시하다.(『宣祖實錄』 선조30. 『集成』22-423)

7.25. 수로를 통한 왜군의 진격을 막을 대책을 중국측과 협의하도록 지시하다./ 都元帥 권율이 치계한 삼도 수사의 통제사 원균에 대한 항명 사실을 기록해 두도록 지시하다.(『宣祖實錄』 선조30. 『集成』22-423)

7.26. 都元帥 권율이 한산도의 군사 상황을 보고하고 이순신의 파견을 건의하다.(『宣祖實錄』 선조30. 『集成』22-424)

7.27. 비망기로 우승지 禹俊民에게 전교하여 종묘, 사직, 명산, 대천에 두루 제사하고 기도하도록 지시하다.(『宣祖實錄』 선조30. 『集成』22-424)/ 司諫院이 시종신을 한산도에 파견하여 변장을 살피고 군졸들의 마음을 위로해 줄 것을 건의하다.(『宣祖實錄』 선조30. 『集成』22-425)

7.28. 상이 劉天秩의 사처에 가서 접견하고 그의 형세 판단을 듣다.(『宣祖實錄』 선조30. 『集成』22-425)/ 權慄이 晉州 牧使 羅廷彦의 치보를 보고하고 조정의 처치를 요청하다.(『宣祖實錄』 선조30. 『集成』22-427)

7.29. 대신, 備邊司 당상, 三司의 관원들과 적의 진격에 대한 방책을 논의하다.(『宣祖實錄』 선조30. 『集成』22-427)/ 宣諭 御使 任蒙正이 수행해야 할 임무를 備邊司가 상론하다.(『宣祖實錄』 선조30. 『集成』22-431)

8.1. 상이 정릉동 행궁에 있다./ 司諫院이 관직을 도피하는 무반 당상관의 징계 등을 건의하다.(『宣祖實錄』 선조30. 『集成』22-431)/ 賊이 安陰의 黃石山城을 함락시키니 郭䞭과 趙宗道가 戰死하다.(『宣祖修正實錄』 선조30. 『集成』27-207)

8.4. 承政院이 임금에게 중국 장수들과 만나 방어책을 논의할 것을 건의하다.(『宣祖實錄』 선조30. 『集成』22-432)/ 접대 도감이 婁國安이 가지고 온 小西行長의 글을 베껴 올리다./ 備邊司가 포수 및 살수의 파견과 江華府의 방비 강화에 대해 논하다.(『宣祖實錄』 선조30. 『集成』22-433)

8.5. 내전의 경호 문제, 중국군의 남방 방어 문제, 서울의 내성 수축 문제를 논의하다.(『宣祖實錄』 선조30. 『集成』22-434)/ 원균을 비롯하여 패주한 장수들의 처벌 문제를 논의하다.(『宣祖實錄』 선조30. 『集成』22-441)

8.6. 總兵 양원과 南原 부사 任鉉 등의 대화 내용을 接伴使 鄭期遠이 치계하다.(『宣祖實錄』 선조30. 『集成』22-442)/ 陪臣 예조 참판 權悏이 중국에 대하여 군자금을 지원해 준 것을 감사하는 표문.(『宣祖實錄』 선조30. 『集成』22-443)

8.7. 좌의정 金應南이 내성 수축 반대의 뜻을 도독 麻貴에게 전하자고 건의하다.(『宣祖實錄』 선조30. 『集成』22-444)/ 경상우도 병사 金應瑞가 적장 豐茂守의 말을 보고하다./ 서울 결사 방어의 뜻을 발표하도록 司憲府가 건의하다.(『宣祖實錄』 선조30. 『集成』22-445)/ 내전이 피난을 준비한다는 소문을 진정시켜 달라고 司諫院이 건의하다.(『宣祖實錄』 선조30. 『集成』22-446)/도독 麻貴가 남산에 올라가 서울의 지형을 살피다.(『宣祖實錄』 선조30. 『集成』22-447)

8.8. 장령 宋駿이 西路의 흉년 상황과 세 가지 민폐에 대해 보고하다.(『宣祖實錄』 선조30. 『集成』22-447)/ 朝官의 家屬들이 피난을 나간다는 소문을 듣고 言官을 질책하다.(『宣祖實錄』 선조30. 『集成』22-448)/ 都體察使 李元翼이 왜군의 晉州 입성을 보고하다./ 柳成龍에게 충청도와 경기도의 군사적 취약지를 방어하도록 지시하다.(『宣祖實錄』 선조30. 『集成』22-449)/ 세자의 남방 방어를 국왕께 아뢰라고 楊經理의 接伴使 李德馨이 치계하다./ 임금 자신이 남방을 방어할 뜻을 피력하다./ 군대의 기강을 엄히 유지하도록 지시할 것을 司憲府가 건의하다.(『宣祖實錄』 선조30. 『集成』22-450)/ 楊經理의 接伴使 李德馨이 싸우려는 의지의 중요성을 강조하다./ 經理 接伴使 李德馨이 조선측의 일처리가 늦는 데 대한 불만을 토로하다.(『宣祖實錄』 선조30. 『集成』22-451)

연도	한국
▲ 1597 ▼	8.9. 도독 마귀를 만나 긴밀한 협력 체제를 수립할 것을 承政院이 건의하다./ 承政院에 전교하여 도독 麻貴와 만나 상의할 문제들을 미리 준비하기로 하다.(『宣祖實錄』 선조30.『集成』22-452)/ 司憲府가 사대부들의 피난을 적발하지 못한 책임을 지고 사의를 표하다.(『宣祖實錄』 선조30.『集成』22-453)/ 상이 司諫院이 사대부들의 피난을 논계하지 못한 책임을 지고 사의를 표하다./ 掌令 宋駿, 持平 吳百齡이 言官의 출사를 건의하여 허락받다.(『宣祖實錄』 선조30.『集成』22-454)/ 상이 南別宮에 행행하여 도독 麻貴를 접견하고 그의 한강 방어 계획을 확인하다.(『宣祖實錄』 선조30.『集成』22-455) 8.10. 나인들과 어린 왕자들을 먼저 피난시키자는 뜻을 전교하다.(『宣祖實錄』 선조30.『集成』22-455)/ 備邊司가 서울을 빠져 나가려는 사대부들을 규찰하여 처벌하자고 건의하다.(『宣祖實錄』 선조30.『集成』22-456) 8.11. 舊義復讎軍廳이 소속 군사들의 도피를 엄중하게 처벌하겠다고 보고하다.(『宣祖實錄』 선조30.『集成』22-456) 8.12. 상이 비망기로 承政院에 나인과 어린 왕자들을 해주로 피신시키도록 지시하다./ 왕자의 보호를 위해 재상과 대신을 딸려 보내는 문제를 비변사에서 논의하도록 지시하다./ 임금이 築城에 대해 비판적인 견해를 피력하다.(『宣祖實錄』 선조30.『集成』22-457)/ 備邊司가 군사의 모집과 편성에 대하여 보고하다./ 司憲府가 왕자와 나인을 대피시키라는 지시를 철회해 달라고 건의하다.(『宣祖實錄』 선조30.『集成』22-458)/ 承政院이 왕자와 나인을 대피시키라는 지시를 철회해 달라고 건의하다.(『宣祖實錄』 선조30.『集成』22-459)/ 弘文館이 왕자와 나인을 대피시키라는 지시를 철회해 달라고 상차하다.(『宣祖實錄』 선조30.『集成』22-460)/ 충청도 관찰사 丁允祐가 왜군의 宜寧 진입과 아군의 상황을 보고하다.(『宣祖實錄』 선조30.『集成』22-462) 8.13. 司憲府가 상경하지 않는 무반 당상들을 잡아들여 추국할 것을 건의하다.(『宣祖實錄』 선조30.『集成』22-462)/ 兩司가 合啓하여 후궁과 왕자들의 피난을 중지시킬 것을 간하다.(『宣祖實錄』 선조30.『集成』22-463) 8.14. 司憲府가 가족을 피난시킨 관원들의 처벌과 전황 전달, 체계의 정비 등을 건의하다.(『宣祖實錄』 선조30.『集成』22-464)/ 내전의 안전에 대한 방책을 세우도록 備邊司에 이르다.(『宣祖實錄』 선조30.『集成』22-465)/ 承政院왕자와 나인을 대피시키는 문제에 대하여 재고를 간청하다.(『宣祖實錄』 선조30.『集成』22-466)/ 兩司가 合啓하여 후궁과 왕자들의 피난을 중지시킬 것을 간하다.(『宣祖實錄』 선조30.『集成』22-467)/ 弘文館이 후궁과 왕자들의 피난을 중지시킬 것을 上箚하다.(『宣祖實錄』 선조30.『集成』22-468) 8.15. 接伴使 張雲翼이 召對를 청하여 도독 麻貴와 나눈 밀담 내용을 보고하다.(『宣祖實錄』 선조30.『集成』22-469)/ 兩司가 合啓하여 왕자와 후궁의 피난을 중지시킬 것을 간하다.(『宣祖實錄』 선조30.『集成』22-473) 8.16. 司憲府가 가족을 피난시킨 관원들의 징계 등을 건의하다.(『宣祖實錄』 선조30.『集成』22-474) 8.17. 金信元에게 전교하기를 투항한 왜병으로서 적병을 죽였거나 역전한 자들에 대한 포상을 지시하다.(『宣祖實錄』 선조30.『集成』22-475) 8.18. 왜적에게 남원성이 함락당하고 楊副總을 비롯하여 10여 명만이 살아 돌아오다./ 領敦寧府事 李山海 등이 召對를 청하여 南原城 함락 이후의 사태를 논의하다.(『宣祖實錄』 선조30.『集成』22-476)/ 해전에서 도망친 장수들을 참형에 처하도록 司憲府가 건의하다.(『宣祖實錄』 선조30.『集成』22-479) 8.19. 平壤에 주둔해 있는 楊經理가 서울로 오지 않도록 자문을 보내라고 지시하다./ 상이 遊擊 擢賽의 거처에 행행하여 다례를 행하고 禮單을 증정하다.(『宣祖實錄』 선조30.『集成』22-480)/ 내성 수축, 중국군 순시, 군량 보관 등의 문제에 대해 비망기로 전교하다.(『宣祖實錄』 선조30.『集成』22-481)/ 司憲府가 承政院의 근무 태만을 탄핵하고, 관원의 병가 금지 등을 건의하다.(『宣祖實錄』 선조30.『集成』22-482)/ 이보다 앞서 8월 18일에 전라도 全州를 수비하는 明将 陳愚衷이 성을 버리고 도망했다. 이날 ,小西行長을 선봉으로 삼아 日本軍이 全州를 함락시켰다.(『乱中雑録』 同日条·8.17条) 8.20. 司憲府가 임금이 도독을 직접 만나 남원의 패배를 위로할 것을 건의하다.(『宣祖實錄』 선조30.『集成』22-483) 8.21. 司憲府가 남원 부윤 朴慶新의 처벌, 束伍軍 장관들의 처벌 등을 건의하다.(『宣祖實錄』 선조30.『集成』22-483)/ 司諫院이 피난 간 도성 백성들에 대한 적극적 설득 및 朴慶新의 처벌을 건의하다.(『宣祖實錄』 선조30.『集成』22-485) 8.24. 남대문 밖에서 副總 楊元을 맞아 부상을 위로하다./ 예조의 건의를 좇아 전사한 중국군을 위해 합동 제사를 지내기로 하다./ 楊經理에게 회답할 내용을 備邊司가 보고하다.(『宣祖實錄』 선조30.『集成』22-486) 8.25. 副總 李芳春의 거처에 거둥하여 접견하다.(『宣祖實錄』 선조30.『集成』22-487) 8.27. 南別宮에 거둥하여 도독 麻貴의 제독 승진을 축하하고 왜적의 상황을 묻다.(『宣祖實錄』 선조30.『集成』22-488)/ 司憲府가 척후할 선전관의 파견, 감사 丁允祐의 교체, 振威縣令 鄭應鐸의 파직을 건의하다.(『宣祖實錄』 선조30.『集成』22-489)/ 상이 별전에 나아가 周千擄을 접견하여 예단을 증정하다./ 관직을 버리고 피난한 관원과 아전들의 엄중한 처벌을 備邊司가 건의하다.(『宣祖實錄』 선조30.『集成』22-490)/ 기동 타격군의 창설, 한강 상류의 방비 점검 등을 司憲府가 건의하다.(『宣祖實錄』 선조30.『集成』22-491) 8.29. 司諫院 이품관을 향소로 삼아 수령을 보좌하게 하고, 아군의 승전보를 즉시 중국측에 알릴 것을 간하다.(『宣祖實錄』 선조30.『集成』22-492) 9.1. 상이 정릉동 행궁에 있다./ 비망기로 중국 측의책망에 대한 불만을 토로하여 備邊司에 말하게 하다./ 경상도 관찰사 李用淳이 黃石 山城의 함락 상황을 보고하다.(『宣祖實錄』 선조30.『集成』23-1)/ 體察使·都元帥·巡察使에게 순절한 자와

일본

도주한 자의 실정을 보고하도록 하다.(『宣祖實錄』 선조30.『集成』23-2)/ 賊이 南原을 함락시키니 楊元이 도망쳐 돌아왔으나 후에 중국에서 죽이다.(『宣祖修正實錄』 선조30.『集成』27-208)/ 經理 楊鎬가 副總兵 解生 등을 시켜 賊兵을 稷山에서 크게 격파하다.(『宣祖修正實錄』 선조30.『集成』27-209)/ 統制使 李舜臣이 珍島 碧波亭 아래에서 賊을 격파하여 倭將을 죽이다.(『宣祖修正實錄』 선조30.『集成』27-210)

9.2. 사실 무근의 일을 가지고 책망하는 중국 측의 자문에 대한 대처 방안을 備邊司가 아뢰다.(『宣祖實錄』 선조30.『集成』23-2)/ 戶曹가 각 도의 군량 확보 상황을 보고하다.(『宣祖實錄』 선조30.『集成』23-3)/ 經理 接伴使 李德馨이 按察 소응궁의 강화 협박 사실을 보고하다./ 總督經畧軍門 및 經理朝鮮軍務都察院에 南原 함락을 보고하는 자문을 보내다.(『宣祖實錄』 선조30.『集成』23-4)

9.3. 상이 왕위 사퇴의 뜻을 주달해 달라는 글을 손수 작성하다.(『宣祖實錄』 선조30.『集成』23-5)/ 完城君 李憲國이 經理 양호를 영접하는 절차와 태도에 대해 건의하다.(『宣祖實錄』 선조30.『集成』23-6)

9.5. 兩司가 사퇴의 뜻을 철회하도록 간청하다.(『宣祖實錄』 선조30.『集成』23-7)/ 副提學 申湜 등이 왕의 사퇴하려는 뜻을 철회하도록 만류하다.(『宣祖實錄』 선조30.『集成』23-8)/ 상이 別殿에 나아가 楊經理를 접견하고 중국 병사를 파견하여 성원해 줄 것을 요청하다.(『宣祖實錄』 선조30.『集成』23-9)/ 제독 麻貴를 別殿에서 접견하고 전략을 의논하다./ 함경도 관찰사 宋言愼이 兵馬를 거느리고 오다.(『宣祖實錄』 선조30.『集成』23-10)/ 충청도 防禦使 朴名賢이 恩津·礪山 등지에서 적과 접전했음을 보고하다./ 經理 接伴使 李德馨이 양호와 나눈 이야기 내용을 보고하다.(『宣祖實錄』 선조30.『集成』23-11)/ 전라도 감사로 하여금 本道로 돌아와 복무하도록 지시하다.(『宣祖實錄』 선조30.『集成』23-12)

9.6. 楊經理가 임금의 사퇴를 만류하는 회답을 보내다./ 충청도 防禦使 朴名賢이 왜적의 침입과 아군의 대응 상황을 보고하다.(『宣祖實錄』 선조30.『集成』23-13)/ 經理 接伴使 李德馨이 양호와 나눈 이야기 내용을 보고하다.(『宣祖實錄』 선조30.『集成』23-14)

9.7. 司憲府가 도망한 수령 및 金應瑞의 처벌과 왕자의 支供을 줄일 것을 건의하다.(『宣祖實錄』 선조30.『集成』23-15)/ 副提學 申湜 등이 箚子를 올려 임금이 사퇴의 뜻을 철회하도록 간청하다.(『宣祖實錄』 선조30.『集成』23-16)/ 都元帥 權慄이 別將 韓明璉의 전공을 보고하다.(『宣祖實錄』 선조30.『集成』23-17)

9.8. 前府使 曹好益의 의병 활동에 대해 備邊司가 보고하다.(『宣祖實錄』 선조30.『集成』23-17)/ 稷山부근에서 중국군이 올린 전과를 接待都監이 보고하다./ 慶尙 右兵使 金應瑞가 金海 府使 白士霖을 구한 항왜 沙白口의 포상을 건의하다.(『宣祖實錄』 선조30.『集成』23-18)

9.9. 提督接伴使 張雲翼이 稷山 전투의 상황을 보고하다./ 接伴官 申忠一 이 書契하여 稷山 전투의 상황을 보고하다.(『宣祖實錄』 선조30.『集成』23-20)/ 弘文館이 임금이 무장을 갖추고 한강에서 군사를 사열할 것을 아뢰다./ 大司成 金宇顒이 한강 방어의 계책을 아뢰다.(『宣祖實錄』 선조30.『集成』23-21)/ 體察副使 韓孝純이 염탐한 적의 상황을 보고하다.(『宣祖實錄』 선조30.『集成』23-22)

9.10. 李慶濬에게 정예병을 증파하여 중국군을 지원할 것을 掌令 李鐵이 건의하다./ 제독 麻貴를 접견하고 내전의 피난을 도와 준 일에 사의를 표하다.(『宣祖實錄』 선조30.『集成』23-23)/ 상이 李副摠의 거처에 거동하여 내전의 피난을 도와 준 일에 사의를 표하다.(『宣祖實錄』 선조30.『集成』23-25)/ 都體察使 李元翼이 창원과 옥천에서 아군이 올린 전과를 보고하다.(『宣祖實錄』 선조30.『集成』23-28)

9.11. 楊經理가 수원에 간다는 소식을 듣고 속히 거동할 준비를 갖추라고 지시하다./ 각 도의 징병을 동원하여 모든 창고들을 숙직하면서 지키도록 하다.(『宣祖實錄』 선조30.『集成』23-28)/ 京畿 防禦使 柳濂이 지키던 無限山城의 창고와 기계를 불사르고 도망하다./ 상이 楊經理를 따라갈 뜻을 承政院에 전교하다./ 임금의 거동이 피난이 아님을 만나는 백성들에게 설명하도록 지시하다.(『宣祖實錄』 선조30.『集成』23-29)/ 備邊司가 楊經理가 서울로부터 병력을 철수시키는 것 같다는 보고를 올리다.(『宣祖實錄』 선조30.『集成』23-30)/ 우리 측이 副總 楊元의 구명 운동을 벌이는 것에 대해 楊經理가 힐난하다./ 兩西의 징병으로 행궁과 식량을 지키도록 하자고 體察使가 아뢰다./ 한강 연안의 나무를 벌채해 뗏목을 이용한 적의 도강을 막기로 하다.(『宣祖實錄』 선조30.『集成』23-31)

9.12. 대신들이 수원으로 가는 경리 양호를 직접 만류해 볼 것을 건의하다.(『宣祖實錄』 선조30.『集成』23-32)/ 楊經理가 銅雀津으로 행차해 서울 고수의 의지를 보이다.(『宣祖實錄』 선조30.『集成』23-34)/ 忠淸道 兵使 李時言이 懷德에서 전공을 세우다.(『宣祖實錄』 선조30.『集成』23-37)

9.13. 경기 수사의 한강 방어, 함경 감사의 본도 귀환을 명하다./ 종묘,사직의 봉환, 중전 호위 인원의 감축, 竹山, 利川 의 방어를 司憲府가 아뢰다.(『宣祖實錄』 선조30.『集成』23-37)/ 司諫院이 權慄로 하여금 陽智와 竹山 등의 길을 지키도록 하자고 건의하다.(『宣祖實錄』 선조30.『集成』23-38)/ 동궁이 서울로 돌아오는 것을 備邊司가 반대하다.(『宣祖實錄』 선조30.『集成』23-39)/ 상이 別殿에 나아가 都元帥 權慄을 인견하고 적의 형세에 관해 논의하다.(『宣祖實錄』 선조30.『集成』23-40)/ 京畿 監司 洪履祥이 중전과 동궁의 피난 상황에 관해 보고하다.(『宣祖實錄』 선조30.『集成』23-42)

9.14. 상이 楊副摠의 하처에 거동하여 접견하고 예단으로 위로하다.(『宣祖實錄』 선조30.『集成』23-42)/ 동궁의 소환을 備邊司로 하여금 다시 의논하게 하다.(『宣祖實錄』 선조30.『集成』23-44)/ 남쪽 지방에서 온 피난민들을 군사로 활용하자고 備邊司가 건의하다./ 왜적이 安城을 노략질하고 竹山을 침범하다.(『宣祖實錄』 선조30.『集成』23-45)/ 楊經理가 우리측에 보낸 자문./ 중국의 兵部尙書 邢玠가 보낸 우리측을 질책하는 내용의 자문.(『宣祖實錄』 선조30.『集成』23-46)

9.15. 서울에 남아 있는 여인과 아동들을 救恤하는 문제에 대해 承政院이 건의하다.(『宣祖實錄』 선조30.『集成』23-47)/ 備邊司가 동궁의 소환에 찬성하다./ 왜군이 철수하는 까닭에 관해 備邊司 당상들과 논의하다.(『宣祖實錄』 선조30.『集成』23-48)

9.16. 왜군의 갑작스러운 퇴각이 사실인지의 여부를 확인하도록 지시하다./ 중국군이 참획한 적군의 개략적인 수효를 經理伺候郎廳이 보고하다.(『宣祖實錄』 선조30.『集成』23-50)/ 遊擊 沈維敬을 협상대표로 보내는 것에 대해 좌의정 金應南이 의문을 제기하다.(『宣祖實錄』 선조30.『集成』23-51)/ 중국군이 왜적을 추격하고 있다고 接待都監이 보고하다.(『宣祖實錄』 선조30.『集成』23-52)

9.17. 司憲府가 洪汝諄·趙正立·李愃·閔善·洪慶臣의 처벌과 종묘·사직의 봉환을 건의하다.(『宣祖實錄』 선조30.『集成』23-52)

연도	한국
▲ 1597 ▼	9.18. 중국 병부가 經理를 통해 보낸 제본에 대한 회답 내용을 備邊司가 건의하다./ 鎭川의 왜군이 이미 형강을 떠났음을 接待都監이 보고하다.(『宣祖實錄』 선조30. 『集成』23-53)/ 충청 관찰사 丁允祐가 병사 李時言의 보고를 장계하다.(『宣祖實錄』 선조30. 『集成』23-54) 9.19. 상이 慕華館에 거둥하여 副總兵 李如梅를 영접하고 위문하다.(『宣祖實錄』 선조30. 『集成』23-54)/ 중국군이 저지른 폐단을 밀고하라는 楊經理의 제안을 받아들이지 않다.(『宣祖實錄』 선조30. 『集成』23-55) 9.20. 패장 楊元과 陳愚衷를 처벌하라는 중국 조정의 지시를 都察院이 받아 발표하다./ 상이 한강 상류에서 군대를 사열하고 음식을 상으로 주다.(『宣祖實錄』 선조30. 『集成』23-56)/ 接待都監이 왜군을 추격하는 중국군의 전과를 보고하다./ 충청 병사 李時言이 휘하 부대의 작전 상황을 보고하다./ 欽差副都御史가 우리측에 보낸 자문이다.(『宣祖實錄』 선조30. 『集成』23-57) 9.21. 蕭按察과 楊副摠을 전송하려 하였으나 보지 못하다./ 상이 茅遊擊의 객관에 거둥하여 접견하다.(『宣祖實錄』 선조30. 『集成』23-64) 9.22. 비망기로 왜군이 경기·충청도에서 후퇴한 후의 수습책을 承政院에 전교하다.(『宣祖實錄』 선조30. 『集成』23-65)/ 承政院에 전교하여 習陣과 武士 試才를 준비하도록 지시하다./ 接待都監 관원 및 후궁을 수행한 재신을 추고할 것을 司諫院이 건의하다.(『宣祖實錄』 선조30. 『集成』23-66)/ 定遠君 李琈, 海嵩尉 尹新之 등을 추고하자는 司憲府의 청을 들어주지 않다.(『宣祖實錄』 선조30. 『集成』23-67) 9.23. 解由하지 않은 자를 수령에 임명하지 않는 원칙을 계속 지키도록 하다./ 도망친 五衛將 李仁濟를 체포하여 심문하도록 하다.(『宣祖實錄』 선조30. 『集成』23-68)/ 李副摠의 하처에 거둥하여 위로하다.(『宣祖實錄』 선조30. 『集成』23-69) 9.25. 전라 병사 吳應台, 兵·戶曹 당상 및 낭청의 처벌과 태인 현감 金義直의 교체를 司諫院이 아뢰다.(『宣祖實錄』 선조30. 『集成』23-69) 9.26. 중국 관원을 배행하는 正言 呂祐吉의 後任者를 뽑도록 허락하다.(『宣祖實錄』 선조30. 『集成』23-70) 9.27. 직무를 유기하고 도망간 관원들의 처벌, 가옥 훼철의 금지, 任實 縣監 慶宗智의 교체를 司憲府가 아뢰다./ 종묘, 사직의 신주들을 內官 方俊豪의 집에 임시로 모시기로 하다.(『宣祖實錄』 선조30. 『集成』23-71) 9.27. 鄭希得이 전라도 靈光 七山島 해안에서 蜂須賀家政의 水軍將 森忠村에 붙잡혔다. 11월26일, 100여명の俘虜와 함께 일본에 보내졌다.(『月峯海上錄』) 9.28. 상이 遊擊 牛伯英 의 하처에 거둥하여 선물을 주다.(『宣祖實錄』 선조30. 『集成』23-72) 9.29. 충청도 관찰사로 임명된 金信元을 인견하고 격려하다.(『宣祖實錄』 선조30. 『集成』23-72) 10.1. 상이 정릉동 행궁에 있다./ 상이 別殿에 나가 同知 鄭文彬을 접견하다.(『宣祖實錄』 선조30. 『集成』23-73)/ 비망기로 일러 李挺男을 승진시키다./ 전라도 지역의 장계를 가지고 온 校生 王宗伯에게 관직을 주기로 하다.(『宣祖實錄』 선조30. 『集成』23-76)/ 提督 麻貴가 李如梅를 후원하다가 南原에 갔다가 돌아오다.(『宣祖修正實錄』 선조30. 『集成』27-210) 10.2. 적에게 사로잡힌 南忠元과 申澤의 가족을 구출해 보도록 지시하다./ 제독 麻貴의 자문에 회답할 내용을 備邊司와 논하다.(『宣祖實錄』 선조30. 『集成』23-77)/ 사로잡힌 왜적 한 사람이 실토한 적의 내부 사정을 接伴使 張雲翼이 보고하다./ 經理 接伴使 李德馨이 군량 조달에 관하여 경리에게 稟帖을 보내다.(『宣祖實錄』 선조30. 『集成』23-78)/ 戶曹가 강원도와 경상도의 금년분 조세를 거두어들이는 방법을 건의하다.(『宣祖實錄』 선조30. 『集成』23-79)/ 전공을 많이 세운 충청 병사 李時言에게 가자하다.(『宣祖實錄』 선조30. 『集成』23-80)/ 중국군 장수들이 사로잡은 왜적을 활쏘기의 표적으로 삼아 죽인다고 接待都監이 아뢰다./ 兵曹가 군마를 먹일 양초의 조달 방법을 건의하다.(『宣祖實錄』 선조30. 『集成』23-81)/ 충청 병사 李時言이 적과의 접전 상황과 전과를 장계로 보고하다./ 전라 감사 黃愼이 助防將 金彦恭의 전과를 장계로 보고하다./ 都元帥 權慄이 龍仁 현령이 올린 전과를 장계로 보고하다./ 陽城 현감이 왜적 1명을 사로잡았음을 영의정 柳成龍이 장계로 보고하다.(『宣祖實錄』 선조30. 『集成』23-82)/ 충청 병사 二身언이 比安 현감 柳沃의 전과를 보고하다./총독 邢玠에게 보낸 자문.(『宣祖實錄』 선조30. 『集成』23-83) 10.3. 부상당한 韓明璉을 내의로 하여금 치료하게 하다./ 상이 遊擊 頗貴의 관사에 나아가 접견하고 위로하다.(『宣祖實錄』 선조30. 『集成』23-85)/ 충청 병사 李時言이 사로잡은 왜적 福田勘介의 공초.(『宣祖實錄』 선조30. 『集成』23-88)/ 福田勘介에게 더 물어볼 내용과 그 후의 처리를 지시하다./ 경주와 대구 지방에 파견할 중국군의 군량 조달에 대한 대책을 備邊司가 아뢰다.(『宣祖實錄』 선조30. 『集成』23-89) 10.4. 接伴使 李德馨이 楊經理를 만나 나눈 이야기를 從事官을 시켜 보고하다.(『宣祖實錄』 선조30. 『集成』23-90)/ 포로 福田勘介를 우리 편으로 만들어 보도록 지시하다.(『宣祖實錄』 선조30. 『集成』23-92) 10.5. 正言 李爾瞻 등이 上護軍 趙儆, 中軍 趙誼와 尹湛, 司藝 權春蘭의 처벌을 청하다.(『宣祖實錄』 선조30. 『集成』23-92) 10.6. 사로잡은 왜적 福田勘介를 처형하다./ 經理 接伴使가 호남의 왜적을 추격할 중국군 장수들의 명단을 보고하다./(『宣祖實錄』 선조30. 『集成』23-93)/ 兵部尙書 邢玠가 천자의 뜻을 받들어 보낸 자문과 그에 대한 회답이다.(『宣祖實錄』 선조30. 『集成』23-93) 10.7. 정탐을 자원했던 朴仁義와 郭忠武의 보고를 받고 포상을 지시하다./ 왕세자가 서울로 돌아오다./ 진격하러 내려가는 중국 장수에 우리 장수들을 딸려 보내도록 지시하다.(『宣祖實錄』 선조30. 『集成』23-98)/ 軍功帖을 속히 만들어 충청도와 전라도 감사에게 보내도록 지시하다./ 중국 장수들이 군사를 거느리고 남쪽으로 내려가다.(『宣祖實錄』 선조30. 『集成』23-99)

일본

10.8. 자신을 허물하는 교서를 전라도와 충청도의 백성들에게 내리다.(『宣祖實錄』 선조30. 『集成』23-99)/ 陳文亮에게 회답의 편지를 보내다.(『宣祖實錄』 선조30. 『集成』23-101)

10.9. 각 兵陣에서 올린 장계에 기록된 군공에 대해 의심의 뜻을 표하다.(『宣祖實錄』 선조30. 『集成』23-101)/ 司諫院의 청에 따라 延安 부사 柳永吉을 교체하고, 興寧君 이수전을 추고하다.(『宣祖實錄』 선조30. 『集成』23-102)/ 溫陽 군수로서 도망쳤던 남절을 빨리 처단하도록 備邊司에 지시하다./ 제독 麻貴의 남행에 따른 문제들을 接伴使에게 문도록 지시하다./ 남행하는 중국 장수들을 문밖에서 전송할 준비를 갖추도록 지시하다.(『宣祖實錄』 선조30. 『集成』23-103)/ 중국군의 남행에 따른 군량 조달 등의 문제들을 논의하다.(『宣祖實錄』 선조30. 『集成』23-104)

10.10. 상이 숭례문 밖에 나가 제독 麻貴를 전송하다.(『宣祖實錄』 선조30. 『集成』23-105)/ 趙儆이 행군할 때 머뭇거린 것이 사실임을 備邊司가 아뢰다.(『宣祖實錄』 선조30. 『集成』23-108)

10.11. 관곡과 처자를 배에 싣고 도망친 全羅 左虞候 李夢龜를 처단하기로 하다.(『宣祖實錄』 선조30. 『集成』23-108)/ 同知 陳登의 하처에 나아가 접견하고, 이어 楊遊擊을 접견하다.(『宣祖實錄』 선조30. 『集成』23-109)

10.12. 慶尙 右水使乎를 제수받은 李應彪를 패장이라 하여 교체하라고 지시하다.(『宣祖實錄』 선조30. 『集成』23-114)

10.13. 중국에서 군량 대신 보낸 물건들의 처리 방법을 戶曹가 건의하다./ 都體察使副使 韓應寅이 靈光의 儒生 李洪鍾이 보고 들은 바를 보고하다.(『宣祖實錄』 선조30. 『集成』23-115)/ 전라도 관찰사 黃愼이 관아를 버리고 도망한 수령들에 관해 보고하다.(『宣祖實錄』 선조30. 『集成』23-116)/ 관아를 버리고 도피한 수령들을 등급을 달리하여 처벌하기로 하다.(『宣祖實錄』 선조30. 『集成』23-117)

10.14. 下三道에서 온 피란민들을 구제할 방안을 戶曹가 건의하다./ 상이 중국군의 遊擊 李化龍의 처소로 가 접견하다.(『宣祖實錄』 선조30. 『集成』23-118)/ 경기·황해·평안·함경도의 都體察使가 禿城을 정탐시킨 결과를 보고하다.(『宣祖實錄』 선조30. 『集成』23-120)

10.15. 慶尙 右兵使 金應瑞의 건의대로 權濚·曹應仁·朴光先을 포상하기로 하다.(『宣祖實錄』 선조30. 『集成』23-121)

10.16. 전사한 사노비 출신 林環壽의 장례를 관에서 도와 주기로 하다./ 楊經理의 뜻을 받아들여 남방에 즐비한 시체들을 거두어 묻기로 하다.(『宣祖實錄』 선조30. 『集成』23-122)

10.17. 종묘와 사직을 봉환하는 예문에 대해 正言 李爾瞻이 이의를 제기하다.(『宣祖實錄』 선조30. 『集成』23-123)

10.19. 각 도의 體察使·都元帥·兵使·水使에게 선참 후계의 권한을 주자고 正言 李爾瞻이 건의하다.(『宣祖實錄』 선조30. 『集成』23-124)

10.20. 상이 楊經理를 접견하다.(『宣祖實錄』 선조30. 『集成』23-125)/ 持平 南以恭이 호남과 영남을 시찰한 뒤 시무책을 건의하다.(『宣祖實錄』 선조30. 『集成』23-126)/ 적에 사로잡혔다가 도망쳐 나온 金應礪의 공초 내용을 보고받다.(『宣祖實錄』 선조30. 『集成』23-127)

10.21. 중전을 수행한 관원들의 추고 등을 명하다.(『宣祖實錄』 선조30. 『集成』23-128)/ 비망기로 초관 崔挺立의 공개 처형을 명하다./ 전라도 관찰사 黃愼이 왜적을 참획한 군사와 그 전공을 보고하다./(『宣祖實錄』 선조30. 『集成』23-129)/ 제독 接伴使 張雲翼이 중국군의 동정을 보고하다.(『宣祖實錄』 선조30. 『集成』23-130)

10.22. 상이 중국군의 遊擊 安本立의 사처에 거둥하여 접견하다.(『宣祖實錄』 선조30. 『集成』23-131)/ 備邊司가 文愼言의 포상을 건의하다./ 經理 接伴使 李德馨이 구례에서 획득한 왜적의 연락 문서 내용을 보고하다.(『宣祖實錄』 선조30. 『集成』23-135)

10.23. 領議政 柳成龍이 중국에 변명하러 보낼 사신의 조건에 대해 아뢰다.(『宣祖實錄』 선조30. 『集成』23-136)/ 備邊司가 남원에서부터 서울에 이르는 파발을 정상화하는 방안을 건의하다.(『宣祖實錄』 선조30. 『集成』23-137)/ 戶曹參判 鄭光績이 중국군에 대한 군량 조달의 어려움을 보고하다.(『宣祖實錄』 선조30. 『集成』23-138)/ 訓練 都監이 군인들의 휴가를 5번으로 나누어 10일씩 한정하겠다고 하다./ 古云節이 書契하여 왜적을 막아낼 전략을 논하다.(『宣祖實錄』 선조30. 『集成』23-139)

10.24. 상이 慕華館에 거둥하여 중국 황제의 칙서를 받다.(『宣祖實錄』 선조30. 『集成』23-140)/ 우리측의 태도를 질책하는 중국 황제의 칙서이다.(『宣祖實錄』 선조30. 『集成』23-143)/ 자주 사람을 보내 찾아 주는 것을 감사하는 遊擊 장군 李化龍의 편지이다.(『宣祖實錄』 선조30. 『集成』23-144)

10.25. 왕세자 광해군이 楊經理를 만나 나눈 이야기를 侍講院이 보고하다.(『宣祖實錄』 선조30. 『集成』23-145)

10.26. 指揮使 胡汝和가 바친 감사와 위로의 글이다.(『宣祖實錄』 선조30. 『集成』23-145)

10.27. 상이 銅雀陳에 거둥하여 제독 麻貴를 맞아 위로하다.(『宣祖實錄』 선조30. 『集成』23-146)/ 都元帥 權慄로 하여금 호남으로 가 적을 치게 하자고 掌令 李誠이 건의하다.(『宣祖實錄』 선조30. 『集成』23-148)

10.29. 제독 麻貴가 답방하여 군량 조달, 적의 형세에 대한 정탐 등을 부탁하다.(『宣祖實錄』 선조30. 『集成』23-149)

10.30. 상이 同知 왕이길의 거처에 거둥해서 접견하다.(『宣祖實錄』 선조30. 『集成』23-152)/ 군량 조달의 임무를 띠고 파견된 관원의 수효를 줄이기로 하다.(『宣祖實錄』 선조30. 『集成』23-155)

11.1. 상이 정릉동 행궁에 있었다./ 楊經理가 臨海君와를 접견하여 함께 군국의 중요 업무를 논하다.(『宣祖實錄』 선조30. 『集成』23-156)

11.2. 正言 李爾瞻이 嚴思敬의 臟汚罪, 注書의 朝報작성, 호남의 士人 등용책에 대해 논하다.(『宣祖實錄』 선조30. 『集成』23-156)/ 상이 別殿에 나아가 都司 영국윤을 접견, 전공을 기리고 선물을 주다.(『宣祖實錄』 선조30. 『集成』23-157)

11.3. 右議政 李元翼이 명장, 황제의 칙서에서 혐의를 받아 파면을 청하다.(『宣祖實錄』 선조30. 『集成』23-157)

11.4. 司憲府가 전쟁에서의 權慄과 趙儆의 무책, 무능을 탄핵했으나 각하되다.(『宣祖實錄』 선조30. 『集成』23-158)/ 楊經理가 분부하여 명 水兵將 季金이 李舜臣과 수군 행병에 대해 논의하고자 계책을 세우다.(『宣祖實錄』 선조30. 『集成』23-159)

11.5. 正言 李爾瞻이 軍律을 엄히 할 것과 接伴使 수를 줄일 것을 건의하다.(『宣祖實錄』 선조30. 『集成』23-160)

11.6. 司憲府가 權慄과 趙儆을 문책 할 것을 건의했으나 받아들이지 않다.(『宣祖實錄』 선조30. 『集成』23-161)

11.7. 朴慶新의 일을 명장과 함께 숙의, 처리토록 하다.(『宣祖實錄』 선조30. 『集成』23-161)/ 經理 接伴使가 李舜臣 등 조선 장수들의 지체함을

연도	한국
▲ 1597 	꾸짖다.(『宣祖實錄』 선조30.『集成』23-162)/ 司憲府에서 權慄·趙儆 등의 죄, 內官과 別監의 刷馬의 폐단을 논하다.(『宣祖實錄』 선조30.『集成』23-163)/ 備邊司가 李慶濬·高彦伯·鄭起龍 등의 부대를 적절히 배치하여 적과 대응케 할 것을 건의하자 李敬濬보다는 權應銖와 郭再祐가 좋다고 전교하다.(『宣祖實錄』 선조30.『集成』23-164)/ 미곡탈취 등 적에 의한 식량 약탈이 심해지자 備邊司로 하여금 그 대책을 세우게 하다.(『宣祖實錄』 선조30.『集成』23-165)/ 충청, 전라도 등 추수하지 못한 벼를 거두게 하고, 朴慶新을 잡아 가두다.(『宣祖實錄』 선조30.『集成』23-166) 11.9. 司憲府가 權慄·趙儆의 일을 아뢰다./ 正言 李爾瞻이 사위 전교의 부당함, 중전의 이주, 順和君 이보의 파직을 건의하다.(『宣祖實錄』 선조30.『集成』23-167)/ 山東 按察使 蕭大亨에게 朴慶新의 문제 등에 대해 移咨하다.(『宣祖實錄』 선조30.『集成』23-169) 11.10. 承政院에서 도성에서의 군사차출, 왕, 왕세자의 순행 등에 대해 아뢰다.(『宣祖實錄』 선조30.『集成』23-171)/ 명장이 남하할 때 조선병마를 三營으로 나누어 소속시켜 협조하도록 하다.(『宣祖實錄』 선조30.『集成』23-172)/ 提督摠兵府 移咨하여 적군의 동태와 대비책, 우리 장수의 전과를 알리게 하다.(『宣祖實錄』 선조30.『集成』23-173) 11.11. 兵曹에서 왕의 남하 순방시의 斥候, 捍後등 경비대책을 아뢰다.(『宣祖實錄』 선조30.『集成』23-175) 11.12. 經理의 接伴使가 중국과 조선군과의 합동 작전계획을 세워 아뢰다.(『宣祖實錄』 선조30.『集成』23-176)/ 戶曹에서 黃州·鳳山 등에 군량운반을 지체한 감사 柳永詢 등을 잡아 가둘 것을 아뢰다./ 經理의 청에 따라 왜군포로의 손가락을 잘라 겁먹게 하는 계책을 내리다.(『宣祖實錄』 선조30.『集成』23-177)/ 全羅 右水使 李時言이 왜군 앞잡이인 鄕吏, 私奴 등의 실상과 그 처단법을 아뢰다.(『宣祖實錄』 선조30.『集成』23-178) 11.14. 慶尙 觀察使 李用淳이 韓詗의 처 李氏, 趙宗道의 죽음을 포장하도록 건의하다.(『宣祖實錄』 선조30.『集成』23-178) 11.15. 중국군이 남하할 때 국왕이 함께 가는 문제로 經理와 상의하다./ 李德馨이, 경상도 각 군현의 座首·別監 등에게 초유하는 글을 아뢰다.(『宣祖實錄』 선조30.『集成』23-179) 11.16. 備邊司가 束伍軍의 편성와 임무를 논하고, 그 바른 시행을 건의하다.(『宣祖實錄』 선조30.『集成』23-180) 11.18. 安東에 중국군 군량미 보전대책을 세우도록 지시하다.(『宣祖實錄』 선조30.『集成』23-181) 11.22. 接待都監이 왕자구출 등 공로가 있는 謝用梓의 서운한 사정을 아뢰다.(『宣祖實錄』 선조30.『集成』23-181)/ 權慄이 金應瑞·楊淵 등의 전공을 아뢰고 상주기를 청하다.(『宣祖實錄』 선조30.『集成』23-182) 11.28. 備邊司가 죽은 병사 李福男의 처가 구휼을 베풀 것을 아뢰다./ 成允文이 아군 각 군현 수령 및 장수들의 전투상황 및 전과를 보고하다(『宣祖實錄』 선조30.『集成』23-183)/ 전라 감사 黃愼이 의병장 李善問·匠人 朴銀山의 전과를 치계하다./ 전라 감사 黃愼이 順天 부사 金彦恭의 전과를 치계하다.(『宣祖實錄』 선조30.『集成』23-185) 11.29. 상이 弘濟院에 거둥하여 軍門 邢玠와 중국의 파병, 전란 상황 등을 논의하다.(『宣祖實錄』 선조30.『集成』23-186) 12.1. 상이 정릉동 행궁에 있었다.(『宣祖實錄』 선조30.『集成』23-187)/ 楊經理와 麻提督이 蔚山의 적영을 공격했으나 불리하여 돌아오다.(『宣祖修正實錄』 선조30.『集成』27-211) 12.2. 金時獻이 충청 감사 때의 일로 물의를 빚자 言官職 사퇴를 주청하다.(『宣祖實錄』 선조30.『集成』23-187)/ 司諫 鄭逕世가 復讎軍을 제대로 운용하지 못한 죄로 체직을 간하다./ 正言 趙澈이 복수군에 가담하여 활동을 잘 하지 못하여 체직을 간하다.(『宣祖實錄』 선조30.『集成』23-188)/ 掌令 成以文이 同知 韓明璉의 죄를 추고토록 건의하다.(『宣祖實錄』 선조30.『集成』23-189) 12.3. 상이 中軍 高策의 관소에 행행하여 접견하고 군량 수급 방안, 왕의 남하 등에 대해 논의하다.(『宣祖實錄』 선조30.『集成』23-189)/ 상이 參將 盧繼忠의 관소에 행행하여 접견하고 노고를 치하, 전황에 대해 담소하다.(『宣祖實錄』 선조30.『集成』23-190) 12.4. 상이 한강에 행행하여 남행하는 麻 提督을 만나 군의 기강 등에 대해 담화하다.(『宣祖實錄』 선조30.『集成』23-191)/ 한강에서 權慄를 접견하고, 전황에 대해 右承旨 韓浚謙과 함께 논의하다.(『宣祖實錄』 선조30.『集成』23-192)/ 상이 別殿에 나가 高 中軍을 접견하고 조선군을 중국군에 딸려 보낼 일을 논의하다.(『宣祖實錄』 선조30.『集成』23-194) 12.5. 右承旨 韓浚謙에게 전교하여 왕의 남하시 적의 기습에의 대비책을 세우게 하다.(『宣祖實錄』 선조30.『集成』23-194) 12.6. 李副摠兵을 전별하면서 노고를 치하하고 예물을 주다.(『宣祖實錄』 선조30.『集成』23-194)/ 司諫院에서 왕의 남하 뒤 중국장수 접대, 행궁시 호종 대책 등을 아뢰다.(『宣祖實錄』 선조30.『集成』23-195)/ 左副承旨 李鐵에게 명하여, 도망한 수령이 뉘우치고 공을 세우는 방안을 전교하다./ 韓浚謙이 왕의 남하시 머무를 장소와 중국 장수와의 관계 등을 주청하다.(『宣祖實錄』 선조30.『集成』23-196) 12.8. 상이 董總兵을 접견, 노고를 치하하고 다례·주례를 행하다.(『宣祖實錄』 선조30.『集成』23-198)/ 張晩이 진상물 운송, 말안장 보급 문제, 李誠의 체직 문제 등을 건의하다.(『宣祖實錄』 선조30.『集成』23-199)
1598 ▼	【한국】 1.1. 상이 貞陵洞 행궁에서 세자와 신하들을 거느리고 望闕禮를 행하다./ 禁府 都事 林忠幹을 적진에서의 도망죄로 잡아들이는 일에 대해 논하다.(『宣祖實錄』 선조31.『集成』23-247)/ 軍門이 붓으로 왜적을 쳐부수는 내용의 시를 지어 보이다./ 軍門에 나아가 신년을 하례하고, 승전을 축하하다./ 董郎中을 만나러 갔으나, 그는 軍門이 온다는 핑계로 옆을 그냥 지나치다.(『宣祖實錄』 선조31.『集成』23-248)/ 承政院에서 加藤淸正을 토굴 속에 포위했다는 蔚山의 승전보를 아뢰다./ 蔚山에서의 승전보를 接伴使 李德悅이 아뢰다.(『宣祖實錄』 선조31.『集成』23-250)/ 麻貴가 慶州로부터 군사를

일본

12.9. 全羅 兵使 李光岳이 雲峯 縣監 南侃 등의 전투 상황을 치계하다.(『宣祖實錄』 선조30.『集成』23-200)/ 경상우도 절도사 鄭起龍이 咸陽 등에 서의 전투상황과 적정을 치계하다./ 備邊司에서 도망친 수령들의 정상참작, 재기용 등에 대해 아뢰다.(『宣祖實錄』 선조30.『集成』23-201)

12.10. 正言 李爾瞻이 도망친 수령의 조급한 판결, 말의 확보 등에 대해 아뢰다.(『宣祖實錄』 선조30.『集成』23-202)/ 감사 黃愼이 전라도의 적정과 영남으로의 군사 이동의 부당성을 진언하다.(『宣祖實錄』 선조30.『集成』23-203)

12.11. 상이 邢軍門의 관소에 행행하여 적에게 투항한 자, 군량 등의 처리문제를 하다.(『宣祖實錄』 선조30.『集成』23-204)/ 兵曹에서 강원도·영 동 지방 군병의 영남 투입건에 대해 아뢰다.(『宣祖實錄』 선조30.『集成』23-205)/ 남행이 순조롭지 못함에 대해 그 원인을 아뢰도록 지시 하다./ 承政院이 왕의 남하에 대한 과정과 邢軍門의 남하 반대에 대해 아뢰다./ 조정 의논의 불일치로 중국 장수들에게 신임을 잃은 것에 대해 논의하다.(『宣祖實錄』 선조30.『集成』23-206)

12.12. 承政院에서 남하가 제대로 행해지지 못한데 대한 미안함과 대책을 논의하다.(『宣祖實錄』 선조30.『集成』23-207)/ 비망기로 남하가 제 대로 되지 못한 미안함을 표하고 대책을 세우게 하다./ 남하를 반대하는 軍門에게 문서를 보내어 뜻을 알리도록 하다.(『宣祖實錄』 선 조30.『集成』23-208)/ 義禁府에서 도망친 수령의 자세한 사정 및 그 대책을 아뢰다.(『宣祖實錄』 선조30.『集成』23-209)/ 備邊司에 서 남하 사정을 간곡히 적어 軍門에게 알리도록 청하다.(『宣祖實錄』 선조30.『集成』23-210)

12.13. 남하해야 되는 간절한 내용을 承政院이 적게 하여 軍門에게 돌리도록 지시하다./ 右承旨 韓濬謙이 兩界에서 온 군병 등의 파병 조치 에 대해 아뢰다.(『宣祖實錄』 선조30.『集成』23-211)

12.14. 李元翼이 군문의 남하에 대한 의견 및 남하 장소·절차 등을 아뢰다.(『宣祖實錄』 선조30.『集成』23-212)/ 근신을 보내 전라도 등에 남 하 불이행의 뜻을 전하다./ 李用淳이 싸움에 적극적이지 않은 지방 수령에 대한 처리를 건의하다./ 軍門에 揭帖을 보내 남하의 본뜻 을 소상히 알리다.(『宣祖實錄』 선조30.『集成』23-214)

12.16. 備邊司가 호남 방어의 필요성, 왕의 남하 저지, 파발마의 불통 등을 아뢰다.(『宣祖實錄』 선조30.『集成』23-216)/ 전라 감사 黃愼이 적 정과 승전보, 패주 수령의 처리 등을 아뢰다.(『宣祖實錄』 선조30.『集成』23-217)

12.17. 兵曹에서 왕의 남하시의 호위 등 제반 대책에 대해 아뢰다.(『宣祖實錄』 선조30.『集成』23-217)/ 黃愼이 의병장 蘇希益 등이 남녀를 쇄출한 기록을 정문과 함께 보내다.(『宣祖實錄』 선조30.『集成』23-218)

12.18. 상이 中軍 葉士忠을 접견, 술을 들면서 담화하다.(『宣祖實錄』 선조30.『集成』23-219)/ 상이 通判 陶良性을 접견, 노고를 치하고 담 화하다.(『宣祖實錄』 선조30.『集成』23-220)/ 상이 미시에 都司 사용재를 접견, 노고를 치하하고 담소하다.(『宣祖實錄』 선조30.『集 成』23-221)/ 欽差朝鮮軍撫都察院과 欽差提督總兵府에 보낸 자문이다.(『宣祖實錄』 선조30.『集成』23-222)

12.19. 상이 董郎中의 숙소에 행행하여 군량 수송의 일에 대해 논의하다.(『宣祖實錄』 선조30.『集成』23-224)

12.20. 摠督使分司憲府大司憲 尹承勳이 마초와 군량 수송·보호에 대해 급히 아뢰다.(『宣祖實錄』 선조30.『集成』23-225)

12.21. 董郎中과 전라도 지방의 식량 보충, 군량 수송 등에 대해 논의하다.(『宣祖實錄』 선조30.『集成』23-125)

12.23. 通判 陶良性과 군량미의 운송 및 수급 대책을 논의하다.(『宣祖實錄』 선조30.『集成』23-226)/ 戶曹 判書 金晬가 대군의 군량을 수급 하는 일로 아뢰다.(『宣祖實錄』 선조30.『集成』23-228)/ 麻提督의 接伴使 張雲翼이 聞慶에서 權慄과 적을 무찌를 계획을 아뢰다./ 군 량 보급을 받은 董漢儒가 군량 염출 및 수송에 대해 공문을 보내다.(『宣祖實錄』 선조30.『集成』23-229)

12.24. 상이 陶司 薛虎臣의 관소에 행행하여 그를 위로하고 함께 술을 마시다.(『宣祖實錄』 선조30.『集成』23-230)/ 軍資監 正尹昉이 군량 수급 실태 및 대책을 자세히 아뢰다.(『宣祖實錄』 선조30.『集成』23-231)

12.25. 戶曹에서 군량 조달건에 대하여 아뢰다.(『宣祖實錄』 선조30.『集成』23-233)

12.26. 戶曹에서 중국군의 군량 수급 대책을 아뢰다.(『宣祖實錄』 선조30.『集成』23-233)

12.27. 상이 差官을 만나 경상도 등지의 군량 수급 대책을 논의하다.(『宣祖實錄』 선조30.『集成』23-234)

12.28. 領議政 柳成龍이 중국 장수의 인혐을 받는다는 이유로 사직소를 올리다(『宣祖實錄』 선조30.『集成』23-235)/ 張雲翼·權慄·李德馨 등 이 경상도에서 중국군의 승전보를 보고하다.(『宣祖實錄』 선조30.『集成』23-236)

12.29. 李元翼이 청정 군대를 무찌른 승전보를 전하고 軍門의 동정을 알리다./ 도피한 수령은 엄히 의법조치할 것을 비망기로 알리다.(『宣 祖實錄』 선조30.『集成』23-237)

12.30. 麻 提督의 差官이 승전 상황을 보고하자 위로하고 배웅하다.(『宣祖實錄』 선조30.『集成』23-238)/ 상이 蔚山의 승전 소식을 듣고 황 제의 은혜에 감사하는 예를 올리다./ 軍門을 만나 승전을 축하하고, 加藤淸正을 사로잡을 계획을 논의하다.(『宣祖實錄』 선조30.『集 成』23-239)/ 判義禁府事 尹根壽가 도망 수령의 처리 미숙으로 죄를 청하다.(『宣祖實錄』 선조30.『集成』23-241)/ 兎山縣監 李貴를 교체하다.(『宣祖實錄』 선조30.『集成』23-242)

12.-. 司諫院에서 북도 군사 차출시의 관리의 부정·백성의 원망 등을 아뢰다.(『宣祖實錄』 선조30.『集成』23-243)/ 董浪中을 만나 포로 미곡 을 교환케 하자는 논의를 하고 돌아오다./ 董都督 및 董浪中을 접견, 승전을 축하하고 주연을 베풀다.(『宣祖實錄』 선조30.『集成』23- 244)/ 李鐵이 도망병에 대해 아뢰자, 엄히 다스려 기강을 세울 것을 명하다.(『宣祖實錄』 선조30.『集成』23-246)

【일본】

1.4. 毛利秀元 등의 구원대가 울산을 포위한 明·朝鮮軍의 배후를 공격하여, 明·朝鮮軍을 물리치자, 울산 농성이 끝났다.(『浅野家文書』254 호-256호.『朝鮮日々記』慶長3.1.4조)

1.26. 宇喜多秀家·毛利秀元 등 朝鮮在陣 諸大名들이 蔚山·順天·梁山城의 포기와 諸大名의 재배치를 豊臣秀吉에게 상언하자, 秀吉가 이것 을 허락하지 않았고, 蜂須賀家政·黒田長政 등이 「겁쟁이」로 秀吉의 노여움을 샀다.(『島津家文書』31206号·『薩藩旧記』雑録後編 慶 長3年5月26日「羽柴兵庫頭」·島津又八郎宛福原長堯外2名連署状)

연도	한국
▲ 1598 ▼	이끌고 서울로 돌아오다.(『宣祖修正實錄』 선조31.『集成』27-211)/ 軍門 도감에서 적군과 아군의 대치 상황 등 전황을 보고하다.(『宣祖實錄』 선조31.『集成』23-251) 1.4. 蔚山에서의 전투에서 진 遊擊이 부상당하는 등의 전황을 보고받다./ 麻 提督 接伴使 張雲翼이 加藤淸正의 도주 등 전투 상황을 보고하다.(『宣祖實錄』 선조31.『集成』23-252) 1.5. 禮曹 判書 沈喜壽가 白士霖의 도망죄에 대해 그 전투사실을 아뢰다.(『宣祖實錄』 선조31.『集成』23-252) 1.6. 備邊司 관원의 무사안일에 대해 꾸짖다./ 觀象監에서 월식이 둥글지 않을 경우 불을 놓아 둥글게 하자고 건의하다.(『宣祖實錄』 선조31.『集成』23-254)/ 接伴使 李德馨·權慄이 蔚山에서의 전투 상황을 보고하다./ 李德馨·權慄이 적의 식량과 물이 떨어졌음을 보고하다.(『宣祖實錄』 선조31.『集成』23-255)/ 提督 接伴使 張雲翼이 전투 상황을 상세히 보고하다.(『宣祖實錄』 선조31.『集成』23-256) 1.7. 軍門 도감에서 군량 조달 문제를 논의해 아뢰다.(『宣祖實錄』 선조31.『集成』23-259)/ 兵曹에서 전 김해 부사 白士霖이 적 앞에서 도망한 죄를 탄핵하다.(『宣祖實錄』 선조31.『集成』23-260) 1.8. 接伴使 李德馨·都元帥 權慄이 적과의 전투 상황을 급보하다.(『宣祖實錄』 선조31.『集成』23-260) 1.9. 義禁府에서 林忠幹 등 도망친 수령의 체벌 정도에 대해 아뢰다.(『宣祖實錄』 선조31.『集成』23-261)/ 李時發이 포위를 풀고 경주로 철수했다는 소식을 알리다.(『宣祖實錄』 선조31.『集成』23-262) 1.10. 1총에 맞아 죽은 千總 麻來에 대해 조의를 표하다./ 接伴使 尹洞, 충청 절도사 李時言이 적과의 전투상황을 보고하다.(『宣祖實錄』 선조31.『集成』23-262) 1.11. 적과의 전투에서 죽은 중국군과 조선군을 위해 제사지내게 하다.(『宣祖實錄』 선조31.『集成』23-264) 1.12. 중국 장군을 만나자, 조선은 문 뿐만 아니라 무를 숭상할 것을 충고받다.(『宣祖實錄』 선조31.『集成』23-264)/ 柳夢經 등 도망한 수령에게 참형 등 엄한 벌을 내리고 중국에 알리다.(『宣祖實錄』 선조31.『集成』23-265) 1.13. 대군이 후퇴하여 시일을 끌면 군량이 부족할 것이므로 대책을 세우게 하다.(『宣祖實錄』 선조31.『集成』23-265)/ 안성 군수 柳夢經을 도망친 죄로 참수하다.(『宣祖實錄』 선조31.『集成』23-266) 1.14. 譯官 韓潤輔가 어사에게 도망친 수령 柳夢經의 일을 고하다./ 중국 장군 千總 李洞賓이 총에 맞아 죽으니 축문을 지어 제사지내다./ 接伴使 尹國馨이 포정 양조령이 승첩을 듣고 온다는 사실을 아뢰다.(『宣祖實錄』 선조31.『集成』23-267)/ 遊擊 葉邦榮이 군대 1천명을 이끌고 平壤으로 오다./ 接伴使 宋諄이 副總 解生이 후퇴하자 安東까지 도망해, 그 사실을 아뢰다.(『宣祖實錄』 선조31.『集成』23-268)/ 提督 接伴使 張雲翼이 加藤淸正의 항복 등 전황을 보고하다./ 接伴使 李德悅이 여의치 못한 전황을 보고하다.(『宣祖實錄』 선조31.『集成』23-269) 1.15. 대군이 후퇴해 오자 그 대책을 세우게 하다./ 經理 接伴使 李德馨이 전투 중 사상자 숫자를 아뢰다.(『宣祖實錄』 선조31.『集成』23-270) 1.16. 李時言, 成允文이 적과의 전투 상황과 후퇴 사실을 알리다.(『宣祖實錄』 선조31.『集成』23-271)/ 接伴使 李德悅이 후퇴중 입은 피해와 백성들의 비참한 실상을 보고하다.(『宣祖實錄』 선조31.『集成』23-272)/ 중전에게 바치는 生靑魚의 진상을 편의에 따라 시행토록 하다.(『宣祖實錄』 선조31.『集成』23-273) 1.17. 承政院에 전교하여 철수 군인의 폐해를 근절토록 하다.(『宣祖實錄』 선조31.『集成』23-273)/ 사로잡힌 사람을 구출한 자에게 포상토록 하다./ 軍門이 東征馬가 병으로 죽는 경우가 많자 馬神廟를 세울 것을 청하다./ 把摠 郭安民이 총탄에 죽자 제물을 보내 제사케 하다./ 都摠府經歷 呂定邦을 한관으로 출사케 하다.(『宣祖實錄』 선조31.『集成』23-274) 1.18. 千總 周道繼가 총에 맞아 죽자 제사지내게 하다./ 南以信이 중국군의 군량 보급문제, 경기민의 요역의 번거로움 등을 아뢰다.(『宣祖實錄』 선조31.『集成』23-275) 1.19. 千總 周道繼의 시신이 서울에 도착하자 예로써 제사지내다./ 備邊司에 명해 장기전에 대비한 대책을 세우도록 하다.(『宣祖實錄』 선조31.『集成』23-277) 1.20. 遊擊 楊萬金이 전사하자 그 제사절차를 갖추게 하다./ 遊擊 陳寅을 만나 적과의 전투 상황 및 이길 계책을 논의하다.(『宣祖實錄』 선조31.『集成』23-278) 1.21. 掌令 宋駿이 군호 편성과 군량 모집 등에 대해 아뢰다.(『宣祖實錄』 선조31.『集成』23-283)/ 副提學 申湜이 전라도의 관군·의병의 실태 및 백성 안정책을 건의하다.(『宣祖實錄』 선조31.『集成』23-284) 1.22. 楊 遊擊의 전사에 대해 그 제문 작성, 제사 절차를 준비토록 하다.(『宣祖實錄』 선조31.『集成』23-285) 1.23. 千總 王子和가 전사하자 염하고 제사지내다.(『宣祖實錄』 선조31.『集成』23-285)/ 柳成龍이 安東에서 민심동요 상황을 알리고, 군대 재편성을 요청하다.(『宣祖實錄』 선조31.『集成』23-286)/ 吏曹判書 李德馨이 왜적의 간첩을 잡아 심문한 내용을 보고하다.(『宣祖實錄』 선조31.『集成』23-288)/ 都元帥 權慄이 왜군에 속아 군대를 철수한 사실, 적의 동태를 보고하다.(『宣祖實錄』 선조31.『集成』23-289) 1.24. 양국군이 협의하여 大邱·尙州 등에 둔전을 설치 장기전에 대비키로 하다.(『宣祖實錄』 선조31.『集成』23-289)/ 副總 李如梅를 만나 전황 및 승전책을 강구하다.(『宣祖實錄』 선조31.『集成』23-290)/ 副提學 尹覃茂 등이 난국을 타개하는 원론적인 대책을 아뢰다.(『宣祖實錄』 선조31.『集成』23-291)/ 전라 절도사 李光岳이 적과의 전투 상황을 아뢰다.(『宣祖實錄』 선조31.『集成』23-292)/ 楊 遊擊의 상사에 承旨를 보내 조문케 하다.(『宣祖實錄』 선조31.『集成』23-293)/ 楊 遊擊의 상사에 왕이 나가 조문하는 절차를 정하다./ 중국군이 산성에 주둔하면서 屯田도 병행하는 계획이

일본

6.27. 이때부터 豊臣秀吉의 병세가 악화되었다. 西笑承兌가 上杉景勝에게 秀吉의 병세 및 加藤淸正가 조선과의 和睦을 추진할 것을 말했다.(『西笑和尚文案』年欠6월27일 会津中納言宛西笑承兌文案)

7.-. 이즈음, 琉球国 사절이 上洛했으나 豊臣秀吉의 병세 때문에 대면하지 못하고 石田三成와 대담하고 귀국했다.(『薩藩日記』雑録後編)

9.21. 이보다 앞서 明軍이 麻貴를 東路将으로 울산에, 董一元을 中路将으로 泗川에, 劉綎을 西路将·陳璘을 水路将으로 순천으로 보냈다. 이날 貴 등이 加藤淸正의 蔚山城을 공격하여 격퇴했다.(『乱中雑録』9.20조·9.27조·『両国壬辰実記』·『島津家文書』2 1969호·『清正高麗陣覚書』)

10.1. 이보다 앞서 豊臣秀吉의 죽음을 계기로 朝鮮在陣의 일본군 철수를 위해, 德川家康 등 五大老·石田三成 등 五奉行 德永寿昌·宮木豊盛을 조선에 파견했다. 이날 豊盛 등이 釜山浦에 도착하여 朝鮮在陣의 諸大名에게 和平을 하고 朝鮮에서 王子를 人質로 삼고, 貢物을 받고 귀국해야 한다는 뜻을 전했다.(『鍋島家文書』131호·132호·『島津家文書』2,1986호·鍋島直茂譜考補9·『朝鮮王朝実録』8.20조·8.23조)/ 明副総兵 董一元 휘하의 明·朝鮮 連合軍이 경상도 泗川의 島津軍을 공격했으나 패배했다.(『征韓録』·『薩藩日記』雑録 後編 42年欠10월22일 本田正親外6名宛島津忠恒書状, 年欠10월27일 石田三成宛島津義久書状案, 43慶長3년11월8일 島津義弘·忠恒宛近衛前久書状·『西笑和尚文案』年欠 11월7일山口玄蕃宛西笑承兌書状案·『両国壬辰実記』·『乱中雑録』9.26조)

11.21. 이보다 앞서, 加藤淸正·黒田長政·鍋島直茂를 비롯한 日本軍이 철수를 완료했다. 이날, 島津義弘의 부대는 경상도 巨済島를 떠나 対馬로 향했다.(『征韓録』·『大重平六覚書』)

성사되도록 꾀하다.(『宣祖實錄』선조31.『集成』23-294)

1.25. 哨総 湯文贊이 전사하자 관을 주어 치제케 하다./ 張應元·陳觀策 등 중국군의 전사에 관을 주어 치제케 하다./ 영호남 5곳에서 屯田을 겸하게 하거나 길에서 장사하는 안을 내도록 하다.(『宣祖實錄』선조31.『集成』23-295)

1.26. 故 軍器寺僉正 沈友信에게 군공에 따라 상과 관작을 내리다./ 司諫院에서 군적을 정비하는 등의 국방책을 건의하다.(『宣祖實錄』선조31.『集成』23-296)/ 蔚山 전투에서 부상한 자들에게 양식을 주어 격려케 하다.(『宣祖實錄』선조31.『集成』23-297)

1.27. 安滉이 屝從을 잘한 일로 그 아들 安應元에게 관직을 제수하다./ 문무관리의 의복을 정비해 위엄과 체모를 갖추도록 하다.(『宣祖實錄』선조31.『集成』23-298)

1.29. 戶曹에서 황해도산 豹皮를 진상하는 것에 대해 아뢰다.(『宣祖實錄』선조31.『集成』23-298)

2.1. 상이 貞陵洞 행궁에 있었다./ 陳效가 부장 解生을 장려하다.(『宣祖實錄』선조31.『集成』23-299)/ 御使 都監이 전사한 錢應太의 관을 마련하는 문제에 대해 아뢰다.(『宣祖實錄』선조31.『集成』23-300)/ 提督 董一元과 劉綎이 강을 건넜고 舟師提督 陳璘은 全羅道로 내려가다.(『宣祖修正實錄』선조31.『集成』27-211)

2.2. 陳 御使의 처소에 가서 그를 접견하다.(『宣祖實錄』선조31.『集成』23-300)/ 參將 陳愚聞의 관소에 가서 접견하다.(『宣祖實錄』선조31.『集成』23-302)/ 평안, 황해 2도에서 미두를 바다로 운송해 오는 일을 戶曹와 논의하다./ 接伴使 李德馨이 經理와 분병에 관해 논의한 내용을 전하다.(『宣祖實錄』선조31.『集成』23-303)/ 李德馨이 장수와 병졸들이 마을에서 행패를 부리는 상황을 아뢰다.(『宣祖實錄』선조31.『集成』23-304)

2.3. 副総 李如梅의 관소에 나가 접견하다.(『宣祖實錄』선조31.『集成』23-305)/ 司諫院이 普賢寺에 옮겨 안치한 실록의 처리, 宋言愼의 파직에 대해 아뢰다.(『宣祖實錄』선조31.『集成』23-308)/ 李元翼이 茅國器와 논의한 天兵이 도착한 다음의 전술에 대해 아뢰다.(『宣祖實錄』선조31.『集成』23-309)/ 軍門이 병마를 나누어 각기 맡은 지역으로 가게 하다.(『宣祖實錄』선조31.『集成』23-310)

2.4. 遊擊 楊萬金이 전사하자, 치제하다./ 戶曹가 은 1만 5천 냥으로 바꾼 靑藍布로 곡식을 사들이는 문제를 아뢰다.(『宣祖實錄』선조31.『集成』23-310)/ 接伴使 李好閔이 당진옥을 만나 전황을 전해 듣고 이를 고하다.(『宣祖實錄』선조31.『集成』23-311)/ 遊擊 남방위의 揭帖이다.(『宣祖實錄』선조31.『集成』23-312)

2.5. 宋應洵이 다시 宋言愼의 파직을 청했으나, 이를 허락하지 않다.(『宣祖實錄』선조31.『集成』23-313)

2.6. 李德馨이 楊布政이 말한 屯田과 참을 설치하는 문제를 보고하다.(『宣祖實錄』선조31.『集成』23-313)/ 전라도 관찰사 黃愼이 別將 具德齡 등이 왜적 30여 명과 싸워 이긴 내용을 보고하다.(『宣祖實錄』선조31.『集成』23-314)

2.7. 董郎中이 時御所에 와서 회사하자 주연을 베풀다.(『宣祖實錄』선조31.『集成』23-314)/ 李元翼이 茅遊擊과 논의한 加藤淸正을 잡는 문제를 보고하다.(『宣祖實錄』선조31.『集成』23-315)

2.8. 상이 한강에 나가 해질녘에 馬 提督을 맞아들이다.(『宣祖實錄』선조31.『集成』23-316)/ 吳 総兵 尹泂이 総兵이 고국으로 돌아갈 뜻을 가지고 있음을 고하다.(『宣祖實錄』선조31.『集成』23-318)/ 李光岳이 왜적을 칠 수 있는데, 강화를 이유로 물러가니 불가하다고 하다.(『宣祖實錄』선조31.『集成』23-319)

2.9. 京城에 머물러 있는 중국군의 식량 수급 대책을 戶曹가 고하다.(『宣祖實錄』선조31.『集成』23-319)/ 兵曹가 도망한 군졸에 대한 경중을 논의하여 과죄할 일로 아뢰다.(『宣祖實錄』선조31.『集成』23-320)

2.10. 遊擊 허국위가 올린 揭帖이다.(『宣祖實錄』선조31.『集成』23-321)/ 戶曹 判書 金睟가 중국에서 군량을 운반해 올 계책을 아뢰다./ 李光岳이 자녀를 거느리고 왜적에 투항한 朴思裕의 처리방안을 논하다.(『宣祖實錄』선조31.『集成』23-322)

2.11. 상이 麻 提督의 사관에 나가 접견하다.(『宣祖實錄』선조31.『集成』23-323)/ 왜적의 진중에서 도망해 온 全風上이 왜적의 상황을 아뢰다.(『宣祖實錄』선조31.『集成』23-325)/ 承政院이 적진의 상황을 열거한 接伴使 韓德遠의 문서를 謄書해서 아뢰다.(『宣祖實錄』선조31.『集成』23-326)/ 主事 丁應泰를 慕華館에 가서 영접하고 술을 청하다.(『宣祖實錄』선조31.『集成』23-327)

연도	한국
▲ 1598 ▼	2.13. 都元帥 權慄이 韓明璉 등이 왜적을 나포해서 벤 19급을 올려보내다./ 都元帥 權慄이 成允文 등이 참획한 왜적 13급을 올려보내다.(『宣祖實錄』선조31.『集成』23-328)/ 都元帥 權慄이 成允文이 참획한 왜적 9급을 올려보내다.(『宣祖實錄』선조31.『集成』23-329) 2.14. 主事 丁應泰가 時御所에 와서 회사례를 행하다.(『宣祖實錄』선조31.『集成』23-329)/ 麻 提督 이 역관을 불러 金應瑞 등이 왜적을 잘 방비하고 있음을 알리다.(『宣祖實錄』선조31.『集成』23-330) 2.15. 徐渻이 중국군을 잠시 서로의 군량이 있는 곳에 옮기는 문제를 거론하다.(『宣祖實錄』선조31.『集成』23-331) 2.16. 經理가 皇朝에 올린 제본이다.(『宣祖實錄』선조31.『集成』23-332)/ 왜적의 정세를 상세히 보고한 제본이다.(『宣祖實錄』선조31.『集成』23-335) 2.17. 山東 布政使司右參議兼按察使僉事 梁近에게 내린 칙서이다.(『宣祖實錄』선조31.『集成』23-338) 2.18. 司憲府가 金璧의 파직과, 沈日休·李弘老 등의 加資를 개정할 것을 청하다.(『宣祖實錄』선조31.『集成』23-339)/ 麻 提督 이 군량 때문에 全州와 醴泉에 군사를 보내어 먹으며 방수케 하다./ 承文院이 명군의 철군을 원하는 듯 오해의 소지가 있는 주문을 고칠 것을 아뢰다.(『宣祖實錄』선조31.『集成』23-340) 2.19. 邢 軍門이 그 직임을 계속하면서 후사를 도모하게 해달라는 제본을 올리다.(『宣祖實錄』선조31.『集成』23-341)/ 梁租齡에게 조선 지방에 가서 공무 수행을 잘하라고 내린 칙지이다.(『宣祖實錄』선조31.『集成』23-344) 2.20. 비망기로 朴毅長·金太虛·李慶祿에게 加資할 것을 명하다.(『宣祖實錄』선조31.『集成』23-344)/ 李慶祿으로 하여금 濟州의 주성을 지키게 하다./ 經理와 李德馨이 남방의 방수 대책을 논의하다./ 提督이 加藤淸正이 차출한 적장이 왔다는 말을 듣고 그의 동태를 살피게 하다.(『宣祖實錄』선조31.『集成』23-345)/ 承政院이 중국에 올린 주본에 麻 提督 이 오해한 구절이 있어 돌아가겠다고 한 것을 아뢰다./ 承政院이 麻 提督 이 오해한 주본 때문에 대책을 논의케 하다.(『宣祖實錄』선조31.『集成』23-346) 2.21. 척 遊擊의 揭帖의 내용이다.(『宣祖實錄』선조31.『集成』23-347)/ 海州에서 발송한 糧船 5척이 龍山江에 와서 정박하다./ 司諫院이 중국군이 閭閻에서 소요를 일으키지 말도록 할 것을 요청하다.(『宣祖實錄』선조31.『集成』23-348) 2.22. 軍門에게 皇上이 寶劍 1구를 하사하다.(『宣祖實錄』선조31.『集成』23-348)/ 선박의 수를 나누어 정하고 經理에게 보고하다./ 經理와 李德馨이 加藤淸正이 보낸 화친편지 내용과 그 처리에 대해 논의하다.(『宣祖實錄』선조31.『集成』23-349)/ 成允文이 賊書를 洪霌가 중간에 提督의 通事에게 빼앗기니 국문을 명하다./ 賊書를 빼앗긴 일로 備邊司의 色承旨를 추고하게 하다.(『宣祖實錄』선조31.『集成』23-350)/ 楊 布政이 말 값으로 은 1만 냥을 보내다./ 국왕이 銀子를 받지 않으니 楊 布政은 銀子를 받을 것을 종용하다.(『宣祖實錄』선조31.『集成』23-351)/ 말의 가격을 받을 지의 여부를 논의하여 李元翼 등의 뜻에 따라 부득이 받다./ 海方道 接伴使 尹國馨이 입계한 膽書이다.(『宣祖實錄』선조31.『集成』23-352) 2.23. 經理와 李德馨이 세 곳에 성을 쌓는 문제를 논의하다./ 왜적에 포로로 잡혀갔던 鄭麒壽가 왜선과 왜적의 정황을 알리다.(『宣祖實錄』선조31.『集成』23-354)/ 大邱에 왜적 10여 명이 나타나 곡창에 불을 지르는 등 난동을 부리다./ 李用淳이 왜적의 소굴에서 나온 2인을 조사하고 이를 보고하다.(『宣祖實錄』선조31.『集成』23-355)/ 전공의 상징인 수급을 훈련원 앞에서 태우고 무덤을 만들 것을 논의하다.(『宣祖實錄』선조31.『集成』23-356) 2.24. 戶曹 參議 柳思瑗이 말값으로 은 9천 9백46냥을 영수했으나 이를 받지 못하게 하다.(『宣祖實錄』선조31.『集成』23-356)/ 平秀吉이 죽었다는 치보를 받고 사실인지의 여부를 논란하다.(『宣祖實錄』선조31.『集成』23-357)/ 밤에 궐내에서 몰래 유숙한 이가 있으니 담당관원을 추고하도록 요청받다.(『宣祖實錄』선조31.『集成』23-358) 2.26. 經理와 李德馨이 慶州·高靈·南原의 군사 배치에 대해 논의하다.(『宣祖實錄』선조31.『集成』23-358) 2.27. 麻提督의 哨探人이 大邱에서 잡은 왜적 13명의 수급을 바치다.(『宣祖實錄』선조31.『集成』23-359) 2.28. 楊 布政이 왜적을 정토하는 일을 중지시키다.(『宣祖實錄』선조31.『集成』23-359) 2.29. 左議政 尹斗壽가 정승 자리에서 체직시켜 줄 것을 요청하다.(『宣祖實錄』선조31.『集成』23-360)/ 糧餉을 맡았던 尹承勳·柳永慶·成泳에게 상을 내리는 문제를 논의하다./ 麻 提督이 解 副總에게는 大邱의 왜적을, 왕 遊擊은 尙州를 맡게 하다./ 軍門의 뜻에 따라 義州를 제외한 지역은 迎錢宴을 하지 않기로 하다.(『宣祖實錄』선조31.『集成』23-361) 2.30. 李德馨이 중국군에 식량·화살 지급, 屯田과 참의 설치 등에 대해 아뢰다.(『宣祖實錄』선조31.『集成』23-362) 3.1. 상이 貞陵洞 행궁에 있었다./ 접대 도감에서 經理의 중국군 승전소식, 군량 군마 확보책 등을 알리다.(『宣祖實錄』선조31.『集成』23-363)/ 도승지 신식의 딸 신씨의 절개를 기려 정문, 복호케 하다.(『宣祖實錄』선조31.『集成』23-364)/ 麻貴가 남쪽으로 내려가 尙州에 주둔하다.(『宣祖修正實錄』선조31.『集成』27-212) 3.3. 司諫院에서 左議政 尹斗壽의 체직을 재삼 요청하였으나 허락하지 않다.(『宣祖實錄』선조31.『集成』23-365)/ 戶曹 判書 金晬가 중국군에 지출한 쌀과 콩이 총 196,928 석임을 아뢰다./ 왜적을 유인해 온 사람에게 후한 상을 주도록 하다.(『宣祖實錄』선조31.『集成』23-366)/ 활을 잘쏘는 우리 병사의 화살에 독을 바르게 하다.(『宣祖實錄』선조31.『集成』23-360)(『宣祖實錄』선조31.『集成』23-367) 3.7. 병으로 인해 세자로 하여금 군무를 처리하게 하다.(『宣祖實錄』선조31.『集成』23-367) 3.9. 建州達子가 왜적과 싸우기를 청하자 이를 반대하다.(『宣祖實錄』선조31.『集成』23-367) 3.12. 도망 군인 金石龍을 쌀을 징수한 데 더하여 군대에 나가도록 하다./ 李廷龜가 陳 遊擊의 조선관병 파견, 창·화약 등

일본

무기의 수급요청을 알리다.(『宣祖實錄』선조31.『集成』23-368)

3.13. 承政院에서 李思命이 700석을 바친 일의 내막을 아뢰다.(『宣祖實錄』선조31.『集成』23-369)/ 司僕判官 尹先民이 말 56필을 軍門에게 바치다.(『宣祖實錄』선조31.『集成』23-370)

3.15. 經理를 접견하고 築城·屯田 등의 일을 논의하다.(『宣祖實錄』선조31.『集成』23-370)/ 戶曹에서 부족한 군량미의 수급 대책을 건의하다.(『宣祖實錄』선조31.『集成』23-372)

3.16. 邢 軍門을 보고 수군 파병 등 앞날의 전략 등에 대해 논의하다.(『宣祖實錄』선조31.『集成』23-373)

3.17. 邢 軍門을 전별하면서 적의 간첩·둔전·수성 등에 대해 의견을 주고받다.(『宣祖實錄』선조31.『集成』23-374)/ 經理 都監에서 經理의 간첩을 잡으라는 당부를 전해 아뢰다./ 간첩을 잡으라는 經理의 당부대로 시행할 것을 논의하다.(『宣祖實錄』선조31.『集成』23-376)

3.18. 統制使 李舜臣이 적 수군의 동태 및 아군의 준비상황을 아뢰다.(『宣祖實錄』선조31.『集成』23-376)/ 全羅 右水使 安衛가 康津 古今島에서의 전투 준비상황을 아뢰다./ 李舜臣이 적장의 죽음 등 대치 상황을 아뢰다.(『宣祖實錄』선조31.『集成』23-377)

3.19. 吳惟忠을 만나려 했으나 죄가 된다는 이유로 만나주지 않았다./ 備邊司가 적의 간첩을 잡는 계책을 세워 아뢰다.(『宣祖實錄』선조31.『集成』23-378)

3.20. 接伴使 李好閔이 島山의 적병 포위시의 加藤淸正의 자살 기도 등을 전하다.(『宣祖實錄』선조31.『集成』23-379)

3.21. 經理와 진 御使가 술을 마시고 서로 회포를 토로하다.(『宣祖實錄』선조31.『集成』23-380)/ 宋應洵이 탐비한 짓을 한 瑞山 郡守 鄭大吉의 파직을 요청하다.(『宣祖實錄』선조31.『集成』23-381)

3.22. 閑山 전투에서 패한 장수에 대해 공과 죄를 조사하여 의법처결하게 하다.(『宣祖實錄』선조31.『集成』23-381)/ 承政院이 朴毅長 군사들의 군공에 대해 軍功廳의 말을 인용하여 논의하다.(『宣祖實錄』선조31.『集成』23-382)/ 備邊司가 세 길로 나누어 보낸 군사들에게 식량을 수급할 방안을 아뢰다.(『宣祖實錄』선조31.『集成』23-383)

3.23. 陳 御使의 사처에 가서 상견하다.(『宣祖實錄』선조31.『集成』23-383)/ 살상한 수로 공을 따지는 것이 옳은지를 논의하고 규례대로 시행하게 하다./ 李必亨이 張世哲 등에게 작상을 남용한 것을 환수토록 건의하다.(『宣祖實錄』선조31.『集成』23-384)

3.24. 陳 御使가 중국으로 돌아가게 되니 弘濟院에서 전위하다.(『宣祖實錄』선조31.『集成』23-385)/ 兵曹가 말 수급을 염려하고 事目을 알려 대책을 논의하고자 하다.(『宣祖實錄』선조31.『集成』23-386)

3.25. 稷山縣에서 왜적을 위해 정탐하는 중국인 2명을 잡다.(『宣祖實錄』선조31.『集成』23-387)/ 왜적이 삼가 등지에서 흉독을 부리다./ 楊 布政이 역관 李希仁에게 국왕과 국내의 전반적 사정에 관한 것을 묻다.(『宣祖實錄』선조31.『集成』23-388)

3.26. 指揮 馮仲纓이 보낸 揭帖이다.(『宣祖實錄』선조31.『集成』23-389)

3.27. 擢 遊擊의 상사에 이틀간 조시를 정지하기로 하다./ 經理 都監이 呂汝文의 죽음을 알리다.(『宣祖實錄』선조31.『集成』23-391)/ 遊擊 許國威가 배만드는 일을 논의하고 福船의 유용성을 역설하다.(『宣祖實錄』선조31.『集成』23-392)/ 董郞中이 보낸 靑布로 남방의 곡식을 사들이는 문제를 논의하다.(『宣祖實錄』선조31.『集成』23-393)/ 風臣秀吉이 죽었다고 미리 퍼뜨린 죄를 다스리게 하다.(『宣祖實錄』선조31.『集成』23-394)

3.29. 平秀吉의 죽음에 대해 조사 보고케 하다.(『宣祖實錄』선조31.『集成』23-394)/ 平秀吉의 죽음과 관련된 梁山 군수의 보고 내용을 확인하다./ 楊 經理가 이남으로 군사를 보내고 올린 자문이다.(『宣祖實錄』선조31.『集成』23-395)

4.1. 상이 貞陵洞 행궁에 있었다./ 都元帥의 장계 粘目을 承政院에 전교하다.(『宣祖實錄』선조31.『集成』23-397)/ 倭賊이 남쪽 변방에 있어 백성들이 굶주리자 중국에서 쌀을 보내 구제하다./ 銅雀 모래밭에서 우리 군사들의 칼 쓰는 것을 보고 陳游擊이 비웃다.(『宣祖修正實錄』선조31.『集成』23-212)

4.2. 閑山 전투에서 패배한 장수들을 징계하도록 하니, 備邊司가 元均의 징계를 청하다.(『宣祖實錄』선조31.『集成』23-397)/ 義州의 父老들이 문안사로 보낸 전 주부 金侃 등에게 직책을 주게 하고 南原城 전투의 전공자에게 포상하도록 전교하다.(『宣祖實錄』선조31.『集成』23-398)

4.3. 副總 解生의 陝川·巨劍으로의 진군 현황이다./ 군량의 비축, 인재 등용 등에 대해 楊 經理와 이야기 하다.(『宣祖實錄』선조31.『集成』23-399)/ 麻 提督과 함께 麻 提督의 귀국, 아군과 적군의 정세에 대해 이야기하다.(『宣祖實錄』선조31.『集成』23-400)/ 備邊司가 閑山 패전에 대해 책임을 추궁과 李億祺에 대해 포상하도록 아뢰다./ 南原 전투 전공자에 대한 포상과 진법 훈련에 대해 承政院에 전교하다./ 承政院이 南原 전투의 유공자인 吳應鼎의 생사를 알 수 없어 포상하지 못함을 아뢰다.(『宣祖實錄』선조31.『集成』23-402)/ 戰功이 있는 林福에게 加資하도록 史批에게 전교하다.(『宣祖實錄』선조31.『集成』23-403)

4.4. 兵曹에서 假倭가 도망쳐 수색하여 잡도록 한 상황을 아뢰다.(『宣祖實錄』선조31.『集成』23-403)

4.5. 陳 遊擊과 時御所에서 군사 훈련과 왜구 소탕에 대해 이야기하다.(『宣祖實錄』선조31.『集成』23-403)

4.6. 銅雀江에서 중국군의 진법 연습을 관람하다.(『宣祖實錄』선조31.『集成』23-404)

4.7. 왜장 平秀佳의 철병에 대해 吳宗道가 經理에게 첩보하다./ 承政院이 平秀佳의 철병에 대한 조선측의 정보를 經理가 요구한 것을 회계하다.(『宣祖實錄』선조31.『集成』23-407)

4.8. 司憲府가 군량을 확보한 공으로 가자된 수령들의 관작을 개정하도록 아뢰다.(『宣祖實錄』선조31.『集成』23-407)/ 鄭曄이 龍山倉에 있는 군량의 운반 상황을 아뢰다./ 司憲府가 곡식을 받치고 당상관이 된 수령의 관작을 개정하도록 아뢰다.(『宣祖實錄』선조31.『集成』23-408)

4.9. 戶曹가 군량 운송시의 선가를 지급하는 방책을 아뢰다./ 承政院이 淸正이 강화하려는 사정을 아뢰다.(『宣祖實錄』선조31.『集成』23-409)/ 訓練 都監이 도감 군사를 중국 장수에게 이송할 때의 대책을 아뢰다.(『宣祖實錄』선조31.『集成』23-410)

연도	한국
▲ 1598 ▼	4.10. 黃 指揮가 군량 수송의 대책 마련을 독촉하다.(『宣祖實錄』 선조31. 『集成』23-410)/ 布政 梁祖齡과 군량 수송 및 왜군 철수의 진위 여부에 대해 이야기하다.(『宣祖實錄』 선조31. 『集成』23-411)/ 備邊司가 降倭들에게 포상하도록 아뢰다./ 備邊司가 경상도에 군량을 보낼 대책에 대해 이야기하다.(『宣祖實錄』 선조31. 『集成』23-412)/ 張雲翼이 麻 提督의 사직과 왜적에게 귀순한 조선인에 대한 대책을 아뢰다.(『宣祖實錄』 선조31. 『集成』23-414) 4.11. 備邊司가 항왜 其吾叱근가 동료를 회유한 공이 있으니 加資토록 아뢰다./ 備邊司가 항왜들을 잘 대해 주어 그들을 이용할 수 있도록 하자고 아뢰다.(『宣祖實錄』 선조31. 『集成』23-415) 4.12. 戶曹가 군량 수송의 선박 모집을 독촉하도록 아뢰다./ 經理 接伴使 李德馨이 중국 장수들이 군량 확보에 등한한 조선을 비방한다고 아뢰다./(『宣祖實錄』 선조31. 『集成』23-416)/ 戶曹가 군량 수송을 위한 선박 모집을 독촉하도록 아뢰다.(『宣祖實錄』 선조31. 『集成』23-417)/ 提督 接伴使 張雲翼이 提督이 사직한 정황과 晋州城의 공격술에 대해 아뢰다.(『宣祖實錄』 선조31. 『集成』23-418) 4.13. 擺 遊擊의 喪次에 가서 조제하다./ 領中樞府事 沈守慶이 치사할 것을 청하다.(『宣祖實錄』 선조31. 『集成』23-419) 4.14. 李廷龜가 군공의 보고, 李舜臣의 포상, 축성 문제 등에 대해 아뢰다.(『宣祖實錄』 선조31. 『集成』23-420) 4.15. 右承旨 許筬이 經理 별도감에서 문의한 군량 운송 담당관들의 정황에 대해 아뢰다.(『宣祖實錄』 선조31. 『集成』23-421)/ 經理 별도감에서 도 통판이 군량의 운송 상황을 문의했음을 아뢰다.(『宣祖實錄』 선조31. 『集成』23-423)/ 備邊司가 중국 장수에게 상문하는 일과 李舜臣에 대한 포상 여부를 아뢰다./ 許筬이 經理가 군량 운송을 걱정하고 있음을 아뢰다.(『宣祖實錄』 선조31. 『集成』23-424)/ 吳 總兵 接伴使 尹泂이 왜적의 정세에 대해 치계하다./ 經理 도감이 군량 수송선의 모집과 왜적에게 투항한 조선인의 招諭에 대해 아뢰다.(『宣祖實錄』 선조31. 『集成』23-425) 4.17. 黃應陽과 함께 군량 수송에 태만한 尹承勳의 치죄·李如松의 전사에 대해 이야기하다.(『宣祖實錄』 선조31. 『集成』23-427)/ 비망기에서 李如松의 전사 소식을 비밀로 하도록 하다./ 司諫院이 復讐廳에서 모은 군량도 수송하자고 아뢰다./ 經理 접대 도감이 火箭의 관리와 군량 운송 대책을 아뢰다.(『宣祖實錄』 선조31. 『集成』23-432)/ 군공청에서 慶州·蔚山 전투의 군공자에 대한 처리 문제를 아뢰다.(『宣祖實錄』 선조31. 『集成』23-434) 4.18. 비망기로 속미를 바치고 도피죄를 한 陳夢日에 대해 회계토록 承政院에 전교하다.(『宣祖實錄』 선조31. 『集成』23-434)/ 상이 張 中軍의 관소에 행행하여 중국군과 왜적의 정황, 접반 배신의 교체 등에 대해 이야기하다.(『宣祖實錄』 선조31. 『集成』23-435) 4.19. 備邊司에서 茂朱 전투의 군공자에게 戰馬를 내려주자고 아뢰다./ 李廷龜가 戰馬 수급의 불안정함을 이야기하다.(『宣祖實錄』 선조31. 『集成』23-437) 4.20. 司憲府가 전시에 도망친 자들과 그들을 처리하지 못한 兵曹 관리의 추고를 아뢰다.(『宣祖實錄』 선조31. 『集成』23-438)/ 李 副總 接伴使 權恂이 咸陽에서 李 副總이 전사했다고 치계하다./ 李廷龜가 聖廟 보호와 士子의 양성을 위해 兪昔曾의 유임을 청하다.(『宣祖實錄』 선조31. 『集成』23-439) 4.21. 비망기로 都元帥 權慄에게 포상토록 承政院에 전교하다./ 司憲府가 부임을 회피한 수령들의 충군과 陳夢日 李大男의 문제에 대해 아뢰다.(『宣祖實錄』 선조31. 『集成』23-440)/ 都元帥에게 여름 옷을 제급하도록 承政院에 전교하다./ 禮曹가 蔚山 戰死人에 대한 제사의 횟수 문제에 대해 아뢰다./ 군공청에서 군공을 정하는 기준에 대해 아뢰다.(『宣祖實錄』 선조31. 『集成』23-442) 4.23. 柴 遊擊의 관소에 거둥하여 전라도 적정에 대해 이야기하다.(『宣祖實錄』 선조31. 『集成』23-443)/ 禮曹가 李如松을 조제할 것에 대해 아뢰다.(『宣祖實錄』 선조31. 『集成』23-444) 4.24. 指揮 黃應陽과 時御所에서 중국군의 동태와 군사 작전 상황에 대해 이야기하다.(『宣祖實錄』 선조31. 『集成』23-446)/ 金睟가 羅州에 군량 준비, 經理의 淸正 살해 계획 등을 아뢰다.(『宣祖實錄』 선조31. 『集成』23-450) 4.25. 備邊司에서 군량 및 군병 모집의 방법에 대해 아뢰다.(『宣祖實錄』 선조31. 『集成』23-451) 4.27. 備邊司가 각지의 무사를 조발할 수 있도록 事目을 만들자고 아뢰다.(『宣祖實錄』 선조31. 『集成』23-452)/ 經理 都監이 순천에서 黃 指揮가 行長이 보낸 주원례를 만날 계획을 아뢰다./ 復讐廳이 군량 수송 문제를 아뢰다.(『宣祖實錄』 선조31. 『集成』23-453) 4.28. 承政院이 군량 수송 상황을 아뢰다.(『宣祖實錄』 선조31. 『集成』23-454)/ 承政院이 李舜臣·金應緘·禹壽 등을 포상토록 아뢰다.(『宣祖實錄』 선조31. 『集成』23-455) 4.29. 군량 수송, 중국군의 동태, 李如松 조제 문제, 도산의 적정 등을 논의하다.(『宣祖實錄』 선조31. 『集成』23-456) 4.30. 持平 宋應洵이 군량 마련을 위해 녹봉을 감하자고 아뢰다.(『宣祖實錄』 선조31. 『集成』23-478) 5.1. 상이 貞陵銅 행궁에 있었다./ 司諫院이 곡식을 수집하는 관리의 폐단과 운반시의 선가 지급에 대해 아뢰다.(『宣祖實錄』 선조31. 『集成』24-1)/ 持平 宋應洵이 尹承勳과 黃愼의 추고 공사를 행하지 말자고 아뢰다./ 李廷龜가 閑山 싸움의 상벌을 시행하자고 아뢰다.(『宣祖實錄』 선조31. 『集成』24-2)/軍功廳이 군공을 조사하고 거행함에 대해 아뢰다.(『宣祖實錄』 선조31. 『集成』24-3) 5.2. 상이 趙 總兵의 관사로 행행하여 위로하니, 趙 總兵이 接伴使에 대한 시상을 요구하다.(『宣祖實錄』 선조31. 『集成』24-4)/ 備邊司가 金應瑞의 복직을 청하다./ 經理 接待都監이 行長이 보낸 朱元禮의 동정과 왜적에 대한 대책 등을 아뢰다.(『宣祖實錄』 선조31. 『集成』24-8)

일본

5.3. 군량 운반시 배를 감춘 자와 감사를 추고토록 하다./ 備邊司가 劉 提督의 군대 단속 문제에 대한 자문을 承文院에서 마련하도록 아뢰다.(『宣祖實錄』선조31.『集成』24-10)/ 備邊司에서 遊擊 許國威가 성채 공격 기계 제작을 의뢰했음을 아뢰다.(『宣祖實錄』선조31.『集成』24-11)

5.5. 備邊司에서 항왜 要汝文에 대한 供招를 아뢰다.(『宣祖實錄』선조31.『集成』24-11)

5.6. 持平 宋應洵이 군량미 운송 감독에 소홀한 崔天健과 黃愼을 추고토록 아뢰다.(『宣祖實錄』선조31.『集成』24-12)/ 備邊司가 李億祺를 치제하도록 아뢰다./ 吳宗道가 왜사의 경성 도착과 자기를 비방하는 것을 믿지 말도록 이야기하다.(『宣祖實錄』선조31.『集成』24-13)

5.7. 운량의 소임을 행하지 않는 洪履祥과 禹俊民을 잡아 가두도록 承政院에 전교하다./ 平調信이 禮曹 判書에게 서신을 보내 화의를 청하다.(『宣祖實錄』선조31.『集成』24-14)/ 經理 憲牌, 劉 提督 병사의 사단, 經理의 왜서에 대한 태도 등에 대해 아뢰다.(『宣祖實錄』선조31.『集成』24-15)

5.8. 大司諫 李憲國이 선박 모집에 소홀함을 이유로 사직을 청하다./ 持平 宋應洵이 수송선 모집에 태만한 관리의 국문, 군자감 삼감의 전임제를 주장하다.(『宣祖實錄』선조31.『集成』24-16)/ 備邊司에서 군량 운송의 상황과 대책에 대해 아뢰다.(『宣祖實錄』선조31.『集成』24-17)

5.9. 經理 都監 郎廳이 朱元禮와 要時羅 처리 및 작전에 대한 經理의 생각을 아뢰다.(『宣祖實錄』선조31.『集成』24-19)

5.10. 備邊司가 중국 군사의 남하로 인한 군량 수급 대책이 시급함을 아뢰다.(『宣祖實錄』선조31.『集成』24-20)/ 承政院이 閑山 전투의 군공의 공정한 평가를 하도록 아뢰다.(『宣祖實錄』선조31.『集成』24-21)

5.11. 持平 鄭毅이 서울 근처의 유랑민에 대한 생활 대책을 마련하도록 아뢰다.(『宣祖實錄』선조31.『集成』24-21)/ 麻 提督 을 찾아가 왜적의 동정과 金應瑞 및 總兵(銃兵) 선발을 논의하다.(『宣祖實錄』선조31.『集成』24-22)/ 備邊司가 魚鹽의 업무를 轉運使가 鹽鐵使를 겸하여 행하도록 아뢰다.(『宣祖實錄』선조31.『集成』24-23)

5.12. 楊 經理가 回謝하러 오니, 상이 迎入하여 자리에 앉다./ 持平 宋應洵이 곡식을 무역할 때 敬差官 대신에 감사와 수령이 거행토록 아뢰다.(『宣祖實錄』선조31.『集成』24-25)

5.13. 指揮 黃應陽과 중국인의 물건을 훔치는 자의 처벌과 용병에 대해 이야기하다.(『宣祖實錄』선조31.『集成』24-26)

5.15. 戶曹가 군량을 마련한 朴毅長의 논상 여부에 대한 대신들의 의견을 아뢰다.(『宣祖實錄』선조31.『集成』24-27)

5.16. 楊 布政과 접견하여 군량 운송에 대해 이야기하다.(『宣祖實錄』선조31.『集成』24-27)/ 상이 楊 布政을 접견하여 중국 군사의 이동상황을 이야기하다./ 군량 부족으로 供上의 삭감과 內帑庫의 쌀을 戶曹로 이관토록 하다./ 備邊司가 韓應寅의 개차와 군량 운송을 대책을 아뢰다.(『宣祖實錄』선조31.『集成』24-28)

5.17. 經理가 군량을 바친 鄭仁弘을 승품시키도록 청하다.(『宣祖實錄』선조31.『集成』24-29)/ 右議政 李德馨이 왜군 정세의 탐정에 공이 있는 항왜 呂汝文을 논상하자고 아뢰다.(『宣祖實錄』선조31.『集成』24-30)

5.18. 戶曹가 보리쌀의 제조와 밀의 영남 운송에 관해 아뢰다.(『宣祖實錄』선조31.『集成』24-30)

5.20. 經理가 군량 운송을 독촉하는 패문을 만들다.(『宣祖實錄』선조31.『集成』24-31)

5.21. 弘文館副提學 吳億齡 등이 경연을 실시하자고 아뢰다.(『宣祖實錄』선조31.『集成』24-31)

5.22. 持平 宋應洵이 운량시 폐단을 일으킨 御使 조존성을 파직토록 건의하다.(『宣祖實錄』선조31.『集成』24-33)

5.23. 持平 宋應洵이 군량 수송 선박을 숨긴 柳永立·柳束立을 軍門하도록 아뢰다.(『宣祖實錄』선조31.『集成』24-34)

5.24. 經理 都監이 晋州城 근처의 농작물을 확보하기 위한 계책을 아뢰다.(『宣祖實錄』선조31.『集成』24-34)

5.25. 正言 李惟弘이 군량미와 銀子의 교환 금지와 황해 병사 신설을 재고토록 아뢰다.(『宣祖實錄』선조31.『集成』24-35)

5.26. 彭 遊擊 처소에 행행하여 波浪國人을 대면하다.(『宣祖實錄』선조31.『集成』24-35)

5.27. 麻 提督 전송시 張雲翼과 提督의 능력, 島山 전투 등에 대해 논의하다.(『宣祖實錄』선조31.『集成』24-36)/ 麻 提督 을 격려하다.(『宣祖實錄』선조31.『集成』24-38)

5.28. 楊 經理 都監에서 楊 經理가 提督과 함께 許國威의 군병을 열병했음을 아뢰다.(『宣祖實錄』선조31.『集成』24-39)

5.29. 持平 慶遢이 운량에 소홀한 京畿 水使 李思命의 파직을 아뢰다.(『宣祖實錄』선조31.『集成』24-39)

6.1. 상이 貞陵洞 행궁에 있었다./ 經理가 要時羅를 금중으로 압송할 정문을 만들도록 李德馨에게 유고하다./ 비망기에서 중국이 왜적과 강화하는 것을 경계하다.(『宣祖實錄』선조31.『集成』24-40)/ 舟師提督 陳璘이 水軍 5백여 척을 거느리고 全羅道로 내려 가다.(『宣祖修正實錄』선조31.『集成』27-212)

6.2. 楊 布政과 朱元禮가 강화하는 것에 대해 논의하다.(『宣祖實錄』선조31.『集成』24-41)

6.3. 楊 布政·徐 主事가 要時羅와 함께 강화에 대해 논의하다.(『宣祖實錄』선조31.『集成』24-42)/ 經理와 要時羅의 강화 회담에 대해 揭帖을 보내 경계하다./ 經理 都監이 經理와 要時羅 간의 회담 내용을 아뢰다.(『宣祖實錄』선조31.『集成』24-45)

6.5. 經理 都監이 포로 조예신을 불러 적정을 묻다.(『宣祖實錄』선조31.『集成』24-48)

6.9. 접대 都監이 許 遊擊이 要時羅에게 물품을 지급하도록 독촉한 것에 대해 아뢰다.(『宣祖實錄』선조31.『集成』24-49)

6.10. 許國威에게 게첩을 보내 왜적 要時羅에게 물품을 지급할 수 없다고 하다.(『宣祖實錄』선조31.『集成』24-49)

6.11. 許 遊擊이 회첩을 보내 要時羅에게 물품을 지급하도록 요청한 이유를 설명하다.(『宣祖實錄』선조31.『集成』24-50)

6.12. 王 按察의 중군인 吳從周·左維準·高凌漢이 時御所에 찾아와 배알하다.(『宣祖實錄』선조31.『集成』24-51)/ 都督 陳璘이 接伴使를 통해 전달된 물품 일부를 되돌려 준다고 게첩하다.(『宣祖實錄』선조31.『集成』24-52)

6.13. 兵曹가 병력의 상황, 군량 공급, 각도 출신의 점검 등에 대해 아뢰다.(『宣祖實錄』선조31.『集成』24-52)

6.14. 李德馨이 丁 主事가 老爺를 비방한 문건 중 조선과 관련된 5건을 아뢰다.(『宣祖實錄』선조31.『集成』24-53)

연도	한국
▲ 1598 ▼	6.15. 經理 接伴使 李德馨이 經理의 丁 主事에 대한 평가와 동태를 아뢰다.(『宣祖實錄』선조31. 『集成』24-54) 6.16. 備邊司가 火旺 산성 전투에서 공을 세운 밀양 부사 李英을 논상하자고 아뢰다.(『宣祖實錄』선조31. 『集成』24-55) 6.18. 劉 提督과 중국 군사의 소동, 군량 문제, 왜적의 동정에 대해 이야기하다.(『宣祖實錄』선조31. 『集成』24-56)/ 司憲府가 이조 참판 姜紳의 파직과 양양 부사 李弘老의 仍任을 논하다.(『宣祖實錄』선조31. 『集成』24-57)/ 經理 都監이 중국의 조선 인식, 楊 都爺를 위해 조선이 진주해 줄 것을 요청하다.(『宣祖實錄』선조31. 『集成』24-58) 6.19. 중국 장군 潘思見이 왜노를 치는 장수들을 위해 수본(手本)을 작성하다.(『宣祖實錄』선조31. 『集成』24-60) 6.20. 備邊司가 順天 보인 白飛虎를 포상하자고 아뢰다.(『宣祖實錄』선조31. 『集成』24-60)/ 李德馨이 楊 經理를 비방하는 문서에 대해 아뢰다.(『宣祖實錄』선조31. 『集成』24-61) 6.22. 右議政 李德馨이 중국군의 동정과 양 經理의 처지에 대해 아뢰다.(『宣祖實錄』선조31. 『集成』24-64) 6.23. 대신들과 함께 楊 經理가 참소당한 사정과 중국에 보낼 자문에 대해 논의하다.(『宣祖實錄』선조31. 『集成』24-65) 6.24. 備邊司가 李舜臣이 있는 곳의 군량 대책에 대해 아뢰다./ 尹斗壽가 강화의 부세 감면, 도성 방비, 양호 지역 백성들에 대한 지원책을 아뢰다(『宣祖實錄』선조31. 『集成』24-72)/ 備邊司가 강화도의 요역면제와 종자곡 운송에 대해 아뢰다.(『宣祖實錄』선조31. 『集成』24-74) 6.25. 遊擊 許國威가 무원에 대한 참소를 조선에서 신구해 주기를 청하다.(『宣祖實錄』선조31. 『集成』24-74) 6.27. 崔瓘이 楊 經理의 유임을 백성들이 劉 提督에게 청했으나 거부된 상황을 아뢰다./ 備邊司가 陳 都督의 배신에 대한 군법 적용, 조선군 통솔 요구에 대해 아뢰다.(『宣祖實錄』선조31. 『集成』24-75)/ 御使 陳效를 위로하고, 군량 운송 문제를 언급한 회첩을 보내다.(『宣祖實錄』선조31. 『集成』24-77) 6.28. 備邊司가 劉 提督과 세자·배신의 동행, 군량. 중국군의 동향에 대해 아뢰다.(『宣祖實錄』선조31. 『集成』24-78) 6.29. 持平 具義剛이 姜紳의 일로 인해 체직을 청하다.(『宣祖實錄』선조31. 『集成』24-80)/ 持平 宋應洵이 具義剛을 출사시키고 呂祐吉과 黃廷喆을 체차시키자고 아뢰다.(『宣祖實錄』선조31. 『集成』24-81)/ 主事 종사관 권형과 전 판관 林大春이 중국에서 양곡을 싣고 경강에 도착하다.(『宣祖實錄』선조31. 『集成』24-82)/ 平秀吉이 조선을 치고 중국을 침범한다는 말을 軍門에 보고하라고 전교하다./ 戶曹가 중국군에게 양식을 공급한 金壽齡·林雲水·崔德龍 등을 논상하자고 하다.(『宣祖實錄』선조31. 『集成』24-83) 6.30. 備邊司가 陳奏使가 이야기할 도산 전투의 내용을 崔天健에게 보내자고 아뢰다.(『宣祖實錄』선조31. 『集成』24-83)/ 備邊司가 도산 전투에 관한 주문할 때의 내용을 아뢰다.(『宣祖實錄』선조31. 『集成』24-84) 7.1. 상이 貞陵洞 행궁에 있었다./ 陳奏使 崔天健, 書狀官 慶暹 등이 拜謝하고 양호를 신변하는 주본을 올리다.(『宣祖實錄』선조31. 『集成』24-84)/ 崔天健을 陳奏使로 삼아 經理 楊鎬를 변호하는 奏文을 보내다.(『宣祖修正實錄』선조31. 『集成』27-213) 7.2. 비망기로 承政院에 전교하여 금군에게 가포를 지급하라고 전교하다.(『宣祖實錄』선조31. 『集成』24-89) 7.3. 劉提督의 처소에 거둥하여 수행 배신과 왜적의 동향에 대해 논의하다.(『宣祖實錄』선조31. 『集成』24-89)/ 經理 都監이 신임 經理의 성격과 楊 都爺를 구원할 주본 내용에 대해 이야기하다.(『宣祖實錄』선조31. 『集成』24-91) 7.4. 비망기로 旺應蛟의 성품과 양 經理의 유임을 청하는 자문에 대해 전교하다.(『宣祖實錄』선조31. 『集成』24-92) 7.5. 承政院에 전교하여 화살에 바르는 독약 제조법를 구하도록 하다.(『宣祖實錄』선조31. 『集成』24-93) 7.6. 전라 병사 李光岳이 왜적의 침입 때 방어를 못한 興陽 관리들의 처벌을 치계하다.(『宣祖實錄』선조31. 『集成』24-93)/ 우의정 李德馨이 변주할 사행에 사신으로 갈 수 없음을 아뢰다.(『宣祖實錄』선조31. 『集成』24-94)/ 李德馨이 丁應泰가 楊 經理를 모함한 실상을 적은 주본을 아뢰다./ 領議政 柳成龍이 백관들과 시민들이 經理 아문에 가서 유임을 청했다고 아뢰다.(『宣祖實錄』선조31. 『集成』24-95)/ 欽差 監察 御使가 經理의 처리, 군량, 세자의 군영 진출에 대해 자문을 보내다.(『宣祖實錄』선조31. 『集成』24-97) 7.7. 領議政 柳成龍이 劉 提督의 기피로 동행할 수 없음을 아뢰다.(『宣祖實錄』선조31. 『集成』24-99)/ 戶曹가 중국에서 보낸 군량 운송에 대해 아뢰다.(『宣祖實錄』선조31. 『集成』24-100) 7.9. 강원도 관찰사 鄭淑夏가 개미떼의 출현을 계문하다.(『宣祖實錄』선조31. 『集成』24-100) 7.10. 충청도 관찰사 金信元이 壬辰년에 향교를 지킨 報恩縣의 교생들을 보고하다./ 吳惟忠 등이 丁應泰가 양호를 참소한 것을 상주하여 신원하다.(『宣祖實錄』선조31. 『集成』24-101)/ 許國威가 楊 經理를 위해 본국에 글을 올리다.(『宣祖實錄』선조31. 『集成』24-104) 7.11. 接待 都監이 왜인 葉春 부자가 도망했음을 아뢰다./ 劉提督 接伴使 金晔가 提督이 惟政과 만났음을 아뢰다./ 상이 弘濟院에 거둥하여 楊 經理를 위로하다.(『宣祖實錄』선조31. 『集成』24-106)/ 비망기로 도주한 왜인을 경계하고 도성을 수비하도록 承政院에 전교하다.(『宣祖實錄』선조31. 『集成』24-108) 7.12. 提督과 더불어 용병과 도주한 왜인에 대해 이야기하다.(『宣祖實錄』선조31. 『集成』24-109)/ 訓練 都監이 訓練 都監 군관에 대해 포폄을 시행하도록 아뢰다.(『宣祖實錄』선조31. 『集成』24-112) 7.13. 正言 李惟弘이 검찰사 韓孝純의 연임 및 泰川 현감 李春蘭을 체차토록 아뢰다./ 戶曹가 치부에 대한 규정을 아뢰다.(『宣祖實錄』선조31. 『集成』24-113)/ 吳宗道가 자신에 대한 비방과 적의 이간질을 경계하도록 계첩을 보내다.(『宣祖實錄』선조31. 『集成』24-114)

일본

7.14. 경기도 관찰사 鄭經世가 강화를 청하는 왜인의 오만한 書契를 아뢰다./ 承政院이 吳宗道의 揭帖에 담긴 뜻을 아뢰다.(『宣祖實錄』선조31.『集成』24-115)

7.15. 右議政 李德馨이 科官 徐觀瀾이 楊 經理를 비방하는 4가지 일을 아뢰다./ 劉 提督이 동행할 대신 때문에 불만을 초래한 것에 대해 비망기로 아뢰다.(『宣祖實錄』선조31.『集成』24-116)/ 備邊司가 군량 수급 대책에 대해 아뢰다.(『宣祖實錄』선조31.『集成』24-117)/ 承政院이 변장한 왜인을 체포한 일을 아뢰다.(『宣祖實錄』선조31.『集成』24-118)

7.16. 黃應陽과 時御所에서 은 채굴과 조선을 다녀간 중국 장수의 안부를 묻다.(『宣祖實錄』선조31.『集成』24-118)/ 宣傳官으로 하여금 경상 우도 적정을 탐지토록 하다.(『宣祖實錄』선조31.『集成』24-119)

7.18. 司憲府에서 李光庭·閔仁伯·이규상 등의 加資를 개정하도록 아뢰다.(『宣祖實錄』선조31.『集成』24-120)

7.19. 대신과 군량 운송, 劉 提督의 용병술, 양 經理의 신구, 도성 수비에 대해 논의하다.(『宣祖實錄』선조31.『集成』24-120)

7.20. 司憲府에서 李光庭의 체차 및 가자 개정을 청하다.(『宣祖實錄』선조31.『集成』24-123)

7.21. 楊 布政과 함께 군량 문제에 대해 이야기하다.(『宣祖實錄』선조31.『集成』24-123)

7.22. 楊 布政이 時御所에 와 회사하니 왜구의 회유책에 대해 논의하다.(『宣祖實錄』선조31.『集成』24-123)

7.23. 慕華館에 행행하여 오 副總과 성을 공격하는 도구에 대해 이야기하다.(『宣祖實錄』선조31.『集成』24-124)

7.27. 吳 副總을 격려하다.(『宣祖實錄』선조31.『集成』24-124)

7.30. 宣傳官 蘇文震이 경상도 적정을 書契하다.(『宣祖實錄』선조31.『集成』24-125)

8.1. 상이 貞陵洞 행궁에 있었다./ 劉 提督 接伴使 金睟가 중국군의 민폐에 대해 치계하다.(『宣祖實錄』선조31.『集成』24-126)/ 全羅 兵使 李光岳이 豊臣秀吉이 죽었다고 보고하다./ 麻貴와 劉綎이 군사를 이끌고 서울로 돌아오다.(『宣祖修正實錄』선조31.『集成』27-215)/ 統制使 李舜臣이 賊兵을 康津의 古今島에서 크게 격파하다.(『宣祖實錄』선조31.『集成』24-216)

8.2. 董 提督과 군사 및 군량 문제에 대해 이야기하다.(『宣祖實錄』선조31.『集成』24-126)

8.3. 경상도 中榮將 金應瑞가 慶山·淸道 전투시 중국군이 도와주지 않았음을 치계하다./ 弘濟院에서 邢 軍門을 격려하고 楊 經理의 억울함을 이야기하다.(『宣祖實錄』선조31.『集成』24-127)

8.4. 軍門이 회례하니 陳 都督의 전공에 대해 이야기하다.(『宣祖實錄』선조31.『集成』24-128)/ 備邊司가 軍門이 책려하고 분부한 군량 운송 등의 일을 아뢰다.(『宣祖實錄』선조31.『集成』24-129)/ 司諫院이 李光庭의 관직 개정과 趙儆의 체차 및 刷馬의 폐단 등에 대해 아뢰다.(『宣祖實錄』선조31.『集成』24-130)

8.5. 전라 병사 李光岳이 日本의 정세와 탈출자들의 상황에 대해 치계하다./ 都元帥 權慄이 劉 提督이 왜적을 격퇴시키기 위해 중국군을 발송한 것을 아뢰다./ 舊義 復讎軍이 중국 장수의 방자와 궐내 숙위 임무를 거부하다.(『宣祖實錄』선조31.『集成』24-131)

8.7. 備邊司가 곡식 비축 계책을 아뢰다.(『宣祖實錄』선조31.『集成』24-132)

8.8. 상이 麻 提督의 관소에 가서 용병과 楊 經理의 정황에 대해 이야기하다.(『宣祖實錄』선조31.『集成』24-133)

8.9. 麻 提督이 時御所에서 회례하니 변방의 상황, 要時羅의 동정에 대해 이야기하다.(『宣祖實錄』선조31.『集成』24-135)/ 상이 趙 總兵의 처소에 거둥하여 남행길을 전송하고 위로하다.(『宣祖實錄』선조31.『集成』24-137)

8.10. 彭 遊擊을 접견하고, 牛馬의 지급, 박달나무의 마련, 도성의 방비에 대해 이야기하다.(『宣祖實錄』선조31.『集成』24-138)

8.11. 都元帥 權慄이 太和江 근처의 적정을 치계하다./ 接待 都監이 생포한 왜적의 감시를 철저히 하도록 아뢰다.(『宣祖實錄』선조31.『集成』24-139)

8.12. 劉 總兵이 용담 지역의 전투 성과를 보고하다./ 楊 參將과 朴毅長에 대한 칭찬, 接伴 배신의 문신 차정 등에 대해 논의하다.(『宣祖實錄』선조31.『集成』24-140)/ 備邊司가 호패법의 시행을 청하다.(『宣祖實錄』선조31.『集成』24-142)

8.13. 왕세자가 문안하고 銅雀江에서 劉 提督을 위로하며 용담 전투에 대해 이야기하다./ 鄭經世가 적정의 정탐 결과를 보고하다.(『宣祖實錄』선조31.『集成』24-143)/ 統制使 李舜臣이 해상 전투 상황과 陳 都督의 무례함을 치계하다.(『宣祖實錄』선조31.『集成』24-144)

8.14. 상이 劉 提督의 을 위로하다.(『宣祖實錄』선조31.『集成』24-144)

8.15. 麻 提督과 동병의 시기, 활·화살·전마·포수 조달, 陳 都督의 전과에 대해 이야기하다.(『宣祖實錄』선조31.『集成』24-145)/ 李舜臣의 勝捷을 가지고 온 자에게 논상하도록 承政院에 전교하다.(『宣祖實錄』선조31.『集成』24-147)

8.16. 正言 李惟弘이 조경의 加資 개정과 군량 운반의 지체 폐단 시정책을 아뢰다.(『宣祖實錄』선조31.『集成』24-147)/ 司憲府가 조경의 가자 개정, 接伴使들의 군관 대동 등을 아뢰다.(『宣祖實錄』선조31.『集成』24-148)/ 邢 軍門의 接伴使 金命元이 關王廟 앞에서 중국 장수들이 回盟한 것을 아뢰다.(『宣祖實錄』선조31.『集成』24-149)/ 備邊司가 백성들을 안정시키기 위한 방편으로 호패법 시행을 청하다.(『宣祖實錄』선조31.『集成』24-150)

8.17. 상이 王 參政의 관소에 가서 關白의 사망과 군량 보급 문제에 대해 논의하다.(『宣祖實錄』선조31.『集成』24-150)/ 提督 麻貴와 董一元이 時御所에 와서 작별 인사를 하다.(『宣祖實錄』선조31.『集成』24-151)

8.18. 提督 麻貴와 董一元, 惟政을 전송하다.(『宣祖實錄』선조31.『集成』24-151)

8.19. 戶曹가 군량선의 상황을 보고하다.(『宣祖實錄』선조31.『集成』24-152)

8.20. 경상 좌병사 成允文이 彦陽 전투에 대해 치계하다.(『宣祖實錄』선조31.『集成』24-152)/ 경상 좌병사 成允文이 關白의 병이 위중하다는 것과 적들의 동태를 비밀히 치계하다./ 전라 수사 李舜臣이 秀吉의 사망과 왜적의 철수 상황을 치계하다./ 季 遊擊 接伴官 文大忠이 興陽 전투에 대해 치계하다.(『宣祖實錄』선조31.『集成』24-153)

8.21. 전라 병사 李光岳이 錦山 전투에 대해 치계하다.(『宣祖實錄』선조31.『集成』24-153)

연도	한국
▲ 1598 ▼	8.22. 銅雀江에서 王 參政을 전별하면서 平行長의 철수 상황에 대해 이야기하다./ 順天에 있는 적의 철수에 대해 承政院에 전교하다.(『宣祖實錄』선조31.『集成』24-154)/ 都元帥 權慄이 西生浦 왜적의 철수에 대해 치계하다.(『宣祖實錄』선 조31.『集成』24-155) 8.23. 경상 우병사 鄭起龍이 적에게 빌붙은 丹城 현감 安得을 사로잡았다고 치계하다./ 경상 관찰사 鄭經世가 關白의 병사 여부와 적정을 치계하다.(『宣祖實錄』선조31.『集成』24-155) 8.24. 經理 都監이 楊 經理의 동정을 아뢰다./ 李德馨이 曳轎의 적정과 李舜臣의 동정을 치계하다.(『宣祖實錄』선조31.『集成』24-156) 8.25. 邢 軍門 都司 張彦知가 군량 조달을 재촉하다.(『宣祖實錄』선조31.『集成』24-157) 8.27. 都元帥 權慄이 西生浦 왜적이 부산으로 철수했음을 치계하다./ 兵科左給事中 徐의 칙유.(『宣祖實錄』선조31.『集成』24-157) 8.28. 軍門 都監이 楊鎬에 대한 조사와 동병에 조처하도록 이야기하다.(『宣祖實錄』선조31.『集成』24-158)/ 司諫院이 사관 의 承政院을 채우고 그 폐단을 혁파토록 아뢰다.(『宣祖實錄』선조31.『集成』24-159) 8.29. 彭 中軍이 回禮하고 楊 經理의 구원을 요청하다.(『宣祖實錄』선조31.『集成』24-159) 9.1. 상이 貞陵銅 행궁에 있다.(『宣祖實錄』선조31.『集成』24-160)/ 備邊司가 군량의 운반 문제를 건의하다.(『宣祖實錄』선조 31.『集成』24-161)/ 우리나라에서 楊鎬를 변호하자 丁應泰가 서운하게 여겨 황제에게 무고하다.(『宣祖修正實錄』선조31. 『集成』27-216)/ 丁應泰의 무고에 대해 李恒福과 李廷龜를 보내어 해명하게 하다.(『宣祖修正實錄』선조31.『集成』27-218) 9.2. 軍門 接伴使 金命元이 적의 정세에 대해 아뢰다.(『宣祖實錄』선조31.『集成』24-161)/ 邢 軍門에게 揭帖을 보내 다.(『宣祖實錄』선조31.『集成』24-162)/ 禮曹가 동궁의 문안을 간략하게 하기를 건의하다.(『宣祖實錄』선조31.『集 成』24-163) 9.3. 司諫院이 변란에 대한 폐해와 그에 대한 개혁 조치에 대해 상차하다.(『宣祖實錄』선조31.『集成』24-163) 9.4. 右相 李德馨이 강화 문제에 대해 치계하다.(『宣祖實錄』선조31.『集成』24-165) 9.5. 전라도 관찰사 黃愼이 왜병들이 철거할 뜻이 없다고 치계하다.(『宣祖實錄』선조31.『集成』24-165) 9.6. 丁主事가 회례하기 위하여 時御所에 와 주본의 내용에 대해 말하다.(『宣祖實錄』선조31.『集成』24-166)/ 承政院이 왜적 의 동태에 대해 아뢰다./ 경상도 관찰사 鄭經世가 왜장들의 동태에 대해 치계하다.(『宣祖實錄』선조31.『集成』24-168) 9.7. 左副承旨 崔瓘 이 황해도 군병을 慰諭하는 것에 대해 건의하다./ 丁 主事 接伴使 白惟咸이 죽은 군사의 수에 대해 아 뢰다.(『宣祖實錄』선조31.『集成』24-169)/ 우의정 李德馨이 소서行長의 강화 요청에 대해 치계하다.(『宣祖實錄』선조 31.『集成』24-170) 9.8. 陳 都督의 소행에 대해 비망기로 이르다.(『宣祖實錄』선조31.『集成』24-170)/ 備邊司가 陳 提督의 소행에 대해 아뢰 다./ 경상도 관찰사 鄭經世가 대해 치계하다.(『宣祖實錄』선조31.『集成』24-171) 9.9. 劉 提督 接伴使 金睟가 왜적의 침범에 대해 치계하다.(『宣祖實錄』선조31.『集成』24-171) 9.10. 統制使 李舜臣이 陳 都督에 대해 치계하다.(『宣祖實錄』선조31.『集成』24-171) 9.12. 왕세자가 문안하다. 弘濟院에 가서 서 급사를 위로하다.(『宣祖實錄』선조31.『集成』24-172) 9.13. 왕세자가 문안하다. 상이 徐 給事의 衙門에 가서 다례를 행하다.(『宣祖實錄』선조31.『集成』24-175)/ 비망기로 備邊 司로 하여금 揭帖할 것을 지시하다.(『宣祖實錄』선조31.『集成』24-176) 9.14. 오시에 徐 給事가 時御所에 오다.(『宣祖實錄』선조31.『集成』24-176) 9.15. 경상 우병사 鄭起龍이 왜병의 철수에 대해 치계하다.(『宣祖實錄』선조31.『集成』24-179) 9.16. 헌납 柳夢寅이 軍門 군량독촉문에 대해 아뢰다.(『宣祖實錄』선조31.『集成』24-179) 9.17. 海平 府院君 尹根壽가 陶 通判이 말한 것에 대해 아뢰다.(『宣祖實錄』선조31.『集成』24-180)/ 備邊司가 要時羅 문제 에 대해 아뢰다.(『宣祖實錄』선조31.『集成』24-181) 9.19. 承政院이 종묘 사직과 산천에 기고하기를 건의하다.(『宣祖實錄』선조31.『集成』24-181)/ 義禁府가 관리들의 전후 범 한 죄와 세운 공의 다과에 대해 아뢰다.(『宣祖實錄』선조31.『集成』24-182) 9.20. 왕세자가 徐 給事 衙門에 나아가다.(『宣祖實錄』선조31.『集成』24-183) 9.21. 贊畫 主事 丁應泰의 주본 내용의 진위를 밝히도록 지시하다.(『宣祖實錄』선조31.『集成』24-184)/비망기로 承政院에 丁應泰의 주본에 대해 전교하다.(『宣祖實錄』선조31.『集成』24-186)/ 徐 給事中이 왜란으로 인한 고통에 대해 고시 하다.(『宣祖實錄』선조31.『集成』24-188)/ 承政院이 丁應泰의 주본이 참람하다고 아뢰다.(『宣祖實錄』선조31.『集成』 24-189)/ 承政院이 丁應泰의 주본에 대해 아뢰다.(『宣祖實錄』선조31.『集成』24-190) 9.22. 承政院이 조회하지 않는 것에 대해 아뢰다./ 領議政 柳成龍 등이 丁應泰의 주본의 참람함을 아뢰다.(『宣祖實錄』선조 31.『集成』24-190)/ 領議政 柳成龍 등이 임금의 피혐에 대해 아뢰다.(『宣祖實錄』선조31.『集成』24-191) 9.23. 領議政 柳成龍 등이 합문을 닫은 것에 대해 아뢰다.(『宣祖實錄』선조31.『集成』24-192)/ 承政院이 국사를 다시 돌보 기를 아뢰다./ 弘文館이 丁應泰의 무고에 대해 차자를 올리다.(『宣祖實錄』선조31.『集成』24-194)/ 領議政 柳成龍 등이 丁應泰의 주본에 대해 아뢰다.(『宣祖實錄』선조31.『集成』24-195)/ 全羅道 防禦使 元愼이 幼學 李文彧 에 대해 치계하다.(『宣祖實錄』선조31.『集成』24-196)

일본

9.24. 邢 軍門의 차관이 군대의 어려움을 말하고 政事 돌보기를 아뢰다./ 大司憲 李憲國 등이 政事 돌보기를 아뢰다.(『宣祖實錄』 선조31. 『集成』24-197)/ 大司憲 李憲國 등이 사직과 종묘를 돌보기를 아뢰다./ 領議政 柳成龍 등이 丁應泰의 참주에 대해 아뢰다.(『宣祖實錄』 선조31. 『集成』24-198)/ 丁 主事의 接伴使 白惟咸이 丁應泰의 참주에 대해 해명하는 말을 아뢰다.(『宣祖實錄』 선조31. 『集成』24-199)

9.25. 海原 府院君 尹斗壽가 軍門이 출입 통제를 한다고 아뢰다.(『宣祖實錄』 선조31. 『集成』24-199)/ 海原 府院君 尹斗壽 등이 합문을 열고 政事를 돌볼 것을 아뢰다.(『宣祖實錄』 선조31. 『集成』24-200)/ 徐 給事에게 回咨하다.(『宣祖實錄』 선조31. 『集成』24-201)/ 軍門 都監의 郎廳이 董提督이 도망하였다고 아뢰다.(『宣祖實錄』 선조31. 『集成』24-202)

9.26. 右議政 李德馨이 명나라 군사들의 공격 계획에 대해 치계하다.(『宣祖實錄』 선조31. 『集成』24-202)

9.27. 軍門 都監이 麻 提督 의 말을 전하다.(『宣祖實錄』 선조31. 『集成』24-202)

9.28. 邢 軍門이 국왕이 政事를 돌보기를 바라는 내용의 배첩을 보내다./ 邢 軍門·徐 給事·陳 御使가 각기 차관을 보내 政事돌보기를 청하다.(『宣祖實錄』 선조31. 『集成』24-203)/ 弘文館이 속히 政事를 돌보기를 원하는 차자를 올리다./ 성균관 생원 李好信 등이 종묘 사직을 돌보라는 상소를 올리다.(『宣祖實錄』 선조31. 『集成』24-204)/ 欽差査勘東征軍務兵科左給事中 徐關瀾의 移咨이다.(『宣祖實錄』 선조31. 『集成』24-205)/ 徐 給事에게 군사·병마·군량·성곽 수선 등에 대해 회자하다.(『宣祖實錄』 선조31. 『集成』24-207)

9.30. 給事 都監이 관학 유생들의 정문에 대해 아뢰다.(『宣祖實錄』 선조31. 『集成』24-211)/ 麻 提督 의 接伴使 李光庭이 도산의 적군 세력에 대해 치계하다.(『宣祖實錄』 선조31. 『集成』24-212)

10.1. 상이 貞陵洞 행궁에 있었다.(『宣祖實錄』 선조31. 『集成』24-212)/ 陳奏使 파견에 관한 弘文館 副校理 李爾瞻의 상소이다./ 弘文館副提學 金玏 등이 丁應泰의 모함에 대해 상차하다.(『宣祖實錄』 선조31. 『集成』24-213)/ 軍門 接伴使 老職이 董提督의 왜군에 대한 공격에 대해 아뢰다.(『宣祖實錄』 선조31. 『集成』24-215)/ 右議政 李德馨이 왜적과 중국 군사의 전투에 대해 치계하다.(『宣祖實錄』 선조31. 『集成』24-216)

10.2. 麻 提督 接伴使인 李光庭이 提督이 경주로 퇴진하려 한다는 치계를 올리다.(『宣祖實錄』 선조31. 『集成』24-216)

10.4. 備邊司가 都督 陳璘이 거짓 장계를 올렸다고 아뢰다.(『宣祖實錄』 선조31. 『集成』24-216)/ 董提督 接伴使인 李忠元이 泗川으로 진격하는 것에 대해 치계하다./ 전라 병사 李光岳이 왜적과의 강화 문제에 대해 치계하다.(『宣祖實錄』 선조31. 『集成』24-217)

10.5. 判中樞府事 尹斗壽가 陳 御使의 衙門에 소정방에 대해 呈文하다.(『宣祖實錄』 선조31. 『集成』24-217)

10.6. 備邊司가 辨誣에 관한 조목에 대해 아뢰다.(『宣祖實錄』 선조31. 『集成』24-219)

10.7. 斷事 惠優의 揭帖이다.(『宣祖實錄』 선조31. 『集成』24-220)

10.8. 備邊司가 楊 總兵의 斬頭가 도착했음을 아뢰다./ 軍門 都監이 董提督이 후퇴하였다고 아뢰다.(『宣祖實錄』 선조31. 『集成』24-220)

10.10. 都元帥 權慄이 중국 군사의 패전에 대한 치계를 올리다./ 경상도 관찰사 鄭經世가 중국 군사의 퇴각에 대한 치계를 올리다.(『宣祖實錄』 선조31. 『集成』24-221)/ 麻 提督 接伴使인 李光庭이 提督의 패전에 대한 치계를 올리다.(『宣祖實錄』 선조31. 『集成』24-222)

10.12. 監軍標下의 策士 嚴聚德이 충언을 올리는 揭帖이다.(『宣祖實錄』 선조31. 『集成』24-222)/ 右議政 李德馨이 중국군의 전투에 관한 일로 치계하다.(『宣祖實錄』 선조31. 『集成』24-223)/ 右議政 李德馨이 중국군의 패전에 관한 일로 치계하다./ 東路·中路·西路의 三路 군사가 패전하다./ 領敦寧府事 李山海 등의 徐 給事 衙門에 呈文에 대한 給事의 비답이다.(『宣祖實錄』 선조31. 『集成』24-224)

10.13. 水軍 統制使 李舜臣이 왜적과의 전투 상황에 관하여 치계하다.(『宣祖實錄』 선조31. 『集成』24-225)

10.14. 備邊司가 중국 장수의 철수 절차를 열거하는 呈文을 만들기를 요청하다.(『宣祖實錄』 선조31. 『集成』24-225)

10.15. 邢 軍門에게 전투에 관한 내용의 揭帖을 보내다./ 丁 主事 接伴使 白惟咸이 군량 문제에 대해 아뢰다.(『宣祖實錄』 선조31. 『集成』24-226)

10.16. 영돈녕부사 李山海 등이 민심이 불안함을 아뢰다.(『宣祖實錄』 선조31. 『集成』24-227)/ 董提督이 전투에 관한 揭帖을 올리다./ 비망기로 備邊司에서 軍門에 답변하는 절차를 하라고 지시하다.(『宣祖實錄』 선조31. 『集成』24-228)

10.17. 監察 御使 陳效의 왜군과의 전투에 관한 제본.(『宣祖實錄』 선조31. 『集成』24-211)/ 承政院에 우리 군사의 전사자에 대해 알아보라는 전교를 내리다.(『宣祖實錄』 선조31. 『集成』24-230)

10.20. 兵曹가 군대의 허술함을 아뢰다.(『宣祖實錄』 선조31. 『集成』24-230)/ 성균관에서 관학의 양성과 전담에 대해 건의하다.(『宣祖實錄』 선조31. 『集成』24-231)/ 경상도 관찰사 鄭經世가 麻 提督 의 계획에 대해 치계하다.(『宣祖實錄』 선조31. 『集成』24-232)

10.21. 丁應泰의 주본에 관한 주문이다.(『宣祖實錄』 선조31. 『集成』24-232)/ 備邊司가 왜군과의 전투 정황에 대해 아뢰다.(『宣祖實錄』 선조31. 『集成』24-236)

10.22. 진 御使의 接伴使 李好閔이 사감을 면해주는 문제에 대해 아뢰다.(『宣祖實錄』 선조31. 『集成』24-237)

10.23. 경상도 관찰사 鄭經世가 왜인들의 국내 활동 상황에 대해 치계하다.(『宣祖實錄』 선조31. 『集成』24-238)/ 楊 布政 接伴使인 尹國馨이 布政의 전투 상황에 대해 치계하다.(『宣祖實錄』 선조31. 『集成』24-239)

10.24. 給事 都監이 三路에서 사망한 숫자에 대해 아뢰다.(『宣祖實錄』 선조31. 『集成』24-239)

10.26. 給事 都監이 給事가 국왕이 정사에 힘쓰라고 한 사실을 아뢰다.(『宣祖實錄』 선조31. 『集成』24-240)

10.27. 邢 軍門의 旗鼓官인 張九經이 식량 문제에 대해 아뢰다.(『宣祖實錄』 선조31. 『集成』24-241)/ 右叅政 王士琦 의 군량 수송에 대한 품첩이다./ 承政院이 군대 모집에 대해 건의하다.(『宣祖實錄』 선조31. 『集成』24-242)/ 承政院이 서로의 군량에 대해 건의하다.(『宣祖實錄』 선조31. 『集成』24-243)/ 司憲府가 국왕의 모함 당한 일에 대해 아뢰다./ 陳 都督의 接伴使인 南復興이 劉 提督이 퇴군함을 아뢰다.(『宣祖實錄』 선조31. 『集成』24-244)

10.28. 給事가 막차에 도착하여 알현하고 중국군과 조선군대에 관해 아뢰다.(『宣祖實錄』 선조31. 『集成』24-245)

연도	한국
▲ 1598 ▼	10.29. 申時에 徐 給事가 回謝하자 丁應泰의 참주에 대해 이야기하다.(『宣祖實錄』 선조31.『集成』24-248) 11.1. 상이 貞陵東 행궁이 있다./ 상이 申時에 給事를 맞아들이고 전송하다.(『宣祖實錄』 선조31.『集成』24-249)/ 統制使 李舜臣이 水軍을 거느리고서 賊의 구원병을 패퇴시키고 전사하다.(『宣祖修正實錄』 선조31.『集成』27-224) 11.2. 宣傳官 허전이 중국 군대의 전투 상황에 대해 아뢰다.(『宣祖實錄』 선조31.『集成』24-250)/ 左議政 李德馨이 劉 提督의 전투 상황에 대해 치계하다.(『宣祖實錄』 선조31.『集成』24-251) 11.3. 邢 軍門의 관사에 나아가 군량문제에 대해 이야기 하다.(『宣祖實錄』 선조31.『集成』24-252)/ 陳 御使의 관사에 나아가 군량 문제 등에 대해 이야기 하다.(『宣祖實錄』 선조31.『集成』24-255) 11.4. 御使를 맞아들이고 拜禮를 청하다.(『宣祖實錄』 선조31.『集成』24-257) 11.6. 備邊司에서 군량의 비축 문제에 대해 아뢰다.(『宣祖實錄』 선조31.『集成』24-257) 11.7. 비망기로 劉 提督의 진군에 몸소 협조할 것을 전교하다.(『宣祖實錄』 선조31.『集成』24-258) 11.9. 劉 提督가 전투상황에 대한 揭帖을 올리다.(『宣祖實錄』 선조31.『集成』24-259) 11.11. 都元帥 權慄이 유 提督이 공격을 위해 예교로 출발하였음을 치계하다./ 承政院이 盧 遊擊의 제사에 관한 그 아들의 말을 전하여 아뢰다(『宣祖實錄』 선조31.『集成』24-260) 11.13. 權慄에 대해 조사한 일에 관한 陳 都督의 揭帖이다.(『宣祖實錄』 선조31.『集成』24-261) 11.14. 劉 提督이 왜병에 대한 계책을 아뢰는 揭帖을 올리다.(『宣祖實錄』 선조31.『集成』24-261) 11.16. 司諫院이 柳成龍을 탄핵하다.(『宣祖實錄』 선조31.『集成』24-262)/ 司憲府가 柳成龍의 삭탈 관작을 요청하다./ 備邊司가 行 護軍 李忠元이 노모를 모실 수 있도록 요청하다.(『宣祖實錄』 선조31.『集成』24-264)/ 備邊司가 군인들의 사기를 위해 상을 내리도록 요청하다.(『宣祖實錄』 선조31.『集成』24-265) 11.20. 弘文館이 柳成龍의 삭탈 관작에 관한 상차를 올리다.(『宣祖實錄』 선조31.『集成』24-265) 11.21. 경상 左兵使 成允文이 왜장의 소행에 관한 치계를 올리다./ 南以信이 軍門 都監의 말을 아뢰다.(『宣祖實錄』 선조31.『集成』24-267) 11.23. 左議政 李德馨이 왜적이 철수하였다는 내용의 치계를 올리다.(『宣祖實錄』 선조31.『集成』24-267)/ 軍門 都監이 장수들이 하례를 하려고 한다고 아뢰다./ 承政院이 劉 提督이 왜적을 놓아주고 있다고 아뢰다.(『宣祖實錄』 선조31.『集成』24-268) 11.24. 領敦寧府事 李山海 등이 왜적이 퇴각한 기쁨을 아뢰다.(『宣祖實錄』 선조31.『集成』24-269)/ 海原 府院君 尹斗壽 등이 劉 提督이 왜장을 놓아 준 일에 대해 아뢰다./ 軍門 都監이 중국 장수의 활약상에 대해 아뢰다./ 承政院이 李舜臣의 후임을 정하는 문제에 대해 아뢰다.(『宣祖實錄』 선조31.『集成』24-270) 11.25. 午時에 經理가 도착하니 상이 재배례를 행하다.(『宣祖實錄』 선조31.『集成』24-270)/ 상이 萬 經理의 관사에 나아가 다례를 행하다./ 麻 提督 接伴使 李光庭이 왜적의 철수에 대해 치계를 올리다.(『宣祖實錄』 선조31.『集成』24-272)/ 陳 都督이 統制使 직책의 후임을 원하는 揭帖을 올리다./ 충청 병사가 李時言을 조용하였음을 알리는 회첩이다.(『宣祖實錄』 선조31.『集成』24-273) 11.26. 未時에 邢 軍門의 관사에 나아가다.(『宣祖實錄』 선조31.『集成』24-274)/ 董 提督의 接伴使 李忠元이 승전보에 관한 치계를 올리다.(『宣祖實錄』 선조31.『集成』24-276) 11.27. 左議政 李德馨이 수군의 활약상에 관한 치계를 올리다.(『宣祖實錄』 선조31.『集成』24-276) 11.28. 경상도 관찰사 鄭經世의 적장 加藤淸正의 편지에 관한 치계.(『宣祖實錄』 선조31.『集成』24-277)/ 경상 左道 병사 成允文이 정탐인의 말을 전하는 치계를 올리다.(『宣祖實錄』 선조31.『集成』24-278)/ 備邊司가 經理 衙門에 소방의 모함을 풀어주길 원하였다고 아뢰다./ 戶曹가 전라도 수륙 관군의 식량에 대해 아뢰다.(『宣祖實錄』 선조31.『集成』24-279) 11.29. 비망기로 承政院에 해상의 승리에 관한 전교를 내리다./ 萬 經理의 관사에 거둥하다.(『宣祖實錄』 선조31.『集成』24-280)/ 備邊司가 경상 左兵使 成允文의 장계에 대해 아뢰다.(『宣祖實錄』 선조31.『集成』24-281) 11.30. 承政院에 李舜臣의 贈職과 葬事 문제를 전교하다.(『宣祖實錄』 선조31.『集成』24-281)/ 禮曹가 李舜臣의 제사 문제를 여쭙다./ 經理 都監이 왜적의 형세를 정탐토록 건의하다.(『宣祖實錄』 선조31.『集成』24-282) 12.1. 상이 貞陵東 행궁에 있다.(『宣祖實錄』 선조31.『集成』24-283)/ 禮曹가 왜적이 물러간 사실을 아뢰다./ 備邊司가 李舜臣의 사당을 세울 것을 요청하다.(『宣祖實錄』 선조31.『集成』24-283) 12.2. 진 提督이 李舜臣의 후임에 관한 揭帖을 보내다.(『宣祖實錄』 선조31.『集成』24-284)/ 備邊司가 왜적의 방어, 진의 설치에 관해 건의하다./ 備邊司가 중국 군사를 본국에 보내는 일에 대해 아뢰다.(『宣祖實錄』 선조31.『集成』24-287) 12.4. 司憲府가 본조에서 진하하는 의식은 거행하지 말 것을 요청하다./ 軍門 都監이 수군과 승리한 것에 대해 중군과 담화한 내용을 아뢰다.(『宣祖實錄』 선조31.『集成』24-288)/ 國王이 冤枉을 辨覈하는 일로 병과에 자문을 보내다.(『宣祖實錄』 선조31.『集成』24-290)
1599 ▼	【한국】 1.1. 상이 貞陵洞 행궁에 있었다./ 상이 邢軍門의 衙門에 거둥하고 倭變의 피해 상황과 중국 군사 주류 등에 대해 이르다.(『宣祖實錄』 선조32.『集成』24-334)/ 司憲府가 黃赫의 일을 아뢰니 윤허하지 않다.(『宣祖實錄』 선조32.『集成』24-337)

일본

12.6. 弘文館이 柳成龍의 삭탈 관작을 요청하는 차자를 올리다.(『宣祖實錄』 선조31.『集成』24-293)/ 禮曹가 金應男의 장례 비용을 대주게 하기를 건의하다.(『宣祖實錄』 선조31.『集成』24-294)/ 備邊司가 陳賀의 일을 거행하기를 요청하다.(『宣祖實錄』 선조31.『集成』24-295)

12.7. 비망기로 군사를 보충하라고 承政院에 전교하다.(『宣祖實錄』 선조31.『集成』24-295)/ 左議政 李德馨이 李舜臣의 포장을 요청하다./ 左議政 李德馨이 신임 統制使를 급히 차송할 것을 요구하는 장계를 올리다.(『宣祖實錄』 선조31.『集成』24-296)

12.8. 軍門 都監이 茅 遊擊의 공로에 대해 아뢰다.(『宣祖實錄』 선조31.『集成』24-297)/ 비망기로 揭帖이 중국 장수들에게 알려지게 하지 말 것을 承政院에 전교하다.(『宣祖實錄』 선조31.『集成』24-298)/ 承政院에 接伴使로 하여금 전쟁물품을 중국에 요구하도록 전교하다.(『宣祖實錄』 선조31.『集成』24-299)

12.9. 正言 權縉이 新 監司 李用淳, 南兵使 李潤德 의 체차를 요청하다.(『宣祖實錄』 선조31.『集成』24-299)/ 左副承旨 李尚毅가 백성 수탈과 소금전매에 관해 아뢰다.(『宣祖實錄』 선조31.『集成』24-300)

12.10. 비망기로 軍門에게 세자 책봉 문제를 간청할 것을 承政院에 전교하다./ 義禁府가 洪仁傑·朴珹 의 과오를 사면해 줄 것을 아뢰다.(『宣祖實錄』 선조31.『集成』24-301)

12.11. 軍門 都監이 李如松을 위한 生祠堂 건립 문제에 대해 아뢰다./ 경상도 관찰사 鄭經世가 日本으로 보낸 인질에 관한 치계를 올리다.(『宣祖實錄』 선조31.『集成』24-302)/ 경상 감사가 보낸 왜적의 書契를 承政院에 전교하다./ 禮曹가 李舜臣의 장례문제에 대해 아뢰다.(『宣祖實錄』 선조31.『集成』24-303)

12.12. 正言 權縉이 백성의 잡역 감역과 군률의 해이함에 관하여 아뢰다.(『宣祖實錄』 선조31.『集成』24-303)

12.14. 正言 權縉이 言官을 다시 출사시킬 것을 요청하다.(『宣祖實錄』 선조31.『集成』24-305)/ 軍門 都監이 왜장 風臣正成의 생사 문제에 관해 아뢰다./給事中 徐觀瀾이 중국 장수를 참핵하는 것 대해 주본을 올리다.(『宣祖實錄』 선조31.『集成』24-306)

12.15. 領中樞府事 沈守慶이 충정을 나타내는 상차를 올리다./ 正言 權縉이 白士霖, 黃赫 등을 주별할 것을 아뢰다.(『宣祖實錄』 선조31.『集成』24-307)

12.16. 麻 提督 接伴使 李光庭이 提督의 탄핵문제에 대해 아뢰다./ 禮曹가 과거 시험의 거행을 건의하다.(『宣祖實錄』 선조31.『集成』24-308)/ 禮曹가 중전의 경성 환도를 주청하다.(『宣祖實錄』 선조31.『集成』24-309)

12.17. 幼學 李塾의 왜란 이후 선후책에 관한 상소문이다.(『宣祖實錄』 선조31.『集成』24-309)/ 軍門 都監이 왜장 風臣正成을 생포한 것이 사실 무근임을 아뢰다./ 司憲府가 黃赫을 자원 부처토록 하는 명을 거두도록 건의하다.(『宣祖實錄』 선조31.『集成』24-310)

12.18. 비망기로 중국군 철수 뒤의 병력의 수급에 관해 이르다.(『宣祖實錄』 선조31.『集成』24-311)/ 都元帥 權慄이 적의 머리를 벤 것이 적은 이유에 대해 아뢰다.(『宣祖實錄』 선조31.『集成』24-312)/ 天朝戶科給事中 郝敬 이 올린 조선과 협력하라는 내용의 주본을 올리다./ 太學士 趙志皐의 둔전의 설치와 병력 배치에 관한 주본을 올리다.(『宣祖實錄』 선조31.『集成』24-313)

12.19. 左議政 李德馨이 柳成龍의 변무에 관한 논쟁에 대해 상차하다.(『宣祖實錄』 선조31.『集成』24-314)/ 관원의 冠帶를 갖추도록 요청하다.(『宣祖實錄』 선조31.『集成』24-316)/ 備邊司가 왜적의 침입에 용병을 갖추도록 건의하다.(『宣祖實錄』 선조31.『集成』24-317)

12.21. 전라도 관찰사 黃愼이 올린 對馬島의 왜적들을 정벌할 것에 대한 상소문을 올리다.(『宣祖實錄』 선조31.『集成』24-318)/ 徐 給事의 接伴使 申點이 공을 세운 인물들에 대해 아뢰다.(『宣祖實錄』 선조31.『集成』24-319)/ 陳 都督이 露梁 승전에 대해 衙門에 당보한 첩문이다./ 劉 總兵이 승전에 대해 衙門에 보고한 첩문이다./ 董 提督이 衙門에 왜장이 철수하였다는 내용을 보고한 첩문이다.(『宣祖實錄』 선조31.『集成』24-320)/ 提督 마귀가 적의 퇴각을 아문에 보고한 첩문이다.(『宣祖實錄』 선조31.『集成』24-321)/ 豊臣秀吉이 죽자 蔚山·泗川·順天의 賊이 모두 바다를 건너 가다.(『宣祖修正實錄』 선조31.『集成』27-225)

12.22. 경상우도 水使 李舜臣이 적에 빌붙은 인민들을 효수하였음을 아뢰다./ 備邊司가 병력 동원과 對馬島 정벌에 중국 품의를 기다리자고 건의하다.(『宣祖實錄』 선조31.『集成』24-321)/ 右相 李德馨이 對馬島 습격 문제에 대해 軍門과 이야기 한 내용을 아뢰다.(『宣祖實錄』 선조31.『集成』24-323)

12.23. 持平 具義剛이 黃赫의 일을 아뢰고 李純信을 탄핵하다.(『宣祖實錄』 선조31.『集成』24-324)/ 兵曹 判書 洪汝諄이 중국군 철수 뒤 국내의 변란을 우려하여 아뢰다.(『宣祖實錄』 선조31.『集成』24-325)

12.24. 備邊司가 적을 염탐하고 용병을 키울 것을 건의하다.(『宣祖實錄』 선조31.『集成』24-325)

12.25. 持平 具義剛이 黃赫·李舜臣의 일을 아뢰다./ 軍功廳이 都元帥의 장계에 관해 아뢰다.(『宣祖實錄』 선조31.『集成』24-327)

12.26. 掌令 柳寅吉이 黃赫·李舜臣의 일을 아뢰다.(『宣祖實錄』 선조31.『集成』24-328)

12.27. 禮曹가 盧 遊擊의 제사를 친제할 필요없다고 아뢰다.(『宣祖實錄』 선조31.『集成』24-328)/ 備邊司가 좌상의 뜻으로 對馬島 왜인의 생포 문제를 건의하다.(『宣祖實錄』 선조31.『集成』24-329)

12.28. 領敦寧 李山海 등이 광해군에 관하여 軍門과 經理에게 보내는 정문이다.(『宣祖實錄』 선조31.『集成』24-329)

12.29. 陶 通判이 回禮하니 맞이하여 배례를 행하고 친필을 써주다.(『宣祖實錄』 선조31.『集成』24-330)/ 徐 給事의 接伴使 申點이 중국 장수의 공적에 대해 아뢰다./ 備邊司가 薩摩州의 적장 義弘에 관한 일을 아뢰다.(『宣祖實錄』 선조31.『集成』24-331)/ 掌令 南瑾이 黃赫과 李舜臣의 일을 아뢰다./ 陶 通判의 친필을 요구하는 揭帖이다.(『宣祖實錄』 선조31.『集成』24-332)

12.30. 備邊司가 李舜臣의 체직 문제에 관해 아뢰다./ 金弘微·金殷輝·李純信에게 관직을 제수하다.(『宣祖實錄』 선조31.『集成』24-333)/ 左議政이 馮仲纓에게 중국군 철수 문제를 듣고 그 이야기를 아뢰다.(『宣祖實錄』 선조31.『集成』24-334)

1.2. 姜遊擊이 회례하다./ 備邊司가 남방의 방비에 대해 조치할 것을 건의하다.(『宣祖實錄』 선조32.『集成』24-337)

1.3. 司憲府가 黃赫의 일을 아뢰나, 번거롭다고 답하다.(『宣祖實錄』 선조32.『集成』24-338)

1.4. 상이 佟副總의 관소에 나아가 배례하고 병사 주둔, 老胡의 소식 등에 대해 담소하다./ 司憲府가 黃赫의 일, 商山君 朴忠侃의 賞加 還收를

연도	한국
▲ 1599 ▼	아뢰다.(『宣祖實錄』 선조32. 『集成』24-340)/ 司諫院이 黃赫의 일을 아뢰니, 개정할 것 없다고 답하다.(『宣祖實錄』 선조32. 『集成』24-341) 1.5. 상이 유격 許國威의 관소로 가서 담소하다.(『宣祖實錄』 선조32. 『集成』24-342)/ 상이 姜遊擊의 관소로 가서 담소하다.(『宣祖實錄』 선조32. 『集成』24-343)/ 司諫院이 黃赫의 일, 韓應寅·朴忠侃의 가자와 승직을 개정하자고 아뢰다./ 司憲府가 黃赫의 일, 朴忠侃의 가자, 낭청을 超職시킨 것을 개정하자고 아뢰다.(『宣祖實錄』 선조32. 『集成』24-345) 1.6. 상이 趙汝梅의 관소에 가서 양고 방출의 일 등에 대해 담소하고, 李芳春의 관소에 가서 담소하다.(『宣祖實錄』 선조32. 『集成』24-346)/ 司諫院이 黃赫·韓應寅·朴忠侃의 일을 아뢰니, 모두 윤허하지 않다./ 司憲府가 黃赫·朴忠侃의 일을 아뢰니, 諫院에 답한 내용과 같다고 답하다.(『宣祖實錄』 선조32. 『集成』24-348) 1.7. 陶通判이 回拜하고, 趙汝梅·董副總·喬遊擊·彭中軍·許遊擊·李副總 등이 와서 다례를 행하다.(『宣祖實錄』 선조32. 『集成』24-349)/ 司諫院이 黃赫과 朴忠侃의 일을 아뢰니, 개정할 수 없다고 답하다./ 호조가 왜적 퇴각 후 남쪽 지방의 상황을 보고하고 특별히 朝臣을 보내 慰撫하고 安集시키도록 건의하다.(『宣祖實錄』 선조32. 『集成』24-350)/ 예조가 금년까지는 그대로 戎服을 입자고 건의하다.(『宣祖實錄』 선조32. 『集成』24-351) 1.8. 司憲府가 黃赫과 朴忠侃의 일을 아뢰다./ 司諫院이 黃赫과 朴忠侃의 일을 아뢰니, 윤허하지 않다.(『宣祖實錄』 선조32. 『集成』24-351)/ 備忘記로 封倭한다는 주본 내용의 진실성을 살피라고 이르다.(『宣祖實錄』 선조32. 『集成』24-352) 1.9. 상이 江上으로 나아가 麻提督을 맞이하여 위로하고, 부산·도산·賊寨의 상황에 대해 묻다.(『宣祖實錄』 선조32. 『集成』24-353)/ 司諫院이 黃赫과 朴忠侃의 일을 아뢰니 批答하다./ 司憲府가 黃赫과 朴忠侃의 일을 아뢰니 批答한 내용과 같다고 하다.(『宣祖實錄』 선조32. 『集成』24-354)/ 상이 麻提督의 관소에 거둥하여 인심·城寨·병사 주류 등에 대해 담소하다.(『宣祖實錄』 선조32. 『集成』24-355) 1.10. 영의정 李元翼이 燕京으로부터 돌아와 趙閣老의 반응, 주본의 年號에 관한 일, 關外 㺚子의 소식 등 중국 상황을 보고하다(『宣祖實錄』 선조32. 『集成』24-356)/ 司憲府가 黃赫과 朴忠侃의 일을 아뢰니 논상하지 않을 수 없다고 답하다./ 상이 幕次에서 왜군을 물리친 것에 대해 丁主事에게 사례하고 담소하다.(『宣祖實錄』 선조32. 『集成』24-359)/ 司諫院이 黃赫과 朴忠侃의 일을 아뢰다.(『宣祖實錄』 선조32. 『集成』24-360) 1.11. 司憲府가 黃赫과 朴忠侃의 일을 아뢰니 바꿀 수 없다고 하다.(『宣祖實錄』 선조32. 『集成』24-360)/ 司諫院이 黃赫과 朴忠侃의 일을 아뢰니 바꿀 수 없다고 하다./ 麻提督 접반사가 降倭 처자를 데려가는 문제와 제독의 말과 司僕寺의 말을 바꿀 일에 대해 아뢰다.(『宣祖實錄』 선조32. 『集成』24-361) 1.12. 司憲府가 黃赫에 대한 명을 환수토록 건의하다.(『宣祖實錄』 선조32. 『集成』24-361)/ 司諫院이 黃赫에 대한 명을 환수하고 朴忠侃의 가자를 개정토록 건의하다.(『宣祖實錄』 선조32. 『集成』24-362) 1.13. 상이 徐給事의 관소에 가서 배례하고 담소하다.(『宣祖實錄』 선조32. 『集成』24-362)/ 상이 신시에 梁布政이 회사하다.(『宣祖實錄』 선조32. 『集成』24-363)/ 司憲府가 黃赫과 朴忠侃의 일을 아뢰다./ 司諫院이 黃赫과 朴忠侃의 일을 아뢰니 윤허하지 않는다고 대답하다./ 備忘記로 丁贊畫의 문제를 揭帖에 쓰도록 지시하다.(『宣祖實錄』 선조32. 『集成』24-365) 1.14. 헌납 朴承業과 文弘道이 李元翼의 차자에 의거하여 柳成龍을 罷斥하기를 요청하다.(『宣祖實錄』 선조32. 『集成』24-365)/ 행대사간 鄭光績이 강화의 계기를 만들었다고 하여 柳成龍의 사퇴를 요청하다./ 司憲府가 黃赫에 대한 명을 환수하고, 朴忠侃은 改正토록 요청하니 윤허하지 않는다고 답하다.(『宣祖實錄』 선조32. 『集成』24-366) 1.15. 상이 도승지 尹暾을 幕次에서 인견하여 중국의 상황, 關白 생사의 진실성 등을 이르다.(『宣祖實錄』 선조32. 『集成』24-367)/ 司憲府가 黃赫과 朴忠侃의 일을 아뢰니 윤허하지 않다./ 司諫院이 黃赫과 朴忠侃의 일을 아뢰니 윤허하지 않다.(『宣祖實錄』 선조32. 『集成』24-369) 1.16. 備忘記로 邢軍門이 기망하는 사실에 대해 예방토록 承政院에 전교하다.(『宣祖實錄』 선조32. 『集成』24-369)/ 司諫院이 黃赫과 朴忠侃의 일과 楊誼을 파직시킬 일에 대해 아뢰다./ 司憲府가 黃赫과 朴忠侃의 일을 아뢰니 윤허하지 않다./ 弘文館 교리 李爾瞻 등이 柳成龍을 탄핵하는 차자를 올리다.(『宣祖實錄』 선조32. 『集成』24-370) 1.17. 司諫院이 黃赫과 朴忠侃의 일을 아뢰다./ 司憲府가 黃赫의 일을 아뢰다.(『宣祖實錄』 선조32. 『集成』24-372) 1.18. 承政院에 柳成龍의 화의 주장에 찬조한 자를 찾도록 전교하다./ 弘文館이 柳成龍의 화의 주장에 찬조한 尹國馨에 대해 아뢰다.(『宣祖實錄』 선조32. 『集成』24-372)/ 司憲府가 黃赫에 대한 명을 거두라고 건의하다./ 司諫院이 黃赫에 대한 명을 거두라고 건의하다.(『宣祖實錄』 선조32. 『集成』24-373) 1.19. 장령 柳寅吉이 黃赫에 대한 명을 거두고, 丁益壽의 파직, 金璽의 遞任을 요청하다./ 정언 文弘道가 黃赫의 대한 명을 거두고, 尹國馨을 탄핵하라고 요청하다.(『宣祖實錄』 선조32. 『集成』24-374)/ 장령 柳寅吉이 柳成龍의 일로 파척을 요청하다.(『宣祖實錄』 선조32. 『集成』24-375)/ 宗廟의 제문과 罪己文은 등서하여 계하한 뒤에 급사에게 보내도록 전교하다./ 備邊司가 3로의 進兵에 관한 일을 사실에 의거하여 추서토록 아뢰다.(『宣祖實錄』 선조32. 『集成』24-376) 1.20. 상이 茅遊擊의 관소로 가서 배례하고 일본의 정세에 대해 이야기하다.(『宣祖實錄』 선조32. 『集成』24-377)/ 지평 李德馨이 黃赫에 대한 명을 거두고 尹國馨을 파직토록 건의하다.(『宣祖實錄』 선조32. 『集成』24-379)/ 정언 文弘道가 黃赫에 대한 명을 거두고 尹國馨을 파직토록 건의하다./ 李爾瞻·宋馹·李必榮·李慶全·任守正이 黃赫을 탄핵하는 차자를 올리다.(『宣祖實錄』 선조32. 『集成』24-380) 1.21. 茅國器가 회사하고 임금과 담소를 나누다.(『宣祖實錄』 선조32. 『集成』24-381)/ 미시에 徐觀瀾이 時御所로 와 忠臣·義

士에 대한 旌表와 防備策 등에 대해 이야기하다.(『宣祖實錄』 선조32. 『集成』24-382)/ 許國威가 揭帖을 올리다.(『宣祖實錄』 선조32. 『集成』24-384)

1.22. 姜遊擊이 時御所로 와서 군량문제를 상의하다.(『宣祖實錄』 선조32. 『集成』24-385)/ 정언 文弘道가 黃赫에 대한 성명을 환수토록 건의하다./ 장령 柳寅吉이 黃赫에 대한 명을 환수토록 건의하다./ 承政院이 姜遊擊의 소행에 대해 아뢰다.(『宣祖實錄』 선조32. 『集成』24-387)/ 군문도감이 사은 주본에 관한 내용에 대해 아뢰다.(『宣祖實錄』 선조32. 『集成』24-388)/ 정언 文弘道가 黃赫과 申點에 대한 일을 아뢰다.(『宣祖實錄』 선조32. 『集成』24-390)

1.23. 지평 李德馨이 黃赫에 대한 명을 환수토록 건의하다.(『宣祖實錄』 선조32. 『集成』24-390)

1.24. 지평 李德馨이 黃赫의 일을 아뢰다./ 정언 文弘道가 黃赫의 일을 아뢰다.(『宣祖實錄』 선조32. 『集成』24-390)

1.25. 지평 李德馨이 黃赫의 일을 아뢰다./ 정언 文弘道가 黃赫의 일을 아뢰다.(『宣祖實錄』 선조32. 『集成』24-391)

1.26. 상이 幕次로 가서 尹曘·南以信·宋諄·李尙毅를 인견하고 丁應泰의 일 등을 담소하다.(『宣祖實錄』 선조32. 『集成』24-391)/ 양사가 잇따라 黃赫의 일을 아뢰다.(『宣祖實錄』 선조32. 『集成』24-393)

1.27. 양사가 잇따라 黃赫의 일을 아뢰다./ 戴中軍의 왜적과의 전쟁에 관한 延春揭帖이다.(『宣祖實錄』 선조32. 『集成』24-393)

1.28. 양사가 잇따라 黃赫의 일을 아뢰다./ 備邊司가 계속 戎服을 착용토록 건의하다.(『宣祖實錄』 선조32. 『集成』24-394)

1.29. 양사가 잇따라 黃赫의 일을 아뢰다./ 상이 강가로 나가 劉提督을 맞이하여 위로하고 담소하다.(『宣祖實錄』 선조32. 『集成』24-395)

2.1. 상이 貞陵洞 행궁에 있다./ 상이 陳提督의 衙門에 거둥하고 중국 군사의 주둔 문제, 군정의 문제에 대해 이야기하다.(『宣祖實錄』 선조32. 『集成』24-396)/ 군문 이하 9명의 대장이 와서 衙門에 들어오다.(『宣祖實錄』 선조32. 『集成』24-400)/ 司諫院이 黃赫의 일을 아뢰다./ 備邊司가 중국 장수들이 자신의 공을 자랑하는 폐단에 대해 아뢰다.(『宣祖實錄』 선조32. 『集成』24-401)

2.2. 상이 劉提督의 숙소로 거둥하여 다례를 행하고 중국 군사의 군량 문제 등에 대해 이르다.(『宣祖實錄』 선조32. 『集成』24-402)/ 상이 총병 祖承訓이 묵고 있는 곳으로 거둥하고 중국 군사가 머무는 일에 대해 이야기하다.(『宣祖實錄』 선조32. 『集成』24-403)/ 상이 별전에 나아가 대신·육경·비변사·당상을 인견하여 식량 문제, 善後策, 城寨·兵船의 일 등에 대해 의논하다.(『宣祖實錄』 선조32. 『集成』24-404)

2.3. 司憲府·司諫院이 黃赫의 일을 아뢰다./ 상이 陳都督이 幕次에 들어와 읍례를 행하고 담소하다.(『宣祖實錄』 선조32. 『集成』24-417)/ 司憲府가 연이어 黃赫의 일을 아뢰다./ 司諫院이 연이어 黃赫의 일을 아뢰다.(『宣祖實錄』 선조32. 『集成』24-418)

2.4. 상이 총병 解生이 묵고 있는 곳에 거둥하여 담소하다.(『宣祖實錄』 선조32. 『集成』24-418)/ 司諫院이 黃赫의 일을 아뢰다./ 司憲府가 黃赫의 일을 아뢰니 윤허하지 않다.(『宣祖實錄』 선조32. 『集成』24-420)/ 군문도감이 좌의정의 말로써 吳宗道가 중국 장수에 대해 말한 내용을 아뢰다.(『宣祖實錄』 선조32. 『集成』24-421)

2.5. 호조판서 李光庭이 서울 창고에 비축된 쌀이 부족함에 대해 아뢰다.(『宣祖實錄』 선조32. 『集成』24-422)/ 備邊司가 중국 장수들의 공로를 기념하는 銅柱를 세우는 문제에 대하여 아뢰다.(『宣祖實錄』 선조32. 『集成』24-423)

2.6. 영의정 李元翼이 분수에 넘는 은상을 받을 수 없음을 아뢰다.(『宣祖實錄』 선조32. 『集成』24-423)/ 상이 曹副總의 관사에 거둥하여 接見禮를 행하고 담소하다.(『宣祖實錄』 선조32. 『集成』24-424)/ 군문접반사 金命元이 중국 장수들을 살펴본 내용을 아뢰다.(『宣祖實錄』 선조32. 『集成』24-425)/ 陳提督의 접반사 南復興이 陳提督의 공로를 길이 기념해 줄 것을 청하다./ 備邊司가 중국에 보낼 자문의 내용에 관하여 아뢰다.(『宣祖實錄』 선조32. 『集成』24-426)

2.7. 상이 陳都督의 관사에 거둥하여 接見禮를 행하고 堡壘 쌓는 일과 무기의 일 등에 대해 이야기하다.(『宣祖實錄』 선조32. 『集成』24-427)/ 상이 부총 吳廣의 관사에 거둥하여 흉적이 물러간 것에 대해 감사하고 뒷일의 예방과 계책에 대해 이야기하다.(『宣祖實錄』 선조32. 『集成』24-429)/ 정언 文弘道가 承政院이 자신의 직무를 다하지 못하고 있음을 아뢰다.(『宣祖實錄』 선조32. 『集成』24-430)

2.8. 司諫院이 중국 군사들의 식량 조달을 수행하지 못한 韓應寅을 파직할 것을 청하다.(『宣祖實錄』 선조32. 『集成』24-431)/ 형조좌랑 尹暘이 전라도 고금도에서 변란 이후 본역을 도피한 자의 엄중한 추쇄와 軍器 등의 물자 요청을 아뢰다.(『宣祖實錄』 선조32. 『集成』24-432)/ 司譯院 도제조 尹根壽가 劉提督의 군병들 중 조선 사람이 많이 있음을 아뢰다.(『宣祖實錄』 선조32. 『集成』24-433)

2.9. 부총병 祖承訓이 장수들이 철수할 시 생기는 소란을 이상하게 생각하지 말 것을 말하며 회례하다.(『宣祖實錄』 선조32. 『集成』24-433)/ 司諫院이 남하하였던 군사들이 철수함에 이르러 서울 창고의 식량이 부족한 데 대해 미리 조치하지 못한 韓應寅을 파직시킬 것을 청하다./ 司憲府가 署經을 없애자고 계청한 경기감사 柳熙緖와 官庫의 곡물을 훔친 文川郡守를 추고하고 정죄할 것을 아뢰다.(『宣祖實錄』 선조32. 『集成』24-434)/ 우리나라가 본국에 중국의 군대를 주둔시키는 문제에 대하여 중국에 보낸 자문.(『宣祖實錄』 선조32. 『集成』24-435)

2.10. 좌의정 李德馨이 丁應泰의 조선 사람과 왜적들이 몰래 통하고 있다는 소상에 대해 아뢰다.(『宣祖實錄』 선조32. 『集成』24-436)/ 상이 우의정 李德馨이 辨誣奏本을 올리라는 戴中軍의 말을 함부로 따를 수 없다고 아뢰다.(『宣祖實錄』 선조32. 『集成』24-437)

2.11. 상이 中軍으로 패전한 유격 師道立의 관소에 거둥하여 위로하다 .(『宣祖實錄』 선조32. 『集成』24-438)/ 司諫院이 철수하는 大軍의 식량을 마련하지 못한 韓應寅 등에 대해 다시 파직시킬 것을 청하다.(『宣祖實錄』 선조32. 『集成』24-439)/ 盧稷을 대사성으로, 李鐵을 호조참의로, 許筬을 영흥부사로 삼다.(『宣祖實錄』 선조32. 『集成』24-440)

2.12. 헌납 朴承業이 경상감사 李時發에 대한 탄핵이 동료들의 인정을 받지 못하자 체직하기를 청하다.(『宣祖實錄』 선조32. 『集成』24-395)/24-440

2.13. 상이 죄를 지어 종군한 총병 任自强의 관소에 거둥하여 인사하고 남쪽 해상에 주둔한 兵馬에 대하여 이야기하다.(『宣祖實錄』 선조32. 『集成』24-440)

2.14. 상이 劉綎의 中軍인 都司 周敦吉의 관소에 거둥하여 유정을 칭찬하고 유정에 대한 비평과 군대를 주둔시키는 것에 대해 이야기하다.

연도	한국
▲ 1599 ▼	(『宣祖實錄』 선조32. 『集成』24-442)/ 상이 유격 陳蠶의 관소에 거둥하니 진잠이 군량 부족 문제에 대해 말하다.(『宣祖實錄』 선조32. 『集成』24-443)/ 司諫院이 大軍의 철수함에 이르러 군량 공급에 차질을 빚은 韓應寅 등을 직무를 유기한 죄로 파직시킬 것을 청하다.(『宣祖實錄』 선조32. 『集成』24-444) 2.15. 대사간 이병이 간관의 책임을 다할 수 없음을 들어 사직하고자 하다.(『宣祖實錄』 선조32. 『集成』24-444)/ 사간 南瑾이 경상감사 李時發을 대신하여 그 자리에 능력있는 자를 선발하여 시급히 떠나 보내고 爵賞을 중도에 알맞게 할 것을 아뢰다.(『宣祖實錄』 선조32. 『集成』24-445) 2.16. 참정 王士錡의 伺候郎廳이 아뢰다.(『宣祖實錄』 선조32. 『集成』24-446)/ 李憲國을 이조판서, 尹承勳을 사헌부 대사헌, 鄭昌衍을 동지중추부사, 한준겸을 경상감사에 임명하다.(『宣祖實錄』 선조32. 『集成』24-447) 2.18. 도승지 尹曉이 중국 장수의 접대의 어려움에 대해 아뢰다.(『宣祖實錄』 선조32. 『集成』24-447) 2.19. 李德馨이 老爺의 전쟁에 대한 공덕을 기념하는 것에 대한 戴中軍의 말을 아뢰다./ 중국 兵部 등의 각 衙門이 조선과 왜국의 내통 및 그 査勘에 대하여 황제에게 올린 주본.(『宣祖實錄』 선조32. 『集成』24-448) 2.20. 군문접반사 金命元이 형부상서 蕭大亨, 勘科 徐, 戶部 등이 올린 題本에 대한 聖旨 세 통을 등서하여 입계하다.(『宣祖實錄』 선조32. 『集成』24-455) 2.21. 상이 慕華館에 나아가 낭중 董漢儒를 전송함에 상이 幕次로 맞아들여 주례를 행하다.(『宣祖實錄』 선조32. 『集成』24-456) 2.22. 유격 葉思忠이 남쪽으로 내려가는데 상이 그의 관소에 가서 주례를 행하며 접견하다.(『宣祖實錄』 선조32. 『集成』24-458) 2.23. 상이 도사 吳從周의 관소에 거둥하여 주례를 행하고 참장 楊廉도 접견하려고 하였으나 그러지 못하다.(『宣祖實錄』 선조32. 『集成』24-459)/ 司諫院이 무사들의 교만을 다스리고 경기방어사 高彦伯의 업무에 대한 태만함과 평시령 閔浣의 비루한 일의 자행에 대한 책임으로 파직시킬 것을 아뢰다.(『宣祖實錄』 선조32. 『集成』24-460) 2.24. 司諫院이 무사들의 교만함을 다스리고 경기방어사 高彦伯의 태만함에 대해 빨리 정죄할 것을 아뢰다./ 상이 南別宮에 나아가 邢軍門을 접견하고 조선과 왜국이 교통한다는 것과 군량의 관장 및 운반, 조선에 주둔할 중국 군사의 식량 문제 등에 대해 이야기하다.(『宣祖實錄』 선조32. 『集成』24-461)/ 도승지 尹曉 등이 劉提督을 서훈하는 자문의 초고가 온당치 못하니 승문원으로 하여금 고쳐 지을 것을 아뢰다.(『宣祖實錄』 선조32. 『集成』24-464) 2.25. 備邊司가 중국 군사 중에 죄를 짓고 도피해 있는 자를 적발하고 그들을 수용하고서 고발하지 않는 자는 중죄로 처단할 것을 아뢰다./ 司諫院이 鄧總兵의 喪柩에 대한 접대도감의 담당 낭청을 파직할 것을 청하다.(『宣祖實錄』 선조32. 『集成』24-465)/ 鄭光績을 사헌부 대사헌, 鄭昌衍을 동지중추부사, 李軸을 完山君, 申欽을 홍문관 교리, 李德泂을 홍문관 수찬, 윤길을 사간원 정언으로 임명하다.(『宣祖實錄』 선조32. 『集成』24-466) 2.26. 邢軍門이 회례하니 상이 주례를 행하며 劉大人과 奏本 대하여 이야기하다.(『宣祖實錄』 선조32. 『集成』24-466)/ 상이 도승지 尹曉, 우승지 南以信, 동부승지 鄭曄을 인견하여 奏本과 유 총병 등에 관한 문제와 여러 國事에 대해 의논하다.(『宣祖實錄』 선조32. 『集成』24-468) 2.28. 경상도 좌병사 金應瑞가 부모의 喪事와 관련하여 사직을 청하다.(『宣祖實錄』 선조32. 『集成』24-473) 3.1. 상이 貞陵洞 행궁에 있었다.(『宣祖實錄』 선조32. 『集成』24-474) 3.3. 상이 태평관에 나아가 萬經理를 접견하고 군병의 철수에 따른 피해와 중국 군사의 주둔 및 鄕兵의 조련에 대해 이야기하다.(『宣祖實錄』 선조32. 『集成』24-474)/ 司諫院이 탐학을 자행한 李鎰을 파직시키고 각 아문의 伺候郎廳 등의 6품 승진을 다시 참작하여 마련할 것을 아뢰다.(『宣祖實錄』 선조32. 『集成』24-475) 3.4. 李光庭을 한성부 판윤으로, 金玏을 예조참판, 申湜을 공조참판, 崔東立을 사간원 정언, 李慶全을 이조좌랑, 박이서를 성균직강으로 임명하다.(『宣祖實錄』 선조32. 『集成』24-476) 3.6. 상이 총병 鄧子龍의 喪次에 거둥하여 致祭禮를 행하다./ 상이 楊廉의 관소에 거둥하여 주례를 행하다.(『宣祖實錄』 선조32. 『集成』24-476)/ 전 水使 裵楔이 閑山전투의 패전과 도망으로 법에 의해 처형되다.(『宣祖實錄』 선조32. 『集成』24-477) 3.7. 상이 통판 黎民化의 관소에 거둥하여 辨誣奏本과 倭子의 출현과 부산에 있는 중국군의 부족한 군량에 대하여 이야기하다.(『宣祖實錄』 선조32. 『集成』24-477)/ 상이 유격 彭信古의 관소에 거둥하다.(『宣祖實錄』 선조32. 『集成』24-478) 3.8. 군문접반사 盧稷이 戴中軍이 전한 조선도 중국의 공역을 돕도록 하라는 老爺의 말을 아뢰다.(『宣祖實錄』 선조32. 『集成』24-478) 3.10. 이조가 蔭子弟의 취재에 관해 아뢰다.(『宣祖實錄』 선조32. 『集成』24-479) 3.11. 상이 胡澤의 관소에 거둥하여 주례를 행하며 石 尙書와 沈惟敬의 탄핵에 대해 이야기하다.(『宣祖實錄』 선조32. 『集成』24-480)/ 상이 備忘記로 농사의 권장을 이르다.(『宣祖實錄』 선조32. 『集成』24-481) 3.12. 司憲府가 중국군 주둔 문제에 관해 아뢰고 永同縣監 南應井을 파직시킬 것을 청하다.(『宣祖實錄』 선조32. 『集成』24-482) 3.15. 劉提督 접반사 金晬가 萬都爺가 대마도로 사람을 보내려고 한다는 提督의 말을 아뢰다.(『宣祖實錄』 선조32. 『集成』24-483) 3.16. 군문접반사 金命元이 勘科 徐觀瀾의 上本을 입수하여 입계하다.(『宣祖實錄』 선조32. 『集成』24-484) 3.17. 참급자에 대해 무과 전시를 훈련원에서 열고 유생을 時御所에서 시험보이다.(『宣祖實錄』 선조32. 『集成』24-485)

일본

3.25. 劉提督 접반사 金睟가 제독의 거동에 관계된 일을 아뢰다.(『宣祖實錄』 선조32. 『集成』24-485)

3.26. 지휘 黃應陽이 時御所에 이르자 상이 接見禮를 행하다.(『宣祖實錄』 선조32. 『集成』24-486)

3.27. 徐科道의 접반사 도승지 尹暾이 본직을 갈아줄 것을 청하다.(『宣祖實錄』 선조32. 『集成』24-487)

3.28. 司憲府가 금부의 당상과 낭청을 파직할 것과 백관의 의복 착용에 대해 아뢰다.(『宣祖實錄』 선조32. 『集成』24-487)

4.1. 상이 貞陵洞 행궁에 있었다.(『宣祖實錄』 선조32. 『集成』25-1)

4.3. 북방을 지킬 병사를 천거하도록 備忘記로 이르다.(『宣祖實錄』 선조32. 『集成』25-1)

4.4. 호조의 楊士衡 公事를 가지고 전교하다.(『宣祖實錄』 선조32. 『集成』25-1)

4.5. 司諫院이 殷山縣監 權處中을 파직시키고 직강 李逢春, 익위 尹敬男을 체차할 것을 아뢰다.(『宣祖實錄』 선조32. 『集成』25-2)

4.8. 司諫院에서 속오군의 편성 및 함경북병사 趙儆의 체차, 감사와 병사를 신중하게 가려 차출할 것 등에 대해 아뢰다.(『宣祖實錄』 선조32. 『集成』25-3)

4.9. 우승지 南以信이 군문에게 우리나라의 음악을 들려 주는 것에 대해 아뢰다.(『宣祖實錄』 선조32. 『集成』25-5)/ 司諫院이 趙儆이 곤수의 직분에 부적합하니 체차시키고 먼저 떠날 것을 회피한 茅遊擊의 접반관 李信元을 국문할 것을 아뢰다.(『宣祖實錄』 선조32. 『集成』25-6)

4.11. 상이 승전색 閔希騫을 시켜 임금의 자리에서 물러나겠다고 손수 쓴 어첩을 대신들에게 내보이니 신들이 수첩에 관한 일을 중지할 것을 아뢰다.(『宣祖實錄』 선조32. 『集成』25-6)

4.13. 司諫院이 어첩을 대신들에게 내렸다는 것을 듣고 手帖에 대한 일을 중지할 것을 上箚하다.(『宣祖實錄』 선조32. 『集成』25-8)/ 옥당이 임금에게 자리에서 물러나려 해서는 안된다고 차자를 올리다.(『宣祖實錄』 선조32. 『集成』25-9)

4.14. 司憲府가 상에게 자리에서 물러나서는 안 될 것으로 차자를 올리다.(『宣祖實錄』 선조32. 『集成』25-10)/ 弘文館이 차자를 올려 어첩을 보내는 일을 중단할 것을 아뢰다./ 弘文館이 李舜臣의 사당을 건립하는 문제에 관해 아뢰다.(『宣祖實錄』 선조32. 『集成』25-11)

4.15. 장령 慶暹, 헌납 具義剛 등이 상께서 자리에서 물러나는 일을 중단할 것을 청하다./ 전 형조좌랑 姜沆이 왜적에게 자신의 일가가 사로잡혔던 일에 대하여 상소하다.(『宣祖實錄』 선조32. 『集成』25-12)

4.16. 備邊司가 항복한 왜인 也汝文 등에 관해 아뢰다./ 병조가 여러 衙門의 조례들에 관해 아뢰다.(『宣祖實錄』 선조32. 『集成』25-16)

4.17. 경상좌병사 金應瑞가 왜국의 사정과 대마도를 칠 것에 대해 치계하다.(『宣祖實錄』 선조32. 『集成』25-17)/ 장령 崔東立이 李鎰을 비호한 備邊司의 유사 당상을 추고하고 비루한 행실을 일삼는 鎭川縣監 尹性之를 파직시킬 것을 아뢰다.(『宣祖實錄』 선조32. 『集成』25-18)/ 훈련도감이 降倭 2명이 劉提督의 군막 안으로 들어간 것에 관해 아뢰다.(『宣祖實錄』 선조32. 『集成』25-19)

4.18. 참정 龐渤이 상에게 조선이 문헌과 예의로 이름난 나라라는 것에 敬服한다는 첩문을 보내오다.(『宣祖實錄』 선조32. 『集成』25-19)

4.20. 상이 부총 吳惟忠의 숙소에 이르다.(『宣祖實錄』 선조32. 『集成』25-20)/ 備邊司가 군병이 주둔하는 곳에 돌아다니는 장사꾼의 路引을 분명히 조사하고 확인해 시행하여 그 폐단을 없애고 水鐵로 火器를 주조할 것을 아뢰다.(『宣祖實錄』 선조32. 『集成』25-21)

4.21. 상이 도독 陳璘의 숙소에 거동하여 주례를 행하다.(『宣祖實錄』 선조32. 『集成』25-21)/ 좌의정 李德馨이 자신의 직책을 감당할 수 없으니 체차시켜 줄 것을 아뢰다.(『宣祖實錄』 선조32. 『集成』25-22)/ 상이 별전에 나아가 남쪽으로 내려가는 좌의정 李德馨을 인견하고 중국 장수들이 하는 일과 國事에 대해 이야기하다.(『宣祖實錄』 선조32. 『集成』25-23)/ 陳御史의 상주인 양재의 揭帖이다.(『宣祖實錄』 선조32. 『集成』25-29)

4.22. 상이 유격 季金의 숙소에 거둥하여 주례를 행하다.(『宣祖實錄』 선조32. 『集成』25-29)

4.24. 董郎中의 접반사 韓德遠이 형과 급사중 楊應文의 주본을 등서하여 올리며 치계하다.(『宣祖實錄』 선조32. 『集成』25-30)

4.25. 弘文館이 李舜臣의 사당을 세우는 일에 관해 상고하여 아뢰다.(『宣祖實錄』 선조32. 『集成』25-31)

4.26. 萬經理가 회례하자 상이 주례를 행하다./ 죽은 監院 陳某를 추념할 것을 바라는 沈思賢의 揭帖이다.(『宣祖實錄』 선조32. 『集成』25-32)

4.27. 조선의 충의와 정절을 존중한다는 吳良璽의 揭帖이다.(『宣祖實錄』 선조32. 『集成』25-32)

4.28. 備邊司가 鶴林都正 李彦璩이 泰陵을 지킨 일에 논상해야 함을 아뢰다.(『宣祖實錄』 선조32. 『集成』25-33)

윤4.1. 상이 貞陵洞 행궁에 계시다./ 함경감사 尹承勳이 기밀에 대하여 비밀히 아뢰다.(『宣祖實錄』 선조32. 『集成』25-34)

윤4.2. 備邊司가 역적의 연좌인에 대한 공사에 대해 아뢰다.(『宣祖實錄』 선조32. 『集成』25-35)

윤4.3. 평안감사 朴弘老가 조선에서 산출되는 금은과 雜色 물건들을 바치라는 것에 대한 題本 2통을 등서하여 올리며 치계하다.(『宣祖實錄』 선조32. 『集成』25-36)

윤4.4. 상이 별전에 나아가 杜副使를 접견하다.(『宣祖實錄』 선조32. 『集成』25-39)

윤4.6. 상이 時御所에 나아가 유격 李天常을 접견하다.(『宣祖實錄』 선조32. 『集成』25-40)

윤4.8. 정언 李好義가 수령들의 작폐에 관해 아뢰다.(『宣祖實錄』 선조32. 『集成』25-41)

윤4.9. 정언 李好義가 훈련도감의 당상과 차지 당상을 추고할 것 등에 관해 아뢰다./ 상이 賈郎中의 관소에 행차하다.(『宣祖實錄』 선조32. 『集成』25-42)

윤4.11. 낭중 賈惟約이 와서 예물 단자를 올리다.(『宣祖實錄』 선조32. 『集成』25-43)

윤4.12. 지평 南晫이 도하의 저자 백성들의 피해와 명천현감 朴致恭을 파직시킬 것을 아뢰다.(『宣祖實錄』 선조32. 『集成』25-45)

윤4.13. 이항복과 이정구가 속여서 꾸며 중국 장수에게 자문을 보낸 일에 관하여 備忘記로 承政院에 유감을 표명하다./ 承政院이 하교를 받고 용서를 빌다. 陳奏使 우의정 李恒福과 부사 동지중추부사 李廷龜가 복명하니 상이 별전에서 인견하다.(『宣祖實錄』 선조32. 『集成』25-46)/ 우의정 李恒福과 동지중추부사 李廷龜가 중국에서 있었던 일로써 아뢰다.(『宣祖實錄』 선조32. 『集成』25-50)

연도	한국
▲ 1599 ▼	윤4.15. 《海東諸國記》를 얻은 일에 관해 備忘記로 이르다.(『宣祖實錄』 선조32. 『集成』25-51)/ 지평 南暉이 사복 주부 全龍과 판관 元墀 등을 각각 체차하고 파직시킬 것을 아뢰다.(『宣祖實錄』 선조32. 『集成』25-52) 윤4.16. 의금부가 《海東諸國記》 역모 사건을 아뢰다.(『宣祖實錄』 선조32. 『集成』25-52) 윤4.17. 李恒福에게 《海東諸國記》 역모 사건에 대하여 備忘記로 전교하다.(『宣祖實錄』 선조32. 『集成』25-53)/ 承政院이 《海東諸國記》 역모 사건으로 회계하다.(『宣祖實錄』 선조32. 『集成』25-54) 윤4.18. 도원수 權慄이 변방의 방어를 강화시키는 일에 대해 아뢰다.(『宣祖實錄』 선조32. 『集成』25-54) 윤4.20. 承政院이 가뭄의 피해로 추수가 힘들 것임을 아뢰다.(『宣祖實錄』 선조32. 『集成』25-55)/ 경상감사 韓孝純이 경주 부윤 朴毅長의 일을 아뢰다.(『宣祖實錄』 선조32. 『集成』25-56) 윤4.24. 위관이 白惟咸 등의 옥사에 대하여 아뢰다.(『宣祖實錄』 선조32. 『集成』25-56)/ 承政院이 위관의 말을 아뢰다.(『宣祖實錄』 선조32. 『集成』25-57) 윤4.25. 중전이 遂安에서 환도하다.(『宣祖實錄』 선조32. 『集成』25-58) 윤4.26. 총병 李如梅가 군문과 만나 도산의 전공을 사감할 일로 의주에 도착하다./ 楊科道의 접반사 尹暾이 老爺의 告示 1폭을 베껴 오려 보낸다는 것을 아뢰다.(『宣祖實錄』 선조32. 『集成』25-58)/ 司諫院이 절의를 지킨 자에 대하여 포상하고 장려해야 함을 아뢰다.(『宣祖實錄』 선조32. 『集成』25-59) 윤4.28. 군문접반사 金命元이 楊科官이 전공을 사감하고 고시낸 것을 치계하다./ 吳應台의 일로 좌부승지 李尙毅에게 전교하다.(『宣祖實錄』 선조32. 『集成』25-59) 윤4.29. 판돈녕부사 宋贊이 문무 인재를 선발하는 일에 관해 아뢰다.(『宣祖實錄』 선조32. 『集成』25-60) 5.1. 상이 貞陵洞 행궁에 있었다./ 吳應台가 전쟁에 아무 공도 없음을 備忘記로 전교하다.(『宣祖實錄』 선조32. 『集成』25-61) 5.2. 許澂에 대한 문제를 備忘記로 전교하다.(『宣祖實錄』 선조32. 『集成』25-62) 5.3. 任蒙正이 洪大邦의 일로 회계하다.(『宣祖實錄』 선조32. 『集成』25-62) 5.4. 영돈녕부사의 차자에 답하고 비망기로 이르다.(『宣祖實錄』 선조32. 『集成』25-62) 5.5. 좌의정 李德馨이 劉提督의 降倭를 얻어 독약 제조법을 전습하고자 했던 일과 중국 장수의 접대문제로 사직하고자 하다.(『宣祖實錄』 선조32. 『集成』25-63) 5.6. 司諫院이 토산현감 朴弘壽와 선산부사 邊以中에 대해 아뢰다.(『宣祖實錄』 선조32. 『集成』25-63) 5.7. 備邊司가 調度使, 督運御史 등의 관원을 폐지하는 문제에 관해 아뢰다.(『宣祖實錄』 선조32. 『集成』25-64)/ 弘文館이 차자를 올려 斥和의 의리를 강고히 견지해야 함을 아뢰다.(『宣祖實錄』 선조32. 『集成』25-65) 5.9. 대사간 朴承宗이 언관의 배척을 받은 것을 이유로 사직하고자 하다.(『宣祖實錄』 선조32. 『集成』25-66)/ 경기감사 金信元이 교동 거주인 高彦伯을 현감 李億昌을 구타한 일로써 아뢰다.(『宣祖實錄』 선조32. 『集成』25-67) 5.11. 弘文館이 柳成龍과 李元翼이 화의를 주창한 것에 대해 논척하는 차자를 올리다.(『宣祖實錄』 선조32. 『集成』25-67) 5.14. 강원감사 奇自獻이 전 내금위 鄭自蕃과 전 사과 鄭自芳 형제를 정표하여 인심을 격려해야 함을 아뢰다.(『宣祖實錄』 선조32. 『集成』25-68)/ 광산 채굴에 대해 본국의 절박한 사정을 헤아려 달라는 조선국왕의 자문이다.(『宣祖實錄』 선조32. 『集成』25-69) 5.15. 司憲府가 차자를 올려 화의를 주창한 柳成龍과 李元翼을 논박하다.(『宣祖實錄』 선조32. 『集成』25-70)/ 司諫院이 차자를 올려 和議論을 배척하다.(『宣祖實錄』 선조32. 『集成』25-71) 5.18. 吳道行이 토신을 숭배하는 일로써 아뢰다.(『宣祖實錄』 선조32. 『集成』25-72) 5.19. 광동 수병 유격 張良相이 병선 85척을 이끌고 나왔다.(『宣祖實錄』 선조32. 『集成』25-73) 5.20. 備邊司가 韓明璉의 충성과 용기에 대해 아뢰다./ 司憲府가 강화의 신임부사 李蓬를 체차하고 陽川縣監 尹嗜獻을 파직시킬 것을 아뢰다.(『宣祖實錄』 선조32. 『集成』25-73)/ 경리도찰원이 보낸 騰黃詔書이다.(『宣祖實錄』 선조32. 『集成』25-74) 5.21. 司憲府가 山城守城將 白士霖을 엄히 다스리고 토목공사를 새로 일으키지 말 것을 아뢰다.(『宣祖實錄』 선조32. 『集成』25-75)/ 정언 洪湜이 선산부사 李麒壽와 부호군 朴慶新을 각각 파직하고 풀어주지 말 것을 아뢰다.(『宣祖實錄』 선조32. 『集成』25-76) 5.23. 承政院이 중국이 보낸 사선이 전쟁에 쓸모가 없다고 곧바로 지적하여 글을 짓는 것은 온당치 못하다고 아뢰다./ 司諫院이 학문을 권장하는 일과 成均館에 대해서 아뢰다.(『宣祖實錄』 선조32. 『集成』25-77) 5.24. 황상의 접견과 별지를 내린 것에 대한 사은사 韓應寅의 서장이다.(『宣祖實錄』 선조32. 『集成』25-77)/ 조선 국왕의 표전에 대하여 왜적의 탕평과 새 국가를 창설한 것과 같이 노력을 다하고, 왜적의 재침에 대비하라는 황제의 칙서이다.(『宣祖實錄』 선조32. 『集成』25-78) 5.25. 예조참판 尹暾이 사직하고자 하다.(『宣祖實錄』 선조32. 『集成』25-79)/ 承政院이 제주에 문관을 파견하는 것은 올바른 계책이 아님을 아뢰다.(『宣祖實錄』 선조32. 『集成』25-80) 5.29. 경리가 慕華館에 이르니 상이 幕 밖으로 나가 맞아들이다.(『宣祖實錄』 선조32. 『集成』25-81)/ 좌의정 李德馨이 차자를 올려 처사의 경솔로 사직하고자 하다.(『宣祖實錄』 선조32. 『集成』25-82) 6.1. 상이 貞陵洞 행궁에 있었다./ 상이 萬經理의 관소에 행차하여 下馬宴을 행하다.(『宣祖實錄』 선조32. 『集成』25-82)/ 朴

일본

承業이 왕녀와 부마들을 속히 올라오도록 명하기를 청하다.(『宣祖實錄』 선조32. 『集成』25-83)/ 尹洞이 한 동지가 차비 역관을 보내 조선이 몰래 중국군을 머물려 두고 있다는 도망친 군사의 말로써 말한 것을 아뢰다.(『宣祖實錄』 선조32. 『集成』25-84)

6.2. 정언 洪湜이 옥천군수 權述을 파직시킬 것과 斬級及第 등에 관해 아뢰다.(『宣祖實錄』 선조32. 『集成』25-85)/ 예조판서 沈喜壽가 白惟咸의 공초에 자신의 이름이 들어가 있는 것에 관해 아뢰다.(『宣祖實錄』 선조32. 『集成』25-86)

6.3. 司憲府는 淸河縣監 林瑒의 파직과 도망친 군사들이 끌어낸 공초에 대하여 아뢰다.(『宣祖實錄』 선조32. 『集成』25-87)

6.4. 호조가 각 영의 군량에 관하여 아뢰다./ 호조가 군량에 관하여 아뢰다.(『宣祖實錄』 선조32. 『集成』25-88)

6.6. 상참과 경연을 정지하다.(『宣祖實錄』 선조32. 『集成』25-89)/ 예조가 별시 초시를 지방에서 보도록 아뢰다.(『宣祖實錄』 선조32. 『集成』25-90)/ 司憲府가 예조가 별시의 일정을 바꾸고자 하는 것에 반박해서 전의 공사대로 시행할 것을 아뢰다.(『宣祖實錄』 선조32. 『集成』25-91)

6.7. 우승지 任蒙正이 備邊司가 제기능을 다하고 있지 못함에 대하여 아뢰다.(『宣祖實錄』 선조32. 『集成』25-92)/ 호조가 본조 낭청을 파견하여 강화를 왕래하며 독운을 검찰케 할 것 등을 아뢰다.(『宣祖實錄』 선조32. 『集成』25-93)

6.9. 헌납 具義剛, 정언 洪湜이 사간 宋應洵의 일로 사직하고자 하다./ 대사간 朴承宗이 具義剛 등이 인피한 말로 아뢰다.(『宣祖實錄』 선조32. 『集成』25-94)/ 사간 宋應洵이 직무를 수행하지 못한 것으로 사직하고자 하다.(『宣祖實錄』 선조32. 『集成』25-95)

6.10. 지평 朴承業이 朴承宗·具義剛·宋應洵 등을 모두 출사시킬 것으로 아뢰다./ 헌납 具義剛, 정언 洪湜이 적과 講和하는 문제에 대한 시비가 불거진 것에 대해 책임을 다하지 못했으므로 사직하고자 하다.(『宣祖實錄』 선조32. 『集成』25-97)

6.13. 백관들이 일가 사람들을 공공연히 사주하여 자기의 원한을 복수하려는 것을 논핵하려 하였는데 동료에게 신임을 받지 못하므로 司憲府가 사직하고자 하다.(『宣祖實錄』 선조32. 『集成』25-98)/ 사간 宋馹이 헌납 具義剛과 정언 洪湜을 체차시킬 것을 아뢰다.(『宣祖實錄』 선조32. 『集成』25-100)/ 光國功臣 黃廷彧에게 식물을 주도록 도승지 崔天健에게 전교하다./ 옥당이 차자를 올려 洪汝諄·洪湜·具義剛을 처단할 것을 아뢰다.(『宣祖實錄』 선조32. 『集成』25-101)/ 옥당이 화의에 찬동한 자가 누구인가 하는 상의 물음에 회계하다.(『宣祖實錄』 선조32. 『集成』25-102)/ 우승지 任蒙正에게 전교하다.(『宣祖實錄』 선조32. 『集成』25-103)

6.16. 劉提督의 접반사 金睟가 平倭에 관한 책을 입수하여 바치다.(『宣祖實錄』 선조32. 『集成』25-103)

6.17. 司諫院이 호군 洪汝諄을 파직시킬 것과 부제학 李有中을 체차시킬 것을 아뢰다.(『宣祖實錄』 선조32. 『集成』25-104)

6.18. 司憲府가 洪汝諄을 파직시킬 것을 아뢰다.(『宣祖實錄』 선조32. 『集成』25-105)

6.19. 司憲府가 洪汝諄을 논척하다.(『宣祖實錄』 선조32. 『集成』25-106)

6.20. 承政院이 한 동지가 중국군의 철군에 대한 일로 언급한 것으로써 아뢰다.(『宣祖實錄』 선조32. 『集成』25-107)/ 李山海·尹斗壽·鄭琢·鄭崐壽가 중국군의 병력을 적당히 줄여 주둔하게끔 하도록 의논드리다.(『宣祖實錄』 선조32. 『集成』25-108)/ 司諫院이 李尙信을 체차하고 柳寅吉과 安宗祿을 출사시키는 것 등의 일을 아뢰다.(『宣祖實錄』 선조32. 『集成』25-109)/ 尹根壽 등의 신료들과 중국군 주둔에 관해 의논하다.(『宣祖實錄』 선조32. 『集成』25-110)/ 備邊司가 중국군 주둔에 관해 아뢰다.(『宣祖實錄』 선조32. 『集成』25-111)

6.21. 평안감사 朴弘老가 비밀 장계를 올려 丁應泰가《海東諸國記》를 입수한 경위를 찾아내지 못했음을 아뢰다.(『宣祖實錄』 선조32. 『集成』25-112)

6.23. 承政院이 兩南의 방비와 중국군 철수에 대한 대비책을 마련할 것을 아뢰다./ 司憲府가 황주판관 元景銓을 파직시킬 것과 白士霖을 왕법으로 다스릴 것을 아뢰다./ 의금부가 丁應泰의《海東諸國記》사건에 대해 아뢰다.(『宣祖實錄』 선조32. 『集成』25-113)

6.24. 司憲府가 白士霖을 용서할 수 없다고 아뢰다./ 의금부가 權應銖에 대한 일로 아뢰다.(『宣祖實錄』 선조32. 『集成』25-114)/ 沈喜壽,柳永慶,金尙容 등을 관직에 제수하다.(『宣祖實錄』 선조32. 『集成』25-115)

6.25. 司憲府가 奉常寺僉正 許澂, 軍器寺判官 李琛을 파직시킬 것을 아뢰다./ 유학 安泓이 丁酉年 榜示했던 무리들을 용서해 줄 것을 아뢰다.(『宣祖實錄』 선조32. 『集成』25-116)

6.26. 유생 곽근이 白士霖의 죄를 용서해서는 안 된다고 상소하다./ 司諫院이 尹國馨·洪汝諄·柳成龍의 죄를 용서하지 말 것을 아뢰다.(『宣祖實錄』 선조32. 『集成』25-117)/ 지평 宋錫慶이 柳成龍·洪汝諄·具義剛·洪湜의 잘못을 논척하다.(『宣祖實錄』 선조32. 『集成』25-118)

6.29. 경리도감이 水兵守備 李應昌이 잡은 假倭 2명에 대하여 아뢰다.(『宣祖實錄』 선조32. 『集成』25-119)/ 함경감사 尹承勳이 六鎭의 번호들에 관해 아뢰다.(『宣祖實錄』 선조32. 『集成』25-120)/ 蜂須賀家政 水軍의 俘虜 鄭希得 등이 対馬로부터 송환되어 釜山에 도착했다.(月峯海上錄)

7.1. 상이 貞陵洞 행궁에 있다.(『宣祖實錄』 선조32. 『集成』25-120)

7.2. 약방제조 崔天健이 문안하다.(『宣祖實錄』 선조32. 『集成』25-121)

7.4. 옥당이 柳成龍·洪汝諄·洪湜·具義剛을 일을 아뢰나, 윤허하지 않다.(『宣祖實錄』 선조32. 『集成』25-121)

7.5. 宋錫慶이 상벌을 잘못한 호조당상 등을 추고하고 재조사하게 할 것을 청하다.(『宣祖實錄』 선조32. 『集成』25-122)

7.6. 옥당이 柳成龍·洪汝諄 등의 일을 아뢰나, 윤허하지 않다./ 대군이 남하할 때 공로를 세운 韓孝純 등에게 논상하게 하다.(『宣祖實錄』 선조32. 『集成』25-123)/ 金命元·韓應寅·李憲國 등에게 관직을 제수하다.(『宣祖實錄』 선조32. 『集成』25-124)

7.7. 경상좌수사가 우리나라 사람 45명이 南大洋에서 나왔음을 아뢰다.(『宣祖實錄』 선조32. 『集成』25-124)

7.8. 承政院이 普賢寺에 보관 중인 문서들을 서울로 이송할 것을 청하다.(『宣祖實錄』 선조32. 『集成』25-125)

7.9. 상이 진시에 중군 兪尙德의 관소에 거둥하여 접견하다.(『宣祖實錄』 선조32. 『集成』25-125)/ 상이 오시에 유격 藍芳威의 관소에 거둥하여 접견하다.(『宣祖實錄』 선조32. 『集成』25-126)

7.11. 예조가 수용 및 실록을 옮기는 일을 미루도록 청하다./ 출사하지 않은 備邊司 당상을 추고하고 禮安縣監을 교체케 하다.(『宣祖實錄』 선조32. 『集成』25-127)

연도	한국
▲ 1599 ▼	7.12. 權慄을 추증하게 하다.(『宣祖實錄』 선조32.『集成』25-128) 7.14. 양사가 柳成龍·洪汝諄·具義剛·洪湜의 일을 아뢰나, 윤허하지 않다.(『宣祖實錄』 선조32.『集成』25-129)/ 沈喜壽·尹洞·權恂·閔夢龍에게 한 자급을 더해 주다.(『宣祖實錄』 선조32.『集成』25-130)/ 尹根壽가 사당 건립 장소를 정했음을 아뢰다.(『宣祖實錄』 선조32.『集成』25-131)/ 왜가 글을 보내와 억류하고 있는 사신의 송환을 요구하다.(『宣祖實錄』 선조32.『集成』25-132) 7.16. 承政院이 왜의 글과 중국 장수의 동향에 대처해야 함을 아뢰다.(『宣祖實錄』 선조32.『集成』25-133) 7.17. 備邊司가 중국 장수와 왜의 글에 대처할 방안을 아뢰다.(『宣祖實錄』 선조32.『集成』25-134) 7.19. 吏批가 도원수 權慄을 추증하는 일로 아뢰다.(『宣祖實錄』 선조32.『集成』25-135)/ 承政院이 왜에 사로잡혀 있는 강서가 보내온 상소에 대해 아뢰다.(『宣祖實錄』 선조32.『集成』25-136)/ 承政院이 柳澳 등이 유격 茅國器와 나눈 말을 아뢰다.(『宣祖實錄』 선조32.『集成』25-137) 7.21. 양사가 柳成龍·洪汝諄·具義剛·洪湜의 일을 아뢰나, 윤허하지 않다.(『宣祖實錄』 선조32.『集成』25-138) 7.22. 제독 李承勛이 慕華館에 도착하다.(『宣祖實錄』 선조32.『集成』25-139) 7.23. 제독 李承勛이 회례하여, 천병으로 인한 피해에 대해 말하다.(『宣祖實錄』 선조32.『集成』25-140) 7.24. 司憲府가 북벌의 중지를 청하나, 윤허하지 않다.(『宣祖實錄』 선조32.『集成』25-141)/ 白惟咸 등에 대한 추국을 좌의정으로 하여금 맡게 하다..(『宣祖實錄』 선조32.『集成』25-142)/ 중전이 遂安에 있을 때 공을 세운 崔興源 등에게 상을 내리다.(『宣祖實錄』 선조32.『集成』25-143)/ 尹斗壽·韓述·姜綖 등에게 관직을 제수하다.(『宣祖實錄』 선조32.『集成』25-144) 7.25. 弘文館이 柳成龍·洪汝諄·具義剛·洪湜의 일을 아뢰나, 윤허하지 않다.(『宣祖實錄』 선조32.『集成』25-145) 7.26. 장령 權慶祐가 영의정 尹斗壽의 체차를 청하다./ 북벌 출병에 따른 경중 포수와 외방 무사의 출발 시기를 조정하다.(『宣祖實錄』 선조32.『集成』25-146) 7.28. 權慶祐·南晫이 柳成龍·洪汝諄·具義剛·洪湜의 일을 아뢰나, 윤허하지 않다.(『宣祖實錄』 선조32.『集成』25-147) 7.29. 왜에 잡혀 있는 南忠元의 처가 죽자, 장례를 돕게 하다./ 司憲府가 尹斗壽의 일, 탐학 관리의 체차, 敬差官 파견 중지를 청하다.(『宣祖實錄』 선조32.『集成』25-149) 8.1. 상이 貞陵洞 행궁에 있다./ 양사가 柳成龍·洪汝諄·具義剛·洪湜의 일을 아뢰다.(『宣祖實錄』 선조32.『集成』25-150)/ 倭人이 사신을 보내 和好를 요구했으나 허락하지 않다.(『宣祖修正實錄』 선조32.『集成』27-225) 8.3. 任國老·閔夢龍·盧稷 등에게 관직을 제수하다.(『宣祖實錄』 선조32.『集成』25-152) 8.4. 李廷龜가 상황이 좋을 때 북벌할 것을 청하니, 備邊司로 하여금 의논하게 하다.(『宣祖實錄』 선조32.『集成』25-152) 8.6. 경리 萬世德의 衙門에서 다례와 주례를 행하고, 군대의 주둔을 청하다.(『宣祖實錄』 선조32.『集成』25-155) 8.8. 徐渻·慶暹·崔東立 등에게 관직을 제수하다.(『宣祖實錄』 선조32.『集成』25-155) 8.9. 황제의 조서를 가지고 온 齎詔官 杜良臣을 慕華館에서 영접하다./ 중국 황제의 조서 내용이다.(『宣祖實錄』 선조32.『集成』25-156) 8.10. 중국에 바칠 물품을 착실히 준비하도록 지시하다.(『宣祖實錄』 선조32.『集成』25-157)/ 직무를 제대로 수행하지 못한 이조당상과 낭청을 엄히 치죄하게 하다.(『宣祖實錄』 선조32.『集成』25-158)/ 司諫院이 고을을 잘 다스리지 못한 趙守準·呂裕吉의 파직을 청하다.(『宣祖實錄』 선조32.『集成』25-159) 8.11. 전란으로 없어진 서적을 구하여 올려 보내게 하다.(『宣祖實錄』 선조32.『集成』25-160) 8.12. 왜 사신·선박 배치 등 왜적 방어에 관한 備忘記.(『宣祖實錄』 선조32.『集成』25-160) 8.14. 承政院이 왜 사신이 전쟁을 위협한 일을 중국 조정에 알릴 것을 청하다.(『宣祖實錄』 선조32.『集成』25-161) 8.16. 備邊司가 왜적 방어에 관한 왕의 備忘記에 대해 아뢰다.(『宣祖實錄』 선조32.『集成』25-161)/ 전쟁을 위협하는 왜 사신의 일로 의논하다.(『宣祖實錄』 선조32.『集成』25-162) 8.17. 왜 사신을 놓아보내자는 내용을 담은 경리 萬世德의 諭帖.(『宣祖實錄』 선조32.『集成』25-163)/ 경리접반사 沈喜壽가 경리 萬世德의 諭帖을 등서하여 아뢰다./ 備邊司가 왜 사신을 북경으로 압송할 것을 청하다.(『宣祖實錄』 선조32.『集成』25-164) 8.18. 承政院이 왜 사신의 처리 문제로 비밀히 아뢰다.(『宣祖實錄』 선조32.『集成』25-164)/ 姜遊擊이 회례하여 오니, 왜 사신의 압송 문제에 대해 의견을 나누다.(『宣祖實錄』 선조32.『集成』25-165) 8.19. 尹斗壽의 일, 부정한 관리의 파직, 왜적 방어에 관한 崔東立의 상소문이다.(『宣祖實錄』 선조32.『集成』25-166)/ 備邊司가 倭 사신을 중국으로 압송할 것을 청하다.(『宣祖實錄』 선조32.『集成』25-167) 8.21. 司憲府가 白惟咸의 처벌과 接待本都監의 정비를 청하다./ 李廷龜·盧稷·宋駿 등에게 관직을 제수하다./ 경리 萬世德에게 중국 조정에 아뢰어 세자 책봉을 빨리 내려주게 해줄 것을 청하다.(『宣祖實錄』 선조32.『集成』25-168)/ 李憲國 등이 경리 萬世德에게 세자 책봉을 위해 중국 조정에 아뢰어 줄 것을 청하다.(『宣祖實錄』 선조32.『集成』25-170) 8.23. 자문을 보내는 일을 방해하는 경리의 처사를 중국 조정에 보고할 일로 논의하다.(『宣祖實錄』 선조32.『集成』25-172)/ 備邊司가 경리에게 간청하여 설득할 것을 청하다.(『宣祖實錄』 선조32.『集成』25-173) 8.24. 사목에 정해진 대로 군공이 있는 자에게 논상하게 하다.(『宣祖實錄』 선조32.『集成』25-174) 8.26. 왜 사신 문제를 경리접반사 沈喜壽로 하여금 경리와 논의케 하다.(『宣祖實錄』 선조32.『集成』25-174)/ 관복과 관련

일본

하여 선전관 이하의 무반에게는 예전대로 戎服을 착용케 하다.(『宣祖實錄』선조32. 『集成』25-175)

8.27. 왜 사신 문제와 중국 군대를 위한 군량 조달 문제를 제독 李承勛과 환담하다.(『宣祖實錄』선조32. 『集成』25-176)

8.28. 司憲府가 尹斗壽의 일과 포악을 자행한 부호군 權應銖의 추국을 청하다(『宣祖實錄』선조32. 『集成』25-178)/ 경리 萬世德이 揭帖을 보내와 중국 군대의 군량 조달을 제촉하다./ 중국 군대의 군량 조달에 관한 제독 李承勛의 원계.(『宣祖實錄』선조32. 『集成』25-179)

8.30. 權應銖의 나국을 대신으로 하여금 의논하여 시행하게 하다./ 司諫院이 부정을 저지른 熙川郡守 李愼과 泰仁縣監 文益周의 파직을 청하다.(『宣祖實錄』선조32. 『集成』25-180)

9.1. 상이 貞陵洞 행궁에 있다./ 承政院이 중국 장수에 대한 접대를 잘 하도록 청하다.(『宣祖實錄』선조32. 『集成』25-181)

9.3. 備邊司가 먼저 경리에게 사과한 후 중군 孫邦熙를 접견할 것을 청하다.(『宣祖實錄』선조32. 『集成』25-181)/ 예조가 훼손된 文昭殿 位版의 일로 아뢰다.(『宣祖實錄』선조32. 『集成』25-182)

9.4. 경리에게 사과할 초안을 내리면서 揭帖을 쓰게 하다.(『宣祖實錄』선조32. 『集成』25-183)

9.6. 사간 宋馹 등이 영천군수의 일로 체직을 청하나, 윤허하지 않다./ 자리가 비어 있는 경상좌병사를 내일 임명하게 하다.(『宣祖實錄』선조32. 『集成』25-184)

9.7. 尹自新·李廷馨·盧稷 등에게 관직을 제수하다.(『宣祖實錄』선조32. 『集成』25-185)

9.10. 郭再祐에게 조사를 생략하고 부임케 하다.(『宣祖實錄』선조32. 『集成』25-185)

9.11. 상이 유격 左聰의 관소에 거둥하여 배례를 행하다.(『宣祖實錄』선조32. 『集成』25-186)

9.12. 충청감사가 舒川의 향교가 관가와 멀리 떨어져 있기 때문에 옮길 것을 청하다./ 備邊司가 공을 세운 역적 연좌인에 대한죄 문제로 아뢰다.(『宣祖實錄』선조32. 『集成』25-187)/ 의금부가 역적 연좌인에 대한 면죄 문제로 회계하다.(『宣祖實錄』선조32. 『集成』25-188)/ 임기가 만료된 현감 金柅를 유임시켜 줄 것을 청하는 金化 유학 申彦暉 등의 상소.(『宣祖實錄』선조32. 『集成』25-189)

9.14. 충청감사가 소실된 韓山의 향교를 세울 것을 청하다.(『宣祖實錄』선조32. 『集成』25-190)

9.19. 備忘記로 오랑캐와 왜적에 대한 방비를 지시하다.(『宣祖實錄』선조32. 『集成』25-190)

9.20. 유격 姜良棟의 관소에 행행하여 왜 사신의 일을 논하다.(『宣祖實錄』선조32. 『集成』25-191)

9.22. 備邊司가 유민의 쇄환과 중국 수병에 의한 군정 납치의 중지 등을 청하다.(『宣祖實錄』선조32. 『集成』25-192)

9.25. 시강원이 부족한 서책을 경상도와 평안도에서 구해올 것을 청하다.(『宣祖實錄』선조32. 『集成』25-193)

9.26. 萬老爺가 승직된 것과 관련하여 賀帖을 보내기로 하다.(『宣祖實錄』선조32. 『集成』25-193)

9.28. 司憲府가 兩界에서 承政院 외의 영속을 색출하고 납포의 폐단이 없게 할 것을 청하다.(『宣祖實錄』선조32. 『集成』25-193)

10.1. 상이 貞陵洞 행궁에 있었다./ 접반사 韓述이 낭중 賈惟約이 지은 부산 平倭碑銘의 초고를 올리다.(『宣祖實錄』선조32. 『集成』25-194)

10.2. 司諫院이 포도 대장의 파직, 도승지의 추고, 거짓 병으로 사직하는 일 금지를 청하다.(『宣祖實錄』선조32. 『集成』25-196)/ 상이 유격 茅國器의 관소에서 주례를 행하고 유격 李天常의 관소에 가다.(『宣祖實錄』선조32. 『集成』25-197)

10.3. 備忘記로 李渭賓·邊應星의 일과 수령의 출척에 대해 지시하다.(『宣祖實錄』선조32. 『集成』25-200)

10.7. 낭중 賈惟約이 時御所에 회례하여 와서 중국 장수에 대한 묘우 건립을 청하다.(『宣祖實錄』선조32. 『集成』25-200)

10.10. 장령 崔東立 등이 朴東賢의 일을 아뢰다.(『宣祖實錄』선조32. 『集成』25-201)/ 지평 柳希奮이 鄭榮國의 상소와 관련하여 사직을 청하다.(『宣祖實錄』선조32. 『集成』25-202)

10.11. 상이 유격 茅國器의 관소에 가다.(『宣祖實錄』선조32. 『集成』25-203)

10.12. 장령 崔東立이 安宗祿이 아뢴 말과 관련하여 사직을 청하다.(『宣祖實錄』선조32. 『集成』25-204)

10.13. 謝恩使 申湜이 중국 조정에 돌아간 중국 장수의 관직 상황을 아뢰다.(『宣祖實錄』선조32. 『集成』25-206)

10.14. 承政院이 왕에게 服色을 갖출 것을 청하다.(『宣祖實錄』선조32. 『集成』25-206)

10.15. 경상감사 韓浚謙이 폐허가 된 尙州浦 등 4개 진의 혁파를 청하다.(『宣祖實錄』선조32. 『集成』25-207)

10.17. 도사 吳宗道가 時御所에 와서 배알하다.(『宣祖實錄』선조32. 『集成』25-208)/ 경리 萬世德이 군대 철수에 관한 중국 병부의 자문에 대해 아뢰다.(『宣祖實錄』선조32. 『集成』25-209)

10.19. 司憲府가 東來府는 중요 지역이므로 부적절한 부사 金邈階를 체차할 것을 청하다./ 한성판윤 李忠元이 의빈 단자에 적은 수로 봉납하게 된 일로 대죄를 청하다.(『宣祖實錄』선조32. 『集成』25-212)/ 경리 萬世德이 군대 철수 문제에 대한 답변을 재촉하다.(『宣祖實錄』선조32. 『集成』25-213)/ 중국 군사 8천 명만 머물러 있어 줄 것을 요청하다.(『宣祖實錄』선조32. 『集成』25-213)

10.20. 尙書 石星에 대해 平壤의 사당에서 제사를 올리게 하다./ 備邊司가 외적에 방어하기 위해 도원수와 부원수를 가려뽑을 것을 청하다.(『宣祖實錄』선조32. 『集成』25-214)

10.21. 備邊司가 백성을 보호하기 위해 어사를 파견할 것을 청하다.(『宣祖實錄』선조32. 『集成』25-215)/ 司諫院이 石星에 대한 제사가 부당함을 아뢰다./ 예조가 石星에 대한 제사 문제로 아뢰다./ 예조가 石星의 일에 대한 대신의 의견들을 아뢰다.(『宣祖實錄』선조32. 『集成』25-216)

10.26. 군대 철수, 군량, 중국 장수에 대한 접대 등에 관한 낭중 賈惟約의 揭帖.(『宣祖實錄』선조32. 『集成』25-217)/ 備邊司가 賈惟約의 揭帖과 관련해 경리에게 우리의 사정을 잘 설명할 것을 청하다.(『宣祖實錄』선조32. 『集成』25-219)/ 承政院이 낭중 賈惟約이 揭帖을 보내온 일로 아뢰다.(『宣祖實錄』선조32. 『集成』25-220)

10.28. 제독 李如松이 부채에 쓴 시를 현판에 새겨 平壤의 사당에 걸게 하다.(『宣祖實錄』선조32. 『集成』25-220)

10.29. 承政院이 물품을 매매하면서 횡포를 부리는 중국 衙門에 대해 아뢰다.(『宣祖實錄』선조32. 『集成』25-221)

연도	한국
▲ 1599	11.1. 상이 貞陵洞 행궁에 있다./ 司諫院이 통진현감 남이성의 파직과 좌우 포도 대장의 추고를 청하다.(『宣祖實錄』 선조32. 『集成』25-222)/ 우부승지 宋諄이 《사변일기》를 수정할 것을 청하다.(『宣祖實錄』 선조32. 『集成』25-223) 11.2. 대제학 沈喜壽가 사직을 청하나, 윤허하지 않다.(『宣祖實錄』 선조32. 『集成』25-223) 11.4. 상이 지현 趙汝梅의 관소에 가다.(『宣祖實錄』 선조32. 『集成』25-226)/ 天朝將官 撰集廳이 중국 관리의 공적을 책으로 만들기 위한 인원과 물품을 청하다.(『宣祖實錄』 선조32. 『集成』25-227) 11.5. 備邊司가 항복한 왜인 문제로 아뢰다.(『宣祖實錄』 선조32. 『集成』25-227)/ 공을 세운 역적의 면죄를 해 주는 일을 備邊司로 하여금 의논할 것을 지시하다.(『宣祖實錄』 선조32. 『集成』25-228)/ 군율과 상벌의 문란에 대한 사관의 논찬이다.(『宣祖實錄』 선조32. 『集成』25-229) 11.6. 도승지 崔天健이 중국 군대의 주둔 문제에 대해 의논할 것을 청하다.(『宣祖實錄』 선조32. 『集成』25-229) 11.7. 備邊司가 역적으로 공을 세운 자의 면죄 문제로 아뢰다.(『宣祖實錄』 선조32. 『集成』25-230) 11.10. 司憲府가 柳熙緖·李用淳의 파직과 죽산현감 梁慶遇의 체차를 청하다.(『宣祖實錄』 선조32. 『集成』25-230)/ 司諫院이 재물을 횡령한 연산현감 金順宗의 파직을 청하다./ 유생 蔡謙吉이 상소를 올려 金盡國과 南以恭을 배척할 것을 청하다.(『宣祖實錄』 선조32. 『集成』25-231) 11.12. 備邊司가 부족한 양식 마련을 위해 調度使를 파견할 것을 청하다.(『宣祖實錄』 선조32. 『集成』25-233) 11.17. 李元翼·李憲國이 蔡謙吉·柳成龍의 일을 아뢰니, 왕의 의견을 말하다.(『宣祖實錄』 선조32. 『集成』25-234) 11.20. 헌납 南暶이 시강원이 闕直된 일과 관련하여 체직을 청하다.(『宣祖實錄』 선조32. 『集成』25-236)
1600 ▼	【한국】 1.1. 상이 貞陵洞 행궁에 있었다.(『宣祖實錄』 선조33. 『集成』25-255) 1.3. 상이 중군 孫邦熙의 관저에 나아가 일본의 정세와 화친 문제를 논하다.(『宣祖實錄』 선조33. 『集成』25-255) 1.7. 상이 賈郎中을 접견하고 일본에 포로로 갔다가 귀환한 조선인 문제와 군사 교련에 대해 논의하다.(『宣祖實錄』 선조33. 『集成』25-255) 1.8. 상이 통판 陶良性 등과 의주에 있는 미두 20만 석을 군량으로 충당하는 문제를 논의하다.(『宣祖實錄』 선조33. 『集成』25-256) 1.9. 3년이 지났는데도 교체되지 않고 있는 제주 入防軍士 3백 명에 대한 대책을 논의하다.(『宣祖實錄』 선조33. 『集成』25-258) 1.15. 軍功廳에서 군공에 따라 당상으로까지 승진시킨다는 규정의 적용 문제에 대해 아뢰다.(『宣祖實錄』 선조33. 『集成』25-259)/ 천총 婁世鎭이 중국으로 돌아가기 위해 印信과 馬匹 등을 청하다./ 총 婁世鎭의 귀국 길에 馬匹과 양식 등을 지급하다.(『宣祖實錄』 선조33. 『集成』25-260) 1.16. 좌의정 李恒福이 체찰사로서의 향후 일정과 주로 할 업무를 아뢰다.(『宣祖實錄』 선조33. 『集成』25-261)/ 양에 주둔하며 폐단을 자행하는 중국군에 대한 대책을 논한 흠차경리도어사의 牌文.(『宣祖實錄』 선조33. 『集成』25-263)/ 糧餉의 부족 등으로 교관을 선발하여 훈련시키는 일을 혁파하는 일에 관한 제독 李承勛의 자문(『宣祖實錄』 선조33. 『集成』25-264) 1.18. 경상우수사 柳珩이 정체 불명의 선박과 조우한 사실로 장계하다.(『宣祖實錄』 선조33. 『集成』25-265) 1.19. 우승지 宋諄이 정체불명의 선박과 조우한 사실의 보고를 소홀히 한 순찰사의 추고를 청하다.(『宣祖實錄』 선조33. 『集成』25-266) 1.26. 지중추부사 李鎰이 북쪽 오랑캐에 대한 대책과 의병의 포상, 鎭管法 등에 관해 아뢰다.(『宣祖實錄』 선조33. 『集成』25-266)/ 군사를 釜山, 巨濟에만 집결시킨 데 따른 문제점을 논하는 備忘記.(『宣祖實錄』 선조33. 『集成』25-269) 1.28. 좌의정 李恒福이 왜적의 침입에 대한 방비책을 논하는 차자를 올리다.(『宣祖實錄』 선조33. 『集成』25-270) 1.29. 李恒福·李山海와 남방 방비책, 마정, 군공, 봉화법, 도적 대책, 關王廟 건립 등의 문제를 논의하다.(『宣祖實錄』 선조33. 『集成』25-273) 2.5. 備邊司에서 丁酉倭亂 때 벼슬자리에 있으면서 먼저 달아난 사람의 죄를 사면하는 문제로 아뢰다.(『宣祖實錄』 선조33. 『集成』25-285) 2.7. 備邊司에서 丁酉倭亂 때 먼저 달아났던 벼슬아치의 이름을 올리다.(『宣祖實錄』 선조33. 『集成』25-286) 2.11. 司憲府에서 丁酉倭亂 때 도망간 자들의 사면을 취소할 것과 吉州牧使 楊誼의 파직을 청하다.(『宣祖實錄』 선조33. 『集成』25-286) 2.14. 備邊司에서 봉화 제도와 역토의 정비책과 승병 동원 문제에 대해 아뢰다.(『宣祖實錄』 선조33. 『集成』25-287) 2.17. 용산 교외에 나아가 남방 순찰을 떠나는 제독 李承勛을 전별하다.(『宣祖實錄』 선조33. 『集成』25-288) 2.20. 경상병사 郭再祐가 朋黨·關防·和親·政丞에 대하여 논하고 사직을 청하다.(『宣祖實錄』 선조33. 『集成』25-289) 2.23. 일본에 끌려간 張番石 등이 나올 적에 平調信에게 강화와 포로 송환 문제에 대해 요청하다.(『宣祖實錄』 선조33. 『集成』25-290) 2.24. 일본에 포로로 끌려갔다 돌아온 백성들이 강화와 포로 쇄환 문제로 글을 올리다./ 司諫院에서 납속 보관의 문제점을 아뢰고 군기 주부 金允昌과 경상수사 柳珩의 파직을 청하다.(『宣祖實錄』 선조33. 『集成』25-291)/ 상이 備邊司와 왜적이 강화를 요구하는데 따른 대책을 논의하다.(『宣祖實錄』 선조33. 『集成』25-292) 3.1. 상이 貞陵洞 행궁에 있었다.(『宣祖實錄』 선조33. 『集成』25-293)

일본

11.26. 상이 별전에서 대신을 인견하다. 李元翼이 洪汝諄·閔夢龍, 변방, 양식 등의 일을 아뢰다.(『宣祖實錄』 선조32.『集成』25-236)

11.27. 장령 崔鐵堅이 체직을 청하다.(『宣祖實錄』 선조32.『集成』25-241)

11.30. 司憲府가 柳成龍·南以恭·金盡國·李必亨 등에게 엄한 벌을 내릴 것을 청하다.(『宣祖實錄』 선조32.『集成』25-242)

12.1. 상이 貞陵洞 행궁에 있다./ 칙서에 감사하다는 내용으로 중국에 보내는 서간이다.(『宣祖實錄』 선조32.『集成』25-244)/ 중국의 은혜에 감사하다는 내용으로 중국에 보내는 서간이다.(『宣祖實錄』 선조32.『集成』25-245)

12.7. 황제로부터 상을 하사받게 된 제독에게 가서 치하하기로 하다.(『宣祖實錄』 선조32.『集成』25-246)

12.8. 李爾瞻이 전선의 공역과 군기의 유무 상황 및 주사의 일 등을 아뢰다.(『宣祖實錄』 선조32.『集成』25-246)/ 備邊司가 연해 17고을에서 쌀을 징수하지 말 것 등을 청하다.(『宣祖實錄』 선조32.『集成』25-247)

12.10. 경기방어사 權俊이 壬辰 왜란 때 공을 세운 權應元 등에게 상을 내릴 것을 청하다.(『宣祖實錄』 선조32.『集成』25-247)

12.13. 郭再祐가 경주와 울산의 전투에 능한 사람을 뽑아 성을 지키게 할 것을 청하다.(『宣祖實錄』 선조32.『集成』25-248)

12.17. 상이 제독 李承勛의 처소에 거둥하다.(『宣祖實錄』 선조32.『集成』25-250)/ 접대도감이 중국 장수가 요구하는 창기를 朝官의 노비로 채울 것을 청하다./ 司憲府가 접대도감이 청한 일을 들어주지 말고 잘 주선하게 할 것을 청하다.(『宣祖實錄』 선조32.『集成』25-251)

12.19. 備邊司가 왕세자가 전주에 있을 때 소 등을 바친 자에게 논상할 것을 청하다.(『宣祖實錄』 선조32.『集成』25-252)

12.25. 10조에 걸쳐 왜적의 동정에 대해 서술한 전 別提 魯認의 書契이다.(『宣祖實錄』 선조32.『集成』25-252)

12.29. 통판 沈思賢이 時御所에 와서 회례하다.(『宣祖實錄』 선조32.『集成』25-254)

3.10. 경리도감에서 중군 孫邦熙와 강화와 국방 문제를 논의한 결과를 아뢰다.(『宣祖實錄』 선조33.『集成』25-293)

3.11. 대신들과 중국군의 주둔을 요청하는데 따른 제반 문제와 일본과의 강화 문제 등을 논의하다.(『宣祖實錄』 선조33.『集成』25-294)/ 중국군의 주둔을 요청하는 문제에 대해 李德馨·尹斗壽의 의견을 구하다.(『宣祖實錄』 선조33.『集成』25-301)

3.16. 경상우수사 유형이 일본에서 생환된 사람들과 적의 동태에 대해 아뢰다.(『宣祖實錄』 선조33.『集成』25-301)/ 備邊司에서 강화와 쇄환 등의 문제를 중국에 보고하는 일에 관해 아뢰다.(『宣祖實錄』 선조33.『集成』25-302)/ 備邊司에서 왜적이 쇄환한 인구와 적서 등의 일을 자문으로 통보하는 문제에 관해 아뢰다.(『宣祖實錄』 선조33.『集成』25-303)

3.22. 중국군 3천 명의 주둔과 그들에게 지급할 향은을 청하며 천자에게 올리는 주문이다.(『宣祖實錄』 선조33.『集成』25-303)

3.28. 예조에서 과거에서 講經을 시행하는 문제로 아뢰다.(『宣祖實錄』 선조33.『集成』25-307)

3.29. 남방 순행을 마친 제독 李承勛을 위문하고 중국군 철수 이후의 방비책을 논의하다.(『宣祖實錄』 선조33.『集成』25-308)

4.4. 備邊司에서 중국군 3천 명의 주둔을 요청하는 문제로 아뢰다.(『宣祖實錄』 선조33.『集成』25-310)/ 전라우도 수군절도사 金億秋가 해안의 방비책과 병기 문제에 대해 아뢰다.(『宣祖實錄』 선조33.『集成』25-311)

4.11. 유격 張良相이 왜선 2척을 나포한 결과를 보고하다.(『宣祖實錄』 선조33.『集成』25-311)

4.13. 경상우도 수군절도사 柳珩이 刷還民과 왜적의 동태에 대해 아뢰다./ 경상도 관찰사 金信元이 刷還民과 왜적의 동태에 대해 아뢰다.(『宣祖實錄』 선조33.『集成』25-312)

4.14. 경리어사 萬世德이 왜적 문제로 揭帖을 올리다./ 對馬島太守 豊臣義智가 강화를 청하는 글을 보내다.(『宣祖實錄』 선조33.『集成』25-313)/ 攝州太守 豊臣行長과 耆州太守 豊臣正成이 강화를 청하는 글을 보내다./ 豊臣調信이 화평과 전란은 조선에 달려 있다고 하는강화 요청의 글을 보내 오다.(『宣祖實錄』 선조33.『集成』25-314)

4.15. 對馬島太守 豊臣義智가 전쟁 종결을 위해 강화를 청하며 보내온 글의 내용이다.(『宣祖實錄』 선조33.『集成』25-315)/ 경리어사 萬世德이 왜적 문제로 揭帖을 올리다.(『宣祖實錄』 선조33.『集成』25-316)

4.16. 備邊司에서 왜적에게 보낼 답장에 황제의 명령이 없으니 마음대로 서로 통할 수 없다고 쓸 것을 아뢰다.(『宣祖實錄』 선조33.『集成』25-316)/ 備邊司에서 중국군 5천 명을 주둔토록 하겠다는 경리의 揭帖에 대해 그대로 따르겠다고 답장을 작성하는 것을 건의하다.(『宣祖實錄』 선조33.『集成』25-317)

4.17. 承政院에서 중국과 왜인의 교섭 사실에 대해 아뢰다.(『宣祖實錄』 선조33.『集成』25-318)

4.24. 제독 李承勛이 일본의 여러 酋長들에게 앞으로 침범하거나 업신여기는 일이 없도록 하라고 효유하는 격문이다./(『宣祖實錄』 선조33.『集成』25-319)

4.26. 접대도감이 千總 王建功에게 왜적의 정세를 물어본 결과를 아뢰다.(『宣祖實錄』 선조33.『集成』25-320)

4.27. 경상좌도 수군절도사 李雲龍이 刷還民과 왜적의 동태에 대해 보고하다.(『宣祖實錄』 선조33.『集成』25-320)

5.1. 상이 貞陵洞 행궁에 있었다.(『宣祖實錄』 선조33.『集成』25-321)

5.4. 통판 沈思賢이 왜적과의 강화 문제에 대해 논하다.(『宣祖實錄』 선조33.『集成』25-321)

5.5. 제독 李承勛이 중국군의 계속적인 주둔과 군량 문제 등으로 揭帖하다./ 강화 문제를 논한 통판 沈思賢에게 일본에 답서를 보내 적의 실정을 시험한다고 답서를 보내다.(『宣祖實錄』 선조33.『集成』25-323)

5.12. 備邊司에서 왜가 보낸 書契에 등급을 정해 답하는 문제로 아뢰다.(『宣祖實錄』 선조33.『集成』25-324)/ 상이 왜의 書契에 답서를 보내는 문제로 아뢰다.(『宣祖實錄』 선조33.『集成』25-325)

5.13. 承政院에서 왜적의 書契에 답서를 보내는 일로 아뢰다.(『宣祖實錄』 선조33.『集成』25-325)/ 備邊司에서 왜적의 書契에 답서를 보내는 일로 아뢰다./ 예조에서 왜적의 書契에 답서를 보내는 일로 아뢰다.(『宣祖實錄』 선조33.『集成』25-326)

5.16. 정언 李瑗 등이 왜적에 답서를 제때에 보내지 못한 죄로 備邊司 유사당상 등의 파직을 청하다.(『宣祖實錄』 선조33.『集成』25-327)

연도	한국
▲ 1600	5.19 정유재란때에 俘虜가 되어 日本에 억류되었던 姜沆이 釜山에 귀환했다.(『看洋錄』). 6.1. 상이 貞陵洞 행궁에 있었다.(『宣祖實錄』 선조33.『集成』25-327) 6.9. 전좌랑 姜沆이 일본에서 도망쳐 돌아와서 일본의 정세를 비밀히 書契하다.(『宣祖實錄』 선조33.『集成』25-327) 6.15. 사도 도체찰사로 남방을 순찰한 李恒福과 農況·요역·관방·수령·적정·전세 등에 대해 논의하다.(『宣祖實錄』 선조33.『集成』25-328)/ 備邊司에서 일본 사신의 동태와 일본에 답서를 보내는 일로 아뢰다.(『宣祖實錄』 선조33.『集成』25-336) 6.22. 경리 萬世德이 중국군 주둔 문제에 대해 揭帖을 보내다.(『宣祖實錄』 선조33.『集成』25-336) 6.25. 도사 吳宗道의 접반관 林懽이 중국 수군이 입은 폭풍 피해를 보고하다.(『宣祖實錄』 선조33.『集成』25-337) 6.26. 중국측에서 폭풍으로 인해 입계된 피해 상황을 보고하다.(『宣祖實錄』 선조33.『集成』25-337) 6.29. 예조에서 폭풍으로 인해 사망한 중국군과 아군의 제사와 장례에 대해 아뢰다.(『宣祖實錄』 선조33.『集成』25-338) 6.30. 陳奏使 南以信이 중국에서의 행적을 통역관을 보내 보고하다.(『宣祖實錄』 선조33.『集成』25-338) 7.1. 상이 貞陵洞 행궁에 있었다.(『宣祖實錄』 선조33.『集成』25-286)(『宣祖實錄』 선조33.『集成』25-340) 7.3. 태풍으로 인한 선박의 침몰, 파손에 대한 경상수사 柳珩의 장계.(『宣祖實錄』 선조33.『集成』25-340)/ 태풍으로 인한 선박의 침몰, 파손에 대해 張遊擊의 접반관 전적 李汝賀 등이 아뢰다.(『宣祖實錄』 선조33.『集成』25-341) 7.4. 상이 제독 李承勛의 관사에 나아가 회사하다.(『宣祖實錄』 선조33.『集成』25-341)/ 상이 태풍으로 인한 아군과 중국군의 피해 대책을 마련토록 전교하다.(『宣祖實錄』 선조33.『集成』25-342) 7.5. 備邊司에서 태풍으로 인한 중국측 피해의 대책을 아뢰다.(『宣祖實錄』 선조33.『集成』25-342) 7.9. 통제사 李時言이 왜선 한 척을 격파한 사실을 치계하다.(『宣祖實錄』 선조33.『集成』25-343) 7.17. 備邊司에서 전사한 첨사 具滉과 토병에 대한 恤典과 오랑캐에 대한 대책을 아뢰다.(『宣祖實錄』 선조33.『集成』25-343) 7.19. 상이 琉球國의 회자가 가상하니 文房四具를 더 마련하라고 전교하다.(『宣祖實錄』 선조33.『集成』25-346) 7.24. 북도의 성제를 왜성식으로 개축하는 방안에 대해 병조에서 아뢰다.(『宣祖實錄』 선조33.『集成』25-346) 7.29. 상이 적과의 교전에 대해 備邊司에 전교하다.(『宣祖實錄』 선조33.『集成』25-347) 8.1. 상이 貞陵洞 행궁에 있다.(『宣祖實錄』 선조33.『集成』25-347) 8.13. 군자감 부정 윤인백이 왜적에게 잡힌 왕자를 보호한 黃廷彧 부자의 공을 아뢰다.(『宣祖實錄』 선조33.『集成』25-347)
1601 ▼	【한국】 1.7. 備邊司에서 倭城 축조를 미룰 것을 건의하다.(『宣祖實錄』 선조34.『集成』26-1) 1.13. 왜인 金向義 등이 조선인 관원과 같은 대우를 요구하다.(『宣祖實錄』 선조34.『集成』26-1) 1.16. 대사헌 成泳이 壬辰난 때 자신의 불효·불충을 들어 파직을 청하다.(『宣祖實錄』 선조34.『集成』26-2)/ 司憲府에서 대사헌 成泳의 출사를 건의하다.(『宣祖實錄』 선조34.『集成』26-3) 1.17. 체찰사 李德馨과 국방 문제 전반에 대해 논의하다.(『宣祖實錄』 선조34.『集成』26-4) 1.28. 備邊司에서 우병영을 昌原·馬山 등지로 옮길 것을 건의하다.(『宣祖實錄』 선조34.『集成』26-17) 2.1. 대신들과 국정 전반, 특히 국방에 대해 상의하다.(『宣祖實錄』 선조34.『集成』26-17) 2.4. 備邊司에서 金大函의 일본 정탐에 관련된 사전 조치를 건의하다.(『宣祖實錄』 선조34.『集成』26-24) 2.7. 陳奏使 辛慶晋이 중국에 3천 병마를 요청한 사실 등을 아뢰다.(『宣祖實錄』 선조34.『集成』26-25) 2.10. 대신 및 備邊司 당상과 일본 침입에 대한 방비책을 상의하다.(『宣祖實錄』 선조34.『集成』26-27) 2.16. 備邊司에 일본 침입에 대한 철저한 대비를 전교하다.(『宣祖實錄』 선조34.『集成』26-37) 2.24. 함경관찰사 申磼을 인견하는 자리에 女眞族 방어책 등을 상의하다.(『宣祖實錄』 선조34.『集成』26-38) 2.27. 備邊司에서 귀화한 왜인 문제 처리를 건의하다.(『宣祖實錄』 선조34.『集成』26-38) 2.28. 예조에서 倭學 試取를 건의하다.(『宣祖實錄』 선조34.『集成』26-38) 3.2. 水兵備倭都司 吳宗道가 揭帖을 보내오다.(『宣祖實錄』 선조34.『集成』26-39) 3.14. 備邊司에서 호종 신하와 역전 장사의 녹훈에 대해 아뢰다.(『宣祖實錄』 선조34.『集成』26-40) 3.17. 경연을 하고 진헌 물품, 국방, 郭再祐 등에 대하여 논의하다.(『宣祖實錄』 선조34.『集成』26-41) 3.19. 경연에서 북방의 군사 및 병조의 군대 양성 등을 논의하다.(『宣祖實錄』 선조34.『集成』26-43) 4.1. 경상도 암행어사 趙守翼이 도내 실정을 書契하다.(『宣祖實錄』 선조34.『集成』26-44) 4.3. 경상우병사 金太虛가 일본에 난이 일어나 平行長이 죽은 사실을 아뢰다.(『宣祖實錄』 선조34.『集成』26-45) 4.5. 備邊司에서 일본에서 도망쳐 온 자들에 대한 조사가 불필요함을 건의하다.(『宣祖實錄』 선조34.『集成』26-46) 4.13. 備邊司에서 일본에 밀정 파견을 하지 말 것을 건의하다.(『宣祖實錄』 선조34.『集成』26-46) 4.25. 탈출한 姜士俊과 余進德 등이 일본의 내란 상황을 보고하다.(『宣祖實錄』 선조34.『集成』26-48)/ 탈출한 포로들에게 무명베를 하사하다.(『宣祖實錄』 선조34.『集成』26-50)/ 체찰사 李德馨이 탈출자에게 들은 일본 상황을 치계하다.(『宣祖實錄』 선조34.『集成』26-51) 4.26. 일본에서 탈출한 姜士俊 등을 조사할 것을 전교하다.(『宣祖實錄』 선조34.『集成』26-51) 5.3. 영의정 李恒福이 원훈 문제에 있어서 李德馨·沈忠謙·洪進 등의 일을 아뢰다.(『宣祖實錄』 선조34.『集成』26-52) 5.8. 전라도 관찰사 李弘老가 오도의 왜적 문제를 비국에서 사전 지휘하도록 치계하다.(『宣祖實錄』 선조34.『集成』26-55)

일본

8.22. 중국군 철수에 따른 입장을 밝힌 備忘記.(『宣祖實錄』 선조33. 『集成』25-348)

8.24. 對馬島에 대한 대책을 논한 행판중추부사 李德馨의 상차이다.(『宣祖實錄』 선조33. 『集成』25-349) / 중국군 1천 명은 서울에 머무르게 하는 문제로 備忘記를 내리다.(『宣祖實錄』 선조33. 『集成』25-350) / 해원부원군 尹斗壽가 중국군 1천 명의 서울 주둔 문제에 대해 아뢰다.(『宣祖實錄』 선조33. 『集成』25-351)

8.25. 중국군 철수에 대해 備忘記로 이르다.(『宣祖實錄』 선조33. 『集成』25-352) / 중국군 1천 명의 주둔 요청 문제에 대한 李恒福, 黃璉, 尹斗壽, 李元翼 등이 논의하다.(『宣祖實錄』 선조33. 『集成』25-353)

8.26. 중국군 請兵 문제에 대해 대신들과 논의하다.(『宣祖實錄』 선조33. 『集成』25-354)

8.29. 중국군 請兵과 對馬島 문제를 논의하다.(『宣祖實錄』 선조33. 『集成』25-358) / 중국군 1천 명의 주둔 요청 문제로 판중추부사 李德馨과 논의하다.(『宣祖實錄』 선조33. 『集成』25-359)

8.30. 李德馨과 중국군 請兵과 그에 따른 향은 문제를 논하다.(『宣祖實錄』 선조33. 『集成』25-361)

9.1. 상이 貞陵洞 행궁에 있다. / 對馬島에서 보낸 강화를 요청하는 서장에 대해 답서를 보내는 일에 대해 논의하다.(『宣祖實錄』 선조33. 『集成』25-363)

9.13. 부산의 방비책과 병법에 대해 備忘記로 이르다.(『宣祖實錄』 선조33. 『集成』25-364)

9.21. 제독 李承勛과 중국군에게 지급할 향은과 도성 수비책 등에 대해 논의하다.(『宣祖實錄』 선조33. 『集成』25-364)

9.26. 備邊司에서 인구 안집책, 시장, 군정, 복색, 공안, 양전, 常平穀, 둔전 등 시무책을 아뢰다.(『宣祖實錄』 선조33. 『集成』25-366)

11.1. 상이 貞陵洞 행궁에 있었다.(『宣祖實錄』 선조33. 『集成』25-370)

11.3. 국방 강화책을 언급한 부사 杜潛의 揭帖.(『宣祖實錄』 선조33. 『集成』25-370)

11.10. 도체찰사 李元翼이 巨濟島 방비책을 아뢰다.(『宣祖實錄』 선조33. 『集成』25-371)

11.16. 도체찰사 李元翼이 변방의 養兵策과 군적 관리 문제를 아뢰다.(『宣祖實錄』 선조33. 『集成』25-371)

11.24. 호조에서 경비 확보책에 대해 아뢰다.(『宣祖實錄』 선조33. 『集成』25-373)

11.25. 판중추부사 李德馨에게《武經要覽》을 내리며 군사 문제를 당부하다.(『宣祖實錄』 선조33. 『集成』25-374)

12.1. 상이 행궁에 머무르다. / 지사 楊禮壽의 弔祭에 賻儀를 보내다.(『宣祖實錄』 선조33. 『集成』25-374)

12.10. 경상관찰사 金信元이 수륙 양전을 위해 기존 방어책 개선을 장계하다.(『宣祖實錄』 선조33. 『集成』25-375)

【일본】

8.-. 예조참의 鄭曄가 宗義智에게 보내는 서계에서 対馬로부터 강화요청에 대하여, 壬辰倭乱의 참화를 뉘우치고 성의를 보이면, 明将도 강화에 응할 것이라고 회답했다.(『続善隣国宝記』) / 례조참의 鄭曄가 柳川調信에게 보내는 서계에서 송환된 피로인이 조선에 돌아왔다고 전하고, 일본에서 和平를 구하는 서계를 먼저 보내면 명에 전달하겠다고 전했다. 또 같은 사람에게 보낸 별도의 서계에서 강화교섭을 위해 조선에 온 小西与四郎이 明軍에 구류된 사정을 설명했다.(『続善隣国宝記』)

12.1. 예조참의 鄭曄가 柳川調信에게 보낸 서계에서 対馬가 강화를 구하는 한편, 조선 연해에서 해적행위를 일으키고 있는 것을 비난했다.(『朝鮮通交大紀』)

12.-. 宗義智가 조선국 예조 앞으로 보내는 서계에서 德川家康의 意向을 받아서 양국의 강화를 구한다고 했다.(『続善隣国宝記』)

5.11. 비밀 備忘記로 제주에 대해 조치할 일을 備邊司에 일러 의논해 조처하도록 하다.(『宣祖實錄』 선조34. 『集成』26-56)

5.13. 備忘記로 扈從功에 대한 호칭 중 회복했다는 뜻과 扈聖에 대해 전교하다.(『宣祖實錄』 선조34. 『集成』26-56)

5.20. 다시 錄勳에 대한 성명을 거두기를 청하자, 알아서 하라고 답하다.(『宣祖實錄』 선조34. 『集成』26-57)

6.11. 일본국 豊臣重明이 글을 보내 귀순의 뜻을 전하다.(『宣祖實錄』 선조34. 『集成』26-59)

6.12. 상이 체찰사 李德馨의 서장에 답하여, 豊臣重明과 제주의 일에 대한 대책을 묻다.(『宣祖實錄』 선조34. 『集成』26-59)

6.28. 사도 체찰사 李德馨이 왜인 10명이 일본국의 강화문서를 가지고 왔다고 알리다.(『宣祖實錄』 선조34. 『集成』26-60)

7.2. 備邊司가 平義智 등이 보낸 글에 대해 대신들이 모여 회답을 정하자고 아뢰다.(『宣祖實錄』 선조34. 『集成』26-61)

7.4. 2품 이상 대신들이 왜적에 대해 의논한 바를 좌부승지 민선이 備邊司의 말로 아뢰다.(『宣祖實錄』 선조34. 『集成』26-61) / 도체찰사 李德馨이 왜적의 일에 대처할 방안에 대해 아뢰다.(『宣祖實錄』 선조34. 『集成』26-62) / 왜적이 강화를 청한 문제에 대해 李憲國·崔興源·金命元 등이 의논한 바를 아뢰다.(『宣祖實錄』 선조34. 『集成』26-63)

7.6. 承政院에 비망기로 賊書에 관한 일을 전교하다.(『宣祖實錄』 선조34. 『集成』26-73)

7.8. 체찰사 李德馨이 왜적과 관계된 부산 지역의 일을 알리다. / 備邊司에서 왜적의 일을 중국에 주문하는 내용을 가지고 아뢰다.(『宣祖實錄』 선조34. 『集成』26-74)

7.13. 司諫院이 충신한 이에게 녹을 주는 일과 왜적과 관련해 변보의 중요성에 대해 아뢰다.(『宣祖實錄』 선조34. 『集成』26-75)

7.19. 영의정 李恒福이 왜적의 일에 대해 글을 올리자, 다시 출사를 명하다.(『宣祖實錄』 선조34. 『集成』26-76)

7.20. 상이 편전에 나가 주문하는 일과 강화하는 일에 대해 李元翼·尹承勳 등에게 묻다.(『宣祖實錄』 선조34. 『集成』26-78)

7.23. 高敬命 등의 사우 건립을 허락하다.(『宣祖實錄』 선조34. 『集成』26-80)

8.4. 備邊司가 李德馨이 작성해 보내온 주문과 왜적의 답서에 대해 아뢰다.(『宣祖實錄』 선조34. 『集成』26-81)

연도	한국
▲ 1601	8.9. 예조판서 柳根이 국가를 지키는 계책에 대해 상차하다.(『宣祖實錄』 선조34. 『集成』26-83) 8.17. 체찰사 李德馨이 壬辰年에 포로가 되었다가 돌아온 朴彦璜을 올려보내다.(『宣祖實錄』 선조34. 『集成』26-84) 8.18. 상이 별전에 나가 《周易》復卦를 강하고, 成晉善·成泳 등과 시국을 논하다.(『宣祖實錄』 선조34. 『集成』26-84) 8.23. 備邊司가 도망한 중국 군사를 解送하는 일로 아뢰다.(『宣祖實錄』 선조34. 『集成』26-85) 9.6. 상이 《周易》을 강하고, 尹承勳 등과 시국을 논하다.(『宣祖實錄』 선조34. 『集成』26-86) 9.7. 병조가 시재에 입격한 사람들에 대한 시상 문제를 아뢰다.(『宣祖實錄』 선조34. 『集成』26-86) 9.12. 경기감사 奇自獻이 永平縣令 柳淇의 牒呈에 의거하여 襃獎과 旌表를 청하다.(『宣祖實錄』 선조34. 『集成』26-87) 10.19. 상이 경상등도 도체찰사 李德馨을 인견하고 남방의 일 등에 대해 논하다.(『宣祖實錄』 선조34. 『集成』26-88) 10.21. 상이 《周易》을 강하고, 特進官 黃璡과 군사의 일 등을 논하다.(『宣祖實錄』 선조34. 『集成』26-93) 10.25. 상이 《周易》을 강하고, 尹承勳·趙翊·金止男·李忠元 등과 시국을 논하다.(『宣祖實錄』 선조34. 『集成』26-94)
1602	【한국】 1.12. 경상등도 체찰사 李德馨이 南海縣 백성의 원통함을 아뢰다.(『宣祖實錄』 선조35. 『集成』26-104) 1.14. 상이 時御所에서 군문의 차관 譚宗仁을 접견하고 주례를 행하다.(『宣祖實錄』 선조35. 『集成』26-105) 1.15. 상이 譚宗仁과 접견한 내용을 영의정 李恒福 등과 논하다.(『宣祖實錄』 선조35. 『集成』26-106) 1.16. 備邊司가 왜국과의 강화에 대한 일을 논하다.(『宣祖實錄』 선조35. 『集成』26-107) 1.17. 겸 경상 등 사도 도체찰사 李德馨이 對馬島 행차에 관한 일을 아뢰다.(『宣祖實錄』 선조35. 『集成』26-109) 2.2. 겸 경상 등 사도 도체찰사 李德馨이 변경의 어려움을 간하다.(『宣祖實錄』 선조35. 『集成』26-109) 2.3. 備邊司가 對馬島에 보낼 서찰의 사연을 다시 마련할 것을 아뢰다.(『宣祖實錄』 선조35. 『集成』26-112) 5.4. 備邊司가 左水使 李雲龍이 올려 보낸 왜국의 書契 5통이 도착하였으니 승문원으로 하여금 답서를 지어 내려보낼 것을 아뢰다.(『宣祖實錄』 선조35. 『集成』26-113) 5.5. 備邊司가 왜적에게 書契를 보낼 것을 아뢰다./ 예조참의 宋駿名이 對馬州 太守 平公이 여러 차례 포로를 돌려 보낸 정성을 알겠다며 회신을 보내 사례하다.(『宣祖實錄』 선조35. 『集成』26-114)
1603	【한국】 1.2. 李時發이 孫文彧과 橘智正이 문답한 別錄을 동봉하여 장계를 올리다.(『宣祖實錄』 선조36. 『集成』26-124) 1.14. 李德馨, 李恒福, 柳永慶과 천변, 민심, 과거, 군사 등에 대해 논의하다.(『宣祖實錄』 선조36. 『集成』26-126) 2.7. 兩南의 순찰사 등으로 하여금 적을 미리 방비·순시하도록 申飭하게 하다.(『宣祖實錄』 선조36. 『集成』26-127) 2.12. 장계와 소문을 통해 공신도감과 각인의 왜인 정벌의 공에 대해 논의하다.(『宣祖實錄』 선조36. 『集成』26-128) 2.29. 孫文彧으로 하여금 橘倭가 도착하기를 기다려 접대하게 하다.(『宣祖實錄』 선조36. 『集成』26-130) 3.4. 功臣都監이 李舜臣·權應銖·鄭起龍 등 전공이 있는 이들을 취품하다.(『宣祖實錄』 선조36. 『集成』26-130) 3.8. 상이 西郊에서 황제의 칙서를 맞다. 그 칙서의 내용이다.(『宣祖實錄』 선조36. 『集成』26-131) 3.24. 李英이 일본에 포로로 갔다 도망해 온 韓檟의 招辭 내용을 보고하다.(『宣祖實錄』 선조36. 『集成』26-132)/ 對馬島 太守가 摠督 軍門에게 보내는 편지의 내용이다./ 調信이 摠督 軍門에게 보내는 편지도 對馬島太守가 摠督 軍門에게 보내는 위의 편지와 같다.(『宣祖實錄』 선조36. 『集成』26-133)/ 調信이 葆眞大師에게 보내는 편지의 내용으로 全 把摠에게 보낸 서신도 이와 같다./ 調信이 雲松上人에게 보낸 편지의 내용이다.(『宣祖實錄』 선조36. 『集成』26-134)/ 平義智가 禮曹에 보낸 편지의 내용이다./ 調信이 禮曹에 보낸 별폭이다.(『宣祖實錄』 선조36. 『集成』26-135)/ 禮賓寺의 奴 水永이 보낸 편지의 내용이다.(『宣祖實錄』 선조36. 『集成』26-136)/ 孫文彧으로 하여금 橘倭를 접대하고 실정을 파악하게 하다.(『宣祖實錄』 선조36. 『集成』26-137) 3.25. 橘倭가 제기한 것을 咨文을 만들어 軍門에 치보하도록 備邊司와 상의하다.(『宣祖實錄』 선조36. 『集成』26-138) 3.26. 韓檟 등 포로가 되었던 영리한 이들을 올려보내 힐문에 대비케 하다.(『宣祖實錄』 선조36. 『集成』26-139) 4.1. 備邊司에서 對馬島와의 수교에 대해 아뢰다.(『宣祖實錄』 선조36. 『集成』26-139) 4.2. 禮曹 參議 李鐵이 왜인 平義智과 平調信에게 답한 書契이다.(『宣祖實錄』 선조36. 『集成』26-140) 4.6. 孫文彧의 서신으로 平調信에게 답하다./ 全繼信의 서신으로 朴永守에게 답하다.(『宣祖實錄』 선조36. 『集成』26-141) 4.21. 軍功廳 혁파에 대해 의논케 하다.(『宣祖實錄』 선조36. 『集成』26-142) 4.28. 功臣都監에서 공신 등급을 정한 일에 대해 아뢰다.(『宣祖實錄』 선조36. 『集成』26-143) 5.8. 備邊司에서 孫文彧을 중국으로 보내는 일에 대해 아뢰다.(『宣祖實錄』 선조36. 『集成』26-145) 5.11. 高敬命의 사당에 편액을 하사하고 제사하는 일에 대해 의논하다.(『宣祖實錄』 선조36. 『集成』26-145)
1604 ▼	【한국】 1.16. 黃海監司 鄭賜湖가 도내의 효자·열녀를 계문하고 포장을 건의하다.(『宣祖實錄』 선조37. 『集成』26-187) 1.23. 全羅監司 張晩이 柳彭老와 安瑛의 정문 포장을 건의하다.(『宣祖實錄』 선조37. 『集成』26-188) 2.16. 備邊司가 郭再祐를 현 위치에서 원수의 명을 받게할 것을 건의하다.(『宣祖實錄』 선조37. 『集成』26-190) 2.23. 일본국왕에게 답서를 보내다.(『宣祖實錄』 선조37. 『集成』26-191)/ 일본국 玄蘇가 金光에게 편지를 보내다.(『宣祖實錄』 선조37. 『集成』26-192)

일본
11.24. 備邊司가 왜적이 화의하기를 독촉함과 그 대책에 대해 아뢰다.(『宣祖實錄』 선조34. 『集成』26-97)
11.27. 李德馨이 왜인과 강화할 때에 처리 방법 등을 아뢰다.(『宣祖實錄』 선조34. 『集成』26-97)
11.28. 備邊司가 왜사에 관한 내용을 이제는 체찰사에게 구할 것임을 아뢰다.(『宣祖實錄』 선조34. 『集成』26-98)
12.7. 왜정을 정탐하기 위해 온 王汲이 조선의 軍器를 개록하여 줄 것을 말하다.(『宣祖實錄』 선조34. 『集成』26-99)
12.6. 備邊司가 소방에게 일본과의 사정을 알릴 것을 아뢰다.(『宣祖實錄』 선조34. 『集成』26-100)
12.26. 경상등도 체찰사 李德馨이 민심 수습책 등을 간하다.(『宣祖實錄』 선조34. 『集成』26-100)
12.28. 경상도 관찰사 李時發이 수륙 방비의 미진함을 아뢰다.(『宣祖實錄』 선조34. 『集成』26-102)
12.29. 왜사 橘智正이 돌아가다.(『宣祖實錄』 선조34. 『集成』26-102)/ 경상등도 체찰사 李德馨이 對馬島를 정탐하는 계책에 대해 아뢰다.(『宣祖實錄』 선조34. 『集成』26-103)
5.7. 병조가 일본에서 탈출할 때 포로를 많이 데리고 온 金德鳳 등에게 포상을 내릴 것을 아뢰다.(『宣祖實錄』 선조35. 『集成』26-115)
5.21. 備邊司가 平調信에 대해 비밀히 아뢰다.(『宣祖實錄』 선조35. 『集成』26-115)
7.10. 경상감사 李時發이 橘智正이 갖고 온 물품의 구매와 동정에 대해 아뢰다.(『宣祖實錄』 선조35. 『集成』26-116)
7.17. 備邊司에서 李應彪의 군비 조달의 비리 여부를 논의하고 교체를 청하다.(『宣祖實錄』 선조35. 『集成』26-116)
7.20. 체찰사 李德馨이 일본 내의 사정, 사신 파견 등에 대해 아뢰다.(『宣祖實錄』 선조35. 『集成』26-117)
7.26. 司憲府에서 왜적에 항복하여 이적 행위를 한 黃廷彧의 석방 취소를 청하다./ 헌납 윤길이 黃廷彧의 사면 문제, 李麒壽·沈淪의 비리 등을 논하다.(『宣祖實錄』 선조35. 『集成』26-118)
8.3. 備邊司에서 왜인 橘智正이 조선을 정탐하는 일을 아뢰고 대책을 논의하다.(『宣祖實錄』 선조35. 『集成』26-119)
10.5. 備邊司에서 일본 사신을 접대할 일에 대해 상의하여 아뢰다.(『宣祖實錄』 선조35. 『集成』26-120)
12.5. 경상감사 李時發이 全繼信의 牒呈을 보고 치계하다.(『宣祖實錄』 선조35. 『集成』26-120)
12.29. 상이 별전에서 李德馨, 尹承勳, 柳永慶 등을 인견하고 天災·경상도 土賊, 남방의 방비 등에 대해 논의하다.(『宣祖實錄』 선조35. 『集成』26-122)
5.16. 備邊司에 투항한 왜인의 일을 아뢰다.(『宣祖實錄』 선조36. 『集成』26-147)
5.19. 備邊司에서 화약 만드는 일에 대해 아뢰다.(『宣祖實錄』 선조36. 『集成』26-147)
6.9. 蹇達이 일본의 정세에 관한 일로 보낸 자문의 내용이다.(『宣祖實錄』 선조36. 『集成』26-148)
6.14. 和好에 관한 對馬島太守 平義智의 書契인데, 平調信과 朴守水의 서계도 역시 같다.(『宣祖實錄』 선조36. 『集成』26-152)/ 和好에 관한 平調信의 書契이다.(『宣祖實錄』 선조36. 『集成』26-153)
6.17. 備邊司에서 平義智와 平調信의 書契에 대해 아뢰다.(『宣祖實錄』 선조36. 『集成』26-153)
6.19. 全繼信이 平義智와 平調信에게 보낸 답서이다.(『宣祖實錄』 선조36. 『集成』26-154)
6.26. 元均의 등급에 대해 의논한다.(『宣祖實錄』 선조36. 『集成』26-155)
6.29. 司諫院이 黃廷彧·李慶全 등의 일이 잘못되었음을 간하다./ 司憲府에서 黃廷彧·李慶全 등의 일을 논하다.(『宣祖實錄』 선조36. 『集成』26-158)
7.23. 《周易》晋卦를 강하고 왜와 통호하는 일을 의논하다.(『宣祖實錄』 선조36. 『集成』26-159)
7.24. 비망기로 왜적의 일을 備邊司에 의논케 하다.(『宣祖實錄』 선조36. 『集成』26-168)
8.8. 備邊司에서 왜의 정세에 대한 대책을 아뢰다.(『宣祖實錄』 선조36. 『集成』26-168)
8.17. 왜선의 출몰에 대한 경상도 관찰사 李時發의 장계를 備邊司에 계하여 備邊司가 회계한대로 윤허하다.(『宣祖實錄』 선조36. 『集成』26-169)
8.19. 비망기로 변방 방비에 대해 備邊司에 이르게 하다.(『宣祖實錄』 선조36. 『集成』26-170)
9.1. 對馬島 倭賊이 開市를 청하니 우선 중국에 알린 후 결정에 따르기로 하다.(『宣祖修正實錄』 선조36. 『集成』27-226)
9.3. 對馬島에 關市를 허용하는 일에 대해 중신들이 의논한다.(『宣祖實錄』 선조35. 『集成』26-170~182)/ 산성 수리와 수축에 대해 의논케 하다.(『宣祖實錄』 선조36. 『集成』26-182)
9.28. 備邊司가 廣寧의 李總兵이 왜적의 정세를 물은 일에 대해 논한다.(『宣祖實錄』 선조36. 『集成』26-183)
10.4. 冬至使의 聞見 사건으로 備忘記를 내리다.(『宣祖實錄』 선조36. 『集成』26-183)/ 중국에 현 상황과 적정을 알릴 것을 備邊司가 의처하라는 備忘記를 내리다.(『宣祖實錄』 선조36. 『集成』26-184)
10.22. 중국에서 파견된 건이라는 사람이 일본 정세에 대해 咨文을 보내다.(『宣祖實錄』 선조36. 『集成』26-184)
11.5. 司憲府가 前 水使 安衛를 나국하여 律文에 따라 죄줄 것을 건의하다.(『宣祖實錄』 선조36. 『集成』26-186)
11.22. 司諫院이 東來府使 奇孝福을 체차하고 문관을 보내도록 건의하다.(『宣祖實錄』 선조36. 『集成』26-186)

【일본】

7.11. 예조가 諭文에서 対馬島 사람이 交易을 위해 金山에 開市하는 것을 허락했다.(『朝鮮通交大紀』)

7.-. 예조참의 成以文이 宗義智 앞으로 보내는 서계에서 被虜人 50명의 송환에 감사하고, 対馬島 사람이 조선에서 交易하는 것을 일시적으로 허가한다고 전했다.(『朝鮮通交大紀』)

8.-. 조선국의 사자, 孫文彧·僧惟政(松雲)이 対馬에 와서, 金山에서 対馬島民의 교역을 허가한다는 예조의 서계를 전했다.(『大日本史料』12-2, 762頁, 일설에는 7월)

연도	한국
▲ 1604	2.24. 備邊司가 惟政을 시켜 왜사를 접응케 할 것을 건의하다.(『宣祖實錄』 선조37. 『集成』26-194)/ 琉球國의 세자가 咨文과 예물을 보내오다.(『宣祖實錄』 선조37. 『集成』26-195) 2.27. 경상도 河東 幼學 金光이 平調信의 화친을 받아들여 신사 보낼 것을 건의하다.(『宣祖實錄』 선조37. 『集成』26-195) 2.29. 備邊司가 橘倭에게 곧 군문의 분부가 있을 것으로 통보할 것을 건의하다.(『宣祖實錄』 선조37. 『集成』26-198) 3.5. 統制使 李慶濬이 倭의 수작에 대해 각별히 지휘하기를 요청하다.(『宣祖實錄』 선조37. 『集成』26-199) 3.12. 惟政을 釜山에 보내 倭使를 만나도록 備邊司가 조처하라고 명하다./ 備邊司는 유언비어를 금하는 告示文을 揭示하고 범한 자를 梟示하라고 명하다.(『宣祖實錄』 선조37. 『集成』26-200) 3.14. 備邊司가 惟政에게 조만간 渡日할 계획이라고 橘智正에게 알릴 것을 건의하다.(『宣祖實錄』 선조37. 『集成』26-201) 3.15. 慶尙道 觀察使 李時發이 柳承瑞와 朴大根이 橘智正과의 문답을 장계하다.(『宣祖實錄』 선조37. 『集成』26-202) 3.17. 禮曹가 粘連에 대해 이번에는 우선 치사할 것을 건의하다.(『宣祖實錄』 선조37. 『集成』26-204) 4.26. 備邊司가 兩南의 巡察使·統制使·水使를 독려하도록 유시할 것을 건의하다.(『宣祖實錄』 선조37. 『集成』26-205) 4.29. 備邊司가 金光이 橘智正에게 보낸 편지를 속히 전달할 것을 건의하다.(『宣祖實錄』 선조37. 『集成』26-206) 5.12. 備邊司가 日本에 사로잡혔다가 도망해 온 朴應男의 공초를 보고하다.(『宣祖實錄』 선조37. 『集成』26-207) 5.21. 欽差巡撫東御史 趙濈이 倭의 정세에 관해 咨文을 보내오다.(『宣祖實錄』 선조37. 『集成』26-207) 5.28. 義禁府가 白士霖을 釜山浦로 流三千里에 처하고 充軍하겠다고 보고하다.(『宣祖實錄』 선조37. 『集成』26-209) 6.6. 辛丑年의 공훈을 3등급으로 정하고 征倭의 공훈에 奏請使도 넣을 것을 청하다.(『宣祖修正實錄』 선조37. 『集成』27-226) 6.8. 備邊司가 鎭江에 咨報할 때 惟政을 정탐차 倭에 보낸다고 알릴 것을 건의하다.(『宣祖實錄』 선조37. 『集成』26-209) 6.9. 備邊司가 孫文彧·惟政을 倭에 보내되 鎭江의 委官 몰래 할 것을 건의하다.(『宣祖實錄』 선조37. 『集成』26-211)
1605	【한국】 1.16. 備邊司가 對馬島로 간 惟政의 소식과 관련해 아뢰다.(『宣祖實錄』 선조38. 『集成』26-223) 2.16. 慶尙監司 李時言이 항복한 倭人 古汝只의 살인과 형 집행을 아뢰다.(『宣祖實錄』 선조38. 『集成』26-223) 2.18. 備邊司가 對馬島로 간 승려 惟政의 안부 문제로 아뢰다.(『宣祖實錄』 선조38. 『集成』26-224) 4.1. 惟政이 日本에서 돌아오면서 우리나라 남녀 3천여 명을 쇄환하다.(『宣祖修正實錄』 선조38. 『集成』27-227) 5.4. 備邊司에서 阿老가 아비를 배반하고 투항해 오자 沈克明이 경솔히 그를 받아들여 후환이 생겼음을 아뢰다.(『宣祖實錄』 선조38. 『集成』26-224) 5.12. 對馬島太守 平義智가 朝鮮과 日本의 講和를 주선하다.(『宣祖實錄』 선조38. 『集成』26-226) 5.15. 상이 변방의 대비에 관해 柳永慶·奇自獻·朴承宗·洪湜 등과 논의하다.(『宣祖實錄』 선조38. 『集成』26-227) 5.24. 平調信 등이 家康의 세력을 등에 업고 우리나라를 탐색한다고 備邊司가 아뢰다.(『宣祖實錄』 선조38. 『集成』26-228)/ 對馬島太守가 日本과의 講和를 주선하는 내용의 편지를 보내다./ 講和의 허락을 받아 성에 잡혀 있던 백성 1,090명을 돌려보낸다는 별폭이다.(『宣祖實錄』 선조38. 『集成』26-229) 6.1. 상이 單遊擊을 南別宮의 館所에서 접견하다.(『宣祖實錄』 선조38. 『集成』26-230) 6.7. 李時言이 북변의 상황과 군량 조달, 倭賊의 전투력 등을 아뢰다.(『宣祖實錄』 선조38. 『集成』26-230) 6.17. 朴守永이 倭賊에게 빌붙어 나라를 배반한 죄를 지었으니 형벌로 다스리라고 아뢰다.(『宣祖實錄』 선조38. 『集成』26-232) 7.5. 倭가 朝鮮과 통호하고 天朝에 조공 바치기를 원한다고 李時言이 치계하다.(『宣祖實錄』 선조38. 『集成』26-232) 7.6. 倭將 德川家康이 朝鮮과 수호하고 天朝에 조공을 바치고자 하나 뒤로 딴 마음을 품다.(『宣祖實錄』 선조38. 『集成』26-233)
1606 ▼	【한국】 1.23. 柳永慶이 賊情을 탐지하기 위해 對馬島로 사람을 차출할 것을 아뢰다.(『宣祖實錄』 선조39. 『集成』26-240) 1.26. 對馬島에 弔慰를 칭탁해 사람을 보내 賊情을 정탐할 것을 備邊司에서 건의하다.(『宣祖實錄』 선조39. 『集成』26-241) 2.12. 沈喜壽, 洪湜 등이 賊情을 탐문하는 것에 대해 아뢰다.(『宣祖實錄』 선조39. 『集成』26-242) 3.21. 司憲府에서 壬辰倭亂 초에 賊中에 투항한 鷹師牌頭 李夢麟를 탄핵하다.(『宣祖實錄』 선조39. 『集成』26-243) 3.25. 義禁府에서 壬辰倭亂 초에 賊中에 투항한 李夢麟의 三省推鞫을 건의하다.(『宣祖實錄』 선조39. 『集成』26-244) 3.26. 委官이 우선 李夢麟 사건의 관련자인 崔彦鶴, 終孫을 잡아올 것을 건의하다.(『宣祖實錄』 선조39. 『集成』26-244) 3.27. 前 陽城縣監 沈大復이 자신의 아버지 沈岱의 무덤을 파손한 李夢麟의 처벌을 요청하다.(『宣祖實錄』 선조39. 『集成』26-246) 4.1. 琉球國 中山王의 世子 尙寧이 후의에 보답하기 위해 咨文을 보내 오다.(『宣祖修正實錄』 선조39. 『集成』27-227) 4.5. 日本에 사신을 보내는 문제에 관해 2품 이상 관원에게 收議하다.(『宣祖實錄』 선조39. 『集成』26-247) 4.7. 遠接使 柳根이 중국 사신이 倭賊의 난리로 碑閣이 소실된 것을 보고 탄식한 일에 대해 馳啓하다.(『宣祖實錄』 선조39. 『集成』26-254) 4.16. 備邊司에서 日本에 보낼 사신의 명칭에 관해 보고하다.(『宣祖實錄』 선조39. 『集成』26-254) 4.17. 備邊司에서 朴大根이 橘智正과 문답할 말을 別單으로 보고하다.(『宣祖實錄』 선조39. 『集成』26-255)/ 備邊司에서 對馬島의 말만 듣고는 사신을 보낼 수가 없다는 別單內容을 보고하다./ 迎接都監이 중국 사신을 접대하고 보고하다.(『宣祖實錄』 선조39. 『集成』26-256)

일본

12.27. 宗義智가 家康의 명을 받아 조선국 사자 孫文彧·僧惟政과 柳川調信·僧 景轍玄蘇을 동반하여 上洛하여 이 날에 京에 도착했다.(『通航一覽』27)

6.19. 賓廳이 征倭功臣의 첨삭 문제에 대해 아뢰다.(『宣祖實錄』선조37.『集成』26-211)
6.21. 賓廳의 元勳功臣들이 功臣의 等級單子에 대해 건의하다.(『宣祖實錄』선조37.『集成』26-212)/ 賓廳이 무신들의 錄勳이 미온한 것과, 柳永慶이 없이 의계함이 미안함을 아뢰다.(『宣祖實錄』선조37.『集成』26-214)/ 賓廳이 扈從功臣의 첨삭과 武臣의 고른 첨가에 대해 재량할 것을 건의하다.(『宣祖實錄』선조37.『集成』26-215)/ 賓廳이 지금까지 의논한 功臣單子를 다시 써서 입계하겠다고 하다.(『宣祖實錄』선조37.『集成』26-216)
6.22. 惟政이 和親의 일로 對馬島로 가게 되어 拜辭하다.(『宣祖實錄』선조37.『集成』26-217)
6.25. 대대적으로 功臣을 봉하니 명칭은 扈聖功臣, 宣武功臣, 淸難功臣이다.(『宣祖實錄』선조37.『集成』26-217)
9.29. 遊擊 董正誼가 더 나은 접대를 요구하는 내용의 별지를 보내다.(『宣祖實錄』선조37.『集成』26-219)
11.10. 備忘記로 중국의 通報와 중국인의 불법 입국에 대한 처리를 명하다.(『宣祖實錄』선조37.『集成』26-221)
11.13. 備邊司가 중국의 通報 및 변경의 일에 대한 대비책을 아뢰다.(『宣祖實錄』선조37.『集成』26-221)
12.13. 備忘記로 對馬島에 간 승려 惟政의 안부와 변방의 강화를 명하다.(『宣祖實錄』선조37.『集成』26-222)
12.14. 備邊司가 惟政의 일과 변방 방어의 대책 등을 아뢰다.(『宣祖實錄』선조37.『集成』26-222)

【일본】

3.5. 조선국의 사자, 孫文彧·僧惟政이 伏見城에서 家康를 알현했다. 家康는 本多正信·西笑承兌를 통해 国交回復의 뜻을 전했다.「또 宗義智에게 조선과의 교섭을 진행할 것을 명하고, 에도에의 참근을 매년에서 3년에 한번 하도록 했다.(『通航一覽』27·史料12-3,7頁)
3.27. 宗義智·朝鮮使者이 伏見을 출발해서 4월15일에 対馬에 돌아왔다.(『通航一覽』27)/ 이해 봄에 松前盛広가 參勤하여 秀忠의 征夷大将軍宣下에 供奉하고, 摂津国 有馬에서 湯治한 후, 敦賀에서 승선하여 6월7일에 고향으로 돌아갔다.(『新羅之記録』)
4.16. 秀忠에게 将軍宣下(征夷大将軍이 됨)를 했다.(『大日本史料』12-3, 104頁)
-. 이해에 李德馨을 禦倭監軍으로 보내, 対馬와의 交易을 허락하는 서계를 보냈다.(『通航一覽』121)

7.13. 邊報의 긴박함을 보고하자 대책을 논의하다.(『宣祖實錄』선조38.『集成』26-234)
8.14. 賊船이 정박할 만한 곳에 搜討將을 보내 수토케하라고 全羅道 左水使가 치계하다.(『宣祖實錄』선조38.『集成』26-235)
8.28. 黑山島에서의 倭人 토벌을 보고하니 倭人을 처단하여 六鎭으로 定配하라고 전교하다.(『宣祖實錄』선조38.『集成』26-235)
9.28. 體察使 韓孝純과 북로·남왜의 방어, 병졸 훈련, 기계 수리 등에 관해 이야기하다.(『宣祖實錄』선조38.『集成』26-236)/ 委官이 禮賓寺 典僕 朴壽永의 공초를 보고하다.(『宣祖實錄』선조38.『集成』26-237)/ 禮賓寺의 종 朴壽永의 공초이다.(『宣祖實錄』선조38.『集成』26-238)
11.15. 全羅右水使 宋安廷이 全羅道 소관내의 각 鎭浦의 군정에 관해 치계하다.(『宣祖實錄』선조38.『集成』26-238)

4.24. 日本 對馬島의 柳川 平景直이 松雲大師와 孫文彧에게 講和에 대한 성사 여부를 알려주길 바란다는 내용의 서신을 보내다.(『宣祖實錄』선조39.『集成』26-257)/ 日本國 對馬州太守 拾遺侍中 平義智가 松雲大師와 孫文彧에게 講和에 대한 성사 여부를 알려주길 바란다는 내용의 서신을 보내다.(『宣祖實錄』선조39.『集成』26-258)/ 對馬州太守 拾遺侍中 平義智가 橘智正의 소식 여부를 묻는 내용의 서신을 東萊와 釜山에 보내다./ 對馬島 柳川 平景直이 東萊와 釜山에 보낸 서신 내용이다.(『宣祖實錄』선조39.『集成』26-258)/ 對馬州太守 拾遺侍中 平義智가 禮曹에 서신을 보내다./ 對馬 柳川 平景直이 禮曹에 서신을 보내다.(『宣祖實錄』선조39.『集成』26-259)/ 萬曆 33년 日本에서 보낸 書契에 첨부된 朝鮮國王이 平秀吉에게 보낸 答書 내용이다.(『宣祖實錄』선조39.『集成』26-260)
5.1 金繼信, 趙暄, 孫文彧 등을 日本에 파견하다.(『宣祖修正實錄』선조39.『集成』27-228)
5.9. 領議政 柳永慶과 右議政 沈喜壽가 對馬島의 書契에 회답하기 위해 左議政 奇自獻을 참여시키게 하다.(『宣祖實錄』선조39.『集成』26-261)
5.12. 朴大根과 橘智正의 문답 내용을 備邊司에서 보고하다.(『宣祖實錄』선조39.『集成』26-262)
5.13. 備邊司에서 家康에게 書契와 陵侵 발굴범을 요구하자고 요청하다.(『宣祖實錄』선조39.『集成』26-263)
5.17. 日本과의 국교 재개 문제를 備邊司가 반복하여 자세히 의논해 선처하도록 하다.(『宣祖實錄』선조39.『集成』26-265)/ 日本과의 국교 재개에 대한 柳永慶의 의논 내용이다.(『宣祖實錄』선조39.『集成』26-266)/ 日本과의 국교 재개에 대한 沈喜壽의 의논 내용이다.(『宣祖實錄』선조39.『集成』26-267)/ 李山海는 사람을 보내 정탐하여 실정을 알아내야 한다고 하다./ 李元翼은 備邊司가 家康에게 書契와 陵侵 발굴범을 요구하자고 아뢴대로 시행하는 것이 좋다고 하다./ 日本과의 국교 재개에 대한 李恒福의 의논이다./ 日本과의 국교 재개에 대한 尹承勳의 의논이다.(『宣祖實錄』선조39.『集成』26-269)/ 日本과의 국교 재개에 대한 尹根壽·李準·尹昉의 의논이다./ 日本과의 국교 재개에 대한 金悌男, 鄭昌衍, 尹承吉, 李時彦의 의논이다.(『宣祖實錄』선조39.『集成』26-270)/ 日本과의 국교 재개에 대한 韓應寅, 李軸의 의논이다./ 日本과의 국교 재개에 대한 李好閔의 의논이다/ 日本과의 국교 재개에 대한 李光庭의 의논이다.(『宣祖實

연도	한국
▲ 1606 ▼	錄』선조39.『集成』26-271)/ 日本과의 국교 재개에 대한 金睟의 의논이다./ 日本과의 국교 재개에 대한 韓孝純의 의논이다.(『宣祖實錄』선조39.『集成』26-272)/ 日本과의 국교 재개에 대한 黃璡, 許頊 등의 의논이다./ 日本과의 국교 재개에 대한 成泳의 의논이다.(『宣祖實錄』선조39.『集成』26-273)/ 日本과의 국교 재개에 대한 黃愼의 의논이다.(『宣祖實錄』선조39.『集成』26-274)/ 日本과의 국교 재개에 대한 李弘老의 의논이다./ 日本과의 국교 재개에 대한 許筬의 의논이다.(『宣祖實錄』선조39.『集成』26-275)/ 日本과의 국교 재개에 대한 申欽의 의논이다.(『宣祖實錄』선조39.『集成』26-276)/ 日本과의 국교 재개에 대한 洪汝諄의 의논이다./ 日本과의 국교 재개에 대한 李齊閔의 의논이다./ 日本과의 국교 재개에 대한 李輅의 의논이다./ 日本과의 국교 재개에 대한 尹自新의 의논이다.(『宣祖實錄』선조39.『集成』26-277)/ 日本과의 국교 재개에 대한 盧稷의 의논이다./ 日本과의 국교 재개에 대한 金信元의 의논이다.(『宣祖實錄』선조39.『集成』26-278)/ 日本과의 국교 재개에 대한 徐渻의 의논이다./ 日本과의 국교 재개에 대한 李廷龜의 의논이다.(『宣祖實錄』선조39.『集成』26-279)/ 日本과의 국교 재개에 대한 朴承宗의 의논이다.(『宣祖實錄』선조39.『集成』26-280)/ 日本과의 국교 재개에 대한 姜紳의 의논이다./ 日本과의 국교 재개에 대한 朴名賢의 의논이다.(『宣祖實錄』선조39.『集成』26-281) 5.18. 日本에 보낼 書契에서 陵을 범한 賊은 생략하게 하다.(『宣祖實錄』선조39.『集成』26-282) 5.21. 對馬島에는 使臣 대신 差官을 보내도록 하다./ 日本과의 書契 왕래 사실을 鎭江에 이자하도록 하다.(『宣祖實錄』선조39.『集成』26-282)/ 前 虞候 全繼信과 前 萬戶 許售를 日本에 差官으로 보내게 하다./ 備邊司에 全繼信 대신 日本에 보낼 사람을 의논하라고 전교하다.(『宣祖實錄』선조39.『集成』26-283) 5.23. 備邊司에서 日本에 보낼 사람으로 全繼信을 추천하고 許售를 바꿀 것을 요청하다.(『宣祖實錄』선조39.『集成』26-283) 5.26. 備邊司에서 鄭渷 대신 三水郡守 趙暄을 추천하다.(『宣祖實錄』선조39.『集成』26-284) 5.27. 備邊司에서 對馬島의 회답 書契를 다 썼다고 보고하다.(『宣祖實錄』선조39.『集成』26-284) 5.28. 光國功臣 黃廷彧이 日本에 갈 사신으로 자신의 아들 黃赫을 보내달라고 요청하다.(『宣祖實錄』선조39.『集成』26-285) 5.29. 孫文彧과 함께 연소한 武人을 내려보내 書契를 朴大根에게 전하게 하자고 備邊司에서 건의하다.(『宣祖實錄』선조39.『集成』26-286) 6.6. 日本에 파견할 全繼信과 趙暄의 의복 등을 該司로 하여금 갖추어 주게 하다.(『宣祖實錄』선조39.『集成』26-286) 6.8. 全繼信과 趙暄 등이 日本에 데리고 갈 軍官은 自望하게 하다.(『宣祖實錄』선조39.『集成』26-287) 6.10. 前 郡守 趙暄이 日本 파견 임무를 바꿔달라고 상소하다.(『宣祖實錄』선조39.『集成』26-287) 6.13. 琉球國에 보낼 回咨와 禮物에 대해 禮曹에서 보고하다.(『宣祖實錄』선조39.『集成』26-288) 6.17. 備邊司에서 日本의 書契 答書를 만들어 서둘러 내려 보내자고 건의하다./ 日本 差官이 軍官으로 自望된 사람들 중 赴防 차례가 된 사람은 불허하게 하다.(『宣祖實錄』선조39.『集成』26-288) 6.18. 慶尙道 觀察使 柳永詢이 對馬島에서 보낸 倭船을 정탐한 후 보고하다.(『宣祖實錄』선조39.『集成』26-289) 6.21. 橘智正이 倭로 돌아갔다고 兼三道統制使 李雲龍이 馳啓하다.(『宣祖實錄』선조39.『集成』26-290) 6.24. 承政院에서 日本에 갈 全繼信에게 노비로 鷹子를 주지 말자고 건의하다.(『宣祖實錄』선조39.『集成』26-290) 6.26. 孫文彧과 朴大根이 橘倭와 문답 내용을 별록에 기록하다.(『宣祖實錄』선조39.『集成』26-291)/ 左副承旨 崔濂이 日本에 대한 방비를 강화하기를 아뢰다.(『宣祖實錄』선조39.『集成』26-294) 7.4. 日本과의 국교 재개를 위해 書契와 陵을 도굴한 賊을 요구하자고 備邊司에서 건의하다.(『宣祖實錄』선조39.『集成』26-294) 7.5. 備邊司에서 書契 요구·賊情 탐지·日本에 대한 방비 강화 등에 관한 내용의 상소문 올리다.(『宣祖實錄』선조39.『集成』26-295)/ 備邊司에서 全繼信 파견·書契 요구·능 도굴범 요구 등에 관한 상소문을 올리다./(『宣祖實錄』선조39.『集成』26-296) 7.6. 對馬島에서 보낸 倭人 藤信尙과 朝鮮의 朴大根의 대화내용에 관해 統制使 李雲龍이 馳啓하다.(『宣祖實錄』선조39.『集成』26-297) 7.8. 備邊司에서 島倭의 書契에 회답할 지에 관해 아뢰다./ 倭에 보낼 書契에 관해 李德馨이 의논드리다.(『宣祖實錄』선조39.『集成』26-298)/ 倭에 보낼 書契에 관해 李恒福이 의논드리다./(『宣祖實錄』선조39.『集成』26-299) 7.16. 固城縣令 李彦善을 削去仕版하다.(『宣祖實錄』선조39.『集成』26-300) 7.17. 琉球國에 回禮하는 일을 啓下한 單子를 들이라고 전교하다./(『宣祖實錄』선조39.『集成』26-300) 8.23. 신료들과 日本과의 강화, 書契, 日本에 파견할 사절의 명칭 등에 관해 의논하다.(『宣祖實錄』선조39.『集成』26-300) 9.3. 日本의 화친 요청에 回諭使를 차출하고 倭使의 접대는 다시 강정하다.(『宣祖實錄』선조39.『集成』26-303) 9.7. 日本에 갈 사신의 명칭을 回答使라 칭하는 것이 어떤가 하고 묻다./(『宣祖實錄』선조39.『集成』26-304) 9.13. 差官 副司果 全繼信이 對馬島에서 倭人과 문답한 내용을 馳啓하다./ 副司果 全繼信 등이 對馬島에서 書契와 倭人과의 문답내용을 馳啓하다.(『宣祖實錄』선조39.『集成』26-305)/ 問答別錄과 狀啓를 먼저 보냈으나 바다의 날씨로 倭船을 보냄을 馳啓하다.(『宣祖實錄』선조39.『集成』26-310)/ 倭船이 釜山에 도착하였으니 狀啓는 前 權管 甘景仁을 시켜 올려보내다./(『宣祖實錄』선조39.『集成』26-311) 9.14. 事變에 대비하여 左右道의 배를 미리 징집하여 대령하게 하다./ 日本에 파송할 사신의 차출과 제반 준비를 하게 하

다.(『宣祖實錄』선조39.『集成』26-311)

9.14 朝廷에서 宣祖23년(1590)의 예에 따라서 回答兼刷還使의 派遣準備를 決定하다(『海行録』)

9.16 差官 副司果 全繼信이 日本 國王의 書契 수정을 불허한 전말을 치계하다.(『宣祖實錄』선조39.『集成』26-312)/ 日本에 派遣하는 使臣으로 正使 呂祐吉·副使 慶遥·從事官 丁好寬이 임명되다. (『海行録』)

9.17 橘倭가 書契를 가지고 나오면 묵을 倭館을 설치하게 하다.(『宣祖實錄』선조39.『集成』26-313)/ 禮曹가 사행의 물목과 橘智正의 접대 절목을 계문하게 하도록 아뢰다.(『宣祖實錄』선조39.『集成』26-314)

9.18 倭船 한 척의 출현에 대한 장계가 지체된 경위를 계문하게 하다.(『宣祖實錄』선조39.『集成』26-314)/ 橘智正의 접대준비가 차질을 빚을 염려가 있으니 파발마로 行移하게 하다.(『宣祖實錄』선조39.『集成』26-315)

9.22 降倭人에게 각 고을 창고의 곡식으로 양료를 제급하게 하다.(『宣祖實錄』선조39.『集成』26-315)

9.23 全繼信의 치계에 대한 대응조치는 그가 귀국한 후 처치하게 하다.(『宣祖實錄』선조39.『集成』26-316)

9.28 回答使의 員役과 예물의 수목을 왕래한 자에게 물어 시행하게 하다.(『宣祖實錄』선조39.『集成』26-316)/ 回答使의 員役과 예물을 무엇에 의거하여 처리할 것인지를 묻다.(『宣祖實錄』선조39.『集成』26-317)

10.2 回答使에게 주어 보낼 토산물을 4도에 分定할 것을 청하였으나 불허하다.(『宣祖實錄』선조39.『集成』26-317)

10.5 書契와 헌부절차를 강정하고 回答 書契와 奏文 문서도 서두르게 하다.(『宣祖實錄』선조39.『集成』26-318)

10.6 書契와 도둑 바치는 절차를 아뢰고 시기를 정하게 하다.(『宣祖實錄』선조39.『集成』26-318)/ 도둑을 바칠 때 軍容을 엄하게 보이고 압송에 감시를 철저히 하도록 하다.(『宣祖實錄』선조39.『集成』26-319)

10.7 변경에 머무를 倭使의 접대 절목을 대신에게 의논하여 결정하게 하다.(『宣祖實錄』선조39.『集成』26-319)/ 回答使 呂祐吉이 日本의 정황을 정탐할 중의 대동을 청하자 불허하다./ 日本의 의심을 막고자 예물 등을 전례대로 하고 제술관 등을 가려 보내다.(『宣祖實錄』선조39.『集成』26-320)/ 日本의 사신을 변경에서 접대하고 담당자를 接慰官이라 칭하게 하다./ 倭의 犯陵者 압송과 橘倭의 접대 절목을 서둘러 마련하게 하다.(『宣祖實錄』선조39.『集成』26-321)/ 犯陵者를 즉시 효시하고 중국과 日本에 회유하기를 청하다.(『宣祖實錄』선조39.『集成』26-322)

10.8 橘倭의 접대와 사행 규모는 전례대로 하되 漢語 通事와 악공은 줄이다.(『宣祖實錄』선조39.『集成』26-322)

10.10 回答使 呂祐吉이 데려갈 군관 명단을 보고하다.(『宣祖實錄』선조39.『集成』26-323)/ 犯陵者의 獻俘를 어떻게 처치할 것인지 다시 의논하게 하다.(『宣祖實錄』선조39.『集成』26-324)

10.11 李山海가 도둑의 죄를 변경에서 바루고 이를 주문, 회유할 것을 말하다.(『宣祖實錄』선조39.『集成』26-324)/ 李元翼과 沈喜壽가 朴東說의 상소대로 할 것을 의논드리다./ 李恒福이 獻俘에 어려운 점이 있으나 해야 함을 말하다./ 柳永慶과 許頊이 獻俘하여야 하나 告廟는 살펴서 처치해야 함을 말하다.(『宣祖實錄』선조39.『集成』26-325)/ 柳承勳이 犯陵者의 진위를 알아내야 함을 아뢰다./ 奇自獻이 犯陵者의 공초는 쓸데없으니 상소대로 시행해야 함을 말하다./ 李好閔이 朴東說의 상소대로 할 것을 의논드리다.(『宣祖實錄』선조39.『集成』26-326)/ 柳根이 도둑의 진위 여부로 형벌과 告廟의 일이 모호함을 말하다./ 金睟가 獻俘하고, 告廟는 의논하여 처치해야 함을 말하다./ 韓孝純 등이 獻俘하고 형벌을 바루어야 하나 告廟는 심의할 것을 말하다.(『宣祖實錄』선조39.『集成』26-327)/ 許筬이 군용을 벌이고 倭賊이 보는 가운데 도둑을 죽일 것을 아뢰다./ 徐渻이 도둑을 私意없이 법대로 처단해야 함을 말하다.(『宣祖實錄』선조39.『集成』26-328)/ 申欽이 도둑의 진위로 獻俘를 결정한다는 聖敎대로 할 것을 말하다./ 盧稷이 도둑이 가짜라도 형벌을 바루고, 告廟는 삼가 처치할 것을 말하다./ 왕이 도둑의 진위에 따라 獻俘, 告廟, 斬首를 정하되 다시 의논하게 하다.(『宣祖實錄』선조39.『集成』26-329)

10.12 承文院이 日本 사행에 李再榮과 李福長 대신 다른 사람의 차정을 청하다.(『宣祖實錄』선조39.『集成』26-330)

10.13 韓應寅이 도둑의 처치에 특별한 의견이 없음을 아뢰다.(『宣祖實錄』선조39.『集成』26-330)

10.16 義禁府가 犯陵者를 庭鞫할 것을 청하다.(『宣祖實錄』선조39.『集成』26-330)/ 回答使 呂祐吉이 사신의 員役에 製述官·寫字官 등의 신속한 차정을 청하다.(『宣祖實錄』선조39.『集成』26-331)

10.17 犯陵者를 庭鞫하는 절차와 처소에 대한 대신의 결정을 아뢰다./ 사행으로 鍼醫는 朴仁筌을 보내고, 製述官 등은 사신의 계청으로 정하다.(『宣祖實錄』선조39.『集成』26-332)

10.20 사행이 쓸 잡물과 예물을 전례대로 하고 員役들에게 軍職을 주다./ 橘倭가 머물 집을 짓지 않고 있으니 우선 絶影島의 관사에 머물게 하다.(『宣祖實錄』선조39.『集成』26-333)/ 倭賊이 사신에게 물을 예상 질문에 대한 답변을 가르쳐 주어 보내도록 하다.(『宣祖實錄』선조39.『集成』26-334)

10.25 通信使의 軍官 이하가 奴子를 데려가는 일을 다시 아뢰게 하다.(『宣祖實錄』선조39.『集成』26-334)/ 軍官 이하가 奴子를 데려가는 일은 편의를 참작하여 시행하게 하다./ 司憲府가 倭와의 통호에 앞서 부국강병을 위한 內治와 왕도 실현을 상차하다.(『宣祖實錄』선조39.『集成』26-235)

10.28 備邊司가 司憲府의 차자와는 달리 日本의 사정이 다른데 따른 처치를 청하다.(『宣祖實錄』선조39.『集成』26-338)

11.1 對馬島 倭人 麻古沙九, 麻多化之 등을 저자에서 목베었다.(『宣祖修正實錄』선조39.『集成』27-228)

11.5 回答使의 書契에 쓸 圖書를 다시 만들어 쓰게 하다./ 幼學 金大涵이 사신의 지위와 관복, 犯陵者의 참시 등에 관한 상소를 올리다.(『宣祖實錄』선조39.『集成』26-339)/ 備邊司가 金大涵의 상소 내용을 가지고 아뢰다.(『宣祖實錄』선조39.『集成』26-340)

11.8 橘倭가 陵侵을 범한 자를 바칠 때 군용의 위의를 보이고자 조치하다.(『宣祖實錄』선조39.『集成』26-340)

11.9 犯陵者의 정국을 司僕寺에서 거행하게 하다.(『宣祖實錄』선조39.『集成』26-341)/ 犯陵者의 司憲府는 時御所의 바깥 뜰에서 하게 하다./ 倭가 回答使에게 물을 예상질문에 대한 답변내용이다.(『宣祖實錄』선조39.『集成』26-342)/ 倭가 回答使에게 물을 예상질문에 대

연도	한국
▲ 1606	한 답변내용이다.(『宣祖實錄』선조39.『集成』26-346) 11.10. 回答使의 파송을 미루고 橘倭는 특송인 접대의 예에 의거하게 하다.(『宣祖實錄』선조39.『集成』26-347)/ 釜山 외의 지역에 표류한 자의 처리를 路引 문제와 아울러 부표하다.(『宣祖實錄』선조39.『集成』26-348) 11.12. 日本國王 源家康의 通交 요청에 書契 보내다.(『宣祖實錄』선조39.『集成』26-348)/ 慶尙監司 柳永詢이 橘智正의 書契와 司憲府, 犯陵者의 압송 등을 치계하다.(『宣祖實錄』선조39.『集成』26-349)/ 家康이 秀吉과는 다르다는 의도로 元氏를 칭한 것을 주문에 반영하다./ 統制使 李雲龍이 사행의 잡물, 선척, 격군 등의 차출 문제 등을 치계하다.(『宣祖實錄』선조39.『集成』26-349) 11.14. 告廟는 의논하여 결정하고, 取招 때 倭語 능통자를 참여시키게 하다./ 接慰官 金止男이 橘倭의 접대와 사신파견에 관해 교환된 의견을 보고하다.(『宣祖實錄』선조39.『集成』26-351) 11.16. 능묘를 범한 倭賊을 檻車에 가두었다가 추국할 곳으로 옮기게 하다.(『宣祖實錄』선조39.『集成』26-352)/ 犯陵者의 告廟에 대한 대신들의 의견을 제시하다.(『宣祖實錄』선조39.『集成』26-353) 11.17. 犯陵者에 대한 告廟때 필요한 祭文을 製述하게 하다./ 回答使가 올해 안에 출발할 수 없는 이유를 아뢰다.(『宣祖實錄』선조39.『集成』26-354)/ 의논이 분분한 犯陵者의 鞠問에 대해 火刑 등으로 엄히 하게 하다./ 告廟와 獻俘禮를 택일하여 거행하도록 하다.(『宣祖實錄』선조39.『集成』26-355)/ 犯陵者 倭人 麻古沙九가 島主 軍官의 奴子로 釜山 船所에만 머물렀을 뿐 陵侵을 범하지 않았다고 공초하다.(『宣祖實錄』선조39.『集成』26-356)/ 犯陵者 倭人 麻多化之가 능침을 범한 절차는 전혀 모르는 일로 平調允 역시 모르는 자 라고 공초하다./ 麻古沙九를 烙刑한 후의 공초내용이다.(『宣祖實錄』선조39.『集成』26-357)/ 麻多化之를 烙刑한 후의 공초내용이다.(『宣祖實錄』선조39.『集成』26-358) 11.18. 자백하지 않고 있는 犯陵者를 의논하여 조처하게 하다.(『宣祖實錄』선조39.『集成』26-358)/ 倭人들에게 壓沙등의 刑으로 엄하게 국문하게 하다./ 壓沙에도 승복하지 않는 倭人에 대해 의논하여 조처하게 하다.(『宣祖實錄』선조39.『集成』26-359) 11.19. 자백하지 않고 있는 犯陵者의 처리에 대해 대신과 왕이 의견을 제시하다.(『宣祖實錄』선조39.『集成』26-359) 11.20. 犯陵者의 조처에 대한 의논에 불참한 原任大臣과 柳永慶을 참석토록 하다.(『宣祖實錄』선조39.『集成』26-361) 11.21. 자백하지 않고 있는 犯陵者의 처리에 대한 여러 의견을 제시하다.(『宣祖實錄』선조39.『集成』26-361) 11.22. 柳永慶·許項·韓應寅 등이 柳永慶의 일로 書契하다.(『宣祖實錄』선조39.『集成』26-362) 11.24. 陵賊의 공초 내용을 橘智正에게 詰問하는데 예상 문답내용을 아뢰다.(『宣祖實錄』선조39.『集成』26-365)
1607 ▼	【한국】 1.1. 回答使에 刷還使를 겸칭하도록 명하다.(『宣祖修正實錄』선조39.『集成』27-231) 1.4. 왜적의 포로를 쇄환하고 조총을 사들이는 일을 의논하여 시행하도록 전교하다./ 對馬島에 다녀오는 全繼信 등을 논상하도록 전교하다.(『宣祖實錄』선조40.『集成』26-385)/ 刷還使라 호칭하는 일과 이에 대한 왜적의 힐문에 대한 답변을 조처하도록 하다.(『宣祖實錄』선조40.『集成』26-386) 1.5. 備邊司가 回答兼刷還使라는 호칭과 이에 대한 답변, 조총의 구입 등을 아뢰다.(『宣祖實錄』선조40.『集成』26-386) 1.12. 日本 回答兼刷還使 呂祐吉·副使 慶暹·書狀官 丁好寬 등이 한성을 출발하여 일본을 향했다. 王이 日本国王(德川家康) 앞으로 보내는 국서에서, 앞서 家康이 国書를 먼저 보낸 것에 응하여, 일본과의 修好를 회복하는 뜻을 전했다. 礼曹参議 呉億齡이 本多正信 앞으로、德川家康이 국서를 먼저 보낸 것에 의해 修好回復에 이르게 된 것을 언급하고, 被虜人送還에 힘써 줄 것을 요청했다. 礼曹參議 成以文이 宗義智 앞으로 인도된 犯陵賊의 진위에 의문을 제기하면서도 그 성의를 인정한다는 뜻을 보였다. 이보다 앞서 将軍 家康이 犯陵人 2명을 보내고, 信使의 渡海를 여러 번 요청했는데, 朝廷에서 家康書契의 진위를 논하지 않고, 마침내 回答使兼刷還使를 파견하면서, 家康 書契의 진위는 일본에 도착하면 판명될 것이기 때문에, 対馬島에 묻는 일을 그만두고, 더불어 被虜人을 송환하고, 鳥銃을 구매시켰다. 2월 8일에 사절 일행이 부산에 도착했다.(慶七松『海槎録』·『朝鮮通交大紀』·『朝鮮史』4-10) 1.14. 全繼信과 朴大根에게 僉知를 제수하는 등 사행에게 논상하게 하다.(『宣祖實錄』선조40.『集成』26-387) 2.19. 북방의 동태, 日本의 書契에 대한 회답, 사치풍조 등에 대해 논의하다.(『宣祖實錄』선조40.『集成』26-388) 2.29. 日本回答兼刷還使가 아침 일찍 釜山을 출발하여 저녁에 対馬 泉浦에 도착했다.(慶七松『海桂録』) 4.24. 對馬島에서 돌아온 全繼信을 머물러두고 朔料를 주게 하다.(『宣祖實錄』선조40.『集成』26-389) 5.14. 조선사절이 에도를 출발하여 귀국의 길에 올랐다.(慶七松『海楼録』) 6.23. 조선사절이, 対馬에 도착하여 慶雲寺에 숙박했다. 저녁에 崔義吉·鄭大男 등 피로인 18여명과 함께 博多에서 壱岐를 거쳐 도착했다.(慶七松『海楼録』) 윤6.29. 備邊司에서 回答使가 돌아온 것을 중국에 주문하자고 건의하다.(『宣祖實錄』선조40.『集成』26-389) 7.9. 對馬島의 書契에 대해 비망기에 이르다.(『宣祖實錄』선조40.『集成』26-390) 7.10. 對馬島의 書契에 대해 承政院이 회계하다.(『宣祖實錄』선조40.『集成』26-390) 7.19. 呂祐吉·慶暹 등이 日本에서 돌아오다.(『宣祖實錄』선조40.『集成』26-390) 8.1. 朴弘老·朴承宗·鄭起龍 등에게 관직을 제수하다.(『宣祖實錄』선조40.『集成』26-391)/ 回答使 呂祐吉 등이 日本으로부터 돌아오면서 포획되었던 남녀를 쇄환하다.(『宣祖修正實錄』선조40.『集成』27-231)

일본

11.25. 橘智正을 만날 前萬戸 許售를 敬差官이라 칭하여 내려보내다.(『宣祖實錄』선조39.『集成』26-366)

12.1. 回答使 呂祐吉·慶暹, 書狀官 丁好寛 등을 日本에 파견하다.(『宣祖修正實錄』선조39.『集成』27-230)

12.8. 回答使의 從事官을 書狀官이라 호칭하다.(『宣祖實錄』선조39.『集成』26-366)

12.11. 接慰官 金止男이 回答使의 歳後 출발을 橘倭에게 알렸으며 그 반응을 전하다.(『宣祖實錄』선조39.『集成』26-367)

12.12. 回答使의 從事官으로 啓下된 내용을 禮曹가 다시 의논하여 결정하게 하다.(『宣祖實錄』선조39.『集成』26-368)

12.14. 犯陵에 대한 書契를 회답하고 橘智正에게 사신과 함께 가도록 개유하게 하다.(『宣祖實錄』선조39.『集成』26-368)

12.16. 回答使의 칭호를 從事官으로 결정하다./ 陵侵을 범한 두 倭人을 處斷하는 일로 의논하여 처리하게 하다.(『宣祖實錄』선조39.『集成』26-369)

12.18. 司憲府가 倭人의 書啓에 대한 答書를 마련하라는 분부를 시행하지 않은 일로 해당 郎廳을 파직하기를 아뢰다.(『宣祖實錄』선조39.『集成』26-369)/ 陵侵을 범한 두 倭人의 처치에 대해 대신들이 의논드리다.(『宣祖實錄』선조39.『集成』26-370)

12.19. 右副承旨 柳公亮이 倭人의 처치에 대한 견해가 다양하니 備邊司에 맡길 것을 아뢰다.(『宣祖實錄』선조39.『集成』26-372)/ 備忘記로 政院에 倭人을 처참할 일로 전교하다.(『宣祖實錄』선조39.『集成』26-373)

12.20. 右副承旨 柳公亮이 推鞫廳의 말로 두 倭人을 속히 처단하게 하다./ 回答使의 行期를 알리고 正使 呂祐吉의 직함과 符節을 지급하도록 하다.(『宣祖實錄』선조39.『集成』26-373)/ 두 倭人을 길거리에서 처참하게 하다.(『宣祖實錄』선조39.『集成』26-374)

12.21. 釜山의 倭館을 옛터가 아닌 별도의 장소에 짓도록 하다.(『宣祖實錄』선조39.『集成』26-374)

12.22. 回答使 呂祐吉이 奴子 동반, 使行의 搜檢, 倭와의 문답 등에 관해 아뢰다.(『宣祖實錄』선조39.『集成』26-374)/ 日本國王과 對馬島의 書契에 대한 회답 내용으로 아뢰다.(『宣祖實錄』선조39.『集成』26-376)

12.23. 奴子의 동반은 備邊司가 조처하고, 本道의 都事가 搜檢하게 하다.(『宣祖實錄』선조39.『集成』26-376)/ 두 倭人이 불복한 사유를 橘智正에게 알리고 후일의 임기응변을 도모하게 하다.(『宣祖實錄』선조39.『集成』26-377)/ 陵侵을 범한 두 倭人의 처치에 대해 대신들이 의논드리다.(『宣祖實錄』선조39.『集成』26-378)

12.24. 右副承旨 柳澗이 家康의 회례, 왜사의 차출, 중국군 주둔 등의 답변내용을 아뢰다.(『宣祖實錄』선조39.『集成』26-381)/ 前 縣令 羅大用의 상소 가운데 창선을 건조하여 쓸 만한지를 시험하게 하다.(『宣祖實錄』선조39.『集成』26-382)

12.27. 回答使 일행의 搜檢은 道使가 행하며, 禁物은 事目에 마련하도록 하다./ 右副承旨 柳澗이 書契에 회답할 수밖에 없음을 아뢰다.(『宣祖實錄』선조39.『集成』26-384)

【일본】

3.3. 조선사절, 対馬島府中에 도착하여 宗義智·景轍玄蘇등과 회견했다.(慶七松『海槎録』)

3.21. 宗義智·朝鮮使節이 対馬를 출발했다.(慶七松『海槎録』·『通航一覧』48)

4.8. 朝鮮使節·宗義智 등이 大坂에 도착했다.(慶七松『海槎録』)

4.12. 朝鮮使節이 京都에 도착하여, 大徳寺의 天瑞寺에 숙박했다.(慶七松『海槎録』)

윤4.24. 朝鮮使節이 江戸에 도착하여 本誓寺에 숙박했다.(慶七松『海槎録』)

윤4.-. 宗義智가 朝鮮通信使를 帶同한 상으로, 家康로부터 肥前国 基肆郡·養父郡 중 2,800石을 받았다.(『通航一覧』28)

5.6. 秀忠이 朝鮮使節 呂祐吉 등을 引見했는데, 사절이 国書를 바쳤다.(『慶七松海楼録』·『外蕃通書』2·『続善隣国宝記』·『史料』12-4-891頁)

5.11. 西笑承兌가 조선국 惟政앞으로 보낸 서계에서 조선사절의 来日의 왕래를 감사하고, 秀忠가 被虜人送還의 엄명을 내렸다는 뜻을 전했다.(『通航一覧』103)./ 秀忠가 조선사절에게 답서를 내렸다.(使者本多正信·大久保忠隣·酒井忠世)(『徳川実紀』/『慶七松海楼録』)/ 本多正信이 朝鮮国 礼曹朱判 呉億齡앞으로 보내는 서계에서 조선사절의 来日을 감사하고, 秀忠이 被虜人送還을 엄명했다는 뜻을 전했다.(『慶七松海楼録』万曆35.6.20조)/ 西笑承兌이 朝鮮国 惟政(松雲大師)에게 보낸 서계에 朝鮮使節의 来日을 감사하고, 秀忠이 피로인송환을 엄명했다는 뜻을 전했다.(『通航一覧』103)

5.20. 家康가 駿府에서 조선사절을 인견했다. 뒤이어 宗義智에게 조선과의 通信関係에 힘쓸 것을 명했다. 29일에 조선사절이 교토의 天瑞寺에 숙박했다. 6월 8일에 京都를 출발하여 大坂에 도착하여 崔義吉 등이 鳥銃 500정을 구입했다.(『通航一覧』121·『慶七松海楼録』·『史料』12·4-934頁)

5.-. 家康가 조선통신사가 来日 했을 때에 明国 勘合을 다시 재개할 것을 심의시키려 했으나 西笑承兌가 반대하여 연기했다.(『通航一覧』170)

8.13. 慶暹·呂祐吉·朴震元 등에게 관직을 제수하다.(『宣祖實錄』선조40.『集成』26-391)

8.23. 釜山鎮 僉使 申景澄 탄핵, 자연 재해 事目 등에 관한 司憲府의 상소문이다.(『宣祖實錄』선조40.『集成』26-391)

9.4. 回答使 문제로 獻納 尹孝先이 파직을 요청하였으나 사직하지말라고 이르다./ 回答使 문제로 司諫 李好義가 인혐하였으나 사직하지 말라고 이르다.(『宣祖實錄』선조40.『集成』26-392)

9.5. 回答使 문제로 持平 成時憲이 인혐하였으나 사직하지 말라고 이르다./ 回答使 문제로 執義 柳希奮이 인혐하였으나 사직하지 말라고 이르다./ 司諫院에서 回答使가 가져온 書契의 내용으로 사신들을 탄핵하다.(『宣祖實錄』선조40.『集成』26-393)/ 司憲府에서 執義 柳希奮분과 持平 成時憲의 출사를 요청하고 회답 사신을 탄핵하다.(『宣祖實錄』선조40.『集成』26-394)

연도	한국
▲ 1607	9.6. 司憲府에서 회답 사신들 탄핵을 윤허하지 않다.(『宣祖實錄』선조40.『集成』26-395) 9.7. 司憲府의 회답 사신들 탄핵을 윤허하지 않다.(『宣祖實錄』선조40.『集成』26-395) 9.9. 司憲府의 회답 사신들 탄핵에 대하여 추고하라고 답하다.(『宣祖實錄』선조40.『集成』26-395)/ 司諫院에서 회답 사신들을 탄핵을 추고하라고 답하다.(『宣祖實錄』선조40.『集成』26-396) 9.10. 司憲府의 회답 사신들 탄핵에 대하여 추고만 하라고 이르다./ 司諫院의 회답 사신들 탄핵에 대하여 추고만 하라고 이르다.(『宣祖實錄』선조40.『集成』26-396) 9.11. 司諫院의 회답 사신들 탄핵에 대하여 이미 추고했다고 이르다./ 司憲府의 회답 사신들과 監察 李琡을 탄핵에 대해 李琡의 일만 윤허하다.(『宣祖實錄』선조40.『集成』26-396)/ 司憲府의 회답 사신들 탄핵을 윤허하지 않다.(『宣祖實錄』선조40.『集成』26-397) 9.12. 司諫院의 회답 사신들 탄핵을 윤허하지 않다.(『宣祖實錄』선조40.『集成』26-397)
1608	【한국】 2.19. 臨海君 관련 鞫問에서 喪人 高彦伯과 延昌君 朴名賢 등이 壬辰倭亂때 平壤 등지에서 倭賊과 싸워 충성을 하였지, 역모하지 않았다고 아뢰다.(『光海君日記』광해군 즉위.『集成』27-233) 2.21. 告訃請諡承襲使의 請諡表에 조선이 大義를 지키면서 倭賊을 막은 것을 彝倫을 부지하기 위한 것이었다고 적다.(『光海君日記』광해군 즉위.『集成』27-234)/ 臨海君 관련 鞫問에서 洪山君 李得이 壬辰倭亂 때 從軍을 자청하여 大駕를 호위하여 돌아와 舟師의 大將이 되었다고 아뢰고, 守山君 李喆은 從軍해서 왜의 斬級을 많이 획득했다고 아뢰다.(『光海君日記』광해군 즉위.『集成』27-235)/ 昭敬大王의 行狀에 丁亥年에 日本이 사신을 차견하여 성의를 바쳐왔으나, 임금이 平秀吉이 임금의 자리를 찬탈하여 왕위에 올랐으므로, 사신을 접대하지 말라고 명한 것을 적다./ 昭敬大王의 行狀에 19년 辛卯年 平秀吉이 玄蘇 등을 파견하여 상국을 침범하기 위해 길을 비켜달라고 협박한 것과 琉球國에 왜적이 上國을 침범하고, 조선도 굴복하였다고 유포하였고, 琉球에서는 天朝에 이 사실을 보고하다.(『光海君日記』광해군 즉위.『集成』27-236) 3.-. 対馬島主 宗氏의 歲遣船을 改定시키다.(『接待事目録抄』). 4.10. 官學 儒生 李莯 등이 壬辰倭亂 때 林下에 있었던 成渾이 대가가 지나는 것을 알았으나, 黨奸으로 지목되어 있어 時議에 비난을 받던 중이므로 나아가니 않았다고 하면서, 원통함을 풀어줄 것을 상소하다.(『光海君日記』광해군 즉위.『集成』27-242) 6.7. 対馬島主 宗義智가 被虜人 남녀 6명을 송환했다.(『事大文軌』51). 7.9. 対馬島主 宗義智의 사자가 그의 서계를 가지고 이르렀다.(『事大文軌』51)。 7.28. 일본의 国情을 明의 鎭江遊擊府에 보고했다.(『事大文軌』51). 8.3. 漂着明人 戴朝用 등 47명을 冬至使 편에 송환시키다.(『事大文軌』51).
1609 ▼	【한국】 1.14. 日本에 사신으로 가서 자신의 안위는 생각하지 않고 절개를 지켜 주장을 굽히지 않아 오랑캐들을 탄복시킨 黃愼를 工曹判書로 삼다.(『光海君日記』광해군 1.『集成』27-252) 1.-. 統制使·左水使에게 명하여, 船을 釜山에 옮겨 정박시키고, 左右兵使에게 한무리의 陸軍을 차출하여, 釜山의 日本人의 눈에 띄는 곳에 집합시켜 강함을 보여주게 하고, 또 釜山開市의 때에 紗羅·綾線·虎皮·袖参 등의 무역을 허가했다.(『接待事目録抄』) 3.2. 琉球國 사람들이 우리나라에 표류하자 우리나라에서 天朝에 전송하였는데, 이에 琉球國 中山王이 물품을 바치고 자문하니, 우리나라에서 琉球國 中山王에게 후의에 답사하고 이웃나라 사이에 우호를 맺자고 자문을 보내다.(『光海君日記』광해군 1.『集成』27-253) 3.25. 예조가 琉球國이 자문을 보내 동맹 관계를 맺기를 청하자, 임금에게 재결할 것을 아뢰니, 임금이 의논대로 하라고 전교하다.(『光海君日記』광해군 1.『集成』27-254) 3.26. 宣慰使 李志完이 이달 22일에 日本國 客使 玄蘇·平景直·從倭·格倭 3백 여명이 倭館에 도착하였다고 치계하다.(『光海君日記』광해군 1.『集成』27-255) 3.28. 備邊司가 日本의 上京과 貢路 문제에 대해, 저들의 전의를 탐지하여 치계하게 한 뒤에 처리하는 것이 마땅하다고 아뢰니, 윤허하다.(『光海君日記』광해군 1.『集成』27-255) 3.29. 宣慰使 李志完이 宣醞禮에 대한 예절을 익히게 하니, 平景直 등이 朝鮮의 예절을 따르겠다고 하다.(『光海君日記』광해군 1.『集成』27-256) 3.-. 柳川景直·景轍玄蘇 등에게 일본의 国情을 물으니, 景直 등이 琉球国과 薩摩太守 사이에 분란이 생겨, 兵을 일본에 요청했다고 설명했다.(『接待事目録抄』) 4.2. 경상감사 辛慶晋이 日本 客使의 上京을 불허한 일에 대해 宣慰使 李志完과 상의한 내용을 치계하다.(『光海君日記』광해군 1.『集成』27-257) 4.4. 상이 視事廳에서 신사접대를 논의함에, 黃愼은 국왕의 서계가 모두 假作이라 했고, 崔瓘은 왜사의 뜻은 오직 매매에 있다했으나, 上은 信使의 왕래를 우대하도록 이르다.(『光海君日記』광해군 1.『集成』27-258)

일본
9.13. 司諫院의 회답 사신들과 海州 判官 李鈞·察訪 李穂을 탄핵을 윤허하지 않다.(『宣祖實錄』선조40.『集成』26-397)/ 司憲府에서 회답 사신들과 安山 郡守 尹侁·松羅 察訪 李博 탄핵한 것에 대해 파직은 윤허하나, 국문은 윤허하지 않다.(『宣祖實錄』선조40.『集成』26-398)
9.14. 司憲府의 회답 사신들 탄핵에 대해 加資를 환수하라고 이르다.(『宣祖實錄』선조40.『集成』26-398)/ 司諫院의 회답 사신들 탄핵에 대해 加資를 환수하라고 이르다.(『宣祖實錄』선조40.『集成』26-399)
9.15. 司諫院의 회답 사신들 탄핵에 대해 국문은 윤허하지 않다./ 司憲府의 회답 사신들 탄핵에 대해 국문은 윤허하지 않다.(『宣祖實錄』선조40.『集成』26-399)
9.16. 司諫院의 회답 사신들 탄핵에 대해 윤허하지 않다.(『宣祖實錄』선조40.『集成』26-399)/ 司憲府의 회답 사신들 탄핵에 대해 윤허하지 않다.(『宣祖實錄』선조40.『集成』26-400)
9.17. 司諫院의 회답 사신들 탄핵에 대해 윤허하지 않다./ 司憲府에서 회답 사신·南兵使 李光岳·海美 縣監 李命男 등을 탄핵하자 윤허하나 회답 사신에 대하여는 윤허하지 않다.(『宣祖實錄』선조40.『集成』26-400)/ 宣祖大王 묘지문.(『宣祖實錄』선조40.『集成』26-401)
8.13. 해평부원군 尹根壽이 壬辰倭亂 때 老酋가 군병을 거느리고 구원을 오려고 한 것과, 郭再祐가 군병을 일으켜 倭賊을 물리친 공에 대해 차자를 올려 아뢰다.(『光海君日記』광해군 즉위.『集成』27-243)
9.9. 전라수사 安衛가 군산도의 해적선 5-6척이 부안에서 도적질하여 우리 상선 1척을 약탈하여 갔다고 보고하다.(『光海君日記』광해군 즉위.『集成』27-245)/ 전라 감사 윤안성이 해적의 도적질에 대해 치계하다.(『光海君日記』광해군 즉위.『集成』27-246)
10.14. 宗義智의 倭使가 국경에 와서 상경하여 進香하기를 청하니, 예조가 國書를 소지하고 있으므로 사신으로 접대는 하나, 進香할 수 없다는 뜻을 말하여 보냈다고 아뢰다.(『光海君日記』광해군 즉위.『集成』27-246)
10.21. 全羅監司 尹安性이 조정에서 嶺南의 舟師에만 힘을 쏟아, 전라도의 彌助港 부근과 鉢浦의 무비가 허술한 것을 치계하니, 비변사에서 壬辰倭亂 이후 閑山島에 방수를 모아서 兩湖에 있는 鎭浦까지 미칠 겨를이 없었다고 회계하다.(『光海君日記』광해군 즉위.『集成』27-247)
11.10. 備邊司가 壬辰倭亂 때 金千鎰이 江華를 지켜냈음을 아뢰다.(『光海君日記』광해군 즉위.『集成』27-248)
11.15. 副護軍 郭再祐가 자신이 倭亂의 초기에 적군을 토벌한 것은 한 때의 요행에 불과한 것이었다고 상소하며, 사직을 청하다.(『光海君日記』광해군 즉위.『集成』27-249)
11.21. 長興에 사는 幼學 鄭難詹이 倭賊을 토벌하다가 죽은 아비 鄭名世에게 포상해 줄 것을 상소하니, 임금이 예조에 논의하도록 명하다.(『光海君日記』광해군 즉위.『集成』27-249)
11.25. 前 西部參奉 裴弘重이 壬辰倭亂 때 成渾이 朔寧의 金漬 군중에서 전하의 부름을 받고 成川에 들어갔다가 이어 義州로 나갔음을 아뢰며, 신원을 상소하다.(『光海君日記』광해군 즉위.『集成』27-250)
12.20. 교리 崔起南의 상소중에 태학의 유생들이 成渾의 억울함을 씻어주기를 청하자, 임금이 壬辰倭亂 중에 御駕가 成渾이 사는 곳을 지나는데도 成渾이 나와 보지 않았다고 말하다.(『光海君日記』광해군 즉위.『集成』27-251)

【일본】

6.-. 이보다 앞서, 対馬藩에서 파견된 景轍玄蘇·柳川景直등이 조선과의 사이에 歲遣船의 수와 交易品을 정한 己酉約条를 맺었다. 이달 景轍 등에게 回答書契를 보냈다.(『通航一覽』122.『史料』12-6, 219頁)

4.5. 上이 전교하기를, 客使가 오래 머무르므로 비밀스러운 일은 朝報에 내지 말고, 또 몰래 내통하는 자는 엄금하도록 宣慰使에게 지시하다./ 宣慰使 李志完이 客使에게 上京을 허락하지 않은 일은 이미 완결되었고, 다음달 2일 경에 釜山 外城 안 客館에 殿牌를 설치하고 日本 書契를 받고자 한다고 치계하여 아뢰다.(『光海君日記』광해군 1.『集成』27-259)

4.6. 사간원이 琉球國이 보낸 예물 扇子가 4백 자루인데 사신은 2백 자루만 받아 왔으므로, 그 불찰의 죄가 극심하니 通官이외에 담당 승지도 추고하자고 청하였으나, 윤허하지 않다.(『光海君日記』광해군 1.『集成』27-259)

4.8. 宣慰使 李志完이 日本 사신이 서계를 받들고 성문으로 걸어와 뜰 밑에서 행례하였는데, 拜跪 절차는 事目에 의하였다고 치계하다.(『光海君日記』광해군 1.『集成』27-260)

4.10. 宣慰使 李志完이 일본에서 진상한 貼金屛風 다섯 對중 楊貴妃의 그림을 그린 것이 한쌍이 있는데, 그림이 해괴하니, 국가의 체면에 받지 말자고 청하다.(『光海君日記』광해군 1.『集成』27-260)/ 비변사에서 倭寇에 대비하여 江華이외에도 한두곳을 더 수선하도록 아뢰다.(『光海君日記』광해군 1.『集成』27-261)

4.17. 승정원이 日本國에서 보내 온 楊貴妃를 그린 병풍이 褻慢하여 받아들일 수 없다고 아뢰니, 임금이 대신에게 문의하여 처리하도록 하라고 명하다.(『光海君日記』광해군 1.『集成』27-262)

4.18. 예조가 日本에서 보낸 楊貴妃를 그린 병풍의 일을 대신들에게 상의하니, 李恒福 등이 이웃 나라의 예물이라 물리칠 만한 평계가 없으므로 宣慰使로 하여금 잘 대처하게 해야 한다고 아뢰니, 의논한 대로 하라고 전교하다.(『光海君日記』광해군 1.『集成』27-262)

4.21. 비변사에서 平秀吉이 죽은 후 德川家康이 국정을 주관하고, 사신을 파견하여 강화를 요구하므로, 정미년에 員役을 차임하여 답한일과 금년 3월 源秀忠의 차사로 온 玄蘇등 320명이 釜山에 올 때, 가지고 온 서계에 대해 아뢰다.(『光海君日記』광해군 1.『集成』27-263)

4.22. 賜祭天使 問禮官 弘文館 副應敎 李惺이 琉球國에서는 親祭·賜祭 때에 龍亭을 중앙에 두었다는 것을 치계하다.(『光海君日記』광해군 1.

연도	한국
▲ 1609	『集成』27-263) 4.-. 日本人求請에 의해 駿馬·黃臘·牛黃 등을 지급했다.(『接待事目録抄』) 5.9. 승정원에서 倭使가 보낸 물건을 하루라도 대궐안에 두지 말 것을 아뢰다.(『光海君日記』 광해군 1, 『集成』27-264) 5.12. 상이 비망기로, 倭使가 바친 鳥銃의 반은 武庫에 내려주고, 劍 6자루, 粧鏡 4자루, 丹木 5백근, 胡椒 2백근은 안에 남겨두고, 나머지는 和賣하여 賞賜와 贈給에 쓰고, 그들과의 무역과 회답을 즉시하여 속히 돌려 보내도록 이르다.(『光海君日記』 광해군 1, 『集成』27-264) 5.13. 사헌부에서 倭使가 바친 물건을 궐내에 남겨두지 말고, 모두 해사에 내려보내 원수를 잊지않고 특이한 물건을 귀하게 여기지 않는 의리를 보여주도록 청하다.(『光海君日記』 광해군 1, 『集成』27-265) 5.16. 왜인의 진상품 처리에 대한 사헌부의 진계를 받아들이다.(『光海君日記』 광해군 1, 『集成』27-265) 5.-. 王이 日本国王앞으로 보내는 国書에서, 日本国王使가 조선에 와서 来書를 수령하겠다는 전했다.(『続善隣国宝記』)/ 対馬에서 배가 와서 島津氏가 琉球에 들어왔음을 알렸다.(『接待事目録抄』)/ 日本人의 歳賜米豆를 정해, 100石으로 했다. 또 日本国使가 가지고 온 銀子와 中国産 物貨·土産의 絹紬 등과 교환하는 일을 약정했다.(『接待事目録抄』)/ 柳川景直·井手智正등에게 수직했다.(『接待事目録抄』) 6.17. 備邊司가 被虜人을 쇄환하는 왜가 賞職을 청하는 경우, 중국의 처분에 따라야 한다는 뜻으로 行移하자고 아뢰니, 그대로 따르다.(『光海君日記』 광해군 1, 『集成』27-266) 6.23. 備邊司가 밀계하기를 兩南監司에게 倭賊에 조석으로 틈을 열보고 있으니, 도내의 지킬만한 곳에 鎭을 만들어 성곽을 쌓고, 기계를 수리하여 군량을 쌓고, 군사를 훈련시키자고 하니, 상이 윤허하다.(『光海君日記』 광해군 1, 『集成』27-267) 6.24. 右議政 沈喜壽의 辭職을 청하는 차자에, 倭亂 때 경상좌도 방어사의 종사관이 되어 安東에 도착하여 들으니, 倭賊 수만 명이 鳥嶺을 넘어 한강으로 향한다고 하여, 서울에 가서 근왕할 계책을 세웠다는 내용을 적다.(『光海君日記』 광해군 1, 『集成』27-267)
1610 ▼	【한국】 1.29. 都察院 差官 蔡得時와 李燮龍이 遼東都指揮使의 자문을 가지고 왔는데, 자문에는 왜란때 쓰고 남긴 화기등의 병기를 조사하여 보고하라고 하다.(『光海君日記』 광해군 2, 『集成』27-276) 2.7. 비변사에서 화기를 수취하는 위관의 파견소식이 왜인에게 전해지지 않도록 건의하다.(『光海君日記』 광해군 2, 『集成』27-277) 2.11. 慶尙道·平安道 觀察使에게 국경을 드나드는 倭人과 潛商, 중국사신들에게 朝報政目과 國中機關에 관한 일이 누설되지 않도록 유시하다.(『光海君日記』 광해군 2, 『集成』27-277) 2.14. 요동에 移咨한 내용중에, 倭兵이 물러간 뒤에 遼東에 關市를 혁파하기를 청하였으나, 高太監에게 저지당하여 지금까지 지속되고 있음을 적다.(『光海君日記』 광해군 2, 『集成』27-278) 2.19. 千秋使 許筠이 대동할 堂上譯官인 金孝純이 倭通事이므로 적합하지 않으므로 바꾸자고 청하다.(『光海君日記』 광해군 2, 『集成』27-280) 3.1. 備邊司가 日本에 포로로 잡혀간 鄭方慶 등이 보낸 편지를 보고, 對馬島의 실정을 탐지하여 의논하라고 명하다.(『光海君日記』 광해군 2, 『集成』27-281) 3.4. 司憲府가 근래에 서울 各司의 差人들이 公貿易이라 칭탁하고, 禁物을 매매하며, 倭奴가 공갈을 한다하며, 유사당상과 낭청의 파직을 청하니, 의논하여 서서히 처리하겠다고 답하다.(『光海君日記』 광해군 2, 『集成』27-281) 3.6. 領議政 李德馨이 平義智와 平景直이 사람을 보내 다시 상경하여 進香하기를 요청하고 시장 개방을 청하였는데, 通信使가 이미 돌아와 약조가 이미 이루어졌으니, 이는 모두 시행해야 할 것이라고 상차하다.(『光海君日記』 광해군 2, 『集成』27-282) 3.12. 蔡指揮의 接伴官 許廷式이, 蔡指揮에게 對馬島의 倭人들이 매매하기를 청하니, 蔡指揮가 왜인들에게 속히 매매하는 일을 마치고 체류하지 말고 떠나라고 했다고 치계하다.(『光海君日記』 광해군 2, 『集成』27-285) 3.14. 왜인에게 시장을 열어주는 일을 그대로 시행토록 비변사에 알리게 하다./ 史官이 許筬이 일찍이 日本에 사신으로 가서 金誠一에게 추하게 여김을 당하였다고 논하다.(『光海君日記』 광해군 2, 『集成』27-286) 3.15. 사헌부가 왜인에 대한 개시를 반대하였으나 불허하다.(『光海君日記』 광해군 2, 『集成』27-287) 3.16. 지평 李溟이 왜인에게 開市를 거행하지 말자고 청하니, 상이 이미 하유했으므로 윤허하지 않는다고 답하다.(『光海君日記』 광해군 2, 『集成』27-287)/ 釜山僉使 尹先正의 첩보에, 通譯官 朴大根이 對馬島의 進香使 平智直에게 상경을 허락지 않는 것은 명군문 때문이라고 밝히고, 상격을 원하면 피로남녀를 모두 돌려보내고 공손히 할 것을 요구하였다고 치계하다.(『光海君日記』 광해군 2, 『集成』27-288) 3.17. 사헌부가 開市를 하지말자고 청하였으나, 상은 廟堂에서 의견이 있어서 하는 일이니 번거롭게 하지 말라고 하다.(『光海君日記』 광해군 2, 『集成』27-289) 3.18. 경상감사 姜籤이 치계하여, 동래부사 吳允謙의 청에 의해 왜사의 접대규정을 문의하니, 비변사에서 進上과 下直肅拜는 하되, 路程宴은 형세를 참작하여 하도록 회계하다.(『光海君日記』 광해군 2, 『集成』27-290)/ 사헌부가 開市를 반대하였으나 상이 따르지 않았다./ 사헌부가 開市를 반대하였으나 상이 따르지 않았다.(『光海君日記』 광해군 2, 『集成』27-291)

일본

6.28. 禮曹가 對馬島主에게 보낼 歲遣船 20척을 비변사로 하여금 大·中·小船으로 등급을 나누어줄 것을 청하다. / 備邊司가 對馬島에 보낼 歲遣船 20척 중 大船은 6척, 中船과 小船은 각각 7척씩 하여 등급을 정하기를 청하니, 전교하다.(『光海君日記』 광해군 1. 『集成』27-269)

6.29. 上이 尙州牧使 姜綑을 인견하고, 河洛의 집안이 倭賊에게 몰살당한 것이 가슴 아프다고 말하다.(『光海君日記』 광해군 1. 『集成』27-269)

7.19. 司憲府에서 成均館 學錄 金直哉가 아비 金欽이 倭賊에게 살해되었는데, 服喪하지 않았다고 遞差하기를 청하다.(『光海君日記』 광해군 1. 『集成』27-270)

8.26. 慶暹을 黃海監司에 제수하였는데, 史官은 慶暹이 日本에 사신으로 가서 財物을 탐내고 失禮를 범하여 국가에 치욕을 끼쳤다고 기술하다.(『光海君日記』 광해군 1. 『集成』27-271)

11.10. 禁府가 白士霖이 정유년 난리에 黃石山城을 지켰는데, 성이 함락되자 의병장 郭趄·趙宗道는 모두 전사했는데, 守城將이던 白士霖만은 그의 어머니와 처가 온전하였다하여 처벌을 청하다.(『光海君日記』 광해군 1. 『集成』27-271)

12.19. 上이 日本 사신을 접대한 宣慰使 李志完을 加資하고, 譯官 등도 한 자급을 더하도록 명하다.(『光海君日記』 광해군 1. 『集成』27-272)

12.20. 司憲府가 日本 사신을 접대한 朴大根·金孝舜 등 譯官에게 嘉善大夫를 加資한 것이 과하므로 개정할 것을 청하였으나, 윤허하지 않다.(『光海君日記』 광해군 1. 『集成』27-272)

12.21. 琉球國王이 朝京使臣을 통하여 兄弟의 盟約을 맺자는 咨文을 보내다.(『光海君日記』 광해군 1. 『集成』27-273)

12.22. 司憲府가 倭通事 朴大根 등에게 賞加한 것을 개정하도록 아뢰었으나, 윤허하지 않다.(『光海君日記』 광해군 1. 『集成』27-274)

12.25. 사헌부가 倭通事 朴大根 등에 대한 賞加를 개정하는 일을 연계하였으나, 윤허하지 않다.(『光海君日記』 광해군 1. 『集成』27-275)

12.26. 사간원에서 왜통사 박대근의 이, 상소 봉입한 승지의 파직 등을 연계하다. / 司憲府가 倭通事 朴大根에게 賞加한 것을 개정하는 일을 연계하니, 더이상 논의하지 말라고 명하다.(『光海君日記』 광해군 1. 『集成』27-275)

12.28. 司憲府가 倭通事 朴大根에 대한 賞加를 개정하는 일로 연계하니, 윤허하지 않는다고 답하다.(『光海君日記』 광해군 1. 『集成』27-276)

【일본】

3.1. 礼曹가 동래부사에게 보는 関文에서 対馬로부터 宣祖逝去를 조문히는 進香船을 파견하고 싶다는 요청에 대해, 没後 3년상이 끝난 지금, 파견은 전혀 의미가 없다는 뜻을 전했다.(『朝鮮通交大紀』)

5.14. 本多正純 이 島津家久에게 琉球国王 尙寧의 江戸參府 중의 대우는 朝鮮使節과 같은 수준으로 하라는 뜻을 전했다.(『薩藩旧記雑録』後編. 『史料』12-7, 457頁)

6.-. 宗義智가 조선국 예조에 進香使가 늦어진 이유를 쓴 서계를 보내어 進香를 희망했지만 거부되었다.(『通航一覧』119)

3.20. 사헌부가 開市를 반대하였으나 상이 따르지 않았다.(『光海君日記』 광해군 2. 『集成』27-291)

3.21. 사헌부가 開市를 반대하였으나 상이 따르지 않았다.(『光海君日記』 광해군 2. 『集成』27-291)

3.26. 왕이 李恒福에게 倭賊이 羈縻하여 왕래하지만 우리의 방비를 늦출 수 없다고 이르고, 임진년 난리에 水軍의 공로가 많았으니 비변사의 상의를 유념하여 수선하는 것이 옳다고 말하다.(『光海君日記』 광해군 2. 『集成』27-292)

윤3.8. 윤3월 5일 조강에서 의논된 문제들에 대한 해결책을 지시하다.(『光海君日記』 광해군 2. 『集成』27-292)

윤3.14. 비변사가 倭의 상경을 허락하지 않고 浦에 머물게 하면서 접대하는 것·머물 기간·접대하는 사례·宴享의 회수를 모두 강구하여 정하였다고 아뢰다.(『光海君日記』 광해군 2. 『集成』27-293)

4.20. 被擄人 晉州 教生 鄭邦慶이 日本에서 돌아와 薩摩州 島主가 유구에 입정하여 유구왕을 포로로 잡아 온 사실과 島主와 平景直이 進香使의 상경을 거절한 것에 대해 신의가 없다고 화를 내었다고 전하다.(『光海君日記』 광해군 2. 『集成』27-294)

5.4. 비변사가 被擄人을 쇄환하는 倭人에게 곧바로 官職을 주지 말고, 우선 쌀과 베로 주고 수년이 지난 후, 쇄환한 숫자의 많고 적음을 헤아려서 적절히 상을 주자고 아뢰니, 그대로 따르다.(『光海君日記』 광해군 2. 『集成』27-295)

5.7. 行護軍 郭再祐가 세 가지 중흥지도를 갖추면 남쪽의 왜구와 북쪽의 오랑캐도 걱정할 것이 없다고 상소하다.(『光海君日記』 광해군 2. 『集成』27-295)

5.8. 예조에서 비변사의 아뢴바에 따라, 피로인 각 15명씩을 쇄환한 平義智와 平景直에게 사례에 따라 관작을 제수하도록 아뢰니, 상이 윤허하다.(『光海君日記』 광해군 2. 『集成』27-295)

7.6. 승정원에서 은의 마련에 대해 보고하면서 작년에 왜인과 은을 무역한 것도 미안한 일이라고 아뢰니, 상이 예조로 하여금 의논하도록 전교하다.(『光海君日記』 광해군 2. 『集成』27-298)

7.12. 사간원이 동지돈령부사 韓淳이 壬辰倭亂 때 기생과 함께 호서지방으로 도망을 가서 경기 고을에서 적군의 해를 입게 하였으므로 仕版에서 삭제할 것을 청하였으나, 윤허하지 않다.(『光海君日記』 광해군 2. 『集成』27-299)

9.5. 비변사에서 동래부사도 의주부윤의 예에 따라 倭政에 관한 사항을 곧바로 장계하도록 하자고 아뢰니, 상이 윤허한다고 전교하다.(『光海君日記』 광해군 2. 『集成』27-299)

9.9. 비변사에서 부산왜관에서의 3일 開市와 蟒龍段이외의 各色緞子의 무역허가, 상거래후의 세금부과, 밀무역금지등에 관하여 규정을 정하도록 청하다.(『光海君日記』 광해군 2. 『集成』27-299)

연도	한국
▲ 1610	9.11. 승정원에서 이세과로 하여금 부산관소를 순시케하여 위엄을 보이도록 청하니, 상이 윤허하다.(『光海君日記』 광해군 2, 　　『集成』27-300) 10.7. 비변사에서 왜사의 상경에 대해 논하여 고하다.(『光海君日記』 광해군 2, 『集成』27-301) 10.15. 上이 비변사에 倭子의 일과 관련하여 전후의 서장을 의논해 아뢰도록 하다.(『光海君日記』 광해군 2, 『集成』27-302) 11.6. 徐景雨가 壬辰倭亂 이후 사적을 수정하고, 日記가 없는 때의 일에 대해서는 시기를 놓치지 말고 찬출해 내도록 해야 　　한다고 아뢰니, 임금이 實錄廳에 말하라고 전교하다.(『光海君日記』 광해군 2, 『集成』27-302) 11.12. 비변사에서 橘倭의 접대에는 朴大根과 孫文彧보다는 全繼信이 낫다고 아뢰다.(『光海君日記』 광해군 2, 『集成』27-304) 11.18. 임금이 倭奴가 上京하는 일에 대해 물으니, 李德馨이 開市만을 허락하고 상경하는 것에 대해서는 허락하지 않아도 　　될 것이라고 아뢰자, 倭奴의 경내출입을 엄금하고, 對馬島에 사람을 보내 실정을 탐지할 것을 묻다.(『光海君日記』 광 　　해군 2, 『集成』27-305) 12.11. 비변사가 譯官 李彦華 등이 薪島의 해적을 막아달라는 呂文을 가지고 撫鎭 등의 아문에 갈 때, 예물을 넉넉히 가져가 　　기를 청하다.(『光海君日記』 광해군 2, 『集成』27-305)
1611	【한국】 1.12. 上이 楊·麻 두 대인을 보내 왜노에게 유시하는 일을 비변사에 말하라고 전교하다.(『光海君日記』 광해군 3, 『集成』27-309) 3.21. 上이 경상도 관찰사 유방에게 이르기를, 부산왜영에서 왜인과 우리나라의 간사한 자들이 상통하지 않도록 각별히 기 　　찰하도록 명하다.(『光海君日記』 광해군 3, 『集成』27-310) 3.29. 副司勇 韓嶠가 서북변경의 상소문에서, 戚繼光이 왜를 정벌할 때에 紀效新書의 砲殺法을 썼고, 북쪽오랑캐에는 練兵 　　實紀를 썼는데, 이를 잘 활용하여, 왜를 막자고 상소하다.(『光海君日記』 광해군 3, 『集成』27-310) 3.-. 東萊府使가 日本人의 말을 듣고, 藏船을 편하게 옮길 수 있도록 木柵을 옮겨 놓을 것, 또 宴享庁을 옮겨 줄 것을 청했 　　다.(『接待事目録抄』) 5.25. 경삼감사가 동래부사의 보고를 인용하여, 倭人 平智達·八右衛門등이 이달 16일에 나온 연유를 보고하다.(『光海君日 　　記』 광해군 3, 『集成』27-311) 7.18. 史臣이 임진년 倭變 때 趙挺이 선조가 준 御札을 버리고 도망하였으나, 柳希奮의 姻家이며 鄭昌衍의 당우라는 이유로 　　의정부 좌참찬이 된 것을 비난하다.(『光海君日記』 광해군 3, 『集成』27-312) 7.-. 釜山倭館에서 綿紬를 발매를 금했다.(『接待事目録抄』) 8.26. 사헌부가 적선과 싸우다 패한 일을 변명하려 한 제주 목사 이기빈 등을 논하다.(『光海君日記』 광해군 3, 『集成』27-312) 9.25. 司憲府가 龜城府使 尹晤이 정유년에 倭寇가 호남에 날뛰자 처자식들만 데리고 피난하여 부모와 동생이 모두 적에게 　　죽었으므로, 사판에서 삭거할 것을 청하였으나, 윤허하지 않다.(『光海君日記』 광해군 3, 『集成』27-313) 9.-. 宗氏의 歲遣 第1送船이 처음 도착했다.(『接待事目録抄』)/ 일본인이 弓子의 구입을 요청했다. 또 獵犬·遼東毛段·無廉 　　目薄 白紙등의 구입을 요청했다.(『接待事目録抄』) 10.10. 禮曹에서 對馬島를 접대하는 좌차로, 만약 구례에 따라 남쪽자리를 받아들인다면, 그대로 하고, 예조 연향때에 판서 　　는 북벽, 참판과 참의는 동벽에 앉고, 객인중 정관이상은 서벽에 앉는 것이 법식이라고 아뢰다.(『光海君日記』 광해 　　군 3, 『集成』27-313) 10.11. 東萊府使 趙存性이 倭人들이 明나라가 對馬島를 무찔러 멸망시키려고 하는데, 朝鮮이 향도가 될 것이냐고 물었다는 　　것을 치계하니, 비변사가 전혀 있을 수 없는 일이라고 회계하다.(『光海君日記』 광해군 3, 『集成』27-314) 10.27. 倭亂 때 충의로운 자들과 鏡城을 수복하고 吉州에서 倭賊을 패퇴시킨 鄭文孚를 吉州 牧使로 삼았으나 병으로 파하 　　고 돌아왔다.(『光海君日記』 광해군 3, 『集成』27-314)
1612 ▼	【한국】 1.7. 비변사에서 왜인 馬堂古羅가 직접을 받은 해를 다시 조사하여 처리하도록 청하다.(『光海君日記』 광해군 4, 『集成』27-321) 2.6. 상이 시사청에서 왜사가 부산영내에서 잠상과 밀매를 하고, 국가의 기밀을 누설한다고 염려하니, 우의정 이항복이 군 　　대를 증원하여 대마도에 위세를 보이도록 건의하다.(『光海君日記』 광해군 4, 『集成』27-321) 2.10. 司憲府가 전 濟州牧使 李箕賓과 전 판관 文希賢이 남경과 안남표류민의 배를 습격하여 물화를 몰수한 후, 倭寇를 잡 　　았다고 거짓으로 조정에 보고하여 상을 준일했으므로 이들을 처벌할 것을 상소하니, 윤허하다.(『光海君日記』 광해군 　　4, 『集成』27-322) 2.13. 황해 병사 柳公亮 등이 金直哉가 倭賊에게 잡혔을 때, 倭賊이 그 아비 金欽을 죽여 삶아 주자 直哉가 그 고기를 먹었 　　다고 치계하다.(『光海君日記』 광해군 4, 『集成』27-322) 2.18. 임금이 역적들이 倭로 건너갈 수 있으니, 수상한 자를 모두 칼을 씌워 보내도록 제도의 감사·병사·수사·동래 부사에 　　게 역말로 하유하라고 명하다.(『光海君日記』 광해군 4, 『集成』27-324) 2.20. 임금이 역적이 倭로 달아날 수 있으므로 본도에서는 鎭堡와 나루를 각별히 기찰하라고 명하다.(『光海君日記』 광해군 　　4, 『集成』27-324) 2.-. 日本船이 도착하면 対馬의 서계를 제출하는데, 図書를 휴대하지 않았기 때문에 이를 물렸다.(『接待事目録抄』)/ 歲遣 　　船이 銅鉄·丹木을 가지고 와서 己酉条約에 의해 값을 치뤘다.(『接待事目録抄』)/ 受職倭人의 위계에 따라서 送使船의

일본

12.14. 司憲府가 아비가 倭賊에게 삶겨 죽는데도 태연히 고기를 먹은 金直哉를 정죄하도록 명할 것을 청하니, 아뢴대로 하라고 답하다.(『光海君日記』 광해군 2.『集成』27-306)

12.24. 동지사 兪大禎과 부사 鄭士信이 琉球國에 줄 예단을 그 나라의 사신 毛鳳儀에게 전해준 것을 치계하다.(『光海君日記』 광해군 2.『集成』27-306)

12.26. 邑人 宋啓祿 등이 倭亂 때 공적을 쌓았음에도 불구하고 恩典이 미치지 못한 姜節에게 포상하여 恩典을 시행해 줄 것을 청하니, 加資하라고 명하다.(『光海君日記』 광해군 2.『集成』27-307)/ 경상감사 李廷臣이 對馬島主 平義智가 포로였던 晋州의 승려 六惠·頭倭 1명·格倭 7명을 보냈는데, 六惠가 原秀忠이 琉球國을 습격하여 왕을 사로잡아 賊都에 억류한 사실과 原秀忠과 심안돈에 관해 말한 사실을 보고하다./ 壬辰倭亂 때에 폐지되었던 雲峯縣과 和順縣을 백성들의 희망에 따라 20년만에 다시 설치하다.(『光海君日記』 광해군 2.『集成』27-308)

12.29. 임금이 日本 사신이 항상 경내에 머물고 있어 1년에 드는 경비가 수천 斛에 이르고, 馬島의 歲遣船에 필요한 料米 및 粮米가 지금의 몇 배나 필요하므로, 경상도 13고을의 전세를 면제하여 본도의 糧餉으로 삼게하다.(『光海君日記』 광해군 2.『集成』27-309)

12.-. 日本人 死者의 燒葬을 위해 柴炭을 各浦에 나누어주었다.(『接待事目録抄』)

10.-. 対馬의 사자 柳川調信이 父祖의 功으로 授職을 청했다. 또 対馬의 사자가 進上의 肅拜 및 拜揖礼에 따르지 않고, 相礼를 행했다.(相礼의 시작)(『接待事目録抄』)/ 일본인, 西館을 宴享庁 옛터에 移設했다.(『接待事目録抄』)

11.8. 尙州의 진사 宋光國 등이 전 감사 鄭經世가 倭賊이 그의 어미를 해치려 하자, 어미를 감싸 막다가 화살을 맞았고, 상중에 고기를 먹었다는 것은 근거가 없다고 상소하다.(『光海君日記』 광해군 3.『集成』27-315)

11.16. 예조에서 세견선의 접대규정을 정하기를 청하다.(『光海君日記』 광해군 3.『集成』27-316)

11.18. 임금이 호조판서 黃愼이 병으로 사직을 청하였으나, 對馬島 歲遣船 문제를 처리하는 일을 보게 하다.(『光海君日記』 광해군 3.『集成』27-316)

11.21. 사간원에서 倭使들의 요구가 끊이지 않고, 歲遣船의 숫자가 많으니, 그들을 接應하고 수답하는 일들을 서둘러 정해서 훗날의 후회가 없게 할 것을 아뢰다.(『光海君日記』 광해군 3.『集成』27-317)

11.23. 비변사에서 왜사의 요구와 세견선의 숫자가 늘어 접대규정을 세워야 하는데, 삼공의 자리가 비워있으므로 원활히 되지 못하고 있다고 아뢰다.(『光海君日記』 광해군 3.『集成』27-318)

11.24. 왕이 경상감사 宋英耉에게 왜사를 접대하는 일에 문제가 생기지 않도록 할 것을 이르자, 송영구가 외국과의 교역에 일정한 가격을 정할 것을 아뢰다. 왕이 戰船 등을 정비하여 우리의 잔약함을 왜사에게 보이지 않도록 명하다.(『光海君日記』 광해군 3.『集成』27-319)

11.-. 平智直이 朝夕의 熟供은 散料로 題給할 것을 요청했다. 熊満(平義智의 幼名)·熊寿의 旧職을 다시 받을 것을 청하다.(『接待事目録抄』). 歲船 일본인이 도해하여 오면, 그들에게 糧米 1斗를 주는데, 받지 않고 떠났다.(『接待事目録抄』)/ 壬辰乱 때의 賞職倭가 도착하니, 東萊府使가 접대의 가부를 청하다.(『接待事目録抄』)/ 歲遣船 19隻이 一時에 도착하다.(『接待事目録抄』)/ 日本船 1隻이 水木船으로 왔는데, 図書를 휴대하지 않자, 船倉에 入泊시키지 않고, 倭館 앞의 바다에 留泊시켰다. 일본사자가 宴享 때에 旧例에 따라서 女楽연주할 것을 청하다.(『接待事目録抄』)

12.-. 彦三·平景直 등이 対馬主의 子 態満의 예에 따라서 図書를 요청했다.(『接待事目録抄』)/ 朝鮮国 礼曹参議 尹暉가 宗義智 앞으로 보낸 서계에, 対馬의 사자가 歲遣船数의 증가를 구하기 위해 漢城에 상경하는 요청을 거절하고, 熊満·熊寿·盛氏·澄泰 등에 대한 接待復活의 요청도 각하했다. 또 宗彦七(義成)·柳川景直(智永)의 도서 발급을 허락하고, 松尾有右衛門 등 23名에게 綿紬를 하사한다고 전했다.(『江雲随筆』)

【일본】

2.1. 朝鮮에서 家康에게 바치는 鷹이 九州에 도착했다.(『通航一覧』120)

4.-. 礼曹参議 伊暉가 宗義智에게 書를 보내어 己酉約条의 규정외로 送使派遣하는 것을 거부했다.(『通航一覧』126)

윤11.-. 이보다 앞서 宗義智가 조선에 歲遣船의 증가와 図書 등을 희망한다는 서계를 보냈다. 이달에 礼曹参議 尹暉가 義智에게 서계를 보내어 이것을 거부했다.(『通航一覧』122)

大中小를 정했는데, 宗氏가 이것을 따르지 않았다.(『接待事目録抄』)

3.5. 좌상 李恒福이 아뢰기를 中和에서는 壬辰倭亂 때에 한 사람도 倭賊을 따른 사람이 없고 또 의병을 일으켰기 때문에 선대 조정에서 이를 가상히 여겨 陞號하여 府로 만들었다고 아뢰다.(『光海君日記』 광해군 4.『集成』27-325)

3.25. 전 승지 黃赫이 壬辰倭亂 때 倭賊에게 체포되어 협박당하자 화친에 관한 글을 써서 통한 일이 있었는데, 이 일이 논죄되어 信川으로 귀양가다.(『光海君日記』 광해군 4.『集成』27-325)

3.-. 宗氏가 倭館의 貿易専管을 위해서라 칭하면서 経年滞留의 役人을 별도로 파견했다.(『接待事目録抄』)/ 対馬島主가 별도로 日本人 売買를 専管하기 위해서 라면서 3인을 파견하여 계속체류시키며 料를 지급했는데, 후에는 다만 柴炭 만을 지급했다.(『接待事目録抄』)/ 東

연도	한국
▲ 1612	菜府使가 受職倭 馬堂古羅·信時老·世伊所 등에게 冠服을 하사하기를 청했다.(『接待事目録抄』) 4.4. 崔慶이 倭賊이 泰陵을 범하여 貨物을 취하려 할 적에 동지들과 함께 金銀을 모아 倭將에게 뇌물을 주고 설득하여 중지하게 하여 그 공으로 守門將에 제수되었다고 아뢰다.(『光海君日記』 광해군 4, 『集成』27-326) 5.26. 경상좌수사의 書目에 이 달 19일 우리나라의 배인지 日本의 배인지 판단되지 않는 배 1척이 출현했다는 내용이 적혀 있다.(『光海君日記』 광해군 4, 『集成』27-326) 5.28. 사간원이 예천 군수 곽열·동래 부사와 의주 부윤 등의 치죄를 청하여 윤허하다./ 임금이 우리나라가 다시 만들어져서 倭놈들의 풍속으로 돌아가지 않게 된 것은, 천자가 작은 나라를 사랑하는 어짐과 우리 선왕이 중국을 섬긴 정성과 임금을 호종한 여러 신하들의 힘을 합친 공로 덕택이라고 말하다.(『光海君日記』 광해군 4, 『集成』27-327) 5.-. 日本船이 도착했는데, 潛商 曹漢茂의 문건을 휴대했다.(『接待事目録抄』) 6.2. 비변사가 揚御史의 差官 黃應暘 指揮가 倭賊의 정세를 살피고 군사 조련을 간심하는 일로 나온다고 하므로, 下三道의 감사와 양남의 수사 등에게 군사를 조련하고 무예를 가르치는 등의 제반일을 각별히 신칙하자고 아뢰다.(『光海君日記』 광해군 4, 『集成』27-328) 6.-. 礼曹參議 伊暉가 宗義智앞으로 보낸 서계의 무례함을 비판하고, 漢城 上京의 청을 거절하고, 倭商의 밀무역을 엄벌에 처하고, 訳官 崔義吉을 신문했다고 전하다.(『江雲随筆』) 8.11. 정언 金旿가 검열 金撦의 어미가 倭賊에게 더럽힘을 당하였으므로 파직하자고 청하다.(『光海君日記』 광해군 4, 『集成』27-328) 8.-. 釜山倭館의 公貿易을 종료시키지 않고, 限外의 체류를 허가했다.(『接待事目録抄』)/ 歳遣船 宴享 때에 日本人이 거듭하여 旧例에 따라 女楽을 쓸 것을 청했다.(『接待事目録抄』) 9.3. 이덕형이 황응양을 만나본 일에 대해 아뢰다.(『光海君日記』 광해군 4, 『集成』27-329)/ 왕이 이르기를 갑신년에 선왕이 왜사를 접견할 때도 꽃을 꽂았었다고 이르다.(『光海君日記』 광해군 4, 『集成』27-330) 9.9. 비변사가 표류한 琉球인 8명에게 동옷·바지·신발 등의 물품과 노중의 盤纏도 주고, 문서를 완성하여 동지사의 행차때 교부하자고 아뢰니, 윤허한다고 전교하다.(『光海君日記』 광해군 4, 『集成』27-330)
1613	【한국】 1.28. 왕이 前 濟州牧使 李箕賓과 전 판관 文希賢이 唐·倭·瑠球 사람들의 배를 습격하여 재화를 뺏은 죄로 각각 北青과 北道로 귀양 보내다.(『光海君日記』 광해군 5, 『集成』27-335) 2.25. 비변사에서 鎭江에 두달에 한번 보내는 倭情에 관한 자문을 시종곡절을 갖추어 한번에 훤히 알 수 있도록 작성하도록 아뢰다.(『光海君日記』 광해군 5, 『集成』27-336) 2.30. 정원에서 동지사 사신들이 중국 조정에서 우리나라에게 倭와 사이가 좋다고 지적한 것에 대한 회답을 받아오지 않았다하여 추고하다.(『光海君日記』 광해군 5, 『集成』27-337) 3.3. 사헌부가 중국에 사신으로 가서 왜에 관한 일을 그르친 죄로 동지사 趙存性등을 국문하기를 청하다.(『光海君日記』 광해군 5, 『集成』27-337) 3.6. 비변사에서 왜국에 대한 정세보고를 陳奏使를 별도로 파견하지 말고, 千秋聖節使에게 맡기도록 청하다.(『光海君日記』 광해군 5, 『集成』27-337) 3.12. 네가지 공신중 衛聖功臣이 첫 번째인데, 壬辰倭亂 때 王을 따라 伊川·全州에 갔던 자들로 1등이 10인, 2등이 17인, 3등이 53인이다.(『光海君日記』 광해군 5, 『集成』27-338) 3.15. 동래부사가 서계를 올려, 왜관 밖의 출입을 통제하지 않은 부산첨사를 탄핵하다.(『光海君日記』 광해군 5, 『集成』27-339) 3.16. 사간원에서 왜인들의 왜관출입을 통제하지 않은 부산첨사 趙安邦·역관 李彦瑞를 국문하고, 동래부사 李昌庭도 추고하도록 청하다.(『光海君日記』 광해군 5, 『集成』27-339) 3.20. 대사간 李好信등이 왜관난출사건에 대한 비변사의 비밀계사와 관련하여 묘당과 의견이 다르다고 사직을 청하다.(『光海君日記』 광해군 5, 『集成』27-339) 3.-. 接待節目을 잘 안지키는 일본인이 많아서, 東菜府使가 対馬島主에게 節目을 강정시켰다.(『接待事目録抄』)/ 特送船 1隻이 副船을 칭하며 왔다. 한참있다가 料를 지급했지만, 後例로 삼는 것을 금했다.(『接待事目録抄』)/ 特船 2船主는 예외로 한참만에 規外로 접대했지만, 후례가 되는 것을 금했다.(『接待事目録抄』) 4.29. 병조가 倭寇가 들이 닥쳤다고 소문을 내어 도성 안을 소란스럽게 만든 자를 관에 고발하게 하고, 율에 따라 처단할것을 청하다.(『光海君日記』 광해군 5, 『集成』27-340) 5.8. 浙江總兵 楊宗業과 遊擊 沈有容 등이 日本 薩摩州의 군대가 막강하여 琉球國을 멸망시키고, 조선의 4개도에 왜인이 섞여산다고 한 것에 대해 왕이 잘못된 점을 주문해 올리다.(『光海君日記』 광해군 5, 『集成』27-341) 5.-. 対馬의 受職倭護軍 馬堂古羅가 그 공로를 언급하면서 昇進을 요구했다.(『接待事目録抄』)/ 일본인 接待의 儀礼가 아직 정해지지 않았기 때문에 일본 사자들의 宴享의 設行을 사양하지 않았다.(『接待事目録抄』)
1614 ▼	【한국】 3.28. 故 부원군 黃廷彧의 졸기에 壬辰倭亂 때 왕자를 호위하다가 會寧에서 적군에게 잡혀 安邊에 갇혀 있었다고 적다.(『光

일본

9.12. 예조가 표류한 琉球國 사람들이 13일에 인정전 안 뜰에서 供饋하자고 아뢰니, 윤허한다고 답하다.(『光海君日記』광해군 4.『集成』27-331)/ 예조가 표류한 琉球國인 馬喜富 등 8명에게 노자와 반전 등을 넉넉히 제급해 주고, 琉球國王에게 해송한다는 뜻으로 사유를 갖추어 자문을 지은 다음 馬喜富에게 주어서 보내자고 아뢰니, 윤허한다고 답하다.(『光海君日記』광해군 4.『集成』27-321)/ 병조가 琉球國 사람을 공궤하는 일 및 별도로 엄하게 지켜야 하므로, 훈련 도감의 군사를 도감으로 하여금 적당히 헤아려 보내게 하자고 아뢰니, 윤허한다고 전교하다.(『光海君日記』광해군 4.『集成』27-332)

9.14. 승문원 도제조가 표류해 온 琉球國人을 압송하는 것에 대한 奏文을 마련하여 발송하되, 齎奏官을 차송하여 그로 하여금 동지사의 행차에 전해주게 하여야 한다고 아뢰니, 윤허한다고 답하다./ 예조가 표류해 온 琉球國人을 압송하는 것에 대한 주문을 마련하여 보내야 한다고 아뢰니, 아뢴대로 하라고 전교하다.(『光海君日記』광해군 4.『集成』27-332)

9.18. 좌상 李恒福이 戰車로 倭賊을 방비하는데 마땅하다고 아뢰다./ 왜인 접대시 여악을 베푸는 것, 역옥의 처리와 개성부 익명서에 대해 의논하다.(『光海君日記』광해군 4.『集成』27-334)

9.-. 対馬島主의 아들이 보내는 배는 大船으로 하고, 特送船은 国王使의 대우로 할 것을 결정했다.(『接待事目録抄』)

10.-. 礼曹가 対馬에 보내는 서계에서 漢城上京의 요청을 거절했다. 또 明의 遼東巡撫御史가 조선에 倭人이 雜居하고 있는 것을 듣고, 使者를 조선에 파견할 예정이라는 것을 듣고, 금후에 朝鮮에서는 往來하는 倭人과 授賞倭人의 수를 명에 보고할 것등을 전했다.(『江雲随筆』)/ 礼曹佐郎 朴文凌, 宗義成 앞으로 보내는 서계에서 熊満의 구례에 따라서 図書를 조급할 것이라고 전했다.(『江雲随筆』)/ 이 즈음 明差官의 貿易請求의 폐해가 크다고 했다.(『接待事目録抄』)/ 対馬의 특송선이 처음으로 도착했다.(『接待事目録抄』)

11.6. 호조판서 黃愼이 黃指揮를 만나 黃指揮의 친구가 黃指揮에게 倭寇가 장차 朝鮮을 취할 것이니, 나와 자네가 먼저 점령하였다가 高麗國에 돌려 주는 것이 더 낫다고 하였다는 말을 듣고, 이를 진달하다.(『光海君日記』광해군 4.『集成』27-334)

11.17. 승정원에서 왜인에게 보낸 서계를 마음대로 고친 동래부사 成晉善을 추고하게 하다.(『光海君日記』광해군 4.『集成』27-335)

11.-. 対馬歳遣船 正使 某의 성경을 허가하지 않기 위해 料饌을 거절하자, 南蛮銃法 等을 주는 댓가로 의 孫文彧에 의한 접대를 요구했다.(『接待事目録抄』)

6.15. 上이 권진의 건의대로 동래부사 尹守謙에게 왜인을 엄히 기찰하라고 전교하다.(『光海君日記』광해군 5.『集成』27-345)

6.19. 瑞寧府院君 전 우의정 鄭仁弘이 韓絢과 李夢鶴이 군사를 일으켜 밀고 들어올 때, 그를 추천해 썼던 柳成龍이 연좌법을 쓰지 않은 것은 倭賊이 국격을 압박하고 있어서 국시가 시행되지 않았기 때문으로 여겨진다고 상소하다.(『光海君日記』광해군 5.『集成』27-345)

6.22. 진사 鄭昌言이, 李大燁 등이 올린 대론의 차자에 대비가 서양갑을 보내어 倭賊을 불러들이고 沈友英을 파견하여 奴酋를 불렀다고 한 것을 상소하다.(『光海君日記』광해군 5.『集成』27-346)

7.-. 対馬特送 및 歳遣船 宴享때의 礼式을 개정했다.(『接待事目録抄』)/ 日本使者 平景直이 동래부사·부산첨사에게 서계를 보냈는데, 辞語가 불손하여 規外에 관한 還給을 베풀지 않았다./ 鄭希得이 慶長의 役에 俘虜가 되었을 때의 기록을 『万死録』(후에 『月峯海上録』으로 改題)에 썼다.(『接待事目録抄』)

8.8. 영의정 李德馨이 차자를 올려, 柳永慶이 능을 범한 倭賊을 거짓으로 데려다 처형하고서는 강화를 맺어 외교의 일을 그르쳤다고 아뢰니, 상이 출사해서 옥사를 의논하여 처리하도록 하라고 명하다.(『光海君日記』광해군 5.『集成』27-347)

8.12. 승정원이 아뢰기를, 遼東按察과 鎭江遊擊이 요구한 왜의 정황에 관한 자문을 승문원에 계하한지 10여일이 지나도록 회자가 없으니 해당관원을 추고하도록 청하다.(『光海君日記』광해군 5.『集成』27-347)

8.-. 対馬 受職倭 馬堂古羅가 老年에 이르러 그의 子의 襲職을 요청했다.(『接待事目録抄』)

9.-. 対馬特送船이 와서 将軍 徳川秀忠에게 皇女를 시집 보낼 것을 말하면서 信使의 파견을 요청했다. 또 徳川家康가 遼東의 鷹·馬을 요청했다.(『接待事目録抄』)

10.18. 왕이 西廳에서 왜인의 허실을 살피고 돌아 온 중국차관 이지휘를 접견하고, 絶影島로 왜관을 옮기는 것을 논의하다.(『光海君日記』광해군 5.『集成』27-347)

10.19. 王이 傅指揮에게 중국의 倭奴에 대해 물으니, 답하기를 단지 장사하는 倭人들만 있었다고 아뢰고, 겸하여 釜山營에서 倭人들을 불러 歳遣船은 20척을 넘겨서는 안된다는 것을 對馬島主에게 말하였다고 아뢰다.(『光海君日記』광해군 5.『集成』27-348)

10.-. 日本船이 와서 馬匹을 요청하면서 조선인 피로인 1인을 쇄환했다.(『接待事目録抄』)

11.9. 상이 왜노들이 조공하는 길을 빌리고자 하니, 주청사의 행차를 통하여 중국에 알리도록 전교하다.(『光海君日記』광해군 5.『集成』27-349)

11.12. 상이 왜노들이 조공하는 길을 빌리고자 하는 내용을 사유를 갖추어 중국에 알리도록 전교하다.(『光海君日記』광해군 5.『集成』27-349)

11.26. 상이 반포한 교서에, 우리가 허리를 숙이고 日本에 들어갔다는 말과 倭奴들이 釜山에 성을 수축한다는 말을 허구로 날조하였으니, 이는 잘못된 소문이니 실로 물여우와 같은 계책이라고 이르다.(『光海君日記』광해군 5.『集成』27-350)

12.12. 홍문관이 중종 이후 부터 임진 왜란에 이르기까지 나랏일로 죽고 절의에 죽은 자들과 그 후의 팔도에서 보고한 각 고을의 장첩을 3편으로 만들었다고 아뢰다.(『光海君日記』광해군 5.『集成』27-351)

12.13. 史官이 임진 왜란이 있은 후 나라에서 《紀效新書》에 의해 훈련 도감을 새로 설치하고 그 哨軍에 놀고 지내는 장정을 모집하여 충당하였다고 기록하다.(『光海君日記』광해군 5.『集成』27-352)

海君日記』광해군 6.『集成』27-353)

4.5. 임금이 전교하여 지난번 日本 서계 속에 皇帝라는 말이 들어 있었으니, 후일 서계에 회답할 때 살펴서 할 것을 해조에게 이르다.(『光海

연도	한국
▲ 1614	君日記』광해군 6, 『集成』27-353) 4.12. 사간원이 釜山鎭은 對馬島와 마주 바라보고 있어 조석으로 변고에 대비해야 하므로 소임이 지극히 중요한데, 釜山 첨사 申忠一이 병으로 실성하였으므로 파직시키자고 아뢰니, 그대로 따르다.(『光海日記』광해군 6, 『集成』27-353) 4.-. 礼曹佐郎 曹応休가 規伯玄方 앞으로 서계를 보내어 規伯이 景轍玄蘇의 図書를 계속해서 사용하는 것을 조정이 허가한 것은 景轍의 공적을 고려했기 때문이라고 썼다.(『江雲随筆』)/ 礼曹參議 金緻가 宗義智 앞으로 보내는 서계에서, 漢城에의 상경, 日本使者가 명에 조공하기 위해 조선국내를 통과하는 것, 将軍家의 婚儀에 대해 조선이 通信使를 파견하는 것 등을 각하한 것을 전했다.(『江雲随筆』·『朝鮮通交大紀』)/ 対馬島主가 将軍 家康이 쓸 筆墨을 요청했다.(『接待事目録抄』) 7.2. 비변사에서 제주에서 잡힌 왜인들을 조사한 내용을 보고하니, 병으로 죽지 않게 하고, 음식접대를 잘하도록 전교하다./ 제주에서 왜인을 사로잡은 목사 이하 모두에게 논상하다/ 상이 평안병사에게 명나라 조정에서 왜를 정벌하는 일의 기밀에 관하여 상세히 탐문하여 치보하도록 의주부윤에게 하유하도록 하다.(『光海君日記』광해군 6, 『集成』27-354) 7.7. 상이 視事廳에 나아가 경상감사 張晚에게 남쪽 변방의 주사등에 관한 일과 倭營의 行商을 금할 일을 이르다.(『光海君日記』광해군 6, 『集成』27-355)
1615	【한국】 6.-. 예조참의 金閣가 宗義智에게 보낸 서계에서 조선의 裁決에 明은 관여하지 않는다는 対馬側의 발언에 대해 反論했다.(『江雲随筆』) 7.14. 司憲府가 예조 참의 柳宗介가 時變에 강개하여 임진년에 경상도에서 倡義해 동지들을 규합한 다음 대오를 편성하였다가 倭賊을 만나 죽었으므로, 이를 삼강행실에 별전을 만들 것을 아뢰니, 왕이 그대로 따르다.(『光海君日記』광해군 7, 『集成』27-361) 7.-. 예조좌랑 權光烈이 規伯玄方에게 보낸 서계에서 구례부활의 요청을 거절했다.(『江雲随筆』) 윤8.8. 중국의 서적에 우리나라와 倭에 관한 일이 잘못 기록되어 있고 선왕을 함부로 무함한 내용이 적혀 있자, 임금이 원통한 무함을 씻기 위해 중국 황제에게 奏本을 바치다.(『光海君日記』광해군 7, 『集成』27-362) 윤8.12. 경상 감사가 倭人 橘知滿에게 對馬島主 平義智가 1월 3일에 죽은 것을 늦게 고부한 것에 대한 이유를 묻자, 橘知滿이 日本에 변란이 있어 발설하지 못하고 국사가 안정되기를 기다려 이제 통지한 것이라고 답했음을 아뢰다.(『光海君日記』광해군 7, 『集成』27-366)
1616	【한국】 2.2. 경상감사가 왜인과 통신사 교환여부를 묻다./ 비변사가 對馬島에 보낼 武臣 全德信에 대해 아뢰니, 실직을 제수하여 보내라고 전교하다.(『光海君日記』광해군 8, 『集成』27-367) 2.13. 비변사 낭청 柳世溫이 金繼信과 함께 對馬島에 가서 정탐해 오겠다고 상소하니, 차출하여 보낼 것이니 정성을 다해 자세히 정탐해 오도록 하라고 전교하다.(『光海君日記』광해군 8, 『集成』27-367) 3.-. 東萊府使 黄汝一이 宗義成 앞으로 보내는 서계에, 통신사의 파견요청에 대해, 이것을 전한 사신이 使船이 約条의 규정 밖이기 때문에 漢城에 계문하지 않았음을 전했다.(『江雲随筆』) 4.-. 礼曹參議 李蹊가 宗義成 앞으로 보내는 서계에 豊臣氏의 멸망에 따른 通信使 파견을 요청한 것에 대해 조선측은 고려의 여지가 있지만, 明이 이것을 허락하지 않는다는 뜻을 전했다.(『江雲随筆』) 5.17. 행 대사간 南瑾 등이, 倭寇가 명나라를 노렸을 때 朝鮮이 길 앞잡이를 했다는 등의 말로 모함에 빠질 뻔 했던 원통함을《회전》에서 고쳐 반포하였으므로, 존호 올리기를 청하니, 왕이 소란스럽게 하지 말라고 하다.(『光海君日記』광해군 8, 『集成』27-368) 5.20. 丘遊撃의 게첩에 조선의 자문에 의해 왜의 정세를 알았으며, 德川家康을 방비해야 할 것을 말하였다.(『光海君日記』광해군 8, 『集成』27-369) 5.21. 왕이 朴大根을 보내 日本 사신을 기다리게 하라 전교하다.(『光海君日記』광해군 8, 『集成』27-369) 8.9. 상이 비변사에 歲遣船이 오래토록 나오지 않고, 德川家康의 생사도 알 수 없어, 倭國의 정세를 헤아릴 수 없으니, 세변방의 방비를 힘쓸 것을 비밀히 전교하다.(『光海君日記』광해군 8, 『集成』27-369)
1617 ▼	【한국】 1.8. 接慰官 沈諿이, 譯官이 對馬島主에게 서계를 전하자 倭人들이 기뻐했는데, 이는 秀忠은 家康을 이어 나라에 과시하기 위해서고, 對馬島는 秀忠에게 공을 세우고자 해서이고, 橘知正은 對馬에서 존중받고자 한 것이라고 장계하다.(『光海君日記』광해군 9, 『集成』27-371) 1.9. 被虜人 愼応昌이 일본의 国情을 보고했다.(『備辺司謄録』) 2.19. 日本回答使, 副使 및 随員에 대하여 上啓하다.(『備辺司謄録』) 3.14. 일본사절의 응접을 위해 備辺司에서 부산첨사를 추천했다.(『備辺司謄録』) 2.8. 日本이 화친을 청하니 吳允謙 등을 보내 회답하려 하면서 爲政以德之寶를 다시 만들다.(『光海君日記』광해군 9, 『集成』27-372) 3.14. 전 판서 黃愼의 졸기에 倭賊이 변경에 주둔해 있어 정황이 날마다 변하고 있었으므로, 죽게 될 것이라 하였음에도 어려워하는 기색이 없었으며, 日本에 도착하여서는 적들이 능욕하고 핍박하였으나 동요하지 않았다고 적다.(『光海君日

일본

7.11. 강화 부사 李廷彪가 德津은 남쪽 大洋의 요로이므로 壬辰倭亂 초기부터 있었던 방비를 다시 설치하여 형세를 견고히 하자고 아뢰다. 또 李廷彪가 도망한 죄인들에 대해서는 倭國으로 가지 않았을 것이라고 아뢰다.(『光海君日記』 광해군 6. 『集成』27-358)/ 비변사가 제주에서 잡은 왜인들을 중국 군문에 압송할 역관차출을 논의하고, 동지사편에 압송토록 청하다.(『光海君日記』 광해군 6. 『集成』27-360)

7.21. 비변사에서 전후로 공초한 倭人은 對馬島 근처에서 바람에 표류하다가 정박한 것에 불과하고 특별히 우리 국경을 침범한 이유는 아니라고 아뢰고, 동지사의 행차에 딸려서 군으로 보낼 것을 청하다.(『光海君日記』 광해군 6. 『集成』27-360)

7.-. 동래부사 尹守謙이 宗義智 앞으로 보낸 서계에서 往書에 있는 議竹島件에 대해 이것이 自領内의 鬱陵島라는 서술했다.(『江雲随筆』)

9.2. 비변사가 鬱陵島에 倭奴의 왕래를 금지하라는 뜻으로 회유하였으나 對馬島의 倭人이 아직도 鬱陵島에 와서 살고 싶어하여 또 서계를 보냈으니, 글을 보내 島主에게 보고하여 조정의 禁約을 준수하도록 하자고 아뢰다.(『光海君日記』 광해군 6. 『集成』27-361)

9.-. 동래부사 朴慶業이 宗義智 앞으로 보내는 서계에서 議竹島가 鬱陵島이고, 新羅時代부터 朝鮮의 領内인 것을 주장했다.(『江雲随筆』)

10.-. 礼曹参議 金闓이 宗義智 앞으로 보내는 서계에서 上京·貢路·信使·船数·図書의 5건에 대한 요청을 거절했다.(『江雲随筆』)/ 礼曹佐郎 任性이 宗義成 앞으로 보내는 서계에서 児名送使의 歳遺船数를 올 때와 같이 3척으로 하고 싶다는 요청을 거절했다.(『江雲随筆』)/ 이 해에 全羅道 茂朱의 赤裳山에 史庫를 짓고, 僧軍에게 지키도록 했다.(『赤城志』3)

【일본】

1.3. 宗義智가 没하다.(48歳)/ 후에 조선에서 万松院図書와 歳遺船이 주어졌다.(『通航一覧』119)

10.-. 礼曹参議 柳潤이 宗義成 앞으로 보낸 서계에서 통신사의 파견요청을 거절했다.(『江雲随筆』・『朝鮮通交大紀』)

11.-. 礼曹参議 柳潤이 宗義成 앞으로 보내는 서계에서 宗義智의 図書・義成의 児名図書・以前庵의 図書・柳川景直의 図書를 조선에 還納하고, 각 각 새로운 図書를 수령해야 한다고 썼다.(『江雲随筆』・『朝鮮通交大紀』)

8.-. 礼曹佐郎 安験가 対馬에 보내는 서계에 宗義智의 訃報에 弔意를 표했다.(『江雲随筆』)

11.23. 撰集廳이 부산 첨사 鄭撥이 宋象賢과 함께 倭賊에게 죽었으므로 예조로 하여금 사실을 조사하여 충신의 대열에 수록할 것을 아뢰니, 윤허한다고 전교하다.(『光海君日記』 광해군 7. 『集成』27-366)

【일본】

4.-. 宗義成이 朝鮮에 大訃使를 파견해 家康의 죽음을 전하다.(『通航一覧』119)

8.13. 상이 경상감사에게 歳遺船이 잇달아 나오니, 潛商과 도망중인 역적을 엄금하도록 비밀히 전교하다.(『光海君日記』 광해군 8. 『集成』27-370)

8.28. 호조가 반사할 耳掩을 만들 毛物을 마련할 것을 보고하니, 상이 호피는 선조 때의 전례에 의해 만들어 납입하되 倭의 호피로 구차하게 충당해서는 안된다고 전교하다.(『光海君日記』 광해군 8. 『集成』27-370)

8.30. 礼曹参議 柳希亮이, 対馬에 보내는 서계에서 徳川家康의 죽음을 보내 온 서계로부터 알았다는 것을 썼다.(『江雲随筆』)

10.27. 王이 日本의 서계가 올라오면 비변사로 하여금 상세하게 살펴 의논하여 처리하도록 하라고 전교하다.(『光海君日記』 광해군 8. 『集成』27-371)

10.-. 礼曹参議 柳希亮이 対馬에 보내는 서계에서, 先代島主 義智의 도서를 예조에 還納하고, 現島主 義成의 図書를 만들어 줄 것을 청했다.(『江雲随筆』)

12.29. 対馬의 使節 橘(井手)智正이 礼曹의 서계를 받고 돌아갔다.(『備辺司謄録』)

12.-. 礼曹佐郎 蔡謙吉이 柳川調興 앞으로 보내는 서계에 피로인 21명의 쇄환에 감사했다.(『江雲随筆』)/ 礼曹参議 柳希亮이 対馬에 보내는 서계에 通信使 파견을 내년 봄이나 여름에 보내고 싶다고 明에 상주했다고 전했다.(『江雲随筆』)

【일본】

8.26. 朝鮮使節이 伏見城에서 秀忠에게 国書를 奉呈했다.(『通航一覧』76·93·呉允謙『東槎上日録』·李石門『扶桑録』)

9.5. 秀忠이 返翰을 朝鮮使節에게 주었다.(使者 本多正純·板倉勝重)(『史料』12-28, 10頁)/ 秀忠이 朝鮮国王(光海君) 앞으로 보낸 국서에 조선사절의 来日에 감사하고, 豊臣氏 滅亡을 전했다. 徳川氏 宿老 5명이 礼曹参判 尹寿民 앞으로 보내는 서계에 朝鮮使節의 来日을 감사하고, 귀국을 희망하는 被虜人의 송환에 노력하겠다는 뜻을 전했다.(『異国日記』)

記』 광해군 9. 『集成』27-373)

3.20. 정원이 倭賊들 속에서 파괴된 影幀 몇 조각을 궤 하나에 담아 종묘에 봉안하였다고 아뢰다.(『光海君日記』 광해군 9. 『集成』27-374)

3.21. 비변사가 잠상으로 인해 동래와 부산 수령의 추고를 청하다.(『光海君日記』 광해군 9. 『集成』27-375)

연도	한국
▲ 1617	3.22. 호조에서 각 년의 歲遣船이 오지 않아서 각 고을에 미포가 많아 倭供을 대기에 충분하고, 부족할 경우 봄·가을로 나오는 倭에 대해서는 정사년조의 身貢 역시 많이 보태어 쓸 수 있었다고 아뢰다.(『光海君日記』 광해군 9, 『集成』27-375) 4.3. 상이 경상도 관찰사 尹暄에게 동래와 부산의 潛商을 엄금하고, 왜인들이 進上하는 물품을 축내지 않도록 하다.(『光海君日記』 광해군 9, 『集成』27-376) 4.11. 회답사 吳允謙이 사행에서 物貨를 싸가지고 가서, 필요한 것을 사오는 것을 엄금하도록 청하다.(『光海君日記』 광해군 9, 『集成』27-377) 4.17. 상이 회답사는 중국에 주문해야 하나 너희들이 간절히 바라는 바람에 한편으로 주문하고 출발시킨다는 사실을 경상 감사와 동래부사가 왜인에게 개유하도록 전교하다. / 상이 회답사의 군관을 각별히 가려 뽑도록 전교하다.(『光海君日記』 광해군 9, 『集成』27-378) 4.19. 경상도 兼司僕 鄭信道가 신해년에 잡혀간 全以生의 편지를 인용하여, 全以生과 같이 잡혀간 사람이 薩摩州에 3만 7천명이 있으니, 회답사가 이들을 쇄환하여 오도록 청하다.(『光海君日記』 광해군 9, 『集成』27-378) 4.27. 전 한성부 좌윤 郭再祐의 졸기에 倭變이 일어나자 宜寧에 있는 倭賊을 치고 포위당한 晉州城을 구원하여 여러차례 倭賊을 격파하였다고 적다.(『光海君日記』 광해군 9, 『集成』27-379) 5.4. 비변사가 回答使의 행차를 속히 보낼 것을 청하다.(『光海君日記』 광해군 9, 『集成』27-380) 5.22. 日本回答使에게 倭朱紅 및 上品의 銃劍을 사올 것을 명했다.(『備辺司謄錄』) 5.27. 後金国에의 사절파견의 가부에 대해 朝議가 나뉘었다.(『備辺司謄錄』)/ 상이 전교하기를 병오년 회답사가 배사할 때, 하교한 말과 물품을 서계하도록 하니, 빈청에서 술을 하사하였고, 세사신에게 모두 馬粧과 定南針 각 1부를 하사했고, 問答 및 節目은 기일에 앞서 稟定했다고 아뢰다.(『光海君日記』 광해군 9, 『集成』27-380) 5.28. 회답사 吳允謙과 박재가 倭使 橘智正등이 교만을 떨며 공갈하고 조정을 가볍게 보는 정상이 극도에 이르렀으니 묘당으로 하여금 상세히 의논하여 지휘하게 하자고 아뢰니, 그대로 따르다.(『光海君日記』 광해군 9, 『集成』27-381) 5.30. 對馬島의 倭 橘智正이 關白의 서계를 가지고 와서 우리에게 수호를 요청하고 사신을 보내주기를 요청하니, 吳允謙등을 답사로 보내고, 천조에 주문하다.(『光海君日記』 광해군 9, 『集成』27-381)
1618 ▼	【한국】 4.12. 호조에서 아뢰기를, 경상도에서는 왜인에게 지급할 포목들과 은을 무역할 4-5백동 역시 마련하기가 어려워 곡식을 면포로 대납하고자 한다고 아뢰다.(『光海君日記』 광해군 10, 『集成』27-390) 4.16. 王이 경상 감사가 진상한 倭物이 파손된 것이 많은데도 東萊府使가 왜인을 책망치 않았음은 지적하고, 이점을 경상 감사와 동래 부사에게 하유토록 전교하다.(『光海君日記』 광해군 10, 『集成』27-390) 4.18. 예조가 對馬島主의 아들이 죽은 아비의 도서를 쓰고 있음을 지적하고, 아비의 圖書를 환수해야 마땅하다는 답서를 보내야 한다고 아뢰니, 아뢴대로 하라고 윤허하다. / 내의원에서 왜인들에게 용뇌와 침향을 무역하는 일로 아뢰다.(『光海君日記』 광해군 10, 『集成』27-391) 4.23. 상이 동래부사로 하여금 沈香이나 沈束香·龍腦·倭劍등을 진상하도록 비밀로 전교하다.(『光海君日記』 광해군 10, 『集成』27-392) 윤4.5. 평해군에서 왜선 2척과 왜노 7명을 붙잡다.(『光海君日記』 광해군 10, 『集成』27-392) 윤4.15. 비변사가 남쪽의 倭賊을 방비해야 하므로, 明이 요청한 군사 7천명을 다 보낼 필요가 없다고 아뢰니, 아뢴대로 하라고 명하다.(『光海君日記』 광해군 10, 『集成』27-392)/ 비변사가 요동도사가 우리나라가 倭와 소식이 있는지에 대해 물었다는 것을 아뢰다.(『光海君日記』 광해군 10, 『集成』27-394) 윤4.20. 비변사가 胡書의 자문에 대한 답은 남쪽의 倭를 방비하기 위한 병력이 늘 부족하므로 군사를 조발한다는 것은 형세상 어렵다고 하는 것이 마땅하다고 아뢰다.(『光海君日記』 광해군 10, 『集成』27-395) 윤4.27. 명나라 經略 汪可受가 글을 보내 우리나라가 倭奴의 변란을 겪자 10만의 군사를 파견하여 倭奴를 쓸어 버렸다는 것을 강조하며, 병력을 일으킬 것을 청하다.(『光海君日記』 광해군 10, 『集成』27-395) 5.1. 임금이 天朝가 壬辰倭亂 때 위급한 상황을 구해준 은혜에 대해 말하며, 우선 수 천 명만 天朝와 가까운 義州 등지에 정비시켜 대기하게 하라고 전교하다.(『光海君日記』 광해군 10, 『集成』27-397) 5.2. 임금이 명에 倭亂을 겪은 뒤로 병력이 감축되고 국력이 신장되지 않았으나, 함께 거병 하겠다는 자문을 보내다.(『光海君日記』 광해군 10, 『集成』27-397)/ 격문에 대한 자문에, 우리나라는 倭亂을 겪은 후 병력이 감축되어 정예병으로 7천명을 다 보낼 수 없는 이유를 적어 보내다.(『光海君日記』 광해군 10, 『集成』27-399)/ 우부승지 李偉卿이 壬辰倭亂과 정유재란 때 우리나라를 도와 준 명나라에 군병을 보내는 것에 대해, 7천명을 보낼 것인지, 반감 하여 보낼 것인지 등 두 가지 의견으로 나누어졌다고 아뢰다.(『光海君日記』 광해군 10, 『集成』27-401) 5.5. 任兗이 중국 조정은 우리나라를 壬辰倭亂 때 구해 준 은혜가 있으므로, 마땅히 군사를 징발하여 보내야 한다고 아뢰다.(『光海君日記』 광해군 10, 『集成』27-403) 5.22. 중국 조정에 보내는 자문에, 對馬島에서 무역하러 온 倭人들이 약조를 준수하지 않고 책정된 이외의 선박을 다수 내보내고, 해관의 倭人도 천 명에 이른다는 내용을 적어 보내다.(『光海君日記』 광해군 10, 『集成』27-403) 6.8. 吳允謙 등이 日本에서 돌아오다 對馬島에 이르렀을 때 倭人들이 東萊府使가 수세관이 될 예정이라고 하는 것을 들었

일본
6.4. 임금이 예조 정랑 柳潚을 보내 郭再祐가 壬辰倭亂 초에 布衣로서 鄕兵을 모아 倭賊을 섬멸해 공을 세워 찰리사의 직임에 제수되는 것을 치제하다.(『光海君日記』 광해군 9.『集成』27-387)
6.21. 통제사 鄭起龍이 對馬島主와 調興 등이 배 한척과 倭人 9명을 보내 회답사의 行止를 탐문하였다고 장계를 올려 아뢰다.(『光海君日記』 광해군 9.『集成』27-387)
6.26. 비변사가 회답사를 겸쇄환사로 바꾸어 칭할 것을 청하다.(『光海君日記』 광해군 9.『集成』27-388)
7.21. 회답사 吳允謙 등이 이달 7일 아침에 배를 띄워 저녁에 對馬島에 도착하였다고 장계하다.(『光海君日記』 광해군 9.『集成』27-388)/ 對馬島主 平義成의 서계가 들어오다.(『光海君日記』 광해군 9.『集成』27-389)
8.8. 日本回答使에 兼刷還使의 칭호를 붙인 것을 釜山 出船까지 알리지 않은 驛司의 죄를 책망했다.(『備邊司謄録』)
8.21. 朝鮮使節이 京都에 도착하여 大德寺에 머물렀다. 正使 등이 板倉勝重·大野正純와 대담했다.(呉允謙『東楼上日録』·李石門『扶桑録』)
9.10. 朝鮮使節이 京都를 출발하여 帰国 길에 올랐다.(呉允謙『東桂上日録』)
9.15. 朝鮮使節이 被虜人 70여인과 함께 大坂을 출발했다.(呉允謙『東桂上日録』·李石門『扶桑録』)
9.16. 日本 平調興이 사신을 보내 서계를 전하고 被虜 남녀 4명을 쇄환해 오다.(『光海君日記』 광해군 9.『集成』27-389)
10.2. 朝鮮使節이 対馬府中의 해안에 도착하여 배안에서 숙박했다. 다음날 배에서 내려 流芳院에 숙박했다.(呉元謙『東桂上日録』·李石門『扶桑録』)
10.17. 朝鮮使節이 被虜人을 태운 3척의 배와 함께 対馬의 鰐浦를 출발하여 당일 釜山에 도착했다.(呉元謙『東桂上日録』·李石門『扶桑録』)
10.26. 회답하러 갔던 사신의 일행이 이달 4일에 對馬島에 도착하였고, 18일 인시에 完伊浦를 떠났으며, 술시에 釜山浦에 도착하였고 쇄환한 남녀는 모두 3백 21명이라고 장계를 올리다.(『光海君日記』 광해군 9.『集成』27-389)
11.13. 回答使 吳允謙, 부사 朴榟, 종사관 李景稷등이 계사를 올리다.(『光海君日記』 광해군 9.『集成』27-389)
12.27. 상이 회답사 오윤겸, 부사 박재는 가자하고, 종사관이하는 시상할 것을 전교하다.(『光海君日記』 광해군 9.『集成』27-390)

【일본】
-. 이해에 돗토리번 상인 大谷甚吉과 村川市兵衛가 에도막부에 청원하여 竹島渡海를 허가받다.(일본 외무성 홈페이지)

는데, 釜山에 도착하고 나서 이것이 사실임을 알다.(『光海君日記』 광해군 10.『集成』27-406)

6.14. 호조가 기유년에 쓰고 남은 倭銀을 임시방편으로 쓰는 것은 구차한 일이라고 아뢰며, 임금에게 재결할 것을 청하다.(『光海君日記』 광해군 10.『集成』27-407)

6.19. 齋咨官 李塎가 장계를 올려, 1일에 察院 아문에서 察院을 만나 倭賊을 방어하는 것에 급급하여 수만의 병력을 조발해 내기가 어렵다고 한 것과 정탐한 것에 대해 아뢰다.(『光海君日記』 광해군 10.『集成』27-407)/ 經略 楊鎬가 보낸 자문에, 군대를 일으켜 토역을 할 경우, 교활한 倭賊이 빈틈을 타 일어나지 않을지 염려된다는 내용이 적혀있다.(『光海君日記』 광해군 10.『集成』27-409)

6.20. 양사가 胡書에 관한 일은 倭賊의 정세를 달마다 보고하는 예에 따라 자문을 갖추어 각 아문에 전보하도록 하자고 아뢰다.(『光海君日記』 광해군 10.『集成』27-411)

6.25. 吳允謙 등이 日本에서 돌아올 때 倭人이 준 銀 6천냥을 館所에 놔두고 돌아오자 倭人이 그 銀을 釜山에 보내었는데, 王이 영건도감에 명하여 그것을 가져다 쓰도록 하다.(『光海君日記』 광해군 10.『集成』27-411)

6.26. 비변사에서 부산왜관에 왜인이 1천명이나 되므로 단속을 잘 할 것을 청하다.(『光海君日記』 광해군 10.『集成』27-412)

7.4. 임금이 楊經略에게 회자하는 내용에, 對馬島에 와서 거래하는 倭人들이 매번 1천 명이나 되는 숫자를 데리고 나와 교역하는 것과, 난동을 부린다는 내용을 적어 보내다.(『光海君日記』 광해군 10.『集成』27-412)

7.11. 경상감사 朴慶新이 근래 관에 머무는 倭人이 1천여 명에 이르러 접대비를 마련하기가 어려울 뿐 아니라 閭里를 횡행하여 백성들에게 해를 끼칠 것이라고 아뢰니, 임금이 해조로 하여금 의논하게 하라고 명하다.(『光海君日記』 광해군 10.『集成』27-414)

7.14. 중국아문이 보내온 자문의 내용중에, 日本 源秀忠이 옛날처럼 조선과 우호관계를 맺고자 한다는 조선측의 상주문이 도착했다고 적다.(『光海君日記』 광해군 10.『集成』27-418)

8.7. 임금이 비변사에 변방을 탐지하는 胡人들에게, 우리나라는 倭賊을 방비하는 일이 있기 때문에 명나라에 군사를 징발하여 보낸 일이 없다는 내용으로 잘 대접하라고 전교하다.(『光海君日記』 광해군 10.『集成』27-419)

8.22. 홍문관 부제학 鄭造·직제학 李益燁 등이 許筠이 유구의 군대가 와서 섬속에 숨어 있다는 설을 퍼뜨렸다고 아뢰다.(『光海君日記』 광해군 10.『集成』27-420)

8.24. 許筠을 유구의 군대가 원수를 갚으러 와서 섬에 숨어 있다고 한 설을 퍼뜨렸다고 하여 저자거리에서 정형하다.(『光海君日記』 광해군 10.『集成』27-421)

8.27. 대사헌 南勤 등이 許筠이 白翎島의 琉球兵에 대한 조항이 억울하다고 했다고 하나, 나머지 역적의 죄목에 대해서는 인정하였다고 아뢰다.(『光海君日記』 광해군 10.『集成』27-421)

연도	한국
▲ 1618	8.28. 판의금 李爾瞻이 許筠이 琉球兵에 대한 조항이 억울하다고 했다고 하나, 나머지 역적의 죄목에 대해서는 자백하였다고 아뢰다.(『光海君日記』 광해군 10, 『集成』27-422) 9.13. 판의금 李爾瞻이 許筠을 琉球兵의 일로 친국할 때 자신을 모함한 柳希奮에게 대죄를 청하였으나, 윤허하지 않다.(『光海君日記』 광해군 10, 『集成』27-422) 10.9. 전 좌의정 許頊의 졸기에, 壬亂이 일어나자 義僧 靈圭와 義兵將 趙憲을 도와 왜적을 토벌하는데 공로가 으뜸이어서, 선조가 가상히 여겨 자급을 뛰어 넘어 충청감사로 삼았다고 적다.(『光海君日記』 광해군 10, 『集成』27-423)
1619	【한국】 2.11. 상이 호조에 영남에서 공무역한 은자를 속히 받아들일 것을 전교하다.(『光海君日記』 광해군 11, 『集成』27-424) 3.10. 비변사에 倭寇를 방비하는 가장 좋은 대비책은 전함을 대대적으로 늘어놓아 육지에 내려오지 못하게 하는 것이므로, 조치하라고 전교하다.(『光海君日記』 광해군 11, 『集成』27-424) 3.-. 礼曹參議 李命男이 宗義成에게 보내는 서계에 対馬 요청한 浴湯의 건(東萊溫泉 入浴?)을 승낙했다.(『江雲隨筆』) 4.2. 호조에서 倭奴가 바치는 銅鐵로 鑄錢局을 설치하여 국가에서 정하여 통용하기를 청하다.(『光海君日記』 광해군 11, 『集成』27-425) 6.21. 사간원이 昆陽郡守 李維則이 日本에서 쇄환된 사람을 해상에서 그물질하게 하여 고통을 가중 시켰으므로 사판에서 삭제할 것을 청하였으나, 후일을 기다리라고 답하다.(『光海君日記』 광해군 11, 『集成』27-425) 7.18. 胡書에 답하는 내용중에 倭奴는 우리나라가 만세가 되어도 반드시 갚아야 할 원한이 있다고 했다.(『光海君日記』 광해군 11, 『集成』27-426) 8.1. 비변사가 日本은 우리와 동맹한 일이 없지만 통신이 끊이지 않고 있다고 아뢰다.(『光海君日記』 광해군 11, 『集成』27-426) 8.4. 임금이 日本과 동맹관계를 맺지 않았지만 우호관계가 견고하여 두나라 사이가 편안하다고 말하다.(『光海君日記』 광해군 11, 『集成』27-428) 8.7. 임금이 차관에게 임진년에 倭亂을 섬멸할 수 있었던 것은 상국의 덕택이라고 말하다.(『光海君日記』 광해군 11, 『集成』27-428) 8.10. 曺差官이 倭賊 정벌에 나섰던 사람들을 위한 제사에 쓰기 위해 돼지와 양을 사오게 하다.(『光海君日記』 광해군 11, 『集成』27-429)
1620	【한국】 3.18. 委官 趙挺이 蘭生이 對馬島에 가지 않고 도로 내보냈다는 말은 지난번 공초에는 없었던 말이라고 아뢰다.(『光海君日記』 광해군 12, 『集成』27-436) 3.19. 委官이 丁男이 朴賊의 노복으로 對馬島를 왕래하고 桐華땅에 머물러 있었다고 말한 것은 허위라고 아뢰니, 임금이 다시 헤아려 처치하라고 명하다.(『光海君日記』 광해군 12, 『集成』27-437) 10.5. 상이 경상감사와 동래부사에게 왜관의 잠상을 각별히 단속하도록 전교하다.(『光海君日記』 광해군 12, 『集成』27-438) 11.2. 사간원에서 김해부사 李大得이 왜관과 은무역을 하였다고 파직을 청하다.(『光海君日記』 광해군 12, 『集成』27-439) 11.-. 礼曹參議 張自好가 宗義成 앞으로 보내는 서계에서 漢城上京·特送使의 배의 규격에 대해 요청을 거절하고, 被虜人 8명의 쇄환을 감사했다.(『江雲隨筆』)
1621	【한국】 1.-. 対馬의 사절이 平戶의 일본인이 朝鮮의 한섬(済州島?)을 공격하려고 했던 것과 後金의 침입 때에 장군 德川秀忠이 원병을 보내려고 했던 것이 모두 柳川調興의 간언에 의해 중지되었다고 전했다.(『接待事目録抄』) 2.4. 임금이 적의 형세가 倭賊보다 더 강하여 中國을 무찌르면서 遼東과 瀋陽으로 쳐들어 가는 것은 어렵지 않을 것이라고 여기다.(『光海君日記』 광해군 13, 『集成』27-439) 2.17. 李敏求를 宣慰使로 삼았는데, 당시 일본사신이 오기로 되어 있었는데, 남도에 허황된 정보가 있어 사람들이 모두 피난준비를 하여, 꺼려하므로 이민구를 다시 등용한 것이다.(『光海君日記』 광해군 13, 『集成』27-439) 2.30. 임금이 日本을 정벌할 때 군대에서 도망한 중국인 施文用에게 급료를 지불하라고 명하다.(『光海君日記』 광해군 13, 『集成』27-439) 2.-. 礼曹佐郎 鄭沁이 柳川調興 앞으로 보내는 서계에서 流芳院 図書의 발급을 요청했으나 거절했다.(『江雲隨筆』)/ 対馬의 사절이 上京을 요청했다.(『接待事目録抄』) 3.11. 상이 경상감사에게 백금 50-60량을 받고, 朝報와 政目을 왜에게 파는 잠상인 무리를 단속하도록 전교하다.(『光海君日記』 광해군 13, 『集成』27-440) 3.-. 礼曹參議 睦長欽이 宗義成 앞으로 漢城上京의 요청을 거절했다.(『江雲隨筆』) 5.2. 상이 동래부사에게 朝報와 政目을 베껴주는 잠상인과 중국이나 우리나라의 기밀을 누설시키는 자, 몰래 숨은 역적을 물색하는 등, 왜인의 정세를 상세히 보고하도록 전교하다.(『光海君日記』 광해군 13, 『集成』27-440) 6.2. 임금이 倭賊을 치는 일로 노고가 많았던 韓·李 두 중국장수를 接伴官이라는 이름을 붙여 특별히 연회를 베풀어 주고, 바다를 건너갈 양식과 찬물을 지급하라고 전교하다.(『光海君日記』 광해군 13, 『集成』27-440)
1622 ▼	【한국】 1.22. 日本에서 僧 玄方이 내빙하다.(『光海君日記』 광해군 14, 『集成』27-444)

일본

10.-. 礼曹佐郎 吳益煥이 宗義成 앞으로 보내는 서계에 被虜人刷還을 감사하고, 流芳院 図書의 발급 요청을 거절했다.(『江雲随筆』)/ 礼曹參議 李命男이, 宗義成 앞으로 보내는 서계에 柳川送使가 被虜人 110여명을 쇄환시킨 것에 대해 후일에 조정으로부터 柳川氏에게 수직을 할 것이라는 소식을 전했다.(『江雲随筆』)

11.21. 비변사가 鎭江衙門에 2개월에 한번씩 보내는 왜정에 관한 자문을 관례에 따라 보낼 것을 청하다.(『光海君日記』 광해군 10. 『集成』27-424)

12.-. 礼曹參議 李命男이 宗義成 앞으로 보내는 서계에 対馬가 요청하는 漢城上京의 건은 明과의 관계상 허용하기 어렵다는 뜻을 전하다.(『江雲随筆』)

8.12. 差官이 왕에게 계첩을 보내, 倭賊의 만행을 핑계대지 말고, 황해·평안등지에서 3천명이나 2천명의 군사를 징발해 위급한 형편을 구원할 것을 청하다.(『光海君日記』 광해군 11. 『集成』27-429)

8.14. 임금이 經略 아문에 보내는 자문에, 조총수는 壬辰倭亂이 있은 후 훈련받은 자가 거의 없음을 적어 보내라고 명하다.(『光海君日記』 광해군 11. 『集成』27-429)/ 임금이 차관에게 임진년의 倭亂 이후 많은 손상을 입어 징병하기가 어렵다는 형편을 알리도록 하라고, 비변사에 전교하다.(『光海君日記』 광해군 11. 『集成』27-431)

8.24. 임금이 壬辰倭亂 이후 무과에 급제한 무사를 뽑아 서북지방을 방어하는 일을, 비변사로 하여금 의논하여 처리하게 하라고 명하다.(『光海君日記』 광해군 11. 『集成』27-432)

9.3. 致祭官 睦大欽으로 하여금 정유년에 왜적을 정벌할 때 죽은 劉綎 總兵의 제사를 지내도록 하다.(『光海君日記』 광해군 11. 『集成』27-433)

10.25. 병조가 倭亂 이후 무과의 정원이 지나치게 많아서 정예한 무사를 얻지 못하고 軍丁만을 잃게 되었다고 아뢰니, 임금이 8천명을 정원으로 하여 각 도에서 1천명 씩 뽑으라고 전교하다.(『光海君日記』 광해군 11. 『集成』27-433)

11.1. 상이 경상감사에게 왜관의 잠상인과 왜선을 몰래타고 왕래하는 무리들을 각별히 조사하여 엄중히 다스리도록 전교하다.(『光海君日記』 광해군 11. 『集成』27-434)

12.17. 경상감사 鄭造가 12월 초하루에 留館倭人은 649명가운데, 본국에 들어간 왜인은 212명이고, 관에 머물러 있는 자는 407명이라고 치계하다.(『光海君日記』 광해군 11. 『集成』27-435)

12.18. 임금이 倭亂이 있은 후 각도의 출신 수만 명을 뽑아 서북지방에 나누어 보내 지키게 하였다고 하다.(『光海君日記』 광해군 11. 『集成』27-435)

12.22. 임금이 북방의 적은 국경과 닿아 있고 거리도 가까우므로 倭寇와는 같지 않으므로, 변방을 완고하게 하여 스스로 수비할 대책을 착실하게 講定하라고 전교하다.(『光海君日記』 광해군 11. 『集成』27-435)

【일본】

7.-. 宗義成이 日野氏와의 혼인을 조선에 알렸다.(『通航一覧』119)

12.-. 宗義成이 竹島(鬱陵島)에서 밀무역을 행한 対馬国의 상인 2명을 붙잡아 京都에 보냈다.(『通航一覧』129)

6.17. 상이 비변사에 왜관의 왜인에게 아침저녁 찬거리와 생물 및 주어야 물건을 너무 거칠게 하여 학대하지 않도록 전교하다.(『光海君日記』 광해군 13. 『集成』27-441)

7.3. 宗義成이 조선국 礼曹 앞으로 보낸 서계에서, 日本国王使(対馬에 의한 偽使)가 근일 중에 江戸를 출발하여 10일 전후에는 釜山에 도착할 예정이라고 전해왔다.(『江雲随筆』).

7.18. 柳川調興이 礼曹 앞으로 보낸 서계에서 日本国王使로 規伯玄方·宗智順·島川智政가 파견되었고, 本多正純의 친족인 佐兵衛尉가 国王使로 동행하여 対馬까지 온 것등을 전해왔다.(『江雲随筆』)

9.11. 비변사가 지난해 우리나라 사신들이 왜국에 갔을 때, 모두 關伯에게 拜禮한 것을 들어 여진에 국서를 보내는 것을 반대하다.(『光海君日記』 광해군 13. 『集成』27-441)

9.20. 상이 새 경상감사에게 왜노에게 정한데로 물품을 주도록 전교하다.(『光海君日記』 광해군 13. 『集成』27-442)

10.2. 宗義成이 礼曹 예조앞으로 倭館이 불에 탔다는 소식을 듣고, 日本国王使가 조선에 도해하는 것에 지장이 발생하지 않도록 적절한 조치를 취해줄 것을 요청했다.(『江雲随筆』)

10.10. 宗義成이 礼曹 앞으로 보낸 서계에, 10월 8일에 日本国王使와 함께 対馬에 도착했다는 것과 월말에는 国王使 일행이 釜山에 도착할 예정이라는 것등을 전해왔다.(『江雲随筆』)

10.17. 임금이 日本 사신이 이 달 안으로 나온다고 하니, 宣慰使를 빨리 보내도록 하라고 전교하다.(『光海君日記』 광해군 13. 『集成』27-443)

10.30. 임금이 倭館을 새로 지어 倭人들이 멋대로 돌아다니며 몰래 장사하는 것을 단속하라고 명하고, 倭人에게 지급해야 할 물건을 지체말고 지급하여 많은 倭奴가 倭館에 머물러 있는 폐단이 없도록 하라고 전교하다.(『光海君日記』 광해군 13. 『集成』27-443)

11.2. 동래부 왜관에 화재를 낸 왜인을 효수하다.(『光海君日記』 광해군 13. 『集成』27-443)

【일본】

5.-. 王이 日本国王(徳川秀忠)앞으로 보내는 국서에서 日本国王使의 도래에 대해 返書를 同使節 편에 보낸 다는 뜻을 전했다.(『続善隣国宝

연도	한국
▲ 1622	1.27. 郭震卿은 壬辰倭亂 때 僧將이 되어 많은 공로를 세운 자로 환속한 후에 군공에 의거하여 同知를 제수하다.(『光海君日記』 광해군 14, 『集成』27-444) 2.27. 임금이 倭亂 후에 폐지하였다가 설치한 讀書堂을 다시 일이 안정될 때까지 폐지하라고 전교하다.(『光海君日記』 광해군 14, 『集成』27-445) 4.16. 호조판서 金藎國이 倭物을 은으로 바꾸는 것이 편치 않다고 하니, 공무역 銀子를 더 납부하도록 재촉하도록 하교하다.(『光海君日記』 광해군 14, 『集成』27-445) 4.18. 陶巡撫使가 자문을 보내 戰船을 청하자, 비변사에서 壬辰倭亂 이후 배 만드는 재목을 거의 다 벌목을 하였기 때문에 많은 전선을 만들어 낼 수 없다는 내용으로 회답하자고 아뢰다.(『光海君日記』 광해군 14, 『集成』27-446) 5.6. 사관이 吳允謙이 日本에 가서 淸節로 倭賊들을 감복시킨 것을 논하다.(『光海君日記』 광해군 14, 『集成』27-446) 5.10. 임금이 비변사에 倭使가 여러 달 체류하고 있으므로, 水軍이 방비하는 일을 조치하라고 명하고, 殿倭가 있는 곳에 물품을 넉넉히 보내어 환심을 사서 그가 돌아가 關伯에게 고하여 신의를 더욱 돈독히 하라고 명하다.(『光海君日記』 광해군 14, 『集成』27-447) 5.13. 임금이 비변사에 日本과는 국서없이 서계만으로 우호를 유지하고 있고, 남방에 倭人들이 많이 머물고 있지만 아침저녁 바다를 건너다니면서도 변함없이 공손하므로 우리나라에서 잘 대하고 있다고 이르다.(『光海君日記』 광해군 14, 『集成』27-448) 6.3. 成夏衍을 동래부사로 삼았는데, 부임 즉시부터 小譯과 결탁하여 漁場의 이익을 빼앗았고, 接倭 公貿木 60여동을 사사로이 다 써버렸다.(『光海君日記』 광해군 14, 『集成』27-448) 7.12. 東萊府使에게 요즈음 왜적의 상황을 알 수 없으니, 日本使臣에게 접대를 잘하여 감정을 상하지 않도록 하고, 예물을 주어 오래 머무르게 하지 말고 즉시 회답하여 보내도록 하며, 잠상인도 단속하도록 전교하다.(『光海君日記』 광해군 14, 『集成』27-448) 7.14. 예조에서 萬松院 圖書와 공무역 3척의 문제로 왜관에 반년 넘게 머무는 왜사문제에 대하여 논하다.(『光海君日記』 광해군 14, 『集成』27-449)
1623	【한국】 2.15. 동래왜관에 화재가 나서 80칸을 모두 태웠다.(『光海君日記』 광해군 15, 『集成』27-453) 3.16. 日本에 사신으로 갔을 때 이국인의 존경을 받았던 吳允謙을 대사헌으로 삼다.(『仁祖實錄』 인조 1, 『集成』28-1) 3.17. 韓嶠가 倭寇의 방위는 三南이 통솔하는 것이 좋겠다고 아뢰다.(『仁祖實錄』 인조 1, 『集成』28-1) 4.14. 자전이 정원에 하교하여 奏文 가운데, 琉球國의 세자가 우리나라에 표류했을 때 光海君이 죽인 것 등을 삽입하라고 하였으나, 李元翼이 문제는 그가 세자였는지 알기 어려우므로 거론하지 말아야 한다고 아뢰다.(『仁祖實錄』 인조 1, 『集成』28-1)
1624	【한국】 2.4. 宗義成이 朝鮮国 礼曹 앞으로 보낸 서계에 将軍의 命에 의해 通信使의 파견을 요청했다.(『江雲随筆』) 2.10. 吳允謙 등이 적이 항왜를 선봉으로 삼아 저돌하므로, 전에 일본에 사신으로 다녀 온 李景稷을 請倭使로 삼아 東萊倭館에 머물러 있는 倭人 1천인을 동원하자고 청하니, 임금이 윤허하다.(『仁祖實錄』 인조 2, 『集成』28-3) 2.28. 예조가 日本에 사신을 보내는 것은 가벼이 허락하기 어려우므로 묘당으로 하여금 의논하여 처치하게 해야 한다고 아뢰니, 그대로 따르다.(『仁祖實錄』 인조 2, 『集成』28-4) 3.12. 宗義成이 礼曹 앞으로 보내는 서계에서 通信使 파견을 허가하고, 井出弥六左衛門을 급히 귀국 시킬 것을 요청했다.(『江雲随筆』) 3.18. 변신의 치계에, 倭使 智正이 전일 사신을 보내 달라고 한 것은 인심을 진정시키기 위한 것이었는데, 사신의 행차가 지연되면 일이 허사로 돌아갈 것이며, 도주와 調興도 關白에게 중죄를 받을 것이라고 아뢰다.(『仁祖實錄』 인조 2, 『集成』28-4) 3.20. 경상감사 李敏求가 항왜로써 적을 따른 자를 변방에 옮길 것을 건의하다.(『仁祖實錄』 인조 2, 『集成』28-5) 3.25. 鄭岦을 日本 회답사로, 姜弘重을 부사로, 金南重을 종사관으로 삼다.(『仁祖實錄』 인조 2, 『集成』28-5) 4.24. 비변사가 이번에 日本으로 회답사가 가는 편에 花絲紬를 보내 鳥銃을 사오게 하자고 아뢰니, 임금이 윤허하다.(『仁祖實錄』 인조 2, 『集成』28-6) 5.11. 鄭岦 등이 日本에 회답사로 가기 전에, 日本에서 금령을 범하는 사람을 각별히 수검하여 潛商의 律로 처단할 것을 청하니, 임금이 윤허하다.(『仁祖實錄』 인조 2, 『集成』28-6) 5.20. 宗義成이 礼曹 앞으로 보내는 서계에서 通信使 来日許可에 감사했다. 또 崔判事와 井出弥六左衛門의 밀약에 의해 鳥銃 50정을 보낸다는 뜻을 전해 왔다.(『江雲随筆』)/ 柳川調興·佐護分右衛門가 崔判 앞으로 보내는 서계에서 調興이 義成과는 별도로 鳥銃 50정을 보낸다는 뜻을 전해 왔다.(『江雲随筆』) 7.12. 幼學 黃爾徵 등이 日本이 '日本의 장군 淸正'이라고 한 것과, '關白殿下'라고 한 것은 저들이 스스로 임금을 칭한 것으로서 우리가 보낸 서장과 비교할 수 없다고 아뢰다.(『仁祖實錄』 인조 2, 『集成』28-7) 8.22. 예조에서 대마도주에게 火銃 1백병의 댓가로 인삼 50근을 보낼 것을 건의하다.(『仁祖實錄』 인조 2, 『集成』28-9)
1625 ▼	【한국】 1.10. 朝鮮使節이 京都 大德寺에 도착하다. 興海 格軍1人이 病死했다.(姜弘重 『東桂錄』)

일본

記』)/ 礼曹参判이 日本国 幕府 宿老앞으로 보내는 서계에 来書를 수령하고 그에 대한 返書를 보낸다는 뜻을 전했다.(『続善隣国宝記』)

7.19. 사관이 湖南에 나타난 서양 배가 우리나라 사람 8명을 사로 잡아 가지고 日本에 당도하여, 편전을 보이면서 활을 잘 쏜다고 하였다고 말하다.(『光海君日記』광해군 14.『集成』27-449)/ 비변사에게 이번에 湖南에 온 배가 倭賊의 배라면 지금 우리나라에 와 있는 殿倭에게 상세히 알려주고, 돌아가 關伯에게 보고하여 전국에 엄하게 신칙하여 신의를 돈독히 하게 하라고 전교하다.(『光海君日記』광해군 14.『集成』27-450)

7.22. 비변사가 李舜臣이 倭賊을 방어하던 법식에 따라 거북선을 만들고 기계를 갖출 것을 전라 좌수사와 우수사에게 지시하자고 아뢰니, 아뢴대로 하라고 답하다.(『光海君日記』광해군 14.『集成』27-450)

8.28. 임금이 後金國에 보낸 國書의 형식에 대해 이르니, 좌의정 朴弘耉가 日本에 보내는 서계의 규식대로 하는 것이 무방할 것이라고 아뢰다.(『光海君日記』광해군 14.『集成』27-451)

9.9. 일본사신 玄方이 회답 서계를 받아가지고 돌아가다.(『光海君日記』광해군 14.『集成』27-452)

10.2. 임금이 명나라 某將을 잘 대우하는 것에 대해 이르니, 비변사가 전일에 영남에서 보낸 倭賊의 칼과 창 등을 적당히 내려 보내어 사용하게 하고, 치하하는 뜻을 아뢰게 하는 것이 사리에 합당할 것이라고 아뢰다.(『光海君日記』광해군 14.『集成』27-452)

11.28. 柳川調興이 朝鮮国 礼曹앞으로 보내는 서계에서 조선에서 귀국한 日本国王使가 11월 8일에 江戸에 도착했다는 것, 後金軍의 동향에 대해 朝鮮援兵의 명이 막부로부터 対馬에 내려졌다는 것, 閑山島의 漁民 8명을 송환한다는 것등을 전해왔다.(『江雲随筆』)/ 이해에 日本国王使가 礼曹 앞으로 보낸 서계에서 漢城上京이 허락되지 않아서 幕府로부터 혐의를 받고 있다는 점, 後金軍의 동향에 대해 幕府로부터 정세탐사의 명이 내려졌다는 것등을 전해왔다.(『江雲随筆』)

-. 이해에 釜山倭館의 담장을 확장했다.(『接待事目録抄』)

7.4. 동래 잠상 林素를 효시하였는데, 임소가 왜관과 통상하며 통상한 은화가 7만냥에 이르렀다.(『仁祖實錄』인조1『集成』28-2)

8.4. 호조가 경상좌우도의 전결이 壬辰倭亂 이전에는 40여만 결이었는데, 계묘년에 양전해 보니 4만 3천 4백 결이었다고 아뢰다.(『仁祖實錄』인조1『集成』28-3)

【일본】

1.-. 対馬의 即位賀使 古川智次가 도착했다.(対馬의 即位賀使의 시초)(『朝鮮通交大紀』6)

6.-. 東萊府使 金緻가 対馬의 宗氏에게 綿花不作에 의해 公木대신에 常木으로 할 것을 전했다.(『通航一覧』127)

12.22. 家光이 조선사절에게 返翰을 보냈다.(使者 酒井忠世·土井利勝)/ 家光이 朝鮮国王(仁祖) 앞으로 보낸 国書에서 조선으로부터의 国書를 받았다는 것을 적고, 通信使의 파견에 대한 사의를 표했다. 酒井忠世·土井利勝·酒井忠行·酒井忠勝이 예조참판에게 답신을 보내 被虜人 쇄환요청에 대해 앞서 通信使의 来日했을 때, 전국에 명을 내려 쇄환시켰다는 것, 또 잔류하는 자들은 귀국의 의지가 없어 강제적으로 송환할 수 없다는 것등을 전했다. 또 忠世·利勝가 예조참판 앞으로 각기 답서를 했고, 24일에 조선사절이 江戸를 출발해 귀국의 길에 올랐다고 했다. (『德川実紀』·姜弘重『東槎録』·『通航一覧』94·103)

12.-. 通信使 三使가 以心崇伝앞으로 보내는 서계에서 以心의 협력으로 家光의 국서를 받았다는 것을 감사했다. 以心이 通信使 三使에게 返翰을 보냈다.(『通航一覧』103)

10.2. 日本 回答兼刷還使가 아침에 釜山을 출발해 밤에 対馬 鰐浦에 도착했다.(姜弘重『東槎録』)

10.4. 조선사절이 対馬 府中에 도착하여 海晏寺에 숙박했다.(姜弘重『東槎録』)

11.14. 조선사절이 大坂에 도착하여 本願寺에 숙박했다.(姜弘重『東槎録』)

11.18. 조선사절이 京都에 도착하여 大德寺, 天瑞寺에 숙박했다.(姜弘重『東槎録』)

11.21. 좌부승지 洪命亨이 왜에게서 받은 바둑판을 도로 내리게 하자고 청하니, 호초와 단목도 도로 내리리고 명하다.(『仁祖實錄』인조2『集成』28-10)

11.25. 수행원 중 114명을 남겨 놓고 京都를 출발했다.(姜弘重『東槎録』)

12.12. 조선사절이 江戸의 本誓寺에 도착했다.(姜弘重『東槎録』)

12.19. 조선사절이 江戸城에서 家光에게 国書를 奉呈했다.(姜弘重『東槎録』)

【일본】

1.-. 板倉重宗이 朝鮮国礼曹参判에게 회답하기를 京都所司代의 임무 때문에 通信使의 帰路에 맞추어 返書를 보내는 것이 어려워서 返礼가

연도	한국
▲ 1625	1.18. 朝鮮使節이 大坂의 本願寺에 도착했다.(姜弘重『東槎録』) 1.-. 柳川調興이 礼曹앞으로 보내는 서계에서 通信使来日에 감사하고, 노중의 명에 의해 帰路의 호위를 담당한다고 전해왔다.(『江雲随筆』) 2.15. 朝鮮使節이 対馬府中에 도착하여 海晏寺에 묵었다.(姜弘重『東槎録』) 2.-. 宗義成이 礼曹 앞으로 보내는 서계에서 通信使帰国에 맞추어 被虜人의 쇄환을 노력하겠다는 뜻을 전했다.(『江雲随筆』)/ 規伯玄方이 礼曹앞로 보낸 서계러서 通信使가 来日을 감사했다.(『江雲随筆』) 3.5. 朝鮮使節이 対馬 鰐浦를 출발하여 격심한 파도속에서 釜山으로 돌아왔다.(姜弘重『東槎録』) 3.13. 회답사 鄭岦·姜弘重, 종사관 辛啓榮이 日本에서 돌아와 잡혀갔던 사람 1백 46명을 데리고 왔는데, 태반이 호남사람이므로 원적으로 돌려보내도록 청하다.(『仁祖實録』 인조 3, 『集成』28-11) 3.15. 사람들이 延平府院君 李貴와 金鎏가 서로 화합하지 못하는 것을 비유하여, 琉球國이 화합하지 못한다고 말하다.(『仁祖實録』 인조 3, 『集成』28-11) 3.23. 회답사 鄭岦·부사 姜弘重 등이 복명하여 日本 國王 源家光이 우리나라에 보낸 復謝書를 올리고, 日本의 대접이 매우 후했는데 증정하는 물품은 모두 받지 않았다고 아뢰다.(『仁祖實録』 인조 3, 『集成』28-11) 3.25. 1상이 회답사를 인견하여 관백 및 왜국의 사정, 쇄환인에 대해 물어보다.(『仁祖實録』 인조 3, 『集成』28-12) 4.5. 특진관 신경진이 회답사가 받지 않은 倭銀을 취해 詔使가 올 때 쓰는 것은 부당하다고 아뢰다.(『仁祖實録』 인조 3, 『集成』28-13)
1626	【한국】 3.21. 호조에서 부산 倭營의 조세를 착실히 할 것을 청하다.(『仁祖實録』 인조 4, 『集成』28-17) 6.-. 동래부사 受職倭 藤永正 등의 서계를 예조에 보내어 約条에 정한 歳賜에 부족함이 없도록 요청했다.(『接待事目録抄』)/ 동래부사 金緻가 일본에 주는 公木은 8升 両端青糸 40尺을 통례로 하는데, 그것을 참작하여 변통할 것을 아뢰었다.(『接待事目録抄』)/ 東莱府 訓導 寸大鉢이 公貿木은 한번 倭館관문으로 들어가면 還出할 수 없는 규칙을 위반하고, 일본인과 결탁하여 부정을 저지르자 엄벌에 처해졌다.(『接待事目録抄』) 윤6.7. 訓練都監에서 硫黄은 조선에서 산출되지 않기 때문에 일본과 明에서 수입하는데, 代価는 戸曹정한다는 뜻을 상신했다.(『承政院日記』) 윤6.-. 柳川調興의 送使가 동래부사에게 공무역의 累年未収의 公木(木綿)의 결제를 요청했으나 부사가 이것을 거절했다.(『接待事目録抄』) 8.-. 日本国 対馬 万松院送使가 公貿易의 公木이 당초의 定約보다 감소했기 때문에 回書를 받지 않았다.(『接待事目録抄』) 9.10. 전라감사 閔聖徵이 益山郡이 蘇行과 李寶는 倭亂 때 혈전하다 죽었으니, 사제하고 관작을 주는 일과 정표를 내리고 자손을 녹용하는 등의 일을 해조에서 처치하도록 하자는 청을 올리다.(『仁祖實録』 인조 4, 『集成』28-17)
1627	【한국】 1.-. 対馬 特送船의 進上物 중에서, 煙草吸竹은 받지 않고, 刀剣을 진상시켰다.(『接待事目録抄』)/ 調興(柳川)送使에게 4년 未収分 및 万松院 公貿 11同를 감해주도록 했다.(『接待事目録抄』) 2.8. 비국이 지금의 형세를 倭館에게 알리어, 일본에 통보하여 주도록 하자고 아뢰니, 그대로 따르다.(『仁祖實録』 인조 5, 『集成』28-19) 2.29. 비국에서 朴大根으로 하여금, 왜인을 응접하는 물건을 마련하기 어려우니, 약속을 정해 놓고 물러갔다가 돌아올 것을 개유하도록 청하다.(『仁祖實録』 인조 5, 『集成』28-19) 3.10. 비국이 서쪽 오랑캐가 변방을 침범하려 한다는 사실을 倭使에게 알려주었는데, 이제 적병이 물러 갔으므로 지급해 주어야 할 물건을 지체하지 말고 주자고 아뢰니, 상이 그대로 따르다.(『仁祖實録』 인조 5, 『集成』28-19) 3.11. 경상감사 金時讓이 치계하기를, 왜인들이 서쪽 오랑캐가 침범했다는 소문을 듣고, 그냥 돌아가기를 꺼려하므로, 부득이 島主와 調興에게 보낼 서계의 초고를 적어 비변사에 보낸다고 하다.(『仁祖實録』 인조 5, 『集成』28-20) 3.12. 徐渚이 對馬島는 우리나라에 의지하여 衣食住를 해결하므로 근심거리를 만들지 않을 것이라고 아뢰다.(『仁祖實録』 인조5 『集成』28-20)/ 李元翼과 申欽이 새로 나오는 倭使를 편의에 따라 잘 대접하고, 인삼·매·말 등의 물건을 조정에서 마련하여 보내주어서 일이 생기는 걱정을 없애자고 아뢰다.(『仁祖實録』 인조 5, 『集成』28-21) 3.20. 예조에서 대마도주가 적의 침범 소식을 듣고 軍器와 差倭를 보내었는데, 차왜를 잘 접대하여 속히 돌려 보내자고 청하니, 상이 윤허하다.(『仁祖實録』 인조 5, 『集成』28-21) 3.25. 비국이 日本 사신들이 우리 변방의 사정을 탐지하면서 병기를 보내 적을 토벌하는 것을 돕겠다고 하므로 그 충성에 답한다는 답서를 보내고, 잡물을 빨리 보내주어 오랫동안 머무는 일이 없게 하자고 아뢰니, 그대로 따르다.(『仁祖實録』 인조 5, 『集成』28-22) 3.27. 비국이 倭亂을 당했을 때 단독으로 일급을 벤 자는 殿試에 직부토록 한 규례가 있음을 아뢰다.(『仁祖實録』 인조 5, 『集成』28-22) 3.-. 柳川調興의 代官이 鉄砲 80정·火薬 100斤·鉛鉄 10斤을 조선에 매각했다.(『接待事目録抄』)/ 後金軍이 물러감에 따라 일본사자에게 茶礼를 행했다.(『接待事目録抄』) 5.1. 부제학 鄭經世 등이 차자를 올려 東莱府使로 하여금 税銀을 풀어 倭銃을 무역하거나, 對馬島로 가서 銃을 무역하게 하

일본

늦었다고 했다.(松隠編続善隣国宝記)

5.1. 日本國 對馬州 太守 拾遺侍中 平義成이 예조에 서신을 보내 회답사가 銀을 받아들이는 것이 합당하는 것을 아뢰니, 임금이 사신 이하에게 넉넉히 나누어 주라고 명하였으나 鄭岦 등이 세 번이나 소장을 올려 사양하다.(『仁祖實錄』 인조3 『集成』28-14)

5.4. 지사 吳允謙이 회답사에게 중급한 銀에 대하여 對馬島主가 서신을 보냈는데, 그 말의 뜻이 훌륭하다고 아뢰다.(『仁祖實錄』 인조3 『集成』28-15)

7.7. 왜인 藤永正·平信 등이 귀순하여 관대를 받기를 청하자 윤허하다. / 日本 對馬島主 平義成이 회답사 鄭岦 등이 유치해 둔 銀貨를 사양하다.(『仁祖實錄』 인조3 『集成』28-16)

7.-. 宗義成이 朝鮮에 보내는 서계에서 万松院에 父 義智의 表忠碑를 세우기 위해 원조를 요청했다.(『江雲随筆』)

10.18. 지사 金壗가 倭亂 때 절의로 죽은 자들에게 관작을 추증하고 제사를 지내주자고 아뢰니, 임금이 그대로 따르다.(『仁祖實錄』 인조3 『集成』28-16)

11.-. 規伯玄方이 礼曹 앞으로 보내는 서계에서 以酊庵 送使의 貿易額 감소에 대해 景轍玄蘇의 정도로 規模復旧를 요청했다.(『江雲随筆』)

9.12. 지사 金尙容이 임진년 倭亂 때 창의병을 일으켜 싸우다 전사한 金千鎰과 高敬命에게 액호만 하사하고, 은전이 없다고 아뢰니, 上이 禮官으로 하여금 의논하여 처리하라고 명하다.(『仁祖實錄』 인조4 『集成』28-18)

9.15. 관원을 보내어 충신 고경명·김천일을 사제하고, 김천일의 자손을 녹용하다.(『仁祖實錄』 인조4 『集成』28-18)

9.-. 왜관의 일본인이 書契를 예조앞으로 보내어, 거듭해 館垣을 넓히기를 청했으나 東萊府使가 後弊를 염려하여 조정의 지시를 요청했다.(『接待事目録抄』)

11.-. 対馬의 一特送使가 연향의 때에 万松院送使와 公貿易価木으로 다투었다. 일본인이 군중 깃발을 들고 宴庁에서 시위했다.(『接待事目録抄』).

12.-. 対馬島主의 사자가 良馬를 요청하면서 始硝 200斤·鉄砲 100정을 가지고 왔다.(『接待事目録抄』). 日本船 2척이 초량항에 정박했는데, 야간에 비바람에 의해 1척이 떠내려 갔다. 부산 왜관의 일본인이 배를 내어서 탐색해줄 것을 요청했으나 허락하지 않았으나, 재차 釜山의 배에 일본인이 편승하여 탐색을 요청하자 허락했다.(『接待事目録抄』). 受職倭人이 와서 尺量点閲 후에 潜帯者 5인이 오자, 이후에는 潜帯를 금했다.(『接待事目録抄』)

【일본】

11.-. 礼曹参議 金泥가 対馬의 宗氏에게 綿花不作에 의해 公木 대신에 잠시, 常木으로 할 것을 전해왔다.(『通航一覧』127)

자고 아뢰다.(『仁祖實錄』 인조5 『集成』28-23)

5.6. 동지 성절사 김상헌 등이 돌아오면서 왜에 관해 논의한 일을 보고하다.(『仁祖實錄』 인조5 『集成』28-23)

5.18. 김상헌이 유구국 사신의 행장이 넉넉하지 못하다고 보고하다.(『仁祖實錄』 인조5 『集成』28-24)

5.30. 비국이 병기를 보낸 의성 조흥에게 상을 주고, 낙타 등을 내리도록 청하다.(『仁祖實錄』 인조5 『集成』28-24)

6.27. 對馬島主가 글을 올려 호란의 평정을 경하하다.(『仁祖實錄』 인조5 『集成』28-25)

7.9. 日本國 對馬島主 平義成이 글을 올려 호란의 평정을 경하하다. / 東萊府使 柳大華가 對馬島主가 賀使와 正官 등에게 朝鮮이 노적을 토평할 때 노획한 방패와 칼 등을 關白에게 바치고 싶다고 한 것을 아뢰고, 묘당으로 하여금 이를 처치하게 할 것을 아뢰다.(『仁祖實錄』 인조5 『集成』28-25)

7.-. 일본상선 1척이 多大浦에 표착하여 倭館으로 보냈다.(『接待事目録抄』)

8.13. 김시양이 대마도주에게 胡人의 弓矢와 甲冑를 주어, 탐지하고 시험하려는 왜인의 생각을 채워주기를 청하다.(『仁祖實錄』 인조5 『集成』28-25)

8.19. 規伯玄方이 조선국 崔判事 앞으로 보내는 서계에서 鳥銃 送付에 대해 宗義成을 설득한 사정을 전해왔다.(『江雲随筆』)

8.-. 宗義成이 조선국 예조 앞으로 보내는 서계에서, 後金軍에 대비하기 위해 藩庫의 鳥銃 100정을 몰래 송부한다고 전해왔다.(『江雲随筆』)

8.-. 沈香·沈束·竜脳·肉桂·桂皮등을 倭館에 구했다.(『接待事目録抄』)

9.-. 柳川調興이 예조에 서계를 보내 鎧刀 30柄等을 보냈다.(『江雲随筆』)

9.-. 柳川調興의 送使가 도착했다.(『接待事目録抄』)

11.1. 비국이 對馬島主와 平調興 등이 보낸 鳥銃과 硝黄에 대한 값에 대해 아뢰다.(『仁祖實錄』 인조5 『集成』28-26)

11.30. 東萊府使가 왜와의 사사로운 무역을 금할 것을 청하다.(『仁祖實錄』 인조5 『集成』28-26)

12.25. 김상헌의 상차중 왜관에 중국물건이 많음을 말하다.(『仁祖實錄』 인조5 『集成』28-26)

연도	한국
1628	【한국】 2.13. 비변사에서 왜노를 응접하는데 드는 비용을 마련할 방법을 논의하다.(『仁祖實錄』 인조6 『集成』28-27) 7.10. 비국이 중국 조정에서 우리나라 사신에게 倭情에 대해 묻거든, 呈文하여 변론하게 하는 것이 마땅하다고 아뢰니, 상이 따르다.(『仁祖實錄』 인조6 『集成』28-28)
1629	【한국】 1.-. 宗義成이 朝鮮国 예조 앞으로 보내는 서계에서, 将軍의 명에 의해 後金軍의 조선침략 상황탐사를 위해 規伯玄方을 漢城에 상경시킬 것을 요청했다.(『江雲随筆』) 3.24. 동래부사 柳汝恪이 倭差 玄方·平智廣이 서계와 관백의 유명을 가지고 와서 상경하기를 원한다 하니, 조정에서 별도로 접위관을 보낼 것을 청하다./ 승정원이 접위관의 호칭을 선위사로 고칠 것을 청하다.(『仁祖實錄』 인조7 『集成』28-29) 3.27. 장위가 朝講에서 왜사의 상경을 끝까지 막아야 할 것을 아뢰다.(『仁祖實錄』 인조7 『集成』28-29) 4.1. 영사 吳允謙 등이 矮使의 태도가 변해서 서울로 올라오는 것을 막기가 어렵다고 아뢰었으나, 임금이 절대 허락할 수 없다고 이르다.(『仁祖實錄』 인조7 『集成』28-30) 4.3. 병조판서 이귀가 왜사의 상경을 막을 수 없음을 아뢰다.(『仁祖實錄』 인조7 『集成』28-30)/ 지경연 김상용이 胡人과 倭人을 대하는 것이 다를바 없으므로 왜차의 상경은 당연하다고 아뢰었으나, 상은 길을 열어 줄 수가 없다고 하다.(『仁祖實錄』 인조7 『集成』28-31) 4.13. 비변사에서 玄方이 국사도 아니고 서계도 없으므로 상경시켜서는 안된다고 아뢰다.(『仁祖實錄』 인조7 『集成』28-32) 4.14. 병조판서 李貴가 사신의 專對에 대해 차자를 올리며, 왜차도상경케 하여 후회를 남기지 말아야 한다고 아뢰다.(『仁祖實錄』 인조7 『集成』28-32) 4.15. 선위사 정홍명이 현방을 서울에 올라올 수 있게 하라고 청하다.(『仁祖實錄』 인조6 『集成』28-33) 4.20. 우의정 李廷龜가 玄方을 상경시키지 말고, 부관에서 접대하는 것이 옳다고 아뢰다.(『仁祖實錄』 인조7 『集成』28-33) 4.21. 선위사 정홍명이 현방을 서울에 올라올 수 있게 하라고 치계하다.(『仁祖實錄』 인조7 『集成』28-34) 4.-. 対馬의 僧, 規伯玄方이 漢城의 客舍에서 필담하면서 明에의 貢路를 조선에 빌리는 것은 『善隣国宝記』에 典拠가 있다고 주장했다.(『江雲随筆』) 윤4.12. 왜사가 교자를 타고 있음을 아뢰다.(『仁祖實錄』 인조7 『集成』28-35) 윤4.22. 왜사 玄方·平智廣이 서울로 들어왔다.(『仁祖實錄』 인조7 『集成』28-35) 윤4.23. 상이 접위관 鄭弘溟을 왜차의 공갈에 겁을 먹어 교자를 타게 하였으므로 국가의 체면을 훼손하였으므로 추고하라고 전교하다.(『仁祖實錄』 인조7 『集成』28-35) 윤4.24. 상이 왜차에 대하여 물으니, 오윤겸이 중국을 도와 오랑캐를 토벌하여 조공의 길을 트고, 우리나라의 문자와 악장을 배우려 한다니, 홍서봉이 믿을 수 없는 일이라 아뢰다.(『仁祖實錄』 인조7 『集成』28-35) 윤4.25. 왜사 玄方이 종자 8명을 거느리고, 崇政門 안에서 숙배하다.(『仁祖實錄』 인조7 『集成』28-36) 윤4.26. 예조가 國書를 가지고 오지 않은 玄方을 추장의 사신으로 대접하니, 불화를 조성하려고 한다고 아뢰다.(『仁祖實錄』 인조7 『集成』28-37) 윤4.27. 병조에서 倭使 연향을 하고 예물을 주니, 玄方이 감격스러워하다.(『仁祖實錄』 인조7 『集成』28-37)/ 병조판서 李貴가 사신을 일본에 파견하려 内情을 살펴서 明에 알리고, 後金에 보고하기를 청했다.(『承政院日記』5.6-5.9条)/ 예조 참의 宋克訒이 宗義成 앞으로의 서계에서 1617년도의 공무역 未收分을 准給할 뜻을 전했다.(『江雲随筆』) 5.5. 왜사 평지광이 종자 8명을 거느리고 대궐 아래서 숙배하니, 상이 중사로 하여금 빈청에서 술을 대접하게 하다./ 이서가 왜사를 국서를 이유로 변통의 방법을 차자로 올리다.(『仁祖實錄』 인조7 『集成』28-39) 5.7. 倭使가 經書와 通鑑·牧隱集 등의 서책을 요구하니, 상이 주라고 명하다.(『仁祖實錄』 인조7 『集成』28-40) 5.8. 예조가 평지광 등에게 연향을 베풀자, 도주의 서계 진상 물품을 올리다.(『仁祖實錄』 인조7 『集成』28-40) 5.13. 예조가 왜인접대에 관한 등록이 난리통에 산실되었다는 것과 公貿木이 계축년부터 감소된 것을 아뢰다.(『仁祖實錄』 인조7 『集成』28-41) 5.14. 李景稷이 기유년 약조의 공무역수와 對馬島의 크기·인구등에 대해, 8개읍이 있고, 府中에는 3-4백호가 있다고 아뢰다.(『仁祖實錄』 인조7 『集成』28-41) 5.15. 상이 예관을 별도로 보내 倭使 玄方 등에 대해 잔치를 베풀게 하니, 玄方이 圖書를 곧 돌려주겠다고 하다. 당상관이 공무목에 대하여 약조한 대로 허락한다고 하니, 玄方이 사의를 표하다.(『仁祖實錄』 인조7 『集成』28-42)/ 비국에서 정사년 미수된 동을 당감해 주기를 청했으나 허락하지 않다.(『仁祖實錄』 인조7 『集成』28-43)
1630 ▼	【한국】 1.4. 왜학역관 邪没知가 規伯玄方 앞으로 보낸 서계에 規伯이 新印 以酊庵 図書의 수령을 거부한 것에 대해 응락할 것을 간원하다.(『江雲随筆』) 1.-. 宗義成가 조선국 예조 앞으로 보내는 서계에서, 新印의 図書造給에 감사하고, 義智의 旧印을 還納하겠다는 뜻을 전

일본

【일본】

10.-. 예조참의 鄭百昌가 対馬의 宗氏에게 飢饉 때문에 세견선의 파견을 일시 중지해 달라고 요청했다. (『通航一覧』127)/ 이해에 倭館(釜山館)을 보수했다.(『通航一覧』124)

11.-. 조선인 竹西가 建長寺 東外門의 「海東法窟」의 額과 西外門의 「天下禅林」의 額字를 썼다.(新編相模国風土記稿78山内村建長寺)

12.-. 宗義成이 조선국 예조앞으로、万松院送使의 船隻数의 증가를 호소했다.(『江雲随筆』)/ 그해 겨울 幕府가 宗義成에게 後金의 침공에 대해 조선에 문도록 명했다.(『通航一覧』133)/ 宗義成이 幕府에 後金이 조선에 침공했다는 것(제1차 침구)를 전했다.(『通航一覧』133)

【일본】

윤2.11. 対馬藩이 조선의 사정을 탐색하기 위해 規伯玄方·杉村栄女를 파견하여, 이날 規伯·栄女가 対馬를 출발했다.(『通航一覧』133)

윤4.6. 規伯玄方·杉村栄女가 漢을 향해 釜山을 출발했다.(『寛永六年御上京之時毎日記』寛永6.4.6条·『通航一覧』133)

윤4.22. 規伯玄方·杉村楽女가 漢城에 도착했다.(『寛永六年御上京之時毎日記』寛永6.4.22条·『通航一覧』133)

윤4.25. 規伯玄方이 王을 배알했다. 다음날 26일, 規伯이 礼曹宴을 받았고, 後金軍을 擊退했다는 것 등을 들었다.(『寛永六年御上京之時毎日記』寛永6.4.25조·4.26조·『通航一覧』133)

5.21. 規伯玄方·杉村栄女가 漢城을 출발했다.(『寛永六年御上京之時毎日記』寛永6.5.21조·『通航一覧』133)

5.-. 예조참의 宋克訊이 宗義成 앞으로 보내는 서계에서 規伯玄方이 後金軍의 조선침략에 대한 상황탐사를 위해 漢城에 상경했고, 「平遊通貨」의 요청을 거절했다고 했다.(『江雲随筆』·『朝鮮通交大紀』)

6.19. 規伯玄方·杉村栄女가 朝鮮에서 귀국하여 宗義成에게 조선사정을 보고했다.(『通航一覧』133)

12.26. 朝鮮国 사자인 刑僉知·崔判事가 宗義成의 귀국을 慶賀하고, 規伯玄方 등의 파견에 감사하기 위해 対馬에 来島했다.(『宗氏家譜略』·『通航一覧』133)

5.21. 현방등이 정사년 미수조를 허락하지 않자, 회답서계도 기다리지 않고 대문을 때려부수고 나가려 하자, 역관이 타일렀다.(『仁祖實錄』인조7『集成』28-44)

5.26. 호조참판 최명길이 정사년 미수조를 허락하도록 청하다.(『仁祖實錄』인조7『集成』28-44)

6.1. 비국이 玄方에게 주기로 한 공무목을 준비가 되는 대로 주겠다는 뜻을 상이 직접 倭使에게 유시를 내릴 것을 청하니, 그대로 따르다.(『仁祖實錄』인조7『集成』28-44)/ 예조가 對馬島에 답한 서계에 공무목을 기유년의 약조에 준하여 지급하기로 했다고 이르다.(『仁祖實錄』인조6『集成』28-46)

6.-. 東莱府使 柳汝恪이 宗義成 앞으로 보내는 서계에서 規伯玄方의 漢城上京은 特例이며, 後日의 先例가 돼서는 안된다는 뜻을 전했다.(『江雲随筆』)

7.3. 宗義成이 예조 앞으로의 서계에서 5개조의 요청 중에 明에의 貢路 요청·公貿易 미수문제에 대해 선처를 구했다.(『江雲随筆』)/ 規伯玄方이 예조 앞으로 보내는 서계에서, 6월17일에 対馬에 도착했다는 것을 고하고, 明에의 공로요청과 公貿易 미수문제에 대해 선처를 구했다.(『江雲随筆』)

8.6. 對馬島主 平義成 및 玄方이 예조에 서한을 보내 폐쇄한 길을 열어준 것과 差官을 京城에 불러들였다가 귀한 시킨 일에 대해 사의를 표하다.(『仁祖實錄』인조6『集成』28-47)

9.2. 對馬島主 平義成에게 새로 새긴 図書를 差倭 平智友를 통해 부쳐 보내려고 하였는데, 平智友가 사양하고 서계만 가지고 돌아가다.(『仁祖實錄』인조7『集成』28-48)

9.6. 왜학역관 3명이 規伯玄方 앞으로 보내는 서계에서 以酊庵 図書의 改給 등 7개조에 대하여 설명했다.(『江雲随筆』)

9.-. 예조좌랑 鄭維城이 規伯玄方 앞으로 보내는 서계에서 旧印의 図書를 받고, 新印의 以酊庵 図書를 보낸다고 했다.(『江雲随筆』)/ 예조참판 李基旅가 宗義成 앞으로, 規伯玄方이 말한 貢路一件에 대해 그 요청을 거절했다.(『江雲随筆』)

8.-. 예조참의 李基旅가 宗義成 앞으로 보내는 서계에서 義成이 義智의 図書를 계속 사용하는 것은 부당하니, 義成의 新印図書를 발급하여 보낸다는 뜻을 전했다.(『江雲随筆』·『朝鮮通交大紀』)/ 예조좌랑 金立元이 規伯玄方 앞으로 보내는 서계에서, 新印의 以酊庵 図書를 보낸다는 뜻을 전했다.(『江雲随筆』)

10.-. 宗義成이 예조 앞으로 보낸 서계에서 明에의 공로요청·公貿易未収問題에 대해 예조의 비판에 반론을 했다.(『江雲随筆』)/ 規伯玄方가 에조앞으로 보낸 서계에서, 조선측의 変約失信을 이유로 以酊庵 図書의 改給印의 수령을 사퇴하고 싶다는 뜻을 전했다.(『江雲随筆』)

11.-. 예조좌랑 安時賢이 規伯玄方 앞으로 보낸 서계에서, 規伯이 新印의 以酊庵図書의 수령을 辞退한 것에 대해 反論을 했다.(『江雲随筆』)

12.6. 좌부승지 鄭基廣이 공무목의 정식을 정하도록 청하다.(『仁祖實錄』인조7『集成』28-48)

12.9. 호조가 전후의 동래부사들이 공무목을 축낸 숫자가 많았음을 아뢰다.(『仁祖實錄』인조7『集成』28-49)

12.15. 회답서계를 差倭 橘成供에게 부쳐 보내면서 새 도서를 가지고 가라고 하니, 거절하다.(『仁祖實錄』인조7『集成』28-50)

　　하다.(『江雲随筆』)/ 規伯玄方이 예조 앞으로 보내는 서계에서 以酊庵 図書의 改給印을 수령에 응하겠다는 뜻을 전하다.(『江雲随筆』)

2.6. 예조가 왜인 藤永正이 규정이외로 진봉한 호초 1백근을 물리칠 것을 청하니, 상이 따랐다.(『仁祖實錄』인조8『集成』28-50)

2.27. 對馬島主 平義成이 표류한 사람 9인을 쇄환한다는 서계를 올리니, 예조가 예물과 서첩을 보내 사례하다.(『仁祖實錄』인조8『集成』28-50)

연도	한국
▲ 1630	3.5. 備局에서 왜인들에게 주는 물건이 매우 많아 度支로서도 주선을 하지 못한다고 아뢰다.(『仁祖實錄』 인조8 『集成』28-51) 8.21. 宗義成이 예조앞으로 보내는 서계에서, 금년 봄에 江戸에 參府하여 將軍을 알현했는데, 幕府가 明에의 貢路 요청을 사실상 거두어 들이겠다는 뜻을 보였다고 전했다.(『江雲隨筆』) 8.27. 日本 對馬州守 平義成이 歲貢의 方物을 바치다.(『仁祖實錄』 인조8 『集成』28-51) 9.2. 日本 對馬州 平義成이 差外를 보내 경오년의 歲貢을 바치다.(『仁祖實錄』 인조8 『集成』28-51)
1631	【한국】 3.-. 王이 信使를 파견할지 말지를 신속하게 의논하도록 명하니, 礼曹가 파견해야만 한다는 뜻을 上申했고, 王이 이것을 허가했다.(『辺例集要』하, 崇貞9.3.조) 8.2. 상이 동래부사 홍립에게, 왜인은 간교하여 대하기 어려우니 항상 경계하도록 전교하다.(『仁祖實錄』 인조9 『集成』28-52) 9.13. 原溪君 元裕男의 졸기에 倭亂 때 權慄의 군영에 소속되어 있다가 죄를 짓고 형벌을 받게 되었으나, 공을 세워 權慄이 풀어주었다고 적다.(『仁祖實錄』 인조9 『集成』28-53) 9.-. 管餉司 및 京中 각아문의 唐物貨는 모두 부산으로 내려 보내고, 倭人이 도래하면, 즉시 발매하여, 왜인이 規定日数를 초과하여 왜관에 머무르는 폐단을 없도록 했다.(『接待事目録抄』) 12.-. 規伯玄方의 사자 藤智繩가 도착하여 公木復旧의 許約을 요청했다.(『接待事目録抄』)
1632	【한국】 3.-. 부산왜관의 울타리를 넓히고, 井戸까지의 길을 열었다.(『接待事目録抄』) 4.7. 日本 關白 源秀忠이 사망하고, 아들 家忠이 뒤를 잇다.(『仁祖實錄』 인조10 『集成』28-53) 4.12. 예조가 源秀忠이 죽었으므로 위문할 것을 청하니, 임금이 계사를 시행할 것을 이르다.(『仁祖實錄』 인조10 『集成』28-54) 7.7. 倭譯을 對馬島에 보내다.(『仁祖實錄』 인조10 『集成』28-54) 7.22. 日本의 歲遣船이 왔다고 東萊府使가 아뢰다.(『仁祖實錄』 인조10 『集成』28-54) 7.26. 동래부사 洪霅이 下船宴과 上船宴의 예복에 관하여 물어오다.(『仁祖實錄』 인조10 『集成』28-54) 9.2. 동래부사 洪霅이 왜사를 접대하는데, 졸곡뒤에 입을 예복을 청하다.(『仁祖實錄』 인조10 『集成』28-55) 10.9. 日本 關白 源秀忠이 죽자, 우리나라에서 崔義吉 등을 보냈는데, 그들이 돌아와 말하기를 關白이란 平秀吉을 자칭한 것으로 源秀忠은 相國으로 호칭한다고 했다고 아뢰다.(『仁祖實錄』 인조10 『集成』28-56)
1633	【한국】 6.3. 日本의 癸酉年條 歲遣船 第4船이 오다.(『仁祖實錄』 인조11 『集成』28-56) 6.-. 일본 歲遣船의 進上品 중에 棺匣이 있는데, 동래부사가 수납을 거부했다.(『接待事目録抄』)
1634	【한국】 12.8. 東萊府使 李弘望이 아뢰기를, 倭使 藤智繩이 서계없이 馬上才를 구한다고 하니, 예조에서 이를 거절하다.(『仁祖實錄』 인조12 『集成』28-57) 12.10. 東萊府使 李弘望이 藤倭가 關白이 馬上才를 보고 싶어서 島主로 하여금 구해 오게 했다고 아뢰니, 상이 들여 보내라고 명하다.(『仁祖實錄』 인조12 『集成』28-57)/ 日本에서 서계를 보내 말을 잘 모는 자와 역관 1인을 보내달라고 청하다.(『仁祖實錄』 인조12 『集成』28-58) 12.14. 비변사가 關白의 청을 들어주고 우리나라 사람을 쇄환해 오자고 아뢰니, 상이 그대로 따르다.(『仁祖實錄』 인조12 『集成』28-58) 12.15. 李曙와 申景禛이 항왜의 자손으로 日本에 쇄환할 자들은 기예가 뛰어나고 죽기를 무릅쓰고 전쟁터에 나아가 싸우는 자들로 軍中에 두면 도움이 될 것이라고 아뢰다.(『仁祖實錄』 인조12 『集成』28-58)
1635	【한국】 6.13. 倭人이 馬上才軍을 들여보내 줄 것을 요청한 것에 대해 역관 洪喜男이 불가하다고 아뢰다.(『仁祖實錄』 인조13 『集成』28-59) 8.9. 상이 관백이 평범한 자라고 평하다.(『仁祖實錄』 인조13 『集成』28-60) 8.26. 형조판서 具宏으로 경기·경상·전라·공청도 사도담당 당상으로 삼았는데, 風變이 있은 뒤 삼남의 戰船이 파괴되고, 倭賊의 정세에 의심스러운 점이 많아 조야가 흉흉하였기 때문이다.(『仁祖實錄』 인조13 『集成』28-60) 9.26. 비국에서 공청도의 전선추가와 호남의 육군 감축에 대해 건의하다.(『仁祖實錄』 인조13 『集成』28-61) 10.26. 東萊 倭館에 머무는 倭人에게 쌀 1백석을 내리다.(『仁祖實錄』 인조13 『集成』28-61) 11.7. 상이 倭賊의 정세에 대해 물으니, 尹昉 등이 倭人들이 침범할 기세는 보이지 않는다고 아뢰고, 李弘冑 등은 수군을 경비하여 뜻밖의 사태에 대비할 것을 청하다.(『仁祖實錄』 인조13 『集成』28-62) 12.17. 日本이 明나라의 연호를 쓰지 않고 서식을 바꾸었으며 예조를 足下라고 부르면서 對馬島를 예조와 동등한 나라라고 하다.(『仁祖實錄』 인조13 『集成』28-62)
1636 ▼	【한국】 1.8. 비국이 下三道에 산성을 수축하고 對馬島의 뜻밖의 변고에 대비하게 하였다고 아뢰다.(『仁祖實錄』 인조14 『集成』28-63) 1.19. 좌의정 吳允謙의 졸기에 昏朝 때 신사로 日本에 갔는데 몸가짐이 깨끗하고 간이하여 倭人들이 공경하고 복종하였다

일본
9.13. 日本 對馬島에서 平成倫 등을 보내어 방물을 바쳤다.(『仁祖實錄』인조8 『集成』28-51)
9.-. 規伯玄方이 예조 앞으로 보내는 서계에서 幕府에 지난해 漢城上京의 사후보고를 한 것과 8월 하순에 江戸를 출발하여 9월 초순에 京都 南禅寺에 도착했다고 전했다.(『江雲随筆』)
10.13. 對馬島主 平義成이 正官 平城 등을 보내 硫黄 등의 물건을 바치며 매와 인삼을 요구하다.(『仁祖實錄』인조8 『集成』28-51)
12.20. 對馬島主 平義成이 후추 등을 바치고 호피와 우리나라의 토산물을 요구하다.(『仁祖實錄』인조8 『集成』28-52)
【일본】
7.-. 예조참의 吳翻이 宗義成에게 서계를 보내어 末納公木 문제를 전했다.(『通航一覧』127)
9.-. 예조참의 吳爾徽가 宗義成에게 서계를 보내어 末納公木의 납입연기를 요청했다.(『通航一覧』127)
【일본】
1.-. 宗義成이 조선에 大訃使를 파견하여 秀忠의 죽음을 전했다.(『通航一覧』119)
3.-. 예조참의 金鉉이 宗義成에게 서계를 보내어, 末納公木의 납입연기와 역관의 파견 중지를 전했다. (『通航一覧』127)
8.-. 조선국 역관 韓첨지와 崔판사가 秀忠의 弔慰를 위해 対馬에 来島했다.(『通航一覧』119)
12.11. 對馬島의 승려 玄方이 《名臣言行録》과 《入学圖説》을 얻기를 청하였으나 거절하다.(『仁祖實錄』인조10 『集成』28-56)
【일본】
10.-. 조선국 漁民 4인이 石見国에 표착했는데, 그이듬해 寛永12년(1635) 5월에 対馬藩을 경유하여 송환했다.(『通航一覧』136·本邦朝鮮往復書』1) → [朝鮮1635.8.-]
12.-. 예조참의 金德誠가 宗義成 앞으로 보내는 서계에서 馬上才 2인을 訳官 洪喜南·崔義吉과 동행 시킨다고 전하고, 피로인쇄환을 주선해 줄 것을 요청했다.(『本邦朝鮮往復書』1)
【일본】
3.11. 家光이 스스로 対馬藩主 宗義成과 그의 老臣 柳川調興과의 争論에 대해, 両者를 소환하여 엄하게 심문하고, 裁決을 내렸다. 調興을 陸奥国 津軽에, 規伯玄方을 同国南部에, 玄昊를 出羽国 秋田에 유배시키고, 義成의 家臣 島川内匠父子와 調興의 家臣 松尾七右衛門 父子 등을 斬罪로 처단하고, 義成을 사면했다.(『德川実紀』·『史料綜覧』17·『書き替えられた国書』)
5.-. 宗義成이 조선국 예조참의 앞으로 보내는 서계에서, 訳官 2인이 도래하여 馬上才를 장군에게 上覧하고, 피로인쇄환에 대해 현재 老中이 심의를 하고 있어 시간이 필요하다는 것 등을 전했다.(『本邦朝鮮往復書』1)
6.6. 宗義成이 막부에 歳遣船 파견 재개를 청하여 幕府가 이것을 허락했다.(『通航一覧』128)
11.-. 宗義成이 예조에게 보내는 서계에서 柳川調興의 図書와 冠服·以酊庵으 図書·流芳院의 図書를 조선에 반납하겠다고 전해 왔다.(『本邦朝鮮往復書』1)
8.-. 예조참의 李省身이 宗義成에게 보내는 서계에서 石見国에 표착한 조선인어민의 송환에 감사했다.(『本邦朝鮮往復書』1) → [日本1634.10.-]
【일본】
1.-. 동래부사 鄭良弼이 宗義成 에게 보내는 서계에서 柳川一件의 종결을 축하하고, 柳川調興 등의 図書 등을 조정에 転送했다고 전했다.(『本邦朝鮮往復書』1)/ 예조참의 趙緯韓이 宗義成 앞으로 보내느 서계에서 柳川一件의 종결과 義成의 귀국을 축하했다.(『本邦朝鮮往復

연도	한국
▲ 1636	고 적다.(『仁祖實錄』인조14 『集成』28-63) 3.7. 差倭가 가지고 온 東萊府의 서계에 足下라고 일컬은 것을 고치게하였으나 따르지 않다.(『仁祖實錄』인조14 『集成』28-64) 6.25. 對馬島에서 特遣船이 나왔는데, 進貢單子가 예의에 맞지 않았으므로 우리나라를 업신여긴 것이라고 여기다.(『仁祖實錄』인조14 『集成』28-64) 7.23. 完城君 崔鳴吉이 차자를 올려 교린하는 도는 격식을 따라야 하지만 근래에 日本의 사기가 조금 달라져 미봉책을 쓸 수 밖에 없었다고 아뢰다.(『仁祖實錄』인조14 『集成』28-64) 10.6. 조선통신사가 対馬 佐須奈浦에 도착했다.(『丙子日本日記』·金世濂『海槎録』·黃戻『東槎録』) 10.12. 조선통신사가 対馬府中에 도착했다. (『丙子日本日記』·金世濂『海槎録』·黃戻東槎録』) 10.24. 조선통신사가 対馬島主宗義成·棠蔭玄召 등과 함께 対馬府中을 출발했다.(『丙子日本日記』·金世濂『海槎録』·黃戻『東槎録』) 11.9. 朝鮮通信使가 大坂의 本願寺에 도착했다. 夕方이 京都에 도착하여 本圀寺에 숙박했다.(『丙子日本日記』·金世濂『海槎録』·黃戻『東桂録』) 12.6. 조선통신사가 江戸에 도착하여 本誓寺에 숙박했다. 安藤重長·脇坂安元 등이 접대를 주관했다.(『丙子日本日記』·金世濂『海槎録』·黃戻『東槎録』) 12.13. 朝鮮通信使가 家光에게 国書를 奉呈했다. 家光이 日光遊覧을 권하자, 통신사가 이를 받아들였다.(『丙子日本日記』·金世濂『海槎録』·黃戻『東槎録』) 12.21. 朝鮮通信使가 日光山参詣를 했다.(『丙子日本日記』·金世濂『海槎録』·黃戻『東槎録』) 12.29. 조선통신사가 江戸를 출발하여 귀국의 길에 올랐다.(『德川実紀』·『丙子日本日記』·金世濂『海槎録』·黃戻『東槎録』) -. 이해에 倭館裁判 有田智綱과 共僉知·李判事가 세견선에 관한 교섭을 했다.(『通航一覽』122)
1637	【한국】 1.16. 조선통신사가 京都에 도착했다.(『丙子日本日記』·金世濂『海槎録』·黃戻『東槎録』) 1.21. 조선통신사가 大坂의 本願寺에 도착했다.(『丙子日本日記』·金世濂『海槎録』·黃戻『東槎録』) 1.28. 한의 글에 일본과의 무역을 허가하고, 사신을 인도하여 조회하기를 명하다.(『仁祖實錄』인조15 『集成』28-66) 2.14. 조선통신사가 壱岐를 출발하여 対馬府中에 도착했다.(『丙子日本日記』·金世濂『海槎録』·黃戻『東槎録』) 3.9. 통신사 任光·金世濂 등이 日本에서 돌아오니, 임금이 日本의 정세에 대해 묻다.(『仁祖實錄』인조15 『集成』28-66) 3.11. 예조가 對馬島主에게 보내는 예물을 수효대로 수령하였다는 내용을 답서 중에 언급하자고 아뢰니, 상이 따르다.(『仁祖實錄』인조15 『集成』28-67) 3.13. 예조가 日本이 奉行 등 7인을 보내 은자·면자·금선 등을 東萊에 남겨두었다고 하므로, 호조로 하여금 처리하게 하자고 아뢰니, 상이 따르다.(『仁祖實錄』인조15 『集成』28-68) 3.20. 임금이 청에서 日本과 통신하겠다고 하면, 어떻게 할 것인가를 물으니, 崔鳴吉이 절대 허락할 수 없다고 아뢰다.(『仁祖實錄』인조15 『集成』28-68) 3.21. 사간 김세렴이 왜인 집정중에 道春이란 자가 調興의 당여로, 義成과 원한이 깊어 調興이 유배당하였어도 밤낮으로 원한을 갚으려 한다고 아뢰다.(『仁祖實錄』인조15 『集成』28-70) 윤4.28. 상이 통신사 임광, 부사 김세렴, 종사관 황감, 역관일행을 시상하라고 명하다.(『仁祖實錄』인조15 『集成』28-70) 5.16. 司憲府가 日本에 갔던 사신에게 가자하는 명을 환수하자고 했으나, 임금이 윤허하지 않다.(『仁祖實錄』인조15 『集成』28-70) 11.8. 왜인이 매와 말 등을 구하므로 사서 주게하다.(『仁祖實錄』인조15 『集成』28-71) 12.16. 對馬島가 우리나라가 병화를 입었다는 말을 듣고 平成連을 東萊에 보냈는데, 서계를 가지고 상경하려 하자, 윤허하지 않다.(『仁祖實錄』인조15 『集成』28-71) 12.22. 영의정 李弘冑가 倭寇가 걱정이 되나 情狀이 나타나지 않으므로 염려할 것이 없다고 아뢰니, 上이 미연에 대비하도록 하라고 명하다.(『仁祖實錄』인조15 『集成』28-71)
1638 ▼	【한국】 1.15. 申景寅이 加德浦는 對馬島와 매우 가까운 곳이므로 변경의 아주 긴요한 곳이라고 아뢰다.(『仁祖實錄』인조16 『集成』28-72) 1.22. 差倭 平成連이 와서 7조목의 일을 말하다.(『仁祖實錄』인조16 『集成』28-73) 1.24. 상이 差倭가 말한 7조목의 일을 가지고 대신과 비국 당상을 인견하여 논의하다.(『仁祖實錄』인조16 『集成』28-73) 1.26. 전 좌의정 洪瑞鳳이 왜서의 7조목에 대해 계하다.(『仁祖實錄』인조16 『集成』28-75)/ 상이 비국과 함께 倭人이 말한 7조목의 일에 대해 논의하여 처리하다.(『仁祖實錄』인조16 『集成』28-76)/ 임금이 倭寇는 싸움을 좋아하고 성질이 교활하며 사특하여 差倭가 倭館에 머물어 있으면서 우리의 사정을 탐지할지도 모르니, 경계를 각별히 하라고 이르다.(『仁祖實錄』인조16 『集成』28-77)

일본

書』1)/ 宗義成이 조선국 예조 앞으로 보내는 서계에서 예년처럼 歲遣第1船을 보낸다고 전했다.(『本邦朝鮮往復書』1)

2.-. 역관 洪喜南이 藤智繩과 対馬에 왔다.(『通航一覽』31·『接待事目録抄』)/ 역관 洪喜南 등이 귀국했다.(『接待事目録抄』)/ 宗義成이 예조에 보내는 서계에 통신사의 来日을 요청했다.(『本邦朝鮮往復書』1)

3.-. 예조참의 鄭弘漢가 宗義成 앞으로 보내는 서계에서 통신사 파견의 건을 조정에 상신했다고 전하다.(『本邦朝鮮往復書』1)/ 宗義成이 예조에 보내는 서계에 対馬帰国을 고했다.(『本邦朝鮮往復書』1)/ 宗義成이 조선국 동래부사에게 보내는 서계에 통신사파견요청에 대해 예조참의의 답서를 독촉했다.(『本邦朝鮮往復書』1)

5.-. 예조참의 金境이 宗義成에게 보내는 서계에 역관 2인이 귀국할 때에 護行해준 것에 감사했다.(『本邦朝鮮往復書』1)

6.-. 宗義成이 동래부사에게 보내는 서계에 통신사파견에 대해 江戸에 보고했다는 것을 전하다.(『本邦朝鮮往復書』1)

7.-. 宗義成이 예조에 보내는 서계에 6월 23일에 江戸에 도착하여 28일에 장군을 알현했다는 것, 통신사 출발은 해로인 관계로 9월초가 적당하다는 것을 전했다.(『本邦朝鮮往復書』1)/ 동래부사 鄭良弼이 宗義成에게 보내는 서계에 통신사가 이번 가을에 출발할 예정이라는 것을 고하다.(『本邦朝鮮往復書』2)

8.11. 日本通信으로 任絖을 정사, 金世源을 부사, 黃戾을 종사관으로 임명했다.(『通航一覽』31)/ 王이 日本国大君(徳川家光) 앞으로 보내는 国書에서 일본국내의 태평을 축하했다.(『通航一覽』94)/ 예조참의 金南重이 宗義成에게 보내는 서계에 信使護行을 위한 訳官使를 파견한다고 전했다.(『本邦朝鮮往復書』2)/ 日本通信使가 漢城을 출발했다.(金世濂『海槎錄』)

8.-. 예조참의 金南重이 宗義成에게 보내는 서계에 통신사가 한성을 출발해 머지않아 왜관에 도착할 것이라고 전했다.(『本邦朝鮮往復書』2)/ 일본의 사자가 朝鮮信使의 迎護를 위해 도래했다.(『接待事目録抄』)

9.16. 宗義成이 동래부사에게 보내는 서계에서 義成이 통신사호행을 막부로부터 명을 받아 9월 5일에 対馬에 帰国했고 전하다.(『本邦朝鮮往復書』2)

12.27. 家光가 朝鮮通信使에게 国王(仁祖)앞으로 보내는 国書를 주었다.(使者 土井利勝·酒井忠勝)/ 家光는 国書에서 통신사파견을 감사했다. 이어서 宗義成과 柳川調興이 訴訟을 할 때, 지금까지의 国書와 印鑑의 위조행위가 발각되었었는데, 이것을 바로잡은 뜻을 전했다.(『徳川実紀』·『通航一覽』94)/ 酒井忠勝·堀田正盛이 예조참판에게 보내는 각각의 서계에 통신사 파견을 감사하고, 柳川一件이 裁決되었다고 전해왔다.(『通航一覽』104)

【일본】

1.19. 板倉重宗가 朝鮮国 礼曹参判에게 보내는 서계에서, 통신사파견을 감사하고, 柳川一件이 裁決된 뜻을 전했다. 또 피로인의 송환요청에 대해, 지난번 쇄환에서 누락된 자로서 귀국할 의지가 있는 자에 대해서는 별도의 기회를 기다려 줄 것을 원했다.(松隠編続『善隣国宝記』)

2.16. 宗義成이 朝鮮国 東萊府使에게 보내는 서계에서 통신사가 2월 4일에 対馬에 도착했다는 것을 전해왔다.(『本邦朝鮮往復書』2)

2.-. 宗義成이 예조에 보내는 서계에서, 통신사 三使가 귀국할 때, 수령을 거부한 장군의 하사품을 조선에 回送하는 뜻을 전했다.(『本邦朝鮮往復書』2)

3.12. 통신사 三使가 宗義成에게 보내는 서한에서 귀국을 고하고, 지난날의 환대에 감사했다.(『本邦朝鮮往復書』2)

3.-. 예조참의 崔葕이 宗義成에게 보낸 서계에서 清軍이 국경을 범했지만 講和를 成立시켜 물러간 내용을 전했다.(『本邦朝鮮往復書』2)

4.-. 宗義成이 예조와 동래부사에게 보내는 서계에서 金兵(清国軍)이 조선의 변경을 침범했지만, 조선이 이것을 討伐한 것을 축하했다.(『本邦朝鮮往復書』2·『通航一覽』133)/ 동래부사 鄭良弼이 宗義成에게 보낸 서계에서 앞서 清国人의 침범이 있었지만 講和를 성립시켜 변경이 조용해 졌다는 내용을 전해왔다.(『本邦朝鮮往復書』2)

7.-. 이보다 앞서 일본국 伯耆国 会見郡 米子村의 村川市兵衛의 어선이 竹島(鬱陵島)에서 고기잡이를 한 후, 경상도 蔚山 鮎魚津에 표착했는데, 이달에 예조참의 金境이 宗義成에게 보내는 서계에서 漂着船乗員을 송환한 사실을 전해왔다. 뒤이어 乗員 2명이 부산 왜관에 인도되어 송환되었다.(『通航一覽』135·『本邦朝鮮往復書』1)

8.21. 宗義成이 예조에 보내는 서계에서 伯耆国의 표류민의 송환에 감사하다고 老中에게 보고했다는 내용을 전했다. 9월 10일에 송환표류민과 함께 보낸 예조의 서한이 막부에 도착했다.(『本邦朝鮮往復書』2·『通航一覽』135)

8.-. 宗義成이 예조에 보낸 서계에 왜관의 관수교체를 보고했다. 伯耆国의 漂流民의 송환을 老中에게 보고하여 장군이 알게되었다고 전했다. 또 東萊府使·釜山僉使에게 보낸 서계에서 관수의 교체를 고하고, 内野権兵衛를 파견한다고 전해왔다.(『本邦朝鮮往復書』2) → [朝鮮7.-]

12.-. 対馬의 宗氏가 조선에 薬種을 요청했다.(『通航一覽』120)

【일본】

2.-. 예조참의 李德洲가 宗義成에게 보내는 서계에서 왜관관수의 교체를 수락했다는 뜻을 전했다.(『本邦朝鮮往復書』2)

4.27. 동래부사가 왜관 관수宛書에게 보내는 서한에서 표착선이 발견되어 즉시 통보한다는 뜻을 전했다.(『本邦朝鮮往復書』3)

4.-. 宗義成이 조선국 東萊府使에게 보내는 서계에서 5월 중순에 江戸에 参府할 예정이라고 전했다.(『本邦朝鮮往復書』3)

8.22. 宗義成이 조선국 예조에 보내는 서계에서 江戸에 参府하여, 8월 1일에 장군을 알현했다는 것을 전했다.(『本邦朝鮮往復書』3)

9.-. 예조참의 趙緯韓이 宗義成에게 보내는 서계에서 有田本兵衛에게 조정이 歲米를 늘리는 것에 대해서, 뒤늦게나마 서계를 송부한다는 뜻을 전했다.(『本邦朝鮮往復書』3)

연도	한국
▲ 1638	1.29. 상이 특진관 任絖에게 왜정을 물으니, 우려할 만한 일이 없다고 아뢰고, 琉球國이 日本에 신복하여 조공한다는 점에 대해 물으니, 그렇다고 아뢰다.(『仁祖實錄』 인조16 『集成』28-79)/ 差倭 平成連이 關白이 日本에서 조선으로 표류한 사람이 있다는 말을 들으면 조사하고 힐문할 단서가 있을까 염려되므로 몇자의 글을 얻어 증빙할 자료로 삼기를 원한다고 아뢰니, 상이 따르다.(『仁祖實錄』 인조16 『集成』28-79) 2.7. 上이 경상감사 李景曾에게 왜정을 물으니, 이경증이 우려하지 않는다고 하다.(『仁祖實錄』 인조16 『集成』28-80) 2.10. 임금이 倭寇가 쳐들어 온다는 유언비어에 대해 물으니, 좌의정 崔鳴吉이 差倭가 갑자기 7조목의 일을 가지고 와서 요청하였으니, 그 정형이 이상하게 생각할 만 하다고 아뢰다.(『仁祖實錄』 인조16 『集成』28-80) 3.6. 의주부윤 林慶業이 황제가 日本과 琉球를 침범하여 토벌하려고 하고 있다고 한 것을 아뢰다.(『仁祖實錄』 인조16 『集成』28-81) 3.13. 東萊府使 鄭良弼이 家康이 日本의 關白이었을 때, 吉利施端이라고 하는 남만인들이 日本에 와서 살면서 기도하는 것만 일삼으므로 家康이 다 죽였다고 아뢰다.(『仁祖實錄』 인조16 『集成』28-83) 3.20. 비국이 경상좌수영을 다대포로 옮길 것을 건의하다. 상이 왜정을 예측할 수 없다하니, 호조판서 심열은 다대포를 옮길 것을 청하고, 최명길은 파발마를 세워 변방의 급보를 시급히 전하게 하다.(『仁祖實錄』 인조16 『集成』28-83)/ 대신과 비국 당상을 인견하여 일본의 침입에 대비할 것을 논하다.(『仁祖實錄』 인조16 『集成』28-84)
1639	【한국】 3.21. 통제사 柳琳에게 倭差 平成連이 오래도록 관중에 머물고 있으니, 그 사정을 살펴서 아뢰도록 이르다.(『仁祖實錄』 인조17 『集成』28-89) 3.25. 영사 崔鳴吉이 日本에 사신을 보내어 사정을 탐문하는 것이 마땅하다고 아뢰다.(『仁祖實錄』 인조17 『集成』28-89)/ 승평부원군 金瑬가 壬辰倭亂 때 전사한 아비 金汝岉을 정표해 주기를 청하니, 그대로 따르다.(『仁祖實錄』 인조17 『集成』28-90) 4.4. 李命雄이 對馬島에서 오는 差人이 심양에 관한 일을 물을 것에 대비하자고 아뢰니, 임금이 세력이 약하여 대적할 수 없어서 그들과 화의하였다고 답하라고 명하다.(『仁祖實錄』 인조17 『集成』28-90) 5.21. 동지경연 李景奭이 아뢰기를, 지난번 金世濂이 일본에 사신으로 갔을 때, 관백이 사람을 보내어 視朝하는 것에 대해 물었을 때, 매일한다고 하니, 왜인이 그 내용을 관백에게 말하지 말라고 했다고 하다.(『仁祖實錄』 인조17 『集成』28-91) 7.1. 상이 익녕부원군 洪瑞鳳 등에게 淸이 日本과 수교하겠다고 한 것은 병기를 무역하려는 것이라고 말하다.(『仁祖實錄』 인조17 『集成』28-91) 7.16. 이명이 왜관에서 우리나라의 동정을 잘 알고 있음을 말하다.(『仁祖實錄』 인조17 『集成』28-92) 7.27. 청나라 사신 마부달이 왜차가 나오면 심양에 통보하라고 하다.(『仁祖實錄』 인조17 『集成』28-93) 7.30. 對馬島主 平義成 등이 서계를 보내고, 아울러 圖書와 章服 등을 되돌려 보내다.(『仁祖實錄』 인조17 『集成』28-93) 8.10. 備局이 사은사가 갈 적에 왜의 서계 원본을 보내자고 청하니, 상이 윤허하다.(『仁祖實錄』 인조17 『集成』28-93) 8.-. 일본인이 藥材 20種·異色의 鷹·馬·書冊등을 요구했다.(『承政院日記』9.10조·9.11조·9.14조·『接待事目錄抄』)
1640	【한국】 윤1.28. 東萊府使가 치계하여 對馬島主가 江戶에서 본도로 돌아왔다고 아뢰니, 조정이 역관 洪喜男을 파견하여 글을 보내 위문하고 아울러 日本의 사정을 탐문하도록 하라고 명하다.(『仁祖實錄』 인조18 『集成』28-97) 4.12. 對馬島主 平義成이 배로 재목을 싣고 와 東萊 倭館을 수리하다.(『仁祖實錄』 인조18 『集成』28-97) 5.9. 사간 趙絅이 명나라가 倭亂 때 구해준 은혜를 잊어서는 안된다는 것과 日本을 성심과 신의로 대하여야 한다는 상소를 올리다.(『仁祖實錄』 인조18 『集成』28-97) 5.15. 譯官 洪喜男이 對馬島로 가서 島主가 得環한 것을 축하하다.(『仁祖實錄』 인조17 『集成』28-98) 6.7. 對馬島主가 우리나라의 地圖·청나라 鎧甲·鞭棍·環刀 등을 보기를 청하고 鷹連·黃鶯·野鶴 등을 요구하니, 청나라 개갑만 빼고 모두 들어주다.(『仁祖實錄』 인조18 『集成』28-99) 9.19. 差倭 藤智繩이 江戶의 소식을 전했는데, 大君이 吉伊施端을 엄금하여, 南蠻의 배가 왔을 때, 배에 탄사람을 모두 죽이고, 10여 명만 살려주어, 그들로 하여금 남만에 보고하게 하다.(『仁祖實錄』 인조18 『集成』28-100) 12.14. 김세렴이 동래부사의 장계를 인용하여, 왜인들의 요구를 들어주지 않아 불만이 고조되어 병화의 근심이 있다고 하자, 상이 저들의 욕심이 한이 없다고 하였다.(『仁祖實錄』 인조18 『集成』28-100) 12.-. 対馬島主가 『剪燈新話』·『蘇東坡詩集』·『四書章図』·『楊誠斎集』 등의 책과 조선의 地図를 구했다.(『接待事目錄抄』)
1641 ▼	【한국】 1.5. 왜인들이 四書章圖·楊誠齋集·東坡集·剪燈新話와 우리나라 지도를 요구하였는데, 조정에서 동파집과 전등신화만을 주

일본

3.21. 비국이 柳琳의 행차를 통해 청나라에 이자한 자문에, 왜정이 의심스러워 순검사를 차견하여 방비케하고, 정월이후 매와 말을 구한다는 핑계로 탐지하는 정상이 있다고 보고하다.(『仁祖實錄』 인조16 『集成』28-85)

4.1. 日本 關白의 숙부인 紀伊大納言이 약재를 얻어 토산품의 진위를 중험해 보겠다고 아뢰니, 상이 경상도로 하여금 채집하여 주게 하다.(『仁祖實錄』 인조16 『集成』28-86)

5.2. 상이 박자안의 일을 예로 들면서, 군기누설을 엄히 하라고 명하다. 사관이 태조 6년에 경상·전라 등의 도의 도안무사 朴自安이 항복한 倭人을 응접할 때 군기가 누설되어 참형에 처했다고 적다.(『仁祖實錄』 인조16 『集成』28-86)

5.3. 日本이 꾀꼬리를 구하자, 이를 허락하다.(『仁祖實錄』 인조16 『集成』28-87)

5.13. 집의 趙絅이 우리가 日本을 성신으로 사귀지 않은 것과 중국과 日本이 서로 교통하는 것에 대해 아뢰니, 임금이 묘당에 의논하여 아뢰라고 명하다.(『仁祖實錄』 인조16 『集成』28-87)

6.30. 비국에서 도주가 江戶로 들어가고, 장마비가 내려 남쪽 변방의 근심이 줄었다고 아뢰다.(『仁祖實錄』 인조16 『集成』28-88)

7.11. 행좌승지 朴明榑가 병사를 淸州에 두어 영남과 호남의 두 길을 단속하게 하면 倭賊을 방비하는데 편리할 것이라고 아뢰었으나, 시행되지 않다.(『仁祖實錄』 인조16 『集成』28-88)

8.4. 우리나라 사람이 日本에서 생산된 담배를 몰래 심양에 들여 보냈다가 발각되어 힐책을 당하였다.(『仁祖實錄』 인조16 『集成』28-89)

11.-. 対馬島主가 원하는대로 서계중의 公貿易의 公字를 고쳐 年例로 했다.(『接待事目錄抄』)

【일본】

5.-. 宗義成이 조선국 예조참의에게 보낸 서계에 柳川一件 종결후에 조선에 반환한 送使의 권익에 대해 老中에게 上奏할 때에 구례에 따라 복구해야 한다는 명을 받았다는 내용을 전했다.(『本邦朝鮮往復書』 4)/ 宗義成이 조선국 동래부사에게 보낸 서계에서 왜관 館守를 島雄權之介로 교체한다는 것을 전했다.(『本邦朝鮮往復書』 4)/ 宗義成이 東萊府使에게 보낸 서계에 조선이 有田本兵衛에게 論文을 내린 것에 대해 謝意를 표했다. 또 전부터 소망한 藥種·俊鷹·良馬가 아직 到來하지 않아서 주선해 줄 것을 의뢰했다.(『本邦朝鮮往復書』 4)

9.-. 예조참의 鄭太和가 宗義成에게 보낸 서계에 以酊庵 図書를 송부한다는 뜻을 전했다.(『本邦朝鮮往復書』 4)

11.-. 동래부사 姜大遂이 宗義成에게 보낸 서계에 기리스탄 취체에 대해, 일본국 幕府의 엄명을 기대하고, 貿易의 一件에 대해 조정에 보고했다는 뜻을 전해왔다.(『本邦朝鮮往復書』 4)/ 이보다 앞서 宗義成이 포루투깔船의 내항을 금지함에 따라 조선에 藥種·生糸 등의 交易振興을 요구했다. 이달에 동래부사 姜大遂이 義成에게 서계를 보내 여기에 동의한다고 전했다.(『通航一覧』129)

10.28. 상이 倭差 藤智繩에게 김세렴의 글씨를 써주라고 명하다.(『仁祖實錄』 인조17 『集成』28-94)

11.16. 청에서 왜국의 금이 우리나라에 통용되고 있음을 알다.(『仁祖實錄』 인조17 『集成』28-94)

11.26. 청나라에서 주사를 조발하면 왜인들이 침입할 것이라고 말하게 하다.(『仁祖實錄』 인조17 『集成』28-94)

12.6. 淸使가 조선에서 倭賊을 방비한다는 거짓 구실로 산성을 수리하려고 한다하며 노여워 하다.(『仁祖實錄』 인조17 『集成』28-95)

12.9. 淸使에게 승지 具鳳瑞가 남한산성을 수리한 것은 倭寇를 방비하기 위한 것이라고 말하다.(『仁祖實錄』 인조17 『集成』28-95)

【일본】

2.18. 宗義成이 조선국 예조 및 東萊府使·釜山僉使에게 보내는 각각의 서계에서 이달 14일에 江戶에서 귀국했다는 것, 藥種을 조속히 倭館에 搬出하면 좋겠다는 것 등을 전했다.(『本邦朝鮮往復書』 4)

2.-. 예조참의 吳竱가 宗義成에게 보낸 서계에서 藩主의 귀국을 축하했다. 아울러 対馬에 간 訳官使가 彦満(義真)의 탄생을 慶賀했다.(『本邦朝鮮往復書』 5)

3.-. 예조참의 鄭弘溟이 宗義成에게 보낸 서계에서 소망하는 藥種에 대해 회답을 했다.(『本邦朝鮮往復書』 5)/ 일본인이 馬医書 등의 책을 구했다.(『接待事目錄抄』)/ 문위역관 洪喜男·金護行 등이 対馬에 갔다.(『接待事目錄抄』)

3.-. 宗義成이 東萊府使·釜山僉使 앞으로 제정하기를 倭館의 노후화 때문에 修築하기 위한 材木을 운반하는 배가 釜山 이외의 포구에 표착했을 때에 보호를 요청했다.(『本邦朝鮮往復書』 5)

4.6. 조선역관 洪喜男이 対馬에 이르러 宗義成의 아들 義真의 탄생을 축하했다. 義成이 喜男에게 淸国軍 철수한 다음의 朝淸関係를 묻고, 왜관에 있는 일본인을 釜山城에 옮기고, 兵備를 견고히 하여 変事에 대비해야 한다는 제안을 조선국 조정에 전해주기를 부탁했다.(『宗氏家譜略』·『朝鮮王朝実録』 仁祖18.5.15조·『接待事目錄抄』)

4.-. 동래부사 姜大遂이 宗義成에게 보내는 서계에서 藩主의 귀국을 축하했다.(『本邦朝鮮往復書』 5)/ 宗義成이 예조에 보내는 서계에서 彦満(義真)의 탄생을 축하하기 위해 조선에서 訳官使節을 파견한 것에 대해 감사했다.(『本邦朝鮮往復書』 5)/ 棠蔭玄召가 다시 対馬以酊庵 輪番僧이 되었다.(~寛永18년(1641) 4월) (『前近代の国際交流と外交文書』)

9.-. 宗義成이 예조에 보내는 서계에 副特送使의 파견을 고하고, 1636년부터 1639년까지 4년분의 보내지 않은 封進物을 送付하는 뜻을 전했다.(『本邦朝鮮往復書』 5)

11.-. 예조참의 林壇이 宗義成에게 보낸 서계에 藥種의 所望에 대해 조선국내에서 민간의 採藥販売가 미성숙한 탓에 항상 부족하지만, 그러나 若干数가 있으면 倭館의 開市에서 販売可能하다는 점을 전했다.(『本邦朝鮮往復書』 5)

【일본】

6.-. 예조참의 趙緯韓이 宗義成에게 보낸 서계에서 児名送使의 명의로 바꾸기 위해 義成의 幼名 彦三의 図書를 조선에 반납하고, 義成의 아

연도	한국
▲ 1641	다.(『仁祖實錄』인조19 『集成』28-100) 12.2. 호조가 부산의 개시사목을 엄중히 할 것을 청하다.(『仁祖實錄』인조19 『集成』28-101)
1642	【한국】 1.8. 동래부사 丁好恕가 치계하기를, 館守 平智連에 의하면, 奉行倭 平成幸이 洪喜男·李長生과 관백의 아들의 탄생을 축하하는 사절 파견문제를 의논했다고 아뢰다.(『仁祖實錄』인조20 『集成』28-101) 1.24. 柳琳이 임금에게 洪喜男이 對馬島를 왕래할 때 日本의 소식을 탐문하였더니, 먼 지방의 商倭들도 세자와 대군이 瀋陽에 인질로 들어간 사실을 알고 원수를 갚으려고 하는 자가 있다는 것을 알고 있다고 아뢰다.(『仁祖實錄』인조20 『集成』28-102) 2.18. 日本國이 日光山 祠堂이 준공되자, 倭差가 와서 篇額과 詩文을 청하다.(『仁祖實錄』인조20 『集成』28-102) 2.23. 상이 비국당상에게 왜차가 온 의도를 물으니, 영의정 이성구가 왜인은 교활하여 속사정은 알기 어렵고, 일광산 사당의 일은 따르기 어렵다고 아뢰다.(『仁祖實錄』인조20 『集成』28-103) 3.3. 영의정 李聖求가 日本이 사신을 보내달라고 청하는 것은 通信하기 위한 것이 아니라 淸國의 사정을 들어보려고 하는 것이라고 아뢰다.(『仁祖實錄』인조20 『集成』28-103) 3.11. 倭差 恕首座와 藤智繩이 오다.(『仁祖實錄』인조20 『集成』28-103) 3.15. 接尉官 李泰運이 倭使 恕僧이 서계의 글자가운데 交好의 交자와 幸諒示를 추가로 넣어달라고 요청하였는데, 교자를 고쳐 주어서는 안된다고 치계하다.(『仁祖實錄』인조20 『集成』28-104) 6.11. 상이 경상감사 정태화에게 왜사가 종을 만들어 달라고 하고, 그에 대한 시와 글씨를 요구하니, 왜의 정세를 잘 알아보라고 명하다.(『仁祖實錄』인조20 『集成』28-104) 6.12. 최명길이 사찰의 종을 만들어 달라는 요청을 들어주고, 종을 가지고 가서 그쪽의 정황을 살펴오도록 건의하다.(『仁祖實錄』인조20 『集成』28-105) 6.20. 倭差 恕首座와 藤智繩이 돌아가다.(『仁祖實錄』인조20 『集成』28-106) 7.16. 진하사 麟坪大君 李㴭 등이 황제가 임진년에 우리 왕자가 倭兵에 사로 잡혔다가 탈출한 것이 사실인지 묻자, 세자와 두 왕자가 北道에 잡혀 있다가 화친의 말이 나온 뒤에 풀려나왔다고 하였다고 아뢰다.(『仁祖實錄』인조20 『集成』28-106)
1643 ▼	【한국】 1.23. 우의정 沈器遠이 日本에 사신을 보낸다는 뜻을 瀋陽에 어떻게 이자할 것인지에 대해 아뢰니, 상이 信使가 길을 떠난 뒤에 알려도 늦지 않다고 하며, 대답할 만한 일을 강구하여 보내도록 하라고 명하다.(『仁祖實錄』인조21 『集成』28-107) 1.24. 호조가 日光山 致祭에 미두와 면포도 보내줄 것을 청하다.(『仁祖實錄』인조21 『集成』28-109) 2.10. 비국이 藤差의 별록의 요구조항 40여건중 어필을 일광산에 가지고 갈 때 필요한 의장과 그 외의 절목에 관하여 아뢰다.(『仁祖實錄』인조21 『集成』28-109) 2.20. 통신상사 尹順之, 부사 趙絅, 종사관 申濡가 일본에서 질문에 답할 내용들로, 東宮귀환여부·청국동정·日光山致祭·若君拜禮등에 관해 물으니, 사실대로 말하고, 저들이 원하는 대로 해주어 작은예절로 다투지 말도록 하다.(『仁祖實錄』인조21 『集成』28-110) 3.23. 좌의정 沈悅이 倭의 심중을 헤아리기가 어렵다고 아뢰고, 형조판서 元斗杓가 日本에서는 중에게 문서를 전담하게 하고 있는데 문서 중에 島主가 참소를 당할 단서가 있었을 것이라고 아뢰니, 임금이 옳게 여기다.(『仁祖實錄』인조21 『集成』28-111) 4.27. 조선통신사가 対馬 鰐浦에 도착하다.(『癸未東槎日記』) 5.1. 조선통신사가 対馬 府中에 도착하여 大平寺에 숙박하다.(『癸未東槎日記』) 6.8. 조선통신사가 大坂에 도착하여 本願寺애 숙박하다.(『癸未東槎日記』) 6.14. 조선통신사가 京都에 도착하여 本圀寺에 숙박하다.(『癸未東槎日記』) 7.7. 조선통신사가 江戶에 도착하여 本誓寺에 숙박하다. 安藤重長·松平勝隆 등이 접대를 담당했다.(『癸未東槎日記』) 7.18. 조선통신사가 江戶城에서 家光에게 国書를 奉呈했다.(『癸未東桂日記』) 7.26. 조선통신사가 日光山에 参詣하다.(『癸未東槎日記』) 8.21. 조선통신사가 京都에 도착하여 正使·從事官이 大仏寺를 유람했다.(『癸未東槎日記』) 8.27. 조선통신사가 大坂에 도착하여 本願寺에 숙박하다.(『癸未東槎日記』)

일본

들 彦滿의 도서를 발급해달라는 뜻을 전해왔다.(『本邦朝鮮往復書』6)

9.5. 조선국 釜山의 운송선 1척(남녀 5인 승선)이 폭풍우 때문에 対馬에 표착했다. 10월에 宗義成이 예조에 서계를 보내어 그 송환을 알렸다.(『本邦朝鮮往復書』6)

10.22. 宗義成이 예조에 보내는 서계에서 8월 상순에 将軍 世子가 탄생했다고 알려왔고, 또 洪知事·李知事·康僉知·崔会知·朴判事에게 서계를 보내어 장군 世子의 탄생을 알리고, 日光山에 東照大権現의 靈廟를 건립했는데 壯麗하다고 알려왔다.(『本邦朝鮮往復書』6)

11.3. 宗義成이 예조에 서계를 보내어 児名図書의 명의변경에 대해 老中에게 상신하면서 구례에 따른다는 답서를 받고, 彦三의 旧印을 반납한다는 것을 고하면서 아울러 彦滿의 新印을 발급해 줄 것을 요청했다.(『本邦朝鮮往復書』6)

【일본】

1.-. 예조참의 李基旅가 宗義成에게 보낸 서계에 동래부에 藥를 운반하는 도중에 対馬에 표착한 民間人을 조선에 송환해 준 것에 감사했다.(『本邦朝鮮往復書』6)

2.-. 예조참의 趙緯韓가 宗義成에게 보낸 서계에 德川将軍의 世子誕生을 축하하기 위해 通信使를 파견하는 것은 전례가 없지만, 情礼로 보아서 실시할 것이라는 뜻을 전했다.(『本邦朝鮮往復書』7)/ 예조참의 趙緯韓이 宗義成에게 日光山堂舍의 新裝을 축하했다.(『本邦朝鮮往復書』7)

3.-. 동래부사 鄭致和가 宗義成에게 보낸 서계에서 将軍世子의 탄생을 축하했다.(『本邦朝鮮往復書』7)

4.-. 医学訳官 洪喜南·李長生·崔義吉이 対馬에 보낸 서계에서 将軍世子의 탄생과 日光山新装을 축하했다.(本邦朝鮮往復書 7)/ 예조참의 李基旅가 宗義成에게 보낸 서계에서 특례에 의해 彦滿 명의와 彦三 명의의 신구 2개의 図書를 송부한다는 뜻을 전했다.(『本邦朝鮮往復書』7).

6.-. 이에 앞서, 일본국 対馬島民 4명이 慶州에 표착했다. 이달에 예조참의 閔応亨이 宗義成에게 보낸 서계에서 표착민을 세견선의 귀국에 편승시켜 송환한다는 것을 전했다.(『本邦朝鮮往復書』7)/ 宗義成, 이 조선국 에조에 보낸 서계에서, 老中의 요청에 의해 藥種数種의 수입을 요청했다. 또 東萊府使·釜山僉使 에게 보낸 서계에서 老中의 명에 의해 藥種의 씨나 모종을 구했다.(『本邦朝鮮往復書』7)/ 宗義成이 東萊府使·釜山僉使 앞으로 7월하순에 江戸에서 귀국할 예정이라고 고했다. 또 倭館館守를 橘成般(寺田市郎兵衛)으로 교체한다는 소식을 전했다.(『本邦朝鮮往復書』7)

7.11. 宗義成이 예조 앞으로보낸 서계에서 将軍世子의 탄생을 축하하는 통신사의 파견을 요청했다. 또 日光山 造営을 축하하는 詩文의 작성과 什器의 주조를 요청하고, 통신사래일의 때에 献納하는 것을 요망했다.(『本邦朝鮮往復書』7)

8.-. 宗義成이 예조에 보낸 서계에서, 義真의 図書造給에 감사했다.(本邦朝鮮往復書 7)/ 宗義成이 동래부사·부산첨사에게 보낸 서계에서 義真의 図書를 造給하기 전에 반납한 彦三의 図書를 조선측이 다시 보내준 것 등에 감사했다.(『本邦朝鮮往復書』7)/ 예조참의 閔応亨이 宗義成에게 보내는 서계에서 対馬가 요구한 藥種의 일부는 入手가 곤란하다는 사실을 전했다.(『本邦朝鮮往復書』7)

10.-. 예조참판 李植이 日光山에 奉納할 銅鐘의 銘를 작성했고, 行司直 呉竣이 그것을 썼다.(『本邦朝鮮往復書』7)

12.20. 宗義成이 東萊府使 앞으로 보낸 서계에서 通信使의 来日에 대해, 내년 3월 중순경에 도해하면 좋겠다는 막부의 의향을 전했다.(19일, 江戸에서 飛脚到来) (『本邦朝鮮往復書』7)

12.26. 宗義成이 동래부사에게 보낸 서계에서 3월에 통신사가 도해하면 좋겠다는 것, 江戸聘礼 후에 日光山에 参詣하면 좋겠다는 뜻을 전했다.(『本邦朝鮮往復書』7)

【일본】

1.16. 宗義成이 조선국 예조에 보낸 서계에서 부산첨사의 경질을 요망했다.(『本邦朝鮮往復書』7)

1.22. 宗義成이 예조에 서계를 보내어, 朝鮮에서 日光山에 기증할 華鯨(梵鐘)·炉燭瓶을 받기 위해 使船을 보내겠다는 뜻을 전해왔다.(『本邦朝鮮往復書』7)

1.-. 예조참의 閔応亨가 宗義成에게 서계를 보내 通信使 使者의 선정이 끝나서 2월 30일에 漢城을 출발해 3월 15일에 부산에서 出船할 예정이라고 전해왔다.(『本邦朝鮮往復書』7)/ 예조참의 閔応亨이 宗義成 앞으로 서계를 보내어 義真使에 부쳐 押物人을 加送하는 것은 규정위반이지만 朝廷이 특별히 이번에는 허락한다는 뜻을 전했다.(『本邦朝鮮往復書』7)

2.20. 日本通信使가 王을 알현했다. 王이 日本国大君(徳川家光)에게 보내는 국서에서 家綱의 탄생을 축하했다. 通信使가 王城을 출발했다.(『癸未東槎日記』·『外蕃通書』3)

2.-. 예조참의 李植이 土井利勝에게 보내는 서계에서 将軍 世子의 탄생을 축하하기 위해 通信使를 파견한다는 것, 日光山에서 祭祀를 행한다는 것 등을 전했다.(『通航一覧』104)/ 예조참의 閔応亨이 宗義成에게 보낸 서계에 日光山堂舍의 造営을 위해 朝廷이 有司에게 명하여 法器·梵鐘·香炉·燭台·花瓶 등을 제조하여 일본에 증여한다는 것을 전했다.(『本邦朝鮮往復書』7)/ 宗義成이 예조에 보낸 서계에 通信使来日의 기일을 조선측이 승낙했다는 뜻을 江戸에 전하고, 通信使를 환영하기 위해 平成幸(三浦内蔵丞)을 보낸다는 것 등을 전했다.(『本邦朝鮮往復書』7) 이즈음에 조선국 漁船 6척(総乗船員数 44인)이 出漁 중에 폭풍을 만나, 対馬에 표착했는데, 이달에 宗義成이 예조에 서계를 보내, 배를 수리하고 식료를 주어, 歳遣第1船으로 송환한다는 뜻을 전했다.(『本邦朝鮮往復書』7)

3.-. 建仁寺 十如院 蜀天永洪이 対馬以酊庵 輪番僧이 되었다.(~正保1년(1644) 4월)(『前近代の国際交流と外交文書』)/ 동래부사 鄭維城이 宗義成에게 서계를 보내어 通信使가 期日에 따라 渡海하기 때문에 호송하는 사자를 파견해 주면 좋겠다는 뜻을 전했다.(『本邦朝鮮往復書』8)

4.-. 예조참의 金尙이 宗義成에게 보내는 서계에서 금년에는 특히 표류민이 많아, 対馬가 송환에 힘쓰고 있는 것에 대해 감사하고, 朝廷이 특별히 恩賜한다는 것을 전했다.(『本邦朝鮮往復書』8) 동래부사 鄭維城이 宗義成 앞으로 서계를 보내 漂流民 송환에 감사하고, 使者에 대해 특별히 厚遇한다는 뜻을 전했다.(『本邦朝鮮往復書』8)

8.3. 家光가 朝鮮通信使에게 국서를 주었다.(使者酒井忠勝)/ 家光의 朝鮮国王(仁祖)에의 국서에서, 世子家綱의 탄생축하로 통신사를 파견

연도	한국
▲ 1643	9.27. 조선통신사, 밤중에 対馬에 도착하여 大平寺에 숙박하고, 10월 28일에 鰐浦를 출발하여 釜山으로 향했다.(『癸未東槎日記』) 10.10. 사헌부가 영남이 가뭄이 심해 포목을 내어 부세가 어렵다고 하면서, 왜관의 공무목은 폐지할 수 없으니, 본도감사로 하여금 三南에서 새로 뽑은 군정에 대한 가포와 통영의 船稅布를 금년에 한하여 옮겨서 보충하도록 건의하다.(『仁祖實錄』 인조21 『集成』28-113) 10.29. 日本通信使가 対馬 鰐浦를 출발하여 이날 밤중에 釜山에 도착했다. 東萊府使가 승선하여 이들을 환영했다. (『癸未東槎日記』)/ 통신사 尹順之 등이 對馬島에서 돌아와 포로였던 14명을 쇄환했다는 것과, 日本 執政의 서계에 우리나라가 토산물을 바쳤다는 말을 한 것이 있는데도, 그것을 알지 못하고 그대로 가져왔다는 것을 아뢰다.(『仁祖實錄』 인조21 『集成』28-113) 11.3. 비국이 신사가 日本에서 쇄환한 14인에게 경상감사로 하여금 의복과 식량을 지급하게 하자고 아뢰니, 그대로 따르다./ 우의정 김자점이 회답서계의 '獻土宜'의 문구를 지적하니, 상이 한때의 불찰이므로 문제삼을 것이 없고, 관백이 아들을 보지 않고 왔으니, 섭섭했을 것이라고 하면서 융통성이 없다고 하다.(『仁祖實錄』 인조21 『集成』28-114) 11.21. 상이 通信使 尹順之 등을 인견하고 日本이 사정에 대해 묻다.(『仁祖實錄』 인조21 『集成』28-116) 11.24. 사헌부가 신사 윤순지 등이 '獻土宜'라는 회답서계를 잘못 받아왔다고 拿推하기를 청하다.(『仁祖實錄』 인조21 『集成』28-118) 12.10. 동래부사 鄭維城이, 왜차들이 조경을 비난한 도주의 서계를 받아주지 않으면 자기들이 직접 상경하겠다고 치계하니, 병조판서 李時白이 그 서계를 받아들이고, 사리에 따라 물리치도록 아뢰니, 상이 그에 따랐다.(『仁祖實錄』 인조21 『集成』28-118)
1644	【한국】 1.29. 왜역 홍희남을 지중추부사로 삼다.(『仁祖實錄』 인조22 『集成』28-120) 2.25. 통신정사 윤순지와 부사 조경은 가자하고, 종사관 신유는 승서하며, 나머지 역관과 군관등도 차등을 두어 시상하다.(『仁祖實錄』 인조22 『集成』28-120) 3.13. 東萊府使 鄭維城이, 對馬島 正官 平成矩 등이 장기의 어부 趙莫龍 등 6인을 데리고 왔으므로 서신을 보내 감사의 뜻을 전하고 물품을 주어 사례하자고 아뢰니, 조정이 그대로 따르다.(『仁祖實錄』 인조22 『集成』28-120) 5.21. 동래부사 沈之溟이, 차왜 原城長이 耶蘇宗文이 黨이 중국과 조선사이에 있는 里菴浦라는 곳에 옮겨왔으니, 조선에서 그들을 잡아보낼 것을 청하였다고 치계하니, 비국에서 적의 동정을 살피어 경계하겠다고 답하도록 청하다.(『仁祖實錄』 인조22 『集成』28-120) 6.22. 對馬島의 歲遣船 제1선의 正官 平成倫이 洪喜男에게 왕자가 북경에 들어간 사실 여부에 대해 물은 것에 대해 답한 내용을 아뢰다.(『仁祖實錄』 인조22 『集成』28-121) 7.9. 北兵使 成夏宗이 치계하기를, 所乙古등 胡人 1백여인이 바닷가에서 표류해온 왜선3척을 발견하여, 거짓으로삼이 있는 곳으로 안내하는 척하면서, 60여인을 죽이고 15명을 사로잡아 심양으로 보내려 한다고 알려오다.(『仁祖實錄』 인조22 『集成』28-122) 7.12. 釜山 倭館 館守 등이 洪喜男에게 釜山城으로 倭館을 옮길 것을 청하므로 이를 상에게 아뢰었으나 허락하지 않고, 日本 등의 글자를 아국의 國字와 같은 격식으로 쓰는 것은 무방하므로 허락한다고 전교하다.(『仁祖實錄』 인조22 『集成』28-122) 7.27. 사은사 김자점이 돌아오다가 중도에서 치계하였는데, 황제가 왜국의 정세가 염려스러우니, 모름지기 변방의 방비를 엄중히 하고, 싸우거나 지키는데 만반의 준비를 잊지 않도록 하라고 하다.(『仁祖實錄』 인조22 『集成』28-124) 8.8. 전라감사 睦性善이 淸의 漢船이 日本으로 가는 도중에 표류하였다고 아뢰니, 임금이 그들을 풀어 對馬島에 넘겨주고, 漢船으로 하여금 돌아갈 길을 열어주라고 명하다.(『仁祖實錄』 인조22 『集成』28-124)/ 북병사 成夏宗이 也春의 추장 長道가 사로잡은 왜인 11명을 거느리고 심양으로 가면서, 도중에 慶興·慶源·穩城 및 訓戎등지에서 식량을 구했다고 치계하다.(『仁祖實錄』 인조22 『集成』28-125) 8.23. 비국이 釜山 倭館의 倭人이 표류한 倭船이 우리나라에 이르렀는지에 대해 물었다고 하므로, 역관으로 하여금 전후에 들은 것을 倭館의 倭人에게 말해야 한다고 아뢰니, 임금이 그대로 따르다.(『仁祖實錄』 인조22 『集成』28-125) -. 이 해에 조선선 3척이 長門国에, 같은 배 1척이 筑前国에 표착하여 長崎로 회송했다.(『本邦朝鮮往復書』 10) [→ 1645.2.24.]

일본

한 것, 祭文을 작성하여 日光山에 참예시킨 것, 친필의 額 및 銅鐘·瓶·香炉를 献呈한 것 등을 감사했다.(『德川実紀』·『癸未東槎日記』·『通航一覧』94)/ 阿部忠秋가 예조참관에게 返翰을 보내어, 피로인 쇄환요청에 대해서는 먼저번의 통신사 래일 때에 이미 실행했다는 것, 그때 빠진 자로 귀국의지가 없는 자를 강제적으로 송환시킬 수 없다는 것, 다만 혼자라도 귀국을 희망하는 자에 대해서는 그것을 제지할 수 없다는 것 등을 전했다.(『通航一覧』104)

8.6. 朝鮮通信使가 江戸를 출발했다.(『德川実紀』·『癸未東槎日記』)

10.16. 조선국 漁船이 풍랑에 의해 石見国에 표착했다. 寛永 21(1644) 2월4일에 乗船員이 送付되어 対馬에 이르렀다.(『本邦朝鮮往復書』8)[→ 1644. 2.-]

10.24. 宗義成이 礼曹 앞으로 보낸 서계에서 将軍이 馬上才의 관람을 희망하기 때문에 通信使一行이 江戸를 떠난 후에도 御者 2명을 남겨 주었다는 것, 9월2일에 義成이 귀국을 허가해, 10월21일에 対馬에 도착했다는 것, 御者 2名은 10월24일에 対馬에 도착했다는 것, 다만 馬上才의 말은 所望하는 사람이 인수했다는 것등을 전했다.(『本邦朝鮮往復書』8)

10.-. 宗義成이 礼曹에 보낸 서계에 피로인의 쇄환에 대해, 将軍이 전국에 명령을 내렸지만, 朝鮮侵略 종결후 세월이 흘러 生存者가 거의 없고, 겨우 16명 만을 송환한다는 뜻을 전했다.(『本邦朝鮮往復書』8) 宗義成이 礼曹에 보낸 서계에 旧例를 좇아 彦三送使의 접대를 요청했다.(『本邦朝鮮往復書』8)

12.17. 정유재란 때 倭賊과 싸우다가 전사한 고 군수 安弘國에게 병조참의를 증직할 것을 명하다./ 通信使의 일행인 譯官 尹悌顯이 몰래 재물을 가지고 가서 日本의 물품과 무역하고 온 것에 대해, 상이 죄상을 따져 용서하고 방송하라고 명하다.(『仁祖實錄』인조21 『集成』28-119)

【일본】

2.-. 宗義成이 조선국 예조에 보낸 서계에서 지난해 10월 石見国에 표착한 조선국 漁民을 歳遣第1船에 편승시켜 송환한다는 뜻을 전했다.(『本邦朝鮮往復書』8) → [朝鮮3.13]

4.-. 宗義成이 예조에 보낸 서계에서 기리스탄이 明과 朝鮮의 경계지역에 잠복했다가 금년에 対馬에 渡海한다는 풍문이 있기 때문에, 의심나는 배는 포획하여 왜관 관수에게 보낸다는 뜻을 전했다.(『本邦朝鮮往復書』9·『通航一覧』129)/ 宗義成이 예조에 보낸 서계에서 왜관 관수를 平成倫(古川伊右衛門)으로 교체한다는 뜻을 전했다.(『本邦朝鮮往復書』9)/ 宗義成이 예조에 보낸 서계에 倭館이 노후화되어 내년 봄에 改修工事를 시작할 때, 협력을 구한다는 뜻을 전했다.(『本邦朝鮮往復書』9)/ 東福寺 良岳院 周南円도(俊甫光勝)이 対馬以酊庵 輪番僧이 되었다.(~正保 2년(1645) 3월)(『前近代の国際交流と外交文書』)/ 예조참의 閔応亨이 宗義成에게 보낸 서계에 朝鮮人漂流民의 송환을 감사했다.(『本邦朝鮮往復書』9)[→日本1643.10.16.] 승정원 도승지 尹順之가 宗義成에 보낸 서계에 日光山에 奉納할 扁額을 졸필이지만 献呈한다는 뜻을 전했다.(『本邦朝鮮往復書』9)

5.-. 예조참의 李行遇이 宗義成에게 보낸 서계에서 南蛮船의 포획에 대해、里蒼甫島 등의 섬은 소재를 알 수 없고, 기리스탄의 取締에 대해 협력해 달라는 뜻을 전했다.(『本邦朝鮮往復書』9)

5.10. 越前国 三国浦 新保村(福井県 坂井郡 三国町 新保)의 竹内藤右衛門이 그의 아들 藤蔵과 国田兵右衛門의 배 3척이 총 58인이 松前에 가던 중 佐渡沖에서 표류하여 無人地에 이르러, 다시 出帆하여 포시에트만 부근에 표착했다. 現地人에게 43인이 살해되고, 国田兵右衛門 등 15인이 포로가 되어 清의 官史에게 구원을 받아 奉天(瀋陽)에 갔다가 北京과 朝鮮을 경유하여 부산 왜관에 인도되었다.(『韃靼漂流記の研究』·『通航一覧』235) → [朝鮮1646.1.-]

6.-. 예조참의 李行遇가 宗義成에게 보낸 서계에 왜관관수의 교체를 알리고, 전례에 따라 응접했음을 전했다.(『本邦朝鮮往復書』9)/ 예조참의 李行遇가 宗義成에게 보낸 서계에 倭館改修에 대해 조선국내에 연이어 凶作 때문에 民에게 夫役을 과하기가 어렵다는 것, 그러나 내년 봄까지는 改修를 끝내고 싶다는 뜻을 전했다.(『本邦朝鮮往復書』9)

7.-. 동래부사 沈之漢이 宗義成에게 보낸 서계에 対馬에서 원하는 바에 따라서 경상도로부터 솜씨 좋은 陶工을 선발해서 왜관에 파견한다는 뜻을 전했다.(『本邦朝鮮往復書』9)

8.-. 이보다 앞서, 荒唐船 1척(승원 52명)이 全羅道 珍島 南桃浦 港口에 표착했다. 이 달에 예조참의 蔡裕後가 宗義成 앞으로 보낸 서계에 漂着民은 중국인을 자칭하고 있지만, 이상한 사람도 혼재하고 있어서, 倭館으로 回送한다는 뜻을 전했다.(『本邦朝鮮往復書』9·『朝鮮史』5-3) → [日本10.17]

9.9. 조선국 漁船 1척(승원 남녀 11명)이 対馬島 酸豆浦中을 표류중 발견되어, 陸地로 보냈다.(『本邦朝鮮往復書』10) → [1645.12.5.]

9.-. 宗義成이 東萊府使·釜山僉使 앞으로 서계를 보내, 荒唐船이 최근에 조선의 연안에서 포획되어, 왜관관수에게 통보해준 것에 대해 감사했다.(『本邦朝鮮往復書』9)/ 이해 가을, 松前氏広이 参勤하고, 井上政重에게 松前絵図를 헌상했다.(『松前年々記』)

10.17. 朝鮮国 全羅道 珍島에 표착한 広東船이 回送되어 対馬에 도착하여 長崎로 회송했다. 28일에 宗義成이 예조에 서계를 보내어, 広東船이 표착했다는 것, 近日에 江戸에 参府해서 막부에 이건을 상세히 보고하겠다는 것 등을 알렸다.(『本邦朝鮮往復書』9·10·『通航一覧』135) → [1645.2.17.]

10.-. 동래부사 沈之漢이 宗義成 앞으로 서계를 보내 異様船의 출몰에 대해 海防을 강화할 뜻을 전했다.(『本邦朝鮮往復書』9)

12.24. 宗義成이 礼曹 앞으로 보낸 서계에서, 江戸参府 도중에 熱田에서 老中에게서 飛札을 받았다는 것, 長崎에서 明人 五官을 심문할 때, 기리스탄 2인이 마카오에서 中国人을 매수하여 선박을 제조하여 가까운 시일안에 조선을 경유하여 일본에 도항한다고 증언했다는 것, 沿海에 이상한 배가 나타나면 포획하여 倭館에 送付하고 싶다는 것 등을 전했다.(『本邦朝鮮往復書』9)

연도	한국
1645	【한국】 2.18. 동래부사 李元鎭이 왜선 2척이 水柵에 와서 藤智繩의 서계를 가져왔다고 했는데, 그 내막은 야소교도 때문에 온 것이라고 치계하다.(『仁祖實錄』 인조23 『集成』28-126) 3.7. 동래부사 李元鎭이 차왜 藤智繩의 말을 빌어, 지난해 조선에서 잡아 보낸 唐船안에 예수교도 5인이 있었으며, 天津에서 宗旨라는 중이 장차 조선으로 가려 한다하니, 연해 각진에서 잘 살펴서 잡도록 하라고 치계하다.(『仁祖實錄』 인조23 『集成』28-126) 3.7. 東萊守倭 平成倫이 청구서 두帖을 보내오다.(『仁祖實錄』 인조23 『集成』28-127) 3.9. 日本에 보내는 서계에 정축년 이후 崇禎의 연호를 썼으나, 세자가 돌아온 이후 부터는 淸나라의 연호를 쓰도록 하라고 명하다.(『仁祖實錄』 인조23 『集成』28-127) 3.25. 東萊 府使 李元鎭이 倭館에 있는 倭人이 馬島奉行 平成行 등을 日本 大君의 사신을 칭하여 朝鮮에서 적선을 잡아 보내준 일에 대해 사례할 것이라고 한 것을 치계하다.(『仁祖實錄』 인조23 『集成』28-128) 4.4. 비국이 차왜 藤智繩이 요청한 세가지 일이, 도주가 관백에게 공치사 하려는 것이므로 허락하기를 청하니, 상이 윤허하다.(『仁祖實錄』 인조23 『集成』28-129) 4.15. 상이 齎咨官으로 하여금 왜정의 염려스러운 접과 삼남지방의 방비가 허술해진 점을 청나라에 이자하도록 하다.(『仁祖實錄』 인조23 『集成』28-129) 5.10. 東萊府使 李元鎭이 치계하여 日本大君이 보낸 서계를 예조에 전달하는 것을 묘당으로 하여금 지휘하도록 하게 하자고 아뢰다.(『仁祖實錄』 인조23 『集成』28-129) 5.21. 倭差가 왔으므로 閔應協을 接慰官으로 삼아 보내다.(『仁祖實錄』 인조23 『集成』28-130) 5.24. 접위관 閔應協이 島主 母威德院이 병사했다고 치계하다.(『仁祖實錄』 인조23 『集成』28-131) 6.2. 對馬島主의 어미가 죽었는데 예조가 吊慰와 賻儀를 할 것을 청하니, 그대로 따르다.(『仁祖實錄』 인조23 『集成』28-131) 6.5. 접위관 閔應協이 치계하기를 왜사와 동래부사 李元鎭이 耶蘇教徒를 수포하는 일과 서계가운데 연호를 쓰지 않은 일에 관해 논의가 있었다고 했다.(『仁祖實錄』 인조23 『集成』28-131) 6.6. 東萊 府使 李元鎭이 치계하여 對馬島主가 표류된 사람을 송환하며 회답하는 서계에 감사의 뜻을 전하고, 아울러 자항의 높낮이도 구분이 없게 해달라고 청한 것을 아뢰다.(『仁祖實錄』 인조23 『集成』28-132) 6.16. 경상감사 俞㯙이 對馬島主의 모친상에 賻儀하지 말 것을 청하니, 조정이 그것을 옳게 여겨 그 일을 그만두다.(『仁祖實錄』 인조23 『集成』28-132)
1646	【한국】 1.-. 対馬島主 平義成이 어머니 喪 후에 江戸에서 対馬에 돌아오자, 倭館의 奉行 등이 書를 가지고 慰問使 파견을 청했지만 備局이 허가하지 않았다.(『接待事目録抄』) 1.1. 淸나라가 표류해 온 倭人을 내보내자 비국이 倭譯 李亨男으로 倭人에 대해 묻도록 하니, 倭人이 日本의 越前州 사람이라고 답하다.(『仁祖實錄』 인조24 『集成』28-134) 1.26. 日本의 正官 平成統이 와서 말하기를, 明나라에서 사신을 보내 갑병 5천을 보내줄 것을 청하였으나, 日本이 明나라와는 의리가 없었으므로 군대를 보내지 않았다고 하다.(『仁祖實錄』 인조24 『集成』28-134) 4.14. 동래부사 黃㦿이 왜인의 서계중에 '貴大君' 세글자를 한줄 높이 써주기를 청한다고 하니, 비국에서 '我殿下'도 같이 높일 것을 청하여 상이 따르다.(『仁祖實錄』 인조24 『集成』28-135) 9.21. 對馬島主 平義成이 어머니 상을 당한 뒤에 江戸에서 對馬島로 나오려 하자, 奉行 등이 私書로 위문하는 사신을 청하였으나, 허락하지 않다.(『仁祖實錄』 인조24 『集成』28-135) 11.9. 倭使 橘成稅·藤智繩이 표류한 왜인을 압송한 일을 사례하기 위해 동래부에 도착하여 왜정을 알려오다.(『仁祖實錄』 인조24 『集成』28-136) 11.27. 상이 영의정 김자점에게 왜가 길을 빌리겠다는 것은 허세이고, 致弔의 청을 이루기 위한 것이라 하니, 김자점이 왜정을 북경에 알리자고 청하다.(『仁祖實錄』 인조24 『集成』28-137) 12.22. 譯官 李亨男과 韓相國을 파견하여 倭使를 따라가 對馬島主를 위문하라고 명하다.(『仁祖實錄』 인조24 『集成』28-138)
1647 ▼	【한국】 2.6. 譯官 李亨男이 對馬島에서 돌아와 關白과 執政의 무리들이 朝鮮과 韃靼이 연합한 것에 대해 격분하여 군사를 일으키려고 한다고 아뢰다.(『仁祖實錄』 인조25 『集成』28-141) 2.-. 일본사신이 6조의 稟定을 재촉하기 위해 渡来했다. 書契를 직접 王에게 바치겠다고 했지만, 동래부사·釜山僉使가 啓聞한 후, 부산왜관에 제출하도록 했다.(『接待事目録抄』) 3.25. 동래부사 閔應協이 藤智繩의 말로 치계하기를, 도주가 江戸에 가기 전에 중국의 정세를 알려주고, 大明때에는 조선이 명의 번방이었는데, 지금은 청의 번방인가를 묻고, 平成幸이 이 일 때문에 나오려고 한다고 보고하다.(『仁祖實錄』 인조25 『集成』28-141) 3.26. 비국이 칙사가 관에 머물러 있으면서 日本의 사정을 들으려하므로, 接伴使에게 말하게 하라고 청하니, 그대로 따르다./ 문학 郭之欽을 왜차의 접위관으로 삼았다.(『仁祖實錄』 인조25 『集成』28-142)

일본

【일본】

1.-. 예조참의 兪省曾이 宗義成 앞으로 보낸 서계에 異樣船 회송에 대해 対馬로부터 謝礼에 답했다.(『本邦朝鮮往復書』9)

2.17. 이보다 앞서 조선에서 회송된 広東船을 長崎에 보내 조사를 받던 중 明人 52명 중에 기리스탄 5명이 잠복했다는 것이 판명되었다. 이 날, 宗義成이 조선국 예조참관에게 서계를 보내 ,이건과 老中의 조선국에 대한 사의를 전했다.(『本邦朝鮮往復書』10·『通航一覧』135) → [朝鮮1644.8.-]

2.24. 宗義成이 조선국 예조참의 앞으로 서계를 보내, 지난해 長門国·筑前国에 표착한 朝鮮船 4척을 長崎에 회송시켜 배를 수리하고, 衣料를 주었고, 조선에 송환해 주었다는 것 등을 전했다.(『本邦朝鮮往復書』10) [→1644. 이 해]

3.-. 예조참의 兪省曾가 宗義成 앞으로 보낸 서계에 近日 기리스탄배를 만들어 도해한다는 風説을 일본에 통지해주어 경악을 금치 못했다는 것, 이 소식을 곧바로 朝廷에 전달하고, 海防을 엄중히 한다는 것 등을 전했다.(『本邦朝鮮往復書』10)

4.-. 동래부사 李元鎭이 宗義成 앞으로 보낸 서계에 기리스탄방어를 위해서는 양국이 일치하여 협력할 것, 주요항만의 취체를 강화한다는 것등을 전했다.(『本邦朝鮮往復書』10)

6.-. 宗義成이 조선국 동래부사·釜山첨사 앞으로 보낸 서계에 陶器製造에 대해 지난해에 만든 陶器는 규격이 다르기 때문에 지금 다시 陶工을 왜관에 보낸다는 것, 조선에서 陶工 및 陶土·燃料를 제공받고 싶다는 뜻을 전했다.(『本邦朝鮮往復書』10)/ 이보다 앞서 조선국의 어부가 일본의 모처에 표착하여 対馬藩을 경유하여 송환했다. 이달에 예조참의 李德洙가 対馬藩主에게 서계를 보내, 이것을 감사했다.(『通航一覧』136)/ 礼曹參議 李德洙가 宗義成 앞으로 보내는 서계에 조선인 표류민의 송환에 감사했다.(『本邦朝鮮往復書』10)/ 예조참판 趙緯韓이 宗義成 앞으로 보낸 서계에 南蛮船 捕送은 両国誠信에서 나온 것이며, 현재는 더욱더 遠見番을 강화했다는 것, 만약 異国船이 港湾이나 섬에 닿는 경우는 바로 포박하여 왜관으로 회송할 것등을 전했다.(『本邦朝鮮往復書』10)

12.5. 宗義成이 礼曹 앞으로 보낸 서계에 지난해 9월, 対馬島 酸豆浦 해안에서 구조된 조선국 漁船乗員을 조선에 송환했다는 것 등을 전했다.(『本邦朝鮮往復書』10) [→1644.9.9.]

윤6.25. 接慰官 閔應協이 18일에 倭使에게 上船宴을 베풀었다고 아뢰다.(『仁祖實錄』인조23『集成』28-133)

8.6. 사무역을 한 운봉의 왜화와 동철을 몰수하여 진휼의 밑천으로 삼다.(『仁祖實錄』인조23『集成』28-133)

12.11. 의주부윤 金壽翼이 칙사가 鳳城에 도착했는데, 北道에서 잡힌 왜인 15명과 碧洞에서 산삼을 캐던 사람 13명을 데리고 온다고 하다.(『仁祖實錄』인조23『集成』28-134)

【일본】

1.-. 예조참의 兪省曾이 宗義成 앞으로 보낸 서계에서, 일본인 15명이 清国北辺에 표착하여 北京에 보내졌다는 것, 일본에 귀국시키기 위해 조선에 回送되었고, 조선에서는 이들을 받아서, 그들에게 衣料를 주고, 対馬에 送付했다는 것등을 전했다.(『本邦朝鮮往復書』10) → [日本6.16]

4.-. 예조참의 柳碩이 宗義成 에게 보낸 서계에서 漂流民의 송환을 감사했다.(『本邦朝鮮往復書』11)

8.7. 宗義成이 朝鮮国 예조참의 兪省曾 앞으로 보낸 서계에서 韃靼国에 표착한 일본인 표류민이 조선을 거쳐서 対馬에 무사히 귀국한 것, 江戸에 간 義成이 이것을 老中에게 전하여 将軍의 귀에까지 도달했던 일등을 전했다.(『本邦朝鮮往復書』11) → [朝鮮11.9]

8.-. 宗義成이 예조에 보낸 서계에서 倭館修築을 위해 大工을 도해시켰다는 것, 平成貫·橘成元에게 이것을 관장시켰다는 것 등을 전했다. 또 東萊府使·釜山僉使 앞으로 보낸 서계에서 倭館修築을 위해 大工 22명·小工 등 52명을 파견한 것을 전하고, 倭館 부지확장의 가부를 타진했다.(『本邦朝鮮往復書』11)

10.-. 예조참의 李省身이 宗義成 앞으로 보낸 서계에서 藩主의 귀국을 축하하는 訳官使節을 파견한다는 뜻을 전했다.(『本邦朝鮮往復書』11)

11.-. 宗義成이 예조에 보낸 서계에서 10월 26일에 対馬에 귀국한 것, 訳官使節이 근일 중에 来島한다고 들은 것 등을 전했다.(『本邦朝鮮往復書』11)/ 예조참의 李省身이 宗義成에게 보낸 서계에서 日本国越前国 漂流民의 송환에 대해 対馬가 감사한 것에 대한 返答을 보냈다.(『本邦朝鮮往復書』11) [→日本1644.5.10.]

12.-. 宗義成이 예조 앞으로 보내는 서계에서 李僉知·韓判事 두 역관의 来島를 감사했다.(『本邦朝鮮往復書』11)

【일본】

2.-. 宗義成이 朝鮮国 예조에 보낸 서계에서 礼曹·巡察使·東萊府使·釜山僉使 등의 관리가 빈번하게 교체되는 것을 걱정하면서 5~7년은 유임했으면 좋겠다는 뜻을 전했다.(『本邦朝鮮往復書』11)/ 宗義成이 예조에 보낸 서계에서 작년에 발생한 明清交代에 대해서, 原因 및 中国 국내의 정세, 조선에의 영향유무 등에 관한 정보를 구했다.(『本邦朝鮮往復書』11)/ 宗義成이 조선국 동래부사·부산첨사에게 보낸 서계에서 近日 江戸에 参府할 예정인 것, 中国의 情勢에 대해 여러차례 물었지만 아직 返報를 접하지 못했다는 것 등을 전했다.(『本邦朝鮮往復書』11)

3.-. 동래부사 閔応協이 宗義成에 보낸 서계에서 明清交替에 관해 対馬의 情報要請에 대해 返答하다.(『本邦朝鮮往復書』11)

4.-. 예조참의 李省身이 宗義成에 보낸 서계에서 倭館改修를 위해 渡海한 사절을 접대했다는 것을 고하고, 大工에게 지급하는 米穀이 충분하지 않다는 것을 사죄했다.(『本邦朝鮮往復書』11) 예조참의 李省身이 宗義成에게 보낸 서계에서 江戸参勤의 안전을 기원했다.(『本邦朝鮮往復書』12)/ 宗義成이 예조에 보낸 서계에서 倭館館守를 平成仍(高瀬外記)로 교체한 것을 전하다.(『本邦朝鮮往復書』11)

연도	한국
▲ 1647	4.3. 비국이 접위관 곽지흠이 왜사를 만났으매, 우리나라가 사용하는 연호와 청국에 대하는 예에 관하여 물어오니, 상이 바로 말해서 곤욕을 당하지 않도록 하라고 하였다.(『仁祖實錄』 인조25 『集成』28-142) 4.5. 임금이 倭人들이 교활하여 점차 모욕을 가해 오는 것을 참아야 하는지, 간사한 계책을 깨뜨리는 것이 옳은지 의논하여 아뢰라고 명하다.(『仁祖實錄』 인조25 『集成』28-143) 4.27. 남방의 倭寇가 침략할 것에 우려하여, 高靈縣監 李廷相 등이 병으로 잇달아 체직을 청하다.(『仁祖實錄』 인조25 『集成』28-144) 5.3. 접위관 곽지흠이 平成幸과 恕首座가 상경하여 예조에 서신을 전하겠다고 하니, 상이 허락하지 않는 것이 좋다고 하다.(『仁祖實錄』 인조25 『集成』28-144) 5.7. 상이 왜차의 상경을 불허하다.(『仁祖實錄』 인조25 『集成』28-145) 6.29. 경상감사 허적을 平成幸을 접대할 때 조정의 분부를 따르지 않았다는 이유로 파직하다.(『仁祖實錄』 인조25 『集成』28-145) 7.15. 부산왜관의 잠상인 朴貴男 등 3인을 효시하게 하다.(『仁祖實錄』 인조25 『集成』28-145) 7.18. 통제사 金應海가 福建의 장사치 51인을 잡았는데, 그 중 徐勝이라는 자가 日本으로 향하다 7월 7일에 조선에 표류하게 되었다고 아뢰다.(『仁祖實錄』 인조25 『集成』28-145) 7.23. 임진년 4월 倭寇가 침입하였을 때 사직서 참봉으로 있었던 故 동지중추부사 趙公瑾의 勳封을 追錄하는 일을 의논하여 아뢰게 하다.(『仁祖實錄』 인조25 『集成』28-147) 8.3. 上이 淸나라 사람이 나오는데, 쌀과 베를 倭에게 주고 나서 붙잡은 漢人까지 보낸다면 저들이 필시 의아해할 것이라고 이르다.(『仁祖實錄』 인조25 『集成』28-147)
1648	【한국】 3.16. 鄭昌冑를 東萊로 보내어 차왜 平成春을 접대하다.(『仁祖實錄』 인조26 『集成』28-151) 4.16. 接慰官 鄭昌冑가 치계하기를, 平成春의 말을 인용하여 耶蘇敎무리가 天川永決 등과 교결하여 일본을 엿보고 있다고 하면서, 적들이 몰래 조선을 경유하여 일본으로 들어 갈 수 있으므로, 이 사실을 조선에 알려 왔다고 아뢰다.(『仁祖實錄』 인조26 『集成』28-151) 4.18. 영의정 金自點이 興情이 모두 반드시 倭變이 있을 것이라고 한다고 아뢰니, 임금이 倭人들이 하는 말은 모두 거짓이라 믿을 것이 못된다고 하다.(『仁祖實錄』 인조26 『集成』28-151) 6.17. 경상감사 李曼이 부산 東倭館의 재목과 기와를 철거했다가 농한기에 다시 지을 것을 청하니 조정에서 허락하다. / 對馬島에서 우리나라 표류인 6명을 돌려보내다.(『仁祖實錄』 인조26 『集成』28-152) 7.22. 對馬島가 倭書에 正保라는 연호 대신 慶安 원년 정월이라고 쓰고, 正官 平成倫 등을 釜山에 파견하다.(『仁祖實錄』 인조26 『集成』28-152) 9.30. 다대포첨사 趙光瑗을 부산 왜관의 담장을 개조할 때, 왜인에게 잡혀 구타당한 일로 파직하다.(『仁祖實錄』 인조26 『集成』28-153) 10.3. 임금이 日本은 關白이 3대를 승습해 와서 편안함을 누리려고 하고 있으므로, 군사를 동원할 겨를이 없을 것이라고 이르니, 金自點이 국경의 방비를 더욱 철저히 하면 걱정될 것이 없다고 아뢰다.(『仁祖實錄』 인조26 『集成』28-153) 10.4. 상이 다대포첨사 조광원이 왜인에게 욕을 당했다는 이유로 동래부사 민응협을 파직하고, 훈도와 별차를 잡아들이도록 하다.(『仁祖實錄』 인조26 『集成』28-153) 12.4. 예조가 아뢰기를 동래부사 盧協으로 하여금 왜인들을 개유하고, 館宇는 내년봄에 조성하도록 청하니, 상이 이에 따르다.(『仁祖實錄』 인조26 『集成』28-150)
1649 ▼	【한국】 1.20. 상이 청사에게 왜인이 병기무역을 허락지 않아 왜검을 구하지 못하였고, 조선에서 뜻밖의 일이 일어나면 상국에서 구원하러 오기를 기다린다 하니, 사신이 왜병이 침범했다는 소리를 들으면 늦추지 않겠다고 하다.(『仁祖實錄』 인조27 『集成』28-154) 1.23. 三公이 청의 칙사에게 왜정이 전과 달라 염려스럽다고 하면서, 城池와 兵甲을 수리할 것을 말하니, 청사가 이것은 우리가 결정할 일이 아니라 했다.(『仁祖實錄』 인조27 『集成』28-155) 2.25. 館倭가 差員을 때린 것에 대해, 임금이 노하여 開市를 정파하고 江戶에 사신을 보내 배척하려는 뜻을 보이자, 對馬島에서 差官을 보내 죄를 용서해 줄 것을 청하니, 임금이 따르다.(『仁祖實錄』 인조27 『集成』28-155) 3.26. 島主가 家臣을 시켜 서계를 만들어 보내니, 상이 그 호의는 받되 서계는 올려 보내지 말게 하라고 전교하다.(『仁祖實錄』 인조27 『集成』28-156) 4.12. 동래부사 盧協이 치계하기를, 왜인들이 大君의 호사가 날로 심해 진귀한 금수를 얻기를 바란다고 하다.(『仁祖實錄』 인조27 『集成』28-157) 4.13. 상이 영의정 金自點을 인견하고, 島主가 家臣을 시켜 서계를 대신 만들게 한 것은 사리에 의거하여 물리쳐야 할 것이라고 이르다.(『仁祖實錄』 인조27 『集成』28-157) 4.15. 예조가 對馬島 家臣의 서계에 회답하지 않는다는 것을 東萊의 守臣을 시켜 倭差에게 전하도록 하자고 아뢰니, 상이

일본

7.-. 예조참의 李省身이 宗義成에 보낸 서계에서 淸国의 정세에 대해 모든 것을 通知했고, 추가할 정보가 없다는 뜻을 전했다.(『本邦朝鮮往復書』12)/ 동래부사 閔応協이 宗義成에 보낸 서계에서 倭館改修에 쓸 東館用의 材木을 모았다는 것을 전했다.(『本邦朝鮮往復書』12)/ 宗義成이 예조에 보낸 서계에서 陶器製造를 위해 藤原成親과 陶工 1~2명을 왜관에 파견했다는 것, 조선인 도공 4~5명을 선발하여 陶土·燃料와 함께 왜관에 入送하고 싶다는 것등을 전했다.(『本邦朝鮮往復書』12)

10.23. 宗義成이 東萊府使에 보낸 서계에서 明国의 治乱을 들었다는 것, 将軍에게 献上하기 위해 鷹를 소망한다는 것등을 전했다.(『本邦朝鮮往復書』12)

10.-. 동래부사 閔応協이 宗義成에게 보낸 서계에서 倭館館守 交替에 대해 通例에 따라서 접대한다는 뜻을 전했다.(『本邦朝鮮往復書』13)

12.-. 宗義成이 예조에 보낸 서계에서 明의 情勢에 변화가 없다는 소식을 들었다고 전하다.(『本邦朝鮮往復書』13)/ 동래부사 閔応協이 宗義成 앞으로 보낸 서계에서 所望하는 鷹에 대해 朝鮮의 鷹는 평범한 것만 있고, 逸品은 없다는 것을 사과했다.(『本邦朝鮮往復書』13)

9.5. 對馬島主가 平成幸 등을 東萊로 보내 淸나라의 사정을 묻고, 島主가 장차 사퇴하려고한다는 것을 고하다.(『仁祖實錄』인조25『集成』28-148)

9.16. 對馬島에서 差倭를 보내 약재 등의 물건을 사가지고 가다.(『仁祖實錄』인조25『集成』28-150)

10.9. 日本 對馬島主 平義眞이 글을 보내 상의 안부를 물었는데, 글 끝에 正保 4년이라고 적다.(『仁祖實錄』인조25『集成』28-150)

【일본】

1.22. 작년에 長門国에 표착했던 朝鮮船 1척이 回送되어 長崎를 거쳐 対馬에 도착했다. 이달에 宗義成이 조선국 예조에 서계를 보내어 조선에 송환한 것 등을 전했다.(『本邦朝鮮往復書』13) → [1647. 이해]

1.-. 宗義成이 예조에 보낸 서계에서 明国의 정세를 듣기 위해 平成春(古川式部)을 파견했다는 뜻을 전했다.(『本邦朝鮮往復書』13)

3.-. 예조참의 李省身이 宗義成에게 서계를 보내어 조선인 표류민의 송환에 감사했다.(『本邦朝鮮往復書』13)/ 예조참의 李省身이 宗義成 앞으로 서계를 보내어, 明이 李自成의 남에 의해 망하고, 淸兵이 京에 입성하여 李自成을 격파했다는 것 등 중국정세를 전했다.(『本邦朝鮮往復書』13)

4.-. 宗義成이 조선국 東萊府使·釜山僉使에게 서계를 보내, 조선국 조정이 소망한 黃連은 対馬에 在庫가 있어 송부한다는 뜻을 전했다.(『本邦朝鮮往復書』13)

5.-. 동채부사 閔応協이 宗義成에게 서계를 보내, 黃連의 조선송부를 감사했다.(『本邦朝鮮往復書』13)

12.-. 対馬藩의 留守家臣 3名명이 東萊府使에게 보낸 서계에 倭館改修工事를 하면서, 館守에게는 알리지도 않고, 朝鮮人을 채찍질한 対馬人을 포박하여 감옥에 가두었다고 전했다.(『本邦朝鮮往復書』13)

-. 이해 가을에 淸国 南京의 배 1척이 長崎에 貿易하러 가던 도중에 蔚山浦에 입항하여 官憲이 臨検 하는 사이에 물을 가지러 상륙한 6인을 내버려 둔채로 떠났다.(『通航一覧』135·『本邦朝鮮往復書』13) [→1649.9.-]

【일본】

1.-. 이보다 앞서 조선국 漁船 3척(총승원 19명)이 筑前国에 표착하고, 뒤이어 長崎에서 検査를 받고, 対馬에 회송했다. 이달에 宗義成이 조선국 예조 앞으로 보낸 서계에서 漂流民을 조선에 송환한 것등을 전했다.(『本邦朝鮮往復書』13)

3.-. 宗義成이 조선국 동래부사·부산첨사 앞으로 보낸 서계에서 別紙記載의 鳥獸를 구한다고 했다.(『本邦朝鮮往復書』13) → [朝鮮8.-]/ 예조참의 申冕이 宗義成에게 보낸 서계에서 多大浦 地頭一件에 대해 返答했다.(『本邦朝鮮往復書』13)

4.24. 동래부사가 사자 藤智繩(有田本兵衛)에게 보낸 서계에서 多大浦地頭一件에 대해 僉使 구타사건에 전임 관수가 관여하지 않았다는 것을 조정이 인정한 것, 사건의 범인이 対馬에 의해 포박된 것은 기쁜 일이지만 무지한 인간에 의해 저질러진 사건이므로 重刑에 처할 필요는 없다는 것 등을 전했다.(『本邦朝鮮往復書』13)

4.-. 宗義成이 예조 앞으로 보낸 서계에서 南蛮船이 조선연안에 표착하였을 때는 지난번 같이 신속하게 포박하여 倭館에 通達하도록 将軍으로부터 厳命이 내려졌다는 것을 전했다.(『本邦朝鮮往復書』13)

5.-. 동래부사가 사자 藤智繩(有田本兵衛) 앞으로 보낸 서계에서, 多大浦地頭一件에 연루된 다대포첨사와 金첨지는 이미 석방되었으므로 対馬側의 당사자도 죄를 사면해 주기를 희망한다는 뜻을 고했다.(『本邦朝鮮往復書』13)/ 예조참의 申冕이 宗義成 앞으로 보낸 서계에서 漂流民의 조선 송환에 감사했다.(『本邦朝鮮往復書』13)

6.-. 宗義成이 예조 앞으로 보낸 서계에서 倭館館守를 平成里(佐護清兵衛)로 교체했다는 소식을 전했다.(『本邦朝鮮往復書』13)

8.-. 예조참의 申冕이 宗義成 앞으로 보낸 서계에서 所望하는 鳥獸를 送付한다는 것, 그러나 다만 「千鳥」는 어떤 새인지 알 수 없고, 貂는 北

연도	한국
▲ 1649	그대로 따르다.(『仁祖實錄』인조27『集成』28-158) 7.5. 對馬島主가 園林 조성을 이유로 差倭를 통해 書契를 올려 새와 짐승을 얻기를 청하자 朝廷이 道臣을 시켜 허락하다.(『孝宗實錄』효종 즉위년 『集成』28-159) 7.16. 統營 앞바다를 지나던 중국배가 우리 나라 배를 南蠻紅毛賊으로 오인하여 싸우자 이를 잡아 북경으로 보내다.(『孝宗實錄』효종즉위년 『集成』28-159)
1650	【한국】 2.23. 부산의 館倭가 安東으로 도망쳐 숨자, 이를 체포하여 일본으로 되돌려 보내고 館倭를 숨겨준 우리 나라 사람을 처벌하다.(『孝宗實錄』효종1 『集成』28-160) 3.1. 謝恩使 仁興君 李瑛 등이 우리 나라가 왜적을 이유로 城地를 보수하고 무기를 정비한 것 등이 이유가 되어 淸의 使臣에게 拘留 당한 것에 대해 密啓하다.(『孝宗實錄』효종1 『集成』28-160) 3.7. 淸의 使臣을 仁政殿에서 接見하고, 일본연해에 표류한 漢人의 배를 가까운 倭館에 보내는 것에 대한 勅書를 받다.(『孝宗實錄』효종1 『集成』28-161) 3.8. 淸의 使臣이 大臣·六卿·兩司·承旨 등을 불러 표류한 漢人을 倭館으로 보내겠다고 한 것과 왜의 정세가 의심스러움을 들어 城地를 수리하고 무기를 정비한 것에 대해 詰問하다.(『孝宗實錄』효종1 『集成』28-162) 3.25. 하옥된 이만과 노협 등이 왜의 봉행과 서신을 교환한 것 등에 대해 무죄를 주장하였으나 모두 유배시키다.(『孝宗實錄』효종1 『集成』28-167) 3.30. 왜차 平義倫이 동래에 도착하여 즉위를 축하하다.(『孝宗實錄』효종1 『集成』28-170) 8.27. 북경에서 돌아온 護行使 元斗杓 등에게 왜적의 의심스러운 정세로 인해 城地를 수리하고 무기를 정비한 것에 대해 중국에서 어떻게 생각하는지 등에 대해 묻다.(『孝宗實錄』효종1 『集成』28-170)/ 청의 사신 3인이 용만에 도착하여 왜를 핑계대고 군비를 늘리는 것은 청과의 관계에 좋지 않다는 내용의 칙서를 보내오다.(『孝宗實錄』효종1 『集成』28-171) 8.28. 임금이 대신을 인견하고 왜를 핑계로 우리나라가 군사를 늘린다고 청이 의심하는 것에 대해 변명할 것을 논의하다.(『孝宗實錄』효종1 『集成』28-172) 11.2. 陳奏使 麟坪大君 李㴭 등이 청나라에 가서 왜국 방비를 위한 군사 대비에 대한 것은 청나라에 대한 事大에 어긋남이 없다는 내용의 奏文을 올리다.(『孝宗實錄』효종1 『集成』28-173) 윤11.-. 동래부사가 差倭 茶礼를 위해 왜관에 갔다. 館守가 인조 24년(1646)의 선례에 따라, 対馬島主가 江戸에서 帰島했으니 洪喜南을 파견하여 存問하기를 청했다.(『接待事目録抄』)
1651	【한국】 2.23. 임진왜란 이후 군사적 要衝인 統營에 설치한 添防軍이 民弊가 심한 것을 이유로 革罷하다.(『孝宗實錄』효종2 『集成』28-175) 4.19. 왜차 平成扶가 우리 나라에서 연례로 주는 면포 1만 5천필을 쌀로 바꾸어 달라고 청하자 비국이 5년간으로 기한을 정하다.(『孝宗實錄』효종2 『集成』28-176) 8.17. 일본국의 關白 源家光이 죽다.(『孝宗實錄』효종2 『集成』28-176) 11.-. 이에 앞서, 조선국의 배 1척이 対馬에 표착했는데, 乗員 5명 중 1명이 익사했다. 이달에 宗義成이 예조 앞으로 보내는 서계에서 漂着民을 使者가 도해하는 데 편승시켜 조선에 송환한다는 것을 전했다.(『本邦朝鮮往復書』14) 12.14. 조선국 배 1척이 筑前国 那珂郡 大野浦에 표착했다.(『通航一覧』136)/ 이해 겨울, 조선국 어선 2척이 筑前国에, 同 1척은 肥前国 五島에 표착했고, 乗員 31名명 중 1명이 海路에서 익사했다.(『本邦朝鮮往復書』14) [→1652.5.-]
1652 ▼	【한국】 1.16. 예조와 비변사에서 왜의 관백의 죽음을 조문하는 것에 대해 아뢰니 이를 따르다.(『孝宗實錄』효종3 『集成』28-176) 1.-. 差倭 平成扶 등이 徴債의 서계를 가지고, 조선의 무역상인에게 수년간 미지급된 채무가 있으며, 倭館의 対馬商人들이 수고가 많았기 때문에 지불을 독촉해 줄 것을 요청했다.(『接待事目録抄』) 2.3. 東萊府使 尹文擧가 왜관의 왜인에게 들은 일본 내의 謀反사건에 대해 馳啓하다.(『孝宗實錄』효종3 『集成』28-177) 3.30. 濟州牧使 李元鎭이 旌義縣에 표류한 중국상인에게 물어서 알아낸 琉球가 일본에 속한 것 등에 대해 馳啓하다.(『孝宗實錄』효종3 『集成』28-177) 7.19. 일본 長崎島에 표류했던 統營 土兵 徐一立 등이 돌아와 長崎島에 壬辰倭亂 때 잡혀간 조선인이 살고 있는 것과 그 사정을 統制使 柳廷益에게 알려 馳啓하다.(『孝宗實錄』효종3 『集成』28-178) 9.10. 동래부사 尹文擧가 왜차가 日光山의 佛事에 쓸 향로와 향로의 명문의 양식에 관한 서계를 가져왔다고 치계하니, 영

일본

方의 산물이어서 생포가 어렵다는 것 등을 전했다.(『本邦朝鮮往復書』13) [→日本3.-]/ 예조참의 申冕, 宗義成 앞으로 보낸 서계에서 왜관의 館守交替에 대해 통례에 따라 접대를 해달라는 뜻을 전했다.(『本邦朝鮮往復書』13)/ 日本使臣이 耶蘇宗門禁制의 件으로 도래했다.(『接待事目錄抄』)/ 예조참의 申冕이 宗義成 앞으로 보낸 서계에서 南蛮船의 取締에 대해 異樣船이 표착하면 바로 拿捕할 것을, 연안의 地方官에게 다시 명령했다는 뜻을 전했다.(『本邦朝鮮往復書』13)

12.-. 宗義成이 예조참판 앞으로 보낸 서계에 조선국이 작년 가을에 경상도 蔚山에 표착한 南京商船에 탑승했던 6명을 일본에 송환시킨 것에 대해 감사했다.(『本邦朝鮮往復書』13) [→朝鮮1648. 이해 가을]

【일본】

1.-. 宗義成이 조선국 예조 앞으로 보내는 서계(賀即位表)에서 孝宗의 즉위를 축하했다.(『本邦朝鮮往復書』13)/ 宗義成이 조선국 東莱府使 앞으로 보내는 서계에서 孝宗 즉위를 축하하는 사절을 2월 초순에 파견한다는 것을 전했다. 또 同府使에게 보내는 서계에서 藤智繩(有田本兵衛)는 오랫동안 조선에서 恩義를 받았기 때문에 孝宗 즉위를 축하하기 위해 倭館에 간다는 뜻을 전했다.(『本邦朝鮮往復書』13)

2.-. 조선국 어선 1척(승원 8명)이 長門国 沖島에 표착했다. 곧바로 長崎를 경유해 对馬에 회송했는데, 4월에 宗義成이 조선국 예조앞으로 서계를 보내 漂着民을 조선에 송환하는 것 등을 전했다.(『本邦朝鮮往復書』13)

3.-. 동래부사 柳洬가 宗義成 앞으로 보내는 서계에서 孝宗 즉위를 축하하는 사절의 파견을 안내하기 위해 도해하는 송사에 대해 조정에 보고하고 접대한다는 것을 전했다.(『本邦朝鮮往復書』13)

5.-. 예조참 閔応亨이 宗義成에게 보내는 서계에서 孝宗 즉위의 陳賀를 감사했다.(『本邦朝鮮往復書』13)

5.-. 宗義成이 동래부사에게 보낸 서계에서 陶器製造를 위해 陶工 2명을 왜관에 파견하기 위해, 조선인陶工 4~5명과 陶土·燃料를 왜관에 入送해줄 것을 요청했다.(『本邦朝鮮往復書』13)

7.-. 부산첨사 鄭職이 宗義成에게 보낸 서계에서 孝宗 즉위를 축하하기 위해 별도로 파견된 有田本兵衛에 대해 전례를 깨고 접대했다고 전했다.(『本邦朝鮮往復書』13)/ 예조참의 李時楷가 宗義成에게 보낸 서계에서 漂流民의 조선송환을 감사했다.(『本邦朝鮮往復書』13)

10.-. 宗義成이 礼曹에 보낸 서계에서 近日에 对馬에 귀국했다는 것, 将軍에게 献上하기 위한 鳥獣를 구한다는 뜻을 전했다.(『本邦朝鮮往復書』13)

12.-. 예조참 李之恒이 宗義成 앞으로 보낸 서계에 義成 귀국했다는 서계를 받았다는 것, 所望하는 鳥獣는 朝廷이 특명을 내려 찾고 있다는 것, 近日안에 訳官使節을 파견한다는 것, 등을 전했다.(『本邦朝鮮往復書』14)

12.7. 왜관의 일본인 요구에 의해 조선의 진기한 禽獣를 보냈다.(『接待事目錄抄』)
12.8. 관수왜가 대군에게 애완동물을 보낼 것을 청하니, 허락하다.(『孝宗實錄』효종1 『集成』28-174)

【일본】

2.-. 예조참판 閔応亨이 宗義成에게 보낸 서계에서 訳官使節을 파견한다고 전했다.(『本邦朝鮮往復書』14)

3.-. 宗義成이, 조선국 동래부사·부산첨사 앞으로 보낸 서계에서 陶器 제조를 위한 陶工 1~2명을 倭館에 파견하기 위해, 朝鮮人陶工 4~5명과 陶土·燃料를 왜관에 入送하고 싶다고 전했다.(『本邦朝鮮往復書』14)/ 이해 봄에 조선국의 배, 1척(승원 14명)이 肥前国 五島에 표류했는데 표착선이 대파되어 着民을 별도의 배로 長崎에 回送했다.(『本邦朝鮮往復書』14) [→1652.10.-]

4.20. 家光가 没했다.(48세)(『德川実紀』)

4.-. 宗義成이 조선국 예조참판 앞으로 보내는 서계에서 조선에서 義成의 对馬 귀국을 축하하는 訳官使節을 파견해준것에 감사하고, 近日에 다시 江戸에 参勤할 예정이라고 전했다.(『本邦朝鮮往復書』14) 宗義成이 조선에 大訃使를 파견하여 家光의 죽음을 전했다.(『通航一覧』119)/ 佐護成央이 李同知·洪同知 등과 회담하여 公木을 白米와 常木으로 納入할 것을 정했다.(『通航一覧』127)

5.-. 宗義成이 예조 앞으로 보낸 서계에서 藤智繩(有田本兵衛)가 노쇄하여 通用의 임무를 다할 수 없기 때문에 橘成正(勝田五郎左衛門)을 후임으로 왜관에 파견한다는 뜻을 전했다.(『本邦朝鮮往復書』14)

8.-. 宗義成이 예조 앞으로 보낸 서계에 왜관관수는 平成行(古川弥市右衛門)으로 교체한다는 뜻을 전했다.(『本邦朝鮮往復書』14)/ 宗義成이 예조참판 앞으로 将軍이 家綱으로 代替한다는 것, 江戸에서 新将軍에게 謁見했다는 것 등을 전했다.(『本邦朝鮮往復書』14)/ 예조참의 閔応協이 宗義成 앞으로 보내는 서계에서 왜관관수를 有田本兵衛에서 勝田五郎兵衛로 교체한다는 것에 대해 회답했다.(『本邦朝鮮往復書』14)

【일본】

1.-. 예조참판 韓必遠이 宗義成에게 보낸 서계에 家綱의 장군습직을 축하했다.(『本邦朝鮮往復書』14)

5.-. 宗義成이 조선국 예조 앞으로 보낸 서계에서 지난해 겨울, 筑前国·肥前国 五島에 표착한 조선국어선 3척의 乗員을 구례에 따라 조선에 송환했다는 것 등을 전했다.(『本邦朝鮮往復書』14) [→朝鮮7.-]/ 예조참의 蔡裕後가 宗義成 앞으로 보내는 서계에 漂流民의 송환을 감사했다.(『本邦朝鮮往復書』14)

6.-. 宗義成이 조선국 東莱府使 앞으로 보낸 서계에 尾貝 14매·鷲 5~6連의 조달을 청했다.(『本邦朝鮮往復書』14)

7.-. 예조참 李後山이 宗義成 앞으로 보낸 서계에서 3척의 표류선(五島에 1척, 筑前国에 2척 표착)의 송환을 감사했다.(『本邦朝鮮往復書』14) [→日本1651. 이해 겨울]

8.-. 宗義成이 예조 앞으로 보낸 서계에서 조선상인의 旧債 미지급 문제에 대해 선처를 구했다.(『本邦朝鮮往復書』14)/ 宗義成이 예조 앞으로 보낸 서계에 家光追悼를 위해 燈籠·花瓶·香炉·燭台 등을 日光와 寛永寺에 奉納 받고 싶다는 것, 이를 위해 조선인 冶金工 5~6명을

연도	한국
▲ 1652	의정 등이 '朝鮮獻於某所'와 그들의 연호를 빼고 임진월일만 쓰자고 청하니, 상이 따랐다.(『孝宗實錄』효종3『集成』28-178) 9.22. 동래부 왜관 개시에 대한 문제로 왜인들이 왜관을 난출하여 폭력을 쓴 것에 대해 부산첨사 鄭倜을 나국하고 동래부사 尹文擧는 추고케 하다.(『孝宗實錄』효종3『集成』28-179) 10.19. 禮曹가 일본에서 말을 요구한 것을 아뢰자, 임금이 일본에 말을 주도록 允許하다.(『孝宗實錄』효종3『集成』28-181) 11.9. 東萊府使 尹文擧가 對馬島主가 本島에 들어간 것을 이유로 香爐의 慶安 두 자를 빼고 癸巳年月만 주조하여 보내주길 청하자 임금이 允許하다.(『孝宗實錄』효종3『集成』28-181) 11.11. 예조가 문위역관이 가져가는 서계에 왜관이 변을 일으킨 일을 언급하자고 아뢰자 임금이 이에 따르다.(『孝宗實錄』효종3『集成』28-181) 11.22. 왜관 왜인들의 변란을 부추긴 죄를 들어 왜역 정사남을 특명으로 효시토록 하다.(『孝宗實錄』효종3『集成』28-182) 12.15. 왜차가 부산에 와서 말과 갑주를 요구하다.(『孝宗實錄』효종3『集成』28-182) -. 이해 봄에 日本国 対馬의 어선 1척(乘員 6名명)이 울산에 표착했는데, 漂着民을 일본에 송환했다.(『本邦朝鮮往復書』15) → [日本 1653.10.-]
1653	【한국】 1.8. 동래부사 任義伯이 왜인과 교역할 때 구례에 의거하여 대청의 시장에서만 행할 것을 청하자, 상이 비국과 의논하여 응하지 않고 농간을 부리는 역참은 참하게 하다.(『孝宗實錄』효종4『集成』28-182) 1.17. 동래부사가 왜인들이 갑주와 미필을 청한다고 아뢰다.(『孝宗實錄』효종4『集成』28-183) 2.7. 왜인들이 제기·악기·심의·갑주 등의 물품을 구입하기를 요구하니 이를 허락하다.(『孝宗實錄』효종4『集成』28-183) 3.9. 東萊府使가 倭譯 洪喜男을 통해서 들은 내용으로, 일본의 새 關白과 攝政에 관한 일 등에 관해서 馳啓하다.(『孝宗實錄』효종4『集成』28-184) 4.-. 倭館館守가 代官등과 禁条11条 논하고, 이것을 木板에 새겨 館中에 걸었다.(『增正交隣志』) 7.13. 對馬島主 平義成이 禮曹 등에 글을 보내서 萬松·家康의 사당에 致祭하여 주길 청했으나 朝廷이 허락지 않다.(『孝宗實錄』효종4『集成』28-184) 윤7.23. 지경연 南銑이 差倭 橘成正이 관중에서 죽고 관왜 중에도 죽은 자가 있으니 예를 구별하자고 하자, 임금이 橘成正에 대한 것만 상의케 하고, 동래부사를 시켜 치전하도록 하다.(『孝宗實錄』효종4『集成』28-184) 8.6. 濟州牧使 李元鎭이 제주도 대정현에 서양인 38명이 난파한 것과 倭語로 질문한 것 등에 대해 馳啓하자, 朝廷에서 서울로 올려보내도록 명하다.(『孝宗實錄』효종4『集成』28-185) 11.29. 동래부사 任義伯과 접의관 경상도사 安後稷이 차왜 藤成方이 信使를 청하러 나왔다는 것과 日光山 등롱 한쌍을 보내달라는 등의 얘기를 한 것에 대해 치계하자 임금이 묘당으로 하여금 의논하게 하다.(『孝宗實錄』효종4『集成』28-186) 11.30. 왜인이 물건을 청하는 일과 對馬島의 무역 등에 대해 대신들과 논의하다.(『孝宗實錄』효종4『集成』28-186)
1654	【한국】 7.21. 일본이 使臣을 보내어 燈籠의 鑄造와 日光山의 銘을 청하자 大提學 蔡裕後에게 명하여 銘을 짓게 하고, 判書 吳竣에게 명하여 써 보내게 하다.(『孝宗實錄』효종5『集成』28-187) 10.29. 日本에 파견할 三使臣을 결정했다. 그뒤에 副使가 바뀌고, 다음해에 正使 趙珩·副使 俞瑒·從事官 南竜翼 등을 결정했다.(南竜翼『扶桑録』) 11.7. 일본에서 差倭 平成政을 보내 《儀禮經傳通解》등의 책을 요구하자 禮官에 의논하게 하여 남아있는 것만 주도록 명하다.(『孝宗實錄』효종5『集成』28-188)
1655 ▼	【한국】 1.25. 前東萊府使 任義伯을 召見하여 일본 내의 사정과 歲遣船의 수가 많아지는 문제, 왜적에 대비하는 문제 등에 대해 논의하다.(『孝宗實錄』효종6『集成』28-188)

일본

부산에 파견하여 鑄造해 주었으면 좋겠다는 뜻을 전했다.(『本邦朝鮮往復書』14)

9.-. 宗義成이 예조 앞으로 보낸 서계에, 옛날 일을 숙지한 訳官이 근년에 적어서 어려움을 겪고 있기 때문에 人材를 뽑아 釜山에 파견해 달라는 요청을 했다.(『本邦朝鮮往復書』14)/ 宗義成이 東萊府使·釜山僉使 앞으로 보낸 서계에 머지않아 江戸에서 対馬에 귀국할 예정이라는 것, 내년 2월초순에 江戸参勤을 厳命 받았다는 것, 그때 장군에게 駿馬를 헌상하고 싶기에 조달을 요청했다는 것, 日光에 봉납할 燈籠 등과 함께 보내주면 감사하겠다는 것 등을 전했다.(『本邦朝鮮往復書』14)

10.-. 宗義成이 예조에 보낸 서계에 지난해 봄, 五島에 표착하여 長崎로 회송한 조선국 배의 乗員 14명을 통례에 따라 조선에 송환한 것 등을 전했다.(『本邦朝鮮往復書』14)

12.-. 조선국 역관 洪知事·韓判事가 家光弔慰를 위해 対馬에 来島했다.(『通航一覧』119)/ 예조참의 金弘郁이 宗義成 앞으로 보낸 서계에서 家光의 서거를 弔慰하러 訳官使節(洪喜南·韓相国)을 파견한다는 뜻을 전했다.(『本邦朝鮮往復書』14)/ 예조참의 金弘郁이 宗義成 앞으로 보낸 서계에서 釜山에 부임하는 訳官의 인재선발을 개선해달라는 요청에 대해 선처를 약속했다.(『本邦朝鮮往復書』14)

【일본】

2.-. 동래부사 任義伯이 宗義成 앞으로 보낸 서계에서 所望하는 燈籠을 이미 회송했다는 것, 馬匹에 대해서는 貿去를 허락한다는 것 등을 전했다.(『本邦朝鮮往復書』14)

3.-. 예조참의 金弘郁이 宗義成 앞으로 보내는 서계에서 신임 왜관관수로 도해한 平田斎宮에 대해 旧例와 같이 접대했다는 것을 전했다.(『本邦朝鮮往復書』15)/ 예조참의 金弘郁이 宗義成 앞으로 보내는 서계에 표류민의 송환을 감사했다.(本邦朝鮮往復書 15)/ 宗義成이 조선국 예조앞으로 보내는 서계에서 家光逝去의 弔慰를 위해 訳官使節(栄喜南·韓相国)을 파견한 것에 대해 返礼했다.(『本邦朝鮮往復書』14)/ 宗義成이 예조에 보낸 서계에서 지난 겨울 帰国했을 때, 訳官使節을 파견한 것과 家光逝去에 弔慰한 것에 감사하고, 이번 江戸参勤의 때에 誠意있게 老中에게 보고한다고 전했다.(『本邦朝鮮往復書』15)/ 宗義成이 예조앞으로 보내는 서계에 日光山과 寛永寺에 봉납하는 鋳器·楽器·祭器의 제조를 조선에 요청했다는 것과 예조에서 힘을 다해 조기에 贈보해 준 것을 감사했다.(『本邦朝鮮往復書』15)

4.9. 이보다 앞서, 島津氏가 琉球国의 使者 北谷王子 朝暢이 병 때문에 琉球国을 대신해 사자파견을 청했다. 이날 幕府가 이에 동의했다.(『薩藩日記』雑録追録)

9.-. 宗義成이 예조참판 앞으로 보낸 서계에 家綱의 습직을 축하하는 通信使를 2년 후에 파견받고 싶다는 것, 출발 희망 일정에 대하여는 후일 다시 연락한다는 뜻을 전했다.(『本邦朝鮮往復書』15)

10.-. 宗義成이 예조 앞으로 보낸 서계에서, 지난해 봄에 蔚山에 표착한 対馬의 어선 乗員 6명을 송환해 준것에 대해 謝意를 표시했다.(『本邦朝鮮往復書』15) [→조선1652. 이해 봄]

11.-. 예조참판 呂爾載가 宗義成 앞으로 보낸 서계에서 통신사래일의 일정에 대해 対馬에서 사자가 파견된 것을 감사하고, 일정의 결정에 대해서는 後報를 기다린다는 뜻을 전했다.(『本邦朝鮮往復書』15)

-. 이해 여름, 日本国 対馬의 어민 6명이 蔚山에 표착했는데, 7월에 예조참의 李時楷가 宗義成 앞으로 보낸 서계에서 漂着漁民을 송환해준 것을 전했다.(『本邦朝鮮往復書』15)[→日本1654.8.-]

【일본】

4.-. 宗義成이 조선국 東萊府使·釜山僉使에게 보낸 서계에서 陶器製造를 위해 陶工 1명을 왜관에 파견하기 때문에 朝鮮人 陶工 4~5명 선발하고, 土薪과 함께 왜관에 회송하고 싶다는 뜻을 전했다.(『本邦朝鮮往復書』15)

6.-. 宗義成이 동래부사·부산첨사 에게 보낸 서계에서, 통신사래일은 내년 8월 초순에 江戸에 도착하게끔 조정하고 싶다는 것과 訳官 1명이 금년 9월 10일에 来島한 것을 알고 있다는 것 등을 전했다.(『本邦朝鮮往復書』16)

7.-. 이보다 앞서, 일본국 対馬의 漁民 1名이 加徳島에 표착했다. 이달에 예조참의 金尚이 宗義成 앞으로 보낸 서계에 漂着한 漁民을 송환한다는 뜻을 전했다.(『本邦朝鮮往復書』16)

8.-. 差倭 平成正이 이르러 朝鮮通信使가 내년 8월에 来日하도록 요청했다. 동시에 洪喜南을 먼저 보낼 것을 요청했다.(『接待事目録抄』·『通航一覧』31)/ 宗義成이 예조 앞으로 보낸 서계에서 지난 여름에 조선에 표착한 對馬 漁民을 왜관까지 호송해 준 것을 감사했다.(『本邦朝鮮往復書』16) [→朝鮮1653. 이해 여름]

11.-. 예조참판 申翊全이 宗義成 앞으로 보낸 서계에, 통신사파견이 허가된 것, 来日의 시기는 일본으로부터의 지시를 기다린다는 것 등을 전했다.(『本邦朝鮮往復書』16)

12.-. 예조참판 申翊全이 宗義成 앞으로 보낸 서계에서 통신사파견에 대하여 朝廷이 이미 許可했다는 것, 다시 전달할 사항에 대해서는 訳官使節이 직접 전한다는 것 등을 전했다.(『本邦朝鮮往復書』16)/ 예조참의 金尚이 宗義成 앞으로 보내는 서계에서, 島主帰国의 조금 전에 역관사절을 파견하는 것은 違例가 아니라는 것을 전했다.(『本邦朝鮮往復書』16)/ 동래부사 任義伯이 宗義成에게 보낸 서계에서 通信使 来日調整을 위해 訳官使節을 파견하는 것은 前例없는 까닭에 朝廷에 啓聞했지만, 현재 義成이 江戸에서 귀국하고 있기 때문에 그 問慰를 名目으로 사절을 파견하는 것은 문제가 없다는 것을 전했다.(『本邦朝鮮往復書』16)

【일본】

1.-. 宗義成이 조선국 예조참의 앞으로 보낸 서계에 訳官使節(李亨男·朴元朗)이 来島한 것, 通信使来日의기일은 5월하순에 対馬에 도착하여 8월상순에 江戸에 도착하게끔 조정하고 싶다는 것, 旧例대로 日光山에 参詣하고 싶다는 것 등을 전했다.(『本邦朝鮮往復書』16)

연도	한국
▲ 1655	3.1. 右議政 沈之源이 日本通信使 파견에 대해 淸國에 이유를 알리는 문제를 말하자, 임금이 일본의 임금이 새로 일어난 것을 이유로 삼도록 하다.(『孝宗實錄』 효종6 『集成』28-189) 4.17. 임금이 대신과 비국의 신하들을 인견하고 동래에 성을 쌓는 것에 대해 의논하다.(『孝宗實錄』 효종6 『集成』28-191) 4.20. 日本通信使로 떠나는 趙珩, 副使 俞瑒 등을 만나보고 그 가족들에게 藥物 등을 내려 위로하도록 하다.(『孝宗實錄』 효종6 『集成』28-192) 4.29. 일본 關白이 御筆을 요청한 것에 대해 대신들과 논의한 후 御筆을 내리다.(『孝宗實錄』 효종6 『集成』28-192) 6.9. 日本通信使, 釜山을 出發하여, 対馬志見浦에 到着하다.(南竜翼『扶桑録』) 6.15. 朝鮮通信使가 対馬府中에 도착하여 通信使를 위해 새로 세운 長寿院에 머물렀다.(南竜翼『扶桑録』) 6.22. 通信使가 일본에 가서 쓰는 모든 문서에 順治 年號를 쓰는 문제에 대해 신하들과 논의하다.(『孝宗實錄』 효종6 『集成』28-192) 9.5. 朝鮮通信使, 大坂에 到着하여, 本願寺에 머물렀다.(南竜翼『扶桑録』) 9.12. 朝鮮通信使, 京都에 到着, 富商의 家에서 조금 쉰 후에 本圀寺에 머물렀다.(南竜翼『扶桑録』) 10.8. 朝鮮通信使, 江戸城에서 家綱에게 国書를 奉呈했다.(南竜翼『扶桑録』) 10.18. 이보다 앞서, 14日, 朝鮮通信使, 57人을 残留하고 江戸를 출발하여, 宗義成·義真과 함께 日光山향해, 이날, 参詣했다.(南竜翼『扶桑録』) 10.25. 家綱, 朝鮮通信使에 返翰주었다.(使者酒井忠清·阿部忠秋)/ 家綱, 朝鮮国王 (孝宗)에 보내는 国書에서, 通信使파견과 日光山致祭를 감사했다.(徳川実紀·南竜翼扶桑録·『通航一覧』95) 11.4. 일본이《儀禮》와 性理에 관한 여러 책을 얻기를 청하자 허락하다.(『孝宗實錄』 효종6 『集成』28-193) 11.16. 朝鮮通信使, 京都에 도착하여 大仏寺遊覧後, 本圀寺에 이르렀다.(南竜翼『扶桑録』) 11.23. 朝鮮通信使, 大坂에 到着했다.(南竜翼『状桑録』)
1656	【한국】 1.11. 朝鮮通信使가 対馬에 도착했다.(南竜翼『扶桑録』) 2.10. 朝鮮通信使가 対馬 鰐浦를 출발하여 釜山에 도착했다. 동래부사 韓稚圭이 승선하여 이들을 환영했다.(南竜翼『扶桑録』) 2.28. 일본에서 돌아온 通信使 趙珩 등을 引見하고 일본의 정세를 묻고 그 勞苦를 治下하다.(『孝宗實錄』 효종7 『集成』28-193) 3.13. 日本通信使 趙珩과 副使 俞瑒에게 加資하라고 명하다.(『孝宗實錄』 효종7 『集成』28-193) 12.24. 對馬島主 平義成이 병이 들어 의원을 청하므로 허락하다.(『孝宗實錄』 효종7 『集成』28-194) 8.27. 조선국 상선(乘員 11명)이 西風에 밀려 五島에 표착했다. 12월에 宗義成이 예조에 보낸 서계에서 乘員 및 馬 1필을 송환시킨 것 등을 전했다.(『本邦朝鮮往復書』17) 8.-. 동래부사 韓震琦가 宗義成에게 보낸 서계에서 台風에 의해 파손된 訳官使節의 배를 수리하여 호송해 준 것에 사의를 표했다.(『本邦朝鮮往復書』17) 11.-. 예조참의 姜大遂가 宗義成 앞으로 보낸 서계에서 倭館館守交替에 대해 旧例와 같이 접대했다고 전했다.(『本邦朝鮮往復書』17) 12.7. 宗義成이 東萊府使 앞으로 보낸 서계에서 병에 걸려 起居도 여의치 않지만, 対馬의 医者로는 치료의 효과가 없어서, 조선에서 良医를 초빙해서 진료를 받고 싶으므로 서둘러 漢陽에 注進하고 싶다는 뜻을 전했다.(『本邦朝鮮往復書』17)
1657 ▼	【한국】 2.21. 古阜의 幼學 金良器 등이 왜란시에 공이 큰 宋象賢 등에 대해 祠堂을 세워 줄 것을 청하자, 임금이 이를 禮曹에 내려 의논케 하고 祠堂을 세우도록 명하다.(『孝宗實錄』 효종8 『集成』28-194) 4.15. 東萊府使 元萬石이 倭人 平成友 등이 가져온 書契의 격식이 어긋남을 馳啓하자 임금이 禮曹와 논의하여 받아들이지 말 것을 명하다.(『孝宗實錄』 효종8 『集成』28-195) 6.-. 倭差가 와서 虎皮 70張을 구입할 것을 청했다.(『接待事目錄抄』) 7.3. 書契의 격식을 어긴 왜인의 물품을 받을지의 여부에 대해 대신들과 논의하다.(『孝宗實錄』 효종8 『集成』28-196) 8.5. 領議政 鄭太和와 일본 江戸에 큰 불이 난 것과 그 이유 등에 대해 논의하다.(『孝宗實錄』 효종8 『集成』28-198) 10.26. 일본 對馬島主 平義成이 江戸에서 죽고 아들 平義眞이 뒤를 이었다.(『孝宗實錄』 효종8 『集成』28-198) 10.28. 격식을 어긴 왜인의 서계 처리를 논의한 뒤 받아들이기로 하다.(『孝宗實錄』 효종8 『集成』28-198) 12.13. 신하들과 더불어 對馬島主가 죽은 것을 계기로 일본에서 보낸 격식을 어긴 書契에 대해서는 不問에 붙이는 것을 논의하다.(『孝宗實錄』 효종8 『集成』28-200)

일본

3.-. 宗義成이 예조참의 앞으로 通信使来日의 일정을 조선측이 승낙했다는 것을 江戸에 보고 한 것, 왜관관수를 平成扶(佐護式右衛門)로 교체한 것 등을 전했다.(『本邦朝鮮往復書』16)/ 宗義成이 예조참의에게 보낸 서계에서, 江戸에서 朝鮮陶器를 所望하는 것이 많기 때문에, 왜관에서 陶器를 제조하는 도공을 왜관에 파견하는 것에 따라서 조선에서 도공을 보내고 싶다는 뜻을 전했다.(『本邦朝鮮往復書』16)

4.-. 宗義成이 조선국 동래부사·부산첨사에게 보낸 서계에서 通信使来日의 때에 将軍에게 헌상하는 良馬를 태운 배를 보낸다는 뜻을 전했다.(『本邦朝鮮往復書』16)/ 礼曹判書 申翊全이 井伊直孝앞으로, 通信使를 派遣하고, 国王親筆의 扁額·香燭·燈籠·楽器를 日光의 家光廟에 奉納하고, 家康廟에 焼香할 것을 적었다.(『通航一覧』104)/ 礼曹判書 申切全이 宗義成앞으로, 硫黄이 朝鮮에서는 나오지 않아, 日本에서 輸入할 것을 주선해 달라고 했다.(『本邦朝鮮往復書』17)

6.-. 예조참의 金尚이 宗義成 앞으로 보낸 서계에서, 요청에 따라서 陶工을 諸道具와 함께 왜관에 보낸다는 뜻을 전했다.(『本邦朝鮮往復書』17)/ 東萊府使 韓震埼가 宗義成에게 보낸 서계에서, 통신사일행이 먼저달 하순에 漢城을 출발해 東萊府에 도착했고, 머지않아 일본을 향해 도해한다고 고하고, 영접을 위한 사자를 対馬에서 파견한 것을 감사했다.(『本邦朝鮮往復書』16)/ 예조참의 金尚이 宗義成 앞으로 보낸 서계에서 風浪에 의해 통신사일행의 배가 일부 파손되었고, 礼物이 침수되어 오염이 되었기 때문에 바꾸어서 송부한다는 뜻을 전했다.(『本邦朝鮮往復書』17)

7.-. 宗義成이 동래부사·부산첨사 앞으로 보낸 서계에 通信使来日의 때에 장군에게 헌상할 鷹을 태운 배를 보낸다는 뜻을 전했다.(『本邦朝鮮往復書』17)/ 宗義成이 예조 앞으로 보낸 서계에서, 対馬에 정박중인 통신사일행이 逆風 때문에 출발이 늦어져 7월 20일에 이르렀다는 것, 順風을 만나 大坂에 도착하면 보고할 예정이라는 뜻을 전했다.(『本邦朝鮮往復書』17)

10.-. 保科正之가 예조판서 申翊全에게 返翰을 보내, 통신사가 来日하여 日光山에 参詣하고, 国王親筆·香燭·燈籠·楽器를 家光廟에 献納하며, 家康廟에 焼香했다는 것에 감사했다.(『通航一覧』104)

11.1 朝鮮通信使가 宗義真과 함께 江戸를 출발해 帰国의 길에 올랐다.(『徳川実紀』·南竜翼『扶桑録』)

12.-. 宗義成이 동래부사·부산첨사에게 서계를 보내어 歳遣船을 빌려 将軍献上用의 俊鷹를 운반하기 위해 飛船을 보낸다는 뜻을 전했다.(『本邦朝鮮往復書』17)

【일본】

1.15. 参府의 오란다인이 家綱을 배알하고 贈物을 헌상했는데, 19일에 家綱이 오란다인을 불러 外国에서의 그리스도교 布教에 대해 물었다.(『徳川実紀』)

1.29. 통신사 정사 趙珩·부사 俞場·종사관 南竜翼이 宗義成에게 보낸 서계에서, 통신사일행의 護行을 감사하고, 別書契의 건(硫黄輸出의 요청?)을 속히 막부에 보고해 주면 좋겠다는 뜻을 전했다.(『本邦朝鮮往復書』17)

1.-. 宗義成이 조선국 예조 앞으로, 통신사의 帰路護行을 위해 原成幸(平田将監)을 釜山까지 동행시킨다는 것, 長子 義真이 幕命에 의해 돌아가는 通信使에 동행해 対馬에 初入国을 해냈다는 것 등을 전했다.(『本邦朝鮮往復書』17)

2.3. 宗義成이 통신사 정사·부사·종사관 에게 보낸 서계에 조선에서 所望하는 硫黄을 今年에 꼭 送付하는 것에 대해 막부 老中에게 상신했다는 뜻을 전했다.(『本邦朝鮮往復書』17)

3.9. 조선국 전라도의 상선 1척이 対馬 묘酸에 표착했다. 이달에 宗義成이 예조 앞으로 보낸 서계에서 배를 수리하고 食料를 주어, 万松院 송사에 편승시켜 釜山에 송환한다는 것 등을 전했다.(『本邦朝鮮往復書』17)

4.-. 예조참의 沈厲가 宗義成 앞으로 보낸 서계에서 通信使一行의 귀국을 고하고, 硫黄 수출을 주선해줄 것을 청했다.(『本邦朝鮮往復書』17)

5.-. 예조참의 沈厲가 宗義成 앞으로 보낸 서계에서 義真이 将軍으로부터 暇를 받아 義成과 함께 対馬에 귀국한 것을 축하하고 訳官使節(李첨사·李판사)를 파견한다는 뜻을 전했다.(『本邦朝鮮往復書』17)

6.-. 예조참의 沈厲가 宗義成 앞으로 보낸 서계에서 표류민의 송환에 감사했다.(『本邦朝鮮往復書』17)

6.-. 宗義成이 礼曹앞으로 보내는 서계에서 왜관관수를 平成久(平田斎宮)에서 橘成税(多田源右衛門)로 교대하고, 橘成税을 역관사절의 護行役으로 동행시킨다는 뜻을 전했다.(『本邦朝鮮往復書』17)

7.-. 宗義成이 조선국 동래부사·부산첨사 에게 보낸 서계에서 7월 1일부터 2일에 걸쳐 지금까지 없던 격한 비바람이 対馬를 몰아쳐서 来島중인 역관사절의 배가 파손되었고, 육지로 끌어 올려 파손을 면했던 배에 訳官一行을 태워 부산에 귀국시켰다는 것 등을 전했다.(『本邦朝鮮往復書』17)

【일본】

1.-. 예조참의 権堣가 宗義成 앞으로 보내는 서계에서, 漂流民 10명의 송환을 감사했다.(『本邦朝鮮往復書』18)

2.-. 宗義成이, 조선국 예조에 보낸 서계에서 義成 치료 때문에 2년 선에 동신사 良医로 레일했던 韓主簿를 다시 파견해주고 아울러 薬種 数種을 송부해 준 것에 감사했다.(『本邦朝鮮往復書』17)

3.-. 宗義成이 예조참의에게 보낸 서계에서 2년 전 통신사래일 때에 구했던 硫黄에 대해 노중에 보고하여 장군의 허가를 얻어 1만근의 硫黄을 송부한다는 뜻을 전했다.(『本邦朝鮮往復書』17)/ 예조참의 権堣가 宗義成 앞으로 보내는 서계에서, 義成의 치료를 위해 対馬에 갔던 의사(明暦度通信使로 래일했던 韓主簿) 일행이 무사히 조선으로 귀국했다는 것을 고하고, 병이 쾌유한 것을 축하했다.(『本邦朝鮮往復書』18)

4.-. 宗義成이 조선국 동래부사·부산첨사에게 보낸 서계에서 将軍에게 虎皮를 헌상하기 위해 70장 정도 조달하고 싶다는 뜻을 전했다.(『本邦朝鮮往復書』17) 相国寺 慈照院 覚雲顕吉이 対馬 以酊庵 輪 番僧이 되었다.(~万治2년(1659) 5월) (『前近代の国際交流と外交文書』)

6.-. 東萊府使 元万石이 宗義成에게 보낸 서계에서 所望한 虎皮에 대해, 官庫에 비축이 없기 때문에 40매만을 송부한다는 뜻을 전했다.(『本邦朝鮮往復書』18)

9.-. 宗義成이 예조에 보낸 서계에 7월 중순에 江戸에 도착하여 江戸城에 登城한 것을 전하고, 장군이 특별하게 수출을 허가한 硫黄에 대해,

연도	한국
▲ 1657	11.-. 宗義眞이 예조앞으로 보낸 서계에 義成이 10월 26일에 江戶에서 死去했다는 것을 고했다.(『本邦朝鮮往復書』18)
1658	【한국】 2.4. 前領敦寧府事 李景奭이 書契의 격식 문제로 인해 對馬島의 差倭에게 하는 대우가 지나쳤음을 아뢰는 上箚를 올리다.(『孝宗實錄』효종9『集成』28-204) 6.2. 응교 조복양이 왜인들도 송상현에 대해 감복하여 염을 하고 관에 넣어 묵기까지 하였으니 송상현의 묘소에 비석을 세워달라고 하자, 임금이 이를 따르다.(『孝宗實錄』효종9『集成』28-203) 11.17. 東萊府使가 對馬島의 差倭의 말을 빌어, 새 對馬島主 平義眞이 강호에서 자라 두나라의 의리를 잘 모르고, 平義成이 죽은 후 유언에 따라 差倭가 올 것이라고 馳啓하다./ 임금이 대신 및 비국의 여러 신하들과 역관들이 우리 나라의 사정을 왜인에게 누설하는 일에 대해 처리 방법을 의논하다.(『孝宗實錄』효종9『集成』28-204)
1659	【한국】 3.7. 일본의 差倭 平智友가 조선에 銀貨를 바치는 것과 平義眞이 직책을 물려받았으니 圖書를 고쳐 보내 달라고 한 書契를 바치자, 書契의 격식이 틀린 것을 고치도록 하고 나머지 요청은 들어주다.(『孝宗實錄』효종10『集成』28-205) 3.9. 동래부사 李萬雄이 사조하니 임금이 왜인이 우리 나라를 깔보지 못하게 할 것 등을 당부하다.(『孝宗實錄』효종10『集成』28-205) 3.13. 대신들을 引見하고 죽은 對馬島主 平義成에 대해 賻儀하는 문제 등에 대해 논의하다.(『孝宗實錄』효종10『集成』28-205) 3.18. 對馬島主 平義眞에게 圖書를 만들어 보낼 것을 명하다.(『孝宗實錄』효종10『集成』28-206) 윤3.5. 동래 부사 민정중이 왜인들과 사통한 자들을 조사하여 아뢰다.(『孝宗實錄』효종10『集成』28-206) 4.4. 領議政 鄭太和 등과 對馬島에 譯官을 뽑아 보내는 일과 對馬島에 보낼 譯官에게 館倭가 開運萬戶를 구타한 것을 항의하게 하는 문제 등을 논의하다.(『孝宗實錄』효종10『集成』28-207) 4.7. 對馬島主 平義眞에게 弔儀를 내리기 위해 譯官 洪喜男을 파견하다.(『孝宗實錄』효종10『集成』28-209) 6.2. 譯官 洪喜男이 對馬島에서 돌아와 對馬島 내의 사정과 開運萬戶 金南斗를 구타한 八郎兵衛 傳右衛門을 對馬島主가 참형에 처한 것 등에 대해 아뢰다.(『顯宗實錄』현종 즉위년『集成』28-211) 7.18. 領議政 鄭太和 등과 對馬島의 왜인이 요구하는 쌀을 그들의 청대로 바꿔주는 문제 등에 대해 논의하고 바꿔주도록 명하다.(『顯宗實錄』현종 즉위년『集成』28-211) 9.13. 東萊府使 李萬雄을 朝廷에서 朱紅을 원한다는 것을 對馬島의 왜인에게 말한 것을 이유로 推考하다.(『顯宗實錄』현종 즉위년『集成』28-212) 10.4. 임금이 영의정 정태화 등을 인견하고 왜인들과의 換米 등에 대하여 논의하다.(『顯宗實錄』현종 즉위년『集成』28-212)
1660 ▼	【한국】 1.9. 예조에서 왜의 弔慰差使가 부의로 가져온 향3근, 초 2백자루, 향로, 촛대 각하나, 宮細布 20필을 전례대로 받아들이기를 아뢰니 임금이 이를 따르다.(『顯宗實錄』현종 1『集成』28-213) 3.27. 일본 對馬島 太守 平義眞이 正官 平成通을 東萊로 보내 表文과 土物을 올리고 신왕 전하의 卽位를 축하하다.(『顯宗實錄』현종 1『集成』28-213) 3.-. 対馬島主가 『朱子語類』·『朱子大全』 등의 서책을 구했다.(『接待事目錄抄』) 9.5. 신하들을 興政堂에서 引見하고 對馬島에서 화재가 난 것에 대해 양식을 賑恤해 주기로 한 것을 朝廷에서 명령한 것이 아니라 東萊府使가 주는 것으로 하는 문제 등에 대해 논의하다.(『顯宗實錄』현종 1『集成』28-213) 에 対馬에서 발생한 뜻밖의 大火에 대해 將軍이 救血을 위한 官米를 지급해 준 것 등을 전했다.(『本邦朝鮮往復書』19) 9.-. 礼曹参議 姜栢年이 宗義眞에게 보낸 서계에서, 義眞의 귀국에 訳官使節(金謹行·韓相国)을 파견한 것, 対馬에 大火가

일본

조선측이 서계의 文辭를 이유로 수령을 거부할 있는 것에 대해 조속하게 수령해 줄 것을 요청했다.(『本邦朝鮮往復書』18)

10.-. 예조참의 徐必遠이 宗義成에게 보낸 서계에 조선의 요청에 응해 將軍이 硫黄 1万斤을 惠贈한 것에 감사했다.(『本邦朝鮮往復書』18)/ 조선국 漁船 5척(総乗員 34인)이 対馬에 표착했다.(『本邦朝鮮往復書』18) [→1658.1.-]

【일본】

1.-. 宗義真이 조선국 예조에 보낸 서계에 지난해 10월, 対馬에 표착한 어민을 護送使者를 부쳐 送還한 것등을 전했다.(『本邦朝鮮往復書』18) [→1657.10.-]

3.8. 조선국 전라도의 漁船 2척(総乗員 23인, 중에 女 1인)이 対馬에 표착했다. 8월에 宗義真이 예조에 보낸 서계에서 漂着民을 將軍의 명을 받아 송환한다는 뜻을 전했다.(『通航一覧』136·『本邦朝鮮往復書』18)

3.-. 東萊府使가 일본국 対馬藩 家老아픙로 보낸 서계에 来書에 의해 義成의 訃報를 알린다고 전했다.(『本邦朝鮮往復書』18)

5.-. 예조참의 鄭攸가 宗義真에게 보낸 서계에, 義成의 부고에 대해 弔意를 표했다.(『本邦朝鮮往復書』18)/ 예조참의 金寿恒이 宗義真에게 漂流民 30명의 송환에 감사했다.(『本邦朝鮮往復書』18)

10.-. 예조참의 洪処厚가 宗義真에게 漂流民(2척의 표류선)의 송환에 감사했다.(『本邦朝鮮往復書』18)/ 예조판서 趙珩이 宗義真에게 서계를 보내 家督의 상속을 축하했다.(『本邦朝鮮往復書』18)/ 宗義真이 예조에 보낸 서계에 왜관관수를 橘成般(寺田市郎兵衛)에서 平成直(仁位格兵衛)으로 교대했다고 전했다.(『本邦朝鮮往復書』18) 宗義真이 礼曹 앞으로 義成의 죽음에 의해 彦三図書를 헌납하는 뜻을 전했다.(『本邦朝鮮往復書』18)

11.-. 宗義真이 예조 앞으로 義成의 遺書를 送付하기 위해 半智友(唐坊佐左衛門)를 파견한다고 전했다.(『本邦朝鮮往復書』18) 宗義真이 예조 앞으로 보낸 서계에 將軍에게서 暇를 받아 귀국한 것, 將軍이 硫黄輸出을 특별히 허가한 것에 대해 조선에서 감사의 訳官使節을 파견해 주었다는 것, 현재의 왜관은 立地条件이 나빠서 이전능 허가 받고 싶다는 뜻을 전했다.(『本邦朝鮮往復書』18)/ 宗義真이 예조에 보낸 서계에서 旧例대로 義成図書를 고쳐, 義真図書를 造給받고 싶다는 뜻을 전했다.(『本邦朝鮮往復書』18)/ 宗義真이 예조에 보낸 서계에 両国通信을 위해 橘成般(寺田市郎兵衛)을 파견한다는 뜻을 전했다.(『本邦朝鮮往復書』18)

【일본】

2.-. 예조참의 李尚真이 宗義真에게 보낸 서계에서 倭館館守의 교체에 대해 통상적으로 접대했다고 전하다.(『本邦朝鮮往復書』19)/ 礼曹参議 李尚真이 宗義真에게 보낸 서계에 送付된 사계를 수령했다고 전하다.(『本邦朝鮮往復書』19)

4.-. 예조참의 李尚真이 宗義真에게 硫黄의 수출에 대해, 将軍의 厚誼와 対馬의 주선에 감사했다.(『本邦朝鮮往復書』19)/ 예조참의 李尚真이 宗義真에게 서계를 보내, 義真의 家督相続을 축하하고, 訳官使節을 파견한다는 뜻을 전했다.(『本邦朝鮮往復書』19)/ 예조참의 李尚真이 宗義真 앞으로 보낸 서계에 義成의 죽음을 弔慰하기 위해 訳官使節을 파견한다는 뜻을 전했다.(『本邦朝鮮往復書』19)/ 예조참판 慎天翊이 宗義真에게 보낸 서계에 倭館移転 요청에 대해, 設置부터 60여년이 지나 졸지에 이전하고 싶다는 뜻을 전했다.(『本邦朝鮮往復書』19)

5.-. 宗義真이 조선국 예조참의앞으로 보낸 서계에 硫黄輸出 사례의 訳官使節이 対馬에 来着했다는 것을 막부에 전했다.(『本邦朝鮮往復書』19)/ 宗義真이 예조참의 앞으로 보낸 서계에 家督相続 축하·新図書造給를 감사하고, 訳官의 口上을 막부 老中에게 上達하는 뜻을 전했다.(『本邦朝鮮往復書』19)

9.30. 조선국 전라도 漁船 2척(乗員30인)이 対馬에 표착했다. 10월에 宗義真이 礼曹에 서계를 보내, 漂着民에게 船頭과 通事를 부쳐 万松院送使에 편승시켜 송환할 것 등을 전했다(『本邦朝鮮往復書』19)

10.-. 상순에 조선국 전라도·경상도의 漁船 4척(総乗員 74명)이 長門·壱岐·肥前 3国에 표착했다. 곧바로 長崎를 거쳐 対馬에 회송했다. 12월에 宗義真이 礼曹에 보낸 서계에 漂着船의 乗員 및 일본에서 태어난 赤子 1명을 조선에 송환시킨다고 전했다.(『本邦朝鮮往復書』19)/ 조선국 경상도 동래부 水営의 漁民 8인이 暴風에 의해 6~7일간 표류하다가 石見国에 표착했다. 이어서 長崎에서 審査를 받고 対馬에 回送되었다.(『本邦朝鮮往復書』19·『通航一覧』136)[→1660.1.-].

10.-. 宗義真이 예조에 보낸 서계에서 孝宗의 薨去를 弔慰했다.(『本邦朝鮮往復書』19)

11.-. 예조참의 曹漢英이 宗義真에게 서계를 보내 漂流民 30명의 송환에 감사했다.(『本邦朝鮮往復書』19)

【일본】

1.-. 宗義真이 조선국 예조 앞으로 서계를 보내, 지난해 10월상순에 石見国에 표착한 경상도 東萊府水営의 어민을 平成親에게 호송시킨 것, 漂流民을 태운 배는 石見国에 修理하여 훗날 対馬에 회송시킬 것이라는 것 등을 전했다.(『本邦朝鮮往復書』19) [→12.-]/ 宗義真이 예조에 보낸 서계에서 顯宗 즉위를 陳賀하는 사자를 보냈다는 것을 고하기 위해, 먼저 使者를 파견한다는 것을 전했다.(『本邦朝鮮往復書』19)/ 宗義真이 예조 앞으로 서계를 보내, 顯宗의 즉위를 陳賀했다.(『本邦朝鮮往復書』19)/ 예조참의 李慶億이 宗義真에게 보낸 서계에 孝宗薨去의 弔慰使者의 파견을 감사했다.(『本邦朝鮮往復書』19)

2.-. 宗義真이 조선국 동래부사·부산첨사에게 보낸 서계에 앞서 송환한 경상도 水営의 표류민이 탔던 배가 石見国에서 수리후에 長崎를 거쳐 対馬에 도착했기에, 이것을 回送하는 뜻을 전했다.(『本邦朝鮮往復書』19)[→1659.10.상순]/ 東萊府使 鄭泰斉가 宗義真에게 보낸 서계에서 顯宗 즉위를 慶賀하기 위해 対馬에서 미리 使者가 온 것에 대해 규정대로 접대한다는 뜻을 전했다.(『本邦朝鮮往復書』19)

3.-. 예조참의 尹鑴이 宗義真에게 보낸 서계에 漂流民送還에 감사했다.(『本邦朝鮮往復書』19)

4.-. 예조참의 尹鑴이 宗義真에게 보낸 서계에 顯宗即位를 陳賀하는 사자파견에 감사했다.(『本邦朝鮮往復書』19)

5.-. 礼曹参議尹鑴이 宗義真에게 보낸 서계에서 漂流船 4척의 송환에 감사했다.(『本邦朝鮮往復書』19)

8.-. 宗義真이 에조참판 앞으로 보낸 서계에 硫黄輸出의 謝礼를 위해 지난해 対馬에 訳官使節이 도래한 것을 將軍에게 上達했다는 것, 작년

연도	한국
▲ 1660	11.18. 조선국 蔚山의 漁船 2척(乘員 15명)이 暴風에 의해 対馬 西泊에 표착했는데, 12월에 宗義真이 예조에 서계를 보내 漂着民을 訳官使節의 帰便에 송환했다는 것을 전했다.(『本邦朝鮮往復書』 19) 12.-. 宗義真이 예조참의 앞으로 帰国慶賀의 訳官使節을 파견하고, 大火救位의 大米(朝鮮升로 300건)送付에 감사했다.(『本邦朝鮮往復書』 19)
1661	【한국】 5.28. 박선동이 왜인의 외물을 받고 여인을 관에 유인해 들이다.(『顯宗實錄』 현종 2 『集成』28-214) 5.29. 박선동이 여인을 꾀어 왜관에서 간음토록 하였다가 발각되다.(『顯宗改修實錄』 현종2. 『集成』28-271) 5.-. 対馬島主가 書冊·薬材 등을 구입하기를 원했다.(『接待事目録抄』) 6.-. 부산사람 金立이 倭館의 価布 등을 훔쳐서, 倭館의 문앞에 효시했다.(『接待事目録抄』) 8.30. 壬辰倭亂 때 義兵將으로 공이 커서 翼虎將軍이란 호를 하사받고 謀陷받아 하옥된 뒤 죽은 金德齡을 伸寃시키고 復官해 주도록 명하다.(『顯宗實錄』 현종 2 『集成』28-214) 10.21. 대마도에서 부산의 왜관을 옮기게 해 달라고 청하다.(『顯宗改修實錄』 현종 2 『集成』28-271) 10.29. 동래부사 李元禎이 왜차가 나왔으니 접위관을 보내라고 치계하자, 조정이 병조좌랑 尹晳을 차임해 보내다.(『顯宗實錄』 현종 2 『集成』28-215) 10.-. 倭館의 収税算員 李敬敏이 1,913량을 수세했는데, 留任을 허락지 않았다.(『接待事目録抄』) 12.24. 對馬島에서 화재가 발생한 것을 들어 물품을 보내주기를 청했으나 東萊府使 李元禎이 우리나라 역시 饑饉이 심하다는 이유로 거절하다.(『顯宗實錄』 현종 2 『集成』28-215)
1662	【한국】 1.5. 접위관 尹晳이 왜차가 떠나지 않고 館을 옮기게끔 하려 한다고 치계하자 조정에서 거부하라고 유시하다.(『顯宗實錄』 현종 3 『集成』28-215) 2.-. 일본인이 『李退渓文集』 등을 구했는데, 이를 허락치 않았다.(『接待事目録抄』) 3.-. 差倭가 『東医宝鑑』『医林撮要』·牛黄등을 구하는데, 이것을 허락했다.(『接待事目録抄』) 6.3. 왜관을 옮기는 일로 왜사가 1년을 머무르다.(『顯宗改修實錄』 현종 3 『集成』28-271) 7.28. 湖南務安縣의 남녀가 광풍을 만나 琉球國까지 표류하였다가 오랜 시간이 지난 뒤 왜국 薩摩州, 對馬島를 거쳐 본국으로 귀환하다.(『顯宗實錄』 현종 2 『集成』28-215) 12.-. 예조참판 柳慶昌이 宗義真에 보내는 서계에서 倭館의 移館 요청은 받아들이기 어렵다는 것과 船倉의 개축에 대해서는 이미 허가가 내려졌다는 것 등을 전했다.(『本邦朝鮮往復書』 20)
1663	【한국】 2.-. 일본인이 『李退渓文集』 등을 구했는데, 이를 허락치 않았다.(『接待事目録抄』) 3.-. 差倭가 『東医宝鑑』『医林撮要』·牛黄등을 구하는데, 이것을 허락했다.(『接待事目録抄』) 3.9. 청나라 사신이 왜총과 왜검을 구해 돌아가다.(『顯宗改修實錄』 현종 4 『集成』28-272) 4.3. 대마도에 화재가 나 쌀 3백석을 하사하다.(『顯宗改修實錄』 현종 4 『集成』28-272) 6.1. 사헌부에서 부산 첨사 李竍가 館倭를 제대로 다스리지 못한 일로 나국을 청하자 임금이 비국과 의논하다.(『顯宗實錄』 현종 4 『集成』28-216) 6.8. 사헌부가 李竍를 按律하여 정죄토록 논계한 일에 대해 임금이 이때에 이르러 따르다.(『顯宗實錄』 현종 4 『集成』28-217) 7.1. 왜인 3인이 울진에 표류했는데, 통역관을 시켜 부산관으로 보내었다.(『顯宗改修實錄』 현종 4 『集成』28-272) 7.3. 禮官을 보내 壬辰倭亂 때 공을 세운 忠烈公 高敬命과 文烈公 趙憲, 博士 柳彭老에게 제사지내게 하고 殉義壇에 賜額하다.(『顯宗實錄』 현종 4 『集成』28-217) 7.5. 金麗輝 등 28인이 흉년이 들어 탐라에 들어가 걸식하다가, 표류하여 琉球를 거쳐 일본을 거쳐 돌아오다.(『顯宗實錄』 현종 4 『集成』28-218) 7.6. 풍랑에 표류되었던 김여휘 등이 일본에서 돌아오다.(『顯宗改修實錄』 현종 4 『集成』28-272) 7.25. 蔚珍縣에 표류해 온 왜인 3인을 양식과 옷을 지급하고 倭館으로 보내 돌아가게 하다.(『顯宗實錄』 현종 4 『集成』28-218) 8.21. 대마도주가 집정의 요구라며 사서·오경 등의 구입을 청하다.(『顯宗實錄』 현종 4 『集成』28-218) 11.12. 대사간 金始振 등이 李廷沃의 잘못을 보고하지 않은 동래부사 李星徵을 파직할 것을 아뢰자 임금이 추고만 하게 하다.(『顯宗實錄』 현종 4 『集成』28-218) 12.27. 왜적과 술을 먹다가 왜적의 기세에 눌려 도망쳐서 나라를 욕되게 한 釜山僉使 李廷沃의 告身을 뺏다.(『顯宗實錄』 현종 4 『集成』28-219)

일본
발생한 것을 듣고 경악을 금치 못했다는 것을 전했다. (『本邦朝鮮往復書』19)
10.-. 東萊府使 鄭泰齊가 宗義真 앞으로 보낸 서계에서, 対馬大火에 대해 救済를 위해 大米 300石을 보내는 것을 朝廷이 결정했다는 뜻을 전했다.(『本邦朝鮮往復書』19) 예조참판 金奉恒이 宗義真 앞으로 보낸 서계에서 対馬大火에 대해 将軍이 救殖을 행했다는 것을 기뻐했다.(『本邦朝鮮往復書』19)

【일본】

2.-. 예조참의 李袗이 宗義真에게 보낸 서계에서 漂流民의 송환에 감사했다.(『本邦朝鮮往復書』19)

3.-. 宗義真이 조선국 礼曹에 보낸 서계에서 왜관 관수를 平成直(仁位格兵衛)에서 藤成幸(三浦内蔵丞)으로 교체시킨 것을 전했다.(『本邦朝鮮往復書』19)

6.-. 예조참의 李弘淵이 宗義真에게 보낸 서계에서 왜관 관수 교체에 대해 先例에 따라 접대한다는 뜻을 전했다.(『本邦朝鮮往復書』20)

7.-. 宗義真이 예조참판에 보낸 서계에서 현재의 왜관의 위치가 風波가 있으면 배의 계류가 어렵기 때문에 平成喬(半田隼之丞)을 파견해서 釜山城의 위치로 移設하고 싶다는 뜻을 전했다.(『本邦朝鮮往復書』20)/ 宗義真이 예조참의에게 보낸 서계에서 2년전에 일어난 府中大火의 救位로, 조선에서 大米300石을 보내온 것에 대해 橘成般(寺田市郎兵衛)을 파견하여 사의를 표시했다는 것, 왜관이전의 건에 대해서는 共議를 거쳐 실현하고 싶다는 뜻을 전했다.(『本邦朝鮮往復書』20)

8.27. 조선국 蔚山의 漁農 2인이 対馬 佐護浦에 표착했다. 9월에 宗義真이 예조 앞으로 보낸 서계에서 平成尚(吉川六郎右衛門)을 보내어 漂着民의 송환하는 일을 전했다. 그 후 11월 14일, 成尚一行이 鰐浦를 出発하였으나 西風에 밀려 長門国에 표착한 후, 長崎를 거쳐 다음해인 寛文 2年(1662) 1월 2일에 対馬로 귀국했다.(『本邦朝鮮往復書』20) [→1662.1.-]

【일본】

1.-. 宗義真이 조선국 예조에 보낸 서계에서 작년 윤 8월, 対馬 佐護에 표착한 蔚山의 漁農을 조선에 송환시키기 위해 다시 平成尚(吉川六郎右衛門)에 호송시킨다는 뜻을 전했다.(『本邦朝鮮往復書』20) [→朝鮮1662.3.-]

3.-. 예조참의 趙復陽이 宗義真에 보낸 서계에서 漂流民 2인의 송환을 감사했다.(『本邦朝鮮往復書』20) [→日本1661.8.27.]

5.-. 宗義真이 예조에 보낸 서계에서 対馬에서 大火가 발생해서, 지난해 말에 将軍에게 暇을 얻어, 4월하순에 対馬에 帰着했다고 전했다.(『本邦朝鮮往復書』20)

6.-. 宗義真이 예조에 보낸 서계에서 지난해 8월, 琉球에 표착했다가 薩摩·長崎를 거쳐 対馬에 회송된 전라도의 어민을 平成知이 호송했다는 것을 전했다.(『本邦朝鮮往復書』20)[→朝鮮1662.7.28.]

8.28. 조선국 어민 3명이 対馬 琴浦에 표착했다. 11월에 宗義真이 예조에 보낸 서계에서 藤幸広(小田宇衛門)를 보내 표착민을 호송했다고 전했다.(『本邦朝鮮往復書』20)

8.-. 예조참의 趙胤錫이 宗義真에게 보낸 서계에서 義真의 帰国을 치하하고 対馬大火에 놀랐다는 뜻을 전했다.(『本邦朝鮮往復書』20)/ 예조참의 趙胤錫이 宗義真에게 보낸 서계에서 琉球에 漂着한 18인의 송환에 감사했다.(『本邦朝鮮往復書』20)[→1661.7.27.]

10.-. 宗義真이 조선국 동래부사·부산첨사에 보낸 서계에서 陶器製造를 위해 陶工 및 陶土·燃料를 왜관에 送付해주도록 요청했다.(『本邦朝鮮往復書』20)

【일본】

1.-. 예조참의 安献徵이 宗義真 앞으로 보낸 서계에서 義真의 帰国에 따라 訳官使節을 파견한다는 것을 전했다.(『本邦朝鮮往復書』20)/ 예조참의 安献徵이 宗義真에게 보낸 서계에 漂流民의 송환에 감사했다.(『本邦朝鮮往復書』20)

2.-. 이에 앞서 조선국의 어민 5명이 卒風을 만나 壱岐에 표착했다. 長崎를 거쳐 1월 7일, 対馬에 회송되었다. 이달에 宗義真이 조선국 예조에 보낸 서계에 平成順에게 漂着民을 호송시킨 것을 전했다.(『本邦朝鮮往復書』20)

3.-. 宗義真이 예조에 보낸 서계에 訳官使節의 파견에 감사하고, 近日중에 江戸에 参勤할 예정이라는 뜻을 전했다.(『本邦朝鮮往復書』20)/ 宗義真이 礼曹에 보낸 서계에 両国通信事(裁判役의 일)를 橘成般(寺田市郎兵衛)에게서 橘成陳(井手弥六左衛門)으로 교체하여 주관시킨다는 뜻을 전했다.(『本邦朝鮮往復書』20)/ 宗義真이 예조 앞으로 倭館 館守를 平成尚(吉川六郎右衛門)으로 교체시킨다는 뜻을 전했다.(『本邦朝鮮往復書』20)/ 예조참의 徐必遠이 宗義真에게 보낸 서계에 漂流民의 송환을 감사했다.(『本邦朝鮮往復書』21)

6.14. 蔚珍에 漂着船(乗員3명)이 있어, 곧바로 訳官을 보내어 問情했는데, 日本国 五島의 민임이 판명되어, 8월에 예조참의 洪処尹이 宗義真에게 보낸 서계에서 그 경과 및 衣糧을 지급하여 倭館에 호송한 일에 대해 전했다.(『本邦朝鮮往復書』21) [→日本10.-]

6.-. 宗義真이 예조 앞으로 보낸 서계에 지난해 10월, 琉球에 표착하여 薩摩·長崎를 거쳐 対馬에 회송된 전라도 海南県의 商船乗組員을 橘成利에게 호송시킨 일등을 전했다.(『本邦朝鮮往復書』21) [→朝鮮7.5]

8.-. 예조참의 洪処尹이 宗義真에게 보낸 서계에서 전라도 海南県의 표류민송환을 감사하고, 그들이 조선남부에 몰아친 기근 때문에 済州島에 교역하러 갔다가 暴風을 만나 표류했던 사정을 설명했다.(『本邦朝鮮往復書』21)[→琉球1662.10.5.]

10.-. 宗義真이 예조에 보낸 서계에서 蔚珍에 표착한 五島의 주민 3명의 송환을 감사하고, 藤成通을 파견한다는 뜻을 전했다.(『本邦朝鮮往復書』21) [→朝鮮6.14]

11.4. 전라도 興陽의 居民 19인이 交易을 위해 寧海에 가던 중, 폭풍을 만나 표류하다가 일본국 隠岐에 표착했는데, 곧바로 長崎를 거쳐 다음해 4월 6일에 対馬에 회송되었다.(『本邦朝鮮往復書』21) [→日本1664.4.-]

11.10. 조선국 상선 1척(19인 乗組)이 隠岐国 浦之江에 표착했는데, 長崎로 보냈다.(『通航一覧』136) [→1664. 4.-]

연도	한국
1664	**【한국】** 2.29. 임금이 병조판서 김좌명·한성우윤 유혁연과 왜인들이 유황을 몰래 파는 것에 대해 유통로 및 가격 등을 논의하다.(『顯宗實錄』 현종 5 『集成』28-219) 5.12. 寧海府로 교역하러 가다가 일본에 표류한 우리 나라 興陽縣 백성 毛注福 등을 對馬島에서 송환한 것에 대해 禮曹에 명해 편지를 써 호의에 답하도록 하다.(『顯宗實錄』 현종 5 『集成』28-221) 6.3. 동부승지 남구만이 서필원을 지난 날 이정기를 通信使로 차임하지 않은 일로 체직할 것을 청하니 상이 이미 알고 있다고 답하다.(『顯宗實錄』 현종 5 『集成』28-221) 6.13. 領議政 鄭太和 등과 對馬島에 무역하는 쌀의 양 문제에 대해 논의하다.(『顯宗實錄』 현종 5 『集成』28-222) 윤6.3. 왜인이 《退溪集》과 《攷事撮要》를 구입하고자 하나 허락하지 않다.(『顯宗實錄』 현종 5 『集成』28-222) 윤6.3. 호판 정치화가 아뢰기를, 동래에 상왜가 나오면 개시하는데, 동래부사와 부산첨사가 잠상을 엄금하도록 청하다.(『顯宗實錄』 현종 5 『集成』28-223) 윤6.7. 慶尙監司 李尙眞이 東萊部에 왜적에 대비해 城地의 설비를 갖출 것을 馳啓하다.(『顯宗實錄』 현종 5 『集成』28-223) 윤6.13. 임금이 유황을 무역해 온 사람을 논상하는 일 등에 대해, 小通事 朴命天에게는 通政帖, 富商 李應祥에게는 嘉善帖을 지급하고 그 나머지는 차등있게 베를 상으로 지급하도록 하다.(『顯宗實錄』 현종 5 『集成』28-224) 윤6.25. 왜인이 野鶴 10마리와 玉帶鉤 10개를 무역할 것을 청하자 野鶴만 허락하다. / 왜인이 와서 對馬島主가 아들을 낳았다고 알리고 書契에 축하한다는 말을 揷入해줄 것을 청하다.(『顯宗實錄』 현종 5 『集成』28-224) 7.19. 동래부사 安縝이, 상인 林之竹등이 加德鎭에서 白金으로 石硫黃과 黑角·長鳥銃·長劍등의 물건을 무역한 것과 관에서 거래하는 물화는 모두 對馬島主가 판매하는 것이며, 배와 말로 서울에 운반할 것을 청하다.(『顯宗實錄』 현종 5 『集成』28-224) 8.25. 兵曹判書 金左明이 여러차례 왜구를 섬멸한 바 있는 明나라 장수 戚繼光이 지은 《紀效新書》를 바치다.(『顯宗實錄』 현종 5 『集成』28-225)
1665	**【한국】** 1.16. 結成縣에 사는 朴承元 등이 對馬島에 표류한 것을 對馬島主가 돌려보냈으므로 선물을 갖추어 사례하다.(『顯宗實錄』 현종 6 『集成』28-226) 2.18. 임금이 영의정 정태화, 좌의정 홍명하, 병조참판 유혁연을 인견하고 왜상과 나무와 公作米를 줄이는 문제를 의논하다.(『顯宗實錄』 현종 6 『集成』28-226) 5.15. 동래부사 安縝이 왜인이 준마를 무역하기를 청하나 허락하지 말 것을 치계하였으나, 말을 무역하는 것은 전례가 있다하여 허락하다.(『顯宗實錄』 현종 6 『集成』28-228) 5.17. 동래부사 안진이 왜관에 왜인의 출입을 엄히 금할 것을 치계하자, 비국에서 당시의 소통사·수문군관·복병장등을 잡아들여 엄히 다스리고, 생선채소시장을 관문밖에 설치하도록 명하다.(『顯宗實錄』 현종 6 『集成』28-228) 5.22. 임금이 대신과 비국의 신하들을 인견하고 왜관의 왜인 출입이 허술한 것과 橘成般이 돌아가려 하는 일 등에 대해 논의하다.(『顯宗實錄』 현종 6 『集成』28-229) 6.2. 東萊府使 安縝이 올려보낸 왜의 書契와 狀啓가 격식에 맞지 않고 방자하다 하여 安縝을 推考하다.(『顯宗實錄』 현종 6 『集成』28-230) 7.9. 경상감사 任義伯이 왜인이 유황을 밀매하러 온 것에 대해 보고하니, 비국에서 동래부사 및 통제사로 하여금 비밀히 교역하도록 하고, 이후로는 상인을 일체 엄금하도록 동래부사에게 신칙하기를 청하니 임금이 이를 따르다.(『顯宗實錄』 현종 6 『集成』28-231) 7.11. 동래부사 안진이 다대포에서 왜인과 군사들 간의 충돌 상황을 치계하자, 비국이 그 원인제공자를 처벌할 것과 군인의 수를 정하여 방비할 것을 아뢰니 임금이 이를 따르다.(『顯宗實錄』 현종 6 『集成』28-231) 7.22. 濟州軍官 金元祥이 일본에 표류한 것을 일본과 對馬島主가 후히 대접하여 差倭를 딸려 東萊로 돌려보냈으므로, 差倭 平成眞을 후히 대접하여 돌려보내 우대하는 뜻을 보이다.(『顯宗實錄』 현종 6 『集成』28-232)
1666 ▼	**【한국】** 3.9. 일본이 差倭 藤成倫을 보내어 표류 왜인을 보내 준 것에 대해 사례하자, 都事를 接慰官으로 삼아 대접하고 글을 만들어 답례하다.(『顯宗實錄』 현종 7 『集成』28-235) 5.18. 권현당에 향화 70, 80동을 주도록 명하다.(『顯宗改修實錄』 현종 7 『集成』28-274) 5.23. 왜란 때 공이 컸으나 모함받아 억울하게 죽은 鄭文孚를 右贊成에 追增하고, 함께 일했던 자들도 差等있게 追增하다.(『顯宗實錄』 현종 7 『集成』28-235) 10.23. 東萊府使 安縝이 일본에서 표류 阿蘭陀 郡民을 문제 삼아 差倭를 보내 따질 것이라는 내용의 馳啓를 올리자 임금이 이를 備局에 내려 의논케 하다.(『顯宗實錄』 현종 7 『集成』28-236) 11.26. 비변사가 도망친 남만인의 일로 좌수사 정영의 논죄를 청하다.(『顯宗改修實錄』 현종 7 『集成』28-274) 12.15. 상이 동래부사 李之翼에게 왜관의 왜인이 여염집에 출입하는 것을 엄금하고, 발각된 자는 효시하도록 하다.(『顯宗實錄』 현종 7 『集成』28-237)

일본

【일본】

1.2. 전라도 영암군 秋子島 鎭守 金元祥·同郡 河原島鎭 許定이 從屬 46인과 함께 표류하다가 3일, 일본국 五島列島 嵯峨島에 표착하여, 長崎를 거쳐 2월 15일에 対馬에 회송되었다.(『本邦朝鮮往復書』 21·『通航一覧』136) [→ 日本1665.3.-]

4.-. 宗義真이 조선국 예조에 보낸 서계에서, 지난해 11월에 隱岐에 표착하여 長崎를 거쳐 금년에 対馬에 회송된 전라도 興陽의 거민을 橘成重에게 호행시켜 쇄환한 것 등을 전했다.(『本邦朝鮮往復書』 21)[朝鮮5.12]

5.-. 예조참의 權大運이 宗義真에게 보낸 서계에 漂流民의 송환에 감사했다.(『本邦朝鮮往復書』 21) [→日本1663.11.10.]

10.-. 예조참의 南九万이 宗義真에게 보낸 서계에 漂流民의 송환을 감사했다.(『本邦朝鮮往復書』 21)

11.10. 조선국 충청도 結城의 상선(乘員 6명)이 交易을 위해 加德島에 도항중에 暴風 때문에 対馬에 표착했다. 12월에 宗義真이 예조에 보낸 서계에서 漂民을 訳官使節의 귀국에 부쳐 송환하는 것 등을 전했다.(『本邦朝鮮往復書』 21) [朝鮮1665.1.16]

11.22. 조선국 역관 金謹行·下爾標가 宗義真의 帰国과 아들(彦満) 탄생을 축하하기 위해 対馬에 来島했다.(『宗氏家譜略』·『本邦朝鮮往復書』 21·『通航一覧』119)

11.-. 宗義真이 예조에 보낸 서계에 倭館 관수를 平成尚(古川六郎右衛門)에서 平成之(仁位孫右衛門)로 교체한다는 뜻을 전했다.(『本邦朝鮮往復書』 21)

12.-. 宗義真이 예조에 보낸 서계에서 訳官使節을 파견한 것에 감사했다.(『本邦朝鮮往復書』 21)/ 이해에 日本商人이 조선인과 밀무역을 했다.(伊藤小左衛門事件)(『通航一覧』129)

12.10. 壬辰倭亂 때 왕자를 호위하고 피난 갔다가 왜적의 서신을 갖고 돌아온 것으로 죄를 받은 金貴榮의 官爵을 追復시키다.(『顯宗實錄』 현종 5 『集成』28-226)

【일본】

3.-. 대마번 家老(古川成通·杉村成令·寺田成殷)가 조선국 동래부사·부산첨사에게 보낸 서계에서 藩主宗義真이 江戸에 參勤한 일, 작년 1월, 五島列島 嵯峨島에 표착하여 長崎를 거쳐 2월 対馬에 회송된 金元祥 등이 官職保有者이기 때문에 江戸에 보고하고, 하명을 받은 후에 송환했다는 것 등을 전했다. 6월에 宗義真이 예조에 보낸 서계에 金元祥 등은 송환의 명을 받아서 平成辰(唐坊忠右衛門)·平成次에게 호송시켰다는 뜻을 전했다.(『本邦朝鮮往復書』 21·『通航一覧』136) [→朝鮮 8.-]

8.-. 이보다 앞서 일본국의 漁商 11명이 경상도 機張에 표착했다. 이달에 예조참의 李裖이 宗義真에게 보낸 서계에서 漂着民을 왜관에 송환한 것 등을 전했다.(『本邦朝鮮往復書』 22)/ 예조참의 李裖이 宗義真에게 보낸 서계에서 鎭守 金元祥 등 漂流民 40여명에게 衣糧를 주어 송환한 것에 감사했다.(『本邦朝鮮往復書』 22) [→1664.1.2.]

7.29. 임금이 대신 및 비국의 신하들을 인견하고 왜인과 유황을 밀거래하는 것 등에 대해 논의하다.(『顯宗實錄』 현종 6 『集成』28-232)

8.13. 대신들이 壬辰倭亂이 있기 전부터 變故가 일어난 것을 예로 들어 최근에 나타나는 變故에 대해 우려의 뜻을 아뢰다.(『顯宗實錄』 현종 6 『集成』28-233)

12.2. 두 淸使가 왜인의 조총·활·통아·편전을 요구하여 延接都監이 진계하고서 주다.(『顯宗實錄』 현종 6 『集成』28-233)

12.27. 壬辰倭亂 때 의병을 일으켜 큰 공을 세우고도 억울한 죽음을 당한 鄭文孚를 追贈하고 자손을 錄用하도록 하다.(『顯宗實錄』 현종 6 『集成』28-234)

【일본】

1.-. 예조참의 李延年이 宗義真에게 보낸 서계에서 漂流民의 송환을 감사했다.(『本邦朝鮮往復書』 22)

7.3. 이보다 앞서 일본국 伯耆国 米子의 어선 1척(乘員 21명)이 竹島에 출어했다가 귀로에 폭풍을 만나 표류하다가 6일 長鬐(조선)에 표착했다.(『本邦朝鮮往復書』 22) [→ 9.-]

7.11. 일본국의 배 1척(乘員 1명)이 三陟에 표착했는데, 漂着乘員의 출신지등 상세한 내용은 不明하다.(『本邦朝鮮往復書』 22) [→ 9.-]

7.-. 예조참의 鄭斗卿이 宗義真에게 보낸 서계에 義真의 귀국을 축하했다.(『本邦朝鮮往復書』 22)

8.6. 오란다인 핸드릭 하멜 등 8인이 全羅道 順天 부근에서 작은 배를 타고 탈주했다.(『朝鮮幽囚記』) [→日本8.10]

8.16. 오란다인 하멜 등이 長崎奉行에게 朝鮮漂着에서 탈주하여 五島漂着까지의 경위를 보고했다.(『和蘭風説書集成』上-16호)

9.-. 례조참의 鄭斗卿이 宗義真에게 보낸 서계에서 7월 6일·11일에 각각 長鬐·三陟에 표착한 일본인 표류민을 왜관에 송환한 것 등을 고했다.(『本邦朝鮮往復書』 22) [→日本1667.2.-]/ 동래부사 安縝이 宗義真에게 보낸 서계에서 漂流民의 송환에 감사했다.(『本邦朝鮮往復書』 22)/ 예조참의 李俊耉가 宗義真에게 보낸 서계에서 義真의 귀국을 구례에 따라서 訳官使節을 파견한다는 뜻을 전했다.(『本邦朝鮮往復書』 22)

연도	한국
▲ 1666	
1667	【한국】 2.26. 수찬 김석주를 왜인의 접위관으로 보내다.(『顯宗改修實錄』 현종 8 『集成』28-275) 2.-. 倭館의 담장을 높이 개축하여 밀수를 방지했다.(『接待事目錄抄』) 윤4.14. 동래부의 왜관이 불이 나다. 동래부사가 상황을 치계하여 전례대로 동서관 및 좌우의 행랑을 지어 줄 것을 청하 　　　다.(『顯宗實錄』 현종 8 『集成』28-238) 5.13. 壬辰倭亂에 왜적을 맞아 싸우다 죽은 京內의 府使 吳應鼎 등에 대해 覆啓하도록 하다.(『顯宗實錄』 현종 8 『集成』28-238) 5.-. 対馬島主가 各色大段·各色綾·紅筆·白方紬·文布等의 購入을 구했다.(『接待事目錄抄』) 6.21. 全羅監司 洪處厚가 濟州牧使 洪宇亮의 諜報를 들어 일본으로 가던 중국인 배가 難破하여 濟州에 중국 상인 95명이 　　　표류한 것을 馳啓하다.(『顯宗實錄』 현종 8 『集成』28-239) 6.23. 備局과 함께 일본으로 가다가 濟州에 표류한 중국 배의 처리에 대해 논의하다.(『顯宗實錄』 현종 8 『集成』28-239) 6.27. 영의정 홍명하가 표류한 중국인 문제로 상소하다.(『顯宗改修實錄』 현종 8 『集成』28-276) 10.2. 표류해 온 중국인을 홍제원으로 압송하다.(『顯宗實錄』 현종 8 『集成』28-241) 10.3. 일본으로 보내주기를 청하는 표류해 온 중국인 95명을 북경으로 押送하다.(『顯宗實錄』 현종 8 『集成』28-241)/ 표류 　　　해 온 중국인과 문답하다.(『顯宗實錄』 현종 8 『集成』28-242)/ 청나라에 표류인의 선처를 부탁하자 아뢴 응교 남이성 　　　등의 상소.(『顯宗實錄』 현종 8 『集成』28-243) 12.25. 壬辰倭亂 때에 安骨浦 등지에서 큰 공을 세우고 전사한 忠臣 安弘國에게 높은 관직을 追贈하다.(『顯宗實錄』 현종 8 　　　『集成』28-243)
1668	【한국】 3.4. 判中樞府事 鄭致和를 引見하고 청나라에 대항하는 鄭經이 일본에 혼인을 요청하였는데 일본이 허락지 않은 것 등에 　　　대해 묻다.(『顯宗實錄』 현종 9 『集成』28-244) 3.23. 壬辰倭亂 때 명나라에서 와서 전사한 자들을 위해 세운 愍忠壇에 다시 제사를 지낼 것을 명하다.(『顯宗實錄』 현종 9 　　　『集成』28-245) 4.11. 경상감사 沈梓에게 왜노를 잘 응접하도록 명하다.(『顯宗實錄』 현종 9 『集成』28-245) 4.13. 왜란시에 절개를 지켜 왜적에게서 도망한 姜沆과 왜적을 무찌르는데 공이 큰 金德齡를 堂上에 推重하도록 하다.(『顯 　　　宗實錄』 현종 9 『集成』28-245) 7.14. 壬辰倭亂 때 전라도를 노략질하던 왜적에 맞서 싸우다 전사한 前鹿島萬戶 李大源이 살았던 마을에 旌門을 세우도록 　　　명하다.(『顯宗實錄』 현종 9 『集成』28-246) 12.13. 일본이 差倭를 보내 倭館을 옮기기를 청하자 대신들과 논의하여 接慰官을 파견하고 일본의 청은 들어주지 않다.(『顯 　　　宗實錄』 현종 9 『集成』28-246)
1669	【한국】 2.30. 對馬島主 平義眞이 差倭를 보내 倭館 옮기기를 청하자 朝廷에서 허락하지 않고 서신에 답변만 하다.(『顯宗實錄』 현 　　　종 10 『集成』28-246) 3.11. 左參贊 宋遠吉이 壬辰倭亂 때 전사한 趙英圭와 효성 지극한 그의 아들 趙廷老에 포상할 것을 아뢰다.(『顯宗實錄』 현 　　　종 10 『集成』28-247) 4.12. 丁酉倭亂 때 殉節한 懷德의 선비 鄭瑄의 처를 旌表하다.(『顯宗實錄』 현종 10 『集成』28-248) 6.20. 경상감사에게 동래왜관에 관한 일은 부사와 함께 논의하여 처리토록 하다.(『顯宗實錄』 현종 10 『集成』28-248) 9.18. 일본에 표류한 海南에 사는 金有男 등 14인을 對馬島主가 差倭를 보내 호송해 온 것에 대해 禮曹에서 差倭를 후대해 　　　서 朝廷이 가상히 여기는 뜻을 보일 것을 아뢰자, 임금이 允許하다.(『顯宗實錄』 현종 10 『集成』28-249) 10.3. 전라도 갯가에 살던 立伊 등 백성 21명이 琉球國에 표류했는데 對馬島主가 差倭를 보내 호송해오다.(『顯宗實錄』 현 　　　종 10 『集成』28-249) 11.12. 對馬島에서 差倭 橘成陳을 보냈는데, 接慰官이 아니면 말을 하지 않겠다고 하여 鄭華齊를 接慰官으로 삼아 보내 　　　다.(『顯宗實錄』 현종 10 『集成』28-250) 12.28. 접위관 동래부사의 장계로 인해 權現堂으로 왜관을 옮기도록 하고, 公木을 作米하는 것을 엄히 막되 3년의 기한으 　　　로 하다.(『顯宗實錄』 현종 10 『集成』28-250)

일본

12.-. 이보다 앞서, 蛮船이 五島에 표착하여 長崎에 회송하고, 乗員 8인을 심문한 결과, 오란다商民이라고 자칭하며 鹿子皮·砂糖을 사러 日本으로 향하던 중, 폭풍을 만나 28인이 익사하고, 生存者 36인이 조선에 표착했다고 한다. 전라도에 留置된 13년만에 생존자는 16인으로 줄었다. 작년 가을, 작은 배를 훔쳐서 도망쳤는데, 아직 8인이 그곳에 잔류하고 있다고 답했다. 이달에 宗義真이 예조참판과 예조참의 앞으로 보낸 각각의 서계에서 이건을 보고했지만, 이들 乗員이 상인을 칭하고 있지만, 耶蘇의 邪徒가 혼재하고 있다는 혐의가 있기때문에 幕府의 명을 받아서 사절을 파견할 것이며, 자세한 사정을 묻고 싶다는 것 등을 전했다.(『本邦朝鮮往復書』22) [→朝鮮1667.4.-]

【일본】

1.-. 宗義真이 조선국 예조에 보낸 서계에서, 訳官使節의 帰国 때에 橘成陳(井手弥六左衛門)을 호행시킨 다는 것을 전했다.(『本邦朝鮮往復書』22)

윤2.-. 宗義真이 예조 앞으로 보낸 서계에서 伯耆国의 표류민 21명과 隠岐国의 표류민 1명의 왜관 송환을 감사하고, 이뜻을 江戸에 보고했다는 것을 전했다. (使者源幸利) (『本邦朝鮮往復書』22) [→朝鮮1666.7.3.→朝鮮1666.7.11.]

4.-. 예조참판 朴世模가 宗義真에게 보낸 서계에서 日本에 도망한 오란다人 표류민에 대하여 문의한 결과, 그들이 기리스탄과는 관계가 없다는 것, 조선에 잔류한 8명도 그들과 동일한 선원이라는 것 등을 전했다.(『本邦朝鮮往復書』23) [→ 日本11.-]

6.-. 礼曹参議 李俊耉가 宗義真에게 보낸 서계에서 표류민의 송환을 감사했다.(『本邦朝鮮往復書』23)

7.-. 조선에 일본의 武具를 수출했던 一団 중 1인, 蒔田勘左衛門이 大津에서 붙잡혔다. 京都所司代 牧野親成·大坂町奉行 彦坂重治이 그 내용을 老中에게 注進했다. 그후 立花鑑虎의 家来 1인·長崎의 浪人深見七左衛門 등이 筑前国 博多의 町人 伊藤小左衛門 등의 一類를 붙잡아 모조리 死罪에 처했다.(『通航一覧』129·168·犯科帳 1)

8.-. 宗義真이 礼曹判書에게 보낸 서계에서, 근년에 対馬의 서계를 휴대하지 않은 偽船(伊藤小左衛門事件을 가리킴)이 조선연안에 출몰하여 密貿易을 행한 것에 대하여 取締를 강화할 것을 요청했다.(『本邦朝鮮往復書』23)

10.-. 宗義真이 예조에 보내는 서계에서 倭館 館守를 平成之(仁位孫右衛門)에서 平成稔(幾度判右衛門)으로 교체시킨 것을 전했다.(『本邦朝鮮往復書』23)

11.28. 조선에의 밀무역의 짐꾼 중 長崎関係者 38명을 長崎西坂에서 처형했다, 12월 12일, 処罰者의 家·屋敷의 払下人札이 행해져, 다음해 1월 21일 남도되었다.(『寛宝日記』)

11.-. 宗義真이 예조판서에게 보낸 서계에서 작년에 五島에 표착한 蛮船의 건에 대해, 乗員은 오란다인이 틀림없다는 것, 朝鮮에 在留하고 있는 8인 또한 마찬가지여서 対馬에 護送해야만 한다는 것을 平成睦(久和太郎左衛門)·源調忠(黒木新蔵)에게 간청한다는 것을 전했다.(『本邦朝鮮往復書』23) [→朝鮮1668. 4.-]

【일본】

1.4. 조선 晋州의 貢船 1척(14인 乗組)이 肥前国 平戸藩 領生月島松下에 표착하여 長崎를 경유하여 対馬藩에서 送還되었다.(『通航一覧』136)

3.-. 예조참판 曾漢英이 宗義真에게 보낸 서계에서, 偽船의 密貿易에 대해 조선측 内応者의 적발을 対馬가 요청한 것에 대해, 과거의 추궁은 하지 않고 장래의 발생방지에 유의하고 싶다는 취지로 답했다.(『本邦朝鮮往復書』23)

4.-. 예조참판 曾漢英이 宗義真에게 보낸 서계에서 조선에 잔류한 오란다 표류민 8에 대해, 작년에 사망한 1명을 제외하고 7명을 対馬에서 온 사자에 붙여서 송환한다는 뜻을 전했다.(『本邦朝鮮往復書』23) [→ 日本8.10]

6.-. 예조참의 李俊耉가 宗義真에게 보낸 서계에서 江戸에서 対馬에 無事帰国한 것을 축하했다.(『本邦朝鮮往復書』23)/ 宗義真이 조선국 예조참판 앞으로 보낸 서계에, 対馬의 서계를 휴대하지 않은 偽船의 도항에 대해 朝鮮側 内応者에 대한 가일층 取締를 강화하고, 平成尚(平田所左衛門)을 파견한다는 뜻을 전했다.(『本邦朝鮮往復書』23·『通航一覧』129)

8.10. 조선에서 송환된 오란다人 7人이 長崎에 到着하다. 곧바로 오란다商館長에게 인도되다.(『通航一覧』135) [→朝鮮1653.6.24.]

9.-. 예조참판 南竜翼이 宗義真에게 보낸 서계에서 偽船에 의한 密貿易에 대해, 그들이 조선에서 나지 않는 硫黄을 가져오기 위한 密貿易을 묵인해온 잘못을 사과하고, 앞으로는 엄하게 단속하겠다는 뜻을 전했다.(『本邦朝鮮往復書』23)

10.-. 宗義真이 예조참판에게 보낸 서계에서 船倉破損을 이유로 倭館의 이전을 요청하고, 좁다는 것을 이유로 対馬側의 渡航口를 鰐浦에서 別地로 이전하고 싶다는 뜻을 말하고, 使者로서 平成勝·平成広을 파견한다고 전했다.(『本邦朝鮮往復書』23)

【일본】

2.18. 조선국의 배 1척(乗員 남녀 4명)이 薩摩国 七島에 표착하여, 長崎에서의 심문에 의해 乗員은 전라도의 漁民이라는 것이 판명되었고, 6월 13일에 対馬에 회송되었다. 그달에 宗義真이 조선국 예조앞으로 보낸 서계에서 그 경과 및 乗員을 藤成全에게 호송시킨 다는 것을 전했다.(『本邦朝鮮往復書』24).

2.26. 전라도의 남녀 21명이 폭풍에 의해 표류했다. 3월 15일에 琉球国 永良部島에 표착했다. 6월 9일에 琉球에서 薩摩에 회송되어, 長崎를 경유하여, 7월 7일에 対馬에 착륙했다. 그달에 宗義真이 예조에 보낸 서계에, 그 경과와 乗員을 藤久利에 호송시킨다는 것을 전했다.(『本邦朝鮮往復書』24)

5.-. 예조참의 李俊耉가 宗義真에게 보낸 서계에, 표류민 40명의 송환에 감사했다.(『本邦朝鮮往復書』24)

7.-. 宗義真이 예조참판 앞으로 보낸 서계에서 対馬의 서계를 갖지 않은 偽船의 문제에 대해, 조선측이 沿岸의 취체를 강화할 것을 약속했다는 것을 막부에 보고하고, 엄중한 감시를 요망한다는 의향을 老中으로부터 지시받았다는 것을 전했다.(『本邦朝鮮往復書』24)

11.-. 예조참의 李俊耉가 宗義真 앞으로 보낸 서계에, 유구에 표착한 표류민의 송환을 감사했다.(『本邦朝鮮往復書』24)

12.-. 宗義真이 예조참판에게 보낸 서계에, 倭館의 이전요청에 대해 釜山城 이외의 땅을 고르는 것에 동의한다는 것, 対馬側의 渡航口에 대해 鰐浦 이외의 땅에 이전하는 것에 합의하고 싶다는 것, 交渉을 위해 平成尚(加城六之進)와 藤成行을 파견한다는 것등을 전했다.(『本邦朝鮮往復書』24)

연도	한국
1670	【한국】 2.29. 경상감사가 왜관의 船倉을 수축하여 왜인들이 왜관을 옮겨주기를 바라는 뜻을 끊기를 청하였다.(『顯宗實錄』 현종 11 『集成』28-250) 윤2.9. 壬辰倭亂 때 절개를 세운 故察訪 白受繪에게 贈職하고 旌門을 세워주다.(『顯宗實錄』 현종 11 『集成』28-250) 3.3. 대신들과 倭館을 熊浦로 옮기는 문제와 對馬島의 형편 등에 대해 논의하다.(『顯宗實錄』 현종 11 『集成』28-251) 3.9. 對馬島主 平義眞이 差倭 平成尙 등을 보내 倭館을 옮기는 문제로 京接慰官을 보내줄 것을 청하자 朝廷이 申最을 接慰官으로 차출하여 보내다.(『顯宗實錄』 현종 11 『集成』28-253) 3.25. 持平 柳㫌이 가뭄을 이유로 壬辰倭亂 때 전사한 장사들에게 제사를 드릴 것을 아뢰다.(『顯宗實錄』 현종 11 『集成』28-253) 4.9. 임금이 경연에서 왜관을 옮겨주는 일을 언급하자, 모두가 熊浦는 허가할 수 없다고 하였다.(『顯宗實錄』 현종 11 『集成』28-254) 6.-. 日本人이 『儀礼経伝統通解』・『啓蒙翼伝』・『大学章句補遺』『中庸九経衍義』・『朱子節要』・『備急草本』・『医学入門』등의 구입을 요청했고, 또 陶土를 구했다.(『接待事目録抄』) 7.11. 濟州牧使 盧錠이 일본 長崎로 향하다가 濟州에 표류한 漢人 등에 대해 배를 車費하여 돌려보낸 것을 密啓하다.(『顯宗實錄』 현종 11 『集成』28-254)
1671	【한국】 6.3. 허적이 아뢰기를 왜관을 웅포로 옮기는 것을 허락지 말기를 청하다.(『顯宗實錄』 현종 12 『集成』28-255). 7.-. 対馬島主가 『東国詩格』・『呂東萊 統書記』『司馬温公伝家集』『陳氏楽書』・『五経纂疏』・『故雲峯易通解』・『春秋纂書』・『故芳庭纂書』등의 서적을 구했다.(『接待事目録抄』) 8.27. 差倭 平成太가 倭館을 옮겨 줄 것을 요청하며 倭館을 나와서 東萊部로 들어간 것 등에 대해 대신들과 논의하고 差倭를 꾸짖고 왜의 청을 들어주지 말 것 등을 명하다.(『顯宗實錄』 현종 12 『集成』28-256) 9.12. 좌의정 정치화가 왜관 옮기는 일을 허락해서는 안된다고 아뢰다.(『顯宗改修實錄』 현종 12 『集成』28-279) 9.25. 부산부사 정석이 차왜가 동래로 온 뒤에 왜인이 거리낌이 없다는 것과 왜관의 왜인이 창고지기를 죽인 일을 치계하다.(『顯宗實錄』 현종 12 『集成』28-257) 10.3. 왜인의 일을 의논하다. / 왜료와 공작미의 준급 때문에 경상도의 전세를 미루어주다.(『顯宗實錄』 현종 12 『集成』28-258) 10.5. 차왜 平成太 등이 수행왜인 50여명을 거느리고 동래온천에 가서 목욕하다.(『顯宗實錄』 현종 12 『集成』28-258) 10.19. 對馬島에서 差倭를 보내 倭館을 옮기는 문제에 대해 청하자 朝廷에서 이를 허락하지 않다.(『顯宗實錄』 현종 12 『集成』28-259) 11.25. 왜관에 불이 나자 쌀과 무명 등을 주다.(『顯宗實錄』 현종 12 『集成』28-260) 12.8. 왜차 平成太가 왜관 옮기는 일을 주장하고 돌아가지 않고 있다가 왜관에서 죽으니, 상이 쌀·명주·무명등 부의를 보내다.(『顯宗實錄』 현종 12 『集成』28-260)
1672	【한국】 2.8. 접위관 신후재와 동래부사 정석이 왜인에게 붙들려 시간을 지체한 것을 빌미삼아 잡아다 추문하다.(『顯宗實錄』 현종 13 『集成』28-261) 2.12. 임금이 동래부사 李夏를 인견하고, 왜인에게 엄히 깨우칠 것을 당부하고, 통역관 등이 왜인에게 매수되어 있는 현실을 개탄하다.(『顯宗實錄』 현종 13 『集成』28-261) 4.4. 동래의 한 백성이 왜관의 왜인과 채무관계로 인해 왜인을 죽이자 그 백성을 효수하다.(『顯宗實錄』 현종 13 『集成』28-262) 4.29. 부산의 왜인 차사와 수행원이 왜관구역을 벗어나, 동래온천 및 냇가등에서 행패를 부리다.(『顯宗實錄』 현종 13 『集成』28-262) 5.1. 병조판서 민정중이 부산첨사 유성위를 잡아다 문초하자고했는데, 왜인을 살해한 사람을 붙잡아 올 때, 왜인에게 탈취당했기 때문이다.(『顯宗改修實錄』 현종 13 『集成』28-281) 6.16. 임금이 대신과 비국의 여러 신하 및 대신을 인견하고 왜관에 시장을 열었을 때의 폐단과 尹敬敎에 대한 일 등을 논의하다.(『顯宗實錄』 현종 13 『集成』28-263) 6.29. 倭館을 옮기는 문제로 東萊에 있던 왜인들이 接慰官을 巡察使 營門으로 들여보내지 않고 譯官을 붙잡아 놓고 칼날을 들이대는 등의 행패를 부리다.(『顯宗實錄』 현종 13 『集成』28-264) 7.2. 對馬島主가 의원을 요청하므로 醫官 咸得一을 對馬島에 파견하다.(『顯宗實錄』 현종 13 『集成』28-265) 10.14. 이달 초엿세날 동래왜관에 불이 나서 서쪽 행랑채 11개 고가 잿더미가 되었다. 비국이 신해년의 예에 따라 위문을 청했다.(『顯宗改修實錄』 현종 13 『集成』28-282) 12.8. 對馬島主 平義眞이 倭館을 옮기게 해 달라는 내용의 글을 禮曹에 보내다.(『顯宗實錄』 현종 13 『集成』28-266) 12.30. 領議政 鄭太和 등과 倭館을 옮기는 문제에 대해 논의하고, 釜山 僉使로 하여금 倭館 근처에 사람이 왕래하지 못하도록 하다.(『顯宗實錄』 현종 13 『集成』28-266)

일본

2.-. 宗義真이 礼曹에 보낸 서계에서, 倭館館守를 平成稔(幾度判右衛門)에서 平成辰(唐坊忠右衛門)으로 교체한다는 것을 전했다.(『本邦朝鮮往復書』24)/ 예조참의 曹漢英이 宗義真에게 보낸 서계에서, 偽船에 의한 밀무역의 취체를 강화할 것을 약속했다.(『本邦朝鮮往復書』24)

7.-. 예조참판 張善瀓가 宗義真에게 보낸 서계에서, 왜관이전의 요청에 대해 응하기 어렵다는 뜻을 전했다.(『本邦朝鮮往復書』24)

8.-. 예조참의 洪万容이 宗義真에게 보낸 서계에서 義真의 귀국을 축하했다.(『本邦朝鮮往復書』24)

10.4. 조선국 경상도 金海의 어민 8명이 暴風에 의해 対馬 和泉浦에 표착했다. 이달에 宗義真이 예조에 서계를 보내, 그 경과 및 乗員을 橘成時에게 호송시킨 것 등을 전했다.(『本邦朝鮮往復書』24)

12.-. 宗義真이 예조에 보낸 서계에서 訳官使節을 영접하기 위해 橘成陳(井手弥六左衛門)을 釜山에 보낸다는 사실을 전했다.(『本邦朝鮮往復書』24)

1.-. 礼曹参議 洪万容이 宗義真 앞으로 보내는 서계에서 표류민의 송환을 감사했다.(『本邦朝鮮往復書』24)

3.-. 礼曹参議 洪万容이 宗義真에게 보내는 서계에 표류민송환을 감사했다.(『本邦朝鮮往復書』24)

2.-. 宗義真이 朝鮮国 礼曹判書에게 보낸 서계에 현재의 왜관은 배의 정박이 곤란하다는 것, 蛮船이 표착했을 때 수용하기 어렵다는 것, 偽船의 단속이 어렵다는 것 등 세가지를 문제삼아서 현재보다 남쪽의 장소로 이전하고 싶다고 말하고, 교섭을 위해 平成太(津江兵庫)·釈玄常·橘成貞등을 파견한다는 뜻을 전해왔다.(『本邦朝鮮往復書』24)

6.-. 宗義真이 礼曹判書 앞으로 보내는 서계에서 平成之(仁位孫右衛門)를 보내어 倭館移転을 재삼 요청한다는 뜻을 전해왔다.(『本邦朝鮮往復書』25)/ 天竜寺 南芳院 江岳元策이 対馬 이정암 윤번승이 되었다.(~관문12년(1672) 6월)『前近代の国際交流と外交文書』)

7.15. 이보다 앞서 일본국 播磨国 飾磨津의 어선 1척(승원 3명), 五島를 향한 동업자를 따라서 출항했다가 이날 폭풍을 만나 표류하다가 22일 巨済島에 표착했다. 이에 동래부사와 역관을 파견하여 問情한 후, 예조에 보고했다. 8월에 礼曹参議 南二星가 宗義真앞으로 서계를 보내어 이 과정과 표류민이 쌀과 소금 약간과 播磨의 태수가 발급한 許可状을 지참했다는 것 등을 전하고, 그들을 倭館에 송환했다고 보고했다.(『本邦朝鮮往復書』25) [→日本12.-]

9.-. 예조참의 洪処大가 宗義真에게 서계를 보내어 표류민의 시신 2구를 송환한다는 것을 전해왔다.(『本邦朝鮮往復書』25)

12.-. 宗義真이 礼曹 앞으로 보내는 서계에서 巨済島에 표착한 播磨国飾磨津의 漁商 3명을 왜관으로 송환해준 것에 감사하고 藤成倫을 보낸다는 뜻을 전해왔다.(『本邦朝鮮往復書』25·『通航一覧』135) [→朝鮮7.15]

3.27. 이에 앞서, 3월 19일, 일본국 讃岐国 塩飽의 배 1척(乗員 14명)이 大坂城米를 납입하기 위해 越中国을 출범하였는데, 폭풍을 만나 6일간 표류했다. 이날 蔚山境 鯯魚津에 표착하여 역관을 파견해 문정했다. 4월에 예조참의 閔蓍重이 宗義真에게 보낸 서계에서 이 경과 및 표착민의 적재물이 米·銀·雑物 등 10여 종류였다는 것을 보고하고, 표착민을 왜관에 송환했다고 전했다.(『本邦朝鮮往復書』25·通航一覧135)[→日本1673.10.-]

3.-. 宗義真이, 조선국 예조에 보낸 서계에서 訳官使節 来島의 교섭을 위해 橘成陳(井手弥六左衛門)을 파견하여 래도의 시기는 5월 상순을 희망한다는 뜻을 전했다.(『本邦朝鮮往復書』25)

6.-. 예조참의 金益炅이 宗義真에게 보낸 서계에서 義真의 対馬帰国에 따라 訳官使節을 파견한다는 뜻을 전했다.(『本邦朝鮮往復書』26)/ 예조참의 金益炅이 宗義真에게 보낸 서계에서, 왜관 이전교섭을 위해 도해한 平成太(津江兵庫)등이, 작년 8월 23일에 금기를 범하고 왜관을 나와 군관을 구타하고 東莱府로 갔다는 것, 平成太의 사후에도 副官 등이 동래부에 체류를 계속하여 거의 1년이 되었다는 것을 비난하고, 역관을 보내어 적절한 조치를 취해줄 것을 요구했다.(『本邦朝鮮往復書』26)/ 宗義真이 朝鮮国 동래부사·부산첨사에게 보낸 서계에서 以酊庵 輪番僧(江岳元策)의 질병 치료를 위해 조선에서 良医를 파견해 주면 좋겠다는 뜻을 전했다.(『本邦朝鮮往復書』25)

7.-. 동래부사 李夏가 宗義真에게 보낸 서계에서 以酊庵 輪番僧의 치료를 위해 良医를 파견힌다는 뜻을 전했다.(『本邦朝鮮往復書』25)

9.-. 宗義真이 예조판서에게 보낸 서계에서 倭館의 이전을 강하게 요구하고, 対馬側의 渡航口를 鰐浦에서 佐須奈로 이전하는 관계상, 新倭館은 현재지로부터 남쪽으로 희망한다는 것을 원하고, 교섭을 위해 平成令(杉村栄女)·平成親·橘季政를 파견한다는 뜻을 전했다.(『本邦朝鮮往復書』26)

11.-. 宗義真이 예조참의에게 보낸 서계에서 역관사절의 파견에 감사하고, 사절과 면담하여 왜관이전을 요청하는 뜻을 전했다.(『本邦朝鮮往復書』26)/ 宗義真이 예조참의에게 보낸 서계에서 왜관이전을 요청하기 위해 파견한 平成太(津江兵庫)등이 금기를 어기고 동래부까지 直訴한 사건에 대해 유감의 뜻을 표했다.(『本邦朝鮮往復書』26)/ 宗義真이 예조참의에게 보낸 서계에 역관사절의 귀국을 호행하기 위해 橘成陳(井手弥六左衛門)을 파견한다는 뜻을 전했다.(『本邦朝鮮往復書』26)

12.-. 宗義真이 동래부사·부산첨사에게 보낸 서계에, 以酊庵 輪番僧 江岳元策의 치료를 위해 요청에 응한 良医 咸主簿를 파견해 준 것에 감사하고, 江岳은 成主簿의 来島前에 死没했지만, 島内의 病人의 치료를 위해 수개월 체재했다는 것, 護行役을 부쳐 咸主簿를 귀국 시켰다는 것 등을 전했다.(『本邦朝鮮往復書』26)

연도	한국
1673	**【한국】** 1.8. 임금이 대신 및 비국의 여러 재신들을 인견하고 왜관 이전 문제에 대해 의논하다.(『顯宗實錄』 현종 14 『集成』28-267) 1.11. 접위관 趙師錫이 왜인과 문답할 내용을 강정해주기를 청하니, 移館의 요청은 거절하고, 중국을 섬기는 도리가 이웃나라를 대하는 것과는 차이가 있음을 이르도록 하라고 하다.(『顯宗改修實錄』 현종 14 『集成』28-282) 2.13. 임금이 대신 및 비국의 여러 재신들을 인견하고 왜관을 옮겨 설치하는 문제에 대해 의논하였으나 끝내 의견을 모으지 못하다.(『顯宗實錄』 현종 14 『集成』28-268) 4.2. 王이 大臣들을 인견하고 왜관이전에 대해 의논했다.(『承政院日記』)/ 좌상 김수항이 관소를 옮겨달라는 왜인의 청을 아뢰다.(『顯宗改修實錄』 현종 14 『集成』28-283) 10.19. 倭館을 옮기는 것에 대해 왜인들이 행패를 부리며 草梁·多大 등의 浦로 옮길 것을 간청하자 朝廷이 허락하여 草梁浦에 이전하도록 하다.(『顯宗實錄』 현종 14 『集成』28-269) 12.8. 임금이 흥정당에 나아가 倭譯 韓時說을 처벌하는 것과 倭譯 金謹行을 잡아 심문하는 것을 윤허하다.(『顯宗實錄』 현종 14 『集成』28-269)
1674	**【한국】** 2.14. 부산 왜관에 불이 나 거의 모두 연소하였는데, 전례에 따라 포5동과 쌀 1백석을 지급토록 하다.(『顯宗改修實錄』 현종 15 『集成』28-270) 9.4. 倭船이 들어온다는 헛소문이 돌아 서울 안팎이 경동하다가 이튿날 아침 진정되다.(『肅宗實錄』 숙종 즉위년 『集成』28-285) - 현종대왕 행장. 南海 露梁에 있는 古 統制使 李舜臣의 祠堂 扁額을 하사하다.(『顯宗改修實錄』 현종 14 『集成』28-284) - 현종대왕숭릉지, 측근의 신하를 보내어 壬辰倭亂과 丙子胡亂의 옛날 전쟁터에 臠祭를 지내게 하다.(『顯宗改修實錄』 현종 14 『集成』28-284) 10.-. 移館 回謝差倭 平成近(杉村三郎左衛門) 등이 渡来하다.(『接待事目録抄』)
1675	**【한국】** 2.6. 許積이 아뢰기를, 東萊府가 倭館에서 15리쯤 떨어져 있고, 그 곳의 館倭가 1천 여명에서 적어도 5,6백명 이상인데도 불구하고 방비가 허술하다고 아뢰다.(『肅宗實錄』 숙종 1 『集成』28-285) 5.25. 壬辰倭亂 때 義兵을 일으킨 東萊部 사람들의 자손들에게 賤役을 면제시키는 등의 褒賞을 내리다.(『肅宗實錄』 숙종 1 『集成』28-286) 윤5.3. 備邊司에서, 東萊府사람 於夫同이 자기아내를 간통한 왜인을 죽였으나 단서가 없으므로 석방함이 마땅하다고 아뢰니 이를 윤허하다.(『肅宗實錄』 숙종 1 『集成』28-287) 윤5.5. 對馬島主 平義眞이 卽位를 賀禮하는 表를 올리자 禮曹에서 朝廷의 뜻으로 편지를 써서 그 善意에 대해 答하다.(『肅宗實錄』 숙종 1 『集成』28-287) 6.3. 對馬島主 平義眞이 東萊에 서신을 보내 중국에서 吳三桂 등이 반란을 일으킨 것을 알리자 東萊府使 魚震翼이 馳啓하여 임금이 이를 비변사에 내리다.(『肅宗實錄』 숙종 1 『集成』28-288) 11.1. 좌의정 權大運 등을 冬至使로 청에 보내, 對馬島主가 差倭를 통해 알려 온, 吳三桂의 반란 소식을 청의 禮部에 咨文하다.(『肅宗實錄』 숙종 1 『集成』28-290) 12.16. 왜란 때 죽은 忠淸兵史 黃進에게 諡號를 내리다.(『肅宗實錄』 숙종 1 『集成』28-291) 12.-. 宗義眞이 예조에 보낸 서계에서, 자신의 対馬 귀국을 문위하기 위한 訳官使節(韓時説·金振夏)을 파견해 준것에 감사했다.(『本邦朝鮮往復書』28)/ 宗義眞가 예조에 보낸 서계에서 訳官使節을 護行하기 위해 橘成陳(井手弥六左衛門)을 파견한 뜻을 전했다.(『本邦朝鮮往復書』28)/ 朝鮮国 巨済島 東海의 어선 1척隻(乘員 13人)이 対馬 豊崎에 표착했다.(『本邦朝鮮往復書』28) [→1676.3.-]
1676 ▼	**【한국】** 1.3. 경상도觀察使 鄭重徽가 島倭에게 물어 알아낸 吳三桂의 반란 상황에 대해 馳啓하다.(『肅宗實錄』 숙종 2 『集成』28-291) 2.2. 領議政 許積이 對馬島主가 우리 나라 譯官에게 보낸 서신을 청나라에서 詰問할 때 보일 것을 아뢰자, 임금이 이에 대해 대신들과 논의하다.(『肅宗實錄』 숙종 2 『集成』28-292) 2.15. 領議政 許積이 전에 倭書에서 나온 訛言을 유포한 趙昌漢을 가두어 다스릴 것을 청하다.(『肅宗實錄』 숙종 2 『集成』28-293)

일본

9.19. 경상도 梁山面의 商船 1척(乘員 남녀 15명)이 폭풍에 표류하여, 22일에 일본국 対馬 鴨居瀬에 표착했다.(『本邦朝鮮往復書』27)[→日本10.-]

10.-. 예조참판 李段相이 宗義真에게 보내는 서계에서 倭館의 이전후보지인 多大浦·牧島·草梁項 중에 対馬에서 온 사자의 선택에 의해 草梁項이 最良의 地로 선택된 것, 이전공사의 개시에 대해서는 경상도의 기근 때문에 내년 가을까지 기다리면 좋겠다는 뜻을 전했다.(『本邦朝鮮往復書』27)/ 宗義真이 조선국 예조참의에게 보낸 서계에서 9월에 対馬 鴨居瀬에 표착한 경상도 梁山 南面의 商船 1척의 남녀 乘員을 藤成親에 호송시킨 일 등을 전했다.(『本邦朝鮮往復書』27)[→朝鮮12.-]/ 宗義真이 예조참의에게 보낸 서계에서 지난해 3월에 조선 蔚山에 표착한 塩飽島民을 왜관에 회송시킨 일에 감사하고, 이 내용을 막부에 보고하니 将軍이 아주 기뻐했다고 전했다.(『本邦朝鮮往復書』27)[→朝鮮1672.3.27.]

12.-. 예조참 南二星이 宗義真에게 보낸 서계에서 표류민의 송환에 감사했다.(『本邦朝鮮往復書』26) [→9.19]/ 宗義真이 예조 앞으로 보낸 서계에 왜관 관수를 平成辰(唐坊忠右衛門)에세 平成常(高瀬八右衛門)으로 교체한다고 전했다.(『本邦朝鮮往復書』27)

3.3. 경상도 釜山浦의 배 1척(乘員 5名명)이 폭풍에 표류하여, 7일에 일본국 対馬 佐須奈에 표착했다.(『本邦朝鮮往復書』27)[→日本4.-]

4.-. 宗義真이 조선국 예조에 보낸 서계에서 3월에 対馬 佐須奈에 표착한 경상도 釜山浦의 배 1척의 乘員을 橘重紹(日高権六)에 호송시킨 것을 전했다.(『本邦朝鮮往復書』27)[→朝鮮6.-]

6.23. 宗義真이 막부에 清에 反乱이 일어난 三藩 등에 대해 조선으로부터의 정보를 전했다. 10월 18일에 이 보고가 막부에 도착했다.(『通航一覧』134)

6.-. 예조참 李奎齡이 宗義真에게 보낸 서계에서 釜山의 표류민의 송환을 감사했다.(『本邦朝鮮往復書』27)[→3.3]

9.-. 宗義真이 예조판서에 보낸 서계에, 倭館의 이전을 허가해준 데에 감사하고, 平成近·藤成元을 파견한다고 전했다. 또 多太浦·牧島·草梁項의 3후보지 중, 草梁項이 이전에 제일 적당하기 때문에 선정했다는 것, 平成令(杉村架女)을 江戸에 파견하여 막부로부터도 허가를 받았다는 것, 가을에 이전을 달성하기를 희망한다는 것 등을 전했다.(『本邦朝鮮往復書』27)

1.8. 宗義真이 막부에 清·三藩·朝鮮의 동향을 전했다. 16일에 또 이들의 동향을 전했다.(『通航一覧』134)

2.-. 宗義真이 조선국 예조에 보낸 서계에서 顕宗의 薨去에 弔慰했다.(『本邦朝鮮往復書』27)/ 宗義真이 예조에 보낸 서계에 新倭館의 건설을 위한 大工과 人夫 150인을 보낸 다는 것, 사자로서 平成為(佐治本左衛門)과 藤清益(阿比留弥三兵衛)을 파견한 것등을 전했다.(『本邦朝鮮往復書』27)/ 예조참판 李俊耇가 宗義真에게 보낸 서계에서 顕宗의 薨去 때문에 왜관이전 공사를 봄까지 기다릴 것을 요청했다.(『本邦朝鮮往復書』28)

3.1. 경상도 蔚山의 어선 1척(乘員 4명)이 폭풍 때문에 표류했다. 3주야 표류하여 일본국 長門国 大津郡 向津奥에 표착했다. 長崎를 거쳐 4월 17일에 対馬에 회송되었다.(『本邦朝鮮往復書』27) [→日本4.-]

4.28. 宗義真이 막부에 清·三藩·朝鮮·蒙古의 동향을 전했다.(『通航一覧』134)

4.-. 宗義真이 예조에 보낸 서계에 肅宗의 즉위를 축하했다.(『本邦朝鮮往復書』27)/ 예조참의 李溟翼가 宗義真에게 보낸 서계에, 顕宗薨去에 대한 弔慰를 감사했다.(『本邦朝鮮往復書』28)

윤4.-. 宗義真이 礼曹에 보낸 서계에서, 3월에 長門国 大津郡 向津奥에 표착한 경상도 蔚山의 어선에 乘員을 橘元重에게 조선에 호송시킨 것 등을 전했다.(『本邦朝鮮往復書』27)[→朝鮮6.-]/ 天竜寺 妙智院蘭室玄森이 対馬 以酊庵 輪番僧이 되었다. ~延宝 5년(1676) 4월)(『前近代の国際交流と外交文書』)

5.-. 宗義真이 예조참의에게 보낸 서계에 呉三桂가 明皇帝의 遺子를 받들어 봉기하여, 北京과 南京을 포위했다는 정보를 長崎의 唐船이 가지고 온 것을 전하고, 関連情報의 유무를 물었다.(『本邦朝鮮往復書』28)

6.-. 예조참의 南天漢이 宗義真에게 보낸 서계에서 肅宗 즉위에 대한 축하를 감사했다.(『本邦朝鮮往復書』28)/ 예조참의 南天漢이 宗義真에게 보낸 서계에 清에서 봉기한 三藩의 난에 관한 정보를 물은 것에 대해 清에서 귀국한 사자에 의하면, 北京·南京 모두 평온해졌다는 정보를 얻었다고 전해왔다.(『本邦朝鮮往復書』28)/ 예조참 南天漢이 宗義真에게 義真의 対馬 귀국을 축하했다.(『本邦朝鮮往復書』28)/ 예조참의 南天漢이 宗義真에게 보낸 서계에, 蔚山의 표류민 4인의 송환을 감사했다.(『本邦朝鮮往復書』28)[→3.1]/ 일본국 豊前国 小倉의 사람 2명이 長鬐에 표착했다는 소식을 동래부사가 예조에 보고했다. 7월에 예조참 南天漢이 宗義真에게 서계를 보내, 이에 대한 경과 및 표류민을 왜관에 회송한다고 전했다.(『本邦朝鮮往復書』28·『通航一覧』271)[→日本1676.5.-]

8.-. 예조참의 南天漢이 宗義真에게 보낸 서계에서, 義真 귀국을 問慰하기 위해 訳官使節(韓時説·金振夏등)을 파견한 것을 전했다.(『本邦朝鮮往復書』28)

3.-. 宗義真이 조선국 예조참의에게 보낸 서계에서, 지난해 12월에 対馬 豊崎에 표착한 巨済島 어민을 藤勝重에게 호송시킨 일을 전했다.(『本邦朝鮮往復書』28) [→朝鮮5.-]

4.1. 宗義真이 막부에 清·三藩의 동향을 전했다. 5월 14일에 이 보고가 幕府에 이르렀다.(『通航一覧』134)

4.-. 民衆들에게 倭館에 관한 禁制(朝鮮人壁書)를 정했다.(『通航一覧』125)

5.-. 예조참 柳命天이 宗義真에게 보낸 서계에서 巨済島의 표류민 송환을 감사했다.(『本邦朝鮮往復書』28)[→ 日本1675.12.-]/ 宗義真이

연도	한국
▲ 1676	6.-. 京商 朴俊興·朴城·朴仁厚등의 일본인에 부채가 있는지 여부를 조사했다.(『接待事目録抄』) 8.6. 辨誣使 福善君 李楠 등을 청에 보내, 왜와 화친을 맺은 것이 사실이 아님을 말하게 하다.(『肅宗實錄』숙종 2 『集成』28-293) 12.29. 경상도 熊川의 촌민 2명을 태운 배 1척이 표류하여 다음해 1월 4일에 日本国 対馬 狩尾浦에 표착했다.(『本邦朝鮮往復書』28)[→日本1677.1.-]
1677	【한국】 2.1. 左議政 權大運이 對馬島主가 보내오는 9차례의 使者를 정지하게 한 공로로 譯官 金謹行에게 加資할 것을 아뢰자 임금이 允許하다.(『肅宗實錄』숙종 3 『集成』28-294) 2.12. 왜관을 짓는 역사에 선방군 200명과 호남의 승군을 부역하게 하다.(『肅宗實錄』숙종 3 『集成』28-294) 2.20. 東萊府使 李馥이 왜관에 불이 나서 왜인들이 무역한 곡식 3백 40여 석이 타버렸으므로 公米 2백 석을 주는 것이 합당하다고 아뢰었으나, 慶尚監司 金德遠이 다 줄 필요가 없다고 장계하자, 50석을 감하여 내려주게 하다.(『肅宗實錄』숙종 3 『集成』28-294) 3.13. 東萊府使 李馥과 경상도觀察使 金德遠의 장계에 따라, 왜인에게 빚을 진 尹今善 등 3인을 효시하다.(『肅宗實錄』숙종 3 『集成』28-295) 8.23. 대사간 李元禎이 무역해 온 중국 상품은 倭館에 전매하고 있는데, 왜관의 물력으로 감당하지 못하여 현재 왜인들이 償還하지 못한 것이 백만여 냥이나 되므로, 팔포법을 신칙하여 이러한 번잡한 폐단이 없도록 하자고 아뢰다.(『肅宗實錄』숙종 3 『集成』28-295) 12.25. 尹鑴가 嶺南의 온 道가 倭館의 역사로 재물이 다하고 백성이 피곤한데, 왜인의 한번 우거할 곳을 짓기 위하여 온 道의 백성들이 힘을 다하는 것은 부당하다고 아뢰다.(『肅宗實錄』숙종 3 『集成』28-296)
1678	【한국】 1.18. 倭館을 옮길 때 그 費材를 과다하게 一任한 鄭重徽·魚震翼·李相勛을 유배하다.(『肅宗實錄』숙종 4 『集成』28-296) 5.-. 倭館新館 客舍 및 訳官所接家舍를 완성했다.(草梁館) (『接待事目録抄』·『通航一覧』124·『朝鮮史』5 5) 8.13. 도해역관을 한사람 더 보내어 대마도의 일을 익히게 하다.(『肅宗實錄』숙종 4 『集成』28-297) 8.20. 對馬島主가 서계를 보내 問慰譯官과 醫人 朴尚文을 보내 주길 청하자, 임금이 允許하다.(『肅宗實錄』숙종 4 『集成』28-297) 8.-. 倭館移轉을 감사하는 差倭 平真顕이 도래했다.(『接待事目録抄』) 9.5. 備邊司에서 東萊府使 李馥의 장계 가운데에 처음 移館할 때 약속한 7조에 대해 아뢰다.(『肅宗實錄』숙종 4 『集成』28-297) 9.10. 右參贊 尹鑴가 청나라에서의 吳三桂의 반란과 일본과의 화친에 대한 헛소문 등의 국외 정세를 들어 장수를 선발할 것 등을 아뢰는 密疏를 올리자 임금이 이에 대해 대신들과 논의하다.(『肅宗實錄』숙종 4 『集成』28-297) 10.27. 경상도 西生浦의 배 1척(乗員 5명)이 機張에서 돌아올 때에 폭풍우 때문에 표류하여, 29일, 일본국 対馬 西泊에 표착했다.(『本邦朝鮮往復書』29)[→日本11.-] 11.-. 동래부사가 일본국 対馬藩 家老 앞으로 보낸 서계에서, 왜관에서의 陶器製造에 대해, 요청에 응한 조선인 陶工을 왜관에 보낸다는 뜻을 전했다.(『本邦朝鮮往復書』29)/ 宗義真이 예조참의 앞으로 보낸 서계에서 10월 29일에 対馬 西泊에 표착한 경상도 西生浦의 배에 탄 乗員을 藤時信(黑木権六)에게 조선에 호송시킨 것을 전했다.(『本邦朝鮮往復書』29)[→朝鮮10.27]/ 宗義真이, 동래부사·부산첨사 앞으로 보낸 서계에서, 조선에서 医者를 招来하여 내년 江戸에 參勤할 때, 동행시키고 싶다는 희망을 적었다.(『本邦朝鮮往復書』29) 12.25. 宗義真이 막부에 清·三藩·朝鮮의 동향을 전했는데, 延宝7년(1679) 3월 21일에 이 보고가 막부에 도달했다.(『通航一覧』134) 12.-. 宗義真이 예조참의 앞으로 보낸 서계에, 対馬帰国을 問慰하기 위한 訳官使節(金謹行·安慎徽·朴有年)을 파견한 것과 아울러 嗣子 義倫이 처음으로 장군에게 알현했다는 것을 감사했다.(『本邦朝鮮往復書』29)
1679 ▼	【한국】 7.-. 日本人이 『李退渓集』『東文選』등의 서책을 구입하기를 요청했지만 허가하지 않았다.(『接待事目録抄』) 9.11. 露梁에서 대규모의 閲武 중에 兵曹判書 金錫胄가 壬辰倭亂 이후부터 戚繼光의 兵法을 써서 假倭를 편성하여 전투를 익히는 등의 형식이 바뀐 것을 아뢰다.(『肅宗實錄』숙종 5 『集成』28-299)

일본

礼曹에게 보낸 서계에 지난해 6월 長鬐에 표착한 小倉의 주민을 일본에 송환시켜 준 것에 감사하고, 藤直良을 파견한다는 뜻을 전했다.(『本邦朝鮮往復書』28)[朝鮮1675.6.-]

6.1. 宗義真이 막부에 清·朝鮮의 동향을 전했는데, 7월 3일에 이 보고가 幕府에 이르렀다.(『通航一覧』134)

10.1. 慶尚道 金浦의 농민 5명을 태운 배 1척이 釜山에서 돌아가던 중 폭풍을 만나 6일에 일본국 石見国 浅利浦에 표착했는데, 長崎를 거쳐 다음해 1월 17일, 対馬에 回送되었다. (『本邦朝鮮往復書』28) [→ 日本1677.1.-]

11.25. 경상도 長鬐県의 어선 1척(乗員 4인)이 출어 중에 폭풍을 만나, 30일에 日本国 出雲国 楯縫郡 鎌浦에 표착했는데, 그 때 배가 전복되어 3인이 죽었다. 生存者 1인은 長崎를 거쳐, 다음해 2월 19일에 対馬에 회송되었다.(『本邦朝鮮往復書』28) [→日本1677.3.-]

【일본】

1.-. 宗義真이 예조에 보낸 서계에서 작년 10월, 石見国 浅利浦에 표착했던 경상도 金浦의 농민 및 12월에 対馬에 표착했던 慶尚道 熊川의 촌민 계 7명을 藤成縄에게 조선에 호송시킨 것 등을 전했다.(『本邦朝鮮往復書』28)[→朝鮮1677.4.-]/ 対馬藩 家老 平田真幸·杉村真顕·大浦成勝·杉村成近 등이 조선국 동래부사·부산첨사에게 보낸 서계에서 新倭館 造営에 의한 조선측의 부담을 고려해, 금년도는 歳派船이나 副特送使의 파견을 정지시킨다는 것을 전했다.(『本邦朝鮮往復書』28)

4.-. 예조참의 鄭重徽가 宗義真에게 보낸 서계에서 金浦와 熊川의 표류민 7명의 송환을 감사했다.(『本邦朝鮮往復書』29)[→1676.10.1. →1676.12.29.]

5.-. 예조참의 鄭重徽가 宗義真에게 보낸 서계에서 長鬐県의 표류민 중 생존사 1명의 송환을 감사했다.(『本邦朝鮮往復書』29) [→1676.11.25.]

6.-. 동래부사가 日本国 対馬藩 家老에게 보낸 서계에서 新倭館 造営을 배려하여 금년도의 年例送使의 파견을 정지한다는 의향에 감사했다.(『本邦朝鮮往復書』29)

【일본】

1.4. 전라도의 商民 18명이 暴風을 만나 8일(日本暦 延宝5년(1677) 윤12월8일)에 筑前国 大島에 표착했다. 長崎를 거쳐 3월 13일(日本暦2월13일)에 対馬에 회송되었다.(『本邦朝鮮往復書』29) [→日本2.-]

1.9. 巨済島의 어선 1척(乗員 19인)이 폭풍을 만나, 11일(日本暦 延宝5년(1677) 윤12월11일)에 일본국 対馬 鰐浦에 표착했다. 生存者 18명이 있었다.(『本邦朝鮮往復書』29)[→ 日本1.-]

1.-. 宗義真이 조선국 예조참의에게 보낸 서계에서 지난해 12월 11일에 対馬 鰐浦에 표착한 巨済島의 어선 1척의 乗員 생존자를 橘成政(岡部源大夫)에게 조선에 호송시킨 것 등을 전하다.(『本邦朝鮮往復書』29)[→朝鮮3.-]

2.-. 宗義真이 예조참의 앞으로 보낸 서계에서 작년 윤12월 8일에 筑前国 大島에 표착했던 전라도의 商民을 橘政賢(幾度常右衛門)에게 조선에 호송시킨 것 등을 전했다.(『本邦朝鮮往復書』29)[→朝鮮4.-]

윤3.-. 예조참의 柳命賢이 宗義真앞으로 보낸 서계에서 巨済島의 표류민 18명의 송환을 감사했다.(『本邦朝鮮往復書』29)[[→1.9]

4.-. 예조참의 柳命賢이 宗義真 앞으로 보낸 서계에서, 新倭館造成이 완료되어 対馬에서 파견되었던 普請奉行(佐治本左衛門·阿比留弥三兵衛)가 귀국했다고 고했다.(『本邦朝鮮往復書』29)/ 예조참의 柳命賢이 宗義真 앞으로 보낸 서계에 전라도의 표류민 18명의 송환을 감사했다.(『本邦朝鮮往復書』29)[→1.4]

6.-. 宗義真, 예조참의앞으로 보낸 서계에서 旧例에 의해 8월 중순경에 訳官使節을 対馬에 파견해달라는 요청을 위해 橘成原(井手弥六左衛門)을 보낸다는 뜻을 전했다.(『本邦朝鮮往復書』29)/ 対馬藩 家老 杉村成近·大浦成勝·杉村真顕·平田真幸 등이 조선국 동래부사·부산첨사 앞으로 보낸 서계에서 釜앞서 소망했던 陶土와 燃料의 倭館人途가 늦어져, 陶器製造도 늦어지고 있다고 전했다.(『本邦朝鮮往復書』29)/ 宗義真이 예조참의 앞으로 보낸 서계에서, 倭館의 落成을 축하하기 위해 平真顕(杉村伊織)·平幸信(平田三右衛門)을 파견한다는 뜻을 전했다.(『本邦朝鮮往復書』29)

8.11. 일본국의 배 2척(乗員, 和泉国의 어민)이 蔚山·機張에 표착하여 訳官을 파견하여 問情했다. 이달에 예조참의 李沇이 宗義真 앞으로 보낸 서계에서, 그 경과 및 표착민을 왜관에 回移한다고 전했다.(『本邦朝鮮往復書』29)[→日本1679.7-]

8.-. 예조참의 李沇이 宗義真 앞으로 보낸 서계에서 義真의 対馬帰国에 따라 訳官使節(金謹行·安慎徽·朴有年)을 파견한다고 전했다.(『本邦朝鮮往復書』29)

9.-. 예조참판 尹深이 宗義真 앞으로 보낸 서계에서, 新倭館 落成을 축하하기 위해 사절을 対馬에서 파견해 준 것에 감사했다.(『本邦朝鮮往復書』29)

【일본】

1.5. 전라도 霊巖의 어선 1척(乗員 18명)이 폭풍을 만나, 8일에 일본국 長門国 矢玉浦에 표착하여 長崎를 거쳐, 3월1일에 대마에 회송되었다.(『本邦朝鮮往復書』29)[→日本3.-]

1.-. 宗義真이 예조참의 앞으로 보낸 서계에서, 倭館館守를 平成尚(平田所左衛門)에서 平成友(内山郷左衛門)로 교체한다는 뜻을 전했다.(『本邦朝鮮往復書』29)

2.-. 예조참의 鄭重徽이 宗義真에게 보낸 서계에서 蔚山의 표류민의 송환을 감사했다.(『本邦朝鮮往復書』29)

3.-. 宗義真이 예조참의 앞으로 보낸 서계에 1월에 長門国 矢玉浦에 표착한 전라도 霊巖의 어선 乗員을 藤成倫(中原伝蔵)에게 조선에 호송

연도	한국
▲ 1679	11.28. 이보다 앞서, 전라도 康津의 배 1척이 土物을 漢城에 수송하고 돌아가는 길에 귀성중의 科擧落第者·武科及第者·商人·農民 등 41인을 태우고 항해 중, 이 날, 광풍에 휩쓸려 표류하다가, 12월 4일에 일본국 対馬国 観豆浦에 표착했다.(『本邦朝鮮往復書』30)[→日本12.-] 11.-. 宗義真이 예조참 앞으로 보낸 서계에서, 10에 対馬国 佐須奈에 표착한 경상도 昌原郡 蒼江浦의 거민을 藤正次에게 조선국에 송환시킨 것 등을 전했다.(『本邦朝鮮往復書』30)[→朝鮮1680.3. -]/ 예조참의 鄭樣이 宗義真 앞으로 보낸 서계에서, 薩摩国 甑島에 표착한 조선인 표류민이 전원 사망한 것에 놀라고, 이어 遺体를 매장해준 것에 감사했다.(『本邦朝鮮往復書』30) 12.-. 宗義真이 예조에 보낸 서계에서, 이달에 対馬国 配豆浦에 표착한 전라도 康津 배의 乘員을 平久良(吉田庄左衛門)에게 조선에 송환시킨 것 등을 전했다.(『本邦朝鮮往復書』30)[→朝鮮1680.3. -]
1680	【한국】 5.-. 倭館에 화재가 났다.(『接待事目録抄』) 7.10. 동래부사 趙世煥이 왜인으로부터 들은 吳三桂와 청나라간의 전쟁에 대해 馳啓하다.(『肅宗實錄』숙종 6『集成』28-300) 7.-. 일본국 関白告訃差倭가 도래할 예정이라는 소식이 이르렀다.(『接待事目録抄』) 윤8.24. 同經筵 李敏敍가 壬辰倭亂 때 義兵을 일으킨 朴光玉과 金德齡에 대해 褒奬할 것을 아뢰자, 임금이 賜額하도록 명하다.(『肅宗實錄』숙종 6『集成』28-301) 윤8.-. 差倭가 日本関白의 訃報와 新関白의 계승한다는 서계를 가지고 왔다.(『接待事目録抄』) 8.-. 예조참의 鄭重徽가 宗義真에게 보내는 서계에서, 義真이 무사히 江戸에서 対馬에 귀국한 것을 축하했다.(『本邦朝鮮往復書』30) 9.-. 예조참판 鄭鑰이 宗義真에 보내는 서계에서, 德川家綱의 逝去를 弔慰하고, 綱吉의 습직을 축하했다.(『本邦朝鮮往復書』30)/ 宗義真이 예조참판 앞으로 보내는 서계에서, 綱吉이 将軍을 襲職한 것을 고하기 위해 平真賢(平田直右衛門)·藤正次(島井与右衛門)를 파견한다는 뜻을 전했다.(『本邦朝鮮往復書』30)/ 宗義真이 예조참의 앞으로 보내는 서계에서, 倭館館守를 平成友(内山郷左衛門)에서 藤成尚(浅井平右衛門)으로 교체한다는 뜻을 전했다.(『本邦朝鮮往復書』30)/ 対馬의 宗氏가 倭館에 체재하는 일본인에 대한 禁制(倭館壁書)를 정했다.(『通航一覧』125) 10.-. 예조참의 柳椐가 宗義真에게 보낸 서계에서 義真의 対馬 귀국을 축하했다.(『本邦朝鮮往復書』30) 12.-. 예조참판 鄭鑰이 宗義真에게 보내는 서계에서 綱吉의 将軍襲職을 축하했다.(『本邦朝鮮往復書』30)/ 예조참의 朴泰尚이 宗義真에 보낸 서계에서 家綱逝去를 弔慰하기 위해 訳官使節(下承業·李俊漢등)을 파견한다는 뜻을 전했다.(『本邦朝鮮往復書』30)
1681	【한국】 3.16. 전라도 幼生들이 壬辰倭亂 때 전사한 申浩와 金浚에게 諡號를 내려줄 것을 上訴하자, 임금이 禮曹에 내려 諡號를 내려주도록 명하다.(『肅宗實錄』숙종 7『集成』28-302) 6.24. 동래부사가 差倭가 通信使를 청하기 위해 나오려 하는 것에 대해 馳聞하다.(『肅宗實錄』숙종 7『集成』28-302) 7.3. 동래부사가 日本關白이 새로 卽位한 것을 아뢰자 備局에서 通信使를 차출하도록 啓請하다.(『肅宗實錄』숙종 7『集成』28-302) 7.13. 日本國에서 새로운 關白이 位를 이었다고 고하니, 경상도 觀察使 李翊이 치계하기를, 동생이 형의 자리를 찬탈한 것이라고 아뢰다.(『肅宗實錄』숙종 7『集成』28-303) 7.19. 몰래 쌀과 콩을 倭館에 팔다가 발각된 東萊府 商人 趙必萬을 왜관문 밖에서 梟示하다.(『肅宗實錄』숙종 7『集成』28-303) 8.12. 日本通信使에 尹趾完, 從事官에 朴致道를 임명했다.(副使는 사료에 이름이 누락되었다.) 다음해에 副使로 李彦綱, 從事官을 申畢 후에 朴慶後로 변경했다.(洪禹載『東槎録』·金指南『東槎日録』) 10.12. 동래부사 南益薰과 接慰官 尹德駿이 서계의 規例가 틀린 것을 이유로 差倭가 서계를 받지 않는 것에 대해 狀啓하자 임금이 비변사와 논의하고 規例를 고치지 않도록 명하다.(『肅宗實錄』숙종 7『集成』28-303)
1682 ▼	【한국】 1.3. 閔鼎重이 일본에서 御筆을 청하니 文字를 詞翰을 맡은 신하를 시켜 의논하게 할 것을 아뢰자 임금이 允許하다.(『肅宗實錄』숙종 8,『集成』28-304)

일본

시킨 것 등을 전했다.(『本邦朝鮮往復書』 29)[→朝鮮1.5]

5.12. 宗義真이, 막부에게 清·三藩·朝鮮의 동향을 전했다.(『通航一覧』 134)

5.-. 南宗祖辰이 다시 対馬以酊庵 輪番僧이 되었다.(~天和1년(1681) 6월)(『前近代の国際交流と外交文書』)

7.-. 宗義真이 조선국 동래부사·부산첨사 앞으로 보낸 서계에서, 요청에 응하여 良医 朴別将을 파견한 것에 감사하고, 対馬의 病人을 치료하기 위한 医者가 지금까지 오래도록 체재한 것, 護送을 부쳐 朴別将을 귀국시킨 것 등을 전했다.(『本邦朝鮮往復書』 30)/ 宗義真에게 보낸 예조서계에서, 지난해 조선에 표착한 和泉国의 표류민의 일본송환을 감사하고, 橘成滋(古川清右衛門)을 파견한다는 뜻을 전했다.(『本邦朝鮮往復書』 30)[朝鮮 1678.8.11.]

10.19. 경상도 昌原郡 蒼江浦의 거민 8인이 탄 배 1척이 폭풍에 표류하여, 다음 날, 일본국 対馬国 佐須奈에 표착했다.(『本邦朝鮮往復書』 30)[→日本11.-]

10.25. 경상도 長鬐의 어선 1척(乘員 10명)이 광풍에 의해 표류하여, 27일에 일본국 長門国 向津浦에 표착한 것을 対馬에 회송했다.(『本邦朝鮮往復書』 30)[→日本1680.2.-]

【일본】

1.11. 경상도 釜山浦의 배 1척(乘員 4명)이 慶州의 米를 釜山에 운송하기 위해 부산에서 慶州로 향하던 도중에 표류하여, 14일에 일본국 長門国 宝室津浦에 표착했다가 対馬에 회송되었다.(『本邦朝鮮往復書』 30)[→日本3.-]

1.22. 이보다 앞서, 1월 13일, 경상도 東萊郡 水営의 어선 2척(乘員 18명)이 蔚山 外浦에 출어했다가 귀로에 이날 狂風을 만나 표류한 1척이 파손되고, 乘員은 나머지 1척을 타고 가다가 23일에 일본국 対馬国 矢櫃浦에 표착했다.(『本邦朝鮮往復書』 30)[→日本2.-]

1.23. 전라도 順天 召羅의 어선 1척(乘員 17명)이 출어하여 표류하다가 26일 일본국 長門国 向津浦에 표착했다가 対馬에 회송되었다.(『本邦朝鮮往復書』 30)[→日本3.-]

2.-. 宗義真이 조선국 예조참의 앞으로 보낸 서계에서 작년 10월에 長門国 向津浦에 표착한 경상도 長鬐의 어민과 올해 1월에 対馬国 矢櫃浦에 표착한 동래군 水営의 어민의 송환을 위해 藤正次(岩井治部右衛門)을 파견한다는 뜻을 전했다.(『本邦朝鮮往復書』 30)[→朝鮮4.-]

3.-. 예조참의 金万里가 宗義真에게 보낸 서계에서, 전라도 康津의 표류민 41명의 송환에 감사했다.(『本邦朝鮮往復書』 30)[→1679.11.28.]/ 예조참의 金万里가 宗義真에게 보낸 서계에서 경상도 蒼江浦의 표류민 송환을 감사했다.(『本邦朝鮮往復書』 30)[→1679.10.19.]/ 対馬 藩家老 杉村真顕·大浦成勝·杉村成近 등이 조선국 동래부사·부산첨사앞으로 보낸 서계에서, 서계의 書式을 둘러싼 문제를 해결하기 위해 橘成陳(井手弥六左衛門)을 파견한다는 뜻을 전했다.(『本邦朝鮮往復書』 30)/ 宗義真이 예조참의앞으로 보낸 서계에서 1월에 長門国 室津浦에 표착한 경상도 釜山浦의 주민과 동월에 長門国 向津浦에 표착한 전라도 順天 召羅의 어부를 조선에 송환하기 위해 橘成時(幾度甚左衛門)를 파견한다는 뜻을 전했다.(『本邦朝鮮往復書』 30)[→朝鮮5.-]

4.-. 예조참의 俞瑒이 宗義真 앞으로 보낸 서계에서 경상도 長鬐와 水営의 표류민 28인의 송환에 감사했다.(『本邦朝鮮往復書』 30)[→1679.10.25.→1680.1.22.]

5.8. 家綱가 没했다.(40세) (『徳川実紀』)

5.-. 예조참의 俞瑒이 宗義真 앞으로 보낸 서계에서, 경상도 釜山浦와 召羅의 표류민 송환을 감사했다.(『本邦朝鮮往復書』 30)[→1.11 →1.23]

7.-. 宗義真이 예조참판 앞으로 보내는 서계에서, 家綱이 没한 것을 고하기 위해, 平常重(古川平兵衛)·藤度重(山下豊右衛門)을 파견한 것을 전했다.(『本邦朝鮮往復書』 30)

【일본】

2.-. 宗義真이 조선국 예조참의앞으로 보낸 서계에, 家綱死去를 弔慰하기 위해 訳官使節(下承業·李俊漢등)을 파견한 것을 감사했다.(『本邦朝鮮往復書』 30)/ 宗義真이 예조참의 앞으로 보낸 서계에서 訳官使節의 귀국에 부쳐 平成次(田島十郎兵衛)를 호행시킨다고 전했다.(『本邦朝鮮往復書』 30)/ 宗義真이 조선국 동래부사·부산첨사 앞으로 보낸 서계에서 陶器製造를 위해 陶工을 対馬에서 倭館에 파견하는 것, 그를 위해 조선에서 陶工과 陶土·燃料를 왜관에 입송해 주기를 원한다는 뜻을 전했다.(『本邦朝鮮往復書』 30)

6.-. 宗義真이 예조참판 앞으로 보낸 서계에서, 綱吉의 장군습직을 축하하기 위해, 내년 7~8월까지 江戸城에 도착하게끔 通信使를 파견해 주고, 그때에 綱吉의 자 徳松에 대해 聘礼를 추가하고 싶다는 것 등을 요망한다고 적고, 藤一政(原五助)와 藤盛次(山崎弥五郎)을 파견한다고 전했다.(『本邦朝鮮往復書』 31)

7.-. 宗義真이 예조에 보낸 서계에서, 通信使来日에 관한 事前調整을 위해, 訳官使節을 9월이나 10월에 対馬에 파견해 주기를 바란다는 뜻을 전했다.(使者 陶山五一郎) (『本邦朝鮮往復書』 31)

8.-. 예조참의 伊㙮이 宗義真에게 보낸 서계에서 義真의 対馬 귀국을 축하하고, 訳官使節(下爾標·韓後瑗 등)을 파견하는 뜻을 전했다.(『本邦朝鮮往復書』 31)

9.-. 예조참의 尹㙮이 宗義真에게 보낸 서계에서, 通信使의 일본파견에 따른 사전교섭을 위한 訳官使節(下爾標·韓後瑗 등)을 파견한다는 뜻을 전했다.(『本邦朝鮮往復書』 31)

11.-. 宗義真이 예조에 보낸 서계에서, 通信使来日의 사전교섭을 対馬에 来島한 訳官使節(下爾標·韓後瑗 등)이 행한다는 뜻을 전했다.(『本邦朝鮮往復書』 31)

【일본】

3.-. 宗義真이 예조참판 앞으로 보낸 서계에서, 通信使를 부산에서 영접하기 위해 平真幸(平田隼人)·平成尚(加城六之進)·藤成清을 파견한다는 것, 通信使는 4월에 조선을 출발해, 5월에는 対馬를 출발할 수 있게끔 조정하고 싶다는 것 등을 전했다.(『本邦朝鮮往復書』32)/ 동

연도	한국
▲ 1682	1.15. 일본에 가는 通信使와 일본이 바라는 물품 등에 대해 대신들과 논의하다.(『肅宗實錄』 숙종 8, 『集成』28-304) 1.23. 閔鼎重이 日本 關白과 그 형이 사이가 안 좋다는 소문에 대해 譯官을 시켜 倭館에서 일본의 사정을 알아볼 것을 아뢰다.(『肅宗實錄』 숙종 8, 『集成』28-306) 1.24. 청나라에서 돌아온 謝恩正使 昌城君 李似 등을 引見하고 왜인을 닮은 琉球國 使臣이 청나라에 왔었던 것 등에 대해 듣다.(『肅宗實錄』 숙종 8, 『集成』28-307) 2.21. 일본 通信使를 보내는 데 있어 일본이 원하는 물품과 그 처리 등에 대해 대신들과 논의하다.(『肅宗實錄』 숙종 8, 『集成』28-308) 3.2. 奏請兼冬至使가 琉球國 使臣에게 청에 대항하는 鄭錦의 소식을 들은 것 등에 대해 狀啓를 올리다.(『肅宗實錄』 숙종 8, 『集成』28-308) 3.5. 館倭들이 전 동래부사 李馥과 도주가 타결한 7가지 약조를 지키지 않자 府使 南益熏이 장청하기를, 약조한 7조를 館中에 立牌할 것 등의 3가지 내용을 사신을 보내어 잘 타이르고 오게 하자고 아뢰다.(『肅宗實錄』 숙종 8, 『集成』28-309) 3.13. 金壽恒이 농사철을 맞이하여 백성에 민폐를 끼치는 것과 致祭에 관해 회보를 받지 못한 것을 들어 通信使의 출발을 연기할 것을 아뢰자 임금이 允許하다.(『肅宗實錄』 숙종 8, 『集成』28-310) 3.20. 冬至兼謝恩使 東原君 李潗 등을 引見하고 청나라에 대항하는 鄭錦이 일본까지 정벌한다는 소문과 그 진위 등에 대해 논의하다.(『肅宗實錄』 숙종 8, 『集成』28-310) 5.6. 上이 通信使 尹趾完 등을 引見하고 歲遣船이 떠나올 때 거듭 差倭를 보내는 것과 約條에 대해 언급하는 문제 등에 대해 논의하다.(『肅宗實錄』 숙종 8, 『集成』28-310) 5.8. 通信使 尹趾完·副使 李彦綱 등이 일본으로 가다.(『肅宗實錄』 숙종 8, 『集成』28-311) 6.13. 閔鼎重이 지난해 표류한 왜인을 東萊의 왜관에 보낼 때 統營을 경유하지 말고 각 鎭堡에 머무르게 하지 말게 하였는데, 이 때 왜인을 거느린 군관이 이를 어겼으므로 조사해 처리하자고 아뢰다.(『肅宗實錄』 숙종 8, 『集成』28-311) 6.18. 朝鮮通信使가 対馬 佐須奈浦에 도착했다.(洪禹載『東槎録』·金指南『東槎日録』) 6.24. 朝鮮通信使가 対馬의 府中에 도착하여 国分寺을 舎館으로 했다.(洪禹載『東槎録』·金指南『東槎日録』) 7.11. 通信使 尹趾完 등이 對馬島主가 보낸 密貿易에 대한 別幅에 대해 馳啓하다.(『肅宗實錄』 숙종 8, 『集成』28-312) 7.26. 조선통신사가 大坂에 도착하여 本願寺에 숙박했다.(洪禹載『東槎録』·金指南『東槎日録』) 8.3. 조선통신사가 京都에 도착하여 本圀寺에 숙박하고, 本多康慶이 사신 접대를 담당했다.(洪禹載『東槎録』·金指南『東槎日録』) 8.21. 조선통신사가 江戸에 도착하여, 本誓寺에 숙박하다.(洪禹載『東槎録』·金指南『東槎日録』) 8.27. 조선통신사가 江戸城에서 綱吉에게 国書를 奉呈했다.(洪禹載『東槎録』·金指南『東槎日録』) 10.1. 조선통신사가 大坂에 도착했다.(洪禹載『東槎録』·金指南『東槎日録』)
1683	【한국】 3.1. 전라도 宣諭御使 李東郁이 明宗 乙卯年의 왜란때 왜적과 싸우다가 죽은 故府使 韓蘊 등에 대해 襃賞해 줄 것을 아뢰자 임금이 允許하고 관직을 追贈하다.(『肅宗實錄』 숙종 9, 『集成』28-317) 4.29. 右議政 金錫胄가 청나라에서 돌아와 우리나라의 지형이 중국의 형세와 비슷함을 들고, 변고를 대비해 大興山城을 견고하게 하며, 僧兵을 양성할 것을 아뢰다.(『肅宗實錄』 숙종 9, 『集成』28-317) 9.5. 東萊府 아전 崔挺恒·余自信·權海順이 館倭 近兵衛와 함께倭料米 4백 석·大豆 80석 등을 훔친 것이 발각되자, 備局에서 여자신 등과 賊倭를 효시하고, 물고당한 최정항의 처자를 노비로 삼을 것을 아뢰니, 임금이 그대로 따르다.(『肅宗實錄』 숙종 9, 『集成』28-318) 9.11. 조정에서 別差倭를 出送하지 아니하는 일로 새로 조약을 맺고 있을 때, 동래부사가 關白 嗣子의 訃告를 알리는 差倭가 왔으므로 弔慰하는 譯官을 보낼 뜻을 장문하다.(『肅宗實錄』 숙종 9, 『集成』28-319) 12.22. 對馬州太守 平義眞이 예조에 글을 보내어, 東寧의 鄭錦舍가 우리나라 지방을 침범하고 淸王이 우리나라를 견책하려 한다는 것을 아뢰다.(『肅宗實錄』 숙종 9, 『集成』28-319)
1684 ▼	【한국】 1.11. 일본의 서계를 비밀히 하지 못하여 백성을 동요하게 만든 承旨 權是經·申懹을 罷免하고 洪萬鍾·南益熏을 체직하다.(『肅宗實錄』 숙종 10, 『集成』28-320) 1.12. 獻納 徐宗泰가 전에 왜의 서계를 누설한 일로 인해 체직하다.(『肅宗實錄』 숙종 10, 『集成』28-320) 1.14. 兩司의 신하들이 倭의 서계를 누설한 일로 서로 잇달아 引避하여 갈리다.(『肅宗實錄』 숙종 10, 『集成』28-321) 1.19. 備局의 宰臣들과 청과 淸에 대항하는 세력들에 대해 적은 왜의 서계에 대해 논의하다.(『肅宗實錄』 숙종 10, 『集成』28-321) 2.4. 임금이 乙卯年에 倭書 때문에 訃告使가 가는 편에 移咨하였던 일로 淸人이 크게 의심하고 노하여 查勅을 보냈으므로, 이번 移咨 하는 일의 便否는 어떠하겠는지 대신들과 의논하다.(『肅宗實錄』 숙종 10, 『集成』28-322) 2.21. 大司憲 李端夏가 倭書 때문에 京鄉이 소요하고 인심이 안정되지 않는다고 아뢰다.(『肅宗實錄』 숙종 10, 『集成』28-323) 3.11. 청에 대항하는 세력이 고려를 침공한다는 소문의 진위를 밝히기 위해 일본에 소식을 정탐하러 갔던 問慰譯官 朴再興

일본

래부사 南益熏이 宗義真앞으로 보낸 서계에서, 新倭館 造営의 労費를 고려하여 送使를 1년간 정지하는 배려에 감사했다.(『本邦朝鮮往復書』32)

5.8. 日本通信使 尹趾完·부사 李彦綱·종사관 朴慶後가 조정에서 肅拜하니 왕이 使臣을 인견하고 弓矢·虎皮·胡椒等 과 符節을 하사했다. 王이 德川綱吉 앞으로 보내는 国書에서 将軍襲職을 경하하고, 통신사를 파견하는 뜻을 전했다. 使臣들이 王城을 출발했다.(洪禹載『東槎録』/金指南『東槎日録』/『通航一覧』95).

5.-. 예조참판 洪万容이 堀田正俊 앞으로 보낸 서계에서 将軍襲職을 경하하는 通信使가 파견되었다는 것을 전했다.(『通航一覧』104). 예조참판 洪万容이 宗義真에 보내는 서계에서 通信使가 5월 8일에 출발했다는 것을 전했다.(『本邦朝鮮往復書』32).

9.6. 綱吉이 朝鮮通信使에게 返翰을 주었다.(使者 堀田正俊·阿部正武). 綱吉이 朝鮮国王(肅宗) 앞으로 보낸 국서에서 将軍襲職 경할르 위한 信使를 파견해 준 것을 감사했다.12일에 通信使가 江戸를 출발했다.(『德川実紀』/『通航一覧』95/洪禹載『東槎録』/金指南『東槎日録』).

10.-. 宗義真이 예조참판 앞으로 보낸 서계에서 通信使 귀국에 대해 平真幸(平田隼人)을 釜山까지 호행시킨다는 것을 전했다.(『本邦朝鮮往復書』32)

12.-. 日本通信使 三使(尹趾完·李彦綱·朴慶後)가 宗義真 앞으로 보낸 書簡에서, 일행이 10월 30일에 부산에 도착했고, 11월 16일에 漢城에서 복명했다는 것을 전했다.(『本邦朝鮮往復書』32)

-. 이해에 日 本通信使 上上官 朴同知를 통해 対馬의 宗氏에게 書를 보내, 倭館의 規約을 館中의 사람들에게 엄수하도록 요청했다.(『通航一覧』125)

10.17. 조선통신사가 対馬에 도착하여 国分寺에 숙박하다. 뒤이어 対馬藩에 세견선 이외의 송사를 거부한다는 것, 倭館에 制札을 세우는 건에 대해 교섭할 것을 전했다.(洪禹載『東槎録』, 金指南『東槎日録』·『通航一覧』123·125)

10.29. 조선통신사가 対馬 鰐浦를 출발해 당일 부산에 도착했다. 동래부사·부산첨사 등이 이들을 영접했다.(洪禹載『東槎録』/金指南『東槎日録』)

11.7. 通信使 尹趾完 등이 約條를 맺은 것과 우리 나라에서 일본에 致祭해 주는 것을 關白이 거부한 것, 現 關白이 執政하게 된 사연등 일본의 사정에 대해 馳啓하자 임금이 일본과 約條된 일을 비에 새겨 倭館안에 세우도록 하다.(『肅宗實錄』 숙종 8, 『集成』28-312)

11.16. 日本通信使, 漢城에 到着하여, 復命하다.(洪再載東桂録/金指南東楼日録)/ 임금이 倭國에서 돌아온 通信使 尹趾完을 인견하고, 외국의 풍속과 사정에 대해 묻다.(『肅宗實錄』 숙종 8, 『集成』28-315)/ 通信使를 호위했던 왜의 首奉行 平眞幸이 京官으로 接慰官을 삼아 줄 것을 청하자 임금이 允許하다./ 통신사 尹趾完이 일본에서 돌아왔는데 왜인과 만나서 신의로써 대하고, 돌아올때는 한 개의 물건도 가져오지 않았으며 단지 白鵰 한쌍을 가지고 와서 좋아하는 사람에게 주다.(『肅宗實錄』 숙종 8, 『集成』28-316)

【일본】

4.-. 宗義真이 예조 앞으로 보낸 서계에서, 倭館館守를 藤成尚(浅井平右衛門)에서 平成久(平田斎宮)로 교체시킨다는 뜻을 전했다.(『本邦朝鮮往復書』32)

7.-. 宗義真이 예조 앞으로 보낸 서계에서, 德松死去에 대해 平茂元(吉賀内蔵助)에게 이것을 통지한다는 뜻을 전했다.(『本邦朝鮮往復書』32)

8.-. 왜관의 일본인이 禁令을 館門의 안쪽, 서편에 게시하고, 標木을 小川越辺에 이동시켜 세웠다. 조선도 禁令의 문자를 돌에 새겨 단단히 세웠는데, 禁令은 전에 정했던 것과 동일했다.(『接待事目録抄』·『通航一覧』125)

9.-. 예조참의가 宗義真 앞으로 보낸 서계에서, 綱吉의子 德松의 죽음을 弔慰하기 위해 訳官使節(朴再興·韓天錫)을 파견한다는 뜻을 전했다.(『本邦朝鮮往復書』32)

10.-. 宗義真이 예조 앞으로 보내는 서계에서, 南京에서 兵乱이 일어났다는 것, 台湾의 鄭錦舎가 海路로 조선을 침공했다는 것, 오랑카이가 북경에 침입했다는 것, 清朝가 조선을 견책했다는 것 등 이상의 長崎의 唐船에서 얻은 정보의 진위를 물었다.(『本邦朝鮮往復書』32)/ 이해에 宗義真이 藩内의 상인 10인을 商売掛로서 倭館에서 開市의 업무를 담당하도록 했다.(元禄 9年(1696)元方役으로 改称) (『通航一覧』128)

12.10. 경상도의 주민 10인이 출어중에 폭풍을 만나 표류하여 13日에 일본국 長門国 向津奥에 표착했는데, 뒤에 対馬에 회송되었다.(『本邦朝鮮往復書』32)[→ 日本1684.2.-]

【일본】

1.-. 예조참의 宋昌이 宗義真 앞으로 보낸 서계에서 중국정세에 관한 문의에 관해, 福建省의 兵이 台湾에 갔는데, 鄭錦舎의 세력이 이에 항복했다는 것, 清朝가 조선을 견책했다는 소문은 전혀 근거없는 설이라는 것 등을 전했다.(『本邦朝鮮往復書』32)

2.23. 이보다 앞서 2월 13일, 경상도 昌原郡 주민이 탄 배가 商売를 위해 江原道에 갔는데, 이날 항해 중에 광풍을 만나 표류하다가 3월 29일에 일본국 長門国 阿武郡 須佐浦에 표착했는데, 乗員 3명을 対馬에 회송했다.(『本邦朝鮮往復書』23)[→日本6.-]

2.-. 宗義真이 조선국 예조 앞으로 보낸 서계에서 德松死去를 弔慰하기 위한 訳官使節을 보낸 것을 감사했다.(『本邦朝鮮往復書』32)/ 宗義真이 예조참 앞으로 보낸 서계에서, 王妃 死去에 대해 弔慰의 사자를 파견한 것을 전했다.(『本邦朝鮮往復書』32)/ 宗義真이 예조 앞으로 보낸 서계에서, 지난해 12월에 長門国 向津奥에 표착한 경상도의 주민을 平成広(志 賀甚五左衛門)에게 조선에 송환시킨다는 뜻을 전했다.(『本邦朝鮮往復書』32)[→朝鮮1683.12.10.]

4.3. 無人船이 対馬国 鰐浦에 표착하여 이달에 対馬藩 家老 平田真賢·大浦成勝·杉村真顕·平田真幸등이 조선국 동래부사·부산첨사 앞으로

연도	한국
▲ 1684	등이 對馬島의 歲遣十七船과 같이 돌아와서 소문이 근거 없음을 아뢰다.(『肅宗實錄』숙종 10, 『集成』28-324) 6.18. 燕京에서 돌아온 告訃使 李儒 등이 청나라에서 우리 나라와 일본과의 문서교류와 일본에서 우리나라에 요구하는 것이 무엇인지를 물은 것 등에 대해 아뢰다.(『肅宗實錄』숙종 10, 『集成』28-325) 7.10. 迎接都監堂上 鄭載嵩 등이 청나라의 勅使가 李一善을 불러 조선과 왜의 관계 등에 대해 물은 것을 아뢰자, 임금이 이를 廟堂에 내려 청의 勅使에게 대답할 말을 강구하게 하다.(『肅宗實錄』숙종 10, 『集成』28-326) 7.11. 右議政 南九萬이 청의 勅使가 황제가 물을 것에 대비해 일본의 歲遣船에 대해 물었다고 아뢰다.(『肅宗實錄』숙종 10, 『集成』28-327) 7.-. 弔慰 差倭가 進香礼 및 進上肅拜礼를 행했다.(『接待事目録抄』) 10.10. 學生 李崇仁 등을 壬辰倭亂 때 몸으로 어머니를 가려 왜적의 칼을 받은 공로로 旌閭하다.(『肅宗實錄』숙종 10, 『集成』28-327)
1685	12.-. 宗義真이 예조 앞으로 보낸 서계에, 이달에 対馬国 府内浦에 표착한 慶尚道 蔚山의 어민을 조선에 송환하기 위해 藤常尚을 파견한다는 뜻을 전했다.(『本邦朝鮮往復書』33)[→朝鮮12.6]
1686	【한국】 윤4.14. 試讀官 金昌協이 壬辰倭亂 때 왜적과 싸우다가 전사한 金千鎰·黃進 등에게 드리는 제사가 제대로 행해지지 않음을 아뢰자, 임금이 봄·가을로 享祀를 각별히 거행하도록 명하다.(『肅宗實錄』숙종 12, 『集成』28-328) 7.26. 중국 사람 游魏 등이 일본으로 가다가 珍島 남쪽 挑浦에 표류하여 온 것을, 파손된 배를 수리하게 하고 식량을 주어서 돌려 보내도록 하다.(『肅宗實錄』숙종 12, 『集成』28-328) 윤4.-. 예조참의 黃玩이 宗義真앞으로 보낸 서계에, 표류민과 익사자의 遺体의 송환에 감사했다.(『本邦朝鮮往復書』34) 10.-. 예조참의 申畢이 宗義真 앞으로 보낸 서계에, 義真이 江戸에서 対馬로 무사히 귀국한 것을 축하했다.(『本邦朝鮮往復書』34)/ 예조참의 申畢이, 宗義真 앞으로 보낸 서계에, 표류민 8명(対馬府中에 표착한 경상도 蔚山의 어민)의 송환에 감사했다.(『本邦朝鮮往復書』34)
1687	【한국】 2.6. 東萊 倭館의 왜인들이 지급할 면포를 쌀로 바꾸어 주기를 청하자, 동래부사 李沆이 절반은 바꾸어주고 절반은 추후로 주겠다는 뜻을 개유하도록 할 것을 아뢰니 그대로 윤허하다.(『肅宗實錄』숙종 13, 『集成』28-329) 4.-. 東萊夢貨密商人 宋尚周등을 梟首하고, 일본 越前州의 사람 28명이 木浦에 漂泊했다.(『接待事目録抄』) 8.28. 경상도觀察使 李世華가 요사이 왜인을 접대하는 일은 약조 이외의 것으로, 약조를 무너뜨리게 된다면 뒷날의 폐단이 커지게 될 것이라고 아뢰니, 임금이 廟堂으로 하여금 처리하도록 하라고 명하다.(『肅宗實錄』숙종 13, 『集成』28-329) 9.26. 兵曹判書 李師命이 壬辰倭亂을 예로 들어 군사를 강화할 것을 아뢰는 次子를 올리다.(『肅宗實錄』숙종 13, 『集成』28-330) 10.-. 宗義真이 예조 앞으로 보낸 서계에서 近年에 人参의 수입이 단절되었기 때문에, 貿易回復을 위한 周旋을 요청했다.(実際로는 発送하지 않았다.) (『本邦朝鮮往復書』34)

일본

보낸 서계에서 藩主가 부재하여 家老가 심의한 결과, 배를 조선에 송환시킨다는 뜻을 전했다.(『本邦朝鮮往復書』32)

6.-. 宗義真이 예조 앞으로 보낸 서계에서 3월에 長門国 阿武郡 須佐浦에 표착한 경상도 昌原郡의 거민을 송환하기 위해 大江泰幸을 보낸다는 뜻을 전했다.(『本邦朝鮮往復書』33)[→朝鮮9.-]

7.-. 예조참의 李濡가 宗義真 앞으로 보낸 서계에서, 王妃 逝去를 弔慰한 것에 감사했다.(『本邦朝鮮往復書』33)/ 예조참의 李濡가 宗義真 앞으로 보낸 서계에 표류민 송환에 감사했다.(『本邦朝鮮往復書』33)

9.-. 예조참의 李濡가 宗義真 앞으로 보낸 서계에서, 표류민 3명(長門国에 표착한 경상도 昌原의 거민)의 송환을 감사했다.(『本邦朝鮮往復書』33)[→2.23]

【일본】

6.-. 宗義真이 조선국 동래부사·부산첨사 앞으로 보낸 서계에서, 陶器製造를 위한 陶工을 왜관에 파견하는 것, 전례에 따라 조선측에서 도공을 選好하고 陶土와 燃料와 함께 왜관에 송부하고 싶다는 것 등을 전했다.(『本邦朝鮮往復書』33)

7.-. 宗義真니 예조 앞으로 보낸 서계에, 왜관관수를 平成久(半田斎宮)에서 平成勝(幾度大右衛門)으로 교체한다는 뜻을 전했다.(『本邦朝鮮往復書』33)/ 宗義真이 조선에 平厚中(古川平兵衛)을 파견하여 宗右京(義倫)의 도서를 요청했다.(『通航一覧』123)[→朝鮮9.-]

9.-. 동래부사가 平厚中(古川平兵衛)앞으로 보낸 書状에서 宗義真의 적자인 右京의 図書造給 요청을 각하했다.(『朝鮮通交大紀』)[→日本7.-]

11.18. 경상도 巨済島 島民이 탄 배 1척이 猛風에 표류하여, 26일, 일본국 肥前国 平戸에 4인이 표착했는데, 얼마 안있어 対馬에 회송했다.(『本邦朝鮮往復書』33)[→ 日本1686.3.-]

12.6. 경상도 蔚山이 어선 1척(乗員 8명)이 출어했다가 西風을 만나 바다에서 3일간 표류하다가 8일, 일본국 対馬国 府内浦에 표착했다.(『本邦朝鮮往復書』33)[→日本12.-]/ 경상도의 어선 7척(総乗員 62명)이 출어중에 猛風을 만나 표류하다가, 7일·8일에 일본국 対馬에 표착했는데, 船頭 1명이 凍死했다.(『本邦朝鮮往復書』33)[→日本1686.1.-]/ 경상도의 어선 16척(総乗員 123명)이 출어중에 西風을 만나 표류중에 2척이 파손되고, 1명이 凍死했는데, 8일, 일본국 筑前国 수개소에 표착했는데, 곧바로 対馬 에 회송되었다.(『本邦朝鮮往復書』33)[→日本1686.3.-]/ 경상도·강원도의 배 15척(総乗員 商漁 132명)이 猛風에 표류하여 2척이 파손되고, 9명이 사망했다.(그 가운데 행불자가 5명)/ 8일·9일에 일본국 長門国·石見国에 표착했는데, 뒤이어 対馬에 회송했다.(『本邦朝鮮往復書』33)[→ 日本1686.3.-]/ 경상도 蔚山의 어선 2척이 폭풍을 만나 표류하다가, 8일에 乗員 34인이 일본국 壱岐에 표착했는데, 곧바로 対馬에 회송되었다.(『本邦朝鮮往復書』33)[→ 日本1686.3.-]

【일본】

1.-. 宗義真이 조선국 예조앞으로 보낸 서계에, 지난해 12월에 対馬에 漂着한 경상도 어민과 凍死한 船頭 1명의 遺体를 조선에 송환한다는 뜻을 전했다.(『本邦朝鮮往復書』33)[→朝鮮1685.12.6.]

3.-. 宗義真이 예조앞으로 보낸 서계에, 지난해 12월에 筑前国의 수개소에 표착한 경상도의 어민과 凍死者 1명의 遺体를 조선에 송환하기 위해 藤忠勝을 파견한다는 뜻을 전했다.(『本邦朝鮮往復書』33) →朝鮮4.-]/ 宗義真이 예조 앞으로 보낸 서계에서, 지난해 12월에 長門国·石見国에 표착한 경상도·강원도의 商漁와 사망자 4명의 유체를 조선에 송환하기 위해, 橘成貞을 파견한다는 뜻을 전했다.(『本邦朝鮮往復書』33)[→朝鮮1685.12.6.]/ 宗義真이 예조 앞으로 보낸 서계에, 지난 11월에 肥前国 平戸에 표착한 巨済島의 상민과 12월에 壱岐에 표착했던 蔚山의 어민이 바다에서 破船하여 사망한 3명의 遺体를 조선에 송환하기 위해 藤成次을 파견한다는 뜻을 전했다.(『本邦朝鮮往復書』33)[→朝鮮1685.11.18. →朝鮮1685.12.6.]

4.-. 예조참의 沈攸가 宗義真 앞으로 보낸 서계에, 対馬에 표착한 60여명과 遺体(경상도 어민)의 송환을 감사했다.(『本邦朝鮮往復書』34)/ 예조참의 黄㙫이 宗義真 앞으로 보낸 서계에, 표류민 100여명의 송환을 감사했다.(『本邦朝鮮往復書』34)/ 예조참의 黄㙫이 宗義真 앞으로 보낸 서계에, 표류민 122명(筑前国에 표착한 경상도의 어민)의 송환을 감사했다.(『本邦朝鮮往復書』34)[→1685.12.6.]

【일본】

5.14. 이보다 앞서, 4월 2일, 일본국 越前国 材木商 등 28인이 배 1척에 승선하여, 4월 10일에 南部 川内郡에서 목재를 사가지고, 이날 能登国에서 발선하여 北風에 표류하여, 5월19일에 巨済島에 표착했고, 곧바로 問情하고, 7월에 예조참의 兪㯙이 宗義真 앞으로 보낸 서계에서, 이 경과 및 표착민을 왜관에 회송한다고 전했다.(『本邦朝鮮往復書』34·『通航一覧』135)[→日本1688.2.-]

5.-. 宗義真이 조선국 동래부사·부산첨사 앞으로 보낸 서계에서, 왜관에서 陶器製造를 위해 対馬에서 陶工 수명을 파견하는 것, 조선에서 陶工을 뽑아서, 陶土·燃料·仮屋·諸道具 등과 함께 왜관에 입송하고 싶다는 것등을 전했다.(『本邦朝鮮往復書』34)

6.-. 예조참의 李思永이 宗義真 앞으로 보낸 서계에서 기리스탄 取締를 강화해줄 것을 요청한 것에 대해, 海防을 엄중히 하고, 異国船入港의 때에는 바로 拿捕하여 왜관으로 회송해 줄 것을 전했다.(『本邦朝鮮往復書』34)

7.-. 예조참의 兪㯙이 宗義真 앞으로 보낸 서계에서, 江戸에서 対馬에 무사귀국한 것을 축하했다.(『本邦朝鮮往復書』34)/ 宗義真이 예조 앞으로 보낸 서계에서, 왜관관수를 平成勝(幾度大右衛門)에서 橘雪勝(古田作右衛門) 으로 교체한다는 뜻을 전다.(『本邦朝鮮往復書』34)

10.24. 이때부터 앞서 9월 19일에 경상도 熊川의 어선 1척(乗員 5명)이 慶州에 출어했다가 항해중에 이날 西風을 만나 6일간 표류하다가 1명이 사망하고, 30일에 일본국 石見国에 표착하였는데, 이후 長崎를 거쳐, 이듬해 3월 10일, 対馬로 회송되었다.(『本邦朝鮮往復書』34)[→ 日本1688.3.-]

연도	한국
1688	【한국】 3.3. 壬辰倭亂 때 전사하여 朝廷에서 관직을 追贈하고 褒賞한 盧挺弼의 자손이 盧挺弼의 閭門에 旌表할 것을 청하자, 임금이 이를 허락하지 않고 자손을 錄用할 것을 명하다.(『肅宗實錄』 숙종 14, 『集成』28-331) 3.16. 壬辰倭亂 때 趙憲의 斥候將으로 錦山에서 전사한 任廷式의 閭門에 旌表할 것을 명하다.(『肅宗實錄』 숙종 14, 『集成』28-331)
1689	【한국】 윤3.1. 判義禁 閔黯 등이 倭書로 인해 백성들이 불안에 떨고 청나라에까지 헛소문이 돌아서 외교관계 등에 영향을 미친 것을 들어 李師命을 推問할 것을 아뢰자 임금이 允許하다.(『肅宗實錄』 숙종 15, 『集成』28-331) 윤3.7. 東萊 사람으로부터 불법으로 인삼을 산 館倭의 처리문제로 왜인을 힐문하다.(『肅宗實錄』 숙종 15, 『集成』28-333) 윤3.13. 閔黯이 湖南의 倭書는 軍官 辛範이 취득한 것이므로 체포해서 국문하자고 아뢰니, 임금이 윤허하다.(『肅宗實錄』 숙종 15, 『集成』28-334) 8.-. 예조참의 姜世龜가 宗義真 앞으로 보낸 서계에서, 人參交易의 개선을 요구하는 것에 대해 조선국내에서도 人參 대금의 지불에 곤란을 겪고 있는 일, 民間의 부정행위를 막기 위해 어쩔 수 없이 금지를 가하고 있지만, 人參의 수출을 꺼리는 것은 아니라는 점 등에 응했다.(『本邦朝鮮往復書』35) 11.-. 동래부사 朴紳이 宗義真 앞으로 보내는 서계에서, 人參交易에 대해, 지난해 조선에서는 韓國安 등 3명을 인참밀무역의 죄로 暴首에 처했다는 일, 対馬側의 공범자도 처벌해야만 한다는 것 등을 역관사절을 파견하여 이 건을 상세하게 설명할 것 등의 뜻을 전했다.(『本邦朝鮮往復書』35)
1690	【한국】 7.15. 東萊의 館倭가 우리나라의 여인 2명을 감추어 둔 것에 대해 備局이 죄를 범한 자를 왜인과 같은 律로 처단하고 館守倭·禁徒倭 등의 죄상을 對馬島에 移牒할 것을 아뢰자, 임금이 允許하다.(『肅宗實錄』 숙종 16, 『集成』28-335) 10.6. 東萊의 館倭와 간통한 愛今 등 3인과 유인하여 몰래 倭館에 데려간 權祥·徐富祥 등을 왜관 문밖에서 梟示하다.(『肅宗實錄』 숙종 16, 『集成』28-335)
1691	【한국】 2.22. 戶曹判書 吳時復이 嶺南에 흉년이 들었으니 왜에게 지급하던 綿布를 다른 지방의 稅米·稅豆를 베로 바꾸어 채워 주는 것에 대해 아뢰자 임금이 允許하다.(『肅宗實錄』 숙종 17, 『集成』28-335) 5.5. 좌의정 睦來善이 人蔘의 通貨, 右京의 圖書, 日限을 1백 5일로 정하는 문제로 와 있는 裁判差倭에 대해서 아뢰다.(『肅宗實錄』 숙종 17, 『集成』28-336) 7.1. 왜인이 우리나라의 儒家 書冊을 사기를 바라므로 이를 허락하다.(『肅宗實錄』 숙종 17, 『集成』28-336) 11.26. 江原道 三陟의 배 1척(乘員 5명)이 표류하여, 일본국 石見国 邢賀郡 唐鐘浦에 표착했는데, 長崎회송후, 1명은 병사하고, 対馬에 회송되었다.(『本邦朝鮮往復書』36)[→日本1692.3. -]
1692 ▼	【한국】 8.23. 공조판서 權愈의 청에 따라, 임진왜란때 의병을 일으켜 왜적을 토벌하고, 정유재란에는 黃石山城을 지키다가 순국한 故 縣監 郭越에게 正卿을 증직하고, 후사를 세워 제사를 받게 하고 이어 攸司로 하여금 자손을 錄用하게 하다.(『肅宗實錄』 숙종 18, 『集成』28-336) 다.(『本邦朝鮮往復書』37) 4.-. 예조참의 姜世龜가 宗義真 앞의 서계에서, 경상도 동래와 巨済島 長木浦의 표류민 6명의 송환을 감사했다.(『本邦朝鮮往復書』37)[→1.30]/対馬藩家老平真幸(平田主膳)·平成政(樋口吉右衛門)·平真賢(平田直右衛門)등이 조선국 동래부

일본

【일본】

2.14. 無人船이 対馬国 佐須奈에 표착하여, 이달에 宗義真이 조선국 예조 앞으로 보낸 서계에서, 同船은 조선의 어선으로 생각되기 때문에 송환한다는 뜻을 전했다.(『本邦朝鮮往復書』34)

2.-. 宗義真이 예조에 보낸 서계에서, 지난해 5월에 巨済島 知世浦에 표착했던 越前国 坂井郡 新保浦의 商民을 송환한 것에 감사했다.(『本邦朝鮮往復書』34)[→朝鮮1687.5.14.]

3.-. 宗義真이 예조 앞으로 보낸 서계에서, 지난해 10월에 石見国에 표착한 경상도 熊川의 어민과 遺体1体를 조선에 송환하기 위해 橘茂範(河辺平七)을 파견한다고 전했다.(『本邦朝鮮往復書』34)[→朝鮮5.-]

5.-. 예조참의 李宏이 宗義真 앞으로 보낸 서계에서, 표류민 생환자와 遺体의 송환을 감사했다.(『本邦朝鮮往復書』35)[→1687.10.24.]

【일본】

윤1.-. 宗義真이 조선국 예조앞으로 보낸 서계에서, 지난해 11월에 五島 岐宿村에 표착한 전라도 康津郡 加里浦의 어민을 조선에 송환하기 위해, 橘親則(原田与三郎)을 파견한다는 뜻을 전했다.(『本邦朝鮮往復書』35)[→朝鮮3.-]

3.-. 宗義真이 예조 앞으로 보낸 서계에서, 지난해 12월에 長門国 阿武郡 須佐浦에 표착한 破船内에 있던 2体의 조선인遺体를 納棺한 뒤, 휴대품의 通交手形과 함께 藤政利(岡部幾右衛門)에게 조선에 송환시키는 일에 대해 전했다.(『本邦朝鮮往復書』35)[→朝鮮5.-]

윤3.-. 예조참의 兪夏謙이 宗義真 앞으로 보낸 서계에서, 전라도 康津의 표류민 송환을 감사했다.(『本邦朝鮮往復書』35)[→日本1688.11.-]

4.-. 宗義真이 예조 앞으로 보낸 서계에서, 최근에 왜관에의 인삼의 수출이 끊겨, 일본국내에서 인삼이 부족해 어려움을 겪고 있는 점 때문에 商人에게 下命하여 交易하도록 강력하게 요구했다.(『本邦朝鮮往復書』35·『通航一覧』130)

5.-. 宗義真이 예조 앞으로 보낸 서계에서, 国王大妃 서계의 弔慰 때문에, 藤幸泰(中原六左衛門)을 파견한다는 뜻을 전했다.(『本邦朝鮮往復書』35)/ 예조참의 李蓍晩이 宗義真 앞으로 보낸 서계에서, 표류민의 遺体(長門国 阿武郡에 표착한 파선의 遺体 2体로 추정)의 송환을 감사했다.(『本邦朝鮮往復書』35)[→日本1688.12.2.]

6.-. 예조참의 安如石이 宗義真 앞으로 보낸 서계에서, 표류한 無人船(対馬国 佐須奈에 표착)의 송환을 감사했다.(『本邦朝鮮往復書』35)

7.-. 예조참의 安如石이 宗義真 앞으로 보낸 서계에서, 江戸에서 対馬에 無事帰国한 것을 축하했다.(『本邦朝鮮往復書』35)/ 예조참의 安如石이 宗義真 앞으로 보낸 서계에서, 国王大妃를 弔慰한 것에 감사했다.(『本邦朝鮮往復書』35)/ 예조참의 安如石 앞으로 보낸 宗義真의 서계에서, 귀국을 問慰하기 위해 先例에 따라 訳官使節(朴有年·鄭文秀등)을 파견한 뜻을 전했다.(『本邦朝鮮往復書』35)

【일본】

3.-. 対馬藩 家老 平成次(田島十郎兵衛)·平成政(樋口吉右衛門)·平真幸(平田主膳)등이 조선국 동래부사·부산첨사에게 보낸 서계에서, 왜관에서의 陶器製造에 대해, 근년에 조선측에서 입송한 陶土의 질이 떨어진다는 것을 지적하고, 燃料와 함께 차질없이 반입되었다는 것을 말했다.(『本邦朝鮮往復書』35)

7.-. 宗義真이 조선국 예조 앞으로 보낸 서계에서, 왜관관수를 平成紀(深見弾右衛門)에서 平一正(島雄八左衛門)로 교체하였다고 고했다.(『本邦朝鮮往復書』36)

8.4. 이보다 앞서, 7월 11일에 전라도 珍島의 배 1척(乗員 13명)이 楸子島에 가서 米麦을 구입하고, 이날 돌아오던 중, 폭풍에 의해 표류하여, 17일간 표류하다가 20일에 일본국 薩摩国 甑島에 표착한 것을 対馬에 회송했다.(『本邦朝鮮往復書』36)[→日本12.-]

【일본】

1.5. 이보다 앞서, 경상도 延日의 民 3명이 清河에서 선박 1척을 구입하고, 이날 同船으로 귀항하다가 폭풍을 만나 표류하여, 8일에 일본국 対馬国 鰐浦에 표착했다.(『本邦朝鮮往復書』36)[→日本1.-]

1.12. 경상도 蔚山의어선 1척(乗員 7명)이 烈風을 만나 표류하다가, 13일에 일본국 対馬国 富浦에 표착했다.(『本邦朝鮮往復書』36)[→日本1.-]

1.-. 宗義真이 조선국 예조 앞으로 보낸 서계에서, 1월 8일에 対馬国 鰐浦에 표착한 경상도 延日의 民과 1월 13일에 対馬国 富浦에 표착한 경상도 蔚山의 어민을 조선에 송환한다는 뜻을 전했다.(『本邦朝鮮往復書』36)[→朝鮮5.-]

3.-. 예조참의 姜銀이 宗義真 앞으로 보낸 서계에서, 전라도 珍島의 표류민의 송환을 감사했다.(『本邦朝鮮往復書』35)[→1690.8.4.]

5.-. 예조참의 安如石이 宗義真 앞으로 보낸 서계에서, 경상도 星州·蔚山의 표류민 18명(2척)의 송환에 감사했다.(『本邦朝鮮往復書』35)/ 예조참의 安如石이 宗義真 앞으로 보낸 서계에서, 경상도 延日·蔚山의 표류민 15명(3척)의 송환을 감사했다.(『本邦朝鮮往復書』35)[→1.5·→1.12]

윤7.-. 예조참의 睦林一이 宗義真 앞으로 보낸 서계에서, 江戸로부터 対馬에 무사귀국한 것을 축하했다.(『本邦朝鮮往復書』35)

【일본】

1.30. 이보다 앞서, 1월 28일에 경상도의 배 1척(乗員,東萊의 民 1명·巨済島 長木浦의 民 5명)이 商売를 위해 巨済島 知世浦에 이르렀는데, 이날 출항할 때, 西風을 만나 표류하여, 2월 1일에 일본국 対馬国 佐須奈에 표착했다.(『本邦朝鮮往復書』36)[→日本2.-]

2.-. 宗義真이 조선국 예조참의 앞으로 보낸 서계에서, 이달에 対馬国 佐須奈에 표착한 경상도의 民을 조선에 송환한다는 뜻을 전했다.(『本邦朝鮮往復書』36)[→朝鮮4.-]

3.-. 宗義真이 예조참의 앞으로 보낸 서계에서, 지난해, 石見国 那賀郡 唐鐘浦에 표착한 江原道 三陟의 民과 遺体 1体를 조선에 송환하기 위해 橘恒久(阿比留惣兵衛)를 보낸 다는 뜻을 전했다.(『本邦朝鮮往復書』36)[→朝鮮5.-]

4.22. 일본국 備前国 岡山의 주민 13명이 미곡을 구입하기 위해 배 1척에 탑승하여, 北国에 향하던 중, 폭풍을 만나 표류하다가 5월 4일, 경상도 다대포에 표착하여 5말 들이 소금 399石·水汲用 작은배 1척·櫃子 13坐·槍 1本·長剣 1柄·短剣 1柄·衣服 40件·食鼎 4坐·木食器 13坐·公文 1紙등을 적재·所持했다. 5월, 예조참의 姜世亀 앞으로 보낸 서계로 이 경과 및 표착민을 왜관에 회송한다는 것을 전했

연도	한국
▲ 1692	7.-. 宗義真이 예조참판 앞으로 보낸 서계에서, 노령 때문에 금년 봄, 江戸에 참근하여 隠居를 막부에 요청했던 때, 義倫에게 家督相続을 허가받는 것을 고하기 위해, 平真幸(平田隼人)을 파견한다는 뜻을 전했다.(『本邦朝鮮往復書』 37) 11.9. 조선국 경상도 慶州의 어민 8인이 筑前国 大島浦口에 표착했고, 뒤이어 対馬에 회송되었다.(『本邦朝鮮往復書』 37) 　　　[→1693.4.-]
1693	【한국】 3.28. 對馬島太守 平義倫이 承襲하는 경사가 있음을 알리다.(『肅宗實錄』 숙종 19, 『集成』28-337) 11.18. 接慰官 洪重夏가 왜인이 竹島라고 하는 곳은 鬱陵島인데, 지금 그냥 둔다면 왜인들이 들어가 살게 될 것이니 명확히 할 것을 주장하니, 좌의정 睦來善이 300년을 비워 온 땅에 흔단을 일으키지 말자고 하니, 睦來善의 말을 따르다.(『肅宗實錄』 숙종 19, 『集成』28-337) 9.-. 예조참의 姜銑이 宗義倫 앞으로 보낸 서계에서, 対馬에 무사귀국한 것을 축하했다.(『本邦朝鮮往復書』 37) 10.24. 경상도 釜山浦 배 1척(乗員 8명)이 寧海에서 漁商을 할 때, 폭풍에 표류하여, 28일에 일본국 長門国 児島浦口에 표착했다가 対馬에 회송되었다.(『本邦朝鮮往復書』 37)[→日本1694.3.-] 10.-. 宗義倫이 예조앞으로 보낸 서계에서, 9월에 対馬国 唐舟志에 표착한 경상도 寧海郡의 어민을 조선에 송환시킨다는 뜻을 전했다.(『本邦朝鮮往復書』 37)[→朝鮮12.-]/ 예조참의 姜銑이 宗義倫 앞으로 보낸 서계에서, 藩主계승을 축하하기 위해 訳官 使節(安慎徽·朴有年·金図南등)을 파견하는 뜻을 전했다.(『本邦朝鮮往復書』 37)/ 예조참판 睦林一이 宗義倫 앞으로 보낸 서계에서 義倫 명의의 図書를 贈給하는 뜻을 전했다.(『本邦朝鮮往復書』 37) 11.14. 경상도 固城郡의 배 1척(乗員 6명)이 巨済島 玉浦로 향해 固城을 출항했을 때, 西風을 만나 표류하여 石灘에 부딪쳐 파손되어 일본국 対馬国 佐護郡에 표착했다.(『本邦朝鮮往復書』 37)[→日本1694.1.-] 11.-. 조선국 역관이 宗義倫의 습봉, 義真의 隠居를 축하하기 위해 対馬에 来島했다.(『通航一覧』 119) 12.-. 예조참판 権瑎가 宗義倫 앞으로 보낸 서계에서, 조선에서는 海禁을 엄하게 정하고 있어 鬱陵島에의 왕래는 일체 허가하지 않는다는 것, 竹島에 가는 조선인을 일부러 送付해 준 것을 감사하고 싶다는 것, 그들을 엄벌하여 금후에는 일층 연안의 경비를 엄하게 하고 싶다는 것등을 전했다.(『本邦朝鮮往復書』 37)[→日本1694.2.-]/ 예조참의 姜銑이 宗義倫 앞으로 보낸 서계에서, 寧海郡의 표류민 5人인의 송환을 감사했다.(『本邦朝鮮往復書』 37)[→9.17]
1694 ▼	【한국】 2.23. 對馬島에서 正官 橘眞重을 보내어 울릉도에서 고기잡는 우리나라 백성들을 금하게 해 줄 것을 요청하니, 이를 허락하는 답서를 보냈으나, 南九萬·申汝哲 등의 의견을 듣고 서계를 돌려오게 하다. 왜인의 배가 朴於屯, 安龍福 2人을 잡아가다.(『肅宗實錄』 숙종 20, 『集成』28-338) 8.14. 南九萬이 鬱陵島에 관한 일로 임금에게 아뢰어, 接慰官을 보내 맞바로 回賓作主하는 짓을 책망하기로 의논하였고, 倭差가 돌아와 回書와 함께 對馬島主의 서계를 바치다. 삼척첨사 장한상 울릉도에 보내어 섬의 형편을 실펴 수토를 시작하다.(『肅宗實錄』 숙종 20, 『集成』28-340) 11.6. 대사간 李秀彦이 영남지방의 丑山浦·包伊浦·栗浦의 舊鎭들이 영해·영덕·홍해 등지에 있는데, 지금은 터만 남아 있는데, 근래에 어민들이 울릉도에 왕래하니 엄중히 방비할 것을 상소하다.(『肅宗實錄』 숙종 20, 『集成』28-343) 11.22. 동래부사 李喜龍이 白雲山은 표면은 험악하나 안쪽은 평탄하고, 지세가 높아 對馬島과 상대가 되고 만일 변고가 있게 된다면 왜적의 동태를 파악할 수 있으니, 성을 쌓기를 청하자, 묘당에 명하여 稟處하도록 하다.(『肅宗實錄』 숙종 20, 『集成』28-343) 8.-. 宗義倫이 예조참의 앞으로 보낸 서계에서 7월에 対馬国 伊奈郡 志多浦에 표착했던 경상도 동래군 南川의 어민을 조선에 송환한다는 뜻을 전했다.(歳遣船에 便乗하여 송환을 위한 사자를 보내지 않음)(『本邦朝鮮往復書』 38)[→朝鮮12.-]/ 예조참의 金昌集이 宗義倫 앞으로 보낸 서계에서 경상도 長鬐郡의 표류민 송환을 감사했다.(『本邦朝鮮往復書』 38)[→日本2.18] 9.-. 宗義倫이 예조참의 앞으로 보낸 서계에서, 江戸 체재중에 병을 얻어 余命이 얼마 남지 않았다고 전했다.(『本邦朝鮮往復書』 38)/ 예조참판 李畲가 宗義倫 앞으로 書를 보내, 竹島(鬱陵島)에서 拘束된 2名을 송환해 준 것에 감사하고, 同島는 朝鮮의 属

일본

사·부산첨사 앞으로 보낸 서계에서 陶器製造를 위해 왜관에 陶工을 보냈는데, 조선에서 送付한 陶土의 質이 나빠서, 제작이 지연되고 있는 것을 고했다.(『本邦朝鮮往復書』37)/ 天竜寺 南芳院 東谷守泡가 対馬 以酊庵 輪番僧이 되었다.(~元禄 7년(1694) 5월)(『前近代の 国際交流と外交文書』)

5.4. 일본국 備前国 岡山의 商民 13인이 경상도 絶影島에 표착하여, 부산왜관을 경유하여 送還되었다. (『通航一覧』135·『本邦朝鮮往復書』 37)[→1693.1.-]

5.-. 예조참의 姜世亀가 宗議真 앞으로 보낸 서계에서, 江原道 三陟浦에서 漂流한 1명과 遺体 1体의 송환에 감사했다.(『本邦朝鮮往復書』37) [→1691. 11.26]

【일본】

1.-. 宗義倫이 조선국 예조참판 앞으로 보낸 서계에서, 지난해 家督을 相続받기 위해 先代와 마찬가지로, 조선과의 통교를 계속하고 싶다는 뜻을 전했다.(『本邦朝鮮往復書』37)/ 宗義倫이 예조침판 앞으로 보낸 서계에서, 지난해 5월에 絶影島에 표착한 岡山의 상민의 일본송환을 감사했다.(『本邦朝鮮往復書』37)[→朝鮮1692.5.4.]

2.7. 경상도 慶州 地境里의 어선(乗員 9명)이 폭풍을 만나 표류하다가, 9일에 일본국 長門国 角島浦口에 표착했다가, 対馬에 회송되었다. 回送(『本邦朝鮮往復書』37)[→日本5.-]

3.28. 対馬太守 宗義倫이 承襲을 고했다./ 이해 봄에 蔚山의 어민 40여명이 鬱陵島에 정박했다. 뒤이어 日本船이 도래하여 朴於屯·安竜福 2명을 連行하여 그해 겨울, 対馬에서 於屯 등을 송환하고, 竹島에서의 漁探禁止를 청했다.(『朝鮮王朝実録』肅宗20.2.23조·『朝鮮史』516)

5.-. 예조참판 李沃이 宗義倫 앞으로 보낸 서계에서, 藩主継承을 축하했다.(『本邦朝鮮往復書』37)

7.25. 표류선 1척(乗員 3명)이 済州島에서 발견되었다. 뒤이어 問情하던 중, 乗員은 일본국 長門国의 어민으로 7월 12일 출범했는데, 폭풍 때문에 표류했다고 답했다. 鎌子 1柄·要幼鉄 1把·山刀 1把를 소지했다.(『本邦朝鮮往復書』37)[→1694.1.28.]/ 宗義倫이 예조 앞으로 보낸 서계에서, 2월에 長門国角島浦口에 표착한 경상도 慶州 地境里의 어민을 송환하기 위해 橘春常(岡山五左衛門)을 파견한다는 뜻을 전했다.(『本邦朝鮮往復書』37)[→朝鮮7.-]

7.-. 宗義倫이 예조 앞으로 보낸 서계에서 訳官使節의 도래를 영접하기 위해 平成常(高勢八右衛門)을 왜관에 파견한다는 뜻을 전했다.(『本邦朝鮮往復書』37)/ 예조참의 姜鋧이 宗義倫 앞으로 보낸 서계에서 경상도 慶州의 표류민 송환에 감사했다.(『本邦朝鮮往復書』37)[→日本1692.11.9.] 예조참의 姜鋧이 宗義倫 앞으로 보낸 서계에서, 경상도 地境里의 표류민 9명의 송환을 감사했다.(『本邦朝鮮往復書』37)[→2.7]

8.-. 宗義倫이 예조참판 앞으로 보낸 서계에서, 자신의 명의에 의한 図書의 新鋳를 청하기 위해 平真顕(杉村栄女)을 파견한다는 뜻을 전했다.(『本邦朝鮮往復書』37)/ 宗義倫이 예조 앞으로 보낸 서계에서, 왜관관수 平成勝(仁位助之進)의 병사후에 平貞通(幾度六右衛門)을 후임자로 파견한다는 뜻을 전했다.(『本邦朝鮮往復書』37)

9.17. 경상도 寧海郡의 어선 1척(乗員 5명)이 출어중에 폭풍을 만나 표류하다가 22일에 일본국 対馬国唐舟志에 표착했다.(『本邦朝鮮往復書』37)[→日本10.-]

9.-. 宗義倫이 예조참판 앞으로 보낸 서계에서 금년 봄에 조선인 어민 40명이 "우리가 竹島에 출어해서 鳥取藩에 의해 2명이 구속한 것, 막부의 명에 의해서 그들을 조선에 회송하기 위해 橘真重(多田与左衛門)·平友貞(内山郷左衛門)으로 하여금 호송시킨 것, 금후에는 沿岸 地域에 금령을 내서 조선인이 竹島에 출어하지 않도록 주선해 주면 좋겠다는 뜻을 전했다.(『本邦朝鮮往復書』37)[→朝鮮1693.12.-]

【일본】

1.28. 이보다 앞서 지난해 7월에 済州島에서 발견된 표류선 1척의 乗員 3명(자칭 일본국 長門国 어민), 釜山에 회송했다는데, 이날 밤에 어둠을 이용해 도망했다. 3월에 예조참의 姜鋧이 宗義真 앞으로 보낸 서계에서 事件의 경과 및 도망한 乗員을 수색하여 발견해서, 차제에 対馬에 송부한 것등을 전했다.(『本邦朝鮮往復書』37)[→1693.7.25.]

1.-. 宗義倫이 조선국 예조참의 앞으로 보낸 서계에서, 対馬 初入国을 축하하여 訳官使節를 파견해 준 것을 감사하고, 新鋳의 図書를 수령한 것을 고하고, 義真 명의의 旧図書를 역관사절에게 부탁하여 반환한다는 뜻을 전했다.(『本邦朝鮮往復書』37)/ 宗義真이 예조참의 앞으로 보낸 서계에서, 역관사절의 귀구을 위해, 護送役으로 平成常(高勢八右衛門)을 釜山까지 파견한다는 뜻을 전했다.(『本邦朝鮮往復書』37)/ 宗義倫이 예조 앞으로 보낸 서계에서, 지난해 11월에 対馬国 佐護郡에 표착한 경상도 固城郡 거민을 조선에 송환한다는 뜻을 전했다.(『本邦朝鮮往復書』37)[→朝鮮5.-]

2.18. 경상도 長鬐郡의 어선 1척(乗員 12명)이 출어중에 西風을 만나 표류하다가 20일에 일본국 長門国大津郡 川尻에 표착하여 곧바로 対馬에 회송되었다.(『本邦朝鮮往復書』38)[→日本5.-]

2.-. 宗義倫이 예조참판 앞으로 보낸 서계에서, 竹島一件에 대해 朝鮮에서 온 返書中에 竹島를 가리켜「鬱陵島」라고 칭하고 있는 것은 承服할 수 없기 때문에 이 말을 삭제하고 싶다는 뜻을 전했다.(『本邦朝鮮往復書』37)[→朝鮮9.-]

3.-. 宗義倫이 예조 앞으로 보낸 서계에서, 지난해 10월에 長門国 児島浦口에 표착한 경상도 釜山浦의 거민을 조선에 송환하기 위해 藤房重(江島忠兵衛)을 파견한다는 뜻을 전했다.(『本邦朝鮮往復書』37)[→朝鮮5.-]

5.-. 예조참의 徐宗泰가 宗義倫 앞으로 보낸 서계에서, 경상도 固城郡 표류민 6명의 송환을 감사했다. (『本邦朝鮮往復書』38)[→1693.11.14.]

윤5.-. 예조참의 金万吉이 宗義倫 앞으로 보낸 서계에서, 경상도 釜山浦의 표류민 8명의 송환을 감사했다.(『本邦朝鮮往復書』38) [→1693.10.24.]

7.22. 경상도 동래군 南川의 어선 1척(乗員 11명)이 출어 중에 바람과 横波 때문에 표류하다가 24일에 일본국 対馬国 伊奈郡 志多浦에 표착했다.(『本邦朝鮮往復書』38)[→日本8.-]/ 宗義倫이 예조참의 앞으로 보낸 서계에서, 2월에 長門国 大津郡 川尻에 표착한 경상도 長鬐郡의 어민을 조선에 송환하기 위해 橘守政(加藤治左衛門)을 파견한다는 뜻을 전했다.(『本邦朝鮮往復書』38)[→朝鮮8.-]

연도	한국
▲ 1694	
1695	【한국】 3.21. 對馬島主 平義倫이 사망하자 對馬島에서 差倭를 보내어 부고를 전하고, 平義倫이 준례에 따라 죽을 무렵에 쓴 서찰과 예조에 올리는 물품을 바치니, 조정에서 전례에 따라 물건을 보내어 사례하다.(『肅宗實錄』 숙종 21, 『集成』28-344) 4.21. 領經筵 南九萬이 일본의 差倭가 회답하는 서계를 받았음에도 돌아가지 않고, 왜관을 벗어난 왜인은 약조에 따라 梟示하여야 한다고 아뢰고, 역관 朴再興을 보내어 對馬島主의 죽음을 위문하기를 아뢰니, 그대로 따르다.(『肅宗實錄』 숙종 21, 『集成』28-344) 5.18. 지평 李世載가 接慰官 兪集一이 성급하게 돌아와 倭人에게 신의를 잃었으므로 마땅히 그 죄를 바로잡아야 한다고 아뢰니, 그대로 따르다.(『肅宗實錄』 숙종 21, 『集成』28-345) 6.19. 동래부사 李喜茂가 攝政의 差倭가 올것이라고 계문하니, 閔鎭炯을 接慰官으로 임명하다.(『肅宗實錄』 숙종 21, 『集成』28-345) 6.20. 差倭 橘眞重이 두번째 답서를 요구하였으나 들어주지 않자, 公差의 파견문제, 울릉도에 대한 문제 등을 다시 전달하여 왔으나, 橘眞重이 다시 서신을 보낼수 없다 하며 거절하다.(『肅宗實錄』 숙종 21, 『集成』28-346) 6.23. 좌의정 柳尙運이 東萊府의 狀啓와 倭書의 謄本이 동봉되어 온 것을 承政院에서 備局에 보내지 않고 먼저 入啓한 문제와 差倭가 내려준 쌀 1천여 섬을 반납하고 귀국한 문제 등에 대해서 아뢰다.(『肅宗實錄』 숙종 21, 『集成』28-351) 7.3. 좌의정 柳尙運이 對馬島主 宗義倫이 사망하여 물품을 보내는 일에 대한 것과 회답하는 서계를 고칠 것 등을 아뢰다.(『肅宗實錄』 숙종 21, 『集成』28-353) 7.6. 領中樞府事 南九萬이 왜인들이 조정을 기만하여 다시 서계를 보냈고, 약조에 歲條船 이외에는 差倭를 보낼 수 없는데, 差倭가 무단히 왔다고 아뢰다.(『肅宗實錄』 숙종 21, 『集成』28-354) 8.20. 對馬島의 차왜가 平義眞의 도서를 얻고자 청하였으나, 허락하지 않다.(『肅宗實錄』 숙종 21, 『集成』28-354) 11.19. 영의정 南九萬이 전일에 差倭가 받지 않은 쌀을 취하여 賑資에 쓰기를 청하다.(『肅宗實錄』 숙종 21, 『集成』28-355) 12.17. 閔鎭厚의 진달에 따라 임진왜란 때에 殉節한 北評事 鄭文孚와 鏡城 사람 李朋壽의 후손을 錄用하게 하다.(『肅宗實錄』 숙종 21, 『集成』28-356) 8.-. 예조참판 徐宗泰가 宗義眞 앞으로 보낸 서계에서 義眞이 다시 朝鮮通交職을 맡게 된 것을 축하했다.(『本邦朝鮮往復書』38)/ 예조참의 姜銑이 宗義眞 앞으로보낸 서계에서, 경상도 경주의 표류민 10명의 송환을 감사했다.(『本邦朝鮮往復書』38)[→1.18] 9.-. 예조참의 姜銑이 宗義眞 앞으로 보낸 서계에서, 경상도 慶州와 장기의 표류민·遺体의 송환을 감사했다.(『本邦朝鮮往復書』38)[→1.18] 10.-. 예조참의 姜銑이 宗義眞 앞으로 보낸 서계에서, 경상도 장기 표류민의 송환을 감사했다.(『本邦朝鮮往復書』38)[→1.18]. 예조참의 伊德駿이 宗義眞 앞으로 보낸 서계에서, 江原道 蔚珍郡의 표류민의 송환을 감사했다.(『本邦朝鮮往復書』38)[→1.18] 12.3. 이에 앞서, 12월 1일, 경상도의 배 1척(乘員, 동래의 生民 4명·梁山의 민 1명)이 慶州에 公米를 납입하러 東萊郡 沙川에 이르렀는데, 이날 出航해서 西風 때문에 표류하여 9일에 일본국 長門国 俵島에 표착했다가 対馬에 回送회송되었다.(『本邦朝鮮往復書』38)[→日本1696.3.-]
1696 ▼	【한국】 6.7. 東萊 사람 宋正生·李時漢이 小通事 洪立·船人 安玉 등과 왜관에 들어가 쌀을 훔친 것을 金擇善이 왜관에 고발하여, 송정생·이시한 등을 효시하고 김택선·홍립·안옥 등은 경중에 따라 죄를 결단하게 하다.(『肅宗實錄』 숙종 22, 『集成』28-356) 8.29. 東萊 사람 安龍福·興海 사람 劉日夫 등이 鬱陵島에 가서 日本國 伯耆州로 들어가 왜인과 서로 송사한 뒤 襄陽縣 지경으로 돌아오자, 江原監司 沈枰이 그 사람들을 가두고 치계하다.(『肅宗實錄』 숙종 22, 『集成』28-357)

일본

領이라고 말했다.(『通航一覽』137)

10.12. 이보다 앞서, 3월 23일에 전라도 興陽県의 商船 1척(乗員 11인)이 粟米를 교역하기 위해 出船하여, 윤5월 20일에 강원도 杆城에 도착했다가 귀로에 이날 역풍을 만나 표류하다가, 13일에 일본국 対馬国 西泊에 표착했다.(『本邦朝鮮往復書』38)[→日本12.-]

12.3. 이보다 앞서 조선국 경상도 寧海의 어선 1척(乗員 9명)이 출어중에 폭풍에 표류하닥, 이날 長門国黄波戸浦에 표착하여, 対馬에 회송되었다.(『本邦朝鮮往復書』38)[→1695.3.-]

12.-. 宗義真이 예조참의 앞으로 보낸 서계에서, 義倫이 9월 27일에 江戸에서 死去했다는 것, 그의 遺物을 송부한다는 것 등을 전했다.(『本邦朝鮮往復書』38)/ 宗義真이 예조참판 앞으로 보낸 서계에서 義倫이 사거하여 그의 동생 義方이 対馬藩主가 되었다는 것, 義方이 아직 어려서 幕府의 명에 의해서 義真이 朝鮮通交의 職에 再任되었다는 것 등을 고하기 위해, 平真周(古川蔵人)·平尚知(平田勝右衛門)을 보내 그 뜻을 전했다.(『本邦朝鮮往復書』38)/ 宗義真이 예조참의 앞으로 보낸 서계에서 10월에 対馬国 西泊에 표착한 전라도 興陽県의 거민을 조선에 송부한다는 뜻을 전했다.(義倫告訃使에 便乗시켜 送還)(『本邦朝鮮往復書』38)[→朝鮮1695.4.-]/ - 예조참의 朴世㮁, 宗義倫 앞으로 보낸 서계에서 경상도 동래군의 표류민 11명의 송환을 감사했다.(『本邦朝鮮往復書』38)[→7.22]

【일본】

1.18. 경상도의 어선 2척(乗員 慶州거민 8명·長鬐거민9명)이 출항하여 맹풍을 만나 표류하던 중 22일에 일본국 대마국 鴨居瀬에 표착했다.(『本邦朝鮮往復書』38)[→日本1.-]/ 경상도 長鬐의 어선 1척(乗員 12명)이 출항하여 풍파에 의해 표류하여 22일에 일본국 対馬国 唐舟志에 표착했다.(『本邦朝鮮往復書』38)[→日本1.-]/ 경상도 慶州의 어선 1척(乗員 10명)이 出漁하여 항해하던 중에 표류하여 21에 일본국筑前国 津屋崎浦에 표착했다가 対馬에 回送되었다.(『本邦朝鮮往復書』38)[→日本5.-]/ 경상도 어선 6척(総乗員 65명)이 출어히여 항해 중에 풍파때문에 20일에 일본국 長門国에 표착했다가, 対馬에 회송되었다.(『本邦朝鮮往復書』38)[→日本6.-]/ 경상도 長鬐의 어선 1척(乗員 9명)이 출어하여 항해 중에 西風에 의해 표류하다가 20일에 일본국 石見国 美濃郡 遠田浦에 표착했다가 対馬에 회송되었다. (『本邦朝鮮往復書』38)[→日本6.-]/ 江原道 蔚珍의 어선 1척(乗員 7명)이 출어했다가 폭풍 때문에 표류하던중 1명,이 추위 때문에 배안에서 사망했고, 23일에 일본국 出雲国 神門郡 鷺浦에 표착했다 対馬에 회송되었다.(『本邦朝鮮往復書』38)[→日本7.-]

1.-. 宗義真이 조선국 예조참의 앞으로 보낸 서계에서 1월 22일에 対馬国 鴨居瀬에 표착했던 경상도 慶州·長鬐의 어민 및 같은 날, 対馬国 唐舟志에 표착했던 長鬐의 어민을 조선에 송환한다는 뜻을 전했다.(寧海표류민의 송환사절에 편승시켜 송환)(『本邦朝鮮往復書』38)[→朝鮮6.-]

3.-. 宗義真이 예조참의 앞으로 보내는 서계에서, 지난해 12월에 長門国 黄波戸浦에 표착한 경상도 寧海의 어민을 조선에 송환시키기 위해 藤常汎(平山孫八)을 파견한다는 뜻을 전했다.(『本邦朝鮮往復書』38)[→朝鮮6.-]

4.-. 예조참의 李徵明이 宗義真 앞으로 보낸 서계에서 義倫의 부고에 驚嘆의 뜻을 표했다.(『本邦朝鮮往復書』38)/ 예조참의 李徵明이 宗義真 앞으로 보낸 서계에서 義倫의 遺書와 遺物의 送付에 감사하고, 香燭品을 보낸다는 뜻을 전하다.(『本邦朝鮮往復書』38)/ 예조참의 李徵明이 宗義真 앞으로 보낸 서계에 전라도 興陽郡의 표류선 1척의 송환에 감사했다.(『本邦朝鮮往復書』38)[→1694.10.12.]

5.-. 宗義真이 예조참의 앞으로 보낸 서계에서 1월에 筑前国 津屋崎浦에 표착한 경상도 慶州의 어민을 조선에 송환시키기 위해, 藤久信(古川権六)을 파견한다는 뜻을 전했다.(『本邦朝鮮往復書』38)[→朝鮮8.-]/ 宗義真이 예조 앞으로의 서계에서 倭館館守를 平貞直(幾度六右衛門)에서 平信豊(内野権兵衛)으로 교체한다는 뜻을 전했다.(『本邦朝鮮往復書』38)

6.-. 宗義真이 예조참의 앞으로 보낸 서계에서 1월에 長門国에 표착했던 경상도 長鬐의 生民 16명과 死者 1体(더위에 의한 病死) 및 慶州에서 民 38명을 조선에 송환하기 위해 藤貞則(谷伝内)를 파견한다는 뜻을 전했다.(『本邦朝鮮往復書』38)[→朝鮮9.-]/ 宗義真이 예조참의 앞으로 보낸 서계에서 1월에 石見国 美濃郡 遠田浦에 표착한 경상도 長鬐의 어민을 조선에 송환하기 위해 平頭友(牛衛門)을 파견한다고 전했다.(『本邦朝鮮往復書』38)[→朝鮮10.-]/ 対馬藩 家老 平成次(田島十郎兵衛)·平成政(樋口吉右衛門)·平真幸(平田主膳) 등이 동래부사 앞으로 보낸 서계에서, 竹島一件에 대해 平真顕(杉村栄女)을 7월 중순에 왜관에 파견하고 싶다는 뜻을 전했다.(일본서계는 7월 5일에 작성되었지만 杉村栄女의 도항이 중지되었기 때문에 발공하지 않았다.)(『本邦朝鮮往復書』38)/ 예조참의 金万吉이 宗義真 앞으로 보낸 서계에서 경상도 寧海郡의 표류민 9명의 송환을 감사했다.(『本邦朝鮮往復書』38)[→日本1694.12.3.]/ 예조참의 金万吉이 宗義真 앞으로의 서계에서 경상도 慶州와 장기의 표류민 송환에 감사했다.(『本邦朝鮮往復書』38)[→1.18]

7.-. 宗義真이 예조참의 앞으로 보낸 서계에서 1월에 出雲国 神門郡 鷺浦에 표착한 江原道 蔚珍의 어민을 조선에 송환하기 위해, 橘元重(尾崎近左衛門)을 파견한다는 뜻을 전했다.(『本邦朝鮮往復書』38)[→1696.7.-]

10.8. 이보다 앞서, 10월 6일에 경상도 釜山의 어선 1척(乗員 7명)이 雪魚를 구하러 출어했다가 이날, 長嶝郡에 도착했는데, 北風이 강해 배를 繋留할 수 없어 표표하다가 11일, 일본국 対馬国 西泊에 표착했나.(『本邦朝鮮往復書』38)[→日本10.-]

10.13. 이보다 앞서 10월 8일, 경상도 釜山의 배 1척(乗員 7명)이 炭薪을 싣고 출선했는데, 이날 多大浦에 들렀는데, 西風에 의해 표류하다가 17일에 일본국 対馬国 佐須奈에 표착했다.(『本邦朝鮮往復書』38)[→日本10.-]

10.-. 宗義真이 예조참의 앞으로 보내는 서계에 10월 11일, 対馬国 西泊에 표착했던 경상도 釜山의 어민과 10월 17일에 佐須奈에 표착했던 釜山民을 조선에 송환한다는 뜻을 전했다.(副特送使에 便乗하여 송환)(『本邦朝鮮往復書』38)[→朝鮮1696.2.-]/ 宗義真이 老中 阿部正武와 竹島(鬱陵島)에 관해 議論했다.(『通航一覽』137)

【일본】

1.2. 이보다 앞서 지난해 9월 19일, 전라도 흥양의 상선 1척(乗員 23명)이 金海에 정박하고 蔚山으로 직행했는데, 이 날 돌아가는데 폭풍 때문에 표류하여 3일, 일본국 筑前国 沖島에 표착했다가 곧바로 대마에 회송되었다.(『本邦朝鮮往復書』38)[→日本3. -]

1.28. 막부에서 宗義真에게 竹島(鬱陵島)를 조선의 属領으로 인정하라는 뜻을 전했다.(『寛政重修諸家譜』501·『通航一覽』137)

연도	한국
▲ 1696	9.2. 江原監司 沈枰의 장계에 따라 비변사에서 安龍福 등 11인을 京獄에 拿致하여 분명히 사핵하여 처치하기를 청하니, 윤허하다.(『肅宗實錄』 숙종 22, 『集成』28-357) 9.22. 安龍福 등이 東萊에서 잡혀오니, 備局의 당상과 刑曹의 당상 각각 1員이 비국에 같이 모여 究覈하여 稟處하라고 명하다.(『肅宗實錄』 숙종 22, 『集成』28-357) 9.25. 備邊司에서 安龍福을 주문하였는데, 安龍福이 鬱陵島와 子山島에 가서 왜인들을 쫓아내고, 광풍을 만나 玉岐島에 표류하였는데 伯耆州에 가서 관백에게 지경을 침범한 왜인 15인을 처벌한 것 등을 말하다.(『肅宗實錄』 숙종 22, 『集成』28-358) 9.27. 영의정 柳尚運이 漂海人을 보내는 것은 반드시 對馬島에서 해야 하는데 安龍福은 그렇게 하지 않았으니, 渡海譯官이 돌아온 뒤에 처단하여야 한다고 아뢰다.(『肅宗實錄』 숙종 22, 『集成』28-359) 10.13. 좌의정 尹趾善이 安龍福이 일본에 다녀온 문제에 대해 對馬島에 알리는 방책에 대해 말하고, 安龍福·李仁成은 가두어 두었다가 영의정이 出仕하기를 기다려 처리하기를 아뢰다.(『肅宗實錄』 숙종 22, 『集成』28-360) 10.23. 승지 兪集一이 東萊에 奉使하였을 때에 일본 伯耆州에 다녀온 안용복을 주문하였는데, 말의 앞뒤가 다르다고 하면서 다시 覈査하여 실정을 알아낸 뒤에 죄를 논하도록 아뢰니, 그대로 따르다.(『肅宗實錄』 숙종 22, 『集成』28-363) 11.13. 전라도 興陽의 어선 1척(乘員 11명)이 출어중에 猛風을 만나 표류하다가, 12월 28일에 일본국 筑前国 玄海島에 표착했다가 対馬에 회송되었다.(『本邦朝鮮往復書』 39)[→日本1697.2.-] 11.15. 이보다 앞서, 11월 12일, 경상도 興海郡의 어민 1명이 寧海에 가서 배를 구입하고, 水夫 2명을 고용하여, 이 날 同地를 출범하여 盈德郡의 難頭를 지나다가 烈風을 만나, 쓰러진 돛대에 휘말려 水夫 2명이 익사했고, 1명 만 생존하여 표류하다가, 이달에 일본국 出雲国 指海浦에 표착했다가 対馬에 회송되었다.(『本邦朝鮮往復書』 39)[→日本1697.3.-] 11.-. 宗義真이 예조 앞으로 보낸 서계에서, 対馬 帰国을 문위하기 위해 訳官使節(下廷郁·宋裕養등)을 파견하는 것에 감사했다.(『本邦朝鮮往復書』 39)/ 宗義真이 예조 앞으로 보낸 서계에서 義倫死去에 대한 弔問書(下廷郁·宋裕養등 訳官使節이 가져 옴)을 얻은 것을 감사했다.(『本邦朝鮮往復書』 39)/ 宗義真이 예조 앞으로 보낸 서계에서 幕命에 의해 朝鮮通交의 직무에 再任된 것을 받고, 자신의 図書가 조선에서 再交付되기 위해서는 義倫의 도서를 訳官使節에 부탁해서 환납하라는 뜻을 전했다.(『本邦朝鮮往復書』 39)/ 宗義真이 예조 앞으로 보낸 서계에 대해, 이달에 対馬国 伊奈郡 志多留에 표착한 전라도 順天郡 海倉의 거민을 조선에 송환시킨다는 뜻을 전했다.(『本邦朝鮮往復書』 39)[→朝鮮1697.2.-] 12.28. 경상도 蔚山의 어선 1척(乘員 8명)이 출어 중에 폭풍을 만나 표류하다가 30일에, 일본국 対馬国富箇浦에 표착했다.(『本邦朝鮮往復書』 39.1.-]/ 경상도 울산의 어선 1척(乘員 8명)이 출어 중에 역풍을 만나 표류하다가 30일에 일본국 壱岐国 風元(勝本)에 표착했다가 対馬에 회송되었다.(『本邦朝鮮往復書』 39) [→日本1697.2.-] 12.30. 조선국 경상도 울산의 어선 1척(乘員 6명)이 筑前国 鐘崎浦에 표착한 것을 対馬에 회송했다.(『本邦朝鮮往復書』 39) [→1697.2.-] 12.-. 宗義真이 예조참의 앞으로 보낸 서계에, 5월에 蝦夷地에 표착한 경상도 동래·釜山·蔚山의 사람을 조선에 송환시키기 위해 藤正信(大石滝之助)을 파견한다는 뜻을 전했다.(『本邦朝鮮往復書』 39)[→朝鮮1697.3.-]
1697 ▼	【한국】 1.10. 曹錫이 朱隶가 鬱陵島가 이미 倭地가 되었다고 말한 것을 供辭에 이르다.(『肅宗實錄』 숙종 23, 『集成』28-364) 2.14. 동래부사 李世載가 장계하여, 館倭가 對馬島에 서계를 보내줄 것을 청한다고 하였으나, 비변사에서 서계를 만들어 보낼 수 없다는 것을 館倭에게 말하도록 하자고 하므로 그대로 윤허하다.(『肅宗實錄』 숙종 23, 『集成』28-364) 3.27. 柳尚運이 鬱陵島에 왜인의 왕래를 금지시킨 安龍福을 誅殺할 수 없다고 아뢰다.(『肅宗實錄』 숙종 23, 『集成』28-365) 4.13. 영의정 柳尚運이 동래의 公作米는 公貿하는 면포의 대가로 對馬島에 주는 것인데, 이는 많은 폐단이 있으니 원래대로 면포를 지급하도록 아뢰다.(『肅宗實錄』 숙종 23, 『集成』28-366) 7.12. 역관 박재홍과 한천석을 사치스런 생활을 이유로 추문하게 하다.(『肅宗實錄』 숙종 23, 『集成』28-367) 8.25. 훈도 이준한을 관왜 18명의 난출을 이유로 조처할 것 등을 청하다.(『肅宗實錄』 숙종 23, 『集成』28-367) 9.3. 영의정 유상운이 관왜가 함부로 나오는 문제를 아뢰다.(『肅宗實錄』 숙종 23, 『集成』28-368) 9.5. 동래부사 李世載가 館倭와 判五郎倭의 난충에 대한 처리문제에 대해서 아뢰다.(『肅宗實錄』 숙종 23, 『集成』28-368) 11.13. 윤지선이 釜山僉使 李錫이 曾祖父 李大源이 임진왜란 때에 전투하다가 죽은 것을 이유로 訴狀을 올려 체임되기를 청하였으나, 허락하지 않다.(『肅宗實錄』 숙종 23, 『集成』28-370) 12.22. 동래부사 朴權이 譯官을 시켜 島主를 타일러 국가의 위엄을 펴도록 하자고 청하니, 임금이 내려간 뒤 형세를 관찰하여 장문하는 것이 가하다고 답하다.(『肅宗實錄』 숙종 23, 『集成』28-371)

일본

1.29. 막부에서 요나고 주민에게 허가했던 竹島渡海許可를 취소하고, 竹島渡海禁止令을 돗토리번주 松平伯耆守에게 내리다.(손승철, 『독도, 그 역사의 진실』, 118쪽)

2.-. 예조참의 崔奎瑞가 宗義真 앞으로 보내는 서계에서, 対馬国 西泊와 佐須奈에 표착한 경상도 釜山의 표류민의 송환을 감사했다.(『本邦朝鮮往復書』 39)[→1695.10.8. →1695.10.13.]

3.-. 宗義真이 예조참의 앞으로 보낸 서계에서, 1월에 筑前国 沖島에 표착했던 전라도 興陽의 賈人을 조선에 송환하기 위해 源三延(好見伊兵衛)을 파견한다는 뜻을 전했다.(『本邦朝鮮往復書』 38)[→朝鮮6.-]/ 宗義真이 예조참의 앞으로 보낸 서계에서 지난해 12월에 長門国 俵島에 표착했던 경상도 東萊・梁山의 民을 조선에 송환하기 위해, 藤合章을 파견한다는 뜻을 전했다.(『本邦朝鮮往復書』 38)[→朝鮮7.-]

4.28. 이보다 앞서, 4월 13일, 경상도의 배 1척(乘員, 동래사람 2명・釜山사람 2명・蔚山사람 4명)이 売物을 적재하고 강원도 蔚珍을 향해 출범했는데, 이 날 폭풍을 만나 표류하다가 5월 12일에 일본국 峨夷地에 표착했다.(『本邦朝鮮往復書』 39・福山秘府30・31) → 日本5.12]

5.12. 조선배 1척(8인 乘組)이 西蝦夷地 레분시리에 표착했는데, 7월 19일, 漂民이 松前에 도착했는데, 松前藩에서는 이것을 막부에 注進하여, 8월 10일, 漂民을 江戸에 호송한 対馬藩에 인도하라고 명하여 9월 22일에 対馬藩에 인도했다.(福山秘府)[→12.-]

5.-. 対馬藩 家老 平真顕(杉村采女)・平成昌(樋口孫左衛門)・橘真重(多田与左衛門)・平真賢(平田直右衛門)・平成次(田島十郎兵衛)・平倫久(杉村三郎左衛門) 등이 조선국 동래부사・부산첨사 앞으로 보낸 서계에서 陶器製造를 위해 陶工을 왜관에 파견했는데, 朝鮮側이 給付한 陶土의 질이 나빠서 製造할 수 없다는 뜻을 전했다.(『本邦朝鮮往復書』 39)/ 안용복의 제2차 渡日 공술자료, 『元祿九丙子年 朝鮮舟着岸一巻之覺書』가 작성되다.(2005년 5월, 島根県 隱岐郡 海士町村上家에서 발견되다.(손승철, 『독도, 그 역사적 진실』, 136쪽)

6.-. 宗義真이 예조참의 앞으로 보낸 서계에서, 3월 3일에 長門国 角島에 표착한, 경상도 機張郡 無浦의 거민 3명(2월 그믐날 29일)에 육로로 釜山와서 3월 1일, 1척에 탑승하여 同所에서 출범했는데, 폭풍 때문에 漂流를 해서, 조선에 송환하기 위해 藤清繁(阿比留長右衛門)을 파견한다는 뜻을 전했다.(『本邦朝鮮往復書』 39)[→朝鮮 9.-]/ 宗義真이 예조 앞으로 보내는 서계에서, 訳官使節을 영송하기 위해 平成常(高勢八右衛門)을 파견한다는 뜻을 전했다.(『本邦朝鮮往復書』 39)/ 동래부사, 일본국 対馬藩 家老 앞으로 보낸 서계에서, 公作米의 倭館送付에 대해 国内凶作 때문에 일시에는 조달하기 어렵다는 뜻을 전했다.(『本邦朝鮮往復書』 39)/ 예조참의 兪得一이 宗義真 앞으로 보낸 서계에서, 筑前国 沖島에 표착한 전라도 興陽의 표류민 송환을 감사했다.(『本邦朝鮮往復書』 39) →1.2]

7.-. 예조참의 兪得一이 宗義真 앞으로 보낸 서계에서 江戸에서 対馬에의 무사귀국한 것을 축하했다.(『本邦朝鮮往復書』 39)/ 예조참의 兪得一이 宗義真 앞으로 보낸 서계에서, 長門国 俵島에 표착한 경상도 동래와 梁山의 표류민 송환을 감사했다.(『本邦朝鮮往復書』 39)[→1695.12.3.]/ 宗義真이 예조참의 앞으로 보낸 서계에서, 지난 1월에 出雲国 神門郡 鷺浦에 표착한 漁民 중에 배안에서 사망하여 同所에 매장된 강원도의 居民 1명의 遺体를. 요청에 응해 도선에 송부하기 위해 橘友幸(柚谷弥助)을 파견한다는 뜻을 전했다.(『本邦朝鮮往復書』 39)[→朝鮮1697.1.-]

9.-. 예조참의 兪得一이 宗義真 앞으로 보낸 서계에서, 対馬帰国을 문위하기 위한 訳官使節(下廷郁・宋裕養 등)을 파견하는 한다는 것을 전했다.(『本邦朝鮮往復書』 39)/ 예조참의 兪得一이 宗義真 앞으로 보낸 서계에서, 長門国 角島에 漂着한 경상도 機張郡의 표류민송환을 감사했다.(『本邦朝鮮往復書』 39) [→日本6.-]

10.-. 조선국 역관이 宗義真이 다시 通信関係를 담당하는 것을 축하하고, 義倫의 죽음을 조문하기 위해 対馬来島했는데, 義真이 역관에게 막부가 竹島(鬱陵島)를 조선의 영속이라는 것을 인정했다는 곳을 전했다.(『通航一覧』 119・『寛政重修諸家譜』 501)/ 전라도 長興郡 止川의 어선 2척(총 乘員 男女老若 60명)이 出漁했는데, 맹풍을 만나 표류하다가, 11월 2일에 일본국 肥前国 五島에 표착했다가 対馬에 회송되었다.(『本邦朝鮮往復書』 39)[→ 日本1697.2.-]

11.1. 이보다 앞서, 10월 18일, 전라도 順天郡 海倉의 거민 3명이 陸行하여 경상도 機張에 왔다가 이날 同所에서 出帆했는데, 暴風을 만나 표류하다가 2일, 일본국 対馬国 伊奈郡 志多留에 표착했다.(『本邦朝鮮往復書』 39)[→日本11. -]

【일본】

1.-. 예조참의 朴世㮨이 宗義真 앞으로 보낸 서계에서 出雲国 鷺浦에 표착하여 사망하여 현지에 매장된 江原道의 표류민의 遺体를 조선에 이송해 준 것에 감사했다.(『本邦朝鮮往復書』 39)[→1695.1.18.]/ 예조참의 朴世㮨이 宗義真 앞으로 보낸 서계에서 対馬에서 반환된 義倫의 도서를 수령한다는 뜻을 전했다.(『本邦朝鮮往復書』 39)/ 宗義真이 예조 앞으로 보낸 서계에서 지난해 12월에 対馬国 富簡浦에 표착한 경상도 蔚山의 어민을 조선에 송환한다는 것을 전했다.(『本邦朝鮮往復書』 39)[→朝鮮3.-]

2.-. 宗義真이 예조 앞으로 보낸 서계에서, 지난해 11월에 肥前国 五島에 표착한 전라도 長興郡 止川의 어민을 조선에 송환하기 위해, 平規光(島雄皆右衛門)을 파견한다는 뜻을 전했다.(『本邦朝鮮往復書』 39)[→朝鮮3.-]/ 宗義真이 예조 앞으로 보낸 서계에서, 지난해 12월에 筑前国 玄海島에 표착한 전라도 興陽의 어민과 筑前国 鐘崎浦에 표착한 경상도 蔚山의 어민을 조선에 송환하기 위해, 藤親昌(安重利兵衛)을 파견한다는 뜻을 전했다.(『本邦朝鮮往復書』 39)[→朝鮮5.-]/ 예조참의 朴世㮨이 宗義真에게 보낸 서계에서 전라도 順天郡 海倉의 표류민의 송환을 감사했다.(『本邦朝鮮往復書』 39)[→1696.11.1.]

윤3.-. 예조참의 朴世㮨이 宗義真 앞으로 보낸 서계에서, 蝦夷地에 표착한 慶尚道 동래의 표류민의 송환에 감사했다.(『本邦朝鮮往復書』 39) [→1696.4.28.]/ 예조참의 朴世㮨이 宗義真 앞으로 보낸 서계에서, 五島에 표착한 全羅道 長興郡 止川의 표류선 2척의 송환을 감사했다.(『本邦朝鮮往復書』 39)[→1696.10.-]/ 예조참의 朴世㮨이 宗義真 앞으로 보낸 서계에서 対馬国 富浦에 표착한 경상도 蔚山의 표류선 1척의 송환을 감사했다.(『本邦朝鮮往復書』 39)[→1696.12.28.]

윤2.-. 宗義真이 예조참의 앞으로 보낸 서계에서 지난 12월에 壱岐国 風元(勝本)에 표착했던 경상도 蔚山의 어민을 조선에 송환하기 위해 平尚行(大原三郎兵衛)을 파견했다는 것을 전했다.(『本邦朝鮮往復書』 39)[→朝鮮4.-]

3.-. 宗義真이 礼曹앞으로 보낸 서계에서 왜관관수를 平信豊(内野権兵衛)에서 平一好(唐坊新五郎)로 교체한다는 것을 전했다.(『本邦朝鮮往

연도	한국
▲ 1697	7.25. 이보다 앞서 경상도 熊川의 어선 1척(乘員 父子 2인)이 출어하여 7월 24일, 加德島에 갔다가 이날 출항하여 폭풍을 만나 표류했다. 이날 밤에 파도에 휩쓸려 행방불명이 되고, 아비만 죽음을 면했고, 이달에 日本国 対馬国 尾崎에 표착했다.(『本邦朝鮮往復書』39)[→日本9.-] 9.-. 宗義真이 礼曹 앞으로 보낸 서계에서 7월에 対馬国 尾崎에 표착한 경상도 熊川의 어민을 조선에 송환하기 위해 藤貞重(秋山左源太)을 파견한다는 뜻을 전했다.(『本邦朝鮮往復書』39)[→朝鮮1698.1.-] 12.16. 경상도 寧海郡의 어선 1척(乘員 8명)이 出漁하여 폭풍을 만나 표류했는데, 21일에 日本国 長門国 大坪浦에 표착했다. 표착할 때에 배가 대파하여 3명이 익사했고, 対馬애 회송되었다.(『本邦朝鮮往復書』39) [→日本1698.3. -]
1698	【한국】 2.5. 우의정 崔錫鼎이, 왜관에 머무르고 있는 왜인의 수가 점점 많아져서 5~6백 혹은 8백 명에 이르고, 10년 혹은 20년이나 머무르고 있으므로 동래부사로 하여금 책임지워 효유하여 돌려보내도록 해야 한다고 아뢰다.(『肅宗實錄』숙종 24, 『集成』28-371) 3.8. 동래부사가, 왜인이 交市에 六星銀을 사용하자고 청한 내용을 치계하였으나 備局이 허락하지 않다.(『肅宗實錄』숙종 24, 『集成』28-372) 4.17. 司諫院에서 왜인들이 물건을 가지고 정박해 있으면서 억지로 교역하고자 하는데 이는 商賈의 무리가 중간에서 유도한 까닭이므로, 당해 首譯과 掌務官 등과 東萊館에서 몰래 거래한 자를 죄주도록 하자고 아뢰니, 그대로 따르다.(『肅宗實錄』숙종 24, 『集成』28-372) 4.20. 甲戌年에 武臣 張漢相을 鬱陵島에 파견하여 지세를 살펴보게 하고 왜인들로 하여금 그 곳이 우리땅임을 알도록 하였으며, 2년 간격으로 邊將을 보내어 수색하여 토벌하기로 하다.(『肅宗實錄』숙종 24, 『集成』28-373) 5.1. 參贊官 金構가 釜山僉使 李錫이 왜인을 접대하지 않고 있으니, 조속히 처분할 것을 아뢰다.(『肅宗實錄』숙종 24, 『集成』28-373) 6.4. 임금이 대신과 備局의 신하를 인견하면서 왜인이 六星銀을 통용하기를 청한 것과 왜인에게 쌀을 지급하는 햇수에 대해서 논의하다.(『肅宗實錄』숙종 24, 『集成』28-374) 6.22. 왜인과 물화를 밀거래한 김계희 등을 효시하게 하다.(『肅宗實錄』숙종 24, 『集成』28-375) 8.9. 왜인난출을 보고치 않은 훈도와 별차의 나문을 청하였으나 허락치 않다.(『肅宗實錄』숙종 24, 『集成』28-375) 8.13. 동래부사 朴權이 새 銀에 관한 서계의 일로 代官倭가 도주의 서계를 가지고 왔는데, 값의 準折하는 문제가 거론되어 있지 않다고 하였더니, 勘定所의 手標를 보인 일 등을 치계하다.(『肅宗實錄』숙종 24, 『集成』28-376) 9.27. 왜인과의 교역에 새 은자를 쓰는 일에 대해 논의하다.(『肅宗實錄』숙종 24, 『集成』28-377)
1699 ▼	【한국】 7.15. 월송만호 田會一이 울릉도를 수토하고 대풍소로 돌아왔다.(『肅宗實錄』숙종 25) 8.-. 예조참의 李寅燁이 宗義真宛 앞으로 보낸 서계에서 경상도 加德 표류민의 송환에 감사했다.(『本邦朝鮮往復書』40)[→6.9] 9.-. 예조참의 李寅燁이 宗義真 앞으로 보낸 서계에서 전라도 長興 표류민의 송환에 감사했다.(『本邦朝鮮往復書』40)[→2.17] 10.3. 전라도 영암의 상선 (乘員 15명)이 경상도 蔚山에서 交易을 하기 위해 출항하여 부산으로 향하던 중 强風을 만나 표류하여, 4일에 일본국 対馬国 佐護船江에 표착했다.(『本邦朝鮮往復書』40)[→日本10.-] 10.10. 경상도 盈德의 어선 1척(乘員 10명)이 출어했다가 열풍을 만나 표류하다가 14일에 일본국 長門国 涌浦에 표착했다가 対馬에 회송되었다.(『本邦朝鮮往復書』40)[→ 日本1700.1.-] 10.-. 예조참의 李寅燁이 宗義真 앞으로 보낸 서계에서, 전라도 康津 표류민의 송환을 감사했다.(『本邦朝鮮往復書』40)[→4.28]/ 宗義真이 예조 앞으로 보낸 서계에서, 이달에 対馬国 佐護郷 船江에 표착한 전라도 영암의 상인을 조선에 송환한다는 뜻을 전했다.(副特送使船에 편승하여 송환) (『本邦朝鮮往復書』40·『天竜院公実録』)[→朝鮮12.-]/ 対馬藩 家老 平成昌(樋口孫左衛門)·平真賢(平田直右衛門)·平真連 등이 조선국 동래부사·부산첨사 앞으로 보내는 서계에서 倭館修復工事에 대해 조선측의 부담에 비추어 보아 내년에 年例送使의 파견을 중지항 의향이 있음을 전했다.(『本邦朝鮮往復書』40·『天竜院公実録』) 11.1. 전라도 배 1척(乘員 光州의 거민 41명)이 경상도에서 粟米를 사기 위해 羅々島로 향하던 중, 暴風 때문에 표류하여 11일에 日本国 薩摩国 諏訪瀬에 표착했다가 対馬에 송환되었다.(『本邦朝鮮往復書』41)[→日本1700.6.-] 11.11. 조선국 전라도 광주사람 44명이 薩摩国 諏訪瀬에 표착하여 회송되어 이듬해 6월 19일, 対馬에 도착했다.(『本邦朝鮮往復書』41)[→1700.6.-] 12.19. 이보다 앞서, 12월 12일, 경상도 興海의 상선(乘員 5명)이 寧海에서 商売를 하다가 이날, 帰帆하던 중, 猛風을 만나 표류하다가, 20일에 일본국 出雲国 神門郡 川尻에 표착했다가 長崎를 경유하여 対馬에 회송되었다. 乘員 5명 중, 1명은 표류중에 餓死했고, 1명은 표착후 병사, 1명은 長崎에 転送후에 병사했다.(『本邦朝鮮往復書』41)[→日本1700.6.-]

일본

復書』39)/ 宗義真이 礼曹앞으로 보낸 서계에서, 지난해 11월에 出雲国 指海浦에 표착한 경상도 興海郡의 어민을 조선에 송환하기 위해 橘正利(浜田磯右衛門)을 파견하는 뜻을 전했다.(『本邦朝鮮往復書』39)[→朝鮮6.-]

4.-. 예조참의 朴世(火+雋) 宗義真 앞으로 보낸 서계에서 壱岐国 風元(勝本)에 표착한 경상도 蔚山 표류민의 송환을 감사했다.(『本邦朝鮮往復書』39)[→1696.12.28.]

5.-. 예조참의 朴世(火+雋)이 宗義真앞으로 보낸 서계에서, 筑前国 玄界島에 표착한 전라도의 표류민과 同国鐘崎浦에 표착한 경상도 蔚山표류민의 송환을 감사했다.(『本邦朝鮮往復書』39)[→1696.11.13.→日本1696.12.30.]

6.-. 예조참의 朴世(火+雋)이 宗義真 앞으로 보낸 서계에서, 出雲国 指海浦에 표착한 경상도 興海郡의 표류민 송환에 감사했다.(『本邦朝鮮往復書』39)[→1696.11.15.]

【일본】

1.-. 예조참의 李善導가 宗義真 앞으로 보낸 서계에서 경상도 熊川의 표류민 1명의 송환에 감사했다.(『本邦朝鮮往復書』39)[→1697.7.25.]

2.-. 宗義真이 조선국 동래부사·부산첨사 앞으로 보낸 서계에서, 陶器製造 때문에 倭館에 도공을 파견하기 위해 전례에 따라서 朝鮮人陶工과 陶土·仮屋·諸道具를 관내에 入送받고 싶다는 뜻을 전했다.(『本邦朝鮮往復書』39)

3.-. 宗義真이 예조 앞으로 보낸 서계에서, 지난해 12월에 長門国 大坪浦에 표착한 경상도 寧海郡의 어민과 遺体 3体를 조선에 송환하기 위해 淸標教(三浦奥右衛門)을 파견한다는 뜻을 전했다.(『本邦朝鮮往復書』39)[→朝鮮6. -]/ 예조참의 李善導가 宗義真 앞으로 보낸 서계에서, 竹島一件에 대해 該当地는 「鬱陵島」와 「竹島」의 두 개의 이름을 갖고 있고, 朝鮮領인 1島가 틀림없지만, 금후에 日朝双方 모두가 当地에 왕래하지 않도록 取締한다는 것등을 전했다.(『本邦朝鮮往復書』39)/ 예조앞으로 서계를 対馬島主에 보내, 鬱陵島(日本에서는 竹島라고 부름) 一件의 決着에 감사했다.(『本邦朝鮮往復書』39)

6.-. 예조참의 閔鎮厚가 宗義真 앞으로 보낸 서계에서, 경상도 寧海의 표류민과 遺体의 송환에 감사했다.(『本邦朝鮮往復書』40)[→1697.12.16.]

7.-. 宗義真이 朝鮮国 동래부사·부산첨사 앞으로 보낸 서계에서, 일본국에서 元字金銀(1695년에 새로 주조함)가 新鑄된 것이어서 今後는 이것을 朝鮮輸出用으로 하고싶다는 의향을 제시했다.(『本邦朝鮮往復書』40·『通航一覧』132)

11.29. 이보다 앞서, 11월 23일, 전라도의 배 1척(乗員, 羅州의 거민 54명)이 土官의 지휘에 의해 穀物을 경상도에서 조달하기 위해 출항했다. 이 날, 桃子島에 향하던 중에 西風을 만나 표류 하다가 12월7일에 일본국 薩摩国 屋久島에 표착했다. 표착할 때에 風波에 의해 배가 大破되었고, 곧이어 対馬에 회송되었는데, 乗員 중에 2名이 병이 났는데, 치료의 효험이 없이 사망했다.(『本邦朝鮮往復書』40)[→日本1699.5.-]

12.-. 동래부사 趙泰東이 宗義真 에게 보낸 書에서 新貨通用에 관해 新銀이 品位가 낮은 경우에는 차액을 더 주어야 할 것을 요청했다.(『通航一覧』132)/ 이해에 訓導 朴첨지가 倭館館守 唐坊新五郎에게 기근 때문에 내년의 歳遣船 파견을 일시 중지할 것을 요구했다. 新五郎이 이것을 対馬에 전했다. 이어 対馬藩이 동래부사에게 書를 보내 歳遣船의 파견을 중지하는 것을 전했다.(『通航 一覧』127)

【일본】

1.-. 宗義真이 조선국 예조앞으로 보낸 서계에서, 지난해 訳官使節이 対馬에 来島하여, 竹島一件에 대해 면담했을 때, 朝鮮側의 의향이 명료하여 문제가 해결했던 것을 알고, 이것을 幕府에 보고했던 것을 전했다.(『本邦朝鮮往復書』40)

2.16. 이보다 앞서, 1월 28일에 전라도 興陽郡의 상선 1척(乗員 15명)이 粟米를 싣고 출항했는데, 이날 慶尚道 장기를 향해 가던 중 西風에 표류하여, 19일, 일본국 長門国 見島에 표착하여 対馬에 회송되었다.(『本邦朝鮮往復書』40)[→日本5. -]

2.17. 이보다 앞서, 1월 23일, 전라도 長興의 상선 1척(乗員 9명)이 경상도 장기에 가서 交易하기 위해 출항했다. 이 날, 폭풍에 표류하여, 19일, 일본국 出雲国 宇竜浦에 표착하여 対馬에 회송되었다.(『本邦朝鮮往復書』40)[→日本7.-]

4.28. 이보다 앞서, 2월 15일, 전라도 康津郡의 남녀 13명이, 海草採取를 위해 전라도 古今島를 향해 출발하여 海草採取 후에 女 9명을 섬에 남겨두고, 이 날, 男 3명·女 1명이 배 1척에 탑승하여 康津으로 돌아가던 중, 西風에 표류하여 5월 3일, 일본국 肥前国 五島에 표착하여 対馬로 회송했다.(『本邦朝鮮往復書』40)[→日本7.-]

5.-. 宗義真이 예조참의 앞으로 보낸 서계에서 지난해 12월에 薩摩国 屋久島에 표착한 전라도 羅州의 거민과 遺体 2体를 조선에 송환하기 위해, 橘安定(小島甚五左衛門)을 파견한 뜻을 전했다.(『本邦朝鮮往復書』40·『天竜院公実録』)[→朝鮮7.-]/ 宗義真이 예조 앞으로 보낸 서계에서, 2월에 長門国 見島에 표착한 전라도 興陽郡의 商民을 조선에 송환하기 위해 藤宣如(其江豊右衛門)을 파견한 뜻을 전했다.(『本邦朝鮮往復書』40·『天竜院公実録』)[→朝鮮1.-]/ 예조참의 李寅燁이 宗義真 앞으로 보낸 서계에서, 盈徳의 표류민 송환을 감사했다.(『本邦朝鮮往復書』41)

6.9. 이보다 앞서, 3월 22일, 경상도 加徳의 배 1척(乗員 16명)이 교역을 위해 출항했다. 이 날, 多大浦를 향해 가덩 도중에 폭풍 때문에 표류하다가 10일에 일본국 対馬国 栗島에 표착했다.(『本邦朝鮮往復書』40)[→日本6.-]

7.-. 宗義真이 예조 앞으로 보낸 서계에서, 왜관관수를 平一好(唐坊新五郎)에서 橘武久(寺田市郎兵衛)으로 교체하는 뜻을 전했다.(『本邦朝鮮往復書』40·『天竜院公実録』)/ 宗義真이 예조 앞으로 보낸 서계에서 2월에 出雲国 宇竜浦에 표착한 전라도 長興의 상인을 조선에 송환하기 위해 藤三貞(西山小左衛門)을 파견하는 뜻을 전했다.(『本邦朝鮮往復書』40·『天竜院公実録』)[→朝鮮 9.-]/ 宗義真이 예조 앞으로 보내는 서계에서, 5월에 肥前国 五島에 표착한 전라도 康津郡의 거민을 조선에 송환하기 위해 橘豊重(青木伝八)을 파견하는 뜻을 전했다.(『本邦朝鮮往復書』40·『天竜院公実録』)[→朝鮮10]

7.-. 예조참의 李寅燁이 宗義真 앞으로 보낸 서계에서, 전라도 羅州 표류민과 遺体의 송환에 감사했다.(『本邦朝鮮往復書』40)[→1698.11.29.]

윤7.-. 예조참의 李寅燁이 宗義真 앞으로 보낸 서계에서, 전라도 長興 표류민의 송환에 감사했다.(『本邦朝鮮往復書』40)[→2.16]

연도	한국
▲ 1699	12.-. 예조참의 李寅燁이 宗義真 앞으로 보낸 서계에서 전라도 靈巖의 표류민송환에 감사했다.(『本邦朝鮮往復書』 41) [→1700.2.-]
1700	【한국】 4.29. 왜인에게서 받은 신은·왜관 보수 등을 논하다.(『肅宗實錄』 숙종 26, 『集成』28-378) 8.6. 館倭와 몰래 내통하여 인삼을 판 東萊 商賈 金自元을 관문 밖에서 효시하다.(『肅宗實錄』 숙종 26, 『集成』28-378) 12.30. 釜山訓導 宋裕養 등이 釜山僉使가 왜관의 수리에 摘奸하는 일로 관문밖에 이르렀을 때 바로 문을 열지 않은 訓導 등을 잡아들인 일에 대해서 司譯院에 아뢰다.(『肅宗實錄』 숙종 26, 『集成』28-379). 9.-. 예조참의 金鎮圭가 宗義真 앞으로 보낸 서계에서 경상도 興海 표류민의 송환에 감사했다.(『本邦朝鮮往復書』 41) →1699.12.19.]/ 예조참의 尹世紀가 宗義真 앞으로 보낸 서계에서 전라도 光州의 표류민의 生存者와 死者의 송환에 감사했다.(『本邦朝鮮往復書』 41) [→1699.11.1.] 10.-. 동래부사 金德基·부산첨사 李時宰가 宗義真에게 사계를 보내어 興海 漂民의 송환에 감사했다. (『本邦朝鮮往復書』 41) [→日本1699.12.24.]/ 동래부사 金德基·부산첨사 李時宰가 宗義真에게 서계를 보내, 光州 漂民의 송환에 감사했다.(本邦朝鮮41) [→日本1699.11.11.]/ 倭館(草梁館)의 補修를 시작했다.(이듬해 여름까지) (『通航一覽』 124) 12.-. 예조참의 兪集一이 宗義真의 裁判使書에 회답했다.(『本邦朝鮮往復書』 41)
1701	【한국】 2.5. 좌의정 李世白이 말하기를, 釜山僉使 李時宰가 왜관을 수리할 때 訓導나 別將들이 왜인과 부동하여 기만하고, 舊例에 僉使가 輔子를 타고 왜관에 출입하였을 때 막은 것에 대한 책임을 물은 것은 사리에 당연한 것이라고 아뢰다.(『肅宗實錄』 숙종 27, 『集成』28-380) 2.8. 임금이 간교한 왜인들이 소란하지 못하게 하고 商人과 譯官들이 作奸하여 罪科에 범하는 자는 국법을 바탕으로 다스릴 것을 명하다.(『肅宗實錄』 숙종 27, 『集成』28-381) 2.19. 禁府에서 萊譯 朴有年 등이 8천 냥에 正價했다는 설을 承款하지 않는다고 하여 형벌에 처했으나, 형벌을 정지하고 의논해서 처리하라고 判下하다.(『肅宗實錄』 숙종 27, 『集成』28-382) 2.29. 좌의정 李世白이 왜관의 수리가 거의 완공단계에 있으므로 마땅히 실지대로 값을 정해야 하는데 감독했던 譯官 朴再興이 營獄에 갇혀 있으므로 우선 東萊로 옮겨 停當하게 한 뒤에 다시 가두는 것이 좋겠다고 아뢰니, 윤허하다.(『肅宗實錄』 숙종 27, 『集成』28-382) 3.12. 비국에서 역관 박재흥을 移囚하는 문제에 대해 아뢰다.(『肅宗實錄』 숙종 27, 『集成』28-383) 6.10. 좌의정 李世白이 왜차가 公作米를 달라고 간청하니, 면직포를 주는 것은 폐단이 있으므로 쌀로 줄 것과 물건 값을 倭國에서 많이 갚았다고 하니 다시 開市를 할 것 등을 아뢰니, 공작미 주는 것은 5년 한도로 허락하다.(『肅宗實錄』 숙종 27, 『集成』28-384) 12.17. 상인과 역관이 왜인과의 교역에서 은화를 조금 내는 폐단을 처단케 하다.(『肅宗實錄』 숙종 27, 『集成』28-386) 10.-. 동래부사 및 訓導·別差가 왜관관수에게 書를 보내어 出雲·薩摩国 漂民의 回翰에 대한 改撰要求를 물리쳤다.(『本邦朝鮮往復書』 41)/ 동래부사 金德基·부산첨사 辺是泰가 宗義真의 왜관관수 交代書에 返書를 보냈다.(『本邦朝鮮往復書』 41) 11.-. 対馬藩에서 下田権左衛門을 朝鮮王妃의 喪에 弔慰使로 보냈다.(『天竜院公実録』)/ 対馬藩 元藩主宗義真이 서계를 예조참의·동래부사·부산첨사에게 보내어 「中殿」에 대한 弔意를 표했다.(『本邦朝鮮往復書』 41) 12.-. 対馬藩에서 朝鮮通交의 임무가 宗義真에서 義方으로 교대되었다는 것을 알리기 위해 樋口佐左衛門(平真連)를 告使로서 義真名의 서계를 예조참의·동래부사·부산첨사에게 보냈다.(『天竜院公実録』·『本邦朝鮮往復書』 41)/ 対馬藩 元藩主 宗義真이 서계를 예조참의·동래부사·부산첨사에게 보내어 筑前国大島·玄海島에 표착한 경상도 慶州 표민 18명을 송환을 알렸다.(『本邦朝鮮往復書』 41·『天竜院公実録』)[→10.11]/ 対馬藩 元藩主 宗義真이 서계를 예조참의·동래부사·부산첨사에게 보내어, 長門国角島에 표착한 경상도 慶州漂民 8명을 송환했다.(『本邦朝鮮往復書』 41·『天竜院公実録』)[→10.11]/ 対馬藩 家老 杉村主税(平真顕)·樋口孫左衛門(平成目)·杉村三郎左衛門(平倫久)·大浦忠左衛門(平倫之)·樋口佐左衛門(平真連)가 동래부사·부산첨사에게 연서서계를 보내어 対馬에 표한 虚船을 송환했다.(『天竜院公実録』·『本邦朝鮮往復書』 41)
1702 ▼	【한국】 2.3. 通德郎 任詻이 자신의 高祖 南原府使 任鉉이 정유왜란때 남원을 지키다가 순절한 사실을 열거하고, 賜諡의 恩典을 청하는 상소를 올리니, 특별히 증시하다.(『肅宗實錄』 숙종 28, 『集成』28-386)

일본

12.24. 조선국 경상도 興海의 상민 5명(그중 生存 2명)이 出雲国 神門郡 川尻에 표착한 후에 회송되어 다음해 6월 19일에 対馬에 도착했다.(『本邦朝鮮往復書』 41)[→1700.6.-]

【일본】

1.-. 宗義真, 朝鮮国 예조앞으로 보낸 서계에서 작년 10월에 長門国 涌浦에 표착한 경상도 盈德의 어민 10인을 조선에 송환하기 위해 葛規言(吉賀源左衛門)을 파견한다는 뜻을 전했다.(『本邦朝鮮往復書』 40·天竜 院公実録)[→朝鮮5.-]

2.-. 동래부사 鄭浩·부산첨사 李時宰가 宗義真에게 서계를 보내어 靈巖漂民의 송환을 감사했다.(『本邦朝鮮往復書』 41) [→1699.10.3.]

3.-. 예조참의 李寅가 宗義真의 왜관관수 交代書에 회답했다.(『本邦朝鮮往復書』 41)

5.-. 예조참의 李寅蟬가 宗義真에게 서계를 보내, 盈德 漂民의 송환에 감사했다.(『本邦朝鮮往復書』 41) [→6.-]

6.-. 동래부사, 일본국 対馬藩 家老앞으로 보낸 서계에서 倭館修造工事를 고려하여 本年度의 연례송사 파견을 맞춘 것을 감사하고, 이것을 선례로 하지 않겠다는 뜻을 전했다.(本邦朝鮮往復書 41)/ 동래부사·뷰선첨사가 왜관관수(対馬州奉行瑜公)에게 서계를 보내어 倭館修理決定을 고하고, 또 그에 따라서 対馬藩側의 九送使의 停止에 감사했다.(『本邦朝鮮往復書』 41)/ 동래부사 金德基·부산첨사 李時宰가 宗義真에게 서계를 보내어 盈德 漂民의 송환을 감사했다.(『本邦朝鮮往復書』 41) [→1699.10.10.]/ 対馬藩 元藩主 宗義真이 書契를 朝鮮国 예조참의·동래부사·부산첨사에게 보내어 薩摩国 諏訪頼에 표착한 전라도 光州漂民 44名을 송환한 것을 알려 왔다.(『本邦朝鮮往復書』 41) [→朝鮮9. - →朝鮮10.-]/ 対馬藩 元藩主 宗義真이 서계를 朝鮮国 예조참의·동래부사·부산첨사에게 보내어 出雲国 神門郡 川尻에 표착한 경상도 興海 商民 漂民 5명(그중 生存 2명)을 송환한 것을 알려왔다.(『本邦朝鮮往復書』 41) [→朝鮮9. - →朝鮮10.-]

8.-. 対馬藩元藩主宗義真이 서계를 예조참의·동래부사·釜山儉에게 使보내기 위해, 裁判平田所左衛門(平成尙)을 朝鮮에 派遣했다.(『本邦朝鮮往復書』41·天竜院公実録)

【일본】

1.7. 조선국 전라도 長興郡의 商船(18인 乘組)이 長門国 見島郡 裏之浜에 표착했다가 長崎를 거쳐 4월 7일에 対馬에 回送되었다.(『通航一覧』 136)[→4.-]

1.9. 조선국 전라도 長興郡의 상선(9인 乘組)이 長門国 瀨戸 崎浜浦에 표착했다가 長崎를 거쳐 4월 7일에 対馬에 회송되었다.(『通航一覧』 136·『本邦朝鮮往復書』 41)[→4. -]

1.30. 조선국 경상도 昌原사람 8명이 長門国 向津奧浦에 표착했다가 回送되어 4월 24일에 対馬에 도착했다.(『本邦朝鮮往復書』 41)[→5.-]

3.-. 対馬藩 元藩主 宗義真이 서계를 조선국 예조참의·동래부사·부산첨사에게 보내어, 筑前国 玄海島에 표착한 경상도 固城県 統営 漂民10명의 遺体를 송환했다.(『本邦朝鮮往復書』 41)[→朝鮮5. - →朝鮮6.-]/ 対馬藩 元藩主 宗義真이 서계를 예조참의·동래부사·부산첨사에게 보내어, 対馬에 표착한 경상도 蔚山 漁民 4명과 長鬐 漁民 6명을 송환했다.(『本邦朝鮮往復書』 41)[→朝鮮6. - →朝鮮8.-]

4.-. 対馬藩 元藩主 宗義真이 서계를 예조참의·동래부사·부산첨사에게 보내, 長門国 浦浜·同国 初 戸崎에 표착한 전라도 長興漂民 27명을 송환했다.(『本邦朝鮮往復書』 41)[→朝鮮6. - →朝鮮7.-]

5.-. 対馬藩 元藩主 宗義真이 서계를 예조참의·동래부사·부산첨사에게 보내, 長門国 向津 奧浦에 표착한 경상도 昌原漂民 8명을 송환했다.(『本邦朝鮮往復書』 41)[朝鮮 6. - →朝鮮7.-]/ 예조참의 李藝가 宗義真에게 서계를 보내어, 固城県 漂民의 송환을 감사했다.(『本邦朝鮮往復書』 41) [→日本1700.11.30.]

6.-. 동래부사 金德基·부산첨사 李時宰가 宗義真에게 서계를 보내어, 固城県 漂民 송환에 감사했다.(『本邦朝鮮往復書』 41)[→日本1700.11.30.]/ 예조참의 趙泰耉가 宗義真에게 返書를 보내 長興漂民의 송환에 감사했다.(『本邦朝鮮往復書』 41) [→ 日本1.7 → 日本1.9]/ 예조참의 趙泰耉가 宗義真에게 返書를 보내, 昌原漂民의 송환에 감사했다.(『本邦朝鮮往復書』 41)[→日本1.30]/ 예조참의 趙泰耉가 宗義真에게 返書를 보내 長鬐 漂民의 송환에 감사했다.(『本邦朝鮮往復書』 41)[→日本3.-]

7.-. 동래부사 金德基·부산첨사 邊是泰가 7月付(釜山은 8月)로 宗義真에게 返書를 보내, 昌原 漂民의 송환을 감사했다.(『本邦朝鮮往復書』 41)[→日本1.30]/ 동래부사 金德基·부산첨사 李時宰가 宗義真에게 返書를 보내, 長興 漂民송환을 감사했다.(『本邦朝鮮往復書』 41)[→日本1.7 →日本1.9]/ 対馬藩 家老 杉村栄女(平真顕)등 4명이 서계를 동래부사·부산첨사에게 보내, 陶工数名의 釜山파견을 알리고, 便宜 供与와 指導를 구했다.(『本邦朝鮮往復書』 41·天竜院公実録)

8.-. 対馬藩의 島雄八左衛門(平方正)을 왜관관수로 했다. 元藩主 義真이 서계를 예조참의·동래부사·부산첨사에게 보내어 館守交代를 고했다.(『天竜院公実録』·『本邦朝鮮往復書』 41)/ 동래부사 金德基·釜山첨사 邊是泰가 宗義真에게 返書를 보내 長鬐 漂民 송환을 감사했다.(『本邦朝鮮往復書』 41)[→日本3.-]

9.18. 幕府가 対馬藩主 宗義真 및 그 後見 義真(義方父, 元藩主)에 대해, 이후 交隣은 義方이 관장하고, 義真은 이것을 보좌하도록 명했다.(『德川実紀』·『寬政重修諸家譜』 501·『通航一覧』 29·『宗氏家譜略』)

9.-. 동래부사 金德基·부산첨사 邊是泰가 宗義真의 裁判使의 書에 返書를 보냈다.(『本邦朝鮮往復書』 41)

10.11. 조선국 경상도 慶州의 어선(10인 乘組)이 筑前国 大島에 표착했고, 12日에 同地의 어선(8인 乘組)이 同国 玄海島에 표착했는데, 이들이 長崎를 거쳐 回送되어 12월 11일에 対馬에 도착했다.(『華夷変態』 28·『本邦朝鮮往復書』 41)[→12.-]/ 조선국 경상도 慶州의 어선(8인 乘組)이 長門国 角島에 표착했는데, 萩·長崎를 거쳐 회송되어, 12월 22일에 対馬에 도착했다.(『華夷変態』 28·『本邦朝鮮往復書』 41) [→12.-]

【일본】

1.-. 対馬藩에서 杉村舍人(平真長)을 조선국파견의 告襲使로 했다.(『大行院公実録』)/ 対馬藩主 宗義方이 조선국 예조참의·동래부사·부산첨사에게 서계를 보내어, 朝鮮通交의 임무를 맡겼다는 것을 고했다. (『本邦朝鮮往復書』41)

연도	한국
▲ 1702	2.13. 弔慰差倭 平惟政이 서계 및 別幅으로 부친 銀粧燭 등의 물건을 가지고 나와 進享하므로, 날짜를 잡아 부산의 草梁 객사에서 설행하다.(『肅宗實錄』 숙종 28, 『集成』28-387) 3.11. 對馬島主 平義眞이 退休하였는데, 告知差倭 平眞連이 서계를 가지고 오다.(『肅宗實錄』 숙종 28, 『集成』28-387) 4.2. 綾州의 進士 具三益 등이 왜구와 싸우다 죽은 達梁權官 曹世顯의 旌閭를 청하니, 該曹에 稟處하도록 명하다.(『肅宗實錄』 숙종 28, 『集成』28-387) 4.20. 判義禁 李畬가 倭譯 朴有年 등은 왜관을 수리할 때 倭人處에게 준 값을 7천냥을 주도록 결정하였는데, 지급한 것은 2천냥에 불과하다고 아뢰니, 귀양을 보내도록 하다.(『肅宗實錄』 숙종 28, 『集成』28-388) 4.24. 경상감사 崔錫恒이 경상좌병사 李天根이 狀啓한 병영을 永川으로 옮긴 것에 대한 방책을 아뢰면서, 국가에서 적병을 막는 것은 남쪽의 왜구만이 아닌데, 병영이 한쪽 구석에 너무 치우쳐 있어 조정의 명령과 동떨어져 있다고 하다.(『肅宗實錄』 숙종 28, 『集成』28-388) 4.29. 參贊官 金鎭圭가 倭譯들의 패단에 대해 아뢰다.(『肅宗實錄』 숙종 28, 『集成』28-389) 5.28. 三陟의 營将 李浚明·訳官 雀再広이 鬱陵島에서 돌아와 図形 및 紫檀香·青竹·石間朱·魚皮 등을 바쳤다.(『朝鮮王朝実録』 숙종 28, 5.28) 9.16. 李世白이 商賈들이 관문 밖에 집을 짓고 처자를 거느리고 생활하면서 독단적으로 그 권력을 잡아 奸僞가 매우 많으며, 또 館倭들과 밤낮으로 서로 접촉한다고 아뢰다.(『肅宗實錄』 숙종 28, 『集成』28-391) 12.-. 예조참판 柳之発이 宗義方에게 서계를 보내어, 希望을 받아들여 新図書를 사자에게 붙인다는 뜻을 알렸다.(『本邦朝鮮往復書』42)
1703	【한국】 1.6. 예조에서 對馬島 舊主가 죽을 때 진상한 白銀을 보낼 때 나쁜 것을 계산하여 보내야 하는데 元數만 올려보냈으니, 譯官으로 하여금 타이르게 할 것을 아뢰니, 윤허하다.(『肅宗實錄』 숙종 29, 『集成』28-391) 2.19. 일본 渡海船이 침몰하여 譯官 韓天錫 등 113명이 모두 빠져 죽으니, 호조에 명하여 구휼하는 은전을 별도로 거행하게 하다.(『肅宗實錄』 숙종 29, 『集成』28-392) 3.5. 왜역 韓天錫 등의 배가 침몰한지 7일만에 왜인이 동래부에 보고하니, 差倭의 잔치와 개시를 철폐하고, 시신을 가져온 왜인들을 屍親들이 구타한 것을 막지 못한 부사 朴泰恒을 나문하여 정죄하고, 고신을 빼앗다.(『肅宗實錄』 숙종 29, 『集成』28-392) 3.27. 사간원에서 韓天錫의 배가 침몰한 것은 미곡을 많이 실었기 때문인데, 이는 對馬島에 흉년이 들어 1斛의 값이 白金 7, 8냥이나 되어 동래부 근처의 閫帥, 邊将, 幕裨의 무리가 붙어서 실은 것이니, 본도로 하여금 조사하여 계문하도록 아뢰다.(『肅宗實錄』 숙종 29, 『集成』28-394) 5.9. 對馬島主가 침몰하여 사망한 역관들을 위해 賻物을 보내자, 대신이 屍親들에게 나누어 주기를 청하자, 副提學 金鎭圭는 물리쳐서 국가의 체면을 존중해야 한다고 하였으나, 上이 명하여 받게 하고 서계를 만들어 差倭에게 주게 하다.(『肅宗實錄』 숙종 29, 『集成』28-395) 5.16. 동래부사 李야가 역관 韓後瑗 등이 와서 館倭의 이야기로 江戸의 關白이 三河妙太守 重富 등 3인을 시켜서 서해도 근처에 갔는데, 거느린 군사가 2만이라고 한 것을 비밀히 계달하다.(『肅宗實錄』 숙종 29, 『集成』28-396) 5.20. 兵曹判書 李濡가 아뢰어, 倭人들이 비록 교사할지라도 이미 국교를 맺었으므로 마땅히 성신으로 대접해야 하는데 문
1704	【한국】 9.30. 李畬가 부산은 적선이 처음 정박하는 곳인데 그곳의 성은 왜인이 쌓은 것으로 지금은 많이 무너졌으니, 새로 임명된 첨사에게 수축하도록 해야 한다고 아뢰다.(『肅宗實錄』 숙종 30, 『集成』28-399) 10.16. 일본에 가서 장사하고 돌아가던 福建省·江蘇省·浙江省 등지의 중국인 黃使, 李時芳, 蔡陣, 李仕등 113명이 珍島의 桃浦에 표착하니, 옷·갓·신 등의 물건을 주고 그들의 物貨는 값을 주어서 산 후에 중국으로 돌려보내다.(『肅宗實錄』 숙종 30, 『集成』28-401) 12.19. 조선국 전라도 羅州사람 37명, 平戸藩 領西浜에 표착하여, 対馬에 回送했다.(『本邦朝鮮往復書』43)[→1705.3. -] 12.-. 일본국 対馬藩에 釜山의 郷通詞(朝鮮人)를 위해 義田을 朝鮮에 두었다.(『大行院公実録』)
1705 ▼	【한국】 2.18. 對馬島主 義眞이 죽고 그의 아들 義方이 작위를 이어받았는데, 이를 위문하러 갔던 역관 2인이 돌아와 일본 東海道 15주 안의 武藏·甲斐·模·安房·上總·下總 등 6써에 한꺼번에 지진이 일어나, 죽은자가 27만 3천여명이라고 아뢰

일본

2.3. 조선국 전라도 靈巖사람 6명이 対馬国 唐洲浦에 표착했는데, 対馬藩主 宗義方이 이달의 서계와 함께 표민을 송환했다.(『本邦朝鮮往復書』41·『大行院公実録』)

2.-. 이해 봄에 조선국 전라도 務安県 사람 42명이 薩摩国 屋久島에 표착했는데, 対馬에 회송했다.(『本邦朝鮮往復書』42)[→5.-]

3.-. 예조참의 洪受疇가 宗義真의 弔慰書에 返書를 했다.(『本邦朝鮮往復書』41)/ 예조참의 洪受疇가 宗義真에게 返書를 하여, 慶州 漂民의 송환을 감사했다.(『本邦朝鮮往復書』41)

4.-. 동래부사 朴泰恒·부산첨사 李順坤이 宗義真의 弔慰書에 返書했다.(『本邦朝鮮往復書』41)/ 동래부사朴泰恒·부산첨사 李順坤이 宗義真에게 返書하여 慶州 漂民송환을 감사했다.(『本邦朝鮮往復書』41)/ 日本 対馬島主의 弔慰使에게 回答했다.(『本邦朝鮮往復書』41·朝鮮史516)

5.-. 対馬藩主 宗義方, 薩摩国 屋久島에 금년 봄에 표착한 전라도 務安県 漂民 42명을 이달 자의 서계를 부쳐 조선에 송환했다.(『本邦朝鮮往復書』42·『大行院公実録』)[→ 이 春]/ 対馬藩에서 高崎千右衛門(平垣忠)을 告還使로 조선국에 파견했다.(『大行院公実録』)

8.15. 조선국 전라도 康津사람 16명이 五島寺島에 표착했는데, 対馬에 회송했다.(『本邦朝鮮往復書』42) [→11.-]

8.20. 조선국 전라도 靈巖 사람 17명이 平戸藩 領属島에 표착했는데, 対馬에 회송했다.(『本邦朝鮮往復書』42) [→11.-]

8.-. 対馬藩主 宗義方이 이 달 자로 元藩主 義真으로부터 예조참의 앞으로 遺書를 보냈는데, 同書에서 義真은 스스로 죽음이 가깝다는 것을 쓰고, 아울러 오래도록 旧約을 지켜주기를 희망했다.(『本邦朝鮮往復書』42)/ 対馬藩主 宗義方이 예조참의 등에게 서계를 보내고, 당월 7일에 元藩主 義真이 死去했음을 전했다.(『本邦朝鮮往復書』42·『大行院公実録』)

9.-. 対馬藩主 宗義方이 예조참판 등에게 서계를 보내어 新印(図書)의 발급을 요청했다.(『本邦朝鮮往復書』42·『大行院公実録』)/ 対馬藩主 宗義方이 동래부사·부산첨사에게 서계를 보내, 釜山에 파견한 藩陶工에게 기술지도를 요청했다.(『本邦朝鮮往復書』42·『大行院公実録』)

10.-. 対馬藩主 宗義方이 예조참의 등에게 서계를 보내, 裁判役 교대를 알렸다.(『本邦朝鮮往復書』42·『大行院公実録』)

11.-. 対馬藩主 宗義方이 8월 15일, 五島寺島에 표착한 전라도 康津 표민 16명을 이달 날짜의 서계를 보내 조선에 송환했다.(『本邦朝鮮往復書』42·『大行院公実録』)[→8.15]/ 対馬藩主 宗義方이 8월 20일平戸藩 領属島에 표착한 전라도 靈巖 표민 17명을 이 달 날짜로 서계와 함께 조선에 송환했다.(『本邦朝鮮往復書』42·『大行院公実録』)[→8.20]

【일본】

2.5. 宗義方의 帰国問慰·義真逝去吊慰의 訳官使(堂上官韓天錫·堂下官朴世亮)의 배가 対馬 鰐浦沖에서 난파하여 전원이 사망했다.(『宗氏家譜略』·『通航一覧』136·『増正交隣志』6·『辺例要』18)

2.-. 対馬藩主 宗義方이 조선국 예조참의등에게 서계를 보내, 이달 5일 対馬 鰐浦에서 訳官使一行이 파선하여 100여명 전원이 사망했다는 소식을 전했다. 또 동월부터 3월까지 표착한 遺体를 송환했다.(『本邦朝鮮往復書』42·『大行院公実録』)

10.-. 対馬藩 家老 平方直 등이 조선국 동래부사·부산첨사에게 서계를 보내, 부산에 파견한 藩陶工에의 協力을 거듭해서 요청했다.(『本邦朝鮮往復書』42)

11.9. 조선국 전라도 楽安사람 10명이 石見国 久城浦에 표착하여, 対馬에 회송했다.(『本邦朝鮮往復書』42)[→1704.3. -]

서 가운데 반드시 災倭라고 일컬어 문제가 생길 수 있으므로 유의하여 살필 것을 청하다.(『肅宗實錄』 숙종 29, 『集成』28-397)

9.7. 對馬島主가 沙器를 굽게 해 달라고 청했으나, 허락하지 않는다는 것과 그들이 宰臣이라고 칭한 것은 거만한 것이라고 하는 서계를 주었으나, 差倭가 받아가기를 꺼리면서 왜관에 오래도록 머무르다.(『肅宗實錄』 숙종 29, 『集成』28-398)

12.3. 살해당한 역관의 屍親들이 왜관에 쳐들어가 왜인들을 때려 상처를 입히자, 임금이 왜인을 打傷한 2명을 邊地에 定配하고 나머지는 次律로 다스리라고 명하다./(『肅宗實錄』 숙종 29, 『集成』28-398)

【일본】

1.27. 조선국 전라도 靈巖郡 德津사람 39명(生存者 37명·死者 2명)이 薩摩国 永良部島에 표착하여, 対馬에 회송했다.(『本邦朝鮮往復書』42)[→6.-]

3.-. 対馬藩主 宗義方이 조선국 예조참의등에게 서계를 보내어, 지난해 11월 9일 石見国 久城浦에 표착한 전라도 楽安郡 漂民 10명을 송환했다.(『本邦朝鮮往復書』42·『大行院公実録』)[→1703.11.9.]

6.-. 松堂宗植이 다시 対馬 以酊庵 輪番僧이 되었다.(~宝永 3년(1706) 4월)(『前近代の国際交流と外交文書』)/ 対馬藩主 宗義方이, 예조참의 등에게 서계를 보내어, 1월 27일 薩摩国 永良部島에 표착한 전라도 靈巖郡 德津漂民(生存者 37명·死者 2명)을 송환했다.(『本邦朝鮮往復書』42·『大行院公実録』)[→1.27]

7.-. 対馬藩主 宗義方이 예조참의 등에게 서계를 보내, 訳官使迎接을 위해 裁判을 파견했다.(『本邦朝鮮往復書』43·『大行院公実録』)/ 対馬藩主 宗義方이 조선국 동래부사·부산첨사에게 서계를 보내, 陶工의 派遣을 전했다.(『本邦朝鮮往復書』43·『大行院公実録』)

11.22. 対馬来島의 訳官使(堂上官韓後壤·堂下官呉允文)이 宗義方의 帰島를 問慰했다.(『宗氏家譜略』·『大行院公実録』·『増正交隣志』6·『辺例集要』18)

【일본】

2.2. 조선국 경상도 蔚山의 어민 6명이 対馬国 西泊浦에 표착하여 対馬藩主 宗義方에게 2월 날짜로 조선국 예조참의 등에게 서계를 보내 표착민을 송환했다.(『本邦朝鮮往復書』43·『大行院公実録』)

연도	한국
▲ 1705	다.(『肅宗實錄』숙종 31, 『集成』28-402) 3.10. 왜인의 서계에 대인이란 용어를 쓰지 않음을 문제삼다.(『肅宗實錄』숙종 30, 『集成』28-402) 6.13. 울릉도를 수토하고 돌아올 때에 平海고을의 군관 황인건 등 161명이 익사하다.(『肅宗實錄』숙종 31) 12.5. 동래부사 黃一夏가 왜인이 公作米를 받기 위해 관소에 머물러 떠나지 않는다고 계문하니, 대신들과 의논하여 5년으로 한정하여 쌀을 주는 것을 허락하고, 그 뒤로는 주지 않겠다는 것을 엄히 약속하라고 전지하다.(『肅宗實錄』숙종 30, 『集成』28-403) -. 이해에 対馬藩, 進上品 柚子·柑橘이 流失되었다는 보고를 한, 조선국 済州牧使 宋口의 承政院 앞으로의 치계를 입수하고 「為後証」으로 『本邦朝鮮往復書』에 기록했다.(『本邦朝鮮往復書』43)[→3.-]
1706	10.-. 조선국 예조참의 李震寿가 渡海訳官使를 보내 対馬州 太守 平義方에게 서계를 보내어, 将軍家建儲를 축하했다.(『本邦朝鮮往復書』44)[→日本1707.2.-]/ 예조에서 訳官을 対馬島主에게 보내어 江戸関白의 立儲를 축하했다.(『本邦朝鮮往復書』44) 11.8. 조선국 경상도 河東郡 사람 5명·南海郡 사람 1명·四川郡 사람 1명이 対馬国 芦浦에 표착했는데, 対馬藩主 宗義方이 2월부로 예조참의 등에게 서계를 보내, 漂民을 송환했다.(『本邦朝鮮往復書』44·『大行院公実録』) 11.18. 조선국 경상도 寧海의 어민 11명이 長門国 黄波戸浦에 표착했다가 対馬에 회송도중 1명이 사망했다.(『本邦朝鮮往復書』44)[→1707.2.-] 12.24. 対馬来島의 訳官使(堂上官李碩麟·堂下官雀槍)이 宗義의 帰島를 問慰하고, 家宣立儲를 축하했다.(『宗氏家譜略』·『大行院公実録』·『増正交隣志』6·『辺例集要』18)
1707	【한국】 6.20. 우의정 李頤命이 동래부사가 왜선이 밤에 표류해 와서 많은 사람을 보내어 에워싸자 왜인들이 두려워 겁을 먹고 칼로 찌르는 일이 일어났다고 치계하였으니, 동래부사로 하여금 對馬島에 통보해 주어서 왜인들의 죄를 다스릴 것을 청하니, 윤허하다.(『肅宗實錄』숙종 33, 『集成』29-1) 8.19. 영의정 崔錫鼎이 전에는 關白 및 對馬島主에게 문위할 일이 있으면 한가지 글로 問慰하였는데, 지금은 왜인들이 關白은 임금이고 도주는 신하이니 兩度로 나눌 것을 요청하였다고 하면서, 고쳐 주기를 청하다.(『肅宗實錄』숙종 33, 『集成』29-2) 부산첨사에게 서계를 보내어, 新鑄造 宝字銀의 受容을 商人에게 전하도록 요청했다.(『本邦朝鮮往復書』44·『大行院公実録』) 8.-. 対馬藩에서 전하기를 釜山倭館에서 金海府 鳴旨島에 표착한 筑前国 표민 3명을 받았는데, 예조참의 権尚遊가 宗義方에게 서계를 보내어, 警護하는 軍卒에게 刺傷을 입힌 漂民中 1명에 대해서, 法에 따라 처벌할 것을 요청했다고 한다.(『大行院公実録』) 12.18. 조선국 전라도 海南県 農民 21명이 肥前国 斑島에 표착했는데, 곧바로 対馬에 회송했다.(『本邦朝鮮往復書』44)[→1708.2.-] 12.22. 조선국 전라도 康津 商民 27명이 五島 岐宿村 崎野地方에 표착했는데, 곧바로 対馬에 회송했다.(『本邦朝鮮往復書』44)→1708.2.-)
1708	【한국】 1.15. 영의정 최석정이 아뢰기를, 동래부사 韓配夏의 장계에 따른 왜인과 여인이 간통한 사건에 대해서, 訓導와 別差 등으로 하여금 責諭를 가하게 하자고 하다.(『肅宗實錄』숙종 34, 『集成』29-3) 8.20. 예조판서 趙相愚가 임진왜란 순군한 故 安陰縣監 郭䞭에게 특별히 贈諡하라는 교지가 있었는데, 그 자손이 零替하여 아직 諡狀을 짓지 못하여 시행되지 못 했다고 아뢰니, 명하여 특별히 시호를 내려주다.(『肅宗實錄』숙종 34, 『集成』29-4)
1709 ▼	【한국】 1.15. 왜관조시의 시간을 이른 아침으로 한정하고 쌀의 거래를 허락하다.(『肅宗實錄』숙종 35, 『集成』29-5) 1.28. 訓別輩가 差倭가 겹치어 와서 浩繁한 뜻을 재판차왜에게 말하니, 왜인들이 大差倭와 裁判差倭 등에게 공급하는 것 중에 熟麻·山麻·鐵釘·帆竹 등의 물건과 裁判差倭에 料로 주는 콩 50석을 감하기를 청하니, 허락하다.(『肅宗實錄』숙종 35, 『集成』29-5) 4.13. 譯官 최상집·韓重億 등이 對馬島에서 돌아왔는데, 가져간 서계에 간사한 왜인을 勘律하는 일을 말하였는데, 왜인들이 江戸의 책망을 받게 될 것이라하여 서계를 전하지 못하고 돌아오니, 최상집 등을 변방에 定配하다.(『肅宗實錄』숙

일본

3.-. 対馬藩主 宗義方이 예조참의등에 서계를 보내, 平戸藩領에 표착한 済州奉貞의 柑橘을 返還했다.(『本邦朝鮮往復書』43·『大行院公実録』)[→이 해]. 対馬藩主 宗義方이 예조참의 등에게 서계를 보내어, 지난해 12월 19일 平戸藩 領西浜에 표착한 전라도 羅州 漂民 37명을 송환했다.(『本邦朝鮮往復書』43·『大行院公実録』)[→1704.12.19.]/ 対馬藩主 宗義方이 ,예조참판등에게 서계를 보내어 将軍世子 立儲를 전했다.(『本邦朝鮮往復書』43·『大行院公実録』)

7.-. 対馬藩主 宗義方이 예조참의등에게 서계를 보내, 왜관관수의 교대를 전했다.(『本邦朝鮮往復書』43·『大行院公実録』)/ 対馬藩 対馬国 安神浦 표착한 蘇州船 1척을 乗員 42인과 함께 長崎에 보냈다.(『大行院公実録』)

9.21. 조선국 전라도 順天府의 商民 12명이 長門国 三島에 표착해, 対馬에 회송했다.(『本邦朝鮮往復書』43)[→12.-]

10.22. 差備官 韓僉知·韓判事·訓導 李僉知·別差 韓僉正, 裁判 佐治宇右衛門 앞으로「覚」을 보냈는데, 서계중에「儲」字의 높이에 대해 조선측의 견해를 전했다.(『本邦朝鮮往復書』43)

12.-. 対馬藩主 宗義方이 예조참의등에게 서계를 보냈는데, 9월 21일에 長門国 三島에 표착한 전라도 順天府 商民 12명을 송환했다.(『本邦朝鮮往復書』43·『大行院公実録』)[→9.21]

【일본】

2.5. 조선국 전라도 康津県 사람 7명,이 五島에 표착했는데, 対馬에 회송했다.(『本邦朝鮮往復書』44)[→5. -]

5.-. 対馬藩主 宗義方이 조선국 예조참의등에 서계를 보내, 2월 5일 五島에 표착한 전라도 康津県 표민 7명을 송환했다.(『本邦朝鮮往復書』44·『大行院公実録』)[→2.5]

9.-. 対馬藩主 宗義方이 예조참의등에 서계를 보내어, 訳官使 迎裁判의 파견을 고했다.(『本邦朝鮮往復書44』·『大行院公実録』)

10.14. 조선국 경상도 東莱·부산사람 6명이 長門国 阿武郡 須佐浦에 표착했다가 対馬에 回送되었다.(『本邦朝鮮往復書』44)[→1707.4.-]

10.16. 조선국 경상도 機張郡의 어민 7명이 対馬国 鴨瀬浦에 표착했는데, 対馬藩主 宗義方이 이달부로 예조참의 등에 서계를 보내어 漂民을 송환했다.(『本邦朝鮮往復書』44·『大行院公実録』)/ 조선국 전라도 扶安郡 農民 11명이 平戸藩領에 표착했다가 対馬에 회송되었다.(『本邦朝鮮往復書』44)[→1707.3. -]/ 조선국 경상도 熊川郡 農民 6명이 石見国 後地村 尾浜浦에 표착했다가 対馬에 回送되었다.(『本邦朝鮮往復書』44)[→1707.5.-]

【일본】

2.-. 対馬藩主 宗義方이 帰国하는 訳官使 편에 조선국 예조참의 등에게 서계를 보내어, 慶儲一件에의 선처를 구했다.(『本邦朝鮮往復書』44)[→朝鮮1706.10.-]/ 対馬藩主 宗義方이 예조참의등에 서계를 보내어, 지난해 11월 18일, 長門国 黄波戸浦에 표착한 경상도 寧海의 漁民 11명(1명은 도중에 사망)을 송환했다.(『本邦朝鮮往復書』44·『大行院公実録』)[→1706.11.18.]

3.-. 対馬藩主 宗義方이 예조참의 등에 서계를 보내어, 지난해 10월 16일, 平戸藩領에 표착한 전라도扶安郡 農民 11명을 송환했다.(『本邦朝鮮往復書』44·大行院 公実録』)[→1706.10.16.]

4.-. 対馬藩主 宗義方이 예조참의 등에 서계를 보내어, 지난해 10월 14일, 長門国 阿武郡 須佐浦에 표착한, 경상도 東莱·釜山의 표민 6명을 송환했다.(『本邦朝鮮往復書』44·『大行院公実録』)[→1706.10.14.]

5.21. 対馬藩의 内浦에 표착한 蘇州船 1척을 乗員 50인과 함께 長崎로 보냈다.(『大行院公実録』)

5.-. 対馬藩主 宗義方이 예조참의 등에 서계보내어, 지난해 10월 16일 石見国 後地村 尾浜浦에 표착한 경상도 熊川郡 農民 6명을 송환했다.(『本邦朝鮮往復書』44·『大行院公実録』)[→1706.10.16.]

6.5. 일본국 筑前州 城外 居民 3명이 金海府 長林浦에 표착했는데, 그중 1명을 問情할 때, 朝鮮側 役人을 상해를 입혔는데, 곧바로 예조참의 権尚游가 이달 날짜로 対馬州太守 平義方에게 서계를 보내고, 漂民을 송환했다.(『本邦朝鮮往復書』44)[→8. -]

7.-. 対馬藩主 宗義方이 예조참의등에 서계를 보내어, 왜관관수의 교대를 고했다.(『本邦朝鮮往復書』44). 対馬藩에서 조선국 동래부사·

10.-. 朝鮮의 小船 1척이 표착했는데, 長崎에 송환했다.(『寛宝日記』)

11.14. 조선국 경상도 蔚山郡의 8명이 対馬国 佐護郷湊에 표착했다. 이어서 対馬藩主 宗義方이 이달 부로 예조참의 등에게 서계를 보내어, 표민을 송환했다.(『本邦朝鮮往復書』44·『大行院公実録』)

12.12. 조선국 경상도 寧海府 農民 18명이 長門国 久津浦에 표착했는데, 곧바로 対馬에 回送했다.(『本邦朝鮮往復書』44)[→1708.2.-]

【일본】

2.-. 対馬藩主 宗義方이 조선국 예조참의 등에게 서계를 보내어, 지난해 12월 12일에 長門国 久津浦에 표착한 경상도 寧海府 農民 18명을 송환했다.(『本邦朝鮮往復書』44·『大行院公実録』)[→1707.12.12.]/ 対馬藩主 宗義方이 예조참의 등에 서계를 보내어, 지난해 12월 18일, 肥前国 斑島에 표착한 전라도 海南県 農民 21명을 송환했다.(『本邦朝鮮往復書』44·『大行院公実録』)[→1707.12.18.]/ 対馬藩主 宗義方이 예조참의 등에 서계를 보내, 지난해 12월 22일 五島 岐宿村 崎野地方에 표착한 전라도 東津商民 27명을 송환했다.(『本邦朝鮮往復書』44·『大行院公実録』)[→1707.12.22.]

【일본】

1.10. 綱吉이 没하다.(64歳) (『徳川実紀』)

2.30. 조선국 경상도 寧海의 漁民 6인이 鱈漁로 나갔다가 筑前国 志摩郡 唐泊浦에 표착했다.(『通航一覧』136) [5.-]

2.-. 対馬藩에서 樋口内記(平真致)를 大訃使로 조선국에 파견했다.(『大行院公実録』)

3.-. 対馬藩이 対馬国에 표착한 조선국 蔚山漂民 9인을 송환하다.(『大行院公実録』)

4.2. 家宣에게 将軍宣下했고, 5월 1일에 宣旨를 家宣에게 伝達했다.(『公卿補任』·『徳川実紀』)

9.-. 対馬藩의 訳官迎裁判 加納幸之助(藤方恭)가 조선에 도항했다.(『大行院公実録』)/ 平田所左衛門(平尚知)이 왜관관수가 되었다.(『大衍院

연도	한국
▲ 1709	종 35, 『集成』29-6)
1710	【한국】 3.3. 임진왜란 때 錦山郡守로서 의병장 高敬命과 더불어 군사를 모아 싸우다 순국한 權悰을 旌門하도록 하다.(『肅宗實錄』 　　숙종 36, 『集成』29-6) 3.29. 동래부사 權以鎭이 역관들과 왜인들의 접촉을 금하도록 할 것, 開市에서 왜인과 우리나라 사람들의 다툼을 방지할 　　것, 對馬島主가 해마다 訓導에게 1천냥을 주어 역관들에게 나누어 주는데 이를 받지 못하게 할 것 등을 아뢰다.(『肅 　　宗實錄』 숙종 36, 『集成』29-6) 4.12. 경상 좌수사 이상집이 동래 왜관의 훈도와 별차들의 논죄를 청하다.(『肅宗實錄』 숙종 36, 『集成』29-9) 5.6. 영의정 李畬가 아뢰기를, 동래부사 權以鎭이 倭館의 供奉을 철폐하는 일로써 논열하여 장문한 것을 아뢰며 장계의 의 　　거하여 供奉을 철폐함이 마땅하다고 아뢰다.(『肅宗實錄』 숙종 36, 『集成』29-10) 6.12. 對馬島主 平義方이 예조에 移書하여 내년 5월에 출발하여 7, 8월에 東武에 도착하기로 되어 있는 우리 나라 사신의 　　일정을 알려오다.(『肅宗實錄』 숙종 36, 『集成』29-11) 7.25. 영의정 李畬가 왜관의 公作米는 기한이 만료되었으나, 對馬島의 생계는 우리나라에서 주는 쌀에 의존해 왔고, 통신 　　사의 행차가 對馬島에서는 큰 폐단이 된다고 하면서 은전을 베풀기를 청하니, 공작미 지급을 5년을 한하여 허락하 　　다.(『肅宗實錄』 숙종 36, 『集成』29-11) 윤7.4. 東萊守臣이 아뢰기를, 日本의 執政이 雙蒼月羅의 말 2필을 무역하기를 요구한다고 하니, 윤허하다.(『肅宗實錄』 숙종 　　36, 『集成』29-11) 8.26. 약방 제조 민진후가 관수왜의 공봉을 허락하기를 청하다.(『肅宗實錄』 숙종 36, 『集成』29-12) 9.28. 장령 李翊漢이 倭譯 韓後瑗을 起復시키라는 명을 정지하자고 아뢰니, 임금이 그대로 따르다.(『肅宗實錄』 숙종 36, 　　『集成』29-12)
1711 ▼	【한국】 1.25. 통신사 趙泰億·부사 任守幹·종사관 李邦彦이 청대하였는데, 조태억이 對馬島主 아들 彦千代가 도서를 청한지 오래 　　인데, 倭國에서 犯奸한 사람을 붙잡아 보내지 않는 이유로 도서를 주지 않을 수 없다고 아뢰다.(『肅宗實錄』 숙종 37, 　　『集成』29-14)/ 日本通信使 趙泰億이 対馬主의 아들, 彦千代의 図書造給許可의 遷延을 재검토해달라는 요청을 請 　　対했다.(任守幹『東槎日記』·『朝鮮史』5-7) 2.20. 萊館의 裁判倭가 譯官에게 말한 江戸의 執政·執事 등에게 예조에서 주는 예물의 폐단을 없애 달라고 하는 문제에 대 　　해서, 예조에서 묘당으로 하여금 稟處하게 할 것을 청하니 그대로 따르다.(『肅宗實錄』 숙종 37, 『集成』29-15) 2.21. 동래부사 權以鎭이 倭奴가 침범하는 路程이 東萊가 가장 빠르므로 築城해야 한다고 상소한 문제와 해변을 방어하는 　　여러 조목을 논하니, 임금이 廟堂으로 하여금 稟處하게 하다.(『肅宗實錄』 숙종 37, 『集成』29-15) 2.30. 좌의정 徐宗泰가 아뢰기를, 差倭가 禮物과 禮幣를 감해야 한다고 한 까닭에 대해 힐문하고 글로써 도주에게 물어 그 　　기색을 보아야 한다고 하다.(『肅宗實錄』 숙종 37, 『集成』29-16) 3.3. 同副承旨 尹行敎가 상소하여 말하기를, 倭國의 서계와 禮段은 전례에 따라서 보내는 것이 마땅하다고 아뢰다.(『肅宗 　　實錄』 숙종 37, 『集成』29-17) 3.6. 禮曹參判 金鎭圭가 關白의 儲子에게 禮單을 보내는 문제에 대해서 아뢰다.(『肅宗實錄』 숙종 37, 『集成』29-18) 4.12. 對馬島 大差倭에게 儲君과 執政에게 예단을 減除한 이유에 대해 詰問하고, 이에 대해 대신들과 논의하다.(『肅宗實錄』 　　숙종 37, 『集成』29-19) 5.9. 비변사에서 倭國 關白의 아들에게 보낼 예단과 執政에게 보낼 서계와 예단을 정비하고, 對馬島主의 回答을 기다려 보 　　낼 여부를 결정하도록 청하다.(『肅宗實錄』 숙종 37, 『集成』29-21) 5.13. 조정에서 禮單의 일로 對馬島에 글을 보냈는데 對馬島主 平義方이 儲君의 예물과 執政의 서계를 정지하는 일은 東武 　　의 명령에 따른 것이라고 답하다.(『肅宗實錄』 숙종 37, 『集成』29-21) 5.15. 통신사 趙泰億, 부사 任守幹, 종사관 李邦彦이 辭陛하니 임금이 인견하고, 江戸에 예단을 보내지 않게 하다.(『肅宗實 　　錄』 숙종 37, 『集成』29-21)/ 大臣과 비변사의 諸臣에게 倭國 예단을 보낼 여부와 彦千代에게 圖書를 許給함이 타당한 　　지의 여부를 의논하게 하고, 이번 使行에서 우리나라 사람과 왜인이 범간하였을 경우 왜인도 처벌하는 約條 받아 오 　　게 하다.(『肅宗實錄』 숙종 37, 『集成』29-22)/ 日本通信使 趙泰億·副使 任守幹·從事官 李邦彦 등이 숙배를 하고 漢城 　　을 출발했다.(任守幹『東槎日記』). 5.21. 동래부사에게 명하여 對馬島主 平義方에게 對馬島에서 보낸 서계에 結辭로 쓰던 '不宣'이란 용어 대신 '不悉'이라고 　　한 것에 대해서 치서하다.(『肅宗實錄』 숙종 37, 『集成』29-24) 5.25. 對馬島主 平義方이 서계를 보내어 구례에 따라 大君의 칭호를 '國王'으로 해 줄 것을 요청하였으나, 동래부사 李正臣

일본

公実録』)

11.25. 幕府가 寺社奉行 本多忠晴·大目付 仙石久尚·勘定頭 荻原重秀을 朝鮮人来聘 御用掛레 임명하고, 12월 11일, 若年寄 加藤明英를 同掛에 임명했다.(『通航一覧』36)

11.-. 対馬藩에서 対馬国에 표착한 조선국 機張 漂民 8인을 송환했다.(『大行院公実録』)

-. 이해에 宗義方이 訳官護送 裁判에 竜田権兵衛를 임명하고, 아들 彦千代의 図書를 청했는데 거부되었다.(『通航一覧』123)

【일본】

1.19. 対馬来島의 訳官使(堂上官下廷郁·堂下官鄭晩益)가 宗義方 帰島를 문위하고, 徳川綱吉死没의 吊, 通信使 節目講定을 행했다.(『宗氏家譜略』·『大行院公実録』·『増正交隣志』6·『辺例集要』18)

3.13. 若年寄 大久保佐渡守가 対馬藩 留守居에 徳川家綱時代의 朝鮮鷹의 献上한 일을 물었다. 5월 8일에 妻木平四郎이 対馬藩에 朝鮮鷹의 献上에 대해 물었다.(『通航一覧』120)

3.15. 対馬藩 家老 杉村栄女가 幕府에 朝鮮通信使 来聘時節을 묻기위해 4월에 藩主 宗義方이 조선국예조참판에게 서계를 보내어 通信使를 내년 5월경에 朝鮮을 출발하여 7·8월경에 江戸에서 빙례해주기를 요청했다.(『通航一覧』32)

4.-. 対馬藩이 樋口佐左衛門(平真連)을 조선국에 告聘使로 파견하다.(『大行院公実録』)

11.-. 対馬藩의 講定聘事·信使迎接裁判 島雄八左衛門(平方正)가 朝鮮에 도항했다.(『大行院公実録』)

11.10. 北漢山·洪福山에 성을 쌓는 것을 의논하게 하니, 奉朝賀 南九萬이 갑자년에 호남사람들이 표류하여 鄭錦舍가 있는 곳에 이르렀다가 돌아오면서 일본과 우리나라가 연합하여 清人을 칠 것이라는 글을 가지고 왔다고 말하다.(『肅宗實錄』숙종 36, 『集成』29-13)/ 동래부사 權以鎭이 임진왜란 때에 순절한 梁山郡守 趙英圭·東萊教授 盧蓋邦·諸生 文德謙 등에게 祠額을 내려주고 관원을 보내어 제사를 지낼 것과 明나라의 經理 萬世德의 廟宇를 세울 것을 청하다.(『肅宗實錄』숙종 36, 『集成』29-13)

【일본】

1.-. 対馬藩이 平田隼人(平方直)을 朝鮮迎聘使로 삼았다.(『大行院公実録』)

2.15. 江戸町의 年寄와 町々名主가 月行事에 朝鮮通信使来日에 따라 내달 16일에, 町奉行의 길잡이가 있어, 奉行으로부터 質問도 있을 것이기 때문에, 그때는 물러나 있을 것, 또 街道掃除에 공을 들일 것을 언급했다.(『通航一覧』46)

2.27. 幕府가 対馬藩에 信使入料 5万両의 拝借를 허가했다.(『通航一覧』29·宗氏家譜略)

2.-. 対馬藩이 樋口内記(平真致)를 왜관관수로 삼았다.(『大行院公実録』)/ 対馬藩이 通信使来日에 따라 금년의 歳遣船을 정지했다.(『大行院公実録』)/ 対馬藩이 対馬国에 표착한 조선국 南海의 漂民 9인을 송환했다.(『大行院公実録』)

3.-. 対馬藩이 吉野五郎七(助順)을 別代官으로 삼았다.(『大行院公実録』)/ 対馬의 宗氏가 조선에 書를 보내, 輸出用에 特鋳銀을 쓸 것을 요구했다.(『通航一覧』132)

4.13. 幕府가 朝鮮通信使의 通行筋로 修復을 希望하는 寺社에는 修復料의 拝借를 허가하는 뜻을 언급했다.(『通航一覧』45)

4.-. 이보다 앞서, 일본국 幕府가 이번 빙례부터 儲君에의 礼物이나 老中·예조 간의 서계 폐지 등을 결정하고, 対馬藩에 조선측과의 교섭을 명하고, 이달에 조선국 동래부사 李正臣이 対馬藩主 宗義方에게 서계를 보내, 幕府의 제안에 대해 사전에 서계없이 礼式을 고친 것을 비난했다.(『通航一覧』32)

6.23. 新井白石이 通信使 進見·賜宴·辞見등의 式을 순서를 제출했다.(『通航一覧』36)

6.-. 寺社奉行 本多忠晴이 老中의 뜻을 받들어, 聘礼改革의 의도를 쓴 漢文서계를 宗義方에게 보냈다.(『通航一覧』32)

7.5. 朝鮮通信使가 対馬 佐須奈浦에 도착했고, 15일에 副使船이 도착했다.(『通航一覧』54·任守幹『東槎日記』)

7.12. 막부가 高家長沢資親·同畠山義寧에게 朝鮮通信来日과 帰国 때에 駿府以東의 饗応의 上使를 명하고, 18일, 波之間詰酒井忠真에게 品川까지 出迎의 上使를 명했다.(『通航一覧』36)

7.13. 막부가 通信使가 江戸에 도착하는 날, 江戸城初登城의 때, 賜暇退出의 내, 江戸出発의 날에는 両国의 国書에 대해서는 下馬下乗의 礼를 취해야 할 것을 온 시내에 남김없이 전하도록 江戸町年寄에게 명했다.(『通航一覧』46)

7.19. 조선통신사가 対馬府中에 도착하여 国本寺에 숙박했다. 島主가 병이 나서 医員을 요청해서, 医員 3인을 보냈다.(任守幹『東槎日記』)

7.27. 江戸 전체마을에, 幕府의 명령에 의해 通信使가 江戸를 通行할 때에, 与力·同心 이하 諸役人에게 接待나 見物場所의 제공을 하지 않는 것을 連判하여 합의하도록 해야하며, 幕府는 朝鮮人通行의 때에 불조심·掃除·見物作法·川船整列·朝鮮人従者와의 売買禁止 등을 강조했고, 특히 막부는 불조심·구경 방법에 대해 자주 자주 언급했다.(『通航一覧』46)

8.19. 幕府는 通信使가 저택 앞을 通行할 때에는 警固하는 사람을 내어서 구경하는 것을 방해하지 않도록 할 것, 男女·僧尼가 구경하는 장소에서 틀여 박혀 있어서는 안될 것, 外国人에 대한 無礼는 풍속의 차이에 의한 것이기 때문에 깊이 책망해서는 안 될 것 등을 여러 大名들에게 잘 전달해야 한다. (『通航一覧』45)

8.25. 幕府가 新井白石에게, 通信使来日의 때에 道中 途中까지 出迎할 것을 内命하고, 路銀으로 金100両을 하사, 9월 23일, 재차 川崎까지

연도	한국
▲ 1711	이 그 서계를 물리쳐 받아들이지 않고, 한 부를 몰래 등사하여 치계하니, 묘당으로 하여금 稟處하도록 하다.(『肅宗實錄』 숙종 37, 『集成』29-24) 5.27. 일본의 王號復古 요청에 대해 대신들과 의논하였는데, 좌참찬 李彦綱이 備局郎을 尹趾完에게 보내어 이 일을 문의한 것을 아뢰니, 국서를 고치어 보내도록 하다.(『肅宗實錄』 숙종 37, 『集成』29-25) 5.29. 통신사 任守幹과 비변사에서 청하여 유배 중인 역관 崔尙집에게 職牒과 冠帶를 돌려주어 통신사를 따라가게 하다.(『肅宗實錄』 숙종 37, 『集成』29-27) 6.8. 對馬島에 關白의 王號復古 요청을 받아 들인다는 서계를 보내다.(『肅宗實錄』 숙종 37, 『集成』29-28) 7.5. 日本通信使가 釜山을 출발하여 対馬 佐須奈浦에 도착했는데, 副使船이 격한 광풍에 손상되어, 부산으로 돌아왔다가 15일에 다시 釜山을 출발하여 佐須奈浦에 도착하여 다른배와 합류했다.(任守幹『東槎日記』) 7.12. 통신사 일행이 副使 任守幹이 탄 배는 尾木이 折傷되어서 부산포로 돌아왔으나, 上使와 從使官의 배는 對馬島의 佐順浦에 도착하였다고 각각 사유를 갖추어서 啓聞하다.(『肅宗實錄』 숙종 37, 『集成』29-28) 8.21. 통신사 趙泰億·任守幹이 7월 19일에 對馬島에 도착하였는데, 22일에 큰 비바람이 일어 왜인 2명이 빠져죽고, 任守幹의 軍官 前監察 閔濟章이 죽음을 무릅쓰고 사람을 구하였다고 치계하다.(『肅宗實錄』 숙종 37, 『集成』29-28) 9.16. 朝鮮通信使가 大坂에 도착하여 本願寺에 숙박했다. 館伴岡部長泰가 이들을 영접했다.(任守幹『東槎日記』) 9.28. 朝鮮通信使가 京都에 도착하여 本圀寺에 숙박했다.(任守幹『東槎日記』) 10.18. 朝鮮通信使가 江戸의 東本願寺에 도착했다.(任守幹『東槎日記』) 11.1. 朝鮮通信使가 江戸城에서 家宣에게 国書를 奉呈했는데, 前例와는 다르게 國書를 읽게했는데, *家宣이 조선국왕의 안부를 물었다.(任守幹『東槎日記』). 11.11. 江戸城에서 朝鮮通信使의 帰国礼가 있었다. 家宣이 通信使에게 返翰을 주었는데, 返物中에 조선국왕 中宗의 諱를 썼고, 外面封式이 전례와 달라서, 対馬藩主를 통해 改正을 요구했고, 곧이어 이건에 대해 交涉을 했다.(任守幹『東槎日記』) 12.18. 對馬島主 平義方이 동래부사에게 글을 보내어 옛날대로 무역하길 청하며 舊銀 1만 7천냥을 보내온 것을 府使 李正臣이 치계하니, 의논하여 對馬島에 글을 보내었는데 對馬島에서 文句를 고쳐달라고 하여 들어주다.(『肅宗實錄』 숙종 37, 『集成』29-29) 12.19. 掌令 洪禹寧이 논핵하기를, 摠戎使 金重器가 비변사의 綿布 1백 50同을 倭館에 轉貿하게 해서 巨萬 금을 殖利하고도 갚지 않으므로 탐욕하다고 하다.(『肅宗實錄』 숙종 37, 『集成』29-31)
1712 ▼	【한국】 1.1. 예조참판 金鎭圭가 통신사 일행이 일본측의 요청을 받아들여 국서를 고쳐 달라고 치계한 것은 치욕이라고 논하면서, 對馬島主에게 국서를 전하도록 요구하여 조정을 욕되게 하지 말아야 한다고 상소하다.(『肅宗實錄』 숙종 38, 『集成』29-36) 1.3. 備邊司에서 통신사에게 別單을 보내어 사행이 이미 강호를 떠나 對馬島로 온 것은 잘못된 것이라는 것과 국서를 고쳤음을 啓下하다.(『肅宗實錄』 숙종 38, 『集成』29-37) 1.9. 통신사 趙泰億 등이 大阪城에서 대마주태수 平義方이 와서 犯諱한 글자를 이미 고쳐서 내렸다고 하였고, 使者 2인이 와서 우리나라의 국서가 고쳐 오기를 기다려 주겠다고 말한 것을 치계하다.(『肅宗實錄』 숙종 38, 『集成』29-38) 2.7. 行 判中樞府事 金昌集이 통신사가 國書를 고쳐 보냄이 늦을까 두려워하여 나라를 욕되게 하였다 하여 그 죄를 논하다.(『肅宗實錄』 숙종 38, 『集成』29-38)/ 持平 金有慶이 통신사의 삼사로써 國書를 도로 가져오고 答書를 받아오지 못하고, 국서의 改本을 요구당한 三使臣과 首譯, 諸譯을 拿鞫하여 定罪하도록 청하다.(『肅宗實錄』 숙종 38, 『集成』29-39) 2.8. 掌令 韓永祚와 李熊徵이 통신사의 죄를 箚子를 올려 논하지 않은 대신들을 배척함을 가지고 引避하다.(『肅宗實錄』 숙종 38, 『集成』29-40) 2.9. 朝鮮通信使가 対馬에 도착했다. 이보다 앞서, 조선에서 国書가 西山寺에 이르렀다. 이날 通信使가, 西山寺에 와서 国書를 받았다.(任守幹『東槎日記』)/ 通信使 趙泰億 등이 對馬島 奉行의 말을 빌어 일본국왕 국서의 고친 내용을 치계하면서 대죄를 청하다.(『肅宗實錄』 숙종 38, 『集成』29-40) 2.10. 前 佐郎 李萬葉이 國書를 가지고 돌아오고 국서를 고쳐달라 청한 통신사의 죄를 논하고, 그 죄를 청하지 않는 조정의 신하를 비판하는 상소를 올리다.(『肅宗實錄』 숙종 38, 『集成』29-41)/ 임금이 통신사의 죄를 논한 李萬葉이 조정의 신하를 임금을 잊고 黨에 죽는 罪科로 몬다하여 삭출 仕版하다.(『肅宗實錄』 숙종 38, 『集成』29-42) 2.12. 개정한 양국의 국서교환이 対馬에서 행해졌다.(任守幹『東槎日記』) 2.15. 校理 申鐔이 李萬葉의 疏로 인해 引咎한 이대성의 죄를 논핵하다.(『肅宗實錄』 숙종 38, 『集成』29-44) 2.24. 通信使 趙泰億 등이 對馬島에서 일본에서의 일을 변명하고, 對馬島主 平義方과 對馬島 사람으로서 부산에 와서 여인을 淫奸한 자에 대해 치죄할 것 등에 대해 논의한 것을 치계하다.(『肅宗實錄』 숙종 38, 『集成』29-44) 2.25. 日本通信使가 対馬 佐須奈浦를 출발해, 바람에 밀려 左水営의 南川에 도착하자, 大臣의 割子와 台諫의 啓聞의해 使臣処罰의 御名을 들었다.(任守幹『東槎日記』·『通航一覧』117) 3.5. 동래부사 李正臣이 對馬島主과 犯奸事에 대한 약조를 새로 정하고 글을 전하여 올려보내니, 예조에서 약조를 왜관 안에 새겨 세우기를 아뢰자, 그대로 따르다.(『肅宗實錄』 숙종 38, 『集成』29-46)

일본

파견할 것을 명했다.(『通航一覧』 46)

8.-. 幕府가 竹矢来·提燈 등의 방법에 대해서 언급했는데, 提燈은 通信使의 江戸到着時, 通行하는 거리에서는 片側 10間마다(両側千鳥配列에서는 5間마다), 橋上·橋詰·広小路등에서는 片側6~7間마다(両側千鳥配列)에 등을 켜도록 지시했다.(『通航一覧』 46)

9.27. 朝鮮에서 献上한 鷹·馬가 江戸에 도착한 이 날, 通行하는 길목에서는 모래를 뿌리고, 水手桶을 내놓는다.(『通航一覧』 46)/ 新井白石이 朝鮮人応接을 할 때에 従五位下를 수여하고, 筑後守를 자칭했다. 그 밖에도 朝鮮人応接의 役에 따라 改名한 자도 있었다.(『新井白石日記』·『通航一覧』 36)

10.19. 幕府가 対馬藩에 米 500俵를 하사했다.(『宗氏家譜略』)/ 幕府가 対馬藩의 요청을 받아주고, 同藩 家老 3인의 御目見을 행했다. 이후 朝鮮通信使 同道参府 때는 朝鮮人의 御用에 관계하는 家老의 御目見을 허가했다.(『通航一覧』 28)

11.13. 幕府가 対馬藩에 通信使聘礼改革에 尽力한 功績으로, 柳川氏의 旧領을 돌려 주었다.(『通航一覧』 28·『宗氏家譜略』)/ 幕府가 宗義方에게 朝鮮通信使에 대해서는 今回의 規式을 今後의 常例로 삼도록 했다.(『通航一覧』 32)

11.19. 朝鮮通信使가 江戸를 出発했다.(任守幹 『東槎日記』)

11.21. 幕府가 通信使聘礼担当者에게 賞賜했는데, 老中土屋政直에게 刀, 若年寄久世重之에게 時服을 하사했다. 22일, 寺社奉行 本多忠晴·大目付 仙石久尚 등 이하에 時服等을 하사하고, 新井白石에게는 500石을 加増하여, 1000石으로 했다. 12월 1일, 土屋政直·老中秋元喬知에게는 各 1万石을 加増했다.(『通航一覧』 37)

-. 이해에 幕府가 正徳度通信使 来日의 때에 朝鮮人来朝라고 말하는 것을 금하고, 来聘이라고 칭하는 것을 언급한 기록이 있다.(『通航一覧』45·66)/ 通信使가 江戸에 通行할 때에, 武家 屋敷는 屏風이나 장막으로 화려하게 장식하도록 막부로부터 지시가 있었다는 기록이 있다.(『通航一覧』 45)

12.21. 왜선이 제주에 표류하니, 서계를 갖추어 對馬島로 압송하라고 명하다.(『肅宗實錄』 숙종 37, 『集成』 29-31)

12.30. 통신사 趙泰億 등이 江戸에서 일본국왕의 회답서를 받았는데 답서중에 中宗의 御諱를 범한 내용이 있어, 고쳐달라고 요구했더니 乙未年 通信使 때 '日光山'의 光자를 諱避하지 않은 것을 먼저 고칠 것를 요구한다고 치계하다.(『肅宗實錄』 숙종 37, 『集成』 29-32)

【일본】

1.-. 동래부사 李正臣이 対馬의 宗氏에게 書를 보내, 特鋳銀의 통용을 인정한다는 뜻을 전했다.(『通航一覧』 132)

3.-. 지난해에 조선에 표착한 薩摩人 1인이 対馬経由하여 長崎로 송환되었다가 조사후에 薩摩藩에 돌아갔다.(『長崎実録大成』 15)

5.-. 中山玄中이 다시 対馬 以酊庵 輪番僧이 되었다. (~正徳4년(1714) 3월) (『前近代の国際交流と外交文書』)

7.-. 일본국 肥前国 唐津사람 11인이 표착했는데, 12월, 와 함께 対馬藩을 경유하여 長崎에 보내졌다가 조사 후에 唐津藩에 인도되었다.(『通航一覧』 135)

-. 이 해 겨울, 朝鮮의 空船 1척이 対馬国 三浦에 표착했다가 다음해 正徳 3년(1713), 歳船에 부쳐 송환되었다.[→朝鮮1716. 이 해]

-. 이 해에 宗義方이 朝鮮에 彦千代의 図書를 요청했다.(『通航一覧』 123)

3.9. 일본통신사 趙泰億·任守幹·李邦彦 등이 돌아와 囚禁되다./ 일본국에서 보내온 답서에 좋은 이웃이 대대로 修睦하여 백년의 和好를 강구하였다라고 적고, 갑옷 30벌·大刀 20자루·長刀 20자루·厨子 1개·全幅屏風 20벌들을 예물로 보내오다.(『肅宗實錄』 숙종 38, 『集成』 29-46)

3.27. 일본 통신사 趙泰億 등의 죄를 논의하여 관작을 삭탈하여 門外黜送하라고 명하다.(『肅宗實錄』 숙종 38, 『集成』 29-47)

4.22. 校理 呉命恒이 《懲毖錄》이 倭國에 들어갔다고 하여 科條를 세워 금단하고 草梁村에 人家의 入居를 금하기를 청하다.(『肅宗實錄』 숙종 38, 『集成』 29-48)

5.20. 영의정 徐宗泰가 지난해 통신사가 갔을 때 奉行倭가 入送使 징지에 대헌 일로 東萊府에 글을 바친인에 대해 아뢰고, 徐宗泰·趙泰采의 말로 인하여 通信正使가 가지고 온 《日本國書》를 바치게 하다.(『肅宗實錄』 숙종 38, 『集成』 29-49)

5.25. 司諫 權燨가 통신사가 禮로 처신하지 못한 점과 治裝의 사치스러움, 아랫사람을 檢束함이 엄격하지 못하다고 상소하다.(『肅宗實錄』 숙종 38, 『集成』 29-50)

6.11. 侍讀官 呉命恒이 일본에 다녀온 통신사 趙泰億·任守幹 등은 이미 논죄하였는데, 원통할 만한 단서가 있다고 아뢰다.(『肅宗實錄』 숙종 38, 『集成』 29-51)

10.24. 사헌부에서 신사 행차 때 홍순연의 비리 등에 대해 아뢰다.(『肅宗實錄』 숙종 38, 『集成』 29-52)

11.16. 장령 鄭必東이 통신사가 돌아올 때 함부로 천 명이 넘는 백성을 징발하여 민간에 폐혜를 준다는 論事疏를 올리다.(『肅宗實錄』 숙종 38, 『集成』 29-52)

12.13. 영의정 李濡가 동래부사의 장계에 對馬島主가 서계를 보내어 彦千代의 도서를 청한 일이 있다고 아뢰면서, 도서를 허락해 주되 이

연도	한국
▲ 1712	뒤로는 준례를 삼지 말라는 뜻을 청하니, 특별히 허락해 주도록 하다.(『肅宗實錄』 숙종 38, 『集成』29-54)/ 副應教 吳命恒이 상소를 올려 鄭必東이 일본통신사에 관해 논한 것은 멋대로 날조한 것이 많다고 아뢰다.(『肅宗實錄』 숙종 38, 『集成』29-55) 12.15. 동래 부사 이명준이 관백의 서거와 승습에 대해 장계하다.(『肅宗實錄』 숙종 38, 『集成』29-55)
1713	【한국】 5.5. 都提調 李頤命이 통신사의 배가 돌아오면 곧바로 對馬島에 보내어 잘 돌아왔다는 것을 알리는 것이 舊例인데, 이번의 통신사는 서계를 궐하였다고 하면서 對馬島主의 질문이 있기를 기다려 답변하도록 아뢰니, 옳게 여기다.(『肅宗實錄』 숙종 39, 『集成』29-58) 5.27. 倭譯 李碩麟·鄭晩益·李德基 등이 訓導別差가 되어 裁判倭와 더불어 왜인의 日供과 청구하는 雜物은 모두 쌀로써 값을 결정하는 것 등을 논의하였는데, 임의대로 처리하였으므로 치죄하다.(『肅宗實錄』 숙종 39, 『集成』29-58) 5.30. 동래부사 李明浚이 일본의 새 關白 家繼가 뒤를 계승하였음을 差倭 平倫久가 와서 알렸으니, 앞으로는 서계에 '繼'자를 쓰지 말기를 치계하다.(『肅宗實錄』 숙종 39, 『集成』29-59) 윤5.5. 校理 洪禹瑞가 임진왜란 때 싸우다 죽은 高因厚의 奉祀孫을 녹용하기를 청하니, 그대로 따르다.(『肅宗實錄』 숙종 39, 『集成』29-59) 12.1. 통신사 趙泰億 등 3인이 奉使하면서 王命을 욕되게 하여 거듭 臺論을 입었다가 이때에 職牒을 돌려주라고 명하다.(『肅宗實錄』 숙종 39, 『集成』29-59)
1714	【한국】 3.29. 戶曹判書 趙泰耈가 東萊의 參稅를 곧장 戶曹에 바치게 하고 潛商은 刑을 감하여 次律로 시행하며, 發告한 자에게는 參의 半額을 지급하도록 청하다.(『肅宗實錄』 숙종 40, 『集成』29-60) 7.22. 강원도 어사 趙錫命이 영동 지방의 海防의 허술한 상황을 논하고 防禦의 대책을 늦출 수 없다하니, 廟堂에서 강원도에 신칙하여 軍保를 단속할 것을 청하다.(『肅宗實錄』 숙종 40, 『集成』29-60) 8.3. 경상도 暗行御史 李秉常이 草梁의 서쪽과 남쪽 두 곳에 城을 쌓아 海岸에 이르게 하고, 저자를 城 밖으로 옮겨 雜人을 금지하며, 倭人의 宴享할 때 女樂을 파할 것을 청하다.(『肅宗實錄』 숙종 40, 『集成』29-60)
1715	【한국】 6.29. 持平 趙泰福이 동래부사 權수가 받아서 보낸 倭書속에 語諱를 범한 문자가 있는 것을 살피지 못하여 국가에 욕을 끼쳤으니, 攸司로 하여금 拿問할 것을 청하다.(『肅宗實錄』 숙종 41, 『集成』29-61) 10.12. 영의정 徐宗泰가 對馬島主가 품질이 좋은 인삼을 얻고자 청하였는데 후일의 폐단이 될 수 있다고 아뢰자, 정해진 이외에는 별도로 구하는 것이 후폐를 끼칠수 있으니, 방책을 세우도록 하다.(『肅宗實錄』 숙종 41, 『集成』29-61)
1716	【한국】 2.22. 工曹參議 趙泰億이 통신사 때 왜인에게 존경받지 못하여 나라의 체모를 손상하고 무리를 단속하지 못한 것으로 논박받은 일을 변명하는 상소를 올리다.(『肅宗實錄』 숙종 42, 『集成』29-62) 4.15. 吏曹判書 崔錫恒이 吏曹參議 趙泰億을 責諭하여 出仕시킬 것을 청하여, 임금이 行公시키게 하다.(『肅宗實錄』 숙종 42, 『集成』29-62) 6.9. 일본의 關白이 죽고 紀伊太守 源吉宗이 새 관백이 되다.(『肅宗實錄』 숙종 42, 『集成』29-63) 8.1. 對馬島에서 江戶에 서계를 보내어 藥蔘을 무역하는 것과 전에 보낸 서계에 '重'자는 관백의 조부의 諱이니 고쳐주기를 청하니, 약삼을 무역하는 일은 전에 없던 규례이니 물리치고, '重'자는 고쳐 주도록 하다.(『肅宗實錄』 숙종 42, 『集成』29-63) 12.6. 전라도 珍島郡의 金瑞 등 9인이 바다에서 표류하여 유구에 닿았는데, 유구에서 淸國으로 조공을 갈 때 같이 보내었고, 청국에서 다시 移咨하고 돌려보내니, 金瑞 등이 유구와 청을 거쳐 돌아오게 된 경위를 아뢰다.(『肅宗實錄』 숙종 42, 『集成』29-63)
1717	【한국】 1.2. 提調 閔鎭厚 등이 유구에서 우리나라 사람을 돌려보내 주었으니 사례해야 한다고 아뢰어 묘당에 품처하게 하니, 예조판서 宋相琦가 청국의 예부에서 알면 문제가 될 수 있다하여 그만두도록 하다.(『肅宗實錄』 숙종 43, 『集成』29-65) 5.5. 礪山君 枋이 청에서 돌아 오면서, 遼東에서 본 明末에 琉球國에서 강화한 표문에 대해서 상소하다.(『肅宗實錄』 숙종 43, 『集成』29-65) 7.12. 동래부사 韓重熙가 問慰譯官이 가져간 서계에 '重'자가 있었는데, 이는 관백의 이름이므로 쓰지 않기로 하였으니 고쳐 보내기를 청하니, 허락하다.(『肅宗實錄』 숙종 43, 『集成』29-67) 9.13. 都提調 金昌集이 東萊府로 하여금 각 고을에서 年度別로 미수된 倭供木의 수량을 조사해 내어 해당 수령을 논죄할 것을 청하다.(『肅宗實錄』 숙종 43, 『集成』29-67)
1718 ▼	【한국】 1.19. 동래부사가 왜인 접대에 먼저 진상 숙배하는 등의 예를 행하도록 청하다.(『肅宗實錄』 숙종 44, 『集成』29-68) 2.30. 영의정 金昌集이 동래부사 趙榮福의 장본을 들어 통신사를 시기에 맞추어 差出할 것과 接慰官의 보고서를 기다렸다

일본

12.22. 우참찬 金鎭圭가 對馬島主의 도서에 관한 일과 倭國의 關白이 죽고 그의 嗣子가 어려서 족친이 섭정하고 있다는 것을 아뢰다.(『肅宗實錄』숙종 38, 『集成』29-56)

12.25. 왜인들이 서계에 問候하지 않았다는 이유로 조선에서도 서계에 문후하지 않자, 왜인들이 받지 않으니, 동래부사 이명준과 훈도·별차를 추문하도록 하다.(『肅宗實錄』숙종 38, 『集成』29-57)

【일본】

1.-. 예조참의 趙道彬에 명해 対馬에 児名図書를 보냈다.(『大行院公実録』·『通航一覧』123)

8.1. 対馬来島의 訳官使(堂上官 朴再昌·堂下官 金是檓)이 宗義方 帰島를 문위하고, 家宣死没을 조문했다.(『宗氏家譜略』·『通航一覧』119·『増正交隣志』6·『辺例集要』18)

10.-. 宗義方이 조선국 예조에 書를 보내, 人参·絹織物의 品質이 劣悪하다는 것에 주의를 촉구했다.(『大行院公実録』·『通航一覧』130)[→朝鮮1715.3.-]

12.1. 일본통신사 趙泰億 등 3인을 復官했다.(『朝鮮王朝実録』)

-. 이해에 宗義方이 倭館内에 義田을 만들었다.(『通航一覧』125)/ 対馬藩에서 訳官인 船将 安時迪과 짜고, 밀무역을 행한 大浦伊右衛門을 왜관에 보내 처형하고, 朝鮮側의 時迪의 처벌을 요구했다.(『通航一覧』129)[→1714.9.-]

-. 이해 봄에 일본국 越前国 三国 의 城米輸送船이 표착하여 対馬藩을 경유해 익년 3월 15일, 大坂에 송환했는데, 城米는 실은 채로 江戸에 回送했다.(『通航一覧』135)

【일본】

4.-. 宗義方,彦千代의 死去에 따라 朝鮮에 貸原作右衛門을 파견하여 図書를 반환하다.(『大行院公実録』·『通航一覧』123)

9.-. 동래부사 李明浚이 宗義方에게 書를 보내어 작년 対馬藩의 大浦伊右衛門과 짜고 밀무역을 행한 訳官 船将 安時迪를 처벌 한 것을 전하다.(『通航一覧』129)[→1713]

【일본】

3.-. 동래부사 李明浚이 宗義方에게 書를 보내어, 人参의 生産이 줄고, 더구나 生糸는 国産이 없기 때문에 어찌할 수 없다는 뜻을 전하다.(『通航一覧』130) (→ 日本 1713.10.-)

【일본】

1.-. 조선국 南海의 船 1艘(5人乗組)이 対馬国 志多留浦에 표착하였다가 3月에 송환되다.(『通航一覧』136·『大行院 公実録』)

12.27. 対馬来島의 訳官使(堂上官 李松年·堂下官 鄭輪益)이 宗義方의 帰島를 문위하고, 家継死没을 조문했다.(『宗氏家譜略』·『増正交隣志』6·『辺例集要』18)

-. 이해에 예조참의 決重夏가 宗義方에게 이후로 空船은 송환하지 않겠다는 뜻을 전하다.(『通航一覧』136) [→日本1712. 이해 겨울]

12.27. 일본의 새 관백이 즉위하여 차왜가 동래부에 와서 고하면서 매 6連을 요청하니, 예조에서 覆奏하여 매를 사 가도록 허락하다.(『肅宗實錄』숙종 42, 『集成』29-65)

【일본】

5.12. 이보다 앞선 4月에 対馬藩主 宗義方이 막부에 朝鮮通信使来聘을 물었다. 이 날, 막부가 義方에게 내후년 朝鮮通信使 来聘을 요청했다. 7월 16일에 諸事天和度의 예에 준해서 계획해 줄 것을 요청했다.(『通航一覧』32·『宗氏家譜略』)

7.11. 幕府가 林信篤(鳳岡) 및 同信充(榴岡)·信智(確軒)을 江戸城에 불러서 朝鮮人来聘御用을 명했다.(『通航一覧』38)

【일본】

1.14. 対馬藩主 宗義方이 조선국 예조에서 老中 앞으로의 서계에 수신자의 이름을 쓰는 방식 및 讓字에 관해 幕府에 문의하니, 幕府가 諱字를 피할 것까지는 없지만 正徳度에 問題가 되었던 「光」字는 빼는 것이 좋겠다고 했다.(『通航一覧』32)

연도	한국
▲ 1718	가 使臣을 차출할 것을 청하다.(『肅宗實錄』숙종 44, 『集成』29-68) 3.24. 差倭가 關白의 병 때문이라고 평계하면서 서계를 가지고 와 인삼을 무역하기를 요구하였으나 3년동안 머물면서 회답이 없자 죽고자하여 관대히 회답하는 서계를 보내고 인삼도 改色하여 보내다.(『肅宗實錄』숙종 44, 『集成』29-69) 3.25. 憲府에서 일전에 裁判差倭가 동래부사와 相見할 때에 분노를 터뜨리고 자리에서 일어나 맞삿대질한 일로 訓導와 別差가 잘 주선하지 못하였다고 하여, 해당 훈도와 별차를 잡다아 문초하고 죄를 정할 것을 청하다.(『肅宗實錄』숙종 44, 『集成』29-69) 3.26. 憲府에서 전에 주달한 것을 다시 아뢰니 세자가 訓導, 別差를 本道의 水使로 하여금 곤장을 때리게 하였다.(『肅宗實錄』숙종 44, 『集成』29-70) 3.27. 憲府에서 전에 주달한 것을 다시 아뢰니 세자가 訓導, 別差의 일을 따르다.(『肅宗實錄』숙종 44, 『集成』29-70) 5.21. 통신사절목에 역관에 관한 절목을 강정한 것을 문제삼다.(『肅宗實錄』숙종 44, 『集成』29-70) 7.1. 閔鎭厚가 동래부사 趙榮福의 狀啓를 들어, 표류인을 송환한 差倭에게 果海粮만을 지급하자, 差倭가 칼을 빼어 訓別을 감금한 일을 渡海譯官이 갈 때 임술년의 약조를 환기시키는 서계를 보내어야 한다고 하다.(『肅宗實錄』숙종 44, 『集成』29-71) 윤8.6. 領中樞院事 尹趾完의 졸기에 일찍이 일본에 사신으로 갔었다고 적다.(『肅宗實錄』숙종 44, 『集成』29-71) 9.3. 廟堂에서 覆奏하여 差倭가 예조의 서계를 얻으려고 계책을 부리니 허락하지 말고, 서계를 전하면서 잘 개유하지 못한 韓後瑗을 究覈하도록 아뢰다.(『肅宗實錄』숙종 44, 『集成』29-72)
1719	【한국】 1.22. 領議政 金昌集과 禮曹判書 閔鎭厚가 渡海譯官을 들여보낼 때 差倭들이 간청하므로 禮曹의 서계를 보내고, 통신사 행차 때는 禮單을 감하였는데, 응하지 않으므로 역관 韓後瑗을 보내 다시 講定하기를 청하다.(『肅宗實錄』숙종 45, 『集成』29-74) 1.29. 通信正使 洪致中, 副使 黃璿, 從事官 李明彦 통신사의 행차 중의 잔치는 東萊를 제외한 忠州, 安東, 慶州의 세곳은 停減하게 하고, 黑角의 무역 정지와 潛商중 情犯이 무거운 자는 곧바로 梟示하고 추후에 啓聞하게 할 것을 청하다.(『肅宗實錄』숙종 45, 『集成』29-75) 2.8. 司諫院에서 통신사의 행차에 앞서 島中에 譯官을 보내어 節目 講定하는 것과 禮曹에서 서계를 추후에 보내는 것은 불가하니, 그 명을 중지하고 왜인들의 요구를 물리치지 못한 동래부사 徐命淵을 從重推故 할 것을 청하다.(『肅宗實錄』숙종 45, 『集成』29-75) 2.20. 判義禁 宋相琦가 金吾의 죄수 倭學 李松年·鄭翰益 등은 渡海譯官으로서, 對馬島에서 받아온 서계를 집안에 감추어 두고 조정에 알리지 않아서 세 번이나 刑訊하였는데 實情을 밝히지 않았다고 아뢰니, 定配하도록 명하다.(『肅宗實錄』숙종 45, 『集成』29-76) 4.11. 通信 正使 洪致中·副使 黃璿·從使官 李明彦 등이 하직하고 일본으로 떠나면서, 對馬島와 표류인의 일로 약정하는 것은 우선 말로 하고, 서계는 나중에 보낼 것과 동래에서 왜인에게 支供하는 쌀에 대해서 아뢰다.(『肅宗實錄』숙종 45, 『集成』29-76) 4.16. 備局에서 임술년 통신사가 破船하여 운명했을 때 왜인은 破船과 殞命을 별도로하여 두건의 차왜로 만들었는데, 이번에 통신사가 對馬島에 도착하면 파선하여 운명한 것을 한건으로 하도록 對馬島에 責諭하게 하도록 아뢰다.(『肅宗實錄』숙종 45, 『集成』29-77) 5.14. 예조판서 閔鎭厚가 上書하여 對馬島에 서계를 보내는 것에 대해서 논하다.(『肅宗實錄』숙종 45, 『集成』29-78) 5.15. 동래부사 徐命淵이 島主가 새로 임무를 맡아 江戶에 가서 朝見하고 돌아오면 告還差倭를 보내었는데, 갑자기 폐단이 있다는 핑계로 보내지 않는다고 狀啓하다.(『肅宗實錄』숙종 45, 『集成』29-79) 5.29. 전라도 樂安 사람 19인이 고기를 잡다가 표류하여 일본 長門州에 정박하였는데 한 사람이 병들어 죽으니, 일본에서 옷과 양식을 주고 죽은 사람을 殮襲하여 입관하고, 사람을 보내어 호송해 돌려보내다.(『肅宗實錄』숙종 45, 『集成』29-79) 6.20. 朝鮮通信使가 釜山을 出発하여 対馬 佐須浦에 도착했다.(『海游録』) 6.27. 朝鮮通信使가 対馬府中에 도착하여 西山寺에 숙박했다.(『海遊録』)
1720 ▼	【한국】 1.5. 영의정 金昌集이 동래부사가 狀啓를 올려 왜인에게 지급하는 公作米는 이제 연한이 다하여 다시 허가할 수 없다고 責諭하였다고 보고하였는데, 다시 5년을 한정하여 허락해도 무방하다고 아뢰다.(『肅宗實錄』숙종 46, 『集成』29-81) 1.7. 日本通信使가 釜山에 도착했다.(『海游録』) 1.24. 通信 正使 洪致中·副使 黃璿·從使官 李明彦 등이 일본에서 돌아와 일본의 兵制, 衣服, 水路 등에 대해 아뢰니, 세자가 召見하고 慰諭하다.(『肅宗實錄』숙종 46, 『集成』29-82)/ 日本通信使가 王城에 들어와 복명했다.(『海遊録』) 1.25. 일본에 奉使한 노고로 인하여 洪致中·黃璿은 加資하고, 李明彦은 승진하여 서용하라고 명하다./(『肅宗實錄』숙종46, 『集成』29-84) 1.29. 淸나라의 禮部에서 황제가 使行이 돌아온 뒤 사리를 아는 譯官 한 사람을 들여 보내라 하였기에 돌아가는 通信使行 중 譯官 한명에게 咨文을 가지고 淸나라에 가게 하다.(『肅宗實錄』숙종 46, 『集成』29-84)

일본

8.20. 対馬来島의 訳官使(堂上官 韓後瑗·金図南·堂下官 玄徳潤)가 宗義方의 帰島를 문위하고, 通信使節目講定을 논의했다.(『宗氏家譜略』·『増正交隣志』6·『辺例集要』18)

9.5. 対馬藩主 宗義方이. 対馬国 府中에서 没했다.(35歳)(『宗氏家譜略』)

11.22. 宗義誠이, 対馬藩을 襲封했다. 28일에 義誠이 家督의 御礼를 위해 登城하여, 吉宗에게서 지난번처럼 朝鮮御用을 담당해 줄 것을 지시 받았다. 이때에 家老 3인도 御目見을 허가받았고, 이후의 예가 되었다.(『通航一覧』29)

12.1. 幕府가 対馬藩에 朝鮮通信使来日·교체로 인해 당장 물건이 들어오는 것에 대해 正徳1年(1711)拝借의 5万両 중에 上納済分 2万 7500両의 拝借를 허가 받았다.(『通航一覧』29)

-. 이해에 東莱府가 宗氏에게 書를 보내, 正徳 5년(1715)에 宗氏가 求請했던 人参의 斤数를 감하고, 사들이도록 요구했다. 宗氏가 ,이것을 誠信의 길이 아니라고, 人参을 반납하지만, 訳官들이 자꾸 매입을 요구하기 때문에 부르는 값으로 매입한다고 했다.(『通航一覧』128) [→日本1715.9.-]

9.4. 泰安郡守 安瑞羽가 安興鎮의 방비책 5가지를 上書하면서, 海西의 大興山城과 湖南의 笠巖山城은 요충지였는데, 임진왜란과 병자호란 때 적병이 사람이 살지 않은 것처럼 쉽게 침입하였다고 말하다.(『肅宗實錄』숙종 44, 『集成』29-72)

12.7. 司憲府에서 通信副使 鄭思孝를 改差하고, 差備譯官이 기한이 되면 尙瑞院에서 馬牌를 推納하게 하되, 기한을 어기는 자는 從重科罪로 하게 할 것을 청하였다.(『肅宗實錄』숙종 44, 『集成』29-74)

【일본】

3.3. 幕府가 対馬藩主 宗義誠에게 老中連署의 奉書를 내리고, 다시한번 이번에 天和度의 旧規로 회복할 것을 확인하고, 조선측과의 교섭에 있어서는 그쪽에서 불편하게 보이는 일이 없도록 배려하고, 말이든 서계든지 적절히 안배하여 교섭하도록 명했다.(『通航一覧』32)

5.17. 막부에서 通信使御用掛 諸役人에의 뇌물이나 진수성찬은 엄금하도록 지시했다.(『通航一覧』38)

5.-. 이달에는 이전에 지시한 사항을 철저히 하여, 朝鮮人通行의길을 일부러 시공할 필요가 없음을 언급했고, 6월에는 横町木戸가 길 청소를 언급했다. 이후 朝鮮人来聘때에는 天和의 旧例에 따라서 변화가나 도로등에 대한 언급이 있었다.(『通航一覧』46)

6.21. 이보다 앞서 5월 21일에 幕府가 朝鮮通信使가 陸路往復하는 山城에서 武蔵까지의 各国의 知行所를 갖고 있는 영주에 대해, 代官으로부터 지시에 따라 지체없이 人馬를 내도록 했고, 이 날, 이번 通信使는 請負를 통해, 人馬를 내도록 바꾼 것을 언급했다.(『通航一覧』39)

6.-. 幕府가 이번 朝鮮通信使에 대해서는 国書·返翰·信使에 한 지시가 하급자에게까지 이르지 않는 다는 뜻을 江戸町中에도 언급했다.(『通航一覧』46)

8.15. 幕府가 朝鮮通信使 来日에 대해 国持大名와 10万石 이상의 大名에게는 在所에서의 接待나 御用이 없는 자에게 御用出馬를 명하고, 1万石에서 9万石까지의 자에게는 鞍·皆具·口附 등을 차출하도록 명했다.(『通航一覧』39)

8.10. 우의정 李健命이 동래부사 徐命淵이 왜선 두척이 표류하여 우리 경계에 이르러 格倭가 익사하고 화물이 모두 빠졌다고 장계하고, 표류한 왜인들에게 옷과 양식을 넉넉히 주어 왜관에 있는 왜인으로 하여금 돌려 보내기를 청하다.(『肅宗實錄』숙종 45, 『集成』29-79)

9.4. 朝鮮通信使가 大坂에 도착하여 西本願寺에 숙박했다.(『海游録』)

9.11. 朝鮮通信使가 京都에 들어가 本能寺에 숙박했다. 館伴本多康命이 이들을 接待했다.(『海游録』)

9.27. 朝鮮通信使가 江戸에 도착하여 本願寺에 숙박했다. 館伴 牧野忠辰·中川久忠가 이들을 迎接했다.(『海游録』)

10.1. 朝鮮通信使가 江戸城에서 吉宗에게 国書奉呈儀式은 天和2年(1682)의 예에 따라서 행했다.(『海遊録』·『徳川実紀』)

10.9. 幕府가 조선국왕의 贈物을 朝廷에 헌상했다.(『通航一覧』120)

10.11. 吉宗이 朝鮮通信使에게 返翰을 주었다.(使者久世重之·水野忠之)/ 15일에 通信使가 江戸를 출발했다.(『徳川実紀』·『海游録』)

11.1. 朝鮮通信使가 京都에 도착했다. 通信使가 다음날 大仏寺에서의 접대를 同寺가 豊臣秀吉의 願堂이라고 拒否했다.(『海游録』)

12.8. 朝鮮通信使가 赤間関에 도착해서 製述官 申維翰, 萩藩校 明倫館教授 小倉貞(尚斎)과 필담했다.(『海游録』)

12.21. 朝鮮通信使가 対馬府中에 도착하여 西山寺에 숙박했다. 28일에 訳官 權興式이 江戸滞在中에 禁令을 위반하여 服毒自殺했다.(『海游録』)

【일본】

12.6. 조선국 경상도 永会(寧海?)의 어민 16인이 長門国 阿武郡 大浦에 표착하여, 長崎·対馬藩를 거쳐 송환했다.(『通航一覧』136·『大雲院公実録』享保6.4. 一条)

5.11. 동래부사가 일본의 關白이 송골매를 구한다고 아뢰고, 備局에서 覆奏하니 허락하다.(『肅宗實錄』숙종 46, 『集成』29-84)

9.7. 일본 대마도주의 조위 차왜에 접위관을 보내다.(『景宗修正實錄』경종즉위년, 『集成』29-87)

9.10. 대마도주의 조위차왜가 나오다.(『景宗實錄』경종즉위년, 『集成』29-85)

10.30. 對馬島主 平義眞이 죽고 平方誠義가 襲爵하니, 전례에 따라 역관 2인을 보내어 弔儀와 賀禮를 겸행하고 賻儀 물품을 주었으며, 도서

연도	한국
▲ 1720	를 개조하여 보내다.(『景宗實錄』 경종즉위년, 『集成』29-85) 12.22. 호조판서 閔鎭遠이 弓角은 일본에서 전혀 나오지 않으므로 謝恩使의 행차에 자문을 보내어 무역해야 한다고 아뢰다.(『景宗實錄』 경종즉위년, 『集成』29-85)
1721	【한국】 3.18. 宗義方의 弔慰·義誠의 襲封視賀의 訳官使(堂上官崔尚蝶·堂下官李樟)가 対馬에 来島했다.(『宗氏家譜略』·『辺例集要』18) 7.2. 동래부사가 對馬島 舊島主의 아들 巖丸의 兒名圖書를 舊例에 의하여 발급해 줄 것을 狀請하고, 廟堂에서 覆奏하니 윤허하다.(『景宗實錄』 경종 1 『集成』29-86) 7.29. 判府事 李濡의 卒記에 이조좌랑으로 燕都에 사신으로 갔을 때, 肅宗이 倭寇의 變故에 대비하여 성을 수축하였는데, 청나라에서 성을 쌓은 연유를 묻자, 상세히 사실대로 답하여, 燕中의 사람들이 대답을 잘 했다고 치하한 것을 적다.(『景宗修正實錄』 경종즉위년, 『集成』29-87)
1722	
1724	
1725	【한국】 1.26. 왜관에 고공으로 서울 사람이 많이 들어가 있는 것을 문제삼다.(『英祖實錄』 영조 1 『集成』29-89) 7.4. 외국에서 동궁을 세운 일을 알려오다.(『英祖實錄』 영조 1 『集成』29-89) 9.8. 동래 부사 이중협이 별차왜의 서계와 접대에 대해 문의하다.(『英祖實錄』 영조 1 『集成』29-89) 9.10. 전라도 儒生 李萬榮 등이 壬辰年의 變亂에 義兵을 일으켜 殉節한 선비가 金千鎰·高敬命·崔慶會인데 유독 崔慶會만 贈諡를 받지 못했으니, 崔慶會에게 恩典의 詩號를 특별히 내려주기를 상소하다.(『英祖實錄』 영조 1 『集成』29-90) 10.21. 畿湖의 儒生 李養大 등이 鄭應麟 부자를 褒獎할 것을 청하니, 鄭應麟은 壬辰年의 난리를 당하여 前 縣監으로서 義兵을 일으켜 倭賊을 討伐하다가 戰敗하여 죽었는데 그 아들 鄭迪이 金瑬 등과 더불어 원수를 갚았다고 상소하다.(『英祖實錄』 영조 1 『集成』29-90)
1726	【한국】 2.8. 謝恩兼陳奏正使 西平君 李橈, 副使 金有慶 등이 辭朝하고 奏聞에, 日本이 昭敬王 壬辰年에 군사를 크게 일으켜 쳐들어와서 宮闕과 宗廟를 불태우고 나라가 거의 멸망하기에 이르렀으니, 곧 小邦의 百代의 원수라고 이르다.(『英祖實錄』 영조 2 『集成』29-91) 9.8. 對馬島主의 아들 兒名에게 圖書를 주다.(『英祖實錄』 영조 2 『集成』29-92)
1727	【한국】 6.10. 동래부사 李倚天이 狀啓로 아뢰기를, 우리의 어선이 자주 표류하여 일본으로 들어가니 그들에게 죄주기를 청하다.(『英祖實錄』 영조 3 『集成』29-92) 9.19. 동래 부사에게 약조외의 왜인접대를 금년에 한정하게 하다.(『英祖實錄』 영조 3 『集成』29-92)
1728	【한국】 3.24. 北道按撫使 尹憲柱가 辭陛하고 입대하여 청하기를, 壬辰 倭亂때 龍灣에서 내린 교문에 의하여 팔도에 曉諭하여 逆順을 밝히라고 하다.(『英祖實錄』 영조 4 『集成』29-93) 4.14. 경상도觀察使 黃璿이 卒하였는데, 黃璿은 이름이 알려지지 않았으나, 日本에 사신으로 가서 申飭과 勉勵로 칭찬을 받았고, 凶醜를 평정하여 變亂이 겨우 진정되었는데, 별안간 卒하니 諡號를 忠烈이라 하다.(『英祖實錄』 영조 4 『集成』29-93) 4.24. 嶺南安撫使 朴師洙가 나라에 內變이 있으면 倭人들이 巧詐스러운 방법으로 우리의 형편을 엿보고, 동래부사 權孚가 변란이 발생한 이후 倭館의 사정에 대해 道臣에게 보고하지 않았으니, 새로 임명된 수령을 내려보내라고 말하다.(『英祖實錄』 영조 4 『集成』29-94) 7.13. 右議政 吳命恒이 東萊에 표류하여 온 왜인이 기한이 차서 공급을 그만두었어도 돌아가지 않는다 하니, 임금이 回啓한 것은 시행하지 말고 邊臣에게 분부하여 막고 훈도, 별차 등을 시켜 타일러 빨리 돌아가게 명하다.(『英祖實錄』 영조 4 『集成』29-94)
1729	【한국】 2.3. 日本에서 使臣을 파견해 世子와 喪에 弔慰할 것을 청한다고 동래부사가 狀聞하였으나, 임금이 前例가 없다하여 허락하지 않다.(『英祖實錄』 영조 5 『集成』29-96) 5.11. 동래부사 李匡世가, 우리나라 漂流人을 데리고 온 差倭가 3년동안 가지 않고 있음은 특별히 回答하는 서계에 後勿爲例라는 네글자를 고쳐주기를 청하기 때문이라고 아뢰니, 上이 稟處하게 하라고 하다.(『英祖實錄』 영조 5 『集成』29-97)
1730	【한국】 9.10. 좌의정 李㙫이 요즘 商賈들이 倭館에 등여 보내는 人蔘을 조절하는 일이 없다고 아뢰니 임금이 정식에 의거하여 7백근을 들여보내도록 허락하고, 이 수량을 넘거든 潛商의 법률로 논죄하라고 명하다.(『英祖實錄』 영조 6 『集成』29-99)

일본

【일본】

2.16. 対馬藩이 幕府에 朝鮮의 鶴과 薬種을 献上했다.(『通航一覧』120) / 対馬藩이 朝鮮에서 清国의 曆을 청해 받아 将軍에게 提出했다.(『通航一覧』120)

【일본】

4.-. 東福寺 不二庵 天衣守倫이 対馬 以酊庵 輪番僧이 되었다.(~享保9년(1724)윤4월)(『前近代の国際交流と外交文書』)

【일본】

9.26. 宗義誠이 조선국왕 景宗의 죽음을 幕府에 전했다.(『通航一覧』119)

【일본】

2.-. 幕府가 조선국왕이 代替할 때, 朝鮮에 선물을 보냈다.(『通航一覧』119)

3.4. 幕府가 対馬藩 留守居를 江戸城에 불러 조선국 薬材를 구하는 일에 勤役한 者에게 時服을 하사했다.(『宗氏家譜略』)

5.19. 新井白石이 没(69歳)했다.(『新井白石』)

【일본】

3.28. 朝鮮人 9인이 沖永良部島에 표착했는데, 6월 27일에 長崎奉行 日下部博貞이 島津継豊에게 이 9인을 琉球国에서 清国으로 송환하는 것을 허가했다.(『薩藩旧記雑録追録』)

【일본】

5.16. 宗義誠이 幕府에 조선국 忠清道에서 山賊이 峰起했다고 전해왔다. 7월 15일에 山賊이 평정되었다는 것, 峰起의 경과 등을 전했다.(『通航一覧』134)

12.20. 雨森芳洲가 『交隣提醒』을 저술했다.(『雨森芳洲全書』3)

9.1. 임금이 壬辰年에 倭賊이 망쳐놓은 靖陵·宣陵에 王妃位 魂遊石 한 모퉁이에 회를 칠한 곳과 健元陵 丁字閣의 倭劒의 흔적을 보고 슬퍼하다.(『英祖實錄』영조 4『集成』29-95)

9.11. 嶺南 別遣御史 李宗城이 東莱 絶影島의 어량의 절수를 하지 말 것을 청하여, 임금이 내사에 분부하다.(『英祖實錄』영조 4『集成』29-95)

11.19. 備邊司에서 承文院을 시켜 자문을 지어 사행편에 부쳐 보내기를 청하고, 이튿날 李光佐가 고부하는 예는 중대하니 舊例대로 賷咨官을 보내기를 청하여 임금이 윤허하였는데 이윽고 정에 하교한 대로 사행편에 부치게 하다.(『英祖實錄』영조 4『集成』29-96)

6.21. 좌의정 李台佐가 壬辰倭亂 때 동래부사 宋象賢이 절의에 죽자 軍官·通引·奴子와 그의 妾이 함께 죽었는데, 조정에서는 단지 宋象賢에게만 贈職했으니, 특별히 죽은 사람에게 褒贈하기를 아뢰다.(『英祖實錄』영조 5『集成』29-98)

9.10. 영의정 洪致中이 順天 漂流人을 데리고 온 差倭가 3년이 지나도록 돌아가지 않고 서계 내용을 고쳐 짓도록 하려 한다고 아뢰고 서계를 고쳐 짓기를 청하니 임금이 그대로 윤허하다.(『英祖實錄』영조 5『集成』29-98)

【일본】

9.-. 老中 水野忠之가 対馬藩에 상납한 朝鮮人参 외에 「저품질의 人参」도 판매할 수 있도록 명했다.(『通航一覧』130)

연도	한국
1731	**【한국】** 10.16. 동래부사 鄭彦燮이 새로 임명된 對馬島主가 圖書를 改請하여 이미 差倭를 보냈으니, 接慰官을 보내서 留滯하지 말게 해야한다고 하고, 그들이 보내온 서계 및 特送使의 路引도 또한 올려보낸다.(『英祖實錄』 영조 7 『集成』 29-99) 12.12. 비변사에서 倭銀이 전후에 걸쳐 變改되었으니, 준례에 따라 물리쳐 八成이나 天銀을 가져오도록 해야 한다고 아뢰다.(『英祖實錄』 영조 7 『集成』 29-100)
1732	**【한국】** 1.24. 對馬島主 平方熙가 差倭 平眞峰을 보내어 圖書를 고쳐 주도록 청하므로, 새로 鑄造하여 주게 하고, 東萊館에서 平眞峰에 잔치를 베풀어 주도록 명하다.(『英祖實錄』 영조 8 『集成』 29-100) 2.10. 刑曹判書 李廷濟가 倭人이 요구한 蔘絲 값을 銀으로 바꾸는 것과 기한을 어기는 것은 불가하고 장계를 아뢴 邊臣을 견책할 것을 청하니 임금이 동래부사 鄭彦燮을 從重推考하고 倭學訓導와 別差를 잡다가 추문하도록 명하다.(『英祖實錄』 영조 8 『集成』 29-100) 7.29. 副司直 朴師洙가 陳疏하여 對馬島 倭人이 기근에 시달리고 火災를 만난 상황을 진달하고, 顯廟朝 庚子年에 特命으로 쌀을 지급했던 전례를 따를 것을 청하다.(『英祖實錄』 영조 8 『集成』 29-101) 9.2. 對馬島 倭人들의 家戶가 불타 庚子年 전례에 의거해 쌀을 지급하는 도리는, 約條를 신중히 하는 것은 물론 使命을 고한 뒤에 시행하는 것인데, 청하기도 전에 미리 쌀을 주는 일에 관하여 경상감사 趙顯命이 상소를 올리다.(『英祖實錄』 영조 8 『集成』 29-102)
1733	**【한국】** 1.14. 釜山의 倭館에 화재가 나다.(『英祖實錄』 영조 9 『集成』 29-105) 12.30. 동래부사 鄭來周의 장계에, 對馬島主가 와서 兒名圖書를 청하였는데 訓導와 譯官이 利害로써 책망하고 圖書를 혁파해 버려 그 폐단을 막았으니, 譯官에게 賞典을 베푸는 것이 마땅하다고 하다.(『英祖實錄』 영조 9 『集成』 29-105)
1734	**【한국】** 1.13. 訓練院判官 尹弼殷이 釜山의 여러 섬에다 火砲와 鐵菱을 많이 설치하여 倭賊을 막는 대비책으로 삼으라고 청하다.(『英祖實錄』 영조 10 『集成』 29-105) 7.3. 參贊官 鄭來周가 東萊府가 倭와 경계가 접해 있는데도 일개의 親兵도 없으니 名號를 마련하여 衙門을 높여 스스로 전담하게 할 것을 청하자, 다음날 임금이 廟堂에 명하여 확실히 의논하여 품의하게 하다.(『英祖實錄』 영조 10 『集成』 29-106)
1735	**【한국】** 1.13. 강원도 감사 趙最壽가 鬱陵島의 왜인 수색 토벌을 흉년의 폐단을 들어 정지할 것을 청하였으나 金取魯 등이 정지할 수 없다고 아뢰다.(『英祖實錄』 영조 11 『集成』 29-106) 4.15. 지돈녕부사 金在魯가 倭差에 관해 榮稟하니, 임금이 그들이 倭差를 보내 온 것은 이익을 도모하려는 마음에서 나온
1736	**【한국】** 7.25. 釜山의 倭館에서 날마다 공급하게 되어 있는 숯을 주지 않는다고 館門을 나오니 임금이 좌수사에게 명하여 釜山僉使를 잡아다가 곤장 50대를 치게 하고, 동래의 兼官과 訓導, 別差, 譯官들도 拿問한 다음 定罪하게 하다.(『英祖實錄』 영조 12 『集成』 29-108) 8.19. 우의정 宋寅明이 표류해 온 倭人은 5일을 경과하여 체류하지 못하게 하였는데, 이는 交隣의 도리에 있어 성급하게 핍박하는 것을 면치 못하니 그들로 하여금 바람이 가라앉기를 기다려 돌려 보낼 것을 청하다.(『英祖實錄』 영조 12 『集成』 29-108)
1737	**【한국】** 4.16. 좌의정 金在魯가 倭人의 서계에 宣祖의 舊諱를 범한 것에 대하여 왜인은 初諱는 正諱보다 다르다는 것을 몰랐을 것이니, 전처럼 버려두어야 한다고 하다.(『英祖實錄』 영조 13 『集成』 29-110) 10.4. 일본 關伯이 손자를 보았다하여 差倭를 보내어 告慶하니, 邊臣이 급히 계문하고, 영의정 李光佐가 交隣하는 예로 접대하자고 하니, 訓導와 別差의 무리들이 엄중히 이를 막아야한다고 아뢰다.(『英祖實錄』 영조 13 『集成』 29-110)
1738	**【한국】** 2.29. 우의정 宋寅明이 壬辰倭亂때 의병장이었던 惟政의 影堂이 심하게 무너져 香火를 폐지하게 되었고, 位田도 잃어버려 수호해 갈 수 없으니, 밭 5結을 給復해 주어 風教를 수립하라고 아뢰다.(『英祖實錄』 영조 14 『集成』 29-111) 3.19. 수찬 金尙重이 吳命瑞가 왜인에게 주어야 할 禮單蔘을 松都의 商人 金贊興에게 준 것과 差倭의 불손한 말이 있게 된 것 등에 관해서 비난하다.(『英祖實錄』 영조 14 『集成』 29-112) 5.1. 宋寅明이 大差倭의 侍奉은 1인으로 약조하였으므로 2인으로 허락할 수 없으며, 邊臣이 감히 2인으로 하기를 上聞하였으니 부사 具宅奎를 종중추고하고, 그의 장계는 돌려보내기를 청하다.(『英祖實錄』 영조 14 『集成』 29-112) 7.20. 우의정 송인명이 大差倭의 宴享을 대행하는 規例가 없는데도, 동래부사 具宅奎가 여러 차례 辭狀을 바치고 부임하지 11.28. 사헌부에서 東萊의 여인 桂月이 館倭와 淫奸하였으니, 律에 의해 처단할 것을 청하다.(『英祖實錄』 영조 14 『集成』 29-113)

일본

【일본】

9.11. 幕府가 対馬藩主 宗方謠의 隱居와 義如에의 家督相續을 허가하고, 朝鮮御用을 전처럼 하도록 명했다.(『宗氏家譜略』·『通航一覧』29)

9.4. 형조참판 朴師洙가 상소하기를, 對馬島에 쌀을 賜與하는 일의 잘못을 크게 논한 趙顯命의 상소는 愛惡의 치우침이 매우 지나치다고 아뢰다.(『英祖實錄』 영조 8 『集成』 29-103)

10.4. 동래부사 鄭彦燮이 平彌一이 名號를 고친 奉行의 呈書를 접대하자고 청하다.(『英祖實錄』 영조 8 『集成』 29-104)

10.23. 동래부사 鄭彦燮이 館守倭가 關白이 平彌一에게 四品大夫의 직을 하사하고 義如라고 이름을 고친 다음 이어 승습할 것을 허락했으므로 慶事를 고려한다고 장계를 올리다.(『英祖實錄』 영조 8 『集成』 29-104)

【일본】

1.18. 宗義如의 襲封祝賀의 訳官使(堂上官 金顯門·堂下官 朴春瑞)가 対馬에 来島하다.(『宗氏家譜略』·『增正交隣志』6·『辺例集要』18)

5.7. 宗義如가 幕府에 조선국 경상도 機張에서 반역을 기도한 関(閔?)彦貴가 붙잡혔다는 것을 전했다. 8월에 彦貴 등이 処刑된 것을 전했다.(『通航一覧』134)

5.23. 幕府가 対馬藩中 火災에 대해 対馬藩에 米 1万石 하사를 지시했다.(『通航一覧』29·『宗氏家譜略』)

것인데, 그들이 厚意를 바란다고 일컫고 온 다면 交隣의 도리를 다해야 한다고 말하다.(『英祖實錄』 영조 11 『集成』 29-107)

9.7. 試讀官 沈星鎭이, 壬辰倭亂 때 西川府院君 鄭崑壽가 명나라 조정에 군사를 청하자, 병부 상서 石聖이 여기에 감동되어 군대를 파견할 것을 강력히 주장하였는데, 마땅히 그 후손들을 錄用해야 한다고 진달하다.(『英祖實錄』 영조 12 『集成』 29-109)

12.10. 좌의정 金在魯이 壬辰倭亂 때 절개를 지키다가 죽은 趙宗道에게 諡號를 내려야 하니, 시일을 정하여 銓郎을 보내라고 청하다.(『英祖實錄』 영조 12 『集成』 29-110)

【일본】

7.-. 幕府가 宗義如에게 金銀의 貨幣改鑄에 따라 朝鮮人参 販売値段가 5割 증가하여 輸出銀은 조선국이 文字銀을 受取하지 않으면 人参代銀分을 銀座에 보내어 1400貫目 이내에서 慶長銀의 品位에 鑄直하여 줄 것을 전했다.(『通航一覧』130)

【일본】

3.1. 吉宗이 朝鮮馬場에서 馬上才의 騎法을 보았다.(『德川実紀』)

9.5. 德川家 嫡孫 竹千代의 誕生祝賀의 訳官使(堂上官 朴春瑞·堂下官 金鼎均)이 対馬에 来島했다.(『宗氏家譜略』·『增正交隣志』6·『辺例集要』18)

않으니, 마땅히 재차해야 할 것을 청하다.(『英祖實錄』 영조 14 『集成』 29-113)

12.13. 강화유수 權示商이 壬辰倭亂 때 天將 李如松·李如梅 형제가 일시에 東征하여 藩邦을 再造하였는데, 그 豊功·偉烈은 오늘날까지 사람들의 耳目에 비치고 있으니, 그의 선대의 功烈을 생각하여 특별한 恩典을 베풀기를 아뢰다.(『英祖實錄』 영조 14 『集成』 29-114)

연도	한국
1739	【한국】 3.11. 幼學 柳相華 등이 임진왜란 때 힘껏 싸우다가 죽은 鄭得說에게 벼슬을 追贈하고 詩號를 내리기를 청하였으나, 윤허하지 않다.(『英祖實錄』 영조 15 『集成』 29-114) 3.22. 慶基殿의 忠義衛 李聖昌 등이 殿庭에 비를 세우기를 청하면서 全州는 國祖의 始祖의 本鄕이고, 태조가 倭寇를 정벌할 때에도 主節하였으며, 임진왜란 때는 殿官이 영정을 받들고 병란을 피하였다고 아뢰니, 윤허하다.(『英祖實錄』 영조 15 『集成』 29-115)
1740	【한국】 7.5. 병조판서 趙顯命이 局出身을 설치한 본의는 임진왜란이 있은 뒤에 宣祖가 호종했던 將士들의 노고를 생각하여, 그들에게 付料하기 위한 것이었으나, 지금은 국가의 비용만 허비하니, 혁파하는 것이 제일 좋은 방법이라고 아뢰다.(『英祖實錄』 영조 16 『集成』 29-115) 9.9. 海州의 유생 李正著 등이 태조가 倭賊을 추격하여 승첩한 해주의 東亭에 비석을 세워 그 공렬을 칭송하게 할 것을 청하다.(『英祖實錄』 영조 16 『集成』 29-116)
1741	【한국】 2.15. 濟州 백성 21명이 바다에서 漂流하여 琉球國에 도착하여 머물다가, 다시 福建省으로 옮겨다니다가 4년만에 비로소 돌아왔는데, 임금이 듣고서 측은하게 여겨 恤典을 내리도록 명하다.(『英祖實錄』 영조 17 『集成』 29-116) 7.11. 임금이 壬辰倭亂이 일어났을 때에는 故 相臣 李廷龜도 譯語를 이해하는 것으로써 칭찬을 받기도 하였으나, 이제부터는 門地를 막론하고 漢學에 익숙한 자로 漢學敎授에 差任하라고 하교하다.(『英祖實錄』 영조 17 『集成』 29-116)
1742	【한국】 8.16. 임금이 宣陵과 靖陵을 출발할 때, 倭槍을 잡고 있는 衛士가 앞에 늘어서 있음을 보고, 두 陵이 당한 變은 마음이 아직까지 아픈데, 공경스럽게 배알하는 날 창·劍이라 할지라도 倭라고 이름하는 것은 차마 볼 수가 없다고 하다.(『英祖實錄』 영조 18 『集成』 29-117) 12.14. 朴而絢은 壬辰倭亂 때 布衣로 星州에서 倡義하여 霽峰 高敬命과 더불어 倭賊과 싸워 斬獲한 것이 많았는데, 군대가 패배하게 되자 죽은 공으로 工曹參議에 贈職하다.(『英祖實錄』 영조 18 『集成』 29-117)
1744	【한국】 7.8. 왜관에서 잠상 대한 효시법의 적용을 엄하게 하도록 하다.(『英祖實錄』 영조 20 『集成』 29-118) 8.11. 각 고을의 下納米 1천 5백곡을 팔아서 사사로이 나누어 쓰고 왜인에게는 1백 70여 석만을 지급한 東萊의 公木監官 田雨章을 효시하고, 나머지 사람들은 絶島에 보내어 종으로 삼았으며, 전 동래부사 鄭履儉은 衿川에 유배시키다.(『英祖實錄』 영조 20 『集成』 29-119) 8.26. 영의정 金在魯가 東萊의 田雨章을 조사하라는 사건에 대하여 늦게 謄報한 동래부사 金漢喆의 처단을 覆奏하니, 金漢喆이 파직되고, 倭人에게 공급하는 쌀을 作錢하여 이식을 늘리는 폐단을 거듭 금지시키다.(『英祖實錄』 영조 20 『集成』 29-120)
1745	【한국】 7.11. 차왜가 왜관에 장기체류하는 폐단을 논하다.(『英祖實錄』 영조 20 『集成』 29-120) 7.21. 近侍를 보내어 一新의 忠烈祠·羅州의 旌烈祠·壬辰倭亂때 殉節한 여러 신하들에게 賜祭하고, 高敬命의 후손 高漢元을 調用하라고 명하다.(『英祖實錄』 영조 20 『集成』 29-120) 11.29. 禮曹에서 日本關白이 退休하고 그 아들을 세웠는데, 差倭가 가져오는 서계에 대한 回禮單과 差倭를 접대하는 등의 절차는 근거할 만한 문헌이 없으니, 島主의 退休를 고할 때의 예에 따라 약간 加減하여 마련하게 하라고 아뢰다.(『英祖實錄』 영조 20 『集成』 29-121)
1746	【한국】 9.7. 承旨 李宗迪을 보내어 鰲城府院君 李恒福의 影堂에 치제하고, 그의 봉사손을 녹용하라고 명하였으니, 임금이 李恒福의 화상을 가져다 보고서 임진 왜란의 공로에 감격한 나머지 이 명을 내린 것이다.(『英祖實錄』 영조 22 『集成』 29-121) 12.15. 호조판서 金始炯이 무늬 있는 비단의 반입을 금지하는 법령은 왜인에게 줄 禮幣와 관련하여 말썽을 빚어낼 단서가 생길 수 있다고 아뢰다.(『英祖實錄』 영조 22 『集成』 29-121)
1747 ▼	【한국】 1.22. 경상감사 南泰良에게 하교하기를 關白이 새로 즉위하였고, 교활한 倭가 동래부사와 釜山鎭을 중대하게 보니, 잘 대비하도록 이르다.(『英祖實錄』 영조 23 『集成』 29-123) 3.21. 통신사의 상사·부사·종사관을 임명하다.(『英祖實錄』 영조 23 『集成』 29-123) 4.9. 임금이 통신사가 사용하는 禮單 중의 紋緞과 金線을 다른 紬緞으로 바꾸어 封하는 것에 대하여 논의하다.(『英祖實錄』 영조 23 『集成』 29-124) 5.8. 동래부사 洪重一이 倭人이 구 關白의 禮單에 대한 일을 가지고 고집한다 하여 호조판서 金始炯, 예조참관 金尙魯, 통신사 洪啓禧 등를 입시하게 하여 講確하게 하였는데, 의논을 결정하지 못하고 罷하였다.(『英祖實錄』 영조 23 『集成』 29-124) 5.12. 통신사 洪啓禧 등이 講對하고, 東萊에서의 잔치는 전례대로 하되, 忠州, 安東, 慶州 세고을에서의 잔치는 정지하고 줄

일본

【일본】

4.-. 雪巖中坊이 다시 対馬以酊庵에 輪番僧이 되다.(~寛保2年(1742) 4月)

【일본】

3.-. 조선국 배 1척(10인 乗組)이 五島 嵯峨島沖에 표착하여 長崎를 거쳐 송환했다.(『通航一覧』136)

【일본】

8.27. 幕府가 対馬藩主 宗義如에게 내후년 4·5월 중에, 朝鮮通信使를 동반하여, 参府해 줄 것을 명했다.(『通航一覧』32·『宗氏家譜略』)

9.11. 막부가 이달에 通信使来聘을 발표하고, 이 날 寺社奉行 秋元京朝·大目付河野通喬·勘定奉行 逸見忠栄 등을 朝鮮人来聘御用掛에 임명했다.(『通航一覧』40)

9.-. 막부가 朝鮮通信使来日에 대해, 対馬藩에게 金 3万両의 拝借를 허가했다.(『通航一覧』29)

【일본】

1.29. 막부가 朝鮮通信使来聘에 대해, 적당히 얼버무리지 말고, 매사에 차질이 없도록 끝내면 된다고 諸大名에게 언급했다.(『通航一覧』45)

3.26. 吉宗은퇴와 宗義如의 帰島를 축하하는 訳官使(堂上官玄泰翼·堂下官洪聖亀)가 対馬에 来島했다.(宗氏家譜略·増正交隣志 6·辺例集要18)

4.1. 막부가 내후년 여름에 朝鮮通信使来日에 대해, 道中接待의 大名를 지명하고, 또 人馬割代官·宿々賄代官을 임명하고, 10万石以上은 領主(다만 領内에서 使節이 2박하는 경우는, 1박은 領主, 1박은 代官), 10万石 이하는 代官에서 接待하도록 한다.(『通航一覧』40)

4.-. 막부가 来年의 朝鮮通信使는 모두 享保년의 예에 따라서 行할 것을 언급했다.(『通航一覧』40)

연도	한국
▲ 1747	이도록 하다.(『英祖實錄』 영조 23 『集成』 29-125) 5.29. 獻納 鄭彦儒가 구 關白의 禮單에 관한 일을 가지고 진소하기를 關白의 전통은 일정하게 있는 것이 아니며, 저들이 먼저 청한 것을 우리가 거절한다면 유감을 쌓고 시비의 단서를 불러 일으킬 것이라고 아뢰다.(『英祖實錄』 영조 23 『集成』 29-125) 6.5. 임금이 구 關白에게 聘問하여 예단을 주는 것이 마땅하니, 비국으로 하여금 즉시 稟處하도록 하다.(『英祖實錄』 영조 23 『集成』 29-126) 6.10. 임금이 대신과 비국 당상을 인견하고, 구 關白에 대한 禮單의 수효를 참작하여 마련하되, 國書에는 두 임금에게 위문한 예의에 대해서는 거론하지 말도록 하고, 임진년에 범릉 당한 두 능의 비석 건에 관해 논의하다.(『英祖實錄』 영조 23 『集成』 29-126) 11.10. 영의정 金在魯가 통신사가 떠날 때 國書는 大臣에게 문의하여 稟定하여 龍亭에 실어 사신이 가지고 가고, 儀仗의 鼓吹를 없애고, 使行의 節鉞로 앞에서 인도하게 할 것을 청하다.(『英祖實錄』 영조 23 『集成』 29-127) 11.17. 임금이 信使軍官 趙東晉, 金柱岳, 李吉儒, 田光國, 李楠, 李柱國, 趙命傑, 李逸濟 등 군관들을 불러 저들의 事情, 도로의 遠近, 산천의 險易, 武藝의 長短, 人心, 習俗을 잘 엿보고 오라고 하교하다.(『英祖實錄』 영조 23 『集成』 29-127)
1748	【한국】 2.12. 日本通信使가 釜山을 출발했는데, 逆風 때문에 돌아왔다. 16일에 다시 釜山을 출발해 対馬鰐浦에 도착했다.(『奉使日本時聞見録』) 2.16. 조선통신사가 対馬 鰐浦에 도착해, 21일에 副使 南泰耆 배가 失火하여 隨行員 2명이 사망했다.(『奉使日本時聞見録』) 2.24. 조선통신사가 対馬府中에 도착했다. 島主가 使者를 보내어 乘船한 배의 火災를 慰問했다. 通信使가 西山寺에 머물렀다.(『奉使日本時聞見録』) 3.1. 통신 부사 남태기가 탄 배가 악포에서 불타다.(『英祖實錄』 영조 24 『集成』 29-133) 4.20. 영의정 金在魯가 말하기를, 湖中에 한 괴인이 있어 요망스러운 말로 왜구가 곧 쳐들어 온다하니, 인심이 소동되는 것은 물론 가족을 이끌고 달아나는 사람이 있으니 譏捕해야 한다고 아뢰다.(『英祖實錄』 영조 24 『集成』 29-134)/ 조선통신사가 大坂에 도착했다.(『奉使日本時聞見録』·『通航一覧』 61) 5.2. 조선통신사가 京都에 도착하여 本圀寺에 머물렀다. 館伴 松平(柳沢)信卿이 사신을 접대했다.(『奉使日本時聞見録』) 5.16. 좌의정 趙顯命이 화약은 해를 넘기면 맹렬하지 못하고, 초황을 柳灰에 섞어서 쓰면 좋은데, 그법이 日本에서 나왔기 때문에 守禦廳에서 절목을 만들어 두었으니 시행토록 하는 것이 좋다고 아뢰다.(『英祖實錄』 영조 24 『集成』 29-134) 5.21. 朝鮮通信使가 江戸에 도착하여 館所인 本願寺에 이르렀다.(『奉使日本時聞見録』) 6.1. 朝鮮通信使가 江戸城에서 家重에게 国書를 奉呈했다.(『奉使日本時聞見録』·『徳川実紀』) 6.7. 家重이 朝鮮通信使에게 返翰을 주었다.(使者 堀田正亮·松平武元)/ 13일에 通信使가 江戸를 出発했다.(『奉使日本時聞見録』·『徳川実紀』) 6.28. 朝鮮通信使가 大坂에 도착했다.(『奉使日本時聞見録』) 7.18. 朝鮮通信使가 対馬에 도착했다. 副訳를 보내어 島主를 방문했다.(『奉使日本時聞見録』) 윤7.12. 日本通信使가 対馬를 출발해 밤늦게 釜山에 도착했다. 一同 釜山館에 숙박했다.(『奉使日本時聞見録』)
1749	【한국】 3.21. 예조에서 동래부사 정권의 첩보를 아뢰다.(『英祖實錄』 영조 25 『集成』 29-139)
1750	【한국】 3.25. 경상 병사 崔慶會에게 시호를 내리니, 임진년에 왜구가 晉州를 함락시켰을 때 倡義使 金千鎰과 충청병사 黃進 등이 崔慶會와 함께 죽었는데, 崔慶會에게만 시호를 내리지 못하였으니, 영부사 金在魯가 그를 위하여 청하다.(『英祖實錄』 영조 26 『集成』 29-139) 6.9. 동래부사 黃景源이 동래에 子弟衛를 설치 할 것을 장계로 청하였는데, 임금이 子弟衛는 신설하지 않더라도 우선 成丁을 두어 왜적을 막는 것이 좋겠다고 말하다.(『英祖實錄』 영조 26 『集成』 29-139)
1751	【한국】 10.28. 李仁源을 왜차의 접위관으로 삼다.(『英祖實錄』 영조 27 『集成』 29-141)
1752	【한국】 1.13. 병조판서 洪啓禧가 均役의 사실을 기록한 책자를 왕세자에게 올렸는데 그 글에, 壬辰倭亂 이후 오위법을 혁파하고 訓局을 설치했는데, 군병을 배양하는데 드는 需要를 감당하는 徵布法이 처음보다 외람스럽게 되었다고 아뢰다.(『英祖實錄』 영조 28 『集成』 29-142) 4.2. 호조판서 金尚星이 日本의 禮單이 쓰일 삼을 채울 수 없다고 하자, 上이 蔘商이 삼을 가지고 倭館에 가서 매매하면 이익도 많고 세금도 내지 않기 때문에 몰래 잡히는 자가 많으니, 동래부사들에게 금칙하라고 명하다.(『英祖實錄』 영조 28 『集成』 29-142)

일본

11.18. 예조판서 李周鎭이 信行國書의 玄心의 當否를 仰稟하니, 임금은 속에는 日本國大君殿下라고 쓰고, 아래에는 朝鮮國王謹封이라 쓰되 현심은 舊式에 의거하게 하라고 하고, 구 關白에게도 國書를 주는 것과 일본의 年號에 대해 묻다.(『英祖實錄』 영조 23 『集成』 29-128)

11.25. 신행절목과 관백·왜황에 대해 논하다.(『英祖實錄』 영조 23 『集成』 29-129)

11.28. 通信上使 洪啓禧·副使 南泰耆·從事官 曹命采를 보내어 日本에 사신으로 가게 하다.(『英祖實錄』 영조 23 『集成』 29-130)/ 提調 李周鎭이 시행하는 節目 가운데 執政이 5인인데 近ección長老 등의 名字는 동래부에서 알려 오지 않아서 집정에게 주는 서계의 안팎 면에 쓸 수 없었다고 하므로, 임금이 바다를 건너간 뒤 使行중의 寫字官이 쓰면 된다고 하다./ 형조참판 鄭亨復이 오만한 글을 받은 倭譯은 鞫問할 필요 없이 倭館의 앞에서 효시하기를 청하였으나 임금이 따르지 않다.(『英祖實錄』 영조 23 『集成』 29-131)

12.10. 임금이 승지에게 명하여 동래부의 장계·역관의 수본 및 왜인의 手標를 읽게 하여 그 처리방법을 논의하다.(『英祖實錄』 영조 23 『集成』 29-131)

12.12. 임금이 전 동래부사 金尙重·首譯 玄泰翼을 먼 변방으로 정배하도록 명하다.(『英祖實錄』 영조 23 『集成』 29-132)

12.18. 평안도에서 월경죄를 범한 여인을 동래 왜관의 예에 따르도록 하다.(『英祖實錄』 영조 23 『集成』 29-133)

【일본】

2.-. 이즈음, 江戶市中에 朝鮮人來聘御用에 관련해 金銀改鑄의 風說이 있어, 이달에 幕府가 町中의 風說을 取締하도록 町奉行에게 지시했다.(『通航一覽』 47)/ 이즈음, 幕府가 朝鮮人來聘 전에 町奉行支配町方의 惣人口를 조사했는데, 51万 3,327인(그 중 男 32万2,750인, 女 19万575인)이라고 했다.(『通航一覽』 47)

6.15. 막부가 이말부터 10월 23일에 걸쳐 老中 酒井忠恭 이하의 朝鮮人來聘御用掛들에게 賞賜를 행했다.(『通航一覽』 40)

윤7.23. 대신과 비국 당상을 인견하고 통신사의 길에 대해 하문하다.(『英祖實錄』 영조 24 『集成』 29-134)

윤7.30. 通信使 洪啓禧·副使 南泰耆·書狀官 曹命采가 돌아왔는데 일행이 지나간 고을마다 민폐가 극심하였고, 사신이 논하기를 수백인을 대동하고 교활한 나라로 들어가게 되었는데, 洪啓禧 등은 태연히 여긴다고 하다.(『英祖實錄』 영조 24 『集成』 29-135)/ 通信使 일행의 견문으로, 나라에는 모두 70개의 주가 있고, 關白이 새로 서면 우리나라에 사신을 보내 줄 것을 청하는데, 諸島에 호령하는 牌文에 朝鮮이 조공을 바치러 들어온다고 하기에까지 이르렀다고 아뢰다.(『英祖實錄』 영조 24 『集成』 29-136)

8.5. 통신사 홍계희 등을 소견하고 왜국의 사정에 대해 하문하다.(『英祖實錄』 영조 24 『集成』 29-137)

8.11. 경기감사와 수령을 소견하다.(『英祖實錄』 영조 24 『集成』 29-138)

8.17. 通信使가 돌아올 때 日本에서 답례로 보내 온 彩綾緞 2백疋을 불태우라고 명했다가 곧이어 정지시키니, 洪啓禧가 아뢰기를 有司에게 맡겨 검은 물을 들이게 하여 군병들의 전투복을 만드는데 대비하라고 아뢰다.(『英祖實錄』 영조 24 『集成』 29-138)

9.27. 정언 朴盛源이 지난 겨울 通信使의 使行이 있을 때 下率들이 부린 폐단은 마치 난리를 겪은 것과 같았으니, 세 사신 이하를 죄의 경중에 따라 勘斷함으로써 奉使한 자들의 경계가 되게 하라고 상소하다.(『英祖實錄』 영조 24 『集成』 29-138)

7.3. 호조 판서 朴文秀가, 적의 출몰은 정해진 형적이 없고 지금은 관동 9郡에 다만 鎭堡 하나만 있으니, 긴요치 않은 진보 4-50을 혁파하고 가장 요해처에 大鎭을 두어 방수할 수 있도록 하라고 상서하다.(『英祖實錄』 영조 26 『集成』 29-140)

9.26. 임금이 수원에 지나면서 禿城山城에 올라 승지 黃景源에게 임진왜란 때의 일을 상고하다.(『英祖實錄』 영조 26 『集成』 29-141)

【일본】

1.-. 朝鮮駐在 対馬貿易担当官이 対馬藩에 書를 보내, 人参의 생산감소에 의해 価格高騰을 말했으나, 人参의 代銀 200貫目을 請取해보니, 注文斤 数分의 人参에 相違없이 넘겼다고 전했다.(『通航一覽』 130)

9.10. 임금이, 임진년 뒤 일본 사신을 送別하는 시에 이르기를 '回答使란 이름의 사신 어디로 향하는고? 오늘날 交隣하잔 말 나는 모를레라. 漢江에 이르러 강위를 바라보니, 두 陵의 松栢은 가지도 나지 않았네'는 누가 지은 시인지 묻다.(『英祖實錄』 영조 28 『集成』 29-143)

연도	한국
1753	
1754	【한국】 1.10. 좌의정 李天輔가 동래부사가 차왜에게 잔치를 베푸는 일 등을 장계하지 않고 행한 것에 대해 부사와 승지를 추고하기를 청하자, 왕세자가 이를 따르다.(『英祖實錄』영조 30『集成』29-143) 5.23. 임금이 趙雲逵에게 申飭하기를, 영남의 田稅는 반이 倭한테 들어가므로 나라의 근본이 호남에 있으며, 뜻밖의 警急이 있으면 粮穀을 예비하여 기다리지 않을 수 없으니, 이것도 守城하는 긴요한 방도이다라고 하다.(『英祖實錄』영조 30『集成』29-144)
1755	【한국】 12.22. 임금이 전감사 李彝章등을 불러 왜인을 제어하는 방도를 물으니, 관왜가 함부로 나오는 것을 금하고, 7푼의 은혜와 3푼의 위엄으로 다스릴 것을 아뢰다.(『英祖實錄』영조 31『集成』29-144)
1757	【한국】 4.28. 掌令 李壽德이 왜란을 겪고 난 후 朝廷에서 두텁게 軫恤하던 嶺南 연변의 舟師軍이, 暗行御史의 啓辭로 인해 料布가 많이 줄어 사기가 떨어져 왜적 방비가 걱정스러움에 대해 上書하다.(『英祖實錄』영조 33『集成』29-145) 7.16. 임금이 건극당에 나아가 대신과 비국 당상을 인견하고 왜차의 처분 문제 등을 논의한 뒤, 동래부사 洪重孝를 거제로 정배하고 조엄으로 대신하도록 하다.(『英祖實錄』영조 33『集成』29-145)
1758	【한국】 1.5. 임금이 전 동래부사 홍중효를 소견하고 동래의 실상을 들은 뒤 동래의 取利銀錢을 면제하고 호조의 大同米로 대신 지급하도록 하다.(『英祖實錄』영조 34『集成』29-146) 2.13. 對馬島主 平義著이 使者를 보내 香을 올리고 沈香이 품절되어 중국까지 가서 사오는 바람에 늦어진 것을 아뢰다.(『英祖實錄』영조 34『集成』29-147) 4.11. 奉朝賀 金在魯가 壬辰倭亂 당시에 명에 응원을 청한 것 등의 공이 있는 李德馨과 의병을 일으켜 왜적과 싸우다가 전사한 趙憲에 대해 致祭할 것을 아뢰자 임금이 允許하다.(『英祖實錄』영조 34『集成』29-147)
1760	【한국】 3.11. 임금이 일본과 내통한 혐의가 있는 죄인들을 鞫問하여 金湖는 석방하고 高致龍은 荊門을 가한 후 본부로 내려보내도록 명하다.(『英祖實錄』영조 36『集成』29-149) 5.29. 壬辰倭亂 때 援兵 나왔던 壯士들을 제사하는 곳인 宣武祠에 忠武公 李舜臣의 손자인 李泰祥으로 하여금 致祭하도록 하다.(『英祖實錄』영조 36『集成』29-150)
1761	【한국】 6.2. 임금이 우이정 홍봉한이, 차왜를 쫓지않은 동래부사 홍명한은 중추하고, 통역관은 동래부사로 하여금 곤장을 칠 것을 청하니 이를 따르다.(『英祖實錄』영조 37『集成』29-152)
1762	【한국】 10.28. 통신사 李得培가 戶曹의 은 3천냥을 빌려 역관이 가지고 갈 수 있도록 허락해 줄 것을 청하니 임금이 그대로 따르다.(『英祖實錄』영조 38『集成』29-153)
1763	【한국】 3.12. 壬辰倭亂 당시 동래부사로 死節한 宋象賢의 奉祀孫을 錄用하도록 명하다.(『英祖實錄』영조 39『集成』29-153) 5.27. 釜山鎭僉使 李應爀이 通信使를 수행하지 않으려 하니 罷職을 명했다가 왜인이 僉使를 업신여길 것을 염려하여 罷職시키지 않다.(『英祖實錄』영조 39『集成』29-153) 7.6. 예조참판 黃仁檢이 무진년 통신사의 사행 때 京尹의 禮單에 應子 1連을 執政의 예에 의거하여 지급한 것을 따르자고 하자, 임금이 윤허하다.(『英祖實錄』영조 39『集成』29-154). 7.8. 정상순을 통신사로 삼다.(『英祖實錄』영조 39『集成』29-154). 7.13. 모친이 늙었다는 이유로 명을 받들지 않은 통신사 鄭尙淳을 김해로 정배보내고 趙曮을 대신가게 하다.(『英祖實錄』영조 39『集成』29-154) 7.14. 통신정사 조엄이 왜인에게 예단을 지급하는 문제에 대해 아뢰자 임금이 이를 따르다.(『英祖實錄』영조 39『集成』29-155) 7.24. 임금이 通信使 조엄·李仁培·金相翊을 소견하고, 약조를 어기고, 기이한 물건을 사서 이익을 노리는 자, 술을 마시어 나라의 법금을 어기는 자는 먼저 목을 베고 아뢰도록 명하다.(『英祖實錄』영조 39『集成』29-155)

일본

【일본】

1.6. 吉宗死没하자 弔慰의 訳官使(堂上官 愼栄来·堂下官 鄭道行)가 対馬에 来島하다.(宗氏家譜略·増正交隣志 6·辺例集要 18)

【일본】

1.6. 雨森芳洲가 没했다.(88歳)

2.21. 対馬藩이 막부에 조선국에 불안한 기미가 있다고 알려왔다.(『宗氏家譜略』)

7.1. 막부가 朝鮮交易의 적체되어, 国中人民食用 지장이 생겨 対馬藩에 3년간 金 1万両씩을 하사하도록 지시했다. 13일에 対馬藩이 1万両을 수령했다.(『宗氏家譜略』·『通航一覧』 29)

7.29. 前동래부사 洪重孝를 '差倭와 館守倭 사이에 反間計를 써 差倭를 약정한 기일에 돌려보낸 공'으로 특별 석방하고 京職에 調用하도록 하다.(『英祖實錄』 영조 33 『集成』 29-146)

10.29. 왕세자가 동래부사의 장달에 따라 差倭의 料米 중에 부족한 수량을 절반만 획급하도록 하다.(『英祖實錄』 영조 33 『集成』 29-146)

7.4. 壬辰倭亂 때 效節한 李億棋의 7대손을 懿昭廟守衛官 두 과에 특별히 差任하도록 명하다.(『英祖實錄』 영조 36 『集成』 29-151)

11.29. 임금이 왜관의 潜商 玄尙禎은 次律에 의하여 거행하고 관련된 어려 사람도 또한 정배하게 하다.(『英祖實錄』 영조 36 『集成』 29-151)

【일본】

1.9. 家重 死没弔慰·宗義 蕃帰州祝賀의 訳官使(堂上官 玄德淵·堂下官 李命和)가 対馬에 来島했다.(『宗氏家譜略』·『増正交隣志』 6·『辺例集要』 18)

1.15. 막부가 내년 9~10월경, 通信使来聘할 것을 宗義春례게 하달했다는 것을 언급하고, 諸事를 延享度대로 알아서 하도록 諸大名에게 언급하고, 23일 江戸 및 길 도중에서라도 허술하게 하는 일이 없도록 금했다.(『通航一覧』 45)

6.1. 幕府가 対馬藩主 宗義暢의 初入国暇礼 때에, 조선국의 儀에 생각을 갖고 있도록 언급했다.(『通航一覧』 28)

10.2. 釜山의 訓導·別差 두 사람의 이름으로 왜관관수에게 서계를 보내어, 금년의 不作에 의해 通信使를 日本側의 희망대로 내년 6월 聘礼가 아니라 8월 출발하고 싶다는 뜻을 전했다.(『通航一覧』 32)

8.3. 통신정사 조엄, 부사 이인배, 종사관 김상익을 소견하고 '好往好來'는 글을 써서 나누어 주고 위유하여 보내다.(『英祖實錄』 영조 39 『集成』 29-156)/ 日本通信使가 国書를 가지고 王城을 출발했다.(『海槎日記』)

8.4. 임금이 《君鑑》을 열람하고 이후로 왜인에게 옥구슬을 사려는 자에게 潜商律을 시행하여 금하게 할 것을 하교하다.(『英祖實錄』 영조 39 『集成』 29-156)

10.6. 日本通信使가 釜山을 출발하여 対馬 佐須浦에 到着했다.(『海槎日記』)

10.27. 朝鮮通信使가 対馬府中에 도착해 西山寺에 머물렀다. 30에 釜山에서 船上에서 떨어져 부상당했던 副卜船将 兪源이 사망했다.(『海槎日記』)

11.6. 영의정 홍봉한이 통신사가 타는 배가 약하여 위험을 겪었으니 배를 만드는 것을 구관한 전 統制使와 監造官을 잡아다 처리할 것을 아뢰자 임금이 이를 따르다.(『英祖實錄』 영조 39 『集成』 29-156)

12.11. 통신사에게 한 자급을 올려주던 전례에 비추어 전 통신상사 徐命膺과 부사 嚴璘을 승진시키다.(『英祖實錄』 영조 39 『集成』 29-157)

연도	한국
1764	【한국】 1.20. 朝鮮通信使가 大坂에 도착하여 本願寺에 머무르다.(『海槎日記』) 1.28. 朝鮮通信使가 京都에 도착하여 館所 本圀寺에 다다르니, 本多康桓가 이들을 접대했다.(『海槎日記』) 2.16. 朝鮮通信使가 江戶에 도착하여 本願寺에 머무르다.(『海槎日記』·『通航一覽』71) 2.27. 朝鮮通信使가 江戶城에 도착하여 家治에게 国書를 奉呈했다.(『海槎日記』·『德川実紀』) 3.7. 家治가 朝鮮通信使에게 返物을 주었다.(使者松平武元·松平康福)/ 11일에 通信使가 江戶를 출발했다.(『海槎日記』·『德川実紀』·『通航一覽』117) 4.7. 対馬藩 通詞 鈴木伝蔵가 大坂에서 通信使 中官 崔天宗을 살해하고 도망쳤다가 18일에 摂津国 池田村에서 체포되어 5월 2일에 幕命에 의해 死罪당했다.(『宗氏家譜略』·『海槎日記』·『評議物留帳』) 5.6. 朝鮮通信使가 大坂를 출발했다.(『海槎日記』) 6.13. 朝鮮通信使가 対馬府中에 도착하여 안개 때문에 세 騎船가 到着하지 못했다.(『海槎日記』) 6.22. 日本通信使, 釜山에 到着하다.(海楼日記) 6.26. 임금이 통신사를 수행한 訓導가 사소한 일로 왜인과 다투다가 피살된 일로 인하여 삼사신의 관직을 모두 삭탈하라고 명하다.(『英祖實錄』영조 40 『集成』29-157) 7.8. 돌아온 세 통신사 정사 조엄, 부사 이인배, 종사관 김상익을 소견하고, 왜국의 풍속 및 인물에 대해 묻고 그들의 자급을 올리고 역관들에게도 관례대로 상을 내리다.(『英祖實錄』영조 40 『集成』29-157)/ 日本通信使, 漢城에 歸着하여, 慶熙宮에서 復命하다.(『海槎日記』)
1765	【한국】 1.18. 임금이 대신과 비국 당상을 인견하고 영의정 홍봉한의 청에 따라 告慶差倭의 귀순을 이유로 동래의 전 부사 宋文載와 접위관 尹弘烈의 귀양을 풀어주도록 명하다.(『英祖實錄』영조 41『集成』29-159) 7.14. 영의정 홍봉한이 왜역이 일을 마친 후 돌아가지 않고 머무르는 습속을 금지할 것을 청하니 임금이 이를 따르다.(『英祖實錄』영조 41『集成』29-159)
1766	【한국】 7.14. 영의정 홍봉한이 동래부사 姜必履의 장계를 들어 告訃差倭가 귀순하였으니 접견을 허락할 것과 그에 따른 절차 등을 아뢰니 임금이 이를 따르다.(『英祖實錄』영조 42『集成』29-159) 10.14. 左議政 金致仁이 對馬島主가 바다를 건너던 譯官이 익사한 일로 差倭를 보낸 것에 대해 差倭를 접대할 것과 致祭는 하지 말 것을 아뢰자 임금이 允許하다.(『英祖實錄』영조 42『集成』29-160) 11.20. 좌의정 金致仁이 전 동래부사 姜必履가 전례를 살피지 않고 장계를 올린 것에 대하여 삭직을 청하니 임금이 서용하지 않는 전형을 시행하라고 명하다.(『英祖實錄』영조 42『集成』29-161)
1767	【한국】 4.19. 領議政 金致仁이 동래부사 嚴璘의 狀啓를 들어 對馬島의 사정과 關白이 아들을 낳은 것을 致慶하는 서계와 도주에게 慰慶하는 것을 허락할 것을 아뢰자 임금이 允許하다.(『英祖實錄』영조 43『集成』29-161)
1768	【한국】 1.5. 刑曹判書 李思觀이 東萊部에서 납부할 生熟銅丹木을 譯官들이 對馬島에서 보내주지 않는다는 이유로 기한이 지나도록 납부하지 않는 것을 들어, 동래부사를 推考하고 譯官들을 治罪할 것을 아뢰자 임금이 允許하다.(『英祖實錄』영조 44『集成』29-162) 4.20. 平安道觀察使 鄭實이 倭譯輩가 人蔘을 무역할 때 奸弊가 심하여 백성들에게 징수하는 양이 많아지니 倭譯이 중간에 농간을 부리지 못하도록 징계할 것을 아뢰다.(『英祖實錄』영조 44『集成』29-163)
1769	【한국】 10.14. 홍봉한이 울릉도의 일을 널리 고증하여 책자를 만들 것 등을 아뢰다.(『英祖實錄』영조 45『集成』29-167) 12.4. 영의정 홍봉한이 倭供米에 대해 限期를 늦추어 달라는 청을 差倭가 온지 여러 달이 되었기로 허락할 것을 청하자 임금이 이를 윤허하다.(『英祖實錄』영조 45『集成』29-168)
1770	【한국】 5.11. 武臣講에서 동래부사 李普觀을 引見하고 對馬島가 凋殘하니 東萊部에서 신경쓸 것을 명하다.(『英祖實錄』영조 46『集成』29-168)
1771	【한국】 4.17. 임금이 倭船이 오고가는 것에 대한 장계를 대신 보고하게 하고, 任地를 비운 죄로 경상좌수사 및 道臣을 추고 하고, 기장현감을 決杖하게 하다.(『英祖實錄』영조 47『集成』29-169) 7.2. 1표류한 왜인이 關白을 언급하며 교역하길 원하는 것을 동래부사 李普觀이 馳聞하자, 임금이 國體를 손상시킨다는 이유로 동래부사 李普觀을 推問하도록 하다.(『英祖實錄』영조 47『集成』29-169)

일본

3.15 幕府가 이날부터 9월 26일에 걸쳐서 老中 松平武元·若年寄 松平忠恒 이하 朝鮮人来聘御用掛들에게 賞賜를 행했다.(『通航一覧』41)

4.1 조선국왕으로부터의 贈物을 幕府内에서 分配했다.(『通航一覧』120)

4.-. 玉嶺守英이 다시 對馬 以酊庵輪番僧이 되다.(~明和 3년(1766) 6월)(『前近代の国際交流と外交文書』)

8.3. 일본국 배 1척(種子島 島民 21인 乘組)이 경상도 非珍島에 표착하여 12월 25일, 송환되어 対馬国 府中에 도착했다.(『長崎実録大成』16)
[→日本1765.1.4.]

7.22. 임금이 통신사가 가지고 온 銀子를 바로 地部에 하달하여 경비에 보태쓰게 명하다.(『英祖實錄』영조 40『集成』29-158)

8.16. 임금이 差官 平蕃常의 접대가 임오년과는 다른데도 전례대로 외교를 행한 동래부사 宋文載, 접위관 尹弘烈을 먼 변방으로 귀양보내도록 명하다.(『英祖實錄』영조 40『集成』29-158)

9.1. 왜인의 배가 동래에 표착하다.(『英祖實錄』영조 40『集成』29-158)

1.4. 薩摩藩 領種子島 島民 21명이 조선국에서 対馬藩을 거쳐 송환되어 長崎에 도착했다. 長崎奉行所에서 함께 의논한 후에 対馬藩 聞役河村倉之助의 입회하에 薩摩藩 役人 岡本千兵衛에게 인도되었다.(『長崎実録大成』16)[→朝鮮1764.8.3.]

6.30. 이보다 앞서, 対馬藩主 宗義暢이 幕府에 孝恭院 誕生祝賀를 위해 朝鮮通信使来聘에 대해 물었던 날에 막부가 그 뜻에 미치지 못한다는 뜻을 아뢰다.(『通航一覧』32)

7.19. 德川家基 誕生·宗義蕃 隠居·宗義暢 襲封祝賀의 訳官使(堂上官 玄泰翼·李命守·堂下官 玄泰衡)이 釜山出港後에 暴風 때문에 行方不明이 되었다가 生存者 9명이 朝鮮漁民에 의해 구조되었다.(『宗氏家譜略』·『通航一覧』136·『増正交隣志』6·『辺例集要』18)[→日本7.-]

7.-. 宗義暢이 德川家基 誕生등을 축하하기 위해 朝鮮에서 파견된 사자가 조난 당한 것을 막부에 전했다.(『通航一覧』136)[→9.4]

9.4. 이보다 앞서, 7월 19일, 조선국의 賀慶使의 역관이 対馬에 가던 중 漂流했다. 이날 幕府에서 西北浜海의 諸国에 표착할 때를 대비한 지시를 서계로 보냈다.(『通航一覧』136)[→朝鮮7.19]

5.3. 德川 家基誕生·宗義蕃隠居·宗義暢襲封祝賀의 訳官使(堂上官 李昌基·張麟維·堂下官 朴道泊)가 対馬에 来島했다.(『宗氏家譜略』·『増正交隣志』6)

9.7. 임금이 渡海譯官 李昌基가 王事로 인해 죽었으니 이를 위해 진휼할 것을 명하다.(『英祖實錄』영조 44『集成』29-167)

5.-. 建仁寺 常照院 海山覚遙가 対馬 以酊庵輪番僧이 되었다.(~安永1년(1772) 6월) (『前近代の国際交流と外交文書』)

7.8. 幕府가 근년에 朝鮮交易断絶에 대해 再開할때까지 対馬藩에 大坂金蔵에서 매년 銀 300貫의 廻銀을 허가했다.(~安永4年(1775)/ 21일에 廻銀 3年分을 前借했다.(『宗氏家譜略』·『通航一覧』29)

8.11. 임금이 동래부사의 장계를 보고 왜관이 손상된 것에 대해 보수할 것과 관련된 여러 지시를 하교하다.(『英祖實錄』영조 47『集成』29-169)

9.19. 장기체류하고 있는 재판왜의 서계를 받고 회서하도록 청하다.(『英祖實錄』영조 47『集成』29-170)

연도	한국
1772	【한국】 1.16. 壬辰倭亂 때 趙憲을 따라 왜적을 막다가 전사한 義僧 靈圭 등 7백 義塚에 致祭하도록 명하다.(『英祖實錄』 영조 48 『集成』 29-170) 8.16. 영의정 신회가 왜차접위관 양산군수를 체직시켜 京職에 부치고, 문관을 구전으로 차출할 일을 앙청하니 임금이 이를 따르다.(『英祖實錄』 영조 48 『集成』 29-171) 10.28. 掌令 愼爾復이 故郡守 莘礎·承旨 河繼先 등이 壬辰倭亂 때에 왜적을 물리치는데 郭再祐 등과 같이 공을 세웠으므로 襃賞할 것을 아뢰다.(『英祖實錄』 영조 48 『集成』 29-171) 12.14. 領議政 申晦가 壬辰倭亂 때 戰功이 많아서 명나라에서 摠兵官을 명했던 義兵將 鄭起龍에게 諡號를 내릴 것을 청하자, 임금이 允許하다.(『英祖實錄』 영조 48 『集成』 29-172)
1773	【한국】 12.26. 표류한 왜선의 물화를 몰래 취했다는 제주목사 박성협의 장계에 따라 전 旌義縣監 柳翼星을 흑산도로 정배하도록 명하다.(『英祖實錄』 영조 49 『集成』 29-172)
1774	【한국】 6.1. 淸道의 幼學 金㴢 등이 壬辰年에 왜구가 무덤을 파헤쳐서 朝廷에서 禮官을 보내 望祭를 지낸 예가 있는 首露王陵에 대해 소홀히 하지 말 것을 上訴하자 임금이 府使로 하여금 국왕을 칭하여 致祭하도록 명하다.(『英祖實錄』 영조 48 『集成』 29-173) 英祖대왕행장, 이해에 왜가 바친 繪紬·彩綾 7백여필을 戶曹·三軍門·京畿監營과 市廛 백성에게 나누어 내리다.(『英祖實錄』 영조 48 『集成』 29-173)
1776	【한국】 9.22. 동래 부사 柳薆이 동부의 手標로써 왜인과 무역하여 흔단을 일으키게 하는 것을 걱정하여 상소하다.(『正祖實錄』 정조즉위년 『集成』 29-175) 10.7. 왜인들이 貢獻을 소홀히 하는 것에 대해서 任譯들에게 책임을 물어 勘罪하다.(『正祖實錄』 정조즉위년 『集成』 29-176) 10.9. 沈有鎭을 장차 나올 예정으로 있는 弔倭의 接慰官으로 삼다.(『正祖實錄』 정조즉위년 『集成』 29-177) 10.14. 전 多大浦 僉使 李潤禧를 오랑캐들을 잘 다스리지 못한 죄로 무겁게 勘處하게 하다.(『正祖實錄』 정조즉위년 『集成』 29-177)
1777	【한국】 9.19. 對馬島의 前島主 平義蕃이 身死했음을 고하고 돌아가는 差倭가 長木浦로 표류했는데 巨濟付에서 糧米를 대주지 않은 것 때문에 本鎭의 鎭隷가 差倭의 배에 묶여 있었던 것을 이유로 巨濟府使 李章漢을 파직하다.(『正祖實錄』 정조1 『集成』 29-178) 10.20. 領議政 金尙喆이 三陟에 표류한 왜인을 水路로 해서 돌려보내도록 하였는데, 보름이 지난 뒤에야 陸路로 치송할 것을 備局에 申報한 강원도 觀察使 金履素를 파직할 것을 청하다.(『正祖實錄』 정조1 『集成』 29-178)
1778	【한국】 7.20. 尹冕東이 왜적에 대비한 行軍法, 武器, 지리적 요지 등에 대해 폐단과 대비책 등을 上訴하다.(『正祖實錄』 정조2 『集成』 29-178) 8.17. 부사직 尹冕東이 東萊 草梁에 있는 小通事의 무리가 태반은 왜노들의 복심이 되었으므로, 교활한 왜노들이 쉽사리 실정을 엿보기에 이르렀다고 아뢰다.(『正祖實錄』 정조2 『集成』 29-182)
1779	【한국】 2.21. 지평 姜文煥이 東萊의 전 府使 林鼎遠이 邊禁을 어기고 기와를 많이 구워 후한 값으로 왜인들에게 放賣한 까닭으로 처벌할 것을 건의하였으나 윤허하지 않았다.(『正祖實錄』 정조3 『集成』 29-185) 3.1. 對馬島主가 承襲하고 告慶하는 差倭를 보내온 것을 비변사와 논의하여 前例를 들어 沈煥之를 접위관으로 보내다.(『正祖實錄』 정조3 『集成』 29-185) 8.24. 평안도 觀察使 金鍾秀가 狀啓하여 江界의 蔘弊를 아뢰고 왜인에게 주는 禮單蔘 5근을 關北으로 옮겨 배정하기를 청하였는데, 大臣이 覆奏하니 시행을 윤허하였다.(『正祖實錄』 정조3 『集成』 29-185)
1780	【한국】 1.27. 領議政 金尙喆이 표류하여 갔던 사람을 데리려 差倭가 전에 없던 名色을 假稱하여 액수를 더하여 떠벌려 감히 속이려 하니, 동래부사 李致中을 파직하고 問情한 譯官은 帥臣을 시켜 重棍에 처하기를 청하다.(『正祖實錄』 정조4 『集成』 29-186) 2.17. 備邊司에서 전 동래부사 李致中이 狀啓한 告計差倭를 許接하는 것을 계해년의 전례에 따라 거행할 것을 아뢰다.(『正祖實錄』 정조4 『集成』 29-186) 2.25. 領議政 金尙喆이 差倭에게 주는 蔘의 폐단을 지적하고 交隣 일이 중대하여 폐기할 수 없는 형세이니 뒷폐단 없이 영구히 遵行할 방책을 얻을 것을 아뢰다.(『正祖實錄』 정조4 『集成』 29-187) 4.10. 동래부사가 당상역관이 관백치위와 도주조문을 위해 도해하도록 청하다.(『正祖實錄』 정조4 『集成』 29-188) 8.2. 동래 부사 이문원이 동래 지역의 양역, 노군 충정의 폐단과 그 대책을 논의하다.(『正祖實錄』 정조4 『集成』 29-188) 9.17. 進賀兼謝恩使正使 朴明源과 副使 鄭元始가 8월 12일, 황제가 특별히 勅旨를 반포하고 노자를 주어 歸國하였을 때, 琉球國은 주문과 함께 올려 사례하는데, 조선은 토산물에 표문까지 올린다고 狀啓하다.(『正祖實錄』 정조4 『集成』 29-190)

일본

【일본】

3.-. 幕府가 宗義暢·勘定奉行·長崎奉行에게 朝鮮貿易 再興을 위해 対馬에 長崎地役人을 派遣한 것을 전했다.(『通航一覧』 132)

4.23. 幕府가 거듭해서 密貿易을 엄금했다.(『德川実紀』)

6.11. 幕府가 宗義暢에게 朝鮮交易 取開를 交渉決着 할 때까지 在国을 허가했다.(宗氏家譜略)

6.-. 相国寺 養源軒岱宗承嶽이 対馬以酊庵輪番僧이 되었다.(~安永4년(1775) 3월)(『前近代の国際交流と外交文書』)

7.-. 朝鮮交易 개시의 방도를 위해 幕府普請役 佐久間甚八와 長崎地役人 들이 対馬藩에 갔다.(『宗氏家譜略』)

10.5. 對馬島主가 訃音을 고하지 않고 慶事를 먼저 고한 것에 대해 前例를 찾아보고 접위관을 差遣하지말 것과 館守倭에게 責諭할 것 등을 명하다.(『正祖實錄』 정조2 『集成』 29-182)

12.23. 임금이 승지 柳義養으로부터 표류한 왜인들이 반드시 江陵과 三陟에 정박하고 있는 이유가 水勢가 그렇게 만들기 때문임을 듣다.(『正祖實錄』 정조2 『集成』 29-183)

【일본】

12.4. 幕府가 対馬藩에 訳官使 応接의 비용으로 金 3000両 拝領을 허가했다.(『宗氏家譜略』·『通航一覧』 29)

【일본】

11.27. 德川家基, 宗義暢가 没하자, 弔慰하고, 겸하여 宗猪三郎의 襲封을 祝賀하고자 訳官使(堂上官雀鳳齡·玄啓根·堂下官下世謙)가 対馬에 来島하다.(『宗氏家譜略』·『増正交隣志』 6·『辺例集要』 18)

12.26. 倭館의 東大廳·西行廊 56칸이 불타자, 備邊司에서 무자년의 사례에 따라 公作綿布 3동과 쌀 50석을 恤典할 것을 건의하자 허락하다.(『正祖實錄』 정조4 『集成』 29-192)

연도	한국
1781	【한국】 2.4. 동래부사 尹師國이 八送使의 停止를 청하니, 上이 저들과 우리 사이에 맺은 約條가 분명히 기재되어 있으니, 別例를 새로 만들 수 없다고 下敎하다.(『正祖實錄』정조5『集成』29-192) 2.5. 領議政 徐命善이 八送使의 정지를 청한 동래 부사 윤사국을 처벌할 것을 청하다.(『正祖實錄』정조5『集成』29-193) 7.9. 領議政 徐命善이 동래부사 趙英鎭이 訓別 등의 手本에 대해 거론한 내용을 아뢰다.(『正祖實錄』정조5『集成』29-193) 12.28. 경상도觀察使 趙時俊이 상소하여 加德·天城은 知世, 知世·玉浦에서는 南海, 다대진은 가덕에서 표류되는 왜선을 요망하게 할 것 등 道內의 10가지 폐단에 대하여 進達하다.(『正祖實錄』정조5『集成』29-194)
1782	【한국】 2.24. 冬至正使 黃仁點과 副使 洪秀輔가 北京에 있으면서, 정월 초5일 太和殿에서 正朝의 朝參에 참여하였는데, 황제가 예부상서에게 외국의 班次에 하문하니, 조선이 첫머리고 琉球 등이 그 다음이라고 대답했다고 馳啓하다.(『正祖實錄』정조6『集成』29-195) 3.7. 慶事를 고해 온 日本使者를 영접할 接慰官을 파견했다.(『備辺司燈錄』) 3.28. 領議政 徐命善이 왜선을 망보는 일에 관하여 그 경계를 개정하여 天城, 加德, 知世, 玉浦, 助羅의 5鎭에서 나누어 요망하게 한 것을 아뢰다.(『正祖實錄』정조6『集成』29-196) 4.25. 전라도 觀察使 朴祐源이 薩摩州에서 표류한 왜인에게 실정을 물어서 馳啓하니, 상이 倭館으로 보내지 말고 원하는 水路를 따라 還送시키라고 명하다.(『正祖實錄』정조6『集成』29-196)
1783	【한국】 2.5. 우의정 김익이 故重臣 徐渻은 임진왜란 때에 병조의 낭관으로 임금을 수행하는 등의 공로로 포상하고 충성을 장려하는 도리로, 神主를 옮기지 않는 恩典을 시행해야 한다고 아뢰니, 상이 그대로 따르다.(『正祖實錄』정조7『集成』29-197) 6.9. 동래의 공작미·왜료미와 탄고포 지급에 대해 당초의 규식대로 하다.(『正祖實錄』정조7『集成』29-198) 7.18. 홍양호가 왜인들은 銅의 생산이 으뜸이지만 그릇을 만드는데는 沙器와 漆器만을 사용하는데, 우리는 鍮와 錫을 함부로 여겨 법도가 없이 그릇을 만들고 있으니, 銅器를 금단할 것을 상소하다.(『正祖實錄』정조7『集成』29-199)
1784	【한국】 2.8. 임진년에 慶州府尹으로 節度使 朴晉의 軍과 성을 공략하여 왜적을 쫓아 경주를 회복하고 성벽을 굳게 지켜, 7년 동안 적병이 접근하지 못해 列邑을 안전하게 한 故忠臣 朴毅長에게 賜諡하는 은전을 베풀라고 명하다.(『正祖實錄』정조8『集成』29-203) 2.17. 冬至兼謝恩正使 黃仁點과 副使 柳義養이 12월 26일에 鴻臚寺에 가서 書狀官·謝恩三使臣 및 琉球國 使臣과 함께 正朝朝參禮를 연습하였다고 장계하다.(『正祖實錄』정조8『集成』29-204)
1785	【한국】 1.17. 倭館行廊의 건조에 대해 廟堂에 稟処시켰다.(『承政院日記』) 2.14. 別單에 황제가 明 말기에 왜인들이 항상 조선을 속이고 소란을 일으켰는데 지금은 어떠냐고 묻자, 阿肅이 《明史》에 의하면 倭寇는 漢奸海賊과 분명히 관계되며, 내부에서 사단을 일으켜서 明軍이 조선을 원조하였다고 이르다.(『正祖實錄』정조9『集成』29-206) 4.7. 倭館 西行廊의 改築을 허가하다.(『承政院日記』)
1786	【한국】 2.28. 冬至正使 安春君 이침·副使 李致中이 12월 24일에 禮部에서 鴻臚寺에 나아가 琉球國 貢使와 演儀에 참석하였으며, 그믐날 除夕宴에서는 사신 등을 유구국의 사신 윗자리에 앉게 했다고 馳啓하다.(『正祖實錄』정조10『集成』29-209) 3.27. 首譯 李湛이 연경에 도착하여 琉球國 사신을 보았고, 사신의 복장 및 유구국의 위치, 방역, 국왕의 계보 및 왕명을 이야기한 내용을 별단에 적다.(『正祖實錄』정조10『集成』29-210) 10.6. 동래부사 洪文泳이, 館守倭人이 8월 8일 日本 關白 源家治가 죽었으므로 開市는 내달 1일까지 내려보내지 말고, 送使宴의 중지와 감독도 철수한다는 내용을 알려왔으므로 馳報하다.(『正祖實錄』정조10『集成』29-210)
1787	【한국】 1.29. 왜관에서 왜인과 교간한 서일월을 장배하다.(『正祖實錄』정조11『集成』29-212) 2.10. 왜관 수문밖 10리 금표안에서의 왕래를 엄금하도록 청하다.(『正祖實錄』정조11『集成』29-213) 4.12. 承政院에서 동래부사 閔台爀의 장본을 李義行이 왜인의 폐단을 검찰했다는 말의 자구에 병폐가 있음을 염려하여 임의로 고쳤으므로 그에 대하여 죄주기를 청하다.(『正祖實錄』정조11『集成』29-213) 9.30. 三南暗行御史 金履成이 復命하기를, 倭供上納할 때의 雜費의 과다지출, 八送使와 飛船·特送 등에 주는 양식의 수효 문제 및 金井山城의 수축 문제를 말하다.(『正祖實錄』정조11『集成』29-214)/ 備邊司에서 黃山道의 驛民이 폐막을 상언한 것은 倭館이 釜山에 옮겨 설치된 뒤로 황산에서 큰 길을 전담하므로 번다한 役과 站이 끊길 걱정이 눈앞에 닥쳤으니 位田과 復戶를 다시 區劃하여 보태어 달라는 것이라고 아뢰다.(『正祖實錄』정조11『集成』29-218) 11.23. 皇曆齎咨官 李鎭復의 手本에 福建의 林爽文이 무리를 모아 謀叛하여 琉球와 멀지않은 福建省 동남쪽 海島 한가운데 있는 臺灣府를 공격하여 점령하였다고 이르다.(『正祖實錄』정조11『集成』29-219)

일본

11.9. 幕府가 対馬藩에 家斉養君의 祝詞의 訳官使応接의 費用으로 金 5000 両의 拝借를 許可하다.(宗氏家譜略·『通航一覧』29)

8.22. 경상도 감사 趙時俊이 日本人이 표류했는데, 그 중에 1명이 익사한 것을 치계했고, 생존한 일본인을 각각 간호하고 사자를 파견하여 이들을 慰血하도록 명했다.(『承政院日記』/『備边司燈録』)
10.10. 영의정 徐命善이 日本關白이 후계자를 세웠으니, 경축할 역관을 관례에 따라 파견하라고 아뢰니, 상이 그대로 따르다.(『正祖實錄』정조6『集成』29-197)

8.5. 경상도 관찰사가 부산창 공작미의 환색에 대해 장계하다.(『正祖實錄』정조7『集成』29-200)
10.2. 侍讀官 林濟遠이 壬辰倭亂 때 高敬命·趙憲·郭再祐 등의 의병들로 인해 국맥을 만회하고 사기를 격려하게 되어, 天兵이 오지 않아도 극복될 수 있었던 것은 列聖朝께서 인심을 배양했기에 가능했다고 말하다.(『正祖實錄』정조7『集成』29-201)

3.20. 영의정 鄭存謙이 임진왜란 때에 순절한 李彭壽를 경상도觀察使의 狀聞으로 이미 旌閭하였으나, 10년전 金虎가 大臣의 筵奏로 贈職된 예에 미루어 정존겸도 증직하는 것이 도리에 합당하다고 아뢰다.(『正祖實錄』정조8『集成』29-204)
윤3.6. 金燨이 임진 난리 때에 全羅右水使 李億祺가 적을 섬멸한 공로로 병조판서에 追贈되고 忠愍祠에 奉享하였으나, 시호를 내리는 典禮가 빠졌으니 특별히 諡號를 내릴 것을 아뢰니, 상이 그대로 따르다.(『正祖實錄』정조8『集成』29-205)
8.26. 備邊司에서 바다에 표류한 백성 孫古男이 倭國에서 난동을 부렸으니, 처벌할 것을 아뢰다.(『正祖實錄』정조8『集成』29-205)
11.12. 비변사에서 공작미를 5년 기한으로 물리게 하다.(『正祖實錄』정조8『集成』29-206)
7.26. 幼學 趙山翌이 南路는 倭人이 임진년에 먼저 鳥嶺으로부터 왔으므로 성을 조령에 쌓았고, 東萊·釜山에 중점을 두었으나, 倭船이 경류하는 길은 한 곳이 아니니 均役法이 시행된 후, 폐지된 배를 점검하는 법의 회복을 상소하다.(『正祖實錄』정조9『集成』29-207)
8.22. 関西道臣에게 日本使者의 礼単夢은 関西小米 및 別餉庫銭에 의해 구입하여 보낼 것을 명했다.(『承政院日記』)
9.27. 동래부사 李頤詳이 館守倭가 對馬島太守가 죽었다가 5일만에 소생하였다는 사정을 2개월만에 통보했는데, 왜인들은 倫理가 殄滅되었으니 館倭에게 주는 供物을 철회하고 送使에 대한 宴禮를 정지할 것을 馳啓하다.(『正祖實錄』정조9『集成』29-208)

10.11. 戶曹判書 鄭一祥이 통신사 교환에 필요한 禮單 人蔘 2백 근을 江界府로 하여금 사들이게 할 것을 아뢰다.(『正祖實錄』정조10『集成』29-211)
11.19. 경상도 관찰사 김상집이 東萊 草梁里에 사는 秋應德이 왜인에게 빚을 져 죽임을 당하자, 이는 평소 변방의 금령이 해이해졌다는 증거이므로 지방관 인 동래부사 洪文泳, 부산첨사 閔百恒을 파직할 것을 아뢰다.(『正祖實錄』정조10『集成』29-211)
12.11. 日本関白의 訃音을 전했다. 使者의 渡来가 예정되어 있어서 接慰官 및 訳官堂上·堂下 각 1명을 파견하여 各担当部署에 그 준비를 명했다.(『備辺司謄録』·『朝鮮史』5-10)
12.19. 왜관 설문장 문성표를 시탄의 지급이 늦었다는 죄목으로 귀양보내다.(『正祖實錄』정조10『集成』29-212)

3.-. 対馬藩에서 家治의 死去를 알리는 告訃大差使(大訃參判使) 俵郡左衛門(藤蕃卿) 등을 조선에 파견했다.(『浄元院公実録』)
7.-. 対馬藩에서 家斉의 襲職을 고하는 告慶大差使(大慶參判使) 平田隼人(平暢常) 등을 조선에 파견했다.(『浄元院公実録』)

12.25. 家治死没弔慰 겸 家斉将軍就職致賀의 訳官使(堂上官 李命和·堂下官 丁一星)이 対馬에 来島했다.(『宗氏家略譜』·『浄元院公実録』·『増正交隣志』6·『辺例集要』18)

연도	한국
1788	【한국】 3.26. 冬至書狀官 鄭致淳이 황제가 모든 宴會에 갖출 음식물을 裁減하였는데, 光祿寺가 朝鮮·安南·琉球 등 사신에게 공급하는데는 차등이 있으니 品色이 줄면 자못 懷柔하는 뜻이 아니라고 했다고 別單으로 아뢰다.(『正祖實錄』 정조12 『集成』 29-220) 4.2. 丙午年(1786)에 燒失했던 倭館 開市大庁을 전례대로 수년을 기다려 改築하는 것에 대해 廟堂에 稟處시켰다.(『日省錄』·『承政院日記』·『備邊司謄錄』) 7.5. 호조판서 徐有隣이 중 休靜의 비문에 임진왜란 때 국가를 위해 의병을 일으키자 宣廟께서 八道十六宗都總攝으로 삼았다는 말이 있으니, 사당을 세우고 表忠이라는 扁額을 내리는 것이 褒獎하는 뜻과 부합하다고 아뢰다.(『正祖實錄』 정조12 『集成』 29-220) 10.29. 대신 등과 북도의 폐단에 관해 논의하였는데, 상이 銀鑛과 금점을 막는 것은 백성을 위한 것으로 地利를 묻어둘 필요가 없다는 자들이 있는데, 銅은 일본에서, 銀은 중국에서 구하면 되지 땅속의 광물로 부유해지지 않는다고 이르다.(『正祖實錄』 정조12 『集成』 29-221)
1789	【한국】 2.14. 규정외의 차왜 입국 문제를 비변사가 아뢰자 입국을 허락하다.(『正祖實錄』 정조13 『集成』 29-222) 11.20. 화재가 발생한 왜관의 수리를 청하다.(『正祖實錄』 정조13 『集成』 29-222)
1790	【한국】 2.20. 冬至正使 李性源과 副使 趙宗鉉이 작년 12월 30일에 保和殿에서 年終宴을 거행하였는데 신들은 들어가서 기둥 밖에서 참석하였고, 琉球와 暹羅의 사신들은 신들의 아랫자리에 앉았다고 馳啓하다.(『正祖實錄』 정조14 『集成』 29-223) 7.11. 琉球國 中山王의 사람 7명이 장사차 본국 山原에 가다가 풍랑을 만나 興陽縣 三島에 표류하였는데, 전라도觀察使 尹蓍東이 이들이 왜인과 비슷하고 돈도 외국의 돈이니 혹시 유구국이 倭國에 복속한 것이 아니냐고 계문하다.(『正祖實錄』 정조14 『集成』 29-223) 7.20. 濟州牧 貴日浦에 琉球人 12명이 연례로 바치는 공물을 宮古島에 바치러 가다가 풍랑을 만나 표류하였는데, 닻과 키를 수리하여 본국으로 보내달라고 애걸한다고 濟州牧使 李喆模가 급보하니, 상이 원하면 水路로 보내라고 下諭하다.(『正祖實錄』 정조14 『集成』 29-224)
1791	【한국】 3.19. 上이 李提督 형제와 楊元·張世爵 두 元帥의 승리와 邢軍門·楊經理의 왜적을 소탕한 일들은 모두 明의 상서 石星가 주선해 준 덕분이니, 石星의 후손인 石漢英·石漢俊 형제에게 石星의 제사를 지내게 하다.(『正祖實錄』 정조15 『集成』 29-227) 5.4. 上이 興海縣의 어민이 일본에 표류하였다가 돌아왔는데, 그들 가운데 익사한 자의 還穀과 身布를 모두 징수하지 말도록 하고, 그것을 규정으로 삼을 것을 명하다.(『正祖實錄』 정조15 『集成』 29-228) 6.9. 파주목사 李師濂이 萬曆 계사년에 柳成龍이 파주산성의 험준함을 보고 도원수 權慄 등에게 군대로 지키게 하여 왜적이 접근하지 못하였으므로, 갑신년에 防禦營을 이곳으로 옮겼지만 아직 수리하지 못하고 있다고 상소하다.(『正祖實錄』 정조15 『集成』 29-228) 9.19. 司直 愼基慶이 比安·咸昌·尚州·醴泉과의 사이에 지키는 시설이 없어 임진왜란 당시에 왜적이 승승장구하였는데, 萬景과 飛鳳의 두 산을 차단하고 渭水와 洛東江의 세 나루에 성을 쌓았다면 유린되지 않았을 것이라고 상소하다.(『正祖實錄』 정조15 『集成』 29-229) 11.20. 좌의정 蔡濟恭이 임진왜란 때 尹慶元이 殉節하여 都憲으로 증직되었다는 이유로 諡法을 받지 못했으니, 증직하고 시호를 내릴 것을 아뢰다.(『正祖實錄』 정조15 『集成』 29-230)
1792	【한국】 윤4.24. 禮曹判書 徐浩修가 釋王寺의 중들이 休靜과 惟政은 임진왜란 때의 戰功으로 祠堂을 세우고 賜額하였는데, 開國一等功臣인 無學大師는 奉享하는 곳이 없다고 하니, 春秋로 제사지낼 수 있도록 허락할 것을 아뢰다.(『正祖實錄』 정조16 『集成』 29-232) 8.6. 平安道觀察使 洪良浩가 임진왜란 때 平壤城 탈환에 武功이 있는 參將 駱尙志를 武烈祠에 모시기를 狀啓하니, 상이 吉日을 가려 位版을 만들어 신령을 편히 모시라고 回諭하다.(『正祖實錄』 정조16 『集成』 29-233)
1793	【한국】 4.4. 경상도觀察使 鄭大容이 尚州 儒生 成載烈의 書狀에 의거하여 尚州에서 壬辰年間에 왜적이 쳐들어오자 의병을 일으켜 지휘하다 죽은 義士 金鎰을 忠義壇에 추후 배향할 것을 馳啓하니, 上이 특별히 배향하게 하다.(『正祖實錄』 정조17 『集成』 29-238) 7.27. 上이 星州 大明洞은 임진왜란 때에 우리를 원조해 준 中國軍 施文用이 살던 옛터인데, 施文用은 귀화하여 宣祖代에 參判에 추증되고 후손들은 賤役의 명단에 두지말라고 하였으니, 그의 후예들을 道伯이 찾아 올리라고 전교하다.(『正祖實錄』 정조17 『集成』 29-239) 8.21. 윤제동을 대차왜의 접위관으로 삼다.(『正祖實錄』 정조17 『集成』 29-240)

일본

【일본】

3.20. 이보다 앞서, 3월 7일, 対馬藩 主猪三郎(義功)이 막부에 通信使来聘伺書를 제출했다. 이날, 막부가 猪三郎名代(柳沢里之)에게 朝鮮通信使 来聘은 먼저대로 하되, 다만 来聘時期는 곧 찾아 뵙고 말씀드리도록 한다고 했다. 5월 2일, 幕府가 조선국과의 通信使 来聘 延期 交渉을 同藩 家老 古川図書에게 명했다. 6월에 이뜻을 公表했다.(『通航一覧』33·浄元院公実録)

5.-. 建仁寺 常光院 環中玄諦이 対馬 以酊庵 輪番僧이 되었다.(~寛政 2년(1790) 4월)(『前近代の国際交流と外交文書』)

10.-. 対馬藩이 通信使来日의 연기를 구하는 請退大差使(延聘参判使) 古川図書(平暢往) 등을 조선에 파견했다.(『浄元院公実録』)

12.10. 임진왜란 때에 北評事로 土賊을 평정하여 關北一帶를 보전하였던 忠毅公 鄭文孚를 그의 손자 鄭瑾의 上言으로 부조의 은전을 내리도록 하락하다.(『正祖實錄』정조12『集成』29-221)

【일본】

3.7. 동래부사 金履禧등이, 中央政府의 지시대로 일본국 対馬藩의 請退大差使에 대해 通信使 派遣延期를 인정한다고 기록한 예조참판의 返納을 교부했다.(『通信使謄録』·『本邦朝鮮往復書』86)

윤6.29. 対馬藩이 松平定信에게 朝鮮側과 通信使派遣 延期에 대해 合意한 것을 보고했다.(『浄元院公実録』)

【일본】

10.22. 조선국 배 1척(10인 乗組)이 平戸藩 領大島 笛吹浦에 표착하여 長崎를 거쳐 송환되었다.(『通航一覧』136)

12.24. 幕府가 朝鮮人参의 栽培·売買를 自由化했다.(『通航一覧』131)

9.10. 왜관을 보수할 풍락송을 검열하고 책자로 보고하도록 건의하다.(『正祖實錄』정조14『集成』29-226)

【일본】

2.15. 対馬藩主 宗義功의 暇礼의 때에 조선국의 儀에 대해, 家斉부터 분부를 받았다.(『通航一覧』28)

4.11. 幕府가 対馬藩에 通信使聘礼를 対馬에서 행하는 것을 朝鮮側과 교섭하도록 명했다.(『宗氏家譜略』)

5.3. 老中 松平定信이 対馬藩 家老 平田又左衛門등에게, 朝鮮通信使의 聘礼地를 対馬로 변경하려고, 조선국과 交渉하는 것을 명하는 書契案 등을 교부했다.(『浄元院公実録』)

7.-. 対馬藩이 通信使 易地交渉을 개시하기 위해 通信使 議定大差使(議聘参判使) 平田隼人(平暢常) 등을 朝鮮에 파견하는 것을 결정했다. 12월에 使者一行이 釜山에 도착했다.(『浄元院公実録』)

9.23. 幕府가 対馬藩主 宗義功에게 通信使 易地聘礼 交渉成就까지 在国을 허가했다.(『宗氏家譜略』)

11.24. 동래 부사 柳塈이 치계하여 왜인들이 규정 이외로 議聘使를 보내 옴을 알리다.(『正祖實錄』정조15『集成』29-230)

8.19. 上이 노량진싸움에 李忠武와 함께 전사한 皇朝의 副總兵 鄭子龍을 康津 誕報廟에 배향하고 관리를 보내어 致祭하라고 명하다.(『正祖實錄』정조16『集成』29-235)

8.21. 강계에서 상납하는 인삼을 왜역에게 주도록 청하다.(『正祖實錄』정조16『集成』29-236)

9.5. 閣臣 徐有防이 忠武公 李舜臣의 아들 李莈이 왜적에게 죽었으니 贈職하거나 旌閭하기를 청하고, 좌의정 蔡濟恭은 故相臣 李陽元의 아들 李薈慶이 정유년에 왜적을 죽이고 전쟁터에서 죽었으니 旌閭할 것을 아뢰다.(『正祖實錄』정조16『集成』29-237)

10.6. 왜은의 유통과 국내은의 부족에 대해 논하다.(『正祖實錄』정조16『集成』29-237)

연도	한국
1794	【한국】 2.22. 冬至正使 黃仁點과 副使 李在學이 12월 27일 禮部에서 일러주는대로 鴻臚寺에 나아가 설날 아침에 거행하는 朝參儀式에 琉球國 使臣과 함께 연습했다고 馳啓하다.(『正祖實錄』 정조18 『集成』 29-240) 3.8. 濟州牧使 沈樂洙가 제주도는 일본의 大坂과 江戶, 중국 福建과 江南 사이에 끼어 있는 섬으로 嘉靖年間에 10백여척의 왜구가 침략하였으나 사로잡혔고, 임진왜란 때에는 다행스럽게 충돌이 없었다고 상소하다.(『正祖實錄』 정조18 『集成』 29-241) 3.24. 琉球國 사신이 呈文을 올려, '왕이 지난해 福字箋과 玉如意 등의 賞賜와 은총이 특별하였으니, 정기적으로 가는 사신이 바치는 方物을 대조하여 받기를 청하였다'는 내용을 首譯 張濂이 別單으로 바치다.(『正祖實錄』 정조18 『集成』 29-242) 6.3. 수토관 월송만호 韓昌國의 울릉도 수토 결과에 대해 강원도 관찰사 심진현이 장계하다.(『正祖實錄』 정조18) 8.27. 對馬州太守 拾遺 平義功이 예조참판에게 피차에 극심한 번거로움과 수많은 비용 때문에 지금부터는 매번 귀국의 사신이 도착할 때마다, 本州에서 맞이하는 제도를 영구히 삼자는 내용의 서계를 보내다.(『正祖實錄』 정조18 『集成』 29-242)/ 對馬州太守 平義功이 귀국사신이 올 경우 本州에서 맞이하고 접대하여 聘禮를 행하고자 하는데, 이는 번거로움을 줄이고 쓰임새를 절약하여 서로 약속하고 영구히 정해진 제도로 삼겠다는 내용의 서계를 예조참의에게 보내다.(『正祖實錄』 정조18 『集成』 29-243)/ 對馬州太守 平義功이 通信使가 오는 기일을 고하니 조정에서는 금후 本州에서 迎接해서 聘事를 마치겠다는 내용의 서계를 東萊와 釜山에 보내다./ 왜인의 서계에 대해 예조 참판이 답서를 보내다.(『正祖實錄』 정조18 『集成』 29-244)/ 왜인의 서계에 대해 예조 참의가 답서를 보내다./ 왜인의 서계에 대해 동래 부사가 답서를 보내다./ 왜인의 서계에 대해 부산 첨사가 답서를 보내다.(『正祖實錄』 정조18 『集成』 29-245)/ 영의정 洪樂性이 對馬 倭使臣이 규정에 벗어나면 접대와 別幅을 받지않았는데, 전례를 상고하니 접대하지 않을 때에도 별폭을 받은 예가 있으니 道에 따라 받을 것을 아뢰다(『正祖實錄』 정조18 『集成』 29-246) 8.30. 承旨 李益運이 嶺南 古家의 文籍을 바치면서 상에게 宣廟朝에 中朝에서 襴衫과 幞頭를 선사했는데, 太學에 있던 것은 임진왜란에 불에 탔고 安東에 있는 것은 별탈이 없다고 아뢰다.(『正祖實錄』 정조18 『集成』 29-246) 9.3. 재판 차왜의 공작미 요청에 관해 비변사에서 아뢰다.(『正祖實錄』 정조18 『集成』 29-247)
1795	【한국】 5.25. 禮曹判書 閔鍾顯이 咸興府의 彰義祠와 永興府의 精忠祠는 임진왜란 때에 殉節하고 倡義한 공로가 많은 사람들을 위하여 세웠는데, 아직 賜額을 받지 못했으니 특별히 사액하는 은전을 내릴 것을 아뢰므로, 상이 윤허하다.(『正祖實錄』 정조19 『集成』 29-257) 6.28. 상이 영의정과 우의정을 정승직에서 解免하면서, 대신은 正道로 임금을 섬기다가 안되면 그만둘 뿐인데, 對馬島 북쪽으로부터 鴨綠江 동쪽에 이르기까지 八域이 하나로 통일되어 있으니 간다 한들 어디로 가겠냐고 하교하다.(『正祖實錄』 정조19 『集成』 29-258) 7.7. 行副司直 朴長卨이 西洋의 妖術이 萬曆年間에 처음으로 중국에 들어온 후 여러 오랑캐 지역에 두루 유행하였고, 급기야는 일본의 宗文의 黨까지 파급되었다고 상소하다.(『正祖實錄』 정조19 『集成』 29-259)/ 동래부사 尹長烈이 6월 21일 大差倭 平暢朝가 關白이 次子 敏次郎을 儲君으로 세웠다고 알려왔으므로, 가져 온 서계의 別幅과 藤本 한 통을 장계로 올리니, 上이 接慰官을 差任하라고 명하다.(『正祖實錄』 정조19 『集成』 29-260)
1796	【한국】 6.10. 八道 儒生 朴漢欽 등이 文烈公 趙憲이 왜사신이 와서 우리의 사정을 염탐할 때 상소하여 참수를 청하였고, 임진년에 變亂이 일어났을 때에는 錦山戰鬪에서 7백명의 義士와 순절하였으니, 文廟에 從享을 청하는 상소를 하다.(『正祖實錄』 정조20 『集成』 29-260) 6.24. 上이 禮曹參議 李城輔를 對馬島의 서계에 대한 회답을 주관하도록 체직시키다.(『正祖實錄』 정조20 『集成』 29-261) 9.11. 故忠臣 梁誌는 임진왜란 때 朔寧에서 순절한 세명의 從事官중 한사람인데, 그의 손자 梁性黙의 上言으로 尹慶元과 姜壽男의 예에 따라 이조판서에 추증하고 旌閭하다.(『正祖實錄』 정조20 『集成』 29-261) 10.15. 왜국물건과 중국물건의 무역을 금하다.(『正祖實錄』 정조20 『集成』 29-261) 11.1. 영남의 백성들 중 일부러 왜국에 표류하는 이들의 처벌에 대해 논하다.(『正祖實錄』 정조20 『集成』 29-262)
1797 ▼	【한국】 1.22. 우의정 尹蓍東이 對馬島에 갔던 渡海譯官의 말을 빌어, 通信使의 교환요청이 몇 년 이내에 있을 것인데, 가지고 갈 單蔘 200근을 미리 준비해야 한다고 아뢰다.(『正祖實錄』 정조21 『集成』 29-262) 2.10. 王이 右議政 尹蓍東·備辺司 堂上등에게 通信使問題를 議論시켰다. 장래는 礼單參 등의 감소를 조건으로 易地聘礼를 인정한다는 의미를 지니면서, 당분간은 通信使를 14~15年 延期하는 것을 방침으로 하게 되었다.(『日省錄』) 윤6.7. 琉球國人 7명이 표류하여 濟州 大靜縣에 도착하였으므로, 水路를 경유하여 송환하다.(『正祖實錄』 정조21 『集成』 29-263) 8.19. 龍仁의 幼學 安錫光이 그의 6대조 安弘國이 統制使 元均과 閑山島의 軍陣이 무너질 때에 같이 죽었다는 《忠武公全書》의 기록을 고쳐줄 것을 상언하다.(『正祖實錄』 정조21 『集成』 29-263)

일본

【일본】

11.-. 対馬藩 家老 多田左膳가 老中 松平信明에게 易地聘礼가 朝鮮側으로부터 拒否되었다는 뜻을 보고했다. 信明이 사정이 부득이 한 것을 인정하고, 조선국 예조 회답서계의 受取를 허가했다.(『浄元院公実録』)

9.11. 濟州牧使 沈樂洙가 琉球國 표류인이 육로로 福州로 가서 본국으로 귀환하기를 원한다고 장계하니, 上이 생존자가 1~2인데 바로 보낼 수 없으니 공문을 가지고 관원이 북경까지 보내거나, 冬至使 편에 압송하라고 전교하다.(『正祖實錄』정조18『集成』29-248)/ 전라도觀察使 李書九가 琉球國의 八重山島 사람으로 공문을 가지고 興羅國島에 가다가 풍랑을 만나 靈巖의 梨津에 세사람이 표류했다고 馳啓하니, 상이 사역원에서 역관을 파견하여 義州까지 동행하여 이르라고 하교하다.(『正祖實錄』정조18『集成』29-249)/ 上이 琉球國人들은 옛날에 摠管의 벼슬을 주어 寶劍職와 差備職으로 근시하게 했으니, 承旨를 보내 표류민이 머물고 있는 관소에 京畿監司와 함께 위로하고 술과 음식을 대접하라고 하교하다./ 承旨 李儒經과 京畿觀察使 徐龍輔가 장계를 올려, 전교대로 표류한 琉球民을 監營에 나아가 술과 음식을 대접하고 의복을 준 뒤로 일일이 위로하고 교유하였으며, 冬至使 편에 딸려보내겠다고 아뢰다.(『正祖實錄』정조18『集成』29-251)

10.29. 冬至使正使 홍양호가 유구국 표류민들이 만약 황성에서 저지를 당하면 매우 난처할 것이라 아뢰니, 상이 국경 밖의 일은 장수가 제재한다고 하니, 卿들은 이 일로 조정에 번거롭게 하지 말고 편리한 대로 처리하라고 이르다.(『正祖實錄』정조18『集成』29-252)

11.5. 忠淸道觀察使 李亨元이 異樣船이 표류하여 馬梁鎭에 정박하였다고 장계하였는데, 그들이 육로로 돌아가길 원한다고 하니, 상이 경기관찰사는 신칙하여 琉球國 표류민들이 압송해 오던 행로에서 소란스럽게 하지 말라고 하교하다.(『正祖實錄』정조18『集成』29-253)

11.21. 平安道觀察使 金思穆이 표류한 琉球人이 平壤에 도착했는데 그 중 宋去益이란 자가 병이 났으며, 일행의 수가 많아 길을 재촉하기 어려운 형편이니 사신의 행차가 가는 편에 보내어 기한에 마칠 것을 狀啓하다.(『正祖實錄』정조18『集成』29-254)

12.25. 湖南慰諭使 徐榮輔가 別單을 올려 우리나라에서 고구마 종자를 구한 것이 일본으로 그 성질이 남방의 따뜻한 지역에 맞는데, 營과 邑에서 苛斂誅求로 고구마가 흉년구제로 이용되지 않고 희귀하게 되었다고 아뢰다.(『正祖實錄』정조18『集成』29-254)

12.30. 備邊使에서 倭船이 표류하다 정박하는 것은 본래 정해진 기한이 없어 쇠잔한 고을이 거행하자면 형세상 궁박한 일이 많으니, 백성에게서 비용을 거두는 문제는 엄히 금단을 가한다는 뜻으로 水營과 兵營에 분부하라고 복주하다.(『正祖實錄』정조18『集成』29-256)

【일본】

2.-. 通信使議定大差使 平田隼人 등이 対馬에 帰着했다. 3월에 対馬藩이 예조로부터의 回答서계를 막부에 제출했다.(『浄元院公実録』)

5.22. 老中 松平信明이 対馬藩 家老 平田又左衛門에게 이후에 通信使의 来聘延期의 방침으로 朝鮮側과 교섭할 것을 명 받았다.(『浄元院公実録』)

8.-. 東莱府使 尹長烈이 対馬藩主앞으로의 回答書契에서, 国力의 充実을 기다려 通信使는 잠시 연기한다고 하는 막부의 方針을 승인한다고 했다.(『本邦朝鮮往復書』89)

10.-. 対馬藩이 将軍世子 死没의 弔慰·新世子立儲의 致賀·島主回還問慰를 겸하여 訳官使의 対馬渡来를 요청한 護迎訳官 裁判 黒木勝見(源調直)을 파견했다.(『浄元院公実録』·『本邦朝鮮往復書』88)/ 倭学訓導 朴俊漢이 왜관관수 戸田頼母에게 東莱府使 尹長烈의 편지를 보여주고, 朝鮮側의 負担軽減이 밝혀진다면 通信使의 易地聘礼의 実現도 가능할 것이라는 전망을 보였다.(『浄元院公実録』)

【일본】

4.20. 老中 松平信明이 対馬藩家老 多田左膳에게 동래부사의 内意와 같이, 通信使 請来大差使를 먼저 파견하여, 省弊의 相談 가운데, 易地聘礼를 결정하는 방법은 不可하다고전했다.(『浄元院公実録』)

8.29. 堂上官 朴俊漢·崔昌謙·堂下官 林瑞茂 등 訳官使一行이 対馬国 府中에 도착하여 11월 9일까지 府中에 체재하며 12월 13일, 釜山에 帰着했는데, 府中 滞在中에 俊漢이 省弊의 조건을 제시하며, 対馬藩이 막부의 승낙을 얻으려고 노력한다면, 스스로도 朝鮮政府가 易地聘礼에 동의하게끔 진력한다는 뜻을 밝혔다. 対馬藩 家老 大森繁右衛門·平田隼人 등이 이 제안을 받아들임과 동시에 成功報酬로서 銅銭 2000斤과 그 외의 것을 약속했다.(『浄元院公実録』·『増正交隣志』6·『辺例集要』14·18·『宗氏家譜略』)

12.27. 対馬藩主 宗義功이 幕府에 参勤交代의 시기를 물었다. 幕府가 易地聘礼의 목표가 세워질 때까지 在国할 것을 명하고, 다음해 2월 1일, 이 보고를 対馬에 알렸다.(『宗氏家譜略』)

【일본】

9.9. 이보다 앞서, 8월 24일, 異国船이 조선국에 표착하여, 9월 4일에 対馬藩이 対馬 西海岸의 방비를 엄하게 했다. 얼마안되서 異国船이 対馬 西海岸沖에 나타났는데, 対馬藩에서 다시 防備를 엄하게 하고, 이소식을 막부에 보고했다. 이날, 幕府가 平戸·大村 両藩에 非常 상황때에는 援兵을 해야만 할 것을 명하고, 11월 12일에 이 보고를 対馬에 알렸다.(『宗氏家譜略』)

9.-. 朴俊漢이 講定訳官으로 漢城에서 釜山에 가서, 通信使 건에 대해 왜관관수 戸田頼母와 협의의하고, 使節의 감원, 礼単参의 減額, 7~8년간 빙례연기 등, 対馬易地聘礼의 조건에 합의했다. 또한 俊漢, 頼母의 요구에 응하여 동래부사 鄭尚愚 명의의 서계와 別陳을 교부했다.(『浄元院公実録』·『本邦朝鮮往復書』90)

12.13. 対馬藩이 동래부사 鄭尚愚 명의의 서계와 別陳을, 老中 松平信明에게 제출했다. 23일에 信明이 出府하여 同藩 家老 大森繁右衛門에게서 사정을 청취했다.(『浄元院公実録』)

연도	한국
▲ 1797	9.6. 경상도 觀察使 李亨元이 異國船 1척이 東萊 龍塘浦에 표류했는데 倭語를 알지못한다고 馳啓하였고, 三道統制使 尹得達가 용당포 표류인은 서양인으로 日本의 長崎島에서 이곳으로 표류해 온 商船이라고 馳啓하다.(『正祖實錄』정조21『集成』29-264)
1798	【한국】 2.6. 전라도 유생 金文澤 등이 故參奉 金亨進은 文烈公 趙憲을 따라 왜적을 토벌하고 700인의 의사와 죽었으므로 旌褒를 내릴 것을 上言하니, 상이 金亨進을 다른 의사들의 예에 의거하여 吏曹에 분부하라고 전교하다. / 전라도 유생 李台奎 등이 上言하여 故靈光郡守 金益福이 倭寇侵入에 진공을 세우고 정유재란에 적을 초토하다가 流矢에 맞아 죽었고, 그의 아들들은 李适의 亂과 호란에 창의하였으니 褒贈할 것을 아뢰다.(『正祖實錄』정조22『集成』29-265) / 長城의 幼學 金翼賢 등이 承文院副提調 趙纘韓의 아내 柳氏가 丁酉再亂 때에 순절하였는데 아직 褒旌을 입지 못했다고 上言하니, 상이 道臣에게 분부하여 旌閭하라고 전교하다.(『正祖實錄』정조22『集成』29-266) 2.19. 冬至正使 金文淳가 副使 申耆가 燕京으로부터 출발하면서 1 19일에 원명원에 갔는데, 동지사 일행은 작은 배를 타고 따라갔고, 琉球國 使臣도 뒤따랐다고 치계하다.(『正祖實錄』정조22『集成』29-267) 3.22. 首譯官 張濂이 琉球國은 3년에 한번씩 조회하다가 신황제가 즉위한 뒤로는 작년에 처음 와서 경하하였는데, 正使는 東邦鼎으로 中山王의 장인이고 副使는 毛廷柱라고 문견별단을 올리다.(『正祖實錄』정조22『集成』29-268) 7.21. 上이 西川府院君 忠翼公 鄭崑壽는 임란때 使命을 받들고 北京에 들어가 司馬門 아래에서 통곡하여, 황제가 王師를 출동시켜 섬 오랑캐를 소탕하고 우리나라를 반석 위에 올려놨으니, 鄭昆壽의 祠版과 祀孫을 찾으라고 하교하다.(『正祖實錄』정조22『集成』29-268) 8.1. 지난해 10월 濟州 백성 趙必爀과 李元甲이 일본 肥前島 安川平山의 北津浦에 표류되었다가 長崎島에 호송되었고, 올해 1월에 다시 對馬島로 호송되었다가 돌아왔다.(『正祖實錄』정조22『集成』29-268) 9.1. 임란 때의 충신인 忠壯公 諸沫을 星州의 충렬사에 제향토록 하다. / 임란 때의 충신인 유복립과 제홍록을 사우에 제향하는 일에 대해 의논하다.(『正祖實錄』정조22『集成』29-269)
1799	【한국】 3.18. 울릉도 수토에 採蔘軍을 들여보내는 것을 논의하다.(『正祖實錄』정조23) 7.29. 상이 壬辰倭亂 당시 임금의 행차가 義州에 머물고 있었고 상황이 급박하였는데, 중국조정의 大司馬 石公만이 비분강개하여 백만대군을 출동시켜 우리에게 은혜를 베풀었으니, 집집마다 제사지내도 보답이 안된다고 전교하다.(『正祖實錄』정조23『集成』29-273) 11.4. 통신사 삼사를 서용토록 하교하다.(『正祖實錄』정조23『集成』29-274) 12.21. 知中樞府事 洪良浩이 上箚하여 《興王肇乘》4編을 올리면서, 태조대왕때에 琉球에서 朝貢을 바쳐오고 暹羅에서 귀순해 오는가 하면, 兀良哈과 源了浚 같은 족속까지도 서로 이끌고 와서 지시를 받기도 하였다고 아뢰다.(『正祖實錄』정조23『集成』29-274)
1800	【한국】 3.8. 進賀正使 金載瓚과 副使 李基讓을 접견했는데, 首譯 金倫瑞는 琉球의 貢使를 북경에서 만나 琉球표류민을 上國을 통해 보내고, 우리 표류민을 물자와 식량을 공급하여 貢船으로 福建城까지 호송했다는 말을 했다는 單子를 올리다.(『正祖實錄』정조24『集成』29-275) 5.10. 상이 麻提督은 壬辰倭亂을 만나 군사를 거느리고 우리나라에 와 싸웠는데, 그의 손자 舜裳이 난리를 피해 우리나라에 들어와 湖南으로 내려갔다고 전해지니, 서울과 지방을 막론하고 수소문하여 후손을 찾아 보고하라고 전교하다.(『正祖實錄』정조24『集成』29-276) 11.30. 國哀를 조문하고 위로하기 위한 대차왜가 오다.(『純祖實錄』순조 즉위년『集成』29-277)
1801	【한국】 1.26. 예조에서 儒生의 上言으로 回啓하기를 明宗 을묘년 왜란에 도원수 李浚慶을 따라 출정하여 軍功이 있는 忠臣 故判官 鄭承復과 임진왜란 때 李舜臣과 權慄을 보좌하여 공적이 드러난 그의 아들과 손자에게 給復하기를 청하다.(『純祖實錄』순조 1『集成』29-277) 6.20. 임진왜란 때에 錦山戰鬪에 순절한 故參奉 鄭民秀와 露梁海戰에서 그의 삼촌 主簿 鄭鷹·鄭鴻도 순절하였으므로 追贈의 恩典을 명하였는데, 儒生의 上言으로 예조에 覆啓한 까닭이다.(『純祖實錄』순조 1『集成』29-278)
1802	【한국】 1.10. 영남 우병영의 향미와 사군목의 대전으로 왜관를 보수하게 하다.(『純祖實錄』순조 2『集成』29-278). 8.-. 備邊司가 通信使 節目講定裁判의 서계 文面中에 通信使 派遣延期를 조선측에서 발의한 것 같이 기술한 것은 事實과 달라서 그 개정을 요구하라고 동래부사에게 지시했다.(『日省錄』·『通信使草燈録』) 9.24. 訓練大將 徐有大가 죽었는데, 대왕대비가 經筵에 나와 幕府로써 通信使를 따라 일본에 들어가니 일본인들이 모두 장군이라고 말했다고 하교하다.(『純祖實錄』순조 2『集成』29-278) 9.30. 対馬藩이 개정한 서계를 別差·訓導에게 제시했다. 12월에, 東萊府使가 同書契를 정부에 제출하여, 서계를 수리했다. 文化2年(1805)까지의 節目講定은 戸田頼母 등, 対馬藩側과 倭学訳官 崔弱·崔国旗 등이 共謀하여 진행되었다.(『通信使草燈録』·『辺例集要』14)

일본

【일본】

5.17. 老中 松平信明이 対馬藩 家老 大森繁右衛門에게 通信使에 대해, 조선국과의 易地交渉을 再開할 것을 명하고, 書契案 等을 교부했다. 다만 聘礼의 시기는 가능하면 빨리할 것으로 했다.(『浄元院公実録』·『本邦朝鮮往復書』90)/ 일본국 石見国 天領의 6인이 경상도 慶州 甘浦에 표착하여 対馬藩을 거쳐서 長崎에 송환되어 귀국했다.(『通航一覧』135)

12.19. 이보다 앞서, 講定訳官 朴俊漢과 왜관관수 戸田頼母가 通信使問題의 省弊와 易地聘礼에 대해 합의(戊午協定)했다. 이날 訓導 朴致険이 戸田의 요구에 응하여, 예조참의 伊行元·동래부사 金達淳의 書契等을 교부하고, 聘礼의 年限은 오는 丁卯年(1807)까지 10年間 延期하는 것으로 했다.(『浄元院公実録』)

10.12. 延日縣監 鄭晩錫이 有旨에 의하여 상소하기를 陳田과 雲梯두 산은 왜관을 짓는데 필요한 나무가 한 그루도 없다고 하다.(『正祖實錄』 정조22 『集成』 29-270)

10.13. 연일현감 鄭晩錫이 폐단을 상소하였는데, 동래부에 米·木·錢을 수납할 때 뇌물비용과 표류왜인에게 제공하는 米穀등에 관하여 말하다.(『正祖實錄』 정조22 『集成』 29-271)

11.4. 현풍현감이 통영의 곡식과 양곡을 왜관에 납부하는 문제를 상소하다.(『正祖實錄』 정조22 『集成』 29-271)

11.29. 梁山 郡守 尹魯東이 求言傳旨에 응하여 왜인들에게 지급하는 곡식에서 축난 것과 射手나 砲手에게 지급하는 곡식에서 축난 것이라는 명목으로 결수에 따라 거두는 것이 1백 석 가까이 됨을 상소하였다.(『正祖實錄』 정조22 『集成』 29-272)

【일본】

2.5. 対馬藩이 朝鮮側과의 사이에서 通信使의 易地聘礼의 合意가 이루어 진 것을 関係文書를 첨부하여 幕府에 보고했다.(『浄元院公実録』)

2.6. 対馬藩主 宗義功이 幕府에 参勤交代의 시기를 물었다. 幕府가 내년 4월주에 参府를 명했고, 義功이 발병하여 다음해 12월 7일에 参府했다.(『宗氏家譜略』)

【일본】

5.7. 対馬藩主 宗義功이 連判職 村岡左京에게 朝鮮側이 通信使의 易地聘礼를 승낙하지 않는 交渉의 실정을 幕府에 보고하기 위해 出府할 것을 명했다.(『浄元院公実録』)

12.29. 등극을 진하하기 위한 대차왜가 나오다.(『純祖實錄』 순조 즉위년 『集成』 29-277)

【일본】

11.15. 対馬藩主 宗義功이 막부에 参勤交代의 시기를 물었다. 12월 12일, 幕府가 通信使 易地聘礼 交渉의 사이에는 在国을 명했다.(『宗氏家譜略』)

12.11. 幕府가 対馬藩이 通信使의 節目講定交渉을 개시하는 것을 허가했다.(『浄元院公実録』)

【일본】

7.-. 일본국 対馬藩이 通信使 節目講定裁判으로 前왜관관수 戸田頼母(原暢明)를 釜山에 파견했다. 朝鮮이 節目講定裁判이 이례적이라고 항의했지만, 頼母는 幕府의 명에 의한 것을 강조하고, 藩主의 서계 受理를 인정시켰다. 朝鮮政府에 건넨 서계의 文面은 以酊庵에서 작성한 원문과 완전히 다르게, 易地聘礼를 조금도 언급하지 않았다.(『本邦朝鮮往復書』92·『通信使草燈録』)

연도	한국
1803	【한국】 2.8. 備邊司에서 왜인에게 주는 禮單蔘 관리를 잘못한 사람들을 처벌토록 청하다.(『純祖實錄』순조 3 『集成』29-279) 2.10. 교리 申龜朝가 贈執義 韓鑰의 선조 韓日休는 임진년에 섬오랑캐의 變亂을 당해 短劍을 잡고 白衣從軍하여 龍灣에 이르러 임금의 起居를 묻고 눈물을 흘리며 辭氣가 격렬하였으니, 恩典이 있어야 된다고 상소하다.(『純祖實錄』순조 3 『集成』29-280) 9.25. 右兵營의 餉米로 倭館事役의 物資不足을 보충할 것을 명했다.(『日省錄』) 12.18. 유생의 上言으로 임진년에 評事 鄭文孚와 더불어 義兵을 일으켜 왜적과 싸워 勝利한 故都事 羅德明과 丁酉倭亂에 어버이를 엎고 도망가다 왜적에 붙잡혔으나, 도리에 의거하여 애걸하여 풀려난 故參奉 羅海崙을 예조에서 覆啓하다.(『純祖實錄』순조 3 『集成』29-280)
1804	【한국】 10.25. 対馬島主 宗氏에게 公作米의 更退를 허가하다.(『承政院日記』·『備辺司謄録』10.29条)
1805	【한국】 5.-. 朝鮮政府가 通信使 節目講定의 遲延과 결과보고가 없다는 이유로 講定訳官 崔国績 및 동래부사 鄭 晩錫을 처벌했다.(『日省録』) 6.-. 新任의 講定訳官 玄義泊이 前任의 講定訳官을 비롯한 訳官과 対馬藩의 正祖 20年(1796)이래의 유착과 뇌물수수를 동래부사에게 보고했다. 府使 鄭晩錫이 朴俊漢·朴致険·崔(玉+岡)·崔国槙의 取調를 政府에 상신했다.(『日省録』) 7.6. 譯官 崔王岡·崔国槙 등이 對馬島의 倭人과 함께 兩國의 서계를 위조한 일로 承旨 尹命烈을 東萊府按覈使로 差下하다.(『純祖實錄』순조 5 『集成』29-281) 8.28. 右議政 李敬一이 서계와 圖書를 위조하고 위조한 서계를 書寫한 최경·최국정·金漢謨는 梟首하고, 뇌물을 전한 金武彦은 刑訊하여 定配시키며 뇌물로 받은 布木은 徵出하여 왜인에게 환급할 것을 아뢰다.(『純祖實錄』순조 5 『集成』29-281) 8.-. 朝鮮政府内에서 訳官을 江戸에 보내, 직접 幕府에 対馬藩의 부정을 제소하려는 議論이 행해졌다.(『日省録』) 9.11. 東萊府 按覈使 尹命烈이 뇌물을 받고 왜인과 교통한 죄인들을 梟首했다고 아뢰다.(『純祖實錄』순조 5 『集成』29-282) 9.22. 東萊府 按覈使 尹命烈이 政府에 이후 朝日間의 교섭은 訳官을 대신하여 釜山僉使가 文書로 한다는 改革案을 제기했지만, 右議政 李敬一등이 実行이 곤란하다고 반대해서 実現되지 않았다.(『日省録』) 11.2. 通信使의 래일을 청하는 大差使 正官 平功載(古川図書)·都船主藤格(加納郷左衛門)등이 渡来했다.(『通信使草燈録』12.10조) 11.12. 統制使 柳孝源이 倭船이 館所에 정박하여 通信使를 기사년 봄에 對馬島에서 맞기 바란다고 하면서, 大差倭 平功이 서계와 進上하는 물건을 가지고 나왔다고 치계하다.(『純祖實錄』순조 5 『集成』29-282)
1806	【한국】 1.6. 備局에서 동래부사 鄭晩錫의 狀啓를 보고 차왜가 거짓으로 꾸며내어 말을 만들어 스스로 숨기려고 하고 있으니 책유하여 들여보낼 것을 청하다.(『純祖實錄』순조 6 『集成』29-283) 3.10. 비국에서 대차왜를 접대할 것을 청하다.(『純祖實錄』순조 6 『集成』29-284)/ 朝鮮政府가 通信使請来大差使에 대해 전렬 따라 접대를 행하지만, 回答書계에 朝鮮側主張(正祖22年(1798)의 협정은 無効로 하고, 江戸聘礼要求를 기술한다는 방침을 결정했다.(『日省録』·『通信使草燈録』) 3.11. 서능보를 통신사청래 대차왜 접위관에 차임하다.(『純祖實錄』순조 6 『集成』29-284) 3.17. 壬辰倭亂 때에 의병을 창도하여 召募使 李廷鸞의 從事官으로 공을 세운 全州의 故 參奉 鄭車夾에게 贈職하였는데, 예조에서 儒生의 上言으로 回啓한 것이다.(『純祖實錄』순조 6 『集成』29-284) 3.23. 예조에서 임진왜란 때 節義를 세우고 殉死한 南原의 崔雲과 從弟인 崔汝謹의 忠節에 旌閭할 것을 京外의 覆査로 아뢰다.(『純祖實錄』순조 6 『集成』29-285) 3.27. 동래부사 吳翰源이 大君이 襲立하였으니 준례에 따라 기해년에 通信使의 파견을 요청하는 對馬州太守 拾遺 平義功의 서계를 謄本으로 아뢰다.(『純祖實錄』순조 6 『集成』29-285) 5.20. 동래부사 吳翰源과 接慰官 徐能輔가 差倭가 通言한 서계 안에 기사년에는 통신사의 행차가 있을 것이라 하였으나, 臣 등이 기사년 云云한 것은 우리가 講定한 것이 아니니 朝廷의 처분을 기다려야 한다고 일렀다고 狀啓하다.(『純祖實錄』순조 6 『集成』29-286) 6.-. 일본국 薩摩의 배 1척이 江華府에 표착했다.(『承政院日記』6.27조·7.6조·7.24조)
1807 ▼	【한국】 1.20. 東萊府 訳官이 倭館의 日本人과 密売하는 것을 금지했다.(『備辺司謄録』) 2.4. 儒生의 上言으로 道에서 조사한 후 吏曹에서 覆啓하여 倭變 때 巨濟에서 殉節한 故僉使 李英男과 南原에서 순절한 故縣監 馬應房에게 贈職의 恩典을 베풀다.(『純祖實錄』순조 7 『集成』29-288) 4.20. 좌의정 李時秀가 江戸 倭 書僧이 對馬의 按廉으로 머물고 있으니, 사람을 보내어 對馬島의 정황을 탐문하자고 아뢰다.(『純祖實錄』순조 7 『集成』29-289)

일본

【일본】

1.-. 講定訳官 朴致險이 漢城에서 釜山으로 내려갔다. 윤2월. 対馬藩 講定裁判 戸田頼母와 通信使節目交渉을 행했다. 純祖4년(1804) 12월, 致險이 동래에서 죽었다. 이어 崔国禎이 후임이 되었다.(『通信使草謄録』・『日省録』・『文化二年至同三年修聘使御用録』・『浄元院公実録』・『文化信使記録』・『文化信使記録江戸書留』)

4.-. 天瑞守選이 다시 対馬 以酊庵輪番僧이 되었다.(~文化2년(1805) 4월)(『前近代の国際交流と外交文書』)

【일본】

5.26. 対馬藩 家老 大森繁右衛門이 老中 戸田氏教에게 己巳年(1809) 봄에 通信使聘礼를 희망하는 것에 대한 허가를 청했다.(文化信使記録・文化信使 記録江戸書留)

【일본】

2.6. 幕府가 밀무역자를 잡는 방법, 訴人의 포상방법, 아울러 朝鮮・琉球의 産物改方等의 일을 전국의 浦方에 전했다.(『通航一覧』附録 16)

5.19. 幕府가 対馬藩主 宗義功에게 오는 己年(1809) 봄에 通信使의 対馬聘礼를 朝鮮側과 교섭할 것을 지시했다.(『文化信使記録』・『文化信使記録江戸書留』・『通航一覧』45)

6.2. 幕府가 朝鮮人来聘御用掛一同을 脇坂安董役宅에 집합시켜, 対馬藩 家老 大森繁右衛門를 불러서, 対馬聘礼의 実行計画書를 作成提出 하도록 명했다. 또 이후 御用掛全員과 繁右衛門과 함께 月 2回의 定例会를 열 것을 결정했다.(『文化信使記録』・『文化信使記録江戸書留』)

7.16. 幕府가 朝鮮通信使 準備交渉 및 対馬来聘에 대해, 対馬藩에 金 1万両의 하사를 지시했다.(『通航一覧』29・『宗氏家譜』)

9.13. 朝鮮滞留中의 対馬藩 講定裁判 戸田頼母가 講定訳官등이 対馬藩의 公木을 不正으로 借用했기 때문에 処刑되었다고 藩에 보고했다.(『文化信使記録』・『浄元院公実録』)

10.9. 幕府가 目付土屋廉直・勘定吟味役 松山直義에게 분별을 위해 내년 봄, 対馬出張을 명해, 이후는 幕府가 朝鮮人来聘御用掛의 目付・勘定吟味役 이하의 役人에게 분별과 聘礼臨時御用을 위해 対馬出張을 명하는 일이 있었다.(『通航一覧』42)

10.13. 対馬藩이 幕府의 通信使来聘 公式発表를 받아서, 通信使請来大差使(修聘參判使)古川図書(半功載) 등을 朝鮮에 파견하여 11월 21일, 釜山에 도착했다.(『文化信使記録』・『文化信使記録江戸書留』) [→1809.1.-]

【일본】

1.2. 幕府에서 조선으로부터의 輸入品 중에 薬種類등과 唐物과 혼돈할 수 있는 것은 상자로 포장하고 朝鮮産으로 명시한다는 규정에 대해, 부피가 큰 물건은 大坂까지 運送中에는 遊包로 하고, 朝鮮産이라고 명시하는 것으로 고친다.(『通航一覧』附録 16)

2.-. 対馬国 府中에서 通信使 客館의 건설이 시작되었다.(『文化信使記録』・『浄元院公実録』)[→1808.7.-]

3.23. 幕府가 対馬藩에 通信使 来聘에 대해 오는 巳年(1809)까지 藩主在国을 허가했다.(『宗氏家譜略』)

6.25. 東萊府가 通信使請来大差使에 예조참판 趙徳潤의 5월자 回答書契를 비롯한 書契를 제시했다. 文面中에 易地聘礼의 協定은 中間訳官의 부정으로 通信使는 칙령에 의해야 되는 것으로 明記가 되어 있기 때문에 正官 古川図書는 그 수취를 거부했고, 이후 改訂을 요구하는 対馬藩側과 改訂不可를 주장하는 朝鮮側이 함께 모두 주장을 양보하지 않아, 다음해 8월, 通信幹事 裁判 重松此面(藤功喬)의 도착 때까지 교섭의 진전되지 않았다.(『日省録』・『通信使草燈録』・『浄元院公実録』・『文化信使記録』・『文化信使記録江戸書留』)

8.8. 헌납 李之珩이 沿海 邊鎮의 방비가 너무 소홀하여 갑자기 왜선이 喬桐에 들어온 일이 있는데, 鎮將이 몽매하여 수색해 알리지 않았으니 조사하여 처분할 것을 청하다.(『純祖實錄』순조 6『集成』29-286)

12.10. 임금이 東萊에서 差倭가 버티면서 서계를 받지 않은 것에 말하니, 좌의정 李時秀가 江戸와 對馬島 두 곳의 일은 漠然하여 듣기 어렵고, 差倭가 애걸하고 위협한다 해도 필경 어떻게 될지 모른다고 아뢰다.(『純祖實錄』순조 6『集成』29-287)

【일본】

3.1. 막부가 対馬藩에 通信使入料 5만량 및 別段 3만량의 拝領을 허가했다.(『宗氏家譜略』)

3.29. 막부가 小倉藩主 小笠原忠固에게 通信使対馬聘礼의 때에 上使의 명으로 侍従을 맡기고, 竜野藩主 脇坂安董에게 上使差添(副使)를 명했다. 4월 1일, 大目付 井上利恭・勘定奉行 柳生久通・目付 遠山景晋・佐野庸貞・勘定吟味役 村垣定行・林衡(述斎)에게 聘礼때에 対馬下向을 명했다.(『通航一覧』42)

3.-. 이해 봄에 幕府가 通信使対馬聘礼에 대해, 봄부터 聘礼終了까지 普請方役人은 그 외에 取締를 위해 勘定・徒目付 등을 対馬에 물아 놓

연도	한국
▲ 1807	7.23. 通信使를 청하는 大差使 都船主 藤格등이 通信使易地가 許可되지 않은 일이어서, 倭館의 일본인 110名을 데리고 乱出하여 草梁鎮에 이르렀다. 또 正官 平功載·旧館守 源暢明 등이 배를 타고, 釜山鎮을 향했다. 訓導 玄義泊·別差 崔昔 등에게 명하여 엄히 문책하고, 倭館으로 돌아가도록 했다.(『承政院日記』 7.28조·『備辺司謄録』 7.28조) 7.29. 差倭 등이 通信使의 일을 허락하지 않아 이를 호소한다고 하며 館倭를 거느리고 나와 草梁에 이르렀다가, 東萊府와 釜山鎮에서 막고 責論하여 돌아갔다고 동래부사 吳翰源이 장계하다.(『純祖實録』 순조 7『集成』 29-290) 8.10. 濟州牧使 韓鼎運이 신유년 8월에 異國人 5명이 제주에 표류했는데 琉球 표류민에게 물어서 呂宋國人이라는 것이 밝혀졌으니, 盛京에 移咨하고 入送하여 본국으로 전송할 것을 馳啓하다.(『純祖實録』 순조 7『集成』 29-291) 9.2. 동래부사 吳翰源이 裁判 差倭의 배 3척이 倭館에 당도하였음을 狀啓하였다.(『純祖實録』 순조 7『集成』 29-293) 9.6. 예조에서 많은 선비들의 上言으로 倭變 때 의병을 일으킨 靈光의 故處士 丁希孟과 그 아들 丁鍵을 증직하고, 殉節한 忠臣 故僉使 韓百祿에게 正卿을 加贈할 것을 아뢰다.(『純祖實録』 순조 7『集成』 29-293) 11.30. 예조에서 道의 조사로 倭變 때 의병을 일으켜 공이 있는 三嘉의 故 府使 趙繼明을 贈職할 것을 청하니 임금이 그대로 따르다.(『純祖實録』 순조 7『集成』 29-294) 11.-. 하순에 裁判 重松此面이 앞서 受理한 通信使請来大差使에의 回答書契가 9월 27일자로 동래부사에게 전해졌고, 11월에는 訓導 玄義泊·差 崔昔과 協議作成한 別大差使書契案 등도 関連書類를 対馬藩에 보내 指示를 기다렸다.(『文化信使記録』江戸書留)
1808	【한국】 1.10. 전 통제사 李漷을 소견하고 李舜臣이 어느 지역에서 倭軍을 진압하였는지 등을 물으며 한산도의 폐단에 관하여 묻다.(『純祖實録』 순조 8『集成』 29-294) 4.21. 동래부사 吳翰源이 對馬州太守 拾遺 平義功이 聘禮의 처지를 바꾸는 한가지 조항에 관한 일은 지난해 이래로 東武의 뜻에서 나온 것이라는 내용의 서계를 正官 平功勝편에 보내왔다고 馳啓하다.(『純祖實録』 순조 8『集成』 29-296) 4.25. 우의정 金載瓚이 差倭를 回論할 때는 名分이 올바르고 말이 유순하게 文字를 만들어 동래부사에게 내려보낼 것을 건의하다.(『純祖實録』 순조 8『集成』 29-296) 5.30. 우의정 金載瓚이 差倭가 가져온 서계가 關白의 글인데 일본이 가뭄과 부災·饑饉·疫疾이 잇달아 江戸에서 信使를 영접하지 못하고 對馬島로 바꿀 것을 청하니, 별도로 江戸에 渡海譯官을 보내어 확실한지를 탐지할 것을 청하다.(『純祖實録』 순조 8『集成』 29-297) 윤5.12. 좌의정 金載瓚을 소견하고 抄選과 통신사 등에 대하여 묻다.(『純祖實録』 순조 8『集成』 29-297) 윤5.27. 対馬藩의 通信使 公幹講事 大差使(修聘講事参 判使) 小島宇左衛門(藤久通)가 副翰(전년 11월, 訓導 玄義泊·別差 崔昔·幹事裁判 重松此面이 原案作成)을 휴대하고, 釜山에 到着했다.(『日省録』·『文化信使記録』江戸書留) 8.6. 좌의정 金載瓚이 關白의 말이 만약 청을 허락치 않으면 對馬島主를 새로 뽑겠다고 하니, 譯官을 馳送하여 對馬島에 온 江戸執政과 易地의 가부에 대하여 商確하겠다는 뜻으로 서계를 개정하는 것이 마땅하다고 아뢰다.(『純祖實録』 순조 8『集成』 29-298) 8.27. 이보다 앞서, 訳官을 江戸에 파견해, 幕府의 意向을 確認하는 것을 희망한 朝鮮側측과 이에 反対하는 対馬側과의 사이에 意見의 대립이 있어, 通信公幹講事 大差使 大浦兵左衛門에의 回答書契 伝達이 정지되었지만, 対馬在留中의 幕府役人과 訳官이 회견하여 江戸行을 대신함으로써 타협이 성립되어, 이 날, 回答書契의 伝達·受理가 행해졌다.(『日省録』·『通信使草謄録』)
1809 ▼	【한국】 1.11. 좌의정 金載瓚이 延安의 故鎭將 李大春과 아우 李大秋는 壬辰倭亂 때 적의 首級을 많이 베어 戰功을 세운 것은 道啓·繡啓와 儒疏의 진달이 일치하니, 褒贈하는 은전을 시행하라고 아뢰다.(『純祖實録』 순조 9『集成』 29-299) 1.22. 동래부사 吳翰源이, 對馬島主가 聘禮를 對馬島에서 행하겠다고 한 청을 그대로 하게 되었다고 禮曹大人에게 奉書한 謄本을 아뢰다.(『純祖實録』 순조 9『集成』 29-300) 3.17. 倭譯이 바다를 건너갈 때 島主의 慰問과 信使의 面譚, 서계는 한 번에 兼付하여 내려 보내도록 명하였다.(『純祖實録』 순조 9『集成』 29-301) 3.20. 예조가 儒疏에 의해 대신들과 의논하여, 임진왜란 때 義兵을 모아 勤王하였으며, 天地가 閉塞되었을 적에 義旗를 높이 들고 인류를 扶持시킨 贈判書 宋英耈에게 賜諡하니 그렇게 명하다.(『純祖實録』 순조 9『集成』 29-301) 5.12. 좌의정 金載瓚이 倭館의 폐단중 副特送使船, 告還差倭, 裁判倭, 倭館修理 등 여러가지 폐단을 제거할 것을 청하다.(『純祖實録』 순조 9『集成』 29-301)

일본

도록 했다.(『宗氏家譜略』)

5.-. 建仁寺 一華院 嗣堂東絹이 対馬 以酊庵 輪番僧이 되었다.(~文化6년(1809) 4월)(『前近代の国際交 流と外交文書』)

6.-. 하순에 対馬藩 江戸家老 大森繁右衛門, 이 江戸用人 兼 留守居 小島宇左衛門을 귀국시켜, 通信使来聘交涉停滞를 疑問視하여 幕府의 意向을 国元에게 전했다.(『文化信使記録』江戸書留)

7.20. 対馬藩이 幕府의 催促을 받아들여 回答書契問題解決 때문에 用人重松此面(藤功香)을 通信幹事裁判(実質的으로는 全権)에 임명되어, 釜山에 가도록 했다.(『文化信使記録』江戸書留·『浄元院公実録』)

9.2. 이보다 앞서, 8월 25일, 対馬藩 通信幹事 裁判 重松此面이 釜山에 도착했는데, 그는 예조참판등의 回答書契를 그대로 受取할 方針을 굳히고, 이날 通信使 請来大差使 正官 古川図書의 同書契를 수리했다.(『通信使草燈録』·『文化信使記録』江戸書留)

9.3 通信使를 청하는 大差使都船主 藤格이 帰国했다.(『通信使草燈録』)

9.27. 동래부사 呉輸源이 訓導 玄義泊·別差 崔昔을 통해 易地聘礼가 対馬藩 독단에 의한 것이 아니고, 이것을 証明하기 위해, 訳官의 江戸派遣하든지 아니면 幕府의 명에 의한 大差使派遣을 통해 易地聘礼要請을 希望한다고 했다. 通信幹事 裁判 重松此面이 後者의 방법을 선택하고, 藩에 幕府의 了解를 얻을 것을 요청했다.(『文化信使記録』江戸書留·『浄元院公実録』)

10.-. 別差 崔昔·訓導 玄義泡, 裁判 重松此面에게 対馬藩이 訳官不正의 건을 幕府에 보고하고, 다시한번 易地聘礼를 요청하면 朝鮮側에서도 그것에 응한다는 취지의 短簡을 받아들였다.(『文化信使記録』江戸書留)

11.20. 이보다 앞서, 対馬藩이 조선국 訓導 玄義泊·別差 崔昔의 10월자의 短簡을 江戸에 急送한 이날, 短簡이 江戸에 도착했다. 뒤이어 同藩 江戸家老 大森繁右衛門이 이것을 幕閣에 보였다. 25일, 別大差使의 書契案을 朝鮮人来聘御用掛에 제출했고, 이어서 老中 牧野忠精의 決裁를 얻었다. 12월 2일, 大森이 同書契案을 本藩에 급송했고, 24일, 対馬에 도착했다.(『文化信使記録』江戸書留)

11.-. 이 무렵, 対馬藩内에 通信使 易地聘礼 交渉打開를 둘러싸고 路線의 대립이 있어, 江戸家老 大森繁右衛門 등은 交渉의 교착상태는 말할 것도 없이 朝鮮側이 寛政10년(1798)의 협정을 이행하지 않는 것에 있다고 해서, 한편 国元家老 仁位求馬이 藩側의 실수를 어느 정도 인정하더라도, 朝鮮側의 体面을 세워주어, 易地聘礼実現의 実質的前進을 지향해야 한다고 생각한 幕府의 관계자는 前者에게 동조하여, 国元의 大勢는 後者에게 동조했다.(『文化信使記録』江戸書留·『浄元院公実録』)

【일본】

1.4. 対馬藩이 지난해 6월 이후, 朝鮮側과의 通信使 易地聘礼 交渉에 관한 文書 전부를 幕府에 제출해, 그 판단을 기다려 보기로 하고, 家老 仁位求馬에게 出府를 명했다.(『文化信使記録』江戸書留)/ 対馬国 在勤御用掛御勘定 久保田吉次郎등으로부터 朝鮮通聘延滞의 始末探索等의 事을 江戸御用掛 柳生久通등에게, 印封의 書(지난해 12월 29일자)를 보냈다.(『通航一覧』34)

2.16. 対馬藩이 지난해, 6월 이후, 朝鮮側과의 交渉에 관한 文書를, 来聘御用掛 脇坂安董에게 제출하여, 3월 22일, 御用掛가 本文書의 内容은 아주 重大하여 사본을 가지고 제기하는 것이 아니라, 이번에도 담당자에 한정하여 한번만 보는 것으로 했고, 이를 반환하고, 対馬藩을 추급하지 않았다.(『文化信使記録』江戸書留)

2.-. 對馬藩이 通信使 公幹講事 大差使(修聘講事参判使)로서 与頭大浦兵左衛門(平 功勝)등에게, 전년 10월 합의에 근거해 書契를 가지고 朝鮮에 파견하는 것으로 했다. 4월 14일, 大浦등이 釜山에 도착했다.(『本邦朝鮮往復書』95·『同文彙考』附編続通信·『通信使草燈録』·『日省録』)

3.22. 来聘御用掛 脇坂安董이 対馬藩 家老 大森繁右衛門·仁位求馬에게, 전년 12월 2일, 裁可한 別大差使書契案을 本物, 지난 2월 提出한 조선국 訓導·別差提示의 書契案을 副翰으로, 朝鮮에 보낸 것을 許可本으로 하고, 29일, 安董이 対馬藩土 小島宇左衛門에게 帰国하여 藩内 및 朝鮮事情을 探索할 것을 명했다.(『文化信使記録』江戸書留)

7.-. 対馬国府中에 通信使客館을 完成和陽館이라고 命名했다.(『文化信使記録』·『浄元院公実録』)[→1806.2.-]

12.4. 이보다 앞서, 10월 23일, 対馬藩主 宗義功이 幕府에 朝鮮側과 講定訳官의 対馬渡来交渉을 行할 것을 물었다. 이날 幕府가 이것을 허가했다.(『文化信使記録』江戸書留)

-. 이해 봄에 幕府 寺社奉行 脇坂安董 配下의 者가 対馬로 下向하여 元対馬藩 家老 杉村直記의 한패가 되는 者들을 江戸에 連行하여 取調를 개시했다.(『宗氏家譜略』)

【일본】

2.4. 幕府目付 遠山景晋가 通信使関係施設 점검, 訳官応対 등의 임무를 가지고 対馬로 향해 江戸를 출발해 4월 4일, 対馬国 府中에 도착했다.(『通航一覧』43·『宗氏家譜略』)

7.5. 通信使講定·宗義功 帰島祝賀의 訳官使(堂上官 玄義泊·崔昔·堂下官 下文圭)가 対馬国 府中에 도착하여, 11일에 茶礼를 거행하고, 通信使易地聘礼는 永世不易이라는 것을 확인했다.(『宗氏家譜略』·『辺例集要』18)

8.중순. 이때부터 다음달에 걸쳐서, 渡海訳官이 倭館에서의 慣行是正 要求를 추가해 제기했다. 対馬藩이 많은 부분을 승인하지 않았다.(『講定訳官記録』附録)

10.12. 訳官使가 対馬国府中을 출발해, 11월 3일에 부산을 향해 도해했다.(『宗氏家譜略』)

11.11. 幕府가 対馬藩에, 通信使来聘延를 당김에 따라 金 3万両拝借를 허가하고, 12월 23일, 宗義功에게 별도의 지시있을 때까지 在国을 許可한다고 했다.(『浄元院公実録』·『文化信使記録』·『通航一覧』29)

12.23. 対馬藩主 宗義功이 幕府에 参勤의 시기를 묻자, 幕府가 通信使来聘의 時期確定을 여쭈어야 한다고 회답하다.(『宗氏家譜略』)

연도	한국
▲ 1809	8.27. 동래부사 尹魯東이, 渡海譯官이 東武의 관원과 함께 對馬島主의 집에 모여 易地通使는 東武의 뜻이며, 대마태수가 여러해 글을 올려 간청한 것이라는 내용의 渡海譯官의 手本을 馳啓하다.(『純祖實錄』 순조 9 『集成』 29-303) 11.15. 동래부사 尹魯東이, 渡海譯官 玄義洵의 보고에 의하여, 對馬島主가 本州에서 易地通聘하자는 것은 來示에 의거하여 東武의 관원과 조선사절이 면대하여 결정하였다는 서계와 別幅에 의한 것이라고 馳啓하다.(『純祖實錄』 순조 9 『集成』 29-304)/ 대마도와의 폐단에 대해 일곱조항을 새로 정하였는데, 中絶五船破棄, 告還差使의 還島, 公木, 監董年限, 漂船給料, 和館담장과 문의 설치에 관한 조항이다.(『純祖實錄』 순조 9 『集成』 29-305)
1810	【한국】 1.14. 우의정 金思穆이 護還裁判差倭가 나왔는데, 체류의 기일이 차게 되었으니 通信使를 교환한다는 내용의 回答서계를 기한 전에 만들어 보내라고 아뢰다.(『純祖實錄』 순조 10 『集成』 29-309) 7.16. 동래부사 尹魯東이 通信使의 護行大差倭가 나왔다고 치계하였다.(『純祖實錄』 순조 10 『集成』 29-310) 9.5. 심상규·박종경을 통신사의 행 이정 당상으로 차출하다.(『純祖實錄』 순조 10 『集成』 29-310) 9.16. 동래부사 尹魯東이 통신사의 서계 등본을 올리는 일에 대해 아뢰다.(『純祖實錄』 순조 10 『集成』 29-310) 10.15 이보다 앞서, 일본국 薩摩国 사람 25인이 濟州 威德浦에 표착했다. 이날 동래부에 転送했다.(『朝鮮史』6-1) 10.9. 동래부사 尹魯東이 倭館에 도착한 倭飛船의 別禁徒倭가 通信使가 明年에 本州에 오기 때문에 금년 萬松院에서 보낼 사자와 명년의 一特送使를 정지하고, 봉행하는 일 등을 알리는 서계를 가져왔다고 狀啓하다.(『純祖實錄』 순조 10 『集成』 29-311) 10.10. 비국의 청에 따라 통신사를 들여보낼 기일을 북경에 보고하기로 하다.(『純祖實錄』 순조 10 『集成』 29-311) 11.5. 통신사를 치장해 보내는 물건과 접대 절차에 대해 명하다.(『純祖實錄』 순조 10 『集成』 29-311) 11.11. 예조에서 通信裁判差倭의 講定節目 29개 조항과 通信使의 應行事件 20개 조항, 통신사가 가져가는 일행의 禁斷節目 11개 조항을 아뢰다.(『純祖實錄』 순조 10 『集成』 29-312) 11.29. 通信使 正使에 선임된 副提學 金履喬가 통신사행에 가져가서 倭와 응접할 때 쓸 公私의 禮單이 부족하다며 체직을 상소하자, 임금이 한 가지 일로 疏를 올려 체직해 달라는 것은 事體가 손상됐다고 비답하다.(『純祖實錄』 순조 10 『集成』 29-315)
1811	【한국】 1.6. 비국에서 통신사의 여비에 대해 아뢰다.(『純祖實錄』 순조 11 『集成』 29-320) 1.10. 軍官을 別軍職으로 임명한 일로 通信 正使 金履喬를 신문코자 하다가 그만두다.(『純祖實錄』 순조 11 『集成』 29-320) 2.1. 通信使가 가져갈 국서의 草本은, 바꾸어 가며 사신을 보내고 방문하는 일이 있는 것은 두 나라의 修好를 돈독히 하는 의리에 나온 것이라는 내용이다.(『純祖實錄』 순조 11 『集成』 29-321) 2.12. 임금이 辭陛 때문에 通信使 正使·副使를 불러 江戶에 들어가는 것과는 차이가 있다 하더라도 객지에 가는 것이니, 彼人들의 접대하는 제반 절차를 유념하여 檢察하라고 말하다.(『純祖實錄』 순조 11 『集成』 29-321)/ 日本通信使가 漢城을 출발했다.(柳相弼『東槎録』) 3.3. 日本通信使가 부산에 도착하여, 새로 만든 배에 正과 副字를 표시했다.(柳相弼『東槎録』) 3.6. 釜山에서 国書와 各処에 보내는 書契를 査対했다.(柳相弼『東槎録』) 윤3.12. 日本通信使가 釜山을 출발했다.(柳相弼『東槎録』) 윤3.20. 通信正使 金履喬와 副使 李勉求가 이달 12일에 출발하여 午時에 4척의 배가 무사히 對馬島 佐須浦에 도착하였다고 아뢰다.(『純祖實錄』 순조 11 『集成』 29-322) 4.14. 通信使 正使와 副使 일행이 對馬島 府中에 도착하여 정박한다는 것으로 치계하다.(『純祖實錄』 순조 11 『集成』 29-322) 4.18. 対馬에 주는 年例公木·公作米를 2年前의 約条에 의해 그 数를 감하고, 그 외의 条項도 実施하는 것을 명했다.(『承政院日記』·『備辺司謄録』『東槎録』) 6.13. 통신사 金履喬와 부사 李勉求가 國書를 江戶에 傳命한 것을 보고해 오다.(『純祖實錄』 순조 11 『集成』 29-322) 7.3. 日本通信使가 釜山에 도착했다.(柳相弼『東槎録』) 7.8. 通信正使 金履喬와 副使 李勉求가 지난달 26일 江戶의 上使 源忠固와 副使 藤安董이 關白의 宴禮를 설행하였고, 이달 15일에 關白의 回答書 및 回禮別幅을 수령하였으며, 이달 초3일에 부산포에 돌아왔다고 狀啓하다.(『純祖實錄』 순조 11 『集成』 29-323) 7.26. 藥院에서 入診하였고, 돌아온 通信上使와 부사인 金履喬, 李勉求를 소견한 뒤 김이교에게는 嘉善大夫를, 이면구에게는, 通政大夫를 加資하게 하고, 譯官과 軍官 등에게도 가자하도록 명하였다.(『純祖實錄』 순조 11 『集成』 29-323) 8.20. 信使護行 大差倭가 出來한 것으로 인하여 曺鳳振을 接慰官으로 차출하였다.(『純祖實錄』 순조 11 『集成』 29-324)
1812 ▼	【한국】 3.13. 예조에서 각 式年의 京外 충·효·열의 문서를 政府에 보고했는데, 忠臣 旌閭秩로 倭變 때 倡義하여 보은을 지키다가 赤巖戰鬪에서 죽은 報恩의 故副護軍 李命百을 선정하여 抄啓하다.(『純祖實錄』 순조 12 『集成』 29-324) 4.2. 推鞫罪人 金延壽의 結案은 仁川·富平은 배를 대었으니 國都를 옮김이 마땅하고, 南中의 兵火는 倭인 것 같기도 하고

일본

12.2. 渡海譯官 玄義洵·崔昔 등이 對馬島의 지리·풍속·행정·형벌·치안 등의 견문한 것에 대하여 別單으로 아뢰다.(『純祖實錄』 순조 9 『集成』 29-306)

【일본】

4.11. 幕府에서 対馬藩에 通信使来聘의 시기는 내년 봄이라고 명했다.(『宗氏家譜略』)

4.27. 対馬藩主 宗義功이 藩中에 家中一和, 平穏할 것을 시달하고, 1명마다 請書를 제출하도록 했다. (『宗氏家譜略』)

6.18. 対馬藩이 通信使請来를 겸해서 通信使護行 大差使 氏江佐織(半功志) 등을 朝鮮에 파견했다.(『文化信使記録』·『本邦朝鮮往復書』 96· 同文彙考 附編続通信)

12.28. 幕府가 通信使聘礼를 위해 対馬에 왕복하는 諸役人의 旅宿·接待·人馬賃銭 등에 대해 東海道·中山道·中国西海의 지나는 길에 領地 를 가진 자들에게 지시를 했다.(『通航一覧』 44)

12.2. 호조판서가 통신정사 김이교의 상소와 관련하여 체직을 청하다.(『純祖實錄』 순조 10 『集成』 29-310)/ 통신사 金履喬가 재차 상소하 여 면직을 청하니 묘당으로 하여금 사신의 일을 재차 회피하는 律로 論啓하게 하였다.(『純祖實錄』 순조 10 『集成』 29-318)

12.13. 이조판서 박종경을 통신사로 삼다. / 김상휴를 통신사로 삼다.(『純祖實錄』 순조 10 『集成』 29-319)

12.15. 통신사 김상휴의 면직 청을 허락하다. / 備局에서 通信使가 對馬島에 도착한 후 國書를 전하면 江戶에 전달되었다가 執政이 회답서를 가져오기를 기다려야 하는데, 체제기한은 정해져 있으니 國書의 草本을 먼저 보내 통신사가 기일에 맞추어 왕복할 수 있게 할 것을 아뢰다.(『純祖實錄』 순조 10 『集成』 29-319)

【일본】

1.27. 幕府가 対馬藩主 參府時期를 물은 것에 대해, 通信使聘礼 終了後에 參府할 것을 명했다.(『宗氏家譜略』)/ 通信使聘礼를 위해 対馬에 갔던 幕府役人의 第1陣 目付佐野庸貞·勘定吟味役 松山直義 등이 江戶를 출발해, 3월 8일에 対馬国 府中에 도착했다. 第2陣이 2월 5일 에 江戶를 출발하여 4월 3일에 対馬着/ 第3陣이 2월 12일에 江戶発하여 4월4일에 対馬着/ 上使小笠原忠固이 2월 19에 江戶発하여 4 월 15일에 対馬着하고, 儒者 林衡(述斎)·古賀精里가 윤2월 28일에 副使脇坂安董이 3월 2일에 江戶를 출발해 함께 5월 2일에 対馬에 도착했다.(『通航一覧』 44)

3.29. 朝鮮通信正使 金履喬·副使 李勉求 이하 일행이 対馬国 府中에 도착해 国分寺에 숙박했다. 4월 9일에 宿所에서 正使·副使와 上上官을 향응하고, 11일에 上官·中官, 13일에 軍官이하에게 料理를 대접했다.(『通航一覧』 71·柳相弼 『東槎録』)

5.26. 宗義功邸에서 조선통신사를 향응했는데, 通信正使·副使는 広間下段에 위치하여 幕府上使 小笠原忠固·副使脇坂安董와 伴食하고, 通 信使 上上官이하는 각각의 자리에서 饗膳들을 대접했다.(『通航一覧』 86)

6.15. 宗義功邸에서 幕府上使 小笠原忠固·副使 脇坂安董과 朝鮮通信 正使金履喬·副使李勉求 사이에 家斉의 返翰와 礼物目録 및 返物을 授 受했다.(『通航一覧』 102·『宗氏家譜略』)

6.19. 幕府上使 小笠原忠固·副使脇坂安董가 対馬를 떠난 이후, 7월 4일에 걸쳐, 朝鮮通信使의 聘礼를 끝낸 幕府役人이 対馬를 떠났다.(『通 航一覧』 44)

6.25. 朝鮮通信使一行이 帰帆에 乗船하여 7월 2일에 釜山을 향해 渡海했다.(『宗氏家譜略』)

7.1. 勘定奉行 柳生久通·勘定吟味役 松山直義 등이 対馬에서 朝鮮通信使来聘御用 終了後에 長崎 巡見에 들렸다가 8월 1일에 떠났다.(『続長 崎実録大成』 1·11)

8.8. 朝鮮에 漂流한 薩摩者 24명이 対馬에서 長崎로 회송되었다.(『続長崎実録大成』 9·11)[→朝鮮1809. 10.29.]

8.15. 幕府 上使 小笠原忠固·副使坂安董가 江戶에 帰着하여, 幕府에 복명하니, 来聘御用掛各에게 賞賜가 있었다.(『通航一覧』 44)

12.25. 幕府가 対馬藩主 宗義功(名代織田信愨)에게 朝鮮通信使聘礼 終了의 賞으로 刀 1振(代金1000貫)·銀300枚·時服30개를 하사했고, 同 藩 家老이하에게도 時服을 하사했다.(『宗氏家譜略』)

【일본】

7.4. 幕府가 対馬藩主 宗義功(名代松平織部正)에게 通信使聘礼에 따른 入費多額 및 公貿易 輸入米 定額減少에 대해 그해부터 20년간 매년 金 2500両을 하사하고, 동시에, 지난 寛政5년(1793) 拝借한 米 1万石과 金 3万両의 반납을 10년 유예하고, 오는 巳年(1821)부터 30년 간 年賦로 할 것을 시달했다.(『宗氏家譜略』·『通航一覧』 29)

연도	한국
▲ 1812	아닌 것 같기도 하다는 설은 凶徒가 선동한 계책이라는 내용이다.(『純祖實錄』 순조 12 『集成』 29-324) 6.10. 영의정 金載瓚이 임진왜란 때에 湖西의 趙憲, 湖南의 高敬命·金千鎰, 영남의 郭再祐가 동지를 불러 모으고 死士를 규합하자 의병이라 불렀고, 조정에서도 의병장을 제수하였으니, 제향하는 祠院에 降香賜祭할 것을 아뢰다.(『純祖實錄』 순조 12 『集成』 29-325) 10.12. 왕득인·이지활·김창헌의 처 오씨 등에게 정려를 내리고 이현석 등에게 증직하다.(『純祖實錄』 순조 12 『集成』 29-326)
1813	【한국】 2.25. 영의정 金載瓚이 壬辰倭亂 때에 安東의 權應心과 從兄 權應銖이 함께 의병을 일으켜 왜적을 무찔러 공을 세웠는데, 연전에 비로소 邑狀으로 겨우 한 등급을 추증하였는데, 특별히 亞卿의 벼슬에 추증하라고 말하다.(『純祖實錄』 순조 13 『集成』 29-326) 7.21. 對馬島主 平義質이 承襲한 경사를 고하기 위하여 大差倭가 나와 李晉淵을 接慰官으로 差出하다.(『純祖實錄』 순조 13 『集成』 29-327) 11.30. 對馬島主의 圖書를 청하여 받을 大差倭가 왔으므로 韓耆裕를 접위관으로 差除하다.(『純祖實錄』 순조 13 『集成』 29-327)
1814	【한국】 4.12. 예조에서 對馬島의 前島主가 죽어서 부고를 보냈는데, 差倭의 접대와 그들이 바친 遺物·서계 및 回禮는 전례가 있으니 거행하고, 새 도주의 圖書를 받으라고 아뢰다.(『純祖實錄』 순조 14 『集成』 29-328) 6.10. 備邊司에서 동래부사 洪秀晩의 장계를 보고 關白이 손자를 낳아서 경사를 알리는 差倭의 先文을 가지고 오는 頭倭가 이미 왔다고 하니, 該曹와 該院에 분부하여 전례를 따라서 절차를 거행하도록 아뢰었다.(『純祖實錄』 순조 14 『集成』 29-328)
1815	【한국】 7.13. 備局에서 동래부사의 장계를 보고 關白의 손자가 죽어서 告訃差倭가 서계 別幅을 가지고 왔는데, 접견을 허락함에 대해서는 이미 경자년의 사례가 있으니 그 예를 참고하여 시행하라는 뜻으로 분부하기를 아뢰다.(『純祖實錄』 순조 15 『集成』 29-329)
1816	【한국】 5.9. 일본의 肥前州 五島에 표류한 前㫌義縣監 李種德을 大差倭가 刷還하니, 備局에서 差倭는 特送使의 사례에 따라 鄕接慰官을 차출하여 접대할 것을 아뢰니, 임금이 그대로 따르다.(『純祖實錄』 순조 16 『集成』 29-330) 6.8. 예조에서 여러 道의 儒生들이 올린 글을 조사하여, 固城의 故同知 崔均과 故副摠官 崔堈이 壬辰倭亂에 의병을 일으킨 것과 갑자년에 세운 군공으로 贈職할 것을 청하니, 임금이 그대로 따르다.(『純祖實錄』 순조 16 『集成』 29-330) 7.2. 예조가 嶺南御史의 별도단자에서 한 가문에서 세 사람이 왜적을 토벌한 공이 드러난 경상도 사람 故府使 朴慶新, 故縣監 朴慶傳, 故僉正 朴慶胤에게 贈職할 것을 청하니, 임금이 그대로 따르다.(『純祖實錄』 순조 16 『集成』 29-330)
1817	【한국】 3.16. 영부사 李時秀 등이 朴忠俊·安有謙·蔡壽永의 謀逆事件을 推鞫하였는데, 蔡壽永은 長水人으로 역적의 무리들과 交結하여 유언비어를 퍼뜨리고, 일이 이루어지지 않으면 古群山에서 濟州로 들어가 對馬島에 請兵하겠다고 하다.(『純祖實錄』 순조 17 『集成』 29-331) 8.19. 右議政 南公轍이 동래부사 曹鳳振의 장계에 대해 연전의 전례가 있으니 두번의 渡海로써 마련하되 渡海譯官은 사역원으로 하여금 전례에 비추어 거행하도록 할 것을 아뢰다.(『純祖實錄』 순조 17 『集成』 29-332) 10.16. 이조의 계사로 壬辰倭亂 때에 金誠一과 함께 진주를 지킨 贈參判 李魯를 正卿에 贈職시키라고 명하다.(『純祖實錄』 순조 17 『集成』 29-332)
1818	
1819	

일본
10.2. 幕府가 対馬藩主 宗義功(名代加藤明允)에게 在国 그대로 隠居하고 嫡子岩千代(義質, 名代柳沢里世)에게 家督을 허가하며, 岩千代에게 朝鮮에 대한 役儀를 명했다. 또 岩千代이 아직 어리므로 脇坂安董에게 朝鮮国御用・藩政 등의 보좌를 명했다.(文政3년(1820)까지) (『宗氏家譜略』・『通航一覧』29・『続徳川実紀』)
【일본】
2.-. 相国寺 光源院 大中周愚가 対馬 以酊庵 輪番僧이 되었다.(~10月,부임 도중에 没)(『前近代の国際交流と外交文書』)
8.29. 일본에서 關白이 손자를 낳아서 大差倭가 왔으므로, 李東永을 接慰官으로 差出하다.(『純祖實錄』순조 14 『集成』29-328)
9.5. 예조에서 식년마다 의정부에 狀報한 충신으로 晉州 故義兵將 許國柱와 倭變 때 의병을 일으켜 정유재란 때 전사한 慶州 고 봉사 白以昭, 왜변 때 의병을 일켰다가 唐橋戰鬪에 순절한 慶山 故參議 張夢紀를 忠臣贈職秩에 抄啓하다.(『純祖實錄』순조 14 『集成』29-328)
【일본】
4.-. 嗣堂東絹이 対馬 以酊庵 輪番僧이 되었다.(~文化14년(1817) 3월)(『前近代の国際交流と外交文書』)
7.17. 幕府가 対馬藩에 조선국기근・輸入米 정체에 대해 米 1万石을 하사할 것을 지시하다.(『通航一覧』29)
12.6. 이보다 앞서, 조선국 흉작에 대해 対馬藩이 米輸出을 요청하자, 幕府가 対馬藩에 이것을 拒否하도록 지시했는데, 조선국書翰에 개찬의 흔적이 드러난 것에 대해 해명을 요구했다. 이날 宗義質에게 기다릴 것을 명했다. 또 書翰開封에 관여한 藩士・以酊庵 輪番僧 嗣堂東精을 처벌했다.(『宗氏家譜略』・『通航一覧』128)
8.26. 이조와 예조에서 임금이 거둥할 때에 올린 글에 대해, 정유년 왜란에 순절한 全州 故舍人 卓祥의 忠節에 旌門을 세워 줄 것을 回啓하다.(『純祖實錄』순조 16 『集成』29-331)
10.20. 예조에서 유생이 올린 上言에 의해, 文烈公 金千鎰의 長子인 贈承旨 金象乾은 壬辰倭亂에 父子가 동시에 節義를 세운 공으로, 錦山 戰鬪에서 순절한 故通德郎 朴忠儉에게 정려의 은전을 허락할 것을 아뢰다.(『純祖實錄』순조 16 『集成』29-331)
【일본】
2.28. 宗義質이 肥前国 松浦郡・筑前国 怡土郡・下野国 安蘇郡・都賀郡 안에 2万石의「御手当地」를 받았다.(『通航一覧』28)/ 宗義質이 帰国의 御暇때에 家斉로부터 朝鮮과의 通交에 대해 분부가 있었고, 刀代의 金15枚와 처음으로 馬을 하사받았다.(『通航一覧』28)
【일본】
12.18. 이보다 앞서, 동래부사가 표류민의 遺体를 송환한 日本의 사자에 대해 보고하고, 前回는 작년 12월 28일,에 丹後州 分字下浜에 표착한 遺体와 今回는 금년 1월 14일에 丹後州 蒲井村에 표착한 遺体를 송환한 일이 있었고, 반달 사이에 同一州内에 표착한 일도 있었기 때문에 1인의 使者를 파견해서 송환해야만 한다고 했는데, 이 날 備辺司의 啓에 의해 이것을 엄금하고, 예에 따라서 근처 읍의 守令 중에서 接慰官을 파견하도록 했다.(『朝鮮史』6-1)
【일본】
1.12. 조선국의 商人 12인이 伯耆国 八橋郡 八橋에 표착했다.(*1819년 강원도 平海 安義基 일행 12명의 鳥取藩 표착사건을 말함)(『近世日本と朝鮮漂流民』・「조선후기 강원도의 표류민 발생과 송환」)
윤4.-. 東福院 即宗院 霊巌竜根이 対馬 以酊庵 輪番僧이 되었다.(~文政4년 (1821) 4월) (『前近代の国際交流と外交文書』)
10.6. 동래부사의 청에 의해 지난날 표착한 일본국 薩摩国인 가운데, 順察에는 封進押物, 附役에게는 伴從의 예에 따라 供給하도록 명했다.(『朝鮮史』61)

연도	한국
1820	【한국】 7.1. 濟州牧使 韓象黙이 琉球國人 5명이 旌義縣 狐村浦에서 표류하였다고 장계를 올리니, 備局에서 覆啓하여 갑인년의 전례에 의해 육로로 송환하고, 물건들은 刷馬를 번갈아 운반할 것을 청하니, 임금이 그대로 따르다.(『純祖實錄』순조 20 『集成』29-333)
1821	【한국】 6.15. 濟州에 표류한 琉球國人 6명을 육로로 北京으로 호송하라고 명하다.(『純祖實錄』순조 21 『集成』29-333)
1822	【한국】 2.24. 備局에서 동래부사 李德鉉의 狀啓로 對馬島主가 江戶에서 돌아왔으며 아들을 낳았다고 하니, 도주가 섬으로 돌아오면 위문하는 것이 약조에 있으므로 司譯院에서 渡海譯官을 差出하여 파송할 것을 아뢰니, 임금이 그대로 따르다.(『純祖實錄』순조 22 『集成』29-333)
1823	【한국】 4.26. 동래부사 李奎鉉이 對馬島의 民家 3천여호가 불탔다고 馳啓하니, 館倭의 요청으로 이듬해 보낼 公作米를 당년에 모두 주어 조정에서 재앙을 구제하고 이웃을 돕는 뜻을 보이다.(『純祖實錄』순조 23 『集成』29-334) 10.9. 備局에서 前동래부사 李德鉉이 왜인에게 지급하는 單蔘의 일에 관해 本司에 논보하였는데, 館守倭가 換品蔘을 받지 않겠다고 한 것은 譯官들과의 모의에서 한 것이니, 역관 玄義洵을 형벌을 주고 법대로 처단해야 한다고 아뢰다.(『純祖實錄』순조 23 『集成』29-334) 11.10. 영의정 南公轍이 작년 겨울에 나온 裁判倭가 對馬島主의 아들 彦滿의 兒名圖書를 받기 청하며 해가 넘도록 倭館에 머물러 있으니, 조정에서 交隣의 道理에 의해 거절하지 말고 서계를 올리라 하여 圖書를 만들어 주라고 아뢰다.(『純祖實錄』순조 23 『集成』29-335)
1824	【한국】 4.27. 備局에서 鎭舍에 함부로 들어오고, 宴廳에서 행패를 부린 下倭들을 묶어서 섬 가운데로 보내어 벌을 줄 것을 아뢰다.(『純祖實錄』순조 24 『集成』29-337) 윤7.28. 동래부사 李奎鉉이 對馬島主의 아들 彦滿가 使倭를 보내어 訓導와 別差에게 교린하는 후의를 생각하여 圖書를 주었으니, 兒名使臣도 접대할 것을 청했다고 아뢰므로 備局이 허락하여 줄 公木을 마련할 것을 아뢰다.(『純祖實錄』순조 24 『集成』29-338) 10.26. 공작미를 5년을 기한으로 물렸다.(『純祖實錄』순조 24 『集成』29-338)
1825	【한국】 9.16. 예조에서 尙州儒生의 上言으로 壬辰倭亂 때 尙州 戶長 朴傑이 判官 權吉과 殘兵을 모아 싸우다 왜적에게 죽었는데, 아직 褒嘉하는 일이 빠졌으니 贈職하여 恩典을 시행하라고 아뢰자, 임금이 그대로 따르다.(『純祖實錄』순조 25 『集成』29-339)
1826	【한국】 6.16. 興海縣 外羅老島에 표류한 琉球國 商人 3명을 陸路로 北京에 호송할 것을 명하다.(『純祖實錄』순조 26 『集成』29-339)
1827	【한국】 4.30. 領議政 南公轍이 王世子께 告慶差倭의 先文 頭倭가 도착하였으니, 京接慰官과 差備 譯官을 파견하는 것과 그들에게 줄 禮單을 마련하는 등의 절차를 該曹와 該院에 분부하여 例에 의하여 거행하도록 아뢰다.(『純祖實錄』순조 27 『集成』29-339) 10.9. 조선국 전라도 靈巖의 배 1척(居民 13인 乘組)이 五島藩領內 岐宿村渚에 표착했는데, 11월 1일에 長崎奉行所에서 조사받은 후에 対馬藩聞役에 인도되었다.(『通航一覧』続輯6)
1828	【한국】 8.29. 備邊司에서 일본의 關白이 손자를 낳아 그 경사를 축하하고 對馬島主가 還島하였으므로 問慰譯官을 청하기 위하여 裁判差倭가 왔으므로, 예에 따라 접대하고 잔치에 증여할 禮單雜物을 마련하며 渡海譯官을 차출할 것을 아뢰다.(『純祖實錄』순조 28 『集成』29-339) 9.5. 호조판서 金鑢가 人蔘과 北關의 銅을 교환하는 문제를 논의하였다.(『純祖實錄』순조 28 『集成』29-339)
1829 ▼	【한국】 3.18. 倭館의 小通事 裵末敦이 館守倭 松井龜治에게 살해되자 備局에서 처벌을 분부할 것을 아뢰다.(『純祖實錄』순조 29 『集成』29-341)

일본
【일본】 4.-. 建仁寺 永源庵 則堂通錠이 対馬 以酊庵 輪番僧니 되었다.(~文政8년(1825) 4월)(『前近代の国際交流と外交文書』)
【일본】 4.-. 相国寺 慈照院 盈沖周整이 対馬 以酊庵 輪番僧이 되었다.(~文政10년(1827) 4월)(『前近代の国際交流と外交文書』)
【일본】 3.7. 조선국 江原道 蔚珍의 居民 9인이 長門国 大津郡 青海島 後磯에 표착했다가 3월 26일에 長崎奉行所에서 조사를 받은 후에 対馬藩聞役에 인도되었다.(『通航一覧』 続輯6) 3.15. 朝鮮船같은 배가 破船(乗員·船具없음)하여 壱岐国 勝本浦 名烏島 乗瀬에 표착했다가 5월 13일에 同所에서 소각되었다.(『通航一覧』 続輯6)
【일본】 3.8. 조선국 경상도 蔚山의 배 1척(居民 12인 乗組)이 隠岐国 島崎海士·宇津賀両村境의 沖의 二子岩에 표착했는데, 4월 27일에 長崎奉行所에서 조사를 받은 후에 対馬藩聞役에게 인도되었다.(『通航一覧』 続輯6) 9.12. 조선국 全羅道 康津의 배 1척(居民 11人 乗組)이 五島 藩領内 奈留島의 大串村渚에 표착했는데, 9월 25일에 長崎奉行所에서 조사를 받은 후, 対馬藩聞役에게 인도되었다.(『通航一覧』 続輯6) 9.15. 조선국 江原道 平海의 배 1척(居民 5人 乗組)이 長門国 大津郡 管田磯에 표착했는데, 10월 7일에 長崎奉行所에서 조사를 받은 후에 対馬藩聞役에게 인도되었다.(『通航一覧』 続輯6) 9.21. 조선국 전라도 旌義의 漁船 1척(7人 乗組)이 五島 藩領内 柏村의 高崎鼻에 표착했는데, 10월 14일에 長崎奉行所에서 조사받은 후에 対馬藩聞役에 인도되었다.(『通航一覧』 続輯6)
【일본】 10.7. 조선국 전라도 海南의 漁船 1척(7人 乗組)이 壱岐国 渡良長島에 漂着했는데, 10월 26일에 長崎奉行所에서 조사를 받은 후에 対馬藩聞役에게 인도되었다.(『通航一覧』 続輯6)
【일본】 1.10. 조선국 咸鏡道 咸興의 배 1척(居民 10人 乗組)이 出雲国 楯縫郡 河下村灘에 표착했는데, 2월 20일에 長崎奉行所에서 조사를 받은 후에 対馬藩聞役에게 인도되었다.(『通航一覧』 続輯6)

연도	한국
▲ 1829	9.8. 동래부사 洪義祖가 炭軍 金正月의 아들이 西館 下倭에게 구타당한 사건을 보고하자, 관수왜를 통하여 責諭하고 구타한 왜인은 엄하게 응징할 것을 하령하였다.(『純祖實錄』순조 29 『集成』29-342) 11.12. 조선국 경상도 釜山의 배 1척(居民 6人 乘組)이 石見国 那賀郡 長浜浦에 표착했는데, 12월 6일에 長崎奉行所에서 조사를 받은 후, 対馬藩聞役에게 인도되었다.(『通航一覧』續輯6)
1830	【한국】 1.11. 이보다 앞서, 倭学訓導 秦東益이 公作米 礼單夢의 代銀을 脫稅했다가 이 날, 義禁府의 達言에 의해 한참있다가 東益을 석방할 것을 명했다.(『承政院日記』・『備辺司謄録』・『朝鮮史』6-2) 11.18. 조선국 경상도 동래의 居民 2인이 但馬国 美含郡 境村分沖 合白石이라고 부르는 바위에 의지하여 助命했는데, 이듬해 3월 3일에 長崎奉行所에서 조사를 받은 후에 対馬藩聞役에 인도되었다.(『通航一覧』續輯6) 12.29. 조선국 경상도 蔚山의 배 1척(居民 8인 乘組)이 石見国 那賀郡 松原浦에 표착했는데, 이듬해 1월 23일에 長崎奉行所에서 조사를 받은 후에 対馬藩聞役에 인도되었다.(『通航一覧』續輯6)
1831	【한국】 4.2. 備局에서 동래부사 朴齊明이 倭國의大船 1척이 弔慰使로 나왔다는 장계를 올렸는데, 동래부사로 하여금 알아듣도록 타일러서 도로 들여보내게 할 것을 청하다.(『純祖實錄』순조 31 『集成』29-343) 7.25. 大靜縣에 漂到한 琉球國의 那覇府 사람 3명을 육로로 北京에 호송하라고 명하다.(『純祖實錄』순조 31 『集成』29-343) 9.13. 旌義縣에 漂流한 일본국 薩摩島 사람 48명을 水路로 東萊府 倭館에 보내주다.(『純祖實錄』순조 31 『集成』29-343) 10.15. 조선국 함경도 咸興의 배 1척(居民 13인 乘組)이 石見国 那賀郡 唐鐘浦에 표착했는데, 11월 10일에 長崎奉行所에서 조사를 받은 후에 対馬藩聞役에 인도되었다.(『通航一覧』續輯6) 11.21. 조선국 전라도 康津의 배 1척(居民 10인 乘組)이 五島 藩領内 三井楽村 貝津의 둔치에 표착했는데, 12월 10일에 長崎奉行所에서 조사를 받은 후에 対馬藩聞役에 인도되었다.(『通航一覧』續輯6) 11.22. 조선국 전라도 康津의 배 1척(居民 10인 乘組)이 五島 藩領内 玉之浦의 井持浦 둔치에 표착했는데, 12월 18일에 長崎奉行所에서 조사를 받은 후에 対馬藩聞役에 인도되었다.(『通航一覧』續輯6)
1832	【한국】 2.27. 임진왜란 때 殉節한 故判決事 贈吏曹判書 李時茂과 倭變에 전사한 蔚山 故部將 李應春, 그 아비의 원수를 갚기 위하여 義兵을 일으킨 訓練正 李承會에게 贈職하라고 명하다.(『純祖實錄』순조 32 『集成』29-344) 4.13. 예조에서 式年에 京外에서 忠・孝・烈에 대해 倭變 때 창의하여 鳳城山에서 전사한 金蘭孫과 왜변 때, 聖廟에 들어가서 五聖의 현판을 안고 나오다 9년 동안 옥살이하여도 굴복하지 않은 鄭好仁을 정부에 抄啓하다.(『純祖實錄』순조 32 『集成』29-344) 6.4. 동래부사 朴齊明이 西館의 수리공사로 금년에 보내는 使倭를 정지하는 일로 對馬島의 奉行倭 등이 서계를 보내왔기에, 이를 서계를 물리치고 館守倭에게 責諭했다고 狀啓하다.(『純祖實錄』순조 32 『集成』29-344) 9.24. 大靜縣에 표착한 琉球國의 那覇府 사람 3명을 육로로 北京에 호송하라고 명하다.(『純祖實錄』순조 32 『集成』29-345)
1833	10.28. 조선국 전라도 靈巖의 배 1척(居民 11인 乘組)이 五島藩領内 玉之浦 荒川의 둔치에 표착했다가 12월 13일에 長崎奉行所에서 조사를 받은 후에 対馬藩聞役에 인도되었다.(『通航一覧』續輯6) 12.19. 조선국 경상도 長鬐의 어선 1척(10인 乘組)이 福岡藩 領内沖島에 표착했다가 다음해 1월 9일에 長崎奉行所에서 조사를 받은 후에 対馬藩聞役에 인도되었다.(『通航一覧』續輯6) 12.28. 조선국 전라도 靈巖의 배 1척(居民 21인 乘組)이 平戸藩領内 生属館浦沖에 표착했는데, 다음해 1월 12일에 長崎奉行所에서 조사를 받은후에 対馬藩聞役에 인도되었다.(『通航一覧』續輯)
1834 ▼	서 貿易의 일시 유예를 받아들였다는 것을 보고했다.(『續通信全覧類輯之部』37 朝鮮通信事務一件1) 11.7. 조선국 강원도 杆城의 배 1척(居民 15인 乘組)이 長門国 大津郡 津黄浦에 표착했는데, 익년 1월16일, 長崎奉行所에서

일본

4.-. 以中玄保이 다시 対馬 以酊庵 輪番僧이 되었다.(~天保2년(1831) 4월)(『前近代の国際交流と外交文書』)

10.6. 幕府가 将軍家의 若君誕生을 조선국에 告知와 訳官使 渡来에 대해, 対馬藩主 宗義質 및 그 家臣의 노고에 賞을 내렸다.(『通航一覧』続輯5)

10.25. 幕府가 対馬藩에 지난해 가을, 肥前国領分·御手当地損毛가 対馬의 洪水와 貿易船 破船을 이유로 金 2000両 拝借를 승인해 주었다.(『通航一覧』続輯5)

11.3. 조선국 慶尚道 興海의 어선 1척(11인 乗組)이 長門国 豊浦郡 涌浦에 표착했는데, 23일, 長崎奉行所에서 조사를 받은 후에 対馬藩聞役에게 인도되었다.(『通航一覧』続輯6)

11.4. 조선국 경상도 興海의 漁船 1척(12인 乗組), 出雲国 神門郡 杵築 大土地村灘에 표착했는데, 12월 9일에 長崎奉行所에서 조사를 받은 후 対馬藩聞役에게 인도되었다.(『通航一覧』続輯6)

【일본】

1.9. 조선국 전라도 兵営의 선박 1척(居民 8인 乗組)이 五島 藩領内 宇久島의 木場村渚에 표착했는데, 2월 2일, 長崎奉行所에서 조사받은 후에 対馬藩聞役에 인도되었다.(『通航一覧』続輯6)./ 조선국 전라도 黒山의 배 1척(居民 6人 乗組)이 平戸藩 領内 生属浜 沖浦에 표착했는데, 21일에 長崎奉行所에서 조사를 받은 후에 対馬藩聞役에 인도되었다.(『通航一覧』続輯6)

10.25. 조선국 경상도 長鬐의 어선 1척(7人 乗組)이 長門国 大津郡 青海島에 표착(그중 1人, 배안에서 病死)했는데, 11월 12일에 長崎奉行所에서 조사를 받은 후에 対馬藩聞役에 인도되었다.(『通航一覧』続輯6)

11.5. 조선국 전라도 康津의 어민 漁民 2인이 탔던 뗏목 같은 배 1척이 五島藩 領内三井楽村 柏浦에 표착(그중 1人이 同所에서 病死)했는데, 12월 3일에 長崎奉行所에서 조사를 받은 후에 対馬藩聞役에게 인도되었다.(『通航一覧』続輯6)

11.6. 조선국 경상도 蔚山의 배 1척(居民 10人 乗組)이 隠岐国 知夫里 郡別府村 耳浦에 표착했는데, 다음해 1월 23일에 長崎奉行所에서 조사받은 후에 対馬藩聞役에 인도되었다.(『通航一覧』続輯6)

【일본】

1.28. 조선국 경상 慶州의 어선 1척(9인 乗組)이 福岡藩 領内 地島에 표착했는데, 2월 18일에 長崎奉行所에서 조사를 받은 후에 対馬藩聞役에 인도되었다.(『通航一覧』続輯6)

1.29. 조선국 경상도 蔚山의 배 1척(居民 7인 乗組)이 石見国 邇賀郡 下府浦에 표착했다가 2월 25일에 長崎奉行所에서 조사를 받은 후에 対馬藩聞役에 인도되었다.(『通航一覧』続輯6)

3.23. 조선국 전라도 康津의 어선 1척(5人 乗組)이 五島藩領内 女島에 표착했는데, 4월 16일에 長崎奉行所에서 조사를 받은 후에 対馬藩聞役에 인도되었다.(『通航一覧』続輯6)

3.29. 조선국 전라도 康津의 어민 1인이 뗏목선으로 五島藩領内 岐宿村渚에 표착했다가 4월 16일에 長崎奉行所에서 조사를 받은 후에 対馬藩聞役에 인도되었다.(『通航一覧』続輯6)/ 조선국 전라도 제주의 어선 1척(9인 乗組)이 薩摩国 黒島에 표착했다가 6월 3일에 長崎奉行所에서 조사를 받은 후에 対馬藩聞役에 인도되었다.(『通航一覧』続輯6)

4.3. 조선국 전라도 康津의 어선 1척(10인 乗組)이 五島藩領内 三井楽村 貝津의 둔치에 표착했는데, 20일에 長崎奉行所에서 조사를 받은 후에 対馬藩聞役에 인도되었다.(『通航一覧』続輯6)

7.27. 이보다 앞서 7월 24일에 大隅国의 배 1척(48인 乗組)이 琉球国 大島에 出帆했다가 이날 暴風을 만나 漂流하다 조선국 전라도 済州 牧 義県 為美浦에 표착했는데, 朝鮮 逗留中에 4인이 病死하고, 이듬해 4월 21일에 생존자 44인이 조선을 出帆했고, 5월 19일에 対馬를 출발해 27일에 長崎에 도착하여 도착하여 조사를 받은 후에 長崎奉行所에서 薩摩藩에 인도했다.(『通航一覧』続輯6)

【일본】

3.10. 조선국 전라도 南海의 어선 1척(9인 乗組)이 五島藩領内 三井楽村 二子崎의 둔치에 표착했는데, 4월 4일에 長崎奉行所에서 조사를 받은 후에 対馬藩聞役에 인도되었다.(『通航一覧』続輯6)

10.12. 조선국 전라도 康津의 어선 1척(7인 乗組)이 五島藩領内 三井楽村 高崎의 둔치에 표착했는데, 24일에 長崎奉行所에서 조사를 받은 후에 対馬藩聞役에 인도되었다.(『通航一覧』続輯6)

11.6. 조선국 전라도 珍島의 어선 1척(7인 乗組)이 五島藩領内 宇久島 木場村의 둔치에 표착했는데, 23일에 長崎奉行所에서 조사받은 후에 対馬藩聞役에 인도되었다.(『通航一覧』続輯6)

【일본】

3.14. 조선국 어선같은 古船 1척이 長門国 大津郡 湊浦 多田之浜에 표착하여 20일 同所에서 소각했다. (『通航一覧』続輯6)

3.27. 조선국 전라도 海南의 어선 1척(10인 乗組)이 平戸藩領内 小値賀의 浜浦에 표착했는데, 4월 14일,長崎奉行所에서 조사를 받은 뒤에 対馬藩聞役에 인도되었다.(『通航一覧』続輯6)

10.16. 조선국 전라도 海南의 어선 1척(12인 乗組)이 五島藩領内 岐宿村 西津의 둔치에 표착했는데, 11월 9일에 長崎奉行所에서 조사를 받은 후에 對馬藩聞役에 인도되었다.(『通航一覧』続輯6)

10.17. 조선국 전라도 海南의 배 1척(居民 5인 乗組)이 五島藩領内 女島의 上島에 표착했는데, 12월 13일에 長崎奉行所에서 조사를 받은 후에 対馬藩聞役에 인도되었다.(『通航一覧』続輯6)

【일본】

4.-. 対馬藩主 宗義質이 幕府에 전년 10월 16일에 조선국 王城에·火災가 일어나 慰問의 使節이 対馬에서 보내진 것, 朝鮮側의 요청에 따라

연도	한국
▲ 1834	9.9. 일본국 長門国 豊浦郡 肥中浦 船住吉丸(10端帆, 船頭·水夫 3인, 対馬国僧 3인, 계 6인 乘組)가 경상도 울산부 西生鎭에 표착했는데, 곧바로 対馬藩役人에게 인도되었다. 다음해 2월 29일에 漂民이 対馬国 府中에 도착했는데, 対馬国 僧 3人이 同地에서 취조를 받았다.(『続長崎実録大成』12)[→日本1835.4.25.]
1835	윤6.8. 이보다 앞서, 弔慰差使 正官平紀長(深見官左衛門)등이 도착하여 예조 및 동래부사·부산첨사 앞으로 書契 각 1通을 보냈는데, 이날 곧바로 回答서계를 보내어, 이달 27일, 7월 8일, 12일 중에 臨時差倭의 進香을 행하도록 명했다.(『朝鮮史』62) 8.29. 조선국의 배 1척(2인 乘組)이 長門国 阿武郡 須佐浦에, 同国의 배 1척(5인 乘組)이 長門国 見島郡에, 9월 2일에 同国의 배 1척(2인 乘組)이 長門国 同所에 표착했는데, 모두 9월25일에 長崎奉行所에서 조사받은 후에 対馬藩聞役에 인도되었다.(『通航一覧』続輯6)
1836	【한국】 4.20. 일본에 표류하여 외국의 禁令에 저촉될까 의심하여 승선한 婦女 3인을 결박하여 바다에 던진 船主 金厚伯을 《大明律》에 의거하여 즉시 사형을 집행할 것을 명한다.(『憲宗實錄』헌종2 『集成』29-347) 9.2 倭館의 西館 東大庁 및 東館 裁判家를 改築하여 完成하다.(承政院日記·備辺司謄録)
1837	【한국】 1.18. 大王大妃가 동래부에 은자 1천냥을 내려보내어, 賊臣 南膺中을 압송한 관수에게 전해 줄 것을 하교하였다.(『憲宗實錄』헌종3 『集成』29-347) 4.16. 対馬의 서계改正의 요청을 보고하지 않은 동래부사 閔永勳을 파직하고, 문제의 서계는 倭館日本人의 요청대로 개정시켰다.(『備辺司燈録』) 8.2. 大王大妃가 금년은 先祖朝에 일어났던 丁酉再亂의 옛 甲年인데, 天將이 倭寇의 침략을 토벌한 功績은 百代가 지나도 잊을 수 없으니, 宣武祠·征東官軍祠에 承旨를 보내어 致祭하라고 下教하다.(『憲宗實錄』헌종3 『集成』29-348) 11.1. 이보다 앞서 日本関白 家斉의 退休를 전했다. 大差使 正官 平賀行(杉村右馬助)·都船主 橘弘和(多田佐柄) 등이 도래하여 이날, 金公鉉을 接慰官으로 삼았다.(『承政院日記』)
1838	【한국】 2.10. 이보다 앞서, 日本関白 家慶의 繼承을 고하는 大差使 正官 平賀明(幾度八郎左衛門)·都船主 藤佐寿(唐坊太膳) 등이 도래했는데, 이날 李段相을 接慰官으로 삼았다.(『承政院日記』) 3.4. 이보다 앞서, 関白繼承의 보고·対馬島主還島 및 島主의 子의 給暇還島 등 3件의 問慰를 구하는 裁判日本使人이 도래했는데, 島主子의 給暇還島問慰는 規定外라서 배척했는데, 裁判日本人이 終始 이것을 간원해서 허락했다.(『承政院日記』·『備辺司燈録』) 9.12. 이보다 앞서, 対馬의 日本人이 日本関白繼承을 축하하는 서계 가운데, 2文字의 개정을 원했는데, 이날 동래부사의 狀啓에 따라 改給을 명했다.(『承政院日記』·『備辺司燈録』)
1839	【한국】 1.21. 啓本을 거짓으로 꾸민 죄로 李宜教, 朴命浚, 朴命徹을 처벌하다.(『憲宗實錄』헌종5 『集成』29-348) 12.1. 長門国 大津郡 伊上村의 鴨野浜에 船具가 표착했고, 5일에도 同国 豊浦郡 涌田浦에 櫓 1挺이 표착했는데, 조선국 어선같고 보고했다. 익년 1월 5일에 長崎奉行所에서 焼却을 명했다.(『通航一覧』続輯6) 12.8. 조선국 商船 1척(13인 乘組)이 福岡藩 領内勝浦浜에 표착했는데, 익년 1월 14일, 長崎奉行所에서 조사받은 후에 対馬藩聞役에 인도되었다.(『通航一覧』続輯6)
1840 ▼	【한국】 3.25. 琉球는 한해를 걸러 한번 공물을 보냈는데, 황제가 下諭하기를 '앞으로 越南·琉球·섬라는 4년에 한번 사신을 보내어 공물을 바치게 하여 朕이 薔服을 회유하는 뜻을 보이라' 한다고 首譯의 別單에 이르다.(『憲宗實錄』헌종6 『集成』29-349) 8.24. 일본의 己亥年條 第4船 送使 正官倭 藤信이 東萊의 館所에서 죽으니, 賻物을 題給하라고 명하다.(『憲宗實錄』헌종6 『集成』29-349) 9.10. 右議政 趙寅永이 詰命을 간결하게 할 것과 倭銅으로 주조할 것을 아뢰다.(『憲宗實錄』헌종6 『集成』29-350) 9.24. 이보다 앞서, 訓導 玄学魯가 私財 1000両을 내어, 倭館의 東館開市庁·西館東大庁 西行廊 및 宴庁北門을 개축했는

일본
조사받은 후에 対馬藩聞役에 인도되었다.(『通航一覧』続輯6)
11.11. 조선국 전라도 興陽 三島의 배 1척(居民 2인 乗組)이 平戸藩 領内 小値賀柳村 浜津船崎의 둔치에 표착했는데, 12월 2일에 長崎奉行所에서 조사받은 후에 対馬藩聞役에 인도되었다.(『通航一覧』続輯6)
【일본】
3.5. 조선국 전라도 海南의 배 1척(居民 4인 乗組)이 五島 藩領内 玉之浦의 둔치에 표착했는데, 29일, 長崎奉行所에서 조사받은 후에 対馬藩 聞役에 인도되었다.(『通航一覧』続輯6)
4.25. 조선국에 표착한 長門国 船住吉丸의 船頭・水夫3人이 対馬에서 回送되어 長崎에 이르러 取調를 받은 후, 5월 18일에 長州藩 士天野忠兵衛에게 인도되었다.(『続長崎実録大成』12)[→朝鮮1834.9.9.]
【일본】
6.-. 조선국 竹島(鬱陵島)에서 潜商을 행한 石見国 浜田의 廻船問屋 会津屋清助의 停八右衛門을 비롯한 관계했던 浜田藩家臣・商人, 江戸・大坂의 商人, 小豆島의 뱃사람 등을 大坂町 奉行 矢部定謙부터, 寺社奉行井上正春에게 인도했는데, 6월 28일, 浜田藩家臣 岡田秋斎는 자살하고, 29일에도 松井図 書도 자살했다.(『通航一覧』続輯5)
10.26. 조선국 경상도 蔚山의 배 1척(居民 11인 乗組)이 石見国 那賀郡 熱田浦에 표착했는데, 12월 25일에 長崎奉行所에서 조사받은 후에 対馬藩聞役에 인도되었다.(『通航一覧』続輯6)
【일본】
2.21. 幕府가 石見国 浜田의 八右衛門에 의한 조선국 竹島(鬱陵島)에서의 潜商事件을 근거로 竹島는 元禄期에 조선국에 인도한 섬으로 異国渡海가 制禁되어 있기 때문에 今後는 同島에 渡海를 금하고, 異国船과도 만나지 않기 위해 가능한 한 먼바다에 나가지 않도록 全国에 시달했다.(『通航一覧』続輯5)
4.-. 願海守航이 다시 対馬 以酊庵 輪番僧이 되었다.(~天保10年(1839) 4월)(『前近代の国際交流と外交文書』)
10.11. 조선국 전라도 海南의 어민 5인이 뗏목선을 타고 五島藩 領内 余留島 大串村의 둔치에 표착했는데, 11월 7일, 長崎奉行所에서 조사받은 후에 対馬藩聞役에 인도되었다.(『通航一覧』続輯6)
10.23. 조선국 전라도 康津의 배 1척(居民 5인乗組)이 石見国 安濃郡 波根東村의 字川尻浦에 표착했다가 12月1日,長崎奉行所에서 조사받은 후에 対馬藩聞役에 인도되었다.(『通航一 覧』続輯6)
11.8. 조선국 경상도 晋州의 배 1척(居民 2인 乗組)이 五島藩 領内 余留島 大串村에 표착(그중 1인, 死亡)했는데, 25일에 長崎奉行所에서 조사받은 후에 対馬藩聞役에 인도되었다.(『通航一覧』続輯6)
【일본】
1.14. 조선국 江原道 杆城의 배 1척(居民 11인 乗組)이 長門国 阿武郡 木与浦에 표착했는데, 2월 4일에 長崎奉行所에서 조사받은 후에 対馬藩聞役에 인도되었다.(『通航一覧』続輯6)
10.13. 조선국 경상도 玉浦의 漁船 1척(7인 乗組)이 長門国 見島郡 鯨浦에 표착(그중 1인, 익사)했는데, 11월 4일 4일, 長崎奉行所에서 조사받은 후에 対馬藩聞役에 인도되었다.(『通航一覧』続輯6)/ 조선국 경상도 蔚山의 배 1척(居民 7인乗組)이 因幡国 岩井郡 網代浦에 표착(그중 2인, 익사)했는데, 12월 6일, 長崎奉行所에서 조사받은 후에 対馬藩聞役에 인도되었다.(『通航一覧』続輯6)
10.24. 幕府가 将軍家 代替祝賀의 朝鮮信使来聘에 대해 対馬藩主 宗義章에 대해, 먼저대로 행하고, 시기에 대해서는 추후에 방문해서 의논하도록 지시했다.(『通航一覧』続輯5)
【일본】
5.3. 朝鮮船의 櫓를 가진 배 1정이 長門国 涌田浦 青井에 표착했는데, 12월 19일, 長崎奉行所에 焼却을 면했다.(『通航一覧』続輯6)
10.13. 조선국 경상도 統営의 어선 1척(3인 乗組)이, 平戸藩 領内 生属島에 표착(별도로 1인은 표류중익사)했다. 26일에 長崎奉行所에서 조사를 받은 후에 対馬藩聞役에 인도되었다.(『通航一覧』続輯6)
10.20. 조선국 전라도 海南의 어선 1척(3인 乗組)이 五島 藩領内 女島의 上島에 표착했는데, 12월 27일에 長崎奉行所에서 조사받은 후에 対馬 藩聞役에 인도되었다.(『通航一覧』続輯6)
10.26. 長門国 大津郡 向津具村 의 곶에(船板같은 것도 1枚) 표착했는데, 지난해 12월 16일, 同郡 川尻浦 小田浜에 古小船 1척이 표착했는데, 조선국 어선같다고 보고했는데, 12월 7일, 長崎奉行所에서 소각을 명했다.(『通航一覧』続輯6)
11.17. 조선국 경상도 機張의 어선 1척(9인 乗組)이 筑前国 大島에 표착했는데, 12월 26일에 長崎奉行所에서 조사받은 후에 対馬藩聞役에 인도되었다.(『通航一覧』続輯6)
【일본】
1.4. 조선국 어선 같은 빈배 1척이 長門国 豊浦郡 吉見浦 大久保에 표착했는데, 28일에 長崎奉行所에서 焼却을 명했다.(『通航一覧』続輯6)
6.2. 朝鮮船의 櫓 1挺이 長門国 豊浦郡 涌田浦浜에 표착했고, 10일에도 朝鮮의 小船 1척이 同郡 矢玉浦磯에 표착했는데, 26일에 長崎奉行所에서 焼却을 명했다.(『通航一覧』続輯6)
7.27. 寺社奉行 阿部正弘・松平忠優・勘定奉行 内藤知佳・目付 柳生久包・水野重明・勘定吟味役 岡本成(花亭), 林衡(述斎)・林銃(聖宇)이 朝鮮人来聘御用取扱을 분부받고, 8월 5일에는 大目付土屋廉直同取扱을 분부받았다.(『通航一覧』続輯5・柳営補任)
12.29. 幕府가 対馬藩에 朝鮮信使来聘準備를 이유로 金 1万両 拝借를 승인했다.(『通航一覧』続輯5)

연도	한국
▲ 1840	데, 이날 상을 내렸다.(『承政院日記』·『備边司謄錄』同日条·9.26条) 11.10. 對馬島主가 죽고 새 도주가 承襲하여 還島하였으므로, 渡海譯官을 差出하여 弔慰와 問慰하라고 명하다.(『憲宗實錄』 헌종6『集成』29-350)
1841	【한국】 3.15. 도왜의 접대를 약조대로 하도록 청하다.(『憲宗實錄』헌종7『集成』29-351) 4.11. 備局에서 아뢰기를, 전 정언 金鎭을 통신사행에 대한 講定과 동래부사 閔永勳을 나핵하기로 청한 상소를 이유로 파직할 것을 청하다.(『憲宗實錄』헌종7『集成』29-351)
1842	【한국】 12.8. 임금이 對馬島主의 아들 平義章代察과 도주 平義質이 陞資한 일에 대한 回答서계에, 단지 慶賀하는 措語만으로 改撰하여 下送하게 하다.(『憲宗實錄』헌종8『集成』29-352)
1843	【한국】 3.22. 日本関白 家斉의 退休·対馬島主 宗義章의 死去·新島主宗義宗의 継承·帰島에 따라 渡海訳官 玄学魯·李学述을 파견해 問慰했다.(『承政院日記』·『備边司謄錄』)
1844	
1845	【한국】 9.15. 좌의정 金道喜가 일본은 講和한 이래로 邊情, 異樣船, 邪教에 관한 것을 통보하였으니, 예조로 하여금 異樣船이 왕래한 상황을 東萊倭館에 서계로 보내고, 東武에 轉報하게 하여 邊防을 警報하는 뜻을 보이라고 아뢰다.(『憲宗實錄』헌종11『集成』29-352)
1846	【한국】 6.4. 이보다 앞서 琉球国人 宝德등이 전라도 珍島郡에 표착하니, 그날로 이들을 水路로 송환할 것을 명하다.(『承政院日記』6.14조) 7.3. 忠淸監司 趙雲澈이 프랑스 水師提督이 漢人·滿洲人·日本人은 조선에 入境해도 대우하여 풀어주면서, 기해년에 조선에 입국한 프랑스 선교사를 죽인 죄목은 무엇이냐는 등의 내용 등, 섬 백성과 문답한 것을 장계하다.(『憲宗實錄』헌종12『集成』29-353)
1848	【한국】 6.11. 이보다 앞서 5월에 異国船이 咸境道 洋上에 出没하자, 이날 備边司의 啓에 의해 동래부사에게 명하여 異国船出没을 왜관관수에게도 알리고, 対馬島主에게도 전달시켰다.(『朝鮮史』63) 4.10. 慶尙監司 金公鉉이 對馬島의 奉行倭가 館守에게 보낸 글과 異樣船의 船樣·人形의 圖本을 아뢰다.(『憲宗實錄』헌종14『集成』29-354) 4.-. 憲宗大王의 行狀에 왜적을 막은 것으로 幸州에서 이긴 것이 가장 크다 하여 都元帥 權慄의 사당을 그 곳에 세우라고 명하고 扁額을 내렸다고 이르다.(『憲宗實錄』헌종14『集成』29-354)
1849	【한국】 12.26. 対馬이 弔慰差使平定信(乾守之輔)이 도래했다.(『承政院日記』) 11.2. 差倭에게 公作米를 다시 5년간 退限해 주라고 명하다.(『哲宗實錄』철종 즉위년 『集成』29-357)
1851	【한국】 윤8.25. 東萊倭館의 西館 中大庁 西行廊의 改築을 완성하다.(『承政院改修日記』·『備边司謄錄』)
1852	
1853 ▼	【한국】 5.7. 通信使行의 退定時의 費用은 경상도 內留作 穀折米 3000石으로 충당하도록 명했다.(『承政院改修日 記』·『備边司謄録』)

일본

【일본】

7.5. 水野重明을 대신해 目付 榊原忠義가 朝鮮人来聘御用으로 분부받았다.(『通航一覧』続輯5·柳営補任)

6.10. 日本関白 家慶의 계승에 의해 通信使의 来日을 청하는 大差使 正官橘質信(小川丹下)·都船主 平守道(大浦徳之進) 등이 도래하여 対馬島主 宗義章이 서계로 甲辰年(1844) 봄에 通信使가 対馬에 渡海하는 것을 청했다. 이날 領議政 趙寅永이 첫째로 接慰官 등을 派遣할 것, 둘째로 日本側이 前回 通信使의 예에 따라서 対馬島易地聘礼를 주장하고, 또 通信使派遣年을 지정하는 것은 부당하기 때문에, 동래부사에게 명하여 서계를 改修시킬 것을 청하니 그에 따랐다.(『朝鮮史』613)

【일본】

3.4. 松平忠優을 대신해서 寺社奉行 戸田忠温가 朝鮮人来聘御用을 분부받았다.(『通航一覧』続輯5·柳営補任)

7.2. 榊原忠義을 대신해서 目付 坂井政輝가 朝鮮人来聘御用을 분부받았다.(『通航一覧』続輯5·柳営補任)

10.18. 寺社奉行 酒井忠義·勘定奉行 戸川安清이 朝鮮人来聘御用을 분부받았다.(『通航一覧』続輯5·柳営補任)

【일본】

2.19. 조선국의 배 1척(21인 乗組)이 平戸藩 領内 値賀斑島에 표착했는데, 3월 14일에 長崎奉行所에 인도되었다.(『通航一覧』続輯6).

2.22. 岡村直恒을 대신해서, 大目付 遠山景元이 朝鮮人来聘御用을 분부받았다.(『通航一覧』続輯5·柳営補任)

8.25. 幕府가 朝鮮人参에 대해 天保13年(1842)의 生産·売買自由化를 철회하고, 당분간 下野一国은 모두 御用作으로 하도록 했다.(『通航一覧』続輯5)

9.2 戸川安清를 대신해서 勘定奉行 石河政平이 朝鮮人来聘御用를 분부받았다.(『通航一覧』続輯5·柳営 補任)

【일본】

12.28. 幕府가 당분간 下野一国은 朝鮮人参을 御用作하라는 뜻의 弘化1年(1844)의 지시에 관해 下野産과 他国産과의 分別, 下野国에서의 人参種売買禁止를 시달했다.(『通航一覧』続輯5).

【일본】

8.15. 幕府가 다음의 朝鮮信使聘礼를 大坂城에서 행할 것을 朝鮮側도 승인했기 때문에 오는 丙辰年(1856)에 来聘하는 것을 각 방면에 통지하고, 또 対馬藩主 宗義和에게 종래와는 다르고, 같은 것도 있기 때문에 朝鮮과 講定할 수도 있음을 지시했다.(『通航一覧』続輯5)

8.17. 幕府가 対馬藩主 宗義和에게 朝鮮信使来聘의 御用을 행하는데 쓰도록 金 1万 5000両을 하사했다.(『通航一覧』続輯5)

8.22. 幕府가 朝鮮信使의 大坂易地聘礼交渉에 노고를 한 対馬藩 宗義和의 家臣을 褒賞했다.(『通航一覧』続輯5)

【일본】

8.12. 幕府가 対馬藩에, 海岸守衛를 이유와 朝鮮信使 大坂易地聘礼 御用도 고려하여 金 1万両 拝借를 인정했다.(『通航一覧』続輯5)

【일본】

12.29. 三河国 渥美郡 江比間村(愛知県 渥美郡 渥美町 江比間)의 与一船 永久丸(150石積, 沖船頭 岩吉이하 4인 乗組)가 志摩国沖에서 漂流하여 翌嘉永 5년(1852) 윤 2월 26일, 太平洋上에서 아메리카捕鯨船 아이자크 하우랜드号에 구조되어, 호놀룰루로 보내졌다. 岩吉·善吉은 아메리카船 사우데메리케号에 의해 조선국 釜山에 송환되었다. 作蔵·勇次郎이 아이자크 하우랜드号에서 使役하면서, 뉴베드포드를 거쳐 보스턴에 가서, 배편을 얻어 香港에 도착했다.(『漂民聞書』) [→朝鮮1852.12.19.→1854. 12.10]

【일본】

12.19. 이보다 앞서, 표류민인 일본국의 三河国 永久丸 船頭 岩吉·乗組員 善吉이 호놀룰루에서 釜山에 이르렀는데, 이날 부산왜관에 인도되어 곧바로 対馬藩을 통해 長崎経由로 귀환했다.(『漂民聞書』)(→日本1851.12.29]

【일본】

6.-. 浦賀奉行 井戸弘道가 老中에게 上申書를 제출해 아메리카에 대한 관대한 処置를 주장했다.(『幕末外国関係文書』1)/ 対馬藩 家老 古川

연도	한국
▲ 1853	5.24. 동래부사가 장계를 올려, 왜관관수의 집이 改築後 이미 52년이 지났기 때문에 그 수리를 원하고, 또 그 경비는 경상 　　　도 留作穀 중에서 折米 2000 등으로 충당할 것을 청하자 이것을 허가했다.(『承政院改修日記』·『備辺司謄録』) 6.20. 동래부사가 장계를 올려, 倭館守門 金用玉등이 婢를 館中에 잠입시킨 것을 보고하자, 朝廷에서는 慶尚左道 水軍節度 　　　使에게 用玉을 倭館門밖에서 暴首에 처할 것을 명했다.(『朝鮮史』 63)
1854	
1855	【한국】 1.10. 이보다 앞서, 対馬島主가 使를 보내어, 通信使의 対馬入送을 정지하고, 大坂에서 礼를 거행할 것을 청하자, 領議政 金 　　　左根이 通信使의 聘礼는 純祖11年(1811)의 예에 따라 対馬에서 挙行하고, 通信使의 行期를 5年 연기할 것을 청했다. 　　　이날 講定訳官을 보내어 왜관관수와 의논하도록 명했다.(『承政院改修日記』·『備辺司謄録』)
1856	
1857	【한국】 윤5.25. 右議政의 진언에 따라, 日本銅의 수입을 금했다.(『承政院改修日記』·『備辺司謄録』) 7.15. 동래부사가 倭館의 修理를 청하자, 이것을 허가했다.(『承政院改修日記』·『備辺司謄録』) 10.24 倭館 西大庁 修理의 때에 開市大庁도 수리하도록 명했다.(『承政院改修日記』·『備辺司謄録』) 8.9. 知敦寧 李鶴秀가 純祖의 공렬을 찬양하여, 宣祖大王은 宗系를 바르게 밝히고 倭亂을 평정하였기 때문에 祖라고 일컬 　　　었으니, 純祖도 '祖'로 할 것을 청하는 상소를 하다.(『哲宗實錄』 철종8 『集成』 29-357) 11.26. 도주의 아들이 승적한 일로 문위사를 청한 재판 차왜의 청을 들어주다.(『哲宗實錄』 철종8 『集成』 29-358)
1859	【한국】 2.11. 日本関白이 後継者를 세운 慶事가 있어, 大差使 正官 源和積(戸田頼母) 등이 도래했는데, 朝廷이 接慰官을 파견했 　　　다.(『承政院改修日記』·『備辺司謄録』) 7.22. 이보다 앞서, 対馬島主 宗義和가 嗣子 勝千代에게 児名図書를 청했는데, 이날 備辺司의 啓에 의해 支給을 명했 　　　다.(『朝鮮王朝実録』)
1860	【한국】 9.15. 이보다 앞서, 琉球国人 寛仲地 등 6명이 済州에 표착하여, 이날 陸路로 송환할 것을 명했다.(『承政院改修日記』 同日 　　　条·9.21条·『備辺司謄録』 同日조·7.22조·9.21조) 8.8. 러시아·불란서 등과 통화한 일을 알린 왜인에게 답계를 내리도록 하다.(『哲宗實錄』 철종11 『集成』 29-359)
1861	【한국】 9.10. 일본국通信講事大差先問使가 渡来하여 동래부사가 通信使의 事은 이미 年前의 講定이 있었기 때문에 担当訳官엑 　　　유시하여, 帰国시킬 것을 청하니 왕이 그에 따랐다.(『承政院日記』·『備辺司燈録』) 6.20. 왜역의 사서를 등사하여 전파한 강난형을 처벌하다.(『哲宗實錄』 철종12 『集成』 29-359)
1862	
1863 ▼	【한국】 5.4. 동래부사가 장계에서, 対馬島主 宗義和의 退休를 고하는 差使의 도래를 보고했다. 이에 接慰官을 보내어 전례에 따라 　　　접대할 것을 명했다.(『承政院改修日記』·備辺司謄録) 12.8 哲宗이 창덕궁 대조전에서 승하하다.(『哲宗實錄』 철종14 12.8) 12.9. 홍선군 이하응, 대원군에 봉작되다.(『高宗實錄』 고종즉위년 12.9) 12.13 高宗이 창덕궁 인정문에서 즉위했다. 대왕대비 조씨 수렴청정하다.(『承政院改修日記』) 12.-. 함북 경원의 최원보 등 13가족 60여명, 두만강 건너 연해주 자신허에 첫 정착하다.

일본

将監·佐須伊織가 幕府에 朝鮮에서 얻어 들었던 清国에서의 太平天国의 騒乱의 정보를 보고했다.(『統通信全覧』類輯之部37, 朝鮮通信事務一件1)

【일본】

4.1. 朝鮮人 2인이 뗏목 같은 배로 五島 藩領内 久賀島 蕨村에 표착했는데, 4월 24일, 長崎奉行所에 인도되었다.(『通航一覧』続輯6)

【일본】

4.11. 対馬藩主 宗義和가 幕府에 長門国 通浦에 표착한 조선인을 長崎에서 対馬로 호송하던 도중에 筑前国沖에서 파선이 되어 익사자가 생겼다고 보고했다.(『統通信全覧』類輯之部37, 朝鮮通信事務一件1)

5.24. 対馬藩 家老 佐須伊織가 幕府에 朝鮮側訳官으로부터 입수한 조선국 경상도·함경도에의 異船渡来의 정보를 보고했다.(『統通信全覧』類輯之部37, 朝鮮通信事務一件1)

7.29. 일본국 関白이 死亡한 것을 고하는 大差使 正官 平章相(蕃建直人) 등이 도래하여, 조정에서 接慰官을 파견했다.(『承政院日記』·『備辺司騰録』)

10.18. 일본국 関白継承을 고하는 大差使 平義謹(平田宮内) 등이 도래하자, 조정에서 接慰官을 파견했다.(『承政院日記』·『備辺司騰録』)

【일본】

2.8. 幕府가 対馬藩主 宗義和에게 朝鮮信使来聘을 먼저대로 対馬聘礼에서 丙寅年(1866) 봄 중에 행할 것을 시달했다.(『統通信全覧』類輯之部37, 朝鮮通信事務 一件2)

2.25. 幕府가 対馬藩主 宗義和에게 朝鮮信使来聘은 簡易省弊하게 행할 것을 조선과 교섭할 것을 시달했고, 또 朝鮮信使来聘을 이유로 丙寅年(1866)까지 参府하지 않아도 좋다고 지시했다.(『統通信全覧』類輯之部37, 朝鮮通信事務一件2)

10.8. 脇坂安宅 대신에 老中 安藤信正이 朝鮮人来聘御用을 분부받았다.(『統通信全覧』類輯之部37, 朝鮮通信事務一件2·柳営補任)

11.24. 勝田充 대신에 勘定吟味役 設楽能潜가 朝鮮人来聘御用을 분부받았다.(『統通信全覧』類輯之部37, 朝鮮通信事務一件2·柳営補任)

【일본】

4.24. 幕府가 老中 水野忠精를 朝鮮信使聘礼用掛로 삼고, 29일 寺社奉行 牧野忠恭·勘定吟味役 福田道目와 같이 임명했다.(『維新史料綱要』4)

11.22. 対馬藩이 長州藩을 통해 朝廷에 対馬藩援助를 위해 藩情説明書를 제출했다. 그 내용중에, 対馬藩이 食糧을 朝鮮에서 받는 것 같은 종래의 日朝通交의 방식을 비판했다.(『対馬宗家文庫短米為御手当年租三万石御拝領記録』·『毛利家文庫対藩関係始末草稿』)

【일본】

1.-. 対馬藩士 大島友之允, 老中 板倉勝静 측근의 儒者 山田方谷와 접촉하여 対馬藩 원조문제와 「朝鮮 国服従之策」을 의논했다.(『方谷先生年譜』·『対馬宗家文庫』大島書類17·青木晟次郎ョリ差出タル書類 4)

4.27. 長州藩 士桂小五郎(木戸孝允)·対馬藩士 大島友之允이 軍艦奉行並勝海舟를 방문하여, 朝鮮의 儀을 의논했다.(『海舟日記』·『対馬宗家文庫』大島書類17·青木晟次郎ョリ差出タル書類 4)

4.20. 対馬藩士 大島友之九·樋口謙之亮이 老中板倉勝静와 회담하여, 対馬藩 援助問題와 함께 「征韓之儀」을 의논했다. 勝静이 「朝鮮国体情探索」의 内命을 내렸다.(『統通信全覧』類輯之部37 朝鮮通信事務一件4·『対馬宗家文庫』短米為御手当年租三万石御拝領記録)

5.12. 対馬藩이 幕府에 매년 3만 石의 지급과 무기·군함의 拝借를 요구하는 청원서 제출했다. 그 가운데서 열강진출 이전에 일본이 조선에 진출해야 할 것을 주장하고, 이후, 종래의 日朝関係를 고칠 것을 藩의 방침으로 했다.(『統通信全覧』類輯之部37 朝鮮通信事務一件4·

연도	한국
▲ 1863	
1864	【한국】 3.17. 이보다 앞서, 講定訳官 金継運에게 명하여, 通信使聘期를 10년 연기하는 것을 왜관관수와 협의시켰다. 対馬島主 宗義達이 서계에서 정묘년(1867)에서 병자년(1876)으로 연기하는 것을 약속했다. 이날 継運에게 賞을 내렸다.(『承政院改修日記』) 3.7. 前濟州牧使 鄭岐源이 표류한 일본인 20명의 육로 귀환을 요청하는 장계를 올리다. 이들을 동래부에서 데려오도록 조치하다. 3.17. 1866년으로 예정된 파일 통신사 고빙기간을 10년간 연기하다. 7.20. 외교관계 문서를 정리한 『동문휘고』 출판하다. 7.25. 封馬島主 平義達의 哲宗薨去 弔問使節 파견에 대하여 京接慰官과 差備譯官을 차출하다. 9.20. 능력없는 의관과 역관이 많아 해당 관서의 提調로 하여금 이를 조사, 정리할 것을 명하다. 12.1. 일본 고종즉위 축하사절인 陳賀大差使가 부산왜관에 도착하다. 접무관에 金斗欽을 임명하다.
1865	
1866	【한국】 1.4. 제주도 無注浦에 표류한 일본인 10명, 환송케 하다. 1.21. 병인박해, 남종삼·홍봉주(새남터), 베르뇌신부(노량진) 등 9명 처형되다. 1.26. 밀무역을 통한 천주교의 침투를 방지하기 위한 목적으로 해안방어와 이양선 왕래를 엄단하다. 2.-. 독일상인 오페르트, 충남 서산군 조도와 해미현 조금진에서 통상을 요구하다. 5.18. 프랑스 신부 리델·교도 10여명 병인박해를 피해 중국 천진으로 탈출하다. 6.26. 독일인 오페르트 재차 입국하여, 충남 해미현 조금진에 정박하고 통상을 요구하다. 7.7. 리델신부, 중국 천진의 프랑스함대 사령관 로즈에게 천주교도 학살을 보고하다. 7.29 미국 상선 제너럴샤만호 평양 대동강에서 전소하다. 8.3. 고종, <병인척사윤음> 반포하다. 9.18. 병인양요, 프랑스군 강화도 문수산성 공격하여 조선군 3명 전사하고 2명 부상을 입다. 9.22. 프랑스군, 강화도 광성진·갑곶진 및 강화도 민가·관청·창고 방화하고 약탈하다. 10.3. 양헌수부대, 프랑스군과의 강화도 정족산성 전투에서 승리하다.
1867	【한국】 1.23. 미국군함 와츄(Wachusett) 함장이 황해도 長淵 吾又浦 月乃島에 도착하여 제너럴 서어만호의 행방을 추궁, 생존자 인도를 요구하다. 2.3. 倭館의 일본인, 동래부 公米木의 연기 科外作錢·代錢相計 등의 개혁을 요청하다. 3.7. 의정부가 일본인 八戶順叔이 香港 신문에 기고한 일본의 조선 정복설에 대해 封馬島에 書契를 보내 사실여부를 詰問하다. 3.7. 조선, 일본인 八戶順淑이 홍콩 신문에 기고한 정한론에 대해 항의. 후에 일본으로부터 정한론이 流言임과 사신의 입송을 제의하는 답서 도착하다. 5.23. 이보다 앞서, 対馬島主 宗義達이 講信大差使 正官 平和復(仁位孫一郎)을 파견해 両国貿易規定을 고쳐 鉄砲刀剣등을 교역할 것 등을 철했다. 이날, 議政府가 이들의 청하는 것이 約条에 위반되어 받아들일 수 없다고 하여, 사자를 타일러 귀국을 명할 것을 요청하니, 왕이 이것을 윤허했다.(『承政院改修日記』)/ 對馬島主 平義達이 사람을 보내 양국의 무역법규를 수정, 포총, 도검의 교역을 요청하였으나 거절하다. 7.14. 対馬島主 宗義達이 関의 後継者立儲을 고하는 大差使를 파견하다.(『承政院改修日記』) 6.14. 일본 關白(막부의 장군)이 , 출래한다하여 위무관 파견하다. 10.1. 이보다 앞서, 日本国이 丙寅年(1866) 洋舶朝鮮来犯의 사건을 듣고, 朝鮮과 프랑스, 아메리카 両国사이를 조정하려고, 外国奉行 平山敬忠·目付古賀謹一郎 등을 朝鮮에 보내려고 했다. 이어서 対馬島主 宗義達이 礼曹에 서계를 보내어 八戶順叔의 征韓說을 전했다. 이날 동래부사에게 仏·米国과의 조정을 위한 使節派遣을 거절한다는 것을 명했다.(『承政院改修日記』) 10.1. 동래부사 鄭顯德, 征韓說에 대한 일본회답서를 보고. 조선, 東萊府使에게 명하여 斥退케 하다. 11.24. 동래부사 鄭顯德이 장계를 올려서 일본 관백 德川家康의 逝去訃告大差倭가 도래함을 전하다. 12.24. 対馬島主가 関白家茂의 死亡을 고하는 大差使를 보냈다.(『承政院改修日記』)

일본
『対馬宗家文庫』短米為御手当年租三万石御拝領記録·公義被仰上·御在府毎日記(江戸)·『毛利家文庫』対藩関係始末草稿)
5.26. 幕府가 対馬藩에 의한 朝鮮進出論을 포함 5월 12일의 援助要求願書의 취지를 인정하고, 対馬藩에 년 3만 石을 지급하도록 지시했다.(『統通信全覧』類輯之部37,朝鮮通信事務一件4·『対馬宗家文庫』短米為御手当年租三万石御拝領記録·公義被仰上·御在府毎日記(江戸)·『毛利家文庫』対藩関係始末草稿·防長回天史3編下4)

【일본】

4.8. 幕府가 寺社奉行 本多忠紀·大目付 溝口直清·勘定奉行 竹内保徳·目付 川村順一郎에게 朝鮮信使聘礼用掛로 명했다.(『維新史料綱要』5)

5.30. 영·미·불·란, 下關 通航, 横濱 鎖港에 관한 각서를 막부에 통고하다.

10.26. 対馬藩士 大島友之允가 幕府目付 向山一履에게 対馬·朝鮮問題에 관한 자료와 장대한 朝鮮進出建白書를 제출하여 西洋列強이 朝鮮 併合의 뜻을 가지고 있어 절박한 만큼 신속하게 대책을 마련할 것을 지시했다.(『維新史料綱要』5·『統通信全覧』類輯之部37, 朝鮮通信事務一件3·4·大島友之允建白書写·厳原藩士大島正朝建言書)

8.5. 4개국 연합함대 일본 시모노세키[下關] 포격하다.

8.25. 막부, 영·미·불·란에 파리 약정 폐기를 선언하다.

9.14. 막부, 영·미·불·란과 강화 체결하다.

12.19. 막부, 4국과 横濱 거류지 각서 12조를 조인하다

【일본】

1.13. 長州藩士 高杉晋作 거병하여 馬關을 습격하다.(이후 양이파가 실권 장악)

6.5. 막부, 和歌山 번주 徳川茂承을 征長先鋒總督에 임명하다.(제2차 長州 征伐)

6.18 幕府가 対馬藩에 朝鮮国의 請求에 의해 信使聘礼의 연기를 명령하다.(『維新史料綱要』6)

7.3. 土佐藩이 尊攘派를 처형하다.

【일본】

2.6. 広島藩이 長州藩의 의뢰를 받아서, 幕府에 長門国 豊浦郡 川棚松谷浦에 표착한 朝鮮人의 처치를 물으니, 10일 막부가 小倉藩에의 이관을 명하다.(『維新史料綱要』6)

3.7. 木戸孝允, 西郷隆盛, 막부 타도를 위해 薩長동맹을 성립시키다.

5.21. 막부, 학술 수업 및 상업을 위해 해외에 도항하는 것을 허가하다.

10.3. 일본 각지에서 흉작으로 미가 폭등하여 민중 폭동이 빈발하다.

10.5. 프랑스군, 외규장각 국보급 문화재 등 약탈후 강화도에서 철수하다.

11.5. 清의 제너럴 서어만호 사건 조회에 대해 영국선박 1척이 대동강에서 침몰한 사실과 서양인의 通商·傳教 등을 계속 엄금할 것임을 통보하다.

12.30. 1866년 한성부 인구 20만 59명, 4만 5,646호 거주하다.

【일본】

1.30. 일본 고메이 천황의 뒤를 이어 제122대 메이지 천황이 즉위하다.

2.7. 에도 막부 요코하마에 영어·프랑스어 어학소를 설치하다.

3.29. 対馬이 家老仁位孫一郎을 講信大差使로 부산왜관에 파견하여, 공무역 물품의 渋滞 問題解決과 貿易規則変更을 위해 동래부사와의 직접교섭을 구하는 書契를 지참토록 했다.(『対馬宗家文庫』御家記編輯材料·『本邦朝鮮往復書』)

3.-. 예조가 対馬藩에 지난해 清国 신문 『中外新聞』에 게재된 戸順叔名의 征韓記事에 대해 詰問하는 書契를 송부했는데, 5월에 対馬藩이 이것을 幕府에 전달했다.(『本邦朝鮮往復書』·『対馬宗家文庫』公義被仰上·『統通信全覧』類輯之部26外航門外航, 平山5書頭古賀筑後守渡韓奉命一件·『大日本外交文書』1)

5.10. 対馬藩主 宗義達이 막부에 朝鮮国礼聘使 応接費의 보조를 청했으나, 11월 23일, 막부가 이것을 허락하지 않았다.(『維新史料綱要』7)

6.6. 対馬藩이 幕府使節의 조선 파견을 예고하는 서계를 조선에 송부했으나, 조선에서 이것을 거절했다. (『本邦朝鮮往復書』·『統通信全覧』類輯之部26外航門外航, 平山図書頭古賀筑後守渡韓奉命一件·『朝鮮王朝実録』高宗4.10.1条·『大日本外交文書』1-1·『近代日鮮関係の研究』上)

8.-. 対馬藩이 막부의 지시하에 八戸順叔에 의한 征韓記事의 내용을 부정하는 서계를 조선에 송부했다. 이 가운데 幕府使節의 조선파견에도 언급을 했다.(『本邦朝鮮往復書』·『対馬宗家文庫』御家記編輯材料·『統通信全覧』類輯之部26外航門外航, 平山図書頭古賀筑後守渡韓奉命一件·『朝鮮王朝実録』高宗4.10.1条·『大日本外交文書』1-1·『近代日鮮関係の研究』上)

9.28. 幕府가 対馬藩主 宗義達에게 外国総奉行 平山敬忠 등이 11월에 対馬에 도항하는 것을 고하고, 신속하게 조선국의 의향을 묻게 했다. 이어서 大政奉還에 의해 敬忠등의 도항을 중지했다.(『維新史料綱要』7)

10.-. 막부가 朝鮮派遣使節이 지참한 将軍 徳川慶喜명의의 国書案 및 使節名의 書翰案을 작성했다.(『統通信全覧』類輯之部26 外航門外航, 平山図書頭古賀筑後守渡韓奉命一件·『近代日鮮関係の研究』上)

11.9. 에도막부가 大政奉還을 하여 국가통치권을 반납하다.

연도	한국
1868	【한국】 4.18. 洋擾에 대비하여 永宗島에 別餉를 특설하다./ 오페르트(Oppert)·페론(Feron)·젠킨스(Jenkins) 등이 차이나(China) 　　　호에 탑승하여 公忠道 洪州郡에 도착하여 伽洞 소재 南延君墓를 도굴하고 도주하다. 4.26. 永宗僉使 申孝哲이 오페르트 일당을 공격하여 2명을 사살하다. 9.2. 정부 유배지 機張縣이 일본 통로의 요충지이므로 유배자를 타읍에 이송하다. 9.-. 對馬島主 宗義達에게 加資하며 新印을 賜하고 외교사무를 관장하고, 書契에 左近衛少將 對馬守 平調臣義達이라고 칭 　　　하다. 12.19. 대마도에서 보내온 명치정부 성립 통고서를 일본 國書의 書式이 다르다 하여 수리를 거부하다. 7.3. 対馬府中藩主 宗義達에게 귀번하여 朝鮮国外交를 관리하게끔 명하다.(『維新史料綱要』9) 9.3. 천황, 江戸를 東京으로 하는 조서를 내리다. 9.-. 対馬府中藩主 宗義達에게 새로이 「左近衛少将」의 직함으로 朝鮮礼曹에 대해, 王政復古를 알리는 大修大差使의 書契 　　　및 그에 앞선 예고의 書契를 작성하고, 文中에 「皇」·「勅」의 文字를 사용하도록 했다. 후에 조선에서 이것을 문제삼아 　　　서 거절했다.(『対馬宗家文庫』御家記編輯材料·『大日本外交文書』1·『近代日鮮関係の研究』上) 10.8. 対馬府中藩主 宗義達이 家中에게, 大政一新 告知의 사절파견과 서계에의 新印使用에 의한 朝鮮側의 撤供撤市를 예상하 　　　고, 藩이 곤란한 지경에 이를 것을 각오했다고 전하다.(『対馬宗家文庫』御家記編輯材料·『近代日鮮関係の研究』上) 10.23. 明治로 改元하다. 12.18. 釜山倭館에 파견된 幹事官 川本九左衛門이 훈도 安東晙·별차 李周鉉에게 大政一新 告知의 사절파견과 書契에의 新 　　　印使用을 예고하는 서계를 제시했다. 訓導는 規外인 것을 비난했다.(『対馬宗家文庫』御家記編輯 材料·『近代日鮮関 　　　係の研究』上) 12.19. 王政復古를 고지하는 大修大差使 樋口鉄四郎 一行이 釜山倭館에 到着했다.(『対馬宗家文庫』御家記編輯材料·『近代 　　　日鮮関係の研究』上) 12.21. 大修大差使 樋口鉄四郎이 釜山倭館에서 訓導 安東晙과 회견했다. 訓導는 規外인 것을 이유로 使節을 받아들이는 것 　　　을 거부했다.(『対馬宗家文庫』御家記編輯材料·『近代日鮮関係の研究』上)
1869 ▼	【한국】 11.4. 議政府, 東來府使에게 對馬島主의 書契가 전과 다르므로 改修하여 呈納토록 지시하다. 12.13. 이보다 앞서, 지난해 9월, 対馬島主 宗義達이 先問使를 파견했고, 또 금년 10月, 大修大差使」를 파견하여 大政奉還 　　　을 고했다. 이날 의정부가 島主의 書契가 格例와 다르다는 것을 가지고 엄하게 責謚를 하고, 書契를 개수하여 呈納 　　　시켜줄 것을 청했고, 이에 따랐다.(『承政院改修日記』) 12.23. 일본 외무성관리 사다 하꾸보, 모리야마 시게루, 사도 사까이 등이 조선 내정정탐을 위해 쓰시마관리로 가장하여 부 　　　산 왜관에 들어오다. 9.21. 일본정부가 蝦夷地를 北海道로 개칭했다. 10.15. 太政官이 외무성에 조선과의 교섭에 관한 종전의 절차에 대해 厳原藩과 협의하도록 명했다. (『対馬宗家文庫』御家記 　　　編輯材料·『大日本外交文書』2-3·『近代日鮮関係の研究』上) 10.23. 이보다 앞서, 厳原藩公用人 斎藤佳兵衛가 太政官弁官에게 조선과의 교섭을 외무성에 위임하고, 宗家로부터 사절파 　　　견의 폐지 지령에 대해 大政一新 통고교섭의 해결을 기다려 교제방식을 정하도록 상신하고, 宗家의 사절파견 폐지 　　　에 의한 문제점을 열거한 부속의 同書를 첨부했다. 이날 外務省이 太政官 弁官에게 朝鮮과의 교섭을 外務省에 접수 　　　함에 있어서, 우선은 情実探索을 위해 外務省 官員을 조선에 파견하고, 그 사이에 종래처럼 宗家의 私交에 맡길 것 　　　을 상신하고, 宗家로부터 이에 대한 回答案을 첨부하도록 했다.(『対馬宗家文庫』御家記編輯材料·『大日本外交文書』 　　　2-3·『近代日鮮関係の研究』上) 11.10. 太政官이 厳原藩에 대해 10월의 회답으로는 외무성의 상신에 따른 것으로 당분간은 종래와 같이 日朝交際方式을 계 　　　속하도록 지시했다.(『対馬宗家文庫』御家記編輯材料·『近代日鮮関係の研究』上) 10.24. 訓導 安東晙이 倭館에 下来하여, 対馬側에 대해, 조선정부의 規外大差使 거절에 대한 강경한 태도를 전했다.(『近代日鮮 　　　関係の研究』上) 11.9. 훈도 安東晙이 왜관에서 対馬側에 大修大差使 거절이유로 大差書契·裁判書契의 문제점을 제시한 覚書를 교부했다. 　　　対馬側이 館守·幹事官의 명의로 자신의 주장을 쓴 反論書를 훈도에게 건네고, 동래부사에게 전달해 줄 것을 의뢰했

일본

【일본·해외】

1.3. 王政復古 선포(왕정복고의 大號令)하다.

1.27. 戊辰전쟁 발발하다.

2.8. 신정부, 왕정복고의 국서를 각국에 수교, 회국과의 화친을 국내에 포고하다.

3.14. 明治維新을 선포하다.

3.23. 新政府가 対馬藩主 宗義達에게 王政御一新에 의해 朝鮮과의 国交는 모두 朝廷으로부터 분부받은 것을 朝鮮에 전하도록 명했다.(『対馬宗家文庫』御家記編輯材料·『大日本外交文書』1-1·『近代日鮮関係の研究』上)

4.20. 神佛 혼효를 금지하다. 이후 전국에서 排佛毀釋 운동이 벌어지다.

4.25. 福澤諭吉이 英學塾을 芝로 이전하고 慶應義塾으로 개칭하다.

윤4.26. 対馬府中藩의 嗣位参判使로 임명된 家老 樋口鉄四郎에게 머지않아 王政御一新通告를 위한 参判使로서 釜山倭館에 건너가게 된다는 뜻을 밝혔다.(『対馬宗家文庫』御家記編輯材料)

5.17. 対馬府中藩士 大島友之允이 大坂外国官에게 日朝間의 漂流民送還과 朝鮮交易을 위한 銅의 売渡를 종래대로 행할 것을 요청했다.(『対馬宗家文庫』御家記編輯材料·『大日本外交文書』2-2)

5.22. 영국공사 파크스가, 천황에게 신임장 제출(최초의 신정부 승인)하다.

6.12. 対馬府中藩士 大島友之允이 大坂外国官에게, 지금까지의 日朝関係의 경위와 問題点을 설명하고, 府中藩私交의 部例를 更革하여 通信使를 来朝시킬 것을 요청했다.(『対馬宗家文庫』御家記編輯材料·『大日本外交文書』2-2)

6.18. 対馬府中藩 老臣 扇源左衛門이 조선 경기도 永宗島에서 朝鮮役人의 米国人襲撃 상황을 보고했다.(『維新史料綱要』9)

6.17. 관제 개정의 政體書를 공포하다.

6.19. 新政府가 対馬府中 藩主 宗義達에게 종래의 漂流民送還方式에 준거하여 朝鮮国 漂流人取扱規則을 공포했다.(『対馬宗家文庫』御家記編輯材料·『大日本外交文書』2-2)

6.22. 外国知官事 伊達宗城이 対馬府中藩主 宗義達에게 幕府廃止를 朝鮮에 전해야 할 일, 府中藩財政의 구제는 상의하여 통지할 일, 朝鮮交通의 礼式등 国体에 관계가 있는 일 등은 天下平定 이후에 분부받아야 할 것을 전했다.(『対馬宗家文庫』御家記編輯材料·大日本外交文書1-1·『近代日鮮関係の研究』上)

6.24. 対馬府中 藩士 大島友之允이 外国知官事 伊達宗城에게 王政御一新 奉賀의 朝鮮使節의 来朝를 府中藩이 朝鮮側과 交渉할 것이라는 뜻을 아뢰어, 27일에 허가받았다.(『対馬宗家文庫』御家記編輯材料·『大日本外交文書』2)

6.28. 対馬府中藩主 宗義達의 朝鮮国交에 尽廃한 功을 상주고, 특히 従四位上左近衛権少将에 서임했다.(『維新史料綱要』9·『対馬宗家文庫』御家記編輯材料)

【일본·해외】

1.4. 日本国 対馬府中藩 老臣 樋口鉄四郎이 訓導 安俊卿과 釜山浦에서 회견하고, 維新을 통고했다.(『維新史料綱要』10)

2.1. 参与 木戸孝允이 三条実美·岩倉具視 앞으로 보낸 書翰에서 国内統合위해서도 政府가 「征韓」의 方針을 決定하고 실행할 것을 호소했다.(『大日本外交文書』2-1·木戸孝允文書 3)

2.16. 厳原藩 参政 大島友之允이 釜山倭館에서 訓導 安東晙과 회견했다. 訓導가 王政復古通告에 관한 規外書契의 수취를 끝까지 거부했다.(『対馬宗家文庫』御家記編輯材料·『近代日鮮関係の研究』上·『大日本外交文書』2-2)

2.29. 厳原藩 幹伝官 浦瀬最助가 釜山倭館에서 訓導 安東晙과 교섭했고, 다음날도 다시 交渉했다. 訓導가 王政復古通告에 관한 規外書契를 조선조정이 인정하지 않는다는 의향을 적은 覚書를 제시하며, 書契受取를 거부했다.(『対馬宗家文庫』御家記編輯材料·『近代日鮮関係の研究』上·『大日本外交文書』2-2)

3.3. 倭館館守番 高麗造가 訓導 安東晙이 교섭했다. 館守가 후일 不穏当한 字句는 수정할 것이기 때문에 王政復古通告에 관한 書契를 우선 받아주기를 요청했으나, 訓導는 朝鮮朝廷의 의향을 쓴 覚書에 대한 反駁書의 제출을 먼저 요구하자 館守가 이에 따랐다.(『対馬宗家文庫』御家記編輯材料·『近代日鮮関係の研究』上·『大日本外交文書』2-2)

3.9. 倭館館守番 高麗造가 훈도 安東晙과 교섭했다. 訓導가 朝鮮側의 강경한 자세를 전했기 때문에 倭館側은 훈도를 구치하고, 始末書를 받았다. 훈도가 拘置中에 조선정부가 일본측에 대해 품고 있는 의혹을 幹伝官에게 전했다. 14일, 훈도의 구치를 해제했다.(『対馬宗家文庫』御家記編輯材料·『近代日鮮関係の研究』上·『大日本外交文書』2-2)

3.11. 厳原藩 参政 大島友之允이 조선과의 교섭을 진전시키지 못한 채, 釜山倭館을 퇴거했다.(『対馬宗家文庫』御家記編 輯材料·『近代日鮮関係の研究』上)

5.9. 천황이 東京에 도착했다.

5.13. 外国官判事가 対馬府中藩에 조선국과의 조약을 체결하는 방침을 전하고, 조선사정을 숙지하고 家来의 東京在勤하며, 조선의 제도·물산과 朝鮮通詞名의 보고를 하도록 명했다.(『対馬宗家文庫』御家記編輯材料·『大日本外交文書』21·『近代日鮮関係の研究』上)

6.27. 戊辰전쟁이 종료했다.

6.-. 厳原藩士 大島友之允이 外国官에게 조선국에 대한 大政一新 通告가 조선측에 의해 거부되어 있기 때문에 朝鮮国都에 사절의 파견하는 등 근본책을 정하고, 厳原藩에 의한 교섭을 기다려 실행하게끔 上申하여 지난해 이후의 조선과의 교섭과정을 설명한 付属書를 첨부했다. 또한 日朝通交에서 追号·諱·国号·宗氏의 官名·大差使의 복장 등에 대해 질문을 제출했다.(『対馬宗家文庫』御家記編輯材料·『大日本外交文書』2)·『近代日鮮関係の研究』上)

연도	한국
▲ 1869	11.17. 外務省이 嚴原藩에 朝鮮往復書契에서는 天皇의 諱로 「惠·統·睦」의 글자를 欠畫하되, 그 외에는 구애받지 않아도 되며, 宗氏의 官名은 현재대로 인정하되, 朝鮮派遣使節의 예복은 身分에 相當하도록 지시했다. 같은 날, 嚴原藩公用人 小田忠三郎이 외무성의 지시에 불비함을 지적하고 再回答을 구하는 질의서를 외무성에 제출했다.(『对馬宗家文庫』御家記編輯材料·『大日本外交文書』2-3·『近代日鮮関係の研究』上) / 외무성이 嚴原藩에 藩知事의 朝鮮渡海·談判은 인정할 수 없다는 뜻을 시달했다.(『对馬宗家文庫』御家記編輯材料·『近代日鮮関係の研究』上) 11.-. 외무성이 佐田白茅·森山茂·斎藤栄에게 조선에의 출장을 명했다.(『近代日鮮関係の研究』上)
1870	【한국】 4.15. 일본외무성 관리, 정탐임무 수행 후 귀국하여 조선 정벌 의견서 제출하다. 5.4. 동경 주재 독일 공사 브란트, 일본외무성 쓰시마관리, 독일군함 헬타호로 부산에 와서 통상요구, 거절당하고 물러나다. 6.20. 일본 외무성관리 구미열강들이 조선을 침략하기 전에 정복하자는 정한론을 선동하다. 9.18. 太政官이 外務権少丞 吉岡弘毅에게 조선출장을 명하고, 森山茂·広津弘信에게 그를 수행하도록 했다.(『大日本外交文書』3·『近代日鮮関係の研究』上) 9.20. 吉岡弘毅·森山茂·広津弘信이 외무성에게 政府等対의 교섭의 手続案인 『朝鮮行手続書』를 제출했다.(『大日本外交文書』3·『近代日鮮関係の研究』上) 9.28. 동경에 중학교 개설하다. 9.-. 이보다 앞서, 훈도 安東晙이 嚴原藩 朝鮮通詞 浦瀬最助의 귀국 후, 「日本政府에서 使節이 兵隊를 이끌고 漢城까지 갈 것이라고 浦瀬가 말했다」는 보고가 있어, 이달에 最助가 返答書를 제출하여 반론했다.(『大日本外交文書』3) 10.13. 평민에게 姓의 사용을 허가하다. 10.15. 外務省 出仕 吉岡弘毅·森山茂·広津弘信 등이 対馬嚴原에 도착했다. 嚴原藩知事 宗重正 등과 조선과의 교섭 방침을 협의했다.(『大日本外交文書』3·『近代日鮮関係の研究』上) 윤10.28. 太政官이 嚴原藩士 大島友之允에게 朝鮮国事件取調를 위해 外務省出仕를 받들도록 했다.(『对馬宗家文庫』御家記編輯材料) 11.3. 日本国 外務省出仕 吉岡弘毅·森山茂·広津弘信 등이 일기 불순으로 표류하다가 겨우 釜山倭館에 도착했다.(『大日本外交文書』3) 11.13. 嚴原藩 知事 宗重正이 太政官弁官에게 朝鮮通交家役을 면할 수 없기를 바라는 서면(윤10월18일자)를 제출했다.(『对馬宗家文庫』御家記編輯材料·『大日本外交文書』3·『近代日鮮関係の研究』上) 11.23. 太政官이 嚴原藩知事 宗重正에게 朝鮮通交 家役 罷免을 要請한데 대해, 추후에 소식을 전할 것이기 때문에 종전처럼 납득할 수 있도록 회답했다.(『对馬宗家文庫』御家記編輯材料) 11.25. 嚴原藩 朝鮮通詞 浦瀬最助가 왜관에서 조선인 李宜逸에게서 朝鮮北辺에서의 러시아人과의 접촉에 대한 정보를 입수하여, 12월 1일, 倭館 체재중의 吉岡弘毅 등이 이것을 外務省에 通知했다.(『大日本外交文書』3)
1871 ▼	【한국】 3.9. 일본 横濱에 와있던 미해군 루이지난드 하워스, 미국의 한국원정함대 J. H. 브로크에게 한국 정탐자료 인수서한을 일본외무성에서 보내다. 4.6. 清을 통한 駐清美國特命全権公使 로우(F.F.Low)의 통상조약체결 요청을 거부하다. / 駐清美國公使 로우·아시아함대 사령관 로저스(J.W.Rodgers)가 군함 5척을 이끌고 통상 요구차 南陽府 楓島에 도착하다. 4.10. 仁川邑吏 金振聖과 譯官 3명 美艦隊에 접근하여 問情하다, 미국 측은 美欽差及水師提督이 조선 조정과 商辦할 일이 있어 왔는 바 조정이 大官을 파견하여 商辦에 응할 것을 요구하는 한편 미국은 조선에 대하여 害意가 없음을 표명하다. 4.14. 일본 외무성 관리가 미국 특무 J. H. 브로크에게 한국침략 수법 등에 관한 정탐자료 인수 의사를 미국인 하워스에게 회답서한을 보내다. 4.22. 駐清 미국공사 재차 통상을 요구하자, 무력불사 방침을 통고하다. 4.24. 미해병 450명이 草芝鎭에 상륙하여 廣城津을 점거하다. 廣城津 전투에서 魚在淵·李玄鶴 등이 전사하고 10여명 부상, 미군 2명 전사, 10여명 부상을 입다. 4.25. 대원군이 전국에 斥和碑를 세우게 하다. 6.1. 신미양요 당시 미국측과 잠통한 우윤집 등 3명을 처형하다.

일본

다.(『大日本外交文書』2-3·『近代日鮮関係の研究』上)

11.11. 嚴原藩公用人 小田忠三郎이 太政官弁官·外務省에 朝鮮往復書契에서 歴代帝王尊号·国諱·国묘·宗氏의 官名, 조선에 파견하는 사절의 服制에 대해, 또 경우에 따라서는 藩知事가 직접 朝鮮에 도해하여 담판하는 것에 대해 질의서를 제출했다.(『対馬宗家文庫』御家記編輯材料·『大日本外交文書』2-3)

11.12. 太政官이 嚴原藩에 釜山倭館에 체재중인 大政一新 통고의 大修大差使는 결렬하게 대응하지 말고, 먼저 퇴거하지 않도록 지시하다.(『対馬宗家文庫』御家記編輯材料·『大日本外交文書』2-3·『近代日鮮関係の研究』上)

11.13. 이보다 앞서, 外務省이 太政官弁官에게 朝鮮에 差遣한 官員이 조사해야 할 사항으로, 通信使·日朝間儀礼·朝鮮에서 받은 図書·清朝関係·朝鮮国情·日朝貿易의 실태, 嚴原藩의 財政状況 등을 열거한 질의서를 제출했다. 이날 太政官弁官이 외무성에 하명한대로 할 것을 지시했다.(『大日本外交文書』23)

【일본·해외】

1.28. 外務省出仕 佐田白茅·森山茂·斎藤栄이 対馬 厳原에 도착하여 同地에서 対馬·朝鮮 간의 通交에 대해 조사했다.(『大日本外交文書』3·『近代日鮮関係の研究』上)

2.22. 日本国 外務省 出仕 佐田白茅·森山茂·斎藤栄이 釜山倭館에 도착했다.(『大日本外交文書』3·『近代日鮮関係の研究』上)

3.11. 東萊府使 鄭顕徳이 大修大差使·倭館館守에게 書翰을 보내, 王政一新通告書契에 대한 厳原藩側의 태도를 비판하고, 旧規遵守를 요구했다.(『対馬宗家文庫』御家記編輯材料·『大日本外交文書』3·『近代日鮮関係の研究』上)

3.4. 미국대통령 그랜트(U.Grant)가 조선원정 계획안을 승인하다.

4.15. 이보다 앞서, 外務省 出仕 佐田白茅·森山茂·斎藤栄이 조선에서 귀국했다. 이즈음, 外務省에『朝鮮国交際始末内探書』을 제출하여, 日朝外交·朝鮮国情 등에 관해 조사했던 것을 보고했다.(『大日本外交文書』3)/ 外務省이 太政官弁官에게 佐田白茅·森山茂·斎藤栄이 각각 제출한 朝鮮問題의 전망을 서술한 建白書의 사본을 제출했다. 모든 建白書에 皇使(政府부터의 직접 사절)을 파견할 것을 요청하고, 白茅는 30大隊를 파견할 것을 제안했다.(『大日本外交文書』3)

5.3. 北도이치連邦 代理公使 폰브란트가 搭乗한 군함 헤르타号가 釜山에 입항했다가 익일 퇴거했다. (『大日本外交文書』3·『近代日鮮関係の研究』上)

5.12. 예조가 厳原藩에 厳原藩 朝鮮通詞가 독일군함 헤르타号에 승선했던 것에 대해 항의했다.(『大日本外交文書』3·『近代日鮮関係の研究』上)

5.13. 厳原藩 朝鮮通詞 浦瀬最助가 훈도 安東晙과 왜관에서 회담했는데, 宗氏가 朝鮮外交管掌이 면직되었는데, 政府가 직접 사절을 파견하는 것을 지적하고, 天皇·国王의 称号는 보류하고, 両国政府가 대등하게 国交를 진행하는 것의 문제점을 제기했다, 훈도가 일본정부에 문의하자, 6월 10일까지 回答할 것을 약속했다.(『大日本外交文書』3·近代日鮮関係の研究上)

6.13. 厳原藩 朝鮮通詞 浦頼最助가 훈도 安東晙과 왜관에서 회담했다. 훈도가 厳原藩 통사의 도이치軍 艦搭乗을 조선 정부가 중대시하면서, 5월 13일의 타협안은 검토할 수 있는 상황이 아니라는 것을 전하고, 처음으로 교섭결렬을 선언했다.(『大日本外交文書』3·『近代日鮮関係の研究』上)

6.26. 일본 중의원 개원하다.

6.-. 佐田白茅·森山茂·斎藤栄이 清과 仏·英·米간에 분규가 일어난 것을 기회로 삼아, 속히 皇使·大将을 対馬에 파견하여 朝鮮問題를 해결할 것을 건의했다.(『大日本外交文書』3)

7.10. 동경에 소학교 6개교를 개설하다.

8.18. 厳原藩 朝鮮通詞 浦頼最助가 外務省에 출두하여 釜山倭館에서의 훈도 安東晙과의 교섭경과를 설명하고, 부속자료를 제출했다.(『大日本外交文書』3)

8.25. 外務卿 沢宣嘉·同大輔 寺島宗則이 정부에 日朝政府間의 직접교섭을 진전시키기 위해 외무성의 森山茂·広津弘信 외 1명을 조선에 파견할 것을 상신했다.(『大日本外交文書』3·『近代日鮮関係の研究』上)

【일본·해외】

1.3. 징병규칙 공포하다.

1.8. 倭館館司代理 難波安積 등이 훈도 安東晙에게 外務省出仕 吉岡弘毅 등과 회견하자고 요청하자, 훈도가 旧規固守를 이유로 対馬人 이외와 교섭하는 것을 받아들이지 않지만, 동래부사와 부산첨사와 상의하여 회답할 것을 약속했다.(『大日本外交文書』4)

1.28. 『横濱毎日新聞』 창간(최초의 일간지)했다.

2.8. 倭館滞在中의 吉岡弘毅등이 外務省에, 朝鮮到着 이래의 상황을 보고하고, 朝鮮과의 교섭 타개를 위해 厳原藩知事의 朝鮮通交家役罷免의 신청을 채택해주도록 요청하고, 大蔵省이 対馬援助를 부담해도 본격적인 朝鮮貿易에 의한 이익이 더 크다는 것을 상신했다.(『大日本外交文書』4)

2.9. 왜관 체재중의 吉岡弘毅가 외무성에 朝鮮事情 委曲言上 때문에 広津弘信을 귀국시킨다는 뜻을 통지했다.(『大日本外交文書』4)

3.22. 朝鮮에의 무력 침입 기도의 혐의로 外務権大丞 丸山作楽를 福井藩에, 大学出仕 矢野玄道를 岡山藩에, 昌平学校出仕 中沼了三(之舜)를 鹿児島藩에, 医道御用掛 権田直助를 加賀国 金沢藩에 각기 御預했다. (『維新史料綱要』10/『近代日鮮関係の研究』上)

3.26. 外務省 出仕 広津弘信이 釜山에 帰任 도중에 神戸에서, 外務省에 아메리카艦隊가 조선에 가던 중에 朝鮮에서 和談調停의 의뢰에 준비하여 대응해달라는 요청이 있었다는 것을 보고했다.(『大日本外交文書』4)

3.28. 왜관 체재중인 吉岡弘毅가 훈도 安東晙과 처음으로 회담했는데, 吉岡등이 外務省官員에 의한 동래부사·부산첨사와의 교섭을 요구하지만, 훈도가 旧規固守를 우기면서 끝까지 対馬와의 교섭계속을 주장했다.(『大日本外交文書』4)

연도	한국
▲ 1871	6.2. 신미양요 피해지역, 초지진·광성진 민간에 내탕전 1천 냥을 분급하다. 7.13. 대마도주 宗重正의 세습을 면하고 外務大丞에 임명하다. 9.15. 왜관의 守門将은 東萊府 豆毛浦·開雲浦·西平浦·包伊浦의 4鎭에서 보내는 것을 定式으로 했다.(『承政院改修日記』) 9.16. 동래부사, 일본과 불법무역한 張尙元을 처형하다. 9.23. 이보다 앞서, 琉球国人 23명, 전라도 羅州에 표착한 이날, 그들이 원하는데 따라, 배를 주어 송환할 것을 명했다.(『承政院改修日記』同日条·9.28条) 9.29. 外務大丞 宗重正, 外務大輔 寺島宗則에게, 자신들의 조선 파견이 늦어지고 있는 현상을 근거로 廃藩置県·宗氏家役免除의 조선측에의 신속한 설명, 外務省出仕 大島友之允의 조선파견, 王政一新 통고의 大修大差使의 철수, 朝鮮에 図書의 返却, 왜관근무자의 처우, 세견선 공무역의 개혁담판, 조선인표류민 호송규정에 대해 질의서를 제출했다.(『大日本外交文書』4) 9.-. 동래부사 鄭顯德·부산첨사·훈도·별차가 対馬側에 外務省官員과의 면접은 이유가 없고, 旧規遵守를 요구하는 서계를 송부했다.(『大日本外交文書』4) 10.3. 外務省 出仕 広津弘信이 廃藩置県·宗氏家役罷免을 조선측에 설명하기 위해 宗氏使節을 보내는 것 등, 朝鮮에의 대응에 관한 당면한 諸問題에 대해 물었고, 또 자신의 朝鮮에의 출발을 지급으로 명해주기를 청했다.(『大日本外交文書』4) 10.5. 外務大丞 柳原前光 등 外務省幹部가 만약 廃藩置県을 설명할 宗氏 및 外務卿의 書契를 朝鮮에 보냈는데, 朝鮮이 거절해 撤饗撤市를 행하면, 朝鮮과의 一時断交·在韓士商의 철수에 이른다는 뜻을 전하는 등, 対朝鮮交渉의 手順을 상신했다.(『大日本外交文書』4) 10.7. 화족, 사족, 평민 간의 결혼을 허가했다. 10.12. 천민 계급을 폐지했다. 10.-. 外務省出仕 森山 茂·広津弘信이 廃藩置県·宗氏家役罷免을 조선에 報知하는 수속에 관해 질문서를 제출하고, 朝鮮에의 書契案을 첨부해 朝鮮과의 一時断交·在韓士商의 철수도 각오해야 한다고 주장했다.(『大日本外交文書』4) 11.20. 岩倉具視, 伊藤博文을 구미사절단으로 파견했다. 구성은 사절단 46명, 수행원 18명, 유학생 43명이었고, 1871년 12월부터 1873년 10월까지 약 1년 10개월 동안, 미구을 시작으로 영국, 프랑스, 독일 등 12개국을 순방하였다. 12.-. 外務卿 副島種臣·大輔 寺島宗則이 왜관 체재중의 外務少記 吉岡弘毅에게 宗重正에게서 예조참판 및 동래부사·부산첨사 앞으로 書契를 송부할 때에 注意専要를 구하는 内諭를 보냈다.(『大日本外交文書』4)/ 外務大丞 宗重正이 在県在韓役人들에게 廃藩置県·宗氏家役罷免을 조선에 전달할 때에 外務省에서 파견된 官員에게 협력하고, 특히 朝鮮側이 거절했을 때에는 倭館在留役 들의 거취는 모두 官員의 명령에 따르도록 論達했다.(『大日本外交文書』4)/ 外務権大録 森山茂·広津弘信이 朝鮮側이 廃藩置県·宗氏家役罷免을 전하는 書契를 수리하지 않으면, 倭館在留対馬士民을 철수시키는 경우, 약간 명의 在留商人에 의한 사무역은 계속할 수 있는지 질의서를 제출했다.(『大日本外交文書』4) 8.29. 廃藩置縣의 조서를 발표(3府 302縣) 했다. 9.8. 外務省出仕 広津弘信이 종래대로 조선과의 사이를 왕복하고 있는 歳遣船에 대해, 廃藩置県으로 宗氏가 知事를 免職하게 된 現在, 어떻게 취급해야 하는 가의 지휘를 요청했다.(『大日本外交文書』4)
1872 ▼	【한국】 1.-. 일본 외무성, 특사 森山茂 등을 대마도주의 世職罷免을 통고하기 위해 파견했다. 특사는 초량 왜관에 머물렀으나, 훈도 安東晙 등은 접견을 거절하다.(1.-.양) 5.15. 동래부사 鄭顯德의 서계 접수 거부로 왜관 체류 중인 일본 외무성 관리가 왜관에서 철수하고, 국교가 일시적으로 단절되다.(6.20.양) 5.28 외무성이 초량 왜관 사무를 宗氏로부터 외무성으로 이관하다.(7.3.양) 7.18. 제주도에 표류한 일본인 8명이 전라도 장흥에 재차 표류하자, 의정부의 啓言에 따라 帆木을 공급하게 하다.(8.21.양) 9.19. 일본 외무대승 花房義質과 森山茂 등이 군함 2척에 표류 중이던 조선인 13명을 싣고 부산에 도착하다.(9.20.양) 지는 상황을 보고하고, 官員의 일시적인 철수 때에 왜관에 잔류하는 예정 인원에 대해 문의했다.(『大日本外交文書』5/ 近代日鮮 関係の研究上) 4.4. 清国에서 돌아온 동지사 閔致庠이 王에게 지난해에 日本과 清이 이미 조약을 체결해 교역을 행하고 있고, 清이 日本을 臣属으로 취급하지 않고 있음을 보고했다.(『朝鮮史』6-4) 5.7. 差使 相良正樹가 왜관에서 仮訓導와 회담다. 宗氏家役免除의 서계에 관해 조선 측의 회답이 늦어지기 때문에 東萊府使와 직접 회담하고 싶다는 뜻을 통고했다.(『大日本外交文書』5)

일본

4.2. 外務省 出仕 広津弘信이 釜山에 귀임 하던 중, 長崎에서 아메리카艦隊가 조선에 가고 있는데, 이것을 호기로 삼아, 朝鮮에의 설득·조정 교섭을 위해 厳原藩知事 宗重正을 조선에 파견해주기를 요청했다.(『大日本外交文書』4)

4.3. 왜관 체재중의 吉岡弘毅·森山茂과 外務大丞·少丞 등이 통사 浦瀬最助와 훈도 安東晙과의 교섭에서, 3월 28일의 吉岡등과 훈도와의 회담에 대해 보고하고, 厳原藩知事의 朝鮮通交 家役罷免을 다시 요구하자 조선측이 거절의 태도를 계속할 때의 처리방법에 대해 물었다.(『大日本外交文書』4)/ 로저스 少将이 이끄는 아메리카艦隊 콜로라도号 외에 배들이 충청도 남양부 楓島後洋에 도래하여 조선측에게 封書를 전하고 교섭을 요구했다.(『朝鮮史』6-4)

4.14. 아메리카 함대가 江華島 부근에서 측량을 행하자, 広城堡등의 조선군으로부터 포격을 받고 교전했는데, 23일, 24일에 江華島에서 본격적으로 전투했다.(『大日本外交文書』4·『朝鮮史』6-4)

4.19. 이보다 앞서, 厳原藩에서 外務省에, 아메리카艦隊가 조선으로 가는 상황을 감안하여, 조선을 신속하게 설득하기 위해, 현안이 되고 있는 大修大差使書契의 字句를 수정할 것을 제의했다. 그러나 이날과 29일, 外務省이 太政官弁官에게 書契의 字句変更은 인정하지 않는다고 회답할 것을 상신했다.(『大日本外交文書』4)/ 倭館滞在中의 吉岡弘毅·森山茂, 外務大丞·少丞에게 조선은 아메리카의 요구에 굴하지 않고 싸울 태세를 갖추고 있는 것 같다는 정보를 보고했다.(『大日本外交文書』4)

4.23. 일본국 외무성 出仕 安藤太郎·広津弘信이 釜山倭館에 도착했다.(『大日本外交文書』4)

4.30. 왜관 체재중의 吉岡弘毅·森山茂,外務大丞·少丞에게 조선은 아메리카함대와 교전한 것 같다는 정보를 보고했고, 금후의 대책을 협의하기 위해 広津弘信 등을 귀국 시킬 것을 전하고, 또 다시 厳原藩知事의 朝鮮通交家役의 파면을 요구했다.(『大日本外交文書』4)

5.14. 倭館滞在中의 吉岡弘毅·森山茂, 外務大丞·少丞에게 아메리카함대와 조선과의 교전에 대해 입수한 정보를 보고했다.(『大日本外交文書』4)

5.16. 아메리카함대가 조선에서 퇴거했다.(『朝鮮史』6-4)

5.22. 호적법을 제정하다.

5.26. 왜관 체재중의 吉岡弘毅·森山茂, 外務大丞·少丞 앞으로 보낸 서한에서, 厳原藩知事의 朝鮮通交家役 파면허가를 구하고, 올봄 이래의 厳原藩이 사무역을 그만두고, 藩庁의 무역을 한 것을 비판했다.(『大日本外交文書』4)

5.29. 吉岡弘毅·森山茂가 왜관에서 훈도 安東晙과 회담했다. 훈도에게 2월 24일부로 厳原藩知事書契의 복사본을 수취시켜 아메리카함대와의 교전에 관한 정보를 물었다.(『大日本外交文書』4)

5.25. 外務卿 沢宣嘉가 정부에 厳原藩知事의 朝鮮通交家役 파면을 승인하고, 藩知事 宗重正을 조선에 파견하여 조선측에 사정을 설명시키기 위해 급하게 藩知事를 상경시키고, 厳原藩에는 貿易収入断絶의 補償을 행할 것을 상신했다.(『大日本外交文書』4)

5.25. 조선 草梁 왜관의 対朝鮮国 交際事務와 同国漂民 취급건을 외무성에서 관할하도록 명했다.(『維新史料綱要』10)

6.22. 이보다 앞서, 3월 26일에 鹿児島藩 酒匂善次郎 手船音羽丸沖船頭直右衛門·水夫 등 10명이 조선전라도 제주 明月浦에 표착했다가 이날 釜山倭館에 착선했다. 왜관측이 対馬 이외의 漂流民은 관내에 들이지 않는다는 先規에 어긋난다고 조선측에 항의하자, 훈도 安東晙이 陳謝하고, 금회에 한해서 措置한다는 의뢰서를 제출했다.(『大日本外交文書』4)

7.23. 동래부사 鄭顕徳이 왜관잠상 죄인 張尚元을 釜山教場에서 梟首했다.(『朝鮮史』6-4)

7.28. 吉岡弘毅등이 왜관에서 훈도 安東晙과 회담했다. 훈도에게 2월24일부로 厳原 藩知事의 서계를 수령하도록 했다.(『大日本外交文書』4)/ 外務卿 岩倉具視·大輔 寺島宗則이 前厳原藩知事 宗重正을 외무관원으로 임명하여 조선에 파견할 것을 상신했다.(『大日本外交文書』4)

9.13. 청과 수호조규·통상장정·해관세칙을 천진에서 조인하다. 중국인이 일본 요코하마에 정착하는 계기가 되다.

9.23. 外務省 出仕 広津弘信가 조선에의 대응에 관해 당면한 諸問題에 대해 묻고, 外務大丞 宗重正의 渡韓이 늦어지고 있는 현재, 対馬의 기력을 진작하기 위해 重正을 対馬에 下向시킬 것을 상신했다.(『大日本外交文書』4)

【일본·해외】

1.14. 일본국 外務権大録 森山茂·広津弘信이 증기선으로 부산 왜관에 도착했다.(『大日本外交文書』5·『近代日鮮関係の研究』上)

1.16. 왜관 재류중인 外務少記 吉岡弘毅가 외무성에 外務卿·大輔로부터 諭書를 받아 조선과의 교섭에 決意를 전해 받았다.(『大日本外交文書』5)/ 倭館館司 深見正景가 外務少記 吉岡弘毅의 지시를 받아, 倭館在留士民에게 조선인에게 대한 난폭한 행동 등이 없도록 布令했다.(『大日本外交文書』5)/ 倭館在留 중의 外務少記 吉岡弘毅·外務権大録 森山茂·広津弘信이 외무성에 표류민반환, 宗家使船에의 접대폐지, 세견선 폐지에 따른 不要人員의 귀국, 大修大差使 樋口鉄四郎의 귀국 등에 대한 현황을 보고했다.(大日本外交文書5)

1.18. 外務少記 吉岡弘毅이 倭館館司 深見正景에게 倭館在留士民의 조선인에의 推問·妄談을 금하는 布令을 공포하도록 지시했다.(『大日本外交文書』5)/ 外務少記 吉岡弘毅 및 館司 深見正景 등 倭館在留中인 간부 7명이 守秘義務와 相互協力 등에 대해 의정했다.(『大日本外交文書』5)

2.4. 동경재판소 설치하다.(최초의 재판소)

2.8. 최초로 일본 전국에서 호적조사를 실시하다.

2.28. 倭館 재류중인 吉岡弘毅·森山茂·広津弘信이 외무성에 훈도 安東晙이 병을 이유로, 별차 高在健은 동래부에서 근신하는 것을 이유로 회담에 응하지 않는 상황을 보고했다.(『大日本外交文書』5)

3.20. 差使 相良正樹·倭館館司 深見正景·通詞 広瀬直行·浦瀬最助가 별차 高在健에게 廃藩置県·宗氏 家役罷免을 전하는 서계의 복사본·口陳書를 수취시켜, 東萊府使·釜山僉使에게 전달할 것을 약속했다.(『大日本外交文書』5·『近代日鮮関係の研究』上)

4.2. 조선정부가 부모의 상 때문에 漢城에 올라갔던 훈도 安東晙을 다시 불러서 기용했다.(『朝鮮史』64)

4.3. 倭館在留中의 吉岡弘毅·森山茂·広津弘信이 외무성에 3월 20일에 보냈던 書契 복사본에 대해 조선측이 대응을 고민하며 회답이 늦어

연도	한국
▲ 1872	6.-. 外務大丞 宗重正이 왜관업무의 外務省에의 이관에 대해서는 현재 현안문제를 조선측이 수락할 때까지 조선측에게는 밝히지 말 것, 당분간 朝鮮往復船에는 종래대로 旧章에 의한 文引을 소지시킬 것, 公貿易渋滞分을 청산할 것에 대해서는 질의서를 제출할 것을 요청했고, 外務省이 이것을 승인했다.(『大日本外交文書』5·『近代日鮮関係の研究』上) 7.3. 외무성, 초량 왜관 사무를 宗氏로부터 외무성으로 이관하다. 8.18. 정부가 外務大丞 花房義質에게 朝鮮差遣을 지시하고, 海軍省出仕 遠武秀行·外務少記 広津弘信에게 수행하도록 했고, 外務少記 森山茂·大録 斎藤栄·少録 奥義制에게 조선국의 草梁 在勤을 명했다.(『大日本外交文書』5)/ 外務卿副島種臣에게 직지를 내려, 草梁館司·代官所는 종래대로 왜관에서 無用한 士官들은 귀국시키고, 상인의 거류는 자신들에게 맡기고, 조선에의 勘合印은 종래대로 하고, 歳遣船은 폐지, 조선 무역에서의 宗氏의 부채는 청산하고, 対馬滞在의 조선인 표류민은 돌려보낸다는 방침을 조선에 출장 중인 花房義質에게 시달하도록 지시했다.(『大日本外交文書』5/『近代日鮮関係の研究』上) 9.16. 일본국 외무대승 花房義質등이 군함 春日·기선 有功丸에 탑승하여 부산 草梁公館에 도착하여, 곧바로 倭館館司 深見正景을 外務省九等出仕, 広瀬直行을 一代官에 임명하고, 無用의 士族에 대해 対馬 귀국을 명하는 등 외무성 접수업무를 실행했다.(『大日本外交文書』5·『近代日鮮関係の研究』上) 9.17. 조선 측이 花房義質과 軍艦春日등 火輪船의 조속한 퇴거를 요구하며, 왜관에 대한 撤供撤市를 실행했다.(『近代日鮮関係の研究』上) 9.18. 一代官 広瀬直行이 朝鮮側에 口陳을 보내어 公貿易의 未捧品의 受取를 요구했으나, 조선 측이 이것을 거부했다.(『近代日鮮関係の研究』上) 9.25. 外務大丞 花房義質등이 釜山 草梁公館을 출발해, 26일 厳原에 도착했다가 10월 21일, 厳原를 출발하여 11월 26일에 東京에 도착했다.(『大日本外交文書』5) 10.14. 일본 최초의 철도 요코하마-시나가와 개통하다. 10.16. 유구국왕을 琉球藩主로 하다. 11.9. 일본 태양력을 채용하고, 명치 5년 12월 3일을 명치 6년 1월 1일로 개정하다. 12.28. 일본에서 징병제를 실시하자, 징병 반대 소요가 빈발하게 일어나다.
1873	【한국】 8.13. 清国에서 돌아 온 進賀副使 韓敬源이 王에게 최근에 北京에 왕래하는 일본인은 服色制度가 확 변했고, 洋夷가 되어 洋船을 타고 있다고 보고했다.(『朝鮮史』6-4) 11.3. 호조판서 崔益鉉이 10월 25일에 계속하여 상소를 하여 大院君 정치를 비판했다. 이것을 계기로 정권내부가 동요했고, 11월 24일, 大院君은 실각하고, 王의 親政이 개시되었고, 王妃一族인 関氏가 세력을 얻었다.(『朝鮮史』6-4) 9.4. 征韓論 배척으로 정한론자 西郷隆盛·板垣退助·副島種臣·江藤新平·後藤象二郎 등이 실각하다. 10.24. 日皇이 岩倉의 주장에 따라 사절 派韓을 무기한 연기하자, 西郷가 사직하다.(정한파 패배). 10.상순. 三条実美·岩倉具視, 西郷隆盛의 조선파견의 결정을 지연시키고, 大久保利通의 参議就任을 획책했다. 隆盛가 閣議開催를 서두르고, 遣韓大使의 임명결정을 요구했다.(『岩倉公』実記下·『近代日鮮関係の研究』上)
1874	【한국】 6.24. 청국 예부에서 일본이 台湾에 출병한 兵을 방향을 바꾸어 조선을 공격하고, 프랑스·아메리카가 이것을 지원한다는 비밀 정보가 있었고, 조정에서는 반신반의하면서 廟議가 동요되었다. 政府가 清国에 확인하자, 청국에서 이 정보의 가능성을 부정하고, 在清의 日本·프랑스·아메리카의 사신에게 暁諭를 요구했다.(『承政院改修日記』·『朝鮮史』6-4) 6.25. 일본의 征韓論에 대비하여, 각 군영에 엄중경계를 지시하다./ 일본의 侵犯說로 인해 廟堂은 領議政 李裕元과 右議政 朴珪壽 등의 啓請에 따라 각 영에 경계를 지시했다.(8.7.양) 6.29. 영의정 李裕元·우의정 朴珪壽등이 일본에 의한 조선공격의 소문을 우려하고, 일본과 절교상태가 된 것은 大院君이 「訓導 安東晙의 말을 믿고 맡긴데 있다고 하면서, 安東晙을 처벌하고, 새로운 渡海訳官을 보낼 것을 청했다. 왕이 이것을 허락하고, 朴珪壽에게 서계의 違式에 의해 국교를 두절할 수 밖에 없었던 것을 왕에게 啓言했다.(『朝鮮史』6-4) 7.3. 정부가 일본 국정 탐색을 위해 渡海訳官을 보내기로 하고, 堂上訳官을 동래부에 보내어 이 내용을 왜관에 알리도록 했다.(『朝鮮史』6-4)/ 정부가 訓導 安東晙과 함께 일본과의 사이에서 분쟁을 일으킨 책임을 물어 전 경상도 관찰사 金世鎬·전동래부사 鄭顕徳을 처벌했다.(『朝鮮史』6-4) 7.23. 부산에 온 森山茂, 일본국기·군함기 등의 표본을 주고 선박보호를 요구했다.(9.3.양) 8.9. 일본외무성 森山茂의 對馬島主 革新을 고지하였던 書契를 접수하고, 渡海譯官을 일본에 파견하기로 결정하고, 회보에 따라 국교문제 논의하기로 하다.(9.19.양)/ 영의정 李裕元가 森山茂가 훈도 玄昔運등에게 宗氏家役 파면의 서계를 改修할 가능성을 말한 것에 대해, 渡海訳官 別遣은 잠시 일본 측의 회송을 기다려 조치할 것을 왕에게 啓言했다.(『朝鮮史』6-4)

일본
5.11. 差使 相良正樹이 왜관에서 仮訓導와 회담했는데, 仮訓導는 훈도 安東晙이 漢城에서 돌아올 때까지 기다리라고 반복했기 때문에, 일본 측은 仮訓導를 왜관내에 구류하고, 다음 날에도 詰問했지만, 결국 진전되지 않고, 仮訓導를 出館시켰다.(『大日本外交文書』5·『近代日鮮関係の研究』上)
5.25. 差使 相良正樹등이, 왜관에서 訓導 安東晙과 회담했는데, 訓導는 一連의 懸案事項의 회담에 대해 期限을 명시하지 않아 회담이 결렬되었다.(『大日本外交文書』5·『近代日鮮関係の研究』上)
5.26. 차사 相良正樹·倭館館司 深見正景, 통사 広瀬直行·浦瀬最助등이 在館員을 거느리고, 동래부사와의 직접교섭을 요구하며 倭館欄出을 결행했다. 다음날에 왜관 밖으로 나와 동래부를 향했다.(『大日本外交文書』5·『朝鮮史』6-4·『近代日鮮関係の研究』上)
5.7. 外務省이 太政官正院에게 조선에서의 교섭상황을 보고하고, 조선 측의 회답이 늦은 것을 이유로 관원의 일시철수가 있을수 있음을 상신했다.(『大日本外交文書』5)
5.22. 외무성이 太政官正院에게 왜관에서 관원 철수 사태가 되어도 必要人員 20명 정도는 남길 것, 朝鮮人漂流民送還을 長崎県과 伊万里県에 분담하는 방법, 倭館費用을 위해 5,000両을 내려 주는 것에 대해 문의했다.(5월19일, 外務大丞 宗重正가 제출한 要望書를 첨부). 28일에 太政官이 문의한대로 허가했다.(『大日本外交文書』5·『近代日鮮関係の研究』上)
5.28. 太政官이 外務省에 倭館事務·漂流民取扱을 外務省 管轄로 하겠다는 指令, 또 伊万里県·長崎県에 長崎駐在의 伊万里県貫属을 떼어서 조선인 표류민은 長崎에서 対馬에의 이송은 長崎県이 관할하도록 지시했고, 이에 대해 宗重正에게도 지시했다.(『大日本外交文書』5·『近代日鮮関係の研究』上)
6.1. 差使 相良正樹·倭館館司 深見正景등이 동래부에 도착했으나 府使와의 면담은 실현하지 못하고 6일에 왜관에 도착했다.(『大日本外交文書』5·『朝鮮史』6-4·『近代日鮮関係の研究』上)
6.12. 外務大丞 花房義質 등이 倭館滞在中의 吉岡弘毅·森山茂·広津弘信에게 宗重正에게서 제출된 조선무역에서 청산해야 할 渋滞物品(계 2만4,181량 남짓)의 一覧을 보내고 조사하도록 지시했다.(『大日本外交文書』5)
6.13. 왜관 체재중의 吉岡弘毅, 相良正樹등이 동래부에서 받은 口陳에 반론의 伝喝書를 조선측에 건넸다.(『大日本外交文書』5·『朝鮮史』6-4·『近代日鮮関係の研究』上)
6.16. 외무성의 吉岡弘毅·森山茂·広津弘信·差使 相良正樹·通詞 広瀬直行가 조선과의 교섭결렬에 의한 철수를 위해 부산왜관을 나와 다음 날 対馬 厳原에 도착했다.(『大日本外交文書』5·『近代日鮮関係の研究』上)

【일본·해외】

3.5. 일본국 외무성 出仕 広津弘信이 조선국 근무를 위해 부산 草梁公館에 착임했다.(『近代日鮮関係の研究』上)

3.7. 神武天皇 즉위일을 紀元節로 칭하다.

4.25. 釜山駐在 外務省出仕 広津弘信이 外務少輔 上野景範에게 조선측의 취재에 의한 物資供給·貿易이 거의 행해지지 않고 있는 상황과 貿易残品의 処置 등에 대해 보고했다.(『大日本外交文書』6)

5.6. 부산주재 외무성 出仕 広津弘信이 外務少輔 上野景範에게 4월 7일 이래의 朝鮮側에 의한 物資供給·貿易妨害와 商人困惑, 商人들의 家族호출요구, 公館수문에 걸린 東萊府로 부터의 伝令書등에 대해 보고했다. 伝令書에는 일본의 최근의 「変形易俗」이나 무질서한 무역 등을 비판하고, 일본은 「무질서한 나라이다」라고 했다.(『大日本外交文書』6)(変形易俗: 복장, 두발이 바뀐 것)

6.24. 정한론자 사이고다카모리(西郷隆盛)가 派韓使節을 자청하다.

8.3. 참의 西郷隆盛가 각의에서 정한론 제출하다.(征韓論争시작)

8.17. 각의에서 派歐大使 岩倉具視가 귀국한 후, 西郷를 조선에 파견키로 결정하다.

8.18. 木戸孝允 참의가 조선견사에 반대하며, 内治가 더 급하다는 의견서를 제출하다.

【일본·해외】

2.6. 각의에서 대만정벌 결정하여 4월 4일에 출병하기로 하다.

5.1. 일본국 외무성 出仕 森山茂이 釜山에 도착했다.(日本外交年表並主要文書上)

5.8. 일본, 대만에 출병하다.

7.23. 신임훈도 玄昔運이 森山茂를 외무성 관리로서는 1868년 이래 처음으로 정식으로 접견했다.

8.22. 西郷軍이 대만에 상륙했다.

8.26. 森山茂가 부산을 출발하여 10월 24일(日本暦)에 帰京했다.(日本外交年表並主要文書上)

12.3. 청과 협정 체결하고 배상금 50만냥 정한 후에 대만철병을 시작하다.

12.28. 外務少丞 森山茂가 理事官이 되어 조선에 파견되었다.(日本外交年表並主要文書上)

8.29. 전훈도 安東晙를 죄인으로서 동래부에 정배했다.(『朝鮮史』6-4)

9.4. 佛·美·日 등 각국과 이루어지는 외교적 교섭의 情形을 알려달라는 淸 禮部의 咨文에 회답하다.

12.-. 전국호수를 1,593,728호, 남 3,255,482명, 여3,317,938명, 총 6,573,420명으로 발표했다.

연도	한국
1875	**【한국】** 1.19. 동래부사 黃正淵이 일본국 이사관 外務少丞 森山茂·副官 外務省出仕 広津弘信가 外務卿·大丞의 新書契를 지참하고 군함에 탑승하여 부산에 이르러 곧바로 동래부에 들어가 書契呈納을 청하자, 훈도 玄昔運·별차 玄済舜과의 사이에서 書契內의 文言등을 둘러싸고 의론이 있었다는 일을 치계했다.(『朝鮮史』6-4) 2.5. 정부가 동래부사 黃正淵의 치계에 의해, 일본 外務卿·大丞의 新書契의 봉납을 허락하고 이사관 森山茂·副官 広津弘信에게 특별히 연향을 열게 했다.(『朝鮮史』6-4)/ 東萊府使 黃正淵이 일본 서계를 수정후 접수할 의사를 표명하다./ 동래부사 黃正淵, 일본사신을 접대하고 서계 수정 후 접수의사를 표명하다.(3.12.양) 3.4. 대원군의 심복이던 전 왜학훈도 안동준을 처형하다.(4.9.양)/ 동래부에 정배되었던 죄인 전훈도 安東畯을 효수했다.(『朝鮮史』6-4) 4.21. 일본군함 雲揚號 등 3척이 부산에 입항했다./ 정부가 일본국 이사관이 가져온 書契와 그 행동이 違格하다는 묘당의 의론이 분분한 상황에서 東萊府使 黃正淵에게 書契 내용중에 배척할 것은 배척하고, 허가할 것은 허가하여 朝廷柔遠의 德意를 보여줄 것을 지시했다.(『朝鮮史』6-4) 5.10. 時原任大臣·政府堂上과 일본 書契의 접수여부를 논의하다. 對馬島를 거치지 않고 書契를 외무성으로부터 직접 보내온 점, 交隣文字에 스스로를 尊待하고 있는 점, 宴饗諸節이 前規를 변경하려는 점 등을 들어 접수하지 않기로 하다.(6.13.양) 7.9. 일본外務省 理事官 森山茂, 交隣凡例는 舊例에 따라야 한다는 조선정부의 요구에 대하여 宴儀節次의 수정없이는 書契를 呈納할 수 없다고 거절하다. 東萊府使 黃正淵, 양복을 착용하고 정문 출입을 고집함은 舊例에 없는 것으로 恣意로 허락할 수 없음을 森山茂에 통보하고, 森山茂가 본국 외무성의 훈령에 따라 퇴거하다. 8.20. 일본 군함 雲揚號, 강화도 동남 난지도 앞바다에 정박하고, 함장 井上良馨이 담수를 구하기 위하여 端艇에 탑승 草芝鎭 포대에 접근하자, 草芝鎭 포대에서 이에 포격을 가했다. 雲揚號이 草芝鎭에 응사하고, 退路에 永宗鎭을 포격하고 陸戰隊를 상륙시켜 公廨와 民家에 불을 질렀다. 아군 35명 전사했다./ 강화도 수병이 草芝鎭 앞바다에 출현한 일본 군함 雲揚號와 충돌하였는데, 운양호는 퇴각하며 永宗鎭을 포격하고, 陸戰隊를 상륙하여 소요사건을 일으키다.(雲揚號事件)(9.19.양) 8.23. 永宗命使 李敏德, 異樣船(雲揚號) 來侵을 보고. 解事譯官을 파견하여 問情하다. 8.24. 京畿監營과 江華留守處에 防守를 엄히할 것을 지시하다. 10.12. 釜山港에 정박중인 일본군함 孟春號 선원 70여명 草梁里에 돌입하여 着劍·放銃 만행을 저지르다. 10.28. 정부가 日本軍艦 孟春이 부산항에서 군사적 시위를 행한 것에 대해, 경상좌도 수군절도사 梁柱華·동래부사 洪祐昌·부산첨사 林百鉉·훈도 金継運을 戴罪察任시켰다. (『朝鮮史』6-4)
1876 ▼	**【한국】** 1.2. 동래부사 洪祐昌, 日本全權辨理大臣 黑田淸降·副大臣 井上馨 등으로부터 '當局者와의 談判을 위하여 江華島로 갈 것인 바, 만약 大臣이 직접 出接하지 않으면 京城으로 직진할 것'이라는 통보를 받은 사실과, 함선 7척중 4척이 江華로 향발하였음을 보고하다./ 南陽府使 姜潤, 唐津浦에 滯泊중인 일본군함으로 全權辨理大臣隨員 宮本少一·森山茂 등을 訪問·問情하고, 그 결과를 경기도관찰사를 통하여 보고하다.(1.27.양)/ 동래부사가 일본선의 강화 출발을 보고했다./ 일본 特命全權辨理大臣 黑田淸隆·부사 井上馨이 수호조약 체결을 위해 경기도 남양만에 도착하다. 1.3. 일본군함 孟春號가 강화도 草芝鎭에 정박하자, 判官 朴齊近이 국법상 이양선의 침입 금지를 통고했다. 정부각료가 일본군함 출몰사건으로 대응책 강구하다./ 時原任大臣, 경기 연안에 異樣船이 장기 체류하고 있는 사태에 대하여 대책을 협의하다. 일본군함 孟春號, 江華島 草芝鎭에 정박하다. 判官 朴齊近과 軍官 黃永周가 孟春號를 問情, 黑田淸隆이 京城으로 가기 위하여 수로를 측량할 목적임을 탐지하고 異樣船의 內洋 항해를 국법으로 금하고 있음을 경고하다.(1.28.양) 1.5. 정부가 申櫶을 접견대관, 尹滋承을 부관으로 명하여, 곧바로 일본 군함에 파견했다./ 사역원 당상역관 吳慶錫·부산훈도 玄昔運을 南陽으로 보내어 군함 日進에서 森山茂와 회견했다. 茂가 江華府에 온 후에 黑田淸隆와 함께 漢城에 갈 것을 말하고, 조정에 전달했다.(『朝鮮史』6-4) 1.6. 特命 全權 弁理大臣 黑田淸隆이 조선을 향해 品川를 출발했다.(日本外交年表並主要文書上) 1.9. 森山茂가 仁川府 済物浦에서 부사와 회견했다. 조선 측의 全權大臣의 임명에 대해 묻고, 대응에 시일을 지연하지 않도록 요구했다.(『朝鮮史』6-4) 1.10. 청국에서 容報가 이르렀는데, 淸国 恭親王 奕訴와 日本国 全權公使 森有札과의 회견에서 조선이 청국에 복속하고 있지만, 청국은 조선의 정치에 개입하지 않아, 日朝間의 修好에도 관여할 수 없다고 恭親王측이 답변했다는 것을 전했다.(『朝鮮史』6-4) 1.11. 森山茂등이 甲串津에서 강화도에 상륙해서 江華府에 들어갔다.(『朝鮮史』6-4) 1.12. 接見副官 尹滋承이 강화부에서 森山茂를 인견했다. 양국의 접견 장소를 강화부로 정했다.(『朝鮮史』6-4) 1.15. 일본함대 7척이 강화도로 향하던 중 부산에 입항하다.(2.9.양) 1.16. 일본국전권 변리대신 黑田淸隆·부대신 井上馨와 수행원·의장병 400여명을 거느리고 甲串津에서 강화도에 상륙하여 강화부에 들어갔다. 接見大官 申櫶·副官 尹滋承과의 사이에서 行礼·回謝를 행했다.(『朝鮮史』6-4)/ 강화판관 朴齊近·德津把守將 朴敬德, 大碗口 2坐로 무장한 日人 30여명이 府城으로 입성하고 있음을 보고하다.

일본

4.14. 입헌정체 수립을 공포하다.

4.21. 일본군함 雲場(艦長 海軍少佐 井上良馨)가 부산에 입항하여 조선측을 위압하다.(『大日本外交文書』8)

4.23. 朝鮮에서 일시 귀국한 広津弘信가 정부에 조선국내 상황을 볼 때, 大院君 一派의 세력이 부활하기 전에 교섭을 촉진시키기 위해 군함 1~2척을 조선에 파견하여 위압을 가할 것을 건의했다.(『大日本外交文書』8)

5.7. 일본 러시아와 사할린-치시마 교환 조약을 조인하다.

8.22. 일본국 이사관 外務少輔 森山茂가 旧格을 따르는 것을 거부하고, 서계를 정납하지 않은 채, 이날,부산을 출발해 귀국했다.(日本外交年表並主要文書上)

9.29. 일본국 해군소장 中牟田倉之助가 지휘하는 군함 孟春·第二丁卯가 부산에 입항한 후, 倉之助가 儀仗兵을 인솔하고 상륙했다.(日本外交年表並主要文書上)

9.-. 福澤諭吉이 『文明論之槪略』를 저술하다.

11.29. 일본外務省 六等出仕 廣津弘信 군함편으로 釜山에 도착하여, 陸軍中將겸 參議 開拓長官 黑田淸隆·特命全權辨理大臣 元老院議官 井上馨이 조선에 올 것임을 통보하다.

11.15. 좌의정 李最応이 일본으로부터의 新書契는 前規와 크게 다르지만 동래부사가 그대로 書契 정본을 봉납시킬 것을 王에게 啓言하니, 王이 이것을 하락했다.(『朝鮮史』6-4)

11.16. 釜山鎭軍兵이 開雲浦·豆毛浦에서 무장 일본인 59명과 충돌하다.

11.22. 일본국 이사관 外務少丞 広津弘信이 군함으로 부산에 이르러, 仮訓導 李濟秀에게 口陳書와 別函을 교부하며, 일본에서 弁理大臣 黑田淸隆등을 江華島事件 문책과 조약체결을 위해 파견하겠다는 뜻을 전했다.(『朝鮮史』6-4)

11.29. 일본외무성 廣津弘信이 부산에 도착하여 수호조약 체결 위한 대사 파견을 알리다.(12.26.양)

12.19. 일본국 전권변리대신 黑田淸隆·副大臣 井上馨 등이 군함으로 부산에 이르러 草梁 公館長 代理 山之城祐長에게 명하여 淸隆등이 江華府에 이르러 朝鮮側大臣과 회담할 것을 조선에 고지시켰다.(『朝鮮史』6-4)

12.27. 부산에 정박중인 일본함대 일부가 강화도 침공을 위해 출발했다.

3.5. 特命 全權 弁理大臣 黑田淸隆·副大臣 井上馨이 조선에서 귀국하여 조정에 출사하여 복명했다.(日本外交年表並主要文書上)

5.30. 이보다 앞서, 5월 29일에 朝鮮国 修信使 金綺秀등이 東京에 도착했다. 이날 외무성에서 外務卿 寺島宗則 등과 회견하고, 예조 서계를 봉납했다.(『大日本外交文書』9·『朝鮮史』6-4)

6.1. 天皇이 赤坂 仮皇居에서 修信使 金綺秀의 알현을 받았다.(『大日本外交文書』9·『朝鮮史』6-4)

10.31. 太政官이 外務省 七等出仕 近藤真鯛에게 管理官으로서 釜山 주재를 명했다.(『大日本外交文書』9)

1.17. 申櫶·尹滋承이 강화부 연무당에서 黑田淸隆·井上馨와 회담하고, 淸隆·茂가 무진(1868년)이래 일본 정부로부터의 서계 거절과 지난해 일본 군함에의 포격에 대해 힐문하자, 櫶가 그에 대한 어쩔수 없는 이유를 말하고 유감을 표했다.(『朝鮮史』6-4)./ 한국측 대표 접견대관 申櫶, 부관 尹滋承이 일본측 대표 전권변리대신 黑田淸隆, 부대신 井上馨 과 강화 연무당에서 제1차 朝日修好회담을 시작하다.(2.11.양)

1.18. 申櫶·尹滋承이 강화부의 진무영 執事庁에서 黑田淸隆·井上馨과 회담하고, 淸隆, 森山茂에게 무진(1868년) 이래의 日朝間 交隣疎隔을 상술하게 했다. 이어 申櫶이 조정에서 陳謝가 있을 것이라고 말했다. 淸隆이 条約案 12개조를 제시했고, 櫶이 開館通商이 불가한 것을 설명하고, 条約案의 등본을 받고, 10일 이내에 회답할 것을 약속했다.(『朝鮮史』6-4)

1.19. 黑田淸隆·井上馨이 강화부의 진무영 집사청에서 申櫶과 회담했다. 淸隆이 조약안과 致謝文字의 謄報가 늦다는 것을 책망하고, 무력행사도 불사할 것이라고 말했다.(『朝鮮史』6-4)/ 정부가 조선파견 전권 黑田淸隆으로부터의 陸兵 증파요청에 의해, 陸軍卿 山県有朋의 下関 급파준비에 착수했다.(日本外交年表並主要文書上)

1.20. 王이 大臣들을 소견하고 対日方策을 논의시켰다.(『朝鮮史』6-4)

1.21. 議政府가 日朝間의 条約案 謄本의 初頭에 「大日本皇帝陛下」·「朝鮮国王殿下」라고 한 것은 동등한 예에 장애가 되기 때문에 国名 만을 쓰자는 것, 종래의 交隣이 소원해진 사정을 문자로 서술한 것을 접견 從事官에게 통지하자고 했다.(『朝鮮史』6-4)

1.23. 전참판 崔益鉉이 도끼를 들고 闕下에 엎드려 일본을 빨리 嚴斥해야 할 것을 상소했다.(『朝鮮史』6-4)

1.24. 王이 의정부의 계언에 따라, 조선이 일본에 致謝하는 문서의 大意를 접견대신에게 통지하도록 했다.(『朝鮮史』6-4)

연도	한국
▲ 1876	1.25. 王이 의정부의 계언에 따라 条規등 諸般의 講定에 대해 항상 조정에 지시를 내리라 하되, 그래도 늦으면 接見大官에게 편의를 위임하여 일에 따라서 裁断해야만 한다는 뜻을 통지시켰다.(『朝鮮史』6-4) 1.26. 申櫶이 일본국 外務大丞 宮本小一·權大丞 野村靖과 회담하여, 수호조규안의 각조를 검토하여, 「皇帝陛下」·「国王殿下」를 삭제하되, 「大日本国」·「大朝鮮国」으로 하고, 国王親署는 거부했다. 이날 밤에 黒田清隆등이 櫶과 회담했다. 끝까지 国王親署를 요구하면서 修好条規 불성립으로 귀국의 뜻을 드러냈다.(『朝鮮史』6-4) 1.27. 최익현이 일본과의 통상조약반대 상소로 흑산도로 유배당하다.(2.21.양) 1.28. 黒田清隆이 交渉 불성립으로 江華府를 떠나 上艦하자, 申櫶·尹滋承이 이를 慰諭하고, 5일 이내에 성립을 약속하자, 清隆은 듣지 않고, 井上馨은 몰래 머물렀다. 이날 申櫶이 당상역관 呉慶錫·玄昔運을 상경시키고, 条約冊子 原本도 上送시켰다.(『朝鮮史』6-4) 1.30. 王이 修好条規冊子 및 批准書를 下送시키고, 비준서는 国王親署 대신에 「大朝鮮国主上之宝」印을 新鋳하여 찍었다. 또 일본국사절의 귀국 때에 接見大官·副官에게 줄 贈物을 예조에 준비시켰다.(『朝鮮史』6-4) 2.3. 黒田清隆이 수행원 및 의장병을 거느리고, 다시 江華府에 와서, 申櫶·尹滋承이 연무당에서 清隆·井上馨과 함께 修好条規 12款에 記名·調印(条約本文은 전일날자)했다. 신헌이 조선국왕 비준서·의정부 致謝照会를 일본 측에 교부하고, 贈品目録을 교환한 후에 清隆이 귀함했고, 남았던 外務大丞 宮本小一·權大丞 野村靖도, 신헌에게 回礼使를 通商章程開議前에 일본에 보내도록 요청하니, 신헌도 아편수입·그리스도교의 금지를 요구했고, 小一도 이를 약속했다.(『朝鮮史』6-4)/ 朝日修好條規(丙子修好條約, 江華島條約)를 조인하고, 치외법권을 인정한 불평등한 조약으로 부산을 개항하다.(2.27.양) 2.4. 宮本小一·野村靖 등이 귀함하고, 일본함대가 퇴거했다.(『朝鮮史』6-4) 2.6. 王이 申櫶·尹滋承을 召見하니, 신헌이 時勢를 상주하고, 事大交隣과 備禦守国의 필요성을 말했다.(『朝鮮史』6-4) 2.9. 의정부에서 日朝修好条規冊子등을 각지에 下送하고, 금후 日本船이 내항하면, 힘써서 和好하도록 명했다.(『朝鮮史』6-4) 2.21. 청국 예부에서 李鴻章과 北京駐在 日本公使 森有礼와의 교섭 기록들이 이르렀다.(『朝鮮史』6-4) 2.22. 정부가 応教 金綺秀를 黒田清隆一行 来韓에 대한 回礼를 위한 修信使에 임명하고, 예조에서 일본국외무성 앞으로 보내는 서계는 승문원에 작성시켜, 동래부에서 초량왜관에 告知시키도록 했다.(『朝鮮史』6-4) 3.2. 日本通信使의 예에 따라 修信使의 일본파견을 청국 예부에 전했다.(『承政院改修日記』3.1조) 3.17. 일본 사신선박의 답례로 金綺秀를 일본 파견 수신사에 임명.
1877	【한국】 1.21. 政府가 일본국 외무성에 서계를 보내어, 부산에 日本人 商人인 가족을 데리고 오는 것은 허가하지 않고, 修好条規에도 기재되어 있지 않아서 금지해주기를 요청했다.(『朝鮮史』6-4)/ 정부가 일본 潜商의 가족동반 입국 금지를 일본 외무성에 요청하다.(3.5.양) 1.25. 政府가 釜山日本国公館에서의 절도가 많아서 훔친 물건이 많은 자는 境上에서 효수시켰다.(『朝鮮史』6-4)/ 일본 선박의 왕래 상황을 매월 보고하도록 慶尚道觀察使·東萊府使에게 지시하다./ 동래부사에게 일본 선박의 왕래상황을 보고케 하다. 2.10. 일본인 경영의 부산 제생의원에서 매월 15일 종두실시를 고시하다.(3.24.양) 2.25. 政府가 동래부사의 報辞에 의해, 釜山 日本国 公館의 守設門을 철거한 장소에 糾検監官을 설치하고, 節目을 만들어 관리시켰다.(『朝鮮史』6-4) 4.28. 경상좌도 수군절도사 梁柱華가 부산 日本国公館에 잠입하여 交奸한 여성 등을 館門外에 효수한 것을 치계했다.(『朝鮮史』6-4) 5.23. 일조 양국간에 朝鮮漂流船 取扱約定을 체결하다.(『日本外交文書』10)/ 동래부사 洪祐昌, 주부산 일본국관리 近藤眞鋤와 <조일표류선취급조약>을 약정하다. 7.18. 倭飛船 1隻 경상도 機張縣 武知浦에 출현하다. 8.4. 洪祐昌을 都揀府 副總官에 特除하고 倭館의 動靜·對倭人施策·東萊府의 제반사정을 下問하다. 8.28. 日本国 外務大書記官 兼 代理公使 花房義質이 개항장 2개소의 측량과 公使駐京 등의 교섭을 위해 釜山에 도래했다(『日本外交文書』10) 10.4. 일본대리공사 花房義質이 使臣駐留 문제와 2개 항구 개항을 협의하기 위해 부산에 도착하다. 10.12. 議政府에서 王이 花房義質의 上来를 거절할 수 없도록 하고, 응접을 각아문에서 시행하도록 청하니, 王이 그것에 따랐다.(『朝鮮史』6-4) 10.16. 花房義質이 군함 高雄丸에 탑승하여 각지를 축량하면서, 仁川府 月尾島 뒷 바다에 도래하여 21일에 입경하여 館所인 京畿中営에 들어갔다.(『朝鮮史』6-4/『日本外交文書』10)/ 일본대리공사 花房義質이 탑승한 高雄丸號가 인천 월미도에 정박하다./ 일본대리공사 일행이 관소인 京畿中営에 도착하였는데, 개항장 선정 및 외교대표 서울주재 등의 목적으로 서울에 온 것이다.(11.20.양)
1878 **▼**	【한국】 3.24. 일본외무성 寺島宗則이 일본사신 체류문제·통진항로개방·개항장 선정 문제 등을 정부에 제기하다.(4.26.양)

일본

4.4. 王이 修信使로 출발하는 金綺秀를 召見했다.(『朝鮮史』6-4)

4.4. 修信使 金綺秀 일행이 서울을 출발하다(~6.21)

4.29. 金綺秀등이 일본기선 黄龍丸에 탑승하여 부산을 떠났다.(『朝鮮史』6-4)

5.3 政府가 対馬島主로부터 반환된 図書를 동래부사의 장계에 따라서 잠시 捧留시켰다.(『朝鮮史』6-4)

5.10. 수신사 일행이 명치천황을 만나다.(6.1.양)

윤5.7. 修信使 金綺秀가 釜山에 되돌아와서, 일본국 外務大丞 宮本小一이 理事官으로 朝鮮에 파견되어 通商章程을 의논한 것을 치계한 外務卿書契를 上送했다.(『朝鮮史』6-4)

윤5.24. 일본국 理事官의 館宇를 京畿中営館(清水館)으로 정했다.(『朝鮮史』6-4)

6.5. 일본국 理事官 宮本小一이 軍艦 浅間에 탑승하여 仁川府 八尾島 앞바다에 도착한 10일에 입경하여 館所에 들어갔다.(『朝鮮史』6-4)

6.11. 宮本小一가 예조에 가서 판서 金尚玄·참판 韓啓源에게 日朝修好条規批准書 및 外務卿 回答書契를 정납했다.(『朝鮮史』6-4)

6.12. 王이 宮本小一을 접견했다.(『朝鮮史』6-4)

6.16. 宮本小一이 講修官 趙寅熙에게 修好条規附録案·貿易章程案을 제시하고, 각조의 내용을 설명했다.(『朝鮮史』6-4)

6.18. 趙寅熙가 宮本小一에게 答覆書를 제출하고, 修好条規附録案 가운데, 公使의 漢城駐在·内地経過·開港場遊歩規定 등에 대해 반대했다.(『朝鮮史』6-4)

7.6. 趙寅熙가 宮本小一에게 日朝修好条規附録 11款 및 貿易規則 11則을 강정하고 조인했다.(朝鮮史6-4)

7.8 宮本小一이 漢城의 館所를 떠났다.(『朝鮮史』6-4)

7.16. 예조가 日本国 外務省에 日本国 使臣의 入京은 交聘事務의 때에 한정하고, 상주는 불허하며, 또 使臣入京路는 通津府로 일정하게 한다는 안에 대해 조회했다.(『朝鮮史』6-4)

8.-. 수신사 김기수 일본에 다녀온 뒤에 『日東記遊』 3권을 바치다.

10.9. 일본국 외무성 七等出仕 近藤真鋤이 관리관으로 부산에 부임했다.(『大日本外交文書』9)

10.22. 議政府의 계언에 의해, 부산훈도를 辦察官, 별차을 訳学으로 개칭한 것 등을 경상도 道臣 및 동래부사에게 지시하고, 훈도 玄昔運을 辦察官으로 임명했다.(『朝鮮史』6-4)

10.22. 부산훈도를 辦察官으로 개칭하다.

10.25. 일본 외무성 7等出任 近藤眞鋤가 초량왜관 관리관으로 부산에 주차하다.

12.17. 日朝間 釜山港 居留地 借入約書를 조인했다.(日本外交年表並主要文書上)

【일본·해외】

2.15. 정한론을 주장한 西郷隆盛 등이 가고시마에서 거병하여 반정부 내란인 西南戰爭을 일으키다.(~9.24)

10.17. 일본 花房 전권공사가 한국주재공사로 재임했다. 서대문 밖 百合池에 공사관을 정하고, 일본사신의 駐京期限과 2개 항구 개항장 문제 협의했다.

10.19. 예조판서 趙寧夏가 일본대리공사 花房義質에게서 외무경 寺島宗則의 서계 접수하다.

10.21. 花房義質 入京하여 일본 使節의 駐京期限·2個港의 開港 문제를 제기하다.

10.23. 花房義質이 예조에 가서, 일본국 외무경 寺島宗則의 서계를 예조판서 趙寧夏에게 봉납했다.(『朝鮮史』6-4·『日本外交文書』10)

10.27. 花房義質가 伴接官 洪祐昌과 교섭을 개시하다. (『日本外交文書』10)

10.-. 일본 군함, 전라 - 충청도 연해에서 개항장 물색을 구실로 측량을 감행하다.

11.16. 일본 花房 대리공사가 진도의 벽파진과 거문도·함경도 문천의 송전을 저탄장으로 강점하기 위한 지탄장설치약조를 강압하여 체결했다.(12.20.양)/ 花房義質이 의정부에 대해 예조에 가서 回答書契를 수령하다. 石炭囲場約条에 조인(開港地決定을 위한 測量捜索을 하는 사이에 이용할 석탄 저장지에 대한 협정했다.(『朝鮮史』6-4·『日本外交文書』10)

11.17. 이보다 앞서, 花房義質이 伴接官 洪祐昌과 公使駐京·開港場選定·上京路 등에 대해 교섭했으나 타결에 이르지 못해, 예조가 서계를 동래부에 보내어 조선 측 안에 대해 일본국 외무성에 조회를 시켰다. 이날 義質이 관소를 떠났다.(『朝鮮史』6-4·『日本外交文書』10)/ 禮曹가 일본 대리공사에게 서계에 대한 회답문서 전달하다./ 伴接官 洪祐昌가 일본 대리공사의 公使駐京과 개항지선정 등을 거절하다.

11..21. 주한일본공사 하나부사가 서대문 밖 백합지에 공사관을 정하다.(12.25.양)

12.-. 이해 日本佛教 眞宗大谷派 本願寺 개교사 奥村圓心이 부산에서 포교를 시작하다.(최초의 일본 불교 선교)

【일본·해외】

6.10. 일본 육군사관학교 개교하다.

연도	한국
▲ 1878	4.6. 일본국 군함 天城艦長 해군소좌 松村安種이 전라·충청·함경 각도 연안을 측량하며 開港場所를 선정하기 위해 부산에 래항했다. 또 동래부사 尹致和에게 使臣의 駐京은 긴요한데, 使臣 上京路一定이 불리하다는 外務卿 회답 계를 제출했다.(『朝鮮史』6-4)/ 일본 天城號 함경도 德源府 해상에서 불법 水路測量하자, 德源부사·文川군수가 이를 退送하다.(5.7.양) 4.13. 재부산 일본 外務二等 副田節이 일조양간 조선표류선 취급약정의 보충 정안을 제시했다. 19일, 동래부사 尹致和가 이에 同意했다.(『日本外交文書』11) 4.6. 일본 天城號가 남서해안 불법 측량하기 위해 부산 도착하다.(5.7.양) 4.23. 天城號가 원산만 수심을 불법측량하자, 정부가 원산은 선왕의 능침이 가깝다는 이유로 天城號를 퇴거시키다.(5.24.양) 5.1. 함경도관찰사 金世均가 海路 측량차 元山으로부터 北青에 온 天城號 問情 사실을 보고하다. 5.8. 일본 第一銀行의 부산지점을 설치하다.(6.8.양) 5.25. 이보다 앞서, 松村安種이 함경도 德源府는 陵寝에 가깝기 때문에 측량을 하지 않도록 해달라는 조선측의 요청을 거절했다. 이날, 議政府의 계언에 의해 일본국 외무성에 德源은 아니고, 北青府에 권하는 書契를 보냈다.(『朝鮮史』6-4) 6.6. 政府가 議政府의 계언에 따라 일본국 외무경 井上馨으로부터 프랑스人司教 리델 등의 석방 권고에 대해 司教등은 이미 청국에 보냈음을 알리는 回答書契를 찾아 보였다.(『朝鮮史』6-4) 8.10. 議政府가 王에게 釜山開港場의 출입화물의 稅目을 정해 冊子에 別成하여 동래부에 책자를 보내어 준수하도록 하고, 密貿易를 방해하는 無頼雜乱民을 일절 禁退할 것을 청하니, 왕이 이것을 허가했다.(『朝鮮史』6-4) 8.20. 충청도 관찰사 李明応이 일본국 군함 天城이 연안을 측량한 것을 치계했다.(『朝鮮史』6-4) 8.26. 忠清道水軍節度使 李教復, 해안측량차 日艦 3척이 來泊하였는바, 선장 등이 發病하여 官衙와 民家를 빌려 치료하였음을 보고하다. 8.27. 일본 측량선이 群山鎭 앞바다에 來泊하였음으로 金堤郡守 宋綺老가 接慰問情하다. 9.5. 天城號가 동서해안 측량을 끝내고 東萊府에 입항하다. 9.6. 정부가 부산에 세관을 설치하고, 수출입 화물의 세목과 통행규칙을 제정하다. 9.12 동래부사 尹致和가 下送된 定税目冊子에 의해 9월 3일부터 海関收税를 행하게 된 것을 치계했다.(『朝鮮史』6-4) 9.14. 일본공관에 체재하는 日本人商人 등 135명이 釜山海関 설치이래, 貿易이 정체되고 있는 일에 대해 豆毛鎭海関·東萊府에 가서 진정했다.(『朝鮮史』6-4)
1879 ▼	【한국】 3.24. 부산정박 중의 일본국 군함 鳳翔의 乗組 海兵이 상륙하여 동래부로 향해 行軍演武하다가 주민의 투석을 맞아 부상자가 나왔다. 관리관 山之城祐長·함장 山崎景則이 동래부사 尹致和를 힐책하니, 尹致和는 일본병이 刀棒을 들고 거리를 횡행했기 때문에 당연한 처사라고 하니, 교섭 도중에 景則 등이 칼을 빼들고 尹致和·辦察官 玄昔運에게 치상을 입혔다. 드디어 尹致和가 윤 3월 15일부터 동래부 중 1곳을 개방하여 일본인의 통행을 허락할 것을 약속했다.(『朝鮮史』6-4) 3.25. 日本軍官 60여명, 東萊府廳을 습격하다. 윤 3.3. 일본국 대리공사 花房義質이 德源 외에 1개항의 개항과 釜山設関 손해배상의 교섭을 위해 군함 高雄丸에 탑승하여 부산에 도래했다.(朝鮮史6-4) 윤 3.13. 政府가 이번 일본국 공사의 상경 때에는 지난번과 같은 투석 등의 행위는 엄금하며, 위반자는 효수하고, 지방관은 파직시키고 잡아들인다는 것을 연해의 여러 읍 및 한성부에 지시했다.(『朝鮮史』6-4) 4.17. 花房義質이 高雄丸·鳳翔艦를 이끌고 조선 서남해안을 조사하고, 경기도 永宗鎭 앞바다에 정박했다. 인천부 済物浦를 開港場으로서 적당하다고 간주했다.(『朝鮮史』6-4)/ 일본공사 花房義質이 군함 2척(高雄丸, 鳳翔號)를 이끌고 경기도 永宗島에 정박하 고, 제물포가 적합한 개항장이라고 통고했다.(6.6.양) 4.19. 일본 왜관장과 함장 야마사끼가 군관 60여 명을 이끌고 동래부청을 습격하다. 4.22. 정부, 인천에 상륙하여 민가를 약탈한 일본인의 처벌을 일본공사에 요구하다./ 인천에 상륙 민가를 노략질한 일본인 처벌을 일본 공사에게 요구하다.(6.11.양) 4.23. 일본 대리공사 花房義質이 개항 촉진과 부산 세관의 관세징수에 항의하기 위해 군함 高雄號를 타고 부산에 입항했다. 4.24. 花房義質이 입경하여 館所中営(清水館)에 들어갔다. 南陽府 古温浦에서 육로로 입경하려고 했던 육군중위 海津三雄 등을 조선 측이 저지한 것에 대해 예조판서 沈舜沢·강수관 洪祐昌등이 館所에 가서 三雄등의 송환을 요청했지만, 義質이 이것에 반발하자, 의정부에서 三雄등을 저지하지 않고, 間路에서 清水館에 영송한다.(『朝鮮史』6-4)/ 花房義質이 30명을 이끌고 서울에 들어와 경기 中営 清水館에 머물다. 4.27. 花房義質이 예조에 가서, 판서 沈舜沢에게 외무경 書契를 봉납하고, 講修官에게 사무를 전담시킨 것은 修好条規에 위반하는 것이라고 논란을 벌이자, 判書가 書를 보내어 公使를 효유했다. 義質이 예조에서 돌아오는 길에 민중들이 投石을 하며, 판서에게 서계로 항의하니, 伴接官 洪祐昌이 問謝했다.(『朝鮮史』6-4)/ 주한 일본공사 하나부사, 예조에서 청수관을 돌아가는 도중에 돌팔매를 맞다./ 花房義質이 예조를 방문하여 일본외무경의 서계를 제출하고, 인천개항·부산관세의 철폐 등을 강요하다.

일본

7.24. 일본에서 1876년 1월 조사의 호적법 발표했는데, 인구 3,433만 명이었다.

12.5. 참모본부 조례 제정하고, 참모본부를 설치했다.

9.15. 동래부사 尹致和가 9월 5일에 일본국 군함 天城이 입항한 것을 치계했다.(『朝鮮史』6-4)

9.28. 부산 豆毛鎭에 세관을 설치하다.

9.30. 天城號가 동·서해 측량을 마치고 부산에 입항하다.

10.9. 일본관리관 山之城祐長이 동래부에 철세를 요구하고, 일본 상인들이 동래부에서 세관설치에 대한 반대 시위를 했다. 정부가 收稅를 명하다.

10.25. 일본 군함 天城號 서해 측량을 마치고 부산에 입항하다.

10.26. 議政府가 王에게 啓言한, 德源府 元山의 개항을 거부할 수 없다는 것과 일본국 외무경 井上馨의 서계에서 淸国이 종주국 취급하고 있는 것을 비난하는 代理公使 花房義質의 서계에 대해 반론의 회답서계를 작성하여 청국 예부에 보낼 것을 청했다. 王이 이것을 허락했다. 또 日本으로부터의 서계를 봉납한 동래부사 尹致和를 죄과를 캐묻도록 했다.(『朝鮮史』6-4)

11.6. 일본국 대리공사 花房義質이 豆毛鎭 設關收稅는 협정위반으로 撤關을 교섭하기 위해 군함 比叡에 탑승하고 부산에 도래했다.(『朝鮮史』6-4)/ 일본공사 花房義質이 관세징수 철폐를 목적으로 부산 도착하여 무력 시위를 하다./ 일본 상인들이 동래부에 난입하여 시위를 하며 撤關을 요구하자, 조선 정부가 부산 세관의 收稅를 중지하다.

11.10. 부산에 來泊한 일본국 기선이 조선인 표류민 金永甫 등 14인을 데리고 왔다.(『朝鮮史』6-4)

11.15. 일본국, 부산주재 관리관 近藤眞鋤를 해임하고, 山之城祐長을 대신하도록 했다.(『朝鮮史』6-4)

11.26. 부산 두모진의 세관을 폐쇄하고, 收稅를 중지하다./ 일본이 손해배상을 요구하다(釜山海關事件)

11.27. 경상도 관찰사 李根弼이 일본국 기선이 조선인 표류민 金永甫 등을 데리고 온 것에 관해 연해 각읍에 대해 연해에 民船이 먼바다에 나가는 것을 엄금한다는 것을 공포했다.(『朝鮮史』6-4)

12.4. 이보다 앞서 花房義質이 海関收稅 철폐를 요구하며 海兵을 상륙시켜 演武를 행하고, 공관에 체재하고 있는 일본인 상인들이 동래부 거리에 난입했기 때문에, 의정부가 東萊府使에게 수세를 일시정지시켰다. 이날 義質이 예조에 서계를 보내어 收稅에 의한 손해배상은 훗날, 일본국 사신이 입경하여 상의하겠다고 말하고 부산을 퇴거했다.(『朝鮮史』6-4)

【일본·해외】

1.25. 『朝日新聞』 창간하다.

4.4. 琉球藩을 폐지하고 沖繩藩으로 하자, 5월 20일에 청국으로부터 항의를 받다.(琉球處分)

6.4. 동경 招魂社를 靖國神社로 개칭했다.

9.29. 일본에서 학제 폐지를 하고, 교육령을 제정하다.

10.10. 육군직제를 제정하다.

4.29. 花房義質이 講修官 洪祐昌과의 회담에서 원산개항을 주장하다.(6.18.양)/ 花房義質이 경기·충청·전라도 연안을 불법으로 해로를 측량했다./ 講修官 共祐昌이 관소에 가서 花房義質과 開港場所에 대해 의논했다. 義質이 끝까지 德源府 元山의 개항을 요구하자, 祐昌이 德源은 陵寢에 가까운 것을 이유로 거절하고 北靑府가 편리하다는 것을 주장하여 타결하지 못했다.(『朝鮮史』6-4)

5.1. 講修官 洪祐昌이 관소에 가서, 花房義質과 개항 장소에 대해 의논했다. 義質이 한번 더 첫 번째는 仁川府 濟物浦를 주장했고, 祐昌은 전라도 珍島府를 주장했는데, 묘당에서 검토를 약속했다.(『朝鮮史』6-4)

5.3. 한성부에 입경하는 일본공사 일행에게 돌을 던지는 행위를 금지하도록 지시하다./ 동래부사 尹致和가 山之城祐長의 후임으로 外務省 五等出仕 前田献吉이 管理官이 되었다는 것을 보고했다./ 동래부사 尹致和가 3월 24일의 사건에 의해 配拿되었다.(『朝鮮史』6-4)

5.5. 강수관 洪祐昌이 관소에 가서 花房義質과 개항 장소에 대해 의논했다. 祐昌이 仁川府 濟物浦는 京師에 가까운 것을 이유로 거부하니, 義質이 예조판서 沈舜沢과의 교섭을 요구했다. 舜沢이 이것을 거부하자, 義質이 仁川開港을 20개월 연기할 것을 제시했는데, 祐昌이 따르지 않았다.(『朝鮮史』6-4)

5.17. 花房義質이 예조판서에게 조회를 보내, 釜山 豆毛鎭 設關收稅를 비난하고, 양국이 상의하여 稅率을 정할 것을 논하고, 무역을 위해 조선의 金銀貨鑄造·大邱開市에 日本人参加 등 7개 조를 보이면서 商路 확대를 구했다. 강수관 洪祐昌이 朝鮮貨幣 주조는 어렵지만 日本貨幣 통용은 문제가 없고, 大邱行商은 불가하다고 답했다.(『朝鮮史』6-4)

5.18. 일본측이 요구한 關稅率 제정·일본화폐 통용·등대 설치 등을 허가하다./ 일본 공사가 요구한 관세율 제정·일본 화폐 통용·등대 설치 등을 허가하다.(7.7.양)

5.19. 정부가 일본 대리공사 하나부사에게 원산개항을 허가하고 仁川개항은 거절하다./ 정부가 德原府 元山 개항을 일본공사에게 통고하다./ 강수관 洪祐昌이 館所에 와서 花房義質과 회견하고, 元山 開港許可를 알렸다. 義質이 제시한 案을 토대로 元山의 開港細目을 정할 것을 요청했다. 仁川 개항에 대해서는 타결을 보지 못했다.(『朝鮮史』6-4)

연도	한국
▲ 1879	6.24. 講修官 洪祐昌이 花房義質의 관소에 제물포개항 불허방침을 전달했다./ 日本公使 수행원 20여명이 管外에 침입한 사실에 대하여 공사에게 엄중 항의하다. 6.30. 王이 德源府 元山의 개항이 허가되었기에, 府使는 文臣 堂上을 파견하고, 사무는 동래부의 예를 참고하여 節目을 검토시켰다. 金綺秀를 德源府使에 임명했다.(『朝鮮史』6-4). 6.-. 일본에서 전파된 콜레라가 전국에 만연하다. 7.9. 영중추부사 李裕元이 일본을 견제하기 위해 欧米諸国과 立約·通商하기를 요구한 清国 北洋大臣 直隷総督 李鴻章에게서 密函을 얻고, 이것에 부정적인 회답을 했다.(『朝鮮史』6-4) 7.10. 의정부가 개항장이 된 德源府의 応行事務節目을 계시했다.(『朝鮮史』6-4) 7.11. 일본대리 공사 花房義質이 仁川 開港交渉의 중단을 통고했다.(日本外交年表並主要文書上) 7.13. 花房義質이 講修官 洪祐昌과 元山開港 予約 7款을 강정했다.(『朝鮮史』6-4)/ 〈원산개항예약협정〉을 조인하고, 1880년 5월24일(음)부로 개항하겠다고 약조하다. 6.7. 일본 대리공사 하나부사가 서해안 제물포 개항 요구를 정부가 불허하자 항의하다.(7.25.양) 6.17. 講修官 洪祐昌과 일본대리공사 花房間에 인천개항 문제로 대립하다.
1880	【한국】 3.9. 서울에 일본공사관 설치하다.(4.17.양) 3.15. 近藤眞鋤가 부산 주재 일본 영사로 부임하고, 부산주재 일본 초량공관을 부산영사관으로 개칭하다. 3.23. 禮曹參議 金弘集을 제2차 修信使에 임명하고, 元山에 일본인 거류지 선정하다./ 원산에 일본인 거류지 위치를 선정하고, 원산항에서 일본과의 통상 개시하다.(5.1.양) 3.26. 美海軍提督 슈펠트(R.W.Schufeldt)가 수호조약 교섭차 군함 타이콘데로가(Ticonderoga) 호로 釜山 입항하다./ 동래부사가 일본영사를 통해 전달된 미국의 書契 접수를 거부하다.(5.4.양) 3.-. 곤도 신스케[近藤眞鋤]가 부산주재 일본 영사로 부임하고, 초량 공관을 부산영사관으로 개칭하다. 4.12. 원산주재 일본 영사관 개관하고, 원산 영사로 前田獻吉가 부임하다.(5.20.양) 4.17. 서울 돈의문 밖 청수장에 일본공사관을 설치하다.(5.25.양) 5.1. 원산에 일본인 거류지 위치 선정하고, 원산항에서 일본과의 통상을 개시하다.(6.8.양) 5.28. 수신사 金弘集 일행이 일본으로 향발하다./ 제2차 수신사 김홍집 일행이 일본에 무관세 등 불합리한 조약 개정을 목적으로 서울을 출발하다.(7.5.양) 7.10. 이탈리아 군함이 원산항에 입항하여 수교를 요청하다. 7.11. 일본외무경 井上馨과 辦理公使 花房義質이 수신사 김홍집을 내방하여 군기제조 및 기계학습 등을 권고하다.(8.16.양) 8.28. 回還修信使 金弘集 復命하다./ 黄遵憲이 저술 〈朝鮮策略〉을 獻上하고 防俄策 강구를 進言하다. 9.3. 李東仁을 일본에 파견하여 駐日清國公使 何如璋에게 對美 수교 알선을 요청하다.(10.6.양) 9.17. 김홍집이 일본외무성이 권한 미국과의 통상조약 거절하다.
1881	【한국】 1.11. 박정양 등 12명을 〈신사유람단〉으로 임명하여 일본의 신문물제도를 시찰하도록 하다.(2.9.양) 2.10. 통리기무아문의 건의로 총포와 선박 시찰을 위해 前府使 李元會, 參劃官에 임명하고, 參謀官 李東仁 등의 일본파견 결정하다.(3.9.양) 4.10. 박정양·어윤중·홍영식 등을 〈신사유람단〉으로 파견하다.(5.7.양) 4.23. 일본군 공병중위 掘本禮造를 교관으로 초빙하고, 別技軍을 설치하다.(5.20.양) 4.25. 일인들이 울릉도에 잠입하여 벌목행위를 하는데 대하여 일본 외무성에 항의하다.(5.22.양) 4.-. 별군관 임태경·이원순·김재우 등을 銅皮革造法을 배우기 위해 오사카에 파견하다. 5.22. 이규원을 울릉도 검찰사에 임명하다. 6.18. 일본외무성에 일본인이 울릉도에 잠입하여 벌목한 것을 항의하다. 6.-. 別軍官 林泰慶, 李元淳, 金在愚 등을 銅皮革造法을 배우러 일본 大阪에 파견하다. 7.10. 함경도 덕원부사 金綺秀가 일본총영사 前田獻吉과 (1880년에 약정한) 元山 居留地 地租約書를 조인하다. (거류지 지세를 50원으로 규정).(8.4.양)
1882 ▼	【한국】 2.7. 이홍장이 전권위원 제독 슈벨트에게 조미조약안에 조선이 청의 속국이라는 것을 명문화할 것을 요구하다.(3.25.양) 3.-. 일본에 村田銃 2만정을 주문하다. 4.6. 신헌·슈펠트가 〈조미수호통상조약〉을 조인하다.(5.22.양) 4.19. 통상세칙 작성을 토의하고 일본공사와 약정하기로 결정하다. 일본국과 稅則 의정을 위해 金輔鉉·金弘集을 전권으로 임명하다.(6.4.양) 6.9. 壬午軍亂이 발발하다. 軍卒과 亂民들이 金長孫 柳春萬 등의 주동으로 閔謙鎬家를 습격하고, 亂民이 雲峴宮에 운집하여 大院君에게 선후책 제시를 호소하다. 亂民이 일본공사관을 습격하여 教官 掘本禮造를 타살하자, 일본공사관들이 인

일본

6.24. 일본공사 수행원 20여 명이 관외에 침입한 사실을 일본 공사에게 엄중 항의하다.(8.11.양)

7.12. 일본 대리공사 花房義質이 인천개항 교섭시말을 일본 정부에 보고하고, 예조판서 沈舜澤에게 致書하여 退京 의사를 통보하다.

7.13. 講修官 洪祐昌과 일본대리공사 花房義質이 원산개항을 예약하는 의정서에 조인했다. / 李東仁이 일본에 밀항했다. 일본 대리공사가 부산에서 일본 이사관에게 투석한 자의 처벌을 요구했다.(8.30.양)

7.17. 伴接官 洪祐昌이 花房義質이 元山開港措置를 위해 수행원을 거느리고, 漢城을 출발했다고 보고했다. / 동래부사 沈東臣이 부산주재 일본국 관리관 前田献吉이 콜레라 유행 때문에 貿易을 일시 중지할 것을 치계했다.(『朝鮮史』6-4)

7.28. 일본공사 花房이 귀국했으나 清水館에 일본인 25명은 계속 잔류했다.(9.14.양)

8.18. 花房義質 군함 高雄丸에 탑승하여 元山에 도착했다. 外務權少書記官 近藤真鋤·管理官 前田献吉에게 德源府使 金綺秀와 교섭시켜 開港에 관한 세목을 협정하고, 26일에 떠났다.(『朝鮮史』6-4)

9.2. 덕원부사 金綺秀가 일본공사 花房과 개항 세목 협정했다.

9.6. 釜山에 洋式 건물 日本管理廳 준공하다.

9.9. 동래부사 沈東臣이 일본공사 花房 일행이 덕원으로부터 回泊했음을 보고하다.(10.23.양)

10.-. 李東仁이 寺田福壽의 소개를 받고 福澤諭吉과 교제했다. / 開化僧 李東仁이 일본에서 성냥을 처음들여와 소개하다.

【일본·해외】

3.23. 일본 동경외국어학교에 조선어학과 설치하고, 외무성 육해군의 위탁생과 일반 학생에게 조선어 교육을 실시하다.

7.8. 金弘集이 일본 외무성으로 上野景範·辨理公使 花房義質을 예방하다.

7.18. 金弘集이 駐日清國公使 何如璋 및 黃遵憲과 회담하자, 何如璋이 수호통상을 강조하다.

7.25. 金弘集이 赤坂離宮으로 일본천황을 예방하다.

9.22. 清의 北洋大臣 李鴻章이 서양과의 수교로 露·日에 대비할 것을 권고하다.

10.2 김홍집 일행 귀국하여 황준헌의 『사의 조선책략』을 고종에게 헌사하다.

11.12. 일본공사 花房義質이 인천개항 문제 협의차 군함 天城號로 인천 도착하다.(12.3.양)

11.16. 花房義質이 駐箚辨理公使 자격으로 入京하다.

11.26. 왕이 花房義質을 접견하고 國書를 親受하다.

12.2. 伴接官 金弘集이 일본 辨理公使 花房義質의 진헌품인 소총 10종과 藥丸 등의 예물 세목을 보고하다.(1.1.양)

12.4. 인천에 세관을 설치하다.(1.3.양)

12.12. 朴定陽·魚允中·洪英植 등을 紳士遊覽團으로 임명하다.(1.1.양)

12.29. 講修官 金弘集, 日本辨理公使 花房義質과 20개월 후에 인천을 개항할 것에 합의하다.(1.28.양)

8.7. 수신사 趙秉鎬와 종사관 李祖淵 등이 일본으로 출발하다.(9.29.양)

8.30. 紳士遊覽團 일행이 귀국하다.(10.22.양)

9.1. 수신사 趙秉鎬, 일본 체류중인 魚允中에게 대미수호 결정 방침을 통고하는 고종의 밀명 전달하고, 수신사와 관세문제도 협의하다.(10.23.양)

9.26. 부산에서 日文旬刊誌『朝鮮新報』창간하다. / 김윤식 등 유학생 28명, 청에 '영선사'로 파견하여 선진문물(무기제조법)을 견학하도록 하다.(11.17.양)

11.17. 부산 일본 상인 『朝鮮時報』발행하다. / 영선사 김윤식 일행이 중국 북경에 도착하다.(1.6.양)

11.17. 통리기무아문 개편으로 交隣司를 同文司로 개칭했음을 일본외무성에 통고하다.(1.8.양)

12.10. 일본 거류민이 '재부산상법회의소'에서 《조선신보》 창간하다.(1.29.양)

12.19. 김윤식·이홍장이 조미수호통상조약 체결을 논의하다.(2.7.양)

【일본·해외】

6.22. 일본외무성이 釜山·仁川·元山에 군함을 파견할 것과 花房義質에게 步兵大隊를 지원할 것을 결정하다.

6.26. 일본외무성이 咸興·楊花津·大邱의 개방과 일본인의 內地旅行權을 조선정부에 요구하도록 花房義質에게 訓令하다.

7.31. 일본 내각회의에서 한국 정부의 사죄배상을 위해 전권위원을 임명하여 파견하되, 육·해군이 호위할 것을 결정하다.

8.5. 일본외무경 井上가 조선에 군함 파견과 花房에게 보병 1개대대 지원할 것을 명령하다.

9.2. 修信使 朴泳孝 일행이 東京에 도착하다. 日外務卿 井上馨에게 禮曹判書의 書契를 전달하고 軍亂중 일본공사관의 피해에 대해 사과하다.

9.8. 수신부사 金晚植·종사관 徐光範, 日王 明治를 예방하고 국서 전달하다.

9.11. 朴泳孝가 駐日清國公使 黎庶昌과 회견하다.

연도	한국
▲ 1882	천으로 피신하다.(7.23.양) 6.10. 亂民이 영돈영부사 李最應家를 습격 타살하다./ 亂民,이대궐에 난입하여 閔謙鎬 金輔鉉을 타살하다./ 閔妃가 變服으로 탈출하여 閔應植의 忠州 鄕第에 피신하다. 왕명에 따라 大院君 入闕하여 정권을 장악하고, 大院君이 武衛營을 訓鍊都監으로, 統理機務衙門을 三軍府로하는 등 官制를 복구하다./ 花房義質이 난민의 공사관 습격과 정부의 미온적 태도를 공박하는 陳進書를 왕에게 발송하고, 日本辦理公使 花房義質은 영국 測量船 플라잉피쉬(Flyingfish)호로 向日하다. 6.15. 임오군란으로 일본 공사 花房義質이 영국 측량선으로 仁川을 탈출하다. 일본에서 일본 거류민 보호를 위해 군함 파견 등을 제기하다.(7.29.양) 6.16. 정부, 일본에 일본인의 울릉도 잠입과 벌목행위 항의하다.(7.30.양) 6.22. 일본외무성 소속 久水三郎 등 3명, 임오군란 후의 국정탐지와 掘本體造의 생사확인을 위해 제물포에 도착하다.(8.5.양) 6.27. 일본 外務書記官 近藤眞鋤 등이 군함 金剛號에 탑승하여 仁川에 來到하다./ 馬建忠·丁汝昌이 군함 3척 이끌고 仁川 月尾島에 到來하다. 6.29. 花房義質이 일본 육·해군 병력을 인솔하고 明治丸에 탑승하여 인천에 도착하다./ 馬建忠이 조선에 淸軍 병력을 파견하여 일본을 제압할 것을 본 국정부에 건의하다.(8.12.양) 7.7. 花房義質이 호위병 인솔하고 入京하다.(8.20.양) 7.9. 花房義質이 왕에게 최후통첩하고 외교단절을 위협하다. 7.10. 花房義質이 近藤眞鋤에게 사후처리를 위임하고 인천으로 퇴거하다. 7.13. 청 군인이 흥선대원군을 천진으로 호송하다. 7.14. 전권대신에 李裕元, 부관에 金弘集을 임명하다. 7.17. 이유원과 花房義質이 제물포에서 회동하여, 일본 군함 함상에서 일본에 대한 손해 배상을 주 내용으로 하는 濟物浦 條約 6款과 朝日修好條規續約 2款을 체결하고, 정부가 사망 가족에 5만圓 지급하고 배상금 50만圓 지불할 것을 약조하다.(8.30양) 7.25. 日本公使 花房義質이 재입경하다./ 奉常正 徐相祖가 왕비가 長湖院 閔應植 卿第에 潛御하고 있음을 陳疏하니, 領議政 洪淳穆·判宗正卿 李載元·李載冕 등으로 왕비를 奉迎케 하고 병력 60명으로 신변을 경호케 하다. 8.5. 왕이 花房義質·近藤眞鋤 등을 접견하고, 日·英·美·獨 등 서양제국과 수교의사를 표명하고 일본의 요구에 따라 전국에 斥和碑 철거를 명하다./ 朴泳孝를 特命全權大臣兼修信使에, 金晩植을 全權副官兼修信 副使에, 徐光範을 從事官에 임명하다./ 고종이 영·미·독 서양과 수교 표명하고 전국에 세워진 '척화비'를 철거할 것을 지시하다./ 朴泳孝를 수신사. 金晩植, 부사. 徐光範, 종사관에 임명하고 18일에 출발하다.(9.16.양)
1883	【한국】 1.10. 일본 公使 竹添進一郎이 仁川開港場의 租界劃定을 요구하다.(2.17.양) 1.24. 太極旗를 국기로 제정하다./ 부산 - 나가사키간 조일 해저전선부설조약 체결하다.(3.6.양) 2.24. 일본관리공사 竹添進一郎, 충청도 태안반도에서 해군연습을 승인해줄 것을 요청하다.(4.1.양) 4.14. 초대 주한미국공사 푸트(Foote)가 부임하다.(~1884.7)(5.20.양) 5.-. 김옥균이 국가 재정문제를 해결하기 위한 차관 교섭차 도일하다. 6.22. 閔泳穆이 일본공사 竹添進一郎과 朝日通商章程海關細目·日本人漁採犯罪條規·日本人朝鮮 國間行里程條約을 체결하다.(7.25.양) 7.25. 경상·전라·강원·함경도 해안의 通漁權을 일본에 허가하다.(8.27.양) 8.2. 보빙사 민영익 등을 태운 태평양 횡단 여객선 아라빅(Arabic)호가 샌프란시스코항에 도착하다.(9.2.양) 8.18. 보빙사 일행이 뉴욕에서 체스터 A.아서 미국대통령과 첫 회동하다.(9.18.양) 8.30. 일본이 거류지역을 규정한 인천 조계조약을 정부에 강압하다. 督辦交涉通商事務 閔泳穆을 전권위원으로 임명하여 일본국 전권위원 竹添進 一郎과 인천국 조계지 거류조약 10개조를 조인하다.(9.30.양)
1884 ▼	【한국】 1.16. 정부가 인천조계 확장을 승인하다.(2.12.양) 1.28. 일본 第一銀行과 개항장 海關稅 취급약정을 조인하다.(2.24.양) 2.28. 부산—長崎 간 해저전선 개통하다.(3.25.양) 3.23. 일본국 공사관이 한성부 중부의 박영효 사저를 구입하여 이주하다.(4.18.양) 5.11. 주한 외교대표단의 외국인거류지를 양화진으로 선정하다.(6.4.양) 윤5.4. 조이수호통상조약 조인하다.(6.26.양) 6.15. 조러수호통상조약 조인하다.(7.7.양) 6.18. 일본, 제주·울릉도에 침입. 島民의 어업권을 침해하자, 정부에서 조일통상장정의 수정을 요구하다.(7.18양.) 6.-. 일본, 원산에서 집세·수월세 철폐를 정부에 강요했으나, 정부에서 거절하다.(7.-양) 8.15. 일본, 미, 영과 공모하여 불평등적 치외법권을 규정한 인천제물포 조계장정을 체결하다.(10.3.양) 8.18. 일본의 요청으로 龍山을 楊花津 대신 각국 개시장으로 하다. (10.16.양)

일본

10.10. 日本銀行을 개업하다.

10.13. 수신사 朴泳孝 일행이 동경에 도착하여 일본 외무경 井上馨에게 예조판서의 서계를 전달하고, 일본 측에 공사관의 피해에 대해 사과하다.

10.21. 동경전문학교 개교(부稻田 대학 전신)하다.

11.2. 특명전권대신 박영효, 윤치호, 朴裕宏, 朴命和, 金華元 등의 일본 유학을 부탁하는 서한을 일본외무경 井上馨에게 전달하다.

11.9. 일본 요코하마 정금은행(정금은행)과 17만 엔 차관협정 조인하다.

12.17. 일본이 조선정부에 17만 圓의 차관을 제공하다.

12.18. 전권대신 朴泳孝가 일본 橫濱 正金銀行과 17만 圓 차관협정 조인하다.

12.28. 일본이 인천항을 통과하는 조선과의 통상교역을 1883.1.1.부터 허가했음을 발표하다.

8.9. 수신사 박영효를 일본에 파견, 태극기를 처음 사용하다.(9.20.양)

8.15. 한성에 있는 척화비를 종로 보신각 부근에 매장하다.(9.26.양)

8.17. 大院君이 淸國 保定府에 유폐되다.

8.24. 壬午軍亂의 주모자 金長孫·柳卜萬 등 8명 처형하다.(10.5.양)

8.-. 신사유람단 수행원 안종수가 우리나라 최초의 근대적 농서『농정신편』을 간행하다.

9.16. 박영효가 井上馨과 회동하여 塡補金 50만원 상환기간을 10년으로 연장하다.

9.22. 특명전권대신 박영효, 윤치호 등의 일본 유학을 부탁하는 서한을 일본외무경 井上馨에게 전달하다.(11.2.양)

11.8. 일본, 정부에 17만원의 차관을 제공하다.(12.17.양)

11.9. 전권대신 박영효, 일본 橫賓正金銀行과 17만원 차관협정 조인하다.

11.19. 일본, 인천항을 통과하는 조선과의 통상교역을 1883.1.1.부터 허가한다고 발표하다.(12.28.양)

11.5. 독일인 묄렌도르프 외교고문으로 고빙하다.(12.14.양)

11.28. 한·일 양국간에 전설부설권을 일본에 허가하다./ 竹添進一郎이 일본공사로 부임하다.(1.6.양)

12.2. 고종이 일본 辦理公使 竹添進一郎 및 육군사관 10여명을 접견하다.(1.10.양)

12.7. 竹添進一郎이 부산 해저전신조약 체결문제와 관련하여 협의할 것을 예조판서에 강요하다.(1.15.양)

【일본·해외】

3.10. 淸朝鮮國在留日本人取締規則을 제정하다.

9.8. 일본공사 竹添進一郎이 묄렌도르프와 교섭하여 海關稅收 업무를 日本 第一銀行 지점에 위탁하는 계약 체결하다.(10.8.양)

9.16. 大北部電信會社에서 부산—長崎 간의 해저전선 공사를 착공하다.(~1884.3)(10.16.양)

10.1.《한성순보》를 창간하다.(10.31.양)

11.- 일본 第一銀行이 부산지점과 인천출장소를 개설하다.

12.- 일본 육군참모부 육군 중위 酒勾가 광개토왕릉비 탁본 후에『東扶餘永樂大王碑銘 해석』을 발표하다.

9.14. 고종이 일본국 판리공사 竹添進一郎을 소견하자, 일본 공사 竹添進一郎이 임오군인 봉기의 배상금 잔액 40만 엔을 조선 정부에 돌려주다.(11.2.양)

10.12. 협판교섭통상사무 김홍집이 일본국 판리공사 竹添進一郎과 인천·부산·원산 지방에서 일본인의 합법적 활동을 위한 在朝鮮間行里程約條 부록을 의정하다.(11.29.양)

10.17. 甲申政變이 勃發하다./ 政局總辦 洪英植이 각국 공사를 초청하여 청사 落成宴을 開設했는데, 洪英植·朴泳孝·金玉均·徐光範·徐載弼·尹雄烈 등이 연회석상에서 戚臣·閔氏·趙氏 등을 제거하고 개혁을 단행하고자 정변을 일으키다./ 洪英植 등이 변란 발생을 보고하고 왕을 景祐宮에 移御 시키다./ 육군대위 村上正積이 지휘하는 日軍 출동 왕궁을 호위하고, 김옥균 등이 왕명을 사칭하고 閔泳穆·閔台鎬·趙寧夏·李祖淵·尹泰駿·韓圭稷·柳在賢 등을 살해하다.(12.4.양)

10.19. 淸日양군 昌德宮에서 충돌하자, 洪英植 朴泳教 등 피살되고, 日軍이 패주했다./ 金玉均 등은 일본공사관에 피신, 인천을 거쳐 일본에 망명하고, 개화당 정권은 붕괴되다.(12.6.양)

10.21. 井上馨이 호위병을 이끌고 왕을 방문하고, 정변을 구실로 회담 강요했다. 왕이 이를 승인하고 金弘集을 전권대신에 임명했다.(12.8.양)

11.18. 갑신정변 처리를 위해 일본특파전권대사 이노우에(井上馨) 내한하다.(1.3.양)

연도	한국
▲ 1884	11.21. 일본 특명전권대사 井上馨이 호위병을 이끌고 고종을 방문하여 갑신정변 구실로 회담 강요하다. 고종이 이를 승인하고, 김홍집을 전권대신에 임명하여 7일에 회담하다.(1.6.양)
1885	【한국】 1.19. 특파대신 徐相雨와 부대신 묄렌도르프를 일본에 파견하다.(2.5.양) 2.1. 독일총영사 부들러가 조선 정부에 중립선언 권고하자, 조선 정부네거 이를 받아들이지 않았다.(3.17.양) 2.- 일본 민간인들의 한성 거주 허용하다. 3.1. 영국 동양함대, 러시아의 남하 견제위해 거문도를 점령하다.(~1877.3).(4.15.양) 3.4. 李鴻章·伊藤博文이 淸·日간 天津條約을 체결하다. 4.3. 통리교섭통상사무아문이 일본으로부터 수입되는 寫眞機械, 樂種 등의 물품 면세하기로 결정하다.(5.16.양) 4.8. 일본 임시대리공사 高平小五郎이 일본 육군참모부 히라이의 원산지방 여행을 보증하는 여권을 발급해주기를 강요하다.(5.21.양) 4.20. 일본파견 유학생들의 귀국 명하다.(6.2.양) 6.10. 청국 慶軍 4營 및 일본공사관 호위병이 전원 철수하다.(7.21.양) 6.7. 일본대리공사 高平小五郎, 朝淸電線條約에 의거한 京義線 전선 가설이 朝日海底電線條款을 위반한 것이라고 항의하다.(8.8.양) 7.21. 한성에 주둔하고 있던 일본군이 인천항으로 철수하다.(8.30.양) 8.12. 정부가 西路電線 가설은 해저전선조약에 위배되지 않음을 밝히다.(9.20.양) 8.24. 일본 임시대리공사가 원산에서 짐세, 수월세 철폐를 정부 측에 강요하다.(10.2.양) 8.27. 흥선대원군이 청으로부터 3년 여만에 귀국하다.(10.5.양)
1886	【한국】 1.14. 일본대리공사 高平小五郎이 공문에 한문을 쓰지 않고 일본어만 사용할 것을 통보하다.(2.17.양) 6.17. 김옥균 암살에 실패한 池運永이 일본 정부에 의해 압송되어 귀국하다.(7.18.양) 7.21. 정부가 홍삼·미삼 수출금지령의 실시기일을 통고하고, 일본측 요구에 동의를 구하다./ 李源競을 일본에 파견하여 김옥균의 인도를 요청하다.(8.20) -. 이해에 일본인 요시키[古城梅溪]가 한성에 최초의 개인병원 '찬화병원'을 개원하다.
1887	【한국】 1.8. 守山 수령이 일본상인에게 곡물에 대한 과세를 하자, 일본상인이 항의하며 지방민과 충돌하다.(1.31.양) 2.10. 일본인이 〈상업회의소〉 설립인가를 신청하다.(3.4.양) 2.23. 일본인이 신청한 〈상업회의소〉인가가 나자, 10명의 임원이 운영규칙을 제정하여 운영하다.(3.17.양) 3.25. 일본임시공사 衫村이 경상도 지방에서 일상 곡물무역 금지조치 철폐를 강요하다.(4.18.양) 4.10. 독판교섭통상사무 金允植이 일본 임시대리공사 高平小五郎에게 인천—부산 간 電線通聯工事 준공 기일 연기를 통보하다.(5.2.양)
1888	【한국】 3.9. 督辦交涉通商事務 趙秉式, 일본공사 近藤眞鋤에게 영남지방에서 防穀令을 준수할 것을 일본상인들에게 시달해 주도록 요구하다.(3.19.양) 4.6. 趙秉式이 일본대리공사 近藤眞鋤에게 일본어선의 魚稅 납부를 요구하다.(5.16.양) 4.18. 정부가 어업특허장안전(전9조)을 일본공사에게 전달하다.(5.28양) 6.2. 趙秉式이 일본대리공사에게 조일통상장정이 발효 후 5년이 경과했으므로 개정할 것을 요구하다.(7.10.양) 8.18. 일본체신청과 辦理通聯萬國電報約定書 체결하다.(9.23.양) 9.21. 趙秉稷이 일본대리공사 近藤眞鋤에게 신설한 錬武公院 교습용 軍槍 구입을 의뢰하다. 9.23. 일본 정부와 부산에서의 양국 전신 연접 방법에 관한 조약인 辨理通聯萬國電報約定書 체결하다. 10.14. 駐日公使에 金嘉鎭을 임명하다./ 일본 어민의 釜山 어장 침해에 대해 일본 대리공사에게 항의하다.(11.17.양) 10.- 일본 제일은행 인천지점 서울출장소를 설치하다.
1889 ▼	【한국】 3.18. 일본간상배가 탈세행위를 감행하자, 조선 정부에서 일본 상선의 마포 기항을 제한하는 마포행선 장정을 실시하다.(4.17.양) 5.19. 일본공사 近藤가 大同江 연안의 측량을 요청하다.(6.17.양) 5.28. 일본공사가 황해도 방곡령 철폐와 일상에게 몰수한 곡물의 반환을 요구하다.(6.26.양) 5.-. 유길준이 서유견문을 집필하여 일본 도쿄에서 발행하다. 6.11. 趙秉稷이 일본의 대동강연안의 측량협조 요구를 거절하다.(7.8.양) 7.15. 일본공사가 청국상인의 內地行商 허용을 계기로 일본 상인의 內地行商 허가를 요청하다. 정부가 이를 거절하고 淸商의 內地 행상을 금지하다.(8.11.양)

일본

11.24. 일본 특명전권대사 井上馨이 김홍집과 제3차 담판 진행하여 漢城條約 체결(군대주둔·배상금 지불 등)하다.(1.9.양)

-. 이해에 자딘 매디슨 상회가 상해-인천간 기선 항로를 개설하다.

【일본·해외】

1.5. 欽差全權大臣 徐相雨·穆麟德이 일본 국왕에게 國書를 봉정하다.

3.16. 일본 福澤諭吉, 脫亞論을 발표하다.

4.18. 全權大使 伊藤博文이 청국 이홍장과 天津條約 조인(조선주둔 청일 양국군의 동시철수 등을 규정)하다.

11.23. 일본, 조선에서의 쿠데타를 계획한 自由黨 大井惠太郞 등이 大阪에서 체포되다.(自由黨 大阪 사건)

12.22. 太政官制度 폐지하고, 내각제도를 설치하다(제1차 伊藤博文 내각 성립). 내각직권을 정하다.(統帥權 독립을 법문화)

9.10. 일본 임시대리공사가 경의전선 가설에 반대하여 제3차 간섭에 항의했다./ 일본이 서로전선 설치를 청에 허가한 대신에 경부간 전선 가설을 요구했다.(10.17.양)

10.4. 부산에 일본재판소 설치(영사재판)하다.(11.10.양)

11.16. 일본, 부산해저전선조약 속약을 체결하다.(12.21.양)

11.24. 일본 외무성 栗野愼一郎 서기관이 망명자 인도협약 체결 위해 내한하다.(12.24.양)

12.27. 김윤식이 일본공사와 부산 絕影島에 일본 해군 저탄소를 설치키로 하다.(1.31.양)

-. 이해에 김옥균이 일본에 망명하여 저술한 『甲申日錄』을 발간하다.

【일본·해외】

5.11. 일본정부, 수교 방해를 이유로 들어 김옥균 추방 명령하다.

9.13. 일본정부, 김옥균을 小笠原島에 호송하다.

6.11. 閔泳駿을 주일공사로, 金嘉鎭을 同參贊官에 임명하다.(7.31.양)

6.29. 심상학을 영, 독, 러, 이, 프 5개국 공사에 임명하다, 7.29 조민희로 대치하다.(8.18.양)

8.3. 제3대 주한일본공사 近藤眞鋤를 임명하다.(9.19.양)

8.8. 박정양을 첫 주미공사로 임명하다.(11.16 부임)

8.26. 일본어선 6척이 제주목 摹瑟浦에 상륙하여 가축을 침탈하고 인명을 살상하다.(10.12.양)

11.13. 일본 상인들이 전라도 白木의 한성부 이현판매에 백목전 상인들 반발하다.(12.27.양)

11.15. 일본공사 近藤이 수산자원 약탈 강화하기 위해 조일양국통어장정 및 어세기한 수정보충을 정부에 강요하다.(12.29.양)

【일본·해외】

4.25. 朴泳孝, 일본 명치학원에서 영어학 공부하고 橫濱의 미국교회에 들어가다.

7.29. 일본에 망명 중인 김옥균을 小笠原島에서 북해도로 옮기다.

11.17. 일본대리공사가 울릉도연안 일본잠수회사 불법어로작업 금지조치에 항의하다.(12.19.양)

12.9. 정부, 일본 상인의 白木 매매행위 금지를 일본공사에 요구하자, 일본공사가 불응하다.(1.10.양)

12.10. 일본상선의 麻浦 寄港을 제한하는 麻浦行船章程 실시하다.(1.11.양)

12.24. 일본이 부산 근해에 불법 어망을 설치하자 정부가 항의하다.(1.25.양)

【일본·해외】

2.11. 대일본제국헌법과 皇室典範, 衆議院議員 선거법, 貴族院令 등을 반포하다.

10.-. 일본 大隈重信이 피습으로 부상당하자, 미일수호통상조약 개정 중지되다.

-. 이 해에 일본 흉작으로 물가가 등귀하고, 일본 첫 경제공황이 시작되다.

8.-. 일본거류민을 위한 인천우체국 한성출장소를 설립하다.

8.20. 조선정부, 일본 선원의 제주도민 살해, 가재도구 약탈에 대해 일본 공사에 항의하다.(10.3.양)

연도	한국
▲ 1889	8.30. 정부가 인천, 부산, 원산의 관세를 담보로 일본제일은행 인천지점에서 銀貨 3만圓 차관을 요청하다.(9.24.양) 9.24. 함경도관찰사 趙秉式의 보고에 따라 10월부터 1년간 미곡 수출금지 통보하다.(10.18.양)
1890	【한국】 1.7. 함경도 방곡령 철회하다./ 일본공사가 황해도 방곡령 철폐를 요구하다.(1.27.양) 1.11. 서울 육의전 상인들이 청·일본 등 외국 상인의 용산 이전 요구하며 철시하다./ 정부가 청일 상인 침해로 袁世凱와 일본공사에게 양국 상인 용산철거를 요구하다.(1.31.양) 1.22. 駐箚日本辦事大臣 金嘉鎭이 귀국하여 일본의회 설립, 군무재정 상황 등 일본정세 보고하다.(2.11.양) 3.23. 일본대리공사의 함경도관찰사 趙秉式 처벌 요청을 방곡령안 타결 종료와 내무간섭이라 하여 거절하다.(5.11.양) 3.-. 제주도 어민들이 '조일통어장정'에 반대하여 봉기하다. 4.16. 李鶴圭를 일본에 파견하여 판리대신의 임무를 서리케 하다.(6.3.양) 4.29. 일본이 대동강하구 철도의 개항을 강요하다.(6.16.양) 6.9. 일본 대리공사가 부산, 인천에서 독점적 상권확보를 위해 25개 객주의 철폐를 강요하다.(7.25.양) 6.10. 〈客主·居間規則〉을 제정하다. 개항지에 시행했으나 일본의 반대로 철폐하다.(7.26.양) 8.20. 정부가 일본 선원의 제주도 난입 살해사건을 일본 공사에게 엄중 항의하다.(10.3.양) 10.24. 일본공사가 곡물수출 금지기간을 明春까지 단축해 줄 것을 요청하다. 10.20. 일본 어선의 제주도 연해 출어 허가 만기일을 연장하다./ 일본 어선이 제주도 근해에서 불법어업 감행하자, 정부의 단속에 권한이양 요구하다.(12.1.양)
1891	【한국】 2.28. 松井慶四郎, 일본상인도 淸商과 같이 평안 황해도 연안에서 무역활동을 허락해 주도록 요청하다.(4.6.양) 2.29. 일본인 하야시[林德右衛門]가 제지공장을 준공하여 관아 사용의 각종 제지류를 공급하다.(4.7.양) 3.21. 제주도민이 일본과의 통어철폐를 주장하며 민란을 일으키다.(4.29.양) 3.24. 梶山鼎介이 신임 제5대 朝鮮駐箚公使로 착임하다.(5.2.양) 4.2. 일본과 합의하여 통어장정 시행을 연기하고, 일본인 제주도 출어 허가를 6개월 연기하여 11월 말로 하다.(5.9.양) 5.15. 일본 어선 수십척이 제주도 健人浦에서 들어와 불법 어업을 하며, 이를 저지하는 제주민 任順伯 등 16인을 살상하다.(6.21.양) 6.4. 외무독판 閔種黙이 일본 공사에게 조회하여 朝日通商章程 개정을 요구하다.(7.29.양) 7.1. 정부의 朝日通漁章程 개정 요구를 일본공사가 불가를 통고해 오다.(8.5.양) 9.2. 주일공사 金嘉鎭의 귀국으로 權在衡을 署理欽差辦事大臣에 임명하다. 8.4. 朴用元을 參議交涉通商事務에 임명하고, 제주에 파견하여 일본어민 침탈사건 조사하다.(9.6.양)
1892	【한국】 2.10. 일본이 평양 개방과 해관 관리의 일본인 임명을 요구하다./ 일본어민들이 제주도 정의현 城山浦에 상륙하여 조선인의 살해를 자행하다.(3.8.양) 4.1. 일본어선이 禾北浦에 상륙하여 주민을 살해하고, 부녀자를 겁탈하다.(4.27.양) 4.2. 일본어선이 頭毛里에 상륙하여 살해행위를 하다.(4.28.양) 4.11. 정부가 일본공사에게 침어행위 금지를 요구하다.(5.7.양) 4.13. 부산 일본영사관을 총영사관으로 승격하다./ 일본공사가 부산 일본영사관을 총영사관으로 승격 통고하다./ 정부가 내수충당을 위해 일본 제일은행 인천지점에서 은 5천 圓을 차관하여 신정왕후 제사 비용으로 충당하다.(5.9.양) 4.22. 일본공사, 방곡령 손해배상 이행을 촉구하다./ 일본공사가 방곡령의 손해배상을 이행하도록 요구하다.(5.18.양) 4.- 일본인이 제주도 화북포에 침입하여 약탈을 자행하자, 7월에 정부에서 일본에 배상을 요구하다. 5.27. 일본공사가 仁川捕魚章程에 규정된 일본어선 증가 요구했으나 거절하다.(6.21.양) 6.1. 일본인이 제주도 명월진 두모포에 침입하여 재산을 약탈하다.(6.24.양) 6.22. 일본공사가 일본인의 제주도에서 어업행위 금지조치를 취소할 것을 요청하다.(7.15.양) 9.28. 일본공사가 황해도 방곡령 손해배상금 6만 9,469원 보상을 정부에 요구하다.(11.17.양)
1893 ▼	【한국】 1.6. 일본공사 大石正己가 羅州, 金海 지방의 방곡령을 철폐하고 몰수미곡의 상환을 요구하다.(2.20.양) 1.12. 日本公使 大石正己가 趙秉稷에게 영국, 미국, 중국 등과 같이 일본 商人의 가옥, 상점소유를 인정해주기를 요청하다./ 일본공사 大石正己, 趙秉稷에게 동학도의 소요 상황을 조회하다./ 동학도들의 소요에 대비, 서울 거류 日人 부녀자들 인천으로 피난하다.(2.28.양) 1.21. 趙秉稷이 일본 공사가 요구한 함경도 방곡배상액 17만 5천여원에 대해 元利 47,575圓이 적정액임을 통보하다.(3.9.양) 1.22. 일본공사 大石이 趙秉稷을 면담하고 함경도 방곡령 손해배상액을 거부하다.(3.10.양) 2.10. 일본 선박 억류로 인해 大豆 損失에 대한 손해배상 요구하는 사건이 발생하다.(3.27.양)

일본

10.15. 일본공사 近藤眞鋤가 방곡령 철폐 및 손해배상을 요구하다.(11.7.양)

10.20. 〈朝日通漁章程〉을 조인하여 일본인의 조선 연안 어업활동을 허용하다.(11.12.양)

【일본·해외】

1.21. 일본에서 자유당 결성하다.

7.1. 제1회 총선거 실시하다.

10.20. 원로원 폐지하다.

10.24. 伊藤博文이 초대 귀족원 의장에 취임하다.

10.30. 천황의 教育勅語를 발표하다.

11.22. 國學院을 창립하다.

12.12. 閔種黙과 일본공사간에 月尾島基地 租借條約을 체결하다.(4,900평에 월 80원)(1.21.양)

-. 이 해에 일본산 면직물이 시장을 석권하다.

【일본·해외】

6.1. 伊藤博文, 추밀원 의장에 취임하다.

9.21. 주일본공사 金嘉鎭 귀국, 일본정세를 보고하다.(10.23.양)

8.28. 內務協辦 李仙得(리젠드르)을 일본에 파견하여, 일본 어선의 濟州 漁採 금지와 韓日通漁章程의 개정 교섭케 하다.(9.30.양)

10.13. 일본공사관 겸 영사관 서기관 杉村濬 착임하다.(11.14.양)

11.8. 일본공사 梶山鼎介, 함경도 방곡령으로 인한 일본상인의 손해에 대하여 147,168圓의 배상을 요구하다.(12.8.양)

11.14. 일본국 杉村濬이 일본공사관 서기관 겸 한성영사에 임명하여 부임하다.

-. 이해에 일본인이 부산수산주식회사 어시장을 개설하다.

【일본·해외】

6.23. 일본 도쿄에서 〈조오수호통상조약〉을 조인하다.

8.8. 제2차 伊藤博文내각 성립하다.

10.6. 鄭秉夏가 청국에서 庫平銀 10만냥 차관하여 日本 第一銀行과 미국인 타운센드로부터 차관한 14만여圓을 상환하다.(11.24.양)

11.2. 일본에서 銀貨 25만圓을 차관하여 인천에 전환국을 신축키로 하다.(12.20.양)

11.30. 趙秉稷이 일본 공사의 황해도 방곡령 손해배상액 상환을 반박하다.(1.17.양)

12.8. 제6대 주한 일본공사를 梶山鼎介에서 大石正巳로 교체하다.(1.25.양)

12.15. 趙秉稷이 일본공사 大石正巳에게 일본어민의 어획물 몰수 배상청구액 중 50圓의 배상을 통고하다.(2.1.양)

12.24. 일본공사 大石正巳, 羅州 및 金海 지방 방곡령의 철폐와 몰수 미곡의 반환을 요구하다.

-. 이 해에 일본 제58은행 서울지점을 설치하다.

【일본·해외】

5.22. 戰時大本營條例를 공포하다.

8.12. 문부성에서 「키미가요」를 일본국가로 제정하다.

2.25. 일본공사가 동학교도 진압을 위해 군함 1척 파견을 일본 정부에 요청하다.(4.11.양)

2.28. 일본공사가 趙秉稷에게 동학도의 동향을 조회하고 일상의 안전보장 요구하고, 17일에는 동학도 처벌을 요구하다.(4.14.양)

3.7. 일본 참모차장 川上操六, 육군소좌 田村怡興造 등이 시찰 위해 부산에 도착하다.(4.22.양)

연도	한국
▲ 1893	3.19. 일본공사가 국왕을 알현하고 함경도, 황해도 방곡령 배상안에 대한 답변 요청하다./ 고종알현사건에 대해 한국인 통역이 사형선고를 받았다.(5.4.양) 3.24. 趙秉稷이 일본공사가 함경도 방곡령 배상안으로 국왕 알현을 요청하자 거절했다.(5.9.양) 3.29. 金思澈이 駐日公使에 임명되다.(5.14.양) 4.3. 南廷哲이 일본공사와 함경도, 황해도 방곡안과 포도청의 생삼 몰수안의 배상으로 銀 11만원을 상환하기로 협정하다./ 주한공사 大石가 일본 정부에 방곡령 배상문제를 해결하기 위해 조선에 군함을 파견하고, 세관을 점령하자는 강경책을 주장하다.(5.18.양) 4.23. 주일공사 權在衡이 한일수호통상조약상의 치외법권 철폐에 관한 일본측과 교섭에 성과가 없었음을 보고하다./ 일본, 駐淸特命全權公使 大鳥圭介의 駐朝鮮公使 겸임을 통보하다.(6.7.양) 6.7. 일본 주청특명전권공사 大鳥圭介가 駐朝鮮公使 겸임을 통보했다.(7.19.양)
1894 ▼	【한국】 1.22. 한성부 거주 일본인 安達謙藏 등이 『한성신보』(일본어)를 간행하다.(2.27.양) 2.22. 갑신정변의 주범 김옥균(1851~1894), 상해에서 홍종우에게 피살되다.(3.28.양) 3.19. 趙秉稷, 金玉均·朴泳孝를 암살하려던 李逸植이 소지한 고종의 신임장이 僞造임을 일본에 통보하다.(4.24.양) 3.7. 駐箚天津督理通商事務 徐相喬, 金玉均의 시신과 洪鍾宇를 대동하고 淸 軍艦편으로 인천에 도착하다. 3.9. 金玉均의 시신을 楊花津에서 陵遲處斬하다.(4.14.양) 4.14. 김옥균의 시신을 양화진 民房에 안치하고 검험을 지시하다. 4.24. 일본외무대신 陸奧宗光, 일본공사에게 金玉均의 妻子에 대하여 비인도적 처벌을 가하지 않도록 조선정부에 요구할 것을 훈령하다. 4.29. 英·佛·淸·日 군함 인천 來泊하다./ 동학군 진압 위해 袁世凱를 통해 淸에 援軍 요청하다. 4.-. 일본인 치과의사 노다지오[野田應治]가 한성의 남대문로에 최초로 치과병원을 개원하다. 5.2. 淸提督 葉志超 청군 1천 5백명을 인솔, 인천에 도착하다./ 일본, 청·일전쟁 수행을 위해 大本營 설치하다. 5.3. 駐日淸國公使 汪鳳藻, 일본 외무대신에게 조선에 파병한 사실을 통보하다./ 동학군 전주성 북문 龍頭峴에서 관군과 충돌, 5백여명 전사하다. 5.5. 일본, 병력 출동을 정부에 통고하다./ 일본공사, 總理交涉通商事務衙門主事 李鶴圭를 방문하고 일본이 天津條約에 의하여 조선에 파병할 것임을 통고하다./ 前 古阜郡守 趙秉甲을 유배시키다.(6.8.양) 5.6. 趙秉稷, 일본 공사에게 파병 중지를 요청하다./ 청군 910명이 기선 圖南號에 탑승 牙山에 도착하다.(6.9.양)/ 일본 해군중장 伊東祐亨, 군함 松島·千代田號를 이끌고 仁川 도착하다./ 趙秉稷, 일본공사 수행원을 제외한 호위해병 상륙 중지를 요구하다/ 일본특명전권대사 大鳥圭介 인천에 귀임하다. 5.7. 趙秉稷, 일본대리공사에게 일본군 파견 철회를 요구하다./ 일본 해병대 500명 인천에 상륙하다, 공사 大鳥圭介 호위병 400명 인솔하고 서울 도착하다. 5.8. 동학군 全州를 철수, 兩湖招討使 洪啓薰 全州 수복하다./ 趙秉稷, 大鳥圭介에게 일본군의 철수를 요구하다. 5.9. 일본 陸軍混成旅團兵力 800명 인천에 상륙하다. 5.10. 정부, 袁世凱에게 淸兵 철수를 요구, 청측의 요구로 袁世凱와 大鳥圭介간 철병문제 토의하다./ 趙秉稷, 일본공사에게 일본군 철수를 재차 요구하다./ 일본 混成旅團先發隊 서울 입성하다.(6.13.양) 5.12. 일본 육군소장 大島義昌, 步兵 3천·騎兵 3백명 인솔하고 인천에 정박하다. 5.13. 일본 외무대신 陸奧宗光, 駐日淸國公使에게 朝鮮內政改革案 전달하고, 일본 외무대신이 駐韓 공사에게 일본군의 동학군 토벌을 제의하도록 지시하다.(6.16.양) 5.14. 趙秉稷, 京仁 요충지에 일본군이 주둔한 사실에 대하여 항의하고 철수를 요구하다. 5.15. 趙秉稷, 日公使에게 동학 잔당이 이미 해산했으므로 일병을 철수시킬 것을 요구하다./ 미국공사 실(John M.B.Sill)이 본국 국무장관에게 淸日 양군의 조선 출병사실을 보고하다. 5.16. 일본 외무대신 陸奧宗光, 駐日淸國公使에게 양국이 각각 대신을 파견하여 조선의 내정을 개혁할 것을 제의. 청, 내정 간섭이라 하여 이를 거절하다. 5.17. 趙秉稷, 일공사에게 일군파병·주둔 이유를 반박하고 철병 요구하다. 5.25. 時原任閣臣을 접견하고 내정개혁에 관한 의견을 청취하다./ 大鳥圭介, 조선에 대한 청의 宗主權 주장에 대하여 정부의 분명한 입장 표명을 요구하다. 6.1. 日本公使 大鳥圭介, 내정개혁안 5개조를 제시하다.(7.3.양) 6.3. 주일공사 金思轍, 일본은 조선을 강점할 군사력이 없음으로 내정 간섭을 물리칠 것을 왕에게 건의하다. 6.7. 주일청국공사 汪鳳藻이 일본 외무대신에게 청국이 조선에 원병을 파병한다고 통고하다. 6.9. 일본 상비함대 사령관 해군중장 伊東祐亨이 군함 松島과 千代田 2척 인솔하고 인천에 도착하다./ 內務督辦 申正熙, 大鳥圭介와 老人亭에서 내정개혁안 협의하다.(7.11.양) 6.13. 정부, 日兵의 철수를 요구하고 개혁은 자체적으로 행할 것임을 통보.하다.(7.15.양)

일본

6.10. 閔泳敦이 일본상인의 절영도 가건물 설치사건을 문책하다.(7.22.양)

8.19. 일본 특명전권공사 大鳥圭介 착임하다.

8.26. 국왕이 일본국특명전권공사 大鳥圭介를 소견하고 국서를 받았다.(10.5.양)

9.9. 외무독판 남정철이 각 공사에게 1개월 후에 방곡령 실시를 통보하다.(10.18.양)

9.28. 일본공사가 부산·원산·인천항의 양곡수출 금지조치를 받아들이다.(11.6.양)

10.24. 부산, 원산에서 방곡령을 실시하다.(12.1.양)

10.28. 일본공사가 부산·원산·인천항의 양미수출 금지조처를 수락하다.(12.5.양)

11.25. 주차일본판리대신 공관이 화재로 전소하다.(1.1.양)

11.28. 일본이 전환국에 1만 5천원 貸付하다.(1.4.양)

【일본·해외】

2.17. 金玉均, 日本名으로 변장, 神戸에서 上海로 향발하다.

2.22. 김옥균(1851-1894)이 美國租界에서 홍종우에게 피살되다./ 박영효가 일본 도쿄에서 정부에서 파견한 이일식에 의해 피습되다.

4.24. 李逸植, 權東壽 등이 일본에서 朴永孝를 암살하려다 일본 경찰에 체포되다.

4.29. 伊藤博文, 일본 臨時閣議에서 淸·日戰爭 문제 토의를 제안하다.

5.4. 駐淸日本公使, 淸國總理各國事務衙門에 淸日兩國 條約에 의해 조선에 派兵을 통고하다.

5.12. 일본 閣議, 청과의 협상이 결렬되는 경우에도 군대를 철수하지 않는다는 방침을 결정하고 조선의 내정개혁을 추진하기 위한 대책 강구하다.

5.28. 伊藤博文, 淸·日開戰 문제로 관계자 회의를 주관하다.

10.12. 주일미국공사가 청의 요청으로 일본에 강화 조건을 제의하다.

11.21. 일본군이 청의 旅順을 점령하다.

11.22. 청이 일본군에 강화를 제의하다.

6.14. 大鳥圭介, 내정개혁을 단독으로 강제 실시하겠다고 통보하다.(7.16.양)

6.16. 美軍水兵 80여명 서울에 진주, 미국공사관을 호위하다./ 大鳥圭介, 내정개혁안 綱目을 제시하고 시행 강요하다.(7.18.양)

6.19. 일본, 청과의 전쟁에 대비 서울 이남 요충지로 병력을 이동하다.

6.21. 일본군 景福宮 장악, 大院君政權 수립하다.(7.23.양)

6.22. 大鳥圭介, 고종을 강박하여 내정개혁안을 접수 선포케 하다.(7.24.양)

6.23. 淸·日戰爭 발발하다./ 청·일 양국 함대 牙山 楓島 앞 바다에서 충돌·교전하다.(7.25.양)

6.26. 牙山 해전에서 일본군 대승하다./ 외무대신 金允植·일본공사 大鳥圭介, 朝日盟約을 체결하다./ 일본군 서울 주둔병력을 여단 규모에서 사단 규모로 증강하다.

6.27. 일본군, 충청도 成歡에서 청군을 격파하고 牙山 점령하다.

6.28. 軍國機務處, 中央官制를 개혁, 宮內府와 議政府의 各衙門官制職掌을 가결·공포하다.

6.29. 開國紀年 채택하다.

7.1. 淸·日 양국 宣戰布告하다.

7.4. 일군 5사단 잔류부대, 釜山·仁川·元山港에 도착하여 서울로 향발하다.

7.6. 일본에 망명했던 朴泳孝 귀국하다.(8.6.양)

7.9. 大鳥圭介, 金允植에게 일본의 封淸宣戰을 통보하다.(8.9.양)

7.24. 경복궁을 포위한 日軍 광화문 밖으로 철수하다.

7.29. 왕실 위문 명목으로 파견된 일본 西園寺公望 일행 서울에 도착하다.

8.13. 일본군사령부 및 제3사단 잔류부대 등이 인천에 상륙하여 일본군 병력이 도합 1만여 명에 달하다.

8.17. 일본군 平壤을 점령하다./ 청국 북양함대와 일본 연합함대가 압록강 어구 大東溝 앞바다에서 충돌 대접전하여 일본이 승리하다.(9.16.양)

8.29. 외무대신 金允植이 일공사에게 각부 아문의 사무를 자문할 일본인 고문 파견을 요청하다.(9.28.양)

9.7. 외무아문, 일본공사의 요청으로 경기·충청·경상도에 공문을 발송하여 일본 군용의 전선절단 엄금하다.(10.5.양)

9.13. 일본 西園寺의 내한 답례로 의화군 堈을 일본보빙사로 파견하다.(10.11.양)

10.13. 井上馨, 의주—부산간 군용전선 보호를 위해 日軍用 電線保護擬法을 告知하다.

10.15. 金允植, 동학군의 북상에 대비하여 公州駐屯 日軍의 계속 주둔을 井上馨에게 요청하다.(11.12.양)

10.16. 金允植, 호서지방 동학군의 진압을 위해 인천주둔 일본군 파병을 井上馨에게 요청하다.

10.18. 동학군, 公州 진격중 牛金時에서 日軍에 敗退하다.

10.21. 大院君 정계은퇴하다.

연도	한국
▲ 1894	10.17. 장석원이 일본군 전신선 절단죄로 황해 감영에서 사형당하다. 10.23. 井上馨, 2차 內定改革案 20개조 제안하다.(11.20.양) 10.24. 일본군 제1군이 압록강 도하를 개시하다. 10.25. 全瑲準麾下 동학군, 熊時에서 일본군 1개대대와 접전하다. 10.26. 관군과 일본군, 懷德에서 동학군 격파하다./ 金允植, 井上馨에게 徐光範의 안전 귀국을 보장하다. 11.3. 일군, 高敞·靈光·興德 지방의 동학군 진압하다./ 井上馨, 동학군 진압을 위하여 일군이 파병되었음으로 일군 작전에 협조하도록 내외에 포고할 것을 요구하다.
1895	【한국】 1.19. 일본공사가 조선 정부 통치 회유책으로 500만원 차관을 외무상에게 제기하다.(2.13.양) 1.22. 최고 정책 결정기관 군국기무처를 폐지되고 일본의 내정간섭이 심화되다. 1.29. 金允植이 日公使에게 신군제 편성을 위한 일본인 고문 요청을 수락하다.(2.23.양) 2.26. 〈교육입국조서〉 발표하여 학교설립·인재 양성조치와 근대식 학제 마련의 계기를 마련하다. 2.3. 일본이 관세 담보로 300만원을 대부하다.(2.27.양) 2.5. 金允植이 日公使에게 일본군대가 차용한 公錢 1만 2545냥의 상환을 요구하다.(3.1.양) 3.5. 정부, 일본은행과 300만元 借款條約 체결하다.(3.30.양) 3.8. 이노우에 공사의 건의에 따라 옛 친군영 장정을 선발하여 1개 대대 규모의 훈련대를 설치하다. 2.27. 井上馨, 궐내외를 호위 하던 일본 巡事의 전원 철수 통고하다.(3.21.양) 3.5. 정부(魚允中)가 일본은행과 300만원 차관조약을 체결하다.(3.30.양) 3.10. 日公使 요청으로 경인 지역 일본인 어류공급을 위해 포어선 30척을 배가하다.(4.4.양) 3.23. 정부가 三井物産과 홍삼위탁 판매계약을 체결하다. 3.25. 金允植이 日公使에게 일본군대의 일부를 잔류하도록 요청하다.(4.19.양) 4.8. 계동 직조국에 일본어학교를 학생 30명으로 개교하다. 4.9. 미·영·독·러 公使가 인천항의 일본조계 확장 및 철도 전신공사에 항의하다.(5.3.양) 4.11. 金允植이 본국유학생 100명의 일본 유학시에 중도에 지체하는 것을 금지하도록 지시하다. 5.1. 농상공부주사 손영길, 李允景 등이 일본박람회 시찰 위해 일본에 파견되다./ 일어학교 학생 및 각 도의 청년 28명을 동경 慶應義塾에 유학하게 하다.(5.24.양) 5.6. 井上馨, 외부대신에게 大同江 木浦 新設港에 日本租界 특설 요청하다. 5.21. 淸日戰爭戰勝祝賀使節의 派日 결정하다. 5.23. 金允植이 일본공사에게 일본인의 울릉도 난입을 엄금하도록 요구하다.(6.15.양) 5.27. 일본대리공사 杉村濬이 청국에 판견한 한국경하사 일행의 도착사실을 추궁하다.(6.19.양) 윤5.15. 박영효가 반역음모사건으로 재차 일본에 망명하다.(7.7.양) 윤5.25. 고종이 일본의 내정 간섭을 비판하고 새로운 제도를 강구할 것을 천명하다./ 삼국간섭으로 일본의 영향력이 약화되자, 궁궐호위를 목적으로 2개 대대의 '시위대'를 신설하다.(7.12.양) 8.20. 明成王后閔氏 景福宮 坤寧間에서 일본 浪人團에 피살, 乙未事變勃發하다./ 孔德里에 軟禁 중이던 大院君, 岡本柳之助가 지휘하는 浪人들 호위하에 경복궁에 입궐하다./ 미국·영국 등 열강, 三浦梧樓에게 王妃弑害를 항의하다.(10.10.양) 8.22. 侍衛隊를 訓練隊에 편입하다./ 일본정부, 王紀弑害사건 조사차 외무성 政務局長 小村壽太郎 파견하다./ 왕비 閔氏를 庶人으로 廢黜하다.(10.19.양) 8.27. 金嘉鎭을 駐日公使에 임명하다./ 金允植이 일본공사에게 毛瑟槍彈丸 30만발을 구매해 줄 것을 촉탁하다.
1896 ▼	【한국】 1.1. 간양연호와 태양력을 사용하다. 1.3. 외부대신 金允植이 일본판리공사 小村壽太郎에게 친위대와 진위대 양성을 위한 일본인 교관 24명 의 초청을 의뢰하다. 1.8. 盧應奎 의병부대 晉州에서 봉기하다. 1.13. 李春永 등, 의병을 原州에 집결하다. 1.15. 金福漢·李世永·金河洛 등, 洪州에서 의병을 조직하다. 1.17. 제천의병장 유인석이 〈檄告八道列邑〉 격문을 발포하고 의병 궐기를 호소하다. 1.20. 李昭應, 春川에서 의병대장에 추대되다. 1.22. 李春永·徐相烈 등 堤川의병, 丹陽에서 접전하다. 1.28. 親衛隊, 安東義兵을 공격하다. 1.29. 儒生 李晩鷹·琴鳳烈 등 220여명, 禮安에서 봉기하다. 1.30. 閔肯鎬 의병 關東에 진입하다. 1.31. 春川 의병장 李昭應, 檄文 '曉告八道列邑' 발표하다. 1.25. 조선에 일본헌병대 창설(1903.12 한국주차헌병대로 개칭)하다.

일본
11.5. 井上馨, 朴泳孝·徐光範의 特赦와 再起用을 요구하다.
11.8. 연합함대가 대련을 점령하다.
11.27. 일군, 泰仁에서 全琫準麾下 동학군을 격파하다.
12.2. 全琫準 淳昌에서 被逮되다.(12.28.양)
12.17. 일본공사 井上가 일본고문 50여 명 정부요직에 배치하고, 내정개혁을 단행하다.(1.12.양)

【일본·해외】
2.2. 연합함대가 威海衛를 점령하다.
2.12. 청의 북양함대 사령관 정여창이 일본 함대에 항복하다.
3.20. 청의 이홍장과 일본의 伊藤博文가 시모노세키에서 강화 회담을 하다.
3.23. 淸日 講和條約 조인하다.
4.1. 유길준의 『서유견문』을 일본 문순사에서 간행하다.
4.10. 일본정부, 遼東半島를 淸에 반환키로 결정하다.
4.17. 일본이 청국과 시모노세끼 강화조약을 조인(발효 5.10)하다. 일본이 요동반도를 할양받다.
4.23. 일본이 독, 프, 러시아 삼국간섭에 의해 요동반도를 청에 돌려주다.
4.-. 일본 내각회의에서 요동반도 포기를 결정하다.
5.25. 일본, 臺灣에 總督府 설치하다.
5.-. 재일유학생 어윤적·윤치호가 대조선인 일본유학생 친목회를 결성하여 친목·학식교환·문화계발을 추진하도록 하다.
6.4. 일본 내각이 한국에 대한 '보호국화'를 폐지하다.
6.17. 일본 대만에 총독부를 설치하다.
8.6. 육군성이 대만총독부조례를 제정하다.
8.27. 일본정부, 駐韓公使 三浦梧樓를 소환하고 후임에 小村壽太郎 임명하다.
9.9. 전 일본공사 三浦梧樓 등 4명, 謀殺罪로 일본 地方裁判所에 송치하다./ 일본정부, 井上馨을 朝鮮王室慰問特派大臣에 임명하다.
10.17. 민비 시해의 주범 三浦梧樓의 소환귀국을 명하다./ 小村壽太郎을 주한판리공사에 임명하다.
10.24. 을미사변의 주모자 楠瀬中佐를 구속하고 일본 廣島헌병대에 송치하다. 26일에는 전일본공사 三浦梧樓 등 4명이 일본국에 의해 음모죄로 구속되다. 그러나 1896. 1. 21 증거불충분으로 무죄 석방되다.

9.2. 정부, 王妃弑害와 관련하여 日人 軍部顧問 岡本柳之助·柴四郎 등 30명에 追放令.(10.19.양)
9.7. 王妃弑害 사건 관련 楠瀬中佐, 일본 廣島 헌병대에 구속 송치하다.
9.11. 일본공사 三浦가 청일전쟁때에 일본군대가 차용한 2,085圓의 청산을 통고하다.
9.14. 일본위문대사로 井上馨이 서울에 도착하다.(10.31.양)
9.16. 李載純을 특파대사에 임명하여 일본에 파견하다.
10.17. 일본 민비시해의 주범 미우라 공사에게 소환 명령을 내리다./ 제10대 주한일본공사 고무라 주타로[小村壽太郎]가 부임하다.
10.18. 李埈鎔에게 일본유학을 명하다.

【일본·해외】
2.15. 일본 유학생들, 도쿄에서 한국인 최초의 잡지 《친목회회보》 창간하다.(~1898.4)
3.4. 일본수상 伊藤博文, 일본주재 러시아공사와 조선문제에 관한 회담을 개최하다.
3.31. 拓植務省을 설치하고, 대만총독부 조례 공포하다.
10.14. 육군중장 乃木希典이 대만총독에 취임하다.

2.1. 김가진을 주일공사 부임시키다.
2.3. 柳麟錫이 寧越에서 의병장에 추대되다.
2.10. 鐵原 의병대장 愈鎭奎 '曉告八道列邑' 포고하고, 의병궐기를 호소하다.
2.11. 유길준·조희연·장박 등이 일본으로 망명하다(1907.8 귀국)
2.17. 柳時淵 金道鉉 등이 安東 淸凉山에서 의병조직하다./ 李昭應 의병이 경기도 廣州에서 府尹을 사살하다.
2.18. 고종이 〈의병해산조칙〉 공포하다. 단발이 강제가 아님을 알리며 의병 해산을 권고하다./ 외부대신 李完用이 일본판리공사 小村壽太郎

연도	한국
▲ 1896	에게 임시 주둔소의 반환을 요청하다. 2.19. 盧應奎 의병대 晉州에 입성하다. 2.24. 의병장 李春永 충북 水安堡에서 전사하다. 2.25. 일본 외무상대리 西園寺가 짜르러시아공사와 조선주재공사에게 조선문제에 관한 러일협상의 기본방침을 지시하다.(고종을 왕궁에 돌려보낼 것, 러일 양국이 새정부 조직할 경우 민비살해사건 가담자 극형에 처하지 말 것 등)./이춘영이 원주에서 의병 봉기를 하다.(1896.4. 충주에서 전사) 2.27. 申箕善을 南路宣諭使에 임명하고 의병을 宣諭케 하다./ 왕이 의병해산 詔勅을 내리다. 2.29. 김복한·김도화가 각각 홍주·안동에서 의병 봉기를 하다. 2.-. 정부가 일본 공사를 통해 일본제 무라다 소총 3,000정, 탄환 60만 발 구입을 요청하다. 3.2. 정부가 일본공사에게 三軍府의 반환과 의병진압을 위해 각처에 파견된 日兵의 철수를 요청하다. 3.3. 이소응이 춘천에서 의병봉기하여, 3월 13일에 춘천관찰사 조인승을 처단하다. 3.4. 閔龍鎬麾下 關東義兵 元山 진격. 3.9. 김구가 황해도 치하포서 왕후 시해를 보복하기 위해 일본인 쓰치다 죠스케[土田讓亮]를 처단하다. 3.11. 일본, 철병 요구에 대해 거류민 안녕을 구실로 불가를 통보하다. 3.12. 李康季 의병 堤川 진입하다. 3.13. 민용호가 강릉에서 관동구군도창의소를 결성하고, 함흥을 점령하다. 3.16. 유인석이 제천 일대의 의병부대를 통합하고, 湖左倡義大將에 취임하다. 3.23. 許蔿, 의병부대를 조직하다. 3.29. 徐相烈 의병이 경북 尙州에서 日軍과 교전하다. 3.30. 정부에서 일본공사에게 개성-한성 간 선로 및 북로전선(경원간)을 조속히 반환할 것을 요구하다. 4.2. 일본군이 경북 안동부에 방화하여 민가 1천여 호가 소실되다. 4.8. 일본정부, 駐箚朝鮮辦理公使 小村壽太郎을 特命全權公使로 陞任하다. 4.11. 盧應奎 의병부대가 金海에서 일본군 수비대와 교전하다. 4.27. 일본군 50여명, 安東에서 民家 1千餘戶를 방화하다.
1897	【한국】 1.5. 일본불교 淨土宗을 전래하다. 1.11. 의병 100여명, 安東·三陟·旌善 등지에서 寧越로 진입하다. 1.19. 李夏榮을 駐日特命全權大使에 임명, 日本皇太后의 조문사절로 파견하다. 2.20. 고종이 러시아 공사관에서 경운궁(현 덕수궁)으로 환궁하다. 2.24. 가토 마스오[加藤增雄]이 제12대 주한일본공사로 부임하다.(~1899.5) 3.9. 일본이 〈小村壽太郎·베베르 覺書〉와 〈山縣有朋·로마노프議定書〉를 조선정부에 전달하자, 조선정부는 자주권 침해라고 항의하다. 3.29. 국내 첫 철도 경인선(제물포-노량진) 착공하다(~9.18) 4.14. 일본은행 차관금 3백만원 중(1897.3.차관) 1백만 원 상환을 통고하다. 5.4. 일본인이 경인철도인수조합을 발족하다. 5.15. 일본공사가 함경도 종성의 방곡령철회를 요청하다. 5.23. 독립협회가 모화관을 독립관으로 개축하다. 황태자(순종)가 '독립관' 현판을 하사하다. 6.1. 일본공사가 전라도 지방 방곡령철회를 요청하다. 6.3. 일본공사 加藤增雄, 전라도 寶城 등지의 방곡령 철회를 요구하다.
1898 ▼	【한국】 1.7. 일본공사 加藤增雄, 외부대신 趙秉式에게 함경도 관찰사의 방곡령 집행 철회를 요구. 2.9. 독립협회가 종로 사거리에서 만민공동회 개최하여, 한러은행의 러시아 재정·군사고문을 비판하다. 2.22. 고종 부친인 흥선대원군(1829~1898)이 사망하다. 2.27. 독립회회가 부산 절영도 조차를 항의하고 해명을 요구하다. 2.-. 목포항 부두 노동자들이 일본 자본가들을 대상으로 임금인상 동맹파업을 단행하다. 3.10. 독립협회 제1차 만민공동회 개최하여 한러은행 등 러시아세력 배척을 결의하다. 3.19. 日外相, 露公使에게 滿韓交涉을 通告하다./ 度支部, 日本銀錢의 통용을 폐지하다. 4.25. 日 외상 西德二郎과 러시아 공사 로젠이 韓國에 관한 議定書를 조인하다.(니시-로젠협정) 5.26. 일본의 요구로 성진·群山·마산의 開港과 平壤을 開始場으로 할 것을 정하고, 絶影島의 各國租界도 정하다. 7.12. 仁川駐在 日本領事官,에서 日本圓銀의 통용을 공표하다. 7.19 안경수의 광무황제 양위 음모 사건 발각되자, 안경수가 일본으로 망명하다. 8.30. 日本公使 加藤增雄 歸國하고, 伊藤博文이 경부철도부설허가 지원을 위해 한국에 오다.

일본

4.-. 일본인 武裝行商團體 鶴林獎業團 조직하다.

5.10. 수비병 교체를 이유로 일본군 병사 300명이 한성에 오다.

5.12. 일인이 경부철도주식회사 창립발기인회를 구성하고 정부에 경부철도부설권을 청구하다.

5.14. 러시아와 일본이 〈베베르·고무라 각서〉를 교환하고, 친러정부와 일본의 을미사변 책임을 인정하다.

5.16. 고종, 일본공사 小村壽太郎을 접견하고 국서를 親受하다.

5.23. 진위대 설치이전의 잠정적인 지방 군사조직인 지방대를 설치하여 의병대를 진압하다.

6.16. 일본정부, 駐箚朝鮮特命全權公使 小村壽太郎을 해임하고 후임에 原敬을 임명하다.

6.-. 일본의 한반도 분할점령안을 러시아가 거부한 로마노프(Romanoff)—山縣有朋 협약을 체결하다.

7.2. 서재필·윤치호 등 30여 명이 독립협회를 결성하였다. 의장에 안경수 위원장에 이완용이 되다(~1898.12)

7.7. 신임 제11대 일본공사 하라 다카시[原敬]가 부임하다.

7.13. 의병진 盈德에서 패전하고, 金河洛이 전사하다.

7.14. 이천의병장 김하락(1846~1896)이 경북 영덕에서 관군 기습에 강물에 투신하여 순국하다.

7.17. 일본공사 原敬이 청일전쟁시부터 점용하고 있던 京義·京元電線의 반환을 통고하다. 미국공사관 수비병력이 철수하다.

7.23. 독립신문이 서울 거류 일본인수가 1,075명임을 보도하다.

8.4. 전국 지방행정구역을 23부 331군에서 13도 7부1목 331군으로 개편하다.

8.7. 개항장 감리를 복설하여 개항장 행정처리와 재판소를 관할하다.

8.10. 경부선 철도부설을 일인 실업자위원 2명에게 허가해줄 것을 일본 측이 요청하다.

8.18. 러시아공사가 정부에 인천 월미도 남단에 租借 결약서를 제출하다.

8.19. 原敬이, 자국 외무대신에게 한국내 배일풍조 만회 방안을 보고하다.

9.19. 유인석 의병부대가 평안북도 초산에 도착하여 압록강을 건너 봉천현 관전현으로 망명하다.

10.4. 日本公使 原敬이 귀국하고 加藤增雄이 대리공사가 되다.

11.21. 독립협회가 영은문을 헐고 독립문을 착공하다. 러시아의 사바친이 설계하다(~1897.11.20.)

11.30. 독립협회가 기관지《대조선독립협회 회보》를 창간하다.

12.2. 加藤增雄, 조선상인들과의 충돌로 긴박한 지경에 있는 평양지방 일본 상인들의 보호를 요청하다.

【일본·해외】

3.-. 일본정부, 小村壽太郎—웨베르(Waeber)각서와 山縣有朋—로마노프(Romanoff)의정서 사본을 전달. 정부, 자주권 침해라고 항의하다.

7.3. 정부, 木浦와 鎭南浦의 開港을 결정하다.

8.20. 오세창이 東京商業學校 부속 외국어학교 韓語敎師로 도일하다.

10.16. 美·日·獨·露·佛 등 각국대표와 〈木浦·鎭南浦居留地規則〉을 조인하다.

10.3. 고종이 稱帝를 선포하다.

10.11. 국호를 '大韓帝國'으로 결정하다.

10.12. 황제즉위식을 원구단에서 거행하고, 왕후 민씨를 황후로 왕세자를 황태자로 개칭하다.

10.20. 柳麟錫, 義兵의 經緯를 解明·自首하는 내용을 상소하다.

11.13. 정부가 일본은행 차관금 3백만 원 중 2차분 1백만 원을 상환하다.

12.1. 京仁鐵道가 자금난에 빠져 日本正金銀行에 저당을 잡히다.(1899.1.31.일본인 회사 소유권 획득. 사장 澁澤榮一)

12.4. 일본공사가 충청도 각지의 防穀令 철회를 요구하자, 정부가 철회를 통고하다.

【일본·해외】

1.12. 제3차 伊藤내각 성립되고, 伊藤가 제7대 내각총리대신에 취임하다.

2.1. 청국이 배상금 지불의 연기를 요구하였으나 일본정부가 이를 거절했다.

6.30. 오쿠마 시게노부[大隈重信]가 제8대 내각총리대신에 임명되다.

5.7. 청국이 청일전쟁의 배상금 지불을 완료하다.

8.31. 대만총독부가 항일투쟁을 탄압하기 위한 연좌제로 保甲條例 제정하다.

11.8. 야마가타 아리토모[山縣有朋]가 제9대 내각총리대신에 임명되다.

9.8. 한일간에 京釜鐵道條約締結하고, 일본인 佐佐木淸에게 부설권을 허가하다.

10.27. 관민공동회(대회장 윤치호)를 종로에서 개최했는데, 시민 4천여 명이 참가하다.

10.29. 관민공동회가 고종에게 〈헌의〉 6조 건의하니, 고종이 윤허하다.

연도	한국
▲ 1898	11.5. 독립협회가 제3차 만민공동회 개최하다. 고종이 만민공동회를 해체하고 주동자 체포를 지시하다. 11.21. 황국협회가 보부상 수천 명을 동원하여 만민공동회를 습격하다.
1899	【한국】 1.31. 일본이 경인철도 인수조합을 만들고, 미국인 모스로부터 180만원에 경인철도부설권 인수하다. 3.15. 주일공사에 金錫圭를 임명하다. 5.9. 주일공사에 李夏榮 임명하다. 5.15. 일본인 경인철도주식회사 설립하다. 5.23. 釜山 日本領事館 分館을 馬山에 개관하다. 5.24. 仁川, 元山, 木浦, 鎭南浦 등 각 海關에 기상관측기를 설치하고 일본과 기상통보를 교환키로 하다. 6.1. 주한일본공사 加藤增雄가 對러시아정책의 실패로 해임되고, 전인천영사 하야시곤스케(林權助)가 공사에 임명되다. 6.11. 국내철도용달사(사장 박기종)이 경성-원산-경흥 간 철도부설권을 획득하다. 6.29. 하야시 곤스케가 제13대 주한일본공사로 부임하다.(~1906)
1900	【한국】 1.17. 일본의 朝鮮流民 救還費用으로 1,200圓 35錢을 예비금에서 지출하다. 2.5. 日人이 설립한 日語學校 현황발표하다. 2.14. 일본원양어업회사에 경상도·강원도·함경도 해역의 捕鯨權을 허가하다. 3.1. 무장한 영국인과 일본인 등 58명 殷山開採鑛地에 난입, 불법 채굴하다. 3.-. 시부사와[澁澤榮一]가 광부 700여명 이끌고 직산 금광을 도굴하고, 경관을 동원하여 약탈을 자행하다. 4.9. 한성판윤과 日本人 사이에 南大門 정차장용지 貸與協約을 체결하다. 4.11. 馬山浦의 釜山日本領事館 분관을 폐지하고 領事館을 신설하다. 6.16. 진고개의 日人商街에 최초로 민간전등을 설치하다. 7.5. 한강철교 3년 4개월만에 준공하다. 7.8. 경인철도(인천-서대문역)를 완전 개통하다. 8.7. 趙秉式을 駐日本特命全權公使에 임명하다. 8.8. 〈皇城新聞〉, 러시아공사와 일본공사가 한국의 분할문제를 협의한 사실을 보도하다. 8.9. 〈皇城新聞〉 사장 南宮檍, 일본과 러시아의 한국분할 협의 기사와 관련 구속하다. 8.16. 일본인 澁澤榮一, 淺野總一郎 등의 광산조합에 稷山郡의 금광채굴권을 허가하는 합동조약을 체결하다. 8.17. 일본인이 가설한 京釜電線의 복선 공사 완료하다. 9.12. 외부대신 朴密純, 鬱陵島의 일본인 퇴거를 일본 公使에게 요구하다. 9.27. 육군참위 김규복·노백린·어담 등 19명의 일본 유학을 명하다. 9.30. 경인철도주식회사에서 주문한 황제용 승용차[어차]가 도착하다.(국내에 첫 자동차의 운행) 10.3. 日人 漁業區域을 전라·경상·강원·함경·연해에서 京畿沿海를 추가로 허가하다.
1901	【한국】 4.20. 정부, 일본공사의 無線電線 及 海底·陸上電線 架設權 요구를 거절하다. 4.26. 일본에서 신식 소총 1만정과 탄약 1백만 발 구입하다. 5.1. 韓·日 양국간 特殊郵遞制度 실시하다. 5.19. 일본의 요구에 따라 防穀令과 기타로 인한 손해배상 11萬圓의 6개년부 지불을 약속하다. 5.20. 馬山 日本特別居留地의 설정을 발표하다.(1902.5.17. 조인) 5.22. 일본공사 林權助, 인천—평양간 기선항행 허가를 청구하다. 5.23. 일본공사 林權助, 경부철도 用材의 無稅通關을 요청하다. 5.30. 이용태를 주일공사에 임명하다. 6.1. 헌병 2개 중대를 5개 중대로 증원하는 陸軍憲兵增額編制를 공포하다. 6.2. 한·일·불의 군함이 제주 봉기 진압을 위해 제주도에 도착하다. 6.3. 대구 시민들, 일본 헌병을 습격 중상을 가하다. 6.19. 外部에서 日本公使에게 漢城에 설치된 日本郵便局의 철수를 요청하다. 7.-. 충남, 전북 각군에 방곡령을 실시하다. 7.23. 충청도, 전라북도의 防穀令 해제를 日本公使가 요구하다. 8.7. 일본공사 林權助, 한국화폐 가치 하락에 대비한 韓日特殊郵便約定의 修正要求權의 유보를 성명하다. 8.16. 일본인 澁澤榮一에게 稷山金鑛採掘權을 허가하다.
1902 ▼	【한국】 1.-. 일제, 鬱陵島에 경찰관을 상주배치하다. 2.18. 일본공사 林權助, 인천항 부두의 설비 확충을 정부에 요청하다.

일본

12.25. 독립협회를 해산하다.

7.8. 경의선 부설권, 대한철도회사가 박기종에게 허가했으나, 8.16일 일본 방해로 취소되다.

7.15. 일본공사 林權助, 馬山租界 지역외에 일본인들이 매수한 토지의 소유권 인정을 요구하다.

7.27. 법부에서 독립협회 회원 최정식의 교수형, 이승만의 종신징역형 판결을 승인하다.

9.18. 인천-노량진간 경인선 33.3㎞, 국내 첫 철도로 개통하다.

9.-. 일본 거류민 50여명이 김포반도 강령포 등지의 蔘圃에 침입하여 약탈하다.

10.16. 醫學校에서 화학 교과서 번역을 위해 일인 麻川松次郎을 초빙하다.

11.30. 忠淸道 각 군수가 防穀令을 발포하다.

12.1. 일본공사 林權助, 5개소의 광산채굴권을 요구하는 청원서 제출하다.

12.29. 일본 제일은행 인천지점 준공하다.

【일본·해외】

3.10. 일본, 치안경찰법 반포하다.

5.1. 일본, 동경에 전차 운전 개시하다.

6.15. 일본 내각이 청국에 의화단 진압을 위해 1개 사단을 증파하기로 결정하다.

6.25. 청의 太沽에 상륙하다.

7.14. 일본군이 천진을 점령하다.

8.14. 연합군이 북경에 입성하다.

8.20. 소학교령 개정하다.(의무교육 4년).

10.19. 이토 히로부미가 제10대 내각 총리대신(제4차) 임명되다.

10.29. 정부, 청국의 영토보전과 문호개방에 관한 英獨協定의 가입을 통고하다.

10.5. 일인 어업구역을 전라, 경상, 강원, 함경도에서 京畿道를 추가로 허가(20년간)하다.

10.25. 정부, 울릉도를 울도군, 島監을 군수로 개칭하다.

11.27. 日本三井物産會社에 官蔘委託販賣를 허락하다.

11.29. 外部에서 日本公使에게 態川, 巨濟 등지의 日人不法漁撈行爲를 엄금을 요청하다.

12.8. 〈태극기규정〉을 제정하다. 흰바탕에 길이 7척·넓이 1척·태극 7촌의 청홍색으로 하다.

12.27. 일인회사에 부산 해안의 일부의 매립 공사를 허가하다.

12.-. 장고도사건(일본어선 홍주 장고도에 좌초)에 대해 일본 공사가 한국에 손해배상 청구하다.

【일본·해외】

1.7. 駐日 러시아공사, 列國 공동보증하에 한국 중립화를 제의하다.

1.17. 일본외상, 러시아의 한국 중립화 제의를 거절하다.

2.3. 흑룡회 발족식하다. 福澤諭吉이 사망하다.

6.2. 가쓰라 다로[桂太郎],이 제11대 내각총리대신(제1차)에 임명되다.

7.26. 일본외상, 한국정부가 발한 방곡령을 철폐시킬 것을 駐韓公使에게 훈령하다.

9.7. 북경에서 의화단 운동 종결 뒤에 최종 의정서 조인하다.

11.6. 일본 의회에서 일본인의 自由渡韓과 한국 부동산 점유획득 허용을 의결하다.

12.4. 伊藤博文, 조선문제와 관련된 露日協商案에 관한 각서를 러시아 외상에게 手交하다.

9.5. 日本第一銀行과 租稅를 담보로 50만원 차관 결약을 조인하다.

9.27. 일본공사 林權助, 방곡령 解除期日의 확정을 요구하다.

10.1. 방곡령 해제를 공포하다.(11월 15일 실시)/ 韓日, 韓淸間 郵便料金 인상하다.

10.29. 외부대신 朴齊純, 防穀令을 11월 15일부로 해제할 것을 上奏하다.

12.31. 일본공사, 정부에 대하여 프랑스와 차관계약을 조인하지 말 것을 요구하다.

【일본·해외】

1.30. 영·일 동맹협약 조인하다.

연도	한국
▲ 1902	2.28. 『皇城新聞』에 일본이 鬱陵島에 거주하는 자국민의 보호 관할을 명목으로 일인경찰관 4명을 울릉도에 상주키로 했다고 보도하다. 3.15. 各國公使가 일본공사관에서 회동하고 白銅貨 주조의 금지를 요구하다. 3.21. 전년도에 日人에게 발부된 어업인허건수가 仁川·釜山·群山·馬山·元山·木浦의 6개항에서 총 652건이었다. 4.16. 정부가 일본제일은행으로부터 일환 15만원을 차입키로 하다. 5.1. 정부, 第一銀行 발행의 澁澤紙幣의 유통을 반대하다. 5.13. 馬山에 70만 평을 일본인 거류지로 허가하고, 17일 馬山浦日本專管租界協定書 조인하다. 5.14. 이범윤을 간도시찰원으로 파견하여 간도 실태조사를 하다. 5.21. 日本第一銀行 釜山支店, 一圓券을 發行, 韓國에 유통시킴(8월 5원권, 12월 10원권 발행, 정부, 이를 반대) 6.22. 일본공사 林權助 皇帝를 謁見, 재정정리 화폐교정 등 時弊 5개조를 개진하다. 6.28. 정부가 日本公使로부터 稷山金鑛鑛區劃定을 통보받다.
1903	【한국】 1.18. 농상공부박람회사무소에서 한국산 天造物 및 人造物品을 일본박람회에 출품키 위해서 三井會社와 계약을 체결하다. 1.26. 정부가 日公使에게 사설 전화 가설에 항의하자, 通信員의 허가 후 開設을 지시하다. 2.5. 한성판윤 張華植이 日本第一銀行券 流通禁止令을 공포하다. 2.10. 高永喜가 駐日特命全權公使에 임명되다. 2.12. 일본의 항의로 제일은행권 유통금지령 해제되다. 2.17. 일본공사 林權助, 러시아의 京義線 철도부설권 신청을 거절하도록 정부에 요구하다. 2.-. 일본화폐 대량 유통으로 한국 화폐가치 폭락하다. 3.6. 일본공사 林權助, 경의철도 부설권의 러시아에의 讓興를 반대하는 일본의 입장을 표명하는 각서를 정부에 송부하다. 4.15. 일본 三井物産과 관삼위탁판매계약 체결하다./ 일본 三井物産에서 구입한 군함 揚武號의 인천 입항을 허가하다.(영국제, 가격 50만원, 3,435t) 4.30. 일본원양어업공사와 捕鯨特准續訂條約을 조인하다.(2월 만기를 재연장) 6.20. 윤이병 등 공제회에서 日本第一銀行券과 淸商 同順泰票의 배척운동을 하다. 6.22. 원산상인 金斗原이 日人의 債務不履行에 격분하여 黃土縣에서 日公使를 구타하다. 6.- 한성 내 가옥 중 2/3가 외국인에게 저당을 잡혔다가 기한을 넘겨 빼앗기다. 7.4. 일본제일은행권의 유통방해 행위를 엄금하다. 7.10. 일본공사, 러시아의 龍岩浦—安東間 전선가설 제지를 정부에 요구하다. 7.18. 정부가 日公使에게 日軍의 京釜電線 철폐를 요구하다. 7.22. 정부가 日公使에게 日本第一銀行手形發行 및 준비금상황의 연2회 공동조사 요청하다. 7.23. 일본공사, 정부의 경부전선 철폐요구를 거절하다. 8.10. 영국과 일본공사가 러시아에 용암포 조차 철폐와 의주 개시를 요구하다. 8.11. 간도 시찰사 이범윤이 북변간도관리사에 임명되어, 간도 거주 한인 보호 및 관할권을 행사하다. 8.24. 정부가 日人의 鬱陵島 森林伐採를 日本公使에 항의하다. 8.26. 日外相이 韓國皇帝에게 러시아의 龍巖浦 조차계약을 거절하도록 요청하라고 林權助에게 훈령하다. 9.3. 주일공사 高永喜, 한국의 중립문제에 관하여 일본정부의 보장을 요구하는 내용의 공문을 일본 외상에게 전달하다.
1904 ▼	【한국】 1.3. 일본공사, 거류민 보호를 위한 병력증강을 본국에 요청하다. 1.11. 일본공사와 捕鯨基地로 長箭浦, 津浦島, 蔚山浦의 租借契約을 조인하다.(기간11년) 1.16. 인천감리서에서 일본의 彈丸搬入을 저지하다. 1.22. 일본군이 러일전쟁에 필요한 물자 조달과 노임 지급을 위해 군용수표를 발행하다./ 한국의 국외중립에 관한 영국정부의 승인 훈령 外部에 도착하다. 주한 일본공사관부 무관 伊地知幸介 육군소장 착임하다. 1.23. 정부 러일전쟁 개전에 앞서 엄정 중립 선언하다. 2.4. 일군 임시파견대 진주하다. 2.6. 일군이 昌原, 釜山電報社를 점령하다./ 일본함대, 부산과 마산에 입항하여 군대를 상륙시킴. 러시아기선 묵덴(Moukden)호, 부산에서 일군에게 포획됨. 2.7. 일본 순양함 千代田號, 일본 함대와 합류하기 위해 인천에서 아산만으로 항진하다. 2.8. 일군 선발대 1천 500명 인천에 도착하다./ 러시아포함 코리에츠(Koryetz)호가 旅順港을 향하여 출항했으나 인천 외항에서 일본 함대가 봉쇄하여 회항하다./ 南陽, 群山, 元山에 상륙을 시작하다./ 일군이 대구 電報社에 침입하다./ 일본 연합함대가 여순항 밖에서 露艦隊를 공격하여 러일전쟁 발발하다. 2.9. 러시아군함 바리야크(Varyak)·코리에츠호·상선 숭가리(Sungari)호 등, 인천 앞 바다에서 日軍에 격침되다./ 일군 서울에 진주하다.

일본
6.30. 정부가 群山監理와 日本領事간에 체결된 군산 일본인 전용기지 조차 협정에 동의하다.
8.2. 日本第一銀行 발행수표의 통용을 실시하다.(10원, 5원, 1원권)
9.-. 일본 정토종의 승려가 서울 남산에 본원사(경성별원)를 설립하다, 해방후 호국역경원이 되다.
10.10. 간도거류민이 정부에 관리 파견을 요청하다.
11.5. 전 육군교관 김형섭·김의선이 일본에 망명중인 이준용 암살미수로 체포되다.
11.7. 서울역 앞에 세브란스 병원을 착공하다.(~1904.11)
12.5. 일본공사 林權助, 전북 檢稅官 白南信의 곡물매매 금지령 철회를 요구하다.
12.8. 경성일본상업회의소에서 백동화가치 하락에 주조 중지와 환수를 한국 정부에 요구하다.
12.22. 첫 화와이이민 121명이 갤릭호로 인천항을 출발하다. 1903년 1.13. 하와이 호널룰루에 도착하다.
12.-. 강원도 杆城郡 어민들, 일본어선의 대량 진출로 실업상태에 있음을 道 당국에 호소하다.

【일본·해외】

4.21. 桂 수상, 小村 외상, 伊藤博文 등 경도에서 러시아에 대한 방침을 협의하다.(러시아의 만주 철병과 조선에서의 일본 우위에 주안점을 둔 대러교섭 결정)

6.24. 동경제대 교수 등 7명이, 滿韓교환이라는 정부의 대러방침에 반대하는 건의서 제출하다.(7박사 사건, 대러 강경의견)

8.6. 일본외상, 러시아 정부에 露日協商案을 제출할 것을 러시아주재 공사에게 훈령하다.

8.12. 러시아주재 일본공사, 韓滿문제에 관한 對露 협상안을 러시아 외상에게 제시하다.

8.21. 러시아에 한국·만주 문제 타협안 제시하다.

12.30. 각료회의에서 러일전쟁 개전시에 對淸, 對韓정책을 결정하다.

10.3. 日外相 小村壽太郎이 駐韓公使 林權助에게 韓日密約條約 締結을 훈령하다./ 러시아정부, 한국의 영토를 39도선으로 분할하여 그 이북을 중립지대로 하는 대일협상안을 제시하다.

10.5. 일본공사 林權助, 외부대신에게 러시아군이 용암포에 주둔하여 포대를 설치한 사실에 대하여 경고할 것과 용암포를 각국에 개방할 것을 권유하다.

10.8. 일본외상, 일본주재 러시아공사와 朝鮮 滿洲 문제에 대한 협상을 개시하다.

10.22. 參將 李學均과 參領 盧伯麟 等이 日本軍 연습 관전하기 위해 도일하다.

11.3. 일본서 들여온 인력거 100대를 책임관에게 분양키로 하다.

11.15. 영국인 해밀튼 등이 일본인 奧田貞太郎와 합작하여 仁川煙草會社를 설립하다.

11.21. 木浦日領事·日警部·日商人 등이 日軍 100여명을 동원하여 務安港監理署 및 警務署에 난입하여 난동을 부리다.

11.23. 정부, 露日開戰時 중립을 고수할 것임을 각국에 선언하다.

11.24. 일본에 망명 중인 고영근이 민비 시해사건에 관여한 우범선을 암살하다.

11.-. 인천부두에서 러시아 수병과 일본인 사이에 충돌사건이 발생하다.

12.-. 러시아 '동양함대'가 인천에 입항하다.

【일본·해외】

2.5. 러시아와 일본 국교를 단절하자, 북쪽의 일본인들 평양으로 피난하다.

2.8. 일본, 중국 여순항의 러시아함대 기습 공격하여 러일전쟁 발발하다.

2.9. 일본 연합함대, 인천 부근에서 러시아 군함 2척 격파하다./ 일본군 선발대 1개여단, 한국정부의 중립선언을 무시하고 서울에 진주하다.

2.10. 日本公使, 러시아 公使 파블로프에게 撤收勸告하다./ 日本, 러시아에 宣戰布告하다.

2.21. 日本軍參謀本部, 京義鐵道 建設을 위해 臨時軍用鐵道監部를 編成하다.

3.20. 일본, 도쿄에서 조선주차군사령부 편성하다.

5.5. 일본군, 요동반도 상륙 개시하다.

6.20. 만주군 총사령부 설치하다.

8.10. 黃海 해전이 일어나다.(러시아 함대 旅順에서 패배)

8.19. 일본군, 여순 총공격 개시하다.

9.4. 日軍, 遼陽 점령하다.

2.12. 파블로프 撤收하고, 淸國이 露日戰爭에 중립을 선언하다./ 〈한일의정서〉 체결을 반대한 이용익이 일본으로 납치당하다.

연도	한국
▲ 1904	2.15. 일본군 12사단(사단장 이노우에 마쓰루[井上光: 육군 중장])이 인천에 상륙하다. 2.16. 일본이 韓日議定書 초안을 李址鎔에게 전달하다. 2.18. 일본군이 용산역 동쪽광장에 육군 임시철도감부 청사를 착공하다.(3.20 준공) 2.21. 주한일본공사, 외무대신이 수정 제시한 議定書案에 관해 본국에 훈령을 요청하다. 2.22. 韓日議定書 체결을 반대한 度支部大臣 李容翊이 일본으로 압송되다. 2.23. 韓日議定書를 조인하고, 일제가 한국을 세력권에 넣고자 하다. 2.27. 韓日議定書 공포하다./ 平壤거주 일본거류민들, 중대병력의 義勇隊를 조직하여 日軍 선발대와 자체수비에 나서다./ 권중석(의정부참찬)·이유인(중추원부의장) 등이 한일의정서에 반대하다. 2.28. 러시아 코사크 騎兵, 평양에서 日軍의 반격으로 敗退하다. 2.29. 일본군이 한국 군영을 강점하고 쌀 4만석, 밀 1만 5천석 강탈하다. 3.1. 이유인·이지용이 〈한일의정서〉체결에 가담한 구원회를 탄핵 상소하다. 3.2. 〈한일의정서〉을 체결한 담당자 외부 교섭국장 구완희·강홍대 집에 투탄 사건 발생하다. 3.4. 일본공사, 日軍의 경의철도 부설을 외부대신에게 통고하다. 3.5. 일본공사, 한국신문에 일군의 동태를 보도하지 못하도록 정부에 요구하다. 3.7. 일본정부, 樞密院議長 伊藤博文을 한국 황실 위문을 위해 特派키로 결정하다. 3.17. 伊藤博文이 特派大使로 내한하다. 3.21. 일본군 주력 제1군이 鎭南浦에 상륙하다. 3.25. 일본공사 林權助, 高宗과 미국인 콜브란(Colbran)간에 체결된 경성전기사업 계약 파기를 본국에 품신하다. 3.28. 伊藤博文, 일본인 정치·군사고문 채용을 정부에 요구하다./ 日軍, 定州에서 러시아군 격파하다. 4.3. 조선주차군사령부를 한국에 설치하다. 4.25. 블라디보스톡 함대가 원산만에서 일군을 수송하던 金州丸을 격침시키다. 4.-. 일본 제일은행이 한국에서 10전·20전·50전의 소액권을 발행하여 통용하다. 5.1. 日軍 제1군 압록강을 건너 진격하다. 5.4. 제3차 화와이 이민 130명 출발하여 6월 1일에 호놀룰루에 도착하다. 5.9. 일본 외무대신, 韓·露간 모든 조약의 폐기를 정부에 강요하다. 5.20. 주한일본공사 하야시가 18개조의 '대한방침 관련 협의안' 일본에 발신하다. 5.21. 일본공사, 間島 문제의 해결은 일본 정부의 중재로 할 것을 요구하다. 5.31. 일본 내각에서 對韓方針 및 對韓施設綱領을 결정하고, 적당한 시기에 한국 보호국화·병합을 추진하기로 하다. 6.4. 일본인에게 충청, 황해, 평안도 연안의 漁業權을 特許(기한 20년)하고, 일제가 서해안의 어업구역을 확보하다. 6.6. 일본공사 하야시가 전국의 황무지 개간권을 요구하자, 국내의 거센 반발이 일어나다. 6.9. 韓日兩國人民漁採區域條例 고시. 6.12. 충남 금산에서 경부선 공사중인 한·일 노동자 충돌하여 한국인 12명 사상자가 발생하다. 6.14. 일본공사관부 무관 齋藤力三郞, 한국군 감축을 목적으로 하는 군사경영요령을 작성하다. 6.15. 블라디보스톡 함대가 對馬해협에서 日軍함 2척을 격침시키다. 6.17. 일본 공사가 50년 기한의 황무지 개간권을 요구하다. 6.18. 일본공사, 儒生들의 排日檄文 비밀배포에 대해 외부대신·법무대신·警務使에게 조사 처분을 요구하다./ 淸의 요구에 따라 北間島管理使 李範允의 소환을 의결하다. 6.20. 인천의 임시관측소 설치용 대지를 일본측이 요구하다. 6.23. 일본이 〈한일의정서〉를 근거로 도로건설을 위한 인부와 물자징발을 요구하다. 6.24. 日本軍, 滿洲軍總司令部 설치하다. 6.25. 의병장 허위 등, 〈배일통문〉을 전국에 발송하다. 6.27. 외부대신 李夏榮이 일본의 황무지개간권 요구를 거절하다. 7.5. 排日運動者 처벌을 일본측에서 요구하다. 7.12. 滿洲의 駐天津日領事 伊集院彦吉을 한국명예영사로 임명하다. 7.13. 沈相震·宋秀萬 등, 輔安會를 조직하여 종로 白木廛都家에서 회집, 일본의 황무지개간권 요구를 반대 성토하다. 7.16. 宋秀萬·宋寅燮·元世性 등, 輔安會 회의소에서 일본이 요구한 황무지 개척권에 대한 반대집회 중 난입한 日憲兵과 경찰에 의해 일본영사관에 구금하다. 7.20. 일본 군경이 〈군사경찰훈령〉을 제정하여 총포·탄약·병기·화구 소지를 금지하고, 검사·압수·처벌 등을 공포하다. 7.21. 주차일본군사령관, 한국정부에 치안유지를 위해 한성 내외에 군사경찰 실시를 통고하다.
1905 ▼	【한국】 1.5. 주한일본군사령관이 경성 및 그 부근의 치안에 관한 경찰 업무는 일본군이 담당한다는 군령을 발표했다. 1.7. 주한일본공사, 각지 영사에게 한국정부 및 지방관의 虐政 사례를 보고토록 지시하다.

일본

7.22. 군중 2천여 명이 종로에서 일본의 황무지 개척권 요구 반대시위를 하자, 전차 운행이 중지되다.

7.23. 정부가 荒蕪地를 일본에 제공하지 말라고 각지에 고시하다.

7.25. 외부대신 李夏榮이 일본의 軍事警察 실시 중단을 요구하다.

7.28. 주한일본군사령관이 군용전선, 철도의 보호에 관한 포고문을 발표하고, 군용전선·철도 방해자에게 사형에 처할 것을 공포하다./ 일본 육군대신 寺內正毅, 자국 外相에게 울릉도·두만강 연안의 산림채벌권 접수를 제의하다./ 주한일본군사령관, 군용철도 전선보호에 관한 軍令을 발포하다.

7.30. 高麗王陵을 도굴하여 일인에게 판 朴光本을 체포하다.

7.-. 일본의 군사경찰 훈령에 따라 한국 치안을 일본군이 담당한다고 통고하고, 군사경찰제를 시행하다.

8.1. 일본공사가 황무지 개간 요구 취소하다.

8.3. 일본군,이 포대설치를 위해 月尾島의 민가를 철거하다.

8.6. 警務使 申泰休이 日憲의 한국인체포문제 해결을 外部에 요구하다.

8.8. 일본군 보병과 러시아 기병 500여 명과 원산에서 충돌하다.

8.10. 일군사령관이 安東縣에 일할 노동자 2천 명 모집을 內部에 의뢰하다./ 경무청에서 外部에 일군의 성문경비를 중지토록 교섭의뢰하다.

8.12. 일본공사 林權助, 25개조 施政改革案을 제시하다./ 일본 정부가 추천하는 외국인 1명을 외교고문으로 초빙하는 顧問招聘覺書에 합의하다.

8.15. 주차일본군사령관, 남대문 밖 야동, 도동 일대, 한강변의 군용 건축 용지를 강제수용 한다고 통고하다.

8.16. 이용구가 동학교도 일부를 포섭하여 친일단체 '진보회'를 조직하다.

8.18. 송병준·윤시병 등이 친일단체 '유신회' 조직하다, 8월 20일에 '일진회'로 개칭하다.

8.20. 일제가 《제국신문》《황성신문》 주무원에게 군사문제 게제 금지와 사전검열을 통고하다.

8.22. 尹致昊, 林權助 사이에 제1차 한일협약(한일외국인고문초빙에 관한 협정서: 외교·재정고문)을 조인하다.

9.1. 일본공사의 요구로 러시아 주재 한국공사 李範晉을 면직하다.

9.6. 일본재벌 澁澤淺野 등, 韓國興業株式會社 설립하다.

9.14. 일본공사가 서울-元山간에 철도건설을 통보하다./ 시흥군민 수천 명이 노동자 강제모집에 반발하여 시위를 하자 日軍이 출동하여 군수와 일본인 2명이 살해되다.

9.16. 일군의 訓練院 연병장 점령으로 親衛隊를 시외로 이전하여 훈련하다.

9.21. 일본군 헌병이 군용철도 방해죄로 김성삼·이춘근·안순서 등을 공덕리에서 포살하다.

9.24. 일본 육군유년학교를 모방하여 무관학도 양성을 목적으로 육군유년학교를 설립하다.

9.28. 일본공사가 다시 황무지 개간권을 요구하다.

10.3. 谷山郡民이 노동자 징발에 반대하여 일본인 7명을 죽이다.

10.9. 일본군사령부, 군사경찰훈령 시행에 관한 內訓 제정하다.

10.12. 일본 육군대장 長谷川好道, 韓國駐箚日本軍司令官으로 부임하다.

10.13. 駐韓日軍司令官 長谷川好道가 부임하다.

10.14. 정부가 일본인 메가다[目賀田種太郎]와 재정고문 초빙을 체결하다.

10.17. 일본대장성 주무국장 目賀田種太郎을 度支部 고문으로 초빙하다.

10.25. 日本憲政黨本部, 전권위원을 서울에 주재시켜 한국의 대내외 정책을 감독하는 '對韓政策에 관한 宣言書' 채택하다.

10.29. 日本軍用鐵道監部에서 兼二浦에 철도공장을 설치하다.

11.4. 日本에서 구입한 揚武號 代價 및 利子를 예비금에서 支出할 것을 재가하다./ 일본공사, 철도운행을 방해하는 자에 대한 엄벌을 요구하다.

11.6. 이승만, 고종의 밀지를 휴대하고 도미차 인천을 출발하다.

11.7. 일본외상 小村壽太郎, 미국인 스티븐스(D.W.Stevens)를 한국 정부의 외교고문으로 초빙하여 중요 외교 안건을 일본공사와 협의할 것을 주한공사에 지시하다.

11.10. 경부선 완공하고 1905년 1월 1일자로 영업을 개시하다.

11.14. 電線 절단한 郭山의 文贊鎬가 일본헌병에게 체포되다.

11.25. 포경사업을 日本長崎捕鯨合資會社에 전적으로 맡기다.

12.8. 일본공사, 압록 두만강 연안의 삼림을 일본이 경영할 것 등을 황제에게 직접 요구하다.

12.20. 大韓赤十字社 관제를 공포, 세계적십자사에 가입하다./ 일본공사, 한국의 통신사무를 일본정부에 위임하는 위탁협약을 외부대신에게 수교하다./ 일본공사, 한국경찰권 장악을 위하여 경무고문을 파견할 것을 본국 외무성에 請訓하다.

12.24. 日軍사령관 長谷川好道, 한국군 감축에 관한 의견 접수를 정부에 강요하다.

12.27. 미국인 스티븐스을 외교 고문으로 초빙하다.

12.-. 만주에서 귀국한 유인석, 평남 개천지방에서 다시 의병을 조직하다.

【일본·해외】

1.15. 《워싱턴포스트》에서 이승만의 '일본의 한국침략 폭로' 인터뷰 기사를 게재하다.

1.17. 일본정부가 주한공사 林權助에게 警務顧問의 하부조직으로 전국에 일본인 警視 巡事를 고용하는 것을 내용으로 하는 한국 경찰제도

연도	한국
▲ 1905 ▼	1.8. 주한일본군 헌병사령부에서 京城 일원의 무단집회 금지를 공고하다. 1.16. 학부대신이 日本高等師範學校 敎授 幣原坦을 學政參與官으로 傭聘하는 문제를 일본공사와 협의하다. 1.18. 일본 화폐의 유통을 허가하는 〈화폐조례〉를 공포하다. 1.20. 경시청 제1부장 丸山重俊가 경무청 고문으로 부임(2.3 임용계약)하다. 1.31. 정부가 제일은행과 貨幣整理契約, 整理資金借入契約, 國庫金取扱에 관한 계약에 조인하다. 2.1. 일본인 문학박사 幣原坦을 학부 참여관으로 초빙하는 계약체결하다. 2.2. 일본군사령부, 共進會를 해체하고, 서울 상인들이 경무청에 일본 상인의 종로 진출 금지를 요구하다. 2.13. 주한일본공사 林權助, 日語學校卒業生들을 郡守로 임명할 것을 정부에 요구하다. 2.16. 일본인 시데하라[幣原坦]을 학정참여관으로 용빙하다. 2.17. 최익현·이지용 등 6인이 일본을 규탄하는 상소를 올리다. 3.8. 駐韓日本公使 林權助가 外部大臣 李夏榮에게 8個條目의 軍令을 적용하는 것을 통고하다. 3.10. 일본 순사를 서울시내 警務署와 감옥에 배치하다. 3.11. 崔益鉉·金鶴鎭·許蔿 등, 韓日議定書 聲討와 관련 일본헌병대에 拘禁. 3.15. 일본공사 林權助, 각종 통신기관의 일본 위탁과 日船의 한국 沿岸 河川의 자유항해 승인을 요구하다. 3.22. 駐韓日本公使 林權助가 한국정부의 요청에 따라 警察事務刷新에 필요한 일본인 경찰관 7명을 파견하다./ 최익현이 일본 헌병에 피체되다. 3.23. 일본 제일은행이 한국에서 제일은행권을 발행하다. 3.24. 外部가 일본측의 요구에 따라 주청한국공사관에 參書官 1명과 書記生 1명만 제외하고 모두 철수하도록 訓令을 내리다. 3.25. 고종이 상해의 러시아 장군 멧시노에게 '일본 견제 호소' 밀서 전달하다. 4.1. 통신기관을 일본에 위임하는 韓日通信機關協定을 조인하다. 4.6. 미국에 머물던 의친왕 이강이 귀국하다.(1900년 미국에 유학하다) 4.8. 일본각의에서 한국에 대한 일본의 保護權確立方針을 결정하다. 4.10. 日公使가 외국에 주재하는 한국공사의 소환을 요구하다. 4.13. 한국군 친위대를 폐지하여 군인수가 반감하다. 5.1. 서울 서대문-부산 초량간 1일 1회의 직통 급행열차를 개시하다.(14시간 소요)./ 일본대리공사, 한국의 연안 및 하천에서 일본 선박의 자유항행 승인을 요구하는 약정서를 정부에 제출하다. 5.5. 이하영이 일본의 권고에 따라 하와이 한국 노동자의 보호 감독을 위해 駐하와이 일본총영사를 駐하와이 한국 명예영사로 임명하다. 5.11. 교전지역인 함경도에 일본군이 군정을 실시하다. 5.12. 주영공사 이한응(1874~1905)이 한국 정부의 공사 소환명령에 불응하고 자결 순국하다. 5.13. 일본대리공사, 지방경찰 사무를 위해 각 도에 배치할 警視 9명·警部 13명의 명단을 외부에 통고하다. 5.15. 외부대신서리 尹致昊, 英國公使에게 殉國한 李漢膺공사 救護에 대하여 謝意를 전달하다. 5.24. 이준·양한묵·윤효정 등이 헌정연구회를 조직하여 반 일진회운동을 전개하다.(1906.2 해체) 5.28. 서대문역에서 경부선 개통식 거행하다. 5.31. 주한일본공사, 해외이민 금지령의 이행을 촉구하다. 6.16. 13도에 파송된 일본경시가 度支部顧問室에서 회동하고 地方各郡徵稅事件에 대하여 目賀田種太郎과 상의하다. 6.-. 이기·나인영·오기호가 도일 후에 이토 히로부미 등에게 '보호국화' 정책 폐기를 요청하다. 7.1. 일본 第一銀行 서울 지점에서 한국의 中央銀行 업무를 담당하다./ 일본이 漢城郵遞總司, 電報總司를 인수하여 京城郵便局 설치하다. 7.8. 일본공사, 국내 통신사무의 완전접수를 정부에 통보하다. 7.26. 일본외무대신이 일본대장성과 협의결과 韓國皇室費로 한국정부에 대부하기로 결정하였음을 통보하다. 8.9. 일본군이 서울 남대문 밖을 군용지로 강점하자, 한국인들이 항의하다. 8.13. 외부대신 李夏榮·日本公使 林權助, 韓國沿岸과 河川航行에 관한 韓日約定書에 조인하다. 8.16. 의병장 원용팔이 충청도 영춘·강원도 영월 일대에서 기병하다. 8.26. 외부대신 李夏榮이 일본공사에게 한국군부의 군사교육 개선을 위한 日本人敎官 8인의 추천을 의뢰하다. 8.27. 일본공사 林權助이 한국의 海關事務를 탁지부 예속으로 하고, 總稅務司 브라운의 퇴직을 종용하다. 9.9. 한국의 외교관계를 일본정부에서 인수하는 것에 대해 미국대통령도 異意가 없다고 하다. 8.20. 元容八 등 의병 100여명, 충북 永春서 倡義檄文을 내고 봉기하다. 8.23. 일본공사 林權助, 한국정부 관리에 대한 통제 수단으로 기안 제시한 '議政府組織及大臣服務內規'를 본국 외상에게 보고하다. 8.26. 외부대신 李夏榮, 일본공사에게 군사교관 8명의 추천을 의뢰하다. 8.27. 일본공사 林權助·재정고문 目賀田種太郎, 고종에게 궁중 재정 정리의 필요성을 강조, 內帑金 증액을 위해 일본 정부

일본

에 관한 일본 정부의 방침을 훈령하다.

2.22. 일본이 독도를 竹島라 하고 島根縣에 편입하다.

3.10. 露·日 양국의 奉天會戰에서 日本軍이 이기고 奉天을 점령하다.

4.8. 일본 각의, 제2차 영일동맹 체결방침을 결정하다.

4.21. 각의에서 러일 강화조건을 결정하다.

5.3. 鄭元明·金聲權·尹炳求·姜永韶 등, 하와이에서 항일운동·동족상애·일화배척 등을 목적으로 梨花親睦會(Friendship Society of Ewa) 조직하다.

5.9. 외부대신서리, 일본공사의 安邊郡 智陵松林 벌채허가 요구를 불허하다.

5.26. 영국주재 일본공사 林董, 제2차 英日同盟案을 제안, 영국외상 이에 동의하다.

5.27. 일본함대가 대마도 해협에서 러시아 발틱함대를 격파하다.

6.24. 일본 각의, 한국 경무고문 보좌관 및 보좌관 배속 순사를 일본 외무성의 현직을 유지한 채로 한국 傭聘에 응하도록 하는 의안을 가결하다.

6.-. 李沂·羅寅永·吳基鎬 등 渡日, 伊藤博文·大隈重信 등을 만나서 한국의 보호국화 폐기를 요구하다.

7.6. 고종의 밀사 이승만·윤병구가 미국 대통령에게 〈한국독립청원서〉 제출하였으나 미국 정부 거절하다.

7.12. 하와이 교포총회, 하와이 韓僑獨立請願書(Petition from the Koreans of Hawaii to President Roosevelt)를 미국 정부에 제출하기로 결의, 李承晚·尹炳求를 대표로 선출하다.

7.29. 일본수상 桂太郎가 미국육군장관 태프트와 회담하여 韓國과 필리핀 문제에 관한 〈桂·태프트 覺書〉를 맺어 일본의 대한제국과 미국의 필리핀 지배를 인정하다.

8.5. 주미 일본 임시대리공사, 미국거주 한국인 尹炳求·李承晚 등의 독립운동을 위한 활동내용 요지를 자국 외무대신에게 보고하다.

8.8. 하와이 교민 李東鎬, 7천여 이주민 대표로 귀국, 교민보호를 위해 영사파견을 外部에 간청하다.

8.12. 런던에서 제2회 英日同盟協約을 조인하여, 일본의 한국지배권을 승인하다.

9.5. 포츠머스에서 露日講和條約 조인하고, 러일전쟁을 종결짓다.

9.11. 첫 관부연락선 이키마루[壹岐丸, 1,680톤]가 취항하다.(부산 – 시모노세키 11시간 30분 소요)

9.15. 일본 도쿄에서 서북 출신 유학생 들 태극학회 조직하다. 1909년에 대한흥학회에 통합되다.

10.12. 일본이 遼陽에 관동총독부 설치하다.(1906.9.1. 관동도독부, 1919.4. 관동청으로 개칭하다.)

11.2. 일본정부, 보호조약 체결을 위해 伊藤博文을 特派大使에 임명하다.

11.9. 이토 히로부미가 특파대사로 을사늑약 강행차 내한하다.

11.18. 東京 第一中學 한국유학생, 乙巳勒約 체결에 반대 동맹휴학하다.

11.29. 일본외상, 乙巳條約의 효력이 이미 발효중임을 駐英日本公使에게 훈령하다.

12.8. 駐佛公使 閔泳瓚, 을사조약의 무효를 주장하는 고종의 密旨를 가지고 워싱톤에 도착하다.

12.11. 일본외무성, 한국과의 수교국인 영국·오스트리아·벨기에·프랑스·독일·이탈리아·미국·淸 등 각국에 주재하고 있는 일본공사에게 한국공관 철수를 훈령하다.

12.12. 駐獨 일본대사, 주독 한국공사관 철수를 독일정부에 통고하다./ 일본외상, 주한공사에게 한국에 대한 구제자금 150만圓의 무이자 대출이 결정되었음을 통보하다.

12.13. 일본외상, 주일공사 趙民熙에게 駐東京 한국공사관 철수를 口達하다.

12.14. 황제특사 헐버트(H.B.Hulbert), 乙巳條約의 무효를 주장하는 고종의 친서를 미국무성에 전달하다./ 외무대신, 駐獨·佛·淸·日 등 각국 주재 공사의 철수를 훈령.

12.21. 주일본 한국공사관(공사 조민희)을 철수하다./ 일본정부, 樞密院議長 伊藤博文을 韓國統監에 임명하다.

로부터 150만圓을 차입할 것과 궁중 재정정리는 재정 고문에게 위임할 것을 요구하다./ 일본공사 林權助, 總稅務司 브라운(J.Brown)의 해임을 요구하다.

9.25. 의친왕이 일본으로 출국하다./ 원용팔 원주의병이 원주진위대에 체포되다.(1906.3. 옥중 순국하다)

10.11. 정운경 의병장이 단양읍에서 검거되어 원주진위대에 의해 와해되고, 정운경은 황주 철도로 유배되다.

10.15. 일진회가 〈한일보호조약〉 촉구성명을 내다.

10.17. 의병 300여 명이 경북 우체소를 습격하다.

10.20. 일본군 제13사단 사령부와 旅團 일부, 元山에 상륙하다.

10.21. 학정참여관 幣原坦이 韓國學政에 관한 보고서를 일본외무대신에게 제출하다.

10.25. 일본대리공사 萩原守一, 江原·忠北·慶北 일대 의병진압을 위하여 일본 헌병이 출동한 사실을 外部에 통보하다.

10.27. 일본 각의, 韓國保護權 실행에 관한 방침 결정하다.

10.-. 일진회가 광무학교를 설립하여 일본어 교육을 중심으로 시작하다./ 의병 2백여 명이 경북 순흥우체소를 습격하다.

연도	한국
▲ 1905	11.1. 일본, 외교권 이양을 주장하는 성명을 발표하도록 一進會 李容九를 사주하다./ 일제, 滿洲 주둔군을 서울 등 전국의 守備隊로 재배치하다. 11.2. 일본공사 林權助 귀임하다. 11.3. 일진회가 한국의 외교권을 일본에 위임하도록 촉구 설명을 내다. 皇城基督教靑年會·憲政硏究會·國民敎育會·大韓俱樂部 등 각계에서 이 선언문에 반박하다. 11.9. 일본특사 伊藤博文이 내한하다./ 참정 이상설이 을사오적(이완용·박제순·이근택·이지용·권중현)의 주참을 상소하다. 11.10. 일본특파대사 伊藤博文이 漱玉軒에서 황제를 알현하고, 일본천황의 親書 봉정하다. 11.15. 伊藤博文·林權助이 외교권의 위임을 요구하는 韓日協約草案을 고종에게 제출하다. 11.16. 伊藤博文, 韓圭卨 등 원로대신을 초청하여 외교권을 일본에 위임하는 것 등을 포함한 4개조를 제시하고 승인을 강요하다./ 일본공사 林權助, 외교권을 일본에 위임할 것을 요구하는 通告文과 韓日協商條約案을 외부대신 朴齊純에게 수교하다. 11.17. 韓日協商條約(第2次韓日協約·乙巳保護條約)을 강제 조인하고 한국의 외교권을 박탈하다.(12.16 관보에 발표)/ 의병 촉발의 원인이 되다. 11.18. 法部大臣 李夏榮, 韓日協商條約을 沮止하지 못한 책임을 들어 辭職上疏하다./ 서울시민, 大漢門 앞에 쇄도 乙巳勒約 파기를 상소하다./ 군중들, 學部大臣 李完用家에 방화하다./ 각급학교 학생들, 등교거부로 乙巳勒約에 항의하다./ 수십 명의 군중들이 을사늑약에 찬성한 이완용의 집에 돌입하여 방화하다. 11.20. 장지연이 《황성신문》에 「시일야방송대곡」을 게재하고, 800여부 배포했는데, 그 중에서 300여부를 압수하다. 11.21. 조맹선 등 대한13도유약소에서 일본공사 하야시[林權助]를 비난하며, 을사늑약을 폐지할 것을 상소하다./ 일진회, 을사늑약을 지지한다고 선언하다. 11.22. 한국통감부 및 이사청 설치에 관한 일본칙령 제240호를 공포하다. 11.23. 上海에서 발간되는 차이나가젯트紙에 한일협상조약이 일본측의 강압으로 이루어진 것이라는 要旨의 기사를 게재하다. 11.24. 이상설의 을사늑약 반대상소문, 《대한매일신보》에 게재, 국민들의 각성을 촉구하다. 11.26. 고종이 황실고문 헐버트에게 을사늑약의 무효를 만방에 알리도록 지령하다./ 을사늑약 체결에 종로상가를 철시하고, 각급학교 동맹휴교에 들어가다./ 전 의정 조병세, 대한문 앞에서 을사늑약 폐기·오적 처단을 상소하다. 조병세가 11월 28일에 구속되다.
1906 ▼	【한국】 1.5. 內部에서 전국 13도에 의병활동의 금지 명하다./ 손병희가 일본으로 망명했다가 귀국하다. 1.6. 일진회 기관지인 《국민신보》를 창간하다.(~1910.10) 1.15. 일본 외무대신이 統監府 및 理事廳의 설치와 직무대행에 관한 제반 사항을 각국정부에 통지할 것을 駐淸, 英國日本公使에게 훈령하다. 1.17. 주한일본공사가 自國 외무대신에게 한국정부가 의정부에 外事局을 두는 건에 관한 勅令案의 재가를 보고하다. 1.20. 대한제국이 외교관·공사제·영사제를 폐지하다. 1.24. 전 참판 송병선(1836~1906)이 을사늑약체결에 반발하여 자결 순국하다. 1.29. 주한일본공사 林權助가 주한일본공사관의 사무를 통감부에서 이관하고 철퇴한다는 뜻을 한국정부에 통지하다./ 고종이 런던 트리뷴 기자 더글라스 스토리에게 을사늑약 반대 밀서 전달하다. 1.31. 주한 일본공사관과 각지의 영사관 철폐하다. 2.1. 일제가 남산에 있는 일본공사관 건물에 통감부를 설치하다./ 臨時統監代理 長谷川好道, 統監府 開廳式을 주관하다. 2.2. 高宗, 日本公使 林權助·統監府總務長官 鶴原定吉을 접견하다. 2.6. 주미 한국대리공사 金潤晶, 공사관 폐쇄하고 귀국하다./ 청국정부, 주한 공사관을 철수하고 道員 馬廷亮을 주한 총영사에 임명하다./ 일본외무성, 전 러시아 공사관의 문건 및 부동산 인수인 케르베르그(P.Kehrberg)의 한국파견 허가를 주일 러시아 공사관에 통보하다. 2.8. 통감부, '駐主韓日本憲兵은 군사경 찰 외에 통감의 지휘하에 행정 및 사법경찰권을 갖는다'는 내용의 勅令을 공포하다. 2.9. 駐日 러시아 공사대리, 한국황제의 韓露條約廢棄勅令은 국제법상 어긋난 것이라는 항의각서를 일본외무성에 전달하다. 2.9. 《런던트리뷴》에 을사늑약 체결 경위와 고종의 밀서가 번역 게재되다. 2.9. 주한 일본헌병이 행정, 사법경찰권을 장악하다. 2.15. 김도현이 경북 영양에서 擧義 직후 안동진위대에 의해 강제 해산되다. 2.17. 奇山度·李根哲 등, 乙巳勒約에 서명한 軍部大臣 李根澤을 저격 傷害하다. 2.21. 奇宇萬, 長城에서 義兵起兵하다. 2.28. 일진회가 '통감 이토 히로부미환영' 한다는 현수막을 남대문에 설치하다. 2.-. 프랑스 공법학자 레이가 잡지 『國際公法』에 을사조약의 무효를 주장하는 논문 발표하다. 3.1. 한국에 관한 외교사무를 駐日本自國代表者로 하여금 處辦케 한다는 사실을 일본정부에 통지하다./ 이사청을 부산·마산·군산·목포·경성·인천·평양·진남포·원산·성진 등에 설치하다.

일본

11.27. 최재학·이시영 등 평양청년회원 5명, 대안문 앞에서 을사늑약 반대 복합 상소를 하다./ 전 참판 홍만식(1842~1905), 을사늑약 반발에 자결하여 순국하다.

11.28. 미국 공사 모건이 대한제국 外部에 주한미국공사관 철수를 통고하다.

11.29. 高宗, 覺書를 통해 황실이 요구하는 고려사항을 伊藤博文에게 표명하다./ 駐佛公使 閔泳瓚, 乙巳勒約은 무효라는 항의문을 프랑스·러시아 정부에 제출하다./ 伊藤博文 귀국하다./ 崔益鉉, 乙巳勒約에 관여한 대신들을 斬刑할 것을 상소하다.

11.30. 시종무관장 민영환(1861~1905)이 을사늑약 체결에 반대해 자결하여 순국하다./ 주한 영국공사관이 일본정부 요구에 따라 철수하다.

11.-. 각지에서 을사늑약에 반대하는 연합시위 및 의병항쟁 발발하다.

12.1. 특진관 조병세(1827~1905)이 을사늑약에 반발해 자결하여 순국하다./ 일본공사, 한국정부가 외국과 체결한 諸國際條約을 조사, 본국 외무성에 보고하다.

12.3. 학부주사 이상철(1876~1905)이 자결하여 순국하다.

12.4. 일본이 고려 공민왕릉을 도굴하다.

12.5. 일본공사, 한국 外部의 폐지와 在外公館 철수 문제에 대하여 본국 외무성에 보고하다.

12.11. 일본외무성이 한국과 조약관계가 있는 나라에 주재하고 있는 일본 외교대표자들에게 韓國公館 철퇴를 통고하도록 훈령하다.

12.12. 駐美日本臨時代理公使, 駐獨日本大使 등이 양국 주재 한국공사관, 영사관의 철거와 해당 사무를 일본공사관, 영사관으로 이임한다고 각국 정부에 통고하다.

12.13. 일본외무대신이 駐東京韓國公使館의 철수를 고지하다.

12.14. 〈외교관 및 영사관 관제〉를 폐지하다./ 高宗, 의정대신 임시서리 李完用이 올린 '各國駐在公使召還件'을 裁可하다./ 一進會, 한일협상조약 반대 각료의 해임과 외국주재 공사의 철수를 주장하다.

12.16. 韓日協約을 관보에 발포하다.

12.20. 統監府 및 理事廳官制 공포하다.

12.21. 韓國統監府 및 理事廳官制를 공포하고, 초대 통감으로 伊藤博文를 임명하다.

12.26. 최익현이 노성 闕里祠 집회를 개최하고, 항일 구국 투쟁을 결의하다.

12.29. 의병 權鍾哲·姜仲明 등, 일본 守備隊에 의해 堤川에서 피체되다.

12.30. 前大司憲 宋秉璿, 國運을 개탄하는 상소문과 유서를 남기고 음독 자결하다.

12.30. 충북 제천군 등에서 체포된 의병 권종철·권중명 등 한성으로 압송하다.

【일본·해외】

1.30. 일본외상, 公·領事館 업무의 統監府移管은 한국정부와 각국 公·領事에 대해 별도의 통지가 불필요한 사항임을 일본공사 林權助에게 回訓하다.

2.1. 일본외상, 駐英日本公使에 대해 駐韓 英國 및 淸國公使館 철수를 각각 駐在國 정부에 신청하도록 훈령하다.

2.26. 일본 외상, 日本에 망명중인 義和宮 李埈鎔 등 망명자 귀국 문제를 한국정부와 협의할 것을 통감에게 의뢰하다.

3.10. 하와이 교민들, 安元圭 등의 발기로 日貨排斥運動을 목적으로 하는 共同會 조직하다.

3.19. 주일영국대사가 일본 정부에 대해 만주의 문호개방과 기회 균등을 요구하다.

4.1. 일본이 강화조약에 따라 사할린의 북위 50도 이남을 러시아로부터 수령받다.

5.10. 하와이 이주한인이 혈성단(회장 공덕화) 조직하고 배일운동·동족상애를 목적으로 하다.

5.11. 共立協會評議員總會, 로스엔젤레스 주재 일본영사의 교민 불법 간섭을 규탄하다.

6.7. 남만주철도회사 설립에 대한 칙령을 공포하다.

6.-. 일본이 러시아로부터 사할린 남반부 할양받다.

8.24. 재도쿄한인유학생들이 《태극학보》(발행인 장응진)를 창간하다.(~1908.12)

9.15. 崔錫夏·金氣初 등, 일본 東京에서 太極學會 창립하다.

12.2. 민찬호·이래수 등이 하와이 호놀룰루에서 자치계몽단체 '공진회'를 조직하다(~1907.9)

3.2. 初代統監 伊藤博文 特別列車로 入京하다./ 一進會 회장 李容九, 伊藤統監 취임을 찬양하고 '新方針'을 선언하다./ 黑龍會 主幹 內田良平, 伊藤博文으로부터 韓國國情調査 임무를 받고 서울에 도착하다.

3.9. 高宗, 統監 伊藤博文을 접견하다./ 전 참판 민종식, 청양 묵점에서 의병을 일으키다.

3.13. 韓國政府는 日本興業銀行에서 1천만圓의 차관을 계약하고, 債還期間은 10년, 담보는 전국 海關으로 했다.

3.14. 安炳瓚·朴昌魯, 大興에서 의병을 일으켜 洪州로 진격하다.

3.16. 의병장 민종식이 1차 홍주의병을 전개하여 일본군과 충돌하여 40여 명이 피체되고 의병을 해산하다./ 정부가 일본 흥업은행에서 흥업차관 1천만원 도입하다. 상환기간은 10년, 전국 해관을 담보로 했다.

3.17. 義兵將 閔宗植 지휘하의 의병 340명, 洪州로 진격중 日憲兵과 接戰하다.

3.22. 學部는 駐日留學生 감독에게 훈령하여 유학생 26명 중 22세 이하는 학력에 따라 中學校로, 23세 이상은 農商工專門 速成科로 입학하여 수업하게 했다.

연도	한국
▲ 1906	3.25. 일본이 철도국유화 정책에 따라 철도국유법과 경부철도매수법을 공포했다. 3.28. 伊藤博文, 統監就任宴에 다수의 한국관리 및 친일인사를 초대하다. 3.-. 영국공사가 철수를 통보하고 귀국하고, 대신 총영사, 영사를 잔류시켰다. 뒤이어 淸,美,獨 公使도 차례로 철수했다./ 용산방면 일본인 거주지와 남대문 연결 지점에 보세 시장을 개설하여 일본 수입상품을 판매하다./ 정부, 日本興業銀行으로부터 기업자금 500만원을 차관하다. 4.1. 서울 중구 필동에 사립 숭문학교(경성야학교)를 설립하다. 4.3. 청천강 철교 준공하여 경의선(경성-신의주)을 완전히 개통하고, 통감부 철도관리국으로 이관하다. 4.6. 신돌석이 경북 영덕의 영릉의병장에 추대하다. 의병 규모는 100여명이었다. 4.8. 의병장 채광묵(1850~1906), 충남 홍성 전투에서 순국하다. 4.15. 伊藤博文, 영국인 베델을 추방하기 위하여 영국정부와 교섭해 주도록 본국 외무성에 제안하다. 4.17. 통감부가 言論規制를 목적으로 한 保安規則을 공포하다. 4.21. 엄귀비가 경성 자하골(현재 창성동)에 진명여학교(현 진명여고)를 설립하다. 4.22. 대구신사(천조대신)를 달성공원에 설립하고, 이후 각지에 神祠를 설립하다. 4.-. 정용기·이한구 등이 의병부대 산남의진을 결성하여 경북 청송, 영천 등지에서 활약했다. 5.5. 寧海郡에 의병 수천명 진입설 유포하다./ 京城駐屯 日本軍司令部, 의병 진압을 위하여 각 지방에 병력 파견을 결정하다. 5.8. 원흥사에서 동대문 밖에 명진학교(현 동국대)를 개교하여 승려교육을 했다./ 崔益鉉·林炳瓚 의병 450여명, 淳昌·潭陽을 점령하다. 5.14. 駐日本 露國公使가 일본외무성에 覺書를 提出하고 京城駐在露國總領事 프란손에 대한 認可狀의 交付를 요구했다./ 일본군이 舒川地方의 의병을 진압하기 위해 공주에 병사 15명을 파견했다. 5.19. 민종식이 홍주의병을 봉기하여 홍주성을 점령했다./ 서울의 실업가 30여 명이 한일은행을 설립하여 인가를 받다. 5.22. 엄귀비가 서울 박동에 보신여학관(명신여학교, 현 숙명여고)을 설립했다.(교장 이정숙)/ 奉化郡守 金寅欽, 郡內에서 활동하는 의병 진압을 위해 병력 지원을 軍部에 요청하다. 5.24. 최익현이 擧義 명분과 목적을 밝힌 「倡義討賊疏」를 상소하다. 5.25. 통감부 총무장관 鶴原이 洪州義兵을 진압하기 위해 일본군을 파견함을 양찰해 달라는 성명을 발표했다./ 경북 眞寶郡 의병 300여명, 우체부와 호송헌병 2명을 습격 斬殺하다. 5.26. 통감부 총무장관 鶴原定吉, 洪州 의병진압을 위해 현지주둔 일군 병력을 파견키로 결정한 사실을 동경에 체류중인 통감 伊藤博文에게 보고하다. 5.27. 고종이 각지에 〈의병해산조칙〉을 내리다. 5.28. 칙령 제25호로 〈농상공학교 부속농사 시험장 관제폐지건〉을 반포하다./ 洪州地方 경찰 및 헌병대, 閔宗植 의병부대 진압위해 일군 파병을 요청하다./ 강원도 旌善郡에 의병 60여 명 來襲하다. 5.30. 日軍, 閔宗植 의병부대가 점거 중인 洪州城 포위하다./ 蔚津에 의병 200여명 기습 郡衙에 衝火하다. 5.31. 군부가 강원도 강릉의 의병진압에 경병 50명을 파견하다./ 閔宗植 의병부대, 日軍과 전투에서 洪州守城에 실패하다, 의병측 전사 83명·포로 152명. 6.4. 崔益鉉·林炳瓚 의병 수백명 泰仁郡에 진입, 병기와 군자금 조달하고 井邑으로 이동하다./ 內部, 全北觀察使 韓鎭昌으로부터 崔益鉉 등의 의병활동을 보고 받고 군부에 병력 파견을 요구하다. 6월 11일에 일본 헌병대의 무력 진압에 해산하다. 6.5. 日本軍司令部, 지방에서 봉기하는 의병진압을 위해 각 郡에 日兵 20명씩을 파견·주둔 시키기로 결정하다. 6.9. 高宗, 의병해산 詔勅을 재차 頒布하다. 6.10. 정부가 전주·남원 진위대에 최익현의진 토벌령을 하달하다. 6.12. 崔益鉉·林炳瓚 등 의병장, 淳昌에서 被逮되다. 6.15. 의병 300여명 三涉郡衙에 진입, 投獄者를 放送하다. 6.16. 일본헌병대, 內部協辦 李鳳來·宮內府協辦 閔景植·陸軍副將 閔丙奭·奉常寺提調 洪在鳳·侍從院卿 朴鏞和 등을 의병 관련 혐의로 체포 구금하다. 6.15. 통감부 수원에 권업모범장 설치하여 국내 농업기술 시험·조사·지도하고 농업기술을 이식하다. 6.17. 일본인 澁澤榮一 등이 수력전기회사를 설립하겠다는 청원을 인가했다. 6.18. 의병장 崔益鉉·林炳瓚, 전주에서 서울 일군사령부로 압송되다. 6.25. 한국의 재판사무에 관한 法令 공포하다./ 崔益鉉, 일본 헌병사령부에서 平理院으로 이송하다./ 統監府, 法務院官制 공포, 사법권을 장악하다. 6.26. 통감부 법무원관제를 공포시행하다./ 신돌석 의병이 영해읍을 점령하고, 9월 18일에 영양읍을 공격했다. 6.29. 통감부가 광업법을 공포(9.15. 시행)하다. 국유명목으로 광산을 약탈하고 일본인에게 광업권을 허가하다. 6.-. 주차경성일본군사령부에서 의병봉기를 진압하기 위해 각 지방에 일본군 20명씩을 파견하다./ 통감부에서 〈고문경찰제〉를 확장하고, 전국각지에 고문경찰, 이사청경찰을 배치하다./ 한강로(서울역-한강)를 준공하다.

일본

7.1. 경인선·경부선을 통감부 관리로 귀속하다.

7.2. 宮禁令 공포(궁중 출입시에는 경무고문부의 出入許可證 필요)하다. 고종을 감시하기 위해 한국인의 경운궁 출입을 제한했다.

7.3. 日警, 宮中警衛權을 장악 宮門에 경찰병력을 배치하다./ 의병 100여명, 盈德郡 관내에 진입하다.

7.9. 통감부, 검거된 洪州義兵 75명에게 無期監禁刑 등 중형을 선고하다.

7.12. 한국·일본에 〈이민조례〉를 공포 시행하다.

7.13. 일본인거류지, 잡거지에 日本人民團과 의결기관 민회 설치하다.

7.24. 通信院 全面廢止하고, 船舶, 海運 등의 소관 사무는 農商工部로 이관했다.(韓國의 通信事業機關의 완전소멸)

7.30. 日本軍司令部, 의병진압차 소속 兵力을 강원도 蔚珍·三陟 방면으로 파견하였으나 의병활동 침체에 따라 철수하다.

7.31. 일본정부, 韓國駐箚軍司令部條例 공포하다.

8.2. 일진회가 서소문 내의 제3호 양옥에 진흥회사를 개업하다.

8.7. 일본군이 군자재 운반을 위한 인천 월미도에 교량을 준공하다./ 의병장 최익현, 임병찬 등 9인이 對馬島에 유배되다.(崔益鉉, 11.5. 사망)

8.15. 일본인이 경성거류민단 설치하다./ 統監府, 서울 일대에 日本의 高等軍事警察 시행을 발표하다.

8.18. 진해만·영흥만을 군항예정지로 결정하다.(~1923.3. 진해 군항 완공하다)

8.19. 일진회의 간부·일본인이 대한식산장려회를 조직하여 일제 식민정책에 적극 협조하다.

8.27. 통감부가 〈사범학교령〉·〈고등학교령〉·〈외국어학교령〉·〈보통학교령〉 공포하다.

8.-. 이상설·이동녕·박정서 등이 북간도 연길현 용정촌에 서진서숙 설립하다.

9.1. 통감부가 《한성신보》·《대동신보》를 통합하다, 《경성일보》(일문)을 창간하다.(1945.11.1. 폐간)/ 통감부, 기관지 〈京城日報〉 창간하고, 學部, 官·公·私立校에 일인 교사를 배치하기 위해 일인 20여명 고용을 결정하다.

9.4. 前平海郡守 姜在天, 任實에서 의병 봉기하다.

9.9. 地方行政區域을 13道 11部 333郡으로 改編하고, 일본인 參與官을 두어 行政을 監督하게 하다.

9.13. 통감부가 대한병원을 개설하고, 통감부, 기관지 『京城日報』 창간하다./ 경복궁에서 고종 탄신일을 축하하다.

10.18. 日本과 압록강·두만강 연안에 森林協同經營約款을 체결하다.

10.20. 조선인 포목상 88명이 미에이조합에 맞서 면세품 직수입을 위해 '창신사'를 설립하다.

10.23. 황족·귀족의 교육기관으로 '修學院'을 설치하다(1910년 폐지)

10.25. 의병장 前承旨 金商悳에 10년 유배형을 받다.

11.12. 約束手形條例를 폐지하고 爲替手形·約束手形·小切手에 관한 手形條例 공포하다.(1907.1.1. 시행)

10.26. 이갑 등 관서인사들이 계몽단체인 '서우학회'를 조직하다.(1980.1. 서북학회로 개칭)

10.29. 이준·이동휘 등이 평안·황해·함경 출신으로 한북흥학회를 조직하다.(1980.1. 서북학회로 개칭)/ 憲兵條例 개정에 의거, 韓國駐箚憲兵隊가 제14헌병대로 개편되어 全州·大邱·平壤·定州·咸興·鏡城 동지 에 병력을 분산하다.

10.31. 일본인의 토지 소유를 인정하는 〈토지건물증명규칙〉을 반포하다.

10.-. 평해군수 강재천이 임실군에서 의병을 일으켜 전라북도 일대에서 활약하다.

11.6. 일진회 송병준 등이 국민농업회사 설립하여 국내의 진황지를 개척하여 소유지를 확대하다./ 白樂九 의병부대, 順天을 공격하다.

11.7. 晉州에서 기병한 의병 200여명, 河東을 경유 光陽郡衙에 돌입, 군수를 포박하다.

11.16. 통감부가 韓國寺院管理規則 공포하다./ 〈토지가옥전당집행규칙〉을 발표하여 일본인들의 고리대금 행위를 법적으로 보장하다./ 남만주철도회사를 설립하다.

11.18. 참정대신 朴齊純, 통감 伊藤博文에게 間島 거주 한인의 보호를 요구하는 공한 발송하다.

11.19. 政府가 間島 韓僑의 생명, 재산 보호를 統監에게 의뢰하다.

11.20. 의병장 민종식, 공주 탑산에서 피체되어, 1907.3. 교수형이 선고되었으나, 1907년 12월 특사되다.

11.- 전국에 호구조사를 실시하였는데, 233만 87호, 9,781,671명으로 집계되다.

12.1. 경성이사청에서 우측통행제의 원칙을 실시하다.

12.2. 통감부에서 철도관리국 운수영업규정을 공포하고, 貨物과 手貨物 운임을 제정하다.

12.6. 高敞 의병 40여명, 長城官衙를 탈취, 일인 우편국 직원 1명 사살하다.

12.8. 求禮·長城·光州 등지에서 의병 봉기하다.

12.10. 의병장 白樂九 피체되다.

12.11. 義兵將 鄭煥直, 統殺刑으로 순국하다.

12.13. 閔宗植, 심문에서 五賊 사살·일인추방·신조약 폐기가 의병 봉기의 목표임을 주장하다..

12.20. 軍部, 각 지방에 의병 진압을 위해 鎭衛隊 100명 파견하다.

12.26. 寧海에서 義兵起兵하자, 郡守가 도주하다.

12.29. 통감부가 〈지방세 세칙〉을 공포하고, 시장·포구·여각·가마·인력거·자전거 등의 세금을 징수하다.

-. 이해 일본 同仁會가 대구, 평양에 同仁醫院 설립하다./ 국내 첫 백화점 미스코시오복점(삼월오복점) 개점하다./ 인천·부산 등 8개항구에 축항 공사를 시작하다.

연도	한국
1907 ▼	【한국】 1.1. 최익현(1833~1907), 일본 대마도에서 순국, 노성 무등산에 안장하다. 1.9. 伊藤統監, 皇太子의 嘉禮에 日本宮內大臣을 특사로 파견한다는 사실을 長谷川統監代理에게 통지하다. 1.16.《코리아데일리뉴스》, 고종의 을사늑약 인허·친서 부재 보도하다./ 통감 伊藤博文, 〈大韓每日申報〉 및 〈코리아데일리뉴스〉(Korea Daily News)가 〈런던 트리뷴〉(London Tribune)의 기사를 轉載하는 형식으로 韓日協商條約을 반대하는 論說을 게재한데 대하여 고종에게 책임을 추궁하고 誤報 해명과 함께 그 사실을 관보에 게재하도록 강요하다. 1.17. 日本 외상, 美·露 양국으로 출발한 한국 황제 밀사에 대한 동정 탐사를 해당국 주재 일본대사들에게 훈령하다. 1.21. 황간 분파소 순검들에 노응규 의병장 등 피체되고 의진 와해되다. 1.24.《대한매일신보》, 고종의 을사늑약 부인의 칙서를 게재하다./ 고광순, 전남 담양 창평 등지에서 의병을 일으키다. 1.25. 통감부, 남산 왜성대 신축청사로 이전하다. 1.29. 서상돈·김광제 등이 경북 대구에서 국채보상운동을 발기하다. 1.-. 송병준·이용구 등이 서울 견지동에서 시천교를 창시하다. 1938년 11월, 대동일진회로 개조하다./ 미국 공립협회가 대한신민회를 발기하다./ 독립전쟁 수행을 위한 통일연합기관 국내지부를 설치하다. 2.3. 일본이 침략단체 동양협회지부와 동양협회 경성지부를 조직하다. 2.5. 오영근·유문상 등이 종합잡지《夜雷》를 창간하다. 2.6. 일본군 주한주차부대파견요령 개정에 따라 한국주차사단을 감축, 제13사단만 잔류시키다. 2.12. 남원지역 의병장 양한규가 지리산 일대를 근거로 의병을 일으키다. 2.13. 梁漢奎 의병부대가 南原을 점령하다. 2.16. 경상도 의병장 노응규(1861~1907)가 경무청 감옥에서 옥중 순국하다. 2.21. 대구민의소가 斷煙會를 조직하고 국채보상운동을 전개하다. 2.22. 국채보상기성회를 조직하여 3월 말까지 전국에 27개의 국채보상운동단체를 설립하다. 2.24. 고종 최측근 이용익(1854~1907)이 러시아 블라디보스톡에서 병사하다. 2.25. 羅寅永·吳基鎬·李鴻來·權重顯 등이 乙巳五賊 저격기도에 실패하다. 2.27. 고종이 斷煙을 실천하고 영친왕의 吉禮를 7월(음력)로 연기하도록 명하다. 2.28. 나인영·오기호, 오적 중 박제순·이지용 자택에 폭발물을 우송했으나 처단에 실패하다. 3.2. 통감부 경무총장이 國債報償期成會에 관해 요지를 통감에게 보고하다./ 西友學會, 도미유학에서 귀국한 安昌浩 환영회를 개최하다./ 丹陽 진입 의병부대, 日軍 및 鎭衛隊와의 교전에서 31명 피체되다. 3.3. 도쿄 대한유학생회에서《대한유학생회학보》를 창간하다. 1907년 5월,《대한유학생회보》로 개칭하다. 3.4. 의병장 盧應奎, 警廳監獄서 순국하다. 3.6. 北靑駐箚日本軍 一個中隊, 利原郡民들의 徵稅反對運動을 위협코자 武力示威하다. 3.10. 광제원·의학교 관제를 폐지하고, 의정부 직할로〈대한의원 관제〉를 반포하다, 1908년 11월 청사를 준공하다. 3.14. 이완용·조중응 등이 친일유교단체인 대동학회(1909.10. 공자교회로 개칭)를 조직하다./ 蔚珍 의병 20여명, 경찰에 被逮되다. 3.15. 일본인 大倉喜八郎이 學部에 선린상업학교의 설립을 청원하다. 3.24. 홍석현·박정선 등이 친일파 중심의 경제단체인 '실업연구회(경제연구회 전신)'를 설립하다. 3.25. 나인영·오기호가 만든 '오적암살단'이 권중현 등 오적을 습격했으나 미수에 그치고, 4월 1일, 피체되어 진도 등에 유배되다./ 중추원, 통감부 법무원으로 이전하다. 3.-. 일본군이 마차에 대포를 싣고 길거리를 왕래하면서 시민들을 위협하다./ 한국주차일본군사령부에서 용산·평양·의주 등 군용지 내에 가옥·분묘 철거를 강요하다./ 제천의병 원용팔(1862~1907)이 45세 나이로 옥중 순국하다. 4.1. 일본인이 선린상업학교 설립하다./ 미국 남장로교 전남 광주에 소피아여학교를 설립하다. 4.8. 국채보상지원금총합소(소장 한규설)를 설립하여, 국채보상운동으로 모은 각지방의 수금을 총괄하다. 4.12. 財政顧問部에서는 각도고문지부에 배치할 재무보좌관보 15명을 日本으로부터 초빙할 것을 결정하고, 오는 15일 경에 입경할 예정이라고 밝혔다. 4.15. 미국 남장로교가 전주에 기전여학교를 설립하다. 4.17. 미국인 변호사 래드(G.T.Ladd)가 통감 伊藤博文 초청으로 서울에 와서 伊藤의 조선통치를 극찬하는 정치연설을 하다. 4.18. 일본군이 동대문 밖 둔지미 등지를 군용지로 점령하고 분묘 이장을 강요하다. 4.20. 李儁, 제2차 萬國平和會議에 高宗의 特使로 참석하기 위하여 러시아 皇帝 및 平和會義 議長에게 보내는 親書 및 委任狀을 휴대하고 서울을 출발하다./ 통감부, 외국여행을 제한하기 위하여 韓國人外國旅券規則을 폐지하고 外國旅券規則 반포 시행하다./ 4월 21일 서울역에서 부산으로 출발하다./ 통감부가 한국인여권규칙 폐지하고 외국인여권규칙을 공포 시행하다. 4.23. 경흥군 黃海浦 주민 500여명이 日人 가옥에 방화하고, 상호 충돌로 사상자가 발생하다. 4.-. 숭례문 좌우측 성벽을 철거하고 도로를 개설하다./ 미국인 선교사 길레트(P. Gillett)가 최초로 농구경기를 한국에 소

일본

2.3. 하와이에서 노소동맹회 창립(회장 편성원), 동복상애·일화배척을 목적으로 하다.

2.5. 하와이 이주한인, 마우이 가히기아에서 대동단결과 일화배척을 목적으로 국민단합회 조직하다.

2.26. 대마도 유폐의병 임병찬·안항식을 석방하다.

3.2. 미국 샌프란시스코 장검·김우제 등, 대동보국회 조직하여 동지단결과 民智계발을 시도하다.

3.13. 미국, 일본·조선인 이민금지하다.

3.24. 부稻田大學 모의국회에서 한국황제를 일본 황족화하는 의안을 상정, 國權侮辱事件으로 물의. 격분한 유학생들 집단 퇴교하다.

6.15. 헤이그 萬國平和會議 開會하다.

6.25. 헤이그 만국평화외의 특사 3명, 이상설·이준·이위종) 네덜란드 헤이그에 도착하다.

6.27. 李相卨·李儁·李瑋鍾, 萬國平和會議에 참석한 각국 대표들에게 日帝의 무력에 의한 한국의 국권 유린과 외교권 被奪을 호소하다.

6.29. 헤이그특사 이위종, 네덜란드 헤이그 만국기자협회에서 연설하다./ 萬國平和會議 의장, 李相卨 등 한국대표가 정식 平和會議委員이 아님을 이유로 회의 참석을 불허하다.

7.2. 李相卨 등 헤이그 특사, 미국대표로부터 면회 사절당하다. 헤이그특사, 평화회의에 참석이 거부당하자 기자단과 회견, 일제의 침략상을 폭로하다.

7.5. 一進會顧問 內田良平, 宋秉畯·李容九 등과 高宗廢位를 논의하다./ 헤이그 사절, 평화회의에 호소문 제출하다.

7.8. 李瑋鍾, 만국평화회의 기자협회에서 '한국을 위한 호소'(A Plea for Korea) 題下의 일제의 한국침략 규탄 연설을 하다.

7.12. 日本首相 西園寺公望, 헤이그사건을 계기로 한국내정의 全權을 장악하고 高宗을 退位시키기로 한 일본정부의 정책결정을 伊藤博文에게 打電하다.

7.14. 李儁, 헤이그에서 殉國하다.

7.15. 日本外務大臣 林董, 한국으로 출발하다./ 하와이 교민들, 國民團合會 조직하다.

7.19. 헐버트, 뉴욕에 도착해 日本의 對韓 정책을 비난하다.

7.25. 뉴욕교민들, 安正洙 발기로 항일단체 共濟會 조직하다.

8.20. 統監府, 龍井에 統監府派出所 설치하다. (8.24. 淸國이 撤收를 요구.1909.11.1. 폐쇄)

9.2. 하와이에서 재미 24개단체 통합하여 '한인협성총회'(총회장 임정수·정명원) 조직하다.

10.3. 미국 샌프란시스코 한인단체 대공보국회, 기관지《대동공보》창간하다.(~1910.9)

10.15. 하와이 한인한성협회, 주간 한글전용《한인협성신보》창간하다(1909.1 종간)

10.21. 미주 공립협회에서 독립군기지 개척, 재러 한인실업 진흥 목적으로 아세아실업주식회사를 설립하다.

10.22. 하와이 한인합성협회가 기관지〈韓人合成新報〉창간하다.

10.-. 북간도 용정에 간도우체국을 설치하다.

11.7. 이정실·김익제 등, 미국 시애틀에서 동맹신흥회 조직하여 친목을 도모하며 항일운동을 전개하다.

개하다./ 안창호·이갑·양기탁·이시영등이 비밀결사로 신민회 조직하였으나, 1911년 105인 사건에 의해 해체되다.

5.1. 참정대신 朴齊純이 통감 伊藤博文에게 사퇴의사를 표명하다.

5.2. 일진회가 정부에 대한 탄핵문을 발표하여 국채보상운동을 비난하다./美 선교사 존스(G.H.Jones)·스크랜톤(W.B.Scranton), 통감 伊藤博文의 한국에서의 치적을 찬양하다.

5.4. 伊藤博文가 대신회의를 소집하여 참정대신 朴齊純에게 一進會와의 협력을 강요하다.

5.8. 헐버트가 고종의 밀지를 받고 헤이그특사를 돕고자 출국하다./ 통감부총무장관 鶴原定吉, 미국인 헐버트(H.B.Hulbert)가 高宗의 친서를 휴대하고 헤이그 萬國平和謙 사절로 출국하였다는 정보를 본국 外務省에 보고하다.

5.15. 日軍이 一進會에 10만원의 정치자금 교부하다.

5.17. 블라디보스톡 신한촌 개척리에 계동학교를 설립하다. 1909년 8월. 한민학교에 통합하다.

5.21. 統監府, 李相卨·李儁 양인이 헤이그 평화회의 참석차 블라디보스톡을 떠났다는 정보를 현지 日人 관리로부터 접수하다.

5.22. 參政大臣 겸 農商工部大臣署理 李完用·內部大臣 任善準·軍部大臣 李秉武·學部大臣 李載崑 등이 새 내각을 임명하고, 이토히로부미 추천으로 이완용이 총리에 기용되다./ 伊藤博文, '한국의 독립은 있을 수 없고 한국과 일본은 운명을 같이 한다'고 李完用 內閣에 선언하다./ 統監府, 全國戶口調査 완료하다.

5.23.《대한매일신보》가 순한글판으로 창간되다. 국한문판·영문판·순한글판 등을 발행하다.

5.-. 伊藤博文의 皇帝交替陰謀說이 유포되다./ 이강년·안성해·백남규 등이 제천에서 거병하여, 8월13일에 제천을 점령하다.

6.4. 현재 일인경무 보좌원 330명, 사무원, 통역관원 1천여 명에 이르다.

6.8. 일본에 망명 중이던 박영효가 伊藤博文과 교섭하여 12년만에 귀국하여 비밀리에 부산에 도착하다./ 法部大臣 趙重應, 伊藤博文의 명에 따라 金山에 출장, 朴泳孝를 면담하고 귀국목적을 타진·보고하다.

6.13.〈내각관제〉를 공포하고 의정부를 폐지하다. 수상을 내각총리대신으로 개칭하다.

연도	한국
▲ 1907 ▼	6.19. 高宗이 전라도재판소가 심리한 長城 의병 蔡基文의 流終身刑을 재가하다. 6.22. 伊藤博文이 식민정책 선전을 위해 美國 선교사 스크랜튼(Scranton) 등과 함께 高宗을 방문하다. 6.30. 인명의숙 경영자·미국 청년 정재홍이 박영효 귀국환영회에 이토를 암살하고자 했으나, 이토가 불참하여 암살에 실패하다. 6.14. 內閣官制 公布(皇權 축소, 議政府 폐지)하다. 6.-. 현재 일본인 거류민이 10만 명에 이르고, 그들 소유의 토지가 2억 3천만평으로 판명되다./ 보조화폐 50전짜리 및 20 전자리의 주조를 일본에 주문하다./ 동우회(회장 이윤용)를 조직하여 한일 양국의 교육·자선·식산사업을 도모하고 고종 양위를 반대하다. 7.2. 在헤이그日本大使가 高宗皇帝의 밀사로 지목되는 미국인 헐버트가 파리에 도착하여 일본을 비난했다고 日本外務大臣에게 보고하다./ 박영효, 유길준 등이 조선인과 일본인 친목단체 '한일동지회'를 조직하다. 7.3. 통감 伊藤博文가 皇帝에게 헤이그 특사파견을 항의하다./ 헤이그특사 사건이 《대한매일신보》에 의해 처음으로 국민들에게 알려지다. 7.4. 〈국유미간지이용법〉 공포하고, 방대한 면적의 무주지를 국유 미간지로 편입하다. 7.6. 송병준이 어전회의에서 광무황제 양위를 주장하다./ 호남 출신 계몽운동가 강엽·고정주 등 서울서 호남학회를 창설하다./ 伊藤博文, 헤이그밀사 사건에 대하여 '책임이 皇帝에게 있으며 공연한 적의에 대하여 日本은 宣戰의 권리를 갖는다'고 극언하다./ 李完用 내각, 헤이그 특사 파견에 대한 대책을 御前會議에 제기, 閣僚들 皇帝에 대하여 책임을 추궁하다./ 高宗, 五賊謀殺未遂 事件 관련자 李鍾學·崔相五·朴應七 등 3인에 대한 絞刑, 羅寅永·金東弼 등 27인에게 流 10—15年刑을 재가하다. 7.7. 伊藤博文, 日本首相 西園寺公望에게 高宗 스스로 퇴위토록 하는 방침을 閣議에서 결정·통보해 줄 것을 요청하다. 7.8. 統監府가 高宗을 연금하다. 7.12. 일본내각이 伊藤博文에게 대한강경책을 훈령하다./ 나주의병 김태원·신덕순이 전북 정읍에서 창의하고, 전남 나주·함평·장성 등지에서 활동하다. 7.14. 특사 이준(1859~1907), 네덜란드 헤이그에서 순국하다. 7.16. 고종이 이완용의 헤이그 특사 관련 일왕에게 사과 및 양위를 요청하였으나 모두 거부하다./ 경기 광주 출신 의병장 구연영(1864~1907), 아들 구정서와 함께 총살당하다. 7.17. 이완용·송병준 등이, 전 각료 어전회의에서 고종 양위를 주장하다./ 각료 일동 入闕, 讓位를 거듭 요구. 皇帝 激怒하여 이를 거부 하고 退出하다./ 朴泳孝를 宮內府大臣에 임명하다. 7.18. 내각, 헤이그밀사 사건의 수습책으로 황제의 讓位를 재차 요구하다./ 일본외무대신 林董과 통감 伊藤博文가 황제를 알현하고 헤이그 사건 책임을 추궁하다./ 황제, 軍國大事를 황태자가 대리케하는 詔勅을 반포하다./ 황제의 讓位·韓日新協約締結說·皇帝의 渡日謝罪說 등이 유포되자 격분한 시민들 鍾路·大漢門 앞에 집결, 日警과 충돌하다./ 대한자강회·동우회·기독교청년회 회원 등이 대한문에서 고종 양위 반대를 시위하다./ 이인직이 《만세보》를 인수하고 친일지 《대한신문》을 창간하다. 7.19. 고종이 조칙을 내려 황태자로 하여금 정사를 대리케 하다./ 서울시민, 皇太子 代理 소식에 격분하여 시위, 日警과 충돌, 一進會 기관지 國民新報社를 습격하다./ 侍衛隊 일부 병력 兵營을 이탈, 日警과 警務廳에서 交戰하다./ 황제, 代理聽政詔勅의 철회를 청하는 황태자의 二次 상소를 不許하다./ 皇太子 代理聽政의 陳賀禮를 거행하다. 7.20. 경운궁에서 황태자의 '대리청정' 하례를 거행하다./ 시민 수만명 석고단에서 결사회 조직하고 이완용 가옥을 방화하고 철도파괴를 결의하다./ 일본 천황이 의도적으로 황태자 대리를 '양위'로 해석하고 '황태자 황제 즉위 축하'전보를 치다./ 日本軍 포병중대를 남산 倭城臺에 배치하다./ 平壤市民, 황태자 대리에 반대 철시, 시내에 집합하여 시국연설회를 제지하는 경찰에 투석하다./ 양위반대 시위군중들, 李完用家와 파출소에 방화하다./ 一進會, 헤이그밀사 사건의 책임을 물어 李完用 내각을 탄핵하다. 7.21. 高宗, 皇太子에게 讓位. 伊藤博文, 1개여단 병력의 증파를 본국정부에 요청하다./ 고종, 李完用 등의 上奏에 따라 禪讓에 동조하지 않은 宮內府大臣 朴泳孝·侍從院卿 李道宰 등과 군중의 소요를 제지하지 못한 警務使 金在豊·陸軍參將 李熙斗 등의 처벌을 지시하다./ 日本 순사와 헌병, 양위반대시위 봉쇄를 위해 서울시내 특별 경계에 돌입하다. 황태자가 고종황제에게 '태황제' 칭호 조칙을 발포하다. 7.22. 융희황제가 칙서에 '대리' 대신 황제 칭호를 허락하다./ 고종, 황태자가 발포한 詔勅에 의거 太皇帝로서 皇太子에게 轉位를 재가하다./ 安城에서 의병 300여명 봉기하다. 7.23. 전중추원의관 李奎應, 韓日新協約 및 高宗讓位反對·乙巳五賊聲討 유서를 남기고 자결하다./ 伊藤博文, 日本이 한국 정부에 요구하는 협약조건 제시하다. 7.24. 한일신협약(정미칠조약) 및 비밀부대 각서를 조인하고, 일제의 차관정치를 시작하다./ 신문지법 (광무신문지법)을 공포 시행하다./ 日軍, 한국군의 탄약고 접수하다./ 李完用 등, 통감 伊藤博文·日本軍司令官 長谷川好道·日本外務大臣 林董과 회합, 韓日新協約(丁未七條約) 및 그 실행에 관한 秘密覺書에 조인하다. 7.25. 서울에 일본군 1개 사단이 진주하다./ 내각, 한일신협약 조문을 公示하다.

일본

7.26. 〈京城日報〉·〈The Seoul Press〉, 韓日新協約調印을 보도한 호외를 발행하다.

7.27. 각 지방의 감옥을 경찰에 인계하고 警務廳官制 변경하다. 또한 保安法을 공포하여 집회·결사·언론자유를 탄압하고, 무기 휴대를 금지하다.

7.29. 伊藤博文, '日本은 한국의 독립을 옹호해 왔다'고 日人 기자단 회견에서 주장하다.

7.30. 이스윌스키(Iswolsky)·本野一郎, 한국에 있어서 일본의 특권을 인정하는 第1次露 日秘密協約 조인하다./ 경시청에서 융희황제 대리 반대 시위와 이완용 집 방화주도 동우회 회원 30명을 체포하다.

7.31. 늦은 밤에 순종황제가 군대해산조칙을 공포하다./ 伊藤博文, 일본 정부에 요청한 총기 6만정을 龍山兵器廠에 인수하다.

7.-. 하와이에서 신간회를 창립하고, 무예장려·항일운동을 목적으로 삼다.

8.1. 동대문 훈련원에서 군대해산식을 거행하다./ 박승환(1869~1907) 대대장 군대해산에 반발하여 자결 순국하다./吳儀善 正尉, 군대 해산에 반대 자결하다./ 시위대 1대대·2대대 병졸이 군대해산에 반발하여 일본군과 총격전을 벌이다.

8.2. 警務總監에 丸山重俊 임명하다/ 순종황제 '융희' 연호를 사용하다./ 의병장 남상덕(1881~1907)이 일본군과 백병전을 벌이다 전사하다./ 원주진위대 대대장대리 金德濟·특무정교 閔肯鎬가 항일 봉기를 계획하다.

8.3. 개성과 청주 진위대를 필두로 지방진위대를 해산하다./ 李康季 의병 600여명·申乭石의병 300여 명이 聞慶을 습격하고 日人 가옥에 衝火하다/ 淸風 의병, 淸風邑을 습격, 警務分派所 파괴하다.

8.4. 曹仁煥·權仁京 의병이 楊根 점령하고 우편 취급소 습격하다./ 大邱鎭衛隊를 해산하다..

8.5. 金德濟·閔肯鎬 등, 해산 직전 原州鎭衛隊員 250여명을 이끌고 日警分遣所를 습격하여 日軍과 접전하다./ 安城鎭衛隊를 해산하다./ 경기도 砥平邑에 의병 150여명 출현하다.

8.6. 公州·海州·平壤鎭衛隊를 해산하다./ 진위 제5대대 驪州 파견대원들이 原州 本隊와 합세하다.

8.7. 영친왕을 황태자로 봉하다.

8.8. 정미조약에 근거하여 각부에 일본인 차관을 임명하다.

8.9. 강화진위대 병사들이 봉기하다./ 光州鎭衛隊 해산하다./ 화폐교환소를 탁지부에서 일본 '제일은행'으로 이관하다.

8.10. 江華分遣隊 병사 劉明奎·池弘允·李東基 등 의병 800여명, 甲串으로 상륙하는 일군과 교전 6명 사살을 사살하다./ 驪州 의병, 한강을 渡河중인 日人 목선을 安倉에서 捕獲, 일인 20명 사살하고 여주읍을 점령하다./ 洪州·原州鎭衛隊 강제 해산하다./ 洪州分遣隊 병사들 무기 휴대하고 집단 이탈하다.

8.11. 江華·聞慶鎭衛隊를 강제 해산하다./ 永川郡內 의병 300명, 分派所 郵便局을 습격하고 鐵路 파괴하다.

8.12. 통감 伊藤博文이 귀국하다./ 驪州·長湖院·竹山·利川楊平 등, 남한강 일대에서 의병이 봉기하다./ 일군 江華 파견대가 강화성 점령하고 日警과 一進會를 동원하여 성내 가택 등 수색하여 소총 250정 외 다수의 무기와 탄약을 수거하다.

8.13. 李康季 의병부대가 堤川을 점령하다./ 江華 의병대장 李東基가 서울에서 피체되다./ 江陵·南浦鎭衛隊가 강제 해산되다./ 元山 주둔 日本軍 보병 50연대 1중대가 군함편으로 의병 진압 차 江陵에 도착하다.

8.14. 閔肯鎬 부대가 洪川邑을 점령하고 우편 취급소·日本典當局을 습격하고 日人 가옥에 방화하다./ 原州鎭衛隊 金德濟 의병부대가 平昌·珍富 점거 우편국원 2명을 사살하다./ 全州鎭衛隊를 강제로 해산하다./ 儒城서 의병이 봉기하다.

8.15. 의병 400명이 堤川서 日軍 1개소대를 공격하여 격파하다./ 의병이 충북 永春 분파소를 습격하여 순사 보조원 2명을 사살하다./ 水原郡內 의병 400여명 중 일부로 추측되는 의병 20여명이 수원역에 射擊하다./ 강화분견대 병사와 무장 시민단 600여명 강화를 탈출하여 通津·海州 등지에서 의병에 가담하다./ 통감부, 각도 事務官 및 警視를 日人으로 임명하다.

8.16. 일본황태자 嘉仁(후에 大正天皇) 내한하자. 황제가 인천에 출영하다./ 安東鎭衛隊를 강제 해산하다./ 일본에 망명중이던 兪吉濬·張博·趙羲淵 등이 귀국하다.

8.17. 楊口 의병 300여명이 麟蹄官衙와 분견소를 습격하다./ 蔚山·東津鎭衛隊 강제 해산하다./ 순검을 일본식 명칭인 '순사'로 개칭하다.

8.18. 통감부가 재경일인단체 해산을 종용하다.

8.19. 대한자강회가 해산령에 의해 8월 21일에 해산하다./ 의병, 利川부근에서 일본 공병분대를 공격하다./ 의병, 砥平郡守 金泰植 사살하다./ 北漢·慶州鎭衛隊를 강제 해산하다.

8.20. 의병 300여명, 長湖院에서 日軍을 공격하다./ 일군, 春川·原州·忠州·三涉·榮州·江陵을 잇는 의병 진압 포위 망을 구축하다./ 경기도 南陽邑民들, 우편취급소에 투석 사무실을 전파하다.

8.21. 李康季 의병부대 忠州로 이동하다./ 盧炳大, 해산된 漢城侍衛隊와 淸州鎭衛隊의 병력 37명을 규합해 報恩郡 俗離面에서 起兵하다./ 의병, 龍仁에서 日人 수명 총살하다./ 利川·坡州 의병, 전신주·전선을 파괴하여 일군 통신망을 차단하다./ 李完用內閣, 보안법을 적용하여 大韓自强會를 강제해산하다.

8.23. 閔肯鎬 의병부대 長湖院으로 이동하다./ 堤川주둔 日軍, 의병 근거지를 소탕하기 위해 양민을 살해하고 촌락을 초토화시키다./의병 80여명, 忠州에서 선편으로 귀경하는 日軍을 驪州·梨浦에서 공격하다./ 江界鎭衛隊 강제 해산하다.

8.24. 咸興鎭衛隊 강제 해산하다.

8.26. 태황제·황제·황태자가 모두 단발하다.

8.27. 융희황제가 경운궁에서 즉위식을 거행하다. 永川 의병, 일군과 교전하다./ 의병 400여명, 경북 順興分遣所를 습격하다./ 의병 300여명, 豊基分遣所를 습격, 日警을 살해하고 日軍과 교전하다.

8.28. 정부, 해산된 군인 257명에게 恩賜金을 인상 지급하고 순검·헌병보조원으로 특채하기로 결정하다./ 의병 60여명 沃川을 습격, 日人 2명 사살하다.

연도	한국
▲ 1907 ▼	8.29. 日軍警, 砥平郡 장수동 민가 200여 호에 방화하다. 8.30. 의병 400여명, 利川서 일군 1개소대 공격후 퇴각하다./ 의병 300여명, 槐山 습격하다./ 日軍司令官 長谷川好道, '暴徒의 出沒이 不絶하고 普通人과의 區別이 不明하기 때문에' 진압이 어려움을 伊藤博文에게 보고하다./ 前侍衛隊中隊長 許俊 등 의병 100여명, 利川에서 日警과 교전하다. 8.31. 일군, 楊平 龍門寺에 방화하다./ 槐山서 野營하던 의병, 日軍에 기습당해 40명 피살, 탄약 식량 피탈하다. 8.-. 정미의병(노병대의병·이인영의병·이강년의병·신돌석의병)이 봉기하다. 9.2. 의병장 金鳳基, 밀정 洪秉壽의 밀고로 서울에서 被逮되다. 9.3. 奇三衍 의병부대 長城邑 기습하다./ 의병탄압을 위한 총포 및 화약단속법을 제정하여 전국의 총기 탄약류를 회수하다./ 의병, 경부선 小井里驛을 습격·방화하다./ 寧越 의병 100여명, 河東面 密洞에서 日軍과 접전하다./ 李康秊 의병 600여명, 聞慶을 습격 전선을 파괴. 日人警務分遣 所員·郵便局員 등 도주하다./ 북청진위대를 끝으로 지방진위대를 모두 해산, 장교 1,225명을 해고하고 군대해산을 완료하다./ 한국군 장교 1,255명을 免官하다. 9.4. 전·현직 고위관료 부인과 친일인사, 자선부인회 조직하여 고아 맹아를 대상으로 자선사업을 하다./日軍, 安東에서 의병과 교전 후 민가에 방화하다./ 의병 150여명, 鎭川에서 日軍과 접전하다. 9.6. 統監府, 의병 진압을 위해 銃砲 및 火藥團束法 제정하다./ 乙未事變 관련자들 특사하다./ 강화분견대 의병 유명규, 통진에서 무기조달을 위해 활동하다 체포되어 총살당하다. 9.7. 의병 70여명이 洪川 日軍守備中隊를 포위·공격하여 春川으로 축출하다. 9.8. 曺仁煥 의병부대가 楊州에서 日軍과 교전하다./ 의병, 原州 동방 20리 지점에서 日軍과 교전하다./ 의병 100여명, 星州分遣所 습격 방화하다. 9.9. 의병 300여명, 積城을 습격, 日人 사살하다./ 日軍警, 忠州邑 東門의 藥理峴 민가 30호에 방화하다./ 李康秊 의병부대, 鳥嶺에서 日軍과 교전하다. 9.10. 金東臣 의병부대 70여명, 淳昌 우체국 습격하고 求禮·安義·居昌까지 세력 확대하다./ 의병 400여명, 狼川을 습격 郡衙의 총기와 탄약을 탈취하다./ 義兵, 報恩서 日軍과 교전, 쌍방 6명 전사. 日軍 민가 240여호에 방화하다. 9.12. 의병 500여명, 靑安에서 日警과 접전하다. 9.13. 호남 의병장 李錫庸, 鎭安 馬耳山에서 擧兵, 鎭安을 점령하고 우편물취급소를 습격하다./ 前原州鎭衛隊 步兵 참령 朴準城 등 의병 100여명이 蔚珍서 日軍과 교전하다./ 李康秊 의병부대, 대성산 금륭사에서 접전하다. 9.14. 의병 200여명, 安城서 日軍 격퇴시키고 파출소 공격하다./ 李康秊 의병부대, 積城시장에서 日軍과 접전하다. 9.15. 曺仁煥 의병부대 400여명이 경기도 分院里에서 日軍과 접전하다./ 의병 300여명, 충북 米院에서 日軍과 접전하다./ 의병 60여명, 충남 新昌分遣所를 습격하여 순사 2명을 상해하다./ 申乭石 의병부대 150여명, 英陽서 日軍의 습격받고 盈德으로 후퇴하다./ 일본인 용산거류민단 설치하다./ 통감부, 한국 통치 기만·선전하기위해 충무로 진고개에서 '일한박람회' 개최하다. 9.16. 金容球 의병부대가 文殊寺에서 日軍에게 피습당하다./ 日本政府, 주일 영국대사 맥도날드(McDonald)에게 排日論調의 〈大韓每日申報〉 발행금지 조치를 요구하다. 9.17. 日軍, 忠州에서 의병 30명을 공격하고 민가에 방화하다. 9.19. 의병 60여명, 황해도 市邊里에서 日軍과 교전하다./ 의병 400여명, 日軍 長湖院守備隊 습격하다./ 의병 200여명, 충북 沙亭里에서 日軍과 접전하다./ 金東植 의병 300여명, 求禮·靈光分遣所 습격하다. 9.20. 의병 18명, 陽城郡衙를 습격하고 군수 趙漢喆을 사살하다./ 朴準城 의병대 300여명, 춘천 남방 鼎足에서 日軍과 교전하다./ 의병 100여명, 鐵原에서 日軍과 공방전을 하다. 9.21. 소네 아라스케[曾彌荒助] 부통감에 임명하다./ 日軍, 永同에서 민가 8호를 방화하다./ 日軍, 洪川郡 城前村 민가 360여호 방화하다./ 日軍, 天安郡 竹溪 민가 10여호 방화하다./ 의병 20여명, 延安 石南浦를 습격, 日人 1명을 포로로 잡다. 9.22. 의병 200여명, 경기도 陽智에서 日軍과 접전하다./ 의병 350여명, 橫城 甲川里 및 鳳腹寺에서 日軍과 접전하다./ 의병 90여명, 英陽에서 日軍과 접전하다./ 의병 100여명, 晉州에서 日軍과 접전하다. 9.23. 통감부, 小宮三保松을 宮內府次官에 임명하다./ 軍部大臣 訓令으로 統砲 및 火藥團束法에 관한 업무를 日本軍守備區司令官에게 위임하다. 9.24. 의병 200여명, 楊根·少灘에서 숙영중인 日軍 1개소대를 습격·교전하다./ 의병 50여명, 天安·成歡에서 日軍과 교전하다./ 의병 70여명, 芠江에서 日軍과 접전하다./ 의병 100여명, 石橋에서 日軍에 피습당하다. 9.25. 13道倡義大陣所의 聯合義兵이 서울진격에 앞서 大韓關東倡義大將 李麟榮 명의로 海外同胞들에게 보내는 檄文을 발표하다./ 의병300여명, 楊根에서 日軍과 접전하다./ 의병 300여명, 계룡산 白巖洞에서 日軍과 공방전을 벌이다./ 李康秊 의병 300여명, 永春에서 日軍 守備隊와 교전하다./ 朴來秉 의병 70여명, 鐵原郡 大光里에서 斷髮人을 총살하다. 9.26. 의병장 민종식에게 은신처를 제공한 이남규(1855~1907), 아산 송악면에서 일본군에 피살되다. 9.27. 계룡산 백암동에서 봉기한 의병 300여명, 珍山을 습격하고 龍潭 부근서 의병을 增募 세력 확장하다. 9.29. 金鳳基 의병대 400여명, 驪州서 숙영중인 日軍 중대병력을 습격하다./ 의병 30여명, 木川서 日軍과 교전하다./ 의병 30여명, 斗山서 日軍과 교전하다.

일본

9.30. 의병 200여명, 金浦에서 접전 日軍을 섬멸하다.

9.-. 항일비밀결사 新民會를 조직하다.

10.1. 統監府, 防備隊條例를 공포하다.

10.3. 의병 500여명이 襄陽郡 縣倉里에서 日軍 정찰대를 포위 공격하여 격퇴하다./ 의병 100여명, 錦山署·우편국·세무서를 습격 日人 수명 살해하다./ 日軍警, 경기도 陽智郡 민가 15호에 방화하다.

10.4. 金東植 의병대가 河東警務署를 습격하다./ 純宗, 경북 재판소에서 심리한 永川 의병대장 南又八과 白南壽에 대한 교수형·10년형을 각각 裁可하다.

10.5. 의병 400여명이 麻田에서 日軍과 공방하다./ 의병, 洪川에서 日軍과 교전하다.

10.6. 日軍, 경기도 楊根邑內 민가 100여호에 방화하다./ 의병 60여명, 경기도 振威에서 日軍과 교전하다./ 의병 400여명, 강원도 영월에서 日軍과 접전하다./ 日警, 충북 報恩郡 민가 261호를 방화하다./ 의병 100여명, 珍山에서 日軍과 접전하다./ 산남의진 패전하여 의병장 정용기, 이한구·손영각·권규섭 등 전사하다.

10.7. 韓國駐箚憲兵에 관한 件 公布(憲兵治安維持에 관한 警察權을 强化하고, 統監이 배치를 決定하며 兵力을 1천명으로 增加)/ 의병 5명, 동대문 藥師寺에서 日警과 교전하다./ 의병 300여명, 報恩에서 日軍과 접전하다./ 의병 300여명, 安義에서 日軍과 접전하다.

10.8. 황해도 平山 의병장 朴箕燮, 白川·延安·海州·新川·靑丹 일대를 장악하다./ 純宗, 平理院서 심리한 五賊謀殺 피고인 徐仲淳의 교수형을 재가하다./ 의병장 金昌鎬 등 30여명, 白川에서 日軍 海州守備隊와 교전하다./ 호남 李錫庸 의병부대, 蘆嶺에서 日軍에게 패전하다./ 의병 300여명, 居昌서 日軍과 접전하다.

10.9. 통감 伊藤博文, 주한영국 총영사에게 공문을 보내 『대한매일신보』 발행인 베델의 처벌을 요청하다./ 일군 제14헌병대를 韓國駐箚憲兵隊로 개편하여 서울·天安·榮山浦·平壤·咸興 등지에 분대를 배치하고 460여 개소의 분견소를 설치하여 한국경찰권을 장악하다./ 의병 30여명, 경주에서 日軍과 교전하다./ 李在明, 샌프란시스코로 향발하다.

10.10. 春川倡義大將 池龍起의 의병 200여명, 狼川에서 일군 수색대와 교전하다./ 의병 150여명, 황해도 延安에서 日軍과 접전하다./ 李錫庸·全垂鏞, 鎭安에서 倡義同盟團 조직하다.

10.11. 李錫庸 의병부대, 長水 排龍里에서 일진회원을 사살하다./ 의병장 李彦用·李完蔡·李求蔡 등 의병 800여명, 尙州 근교에서 日軍과 교전하다.

10.12. 서울주재 영국 총영사관, 베델에게 총영사관 법정 출두 소환장을 發送하다.

10.13. 許蔿·延起羽, 철원 深原寺를 근거지로 漣川 지역에서 항쟁하다.

10.14. 서울주재 영국 총영사관 법정, 베델에게 6개월 근신·벌금 3,000圓 선고하다.

10.15. 노백린, 대한국민체육회 설립하다./ 내각, 통감의 지시로 前·現任 皇帝의 별거와 황태자 垠의 일본 유학을 결정하다.

10.16. 고광순(1848~1907), 의병장 구례 연곡사에서 일본군과 격전 중 전사하다./ 일본 황태자 요시히토, 한국방문(~10.20), 환국시 순종황제 남대문 역에서 전송하다./ 의병 250여명, 忠州―陰城 街道에서 日軍과 접전하다.

10.17. 高光洵 의병부대, 求禮 煙谷寺에서 日軍과 격전, 수십명 사상자가 발생하고, 연곡사가 전소하다.

10.18. 의병 70명이 경기도 陰竹에서 日軍과 교전하다./ 의병 80여명, 堤川에서 日軍과 교전하다.

10.19. 의병 250여명, 강원도 珍富에서 日軍과 접전하다./ 의병 50여명, 황해도 兎山에서 日軍과 교전하다./ 의병 350여명, 강원도 高城에서 日軍과 접전하다.

10.20. 의병 80여명, 通川에서 日軍과 교전하다./ 의병 60여명, 淸州에서 교전하다.

10.21. 의병 300여명이 원주에서 日軍과 접전하다.

10.22. 의병장 金東植·李錫庸 등 100여명, 전북 深院廉 부근서 日軍과 교전하다.

10.24. 의병, 황해도 해주 동방 갈압리에서 日軍과 교전하다.

10.26. 의병 300여명, 강원도 橫城에서 日軍과 접전하다./ 東洋拓殖株式會社 設立에 關한 基本計劃 완성하다.

10.27. 楊根 舍那寺 의병 150여 명, 日軍과 접전, 사찰 全燒하다./ 日軍警, 경기도 利川郡 민가 10여호 방화하다.

10.28. 의병 200여명, 漣川에서 日軍과 공방, 60명 전사하다./ 의병, 文義郡 慶必永을 사살하다.

10.29. 湖南倡義盟所 선봉장 金泰元, 高敞에서 일군 격파 法聖浦·潭陽·咸陽 일대까지 세력 확대하다./ 內閣總理大臣 李完用과 統監 伊藤博文, 在韓日本人에 對한 향 警察事務執行에 關한 韓日協定書를 조인하다.(재한일경들을 한국경찰에 임명)/ 의병 30여명, 靑松에서 日軍과 교전하다.

10.30. 의병장 기삼연, 호남창의소 결성하고 봉기하다.(~1908 1)/ 의병 200여명, 경기도 竹山에서 日軍과 교전하다./ 의병 300여명, 충주에서 日軍과 접전하다./ 의병 500여명, 삼척군 미로면에서 日軍과 접전하다.

10.31. 金容球 의병부대, 茂長邑內에서 日軍과 접전하여 일군을 사살하다.

10.-. 김가진·이도재·송병준 등 전·현직관리, 신사회를 조직하고 일본 황태자 환영을 준비하다./ 성벽처리위원회 도로건설을 위하여 남대문 부근의 南池를 매몰하다.

11.1. 奇參衍 의병부대, 高敞邑를 재차 습격 일본상인 2명 사살하다./ 의병 약 20명, 경북 尙州郡 壯岩里에서 日軍과 교전하다.

11.2. 의병 200여명이 강원도 楊口에서 日軍과 교전하다./ 의병 200여명, 강원도 평창군 河口里에서 日軍과 접전하다.

11.3. 의병 400여 명, 竹嶺北麓에서 日軍과 접전하다./ 강원·충북·경북 등지에서 활약하던 의병장 지용기(1848~1907)가 전사하다.

11.5. 외국어학교(일·영·독·불·중), 동일 구내로 집결하고, 관립한성외국어학교로 통합하다./ 의병 30여 명, 경기도 砥平 서 방 芝德里에서 日軍과 교전하다.

연도	한국
▲ 1907	11.6. 李康季 의병 300여명이 丹陽에서 日軍 醴泉守備隊를 공격 패주시키다./ 의병 500여명, 강원도 襄陽에서 日軍과 접전하다./ 金議官 의병부대 300여명, 전북 井邑 內藏寺에서 日軍과 접전하다./ 一進會 顧問 內田良平, 李容九로 하여금 統監 伊藤博文과 內閣에 대하여 義兵에 대항할 自衛團을 조직하도록 하는 건의서를 제출케 하다. 11.7. 李麟榮·方觀一·鄭大一 등 의병 700여명이 砥平서 日軍 공격하고 퇴각하다./ 의병 100여명, 강원도 旌善郡 臨溪에서 日軍과 접전하다./ 의병 300여명, 충북 丹陽郡 南面 槐坪里에서 日軍과 공방하다. 11.8. 李煥榮·方觀一·鄭大一 의병부대 200여명, 三山 石室 부근에서 日軍과 공방전을 하다./ 의병 100여명, 황해도 달마산에서 日軍과 접전하다. 11.9. 日軍警, 경기도 富平郡 민가 2호에 방화하다./ 의병 약 15명, 황해도 信川에서 日軍과 교전하다. 11.10. 車道善·太陽郁 등 의병이, 北靑에서 기병하여 一進會員 安山面長 朱道翼을 사살하다./ 尹孝定·張志淵 등, 大韓協會를 발기하다./ 대한자강회를 재정비하여 국민 개화교도 취지로 대한협회를 창설하다(~1910.9) 11.11. 李康季·申乭石 의병부대가 順興을 공격하다./ 의병 10여명, 동대문 부근에서 순사 文哲準을 拿捕, 退溪院 방향으로 압송하다./ 의병 50여명, 황해도 信川 서방 長陽面에서 日軍과 교전하다./ 의병 200여명, 경북 奉化郡 春陽面에서 日軍과 접전하다. 11.12. 純宗, 平理院에서 심리한 楊根 의병장 曹仁煥 휘하 의병 劉相德과 권총을 매입한 金得洙에게 선고된 10년·7년형을 각각 재가하다./ 의병, 동대문 밖 長位·陵洞·里門洞 등지에서 매호 장정 1명씩 을 모집하다./ 金君必 의병부대 800여명, 충주 牧溪에서 日軍과 교전하다. 11.13. 순종황제가 고종의 정치간여를 염려하여 경운궁에서 창덕궁으로 옮기다./ 의병 22명, 전북 淳昌 동북 花灘里에서 日軍과 교전하다. 11.14. 日軍警, 강원도 鐵原郡 민가 22호 방화하다. 11.15. 의병 100여명이 長湍에서 日軍과 공방전을 벌이다. 日軍警, 洪川·加平·春川 등지에서 민가 66호에 방화하다./ 의병 100여명, 전북 參禮에서 日軍과 접전하다./ 日軍警, 慶北 順興 민가 180호 방화하다./ 의병 100여명, 沙里院 남방에서 日軍과 교전하다./ 의병 100여명, 牙山 日警分遣隊 습격하다. 11.16. 車道善·洪範圖·太陽郁, 三水·甲山·厚峙嶺·新豊 일대에서 활약하다./ 李麟榮 關東倡義隊, 楊州로 이동하다. 11.17. 金秀民 의병부대 300여명, 長湍郡 率浪里에서 日軍과 교전 60명이 전사하다./ 의병 300여명, 충북 淸風에서 日軍과 접전하다./ 大韓協會 제1회 임시회 개최, 임원진을 구성하다. 11.18. 金生山 의병대가 삼척군 黃池里에서 日軍과 교전하다. 金生山이 피체되다./ 의병 150여명, 황해도 長淵에서 日軍과 접전하다./ 純宗, 太廟에서 '庶政을 維新하여 國家를 中興케 할' 國是六條를 誓告하다. 11.19. 純宗이 황태자의 일본 유학을 명령하고. 伊藤博文이 太子太師로 同行키로 결정하다./ 尹起榮 등 의병 220여 명이 江陵郡 連谷面에서 日軍과 교전하다가 윤기영이 전사하다./ 一進會, 漢城府尹 張憲植을 회장으로 反義兵自衛團援護會 발기하다./ 의병 20여명, 任實에서 日軍과 공방전을 벌이다. 11.20. 의병장 김덕홍(?~1907), 경기도 양구군 선안리에서 교전 중 순국하다./ 의병, 杆城郡守 金仁植을 사살하다./ 의병 8명, 황해도 延安에서 日軍과 교전하다. 11.21. 의병장 김대규(1878~1907)가 안동 장갈령 전투에서 전사하다./ 의병 400여명, 강원도 接蹄에서 日軍과 접전하다./ 의병 250여명, 강원도 楊口郡 관내에서 日軍과 접전하다. 11.22. 의병 300여명이 충북 丹陽 서북 角基里에서 日軍과 접전하다. 11.23. 이토통감의 지시로 일진회원 자위단 '원호대' 조직하여 의병과 맞서다./ 의병 270여명, 강원도 大和驛에서 日軍과 공방전을 벌이다./ 의병 100여명, 경북 安東郡 臨東面 渭洞에서 日軍과 접전하다. 11.24. 日軍, 北靑·安山·安坪面長과 一進會員 10여명을 사살한 의병 부대를 습격하다 패주하다. 11.25. 의병 70여명, 小川面 縣洞에서 日軍과 공방하다. 11.26. 邊鶴基 의병부대 약 120명, 三陟에서 日軍과 접전하다./ 李康季 의병부대 500여명, 永春에서 日軍과 접전하다./ 金容球 의병부대, 法聖浦에서 접전중 日軍 10여명 사살, 일인 가옥 10여등에 방화하다./ 駐日 美國大使, 미국본토 및 하와이에 渡航하는 韓·日人 노동자 制限에 관한 覺書를 일본정부에 전달하다. 11.27. 제실재산정리국 관제를 공포하다./ 의병 20여명이 강원도 洪川 陽德院에서 日軍과 접전하다./ 의병 700여명이 蔚珍에서 日軍과 접전하다. 11.28. 金容球 의병부대가 長城 梧桐村에서 日軍 20여명 사살하다./ 의병 120여명, 蔚津郡 塔里에서 日軍과 접전하다./ 日軍警, 경북 永川민가 109호에 방화하다. 11.29. 의병 100여명이 奉化郡 斗內에서 日軍과 접전하다./ 兪吉濬, 興士團 설립키로 결정하고 단장 金允植·부단장 兪吉濬,·총무 金祥演을 내정하다./ 의병진압을 이유로 양민에 대한 가혹행위가 자행되고 있는데 대하여 영국정부가 그 진상을 조사중인 바, 일본외상 林董이 이에 대한 대책을 세우도록 지시, 伊藤博文이 軍司令官에게 진압 명령을 변경하였다고 보고하다.
1908 ▼	【한국】 1.1. 池永基 義兵部隊 40餘名, 서울 근교에서 警察과 交戰하다./ 義兵 80餘名, 潭陽에서 巡査 駐在所를 襲擊하고 日人 巡査

일본

11.30. 金容球 의병부대, 長城 白羊寺에서 접전중 日軍 30여명 사살하다./ 의병 120여명, 경북 豊基에서 日軍과 접전하다.

12.1. 軍部에서 기마대 1개 중대 설치 예정 발표하다./ 의병 80여명, 강원도 襄陽에서 日軍과 교전하다.

12.2. 의병 300여명이 충북 淸風에서 접전하다.

12.4. 의병 50여명이 충북 陰城에서 日軍과 교전하다.

12.5. 沈南一, 전남 咸平에서 의병 봉기하다./ 皇太子 垠, 人質 유학차 도일하다./ 의병 120여명, 경기도 磨石에서 日軍과 접전하다./ 의병 50여명, 경기도 楊平郡 江北面에서 日軍과 교전하다./ 의병 50여명, 강원도 旌善에서 日軍과 공방전을 벌이다./ 의병 150여명, 경북 盈德郡 西面에서 日軍과 접전하다.

12.6. 허위·이강년 등 경기도 양주에서 '13도창의군' 결성하고 이인영이 총대장이 되다./ 의병 6,600여명, 楊州에 집결하여 倡義大將 李麟榮·軍師長 許蔿를 추대하여 13道倡義軍을 결성. 서울 진공을 계획을 세우다./ 의병 200여명, 평남 孟山에서 日軍과 공방전을 벌이다.

12.7. 의병 15명이 황해도 支石에서 日軍과 교전하다.

12.8. 奇參衍 의병부대, 靈光郡 法聖浦를 습격하여 순사주재소·일인 가옥 6호 방화, 1만 7천여원의 금품 탈취하다./ 의병 70여명, 原州 동북 鶴谷에서 日軍과 교전하다./ 의병 300여명, 전북 茂州에서 日軍과 접전하다..

12.9. 의병 40여명, 益山에서 日軍과 교전하다./ 의병 150여명, 전남 長城 남방 梧洞里에서 日軍과 접전하다./ 日軍警, 전남 長城郡 梧洞村에서 100여명의 의병을 습격, 주민을 살상하고 민가 14호에 방화하다./ 의병 150여명, 경북 順興에서 日軍과 접전하다.

12.10. 의병 50여명이 충북 忠州에서 日軍과 교전하다./ 의병 30여명, 龍坪에서 日軍과 교전하다./ 의병 20여명, 경북 豊基에서 日軍과 교전하다.

12.11. 의병, 龍仁에서 一進會支會長을 사살하다.

12.12. 金容球 의병부대가 전남 咸平 蟬山寺에서 日軍 10여명을 사살하다./ 의병 50여명, 전남 長城 白羊寺에서 日軍과 교전하다.

12.14. 의병 300여 명이 강원도 橫城에서 日軍과 교전, 의병장 韓基錫 전사하다./ 의병 100여명, 충남 鶴龍山에서 日軍과 접전하다./ 의병 60여명, 황해도 長淵에서 日軍과 교전하다./ 興士團, 國民敎育學校에 임시사무소를 설치하다./ 大韓協會, 平壤·定州·雲山·永柔·鐵山·載寧·金海·稷山 등 11개군 支會를 인허하다./ 大韓協會 제13회 총회, 南宮德을 회장에 선출하다.

12.15. 영친왕 이은 이토통감과 함께 일본에 가다(1963년 11월까지 일본에서 생활하다)./ 의병 150여명, 海州에서 日軍과 접전하다./ 車道善·洪範圖 의병부대, 함북 北靑에서 日軍 貨物 및 우편물 호위병을 기습 전멸하고 무기 다량 노획하다.

12.16. 金正元 의병부대, 蔚珍에서 日軍의 습격으로 金正元 이하 90명이 사상 당하다./ 의병 80여명, 충북 永春에서 日軍과 접전하다./ 車道善 의병부대, 일본 北靑守備隊 50명과 격전하다.

12.17. 李韓昌 의병대 40여명, 충북 月岳山에서 日軍과 교전중 李韓昌 被逮되다./ 日軍警, 경기도 安城·交河·楊根 등지에서 민가 781호에 방화하다./ 日軍 步兵14聯隊 일부와 金泉·永同·大田守備隊 등, 義兵 '討伐'을 개시하다.

12.18. 재무감독국, 학부, 농상공부관제 공포하다./ 의병, 蔚珍郡 동방 谷地에서 日軍과 접전하다.

12.19. 閔肯鎬 의병 300여명, 강원도 橫城에서 日軍과 교전중 100여명 사상당하다./ 의병, 강원도 珍富에서 日軍과 접전하다./ 日軍警, 충북 黃澗에서 민가 7호에 방화하다./ 의병, 전북 高山에서 日軍과 접전하다.

12.20. 의병장 정환직(1843~1907), 경북 청하에서 체포되어 영천에서 총살당하다./ 의병 50여명, 강원도 楊口에서 日軍과 공방전을 벌이다./ 日軍警, 강원도 楊口郡 연포리에서 의병 280명 중 70여명 살해, 민가에 방화하다./ 의병 200여명, 寧越에서 日軍과 접전하다./ 의병 50여명, 경남 安義에서 日軍과 공방전을 벌이다.

12.21. 日軍警, 강원도 楊口에서 의병 100여명과 접전, 의병 7명을 살해하고 민가에 방화하다./ 李錫庸 의병대, 전북 長水邑 공격, 日軍 남원으로 후퇴하다.

12.23. 의병 20여명이 경기도 廣州郡 樂生面에서 日軍과 교전하다./ 〈재판소구성법〉 공포하고 3심제도를 실시하다.

12.24. 이승훈, 정주에 오산학교 설립하다./ 柳時榮 의병부대 150여명 英陽에 진주하다.

12.25. 의병 100여 명, 충남 恩津에서 日軍과 공방전을 벌이다.

12.26. 의병 250여명이 경기도 抱川에서 日軍과 교전하다./ 의병 200여명, 강원도 寧越에서 日軍과 교전하다.

12.27. 한성위생회 창립하여 경성의 전염병 예방과 환경위생 사업을 추진하고, 노상 용변을 금지하다./ 의병, 寧越에서 原州守備隊와 교전하다./ 의병, 定山에서 우편국 警察分所를 습격하다.

12.29. 의병 40여 명이 海州 서방 鞏野에서 日軍과 공방전을 벌이다.

12.30. 의병 水原郡 南面 禾里를 습격, 동장을 구타하다.

12.31. 車道善 의병부대 400여명이 함남 三水에서 대승하다. 전북 淳昌에서 헌병과 교전하다.

-. 이해에 단성사·장안사·연흥사 등 연예장을 개설하다./ 안창호 평양에 대성학교 설립하다.

연도	한국
▲ 1908 ▼	를 射殺하다. 1.2. 春川 義兵將 李寅今, 日本軍 楊口分遣隊와 激戰中 戰死하다. 1.3. 閔肯鎬·李麟榮·鄭煥夏·申乭石·吳泳煥 義兵部隊 1,300餘名, 江原道 楊口에서 日本軍과 交戰하다./ 義兵將 盧完承 등 隊員 70名, 江原道 平昌에서 日本軍과 交戰하다. 1.4. 西友學會와 韓北興學會를 統合하여 西北學會(會長 鄭雲復)를 組織하다./ 義兵 100餘名, 全北 竹同에서 接戰하다. 1.5. 義兵將 李化禮 등 800餘名, 江原道 楊口郡 土東面에서 日本軍 楊口守備隊와 交戰하다. 1.7. 義兵 500餘名, 江陵郡 玉溪面 山溪里에서 日本軍과 接戰하다. 1.8. 義兵 150餘名, 忠南 恩津에서 警察과 接戰하다./義兵 130名, 公州에서 日本軍과 交戰하다./ 義兵將 沈南一, 全南 咸平 新光에서 擧兵하여 南平·能州·靈巖·海南 一帶에서 活躍하다. 1.9. 高宗皇帝의 日本 軍艦 視察 時 被拉을 憂慮한 釜山 市民 4千餘名이 軍艦을 包圍하다./咸南 曾坪에서 義兵 400餘名, 日本軍과 衝突하여 50餘名 戰死하다./ 義兵 200餘名, 東豆川에서 日本 警察과 接戰하다./咸北 淸津港을 개항하다. 1.10. 義兵 80餘名, 京畿道 發安에서 日本軍과 交戰하다./ 申乭石 義兵隊 50餘名, 英陽郡 北面에서 討伐隊와 交戰하다./ 洪範圖·車道善 義兵隊 200餘名, 甲山守備分遣所와 郵便電信取扱所를 攻擊하다./義兵 40餘名, 橫城에서 交戰하다. 1.11. 義兵, 泰仁에서 一進會員을 사살하다. 1.12. 閔肯鎬 義兵部隊 70餘名, 龍塘에서 討伐隊와 交戰하다./ 義兵 100餘名, 海美에서 日本 警察과 交戰後 唐津方面으로 退却하다. 1.13. 義兵 8~9名, 彰義門에서 巡檢을 사살하다. 1.14. 車道善 義兵部隊 80餘名, 平南 陽德에서 日本軍과 交戰하다./ 義兵 50餘名, 唐津을 襲擊하여 郵遞夫를 射殺하고 主事·書記를 拉致하다. 1.16. 義兵 200餘名, 全北 茂長에서 日本軍과 攻防하다./ 義兵 150餘名, 全北 興德郡 仙雪浦에서 古阜守備隊와 交戰하다. 1.17. 金有成·後大克·李進士 휘하 義兵 200餘名, 靈光郡 三南面에 出現하다. 1.18. 義兵 50餘名, 長水郡 西面 九郎洞에 黑衣를 着用하고 出現하여 食糧과 金品을 脫取하다. 1.19. 鄭永澤 등, 敎育 啓蒙을 目的으로 畿湖興學會를 設立하다./ 李容植·池錫永 등, 畿湖學會를 發足하다./義兵 50餘名, 黃海道 海州 靑丹驛에서 日本軍과 交戰하다./ 義兵, 興海郡 杞溪面 仁庇洞에서 慶州 一進會長 李鴻久를 銃殺하다. 1.20. 義兵 100餘名, 慶州郡 玉山洞에서 日本 警察과 交戰하다./ 義兵 10餘名, 茂長郡 星洞面에 銃器를 携帶하고 出現하여 自衛團長 宋琳錫家를 襲擊하고 資金을 脫取하다. 1.21. 光州·長城·靈光·咸平 義兵이 聯合하여 咸平을 襲擊하다./ 義兵將 玄德鎬가 長端에서 日軍과 交戰中 戰死하다. 1.22. 統監府에서 「山林法」을 公布하여 所有主의 申告制 實施로 山林을 强奪하다.(1911年 6月 實施)/ 內部令 第1號 「巡査懲罰令」을 頒布하다./ 義兵 150餘名, 咸平分派所를 襲擊하여 巡査를 捕殺하다. 1.23. 義兵將 禹成五 등 5名, 水原 塔坪에서 日本 守備隊와 交戰하다. 1.24. 長興 義兵 200餘名, 羅州郡 潘南面에서 一進會員을 拉致하다./ 義兵, 廣州에서 一進會員 吳京允·金敏洪을 打殺하다. 1.25. 內閣總理大臣이 國漢文 混用 방침을 各部에 照會하고 內部分科規定을 發表하다./內閣, 訓令·報告文은 日本語로 作成키로 決定하다./ 日本軍, 東大門 밖에 義兵 擊退用 速射砲를 埋置하다./淸州 義兵 金士弘·李根石·金泰植, 日本軍에 被逮되다./ 義兵 70餘名, 任實郡 九皐面에서 任實駐在 巡査와 交戰하다. 1.26. 義兵 40餘名, 海州에서 交戰하다./ 義兵 300餘名, 長城에서 陣地를 構築하고 日本 警察과 交戰하다./ 火繩銃으로 武裝한 義兵 約 30名, 安城郡 柳加面에서 日本 警察과 交戰하다. 1.27. 義兵 50餘名, 全北 茂朱에서 交戰하다./ 義兵 100餘名, 高陽·楊州 間에서 接戰하다./ 동양척식주식회사 창립목적에 조사위원회를 조직하다.(1908.12 창립) 1.28. 在東京 太極學會·共修會·留學生會·洛東會·湖南學會를 통합한 大韓學會 설립하다./ 李麟榮 의병 100여 명, 砥平서 日軍과 교전하다. 1.29. 허위가 13도 창의군 결사대 300여 명을 지휘하여 동대문 밖 30리까지 진격하여 통제본부를 설치하다. 1.30. 의병 柳君善·李南夏·黃鳳欽·朴永幹 등 14명 피체되다./ 의병, 松禾郡 獨基洞 고지에서 日兵을 기습 공격하다./大東倡義所 명의의 '告示鐵原郡守及各面長大小民人' 제하의 격문이 鐵原 읍내에 살포되다. 1.31. 의병 50여 명, 公州에서 교전하다./ 의병 60여 명, 長湖院에서 日軍 騎兵隊와 교전하다./현직 일인 관리 수가 判任官 1,300명, 奏任官 500명으로 확인되다. 2.1. 淸州 의병 張大必·金用西, 일군에 피체되다. 2.2. 義兵將 奇三衍, 淳昌에서 피체되다./ 의병 200여 명, 三水에서 日兵과 교전하다. 2.3. 의병 130여 명, 昌平에서 日軍 守備隊를 공격하여 曹長과 上等兵을 사살하다. 2.4. 의병장 기삼연(1851~1908)이 순창에서 일본군에 피체되어 전남 광주에서 총살되다./ 錦山 의병 30명, 永同 守備隊와 茂朱에서 교전하다./의병, 강원도 華川駐在所 순사 鄭泰善을 사살하다. 2.5. 大邱 의병 姜進善 부대 40여 명, 五山·金谷·春山面 일대에서 활약하다. 2.6. 학부, 공립보통학교에 일인 교사의 채용 방침을 발표하다./ 의병 40여 명이 長興에서 一進會員 孔鎭淑·金俊明을

일본

2.26. 러시아 블라디보스톡의 최봉준 등, 순문국지《해조신문》창간하다(~1908.5)

3.23. 전명운·장인환, 샌프란시스코에서 스티븐슨 처단하다.

4.27. 김약연, 북간도 화룡현 명동촌에 명동서숙(숙장 박무림)을 설립하다.(1909년 명동학교로 개칭)

5.23. 샌프란시스코 교포, 한국부인회를 설립하여 한국교육과 친목을 도모하다.

8.-. 공립협회 방화중·이순기 클래몬트학생양성소 설립하여 미주 한인의 민족주의 교육을 실시하다.

11.6. 일본 유학생, 의학교 졸업생 등 36명의 의사, 의사연구회 설립하다.

납치하다.

2.7. 度支部가 일본에 발주한 선박 隆熙號가 부산에 입항하다./『大韓帝國標準時條』를 공포하다(도쿄 127도 30분 기준, 4.1. 시행)/ 日軍 南部守備管區 第14聯隊, 湖南義兵에 대한 '討伐作戰'을 개시하다./의병 鄭煥生 등 70여 명, 寧海에서 일본 守備隊를 공격하다.

2.8. 의병 李容學 등, 慶州郡 江西面에서 일본 守備隊를 공격하다. /의병 40여 명, 長興에서 木浦 경찰서장이 인솔한 순사대의 기습을 받고 교전하다./ 大韓協會, 昌城·東萊·谷山支會를 인허하다.

2.9. 의병장 朴德汝, 公州郡 寺谷面 元堂里에서 경찰에 피살되다.

2.10. 姜進善 의병대, 경북 義城郡 玉山面에서 일본 守備隊를 공격하여 순사 4명을 사살하다./ 全海山·李錫庸 의병부대, 전북 南原에서 거병하다./ 淸州 의병 李用成·宋奉達, 전주에서 일군에 피체되다.

2.11. 의병 張奎賢·徐弘淳·南浩達 등, 함남 長津郡에서 일본 헌병에 피체 탈주 중 전사하다. / 의병 20여 명, 경기도 高陽郡舊把發에서 밀정 金景化를 포살하다.

2.12. 忠州 의병 30명, 鴻山郡 外山面長 李無賢家에서 군수금 모집하다./ 의병, 永川에서 密偵 全芳龍을 사살하다./ 의병 30여 명, 扶餘郡 外山面 鴻山邑을 습격 군수금 모금하다.

2.13. 의병 50여 명, 밀양 表忠寺에서 日軍과 공방전을 벌이다./ 의병 鄭蓮哲 등, 奉化郡 上東面·春陽面 일대에서 군수금 징수하다./ 의병 7명, 전주에서 一進會員 金太權·曺明國家를 습격 방화하다.

2.14. 申乭石·金成雲 의병대원 200여 명, 奉化郡 日月山 일대에서 활동하다./ 의병 30여 명, 潭陽에서 前參奉 李內星家에 침입하여 군수금 징발하다./ 의병 40여 명, 井邑郡 南二面 自衛團長 安正九家를 습격하다.

2.15. 의병 28명, 전북 長水에서 순사대와 교전하다.

2.16. 보부상 단체인 '大同會'를 설립하여 보부상의 권익 향상과 상업 발달을 표방하다.

2.17. 의병 70여 명, 충남 魯城에서 日警과 공방전을 벌이다.

2.11. 의병 張奎賢·徐弘淳·南浩達 등, 함남 長津郡에서 일본 헌병에 피체되어 탈주 중 전사하다./ 의병 20여 명, 경기도 高陽郡 舊把發에서 밀정 金景化를 포살하다.

2.12. 忠州 의병 30명, 鴻山郡 外山面長 李無賢家에서 군수금을 모집하다./ 의병, 永川에서 密偵 全芳龍을 사살하다./ 의병 30여 명, 扶餘郡 外山面 鴻山邑을 습격하여 군수금을 모금하다.

2.13. 의병 50여 명, 밀양 表忠寺에서 日軍과 공방전을 벌이다./ 의병 鄭蓮哲 등, 奉化郡 上東面·春陽面 일대에서 군수금을 징수하다./ 의병 7명, 전주에서 一進會員 金太權·曺明國家를 습격하고 방화하다.

2.14. 申乭石·金成雲 의병대원 200여 명, 奉化郡 日月山 일대에서 활동하다./ 의병 30여 명, 潭陽에서 前參奉 李內星家에 침입하여 군수금을 징발하다./ 의병 40여 명, 井邑郡 南二面 自衛團長 安正九家를 습격하다.

2.15. 의병 28명, 전북 長水에서 순사대와 교전하다.

2.16. 보부상 단체인 '大同會'를 설립하여 보부상의 권익을 향상하고 상업을 발전시키다.

2.17. 의병 70여 명, 충남 魯城에서 日警과 공방전을 벌이다.

2.18. 大韓協會 永興支會가 義兵曉諭를 위해 각 面에 總代 2인씩 파견하기로 결정하다.

2.19. 鄭明信 의병대원 金元仲·金判敦 등, 夫餘에서 日軍에 체포되어 저항 중 전사하다.

2.20. 의병이 長城에서 日軍 守備隊와 접전하다./ 의병장 金泰元이 전사하다.

2.21. 의병 200여 명이 載寧에서 일인 순사부장 이하 4명을 포위 공격하다.

2.22. 金須七 의병대원 鄭士千 외 2명이 潭陽에서 전투 중 日軍 守備隊에 피체되다./ 洋統을 휴대한 의병 13명이 경기도 楊根에서 친일파 李黃俊을 사살하다.

2.23. 의병의 공격으로 咸平 우편취급소가 木浦로 철수하다./ 의병 400여 명이 함북 端川에서 北靑守備隊 특무조장 등 31명과 교전하다./ 의병 50여 명이 井邑에서 日軍 기마병과 교전하다.

2.24. 錦山 의병 20여 명이 錦山郡衙 使令을 체포·심문하다./ 蔚山 의병 15명이 彦陽郡 大場里에서 일본 정찰대를 공격하다.

2.26. 호남의병장 金聿이 羅州郡守와 自衛團員들에게 '義兵加入勸告文'을 발송하다./ 崔鳳駿·鄭淳萬 등이 블라디보스토크에서〈海潮新聞〉을 창간하다.

2.27. 의병이 議政府 日軍分遣所를 습격하다.

2.28. 許蔿 의병 선착대가 日軍의 기습으로 서울 진격에 실패하다./ 차도선·홍범도의 의병부대 300여 명이 함남 굴별리에서 일본군과 격전하다.

연도	한국
▲ 1908 ▼	2.29. 민긍호 의병부대가 충주수비대와 교전하다. 민긍호(?~1908)가 전사하다./ 의병 23명, 加平에서 日軍 토벌대를 유숙시킨 촌락을 방화하다. 2.-. 의병장 안규홍이 보성 동쪽 색청에서 일본군과 격전을 벌이다. 3.1. 光陽 의병 20여 명, 일진회원 劉桂文·徐物哥를 총살하다. 3.2. 일본 육군 소속 馬山丸가 병기와 군수품을 적재하고 仁川港에 입항하다. 3.3. 의병장 朴基陽, 日軍 星州守備隊에 피살되다. 3.4. 의병 50여 명, 海州 서방에서 日軍과 교전하다./ 의병 80여 명, 황해도 延安 水原橋에서 守備隊와 접전하여 의병 1명 전사하고 3명 부상하다./ 의병장 김영백이 정읍 단곡리에서 일본군 수비대와 격전하다. 3.5. 의병이 황해도 谷山郡 龍興里에서 日軍과 교전하다. 3.6. 의병장 金東臣 등 800여 명, 경남 거창군 梅鶴 등지에서 日兵 70여 명과 교전하다./ 鄭秉和 의병부대 40여 명, 日軍 忠州守備隊를 공격하다./ 咸平 金聿 의병대 60여 명, 內洞에서 일군 기병대와 교전하다./ 친일 사찰 대표 52명이 원흥사에서 圓宗宗務院을 설립하다. 3.7. 의병 5명, 일군 蔚山守備隊에 피체되다./ 의병 27명, 황해도 載寧郡 淸水面을 공격하여 군수금을 모집하다. 3.8. 의병 100여 명, 開城 高山谷에서 日軍 守備隊와 교전하여 16명이 전사하다. 3.9. 의병 100여 명, 坡州에서 日軍 헌병과 교전하다. / 의병 60여 명, 羅州에서 日騎兵 1개 중대와 교전하다. 의병장 심남일이 전북 인근의 의병들과 연합작전으로 일본군과 격전하다. 3.10. 의병 金巡日·尹元去, 務安郡 金洞面 玉洞에서 일군과 一進會員에게 피체되다./ 義兵船 8척이 南陽 港浦에 정박하여 江原·黃海 의병을 칭하고 식수를 조달하다. 3.11. 의병 30명, 咸興 高巨里에서 한인 순사 2명을 기습 공격하다./ 鏡城郡民이 一進會 사무소를 습격하여 집기를 파손하다./ 統監府에서 일인 판임관의 임명은 관보에 기재하지 않기로 결정하다. 3.12. 文泰瑞 의병대 50여 명, 安義를 공격하다./ 金致永 의병부대 150여 명, 일군 橫城分遣隊의 기습에 응전하다. 大韓協會 端川支會가 義兵說諭委員 3인을 선정하여 현지에 파견하다. 3.13. 金泰元 의병대가 咸平에서 日軍과 교전하다./ 統監府가 日本人 4명을 한국 재판소 判·檢事로 임명하다./ 황해도 許德天 의병대 200여 명, 甕津郡 馬山面에서 일본 헌병대와 교전하다./ 의병장 李廳京·尹廣秀 등 15명, 일군 海州守備隊와 교전하다. 3.14. 의병장 劉秉淇, 전남 靈光郡 奉山面에서 日軍과 접전하다./ 大韓協會가 濟州·三和·全州·群山·大邱支會를 인허하다. 3.15. 의병 宋鴻浩·李履東, 경북 靑松에서 일본 순사대에 피체되다. 3.16. 韓相烈 의병대 100여 명, 강원도 洪川에서 忠州 순사대 李警視 일행을 공격하다./ 琴基哲 의병부대 156명, 강원도 橫城에서 군수금을 모집하다. 3.17. 韓相鎬 의병부대, 강원도 珍富에서 日軍과 교전하다./ 高敞 의병대, 전남 長城郡 松坡에서 우편 호송 중인 일군 守備隊를 공격하다./ 의병장 車道善, 일군 北靑守備隊에 억류되다. / 文太守 의병대, 茂朱郡 裳谷面을 공격하다./ 의병장 邊都總 등 수 명, 경북 奉化郡 三良里에서 日軍擬賊隊와 교전하여 3명 전사하고 洪秉八 외 1명이 피체되다. 3.18. 許蔿 의병부대 30여 명, 경기도 坡州에서 공방전을 벌이다./ 李晉圭·崔善直 의병이 경북 盈德에서 日軍과 교전하다. 3.19. 의병 26명, 경기도 水原郡 松洞面에서 일인 1명을 사살하다./ 大韓協會 端川支會가 임시 평의회에서 義兵說諭 결과를 보고하다. 3.20. 정부가 일본과 차관 계약을 맺다./ 의병이 춘천에서 일군 守備隊 二等軍醫官을 사살하다. 3.21. 朴來鳳 의병 50여 명, 경기도 加平에서 日軍과 교전하다. 朴來鳳이 日軍에 피체되다./ 韓相烈 의병대, 강원도 洪川에서 日軍과 격전하다./ 金容球 의병부대, 전북 高敞에서 접전하여 稅務主事를 포살하다./ 金泰元 의병대, 光州에서 일군 長城守備隊를 공격하다. 3.22. 샌프란시스코 한국 교민 대표 崔有涉·文讓穆·鄭在寬·李學妓 등이 스티븐스를 방문하여 親日聲明書 내용을 추궁하고 격투하다./ 의병 200여 명, 강원도 加平에서 일군 春川守備隊 70여 명과 5시간 교전하다. 3.23. 張仁煥·田明雲이 샌프란시스코에서 일본의 한국 통치를 찬양한 미국인 외교고문 스티븐스(Stevens)를 사살하다. 3.24. 의병장 李康秊 휘하 400여 명, 경북 豐基를 기습하다. 3.25. 창경궁동물원을 준공하다(1909.11.1. 일반에 공개하다)./ 의병장 金東臣 휘하 60여 명, 茂朱郡 三公里에서 일군 永同守備隊와 2시간교전하다. 3.26. 金容球 의병부대가 장성 松山寺에서 日軍 10여 명을 사살하다. 3.27. 의병장 李麟榮의 참모장 金壎, 총기 및 탄약을 구입하기 위해 上京 중 三淸洞 李龍瑞家에서 日軍에 피체되다. 3.29. 의병 수십 명, 전남 光州에서 일군 광주수비대와 교전하다. 의병장 金聿이 피체되다. 3.30. 內部警務局이 일본인 순사 20여 명을 선발하여 의병 진압 차 지방에 파견하다. 3.31. 李益三의 한남창의소에서 일진회 회원의 은닉을 금지하는 격문을 발송하다. 3.-. 崔南善이 7·5조의 창가 「경부철도가」에 문명 개화의 동경과 민중 계몽의 내용을 발표하다./ 한국의 시정 개선을 위한 경비 19,682,623원을 일본으로부터 차관하다.

일본

4.1. 관립 한성고등여학교(현 경기여고)를 설립하다(교장 어윤적)./ 부산-신의주간 급행열차 '용희호'가 첫 운행을 하다.(947.2㎞, 11시간 소요)./ 의병이 楊州郡 瓦孔面을 습격하고, 한강에 정박 중인 선박에 충화하다.

4.3. 徐炳熙 의병부대가 경남 경주군 산내면 底洞에서 경주 日軍守備隊와 교전하다./ 鄭樂鎭 의병대 12명이 原州에서 원주수비대와 교전하다./ 의병장 朴鳳來 등 30여 명이 경북 巨包里에서 星州守備隊와 교전하고, 朴鳳來·崔地 등이 전사하다./ 閔孝植 의병부대 약 70여 명이 황해도 장연에서 교전하다./ 의병장 李康季 등 250여 명이 麟蹄에서 守備隊와 교전하고, 의병 42명이 전사하고 白米 20石을 빼앗기다./ 의병이 한강 상류에서 땔나무·식량을 실은 시량선(柴糧船)을 소각하자 시내에 식량 문제가 발생하다.

4.5. 韓京玉 등 의병 40여 명이 황해도 甕津에서 海州守備隊와 교전하다.

4.6. 통감부가 전국의 義兵狀況을 표시한 지도를 작성하여 各官廳에 배부하다./ 崔敦鎬 의병대 300여 명이 강원도 珍富守備隊와 교전하다./ 關東學會 총회에서 회장에 南宮檍을 선임하다.

4.7. 鄭連哲·金尙大 의병대 80여 명이 경북 春陽面에서 대구 헌병분견대와 교전하다.

4.8. 의병 50여 명이 陝川 우편취급소를 습격하다./ 강원도 의병 400여 명이 春川郡 砂田里에서 춘천우체국 우체부를 습격하다.

4.9. 통감부가 의병 색출을 위해 호패제 실시를 정부에 제의하다./ 송병준의 한일합병 추진설이 유포되다./ 의병 10여 명이 선박편으로 경기도 喬棟郡 松家面을 습격하고 면장 趙仁增에게 군수금을 징발하다./ 內閣이 의병진압 경찰비 22,366원을 예비비에서 지출하다.

4.10. 李進士 의병대 120여 명이 居昌에서 일군 토벌대와 교전하다./ 의병이 長水郡守의 印章을 탈취하다.

4.11. 劉秉洪 의병부대가 羅州郡 龍津山에서 日軍과 격전하다./ 金大張 의병대 20여 명이 公州에서 토벌대에 피습되어 의병장 金大張이 전사하다.

4.13. 李秉壽 의병대 100여 명이 강원도 洪川에서 경기도 砥平守備隊와 교전하다./ 柳春烈 의병대 22명이 高陽郡 求和道面을 습격하여 군자금을 징발하고 총기 20정을 탈취하다.

4.14. 李康季 의병부대 200여 명이 강원도 華川 일대에서 접전하다./ 大韓協會 群山支會가 農業模範場 설치를 결의하다.

4.15. 의병이 永同에서 철도를 폭파하다./ 정부가 스티븐스의 救恤金 5만 환을 지출하다.

4.16. 의병장 김수민이 황해도 장단에서 일본 헌병대를 습격하다./ 李秉壽 의병이 洪州에서 日軍과 교전하다.

4.18. 회동구락부를 조직하여 탁지부의 일본인·조선인 고위 관리의 사교클럽을 만들고 연식 정구를 하다./ 李學士 의병대 100여 명이 전북 任實 분견소를 급습하다./ 畿湖學會發起會를 개최하다./ 의병 250여 명이 文川郡衙를 습격하고 순사주재소 및 재무서를 폭파하다.

4.19. 의병장 金春洙가 강원도 淸平川 九政里에서 加平守備隊에 피체되다./ 具京老 의병대 150여 명이 전남 長城에서 日警과 교전하다.

4.20. 閔肯鎬 잔여부대가 강원도 橫城·麟蹄 등지에서 일군과 교전하다./ 외국인의 신문 발행과 海外 反日紙의 搬入을 금하는 新聞紙法 改定案을 공포하다.

4.21. 李錫庸 의병부대가 전북 任實郡 大雲時에서 토벌대와 교전하다.

4.23. 金容球 의병부대가 전남 靈光에서 접전하여 日軍 수명을 사살하다./ 의병장 李春玉이 전남 咸平에서 일본 헌병기병대와 교전 중 피체되다.

4.24. 李康季 의병대 400여 명이 경북 豐基郡 上里面 白洞을 습격하다.

4.25. 전남 의병 60여 명이 光州에서 일본 헌병분견대와 교전하여 金元泰가 전사하다.

4.26. 居昌郡 邑外面 거주 吳台善·金達用·表在煥이 全北倡義大將 李采然가 발한 격문을 운반하던 중 守備隊에 피체되다.

4.28. 金容球 의병부대가 茂長에서 접전하다./ 北部守備管區司令官이 경무국장에게 朔寧 및 積城守備隊의 의병 토벌 계획을 통보하다.

4.29. 의병장 李學三 등 18명이 전남 和順駐在所를 습격하고 李學三이 전사하다.

4.30. 통감부가 「新聞紙規則」을 공포하여 한국 내 외국인 명의 및 해외 한인 발행 신문의 반입을 금지하다.

5.1. 內部가 영국인 베델이 간행하는 〈大韓每日申報〉의 발매를 금지하다./ 의병 300여 명이 강원도 通川 토벌대와 교전하다.

5.2. 통감 伊藤博文이 영국인 베델에 대한 추방 조치를 일본 외무성에 요청하다./ 의병 400여 명이 강원도 伊川 廣北洞에서 守備隊와 교전하다.

5.3. 의병장 朴處士가 安東郡 大谷에서 일군 變裝隊에 피살되다.

5.4. 李康季 의병부대 260여 명이 강원도 窓岩店 남방 20리에서 접전하다./ 洪範圖 의병부대 300여 명이 함남 都下里에서 접전하다./ 의병장 白鶴善 등 25명이 충북 堤川郡 水下面 芳興里에서 토벌대와 교전하고 전사하다./ 의병이 金城 堂峴의 世昌洋行 독일금광 부속 사옥을 공격하고 총기를 탈취하다./ 통감부가 露領義兵의 침공에 대비하여 圖們江 연안 각 守備隊의 병력을 증강하다.

5.5. 의병 30여 명이 평북 朔州에서 昌城守備隊 토벌대와 교전하다./ 의병이 厚昌郡 河山面에서 일본인 2명을 사살하다./ 시정개선을 위한 경비의 명목으로 일본정부로부터 1968만 2,623圓을 차입하는 계약을 정식 조인하다.

5.6. 統監 伊藤博文이 의병진압을 위한 보병 1개 여단의 증파를 본국에 요청하다./ 의병이 충북 淸州郡 北面 樵亭에서 日人 우체부 4명을 포살하다.

5.7. 의병장 車道善이 억류 중이던 咸南 甲山憲兵分遣隊를 탈출하다./ 의병 270여 명이 평북 熙川郡 新豊面 新西里를 습격하고 一進會長 李允武를 사살하다.

5.8. 의병장 閔孝植 등 20여 명이 황해도 信川郡에서 토벌대와 교전하고 의병 3명이 전사하다.

5.10. 金容球 의병부대가 전북 茂長 禪雲寺에서 접전하다./ 麟蹄守備隊가 麟蹄·洪川·平昌郡 일대를 수색하여 의병 6명을 사살하고 1명을 검거하다.

5.11. 의병 140여 명이 강원도 旌善郡 臨溪에서 珍富守備隊와 1시간 교전하다.

연도	한국
▲ 1908 ▼	5.12. 의병 10여 명이 경남 陜川에서 합천수비대와 교전하다./ 의병 200여 명이 함남 高原邑을 습격하고 電柱 5本을 파괴하여 永興—元山間 전선을 불통시키다./ 의병 300여 명이 元山守備隊 관할 高原을 습격하다./ 朝鮮駐屯軍 사령관 長谷川好道, 사단장 岡崎 등이 군사령부에서 의병진압 방침을 모의하다.
	5.13. 의병장 申乭石의 참모 金珏車가 寧海에서 日軍變裝隊에 피체되다.
	5.14. 의병 14명이 洪川에서 교전하다./ 沈南一 의병부대가 長興에서 격전하다./ 大韓協會 大邱支會가 國民夜學校 설치 안을 가결하다.
	5.16. 홍범도 의병부대 500여 명이 長津—甲山間 山高關에서 長津 분대와 교전하다./ 의병장 李長春 등 30여 명이 茂朱郡 茂豊 黑石에서 토벌대와 교전하다.
	5.17. 邊鶴基가 지휘하는 의병 1천여 명이 榮州에서 日軍警을 포위 공격하다./ 의병 300여 명이 서울 東北方 磨石里에서 日軍分遣隊와 교전하다.
	5.18. 의병 30여 명이 槐山에서 忠州分遣隊 연락병과 교전하다.
	5.19. 의병이 寶城에서 光州守備隊 제2순사대와 교전하다./ 미국, 일본, 한국에서의 발명·의장·상표 및 저작권 보호에 관한 조약을 조인하다.
	5.20. 정부가 의병진압비 20,317원을 예비비에서 지출하다./ 의병 30여 명이 江界—熙川間 秋踰嶺에서 강계 憲兵分遣隊 토벌대와 교전하다.
	5.21. 의병이 唐津郡 下大面 龍頭里에서 日本 헌병수비대와 교전하다./ 의병이 함남 文川서 電柱 21本을 파괴하여 元山—咸興間 전선을 불통시키다.
	5.22. 의병이 甲山에서 守備隊 20명과 교전하다./ 의병이 報恩 靑川에서 보은수비대 8명과 교전하다.
	5.23. 의병이 公州에서 순사 6명과 교전하다.
	5.24. 의병 30여 명이 原州에서 헌병분견대와 교전하다./ 민원식 등이 친일단체인 대한실업 장려회를 조직하여 대한제국 실업을 장려하다.
	5.25. 의병 100여 명이 羅州에서 헌병분견대와 교전하다./ 의병 100여 명이 永興에서 헌병분견대와 교전하다./ 의병 30여 명이 甲山에서 三水 헌병분견대와 교전하다.
	5.26. 의병 崔燉浩 등 80여 명이 江陵郡 玉溪面 南川里에서 토벌대와 교전하다./ 의병 26명이 전남 玉果에서 光州警察署 순사 5명과 교전하다./ 블라디보스톡에서 간행되던 교포신문 〈海潮新聞〉이 폐간되다./ 황실·왕족과 고위 친일 관료 부인들이 대한여자흥학회를 조직하여 관립고등여학교를 후원하다.
	5.27. 統監府가 영국인 베델을 敎唆煽動罪로 기소하다.
	5.28. 의병 30여 명이 公州 西北方 維鳩에서 公州守備隊와 교전하다.
	5.29. 의병장 李忠元 외 27명이 連山邑에서 守備隊와 교전하고 의병 4명이 전사하며 이충원 외 1명이 피체되다./ 의병 250여 명이 강원도 平海·英陽郡界에서 헌병분견소원 7명과 교전하다.
	5.30. 梁相基 의병대가 昌平郡 龍興寺를 기습한 토벌대와 교전하여 起砲將 曺基采 등이 전사하다.
	5.31. 의병 50여 명이 평북 碧潼郡에서 신의주경찰서 토벌대와 교전하다./ 의병 70여 명이 전남 潭陽에서 순사대 및 토벌대와 교전하다./ 이화학당이 첫 메이퀸 대관식 행사를 개최하다.
	6.1. 김기중 등이 기호학교(현 중앙중고등학교)를 설립하다./ 統監 伊藤博文이 李完用·宋秉畯과 閣僚 교체 문제를 논의하다./ 의병 300여 명이 평남 倉坪에서 守備隊와 교전하다.
	6.2. 洪範圖 麾下 의병 70여 명이 咸興에서 日軍과 교전하다./ 統監府가 〈大韓每日申報〉를 정간하다.
	6.3. 의병 300여 명이 강원도 平昌郡 耳谷里를 기습하다.
	6.4. 李康秊 의병부대 700여 명이 奉化에서 토벌대와 교전하다.
	6.5. 의병 80여 명이 河東 月橫에서 하동수비대와 교전하고 51명이 전사하다.
	6.6. 宋秉畯이 內部大臣에 임명되다./ 三南義兵都大將 金東臣이 懷德郡 炭東面 德津洞에서 경찰에 피체되다.
	6.7. 의병 180여 명이 강원도 旌善郡 東上面 設雲里에서 토벌대와 교전하다./ 李康秊 의병부대 150명이 奉化郡 川坪里에서 醴川·榮州守備隊와 교전하다./ 一進會 평의회가 의병진압 책임과 관련하여 내각 총사직을 권고하다./ 軍部가 헌병 보조원 모집을 고시하다.
	6.8. 삼남의병도대장 김동신이 충남 회덕에서 질병 치료 중 체포되다./ 의병 50여 명이 永同에서 守備隊와 교전하다./ 의병 60여 명이 保寧에서 교전하다.
	6.9. 의병 80여 명이 함남 高原 柏山里에서 고원분견대와 교전하다.
	6.11. 의병장 許蔿가 永平에서 피체되다./ 의병 200여 명이 함남 高原 大乙里에서 고원분견대와 교전하다./ 의병장 허위가 철원헌병대에 의해 경기도 영평군에서 피체되다./ 의병진압을 목적으로 일본이 헌병보조원으로 한인을 모집하다.(헌병 2,347명, 헌병보조원 4,234명)
	6.12. 의병 약 250명이 永興에서 日軍과 접전하다.
	6.14. 의병 60여 명이 충남 槐山을 기습한 聞慶守備隊와 교전하다./ 開城學會 총회에서 尹致昊를 회장으로 선임하다.
	6.15. 의병 60여 명이 務安郡 海西面에서 토벌대와 교전하다./ 의병장 노병대가 충북 보은에서 체포되어 10년형을 선고받

일본

고 1911년 은사령에 의해 석방되다./ 미국인 콜브란이 함남 갑산 광산채굴권을 획득하다.

6.16. 의병 130여 명이 江陵郡 旌鶴洞에서 강릉수비대와 교전하다./ 金有成 의병부대 100여 명이 전북 茂長 境洞에서 古阜守備隊와 7시간 교전하다./〈大韓每日申報〉前社長 베델에 대한 재판이 개정되다.

6.17. 의병이 황해도 谷山에서 守備隊와 교전하다./ 의병장 許蔿가 서울로 압송되다.

6.18. 駐上海英國高等法院 判事가 駐韓英國總領事館에서〈大韓每日申報〉前社長 英國人 베델에게 治安妨害罪를 적용해 3주의 금고형을 선고하다./ 의병 50여 명이 평북 渭原郡 漢城面을 기습하다.

6.19. 의병 20명이 泰仁에서 泰仁 헌병분견소 日兵과 충돌하다./ 의병 80명이 楚山에서 일헌병과 교전하다.

6.20. 의병 10여 명이 경남 德山에서 토벌대와 교전하다./ 의병 100여 명이 경북 奉化郡 西碧里 桃花洞에서 守備隊와 교전하다.

6.21. 영국인 대한매일신보 사장 베델이 3주간 금고형을 선고받고 상해로 출발하다./ 徐炳熙 의병부대가 梁山郡 下北面의 日人商店을 습격하다.

6.22. 京城憲兵分隊가 헌병 보조원 200명을 모집하다.

6.23. 日本 大藏省에서 東洋拓殖株式會社 창립 준비회를 개최하다.

6.24. 의병 20여 명이 전북 淳昌에서 葛潭분견대와 교전하다./〈皇城新聞〉이 義兵을 '暴徒'로 표기 보도하다.

6.25. 北靑守備區 제3순사대가 甲山·三水에서 의병 토벌 작전을 실시하여 의병 70명이 투항하고 총기 60정을 피탈하다./ 의병장 金元植이 강원도 金城郡 東方 過牛里에서 守備隊에 피살되다.

6.26. 의병장 김원식이 강원도 금성군 동쪽 과우리 창암점 부근에서 전사하다./ 의병 25명이 전북 順興에서 江景 守備隊와 교전하다.

6.27. 趙炳仁 등 의병 20여 명이 寧越郡 上東面 桃花里에서 토벌대와 교전하고 13명이 전사하며 趙炳仁이 피체되다./ 學部가 俞吉濬 著〈東洋史〉에 대한 검정 신청을 허가하다.

6.28. 의병 8명이 강원도 楊口 동북방 鐵尾에서 名城 守備隊와 교전하다.

6.29. 황해도 新溪守備隊가 의병 토벌 작전을 전개하여 의병 38명을 피살하고 총기 28정을 피탈하다.

6.30. 의병 30여 명이 충남 瑞山에서 禮山守備隊와 교전하다./ 의병 50여 명이 평남 德川郡 豊德 東南方에서 開城守備隊와 교전하다.

7.1. 의병장 李康秊이 충북 淸風郡 金繡山에서 堤川 경찰분서에 피체되다.(10.13 사형)/ 李範允 의병부대가 慶興에서 日軍을 기습하여 4명을 사살하다.

7.3. 의병장 崔千有가 春川守備隊에 피체되다./ 의병 10여 명이 전남 淳昌 石狀市場에서 토벌대와 교전하다.

7.4. 의병장 李憲贊 麾下 80명이 積城守備隊와 교전하다.

7.5. 의병장 李明甫 등 50여 명이 함남 洪原郡 富民面 南豊里를 습격하여 一進會員 3명을 사살하다./ 의병 45명이 경북 平海郡에서 寧海分署 순사와 교전하여 10여 명이 사상하고 총기 18정을 피탈하다.

7.6. 의병 40여 명이 경남 於外場에서 守備隊와 교전하다./ 연해주 크라스키노의 이범윤 의병진이 국내 경흥으로 침투하다.

7.8. 의병이 會寧─慶興間 전화선을 절단하다.

7.9. 車道善 의병이 甲山 日軍헌병대를 탈출하여 재규합 후 활동을 개시하다.

7.10. 李範允 의병부대 200여 명이 慶興 북방 新阿山 守備隊를 기습하여 日軍 1명을 사살하고 5명을 생포하다.

7.11. 의병이 경북 靑松에서 守備隊와 교전하다./ 金惠鎭이 大韓協會 제2대 회장에, 權東鎭이 實業部長에 피선되다.

7.12. 의병 150명이 황해도 송화군에서 일본군과 교전하다.

7.13. 의병 60명이 咸平에서 羅州분견소 日兵과 교전하다.

7.14. 의병 30여 명이 함남 三水에서 교전하다./ 李範允 의병부대가 鍾城에서 日軍을 기습하다.

7.15. 의병 40여 명이 전북 長水에서 토벌대와 교전하다./ 서긍순·김광식이 대동회 부속기관 대동상무국을 조직하여 통감부 정책에 적극 협조하다./ 통감 伊藤이 귀국하다.

7.16. 의병 58명이 강원도 洪川·華川 각 주재소에 투항하다./ 의병 40여 명이 경기도 交河 북방 臨津江上에서 汶山 분견소원과 교전하다./ 法部가 監獄事務를 개시하다.

7.17. 의병 60여 명이 강원도 原州郡 文幕에서 분견대와 교전하다./〈홍삼전매범〉·〈인삼세법〉을 공포하여 증수정책의 일환으로 국가전매사업으로 전환하다.

7.18. 의병 30여 명이 경남 河東에서 守備隊와 교전하다./ 의병 20여 명이 전남 順天에서 守備隊와 교전하다./ 의병 20여 명이 전남 樂安 분견소원과 교전하다.

7.19. 의병 8명이 충북 丹陽에서 경북 醴泉 분견대와 교전하다./ 의병 60여 명이 경북 寧海에서 교전하다./ 경기도 의병장 鄭周源이 成歡守備隊에 피체되다.

7.20. 의병 20여 명이 抱川에서 교전하다./ 咸興守備隊가 李範允 부대의 침공 정보를 입수하고 압록강 연안 惠山鎭으로 출동하다./ 의병 50여 명이 함남 洪原에서 咸興守備隊와 교전하다./ 일군이 헌병보조원 응모자 5,969명 중 2,105명을 채용하다.

7.21. 의병 300명이 함경남도 北靑에서 일본군과 교전하다./ 의병 40여 명이 전남 長城郡 北一面 元德里를 기습하다.

7.23. 의병 80여 명이 경남 山淸 居昌守備隊와 교전하다./ 의병 70여 명이 함남 端川에서 北靑수비구 토벌대와 교전하다.

7.24. 의병 18명이 경북 星州에서 성주 守備隊와 교전하다.

7.25. 의병 80여 명이 鏡城에서 전투하다./ 內閣이 土地家屋所有權證明規則施行細則을 공포하다./ 의병 100여 명이 전남 羅州郡에서 南平 헌병분견소원과 교전하다.

연도	한국
▲ 1908 ▼	7.26. 한국 정부와 통감부가 한국은행 설립에 관한 협정서를 체결하다./ 의병장 李根壽 등 20여 명이 延安郡 方下面 冠洞을 습격하고 投降者를 납치하다. 7.27. 의병 30여 명이 전북 鎭安 西方 50리 지점의 藥岩을 기습한 笛川里 분견대와 교전하다./ 의병 60여 명이 평남 成川 東南方 古梅洞 부근에서 成川守備隊와 교전하다. 7.28. 의병 20여 명이 평북 楚山에서 교전하다. 7.29. 의병 400여 명이 淳昌에서 日軍과 접전하다./ 滿洲에서 渡江한 의병 약 100명이 會寧郡 관내로 진공하다./ 의병 20여 명이 전남 淳昌을 기습한 光州騎兵中隊와 교전하다./ 의병 30여 명이 전남 寶城郡 寒實村에서 宿營 중 樂安 헌병 분견대에 피습되다. 7.30. 의병 20여 명이 황해도 濯纓臺 南方 20리 지점에서 守備隊와 교전하다./ 의병 60여 명이 경남 居昌 西北方 80리 지점에서 분견대와 교전하다. 7.31. 의병 30여 명이 전남 谷城에서 光州 제2순사대와 교전하다./ 統監府가 헌병보조원 90명을 경기도내 각 군에 배치하다. 8.2. 의병 25명이 黃海道 黃州에서 일군 토벌대와 교전하다. 8.3. 의병 80여 명이 江華郡 望島里에서 토벌대와 교전하다. 8.4. 의병 80여 명이 江華에서 강화도 분견대와 교전하다./ 의병 30여 명이 慶興郡 蘆西面 일본인 漁場을 습격하여 일본인 15명을 사살하다./ 皇室 및 高位官僚 夫人과 日本人 夫人이 高級 社交 클럽인 東洋愛國夫人會를 조직하다. 8.5. 의병 약 65명이 全南 福內場을 습격하여 靈岩·光州 合同守備隊와 교전하다.] 8.6. 의병 30여 명이 河東에서 守備隊와 교전하다. 8.7. 大韓實業獎勵會·東亞開進教育會가 親日 商業團體인 '帝國實業會'를 설립하다./ 의병 30여 명이 茂長 동방 10리 지점에서 光州守備隊와 교전하다./ 의병 60여 명이 谷山郡 一松停에서 토벌대와 교전하다./ 의병 30여 명이 禮安에서 禮安守備隊와 교전하다. 8.8. 畿湖興學會特別平議會에서 尹雄烈을 회장으로 선임하다./ 大韓協會 通常總會에서 國債補償金을 조사하기로 가결하다. 8.9. 의병 약 15명이 會寧郡 大德面 中島洞에서 토벌대의 기습을 받아 접전하고 3명이 전사하며 탄환 600발을 손실하다./ 의병 20여 명이 泰仁 남방 30리 지점에서 全州守備隊와 교전하다./ 朝鮮駐屯日本憲兵隊長 明石元二郎 등이 '暴徒'의 현황을 시찰하기 위하여 북방으로 향발하다. 8.10. 의병 20여 명이 咸陽 동북방 20리 지점에서 守備隊와 교전하다./ 長谷川好道 日本軍司令官이 學部會議에서 '暴徒討伐'을 강조하다. 8.11. 의병 10여 명이 靈光 동남방 30리 지점에서 영광 守備隊와 교전하다. 8.12. 의병 40여 명이 旌善郡 新東面 鳥洞에서 慶北 西碧里 守備隊와 교전하다. 8.13. 의병 40여 명이 北淸에서 교전하다./ 韓國에서의 發明, 意匠, 商標 및 著作權을 보호하는 美國과 日本 간의 條約이 발효되다. 8.14. 日軍이 豊島·德積島 등 경기·黃海道 沿岸 일대에서 義兵 '討伐·搜索'을 전개하다./ 의병 15명이 淳昌 서방 40리 지점에서 일군 연락병과 교전하다. 8.15. 의병 60여 명이 泰安郡 安眠島에서 藍浦분견대와 교전하다./ 의병 40여 명이 長津郡 東下面 雪山洞에서 守備隊와 교전하다./ 警視廳이 서울 및 京畿道 일대에 '人力車營業許可'를 공포하다. 8.16. 의병 150여 명이 旌善郡 新東面 鳥洞에서 경북 西碧里守備隊와 5시간 교전하다. 8.18. 의병 50여 명이 任實에서 분견대와 교전하다./ 徐炳熙·李學魯 의병대 18명이 山淸郡 斗量谷에서 守備隊와 접전하다. 8.19. 의병 40여 명이 德源郡 赤田面 三台洞에서 黃水院 憲兵分遣隊와 교전하다./ 의병 40여 명이 眞寶郡 砂器店에서 安東 憲兵分遣隊와 교전하다. 8.20. 의병 30여 명이 京畿道 金浦郡 반월리에서 里長을 납치하다. 8.21. 의병장 全壽用이 全南 長城에서 大同倡義團을 조직하여 湖南義兵을 재건하다./ 의병 20여 명이 密陽 憲兵分遣隊와 교전하다. 8.22. 의병 40여 명이 溫井院 廣坪에서 溫井院 憲兵分遣隊와 교전하여 5명이 전사하다. 8.23. 金基順 의병대가 靈光郡 社倉市場에서 日騎兵 2명을 사살하고 총기를 탈취하다. 8.24. 李學士 의병대 170명이 全南 眞山에서 關東 분견대와 5시간 교전하다. 8.25. 李範允 의병부대가 鍾城郡 長風洞에서 日軍을 기습하다. 8.26. 統監府가 「學會令」을 공포하여 학회를 단속하고 이를 강화하다./ 沈南一 의병대원 10여 명이 全南 靈岩 坪山에서 영암수비대를 습격하여 1명을 사살하다. 8.27. 東洋拓殖株式會社法을 공포하다(12.28. 서울에 본사 설립)./ 丹齋 申采浩가 《大韓每日申報》에 「讀史新論」을 연재하다./ 大韓帝國 皇室 및 前·現職 高位官僚 夫人과 親日人士가 慈惠夫人會를 설립하다./ 의병 60여 명이 咸興에서 守備隊와 교전하다. 8.28. 의병 150여 명이 靈岩 북방 寒大洞에서 守備隊와 교전하다./ 의병 50여 명이 扶餘郡 旌面 鳥嶺里에서 토벌대와 교전하다./ 「私立學校補助規定」·「公立·私立學校認定規定」·「教科用圖書檢定規定」을 공포하다.

일본

8.29. 의병 20여 명이 京畿道 通津郡 中面 加亭里에서 경찰 헌병대와 충돌하여 2명이 전사하다./ 의병 10여 명이 遂安郡 龍水洞에서 헌병분 견대와 교전하다.

8.30. 의병 30여 명이 德山 內原洞에서 守備隊와 교전하다./ 의병장 柳命國이 慶南 德山에서 피체되어 10년형을 선고받았으나 1910년에 특사되다.

8.31. 周時經이 國語硏究學會를 조직하다(1911년 9월 '배달말 글모음'으로 개칭하다)./ 의병 50여 명이 全南 光州 서남방 30리 지점에서 樂水 亭 분견대와 교전하다./ 英國系 수도회사가 美國人 콜프란에 하청하여 서울 수도공사를 준공하다.

9.1. 통감부가 〈사립학교령〉을 공포하여 사립학교 통제를 강화하다./ 安桂洪이 의병 40여 명을 인솔하여 전남 光陽에서 일본 어선을 습격 하다./ 의병 50여 명이 전남 靈岩에서 守備隊와 교전하여 5명이 전사하다. .

9.2. 의병이 大韓協會 扶安支會 총무 金永寅을 포살하다.

9.3. 함북 명천에서 의병 200명이 일본 수비대와 교전하다./ 의병 30여 명이 충남 泰安 서북방 50리 麻防里에서 洪川 헌병분견소원과 교전 하다.

9.4. 의병 40여 명이 평남 江東郡 三登面 陽春里에서 헌병분견소 및 守備隊와 교전하다.

9.5. 의병 20여 명이 전남 光陽 億佛山에서 光陽·順天 헌병분견소원과 교전하다./ 한성부 청사를 광화문 옆 옛 法部 관사 자리로 이전하다.

9.6. 의병 30여 명이 강원도 華川郡 啓星洞을 기습하여 守備隊와 교전하다.

9.8. 의병이 전남 咸平에서 일본 상인 2명을 사살하다./ 의병 20여 명이 황해도 新溪 동북방 60리 松亭面에서 신계 헌병분견소원과 교 전하다.

9.9. 의병 90여 명이 咸興郡 新豊里 靈洞에서 함흥 기병연대와 교전하다./ 의병 70여 명이 함북 明川에서 명천수비대와 교전하다.

9.10. 의병 40여 명이 충북 陰城에서 守備隊 26명과 교전하다.

9.11. 의병 50여 명이 北靑 桃源洞에서 북청수비대와 교전하다./ 의병 30여 명이 전북 泰仁 동남방에서 全州守備隊와 교전하다.

9.12. 의병 18명이 함남 長津에서 헌병분견소원과 교전하다.

9.13. 의병 20여 명이 황해도 谷山郡 莫谷洞에서 헌병분견소원과 교전하다.

9.14. 의병 30여 명이 河東郡 雙溪寺에서 花開분견대와 교전하다./ 의병 20여 명이 황해도 伊川에서 新溪분견소 헌병과 교전하다./ 洪範圖 의 명으로 탄약 구매차 淸에 파견되었던 邊海龍이 귀국 도중 洪原에서 순사대에 피체되다./ 大韓協會가 정부에 東洋拓殖會社 설치 문 제에 대한 질문서를 제출하다.

9.15. 의병 14명이 경남 古縣 鍮店洞에서 토벌대와 교전하다.

9.17. 의병 8명이 江東郡 三登 주재소를 공격하다.

9.18. 의병 60여 명이 臨津江 渡船場에서 漣川 우편취급소의 우편물 遞送人을 요격하다./ 의병 20여 명이 전북 井邑 萬水洞을 야습한 全州 守備隊와 교전하다./ 控訴院이 의병장 許蔿에게 사형을 선고하다.

9.19. 의병 30여 명이 전북 白雲山 서북방에서 求禮守備隊 토벌대와 교전하다.

9.20. 吳良善 의병부대 70여 명이 保寧에서 藍浦 헌병대와 교전하다./ 의병이 順川郡 密田面 文明學校에 방화하여 校舍 10여 칸을 소실하 다./ 의병 90여 명이 전북 閑洞에서 求禮守備隊와 교전하다./ 의병 20여 명이 경남 新坪에서 咸陽守備隊와 교전하다.

9.21. 의병 30여 명이 전남 靈光에서 守備隊와 교전하다.

9.22. 의병장 金明鳳 휘하 20여 명이 함남 永興郡 宣興面을 기습하다./ 의병 20여 명이 함남 高原郡 山谷面 乾川里를 기습하여 自衛團長을 사살하다./ 京城控訴院이 의병장 李康季에게 絞刑을 선고하다./ 의병 30여 명이 廣州郡 草村面 歸化洞을 습격하여 면장을 사살하다.

9.23. 의병 15명이 전북 立石에서 守備隊와 교전하다./ 심남일 의병부대 100여 명이 전남 장흥군에서 일본군과 교전하다.

9.24. 의병 40여 명이 황해도 溫井院 서남방에서 분견소원과 교전하다.

9.25. 경성재판소가 국채보상금 횡령 혐의로 기소된 『大韓每日申報』 총무 梁起鐸에게 무죄를 선고하다./ 金京西 의병부대 30여 명이 강원 도 襄陽 三巴里에서 헌병분견소원과 교전하다.

9.26. 의병 100여 명이 전남 長興에서 순사대와 교전하다./ 의병 30여 명이 전북 高敞에서 古阜守備隊와 교전하다./ 의병장 沈南一 등 100명 이 長興郡 熊時面에서 순사대와 교전하여 한인 순사 1명을 사살하다.

9.27. 의병 50여 명이 전북 益山에서 익산 분견소원과 교전하다./ 의병장 許蔿이 絞首刑을 당하다.

9.28. 의병 50여 명이 함남 長津에서 분견소 헌병과 교전하다./ 의병 60여 명이 충남 靑陽에서 분견대와 교전하다./ 의병 14명이 전남 靈光 에서 古阜守備隊와 교전하다./ 경학원 강사 취임을 거절한 金舜欽(1840~1908)이 자결 순국하다.

9.29. 의병 70여 명이 전남 長城을 기습한 古阜守備隊와 교전하다.

9.30. 의병 20여 명이 평남 江東에서 成川분견대와 교전하다./ 의병 40여 명이 전북 高敞에서 古阜守備隊와 교전하다./『大韓每日申報』가 東洋拓殖株式會社 비판 기사와 관련하여 발매 금지를 당하다./ 일본이 한미전기회사에 대항하기 위해 日韓瓦斯會社를 설립하다.

9.-. 호남의병 安桂洪·梁鎭興 부대가 일본인·일본군 측량대·일본군 기병대를 기습하다.(~1909.1)/ 계몽단체인 대구 달성친목회를 조직하 다.(1913.9)/ 이후 비밀결사로 전환하다./ 고광순 의진의 鄭榮鎭이 光州裁判所에서 유형 5년을 선고받다.

10.1. 학회령을 실시하다./ 광주에 『週刊菊版新聞』을 창간하다.(일본어, 후에 『光州日報』)

10.2. 의병 50여 명이 경기도 漣川郡 郡內面 東幕里를 습격하다./ 의병 30여 명이 황해도 靑丹에서 청단분견소 파견대와 접전하다.

10.3. 의병 50여 명이 황해도 白川郡 柳川面 紅峴을 습격하여 密偵을 사살하다./ 의병 20여 명이 坡州郡 坡平面 長浦里를 습격하여 一進會 員 3명을 사살하다./ 의병 진압을 위한 일군 보병 제13연대가 釜山에 상륙하다.

연도	한국
▲ 1908 ▼	10.4. 의병 70여 명이 전북 淳昌에서 守備隊의 기습을 받고 접전하다. 10.5. 의병 12명이 경남 河東에서 守備隊와 교전하다. 10.6. 의병 150여 명이 충남 天安 新昌 순사주재소를 기습하다./ 일군 步兵 제13연대가 龍山에 도착하다. 10.7. 李錫庸 의병부대가 鎭安을 공격하여 군수품을 노획하다./ 의병 40여 명이 전남 求禮 守備隊와 교전하다./ 의병 49명이 함남 吉州에서 城津守備隊와 교전하여 5명이 전사하고 총기 및 탄약 500발을 피탈당하다. 10.8. 조선구세군이 한국 본영을 창설하고 선교사업을 시작하다./ 대마도에 유폐된 의병 문석환·남규진·신현두·최상집 등 4명을 석방하다./ 洪範圖 의병대원 林在春이 탄약 구매를 위해 淸으로 密行 중 惠山鎭에서 순사대에 피체되다. 10.9. 의병 40여 명이 평남 大同郡 오류동에서 평양헌병분견대 오류동 분견소를 습격하다. 10.10. 辛天洙 의병 수십 명이 황해도 재령군 栗枝面 隻安里에서 헌병과 교전하다./ 沈宜性이 大韓協會 부총무에 피선되다. 10.11. 의병 10여 명이 경기도 楊州郡 덕소리에서 헌병보조원을 사살하다./ 의병 약 25명이 황해도 靑丹에서 헌병분견대와 교전하다. 10.12. 의병 80여 명이 황해도 九化 북방에서 토벌대와 교전하다./ 의병 40명이 高敞에서 古阜守備隊와 교전하다. 10.13. 의병장 李康秊(1858~1908)이 교수형을 당하다. 10.14. 의병 20여 명이 경기도 延安郡 甌山島에서 延安 헌병분견대와 교전하다./ 의병 30여 명이 평남 孟山 東九里에서 맹산 헌병분견대와 교전하다. 10.15. 의병 60여 명이 전남 羅州에서 일인 農場主를 사살하다./ 의병 80여 명이 황해도 白川郡 城頭 동방 白雲峰에서 헌병분견대와 접전하다. 10.16. 의병 60여 명이 淳昌에서 南原守備隊와 교전하다./ 의병 40여 명이 황해도 海州에서 守備隊와 교전하다. 10.17. 申乭石 의병부대 50여 명이 蔚珍에서 헌병대와 교전하다./ 의병 120명이 전남 羅州 북방 40리 지점에서 일군 수색대의 기습을 받고 교전하다. 10.19. 의병 70여 명이 함남 永興에서 평남 영원 헌병분견대와 교전하다./ 경성 감옥이 독립문밖 금계동의 신축 감옥(서대문형무소 전신)으로 이전되다. 10.20. 의병 40여 명이 전남 順天에서 求禮守備隊 소속 우편 호위병을 급습하다. 10.21. 의병 100여 명이 전남 麗水郡 遠浦에서 順川守備隊와 교전하다./ 車道善 의병부대 80여 명이 咸興에서 토벌대와 교전하다./ 大韓協會 晋州支會가 의병을 說諭키로 결의하다./ 의병장 許蔿(1854~1908)이 경성 감옥에서 첫 교수형으로 순국하다. 10.22. 의병 150여 명이 전남 羅州 북방 40리 지점에서 榮山浦 헌병분견대와 교전하다./ 의병 20여 명이 경기도 通津 동남방 30리 지점에서 헌병분견대와 교전하다. 10.24. 대한의원이 신축 준공되다./ 차도선 의진 80명이 함흥군에서 일병과 교전하다./ 의병 120여 명이 함남 長津郡에서 中嶺鎭분견대와 2시간 교전하다./ 충청도 의병장 金顯錫이 靑陽 헌병분견대에 피살되다./ 大韓醫院 落成式이 거행되다. 10.25. 의병이 경남 宜寧에서 일군 守備隊와 교전하다. 10.26. 沈南一 의병부대 140여 명이 전남 寶城郡 新興洞을 습격하다./ 의병 20명이 光州 동북방 新村 산중에서 守備隊와 교전하다. 10.27. 의병 70여 명이 충남 沔川에서 헌병분견대와 교전하다. 10.28. 의병 10여 명이 전남 海南에서 헌병분견대와 교전하다./ 일본인 대한의원장 佐藤進 등이 한국의학회를 설립하다. 10.29. 의병 30여 명이 江華郡 三海面 白蓮寺 부근에서 사냥 중이던 일인을 습격하다./ 일군 제6사단 제13연대 병력이 江華 의병 진압차 인천을 출발하다./ 일군 야전포병 제6연대 제4·5중대가 咸興에 도착하여 駐屯하다. 10.30. 의병 40여 명이 평남 新倉에서 成川守備隊와 교전하다./ 의병 60여 명이 강화 傳燈寺 산중 포대에 매복 중 일군을 기습공격하다. 10.31. 일본과 漁業協定이 조인되다(11.11. 政府 漁業法 공포)./ 의병 50여 명이 평북 寧遠 樂水洞 부근에서 樂水洞 헌병분견대와 교전하다./ 의병이 전남 筏橋에서 光州農工銀行 서기를 사살하다. 11.3. 각 사원대표가 일본승을 고문으로 하는 종무원 설치를 결정하다./ 의병 50여명, 황해도 靑丹에서 甕津분견대와 교전하다. 11.4. 의병 80여 명이 황해도 靑丹에서 延安守備隊와 교전하다. 11.5. 의병 17명이 충북 丹陽 동방 50리 山中에서 丹陽 분견대와 교전하다. 11.6. 의병 10여 명이 경북 靑松郡 安德에서 청송분견대와 접전하다./ 의병 60여 명이 평남 寧遠에서 社倉 분견대와 교전하다. 11.7. 의병 10여 명이 평남 安州郡 沙屯에서 분견대와 교전하다. 11.8. 의병 20여 명이 충북 堤川에서 平洞 분견대와 교전하다. 11.10. 의병 30여 명이 汶山에서 교전하다./ 의병장 車道善 麾下 의병 30여 명이 함남 咸興郡 岐谷面을 기습하다. 11.11. 의병 17명이 전남 昌平 주재소를 습격하여 헌병과 교전하다./ 의병 50여 명이 평남 孟山에서 분견소원과 교전하다.

일본

11.13. 전국 佛敎寺院代表가 親日佛敎機構 宗務院을 설치하다./ 의병 50여 명이 江華郡 江華面에서 분견대와 교전하다./ 의병장 李殷瓚·金敎盛·尹仁淳 휘하 50여 명이 경기도 抱川郡 加山面 昇橋里를 기습하다.

11.14. 의병장 梁鎭汝가 廣州에서 日人 우체부를 사살하다./ 姜判烈이 의병 40여 명을 이끌고 전남 潭陽을 습격하다./ 尹仁淳 의병부대 30여 명이 坡州郡 泉峴面 五里洞에서 汶山 분견소 헌병과 교전하다./ 兪吉濬이 鍾路商業會議所에서 漢城府民會를 조직하다.

11.15. 의병 100여 명이 潭陽 북방 秋月山에서 日兵과 교전하다.

11.16. 동양애국부인회에서 부인병원을 설립하다./ 의병이 강화도에서 일본군과 교전하여 일병 대장을 포함 4명을 사살하다./ 柳昌鎬 휘하 의병 40여 명이 전남 長城郡 藥水亭 龍頭를 기습하다.

11.17. 兪家煥 등 의병 80여 명이 충북 黃磵을 기습하다.

11.18. 의병장 徐光導·羅贊成 휘하 26명이 황해도 谷山郡 鳳鳴面 新彦里 仲洞을 기습하다.

11.19. 의병 50여 명이 전남 光州 西方 牛山에서 광주분견소 헌병과 교전하다./ 의병장 高堅元이 전남 靈岩郡 金磨面 寒大洞에서 唐津 헌병분견소에 피체되다.

11.20. 의병장 姜春三이 황해도 靑丹憲兵隊와 교전 중 피살되다./ 의병 80여 명이 경기도 退溪院에서 헌병파견소원과 교전하다.

11.21. 의병 7명이 충남 藍浦 동북방 60리 지점에서 헌병 분견소원과 교전하다.

11.22. 의병 10여 명이 경기도 廣州에서 一進會員 양국진을 사살하다./ 의병 170여 명이 전남 綾州에서 토벌대와 교전하다.

11.23. 洪範圖 의병부대가 함남 雲山洞에서 운산수비대와 교전하다./ 의병 300여 명이 전남 光州 北方 大峙에서 광주수비대와 교전하다./ 의병 35명이 강원도 橫城郡 玉洞에서 헌병과 교전하다.

11.24. 의병 5명이 충남 扶餘에서 부여분견소 헌병과 교전하다./ 의병 40여 명이 전남 谷城에서 헌병과 교전하여 의병장 申正雨·盧仁先 등이 피체되다.

11.25. 의병 10여 명이 황해도 谷山에서 곡산분견소 헌병과 교전하여 5명이 전사하다./ 의병 100여 명이 전남 潭陽 北方 秋月山에서 토벌대와 3시간 교전하다./ 의병 10여 명이 咸興에서 北靑 제3순사대와 교전하다.

11.26. 의병 20여 명이 江華府 南方 20리 亭頭洞에서 龍山部隊와 교전하다./ 의병 150명이 전남 綾州郡 梨陽院에서 능주 분견소원과 교전하다.

11.27. 박래병 의진의 김경운(1862~1908)이 교전 중 피체되어 교수형에 처해지다./ 全海山 의병부대 170여 명이 전남 長興에서 장흥경찰서 순사 14명과 교전하다.

11.28. 의병 6명이 密陽에서 분견소원과 교전하다.

11.29. 의병 5명이 충북 永春에서 영춘분견소원과 교전하다.

11.30. 의병 15명이 강원도 金化 남방에서 교전하다.

12.1. 의병 5명이 江華府 北方 10리 지점에서 강화분견소원과 교전하다.

12.2. 의병 200여 명이 전북 茂長 東方 10리 지점에서 무장분견소원과 교전하다./ 평안도 의병장 申應이 孟山 헌병대에 피체되다.

12.3. 의병 30여 명이 함남 定平郡에서 평남 寧遠헌병대와 교전하다./ 의병 20여 명이 전북 淳昌에서 순창 분견소원과 교전하다./ 서울 종로에 기독교청년회관(YMCA)을 개관하다.

12.4. 의병 30여 명이 楊州에서 교전하다./ 의병장 李殷瓚·金敎盛·尹仁淳 휘하 120여 명이 경기도 加平郡 上面 西波洞에서 抱川수비대 및 경찰연합대와 교전하다./ 의병 45명이 황해도 白川에서 延安헌병분견대와 교전하다.

12.5. 의병 60여 명이 전북 長水 北方 40리 지점에서 장수분견소원과 교전하다./ 의병 30명이 경기도 周浦에서 日兵과 교전하다.

12.6. 의병 15명이 강원도 麟蹄에서 인제수비대 19명과 교전하다./ 李明甫 의병부대가 함남 洪原에서 일병과 교전하다. 이명보 被逮되다./ 의병이 甲山에서 면장 一進會員 등 13명을 살해하다.

12.7. 의병 32명이 전북 錦山에서 鎭安守備隊 토벌대와 교전하다./ 의병장 尹仁淳 등 30여 명이 楊州郡 古州內面 廣崇里에서 헌병대와 교전하다.

12.8. 의병 15명이 황해도 靑丹에서 청단 헌병분견소원 10여 명과 격전하다./ 의병 23명이 강원도 伊川 헌병분견대와 교전하다.

12.9. 의병 30여 명이 전남 潭陽에서 헌병분견대와 교전하다./ 의병 18명이 평남 寧邊에서 寧邊분견소 헌병과 교전하다.

12.10. 의병 200여 명이 황해도 溫井院에서 헌병분견대와 교전하다.

12.11. 의병 20여 명이 강원도 伊川郡에서 함남 元山 헌병분견대와 교전하다./ 의병 8명이 함남 北靑에서 헌병분견대와 교전하다./ 평민출신 의병장인 신돌석(1878~1908)이 경북 영덕에서 부하에게 피살되다.

12.12. 의병 4명이 경기 楊根에서 헌병분견대와 교전하다./ 의병장 申乭石이 경북 盈德에서 피살되다./ 의병 40명이 경기도 楊州에서 헌병과 교전하다.

12.13. 의병 30명이 황해도 平山郡에서 日兵과 교전하다.

12.14. 의병장 李能坤이 仁川 경찰서에 피체되며 총기 15정, 탄약 566발을 피탈당하다.

12.15. 의병 60여 명이 전북 古阜郡 聲浦面을 기습하여 57원을 탈취하다./ 의병 30여 명이 전남 海南郡에서 榮山浦 헌병분견대와 교전하다.

12.16. 北靑郡 주민 70여 명이 斷髮과 一進會 入會를 강요하는 安坪面 長 朱道翼을 살해하다.

12.17. 의병장 池洪一·李鎭龍 휘하 120여 명이 황해도 濯纓臺에서 헌병 분견대와 교전하다./ 동학농민군 출신 의병장 김수민(?~1908)이 경성 감옥에서 교수형을 당하다.

12.18. 의병장 曹京煥 摩下 200여 명이 전남 長城에서 헌병수비대와 교전하다.

12.19. 의병 130여 명이 경기 楊州郡에서 退溪院 헌병분견대와 교전하다./ 朱基俊 휘하 의병 150여 명이 橫城郡 屯內面 自浦洞에서 토벌대와 3시간 교전하다./ 의병 朴發述·朴長根이 永川守備隊에 피살되다.

연도	한국
▲ 1908	12.20. 朱光植 의병대 300여 명이 寧遠郡 水因面 溝林洞에서 일군 守備隊와 교전하다./ 의병 140여 명이 경기 退溪院 헌병 분견소를 습격하다. 12.21. 의병 20여 명이 경기 加平에서 京城 헌병분견대와 교전하다. 12.22. 池弘台·李鎭龍 휘하 의병 300여 명이 황해 白川郡 下今山面 佛岩洞을 기습하다. 12.23. 의병 100여 명이 함북 茂山에서 교전하다. 12.24. 의병 鄭海昌·李康季 부대 200여 명이 寧越郡 西面 廣灘里에서 일군 守備隊와 접전하다. 12.25. 의병 40여 명이 전남 靈岩에서 영암수비대와 교전하여 9명이 전사하다. 12.27. 의병장 全海山·趙京煥 등 90여 명이 전남 靈光郡 社倉을 기습하여 守備隊 숙사에 있던 수비병을 사살하다./ 의병 240명이 황해도 溫井院에서 平山郡 관내 연합수색대와 교전하다.
1909 ▼	【한국】 1.1. 의병 100여명이 羅州 古幕院憲兵分遣所를 기습하여 헌병보조원 2명을 사살하다. 1.2. 의병 池洪 의병대 200여명이 黃海道 平山郡 古之面을 기습하다./ 의병 48명이 谷城郡 竹谷面에서 일본헌병대에 협조한 李參奉家를 습격하다. 1.4. 의병장 鄭用大 등 11명이 豊德郡 南面에서 미곡반출 정지를 엄명하다. 1.6. 의병 200여명이 光州 梧時洞에서 광주경찰서 파견대를 기습하다./ 의병 50여명이 莞島郡 甫吉島에서 薪炭買入하는 목포거류 일인 상인을 기습하다. 1.7. 고종황제가 伊藤博文과 三南地方 순행을 시작하다./ 의병 李殷瓚 의병대 200여명이 楊州郡 伊淡面憲兵分遣所를 습격하다./ 의병 李弼相(1887~1909)이 이완용의 가옥을 소각하고 유배 중 탈출하여 의병에 가담하였다가 피살당하다. 1.9. 의병 400여명이 咸南 增平場에서 일본군과 충돌하여 50명이 전사하다./ 의병 李殷瓚·尹仁淳 의병대 100여명이 坡州郡 泉峴面에서 日兵과 교전하다. 1.10. 의병 170명이 谷城郡 大谷面에서 추격해온 日兵과 교전하다./ 在日留學生들이 日本에서 大韓學會·太極學會·共修會·研學會를 합동하여 大韓興學會를 결성하다. 1.11. 의병 姜汝明·朴相玉 의병대 140여명이 順天郡 松光面에서 光川店憲兵分遣隊를 공격하다./ 의병 朴民洪 의병대 15명이 羅州郡 用文面에서 日兵과 교전하다. 1.12. 의병 60명이 楊州에서 日兵과 교전하다. 1.13. 의병장 孟君三이 楊口에서 체포된 후 항거하다 日兵에 피살되다./ 農商工部가 釜山地域 森林調査에 착수하다. 1.14. 湖南·海山義軍所가 羅州農工銀行 幹事에게 軍用金을 요구하는 書簡을 발송하다./ 安昌浩가 靑年會館에서 '前途의 希望'이란 주제로 演說하다. 1.15. 羅喆이 齋洞 翠雲亭에서 檀君敎佈明書를 발표하다. 1.16. 의병 100여명이 海州에서 延安憲兵分遣隊를 공격하다./ 의병 14명이 海南郡 松旨面에서 戶口調査 중인 면장을 총살하다./ 大韓協會가 咸興·龍川·開城·吉州·咸悅·咸安支會를 인허하다. 1.18. 의병 10여명이 順興郡 鳳陽面에서 밀고한 里長을 총살하다. 1.19. 의병 150여명이 榮山浦 古幕院에서 日兵과 교전하다./ 의병총대장 李根守·中隊長 孔石斗·分隊長 崔興大 등 5명이 延平島에서 海州憲兵分隊와 교전 중 전사하다. 1.20. 의병 李大局 의병대 80여명이 靈光郡 大安面에서 電信柱를 절단·파괴하다. 1.21. 西北學會가 임시회를 개최하여 西道地域에 4명의 총대표를 파견하기로 결의하다. 1.22. 의병장 高元植(直)이 金川에서 활동 중 피체되다./ 의병 120여명이 郵便物 탈취를 위해 黃海道 新溪에 출진하다. 1.23. 의병장 柳志明이 忠淸道지역에서 활동 중 日兵에 피체되다./ 의병장 全海山이 20명 단위로 分隊를 조직하여 羅州·咸平·靈光·務安에 잠행시켜 일본 헌병·경찰 등을 저격하게 하다. 1.25. 의병 李殷瓚 의병대 170여명이 楊州郡 石積面에서 日兵과 교전하다./ 의병 趙正仁(1872~1909)이 羅州 加山에서 탄약을 제조하다 피체되어 순국하다. 1.26. 의병 50여명이 淳昌郡 下置等面에서 公錢領收員을 납거하다./ 의병 27명이 全南 蘆花島에서 항행 중인 範船을 공격하여 일본 잡화상의 물품을 압수하다. 1.27. 純宗과 伊藤總監이 기차로 開城·黃州·平壤 등의 西北 순행을 출발하다./ 西北地方 순행 중 平壤에 도착하다. 1.29. 大韓每日申報 社長 베델이 英字新聞 『The Korea Daily News』를 창간하다. 1.31. 純宗皇帝가 西北地方 순행 중 平壤에 도착하다.(西北 各地에서 日章旗 거부 사건 발생)/ 의병 全海山 의병대 220여명이 求禮郡 所義面에 출진한 후 智異山으로 퇴각하다./ 의병장 김영백(1880~1910)이 정읍군 북이면 상곡리에서 교전 중 순국하다. 2.1. 의병 70여명이 光州郡 大村面에서 日兵과 교전하다./ 의병 沃溝·益山에 臨益水利組合이 설립 인가되다. 2.3. 의병 李學魯 등 10여명이 咸安郡 北面에서 軍用金을 요구하다./ 의병장 林九汝가 함경도에서 日兵에 피체되다. 2.4. 의병 200여명이 경기도 周浦에서 憲兵派出所를 공격하다./ 의병 吳參奉 의병대 120여명이 羅州郡 新材面에 진입하여 軍用金을 모금하다.

일본

12.28. 東洋拓殖株式會社가 설립되며 總裁는 宇左川一成, 副總裁는 閔泳綺로 임명되다.

12.29. 高敞 의병 100여 명이 茂長郡 二東面을 습격하다./ 전남 의병 30여 명이 潭陽 헌병분견대 공격하다.

12.30. 의병 5명이 開城 太廟里 李在鉉家에 침입하여 군수금을 요구하다.

12.31. 日本軍이 朝鮮駐箚軍司令官에 大久保春野 대장을 임명하다./ 의병 10여 명이 潭陽郡 牛面長 黃宗周家를 습격하다.

12.-. 한국-일본 양국 친선 도모단체 '한일협회'를 조직하다./ 이 해에 각 항에 설립된 일본 상사 143개, 일인상공회의소 9개, 회원 3,481명에 이르다./ 김구·최광옥·도인권·황해도 기독교들을 중심으로 해서 교육총회를 조직하다./ 신채호가 『독사신론』·『성웅 이순신전』·『을지문덕』을 저술하다.

【일본·해외】

1.-. 채기도·최린 등이 재일유학생 단체 '대한흥학회'를 조직하다.(~1910.0)

2.1. 미국 한인합성협회·공립협회가 통합하여 '국민회' 발족하다. 북미지방총회·하와이지방총회 설치하다.

2.3. 대마도에 유폐된 의병 유준근·이상두·이식 등 마지막 3명을 석방하다, 총 888일간 유폐되다.

2.10. 大韓人國民會 北美地方總會, 기관지 〈共立新聞〉 발행하다.

2.15. 국민회 하와이지방총회, 《한인협성신보》인수하여 《신한국보》(주필 홍종표)를 창간하다./ 안중근·김기룡 등, 러시아 노브키에프스크에서 '일심회' 발회식을 하다.

2.-. 재미 아세아 실업주식회사, 태동실업주식회사로 개칭하고, 북만주 밀산 봉밀산 기지를 개척하다.

4.10. 日首相 桂太郎·外相 小村壽太郎·統監 伊藤博文이 韓日合邦施行方針을 밀의하다.

6.-. 국민회 솔트레이크시티(Salt Lake City) 지방회, 독립군 양성을 위해 학생양성소 설립하다./ 박용만·정한경 등, 미국 네브래스카에 미국 첫 한인 군사학교인 한인소년병학교 설립하다.

7.6. 일본 내각에서 한국 병합 실행에 관한 건 의결하다. 적당한 시기에 한국을 일본의 일부로 병합하다.

8.3. 洪範圖, 노보끼예프스크 한인마을에서 일병에 대한 공격실패를 보고하고 군자금 모집을 연설하다.

8.13. 日閣議, 만주 6안건에 관한 교섭 촉진을 위해 간도거주 한국인에 대한 영사재판권의 요구완화 방침을 결정하다.

9.4. 間島에 관한 淸日協約調印(間島, 淸에 歸屬). 간도를 청의 영토로 확인하고 일본의 남만주 철도 부설권을 획득하다.

10.26. 安重根이 哈爾濱에서 日本 樞密院議長 伊藤博文을 저격하다.(1910년 3월 安重根 처형됨)

2.5. 의병 李殷瓚·尹仁淳·金教升의 연합의병단 300여명이 永平郡 二東面에서 日兵을 기습 공격하다.

2.7. 의병 200여명이 抱川에서 日兵 9명을 기습 공격하다./ 의병 度支部가 일본에 발주한 선박 隆熙號가 釜山에 입항하다.

2.9. 의병장 田海壽가 京城裁判所에서 징역 5년형을 선고받다.

2.10. 의병 20여명이 木浦 官洞面에서 일본인 지주의 소작료 징수원을 기습하다.

2.13. 의병 家屋稅法·酒稅法·煙草稅法이 공포되다./ 의병 李錫庸의 부장 金成七이 任實에서 日兵에 피체되다.

2.14. 의병 鄭聖賢 의병대 50여명이 任實郡 上雲面에 출진하여 잠행 활동하다./ 의병 大韓每日申報社가 統監府의 선전용 책자 『韓國의 改革과 進行』을 비난하다.

2.15. 의병 高承天·李中心·趙丙生·盧尙玉·金錫命이 濟州에서 舊法恢復을 위한 거사를 결의하다./ 의병 神學根 의병대 50여명이 平康郡 南面에서 郵便護衛兵을 저격 사살하다.

2.16. 의병장 池洪一이 開城에서 체포되어 仁川警察署로 호송되다./ 의병 30여명이 昌平郡 長南面에서 군율을 위반한 의병대원을 처형하다./ 의병 京城監獄 仁川分監이 사무를 시작하다.

2.18. 의병 統監府가 『國稅徵收法』을 공포하고 면장의 직무를 구체화하며 체납 시 벌칙을 강화하다./ 의병장 李殷瓚이 永平郡民에게 동포를 잔해하는 자는 梟首하겠다고 선언하다.

2.20. 의병 외국인 선교사들이 宋秉畯의 '선교사가 의병을 선동'했다는 담화를 반박하다./ 의병 金川 兎山郡 일대에서 黃海道 倡義軍帥府 中軍將 河相泰 명의의 격문이 살포되다.

2.21. 의병 李成化 의병대 40여명이 泰仁郡 龍山面에서 日兵과 교전하다./ 의병 羅州郡 知良面에서 일본인 영농자를 습격하여 일제사격하다.

2.22. 의병 李殷瓚 의병대 150여명이 抱川郡 加山面에서 추격해온 일본군 연합대를 공격하다.

2.23. 의병 統監府가 『出版法』을 공포하여 雜誌·書籍 등의 원고에 대해 사전 검열제를 실시하다./ 의병장 梁世健이 淳昌郡 下里等面에서 日警에 피체되다.

2.26. 의병 朴時和·朴敏 등 250여명이 全南 羅州에서 일본군과 교전하다.

2.27. 의병 李殷瓚 의병대 300여명이 楊州郡에서 교전하여 수십 명이 전사하고, 李殷瓚은 3월 31일 龍山에서 피체되다./ 의병 李大局 의병대 60여명·鄭太仁 의병대 90여명이 茂長郡 南面에서 靈光守備隊를 공격하다.

2.28. 의병장 高承天·金先一이 濟州道 光淸里 전투 중 일본 순사에 피체되다./ 의병 100여명이 光州郡 桂村面에서 징수된 세금을 탈취하다.

연도	한국
▲ 1909 ▼	2.-. 의병 沈南一·全海山이 이끄는 의병 200여명이 全南 榮山浦 등지에서 방곡과 납세 거부 격문을 발표하다./ 의병장 洪範圖가 함경도에서 만주로 망명하다. 3.1. 의병장 劉順부가 禮山 읍내시장에서 洪州警察에 피체되다. 3.3. 의병 10여명이 莞島에서 일본 우체부를 습격하여 우편물을 탈취하다. 3.4. 의병〈民籍法〉(현 호적법)이 공포되어 民籍事務가 警務局으로 이관되다. 3.6. 의병 朴京化 의병대 60여명이 靈光郡 九水面에서 日兵과 교전하다. 3.7. 의병장 金元翼이 武器買入을 위해 上京 중 水標橋에서 日警에 피체되다./ 의병 20여명이 海南 南倉에서 야영 중인 海南守備隊를 기습 공격하다. 3.8. 의병 50여명이 靈光 三角山에서 靈光憲兵分遣隊를 공격하다. 3.9. 의병 80여명이 積城에서 日兵과 교전하다. 3.10. 의병장 李殷瓚이 抱川·楊平 등 各郡에 주재한 日本憲兵補助員들에게 義陣 귀순을 권유하다. 3.12. 의병장 朴鍾植이 海南·靈岩·康津 등지에 격문을 배포하다./ 의병 濟州도에서 高承天·金光一 등이 일본 측 제주 인계설에 반발하여 일본인들과 충돌하다. 3.13. 의병 金尙台 등 40여명이 丹陽郡 東面에서 日警과 교전하다./ 의병 徐炳熙 의병대 29명이 陝川에서 日兵과 접전하다. 3.15. 在韓外國人과 大韓警察事務에 관한 韓日協定이 체결되다./ 의병 80여명이 寶城郡 福內面에서 長興財務署의 主事를 기습하다. 3.16. 통감부가 鐵道管理局制를 폐지하고 鐵道廳을 설치하다./ 의병 金元成·金雲仙 의병대 50여명이 順興郡 鳳陽面 韶川市場에서 日兵과 접전하다. 3.17. 의병 11명이 康津郡 唵川面에서 面長과 公錢領收員을 결박 연행하다./ 의병 40여명이 榮州郡 順興面에서 日兵에게패퇴하다./ 의병 尹仁淳(1880~1909)이 李殷瓚·鄭用大 등과 연합하여 朔寧守備隊와 교전 중 순국하다. 3.18. 유길준이 문법서『大韓文典』을 간행하다./ 의병 金三順 의병대 15명이 일본 순사로 변장하고 通津郡 月餘串面을 습격하다. 3.19. 의병 약 31명이 茂朱郡 柳加面에서 곡식 매각 금지를 명령하다. 3.20. 경기도 楊州警部 金允福이 面·里長을 소집하여 의병 체포 협조를 강요하다./ 의병 在日留學生團體 大韓興學會가 기관지『大韓興學報』를 창간하다. 3.22. 일본 헌병이 長水郡 外眞面에서 의병장 李錫庸의 가족을 구류하다. 3.23. 일본 보병 제23연대 600여명이 釜山에 상륙하다. 3.24. 의병 100여명이 順天郡 雙山場에서 日兵과 접전하다. 3.25. 의병 100여명이 麗水郡 粟村面에서 財務署 主事와 公錢領收員을 사살하다. 3.26. 의병 延起羽 의병대 30여명이 鐵原에서 朔寧憲兵隊와 교전하다. 3.27. 의병 李鎭龍 의병대의 中隊長 姜文景 등 20여명이 平山郡 龍山面에서 日憲兵分遣隊와 교전하다./ 의병 鄭用大 의병대 27명이 通津郡 陽陵面에서 通津駐在巡査를 기습하다. 3.28. 의병 6명이 昌平郡 北面에서 사복으로 변장한 헌병보조원 2명을 총살하다./ 의병 40여명이 咸平郡 鶴橋에서 日兵과 교전하다. 3.29. 의병 20여명이 泰仁郡 古縣面에서 일본군 변장대와 교전하다. 3.30. 의병장 金顯國이 京城地方法院에서 사형을 선고받다. 3.-. 통감부의 후원을 받은 京城日報社가 親日勢力 회유를 위해 일본관광단을 구성·파견하다./ 의병 大韓興學會가『大韓興學報』를 창간하여 2천 부를 발행하고 대부분 국내에 배포하다(~1910.5) 4.1. 의병 李學士 의병대 20여명이 任實郡 上東面에서 日兵과 교전하다. 4.2. 의병장 申乭石이 관하 각부에 擧義를 발통하여 의병을 모집하다./ 의병 安桂洪 의병대 500여명이 寶城郡 鳳德面 法化村에 집결하여 各面에 軍用品提供命令書를 발송하다. 4.3. 의병 李大局(1875~1909)이 奇三衍 휘하에서 활약하다가 피체되어 순국하다. 4.4. 의병 間島의 한인 200여명이 淸國派辦處에 몰려가 부정징수금에 항의하고 재결을 요구하다. 4.5. 의병장 申保玄·李成化 등 100여명이 淳昌郡 加布谷에서 日兵과 교전하다. 4.6. 의병 李錫庸 의병대 20여명이 任實郡 下新德面에서 변장수색대와 충돌하여 교전하다./ 의병 統監府가 전국 의병상황을 표시한 地圖를 작성하여 각 관청에 배부하다. 4.7. 의병 李道杓가 高宗의 親書를 가지고 이용익 예금을 인출하러 上海로 향하던 중 南大門驛에서 피체되다./ 의병이 慶南 統營에 입항한 일본 잡화선을 습격하다./ 의병 靑·赤·白色 한복을 착용한 37명이 突山郡 三山面에 출진하여 정박 중인 일본 어선을 습격하다. 4.8. 의병 張春書(1885~1909)가 軍隊解散 후 忠北 淸州에서 韓奉洙와 기병하여 의병활동을 하던 중 피체되어 교수형을 당하다. 4.9. 의병 統監府가 의병 색출을 위해 號牌法 실시를 제의하다./ 의병 沈南一·安桂洪 의병대 300여명이 寶城郡 白也憲兵分遣所를 습격하다.

일본

4.11. 의병 安桂洪 의병대 120여명이 寶城郡 道林面에 기습하여 지주의 소작료를 탈취하고 빈민에게 분배하다.

4.13. 의병 25명이 金川郡 九水面에서 面長을 결박한 뒤 징수세금을 탈취하다./ 의병 長興·海南間 警備電話가 개통되다.

4.14. 의병 全海山의 연합의병부대 330명이 咸平郡 海保面에서 日兵과 7시간 교전하다./ 의병 약 35명이 陽德郡 化倉·五柳洞間 城底里에서 電話線의 電信柱를 절단하다.

4.15. 의병 100여명이 靈光郡 佛甲山에서 日兵과 교전하다.

4.16. 의병 朴道京 의병대 100여명이 扶安郡 山內面에 출진하다.

4.17. 의병 20명이 金川郡 馬山面에서 地稅領收人의 집을 습격하여 현금을 탈취하다./ 의병 50여명이 巨文島의 황무지 시찰 중이던 일본인 등 6명에게 발포하다.

4.18. 의병장 羅成彦 등 80명이 羅州郡 竹浦面에서 日兵과 교전하다./ 의병장 金永伯 등 70명이 長城郡 北三面에서 日兵과 교전하다./ 의병 沈南一 등 200여명이 寶城郡 彌力面 石虎山에 집결하여 14개 面長에게 軍用金 납부를 명령하다.

4.19. 의병 李鎭龍 등 30여명이 古元面에서 日兵과 교전하다./ 의병 100여명이 扶安郡 茁浦에서 日兵과 교전하다.

4.20. 의병 朴道京 의병대 100여명이 扶安郡 上西面에서 日兵과 교전하다.

4.21. 의병 40여명이 靈光郡 弘農面에서 日兵과 교전하다.

4.22. 의병장 金敬萬이 京城地方法院에서 징역 3년형을 선고받다.

4.24. 의병 50여명이 全南警察部長이 숙박 중인 智島巡查派遣所를 습격하다./ 의병 약 45명이 順興에서 安東憲兵聯合隊와 접전하다.

4.25. 의병장 金圭恒이 서울에서 피체되다./ 의병 金東洙 등 40명이 光州郡 泉州面 飛鳥市場을 습격하다.

4.26. 의병장 梁相基 등 30여명이 光州郡 大峙面에서 憲兵隊 관사에 방화하다.

4.27. 의병 崔三亨 등 20여명이 淳昌郡 契山面에서 日兵과 교전하다.

4.28. 의병장 金錫河가 강원도 麟蹄郡에서 전사하다.

4.29. 의병이 巨文島·初島에서 일본 어선을 습격하다./ 의병 沈南一 의병대 150여명이 綾州·寶城間 風時에서 日兵과 교전하다.

4.30. 의병 韓·美·日人이 의장·상표·저작권 등록을 청원하여 1908년 8월 16일 이래 819건을 등록하다.

4.-. 의병 統監府가 『外國旅券規則』을 공포하다./ 일본 거류민단이 慶熙宮 터 서쪽에 京城中學校를 설립하다.(해방 후 서울고등학교로 계승)

5.1. 대한매일신보 사장 영국인 베델(1872~1909)이 사망하여, 한강변 양화진 외국인 묘지에 안장하다./ 李成化 의병대 50여명, 泰仁郡 仁谷面에서 日兵과 교전하다.

5.2. 內部에서 木浦의 日人 보호를 위해 기선을 파견하다.

5.4. 의병 47명, 강원도 伊川郡 下邑面에서 프랑스선교사 보크에드家 기습하여 총기 탈취하다.

5.5. 의병 80여명, 榮山浦에서 日兵과 교전하다./〈越南亡國史〉·〈東國史略〉·〈禽獸會議錄〉·〈우슨소리〉 등 발매 배포 금지하다.

5.6. 安桂洪 의병대 50여명, 寶城郡 松谷面에서 군용금 요구하다./ 의병 100여명, 長水郡 天川面을 습격하여 洞民 5명 납거하다./ 江華 傳燈寺 藏史閣의〈史冊〉경복궁으로 운반하다.

5.8. 의병 130여명, 전북 長溪場 德裕山에서 咸陽守備隊와 교전하다.

5.8. 의병장 박춘실이 전북 문성에서 피체되어 교수형을 당하다(5년 3월 복역 중 탈옥함)

5.9. 동대문 밖 역둔토를 동양척식에서 접수하다./ 의병 24명, 載寧郡 上聖面에서 日兵과 접전하다.

5.10. 의병장 李殷寶, 경성지방재판소서 사형 선고받다.

5.11. 의병 朴他官 등 4명, 영동경찰서에서 탈옥하다.

5.12. 의병 300여명, 長興·綾州間 熊峙에서 日兵과 교전하다.

5.14. 의병장 梁相基 등 30여명, 昌平郡 加明의 富豪家를 기습하다./ 永川郡守備隊, 의병 색출 위해 小太白山 부근의 주민에게 疏開를 명령하다.

5.16. 의병 延昌壽, 경성감옥서 사형 집행되다.

5.17. 內部大臣 朴齊純, 各道觀察使에게 의병진압에 대해 지시하다.

5.18. 大韓協會,〈大韓公報〉를 〈大韓民報〉로 改題하다./ 金永伯 등 의병 80여명, 興德郡 西面에서 日兵과 교전하다.

5.19. 金容奎, 延起羽 의병대에 총기를 공급한 혐의로 피체되다.

5.20. 의병장 金聖均·徐禹三, 日兵에게 피체되다./ 의병 50여명, 莞島 연안에 정박중인 일본어선을 습격하여 일인 사살하다.

5.22. 의병 200여명, 靈岩郡 寒大洞憲兵分遣所 습격하다.

5.23. 의병 80여명, 강원도 金化郡 金城面에서 日兵과 교전하다.

5.24. 의병 林允八·金在珉·宋學默 등, 의병활동 밀고한 光州郡 德山 面長·里長을 사살하다./ 의병 閔泳八 등 21명, 忠州郡 德山面에서 警·憲兵合同聯合隊와 교전하다.

5.25. 의병 100여명, 淸風郡 遠西面에서 警·憲兵合同聯合隊와 교전하다.

5.27. 의병 30여명, 茂長郡 心元面에서 日兵과 교전하다./ 통감부가 압수된 금서 중 3,700여권을 소각하다.

5.29. 의병 600여명이 전북 무주에서 일본군과 교전하다./ 의병 80여명, 井邑에서 古阜憲兵分遣所員과 교전하다.

5.30. 의병 30여명, 古阜郡 巨麻面에서 일인농장 기습하다.

5.31. 서울의 日本人이 7,135戶, 25,034명 집계되다.

5.-. 대마도주 宗義達이 사용하던 金印·銅印을 일본으로 가져가다.(강화조약 후 반납되었던 것)/ 의병장 兪鶴根·安商根·趙良瑞·金淵熙 등,

연도	한국
▲ 1909 ▼	동맹을 체결하여 의병 모집하다. 6.1. 의병장 徐炳熙 등 11명, 咸安郡 郡北市場에서 일인을 응징한 후 격문 배포하다. 6.2. 大韓協會의 吳世昌·張孝根 등이 일간지 《大韓民報》를 창간하다(~1910.8)/ 鄭基哲·姜粲浩 등 80여명, 奉化郡 上東面에서 日兵과 교전하다. 6.3. 金相泰 등 의병 20여명, 順興郡 道溝面에서 郵便物護送隊와 접전하다. 6.5. 의병 50여명, 順天郡 黃田面에서 日憲兵宿舍를 소각하다./ 學部, 각급 학교에 同胞警醒歌·精神歌의 제창 금지하다. 6.6. 의병장 鄭敬泰 등 63명, 榮州郡 龍岩面에서 日兵과 교전하다. 6.7. 13道倡義軍大將 李麟榮, 黃湖에서 日兵에 피체되다./ 申保玄 등 의병 70여명, 古阜郡 西部面에서 日兵과 교전하다. 6.7. 13도 창의군 대장 이인영이 忠北 黃澗 金堤洞에서 일본 헌병에게 피체되다. 6.9. 加平의병장 河相兌(1868~1909)가 長湍에서 일본군 습격에 피체되자 자결하여 순국하다. 6.10. 다무라 만노스케(田村萬之助)가 주간지 《漢城旬報》(발행인 李德鎔)을 창간하다(~1909.12)/ 의병장 金泰元, 사형선고 받다./ 의병 60여명, 莞島·海南間에서 郵便物護送隊를 급습하다. 6.11. 의병장 金元局, 光州郡 牛山面에서 日警에 피체되다./ 의병장 朴士化 등 70여명, 羅州郡 潘南面에서 日兵과 교전하다./ 國有地 조사를 위해 40여 개 조사반을 구성하고, 우선 東洋拓殖에 인계할 驛屯土를 조사하다./ 의병장 金元局이 전남 光州에서 피체되어 12월 5일 대구감옥에서 총살당하다. 6.12. 일본군이 러시아 조차지인 馬山 栗九味 30만평을 軍用地로 사용하다. 6.13. 의병 50여명, 旌善郡 新東面에서 憲兵分遣所를 기습하다. 6.14. 의병 50여명, 全南 光陽憲兵分遣所를 기습하다./ 副統監 曾彌荒助가 統監에 임명되다. 伊藤 統監은 樞密院議長으로 전보되다. 6.15. 현재까지 京城監獄에서 처형된 의병이 20명에 달하다./ 의병 70여명, 務安郡 石津面에서 日兵과 교전하다. 6.16. 의병장 姜德化, 서울에서 피체되다./ 의병장 李殷瓚, 京城監獄에서 사형 집행되다. 6.19. 서울 夜珠峴(현 新聞路)에 朝鮮救世軍營이 준공되다. 6.20. 미국 前副統領 찰스 페어뱅크스(Charles W. Fairbanks)가 訪韓하다./ 의병장 李成化 등 약 15명, 古阜郡 優德面에서 日兵과 교전하다. 6.23. 金洞九 등 의병 10여명, 任實郡 德時面에서 西林村分遣所員과 교전하다. 6.24. 鄭聖玄 등 의병 20여명, 泰仁郡 南村一邊面에서 日兵과 교전하다. 6.27. 의병 80여명, 全南 犢川場에서 日兵과 교전하다./ 의병 100여명, 順興郡 召川市場을 습격하다./ 의병장 李殷瓚(1878~1909)이 京城監獄에서 사형당하다. 6.29. 서울의 日本人들이 두부 제조회사를 설립하다./ 韓鳳瑞 등 의병 9명, 陰城에서 郵便物護衛兵을 저격하다./ 의병장 金永伯, 火繩銃을 裝塡式으로 개조하여 사용하다. 6.30. 의병 60명, 順天郡 雙岩面에서 日兵과 교전하다. 7.2. 서울 日本人民團에서 龍山에 日軍用地를 얻어 주택 200호를 신축하다./ 의병 20여명, 務安에서 日人 道路工夫 2명을 사살하다. 7.3. 統監府가 의병의 島嶼地域 공격에 대비해 警備船 16척 구입을 결정하다.(10.4. 5척 도착)/ 의병장 柳志明, 大邱監獄에서 사형당하다./ 李光州·金時中 의병부대 30여명, 旌善郡 東面에서 面長家를 습격하다. 7.4. 의병 50명, 全南 羅州에서 三巨里憲兵派遣所員과 교전하다./ 의병 150여명, 務安郡 二西面에서 日人을 기습하다. 7.6. 의병장 金顯國(1854~1909), 京城監獄에서 교수형을 당하다. 7.8. 慶會樓에서 新·舊 統監 교체 送迎宴會를 개최, 韓日 官吏 1,800여명이 참석하다./ 의병 130여명, 全南 光陽에서 筏橋守備隊와 교전하다. 7.9. 의병 李來元 등 14명, 長湍郡 津東面에서 面長을 총살하다./ 의병 鄭文七 등 30여명, 盈德郡 盈德面에서 日兵과 교전하다. 7.10. 의병 40여명, 慶北 眞寶에서 日兵과 교전하다./ 統監이 李完用 및 朴齊純에게 統治權委任과 軍部 폐지에 대한 동의를 요구하다. 7.11. 의병 20여명, 莞島郡 外面에서 日兵과 접전하다. 7.12. 韓國의 司法 및 監獄事務를 日本政府에 위탁하는 覺書(己酉覺書)를 조인하다. 7.13. 日本에서 증파된 憲兵 120명·警察 88명, 仁川에 도착하다. 7.15. 李昌律 등 의병 7명, 陽德郡 上龍面에서 日兵과 접전하다. 7.17. 의병 7명, 康津郡 虎羅面에서 康津衙 通譯人을 기습하다. 7.19. 의병장 黃斗一·의병 梁士珍, 莞島에서 日警에 피체되다./ 의병 金敬元 등 70여명, 興陽郡 占嚴面을 습격하다. 7.20. 의병 70여명, 突山郡 玉井面 연해에서 日本漁民을 습격하다. 7.21. 의병 林昌範 등 200여명, 同福에서 日兵과 교전하다./ 日韓瓦斯會社가 韓美電氣會社를 매수하여 日韓瓦斯電氣會社로 개칭하다. 7.23. 大韓赤十字社가 日本赤十字社에 합병되다.(1919년 7월 臨時政府에 의해 재설립됨)

일본

7.26. 統監府가 최초의 中央銀行인 〈韓國銀行條例〉를 공포하고, 10월 29일 韓國銀行을 설립하다./ 日本과 韓國中央銀行에 관한 日韓覺書를 조인하다./ 李錦齊 등 의병 30여명, 靈光郡 大安面에서 日兵과 교전하다.

7.27. 의병 19명, 長水郡 上富岩面의 面長家를 기습하다.

7.28. 張仁朱 의병대 40여명, 長興郡 安下面에서 日兵과 접전하다./ 親日團體가 '國是遊說團'을 조직하여 일제 통치 당위성을 홍보하다.

7.29. 伊藤 前統監이 귀국하면서 奎章閣 圖書 800여권을 반출하다./ 統監府, 전국의 의병수를 약 5만으로 집계하다./ 의병장 姜士文(判烈), 長城郡 外東面에서 光州憲兵에 피체되다./ 의병 30여명, 海州郡 泳東面에서 日警과 교전하다.

7.30. 統監府가 韓國政府의 軍部·武官學校를 폐지하다./ 의병 20여명, 咸平郡 月岳面에서 公錢領收員의 징세금을 탈취하다.

7.31. 軍部·武官學校 폐지하고 親衛府를 신설하다./ 李命奎 등 의병 15명, 咸南 永興郡 雲谷面을 습격하다.

7.-. 金在龍 등이 親日團體 時局研究所를 조직하다.

8.1. 의병 20명, 羅州에서 日兵과 접전하다.

8.3. 黃重玉의 義陣 3,000여명이 智異山으로 들어가다./ 安進 등 의병 270명, 順天郡 洛西面에서 一進會員을 사살하다.

8.4. 前 武官學校 生徒 44명을 日本陸軍士官學校와 幼年學校에 입학시키기로 결정하다. 池靑天·洪思翊 등이 포함되다.

8.5. 의병 朴正壽 등 25명, 羅州郡 斗里面에서 밀고자를 사살하다./ 의병 30명, 淮陽郡 府內面에서 電信柱를 절단·파괴하다.

8.6. 의병 20여명, 경기도 退溪院에서 식량 운반 중인 龍山步兵 제13연대를 기습하다./ 姜基東 의병대 19명, 楊州郡 慶源面에서 日兵과 교전하다.

8.7. 의병 30명, 醴泉郡 甘泉面에서 一進會員을 납치하다.

8.10. 의병 40여명, 英陽郡 首比面에서 日兵과 교전하다.

8.11. 開城 등지에서 古墳을 도굴하던 日本人을 체포하다.

8.12. 의병장 金洙順 등 3명, 日兵에 피체되다./ 의병 孔泰元 등 30여명, 海州郡 彌勒面에서 面長 등 10여명을 납치하다.

8.13. 在朝日本人이 朝鮮古書刊行會를 조직하고, 『龍齋叢話』·『海東繹史』·『東文選』 등을 간행하다./ 林昌模 등 의병 12명, 長興郡 會寧面에서 寶城分遣隊의 습격으로 교전하다.

8.14. 日本軍 南部守備管區所長이 南韓大討伐 작전계획을 수립하다./ 의병 30명, 古阜에서 日兵과 교전하다.

8.15. 의병 31명, 海州郡 錦山面에서 民籍調査를 저지하다.

8.17. 의병 韓貞滿 등 약 33명, 海州郡 雲谷面에서 日兵과 교전하다.

8.19. 의병장 張仁朱 등 70여명, 寶城郡 芦洞面에 출진하다.

8.20. 의병 40여명, 南海郡 松川面에서 日本人家를 습격하다.

8.21. 大韓帝國 勅令으로 〈慈惠醫院〉을 공포하고, 全州·淸州·咸興 등지에 官立病院을 설립하다./ 의병 25명, 河東에서 日兵과 교전하다./ 의병 200명, 寶城郡 福內場에서 日兵과 교전하다.

8.22. 各道 儒生이 司法權 위임에 반대하여 李完用에게 성토문을 발송하다./ 金億石·蔡應彥 등 의병 100여명, 江原道 伊川郡 方丈面에서 日兵과 교전하다.

8.25. 安進·林昌模 등 의병 100여명, 順天郡 松廣面에 출진하다.

8.28. 의병 70여명, 全南 智島郡 飛禽面에서 日兵과 교전하다./ 梁東煥 등 의병 40여명, 光州郡 東角面을 기습하다.

8.30. 朴士化 등 의병 50여명, 靈岩郡 西終面에서 里長을 사살하다./ 〈新聞紙規則〉을 개정하여 日本發行 新聞의 수입·배포를 규제하다.

9.1. 日本軍, 南韓大討伐作戰을 개시하여 南韓 지역 의병에 대한 대대적인 토벌작전을 하다./ 山南義陣 孫永玕(1855~1909), 慶北 義城郡 立岩里 전투에서 전사 순국하다./ 의병 100여명, 順天郡 樂安에서 日兵과 교전하다.

9.2. 의병 30여명, 寧越郡 右邊面에서 一進會員을 총살하다.

9.3. 의병 100여명, 黃海道 鳳山郡 錫山面에 출진하다.

9.5. 大韓帝國 退役將校들이 大韓工業會를 설립하여 技術普及·製造品發明으로 産業發達을 도모하다./ 의병장 金性二, 淳昌에서 日軍과 교전 중 피체되다.

9.6. 의병장 李光信·國次書, 淳昌과 高敞에서 각각 피체되다.

9.7. 의병 8명, 固城郡 東馬面 日本人 銅山事務所를 습격하여 다이너마이트를 탈취하다.

9.9. 의병장 鄭用大가 坡州·楊州 일대에서 활동하다 체포되어 교수형을 당하다./ 의병장 李昌洙·金天洪, 茂長에서 피체되다.

9.10. 의병장 金洪祚·朴正中, 茂長·전남 新村에서 각각 피체되다./ 의병 李十根 등 10여명, 益山郡 行北面을 기습하다.

9.11. 의병 11명, 伊川郡 古味呑面에서 憲兵偵察隊와 교전하다.

9.12. 의병장 金敬賢, 茂長에서 日兵에 피살되다.

9.14. 의병 30여명, 靑陽郡 南下面에서 日兵과 교전하다./ 內部에서 日本 橫濱 肥料製造場의 요구에 따라 漢城의 糞尿·汚物을 제공하기로 결정하다.

9.15. 의병장 朴處明, 전남 靈光에서 日兵에 피체되다./ 姜承宇 등 의병 20여명, 順天郡 雙岩面에서 日兵을 공격하다.

9.16. 의병장 朴基洪·朴成昌, 전남 斗洞·靈光郡 外西面에서 각각 피체되다./ 의병 300여명, 大邱 靈山에서 여행자 호위 중인 大邱守備隊를 급습하다.

9.17. 의병장 魯東連·姜弼伊, 靈光에서 피체되다.

9.18. 의병장 林行楚, 羅山에서 日兵에 피체되다./ 의병 金敬光 등 39명, 麗水郡 華陽面에서 日兵과 접전하다.

9.20. 13도 창의군 총대장 李麟榮(1868~1909), 京城監獄에서 교수형을 당하다./ 의병장 鄭興淑, 羅州郡 芽界面에서 피체되다.

연도	한국
▲ **1909**	9.21. 姜基東 의병대 22명, 楊平郡 西終面에서 日兵과 교전하다./ 改正度量衡法 및 同施行規則이 공포되어 日本式 尺貫法을 채용하고 政府가 製造·販賣를 관리하다. 9.22. 의병장 韓太南, 茂長에서 피체되다./ 內部, 大洞江·鴨綠江·豆滿江·洛東江·漢江 조사 7개년 계획을 수립하다. 9.24. 姜大敬 등 의병 25명, 靑松郡 東面에서 日兵과 교전 중 패하여 피체되다. 9.25. 의병장 朱文才, 전남 沙倉에서 日本軍에 피살되다./ 의병장 朴大元, 務安에서 피체되다. 9.26. 의병장 申達元·朴在洪·李朱伯, 日兵과 교전 중 피체되다./ 의병 15명, 光州郡 巨峙面에서 휴식 중인 日兵을 급습하다. 9.27. 의병장 張德田, 전남 新基에서 피살되다./ 의병장 李士洪, 피체되다. 9.28. 의병장 吳鎭相, 전남 沙川에서 피체되다./ 의병 30명, 順天에서 日兵과 교전하다. 9.30. 의병 50여명, 禮山警察署를 습격하다./ 統監이 간도에 관한 淸日協約 발표 이후의 간도 정황에 대해 日本 外務大臣에게 보고하다. 9.-. 朴茂林이 李東春의 협력으로 正義 승인을 얻어 延吉에 韓民自治會를 조직하다. 10.1. 永登浦監獄이 京城監獄 永登浦分監으로 격하되다./ 의병장 李喆用·朱明俊·邊亨仲·金聖玄, 日兵에 피체되다. 10.3. 의병 50명, 黃海道 松禾에서 日兵과 교전하다. 10.6. 의병 25명, 咸南 高山驛에서 日兵과 접전하다. 10.8. 의병장 金白文, 高敞에서 日兵에 피체되다. 10.9. 湖南義兵長 沈南一이 全南 綾州郡 鳳峙에서 日本軍 討伐隊에 피체되다. 10.10. 의병 20여명, 山淸郡 三莊面 大源寺를 습격하다. 10.11. 의병 5명, 咸平郡 赤良·章本面에서 日本軍 變裝巡査隊와 접전하다. 10.12. 의병장 林昌模·安贊在·林鶴奎, 全南 黑石에서 日兵에 피살되다. 10.13. 의병장 黃福久, 靈光에서 日兵에 피체되다./ 文泰洙 의병 100여명, 全南 寶城에서 日本軍과 교전하다. 10.15. 의병장 黃贊敬, 長城에서 日兵에 피체되다./ 의병 20명, 平海郡 遠西面에서 憲兵補助員을 총살하다./ 驪州·江陵·江華·密陽·金海·河東에 裁判所를 증설하다. 10.16. 開城商人, 市場稅 거부하고 전원 철시하다. 10.17. 의병 약 35명, 信川郡 斗羅面에서 日兵과 교전하다./ 의병장 姜士文, 光州監獄에서 사형되다. 10.18. 統監府, 『司法官制』·『監獄官制』를 발표하고 韓國에 대한 『犯罪卽決令』을 공포하다./ 의병장 金永伯의 部將 姜太榮, 茂長郡 心元面에서 古阜警察署 變裝隊에 피체되다. 10.19. 洪鎭裕·安益善 등, 『大東日報』(發行人 安益善)을 창간하다.(~1910.6)/ 의병 40여명, 鳳山에서 日本人家를 습격하다. 10.20. 日本이 司法權委任에 따른 韓國人 관련 사항을 공포하다./ 의병 20여명, 晉州郡 海南面에서 晉州財務署를 습격하다. 10.21. 의병 20여명, 淮陽郡 安豊面에서 日憲兵分遣隊를 기습 공격하다. 10.22. 의병장 金永伯 등 20여명, 長城郡 北二面에서 日兵과 교전하다. 10.23. 統監府가 『辯護士規則』을 공포하다./ 全羅觀察使 申應熙, 全南地域 8월 이후 피살·피포된 의병이 2,107명이라고 보고하다./ 의병 16명, 靈山郡 釜谷面을 기습하다. 10.24. 의병장 沈南求·南奇永, 任實郡 新安面에서 日兵에 피살되다./ 全州·古阜·南原警察署, 變裝搜索隊를 편성하다. 10.25. 統監府가 韓國駐箚日本軍營에 「特別軍法會議」를 설치하여 의병을 탄압하다./ 의병장 金成魯, 咸平에서 日兵에 피살되다./ 『韓國軍人·軍屬의 犯罪審判에 관한 件』 공포하다. 10.27. 의병장 姜成九, 任實郡 下雲面에서 피체되다. 10.28. 司法權을 10월 31일부로 日本에 이관함에 따라 사법 관련 제반 法令이 개정 또는 폐지되다. 10.29. 日本軍이 全南義兵 진압 전과를 발표하다./ 尹大燮·金永大·姜永周 등이 伊藤 '謝罪團'을 조직하고 日本을 방문하여 사죄하다./ 『韓國銀行』 설립하다./ 資本金 1,000萬圓·政府出資 300萬圓./ 文泰洙 의병대 100여명, 京釜線 伊院驛을 습격하여 파괴하다./ 의병장 申甫鉉의 部將 金在鳳, 淳昌에서 日兵에 피체되다. 10.-. 金允植·鄭秉趾·兪吉濬 등이 伊藤 조문단체 '簡團體代表伊藤博文弔禮團'을 조직하다./ 安熙濟가 徐相日·李元植·南炯雨 등과 함께 慶南 東萊에서 大同靑年黨을 조직하다. 11.1. 統監府 임시間島 派出所를 폐쇄하고, 日本總領事館을 개설하다./ 統監府 司法官이 업무를 개시하였고, 모든 訴訟書類에 日文을 사용하다./ 徐炳熙 의병대 23명, 宜寧郡 新反市場에서 日人商店을 습격하여 雜貨商을 사살하다. 11.2. 一般人의 訴訟狀에 年號 '隆熙' 사용을 금지하고 '明治' 사용을 지시하다. 11.3. 의병장 朴砲大, 高敞에서 日兵에 피체되다. 11.5. 閔泳瓚·李麟榮 등이 親日團體인 '東亞贊榮會'를 조직하여 伊藤의 功德을 찬양하고 銅像建立을 추진하다./ 의병 30명, 伊川郡을 기습하여 軍用金을 모금하다. 11.8. 陸軍大將 출신 의병장 李能權(1864~1909)이 교수형으로 순국하다./ 統監府가 間島 韓國民의 保護·管理 담당을 위해 日本總領事館 설치를 고시하다./ 의병장 金永伯, 全北 井邑에서 日兵에 피체되다. 11.12. 徐起淳·李益雨 등이 親日團體 '松聖建議所'를 조직하고 韓日 皇帝御眞 奉安을 추진하다. 11.13. 의병장 宋德元, 金川郡 口耳面長에게 擊文을 발송하다.

일본

11.14. 鄭文七 등 의병 14명, 盈德에서 前面長家를 기습하다.

11.15. 李寬道 등 의병 17명, 保寧郡 居邊面에서 日兵과 접전하다.

11.16. 의병 13명, 寧海郡 西面에서 밀고자를 총살하다.

11.17. 韓國의 訴訟書類에는 隆熙 年號를 쓰게 하다./ 의병 尹永錫·金斗甲·金致順 등, 日本軍守備隊에 체포되어 脫走를 시도하다 전사하다./ 『大阪每日新聞』, 安重根의 伊藤博文射殺에 관한 斬奸狀을 게재하다.

11.18. 一進會 顧問 武田範之가 合邦聲明을 위하여 入京하다./ 의병 12명, 坡州郡 廣灘面에서 國有地調査中인 書記를 공격하다.

11.19. 의병 20명, 加平에서 日兵과 교전하다.

11.20. 의병 40명, 務安郡 一西面에서 面長家를 공격하다.

11.21. 姜基東·延基祐 의병 200여명, 경기도 抱川에서 日本軍과 충돌하다./ 韓國銀行, 第一銀行에 銀行券 發行事務를 인계·인수하다.

11.22. 의병 약 15명, 安義郡 縣內面에서 軍用金을 모금하다.

11.23. 度支部 囑託 日人 關野貞 등, 北韓遺蹟 조사를 완료하다.

11.24. 韓國銀行이 영업을 개시하다.

11.25. 의병장 李敎永(敎哲·春三), 淸州로 압송되다.

11.26. 漢城府民會(會長 兪吉濬), 伊藤博文의 追悼會를 개최하다./ 親日人士들, 伊藤博文 사살에 대한 소위 『渡日謝罪十三道民代表臨時會議所』를 설립하다.

11.27. 慶南警察部長, 居昌에서 日本守備隊의 荷物運搬 강요사실 및 의병 박해로 원성이 높다고 보고하다./ 梁相基 의병대 中軍長 劉秉淇, 체포되어 光州地方裁判所에 송치되다.

11.29. 의병 9명, 義城郡 點谷面 公錢領收員家에 방화하다./ 京城監獄에서 의병장 姜允熙(1868-1909)·嚴海潤(1864-1909)의 교수형을 집행하다.

11.30. 一進會·大韓協會가 통합을 선언하다./ 關東倡義陣 部將 姜允熙(1868-1909), 華川·楊口 등지에서 활약 중 피체되어 순국하다./ 의병 嚴海潤(1863-1909), 李殷瓚 義陣에서 활약하다가 피체되어 순국하다./ 延起羽 의병대 20여명, 加平郡 外西面에서 軍用金 모금 활동하다./ 孔泰元 의병대 18명, 海州郡 日新面에서 日兵과 접전하다.

11.-. 李完用·閔丙奭·金允植·朴齊純 등이 官民追悼會를 조직하여 伊藤博文 國葬追悼會를 추진하다./ 軍艦 養武號, 日本 大阪 原田商會에 매각을 결정하다.

12.1. 청주 자혜의원(현 청주의료원)을 설립하다.

12.3. 李寬道 의병대 鄭春化 등, 靑陽郡에서 洪州署員에 피체되다.

12.4. 이용구가 일진회 회원 100만명의 연명으로 〈한일합방건의성명〉을 채택하다.

12.5. 대한협회·한성부민회·흥사단 등이 원각사에서 일진회의 한일합방서를 통박하다.

12.7. 국민대회 연설회(회장 민영소)에서 일진회의 합방 성명을 규탄하다./ 신임 한성주재 미국영사 싸드모아(Gerge H. Scidmore)가 부임하다.

12.8. 기독교 단체·대성학교 등이 '성토일진회문'을 발표하다./ 宋秉泰 등 의병 30여명, 永平郡 一東面 습격하다.

12.9. 신임한성주재 영국총영사 보나(Henry Bonar)가 부임하다.

12.10. 보부상 단체가 합방찬성 성명을 발표하다./ 일진회장 이용구가 충무로 2가 청화정(宋秉畯 소유)에서 군중들에게 구타당하다./ 전주 화원정(현 경원동)에 전주 자혜의원(현 전북대병원)이 개원하다.

12.15. 한성부민회에서 내각에 일진회 해산과 《국민신보》의 폐간을 요구하다.

12.16. 일본 조선철도경영권을 일본철도원으로 이관하고, 통감부의 철도청을 폐지하다./ 일본군, 헌병 2·한인보조원 6명의 비율로 밀정대를 조직하여 전남지역 의병대에 침투하다.

12.17. 延起羽 의병대연합군, 경기도 麻田에서 日兵과 교전하다./ 의병장 金秀敏·姜士文, 경성·광주감옥에서 각각 교수형 집행하다.

12.18. 의병장 全海山이 전라도 長水郡에서 피체되어 1910년 7월에 사형당하다./ 의병 10명, 庇仁郡 西面에서 面長家를 기습하여 地稅를 탈취하다.

12.19. 의병 4명, 谷城郡 竹谷面에서 헌병대밀정을 사살하다.

12.20. 도쿄 유학생 金益三·金鍾漢 등이 이용구 암살 목적으로 귀국 중에 체포되다./ 정동 등지에서 상무조합원들이 商務會를 재조직하다.(회장 兪吉濬)/ 의병장 梁相基가 南原에서 피체되다.

12.21. 의병장 鄭文七이 경북 盈德에서 일본군과 교전 중 체포되어 직후에 처형되다./ 이용구가 〈한일합방 촉구〉하는 전보를 일본 수상에게 보내다./ 통감이 내각에 격문과 집회를 엄금하도록 지시하다./ 동경의 일본인기자단이 한일합방을 제창하다.

12.22. 李在明이 명동 성당 앞에서 李完用을 습격하여 중상을 입히다./ 의병 20여명, 靈光郡 大安面에서 日兵과 접전하다.

12.23. 의병 37명, 황해도 白川에서 日兵과 교전하다./ 一進會가 일본수상에게 한일합방진정서를 제출하다.

12.26. 李鎭龍·韓貞萬 의병대, 황해도 古縣面에서 의병사칭자 4명을 체포하여 총살하다.

12.27. 水原·南陽間 警備電話를 개통하다.

12.28. 順川商人들이 지방세 납부를 거부하고 재무서·주재소에서 시위농성하다./ 주시경·게일 등이 한국어 연구회를 조직하다.

12.31. 의병 4명, 楊口郡 上東面에서 一進會員家를 기습하다.

12.-. 金在龍 등이 친일단체인 국민의무찬성회를 조직했고, 일진회가 합병을 지지하다.

-. 이해에 의병장 金德淳(1878년)·吳尙元(1845년)·鄭元集(1877년)·徐秉熙(1867년)이 사형당하다./ 三井物産 한성지점을 설치하다./ 宋秉畯이 일본수상 桂太郞에게 합방론을 제출하며, 합방자금으로 1억원을 요구하다.

연도	한국
1910 ▼	**【한국】** 1.1. 일본인 소유의 동아연초공장 완공하다. 1918년 당시 조선 담배 생산량의 80%를 차지하다./ 통감부, 〈학교조합령〉을 한국 내 일본인 자녀들의 교육 목적으로 실시하다./ 통감부에서 대한제국 시기 발행한 구 백동화 통용을 금지하다./ '한일합방' 찬성 추진(~ 1910.5.)을 목적으로 『시사신문』(사장 민원식)을 창간하다. 4.1. 정우회에서 인수하다. 1.2 일진회장 이용구가 소네 아라스케 통감에게 한일합방을 요구하다. 1.3 평북 영변,합방반대 국민대회를 개최하다. 1.5. 永平郡 北面長에게 倡義元帥部參謀將所 명의의 격문 우송하다. 1.6 유림 김창숙 등이 중추원에 일진회 해산을 요구하다./ 창의한북대장 延起羽 의병대 30명, 연천에서 일병과 교전하다. 1.6 대한제국군 특무정교 출신 의병장 정용대(1882~ 1910)이 교수형으로 순국하다. 1.7 한성 내 6곳의 과일상인 100여 명이 경성과상조합(京城果商組合) 발기총회를 개최하다. 1.8 대한매일신보가 〈한일합방논자에게 고함〉의 논설 문제로 압수되다. 1.9. 의병 20여명이 용인군 上東面에 진입하다. 1.10. 의병 15명, 錦山郡 富利面에서 日兵과 교전하다.(국편) 1.13. 대한협회 등이 국민대회연설회를 개최하고 합방 반대 재천명하다./ 의병장 韓仁秀, 楊州郡 柴屯面에서 日兵에 피체되다.(국편) 1.14. 龍川商人, 시장세 반대하여 철시 단행하다./ 의병 15명, 楊平郡 南終面에서 日兵과 접전하다.(국편) 1.16. 朴民洪 의병부장 全致洪, 羅州郡 馬山面에서 日兵에 피체되다.(국편) 1.18. 의병 13명, 安城郡 薇陽面에서 日兵과 접전하다.(국편) 1.19. 스미스 목사가 제7일 안식일 기독재림교회 본부를 평남 순안에서 서울로 이전 설립하다./ 의병 10여명, 安城郡 所村面서 里長家 기습하여 금전 탈취하다. 1.21. 延起羽 의병대 50여명, 伊川에서 日警을 습격하다./ 이완용 저격사건 연루자 25명 피체되다.(국편)/ 경찰이 극장 연흥사에 남녀 혼석을 금지하다. 1.22 한정만·손태원 등 의병 93명이 황해도 평산에서 활동하다. 1.25. 학부차관 다와라 마고이치(俵孫一)가 각 학교에 정론(政論)을 금지시키다./ 의병 12명, 坡州郡 廣灘面에서 日兵과 교전하다.(국편) 1.25 함흥에 자혜의원을 개설하다. 1.26. 의병장 鄭用大, 경성감옥에서 교수형 집행되다.(국편) 1.27. 의병 10여명이 海州郡 三谷面에서 里長을 사살하다./ 警察, 각 요식점 출입자 신원파악을 지시하다.(국편) 1.28. 의병 30여명, 長淵郡 北面에서 의병정보 일본측에 제공한 면장을 응징키 위해 민가에 방화하다./ 龍山의 일본육군 제13연대, 長髮者 80명 선정하여 각 지방에 밀정으로 파견하다./ 일본정부에 제출하는 모든 서류는 統監府 경위할 것을 공고하다.(국편) 1.29. 順川郡民 3천여명, 시장세 반대하여 재무서·관아·일인상가 습격하다./ 延起羽 의병부대 30여명, 강원도 永平에서 金化守備隊의 기습으로 접전하다.(국편) 1.30. 의병장 李時榮, 天安에서 日兵에 피체되다.(국편) 1.31. 의병장 李鎭龍 등 48명이 載寧郡 上柳面에서 日兵과 교전하다.(국편) 1.-. 민영휘·이지용·이학재 등이 친일단체 국민동지찬성회를 조직하고, 일진회의 합병 찬성을 지지하다./ 서정태·서정찬·유명희 등이 한성권연초직공총합소를 조직하다. 2.1. 의병 42명, 海州郡 錦山面에서 日兵과 교전하다.(국편) 2.2. 한성변호회가 安重根의 변호인으로 卞榮魯 파견을 결정하다./ 의병장 이배근 경성감옥에서 투옥 중 피살되어 순국하다. 2.3 평북 용천 상인 600여명이 〈시장세〉징수 반대하며 일본 경찰과 충돌하다. 2.5. 關東都督府高等法院, 안중근의 변호를 출원한 러시아인 2명·미국인 1명·스페인인 1명·한국인 2명을 모두 불허하다.(국편) 2.6. 국민동지찬성회가 일내각에 합방을 청원하다. 2.7. 洪元祐 등 의병 12명이 積城郡 東面에서 군용금 강청하다. 普成小學校, 일본식으로 創氏改名한 학생을 퇴학처분하다.(국편) 2.7 관립의학교가 대한의원 부속 의학교로 개편하다. 2.8. 일본신도 교습소의 포교를 허가하다./ 의병 40명, 白川郡 今山面에서 四里의 里長家 기습하다. 2.9. 의병 李亨植 등 8명, 高陽郡 亡浦面에서 地方委員과 面長家 기습하다.(국편) 2.10. 의병 6명, 淮陽郡 蘭谷面에서 日兵과 교전하다.(국편) 2.12. 의병 20명, 海州郡 彌勒面에서 里長家를 기습하다. 2.14. 안중근이 여순지방법원에서 사형선고 받다. 2.16. 각 대신의 신변경호원을 일본인 5명·한국인 3명으로 증가시키다./ 의병 약 25명, 甕津郡 鳳峴面에서 일본인 사살하다.

일본

【일본·해외】

1.14. 블라디보스토크 한인들이 안중근 유족구제공동회 조직하여 의연금을 모집하다.

2.1. 美洲 국민회, 大韓人國民會로 확장하다.(국편)

2.9. 안석중이 미국 캘리포니아 레드랜드에서 홍업주식회사 설립하다. 재미교포 첫 합자회사

3.13. 재외한인들이 안중근 의연금 5만 원 모아 변호사들에게 지급하다.

3.29. 블라디보스토크 거주 한국인 2,284명 중 146명 러시아에 입적하다.

5.10. 미주 국민회가 대동보국회 흡수 후 '대한인국민회'로 개칭하다.

7.3. 샌프란시스코 한인들이 애국동맹단을 조직하여, 외교선전, 군사 인재양성 등 9개조 결의안 채택하다.

7.5. 大韓人國民會, 하와이지방총회 개최. 大同共進團 조직·한일합방 반대운동 등 결의하다.(국편)

7.9. 美洲 愛國同盟團, 외교선전 군인양성을 급선무로 하는 통고문을 발송하다.(국편)

8.24. 각국 정부에 한국병합조약과 선언을 통고하다.

9.11. 블라디보스토크 신한촌의 성명회를 해체하다.

10.3. 대한인국민회 북미지방총회가 미국 LA 클레어몬트 학생양성소에 군사훈련반 조직하다.

10.8. 미주 재류동포들이 미국 캘리포니아 롬폭에서 의용훈련대 조직하다.

10.30. 이범윤, 니콜리스크〈쌍성자〉에서 러시아 관헌에 피체되어 이르쿠츠크로 호송 구금되다.

11.3. 제국재향군인회가 발회식을 하다.

11.10. 미국 캔사스시의 재류 한국인들이 少年兵學院을 설립하여 병식훈련을 시작하다.

11.17. 이근영·양귀선 등, 멕시코 메리다지방에 崇武學校 설립하다.(국편)

12.5. 미주 동포, 와이오밍 슈페리오에 청년병학원을 설치하다.(국편)

12.5. 재미 한인들이 미국 와이오밍 슈페리오에 청년병학원을 설치하고, 매일 저녁에 군사훈련을 실시하다.

12.11. 일제가 간도총영사관을 개관하고, 혼춘 분관의 개관을 허가하다.

12.18. 이승만·윤치호 등이 미국서 개최되는 제6회 세계주일학교대회에 한국 대표로 참석하다.

2.17. 의병장 李培根·鄭永軫, 경성지 방재판소서 絞刑 선고하다./ 의병장 田聖西 등 13명, 楊州郡 於等山面에서 日兵과 교전하다.

2.18. 의병 崔淳臣 등 28명, 平山郡 舟岩面에서 日兵과 접전하다./ 懷仁에서 군중 200여명, 시장세 문제로 일본헌병과 대치하다.

2.19. 안중근사건 연루혐의자 안창호·이갑·이기종·이종호·이명준 방면하다.

2.21. 의병 20여명, 安邊에서 日兵과 교전하다./ 의병 10여명, 淸河郡 竹南面에서 日兵과 교전하다.(국편)

2.23. 의병장 鄭敬泰 등 20명, 蔚珍郡 通高山에서 日兵과 교전하다.(국편)

2.24. 의병 15명이 平康郡 高揷面에서 日兵과 교전하다.(국편)

2.25. 의병 9명이 成川郡 藍田面에서 日兵과 접전하다. (국편)

2.27. 의병 10명, 伊川郡 河南面에서 학무위원을 총살하다.(국편)

2.28. 의병 40여명, 豊基郡 魯佐面에서 豊基·順興分遣隊와 교전하다./ 의병 4명, 新溪郡 永豊面에서 鎭東倡義將 명의의 격문 배포하다.(국편)

3.1. 蔡應彦 의병대 10여 명이 安邊郡 永豊社를 기습하다.(국편)/ 국민회에서 독립군 양성을 목적으로 자본금 5만 달러로 태동실업주식회사를 설립하다.

3.2. 국민회 학무국이 이원익 저 『영한사전』을 간행하다./ 불교정무원(원장 李晦光)에서 본사를 양산 通度寺로 정하다.

3.3. 의병장 李鎭龍의 부하 90명이 경의선 계정-잠성 간 선로를 폭파하고 열차를 전복시키다./ 池寬植 의병대 25명이 海州郡 彌勒面에서 日兵과 교전하다.

3.5. 학부에서 관립 외국어학교에 측량기술원양성소를 부설하다.

3.6. 의병 權相台 등 24명이 順興郡 丹山面에서 丹陽·堤川聯合憲兵隊와 교전하다./ 의병 洪元裕 등 10명이 楊州郡 檜岩面에서 日兵과 교전하다.(국편)

3.7. 의병장 金永俊이 경성감옥에서 교수형을 당하다./ 의병 12명이 坡州郡 條里面에서 日兵과 접전하다.(국편)

3.10. 창덕궁 돈화문에 전등을 가설하다.

3.11. 의병 10여 명이 경북 日月山에서 才山守備隊의 기습으로 교전하다.(국편)

3.12. 天安郡民 1천여 명이 가옥세·주세·연초세에 반대하여 시위하다.(국편)

3.13. 의병장 權重高·高在植이 抱川郡 靑松面에서 日兵에 피체되다.(국편)

3.14. 토지약탈을 합법화하기 위한 臨時土地調査局官制가 제정되다./ 의병장 孟達成이 공주에서 피체되다.(국편)

3.15. 李載極·李夏榮 등이 일본인과 합자하여 種苗주식회사를 발기하다./『임시토지조사국 관제』를 제정(공포 9.30)하여 일제의 토지 약탈을 합법화하다.

3.21. 의병 朴章祿 등 10여 명이 金城郡 北面을 기습하여 물품을 탈취하다.(국편)

3.23. 광주 일대 의병장 金永白(1880~1909)이 교수형으로 순국하다./ 의병장 李敎永이 경성감옥에서 교수형을 당하다./ 의병 金貞安 등 15

연도	한국
▲ 1910 ▼	명이 平山郡 細下面을 기습하다.(국편) 3.25. 일본헌병대가 의병장 姜基東의 체포에 현상금 2만圓을 걸다./ 의병 22명이 安東郡 西先面에서 日兵과 교전하다.(국편) 3.26. 安重根이 여순감옥에서 사형당하다./ 의병 韓命萬 등 20여 명이 醴泉郡 梧川市場을 습격하여 일본인을 사살하다. 3.27. 趙德夏·韓昌會 등이 친일단체 '國民協成同進會'를 조직하고 '한일합병'을 지지하다./ 의병 20명이 安東에서 日兵과 교전하다.(국편) 3.28. 주한 일본 헌병보충원 219명이 도착하다./ 李承晩이 『독립정신』(영문)을 간행하다.(1904. 한성감옥에서 집필)/ 통감부가 치안 방해 이유로 安重根의 사진을 발매 금지하다. 3.29. 李完用·趙重應 등이 '正友會'를 조직하여 황실존영 및 한일친선을 강령으로 내세우고 합병을 추진하다. 3.30. 경시청이 여학생에 한해 반양장을 허용하고 창기들의 반양장을 엄금하다./ 미국 의료선교사 어빈(Irvin)이 동래에 부산 나병원을 개설하다(1933.2. 부산에서 사망)./ 의병장 鄭敬泰 등 9명이 英陽郡 首比面에서 日兵과 접전하다.(국편) 3.31. 재외 한교들이 安重根을 위해 의연금 5만여 원을 거두어 변호사에게 지급하다. 3.-. 강기동·延基祐 등의 의병 50여 명이 강원도 삭녕군에서 일본 헌병과 교전하다./ 徐昌普·李根明·李載極 등이 친일단체 國民協成會를 조직하고 '한일합병'을 추진하다./ 李東春 등이 간민교육회를 조직하여 중국어·신학문을 보급하고 한인 권리를 보호하며 반일 의식을 고취하다. 4.2. 日本鐵道院이 湖南線의 京釜線 분기점을 대전역으로 결정하다.(국편)/ 蔡應彦·姜斗弼·李奉春 의병대원 40여 명이 安邊郡 永豊社에서 新溪店分遣所를 습격하여 3시간 교전하다. 4.5. 의병장 李鎭龍 등 29명이 載寧郡 上柳面을 기습하다.(국편) 4.6. 의병장 姜千突 등 44명이 伊川郡 方丈面에서 日兵과 접전하다.(국편) 4.7. 金惠京 등이 여자교육단체 보명여자교육회(양정여자교육회 전신)를 설립하다.(~1910.5)/ 의병 10여 명이 安東郡 豊北面에서 前一進會員家를 습격하다.(국편) 4.8. 憲兵補助員規程을 공포 시행하다./ 의병 11명이 朔寧郡 馬場面에서 日兵과 접전하다.(국편) 4.9. 의병 張弘根 등 20여 명이 成川에서 日兵과 교전하다.(국편) 4.10. 의병 36명이 抱川에서 日兵과 접전하다./ 姜斗弼 의병대 40명이 淮陽郡 初北面에서 日兵과 교전하다.(국편) 4.12. 의병장 金應伯이 河東에서 日警에 피체되다./ 蔡應彦 의병대 66명이 伊川에서 日兵과 교전하다.(국편)/ 光陽 의병장 金應伯이 경남 하동에서 피체되어, 1910.10. 부산지방재판소에서 사형 선고를 받다./ 蔡應彦 등 의병 60명이 경기도 이천에서 일본군과 교전하다.(국편) 4.13. 종로제회소에서 한국인 노동자가 일본인과 충돌하여 동맹파업을 하다./ 京義鐵道를 파괴한 李鎭龍 등 의병 80명이 平山에 출진하다./ 의병 20명이 鳳山郡 墨川面에서 沙里院憲兵分遣隊와 교전하다.(국편) 4.14. 度支部의 釜山製氷所를 일인 수산회사에 양도키로 결정하다./ 호남의군부 도총독 의병장 梁允福이 교수형으로 순국하다. 4.15. 周時經이 『국어문법』(박문서관)을 간행하다. 4.16. 일군 교체병력으로 제2사단이 도착하다./ 의병 崔淳臣 등 20명이 鳳山郡 山水面을 습격하다. 4.18. 의병 22명이 瑞興郡 所沙面에서 洞長家를 기습하다.(국편) 4.20. 의병장 趙雲植이 경성감옥에서 교수형을 당하다./ 蔡應彦 의병대원 16명이 황해도 谷山郡 伊寧面을 습격하다.(국편) 4.21. 의병장 姜斗弼 등 19명이 淮陽郡 蘭谷面에서 군수금을 조달하다.(국편) 4.23. 姜千突 의병대 50명이 鐵原에서 일헌병분견소를 습격하다.(국편) 4.24. 의병 30명이 平山郡 西上面에서 日兵과 교전하다./ 전국의 우편국 및 취급소를 488개소로 집계하다.(국편) 4.28. 의병 70여 명이 安邊郡 永豊社 馬轉洞巡査派遣所를 습격하여 방화 후 전신주를 절단하다.(국편) 4.29. 의병장 姜基東·田聖瑞 등 17명이 楊州郡 於等山面에서 日兵과 접전하다.(국편) 4.30. 公立 晋州農林學校를 설립하다./ 의병 20여 명이 間島 樺田社 廣岩洞에서 한인학교를 습격하다.(국편) 4.-. 연해주의 李範允·洪範圖 부대가 함북 국경선에서 일본군과 격전을 벌이다.(~5월)/ 신민회 安昌浩·李甲·申采浩 등이 청도회의를 개최하여 북만주 독립운동기지를 논의했으나 결렬되다./ 서울 거주 朴景天·朴斗天이 양경상회를 설립하고 신식 안경을 제조하여 서양에 수출 계약을 체결하다. 5.1. 민영린·이기동·남상철 등이 조직한 '진보당' 창립총회를 개최하다./ 김혜경·최선경 등이 보명여자교육회를 양정여자교육회로 개칭하여 설립하다./ 日本鐵道院이 湖南線을 착공하다.(1914.1. 개통) 5.3. 의병장 金永伯이 대구감옥에서 교수형을 당하다. 5.4. 延基祐 의병부대 40여 명이 鐵原에서 일본 헌병과 교전하다./ 통감부에서 일본제국대학의 요청으로 국내의 귀중본 1,500책을 일본에 반출하다./ 통감부에서 『統計年鑑』을 발간하다. 5.5. 호남지역 의병 최산홍이 광주지방법원에서 교수형 선고를 받고 순국하다./ 蔡應彦 의병대 28명이 황해도 谷山郡 伊寧面을 습격하다. 5.7. 의군본부 참모장 鄭仁國(1859~1910)이 전사하여 순국하다./ 의병 20명이 抱川郡 外所面에서 日兵과 교전하다./ 수원농림학교와서북학회 농림강습소 졸업생들이 농림연구회를 조직하다. 5.8. 전남 광양만 염전에서 처음으로 소금을 산출하다./ 의병 14명이 永興郡 雲谷面에서 里長 등 2명을 납거하다.(국편)

일본

5.11. 의병장 林允八·金在民·李仲伯이 대구감옥에서 교수형을 당하다./ 의병 10명이 坡州郡 條里面에서 日兵과 교전하다.(국편)

5.12. 東洋拓殖株式會社가 일본정부의 보증으로 2,500만원의 사채 발행을 결정하다./ 일본인 田村萬之助이 『東洋日報』를 창간하다.

5.13. 蔡應彦 의병대 15명이 安邊郡 永豊社를 습격하다.(국편)

5.14. 의병 14명이 淮陽에서 日兵과 접전하다.(국편)

5.16. 의병장 李元吾·朴奉石이 대구감옥에서 교수형을 당하다.(국편)/ 총리대신 李完用이 국고에서 〈폭도소진비〉로 2만 원을 지출하여 의병을 탄압하다.

5.17. 의병장 宋學默이 광주감옥에서 교수형을 당하다.(국편)

5.22. 蔡應彦·姜千突 의병부대원 100여 명이 安邊郡 永豊社·伊川郡 古味呑面에서 高山·南山分遣所 聯合憲兵隊와 5시간 교전하다./ 의병 10여 명이 安東郡 南先面에서 地方費收取人을 사살하다.(국편)

5.23. 出聖西 등 의병 9명이 楊州郡 於等面에서 日兵과 교전하다.

5.25. 호남 의병 金善如(1875~1910)가 교수형을 선고받고 순국하다./ 일본인이 한강 배다리 마포선교(麻蒲橋)를 준공하자 서포·용산 주민이 연안 폐쇄를 우려하여 반대하다.

5.27. 平壤에서 수도공사를 준공하여 급수를 개시하다./ 李鎭龍 의병부대 30여 명이 載寧郡 上柳面을 습격하다.

5.28. 통감부가 출판규칙을 공포 시행하다.

5.29. 康基東 의병부대 40여 명이 경기도 楊州郡에서 일본 헌병과 교전하다./ 새문안교회가 새문안에서 지금의 新聞路로 신축 이전하여 준공하다./ 통감부가 『韓國施政年報』를 발간하다.

5.30. 호남의병장 梁鎭如(1862~1910)가 전남 潭陽 無洞里에서 교전 중에 피체되어 교수형을 받고 순국하다./ 의병장 李黃龍이 대구감옥에서 교수형을 당하다./ 咸平 의병장 柳炳基(1882~1910)가 전남 담양 전투에서 피체되어 순국하다./ 제2대 통감 소네 아라스케가 병환으로 사직하여 9.13에 사망하다./ 寺內正毅가 제3대 통감에 임명되어 7.23에 부임하다.

5.31. 崔聖天 등 의병 20명이 安東郡 北後面을 습격하다.

5.-. 李範允, 洪範圖 등 연해주 연합의병이 국내에 진공하여 일본군과 교전하다.

6.2. 전남 광양만 염전에서 인부 700명과 중국 측 인부 300명이 충돌하다./ 의병장 李江山·朴致一·鄭寅術·朴章奉·徐成學·梁昌國이 대구감옥에서 교수형을 당하다.(국편)

6.3. 일본 각의가 합방 후 시행될 대한정책을 결정하다./ 한성고등학교 체육교사 橫地捨次郎가 최초로 곤봉 체조를 시범하다./ 蔡應彦 의병대원 40여 명이 安邊郡 永豊社를 습격하다.(국편)

6.4. 일본인 田村萬之助가 『한성신문』과 『대동일보』를 합병하여 『대한일일신문』을 창간하다./ 의병 40여 명이 谷山郡 東村面을 습격하여 5명을 납거하다.(국편)

6.6. 咸平 의병 李康山(1874~1910)이 대구공소원에서 사형 선고를 받고 순국하다./ 의병 12명이 榮川郡 豆田面에서 2명을 납거하다.

6.10. 한성부·경기도의 경찰·소방 업무를 관장하던 '경시청'을 폐지하다.

6.11. 의병장 朴士化가 대구감옥에서 교수형을 당하다.(국편)

6.13. 의병장 姜基東이 서울에서 체포되었다가 순사를 구타하고 도피하다./ 의병장 姜斗弼 등 14명이 平康郡 縣內面에서 의병 밀고자의 가옥에 방화하다.(국편)

6.14. 시인 李章熙가 『대한매일신보』를 인수하여 발행하다./ 의병 50여 명이 황해도 谷山郡 仙岩分遣所를 습격하다.(국편)

6.17. 종로 평화당에서 독일 의약품 수입을 위해 세창양행과 특약을 맺다./ 의병장 姜斗弼 등 35명이 平康郡 楡津面을 습격하다.

6.20. 한성부 내 경찰서를 경무총감부 직할 편제로 개편하여 4분서와 76개소 파출소·주재소를 설치하다.

6.21. 柳麟錫·李範允·李相卨이 연해주에서 '13도 의군'(도총재 柳麟錫)을 결성하다./ 趙熙淵 등이 한국-일본 양국인의 친목 도모 단체 '한일입지회'를 조직하다.

6.22. 蔡應彦·姜斗弼 의병대원 약 85명이 강원도 伊川에서 日兵과 교전하다./ 의병장 安圭洪(1879~1910)이 대구감옥에서 교수형으로 순국하다.(국편)

6.24. 한국 경찰권을 일본 정부에 위탁하는 각서를 조인하고 경찰권을 박탈하다.

6.26. 의병 50명이 海州郡 所羅面을 습격하다./ 의병 약 12명이 醴泉에서 日兵과 교전하다.(국편)

6.29. 의병 약 7명이 충북 永同郡 北一面에서 公金徵收員家를 기습하다.(국편)

6.30. 경시청관제를 폐지하고 헌병경찰제도를 실시하는 제반 법령을 반포하다.

6.-. 부산에 최초의 공설시장인 부평시장이 개설되다. 6.25 전쟁 이후 '깡통시장'이라 불리다.

7.2. 통감부가 모든 공문서에 일본 '명치' 연호 사용을 지시하다.

7.3. 鄭國成 등 의병 39명이 海州郡 祿達面을 습격하다./ 甕津郡 龍泉面 소작인 600여 명이 국유지 조사에 반대하여 시위 농성하다.(국편)

7.5. 일본의 용산거류민단이 경성거류민단에 합병하다./ 대한인국민회가 하와이에서 大同共進團을 조직하고 군인 양성 목적으로 각 지방에 양성소를 설립하다.

7.7. 의병장 金聖範이 경남 陜川警察에 피체되다.(국편)

7.9. 의병장 全海山이 교수형을 당하다.(국편)

7.10. 전북 등지에서 활약한 의병장 李聖化(1882~1910)가 남한대토벌 당시 전사하여 순국하다.

7.11. 의병 18명이 安東郡 豊西面에서 安東警察署 변장 순사대와 교전하다.(국편)

연도	한국
▲ 1910 ▼	7.12. 일본 각의가 寺內 통감에게 『韓國倂合執行에 관한 方針』을 통첩하고, 조선총독의 권한을 결정하다. 7.13. 東洋拓殖株式會社가 大邱出張所를 개설하다. 7.16. 의병 40명이 海州郡 古壯面에서 밀고자 행위자를 응징하다.(국편) 7.18. 의병장 全海山(본명 全壽容, 1878~1910)이 대구감옥에서 교수형으로 순국하다. 7.21. 新龍山線(龍山—漢江)에 전차 운행을 개시하다. 7.23. 統監 寺內正毅가 부임하다. 7.29. 의병장 林夏仲이 대구감옥에서 교수형을 당하다.(국편) 7.30. 檀君敎가 大倧敎(敎主 羅喆)로 개칭하다. 7.31. 李完用·朴齊純·趙重應이 합방 문제를 밀의하다./ 의병 약 23명이 平安南道 陽德郡 吳江面에서 日警과 교전하다.(국편)/ 全南地域 의병 金致洪(1880~1910)이 榮山浦 憲兵隊에 체포되어 교수형으로 순국하다. 7.-. 李海朝의 新小說·討論小說 『自由鍾』이 廣學書舖에서 간행되다. 8.1. 의병장 梁相基·劉秉琪가 대구감옥에서 교수형을 당하다.(국편) 8.5. 昌德宮 내에 皇宮警察署를 설치하여 昌德宮·德壽宮 지역의 치안을 담당하다. 8.7. 의병 20여 명이 陽德에서 日兵과 교전하다.(국편) 8.9. 의병 20여 명이 平南 德川에서 日兵과 교전하다.(국편) 8.12. 龍山 일본군 사령부에서 경비회의를 개최하다. 8.13. 天道敎에서 『天道敎會月報』를 창간하다.(~1938.3. 종간) 8.15. 中樞院 醫官 출신 宋周冕(1856~1910)이 절명시 5수를 남기고 자결 순국하다. 8.16. 李完用이 統監 寺內正毅를 방문하여 統監官邸에서 寺內·李完用·趙重應이 〈合邦條約案〉과 〈合邦覺書〉를 수교하고 합방에 관한 각서를 교부하다./ 李完用이 國號를 '朝鮮', 順宗을 '昌德宮李王殿下', 高宗을 '德壽宮太王殿下'로 개칭할 것을 요청하다. 8.17. 柳麟錫 등이 연해주에서 韓日合邦 반대투쟁을 전개하기 위해 聲明名會를 결성하고(9.11 해체) 활동을 시작하다./ 의병장 朴永根이 대구감옥에서 교수형을 당하다. 8.18. 合邦條約案을 日本 各議에 상정하다. 8.22. 統監府에서 비밀리에 李完用과 寺內正毅가 〈韓日倂合條約〉을 조인하다. 8.23. 『土地調査法』을 반포하다./ 블라디보스토크 韓人 50여 명이 합방 반대를 위한 결사대를 조직하다. 8.24. 日本이 各國에 合邦條約을 통고하다.(국편) 8.25. 警務總監部에서 政治에 관한 집회 및 옥외 대중집회 금지 법령을 반포하다./ 統監府가 『大韓每日申報』를 포함한 모든 신문의 폐간을 명령하다./ 統監府가 〈集會禁止令〉을 공포하고, 一進會 등 12개 정치단체에 대해 일주일 내 해산을 명령하다. 8.26. 警務總監部가 雜誌 『少年』을 정간하다./ 연해주 韓人이 독립군 결성을 결의하고 책임자로 李範允을 선출하며 국내 진입 계획을 논의하다. 8.27. 의병 약 27명이 慶北 豊山驛에서 日兵과 교전하다.(국편) 8.28. 朴世和(1834~1910)가 韓日合邦에 분개하며 자결 순국하다. 8.29. 경술국치로 大韓帝國이 '朝鮮'으로 국호를 개칭하다./ 統監府가 在京 新聞 및 外信 記者를 초대하여 合倂의 전말과 조약문을 발표하다./ 朝鮮總督府 설치에 관한 건, 朝鮮에 시행할 법령에 관한 건을 공포하다./ 寺內統監이 〈遺告文〉을 발표하고, '시정을 방해하는 자는 용서치 않겠다'며 조선인을 위협하다./ 在日 유학생 단체 大韓鴻學會가 일제의 탄압으로 해산되다./ 〈大赦令〉을 공포하고, 京城·鍾路 등 전국 감옥에서 기·미결수 737명을 석방하여 회유하다./ 日本의 〈特許法〉·〈實用新案法〉·〈商標法〉·〈著作權法〉 등을 조선에 시행하다./ 〈朝鮮貴族令〉을 공포하고, 10.7에 작위 수여식을 거행하다. 8.30. 統監府가 新聞 題號 중 한국 국권을 상징하는 명칭을 모두 변경하도록 지시하다./ 『大韓每日申報』가 『每日申報』로, 조선총독부 기관지로 전락하다./ 『大韓新聞』이 『漢陽新聞』으로 개제되다./ 『皇城新聞』이 『漢城新聞』으로 개제되며, 9.14. 경영난으로 폐간되다. 9.1. 일본천황의 칙사 이나바(稻葉正繩)가 창덕궁 인정전에서 순종황제를 '이왕'으로 책봉하다. 한성고등여학교(현 경기여고)를 도렴동에서 재동으로 이전하다./괴산인 洪範植과 星州郡守가 자결하다. 9.5 선로표식선 光濟丸이 인천 월미도와 최초로 무선 전신 개시하다. 9.5 전국 사립학교 수가 2,200여 개교인데, 그중 일본 탄압에 100여 개 폐교되다. 9.5 정조의 진영 보관을 위해 건립된 수원 華寧殿에 수원 자혜의원으로 개원하다. 9.6 평양·대구에 자혜의원을 개원하다. 9.8. 金奭鎭(전 판돈녕부사, 1843~1910)가 경술국치에 분개하여 자결 순국하다. 9.9. 〈지문법〉을 실시하여 각 교도소에서 채취한 지문을 관리하다./ 춘천에 자혜의원을 설립하다. 9.10. 黃玹(1855~1910)이 경술국치에 분개하여 자결하다./ 학회령 8조에 따라 西北學會의 본회 및 지회 설립 인가를 취소

일본

하다./ 〈조선주차헌병조례〉를 공포하여, 치안유지에 관한 경찰 및 군사 경찰권을 장악하다.

9.11. 경무총감부가 일진회·조선협회·국민동지찬성회합방찬성회·국민협성회·진보당·정우회·유생협동회·평화협회·서북학회등 10개 정치 사회단체를 해산하다./ 사립 기호학교(현 중앙고등학교)를 유길준의 융희학교에 병합하다.

9.12. 朝鮮駐箚憲兵條例(전18조) 발포하다/ 예천·풍천에서 의병과 일병이 교전하다.

9.13. 이완용을 처단하고자 했던 이재명(1890~1910)이 사형당하여 순국하다.(1910.5.18. 사형 선고)/ 통감부가 장안사의 〈춘향가〉공연이 풍속을 해친다며 중지 명령을 내리다.

9.14. 경무총감부에서 제호에 '대한'이라고 적힌 모든 서적을 압수하다./『皇城新聞』을 폐간하다.

9.15. 전남의병장 오성술(1884~1910)이 대구감옥에서 순국하다.

9.16. 동양척식주식회사〈移住規則〉을 발표하다. 동양척식주식회사의 소유 또는 관리 하에 있는 한국의 토지를 日本移住民에게 대부하되 移住民을 갑·을·병종으로 나누다.

9.17. 前宗正院卿 李晃宙(1827~1910) 순국하다.

9.19. 진주에 자혜의원(전 진주의료원) 설립하다.

9.23. 조선통감부 경무총감부, 교회설교와 학교체육운동회는 옥외집회 금지에서 해제하다./ 의병장 李根周, 경술국치에 분개하여 자결하다.(국편)

9.24. 안동인 柳道發(1832~1910) 단식 순국하다./ 李晚熹, 合倂에 반대하여 자결하다.

9.25. 데라우치 통감, 해산비로 일진회에 15만 원, 대한협회에 6만 원을 지급하다./ 부산에 성지곡수원지 완공하여 수도를 개통하다.

9.26. 광주 자혜의원을 설립하다.

9.28. 조선총독부관제를 발포하다.(10.1 시행)

9.29. 의병 10여명, 安東에서 日警과 교전하다.(국편)

9.30. 조선총독부에서 〈임시토지조사국관제〉를 공포하고 토지조사사업을 시작하다./ 朝鮮總督府 中樞院官制(전11조)를 공포하다./ 地方官制를 공포하여 전국을 13道로 나누다./ 李在明이 사형당하다./ 대한의원을 '조선총독부의원'으로 개칭하다.

10.1. 寺內正毅를 조선총독부 총독에, 山縣伊三郎을 정무총감에 임명하다./ 조선총독부령으로 종교통제목적으로 〈神敎布敎規則〉 공포하고 대종교를 폐교시키다./ 각도의 장관을 임명하다. 신응희(함경), 이규완(강원), 조희문(황해), 이진호(경북), 이두황(전북), 박중양(충청)./ 조선총독부재판소를 설치하다./「조선총독부 관보」1호를 발간하여 총독정치가 개시함을 선포하다.

10.4. 구 한국 내각(총리 이완용) 해산하다./ 의병장 심남일(1871~1910)이 대구감옥에서 사형 순국하다.

10.6 조선 원종 종무원 대표 이회광이 일본 조동종과 〈연합맹약〉을 체결하다./ 日本 大谷派 東本願寺, 한인을 일본에 동화시키기 위한 傳道계획 결정하다.(국편)

10.7. 조선귀족령에 의한 授爵式을 거행하다, 76명(후작 6명·백작 3명·자작 22명·남작 45명)이 작위를 받았다.

10.8. 중추원 부의장 김윤식, 고문 이완용 등 14명을 임명하다.

10.10 이승만이 프린스턴 대학에서 박사학위를 받은 후, 5년 11개월 만의 귀국하다.

10.11 조선총독부가 치안방해를 이유로『조선통신』의 발행을 정지하다.

10.15 〈외국여권규칙〉을 개정·공포 시행하다./ 인천에 수도를 개통하다.

10.16. 吳剛杓가 순절하다.

10.17. 의병 4명, 慶州 春陽에서 日兵과 교전하다.(국편)

10.20 예안 의병장 이중언(1850~1910)이 경술국치 후 단식을 결행하여 순절하다.

10.23. 전 성균생원 李鉉燮(愚軒)이 합방반대로 순절하다./ 의병 3명, 忠南 恩山場에서 헌병보조원과 교전하다.(국편)

10.24. 전 공조참의 이만도(1842~1910)가 경술국치에 반대하여 자결 순국하다./ 의병 7명, 경기도 麻田에서 日兵과 교전하다./ 의병 7명, 延安에서 郵便護送의 일헌병을 공격하다.(국편)

10.25 총독부에서『초등본국역사』,『고등대한역사』·『보통작문법』·『중등대한신지리』출판을 불허하다.

10.27. 趙章夏 단식으로 순사하다.(국편)

10.28. 황해도 德隅에서 의병이 교전하다.

10.30. 李範允이 러시아 관헌에 피체되어 이르쿠츠크로 호송 구금되다.

10.31 부산역 역사를 준공하다. 1953.11. 역전 대화재로 소실되다.

10.-. 언론인 선우일이『세계기담』을 간행하다./ 치안 방해 이유로 미국 발행『신한민보』,『신한국보』발매를 금지하고 압수하다.

11.2. 경무총감부에서 치안방해를 이유로 잡지『조선』33호를 발매금지 및 정간하다.

11.5. 〈사립학교 설립 인가령〉을 시행하고, 1908년 칙령 62호를 폐지하고, 일본 제령 1호로 시행하다.

11.6. 조선총독부 학무국 편집과가 學校敎科書를 조사하다./ 이승만이 황성기독교청년회(YMCA) 청년학교 학감에 취임하다./ 평남선(평양〈-〉진남포)을 완전 개통하고 일반 운송 업무 개시하다.

11.7. 의병장 金道鉉, 강점에 반대해 투신자결하다.(국편)

11.14. 의병 10명, 경북 寧海에서 일헌병수색대와 교전하다.(국편)

11.15. 前侍從院 副卿 張泰秀가 일본의 賜金을 거절한 후 순사하다./ 사립학교설립인가령을 시행하다.

11.16. 경무총감부가 민족의식의 말살을 위해『을지문덕』·『초등대한역사』등 서적 45권을 발매금지시키다./ 일한와전이 당인리에 마포발전소

연도	한국
▲ 1910	(500Kw)를 준공하고, 12.11부터 운전을 개시했다./ 피체된 의병들이 전남 해남, 강진. 장흥 등의 도로 수축 공사에 동원되다. 11.21. 의병 5명, 경기도 松陽里에서 日兵과 교전하다.(국편) 11.25. 일본군, 경북지역 의병에 대한 대토벌 작전 개시하다.(국편) 11.26. 경무총감부에서 치안방해를 이유로『경성신보』를 정간하다. 11.27. 전 시종원 부경 장태수(184ㅏ 1910)가 일본의 은사금을 거절한 후 자결 순국하다. 11.25. 일본군이 경상북도 지역 의병에 대한 대토벌 작전 개시하다.(~1911.초) 11.28. 조선총독부에서『예수교회보』,『대도(大道)』를 발매 금지하다./ 하와이 교포와 국내 처자 사이에 최초의 사진 결혼이 　　　 이루어지다. 1924.10까지 1,066명이 사진 혼인을 하다. 11.29. 조선총독부가『기독교회보』(제1권 제40호)를 압수하다. 11.-. 최동진·김대윤 등이 만주 화룡현에 창동학교 설립하다. 12.1. 덕수궁 석조전을 준공하다. 총 4백평, 높이 7칸 반, 넓이 25칸(1901. 착공) 12.5. 경무총감부가 안녕질서 방해를 이유로『중외의약신보』를 정간시키다. 12.7. 일제 양로은사금 거절과 배일운동으로 투옥된 이학순(1843~1910)이 음독 자결 순국하다. 12.8. 경무총감부에서『서북학회월보』,『시천교보』,『기호흥학회월보』등의 발행허가를 취소하다.
1911 ▼	【한국】 1.1. 경무총감부가 安明根의 체포를 계기로 安岳의 민족주의자를 총검거하기 시작했다.(안악사건의 발단)/ 만족주의자 　　　700여 명 피검되다.(105인 사건) 1.4.『普中親睦會報』가 정간되다./ 경무총감부에서『신한국보』125호(발행인 하와이 교포 노재호)를 압수하다. 1.5. 경북 성주 출신 장기석이 일본천황 탄생일인 천장절 행사 참석 거부로 구속되어 옥중 단식중에 순국하다. 1.15. 한용운 등이 일본 조동종과의 연맹에 반대했다. 송광사에 임제종 임시사무소 설치하다. 1.25.『商工月報』,『少年』이 정간되다. 1.26. 전 러시아공사 이범진(1852~1911)이 경술국치에 자결로 순국하다. 1.31. 대한천일은행이 조선상업은행으로 개칭했다. 해방 후에 한국상업은행(현 우리은행)으로 개칭했다. 2.4. 의병장 郭先鋒·高先鋒·黃雙鶴, 사형언도에 불복하여 경성공소원에 공소하다./ 警務總監部, 치안방해이유로 實業會 全 　　　州支部 해산하다.(국편) 2.7 경무총감부가『신한국보』제 127.128.130호를 압수했다. 2.9. 우편규칙, 철도선박우편규칙 등을 공포했다. 2.12. 의병장 姜基東이 원산에서 피체되어 4.17. 총살형을 당하다. 2.14. 총독부가 각 道에 사찰 소유 보물목록을 제출케 하다. 2.17. 일본정부가 韓國皇室의 무관 예우를 결정하고, 일본육군무관의 제복착용과 무관부속을 공포하다. 2.18. 관영수도급수규칙을 공포하다. 2.22. 의병 金基錫(延基羽의 부하)이 경기도에서 활동하다가 체포되다. 2.23. 인삼경작장려규칙을 공포 시행하다./ 金秀敏 의병대 선봉장 金白洙가 長端에서 피체되다.(국편) 2.27. 侍天敎의 기관지인『侍天敎月報』를 창간하다. 2.-. 정악유지회를 발족하여 국악 교육기관인 조양구락부를 후원했다. 총재에 이강, 회장에 박영효를 선임하다. 3.2. 곡성군 석곡면 삼산에서 전투 중에 체포된 의병 노임수(1876~1911)가 교수형으로 순국하다. 3.6. 전기사업취제규칙을 제정하다. 3.7 김좌진. 안승구. 민병옥. 조형원, 남정면, 김찬수, 박종원 등을 강도죄로 피체했다가 1913.9. 출감하다. 3.8. 한성사범학교의 임시강습과 설치규정을 제정하다./ 전북 순창지역에서 의병활동 하던 진치언(1877~ 1911)이 옥사하 　　　여 순국하다. 3.10. 矯南中學校와 日新女學校를 대구에 설립하다. 3.12. 의병장 盧炳大, 석방후 재차 起義하다 피체되다.(국편) 3.19. 지방금융조합감독규칙을 공포하다. 3.22. 윤영기, 방한덕이 서울에 서화미술원을 설립하다. 3.23. 조선사업공채법, 조선사업공채금특별회계법을 공포하여 철도 부설, 도로, 항만 수축 등에 필요한 재원을 조달하다./ 　　　조선삼림특별회계법 공포하다./ 우편환규칙을 공포하다. 3.29. 일본정부가 조선은행법 공포. 한국은행을 조선은행으로 개칭하다./ 間島領事館裁判에 관한 법률 공포하다/ 의병활 　　　동 저지 위한 일본 임시파견군대의 교체예정을 발표하다.(국편) 3.30. 간도의 영사관재판에 관한 건을 공포하다. 간도 영사관에 예심 공판을 하도록 하고, 조선총독부에서 지방법원으로 관할하다. 3.31. 우편예금규칙, 속달우편규칙을 공포하다. 3.-. 이승만이 총독부의 諭示退去處分으로 일본에 도착하다./ 武田範之가 한일불교 연합을 목적으로『원종육제론』을 저술 　　　하여 한국인 승려에게 배포하다.

일본
12.13. 전 성균관 박사 김근배(1847~1910)가 경술국치에 비분하여 은사금 거절 후 자결 순국하다.
12.14. 공립 상주보통학교에 공립 상주실업 보습학교를 인가하다.
12.15. 범죄즉결령 공포 실시.(경찰서장, 헌병지방분대장에게 즉결권을 부여)
12.15 국채보상금 등, 조선총독부와 경무총감부가 강제 보관하다.
12.20. 尹國範·文成助 의병부대가 안동·예천·영춘·봉화 등지에서 교전하다.
12.21. 의병장 鄭文七, 영해도서면 등지서 일헌병 및 보조원과 交戰하다 패하여 체포되다.(국편)
12.23. 의병대장 楊允淑, 전남 김제군서 김제인수비대에 체포되다.
12.24. 안중근사건 관련자로 체포된 金麗水·金成玉·金衡在·卓公圭 방면하다.
12.27. 망명중인 安明根이 입국하여 비밀리에 군자금 모집 중에 체포되다. 데라우치 총독 암살 계획 탄로(105인 사건)나다.
12.29. 총독부, 朝鮮會社令 공포하다.(1911.1.1. 시행)
12.30. 前 宮內府, 李王職으로 하는 관제개정 공포하다./ 『경향신문』을 폐간하다.(1906.10.19. 창간)
12.-. 최남선·박은식이 고문헌 보존과 반포,고문화의 선양 목적으로 조선광문회를 조직하다./ 의병 강경무·김동수·김수곡·김일원·윤홍곤·민효식·박봉석·이교영·이석이·이황룡·최성천·추삼만·황준성·손덕오·염인서·임하중·장인초·정기찬 교수형으로 순국하다.

【일본·해외】

1.4. 日本천황 탄생일인 天長節 행사 참석 거부로 구속된 張基燠(1860~1911)이 옥중에서 단식 자결하다.

1.26. 李範晉이 合倂에 비분하여 러시아령에서 자결하다.

1.-. 신민회의 국외독립운동기지 건설 선발대로 이동녕, 이회영이 서간도 유하현에 도착하다.

3.7. 일 중의원에서 한일합방을 사후 승인하다.

3.8. 하와이 교포, 국어교육을 목적으로 골로아 지방에 新興學校 설립하다.

3.12. 합방 후 석방된 의병장 盧炳大, 다시 의병을 일으키다 체포되다. 1913년 4월 복역중 단식 자결하다.

3.-. 대종교 서일 등, 의병 규합 후 북간도에 '중광단' 조직 -1919.8. 북로군정서로 확대하다.

4.1. 朝鮮農會 新設하다.

4.6. 咸鏡北道 訓戒憲兵分遣所에 被逮되어 義兵將 金哲洙 서울로 押送/하와이 교포, 호놀룰루에 新民學校 설립하다.

4.7 하와이 교포, 호놀룰루에 신민학교 설립-국어 교육 실시하다.

4.29 이동녕·이회영 등,서간도 유하현에 경학사 설립-토지개간·농업경영, 경제 자립하다.

6.5 블라디보스토크에서 이범윤 등 청년권업회에서 『大洋報』 창간 -1911.9. 중단하다.

6.10 서간도 유하현 삼원보에 신흥강습소(신흥무관학교 전신, 교장 이동녕) 설립하다.

6.10. 한인국민회 하와이 지방총회, 『초등국어교과서』 편찬하다.

6.14. 中軍義兵大將 金宗泰, 順興에서 榮川수비대에 체포되다.

6.20. 일본기독교회, 조선인 황민화를 위해 전도에 착수하다.

7.1. 노재호, 호놀룰루에서 주간 『독립신문』 (주필 노재호) 창간하였으나 재정곤란으로 곧 폐간하다.

7.31. 블라디보스토크 한인들, 러시아 방침에 따라 신한촌으로 이전하다./ 성명회 관련 러시아 이르쿠츠크로 추방된 이범윤이 감옥에서 석방되다.(국편)

10.20. 러시아령 수청에 大韓人國民會 시베리아地方總會를 설립하다.

10.27. 동경조선유학생학우회 결정하다.

11.13. 만주 하얼빈에 대한인국민회 만주지방총회 조직하다.

11.22 샌프란시스코 국민회지방총회, 로스앤젤레스로 이전(총회장 강명화)하다.

12.19. 이상설·이종호 등,블라디보스토크 신한촌에 '권업회' 설립-1914.6. 해체하다

12.29 관부연락선(부산-시모노세키) 매일 2번 정기 운행 개시하다,(운항 소요시간 7시간30분)

12.-. 대종교인 서일, 만주에서 독립운동 단체 중광단 조직/ 만주의 신흥감습소 재1회 특기생 40여 명 졸업하다.

4.1. 경성부의 행정구역 변경실시하여 방(坊) 폐지하고, 5부 8개 면으로 개편하다.

4.5. 사법사무공조법 공포하다.(11.1. 시행)/ 일본. 대만. 조선, 관동주의 관청간에 사법사무를 공조하다.

4.6. 의병장 金哲洙, 함북 訓戒憲兵分遣所에 체포되어 서울로 압송하다.

4.8. 〈헌병보조원 규정〉공포하다. 재직 중 한국인 순사, 순사보 채용, 복무연한 2년, 50세까지로 정하다./ 경성감옥 청주분감 수감자 23명이 탈옥하다 9명이 피살되다.

4.10. 박용만 저, 『국민개병설』(신한민보사) 발행하여 군인 양성을 장려하다./ 延起羽 의병대원 尹喜變, 징역 15년 선고하다.

4.13. 경기도내 사립보통학교규칙을 공포하고, 사립학교의 공립 전환, 일본인 교장등을 채용하다./ 의병 宋憲台에게 징역 15년을 선고하다.

4.17. 토지수용법령 공포하고, 도로 용지 강제 수용하고 도로규칙을 공포 시행하다.

연도	한국
▲ 1911	4.17. 대한제국군 출신 의병장 강기동(1884~1911)이 포천 등지에 투쟁하다 총살형으로 순국하다./ 전 중추원 찬의 김지수 　　　(1845~1911)가 은사금 거절 후 자결 순국하다. 4.27. 姜基東 의병대원 孫壽山에게 징역 3년을 선고하다.(국편) 4.29. 조선총독부의원에서 일본 軍醫 중심으로 조선의학회(한국의학회 후산)를 설립하다. 4.29. 의병장 정경태가 경북 울진에서 피체되어 1911.11. 사형 순국하다. 5.9. 姜基東의 의병대원 吉仁植에게 京城地方裁判所에서 2년 6개월 선고하다.(국편) 5.10. 총독 寺內正毅, 日本에서 귀임하다. 5.15.『少年』23호로 폐간하다./ 경성의 동현경찰분서(황금정경찰서) 내에 상비 소방수주재소 첫 배치하다. 5.17.『新韓民報』227호를 발매 금지하다./ 金佐鎭·安承龜·閔丙玉·金燦洙 등, 경성지방재판소의 7~2년형 선고에 불복공소 　　　하다.(국편) 5.31. 의병장 연기우의 부하 이경칠, 윤치성, 이순양, 성신업이 경기도 교하에서 피체되다./〈조선총독부 및 소속관서 직원 　　　복제〉제정하고, 행정사법관, 소학교 교원이 제복을 입고, 칼을 착용하다. 6.1. 동대문 북쪽 성벽을 헐고 도로를 개통하다. 6.3. 漁業令 공포하여 일본인의 어업권 보장 및 약탈 행위 옹호하다. 6.4. 청주농림학교(현 청주농업고등학교)를 설립하다. 6.14. 中軍義兵大將 金宗泰, 順興에서 榮川憲兵隊에 피체되다.(국편) 6.15. 經學院規定 공포(성균관 폐지하고, 봉건적 유교사상·봉건도덕·낡은 풍속의 전파·보존하다./ 社會登錄稅에 관한 규 　　　정 공포 시행하다. 6.16 사설 국악교육기관 조양구락부를 조선정악전습소(현 한국정악원)으로 개칭하다. 6.20. 삼림령 공포. 국유지 삼림을 개인 소유로 전환하다./〈숙박 및 거주규칙〉공포(7.15. 시행)-여행자의 거출 신고 의무화 　　　하다./ 여중원 규정을 공포하여 맹아와 고아의 구호를 하다. 6.21. (株)日韓瓦電이 마산전기공사를 완공하다. 6.27. 〈유학생 규정 및 유학생 감독 규정〉공포하여 일본 유학생을 통일적으로 장악하고 감독하다. 6.29. 토지수용령 시행규칙과 국유미간지이용법 시행규칙을 공포 실시하다. 6.-. 조선의학회가『조선의학회잡지』를 창간하다. 매년 연구 결과물 게재하고, 1943년 종간하다. 7.6. 신용고지업취제규칙을 공포하다. 7.8. 사찰령시행규칙을 발표(9.1시행)하고 사찰건립, 포교의 조건부 허가를 하고, 선종, 교종을 통합하여 30개 본사를 설치하다. 7.10. 경무총감부가 박은식 번역 전기소설(빌헬름 텔)『瑞士建國誌』등을 발매금지하다. 7.13. 을사늑약 후 의병장으로 활동하던 이재윤(1849~ 1911)이 국권 피탈 후 자결 순국하다. 7.18. 〈조선관유재산관리 규칙〉공포하여 사유지 외 역둔토에 포함된 일본인의 관유 재산을 넘기다. 7.20. 純獻皇貴妃 嚴妃 서거하다.(1854~1911) 7.22. 일제가 朝鮮銀行法을 공포하고(8.15. 실시), 朝鮮銀行으로 명칭을 개칭하다./ 안악사건의 공판을 경성지방재판소에서 　　　첫 개정하고, 종신형부터 유배형까지 선고하다.
1912 ▼	【한국】 1.1. 표준시를 일본중앙표준시에 맞추어, 일본 표준시 127'30'-> 135'로 변경하다. 1.6. 의병장 崔永宇가 양평군에서 검거되다.(국편) 1.9. 직산광업주식회사 설립되다. 1.16. 漁業稅令 공포되다. 2.3. 삼림, 임야 및 미간지의 국유, 사유 구분의 표준을 정하다. 2.4. 송병순(1839-1912)이「토오적문」을 작성하고, 일본 은사금·경학원 강사 거절하고 순국하다. 2.9. 대한민국민회 기관지『신한민보』를 정간하다. 2.10 천도교에서 청년 신도 양성 목적으로 전국에 종학원 설립하다. 2.14. 안도 사다요시(安東貞美) 소장이 조선주차군사령관에 임명되다. 2.16. 어업세령 공포하고, 어업조합, 수산조합 설립규정 마련하여 세금수탈을 강화하다. 2.18. 혁신단이 연흥사(현 종로구청)에서 육혈포 강도·군인의 기질. 친구의 형 살해 등을 공연하다. 2.19. 조중환의 혁신선미단이 단성사에서 창립기념 '지성감천' 공연(1912.3.해산)하다. 2.23. 수산조합이 어업조합규칙을 공포하다. 2.24 신해음사(辛亥吟社)가 경성 동부 호동에서 계간《신해집(辛亥集)》을 창간하다. 2 25. 불교월보사가『조선불교월보』(편집 겸 발행인 권상로)를 창간하다.(~ 1914.1.) 3.1. 일본인이『평양일일신보』를 창간하다. 3.2. 조선우선주식회사를 설립하여 조선 연안 해상운수권 장악하고 독점하다. 3.4. 과세지 견취도 작성규칙 공포(4.1 시행)하여 한국 농민에 조세수탈 강화하다.

일본

7.28 문예구락부(총재 박영효)를 조직하고, 한문 교양, 저술, 서적 편찬 등을 간행하다.

7.28 유길준, 어윤적 등이 보통학교 교과서 철자법통일위원회 조직하고, 1912.4. 철자법을 제정하다.

8.7. 조선총독부에서 森林令을 공포하다.(9.1실시)

8.23. 1차〈조선교육령〉공포(11.1. 시행)하고, 조선인을 '충량한 제국시민'으로 교육하고, 일본어를 보급하다.

8.28 일본인 사업가 오쿠라(小倉武之助,1896-1964)가 대구전기주식회사를 설립하다.

8.30 안악사건을 경성복심법원에서 판결하다. 안명근 무기, 김구 등 7명 15년 이하 10~5년의 징역을 받다.

9.3. 국어연구학회가 조선언문회로 개칭하고, 조선어강습소의 기능을 하다.

9.9 귀족 모임인 동족회(회장: 박영효)를 결성하다./ 총독부, 각지에 여론 청취를 위해 伸寃箱을 설치하다.

9.15. 경원선의 용산-의정부간을 개통하다.

9.16. 총독부가 전국 미개간지 조사를 착수하다.

9.26. 警備電話規則 공포하다.

9.16. 경무총감부가 105인 사건을 조작하고, 신민회원 600여 명의 검거를 시작하다.

9.24 자치기관 경성부민회(한성부민회 후신)를 해산하다-부제(府制) 공포로 필요성 결여했다는 이유.

9.-. 이상필이 조선금은미술관 설립하다. 공장은 서울 장교 북천변에 두고, 판매소는 종로 이문동에 설치하다.

10.1. 호남선의 木浦-鶴橋간 공사를 기공하다./ 상업회의소연합회 대표가 미곡 수출입세 철폐 운동을 전개하다.

10.13. 항일의병에 대한 武力討伐이 완료되었다 하여 경비기관을 密集制度에서 分散配置制로 변경하다.(국편)

10.15. 국어학자 김희상, 『조선어전』 간행(보급서관)하다.

10.20. 〈사립학교 규칙〉을 공포하다. - 사립학교 허가제, 설립·폐쇄, 학교장·교원 임용, 수업 연한 등

10.24. 일본 천황의 〈교육칙어〉를 조선 총독에게 전달하다. 일제의 식민교육이 강화하다.

10.26. 조선인의 성명 개칭에 관한 건 공포.(11.1. 시행) - 일본인 혼동 이름을 호적 등재하는 것을 금지하다.

10.28. 공립보통학교 비용령 공포하고, 공립보통학교를 학교 재산 운용 주체로 명시하다.

10.-. 신파극 초창기의 연극인 임성구가 혁신단 조직하다.(한국 최초의 신극 단체)

11.1. 利殖制限令 공포 금리 상한 연 30%로 정하다./ 총독부 각급학교의 교과서 편찬 개시./ 압록강 鐵橋개통. 한국철도와 남맘주철도 직통으로 연결하다./ 제1차〈조선교육령〉에 관립 한성외국어학교 폐지-1895.5. 설립하다./〈헌병 경찰의 배치.관할구역〉을 공포 시행하다.

11.5. 한국인 최초의 방직주식회사 京城織紐 창립하다.

11.7. 국세징수령 공포. 국세 징수비용, 면에서 부담하고 세금 수탈을 강화하다.

11.19 페스트 예방을 위해 중국 상품 수입 금지하다.

11.25. 공립보통학교·공립실업학교 직원에게 조선총독부직원 제복 착용케 하다.

12.17. 서대문 - 동대문간 전차복선화 준공하다.

12.19. 지방금융조합감독규정 공포 시행하다.

12.29 격일로 운행하던 서울·부산 간 급행열차를 매일 운행 개시하다.

【일본·해외】

4.1. 재동경조선유학생친목회가 『학계보』를 창간(편집·발행인 분일평)하다.

4.10. 러시아의 흑룡지방에서 한국인 2,068호(4,988명)의 귀화를 인정하다.

7.4. 申圭植·朴殷植 등이 상해에 同濟社 조직하다.(교포들 조직의 최초 한국인 독립운동 단체)

7.20. 통화현 합니하에 신흥학교〈신흥무관학교〉 전신 설립하여 중등과정 교육과 군사과 설치하다.

8.-. 손정도·조성환가 일본수상 桂太郎 암살기도 혐의로 대련에서 체포되다.

9.13. 미국 네브라스카주 헤스팅스 한인소년병학교 졸업식에서 유일한 등 13명이 졸업하다.

10.27. 日本 東京에서 신익희, 安在鴻·崔漢基·徐慶의 주동으로 7개 지역 조직통합하여 동경조선유학생학우회 창립하다.

11.8. 大韓人國民會가 샌프란시스코에 중앙총회 설립되다. 북미.하와이.연해주.만주 대표자 참가하다.

11.30. 임시각의에서 조선에 2개사다 증설안 부결되다.

11.-. 이상룡 등이 서간도 통화현에 경학사 토대 위에 '부민단' 조직하다./ YMCA야구단이 최초로 일본에 원정하다.

3.12. 고물상취체령·質屋(전당포)취체령 공포(4.1 시행)하다./ 전북 함열 출신 의병장 박한국·김봉안이 익산 웅포【곰개나루】에서 피체되다.

3.14. 창덕궁 박물관(이왕가박물관)이 준공하다.

3.18. 〈조선민사령〉·〈조선형사령〉·〈조선부동산등기령〉·〈조선민사소송인지령〉·〈조선태형령〉·〈조선감옥령〉을 공포 시행하다. 朝鮮總督府가 〈재판소령〉을 개정 공포하여 3심 4급제를 지방, 복심, 고등법원 3급 3심제로 변경하다./《신한민보》가 재정 문제로 정간하다. 1912.5.17. 속간되다.

연도	한국
▲ **1912**	3.22. 〈조선부동산증명령〉〈조선등록세령〉을 공포하다.(4.1. 시행) 3.24. 호남선, 강경-군산간을 개통하다. 3.25. 警察犯處罰規則을 발포(4.1. 시행)하다. 법 절차나 재판 없이 조선인에게 벌금, 구류가 가능해지다. 3.26. 이승만이 105인 사건을 피해 귀국 5개월여 만에 미국행 하다. 3.27. 총독부관제를 개정 공포하다. 관방 및 내무, 탁지. 농상공. 사법 등 4부 설치하다./ 일본인 학생을 위한 〈조선공립소학교 규칙〉공포하다.(4.1. 시행) 3.28. 〈조선관세령〉·〈조선톤세령〉·〈조선보세창고령〉·〈조선관세정률령〉을 공포하다./ 의병 孫相韓, 수문동 경찰분서에 자수하다. 3.29. 윤백남·조중환이 문수성을 창립하고, 토쿠토미(德富蘆花)작 〈불여귀(不如歸)〉를 공연하다. 3.30. 법인 설립 및 감독에 관한 규정을 공포하다. 3.31. 부산 제1잔교 부두(관부연락성부두) 준공 및 신선대검역소흥 건설하다./ 의병장 정세창이 전북 태인에서 피체되어, 4.15. 북한 김일성이 평남 대동군 만경대에서 출생하다,(부친 김형직, 모친 강반석) 4.18. 거제도에 있던 일본해군 진해방비대를 진해로 이전하다. 4.28. 인천조선인상업회의소가 경제 월간지《상계월보》를 창간하다. 4.30.『勸業新聞』을 창간(주필 신채호)하다.-민족의식 고취. 북간도. 미주에도 보급하다./ 의병 沈石萬이 혜산진에서 체포되다. 4.-. 이용규, 김태영, 전용규 등이 훔치교 조직을 이용하여 충청도 일대에서 비밀결사운동을 전개하다. 5.11. 창간호를 발행하다.(~1915.4.) 5.14. 국유삼림산야보호규칙을 발포하다. 일본인 임야자본가를 보호, 육성하고 국유림을 분급해 주다./ 일본인이《전북일일신문》(현 전북입보)을 창간하다. 1920년에《전북일보》로 제호 변경하다. 5.22. 시천교 교주 일진회 회장 이용구(1868~1912)가 일본에서 사망하다. 5.26. 한용운, 백용성, 이능화 등이 안국동에 임제종 중앙포교당(선종중앙포교당) 개설하다. 5.31. 전관리에게 무관복장 착용을 지시하다./ 조선총독부에서 연합운동회 개최를 금지하다./ 의병 金明祚·鄭時鍾·李泰京·安錫祚·徐俑仁 등(의병장 鄭炳煥 의 부하)이 징역 10년을 언도받다. 5.-. 광견병을 예방하기 위한 조치로 〈畜犬取締規則〉을 공포(6.1. 시행)하다. 개목걸이 표찰, 고리 부착하다. 6.1. 〈교과용도서검정규칙〉공포하여 민간 주도의 교과서 통제를 강화하다./ 경성서화미술원 기반으로 조선총독부 후원의 조선서화미술회 설립(~1920.6.)하다./ 일본인이《호남일보》(《삼남신조》후신) 창간하다. 6.15. 朝鮮輕便鐵道令 공포하다. 일본인 사설철도사업 특혜로 일본 자본가의 운수 투자를 장려하다. /부산-장춘간 직통열차 운행 개시하다. 6.20. 〈묘지·화상장 및 매장 및 화장취체규칙〉공포하여 화장장·공동묘지가 대도시에서 유행하다. 6.23. 경남 김해에 첫 지방은행으로 구포은행을 설립(1915.1. 경남은행으로 개칭)하다. 6.26. 司憲府監察 李聖七, 日王 사망에 의한 상복착용에 항거하여 자살하다.(국편) 6.28. 경성지방법원에서 신민회 관련 데라우치 총독 암살음모사건의 123명의 공판을 개정하다. 6.-. 일제가 종래 한국 도량형기를 폐지하고, 일본 도량형기로 통일하다. 7.11. 司法警察 사무 및 영장 집행을 공포 시행하다. 7.15. 조선은행이 봉천에 출장소를 설치하다./ 부산에 최초로 철도호텔을 개업하다. 철도국 직영. 일본·대륙 육교적 조건으로 개설하다.
1913 **▼**	**【한국】** 1.1. 최남선이 어린이잡지《붉은 지고리》를 창간하다.(-'1913.6.) 1.5. 李康德 등' 비 밀단체 조직하고 경기·충청 남북도에서 군자금 모집중 피체되다.(국편) 1.15. 사설학술강습회규칙을 공포하다. 도장관 인가 후에 사설학술강습회를 실시하다./ 이완용·조중응이 조선권업협회 조직하고, 여성부업으로 레이스 뜨기·자수 등을 권유하다. 1.24. 토지조사국이 서울 시가지 지가 및 등급구획을 협정하다. 1.27. 정재학 등 14명이 大邱銀行을 설립하다. 1.31. 부관연락선(부산→시모노세키) 고려환(高麗丸, 3,200t)이 취항하다.(~1932.10) 1.-. 김천애 등이 평양에서 신파극단「箕華團」을 조직하다./ 신파극단「唯一團」이 연흥사(현 종로구청 자리에서 〈혈의 누〉를 공연하다. 2.4. 경남 함양에서 활동한 의병장 문태수(1880-1913)가 대구감옥에서 순국하다. 2.5. 이인직의〈모란봉〉을《매일신보》에 연재하다.(~6.3) 2.15. 〈실업학교규칙〉을 개정 공포하다. 2.17. 총독부가 〈獨·美·露·白·英·佛 등 각국영사와 거류지 영대차지권정리안〉 및 〈거류지 철폐 정리에 관한 협의〉를 개최하다. 2.21. 平壤陰謀事件 車炳修·崔南華·李元贊 등 12명, 平壤裁判所에서 징역 15~7년 언도되다.(국편)

일본

7.17. 사형 순국하다./ 최재형.정재관 등이 니콜라에프스크 하바로프스크 등에 권업회 지부를 설치하다.

7.20. 전국 토지 소유관계를 토지조사국에 신고하도록 지시하다.

7.28. 충북 단양 출신의 의병장 김상태(1864~1912)가 옥중에서 단식투쟁하다 순국하다.

7.-. 조선수산조합을 설립하다.

8.1. 원산 칠성회가 칠성은행으로 개편하다.

8.8. 전 사헌부 감찰 이성칠이 일황(메이지) 사망 당시 상복 착용에 항거하여 자결 순국하다.

8.13. 〈조선삼림미간지 및 산림산물특별처분령〉공포하다. 산림·미간지 등이 일본인에게 양도되다./ 조선총독부 식민통치의 기초 작업으로 〈토지조사령〉을 공포하여 토지조사사업 실시(~ 1918)하다.

8.15. 부산·중국 안동 간 급행열차에 1등 침대차 취급을 개시하다.

8.20. 조선은행. 중국 대련에 출장소 설치하다.

8.21. 〈총포화약류취체령〉공포(12.1. 시행)하다. 총기 휴대 금지, 항일투쟁 탄압 목적.

8.26. 朴春甫·金明三·南宮鐵, 경성감옥에서 탈주하다 2명 피살되다.

8.-. 대구·목포간 부정기 버스 운행 개시하다.

9.1. 평양에서 예수교장로교 조선총회 창립하다. -회장 언더우드. 부회장 길선주

9.3. 서울 마포에 경성감옥을 설치하다. 이전한 후, 서대문감옥으로 개칭하다./ 수세, 보세의 현품 수납제. 금납제로 개정하다./ 장로교회가 중국 산둥성에 선교사 파견하여 외국 선교를 개시하다. 초대 선교사 박태노

9.10. 의병 대장 田聖根(경기도 加平·永平 등에서 활동)이 군자금조달을 위해 활동하다 체포되다.(국편)

9.28. 105인사건 피의자에 대한 第1審, 京城地方裁判所에서 개정하다. 尹致昊·梁起鐸·李昇熏·安泰國·柳東說은 징역 10년, 玉觀彬 등 17명은 징역 7년, 李德煥 등 38명은 징역 6년, 吳大泳 등 41명은 징역 5년, 李昌植 등 16명 무죄가 선고되다.

10.2. 호남철도, 이리-김제간 철도가 개통되다.

10.7. 단성사의 박승필이 조직한 유각권구락부가 단성사에서 유도. 권투. 씨름경기를 개최하다.

10.14. 〈총포화약류취체령〉을 공포하다.

10.21. 경원선, 연천-철원간 철도 영업을 개시하다.

10.24. 은행령 공포하여 한국인 은행 설립 저지하고, 한국인 은행의 일본인 은행에 병합 등을 추진하다.

11.3. 조선총독부가 한국 농공상공부 청사에 상품진열관 개관하고, 일본 자본가들 투자를 장려하다.

11 6. 고종의 밀명을 받은 임병찬이 전라도에서 비밀결사 대한독립의군부를 조직하다.

11.21. 조선은행 회령출장소를 개설하다.

11.22. 이석용 의병이 전북 장수군 내진면사무소 습격하다가 부하 7명이 피체되다.

12.6. 윤용구·홍순성·한규설·민영달·조경호, 일제의 남작 작위를 반납하다./ 일한와전이 을지로 황금정선 전차 운행을 개시하다.

12.13 이능화가 『百教會通』을 간행하다.

12.19. 황현 『매천집』과 김택영 『창강집』이 총독부에 압수당하다.

12.-. 원산수력전기회사. 원산 수력(86kW) 발전하다. 첫 사업용 수력

12.-. 조선총독부, 한글에 의한 일본어 가명(假名) 요음 표기법 제정하다.

12.-. 사리원-해주간 국도 완공하다.

【일본·해외】

1.22. 도쿠가와 막부의 마지막 쇼군인 도쿠가와 요시노부1837~1913)가 사망하다.

4.2. 전평리원 수반판사 金在珣이 독립운동계획 차 渡日(獨立義軍府사건)하다.

4.19. 하와이에서 대한부인회(회장 황마리아)를 조직하고 국어교육장려운동, 일본 수입상품 배척 등을 하다.

5.13. 흥사단, 안창호, 송종우 등에 의해 샌프란시스코에서 창립되다.

5.29. 일중간에 조선, 만주국경 통과철도 화물관세의 경감협정을 조인하다./ 白鳥庫吉 감수 『만주역사지리조사보고』가 발간되다.

6.4. 박용만 등이 미국 네브래스카주에서 유학생회를 조직하다.

6.30. 대한인국민회 이대위가 미 국무장관에 일본의 한인간섭 배제 요구하다.

8.1. 하와이 대한인국민회가 《신한주보》를 《국민보》로 창간하다(주간 박용만·이승만 등)

9.20. 이승만, 호놀룰루에서 월간 『태평양잡지』 창간하다.

10.5 만몽철도의 부설권 획득하다.

10.6. 영·독·러·일 등 13개국이 중화민국정부를 승인하다.

10.28. 내무성 「朝鮮人識別資料에 관한 件」을 各府県에 송부하여 재일조선인 감시를 강화하다.

10.-. 이상설·이동휘 등이 러시아 블라디보스톡에 망명정부인 대한광복군정부를 조직하다.

11.-. 이동휘, 간도 장백현에 항일단제 한교동사회(韓僑董事會) 조직하다.

연도	한국
▲ 1913 ▼	2.25. 〈시가지건축취체규칙〉을 공포하고 우물·변소·하수구 등 축조 기준을 제시하다./ 의병장 田聖根의 부하 尹有吉, 경성 지방법원으로 압송되다.(국편) 2.28. 의병장 韓翊洵·韓始鎭이 순안경찰서에 체포되다./ 獨立義軍府 全羅道巡撫大將 林炳瓚, 아들 林應喆을 서울에 보내 前參判 李寅淳·李明翊·郭漢一·田鎔圭 등과 국권회복운동 모의하다./ 의병장 韓翊洵·韓始鎭, 順安警察에 체포되어 검사국에 송치되다.(국편) 2.-. 의병장 李石伊의 대원 金奀元·邊道先, 밀정 사살혐의로 경북 平地洞憲兵出張所에 피체되다.(국편) 3.1. 〈刑執行停止者取締規定〉을 발포하다./ 호서은행을 설립하다. 3.6. 부산상업은행을 설립하다. 3.10. 조선총독부제생원 맹아부에서 최초로 맹아 교육 사업을 시작하다.(4.1. 수업 시작) 3.17. 〈朝鮮公證令〉 및 〈동시행규칙〉 〈동수수료규칙〉을 공포하다.(5.1. 시행)/ 한국금광에 지점 설치를 허가하다.(본점 런던) 3.20. 〈조선주차헌병대의 관구 및 배치 제정〉을 발포하다.(4.1. 시행)/ 105인사건 尹致昊·李昇薰·玉觀彬 등 6명, 경성복심 법원 언도에 불복 공소하다.(국편) 3.25. 의병장 동종찬이 신의주에서 피체되다. 3.29. 부산잔교 육상 설비를 준공하다.(4.1 열차 발착 개시). 경부선을 부산잔교역까지 연장하다. 3.31. 1907년 군대해산 후 잔존하였던 조선기병대(1개 중대)를 해산하다. 3.-. 경성우편국에 공전식 시외 교환기를 설치하다./ 부산산업은행(주)을 설립자본금50만 원)하다.(1936.6. 조선상업은행 에 병합)/ 의병장 이세영이 (독립의군부3도-함경·평안·황해)총사령관에 임명되다. 6월에 만주로 망명하다. 4.1. 조선은행 동경지점을 설치하다./ 조선우선㈜이 인천-진남포간 항로를 개설하다./ 총독부의학강습소를 경성의학전문 학교로 승격하다. 4.3. 비행기의 飛揚대회를 용산훈병장에서 개최하다. 4.5. 〈총독부판사검사임용령〉을 개정하다. 〈司法官試補制度〉를 설치하다./ 부관연락선 新羅丸(3,020톤)이 취항하다.(-1945.5.) 4.9. 조선미의 수입세를 폐지하다. 4.10. 의병장 朴文術, 咸興地方裁判所의 사형언도에 불복하여 공소하다.(국편) 4.13. 문인화가 윤영기 등이 평양에서 기성서화회(평양서화미술회 전신)를 조직하다. 4.21. 각국(러·미·영·독) 영사가 거류지(인천·남포·군산·목포·마산·성진)철폐 의정서를 조인하다./ 부산상업은행이 업무 를 개시하다. 4.26. 이동춘 , 김립, 김약연 등이 북간도에서 간민회를 조직하다. 문화계몽운동, 민족자치운동을 전개하다. 4.29. 서울의 신파극단 혁신단이 조중환의 신문 연재소설 〈쌍옥루〉를 안흥사서 공연하다. 4.-. 일본이 한국 쌀과 벼에 대해서 〈수입세 폐지법〉을 공포하고, 7월 1일부터 실시하다./ 철도국이 서울 원구단에 철도호 텔(현 조선호텔)을 착공하여 1914.9 준공하다./ 최남선이 《소년》 후신으로 월간 《새별》을 창간하다.(~1915.1.5.) 5.1. 동양척식주식회사가 불입금 1천만 원을 불입 완료하다. 5.17. 鄭用大 의병대원 南一成, 서울 南部 下茶洞에서 피체되다.(국편) 5.13. 조중환의 번안소설 〈장한몽〉을 《매일신보》에 연재하다.(~10.1, 주인공 이수일·심순애) 5.21. 충남 예산에 자본금30만 원으로 호서은행을 설립(행장 유진상)하다./ 의병장 노병직이 독립군자금을 모금하던 중 피 체되어 대구지법에서 징역 10년을 선고 받다. 5.25. 한용운이 『조선불교유신론』(회동서관)을 발간하다. 5.31. 조선총독부가 전 관리에게 무관 제복 착용을 지시하다. 5.-. 조선총독부가 신라 문화유적 보존을 목적으로 관변 단체인 경주고적보존회(국립경주박물관 전신)를 창립하다./ 조선 총독부가 평양의 명승고적 보존을 목적으로 관변 단체인 평양명승고적보존회를 창립하다. 6.5. 〈전염병예방령〉을 공포하여 10종의 지정 전염병을 집중 관리하다. 6.7. 조선총독부가 〈임시토지조사국조사 규정〉을 공포하다./ 총독부가 민간에 산재하는 도서와 고비탁본 등을 수집할 것 을 시달하다./ 조선물산주식회사를 영동군에 설립하다. 6.10. 조선철도가 시베리아 경유 유럽 주요 도시 간에 여객·수송화물 연락 운수를 개시하다. 6.13. 조선총독부관제를 개정하고 총독부 업무를 시작하다. 일본 총리대신제를 폐지하고 내무대신을 경유하다. 6.14. 의병 박만흥·최창건 등이 간도에서 조직한 포수 중심의 포수영을 청의 연길부가 인가하다. 6.23. 감리교회 목사 이대위가 폐간된 《신한민보》를 속간하다. 6.26. 총독부가 고려조 역대왕릉 58개소를 보호 결정하다. 6.27. 경성기업주식회사가 상호를 '경성은행'으로 변경하고, 8.14 은행 영업 면허를 받다. 6.30. 임시토지조사국이 전국 시가지조사를 완료하다. 7.3. 《매일신보》 기자 방태영이 경남 진주에서 석곽분이 발굴된 것을 보도하다. 7.4. 홍석준이 양덕에서 체포되다./ 金在化 의병대원 洪錫俊, 평남 陽德에서 피체되다.(국편) 7.5 나주 출신의 심남일의진 중군장 박사화(1880~1913)가 사형으로 순국하다.

일본

7.7. 이왕직사무관 스에마쓰 구마히코(末松熊彦)가 고려 유적을 진남포 고분에서 발견하다.

7.10. 박영효·유길준·송병준 등이 조선무역회사를 자본금50만 원으로 설립하다.

7.12. 미주의 대한인국민회가 대한국민의자치정부를 선포했는데, 미국의 사회법인체로 인정 받았다.

7.15. 대구복심법원에서 신민회사건을 선고했는데, 99명이 무죄, 윤치호·양기탁·이승훈·안태국 등이 6년형을 받았다.

7.15. 조선은행 만주 봉천출장소를 개설하다.

7.16. 이상협의 장편 〈눈물〉이 《매일신보》에 연재되다.(~10.25)

7.26. 강원도 울진 출신의 의병장 박문술이 서대문 감옥에서 사형집행되어 순국하다.

7.28. 일요일만 개방하던 탑동공원(현 종로 탑골공원)을 매일 개방하다.

8.1. 서울에서 제1회 일본조합기독교회 조선대희를 개최하다.

8.7. 최재학 등이 손병희를 배척하고 천도교혁신회를 조직하다.

8.8. 신파극단 유일단 연흥사에서 《매일신보》 연재 중인 〈장한몽〉을 첫 공연하다.

8.13. 독립의군부 김재순, 곽한일, 전용규 이정노 등이 경성지법서 징역 2년~6월을 선고받다.

8.15. 〈지세징수에 관한 건〉을 공포하고, 결수연명부의 토지소유자에게 지세를 징수하다.

8.20. 조선은행 대련출장소를 개설하다.

9.1. 〈묘지·화장장·매장 및 화장취체규칙〉을 시행하고, 미아리·이문동·이태원에 공동묘지를 조성하다.

9.2. 한방의사회 연찬회·강구회를 조선한방의사회로 통합 발족하다./ 의병 李泰燮, 光州地法에서 징역 언도 받다.

9.5. 조선은행 장춘출장소를 개설하다.

9.5. 최남선이 월간 《아이들보이》를 창간하다.(~1914. 9.)

9.6. 이상협의 〈만고기담(萬古奇談)〉(아라비안나이트 번역)를 《매일신보》에 연재하다.

9.17. 동인병원을 용산철도병원(전 중앙대병원 자리)으로 개칭하다.

9.19. 대구지법에서 의병장 류시연에게 사형, 조박용·구석규·유명호·김두진 등에게 징역 15년을 언도하다.

9.23. 일본 육해군 형법의 조선 시행 법률을 공포하고, 한국인 반일투쟁을 가혹하게 탄압하다.

9.-. 경성우편국 청사(현 서울 중앙우체국 자리) 착공하다.(-1915.9.)/ 경주고적보존회, 첫 사업으로 석굴암 보수 설계 착수하다./ 의병장 함병태, 황해도 황강리에서 일본 경찰에 피체되다./ 임병찬·이인순, 전신구 등50여 명이 서울에 독립의군부 중앙순무총장을 설치하다./ 조선총독부가 경기도 양주와 광릉 숲에 임업시험장 설치된 광릉수목원을 설치하다.

10.1. 조선총독부 철도 국선과 일본철도 원선 및 중국 京奉 철도선간에 여객 및 수하물의 연락 운수를 개시하다./ 호남선 목포-송정리 간 철도를 개통하다.

10.2. 조중환의 번안소설, 〈국(菊)의 향(香)〉을 《매일신보》에 연재하다.(-12.28.)

10.3. 청주지청 결석재판서 사형선고 받은 최익삼이 충남 회덕에서 일본 경찰에 피체되다.

10.9. 安岳事件, 被告 尹致昊 등 6人·上告 최후公判에서 上告 기각되다.

10.13. 〈간호부 규칙〉을 공포하고, 간호사의 면허조건에 나이·성별·교육기관·시험합격 여부 등 명시하다.

10.17. 공주ㅡ대전 간 개수도로를 개통하다.

10.19. 〈역둔토특별처분령〉을 공포하여 일본 이민자에게 토지 대여 우선권을 부여하다.

10.24. 일본인 학교 경성중학교 낙성식을 경희궁 터에서 거행하다.(해방 후 서울고등학교)

10.25. 각지의 〈농공은행 정관〉을 개정하고 주주를 조선 거주 조선인으로 제한하다./ 신파극단 혁신단에서 이상협 작 〈눈물〉을 공연하다.

10.30 〈부제(府制)〉 공포(1914.4.1. 시행)하고, 일본인거류민단법·거류지제를 철폐하다.

11.4. 임성구의 혁신단 〈장한몽〉을 공연하고, 주인공을 이수일과 심순애를 맡다.

11.8. 경신학교 학생 108명이 학감 서병호 배척하는 동맹휴학을 하다.('-11.16.)

11.10. 조선상업회의소연합회 등이 선미대용제(鮮米代用制)의 반대 청원을 하다.

11.12. 마포 경성감옥 죄수17명이 작업 중 폭동을 일으켜 일본인 간수 2명이 부상당하다.

11.15. 〈의사규칙〉〈치과의사규칙〉.〈공의(公醫)규칙〉을 공포하다./〈의생규칙〉을 공포하고, 20세 이상, 2년 이상 의업 종사한 경우, 3년 이상 한의학 수학한 경우에 면허를 발급했다.

11.16. 평북 신안주 대창발전소(1,000kW)가 운산 동양금광에 전기 공급을 개시하다.

11.20. 승려 박한영이 《해동불교》 창간하다.(-1914.6. 폐간)

11.21. 의병장 韓貞萬(一名 貞滿 또는 丁萬)이 평양복심법원에서의 불복하고, 공소공판에서 공소기각되다.

11.29. 신파극단 혁신단이 이인직의 〈귀의 성〉 공연하다.

12.1. 국제전신(경성 - 도쿄)을 개통하다.

12.5. 경학원에서 《경학원잡지》를 창간(편집 발행인 이인직)하다. (-1944.4)

12.10. 호남창의대장 이석용이 전북 임실 하동면에서 피체되다. 1914.4 대구에서 교수형으로 순국하다.

12.15. 서울 혜화동에 성베네딕트 수도원(아빠스좌 수도원)을 설립했다./ 조선의생회(朝鮮醫生會)가 월간 《한방의학계》를 창간했는데, 국내 첫 한의학 관련 잡지이다.

12.15. 한강철교 복선화 준공하다.

연도	한국
▲ 1913	12.17. 중국 상하이 동제사가 프랑스 조계지에 교육기관 박달학원 설립하다. 12.21. 근무 시간 이후 전보 취급 개시하고, 요금을 배액 징수하다. 12.27. 알한와전에서 왕십리선(광희문-왕십리-진팔리(현 행당동) 전차를 운전 개시하다.
1914 ▼	【한국】 1.5 하와이 가와이지방에 한인기독청년원(융동학교 전신)을 설립하고 한글강의를 하다. 1.7. 이화학당에 유치원을 설립하다. 1.9. 배화학당이 필운동에 학교를 준공하다. 1.11. 정읍-송정리간 철도 준공으로 호남선이 완성되다.(대전-목포) 1.13. 30本山 주지들이 서울에 고등불교강숙을 설립하다.(숙장 박한영, 현 동국대전신) 1.17. 단성사를 수용 인원 1,000여명으로 신축하여 국내 첫 상설 영화관 설립되다. 1.18. 105인사건으로 대구감옥에 복역 중인 尹致昊, 경성감옥으로 이감하다.(국편) 1.19 경북 안동 출신의 의병장 류시연(1873~1914)이 대구감옥에서 교수형으로 순국하다. 1.25. 〈府制 시행규칙〉, 〈학교조합령 시행규칙〉을 공포하다. 1.28. 의병 李龍石, 平壤地方裁判所의 사형선고에 불복공소하다. 1.29. 金貞彦이 곡산군 멱미면에서 체포되어 元山憲兵隊에 구금되다. 1.-. 金容俊의『金菊花(下)』, 金榮漢의『松竹』, 李常春의『西海風波』이 간행되다. 2.4. 의병장 李錫庸, 全州支廳의 예심 종결로 공판에 회부되다. 2.15. 독립의군부 전남순무 林炳瓚가 체포되다. 2.22. 전북경편철도주식회사 설립되다. 익산-전주 철도가 부설되다.(협궤열차) 2.23 대한독립의군부(의병장 임병찬)에서 각도·각군의 대표를 선정하고 항일 투쟁을 결의하다. 2.27. 〈헌병대·경찰서의 관구 및 배치〉를 변경하다.(3.1. 시행) 3.1. 한국주차헌병대의 관구 및 배치 변경하고, 헌병파출소 이하의 배치는 한국주차헌병사령관에게 위임하다./ 지방행정구 　　 역을 317군 4,351면에서 12부 218군 2,517면으로 변경하다. 3.13. 일본인이 조선제면주식회사 설립하다.(자본금 20만원) 3.16. 〈市街地稅令 公布〉/〈煙草稅令 公布〉/〈식민통치의 조세수입 원천, 地稅令 공포〉하여 과세중 55%를 차지하게 하다. 3.22. 호남선철도 전통식을 거행하다. 3.-. 황해 평산 출신의 의병장 한정만(1865~1914)이 평양지법에서 사형집행하여 순국하다./ 이화학당 대학과 제1회 졸업식 　　 에서 여학사 3명이 배출되다. 4.1. 총독부에서 교과과정 및 주간교수시간을 개정하다./ 경성여고보에 사범과 설치하여 보통학교 교사를 배출하다. 4.2 황성기독교청년회·배재학당YMCA 등에서 전조선기독교청년회연합회를 조직하다. 4.4 호남의병장 이석용(1878~1914)이 대구감옥에서 교수형으로 순국하다. 4.25. 〈토지대장규칙〉·〈하천취체규칙〉·〈항만 기타 공공 사용수면 및 그 부지 취체에 관한 건〉을 공포하다. 4.28. 의병장 李錫庸, 大邱監獄에서 사형 집행하다.(국편) 5.1. 지방법원출장소 설치에 관한 건을 공포 시행하다./ 압록, 두만강변에 세관출장소 13개소 증설하다./〈영대차지권에 관 　　 한 건〉을 공포 시행하다./〈부동산등기령 개정〉을 공포 시행하다. 5.15. 의병 高達順 등이 황해도 연탄 일본 헌병 파출소를 습격하여 총기 및 탄약을 노획하다. 5.18. 〈여자고등보통학교관제〉를 공포하고, 공립여자고등보통학교를 설립하다.(입학생 63명) 5.21. 의병장 김정안(?~1914)이 황해도 수안에서 일본 헌병과 교전 중 전사하다. 5.22. 〈農工銀行令〉·〈地方金融組合令〉을 공포하여 일본인 자본가 법인에 최대한 재정·금융적 지원을 하다. 5.-. 김영윤·차리석이 평양 대성학교 출신 청년들과 기성볼단(야구단체) 비밀결사를 조직하다. 6.3 전북 장수 출신의 의병장 박춘질(1875~1914)이 대구감옥으로 이감 후 자결하여 순국하다. 6.10. 총독부 각급학교 교과과정에 교련과목을 신설하다. 6.12 대한독립의군부를 조직한 의병장 임병찬을 거문도로 유배시키다.(1916.6.23. 순국) 6.14 경기·강원·황해에서 활약한 의병장 연기우가 강원도 인제에서 피체되어 6.23 사형되어 순국하다. 7.2. 〈목욕탕영업취제규칙〉을 공포하다. 7.4. 〈조선산파규칙〉, 〈조선산파시험규칙〉을 공포 시행하다. 7.6. 선린상업학교 한국 학생이 일본 학생과 충돌 후, 전원이 동맹휴교하고 자퇴원을 제출하다.(~7.13) 7.11. 〈행정집행령〉을 공포하다. 조선총독부의 포괄적인 강제집행(대집행·집행별·직접강제 등)을 허가하다. 7.20. 〈의사시험규칙〉을 공포하고, 매년 2회, 4년제 이상 의학교 졸업자, 5년 이상 의술 경험자에게만 의사자격을 부여하다. 7.27. 한글학자 주시경(1876~1914)이 사망하다. 7.28. 의병장 金尙台(1911.5.체포됨)이 옥중 단식투쟁 중 13일만에 순국하다.(국편). 7.-. 지방금융조합에 창하증권발행제를 창설하다.

일본

12.29. 행정구역 정비하여 도의 위치·관할구역을 제정하다.

12.-. 채기중·강찬순 등이 경북 풍기에서 대한광복단을 조직(1915년 대한광복회로 개칭)하다.

【일본·해외】

1.13. 姜萬馨 등이 在大阪朝鮮人親睦會를 조직하다.

3.20. 上野에서 大正박람회개최하다.

4.2. 재동경조선유학생 학우회 『學之光』을 창간하다.

4.6. 大韓人國民會, 캘리포니아 정부의 사단법인체로 인가하다.(국편)

5.21. 平山義兵大將 金貞安 등, 燕灘 부근에서 체포되다.

6.10. 박용만이 하와이 아후이마누 농장에서 대조선국민군단을 편성하고, 국민군단사관학교를 설립하다.

6.18. 영국이 일본에 대독전 참가를 요청하다./ 原敬이 정우회총재에 취임하다.

6.25 박용만이 하와이에서 번역서 『아메리카혁명사』를 출판하다.

7.29. 이승만이 하와이 호놀룰루에서 한인여자학원을 설립하고, 1916.3. 한인여자성경학원으로 개칭하다.

7.-. 안종석, 민배식, 한상열 등이 만주 길림성에서 국권회복을 목적으로 무장단체 彰義所 설립하다.

8.4. 미국이 제1차 세계대전에 중립을 선언하다.

8.15. 파나마 운하를 개통하다.

8.23. 일본이 독일에 선전포고(제1차 세계대전 참전)하다.

8.29 하와이 국민군단이 교민 600여 명이 참석한 가운데 건물 낙성식을 거행하다.

9.1 알본 오사카에서 정태신 등 한인 35명이 조선인친목회 재창립하고, 아나키스트들이 지원하다.

9.2. 러시아가 일본 요구에 블라디보스토크 권업회에 해산 명령을 하고, 《권업신문》 발행을 금지하고, 일본군이 독일조차지인 산동성에 상륙을 개시하다./ 러시아 관헌이 海蔘威 勸業會에 대해 해산명령 및 勸業新聞 발행을 금지하다.

10.14. 일본이 독일령인 南洋諸島를 점령하다.

12.1. 일본이 영국과의 비밀각서에서 적도 이북 독일령 諸島의 영구 보유를 희망하다.

8.1. 도·부·군의 관할 구역 변경하다.

8.6. 총독부가 시정2년기념조선물산공진회 개최 계획을 발표하다.

8.11. 제1회 동양맹아교육대회를 평양 남산현 감리교회에서 개최(~8.15)하다.

8.16. 경원선(용산~원산) 개통식을 거행하다.

8.21. 〈조선간접국세범칙자처분령〉을 공포하고, 한국인에 대한 각종 세금 수탈을 강화하다./ 한용운 등이 조선불교회를 '불교동맹'으로 개편하다.

8.25. 일본이 독일에 신전포고(8.23)이후, 서울 독일영사관 및 인천 세창양행을 폐쇄하다.

9.1. 한국주차헌병대의 관구 및 배치를 새롭게 하다./ 조선은행, 100원권 지폐 발행, 조선총독부 직영 공장에서 제조하다.

9.11. 조선중앙기독교청년회(YMCA)가 《중앙청년회보》를 창간하다.(발행인F·S 브로크먼)

9.12. 〈시장규칙〉을 공포하다. 1호〈정기재래시장〉·2호〈공설시장〉·3호〈어물·채소시장〉으로 시장을 구분하다.

9.25. 경북 칠곡 출신의 계몽운동가 강원형(1862~1914)이 국권회복 모의 중 분사하다.

9.29. 총독부가 군수중공업원료·석탄 수출을 단속하다.

9.30. 한말 개화사상가 유길준(1856~1914)이 사망하다.

9.-. 안희제가 부산에 백산상회(백산무역주직회사 전신)를 설립하여 독립운동자금을 마련하다.

10.1. 최남선이 대중계몽잡지 《청춘》을 창간하다.(~1918.8.)

10.1. 함경선(함남 함흥-청진-회령)을 착공하다. 1928.9. 전구간(원산-회령)개통(629.4㎞)

10.7. 이화학당에 유치원을 설립하다.

10.10. 서울 중구 소공동 원구단 자리에 철도호텔(현 조선호텔) 개업하다.(1914.9. 호텔 준공)

10.13. 최초의 바둑기보(死活妙方)을 《매일신보》에 약 1년간 연재를 시작하다.

10.16. 산홍우, 강매 등이 잡지 《공도(公道)》를 창간하고, 교육·종교·사회개혁에 관한 글을 게재하다.(~1915.3)

10.19. 대구과수재배조합에서 하얼빈에 사과 200상자를 첫 수출하다.

10.21. 이강년·김상태와 청풍·영주·단양 등지에서 활약한 의병 금달연(1874~1914)이 옥사하다.

10.-. 이강년의진 군사장 최욱영이 군자금모금 중에 피체되어 1915년 6월에 징역 15년형을 받고, 복역중 1919년 8월에 옥사하다.

11.7. 金燾鉉(1907. 항일의병에 참가, 英興學校 設立)이 망국을 통한하며 자결하다.

11.15. 30본산 주지가 서울에 불교진흥회를 설립하다.(대표 해인사주지 이회광)

11.25. 경성 통의동에 정토종 포교출장소를 설치하다.

연도	한국
▲ 1914	12.1. 청진-블라디보스톡 간 직통전신이 개통되다. 12.2. 평남경무부 평양일헌병대본부에서 의병장 채응언의 체포에 현상금 280원을 내걸다. 12.7. 남궁억이 『신편언문예법』을 간행하다. 12.21. 조선총독부에서 대종교 해산령을 내리다.

1915
▼
	【한국】
	1.1. 〈외국 무선전보 규칙〉을 개정하여, 일본어 상용제를 실시하다.
	1.4. 조선은행 1원 권 지폐를 조선총독부 직영 공장애서 제조 발행하다.
	1.15. 윤상태·서상일 등 30여 명이 경북 달성에서 비밀결사를 조직하고, 조선국권회복단을 결성하다.(~1919)
	1.21. 서울 시가지에 일본식 지방 행정 단위인 부(府)·정(町)·가(街) 등의 이정표가 등장하다.
	1.24. 경남 김해 구포은행을 경남은행으로 개칭하다.
	1.29. 유인석(1842~1915)이 서간도 관전현 방취구에서 순국하다. 1935년 춘천 가정리로 이장하다.
	2.4. 중국 안동현 빙상경기단 평북 의주에서 원정 경기 개최국내 첫 국제빙상경기
	2.13. 신민회사건(105인 사건)관련자 윤치호·양기탁 등 전원이 가석방되다.
	2.14. 총독부가 해인사 대장경의 3부 인쇄를 요청하다.
	2.17. 〈미곡검사 규칙〉(전문 8조)을 공포 시행하다.
	2.25. 일제의 협력과 지원 하에 불교 30본산 연합사무소를 각황사(현 조계사)에 설치하다.
	3.2. 총독부토목국에 돈의문의 철거를 위해 경매를 공고하다.
	3.5. 巡遊券 발매를 개시하다. 조선과 일본·만주의 주요 역에서 통용되다.
	3.11. 〈토지조사령 시행 규칙〉을 개정하다.
	3.15. 《불교진흥희월보》를 창간하다.(발행인 이능화)(~2.15.)
	3.20. <민적법과 숙박 및 거주규칙> 개정하여 호주제를 처음으로 도입하다.
	3.23. 평양숭실·평양신학교에서 장일환·배민수·백세빈 등이 비밀결사인 조선국민회를 결성하다.
	3.24. 〈사립학교 규칙〉을 개정하여 종교계 사립학교의 종교교육을 불가하도록 하고 사립학교 설립에 총독 허가를 받도록
	    하다./ 〈전문학교 규칙〉 공포하고, 모든 고등교육기관 전문학교로 개편하고, 수업연한 3~4년으로 정하다.
	3.25. 〈조선공립소학교규칙〉을 개정 공포하다.
	3.26. 〈이왕직사무소분장규정〉을 개정하다.
	3.-. 유동열·박은식·김규식 등 상해 영국조계에 신한혁명당 조직하다.(~1915.7)/ 경성고보 교원양성소 이우용 등이 비밀결
	    사 조선산직장려계를 조직하다.(~1917)/ 조선총독부가 『조선고적도보』 제12권 간행하다(낙랑~조선시대 고적 도판
	    을 모은 책)/ 평남 진남포 축항을 준공하다.
	4.6. 경기도에서 국비 造林을 착수하다.
	4.24. 조선호텔에서 전조선기자대회 개최경성기자단이 발기되어 조선신문협회 조직을 결성하다.
	4.27. 김성수가 중앙학교(현 서을 중앙고등학교)를 인수하다.
	4.29. 동물전염병인 〈獸疫豫防令〉을 공포 시행하다.
	4.30. 〈중추원 관제〉 개정을 공포하고, 조선의 관습·제도등 조사했다.
	4.-. YMCA에 경신학교 대학부 설치하고, 1932.3 연희전문학교로 개칭했다./ 재한일본인서양화가들이 조선미술협회 조직교
	    육구락부에서 전람회를 개최하다./ 在韓 日人 서양화가들이 조선미술협회 조직하고, 교육구락부에서 전람회를 개최했다.
	5.1. 제주군·울릉군을 제주도·울릉도로 각각 개칭하다.
	5.10. 〈토지대장규칙〉을 개정, 공포 시행하다.
	5.15. 북한강변을 따라 경춘도로 준공하다.(1911~1915)
	5.20. 일본 제36차 임시제국회의, 한국주둔육군 제19·20개사단을 증설키로 결정하다./ 총독부군수 申鉉九·鄭錫溶 등, 충
	    북지방 토지조사위원회 임시위원에 피임되다.(국편)
	5.-. 김규진·김윤직 등이 서화교육 기관 '서화연구회' 결성하다.(~1933)
	6.5. 〈전염병예방령〉을 공포하여, 전염병 예방 위해 파라티푸스 등 9종을 빕정전염병으로 지정하다.
	6.12. 경성도시계획에 따른 도로 확장으로 종로의 종각 이전 결정하고, 뒤로 조금 옮기다.
	6.17. 의병장 李學士의 副將 柳壯烈, 益山·金堤 등지에서 日人 저격·軍資金 모금활동중 피체되다.(국편)
	6.23. 〈소방조(消防組) 규칙〉을 공포하여 일본인의 생명과 재산 보호 목적으로 이후 전국으로 확대하다.
	6.25. 의병장 李康季의 軍師長인 崔旭永, 징역 15년형 언도에 불복 공소하다.(국편)
	6.27. 〈유학생 규정 및 유학생 감독 규정〉 개정하고, 학무국 내에 학생감독부를 설치하다.
	6.-. 보성전문학교에서 〈전문학교 규칙〉(1915.3. 24.)에 따라 보성법률상업학교로 개칭하다.
	7.5. 〈민적법집행요령〉을 개정 공포하다./ 평안도 지방 의병장 채응언(1879~1915)이 평남 성천에서 피체되어, 11.4. 사형
	    으로 순국하다.
	7.10. 함경선 일부 구간(원산 - 문천)이 준공되다.

일본

12.23. 의병장 김도현(1852~1914)이 절명시 남기고 동해 관어대 앞바다에 투신하여 자결하다.

12.27. 천도교에서 동덕여학교 경영권을 인수하다.

12.29. 흥사단이 미국 세크라멘트와 클레멘트에서 제1차 대회를 개최하다.

【일본·해외】

1.7. 중국이 산동성에서 일본군 철퇴 요구하다.

1.18. 일본 공사가 원세개에게 5號 21개조 요구를 제출하다.

1.24. 일본유학생 金雨英 등, 京都朝鮮留學生親睦會 조직하다.(국편)

2.6. 경도제국대학 법대생 金雨英 중심으로 유학생 20여명 京都朝鮮유학생친목회 조직하다.

2.-. 유동열, 박은식, 신규식, 이상설 등이 상해 英조계지에서 신한혁명당을 조직하다.

5.2. 재일본동경조선유학생학우회 기관지, 『學之光』 제1차 발매 금지하다.

5.-. 미주 대한인국민회가 이승만파(외교노선)와 박용만파(무장투쟁)로 분열되다.

6.17. 柳壯烈(의병장 李學士의 부장)이 일인살해 군자금 탈취하고 抗日 중 체포되다.

6.25. 崔旭永(의병장 李康年의 군사장)이 군자금 모금 중 체포되다.

6.-. 이동휘·이종호가 만주 왕청현 나자구 한인촌에 독립군 양성 동림무관학교 설립하다.

10.1. 間島彰義所 사령관 安鍾嚳이 부하 70여 명을 인솔하고, 두만강 부근 스펜찬에서 러시아 기병과 충돌하여 패배하다.

11.10. 大正천황 즉위식을 거행하다./ 東京留學生 李光洙·申翼熙·張德秀 등이 朝鮮學會를 조직하다.(국편)

7.13. 〈조선중요물산동업조합령〉을 공포하다.

7.15. 풍기광복단·조선국권회복단이 대구서 대한광복회(총사령 박상진) 조직하다.(~1918)/ 〈조선상업회의소령〉을 공포하여, 조선인 상공희의소를 일본인 상공희의소에 통합하다./ 경복궁내에 總督府始政5년기념 조선물산공진회 사무소를 개설하다./ 조선은행 하얼빈지점 개점하다.

7. 20. 平壤憲兵分遣隊, 의병장 蔡應彦의 취조 완료. 작성서류를 평양 지방재판소 검사국에 발송하다.(국편)

7.21. 〈개항취체규칙〉을 공포(8.1. 시행)하다.

7.22. 〈대서업취체규칙〉을 공포하여, 대서업의 한계, 책임, 보수액 등을 규정하다./ 〈자동차취체규칙〉 공포하여 운전도로통행법, 속도, 자동차 제동성능 등 첫 단속을 하다.

7.29. 동경제대 교수 구로이타[黑板勝美]의 〈南鮮史蹟 답사〉를 《매일신보》에 연재하다.

8.10. 금강산 온정리에서 금강산 호텔 영업을 개시하다.

8.15. 원산항 해륙연락설비 공사를 기공하다.

8.16. 〈일본인교육사립학교에 관한 규정〉〈신사사원, 포교규칙〉을 공포하다./ 광복회가 大邱達城公園에서 투쟁방법 설정하다.

8.25. 경기도 용인 출신의 소설가 안국선이 최초의 근대적 단편소설집 『공진회』를 간행하다.

8.29. 총독부가 15대 하천 조사활동의 일부로 낙동강, 임진강, 청천강, 재령강, 영산강의 답사 완료를 발표하다.

8.-. 함경도 단천에서 방주익·김성익·박승혁 등이 비밀결사 단천자립단을 결성하다.(~1916)

9.2. 의병대장 金在性이 공주지법에서 사형선고 받았으나, 불복하고 항소하다.

9.5. 시천교 기관지인 《중앙시천교회종보》를 국한문 혼용으로 창간하다.

9.6. 토지조사국 조사규정을 개정하다.

9.11. 일한와전이 경성전기주식회사로 개칭하다./ 총독부가 시정5개년기념 조선물산공진회를 경복궁에서 개최하다./ 전신전화소 설치(1931.2. 진신전화취급소로 개칭)하여 순수한 전기통신 현업 기관으로 설립하다.

9.14. 수도에 관한 규정을 제정하다.

9.15. 경성우편국(현 서울중앙우체국)을 준공하다.

9.15. 의병장 蔡應彦이 평양지법에서 사형을 언도받다.

10.3. 조선철도 1천 마일 돌파 축하회를 경복궁에서 거행하다.

10.14. 조선상업회의소를 한일인연합상업회의소로 설립하기로 결정하다.

10.20. 한일은행을 개점하다.

10.25 법률가 최진 등이 사법협희 기관지인 《법학계》를 창간하다.(1916.6. 6호로 폐간)

10.31. 부산역→동래 온천장(12.8km)간의 전차를 개통하다.

10.-. 서일, 『훈민정음원리』(등사본)를 간행하다.

11.1. 조선은행 5원, l0원 권 지폐를 조선총독부 직영 공장에서 제조 발행하다.

11.2. 의병 吳承泰가 평양지법에서 사형 선고받다.

11.4. 의병장 채응언(1879~1915)이 평양감옥에서 사형집행으로 순국하다.

연도	한국
▲ 1915	11.5. 불교중앙학교(혜화전문·동국대학 전신)가 설치 인가되다. 11.7. 조선의회(회장 지석영, 부회장 최동섭)가 발기되다. 11.10. 동경 조선인유학생 이광수·신익희·장덕수 등이 친목단체 '조선학회'를 조직하다. 11.19. 조선총독부박물관이 경복궁 내에 개관하고, 12월 1일에 일반인에게 개방되다. 11.26. 부산일보사가 화재로 전소되다. 11.-. 경성 익선동에서 한의학 학술잡지 월간《동의보감》(국한문 혼용)이 창간되다. 12.4. 경성상업회의소(평의원 한국인 3명, 일본인 12명)가 설립되다. 12.20. 서울-블라디보스톡 간 해저전선이 준공되다.
1916 ▼	【한국】 1.4. 조선총독부, 식민지교육을 위한『敎員心得』을 공포하다. 1.7. 경남 밀양 출신 의병장 신석원이 경남 하동에서 체포되어 진주검사국에 압송되다. 1.15. 인천 조선인상업회의소와 인천 일본인상업회의소 합병하여, 인천상업회의소 설립을 인가받다. 1.18. 申任典, 李龍雲이 晋州에서 체포되다. 1.21. 재일본동경조선유학생학우회 기관지《학지광》이 제2차로 발매금지되다. 1.23. 통영 - 대구 간 2등 도로(지방도)를 준공하다. 1.24. 〈호구조사규정〉 공포하고, 6개월 마다 1회 이상 호구 조사를 시행하다. 1.24. 대구지법이 청송·군위·왜관·선산·울릉도출장소를 설치하고, 부산지법이 창녕·양산 출장소를 설치하다. 1.-. 황석우의『근대사조』, 이해조의『兎의 肝』을 간행하다./ 중추원 산하에 조선반도사편찬위원회를 조직를 조직하다. 2.8. 농우회를 대전에서 조직하다. 2.10. 배재학당이 배재고등보통학교로 승격하다. 2.24. 소록도 자혜병원(현 국립소록도병원)을 개원하고, 한센병 전문병원으로 30만 평에 100명을 수용했다. 2.27. 성리학자 독립운동가 이승희(1847~1916)가 사망했다. 3.2. 간도창의소 사령관 안종석이 간도에서 피체 후에 무산한병대로 압송되었다가, 1917년 4월에 석방되다. 3.6. 우편법·철도선박우편법·전신법 등을 개정 공포하다. 3.14. 자립단원 방주익·김성익 등이 함흥지법에서 보안법위반으로 징역 16개월~6개월을 선고받다. 3.18. 진해군항에 요항부를 설치하고 영흥방비대를 폐지하다. 3.23. 〈등록세령〉 시행규칙 공포하고, 세율을 인상하다. 3.26. 박중빈이 전북 익산에서 원불교 창설하다. 3.29. 의병장 韓應貞이 평북 의주에서 일본 경찰에 피체되다. 3.31. 숙박영업, 요리옥, 음식점영업 및 창기, 악예기, 작부영업취제 규칙을 공포하다. 3.-. YMCA 간사 미국인 반허어트가 농구·배구의 본격적인 보급을 시작하다./ 극단 혁신단 이상협 번안 〈정부원(貞婦怨)〉·〈불여귀(不如歸)〉를 공연하다./ 평양 출신 김관호의 〈석모(夕暮)〉가 동경미술학교 최우수 졸업 작품에 선정되다./ 부산진에 조선 최대의 우시장이 개장(현 부산광역시 동구 범일동)되다./ 경북 영주 대동상점사건 관련자인 박제선·권영목·유명수 등이 보안법위반으로 피체되다. 4.1. 〈조선총독부전문학교관제〉를 공포하다./ 대구사립협성학교를 공립고등보통학교로 개칭하다./ 을지로 경성상비소방대(경성소방소 전신)에 소방의회를 조직하다./ 공업전습소를 경성공업전문학교로 개편하여 1946.8. 서울공대로 편입하다./ 조선총독부 의원부속 의학강습소를 경성의학전문학교로 승격(수업 4년)하다.(1946.10 해체)/ 조선총독부에서 지석영 등 10명을 종로서로 불러 조선의회 해산 명하다./ 불교진흥회 본부에서《조선불교계》를 창간하다.(편집·발행인 이능화)(~1917.6) 4.6. 금강산 유점사의 53불상 중 16좌 금불을 도난당하다. 4.11. 李康來·金正彬·李承鎬 등 7명이 독립운동기지 군자금 모집 중 서울에서 피체되다./ 한글학자 金枓奉이 문법책『조선말본』을 간행하다. 4.17. 白潤洙·趙鎭泰·洪忠鉉 등이 대한무역회사를 설립하다. 4.19. 영등포에 전기 공급을 개시하다. 4.22. 전북 고창 출신 의병 서종채(1881~1916)가 고문 후유증으로 대구감옥에서 옥사하다./ 大邱神社의 創立 허가하다. 4.23. 극단 예성좌이 단성사에서 〈카츄사〉를 공연하다. 4.25. 세브란스 의학전문학교가 정식으로 개교하다./ 영등포포에 전기 공급을 개시하다. 4.-. 부산 용두산 공원 조성(현 부산광역시 중구 광복동), 일본인 거류민 휴식처 5.6. YMCA에서 국내 첫 실내경기장을 신축하다. 5.15. 고등보통학교관제를 공포하다. 5.23. 전북 옥구 출신 의병장 林炳瓚(1851~1916)이 거문도 유배지에서 단식으로 순국하다. 5.26. 〈철도국관제〉를 개정 공포하다.

일본

12.23. 일본정부가 한국 내에 신설한 제19·20사단의 사령부 이하 배치표를 발표하다.

12.24. 〈조선광업령〉을 공포하다.(1916.4. 1.시행), 일본인 이외의 외국인의 광업권 취득을 금지하다./ 조선총독부가 사립학교에서 일본국가 부르도록 지시하다.

12.28. 선암헌병분견소 습격한 의병 오승태가 평양감옥에서 교수형으로 순국하다.

12.-. 조선총독부, 해인사 팔만대장경 인쇄본을 교토 천룡사로 반출하다./ 평안남도 경무부가 〈소방소규칙 시행 세칙〉을 첫 제정하다./《그리스도회보》·《예수교회보》·《기독신보》를 개제하여 감리장로교 합동기관지를 발간하다.

-. 이해에 박은식 『한국통사』를 간행하다./ 충북 단양 출신 의병장 김재성(1862~1915)이 사형으로 순국하다./ 경북 문경의 유생들이 국권회복 목적에서 복벽주의 비밀 결사단체 민단조합을 결성하다.

【일본·해외】

1.13. 東京朝鮮고학생 동우회를 조직하다.

2.21. 일본 중의원이 김옥균의 표창 여부 가결하다.

3.10. 이승만의 하와이 호놀룰루 여학생 기숙사 한인여자학원을 한인여자성경학원므로 개칭하다.

5.-. 대한국민회가 하와이서 『국민보』를 발행하다.

7.22. 安重根의 從弟 安鳳根이 런던 주재 일본대사관에서 호송되어 일본 神戸에 상륙하다./ 제4회 러일협약을 조인하다.

8.2. 노령(현 블라디보스톡)에 망명 중인 김립·이현재·최재형이 러시아 정부에 피체되다./ 영친왕 이은의 비로 일본 왕족 나시모토노미야 마사코(이방자) 여사를 결정하다.

8.13. 鄭家屯에 주둔한 일본군과 奉天軍이 충돌하다.

9.15. 조선은행, 만주 營口에 지점 설치하다.

5.31. 원산·대구 상업회의소가 설립 인가를 받다.

6.3. 부산·군산 상업회의소가 설립 인가를 받다.

6.17. 목포 진남포 상업회의소가 설립 인가를 받다.

6.19. 마산발전소에서 15기의 발전 시설이 준공되다.

6.26. 경성 신창기생조합 기생 일동이 단성사에서 연주회를 개최하다./ 연천·의정부·장단(경성), 대전(공주), 강서(평양), 예천·문경(대구), 선녕·함양(부산)에 법원출장소를 설치하다./ 의학강습소장 홍종철 주관이 《東西醫學報》를 창간하다.(~1917.4)

6.-. 감리교신학교 기관지로 계간 《신학세계》를 창간하다.(~1940.8)

7.4. 고적 및 유물보존규칙을 정한 고적조사위원회규정이 공포되다.

7.10. 〈보호牛규칙〉을 공포하다.(8.1 시행), 대상우는 숫소·암소 연령 2~8세에 체고 l26㎝· 120㎝ 이상으로 정하다./ 관민합동 발기로 경제연구회를 창립하다./ 경복궁에 조선총독부 청사 건립을 착공하다.(~1926.10.1. 완공)

7.21. 원영선(원산~영흥)을 개통하다./ 〈소득세법중 법인소득세에 관한 규정〉을 공포하다.

7.24. 〈민적법 개정〉을 공포 시행하자, 人家의 경우 實家戸主 연서가 필요하게 되다.

7.25. 〈酒稅令〉을 公布하다.(9.1. 시행). 한국 술 이외의 술 제조를 금지하다.

8.1. 영친왕 李垠과 일본황족 王女인 方子와의 혼인을 윤허하는 칙허를 寺內 총독에게 전달하다.

8.7. 〈소득세법시행규칙〉을 공포 시행하다.

8.30. 〈국세징수령〉, 〈연초세령시행규칙 및 세관사무분장규정〉을 개정 공포하다.(9.1. 시행)

8.-. 조선인구락부를 함흥에 설립하다.

9.12. 대종교주 나철(1863~1916)이 황해도 구월산서 일제 폭정통탄의 유서를 쓰고 자결하여 순국하다.

9.26. 경성학교조합회 고등여학교·고등소학교 조선어과를 수의과로 변경하다.

9.-. 의병장 김종철, 김종근(1917. 집행)에게 사형, 장명수·정대성·김원실에게 징역 15년을 선고하다./ 개성 한영서원 애국창가집 사건으로 교사 신영순 등이 국권회복 창가집 편찬이 발각되다.

10.4. 〈교원심득〉을 공포하여, 조선에서 근무할 일본인 교원의 행동 규범을 정하다.

10.7. 일본어 잡지 《조선공론》 10월호의 발매를 금지하다.

10.9. 〈소학교 및 보통학교 교원시험 규칙〉을 공포하다.(11.1 시행)/ 조선총독 데라우치(寺內正毅)가 일본내각 총리대신으로 전임하다./ 한국 첫 선교사 언더우드(1859~1916)가 미국 애틀랜틱시티에서 사망하다.

10.14. 일본군사령관 하네가와 요시미치[長谷川好道]가 제2대 조선총독으로 임명되다.(~1919.8)

10.28. 전남 장성 출신 의병장 기우만(1846~1916)이 고종 강제 퇴위 후 은둔 중 사망하다.

11.1. 조선은행에서 봉천지점을 설치하다./ 여객등급제가 시작되어 경부선에 1등 침대차를 운행하다.

11.22. 홍난파의 『통속창가집』(박문서관)이 간행되다.

11.25. 신소설 『혈의누』 작가인 이인직(1862~1916)이 사망하다./ 포천·양평·가평(경성), 단양(공주), 이리·순창·무주(부산)에 각각 지방법원출장소를 설치하다./ 황해도 해주에서 극단 수양단이 발족하다.

연도	한국
▲ 1916	11.-. 首陽團이 해주에서 발족하다. 12.5. 일본군 2개 사단의 상주로 여의도·용산·대구·나남 등지의 토지 수십만 평이 군용지로 수용당하다.
1917	【한국】 1.1. 이광수의 〈무정〉이 《매일신보》에 연재되다.(~6.14.) 1.12. 義兵 金利道이 평양에서 체포되다. 1.20. 안확이 『조선문법』(회동서관)을 간행하다.(전해지지 않음) 2.1. 일본인이 평양에 조선제당(주)을 설립하여 무설탕과 설탕을 생산하여 보급했다. 2.14. 한국인·일본인이 합동으로 경성약업조합(회장 야마기시(山岸祐太郎)을 창립했다. 2.21. 이완용·권중현이 불교옹호회(불교진흥회 후신)를 설립했으나 일부 귀족 외에는 불교계 참여가 전무했다. 2.24. 조선상업은행이 주주총회를 열어 주주를 일인에게도 허용했다./ 조선상업은행이 일본인의 주주를 허용하여 일본인 세력의 민족은행에 침투하여 지배력을 강화했다./ 조선신구극개량단이 단성사에서 〈장화홍련전〉·〈사씨남정기〉를 공연했다. 2.25. 희랍정교회 기관지로 《조선정교회》를 창간(1호로 종간) 했다. 3.5. 경성고보 교원양성소에서 비밀결사 조선산직장려계가 발각되어 최규익·김성수 등 130여 명 체포되다. 3.15. 일본적십자사 조선본부가 대구·평양 자혜의원에서 간호부를 양성했다. 3.20. 조선불교 30본산 기관지 《조선불교총보》(발행·편집인 이능화)를 창간하다.(~1921.1.) 3.23. 張日煥·金亨穆 등이 평양에서 朝鮮國民會를 조직하다. 4.9. 일제가 만주 봉천에서 조선인을 통제하기 위해 친일단체 '조선인회'를 설립했다. 4.10. 〈행려병인구호자금관리규칙〉을 공포 시행하여 임시은사금 이자로 무의탁 행려병자를 구호했다./ 일제의 내선일체 종합잡지인 《반도시론》을 창간하다.(~1919.4.)/ 漢詩文 잡지 《조선문예》를 창간했다.(편집인 최영년, 1918.10 제2호로 종간) 4.14. 김정호, 김기영 등이 개성전기주식회사를 설립했다. 4.19. 강원도 인제 출신 의병장 김종철(1880~1917), 서대문감옥에서 사형 순국하다. 4.30. 이왕가에 아악생양성소를 설치하여 궁중음악·궁중무용·해금·양금·아쟁을 교육했다. 4.-. 治道 계획에 따라 1911년 이후 1등(국도), 2등(도로·지방도) 보수를 완성했다. 5.14. 사립 세브란스 연합의학전문학교 인가되다. 5.25. 황해도 출신 의병장 이진용이 평북에서 피체되어 1918.5.1. 평양감옥에서 사형되어 순국하다. 5.26. 광화문선(서울역-남대문-시청-경복궁역-청운동) 전차가 준공되다.(6.13.운행) 5.27. 한강인도교(구교)를 착공하다.(~10.17) 6.1. 〈토지조사령 시행규칙〉을 개정 공포 시행하다. 6.8. 순종황제가 도일하다.(~6.28. 귀국)/ 함북도청을 성진에서 나남으로 이전하다. 6.9. 〈면(面)제〉를 공포(10.1. 시행)하여, 면의 재정과 행정력 강화하다. 6.13. 평남 숙천 태생으로 대한제국 장교 출신의 이갑(1877-1917)이 연해주 니콜라스에서 사망하다. 6.9. 面制施行規則 공포(10.1 시행)하다. 6.15. 총독부가 『조선어법 및 회화집』을 간행하다. 6.26. 홍주 의병장 민종식(1861~1917)이 사망하여, 여주 강천면 가야리 선영에 안장되다. 6.30. 사립보성고등보통학교 설립을 인가하다. 7.17. 朝鮮水利組合令 공포하다.(10.1. 시행), 수리조합을 창설하고, 수리시설을 개량했다. 7.18. 朴武祚가 호적과 조세납부를 거부하고 자결하다. 7.20. 경북 군위 출신 박무조(1859~1917)가 호적·조세납부 거부하고 영일 앞바다에 투신하여 자결하다. 7.28. 〈관공립학교 위탁교원 및 강사 규정〉을 공포하다. 7.29. 間島 한국인에 대한 경찰권이 중국관헌으로 부터 일본관헌에게 이관되다. 7.31. 조선국유철도경영권을 남만주철도주식회사에 위탁하다./ 〈척식국관제〉를 공포 시행하다. 7.-. 이광수 단편 『어린 벗에게』(잡지 《청춘》 9~11호)를 발표하다. 9.1. 한국철도를 경유하는 중일간 화물운수업무 개시하다./ 기독교청년연합회 기관지 《청년》을 창간하다. 9.8. 〈米穀大豆 검사규칙〉을 공포하여(10.1. 시행), 쌀 수출품의 종류와 품질 규격화하다. 9.11. 〈工業有權戰時法〉 시행령을 공포하다./ 연해주의 巨富 독립운동가 최봉준(1860~1917)이 사망하다. 9.14. 〈금은화폐 및 금·은·地金 수출을 제한하는 규칙〉을 공포 시행하다. 9.21. 진학문의 『紅淚』(번역)를 《매일신보》에 연재하다.(~1918.1.6.) 9.22. 신의주은행 설립을 인가하다. 9.28. 〈전시선박관리령〉을 공포하다.
1918 ▼	【한국】 1.13. 英親王 李垠이 8년 만에 日本에서 일시 귀국하다.

일본

12.29. 閔泳綺 등 친일단체원이 大正實業親睦會(회장 조중응)를 조직하다.

12.-. 극단 예성좌이 개성 공연을 마지막으로 해산하고 정인기의 후원으로 신극좌로 재발족하다.

【일본·해외】

1.23. 洪承魯·李鍾大 등이 일본에서 東京勞動同志會를 조직하다.

1.-. 흥사단이 재원 확보를 위해 미주에 북미실업회사를 조직하다.

2.1. 용화현상무회가 만주 대립자에서 창립되다.

2.13. 영국외상이 강화회의에서 일본 요구의 지지를 언명하다.(산동성의 독일이권과 적도이북의 독일령제도에 관한 요구)

3.2. 간도창의소사령관 安鍾爽이 간도에서 체포되어 茂山憲兵分隊로 압송되다./ 이상설(1871~1917)이 연해주 니콜리스크에서 순국하자, 화장 후 수이픈강에 뿌렸다.

3.28. 각의에서 2월혁명 후 러시아假政府의 승인을 결정하다.

3.29. 미국 세크라멘트에서 대한국민희 후원 단체로 한인부인회(회장 양제현)를 조직하다.

3.31. 李相高, 시베리아 니콜라예브스크에서 사망하다./ 니콜라예브스크의 한인, 韓族會 조직. 기관지 〈靑邱新報〉 간행하다.(국편)

3.-. 만주 용화현에 義興學校가 설립되다./ 박병길이 러시아 니콜라예프스크에서 고려인민회·고려청년회를 조직하다.

6.14. 만주 하얼빈 共濟會가 자치단체인 韓國人會로 개편을 추진하다.

7.20. 각료회의에서 중국에 대한 외교정책을 결정하고, 〈군사구호법〉을 공포하다.

7.29. 간도지방 한인에 대한 취체권을 중국관헌으로부터 일본관헌으로 이관하다.

8.31. 일본여자유학생이 《여자계》를 간행하다.(~1920.6.)/ 김성수 등이 평양노동조합을 조직하다./ 申圭植 등이 上海에서 스톡홀름 만국사회당대회에 참석하기 위해 朝鮮社會黨을 조직하다./ 조선사회당이 스톡홀름 만국사회당대회에 〈조선독립요구서〉제출하여 만장일치로 승인을 받다.

9.6. 은 수출을 금지하다.

9.12. 금화·금괴를 수출금지하다.

9.15. 日本유학생 李達 등이 동양청년동지회의 기관지 『東亞時論』을 창간하다.

9.20. 조선은행, 천진지점을 개설하다.

10.1. 朝鮮人居留民會가 간도 頭道溝에서 조직하다.(회장 金鳴汝)

10.14. 金容俊 등 日本유학생이 평양 출신 유학생들의 친목 도모하기 위해 箕城俱樂部를 조직하다.

10.29. 하와이 國民總會에서 뉴욕 세계약소국동맹회에 朴容萬을 파견하다.

11.30 재일본동경조선기독청년희 기관지 《기독청년》을 간행하다.

12.9. 金俊淵·白寬洙 등이 日本에서 湖南親睦會를 조직하다.

12.20. 光復團 總司令 朴尙鎭 체포되다.

12.-. 김립·윤해·문창범 등이 시베리아의 교포를 망라하여 전로한족회중앙총회 조직하다.

9.30. 조선경성철도호텔(현 조선호텔)에서 준학술 법인단체인 '조선광업회'를 창립하다.

10.1. 面制 시행으로 전국 200여 면의 명칭을 변경하고, 일본인을 면장으로 임명하기 시작하다./ 韓國水利組合條例 폐지하고 조선수리조합령을 시행하다.

10.17. 한강교 낙성식 거행하여 용산구 이촌동에서 동작구 본동을 연결하다.

10.29. 〈軍事救護法施行令〉을 공포하다.

10.31. 한성은행 동경지점의 설치를 인가하다.

10.-. 대한광복회가 평북·경북지방 부호들에게 군자금 모집취지서 배부하다가 발각되다./ 중앙기독교청년소년부, 고등예비과에 야학을 신설하고, 강사로 이상재·최중선·이명칠을 임명하다./ 동양척식주식회사 본사를 도쿄로 이전하고 서울에는 지사를 설치하다.

11.1. 부산-만주 안동 직통열차를 봉천(현 심양)까지 연장 운행하다.

11.10. 창덕궁 화재로 대조전 등이 소실되다./ 대한광복회 경상도 지부장 채기중 등이 군자금 납부를 거부한 대구 부호 張承遠을 사살하다./ 이광수의 장편 『개척자』를 《매일신보》에 연재 시작하다.(~1918.3.15.)

11.17. 안희제가 부산상인들과 백산무역주식회사를 설립하다.

11.25. 함경선, 청진-회령간을 개통하다.

11.-. 關釜연락선을 정기 운행하다./ 부산에 일본 조선방직주식회사 설립하다.

12.15. 대전약령시를 개설하다.

12.-. 조선은행이 일본은행과 만주의 국고사무 취급에 관한 대리계약을 체결하다.

【일본·해외】

1.11. 러시아 한인 자치기관 高麗族中央總會가 俄領韓人會와 통일을 결의하다.

연도	한국
▲ 1918 ▼	1.17. 〈고등고시령 및 보통고시령〉을 공포하다. 1.21. 우체부 양성기관으로 체신이원양성소를 설치하다. 1.24. 대한광복회 임봉주, 김경태가 친일적인 충남 아산 도고면장 박용하를 사살하다. 1.29. 노동자모집취체규칙을 공포하다.(2.1.시행). 1935년까지 8개 직업소개소 설립하다.(~l940.1) 2.1. 지방비부담금 징수규칙을 제정하다.(4.1. 시행), 부과금을 府面에서 징수하다./ 대한광복회 총사령 박상진이 모친상 빈소에서 피체되어 1921.8. 대구감옥에서 옥사하다./ 열차 1. 2등 객실에 서고 설치, 독서 편의를 제공하다./ 조선총독부 관측소에서 地磁氣 관측을 개시하고, 지하의 지질구조를 분석하다./ 광복단 간부 朴尙鎭·金漢鍾·金敬泰·蔡基中·朴鳳桂·姜順必 등, 사형 언도를 받다.(국편) 2.9. 비밀결사 조선국민회 인사 12명이 일본경찰에 체포되어 송치되다. 2.16. 미국과 무역제한을 실시하다. 2.18. 기삼연 의병부대 중군장 이철형(1873~1918)이 사망하다. 고창 출신으로 법성포에서 활동했다. 2.20. 〈서당규칙〉제정하여, 공립보통학교 확장을 위해 서당 감독을 강화하고, 개량서당 설립을 방해했다./ 선교사 게일(LS.Gale, 奇一)· 본윅(G.W.Bonwick, 班禹巨)등이 《성경잡지》를 창간하다. 2.26. 타케무라(竹村I欽次郎)에게 조선상공은행 설립을 인가하다./ 자본 100만 원, 1919.3 인가를 취소하다. 2.28. 경성공립농업학교(현 서울농업대학 전신)을 설립 인가하다.(1918.11.9. 개교) 3.9. 극단 취성좌에서 이인직의 신소설『秋月色』각색하여 단성사에서 공연하다. 3.18. 〈순사·순사보 배치 및 근무 규정〉을 공포하다. 3.23. 백화거사 양건식이『홍루몽』번역하여 《매일신보》에 연재하다. 3.26. 경성의학전문학교에서 김해노·김영흥·안수경 등 여의사를 첫 배출하다. 3.29. 〈수역혈청제조소 관제〉를 공포하고, 부산 우역혈청제조소를 개편하고, 牛疫 면역혈청을 보급하다. 3.30. 헌병파견소를 憲兵駐在所로 개정하다./ 貨幣法을 韓國에 시행하고, 엽전을 제외한 우리나라 화폐의 완전 유통을 금지하다. 3.-. 송진우가 중앙고등보통학교(한 중앙고) 교장에 취임하다. 4.1. 조선인관리의 恩給, 隱退料 및 遺族扶助料 등에 관한 규정을 공포 시행하다. 4.2. 대한광복회 李東欽이 경북 봉화 李廷弼에게 독립운동자금 요구하다가 피체되어 징역 5월의 옥고를 치르다. 4.9. 조선국민회에서 활동한 장일환(1886~1918)이 피체 후 고문에 순국하다. 4.26. 〈外國米관리규칙 공포시행〉을 개정하고, 외국미의 조선·대만·사할린 이출을 인가하다. 5.1. 의병장 황봉신, 황봉운, 이진룡이 평양감옥에서 사형으로 순국하다./ 〈조선임야조사령〉을 공포 시행하다. 한국 삼림의 소유권을 최종 확정하다. 5.13. 〈戰時利得稅令〉을 공포하다. 5.-. 朝鮮駐箚軍을 朝鮮軍으로 개칭하다. 6.1. 조선총독부, 토지조사사업을 완료하다.(1910.9.~) 6.7. 〈朝鮮殖産銀行令〉을 공포하다. 6.13. 광화문선 전차운행을 개시하다. 6.19. 안중식, 고희동, 오세창 등 13명이 서화협회를 창설하고, 국내 첫 근대미술 단체를 설립하다.(~1936) 6.22. 〈警察船配置規程〉을 공포하다. 6.27. 지방금융조합령을 금융조합령으로 개정하다. 각도 금융조합연합회 조직를 조직하고, 조선식산은행 자금을 금융조합에 융자해주다. 6.28. 〈일본인 교원의 조선어 장려 훈령〉을 공포하다. 일본인 교원에게 조선어 시험을 실시하다. 6.29. 연초세령 개정으로 葉煙草消費稅를 제정하다. 6.-. 김홍조 등이 부산 초량에 主一銀行 설립하다.(1918.12 경남은행에 병합)/ 조중응 등 33인이 조선약학교(경성약학전문학교 전신)를 설립하고, 조선약학강습소를 2년제로 개편하다. 7.1. 금강산 내금강에 장안사호텔(철도호텔)이 영업을 개시하다. 7.4. 개성상인 박우현 등 3명이 인삼제조업체 고려삼업사를 자본금 20만 원으로 설립하다. 7.17. 〈지세령시행규칙〉을 개정 공포하다, 지세 징수액이 56% 급증하다. 7.18. 사철 조선경편철도가 경북 하양-금호 간 운수를 개시하다. 7.20. 〈조선총독부 경찰관 복제〉를 공포하다. 7.27. 〈조선군인 및 조선군인 유족 부조령〉을 공포하고, 조선군인 및 유족에 보조금을 지급하다. 8.3. E.W. 프레이저 외 4명이 동양광업주식회사를 설립하다. 8.4. 대흥전기㈜를 대구 및 함흥전기주식회사를 병합하여 창설하다. 8.9. 윤병준 외 16명이 동화은행을 자본금 50만 원으로 설립하다. 8.16. 〈곡류수용령〉 공포하고, 조선 곡식을 공출 명목으로 일본으로 수송하다.

일본

1.12. 거류민 보호를 이유로 블라디보스토크에 군함 2척을 파견하다.

1.14. 俄領韓人會 발기인들, 하바로브스크에서 지방대표자회 개최하다.(국편)

1.22. 金哲勳, 吳夏默 등이 이르쿠츠크에서 이르쿠츠크 共産黨韓人支部를 결성하다.

1.-. 서재필, 안창호, 이승만 등이 미국 워싱턴에서 新韓協會를 조직하다.

4.5. ㅂ英陸戰隊, 블라디보스톡에 상륙하다.

4.10. 조선은행 상해지점을 개설하다.

5.-. 全露韓族中央總會, 露領내에서의 교포의 정치적 중립을 선언하다.

6.13. 한인사회당이 니코리스크에서 제2회 全露韓族代表者大會 개최하고, 129명 참석하여 최재형·이동휘를 고문으로 추대하다.

6.26. 李東輝, 朴鎭淳, 朴愛가 하바로프스크에서 韓人社會黨(고려공산당)을 조직하다.

7.8. 미국군을 구원하기 위해 블라디보스톡으로 ㅂ·미 공동출병을 제의하다.

7.-. 박용만이 하와이 교포 친목단체 갈리히연합회를 조직하고,《太平洋時事》를 창간하다.

8.2. 일본정부가 시베리아 출병을 선언하다.

8.3. 일본 전역에서 쌀 폭동이 일어나다.

8.5. 미주 여성단체가 캘리포니아에서 대한여자애국단으로 통합하여 군자금 모집과 국어교육을 하다.

8.12 블라디보스톡에 육군 500명을 첫 파병하다.

8.22. 美洲의 각종 婦人團體, 大韓女子愛國團으로 통합하다.

8.-. 한인청년단이 블라디보스톡 신한촌에서 100여명으로 조직되다./ 여운형, 장덕수, 김구, 신석우, 조동호, 상해에서 新韓靑年黨을 조직하다.

9.21. 寺內내각이 총사직하다.

9.29. 原敬내각이 성립하다.

10.1. 李均燮·鄭承國·蔡逸宣이 만주 연길현에 新興學校를 설립하다.

11.13. 重光團인사 39명이 만주에서 대한독립선언서를 채택 발표하다.

11.15. 新韓靑年黨員 呂運亨이 上海에서 美大統領特使와 회견하고 파리강화회의와 미 대통령에게 보낼 한국독립건의서를 제출하다.

11.20. 미주교포단체가 윌슨 미국대통령에게 한국독립을 요망하는 진정서를 제출하다.

11.28. 신한청년단 대표 呂運亨 명의의 독립청원서 미대통령특사 크레인에게 전달하다./ 朴容萬 등, 하와이 호놀룰루에서 주간신문 〈太平洋時事〉 창간하다.

11.30. 김헌식이 신간회 총회에서 미국 대통령에 제출할 〈결의선언문〉을 작성하다.

12.1. 在美韓人全體大表會 李承晩, 閔燦鎬, 鄭翰景을 파리강화회의에 파견하기로 결정하였으나 출국 불허로 실패하다.

12.2. 한성은행 동경지점이 업무를 개시하다.

12.28. 徐椿·李琮根·尹昌錫·金尙德 등 동경유학생회원 500여 명이 웅변대회(民族自決問題 등)로 체포되다.

12.31. 金躍淵, 姜鳳羽, 鄭載冕 등이 間島墾民敎育會에서 墾民會를 조직하다./ 金佐鎭이 東省韓族生計會를 조직하다.

12.-. 양기택·김좌진이 만주 길림에서 東省 한족생계회(회장 여준) 조직하고 실업 장려 등을 하다./ 도쿄 유학생 최팔용 등이 조선청년독립단을 결성하고, 2·8독립선언을 추진하다.

-. 이해에 안중근의 이토 처단에 참여한 유동하(1892~1918)를 남러시아 싸말리아 강가에서 총살하다.

8.20. 여운형·장덕수·김철 등이 중국 상하이에서 '신한청년당'을 조직하다.(~1922.12)

8.-. 김구하 등이 친일화 목적으로 일본불교시찰단을 구성하고, 불교계 인사들이 일본 통치에 순응하다.

9.1. 한용운이 불교잡지《유심》을 창간하다.(~1918.12)

9.19. 각 지방 상업회의소의 연합 조직으로 조선상업회의소 연합회를 결성하다.

9.26. 한국 최초의 주간 문예지《태서문예신보》를 창간(주간 장두철)하다.(~1919.2.)

10.1. 조선총독부 조선식산은행을 자본금1천만 원으로 설립하다.(농공은행 통합)

10.2. 김승환 등이 복선상업은행을 설립하다.(1933.6. 조선상업은행에 병합)

10.5. 재일 한국인 발행한《동아시론》을《혁신시보》로 게제하다./ 제주도 법정사 김연일·선도교 수령 박명수 등이 항일투쟁 전개하다 일제의 진압에 실패하다.(국편)

10.16. 허영숙(이광수 부인)이 조선총독부의 의사시험에 최초 여성 합격자가 되다.

10.20. 문예지《조선문예》가 통권 2호로 종간되다.

10.27. 동양 최초 인천항 갑문식 제1선거를 준공하다.(길이 165m, 높이 15m, 갑거길이 129m)

10.31. 사설철도 慶東線(하양-포항간)이 완전개통되다.

11.-. 조선총득부 임시토지조사국이『조선토지조사사업보고서』를 발행하다.(800쪽 분량)

12.5. 영친왕(이은)과 일본 왕족 마시모토 노미야(梨本宮方子)가 결혼을 발표했으나, 고종 붕어로 연기되다.

12.10. ㅂ 補充 헌병 270명이 입국하다.

연도	한국
▲ 1918	12.14. 김현식(신한회)·민창호·정한경(국민회) 등이 제2차 약소국동맹회의에 참가하다. 12.15. 손병희 등 천도교 인사가 상춘원에서 독립운동을 밀의하고, 대중화·일원화·비폭력 3대 원칙을 정하다.
1919 ▼	【한국】 1.3. 윤치호·송택수 등이 한국 기독교의 초기 사회복지기관으로 '경성고아구제회'를 설립하다. 1.10. 기독교계 잡지《선민》을 창간하다. 4호로 종간하다. 1.13. 군수공업동원에 관한 공장·사업장의 임시조사 규정을 공포하다. 1.16. 김영한·민철훈 등이 유교 진흥 목적으로 '유도진흥회'를 조직하다. 1.17. 인천부두의 永信組·日信組에서 沖仲任 등 140명의 일급을 80전에서 90전으로 인상시킬 것을 요구하며 동맹파업을 하다. 1.22. 高宗이 덕수궁에서 승하하다. 일제의 독극물에 의한 시해 소문이 확산되다. 1.23. 朴熙道·金元璧 등 서울 각 학교대표, 大規園에서 독립문제 밀의하다.(국편) 1.26. 서울시내 각 학교대표들, 大規園에서 재회합하다.(국편) 2.10. 崔麟이 韓龍雲에게 3·1독립운동 거사계획에 불교측의 참가 확약을 받다. 2.14. 李甲成이 각 전문학교 학생대표들과 독립운동 위한 제2차 회합을 하다.(국편) 2.16. 전후해서 광복단사건 朴尙鎭·蔡基中·金漢鍾 등 32명을 공판에 회부하다./ 間島 明東學校生 劉益賢이 露領에서 열리는 韓族 獨立 宣言會議에 학생대표로 파견되다.(국편) 2.18. 전후해서 일본인 중심의 조선체육협회가 발족하여 조선신궁대회를 주관하다. 조선체육회와 경쟁 관계에 서다./ 여운형이 중국《益世報》에 '嗚呼 亡國 韓人 興滅之夢'을 게재하다. 2.20. 전후해서 상해 신한청년당 당원 장덕수가 안천에서 피체되어 주거제한 처분을 받다./ 各 學校 代表者 金元璧·金性得·金烟義 등이 勝洞 禮拜堂에서 간부회의를 개최하다. 2.21. 기독교 측 이승훈·박희도·오기선 등이 천도교 측과 3.1운동 합류를 논의하다. 2.22. 학생대표 김원벽(延專)·姜基德(普專)·韓緯健(京城醫專) 등이 3.1운동 합류를 결정하다. 2.25. 天道敎 측에서 3.1운동 대표로 孫秉熙·崔麟·權東鎭·吳世昌 등 15명을 선정하다. 2.26. 民族代表者들이 崔南善이 작성한 宣言書 및 聲明書 초안을 승인하다.(국편) 2.27. 전후해서 천도교 인쇄소 普成社에서 獨立 宣言書 21,000여 매를 인쇄하다./ 普成社에서 獨立 請願書 2만매를 인쇄하여 全國 主要人士에 배포하기 시작하다./ 玄楯이 美 大統領과 强化會議 委員에게 보낼 獨立 請願書를 휴대하고 上海로 출발하다./ 安世桓이 日本內 各에 제출할 獨立 請願書를 가지고 東京으로 출발하다.(국편) 2.28. 民族代表 25명이 孫秉熙 집에서 최종 회합하고, 〈獨立宣言書〉에 서명하다. 2.-. 조선피혁회사·조선연초공장·용산스탠다드무역회사에서 임금인상과 인권유린에 반대하여 파업을 하다. 3.1. 민족대표 33인이 泰和館에서 獨立宣言書를 낭독하고, 서울 탑골공원을 정점으로 독립요구의 시위를 계속하다./ 파고다공원 집회의 지도자 등 169명, 日本軍 步兵에게 피체되다./ '3·1운동'이 발발하여 4.30일까지 전국적으로 확산되다./ 배재고보생 張容河 등이 독립선전지《半島의 木鐸》을 창간하다./ 梁在淳(京城工專)·金浩俊(織物業) 등이《覺醒號》(1~4호)를 창간하다./ 尹益善·李鍾一·李鍾麟 등이 普成社에서 地下新聞《朝鮮獨立新聞》을 간행하다. 이후 12월까지 國內에서만 26종의 지하신문을 발행하다./ 朝鮮銀行이 紐約支店을 설치하다.(국편) 3.2. 전후해서 서울에서 地下新聞《國民會報》 제1호를 간행하다./ 서울 學生 400여 명, 鍾路 네거리에서 街頭示威하다./ 天道敎徒 등 示威隊 500여 명, 黃海道 遂安憲兵駐在所에서 日本人의 퇴거를 요구하다. 83명 피체·日 憲兵 發砲로 13명 피살되다.(遂安事件) 3.3. 전후해서 高宗의 國葬을 거행하고, 京畿道 南楊州 興陵에 安葬하다./ 京畿道 開城郡民 1천여 명, 警察署를 습격하여 投石하다.(국편) 3.4. 전후해서 서울시내 學生代表들, 培材高 寄宿舍에 모여 獨立示威運動 전개를 결정하다./ 耶蘇敎徒 및 靑年 5천여 명, 平南 江西郡 斑石面 沙川里에서 萬歲示威하다.(국편) 3.5. 전후해서 學生들이 地下新聞《新朝鮮民報》를 창간하여 3·1運動과 日本의 彌天暴虐을 전파하다./ 學生 1천여 명, 南大門에서 第2次 街頭示威하다./ 群山耶蘇學校 敎師·生徒 등 30명, 獨立萬歲 示威中 被檢되다.(국편) 3.6. 전후해서 서울에서 地下新聞《自由民報》 제1호를 간행하다./《益世報》(編輯長 徐謙)에 3·1運動 관련 報道를 4月 30일까지 48건 보도하다. 3.7. 전후해서 서울에서 地下新聞《震民報級》을 등사판으로 간행하다./ 전후해서 서울 東亞煙草工場에서 勞動者 500여 명이 罷業하다. 3.8. 전후해서 서울 電車 運轉手 및 車掌 등 120여 명이 罷業하다./ 大邱高普·啓聖中學生 등 群衆 1천여 명, 萬歲示威하다. 157명 被逮되다./ 龍山印刷局 職工 130여 명, 萬歲示威하다./ 서울 商人에게 商民代表者 名義의《商民一同公約書》를 配布하다.(국편) 3.9. 서울 電車 파업에 서울시내 商街들이 同盟撤市하다. 3.10. 전후해서 光州 崇一·SOPHIA·光州農業學校生 등 300여 명, 萬歲示威하다./ 孟山邑民 60여 명, 憲兵駐在所에 쇄도하여 拘禁者 釋放을 요구하다. 56명 被殺되다.(국편)

일본

12.16. 〈조선광업령〉을 개정하고, 금·은·연·철·사금·사철 등의 광업세를 면제하다.

12.25. 호남창의회맹소 통령 의병장 김용구(1861~1918)가 고종 사망 소식에 자결하다.

【일본·해외】

1.6. 재일한국유학생이 유학생대회를 개최하고, 獨立宣言 실행 방침을 모의하다.

1.7. 동경에서 朝鮮독립단을 결성하다.

1.8. 미 대통령 윌슨이 국회에서 14개조의 平和原則을 발표하다./ 동경유학생 徐春·尹昌錫이 日警에 연행되다.(국편)

1.17. 미국에서 스티븐스를 처단한 장인환이 샌프란시스코 감옥에서 10년 만에 가석방되다.

1.18. 파리강화회의가 개최되다.

1.21. 동경유학생 宋繼白이 조선독립청년단 명의의 독립선언서를 휴대하고 입경하여 현상윤에게 전하다.

1.25. 미국 오하이오에서 컬럼버스 한국인학생회가 한국독립을 선전하기 위해 영문으로 월간《少年韓國》을 발간하다./ 천도교주 孫秉熙, 權東鎭, 吳世昌, 崔麟 등이 천도교 측의 독립운동 계획을 논의하고 결정하다.

1.-. 이탁 등이 서간도에서 '27결사대'를 결성하고, 경술국치 이후 첫 의열투쟁을 조직하다./ 상해 신한청년당 김규식이 파리강화회의 참석 차 상해를 출발하여 3.13. 파리에 도착하다.

2.1. 1차 세계대전 종전 후 여준 등 증광단 39명이 만주 갈림에서《大韓獨立宣言》을 발표하다./ 김동인·전영택·주요한 등이 일본 도쿄에서 최초 문예동인지《창조》를 창간하다./ 대한청년당대표들이 상해에서 회합하고, 김규식을 파리, 장덕수를 일본, 김철·서병호를 국내, 여운형을 러시아에 파견하여 독립운동을 지휘케 하다.

2.2. 박리근·권희목·이임수 등이 조선민국임시정부 수립을 계획하다.

2.8. 재일한국유학생 600여 명이 동경기독교청년회관에서《2·8獨立宣言書》를 발표하고, 60여 명이 체포되다./ 북간도 지역대표위원이 局子街 小營子에서 2차 회합을 열고 金躍淵·鄭載冕·李仲執을 간도지방 노령특파원으로 선출하다./ 러시아 니콜리스크에서 전러한족회 중앙총회를 열고, 임시정부 성격의 '大韓國民議會'로 개편하다.(국편)

2.10. 홍난파 등이 동경유학생의 순수 예술 잡지《三光》을 창간하다(1920.4. 3호로 종간)

2.12. 동경유학생 수백 명이 히비야공원에서 조국독립 연설과 시위운동을 전개하다.

2.16. 파리 평화회의대표 李承晩·閔贊鎬·鄭翰景 3인이 한국위임통치청원서를 미국 대통령 윌슨에게 보내고 연합통신에 발표하다.

2.18. 韓族自決運動者 33명이 間島 局子街 下場里 朴東轅家에서 비밀 집회를 열고, 조국독립운동에 전력할 것 등 3개항 결의하다.(국편)

2.20. 全露韓族會 中央總會와 니콜리스크韓族會가 고종황제 추도회를 개최하다.(국편)

2.27. 安世桓이 독립청원서를 가지고 동경으로 가고, 玄楯이 미 대통령 및 강화회의 위원에게 전달할 독립청원서를 가지고 상해로 출발하다.

3.3. 상해 한인 거류민이 프랑스조계 정안로 환구중국학회에서 궐기 집회를 개최하다./ 朴容萬이 대조선독립단 하와이지부를 창설하다./ 재미대한인국민회 대표 이승만이 미 대통령 윌슨에게《한국위임통치청원서》를 제출하다./ 박용만 등이 하와이에서 대조선독립단을 창단하고 독립운동자금 모금과 군사 후원을 하다.

3.9. 구춘선 등이 연길 와룡·왕청현 한인과 함께 간도대한민회를 조직하고, 장총 400정과 권총 160정으로 무장하다.

3.10. 한국남녀소년단이 파리강화회의에 청원서를 제출하다./ 일본 중의원에서 3·1운동에 관한 질의 문답을 하다.

3.13. 間島 龍井村에서 독립선언대회를 개최하고 4,000여 명이 참가하다./ 김규식 등이 파리강화회의 한국대표단으로 파리에 도착하다.

3.15. 미국·멕시코·하와이 교포들이 전체대자대회를 열고 독립운동 지원 방침을 결정하다.

3.17. 러령의 대한국민의회가 獨立宣言書를 발표하고, 4개항 결의문을 채택하고 정부 수립을 선언하다.

3.20. 滿洲 琿春의 한인 900여 명이 일본영사관 앞에서 집회를 열다.(국편)

3.21. 러령의 大韓國民議會가 5개항 결의문과 各僚 명단을 발표하다. 대통령 孫秉熙·부통령 朴泳孝·국무총리 李承晩으로 구성되다./ 忠烈隊 제2연대 부단장 姜鎭宇가 間島 龍井村 여관에 투숙 중 일본총영사관 경찰에 피체되다.(국편)

3.24. 金奎植이 파리에 한국 대표관을 개설하다.

3.25. 대종교 시교사 서일 등이 동북 만주에서 대한정의단(중광단 후신)을 조직하다.

3.26. 블라디보스토크에서 老人同盟團을 조직하다.

3.28. 상해에서《독립신보》(주필 김홍숙)를 창간하여 등사판으로 4월 11일까지 간행하다.

3.29. 유림대표 김창숙·곽종석 등 137명이 파리강화회의에 독립청원서(《파리장서》)를 우송하다.

3.31. 박용만이 갈리히연합회를 발전시켜 대조선독립당을 조직하다./ 훈춘에 大韓國民會를 조직하다./ 이명순 등이 훈춘 교민의 자치기관인 '훈춘대한국민회'를 조직하다.

3.-. 정창선 등이 블라디보스토크 신한촌에서 청소년 40여 명과 함께 소년애국단을 조직하다./ 상해 동포 400여 명이 자치기관 대한인거류민단을 조직하다./ 여운형·이광수·선우혁·김철·서병호 등이 상해 프랑스조계에 독립임시사무소를 설치하다./ 조인관·정삼승 등이 만주 장백현에서 태극단을 조직하고 의용대를 편성하여 국내 잠입 항쟁을 전개하다./ 홍범도가 만주에서 대한독립군을 조직하고 국내 진공작전을 전개하다(1920.3 대한국민회군과 연합)./ 중국 베이징에서 신대한동맹회를 조직하고, 임시정부 지원과 3·1운동 성과의 국제적 선전을 도모하다./ 박장호 등 560여 명이 서간도 유하현 삼원보에서 대한독립단을 조직하다./ 박장호·백삼규·조병섭·조명선 등이 柳何縣 三源堡에서 大韓獨立團을 조직하다./ 서일·계화·채오 등이 동북 만주 대종교도를 규합하여 정의단을 조직하다./ 김호 등이 만주 부송현에서 홍업단을 조직하다./ 간도대한민회·훈춘대한국민회를 간도국민회〔大韓國民會〕로 통합하다./ 金嘉鎭 등이 국내외 비밀단체 조선민족대동단〔獨立大同團〕을 조직하고, 자금 모집과 선언문을 배포하다.

연도	한국
▲ 1919 ▼	3.11. 전후해서 황해도 安岳郡民 600여 명, 헌병주재소에 쇄도하여 만세시위하다./ 宋文壽·崔景成 등이 迎日郡 浦項邑에서 만세시위를 주도하다./ 함남 端川邑民이 헌병대 진압에 격분하여 군청을 습격하다. 헌병대 발포로 18명 피살·140여 명 피체되다.(국편)
	3.12. 전후해서 文一平·金百源 등 11명, 독립운동 계승선언서를 종로 보신각 앞에서 낭독하다./ 漆谷郡民 300여 명과 대구 啓聖學校生 李永植·李相柏 등이 漆谷郡 仁同面에서 만세시위하다./ 동경지방재판소, 2·8독립선언사건 崔八鏞 등 9명에 대한 공판을 개정하다./ 기독교인 등 200여 명, 서간도 柳何縣 三源堡에서 독립선언 경축대회를 개최하다.(국편)
	3.13. 전후해서 金奎植이 파리에 도착하여 평화회의 韓國民代表館을 설치하다./ 定平郡民 5천여 명, 春柳面에서 만세시위 중 헌병·철도수비대와 충돌하다./ 崔宗三·金嘉全·尹建重·李守淵 등 주도로 전주 신흥·기전학교생 150여 명이 남문장터에서 만세시위하다./ 러시아 관헌이 블라디보스토크 新韓村의 朝鮮民會를 폐쇄하다./ 한인 4천여 명, 간도 龍井村에서 독립선언대회를 개최하다. 중국보병 발포로 한인 14명 사상되다.(국편)
	3.14. 전후해서 趙衡均 등 11명, 총독부에 독립청원서를 제출하고 피체되다./ 豊山邑民 1천여 명, 시위 중 헌병주재소를 습격하다.(국편)
	3.15. 전후해서 함북 明川郡 下加面 花臺洞民 5천여 명, 화대헌병주재소를 공격하다./ 宜寧郡民 南宗赫 등 1천5백여 명, 宜寧鄕校 앞에서 만세시위하다./ 金在桂·金在班·黃生周·黃業周 등이 전남 長興에서 만세시위하다./ 재미동포 대표기관인 國民會中央總會가 독립운동을 다짐하는 포고문을 발표하다.(국편)
	3.16. 전후해서 천도교도 30여 명, 만주 長白縣駐在 일헌병을 기습하다./ 金炫坤·宋洙連·宋漢鏞 등 200여 명, 井邑郡 泰仁에서 장날을 이용하여 만세시위하다./ 수원군민 1천여 명, 만세시위 행진을 하다. 상인들이 상가를 철시하다./ 천도교도 중심의 1천2백여 명, 함경도 洪原에서 만세시위하다.(국편)
	3.17. 전후해서 러령의 大韓國民議會(러령임시정부)가 독립선언서를 발표하다./ 한인 4천여 명, 만주 延吉縣 守信社 二道市場에서 독립만세를 고창하다./ 李鍾珣·李良俊·權士淵 등 250여 명, 義城郡 鳳陽·平安面에서 만세시위하다./ 安東郡 臥龍·禮安面民 申相冕·李時敎 등 600여 명, 禮安에서 만세시위하다.(국편)
	3.18. 전후해서 황해도 延白郡民 2천여 명, 延安憲兵駐在所를 습격하다./ 盈德郡民 丁奎河 등 1천여 명, 寧海市場에서 만세시위하다. 영해경찰관주재소·면사무소 등을 파괴하다./ 義城郡民 李良俊·李福求·金太鎬 등이 安平 點谷面에서 만세시위하다./ 鄭基煥·林玟鎬·金興燮·金吉浩 등이 전남 潭陽에서 장날을 이용해 만세시위하다.(국편)
	3.19. 전후해서 晋州邑民 5천여 명, 만세시위 후 경찰서에 쇄도하다./ 槐山郡民 600여 명, 경찰서를 습격하여 留置人을 구출하다./ 咸安邑民 1천8백여 명, 郡廳 등 관공서를 습격하다.(국편)
	3.20. 전후해서 陜川郡民 鄭泰燮·林尙鍾 등 4천여 명, 陜川 倉里에서 장날을 이용해 만세시위하다./ 榮州郡民 吳夏根·朴仁緒 등이 장날을 이용하여 만세시위하다./ 서대문감옥에 수감된 3·1운동 관련인사 101명이 석방되다.(국편)
	3.21. 馬山市民 崔鏞奎·李澄宰 등 3천여 명, 만세시위하다. 50명 피검되다./ 金時範 등 200여 명, 제주도 新左面 朝天里에서 만세시위하다./ 安東郡民 李九德·柳淵成·孫永學 등이 泉旨市場 등지에서 만세시위하다.
	3.22. 居昌邑民 2천여 명, 만세시위 중 경찰서를 습격하다./ 咸陽郡民 3천여 명, 만세시위하다.(국편)
	3.23. 서울 군중이 종로에서 시위 중 전차에 투석하다. 주도자 105명 피검되다./ 昌原 상인 등 7천여 명, 만세시위하다./ 陜川郡 佳會·上栢·三嘉面民 尹圭鉉·金洪錫 등 4천여 명, 만세시위하다.(국편)
	3.24. 「설탕소비세령」을 공포하여 사탕 100근에 1원~5원의 소비세를 징수하다./ 咸安郡民 孫鍾一·嚴柱信 등 800여 명, 漆原面 龜城里에서 장날을 이용해 만세시위하다./ 富川郡 桂南面民이 시위 끝에 면사무소를 습격하다.(국편)
	3.25. 민족대표 孫秉熙 이하 266명이 豫審에 회부되다./ 《獨立新聞》 인쇄인 張煤健·崔致興, 종로경찰서에 피체되다./ 천도교구장 金忠益 등 천도교도 60여 명이 輯安縣 楡樹林子街 북단 광장에서 독립만세시위를 하다.(국편)
	3.26. 朴憲永·徐炳河·金思明 등이 함남 高原에서 독립선전물 배포 및 만세선동 혐의로 기소되다./ 金致寶·洪範圖 등이 블라디보스톡에서 老人同盟團을 조직하다.(국편)
	3.27. 梁山邑民 2천여 명, 헌병주재소와 군청을 습격하다./ 滿鐵 京城管理局 직공 800여 명이 원효로에서 만세시위 및 파업 후 齋洞派出所를 습격하다.(국편)
	3.28. 坡州郡 條里面民 2천여 명, 면사무소를 습격하다./ 華川郡 上西面民 2천여 명, 면사무소를 습격하다./ 한인 4천여 명, 滿洲 延吉縣 守信社 九沙坪에서 독립선언식을 거행하다./ 舊貴族元老 金允植·李容稙 등이 總督府에 獨立承認催告狀을 제출하다.(국편)
	3.29. 金浦郡民 7천여 명, 陽村·霞城面에서 만세시위와 방화를 하다./ 振威郡 城湖面民이 면사무소·경찰주재소·우편소 등을 습격 및 파괴하다./ 하와이 각지방 부녀대표자 손마리아·黃마리아·金有實 등이 독립운동 후원을 위해 大韓婦人救濟會를 결성하기로 결의하다.(국편)
	3.30. 仁川商人 전원이 撤市하다./ 尹學祚·權淸學 등 3천여 명이 대구에서 만세시위하다.(국편)
	3.31. 義州郡民 4천여 명, 永山 장날을 이용해 만세시위하다./ 朔州郡民 3천여 명, 시위 끝에 朔州憲兵駐在所를 습격하다./ 定州邑民 3천6백여 명, 만세시위하다. 일헌병 발포로 129명 사상되다.(국편)
	3.31. 서대문역을 3·1운동 집결지라는 이유로 폐지하다.
	3.-. 吳玄洲·李貞淑·吳玄觀 등이 서울에서 血誠團婦人會를 조직하다./ 吳賢柱·李貞淑 등이 서울에서 血誠團愛國婦人會를

일본

4.6. 統一黨, 上海에서 黨憲 및 支部規則을 공포하다.

4.8. 대한민국임시정부가 임시관제를 선포하다./ 일본 각의에서 조선으로 보병 6대대, 헌병 400인을 증파하기로 결정하고 발표하다.

4.10. 이동녕 등 29명이 상해 프랑스 조계에서 제1회 임시의정원을 개원하고, 국호를 '한국'으로 결정하다.

4.11. 상해에서 대한민국임시정부를 수립하고, 대한민국임시헌장 10개조를 채택하다./ 국호·관제를 제정하고 국무총리 이승만 등 국무원을 선출하다.《독립신보》를 발행하다.

4.12. 間島 明東·영신학교생 교사 등 230여 명, 龍井村 시장에서 만세시위를 하다.

4.13. 대한민국임시정부에서 의정원법을 제정하고, 정부 수립을 내외에 선포하다.

4.14. 미국의 《신한민보》에 《3·1독립선언문》을 게재하다./ 재미동포가 필라델피아에서 제1회 한인자유대회(대한인총대표회의)를 개최하고 독립 축하 행진을 하다./ 李範允·李東輝 등이 琿春縣 塔道溝에 大韓國民議會支部를 설치하다.

4.15. 유하현 삼원보에서 대한독립단을 조직하고, 일본 관공서를 파괴하며 募軍·모금사업을 하다./ 露領代表 元世勳, 露領에 大韓國民會議·上海臨時議政院 병합한 統合政府 설치를 제의하다.

4.17. 대한민국임시정부, 프랑스조계 霞飛路 60호 건물에서 현판식을 거행하다.(국편)

4.19. 馬明煥 등 3천여 명, 汪淸縣 鳳梧洞에서 만세시위를 하다.(국편)

4.20. 朴施源 등 5천여 명, 汪淸縣 春芳社에서 만세시위를 하다.(국편)

4.22. 在露한인노동자동맹이 모스크바에서 제1회 회합을 개최하다.

4.25. 대한민국임시정부 의정원, 임시의정원법을 의결하다./ 필라델피아 외교사무를 임시정부 소속의 대한민국통신부로 개조하다./ 블라디보스톡 신한촌에서 한인사회당 대표자대회를 개최하다.(국편)

4.29. 러시아 블라디보스톡에서 장기영 등이 《독립신문》을 창간하다./ 徐春 등 2천여 명, 汪淸縣 大坎子에서 만세시위를 하다.(국편)

4.30. 파리강화회의 수상회담에서 산동성의 독일권익에 관한 일본의 요구를 승인하다.

4.-. 이범윤·진학신·최우익·김청봉 등이 북간도 연길한에서 의군부를 조직하다./ 상해 임시정부령 제1호(납세 거절), 제2호(적의 재판과 행정상 모든 명령 거절)를 공포하다.

5.2. 대한민국임시정부, 제4회 의정원의회에서 구급의무금 모집안을 가결하다.(국편)

5.3. 通化縣 新興學校, 新興武官學校로 개편하여 개교하다. 교장 李始榮, 교관 李靑天·金擎天.(국편)

5.3. 신흥학교를 '신흥무관학교'로 개편하고, 1920년까지 2천여 명을 배출하다.

5.4. 상해에서 김문도 외 11명이 대한독립청년단을 조직하고, 군자금 모금을 조달하다.

5.5. 間島 僑胞, 日本領事館 일부를 소각하다.(국편)

5.7. 강화회의에서 적도이북 남양군도의 통치를 일본에 위임하도록 결정하다.

5.10. 상해 임시정부가 국가주권 승인 등 20개 항목의 공문서를 파리강화회의에 제출하다.

5.12. 國務院委員 趙琬九, 임시정부 의정원회에서 시정방침에 대해 연설하다./ 金奎植, 파리강화회의에 독립청원서를 제출하다.(국편)

5.13. 대한민국임시정부 의원 孫斗煥·韓偉健 등 6명, 의회를 의정원에 통일케 하자는 안건을 제출하다./ 日本福島妨織株式會社 한인노동자 200여 명, 박해에 반대하여 동맹파업을 하다.(국편)

5.25. 安昌浩, 내무총장에 취임하기 위해 미국에서 상해에 도착하다.

5.31. 文昌範·南萬春·金哲勳 등이 高麗共産黨(伊市派)을 조직하다.

5.-. 이상룡·지청천 등이 남만주에 서로군정서를 조직하고, 독립군 양성·일제통치기관 파괴 등을 도모하다./ 임시정부 비밀조직이 교통국 안동지부사무국을 설치하고 국내와의 연락을 도모하다.

6.1. 총독부경찰관을 외무성경찰관의 이름으로 변경하여 間島에 파견하다.(국편)

6.3. 일본에서 在日韓國人國民會를 발족하다.(국편)

6.6. 李承晚, 워싱턴에서 대한자유공동대회를 개최하다.(국편)

6.11. 일본 기독교동맹대표가 귀국하여 총독통치 비판보고서를 공표하다.(국편)

6.12. 김성근 등이 上海에서 救國冒險團을 조직하고, 밀정 암살·군자금 조달을 도모하다.(국편)

6.15. 상해 임시정부가 〈인구세 시행세칙〉(재무부령 제1호)을 공포하고, 만 20세 이상에게 금화 1원을 연 2회 납부하도록 하다.

6.16. 상해 임시정부가 〈임시징세령 시행세칙〉(제3호)을 공포하다.

6.17. 安昌浩·李光洙·趙東祐 등 20여 명이 상해 임시정부 내에 사료조사편찬부를 설치하다./ 양정고보·보성고보가 동맹휴업을 하다.

6.24. 露領의 老人同盟團이 일본 정부에 독립요구서를 전달하다.

6.26. 安昌浩가 상해 임시정부 내무총장에 취임하다.

6.-. 대조선독립애국부인회, 혈성단애국부인회, 대한민국애국부인회를 결성하고 임시정부를 지원하다./ 趙在建·咸錫殷 등이 만주 안동현에서 대한독립청년단(총재 安秉燦)을 조직하다.(~1919.11.)/ 朴容萬이 북경에서 군사통일회를 조직하고, 대한민국애국부인단이 결성되다.

7.1. 北美 大韓人民會 中央總會가 〈한국의 실정〉을 간행하다.(국편)

7.8. 대한민국임시정부 의정원회가 全院·常任·特別委員會를 조직하다./ 대한민국임시정부 내무총장 安昌浩가 외교활동에 관한 시정연설을 하다.(국편)

7.10. 대한민국임시정부가 國務院令 제1호로 聯通制 실시를 공포하다. 도에는 督辦, 군에는 郡監, 면에는 司監을 두다. 각도의 督辦은 평북 安秉瓚, 평남 尹聖連, 황해도 崔錫浩, 함남 吳相根, 함북 吳相默, 전남 奇東衍, 전북 李德煥, 경기도 閔哲勳, 충청도 李起祥으로 임명하

연도	한국
▲ 1919 ▼	조직하고 상해임시정부와 연락하다./ 崔時興이 大摩山을 중심으로 독립운동단체 大摩山隊를 조직하다. 4.1. 유관순이 천안 아오내 장터에서 독립만세 운동 중에 체포되다./ 驪州郡民 3천여 명, 만세시위 중 일부 시위대가 郡廳을 습격하다./ 橫城郡民 3천여 명, 읍내 각 관공서를 습격하다./ 日本政府가 定例閣議를 열고 3·1운동 진압에 관한 구체적 수단을 협의하다.(국편) 4.2. 각계 대표자들이 인천에서 비밀회합을 열고, 臨時政府 조직과 파리평화회의 대표 파견 및 國民大會 개최, 정부 수립의 내외 선포 등을 협의하다./ 義州郡 水鎭面民 2천여 명, 동사무소를 습격하다.(국편) 4.3. 昌原郡 鎭田·鎭北·鎭東面民 5천여 명, 만세시위를 하다. 三鎭義擧로 불리다./ 長城郡民 柳相皓·高龍錫·鄭秉模 등이 장날을 이용하여 만세시위를 하다.(국편) 4.4. 勝尼 李章玉·李利修 등의 주도로 密陽郡民 5천여 명이 密陽郡 丹場面에서 만세시위를 하다./ 南原郡民 1천여 명, 만세시위 중 경찰의 사격으로 8명이 피살되다./ 일본각의가 만세시위 진압을 위해 步兵 6개 대대와 憲兵 65명·補助憲兵 253명을 증파하기로 결정하다.(국편) 4.5. 金海郡民 3천여 명, 下界面 進永里에서 만세시위를 하다./ 楊平郡民이 만세시위 중 楊東面事務所와 駐在所를 습격하다.(국편)/ 朝鮮總督府가 〈朝鮮民曆發賣規定〉을 공포·시행하다가 1923년 4월에 폐지하다. 4.6. 朔州郡民 8천여 명, 外南面 大館에서 시위를 하다./ 河東郡民 朴永默·李宗義 등 1천여 명, 古田面에서 만세시위를 하다.(국편) 4.7. 載寧邑民 2천여 명, 만세시위를 하다./ 유생 朴恒來가 전남 順天邑 南門에서 만세시위를 주도하다.(국편) 4.8. 朝鮮國民大會와 朝鮮自主黨聯合會가 서울에서 朝鮮民國臨時政府 組織布告文·政府創立章程·閣僚名單을 발표하다./ 上海 獨立臨時事務所가 臨時官制를 선포하다./ 姜大鉉이 臨政憲法原文과 李東輝를 집정관으로 하는 각료 명단을 휴대하고 上海에 도착하다.(국편)/ 조선국민대회·조선자주당연합회가 서울에서 조선민국임시정부 조직포고문과 정부 창립장정·각료명단을 발표하다./ 〈學校傳染病豫防 및 消毒法〉을 공포·시행하다. 4.9. 聞慶郡民 安容鎬·崔盛源·南永鎭 등이 豊基邑 시장에서 만세시위를 하다./ 前義兵將 柳章烈이 전주 경찰에 피체되다.(국편) 4.10. 대한민국임시정부 건립을 위한 민족운동 지도자 李東寧 등 29명이 上海 佛租界에서 제1회 臨時議政院을 개원하고 大韓民國臨時憲章 10개 조를 채택하다./ 吳成範 등 武裝獨立軍 170명이 輯安縣 東聚堡 黑沙河子에 집결하여 국내 진입을 계획하다. 4.10. 內鮮一體 종합잡지 《半島時論》이 통권 25호로 종간되다.(국편) 4.11. 大韓民國臨時政府가 수립되다. 國號·官制를 제정하고 國務總理 李承晩 등 國務員을 선출하다./ 海南邑民 金秉勳·曺鍾運·安昌錫 등이 만세시위를 주도하다.(국편) 4.12. 金海郡民 金鍾煊·金升泰·趙順奎 등 3천여 명, 長有面 茂溪里 시장에서 만세시위를 하다./ 永川郡民 洪鍾顯 등 1천여 명이 장날을 이용하여 만세시위를 하다.(국편) 4.14. 柳承甲·孫季默 등 도로공사 인부 100여 명, 泗川에서 만세시위를 하다. 4.15. 〈旅行取締令〉을 공포·시행하다./ 朝鮮總督府에서 〈政治에 관한 犯罪處罰에 관한 件〉을 제정·공포하다./ 화성 제암리 학살 사건이 일어나다. 일본 경찰이 교회 건물과 민가 등 31호를 방화하고 29명이 사망하다./ 朝鮮總督府에서 〈制令 第7號〉(政治에 관한 犯罪處罰件)을 공포하고 3·1운동 폭력 진압을 정당화하다./ 日本軍이 水原 提岩敎會에서 인근 주민 30여 명을 감금·총살·방화하다. 提岩里事件으로 불리며, 水原·安城郡內 64개 마을에서 방화·살육이 자행되다./ 〈朝鮮人旅行取締令〉을 공포·시행하다.(~1922.12) 4.16. 13도 대표자가 國民代表 25명과 함께 서울에서 비밀회의를 개최하고 臨時政府 閣員 및 파리강화회의 派遣代表를 확정하다.(국편) 4.17. 平北 鐵山·宣川·義州 인사들이 〈新韓民國政府宣言書〉를 배포하다./ 金守吉·李鎭植 등이 대구에서 비밀결사 慧星團을 조직하다./ 서울에서 13도 대표가 회동하여 國民大會 개최와 臨時政府 조직에 대해 발표하다. 4.18. 晋州郡民 3천여 명, 만세시위자 압송에 대한 항의시위를 하다. 4.20. 釜山 朝鮮瓦斯電氣會社 職工 61명이 동맹파업을 하다. 4.21. 〈朝鮮財團抵當令〉을 공포하다. 4.23. 13도 대표 24명이 仁川 萬國公園에서 國民大會 이름으로 漢城臨時政府를 조직하고 約法·閣僚名單을 발표하다. 執政官總裁로 李承晩을, 國務總理總長으로 李東輝를 선임하다.(국편) 4.24. 〈朝鮮蠶業令〉을 공포하다. 4.26. 第2代 朝鮮總督 長谷川가 辭任서를 제출하다. 4.27. 大邱 慧星團員이 '警我同胞'라는 격문 300매를 배포하다.(국편) 4.28. 〈酒稅〉, 〈煙草消費稅〉, 〈砂糖消費稅令〉을 공포하다. 5.5. 〈國稅調査規則〉을 공포하다. 5.6. 安在興·羅昌憲 등이 서울에서 靑年外交團을 조직하고, 上海 大韓民國 臨時政府 후원 등을 논의하다. 5.7. 淸道郡 大城面民 4천여 명, 만세시위 중 日本人家를 습격하다.(국편) 5.8. 大田監獄을 설치하다.

일본

고, 국내외 업무연락의 비밀행정조직을 만들다.

7.11. 상해임시의정원과 노령국민의회가 합병을 결의하다.

7.13. 大韓民國赤十字會를 상해에서 조직하고, 安昌浩 등 78명 명의로 선언서와 결의문을 발표하다.(국편)

7.14. 대한민국임시정부가 현순과 金聖謙을 露領에 특파하여 의회통합문제에 대한 절충을 시도케 하다./ 申翼熙가 대한민국임시정부 임시의정원 부의장에 피선되다.(국편)

7.18. 國民會 하와이 지방총회와 獨立團이 합동되다.

7.19. 상해 임시의정원이 〈국채통칙 및 공채발행조례〉를 가결하다.

7.21. 鮮于日이 滿洲 奉天에서 일제의 지원을 받아 〈滿洲日報〉를 창간하다.(국편)

7.28. 경시청특별고등과에 「內鮮高等係」를 설치한 후, 이어서 전국에 설치하여 재일조선인을 치안대상으로 삼다.

7.29. 대한민국임시정부가 愛國婦人會의 활동에 대해 襃奬하다./ 權命燮이 파리장서 초안을 집필하다 발각되어 피체되다.(국편)

7.-. 켄달이 『한국독립운동의 진상』을 캘리포니아에서 출판하고, 한국 병탄과 3·1운동 등을 기술하다.

8.2. 대한여자애국단을 창립하다.

8.5. 캘리포니아에서 '대한여자애국단'(회장 金惠淑)을 결성하고, 독립운동을 후원하며 독립사상을 고취하다./ 대한민국임시정부가 民國法令으로 위원제를 폐지하고 次長制를 시행하다.

8.7. 金佐鎭 등이 정의단을 '군정부'(총재 李相龍)로 개편하고, 1919.9. 북로군정서로 개칭하다.

8.8. 조선사회당 趙素昻·李寬鎔이 스위스 만국사회당대회에 참석하여 임시정부 승인을 요청하고, 제2차 인터내셔날회의에 참가한 趙素昻이 한국사회당 명의로 한국독립요구서를 제출하다.

8.9. 스위스 루체른에서 개최된 제2차 인터내셔날회의에서 한국민족독립결정서가 만장일치로 통과되다.

8.20. 조선총독부와 대만총독부 관제를 개정하다./ 대한민국임시정부가 《臨時地方交通事務局章程》을 공포하다.

8.21. 임시정부 기관지 《獨立》을 창간하고, 1920.10. 《독립신문》으로 개칭하다.(~1925.11.)

8.23. 대한민국임시정부가 鄭載冕을 大韓國民會에 특파하다.

8.24. 파리강화회의에 독립호소문을 보낸 곽종석(1846-1919)이 사망하다.

8.25. 李承晩이 워싱턴에 '구미주차한국위원부'를 조직하고, 대미외교를 수행하다.(~1928)

8.28. 상해 임시의정원에서 〈임시헌법개정안〉·〈임시정부개조안〉을 의결하고, 대통령제를 채용하다.

8.29. 대한독립청년단장 안병찬 등 17명이 만주 안동현에서 체포되어 1년 6개월 금고형을 선고받다.

8.30. 블라디보스톡의 대한국민의회에서 상해의 통합임시정부안을 승인하다./ 李東輝가 상해임시정부 국무총리에 부임하다.

8.-. 서재필이 필라델피아에서 월간 《한국공론》을 창간하다./ 블라디보스톡 신한촌에서 韓人靑年團을 조직하다.

9.1. 세브란스의학교 1회 졸업생 김필순(1880-1919)이 내몽골 치치할에서 순국하다.

9.3. 대한민국임시정부에서 《공보》 제1호를 발행하여 임시정부 활동 등을 국내외에 알리다.

9.4. 구미위원부에서 집정관총재 李承晩의 행정령으로 '대한민국공채표'를 발행하다.

9.5. 金哲勳 등이 이르쿠츠크 共産黨韓人支部를 全露韓人共産黨으로 개편하다.(국편)

9.6. 임시정부의정원이 憲法改正案·政府改造案을 통과시키고, 제1차 개헌을 단행하다./ 대통령 李承晩, 국무총리 李東輝, 외무총리 朴容萬, 학무 金奎植, 참모 柳東說, 교통 文昌範, 내무 李東寧, 재무 李始榮, 법무 申圭植, 군무 盧伯麟, 노동총판 安昌浩가 임명되다.

9.11. 대한민국임시정부에서 임시헌법을 공포하고, 통합임시정부가 출범하다./ 임시정부 의정원 의장 명의로 李承晩의 임시대통령 당선을 공포하고, 1925.3.에 이승만을 탄핵하다./ 대한민국임시정부가 漢城·上海·露領政府를 상해임시정부로 통합하다.

9.14. 李剛 등이 블라디보스톡 신한촌에서 총독부 특파원에 피체되다.(국편)

9.15. 임시정부의정원이 통합임시정부일을 시정기념일로 제정하여 공고하다./ 田誠忍(李錫利)이 滿洲 奉天에서 폭사하다.(국편)

9.16. 대한민국단지결사대 총무부장 黃龍起 등 3명이 間島 일영사분관경찰에 피체되다.(국편)

9.17. 대한민국임시정부가 臨時議政院法을 공포하다.(국편)

9.18. 이동휘가 상해에 도착하여 국무총리에 취임하다.

9.23. 임시정부 사료편찬위원회가 『한일관계사료집』 제4권을 간행하다.

9.29. 선교사연합회가 총독에게 한국인의 탄압과 민족차별 철회를 요구하는 건의서를 제출하다.

9.30. 上海大韓靑年團이 '적의 관공리가 된 동포에게'라는 제목의 포고문을 발포하다.(국편)

9.-. 신채호 등이 학생단(대한청년독립단)을 북경에서 조직하다./ 이동휘 일파가 재상해 한인사회당 조직의 기관지 《자유종》 등을 통해 강령과 목표를 선전하다.

10.1. 대한민국임시정부의 政令에 따라 서울 1,038개의 상점이 일시 폐점하다.(국편)

10.10. 대한민국임시정부가 파리위원부를 구미위원부의 직할기관으로 흡수하다./ 黃己煥이 직무를 대리하다.(국편)

10.12. 톰킨스 목사 주도로 친한파 미국 상원의원들이 샌프란시스코에서 韓人親友會를 조직하다.

10.13. 애국부인회(회장 李和淑)가 상해에서 조직되다.

10.15. 임시정부 내무부가 포고 제1호(남녀학생에게), 제2호(상업에 종사하는 동포에게)를 발표하다./ 독립단 孟憲奎가 柳河縣 三源堡에서 단원 모집 활동 중 피체되다./ 朴殷植 등이 상해에서 국민교육 연구와 유학생 지도를 목적으로 大韓敎育會를 조직하다.(국편)

10.16. 大韓民國決死隊 총무부장 黃龍起 등 6명이 군자금 모집 중 龍井村에서 피체되다.(국편)

연도	한국
▲ 1919 ▼	5.10. 京城府 木鞋製造業 제화공 50여 명이 임금 인상을 요구하며 동맹파업을 하다. 5.11. 〈朝鮮阿片取締令〉 시행규칙을 공포하다. 5.14. 金壽吉 등이 점포 폐쇄 권고 문서를 살포하다가 대구경찰서에 피체되다.(국편) 5.16. 平北 楚山의 3·1운동을 주도한 金洛鉻(1860~1919)이 新義州監獄에서 옥사하다./ 釜山 滿鐵管理局 草粱分工場 勞動者 200여 명, 임금 인상을 요구하며 동맹파업을 하다.(국편) 5.18. 總督府가 3·1운동 발생 이후 현재까지 시위지역 579개소, 憲兵과 충돌지역 113개소, 피살자 390명, 부상자 838명, 파괴된 面事務所 47개소, 警察署 45개소로 집계 발표하다.(국편) 5.23. 〈衆議院選擧法〉 개정 공포하다. 5.26. 對中國新借款團이 橫濱正金銀行, 日本興業銀行 중심으로 결성되다./ 西大門監獄에서 民族代表 33인 중 梁漢默(1862~1919)이 순국하다./ 崔東旲·洪武烈 등 9명이 鍾路警察署에 피체되다. 5.-. 朴善明·金燦斗·鄭益魯 등이 平壤에 國民團을 조직하다. 단원은 1,500여 명이다. 6.4. 龍山에서 第20師團 開廳式이 거행되다.(국편) 7.18. 朝鮮總督府가 南山 朝鮮神宮 창립을 확정하고, 1925년 10월 완공하다. 7.30. 金相台가 국내 잠입 중 日警에 피체되다.(국편) 7.31. 京城 朝鮮煙草會社 職工 78명이 임금 인상을 요구하며 동맹파업하다.(국편) 7.-. 〈朝鮮所得稅令〉을 제정·공포하다. 8.1. 閔元植이 서울에서 친일단체 協成俱樂部를 조직하다.(~1920.1)/ 京城地方法院에서 孫秉熙 등 360명에 대한 豫審을 종결하다. 8.5. 平壤鑛業部 鑛夫·雜役夫 80명이 임금 인상을 요구하며 동맹파업하다. 8.12. 總督 長谷川好道가 면직되고, 第3代 總督으로 齋藤實이 임명되다.(~1927.12) 8.14. 東萊萬歲運動 관련자 尹三東·黃龍河 등 9명이 釜山監獄에서 가출옥하다.(국편) 8.18. 서울 電氣勞動者들이 파업하다. 8.19. 朝鮮總督府가 警察官署 폐지를 공포하고 즉일 시행하다./ 朝鮮總督府官制를 改正·公佈·施行하고, 憲兵警察制를 폐지하다.(국편) 8.29. 서울 학생 일부가 國恥紀念 경고문과 大韓獨立結社隊 大同團 명의의 宣傳文을 살포하다./ '國恥日'에 전국 각지의 商人이 철시를 단행하다. 8.-. 京城地方法院이 民族代表 48인에게 內亂罪를 적용하고, 관할 문제로 高等法院에 회부하다./ 洪範圖 휘하 大韓獨立軍 200여 명이 甲山·海山鎭 등의 日本 병영을 습격하다. 9.2. 老人同盟團의 姜宇奎가 부임하는 日本總督 齋藤實에게 南大門驛에서 폭탄을 던졌으나 실패하다. 37명이 중경상을 입다./ 大韓民國臨時政府가 特派員으로 忠淸道에 李明濟, 全羅道에 李承浩를 파견하다./ 大韓獨立靑年團 薛命和·金求善·李庸鉉 등이 安東縣에서 체포되어 新義州警察署에 인계되다.(국편) 9.3. 朝鮮總督 齋藤實이 朝鮮總督府 및 소속 관서에 이른바 文化政治를 표방하고, 日鮮融和·一視同仁을 구호로 내세우다. 9.9. 大韓民國臨時政府 平南特派員 劉基峻이 平壤에서 체포되어 형사취조 중 탈주하다.(국편) 9.10. 書畵協會를 조직한 '근대 韓國畵의 아버지' 畵家 安中植(1861~1919)이 사망하다. 9.11. 京義線 開城驛舍를 준공하다. 9.17. 쌀·조·밀·수수에 대한 유입세 및 이입세 면제에 관한 건을 공포하다./ 老人同盟團 姜宇奎가 재거사를 준비 중 서울 樓下洞에서 피체되다. 9.20. 〈普通警察制〉를 실시하여 朝鮮總督의 文武官을 임용하고, 制服·大劍 착용을 폐지하고 文化統治로 전환하다. 9.22. 〈朝鮮米穀株式會社 設置令〉을 공포하다./ 光復團 朴尙鎭·蔡基中·金漢鍾·林世圭·金敬泰 등이 京城覆審法院에서 사형을 언도받다. 9.-. 總督府가 在日韓國人 留學生의 감독권을 東京의 東洋協會에 위탁하다./ 天道敎가 民族運動 靑年團體 육성을 위해 天道敎靑年敎理講演部를 조직하다. 10.1. 日帝가 施政紀念日에 시위운동 예방을 위해 檢擧令을 내리고 警戒를 강화하다./ 上海 臨時政府의 政令에 따라 서울 1,038개의 상점이 일시 폐점하다. 10.3. 암살단 劉鉉達 등이 平北 厚昌郡 南新面을 기습하다./ 平北 龍川郡 楊下面民 100여 명이 元山에서 봉화를 들고 만세를 고창하다.(국편) 10.5. 金性洙 등이 자본금 100만 원으로 京城紡織株式會社를 설립하고 천연섬유와 합성섬유를 생산하다. 10.6. 耶蘇敎徒 朴承明·朴寅寬 등 100명이 平壤長老派 總會場에서 《獨立新聞》을 배포하다.(국편) 10.9. 安祐善 등이 上海 臨時政府 자금조달을 위해 中國紙幣를 인쇄하다가 日警에 피체되다. 10.10. 李起夏·方昌根 등이 서울에서 結誼團을 창립하다./ 大韓獨立愛國團 鐵原郡團이 臨時政府 통합을 축하하며 만세시위를 하다.(국편) 10.11. 天摩山隊가 朔州警察署를 습격하고 日警 2명을 사살한 후 무기를 노획하다.(국편)

일본

10.17. 임정이 국내에 임시총판부를 설치하고, 〈연통제 관제〉를 발표하다./ 파리위원부 서기장 黃己煥, 프랑스 인권옹호회 간부회의에서 한국문제를 설명하다.

10.23. 대한정의단 임시군정부(만주 안도현)를 임정 권고에 따라 '대한정의군정사'(총재 이규)로 개칭하다./ 이동휘파 고려공산당이 블라디보스톡에서 상해로 옮기다.

10.24. 洪範圖 휘하의 대한독립군이 江界·滿浦鎭을 점령하고 日軍과 교전하다.(국편)

10.25. 대한민국 임시정부가 기관지《독립》을《독립신문》(제22호)으로 개칭하다.

10.29. 임정 경성특파원 李鍾郁이 金嘉鎭을 동반하고 上海로 귀환하다.

10.31. 대한민족대표 30명 명의로 선언서를 발표하다./ 대한민국임시정부가 呂運亨·安恭根·韓馨權을 소련에 파견하여 레닌정부로부터 독립운동 원조를 교섭케 하다.(국편)

11.2. 대한민국임시정부가 '內外一般國民에게'라는 제목의 포고문을 발포하다.(국편)

11.3. 李始榮 등 3총장의 내각취임식을 거행하다.(국편)

11.5. 대한민국임시정부가 臨時官制를 공포하다.(국편)/ 동경유학생이 조선청년독립단 명의의 선언서를 주일각국공사관 각료 및 해외동포에게 송부하다.

11.9. 金元鳳 등이 중국 길림성에서 '의열단'을 조직하고, 의열투쟁을 전개하다./ 영친왕 李垠이 독립운동을 위해 상해로 탈출 시도하다가

11.11. 만주 안동에서 피체되어 국내로 압송되다./ 大同團長 金協·崔益煥·鄭南用·韓基東 등이 安東縣에서 체포되고, 羅昌憲이 탈주하다.(국편)

11.17. 상해 임시정부 국무회의에서 서간도의 군사기관과 군정부의 자치기관을 한족회의 산하기관으로 결정하다./ 내무성「조선인의 감시 체체에 관한 件」을 各부현에 송부하다.

11.18. 全協·崔益煥 등이 조선민족대동단 주모자로 검거되다./ 여운형이 동경에서 한민족의 절대독립을 천명하다./ 의친왕이 망명 시도로 징역 8년형을 선고받다.

11.19. 파리에서 재법한국민회를 조직하다./ 여운형·장덕수·최근우·신상원 등이 일본 수상·척식국 장관·육군상·정무총감 등과 접촉하다.

11.20. 임정이 국채통칙금《독립공채조례》를 공포하다.

11.28. 임정 민단장 여운형이 도쿄 제국호텔에서 내외 기자·교수·학생들 앞에서 한국독립을 공개적으로 연설하고, 신한청년당을 대표하여 미국 대통령 윌슨에게 한국독립청원서를 제출하다.

11.-. 한족회 직속인 서간도의 군정부가 대한민국임시정부 산하로 들어가 서로군정서로 개편되다./ 정의부를 기반으로 한 군정부는 북로군정서로 개편되다./ 대한독립단 장백지단이 軍備團으로 발전하다.

12.1. 신한청년당이 상해에서 기관지《신한청년》을 창간하다.(주필 朴殷植)/ 조선은행이 블라디보스톡 지점을 설치하다.

12.7. 미국 캘리포니아에서 趙素昻의 외교운동을 후원하기 위해 勞動社改進黨을 창당하다.

12.11. 대한민국임시정부가 國務院을 上海 프랑스조계 新民里 24號로 이전하다.(국편)

12.14. 미국 캘리포니아주에서 소집된 勞動社會改進黨大會에서 趙素昻을 世界人民聯盟結成의 韓國人民大表로 선정하다./ 高義駿이 金尙默·金應斗 등과 제휴하여 維民會를 설립하다.(국편)

12.18. 임정 군무부회가 제1호로 임시군경단제를 발포하다./ 대한민국임시정부가 군사정책의 기본골격인《大韓民國陸軍臨時軍制》및《臨時陸軍武官學校條例》를 발포하다./ 상해 임시정부에서 독립전쟁 준비 목적으로《임시군사준비단계》(군무부령 제1호)를 공포하다.

12.23. 朴春琴, 李起東 등이 相愛会를 결성하여 対日協力 활동을 시작하다.

12.26. 대한민국임시정부가 교통부를 上海 霞飛路 寶康里 213號로 이전하다.

12.-. 임시정부 구미위원부가 독립공채 50만 달러 모집에 착수하다.

10.12. 서울 東亞煙草工場 職工들이 파업을 시작하다.(~10.17)/ 京城 樂友會(홍난파 등)가 鍾路靑年會館에서 제1회 音樂演奏會를 개최하다.

10.27. 최초의 한국영화 〈義理的 仇鬪〉(감독 金度山, 주연: 金度山·李景煥)가 團成社에서 상영되다./ 普成高等普通學校·京城女子高等普通學校·培花女學校生 등이 수업을 거부하다./ 大韓民國靑年外交團 李秉澈 등 10명이 獨立運動 관계문서와 인쇄물을 배포하다 피검되다.(국편)

10.28. 申采浩가 반임시정부 宣傳紙인《新大韓》을 창간하고 無政府主義 宣傳을 본격화하다.

10.29. 京城高等普通學校生 李宣寅·吳星煥 및 彙文高等普通學校生 金完植·趙光勳 등 7명이 불온언동 혐의로 피검되다.(국편)

10.-. 木浦에서 日本人 所有 不動産 買收 運動이 일어나다./ 平壤의 長老敎 교인 朴冕夏·崔元和가 비밀결社인 韓民會를 조직하고 臨時政府 機關紙를 배포하다./ 서울·평양 등지에서 '天長節'에 日本國旗 게양 반대 투쟁이 일어나다./ 呂運亨·安公根·韓馨權이 蘇聯에 派遣할 대표로 선정되어 列寧政府와 獨立運動 원조를 교섭하다.

11.13. 黃海道 黑橋驛 부근 日本人 森農場 소작인 1,500여 명이 高率小作料에 항거해 농성시위를 벌이다.(국편)

11.14. 謙伊浦製鐵所 勞動者 250여 명이 용광로를 점거하고 파업 탄압에 대항하여 투쟁하다.

11.16. 正洞俱樂部 支部에서 친일단체 육성책의 일환으로 '大同文化社' 발기총회를 열다.

11.18. 〈物品輸出取締에 관한 件〉을 공포·시행하다.

11.19. 京城印刷所 職工 15명이 임금 3할 인상을 요구하며 동맹파업을 하다.

연도	한국
▲ 1919	11.24. 斷指決死隊 黃龍起·金元瑞·高泰佑가 咸興地方法院에서 실형을 언도받다.(국편) 11.25. 海西國民會가 黃海道 長淵에서 발족하다. 11.26. 安秉讚이 各地 靑年團의 집결체인 大韓靑年團聯合會를 조직하다. 11.27. 李秉喆·安在鴻이 臨時政府 지원 비밀단체 韓國靑年外交團 사건으로 피체되다. 11.28. 大韓愛國婦人會 幹部 金瑪利亞·吳賢柱 등 23명이 피체되다. 11.30. 大韓民國臨時政府의 咸境北道 督辦府員·郡監 등이 羅南事件으로 피검되다./ 大韓民國臨時政府가 서울에 臨時總辦府를 설치하다.(국편) 12.1. 〈男·女子高等普通學校規則〉을 개정하여 한국어 과목을 축소하고 日本語를 확대하며 日本 歷史·地理 과목을 신설하다./ 高等普通學校 및 女子高等普通學校規則을 개정하여 日本語 敎授를 강화하고 日本 歷史敎育을 실시하도록 강요하다./ 서울 洋畵製造業 職工 243명이 임금 인상을 요구하며 동맹파업을 하다./ 新韓靑年黨 機關紙《新韓靑年》창간호를 발행하다./ 朝鮮總督府에서〈高等普通學校規則〉을 개정하다.
1920 ▼	【한국】 1.3. 新義州分監 수감인 19명이 감옥을 파괴하고 탈출하다.(국편) 1.6. 총독부에서 한글신문으로《조선일보》·《동아일보》·《시사신문》의 발행을 허가하다.(국편) 1.7. 金思容 등 50명이 중앙기독교청년회관에서 朝鮮勞働硏究會를 조직하다.(국편) 1.9. 조선총독부가 역둔토불하 방침을 결정하고, 소작인 등의 연고자에게 불하의 우선권을 인정하다. 1.14. 대한독립단원 金正白·金振華·白雲翰 등 3명이 평양에서 독립자금 모집 중 검거되다.(국편) 1.16. 일본 시찰을 다녀온 경성·경상도 유림에서 친일 유도진흥회를 결성하여 유생들의 반일의식을 약화시키다. 1.17. 大邱地方法院檢事局, 大韓愛國婦人會事件을 신문통신기자단에 발표하다.(국편) 1.18. 민원식 등이 신일본주의 단체인 '국민협회'를 조직하다./ 정안립 등이 장충관에서 조선고사연구회를 조직하고 유림·재만 한인 60여 명이 참석하다. 1.20. 의병 출신 박장호·조맹선 등이 평북독립단을 조직하다. 1.21. 대한민국임시정부가 鄭濟淳을 평안도독판부 상황시찰특파원으로 임명하다./ 韓舜範이 평남 대동경찰서 순사를 사살하다.(국편) 1.22. 대한민국임시정부 평북특파원 孔翊舜이 국민군조직 계획 중 피검되다.(국편) 1.27. 安岳郡民 500여 명이 邑內에서 장날을 이용하여 시위하다.(국편) 1.29. 경성부경찰서를 개편하고 동대문경찰서·서대문경찰서를 증설하다./ 대구 계성학교 학생 70여 명이 고등보통학교 승격을 요구하며 동맹 자퇴하다. 1.30. 서울 경신학교 학생이 고등보통학교 승격을 요구하며 동맹휴학하다. 1.31. 광주공립농업보습학교 학생이 일본인 교사의 모욕적 언행에 분개하여 동맹휴학하다. 1.-. 부산 동래 지역 최초 청년단체인 '동래청년구락부'를 결성하다. 2.1. 차미리사가 근화여학교를 설립하다./ 李龍鎭 등 9명이 경고문 배포 및 군자금 모집 중 日警에 피검되다.(국편) 2.4. 金敦·金用國·尹泰京 등이 평북 昌城에서 朝鮮人組合會를 조직하다.(국편) 2.6. 金性洙 등 78명이 자본금 500만원으로 東亞日報社를 설립하다.(국편) 2.12. 新興武官學校 學友團員 文相直·徐榮均·宋貞得이 대구에서 관공서 폭파용 폭탄 제조 중 피체되다.(국편) 2.15. 平北督辦 李德煥 등이 대한민국임시정부원 梁濬明의 서울·평양 간 연통제 관계문서 발각으로 피체되다.(국편) 2.16. 金光濟 등이 종로YMCA회관에서 조선노동대회 발기회를 개최하고, 5.2. 창립총회를 개최하다. 2.22. 대한민국임시정부 평북특파원 孔翊舜이 泰川에서 피검되다.(국편) 2.27. 大韓國民會血誠團·大韓國民會決死團 등이 3.1 운동 1주년을 맞아 자주독립을 재차 선언하다.(국편) 2.-. 서울에서 대동단·상무연구회·혁신당 등이 조직되다./ 연극평론가·극작가 玄哲이 전문예술인 양성을 위해 서대문 근처에 예술학원을 설립하다. 3.1. 서울·平壤·宣川·黃州·載寧·信川·松禾·長淵·間島·블라디보스톡·上海 등지에서 3.1 독립운동 1주년을 기해 기념식 및 만세시위를 하다./ 3.1 운동 1주년 기념일을 기해 예비검속을 시행하다. 총독부학무국장이 학교장에게 독립운동 재발에 대한 예비책을 지시하다./《韓滿直通運輸 화물운송 규칙》을 제정하다./ 사립학교규칙을 개정하여 복잡한 허가절차를 완화하다.(국편) 3.5.《조선일보》를 창간하다(발행인 예종석). 1940.8. 폐간되다./ 金應圭·朴達鎔·白光欽 등이 東萊郡 東萊面에서 만세시위를 주도하다 피검되다. 3.6. 金錫鎬 등 10명이 대평독립청년단을 조직하고 군자금 모집 활동 중 피검되다.(국편) 3.7. 대한독립단원 金明權·吳雲興·徐鳳根 등이 德川郡 德安面에서 太極面 순사주재소 경찰 5명과 교전하여 日警 2명을 사살하다.(국편) 3.9. 독립운동 자금 모집원 李鍾聲·李基煥이 충남 瑞山郡 仁旨面에서 피체되다.(국편) 3.10. 총독부가《조선어사전》을 간행하다.

일본

12.6. 朴明孝·朴海達·崔鎭·張斗鉉 등이 農商工振興 및 生活改善을 목적으로 서울에서 朝鮮經濟會를 조직하다.

12.8. 李錫允이 水原地方法院 支廳에서 獨立資金 募集 혐의로 징역 8개월을 선고받다.(국편)

12.10. 大韓國民會長 朴寅寬 등 7명이 秘密結社 組織 혐의로 피체되다.(국편)

12.15. 金相德 등 54명이 鐵原에서 愛國團을 조직하여 활동 중 피체되다.(국편)

12.17. 仁川 朝鮮精米會社 女工 150명이 임금 인상을 요구하며 동맹파업을 하다.

12.18. 大韓民國臨時政府가 軍事政策의 기본 골격인 〈大韓民國陸軍臨時軍制〉 및 〈臨時陸軍武官學校條例〉를 발포하다.(국편)

12.26. 金教勳 등 15명이 國民大會 조직 및 獨立資金 調達 혐의로 피검되다.(국편)

12.31. 大韓民國臨時政府 平北 昌城郡 通信員 金之鎰·康濟博 등이 피검되다.(국편)

【일본·해외】

1.1. 獨立靑年團이 滿洲 安東縣에서 〈大韓靑年報〉를 창간하다.

1.4. 윤해·고창일이 在佛中國各社會團體 연합대회에서 한국독립회복결의안을 통과시키다./ 간도 국민회의 尹俊熙·林國梢 등 5명이 朝鮮銀行 會寧支店에서 현금수송차를 습격하고, 수송 중이던 朝鮮銀行券 15만 원을 탈취하다.(국편)

1.5. 간도 국민회가 북만주의 각 군단 통일 등 3개항을 대한민국임시정부에 건의하다./ 韓國獨立義勇軍 350명이 東寧縣 北三岔口에 도착하다.(국편)/ 시베리아 국민정부(통칭 이르쿠츠크 정부)를 수립하다.

1.9. 상해대한인민단을 상해거류민단으로 개칭하다.(국편)/ 일본과 미국이 공동관계를 단절하다.

1.10. 대한민국임시정부가 呂運亨의 도일에 관한 國務總理布告를 공포하다.(국편)/ 國際聯盟이 발족하다.

1.13. 대한민국임시정부가 臨時地方交通局章程을 개정 공포하다./ 〈獨立新聞〉에 대한독립군의용대장 洪範圖의 諭告文이 게재되다.(국편)

1.15. 李灌鎔이 제네바 만국적십자총회에서 한국적십자를 일본적십자로부터 분리해 줄 것을 요구하다.(국편)

1.20. 대한독립청년단연합회 총재·부총재가 남북만주 한인단체와 협의를 위해 만주로 향하다.

1.23. 대한민국임시정부 臨時安東縣交通事務局長 洪成益 등이 安東縣에서 피체되다./ 曺晩植이 임시정부 연락기관 설치로 체포되어 관할 검사국에 송치되다.(국편)

1.24. 상해 임시정부 군무부에서 〈포고 제1호〉를 공포하여 전 국민의 독립전쟁 참여를 호소하다.

1.25. 李起東·韓潤東·朴烈 등 6명이 동경노동동지회를 개편하여 東京朝鮮苦學生同友會를 창립하다.

1.26. 한인무장대 200여 명이 안드레이派 赤軍에 가담하여 니콜리스크를 점령하다.(국편)

1.30. 西間島의 新興武官學校에서 畢業式이 거행되다. 金文權 등 76명이 졸업하다.(국편)

1.31. 상해 임시정부가 국내 결사대 조직 등에 대해 시정 방침을 결정하다./ 朝鮮銀行券을 탈취한 林國禎·尹駿熙·韓相鏡 등 5명이 신한촌에서 무기구입을 시도하다가 피검되다.(국편)

1.-. 상해 임시정부 김구·김철 등이 비밀결사 의용단을 창립하고, '독립전쟁의 해'를 선포하다.

2.1. 上海 民團事務所內에 大韓赤十字會 看護婦養成所가 개설되다.(국편)

2.5. 민원식 등의 국민협회가 한인의 참정권 청원서를 일본 중의원 의장에게 제출하다.

2.9. 대한민국임시정부가 申翼熙·尹顯振·金立을 의정원의회 출석 政府委員으로 결정하다.(국편)

2.18. 대한민국임시정부가 군무총장 명의로 軍事警衛勤務條例를 공포하다.(국편)

2.19. 대한민국임시정부가 臨時居留民團制를 공포하다.(국편)

2.20. 盧伯麟·金鍾林 등이 미국 캘리포니아주에 韓人飛行士養成所를 설립하고 비행기 3대를 구입하다.(~1921.4)(국편)

2.24. 소련정부가 일본에 국교 회복을 제의하다.

2.26. 露領 沿海州 한인이 그로데코보역전에서 열린 카자크주민대회에 참가하여 일본타도 결의를 표명하다.(국편)

2.27. 대한국민회 血誠團 및 대한국민회 결사단이 3·1운동 1주년을 맞아 한국의 자주독립을 재차 선언하다.

2.-. 한족회 내 소장파 현정경·현익철 등이 만주 관전현에서 의혈 단체인 광한단(의흥단)을 조직하다./ 만주 흑룡주의 한국인들이 3·1운동 경축대회를 개최하다./ 상해·블라디보스톡에서 시위 운동이 전개되다.

3.2. 일본 각료회의에서 시베리아 출병 기본 방침을 체코병 구원에서 조선, 만주에 대한 볼세비즘의 위협 저지를 위한 것으로 변경하다./ 대한민국임시정부 국무총리가 임시의정원회에서 의용군 모집 등에 관한 시정방침을 연설하다.

3.10. 임시정부에서 〈지방선전부규정〉을 공포하다.

3.11. 滿洲 輯安縣 韓族會員 등 100여 명이 崔濟愚敎徒와 충돌하여 중국 순경에게 일부 피체되다.(국편)

3.12. 한인 6명이 블라디보스톡 極東共産黨 過激派 臨時委員會에 참가하다.

3.13. 한족회 회원 金聖峻이 楚山에서 독립군 지원자 모집 중 체포되다.

3.15. 洪範圖의 대한독립군 200여 명이 穩城郡 柔浦面 豊利洞의 臨時警察官駐在所를 공격하다.(국편)

3.18. 임시정부의정원 의원 柳璟煥이 일본영사관 경찰에 피검되다./ 洪範圖의 대한독립군 200여 명이 咸北 穩城郡 美浦面을 공격하다. 豊橋·長德洞을 공격했던 50명은 美山憲兵監視所를 공격하다.(국편)

3.19. 대한민국임시정부가 〈臨時外交員制〉를 공포하다./ 임시정부의정원 의원 17명이 임시대통령의 上海 來到를 촉구하는 결의안을 제출하다.(국편)

연도	한국
▲ 1920 ▼	3.12. 天安警察署가 大韓獨立軍 決死隊員 玄建柱·玄炳初 등을 체포하여 취조하다.(국편) 3.13. 李鎭泰 등이 日人과 합자로 평양은행을 설립하다./ 韓相龍·韓益敎 등 실업가 17명이 조선실업구락부를 설립하다./ 韓族會·金聖峻이 楚山에서 독립군 지원자 모집 중 피체되다. 3.15. 대한독립군·軍務都督府·大韓軍政署 등이 온성군 등지에 9차례 습격하다.(~6.4)/ 독립군 車鎭夏 등 3명이 宣川郡 台山面事務所를 기습하고 면장 金炳駿을 처단하다./ 尹致衡·尹小龍·金餠煥이 密陽에서 의열단과 연락활동 중 피검되다. 3.19. 普合團員이 義州郡 月華面事務所를 공격하다. 3.20. 중앙기독청년회 籠球팀이 동경에 원정하여 2승 3패를 기록하다./ 차미리사·金善·方信英 등이 조선여자교육회를 창립하여 인습을 타파하고 여자 보통교육을 보급하다. 3.22. 경성지방법원이 3·1운동 주도자 孫秉熙 등 47명에 대한 예심을 종결하다.(국편) 3.24. 무장독립군 6명이 義州郡 水鎭面에서 일본인 수의사를 사살하다. 3.25. 기독교인 100여 명이 龍川郡 市場에서 태극기를 들고 만세를 고창하다.(국편) 3.26. 무장독립단 50여 명이 穩城郡 柔浦面 南陽洞에서 日警과 교전하다./ 咸平公立普通學校生이 함평시장에서 독립만세 시위를 벌이다.(국편) 3.30. 漁業稅令, 船稅令, 鹽稅規程 및 人蔘稅法 폐지를 공포하다. 3.31.《조선태형령》을 폐지하다./ 李敏軾 등, 서울 禮智洞에서 軍事籌備團 조직 혐의로 피검되다. 4.1.《회사령》을 개정하여 허가제에서 신고제로 변경하고 일본 자본의 한국 침투를 용이하게 하다./ 시장규칙 개정으로 현물시장에도 공인제도를 실시하다./《연초전매령》을 제정하다./《동아일보》를 창간하다(발행인 金性洙, 1940.8 폐간)/《시사신문》을 창간하다.(사장 민원식, 1922.4 폐간) 4.3. 黃應寬·黃用瓚·金景雲이 독립운동 자금모집 혐의로 日警에 피체되다.(국편) 4.6. 僧侶 申尙玩이 義勇僧軍 조직 혐의로 鍾路警察署에 피체되다./ 李雙龍이 咸陽郡 安義面에서 만세시위 거사 혐의로 피검되다.(국편) 4.7.《사립병원취체규칙》을 공포하다.(6.1 시행), 전염병 등 확산 방지 위한 특수 구조설비를 요구하다./ 天安郡 葛田面民이 竝川市場에서 만세시위를 벌이다. 4.9. 尹敬鎬 등이 평남 江東·成川에서 독립운동 자금모집 혐의로 피체되다.(국편) 4.10. 용산 경성철도학교를 신축하다.(현 구 교통부 청사 본관) 4.11. 박중화 등이 조선노동공제회를 창립하다. 국내 첫 전국 단위 노동운동 단체로 회원은 687명이다. 4.14. 平壤府民 700여 명이 南門通에서 독립만세를 고창하고 경찰관에 투석하다./ 경성지방법원이 結誼團事件 관련 金炯埈 등 3명의 공소판결을 개정하다./ 대한민국임시정부 愛國金收合委員 崔景善 등이 江界警察署에 피검되다. 4.15. 金鳳基·朴基榮·朴承來가 임시정부 수립 1주년 축하문을 서울 안국·수송동 일대에 살포하다. 4.17. 서울시내 금은 직공 200여 명이 명월관 지점에서 직공대회를 개최하고 임금인상을 요구하다. 4.19. 日人巡査 1,636명이 인천항에 도착하다./ 大韓靑年團聯合會가 정기총회를 개최하여 임시정부 옹호와 복종을 결의하다. 4.20. 共鳴團의 崔養玉 등이 忘憂里에서 우편차를 습격하여 현금을 탈취하다. 4.23. 大韓愛國婦人會事件으로 金瑪利亞 등 24명이 공판에 회부되다./ 海南郡 門內面民 李尙順·梁成隆 등 500여 명이 독립만세 시위를 벌이다.(국편) 4.27. 京城高等法院이 姜宇奎에게 사형을 언도하다./ 釜山東萊 煙管組合 직공 700여 명이 동맹파업하다.(국편) 4.28. 張吉相 등 14명이 慶一銀行을 설립하다./ 李鍾旭이《獨立新聞》을 반입·배포한 혐의로 高敞警察署에 피체되다./ 徐相漢이 英親王 李垠의 결혼식장에서 폭탄을 투척하다 미수로 피체되다.(국편) 4.-. 보부장 단체가 '상무실업단'(총재 김택현)을 설립하고 상품 매매의 판로를 확장하다. 5.1. 의사 許英肅이 女醫 최초로 병원 英惠醫院을 개업하다./ 대한민국임시정부 내무부서기 鄭海九가 부산 입항 중 피검되다.(국편) 5.2. 독립군이 會寧 銀座通 郡參事家에서 露貨 10만루불을 탈취하다.(국편) 5.5. 朴商均이 독립자금 모집 중 龍山浦警察署에 피체되다.(국편) 5.6. 비밀결사 靑年團을 조직한 朴履俊·金基淳 등이 관할검사국에 송치되다.(국편) 5.9. 서울 중등학교 학생들이 조선학생대회를 설립하고 친목·단결 도모 및 조선물산장려, 지방색 타파 등을 주장하다./ 독립군 2명이 평북 鐵山郡 餘閑面事務所를 습격하여 소각하다./ 李根洙 등이 官衙爆破 임무 수행 중 平壤警察署에 피검되다. 5.11. 조선총독부가 보행자 우측통행제의 실시를 발표하다. 5.14. 愛國靑年團 郭景植 등 9명이《獨立新聞》 배포로 遂安警察署에 피검되다.(국편) 5.16. 崇義團員 朴敦洙가 평양에서 독립자금 모집 중 피체되다./ 咸鏡線 咸興·元山 간 철도 개통식을 열다.(국편) 5.20. 양기탁이 서울에서 統天敎를 창설하다./ 무장독립군 7명이 穩城郡 穩城邑에 잠입하여 면장 등 2명을 납거하다./ 무장독립군 3명이 義州郡 古津面에서 日警과 교전하다.(국편) 5.22. 황해도 載寧郡 南栗面 소작인이 일본인 이민으로 인한 소작권 상실에 항의하여 비협조 동맹을 결의하다.(국편) 5.24. 무장독립군 약 84명이 會寧郡 碧城面에서 日警과 교전하다.(국편)

일본

3.20. 임시정부가 상해에 임시육군무관학교를 개교하고, 입학생 40명이 졸업 후 독립전쟁에 참여할 계획을 세우다.

3.23. 朴處厚가 블라디보스톡에서 체코군 베류프와 총기 60정, 탄환 100발 賣渡契約을 체결하다.(국편)

3.29. 임시정부가 〈臨時外交員制〉를 공포하다./ 滿洲의 독립단체 시찰을 마치고 돌아오던 朴永祐가 奉天驛에서 日警에 피검되다.

3.30. 대한민국임시정부가 〈臨時居留民團監督制〉를 공포하다./ 임시정부의정원이 尹琦燮·李裕弼 등 5명의 군사제의안을 만장일치로 가결하다.(국편)

3.-. 군인 출신 김호·최시흥 등이 평북에 천마산대를 조직하여 일제 기관을 파괴하고 경찰·밀정 사살 등을 목표로 세우다./ 조선총독부가 조선 통치 편의 위해 일본어로 9년 만에 『조선어사전』을 편찬하다./ 김좌진이 만주 왕청현 십리평에 북로군정서 군간부양성학교, 사관양성소를 설립하다.

4.1. 한인 500여 명이 하바로브스크에서 볼셰비키 시위에 참가하다.

4.4. 일본군이 블라디보스토크 신한촌을 습격하여 한민학교를 소각하고, 교포 70여 명을 피체하다.(4월 참변)

4.5. 宋明會·金千錫·咸在仁 등 54명이 블라디보스톡 新韓村에서 日軍에 피체되다.(국편)

4.7. 4월 참변으로 김리직(용강, 1875~1920)·최재형·엄주필·황경섭 등이 총살당해 순국하다./ 대한민국임시정부가 〈隨時駐外財務官署官制〉·〈警衛勤務細則〉을 공포하다./ 전 재무총장 崔在亨 등 4명이 니콜리스크에서 日軍에 피살되다.(국편)

4.8. 大韓獨立軍備團 財務員 李光植이 高原警察署에 피체되다.(국편)

4.10. 대한민국임시정부가 〈財政援助에 관한 敎令〉을 공포하다./ 西間島 韓族會가 〈酒煙戒禁令〉을 발표하다.(국편)

4.11. 정광진 등이 일본에서 조선불교유학생학우회를 결성하고, 1924년 5월에 기관지 《금강저》를 창간하다.

4.13. 독립운동 자금을 휴대한 金貞俊이 碧潼郡 太平面에서 越境 중 피체되다./ 블라디보스톡에서 日本官憲 사주로 친일단체 朝鮮人民會가 조직되다.(국편)

4.20. 대한민국임시정부가 〈臨時居留民團制〉를 공포·시행하다./ 在露朝鮮人勞動同盟 55개 단체 대표가 모스크바에 회동하여 혁명촉진책을 결의하다.(국편)

4.22. 모스크바에서 한인노동자대회를 개최하고, 55개 단체 대표가 참석하다.

4.24. 임시육군사관학교생 朴承文·張承祚 등이 군무국장 都寅權을 반대하는 청원서를 제출하다.(국편)

4.28. 영친왕이 일본 왕족 마사코(梨本宮方子)와 정략결혼하다./ 徐相漢이 결혼식에 참석한 일본 수뇌부에게 폭탄 투척을 계획했으나 日警에 체포되다.

4.29. 러시아 연해주 임시정부와 일본군이 휴전 협정을 맺다./ 林得山 등이 上海 프랑스조계에서 폭탄 제조 중 폭발사고를 내고, 李圭鎬 등 4명이 프랑스조계 공무국 경찰에 피체되다.(국편)

4.30. 상해 임시정부 독립신문사가 『한국독립운동의 진상』을 발행하다./ 救國冒險團員이 일본 밀정 金炳權을 총살하다.

4.-. 연길현 숭례향 묘구에서 천주교 신도와 항일의병이 연합하여 대한의민단을 조직하다.

5.3. 上海 프랑스조계 康寧里 民團事務所에서 植君太皇祖仰天紀念式 거행./ 安秉瓚·吳能祚·金仁弘·梁元模 등, 滿洲 安東縣에서 피검.(국편)

5.7. 大同團員 張贊植·李敬道, 上海 大同團本部·安東縣間 통신연락 혐의로 피검./ 天摩山隊, 義州郡 古館面에서 친일부호 처단.(국편)

5.8. 대한민국임시정부 임시육군무관학교, 제1회 졸업식에서 19명 배출.(국편)

5.9. 대한민국임시정부, 臨時會計法 공포.(국편)

5.12. 블라디보스톡 조선인거류민단이 각국 영사에게 보호를 요청하다./ 승용환, 호놀룰루에서 주간 〈韓美報〉 창간.(국편)

5.14. 大韓靑年團 白龍端·黃宗華·金升河, 碧潼郡 吾北面에서 독립자금을 받아가다 중국순사에 피체되다.

5.15. 대한민국임시정부 통신부원 金昌培, 독립원조금 모집 중 피체되다.(국편)

5.17. 대한민국임시정부, 安定根·王三德을 北間島와 露領에, 趙尙燮을 西間島에 파견하여 臨時居留民團制 시행케 함.(국편)

5.19. 독립군, 間島 龍井 局子街에서 한인순사를 사살하다. 일본영사경찰이 사건을 계기로 商埠地外에서 단독수사권을 장악하다./ 군무도독부(부장 최진동)와 대한국민회군(위원장 안무)를 대한북로독군부로 통합하다.(국편)

5.-. 대한국민의회·북로군정서 등에서 활동한 장봉한(1879~1920)이 순국하다.

6.4. 무장독립군 50여 명, 和龍縣 月新江 三屯子에서 일본군 1개 중대와 교전. 三屯子전투.(국편)/ 대한북로독군부(홍범도·최진동·최운산 등)가 일본군과 결전하여 봉오동전투에서 승리하다.(~6.7.)

6.7. 유인석 의병·대한독립단 단원인 백삼규가 환인현에서 일본군에 피살되고, 두 아들도 함께 순국하다./ 대한독립단 총재 白三圭가 桓仁縣에서 검거, 피살되다.

6.8. 무장독립군 3명, 碧潼郡 松西面 面長家에서 현금을 탈취하다.(국편)

6.9. 대한민국임시정부, 滿洲 長白縣 地方軍備總團長 李熙三에게 長白縣 臨時居留民團 조직을 위임하다.

6.10. 무장독립군, 昌城郡 大倉面에서 면장을 사살하다.

6.17. 鍾城 浦項洞民이 일인 구타에 항의하여 주재소에 쇄도하다.(국편)

6.27. 權寧萬이 정무총감을 암살 기도하다가 체포되다.

6.-. 청년연합회 소속 의용대(대한독립단 일부)가 관전현에서 광복군총영을 조직하다.(영장 오동진)

7.7. 의열단원 郭在驥·李成宇 등 17명이 총독 암살 및 청사 파괴를 계획하다가 검거되다.

7.25. 金學道, 滿洲 寬甸縣 台溝에서 日警에 피검되다.

7.26. 대한민국임시정부가 大韓光復軍總司令部規程 및 細則을 공포하다./ 上海大韓人居留民團이 단장에 呂運亨, 총무에 鮮丁燦을 선임하다.(국편)

연도	한국
▲ 1920 ▼	5.26. 독립단원 李萬奎 등 3명이 義州郡 松永面 燕武洞에서 은신 중 日警과 교전하다.(국편) 5.27. 서울 남산 한양공원에 조선신궁을 착공하다./ 독립군 30여 명이 함북 운무봉에서 일본 헌병대 및 우편차를 습격하다. 5.29. 崇義團員 崔炳甲이 成川郡 四佳面에서 日警에 피체되다./ 무장독립군 10여 명이 鍾城에서 豊谷面長을 연행하다.(국편) 5.31. 경성중앙청년회관에서 조선민단(조선노동대회 별동조직) 발기회를 열다. 7.30. 해산하다. 5.-. 정태신·김약수 등이 조선노동공제회에 공산주의 학습서클 '마르크스주의 쿠르조크'를 결성하다. 6.1. 총독암살을 시도한 경남결사대 黃泰益 등 8명이 晉州地方法院 검사국으로 호송되다./ 평남 大同郡 稻葉·永谷煉瓦工場 직공 130여 명이 임금인상을 요구하며 동맹파업하다.(국편) 6.2. 무장독립군 60여 명이 鍾城郡 豊谷面에서 일본 경찰대와 교전하다.(국편) 6.3. 일본군 제7사단 혼성부대가 니콜라예프스크를 점령하다./ 무장독립군 20명이 茂山郡 西江洞에서 2명을 납거하다.(국편) 6.4. 평양에 최초의 공중목욕탕이 개설되다./ 대한독립단 10여 명이 평북 朔州郡 九曲面에서 주재소를 기습 점령하고 만세를 고창하다. 6.5. 무장독립군이 함북 慶源郡 有德面에서 新阿山警察과 교전하다.(국편) 6.7. 平北督辦府 交通線施設特派員 權昌勳이 日警에 피검되다. 6.8. 농민 50여 명이 迎日郡 大松面에서 일본인의 養殖漁場 설치에 항의하며 시위하다. 6.14. 3.1 운동 관계로 면직된 培材高等普通學校長 아펜셀러가 영어교사로 복직하다.(국편) 6.18.《조선사설철도령》을 공포하다. 6.19. 무장독립군 5명이 朔州郡 水豊面에서 警戒隊와 교전하다./ 張德秀가 開城高麗靑年會에서 강연하다.(국편) 6.20. 金相浩·都鎭鎬 등 학승들이 各皇寺에서 조선불교청년회를 조직하고 李晦光의 친일불교책에 반대하다. 6.24. 義州郡 第一宣傳隊長 李景揖이 피검되다./ 海州郡 靑龍面에서 공사인부 350명이 임금인상을 요구하며 동맹파업하다.(국편) 6.25. 무장독립군 5명이 碧潼郡 鶴會駐在所를 습격하고 면사무소를 전소시키다./ 월간종합잡지《開闢》을 창간하였으나 총독부경무국에서 창간호를 압수하다./ 불교신도 6천여 명이 海印寺 住持 李晦光 일파의 日本臨濟宗과 연합하려는 改宗企圖에 반대 입장을 표명하다.(국편)/ 천도교 월간지《개벽》을 창간하다.(~1926.8) 6.26. 韓圭㦿·李尙宰가 안국동 尹致昭 별저에서 조선교육회를 창립하고, 1921년 1월 조선교육협회로 개칭하다. 6.27. 權寧萬이 북로군정서 밀명에 따라 정무총감 암살을 기도하다 대구에서 피체되어 8년형을 선고받다.(국편) 6.28. 美國議員視察團 歡迎籌備委員長 安昌浩가 국무총리에게 美國議員歡迎籌備豫算案을 제출하다./ 무장독립군 30명이 朔州郡 兩山面에서 야영 중 일본수사대의 기습으로 교전하다.(국편)/ 張德秀·張道彬 등이 명월관지점에서 조선청년회연합기성회의 발기회를 열고, 12월 1일 창립총회를 개최하다. 6.29. 大韓靑年團·愛國婦人團事件 관련 安在鴻·李惠卿 등 21명이 대구지방법원의 언도공판에 불복하여 공소하다.(국편) 6.-. 金喆洙·張德秀 등이 신아동맹단을 사회혁명당으로 개칭하고, 1921년에 고려공산당에 합류하다. 7.1. 서울에《助興稅》를 실시하다.《遊興稅》의 효시가 되다. 7.3. 기독청년회원 張炳元·李鳳道·金敬奉·金道源이 新義州警察署에 피검되다./ 무장독립군 7명이 義州郡 古寧朔面에서 밀고자 洪應濂을 사살하다.(국편) 7.6. 무장독립군 4명이 江界郡 文興面에서 日警과 교전하다. 7.7. 의열단원 곽재기 등 17명이 총독암살과 청사파괴를 계획하다 피체되다. 곽재기는 1927년 1월에 출옥하다. 7.8. 무장독립군 3명이 義州郡 月華面을 습격하여 1명을 사살하다./ 奉天·上海에서 독립운동 하던 冒險團 간부 李瀋溶이 평남에서 피체되다.(국편) 7.13. 高元勳·申興雨·張德秀가 조선체육회를 창립하다. 7.17. 朝鮮民團講演會 연사 朴武柄·金鍾淵·金榮萬이 불온사상 혐의로 종로서에 구금되다.(국편) 7.18. 東京朝鮮學友會 夏期巡廻講演團이 서울 團成社에서 강연 중 강제 해산되다.(국편) 7.21. 평남에서 大韓赤十字會 자금을 모집한 高祐實 등 12명이 관할검사국에 송치되다.(국편)/ 경성철도학교에 만주철도 경성도서관(철도도서관 전신)을 설치하다. 7.24. 독립원조자금을 제공하던 梁漢緯·權泰鎰 등 11명이 銃砲火藥取締令 위반으로 관할검사국에 송치되다./ 미국의원단 49명이 서울에 도착하자 총독부가 경계령을 내려 전 상가가 철시되다.(국편) 7.25. 廉想涉·吳尙順·黃錫禹·金億 등이《폐허》를 창간하다.(~1921.1) 7.26.《화폐법》을 개정하고 은화 20전, 백동화 10전·5전을 발행하다. 7.27. 평양에 公設市場을 개장하다. 7.28. 채응언 의진의 의병 安光祚(1884~1920)가 사형당하여 순국하다. 7.29.《府面制》개정령을 공포하다./ 대구경찰서 형사 朴春永이 임시정부에 군자금을 조달 중 발각되어 파면되다./ 무장독립군 3명이 평북 朔州郡 外南面事務所를 습격하여 서류를 소각하다.(국편) 7.31.《조선소득세령》을 공포하다.(8.1 시행) 7.-. 천마산대(대장 최시흥)가 평북 귀성군 천마면 사무소를 습격하고, 친일 면장을 총살했다./ 이룡양행의 아일랜드계 영

일본

7.-. 제2인터내셔널 대회(제네바)에 파리위원부 이관용·조소앙이 참가하여 한국독립승인결의안을 통과시키다.

8.3. 상해 임시정부 의용단의 문일민·김예진·김석하 등이 평남도청에 폭탄을 투척하다.

8.6. 鄭仁果·呂運亨이 上海 大東旅社에서 개최한 미국의원단 환영회에 참석하다.(국편)

8.13. 대한민국임시정부가 白永燁·黃鎭南을 天津에 파견하여 南開大學 張伯芬博士와 독립운동에 대해 협의케 하다.(국편)

8.16. 呂運亨·張德秀·黃鎭南이 미국의원단을 방문하여 한국상황을 설명하다.(국편)

8.22. 대한국민회가 각 지방지회 및 독립군부대에 일제의 토벌작전에 따른 중국군 출동 및 근거지 이동상황을 통보하다.(국편)

8.-. 일본 각의에서 조선에 일본 관세법 및 관세정율을 적용하다./ 신흥무관학교가 일제의 공격으로 폐교되다./ 함경도 연통제 소속원 80명이 피체되다.

9.1. 광복군 결사대원 朴致毅·李學弼 등이 宣川 군청 및 경찰서에 폭탄을 투척하다.

9.2. 대한민국임시정부가 臨時駐外外交委員部規程을 공포하다./ 日本 中央大 한인학생 洪承魯 등 5명이 미의원단에 접근하다가 日警에 피검되다.(국편)

9.8. 무장독립군 300여 명이 夾皮溝에서 天寶山駐在 巡警隊의 기습을 받아 교전하다.

9.9. 남만주 왕청현 서로군정서 사관양성소에서 생도 298명이 배출되다.

9.10. 북로군정서 요원 金東淳 등이 국내 잠입 암살단을 조직하여 활동 중에 체포되다./ 군자금 모금 및 친일관리 처단을 도모하던 대한독립단 특파대장 이명서(1880~1920)가 전사하여 순국하다.

9.12. 제1차 훈춘사건이 발생하다. 일본군이 중국인 마적을 매수하여 간도 훈춘성을 공격하다.

9.17. 대한민국임시정부가 하와이국민회장 李鍾寬에게 하와이 임시거류민단 조직을 위임하다.(국편)

9.18. 釜山公立普通學校 교사 任龍吉이 민족부활단 결사대 서명문서를 관공리 및 유지에게 우송하다가 피체되다./ 대한민국임시정부 하부기관인 農民團員 李桓郁 등이 강동경찰서에 폭탄을 투척하다.(국편)

9.19. 일본군의 중국인 밀정 2명이 북간도 북로군정서 무관학교 건물 11개소에 방화하다.

9.23. 대한민국임시정부 구미위원회가 通信 第22號로 '비상시에 당면한 우리국민의 책임'이란 격문을 반포하다.(국편)

9.-. 박용만·신채호·신숙 등이 북경에서 군사통일촉성회를 조직하고, 무장투쟁 노선에 통일을 촉구하다.

10.2. 제2차 훈춘사건이 발생하여 일본군 사주를 받은 중국 마적이 훈춘 일본영사관을 습격하다.

10.3. 파리위원부 대표 黃玘煥이 런던주재 외교위원으로 피임되다.(국편)

10.5. 일본군이 북간도의 63개 마을에서 2,200여 명을 살해하고, 2천5백여 호를 방화하다.(간도학살)(~11.23)/ 최정규·이인수 등이 일본 관헌의 지시로 간도에 보민회를 조직하고, 테러 첩보로 항일운동을 방해하다.

10.7. 일본정부가 내각회의에서 독립군 토벌 목적으로 間島出兵을 결의하다.

10.9. 독립군 冒險隊 金雲瑞 등이 琿春縣 牛頭山에서 일본군 보병부대와 접전하다./ 광복단원 4명이 龜城에서 피체되다.(국편)

10.12. 대한민국임시정부 하부기관 農民團員 李桓郁 등 5명이 日警에 피검되다.(국편)

10.14. 독립운동 단체 韓國會가 발각되어 간부 金炳玉 등이 검거되다.

10.16. 무장독립군 3명이 중국 寬甸縣 太平哨의 친일조선인회 元總支部長을 사살하다.(국편)

10.20. 독립군 第1聯隊長 洪範圖, 第2聯隊長 金佐鎭, 第3聯隊長 崔振東 등 연합부대가 滿洲 和龍縣 三道溝 靑山里에서 만주출병 일본군 19·21사단과 접전하여 대승을 거두다.(국편)

10.21. 김좌진·홍범도의 연합부대가 청산리전투에서 승리하다.(~10.26)

10.22. 金佐鎭·洪範圖 연합부대가 二道溝 漁郞村에서 일본군 5천여 명과 격전하여, 일본군 1,300여 명을 사상케 하다.(漁郞村戰鬪)(국편)

10.24. 북로군정서 독립군 50명이 쉬구에서 일본군 보병 100여 명과 교전하다.

10.25. 洪範圖 연합부대가 古洞河谷에서 일본군 150명과 교전하다.(국편)

10.26. 런던주재 외교위원 황기환과 맥켄지가 대영제국 한국친우회를 결성하다.

10.29. 만주 간북대한의단, 광복단, 대한국민회가 통합하여 총판부를 조직하고 임정의 지휘감독을 받다.

11.11. 동아일보 기자 장덕준이 훈춘사건을 취재하던 중 간도 용정에서 일본 경찰에 피살되다.

11.28. 滿洲 三一學校 교사 李奎甲이 愛國靑年血誠團 조직사실을 임시정부에 보고하다.(국편)

12.1. 대한민국임시정부가 '間島同胞에게'라는 國務院 布告를 공포하다./ 張德秀·鄭魯湜·金喆壽 등이 민족운동 발전을 도모하는 朝鮮靑年聯合會를 조직하다.(국편)

12.4. 대한민국임시정부 서간도시찰원 趙尙燮이 間西外交員에 李啓東·郭文을 임명한 사실을 보고하다.

12.8. 상해 임시정부 대통령 이승만이 미국에서 상해에 도착하다.(1921.5. 상해로 떠남)

12.9. 상해 임시정부 외무부가 등사서적 『북간도 한인에 대한 일본 만행』을 발행하다./ 일본사회주의동맹이 결성되다.

12.13. 독립군이 北間島 六道溝에서 일본군 분견대의 습격을 받고 반격하여, 일본군 지휘관 高橋中尉 등 53명을 사살하다.(국편)

12.17. 무장독립군 3명이 甲山郡 雲興面 新興里에서 군자금을 모금하다.(국편)

12.19. 대한민국임시정부 계통 碧潼郡 제2선전대장 李貞鎬가 대한광복군 비행대 기부금 모집 중 碧潼警察署에 피체되다.(국편)

12.20. 북만주 밀산에서 이범윤·서일 등이 서로군정서·북로군정서·대한독립단을 통합하여 대한독립군단을 결성하다.

12.22. 朴德勳·文漢範·韓道元이 滿洲 長白縣 八道溝에서 日警에 피검되다./ 金昌一 등이 滿洲 寬甸縣 香爐溝에서 日警에 피살되다.(국편)

12.24. 臨時陸軍武官學校가 上海 霞飛路 康寧里에서 제2회 졸업식을 거행하다.(국편)

연도	한국
▲ 1920	국인(George L. Show)이 연통제 혐의로 신의주에서 피체되다. 8.1.《소득세령》 및 《연초세령》을 시행하다./ 조선노동공제회에서 한국 최초의 노동자 계급 잡지 《공제》를 창간하다.(~1921.6.)/ 湖西學生講演團이 충남 保寧에서 강연 중 해산령으로 청중과 경찰이 충돌하다. 8.3. 방한 미의원단에 〈독립에 관한 진정서〉를 제출차 양기탁 등을 파견했으나, 8.13. 의주에서 피체되다./ 상해의용단 金禮鎭·文一民·金錫河 등이 평남도청에 폭탄을 투척하다./ 元山勞動大會支部가 야학을 설립하다. 8.6. 일본 《관세법》을 개정하고 대만·사할린에서 한국으로 수출하는 물품의 내국세를 면제하다. 8.8. 대한독립단 趙孟善 부대원이 平壤에서 검문하던 日警을 사살하다.(국편) 8.10. 함흥지방법원 청진지청에서 聯通制事件 관련자 尹台善·李相鎬 등 47명에 대한 공판이 개정되다.(국편) 8.13. 무장독립군 30명이 義州郡 玉尙面事務所·駐在所를 습격하다./ 독립진정서 제출을 시도하던 梁起鐸 등 5명이 義州에서 日警에 피체되다.(국편) 8.14. 대한민국임시정부 특파원 金仁根이 平壤에서 日警에 피체되다.(국편) 8.15. 李命瑞 등 8명이 황해도에서 九月山隊를 재조직하여 친일파 은율군수 崔秉赫 등을 처단하다./ 靑年團 연합회원 李振武가 신의주역 호텔 폭파를 기도하였으나 실패하다.(국편) 8.16. 光復軍總營 金榮哲·金聖澤·金最明 등이 慈城郡守를 사살하다./ 玄俊鎬 등 호남지역 지주 및 상인들이 광주에 호남은행을 설립하다. 8.18. 元山民衆 1천여 명이 한인 구타에 항의하여 장촌·북로파출소를 습격하다./ 무장독립군 27명이 朔州郡 西山面에서 일본군과 교전하다.(국편) 8.21. 광복군 총영 金榮哲 등 10명이 미의원단 서울 도착 때 조선총독부에 폭탄 투척을 시도했으나 미수에 그치다. 8.23. 대한민족자결국민회 洪陽天 등 26명이 독립군 암살대 보호원조·친일자 조사·인구세 징수 활동 중 日警에 피검되다. 8.24. 曺晩植·吳允善이 평양에서 조선물산장려회를 창립하고 토산품 사용을 결의하고 강연회와 선전 활동을 하다./ 미국 의원단 49명이 입경하다. 시민 1만여 명이 남대문~조선호텔 간에서 만세시위를 하다. 8.26.《조선출항세령》을 공포하다. 일본의 《관세법》, 《관세정률법》, 《保稅倉庫法》이 한국에 적용되다./ 무장독립군 2명이 昌城郡 昌城面에서 일본인 공사감독을 저격하다. 8.27.《조선일보》가 강우규 의거를 신문에 게재하여 제1차 무기정간을 당하다. 8.28. 許定 등 4명이 경남 山淸郡 丹城面에서 소요 야기 혐의로 피검되다./ 독립군이 친일한 평북 渭原郡守 桂應奎를 사살하다.(국편) 8.29. 무장독립군 20명이 碧潼郡 加別面事務所를 습격하여 서류 등을 소각하다. 8.-. 金時煌이 평북 義州에서 한일무장단체 보합단을 조직하여 평북 義州를 거점으로 활약하다. 9.15. 대한독립단원이 평북 慈城郡守와 황해도 長淵郡守를 총살하다.(국편) 9.16. 대한독립단원이 친일파 평북 자성군수·장연군수를 처단하다. 9.18. 의용단원 李致模가 평남 강동경찰서 청사에 폭탄을 투척하다. 이후 11년 옥고를 치르다. 9.19. 大韓獨立團 義勇團長 金錫璜 등이 평남·황해도 등지에서 활동 중 피체되다./ 淸津警察署가 불온언사 이유로 淸津靑年會를 강제 해산하다./ 무장독립군이 평북 鐵山郡 雲田駐在所를 습격하여 소각하다.(국편) 9.21. 서울시내 洋靴 직공 共和契員 90여 명이 임금 인상을 요구하며 동맹파업을 하다. 9.22. 한국광복회 박상진·김한종·김경태·채기중·임세규 등에게 보안법 위반 혐의로 사형이 선고되다./ 부산경찰서 폭파사건 의열단원 朴載赫이 투옥 중 단식 자결하다.(국편) 9.23. 일심단 金相漢 등이 원산에서 400여 명의 학생들과 만세시위를 벌이며 원산경찰서를 습격하다. 9.24. 무장독립군 4명이 豊山郡 川南面 面長家에서 군자금을 강징하다.(국편) 9.25.《東亞日報》 사설 '祭祀問題를 재론하노라'로 인해 무기정간을 당하다./ 폭탄을 휴대한 독립단원 3명이 淸津港에서 경찰에 피체되다.(국편) 9.26. 5천여 명의 부산 노동자들이 총파업을 벌이다. 이는 9월 16일 석탄인부 파업의 영향을 받음./ 대한민국임시정부 공채모집원 柳秉佑가 입항하는 春日丸에서 피체되다.(국편) 9.28. 3·1운동 관련 인물인 유관순(1902~1920)이 서대문 감옥에서 옥사하다./ 普合團員이 義州郡 月華面에서 面長家를 습격하다.(국편)
1921 ▼	【한국】 1.1. 대한민국임시정부 呂運亨, 廣東省 廣西會館에서 독립운동 원조에 관해 연설하다./ 滿洲 七道溝의 太極團支部員 4명, 厚昌警察署 警察隊에 피체되다.(국편) 1.2. 평남 龍川郡 楊光面 朴仁淳 등 20명, 광복군에 가입하여 독립신문·격문 등 배포하다 피검되다.(국편) 1.3. 朴基俊, 三水郡 三南面에서 仲坪場警察署 수사반의 불심검문에 저항하다 피살되다./ 大韓獨立籌備團 李敏軾, 光化門에서 日警에 피체되다.(국편) 1.5. 李昌白 등 4명, 평북 義州 龜城郡에서 독립군 문서를 발송하다 日警에 피체되다./ 韓族會 朴孝述 등 17명, 평북 渭原에서 군자금 모집활동중 渭原警察에 피검되다.(국편)

일본

12.28. 한족회·대한청년단연합회·대한독립단이 임시정부 직할의 '광복군사령부'로 통합되다./ 李承晚이 대한민국임시정부 대통령에 취임키 위해 上海에 도착하다.

12.30. 박은식이 상해에서『한국독립운동지혈사』(유신사)를 간행하다.

12.-. 김좌진·지청천이 만주 영안현에서 대한의용군을 조직하다.

9.30. 무장독립군 20명이 鐵山郡 站面에서 부일배 道參事 吳基鉉을 처단하다.

10.1. 총독부가 全司法官에 法服 착용을 명령하고, 臨時戶口調査를 실시하다. 조사 결과 韓國人 16,891,289명, 日本人 346,496명, 외국인 26,334명으로 집계되다.

10.2.《東亞日報》가 사설 '祭祀問題를 재론하노라'로 무기정간을 당하다.(~1921.2)

10.14. 韓民會 金炳玉 등이 德川郡 天道敎區室에서 군자금 모집 중 德川警察署에 피체되다.

10.15. 임시정부를 후원하던 평양의 大韓愛國婦人會 회원 100여 명이 日警에 피검되다.(국편)

10.17. 무장독립군 2명이 甲山郡 普惠面에서 日人家를 습격하다./ 普合團員이 鐵山郡 扶西面 新串洞에서 군자금을 모금하다.(국편)

10.19. 〈홍삼전매령〉이 공포되다./ 무장독립군 5명이 평북 昌城에서 康興國을 絞首시키고 군자금을 모금하다.

10.23. 진주농업학교생 文仁東 등 10명이 진주지청에서 항일봉기 계획 혐의로 1년~8개월 형을 선고받다.(국편)

10.24. 무장독립단 10여 명이 평북 楚山郡 南面警察官駐在所 및 面事務所를 기습하여 전소시키다.

10.26. 선우순 등이 평양에서 친일단체 '大同同志會'를 설립하고 내선일체를 선동하다.(~1924)

10.27. 무장독립군 6명이 江界郡 從南面에서 厚昌警察署를 기습하다.(국편)

10.28. 독립단결사대원 文根化 등이 沙里院警察署에 피검되다.

10.30. 무장독립군 11명이 厚昌郡 南新面 佳山洞에서 평북 慈城警察署 搜索隊와 교전하다./ 3·1 운동 민족대표 48인에 대한 공소심이 경성 복심법원 정동분관에서 개정되어 孫秉熙·李昇薰 등 8명에게 징역 3년, 崔南善 등 4명에게 징역 2년 6월이 언도되다.(국편)

11.2. 普合團員 白雲起가 평북에서 피검되다.(국편)

11.4. 무장독립군 20여 명이 甲山郡 普惠面에서 군자금을 강징하다./ 조선체육회 주최로 배재고보에서 제1회 전조선야구대회를 개최하다. 이는 조선체육회 창립 후 첫 행사이다.(국편)

11.5. 晋州靑年親睦會 朴英煥 등이 대한독립운동 기획 혐의로 피검되다.(국편)

11.6. 〈재일본관비조선유학생규정〉이 공포되어 시행되다.

11.7. 普合團員이 龍川郡 邑東面에서 군자금 모집활동을 하다.(국편)

11.8. 光復軍 파견원 金國景 등 6명이 군자금 모집활동 중 피체되다.(국편)

11.10. 〈조선교육령〉이 개정 공포되어 보통학교의 수업연한이 6년으로 연장되다.

11.11. 독립운동자금 징수원 尹永伯·朴允國·崔鎭俠 등이 南海郡 昌義面에서 피검되다./ 대한신민단원 金德宣, 대한독립단 金起漢 등이 日警에 피체되다./《東亞日報》기자 張德俊이 琿春事件으로 학살된 동포의 진상을 취재 중 間島 龍井에서 일군에 피살되다. 이는 한국 언론사상 최초의 기자 순직이다.(국편)

11.12. 〈조선징발령〉이 공포되어 독립군 내습에 대비한 군용물자 징발이 예고되다.(1921.2 시행)

11.19. 〈교과서조사위원회규정〉이 공포되어 모든 학교의 교과서용 도서를 조사하고 심의하다./ 普合團員이 서울 雲泥洞에서 군자금을 모금하다.

11.29. 강우규(1855~1920)가 사이토 총독 암살 미수 사건으로 서대문감옥에서 사형 순국하다.

12.1. 장덕수·오상근 등이 서울에서 '조선청년회연합회'를 조직하고, 각지 121개 청년단체가 가입하다.

12.4. 大韓獨立普合團員 金仁俊(道源)이 雲泥洞에서 종로경찰서 형사를 사살하다.

12.19. 晋州靑年親睦會가 경찰에 의해 강제 해산되다.(국편)

12.27. 〈토지개량사업 보조 규칙〉이 발표·시행되어 산미증식계획이 수립되다./ 의열단원 최수봉이 밀양경찰서에 폭탄을 투척하다. 최수봉은 1921년 7월, 대구감옥에서 사형이 집행되다.

12.28. 朝鮮獨立籌備團員 李允天이 황해도 新溪警察署에 피검되다.(국편)

12.31. 舊韓國貨幣의 유통이 금지되다.

【일본·해외】

1.2. 徐載弼이 하딩 미국 대통령(W. G. Harding)과 회견하고, 한국 독립 후원을 요청하다.

1.4. 任昌典·文學彬 등, 寬甸縣 小荒溝에서 日警 3명과 교전 중 피체되다.(국편)

1.5. 中國 長白縣 十八道溝의 興業團이 단원 규칙을 명시한 公示文을 반포하다.(국편)

1.6. 光復團 靑年團員 5명, 滿洲 六道溝에서 日警의 기습으로 피살되다.

1.10. 한인사회당 대표회가 上海에서 개최되어 당명을 고려공산당으로 개칭하다.

1.13. 무장독립군 李化根 등 5명, 滿洲 臨江縣 六道溝에서 厚昌警察署員의 기습으로 교전하다.(국편)

1.15. 大韓軍政署 총재 徐一이 靑山里戰鬪 상황을 大韓民國臨時政府 大本營에 보고하다./ 軍備總團·大震團支部·太極團·興業團支部·光復團

연도	한국
▲ 1921 ▼	1.6. 金炳京 등 4명, 碧潼郡에서 光同團을 조직하여 군자금 모집중 日警에 피체되다.(국편) 1.8. 의용병을 모집한 軍政署員 李德生 등 14명, 居昌警察에 체포되어 검사국에 송치되다. 1.9. 水原에서 日人巡査를 사살한 李奉九, 서울에서 피체되다./ 중국군 복장의 독립군, 함남 三水郡 江鎭面에서 친일자를 저격하다.(국편) 1.10. 조선총독부가 임시교육조사위원회를 구성하고, 2차《조선교육령》개정을 암시하다./ 大韓靑年團長 金文燮 등 12명, 定州警察署에 피체되다./ 대한민국임시정부 내무총장 李東寧의 밀사인 李秉珏, 동대문에서 日警에 피체되다.(국편) 1.12. 밀양경찰서에 폭탄을 투척한 崔敬鶴, 부산지방법원 검사국에 송치되다./ 朝鮮總督府 敎科書調査委員會, 식민지교육을 강조하는 교과서편찬안을 심의하다./ 韓舜範, 成川郡 通化面事務所에서 일인 금융조합 이사를 사살하다.(국편) 1.13. 친일단체 大正親睦會, 한일융화를 위한 主義·綱領을 발표하다./ 金贊洙 등 5명, 慈城郡 관공서 습격을 계획하다 사전에 피검되다.(국편) 1.14. 光復軍 第4隊長 李昇辰, 평남경찰부에 체포되어 군자금수령증 등 압수되다.(국편) 1.16. 대한민국임시정부 특파모금원 嚴後·劉得信, 동대문경찰서에 피체되다./ 일인 금융조합 이사를 사살한 韓舜範, 大同郡 龍山面에서 日警에 피체되다.(국편) 1.17. 독립군 4명, 평북 鐵山郡 站面 二鷹洞에서 친일자 2명을 사살하다./ 趙瀅實 등, 甲山郡 雲興面에서 대한독립광복지단 설치를 계획하다 日警에 피검되다.(국편) 1.18. 大韓光復團 甲山分團 第1分支團員 金炳河, 惠山警察署에 피체되다./ 광복단원 李時說 등 4명, 宣川郡 台山面에서 宣川警察署 수사 반과 교전하다./ 朝鮮勞動救濟會長 申泰均·朴珠翊·申宗基 등 8명, 《松陽新聞》의 한국인 모욕기사에 대한 항의농성으로 松江警察署에 구속되다.(국편) 1.19. 광복단원 李鐸, 경성지방법원에서 징역 12년을 언도받다.(국편) 1.20. 무장독립군 15명, 義州郡 鎭面에서 日警과 교전하다. 1.21. 軍備團員 5명, 三水郡 江鎭面에서 日警과 교전하다.(국편) 1.22. 李學潤, 독립단과 연락혐의로 체포되어 압송도중 저항하다 피살되다. 1.23. 大韓光復團 甲山分團 支團副團長 申泰周 등 9명, 甲山警察署에 피체되다. 1.24. 蔡奎淵·金潤文, 咸興에서 義勇團 조직활동중 日警에 피체되다. 1.26. 光韓團 方一鎭·金利淳 등, 군자금을 송금하다가 검사국에 송치되다.(국편) 1.27. 청년회연합회 좌익계열인 吳尙根·金明植·張德秀 등이 서울청년회를 조직하다./ 金翰·金思國·李英·張德秀 등, 서울청년회를 조직하다./ 광복단 金明權·徐奉根·吳雲興, 德川郡 太極面에서 太極駐在所 순사를 사살하다.(국편)/ 국내 첫 기자단체인 無名會가 창립되어 문화보급 촉진, 언론자유 신장, 여론 선도를 도모하다. 1.29. 국문 잡지《진흥》(발행인 李珏東)의 발간을 허가하다./ 臨時軍事籌備團과 韓勇團員 李承吉·李亨淳 등 15명, 沙里院警察署에 피체되다.(국편) 1.30. 大韓國民會 張斗良·李東伯 등 10명, 독립금 모금 혐의로 관할 검사국에 송치되다. / 金昇鉉 등 15명, 평남 江西郡에서 咸從靑年會를 조직한 후 독립군에게 정보를 제공한 혐의로 피검되다.(국편) 1.31.《출판 교과서용 도서 발매 규정》을 공포하다./ 黃州公立農業補習學校生, 일본인 교사를 배척하며 동맹휴학하다.(국편) 1.-.『중학통신강의록』 발행을 목적으로 조선교육학회를 조직하다. 2.2. 大韓國民血誠團員 韓榮塾 등 8명, 함흥경찰서에 체포되어 관할검사국에 송치되다. 2.3. 일본 우익 흑룡회 계열 인사들이 친일단체 ‘東光會’를 조직하고 내선융화 구현을 목적으로 하다./ 무장독립군 3명, 甲山郡 雲興面 上山里에서 雲興面長을 사살하다.(국편) 2.4. 만주의 독립군대가 청진항을 공격하여 일군 40여 명을 사살하다./ 朴致祿 등 24명, 평양에서 國民會를 조직하고 군자금 모집 활동 중 平壤警察署에 피검되다.(국편) 2.5. 趙煌均 등 14명, 평북 定州郡 德遠面에서 임시정부 연통제 포고활동 중 定州警察署에 피검되다.(국편) 2.6. 大韓獨立靑年團聯合會 특파원 金徑九, 함경도 義勇隊 조직과 격문 배포로 咸興警察署에 피검되다./ 李之欽 등 11명, 평북 龜城에서 단원모집 활동 중 피검되다.(국편) 2.7. 大韓獨立靑年團 白始降 등 6명, 평북 泰川에서 군자금 모집 활동 중 피검되다.(국편) 2.8. 대한민국임시정부 독립공채를 소지한 高龍煥·金龍植, 北靑警察署에 피검되다./ 李貞浩 등 3명, 龜城郡 沙器面에서 군자금 모집 활동 중 日警에 피검되다.(국편) 2.11.《平南每日新聞》이 치안 방해를 이유로 발매가 금지되다./ 朝鮮體育會 주최로 배재고보 운동장에서 제1회 전국축구대회가 개최되어 11개 선수단이 참가하다. 2.12. 총독부관제가 개정 공포되어 조선인 高等官의 특별임용 범위가 확대되다. 2.13. 大韓獨立靑年團 金成龍 등 9명, 평북 寧邊에서 독립문서 배포로 피검되다.(국편) 2.14. 朴泳孝가 자본금 50만 원으로 경성부 다옥정에 新民公司(株)를 설립하다. 2.18. 光復團 韓永禮 등 5명, 평북 龍川郡 東下面에서 단원 모집 활동 중 피검되다.(국편) 2.21. 대한민국임시정부, 咸南督辦에 韓永鎬·京畿督辦에 閔哲勳·忠南督辦에 李起祥을 임명하다.(국편)

대표자 58명이 中國 長白縣에서 各團의 통일 행동을 협의하고 연합 규약을 결의하다./ 寬甸縣 三道溝 獨立團支部 재무부장 李賢必·都檢察 黃京善 등 10명, 昌城警察署 수사반의 기습으로 교전하다.(국편)

1.20. 大韓民國臨時政府 구미주위원부장 金奎植이 북미 하와이에서 애국공채를 모집하여 上海로 귀환하다./ 羅聖鎬 등 19명, 임시정부 연통제 기관을 설립하던 중 日警에 피체되다.(국편)

1.23. 李東輝 등이 고려공산당 제2차 대회를 개최하고 黨臨時簡章 및 黨規律을 발표하다./ 獨立團 총무 白英三, 中國 輯安縣 冷水泉子에서 高山鎭警察署 수사대에 피체되다.(국편)

1.24. 李東輝가 李承晩의 미국 위임통치 문제로 상해 임시정부 국무총리직을 사임하고 후임에 李東寧이 취임하다.

1.25. 무장독립군 8명, 滿洲 桓仁縣 東區 橫道川에서 保民會 支會長을 사살하다.(국편).

1.-. 연해주에서 大韓獨立軍團(총재 徐一)이 결성되었으며, 서로군정서·북로군정서·大韓獨立團이 참가하다.

2.2. 獨立團員 白雅彥·金昆望 등 7명, 中國 葦子溝에 잠복 중 日警과 교전하다.(국편)

2.10. 獨立團 재무부장 金明鳳 등 3명, 中國 寬甸縣에서 독립자금 모집 중 중국 경찰에 피체되다.(국편)

2.12. 大韓光復團員 李鳳善 등 2명, 間島 和龍縣 四對社에서 일본인을 사살하다.

2.16. 梁槿煥이 일본 도쿄에서 참정권 청원 운동을 벌인 친일파 閔元植을 처단하다.

2.17. 日本衆議院이 韓人의 參政權請願을 채택하다.(국편)

2.24. 친일파 國民協會長 閔元植을 저격한 梁槿煥이 上海로 향하던 중 長崎水上警察署에 피체되다./ 在美 大韓女子愛國團이 임시정부에 500달러를 헌납하다.

2.-. 大韓獨立軍團이 吳夏默의 주선으로 치타 완충정부 수석 카라한과 군사협정을 체결하다./ 安昌浩 등이 국민대표회 준비회를 발족하다./ 安昌浩 등이 임시정부 단합에 실패하고 上海에서 국민대표회준비회를 조직하다./ 李東輝 등 上海파 공산당이 하바롭스크에서 韓族共産黨을 결성하다.

3.1. 大韓民國臨時政府 國務院一同, 3.1절 기념식을 거행하다.(국편)

3.5. 趙瑰九·尹琦燮 등 45명이 연서로 임시정부 절대지지를 결의하는 선언서를 발표하다./ 獨立中興團 총재 金延泰 결사대원 文學信·金甲洙, 滿洲 寬甸縣에서 日警과 교전 중 전사하다.(국편)

3.6. 北美韓人學生會 대표 南宮廉·李容稷이 大韓民國臨時政府에 청원서를 제출하다.(국편)

3.16. 梁槿煥이 東京에서 친일파 閔元植을 사살하다.

3.17. 申翼熙·李裕弼 등이 中國 長沙에서 중국인 등과 '韓中互助社'를 조직하다./ 朝鮮獨立陰謀團 간부 金泰容, 橫濱에서 閔元植 사살 관련 혐의로 피체되다.(국편)

3.22. 臨時議政院이 제1회 정기총회를 개최하고 대통령에 대한 결의안을 통과하다.

3.26. 金察 등이 中國 天津에서 韓血團(韓滿會의 전신)을 조직하다.

3.-. 大韓獨立軍團이 吳夏默의 주선으로 치타 완충정부 수석 카라한과 군사협정을 체결하다./ 臨時政府에서 李承晩이 제1호로 독립 및 민족 정신 고양을 포고하다.

4.5. 天道敎靑年會 東京支會가 발회식을 개최하다. 1926년 10월, 天道敎靑年黨 東京部로 개칭되다.

4.7. 東京 眞宗說敎所에서 在日本朝鮮佛敎靑年會(朝鮮佛敎留學生學友會 후신)를 창립하다.

4.12. 鄭炳祚 등이 國民協會를 탈퇴한 후 '國民共進會'를 조직하다.

4.14. 구미위원부 위원 鄭漢景이 영문판 『韓國事情』을 발간하다.

4.15. 金信根·鄭濂球·韓元七·崔大鏞 등, 洪原郡 州翼面에서 北間島 國民會로 송금 활동 중 涓原警察署에 피검되다.(국편)

4.19. 上海 臨政府 《獨立新聞》 사장 李光洙가 朝鮮總督府의 회유로 귀국하다.

4.20. 朴容萬·申采浩·申肅 등이 北京에서 軍事統一準備會를 개최하고 임시정부를 부정하며 국민대표자회의 개최를 제창하다./ 朴容萬·申采浩·申肅 등 9명, 北京에서 군사통일을 협의하며 임시정부 부정과 새로운 국민대표자회의 개최를 제창하다.(국편)

4.23. 大韓軍政署 桂和·琿春韓民會 군무부 中隊長 金成三이 琿春에서 공산주의 선전 활동 중 중국군에 피체되다.(국편)/ 上海에서 李承晩 지지자들이 '協成會'를 조직하다.

4.27. 北京軍事統一準備會가 臨時政府議政院에 해산을 요구하고 결의문을 제출하다.

4.30. 뉴욕에서 北美大韓人留學生總會(회장 李容稷, 부회장 趙炳玉)를 결성하다.

4.-. 西路軍政署·大韓民國獨立團·碧昌義勇隊·光復軍總營·輔合團·光韓團 등이 통군부를 결성하다./ 大韓國民會 前司法部長 崔益龍이 間島 天道敎人들의 도움을 받아 龍井 東興中學校를 건립하다./ 極東共和國 軍部가 韓人部 간부 朴愛·金農·李鏞 등을 체포하여 이르쿠츠크로 압송하다.

5.6. 臨時高麗革命軍政議會 吳夏默·獨立軍 洪範圖·總軍部 崔振東 등이 3자회담을 개최하여 군사 문제를 협의하다.(국편)

5.7. 黃信德 등이 東京에서 朝鮮女子基督靑年會(YWCA)를 조직하다./ 鄭泰信·金若水 등이 在日本朝鮮人共産團體를 결성하고, 1921년 가을 비밀결사로 개편하다.

5.12. 安昌浩, 上海 尙賢堂에서 臨時政府 개조와 독립운동 방략에 관한 대중 강연을 하다.(국편)

5.16. 申圭植이 臨時政府 國務總理代理에 임명되다./ 大韓獨立日新靑年團長 金景河 등 13명, 大同·江西警察署 합동수색대에 피체되다./ 大韓獨立團 副總裁 白三圭·대원 金德新, 滿洲 靑山溝에서 日軍에 피포되다.

5.19. 安昌浩 등이 上海에서 國民代表大會期成會를 조직하고 국민대표대회 개최를 준비하다.

연도	한국
▲ 1921 ▼	2.22. 大韓青年團 泰川支團員 金仁叟·金用西 등 16명, 폭탄 입수 혐의로 관할검사국에 송치되다.(국편) 2.26. 조선총독부가 치안 방해를 이유로《平南每日新聞》(일어 신문)을 발매 금지하다. 2.27.《釜山日報》가 치안 방해 혐의로 압수처분되다.(국편) 2.28. 光復軍司令部特派員 金昌坤·申啓寬·韓哲洙, 義州에서 헌병 1명을 사살하다./ 친일단체인 儒道振興會가 잡지《儒道》를 창간하다. 2.-. 朴殷植·元世勳·金昌淑 등이 '아 동포에게 고함'을 발표하고 국민대표회의 소집을 요구하다. 3.1. 朴致善 등, 天津에서 愛國婦人會를 조직하다. 大韓愛國婦人會 金奉善 등 8명, 평북 厚昌에서 군자금 모집 활동 중 피검되다.(국편) 3.4. 대한민국임시정부 통신원 金仁植, 함남 北青에서 日警에 피검되다.(국편) 3.5. 趙完奎·尹琦燮 등 45명, 연서로 '상해 임시정부 절대 지지 결의' 선언서를 발표하다. 3.6. 光復團 총무 金炳京 등 5명, 독립자금 모집 활동 중 碧潼警察署에 피검되다. 3.7. 大韓獨立青年團 金祉玆 등 3명, 배일사상 고취 활동으로 楚山警察署에 피검되다./ 경남 固城郡 一心會, 경찰에 의해 강제 해산되다.(국편) 3.10. 독립공채 모집위원 李容甲, 新義州警察署에 피검되다./ 磐石大韓愛國婦人青年團員 崔靈磐·安仁大 등, 군자금 모집 및 격문 배포 활동으로 江西警察署에 피검되다.(국편) / 學生YMCA가 잡지《青年》을 창간하여 새로운 사회사상과 기독교 사상을 소개하다. 3.11. 비밀결사 新民團員 玄淳乙·李賢洙 등 12명, 价川警察署에 피체되다./ 仁川 朝鮮燐寸株式會社 직공 150명, 지배인 배척을 선언하고 동맹파업하다.(국편) 3.12. 崔允瑞 등 45명, 평북 照川에서 青年會를 조직하여 배일 활동 중 피검되다.(국편) 3.13. 元山勞動大會支部와 元山客主組合 간의 분쟁이 타결되어 元山勞動會가 조직되다.(국편) 3.15. 大韓建國團員 尹泰炳·李商雪 등 6명, 論山 등 각지에서 日警에 피체되다./ 朝鮮青年會聯合會가 기관지《我聲》을 창간하다. 3.16. 義州郡 古館面長 白乃俊, 임시정부 面監 자격으로 人口稅를 받은 사실이 발각되어 피체되다.(국편) 3.18. 토지측량규정을 개정하다./ 大韓獨立軍備團員 金澤津·金鼎益, 端川郡 水下面에서 주재소원과 교전 중 피체되다. 3.19. 국내 첫 여성 서양화가 羅蕙錫, 서울 京城日報社 내청각에서 첫 전람회를 개최하다. 3.20. 대한민국임시정부 咸南交通局 通信員 金學洛, 日警에 피검되다.(국편) 3.21. 무장독립군, 평북 碧潼郡 大平面事務所를 습격하다.(국편) 3.23. 黃東律·金奉錫 등, 北青郡 陽化面에서 군자금 모금 중 피검되다.(국편) 3.24. 洪原俱樂部, 군자금 모금 혐의로 日警에 의해 강제 해산되다.(국편) 3.25. 邦時重 등 8명, 沙川鄉村會를 조직하여 독립단에 정보 제공 활동 중 江西警察署에 피검되다.(국편) 3.26. 金哲·金偉宅·朴世昌 등, 天津에서 韓血團을 조직하다./ 咸宗鉉 등 16명, 군자금 모집 활동 중 渭原警察署에 피검되다.(국편) 3.27. 대한민국임시정부, 滿洲 친일단체 保民會 간부 암살을 懸賞 공고하다.(국편) 3.28. 安錫烈 등 14명, 평북 碧潼郡 雲時面에서 군자금 모집 활동 중 피검되다.(국편) 3.30. 국어학자 姜邁가『朝鮮語文法提要』(廣益書館 발행)를 간행하다./ 조선총독부가 전매국을 설치하고 담배·소금·人蔘·阿片·마약류 전매사무를 관장하다. 4.1.〈朝鮮煙草專賣令〉을 제정하여 조선총독부 산하 전매국의 세입을 강화하고 담배 생산·판매를 통제하다./〈朝鮮私設鐵道補助法〉을 공포·시행하여 사철 해산 운동을 저지하고 대대적인 사철 합동을 추진하다./ 普通學校教科用 解文綴字法調査委員會가《普通學校用 諺文綴字法大要》를 발표하며 京城語를 標準語로 정하다.(국편) 4.3. 함남 瑞川青年會, 독립군 원조활동으로 日警에 의해 강제 해산되다.(국편) 4.5. 大韓獨立青年團 李炳鐸 등, 군자금 수령 중 밀부 활동으로 順川署에 피검되다.(국편) 4.6. 朴思稷·金秉圭·張德秀 등이 인사동 불교청년회관에서 朝鮮教育改善會 창립총회를 개최하다. / 朴思稷·金秉圭·張德秀 등 70여 명, 朝鮮教育改善會를 조직하다.(국편) 4.8. 독립만세 벽보를 부착한 鄭成律·鄭有奉·鄭尚佑 등 5명, 부산경찰서에 피체되다. 鐵山郡 天道教 教區長 崔永坤, 大韓獨立崇義團 조직 혐의로 피체되다./ 친일파 宋秉畯, 조선일보사 경영권 일체를 인수했다가 1924년 9월 新錫雨가 재인수하다. 4.9. 大韓赤十字社 青年義勇團 張奎燮 등 90명, 黃海道警察部 合同搜査隊에 검거되어 海州地方法院 檢事局에 송치되다.(국편) 4.10. 仙道教徒 100여 명, 國權回復을 위한 비밀단체 조직 혐의로 元山警察署에 피체되다./ 金成文 등 20명, 군자금 모집 활동 중 茂山警察署에 피체되다.(국편) 4.14. 大韓光復團 甲山分團長 金在鳳과 第3分支團員 李鳳壽 등, 피검되다.(국편) 4.15. 光復團員 李時說 등 38명, 定州에서 임시정부 송금 활동으로 피검되다. 4.17. 咸興海東佛教青年會 金有聲·趙孟善 등, 朝鮮獨立團에 가입하여 군자금 모집 중 日警에 피검되다.(국편)

일본

5.21. 金正黙·申采浩·朴鳳來 등이 上海에서 統一策進會를 발기하고 臨時政府 개혁을 촉구하다./ 日本政府가 中國政府와 함께 韓人 정치운동 차단을 위한 中日國境巡回暫行協定을 체결하다.

5.30. 間島에서 《愛國申報》를 발행한 金元黙이 일본 영사관 경찰에 피체되다.

5.-. 安昌男이 일본 최초 비행 자격시험에서 1등으로 합격하다./ 韓命世 등 반李東輝파 공산주의자들이 이르쿠츠크파 고려공산당을 결성하고 上海파와 대립하다./ 西間道 軍事指導者 呂準·金東三·李鐸 등이 額穆縣에서 臨時政府 개조를 결의하다.

6.1. 獨立團 臨時通信事務局長 李東百이 軍備團·光復團·興業團의 주요 간부 20명을 소집하여 長白縣內의 기성 단체 통일 등을 결의하다.

6.11. 무장독립군이 碧潼郡 松西面 面長家에 침입하여 친일 활동을 문책하다.(국편)

6.14. 大韓獨立團 德川支團長 李淳實 등 8명, 德川警察署에 피체되다./ 大韓民國臨時政府員 李活仁 등 2명, 泗川에서 피검되다.(국편)

6.17. 獨立軍 義勇隊員이 碧潼郡 군청을 습격하여 日警 6명과 軍監 宋錫在를 사살하다.

6.22. 蘇聯政府가 黑龍州 自由市의 大韓獨立軍에 무조건 무장해제를 요구하다./ 光復軍營 吳東振·宋文仲 등 12명, 通化縣 漏河 산중에서 日本警察과 전투하다.

6.24. 東京博物館이 설립되다.

6.26. 光復軍營 吳東振·宋文仲 등 12명, 寬甸縣 漏河 산중에서 日警과 교전하다.(국편)

6.28. 러시아 赤軍이 自由市에 집결한 독립군을 공격하여 270여 명이 전사하고 900여 명이 포로가 되다(自由市慘變)./ 趙仁元·徐丙益·兪致韶·徐延煥 등이 禮山郡 揷橋面에서 臨時政府 軍政署命令書를 게시한 혐의로 피체되다.(국편)

7.1. 光復團 隊員 15명, 滿洲 長白縣 十八道溝에서 中·日警에 피습되어 12명이 전사하다./ 朴泰衡 등 20명, 厚昌에서 獨立應援會를 조직하던 중 厚昌警察署에 피검되다.

7.6. 間島 守信社 國民會支會長 白泰星 등 3명, 밀정 崔道南을 사살한 혐의로 일본 영사관 경찰에 피체되다.

7.7. 李承晩·閔瓚鎬 등이 하와이 호놀룰루에서 同志會를 조직하다.

7.11. 光復團員이 慈城에서 日警과 교전하다.

7.18. 大韓民國臨時政府가 朴熙成·朴用根을 陸軍飛行參尉에 임명하다.(국편)

7.22. 獨立義勇團을 조직한 李秉鐵 등 3명, 中國 通化縣에서 일본 영사관 경찰에 피체되다./ 李承晩이 하와이 호놀룰루에서 同志會를 조직하여 무장투쟁론을 주장한 朴容萬 등과 대립하다.(국편)

7.25. 李英善·金洛淳 등 5명이 獨立公債 판매 중 일경에 검거되다.

7.-. 大韓愛國婦人會長 金瑪利亞가 北京을 경유하여 上海로 망명하다./ 高麗共産靑年同盟(朴憲永·金丹冶·任元根 등)이 上海에서 조직되다.

8.1. 무장독립단 240여 명, 長津에서 일본군과 교전하다.

8.3. 軍政署 募員隊長 李興來·國民會 司官 許東奎가 敦化縣에 간민국을 조직하고 무관학교를 설립하다.

8.4. 間島 血誠團·軍政署·義軍府·獨立團·光復團이 독립단체 연합 통일을 계획하고 취지서를 발표하다.(국편)

8.5. 高麗軍政議會가 자유시의 전 한인 군대를 이르쿠츠크로 수송하다.(국편)

8.7. 洪在衍 등 13명, 中和郡 楊井面에서 군자금을 모집하다가 피검되다.(국편)

8.9. 南征咨·李就俊 등이 天津에서 大韓回復忠烈士團을 조직하다.(국편)

8.13. 臨時政府 洪震·張鵬·李鐸 등이 上海에서 太平洋會議外交後援會를 조직하여 회의에 대비하다.

8.17. 大韓獨立團員 鄭致黙 등 4명, 일제 기밀을 수집하여 독립단에 연락하다가 피검되다.(국편)

8.21. 朴在理가 延吉縣 龍井村에 大成中學校를 설립하다./ 大韓光復軍總營 鐵馬部隊가 昌城郡 大楡洞의 주재소를 습격하여 총기 20정과 탄환 1,900발을 노획하다.

8.26. 大韓民國臨時政府가 太平洋會議外交後援會 총회를 개최하다.(국편)

8.27. 前北路軍政署 總裁 徐一, 滿洲 密山縣에서 自由市慘變의 책임을 지고 자결하다.(국편)

9.5. 滿洲 匡正團 誠威隊長 姜承京이 함남 嶺城駐在所를 38명 부하와 함께 습격하다.

9.28. 北路軍政署 總裁 徐一(1881~1921)이 自由市慘變 이후 독립군 희생에 자결하여 순국하다.

10.5. 쿠바 마탄사스 지방에 최초의 한인교회 '한인감리교' 미션을 설립하다.

10.8. 軍政署員 金致雲·金炳河, 輯安縣 太平溝에서 日管에 피체되다.(국편)

10.14. 長白縣의 軍備團·光復團·興業團 등을 통합하여 '大韓國民團'을 조직하다.

10.20. 長白縣 軍備總團長 尹秉庸·興業支團長代理 姜會哲 등 20여 명이 國內進攻을 위한 農民會를 조직하다./ 白白敎徒 12명, 平南 江西에서 군자금 모집 중 피검되다.(국편)

10.23. 天津 韓民會員 30여 명이 臨時政府 警務分局 및 外交後援會 설치 등을 결의하다.(국편)

10.25. 太極團 韓元甲·元成柱 등 5명이 군자금 모집 중 중국 관헌에 피체되다./ 李桂枏 등 28명이 靑年敎育會를 조직하고 독립활동 중 洪原署에 피검되다.(국편)

10.-. 西間道 軍備團과 北間道 國民會 軍事部를 통합하여 무장투쟁 단체인 大韓義勇軍社會를 조직하다./《東亞日報》기자 金東成이 제2차 萬國記者大會(하와이) 부의장에 선출되다.

11.1. 國民團員 尹秉庸·金容文과 독립대장 李永植 등이 滿洲에서 國民團과 獨立隊의 혼성대를 편성하기로 결의하다.(국편)

11.4. 일본 수상 原敬이 東京驛에서 피살되다.

11.5. 在東京 朝鮮靑年獨立團이 독립선언을 발표하고 시위운동을 벌이다.

연도	한국
▲ 1921 ▼	4.18. 〈師範學校官制〉를 공포하고 京城師範學校와 부속 小學校를 설치하다. 4.19. 〈師範學校規則〉을 공포하고 서울에 官立師範學校를 설립하다. 대한민국임시정부 《獨立新聞》 사장 李光洙, 總督府 회유로 귀국하다.(국편) 4.20. 安敬信, 平南道廳에 폭탄을 투척한 후 피신 중 咸興에서 피체되다. 4.21. 大韓獨立團 裡山支團事件 관련 吳鳳熙·金斗極·張南正 등, 平壤覆審法院에서 공판이 개정되다./ 평북 雲山郡 懿法靑年會, 독립운동 관련 혐의로 강제 해산되다.(국편) 4.22. 李昌德(1883~1921), 평양감옥에서 사형으로 순국하다. 4.24. 일본인 목수의 추행에 격분하여 京城府 내에서 군중 500여 명이 시위를 전개하다./ 白山武士團 康晋錫과 獨立團 申植 등 7명, 平壤 鹽店里에서 警察署員과 격투 끝에 피체되다.(국편) 4.25. 獨立團員 宋斗煥·金鍾喆, 全羅道에서 군자금을 모집하여 滿洲 奉天으로 향하다가 新義州에서 피체되다./ 《朝鮮軍軍法會議》가 설치되다. 4.26. 中樞院官制가 개정 공포되다. 4.28. 大韓光復會 團員 張斗煥(1894~1921), 군자금 모집과 친일파 처단 활동 중 피체되어 옥중에서 순국하다. 4.29. 義勇隊長 林炳極 등 14명, 甲山·豊山·端川·城津·吉州에서 일본군과 40여 일간 교전하다.(국편) 4.30. 조선총독부가 舊習 및 制度調査委員會를 설치했다가 1924년에 폐지하다. 4.-. 자본금 100만 원으로 南朝鮮鐵道를 설립하고 여수항을 건설하여 光州와 麗水를 연결하는 철도를 부설하다./ 반독립운동 성격의 친일단체 儒民會가 國民共進會·佛敎協會·東光會 등을 조직하다. 5.1. 啓明俱樂部에서 기관지 《啓明》을 창간하여 민족 계몽과 학술 연구를 도모하다가 1933년 1월 종간하다./ 大韓國民會 安履賢 등, 咸興에서 군자금 청구 중 日警에 피체되다.(국편) 5.3. 독립군, 甲山郡 鎭東에서 일본 밀정 李賢在를 타살하다. 5.6. 〈水産試驗場官制〉를 공포·시행하여 수산 시험·조사·분석·감정과 양식용 종묘 배부 등을 도모하다./ 共成團 團長 安奭이 검거되다. 5.8. 臨時軍事準備團 司令官 李承吉 등 15명, 沙里院에서 日警에 검거되다. 5.9. 〈刑事交涉法〉을 공포·시행하다. 5.10. 무장독립군, 昌城에서 柳淳德에게 사형을 선고한 뒤 사살하다.(국편) 5.11. 獨立軍備團 第13支團員 金英基 등 11명, 洪原警察署에 피체되다./ 義烈團員 朴載赫(1895~1921), 부안경찰서에 폭탄을 투척하고 대구감옥에서 단식하다 순국하다. 5.13. 伊川 太乙敎徒 14명, 國權回復 운동으로 피체되다./ 大韓愛國婦人會長 金瑪利亞, 京城覆審法院에서 징역 3년을 선고받다.(국편) 5.17. 중국인 복장의 무장독립군 3명, 義州郡 內面에서 밀정을 사살하다./ 大韓獨立軍團 團員 崔一燁(1873~1921), 柳鍾烈을 처단한 죄로 平壤監獄에서 사형당하여 순국하다./ 친일파 閔邦錫 등이 자본금 100만 원으로 朝鮮製絲(株)를 설립하다. 5.19. 大韓獨立團 金炳七 등 16명, 平南·黃海 지역에서 단원 모집 활동 혐의로 平壤警察署에 피검되다.(국편) 5.21. 金正黙·申采浩·朴鳳來 등이 '統一策進會'를 발기하다. 5.24. 卞榮魯·黃錫禹·盧子榮·朴鍾和 등이 국내 처음으로 시 동인지 《薔薇村》을 창간하다. 5.25. 大韓獨立團 京畿道支團長 韓悳履 등, 楊平警察署에 피체되다./ 農民團 徐斗星 등 2명, 平南 安州에서 군자금 모집 중 介川署에 피포되다.(국편) 5.26. 종합잡지 《新民公論》을 미국인 君芮彬이 창간하다가 1923년 1월에 종간하다./ 大韓獨立團員 安國弼 등 24명, 靑年聯合會를 조직하여 《獨立新聞》 배포 및 廳舍爆破를 계획하던 중 寧遠警察署에 피검되다. 5.28. 張根淑 등 5명, 統營郡 統營面에서 독립운동 문서를 인쇄·배포하다 피검되다.(국편) 5.30. 南大門驛에 대화재가 발생하여 화물창고 15칸이 전소되며 손실액 1만 원이 발생하다. 5.31. 尹琦燮, 정부 개조의 필요성을 제기한 결의문을 임시정부에 발송하다./ 무장독립군 10명, 楚山郡 豊面에서 군자금 제공을 거절한 張益 등 2명을 사살하다.(국편) 5.-. 天道敎徒 吳志永·尹益善이 思想硏究會를 창립하고, 한민족의 건전한 생활과 신문화 창조를 목표로 활동을 시작하다./ 朱耀翰이 시 「별 밑에 혼자서」, 「모든 것이 다 갈 때」를 잡지 《創造》에 발표하다. 6.1. 京城醫專 일본인 교수의 학생 모독으로 師弟간의 분규가 발생하다./ 軍備團員 金昇爀 등 27명, 신흥지방에서 일경에 체포되다./ 함북 웅기항이 개항하다./ 大韓獨立軍備團員 鈺歸浩·鄭基萬·李奎植 등 20명, 新興에서 日警에 피체되다.(국편) 6.3. 임정 군무차관 李春熟이 경성지법에서 사형을 선고받다./ 대한민국임시정부 군무차관 李春塾, 경성지법에서 징역 5년 언도되다.(국편) 6.4. 경성의학전문학교 조선인 학생들이 일제의 민족자별정책에 반대하여 동맹휴학을 하다. 6.5. 石彬玉 등 17명, 평북 楚山에서 독립군 침투 시 원조활동으로 피검되다.(국편) 6.7. 김찬영·한동찬 등이 평양에서 中央樂友會를 조직하고 음악에 관한 강습과 연구 목적을 도모하다./ 한국인과 일본인 간 혼인에 대한 民籍 수속에 관한 건을 공포하다.

일본

11.6. 義勇軍 金成淵 등 26명이 咸南 三水郡 好仁駐在所를 폭파하고 일본 경찰 3명을 사살하다.

11.10. 天道教青年會 東京支會長 方定煥과 간사 朴達成 등이 피체되다.(국편)

11.12. 워싱턴 회의가 개최되다.

11.17. 滿洲 國民團 警護隊가 일본 고등 탐정 金鍾洛·朱成學을 체포하다.(국편)

11.28. 大韓整理分團員 蔡定玉 등 14명, 輯安縣 老荒溝에서 일본 수비대와 교전하다.(국편)

11.29. 朴烈·鄭大信 등 재일 아나키스트들이 東京 기독교청년회관에서 黒濤會 창립대회를 개최하다.

11.-. 上海 臨時議政院 전 서기 金泰淵(1891~1921)이 順國救國冒險團을 조직하고 무장 항일운동을 하다.

12.5. 金鐵男·金聲根 등 19명, 上海 寶康里 民團事務所에서 韓人俱樂部을 조직하다.(국편)

12.6. 大韓軍政署員 姜錫勳 등이 新乾源駐在所를 습격하다.(국편)/ 大韓獨立軍 結社隊員 崔永傑(?~1921)이 전사하여 순국하다.

12.13. 日英同盟條約이 종료되다.

12.17. 金政 등이 天津에서 大韓人僑民團을 조직하다./ 臨時咸南交通事務局이 北青支局長 方乙南의 피체 사실을 臨時政府에 보고하다.(국편)

12.28. 이승만·徐載弼이 워싱턴 군비축소회의에 국내 13도 260군 대표 및 각 사회단체 대표 명의로 서명한 「韓國人民致太平洋會議書」를 제출하다.

12.-. 朴烈 등이 東京 黒濤會를 탈퇴하고 風雲會(黒雨會 전신)를 조직하다.

6.17. 金炳赫 등 7명, 평남 成川郡 通仙面에서 임시정부에 자금 송금활동으로 피검되다.(국편)

6.18. 大韓獨立野團 冒險局員 金炳七, 체포되어 平壤地方法院 檢事局에 송치되다./ 善隣商業學校 2부생 156명, 한인 차별 폐지를 요구하며 동맹휴학하다.(국편)

6.21. 강릉 주문진에 첫 水産試驗場(현 국립수산과학원)을 신설하고 수산기술의 지도와 보급을 하다.

6.24. 前 朝鮮勞動共濟會長 朴重華, 불기소로 서대문구치감에서 출옥되다./ 光復團員 權寧萬, 政務總監 암살기도 혐의로 大邱에서 피검되다.(국편)

7.2. 海州 甕津의 유지 黃鶴巢·朴京鎬 등 5명, 시국사건과 관련되어 경찰에 피체되다.

7.4. 獨立團 朴義植 등 23명, 義州에서 관공리 암살을 계획하다 피검되다.

7.5. 朝鮮女子教育會 주최 순회강연단이 종로 中央青年會館에서 첫 강연회를 개최하다.

7.6. 義勇隊 中隊長 李永植 등 100여 명, 평북 厚昌에서 日警과 교전하다.(국편)

7.7. 趙尙球·金泰亨·金東表, 평북 義州에서 獨立枇峴青年團을 조직하여 군자금 모집 중 피체되다.(국편)

7.8. 밀양경찰서 투탄사건의 崔敬鶴이 대구감옥에서 사형 집행되다./ 太極團員 鄭善逑 등 22명, 독립활동으로 厚昌警察署에피검되다.(국편)

7.10. 大韓獨立軍備團 北青支團員 朱悳基·高曝鳳 등 6명, 군자금 모집하려다 피검되다./ 白大鎭·吳尙殷이 종합잡지《新天地》를 창간하다.

7.11. 光復團員 邊昌根 등, 慈城에서 日警과 교전하다./ 金相萬, 평양에서《獨立新聞》배포와 군자금 모집 활동으로 江西警察署에 피검되다.(국편)

7.12. 강우규 사건 연루자 韓興根이 징역 7년형을 선고받다.

7.15. 국내 첫 소비조합 朝鮮勞動共濟會가 개설되다.

7.19. 전남 곡성·남해·고흥 일대에서 활약한 義兵 姜震源(1881~1921)이 자결 순국하다.

7.25. 義勇隊 安瑢道 등, 洪原部 希賢面 警察駐在所를 습격하다.

7.27. 總督府 內務局에 地方課와 社會課를 신설하다.

7.28. 光復團 拂曉中隊長 鄭世萬 등 40명, 惠山駐在所를 습격하여 순사 2명을 사살하다./ 光韓團 韓大弘 등 3명, 피체되다.(국편)

7.30. 獨立軍 金承萬 등 25명, 평북 厚昌에서 日警의 포위공격에 대응하여 교전 중 8명이 전사하다.(국편)

8.1. 무장독립군 200여 명, 長津에서 日軍과 교전하다./ 大韓獨立團員 金思士 등 4명, 독립자금 모집활동으로 德川警察署에 피검되다./ 鳥致院驛 인부 200여 명, 임금 인하로 동맹파업하다.(국편)

8.1. 조치원역 인부 200여 명이 임금 인상을 요구하며 동맹파업을 하다.

8.4. 義州 天摩山에서 독립군을 조직한 金致鉉이 피체되다.

8.5. 徐奉根 등 3명, 安州郡 安州面에서 배일사상 선전 등으로 피검되다.(국편)

8.7. 麻浦 주민 1천여 명이 電車 구역 철폐대회를 개최하다.

8.11. 大韓光復會 吏尙鎭(18841921)·金漢鍾(18831921)이 서대문감옥에서 사형 순국하다./ 軍備團 李榮植 부대, 甲山에서 일본군 1개 중대와 교전하다./ 光復團員 朴尙鎭·金漢鍾, 대구감옥에서 사형되다.(국편)

8.12. 大韓光復會 蔡基中(1873생)·林世圭·金景泰(1879생)이 서대문감옥에서 사형 순국하다./ 金用善 등 10명, 義州郡 加山面에서 青年團을 조직하여 군자금 모집 중 피체되다.

8.13. 方定煥이 天道教 少年會를 창립하고, 1922년 5월 1일 ‘어린이의 날’을 선포하다./ 太極團員 韓炳洙 등 7명, 평북 厚昌郡 江沿에서 일본 경찰과 교전 중 전사하다.

연도	한국
▲ 1921	8.16. 부산 부두 노동자 1천여 명이 파업을 하며 임금 인상을 요구하다. 8.19. 殷栗郡守를 사살한 閔良基가 해주지방법원에서 사형 언도받다.(국편) 8.21. 崔時興 부대 30여 명, 昌城郡 東倉面에서 주재소·우편소 등을 기습 공격하다.(국편) 8.23. 太極團員 韓炳洙 등 7명, 厚昌에서 일본군과 교전 중 전사하다.(국편) 8.25. 韓相浩·林國楨·尹俊熙, 서대문감옥에서 사형되다.(국편) 8.27. 친일파·친일 자본가 宋秉畯·安國善 등이 소작인 상호이익단체로 朝鮮小作人相助會를 결성하다. 8.31. 大韓獨立自由會 總務 劉泳奎 등 10명, 德川에서 피체되다.(국편) 8.-. 廉想涉이 단편『標本室의 靑개구리』를《彩璧》제3회에 발표하다. 9.1. 무장독립군이 想城郡 天磨面에서 친일행위자 姜氣弼을 사살하다./ 臨時政府 獨立團員 金蘭爕·李昌實이 피체되다.(국편) 9.4. 崔時興 등 21명, 昌城郡 東倉面의 경찰주재소·금광사무소를 습격하다.(국편) 9.5. 匡正團 誠威隊長 姜承京 등 38명, 三水郡 嶺城駐在所를 습격하다.(국편) 9.9. 무장독립군 崔明道 등 15명, 雲山郡 城面에서 北鎭警察과 교전하다.(국편) 9.11. 興業團員, 甲山郡 普患面에서 일본경찰대와 교전하다.(국편) 9.12. 義烈隊員 金益相이 倭城臺 總督府廳舍에 폭탄을 투척하다. 9.16. 義勇隊 金秉默·金亨吉 등, 甲山郡 同仁面 舍杆浦駐在所를 소각하고 日警 순사부장을 사살하다.(국편) 9.17. 義勇團 조직 혐의로 검속된 許聖默이 해주지방법원 송화지청의 언도에 불복 공소하다. 9.18. 京城 印刷工 親睦會가 창립총회를 개최하고 朴利奎·崔永德 등 300여 명이 참가하다./ 呂運弘, 南大門驛에서 피체되다./ 釜山公立普通學校 敎師 任龍吉, 결사대 서명문서를 관공리에게 우송하다 피체되다.(국편) 9.20. 大韓民國臨時政府 財務部가 訓令으로 독립공채·광복사업 분투 등을 선언하다./ 崔吾成 등 30명, 大韓獨立新民團員에게 숙식을 제공한 혐의로 隱城署에 피검되다.(국편) 9.22. 金鍾範·趙東燦 등, 釜關連絡船의 하물적장에서 반일문서를 배포한 혐의로 피검되다.(국편) 9.23. 在滿韓人 육영사업·國民會 대표 李鳳雨(1893~1921)가 피살되어 순국하다. 9.26. 부산 부두 석탄운반 노동자 5천여 명이 임금 인상을 요구하며 첫 대규모 총파업을 하다. 9.27. 충남 連岐郡民이 고등보통학교 설립을 요구하며 시위를 벌이다. 9.30. 宣川警察署를 폭파한 光復團 결사대원 朴致毅가 사형 집행되다.(국편) 10.1. 平壤·三和 은행을 통합하여 大同銀行을 설립하다./ 總督府 學務局에 古蹟調査課를 신설하고 古蹟調査委員會와 總督府博物館 업무를 통합 관리하다. 10.2.《皇城新聞》주필 張志淵(1864~1921)이 사망하다./ 朝鮮興農會가 明月館에서 창립총회를 개최하다. 10.3. 서울 제화직공 50여 명이 임금 문제로 동맹파업을 하다. 10.4. 朝鮮辯護士協會(회장 李仁)이 창립총회를 개최하다./ 大韓日新靑年團을 조직한 金景河·崔奉國·崔球 등, 平壤地方法院의 판결 언도에 불복 공소하다.(국편) 10.6. 太極團 결사대 金在河 등 3명, 慈城에서 일본 수사대와 교전하다.(국편) 10.7. 무장독립군 30여 명, 楚山郡 桃原警察所와 面事務所를 습격하여 소각하다./ 金昌珍·李義泰 등 3명, 輯安縣 小長河에서 日警과 충돌하다.(국편) 10.9. 大同江 가교 공사를 착공하여 1923년 11월에 준공하다. 10.10. 盧日龍 등 26명, 大韓光復軍에 가입 활동 중 順川署에 피검되다.(국편) 10.13. 龍山發電所에서 3,000Kw 발전 설비 증설 공사를 준공하다./ 韓相龍·閔丙奭·元悳相이 朝鮮生命保險株式會社를 설립하여 국내 첫 보험회사가 되다./ 臨時政府要員 邊應燦·輔合團員 金基國 등, 中國 三道浪頭에서 체포되어 新義州로 이송되다.(국편)
1922 ▼	【한국】 1.3. 光復團員 趙昌龍·李熙道·金永達, 新溪에서 경찰에 피체되다.(국편) 1.4. 光復軍外務部 機密課員 韓文基, 成川警察署에 피체되다./ 무장독립군 崔慶天·金光 등 30여 명, 함북 新乾源駐在所를 습격하다.(국편) 1.9. 홍사용·박종화 등이《백조》를 창간하다. 1.10. 금란친목회·팔도공의회·유림건약소·태극교 대표 50여 명이 유림대학 발기총회를 개최하다. 1.12. 의열단원 金相玉, 종로경찰서에 폭탄을 투척하다.(국편) 1.14. 무장독립군 5명, 泰川郡 江東面을 습격하여 군자금을 모금하다.(국편) 1.16. 무장독립군 13명, 함북 惠山警察署와 교전하다.(국편) 1.18. 박인호, 천도교 제4대 교주가 되다. 1.19. 윤덕병·김한·신백우 등이 무산자동지회를 결성하고 사회주의 사상 보급을 도모하다. 1.20. 성기운·김종한·여운홍 등이 鮮滿協會를 창립하고 재외동포의 생활 향상을 도모하다./ 무장독립군 6명, 義州署 玉尙駐在所員과 교전하다./ 함남 일대의 독립운동 지도자 安智鎬 옥사하다.

일본

10.14. 桃原駐在所를 습격한 무장단 18명, 雲山郡 北鎭面에서 楚山警察과 교전하다.(국편)

10.17. 무장독립군 20여 명, 甲山郡 會麟巡査駐在所를 습격하다.(국편)

10.18. 崔南善, 京城監獄 복역 중 가출옥하다.(국편)

10.21. 吳承業 등 7명, 昌城郡 新昌面에서 日警과 교전하다.(국편)

10.24. 무장독립단 6명, 平北 碧潼에서 日警과 교전하다.(국편)

10.25. 《道路取締規則》을 개정하여 좌측통행제로 바꾸다.

10.-. 元鍾麟 등이 사회주의 단체 《新人聯盟》을 창립하고 취지문을 발표하다./ 李基世·尹百男·閔大植 등이 전문극단 藝術協會를 조직하고 본격적인 근대극을 시도하다./ 金土國·金土民·朴尙勳·任鳳淳 등이 사회혁명당(서울파, 공산주의 조직)을 결성하다.

11.6. 義勇軍 大將 金成淵 등 26명, 三水郡 好仁駐在所를 폭파하고 日警 3명을 사살하다.(국편)

11.8. 獨立團員 姜永彬 등 3명, 朔州郡 溫豊洞에서 軍服을 조제하던 중 北鎭署에 피검되다.(국편)

11.10. 晋州公立農業學校 生徒 13명, 비밀결사 TK단을 결성하여 피검되다.

11.11. 韓長錫·宋鍾려·李源翼, 학생들에게 동맹휴학을 권유한 혐의로 鍾路警察署에 피검되다.(국편)

11.14. 국내 첫 영화 '月下의 盟誓'(감독: 尹百男, 출연: 李月華·權一淸)를 제작하고, 1923년 4월에 개봉하다.(국편)/ 獨立團 18명이 雲山郡 北鎭面에서 평북 경찰부 수색대와 교전 중 7명이 전사하다.(국편)

11.18. 獨立靑年團 李員俊 등 4명, 平北 昌城郡 新倉面에서 日守備隊와 교전 중 전사하다.(국편)

11.19. 무장독립군 4명, 碧潼署 松西駐在所를 습격하여 유치인 2명을 구출하다.(국편)

11.20. 무장독립군 14명, 楚山 松城洞에서 日警과 교전하다.(국편)

11.21. 孟山獨立團事件 관련 羅信澤·羅炳三이 平壤地方法院에서 사형을 선고받고, 羅炳三이 1922년 8월 28일 사형되다.

11.22. 全州農業學校 2학년 崔基漢 등 12명, 神社參拜 후 일본인 강습생을 구타하여 구속 기소되다.

11.23. 무장독립군 5명, 平北 昌城郡 昌州面에서 日警과 교전하다.

11.24. 光復團 文書檢査部長 金道彬 등 7명, 端川郡 水下面에서 피검되다./ 李燦秀 등 8명, 大韓獨立靑年團員으로 일본군 경비 상황을 통보하던 중 朔州署에 피검되다.(국편)

11.29. 姜樂遠이 朝鮮武道館을 설립하고 유도·검도·펜싱 등을 지도하다.

12.1. 光復軍 徐奉根·金德湘·韓聖任 등, 군자금 조달 중 平原警察署에 피체되다./ 좌측통행제로 변경을 실시하다. 1906년 이후 우측통행제를 실시했다./ 中韓協會가 아나키즘 선전 잡지 《光明》을 발간하다.(국편)

12.3. 權悳奎·張志暎·金允經 등이 彙文義塾에서 朝鮮語硏究會(한글학회 전신)를 조직하다.

12.8. 무장독립군 3명, 楚山郡 西面에서 出金證書를 교부하다.(국편)

12.13. 한국 최초의 비행사 安昌男이 15도 고도 비행에 성공하다.

12.14. 獨立靑年團員 金龍陳 등, 義州 등지에서 독립자금 조달 활동 중 楚山署에 피검되다.(국편)

12.15. 〈特許法施行令〉·〈特許登錄令〉을 공포하다.(1922.1 시행)

12.21. 孟山·成川地方의 國民會員 李寬善·朴贊一 등 17명이 피검되다.(국편)

12.22. 3.1독립운동 민족대표자 崔麟·咸台永·吳世昌·權東鎭·李鍾一·韓龍雲 등이 가출옥하다.(국편)

12.25. 光復團 文書檢査部長 金道彬·崔德寬 등 38명, 咸興地方法院으로 압송되다./ 무장독립군 9명, 楚山에서 일본 밀정을 총살하다.(국편)

12.28. 大韓獨立團員 金仁燦 등 7명, 楚山署에 피검되다.(국편)/ 〈鑛業令〉 개정으로 鑛區稅를 인하하다.

12.29. 總督府가 指紋取扱規則을 공포하다.

【일본·해외】

1.5. 獨立團 85명이 훈춘·강동 등지에서 일경과 교전하다.

1.14. 西伯利亞朝鮮人民會가 블라디보스톡 新韓村에서 총회를 개최하고 자위단 조직 등을 결의하다.

2.2. 東京 朝鮮人 고학생동우회가 처음으로 계급투쟁 선언인 〈동우회 선언〉을 발표하다.

2.3. 韓圭相·沈就明이 泗川에서 한국독립을 선전한 혐의로 피검되다.

2.4. 일본과 중국이 山東 문제 해결에 관한 조약을 조인하다.

2.5. 무장독립군 10명, 慈城署 延豊駐在所員과 교전하여 2명을 사살하다.

2.6. 軍政署員 韓玉山, 滿洲 頭道溝에서 日警에 피체되다.(국편)

2.7. 大韓獨立團 永柔支團長 李恒魯, 安東縣警務局에 체포되어 平原警察署로 압송되다./ 대한민국임시정부, 中國護法政府와의 외교관계 지속을 위해 廣東에 外務局을 설치하다.(국편)

2.8. 大韓國民會 朴琪永 등이 독립운동 혐의로 검거되다.

2.17. 大韓獨立團 決死隊長 鄭士興, 間島 龍井村에서 日警과 교전 중 전사하다.(국편)

2.25. 西路軍政署 정찰대 李奎四 등 6명, 文興警察署員과 교전하다.(국편)

연도	한국
▲ 1922 ▼	1.21. 한말 개화사상가 김윤식(1835~1922)이 사망하다. 1.25. 大韓國民會員 85명이 谷山·順安에서 일경에 검거되다. 1.27. 金斗炳 등 2명, 독립자금을 모금하던 중 楚山署에 피검되다.(국편) 1.29. 무장독립군 10명, 中江鎭署員과 충돌하여 2명을 사살하다.(국편) 1.-. 차경석, 태을교·흠치교를 '보천교'로 개칭하다./ 각황사에서 조선불교선교양종의 중앙총무원을 설치하다. 2.2. 보합단 사건의 김형석 등 4명이 평양감옥에서 사형당하며 순국하다. 2.4. 제2차《조선교육령》을 공포하고 교과에서 조선사·지리를 폐지하다.(4.1. 시행)/ 江東警察署에 폭탄을 투척한 李恒彧, 평양지방법원에서 징역 7년을 언도받다.(국편) 2.5. 광복군 李成査·李守永·金鎭俊·朴泰烈·韓國彦 등, 江東警察署에 폭탄을 던진 혐의로 成川警察에 피체되다.(국편) 2.10. 權道鎔 등 6명, 安義面 校北洞 한문서당에서 독립문서를 배포한 혐의로 피검되다.(국편)/〈소학교 규정〉을 공포하다.(4.1. 시행) 2.11. 李光洙, 金允經 등이 修養同盟會를 조직하다. 2.14. 義軍團 整理局參謀 劉鎬鉉, 함흥지방법원 청진지청에서 사형을 구형받다. 2.15. 權錫壽 등 3명, 咸陽에서 비밀결사 暗殺團 조직 활동으로 피검되다.(국편) 2.16. 무장독립군 9명, 평북 楚山警察署員과 교전하다.(국편) 2.18. 경성복심법원, 국민회를 조직한 金璽浹 등 15명에 대한 사실심리 공판을 개정하다.(국편) 2.20.〈고등보통학교규정〉을 공포하다. 2.23.〈사범학교규정〉을 공포하다./ 軍政署員 吳英淳, 함흥지방법원 청진지청의 징역 7년형 언도에 불복하여 공소하다./ 平壤複審法院, 大韓獨立團 德川支團 丁進源·丁斷錄·丁潤實·白榮默 등 5명에 대해 1심 대로 언도하다.(국편) 2.28. 大韓國民會에 가입한 金鍾鳴·金寅燮·李相太 등, 海州地方法院의 언도에 불복하여 공소하다.(국편) 2.-. 염상섭, 단편소설『除夜』를《개벽》지에 발표하다./ 최남선, 일제의 원조로 월간지《동명》을 창간하다.(~1923.6) 3.1. 부산방적회사 남녀 직공 5백여 명이 임금 인상을 요구하며 동맹파업을 하다./ 李鍾一 등 천주교도, 3.1 운동 3주년을 기해 自主獨立宣言文을 발표하다./ 軍資金을 조달한 李允榮·崔灃業, 평양감옥에서 가출옥하다.(국편) 3.3. 勇進團長 金在完·金應允 등 4명, 격문을 등사 배포한 혐의로 馬山警察署에 피검되다.(국편) 3.5. 무장독립군 10명, 義州郡 玉尙駐在所를 공격해 일제 사격하다.(국편) 3.6. 비밀결사 三一靑年會員 8명, 江西警察署에 피검되다.(국편) 3.7. 대한민국임시정부 軍資金 모집 特課員 黃德煥, 釜山警察署에 피체되다./ 무장독립군 8명, 평북 渭原郡 密山面에서 출금계약서를 배포하고 군자금을 모금하다.(국편)/〈공사립전문학교규정〉을 공포하다. 3.10. 光復軍 崔正煥·韓益端 등 7명, 군자금 모집 활동 중 端川警察署에 피체되다.(국편) 3.11. 박희도 등이《신생활》을 창간하다.(1923.1.) 3.12. 무장독립군 10여 명, 中江鎭 土城駐在所員 6명과 교전하다.(국편)/ 독립단이 土城 주재소를 습격하다. 3.13. 보성법률상업학교 학생 80여 명이 전문학교 개편에 따른 晝夜學 문제로 동맹 자퇴하다. 3.18. 독립단원 3명, 渭原郡 鳳山面에서 군자금을 강징하다.(국편) 3.23. 大同團事件 權憲復·朴馨尙·梁槇·鄭圭植, 서대문감옥에서 복역 중 가출옥하다.(국편) 3.24. 軍資金 모집 활동을 하던 黃柱顯, 4년 만에 東大門警察署에 피체되다./ 무장독립군 4명, 寧邊郡 梧里面에 침입하여 현금을 탈취하다.(국편) 3.25. 大韓獨立團員 閔良基, 평양감옥에서 사형되다./ 大韓獨立中興團 宣璟煥 등 16명, 軍資金 모집 활동 중 寧邊警察署에 피체되다.(국편)/ 친일 은율군수 최병혁을 처단한 민양기(1899~1922)가 평양감옥에서 사형당하고 순국하다. 3.26. 김상호 등 100여 명의 승려·불교도들이 친일 승려 강대련 등에 북을 매달고 종로를 행진하다. 3.27. 초교파적인 여성단체 조선여자기독교청년회가 발기회를 개최하다.(4.20 창립)/ 조선여자기독교청년회(YWCA)가 발기회를 개최하다. 3.28. 大韓靑年團 冒險隊支部員 趙信聖·羅信澤·羅炳三 등 20여 명, 평양복심법원에서 언도 공판을 개정하다. 羅信澤은 무기징역으로 감형되다./〈사립학교교원자격과 교원수에 관한 규정〉을 공포하다. 3.29.〈육해군군법회의법〉,〈형사교섭법〉을 공포하다. 3.30. 救國團을 조직한 후 軍資金을 송금한 尹喆 등 8명, 경성지방법원의 언도에 불복하여 공소하다./ 무장독립군 13명, 渭原郡 鳳山面에 침입하여 軍資金을 강징하다.(국편) 3.31. 신교육령에 따라〈朝鮮總督府諸學校官制〉,〈조선공립학교관제〉를 공포하다./ 윤덕병·김한·이준태 등이 사회주의단체 무산자동맹회를 조직하다.(~1926.4.) 4.1.〈재일본 給費生 규정〉을 공포하여 재일본지급비생에 대해 조선총독이 학교·학과 지정을 하다./ 군산공립수산학교를 설립하다, 1927년 어업 기피로 지원 학생 수가 적어 폐교하다. 4.2. 보성법률상업학교가 재단법인 보성전문학교로 개칭하다./ 의용결사대 趙應順·朴俊旲, 경성지방법원의 언도에 불복하여 공소하다.(국편)

일본

3.1. 上海 공산주의 결사 大同協會가 자본주의·군국주의·제국주의 등 일체의 毒害를 혁파한다는 선언서를 발표하다.(국편)

3.22. 勇進團 단장 金在完 등 4명이 독립운동 혐의로 일경에 검거되다./ 李承晩系 하와이 동포들이 대한인국민회 하와이 지방총회를 해체하고 하와이 大韓人僑民團으로 개편하다.(국편)

3.28. 의열단원 金益相 외 4명이 上海 黃浦灘에서 일본 육군대장 田中義一를 저격하려다 실패하고 체포되다.

4.3. 上海 이르쿠츠크파 공산청년동맹원 金泰淵·朴憲永·林元根 등이 입국 도중 新義州 對岸 滿洲 安東縣에서 피검되다.(국편)

4.13. 한성은행이 大阪支店을 개업하다.

4.15. 上海의 世界韓人同盟會를 조직하고, 취지서 및 규칙을 발표하다.

5.18. 부관연락선 景福丸이 취항하다.

6.6. 高橋 내각이 총사직하다.

6.12. 加藤友三郎 내각이 성립하다.

6.19. 南滿洲 軍政署員 金燦奎, 聞慶郡 山陽面에서 聞慶署 刑事에 피검되다.(국편)

6.20. 統義府司令長 申八均·劉景烈, 汪淸縣 三道溝에서 중국 마적단의 습격으로 순사하다.(국편)

6.28. 仁義軍 170여명, 間島 頭道溝 습격하여 일본영사관분관 무기고를 소각하다.(국편)

7.1. 봉천(현 심양)에 신민공사(주) 지점을 설립하고 만주의 토지개간 및 농사경영을 도모하다.

7.4. 대동단 총재 동농 金嘉鎭 上海에서 사망하다./ 무장독립군 2명, 碧潼郡 吾北面에 침입하여 밀고자 처형하다.(국편)

7.10. 무정부주의자 朴烈이 기관지《黑濤》를 창간하다.

7.12. 國民會員 高德秀, 龍井에서 일본영사관경찰에 피체되다.

7.13. 呂運亨 등이 上海에서 '時事策進會'를 조직하고 임시정부 내의 정쟁·파쟁 해결을 모색하다.

7.15. 日本共産黨이 비밀결사로 결성되다.

7.22. 임시정부에서《獨立新聞》중문판을 창간하다.

7.26. 일본 信濃縣 信越전력공사장에서 한인 노동자 100여 명이 학살당하다.

7.28. 만주의 光誠隊 중대장 鄭世萬 등 40여명이 咸南 惠山 주재소를 공격하다.

8.23. 光復軍司令部·韓族會·光復軍總營·光漢團이 滿洲 遼寧省 桓仁縣에서 '大韓統義府'로 통합되다.

9.5. 上海 興志會員 鄭和順, 적화선전 혐의로 日本 神戸水上警察署에 피검되다.(국편)

9.9. 間島 西路軍政署 義勇隊員 金萬榮 등 2명, 大同郡 秋乙美面에서 평양경관대와 교전하다.(국편)

9.16. 新潟縣 朝鮮人勞動者虐殺事件調査會, 東京 조선기독교회관에서 경과보고 중 日警에 강제 해산되다.(국편)

9.25. 대한민국임시정부 國務總理代理 申圭植, 上海에서 서거하다./ 獨立團員 金益相, 일본 長崎地方裁判所에서 무기징역 언도되다.(국편)

10.1. 金九, 趙尙燮, 金仁全, 呂運亨 등이 軍人養成 및 軍費調達을 목적으로 韓國勞兵會를 上海에서 발기하다.

10.3. 日本 東京 多摩水道工事場에서 한인노동자 20여명이 일인노동자 100여명과 충돌하다.

10.4. 金潤秀·李政範, 하와이에서 개최된 제1회 太平洋商業會議에 韓國代表로 참석하다.(국편)

10.5. 獨立團 85명이 中國 琿春·江東에서 일본군수비대와 주재소를 습격하고 교전하다./ 北美地方總會를 '大韓人國民會總會'로 개칭하다.

10.6. 李枝奉·金宋一 등이 中國 寬甸縣 大井溝에서 大韓獨立老人團을 조직하다.(국편)

10.9. 西路軍政署 支部員 崔永麟 등 3명, 日警의 기습으로 교전 중 전사하다.(국편)

10.19. 대한민국임시정부 獨立新聞社, 하와이에 支局을 설치하다.(국편)

10.28. 金九·呂運亨이 上海에 韓國勞兵會(理事長 金九)를 창립하고 10년간 1만 명 이상 軍人養成을 목표로 하다.(국편)

11.1. 金松殷·金敏轍·李建允, 東京監獄에서 만기출옥하다.(국편)

11.2. 일본유학생이며 2·8獨立宣言 청년독립단 대표였던 崔八鏞이 사망하다.

11.6. 義烈團員 金益相, 長崎公訴院에서 사형 언도되다.

11.11. 安昌男이 東京-大阪 왕복우편 비행대회에서 우승하다.

11.-. 東京 유학생 朴崇會·金基鎭 등이 東京에서 극단 '土月會'를 창립하다.

12.15. 露領 哈爾濱 韓昌傑 등 34명이 國內 進攻 시도 중 安圖縣 中國官憲에게 마적으로 오인받아 교전하다.(국편)

4.4. 비밀결사 共成團을 조직한 金永蘭, 평양복심법원에서 사형을 언도받다.(국편)

4.5. 光復團員 金昌坤·鄭致敏, 평양복심법원에서 각각 사형과 무기징역을 언도받다.

4.8. 平南警察部에 폭탄을 투척한 安敬信, 평양복심법원에서 징역 10년을 언도받다./ 大韓光復軍 內務部機密課長 金珍俊, 平壤警察署에 피검되다.(국편)

4.10. 林淳益·李承浩 등이 안내원 朴根美의 안내로 입국하다가 신의주에서 피체되다.

4.11. 강영조·박갑선·박덕술이 기독교 비밀결사 '부산의용단'을 조직하고 군자금을 모집하며 선전 활동을 하다./ 姜永祚·朴甲善·朴德述 등 10명, 부산에서 비밀결사 義勇團 조직 혐의로 피검되다.(국편)

4.12. 籌備團員 柳相烈, 평양복심법원에서 사형을 언도받다.(국편)

연도	한국
▲ 1922 ▼	4.13. 籌備團을 조직한 禹利見·權寧萬 등 15명, 경성지방법원에서 실형을 언도받다./ 친일파 암살 및 면사무소를 소각한 白雲翰, 평양복심법원에서 사형을 언도받다.(국편)/ 金泰泳 등 3명, 독립군자금을 모집하던 중 서울에서 체포되다./ 光復會 지도자 禹利見이 경성지방법원에서 무기징역을 선고받다. 4.15. 義勇團 救國團에 가입해 활동한 李憶俊·石基浩·李應洙, 서대문형무소에서 사형되다. 4.18. 감옥에 간수부장 및 여감 취체 부장직을 신설하다. 4.19. 大韓靑年團 冒險隊長 朱錫煥 등 9명, 평양지방법원에서 실형을 언도받다.(국편) 4.20. <치안경찰법>을 개정하여 여성의 정치 집회를 허가하다. 4.21. 佛敎維新會員이 조선총독부에 사찰령 폐지와 통일기관 설치를 요구하다. 4.22. 崔進鶴·徐有駿·高奎柱 등, 釜山에서 군자금 모집 활동 중 피검되다.(국편) 4.27. 평양감옥에 복역 중이던 정치범 1천 500여 명, 짐승 같은 대우에 반대하여 동맹 투쟁을 하다.(국편) 4.30. 大韓獨立總團員 姜一鳳, 中江鎭警察署에 피검되다.(국편) 4.-. 사립 경성치과의학교를 설치하고 수업 연한 2년에 야간제 학생 60명을 입학시키다./ 申알버트가 조선여자청년회에 조선여자학원(야학)을 설립하다./ 신의주-초산, 원산-부산 간 기선 직항로가 개설되다./ 최승일 등이 신극연구단체 劇文會를 설립하고 동서양 연극을 연구·시연하며 잡지 등을 발행하다./ 우봉운·김일엽 등이 불교계 최초로 여성 단체 '조선불교여자청년회'를 결성하다. 5.1. 조선노동공제회가 각황사(현 조계사)에서 최초로 메이데이 기념 강연회를 개최하다. 5.2. <간호부규칙>을 공포·시행하고, 간호사 교육기관 입학 자격을 2년 이상 중등교육 이수자로 상향하다. 5.5. 독립선언서에 서명한 吳華英·李甲成, 경성감옥에서 만기 출옥하다./ 大田公立普通學校 3·4학년생 140여 명, 일인 교사를 배척하며 동맹휴학하다.(국편) 5.6. 大韓愛國婦人會事件 李貞淑·張善禧·金英順, 대구감옥에서 가출옥하다. 5.8. 江界에 慈惠醫院을 설립하다. 5.9. 軍資金을 모집한 鄭寅玉, 공주지방법원의 징역 10년 언도에 불복하여 공소하다./ 國民會員 金圭炯, 함흥지방법원 청진지청에서 징역 7년을 구형받다.(국편) 5.11. 무장독립군 11명, 江界郡 龍林面에 침입하여 현금을 탈취하다.(국편) 5.12. 친일자 암살을 위해 입국 준비 중이던 朴熙禎·李仁赫, 安東縣에서 피체되다./ 血誠團을 조직한 金聖和, 함흥지방법원 청진지청의 5년언도에 불복하여 공소하다.(국편) 5.13. 친일파 閔元植을 저격한 梁槿煥, 上告를 취하하고 무기징역을 복역하다./ 일본 헌병을 사살한 曹振鐸, 평양복심법원에서 사형을 언도받다.(국편) 5.18. 軍政署員 金瑛鎭·盧載喆 등 9명, 공주지방법원에서 5년~10년형을 언도받다./ 무장독립군 6명, 楚山郡 桃源面에 잠입 중 楚山警察署員과 교전하다.(국편) 5.22. 大韓光復團 印景煥, 신의주지청에서 징역 8년을 언도받다.(국편) 5.26. 大韓靑年會·韓光復軍冒險隊에 관여한 張學善·崔明淳·張應三 등 7명, 검사국에 송치되다.(국편) 5.27. 일제의 지원과 협력 하에 '조선불교중앙교무원'을 설립하다. 5.30. 大韓獨立軍靑年圈聯合會 冒險隊員 12명, 평남 寧遠警察署에 피검되다./ 高麗共産黨 파견원 金泰淵·朴憲永·林元根, 신의주지청의 언도에 불복하여 공소하다.(국편) 5.-. 李光洙가 「民族改造論」을 《개벽》에 발표하다. 6.1. 개벽사 자매지로 월간 《부인》을 창간하다./ 경성역사(전 서울역사)를 착공하다.(~1925.9)/ 조선청년회연합회가 평민대학을 설립하고 서대문 대동강습소에서 개강하다./ 총독부 주최 제1회 조선미술전람회(鮮展)를 동양화·서양화·서예 부문으로 개최하다.(1944년까지 23회 개최) 6.3. 大韓統軍府, 중앙직원회의에서 南滿洲 독립군 단체 통일 방안을 논의하다./ 무장독립군 6명, 楚山郡 西面에서 현금을 탈취하다.(국편) 6.4. 大韓光復軍 內務部機密課長 金珍俊, 평양검사국에 송치되다./ 達城郡 壽城面民, 壽昌警察官駐在所를 습격해 일인 순사를 구타하다.(국편)/ 경남철도(주)가 천안-온양 간 철도를 개통하다. 6.8. 缺席判決로 징역 7년을 선고받은 李允鎬, 靈光에서 피체되다.(국편) 6.9. 무장독립군 5명, 泰川郡 東面에서 泰川署 搜査班과 충돌·교전하다.(국편) 6.10. 李元明·金敬淑이 평양에 大東婦人商會를 개업하고 일본·중국 수입품과 국산품을 판매하다. 6.11. 무장독립군 45명, 渭原郡 大德面에서 독립자금을 모집하다.(국편) 6.13. 무장독립군 6명, 江界郡 立館面에서 德田伐木作業事務所를 소각하다.(국편) 6.14. 大韓獨立中興團 宣璟煥·金光範 등 5명, 신의주지청의 언도에 불복하여 공소하다./ 무장독립군 3명, 甲山郡 同仁面에 진입해 含井駐在所를 습격하다.(국편) 6.16. 경성-원산 간 직통 전화를 개설하다./ 무장독립군, 평북 雲山郡 溫井駐在所를 기습하다.(국편) 6.17. 서울에서 '民友會'를 조직(회장 朴泳孝)하여 민중 단결과 민권 신장·생활 개선을 도모하다./ 朴泳孝·李商在 등, 民友

일본

會를 조직하다./ 大韓新民團事件 金德善, 경성복심법원에서 징역 10년을 언도받다.(국편)

6.18. 大韓光復團 分團長 金道彬, 함흥지방법원 청진지청의 언도에 불복하여 공소하다./ 경성감옥 수감자 10여 명, 간수의 학대에 항의하며 동맹단식을 하다.(국편)

6.23. 高麗共産黨 林淳益·李承浩·安秉珏, 신의주지청의 징역형 언도에 불복하여 공소하다.(국편)

6.24. 평양감옥에 수감 중인 정치범 200여 명, 재차 동맹단식을 하다.(국편)

6.27. 무장독립군 10명, 碧潼郡 吾北面 對岸에서 경찰대와 교전하다.(국편)

6.30. 조선상업은행과 원산상업은행이 합병하다.

6.-. 조선운수 計算會社가 설립 자본금 50만 원으로 개업하여 조선운수연합회의 사업을 계승하다.

7.3. 무장독립군 3명, 渭原郡 鳳山面 向陽洞에서 區長을 사살하다.(국편)

7.5. 평양감옥 복역 중인 張德甫, 가출옥 처분을 거절하다.(국편)

7.8. 大韓光復團員 金昌坤, 평양감옥에서 사형되다.(국편)/ 대한광복단원 金昌坤이 평양감옥에서 사형당하다.

7.10. 무장독립군 6명, 熙川郡 東面에 침입하여 1명을 납치하다.(국편)

7.11. 미곡검사규칙 및 大豆검사규칙을 공포하다.

7.12. 임시정부 후원의 비밀결사 共成團員 金永蘭(1896~1922)이 평양감옥에서 사형을 당해 순국하다.

7.13. 〈호구조사규정〉을 공포하여 경찰관서에서 관내 호구 동태를 파악하다./ 무장독립군 7명, 熙川郡 東倉面에 침입하다.

7.15. 籌備團員 徐義培·趙昌善, 해주지방법원의 사형 언도에 불복하여 공소하다.(국편)

7.18. 독립단 李根洙 등이 일경에 검거되다.

7.19. 光復軍司令部 宣川普合團間의 통신연락원 李仁赫, 평양복심법원에서 징역 5년을 언도받다.(국편)

7.21. 3·1 독립선언서 서명자 李寅煥(昇薰), 경성감옥에서 가출옥하다.(국편)

7.24. 무장독립군 8명, 古寧朔面에서 義州署 永山市駐在所員과 교전하다./ 무장독립군 9명, 慈城署 仇排派出所員과 교전하다.(국편)

7.25. 철원애국단 대표 趙鍾大가 함흥감옥에서 옥사하다./ 鐵原 愛國團 대표 趙鍾大, 咸興監獄에서 옥사하다.(국편)

7.26. 무장독립군 5명, 江界郡 龍林面에서 義州署員과 교전하다.(국편)

7.27. 大韓軍政署員 崔壽吉·金玄默 등 5명, 함흥지방법원 청진지청의 언도에 불복하여 공소하다.(국편)

7.28. 扶民團長 許魯, 군자금을 모집하던 중 동대문경찰서에 피검되다./ 무장독립군 28명, 甲山郡 普惠面에 진입하여 胞胎山駐在所를 습격하고 3시간 교전하다.(국편)

7.31. 東京 中央大學生 宋義願, 黃州에서 독립사상을 고취하는 연설을 하다 강제 중지되다.(국편)

7.-. 김소월이 「진달래」를 《개벽》에, 남궁벽이 「별의 이름」을 《신생활》에 발표하다./ 김영환·현희운·김동한 등이 연극·음악·무용학교인 예술학원을 설립하다.

8.1. 무장독립군 3명, 寧遠郡 錦城面에서 自衛團員 2명을 저격하다.(국편)

8.4. 宣川署에 폭탄을 던진 朴承浩가 신의주감옥에서 옥사하다.

8.5. 密偵을 사살한 國民會員 李政國·鄭世忠·崔翊龍, 청진지청에서 언도 공판이 개정되다.(국편)

8.8. 대구감옥 정치범 53명, 간수의 학대에 항의하며 단식 동맹을 하다.

8.9. 무장독립군 5명, 雲山郡 倭延面에 침입하여 민가에 방화하다.(국편)

8.12. 總督府警務局長이 과격사상과 공산주의 등에 대한 단속 방침을 발표하다./ 총독부 경무국장이 과격사상과 공산주의등에 대한 단속 방침을 발표하다.(국편)

8.13. 統義府 金翊奉·金興烈·韓瑞鳳 등, 雩時面 日警察駐在所를 습격하여 日警을 사살하다.(국편)

8.15. 무장독립군 6명, 渭原郡 大德面에서 출장 중인 일인 순사를 사살하다.(국편)

8.22. 〈임업시험장관제규정〉을 공포하다.

8.23. 무장독립군 30명, 熙川郡 東倉駐在所를 습격·점령하고 단원을 모집하다.(국편)

8.25. 독립군 金世淳이 경성감옥에서 자결하다.

8.29. 경성감옥의 독립운동가 30여 명이 국치일을 맞아 동맹 단식을 하다.

8.31. 間島 國民會員 崔翊龍 등 3명, 함흥지방법원 청진지청의 언도에 불복하여 공소하다./ 金善景·尹潤吉·閔亨成 등, 加平郡 北面에서 군자금을 모집하다.(국편)

8.-. 노농회가 기관지 《農勞聲》을 창간하다.

9.1. 朴承浩·李學弼·林容一 등이 미 의원단 내한 당시 宣川警察署에 폭탄을 투척하다.

9.4. 晉州勞動共濟會가 전국 최초의 소작 농민운동으로 '소작노동자대회'를 개최하다.

9.6. 무장독립군 4명, 楚山郡 桃源面에서 친일자를 사살하다.(국편)

9.7. 무장독립군 70여 명, 朔州郡 外南面에서 外南警察官駐在所와 大館郵便所를 습격하여 일본 경찰 4명을 사상하다.(국편)

9.8. 靈光郡民이 일본인 掘農場의 소작인 구타 사건에 대해 항의대회를 개최하다./ 金相翊 등이 元山에서 독립운동자 중심의 友愛會를 조직하다.(국편)

9.9. 太極團 결사대가 평남 大同郡에서 일경과 교전하다./ 姜基煥이 군자금을 모집하던 중 咸平 일경에 검거되다.

9.11. 독립단원 20여 명이 평남 成川郡 三興面 주재소 및 면사무소를 파괴하다./ 무장독립군 10여 명, 평남 成川郡 三興面 柳三里駐在所와

연도	한국
▲ 1922	면사무소를 습격하다./ 金善景·尹潤吉·閔亨成·李明學, 加平에서 군자금을 모집하던 중 경찰대에 피체되다.(국편) 9.16. 무장독립군 6명, 楚山郡 西面에 침입하여 出金證書를 배포하다. 9.17. 제1회 조선변호사시험을 실시하여 11월 7일에 조선인 4명의 합격자를 발표하다. 9.21. 《조선일보》가 年中無休刊制를 시행하다. 9.22. 獨立興業團 通信員兼 警衛團員 康陣才·金達成, 독립자금을 모집하던 중 德川警察署에 피체되다./ 旺淸團員 崔之善, 密偵을 사살한 후 3년 만에 新義州警察署에 피체되다.(국편) 9.25. 임시정부 국무총리 대리 申圭植(1879~1922)이 사망하다./ 독립단원 약 40명이 함남 三水郡 嶺城 주재소를 습격하다./ 독립단원 40여명, 三水郡 郡仁面 嶺城駐在所를 습격하다. 9.28. 盤石縣 독립단 呂炳鍾 등 7명이 독립후원회를 조직하다./ 太極團員 朴濟道, 孟山郡 豊林面에서 군자금을 모집하던 중 피체되다.(국편) 9.30. 大同郡 古平面 平川里 농민 100여 명, 군용지로 징발된 토지 반환을 平南道廳에 탄원하다./ 太極團員 金啓弼·李永植, 군자금을 모집하던 중 검거되어 平壤地方法院으로 압송되다.(국편) 10.1. 경성시립도서관을 개관하다. 10.2. 日首相 暗殺事件 관련자 白永燁, 신의주지방법원에서 징역 1년 6개월을 언도받다./ 무장독립군 15명, 朔州·昌城捜査隊와 3시간 교전하다.(국편) 10.3. 무장독립군 35명, 江界郡 高山鎭駐在所를 습격하다.(국편)./ 독립군 약 60여 명이 평북 江界 高山鎭 주재소를 습격하다. 10.5. 중앙고보 교사 조철회가 한국 최초의 보이스카우트 조직으로 '조선소년군'을 군대식으로 조직하다.(~1937)/ 중앙기독교청년회 소년부 간사 정성채가 종교적 성격의 '조선소년척후대'를 결성하다.(~1937) 10.7. 조선불교도총회에서 '30본산연합제' 폐지를 결정하다./ 종로중앙청년회관에서 조선흥농회(이사장 李運) 발회식을 개최하다. 10.8. 白光欽·姜達永 등이 조선노동연맹회를 결성하다./ 國民會員 李政國·鄭世忠·崔翊龍, 함흥지방법원 청진지청의 언도에 불복하여 공소하다.(국편) 10.11. 무장독립군 7명, 평북 渭原郡 西泰面에 침입하여 현금을 탈취하다.(국편) 10.18. 尹德炳 등이 조선노동연맹회(조선노동공제회 후신)를 결성하다. 10.19. 무장독립군 4명, 泰川郡 東面에 침입하여 區長 등 4명을 사살하다. 10.23. 載寧郡 北栗·南栗面 농민 1천 3백여 명, 동양척식회사 일인 이민을 반대하여 총독부에 진정하다.(국편) 10.26. 무장독립군이 渭原·昌城·泰川署員 및 江界郡 高山鎭駐在所員과 교전하다.(국편) 10.27. 무장독립군 5명, 朔州郡 水豊面에서 泰川署 搜査班과 교전하다.(국편) 10.28. 총독부에서 〈警備船取扱規程〉을 공포하다. 10.29. 서울 제동에서 '무산자청년회'를 결성하다. 1924년 2월 신흥청년동맹에 흡수되다./ 서울의 지게꾼·막노동자들이 '자유노동조합'을 창립하다. 10.30. 평양유옥여관을 매수하여 평양철도호텔 영업을 개시하다./ 무장독립군 5명, 楚山에서 경찰 수색대와 교전하다.(국편) 11.1. 월간 종합잡지 《조선지광》(주간 장도빈)을 창간하다.(~1930.11.) 11.2. 무장독립군 3명, 楚山郡 松面에 침입하여 군자금을 모집하다.(국편) 11.4. 무장독립군 6명, 義州署 烏鳴岩出張所를 습격하다.(국편) 11.6. 泗川郡 西浦面 迫間農場 소작농민들이 소작료 5할을 요구하며 쟁의에 돌입하다.(국편)/ 의열단 김익상이 나가사키공소원에서 사형 선고를 받았다가 20년형으로 감형되어 출옥 후, 일본인 형사에게 피체되어 가던 중 한강에 투신했다고 전해지다. 11.9. 전남 목포에서 전국곡물상대회를 개최하다./ 무장독립군 24명, 碧潼·楚山署 聯合搜查隊와 교전하다.(국편) 11.14. 양정고보 학생들이 일본인 교사를 배척하기 위해 동맹휴학을 하다. 가담한 학생 200여 명이 무기정학을 받다.(~11.18.)
1923 ▼	【한국】 1.1. 총독부가 〈破産法〉 및 〈和議法〉을 공포하다./ 남대문역을 경성역으로 개칭하다. 1.2. 독립단원 3명 평북 慈城郡 慈下面에서 中江鎭警察署 수색대와 교전, 1명 전사하다.(국편) 1.4. 독립단원, 평북 楚山警察署 관내에서 3차에 걸쳐 경찰과 접전하다./ 경찰, 群山·沃溝에서 대한민국임시정부 명의의 군자금을 모금한 혐의로 朝鮮獨立團員 崔公勳·盧壽滿·金有重·梁文玉 등을 체포하다.(국편) 1.5. 토산애용부인회가 창립총회를 하다./ 무장독립군, 평북 昌城郡 後坪 駐在所 습격하다./ 평북 昌城警察署 昌坪출장소에 '匪賊' 10여명 내습 격전, 순사 1명 부상하다.(국편) 1.12. 의열단원 金相玉이 종로경찰서에 폭탄을 투척하다./ 독립단원 9명, 義州郡 水鎭面에서 군자금 수합중 순사와 교전하다. 1.13. 〈朝鮮水産會令〉을 공포하다.(4.1.시행)/ 어업조합·수산조합·수산회 등으로 분립하다. 1.14. 동양흥신주식회사가 창립 총회를 열다. 1.15. 독립단원 30여명, 平化 渭原郡 西泰警察官 駐在所를 습격하다./ 京城地法, 〈新生活〉 필화사건 피고 朴熙道에게 징역 2년을 선고하다.(국편) 1.16. 독립단원 10명, 평북 文興警察署 管內에서 군자금 모금활동을 하다.(국편)/ 김동원 등이 평양에서 흥사단 약법의 독

일본

11.15. 光復軍 崔錫鉉, 함흥지방법원의 징역 10년 언도에 불복하여 공소하다.(국편)

11.17. 姜亨鎬 등 4명, 朔州郡 大館洞 金融組合을 기습하다가 朔州警察署에 피검되다.(국편)

11.21. 나도향이 장편 『환희』를 《동아일보》에 연재하다.

11.22. 인력거꾼 300여 명이 충무로 낭화좌에서 인력거조합을 조직하고 임금 인하에 반대하며 파업을 하다./ 적화사상 선전을 이유로 《신생활》이 발매 금지되고, 사장 朴熙道가 구속되다.

11.23. 李商在·趙晚植 등이 민립대학기성준비회를 발기하다.

11.25. 《朝鮮日報》·《東亞日報》·《開闢》 등 6개 기관이 《新生活社》 筆禍事件의 선후책을 협의하고 언론 자유 확대를 요구하다.(국편)

11.26. 金鼎相·洪大權·姜鎬俊 등이 차별 교육 철폐 운동을 위해 조선학생회를 창립하다./ 조선노동대회 간부 金昇圭 등 4명, 종로경찰에 피검되다./ 무장독립군 4명, 楚山郡 古月岳洞에 침입하여 민가에 방화하다.(국편)

11.27. 언론계·법조계가 《신생활》 필화사건에 대한 언론 옹호 결의문을 발표하다.

11.28. 무장독립군이 평북 慈城·中江鎭·渭原에서 日警과 교전하다./ 上海·忠北·慶南北에 연계된 義勇團 申泰植·金燦奎 등 45명, 경북 金泉署에 피검되다.(국편)

12.1. 日本 大阪의 한인 노동자 600여 명이 朝鮮勞動者同盟會 發起 총회를 개최하다.(국편)

12.2. 姜鎭求 등이 독립공채를 모금하던 중 일경에 검거되다.

12.3. 露國避難民京城慰問會를 조직하다./ 무장독립군 6명, 義州郡 水鎭面에 침입하여 현금을 탈취하다.(국편)

12.4. 조선총독부가 〈조선사편찬위원회 규정〉을 공포하여 일본 우위성을 고취하고 한민족의 민족의식을 배제하다./ 大韓光復團 安海容 등 2명, 경북 각지에서 단원을 모집하던 중 일경에 피검되다.(국편)

12.5. 항공기 조종사 安昌男이 귀국하여 12월 10일 여의도에서 방문기념 비행을 실시하다.

12.7. 〈조선민사령〉을 개정(1923.7. 시행)하여 일본 민법에 따라 이혼이 가능해지자 이혼이 증가하다./ 〈조선총독부재판소령〉을 개정(1924.1. 시행)하여 고등법원의 권한을 확충하다.(국편)

12.8. 미국 프로야구단을 초청하여 조선 팀과 용산 만철운동장에서 친선 경기를 하다.

12.11. 독립운동에 가담한 金允端·張泳秀, 평양감옥에서 가출옥하다.(국편)

12.12. 《신생활》이 신문지법·제령 7호 위반으로 피소되어 《신생활》 14호도 다시 압수되다.

12.13. 전남 順天郡 西面의 소작인 1,600여 명이 지주의 횡포에 궐기하고 서면농민대회를 개최하다./ 大韓愛國婦人會事件 金誠心, 대한민국임시정부 결사대원 朴鳳岩이 평양감옥에서 복역 중 가출옥하다.(국편)

12.15. 〈조선인여행취체령〉을 폐지하다.

12.17. 염태진·박태화 등 50여 명이 국산품 애용운동을 위해 '自作會'를 발기하다.

12.18. 〈조선호적령〉을 공포(1923.7. 시행)하여 일본인과 조선인을 차별하다./ 독립단원 李應洙 등이 경북 각지에서 군자금을 모집하던 중 검거되다.

12.20. 전남 順天郡 雙岩面 소작농민 1천여 명이 소작료 5할, 소작권 이동 중지 등 5개항을 요구하며 면사무소에서 시위농성을 하다./ 무장독립군 3명, 義州郡 古館面에서 현금을 탈취하다.(국편)

12.21. 인천해안선 개통에 따라 화물취급소를 설치하다.

12.24. 李丙燾·廉尙燮·吳相淳·黃錫禹·卞榮魯 등이 '文人會'를 조직하다./ 무장독립군 10여 명, 평북 文光警察署 文岳出張所를 습격하다.(국편)

12.26. 《신생활》 필화사건 공판이 경성지방법원에서 개정되어 조선 최초의 사회주의 재판이 이루어지다./ 軍政署 興業團員 李萬俊, 국내 청년들을 撫松縣 白山學校에 보낸 혐의로 검사국에 송치되다./ 무장독립군 13명, 碧潼警察署 松西駐在所를 습격하다.(국편)

12.27. 普合團長 金道源, 경성복심법원에서 기각 판결로 사형이 확정되다./ 무장독립군 10명, 慈城郡 長土面에 침입하여 현금을 탈취하다.(국편)

12.28. 義勇團 경북단장 申泰植 등 13명이 경북에서 체포되다.

12.31. 전남 順天郡 樂安面에서 소작인 농민대회를 개최하다.

12.-. 조선인 운수업자들이 선운동우회(회장 朴文集)를 조직하다./ 함경선 일부 구간(咸興-西湖津)에서 철도운수 영업을 시작하다.

【일본·해외】

1.3. 臨政 내분 수습을 위해 국내외 70여 독립단체 160여 명이 상해에 모여 대한국민대표회를 개최하다.(~1923.6)

1.5. 대한민국임시정부 國務總理에 盧伯麟이 취임하다.

1.10. 상해 국민대표회의 임시의장 안창호가 사임하고 탈퇴통고서를 제출하다.

1.13. 대한민국임시정부 國務院을 개편하고 總理에 朴殷植을 임명하다.

1.15. 독립단원 30여 명이 平化 渭原郡 西泰警察官 駐在所를 습격하다./ 金若水·金鍾範·宋奉瑀·卞熙鎔·金章鉉·李如星 등 60여 명이 東京에서 北星會를 조직하다./ 朝鮮總督 齊藤實의 암살을 기도한 金俊相이 日本 下關에서 被逮되다.(국편)

1.18. 국민대표회의 의장에 김동삼, 부의장에 윤해·안창호를 선출하다.

1.30. 獨立運動團體代表 250여 명이 上海 舊英國租界 漢口路 慕爾堂에서 國民代表會議를 개회하다.

1.-. 상해 프랑스조계 삼일당에서 국민대표회의를 개회하다, 지역·단체 대표 250여 명이 참석하다.

2.1. 중국 영안현 영고탑에서 최응렬·한상오·오성륜이 무장단체 '赤旗團'을 결성하다.

2.3. 시베리아에서 특별결사대로 파견된 獨立軍 10명이 海林 一面坡 등지의 親日團體 朝鮮民會·保民會 간부 10여 명을 사살하다./ 하르빈 韓國學生들이 高麗學生團을 조직하다.(국편)

연도	한국
▲ 1923 ▼	립운동단체인 동우구락부 창립총회를 개최하다. 1.17. 조선정미 직공 100여 명이 임금인상을 요구하며 파업을 하다./ 義烈團員 金相玉, 日警과 교전중 자결하다.(국편) 1.18. 國民代表會가 議長에 金東三, 副議長에 尹海·安昌浩를 선출하다./ 독립단원 5명 평북 義州郡 靑水洞 駐在所員과 교전, 단원 1명 전사하다.(국편) 1.19. 독립단원 10명 평북 中江鎭 警察署員 7명과 交戰, 2명 전사하다.(국편)./ 일본정부가 국내 관립고등보통학교 졸업생의 일본 고등학교, 전문학교 입학자격을 인정하다. 1.20. 유진태·정노식이 서울 경운동 협성학교에서 조선물산장려회(이사장 유성준)를 창립하다./ 조선물산장려회가 발기총회 및 창립총회를 개최하다./ 서울에서 김중한·이윤희·이강하·신기창·윤우열 등이 흑노회를 결성했는데, 개인적 아나키즘 성향을 가지고 있다. 1.22. 독립단원 40여명, 평북 渭原郡 舊邑 警察官駐在所 및 面事務所를 습격하다, 隊長 李成樺 전사하다.(국편) 1.24. 독립단 11명 평북 楚山郡 三興面에서 군자금 모금활동을 하다./ 독립단원, 輯安縣 泰和堡 三道溝에서 밀정 金呂俊 외 4인을 사살하다.(국편) 1.27. 독립단원 7명 평북 碧潼郡 太平面에서 密偵 母子를 사살하다./ 독립단원 5명 楚山警察署管內 下楸木駐在所 순사 3명과 교전, 2명 전사하다./ 劉應夏·呂淳根·獨孤旭·金宇根·李永善·白庚秀·李朝振·孟性祿·許雲起·金一俊·金正坤·金泰浩 등이 大韓軍民府를 조직하다.(국편) 1.28. 雲山·寧邊·安州 등지에서 군자금 모금중이던 吉尙俊이 일경과 교전중 被逮되다.(국편)/ 인천조산물산소비조합이 발족하고,(~1924.11), 조선물산장려운동과 금주·斷煙운동을 전개하다. 1.29. 대구 계성학교 학생 70여 명이 고등보통학교로 승격을 요구하며 동맹 자퇴하다./ '匪賊' 14명 평북 江界郡 金基洛家에 침입, 현금 120원을 강탈하다.(국편) 1.30. 統義府義勇軍 제4중대장 洪碩求 등 1대가 密山面 南坡洞에서 경찰 20명과 교전, 5명을 사살하다.(국편)./ 서울 경신학교 학생들이 고등보통학교로 승격 요구를 하며 동맹 휴학하다. 1.31. 韓國義勇軍 2중대원이 경찰과 교전하다, 隊長 鄭奉胃 전사, 朴道芳·金澤柄 중상을 입다./ 黃州公立農業普習學校生이 日人敎師를 排斥하며 동맹휴학하다./ 馬山 南鮮券番妓生 40여명이 券番 총회를 열고 조선물산애용을 결의하다.(국편). 1.-. 신채호가 조선혁명선언서를 작성하다. 2.1. 월간 잡지《공상세계》(주간 현희운)를 창간하다./ 평양공설진료소를 개설하다. 2.2. 大韓統義府 제4토벌대장 金寬城과 대원 18명이 국내에 잠입하다.(국편) 2.3. 光復軍總營 무장대가 평안북도 義州郡 玉尙面 주재소를 습격하다./ 大韓統義府가〈大韓統義府公報〉제1호를 발행하다.(국편) 2.4. 평남 안주 상인 70여 명이 일본상품 '非賣同盟'을 조직하다. 2.5. 심정택 등이 물산장려운동 일환으로 토산애용부인회를 창립하고, 증산층 이상의 부인 50명이 참여하다./ 독립단원 40여명, 평북 楚山署의 습격을 받아 교전, 1명 전사하다./ 부산 30여 단체 대표와 유지들이 土産物奬勵會를 조직하다.(국편) 2.6. 부산진공립상업학교 1·2년생 70명이 동맹휴학을 하며 졸업 기한 연장과 학교명 변경을 요구하다./ 독립단원 3명, 義州郡 加山面 民家에서 중국화폐 180餘圓을 강징하고, 團員 8명이 義州警察署 관내 鳥度岩出張所를 습격 후 퇴거하다./ 大韓光復軍總營 소속 독립군 3명이 碧潼郡 太平面 楊口川에서 日警 10여명과 접전하다.(국편) 2.7. 光復團·軍政署·紀元獨立團·統義府 등 독립운동 단체 대표들이 독립운동 개혁방안을 논의하다.(국편) 2.9. 조선학생대회 멤버 교체로 전문학교생 중심의 '조선학생회'를 창립하고 제1회 집행위원회를 개최하다. 2.11. 울산도서관을 개관하고 8백여 종 도서를 비치하며 향교 재산으로 운영하다. 2.13. 조선물산장려회 주최 물산장려선전행렬을 일경이 금지하다./ 독립단원 10명, 평북 中江鎭警察署 순사 7명과 교전, 1명 전사하다./ 독립단원이 함북 鍾城郡 鍾谷面에서 군자금을 모금하다.(국편) 2.14. 경남 양산의 청년회·부인회·소년단·여자소년단이 공동으로 토산물 애용운동을 전개하다./ 평북 朔州署員 12명이 九曲面에 침입한 6명의 '匪賊'과 교전, 2명을 사살하고 장총 1정·권총 1정·탄환 등을 압수하다.(국편) 2.18. 軍政署小隊長 金世煥 이하 10여명이 中江警察署員과 교전 중 金世煥이 전사하다.(국편) 2.20. 독립단 15명이 평북 文興警察署員 8명과 중국 官憲의 挾攻을 받아 교전, 3명 전사하다.(국편) 2.21. 경남 영일군 포항에 수산시험장을 설치하다. 2.24. 김정의 등이 여수에서 여권운동단체인 '코스모스회'를 조직하고 여권 신장을 목적으로 활동하다.(국편) 2.28. 대한청년단원 김명권이 일본 경찰 살해혐의로 평양지법에서 사형 선고를 받고, 7월 25일 사형 순국하다.(국편) 3.1. 방정환이 근대 아동문학의 요람인 소년 월간《어린이》를 창간하다.(정가 5전) 3.4. 이주연·황석우·원달호 등이 조선인학회를 발기하다.(5.11 창립)/ 朴經錫이 대중 오락기관인 평양제일관을 설립하다. 3.5. 전남 순천·고흥·보성의 지주들이 연합지주대회를 개최하고 단체 참가자의 소작을 불허하다. 3.6. 최상훈이 노동진료소를 설립하고 노동자를 무료진찰하다./ 독립단원 1명 평북 昌城郡 大倉面에서 경찰과 接戰중 사망하다./ 사이토 총독 암살모의·대한독립후원의용단 조직원 이명균(1863~1923)이 병보석 중에 사망하다.(국편) 3.8. 미술연구단체 同硯社를 조직하다./ 사회주의자 윤자영 등 20명이 국민대표회의에서 사회주의적인 항일운동을 주장(개조파)하다.

일본

2.7. 光復團·軍政署·紀元獨立團·統義府 등 독립운동 단체 대표들이 독립운동 개혁방안을 논의하다.

2.18. 大韓統義府 외무부장 康濟義가 만주 寬甸縣 知事와 한인독립단의 무장 행동을 인정하는 묵계를 약정하다.(국편)

2.19. 露領 蘇王領에 士官學校를 졸업한 100여 명의 독립단원이 金勝彬을 중심으로 집결하여 李靑天의 歸着을 대기하다.(국편)

2.22. 長白縣 大韓獨立軍支部가 국내의 경비상황을 탐지하기 위하여 요원을 밀파하다.(국편)

2.27. 間島 24개처 僑民대표 150명이 住民大會를 개최하고 한국인의 자치권 획득을 위한 실행위원으로 金躍淵·金正琪 외 32명을 선임하다.(국편)

2.28. 독립단원 一團이 寬甸縣 松西面 警察官駐在所 순사와 교전 중 2명이 전사하다.(국편)

2.-. 제주-오사카 간 정기여객선 기미가요마루호(君代丸)가 출항하면서 제주민들이 일본으로 대거 도항하다.

3.1. 동경유학생 300여 명이 일본 上野공원에서 3·1운동 기념식을 개최하다./ 上海 國民代表會에서 3·1운동 기념식을 거행하다. 北京·天津·杭州·寬甸 등지에서도 기념식을 거행하다./ 韓國人 8천여 명이 블라디보스톡에서 '朝鮮民族解放' 등을 외치며 시위하다./ 黑龍江省 烏雲縣 朝陽鎭 거류 한국인들이 3·1절 기념식을 거행하고 農民會를 조직하다.

3.2. 독립단원 4명이 延吉縣 火尖子土城村에서 군자금 모금 중 일경과 충돌하여 2명이 피체되다.

3.7. 러시아 革命政府 블라디보스톡 집정관 우보레이티가 高麗革命軍代表 金奎植에게 우수리 지역 경비를 의뢰하고, 김규식은 무기 대여와 이 지방 所得稅를 군자금으로 충당하는 조건을 제의하다./ 義烈團員 金始顯·黃鈺 등이 上海에서 폭탄을 가지고 국내에 잠입하다.(국편)

3.10. 중국의 21개조 요구안 폐기를 일본정부가 거절하다.

3.12. 부관연락선 昌慶丸이 취항하다.(1955.12.)

3.15. 의열단원 金始顯·黃鈺 등이 상해에서 폭탄을 반입하고 서울에서 체포되다.

3.16. 方定煥·尹克榮 등이 東京에서 색동회를 조직하다.(국편)

3.26. 연해주의 신민단·한족공산당·고려혁명군에서 활동하던 신우여(1882~1923)가 사망하다.

3.28. 間島住民大會가 自治機關의 명칭을 朝鮮民團으로 개칭하다.

3.-. 상해에서 배천택·김동삼·남형우·신채호·김창숙이 군자금 모집을 목적으로 국민당을 조직하다./ 꼬르뷰로(고려국) 기관지 《先鋒》을 창간하다. 1923년 5월부터 한글판을 발행하다.(주 2회)

4.4. 日本檢事總長이 韓國獨立團의 決死暗殺團이 日本 등지로 潛人한다는 정보에 따라 경계 강화를 지시하다.(국편)

4.5. 일본공산청년동맹이 결성되다.

4.13. 김규식·양규열(노령)·김동환·백몽양(집안)·박일양(길림) 등이 노령 임시정부 설치를 결의하다.

4.15. 高麗革命軍 대표가 러시아 공산당 대표들과 회담하고, 러시아 이주 10년 이상 된 자들에게 귀화인과 동일한 자격을 부여하고 赤軍을 위해 희생한 고려혁명군을 조사·표창하기로 합의하다./ 獨立義勇軍 第1中隊 소속 宋春碧·金尙鎭이 柳河縣에서 밀정과 日本人 小村家族을 사살하다.(국편)

4.16. 日帝가 義烈團 수사를 위해 中國政府와 교섭을 시작하다.(국편)/ 李東輝 등이 연해주에서 조선인군대를 결성하다.

4.19. 日本人 밀수출업자 3명이 시베리아 韓國獨立團에게 무기를 판매한 혐의로 東京 경찰에 피검되다./ 西路軍政署員 10명이 평북 江界郡 文興面에 潛人하여 경찰과 총격전을 벌이고 경관 1명 부상, 독립단원 1명이 渡江 중 溺死하다.(국편)

4.21. 高麗共産黨이 블라디보스톡에서 밀정 20여 명을 사살하다.(국편)

4.22. 露領 獨立軍과 馬賊團이 충돌하여 독립군 7명과 마적단 4명이 중상을 입다.(국편)

4.23. 국민대표회의에서 18~40세 남자에게 병역의무를 부과하고 중앙군을 조직하며, 각 군의 군자금 모금을 금지하기로 의결하다.

4.25. 趙德津·金斗萬 등 11명의 임정의정원 의원이 헌법 위반을 이유로 임시대통령 이승만의 탄핵안을 제출하다.

4.28. 하르빈에서 韓國人靑年會가 조직되다.(국편)

4.29. 金佐鎭·金奎植·玄天默·李範允 등이 조직한 期進會가 團員 金大吉·朴鳳煥 등을 吉林에 파견하여 期進會支部 설치를 시도하다.(국편)

4.30. 니콜리스크·보크라니치나의 朝鮮獨立軍特務隊長 高平이 特務隊師團을 편성하고 義烈團長 金元鳳과 독립운동 방향을 협의하다./ 總督 齋藤實과 寬甸縣知事 등과 회담하고 獨立運動者取締 협조를 요청하다.(국편)

4.-. 꼬르뷰로가 辛鐵·金在鳳을 국내에 파견하다.(국편)/ 박열이 무정부주의자 金子文子·佐天武 등과 東京에서 불령사를 조직하고 《불령선인》을 창간하다.

5.6. 韓國勞兵會가 將校 및 兵工技士養成件을 위촉하기 위해 洛陽 吳佩孚에게 呂運亨을 파견하기로 가결하다.(국편)

5.7. 국민대표대회가 임시정부 문제로 창조파와 개조파로 분열되다.

5.19. 長白縣 13道溝 河口里의 韓道衡·金衡弼 등이 독립단 지원을 목적으로 朝鮮獨立同志團을 조직하다.

5.20. 임시정부에서 의정원의 상설기관으로 정무연구위원회를 설치하다.

5.24. 의병장 김규식·이범석이 만주 연길현 명월구에서 고려혁명군을 조직하고 병농일치를 채택하다./ 제4대 임시의정원 의장 전 내무차장 김인전(1876~1923)이 사망하다./ 新乾源 駐在所襲擊事件 피고 金榮燮·文昌學·姜秉官·姜錫動에 사형, 崔時能 등 9명에 무기징역이 각각 선고되다.(국편)

5.28. 北京 義烈團本部에서 파견된 韓明德·金德山·宋春龍 등이 중국 富豪에게 자금 10만圓을 强請하다 피체되다.(국편)

5.30. 노백린이 임시정부 참모총장에 선임되다.

6.2. 김규식·지청천·여운형 등이 임시정부 창조파 30여 명과 함께 '조선공화국'을 선포하다.

6.3. 국민대표회의 개조파 57명이 창조파를 성토하다. 개조파·창조파가 임시정부 존폐 문제로 대립하다./ 戰死한 天摩隊員 金俊彦·朴俊赫·梁昌乙의 추도식을 桓仁縣에서 統義府 임원들과 지방민이 참가하여 거행하다./ 上海 國民代表會議 改造派 57명이 創造派의 독단을 성토하다.

연도	한국
▲ 1923 ▼	3.9. 大邱勞動共濟會가 주관하는 大邱農民大會를 개최하고 선언 및 실행 조항을 결의하다./ 노수현·이상범·변관식 등이 국내 첫 한국화가 단체 '동연사'를 조직하고 신구화도를 추구하다.(국편) 3.11. 軍政署小隊長 田龍奎 등이 평북 文興警察署 管內에서 교전, 1명 전사하다. 3.12. 軍政署員 黃河淸이 밀정의 고발로 일경에 피살되다.(국편)/ 〈朝鮮公有水面埋立令〉을 공포(8.1. 시행)하고 토지 약탈을 강화하다. 3.13. 金相玉事件 관련 金宇鎭·安弘翰·金翰·李惠受·徐丙斗·鄭卨敎·申華秀·尹益重 등 8명을 기소하다./ 독립단決死隊員 李京英 등 2명이 평북 厚昌警察署員과 교전, 1명 전사하다.(국편) 3.14. 이규채 등이 서울 공평동에서 창신서화연구회를 창립하다./ 新韓獨立黨警護府가 순사·밀정·면장·면서기·군참사·군수 등 전국의 친일파 7,250명의 명단을 발표하다./ 義烈團員 金始顯·黃鈺 등 18명이 被檢되다.(국편) 3.15. 의열단원 김시현·황옥 등이 폭탄을 반입하다 서울에서 피체되다.(황옥경부사건) 3.17. 忠州 達川里 주민 60여명이 獵銃誤發로 少年을 致死케한 日人을 타살하다.(국편) 3.19. 평북 文興署員 11명이 국내잠입을 준비하던 '匪賊'과 접전, 2명을 사살하고 총기·탄약 등을 노획하다.(국편) 3.20. 함남·경북·경남·강원·평남·평북의 공립사법학교 설립을 인가하다. 3.21. 관공서 폭파를 목적으로 국내에 잠입한 高麗革命 第3軍隊 經理部長 張志鎬가 신의주에서 被逮되다.(국편) 3.22. 물산장려회가 소비조합 설립운동 전개를 결정하다. 3.24. 서울청년회 등 94개 단체가 '전조선청년당대회'를 개최하고 새 청년운동의 방향을 결정하다./ 鎭海를 要港으로 지정하다. 3.25. 독립단원 6명이 渭原郡 松面에 들어와 군자금 158圓을 모금하다.(국편) 3.27. 〈조선호적령 시행 수속법〉을 공포하다. 3.28. 자본금 200만 원으로 조산서적 인쇄주식회사(대표 박영효)를 설립하고 교과서를 인쇄하다./ 국내 침입 준비 중이던 독립단원이 평북 厚昌警察署員의 습격으로 2명 사망하다.(국편) 3.29. 조선민립대학기성회가 발기 및 창립총회를 종로 YMCA에서 개최하다./ 黃鈺警部事件 관련 의열단원 金始顯이 송치되다./ 鐘路警察署가 全朝鮮靑年黨大會議長 李鍾天 등 4명을 소환하고 30일 예정된 전체회의의 금지를 명령하다.(국편) 3.31. 서대문감옥 인천분감을 폐지하다. 3.-. 조선철도 여행안내사를 설립(대표 김영철)하고 월간 『조선철도여행안내』(조선문)를 발행하다./ 전남 순천군 각면에서 소작료 인하·소작권 이동에 항거한 소작쟁의가 일반화되다. 4.1. 酒精·酒精含有飮料 및 직물을 제외한 일체의 물품에 대한 移入稅를 철폐하다./ 대구 연초전매국 직공 400여 명이 임금인상을 요구하는 파업을 하다./ 朝鮮憲兵隊本部의 위치 및 管區를 개정하다.(국편) 4.2. 〈조선종두령〉(9.1. 시행)을 공포하고 천연두 접종을 2번에서 5번으로 증가하다./ 조선전기측정령을 공포하다. 4.3. 사립 동양협회 경성전문학교가 경성고등상업학교로 교명을 변경하고 숭인동으로 이전하다. 4.6. 보합단 단장 김도원(1895~1923)이 서대문감옥에서 사형 순국하다. 4.7. 조창선(1879~1923)이 주비단 가입, 군자금 모금, 친일 밀정·악질부호 처단 등의 활동으로 사형 순국하다. 4.9. 국내 첫 극영화 〈月下의 盟誓〉(감독 윤백남, 출연 이월화·권일청)를 무료상영하며 저축을 장려하다./ 최초의 극영화 〈月下의 盟誓〉를 개봉하다. 4.13. 조선총독부가 연금 관련 〈恩給法〉을 공포하다.(10.1 시행) 4.14. 충북 영동 소작농민 수백 명이 지주 공격연설 후 공존공영 등의 표어를 들고 시위를 하다. 4.17. 한국인·서양인 간호사들이 '조선간호부회'(현 대한간호협회)를 창립하다. 4.18. 鍾路警察署가 大韓民國臨時政府 創立記念日에 義烈團員이 폭탄 테러를 할 것이라는 정보에 따라 비상 경계에 돌입하다.(국편) 4.19. 독립단 15명이 평북 文岳에서 일경과 교전, 1명 전사하다.(국편). 4.25. 백정 출신 이학찬·장지필 등이 경남 진주에서 '형평사'를 설립하다. 4.27. 독립단원 3명이 평북 雲山郡 威延面에서 군자금 모금 활동을 하다.(국편) 4.30. 〈페디스토마 예방령〉을 공포·시행하다. 4.-. 경북 영주의 강택진이 1,900평의 지주권을 포기하고 소작운동에 참여하다. 5.1. 일본경찰이 조선노동연맹회 주최 메이데이 기념시위 행렬을 금지하다./ 색동회가 매년 5월 첫째 주 일요일을 '어린이날'로 제정하다./ 제주도에 측후소를 설치하다./ 독립단 5명 평북 對岸에서 교전 중 1명 전사하다.(국편) 5.3. 武裝獨立團 4명, 평북 義州郡 古館面에서 군자금을 모금하다./ 경남 晉州 白丁 100여명과 회원 500여명이 朝鮮衡平社 창립축하회를 개최하다.(국편) 5.5. 독립단원이 평북 渭原部 西泰面에서 일경과 교전하다.(국편)/ 감옥 명칭을 '형무소'로 개칭하고 위치를 개정하다. 5.7. 間島高麗革命團幹部 金應天이 일제 관공서 폭파를 목적으로 국내에 잠입하다.(국편) 5.10. 金奎植이 吳成語·崔雄烈·韓尙五 등과 함께 요인 암살단을 편성하여 국내에 파견하다.(국편) 5.11. 전북 익산군 이리에서 최초의 형평사 지방총회인 '동안회'를 조직하다.

일본

6.6. 국민대표회의 창조파가 헌법을 제정하자, 내무총장 김구가 국민대표회의의 즉각 해산을 명령하다.

6.7. 上海 國民代表會議 創造派가 朴殷植 등 31명을 고문에 위촉하고 내무 申肅·외교 金奎植·군무 李靑天을 선출하다./ 上海 國民代表會議가 임시정부 존폐 문제와 관련하여 改造派와 創造派의 대립으로 결렬되다. 총 74차 회의를 하다.(국편)

6.8. 포루라니치야 독립단의 朴觀海·金永哲 등이 李東輝·李範允·金佐鎭 등과 함께 朝鮮人自治地帶 설치를 위해 치타 極東革命委員會와 교섭하다.

6.20. 무장독립단원 30여 명이 신의주·고령·삭주 주재소를 습격하다.

6.24. 조선소년군 본부에서 소년적십자반을 조직하고 위생 사상을 보급하다.

7.2. 대한국민회 북로사령부에서 활동하며 군자금을 모금하던 최익룡(1896~1923)이 피살 순국하다.

7.14. 김만희 등이 만주 길림성에서 '광제사'를 조직하고 교포의 교육과 산업을 육성하다.

8.8. 武裝獨立團 30여 명이 義州·淸城에서 일경과 교전하다.

8.-. 백광운 등 남만주 군인대표 78명이 통화현에서 육군주만참의부를 조직하다.(~1929.10)

9.1. 關東지방에 대지진이 발생하다.

9.2. 제2차 山本 내각이 성립되다./ 조선인 폭동의 유언비어가 확산되며, 일본 關東 해군 송신소 부근의 '鮮人不穩說'로 인해 在日 한국인에 대한 학살이 시작되어 6,600여 명이 학살당하다.(관동대학살)/ 조선인 사회주의자에 대한 탄압이 시작되다./ 동경과 주변 지역에 계엄령을 선포하다./ 朴烈·金子文子 등이 일본천황 살해 혐의로 체포되다.

9.5. 日本臨時閣議이 재난을 당한 한국인 유학생·노동자들을 野兵舍에 수용하고, 100명당 경찰 1명을 배치할 것을 결정 발표하다.

9.6. 일본정부가 韓國人의 日本入國을 금지하다.(국편)

9.7. 日本 震害地에 거주하는 親族의 안부 조사를 위한 日本在留同胞親族大會가 鐘路에서 개최되었으나 日警의 간섭으로 해산되다./ 關東震災 한국인 학살 사건과 관련하여 流言蜚語取締令을 공포하다.(국편)

9.11. 東京 北星會가 朝鮮人虐殺事件에 대한 진상 발표를 일본 정부에 요구하다.

9.13. 오늘 현재 東京 習志 臨時收容所에 수감된 한국인이 2,695명에 달하다.(국편)

9.14. 김규식이 上海에 南華學院을 설립하다.

9.19. 외무총장 조소앙이 관동대지진 학살에 대한 항의서를 발송하고 불법 감금된 1만 5천 명의 석방을 요구하다.

9.20. 일제가 關東大地震 당시 한인 학살에 대한 비난 여론이 높아지자 한국인 일부를 강제추방하기 시작하다.

9.29. 日本官憲이 上海에서 '不逞鮮人'이 은닉한 폭탄 50개를 발견 압수하다.

10.5. 上海居留 韓國人들이 關東大震災 韓國人虐殺事件에 대한 대책을 협의하고 趙德津·趙尙津·趙尙燮·裕弼·金承學·趙琬九 등을 위원으로 선출하다.(국편)/ 간도 간민교육안구회(회장 김영학)가 창립되다./ 노백린이 임시정부 국무총리에 취임하다.

10.12. 마산-오사카 정기 항로를 개설하다./ 軍政署員 姜南道 등이 寬甸縣 毛甸子에서 統義府員들과 독립운동 협의 중 충돌하여 통의부원 李萬馨·朴元錫·尹昌哲·尹議權 등을 살해하다.

10.14. 通化縣 七道溝에 주둔한 義勇軍 第1中隊가 日警과 중국군 70여 명에게 포위되어 李憲奎·芮應福이 피체되고, 탄환 250발·금화 480원을 피탈당하다./ 元山 주재 러시아 領事館이 폐쇄되다.(국편)

10.23. 임시정부 기관지《독립신문》에 조사부를 신설하고 독립운동 지도자의 경력을 조사하다.

10.24. 하와이 교포들이 호놀룰루에서 대회를 열고 동경대지진 당시 한국인 학살사건에 대한 조사를 미국무성에 청원하고 선언서를 발표하다./ 上海僑民團 第4회 議員總選擧에서 趙尙燮·金承學·尹琦燮·呂運亨·崔錫淳·李奎瑞·安定根·玉成彬·白基俊·金朋濬·趙琬九·邊東華·黃在健·閔濟鎬·玉觀彬 등이 당선되다.

11.3. 中韓互助社가 關東大震災時 일제의 韓·中人 학살을 규탄하는 선언서를 발표하다.(국편)

11.5. 재무총장 이시영이 재무부 포고문을 공포하고 재정 궁핍을 타개하기 위한 납세를 호소하다.

11.7. 上海 獨立新聞社가 '震災時日本政府虐殺韓僑之大陰謀'라는 제목의 선전문을 발표하다.(국편)

11.8. 大韓統義府員 金德源·李如春 등이 撫順 飽家屯에서 군자금 모금 중 日警과 교전하여 李如春이 전사하다.(국편)/ 통의부원 金德源·李如春이 남만주 撫順에서 군자금 모집 중 일경에게 살해당하다.

11.10. 上海 三一堂에서 建國紀元節 경축식을 거행하다.(국편)

11.12. 張作霖이 奉天日本總領事의 獨立團聯合討伐 제안을 거절하다.

11.17. 上海僑民團이 關東大震災時 희생된 교포를 위한 추도회를 개최하다.

11.20. 일경을 사살한 독립단원 金學變·文昌學이 사형당하다.

11.22. 在美鮮友協會가 關東震災時 한인 5천여 명이 학살된 사실에 대해 미국무장관에게 진정서를 제출하고, 일본 대사관은 학살 사실을 부인하다./ 中國政府 外交部가 일본 측의 독립단 공동수색 제의를 거절하다.(국편)

12.16. 上海僑民團이 義警隊條例 및 學務委員會條例를 의결하다.(국편)

12.17. 일본인 밀정을 살해한 蔡京鈺에게 사형이 집행되다./ 독립단 80여 명이 輯安縣 融安保 大橫浮에 留屯한 사실을 일경이 중국 경찰에 통보하여 교전이 발생하다.(국편)

12.25. 東京에서 在日本 關東地方羅災朝鮮同胞慰問班 經過報告會와 在日本 東京朝鮮人大會를 개최하여 학살사건 조사보고를 하고, 피살 동포 수와 流言蜚語의 경위에 대해 성명을 발표하다.(국편)

12.26. 上海僑民團이 義警隊設置에 관한 건을 발포하고 張德震·崔天浩를 의경대원에 임명하며 金九를 고문에 추대하다./ 赤旗團이 關東大震災時 韓國人慘殺事件과 관련한 長文의 통고문을 발표하다.(국편)

연도	한국
▲ 1923 ▼	5.12. 京城地方法院이 金相玉事件 公判을 개정하다.(국편) 5.13. 산문협회가 경성에서 제1회 신문가자대회를 개최하다. 5.14. 독립단원 4명, 평북 義州郡 古館面에서 군자금을 모금하다.(국편) 5.15. 독립단 5명, 평북 渭原郡 密山面에서 군자금 600餘圓을 모금하고 퇴거 중 경찰과 교전하다.(국편) 5.17. 義州郡 古館面에 독립단원을 칭하는 '賊' 4명이 침입하여 현금 55원을 강탈하고 가택에 방화하다.(국편) 5.19. 독립단 5명, 평북 江界郡 漁雷面에서 文興警察署 수사대와 교전하다.(국편) 5.20. 북성회계 민대홍·이호·현칠종 등이 서울에서 '토요회'를 조직하다.(~1923.8)/ 블라디보스톡 共産黨本部宣傳員 金永奉 등 10명이 현금 3만원과 선전문 2천매를 소지하고 국내에 잠입하다./ 高麗共産黨員 崔愚成이 平壤에서 被逮되다./ 朝鮮衡平社 大田지부가 창립되다.(국편) 5.21. 평양 시내 전차가 개통되다. 5.23. 윤치영·이원용·허성·이석찬 등이 조선야구협회(현 대한야구협회)를 창립하다./ 크라이슬러(오)의 바이올린 독주회가 경성공회당에서 개최되다. 5.24. 경남 진주에서 반형평운동이 전개되어 쇠고기 불매동맹 및 형평사 사장이 구타되다./ 무장독립군 10여 명이 평북 昌城에서 경찰과 교전하다.(국편) 5.25. 권덕규가 국어문법서 『조선어문경위』(광문사)를 간행하다./ 독립단원 3명이 평북 渭原警察署 搜査隊와 교전하다./ 평북 渭原警察署 수사대가 西泰面 新川洞 산중에서 '匪賊' 3명과 충돌하여 1명을 사살하다.(국편) 5.31. 각 도 조선수산조합을 해체하고 '조선수산회'를 설립하다./ 평양윤업회 주최로 광성고보에서 전조선자전차경기대회를 개최하고 엄복동이 우승하다./ 독립단 30명이 평북 楚山에서 경찰과 교전하다./ 서울청년회·土曜會·勞動大會·無産者同盟會 등 4단체가 普天教罪惡聲討大講演會를 천도교당에서 개최하다.(국편) 5.-. 김홍작·강택진·박일병 등 30명이 노동자 계몽을 목적으로 '노동사'를 설립하다./ 대동고무공업소를 조직하고 자본금 15만 원으로1925년 '서경상공'으로 개편하다./ 최초의 소년형무소인 '특설소년형무소'를 개성에 설치하다. 6.1. 〈흥행 취체 규칙〉을 개정 시행하고 연극 각본을 검열하다./ 義勇軍 田龍畦 등 1대가 江界郡 漁雷面 河淸 경찰 주재소를 습격하다./ 義勇軍 유격대장 金碩浩 등 3명이 평북 渭原郡에서 군자금 모금 중 일경과 교전하다.(국편) 6.2. 독립단이 평북 義州郡 古寧朔面에서 군자금을 모금하다. 6.4. 함남 三水郡 嶺城 警察官駐在所 습격사건 피고 光正團員 金瑞雲·金昌鎰·韓鎭述에게 무기징역을 언도하다./ 평북 昌城署員 11명이 昌州面 連壽洞 山中에서 '匪賊' 6명과 충돌, 1명을 사살하고 권총 등을 노획하다.(국편) 6.7. 주요한 등이 체육계사를 설립하고 체육잡지 《조산체육계》를 발간하다. 6.10. 함흥오로리 간 삼립철도가 개통되다. 6.11. 경성육군무선전신소가 이관되고 경성무선전신국이 설치되어 공중 통신을 취급하기 시작하다./ 대한청년단연합회 조창룡(1899~1923)이 군자금 모집과 일본 경찰 처단 활동으로 사형 순국하다./ 독립단 5명이 평북 寧邊郡 泰平面 등지에서 군자금을 모금하다.(국편) 6.13. 獨立軍의 高山鎭 警察官駐在所 습격을 지휘한 韓昌炯이 日警에 피살되다./ 平壤 형무소에서 2년 6개월의 형을 받고 복역 중이던 趙信聖이 가출옥하다.(국편) 6.15. 〈조선재정조사위원회 규정〉을 공포 시행하다. 6.16. 예원사·매일신보사가 제1회 전조선궁술대회를 경복궁 신무문 밖 경무대 광장에서 개최하다./ 평북 熙川郡 東面 梁炳玉家에 잠복 중이던 '匪賊' 4명이 경찰과 교전하다.(국편) 6.19. 독립단 5명이 평북 渭原郡 大德面長을 사살하고 군자금을 수거하다.(국편) 6.20. 獨立軍特別義勇隊 수십 명이 義州郡 古寧面 永山 주재소를 습격하고 교전하다.(국편)/ 부산에 영도수산시험장을 설치하다./ 조선야구협회를 창립하다. 6.22. 黃海道 蒜山 警察官駐在所에 침입하여 무기를 탈취한 소년 李範七이 피체되다.(국편) 6.23. 함북 新乾源 駐在所 습격사건 피고 金學燮·文昌學에게 사형, 崔時能에게 무기징역을 언도하다.(국편) 6.24. 평북 楚山郡 東面에 중국인 복장의 '匪賊' 5명이 침입하여 현금 342원을 강탈하다.(국편)/ 朝鮮少年軍本部가 위생사상 보급을 위해 소년적십자반을 조직하다. 6.28. 독립단 5명이 평북 寧邊郡 少林面에서 군자금 모금 중 불응하는 주민 1명을 사살한 후 퇴거하다./ 統義府 의용군 제2중대원 鄭敬淳 등이 楚山郡 西面 舞鶴洞·中村洞 교전에서 경찰 4명을 사살하다.(국편) 6.29. 의용군 유격대 洪碩浩 외 1명이 평북 渭原郡에서 군자금 모금 중 일경과 교전하여 2명을 사살하다.(국편) 6.30. '匪賊' 6명이 평북 江界郡 化東面 金鏞夏家에서 군자금을 강요하고 가택에 방화, 176원을 강징하고 도주하다.(국편) 7.2. 독립단 13명이 평북 楚山郡 桃源面에서 군자금 모금 활동을 하다.(국편)/ 서울 고무공장 여직공이 동맹 파업을 벌이며 임금인상을 요구하다. 7.3. 독립단 150명이 함북 茂山郡 三長面 農事洞 주재소를 습격하고 일경 2명을 사살, 2명을 중상시킨 후 퇴각하다.(국편) 7.5. '匪賊' 5명이 평북 泰天郡 東面 光平洞 民家에 침입하여 154원을 강탈하다.(국편) 7.7. 홍명희가 사회주의 단체 신사상연구회(화요회 전신)를 조직하다.

일본

12.27. 도라노몬 사건에 대해 山本 내각이 책임을 지고 총사퇴하다.

12.28. 東京 17개 韓國人團體가 震災時 慘死한 동포 추도회를 개최하다.

12.-. 上海僑民團이 동포 보호와 일본 밀정 방지를 위해 의경을 조직하다. / 이해에 유자명·이규준·이규학·이성춘 등이 무정부주의 비밀단체 다물단을 결성하다.(단장 黃海觀)

7.8. 淸津監獄에서 복역 중인 독립운동자 14명이 탈출하다, 4명 피살되고 7명 被逮되며, 大韓軍政署捐募隊長 黃龍雲 등 3명이 탈출에 성공하다.(국편)

7.13. 독립단 3명이 평북 碧潼郡 碧潼面에서 군자금을 모금하다.(국편)

7.16. 獨立運動資金을 모금하던 大韓統義府員 石雲鎬·金錫鎬가 피체되다.(국편)

7.17. 〈私立學校中等教員 자격인정위원회규칙〉을 공포하다.

7.24. 日警服裝의 독립단 10여명이 평북 雲山郡 委延面 事務所에 방화하고 공금 1천여 원을 탈취하다.(국편)

7.28. 金若水·張炳天·崔鉉·孫永極 등 4명이 동대문 警察署에 피검되다. / 독립단 5명이 평북 楚山郡 東面에서 경찰과 교전하다.(국편)

7.31. 전국실업가대회발기인회가 경성상업회의소에서 열리다.

8.1. 독립단 2명이 평북 厚昌郡 七坪 警察官駐在所를 습격하다. / 光州 등지에서 군자금 모금 중이던 義烈團員 鄭大星이 피체되다. / '匪賊' 11명이 평북 厚昌郡 土坪 주소소를 습격하여 한국인 순사 1명을 부상시키고 도주하다.(국편)

8.2. 金佐鎭麾下 大韓獨立軍總司令部 派遣 군자금 모금원 兪政根이 서울에서 피체되다.(국편)

8.3. 독립단 4명이 평북 慈城郡 주재소원과 교전하다. / 평북 慈城郡 長上駐在所 순사 2명이 遠洞·江界에서 '匪賊' 4명과 충돌, 3명을 사살하다.(국편)

8.6. 김복진·안석주 등이 정칙강습원에 미술연구단체 '토월미술연구회'를 발족시키다. / '匪賊' 7명이 평북 江界郡 城干面 張明俊家에 침입하여 방화하고 현금 10원을 강탈 후 도주하다.(국편)

8.7. 의용군 유격대장 李京日 등 30여 명이 의주군 淸城鎭에서 警察駐在所·郵便所·稅關派出所를 습격·점령하고 경찰대 수백 명과 격전 중 正校 金相律 등 7명이 전사하다.(국편)

8.8. 무장독립단원 30여 명이 의주·청성 등지를 습격하다가 대장 김승열이 피체되어 1923년 8월에 옥사하다.

8.9. 조선총독부가 〈조선보물고적명승 천연기념물보존회 관제〉를 공포하고 문화재 보전·지정 등을 심의하다.

8.10. 東大門署에 검거되었던 金若水·張炳天 등이 석방되다.(국편)

8.13. 평북 熙川郡 東面 淸京洞 독립가옥에 잠복 중이던 '匪賊' 5명이 경찰과 교전하다.(국편)

8.14. 金海 농민 1만여 명이 反衡平運動을 전개하다. / 義勇軍 2中隊參士 鄭元日·李光浩 등 30명이 평북 碧潼郡 雲時面 駐在所·面事務所를 습격·방화하고 日警 1명을 사살한 후 퇴거하다.(국편)

8.17. 독립단 30여 명이 평북 渭原邑 시가에서 放砲·放火 후 퇴각하다.(국편)

8.18. 독립단 5명이 평북 熙川郡 新豊面 北洞 民家에 방화하고 주민 2명에게 총격을 가한 후 퇴거하다.(국편)

8.19. 평북 渭原郡 崇正面 거주 金炳倫 외 2명이 '匪賊'에게 被拉되다.(국편)

8.21. '武裝鮮人' 30여 명이 평북 江界郡 豊淸 臨時 警察官出張所에 來襲·交戰하다.(국편) / 의열단 사건 관련 김시현·황옥이 각 10년의 징역을 선고받다. / 義烈團 사건 金始顯 외 11명에 대한 판결공판이 열리다. / 평양 양말공장 직공 1,000여 명이 임금 문제로 파업하다.

8.23. 문법학자 이필수가 『정음문전』을 간행하다. / 평북 碧潼署 수사대가 太平面 山道에서 '匪賊' 5명과 충돌하여 1명을 사살하고 주민 1명이 부상당하다.(국편)

8.24. 前朝鮮勞動共濟會委員長 朴珥圭·北星會員 金若水·金鍾範·宋奉瑀 등 10여 명이 요정 洛陽館에서 서울 청년회원 金榮萬·許一 등에게 被擊되어 申伯雨 등 78명이 중경상을 입고, 金榮萬·許 등 7명이 피검되다.

8.25. 경성전기가 안국동선 전차 운전을 개시하다.(국편)

8.27. 北星會員 裴德秀·孫永極·金若水 등 5명이 피검되다. / 평북 江界 西部洞 金慶龍家에 '匪賊' 13명이 침입하여 방화하다.(국편)

8.28. 불량 아이들 보호를 위해 〈조선감화원령〉을 공포하고 8~18세의 불량행위자를 입원시키다.

8.29. 함흥형무소에 수감 중인 독립운동자들이 국치일을 기해 단식하다. / 인천 가토정미소 노동자 500여 명이 임금 인하에 반대하여 동맹파업을 하다. / 독립단원 一團이 평북 碧潼 龍淵出張所員과 교전하다.(국편)

8.31. 평북 渭原 警察署長이 지휘하는 수사대가 '不逞人'들과 교전하다. / 金在鳳·辛鐵·申伯雨·元友觀·金燦 등 5명이 꼬르뷰로 국내부를 조직하다.(국편)

8.-. 전남 신안군 암태도에서 소작쟁의가 발생하여 1924년 8월 소작농이 승리하고 서해안 도서로 소작쟁의가 확산되다.

9.1. 경성도서관이 부속 아동도서관을 개관하다. / 조선철도주식회사를 설립하다. / 독립단 天摩隊員을 유숙시킨 평북 渭原郡 和昌面 鄭信保一家가 경찰에 피살되다. / 서울청년회원 張彩極 등 13명이 국제청년데이 선전문 배포와 관련하여 피검되다.(국편)

9.3. 평북 楚山郡 古面 咸宗祥家에 '匪賊' 15명이 내습하다.(국편)

9.5. 독립단원이 평북 江界郡 化京面에서 군자금을 모금하다. / 총독부가 關東震災事件을 보도한 〈朝鮮日報〉의 발매를 금지하다.(국편)

9.9. 독립단이 평북 渭原郡 大德面에서 면장·면서기·구장을 사살하고 군자금을 모금하다.(국편)

연도	한국
▲ 1923	9.11. 독립단이 평북 江界郡 城干面에서 활동하다./ 關東震災로 일본인의 만행을 피해 귀국한 한국인이 오늘까지 1,680명에 달하다.(국편)./ 미곡수입세 면제를 실시하다. 9.12. 독립단 15명이 楚山邑에서 군자금 모금 활동을 하다.(국편)/ 조선노농연맹회가 12개 단체를 소집하여 '조선노농총동맹' 발기문을 발표하다.(1924.4 설립) 9.13. 大邱에서 關東震災活動寫眞 상영 중 관객들이 일본인을 야유하는 불온 언동을 하여 상영이 중단되다. 9.14. 평북 碧潼郡 松西面 崔基郁家에 '匪賊'을 칭하는 3명이 침입하여 현금 78원을 강탈하고 주민 2명을 납치하다.(국편) 9.15. 〈暴利取締令〉에 의한 생활필수품이 지정 발표되다./ 朝鮮新聞社 社會部長 野崎眞三이 關東大震災報告會에서 한국인을 모해하는 유언비어들이 낭설임을 주장하다./ 서울 거류 일본인들이 關東大震災로 악화된 한국인의 감정에 대응하여 自警團을 조직하다./ 大邱·釜山·平壤의 거류 일본인들이 민심 악화에 대비한 방책을 협의하다.(국편) 9.17. 독립단 4명이 평북 碧潼郡 太平面 事務所에서 군자금을 강징하다.(국편) 9.21. 독립단 30여 명이 평북 熙川郡 北面에 침입하여 통신망을 차단하고 면사무소와 경찰주재소에 방화, 日警 1명을 사살하다.(국편) 9.23. 日本 關東震災事件을 보도한 〈朝鮮日報〉의 발매가 금지되다.(국편) 9.25. 독립단 10명이 평북 新義州 安田炭鑛을 습격하고 화약을 탈취하려 했으나 실패하다.(국편)/ 강진구·김석영·나혜석 등이 '고려미술회'를 조직하다.(~1925)/ 신숙경·이명순 등이 광진부인회를 조직하고 광진여자강습소를 개설하다. 1925년 2월 반도청년회로 개칭하다. 9.26. 독립단원 35명이 평북 渭原警察署 崇正駐在所를 습격하다.(국편) 9.28. '匪賊' 5명이 평북 江界郡 化東面 姜致德家에 침입하여 주민 2명을 납치하고 현금 45원을 강탈 후 도주하다.(국편) 9.30. 독립단원 5명이 평북 江界郡 從南面에서 밀정과 가족 2명을 사살하다.(국편) 10.1. 〈조선감화령〉에 따라 원산에 첫 감화원인 '영흥학원'을 개원하고 818세 불량 소년을 감화시키다. 10.3. 朝鮮勞農大會準備委員 姜宅鎭·張日煥·崔昌益·李時琓 등이 일경에 피검되다./ 平壤 警察署가 京城無産靑年會 간부 黃成夏 등을 검거하다.(국편) 10.6. 平壤 警察署가 水道課·土木課의 임시직 인부 동맹파업을 선동한 혐의로 韓殷範 외 6명을 검거하다.(국편) 10.9. 金弘熙가 이끄는 一部隊가 평북 渭原郡에서 일경과 6시간 교전하여 日警 10명을 사살하다./ 독립단원 10명이 평북 楚山郡 東面 花新洞에서 군자금 모금 활동을 하다.(국편) 10.10. 평북 청성주재소를 습격하고 일본 경찰을 처단한 대한독립단·의군부 이진택(19021923)이 사형 순국하다. 10.11. 李相玉事件 覆審公判에서 金翰 징역 5년, 尹益重 2년, 鄭高敎 1년 집행유예 2년, 徐丙斗 1년이 각각 언도되다./ 〈新天地〉 필화사건 관련 기자 朴濟鎬·兪炳璣가 구속되다.(국편) 10.15. 평북 楚山署員 25명이 越境하여 중국 관헌과 협력해 '匪賊' 15명의 근거지를 찾아 3명을 사살하고 권총·탄약 등을 압수하다.(국편) 10.20. 조선학생회가 전국 남녀전문학교연합음악대회를 개최하다. 10.21. 전국 박물학 관련 단체인 조선박물회(조선박물학회 전신)가 회원 200여 명으로 창립되다. 10.23. 김약수 등 사회주의자 160여 명이 서울에서 '건설사'를 조직하다. 10.25. 독립단원 5명이 楚山郡 直洞에서 군자금 모금 활동을 하다.(국편) 10.28. 경찰이 독립단이 江界邑에서 富豪 명단을 조사한 사실을 보고하지 않았다는 이유로 주민 수십 명을 구금하다.(국편) 10.30. 독립단원 6명이 압록강상의 일본인 선박 4척을 습격하여 군자금을 탈취하다.(국편)/ 교육실천회가 발회되어 일제의 교육칙어를 선전하다. 10.31. 경성자동차종업원협회가 창립되어 경성부 내 운전수 종업원의 친목과 상호 저축을 도모하다. 10.-. 경성방직주식회사가 '태극성표' 광목 생산을 개시하다./ 조선총독부가 경기·함북에 외사경찰과를 신설하여 독립운동자의 국내 진입을 저지하다. 11.5. 閔泳徽 등이 조선면직주식회사를 창립하다. 11.6. 의열단원 金祉燮에게 무기징역이 선고되다.(국편) 11.7. 대전에서 전국형평사대표자대회를 개최하고 본사를 진주에서 대전으로 이전하기로 결의하였으나, 회원 간 분열이 발생하다./ 평북도청이 의주에서 신의주로 이전되기로 결정되다.(11.30 실시)
1924 ▼	【한국】 1.1. 林宗桓 등이 益山에서 民衆運動者同盟을 조직하다./ 〈형사소송법 및 형사령〉을 개정 실시하다./ 총독부 관제에서 拓植局을 폐지하고 農務·商工 2국을 신설하다. 1.2. 李光洙의 「民族的 經綸」을 《東亞日報》에 연재하다. 1.9. 武裝獨立團 30여 명이 平北 碧潼郡 龍淵을 습격하고 日警과 교전하다. 1.13. 獨立軍 23명이 碧潼郡 太平洞에서 18명의 日軍과 교전하여 日警 3명을 사살하다.(국편) 1.16. 光州의 農民 500여 명이 小作爭議 문제로 警察署를 습격하다./ 韓晨光·金錦玉 등 韓國人 看護師 8명이 朝鮮看護婦協會를 창립하다.

일본

11.9. 독립단 4명이 평북 江界郡 公北面에서 군자금 모금 활동을 하다.(국편)

11.10. 양주동·손진태 등이 시 문예지《金星》을 창간하다.(1924.5 통권 3호 종간)

11.11. 武裝獨立團 56명이 평북 義州郡 古館面에서 군자금 모금 활동을 하다.(국편)

11.13. 일본 밀정을 처단한 독립단 최경옥의 사형이 확정되다.(1923.12.7 서대문형무소에서 사형)/ 독립단 5명이 楚山에서 군자금 모금활동을 하다./ 함북 新乾 駐在所 襲擊事件 피고 金學燮·文昌學에게 사형이 언도되다./ 大韓軍政署員 姜秉官이 서대문 형무소에서 사형 집행되다.(국편).

11.14. 의용군 車四里 부대원 10명이 평북 江界郡 漁雷面에서 일경과 3시간 교전하여 2명이 전사하다.(국편)

11.15. 독립단 天摩軍司令官 崔時興의 지휘 아래 獨立青年團 활동을 하던 韓榮俊 외 20명이 피체되다.(국편)

11.16. 조선총독부가〈조선제국대학창설위원회 규정〉을 공포하다.

11.17. 독립단 8명이 義州郡 加山面에서 일경과 교전 중 2명이 전사하다./ 大韓統義府員 趙秉俊 등 3명이 평북 昌城에서 군자금 모금활동을 하다.(국편)

11.18. 대종교 제2대 교주 김교헌(1867~1923)이 사망하다.『신단민사』·『신단실기』 등을 저술하였다.

11.21. 申面休·李炳官·李仁榮 등이 內鮮融和를 목적으로 하는 친일단체 '조선혁신당'을 조직하다.

11.26. 北間島軍備團 趙英基에게 징역 7년이 언도되다./ 日本浦和地方裁判所가 關東震災時 한국인을 학살한 自警團員 121명에 대한 재판에서 18명에 실형, 기타 13년 집행유예를 선고하다.(국편)

11.28. 조선물산장려회 기관지《산업계》를 창간하다.(5호 종간 후《자활》12호로 발간)

11.30. 대동강인도교가 준공되다.(1950.10.19 북한 인민군에 의해 폭파됨)/〈총독부도서관관제〉를 공포하다.

11.-. 편강열·양기탁 등이 만주에 의성단을 조직하고 대원양성·농촌부흥·친일파 숙청·일본인 기관 파괴를 도모하다./ 이광수가『조선의 현재와 장래』를 간행하다.(민족개조론·소년에게·상쟁의 세계에서 등 수록)

12.1. 진주선(마산-진주)을 개통하다./ 이광수가 장편『허생전』을〈동아일보〉에 연재하기 시작하다.

12.2. 재령 명신학교에서 순수 학술단체 '삼일구락부'를 조직하다./ 평남 안주에서 이필수·우필순이 '조선문정음투활회'를 조직하다, 1925년 4월 조선정문회로 개칭하다.

12.4. 전남 신안 암태도소작쟁의가 격화되다.

12.5. 大韓統義府 寬甸縣支團長 金神亮이 軍資金捐出通知書를 義州郡 廣坪面 富豪 3인에게 발송하다.(국편)

12.6. 大韓統義府가 寬甸·桓仁·輯安·通化·興京·鳳城·柳河縣에 5명의 總管을 배치해 교민보호·납세·독립사상 고취를 담당시키기로 결정하다.(국편)

12.8. 독립단이 평북 寧邊郡 少林面에서 군자금 600여 원을 모금하고 퇴거하다.(국편)

12.10. 義烈團員 吳福永·李永周에게 징역 7년이 언도되다.(국편)

12.15. 金治明·李啓亨 등이 '革淸團'을 설립하다.(公娼 폐지 운동)/ 독립단 6명이 평북 義州郡 古城面 龍山洞에서 군자금 모금 활동을 하다.(국편)

12.19.〈東亞日報〉가 한국인에 대한 차별교육을 비판하는 사설을 게재하다.(국편)

12.20. 韓國人武裝團이 長春에서 일경과 교전, 순사 1명을 사살하다.(국편)/ 일본 밀정을 사살한 독립단원 김학섭·문창학이 서대문형무소에서 사형 순국하다.

12.21. 서울 중앙예배당에서 사회운동단체 '革淸團'을 조직하고 학생들이 풍속정화운동을 전개하다.

12.23. 정규익 외 25명이 조직한 서울화회가 인천에서 전람회를 개최하다./ 의열단원 具汝淳이 '暴動' 계획을 위한 자금 모금 중 鐘路署에 피체되다.(국편)

12.24. 全南 咸平郡 勞動親睦會員 駐在所包圍事件 피고 曹士鈺 등 10여 명에게 징역 최고 2년, 최하 8월이 언도되다.(국편)

12.25. 조선문정음부활회가 조선문법강습회를 개최하다.(~12.29)/ 총독부 관리 암살계획 중 체포된 間島 龍井 私立 東洋學院生 方漢旻에게 징역 10년, 車炳郁·朴宗柱에게 8년, 韓重福 등에게 4년의 징역형이 각각 선고되다./ 獨立軍이 평북 碧潼郡 吾北面에서 군자금을 모금하다.(국편)

12.27.〈재판소 및 검사국 영장취급규정〉을 공포하다.(~1924.1 시행)

12.29. 革淸團이 공장폐지운동을 전개하다.

12.30. 關東大震災 중국인 잠살 사건을 조사한 중국 대표 王正廷이 入京하다.(국편)

12.-. '금강산 전기철도 주식회사'가 발전을 개시하다.(발전량 3,000kW)/ 대구에서 나병환자상조회를 조직하다.

【일본·해외】

1.1. 훈춘 頭道溝 독립군총사령 金永炎이 일경을 사살하다.

1.5. 의열단원 金祉燮이 동경 二重橋에 폭탄을 투척하고 피체되어 20년 선고를 받고 복역중 1928년 2월에 옥사하다.

1.7. 清浦奎吾내각이 성립되다.

1.8. 大韓統義府 특파원 第1中隊 參事 金銓·1等兵 李尚起 피검하다.(국편)

1.9. 獨立軍 30여명, 碧潼警察署 龍淵派出所 습격 40분간 교전하다.(국편)

1.19. 大韓統義府 1中隊員 田學秀·徐龍雲, 日警密偵 洪國俊을 輯安縣 老坪洞에서 사살하다.(국편)

1.26. 북로군정서 金官寶(1882~1924), 白洛元가 사이토 총독 국경 순시선 중 저격하고, 일본군과 전투 중 순국하다.

연도	한국
▲ 1924 ▼	1.-. 安岳郡 加藤平太郎 農場 小作人 100여 명이 小作權 移動에 항거하여 示威를 하다. 1.23. 參議府 獨立軍이 平北 楚山 坪江洞 警察駐在所를 습격하다.(국편) 1.26. 韓晨光, 金錦玉 등이 朝鮮看護婦協會를 창립하다. / 平北 楚山署員이 '匪賊' 2명을 사살하다. 2.1. 朝鮮文人會가 朝鮮總督府의 文藝誌《廢墟以後》發賣禁止에 대해 臨時號를 發行하다. 2.2. 參議府 第1中隊 參士 李化周 등 7명이 江界郡 文玉面에서 日警과 교전하여 2명을 사살하다.(국편) 2.3. 忠南 公州 維鳩公立普通學校生들이 日人校長의 韓人敎師 모욕 사건에 항의하여 同盟休校를 하다.(국편) 2.5. 朝鮮物産獎勵會가 物産獎勵運動 1週年記念 懇親會를 개최하다. 2.9. 軍政署特派員 金東俊이 鐘路警察署에 被檢되다.(국편) 2.10. 釜山에서 形平社 全國大會를 개최하고, 〈慣習的社會에 대한 件〉, 〈兒童入學 件〉 등에 대한 결의를 하다. 2.11. 서울靑年·朝鮮靑年聯合會가 聯合하여 朝鮮靑年總同盟 發起會를 개최하고 4월 21일에 조직하다. / 金燦 등이 土曜 　　　會와 無産者靑年會를 合倂하여 '新興靑年同盟'을 조직하고, 서울靑年會系에 對抗하다. 2.13. 吳成煥·張志弼이 大田에서 形平社의 革新同盟準備會를 개최하다. 2.18. 參議府 獨立軍 23명이 平北 碧潼郡에 出動하여 日警 4명을 사살하고 3명에 重傷을 입히며 4명을 被檢하다. 2.20. 黃海道 黃州郡에서 朝鮮興業會社에 대해 小作人 600명이 小作料 還元을 요구하며 農城示威를 하다. / 武裝獨立軍 7 　　　명이 江界郡 外貴面에서 軍資金 募集 中 日警과 교전하다. / 大韓統義府 第1中隊 田學秀·李化周 등 5명이 文興警察署 　　　文岳出張所를 攻擊하여 書員 1명을 사살하다.(국편) 2.22. 群山에 語音交換所를 설치하다. / 平北 碧潼署員 8명이 '越境匪賊' 6명과 接戰하여 2명을 사살하고 拳銃 등을 押 　　　收하다. 2.25. 初次의 略式裁判이 京城地方法院에서 열리다. 2.28. 義烈團員 具汝淳에 징역 4년, 姜弘烈 2년, 文時煥 2년, 吳世悳 1년, 金願顯 8월을 各 吟渡하다. / 平北 楚山郡 瓮岩駐 　　　在所員 4명이 '匪賊' 3명과 교전하다.(국편) 2.29. 參議府 第1中隊員이 碧潼郡에 出動하여 日警 1명을 사살하다.(국편) 3.1. '少年斥候團朝鮮總聯盟'을 조직하다. / 부산 영도에 부산수상경찰서를 개서하다. / 趙哲浩·鄭性采가 중앙기독교청년회 　　　관서 少年斥候團朝鮮總聯盟(총재 李商在)을 발기하다. / 원산의 保光學校 학생 10명이 3·1운동기념선언문을 첨부하다 　　　검거되다. 3.4. 전남 광주에서 '全南勞農聯盟會'(北星會系·勞動共濟會系열)를 조직하다. / 全南勞農聯盟會를 조직하다. 3.5. 朝鮮總督府가《開闢》3월호를 '사상 비판호'라는 이유로 압수하다. 3.8. 崔元澤 등이 대구에서 南朝鮮勞農同盟結成大會를 개최하다.(위원장 徐廷熙) 3.9. 崔元澤이 南朝鮮勞農同盟을 대구에서 결성하다. 3.10. 서울에서 '全朝鮮勞農總同盟'을 발기하다. 3.12. 大韓統軍府 특파원 金道深, 군자금 모금 활동 중 被逮되다.(국편) 3.13. 친일단체 相愛會 釜山本部 조직하다.(국편) 3.19. 평북 慈城署員 17명, '越境匪賊' 16명과 접전하다.(국편) 3.24. 光正團 軍事部長 鄭鳳朝 공소심에서 징역 10년 언도하다.(국편) 3.25. 재경 친일단체인 國民協議·流民會·小作人相助會·朝鮮經濟會 등이 各派有志聯盟을 조직하다. / 朝鮮獨立團 20여 명 　　　이 渭原郡 新川경찰관 출장소를 습격하다. 3.27. 암태도면민대회를 개최했는데, 지주 규탄 후 지주 측과 유혈 충돌이 벌어지다. 3.31. 崔南善이《時代日報》를 창간하다.(~1926.8), 1924년 7월 10일, 普天敎로 넘어가다. 4.1. 東亞日報가 처음으로 지방판(中部·西部·三南)을 발행하다. 4.2. 친일단체 勞動相愛會 부회장 朴春琴 등이 東亞日報 사장 宋鎭禹와 취체역 金性洙를 납치 폭행하다. 4.5. 일본 민간금융기관 '朝鮮無盡協會'가 창립되다. 4.6. 廉想涉의 <萬歲前>이《時代日報》에 연재를 시작하다.(~6.1. 59회) 4.9. 105인 사건 관련 安明根 假出獄하다. / 사회유지 40여 명, 친일단체의 東亞日報社 중역 폭행을 응징하기 위하여 민중 　　　대회 발기를 결의하다. 4.11. 國民協會·朝鮮小作人相助會·流民會·敎風會가 친일 各派有志聯盟을 조직하고, 日鮮融和를 표방하다. 4.15. 朴泳孝·宋炳濬 등이 친일단체 '同民會'를 조직하고, 日鮮融和를 강조하다. 4.16. 金始顯·洪鍾祐 등 義烈團員들, '朝鮮革命宣言' 등 문건과 폭탄 권총 등을 국내에 반입하려다 경찰에 피체되다. 4.18. 朝鮮勞農總同盟을 창립하여 노동·농민 167개 단체(204명)가 참가하여, 소작·노동쟁의를 지도하다.(~1927.9.) 4.20. 共鳴團員 崔養玉·李善九·金正連 등, 망우리에서 우편차를 습격하여 우편 행낭을 탈취하다. / 경찰, 火曜會 주최 全國 　　　民衆運動大會를 금지하다.(국편) 4.21. 전국 242개 사회주의 청년단체가 朝鮮靑年總同盟을 조직하다.(~1931.5) 4.22. 암태도소작쟁의로 소작인 50여 명이 피체되다. 지주 부친 宋德碑를 파괴하고, 지주 측과 유혈 충돌을 하다. / 義烈團

일본

1.31. 上海僑民團 學務委員會, 위원장에 金枓奉을 선출하다. / 東京留學生學友會 등 11개 在日團體, 東亞日報聲討文을 국내에 발송하다.(국편)

2.19. 吉林省 寧古塔의 韓族統一會, 소련 정부에 무기공급 여부를 타진하다.(국편)

2.-. 양기탁·손정도 등이 중국 길림성에서 독립운동단체 '동우회'를 결성하다.

3.1. 大韓民國臨時政府, 3.1 운동 5주년 기념식을 거행하다. / 시베리아 沿海州 교포들이 3.1 운동 기념식을 거행하고, 美·英·中·蘇 대표가 축하연설을 하다.

3.4. 대한통의부원 유석정이 친일파 봉천보민회장을 암살하려다 미수에 그치고, 피체 후에 고문사하다.

3.10. 김좌진 등이 만주에 산재한 독립군을 규합하여 寧安縣에서 新民府를 조직하다. / 코민테른의 지시에 따라 블라디보스토크에서 '조직국'을 결성하다. / 大韓統義府行政委員會가 玄正卿·金履大·李雄海·金東三·吳東振·李鍾乾·康濟河 명의로 독립운동 방략을 반성하는 포고문을 발표하다.

3.14. 서간도에서 신흥학교 졸업생 주축으로 '신흥학우단'을 조직하고, 회장에 강화인, 총무에 김철, 재무에 김명기를 선출하다.

3.16. 日警이 東京에서 거행된 關東震災被殺韓人追悼會를 강제 해산하다.(국편)

4.5. 상해 고려공산당 계열 윤자영 등이 상해청년동맹 결성을 결성하고, 의열단 운동 노선을 정면으로 비판하다.

4.7. 무장단원 李鴻來, 하얼빈 일본총영사관 경찰에 피검되다.(국편)

4.8. 유기몽(홍업단)·김만수·최병호(참의부)가 하얼빈 중일연합경찰관과 전투 중에 순국하다.

4.9. 국무총리 노백린이 사임하고, 내무총장 김구가 국무총리대리를 겸직하다.

4.10. 친일 미국인 스티븐스(Stevens)를 저격한 張仁煥이 출옥하다.(국편)

4.16. 임정각료가 집단으로 사임하다.

4.19. 間島 局子街에서 墾民敎育者大會를 개최하다. / 中國 奉天省長이 일본의 요구에 응하여 韓人의 무기 탄약 소지 조사를 명령하다.(국편)

4.20. 북경에서 정화암·백정기·이을규·이정규 등이 재중국무정부주의자연맹을 결성하다.

4.23. 李東寧이 임정 국무총리에 취임하다.

4.24. 大韓統義府 第5中隊長 洪學淳 외 5명이 義州郡 古館面에서 日警과 교전하다. / 衡平社 창립 1주년 기념식을 서울 天道敎堂에서 거행하다. / 參議府員이 義州郡 西下洞에서 군자금 300원을 모금하다.(국편)

5.5. 大阪俯에 內鮮協和会를 설립하여 조선인의 교화선도를 꾀하다. 1925년에 兵庫県, 1926년에 神奈川에 설립하여 전국조직이 되다.

5.15. 주중공사 芳澤謙吉이 주중소련대표 카라한과 북경에서 일·소 복교교섭을 개시하다.

5.15. 대한민국임시정부, 國務院秘書에 白基俊, 國務院庶務局參事에 趙永元, 法務次長에 金甲, 學務次長에 金承學, 交通次長에 金圭冕 임명하다.(국편)

5.19. 참의부의용군 장창헌 등이 압록강 연안 국경 순시중인 齋藤實총독의 배에 집중사격하다.

5.26. 미국이 '배일이민법'을 재가하다.

5.30. 노백린이 임정 참모총장이 되다.

6.7. 淸浦奎吾내각을 총사직하다.

6.-. 중국 길림 동우회가 기관지《同友》를 발간하다.

7.9. 李載馥, 오르그뷰로 국내공작원으로 선임되어 블라디보스톡을 출발하다.

7.11. 加藤高明이 호헌 3파 내각을 구성하다.

7.12. 전만통일회의준비회 발기회를 개최하고, 길림에서 재만 독립단체 통일 목적, 정의부를 성립하다.

7.20. 大韓統義府員, 興京縣에서 中國軍 第58團 所屬 歸順 馬賊과 교전하다.(국편)

7.24. 義成團長 片康烈, 하르빈 일본영사관 경찰에 피검되다.(국편)

8.5. 오사카 교포 3,000명이 언론집회 압박 탄핵대연설회를 개최하다.

8.21. 임시정부 국무총리 이동녕이 임시대통령 대리로 임명되다.(~1924.12.)

8.23. 만주의 독립운동자 申鉉大 등 33명이 中露國境 南시베창에서 적군기병대에 참살당하다.

8.25. 大韓義議府, 中國의 反帝國主義運動聯盟會에 참가를 결정하고, 李世求·朴齊善·趙南升·朴崙秉을 전권대표로 선출하다. / 參議府 第2中隊 姜玉成·車京勳·李瑞興·權永植·文華俊·李明龍 등 국내에 잠입하여 日警 6명을 사살하고, 무기 다수를 노획하다.(국편)

8.29. 상해교민단 100여 명이 국치기념식을 거행하다.

9.7. 간도 용정서 일본 경찰과 교전 중 부상 당한 국민군 사령관 안무(1883~1924)가 사망하다.

9.13. 도쿄 거주 한인들이 관동대지진 참사 1주년을 맞아 '참사동포추도회'를 개최하다.

9.16. 대한도독부 지도자 崔明祿이 일경에 검거되다.

9.21. 육군주만참의부 참의장 白狂雲이 피살되다.

10.18. 김동삼 등이 남만주 독립운동 단체인 '정의부'를 설립하다.(~1929)

11.6. 二重橋投彈事件 金祉燮에 무기 징역을 언도하다.(국편)

11.13. 군사통일준비회 대한국민회의 대표·국민대표회의 준비위원 남공선(1889~1924)이 사망하다.

11.17. 호놀룰루에서 하와이 한인대표회를 개최하고, 미주에 국내 세력의 확장을 도모하다.

11.28. 大同會 대표 金海山이 간도에서 일경에 검거되다.

11.-. 이종림·이석호 등이 만주 반석현에서 남만청년총동맹을 결성하다.

연도	한국
▲ 1924 ▼	員 언도공판. 金始顯·黃鈺 징역 12년, 劉錫鉉 8년, 朴基弘 7년, 白英武 6년, 趙晃·南寧得·柳時春 5년, 柳秉夏·趙東根 3 년, 李慶熙 1년 6월을 각 언도하다./ 전남 務安郡 岩泰島 소작인들, 지주 文在哲의 宋德碑를 파괴. 지주 측과 유혈 충 돌 50여 명 피검되다./ 경찰, 各派有志聯盟의 東亞日報 간부 폭행사건을 규탄하는 민중대회를 금지하다.(국편) 4.26. 형평사 내분으로 張志弼 등이 서울에 形平革新同盟을 결성하다.(都染洞 144번지) 4.29. 獨立軍 4명, 義州郡 王尙面에서 밀정 2명을 사살하고 군자금을 모금하다. 4.-. 朝鮮人·日本人 50여 명이 친일단체 '甲子俱樂部'를 결성하고, 참정권 청원 운동을 하다. 5.1. 목포·濟州島에 老朽 海底電線의 通信斷絶 문제 해결과 船舶과 交信을 목적으로 無線局을 開局하다./〈京城帝國大學 官制〉를 公布하고, 豫科(2年制)를 開校하여 日本 내 第6의 帝國大學이 되다. 5.2. 洪州 義兵將 金福漢(1860~1924)이 사망하다. 5.4. 朴元姬·鄭鍾明·金弼愛가 朝鮮女子講習院에서 社會主義 女性團體인 '朝鮮女性同友會'를 發起하다./ 洪州 義兵將 金福 漢 사망하다. 5.5. 東山基督病院 看護婦養成所(현 大邱東山基督病院附屬看護學校)를 設立하다. 5.16. 參議府 獨立軍 部隊, 平北 楚山郡 城南洞에서 警察과 交戰, 4名을 사살하다.(국편) 5.19. 參議府 獨立軍 參尉 韓雄權 등 10여 명, 平北 江界郡 高山面 江邊에서 鴨綠江 沿岸을 巡視中이던 總督 齋藤實 一行을 襲擊하다.(국편) 5.20. 中國 軍服을 착용한 獨立軍 2名, 楚山郡 東面에서 軍資金 募集하다.(국편) 5.25. 大韓獨立團員 鄭鍾洙·金仁淑·李泰善·姜王成·金成弼 등이 楚山 警察署員 2名을 사살하다./ 朝鮮辯護士協會가 平北 倉站駐在所 襲擊嫌疑者 25名에 대한 日警의 拷問眞相 糾明과 刑事令 改正을 要求하다.(국편)父子를 총살하다./ 獨立 軍 10명, 平北 渭原郡 和昌駐在所를 습격하다.(국편) 5.26. 獨立團 40名이 楚山郡 直洞에서 日警과 交戰하다. 5.27. 藝術學院이 鍾路 中央基督敎靑年會館에서 第1回 懸賞舞蹈大會를 開催하다. 5.29. 參議府 獨立軍 第2中隊 第2分隊長 金昌河 등이 厚昌郡 午頭嶺에서 警察과 交戰하다.(국편) 6.1. 義勇軍 第5中隊 親日派討伐隊 金光秋·朴相萬·金炳賢 등이 撫順에서 密偵 鄭甲周 家를 襲擊하여 사살하다./ 獨立軍 7 名이 渭原警察署 搜索隊와 交戰하여 1名 戰死하다.(국편) 6.7. 參議府 第5中隊 金光秋 등이 奉天城 保民會長 崔晶奎 家를 襲擊하다./ 參議府 員 10여 名이 江界郡 城干面 外中洞에 서 警察과 交戰하다.(국편) 6.9. 義成團員 金洪鎭·金昌鎭 등이 國內 潛入 活動中 慶北 盈德 長沙駐在所를 襲擊하여 警察 2名에 重傷을 가하고 戰死하 다.(국편) 6.11. 大韓統義府 第3中隊員 李振永이 江界에서 警察과 交戰中 被檢되다.(국편) 6.12. 參義府 第2中隊員 李京勳·李炳伍·趙炳伍·趙正賢·鄭完國·朴應道 등이 泰川郡 江西面에서 日警과 交戰하여 3名을 사 살하고 武器 및 現金을 露獲하다.(국편) 6.14. 朝鮮體育會 주최로 揮文高普에서 第1回 全朝鮮陸生競技大會를 開催하다./ 第一高普가 日本人敎師 排斥運動을 벌인 學生 10여 명에게 無期停學을 내리다. 6.15. 義勇軍 第5中隊 親日派討伐隊 金光秋가 撫順 馬城庄子에서 日警과 交戰 中 戰死하다.(국편) 6.16. 參議府 獨立軍 10名이 平北 渭原郡 西泰面에서 警察과 交戰하여 4名 戰死하다./ 大韓統義府 第5中隊員 洪學淳 外 4 名이 平北 朔州郡에서 日警과 2時間 交戰하다.(국편) 6.18. 獨立軍 6名이 平北 龜城郡 館西面에서 日警 30名과 交戰하여 1名 戰死하다./ 獨立軍 5名이 平北 泰川郡 西面 東洋拓 殖株式會社 出張所員 日本人을 사살하고 現金 340圓을 露獲하다.(국편) 6.20. 國內의 31個 社會團體가 言論·集會 彈劾會 民衆大會를 서울 天道敎堂에서 開催하다. 6.21. 서울 23個 社會團體가 言論·集會 壓迫 彈劾大會를 開催하고, 總督府의 言論·集會 彈壓에 抗拒하다./ 參議府 獨立軍 部隊가 平北 龍川에서 警察과 交戰하여 2名 戰死하고 2名을 사살하다.(국편) 6.25. 朝鮮總督府가 國境地帶 獨立軍 鎭壓을 위해 警官 180名을 增派하다./ 參議府 獨立軍 朴彦來 등이 平北 慈城郡 梨坪 에서 警察과 交戰하다. 6.26. 獨立軍 14名이 平北 慈城郡 山中에 隱身中 日警과 交戰하여 1名 戰死 2名 負傷하다./ 武裝獨立團이 平北 楚山에서 親日 韓人 및 中國人 14名을 사살하다.(국편) 6.29. 朝鮮新聞社가 第1回 朝鮮女子올림픽大會를 開催하다./ 參議府 獨立軍 部隊가 龍川郡 龍岩浦에서 警察과 交戰하 다.(국편) 7.1. 碧昌義勇團長 楊承雨·韓東振에 사형 언도하다.(국편) 7.2. 獨立軍 7명, 平北 慈城郡 三豊面에서 日警 17명과 교전 2명 전사하다.(국편) 7.3. 參議府 第2小隊 2分隊長 金昌均 등, 平北 渭原郡 和昌面 駐在所를 습격하다.(국편) 7.6. 大韓統議府 獨立軍 2명, 平北 義州 警察隊와 교전 1명 전사 1명 피검되다.(국편) 7.8. 全南 務安郡 岩泰島 小作人 600여명, 木浦 檢察支廳에 쇄도하여 小作人會 간부와 회원 13명의 석방을 요구 농성하다.(국편)

일본

12.16. 임시정부에서 박은식을 국무총리로 임명하다.

12.16. 北風會 執行委員 12명의 연서로 韓日無産階級의 제휴와 원조를 촉구하는 요지의 유인물을 東京·大阪 등 일본 사회주의자에게 발송하다.(국편)

12.-. 임시정부의 차정신·이빈 등 한인청년들이 중국 국민당 '황포군관학교'에 입학하다.

7.9. 岩泰島 小作人 600여명, 木浦의 地主家·警察署에서 단식 농성하다.(국편)/ 忠南 天安郡 入場面 私立講習所 학생들이 白丁 자제 배척을 위해 동맹휴학하다.

7.10. 普天教가 《時代日報》(社長 崔南善)을 인수한 후 社員 반발에 자진 휴간하다.

7.11. 국내 첫 映畵製作社가 釜山에 朝鮮키네마(株)를 설립하다.

7.12. 白러시아 舞踊團 헬렌 일행이 友美館에서 발레를 공연하고, 白러시아 避難民 자선 모금을 하다.

7.13. 參議府 張昌憲 등, 平北 江界郡 從西面 黃靑에서 日警과 접전하다.(국편)

7.15. 齋藤 고무工場 女職工 130여 명이 滯欠賃金 支給을 요구하다.

7.16. 參議府 1中隊 李義俊, 新義州一江界間 電信柱를 파괴하여 일경 통신망을 마비시키다./ 獨立軍 6명, 平北 慈城郡 三豊面에서 일경과 교전 1명 전사하다.(국편)

7.18. 新義州地檢, 天摩山隊 崔時興에 死刑을 求刑하다.

7.20. 北星會系 金在明 등이 서울 齋洞에서 '解放運動社'를 조직하고, 11월 25일 사상단체 '北風會'를 결성하다.

7.22. 《朝鮮銀行法》을 개정 공포하고, 朝鮮銀行 監督權을 朝鮮總督에서 日本 大藏省으로 옮기다.

7.23. 朴漢永·白龍城 등이 佛教誌 《佛日》을 창간하다./ 獨立軍 3명, 平北 寧邊郡 八院面에서 군자금을 모집하다./ 獨立軍 6명, 平北 龜城郡 白雲洞에서 일경과 교전하다.(국편)

7.25. 光復團 團長 崔時興이 新義州地方法院에서 사형 언도를 받고, 1925년 3월 12일 사형을 받고 순국하다.

7.26. 獨立軍 5명, 平北 楚山郡에 출동하여 밀정 수명을 사살하고 군자금을 모집하다.(국편)

7.30. 平北 寧邊郡 望月洞에서 獨立軍 3명, 일경과 교전하다.(국편)

7.-. 서울靑年會系가 비밀결사 高麗共産同盟(서울콤그룹 서울派)을 조직하다.

8.1. 金剛山電氣鐵道에서 江原道 鐵原一金化 간 영업을 개시하다./ 獨立軍, 江界郡 從西面에서 밀정 韓時恒·金成魯·李枝化

8.3. 獨立軍, 咸北 茂山郡 篤所駐在所를 습격하여 騎兵銃·拳銃·彈丸을 노획하다.(국편)

8.5. 獨立軍, 平北 寧邊郡 泰平面에서 日警과 교전 1명 사살 2명 전사하다.(국편)

8.7. 武裝 獨立團員 10여명, 平北 厚昌郡 營林廠에 방화하다./ 大韓獨立團 第2中隊 李振武 외 3명, 平北 龜城面에 출동하여 밀정 朴庚星을 사살하고 朴弼星에게 중상을 가하다./ 獨立軍, 平北 龜城郡 天摩面長을 사살하다.(국편)

8.8. 新義州地方法院에서 碧昌義勇隊 團長 楊承雨가 사형, 韓東振이 무기징역을 언도받고, 1926년 2월 사형 집행되다./ 義軍府 遊擊部隊長 李景一 등 20여 명, 平北 朔州郡 淸城鎭警察署를 습격하다.

8.9. 參議府獨立軍, 龜城郡과 昌城郡의 金鑛事務所를 습격하다./ 義州 新義州로부터 증파된 수백 명의 경찰대, 淸城鎭을 점령한 義軍府 부대와 격전하다.(국편)

8.10. 義烈團員 金始顯·洪鍾祐·黃鈺 등의 폭탄반입사건 공판, 京城地方法院에서 개정하다.(국편)

8.11. 獨立軍 3명, 平北 義州郡에 출동하여 군자금을 모집하다.(국편)

8.12. 獨立軍을 추격하던 일경 토벌대, 平北 渭原郡 和昌面에서 獨立軍에게 식사를 제공한 주민 28명을 학살하다.(국편)

8.16. 大田에서 全朝鮮衡平社大會 臨時大會를 개최하고, 朝鮮衡平社 中央總本部 結成을 합의하다.

8.17. 全日·李南斗 등이 '朝鮮勞動黨'을 창립하고, 無産勞動者 단결을 도모하다.(~1926.4.)

8.23. 獨立軍 3명, 平北 昌城郡 田倉面에서 일경과 교전 경찰 1명 중상, 獨立軍 1명 전사하다./ 平壤警察署, 시내 全思想團體 및 勞動團體를 수색하여 40여 명 검거하다.(국편)

8.26. 어린벗사 후원 張武釗·延蓮흠이 서울 層山洞에 明進少年會를 조직하고, 體育奬勵·讀書增進을 도모하다.

8.28. 《銃砲火藥類取締令 施行規則》을 공포하다.(~9.1 시행)

8.30. 巖泰島 小作爭議가 小作人 주장을 관철하고, 小作料를 4할로 인하하며 1년 만에 종결되다.

8.31. 朝鮮商業銀行·朝鮮實業銀行이 합병하다.

8.-. 金東仁·朱耀翰·金素月·金億 등이 文藝誌 《靈臺》를 창간하다.(~1925.1.)

9.6. 參議府 第2小隊 2分隊長 參士 金昌均 휘하 독립군 渭原郡 鳳山面에서 활동중 일경의 습격을 받고 교전, 申龍涉 전사하다.(국편)

9.11. 중등 학생들이 조선학생총연합회 창립총회를 개최하고, 조선학생계의 사상통일·지식 교환을 도모하다./ 독립군 5명 楚山郡 南面에 출동 군자금 모금 활동을 하다.(국편)

9.13. 신석우가 《조선일보》 경영권을 인수하고, 사장 이상재 부사장 신석우가 취임하다.

9.15. 조선상업은행이 '대동은행'으로 합병하다.

9.16. 김지태·이성·이영 등이 노동학원에서 '조선노동교육회' 창립총회를 개최하다.

연도	한국
▲ 1924	9.17. 독립군 3명 평북 熙川에서 일경과 교전 독립군 1명 전사하다.(국편) 9.21. 육군주만참의부 참의장 채찬이 집안현에서 대한통의부원 백병준 등에게 피살되다. 9.24. 백득림 등 황포군관학교 유학생이 중국 무창에서 '무한한인청년회'를 조직하다./ 이상재·이승훈이 서울에서 조선기근구제회 창립하고, 한재·수재로 인한 극빈자를 구제하다. 9.28. 參議府員 李應瑞 등 7명, 江界郡 公北面에서 밀정 池成龍을 사살하다./ 독립군 3명 평북 熙川郡에서 寧邊警察署 수사반과 교전하다.(국편) 9.30. 大韓獨立團 寬南支團 檢務員 金世用 新義州에서 被逮되다.(국편) 10.1. 독립군, 평북 楚山에서 日警과 교전하다.(국편)/ 〈형사소송법〉 및 〈형사령〉을 개정하다./ 불량아수용소 永興學院를 개설하다./ 조선철도가 경남 김천-상주간 철도를 개설하다. 10.3. 鐵血團員 李景浩에 징역 10년, 安世鎭·許庸權 6년, 廉七學 5년, 李喆模에 3년을 각 언도하다.(국편) 10.5. 《조선일보》가 최초로 최은희·윤성상 등 여기자를 채용하다./ 권태집 등 600여 명의 인력거군이 '조선노동친목회'를 발기하다. 10.6. 김은호 등이 을지로 1가(현 롯데백화점 자리)에 그림지도학원인 '고려미술원'을 설치하다./ 서울청년회가 4주년기념식 때, 강제 해산되고, 鄭栢, 李星泰 등 4명이 검거되다./ 參議府員 李應瑞·金汝連 등, 평북 渭原郡 渭松面에서 밀정 李贊鳳을 사살하다.(국편) 10.11. 함경선 일부 구간(길주-탄천)이 개통되다. 10.12. 인천의 13개 정미소 여공 3천여 명이 '選米女工組合'를 조직하다. 10.13. 《조선일보》 최초의 연재만화, 노수현의 '멍텅구리 헛물켜기'가 연재되다.(~1927.3.) 10.14. '단천공립보통학교'의 한인교사와 학생이 일인교사의 비행을 규탄하며 동맹휴학하다. 10.17. 參議府員 黃學奉 외 4명, 楚山郡 東面에서 밀정 金贊得을 사살하고 도검 권총 등 노획하다./ 독립군 2명 평북 厚昌郡 東興面에서 일경과 교전 2명 전사하다.(국편) 10.20. 新義州地方法院, 義成團長 片康烈 공판 개정하다./ 李完用 암살미수사건 피의자 李東秀, 16년만에 平壤에서 피검되다.(국편) 10.31. 황해도 재령군 북률면 동척소작인들이 소작료 불납동맹을 맺다. 10.-. 충남 강경교회 주일학교 교사·학생들이 최초로 신사참배를 거부하다./ 이광수·방인근 등이 우리나라 첫 순문예 월간지 《조선문단》을 창간하다.(~1936.6.) 11.1. 大韓獨立團員 崔贊星·康潤植 외 수명, 독립운동을 방해하는 金正均·李鳳春·韓炳浩를 사살하다.(국편) 11.6. 황해도 북률에서 소작인 500명이 2차로 농성시위를 하며, 동적지사·총독부에 소작개선 6개항을 제출하다. 11.9. 반북성회파 김영만·허일 등 30여 명이 '赤雹團'을 조직하다. 11.10. 大韓總義府 서울 支部를 설치하여 군자금 모금활동을 하던 洪景植·李丙旭·柳漢基·朴貞陽 등 4명 피체하다.(국편)
1925 ▼	【한국】 1.1. 獨立軍 12명이 평북 厚昌에서 경찰과 접전하여 4명이 전사하다./ 高麗共産黨 上海派·伊市派·火曜會 등이 국내 단체와 타협을 성립하고, 第三國際共産黨으로부터 정식 승인을 받다.(국편) 1.5. 조선체육회 주최로 한강에서 제1회 전조선빙상경기대회를 개최하다./ 평북 宣川 三省洞에서 獨立軍暗殺隊員을 자칭한 청년 2명이 금품을 強徵하다. 1.6. 奉天에서 입국한 東京義烈團事件 관련자 尹銀九·黃祐年·李弘正 등이 新義州에서 일경에 피검되다.(국편) 1.8. 보천교 교주 차경석이 친일단체 時局大同團을 설립하고, 내선융화와 대동아단결을 주장하다.(~ 1925.7)/ 大韓獨立團 제2연대 제3대장 申度洪이 延吉縣에서 일경과 교전 중 전사하다./ 친일단체 時局大同團이 조직되다.(국편) 1.10. 형평사중앙총본부에서 형평사 '정위단'(북풍회계)을 창립하고, 지부 설치 및 불순분자 배격 등을 결의하다./ 독립단 洪碩護 일행이 渭原 江岸에서 일경과 교전하여 3명이 전사하다./ 백정 해방을 목표로 하는 북풍회계의 衡平社 正衛團이 결성되다.(국편) 1.13. 임시의정원에서 〈헌법〉을 개정하고, 외교 실효화 등 새 방침을 결의하다./ 〈헌병의 행정경찰 및 사법경찰에 관한 복무규정〉을 공포하다. 1.14. 義烈團員 金祉燮이 구류 기간을 초과한 불법 감금에 항의하여 단식 투쟁에 돌입하다.(국편) 1.17. 이정숙·최정숙 등이 '조선여성해방동맹'을 발기하고, 1926년 1월에 '프로여성동맹'으로 개칭하다. 1.18. 용천 불이농강에서 소작쟁의가 발생하다. 불이 측에서 '불이농장소작인조합'을 결성하고 소작조합을 탄압하다./ 부산인쇄공업조합에서 동맹 파업을 실시하고, '9시간 노동제, 야업 폐지, 임금 인상' 등을 요구하다./ 獨立軍 3명이 義州 雲川洞에서 군자금 모금 활동을 하다./ 천도교에서 포덕제를 실시하고, 최린·권동진을 상무종법사로 선임하다. 1.20. 일본 오사카상선이 원산 - 청진항 여객 항로의 운수를 개시하다. 1.21. 박정덕·정달악 등 16명이 '경성여자청년동맹'(북성회계) 창립총회를 개최하다. 1.22. 義成團長 片康烈에 대한 공소심에서 징역 7년을 언도하다.(국편) 1.23. 무장 독립단 8명이 평북 碧潼 江岸에서 일경과 교전하여 1명이 전사하다.

일본

11.11. 大韓獨立團員 韓應斗, 함북 北靑에서 피체하다.(국편)

11.14. 鐵血團員 공소심, 李景活에 징역 10년, 李世鎭·許庸權 각 6년, 廉七學 5년, 李喆模 3년을 언도하다.(국편)

11.15. 서울 江華 坡州에서 군자금 모금하던 安致命·鄭雲先·安容均 피체하다.(국편)

11.16. 형평사 기관지《衡平》을 창간하다.(국편)

11.17. 국내에 잠입한 獨立軍 10명, 慈城對岸서 日警과 교전 2명 전사하다.(국편)/ 인천 가토오정미소 선미직공 400여 명이 동맹파업하다.

11.18. 독립단 천마산대 대장 최시흥이 평양복심원에서 사형를 선고받고, 1925년 3월. 사형집행을 하다.

11.19. 신사상연구회가 '화요회'(마르크스 탄생일)로 개칭하고, 연구단체에서 행동단체로 전환하다.

11.23.《조선일보》가 한국 신문사상 최초로 조·석간제를 실시하다.

11.25. 김약수 등이 서울 재동 해방운동사에서 사회주의 단체 '北風會'를 조직하다.

11.27. 경북 의성군 安平面에서 소작쟁의를 하다.

11.-. 경남 거제도-칠원 해저 케이블을 부설하다./ 조선총독부 체신국(현 광화문우체국 자리)에서 음악·연극 등을 최초로 시험방송에 성공하다.

12.6. 이영·정백·한신교·최창익 등이 서울에서 '사회주의자동맹'을 창립하다./ 진도소작쟁의 보도와 관련하여《조선일보》를 압수하다.

12.8. 경남도청을 경남 진주에서 부산으로 이전하기로 결정하고, 1925년 4월. 경남도청을 이전하다.

12.12. 李軫鎬가 한국인 최초로 총독부 고위관리에 임명되다.

12.13. 부인참정권 기성동맹회를 결성하다.

12.17. 국내 첫 민간 라디오 방송 실험에 성공하다.

12.19. 무장독립단원 30여 명이 평북 선천 남면주재소를 습격하다.

12.20. 鍾路警察署, 朝鮮勞動黨 간부 全一 등 8명을 이루크츠크 韓人共產黨과 접선한 혐의로 체포하다.(국편)

12.22. 주간《상해평론》(편집인 박성수)이 창간되다.

12.24. 〈조선사법대서인령〉을 공포하여, 1925년 5월에 시행하여 행정대서·사법대서를 분리하고, 법무사제도를 법제화하다.

12.25. 조선철도 상주-점촌간 운행을 개시하다./ 경남 진주에 도청을 이전하는 것에 반대하는 도민대회를 개최하다.(국편)

12.26. 평북 楚山郡 南面에 은둔중이던 獨立軍 1명 日警과 교전중 전사하다.(국편)

12.27. 명진소년회(아동문학가 연성흠)가 서울 연건동에 첫 어린이 회관인 '명진소년관'을 건립하다.

12.-. 고려영화제작소가 '고려키네마'를 창립하다. 키네마는 시네마(Cinema)의 독일식 표현./ 최현배, 『조선민족 갱생의 도』를 집필하고, 1926년 9월 25일부터《동아일보》에 연재를 시작하다./ 현철 등이 '조선배우학교'를 설립하고, 국내 첫 연기자 훈련강습소를 개설하다.(1925.1. 개교)

-. 이해에 국민회 경호대 제1분대장 조윤호(1897~1924) 징역 15년형을 받고 복역 중 순국하다.

【일본·해외】

1.3. 일본 도쿄의 북성회를 '일월회'로 개칭하다.(~ 1926.11)

1.14. 하와이 在留同胞團體代表大會에서 조국광복사업을 결의하다.

1.20. 중국 북경에서 〈日露條約〉이 조인되다.

1.31. 대한독립군모연원 2명이 間島에서 일경과 교전하다.

1.-. 일본에서 조선무산청년회와 동경조선무산청년동맹이 합동으로 '동경조선청년동맹'을 조직하다.

2.10. 한국인 노동자 100여 명이 일본 하코네산 전차시설공 중 飢寒으로 참사당하다.

2.22. 재일본조선노동총동맹 결성하여 사회노동운동의 중요한 역할을 담당하다.

3.1. 中國 上海·廣東·南京 한인들이 3·1 기념식을 거행하다./ 在東京韓人留學生이 3·1 기념식을 열었으나, 일경의 강제 해산으로 충돌하여 100여 명이 피검되다.

3.10. 북만주 낭안현에서 김좌진·김혁 등이 대한독립군단·대한독립군정서를 규합하여 新民府를 조직하고, 위원장에 김혁, 총사령에 김좌진을 임명하다.(~1929.3)

3.16. 참의부 제2중대가 중국 집안현 고마령에서 일본 경찰의 습격을 받아 중대장 崔錫淳 등 40여 명이 전사하다.

3.18. 임시의정원이 대통령직 불성실과 미주 동포 인구세 수납 차단 등을 이유로 이승만 탄핵안을 의결하다.

3.19. 독립군 60여 명이 초산 벽동주재소를 습격하여 일본인 경찰 7명을 살상하다.

3.23. 임시대통령 이승만의 면직안을 심판위원회에서 의결하고, 박은식을 임시대통령으로 선출하다.

3.24. 대한민국임시정부 新任大統領 朴殷植이 취임하다.

3.30. 임시의정원에서 임시헌법 개정안을 결의하다./ 다물단원 이인홍·이기환이 유자명의 지시로 북경에서 일제 밀정 金達河를 처단하다.

4.1. 신민회가 북만주 석두하자에서 기관지《신민보》(편집인 허성)를 창간하다.

4.2. 光正團員 20명이 平北 후창경찰서원과 교전하다.

4.7. 임시의정원이 〈大韓民國臨時憲法〉 공포식을 거행하고, 대통령제를 폐지하고 국무령 중심의 내각책임제를 선택하다.

4.9. 正義府가 財務部令 제1호로 소득세징수규정을 공포하다.

연도	한국
▲ 1925 ▼	1.26. 靑陽公普校에서 일인 교장을 배척할 것을 주장하며 동맹휴학을 실시하다.(국편) 1.27. 무장독립군 李龍啓 등 5명이 평북 義州 靑水里에서 日警과 교전하여 1명이 전사하다. 1.28. 경성전기주식회사 전차 승무원 500여 명이 임금 인상, 8시간제 등을 요구하며 총파업을 하다./ 이인영·민응기 등 100여 명이 서울에서 '무산자동지회'를 재발족하다. 1.30. 송병준이 사망하다. 1.31. 大韓獨立軍募捐隊員 2명이 間島에서 日警과 교전하다.(국편) 2.1. 무장 독립군 6명이 義州郡 加山面에서 군자금을 모금하다.(국편) 2.2. 독립단원 15명이 平北 厚昌에서 일경과 교전하다. 2.6. 平北 厚昌署員 26명이 對岸에서 '越境者' 15명과 접전하다.(국편) 2.8. 《동아일보》가 사설 「천인공노할 동척의 죄악」으로 인해 압수되다. 2.9. 《조선일보》가 경찰과 동양척식주식회사를 비난한 기사로 차압당하다./ 자칭 義成團員이 단도로 일인 순사 2명과 한인 순사 1명을 살해하고 피체되다.(국편) 2.11. 李完用 刺殺未遂事件 피고 李東秀의 공판이 비공개로 개정되다. 2.14. 이창제·이갑성·현신덕 등이 기독교계 반사회주의 운동 단체인 '시사구락부'를 조직하다.2.19. 체신국에서 한국과 러시아 간 우편 송달 개시를 발표하다. 2.21. 《조선일보》가 칼라 인쇄 가능한 색채인쇄윤전기를 설치하다./《조선일보》에서 최초로 러시아 특파원 김준연을 파견하다. 2.22. 김수준·박원희·허정숙 등이 경성여자청년회(서울계) 창립총회를 개최하고, 여성 자유와 남녀평등을 주장하다./《조선일보》가 일본인 순사의 양민 구타 진상을 보도하여 차압당하다. 2.24. 平北 義州郡 光平面에 '匪賊' 7명이 침입하여 주민 2명을 사살하다.(국편) 2.26. 블라디보스톡 공산당원 尹秉海의 서울 잠입설로 日警이 特別警戒令을 내리다.(국편) 2.28. 김상섭이 목포에 동아고무회사를 설립하고, 종업원 200명으로 고무신 연간 40만 켤레 생산에 들어가다. 2.-. 삼가운수노동자(합천)·서울전기회사·인천가토정미소·평양양말공장 등이 임금 인상을 요구하며 파업하다. 3.1. 平北 厚昌 對岸에서 무장 독립군 8명이 일경과 교전하여 4명이 전사하다./ 中江鎭 대안에서 무장 독립군 4명이 경찰과 교전하여 1명이 전사하다.(국편) 3.6. 무장 독립군 8명이 平北 中江鎭에서 일경과 교전하여 3명이 전사하다. 3.10. 독립군이 平北 碧潼에서 군자금 모금 후 주민 1명을 拉致하다.(국편) 3.11. 羅昌憲 등이 대한민국임시정부 臨時大統領 李承晩에 대한 審判書를 발표하다./ 總督府가 1월 이후 현재까지 독립단원 중 사살 21명, 체포 20명이라고 발표하다.(국편) 3.12. 天摩團員 崔時興이 平壤刑務所에서 사형 집행되다.(국편) 3.14. 마산에서 전조선형평위원회가 개최되다. 3.15. 조선노동대회가 京城勞動會로 개칭되다./ 무장 독립단 14명이 平北 昌城 對岸에서 일경과 교전하여 3명이 전사하다. 3.17. 무장 독립단 6명이 義州郡 松長面에서 군자금 모금 활동을 하다.(국편) 3.18. 平北 碧潼署員 11명이 對岸에서 匪賊 8명과 접전하다./ 正義府 獨立軍 10명이 平北 碧潼郡 如海 경찰관 출장소를 습격 방화하고, 순사 3명을 사살하다./ 鎭東督府 제1中隊員이 江界郡 文玉面에서 일경과 교전하여 4명이 전사하다./ 參議府部隊가 楚山郡 城面 楸木洞에서 日警과 교전하여 5명을 사살하다.(국편) 3.19. 平北 文興署員 7명이 '匪賊' 5명과 전투하다./ 平北 渭原署員 13명이 '匪賊' 20명과 전투하다.(국편) 3.20. 平北 渭原署員 6명이 국내에 잠입한 '匪賊' 15명을 추적하여 2명을 사살하다./ 平北 楚山署員 2명이 '匪賊' 2명과 접전하여 모두 사살하다.(국편) 3.21. 평양 위생인부 90여 명이 동맹 파업을 하자, 3월 24일 파업자 전원을 해고하고 주동자를 검거하다. 3.22. 황해도 해주에서 '민예회'(북풍계)를 조직하고, 민중예술 고취와 부르조아 예술지상주의 박멸을 도모하다. 3.24. '匪賊' 5명이 平北 中江鎭署員과 접전하여 3명이 사망하다./ '匪賊' 4명이 平北 茂昌出張所員 5명과 東新面에서 전투하다.(국편) 3.25. 臨政偵探員 崔丸·全昌錫 등 7인의 서울 잠입설이 유포되다.(국편) 3.28. 윤백남프로덕션의 '심청전'이 조선극장에서 상영되다./ '匪賊' 10명이 平北 文興署員 20명과 충돌하여 1명이 사망하고 순사 1명이 부상당하다.(국편) 3.29. 參議軍 제1중대 독립군 20명이 慈城에서 日警과 교전하여 2명이 전사하다.(국편) 3.30. 의성단장 편강열이 고등법원에서 징역 7년형이 확정되어 투옥되었다가 1926년 9월 병보석으로 석방되었으며, 1929년 1월 순국하다./ 參議府員 許雲起 외 11명이 平北 厚昌郡 長興洞에서 日軍과 접전하여 營林廠에 방화하다. 3.31. 동척 북률농장의 소작쟁의가 종결되다. 소작인들 중 만주 등지로 이민자가 속출하다./ 總督府가 철도국을 신설하고 남만주철도㈜에 대한 철도경영권 위탁을 해제하다. 3.-. 최서해가 단편소설 「탈출기」(《조선문단》6호)를 발표하다./ 이현경·황선덕 등이 일월회 자매로 여성단체 '삼월회'를 조

일본

4.10. 대한민국임시정부가 歐美委員部에 대한 폐지령을 내리다.

4.14. 북경에서 배천택·한진산·유청우·서왈보 등이 비밀단체 다물단을 창립하고 의열활동을 전개하다.

4.22. 치안유지법을 공포하다.(조선에서는 치안유지령)

5.2. 북간도 용정에서 간도조선청년총동맹을 결성하다.

5.5. 鎭東都督府 간부 19명이 군자금 모집을 목적으로 부대를 편성하다.

5.12. 길림성에서 18개 단체 39명이 모여 전민족유일당조직촉성회의를 개막하다.

5.13. 임시대통령 이승만 탄핵을 반대하는 캘리포니아 韓人勞動社開進黨이 대한민국임시정부에 聲討文을 발송하다.

5.16. 서간도의 '赤滿 청년암살대장' 李相燮 이하 10명이 총독부 요인 암살을 목적으로 국내에 잠입하다.

5.-. 항일 비밀단체 다물단 별동대가 봉천성 유하현에 '다물청년단'을 조직하다.

6.4. 논산양촌공립보통학교 5학년생들이 학생을 구타한 日人 교사를 배척하기 위해 동맹휴학을 결성하다.

6.8. 二重橋 폭파사건 피고 金祉燮이 변호인 기피신청을 하다./ 赤旗團事件被告 金呂鍾·申哲洙·彌順明에게 징역 8월, 徐範錫·金尙珠·徐相郁·金尙俊·徐學尹에게 징역 6월 집행유예 2년을 각각 선고하다.

6.11. 중국 군벌과 조선총독부 간에 三矢協定(미쓰야협정)을 체결하고 재만 한인 단속을 강화하다.

6.13. 나창헌(임시정부 내무차장) 등이 독립운동가 사칭과 금품 수수 행위를 방지할 목적으로 정위단을 조직하다.

6.21. 間島 龍井村에서 黃海 등이 C.K단을 조직하다.

7.1. 하와이에서 열린 太平洋沿岸基督敎靑年會 주최 太平洋問題協議會에 조선대표 申興雨·宋鎭禹·徐載弼 등이 참가하다. 申興雨가 「朝鮮人의 希望은 民族的 自決 뿐」이라는 주제로 연설하다./ 일제가 臺灣·滿洲·사할린·朝鮮 등 植民地內 각급학교에 軍事敎育 시행을 공포하다.

7.8. 奉川政府 張作霖이 三矢協定에 의한 韓人制限法을 실시하다.

7.17. 北滿高麗共産黨 靑年會幹部 姜니콜라이가 하얼빈에서 중국 관헌에 피체되다.

7.22. 무장 독립단 3명이 평남 寧遠郡에서 군자금을 모금하다.

7.31. 加藤高明 내각이 총사직하다.

7.-. 원천경·신금신 등이 동빈현 원가둔에서 민족주의 계열 무장단체인 혁신단을 조직하다.

8.2. 제2차 加藤高明 내각이 성립되다.(헌정회 단독 내각)

8.12. 二重橋 폭탄사건의 김지섭이 도쿄공소원에서 무기징역을 선고받고 복역 중 1928년 2월 옥사하다.

8.25. 朝鮮總督府警務局長 三矢宮本이 중국 관헌이 對岸 농촌의 한국 독립운동 근거지를 대수색할 것임을 발표하다./ 間島總領事館 경찰이 불온선전 삐라를 배포한 金順九 등을 체포하다.

8.27. 조선총독부가 시베리아·南北滿洲 일대의 한국인경영 학교 수를 집계하여 두만강 對岸 160교, 奉天·長春지역 普通學校 30교, 서당 60교, 시베리아 72교, 吉林방면 5교, 北滿洲 20교로 총 학생수 13,180명이라 발표하다.

9.24. 李相龍이 임정 신임 국무령이 되다.

9.25. 임시정부에서 상해판《독립신문》(189호)을 폐간하다.

9.-. 미국 내 조선인유학생총회가 과학잡지《우라키》(The Rocky)를 발간하다.(정가 50전)

10.20. 日皇 암살모의 사건으로 검거된 朴烈 등이 동경에서 기소되다.

10.27. 무장 독립단 3명이 평북 江界郡 松下洞에서 일경과 교전 중 1명이 전사하다.

11.1. 임시정부 대통령 박은식(1859~1925)이 중국 상해에서 사망하여 국장을 거행하다.

11.4. 大韓民國臨時政府 大統領 朴殷植의 장례식이 거행되어 上海 靜安寺 묘지에 안장되다.

11.22. 제1차 共産黨事件이 발생하여 책임비서 金在鳳 이하 30여 명이 피검되다.

12.15. 일본 閣議이 在滿 일본인 보호를 구실로 병력 2,500명 派兵을 결정하다.

12.16. 무장 독립군 6명이 평북 熙川郡 東面에서 일경과 교전하여 주민 1명이 부상당하다./ 大韓統義府員 金相喆·兪鳳老 등 3명이 서울에서 활동 중 日警에 피체되다./ 光正團長 李時乙이 압송 도중 일경에 피살되다.

12.26. 일본 유학생 30여 명이 조선미술회를 창립하고 대중 예술 건설을 표방하다.

12.-. 金燦이 上海에서 조선공산당 해외부를 설치하다.

직하다./ 서울 낙원동에서 아나키스트 신영우·홍진우가 흑기연맹을 결성하다. 4월 25일에 신영우 외 7명이 피체되다.

4.1. 소록도에 나병환자 전문진료병원인 자혜병원을 설치하다./ 조선총독부가 15개년을 기한으로 産繭 100萬石 증수 계획에 착수하다./ 조선철도가 조선총독부 직영으로 환원되다./ 인천관측소를 설치하다./ 평양 숭실학교가 전문학교로 승격 인가되다./〈소방관서 명칭·위치·관할구역〉을 공포하여 국내 첫 경성소방소에 소방서파출소를 설치하다.

4.2. 광정단원 20명이 平北 厚昌 경찰서와 교전하다./ '匪賊' 20명이 平北 厚昌 江口 駐在所員과 접전하여 3명이 사망하다.

4.3. 조선총독부도서관(현 롯데백화점 자리)이 장서 1만 2천 권으로 개관하다.

4.6. 무장독립군 1명이 平北 厚昌에서 일경과 교전 중 전사하다.

4.8. 평양의 양말공장 직공 1천여 명이 임금 인하에 반대하며 집회를 결의하다.(국편)/ 咸北 三水 駐在所 습격사건 관련 大韓民團員 金昌俊

연도	한국
▲ 1925 ▼	이 피체되다. 4.9. 경남 진주에서 신광사를 창립하여 도서관과 잡지 출판을 경영하다.(국편)/ 정의부가 재무부령 제1호로 <소득세 징수 규정>을 공포하다. 4.10. 임시의정원이 <구미위원부 폐지령>을 공포하였으나, 李承晩의 거부로 1928년에 폐지되다. 4.11. 무장독립군 5명이 平北 楚山郡 南面에서 일경과 교전하여 1명이 전사하다.(국편) 4.12. <치안유지법>을 공포하여 '유언비어 취재에 관한 건'을 폐지하다.(5.12 시행, ~1945.10.15) 4.14. 무장독립단 7명이 平北 寧邊郡 鳳山面에서 군자금 모금 활동을 하다.(국편) 4.15. 서울 천도교당에서 조선기자대회를 개최하고, <신문지법>과 <출판법>의 개정을 요구하다. 4.17. 김찬·조봉암 등 '화요회'가 중심이 되어 서울 아서원에서 조선공산당을 창립하다.(책임비서 김재봉) 4.18. 박헌영 등이 고려공산청년회를 창립하여 조선공산당 청년 전위조직으로 삼다.(~1928.12)/ 무장독립군 2명이 平北 寧邊에서 경찰과 교전하여 일경 1명이 부상당하다. 4.20. 전조선민중운동대회 개최 금지에 항의하여 200여 명이 적기를 들고 종로에서 시가행진을 하다.[적기사건]/ 무장독립군 5명이 平北 寧邊郡 八院面에서 일경과 교전하다.(국편) 4.21. 독립군 20여 명이 압록강을 渡河 중이던 일경을 급습하여 한인 순사 1명을 납치하다.(국편) 4.22. <치안유지법>을 공포하다./ 무장독립군이 寧邊郡 관내 3지역에서 군자금 모금 활동을 하다.(국편) 4.23. 이화학당 대학부가 '이화전문학교'로 승격되다. 4.24. 시천교당에서 제3회 전국형평사대회를 개최하고, 형평사 통일과 조직·운동 확대를 결의하다. 4.25. 영화 종사자 40여 명이 명월관에서 '영화상우회'를 조직하다./ 홍난파가 국내 최초의 음악잡지 《음악계》(정가 30전)를 창간하다. 4.26. 무장독립단 5명이 平北 介川에서 일경과 교전하고, 단원 金俊成·金鳳植이 전사하다.(국편) 4.27. 무산자동맹회·조선노동당·북풍회·화요회가 합동 총회를 개최하다. 4.30. 무장독립군 10여 명이 平北 厚昌郡 營林廠作業場을 습격하고 방화하다./ 무장독립군 6명이 平北 碧潼에서 親日區長 河鳳善을 사살하다.(국편) 5.4. 무장 독립군 3명이 평북 博川郡 西面에서 군자금 청구에 불응한 부호에게 충격하다. 5.6. 조선불교대회가 '조선불교단'으로 개편하고, 불교를 통한 조선 교화사업을 실시하다.(국편) 5.7. 평북 宣川郡 南面駐在所 습격사건의 康益碌이 일본 東京에서 피검되어 압송되다./ 일본정부가 韓國·臺灣·사할린에 治安維持法 시행을 공포하다.(국편) 5.8. <治安維持法>을 공포하다./ 大韓統義府員 韓基淸 등 6명이 평북 泰川郡 龜太 金鑛事務所에서 군자금을 모금하다.(국편) 5.9. 무장 독립단 6명이 평북 泰川郡 江洞面에서 군자금 모금 중 일경과 교전하다.(국편) 5.11. 大韓統義府 決死隊 4명이 평북 安洲面에서 군자금을 모금하다./ 碧潼郡에서 무장 독립단이 군자금 모금 활동을 하다.(국편) 5.13. 평북 江界郡 漁雷面에 무장 독립단 7명이 출현하다. 5.15. 백남훈·백관수·김준영·안재홍 등이 조선사정연구회를 결성하다. 5.16. <측후소 규정>을 공포하고, 측후소를 도지방비 예산으로 운영하다. 5.17. '匪賊' 4명이 평북 博川에 침입하여 일경과 접전 후 전멸하다.(국편) 5.18. 大韓統義府員 30여 명이 평북 寧邊 일대에서 활동 중 李成術·安成載 등 2명이 피검되다.(국편)/ 강매·김진호가 국어문법서 『잘 뽑은 조선말과 글의 본』을 간행하고 배재학당 교재로 사용하다. 5.20. 무장 독립단 6명이 楚山郡 東面에서 일경과 교전하다.(국편) 5.23. 독립운동단체의 서대문형무소 폭파계획을 보도한 《朝鮮日報》·《時代日報》가 압수당하다.(국편) 5.24. '匪賊' 15명이 평북 楚山郡 松面에서 일경과 접전하여 1명이 사망하다.(국편) 5.27. 무장 독립단 6명이 평북 義州郡 古館面에 출현하다./ 경찰이 義烈團員 李在淳·李東植의 일본주재 각국공사 암살계획 기사와 관련하여 《朝鮮日報》를 압수하다.(국편) 5.28. <국세조사시행령>을 공포하여 근대적 의미의 첫 인구센서스를 시행하다.(10.1 시행)/ 무장 독립단 30여 명이 평북 楚山郡 板面에 출현하여 전화선을 절단하고 면사무소·경찰관주재소·新義州 材木伐採所를 습격·방화하고 경찰 3명을 사살하다.(국편) 5.29. 경찰이 학교에서의 일본어 사용 강제 정책을 비난한 《朝鮮日報》를 차압하다.(국편) 5.30. 총독부가 아편전매제를 폐지하다. 5.31. 조선소년연합운동협의회가 대표위원으로 方定煥 등을 선출하다./ 平北 楚山署員 10명이 松面에서 '匪賊' 10명과 접전하다./ 總督府가 미곡 증산을 위해 萬頃江 개수공사에 착수하다.(국편) 5.-. 보성전문학교 기관지 《普成》을 창간하다. 6.1. 무장 독립군 10여 명이 평북 熙川郡 西南方에서 일경과 교전하다./ '不穩內容'의 《幼年主日學校通信》을 출판한 平壤 箕林里 예수교청년회원 石永德 외 13명이 피검되다.(국편)

일본

6.5. 무장 독립군 6명이 楚山郡 古面 大水洞에서 친일파 李學律을 총살하다./ 평북 雲山郡 委延面에서 '匪賊' 4명과 寧邊署員 18명이 접전하다.(국편)

6.6. 무장 독립군 7명이 楚山署 경찰관과 교전하여 2명이 전사하다.(국편)/〈조선사편수회 관제〉를 공포하고 조선사편수회를 조선총독부 직할 '독립관청'으로 승격하다./ 平北 楚山署員이 同郡 豊面 龍興洞에 은신한 독립군을 습격하다.

6.7. 平北 義州警察署 순사 朴昌實이 양민을 권총으로 사살하다.(국편)

6.10. 김진태·정낙현·이내복이 서울 창성동에서 시대소년사를 창립하고, 8월 5일 월간《시대소년》을 창간하다./ 무장 독립군 4명이 碧潼郡 東上面에서 일경과 교전하여 2명이 전사하다./ 경찰이 '正義府 義勇軍 第1別動隊員 80명이 在滿 일제 통치기관의 파괴를 기도한다'는 기사와 관련해《朝鮮日報》를 압수하다.(국편)

6.12. 무장 독립군 4명이 龜城郡 信音洞 信音金鑛事務所를 습격·방화하다.(국편)

6.13. 大韓統義府員 4명이 평북 龜城郡 沙器面에서 군자금을 모금하다.(국편)

6.14. '朝鮮總督破壞團長' 大韓統義府員 康聖利가 피검되다./ 무장 독립군 6명이 평북 龜城郡 方峴面 鉢山洞에서 일경과 접전하여 1명이 전사하고 1명이 피체되다./ 경찰이 평북 龜城郡 方峴面에서 '匪賊' 6명과 접전하여 1명을 사살하고 1명을 체포하다.(국편)

6.16. 平北 江界에서 '匪賊' 2명과 江界署員 8명이 접전하다.(국편)/《朝鮮日報》사가 제1회 전조선중등학교야구연맹전을 개최하다(중앙고보 우승, ~7.4)

6.18. 무장 독립군 2명이 江原道 襄陽에서 군자금 모금 중 피체되다.(국편)

6.19. 무장 독립군 25명이 平北 江界郡 豊龍里에서 일경에 폭탄을 투척하며 교전하여 2명이 전사하다.(국편)

6.21. 체신국에서 매주 4회 정기 라디오 방송을 개시하다.

6.22. 多勿團員 徐東日이 淸島를 경유하여 慶山郡 慈仁面에서 군자금을 모금하다 피체되다.(국편)

6.29. 무장 독립단 4명이 평북 德川郡 德川面에서 군자금 모금 활동을 하다.(국편)

6.-. 조선불교회가 회귀본 학계에 공개할 목적으로 조선불서간행회를 설치하다.(회장 이능화)

7.1. 조선인변호사협회가 조선인·일본인 차별 대우 철폐를 결의하다./ 신흥우·송진우·서재필이 태평양연안기독교청년회 주최 '태평양문제협의회'에 참가하다.

7.2. 조선총독부 경무국이 국경 일대 독립단 단속을 목적으로 騎兵銃 40정을 매입하다.

7.4. 正義府 李振武·金光振·洪學淳·吳東洛·金仁玉·金學奎·李昌萬 등이 평북 鐵山郡 내 양조장에서 군자금을 수령하고 경찰 주재소를 습격하여 일경 4명을 사살하고 大韓統義府義勇隊 발행 선언서를 배포하다.(국편)

7.5. 박부양·김종만이 '빠스켓볼협회'(현 대한농구협회)를 창립하다./ 평북 碧潼郡 太平面에서 '匪賊' 6명과 碧潼署員 3명이 접전하여 순사 2명이 부상하다./ 독립군이 평북 雲山郡 東新面事務所에 방화하다.(국편)

7.6. 독립군 7명이 義州郡 月華面에서 일경과 교전하다.(국편)

7.7. 대한민국임시정부 大統領 朴殷植이 辭任하다./ 正義府別動隊員 李振武 등 7명이 평북 義州郡 月華面 朱哥谷에서 日警과 교전하다.(국편)/ 임시정부 임시대통령 박은식이 사임하고 국무령에 이상룡을 선출하다.

7.8. 무장독립단 3명이 평북 德川에 은신 중 일경에 피체되다.(국편)

7.11. 독립단 4명이 평북 雲山郡 委延面에서 군자금 모금 중 일경과 교전하다.(국편)

7.15. 서울 집중호우(753mm)로 용산·뚝섬 일대가 침수되는 을축대홍수가 발생하여 670명이 사망하다.(~7.19)/〈영화 필름 검열규칙〉을 공포하다.

7.16. 독립군 2명이 慈城郡 閭延面 中上洞에 출현하여 주민 1명을 납치하다.(국편)

7.18. 무장단 4명이 평북 寧邊郡 鳳山面 望日洞에서 군자금 모금 활동을 하다.(국편)

7.25. 무장 독립단 20명이 평북 渭原郡 渭松面에서 일경과 교전하여 1명을 사살하다.(국편)

7.28. 무장단 30명이 평북 渭原郡 大德面에서 밀정 4명을 총살하다.(국편)

7.30. '匪賊' 11명이 평북 熙川郡 西面에 침입하여 주민 1명을 사살하다./ 國際共産靑年會가 조선여자 운동비조로 150원을 朴憲永에게 전달하다.(국편)

7.31. 권총을 소지한 독립군 7명이 평북 鐵山에 출현하다./ 서울 連池洞 洪翼杓家에서 군자금 모금 활동 중이던 金鎭玉이 일경에 피체되고, 李光鎭은 잠적하다.(국편)

8.1.《開闢》8월호가 압수와 동시에 발행 정지당하다.

8.3. 한강인도교 공사장 인부 1,000여 명이 일본인 감독의 폭행에 항의하며 토목출장소를 습격하다.

8.6. 正義府武裝團員 7명이 평북 碧潼 對岸에서 중국 경찰과 교전하다.(국편)

8.8. 김춘강·안종화가 대구에서 민족극단·영화·연극단체인 '무대협회'를 조직하다./ 무장독립군 7명이 평북 江界에서 협박문과 선전문을 산포한 후 잠적하다.(국편)

8.9. 경북 예천에서 농민 500여 명이 형평운동에 반대하며 예천 형평분사를 습격하다.

8.10. 이은식 등이 종로중앙청년회관에서 경성노동연맹(일월회계)을 결성하다./ 무장 독립단 5명이 평북 泰川郡 東面 古岩洞 등지에서 군자금 430圓을 모금하다.(국편)

8.12. 曺奉岩이 코민테른 極東局에 朝鮮共産黨 성립을 보고하다./ '匪賊' 14명이 평북 渭原郡 大德面에서 경찰과 충돌하여 1명이 사망하다.(국편)

연도	한국
▲ 1925	8.13. 大韓統義府 第5中隊 軍資金募集專門別動隊 參議 金尙昊 등 60명이 국내 武裝團과의 교대를 위해 이동 중 龍海産 馬賊隊의 습격으로 32명이 사망하고 26명이 부상하다.(국편) 8.14. 조선총독부가 한국소를 일본으로 약탈 수송하기 위해「畜牛日本輸入에 關한 件」을 공포하다.(조선총독부령 제78호)/ '匪賊' 3명이 평북 寧邊郡 南松面에서 前職 순사 1명을 사살하다.(국편) 8.16. 무장 독립단 7명이 江界郡 外貴面 興利洞에서 일경과 교전하다.(국편) 8.17. 二重橋爆破事件 관련 金祉燮이 담당 검사에게 '死刑希望書'를 제출하고 국내 監獄으로의 移監을 요구하다./ 무장 독립군 6명이 평북 雲山郡 北鎭面 三山洞에서 군자금 모금 활동 중 區長 등 2명을 납치하다.(국편) 8.19. 무장독립단 6명이 평북 雲山郡 北鎭面 三山洞에서 일경 수색대와 교전하다./ 京城府 警察部長이 北風會·火曜會·革淸團·新興靑年同盟·革靑團·無産靑年同盟·勞動黨·京城靑年會·勞動總同盟 등의 대표자들을 소환하여 治安維持法 적용을 경고하다.(국편) 8.21. 조선상업은행이 평양대동은행을 합병하다. 8.23. 박영희·김기진·이호·조명희가 조선프롤레타리아예술가동맹(KAPF)을 결성하다.(1935)/ 한용운이 내설악 백담사에서『님의 침묵』을 탈고하고, 1926년에 회동서관에서 간행하다. 8.27. 무장 독립군 5명이 江界郡 立館面 天山洞에서 밀정 崔元泰의 養子를 사살하다.(국편) 8.28. '匪賊' 5명이 평북 朔州郡 兩山面에 침입하여 주민 1명을 사살하고 2명에게 중상을 입히며 민가 2호에 방화하다.(국편) 8.29. 경찰이 韓日合邦紀念日 거사를 위한 義烈團·統義府·共産黨 남녀 특파원의 국내 잠입설로 비상경계에 돌입하다.(국편) 8.30. 무장독립단 10명이 朔州郡 陽山面 주재소를 습격·방화하다. 8.31. 3.1운동 당시 '독립선언서'를 인쇄한 이종일이 사망하다.(1858~1925)/ 전남 무안군 비금도·도초도·안좌도·암태도 농민들이 연합 소작쟁의를 전개하다./ '匪賊' 1명이 평북 雲山郡 東新面에 침입하여 주민 1명을 사살하다.(국편) 8.-. 평북 선천경찰서에 폭탄을 던진 박승호(1877~1925) 목사가 신의주 감옥에서 옥사하다. 9.1. 평북 豊登出張所 경찰 2명이 碧潼郡 松西面에서 '匪賊' 3명과 교전하여 1명이 사망하다./ 高麗共産黨員 鄭在達·李載馥 피고 공판이 개정되어 최초로 治安維持法이 적용되다.(국편) 9.5. 무장 독립단 3명이 평북 碧潼에서 일경과 교전하다./ 무장 독립단 활동을 보도한《時代日報》가 차압되다.(국편) 9.8.《朝鮮日報》가「朝鮮과 露西亞의 정치적 관계」라는 사설로 제3차 무기정간처분을 당하다. 9.11. 무장독립단 9명이 평북 楚山郡 東面에서 군자금을 모금하다.(국편) 9.12. 鄭在達·李載馥 등이 공산당 사건 판결에서 최초로 〈치안유지법〉 적용을 받아 각각 징역 3년을 언도받다. 9.14. 대한성공회 조마가 주교가 정동 수녀원(현 성가수녀원)을 설립하고 마라아 클라라 수녀를 신모로 임명하다. 9.15. 백남운·백남훈·안재홍이 명월관에서 조선사정연구회를 조직하고 조선사정·현상에 대한 학술적 조사를 실시하다. 9.18. '빠스켓볼협회' 주최로 제일고등여학교 코트에서 제1회 조선농구대회를 개최하다. 9.20. 조선노동당이 분열되다./ 무장독립단 5명이 평북 江界郡 漁雷面에서 군자금을 모금하다./ 東京 韓人 12개 단체가 주최한 關東震災被害同胞紀念追悼會를 경찰이 금지하고 3명을 구속하다.(국편) 9.23. 독립군 2명이 평북 楚山郡 楚山面 6개처에서 군자금을 모금하다.(국편) 9.25. 正義府員 李振武·金成淑·鄭相祚·許大涉 등 4명이 평북 龜城郡에서 순사 1명을 사살하다.(국편) 9.26. 경찰이 평북 江界郡 化東面에서 '匪賊' 1명을 체포하다.(국편) 9.27. 사회주의 학생단체 조선학생과학연구회(화요회계)가 조직되어 사회과학 보급과 사상 통일을 도모하다. 9.29. 독립군 2명이 평북 定州郡 西面 西湖洞에서 군자금 모금 활동을 하다.(국편)/ 농촌계몽을 목적으로 朝鮮農民社를 조직하다. 9.30. 남만주철도회사가 경성역을 준공하다.(연면적 6,836㎡, 도쿄역 1/4 크기) 9.-. 나도향 단편소설『물레방아』가《조선문단》에 발표되다./ 서광훈·방인영이 서울 운니동에서 영화 월간잡지《時潮》를 창간하다. 10.1. 김원벽 등이 문학연구사·소년주보사를 설립하고《소년주보》를 창간하다.(정가 5전)/ 總督府가 簡易國勢調査를 실시하다./ 무장 독립군 3명이 평북 定州郡 玉泉面에서 군자금 모금 활동을 하다.(국편) 10.3. 일본 순사 2명을 사살한 李泰華가 平壤 감옥에서 사형을 집행받다.(국편)/ 평양 선교리에서 일본 경찰을 사살한 이태화가 평양형무소에서 사형당하여 순국하다. 10.4. 천도교청년당 김준연·김현철·유광렬이 조선농민의 교양과 훈련을 목적으로 조선농민사를 창립하다./ 독립단 5명이 楚山郡 西面 萬戶洞에서 일경과 교전하다. 10.5. 경성운동장이 준공되다. 10.6. 무장 독립군 3명이 龜城郡 梨峴面 平洞에서 일경과 교전하다.(국편)
1926 ▼	【한국】 1.1. 독립군 2명이 新義州稅關 고용원 許鶴을 권총으로 사살한 후 도피하다./ 독립군 2명이 평북 熙川郡에서 일경과 교전하여 1명이 전사하다.(국편) 1.2. 프로문학 경향지인 카프의 준 기관지《문예운동》이 창간되다.(1926년 6월 창간, 3호로 종간)

일본

10.7. 평북 碧潼署員이 독립군 1명을 연행 중 사살하다.(국편)

10.10. 무장 독립군 4명이 평북 泰川에서 군자금을 모금하다.

10.13. 무장 독립단이 평북 熙川·江界·龜城郡 일대에서 군자금 모금 활동을 하다.(국편)

10.15. 총독부가 排日記者 17명의 해임을 조건으로《朝鮮日報》의 정간을 해제하다./ 서울 남산에 朝鮮神宮이 완공되어 鎭座祭를 거행하다.(국편)./ 경성운동장이 개장되어 육상경기를 개최하다./《朝鮮日報》의 정간 해제와 집단 해고 사건이 일어나다.

10.18. 무장독립단 孫用俊 외 7명이 평북 江界郡 外貴面에서 일경과 교전하다.(국편)

10.22. 徐範錫·金炯元 등 해직기자 10명이《朝鮮日報》사주에게 항의하고 해직 顚末을《東亞日報》에 광고하다.(국편)

10.24. 都草島 소작인 대표 6명이 광주 檢事局·警察署를 방문하여 구속간부 석방을 탄원하다./ 평북 江界郡 史西駐在所 경찰 4명이 '匪賊' 3명과 접전하여 1명을 사살하다.(국편)

10.25. 무장 독립군 5명이 평북 楚山에서 일경과 교전하다./ 경찰이 漢陽靑年聯盟 주최 反基督敎大講演會 및 사회운동단체들의 집회를 금지하다./ 경찰이 務安郡 都草島 小作爭議 진상조사단의 입도를 금지하다.(국편)

10.27.《朝鮮日報》해직기자들이 朝鮮日報事件 顚末報告會를 개최하다./ 무장 독립단원 3명이 평북 江界郡 松下洞에서 일경과 교전하여 1명이 전사하다.(국편)

10.30. 청진상업회의소 설립 인가가 나다.

10.-. 대구운수노동자 700여 명이 임금 인상을 요구하며 파업하다./ 총독부, 부산에서 일본도항제한 조치를 취하다.

11.1. 사설철도 안성선(천안-안성)이 영업을 개시하다.

11.2. 독립군 2명이 평북 慈城郡 三興面에서 일경과 교전 중 전사하다.(국편)

11.9. 독립군 2명이 평북 泰川郡 南面에서, 무장단 7명이 江界郡 漁雷面에서 각각 군자금을 모금하다.(국편)

11.13. 독립군 5명이 평북 楚山郡 西面에서 경찰과 충돌하다./ 正義府員 1명이 평남 江西郡 洪泰善家에서 군자금 37원을 强徵하다./ 경찰이 서울에서 개최 예정이던 朴殷植 추도회를 금지하다.(국편)

11.16. 서울-봉천 전화가 개통되다.

11.17. 강직구·길윤기 등이 서울학생구락부(북풍회)를 창립하고 사회과학 연구를 도모하다.

11.22. 부산인쇄공장 직공 200여 명이 임금 인상과 대우 문제로 파업하다./ 제1차 조선공산당 사건이 발생하여 책임비서 김재봉 이하 30여 명이 피체되다./ 新義州의 신만청년회원 20여 명이 酒席에서 日人과 어울리던 변호사 朴有植을 구타하여 신의주 사건이 발생하다.(국편)

11.23. 강신술·이진기 등이 경성학생연맹(서울파)을 창립하다.

11.25. 경찰이 신의주 사건으로 조선공산당 조직 비밀을 탐지하다.

11.26. 전남 나주에서 동양척식주식회사 소작인 1만여 명이 일본 경찰과 충돌하다./ 독립단 卓周憲이 평북 定州郡 阿耳浦面에서 일경과 격투 후 잠적하다.(국편)

11.27. 경성학생연맹이 창립되다.

11.28. 유억겸·이상재·윤치호가 태평양 문제 집중 연구를 위해 '태평양문제연구회'를 조직하다.

11.-. 방태영·조일제·조증환 등이 계림영화협회를 창립하였으나, '먼동이 틀 때'(1927) 흥행 실패로 폐쇄되다.

12.3. 무장 독립군 5명이 평북 熙川郡 東面에서 일경과 교전하여 1명이 전사하다.(국편)

12.7. 全南 順天 梅山學校 학생들이 미국인 교장을 배척하며 동맹휴학을 벌이다.(국편)/ 목포자유노동조합이 노동 임금과 하륙임금 문제로 동맹 파업하다.

12.8. 독립군 3명이 평북 雲山郡 束新面에서 경찰 6명과 충돌하다.(국편)

12.9. 서울청년 김병일·김진택·이철호 등이 서울 견지동에서 조선무산청년단을 창립하다.

12.11. 무장 독립단 2명이 함남 新興郡 下元川面에서 군자금 200圓을 모금하다.(국편)

12.13. 부산인쇄직공청년회가 결성되다./ 천도교청년당 주축 조선농민사가《조선농민》을 창간하다.(발행인 이돈화, ~1930.1)

12.15. 일제가 在滿 일본인 보호를 구실로 龍山駐屯 조선군 및 헌병을 출동시키다.

12.16. 李榮九가 李完用 암살을 기도하였으나 실패하다./ 김석진·조훈석·권태휘·이승원이 서적 판매 및 인쇄업을 목적으로 革淸社를 창립하다.

12.20. 독립군 6명이 평북 熙川郡 長洞面에서 熙川署員 27명과 충돌하다./ 독립단원 金在禹가 平壤에서 군자금 모금 중 피검되다.(국편)

12.21. 김사국·이영(서울파) 등이 춘경원에서 공산당을 조직하다.

12.22. 參議府 混成爆破隊長 韓權能 외 24명이 평북 江界郡 魚當面에 은거 중 피검되다.(국편)

12.31. 舊韓國貨幣 교환이 마감되다./ 독립단원 2명이 평남 大同郡 金祭面에서 군자금을 모금하다.(국편)

12.-. 변기종 등 10여 명이 신파 연극단 '민립극단'을 조직하다./ 강달영·권오설 등이 제2차 조선공산당을 조직하다.(책임비서 강달영)

【일본·해외】

1.2. 在日朝鮮人이 三重縣 木本町에서 극장입장건으로 조선인노동자 2명 학살되다.

1.10. 임시정부 나창헌·아유필·강창제 등이 일제 시설파괴, 밀정주살을 목적으로 상해에서 병인의용대를 창립하다. (국편).

1.16. 일본 오사카에서 한인 아나키스트 新進會를 조직하고 기관지《희소식》을 발행하다./ 김봉룡·전성규의 작품 2점(화병·담배설합)이 파

연도	한국
▲ 1926 ▼	1.3. 독립군이 平北 新川稅關出張所를 습격하여 방화하다./ 임송흠·현애라 등이 조선노동당회관에서 사회주의 성향의 프로여성동맹을 창립하다./ 윤문열 등이 서울에 무정부주의 '虛無黨' 선언문을 살포하고 방화·총살·폭파 등을 획책하다.(국편) 1.5. 독립군 2명이 평북 宣川郡 山面에서 면장을 납치하다.(국편) 1.6. 正義府 소속 總管所檢務員 車道賢과 車善學·康明善 등이 平南 大同郡에서 군자금 모금 중 피검되다.(국편) 1.7. 朝鮮總督府가 경복궁 안 신청사로 이전하고 산미증식계획을 변경하여 실시하다. 1.10. 국내 첫 신문 연재만화인 《조선일보》의 〈멍텅구리 헛물켜기〉가 조선극장에서 개봉되다./ 경찰이 평북 楚山에서 '匪賊' 3명과 접전하여 전원을 사살하고 권총 4정을 압수하며 순사 1명이 부상하다. 1.12. 독립군 2명이 평북 泰川郡에서 일경과 충돌하여 1명이 전사하고 1명이 피체되다.(국편) 1.13. 總督府 토목부 沙里院 출장소가 載寧江 개수공사 인부 600여 명을 무단 해고하다.(국편) 1.14. 大韓統義府員 宋基松이 金海에서 군자금 모금 중 피체되다. 1.15. 平壤 兵器製造所 직공들이 비밀결사 一心會를 조직하다. 1.23. 독립군 10명이 結氷된 압록강을 渡河하여 입국 중 日警과 교전하여 1명이 전사하다. 1.25. 〈조선산업조합령〉을 공포하여 지주 조직을 일원화하고 제도적 지원 체계를 수립하다./ 〈조선산업조합령〉 공포로 생산자 조합의 농가 현금 수입원을 확보하다.(1926.3.1. 시행).(국편) 1.26. 평양고등보통학교에서 일본인 교사를 배척하며 맹휴에 돌입하다.(~3.17)/ 독립군 5명이 평북 碧潼郡 松西面에서 日警과 교전 후 잠적하다./ 경찰이 開城 松都靑年會 주최 新春學術大講演會와 사회운동자 신년 간친회를 금지하다.(국편) 1.30. 倡義團員 8명이 독립군과 연락하여 자금 모금 중 피체되다. 1.-. 전남 務安郡 慈恩面에서 소작인 3천여 명이 餓死에 직면하다. 2.1. 독립군 6명이 평북 渭原郡 西泰面 新川洞에서 군자금을 모금하다.(국편) 2.2. 독립단 지기홍 등 15명이 단동 임강 대구에서 중국 경찰의 습격을 받아 5명이 전사하다. 2.6. 獨立團系 金一山이 서울에 폭탄을 반입하던 중 피체되다.(국편) 2.8. 參議府 許雲基 휘하 3명이 평북 慈恩郡 長上面에서 군자금을 모금하다.(국편) 2.9. 독립군 3명이 평북 義州郡 威化面에서 군자금 170여 원을 모금하다.(국편) 2.11. 친일파 李完用(1858~1926)이 사망하다. 2.12. 황해도 松禾郡 주민들이 일본인 巡査部長의 사냥 중 주민 피살에 격분하여 주재소를 습격하다./ 參議府 許雲起 부하 6명이 군자금 모금 중 慈城郡 長土面에서 경찰과 교전하여 1명이 전사하다./ 독립군 6명이 평북 자성경찰서 호하주재소 경찰 5명과 교전하여 1명이 전사하고 1명이 부상당하다.(국편) 2.14. 京城電氣會社 폭리 규탄 서울시민대회를 개최하다./ 독립군 3명이 평북 義州郡 威化面에서 군자금 65원을 모금한 후 잠적하다.(국편) 2.18. 독립군 2명이 평북 慈城에서 경찰과 충돌하여 1명이 전사하다./ 碧昌 義勇團長 楊承雨(1891~1926)가 平壤 형무소에서 사형 집행을 당하다.(국편) 2.19. 윤치호 등이 중앙기독교청년회관에서 '免囚救護會'를 조직하다. 2.20. 함남 三水警察署가 만취하여 한국인을 사살한 일본인 경찰을 무죄 처리하다.(국편) 2.21. 서울에서 경성전기회사의 전기세 인상(15전→85전)에 반대하는 폭리반대 시민대회를 개최하다. 2.24. 극단 '토월회'가 제56회 도쿄 마지막 공연을 마친 후 해산하다.(1922.5 창단, 백조회 발족)/ 독립군 3명이 평북 義州郡 枇峴面에서 군자금을 모금하다.(국편) 2.26. 〈사범학교 규정〉을 공포하고, 사범학교에 보통과와 연습과를 설치하다. 2.27. 〈조선도량형령〉을 공포하고 미터법을 적용하다./ 조선사회단체 중앙협의회를 창립하고 청년·노동·농민·여성·형평 등 사회운동의 이론과 정책을 수립하다. 3.5. 독립군 3명이 평북 義州郡 加山面에서 군자금을 모금하다.(국편) 3.6. 《동아일보》가 모스크바 국제농민조합 3·1절 기념축전 기사 게재로 제2차 무기정간을 당하다.(4.19 해제) 3.8. 鍾路警察署가 京城少年聯盟 발기총회를 금지하다./ 독립군 4~5명이 평북 義州郡 威化面 上端洞에서 군자금을 모금하다.(국편) 3.9. 독립군 8명이 평북 渭原郡 西泰面에서 일경과 접전하다. 3.11. 독립군 3명이 평북 慈城郡 間延面에서 군자금을 모금한 후 日警과 접전하여 1명이 전사하다.(국편) 3.16. 대한민국임시정부 요원 嚴泰燮이 元山 형무소 복역 중 간수 黃鍾律의 도움으로 탈옥하다.(국편) 3.22. 인천에서 10개 정미공장 직공 3,000여 명이 임금과 대우 문제로 총파업하다. 3.24. 독립군 8명이 평북 慈城郡 慈城面 花田洞에서 군자금을 모금하다.(국편) 3.30. 서울시내 전차 노선(광화문~조선총독부 구간)이 복선화되다./ 〈제철업장려법〉을 공포하다. 4.1. 천도교 신인간사가 월간지 《신인간》을 창간하다.(1945.1 폐간, 해방 후 복간)/ 경성제국대학이 법문학부·의학부를 개설하고 5월 1일부터 정식 교육을 실시하다./ 조선총독부가 제2차 산미증식계획을 공포하고, 12개년간 약 820만 석 증

일본

리 만국박람회에서 입상하다.

1.22. 독립운동가 전 국무총리 노백린(1875~1926)이 상해에서 사망하다.

1.25. 간도 용정에서 박재하 등이 11개연맹·102개 세포단체·5천여 명의 동만청년동맹을 창립하다.

1.30. 제1차 若槻내각이 성립하다.

2.2. 安恭根, 上海 韓人僑民團長에 被選.

2.13. 남염우·강수성 등이 재일본 한인 동포 50여 명과 함께 '동경조선노동조합'을 창립하다.

2.18. 임정 국무령 李相龍 사임하고 후임에 양기탁을 선출했으나 자퇴하다.

2.26. 박열·金子文子의 특별공판을 동경대심원에서 개정하다.(3.25 사형 선고)

2.-. 여운형이 상해주의자동맹을 조직하고, 무산운동과 민족운동의 연합 촉성을 결의하다.

3.1. 在日本朝鮮勞動總同盟 關西聯合會 창립 / 경찰, 東京유학생 學友會 주최 3·1기념회를 해산, 주동자 金學述 등 20여명을 검거하다. (국편)

3.9. 일본 大阪에서 韓人과 日人이 충돌하다.

3.13. 參議府 제1중대 본부에 중국군이 침입하여 독립군 2명이 전사하다.(국편)

3.20. 일본 오사카 한인 아나키스트 청년들이 잡지 《自我聲》(CHIGASEI)을 창간하다.

4.5. 국내·만주·노령의 혁신파 대표가 길림성에서 정의부를 기반으로 고려혁명당 조직하다.

4.6. 만주 영고탑에 조산공산당 만주부를 설치하다.

4.12. 正義府員 鄭龍德 외 6명이 長春縣 三道溝에서 日警에 피체되다.(국편)

4.25. 東京大審院, 朴烈에 사형선고하다.

5.16. 화요파가 동지철도 일면파에 조선공산당 만주총국(책임비서 조봉암)을 설치하다.

5.-. 신민부 군사위원장 김좌진이 만주로 수송하던 조선총독부 공금 6천 원을 탈취하다.

6.12. 임시정부가 상해에서 廣東으로 이전을 결의했으나, 이행하지 못하다.

6.21. 제2차 朝鮮共産黨 사건으로 조선노동총동맹 위원장 李準泰 등 15명이 피검되다.

6.26. 여운형이 중국 광동에서 한인혁명군을 조직하고, 중국 국민당 북벌군에 가담하고, 만주에서 모병하다.

7.7. 홍진을 임시정부 국무령에 선출(1926.12.)하여 혼란한 임시정부를 수습하도록 하다.

7.20. 중국 吉林省 北滿朝鮮人靑年總同盟 常務執行委員會, 친일단체 相愛會 박멸을 결의하다.(국편)

9.1. 임정이 〈국무회의규정〉을 공포하다./正義府員 金昌林·徐尙眞·金龍活·沈永俊, 通化縣 決當帽子 相助契長 친일파 申漢哲家를 습격, 일가족 사살후 중국 保甲隊에 被逮하다.(국편)

9.13. 長春警察署, 吉林省 지방 의무금을 正義府 군자금으로 제공한 尹河鎭을 체포, 新義州警察署로 압송하다.(국편)

9.15. 丙寅義勇隊員 羅昌憲형제가 중국인을 시켜 上海 日本總領事館 폭파기도 실패, 동생 東憲 晶憲과 함께 피체하다.

9.19. 임시의정원 의장에 송병조, 부의장에 최석순을 선출하다.

9.27. 대한민국임시정부 國務領 洪鎭이 임시정부 시정방침 3대강령을 발표하다.

9.28. 일본경찰, 東京韓人大學生團 주최 關東震災被害同胞追悼會를 금지하고, 학생 7명을 검거하다.

10.16. 안창호·원세훈 등이 베이징에서 한국독립유일당 북경촉성회를 결성하다.

10.24. 正義府 제3회 中央議會를 개최하고, 의장 金履大·부의장 朴範祚를 선출하다./軍司令部를 설치하고 사령관에 吳東振을 선임하다.(국편)

10.28. 한국독립유일당 북경촉성회가 대독립당조직 북경촉성회로 개칭하고, 〈일제 박멸선언서〉를 발표하다.

11.1. 도쿄에서 日月會·朝鮮無産靑年同盟會·新興科學研究會를 결성하고, 유학생 운동 타개책을 강구하다.

11.15. 鄭祐熙가 〈정우회 선언〉을 발표하고, 비타협주의의 부르조아 민족주의 세력과 제휴하다.

11.17. 新民府가 北滿洲 東濱縣에서 民生會를 창립하고, 在北滿 同胞의 생활개선을 추구하다.

11.21. 陸軍駐滿參議府員 金聖九 외 11명이 중국 保甲隊員과 교전하여 方秉燦(1891~1926)이 전사하다.

12.6. 安光泉·金俊淵·韓偉健 등이 朝鮮共産黨을 재조직(소위 ML당)하다.

12.7. 在滿 각 단체 대표 梁起鐸 등이 吉林에서 朝鮮愛國者後援會를 창립하다.

12.10. 金九가 上海 임시정부 國務領에 취임하다.(1927.3)

12.25. 大正天皇(1912~1926)이 사망하고, 裕仁天皇이 즉위하여 昭和로 개원하다.

12.28. 羅錫疇가 京城 殖産銀行·東洋拓殖會社에 投彈 후 日警과 교전 중 自決하다.

12.-. 중국 延吉縣에서 非歸化 韓人에게도 土地所有權을 인정하다.

산계획을 발표하다./《東亞日報》筆禍事件으로 宋鎭禹에게 징역 8개월, 金鐵中에게 금고 4월이 언도되다.(국편)

4.5. 〈조선특별연고삼림양여령〉을 공포하여 국유임야 연고자에게 양여하다./ 박열이 사형에서 무기징역으로 감형되다.

4.7. 무장단원 韓用尙이 함남 咸興郡 雲田에서 日警 7명과 접전 후 잠적하다.(국편)

4.8. 正義府員 朴齊査·金丁涉이 평남 孟山郡에서 군자금을 모금하던 중 피체되다./ 한국인 청년 3명이 上海 日本總領事館에 폭탄을 투척하고 佛租界로 피신하다.

연도	한국
▲ 1926 ▼	4.9. 〈노동쟁의조정법〉·〈치안유지법〉을 개정 공포하다. 4.11. 조선사회단체 중앙협의회가 창립준비위원회를 개최하다. 4.13. 參議府員 朴濟權·金于涉이 咸興에서 군자금 모금 중 피체되다.(국편) 4.14. 화요회·북풍회·무산자동맹회가 조선노동계 '정우회'로 통합하고, 11월 15일에 〈정우회 선언〉을 발표하다. 4.15. 병인의용대 장진원·김광선·최병선 등이 상해 일본영사관 폭탄 투척을 시도하였으나 실패하고, 5월 15일에 피체되다. 4.16. 參議府 소대장 金錫弘 외 3명이 중국 관헌과 격전하여 1명이 전사하다.(국편) 4.17. 鏡城郡 관내 부호에게 군자금을 모금하던 독립군 2명이 피체되다. 4.19. 장충단선 전차 노선을 완공하고 4월 21일 시운전을 실시하다(동대문—을지로6가—장충단).(국편)/ 조선총독부 경무국이 각 언론사 대표를 초치하여 반일 논조 금지를 요구하다./《東亞日報》가 44일 만에 정간 해제되다.(국편) 4.20. 경성제사 공장에서 여성노동자 600여 명이 파업하다. 4.22. 김홍남·박적광이 와룡동 돈화청년회관에서 학우청년동맹을 창립하다.(1929년 3월 중앙청년동맹으로 개칭) 4.25. 조선 제27대 임금 순종(1874~1926)이 창덕궁 홍복전에서 승하하여 남양주 유릉에 안장되다./ 鍾路警察署가 勞總·正友會·靑總 대표에게 '메이데이' 집회 금지를 통고하다./ 公州地方法원이 무산대중 비밀결사 赤血決死隊 사건을 공판 개정하다.(국편) 4.26. 평양에서 '조선예수교종교교육연구회'를 창립하고 주일학교의 토착화 운동을 본격화하다. 4.27. 純宗 葬儀警備司令部를 설치하다./ 日本 宮內省이 王世子 李垠의 왕위계승을 발표하다./ 故 大勳位 李王의 國葬件이 공포되다.(국편) 4.28. 송학선이 창덕궁 금호문 앞에서 국수회 지회장 사토를 총독 사이토로 오인하고 저격하다. 4.29. 新民府 보안대장 朱山·李守白·金學根 등이 海林勸農會 사무소를 기습하여 5천 원을 탈취하다.(국편) 4.-. 조선총독부가 사립 고등보통학교에도 수신·일어·지리·역사 과목에 일본인 교사 채용을 지시하다. 5.7. 〈도량형기 및 계량기 구조 규칙〉을 개정 공포하여 시행하다./《朝鮮日報》筆禍事件 공소심에서 金東成에게 징역 4월 집행유예 2년, 金炯元에게 금고 3월을 각각 언도하다.(국편) 5.12. 독립군 3명이 황해도 海州 流東面에서 경찰과 충돌하여 1명이 자살하고 2명이 피체되다.(국편) 5.13. 조선박람회를 개최하다.(산업관·가정관·교육관·만몽관·체신관·연예참고관·일본관 등) 5.14. 碧昌義勇團員 金泰源에게 사형이 선고되다.(국편) 5.16. 오적암살단장 이우영이 대구형무소에서 8년 만에 출옥하여 중국으로 망명하다. 5.20. 마산노동회가 기관지《첫소리》를 손으로 쓴 벽보 형태의 신문으로 창간하다./ 주요한이 수양동우회 기관지 종합잡지《동광》을 창간하다./ 한용운이『님의 침묵』을 회동서관에서 간행하다.(설악산 백담사 오세암에서 원고 완성) 5.25. 조선공산당이 6·10만세 격고문「이천만 동포여! 원수를 구축하라」를 5만 2천 매 인쇄하다./ 慶北警察部가 군자금 모금 혐의로 儒林 50여 명을 검속하고, 그 중 14명을 大邱地檢에 송치하다.(국편) 5.29. 독립군 6명이 평북 楚山郡 南面에서 군자금을 모금하던 중 주민 1명이 부상당하다.(국편)/ 강신철·유기동 등이 조선에스페란토연구회를 발회하고 에스페란토를 중립적 국제공용 보조어로 사용할 것을 제창하다.(국편) 5.-. 선교사 부츠(Boots)와 피아니스트 박경호가 최초의 관현악단 중앙악우회를 조직하다./ 조선경제협회가 월간《공존공영》을 창간하다(1928.11《금융조합》으로 개칭) 6.1. 丙寅義勇隊員 金光孫·高俊澤·金碩龍·李英全 등이 純宗 因山을 기해 독립운동을 전개코자 국내에 잠입하다가 피체되다.(국편) 6.6. 鍾路警察署가 純宗 因山日 만세운동 계획 관련하여 天道敎堂 등 여러 곳을 급습하여 격문 5만 장·인쇄기 등을 압수하고 200여 명을 검속하다.(국편) 6.7. 일제가 6·10만세운동을 차단하기 위해 서울·부산·인천에 일본 군인과 함대를 배치하다./ 6·10만세운동 주동자 권오설 등 6명이 피체되다./ 병인의용단원 이덕삼(1905~1926)이 국내 잠입 중 일본 경찰에 체포되어 자결로 순국하다./ 鍾路警察署가 培材學堂 기숙사를 수색하여 과격 문건을 압수하다./ 日軍 2천 명이 執銃着劍하고 純宗 葬儀에 앞서 서울 시내를 시위하다.(국편) 6.8. 독립군 6명이 평북 楚山 雲海川洞에서 경찰과 교전하다.(국편) 6.9. 한용운·송제호가 6·10만세운동 계획 혐의로 선학원에서 피체되다. 6.10. 학생 중심의 6·10만세운동이 발발하여 전국 각지에서 200여 명이 피체되다./ 순종의 국장이 거행되고, 승하 46일 만에 경기도 남양주 유릉에 안장되다. 6.11. 전국에서 만세시위가 계속되어 100여 명이 피체되다.(국편) 6.12. 만세시위로 中央高普生 38명, 延禧專門生 34명이 피체되다./ 〈영림서관제〉를 공포 시행하고, 영림창·산림과 출장소를 폐지하고 56개소에 營林署를 설치하다.(국편) 6.14. 〈국유임야보호규칙〉을 공포 시행하고, 〈국유삼림산야보호규칙〉을 폐지하다. 6.19. 中央高普 교사 趙喆鎬 등 19명이 독립만세운동 관련으로 피체되다.(국편) 6.20. 조선총독부박물관 경주분관이 개관되어 경주고적보존회 진열관의 소장품을 이관하다.

일본

6.21. 제2차 조선공산당 사건으로 6·10만세운동 관련 정우회 소속 사회주의자들이 대거 검거되다.

6.23. 캐나다 선교사 스코필드(F. Schofield)가 6년 만에 서울에 귀임하다.(국편)

6.24. 京城地方法院 檢事局이 6·10만세사건 주동자 11명을 기소하다.(국편)

6.25. 군산항 수축공사를 착공하다.(1933.4.3 완료, 3천 톤급 6척 접안 가능)

6.28. 독립군 9명이 평북 熙川郡 北面에서 군자금을 모금하다.(국편)

6.-. YMCA가 농촌사업을 착수하여 농민학교·농민회·협동조합·야학 등을 설립하다./ 양주동이 「조선의 맥박」(《문예공론》), 이상화가 「빼앗긴 들에도 봄은 오는가」(《개벽》)를 발표하다.

7.1. 〈漁火 취체규칙〉을 개정 공포하다.(8.1. 시행)

7.2. 6·10 만세운동 관련자 17명이 京城地方法院 검사국에 송치되다.

7.3. 경기도 學務課가 서울 사립학교장들에게 6·10 만세운동 관련 학생의 처벌을 명령하다.(국편)

7.4. 독립군 6명이 義州郡 古豪朔面 富豪家에서 군자금을 모금하다./ 臨政要員 金一 등이 전북 金堤郡 水流面에서 피체되다.(국편)

7.5. 〈활동사진필름검열규칙〉을 공포하여 영화필름의 지방 검열을 폐지하고 조선총독부에서 일괄 검열토록 하다.

7.6. 독립군 5명이 평북 龜城郡 館內面에서 밀정 元碩贊을 총살하고 군자금을 모금한 후 잠적하다.(국편)

7.7. 독립군 6명이 의주군 廣坪面에서 日警과 교전하여 2명이 전사하다./ 독립군이 상광동에서 청성주재소원 8명과 교전하여 2명이 전사하다.

7.8. 김의식 등이 경성여자미술학교 설립 인가를 받고 6개월 과정으로 개교하다./ 김동협 등이 조선물산장려회관에서 조선민흥회를 조직하다.

7.10. 參議府員 李壽興이 서울 東小門派出所를 습격하여 일본 경찰을 저격하고 잠적하다.(국편)

7.12. 독립군 4명이 평북 義州에서 農家에 방화한 후 잠적하다.(국편)

7.13. 독립군 10명이 평북 楚山郡 楚山面 民家에서 식량을 징발한 후 잠적하다./ 독립군이 평북 厚昌郡에서 일본 경찰과 교전하다.

7.15. 독립군 2명이 평북 江界郡 華京面에서 군자금 50圓을 모금한 후 잠적하다.(국편)

7.17. 조선공산당 책임비서 강달영이 피체되어, 1933년 9월 대전형무소에서 만기 출옥하다.

7.19. 상해 교포 200여 명이 안창호를 위원장으로 임시정부경제후원회를 조직하다.(1932)/ 독립군 金奎憲이 日警에 투항하자 동료 2명이 사살을 시도했으나 金奎憲의 응사로 1명이 전사하다.

7.22. 光正團員 韓履浩가 寧遠 警察署에 피체되다.(국편)

7.23. 독립군 3명이 평북 龜城郡 天摩面에서 밀정 元智豊 등 3명을 사살하고 가옥에 방화하다./ 京城地方法院이 金虎門 사건 피고 宋學先에게 사형을 언도하다./ 鍾路警察署가 正友會·京城靑年會·新興靑年同盟·印刷職工組合總同盟·前進會 등을 수색하고 朝鮮共産黨員 30여 명을 검거하다.(국편)/ 아나키스트 박열의 일본인 애인 金子文子(19031926)가 옥중에서 자살하다.

7.26. 무명회·천도교청년회 등 24개 단체가 아세아민족대회 개최 반대 결의문을 각국 대표에게 전송하다.

8.1. 《개벽》(통권 72호)이 강제 폐간되다.(창간 후 글 삭제 95회, 발매금지 34회, 정간 1회)/ 독립군 6명이 평북 碧潼郡 雩中洞에서 군자금 제공을 거부한 주민 1명을 사살하다.

8.3. 성악가 윤심덕과 작가 김우진이 관부연락선을 타고 쓰시마 부근에서 동반 투신자살하다.

8.14. 비밀결사 一心團 단장 金振聲과 단원 4명이 忠州 警察署에 피체되다.(국편)

8.19. 경찰이 공산주의자 재검거에 착수하여 당조직 관계자 30여 명을 검거하다.

8.22. 天摩山隊員 金聖範이 평북 寧邊郡 小林面에서 경찰에 피체되다.(국편)/ 김성범이 평북 영변군 소림면에서 피체되어 1930년 3월 평양형무소에서 사형 순국하다.

8.23. 무정부주의자 徐東星이 대구에서 파괴단 활동 중 경찰에 피체되다.(국편)

8.25. 조선어린이사가 천도교당에서 납량동화·동요·동극 대회를 개최하다.

8.26. 『벙어리 삼룡이』의 작가 나도향(1902~1926)이 사망하다.

8.30. 경찰이 釜山 거주 일본인의 韓人少女 악행 사건에 대한 15개 단체의 성토연설회를 금지하자, 시민 6천여 명이 피해소녀 진료를 거부한 三山病院을 습격하고 33명이 피체되다./ 독립군 2명이 평북 義州郡 古寧朔面에서 군자금 450圓을 모금하다.(국편)

9.1. 독립군이 평북 龜城郡 南市에서 日警과 접전하다./ 독립군 2명이 평북 渭原郡 西泰面에서 군자금 147圓을 모금하다.(국편)

9.4. 平壤覆審法院에서 碧昌義勇團 金泰源에게 사형을 언도하다.

9.5. 독립군이 평북 定州郡 高峴面 灘隅洞에서 군자금을 모금하다.

9.8. 京城覆審法院이 《東亞日報》筆禍事件 피고 宋鎭禹에게 징역 6개월을 언도하다.

9.9. 參議府員 李壽興·柳澤秀가 경기 安城의 부호 朴承六家를 습격하여 군자금 요청에 불응한 아들 朴泰秉을 사살하다.

9.13. 제1·2차 조선공산당 사건 공판이 경성지방법원에서 개정되다./ 參議府 제1소대장 金昌均이 평북 渭原郡 西泰面에서 활동 중 피체되다.

9.15. 〈폭력취체령〉을 실시하다./ 正義府가 기관지 《大東民報》를 발행하다./ 朝鮮예수교長老會 제15회 총회에서 宗敎法案 반대를 결의하다./ 開城에서 松京學生科學硏究會가 창립되다.(국편)

9.17. 독립군 3명이 평북 龜城郡 沙器面에서 군자금 50圓을 모금하다.(국편)

9.19. 참의부 제1소대장 金昌均이 평북 渭原郡 太西面에서 피체되고, 1929년 3월에 사형이 구형되다./ 전남 고흥군 소록도 주민 1,000여 명이 나병원 확장에 반대하여 일본 경찰과 충돌하다.

9.21. 倡義團員 金佐漢이 국내 잠입 활동 중 鍾路警察署에 피체되다.(국편)

9.24. 평양부 기림리 공설운동장이 개장되다.

연도	한국
▲ 1926	9.25. 최현배가 《東亞日報》에 「조선민족 갱생의 도」를 연재하다.(66회) 1930년 단행본으로 간행되다. 9.28. 독립군 4명이 평북 楚山郡 西面에서 군자금 50圓을 모금한 후 잠적하다.(국편) 9.30. 平壤覆審法院이 大韓獨立團員 崔尙善·李基榮에게 징역 10년을 언도하다.(국편) 10.1. 정의부 기관지 《大東民報》(한글판)가 창간된다./ 나운규 감독의 영화 〈아리랑〉이 단성사에서 개봉되다./ 사설철도 함남선(오로~상통, 풍상~서신흥)이 영업을 개시하다./ 조선총독부 청사 준공식이 거행되다.(공사비 675만 원, 10년 3개월 소요, 10.7 청사 이전) 10.2. 독립군 7명이 평북 楚山面 直洞에서 密告者 白洛道의 동생에게 총격하다./ 독립군이 평북 定州郡 高峴面 漁湖洞에서 군자금 42圓을 모금하다.(국편) 10.3. 독립군 4명이 평북 楚山郡 直洞에서 모금 활동 중 반항하는 白龍基의 妻에게 총격하다.(국편)/ 전남 무안군 자은면의 소작인 1,000여 명이 목포에서 경찰과 충돌하다. 10.5. 경찰이 중학교 이상 재경 학생조직인 共學會를 사상 불온 이유로 강제 해산하다.(국편) 10.11. 新義州驛 郡廳 폭파 용의자 尹學昇·尹學照·白鳳楫이 新義州地方法院 檢事局으로 압송되다.(국편) 10.16. 수양동맹회·동우회구락부가 흥사단 계열의 계량주의 민족운동단체인 '수양동우회'로 개편되다. 10.17. 독립군 2명이 평북 龜城郡 沙器面에서 군자금을 모금한 후 잠적하다.(국편) 10.18. 韓建團員 金岐鳳·李昌雨·崔鳳鎭·金玄貞 등이 서울 富豪들에게서 軍資金을 모금하던 중 本町警察署에 피체되다.(국편) 10.23. 한강 개수공사가 착공되다.(총 공사비 980만 원, 9개년 계획)/ 京畿道 學務局이 6·10 만세운동 관련 처벌 학생들의 복교를 지시하다.(국편) 10.25. 서울-오사카 간 무선국이 전보 취급을 개시하다. 10.29. 성진항 수축 공사가 준공되다./ 大韓獨立團員 2명이 평북 龜城面에서 군자금을 모금하다.(국편) 10.30. 명제세 등이 비타협 민족주의 계열 인사들과 함께 조선민흥회를 발기하고 정치·경제·산업의 공통 이익을 옹호하다. 10.31. 황해도 長淵郡 牧甘面의 富豪家에 청년 1명이 침입하여 군자금을 요구했으나 불응하자 총격하고 잠적하다.(국편) 10.-. 단성사에서 〈신 카르멘〉, 〈생명의 관〉 등이 상연되다./ 민립극단 중심으로 조선극우회가 조직되다. 11.1. 개벽사가 강제 폐간된 《개벽》을 대신하여 월간 《별건곤》을 창간하다.(~1934.8.)/ 장재성·왕재일·박인성 등 광주고보와 농고생 10여 명이 독서서클 '성진회'를 조직하다. 11.2. 京城地方法院에서 6·10 만세운동 관련 피고들에 대한 공판을 개정하다.(국편) 11.3. 경성의 신문통신사 사회부 기자들이 '경성사회부기자단'을 창립하다. 11.4. 재생원 맹아부 교사 박두성이 한글 점자 '훈맹정음'을 발표하다./ 조선어연구회가 '가갸날'을 제정하다.(1928년 10월부터 '한글날'로 개칭)/ 韓建團員 李寬用이 군자금 모금차 입국했다가 海州에서 피체되다. 11.6. 이수흥·유택수가 권총 사건에 연루되어 피체되고, 1929년 2월 서대문형무소에서 사형을 당하다./ 서울의 救世軍 병사들이 일본인 장교의 차별을 성토하며 全朝鮮軍友同盟을 조직하고 격문을 배포하다./ 대한민국임시정부 駐滿參議府 特務正士 李壽興이 利川警察署에 피체되다.
1927 ▼	【한국】 1.11. 함북 城津 사회주의 단체 太陽會員 30여명이 경찰에 피검되다./ 독립단원 金萬財가 평북 義州郡에서 군자금 모금 활동 중 被逮되다(국편) 1.18. 《연화취체규칙》(煙火取締規則)이 공포되다(국편) 1.19. 조선노동당 집행위원회가 《정우회 선언》에 반대하는 결의문을 채택하다./ 申采浩·李商在 등 34명이 新幹會를 발기하고 정치 경제적 각성을 촉구하는 강령을 발표하다./ 신간회 창립이 발표되다. 1.19. 평남 道評議會 한국인 의원들이 민족 차별교육 정책을 비판하다. 1.20. 최정익·여운홍 등이 '조선농민사'를 설립하여 농촌 계발과 문맹 퇴치를 목적으로 하다./ 高麗革命黨 사건과 관련하여 서광훈·오성환·조귀용·장지필 등 형평사 총본부 간부들이 체포되다. 1.22. 《연초전매령》이 개정되어 공 연초의 완전 전매제도가 확립되다./ 高麗革命黨 관계자 87명이 피검되다. 1.25. 《조선하천령》이 공포되어 하천, 하천둑, 하천변 등이 국유화되다.(6.1. 시행) 1.27. 京城高等檢察이 金虎門사건 宋學先 피고에 사형을 구형하다. 1.31. 이상범·이한복 등이 '조선동양화가협회' 발회식을 개최하고 조선총독부가 후원하는 미술 단체로 설립되다. 1.-. 이관용·이긍종 등이 종합 월간잡지 《현대평론》을 창간하다.(1928.1.까지 발간) 2.1. 정우회 집행위원회가 정우회 해체성명서를 채택하여 경제투쟁에서 전민중 통일 정치투쟁으로 전환을 선언하다. 2.3. 京城高等法院, 金虎門사건 피고 宋學先의 상고를 기각 사형 확정되다.(국편) 2.10. 《조선귀족세습재산령》이 공포되어 조선 귀족의 경제적 몰락을 방지하고 세습 재산을 보호하다.(6월 시행)/ 조선어연구회가 기관지 《한글》을 창간하다.(1942.5.까지 발간)/ 조선일보사가 국내 최초의 자매지인 월간지 《신조선》을 창간하다.(1936.1.까지 발간)/ 허헌·김법린이 브뤼셀에서 국제반제국주의대연맹을 창설하고, 배일 결의안을 제출하다. 2.11. 중앙기독교청년회가 제1회 서커스 대회를 개최하다. 2.15. 서울 YMCA에서 신간회가 창립되다. 회장은 이상재로, 민족의 정치적·경제적 해방을 목적으로 삼다.(1931.5.16.해소)

일본

11.7. 조선구세군 한인 사관이 차별에 항의하여 시위하다가, 11월 20일 사관생도 28명이 퇴학당하다.

11.8. 京城高等法院이 《東亞日報》 필화사건 피고 宋鎭禹·金鐵中의 상고를 기각하다.(국편)

11.9. 天摩隊員 崔俊碩이 宣川郡 南面에서 피체되다. / 훈민정음기념회에서 기념일 명칭을 '정음날'에서 '우리글'로 결정하다.(국편)

11.10. 京城覆審法院이 金虎門事件 피고 宋學先에게 사형을 언도하다.(국편) / 종로2가 조선축음기상회에서 명창들이 총출연한 연주회를 개최하다.

11.11. 함북 회령 북선탄광 노동자 261명이 파업하다.

11.14. 나운규 감독·주연 영화 《風雲兒》가 조선극장에서 상영되다.

11.15. 이상협이 《중외일보》를 창간하다.(~1931.9. 《시대일보》로 계승)

11.17. 京城地方法院이 6·10 만세운동 주동학생 李先鎬 외 11명에게 징역 1년, 집행유예 5년을 선고하다.(국편)

11.18. 6·10 만세운동 주동학생들이 판결에 불복하여 항소하다. / 독립단원 金昌林·徐尙華가 間島 通化 일본 영사관 경찰에 피체되다.

11.20. 府協議員 선거가 실시되어 정원 231명 중 韓人 83명이 당선되다.

11.22. 조선총독부가 조선 사상단체 수를 발표하다.(청년단체 1,092, 정치사상단체 338, 노동단체 182, 형평단체 130)

11.30. 京城방송국(JODK)이 설립되다. / 平壤地方法院이 大韓統義府員 鄭文彬·金鳳植에게 징역 10년을 언도하다.(국편)

11.-. 소년계사가 아동문학지 《소년계》를 창간하다.(~1929)

12.1. 조선철도주식회사가 함남선(수남극동)을 개통하다.

12.6. 안광찬·김준연·한위건 등이 조선공산당을 재조직하다.(일명 ML당)

12.7. 統義府員 金光奎가 평남 德川警察署에 피체되다.(국편)

12.8. 독립군이 평북 定州郡 新安面에서 군자금 34圓을 모금하다.(국편)

12.10. 유일한이 종로2가에 미국식 약방 '유한양행'을 설립하고 염색약·결핵약 등을 판매하다.(국편)

12.13. 독립군이 평북 楚山郡 西面에서 군자금을 거부한 부녀자 1명을 사살하고 잠적하다.(국편)

12.15. 전진회가 《정우회 선언》에 대한 결의문을 발표하며 정우회의 우경화를 비판하다.

12.18. 〈왕공세습재산규칙〉을 공포하고 이왕가 재산을 세습·기본·보통 재산으로 구분하여 합법적으로 규제하다.

12.21. 목포 하차조합원 400여 명이 임금 문제로 파업하다. / 북로군정서의 고인덕이 국내 거사 계획 중 대구형무소에서 옥사하다. / 독립군이 평북 宣川郡 宣川面에서 군자금 180圓을 모금하다.

12.22. 평양 창전리 천도교 강당에서 관서지방 아나키스트들이 관서흑우회를 창립하다.

12.28. 의열단원 나석주(1892 1926)가 식산은행과 동양척식주식회사에 폭탄을 투척한 뒤 자결하다.

12.30. 間島 革新團 七人隊가 宋基宗家에서 군자금 900圓을 모금하다.(국편)

12.-. 김기진이 「문예시평」을 《조선지광》에 발표하다.

【일본·해외】

1.1. 革新團員 7명이 間島 小延吉岡에서 일본 영사관 경찰과 교전하다.(국편)

1.2. 중국 保甲隊의 습격으로 만주 桓仁縣에서 參議府 2중대장 金龍澤, 소대장 崔京善, 金用三, 金振聲, 李求瑞가 被逮되고 車日甫가 전사하다.

1.9. 正義府員 盧宇根이 長春 日本領事館 경찰에 被逮되다.(국편)

1.12. 대한민국 임시정부가 약헌 개정안을 임시의정원에 제출하다.

1.16. 한인 공산주의계 여성운동 조직인 재동경조선여자청년동맹이 창립되다.

1.20. 영국 대사가 상해 공동 출병을 제의하다.

1.25. 일본비행학교 출신 박경원이 3등 비행사기술시험에 합격하여 최초의 여류비행사가 탄생하다.

1.28. 新民府執行委員長 金爀 등 11명이 滿洲 中東縣 石頭河에서 日警에 被檢되다.(국편)

2.10. 벨기에 브뤼셀에서 열린 植民地壓迫反對國際大會와 크로누의 反帝國主義 및 民族獨立期成同盟會에 참가 중인 李古龍·다블류 金·許憲 등이 排日 결의안을 제출하다.

2.14. 安昌浩·金東三 등 175명이 중국 吉林에서 경찰에 被逮되다. / 金法麟이 벨기에 브뤼셀에서 열린 被壓民族反帝國主義大會 亞細亞民族會委員에 피선되다.(국편)

2.18. 조선인 단체협의회를 결성하다. 신간회가 東京(5월), 京都(6월), 大阪(12월), 名古屋(1928.1)에 지회를 설치하다.

2.19. 재동경조선인단체협의회가 결성되어 일본 내 26개 단체가 참가하다.

2.25. 대한민국 임시정부가 임시약헌을 제정하다.

2.28. 중국 北京 거주 姜九禹·曺煌 등 항일운동 지도자 50여 명이 北京에서 入籍墾民會 발회식을 거행하다.(국편)

3.1. 일제가 명치절을 제정하다. / 滿洲 블라디보스톡, 北京·天津·上海·漢口·美國 등지에서 3·1 기념식을 거행하다. / 新民府 선전부장 許聖默 등 12명이 하르빈 일본 총영사관 경찰에 被逮되다.(국편)

3.5. 대한민국 임시정부가 임시약헌을 공포하다.

3.10. 日本 長崎地方檢察이 上海 일본 영사관 폭파 사건 피고 張鎭元과 崔炳善에게 사형 및 무기징역을 구형하다.(국편)

연도	한국
▲ 1927 **▼**	2.16. 서울 정동 경성방송국이 호출부호 JODK로 방송을 시작하다. 출력은 1kW, 주파수는 690kHz이다. 2.17. 고려혁명당원 이동욱이 동대문경찰서에 피체되어 3년 징역형을 선고받다. 2.21. 사상단체 정우회(화요파)가 통일적 정치투쟁으로의 전환을 위해 해체를 선언하다. 2.24. 正義府 소속 독립군, 奉天省 興京縣 일인 소유 梧鳳樓金鑛을 습격하다.(국편) 2.-. 김규식 등이 남경에서 반제 단체 동방피압박민족연합회를 결성하고 피압박 민족의 독립을 호소하다./ 음악전문출판사 백장미사가 음악잡지《백장미》를 창간하고 서양 유명곡 20편을 수록하다. 3.1. 김상로 등 400여 명이 의주 영산수리조합출장소를 습격하여 4명을 살상하고 방화를 저지르다. 3.5. 임시정부 임시의정원이 임시헌법을 제3차 개헌하여 집단지도체제인 '국무위원제'로 개편하다. 3.11. 고려혁명당원 정이형 등 6명이 하얼빈에서 체포되고, 4.20. 신의주지방법원에서 정이형이 무기징역을 선고받다. 3.17. 미국 메리놀 외방선교회가 천주교 평양교구를 독립시키다. 3.24. 민족대표 33인 중 박준승(1865-1927)이 사망하다. 3.25. 전국 은행들이 쇼와금융공황으로 인해 임시휴업일을 선포하고(4.25.까지) 3주간 지불 유예를 선언하다. 3.29. 조선교육협회 회장 이상재(1850-1927)가 사망하고, 한국 최초로 사회장이 거행되다./《조선사업공채법》이 개정 공포되다. 3.31. 일본사 교과목 명칭이 '국사'로 개칭되어 시행되다.(4.1.)/《조선영업세령》이 공포되어 일부 영업세가 국세로 전환되다(4.1. 시행)./《조선자본이자세령》이 공포되어 시행되다.(4.1.) 3.-. 이경손·김을한 등이 조선영화예술협회를 결성하고, 카프의 주요 영화운동가들을 배출하다. 4.1. 안창호가 재만 동포의 산업 및 교육 발전을 위해 '농민호조사'를 조직하다.(1931년까지 활동)/ 京城覆審法院, 6·10 만세사건 관계자 11명에 대한 언도공판에서 李先鎬·李炳立·朴斗鍾·朴河均·李天鎭·朴龍圭·郭戴文·金載文·黃廷煥·李東煥에 각 징역 1년을 언도하다.(국편) 4.11. 上海 3·1당에서 韓國唯一獨立黨 上海促成會創立總會를 개최하다.(국편) 4.15. 正義府가 각 단체 대표들과 제1회 대표회를 吉林縣 新安屯에서 개최하여 民族唯一黨組織에 관해 협의하다.(국편)/ 사이토 총독 대신 우가키 가즈시게(宇垣一成)가 임시총독으로 부임하다.(1927.10.까지 재임) 4.17. 京城 第二高等普通學校가 6·10 만세운동 관계 학생 180여 명에 대해 퇴학 처분을 내리다.(국편) 4.20. 스티븐슨을 사살한 장인환이 미국에서 출옥 후 귀국하고, 5.7. 서울 우춘관에서 귀국 환영식을 갖다. 4.23. 부산항고등여학교(현 경남여고)가 개교하다. 4.25.《지불유예령》이 공포·실시되어 은행 영업이 재개되다. 4.-. 안광천·이영·이광 등이 조선공산당 야체이카를 형성하다. 5.2. 흥남조선질소비료주식회사(현 흥남비료연합기업소)가 설립되다. 자본금은 1천만 원이며 1929년부터 비료를 생산하다. 5.7.《조선공유수면취제규칙》이 공포되다./ 신간회 도쿄지회가 설립되다. 회장은 조현영이다. 5.11. 한국 신소설 대표 작가 이해조(1869-1927)가 사망하다. 5.17. 경찰이 朝鮮社會團體中央協議會 집회를 금지하고, 의장 趙容寬 외 대의원 5명을 被檢하다.(국편) 5.19. 金虎門 사건의 宋學先이 西大門 형무소에서 사형 집행되다.(국편)/ 송학선(1896-1927)이 금호문 사건으로 인해 서대문형무소에서 사형 순국하다. 5.22. 제1회 연희전문과 경기의전 정기 야구대회가 개최되다. 5.26. 참의부원 6명이 평북 초산군에서 밀정 백운기·이공신을 처단하다./ 參議府員 6명 平北 楚山郡에서 밀정 白雲起·李公新을 사살하다./ 숙명여학교 생도 400명이 한인 교사 채용 증가 등을 요구하며 동맹휴학을 단행하다. 5.27. 유영준·김활란 등이 신간회의 자매단체 '근우회'를 창립하고 4월 26일을 '여자의 날'로 결정하다. 6.1. 비행사 이기연이 기체 고장으로 추락사하여 한국 항공사상 최초의 희생자가 되다./《국유철도 여객 및 화물운송규칙 취급세칙》이 제정되다./ 경성일일신문사가 주최하여 경성부 구청사에서 조선산업박람회가 개관하고, 입장료는 보통 30전이다./ 독립군 평북 渭原郡 崇正面에 출현하다.(국편) 6.2. 독립군 평북 楚山郡 松面에 출현하다.(국편) 6.5. 계명구락부 소속 최남선·정인보·이윤재 등이《조선어사전》편찬에 착수하다. 1938년에 간행되며, 총 1690쪽이다. 6.8. 독립군 6명이 평북 楚山郡 桃源面에서 일경과 교전하다.(국편) 6.10. 신간회 경성지회가 설립되어 회원 290여 명이 참석하고 회장은 한용운이 맡다. 6.12. 독립군이 평북 熙川郡 西面에 출현하다.(국편) 6.14. 경북유림단 사건의 대표 김창숙이 상해 영국병원에서 체포되어 14년형을 선고받고 대전형무소에 복역하다./ 大邱地檢이 眞友聯盟 사건 피의자 金正根·本運雄·栗原一男에게 징역 10년, 方漢相·申宰模에게 5년, 徐東星·鄭命俊·徐學伊에게 4년, 金東碩·河鍾璉·安達得·馬鳴·禹海雲에게 3년을 각 구형하다./ 경북 儒林團事件 주도자 金昌被가 上海 일본 영사관 경찰에 被逮되다. 6.17. 원산노동총연합 회원 1,700여 명이 파업을 벌이다. 6.18. 조선총독부가 금융제도준비조사위원회를 설치하다.

일본

3.24. 日本 長崎地方法院이 上海 일본 영사관에 폭탄을 투척한 張鎭元에게 사형, 崔炳善·金光善에게 무기징역을 언도하다.(국편)

4.1. 대한민국 임시정부가 병역법을 공포하다.

4.10. 상해에서 홍진·홍남표 등이 한국유일독립당 상해촉성회를 창립하다./ 임시정부가 임시약헌 발효와 함께 국무령 金九 내각 총사직 및 국무위원제로 전환하여 집단지도체제로 개편하다./ 대한민국임시정부 國務領 金九 및 內閣이 臨時約憲 발효로 사직하다./ 在美 歐美委員部 金鉉九가 독립운동 8개년 계획을 발표하다.(국편)

4.15. 신민부·정의부·참의부 대표들이 길림현에서 3부 통합과 유일당 조직을 위한 첫 협의를 하다.

4.17. 경성제국대학 예과가 6·10 만세운동 관련 학생들을 불합격시키다.

4.28. 북간도 용정에서 이경호·김두식 등 30여 명이 신간회 간도지회를 설립하다.

4.-. 동경에서 조선공산당 일본부가 조직되고 책임비서에 朴洛鍾이 임명되다.(국편)

5.7. 曺晩植·金東元이 스티븐스를 사살하고 미국에서 복역 후 출감한 張仁煥의 환영식을 개최하다.

5.8. 金星淑 등 170명이 廣東에서 韓國唯一黨 廣東促成會를 조직하다.(국편)

5.28. 일본이 중국의 일본인 보호를 명목으로 제1차 산둥 출병을 단행하다./ 日帝가 旅順의 육군병력 2천 명을 靑島에 파견하다.(국편)

6.26. 白寬洙·兪億兼·金活蘭이 太平洋會議 참석차 하와이로 향발하다./ 독립단원 朴永植·朴郭潤이 間島 汪淸縣에서 被逮되다./ 대한민국 임시정부 議政院이 李東寧·金朋濬·趙完을 政務委員에 임명하다.(국편)

6.27. 일제가 정부 동방회의를 개최하여 대륙진출정책을 토의하다.

7.7. 일본이 대지정책강령을 발표하고 코민테른 일본문제특별위원회가 '27년 테제'를 결정하다.

7.10. 중국 武昌 留鄂韓人革命靑年會가 關內 韓人靑年團體聯盟體 조직을 결의하다.

7.20. 일본정부가 山東에 중원군 출병을 결정하다.

7.27. 正義府 제6중대 金用澤이 奉天省 金川縣 日警 주재소 巡査를 저격하다.

8.1. 일본이 시베리아·아시아·유럽 각국과 여객·수송화물 연락 운수를 개시하다.

8.3. 재일한국노동총연맹과 신간회 동경지회 등이 동경에서 총독 정치 탄핵을 결의하다./ 朝鮮勞動同盟 東京朝鮮勞動組合西部支會 주최 朝鮮總督政治彈劾演說會가 東京 高田會館에서 개최되어 청중 100여 명이 경찰과 충돌하다.(국편)

8.14. 일본 외무정무차관 모리 가쿠가 관동군사령관 등과 대련·여순에서 만주 문제를 협의하다.

8.19. 대한민국 임시정부가 신임 내각을 구성하여 주석에 이동녕, 국무위원에 김구·오영선·김철 등을 임명하다.

8.20. 일본 大阪 경찰이 朝鮮總督暴虐政治反對演說會를 강제 해산하고 관계자 30명을 검거하다./ 間島 老頭溝에서 間島敎育者大會가 개최되다.(국편)

9.2. 高麗革命義血軍 募捐隊員 3명이 間島 頭道溝에서 군자금을 모금하다.

9.12. 正義府員 玄智根이 滿洲 長春에서 被逮되다.

9.13. 正義府員 朴文善 등 2명이 국내 잠입 준비 중 滿洲 開原에서 일경과 교전하다가 朴文善이 피살되다./ 日本 大阪 韓人들의 조선공산당 사건 공판일 시위 계획이 사전 적발되어 98명이 被逮되다./ 東京에서 朝鮮總督暴壓反對關東地方同盟이 조직되다.(국편)

9.17. 신간회 동경지부 등이 총독정치 탄핵 동맹회를 조직하다./ 高麗革命義血軍 3명이 滿洲 二道溝에서 被逮되다./ 日本 三重縣 津市 상수도 공사장에서 韓人노동자들과 日人노동자들 간 충돌로 사상자가 다수 발생하다.(국편)

9.26. 間島 延吉縣에서 義血團員 3명이 日警과 교전 중 被逮되다./ 新民府 별동대 崔晉萬·蔡世允이 하얼빈 친일기관 朝鮮民會를 습격하여 李政 외 수명을 결박하고 印章·帳簿 등을 강탈하다.(국편)

9.27. 김일주 등이 한국유일독립당 남경촉성회를 창립하다.

10.26. 일본 변호사협회가 조선공산당 사건 피고인 고문 사건의 진상 규명을 결정하다.

10.28. 在日朝鮮勞動總同盟 대표 金漢卿과 新幹會東京支會 대표 趙憲永 등이 東京에 체류 중인 總督府 政務總監에게 조선공산당 사건 피고인 고문 사건을 항의하다.

10.29. 일본 京都 경찰이 朝鮮勞動組合·新幹會京都支會 공동 주최 朝鮮人大會를 강제 해산하고 60여 명을 검거하다.

11.7. 한국유일독립당촉성회 준비회가 상해에서 개최되다./ 독립군 8명이 間島 汪淸縣 春明社에서 日警과 교전하다.

11.13. 革新團員 韓益 등 8명이 間島 龍井市 밖 延集崗 小石溝에서 일본 총영사관 경찰과 교전 중 6명이 전사하다.

11.14. 경성제일고보 4학년생들이 한인 교사에 의한 한국사 강의 등을 요구하며 동맹휴학을 벌이다./ 京城 第一高普生들이 韓人 교사의 朝鮮史 강의 등을 요구하며 동맹휴학을 벌이나./ 新幹會 禮山支會가 설립되다.(국편)

11.30. 日本 長崎控訴院이 上海 日本領事館 폭파 피의자 張鎭元에게 무기징역을 선고하다.(국편)

12.1. 공산당 확대중앙위원회가 개최되어 '27년 체제'에 의한 당 건설을 논의하다.

12.13. 奉天朝鮮人靑年會 등이 韓人退居令에 대한 대책 강구를 위해 조선인 대회 개최를 결의하다./ 大阪朝鮮靑年同盟이 재만동포 긴급 구제책 강구를 결의하다.(국편)

12.14. 韓幹會常務委員會가 在韓 중국인 폭행 금지를 長城·公州·扶安·論山·大田·鎭川 등 8개 지역 청년회에 통보하다./ 滿洲 長春居住 韓人들이 한인 퇴거령에 대항하여 행동 통일을 결의하다./ 滿洲 吉林省長이 6개월 이내 중국 귀화를 조건으로 한인 퇴거령 철회를 천명하다.(국편)

12.16. 정의부 군사위원장 오동진이 길림에서 일본 경찰에 체포되어 1932년 3월 무기징역을 선고받고 1944년 12월 옥사하다./ 正義府 委員長 吳東振이 吉林에서 평북 경찰에 被逮되다.(국편)

연도	한국
▲ 1927 ▼	6.21. 무장독립군 崔大鵬과 연루자 李學植·金景錫이 함남 德源에서 被逮되다.(국편) 6.22. 上海 韓人靑年會執行委員 崔火雲이 被逮되어 新義州警察署로 압송되다.(국편) 6.24. 독립군 6명이 평북 熙川郡에 출동하여 日警 1명에게 부상을 가하다.(국편) 6.28. 경찰이 新幹會 釜山支會 설립에 앞서 배포한 '新幹會란 무엇이냐' 題下의 격문과 관련하여 간부 裵憲·林赫根·林榮澤 등 8명을 검거하고 집회를 금지하다.(국편) 7.1. 경성초도공장이 최초로 터우 6형 기관차를 제조하다. 7.5. 權友會 仁川支會가 설립되다./ 大邱地法이 眞友聯盟 사건으로 方漢相·申宰模·金正根·徐學伊에 징역 5년, 徐東星·禹海龍·馬鳴·栗原一男·椋本運雄에 3년, 鄭命俊·金東碩·河鍾璉·安達得에 2년을 각 언도하다./ 독립군 4-5명이 함남 吉州郡 長白面에 출동하여 군자금을 모금하고 밀정 林湖蓮을 사살하다.(국편) 7.6. 학무부가 '1군1교' 주의에 따라 실업보습교원양성소 설치 계획을 수립하다. 7.7. 독립군이 평남 德川郡 太極面에 출현하다.(국편) 7.8. 경남 統營의 친일단체 三九會 회원 29명이 〈東亞日報〉 廣告部長 및 馬山支局長을 폭행하다.(국편) 7.9. 大同團 단장 全協이 京城 형무소에서 복역 중 중태로 가출옥하다./ 新幹會 咸興支會가 설립되다.(국편)/ 경성운동장에서 '제1회 조선정구연맹전'이 개최되어 금강·백응·태양 구락부가 참가하다. 7.10. 민족대동단 단장 전협(1878-1927)이 가출옥 중 사망하다. 그는 1919년 11월 만주 안동역에서 체포된 바 있다./ 신간회 경성지회가 설립되다. 7.11. 新義州地法이 丙寅義勇隊 金碩龍·高俊澤에게 징역 5년을 언도하다.(국편) 7.15. 김봉학·이덕삼·허문기 등이 국치기념일에 전국적 총파업을 계획하다가 함남에서 체포되다. 7.18. 경찰이 東京留學生學友會의 金海 강연회를 금지하다./ 東京 제3전선사 金斗鎔의 咸興 강연회를 경찰이 제지하다.(국편) 7.19. 보합단 한이경(1883-1927)이 옥사하다. 그는 군자금 모금과 친일파 처단 활동으로 징역 12년형을 선고받았었다. 7.20. 정의부 5중대원 홍학순·장기천·이명수·김봉수가 의주군 가산면에서 밀정 강영화·계승활을 처단하다./ 新幹會가 빈발하는 각급학교맹휴 사건과 관련하여 학교 당국에 반성을 촉구하다./ 新幹會 馬山支會가 설립되다./ 新幹會 吉州支會가 설립되다./ 平南警察部가 德川郡 太極面에 출현한 독립군 5명을 체포하기 위해 병력 250여 명을 동원하다./ 正義府 洪學淳·張基千·李明秀·金奉秀가 義州郡 加山面에 출동하여 밀정 姜榮化·桂承活을 사살하다.(국편) 7.23. 경찰이 東京留學生學友會 순회강연대의 鐵原 연설회를 금지하다./ 독립군 4명이 평북 義州郡 加山面에 출동하여 밀정 桂尙虎·趙永夏를 총살하다. 7.24. 독립군 4명이 평북 德川郡 豊德面에서 日警과 교전하다./ 독립군 4명이 평북 龜城署 造岳出張所 경찰과 교전하다.(국편) 7.25. 경찰이 東京留學生學友會 순회강연대 光州 연설회를 금지하다.(국편) 7.26. 경찰이 東京留學生學友會 순회강연대 羅州 연설회를 금지하다.(국편) 7.27. 경찰이 東京留學生學友會 순회강연대 木浦·高原 연설회를 금지하다.(국편) 7.28. 경찰이 東京留學生學友會 순회강연대 永興 연설회를 금지하다.(국편) 7.29. 독립군 5명이 평북 寧邊郡 大英面에 출동하다./ 京城覆審法院이 大震團 단원 金順七에게 징역 12년을 언도하다.(국편) 7.-. 김교신·함석현 등 무교회주의자들이 동인지 《성서조선》을 창간하다.(1942.3.까지 발행)/ 연학연·이준열이 서울 숭인동에 '종합예술협회'를 조직하여 교화운동과 연극 공연을 전개하다. 8.3. 北滿洲에서 독립운동을 하던 承禎九가 평북 定州에서 被逮되다. 8.7. 박경원이 여성 최초로 3등 비행사 면허를 획득하다.(국편) 8.10. 무장독립단 5명이 평남 德川郡 太極面에 출동하여 군자금을 모금하다.(국편) 8.11. 경찰이 義烈團 명의로 平壤 시내 각 단체에 발송된 大韓獨立運動統一黨促進運動宣言書에 대한 수사를 시작하다./ 독립군 5명이 義州郡 古館面에 출동하여 군자금을 모금하다.(국편) 8.12. 新幹會 南原支會가 설립되다./ 新幹會 載寧支會가 발기되다.(국편) 8.15. 朝鮮共産黨 사건이 비공개리에 공판이 계속되다./ 新幹會 英陽支會가 설립되다.(국편)/《조선사설철도매수에 관한 건》이 공포되다.(10.1. 시행) 8.17. 독립군 4명이 新義州 水鎭面에서 일경과 교전하다.(국편) 8.18. 正義府 제5중대원 洪學淳·張基千·金奉秀·李元珍이 평북 新義州 殖産銀行지점 龍灣금융조합을 습격하여 현금 982원을 탈취하다./ 正義府 제5중대 李振武 휘하 독립군이 평북 定州에서 군자금을 모금하다.(국편)/ 조선총독부가《조선철도 12년 계획》을 발표하여 수탈 목적의 전국 철도 교통망 확충 계획을 수립하다. 8.20.《조선국유철도 운전규정》이 공포되다. 8.26. 新幹會 安東支會가 설립되다./ 독립군 6명이 평북 熙川郡 西面에 출동하여 군자금을 모금하다.(국편) 8.31. 김창섭 등이 창광회를 조직하여 '민중예술'을 표방하는 미술가들의 모임을 결성하다.(1928.8.까지 활동)/ 新幹會 文川支會가 설립되다./ 軍政署 중대장 文昌淑이 新義州地法의 사형 언도에 불복하여 平壤覆審法院에 항소하다./ 京城地法이 倡義團事件 피의자 金應先에 징역 4년, 鄭明玉·金鳳淩·南正·宋岩于에 징역 1년 6월, 金云用에 징역 1년, 鄭石祚에 금고 3월을 언도하다.(국편)

일본

12.17. 龍井 韓僑들이 全間島市民大會를 개최하여 在滿同胞驅逐對策을 결의하다./ 일본 京都 朝鮮人團體協議會가 在滿同胞驅逐反對를 결의하다.

12.18. 滿洲 奉天省長이 北京 정부에 '日本이 韓人을 이용하여 국토 침입을 기도하기 때문'이라는 이유로 在滿韓人 축출을 시도하고 있다고 설명하다./ 奉天朝鮮人靑年會가 中國官憲에 韓人驅逐反對建議案 제출을 결의하다./ 新幹會 東京支會가 운동 방침을 '朝鮮民族의 政治的解放'으로 개정할 것을 결의하다.(국편)

12.30. 義州 在滿同胞擁護同盟이 新義州中國領事, 京城中國總領事, 北京 外交部 및 奉天·吉林省長에게 재만동포 박해 항의문을 발송하다./ 日本 大阪에서 在滿同胞擁護同盟이 조직되다.(국편)/ 도쿄에서 최초로 지하철이 개통되다.

12.31. 上海 韓僑大會가 중국인과의 마찰에 대해 평화적 해결을 국내에 호소하다.(국편)

9.1. 정지용·윤극영 등이 '조선동요연구협회'를 창립하여 동요 창작과 이론 체계 확립을 추진하다.

9.2. 權友會 金泉支會가 설립되다./ 독립군이 평북 渭原郡 西泰面에서 일경과 교전하다./ 독립군 6명이 평북 楚山郡 松面에서 일경 수색대와 교전 중 1명이 전사하다.(국편)

9.3. 《조선비료취체령》이 공포되다.(1928.3. 시행, 1961.12. 폐지)/ 新幹會 大邱支會가 설립되다./ 서울청년회 무력단체인 적박단이 해체를 선언하다.

9.5. 正義府 제5중대 李振武 휘하 독립군이 평북 龜城郡 天摩面 松水洞에서 일경과 교전하다.(국편)

9.6. 전북 15개 단체 대표 49명이 사회단체협의회를 창립하고 新幹會 지원을 결의하다./ 京城 주재 신임 소비에트 러시아 총영사 이반 안드레비치가 착임하다.(국편)

9.7. 조선노농총동맹이 '조선노동총동맹'과 '조선농민총동맹'으로 분리되다.

9.8. 김연창 등 국내 아나키스트들이 노동자자유동맹을 결성하다./ 독립군이 평북 楚山郡 東面에서 日警과 교전 중 1명이전사하다.(국편)

9.9. 독립군 2명이 평북 義州郡 古城面에서 군자금을 모금하다.(국편)

9.12. 대한독립군 모연대장 최성재·서병수가 함흥지방법원에서 각각 징역 7년형과 3년형을 선고받다./ 춘천농업학교 3학년생 30여 명이 일본인 교장을 배척하며 동맹휴학을 벌이다./ 淸州農業學校 4년생이 日人 교장을 배척하며 동맹휴학을 벌이다./ 咸興地法이 大韓獨立軍 募捐隊長 崔成梓·徐丙需에게 징역 7년, 3년을 각각 선고하다.(국편)

9.13. 京城地法이 조선공산당 사건 피의자 101명에 대한 공판을 개정하다.

9.15. 조선총독부 청사 완공 후 경복궁 정문 광화문을 건춘문의 북쪽으로 해체·이전하다.

9.16. 부산 용당포 앞바다에서 어선이 전복되어 50명이 익사하다.

9.19. 참의부원 4명이 평북 渭原郡 密山面에서 경찰과 교전 중 張半雲이 전사하다.(국편)

9.20. 金俊淵이 조선공산당 책임비서에 被任되다(국편)

9.26. 《혈청·예방액 등 판매 규정》이 공포되다.

9.-. 나운규가 동대문구 창신동에 나운규프로덕션을 설립하여 조선키네마프로덕션에서 독립하다.

10.1. 독립군 2명이 평북 鐵山郡 丁惠面에서 군자금을 모금하다.(국편)

10.3. 독립군 2명이 평남 平原郡 海蘇面에서 군자금을 모금하다.(국편)

10.5. 朝鮮共産黨 滿洲總局 組織部長 崔元澤·東滿區域局 責任秘書 安基成 등 100여 명이 被檢되다.(국편)

10.8. 일본 농림성 미곡과장이 제국농회에서 조선미 불매 방침을 설명하다./ 參議府 제3중대 별동대원 3명이 평북 일대에서 활동 중 被逮되다.(국편)

10.9. 滿洲 新興武官學校 졸업 후 海仁寺·梵魚寺 등 사찰을 중심으로 군자금을 모금하던 승려 金章允이 被逮되다.

10.10. 독립군이 평북 平原郡 中橋駐在所를 공격하다.(국편)

10.12. 전 의병대장 鄭鎭沃·趙性穆·鄭來儀 등이 殖産契 조직 활동 중 경북 경찰부에 被逮되다.

10.16. 민중 경제운동 전개를 목적으로 대구에서 경제연구회가 조직되다./ 천도교기념관에서 조선소년연합회가 결성되다. 위원장은 방정환이며 100여 개 소년운동단체가 참여하다./ 조선공산당 사건 피고 5명이 鍾路警察署 警部 三輪 등을 拷問罪로 고소하다.

10.18. 장진홍이 조선은행 대구지점 등 일제 기관 4곳을 폭파하다. 그는 1930년 6월 서대문형무소 수감 중 자결하다.

10.19. 정의부 의용군 4명이 평북 구성군 사기면에서 일본 경찰과 교전 중 오장 김치복이 전사하다.

10.21. 平壤覆審法院이 參議府 제1중대 3소대장 文昌淑에게 사형을 선고하다./ 평북 30개 사회주의자 단체 대표 95명이 關西民衆運動者大會를 개최하다.

10.22. 동아일보 사장에 송진우가, 편집국장에 김준연이 각각 취임하다.

10.23. 함남 고원 동양척식회사 소작인 500여 명이 소작쟁의에 돌입하다./ 황해도 信川郡 北部面 新豊·蠅島·南川·東倉·西湖里 東洋拓殖會社 소작인 100여 명이 불공정한 소작료 사정에 항의하며 동양척식주식회사 石塘里 주재원 숙소를 습격하다.

10.24. 徽文高普 학생들이 親日校主 동상 건립 반대, 일인 교원 배척, 조선 본위 교육 실시 등을 요구하며 동맹휴학을 단행하다.

10.25. 신민부가 한인학교를 통합하여 '해림신창학교'를 설립하고 의무교육제도를 채택하다.

10.28. 근기지방 최초로 소작운동단체인 '부평농민조합'이 창립되다.

연도	한국
▲ 1927	10.29. 新幹會 光州支會가 설립되다./ 趙炳玉이 평남 鎭南浦 碑石 에벨청년회 주최 경제문제 대강연회에서 '朝鮮經濟問題의 大觀'을 강연 중 경찰에 被檢되다.(국편) 10.-. 전북 옥구 이엽사 농장 소작인들이 소작료 불납운동을 전개하다./ 京城地方法院이 思想係를 신설하고 要視察人物名簿 작성에 착수하다. 11.1. 낙동강 개수공사가 기공되다. 11.2. 중국 상해에서 유일독립당촉성회 각지대표연합회가 개최되다./ 조선공산당사건 변호인단이 重態의 피고 불석방에 항의하며 입회를 거부하다./ 新義州地法이 參議府員 朴基範·正義府員 李學松에게 무기와 7년 징역을 각각 선고하다.(국편) 11.5. 중앙고보생들이 학생자치제를 요구하며 동맹휴학을 단행하다. 11.7. 金奉哲·邊德柱·朴東秀·梁駿奎가 開城共産黨(第四赤色大衆大)을 결성하다.(국편)/ 新義州地法이 정의부 제1중대장 朴天用에게 징역 10년을 언도하다. 11.9. 경남 密陽公立農蠶學校 학생들이 일인 교사를 배척하며 동맹휴학을 벌이다./ 正義府 제5중대 李振武 麾下 독립군이 新義州郡 廣坪面 靑水洞에서 경찰과 교전하다.(국편) 11.11. 경성제일고보에서 동맹휴학이 벌어져 조선역사 교수 등을 요구하고, 무기정학 149명, 퇴학 31명의 징계가 이루어지다.(11.29.까지 지속) 11.13. 혁신단원 한익 등 8명이 북간도 용정 부근 소석구에서 일본 경찰과 교전 중 6명이 전사하다. 11.14. 한국유일독립당촉성회 각지대표연합회가 상해 민국로 침회당에서 개최되다. 11.15. 대구고보 장적우·윤장혁·강종환이 '신우동맹'을 창립하여 식민지 교육 반대 및 사회과학 연구를 추진하다. 11.22. 경남 하동공립보통학교 학생 100여 명이 일본인 교장을 배척하며 동맹휴학을 벌이다./ 조선공산당사건 피고 朴憲永이 病保釋되다./ 경남 河東公立普通學校生 100여 명이 日人 교장을 배척하며 동맹휴학을 벌이다.(국편) 11.24. 國民協會·甲子구락부·同民會·平壤大同同志會 등 7개 단체 대표들이 시국간담회를 개최하여 참정권 사상 선도, 금융조합 개혁, 內鮮人 공학 문제 등에 대한 제휴 방안을 논의하다.(국편) 11.25. 新幹會 京城支會幹事 李晃이 本町署에 被檢되다.(국편) 11.27. 沃溝 二葉社 농장 소작인 30여 명이 농민조합위원장 張公郁 검거에 항의하여 瑞穗面 주재소를 습격하다./ 조선씨름협회가 창립되어 12월에 제1회 전조선씨름대회를 개최하다.
1928 ▼	【한국】 1.1. 조선철도가 전남선을 매수하여 광주선으로 개칭하다. 1.7. 일본 대장성이 동양척식회사의 외채 5천만 원 모집에 대해 예외 국고 부담안을 결정하다. 1.9. 조선어장려 제1종 시험 시행이 공고되다./ 宋鎭禹가 新幹會 京城支會에 입회하다. 1.14. 조선총독 야마나시와 일본 수상 다나카가 재만한인의 중국 귀화를 허가하기로 합의하다. 1.15. 일본 농무성이 미곡법 개정과 한국 적용 문제를 인구식량조사위원회에 위촉하다. 1.16. 서울 在滿同胞擁護同盟이 현지 실태 조사차 朴東完·李圖遠을 奉天에 파견하다./ 正義府 명의의 군자금 납부 요구서가 서울 일원 부호들에게 배달되다./ 仁川 在滿同胞擁護同盟이 재만한인 위문차 郭尙勳을 吉林에 파견하다.(국편) 1.17. 평남 大同郡 古平面 거주 부호 黃元萬家에 권총을 소지한 2인이 침입하여 군자금을 강청하다.(국편) 1.19. 在滿同胞擁護同盟의 朴東完·李圖遠·郭尙勳이 奉天에 도착하여 각 신문사와 商務總會 등을 방문하고 한국에서의 중국인 압박설은 사실이 아님을 해명하다./ 革新團 군자금 모집대원 4명이 間島 龍井에서 군자금 30원을 모금하다./ 조선공산당 사건 피고 金吉陽이 옥사하다.(국편)/ 전문학교령이 개정되어 공립·사립 전문학교를 문부대신 감독 하에 두게 하다. 1.23. 평양물산장려회가 음력설을 맞아 선전 행진을 벌이며《조선사람 조선으로》전단을 살포하다. 1.30. 淸津地法이 正義府員 桂亨珍에게 강도 미수죄를 적용하여 징역 6년을 언도하다.(국편) 2.1. 참의부 제1중대장 배석영이 평북 초산에서 피체되다. 2.2. 경찰이 朝鮮共產黨·高麗共產青年會員 金俊淵·金世淵·崔昌益·趙元淑·金炳一 등 32명을 검거하다.(제3차 朝鮮共產黨事件) 2.7. 《임시소작조사위원회 규정》이 공포되어 조선인들의 소작쟁의 방지 및 진압대책 수립 자료를 조사하다./ 참의부 제3중대장 김경봉·최현서가 평북 위원군에서 피체되다. 2.10. 正義府 제1중대원 金翊弘이 평북 碧潼郡 五北面에서 被逮되다.(국편) 2.11. 조선체육회 주최로 중앙기독청년회관에서 제1회 전조선탁구대회가 개최되다. 2.13. 朝鮮共產黨事件 被告 95명에게 징역 6년~8개월의 실형이 선고되고, 徐延禧·朴泰宣·裴德秀 등 14명이 무죄 판결로 출옥하다.(국편) 2.14. 조선공산당사건 피고 45명에 대해 공소가 포기되다./ 在京 사회운동자들이 조선공산당사건 무죄 및 집행유예 석방자 환영회를 개최하다.(국편) 2.15. 新幹會 창립 1주년 기념식이 거행되다.(전국 123지회, 회원 3만 명)(국편) 3.1. 서울 시내 경찰이 3·1절 기념일을 맞아 비상 경계에 돌입하다.(국편)

일본

11.-. 홍난파가 작곡하고 이원수가 작사한 한국 동요 〈고향의 봄〉이 발표되다.

12.1. 《조선일보》가 한국 최초로 신춘문예 제도를 도입하다./ 한강철교가 복선 운행을 시작하다.

12.4. 부산청년동맹이 창립되어 전국 각지의 '연맹제·청년단체·동맹제' 조직으로 전환되다.

12.6. 전북 익산 시민들이 중국인의 재만동포 구축에 분개하여 중화배척운동을 전개하고 이후 전국으로 확대되다./ 조선총독 齋藤實이 사표를 제출하다.

12.7. 청주고보생들이 일본인 교장 및 교원을 배척하며 동맹휴학을 벌이다./ 창원군 천기농장 소작인 30여 명이 소작료 불납 동맹을 벌이며 항쟁하다./ 황해도 겸이포 미쓰비스제철운수 직공 40여 명이 임금 인상 등을 요구하며 동맹파업을 벌이다./ 新義州支法이 天摩隊長 金龍澤에게 帝令 위반 살인 강도죄를 적용하여 징역 10년을 선고하다.

12.9. 안재홍·신석우 등 각 사회단체 대표 100여 명이 서울에서 '재만동포옹호동맹'을 창립하다.

12.10. 야마니시 한조(山梨半造)가 제4대 조선총독으로 임명되다.(1929.8.까지 재임)/ 조선총독 齋藤實이 사임하다./ 일본정부가 陸軍大將 山梨半造를 朝鮮總督에 임명하다./ 京城中國人總商會가 東三省 당국에 재만한인 압박에 반대하는 항의문을 제출하다./ 京城駐在中國領事 王守善이 총독부를 방문하여 韓人示威와 在韓中國人 박해 금지를 조건으로 在滿韓人 박해 금지를 北京 당국에 요구하겠다고 언명하다(국편)

12.11. 新幹會 元山支會가 재만동포 박해 문제에 대해 北京政府·吉林省長·京城駐在中國總領事·元山駐在中國領事에게 교섭문 발송을 결의하다./ 在韓 중국인들이 吉林·安東·奉天 행정관청 및 張作霖에게 한인 박해 진상 규명을 요구하다.(국편)

12.12. 봉오동전투에서 활약한 박영(1887-1927)이 사망하다.

12.13. 이성백이 일본의 미국원정농구단 감독으로 선임되다./ 조선공산당사건 피고 白光欽이 병보석으로 출감 중 사망하다./ 平壤地檢이 平南道廳 폭파사건 피고 金禮鎭에게 징역 15년을 구형하다.(국편)

12.18. 京城地檢이 조선공산당사건 비공개 구형공판에서 징역 7년(3명), 5년(1명), 3년(14명), 2년(13명), 1년(52명)을 각 구형하다.(국편)

12.20. 新幹會 平壤支會가 설립되다./ 平壤地法이 平安道廳 폭파사건 피고 金禮鎭에게 징역 2년을 선고하다.(국편)

12.23. 평북 龍灣 금융조합을 습격한 正義府員 張基天 외 1명이 중국 安東에서 日警에 被逮되다.

12.25. 신민부가 김좌진의 군정파와 박관해·최호의 민정파로 분열되다.

12.27. 新幹會 地方支會 100개소 돌파 기념식을 거행하다.(국편)

12.28. 《조선토지개량령》이 공포되어 토지구획정리사업이 실시되다.(1928.7. 시행)

【일본·해외】

1.14. 朝鮮總督과 日本首相이 在滿韓人의 중국 귀화를 허가하기로 합의하다.(국편)

1.18. 新民府 別動隊長 李君日이 北滿洲 寧古塔에서 중국 경찰에 被逮되다.

1.23. 미국 뉴욕 거주 한인들이 在滿同胞擁護會를 조직하다.

1.25. 新民府中央委員長 金赫·兪正根·黃處俊·李春燮·李元學·尹永順·朴東春·朴春載·金允熙 등이 하얼빈에서 일본영사관 경찰에 被逮되다.(국편)

1.29. 신민부 별동대장 이군일 등이 영고탑에서 중국 경찰에 검거되다.

1.-. 재일 아나키스트 단체 흑풍회가 흑우연맹으로 개칭되고 기관지 《호조운동》을 간행하다.

2.1. 일본공산당 기관지 《적기》가 창간되다.

2.2. 제3차 조선공산당사건(ML당 사건)이 발생하다.

2.12. 미국 뉴욕의 한국여학생들이 '근화회'를 조직하여 독립운동 후원을 시작하다.

2.15. 신간회가 창립 1주년 기념식을 전국적 규모로 거행하다.

2.17. 일본 경찰이 大阪 조선인대회에서 연사 30여 명을 연행하다.(국편)

2.19. 일본 京都에서 조선인대회 개최 중 臨席警官과 충돌하여 15명이 被檢되다.(국편)

2.20. 제16회 총선거가 실시되어 최초의 보궐선거가 이루어지다./ 니주바시 폭탄 사건의 의열단원 金祉燮이 치바형무소에서 복역 중 옥사하다.

2.21. 新民府員 南漢松·南相烈·徐光洙가 만주 海林市에서 일경에 被逮되다.(국편)

2.29. 獨立團 軍資隊員 3명이 間島 八道溝 申完赫家에서 600원을 징수하다.(국편)

3.1. 上海 프랑스 租界에서 安昌浩의 사회로 3·1절 기념식이 거행되다./ 新幹會 東京支會 주최 3·1절 기념식 거행 중 70여 명이 被檢되다.(국편)

3.15. 일제가 3·15 사건을 구실로 전국적으로 공산당원 1천여 명을 대거 검거하다.

3.21. 재일본조선청년동맹을 결성하다.(1929년 해체) 기관지 「靑年朝鮮」을 발간하다.

3.25. 안창호와 김구 등이 上海에서 韓國獨立黨을 조직하다./ 유기석·한일원 등이 上海 프랑스 租界에서 조선무정부주의자연맹을 조직하다.

3.28. 독립군이 間島 延吉縣 守信鄕 鳳林洞 中村에 출동하여 군자금을 징수하다.(국편)

3.30. 海蔘威 교포농민 300여 명이 소련 정부에 의해 중앙아시아로 강제 이주되다.(국편)/ 소련 정부가 중앙아시아 개발을 위해 블라디보스토크의 한인 70호와 세미팔라틴스크로 이주한 300여 명을 이동시키다.

3.31. 在日朝鮮靑年同盟創立大會가 大阪에서 개최되어 全民族單一協同戰線黨을 결성하고 조선 增兵 반대 등을 결의하다.(국편)

4.11. 임정 구미위원부가 재만동포옹호 팜플렛을 발표하다./ 義烈團員 李鍾元이 天津線 東站에서 밀정 金密善을 사살하다.(국편)

연도	한국
▲ 1928 ▼	3.6. 무장독립단 2명이 평남 价川郡 北面에 출현하여 군자금을 모금하다.(국편) 3.12. 新義州地法이 義軍府 참모장 全德元에게 징역 12년을 언도하다.(국편) 3.14. 新義州地法이 총독 齋藤實 저격사건 피고 李義俊·金昌均에게 사형을 선고하다. 3.19. 新義州地檢이 高麗革命黨事件 피고 鄭元欽·李元柱·方贊汶 등 15명 전원에게 사형에서 징역 5년에 이르는 실형을 구형하다.(국편) 3.20. 세브란스연합의학전문학교가 설립되고 한국 최초의 근대적 세브란스병원이 낙성되다. 3.23. 京城地法이 〈中外日報〉 필화사건 공판에서 主幹 李相協에게 금고 4월, 論說記者 李昌燮에게 징역 6개월을 선고하다.(국편) 3.25. 東洋拓殖會社가 開城郡內 소작료를 갱신하고 최고 5할까지 인상하다./ 李始榮·李東寧·安昌浩·金九 등이 上海에서 韓國獨立黨을 조직하다.(국편) 3.28. 총독부 경찰국이 동아일보사의 문맹퇴치 운동을 금지하다. 3.31. 서울 명륜동 중앙학림 자리에 불교전수학교(현 동국대학교)가 설립되다./ 한성은행이 정관을 개정하다. 3.-. 부산공회당이 준공되다.(1953.11. 부산역 대화재로 소실)/ 제4차 조선공산당이 차금봉을 책임비서로 하여 성립되다./ 부산축항 내 부산 제2잔교수축이 준공되다. 4.3. 동맹파업 중인 서울 大盛堂 印刷工 24명이 鍾路警察署에 被檢되다.(국편) 4.4. 대한민국임시정부 요원을 자칭하는 청년 2명이 경기도 安城郡 薇陽面 馬山里 金正基家에서 군자금 250圓을 탈취하다.(국편) 4.5. 平壤覆審法院이 上海韓人青年會 사건 피고 金道鉉에게 징역 4년, 金容錫에게 징역 2년에 집행유예 4년을 각각 언도하다.(국편) 4.7. 大邱地法이 上海에서 검거된 慶北儒林團事件 被告 金昌淑 외 2명의 예심을 종결하다.(국편) 4.13. 경성방송국이 전속 오케스트라를 조직하다. 4.16. 京城地法이 朝鮮日報 筆禍事件 被告인 발행인 安在鴻·편집인 白寬洙에게 각각 금고 4월을 선고하다./ '5인조 권총단'이 경북 慶山郡 南山面 寬洞에 출현하여 현금 800圓을 탈취하다./ 평남 順川郡 平元線鐵道 인부 50여 명이 임금 인상을 요구하며 파업하다./ 光州 松汀里 일원에 '朝鮮獨立宣言文'이 살포되다.(국편) 4.17. 독립자금 모금원을 자칭하는 청년이 경북 奉化郡 明湖面 陽谷里 부호 姜達聲家에 출현하여 3萬圓을 요구하다.(국편) 4.20. 경성부영 버스가 운행을 개시하다. 4.21. 新義州地法이 高麗革命黨事件 被告 李東求·金鳳國·宋憲·李東洛·吳成煥에게 무기~2년형을 선고하다.(국편) 4.22. 경성역을 기점으로 경성부영 버스 7대가 1구간 7전 요금으로 운행되다. 4.23. 참의부 문창숙(1898-1928)이 평양형무소에서 사형 순국하다. 그는 일본 밀정 홍종락을 암살한 혐의로 처형되다. 4.24. 衡平社 全朝鮮大會가 日本水平社 대표가 참석한 가운데 서울 천도교기념관에서 개최되다. 차별 철폐 운동을 兩社 공동으로 전개하고 衡平社總本部를 全國衡平總本部로 개칭할 것을 결의하다./ 平壤地檢이 義烈團員 金道元·金在國에게 징역 3년, 2년을 각각 구형하다.(국편) 4.25. 正義府員 金汝蓮·崔鳳禧가 新義州에서 경찰에 被逮되다.(국편) 4.26. 大邱地檢이 無政府主義 단체 眞友聯盟事件 피고 方漢相·申宰模에게 징역 5년을 구형하다.(국편) 4.-. 무대예술연극협회가 창립 공연을 개최하다. 공연 작품은 〈영겁의 처〉, 〈눈보라 치는 밤〉, 〈춤추는 말라리아〉이다./ 백우용이 아악채보를 제작하여 국악을 오선지로 채보하기 시작하다. 5.9. 《조선일보》가 제4차 무기정간을 당하다.(9.19.까지)《제남사건의 벽상관》 등 일본군 산둥 침략 비판 기사로 인해 발생하다. 5.12. 新義州 형무소에 수감 중인 吳東振을 구출하고자 잠입하였다가 체포된 正義府 10중대원 金汝蓮·崔鳳福이 송치되다.(국편) 5.14. 趙明河가 臺灣 臺中市에서 日王 明治의 장인 久邇宮邦彥王을 저격하고 피체되다.(국편) 5.20. 조선체육회가 '조선축구심판협회'를 창립하다.(1933.9. '조선축구협회'로 개칭) 5.22. 일본이 긴급 칙령으로 치안유지법 개정을 공포하다. 5.24. 경찰이 新幹會 槐山支會 간부 9명을 保安法違反 혐의로 公州支檢에 송치하다.(국편) 5.25. 京城覆審法院이 《朝鮮日報》 발행인 安在鴻에게 금고 8월을, 《中外日報》 필화사건 피고 李相協·李晶燮에게 각각 금고 2월, 징역 6월을 언도하다.(국편) 5.28. 《토지개량등기규칙》이 공포되다./ 무장독립군 6명이 間島 延吉縣에 출동하여 군자금을 모금하다. 5.29. 平壤覆審法院이 義軍府參謀長 全德元·張漢星에게 각각 징역 12년, 6년을 언도하다.(국편) 6.2. 長城·金堤·和順·全州 거주 청년 다수가 東洋拓殖會社 습격을 모의한 혐의로 裡里警察署에 被檢되다.(국편) 6.12. 독립운동 군자금 모집 계획과 관련하여 金堤 합동노동조합원 14명이 被檢되다.(국편) 6.13. 폭탄 제조와 화폐 위조 혐의로 검거된 金成萬·羅順同·玄基鳳 등이 帝令 위반, 강도 예비, 지폐 위조, 사기죄 등으로 京城地檢에 송치되다.(국편) 6.14. 定州 五山高普生들이 朝鮮語 교수 요구로 동맹휴학을 벌이다.(국편) 6.15. 경성 양정고보 학생들이 일본인 교사 배척과 학교 자치 등을 요구하며 동맹휴학을 단행하다.

일본

4.14. 경북 상주에서 일본인 면장을 배척하는 운동이 확산되다.

4.19. 제2차 산동 출병이 단행되다.

4.20. 고려혁명당 사건의 정원흠이 신의주지방법원에서 무기징역을 선고받다.

4.21. 正義府中央執行委員 金鐸一·6중대장 金輔國·地方行政委員長 金守根이 海龍縣 일본영사관 경찰에 被逮되다./ 在東京 韓人 유학생 10여 명이 일본공산당 사건 관련 혐의로 東京 品川警察署에 被逮되다.(국편)

4.22. 上海 獨立運動團體 社會革命黨員 蔡鎭根이 국내 잠입 시도 중 大連 부두에서 被逮되다.

4.23. 독립단원 4명이 間島 龍井에 출현하여 군자금 600원을 강징하다.(국편)

5.3. 일본군이 산동성에서 국민정부군과 충돌하여 제남사건이 발생하다.

5.9. 《조선일보》가 사설 「제남사변의 벽상관」을 게재하여 무기정간 처분을 받다.

5.12. 정의부 등 18개 재만 민족운동단체 대표들이 길림 화전현에서 유일당 촉성 문제를 협의하다.

5.14. 조명하가 대만에서 일본 왕족을 처단하려다 미수에 그치고, 10월 대만형무소에서 사형 순국하다.

5.17. 大連法院이 신민부원 李永祥·崔晉萬·蔡世允·朴秉燦·黃德煥에게 최고 무기, 최하 10년의 징역을 선고하다.(국편)

5.-. 南滿靑年總同盟이 吉林省 樺甸縣에서 正義府를 비롯한 18개 단체 대표들로 구성된 民族唯一黨組織促成會에 대표를 파견하고 촉성회에 가담하다(국편)

6.4. 관동군 하모토 참모가 장작림을 폭살시켜 만주사변의 도화선이 되다.

6.5. 李永行·方龍培가 중국 和龍縣 湖泉街에서 間島를 방문 중인 政務總監 池上四郎 암살 기도 혐의로 被檢되다.

6.7. 參議府 第5中隊員 金光秋가 奉天城內 保民會長 崔晶査家를 습격하다.(국편)

6.9. 대한민국임시정부 軍參隊를 자칭하는 청년 2명이 충북 丹陽郡 住谷面 寶發里에서 군자금을 징수하다.(국편)

6.14. 하얼빈 無産靑年會員 李起龍·金錫萬·金龍聲·韓國仁 등이 被檢되어 新義州警察署에 이송되다.(국편)

6.29. 許政 등 미국 뉴욕 거주 한인들이 주간 〈三一新報〉를 창간하다.

7.2. 일본 육군성이 한국 치안 경비를 담당할 독립수비대 설치를 계획하고 소요 예산을 대장성에 제출하다.

7.11. 한국 최초의 여류 비행사 박경원이 일본 비행경기대회에서 3등에 입상하다.

7.16. 正義府員 劉永副이 만주 安東에서 被逮되다.(국편)

7.18. 臺灣總督府 고등법원이 日王 明治의 장인 久邇宮邦彦王을 저격하고 체포된 趙明河에게 사형을 언도하다.(국편)

8.11. 高麗革命團派遣員 崔千鳳·金海山이 하얼빈에서 日本總領事館 경찰에 被逮되다.

8.15. 正義府 2중대장 張喆浩가 滿洲 撫松縣內 산중에서 중국 마적의 狙擊으로 사망하다.(국편)

8.17. 일본 北海道 철도공사 한인 인부들이 대우 개선을 요구하며 시위 중 일인과 충돌하여 다수 부상을 입고 60여 명이 被檢되다.(국편)

8.20. 正義府員이 중국 開原縣 下八棵樹에 출동하여 日 警密偵을 사살하다.

8.29. 조선공산당 고려공산청년회 일본부 회원 150여 명이 國恥日을 맞아 東京 新宿 백화점 앞에서 시위를 벌이고 23명이 被檢되다.(국편)

9.1. 正義府員 洪學淳·李園·安國亨이 遼寧省 土城子 거주 일경 密偵을 사살하다./ 滿洲 長春 權友會가 창립총회를 개최하다.

9.10. 독립군 2명이 평북 江界郡 曲河面 興州洞에서 군자금을 모금하다./ 孫貞道·崔東昨·李章寧 등이 東三省 한인사회를 대상으로 東省歸化韓族同鄕會를 조직하다.(국편)

9.18. 參議府軍事委員長 馬德昌이 奉天에서 일경에 被檢되다.(국편)

9.19. 참의부 군사위원장 마덕창(본명 李鍾赫)이 만주 奉天에서 피체되다./ 일경이 在日朝鮮勞動總同盟 神奈川縣勞動組合 주최 關東震災虐殺同胞5週年追悼會 개최 중 간부 28명을 검거하다.

9.22. 中國本部韓人靑年同盟支部 代表會議가 上海에서 개최되다.(국편)

9.-. 간도공산당사건이 발생하여 고려공산청년회 만주총국 동만도 관계자 72명이 검거되다.

10.3. 間島 龍井 日本總領事가 東滿靑年同盟·東滿朝鮮勞動同盟 등 朝鮮人團體協議會 所屬 110개 단체에 해산을 명령하다.

10.4. 조선의열단이 제3차 전국대표대회를 개최하다./ 新民府 宣傳部員 白承烈이 吉長線 열차 내에서 중국군에 被逮되다.(국편)

10.6. 중국 廣東을 중심으로 활동하던 韓國革命黨員 梁河錫·崔河淸·崔承淵이 上海 일본총영사관 경찰에 被逮되다.

10.7. 李根泰·吳龍起가 일본군 부대에 적화 선전문을 배포한 혐의로 하얼빈 警察署에 被檢되다.(국편)

10.8. 蔣介石이 中國國民政府 主席에 취임하다.(국편)

10.9. 滿洲 長春 高麗靑年會 간부 盧鳳燮·李秉鐸·盧鍊熙·金大海·金品逢·李貞一·朴明樺·趙東根 등이 長春警察署에 被逮되다.

10.10. 조명하가 대만에서 일본 육군대장을 처단하려다 대만형무소에서 사형 순국하다./ 모스크바공산대학 출신 7명이 코민테른으로부터 조선공산당 재건 밀명을 받고 국내에 잠입하다.(국편)

10.12. 參議府 간부 金相玉 등 40여 명이 通化縣에서 일경에 被檢되다./ 上海韓人靑年同盟員 羅生·韓國志·崔明信이 東京警視廳에 被檢되다.

10.16. 임정 초대 외무총장 박용만이 밀정으로 오인되어 의열단원 이해명에게 피살되다.

11.8. 參議府 간부 金相玉·金東一 등 40여 명이 通化縣 일본영사관 경찰의 급습으로 被檢되다.(국편)

11.9. 新民府員 李雲鋤·尹斗赫과 프로청년회원 徐榮翼·金秀洙 등 4명이 하얼빈 일본영사관 경찰에 被逮되다./ 正義府員 金昌林이 旅順刑務所에서 사형 집행되다.(국편)

11.14. 正義府員 洪繼信·崔龍燮이 奉天 일본영사관 경찰에 被檢되다.(국편)

11.15. 吉林 大屯에서 正義府 주력파·新民府 민정파·參議府 비주력파가 회합하여 통합을 협의하다.

연도	한국
▲ 1928 ▼	6.16. 《임시교육심의위원회 규정》이 제정되어 교육 자문기구가 설치되다. 위원장은 정무총감이다./ 조선물산장려회관에서 '전경성공업자대회'가 개최되어 조선인 공업자들의 첫 모임이 열리다./ 總督府 學務局이 각급 학교장에게 동맹휴학 가담자에 대한 엄중조치를 경고하다./ 釜山第2商業學校生이 日人 교장을 배척하며 동맹휴학을 벌이다.(국편)/ 조선 상업은행이 삼남은행과 합병하다. 6.19. 잡지 〈朝鮮之光〉 발행인 이성태가 被檢되다./ 경찰이 동맹휴학 중인 馬山私立濠信學校生들에게 暴行取締令을 적용하여 수십 명을 검거하다.(국편) 6.20. 충남 唐津 新平公立普通學校生이 일인 교장을 배척하며 동맹휴학을 벌이다. 6.23. 임시교과서조사위원회가 설치되어 식민교육을 위한 교과서 편찬안을 심의하다. 6.24. 光州高普生이 일인 교장을 배척하며 동맹휴학을 벌이다.(국편) 6.26. 釜山第2商業學校 동맹휴학 주동 학생 16명이 경찰에 被檢되다.(국편) 6.27. 全州農業學校生들이 일인 교장 및 교사를 배척하며 동맹휴학을 벌이다. 6.28. 京城地檢이 參議府員 李壽興·柳澤秀에게 사형을 구형하다.(국편) 6.29. 치안유지법이 개정되어 국체 변혁 결사조직 주동자 및 지도자에 대해 사형과 무기징역을 규정하다./ 平壤地法이 군자금 모금 활동 중 검거된 軍政署員 宣圭煥에게 징역 10년을 언도하다. 6.-. 보통학교 증설 계획이 수립되어 1929년부터 8년간 '1면 1교' 목표를 세우다. 7.1. 조선총독부가 《소작관행에 관한 건》을 시달하여 소작계약의 서면화와 소작료 운반 규정을 권장하다.(국편)/ 조선철도주식회사가 경동선을 매수하여 동해중부선으로 개칭하다. 7.2. 평양 영신양말공장 등록 상표에 태극 무늬가 있다는 이유로 압수되다./ 光州女子高等普通學校가 일인 교원을 배척하며 동맹휴학을벌이다.(국편)/ 평양 영신양말공장 제품이 태극 무늬를 사용했다는 이유로 압수되다. 7.3. 일제가 좌익사상을 단속하기 위해 전국에 특별고등경찰망을 확대하다. 7.4. 新義州地檢이 의열단원 羅錫疇의 동지 李化翼·崔天浩에게 각각 징역 15년, 5년을 구형하다.(국편) 7.5. 조선공산당에 대한 제4차 검거가 시작되어 170여 명이 피검되다.(국편) 7.6. 윤덕영과 민병석이 중추원 고문에 임명되다. 7.8. 경찰이 신간회 경북 善山支會 회관을 수색하고 회원 2명을 검거하다.(국편) 7.10. 京城地法이 참의부원 李壽興·柳南秀에게 각각 사형과 징역 2년을 언도하다.(국편) 7.14. 제5차 朝鮮共産黨 조직 혐의자 10여 명이 被逮되다./ 경찰의 조건부 집회 금지 해제로 槿友會 전국대회가 천도교기념관에서 개최되다.(국편)/ 제4차 조선공산당 조직 혐의로 안광천·한위건 등 10여 명이 피체되다. 7.16. 근우회 전국임시대회가 천도교 기념관에서 개최되다. 7.19. 上海 臨時政府 군자금 모금원 吳文奉이 평북 宣川郡 山面 龍耕洞에서 모금 활동 중 일경에 被檢되다.(국편) 7.24. 경찰이 비밀 항일운동단체 '丁黨' 관계자 盧且用·張澤遠·郭東英·李康熙·文相直·柳尙默·鄭太鳳·吳進文·李相和·李相決을 治安維持法違反罪로 大邱地檢에 송치하다.(국편) 7.26. 總督府 政務總監이 小作權 任意移動 제한과 爭議調整을 목적으로 臨時小作調査委員會에서 조사한 소작 관행 개정안을 발표하다.(국편) 7.31. 경남은행이 대구은행과 통합하여 경상합동은행을 설립하다./ 경북 일대에서 군자금 모금 활동을 하던 新民府員 孫鳳鉉·申陽春·尹昌善·孫亮尹 등이 피검되다. 8.3. 京城地法이 朝鮮共産黨事件 피고 李啓心에게 징역 2년을 언도하다.(국편) 8.9. 新義州地法이 參議府 上等兵 金奎憲에게 징역 15년을 선고하다.(국편) 8.11. 新民府와 연락하여 군자금 모금 활동 중 검거된 申鉉圭가 鍾路警察署에서 疑問死하다./ 《조선금융제도조사회 규정》이 공포되다.(국편) 8.12. '農民과 衡平社員은 同一한 社會的 立場'이라는 발언에 격분한 농민 수백 명이 衡平社 忠南大會가 개최 중이던 禮山衡平支社를 습격하다.(국편) 8.17. 新義州地法이 참의부원 李雲鳳에게 징역 10년을 언도하다.(국편) 8.21. 조선금융제도조사회가 개최되다. 8.29. 新義州 형무소 내 未決囚 200여 명이 國恥日에 단식을 개시하다.(국편) 8.-. 조선총독부 내무국이 한국인 성씨 분포를 조사하여 총 492개 성씨를 확인하다. 9.1. 전 여객열차에 경찰이 승무하는 이동경찰제가 신설되어 실시되다./ 第一高普·中央·徽文·培材·中東·儆新·普成 등 서울 시내 각 학교 독서회원 12명이 被檢되다. 9.11. 參議府員 李昌連이 국경 경비 상황을 정탐 중 경찰에 被檢되다.(국편) 9.15. 수원농고생들의 비밀결사 '조선개척사'가 발각되어 김익수 등 11명이 피검되다. 9.18. 경찰이 新幹會·槿友會·天道教青年同盟 대표 11명을 소환하여 在滿同胞封策講究 금지를 통고하다. 9.19. 조선독립단원 장관청·장하청이 新義州地方法院에서 무기징역을 선고받다./ 미산리 천주교회에 김대건 신부 묘소를 기념하는 성당이 건립되다./ 新義州地法이 조선독립단원 張官淸·張河淸에게 무기징역을 언도하다.(국편)

일본

11.19. 參議府 軍事委員長 馬德昌이 奉天에서 밀정의 밀고로 被逮되다.(국편)

11.26. 正義府員 李滿葉·朴在秀가 중국 開原·淸原 등지에서 활동 중 茶溝宿所에서 경찰과 접전하여 李滿葉은 被殺되고 朴在秀는 被檢되다.

11.29. 독립군이 南滿洲 撫順 上章黨에서 경찰과 교전하다.(국편)

11.30. 在中韓人靑年同盟 上海支部가 '全革命群衆에 激함' 제하의 격문을 발표하여 滿洲에서의 일본 경관 만행을 폭로하다./ 新義州地法이 參議府 參士 黃學奉에게 사형, 密偵 尹昌龍을 사살한 尹學昇에게 무기징역을 선고하다./ 평북 龍川郡 不二西鮮農場 소작인들이 고율 소작료에 항의하며 소작 쟁의를 벌이다.(국편)

11.-. 이청천이 동만주 밀산에 고려혁명사관학교를 설립하다.

12.7. 코민테른이 '12월 테제'를 하달하여 조선공산당 승인을 취소하고 재건을 명령하다.

12.29. 장개석의 국민정부가 중국 통일을 선언하다.

12.-. 新民府 군정파(김좌진)·參議府 주류파(김승학)·正義府 탈퇴파(김동삼) 등이 혁신의회를 결성하다./ 3부 요인들이 民族唯一黨在滿策進會를 결성하여 민족유일당 촉성을 위한 임시 준비기관을 마련하다.

9.25. 平壤覆審法院이 齋藤實 총독 저격사건 피고 參議府員 李義俊·金昌均에게 사형을 언도하다.(국편)

9.27. 대구고보 2·3학년생 190명이 빈번한 교사 교체에 반발하여 맹휴에 돌입하고 무기정학 처분을 받다.

9.-. 조선경제협회가 '조선금융조합협회'로 개편되어 각도 금융조합연합회 간 긴밀한 유대를 강화하다.

10.1. 박승희 등이 연극단체 토월회를 재조직하다./ 함경선(원산-회령) 전 구간이 개통되어 나남에서 전통식이 거행되다.

10.3. 新義州地法이 統義府員 金泰奎에게 징역 15년을 언도하다.(국편)

10.7. 서울 서소문동에 경성고등법원·복심법원·지방법원 청사가 낙성되다.(1995년 서초동으로 이전)/ 서울에서 전국변호사대회가 개최되어 보안법 폐기가 가결되다.

10.8. 水原 梁承寬家에서 군자금을 요구한 秦内榮·尹永壽가 仁川에서 被檢되다./ 전국변호사대회가 서울에서 개최되어 보안법 폐기를 가결하다.

10.9. 조선어연구회가 '한글날'(가갸날 개칭)을 제정하다.

10.10. 독립군 3명이 평북 龜城郡 天摩面 新頭里에서 군자금을 모금하다.(국편)

10.11. 대구·경주 간 3등 경유 동차 운행이 개시되다./ 남대문-효자동 간 전차선로가 준공되다.

10.13. 宋炳采·金雲善·韓炳宣 등 서울 시내 각 高普 학생지도자 19명이 同盟休學擁護同盟 檄文配布事件과 관련하여 被檢되다./ 高敞高普生이 일인 교장을 배척하며 동맹휴학을 벌이다.(국편)

10.15. 제1회 전문학교 대음악회가 개최되어 이화·숭실·세브란스·연희 등 4개 전문학교가 참여하다.

10.16. 독립운동가 박용만(1881-1928)이 북경에서 의열단원 이해명에게 변절자로 오인받아 피살되다.

10.18. 張鎭弘이 朝鮮銀行 大邱支店 폭파를 기도하였으나 실패하다./ 參議府 소대장 玄昌周·卓應善·金利錫이 친일단체 鮮民府의 밀고로 被逮되다.(국편)

10.31. 新義州地法이 宣川警察署 投彈事件 피고 林龍日에게 무기징역을 언도하다.(국편)

10.-. 서울 전차선로(남대문-효자동)가 준공되다./ 지청천이 풍옥상과 밀약하여 만주 밀산에 고려혁명사관학교를 설립하다.

11.2. 이기세·염상섭·양백화·김운정 등이 조선문예영화협회를 창립하다.

11.9. 선천폭탄사건의 임용일이 新義州地方法院에서 무기징역을 선고받다./ 正義府 제5중대 李振武·金啓元·朴仁弘이 평북 義州郡 黃坪面 靑水洞에서 淸城警察署 경찰과 교전하다.(국편)

11.10. 總督府 學務局이 각급 학교 동맹휴학과 관련하여 처벌된 학생 2천여 명 전원의 복교 방침을 발표하다(국편)./ 大邱 社會科學硏究會 事件 피고 張鍾煥 등 25명이 大邱地檢에 송치되다.

11.15. 평북 泰川郡 東面에 청년 2명이 출현하여 군자금을 요구하다.(국편)

11.17. 鍾路警察署에 검거된 學生社會科學硏究會員 18명이 무혐의로 석방되다.(국편)

11.18. 大邱 學生赤友事件 관계자 50여 명이 被檢되다.(국편)

11.21. 홍명희의 장편소설 《임꺽정전》이 《조선일보》에 연재되기 시작하다.(1939.3.까지)/ 新幹會 博川支會長 朱土鳳이 保安法 및 出版法 위반 혐의로 新義州地檢에 송치되다.(국편)

11.25. 參議府 제4중대장 金尙沃 이하 10명이 江界地檢에 송치되다.(국편)

11.26. 京城地法이 조선공산당 滿洲總局 사건 피고 공판을 비공개로 개정하다.(국편)

11.28. 慶北儒林團事件 피고 金昌淑·鄭守基에 대한 언도공판이 大邱地法에서 개정되어 金昌淑에게 징역 14년, 鄭守基에게 징역 2년 6월이 언도되다.(국편)

11.-. 경성방송국이 〈이왕직 아악의 밤〉 방송을 실시하다./ 경성방송국이 일본방송협회와 중계연락방송 시험을 성공시키다./ 정창선이 충남 논산군 두마면에서 만인교를 장시하다.

12.2. 경북 울산 삼산리에 울산비행장이 개장되어 일본·조선·중국 대륙을 연결하다./ 조선소방협회가 조직되어 848개 조합, 54,583명의 소방조원을 두다.(1939.10.까지 존속)

연도	한국
▲ 1928	12.5. 京城地法이 間島 공산당사건 피고 28명에 대한 공판을 속개하여 新治安維持法을 적용하고 崔元澤에게 8년, 金正煥에게 5년, 林啓學에게 4년을 선고하다.(국편) 12.6. 만주 독립운동단체 의성단 단장 편강열(1892~1928)이 신의주형무소에서 병보석 후 사망하다./《중외일보》가 사설 「직업화와 추화」를 게재하여 발행정지 처분을 받다. 12.10. 경찰이 평북 龍川 不二農場 소작인 임시총회를 금지하다./ 코민테른 집행위원회 정치서기국이 조선공산당 해체를 전제로 재조직 방침에 대한 문건인 12월 테제를 정식 채택하다.(국편)
1929 ▼	【한국】 1.4. 新幹會 長城支會 부회장 宋鍾根이 출판법 위반 혐의로 검사국에 송치되다.(국편) 1.6. 晋州警察署가 晋州社會科學硏究會에 해산을 명령하다.(국편) 1.7. 平壤禁酒斷煙同盟會가 朝鮮物産奬勵會와 공동으로 대규모 선전 활동을 결의하다./ 滿洲 長白縣 15道溝에서 독립운동에 종사하던 朴順熙·吳姓女가 권총과 탄약 500발을 갖고 입국 중 함남 三水郡 好仁에서 연루자 邊永秀·高周鳳 등과 함께 피검되다.(국편) 1.9. 경성자유노동조합이 노동자치회를 통합하여 경성노동동우회를 조직하다. 1.13. 원산부두 文平製油所 칙공·운수노동자 1,400명이 노동조건 개선을 요구하며 총파업을 벌이다.(4.6.까지)/ 함남 嶺山 駐在所를 습격하였던 정의부원 吳尙鎬가 孟山에서 피검되다.(국편) 1.23. 元山 시내 노동자 2,000여 명이 총파업을 단행하다. 咸南警察部는 전 경찰력을 元山에 투입하여 경계하다./ 元山 주재 中國領事가 元山 府尹에게 파업과 관련하여 중국인 노동자를 모집·사용하지 말 것을 요구하다./ 대한민국임시정부 특파원 1명이 경남 金海郡 大渚面에서 군자금을 모금한 뒤 잠적하다.(국편) 1.24.《中外日報》필화사건 구형 공판이 京城地法에서 개정되어 발행인 李相協에게 벌금 200원, 필자 민태원에게 징역 4개월이 언도되다.(국편) 1.25. 참의부 李義準(1893~1929)이 압록강변에서 총독 사이토를 저격한 뒤 平壤刑務所에서 사형 순국하다./ 조선공산당 재건준비위원회가 '12월 테제'를 만장일치로 지지하고 조선공산당 재조직을 결정하다./ 朝鮮總督府가 '1面 1校' 계획을 하달하다.(4.1.부터 실시) 1.26. 學生前衛同盟事件과 관련하여 徽新學校 학생 39명이 피검되다.(국편)/《朝鮮漁業令》이 개정 공포되어 어업 규제가 강화되다.(1930.5.1. 시행) 1.27. 충남 公州 시민들이 금강관에서 道廳 이전 반대 시민대회를 개최하다./ 元山勞動聯合會가 총파업을 결의하다. 1.28. 평북 龍川郡 不二農場 소작인 대표 32명이 上京하여 總督府 殖産局長을 면담하고 소작조건 개선을 요구하다./ 參議府 제1중대 소대장 李義俊이 平壤刑務所에서 사형 집행되다.(국편) 1.29. 義烈團員 金始顯이 大邱刑務所에서 출옥하다./ 경찰이 元山勞動組合聯合會 糾察隊 10명을 검거하다./ 在滿 각 단체 연합회가 元山 노동쟁의 문제를 협의하고 격문 발송·同情金 모금·비판대회 개최를 결의하다.(국편) 2.1. 천주교 용산신학교가 학제를 변경하여 초등, 중등, 고등 과정으로 분리하다. 2.1. 중앙기독교청년회가《농촌청년》을 창간하다.(청년잡지사 발행) 2.1. 최정균이 전남 광주에 한인 경영 최초의 자동차학교를 설립하다. 2.2.《조선공립소학교장 및 공립보통학교장 우대령》이 공포되어 시행되다. 2.14. 장진홍이 조선은행 대구지점 폭파 혐의로 일본 오사카에서 일본 경찰에 체포되다. 2.18. 원산노동연합회가 총독부의 노동운동 탄압에 항의하다. 2.19.《사립학교 규정》이 개정되어 조선인 사립학교가 학교 유사단체라는 명목 하에 폐교될 수 있게 하다.(국편) 2.22. 문학인과 음악인들이 '조선가요협회'를 결성하여 퇴폐적·현실도피적 가요를 배격하다. 2.23. 新民府員 李用萬이 城津에 잠입하였다가 총상을 입고 松興溫泉에서 치료 중 피체되다.(국편) 2.25. 경기도警察部가 3·1절 10주년에 대비하여 특별경비대를 조직하고 비상경계에 돌입하다.(국편) 2.27. 參議府員으로 단신 입국하여 東小門 파출소 및 利川 玄方警察官 주재소, 栢沙面 사무소 등을 습격한 후 체포되어 사형 언도를 받은 李壽興이 서대문형무소에서 형 집행되다.(국편) 3.1. 불교연구회가 開運寺에 설립되다./ 朝鮮共産黨 滿洲總局 책임비서 朴有德이 서울 本町署에 피체되다. 3.3. 김종량·유두찬 등 공업기술자들이 '조선공학회'를 설립하다. 3.11. 朝鮮總督府가 신간회 전국대회를 금지하다./ 京城地檢이 無政府主義者東方聯盟秘密結社事件 피고 李丁奎에게 징역 4년을 구형하다.(국편) 3.14. 재경 일본인들이 京城橄欖球蹴球協會를 창립하다./ 서대문형무소에서 옥사한 車今奉의 同志葬 장의 행렬이 서대문 외곽에서 경찰과 충돌하다. 3.18. 京城地法이 無政府主義者東邦聯盟秘密結社事件 피고 李正奎에게 징역 3년을 언도하다./ 서울 革友靑年同盟 임시대회가 명칭을 京城靑年同盟으로 개칭하다.(국편) 3.21. 京城地法이 朝鮮學生盟休擁護全國同盟事件 피고 李鍾律·李守燮·金正洙에게 징역 3년을 언도하다.(국편) 3.22.《朝鮮日報》가 소비절약, 상식보급, 건강증진, 색의단발의사 운동을 전개하다.(5.1.까지)

일본

12.15. 한국에 조선구세군 자선냄비가 처음 등장하다.

12.20. 崔南善이 朝鮮史編修會 委員에 被囑되다./ 京城覆審法院이 參議府員 柳澤秀에게 사형을 확정하다.(국편)

12.21. 장두현 등 조선물산장려회 인사들이 고려발명협회 창립총회를 개최하다./ 總督府가 1928년도 학생운동 참가자 약 3만 명, 참가 학교 54개교라고 집계 발표하다.(국편)

12.24.《저축은행법》이 전면 개정되어 민족자본 발전을 억제하고 자본금 기준을 200만 원으로 인상하다.(1929.1. 시행)

12.29.《시가지세령》이 폐지되고《지세령》으로 통일되다./《탄전조사위원회 규칙》이 공포되다.

【일본·해외】

1.16. 義成團長 片康烈이 중국 安東縣에서 병사하다./ 正·義府 海員總管所員 3명, 日警의 요청을 받은 중국 관헌에 被逮되다.(국편)

1.17. 노동대중당이 결성되다.

1.29. 동경 경시청이 재동경 한인단체를 총수색하다./ 중국 反日會, '朝鮮獨立運動을 援助하는 宣言' 결의를 발표하다.

2.1. 新幹會 日本 名古屋支會가 설립되고 지회장에 李玟澤이 선출되다.(국편)

2.8. 參議府 參議長 金希山·軍事長 金剛 등 3명이 桓仁縣 大荒溝에서 日警에 피검되다.(국편)

2.14. 張鎭弘이 조선은행 大邱지점 폭파 혐의로 일본 大阪 猪飼町에서 日警에 피체되다.(국편)

2.16. 중국 吉林省 정부 수석 張作相이 省內 각 지방 장관에게 한인 교육기관을 철폐할 것을 훈령하다.(국편)

2.-. 봉천·길림 등지의 20여 개 청년단체가 통합되어 남만한인청년동맹이 조직되다.

3.1. 한국독립당이 결성되다./ 新幹會 東京支會 등 각 단체의 3.1운동 기념일 시위계획이 적발되어 50여 명이 피검되다.(국편)

3.11. 3월 18일과 19일 양일간 개최 예정이던 신간회 전국대회가 총독부에 의해 금지당하다.

4.1. 정의부·참의부·신민부 3부 대표가 만주 길림성에서 통일회를 개최하고, 3부를 통합하여 국민부를 수립하다.

4.5. 재만동포 驅逐 재연, 長春에서 경찰과 군대가 출동하여 韓人 撤退를 강요하고 불응자의 가택을 파괴·폭행하다./ 중국 국민정부가 張學良에게 한인 교육기관의 철폐를 밀명하다.(국편)

4.16. 4·16 사건으로 공산당원이 대량 검거되다.

4.19. 正義府員 金承平이 군자금 모금 중 安東縣 영사관 경찰에 被檢되다.(국편)

5.15. 일본 川崎市에서 在日本朝鮮勞動總同盟과 朝鮮勞動組合 相愛會支部 소속 노동자 수백 명이 충돌하다.(국편)

6.2. 間島 琿春지방 한인 사립학교장 35명이 학교 폐쇄문제로 교장 회의를 개최하고 '사립교를 死線에서 구하자'는 구호 아래 吉林 정부에 진정위원을 파견하다.(국편)

6.3. 일본 경찰, 神奈川縣에서 相愛會를 습격한 韓人 노동자 崔貴錫 외 20여 명을 기소하다.

6.12. 밀정 李奎夏를 사살한 正義府 柳河縣 6중대원 金用澤이 柳河縣에서 중국 관헌에 피체되어 奉天 일본 영사관에 신변이 인도되다.

6.21. 滿洲 吉林省 교육청장 王華林이 延吉·和龍·琿春·汪淸 등 4縣 교육 국장에게 조선인 사립학교를 일률적으로 폐지할 것을 훈령하다./ 하얼빈 주둔 일본군에 군국주의 해방전단을 살포하고 검거된 金根泰·黃起龍이 新義州地法에서 징역 2년을 언도받다.(국편)

6.21. 일본과 만주 등지에서 입국해 공산당을 재건하려던 인정식 등 50여 명이 일경에 체포되다.

7.1. 신간회 전국복대표 전체대행대회가 중앙기독교청년회관에서 개최되어, 간사제에서 집행위원제로 직제가 개편되다.

7.5. 高麗革命軍 수령 白雲峰이 하얼빈에서 피체되다.

7.9. 독립운동가 이시영이 만주에서 사망하다.

7.19. 在上海 조선인들이 仁成 학교에 회집하여 중국 국적을 가진 呂運亨을 일본 영사관이 체포한 것은 부당하다는 내용의 항의문을 중국 國民政府 외교부에 발송하다.

7.-. 김좌진 등이 만주 영안현에서 신민부를 토대로 한족총연합회를 조직하다.(주석 김좌진)

8.3. 경찰서에 의한「一時歸鮮証明書」제도를 실시하다.

8.9. 김구가 상해교민단장이 되다.

8.25. 吉林省 정부 주석 張作霖이 韓人監視 및 한인의 불온문서 압수 등을 내용으로 하는 조선독립주의자 단속에 관한 通令을 발포하다.(국편).

9.10. 일본 문부성이 교화단체 총동원을 행하여 중앙교화단체연합회를 설립하다.

9.13. 도쿄시가 한인 노동자 2만 명의 송환을 결정하다.

9.-. 길림 국민부 사무소에서 '조선혁명당'이 결성되어 국민부의 정당적 성격을 띠게 되다.

10.6. 중국군이 러시아의 밀정 혐의로 河縣 錦富에서 한인 180여 명을 학살하다.(국편)

10.8. 正義府 前 管轄區長 申尙淳이 長春에서 일경에 피체되다.(국편)

10.16. 國民府 간부 金文學·金輔安이 재만한인총동맹의 崔峰·李泰熙·池雲山·李光先·韓義哲·李夢烈 등을 사살하다./ 중국 通化縣에서 일경에 체포된 正義府員 河尙鎬·崔學承이 新義州 檢事局에 송치되다.(국편)

10.19. 前 參議府 民事委員長 張基礎가 通化縣 羅圈溝에서 일경에 피체되다.(국편)

10.24. 뉴욕 증권시장에서 株價가 폭락하여 세계경제 대공황이 시작되다.(국편)

10.30. 기차 통학하던 광주고등보통학교 한국인 학생과 광주중학교 일본인 학생이 나주역에서 충돌하다.

10.31. 오사카시가 오사카국제비행장 구역에 거주하는 200여 명의 한인을 강제 이주시킨다.

11.3. 광주학생운동이 일어나다.

11.4. 신간회가 광주학생운동 조사를 위해 긴급 간부회의를 소집하다.

연도	한국
▲ 1929 ▼	3.25. 京城地法이 朝鮮共産黨事件 피고 姜壎·朴燦式·金泰均 등에 대한 공판을 개정하여 朴燦式에게 징역 3년, 姜壎·金泰均에게 각각 징역 2년을 언도하다./ 元山勞動組合聯合會가 荷役業者의 복업 요청을 수락하고 관계 노동자에게 복업을 명령하다.(국편) 3.26. 靑源靑年會 주최로 제1회 서도축구대회가 개최되다. 3.28. 타고르가 《東亞日報》에 〈조선은 아세아의 등불〉이라는 기고문을 게재하다. 3.29. 《航空郵便規則》이 공포되어 4.1.부터 시행되다./ 崔鉉培가 문법서 『우리말본』 제1편을 간행하다. 3.31. 文仲賢·車周相 등 24명이 공산주의 비밀결사 혐의로 피검되어 서울로 압송되다.(국편) 4.1. 여의도비행장(경성비행장)이 개장되어 일본·한국·만주를 잇는 항공수송의 요지로 확장되다. 4.1. 日本航空輸送株式會社가 東京—蔚山, 蔚山—大連 항공로를 개설하다. 4.2. 咸南 咸興靑年同盟이 정기대회 개최 중 경찰의 간섭에 분개한 군중이 시위를 벌이다.(국편) 4.3. 元山勞動組合聯合會 간부 李永櫓 등 40명이 피검되다.(국편) 4.6. 咸興高普 학생들이 朝鮮歷史·朝鮮語 교사 배정을 요구하며 동맹휴학하다./ 元山勞動聯合會가 자유복업을 결의하며 총파업하다.(국편) 4.8. 釜山 조선직공조합원들이 임금 인상을 요구하며 총파업하다. 4.10. 高麗革命軍 중앙집행위원장 겸 참모장 崔承廣과 중앙집행위원 朴斗用이 新義州에서 경찰에 피체되다.(국편) 4.11. 《資源調査法》이 공포되어 인적·물적 자원 조사가 강행되다.(12.1. 시행) 4.12. 京城地法이 독립운동 자금 마련차 朝鮮銀行券을 위조한 劉範圭·金成萬에게 징역 5년, 白順和에게 징역 4년을 언도하다.(국편) 4.13. 平壤覆審法院이 哈爾濱에서 高麗프로靑年會를 조직하여 활동 중 검거된 金龍聲·金起龍·金仁鳳·韓國仁에게 각각 징역 3~1년을 언도 실패를 선언하다. 4.17. 제2차 朝鮮共産黨 책임비서 姜達永이 서대문형무소에 수감 중 병세 위독으로 외부 면회를 허용받다.(국편) 4.18. 共鳴團 최양옥·金正連·李善九가 양주 馬峙嶺(망우리)에서 일본 우편차를 습격하고 현금을 탈취하다. 4.19. 《朝鮮敎育令》이 개정·공포되어 師範學校 特科가 폐지되고 尋常科가 설치되다. 4.20. 망우리에서 우편차를 습격한 共鳴團員 2명이 京城 黃金町에 잠입하다. 경찰이 이들을 체포하기 위해 120명의 결사대를 조직하다.(국편) 4.21. 망우리에서 우편차를 습격한 共鳴團員 崔養玉·金正連·李善九가 피체되다.(국편) 4.22. 서울에서 전세전차가 전복되어 鎭明女學校 학생 70여 명이 중경상을 입다. 4.23. 通義府員 全學洙가 밀정을 처단한 후 체포되어 平壤覆審法院에서 사형을 언도받고 7.27. 순국하다. 4.24. 朝鮮衡平社가 제7회 전국대회를 天道敎紀念館에서 개최하다. 경찰이 東京水平社·廣島縣水平社 등에서 보낸 祝文을 압수하다.(국편) 5.1. 朝鮮衡平社 總本部가 기관지 《精進》을 간행하다. 5.3. 平壤에서 梁柱東이 월간 문예잡지 《文藝公論》을 창간하다.(편집 겸 발행인 方仁根) 5.4. 정의부원 金宗柱가 平壤覆審法院에서 무기징역을 언도받다./ 平壤覆審法院이 정의부원 金宗柱에 무기·李善澤에 2년형을 각각 선고하다.(국편) 5.5. 京城 여의도에 朝鮮飛行學校가 개교하다.(교장 申登旭) 5.6. 咸興高等普通學校 2·3학년 학생들이 朝鮮史와 朝鮮語文法 교수 요구를 내걸고 동맹휴학을 단행하다. 5.7. 민사소송법 개정에 따라 민사령, 형사령, 총독부재판소령 등이 개정 공포되다. 5.8. 京城地法이 제3 국제공산당사건 공판을 개정하여 海蔘威 特派員 張志雲에 징역 5년, 董承鉉에 징역 2년을 각각 언도하다.(국편) 5.9. 高炳敦 등이 종합문예지 《朝鮮文藝》를 창간하다.(1929.6.까지 발간)/ 釜山地法이 蔚山靑年同盟事件 피고 曺亨珍·姜徹에 치안유지법·보안법·출판법을 적용하여 각각 징역 2년을, 權又洛에 징역 1년을 언도하다.(국편)/ 平壤市內 9개 고무공장 노동자들이 임금 인상을 요구하며 파업하다. 5.10. 망우리 우편 자동차 습격 사건의 共鳴團員 崔養玉·金正連·李善九가 京城地檢에 송치되다.(국편) 5.13. 參議府 軍事委員長 馬德昌(本名 李鍾赫)이 平壤覆審法院에서 징역 5년을 언도받고 출옥 후 병사하다. 5.14. 경찰이 大韓民國臨時政府 政治局 지휘하의 江原·咸南 地方 結社를 탐지하여 150여 명을 검거하고 소련제 폭탄·권총·선전문 등을 압수하다.(국편) 5.20. 在滿獨立軍 李應瑞·金汝鍊·孫容俊이 국내 잠입 중 피검되다. 李應瑞는 1932년에 무기징역이 확정되다. 5.21. 平壤覆審法院이 參議府 軍事委員長 李鍾赫에게 징역 5년을 언도하다.(국편) 5.22. 釜山地檢이 密陽少年同盟事件 피고 金鍾泰에게 징역 5년을 구형하다.(국편) 5.23. 경북 儒林團 사건의 金昌淑이 형집행정지로 大田刑務所에서 출옥하다./ 平壤地法이 李英 등 非正統派 조선공산당사건 공판을 개정하다.(국편) 5.25. 경찰이 水原靑年會 사무실을 수색하고 위원장 申忠을 구속하다./ 平北警察部가 新義州高普 사건 혐의자 색출차 서울

일본

11.7. 반제국주의민족독립지지동맹 일본지부가 결성되다.

12.14. 재일 유학생과 신간회 회원들이 도쿄에서 광주학생운동 비판 연설회를 개최하다.

12.27. 東京 神田 美土代町에서 光州 학생운동에 호응한 시위계획이 적발되어 76명이 피검되다.(국편)

　에 출장하여 시내 각 단체를 수색하다.(국편)

5.28. 非理論派 朝鮮共産黨事件이 平壤地法에서 비공개 공판으로 진행되어 李英 등 14명에게 징역 1년~4년이 각각 구형되다./ 平壤覆審法院이 韓人青年會 사건 피고 玄鼎健 등 6명에 대한 공판을 개정하고 피고들로부터 金炳魯를 변호인으로 선임받다./ 密偵 살해 후 체포된 參議府員 張成奎 공판이 平壤覆審法院에서 개정되어 징역 15년이 구형되다.(국편)

5.31. 京城地法이 中國本部韓人青年同盟 上海支部 집행위원장 趙漢用에 대한 비공개 공판을 개정하여 징역 5년을 구형하다.(국편)

5.-. 元山—平壤 간 自動車線이 개설되다./ 朝鮮總督府가 諺文綴字法調査委員會를 설치하여 철자법 개정을 추진하다./ 國民府 事務所에서 정규군 朝鮮革命軍이 창설되어 南滿洲에서 무장투쟁을 전개하다.(1938.9.까지)

6.1. 大邱·平壤官立師範學校가 수업을 개시하다./ 參議府員 張成奎가 密偵 처단 후 피체되어 平壤覆審法院에서 징역 15년을 언도받다.

6.2. 興州義兵將 安秉瓚(1854~1929)이 사망하다.

6.3. 平壤 大同江驛 공사장 인부 170여 명이 임금 인상을 요구하며 동맹파업하다.

6.4. 木浦商業學校 한인 학생들이 일인 학생과의 차별대우에 반발하여 맹휴하다./ 平壤地法, 非正統派 朝鮮共産黨事件 공판 개정. 中央執行委員長 李英 등 13명에게 징역 6월-4년을 각 언도하다.(국편)

6.5. 新義州地法, 參議府 第2中隊長 王京學·朴時伯에 무기·15년 징역을 각 언도하다.(국편)/ 參義府 第2中隊長 王京學·朴時伯이 新義州地方法院에서 무기징역 및 징역 15년을 언도받다.

6.6. 全南 寶城의 鐵道工事 인부 1천여 명이 임금 인상과 현금 지급을 요구하며 파업하다.

6.10. 《鐸務省官制》가 공포되다./ 總督府, 불교 재산에 대한 통제를 강화하는 《朝鮮寺刹令》 개정하다./ 平壤覆審法院, 上海韓人青年同盟 사건 공판 개정. 玄鼎健·邊東華 징역 3년, 黃義泰·李奎運·李相度 징역 2년을 각 언도하다.(국편)

6.11. 第1次 共産黨事件 관련 李奎宋이 京畿道 警察部에 被逮되다.(국편)

6.12. 《道立醫學講習所規定》이 공포되어 도 지방비로 의학강습소가 설립되다./ 新民府 金赫 등 공판 新義州地法에서 개정, 金赫 징역 10년, 兪政根 15년, 朴光遠·南重熙 4년, 徐光洙·金允熙·李春夏 2년을 각 언도하다.(국편)

6.13. 경찰, 水原青年同盟委員會 개최를 금지하다./ 경찰, 新義州高普事件 관련자를 색출하기 위하여 형사대를 同校 校庭에 투입, 田明秀 등 9명을 검거하다.(국편)

6.14. 월간 교양잡지 《三千里》가 金東煥 편집 겸 발행으로 창간되다.(1942.7.까지)

6.17. 《書堂規則》이 개정 공포되어 書堂 개설 시 道知事 許可가 필요하게 되다./ 高麗共産青年會 事件 관련 朴齊榮에 대한 비공개 재판 개정, 징역 2년 구형되다.(국편)

6.18. 共産黨 再建을 기도하던 印貞植·安相勳 등 50여 명이 피검되다.(국편)

6.19. 高麗共産青年會 孔甲龍이 비공개 재판에서 징역 2년 구형되다.(국편)

6.20. 閔泰瑗이 수필 『青春禮讚』을 《別乾坤》에 발표하다./ 《小學校·普通學校 規定》이 개정 공포되어 實科敎育이 강화되다.

6.21. 第5次 共産黨事件이 발생하여 共産黨 再建과 認定式 등 70여 명이 피검되다.

6.22. 朝鮮總督府 政務總監에 伯爵 兒玉秀雄 被任되다./ 서울青年會 간부 趙忠九·鄭昌鎬 등 6명이 東大門署에 피검되다.(국편)

6.24. 鎭南浦 新興漁業組合 所屬 200여 漁夫가 일본인 선주의 횡포에 항의하며 총파업하다./ 3·1萬歲示威에 가담한 新義州 高等普通學校生 32명이 新義州地檢에 송치되다.(국편)

6.25. 新義州地檢, 正義府員 龍灣金融組合·殖産銀行 義州支店 습격 사건 피고 張基千에 무기징역, 金鳳秀에 10년, 崔成椿에 5년, 朴世利에 3년, 崔成俊에 2년을 각 구형하다.

6.26. 京城地法, 新民府와의 연락하에 국내에서 軍資金 募集 活動 중 검거된 孫亮尹·李丙默·尹昌善·李相規·金引圭 등에 대한 공판을 개정하다.(국편)

6.27. 殖産銀行 貯蓄課를 모체로 조선저축은행이 창립되다.

6.28. 大韓民國臨時政府 軍務總長 都仁權의 아들 都基炯, 국내에 잠입하였다가 平壤署에 피체되다.

6.29. 開城共産黨(第4次 赤色大衆黨) 사건 피의자 金奉喆·徐元豹 등 12명이 治安維持法 違反혐의로 京城地法 合議部에 회부되다.(국편)

6.-. 咸北 惠山鎭에서 朝鮮革命黨 組織에 의한 武力獨立示威가 발생하다.

7.1. 신간회 복대표위원회가 개최되어 중앙집행위원장 허헌과 위원 55명(홍명희 등)이 선출되다.

7.1. 조선저축은행이 설립되다.

7.2. 共鳴團長 崔養玉의 親妹 崔養姬, 경기도 경찰부에 피검.(국편)

7.4. 만철계 昭和제강소(주)가 설립되다.

7.6. 여운형이 상해 대마로 경마장에서 야구시합 구경 중 체포되어 7.10. 서울로 호송되다.

7.6. 車輦館 주재소 습격사건 공판 新義州地法에서 개정, 金承獵 사형·柳永福 무기징역·李春日 징역 5년 구형.(국편)

연도	한국
▲ 1929 ▼	7.9. 平壤覆審法院, 正義府員 朴在秀에 징역 7년 구형.(국편) 7.10. 함남 端川郡 廣泉面 金山 野崎 광업소 韓日 양국 노동자 유혈 충돌, 60여명 被檢.(국편) 7.11. 韓國革命黨員 李昌河 함남 利原에 잠복중 新義州署에 피체./ 광복단원 오동규가 신의주지방법원에서 무기징역을 언도받다.(국편) 7.13. 平壤覆審法院, 吳東振 지휘하에 義州郡 廣坪面 烏蹄岩 주재소를 습격 순사를 사살하고 무기를 탈취한 혐의로 기소된 吳東奎에 무기징역 언도./ 김좌진이 한족총연합회(한족자치연합회 전신)를 조직하다.(1930.7.까지).(국편) 7.14. 조선일보사가 문자보급운동을 시작하다.(구호: '아는 것이 힘, 배워야 산다') 7.16. 參議府 參士 黃學奉 공소재판 平壤覆審法院에서 개정, 무기징역 언도.(국편) 7.17. 上海에서 검거된 呂運亨, 長崎·釜山을 경유 서울에 압송./ 新義州地法, 제4차 조선공산당사건 피고 李丙儀·徐郤哲·朴衡秉·李增林·金京泰·吳相哲·吳昌周·洪淳起·鄭南理·文三賢·文廷煥·李根昌·辛載鎔·鄭昌南·魏京永 등에 대한 공판 개정.(국편) 7.18. 公州地法, 대한민국임시정부 요원 陳壽麟 공판개정, 치안유지법 위반으로 징역 5년 구형.(국편) 7.19. 鍾路警察署, 7월 29일로 예정된 甲山火田民放火驅逐對策講究會 집회를 금지.(국편) 7.20. 부산고무신제조공장 여공 450명이 임금 인하에 반대하여 동맹파업하다. 7.23. 平壤覆審法院, 統義府員 吳奉尙에 징역 3년 언도. 7.25. 新民府 중앙집행위원 兪政根 외 간부 4명의 공소공판 平壤覆審法院에서 개정, 兪政根 징역 15년·金鳳壎 5년·朴光遠 4년·南重熙 金允熙 각 2년 언도./ 奉天에서 검거된 正義府員 李俊治 新義州地法 검사국에 송치.(국편) 7.27. 대한독립단·대한통의부 전학수(1896~1929)가 평양형무소에서 사형 순국하다. 7.29. 北靑地檢, 正義府 조직반장 崔震鏞에 징역 1년 구형.(국편) 7.31. 평북 철산 자련관 주재소를 습격한 김승화·이춘화가 신의주지방법원에서 각각 사형 및 징역 10년을 언도받다. 8.1. 조선농민사가 팜플렛《우리의 체력과 할 일》제1집을 발행하다. 8.2. 경남 통영 조선제강주식회사 여공 200여 명이 임금 인하에 반대하여 파업하다./ 平壤警察署長, 同署에서 수사중인 공산당 비밀결사 사건의 보도 금지를 동아일보 平壤 지국장에게 요구./ 平壤勞動聯盟 집행위원 田泰星 등 9명, 平壤署에 피검.(국편) 8.8. 呂運亨, 治安維持法 등 위반 혐의로 京城地法 검사국에 송치.(국편) 8.10. 충북 永同에서 韓·中人간 충돌사건 발생, 중국인 상점 철시. 8.15. 최창학이 삼성금광을 미쓰이광산주식회사에 매도하다./ 新義州地法, 新義州青年同盟 사건 피의자 安秉珍에 징역 6년·朱昌燁 등에 5년을 각 선고.(국편) 8.17. 야마나시 총독이 독직사건으로 파면되다(부산 미두취인소 설립 관련 5만 원 수수)./ 일본정부, 해군대장 齋藤實을 제5대 조선총독에 임명하다.(1931.6.까지)/ 平壤覆審法院, 參議府 參士 黃學奉에 制令 7호를 적용 사형을 언도.(국편) 8.22. 京城地法, 고려공산청년회에 가입 활동중 검거된 秋秉河에 치안유지법을 적용 징역 2년 구형.(국편) 8.27. 鍾路警察署, 新幹會 京城支會 위원장 趙炳玉을 소환, 京都에서 열리는 태평양문제연구회의에 조선대표 참가에 대한 新幹會의 방침 및 연희전문학교 맹휴에 대한 신간지회의 활동에 대해 경고하다. 9.1. 동아일보사가 주최한 제1회 전국수영대회가 개최되어 80여 명의 선수가 참가하다. 9.3. 春川地檢, 국내에 잠입 활동중 검거된 조선공산당 北滿總局 책임비서 朴有德 등 11명중 6명을 기소하다.(국편) 9.7. 안익태가 경성공회당에서 첼로 독주회를 개최하다. 9.10. 일본항공운수주식회사가 후쿠오카·울산·서울·대련 간 여객항공선을 개설하다./ 조선 강점 20주년을 계기로 조선박람회가 개막되다./ 植民統治 20주년 기념 朝鮮博覽會 개막./ 平壤覆審法院 檢事局, 奉天省 寬甸縣 土城子 소재 廣濟青年團員 尹河振·李昌謙·崔仁謙에 살인미수·강도미수 등 혐의로 최고 징역 10년 구형.(국편) 9.11. 大邱地法, 大邱 학생 비밀결사 사건 피의자 29명에 대한 비공개 공판을 개정하다.(국편) 9.12. 平壤覆審法院, 正義府員 安善國·崔炳春의 치안유지법 위반사건 공판에서 징역 15년 5년을 각 구형하다.(국편) 9.14. 釜山地檢, 革潮會 사건 피고 尹炳洙·梁正彧에 징역 각 3년 1년 6월을 각 구형하다.(국편) 9.16. 高麗共產黨 樺甸支部 간부 崔昌恩·朴世恒, 평북 宣川警察署에 피검되다.(국편) 9.17.《권업모범장관제》가 폐지되고《농사시험장관제》가 공포·시행되다./ 平壤覆審法院, 廣濟青年團사건 피고 尹河振에 징역 2년 李昌燁·崔仁謙에 무죄를 선고하다. 9.18. 한강 인도교(460m)가 1년 6개월 만에 개통되다. 공사비는 130만 원이 소요되었다. 9.19. 參議府 天摩隊員 金尙沃 등 7명 예심 종결, 新義州地法에 회부되다.(국편) 9.20. 국민부가 제1회 중앙의회를 열고 강령 및 헌장 제정 등을 결의하다. 9.24.《조선간이생명보험규칙》이 공포되어 10.1.부터 시행되다./ 釜山地法, 革潮會 사건 언도공판에서 尹炳洙 징역 3년, 梁正彧·崔命寅 2년, 魚小雲·崔章學·尹兌蘭 1년 6월을 각 선고하다.(국편) 9.25. 平壤 關西黑友會, 일본 내각총리대신·내무대신·東京시장·일본자유노동자연맹·일본흑색사회운동자연맹 등에 조선노동자 구축반대 항의문 발송하다.(국편)

일본

9.27. 京城地檢, 고려공산청년단원 林鍾翰의 치안유지법 위반 공판에서 징역 2년을 구형하다.(국편)

9.30. 최초의 선거 관련 규정인《지방선거취체규칙》이 공포되어 10.1.부터 시행되다./ 鍾路警察署, 槿友會 집행위원장 丁七星 집행위원 許貞淑을 검거하다.

9.-. 조선총독부가 '창복회'를 조직하여 생활이 어려운 조선 귀족을 구호하다.

10.1. 경복궁에서 조선박람회가 개막되다.(10.31.까지)

10.1.《청년훈련소 규정》이 공포되어 16·17세 남성을 대상으로 4년간 훈련이 실시되다.

10.6. 신민부 간부 홍순갑(1896~1929)이 신의주형무소에서 옥사하다.

10.8. 조선일보 주최로 휘문중학교 운동장에서 경성·평양 대항 축구전이 개막되다.(10.12. 평양 무승부)/ 平壤覆審法院, 參議府員 朴時相의 制令7호 및 치안유지법 위반 공소공판에서 징역 15년 언도.(국편).

10.15. 서울 시내 각 警察署, 조선박람회 특별 경계의 일환으로 일제 예비검속 시행하다.(국편)

10.18. 경성약학전문학교가 설립되다.(1930.4. 개교 예정)

10.21. 大邱地法, 大邱 학생비밀결사사건 피의자 張鍾煥 등 29명에 징역 최고 3년 최하 6월을 언도하다./ 京城地檢, 開城 공산당사건 결심 공판에서 朴東秀·徐元的·金點奉 등 11명에게 징역 최고 7년 최하 1년 구형하다.(국편)

10.23. 新義州地檢, 上海 丙寅義勇隊員 姜淵模에 징역 5년 구형하다.(국편)

10.25. 昌原黑友聯盟 사건피의자 孫助同 외 6명, 馬山地法에서 예심 종결, 전원 면소 판결하다.(국편)

10.26. 경춘 간 자동차 신노선 개통이 허가되다.

10.28. 경성지법, ML 공산당 사건 피의자 金俊淵 등 32명의 예심 종결하다.(국편)

10.30. 光州-羅州간 통학 열차내에서 한·일 양국학생 충돌사건 발생, 광주 학생운동 시작하다./ 開城 공산당사건 金奉喆 등 11명 京城地法에서 언도공판 개정, 징역 7~1년 선고하다.(국편)

10.30. 광주-나주 열차에서 한·일 학생 간 충돌이 발생하여 '나주역 사건'이 되고, 광주학생운동의 도화선이 되다.

10.31. 조선어연구회 유진태 등 108명이 한글날을 맞아 '조선어사전편찬회'를 조직하다.

11.2. 조선박람회를 계기로 국내에 들어와 활약하려던 義烈團員 徐應浩·尹忠植·金哲鎬 피검, 京城지법 검사국에 송치되다./ 鍾路警察署, 朝鮮學生科學研究會 창립기념식을 금지하다./ 京城帝國大學·中東學校 등 서울시내 공·사립학교에 광주 학생운동의 전국화를 위한 학생·민중의 총궐기를 촉구하는 격문이 살포되다.(국편)

11.3. 광주학생운동이 발발하여 1930년 3월까지 전국 194개교 5만 4천여 명이 참가하고 580여 명이 투옥되다./ 광주시내 각급학교에 3일간의 휴교령이 내려지다.

11.4. 경찰, 光州 학생운동 관계자들에 대한 검거에 착수하다.(국편)

11.5. 新幹會 중앙집행위원회, 光州 학생충돌 사건에 대해 長城·光州支會에 긴급 조사보고를 지시하다.

11.6. 光州 학생사건으로 검거된 光州高普生 50여명중 21명, 光州地法 檢事局에 송치되다.(국편)

11.7. 비밀결사 학생투쟁지도본부가 창립되어 광주학생운동을 지도하고 전국화 추진을 시작하다.(12월까지)/ 朝鮮學友會, 光州 학생사건 조사차 중앙집행위원을 光州에 파견하다./ 光州高普·光州中學校, 휴교를 3일간 연장하다./ 光州師範學校生·光州高普生 등 다수가 시위와 관련하여 피검되다./ 學生前衛同盟, 光州 학생운동 진상조사를 위해 夫鍵·權遺根을 현지에 파견하다.(국편)/ 朝鮮學生會, 光州 학생 운동 조사 위해 李漢星을 광주에 파견하다.

11.8. 경성제국대학을 비롯한 서울 각급 학교 학생들이 만세 시위와 동맹휴학을 벌이다.(11.9.까지)/ 조선수력이 동양 최대 부전강수력발전소(12만9,600kW)를 준공하여 중화학공업 육성을 도모하다./ 유원근, 경신학교 강당에서 光州 학생운동 진상을 보고하다./ 京城帝大를 비롯한 서울의 각급학교 학생들, 만세시위 동맹휴학하다.(국편)

11.9. 新幹會 긴급간사회, 光州 학생사건 조사와 구속학생 석방을 위해 중앙집행위원장 許憲·黃尙奎·金炳魯 등 간부를 현지에 파견하다./ 조선학생과학연구회, 光州 학생사건 진상조사차 간부 朴一을 光州에 특파하다./ 光州 학생사건과 관련하여 피검된 학생 21명이 형무소로 이감되다.(국편)

11.10. 근우회가 광주학생운동 조사 결의를 채택하고, 광주 일원에서 학생 300여 명이 피검되다.

11.11. 新幹會 京西支會, 光州 학생운동의 정확한 진상보고를 결의하다./ 光州학생사건 조사차 光州에 특파된 중앙청년동맹 夫鍵·조선학생회 李漢星·조선학생과학연구회 朴一, 경찰에 피체되다./ 光州 학생사건으로 검사국에 송치된 광주고보생 44명·광주농업학교생 13명·광주사범학교생 5명, 각 학교 당국에서 정학처분되다./ 광주고등보통학교·광주중학교 휴교조치 해제 개교하다.(국편)

11.12. 光州에서 대규모 학생시위가 재발하다./ 光州高普·光州農業學校 임시 휴교되다./ 광주고보생 400명·사범학교생 80명·농업학교생 200여 명 시위 중 피검되다./ 경찰, 光州 학생시위에 대한 보도를 금지하다./ 平壤覆審法院 檢事局, 天摩隊員 金成範의 치안유지법 위반·강도·살인·방화사건 공소공판 개정, 사형을 구형하다.(국편)

11.14. 경기도경찰부 고등과, 서울시내 격문배포 사건 수사에 착수하다./ 光州여자고등보통학교 무기휴교되다.(국편)

11.15. 황상규, 新幹會 상무집행위원회에서 光州 학생운동 전말을 보고하다.(국편)

11.16. 培材高普·養正高普生들, 일인교사 배척 동맹휴학을 단행하다./ 경찰, 光州 학생운동과 관련 각 사회단체 회원에 대한 가택 수색과 검거를 시작하다./ 경찰, 光州 시내에 특별경계령을 내리다.(국편)

11.17. 全朝鮮黑色社會運動者大會 참석차 平壤에 온 崔甲龍 외 1명, 大同署에 피검되다.(국편)

11.18. 동맹휴학중인 培材高普 임시 휴교되다.(국편)

연도	한국
▲ 1929 ▼	11.19. 군자금 모금 중 검거된 천마대원 김성범이 평양복심법원에서 사형을 선고받고, 1930.3.17. 순국하다. 11.20. 新幹會 木浦支會 청년동맹원 11명, 光州 학생운동과 관련 피검되다.(국편) 11.21. 木浦商業學校·光州高普·光州農業學校·光州師範學生 137명 피검되다.(국편)/《금수출해금령》이 공포되어 1930년 1월부터 시행되다. 11.22. 新義州地法, 高麗革命軍 滿洲總部長 黃郁에 징역 5년·參議府員 李春洽에 10년을 각 구형하다.(국편) 11.23. 木浦商業學校生 25명, 木浦학생 비밀결사 사건과 관련 피검되다.(국편) 11.24. 서울 桃花洞 소재 金應韶家에서 조선공산당 조직준비위원회가 개최되다.(국편) 11.25. 동맹휴학중인 培材高普生 20명, 서대문서에 재차 피검되다.(국편) 11.27. 대한독립단·참의부 유격대 참사 황학성(1904~1929)이 평양형무소에서 사형 순국하다. 11.29. 경찰, 新幹會 尙州支會 집회를 금지하다./ 榮山浦공립보통학교생, 光州 학생 동정 동맹휴학 시위하다./ 新義州地法, 高麗革命黨사건 黃郁에 징역 5년·參議府員 李春洽 10년·高麗革命軍 사건 崔承鎬·朴化用에 3년·ML당 사건 全一에 5년을 각 구형하다./ 京城地法, 義烈團 중앙집행위원 徐慶浩에 징역 5년·尹忠植·金哲鎭에 각 2년을 선고하다.(국편) 11.30. 新幹會, 咸北靑年聯盟사건 피고 33명의 예심 지연에 항의하는 단식 농성 사건에 대해 진상 파악을 위해 許憲을 파견키로 결의하다./ 平壤 西城里 大同고무공장 직공 80여명, 임금인하 반대 동맹 파업을 벌이다.(국편) 11.-. 토월회가 조선극장에서《아리랑고개》를 공연하다. 12.1. 총독부가 공장·광업·해사·전기·항만·자동차·사설철도 자원조사에 관한 규칙을 공포·시행하다./ 경남철도가 경기도 광주-남포 간을 개통하다. 12.3. 京城帝大 등 시내 각급학교에 격문 2만3천여 매가 살포되다.(국편) 12.5. 新義州地法, 제4차 공산당사건 판결공판 개정, 朴衡秉·李丙儀 징역 6년·吳相哲 5년·徐台哲 4년·洪淳起·金京泰 3년을 각 언도하다./ 參議府 民事委員長 張基楚, 치안유지법 등 위반 혐의로 新義州地檢에 송치되다.(국편) 12.6. 學生前衛同盟 39명, 학생소요 배후 조종 혐의로 피검되다./ 京城地法, 共鳴團員 崔養玉에 징역 10년·金正運 8년·李善九 5년을 구형하다.(국편) 12.8. 경찰, 普城專門學校 학예부의 학술강연회를 금지하다.(국편) 12.9. 徽新·普城·中央高普生 등 시위, 950여 명이 피검되다.(국편)
1930 ▼	【한국】 1.3. 개성 美理欽여학교생이 개성경찰서 앞에서 광주학생운동 지지 시위를 벌이다 28명 피검되다.(국편) 1.6. 元山公立商業學校에서 광주학생운동에 호응하여 동맹휴학을 주동한 학생 22명이 처벌되다.(국편) 1.8. 新義州高普生이 개학식장에서 광주학생운동 顚末報告 후 만세시위를 벌이다.(국편) 1.8. 광주고보생 17명이 제3차 봉기계획이 발각되어 퇴학 조치되다. 1.9. 개성 송도고보·호수돈여고보·미리흠여학교·공립상업교 등 400여 명이 광주학생운동에 동조하여 시위를 벌이다. 1.10. 부산조선방직회사 직공 2천여 명이 임금 인상과 8시간 노동 등을 요구하며 총파업하다. 1.12. 인천 가토 정미소 노동자 300여 명이 임금 인상을 요구하며 파업하다. 1.15. 서울 휘문·중동·경신·정신·동덕·배재고보·보성전문 등 14개 학교 학생 400여 명이 시위를 벌이다가 피체되다. 1.16. 光州高普生 48명이 3차 시위 준비 중 발각되어 퇴학처분되다./ 京城女商·進明女高·淑明女高·協成實業校生 등 1천 200여 명이 독립만세 시위를 벌이다./ 開城學堂商業校生 韓得洙가 學生聯盟事件으로 공주경찰서 유치장에 감금 중 음독 자살하다.(국편) 1.17. 仁川商業學校·元山 樓氏女學校·靑年學館·京城實業專修學校·釜山實踐女學校·徽新高普·晉州高普·日新女學校·光州女高普 등 전국에서 맹휴 및 시위가 발생하다./ 총독부가 시위에 가담한 서울시내 각 학교에 휴교령을 내리다.(국편) 1.18. 진주고보·진주제일보교·일신여고보생 1천여 명이 광주학생운동에 호응하여 만세시위를 전개하다./ 徽文高普生들이 학생운동 관련자 처벌에 항의하여 동맹휴학하다.(국편) 1.19. 海州靑年同盟員 李炳田·海州高普生 朴鐘卿·高英一 등 19명이 海州高普 시위계획 혐의로 피검되다.(국편) 1.20. 淸州 日人高女 한인학생 36명이 만세운동을 계획하던 중 11명이 행방불명되다.(국편) 1.21. 평양시내 8개교 3천여 명 및 會寧 普光女學校·海州高普·淸州農業學校·淸州高普·光成高普·淸州女高·崇實專門學校生 등 전국에서 학생시위가 발생하다.(국편) 1.23. 平壤 光成高普 등 평양시내 13개교생이 만세시위를 벌이다./ 端川郡民 1천여 명이 경찰의 端川靑年同盟 창립식 저지에 항의하여 가두시위를 벌이다./ 全州 新興學校·紀全女學校·新義州高普·咸南 新昌普校·忠北 淸州普校·京城高普·朱北普校 등에서 만세시위를 벌이다.(국편) 1.26. 홍종일·오종류·김병희 등이 함남 鏡城에서 市民大會를 열고 검속학생 석방을 요구하다./ 李完根 등이 황해도 평산군 두천시내에 격문을 부착하여 30여 명 피검되다.(국편) 1.29. 서울靑年會 車載貞 등 44명이 高麗靑年會 後繼幹部組織事件으로 경성지방법원 검사국에 유치되다.(국편) 1.30. 모스크바共産大學 출신 張奎晶·朱靑松 등이 朝鮮共産黨 京城區組織委員會를 결성하다.(국편) 1.31. 高麗共産靑年會 高光洙가 병보석으로 서대문형무소에서 출소하다.(국편)

일본
12.10. 徽文·淑明·權花·協成·培材 및 靑年學館 학생들이 만세시위를 벌이다./ 開城 松都高普生들, 동맹휴학을 단행하다.(국편)
12.11. 中央高普 등 11개교생, 가두 시위에 참가하여 1천 4백여 명 피검되다.(국편)
12.12. 京城 官立法學專門學校生·세브란스醫學專門學校生, 동맹휴학을 단행하다./ 統義府員 池澤仁, 평북 碧潼에서 군자금 모금 활동 중 피체되다.(국편)./ 평양 숭실전문을 중심으로 시내 전중등학교 1,600여 명이 만세 시위를 벌이다.
12.13. 광주학생운동과 관련하여 서울시내 각급 학교에 전면 휴교령이 내려지다./ 新幹會本部가 중심이 되어 光州 학생운동 진상보고 민중대회를 준비하던 중 日警의 습격으로 신간회 許憲·洪命熹 외 44명 및 權友會·朝鮮靑年同盟 간부 등 47명이 피검되다.(국편)
12.14. 平壤覆審法院, 正義府員 安龍雲의 制令 및 치안유지법 위반사건 공판 개정, 징역 10년을 언도하다.(국편)
12.15. 경찰, 大邱시내 청년단체 간부 權友會 이춘수·新幹會 유연술·정윤·청년동맹 문영식 등을 검거하다.(국편)
12.16. 정의부원 김용택이 평양형무소에서 사형 순국하다(1927년 봉천주재소 한인 순사보 처단 시도)./ 平壤 시내 각급학교, 시험 백지답안 동맹휴학 등을 계속하다./ 咸興高普生들 시위 동맹휴교를 단행하다.(국편)
12.19. 春川高普生 400여 명, 光州 학생 지지 시위를 벌이다 10여 명 피검되다.(국편)
12.20. 國民府가 民族唯一黨組織同盟을 개편하여 朝鮮革命黨을 조직하고, 위원장에 玄益哲을 선출하다./ 1930년도 조선총독부 예산이 2억 3,880만 원으로 확정되다.(전년 대비 805만 원 감소)/ 新民府 통신원 金尙國, 치안유지법 위반 등 혐의로 新義州地法 검사국에 송치되다.(국편)
12.21. 東萊高普生, 光州 학생운동 관련자 무조건 석방 및 가해자 처벌을 요구하며 동맹휴학하다.(국편)
12.23. 일본 경찰이 新幹會 본부를 습격하여 간부 등을 검거하고 광주학생운동 진상보고 민중대회를 저지하다./ 京城高普生들, 교내 시위를 벌이다.(국편)
12.25. 동맹휴학 주동 東萊高普 학생 7명, 東萊署에 피검되다.
12.28. 총독부 경무국, 光州 학생운동 보도금지를 해제하다.(국편)
12.30. 조선자유노동자조합 사무소에서 극동노동조합이 결성되어 재일본 한인 아나키스트 연합을 도모하다.
12.31. 中央靑年同盟 위원장 李民衡 등 4명·양복직공조합원 李義植 등 12명, 대규모 시위 계획 중 발각되어 鍾路警察署에 피검되다./ 경찰, 權友會 元山支會 임시대회를 강제 해산하다.(국편)
12.-. 서울·평양·대구에 공설 전당포가 설치되다.

【일본·해외】

1.5. 在中國韓人靑年同盟 제1구 上海支部가 광주학생운동 매진 촉구 격문을 살포하다./ 間島 龍井 한인학생이 만세시위를 벌이다.(국편)

1.11. 금 수출 해금 조치를 실시하다./ 상해의 병인의용대·노병회·교민단·학우회·대한애국부인회 등이 모여 '상해한인단체연합회'를 조직하다./ 在上海韓人女子클럽이 광주학생사건에 관한 선언을 발표하다./ 중국 吉林省이 警務處 및 民政廳에 不逞鮮人 嚴防을 지시하다.(국편)

1.13. 일제가 만주 왕청현에 『한비잠행방법』을 공포하여 독립운동가 무력 토벌을 전개하다.

1.15. 吉林省이 재만한인 항일운동자 단속을 위한 임시규칙 '吉林省各 縣剿匪調援辦法'을 시달하다.

1.17. 在中國韓人靑年同盟 제1구 上海支部가 '혁명청년은 일어나 19일 大示威에 참가하라'는 내용의 전단을 살포하다.

1.20. 중국 遼寧省이 對日交涉 곤란을 이유로 한인에 대한 취체를 명령하다.

1.21. 在上海 한인 1천여 명이 광주학생운동 지지 시위를 벌이다./ 런던 해군군축회의가 개회되다.

1.24. 김좌진이 북간도 산시역전에서 공산주의자 박상실·김일성 등에 의해 암살되다./ 間島 한인학생 170여 명이 격문을 살포하고 만세시위를 벌이다./ 吉林全省 警務處가 間島지역 四個縣長 앞으로 '不逞鮮人査防方密令'을 하달하다.

1.25. 이동녕·안창호·김구 등 우파 인사들이 上海에서 韓國獨立黨을 결성하여 임시정부 산하 정당으로 편성하다.

1.28. 간도 은진중학교생 80여 명과 동아학교생 150여 명이 만세시위를 벌여 160여 명이 피체되다.

2.5. 조성환·이천민 등이 북경에서 한족동맹회를 조직하다./ 間島 東興·大成中學生이 만세시위를 벌이다.(국편)

2.10. 高麗革命軍 결사대장 金鋼 등 5명이 하얼빈 일본영사관 경찰에 피검되다.

2.12. 間島 龍井 大成·東興·光明學校生 200여 명이 만세시위를 벌이다.

2.14. 國民府員 張漢星이 間島 일본총영사관 형사부장 사살 혐의로 피검되다.

2.26. 공산당원이 전국적으로 일제에 의해 검거되다.

2.27. 절혈단원 박윤서·오상열이 간도 용정에서 일본영사관 경찰과 교전하다.

2.-. 王億 등이 在廣東韓國國民黨 前衛部를 조직하다.(국편)

3.1. 이동녕·안창호·김구 등이 上海에서 韓國獨立黨을 창립하다./ 間島 延吉縣 개척촌에서 일제 타도 농민시위가 발생하다.(국편)

3.11. 간도 화룡현 삼도구 한인 학생 200여 명이 만세시위를 벌이다./ 間島 三道溝 한인학생 200여 명이 만세시위를 벌이다./ 滿洲 遼寧省 警務處長이 관내 公安局長에게 한인단체 사찰 강화와 비밀·적화·미신단체 해산을 명령하다.(국편)

3.14. 朝鮮革命軍이 柳河縣 三源堡 東明學校를 습격해 ML派 要人 韓靑玉·崔重熙를 사살하다.(국편)

3.19. 고려혁명군 결사단 김보형 등 5명이 하얼빈에서 피체되어 신의주로 호송되어 10년 옥고를 치르다.

3.20. 조선공산당 만주총국이 코민테른의 '일국일당' 원칙에 따라 해체를 선언하고 중국공산당에 흡수되다.

4.1. 대한민국임시정부가 독립운동자 일치단결을 호소하는 선언서를 발표하다.

연도	한국
▲ 1930 ▼	1.-. 충무로1가에 미쓰코시 백화점 경성지점(현 신세계백화점 본점)이 준공되다.
	2.3. 평양 崇仁학교생이 검속학생 석방 등을 요구하는 서신을 일본 총리대신에게 발송하다.(국편)
	2.8. 평양 시내 24개 면옥 노동자 279명이 임금 삭감에 항의하여 동맹파업하다.
	2.10. 淸津女高生 및 新幹會·權友會 淸津支部 간부가 학생시위계획 사전 발각으로 피체되다.(국편)
	2.12. 광주학생운동 공판이 개정되다.(국편)
	2.13. 프랑스 파리에서 10년간 무용을 연구한 차균창이 경성에 무용연구소를 설립하다.
	2.14.《언문철자법》이 개정 공포되어 조선총독부 학무국이 각급학교 조선어독본에 사용하도록 하다.
	2.16. 경학원에 조선총독부 직속기관인 '명륜학원'이 병치되다.
	2.17. 대구지방법원이 조선은행 대구지점 투탄사건 張鎭弘 등 10명에게 사형부터 벌금형까지 언도하다.(국편)
	2.19. 普成高普生 500여 명 및 中央·徽新·靑年學館·協成實業校生이 광주학생운동 공판일을 맞아 수업을 거부하고 맹휴하다.(국편)
	2.20. 新義州高普生이 만세시위를 벌이다.(국편)
	2.24. 출판노동조합 집행위원장 金元植·新幹會員 具昌會·白明天·金永穆 등이 격문배포사건으로 피검되다.(국편)
	2.25. 1930년《조선국세조사》가 시행 공포되다.(부령 제8호)
	2.26. 權友會員 朴文聖·崔祚熙 등 30여 명이 격문사건으로 鍾路署에 피검되다./ 광주지방법원이 광주학생운동 관련자 金向南 등 49명에게 징역 8월과 금고 4월을 언도하다.(국편)
	2.27. 寧邊 海林公立普通學校生 300여 명이 만세시위를 벌이다./ 鐵血團員 朴允瑞·吳相烈이 間島 龍井에서 일본영사관 경찰과 교전하다.(국편)
	2.28. 사형판결을 받고 복역 중인 天摩山隊·參議府員 金成範이 평양형무소에서 단식투쟁을 벌이다.(국편)
	2.-. 曺成煥·李天民 등이 평북에서 韓族同盟會를 조직하다.(국편)
	3.1. 경성방송국이 한국어·일어 혼용 방송제를 폐지하고 한국어 방송 시간을 오후 9시부터 11시까지로 정하다./《소금수입에 관한 령》이 공포되어 조선총독부 주관 하에 소금 수입 및 판매가 이루어지다.
	3.3.《마약류중독자등록규정》이 공포·시행되다.
	3.7. 경성 가부제사회사 여공 300여 명이 임금 인하에 항의하여 동맹파업을 단행하다.
	3.8. 無窮少年會 池泰善 등 8명이 격문사건으로 평양경찰서에 피검되다.(국편)
	3.10. 徽新學校가 맹휴생 153명을 퇴학처분하다.(국편)
	3.12.《조선어업조합등기규칙》이 공포되어 5.1.부터 시행되다./ 전주지방법원이 전북폭탄사건 관련자 統義府員 趙仁賢 등 8명에게 징역 4년에서 6월까지 언도하다.(국편)
	3.17. 천마산대·참의부원 김성범(1899~1930)이 평양형무소에서 사형 순국하다./ 서울靑年會 任允宰 등 33명이 고려공산청년회 재건활동 혐의로 경성지방법원 검사국에 송국되다.(국편)
	3.18. 경성지방법원이 서울시내 여학생 만세시위 관련 혐의로 기소된 崔福順·許貞淑 등에 대한 공판을 개정하다.(국편)
	3.19. 수원 화성학원에서 '에스페란토연구회'가 창립되다.
	3.20.《우표류 및 수입인지 판매규칙》이 공포되어 4.1.부터 시행되다.
	3.27. 學生前衛同盟事件으로 宋健浩·元再熙·任允宰 등 8명이 예심회부되다.(국편)
	3.29. 경찰의 定平農民組合 정기대회 금지에 항의하여 수천 명이 시위행진을 벌이다 150여 명 피검되다./ 서울청년회 소속 제3차 ML당 사건 관련자 도정호가 서대문형무소에서 폐병으로 옥사하다.
	3.31. 단성사에서 최승희 창작무용발표회가 개최되다./《신철자법》에 따라 『보통학교 조선어독본』 개정본 제1권이 간행되다.
	3.-. 정지용·박용철·김영랑 등이 문예지《시문학》을 창간하다.(편집 박용철, ~1931.10.)
	4.1.《철도여객화물운임율》이 개정되어 '마일제'가 '킬로미터제'로 변경되다./ 全州合同勞動組合 印得洙·金文玉 등 5명이 비밀결사 혐의로 피검되다.(국편)
	4.6. 조선농민사 제3차 전선대표대회가 개최되어 조선농민사와 전조선농민사로 분립되다.
	4.7. 불교전수학교가 불교전문학교(현 동국대학교)로 승격되다.
	4.9. 동양척식주식회사 신태인농장 소작인 1,000여 명이 고율 소작료와 소작 이동에 항거하다.
	4.12. 조선농민사가 조직·교양·경제 3운동 강목을 발표하여 농촌에 농민학원을 개설하다.
	4.16.《동아일보》가 미국 네이션 편집장 발리즈의 기고문 게재 문제로 제3차 무기정간을 당하다.(9.1.까지)
	4.17. 제2차 조선공산당 사건으로 피체된 권오설(1897~1930)이 고문 후유증으로 서대문형무소에서 옥사하다./ 평양복심법원이 上海 한인청년동맹위원 金基鎭에게 징역 3년을 언도하다.
	4.20. 평양 산십조 제사공장 여공 500여 명이 노동조건 개선을 요구하며 동맹파업하다.
	4.23. 홍난파가 작곡집 『조선동요백곡집』 상·하권을 간행하다.
	4.24. 대구복심법원이 조선은행 대구지점 투탄사건 張鎭弘에게 사형을 언도하다.(국편)
	4.-. 조선프롤레타리아예술동맹이 '카프(KAPF)'로 약칭되다.(Korea Artista Proleta Federatio)
	5.1.《조선어업령》(제령 제1호)이 시행되다./ 김해농민연맹이 메이데이 기념식을 거행하고 군중 수천 명이 시위행진을 벌

일본

4.2. 한국 최초의 비행사 안창남이 중국 혁명전선에 참가 중 비행기 사고로 사망하다.

4.3. 國民府 金品 등 30여 명이 滿洲 通化縣에서 비밀회의 중 일본영사관 분관 경찰·중국 공안국원의 기습을 받다.(국편)

4.6. 비행사 安昌男이 중국에서 비행기 사고로 사망하다.(국편)

4.8. 滿洲 귀화 한인자치단체 歸化韓族同鄕會가 해체성명서를 발표하다.(국편)

4.10. 金燦이 하얼빈에서 日警에 피체되다.(국편)

4.13. 梁起鐸·白承烈 등이 北滿洲 黑龍江城 深而壚에서 중국관헌에 피체되다.(국편)

4.20. 유자명·장도선·정해리·유기석 등이 상해에서 남화한인청년연맹을 결성하다.

5.5. 상해 대한교민단이 공산주의에 대항하기 위해 의경대를 조직하다.(대장 박창세)

5.6. 間島 한인 600여 명이 延吉縣 농회 부회장 金仁三의 구속에 항의하여 석방을 요구하다.(국편)

5.17. 마문호가 일본군에 의해 살해되다.

5.21. 만주 장춘보통학교 한인 5~6학년생이 일본인 교장 배척을 요구하며 동맹휴학을 단행하다.

5.30. 동만주 일대 한국공산주의자와 중국공산주의자가 통합 행동을 벌이며 대간도항쟁을 발발시키다.(간도 5·30 사건)/ 한인 만세시위로 일본군 羅南師團이 間島에 출병하다.

5.31. 간도 용정촌 한인 50여 명이 동척·조선인민회·일본영사관 등을 습격하다.

5.-. 중국 길림성에서《한인혁명단체취체령》이 발포되다.

6.1. 留滬韓國獨立運動者同盟·上海韓人靑年同盟·在中國靑年同盟 上海支部가 '6·10운동 4주년 기념선언'을 발표하다.(국편)

6.6. 間島 일본총영사관 경찰이 龍井 大成·東興中學 교사·학생 60여 명을 검거하다.(국편)

6.10. 의열단 이종암(1896~1930)이 병보석 중 상해에서 사망하다. 그는 일본 육군대장 다나카 암살을 시도했다.

6.15. 중국 천진에서 대한대독립당주비회가 기관지『조선의 혈』을 창간하다.

7.5. 조선혁명군이 흑갈별동대를 조직하여 흑룡강성과 길림 지역 기반 확보를 꾀하다.

7.16. 在美韓人團體 하와이同志會·大韓人僑民團이 美布代表大會를 개최하다./ 李承晩이 호놀룰루에서 全美同志會代表會를 개최하다.(국편)

7.19. 신채호가 중국 대련법원에서 징역 10년을 선고받다.

7.26. 홍진·신숙·이청천 등이 길림에서 한국독립당과 한국독립군을 조직하다./ 홍진·지청천 등이 만주 영안현에서 한족자치연합회를 모체로 한국독립당을 조직하다.

8.4. 대한민국임시정부가 국무원을 개편하고 김구를 국무령으로 선출하다.

8.5. 李鍾洛이 滿洲에서 독립활동 중 長春 일본영사관 경찰에 피체되다.(국편)

8.8. 조선혁명당이 국민부파와 공산당파로 분열되다.

8.13. 한인 200여 명이 滿洲 吉敦線 철교폭파 혐의로 중국군에 피검되다.

8.29. 재도쿄 유학생 6천여 명의 만세시위 계획이 발각되어 다수가 검거되다.

8.-. 안광천·김원봉이 북경에서 '조선무산자전위동맹'('의열단' 명칭 개칭)을 조직하다.

9.11. 上海韓人靑年同盟委員長 其然欽이 上海 프랑스 조계에서 피체되다.(국편)

9.27. 天道敎 靑年黨이 吉敦線事件 진상조사단 金起田·李克魯 등을 吉林에 파견하다.(국편)

9.-. 강경선이 중국 남경에서 피살되어 순국하다./ 프로핀테른(국제적색노동조합연맹)이 혁명적 노동운동 전환을 촉구하는 9월 테제를 발표하다.

10.8. 고병남·김호철 등 재미 유학생이 시카고에서 재미한인사회과학연구회를 창립하다./ 한국혁명당총동맹 소속 장기준·오면직 등이 중국 천진 일본은행을 습격하여 독립운동 자금을 조달하다.

10.14. 間島 龍井村 저격사건 관련자 66명 중 金權 등 37명이 기소되고 李北林 등 26명이 불기소 처분되다.

10.21. 間島 局子街 臥龍洞 昌東學校生 90여 명이 폭력교사를 배척하며 동맹휴학하다.(국편)

11.14. 세계 대공황이 일본에 파급되면서 쇼와 공황이 발생하다.

12.7. 梁起鐸 등 90여 명이 滿洲 吉林省 盤石에서 朝鮮獨立者後援會를 발기하다.(국편)

12.31. 공산당 협의로 재만 한인 71명이 길림성 고등법원에서 40명 사형, 6명 무기징역, 25명 징역 10년을 선고받다.

-. 이 해에 육군주만참의부 소대장 및 조선혁명군 6중대장 유광흘이 일본군과 통화현에서 교전 중 전사하다.

이다./ 全州合同勞組員 500여 명이 메이데이기념행사 거행 중 20명 피검되다./ 龍川 不二農場 소작인 400여 명이 소작조건 개선요구하며 不耕同盟을 결성하다.(국편)

5.3. 함남 신흥군 가평면 조선탄업주식회사 탄광노동자 200여 명이 동맹파업하다.

5.5. 변호사 李仁이 사상변론 불온 이유로 6개월간 자격정지 처분을 받다.

5.7. 광주학생운동 변론을 맡은 변호사 이인이 변론이 불온하다는 이유로 6개월간 정직 처분을 받다.

5.9. 오산학교 설립자 이승훈(1864~1930)이 사망하다.

5.10.《조선상공회의소령》이 공포되어 조선의 중소상공업 제한과 통제가 강화되다./ 定州警察署가 南岡 李承薰의 社會葬을 금지하다.(국편)

연도	한국
▲ 1930	5.11. 襄陽경찰서가 襄陽郡農民組合 西林支部 및 峴西學院 등을 수색하여 소년연맹 집행위원장 崔容錫 등 20여 명을 체포하다.(국편) 5.15. 제4차 공산당사건 관련자 47명이 예심종결되다./ 대구지방법원이 광주학생운동 관련 崔祥鳳 등 24명에게 징역 8월에서 무죄까지 언도하다.(국편) 5.16. 南岡 李昇薰의 장례식이 거행되다.(국편) 5.20. 김인순 등이 동덕여고보에서 '조선여자체육장려회'(회장 조동식)를 창립하다.(1938.7.까지) 5.21. 신의주지방법원이 參議府 參議員 金承學 등 3명에게 징역 62년을 구형하다.(국편) 5.22. 스티븐스를 처단한 장인환(1876~1930)이 사망하다. 5.29. 義烈團員 李鍾岩이 복역 중 발병으로 사망하다. 5.30. 김근 등 간도의 공산당원 500여 명이 반일운동을 벌여 60여 명이 피살되다.(간도 5·30 사건) 5.-. 한용운 등이 항일 비밀결사 '만당'을 결성하여 항일 투쟁과 불교 개혁운동을 추진하다.(1933년까지)/ 조선농민사가 기관지《노선농민》의 제호를 《농민》으로 변경하다. 6.3. 의주농업학교생들이 언론·집회 자유를 요구하고, 함흥농업학교생들이 식민지 교육 반대를 요구하며 동맹휴학을 벌이다. 6.5. 조선은행 대구지점 폭탄사건의 장진홍(1895~1930)이 대구형무소에서 자결 순국하다. 6.7. 平南道廳投彈事件 관련자 表永俊과 순사를 사살한 최승린이 감형으로 출옥하다.(국편) 6.16. 군산 아사히 정미소 노동자 200여 명이 임금 인상을 요구하며 동맹파업하다. 6.21. 新幹會·朝鮮勞動總同盟·朝鮮農民總同盟·朝鮮靑年總同盟·槿友會·衡平社 등이 〈全北日報〉의 조선인 모욕기사에 대한 연합 대책 강구회를 개최하다./ 신의주지방법원 검사국이 參議府 의용대 통신원 朴時奉에게 징역 10년을 구형하다.(국편) 6.23. 전북기자단이 〈全北日報〉의 조선인 모욕기사에 대한 항의문을 도당국에 발송하다.(국편) 6.24. 조선총독부가 '조선자원조사위원회'를 설치하다. 6.-. 김소랑·권삼천 등이 '삼천가극단'을 조직하여 드라마 가미 가요극·경연극 분야를 개척하다. 7.1. 울산항공무선전신국이 개국하다. 7.8. 서울 보성고보생 500여 명이 교장 배척과 교육제도 개선을 요구하며 동맹휴학하다. 7.17. 경성지방법원 검사국이 ML黨事件 관련자 金俊淵 등 29명에게 징역 72년을 구형하다.(국편) 7.20. 함남 단천 농민 1천여 명이 삼림조합 가입 강요에 반대하여 시위를 벌여 11명이 사망하고 26명이 중경상을 입다./ 안재홍·남궁억·조만식 등이 전조선수해구제회를 조직하다가 1930년 8월 활동 불허로 해체 결의하다. 7.21. 조선은행 대구지점 투탄사건 張鎭弘이 상고기각으로 사형이 확정되다./ 함남 端川郡 何多面民 2천여 명이 산림조합 해산과 피검자 석방을 요구하며 시위하다가 경찰과 충돌하다. 7.31. 대구형무소 수감자 1,500여 명이 장진홍 의문사에 대해 사인 규명을 요구하며 시위하다. 8.1. 광주학생운동 수감자 120여 명이 광주형무소에서 공판지연에 항의하여 농성하다.(국편) 8.2. 장지영이 『조선어철자법강좌』를 간행하여 한글 새 철자법을 소개하고 설명하다./ 대구형무소 수감자 1,500여 명이 조선은행 대구지점 투탄사건 張鎭弘 死因糾明을 요구하며 재차 만세시위를 벌이다.(국편) 8.7. 평양고무노동자 1,800여 명이 임금 인하에 항의하며 동맹파업하고, 이 중 1,400여 명이 해고되다. 8.14. 國民府員 金亨權·朴且石·崔宇·鄭雄 등이 군자금 모금 활동 중 內中경찰관 주재소 순사부장을 사살하다.(국편) 8.18.《조선전기사업조사령》이 공포되다.(칙령 제149호) 8.19.《전기사업조사회관제》가 공포·시행되다. 8.30. 제3차 조선공산당 사건으로 김준연·김성현·하필원·강동주·최익한 등이 경성지방법원에서 징역 26년을 언도받다. 8.-. 여성 계몽을 목적으로《여성조선》(발행인 김희철)이 창간되다.(1933.1.까지 발행) 9.1. 부산 마루다이 고무공장 노동자 100여 명이 임금 인상을 요구하며 동맹파업하다. 9.6. 新幹會 간부 趙炳玉 등 6명이 광주학생운동에 대한 일본관헌의 민족차별에 항의하는 규탄대회를 준비하던 중 피체되다.(국편) 9.9. 논산군민 1천여 명이 금강수리조합 살림 반대 진정서를 총독부 도지사에게 제출하다. 9.18.《중학교시험제》가 폐지 공포되다. 9.19. ML黨 後繼咸南共産黨事件 관련자 朱在瑛 등 27명이 함흥지방법원에 예심 회부되다.
1931 ▼	【한국】 1.4. 무장공산당 50명, 滿洲 汪淸縣 小白 草溝지방에서 日軍과 교전하다.(국편) 1.7. 조선총독이 중학교규정 및 고등보통학교규정 중 교수시간 증감에 관한 훈령을 반포하다. 1.8. 제3차 조선공산당사건 관련자 鄭栢·李廷允·金應洙·金昌洙 등, 서대문형무소에서 만기 출옥하다.(국편) 1.9. 신간회 중앙상무집행위원회가 개최되다. 1.10. 조선어연구회가 조선어학회로 개칭되다. 1.17. 전조선농민사가 전조선농조로 개칭되다.

일본

9.20. 朝鮮學生前衛同盟事件으로 申用雨·姜大成 등 13명이 보안법·출판법 위반으로 경성지방법원 공판에 회부되다.(국편)

9.22. 함흥지방법원이 산림조합 설치를 반대한 端川農民組合事件 관련자 崔昌鳳 등 4명에게 징역 2~1년을 언도하다.

9.26. 휘문고보생 131명이 일본인 교사를 배척하며 맹휴하다.

9.27. 조선고무공장 여공 69명이 임금 인하에 반대하여 동맹파업하다.

9.30. 평북 碧潼郡에서 군자금 모금 활동 중 체포된 大韓統義府 池澤仁이 징역 5년을 언도받다.(국편)

9.-. 규장각 도서 15만 책이 경성제국대학으로 이관되기로 결정되다./ 한국 근대극 최초 연출가 홍해성이 '신흥극장'을 조직하였으나, 공연 실패로 극단이 해체되다.

10.1. 전국인구 및 호구조사(국세조사)가 실시되어 인구 총수 21,058,305명으로 집계되다./ 개성과 함흥이 부(府)로 승격되다./ 평양 양화직공 조합원 500여 명이 임금 인하에 반대하여 동맹파업을 결의하다.

10.4. 《선박에 의한 아편운송취체규칙》이 공포되다.

10.11. 광주지방법원 검사국이 光州讀書會事件 관련자 70명에게 징역 4년부터 금고 4월까지 구형하다.(국편)

10.18. 경성농업학교 한인 학생들이 일본인과의 차별 대우에 반발하여 자진 동맹퇴학하다.

10.20. 백두산이학회가 아동과학잡지 《백두산》을 창간하다.

10.22. 서울-강릉 간 시험비행이 실시되다./ 경성지방법원이 前대한민국임시정부 내무총장·의정원 의장 崔昌植 등에 대한 공판을 개정하다./ 맹휴 중인 中央高普가 임시휴교를 단행하다.(국편)

10.25. 안악군 안녕수리조합 소작인 200여 명이 소작인상조회를 조직하고 수세 불납을 결의하다.

10.28. 개성 송도고보 동맹휴학생 300명이 정학 처분되고 학교는 휴교 조치를 확대하다.

10.31. 《조선총독부 도시학관 특별임용령》이 공포·시행되다./ 경남 統營水産學校生이 동맹휴학하다.(국편)

11.8. 大韓帝國 참정대신 韓圭卨이 사망하다.(국편)

11.9. 신간회 전체대회 대행 중앙집행위원회가 개최되어 김병로를 위원장으로 선출하다./ 정주 박천군 유기공장 노동자 200여 명이 임금 삭감에 항의하며 파업하다.

11.12. 조선철도가 황해선(사리원-동해주) 구간을 완전 개통하다.

11.14. 고원 동양척식주식회사 소작인 2,000여 명이 시위를 벌이며 항쟁하다.

11.15. 조선미곡창고주식회사가 설립되어 사장에 마쓰이(松井房治郎)가 취임하고 자본금은 100만 원이다.

11.24. 安重根 의거 관련혐의로 체포된 朴炳疆이 시효 만료로 석방되다.(국편)

11.28. 강성전기주식회사가 당인리발전소를 준공하다./ 여수 축항공사 인부 1,900여 명이 정부자·하청자 간 알력에 항의하며 동맹파업하다.

11.-. 이일 등이 프로연극운동의 전국적 통일을 위해 대구가두극장을 조직하다.

12.1. 지방제도인 《읍면제 및 도제》가 공포되어 일본 지방자치제를 모방하다.

12.6. 신간회 부산지회 제5회 정기대회가 개최되어 김봉한이 신간회 '해소론'을 처음 제기하다./ 朝鮮共產黨·高麗共產靑年會 咸南支部事件으로 崔英春 등 57명이 함흥지방법원에서 예심종결되다./ 新幹會 釜山支會 金鳳翰이 新幹會 해소를 제안하다./ 慶南 南海靑年同盟이 창립되다.(국편)

12.12. 주중청년동맹 집행위원장이자 혁신농우회 간부인 마천목(오해추)이 옥사하다.

12.13. 조선어연구회가 '한글맞춤법통일안'을 제정하고 결의하다.(1933.10. 최종 확정 발표)

12.19. 東亞日報·朝鮮日報·帝國通信·每日申報 등 10개 신문 통신기자들이 警官彈劾會를 결성하다.(국편)

12.20. 여수-시모노세키 정기 연락선이 취항하여 하루 한 차례 왕복 운항하다.

12.22. 경성지방법원이 제4차 朝鮮共產黨事件 관련자 林赫根·吳基周 등 49명에게 징역 5년과 집행유예를 언도하다.

12.24. 間島共產黨 제2차 폭동사건 관련자 裵東健 등 40명이 京城으로 이송되다.

12.25. 남선철도(여수-광주)가 완성되어 운수업을 개시하다.

12.27. 박승직·유전 등이 조선물산장려회를 배경으로 '경성상공협회'를 창립하다./ 신간회 평양지회가 '신간회는 오히려 계급투쟁을 방해한다'며 해소를 결의하다.

12.29. 《읍면·읍면장에 관한 규정》 및 《부제 시행규칙》 등이 공포되다.

12.-. 신민우가 문학잡지 《신소설》을 인수하여 《해방》으로 개제하고 발행하다.(1931.6.까지)/ 이화여고보에서 체호프 작, 홍해성 출연의 《벚꽃동산》을 공연하다./ 조선질소비료주식회사가 흥남공장 제2차공사를 완성하다.

-. 이해에 국내 최초 재즈가수 복혜숙이 콜럼비아레코드에서 '그대 그립다', '종로행진곡'을 발매하다.

【일본·해외】

1.6. 上海 興士團, 제17회 遠東大會를 개최하다.

1.11. 滿洲 吉林民政廳, 防共令을 공포하고 韓人 엄중단속을 실시하다.(국편)

1.18. 國民府 독립군 崔淸龍, 滿洲 撫順 新屯龍鳳坑 鐵嶺街道에서 關東廳 경찰에 피체되다./ 한인공산주의자 柳祿鍾 등, 東京 外荏原町 戶越에서 荏原署 고등계 형사 小澤長重을 絞殺하다.(국편)

1.26. 일본에서 농민운동 단체인 일본농민조합이 결성되다.

1.28. 조선혁명군 李鍾洛 등 2명, 長春驛에서 日警에 피검되다./ 北滿洲 독립단 金洪勿·李熙樂 등, 長春 일본영사관 경찰에 피체되다.(국편)

연도	한국
▲ 1931 ▼	1.21. 한일은행이 호서은행을 합병하여 동일은행으로 개칭되다. 1.22. 濟州島 朝天公立普通學校, 신년하례식에서 國歌·勅語奉答歌 등을 부르지 않은 金淳才 등 7명을 퇴학처분하다.(국편) 1.25. 汎太平洋勞動組合 鄭達憲 등, 연구회부로를 좌익노동조합 결성준비회로 개칭하다./ 조선청년총동맹 平南道聯合會 38개 단체, 임시대회 열고 靑年總同盟解消問題·新幹會解消批判件 등을 토의하다.(국편) 2.1. 경성 조선유학생학우회가 해체를 선언하다. 2.5. 경성지방법원 검사국, ML당사건 관련자 김광수·김한동에게 징역 3년을 구형하다.(국편) 2.6. 京城 槿花女學校生, 교장배척 동맹휴학하다.(국편)/ 홍원표 등이 산업 진흥을 목적으로 신흥회를 조직하다.(1935년까지 활동) 2.11. 중앙기독교청년회관에서 국내 최초 음악협회인 조선음악가협회(회장 현제명)가 창립되다. 2.13. 재정난으로 휴간 중이던《중외일보》가 석간 4면으로 속간되다. 2.16. 천도교청년당과 천도교청년동맹이 합동하여 '천도교 청우당'을 조직하다. 2.18. 진주농업학교 학생들이 퇴학생 복교를 요구하며 동맹휴학하다. 2.19. 임시정부 임시의정원 의장 손정도 목사(1872~1931)가 길림에서 병사하다./ 제1차 공산당사건 관련자 유진희·김상주·진병기, 서대문형무소에서 만기출옥하다. 2.20. 조선일보가 춘계문자보급반을 개설하고 한글 교재를 무료로 배포하다. 2.21. 林鍾業·金昌湜·羅鼎震·白樂道 등, 경북 金泉에서 金泉그룹을 조직하다.(국편) 2.23. 조선체육연구회가 민중보건체조로 덴마크체조(정밀체조)를 채택하다. 2.25. 부·읍·도의회의원과 면협의회원 선거에 관한 규정이 공포되다. 2.26. 평북 定州 五山高普生 300여명, 교직원 총사직·맹휴생 복교 요구 동맹휴학하다.(국편) 3.1. 개벽사가 종합 대중지《혜성》(발행인 차상찬)을 창간하다.(1932.5.《제일선》으로 개칭)/ 안창호·조소앙·김구 등이 중국 상해에서 조선혁명당을 창립하다. 3.2. 청진운수 노동회원 800여 명이 임금 인하에 반발하여 총파업하다. 3.9. 天摩山隊員 許允熙, 江界에서 龜城경찰서원에게 피체되다.(국편) 3.10. 新幹會 開城支會 韓相駿·朝鮮靑年總同盟 朴光陽·勞動組合 金龍吉, 好壽敦女高普에서의 卒業祝辭 不穩 이유로 피검되다. 3.11.《외국우편대체취급령》이 공포되다./ 京城 開闢社·東光社·三千里社·農民新聞社·新生社·獎産·東亞商工新聞 등 대표, 총독부 도서관장 경무국장을 방문하고 출판물 검열제도 철폐를 건의하다.(국편) 3.12. 정의부원 이제우·김세호가 경성복심법원에서 각각 사형과 징역 7년을 언도받다.(6.11. 이제우 사형 순국) 3.15. 경수자동차부가 수원-서울 간 버스 운행을 개통하다./ 서울잡지협회가 원고 검열제도 폐지와 잡지 허가 범위 확대를 당국에 요구하다. 3.22. 만당이 불교청년운동 총집결체 '조선불교청년총동맹'(위원장 김상호)을 창립하여 대중운동을 전개하다. 3.25. 조선독립단 광엽당 김응섭이 장춘에서 일본 영사관 경찰에 체포되다. 3.30.《미곡법》이 개정되어 7.1.부터 시행되어 미곡 수출입이 제한되다. 3.31. 각 도의 공립사범학교가 폐지되다.(경북·평남 제외) 4.1. 경성공립직업학교(현 서울과학기술대학교)가 종로 효제동에서 마포 아현동으로 이전하여 개교하다. 4.7. 경성지방법원 검사국, 學生前衛同盟事件 韓慶錫 등 12명에게 징역 5—2년을 구형하다.(국편) 4.9. 民衆大會事件 許憲·洪命憙·李灌鎔·趙炳玉·李源赫 등 공판이 개정되다.(국편) 4.12. 전남 보성 간척공사장에서 한인 인부 200여 명과 중국인 200여 명이 충돌하다. 4.14.《조선골패세령》이 공포되어 골패에 세금을 부과하다./ 신간회 서울지회가 해체를 결의하다./ 신민부 선전위원장 허빈(1891~1931)이 신의주형무소 복역 중 옥사하다. 4.24. 경성지방법원, 민중대회사건 관련자 許憲·李灌鎔·洪命憙·趙炳玉—李源赫·金東駿에게 징역 1년 6월—1년 4월을 언도하다./ 종로경찰서, 全朝鮮衡平社大會의 반봉건사상 대중화에 관한 건 등 議案을 압수하다.(국편) 4.30. 메이데이 예비검속으로 수원청년동맹 朴勝極 등이 피검되다.(국편) 4.-. 전국적으로 관리 감봉 반대 운동이 확산되다. 5.1. 평양출판노동조합원 100여명이 메이데이 기념식을 거행하다.(국편) 5.2. 민족대표 33인 이종훈(1856~1931)이 사망하다. 5.3. 경기도 수원소년동맹 楊甘支部, 어린이날 기념식 거행 중 경찰의 방해로 강제해산되다.(국편) 5.4. 공산당사건 林宗桓 등 18명·ML당사건·학생전위동맹사건 등, 경성지방법원 및 복심법원에서 공판이 개정되다./ 咸興高普, 교사배척 등을 주장한 학생 35명을 퇴학·27명을 정학처분하다.(국편) 5.5. 평양 미림·평안·망일수리조합 지주·소작인 1,800여 명이 토지 차압 등에 항의하여 농성하다. 5.6. 임시의정원 오의선(1889~1931)이 군자금 모집 중 피체되어 3년형을 선고받고 복역 중 옥사하다. 5.12.《인화물질취체규칙》이 공포되다./ 開城 松都高普生 140여명, 교내 경찰간섭 반대·교사배척 등 요구사항을 학교 당국에 제출하다.(국편)

일본

2.6. 國民府員 崔聖龍·李東述·金洛榮, 滿洲 奉天 일본영사관 경찰에 피체되다.

3.1. 南華韓人靑年聯盟이 '3·1절 기념선언'을 발표하다.(국편)

3.12. 신명산·박춘산 등이 상해에서 동우회를 조직하여 상호 친목을 도모하다.

3.23. 正義府 간부 高豁信, 吉林에서 중국관헌에 피체되다.(국편)

3.25. 朝鮮獨立團 光燁黨 金應範, 長春 일본영사관 경찰에 피체되다.(국편)

3.29. 안창호·조상섭·차리석 등이 상해 興士團 내에 '공평사'(이사장 안창호)를 조직하여 군자금 조달을 추진하다.

4.9. 美洲 가와이섬 가피아·리휘 지방 이주 한인들이 단합회를 조직하다.

4.10. 하와이애국단이 결성되어 김구의 한인애국단을 후원하다.

4.14. 제2차 와츠키 내각이 성립되다.

4.18. 대한민국 임시정부가 대외선언을 발표하고 三均主義를 건국 원칙으로 표명하다.

4.29. 제4차 間島共産黨事件 관련자 18명이 龍井에서 京城으로 호송되다./ 滿洲 撫順 한인 노동자·농민들이 勞農勤勞者同盟 창립대회를 개최하다.(국편)

5.20. 國民府 간부 宋日晟이 奉天 일본영사관 경찰에 피검되다.(국편)

6.14. 吉林省政府, 《吉林省管理稻田水利章程》을 공포하다.(萬寶山事件).(국편)

7.2. 중국 동북지방에서 재만 한국 농민과 중국 농민 간 충돌이 발생하여 만보산 사건이 일어나다.

7.9. 上海 朝鮮人 각단체연합회, 萬寶山事件으로 인한 在韓 中國人 배척에 대해 보복행위 중단을 요청하는 聲明書를 발표하다.(국편)

7.10. 상해 興士團·애국부인회·병인의용대 등이 만보산 사건 대응을 위해 상해한인각단체연합회를 조직하다.

7.12. 중국 동북지역 화교 단체들이 한·중 양 민족에 대한 일제의 음모를 폭로하다.

7.14. 일본 黑友聯盟·黑旗勞動者聯盟 등이 萬寶山虐殺事件 및 朝鮮暴動事件 批判 大講演會를 개최하다.(국편)

7.15. 김리삼 조선일보 장춘지국장이 길림에서 피살되고, 만주《길림신문》에 사죄 성명서를 게재하다.

7.-. 徐利均(李德柱) 등이 상해에서 상해한인독립운동청년동맹을 창립하다.(1932.1. 상해한인청년당으로 개칭)

8.31. 國民府 중앙집행위원장·朝鮮革命軍總司令 玄益哲이 奉天에서 일본 총영사관 경찰에 피체되다.(국편)

8.-. 중국혁명호제회 한인분회(상해)에서 한글 잡지《혁명지우》를 창간하다.

9.18. 만주사변이 발발하여 일본이 만주를 침략하다.

9.21. 국제연맹 중국대표, 국제연맹에 滿洲事變을 정식 제소하다./ 하얼빈 소재 日日新聞社·正金銀行 일본 특무기관·일본영사관·조선은행 하얼빈지점 등에서 폭발사건이 발생하다.(국편)

9.22. 일본 각의가 조선군 출병을 승인하다./ 국제연맹이 中·日 양국에 停戰을 권고하다.

9.23. 일본 육군이 국제연맹의 권고를 거절하고 自衛權 행사를 천명하다.(국편)

9.29. 上海 학생 5천여 명이 蔣介石에게 對日宣戰布告를 청원하다.(국편)

9.-. 金徹·朴昌世·李雄·王雄·文逸民 등이 上海에서 韓國軍人會를 조직하다.(국편)

10.4. 상해의 항일독립단체들이 중국 국민정부에 독립운동자 보호를 요청하다.

10.5. 만주독립군 총사령관 김동삼이 하얼빈에서 일경에 피체되어 1937년 서대문형무소에서 옥사하다.

10.11. 龍井에서 滿洲 間島·琿春 朝鮮人民會聯合會가 개최되다.

10.17. 일본군 내에서 군부 내각 수립을 위한 쿠데타 시도인 10월 사건이 발생하다./ 만주 봉천에 만주조난동포대책강구회가 조직되어 피난 동포 응급 구제를 실시하다.

10.20. 봉천거류민회가 전만조선인민회연합회 창립 대회를 개최하다./ 國民府가 근거지를 輯安縣 第八區 馬蹄溝로 이전하다.

10.21. 대한민국임시정부가 滿洲事變에 대한 선전공작 및 대책 협의를 위해 上海 韓人各團體代表會議를 소집하다.(국편)

10.27. 尹致昊·安在鴻·宋鎭禹 등이 滿洲遭難同胞問題協議會를 조직하다./ 韓族同盟武裝團長 李白虎 등 3명이 하얼빈 일본영사관 경찰에 피체되다.(국편)

10.-. 李會榮·丁華岩이 上海에서 抗日救國聯盟을 조직하다.(국편)

11.2. 韓國獨立黨이 吉林省에서 中央會議를 열고 26개 軍區에 총동원령을 발포하다.(국편)

11.5. 만주 연길 한인 소작인 400여 명이 소작쟁으로 체포된 강대익 등 5명의 석방운동을 전개하다.

11.9. 대한인국민회가 미주한인연합회 발기문을 발표하다./ 國民府 韓國革命黨이 연석회의 중 通化縣 일본경찰대의 피습으로 중앙집행위원장 李浩源 등 간부가 피체되다./ 大韓人國民會가 美洲韓人聯合會 발기문을 발표하다.(국편)

11.10. 새만한국독립당이 한국독립군(총사령 시청천)을 조직하나./ 한국독립당이 각 군구에 총동원령을 발보하고 소집 및 징모를 실행하다.

11.12. 韓國獨立黨 申肅·南大觀이 中國護路軍聯合軍總部에 파견돼 총사령관 丁超·제2군장 楊文輝·제3군장 考鳳林 등과 韓·中合同作戰을 협의하다.(국편)

11.20. 8.1 反戰鬪爭 격문을 배포한 邊孝植이 大連에서 피검되다.(국편)

11.23. 張學良이 對日宣戰을 결의하다.(국편)

11.26. 中·日軍이 天津에서 재교전하다.(국편)

11.-. 김구·김철·조소앙이 중국인 서천방 등과 함께 한중항일대동맹을 조직하여 한중 독립운동을 지원하다./ 金徹·趙素昻 등이 上海에서 中韓抗日大同盟을 조직하다.(국편)/ 백정기가 중국 아나키스트들과 함께 항일구국연맹을 결성하고 기관지《자유》를 발행하다.

연도	한국
▲ 1931 ▼	5.13. 함흥지방법원, 함남공산당사건 朴元秉 등 40명에게 징역 5년 집행유예 5년을 언도하다./ 天道教 靑友黨, 朝鮮勞動社를 조직하다.(국편) 5.14. 경성지방법원, 전북공산당사건 林宗桓 등 19명에게 징역 5—2년을 언도하다.(국편) 5.16. 신간회가 전국대회를 열고 창립 4년 만에 해체를 결의하다.(1927—1931) 5.21. 부·읍·면의 제1회 의회의원 선거가 실시되다. 5.22. 조선식산은행 산하에 전문 부동산 관리·처분 회사인 성업사가 창립되다. 5.23. 조선불교청년총동맹이 '동경동맹'을 조직하고 집행위원장에 김법린을 선출하다./ 조만식·윤치호·안재홍 등이 이충무공유적보존회를 설립하여 이순신 묘, 위토, 사당, 유물을 보존하다. 5.24. 충남 논산강 개수공사장 한인 노동자 1,200여 명이 일본인 감독의 폭행에 항의하여 시위하다. 5.26. 체신국 직원 1,000여 명이 집회를 열어 임금 삭감 반대 등을 결의하다. 5.27. 함남 홍원군민 2,000여 명이 호세 과중에 항의하며 시위를 벌여 경찰과 충돌하고 100여 명이 피검되다. 5.28. 경성방직공장 노동자 400여 명이 임금 인하에 반대하여 동맹파업하다./ 鄭達憲 등 9명, 赤色勞動組合事件과 관련하여 평양경찰서에 피검되다. 5.-. 좌익 성향의 월간 종합잡지 《비판》이 창간되다.(편집·발행인 송봉위, 1940.3.까지)/ 이윤재가 『성웅 이순신』을 간행하다.(《동아일보》 1930년 10—11월 연재)/ 조선농민사가 《농민세계》를 창간하다. 6.3. 경성지방법원, 제5차 공산당사건(熱誠者共產黨事件) 鄭憲台 등 5명에게 징역 7—2년을 언도하다.(국편) 6.6. 제1차 공산당사건 金若水, 서대문형무소에서 만기출옥하다.(국편) 6.8. 中·日·萬寶山 지역에서의 양국 경찰대 철수 및 萬寶山 공동 조사 실시에 합의하다.(국편) 6.11. 경성복심법원 검사국, 군자금 모금 밀정사살 혐의로 체포된 正義府員 李濟宇에게 사형을 구형하다.(국편) 6.12. 金燦, 제2차 조선공산당사건 관련 혐의로 경성지방법원 예심에 회부되다.(국편) 6.13. 대구복심법원, 光州學生運動을 주도한 張載性·金相魚 등 醒進會·讀書會員 85명에게 징역 1년 6월—1년을 언도하다.(국편)./ 광주학생운동 관련 성진회 張載性·金相魚 등 85명이 대구복심법원에서 징역 1년~1년 6월을 언도받다. 6.16. 경기도 學務局, 도내 32개 사립 중등학교장회의를 열고 맹휴 대책 등을 논의하다./ 경기도 경찰부·종로경찰서, 勞動總同盟·中央靑年同盟 등 사상단체에 대해 압수 수색을 실시하다.(국편) 6.17. 宇垣一成이 제6대 조선총독으로 임명되다.(1936.8.까지 재임) 6.19. 참의부원 李炳夏가 평북 일대에서 군자금 모집 중 피체되어 신의주지방법원에서 징역 13년을 언도받다. 6.20. 宋聖源이 가정생활 계몽잡지 《현대가정공론》을 창간하다. 6.22. 평양 대동강 개수 좌안방수공사가 기공되다./ 金寶永·金泰植 등이 '조선체육연구회'를 창립하여 체육의 대중적 선전 보급과 지도에 노력하다. 6.24. 경남 草溪公普校 6학년생 63명이 퇴학 처분에 항의하여 동맹휴학하다.(국편) 6.26. 曹晩植·梁柱東 등이 평양에서 '한글연구회'를 조직하다./ 평양 대동강제방공사 안부 400여 명이 감독의 구타에 항의하여 동맹파업하다./ 李光洙가 장편소설 『李舜臣』을 《東亞日報》에 연재하기 시작하다.(1932.4.3.까지) 6.30. 《미곡법시행령》이 공포되어 7.1.부터 시행되다. 6.-. 경성제대 출신 金在喆·趙潤濟·李玆國이 조선어문학회를 결성하고 《조선어문학회보》 등을 간행하다./ 安在鴻이 백두산기행 『白頭山登陟記』를 간행하다(《조선일보》 1930년 8—9월 연재)./ 제1차 카프 사건으로 朴映熙·金基鎭·林和 등 70여 명이 검거되다./ 韓龍雲이 종교지 《佛敎》를 인수·속간하여 민중 계몽 운동을 전개하다./ 《東亞日報》가 하계방학을 이용해 브나로드 운동을 전개하다.(1934년까지) 7.1. 금강산 전철 금강군—내금강 구간이 개통되어 철원—내금강 전 구간이 연결되다. 7.2. 중국 길림성 만보간에서 수로공사 문제로 한·중 농민이 충돌하는 만보산 사건이 발생하다. 7.4. 소련 '파블로바 무용단'이 서울 희락관에서 공연하다./ 만보산 사건의 보복 폭행이 평양 등지에서 발생하여 중국인 127명이 사망하고 393명이 부상하다./ 《朝鮮日報》, 조사부장 李如星을 만보산 사건 등 재만동포사건 조사차 滿洲에 특파하다./ 東北外交協會, 만보산 사건에 대한 선언을 발표하고 국제연맹에 사태 해결을 호소하다.(국편) 7.5. 춘천·선천 등지에서 만보산 사건과 관련한 폭동이 발생하다. 7.8. 서울시내 단체협의회가 만보산 사건에 대한 대책을 수립하다./ 徐恒錫·金振燮·張基濟가 극예술연구회를 조직하여 신극 수립을 목표로 활동을 시작하다.(1938.2.까지)/ 평양 사회단체 대표 曺晩植 등, 南京國民政府·吉林省政府 등에 위문전보 발송 및 피해 華商에게 위문금을 전달하다.(국편) 7.9. 평양 내 14개 단체가 萬寶山事件과 관련한 三姓堡事件의 허위를 주장하는 急告文을 발표하다.(국편) 7.11. 朝鮮京城各界聯合協議會, 南京國民政府 主席·國民黨 中央通信社 등 35개 기관에 '국내에서 中國人排斥事件이 일어난 것은 조선민족의 意思가 아님'을 밝힌 聲明書를 발송하다.(국편) 7.15. 權守禎(본명: 李鍾榮), 萬寶山事件의 과장보도로 국내 中國人 襲擊事件을 발생케 한 《朝鮮日報》長春支局長 金利三을 저격하다./ 尹致昊 등, 駐日中國公使 汪榮寶 등과 국내 중국인 배척문제에 대한 의견을 교환하다.(국편) 7.16. 《東亞日報》가 브나로드 운동을 전개하며 학생단원을 모집하다.

일본

12.3. 홍남표·강문석 등이 상해에서 공산주의 단체인 한인반제동맹 창립대회를 개최하다.

12.5. 韓人國民會 대표 白一珪·홍언, 羅城共同會 대표 송헌주·한재명, 中加州共同會 대표 김정진·이살음, 멕시코 자성단 대표대리 장수영이 회합해 美洲韓人聯合會 宣言書를 발표하다.(국편)

12.8. 대한인국민회·나성공동회·중가주공동회·멕시코자성단 등이 '미주한인연합회 선언서'를 발표하다./ 在滿獨立團 國民府 玄益哲이 奉天 일본영사관 경찰에 피체되다.(국편)

12.11. 와츠키 내각이 총사직하다./ 지청천·황학수·홍진·신숙 등이 중국 護路軍 사령관 丁超와 함께 韓中抗日聯合軍을 편성하다./ 李靑天·黃學秀·洪震·申肅 등이 재만한인 무장독립단체를 통합해 中國護路軍 사령관 丁超와 韓中抗日聯合軍을 편성하다.(국편)

12.12. 南京에서 학생 1만여 명이 시위운동을 전개하다.(국편)

12.13. 金九·安恭根·嚴恒燮 등이 李奉昌의 선서식을 계기로 日本要人 暗殺을 목적으로 特務隊를 상해에서 韓人愛國團으로 조직하다.(국편)

12.14. 중국 漢口에 排日運動 격화로 계엄령이 선포되다.(국편)

12.17. 間島 和龍縣 四光社泉坪 韓農 小作爭議團 1천여 명이 소작료 3·7제 요구 시위를 벌여, 주동자 52명이 間島 일본영사관 경찰에 피검되다.(국편)

12.19. 朝鮮革命黨 간부 30여 명이 滿洲 新賓縣에서 抗日戰略을 논의 중 日軍의 습격으로 피체되다(新賓縣事件).(국편)

12.28. 대한민국 임시정부가 재외대한교민단 규칙을 공포하다.

-. 북로군정서 및 한국독립당 당원이던 정신(1898~1931)이 공산당원에게 희생되다.

7.17. 咸興地方法院, 함남 端川 제1차 공산당사건 관련자 金衡默 등 12명에게 징역 1년—3월 및 벌금형을 언도하다.

7.18. 평북 定州·博川郡 내 14개 유기제조 직공 154명이 임금 인하에 반대하여 동맹파업하다.

7.21. 《東亞日報》, 제1회 브나로드 운동을 개시하다.(국편)

7.23. 아동문학가 方定煥(1899~1931)이 사망하다.

7.24. 新義州地方法院, 朝鮮獨立軍 사령관 李應瑞 등 4명에게 무기징역—징역 8월을 언도하다.(국편)

7.25. 權大衡·徐寅植·金洪善 등이 大邱에서 朝鮮共産主義者協議會를 조직하다.(국편)/《朝鮮日報》가 제1회 조선어강습회를 개최하고 申明均·權悳奎·李炳基·崔鉉培 등을 강사로 초빙하다.(8.29.까지)

7.26. 《東亞日報》가 구독자의 헌금으로 충무공 李舜臣 사당 현충사를 보수하기 위한 공사를 착수하다.

7.27. 《東洋拓殖株式會社》의 토지개량사업이 '土地改良株式會社'로 이관되다.

7.30. 경남 固城 수리조합 공사장 인부 200여 명이 강제 저축에 반대하여 동맹파업하다./ 朴勝彬이 국어문법서 『朝鮮語學講義要旨』(《朝鮮語研究會》 간행)를 발행하다.

7.-. 張斗正·宋雲·李炳憲 등이 월간잡지 《龍聲》을 창간하여 품팔이 지도 운동을 벌이다./《朝鮮日報》가 국어 보급을 위해 『한글원본』 증보판 10만 부를 발행하여 전국에 배포하다.

8.1. 경남철도가 남포-판교, 천안-장항 구간을 개통하다.

8.8. 萬寶山에서 日警이 철수하다.(국편)

8.15. 남선수력이 전북 정읍의 運巖發電所(1500kW)에서 전북 및 충남 일부 지역에 첫 송전을 시작하다.

8.18. 조선총독부가 제1회 경찰부장회의를 개최하고 범죄 엄격 단속을 협정하다.

8.21. 황해도 재령면 지주·소작인 70여 명이 再新水利組合 수로 파괴에 따른 피해 보상을 요구하며 시위하다./ 각도 경찰부장회의가 사상 범죄 엄격 단속 방침을 결정하다.

8.25. 인천 조선인촌주식회사 여공 170명이 임금 감하에 항의하여 동맹파업하다.

8.26. 한족총연합회 간부 김종진(1891~1931)이 북만주 해림에서 공산당원에게 암살당하다.

8.-. 이상의 시 〈오감도〉가 《조선일보》에 발표되다./ 정세권 등이 월간잡지 《실생활》을 창간하다./ 조선불교총동맹 기관지 《불청운동》이 창간되다.(1933.8.까지)

9.4. 충북 淸州에서 申亨植 등이 주동한 淸州赤友聯盟 秘密結社事件이 발생하다(淸州檄文事件).(국편)

9.8. 충북 청주 군시제사회사 여공 300여 명이 임금 인상을 요구하며 동맹파업하다.

9.10. 인천·군산·목포·대구·부산·진남포에 미곡취인소(미두장) 6곳이 설치되어 선물거래가 시작되다./ 단성사가 전속극단 '신무대'를 조직하여 대중 연극 확산에 기여하다.(1937.5.까지)

9.11. 《조선정미시장 규칙》이 공포되어 1932.1.부터 시행되다.

9.15. 蔚珍工作黨, 極東共産主義者同盟으로 改稱하다.(국편)

9.24. 윤치호·신흥우·한용운 등이 나병구제연구회를 조직하여 여수·대구·부산 등에 간이수용소 설치를 결의하다.

9.25. 중앙기독교청년회(YMCA)가 회관에서 제1회 조선기계체조대회를 개최하다./ 평북 의주경찰서, 中·日전쟁 이유로 義州郡內 각 단체의 집회를 일체 금지하다.(국편)

9.27. 경성제대·경성치의전·제이고보·경신고보 등에서 학생 50명이 비밀결사 성대반제부·적우회사건으로 피체되다.

9.-. 불교 단체 선학원이 대중 포교를 위해 기관지 《선원》을 창간하다.

연도	한국
▲ 1931	10.3. 대구에서 한약재의 계절시장인 '대구약령시'가 개시되다./ 한상룡 등이 일본인 유력자와 친목단체 '동우구락부'를 결성하다. 10.5. 《미곡법 시행규칙》이 공포되어 미곡 수입 및 수출이 제한되다. 10.6. 조선농민소문사가 순간신문 《농민소문》을 발행하다. 10.8. 성진경찰서가 신간회 성진지회·농민조합·청년동맹·소년동맹 등을 수색하고 300여 명을 피검하다.(국편) 10.9. 朝鮮革命軍 제5중대 부관 李振武, 평북 龜城郡 芦洞面에 출동하여 군자금을 모금하다.(국편) 10.10. YMCA 농촌사업부가 계몽사업을 시작하다. 10.14. 《중외일보》가 《중앙일보》로 개제되고, 11.27. 《중앙일보》 창간호가 발행되다.(1933.2.까지) 10.15. 경북선(김천-안동) 전 구간이 완전 개통되다. 10.20. 해주 곡물상들이 미곡집합검사제에 반대하다. 10.21. 함흥지법에서 국민부 결사대 사건 관련 최효일에게 사형이 선고되다.(1932.10.12. 사형 순국) 10.23. 조선호텔에서 '전조선약업연합회' 창립총회가 개최되다. 10.26. 경성제국대학 본관(현 한국문화예술위원회 건물)이 준공되다.(1930.8. 착공)/ 조선어학회가 한글날을 음력 9월 29일에서 양력 10월 29일로 변경하다./ 京城 中央基督敎靑年學校·松都高普·開城商業學校·普成高普·第一高普·第二高普·京城帝大生 등 21명, 중국공산당 조선국내공 작위원회 후계조직 사건으로 피검되다.(국편) 10.27. 윤치호·안재홍·송진우 등이 만주조난동포문제협의회를 조직하다. 10.-. 범태평양노동조합 비서부가 '10월 서신'을 발표하고 혁명적 노동조합 조직을 강조하다. 11.1. 남원·김제·순천·나주·울산·김해·삼천포·흥남 등 8개 면이 읍으로 승격되다./ 동아일보사가 시사월간지 《신동아》를 창간하다.(1935.8.까지, 1964.9. 복간)/ 부립 개성박물관이 개관하다. 11.9. 正義府 중앙집행위원장 金東三·비서 李技榮(본명: 李元一), 치안유지법 위반으로 신의주지방법원 검사국에 송치되다.(국편)
1932 ▼	【한국】 1.1. 조선상공회의소가 설립 인가되다. 1.5. 조선혁명당 이호원·이동산, 조선혁명군 이규성·전운학 등이 홍경현 회의 현장에서 피체되다. 1.6. 평남 진남포 삼성정미소 여공 130명이 동맹파업하다. 1.7. 경남 양산군 웅상면 수리조합 공사장 인부 200명이 파업하다. 1.9. 신민회 간사, 105인 사건·3.1운동·민립대학기성회 활동가 임치정(1880~1932)이 사망하다. 1.13. 전남 광양금광 광부 900명이 임금 인하에 반대하여 총파업하다. 1.16. 국민부 조선혁명군 이성상·이진무·홍학원 등이 의주 경찰에 피체되다. 이진무는 1934년 5월 사형되다. 1.17. 전북 김제 다목농장 소작인 800여 명이 주재소를 포위 시위하다가 40여 명이 피검되다. 1.20. 《토지개량시행지 이주장려보조규칙》이 공포·시행되고 기존 개간·간척지 이주장려보조규칙이 폐지되다. 1.22. 民衆大會事件 許憲·洪命熹·李灌鎔·趙炳玉·李源赫·李大駿 등 6명, 서대문형무소에서 가출옥하다.(국편) 1.26. 제주 구좌면 해녀단 500여 명이 '해녀조합'에 항거하며 주재소를 습격하다.(제주해녀항일운동) 1.28. 《은행권의 금태환 정지 긴급 칙령》이 공포·시행되다. 1.31. 청주 제사공장 노동자 300여 명이 남자 노동자 35명의 무단해고에 항의하여 동맹파업하다. 1.-. 자전차세가 30% 인하되고, 인력거세가 면제되어 자동차로 위축된 인력거업을 구제하려 하다. 2.1. 보건운동사가 《보건운동》을 창간하여 보건·위생 연구와 사상 보급에 힘쓰다. 2.2. 김두용·이북만이 도쿄 '동지사' 해체를 선언하고 일본프롤레타리아문화연맹(카프)에 침투하다./ 중앙기독교청년회가 제1회 보건체조강습회를 개최하다. 2.3. 이남훈·박제선 등이 조선보건협회를 조직하여 실비진료원 경영과 위생사상 선전에 나서다. 2.6. 관서체육회가 조기체조회 발기회를 열어 민중 보건운동에 공헌하고자 하다. 2.8. 大邱檄文事件 金洪直·金一植 등 9명이 기소되다.(국편) 2.9. 경성지방법원, 勞農少年委員會事件 등 관련자 3명에게 징역 3—2년을 언도하다.(국편) 2.14. 임성우·김경옥이 하와이 오아후에서 하와이애국단을 결성하여 한인애국단 특무공작을 후원하다. 2.16. 《조선간이생명보험 적립금운용규칙》이 공포·시행되다./ 大邱檄文事件 孫子憲·韓鳳三·孫基枝·李東雨가 대구지방법원에 송국되다.(국편) 2.17. 《조선전기사업령》이 공포되다.(1933.11 시행 예정), 배전회사 정리통합 방침이 확정되다./ 함북 청진 부두 운수노동자 1,000여 명이 임금 인상을 요구하며 파업하다. 2.23. 최대 농민조합인 '용천소작조합'이 강제 해체당하다./ 國民府 朝鮮獨立軍 李振武 등 10명이 신의주지방법원에 송국되다.(국편) 2.-. 박승희 등이 신극단 '태양극장'을 설립하다. 3.1. 경성공립보통학교 2~3학년생 300여 명이 차별교육 철폐와 교원배척을 요구하며 동맹휴학하다./ 전북 전주형무소 감옥수 800여 명이 독립만세를 고창하다.

일본

11.10. 京城 徽新學校生 420명, 집회의 자유·신교의 자유·교사 배척 등을 요구하며 동맹휴학하다./ 曹圭弼·鄭用和 등 7명, 강릉공산청년동맹 준비위원회를 조직하다.

11.11. 평양고보생들이 경찰의 학원 간섭에 반발하여 맹휴하다./ 총독부 법무국이 소작법 및 소작쟁의 조사법안에 관한 원안 작성을 완료하다.

11.16. 충남 공주군 의당면 소작인 100여 명이 소작료 불납동맹을 결의하다.

11.25.《중앙일보》제1호가 발행되다.

11.27. 일본으로 수출하는 미곡 창고영업 보조규칙이 공포되다.

11.28. 전남 강진군 철전농장 소작인들이 소작료 인하를 요구하며 시위하다가 70여 명이 피검되다.

11.30. 삼척군 근덕면 주민 2,000여 명이 도로 개수에 반대하여 면사무소를 습격하고 파괴하다./《조선입영자에 대한 직업보장법 시행규칙》이 공포·시행되다./ 총독부, 경북 경산군 자인공립보통학교 등에 한국어 사용 전면 금지 및 일본어 전용을 명령하다.(국편)

12.1. 조선철도가 동해주-해주 구간, 동해주-연안 구간을 개통하다.

12.10. 박승빈 등이 '조선어학연구회'를 조직하여 민족문화 계승을 위한 언어·문자 연구를 추진하다.(1941.4.까지)

12.14. 금화폐 및 금괴 수출이 총독 허가제로 규제되다.

12.15. 재만독립군 간부 이응서가 평양복심법원에서 무기징역을 선고받고 복역 중 사망하다.(1932.4.25.)

12.17. 한인애국단원 이봉창이 상해를 출발하여 12.22. 도쿄에 도착하고, 1932.1.8. 거사를 단행하다.

12.18. 간도 화룡현 사광사천평의 한인 소작쟁의단 1,000여 명이 소작료 3.7제 요구 시위를 벌여 52명이 피검되다.

12.19. 조선혁명군 간부 30여 명이 중국 신빈현에서 일본군에 피체되다.(신빈 사건)

12.21. 경주에서 신라 무열왕의 묘비가 발견되다.(귀부 높이 3.33m, 넓이 2.54㎡, 이수 약 1.1m)

12.24. 단천 삼림조합 반대사건의 이경은이 경성복심원에서 징역 5년을 선고받다.

-. 서영석(1897~1931)이 대동군 금제면 3·1운동에 참여하고 무기징역을 받아 복역 중 옥사하다.

【일본·해외】

1.1. 蔣介石이 新國民政府를 수립하다.

1.3. 관동군이 금주를 점령하다.

1.8. 한인애국단원 이봉창이 도쿄에서 쇼와 천황에게 폭탄을 투척하였으나 실패하다.(10월 10일에 사형집행되다.)

1.16. 美國 하와이 大韓人僑民團이 同團의 해체 및 하와이 大韓人民會 부활을 결의하다.(국편)

1.19. 國民府員 朴永群 등 7명이 通化 일본영사관 경찰·중국 공안대의 滿洲 新賓縣城 습격으로 피검되다.(국편)

1.22. 민중대회사건의 허헌·조병옥 등 6명이 서대문형무소에서 가출옥하다./ 蔣介石이 對日國交斷絶 반대 성명을 발표하다.

1.28. 상해주둔 일본군이 상해를 침공하여 상해사변이 발생하다.

1.31. 상해한인청년당(김철)이 결성되어 상해한인독립운동청년동맹의 후신이자 한국독립당 청년당 성격을 지니다.

2.1. 상해조선청년당이 조직규칙을 발표하다.

2.2. 金斗鎔·李北滿이 조직한 東京 同志社가 해체선언서를 발표하다./ 일본군이 上海 총공격을 개시하다.(국편)

2.5. 관동군이 하얼빈을 점령하다.

2.6. 國民府가 일본 경찰의 습격을 받아 3개 중대가 전멸하다.(국편)

2.14. 林成雨·金敬玉·玄道明·金泰正 등이 하와이애국단을 창립하다.(국편)

2.16. 국제연맹 이사회가 상해 전투행위 중지를 일본에 경고하다.

2.20. 상해에서 일본 육군이 총공격을 개시하다./ 朴春琴(相愛会)이 중의원 의원에 당선되다.

2.23. 國民政府가 東北新政權 토벌방침을 수립하고 토벌총사령에 蔣介石, 항일총사령에 馮玉祥을 임명하다.

2.29. 국제연맹 립튼 조사단이 萬寶山事件 진상조사를 위해 東京에 도착하다.

2.-. 조선인혁명군이 중국의용군사령관 이춘윤과 합작하여 한중연합군을 조직하다./ 독립군 梁基瑕 부대가 寬甸縣에서 日·滿 軍警隊와 교전 중 梁基瑕 등 수십 명이 전사하다.

3.1. 만주국 괴뢰정부가 건국을 선언하고 부의가 집정에 취임하다./ 上海 韓人反帝同盟·中國革命互濟會 上海韓人分會·韓人青年黨·韓人女子青年同問·花郞社가 3·1운동 제13주년 기념선언문을 발표하다./ 滿洲國이 건국을 선언하다.

3.9. 정의부 군사위원장 오동진이 신의주지방법원에서 징역 8년을 언도받다.

3.11. 조선혁명군 양세봉 등이 중국의용군 양석복 부대와 합세하여 영릉가성을 점령하다.(영릉가 전투)

3.12. 한인애국단이 상해 주둔 일본군사령부(전함 이즈모함)를 폭파하려 했으나 실패하다.

3.13. 간도 일본 영사경찰이 공산당 혐의로 청년 100여 명을 검거하다.

3.24. 공산당원 1,000여 명이 간도 국자가에서 민생단원 7명을 타살하다./ 일·중 정전회의가 개시되다.

3.-. 한인애국단이 이덕주·유진식을 국내로 파견하여 조선총독 공격을 시도하였으나 실패하다./ 김구·김철·조소앙 등이 중국인 서천방 등과 함께 한중항일대동맹을 조직하다.

4.1. 한인애국단 최흥식·유상근·이성원·이성발이 대련에 파견되어 관동군 사령관 등을 폭살 기도하다.

4.17. 상해한인청년당 기관지《성종》이 창간되다.

4.26. 미쓰이·미쓰비시 재벌이 대만주국과 2천만 엔 융자계약을 체결하다.

연도	한국
▲ 1932 ▼	3.2. 부산대교(현 영도대교)가 착공되다.(1934.11 완공 예정) 3.3. 한인애국단이 상해 일본 비행장 폭파 계획을 시도하다가 좌절되다. 3.9. 정의부 군사위원장 오동진이 신의주지법에서 무기징역을 선고받다.(1944.12.1 공주형무소 옥사)/ 경남 삼천포 용산야 　　학회가 강제 폐쇄되다. 3.14. 京城高等法院, 參議府 李應瑞에게 무기징역을 언도하다.(국편) 3.22. 조선미술전람회 규정이 개정되다. 3.23. 조선총독부가 재만 조선인 대책 5개 근본방침을 결정하다. 3.25. 평남 대동군 수상운반 노동자 400여 명이 임금 인하에 항의하여 태업을 벌이다. 3.29. 함흥지방법원, 함남 永興農民데모事件 관련자 車緖相 등 11명에게 징역 1년 6월−6월을 언도하다.(국편) 3.30. 신의주지방법원, 天摩山隊 金尙洙 등 27명에게 무기징역−2년을 언도하다.(국편)/ 천마단원 김상옥 등이 신의주지방 　　법원에서 판결공판을 받다. 3.31. 大邱師範學校 赤色秘密結社事件 관련자 玄俊赫 등 교원·학생 9명이 송국되다.(국편)/ 조선총독부가 『조선사』(35책) 　　간행을 시작하다.(1938.3. 완간) 3.-. 김성수가 경영난에 빠진 보성전문학교(현 고려대학교)를 인수하다. 4.1. 부산 수산시험장이 설치되어 조선 수산자원의 대표적 수탈기관이 되다. 4.4. 대구사범학교 학생 40명이 적색비밀결사사건 관련으로 정학, 14명이 퇴학당하다. 4.7. 서울 정동의 JODK 경성방송국이 '조선방송협회'로 개칭되다. 4.10. 《조선교육령》 제25조가 개정되어 시행되다. 4.12. 이광수가 장편소설 〈흙〉을 《동아일보》에 연재하기 시작하다.(1933.7.까지)/ 德川데모事件 全昌涉 등 24명이 평양복 　　심법원에서 공판을 받다.(국편) 4.15. 총독부가 북조선개척사업계획을 완성하다./ 전주 신흥학교생 13명이 독서회 사건으로 피검되다. 4.18. 경성 버스운전사 100여 명이 임금인하 및 노동시간 연장에 항의하여 태업하다. 4.24. 민족대표 33인 중 한 명인 이필주(1869~1932)가 사망하다. 5.1. 조선어학회가 기관지 《한글》을 속간하다./ 鄭昌世·柳義永 등 5명이 충남 大田에서 忠南前衛同盟을 조직하다. 5.12. 경성 고등보통학교 학생 60여 명이 격문 살포 혐의로 나남서에 검거되다. 5.31. 간도의 '5·30폭동' 사건 관련자 김근 등 34명이 경성지방법원에서 무기징역을 선고받다. 5.-. 이상춘 등이 카프연극부 기관지 《연극운동》을 창간하다.(현재는 표지만 남음)/ 임시정부가 윤봉길 의거 이후 중국 상 　　해에서 가흥, 항주로 이동하다./ 김인규·현훈·문일 등이 신흥예술사의 월간지 《신흥예술》을 창간하다. 6.1. 신의주 삼무학교 학생 400여 명이 교장 배척 등 6개 항목을 요구하며 동맹휴학하다. 6.5. 동아일보사가 충남 아산 현충사에 이상범 작 '이충무공 영정'을 봉안하다. 6.8. 안창호가 고등경찰 경부 미와에게 신문받고, 7.15. 경성지방법원으로 송국되다. 6.11. 연희전문학교가 제1회 전국중등학교현상음악대회를 개최하다. 6.15. 임시정부 전 국무령 이상룡(1858~1932)이 중국 길림에서 사망하다. 6.21. 평양복심법원, 正義府 軍事委員長 吳東振에게 무기징역을 언도하다.(국편) 6.22. 洪原農民抗爭事件 鄭濂守 등 105명이 치안유지법 위반으로 함흥지방법원에 송국되다.(국편) 6.28. 경성지방법원, 공산주의자 金燦에게 징역 10년을 구형하다. 7.1. 국제연맹 萬寶山事件 진상조사 리튼(Lytton) 일행 37명이 서울에 도착하다.(국편) 7.9. 신경향파 소설가 최서해(1901~1932)가 사망하다. 7.10. 방응모가 분규 중이던 《조선일보》를 인수하다. 7.11. 브나로드운동 2기 계몽대원 2,724명이 592개소에서 농촌계몽운동을 전개하다./ 金海邑內 13개 야학이 無認可 이유 　　로 강제 폐쇄되다. 7.13. 조선총독부 주도로 '조선미옹호기성회'가 결성되어 일본의 쌀 수입 통제에 반대하다. 7.15. 《수형법》(현 어음법)이 공포되다.(1934.1.1 시행)/ 월간 잡지 《교육춘추》가 창간되다./ 안창호가 서대문형무소에 수 　　감되다. 7.16. 《폭약제조취체규칙》이 공포되어 시행되다./ 해주지방법원, 총독암살 목적으로 입국 중 체포된 上海 韓人靑年黨員 李 　　德柱·愈鎭萬에게 징역 7−6년을 언도하다.(국편) 7.18. 경성형무소 수감자 1,000여 명이 소장의 훈시에 반발하여 단식동맹 및 만세시위를 벌이다. 7.22. 서울 동대문구 훈련원에서 '신흥만몽박람회'가 개최되어(~1932.9) 식민지배의 정당성을 홍보하다. 7.23. 경기도 수원에서 立橋大學生 李容漢 등 7명이 學友會 조직 혐의로 피검되다./ 東亞日報 支局長 全赫 등 17명이 梁山 　　農民組合抗拒事件으로 기소되다.(국편) 7.25. 安昌浩가 치안유지법 위반 혐의로 기소되다.(국편) 7.26. 총독부가 토지개량부를 폐지하다./ 呂運亨이 대전형무소에서 가출옥하다.

일본

4.29. 한인애국단원 윤봉길이 상하이 홍구공원에서 일왕 생일 겸 전승축하식장에 폭탄을 투척하여 在中 일본군사령관 白川義則 대장 등 10여 명을 살상하고 피체되다.

4.30. 안창호가 홍구공원 사건 관련 혐의로 상해에서 체포되어 일본영사관에 인도된 뒤 국내로 송환되다.(6.7. 도착)

4.-. 金九가 대한민국임시정부를 上海에서 杭州로 이동하다.

5.5. 상해정전협정이 조인되다.

5.10. 임시정부 국무원 김철 등이 항주 청태 제2여사에 임시판공처를 개설하다.

5.15. 임시정부가 개각하여 이동녕을 법무장, 조완구를 내무장, 조소앙을 외무장, 김철을 재무장, 김구를 군무장에 임명하다./ 일본 해군장교 등이 수상관저 등을 습격하여 이누카이 수상을 사살하다.(5·15사건)

5.20. 코민테른이 '32년 테제'를 결정하다.

5.22. 하와이 오하우섬 와히아와 한인들이 임시정부후원회를 조직하다.

5.24. 평양고등보통학교 학생 8명이 독서회 조직 혐의로 검거되다.

5.25. 상해 일본 헌병대 군법회의에서 윤봉길에게 사형이 선고되다./ 金九 등 독립운동 요인들이 上海 프랑스 租界에서 회합 중 일본 영사관 경찰에게 피습되다./ 上海 일본 헌병대 제1회 군법회의에서 尹奉吉에게 사형이 선고되다./ 상해 교민들이 안창호를 일본영사경찰에 넘긴 프랑스 영사 및 정부에 항의문을 발표하다.

5.26. 사이토 내각이 성립되다.

5.-. 임시정부가 상해에서 항주로 이전하다./ 金九가 上海 각 신문에 '上海爆彈事件'의 진상을 발표하다.

6.13. 上海 戒嚴令이 해제되다.

6.15. 前 대한민국임시정부 국무령 李相龍이 吉林에서 사망하다.(국편)

6.23. 전 조선총독 사이토를 저격했던 장기초 등 5명이 신의주지방법원에서 징역을 언도받다.

6.24. 上海韓人靑年黨員 崔興植이 日本 關東軍 수뇌 암살 실패로 大連驛에서 피체되다.(국편)

7.15. 상해한인독립운동청년단이 조직되다.

7.25. 만주국협화회가 결성되다.

8.5. 國民府 간부·농민 대표가 新賓縣 葦子谷에서 독립운동 재건 비밀회의를 열고 國內進攻戰 전개 등을 결의하다.(국편)

8.14. 김구가 한인애국단 선언을 발표하다.

8.25. 일본 내무대신 우치다가 외상이 만주국 승인 결의를 표명하다.

8.29. 上海韓人獨立運動靑年同盟 등이 국치기념일 격문을 발표하다.(국편)

9.3. 韓國獨立軍이 총사령 李靑天, 부사령 金昌煥을 임명하다.(국편)

9.15. 日·滿 의정서가 조인되어 滿洲國을 승인하다.(국편)

9.16. 韓人愛國團員 李奉昌이 일본 大審院 형사법정에서 비공개 공판을 받다.(국편)

9.19. 제1차 쌍성보 전투에서 한중연합군이 일시 쌍성보를 점령하다./ 韓國獨立黨이 중앙의회 결의에 따라 독립군 총동원령을 발포하다./ 李靑天·考鳳林의 韓中聯合軍이 哈長線의 雙城堡를 점령하다.(제1차 雙城堡戰鬪)/ 미국 씽거미싱회사 국내 점원 1,000여 명이 대우 개선·임금 인하 반대 등 14개 항을 요구하다.(국편)

9.30. 東京 大審院이 愛國團員 李奉昌에게 사형을 언도하다.(국편)

9.-. 韓國獨立黨·朝鮮革命黨·新韓獨立黨·義烈團·韓人獨立團 연합의 對日戰線統一同盟이 중국 항일민중단체와 합작으로 韓中民衆大同盟을 결성하다./ 韓國獨立黨이 廣東支部를 설치하고 기관지 《韓聲》을 발행하다.

10.1. 국제연맹 萬寶山事件 립튼 조사단이 일본 정부에 보고서를 제출하다.

10.8. 무정부주의계 강병규·박무석 등이 검거되다.

10.10. 李奉昌이 도쿄 이치가야형무소에서 사형당하다.

10.11. 하와이 大韓獨立團員 趙鏞夏가 日本 神戶에서 피체되다.(국편)

10.20. 김원봉이 남경 교외 탕산 선사묘에서 조선혁명군사정치간부학교를 개교하다.(~1935.9.)

10.23. 義烈團 등 9개 단체가 反日戰線統一同盟을 조직하다.(국편)

10.24. 安昌浩가 치안유지법 위반 혐의로 기소되다.(국편)

10.25. 송병조·이동녕·조소앙 등이 남경에서 한국대일전선협회를 결성하다.

10.31. 上海 韓國獨立黨이 '건국기념절선언'을 발포하다.(국편)

10.-. 일본군이 항일유격대에 대해 제1차 토벌을 감행하다./ 일본 關東軍·朝鮮軍이 寬甸·通化·桓仁지역을 강제 점령하다.

11.4. 金奎植이 중국 민간외교사절로 미국에 건너가다.

11.7. 한국독립당의 한중연합군이 쌍성보를 재공격하여 점령하다.

11.10. 김규식·최동오 등이 상해에서 한국대일전선통일동맹을 조직하다./ 韓國獨立黨·朝鮮革命黨·韓國革命黨·義烈團·韓國光復同志會 등이 上海에서 韓國對日戰線統一同盟을 조직하다.

11.17. 독립운동가 李會榮이 大連警察署에서 고문 끝에 옥사하다./ 韓·中聯合軍이 제2차 雙城堡를 공격하여 日·滿軍을 섬멸하다.

11.18. 尹奉吉이 중국 상해에서 일본 나가사키로 압송되다.

11.20. 尹奉吉이 군법회의에서 사형을 언도받다.(국편)

연도	한국
▲ **1932**	7.30. 조만식·김동원 등이 민족주의 단체를 통합하여 평양에서 건중회를 설립하다. 7.-. 신파극단 신무대·예술좌가 협동신무대로 개편되다./ 조선총독부 주도로 농촌진흥운동이 추진되어 춘궁퇴치·차금퇴 　　　치·차금예방 활동을 전개하다.(1936.8까지) 8.1. 《조선일보》가 경영난으로 임시휴간하다. 8.4. 《국유임야보호규칙》이 공포되다./ 강원도 旌善·충남 保寧 등지에서 경찰 불허로 제2회 학생브나로드운동이 중단되다. 8.13. 한강 인도교 부근 수영장이 완성되다. 8.16. 경북 高靈郡廳, 동아일보사 주최 제2회 브나로드운동을 금지하다.(국편) 8.20. 경성 조선제사회사 여공 500여 명이 대우 개선 등 5개 항목을 요구하며 동맹파업하다. 8.25. 부산지방법원, 격문살포 혐의로 기소된 李承燁 등 4명에게 징역 4—2년을 선고하다.(국편) 8.-. 신파극단 '경성메가폰'이 창설되다. 9.3. 한국독립군이 총사령에 지청천, 부사령에 김창환을 임명하다. 9.20. 한국독립당과 반만군(중국)이 연합하여 북만주 쌍성보에서 일본군을 공격하다.(제1차 쌍성보 전투).(국편) 9.21. '조선유교회'가 창립되어 전국적인 사회교화기관으로 활동하다.(친일 성격) 9.24. 《조선곡물검사령》이 공포되어(10.1 시행) 국영 곡물검사가 실시되다. 9.27. 《이출우검역규칙》이 개정 공포되어(11.1 시행) 구제역 살처분 정책이 도입되다. 9.30. 충남도청이 공주에서 대전으로 이전하다. 10.1. 총독부가 곡물검사소를 설치하다./ 부산·대구·군산·목포·진남포에 취인소가 설치되고, 경성·인천 취인소가 합병 인 　　　가되다./ 조선상공회의소가 설립되어 일본 자본가들의 독점적 상권을 보장하다. 10.4. 조선은행이 1원권을 발행하다. 10.7. 《조선경마령》이 공포되어(1933.1.1 시행) 연 2회 8일 이내 경마가 허용되다. 10.11. 《중앙시험소 시험분석 및 감정규칙》이 공포·시행되다. 10.22. 《조선부동산 융자 및 손실보상령》이 공포되다. 10.24. 안창호가 경성지방법원에서 예심 결정을 받고 《치안유지법》 위반 혐의로 기소되다. 10.-. 총독부가 전국에 자력갱생운동을 전개하다. 11.7. 한중연합군이 제2차 쌍성보 전투에서 일본군과 만주군의 반격으로 쌍성보를 포기하고 후퇴하다.(11.22까지)/ 충남 대 　　　전 군시제사공장 직공 800여 명이 노동시간 단축을 요구하며 기아동맹과 총파업을 단행하다. 11.10. 의열단·한국독립당·조선혁명당·대한인국민회가 한국대일전선통일동맹을 조직하다./ 崔益翰 등 20명이 대전형무 　　　소로 이감 중 독립만세를 고창하여 징역 6—8개월을 가형받다.
1933 **▼**	【한국】 1.3. 경성 아현리 공사장 한인 인부 100여 명이 임금 인하에 반대하여 일본인 감독과 충돌하다. 1.4. 경남 진해 동양제사공장 여공 300여 명이 노동시간 단축을 요구하며 쟁의하다. 1.7. 조선신탁회사가 업무를 개시하다./ 京城 普成高普生 25명, 讀書會事件으로 피검.(국편) 1.9. 경인버스 운전수가 부당해고에 반대하여 총파업하다./ 日本 兵庫縣에서 피검된 하와이 大韓獨立團員 趙鏞夏, 경성지 　　　방법원으로 移送.(국편) 1.10. 《조선상품권취체령》이 공포되어(2.1 시행) 중소상공업자 구제 및 백화점 상품권 발행을 규제하다. 1.11. 김극배·권상노·장지영이 종로 백합원에서 '조선문흥회'를 창립하여 문헌 수집과 도서 출판에 힘쓰다. 1.12. 평양 평천리에서 고구려 시대 대운하 유적이 발견되다./ 朝鮮民族唯一黨策進會 中央執行委員會 金東三·國民府 玄益 　　　哲, 평양형무소로 이감. 1.14. 경성의 가정부인 등 200여 명이 '조선여자소비조합'을 조직하다. 1.15. 서울과 일본 오사카 간 일반 통화가 개통되어 국제전화 시대가 열리다./ 부산-시모노세키(下關) 전화 개통. 1.16. 경성부립진료소가 개업하다.(1934.1 경성부립병원으로 개칭)/ 《임시조선미곡조사위원회규정》이 공포되어 조선미 통 　　　제를 목적으로 하다. 1.17. 《조선형사령》이 개정 공포되어(3.1 시행) 사법제도가 변경되다. 1.17. 민족대표 33인, 기독교 목사 梁甸伯(1869~1933)이 사망하다. 1.26. 경성의학전문학교가 만주인 입학을 허가하다. 1.27. 《조선소작조사령》이 공포되다. 1.30. 삼남의병도대장 김동신(1871─1933)이 사망하다. 1.-. 동아일보사가 월간 여성지 《신가정》을 창간하다./ 민속학회가 학술지 《조선민속》을 창간하다.(편집·발행 송석하)/ 수 　　　양동우회의 기관지 《동광》이 통권 49호를 끝으로 폐간되다. 2.1. 신의주지방법원, 國民府 農民同盟에서 활동한 邊達煥 등에게 징역 7년 구형하다./ 신의주지방법원, 中國 遼寧省東北 　　　民衆自衛團員 金達成·國民府員 姜春逢에게 징역 2년 언도하다. 2.4. 경성여자기독청년회와 직업여성구락부가 중앙기독청년회관에서 '여성대토론회'를 개최하다./ 國民府員 張仁溙·金俊

일본

11.27. 한중연합군의 중국 측 고봉림 부대가 일본군과 휴전하여 한중연합군이 와해되다.

11.29. 한국독립당이 중앙대회를 열고 중국 구국군과 합작할 것을 결의하다.

11.30. 대한민국임시정부 財政部長 金澈이 上海 일본영사관 경찰에 피체되다.(국편)

12.16. 제1차 공산당사건으로 上海로 망명한 洪南杓이 프랑스 租界에서 일본영사관 경찰에 피체되다.

12.19. 尹奉吉이 일본 金澤陸軍刑務所에서 총살형으로 사형 집행되어 순국하다.

12.25. 韓中聯合討日軍이 東滿 鏡泊湖 일대에서 日滿軍 2천 명을 격파하다(鏡泊湖戰鬪).

12.26. 조선민족유일당책진회 중앙집행위원장 김동삼이 신의주지방법원에서 징역을 언도받다.

12.30. 한국유일독립당 상해촉성회 집행위원 현정건이 옥고 후유증으로 병사하다.

-. 이 해에 서로군정서 부독판 여준이 사망하다.

11.10. 일본이 《정신작흥운동》을 개시하여 조선 인민의 황국신민화를 촉진하려 하다.

11.16. 京城帝國大學 反帝同盟 결성 혐의로 기소된 崔朔奎 등 19명에 대한 구형 공판이 개정되다.(국편)

11.20. 통영운하 및 부대사업 해저도로가 준공되다.

11.26. 전남 광주 종연방직 여공 300여 명이 임금 인상을 요구하며 총파업하다.

11.27. 황해도 해주구세요원에서 한국 최초로 '크리스마스실'이 발행되다.

12.2. 광혜원 설립자, 주한 외교관 선교사 알렌(1858~1932)이 사망하여 양화진 외국인 묘지에 안장되다./ 조선총독부가 '조선나예방협회'를 창립하여 나병 예방과 구료시설 설치에 나서다.

12.3. 신극단 '명일극장'이 결성되다./ 일본 농림성이 《미곡법》에 따라 한국미 50만 석 매입 계획을 고시하다.

12.8. 白南俊이 軍政署·正義府·統義府 조직 및 寺內總督暗殺事件과 관련하여 신의주지방법원에 기소되다.(국편)

12.10. 《조선소작조정령》이 공포되어(1933.2.1 시행) 소작쟁의 조정·억제를 목적으로 하다.

12.12. 開城 松都高普 任鴻彬 등 24명이 광주학생운동 기념 격문 살포 혐의로 기소되다.(국편)

12.16. 다니타가 조선신탁을 설립하다.(자본금 1천만 원)

12.20. 조선총독부가 쌀값 하락과 일본 반대에 따라 산미증식계획 중지를 발표하다./ 조선어학회가 개성에서 한글맞춤법통일안 제1독회를 개최하다.(1933.1까지 진행)

12.22. 제4차 조선공산당사건 관련자 李載裕가 출옥하다.(국편)

12.26. 안창호가 경성지방법원에서 징역 4년을 선고받고 1933.3.28 대전형무소로 이감되다./ 조선민족유일당책진회 중앙집행위원장 김동삼이 신의주지방법원에서 징역 10년을 선고받다.

【일본·해외】

1.1. 일본군이 중국군과 산해관에서 충돌하다.

1.13. 韓國獨立軍, 寧安縣에서 중국 救國軍 총사령 서리 柴世榮과 韓中聯合會를 조직하다.(국편)

1.19. 國民府, 滿洲 新賓縣에서 장교회의 중 通化 경비대 습격으로 革命軍 중앙총사령 梁何山 등 장교 18명 피체되다.(국편)

1.24. 하와이 大韓獨立團員 趙鏞夏, 치안유지법 위반으로 공판 회부되다.(국편)

1.30. 히틀러(A. Hitler), 독일 수상에 취임하다.(국편)

2.7. 오대근·김백홍·황윤상·김삼열 등이 상해한인반제동맹을 재조직하다.(8.9. 상해한인독서회로 개칭)

2.11. 梁槿煥, 국민협회 閔元植刺殺事件으로 복역 중 감형되어 일본 小管형무소에서 출옥하다.

2.22. 일본이 남양군도 영유권을 천명하다.

2.24. 국제연맹이 일본군의 만주 철퇴 권고안을 채택하다.

2.-. 李承晚, 제네바 국제연맹회의에 참석하여 일제의 만주침략을 공박하다.(국편)

3.1. 남자현과 이규동이 만주정부 건국 기념식에 폭탄을 휴대해 잠입하려다 검거되다./ 南慈賢·李圭東, 駐滿 일본대사 겸 關東軍 사령관 武藤信義 살해 목적으로 만주정부 건국기념식에 잠입중 하얼빈에서 피검되다./ 對日戰線統一同盟, 南京에서 2차 대표대회 겸 한국혁명각단체 대표자대회를 열고 각 단체 해체와 單一隊黨 결성 및 대한민국임시정부 해산을 제의하다.(국편)

3.11. 조선혁명당의 한중연합군이 흥경현성이 일만연합군을 공격하여 흥경현성을 점령하다.

3.17. 백정기, 이강훈, 이원훈이 주중 일본 공사 유기명(有吉明)을 홍구공원에서 암살하려다 검거되다.

3.27. 국제연맹이 일본의 탈퇴조서를 발표하다.

3.-. 上海 韓國獨立黨員 李裕弼, 일본영사관 경찰에 피검되다.

4.10. 관동군이 화북을 침입하기 시작하다.

4.15. 한중연합토일군이 사도하자에서 일만연합군 약 1개 사단과 격전하여 일만연합군을 격퇴하다.

4.20. 중국 남경의 '조선혁명군사정치간부학교'(교장 김원봉)가 1기생 이육사 등 26명을 졸업시키다.

4.29. 일본이 한인 교육기관 오사카 동명학원을 폐쇄하다.

4.-. 양제봉이 길림성 통화현 강전자에 '조선혁명군속성군관학교'를 설립하여 혁명군 보충을 목표로 하다.

5.1. 東京에서 좌·우익이 메이데이 시위행진을 벌이고, 경관 4천 명이 엄계하다.(국편)

연도	한국
▲ 1933 ▼	弼·劉永奎·劉雲奎, 군자금 모금활동중 피체.(국편) 2.6. 中央高普生 9명, 반전격문 살포혐의로 피체.(국편) 2.7. 해주지방법원 제령지청, 鳳山讀書會事件 관련자 사리원농업교생 閔德元 등 5명에 대한 치안유지법 위반 비공개 재판 개정.(국편) 2.9. 임정사무협의회가 화전민의 신규 입산을 금지하기로 결정하다. 2.11. 녹기동인회·공제부 등이 친일단체 '녹기연맹'을 발족하여 내선일체 구현에 나서다./ 신의주지방법원, 參議府員 金禎範에게 징역 10년을 언도하다.(국편) 2.13. 신의주지법이 참의부원 김정범에게 징역 10년을 언도하다.(1932.8 피체, 1941.6 가출옥)/ 경성고무공업소 여공 160여 명이 임금 인하에 반대하여 동맹파업하다. 2.15. 용천에 한인 경영의 압록강토지개량주식회사가 설립되다. 2.17. 장진강수력전기회사가 설립되다./ '조선무역협회'가 창립되어 만주 수출 촉진을 도모하다(회장 조선은행 총재)./ 평양 세창고무공장 직공 130명이 임금 삭감에 항의하여 총파업하다./ 함흥지방법원, 太平洋勞組事件 金鎬磐 등에 대한 치안유지법 출판법 위반 공판 개정하다. 2.20. 《면화증산계획》이 발표되어, 10년 간 면적 25만 정보, 생산고 4억2천만 근 목표를 세우다. 2.22. 신의주지방법원, 國民府 別動隊員 姜珍行·韓基宣에게 징역 3~2년 언도하다. 2.28. 광주지방법원 목포지청, 濟州島秘密結社事件 관련자 申才弘 등 40명에 대한 언도공판 개정하다./ 全州秘密結社事件 관련자 金綴洙 등 8명, 예심지연에 항의해 단식동맹 단행하다.(국편) 2.-. 재만한국독립당과 남경 한국혁명당이 신한독립당을 창당하다(당수 홍진, 위원 김상덕·신익희 등) 3.1. 한국대일전선통일동맹이 남경에서 각 단체 대표자회의를 개최하여 단일대당 결성 및 임시정부 해산을 결의하다. 3.2. 경상남도가 '1면1교제'를 완성하다. 3.4. 원종 창시자 김중건(1889~1933)이 공산주의 갈림 구국군과 활동 중 사망하다. 3.7. 낙동강철교가 준공되다(길이 1,060m, 총 경비 70만 원)./ 미국 경제공황으로 조선과 일본 내 미곡 가격이 폭락하다./ 부산 구포대교(현 구포다리)가 준공 개통되다./ 여운형 등이 《중앙일보》 제호를 《조선중앙일보》로 변경하여 창간하다./ 조선 주식시장이 미국공황 여파로 휴장하다.(3.8까지) 3.8. 대구의학전문학교(전 대구의학강습소)가 개교하다./《조선교육령》이 개정되어(4.1 시행) 사범학교 수업 연한이 1년 연장되다. 3.11. 朝鮮反帝同盟 京城地方組織委員會 趙正來 등 43명, 경성지방 법원 검사국 송국하다. 3.13. 함흥지방법원, 太平洋勞動組合事件 金鎬盤 등 15명에게 징역 7~1년 언도하다./ 무장독립단 20명, 평북 中江署 관내에서 日警과 교전하다.(국편) 3.15. 제주도비밀결사사건 관련자 23명, 대구형무소로 이송되다.(국편) 3.17. 남화한인청년연맹 백정기 등이 상해 홍구공원 육암정에서 일본 정관계 인사 처단을 시도하다가 피체되다./ 평양 일대 제철공장 노동자 안정옥이 노동자 권익 활동 중 피체되어 서대문형무소에서 옥사하다. 3.22. 전조선육상경기연맹이 창립되어 조선 육상경기의 진보를 도모하다./ 方應謨, 〈朝鮮日報〉의 운영권 일체를 인수하다. 3.23. 신의주비행장이 착공되다.(1934.7.2 완공 예정) 3.25. 친일단체 '경성교화단체연합회'가 발회되어 사회교화 강연회를 개최하다. 3.27. 사상범과 보통법 범죄자가 분리 수용되기로 결정되어, 안창호 등 독립운동가가 대전형무소로 수용되다. 3.28. 《미곡통제법》이 공포되어 미곡의 최고·최저가격 공정, 조선미의 일본 수출 규제 등을 규정하다./ 사상범과 보통범의 분리수용으로 安昌浩·具然欽·崔益翰 등 思想囚 32명, 대전형무소로 이감되다. 3.29. 《외국위체관리법》이 공포되어(5.1 시행) 《자본도괴방지법》이 폐지되다. 3.30. 서울 시내 전차와 버스 병합 운영이 폐지되다. 3.31. 부산경찰서 보통범·사상범 100여명, 대우개선 요구 농성하다./ 경성지방법원, 하와이 大韓獨立團員 趙鏞夏에게 징역 2년 6월을 언도하다.(국편) 3.-. 송만갑 등이 창악연구단체 '조선성악연구회'를 창립하다. 4.1. 《동아일보》·《조선중앙일보》·《조선일보》가 《한글맞춤법통일안》 신철자법을 채택하다./ 급행열차 '히카리호'가 부산-신의주-장춘 간 운행을 시작하다.(소요시간 22시간 30분) 4.2. 청주지청, 충북 진천 聖成學校事件과 관련 교장 박화서·朝鮮日報 지국장 鄭炳俊에게 징역 1년 6월 선고하다. 4.8. 윤치호·송진우 등이 '전국나병단체연합회'를 조직하다. 4.11. 함흥지방법원, 함흥 6월학생사건 李容善 등 13명에게 징역 4년8월 언도하다.(국편) 4.12. 國民府 朝鮮革命軍 邊洛奎·朴鳳洙·金允根, 평안도에서 대원 및 군자금 모금활동중 피체되다./ 경성지방법원, 학생격문사건 관련자 中央高普生 權又成·洪永裕·安致九·李載南에게 징역 1년 6월 언도하다.(국편) 4.20. 평양 대동공장 여공 160여 명이 임금 인상을 요구하여 동맹파업하다. 4.26. 경성방송국이 한국어 방송을 제2방송으로 이중방송을 개시하다./ 停刊中인 〈朝鮮日報〉, 朝夕間으로 續刊하다./ 김동인의 소설 〈운현궁의 봄〉이 《조선일보》에 연재되기 시작하다.

일본

5.6. 東亞日報社가 서울시내 각 학교장을 초청하여 브나로드운동에 관한 토론회를 개최하다.(국편)

5.8. 한중연합군이 영릉가를 피습한 일만군 1,500여 명을 역습하여 격퇴시키다.

5.19. 중국이 일본 공사관에 정전 교섭을 요청하다.

5.27. 中·日軍이 정전 교섭을 개시하다.(국편)

5.31. 일본 관동군 대표와 중국군 대표가 당고정전협정을 성립하다.

5.-. 임정 국무령 김구가 장개석과 낙양군관학교에 한인훈련반을 설치하기로 합의하다.(11.15. 한인 특별반 설치)/ 남화한인청년연맹의 정화암·오면직·엄형순 등이 일본 총영사관에서 활동한 이종홍을 처단하다.

6.3. 韓中聯合討日軍이 日滿聯合軍을 격퇴하고 東京城을 점령하다(東京城戰鬪).(국편)

6.7. 한중연합토일군이 일만연합군을 격퇴하고 동경성을 점령하다.

6.15. 滿洲 朝鮮革命黨 金一龍·李海天·朴錫源 등 30여 명이 淸源·興京에서 日滿軍과 교전 중 전사하다.(국편)

7.3. 한중연합토일군이 제2차로 만주 동경성을 점령하다./ 韓中聯合軍 4천500여 명이 大甸子嶺에서 日軍 飯塚聯隊를 섬멸하다./ 소련이 주변 7개국과 불가침조약을 조인하다.

7.15. 京城—東京 직통전화가 개통되다.(국편)

8.1. 남화한인청년연맹의 오면식과 엄형순이 일본군대에 재목을 제공한 삼덕양행 옥관빈을 처단하다.

8.4. 상해 한인반제동맹이 상해 한인독서회로 개칭되다.

8.12. 만주 조선혁명당군 김일룡, 이해천 등 30여 명이 만주 홍경현에서 일만군을 공격하던 중 전사하다.

8.18. 北間島·南京·上海 등지에서 민족운동을 전개한 崔能賢이 上海에서 사망하다.(국편)

8.25. 만주 신경에서 친일 계열의《만선일보》를 창간한 재만 교포들이 있다.

9.1. 한국독립군이 왕청·영안의 산림부대와 연합하여 동녕현의 일본군을 공격하였으나 중국군의 무지원으로 패배하다.

9.14. 만주에서 독립운동한 趙永元·安鍾鳴이 奉川 일본영사관 경찰에 체포돼 신의주로 압송되다.(국편)

10.13. 재만 한국독립군(사령관 지청천)이 중국 오의성 부대를 습격하여 33명을 구금하다.

10.15. 淸津—新京 직행열차가 운행을 개시하다.(국편)

10.-. 한국독립당·조선혁명당·의열단·한국혁명당 등 대표들이 상해에서 각 단체 연합주비위원회를 조직하다.

11.15. 중국 중앙육군군관학교 낙양분교에 '한인특별반'이 설치되었으나 1년 만에 해산되다.

11.22. 상해 한인청년당 위원장 김철이 일본 영사관 경찰에 검거되다.

12.20. 간도공산당사건 관련 이동선 등 22명이 사형을 선고받고, 나머지 205명은 징역 1~10년을 선고받다.(경성법원에서 선고됨)

12.-. 일본 大阪府가 韓人이 경영하는 夜學에 대해 全廢를 명령하다./ 光復團員 韓國源·禹承祖, 평남 成川郡 三興面事務所 卵山駐在所 습격 혐의로 日警에 피체되다.

4.-. 경성제2고녀 교사와 수양단 조선지부 간사가 '전조선체조연맹'을 창립하다.

5.1. 경성전화국의 가입자가 총 8,728명에 달하다.

5.6. 동아일보사가 서울 시내 학교장들을 초청하여 브나로드운동 토론회를 개최하다.

5.10. 각도 도제 적용 이후 첫 도회의원 총선거가 실시되어 283명이 당선되다.(조선인 241명)

5.11. 각도 고등경찰과가 불온작가 명부를 작성하고 '사상전환 계획'을 수립하다./ 경성복심법원, 平南 黑友會組織事件 李弘根 등 8명에게 징역 6—2년 선고하다.

5.16. 홍난파 작곡·이은상 작사로 『조선가요작곡집』 제1집이 간행되어 〈봄처녀〉, 〈고향생각〉 등이 수록되다.

5.31. 鐵原赤色讀書班事件 全基範 등 4명, 치안유지법·보안법 위반으로 경성지방법원 검사국 송국되다.

6.2. 동아일보사가 한산도에서 충무공이순신 영정 봉안식과 제승당 중건 낙성식을 개최하다./ 경성제대 만몽문화연구회가 발회식을 개최하다.(1938년 대륙문화연구회로 개칭)

6.3. 한국독립군(지청천)과 중국호로군이 동경성전투에서 일만연합군을 격퇴하고 동경성을 점령하다.

6.5. 제주도 초우동맹사건 관련자 김한정 등 17명이 대구복심법원에서 징역 5~2년을 언도받다.

6.7.《선박수입허가규칙》이 공포되다.

6.10. 발명학회 최초의 과학잡지《과학조선》이 창간되다./ 국민부원 서원준이 사리원경찰서 순사부장을 저격하고 피체되어 순국하다.

6.11. 광양만 염전 확장공사가 착공되다(5개년 계획)./ 조병옥·배성룡 등이 조선경제학회 창립총회를 개최하다.

6.14. 서울 지역에서 방공연습을 위해 3일간 등화관제가 실시되다.

6.17. 國民府員 徐元俊·安永俊, 사리원경찰서 순사부장 저격사건으로 평양경찰서에 피검되다.(국편)

6.18. 조선총독부가 압록강·두만강 유역에 국경감시단을 설치하여 독립군 출입을 감시하다.

6.19. 직업여성구락부가 서울 장곡천정공회당에서 '직업여성위안음악회'를 개최하다.

6.26. 신의주지방법원, 조선혁명군 李振武·洪學淳 등 8명에게 사형—징역 2년 언도하다.(국편)

6.30. 삼남 일대에 대홍수가 발생하다.

연도	한국
▲ 1933	7.1. 서울-도쿄 직통전화가 개설되고 7.15에 개통되다./ 한중연합군이 만주 대전자령에서 일본 이이즈카 연대를 섬멸하다.(대전자령전투) 7.7. 소록도 나환자촌이 준공되고, 1933년 9월부터 환자 수용을 시작하다. 7.10. 경성복심법원, 함남 북청군 楊川面農組事件 金政珺 등 16명에게 징역 5년—2년 6월 언도하다.(국편) 7.12. 동아일보사가 브나로드운동 제3기를 시작하여 계몽대원 1,506명을 315개소에 파견하다. 7.15. 조선일보사가 문자보급운동의 일환으로 '전국보건체조 순회강습회'를 개최하다./ 서울-도쿄 직통전화가 개시되다./ 전라북도 내 보통학교 교원 600여 명이 문맹퇴치 농촌계몽운동에 동원되다. 7.17. 洪元杓 등 16명, 上海에서 체포돼 경기도 경찰부로 압송되다. 7.19. 충남 조선운송주식회사 대전지점 인부 120명이 임금인하 반대 동맹파업을 벌이다. 7.24. 황해도 해주고보생 10여 명이 비밀결사 혐의로 피체되다. 7.25. 조선경마회가 설립되다./ 조선어학회가 한글맞춤법회의 제2독회를 개최하다.(~8.3)/ 평양경찰서, 8월 1일 反戰紀念日에 대비 예비검속 실시하다.(국편) 7.31. 평남 진남포경찰서, 8월1일 反戰데이 예비검속으로 朴南洙·崔人杰 등 7명 검거하다.(국편) 8.2. 부산 환대고무공장 직공 300여 명이 임금인상을 요구하며 파업하다. 8.5. 《기부금모집취체규칙》이 공포되어 기부금 모집이 도지사 허가제로 규제되다. 8.9. 《조선고적·명승·보물·천연기념물보존령》이 공포되다./ 황해도 봉산·서흥·평산의 서당학생과 교사들이 비밀결사 '교육자동지회' 조직 혐의로 피체되다. 8.13. 대동군에서 석회종유굴이 발견되다. 8.15. 평북 의주금광 광부 200여 명이 노동시간 단축과 임금 인상을 요구하며 파업하다. 8.16. 朴憲永·金炯善·洪元杓·梁河錫 등, 치안유지법·출판법 위반혐의로 경성지방법원 검사국 송치되다./ 조선일보 麗水支局長 金宇聲·靑年會長 鄭在完, 전북 敎員赤化事件으로 피검되다.(국편) 8.17. 서울 중앙상공 직공 150여 명이 임금인하 반대 동맹파업을 벌이다./《조선금융조합연합회령》이 공포되다. 8.18. 목포 동아고무공장 직공 130여 명이 임금인하 반대 총파업을 단행하다. 8.22. 독립운동가 남자현(1872-1933)이 하얼빈에서 사망하다./ 경성 소화제사 여공 300여 명이 감독의 학대와 보수 불균등을 이유로 동맹파업하다. 8.25. 《조선사방사업령》이 공포되어 임야 사방공사를 시작하다. 8.27. 평양부립박물관이 준공되다. 8.28. 전국에 풍수해가 발생하여 741명이 사망하다. 8.29. 함북 穩城에 韓日合邦紀念檄文 살포되다.(국편) 8.31. 전국 금융조합·산업조합·어업조합을 통합하여 조선금융조합연합회가 설립되다./ 대학 및 전문학교에 사상 감독관을 배치하여 학생 좌경사상을 단속하기로 결정하다. 8.-. 미쓰이 재벌이 조선맥주(현 하이트맥주)를 설립하다.(자본금 600만 원)/ 이효석·정지용 등이 문학모임 9인회를 조직하다. 9.5. 경성지방법원, 筆禍事件으로 구속된 前朝鮮日報 기자 辛日鎔에게 징역 1년 및 집행유예 언도하다. 9.6. 前朝鮮日報 기자 辛日鎔, 경성지방법원에서 필화사건으로 징역 1년 및 집행유예 언도받다.
1934 ▼	【한국】 1.1. 일본 拓務省이 일본인 한국 이주자에게 지급하던 장려금을 폐지하다. 1.5. 해주의 환성운수주식회사 인부 70여 명이 임금인상을 요구하며 동맹파업하다. 1.7. 신의주정미소 여공 70여 명이 임금인상과 대우 개선을 요구하며 동맹파업하다. 1.11. 통의부원 최성록이 평북에서 피체되어 1934년 2월 신의주지방법원에서 7년형을 선고받고 1938년 12월 출옥하다. 1.12. 國民府 결사대 金昌善, 평북에서 日警 항에 피체하다.(국편) 1.15. 임시정부가 진강에서 재중국 각 단체대표를 소집하여 기관지 부활, 병인의용대 및 의경대 강화 등을 의결하다. 1.16. 김병로와 여운형이 조선소작령제정촉진회를 조직하여 소작령 제정을 촉구하다. 1.16. 군산 가등정미소 여공 170여 명이 임금인상을 요구하며 동맹파업하다. 1.19. 함북 明川靑年同盟 집행위원장 金鐵岩 등 20여 명 피체되다.(국편) 1.20. 전조선아마추어권투연맹이 창립되어 권투단체를 통일하고 무도정신 보급에 힘쓰다. 1.20. 경남 昌寧郡 소작인 300여 명, 일본육군연습소 설치로 소작지를 상실한 데 항의 설치 반대를 진정하다.(국편) 1.22. 경성부가 창신·마포·용산·경성 등에 공립보통학교 신설을 결정하다. 1.25. 통의부원 양창익이 벽동경찰서 용연파출소 습격 혐의로 피체되어 신의주지법에서 2년형을 선고받다. 1.29. 조선혁명군 이진무·홍학순·김태묵이 평양복심법원에서 사형 및 징역 1~3년형을 선고받다. 1.-. 의열단 박문희 등 4명이 중국 중앙육군군관학교 훈련생 모집 중 경남 동래에서 피검되다. 2.2. 조선미옹호기성회가 정부 매상 확대 등 4개항을 조선총독부에 요구하다./ 일본 拓務大臣, 衆議院 본회의에서 朝鮮産米增殖計劃의 일시 중지를 언급하다./ 조선소작령제정촉진회가 전국적인 촉진운동을 추진하기로 결의하다.

일본

9.9. 조선총독부 알선에 따라 만주이민단이 서울역을 출발하다.

9.14. 윤치호 등 90여 명이 서울에서 '조선우생협회'를 조직하여 민족 개조를 주장하다.

9.15. 목포지방법원, 전남 靈岩農民抵抗運動과 관련 구속된 崔判玉 등 77명에 대한 공판개정이 이루어지다.(국편)

9.19. 조선아식축구심판협회의 후신으로 조선축구협회가 창립되다.(회장 박승빈)/ 충남 대전 군시제사공장 여공 500여 명이 식단 개선을 요구하며 단식동맹을 벌이다./ 경성고무공장 여공 120여 명이 처우 개선을 요구하며 총파업하다.

9.21. 경성 종연방직 여공 500명이 파업하여 처우 개선과 임금 인상을 요구하다.

9.27. 이광수가 장편소설《유정》을《조선일보》에 연재하기 시작하다.

10.1. 이광수의 장편소설《유정》이《조선일보》에 계속 연재되다.(~12.31)

10.4. 중앙고보생 한동정 등이 중앙반제동맹을 조직하여 항일 동맹휴학을 단행하다.

10.7. 평양부립박물관(일명 낙랑박물관)이 개관하다.

10.12. 평양 목공조합원 80여 명이 임금 인상을 요구하며 동맹파업하다./ 조선총독부에 이사관제가 신설되다.

10.16. 방응모·박영효·한상룡이 '조선신궁봉찬회'를 창립하다.

10.17. 부산 태화고무공장 직공 130여 명이 임금인하에 반대하여 파업하다.

10.19. 조선어학회가 임시총회를 개최하여 한글맞춤법 통일안을 가결하다.

10.21. 인천 부두노동자 400여 명이 운임인하에 반대하여 동맹파업하고 객주조합 사무소를 습격하다.

10.23. 《미곡통제법》조선시행령이 공포되다.

10.29. 조선어학회가 한글날을 맞아《한글맞춤법통일안》을 확정 발표하다.

10.-. 지청천 이하 한국독립군 간부가 중국 육군군관학교 낙양분교 한인특별반 설치로 관내로 이동하다.

11.2. 한인애국단원 유상근·최흥식이 대련재판소에서 무기~10년형을 선고받다.

11.4. 정평 적색농민조합 사건이 발각되어 12.14에 35명이 최고 6년형을 선고받다./ 조선어학회가《한글맞춤법통일안》을 공식 발표하다./ 牟谷學校長 南宮檍 등 교원 15명, 교가 및 무궁화 묘목판매 선전지의 내용불온 이유로 피검되다.(국편)

11.20. 영흥수산흥업회사 소작어민 200여 명이 어획물가 인상 요구 총파업을 벌이다.

11.25. 충남 공주의 금강철교(현 등록문화재 제232호)가 준공되다./ 진주고보생 22명이 독서회사건으로 피체되다.

11.28. 강릉고보생 48명이 독서회사건으로 피체되다.

11.-. 동래고보 학생 6명이 악질교원 배척 등 7개 조항을 요구하며 20여 일간 동맹휴학하다./ 서울 서대문에 최초의 양재학원인 김영애양재봉연구소가 신설되다./ 조선중앙일보사가《월간중앙》을 창간하다.

12.1. 조선신탁이 익산신탁을 합병하다.

12.15. 평북 의주에서 군자금 모금활동중 日警을 사살한 正義府員 鄭泰國·朴奉葉의 상고공판 개정이 이루어지다.(국편)

12.16. 춘천 소양교(397m)가 준공되다.(1932.7 착공)

12.17. 선남은행과 경일은행이 합병하여 '대구상공은행'을 설립하다.

12.29. 《외국전보규칙 및 외국미선전보규칙》이 공포되어(1934.1.1. 시행) 통신 체계가 정비되다.

12.-. 성광현 등이 황민화정책 선전작품을 공연하는 극단 '황금좌'를 창단하다./ 송석하·정인섭·유치진 등이 서울 옥인동에 '조선인형극회'를 창립하여 인형극과 토속 인형극 연구를 시작하다.

【일본·해외】

1.10. 일본 拓務省, 韓人의 만주이민정책 적극 실시안을 발표하다.(국편)

1.15. 중국 각 독립단체 대표자 회의가 진강에서 3일간 개최되다.

1.20. 임정이 국무위원회의를 남경에서 개최하고, 각 부처의 각원을 선출하다./ 일본 拓務省, 朝鮮米統制方針을 결정하다.

1.29. 일본제철주식회사가 설립되다./ 上海 韓人愛國團員 李秀峯, 신의주지방법원 검사국에 송치되다.

1.30. 정의부 집행위원 한신욱이 봉천에서 피체되며, 1934년 10월 평양지법에서 6년형을 선고받고 1940년 10월 출옥하다.

1.-. 義烈團員 朴文熺 등 4명, 경남 東萊에서 日警에 피검되다.

2.1. 만주국이 제정을 실시하다./ 金得龍·申良奉이 일본 東京에서 父島朝鮮同胞同情會를 조직하다.

2.17. 日本 兵庫縣 거주 한인들, 거주권 확립 및 차별철폐운동을 전개하다.

2.25. 상해 한국독립당이《震光》을 창간하다. 상해사변 후 창간되었으며, 국한문 혼용으로 지하 출판되다./ 韓國獨立黨 洪震·韓國革命黨·尹琦燮·延秉昊, 南京에서 新韓獨立黨을 조직하다.

2.-. 중국 중앙육군군관학교 낙양분교에 한인 92명이 입교하며, 책임자는 한국독립군 총사령관 지청천이다.

3.1. 한국노병회와 조선혁명당 양기하(1878-1932)가 요령성 관전현에서 교전 중 29명과 함께 전사하다./ 한국독립당, 신한독립당, 조선혁명당, 조선의열단, 대한인국민회, 하와이 국민회 대표들이 한국대일전선통일동맹 제2차 대회를 남경에서 개최하다./ 在中 大韓僑民團, 3·1절 기념선언을 발표하다./ 滿洲國, 帝政을 실시하다.

3.3. 한국독립당 강병학이 일본 상해사변 전몰자 초혼제 식장인 홍구공원에서 폭탄을 투척하려다 불발에 그치다.

3.5. 朝鮮革命軍 소대장 權泰植, 만주 三源堡에서 피체되다.(국편)

3.8. 新韓獨立黨, 중국 南京에서 대표자회의를 열고 黨首 洪震 및 黨務委員을 선임하다.(국편)

연도	한국
▲ 1934 ▼	2.4. 경남 밀양 부북수리조합 지주 500여 명이 수세 인하 등을 요구하며 지주회를 조직하다./ 朝鮮米擁護木浦期成會, 긴급회의 열고 일본의 朝鮮米差別待遇案에 대한 대책을 토의하다. 2.5. 京城商工會議所, 일본의 朝鮮米 제한조치에 대해 절대반대를 결의하다. 2.6. 곡물연합회와 조선상공회의소가 일본의 외지미 차별대우안에 절대 반대 결의를 채택하다. 2.7. 경북지역 12개군 대표 3천여 명, 道民大會 열고 朝鮮米差別撤廢를 주장하다.(국편) 2.9. 일본의 쌀수입 통제에 반대해 전국에서 朝鮮米擁護期成會 결성하다./ 목포에서 朝鮮米 差別反對 전라남도 도민대회 개최하다./ - 朝鮮米擁護 仁川期成會 조직하다.(국편) 2.10. 신의주지방법원, 統義府員 崔成祿·楊昌益에게 징역 7~2년 언도하다./ 仁川·海州·新川·松禾·谷山 安岳 등지에서 朝鮮米差別待遇反對市民大會 개최하다./ 경주에서 朝鮮米擁護全鮮大會 개최하다.(국편) 2.12. 강화도에서 국내 최초로《중외일보》공중수송이 이루어지다./ 전북 소재 農會 188개소, 朝鮮米差別反封運動 전개하다./ - 대전에서 朝鮮米差別反對 충남도민대회 개최하다./ 경주에서 朝鮮米擁護 慶州郡民大會 개최하다.(국편) 2.12. 定平農民組合 제3차 협의회사건으로 체포된 元九年, 정평경찰서에서 취조 중 사망하다. 2.13. 안동에서 朝鮮米擁護 郡民大會 개최하다.(국편) 2.14. - 진남포에서 朝鮮米擁護 제2차 府民大會 개최하다. 2.15. 조선어학연구회가 기관지《정음》을 창간하여 조선어학회의 한글맞춤법통일안에 반대하다. 2.16. 만주 상해에서 독립운동한 이석영이 서간도에서 활동 중 사망하다./ 경성 등원초자제조공장 직공들이 임금인상과 대우 개선을 요구하며 동맹파업하다. 2.23. 光復軍 金致聖·金致敏·金仁濟·金用俊, 평양검사국 송치되다.(국편) 3.3. 서울에서 친일단체 '조선대아세아협회'가 설립되다. 3.10.《조선농지령》이 공포되어 소작계약 법정기한 3년과 소작지임차권 상속을 인정하다. 3.11.《조선부군도소작위원회관제》가 공포되다. 3.16. 상해 일본영사관에 폭탄을 던진 이수봉이 신의주지법에서 징역 7년형을 선고받다. 3.22. 前參議府 參謀長 金承學, 평양형무소에서 5년 만기출옥하다.(국편) 3.23. 부산부청사(구 부산시청사) 착공되다. 3.27. 조선사설철도보조법이 개정되다. 3.28. 해남과 목포 등지에서 공산주의 비밀결사 혐의로 300여 명이 검거되다. 3.29. 면양장려계획이 발표되어 10개년 안에 면양 10만 마리 사육을 목표로 하다./ 경성지방법원, 朴憲永·金炯善 등 7명에 대한 예심종결하다. 3.31. 북선 3항(청진·나진·웅기)과 신경(장춘) 간 직통열차 운행이 시작되다. 4.2. 임시정부가 외무부행서규정을 공포하고 외무위원회를 설치하다. 4.5. 최현배가 『중등조선말본』을 간행하여 문법 연구를 체계화하다. 4.8. 조선공산당원 박영진이 옥사하다. 4.10. 함흥지방법원, 元山 反帝同盟組織準備委員會事件 관련자 金顯濟 등 17명에 대한 예심종결하다.(국편) 4.11.《조선농지령》이 공포되어 10월 20일부터 시행되다./ 광주학생운동 관련자 張載性 出獄하다. 4.12. - 韓國對日戰線統一同盟, 각 독립단체 통합 대회소집에 관한 건의서를 발송하다. 4.14. 조선공산당원 이재유가 서대문경찰서에서 탈출하다. 4.15.《조선부군도소작위원회관제》가 공포되다. 4.16. 경남 함안농장 소작인 100여 명이 소작권 이동에 항의하며 연좌농성을 벌이다./ 朴泳孝, 朝鮮農會長 被任되다. 4.21. 국민부원 이병화가 평북 초산에서 피체되어 신의주지법에서 7년형을 선고받다. 4.26. - 평양 新藝術座 배우 17명, 메이데이 예비검속으로 大同경찰서에 피검되다. 4.27. 논산 연산천 공사장 노동자 1,500여 명이 차별임금 철폐를 요구하며 총파업하다. 4.28. 咸興 시내에 메이데이 기념격문 1천여 매 살포되다.(국편) 4.30.《조선소득세령》이 개정되어 개인소득세가 신설되다./ 함흥경찰서 수감자 64명, 메이데이 기념 시위를 벌이다. 4.-. 경성제대 예과 수업연한이 2년에서 3년으로 연장되고 입학자격도 중학 4년 수료로 변경되다. 5.1.《조선총독부세무서관제》가 제정되어 각 도 재무부가 폐지되고 세무기관이 독립되다./ 경성·평양·개성·신의주·흥남 등지에 메이데이 기념격문 살포되다./ - 함흥경찰서 사상범 70여 명, 메이데이 기념 농성을 벌이다. 5.5. 진주지방법원, 晉州高普讀書會事件 韓桂壽 등 5명에 대한 예심종결하다.(국편) 5.6. 10여 개 소년단체 1천여 명, 휘문고보 운동장에서 13회 어린이날 기념식 및 시가행진을 진행하다./ 平壤·開城·利川·博川·安岳·羅津 등 전국에서 어린이날 기념행사가 개최되다. 5.10. 춘천농업학교 4학년생 46명이 교사배척을 요구하며 무기정학 처분을 받다./ 춘천농업학교, 대우개선·교사배척 등 요구 농성 중인 4학년생 46명을 무기정학하다./ 義烈團員 朴文熺, 부산지방법원에서 예심종결되다. 5.11. 이병도·김윤경·이병기가 진단학회를 발기하여 한국사, 언어, 문학 연구를 추진하다.

일본

3.17. 東京에서 金玉均 遭難 40주년을 기념해 古筠會가 조직되다.

3.18. 최중호(1891~1934)가 사망하다. 임시정부 인성학교 교장과 교민단 단장으로 활동하였다.

4.2. 대한민국임시정부, 外務委員會를 설치하고 趙素昻·崔東旿·李承晚·申翼熙를 外交委員으로 선임하다.(국편)

4.11. 미쓰비시중공업이 설립되다.

4.12. 한국대일전선통일동맹이 각 독립단체 통합을 위한 대회 소집에 관한 건의서를 발송하다.

4.-. 임시정부가 '국내외 단체 및 민중전체에 고함'을 발표하고 대동단결과 항일운동을 촉구하다.

5.1. 재동경 한인 700여 명이 메이데이 기념 시위행진을 벌이다.

5.16. 在大阪 한인단체, 內鮮融和事業을 목적한 內鮮融和事業聯盟을 결성하다.(국편)

5.18. 朝鮮革命軍 李振武·洪學淳, 평양형무소에서 사형집행으로 순국하다./ 일본 福岡縣 사립 豊國中學校 한인학생 97명, 학교측의 차별 대우에 항의 동맹휴학하다.(국편)

5.30. 政務總監, 산미증식계획에 따른 토지개량사업의 중지를 발표하다.(국편)

6.4. 在日 新潟縣 熙六발전소 韓人 土工 200여 명, 임금인상 요구 폭력시위를 벌여 33명이 피검되다.

6.17. 嚴權鎬 등, 일본 岡山에서 朝鮮留學生親睦會를 조직하다.(국편)

6.26. 韓·中聯合軍 100여 명, 만주 三道河子에서 日警이 탑승한 자동차 3대를 습격하다.(국편)

7.3. 일본 제7대 내각인 사이토 내각이 제인사건으로 총사직되다.

7.18. 임시정부가 일본 경찰에 노출된 항주 임시정부 판공처와 한국독립당 사무소를 폐쇄하기로 결의하다.

7.27. 在東京 한인단체 黑友聯盟·東興勞動同盟·一般勞動組合, 南朝鮮水災救援會를 결성하고 義捐金을 모금하다./ 하와이大韓人國民會, 남한지방 수재민 위로전문을 東亞日報社에 타전하다.

8.12. 朝鮮革命軍 사령관 梁世奉, 大拉子溝에서 日軍警의 피습을 받고 사망하다.(국편)

8.15. 在上海 韓人反帝同盟員 金基坤 등 5명, 메이데이·反戰데이 격문 살포 혐의로 평양경찰서에 피체되다.(국편)

8.20. 朝鮮革命軍 10여 명, 滿洲 輯安縣 臨江口에서 日警과 교전하다.(국편)

8.29. 대한민국임시정부, 國恥紀念日 宣言文을 발표하다./ 東北人民革命軍 제1군 제1독립사 참모장 李紅光 등 400명, 磐石縣을 습격할 것을 협의하다.(국편).

8.-. 임시정부 중국육군군관학교 낙양분교의 한인특별반 25명이 중앙육군군관학교 제10기로 입학하다.

9.1. 韓國獨立黨, 崔麟의 中樞院 參議 임명에 반대하는 항의문을 발표하다.(국편)

9.10. 在프랑스韓人會, 東亞日報社에 三南水害 義捐金을 기탁하다.(국편)

9.17. 한국독립당이 중국 항주에서 崔麟의 中樞院 參議 임명에 대한 성토문을 인쇄하여 배포하다.

9.-. 대한민국 임시정부가 항주에서《임시정부 공보》를 창간하다.

10.3. 대한민국 임시의정원이 杭州에서 개원식을 거행하다.(국편)

10.10. 임시정부 초대 교통총장 문창범(1870~1934)이 사망하다.

10.15. 중국 南京軍官學校 졸업생 義烈團員 全亨烈, 평북 定州에서 피체되다.(국편)

10.21. 만주 榮口에 이주한 韓人 제1진 500명이 現地에 도착하다.(국편)

10.24. 간도공산당원 400여 명이 1개월 동안 피검되다.

10.30. 日本 閣議, 조선인 移住對策을 의결하다./ 일본에서 도항을 억제하고, 일본재류조선인의 「同化」등의 방침을 정하다.

11.21. 신의주지방법원 검사국, 南京軍事委員會 간부훈련반 교수 李喆浩·金世玉에게 징역 2년을 구형하다.(국편)

11.26. 조선혁명군 4명이 만주 홍경현 왕청문에서 만주군 40명과 교전하다.

11.28. 대한민국임시정부, 辦公處를 杭州市內 板橋路 五福里로 이전하다.

12.20. 朝鮮革命軍 제2─3중대 趙化善·李永杰 등 70명, 만주 寬甸縣 小楊枝溝에서 自衛團 遊擊隊와 교전하다.(국편)/ 경성대제 반제동맹 사건의 조정래 등 5명이 경성지법에서 징역 3년~4년형을 선고받다.

12.31. 김구가 한국특무대 독립군을 조직하여 중국 중앙육군군관학교 한인 학생 등 80여 명으로 구성하다.

5.13. 조선운송주식회사 신의주 노동자 100여 명이 한·일 임금차별 철폐를 요구하며 동맹파업하다.

5.18. 조선혁명군 이진무와 홍학순이 평양형무소에서 사형 순국하다./ 임시미곡수입조절법 시행령이 공포되다.

5.22. 경성 은평제지조합 직공 100여 명이 임금인상을 요구하며 동맹파업하다.

5.23. 함남 영흥농민조합사건 관련자 진기섭이 대전형무소에서 옥사하다.

5.25. 황해도 겸이포제지철소가 미쓰비시 인수 후 조업을 재개하다.

5.30. 총독부가 증미증식계획에 따른 토지개량사업 중지를 성명하다.

5.-. 신건설사 사건(제2차 카프 사건)이 발생하여 문인·화가·배우·기자 등 60여 명이 검거되다./ 채만식의 단편소설《레디메이드 인생》이《신동아》에 연재되다.

6.4. 신의주지방법원, 反滿抗日運動을 전개한 중공당원 黃襲顯에게 징역 1년을 언도하다.(국편)

연도	한국
▲ 1934	6.5. 무정부주의자연맹과 흑색공포단의 백정기가 이시하야형무소에서 옥사하다. 6.6. 경남 김해 대저·가락면민 2천여 명이 일천식공사로 인한 홍수 피해에 항의하다./ 元山 夏目水産工場 여공 100여 명, 日人監督 폭행에 항의 동맹파업하다.(국편) 6.9. 평양 숭실학교에서 금주선전회가 열려 5천 명이 참가하다. 6.12. 부산지방법원 검사국, 義烈團員 朴文熺에게 징역 3년을 구형하다.(국편) 6.18. 신의주지방법원 검사국, 統義府員 李炳華에게 징역 10년을 구형하다.(국편) 6.19. 평양복심법원, 上海 韓人靑年團員 鄭泰熙에게 징역 5년을 언도하다.(국편)/ 상해 한인청년단원 정태희가 평양복심법원에서 징역 5년형을 선고받다. 6.20. 《조선시가지계획령》이 공포되다. 6.22. 《조선상속령》이 공포되어 7월 1일부터 시행되다./ 조선어학연구회 윤치호·문일평 등이 조선문기사정리기성회를 조직하여 한글맞춤법통일안에 반대하다. 6.25. 신의주지방법원, 淸城津駐在所를 습격한 統義府員 李炳華에게 징역 7년을 언도하다. 6.26. 한중연합군 100여 명이 만주 삼도하자에서 일본 경찰이 탑승한 자동차 3대를 습격하다. 6.27. 韓雪野·金承一, 함흥에서 체포돼 전주로 압송되다./ 모스크바共産大學 출신 林閔虎 등 23명, 함흥지방법원 검사국에 송치되다.(국편) 6.29. 대한민국임시정부 국무위원 金澈 사망하다./ 조선일보사가 문맹퇴치운동 참가 학생 5,478명을 대상으로 동원식을 개최하다./ 임시정부 국무위원 김철이 사망하다. 6.30. 동아일보사가 학생계몽대원 2,400명을 동원하여 동원식을 개최하다. 7.2. 경기도 학생들의 문맹퇴치운동이 금지되다./ 신의주비행장 신축 낙성식이 거행되다./ 계몽대원 1,098명, 제4회 브나로드운동 개시하다./ 대구지방법원, 경북 安東에서 콤그룹을 조직 활동한 安相潤 등 18명에게 징역 3년 6월~1년 6월 언도하다.(국편) 7.5. 서울 태서관에서 윤치호, 이인, 박길룡 등이 과학지식보급회를 조직하여 과학관심 진작에 힘쓰다./ 부산지방법원, 慶南敎員勞動組合事件 金斗榮 등 20명에게 징역 4~1년을 언도하다. 7.8. 김기진 등 문인 80여 명이 '한글 지지에 대한 선언'을 발표하여 조선어학회의 한글맞춤법통일안을 지지하다. 7.12. 함남 영흥농민조합사건 관련자 채주철 등 20명이 경성복심법원에서 징역 20년에서 3년 6월형을 선고받다. 7.14. 洪承德 등 19명, 함남 洪原에서 비밀결사 조직혐의로 洪原경찰서에 피검되다.(국편) 7.25. 서울 등 9개 지방 경마구락부를 통합하여 조선경마회를 설립하다./ ML黨事件 관련자 河弼源·金俊淵, 대전 서대문형무소에서 각각 만기출옥하다.(국편) 7.27. 조선시가지계획령이 공포되어 도시계획·토지구획정리사업·건축법을 통합하다. 7.30. 경성부민관관(현 서울특별시 시의회) 착공되다. 8.5. 평양 일본곡산공업주식회사 종업원 400여 명이 대우 개선을 요구하며 총파업하다. 8.6. 종양장관제가 공포되어 시행되다. 8.7. 활동사진영화취체규칙이 공포되어 조선영화를 통제하고 문화·오락적 가치를 제고하다. 8.13. 함남 홍원농민조합원항쟁사건 관련자 정염수 등 34명이 경성복심법원에서 징역 7~2년 6월형을 선고받다. 8.18. 조선방송협회 외곽기구인 방송심의회가 창설되다. 8.19. 조선면양협회가 창립총회를 개최하다. 8.27. 임시치수조사위원회 규정이 공포되다. 8.28. 황해도 사리원 교육동지사 사건 관련자 김가진, 아상룡 등 5명이 해주지방법원에서 징역 5년형을 선고받다. 9.1. 신백수, 이시우, 정현웅, 조풍연 등이 격월간 순문예 동인지 《삼사문학》을 창간하다. 9.2. 충북 新文藝運動事件 관련자 徐相庚·安秉奎 등 5명 만기출옥하다.(국편) 9.9. 全南運動者協議會를 조직 활동한 金洪培 등 247명, 치안유지법·출판법 위반으로 목포지방법원 검사국에 송치되다. 9.12. 총독부, 삼남지역 수재민에 대한 경기·평남·황해도 이주방침을 발표하다.(국편) 9.14. 해주지방법원, 황해도 松禾郡 豊川에서 비밀결사 志友會를 조직한 盧德泳 등 5명에게 징역 2년1년 6월을 언도하다.(국편)/ 조선부군도소작위원회관제가 공포되다. 9.21. 황해도 해주돌격대사건 관련자 김춘보 등 6명이 해주지방법원에서 징역 53년형을 선고받다. 9.23. 평남도청 폭파를 기도한 광복단 백태열이 상해에서 피체되다. 9.29. 조선운송주식회사 대구지점 인부 63명이 해직노동자 복직을 요구하며 동맹파업하다. 10.1. 나요양소관제가 공포되어 소록도갱생원으로 개칭되다./ 흥남제련소 노동자 600여 명이 노동시간 단축을 요구하며 파업하다.
1935 ▼	【한국】 1.1. 조선중앙일보사가 월간 아동지 《소년중앙》을 창간하다. 1.2. 조선어학회 최현배와 이희승 등이 충남 온양에서 조선어표준어사정위원회를 개최하다.

일본

10.2. 함흥지방법원, 제2차 太平洋勞動組合事件 張會健 등 33명에게 징역 10년—집행유예 5년을 언도하다.(국편)

10.3. 동대문-청량리 전차궤도 복선 공사가 준공되다.

10.9. 조선독립당 결사대원 서원준이 평양지법에서 사형을 선고받다.

10.13. 신의주 왕자제지주식회사 직공 250명이 임금인상을 요구하며 총파업하다.

10.18. 張貢禹 등 52명, 제주도 摹瑟浦에서 비밀결사 조직혐의로 피체되다./ 韓末 褓負商 단체 左右社, 東亞商務組合을 창립하다.(국편)

10.20. 북청 신창주재소 무기탈취 사건으로 정의부원 김춘배가 피체되어 무기징역을 선고받다./ 조선농지령이 시행되다./ 전남지역 수재민 700명, 평남 江西郡 東拓農場으로 이주하다.

10.21. 조선어학회가 훈민정음 반포 488주년을 기념하여 제1회 조선어도서전시회를 개최하다.

10.25. 慶北 儒林團事件 관련자 金昌淑, 형집행정지 처분으로 출옥하다./ 청진지방법원, 城津農民組合 조직활동 중 체포된 李奎宋 등 75명에게 징역 5—2년을 언도하다.(국편)

10.31. 義烈團員 盧錫聖 등 12명, 평양지방법원 검사국에 송치되다.(국편)

11.1. 직통 특급열차 '노조미호'가 부산-심양(봉천) 간 운행을 개시하다.

11.5. 최린 등 천도교 신파 지도자들이 친일단체 시중회를 발회하다./ 제3차 만주 영구행 이민단이 출발하다./ 朝鮮革命軍事政治幹部學校 졸업생 尹公欽·吳龍成 등 5명, 同校 입학생 모집활동 중 체포돼 신의주지방법원 검사국에 송치되다./ 경성지방법원, 開城共産黨事件 관련자 李貞烈 등 11명에게 징역 3년—10월을 언도하다.(국편)

11.9. 이주석, 이현석이 해주지법에서 징역 2년형을 선고받다./ 해주지방법원, 중국 中央軍官學校 입학생 모집활동 중 체포된 李胄奭·李賢奭에게 징역 2년을 선고하다.

11.11. 조선혁명군과 국민부가 통합하여 조선혁명군정부를 조직하고 선언서를 발표하다.

11.13. 평양지방법원, 평남일대에 메이데이 격문을 살포한 全福童 등 4명에게 징역 5—1년을 언도하다./ 청진지방법원, 港灣勞動組合을 조직한 崔東熙 등 11명에게 징역 3년—1년 6월을 언도하다.(국편)

11.21. 조선기독교교육연맹 주최로 전조선기독교교육자대회가 개최되다.

11.23. 부산 영도대교가 개통되다.

11.24. 조선박물연구회 주최로 휘문고보에서 조선박물전람회가 개최되다./ 충남 牙山 東洋拓殖株式會社 소작인 34명, 소작료 인상에 항의 불납운동을 벌이다.

11.28. 진단학회가 기관지《진단학보》를 창간하다.

11.30. 전북 정읍군 용북면 소작인 30여 명이 소작료 인상에 항의하여 불납운동을 전개하다.

11.-. 천도교 교령 최린이 친일단체 시중회를 조직하다./ 산미증산계획이 중지되다.

12.4. 평양 차지인들이 평양외성차지인동맹조합을 결성하다.

12.6. 蔚珍赤色農組事件 관련자 14명, 함흥지방법원에 송치되다./ 함흥지방법원, 함남 高原에서 메이데이 反戰檄文 살포혐의로 피체된 高鳳熙 등 3명에게 징역 1년 6월—1년을 언도하다.(국편)

12.7. 연하전보규칙이 공포되다.

12.9. 대좌부(유곽) 창기취체규칙이 개정되어 창기의 자유 외출이 허용되다.

12.10. 경성지방법원 검사국, 朝鮮反帝同盟 京城地方準備委員會 관련 혐의로 체포된 趙正來 등 8명에게 징역 5년—1년 6월을 구형하다./ 경성지방법원 검사국, 제1·2차 朝鮮共産黨事件 관련자 金炯善 등 6명에게 징역 8년—1년 6월을 구형하다.(국편)

12.11. 義烈團員 盧錫聖 등, 평양지방법원 공판에서 징역 2년 6월을 언도받다.

12.13. 황해도 海州郡 壯谷面 거주 李來鎭, 色衣獎勵에 분개하여 단식자결하다.

12.14. 경성 대창직물 여공 150여 명이 작업시간 단축 등을 요구하며 총파업하다.

12.16. 이운수, 박태율, 김천해, 전윤필 등이 조선산문사를 조직하여 재일한인 신문을 발간하다.

12.19. 경남 南海 郡·面職員 및 義勇警察團, 南海市場에서 白衣着用 단속을 실시하다.

12.20. 조선혁명군 조화선, 이영걸 등 70명이 관전현 소양지구에서 자위단 유격대와 교전하다./ 경성제대 반제동맹사건 관련자 조정래 등 5명이 경성지법에서 징역 4~3년형을 선고받다.

12.22. 日警, 海南 永明義塾에 閉鎖令을 내리다.(국편)

12.24. 평북 博川 民族主義者同盟 金貞吃 등 6명, 신의주지방법원 검사국 예심에 회부되다./ 시인 김소월이 사망하다.(국편)

12.28. 조선부정경쟁방지령이 공포되다.

12.29. 조선자동차취체규칙이 공포되어 보통·특수·소형 자동차로 구분하고 가운전제도를 인정하다.

12.31. 평양부가 里制를 폐지하고 町制로 통일하기로 결정하다.

1.6. 동북인민혁명군 박진 부대가 길림 노두구 부근에서 일본과 만주 경찰과 교전하다.

1.10. 국제연맹이 일본의 남양군도 위임통치 계속을 승인하다.

연도	한국
▲ 1935 ▼	1.12. 조선총독부가 〈조선선박안전령〉을 공포하다./ 新韓獨立黨, 中央委員會 열고 法規에 관한 건 등을 결의.(국편) 1.19. 반만군 15명이 평북 자성군 삼흥면에서 일본 경찰과 교전하다. 1.20. 金成德 등 7명, 함남 明川郡에서 격문살포 혐의로 피검.(국편) 1.22. 조선신탁이 '남조선신탁'을 합병하여 전국 신탁회사를 통합하다. 1.23. 농촌운동가 최용신이 수원 도립병원에서 병사하다. 1.24. 평북 국경지대에 경찰 2,700명과 비행경찰대를 배치하여 조선인민혁명군의 국내 진공을 저지하다. 1.28. 함흥지방법원, 함북 北靑郡에서 비밀결사·농민조합운동 관련혐의로 체포된 韓相斗 등 21명에게 징역 3년—1년 6월 언도하다.(국편) 1.31. 홍천 십자가당 사건으로 남궁억 등 4명이 경성지방법원에서 징역형을 선고받다./ 총독부, 京城·咸興地方法院에 思想部 신설하다. 2.1. 종두법 도입자 지석영이 사망하다./ 인천노동조합운동 관련 정갑용 등 3명이 경성지방법원에서 징역형을 선고받다. 2.2. 종두법 창시자 池錫永이 사망하다.(국편) 2.7. 경기도 長端에서 三統團을 조직한 張徹 등 8명이 경성지방법원 검사국에 송치되다.(국편) 2.8. 조선혁명군 서원준이 평양복심법원에서 사형 확정 후 순국하다. 2.9. 평양면옥 노동자 350명이 총파업을 단행하다./ 平南道廳投彈事件으로 체포된 光復團員 朴泰烈이 평양지방법원 검사국에 송치되다. 2.10. 안창호가 대전형무소에서 가출옥하다. 2.13. 反滿軍 100여 명이 평북 東興地方을 습격하여 경찰과 3시간 교전하다.(국편) 2.15. 조선혁명군사정치간부학교 출신 홍기근 등 3명이 경성지방법원에서 징역형을 선고받다. 2.18. 전북 錦山에서 민족운동을 전개한 金顯杓 등 11명이 금산경찰서에 피체되다./ 함흥지방법원 검사국이 함남 永興靑年同盟에 가입하고 社會科學硏究會를 조직한 劉永觀 등 4명에게 징역 3~2년을 구형하다.(국편) 2.20. 中央高普 4년생 102명이 퇴학생 복교를 요구하며 동맹휴학을 단행하다./ 韓國對日戰線統一同盟이 宣言書 등을 발포하다.(국편) 2.21. 중앙고보 동맹휴학 관련 4학년생 전원이 무기정학 처분을 받다./ 함북 明川郡 下古·上加面 청소년 130여 명이 비밀결사 혐의로 명천경찰서에 피체되다./ 독립운동가 柳瀅錫이 駐中日本公使 有吉明 암살혐의로 피검되다.(국편) 2.27. 부산-절명도 전차가 개통되다. 2.28. 충남 조치원 백정제사공장 직공 170명이 대우개선과 노동시간 단축을 요구하며 동맹파업하다. 2.-. 김광섭, 김상용, 모윤숙, 오희병 등이 시문예잡지《시원》을 창간하다./ 무성변사 출신들이 신파극단 '예원좌'를 창립하다./ 동북인민혁명군 제1군 독립사가 평북 후창군 동동진을 습격하다./ 강화군 유경근 등이 이동휘추모회를 개최하려 했으나 경찰에 의해 금지당하다. 3.2. 부산직물과 환신견포 직공 150명이 임금인상을 요구하며 파업하다. 3.4. 중동고보생 180명이 교원 배척 등을 요구하며 맹휴하다./ 中東高普生 180명이 교원 배척 등 6개항을 요구하며 맹휴하다.(국편) 3.5. 총독이 각 중등학교 맹휴사건의 원인 및 내용조사를 전국에 지시하다.(국편) 3.9. 평북 삭주군 교동 금산광부 600명이 임금인상을 요구하며 파업하다. 3.11. 3차 태평양노동조합사건으로 임민호가 함흥지방법원에서 징역형을 선고받다. 3.12. 임종문과 오성덕이 추동청년계를 조직한 혐의로 해주지방법원에서 징역형을 선고받다./ 日本密航團 梁元杓 등 70명이 제주도에서 피검되다. 3.16. 진남포 삼화노동조합 수상 인부 300명이 임금인상을 요구하며 동맹파업하다. 3.17. 경남 합천군 도로공사장 인부 120명이 임금인상을 요구하며 파업하다. 3.18. 함북 나진우편국에 최초의 자동전화교환기가 설치되다. 3.22. 조선은행법이 개정되어 공포되다. 3.25.『고종실록』과『순종실록』이 완성되다./ 李應模·徐光道가 평남 价川郡 軍隅里에서 南京軍官學校事件으로 피검되다. 3.26. 경성여자사범학교 설치령이 공포되다./ 조선사업공채법이 개정되어 공채발행액이 증액되다. 4.1. 실업보습학교규정이 공포되어 시행되다./ 의주-혜산진 북조선척식도로와 국경교량 공사가 착공되다./ 초등교육과정의 간이학교 설치 계획이 발표되다. 4.6. 조선총독부가 일본 척무성과 만주 이민 원안을 결정하다. 4.10. 평남 진남포 부두 노동자 200명이 임금인상을 요구하며 동맹파업하다. 4.12. 서울 신당리 토막민 장봉산 등이 동척의 강제철거에 반대하여 운동하다가 피체되다./ 함남 문천농민조합사건 관련자 김대윤 등 11명이 함흥지방법원에서 징역형을 선고받다. 4.14. 경성 대창직물주식회사 여공 230명이 임금인하에 반대하여 동맹파업하다. 4.15. 함북 會寧 遊仙炭鑛 갱부 800여 명이 폭약 폭발로 생매장되다./ 신의주지방법원이 중국 南京軍官學校 爛進會事件에

일본

1.25. 東北反日遊擊隊 哈東支隊가 해산을 선언하다.

1.31. 블라디보스톡에서 임시정부 국무총리 이동휘(1873~1935)가 사망하다.

2.10. 조선혁명군 총사령 김활석이 만주 구연성에서 만주 경찰에 피체되다.

2.13. 반만군 100여 명이 평북 동흥지방을 습격하다./ 임정 전 국무총리 이동휘가 블라디보스톡에서 사망하다.

2.17. 反滿軍 50여 명이 滿洲 奉天 古家屯 한인부락을 피습하다.(국편)

2.-. 대한민국임시정부가 南京城 東關頭에 學生訓鍊所를 설치하다./ 강화경찰서가 江華郡 有志 劉景根 등이 열려던 李東輝追悼會를 금지하다.

3.1. 韓國獨立黨이 제7차 대표대회에서 對日戰線統一同盟 代表會議 불참을 선언하다./ 韓中·露國人으로 조직된 암살훈련단 勵志社가 李在天 등 단원 20여 명을 한국·만주·일본에 파견하다.(국편)

3.5. 조선혁명군 제3사단장 장명도(1904~1935)와 부하 이영주가 일본 경찰대와 교전 중 순국하다.

3.13. 만주 延吉縣 長仁洞의 朝鮮人自衛團이 反滿軍과 교전하다.(국편)

3.25. 무정부주의자 정화암, 엄순봉 등이 상해 조선인거류민회 부회장 이용로를 암살하다.

4.2. 의열단원의 조선혁명간부학교가 남경 황룡산 천녕사에서 제3기생 개학식을 거행하다.

4.8. 유해권이 북만주 재만농민협회 활동으로 징역 13년을 확정받다.

4.9. 중국육군군관학교 낙양분교 한인특별반이 1기생 62명을 졸업하고, 이후 일본의 해산 요구로 중단되다.

5.19. 金九가 臨政法人 解消 주장의 부당성을 지적한 '臨時議政院 諸公敬告文'을 발표하다.(국편)

5.27. 한국독립당이 중국 항주에서 임시대회를 개최하다.

5.30. 민생단 사건으로 동북인민혁명군 제2군 독립사가 개편되며, 사장 조선인 주진이 숙청되다.

5.31. 朝鮮革命軍 사령관 金光玉과 참모 金德海 등이 輯安縣 경찰대와 교전 중 전사하다./ 朝鮮獨立團 黃錫三 등 300여 명이 만주 大溪縣 賽馬集에서 反滿討伐隊와 교전하다.(국편)

6.7. 駐南京日本總領事 須磨가 國民政府를 방문하고 在中韓國獨立團의 庇護·支援 중지를 요청하다./ 警務局이 海外派遣員會議를 열고 住外韓人의 폭력 근절책 및 사상 문제를 토의하다.(국편)

6.13. 高麗革命黨員 李元柱가 天津領事館 경찰에 피검되다.

6.15. 오사카에서 '민중시보' 창간하다.(1936.11.폐간)

6.20. 한국대일전선통일동맹의 주창으로 남경에서 민족혁명당 창당을 위한 민족주의 단체대표대회가 개최되다.

6.24. 일본노동조합총연합이 일본주의로 전향하다.

6.-. 안동성공서 이등(伊藤伊八)이 중국 집안현에서 '고구려 벽화'를 발간하다./ 김문준, 이시형 등이 일본 오사카에서 《민중시보》를 창간하다.

7.5. 민족혁명당이 의열단, 한국독립당, 조선혁명당, 신한독립당, 대한독립당의 통합정당으로 창당되다.

7.-. 양기탁, 유동열, 김규식, 조소앙, 최동오 등이 민족혁명당에 입당하며, 임정의 송병조와 차리석이 잔존하다.

8.3. 滿洲 頭道溝 한인 80명이 警備設置 등 4개항을 토의하다./ 일본 정부가 國體明徵을 聲明하다.(국편)

8.20. 북만주 목단강시의 한인 상공업자 250여 명이 조선인상무회를 조직하다.

9.18. 만주 한인 교육기관 萬寶山學校가 개교하다.(국편)

9.20. 한검추와 왕평거가 만주에서 한중항일동맹회를 창립하며, 일제 타도와 동북 회복, 한국독립을 달성하기로 하다.(국편)

9.25. 民族革命黨 창당에 반대한 趙素昻·朴昌世 등이 중국 杭州에서 韓國揮立黨再建宣言을 발표하다.(국편)/ 전 한국독립당의 박창세 등이 한국독립당 재건선언을 발표하다.

9.-. 남경 중앙육군군관학교에서 민족혁명당의 책임보장 아래 26명의 교포학생들이 입학 허가를 받다./ 일본 內務省이 재일조선 사립학교 및 강습소에서의 조선어 교수를 금지하다./ 총독부가 각급학교에 神社參拜를 강요하다.(국편)

10.1. 金九가 중국정부 陳果夫에게 空軍 창설을 요청하다.(국편)

10.5. 조선혁명군사정치간부학교가 제3기생 36명을 남경에 파견하다.

10.11. 나고야에서 재일 한인 1천여 명이 차별대우에 대해 '시당국규탄 조선인대회'를 개최하다.

10.15. 朴昌世·文逸民·趙素昻 등이 중국 杭州에서 한국독립당 재건방침 등을 천명한 선언문을 배포하다.(국편)

10.20. 남경 민족혁명당 중앙집행위원회에서 조소앙, 박창세, 문일만, 김시준, 이창기, 박경민 등이 제명되다.

10.22. 정의부, 국민부, 조선혁명당에서 활동한 김준택(1865~1935)이 옥중에서 순국하다.

11.1. 상해 임시정부의 인성학교가 폐교되다.

11.2. 임정 의정원이 비상회의를 항주에서 개최하다.

11.3. 임정이 제1회 국무회의를 개최하다./ 대한민국임시정부가 주석 李東寧 등 책임국무원 7명을 선출하다.

11.16. 上海少年同盟 집행위원장 李在天이 인천에서 피검되다.(국편).

11.23. 만주 山海關 거주 韓人 200여 명이 朝鮮人親睦會를 조직하다.(국편).

11.-. 이동녕, 이시영, 김구 등이 중국 항주에서 '한국국민당'(이사장 김구)을 조직하다./ 임시정부가 항주에서 鎭江으로 이동하다.

12.5. 조선혁명군 안광두 등이 만주 석인구에서 일만군에게 피체되다.

12.6. 안광두가 음독 자살하다./ 만주국이 화폐 통일에 관한 만주중앙은행과 조선은행 업무협정을 체결하다.

12.9. 北京에서 學生聯合會 중심의 反帝救國 데모가 발생하다.(국편)

연도	한국
▲ **1935** **▼**	대한 공판을 개정하다.(국편) 4.18. 경성전기가 화물자동차 영업을 개시하다. 4.20. 조선나예방령이 공포되어 소록도 감금실이 설치되다./ 조선신문사가 경복궁에서 조선산업박람회를 개최하다./ 한강 　　　인도교를 착공하다. 1937년 10월 25일 완공하여 11월 4일 개통하다. 4.21. 금융조합연합회가 해군협회 조선본부 발회식을 개최하다. 4.22. 조선프롤레타리아예술동맹(KAPF)이 일제 강압으로 해체되다. 4.24. 양주동, 이희승, 이극로가 조선음성학회를 창설하다. 4.25. 조선마약취체령이 공포되다./ 서울 해동직물공장 노동자 20명이 임금인상을 요구하며 동맹파업하다. 4.30. 정의부 서원준이 평양형무소에서 순국하고 순사부장 도미다(富田吉五郎)를 사살하다./ 正義府員 徐元俊이 평양형무 　　　소에서 사형 집행으로 순국하다./ 馬山에서 문학활동 중인 金文珠 등 5명이 비밀결사 혐의로 마산형무소에 수감되 　　　다.(국편) 5.1. 김해진이 월간 종합문예잡지《사해공론》을 창간하다./ 조선은행권 발행이 개시되다.(6월 1일부터 병행 사용하다) 5.6.《흑색신문》이 자금난으로 폐간되다. 5.11. 형사소송법이 개정 공포되다. 5.12. 中央反帝同盟事件 관련자 韓東正 등 12명이 공판에 회부되다.(국편) 5.14. 청진지방법원 검사국이 2차 城津農民組合事件 관련자 許良幅 등 56명에게 징역 4~2년을 구형하다.(국편)/ 각 도에 　　　수리조합연합회 설치가 인가되다. 5.15. 중국 南京軍官學校 졸업생 金得海가 서울에서 피검되다.(국편) 5.18. 손기정이 제3회 마라톤대회에서 우승하고 세계기록을 수립하다. 5.21. 부·읍회의원 및 면협의회원 개선 선거가 실시되다. 5.25. 농지이주장려보조규칙이 공포되다. 5.27. 경성고등법원이 3.1 운동 때의 沙川만세시위 주동자 池錫勇에게 징역 10년을 구형하다.(국편) 5.28. 조선프롤레타리아예술동맹(KAPF)이 해체되다. 5.-. 계용묵이 단편소설 〈백치 아다다〉를《조선문단》5월호에 발표하다. 6.12. 조선어학회가 한글강연회를 개최하고 이극로가 〈한글을 바로 쓰고 바로 읽는 법〉을 강의하다./ 임야측량규정이 공포되 　　　다./ 조선일보사가 서울 중구 태평로에 사옥을 준공하다./ 평양 동양제사공장 여공 400명이 임금인상을 요구하며 동맹 　　　태업을 단행하다./ 朴奉華 등4명이 황해도에서 비밀결사 혐의로 평양경찰서 형사대에 피검되다./ 南京軍官學校豫備 　　　校生 洪世淸 등 4명이 평양에서 피검되다.(국편) 6.13. 경성지방법원이 中央反帝同盟事件 黃源泰 등 11명에게 징역 1년, 집행유예를 언도하다.(국편) 6.19. 신의주지방법원이 正義府員 崔明洙에게 징역 2년 6월을 선고하다.(국편) 6.20. 對日戰線統一同盟이 南京에서 각 혁명 단체 대표회의를 열고 韓國民族革命黨 결성을 결의하다./ 함남 端川農民組合 　　　간부 金昌珉이 피체되다.(국편) 6.21. 신의주 심무학교 학생 450명이 일본인 교장의 영리적 학교 운영에 항의하며 동맹휴학하다. 6.25. 함북 穩城郡 世仙·龍南·上和洞 야학생 30여 명이 사상운동 및 불온문서 제작 혐의로 온성경찰서에 피검되다.(국편) 6.29. 경성전매지국이 평양공장을 설치하다. 7.2. 박승빈이 문법서『조선어학』을 간행하다. 7.4. 朝鮮獨立黨 廣東支部長 具益均이 上海에서 체포되어 평북 경찰부로 압송되다./ 春川高普生이 한국어 시간 연장과 日 　　　人 교사 배척 등을 요구하며 동맹휴학하다.(국편) 7.5. 의열단, 한국독립당, 조선혁명당, 신한독립당, 대한독립당이 중국 남경에서 민족혁명당을 창당하다. 7.8. 함흥지방법원이 蔚珍農民組合運動 관련자 尹斗鉉 등 13명에게 징역 61년을 언도하다.(국편) 7.11. 총독 宇垣一成이 日本 外相과 韓國人 滿洲移民政策 협조건 등을 협의하다.(국편) 7.12. 민족혁명당이 중앙위원회 및 화북지부 등 5개 지부 설치를 결의하다. 7.13. 평남 진남포제련소 직공 1,200명이 임금인상과 8시간 노동제 도입을 요구하며 총파업하다. 7.24. 이상이 시 〈오감도〉를《조선중앙일보》에 연재 시작하다./ 의열단 등 5개 단체가 민족혁명당에 사업을 인계하고 해산하다. 7.25. 가정부인회가 최초로 '여자수영강습회'를 개최하다./ 서대문형무소 사상범 50여 명이 사형집행 반대 단식투쟁을 전 　　　개하다. 7.26. 신의주지방법원이 南京軍官學校生 金奉江·尹公欽 등 8명에게 징역 31년을 언도하다.(국편) 7.29. 조선총독부가 소작쟁의 격증에 대비하여 소작관 110명을 증원 배치하다. 7.30. 평양 경찰이 反戰記念日에 대비하여 비상경계 및 예비검속을 실시하다.(국편) 7.-. 일본 전력연맹계가 자본금 2,000만 원으로 조선전력을 설립하다. 8.1. 불교시보사가《불교시보》를 창간하다./ 고등보통학교에 일본인 현역 장교를 배치하여 강제 군사훈련을 실시하다. 8.2. 신원보증령이 공포 시행되다./ 부산 삼화고무공장 노동자 780여 명이 파업을 벌이다.

일본

12.11. 朝鮮革命軍 총사령 金活石 등이 滿洲 桓仁縣에서 日軍과 교전하다.(국편)

12.14. 在滿朝鮮人聯合會가 在滿 한인 교육기관을 滿洲國에 이관키로 한 東京 中央協議會 결의에 대해 反對運動을 전개하다.(국편)

8.6. 함남에 도영검사제가 도입되다.

8.10. 平壤 大成·京城 協成實業·定州 五山學校 등을 설립 운영한 吳熙源이 평북 鐵山에서 사망하다./ 함북 城津農民組合運動 金龍學 등 14명이 만기출옥하다.(국편)

8.12. 경성지방법원이 義烈團員 金公信에게 징역 2년 6월을 구형하다.(국편)

8.13. 康文一 등 16명이 제주도에서 敎育講演會를 조직하고 사상운동 혐의로 송국되다.(국편)/ 심훈이 장편소설 〈상록수〉로 《동아일보》 현상문예에 당선되다.

8.16. 함남 洪原農民組合運動事件 관련자 金圭天 등 3명이 서대문형무소에서 만기출옥하다.(국편)

8.28. 조선제사업령이 공포되어 총독 면허제가 시행되다.

8.29. 종합대박물관 설치계획이 발표되다./ 총독부가 식민통치 25돌 기념행사를 구실로 內鮮一體·皇國臣民化를 강요하다./ 평북 동양척식회사 불이서선농장에서 소작쟁의가 발생하여 소작인 222명이 소작권 승인을 요구하다.

8.30. 식산계령이 공포되어 농민 조직을 금융조합과 산업조합에 통합 가입시키다.

8.-. 홍재룡·홍재묵·이정근이 강화에 조양방직주식회사를 설립하다./ 고등보통학교에 현역 장교 배치를 완료하다.

9.10. 함남 咸州郡에서 메이데이 및 反戰檄文을 살포한 李鍾贊이 三防陜谷에서 피체되다.(국편)

9.11. 高啓學院 이사장 方應模가 普成高普 경영권을 인수하다.(국편)

9.13. 전북 錦山에서 독서회를 조직하고 민족운동을 전개한 金顯杓 등 3명이 전주지방법원 공판에 회부되다.(국편)

9.14. 경북 경주에서 제2회 新羅祭가 거행되다.(국편)

9.15. 8월 1일 반전데이 사건 관련자 120명이 함흥경찰서에 피체되다.

9.19. 조선일보가 국내 최초 음악 콩쿠르인 '전조선음악콩쿠르'를 개최하다.

9.20. 조선총독부가 각 학교에 신사참배를 강요하다.

9.21. 부산방송국(JBAK)이 개국하여 최초의 지방 방송국이 되다.

9.25. 조소앙·박창세 등이 항주에서 한국독립당 재건을 선언하다.

9.29. 조선육상경기협회가 제1회 전선육상경기선수권대회를 개최하다.

9.-. 남경 중앙육군군관학교가 교포학생 26명의 입학을 허가하다./ 이난영이 〈목포의 눈물〉을 발표하다.

10.1. 경성중앙전화국이 자동전화교환기를 설치하다./ 대전·전주·광주가 읍에서 부(府)로 승격하다./ 서울 용산 철도종사원양성소 구내에 철도박물관이 개설되다./ 임시정부 김구가 중국 실력자 진과부에게 공군 창설을 요청하다.

10.2. 조선어학회가 충남 온양에서 조선어표준어사정위원회를 개최하다./ 朝鮮獨立黨 具益均이 신의주지방법원 검사국에 송치되다.

10.3. 친일 사회교화단체인 조선교화단체연합회가 설립되다./ 평양 館後里敎會에서 신도 5천여 명이 천주교 조선전래 150주년 축하회를 거행하다.

10.4. 조선항공장려규칙이 공포 시행되다./ 南京軍官學校 졸업생 韓龍權이 上海에서 활동 중 영사관 경찰에 체포되어 국내로 압송되다./ 최초 우리말 발성영화 〈춘향전〉이 단성사에서 상영되다.

10.9. 신의주지방법원이 秘密結社 白衣政府 조직 혐의로 체포된 金貞屹 등 6명에게 무죄를 선고하다.

10.12. 함남 文川 농민조합 조직 및 격문살포 혐의로 검거된 李永秀 등 5명이 공판에 회부되다./ 조선주둔 日軍이 湖南平野에서 師團對抗訓練을 실시하다.(국편)

10.17. 조선일보사가 월간 종합잡지 《조광》을 창간하다.

10.19. 平南道廳投彈事件 관련자 光復團員 朴泰烈이 공판에 회부되다.(국편)

10.20. 부산공회당에서 부산체육회 창립총회가 개최되다.

10.21. 전남 고흥 소록리에 소록도갱생원(현 국립소록도병원)이 준공되다./ 함흥지방법원이 함흥 豊山郡에서 비밀결사 振興會를 조직한 李秉模 등 2명에게 징역 2년 6월−2년을 언도하다.

10.25. 함흥지방법원 검사국이 강원도 三陟郡 近德面事務所襲擊事件 관련자 金德煥 등 16명에게 징역 6~2년을 구형하다.

10.26. 함흥고보 강석주 등 학생 14명이 학생운동으로 함흥지방법원에서 징역 2년을 선고받다.

10.28. 전주지방법원이 新建設社事件 朴英 등 22명에 대한 공판을 개정하다.(국편)/ 전주지방법원이 전북 南原·錦山에서 독서회를 조직한 金顯杓 등 6명에게 징역 2년 6월−1년을 언도하다.

10.31. 광복단 사건 관련자 한국원 등 6명이 평양지방법원에서 사형과 징역형을 선고받다.

11.1. 함경북도 나남항이 개항되다./ 만철 북선선(청진-나진)이 완전 개통되다./ 배구자·홍순언이 서울 충정로에 동양극장을 개관하다.

11.6. 仁川讀書會事件 金興男 등 3명이 경성지방법원 검사국에 송국되다.(국편)

11.15. 평남 기독교계 학교장이 고등보통학교 교장회의에서 신사참배 거부를 선언하다.

11.20. 기성신호규징이 개정 공포되어 12월 1일부터 시행되다.

연도	한국
▲ 1935	11.22. 히구치가 군산에 조선제지회사를 창립하다. 11.25. 함남 동흥리 장진강수력발전소가 준공되어 평양 등 서북지방으로 송전을 시작하다. 11.26. 민족대표 吉善宙 목사가 사망하다./ 사상범 보호를 목적으로 昭道會가 조직되어 사회주의자 회유를 시도하다. 12.3. 청진비행장이 개장되어 청진-장춘 간 연락비행이 개시되다. 12.4. 평양 기독교계 학교가 皇子名命式 신사참배를 거부하다. 12.10. 경성부민관이 철근콘크리트 구조로 준공되다.
1936 ▼	【한국】 1.9. 평남도지사가 의명학교 교장 이희만을 소환하여 신사참배 이행을 강요하다. 1.13. 조선총독부가 학생사상취체 전문관을 각도 경찰부에 배치하다./ 평남도지사가 기독교계 학교의 신사참배 거부에 관한 담화를 발표하다. 1.15. 조선총독부가 경성부민관에서 심전개발위원회를 개최하여 황국신민화정책을 추진하다. 1.17. 平南道知事가 平壤神學校長 南宮赫, 平壤基督靑年會長 金東元 및 曹晩植 등 20명을 소집하여 神社參拜가 國家儀式임을 역설하다.(국편) 1.18. 동양화가 김은호 화백의 제자인 김기창과 장우성이 후소회를 조직하여 친목과 동문전을 개최하다./ 평양 숭실전문·숭실학교 교장 윤산온이 일제의 신사참배 요구를 거부하고 1.20.자로 교장에서 파면되다. 1.21. 숭의여학교가 평남도지사에게 신사참배 불참을 통고하고, 2.22. 교장대리 임명이 취소되다. 1.23. 일본 화가산현 기세증선 철도공사에서 조선인 300여 명이 노임 인상 등을 요구하며 분쟁을 일으키다. 1.25. 조선총독부가 학무국 내에 사상계를 설치하여 교육자들의 사상 단속을 추진하다. 1.28. 조안득·최영진·윤락삼·이김진 등이 우가키 총독 암살계획이 발각되어 피체되다. 1.31. 경성지방법원이 南京軍官學校 졸업 후 金九의 지령으로 국내 잠입 활동 중 체포된 嚴昌福에게 징역 2년을 언도하다.(국편) 2.1. 조선총독부가 외국비료 수입을 결정하여 조산질소공장의 폭리를 견제하려 하다. 2.4. 경성지방법원이 駐中日本公使 有吉明의 암살을 계획하고 친일파 上海 朝鮮人居留民會 부회장 李容魯를 저격 사살한 嚴舜奉·李圭虎에게 사형 및 무기징역을 구형하다.(국편) 2.6. 조선토지측량표령을 공포하여 만주의 측량을 시급히 추진하려 하다./ 漢陽映畵社가 羅雲奎 作 영화 '아리랑'을 제작하여 團成社에서 개봉하다.(국편) 2.7. 경성복심법원이 일본영사관 밀정 金亨國 사살 혐의로 체포된 中國共産黨員 金判福에게 징역 12년을 언도하다.(국편)/ 조선여자기독교절제회가 각지방 140여 개 절제회를 동원하여 금주단연운동 대선전을 전개하다. 2.13. 국내 日軍 군사기밀을 소련군에 제보한 黃雲天·崔東喆·蔡桓默이 청진지방법원 검사국에 송치되다.(국편) 2.14. 경성부가 구역을 확장하여 고양군·시흥군·김포군 등 70개 리를 편입하다. 2.17. 함남 정평농민조합사건의 한영윤과 이재필이 함흥지방법원에서 사형을 선고받고 1938년 3월에 7년형으로 감형되다.(국편) 2.18. 경성지방법원이 駐日公使 有吉明의 암살을 계획하고 朝鮮居留民會 부회장 李容魯를 사살한 嚴舜奉에게 사형, 李圭虎에게 징역 12년을 언도하다.(국편) 2.19. 義烈團員 邊昌裕·崔技英·蔡東龍 등이 기소되다./ 대구지방법원이 新建設社事件 朴英熙 등 8명에게 징역 21년을 언도하다.(국편) 2.21. 맹혈단 유형석이 상해에서 주중일본공사 아리요시 아키라 암살 혐의로 피체되어 해주지방법원에서 징역 5년형을 선고받다. 2.22. 평안남도가 神社參拜를 거부한 崇義女學校長 代理 鮮于梨(S.L. Snook)의 任命取消를 통고하다. 3.2. 전남 진도농민조합사건의 어규선과 곽재필이 대구복심법원에서 징역 2년 6월형을 선고받다. 3.5. 태평양노동조합 관련 김필학 등 3명이 함흥지방법원에서 징역 3년 6개월에서 1년형을 선고받다. 3.6. 조선일보사가 여성지 월간 《여성》을 창간하다. 3.18. 엄순봉이 경성지방법원에서 상해 일본공사 암살계획 관련으로 사형을 선고받고 조선거류민단 부회장을 사살하다. 3.19. 조선어사전찬회가 해산되어 사업 전부가 조선어학회로 이관되다. 3.20. 광주지방법원이 비밀결사 조직 혐의로 체포된 衡平社員 李鍾律 등 14명에게 징역 2년 6월무죄를 언도하다.(국편) 3.23. 전남 광양광업소 갱부 570명이 노동시간 연장에 반대하여 파업을 벌이다./ 元山府會의원 李柱錫이 韓·日人 事務員의 차별대우 철폐를 주장하다./ 경기도가 '동'을 '町'으로 개정하다. 3.24. 中國軍官學校 간부훈련생 李公碩·宋永乼이 인천 잠입 중 피검되다.(국편) 3.25. 평북 昌城署 大吉주재소에 反滿抗日軍 150명이 내습하다. 4.1. 평양복심법원이 순사 부호 암살 혐의로 체포된 光復團員 韓國源 등 6명에게 무기징역 3년을 언도하다.(국편) 4.3. 남만주 이민단 700명이 전남 광주 송정역과 함평역에서 출발하다. 4.7. 조선결핵예방협회가 회장 정무총감 주도로 발족하다.

일본

12.13. 시인 金素月이 사망하다.(국편)

12.15. 동양극장 전속극단 '청춘좌'가 조직되어 전속배우 월급제로 직업 배우를 양성하다.

12.21. 조선일보사가 국어보급을 위해 한글교재 10만 부를 발행하고 전국에 배포하다.

12.28. 奮安得 등 6명이 총독 암살계획이 발각되어 피검되다.(국편)

12.29. 함북 明川郡 청년 30여 명이 명천농민조합원 金明燮 등 체포에 항의하여 日警과 충돌하다.

【일본·해외】

1.6. 동북인민혁명군 박진 부대가 길림 노두구 부근에서 일본·만주 경찰과 교전하다.

1.15. 런던군축회의에서 일본 全權이 탈퇴를 통고하다./ 전일본노동총동맹이 결성되다.

1.16. 平南道知事가 崇實專門學校·崇實中學 校長 尹山溫(G.S.Macune)과 前校長 馬布三悅(S.Moffett)에게 神社參拜 실시 여부에 대한 확답을 강요하다./ 愛國婦人會 朝鮮本部가 各道支部를 통해 國境警備後援金 4만원을 거출하다./ 세브란스의학전문학교 설립자 세브란스(L.H.Severance)가 미국에서 사망하다.(국편)

1.20. 남경에서 민족연합전선으로 결성된 민족혁명당이 기관지《민족혁명》을 창간하다.

1.21. 북만철도 양도에 관한 滿·蘇 양국의 협정이 성립되다./ 廣田 外相이 일본·중국 제휴, 滿洲國 승인을 내용으로 하는 대화방공을 발표하다.

1.26. 미국에서 독립운동을 주도한 목사 宋錫源이 일본 神戶 水上警察에 피체되다./ 일본 兵庫縣 朝鮮人記者團 창립대회가 개최되다.(국편)

1.31. 블라디보스톡에서 임시정부 국무총리 이동휘(1873~1935)가 사망하다.

2.1. 도쿄에서 '조선신문'(한글판) 창간하다.(1936.9. 폐간)

2.3. 龍井 東興中 學生들이 일본 영사관의 산발금지, 남녀공학제 폐지, 일어사용 강요에 반대하여 동맹휴학하다./ 조선혁명군 제1중대 이여송 등 13명이 만주에서 일본 헌병대와 교전하다.

2.10. 조선혁명군 총사령 김활석이 만주 九連城에서 滿洲 경찰에 피체되다.

2.21. 중국 旅順 감옥에서 신채호(1880~1936)가 腦溢血로 사망하다./ 무정부주의자 柳螢錫이 駐日公使 有吉明 암살 혐의로 上海에서 피체되다./ 京城覆審法院이 間島共產黨事件 李東鮮 등 26명에 사형—징역 5년을 언도하다./ 京城地方法院이 중국 上海에서 花郎社·韓人少年同盟을 조직 활동한 李在天에게 징역 5년을 구형하다.(국편)

2.22. 大韓民國臨時政府 金九가 중국정부에 한인 청년의 中央軍官學校 入校를 요청하다.

2.26. 일본 皇道派 장교들이 국가 전면 개조와 軍事政府 수립을 요구하며 쿠데타(2.26事件)를 일으키다.

2.-. 尹奉觀·金仁善이 일본에서 비밀결사 '愛國靑年會'를 조직하고 독립운동 전위대로 활동하다./ 民族革命黨 全黨非常代表大會를 개최하여 金元鳳 등 공산주의자를 제명하고 黨名을 韓國民族革命黨으로 개칭하다.

3.1. 興京에서 교포 80여 명이 獨立團과 연락한 혐의로 일본 경찰에 검거되다./ 일본 요인 암살을 계획한 맹혈단원 韓道源·金承殷 등이 上海에서 검거되다.

3.5. 조선혁명군 제3사단장 張命道(1904~1935)와 부하 李永周가 일본 경찰대와 교전 중 순국하다.

3.15. 金九가 결성한 韓國國民黨이 機關誌《韓民》을 창간하다.

3.25. 反滿抗日軍 150명이 平北 文吉駐在所를 습격하여 3명을 사살하다.

3.26. 安益泰가 미국 필라델피아에서《愛國歌》를 作曲하여 發行되다.

3.31. 吉林 救國會 비밀결사원 12명이 滿洲에서 일본 요인 암살 계획 중 피체되다.

3.-. 中共 東滿特委 와 東北人民革命軍 第2軍이 '東北人民革命軍'을 '東北抗日聯軍'으로 改稱하다./ 春川高普 南宮大·李燦祐·文世鉉·容煥珏·白興基·趙奎植 등이 비밀조직『常綠樹』를 結成하다.

4.1. 光復團 사건의 韓國源, 禹承昌 등이 각각 무기징역을 언도받다.

4.21. 南京軍官學校生 李舟山 등 4명, 天津 日本領事館 警察에 피검되다.(국편)

5.1. 在日朝鮮人이 메이데이 행사금지로 大阪·岐埠地方에서 시위를 벌이다.

5.5. 祖國光復會가 滿洲에서 조직되며 10대 강령을 발표하다./ 吳成崙·嚴洙明·李相俊 등, 在滿韓人祖國光復會를 창립하다./ 中國共產黨 紅軍이 國民政府에 停戰講和 와 一致抗日을 통고하다.(국편)

5.22. 白貞基(1896~1936)가 駐中日本公使 암살 혐의로 무기복역 중 나가사키 감옥에서 옥사하다.

6.11. 滿洲 牧丹江市에서 李明·李炳吉 발기로 靑年會 創立總會가 개최되다.

6.18. 間島共產黨事件 관련 이동선·朱鉉甲 등이 高等法院에서 사형 확정되다.

6.25. 在東京 明治大學生 朴容七 등 700명이 朝鮮留學生聯合會를 조직하다.

7.11. 日本 6大都市 商人들의 朝鮮米 不買運動으로 朝鮮白米價가 폭락하다.

7.16. 朴次貞(김원봉의 처)·李聖實(이청천의 처)이 民族革命黨 산하 '南京朝鮮婦人會'를 창립하여 부녀자들의 民族意識을 고취하다.

7.17. 朝鮮革命軍 第2中隊長 金昌和 등 17명이 鴨綠江 경비 중인 日本 警察 監視船을 공격하다.

7.23. 日本 名古屋 韓人 勞動者 3천여 명이 임금 인상과 대우 개선을 요구하며 同盟罷業을 벌이다.

7.31. 1940년 제12회 올림픽 東京 開催가 결정되다.

8.9. 孫基禎이 제11회 베를린 올림픽에서 마라톤 世界新記錄(2시간 29분 2초)을 세우며 우승하다.

연도	한국
▲ 1936 ▼	4.10. 총독부가 各道警察部 高等課長會議를 열고 위험사상취체 철저 등 4개항을 지시하다. 4.16. 함흥 도변철공장 직공 102명이 동맹파업을 벌이다. 4.23. 황해도 沙里院麵屋勞動組合이 사리원경찰서의 강압으로 해산되다./ 평양에서 메이데이 예비검속으로 邊孝植 등 16명이 피검되다. 4.27. 대한독립단원 차천모가 10년형 복역 중 옥사하다. 4.30. 함흥지방법원이 元山勞動組合을 조직 활동한 南仲軍 등 7명에게 징역 4년1년 6월을 언도하다./ 함흥형무소에서 囚人 370여 명이 만세시위를 벌이다./ 함흥지방법원이 洪原農民組合 龍雲支部事件 관련자 金景極 등 6명에게 징역 2년 6월 및 벌금형을 언도하다.(국편) 5.1. 경부산 복선화 공사가 착공되다./ 택시 미터기 장착이 의무화되다./ 삼남지방 수재민 106명이 함북지방으로 이주하다. 5.3. 20여 개 소년운동 단체 8천여 명이 제15회 어린이날 행사를 개최하다.(국편) 5.5. 오성륜·엄수명·이상준 등이 만주에서 재민한인조국광복회를 조직하고 10대 강령규약 및 창립선언을 발표하다. 5.10. 祖國光復會가 大綱領을 발표하다.(국편) 5.16. 총독부 고관 암살을 계획한 曺安得 등 6명이 징역 10~2년을 언도받다.(국편) 5.17. 간도공산당사건 관련 최성훈 등 4명이 청진지방법원에서 사형과 징역 10년형을 선고받다. 5.18. 경성지방법원이 호송 중 만세를 고창한 定平農民組合事件 관련자 韓永久·李載弼 등에게 징역 5월을 언도하다.(국편) 5.19. 평양지방법원이 平南道廳投彈事件으로 구속된 光復軍總營 朴奉烈에게 징역 12년을 언도하다.(국편) 5.21. 최현배가 『중등교육조선어법』을 간행하다. 5.22. 조만식·최윤각·김병연·김성업 등이 을지문덕묘산수보호회를 창립하다. 5.26. 강원도 삼척 소화광업회사 광부 147명이 동맹파업을 벌이다. 5.28. 미곡자치관리법이 공포되어 조선·일본·대만 내 미곡 생산의 자치적 관리를 도모하다. 5.-. 김동인이 단편소설 〈무녀도〉를 《중앙》 5월호에 발표하다. 6.3. 조선총독부가 조선민력 발행 시 음력을 폐지하고 양력으로 발행하기로 결정하다. 6.5. 조선오물소제령이 공포되어 1937년 10월부터 경성 지역의 오물 악취 등 위생문제를 해소하고자 하다. 6.8. 경성역 조일택시 운전사 50명이 동맹파업을 벌이다. 6.10. 韓國國民黨이 6.10만세운동 기념 선언서를 발표하다./ 전북 경찰이 普天敎 本部를 수색하고 서류 및 물품을 압수하다.(국편) 6.11. 서대문형무소에서 복역 중인 上海韓人靑年同盟 집행위원장 吳基萬이 중병으로 출옥하다.(국편) 6.22. 대구경찰서가 각 교회 목사와 장로를 소환하여 종교학교의 신사참배 이행을 통고하다. 6.30. 일본 경찰이 부산 소재 貯蓄契 등 20여 단체에 대해 일제 수사에 착수하다. 7.8. 동양척식주식회사가 함북 부령군에 '부령수력전기'를 설립하다. 7.9. 경성시장이 통제를 실시하고 중앙도매시장 창설을 준비하다. 7.10. 인천소년형무소를 폐쇄하고 소년수를 개성소년형무소로 이감하다. 7.11. 한국국민당이 한국국민당청년단을 창설하다. 7.12. 회령비행장 공사장에서 인부 200여 명이 파업을 벌이다. 7.13. 조선총독부가 외사경찰제 실시를 결정하고 각 도에 테러리스트 범죄수사과 및 외사과를 설치하다. 7.15. 낙동강 제방공사가 준공되다. 7.20. 경춘선(서울-춘천)이 착공되다. 7.21. 간도공산당사건 관련자 이동선 등 18명이 사형을 집행당하다. 7.22. 경성전기가 전차 구간과 요금을 개정하여 1구간 5전으로 하다. 7.23. 청춘좌가 종로 우미관에서 〈사랑에 속고 돈에 울고(홍도야 우지 마라)〉를 공연하다. 7.24. 전남 광양군 초남광업 광부 233명이 동맹파업을 벌이다. 8.1. 일본 陸軍省, 極東의 軍勢進展에 따라 羅津을 要塞로 설정하다. 8.5. 미나미 지로[南次郎]가 제7대 조선총독으로 임명되다. 8.9. 〈조선불온문서임시취체령〉이 공포되어 지하신문 등 출판 취체 범위를 확대하다. 8.11. 〈사원규칙〉을 제정 시행하여 기존 신사 사원규칙을 폐지하다. 8.14. 〈조선관유재산령〉을 폐지하고 일본의 〈국유재산법〉을 공포하다. 8.16. 경성지방법원, 總督謀殺未遂事件 관련자 曺得烈 등 6명에게 징역 12-10년 선고하다.(국편) 8.19. 민족대표 33인 중 천도교 도사 나용환이 사망하다./ 朝鮮獨立黨 工作委員會 柳光浩 등 7명, 만주 安東省에서 검거돼 경성지방법원에 송국되다. 8.25. 동아일보가 손기정의 베를린 마라톤 제패 사진에서 일장기를 말소하여 게재하다./ 낙양분교 출신 김영 등 6명이 한국특무대독립군 활동 중 피체되어 평양지법 검사국에 송치되다. 8.27. 《동아일보》가 일장기 말소 사건으로 무기 정간되다./ 한국국민당청년단이 기관지 《韓靑》을 창간하다.

일본

8.16. 前總督 살해 미수 사건의 曺得烈 등이 京城地方法院에서 징역 10~12년을 선고받다.

8.25. 中國 南京軍官學校 出身 金嶺 등 6명이 金九 지휘하 特務隊 활동 중 검거되어 平壤地方法院 檢事局에 송치되다.

9.1. 金機權 등 在日朝鮮人 40명이 關東震災被害同胞 慰靈祭를 거행하다.(국편)

9.20. 韓劍樞·王平巨가 滿洲에서 韓中抗日同盟會를 창립하고 일제 타도·東北 회복·韓國獨立 달성을 목표로 하다.

9.25. 趙素昻·朴昌世 등이 民族革命黨 창당 반대 선언을 하고 杭州에서 《韓國獨立黨 再建을 발표하다.

9.-. 李鎭洙·朴大正 등 100여 명이 東京에서 《朝鮮日報》를 발행하며 독립사상을 고취하다가 피체되다.

10.1. 臨政 金九가 中國政府의 實力者 陳果夫에게 空軍 창설을 요청하다.

10.5. 朝鮮革命軍 事政治幹部學校 第3期生 36명이 南京에 派遣되다.

10.11. 名古屋에서 在日韓人 1천여 명이 차별 대우에 대해 '市當局糾彈 朝鮮人大會'를 개최하다.

10.20. 南京 民族革命黨 中央執行委員會에서 趙素昻·朴昌世·文一萬·金時準·李昌基·朴景民 등이 제명되다.

11.1. 上海 臨時政府의 仁成學校가 폐교되다.

11.10. 上海 仁成學校長 宣宇赫이 再上海日本總領事館의 日本語敎育 强要에 불복하여 無期休學을 선언하다.

11.-. 李東寧·李始榮·金九 등이 中國 杭州에서 '韓國國民黨'(理事長 金九)을 조직하다./ 臨時政府가 杭州에서 鎭江으로 移動하다.

12.5. 朝鮮革命軍 安光斗 등 6명이 滿洲 石人溝에서 日滿軍에게 피체되다./ 12.6. 安光斗가 음독 자살하다.

12.-. 統義府·正義府·高麗革命黨에서 무장 활동하던 吳東振(1889~1936)이 사망하다.

8.29. 韓國獨立黨·韓國國民黨, 제26주년 국치일 선언문 발표하다.(국편)

8.-. 고등보통학교에 현역 장교 배치 착용, 강제 군사훈련이 실시되다./ 극예술연구회 탈퇴파와 예술좌가 합동하여 신극단체 '조선연극협회'를 창립하다./ 조선석유주식회사가 원산공장에서 최초로 석유 정제를 시작하다.

9.1. 경성 영화조선사가 월간지 《조선영화》를 창간하다.

9.5. 《조선중앙일보》가 일장기 말소 사건으로 휴간되다./ 평북 불이서선농장 소작민 1만여 명이 영구소작권 인정 등을 요구하며 군중집회를 열다.

9.9. 선만척식주식회사가 창립 총회를 개최하여 조선인의 만주 대량이주를 추진하다.

9.16. 소설가 심훈이 장티푸스로 사망하다.

9.20. 민족·사회주의 사상전향자 단체 및 친일단체 '대동민우회'가 조직되어 내선일체 및 황국신민화를 추진하다.

9.22. 義烈團員 金根福, 국내 잠입활동중 피체되다.(국편)

9.25. 端川戰友同盟事件 金埼潤 등 9명, 함흥지방법원 검사국 송국되다.(국편)

9.28. 중앙고보 독서회사건 관련자 한동정 등 8명이 경성지법에서 징역 3년~1년형을 선고받다.

9.29. 신용욱이 조선 유일 민간항공사 '신항공사업사'를 설립하다.

9.30. 도시계획으로 함북 청진의 민가 1,000호가 철거당하다.

9.-. 동양극장 전속극단 '호화선'이 창립되어 상업연극을 표방하며 대부분 일본어로 공연하다.

10.1. 수원읍이 1읍 19면을 29町里로 폐합하고 동명을 개칭하다.

10.3. 경성부 서소문에 '경성변호사회'를 조선인 중심으로 설립하다.

10.7. 평양선교사회가 평양노회 이사 파견을 철폐하고 숭실전문·숭실중학·숭의여학교 경영 중기를 결정하다.

10.8. 부산 동양법랑철기화나 직공 300여 명이 노동시간 단축을 요구하며 동맹파업을 벌이다.

10.17. 京都朝鮮人留學生 學友會, 경찰관의 조선어 사용금지로 정기총회 流會되다.(국편)

10.20. 이재유와 이관술이 경기도 양주군 공덕리에서 '조선공산당재건 경성준비그룹'을 조직하다.

10.21. 경성·평양·광주 등 주요 도시 7개소에 감찰소를 설치하여 사상범을 감찰하기로 결정하다.

10.23. 한강인도교 두 번째 개통식이 열리다.

10.28. 조선어연구회가 표준말 어휘집 『조선어표준말모음』을 간행하다.

10.29. 총독 南次郞, 圖們에서 關東軍司令官과 한인독립운동가 공동 토벌문제를 토의하다.(국편)/ 함남 이원군 만덕산에서 진흥왕 순수비 각 낙성식을 거행하다.

10.-. 명치좌(현 명동예술극장)가 준공되어 영화·연극 전용극장이 되다.

11.3. 중앙선(서울 청량리-경주)이 착공되다.

11.5. 〈조선변호사령〉이 시행되어 경성조선인변호사회가 해체되고 제일경성변호사회가 조직되다.

11.15. 평양방송국(JBBK)이 개국하여 부산방송국에 이어 두 번째 지방 방송국이 되다.

11.16. 부관연락선 금강마루가 취항하다./ 조선주판매주식회사가 창설되어 가격 통제 및 품질 동일화를 추진하다.

11.21. 광정단 단원 오창순이 삼수군 영성주개소를 습격하고 함흥지법에서 무기징역을 선고받다.

11.30. 경성지방법원, 義烈團員 林鳳淳에게 징역 2년 언도하다.(국편)

11.-. 서정주·김동리 등이 격월간 문예동인지 《시안부락》을 창간하다./ 을지로에 황금좌(구 국도극장)가 준공되다.

연도	한국
▲ 1936	12.1. 경부선(서울–부산) 특급열차 '아카츠키호'가 운행을 개시하다. 12.5. 장로교 경북노회가 계성중학과 신명여중 존폐 문제를 토의하다. 12.12. 〈조선시상범보호관찰령〉이 공포되어 치안유지법 관련자 보호관찰이 시행되다. 12.16. 전라선(전주–순천)이 완전 개통되다. 12.18. 강서경찰서에 폭탄을 투척한 한국원이 경성형무소 복역 중 옥사하다./ 순사 부호 암살혐의로 구속된 光復團員 韓國彦, 복역중 獄死하다.(국편)
1937 **▼**	【한국】 1.5. 한민족혁명당이 남경 본부에서 전당대회를 열고 '조선민족혁명당'으로 개명하다. 1.7. 조선일보가 국내 첫 어린이 신문《소년조선일보》를 창간하여 매주 월요일 1면에 발행하다. 1.11. 부산 부두노동자 300여 명이 동맹파업을 결의하다. 1.12. 총독부가 만주국과 산업·교통·군사 지위 향상을 목적으로 조·만간 기술위원회를 설치하기로 조인하고, 외국환관리법을 공포 시행하다./ 부산 부두의 노동자 300여 명이 임금 인상을 요구하고 파업을 벌이다. 1.13. 민족대표 33인 중 劉如大가 사망하다. 1.15. 외국인토지법 적용 지정 구역을 발표하여 국경, 국유철도, 교량, 터널 주위 일대와 해안 도서를 모두 포함시키다. 1.19. 부산지방법원, 경남 농촌·공장지대 적화혐의로 체포된 李春根 등 4명에게 징역 2–1년 6월 언도하다.(국편) 1.21. 총독부, 미곡자치관리법에 의해 京城 등 17개소에 미곡통제조합 설치를 결정하다. 1.25. 경성구호회, 개성대성회, 부산보성회 등 17개 단체를 사상범 보호단체로 지정하다. 1.26. 평양에서 연극단체 예술좌 간부 11명이 사상운동 혐의로 피체되다./ 경성지방법원, 民族革命黨員 方興龍에게 징역 2년 언도하다.(국편) 1.28. 충청남도 공주지방법원이 대전으로 이전 결정을 하다./ 부산 조선방직회사 직공 3,000명이 임금 인상을 요구하며 파업을 단행하다. 1.29. 장항제련소 전 직공이 총파업을 단행하다./ 민족혁명당원 김순곤이 상해 일본총영사관 폭파 혐의로 경성지법에서 징역 5년형을 선고받다. 1.31. 중국 회북기방 거주 한인들이 임시정부 산하 단체 재중국한족항일동기회를 발족하다. 1.-. 무정부청년동맹 흑색공포단 수령 김성수가 상해에서 피체되고 1938년 해주지법에서 징역 18년형을 선고받다. 2.1. 대구비행장(현 대구공군비행장)이 개장하다./ 미북장로교 선교사실행위원회가 평양에서 비밀회합을 열고 숭실전문·숭실중학·숭의여학교 폐교를 건의하다. 2.17. 철도국이 경성역을 여객 전용, 청량리역을 화물 전용으로 발표하다./ 조선혁명군 고이허(최용성)·김명암·이상관이 관동군 토벌대와 교전 중 피체되어 총살되다. 2.19. 조선총독부가 전국 도립병원에 정신병동 신설을 결정하다./ 상제교 포덕사 최선기가 일본 천황 비방 글을 충남지사에 보내다 피체되다. 2.20. 최현배가 문법책『우리말본』을 간행하여 처음으로 국어 문법체계를 완성하다. 2.23. 부산 문현동 산토재취장 인부 1,200명이 임금 인상을 요구하며 파업하다./ 光州 須彼亞女校生, 南長老會의 廢校宣言에 항의 전원 등교해 學校安泰 기도회 개최하다.(국편) 2.24. 부산항 개축공사장 인부 1,500명이 임금 인하에 항의하며 파업하다./ 김활란과 손정규가 친일단체 '조선부인문제연구회'를 조직하다. 2.26. 光州 須彼亞女校生, 南長老會의 廢校決定에 항의 斷食撤夜籠城 단행하다. 2.-. 민족혁명당이 우파(김창환 계열)와 좌파(김원봉 계열)로 분열하다./ 박윤옥 등이 평양에서 비밀결사 열혈희를 조직하다. 3.1. 최현배가『우리말본』을 간행하다./ 공주지방법원, 중국군관학교를 졸업한 義烈團員 姜求直에게 치안유지법 위반을 적용 징역 2년 구형하다./ 함흥지방법원, 함남 端川戰友同盟事件 金埼准 등 9명에게 징역 3–1년 언도하다.(국편) 3.3. 광주 소피아여학교가 조선총독부의 미선계 학교 탄압 정책에 항의하여 휴교를 선언하다./ 목포 남장로교 영흥학교·정명여학교생 1,000여 명이 폐교 조치에 항의하여 단식 동맹휴학을 하다. 3.9. 경성–봉천 간 직통전화가 개통되다. 3.10. 목포전기·조선와사전기·대전전기·남조선전기·대흥전기·천안전기가 통합되어 '조선전기'를 설립하다./ 조선총독부가 제1차 간도이민단 1만1,900명을 출발시키다. 3.14. 민족대표 33인 중 최성모 목사가 사망하다./ 春川高普生, 항일투쟁을 목적한 비밀결사 常綠會를 조직하다. 3.15. 남궁태·용환각 등이 춘천에서 항일 비밀결사 '독서서회'를 조직하다. 3.17. 조선총독부가 모든 직장에서 일본어 강제 사용을 지시하다. 3.22. 수원농립비밀결사사건 관련 이용필 등 6명이 대구복심법원에서 징역 3년~2년형을 선고받다. 3.23. 경기도 시흥 철도공사 인부 170여 명이 파업하다. 3.24. 전국 형무소가 복역수를 장기수, 여수, 소년수 등으로 분리 수용하기로 결정하다. 3.25. 진흥왕순수비보존회가 함남 이원에서 조직되었으나 취지서가 불온하다는 이유로 권승하 등 관련자들이 피체되다.

일본

12.26. 朝鮮人氏名變更令이 공포되다.(국편)

12.28. 목포지청, 全南運動者協議會事件 관련자 黃同允 등 49명에게 징역 3~1년을 언도하다.(국편)

12.-. 김정구가 인기가요 〈눈물 젖은 두만강〉(김용호 작사, 이시우 작곡)을 발표하다.

【일본·해외】

1.3. 大韓人國民會 제1차 代表大會 개최하다.

1.5. 韓國民族革命黨, 南京 본부에서 전당대회 열고 黨名을 朝鮮民族革命黨으로 개칭하다.

1.7. 韓國獨立黨員 延東學, 上海에서 일본총영사관 경찰에 피체되다.

1.10. 일본 兵庫縣朝鮮人團體聯合會 결성되다.

1.23. 군부와 정당의 충돌로 廣田내각이 총사직하다.

1.26. 평양에서 연극단체 예술좌 간부 11명이 사상운동 혐의로 체포되다.

1.31. 華北 거주 조선인들, 韓族抗日同志會 발기 선언서 발표하다.

2.2. 林銑十郎내각이 성립되다.

2.6. 총독부, 만주이민과 노동자의 일본 도항 등을 감독 통제할 人口問題對策委員會 설치를 결의하다.

2.19. 상제교의 布德師 崔善基가 일본 천왕을 비방하는 글을 충남지사에 보내어 검거되다.

6.13. 독립운동가 장건상이 상해에서 체포되다.

6.30. 동북항일연군 제2군 400여 명이 만주 간삼봉에서 일본군 74연대와 전투를 벌여 승리하다.

7.7. 중국 북경 교외에서 노구교 사건이 발생하여 중일전쟁이 발발하다.

7.10. 중국 정부, 金九·金元鳳·柳子明 등을 廬山에 초대 韓中合作을 제의하다.

7.16. 대한민국임시정부, 柳東說·李靑天 등 위원 6명을 선임 軍事委員會 발족하다./ 임시정부가 중일전쟁 발발 이후 군사위원회를 설치하고 한국광복군 창설 계획을 수립하다.

7.28. 日軍, 北京 占領하다.

8.2. 일본 긴급각의 결정에 따라 韓國財政을 戰時體制로 급전하다.

8.15. 일본 정부가 전면전쟁을 개시하다./ 韓人抗日別動隊, 韓中聯合軍 결성 촉구 선언문을 발표하다.

8.21. 中蘇不可侵條約 조인되다.

8.24. 일본 각료회의에서 국민정신총동원실시요강을 결정하다.

8.29. 上海 朝鮮聯華抗日別動隊, 反戰 격문 '日本兵士에게 고하는 글' 인쇄 배포하다./ 在日 名古屋 조선인 단체 愛國靑年團, '한일합병기념일에 즈음 하여 동아 전민족의 대동단결을 제창함' 제하의 인쇄물 3천부를 작성 배포하다.(국편)

9.1. 일본 東京 龜澤町 거주 조선인 40명, 關東大震災 조난자 위령제 거행하다.

9.3. 일본 福岡縣 거주 조선인 6만여 명이 조선인단체연합시국대회를 열고 소비에트의 조선인 박해에 항의하다.

9.6. 在廣東 韓國靑年前衞團, 韓國國民黨 靑年團과 통합 합동선언 발표하다.

9.10. 임시군사비특별회계예산이 공포되다. 전시경제체제의 편성이 결정되다.

9.19. 일본 愛知縣 조선인, 軍用機獻納期成同盟會 결성하다.

9.23. 임시정부가 鎭江에서 호남성 長沙로 이전하다.

10.10. 中國 國民政府軍事委員會·朝鮮民族戰線聯盟, 武漢의 朝鮮民族革命黨員과 中國軍官學校 출신 180여명을 규합 朝鮮義勇隊 조직하다.(국편).

11.3. 일본 福岡縣 거주 한인 6만여명, 朝鮮人團體聯合時局大會 열고 소련의 한인 박해에 항의 결의문 선포하다.(국편)

11.5. 트라우트만 중국주재 독일대사가 일본의 화평조건을 중국에 통고하여 화평공작을 시작하다.

11.6. 일·독·이 3국 방공협정이 조인되다.

11.11. 民族革命黨員 崔泳植·南華韓人靑年聯盟員 金玄洙, 上海 공동 조계에서 上海居留朝鮮人 會長 李甲寧을 저격 중상 입히다.(국편)

11.23. 대한민국임시정부, 중국정부 환도에 따라 鎭江에서 湖南省 長沙로 이전하다.(국편)

11.24. 총독부 설립의 在滿龍井 도립병원, 간도중학교, 치외법권 철폐로 폐지되다.

11.25. 北海道 函館市 조선인 단체 函館新興會, 극동 거주 조선인 압박문제에 대한 반대 진정서 및 결의문을 在東京 소련대사와 在函館 소련 영사에게 우송하다.

12.1. 일본이 재만 한인의 치외법권을 철폐하다.

12.13. 일본군이 남경을 점령하다.(남경학살사건)

12.14. 北京에서 中華民國臨時政府 성립되다.(국편)

12.23. 日王의 사진을 각급학교에 배부 敬拜 강요하다.(국편)

12.27. 만주중공업개발㈜이 설립되다.

연도	한국
▲ 1937 ▼	3.26. 진해시멘트공장 직공 600여 명이 임금 문제로 쟁의하다. 3.29. 소설가 김유정이 사망하다. 4.1. 함흥사범학교가 개교하고 학교신체검사규정이 공포·시행되다. 4.3. 경성부 방호단이 결성되어 방공훈련을 실시하다./ 김봉규 등 6명이 평남 강서독서회 사건 관련으로 피체되다. 4.5. 대구복심법원, 水原高等農林學校事件 李容泌 등 5명에게 치안유지법 위반을 적용 징역 3—2년 구형하다.(국편) 4.12. 광주지방법원 목포지청, 濟州農民組合創立準備委員會事件 金京奉 등 13명에게 징역 2—1년 6월 언도하다.(국편) 4.13. 만주독립군 총사령관 김동삼이 경성형무소에서 옥사하다./ 조선학생체육총연맹이 결성되어 학생 스포츠단체를 일원 적으로 통제하다. 4.14. 〈가출옥사상범처우규정〉이 공포되어 가출옥자는 보호관찰소 지휘를 받게 되다./ 오면직이 해주형무소에서 사형되어 순국하다. 4.16. 해주지방법원, 친일파 암살·上海 일본영사관 습격 등 활동을 전개한 猛血團長 吳冕植 등 5명에게 사형—징역 3년 언 도하다./ 學務局이 京畿道知事에게 朝鮮佛教教務院에 대한 엄중단속을 지시하다./ 천주교 전주교구와 광주교구가 설치되다.(국편) 4.17. 시인 이상이 병보석으로 출감한 후 도쿄에서 사망하다./ 평양조선물산장려회가 조선총독부 명령으로 강제 해산되 다./ 경성방송국이 출력 50KW로 방송을 개국하다. 4.30. 강원도 三陟靑年同盟員 鄭義粲·崔潤達이 北三面農民組合再建委員會 조직혐의로 공판에 회부되다. 4.-. 조선민족혁명당에서 제명된 지청천과 최동오가 남경에서 조선혁명당을 재결성하다. 5.1. 최남선 등이 조선문예회를 조직하다. 5.2. 김영환, 최남선, 이광수가 친일단체 '조선문예회'를 발족하다./ 거문도 항만수축공사 인부 150명이 파업하다. 5.2. 30여개 소년단체 2천여 명, 제16회 어린이날 기념식을 거행하다.(국편) 5.5. 南京軍官學校事件 尹公欽, 신의주형무소에서 신병으로 보석 중 행방불명되다. 5.8. 南京軍官學校事件 安在鴻·鄭必成·鄭德元 등이 보안법, 치안유지법 위반으로 경성지방법원 공판에 회부되다.(국편) 5.11. 일본 拓務省이 朝鮮人滿洲移住政策을 세워 한국인 노동자 10만여 명을 만주로 강제 이주시킬 계획을 세우다. 5.13. 삼남 노동자 7,000명이 서북지방으로 이송되다. 5.14. 朝鮮革命軍 鄭雲俊이 日警 사살 혐의로 사형을 언도받다.(국편) 5.19. 평안남도청이 德川 朝鮮少年軍 제32虎隊에 강제 해산을 명령하다.(국편) 5.22. 만주 봉천조선인청년회가 조선어학회의 조선어사전편찬을 지원하기로 결의하다. 5.23. 경성보호관찰소가 개소하다. 5.29. 조선어업조합중앙회가 설립되어 전국 어업조합을 총괄·감독하다. 5.-. 《만몽일보》와 《간도일보》(용정)를 인수하다. 6.1. 춘천공립농업학교 3~4학년생 80여 명이 교무주임 배척을 이유로 동맹휴학하다./ 황해도, 道內 各郡에 書堂教育刷新 方案을 통첩하다.(국편) 6.2. 《동아일보》가 손기정 일장기 말소 사건으로 정간되었다가 복간되다. 6.3. 조선애국부인회가 각 지부·분회에 '애국자녀단' 조직을 촉구하다. 6.4. 동북항일연군이 함남 해산진 보천주재소를 습격하다.(보천보 전투) 6.5. 청진방송국이 국방정책상 필요에 의해 개국하다. 6.6. 수양동우회 사건이 발생하여 회원 150여 명이 치안유지법 위반으로 투옥되다.(1941.11. 최종 무죄 판결)/ 京城·平壤· 宣川 등지에서 興士團系 修養同友會員 검거가 6월 15일부터 시작되다. 6.11. 張建相, 上海 일본영사관 경찰에 체포돼 경남 경찰부로 압송되다. 6.17. 혈맹단원 김락제가 주중일본대사를 저격하려다 상해에서 피체되어 서울로 압송되다. 6.18. 대구복심법원, 전남 長興農民組合運動 관련자 劉載星 등 12명에 대한 공소공판이 개정되다. 6.29. 미국 북장로교 조선미션회 총회가 대구에서 열려 계성학교와 신명학교의 경영 중지를 결의하다. 7.1. 안성·송정·강진·영천·예천·거창·원주·길주 등 17개 지역이 읍으로 승격되다. 7.10. 사회주의운동가 한위건이 사망하다. 7.11. 일본이 중국 화북에 출병을 성명하고, 조선총독부가 극비리에 긴급회의를 열어 인적·물적 자원 징발 문제를 토의하다. 7.12. 의열단 특무대장 장종필이 상해에서 피체되어 부산으로 압송되다./ 경성고등법원, 평북 碧潼경찰서 魯章駐在所 襲擊 事件 관련자 鄭雲俊에게 사형을 선고하다. 7.20. 간도공산당사건 관련자 김명균·유덕해 등이 청진지법에서 사형 선고를 받다. 7.22. 조선총독부가 산하에 조선중앙정보위원회를 설치하여 사상통제와 전쟁협력을 유도하다./ 〈사립학교규칙〉을 개정 공 포하여 사립학교 통제를 강화하다. 7.24. 전쟁 지원 친일단체 '조선군사후원연맹'이 결성되다. 7.27. 조선총독부가 중일전쟁 발발 이후 각 도에 〈전시체제령〉을 통첩하다.

일본

7.28. 체신박물관이 개관하여 우정의 역사자료를 보존·관리하다./ 일본 화북주둔 일본군이 총공세를 개시하여 북경을 점령하다.

7.30. 총독부 주관 京城軍事援護聯盟이 발족되다.

8.2. 총독부가 일본 긴급각의 결정에 따라 조선재정을 전시체제로 급전하다.

8.3. 〈조선폭리취제령〉을 공포하여 금속 및 원료·기계부품 등을 대상으로 통제하다.

8.4. 李元錫 등 4명, 志願兵制度 시행에 대한 청원서를 일본 衆議院 貴族院에 제출하다.(국편)

8.6. 총독부가 각 도에 사범학교를 1교씩 설치하기로 결정하다.

8.7. 일제가 조선에 육군형법을 강압 시행하기로 결정하다.

8.9. 영화감독 나운규가 사망하다.

8.10. 안창호 등 148명이 수양동우회 조직 협의로 종로경찰서에 피체되다./ 금주금연운동 유인물 배포를 이유로 평북 기독교청년회 문흥선 등이 체포되다.

8.12. 《조선일보》·《동아일보》가 일본군 국방헌금 위문금을 접수하다./ 대성학교 학우회가 조선총독부 명령으로 강제 해산되다.

8.15. 재중 한인 무정부주의자가 한중연합군 결성을 촉구하는 선언문을 발표하다.

8.17. 한국독립당·조선혁명당·한국국민당 등이 한국광복운동단체연합회를 조직하다.

8.18. 조선은행이 지폐 50전·10전을 발행하고, 군용화폐로 지정하다.

8.20. 조선부인들이 전쟁후원단체 '애국금차회'를 결성하다.

8.21. 서울에서 등화관제를 실시하다.

8.23. 윤치호·최린 등 25명이 일본군 국위선양을 위한 기도제를 결의하다.

8.29. 전국에 음향관제를 실시하다.

8.30. 고등보통학교 교과목에서 '조선어'와 '한문'을 폐지하다.

8.-. 조선귀족 59명이 친일단체 '동요회'를 결성하다./ 한국광복운동 단체연합이 '대중일전국선언'을 발표하다.

9.1. 조선임업개발주식회사가 창립되어 일제 전시임업정책을 대행하다./ 동경 거주 조선인 40명이 관동대진재 조난자 위령제를 거행하다.

9.5. 경기도가 초중등학생 및 교직원들로부터 헌금을 징수해 고사기관총 1정을 구입하다.

9.6. 조선총독부가 전국 학생을 총동원하여 신사참배·국방헌금·위문대 증정 등을 독려하다./ 재광동한국청년전위단이 한국국민당청년단과 통합선언을 발표하다./ 총독부, 전국 초 중 전문 대학생을 동원해 神社參拜·국방헌금·위문대 증정 등 각종 기념 행사를 강요하다./ 서울시내 초중등학교생 및 교사들, 神社參拜에 동원되다.(국편)

9.7. 광주 소피아여학교·숭일학교·목포 영흥·정명학교가 신사참배 거부로 폐교 명령을 받다./ 전주 신흥학교 교장 린톤이 신사참배 거부로 자진 폐교를 선언하다./ 〈조선산금령〉을 공포하고 금물 취득 시 금지금을 조선은행에 매각하도록 규정하다./ 조선압록강수력발전회사가 설립되어 압록강·도문강에 수력발전업을 추진하다.

9.8. 평양에 등화관제를 실시하다./ 全州 新興 紀全學校, 神社參拜 거부 이유로 道廳에 廢校申請書 제출하다./ 총독부가 폐교신청을 인가하기로 결정하다.

9.11. 씨름협회가 전국씨름선수권대회를 개최하다./ 대구에서 두 번째로 등화관제·방공연습을 실시하다.

9.12. 〈국민정상총동원 실시요강〉을 발표하여 중일전쟁 전면 개시와 지지 협력을 촉구하다.

9.14. 〈군수공업동원법〉이 실시되어 조선 내 공업력이 전면 예속화되다.

9.15. 〈조선산금령〉을 공포하다.

9.17. 일본의 군수공업동원이 조선에 적용되어 시행되다.

9.18. 평북 강계 영실학교장 감부열(Campbell)이 신사참배 거부를 표명하다.

9.22. 〈수출입품등임시조치법〉을 공포·시행하여 철강제품 등 수출품 통제를 강화하다./ 전주 新興 紀全學校 폐교식을 거행하다.

9.23. 농산어촌 진흥운동 일환으로 국위선양기원제 및 농산어민 생산보국 선서식을 거행하다.

9.27. 순천 매산·매산여학교·담양 광덕학교가 신사참배 거부로 폐교되다.

9.28. 전남 順天 梅山學校 폐교식을 거행하다.

9.30. 북장로교 선교회장이 선교부 학교 경영 중단과 선교회 인계 결의를 통고하다.

10.1. 조선총독부가 〈황국신민서사〉를 제정하여 민족말살정책을 추진하다.

10.3. 대한인국민회가 제1차 대표대회를 개최하고 김호를 중앙집행위원장으로 선출하다.

10.4. 조선혁명군 출신 정운준이 일본 경찰 살해 혐의로 평양형무소에서 사형 순국하다.

10.5. 중한청년연합회 기관지 《항전시보》를 간행하다./ 경성지방법원, 南京軍官學校 입교생 모집활동중 체포된 安在鴻 등 3명에 대한 공판을 개정하다.

10.5. 경기도 전역에 방공훈련을 실시하다.

10.7. 조선총독부 경무국이 서양영화 상영을 50%로 제한하는 방침을 결정하다.

10.8. 황국신민체조를 제정하여 학생들에게 강요하다./ '皇國臣民의 誓詞' 제창을 강제하는 制令이 공포되다.

10.10. 조선의용대가 조직되다.

10.11. 〈군기보호법〉을 공포하여 군사비밀 및 군기 보호 단속을 강화하다.

10.12. 채만식이 장편소설 〈탁류〉를 《조선일보》에 연재하기 시작하다./ 간도공산당사건 관련 김춘택이 경성복심법원에서 사형을 선고받다.

연도	한국
▲ 1937	10.14. 경인도로수축공사가 준공되다./ 장종섭 등 5명이 영흥군 화전민조합 관련 혐의로 함흥 헌병대에 피체되다. 10.15. 〈임시자금조정법 조선 시행 건〉이 공포되어 금융을 군수산업에 우선 배분하다./ 조선자금자치조정단이 조직되어 　　　 전시 금융통제를 추진하다. 10.17. 총독부가 대전·군산·전주부에 시가지계획령을 적용하기로 결정하다. 10.19. 경성지방법원, 南京軍官學校 입학생 모집혐의로 검거된 安在鴻 등 3명에게 징역 2~1년 언도하다./ 남경 중앙육군군 　　　 관학교 입학생 모집 관련자 안재홍 등이 경성지법에서 징역 2년을 선고받다. 10.20. 나환자 300명이 부산에서 소록도로 이송되다. 10.21. 신경(현 장춘)에서 친일 한글신문《만선일보》가 창간되다. 10.29. 조선총독부가 1938년부터 한국 농민의 만주 이주를 통제하기로 결정하다. 11.2. 현원식 등 132명이 함북 명천군 비밀결사 어민조합준비회 관련 혐의로 피체되다. 11.5.《조선중앙일보》가 폐간되다./ 총독부가 滿洲 소재 모든 韓人敎育機關의 滿洲國 移讓을 결정하다. 11.8. 병인의용대·맹혈단 김창근이 상해 일본총영사관을 습격하고 사형 순국하다. 11.9. 대학교 및 전문학교 학생들 사이에 '단발령'이 실시되다. 11.11. 민족혁명당원 최영식과 남화한인청년연맹원 김현수가 상해거류조선인 회장 이갑령을 저격하다. 11.12. 명천농민조합운동 관련자 현춘봉 등 40명이 청진지법에서 징역 8년~2년을 선고받다. 11.13. 국방부인회 경성본부가 결성식을 거행하다. 11.19. 〈방공법 조선시행령〉이 공포되어 경호단·소방단·수방단 조직을 통한 후방 전쟁태세 강화가 추진되다.
1938 ▼	【한국】 1.1. 전국 1,401개 장날에서 양력 사용을 시작하다./ 서울에서 농업전문잡지《농업조선》을 창간하다.(~1939.10.) 1.4. 중일전쟁 관련 〈조선광업경찰규칙〉·〈금사용절감령〉·〈백금제한령〉을 공포하다. 1.8. 총독부, 국장회의 열고 戰時體制에 대비한 근본방침을 立案하다. 1.9. 金使用節減令 白金制限令 공포하다./ 學務局, 日語普及運動 개시하다. 1.10. 조선교화단체연합이 청년지도자 양성을 목적으로 지도자강습회 개최를 결의하다./ 덕수궁미술관이 제1회 문부성미 　　　 술전람회 출품작 전시회를 열다.(~3.10.) 1.14. 燈火管制 해제하다.(국편) 1.15. 일본 육군성이 조선에 〈지원병제도실시계획〉을 발표하다./ 조선임시비료배급통제령을 시행하여 비료의 수급과 가격 　　　 을 통제하다./ 총독부가 비상시국을 빙자하여 언론·출판 탄압을 강화하기 위해 각도 고등경찰과장회의를 개최하다. 1.19. 총독부, 언론 출판의 통제를 강화하기 위해 各道高等警察課長 會議 개최하다.(국편) 1.21. 만주 이민자의 '선만이민훈련소'를 강원 평강군 세포리에 설립하여 105명을 수용하다. 1.22. 조선총독부가 각도에 일어강습소 1,000여 개를 설치하고 일어 강습을 지시하다. 1.25. 〈인조석유제조사업법〉을 공포하여 인조석유제조회사에 대한 지방세를 면제하다./ 김윤경이 국어학사『조선문학급 　　　 어학사』를 출간하다. 1.26. 경기도 情報委員會, 皇道宣揚 위한 순회강연 개최하다.(국편) 1.-. 이운파·남곡인 등이 극단 '신극장'을 창립하다./ 김경진·박화도·김용주가 전쟁협력단체 '조선보국회'를 결성하다./ 황 　　　 해도 31개 공립보통학교에서 2부제를 실시하여 학생 수를 1,200명 증가시키다./ 조선민족혁명당원 노종균이 상해에서 　　　 친일파 이갑령을 저격하고 피체되어 1939년 해주감옥에서 옥사하다. 2.3. 평양신학교 교수 박형룡과 학생 7명이 신사참배 반대로 피체되다. 2.7. 방응모와 김성수가 '조선지원병제도제정축하회'를 결성하다. 2.9. 조선예수교장로회 평북노회가 장로교 최초로 신사참배를 국가의식으로 인정하다. 2.10. 총독부, 〈東亞日報〉의 韓半島와 無窮花 原案을 강제로 삭제하다. 2.12. 조선호텔에서 조선 내 일간신문 25개사가 '조선춘추회'를 조직하다. 2.13. 김태연(김단야)이 소련 비밀경찰에 의해 처형되다./ 평양신학교 교수 박형룡과 학생 7명이 신사참배 반대 혐의로 구 　　　 속되다. 2.14. 연희·이화전문학교 도서관에서 적색서적이 압수되다. 2.16. 경성 경찰이 서점 70여 곳을 수색하여 서적을 다량 압수하다. 2.17. 일본 경찰이 천도교 멸왜기도운동을 적발하고 관련자를 피체하다. 2.22. 조선인 17세 이상 청년을 강제로 징용하기 위해 〈육군특별지원병제〉를 공포하다. 2.24. 서대문경찰서 고등계가 연희·이화전문학교 도서관을 수색하여 불온출판물을 압수하다./ 총독부, 각도에 防空訓練 　　　 실시 통첩 및 音響管制 실시하다. 2.25. 보성전문학교 도서관을 수색하여 적색서적을 압수하다. 2.26. 〈조선육군특별지원병령〉을 공포하여 4.3.부터 시행하다./ 경기도 경찰부, 國民精神總動員 思想統一에 反하는 불온서 　　　 적 압수 개시하다./ 朝鮮陸軍志願兵令 공포하다.

일본

11.21. 인천 월미도 돌제 준공식이 열리다.

11.25. 전국 1,400여 장날에 양력 사용을 결정하고 1938년 1월부터 시행하기로 하다.

11.26. 부산 복본양말공장 여공 37명이 신체검사 취소 등을 요구하며 동맹파업하다.

11.30. 평남 안주군 소작인 400여 명이 일본인 지주와 마름의 횡포에 항의하여 투쟁하다.

11.-. 덕수궁미술관 별관이 준공되어 지하 1층, 지상 3층의 화강암 석조 건물이 완성되다./ 소련 극동시베리아 거주 한인 20만 명이 우즈베키스탄·카자흐스탄 등지로 강제 이주되다.

12.3. 서울에 지하방공피난소, 방호수용소, 저수지 등 시설 착수를 하다./ 청진비행장이 개장되어 청진-장춘 연락비행이 시작되다.

12.8. 慶南警察部 高等課가 道內 主要人士 및 思想前科者 書籍商 등에 대해 家宅搜査를 실시하다.(국편)

12.10. 〈조선임시비료배급통제령〉이 공포되어 비료의 수급가격 등이 통제되다.

12.13. 함흥지방법원, 通川無名클럽事件 金永浩 등 7명에게 무죄 언도하다.(국편)

12.16. 신협극단 관계자 황정구가 치안유지법 위반 혐의로 송치되다.

12.18. 조선사상범보호관찰령 시행규칙(부령 제128호)이 제정·공포되다.

12.21. 경기도가 민간 철공업자를 군수공업으로 전환시키기 위해 군수품 재청부 상담회를 개최하다.

12.23. 일제가 각급 학교에 천황 사진을 배포하고 경배를 강요하다.

12.29. 〈금사용규칙〉이 제정·시행되다.

12.-. 좌익 조선민족혁명당·조선민족해방동맹·조선혁명자연맹이 조선민족전선연맹을 결성하다./ 조선불교중앙교무원이 복지황군위문단을 결성하여 일본군 위문활동을 벌이다./ 총독부가 전국 5만여 단체를 동원해 陽曆使用·二重過歲廢止 등을 실시하다.(국편)

【일본·해외】

1.19. 재동경조선노동자합동조합이 해산되기로 결정되다.

1.21. 재동경조선일반노동조합이 해산되다.

1.-. 朝鮮民族革命黨員 金束宇, 친일파 上海居留朝鮮人會長 李甲寧을 저격하고 일본총영사관 경찰에 피체되다.

2.1. 반 김구 계통의 이창기·신기언·이운환 등이 중국 호남성 장사에서 한국청년단을 결성하다.

2.18. 일본 閣議가 朝鮮志願兵制度 실시를 결정하다.

2.20. 滿洲 이민열차 운행을 개시하다.

2.22. 韓國獨立黨·東北義勇軍 司令·中韓聯合軍 副司令을 역임한 金炳朝가 상해 총영사관에 피체되다./ 일본 추밀원이 조선교육령 개정안을 가결하다.

3.31. 民族革命黨員 張樂洙·徐尙虎가 일본 長崎縣에서 기소되어 예심에 회부되다.

4.1. 국가총동원법 공포하다.(재일조선인에 적용)

4.12. 북경 일본대사관 내에 '조선과'를 신설하다.

4.19. 독립운동가 양기탁(1871~1938)이 중국 강소성에서 사망하다.

4.-. 朝鮮抗日遊擊隊가 중국 臨江 長白縣에서 日軍을 격파하다.

5.7. 韓國獨立黨·韓國國民黨·朝鮮革命黨 대표들이 중국 長沙 朝鮮革命黨 본부에서 통합문제를 협의 중 朝鮮革命黨 李雲煥이 金九를 저격하고 金九는 중상, 玄益哲은 사망하다.(국편)

5.11. 조선프롤레타리아예술가 동맹(KAPF)의 소설가 조명희(1894~1938)가 하바로브스크에서 사망하다.

5.26. 미북장로교 선교부가 한국 교육사업 포기를 결의하다. 대상 학교는 중등 15개교, 초등 110여 개교이다.

5.-. 崔昌益 등이 武漢에서 朝鮮靑年戰時服務團을 조직하다./ 경기도 麗州郡에서 靑年團員 1천 700여 명이 勤勞報國隊로 조직되어 中央線 공사에 출력하다.

6.2. 일본 山口縣 日鮮相助會가 비상시국하의 일선융화를 위해 半島婦人會를 조직하다.

7.4. 최창익·김학무 등 50여 명이 조선청년전시복무단을 결성하고 1939년 팔로군 지역으로 북상하다.

7.11. 張鼓峰에서 국경 분쟁이 발생하다.(일·소 양군 충돌)

7.17. 대한민국 임시정부가 중국 호남성 장사에서 광동성 광주로 이전하다.

8.24. 民族革命黨員 張樂洙가 일본 長崎지방재판소에서 징역 2년을 언도받다.

8.29. 해외 각 독립운동단체연합이 제27주년 國恥紀念日 宣言을 발표하다.(국편)

8.-. 동북항일연군이 영안현 석두하자·홍도하자 부근 664고지에서 전투를 벌이다.

9.1. 중국 安東에서 韓國靑年抗日義勇隊에 가입 활동한 尹敬彌이 징역 2년 및 집행유예 4년을 언도받다.(국편)

10.10. 김원봉이 중국 한구에서 '조선의용대'를 결성하다(180여 명), 1942년 4월 일부 광복군에 편입되다./ 滿洲國이 한인 특설부대를 신설하다.

10.14. 고려공산당·조선공산당 만주총국 출신 윤자영(1894~1938)이 동방공산대학 재학 중 처형되다.

10.16. 대한민국 임시정부가 廣東에서 廣西省 柳州로 본부를 이전하다.

10.17. 동북항일연군이 장백현 20도구 대포도구 전투를 벌이다.

10.19. 혁명가 김산(장지락; 1905~1938)이 중국 연안에서 중국공산당에 의해 비밀리에 처형되다.

10.21. 일본군이 중국 광동을 점령하다.

10.27. 일본군이 중국 무한 3진을 점령하다.

연도	한국
▲ 1938 ▼	2.-. 부산에서 제2차 남빈 매축공사를 준공하다. 3.1. 제2회 間島移民 개시하다. 3.3. 김해농민조합 재건운동사건 관련 노재갑 등 5명이 부산지법에서 공판을 개정하다./ 〈3차 조선교육령〉을 개정 공포하여 조선어·성경 과목을 폐지하고 학교 명칭을 변경하다. 3.4. 경정지방법원, 군자금 모금활동한 柳光浩 등 5명에게 징역 5~2년 언도하다./ 평양 崇實專門學校 폐교식 거행하다./ 朝鮮教育令 개정하다.(국편). 3.7. 정평농민조합 재건운동 관련 한영태 등 5명이 경성복심법원에서 징역 7~4년형을 선고받다. 3.8. 경성·인천·개성·수원 일대에서 방공훈련이 실시되다. 3.10. 안창호가 동우회사건에 복역 중 병보석으로 출감한 뒤 대학병원에서 사망하다./ 在美抗日運動團體 同志會의 국내지부인 興業俱樂部 具滋玉 등 52명 피체되다./ 흥업구락부원 총 52명이 경찰에 피검되다. 3.12. 崇實中學校 폐교식 거행하다. 3.15. 〈소학교규정〉·〈중학교규정〉·〈고등학교규정〉·〈사범학교규정〉이 공포되다./ 〈조선사업공채법〉이 개정되어 공채발행 및 차입금 한도액이 상향 조정되다. 3.16. 적색노동조합 전조선협의회 사건 관련 이종국 외 5명이 공판에 회부되다. 3.17. 연해주 각지 교포들, 독립선언서 발포하고 國民議會 조직하다. 3.22. 임시군사비 재원보충을 위한 특별회계에 관한 법률이 제정·공포되다. 3.24. 경성택시조합이 심야택시 운전을 휴지하기로 결의하다. 3.26. 해주 조선시멘트회사 직공 600여 명이 임금인상과 노동시간 단축을 요구하며 총파업을 벌이다./ 滿洲 安東縣 안동 제일교회 목사 金尙哲·金碩住, 神社參拜 불응으로 피검되다. 3.28. 서울 본청경찰서 고등계가 조선교육협회에 해산 명령을 내리다. 3.29. 개성·평양·진남포의 행정구역 확장 결정이 이루어지다./ 朝鮮總督府陸軍兵志願者訓練所官制 제정공포하다. 3.31. 평양 숭의·숭실학교가 신사참배 거부로 폐교되다. 3.-. 朝鮮史編修會, 〈朝鮮史〉 35권 간행하다. 4.1. 〈국가총동원법〉이 공포되다.(5.5. 시행)/ 보통학교 명칭을 '소학교', 고등보통학교를 '중학교'로 개칭하다./ 좌익계열의 조선민족전선연맹이 기관지《조선민족전선》을 창간하다. 4.2. 신교육령에 따라 조선교육협회가 해산되다./ 대구상업학교생 鄭文澤, 독립운동 선동혐의로 대구경찰서에 피검되다. 4.3. 朝鮮人陸軍特別志願兵令 실시하다.(국편) 4.4. 〈조선도로령〉이 공포되어 도로 구분이 이루어지다. 4.7. 조선인 사상범 가석방 후 비밀 감시를 위한 〈가석방심사규정〉이 발표되다. 4.8. 〈육군특별지원병제〉가 시행되다. 4.9. 김재훈이 '경성음악전문학교'를 설립하다./ 평양 대동군 형산공립보통학교 교사 김병준이 민족의식 고취 혐의로 피체되다. 4.15. 〈경성제국대학관제〉를 개정하여 이공학부를 설치하다./ 조선일보사가 제1회 전선도시대항축구선수권대회를 개최하다. 4.19. 조선총독부가 중등학교 조선어 시간을 수학·실업 과목으로 대치 지시하다. 4.20. 정무총감이 국민정신총동원운동을 실시하다./ 전라도 노동자 1천여 명, 허천강발전소 공사장에 동원되어 강제노역하다. 4.21. 서울 永登浦경찰서, 기독교 대표를 소집 皇國臣民誓詞 낭독 등 강요하다.(국편) 4.23. 전북 新泰仁 親日基督教徒, 神社參拜 결의하다.(국편) 4.25. 조선일보사가 조선특산품전람회를 개최하다./ 〈우편규칙〉을 개정하여 소포우편물 규격을 확대하고 요금을 인상하다./ 함흥 영생학교 교사 송기수가 민족의식 고취 혐의로 피체되다. 4.26. 조선항일유격대가 중국 임강현 쌍산자전투에서 일본군을 격파하다. 4.-. 〈원료수입제한령〉으로 전국 고무공장이 휴업하다./ 총독부, 國民精神總動員 後方報國 강조주간 실시하다. 5.1. 김종익이 경성여자의학강습소를 인수하여 '경성여자의학전문학교'를 개업하다. 5.3. 전문학교에 중국어 과목이 신설되다. 5.5. 국가총동원법이 조선에 적용되어 인적·물적·자금·사업·문화의 통제가 강화되다. 5.7. 한국독립당·한국국민당·조선혁명당 대표들이 조선혁명당 남목청에서 통합문제를 협의하다./ 남목청 3당 대표회의 중 이운한이 권총을 발사하여 김구가 중상을 입고 현익철이 사망하다. 5.8. 기독교 목사 鄭春洙 金禹鉉 등, 서울에서 朝鮮基督教聯合會 발회식 및 皇國臣民 十字軍 결성식을 개최하다.(국편) 5.9. 전주·군산부·춘천부 시가지 계획을 결정하고 공포하다.(6.1. 시행) 5.10. 국가총동원법을 조선에도 적용하여 인적·물적 자원을 통제하다. 5.12. 동경유학생 최석규가 조선독립 선전 전단 30매를 인쇄해 귀국 중 여수경찰서에 피체되다. 5.22. 안재홍 등 흥업구락부 회원 100여 명이 검거되다.(흥업구락부 사건)/ 수원에서 기독교도 최계만 등 4명이 신사참배

일본

11.30. 동북항일연군이 몽강현 남패자 부근에서 1,500여 명의 일본군 숙영지를 습격하다./ 대한민국임시정부가 柳州에서 업무를 개시하다.

12.1. 滿洲國이 조선인 간도특설대를 신설하고 동북항일연군·팔로군 등 항일조직을 공격하다.

12.18. 南華韓人靑年聯盟員 李谷俊이 駐中日本大使 저격혐의로 上海 일본영사관 경찰에 피체되다.(국편)

거부로 공판에 회부되다.

5.23. 조선총독부가 보물과 고적 보호를 위해 표석을 세우기로 결정하다.

5.26. 한중연합군 부사령 김병조가 상해에서 서울로 압송 도중 자결하여 순국하다.

5.31. 조선총독부가 각종 토목공사에 부인동원령을 시달하다.

5.-. 광주비행장이 준공되고 신항공사업사가 경성-광주 간 주 3회 왕복 운행을 개시하다.

6.1. 평양에 사립 대동공업전문학교가 설립 인가되어 기계과와 야금과를 설치하다.

6.4. 종로기독교청년회가 이사회 개최 후 일본기독교청년연맹 가입을 결정하다.

6.5. 이왕가미술관(현 국립현대미술관 덕수궁관)이 개관하여 한국 고미술품과 일본 근대미술품을 전시하다.

6.6. 평북 永山市駐在所를 습격한 金奉淵 등 4명, 신의주지방법원 검사국 송국되다.

6.7. 조선중요광물증산령을 공포하고 6월 10일부터 시행하다.

6.8. 유재기가 평양신학교, 숭실전문학교생 중심으로 기독교 사회주의 실현을 위한 농촌연구소를 조직하다가 의성경찰서에 피검되다./ 동래 주우광산 광부 150여 명이 임금 인상 요구 총파업을 벌이다.

6.11. 평양 선교경찰서 고등계가 기독교 관계자 37명을 소집하여 신사참배를 강요하다.

6.13. 경성제국대학 강당에서 '육군지원병훈련소' 입소식을 개최하다.(202명 입소)/ 학교근로보국대 실시요강이 발표되어 중등학교 학생들의 근로동원이 시작되다./ 京城帝國大學 강당에서 陸軍兵志願者 202명의 訓練所 入所式 거행하다./ 휘발유 및 중요 판매 취체령을 공포하다.(7.1. 시행)

6.14. 인천 선내 인부 200여 명이 동맹파업을 단행하다./ 音響管制 해제하다./ 용강군민 400여 명이 경찰과 충돌하여 150여 명이 피검되다.

6.18. 修養同友會 葛弘基 등 16명, 친일단체 大同民友會 입회성명서 2천부를 인쇄 배부하다./ 수양동우회 사건 관련자 갈홍기등 16명이 대동민우회에 가입하고 변절성명서를 배포하다./ 조선총독부 학무국이 각 학교에 황국신민서사 제창을 지시하다./《조선일보》와《동아일보》가 비상시국 선언을 발표하여 내선일체·지원병제도에 협력할 것을 다짐하다.

6.21. 경기도 각공립학교장들, 學校勤勞報國隊 결성하다.(국편)

6.22. 국민정신총동원 조선연맹이 결성되다.

6.23. 물자동원계획이 발표되다.

6.26. 조선총독부가 각 도지사에게 근로보국대 조직을 통첩하다.(만 12세~40세 남녀 대원 포함)

6.29. 제1회 경기도 방공훈련이 실시되어 방공경보 신속 전달 및 등화관제 훈련을 진행하다.(-7.4.)

6.-. 조선총독부가 가정방호조합연합회를 결성하여 전시체제하 주민을 통제하고 동원하다.

7.1. 전시통제 친일단체 '국민정신총동원 조선연맹'이 결성되어 지원병·창씨개명·공출·헌금 등을 독려하다./ 京城帝國大學、梨花女專, 勤勞報國隊 조직하다./ 銅材販賣 통제 위한 朝鮮銅材販賣組合 창립하다.(국편)

7.4. 조선체육회와 조선학생경기연맹이 해산되어 일본인 주도의 조선체육협회에 흡수되다./ 경성 연희전문학교가 학생 400여 명으로 노동보국대를 조직하다.

7.6. 민족대표 33인 중 홍기조가 사망하고 조선음악가협회가 해산을 결의하다./ 尹致昊·曺秉相 등, 國民精神總動員 朝鮮聯盟 상무이사에 선임되다.

7.7. 평양 내선교역자간친회가 친일단체 '조선기독교연합회'를 설립하여 기독교 황민화·내선일체를 추진하다./ 조선 국민정신총동원운동이 개시되어 국민정신총동원 조선연맹이 발족하다./ 國民精神總動員 江原道聯盟 결성되다./ 김원봉이 중국군사위원회에 조선의용대 조직을 정식 제안하다.

7.9. 판매가격취체규칙을 제정 공포하여 면제품·피혁·고무제품 등의 물가를 통제하다./ 玄永燮, 韓國語使用 全廢를 총독에게 제의하다.

7.11. 한국국민당이 청년단 창립 선언문을 발표하다.

7.12. 수출제한령이 시행되어 면제품의 만주·중국·관동주 수출을 제한하다./ 國民精神總動員 羅州郡聯盟 결성되다.

7.14. 신의주 동중학교 비밀결사 독서회원 유충록 등 7명이 치안유지법 위반으로 송치되다./ 學務局, 비상시국 대책의 일환으로 全國學生의 단발을 지시하다.

7.15. 경북 학무과가 물자절약에 호응하여 나막신·짚신 자급책을 각 학교에 통첩하다./ 國民精神總動員 京畿道聯盟 조직되다.

7.16. 대구 각 중학교에서 勤勞報國隊 결성되다.

7.19. 문세영·이윤재·한징이 『조선어사전』을 발간하여 한글맞춤법통일안에 따른 최초의 사전을 내놓다./ 조선사편수회가 『조선사』 35권, 『조선사료총간』 20종, 『조선사료집』 3질을 간행하다.

7.20. 조선교화단체연구회가 시국대응강연회를 개최하고 윤치호 등이 강연하다./ 충북 각 중학교, 勤勞報國隊 결성되다.

7.21. 경기도 남녀 중학생 6,331 명, 勤勞報國隊 가입하다.(국편)

연도	한국
▲ 1938	7.23. 전국 教員 官公吏에게 제복착용을 지시하다.(국편)/ 조선총독부가 교원과 관공리에게 제복 착용을 지시하다. 7.24. 親日轉向者들, 時局對應 全朝鮮思想報國聯盟이 결성되어 조선사상범 보호관찰소의 외곽단체로 활동하다. 7.26. 평양 서성리 대동공장 노동자 110여 명이 임금인상 요구로 동맹파업을 벌이다. 7.27. 폭리취체령 개정 이후 가격표를 붙인 상품이 등장하다./ 조선총독부교학관시찰규정을 공포하여 황국신민교육을 철저히 시행하다./ 移民事務處理委員會, 關東軍 滿洲國과 회합하고 한인 농업 이민에 대한 新協定을 협의하다. 7.28. 명천농민조합사건 관련자 김일천 등 283명이 청진지법에서 비공개 재판을 받다. 7.29. 문세영이『조선어사전』을 간행하고 조선사편수회가『조선사』등을 간행하다./ 조선총독부가 물가등귀 억제를 위해 부산과 평양 등지에 경제경찰관 150명을 배치하다. 7.-. 조중헌 등이 조선국방협회를 조직하여 국체명징과 애국사상 고취를 도모하다. 8.1. 조선공업조합령이 공포되어 공업조합을 장악하고 관제화하다./ 朝鮮總督府 教學官視察規程 공포하다. 8.2. 총독부 농림국이 전시식량 확보를 위해 농미개량회의 개최를 결정하다. 8.5. 초·중등학교 女教員 제복착용이 실시되다. 8.12. 가솔린 절약책으로 경춘철도와 버스 운행이 중단되다. 8.15. 조선방공협회가 설립되어 방공사상과 국방사상 강화 및 일본정신 앙양을 도모하다. 8.17. 崔金俊, 충북 槐山郡 會源面에서 독립운동 선동혐의로 피검되다./ 총독부, 國民精神總動員聯盟과 勤勞報國隊에 神社淨化 등을 지시하다.(국편) 8.19. 秘密結社 前衛同盟事件 관련자 林貴錫 등 15명이 목포지방법원 예심에 회부되다.(국편) 8.22. 총독부가 경제전시강조주간을 설정하고 소비절약 실천요강을 발표하다. 8.23. 국가총동원법에 따라 학교졸업자사용제한령을 공포하여 기술인력의 과열 쟁탈을 방지하다./ 白又岩, 강원도 高城에서 독립운동 혐의로 피검되다. 8.24. 평양 기독교장로회, 神社參拜 참가 선언문을 발표하다.(국편) 8.27. 조선총독부 시국대책조사회가 102명의 위원으로 구성되다. 8.29. 해외 각 독립운동단체 연합이 제27주년 국치기념일 선언을 발표하다. 8.30. 항공기재조사업법 시행규칙이 공포되어 항공기 규격을 통제하고 항공기 대량생산을 도모하다. 8.31. 학교졸업자사용제한령이 공포되어 이공계 졸업자의 고용 시 총독부 인가를 요구하다. 8.-. 서울의 한인과 일본인 60명이 친일 단체 '목요회'를 결성하여 내선일체와 황민적 정신수련을 도모하다. 9.1. 전국에 일제히 가솔린을 통제하다./ 강원도 洪川郡內 19개 단체, 國民精神總動員 洪川郡聯盟 결성되다./ 낙동강철교 착공하여 경남 밀양 삼랑진과 김해 생림을 연결하는 공사를 시작하다. 9.2. 警務局, 高等外事課長會議 열고 思想戰에 대비한 방첩문제를 토의하다.(국편) 9.3. 경성지법이 흥업구락부원 신흥우 등 45명에게 전향성명서 발표를 이유로 기소유예 처분을 내리다. 9.4. 문명기 등이 친일 단체 '광제회'를 조직하여 가미다나를 보급하다./ 평북 新義州 轉向者들, 時局對應全朝鮮思想報國聯盟 新義州支部 결성되다. 9.5. 황해도 安岳郡 70여 개 단체, 國民精神總動員 安岳聯盟 결성되다./ 元山婦人會, 鍮器獻納運動을 전개하다.(국편) 9.6. 동아일보에 연재되던 현진건의 소설『무영탑』이 압수되다./ 경기도가 애국일에 도로수선 작업에 학생들을 총동원하도록 통첩하다. 9.8. 학교졸업자사용제한령 시행규칙이 공포되어 시행되다. 9.9. 경북 倭館기독교장로회, 神社參拜 결의 선언문을 발표하다.(국편) 9.10. 閔丙奭·李允用 등, 朝鮮銃後報國會 발기인회를 개최하다./ 기독교 長老教, 평양에서 총회를 열고 神社參拜 결의하다.(국편) 9.13. 조선예수교장로회 총회에 대해 선교사 회원 25명이 항의서를 제출하다. 9.14. 國民精神總動員 平南道聯盟 결성되다.(국편) 9.15. 新義州에서 國民精神總動員 平北道聯盟 결성되다.(국편) 9.22. 국민정신총동원 조선연맹이 9대 실천강령을 결의하다. 9.24. 각도 청년단 대표 4천 300명이 경성운동장에서 朝鮮聯合青年團을 결성하다.(국편) 9.-. 경기도 양주군 노해면에 육군특별지원병훈련소가 준공되다./ 전국에 經濟警察 500명을 배치하다.
1939 ▼	【한국】 1.1. 박희도가 친일 월간지《동양지광》을 창간하여 내선일체와 전시체제 강화를 도모하다./ 조선총독부가 물자동원계획을 수립하고 폐품회수운동을 강제동원으로 전환하다. 1.7. 조선총독부가 국민직업능력신고령을 공포하여 군수품 생산을 위한 직업 실태를 파악하려 하다. 1.11. 총독부가 농촌진흥위원회를 열고 國民精神總動員을 협의하다.(국편) 1.12. 평양 양화점합동작업장 노동자 60여 명이 임금인상을 요구하며 동맹파업을 벌이다./ 총독부가 노임의 공정제를 실시한다고 발표하다.

일본

10.1. 부산과 북경 간 특급열차 '대륙호' 운행을 시작하다./ 전남 목포 고하도에 불량아 수용소 '목포학원'이 개원하다./ 평택·논산·이천·장항·하동·고성·장승포·장연·안악·삼척·고저·옹진 등이 읍으로 승격되다./ 해주군이 부(府)로 승격되다./ 조선방송협회가 전북 이리방송국을 개국하다.

10.5. 경기도 각군에 시국인식 위한 강연대를 파견하다.(국편)

10.12. 조선물품판매가격취체규칙이 공포되다.

10.14. 평양여자신학교가 신사참배 문제로 무기휴학 후 다시 개교하다.

10.19. 강원도 춘천공립중학교 학생 8명이 한인학생 차별에 항의하려다 사전 발각되다.

10.23. 총독부, 日軍의 廣東入城 축하행사에 각급학교생을 동원하다.(국편)

10.24. 海上防共練習 개시되어 西海에 燈火管制 실시되다./ 기독교인들이 종로기독교청년회관에서 戰爭協力講道會를 개최하다.

10.25. 총독이 전국 재판소 검사국 감독관에게 사상취체에 대해 훈시하다./ 조선은행이 百圓券을 새로 발행하고 종래 은행권과 병용하다.(국편)

10.28. 가수 황금심·이인근이 부산 대생좌 공연 중 '삼천리에 봄이 왔다' 노래로 피체되다.

10.30. 조선음악가협회가 해산되어 경성음악협회로 통합되다.

10.-. 조선시가지계획령시행규칙이 개정되어 경인·나진·단천·신의주가 신흥공업지구로 지정되다./ 경성부가 물자절약운동 차원에서 소학교에 목도리와 모자 착용 금지를 통첩하다./ 최창익·허정숙 등이 조선청년전위동맹 일부를 이끌고 중국 연안으로 이동하다./ 대한민국 임시정부 군무부가 군사학편수위원회를 설치하다.

11.2. 조선총독부가 부·읍·면 의원 선거운동을 제한하는 방침을 결정하여 호별 방문을 금지하다.

11.3. 修養同友會 李光洙 등 28명이 思想轉向會議를 개최하다./ 馬山지역 기독교회들이 神社參拜를 결의하다.

11.4. 고무 사용제한령이 공포되다.

11.5. 수출입품임시조치법에 따라 고무 사용 제한을 시행하다./ 조선사도규칙이 공포되어 12월 1일부터 시행되다.

11.6. 조선섬유협회가 설립되어 면화와 섬유작물 재배 장려를 추진하다.

11.9. 경무국 경무과에 경제경찰계를 설치하여 통제경제 위반을 단속하기 시작하다.

11.10. 동양 최초로 특별도제(특별도청 제도)가 실시되어 1939년 나진청이 신설되다.

11.11. 국민총동원법에 따라 국민등록제 실시가 결정되다.

11.15. 연희전문 교수 백남운·이순탁·노동규가 경성지방법원 검사국에 송치되다.

11.20. 평양 목공조합원 200여 명이 물가 앙등에 항의하여 임금인상을 요구하며 태업하다.

11.24. 龍山 偕行社에서 제2기 志願兵檢査가 개시되다.(국편)

11.26. 조선일보사가 부민관에서 제1회 영화제를 개최하여 무성영화 55편과 발성영화 12편이 출품되다.

11.28. 안중근 조카 안낙생이 상해 일본영사관에 피체되어 인천으로 압송되다./ 평양농업학교 학생 50여 명이 노동시간 단축 등을 요구하며 동맹휴학을 벌이다./ 李碩圭·尹甲炳 등이 친일단체 侍天敎를 大東一進會로 개칭하다.

11.-. 총독부 政務總監·일본 內務省 警報局長·拓務省 管理局長 등이 在日韓人의 통제를 위해 中央協和會를 창립하다.

12.1. 군인원호회 조선지부가 설치되어 참전군인과 유가족을 지원하기 시작하다./ 조선은행이 100원권 새 지폐를 발행하다.

12.4. 糧友會 朝鮮支部가 戰時軍糧 조달을 목적으로 발회식을 거행하다.(국편)

12.7. 조선총독부 육군지원병훈련소 제1기생 202명이 훈련을 마치고 졸업하다.

12.8. 차신호·최선주·서재근 등이 하와이 호놀룰루에서 중한민중동맹회를 조직하다.

12.10. 경남 晉州·山靑·咸陽郡 思想轉向者들이 思想報國聯盟 晉州分會를 결성하다.(국편)

12.15. 조선등화관제규칙이 공포되어 공습 대비 등화관제 방법과 요령을 규정하다./ 연희전문 교수 백남운·이순탁·노동규가 치안유지법 위반 혐의로 송치되다./ 朝鮮燈火管制規則 공포되어 시행되다.

12.16. 이병도 등 60여 명이 『다산전집』 출판기념회를 열다.

12.18. 조선민족혁명당 이용준이 주중일본대사 저격 혐의로 상해 일본영사관에 피체되어 5년 옥고를 치르다.

12.20. 선원·수의사·제철공·의사·운전수 등을 대상으로 특수등록제를 실시하여 노동력을 통제하다.

12.22. 서울 용산구 청파동에 숙명여자전문학교(현 숙명여자대학교)가 개교하다.

12.27. 조선 내 금융기관 협의단체 '조선금융단'이 설립되어 전시체제하 예금이자 조율과 지축권장을 추진하다.

12.29. 신세기사, 예술종합잡지 《신세기》를 창간하다.

12.-. 대구시내 직조공장 노동자 290여 명이 파업하다.

【일본·해외】

1.1. 미국 로스앤젤레스에서 大韓人國民會 대표대회가 개최되다.(국편)

1.5. 平沼騏一郎 내각이 성립되다.

1.6. 독일이 3국동맹을 정식으로 제안하다.

1.15. 조선의용대 대본부가 《조선의용대통신》을 창간하여 한중 간 연합항일공작을 홍보하다.(1942.1.)

2.4. 韓國語使用禁止 反對運動을 전개하던 河岐洛·河昌鎭·金貞洙·洪ös漢 등이 在日 부稻田大韓人同窓會에서 反日 발언으로 피검되다.(국편).

2.14. 抗日테러團이 上海에서 金永學·田益彰을 살해하다.(국편)

연도	한국
▲ 1939 ▼	1.14. 조선총독부가 가사조정령을 공포하여 가족 내 분쟁 해결을 위한 가사심판소를 신설하다./ 조선총독부가 조선징발령 세칙을 공포하여 마필, 자동차, 우마차까지 징발 대상으로 포함하다. 1.15. 국민정신총동원 경성연맹이 10호 단위로 애국반을 조직하다. 1.17. 경성상공회의소가 조선수출공예협회를 창립하여 제3국 수출무역 진흥을 꾀하다./ 이화여전이 무채색 위주의 양장 교복 착용을 발표하다. 1.18. 동북항일연군이 장백현 동소산·가어하·홍로산자 등지에서 만주군을 격파하다. 1.21. 조선변호사협회와 경성변호사회가 인권옹호운동을 전개하여 행정집행령 남용과 부당구속에 항의하다. 1.24. 총독부가 초등학교 교과서를 전면 개정하다. 1.25. 조선방공협회가 격월간지《방공의 조선》을 창간하여 방공사상 선전을 강화하다./ 경북 朝鮮·大邱·釜山·京城·東亞日報 金泉支局 기자들이 記者同志會를 조직하다./ 日本學術振興會 朝鮮委員會가 결성되다. 1.28. 청주 가마니 생산자 300여 명이 검사원의 구타에 항의하며 판매를 거부하다. 1.30. 京城府가 5—10戶 단위로 家庭防火組合 4,796개를 조직하다.(국편) 1.-. 평양 군화제조 노동자들이 동맹파업을 단행하다. 2.1. 김연만·이태준·김용준이 월간 문예지《문장》을 창간하다. 2.2. 鮮滿拓殖會社가 충남지역 이민 3천 명을 滿洲國으로 수송하다.(국편) 2.3. 專門學校生徒主事會議가 학생의 國防服 착용을 학무국에 건의하다.(국편) 2.4. 하기락·하창진·김정수·홍종한 등이 와세다대학동창회에서 한글 사용 금지 반대 발언을 하여 피체되다. 2.6. 조선총독부가 소작료통제령을 공포하여 소작쟁의를 봉쇄하려 하다. 2.9. 조선미 수출이 급증하자 조선총독부가 만주와 중국으로의 쌀 수출을 한시적으로 제한하다./ 총독부가 日本精神發揚週間을 선정하여 일본국기 게양과 宮城遙拜를 강요하다./ 尹致昊·崔麟·張德秀가〈東洋之光〉창간기념 시국문제 강연에서 內鮮一體를 역설하다./ 총독부가 滿·中에 쌀 수출 제한을 결정하다./ 京城府가 防空公園 20개소 설치를 결정하다.(국편) 2.10. 國民登錄制 실시를 결정하다.(국편) 2.11. 윤치호 등이 친일협력단체 조선지원병후원회를 결성하다./ 조선일보사가 국민정신총동원 조선일보연맹을 결성하다. 2.23. 朝鮮總督府 移民委員會가 설치되다. 2.24. 農林局이 강원지방에 火田民 조사대를 파견하다.(국편) 3.3. 경성광산전문학교설치령이 공포되어 경성고등공업학교 광산학과를 분리하여 독립시키다./ 천도교청년당이 제13차 전당대회에서 국민정신총동원연맹 가입을 결의하다./ 친일단체 皇軍慰問作家團이 발단되다.(국편) 3.8. 조선도령이 실시되어 자동차 영업자에게 수익자 부담제를 부과하다. 3.10. 조선악극단 사장 이철이 일본 공연 중 태극기를 사용하여 피체되다. 3.14. 김동인·박영희·임학수 등이 친일단체 황군위문작가단을 발족하다.(국편) 3.15. 용환각·문세현 등이 도쿄에서 비밀단체 독서회를 조직하다./ 조선총독부가 피혁배급통제령을 발표하다./ 총독부가 國際決濟를 위해 관공리 및 가족의 금제품 매각을 지시하다. 3.16. 政務總監이 國民精神總動員聯盟과 유사한 단체의 통합을 지시하다.(국편)/ 국내 노동력 부족으로 중국인 노동자 1,000명을 1차적으로 이입하다. 3.17. 城津農民組合事件 관련 金秉浩 등 27명이 4년 만에 집행유예로 석방되다.(국편) 3.18. 민족대표 33인 신홍식이 사망하다. 3.22. 춘천 등 5개 군민 800명이 만주로 집단 이주하다. 3.29. 경남 남해군 노동자 325명이 함남 豊山水力電氣 공사장으로 집단 이주하다./ 하얼빈교향악단이 내한하여 연주회를 개최하다. 3.30. 조선총독부가 공장사업장기능자양성령을 공포하여 중견 기계공을 양성하려 하다. 3.31. 조선총독부가 국경취체법을 공포하여 함북 경흥군과 두만강 일부 지역의 출입을 통제하다./ 군수품 생산 노동력 확충을 위해 工場事業場 技能者養成令을 공포하다./ 공장취업시간제한령을 공포하다./ 平壤神學校가 神社參拜 거부로 휴교 중 神學校期成會를 조직하다./ 國境取締法 공포되다./ 朝鮮支那事變特別稅令이 개정되다.(국편) 3.-. 주인규, 박창환 등이 경기도 고양에 고려영화협회를 조직하다. 4.1. 국가총동원법에 따라 사회이익배당 및 자금융통령을 공포하다./ 이건우와 이연호가 중경에서《청년호성》을 창간하여 민족전선 통일과 독립사상 고취를 꾀하다./ 조선석탄조합연합회가 설립되어 조선 내 석탄 통제에 협력하다./ 부산 9개 소학교에서 4학년 이상 학생의 한국어 교과목을 폐지하다. 4.3. 역사가 문일평이 사망하다./ 천도교청년당이 제13차 전당대회에서 국민정신총동원연맹에 가입하기로 결의하다. 4.4. 경북 김천군민 250여 명이 북만주로 집단 이주하다./ 평북철도회사 소속 신의주 운전수 100여 명이 동맹파업을 벌이다. 4.5. 조선총독부가 학교기능자양성령을 제정하다./ 기독교계열 독립운동 비밀결사 십자당을 조직한 남궁억이 사망하다. 4.7. 조선산금협의회가 조직되어 조선총독부의 산금 5개년계획 추진에 협력하다./ 강원도 각 관공서 직원이 金獻納運動 철저를 결의하다.

일본

2.17. 外務部가 鮮滿拓殖 訓練生 150명을 各道에 배정하다.(국편)

2.23. 일본 高知市 한인청년들이 반도청년단을 창립하다.

2.-. 高雲起 등이 中國 廣西省 柳州에서 韓國光復陣線靑年戰地工作隊를 조직하다.

3.1. 재중경 한인 400여 명이 國民黨 市黨部 大禮堂에서 3·1 운동 20주년 기념식을 거행하다.

3.2. 경남 陜川郡民 847명이 滿洲 吉林省 五家子로 이주하다.(국편)

3.10. 임시정부 국무원 비서장·외무부장·군무부장을 역임한 오영선(1886 1939)이 사망하다. / 대한민국임시정부가 廣西省 柳州에서 四川省 綦江으로 본부를 이전하다. / 일본군이 중국 해남도에 기습상륙하다. / 朝鮮樂劇團 O.K 레코드 사장 李哲이 일본 공연 중 태극기 사용으로 피검되다.

3.13. 南原地方 貧農 357명이 만주로 집단 이주하다.(국편)

3.15. 龍煥珏·文世鉉 등이 東京에서 항일비밀단체 讀書會를 조직하다.(국편)

3.21. 朝鮮樂劇團 O.K 레코드 악극부원 28명이 일본 순회공연 중 태극기 도안 사용으로 철거명령을 받다.(국편)

3.22. 강원도 春川 등 5個 郡民 800명이 만주로 집단 이주하다.

3.24. 박관준·박영창 부자가 일본제국의회 회의장에 '동아대국 국교개종 건의서'를 투척하고 국내로 송환되다.

3.-. 일본광업주식회사가 전시 하에 광부 1만 명에게 단체 생명보험을 실시하다.

4.4. 경북 金泉郡民 250여 명이 북만주로 집단 이민하다.

4.15. 경남 河東郡民 114명이 만주로 집단 이민하다. / 일본 大阪 동양철선합자회사 한인 노동자 120명이 産業報國會를 결성하다.(국편)

4.16. 김천군민 351명이 만주로 집단 이주하다. / 동북항일연군이 장백현 호동구 전투에서 승리하다.

4.18. 압록강 수력발전소 수몰지역 농민 2만 2천여 명이 鮮滿拓殖會社의 만주이민 강요로 1진 출발하다.(국편)

4.26. 일본 天道敎靑年黨 京都支部가 해산되다.(국편)

4.29. 미국 가와이섬 가피아·리휘지방 이주 한인단체 團合會가 하와이 愛國團에 합동되다.(국편)

4.-. 뉴욕의 중국후원회가 조선의용대 미주후원회로 개편되다.

5.3. 대한민국임시정부가 중국정부의 후원으로 四川省 江에 臨時辦公處를 설치하다.(국편)

5.7. 李秀泳·申任休·李諸同 등이 일본 名古屋에서 民族復興會를 조직하다.(국편)

5.12. 만몽국경 노몬한에서 만주·외몽고 양국 군대가 충돌하다.(노몬한 사건)

5.30. 일본 리츠메이칸대 조선인학우회 김장묵·이수근이 특고과에 한국어 사용을 요구하다.

5.-. 한국광복진선 3단체·조선민족전선 4단체 대표가 중국 綦江에서 통일회의를 개최했으나 통합에 실패하다.

6.22. 일군지원병 李仁錫이 華北地方에서 지원병 중 최초로 전사하다.

6.28. 39개의 府縣協和会의 중앙기관으로서 中央協和会를 설립하다.

7.7. 김구 계열의 한국광복운동단체연합회와 김원봉 계열의 조선민족전선연맹이 통합하여 전국연합전선협회를 창립하다.

7.15. 興亞勤勞報國隊 朝鮮部隊 144명이 間島 延吉地方으로 출발하다.(국편)

7.17. 韓國光復運動團體聯合會·朝鮮民族戰線聯盟이 蔣介石의 권유로 全國聯合陣線協會를 창립하다.(국편)

7.30. 대한민국임시정부 국무회의가 華北地方에 軍事特派員 파견을 결정하다.(국편)

7.31. '조선인 내지 이주에 관한 件'을 통달하여 '회사모집'에 의한 일본으로의 조선인노무동원 개시하다.

7.-. 소련이 극동의 한인교포 1만여 명을 중앙아시아로 강제 이주시키다.(국편)

8.4. 간도 안도현에서 동북항일연군 제2·3방면군이 연합하여 일본·만주군 100여 명을 사살하다.(대사하전투)

8.25. 각료회의에서 3국동맹 교섭 중지 결정을 내리다.

8.27. 뉴욕·시카고·LA 등지에서 백일규 등 진보적 인사들이 '조선의용대 후원회'를 창립하다. / 중국 綦江에서 7당 협의체가 한국혁명운동 통일 7단체 회의를 개최하다.

8.30. 아베 신행 내각이 성립되다.

9.4. 영국과 프랑스가 독일에 선전포고하다. / 일본 정부는 유럽전쟁에 개입하지 않는다고 성명을 발표하다.

9.6. 위로시로프스크에서 조선인 소련 제76연대(보병 3천, 기병 800명)가 해산되고 장병들이 카자흐스탄으로 강제 이주되다.

9.16. 일본과 소련 간 정전협정이 체결되다.

9.19. 일본 각의가 '가격 통제의 응급조치에 관한 건'을 결정하고 국가총동원법으로 가격통제령을 발포하다.

9.23. 일본 대본영이 중국 파견군 총사령부를 설치하다.

9.28. 동북항일연군이 안도현 올기강 부근에서 전투를 벌이다.

10.11. 재일 교토 성봉중학교 한인 학생 345명이 퇴학처분에 항의하며 동맹휴학하다.

10.-. 중국 내 무정부주의자연맹이 중경에서 '한국청년전지공작대'를 결성하다.(1941.1. 한국광복군에 편입됨)

11.21. 대한민국임시정부 임시의정원이 李靑天·車利錫 제안으로 '매년 11월 17일'을 '순국선열기념일'로 제정하다.

11.-. 대한민국임시정부가 曺成煥·黃學秀 등 軍事特派團을 陝西省 西安으로 파견하다.

12.3. 대한민국 임시정부 軍事特派委員 曺成煥·黃學秀 등 6명이 서안에 파견되어 교포 초모공작을 시작하다. / 대한민국 임시정부가 宣傳委員會를 설치하고 독립운동 투쟁사를 선전 목적에 따라 편찬하다.

12.19. 尹德榮이 일본 貴族院 勅選議員으로 被任되다.

연도	한국
▲ 1939 ▼	4.10. 조선총독부가 못, 철사, 철판 등의 배급통제를 실시하다. 4.12. 조선일보사가 조선일보문화상을 제정하여 예술, 과학, 체육 부문을 시상하다. 4.17. 崔南善이 滿洲 建國大學에서 東方 古民族의 神聖觀念에 대해 강연하다./ 總督府 國民精神總動員委員會가 조직되다.(국편) 4.18. 압록강수력발전소 수몰지역민 2만여 명이 선만척식주식회사의 강요로 만주로 이주하다. 4.20. 조선총독부가 황국신민사상 주입을 위해 교원강습기관 교학연구소를 조직하다. 4.-. 남인수가 인기가요 〈감격시대〉를 발표하다./ 3차 조선교육령에 따라 새로운 교과서를 배포하다./ 경복중 출신 이현상 　　 등 7명과 중앙학교 출신 남상갑 등 8명이 흑백당을 조직하다. 5.6. 時局對應全朝鮮思想報國聯盟 木浦分會가 조직되다.(국편)/ 각 운동단체를 국민정신총동원운동으로 통합하여 농촌애 　　 국반과 진흥회를 병립시키다. 5.7. 이수영·심임휴·이제동 등이 일본 나고야에서 비밀단체 민족중흥회를 조직하다. 5.15. 국민정신총동원 천주교연맹이 결성되다. 5.18. 평양 8개 고무공장이 원료배급 두절로 휴업하다. 5.20. 일본 밀항노동자 200여 명이 부산 松島에서 피검되다.(국편) 5.21. 전국 부·읍·면 의원 선거가 실시되다. 5.24. 전남 고흥군 노동자 250여 명이 함남 풍산으로 집단 이주하다. 5.26. 國民精神總動員 總督府聯盟이 결성되다.(국편) 5.30. 육군지원훈련병 후기생 203명이 양주군 공덕리 훈련소에서 수료식을 거행하다./ 南次郎 총독이 국민정신총동원 조 　　 선연맹 임원총회에 참석하여 내선일체론을 강조하다. 5.-. 조계종 총본산의 사명이 태고사로 결정되다. 6.1. 국민등록을 개시하여 134종 직업에 3개월 이상 종사한 자를 조사하다./ 총독이 황국신민화를 위한 청소년 학도들에게 　　 勅御封讀式을 거행하다./ 國民職業能力申告令이 시행되다.(국편) 6.2. 경남 진주육운주식회사 운전수 60명이 전시수당을 요구하며 동맹파업을 벌이다. 6.6. 朝鮮民族革命黨 北支 특파원 鄭淳甲이 日軍의 군사정보 수집 활동 중 피체되다.(국편) 6.9. 학무국이 전국 사범학교장회의를 개최하여 학교교련 진작을 지시하다. 6.11. 천도교본부가 전국 20만 신도를 동원하여 국민정신총동원 천도교연맹을 결성하다. 6.12. 조선총독부가 공업사업장기능자양성령을 제정하여 군수산업 확충에 따른 노동자 수요를 충족시키려 하다. 6.14. 서울 6대 신문사가 배영국민대회를 개최하여 영국 타도를 주장하다. 6.15. 경부선 대전-서울 구간 복선 열차 운행이 시작되다. 6.16. 일본 경시청이 재일한인학생들의 예술좌 창립 6주년 기념연극을 금지하다. 6.20. 3.1운동 주도자로 7년간 옥고를 치른 이기송이 사망하다./ 金季洙가 京城駐在 滿洲國 명예총영사로 被任되다.(국편) 6.22. 日軍 지원병 李仁錫이 華北地方에서 지원병 중 최초로 전사하다. 6.24. 안기석·김승구 등이 연극계 최초의 친일극단 협동예술좌를 창립하다. 6.28. 조선총독부가 군용자원보호법을 공포하여 군용자원 15부류를 비밀로 지정하고 위반자에게 10년 이하 징역을 부과하다. 6.30. 경성부민관에서 조선목탄협회가 창립총회를 열어 목탄 생산판매의 합리화와 탄가 유지를 추진하다./ 동북항일연군 　　 이 연길현 천보산 동이연광산전투에서 일본군 12명을 사살하다. 6.-. 마산항만시설이 준공되다./ 한인애국단 조직원 노종균이 상해에서 특무공작 중 피체되어 해주형무소에서 옥사하다./ 　　 國民精神總動員聯盟이 기관지 〈總動員〉을 발간하다. 7.1. 조선목탄협회가 수급통제 목적으로 업무를 개시하다./ 전국 大學·專門·高普生들이 朝鮮學生精神聯盟을 결성하다./ 　　 朝鮮中央防空委員會가 防護團·消防組·水方團을 통합한 管防團 설치를 협의하다./ 國民精神總動員 京城聯盟이 京城府 　　 聯盟 理事長大會에서 愛國班 활동을 지시하다.(국편)./ 황민화운동단체 내선일체실천사가 결성되어 내선일체 구현을 　　 목적으로 활동하다. 7.3. 경방단 규칙을 공포하여 치안 강화를 위해 소방대와 방호단을 통합하다. 7.4. 경성부청이 서울 시내 빈민지역 돈암정의 토막집 200호를 강제 철거하여 빈민이 방황하게 하다. 7.5. 時局對應全朝鮮思想報國聯盟 京城支部가 결성되다.(국편) 7.8. 국민징용령을 공포하여 한국인의 반발을 우려해 지원 형식으로 노동력을 징발하다./ 조선인사조정령을 공포하여 법 　　 원을 통한 가족 친족 간 분쟁 해결을 추진하다. 7.11. 친일단체 배영동지회가 윤치호를 중심으로 결성되어 전국적 배영운동을 전개하다. 7.14. 신사참배를 거부한 마산 창신학교와 의신학교가 폐교되다./ 경기도 학무과가 도내 각 중학교에 勤勞報國隊를 조직하 　　 다./ 朝鮮基督教女子靑年會聯合會가 會名을 日本基督教女子靑年會 朝鮮聯合會로 개칭하고 萬國基督教女子靑年會聯 　　 盟을 탈퇴하여 日本基督教學生女子靑年同盟에 加盟하다.(국편) 7.15. 일본 정부가 국민징용령을 공포하다./ 전향한 공산주의 이론가 중심으로 대륙경제연구소가 결성되고 대륙경제를 창 　　 간하다.

일본

7.17. 한국광복운동단체연합회와 조선민족전선연맹이 전국연합진선협회를 창립하다.

7.18. 전국 1천여 우체국에서 영자간판을 철거하다./ 김석원과 김활란이 조선일보사 강당에서 비상시국 생활합리화를 주제로 강연하다./ 출판 인쇄업자들이 조선서적배급회사를 설립하여 사상선도 출판물의 신속한 배포를 추진하다.

7.22. 경춘선이 개통되다.

7.25. 강계수력발전소가 착공되다./ 駐京城滿洲國總領事館이 개관되다.(국편)

7.28. 조선총독부가 각 대학 전문학교와 중등학교에 해군 교련 실시를 결정하다.

7.29. 미가대책 근본방침이 발표되다./ 戰時下의 食糧統制策이 발표되다.

7.-. 내선일체를 선전하던 국민문화연구소가 《국민문화》를 창간하다./ 전문고등학교 입학시험에서 영어 과목이 철폐되다.

8.1. 충남 부여에 조선총독부중견청년훈련소가 설치되어 침략전쟁 동원 목적을 강화하다./ 총독부박물관 부여분관이 개관되다./ 종업자고입제한령이 시행되어 기존 공장 기술 인력의 이동을 방지하다./ 선도교 교주 김중섭 등 10명이 징역 5~3년형을 선고받다.

8.5. 尹致昊 등이 친일단체 全朝鮮排英同志會聯盟을 조직하다./ 韓圭復·張德秀·徐椿 등이 국민정신선양 각도 순회강연 연사로 참여하다.(국편)

8.9. 조선임시비료배급통제령을 공포하여 중요 비료의 수출을 허가제로 전환하다.

8.10. 공장취업시간제한령을 공포 시행하여 1일 12시간제 작업을 강제하다./ 철도국이 목탄자동차를 처음으로 시험 운행하다.

8.11. 조선총독부가 매월 1일을 흥아봉공일애국일로 제정하여 일본국기 게양과 기미가요 제창을 강요하다.

8.14. 서울에 자전거로 승객용 트레일러를 끄는 인동차가 등장하다.

8.15. 백백교 별파인천교 교주 김용주가 경성지방법원에서 징역 15년을 선고받다./ 국민정신총동원 조선연맹이 한해 대책으로 절미운동을 결의하다./ 朝鮮防空協會 京畿道聯盟支部가 창립 1주년 기념식 후 30여 개 단체 1만여 명과 함께 가두행진을 벌이다./ 國民精神總動員 朝鮮聯盟이 旱害對策으로 節米運動을 결의하다.(국편)

8.16. 조선영화인협회가 결성되어 조선 영화인들을 일제 침략전쟁에 동원 선전하다.

8.19. 평양 동우고무공장 직공 150명이 임금 인상을 요구하며 동맹 파업하다./ 화가 지성열이 화신갤러리에서 종군화가 개인전을 개최하다.

8.21. 米價仰騰 억제를 위해 各道協定標準米價를 고시하다.(국편)

8.22. 전라북도가 식량수출 및 도외반출 허가제를 실시하다.(국편)

8.23. 식량통제를 위해 糧友會 朝鮮本部 京畿道支部가 결성되다.(국편)

8.26. 미곡최고판매가격제를 실시하여 현미 1석당 최고가격을 38원으로 정하다.

8.27. 韓國國民黨·韓國獨立黨·朝鮮革命黨·朝鮮民族革命黨·朝鮮革命者聯盟·朝鮮民族解放運動者同盟·朝鮮靑年前衛同盟 대표들이 綦江에서 7黨統一會議를 개최하다.(국편)

8.30. 경성부가 소학교 2부제 수업을 전면 실시한다고 발표하다./ 경남 삼찬포농민조합사건으로 박이기와 손영섭 등 11명이 진주지청에서 징역형을 선고받다.

8.31. 서울에서 화학물질 카바이드 자동차의 시운전을 실시하다.

8.-. 동양극장 전속배우 황철과 차홍녀가 극단 아랑을 창립하다./ 평북 후창광산 노동자들이 파업하다.

9.1. 사립전문학교 연전·보전·불전·세전 등에 군사교련이 실시되다./ 경북 영일군 조천면 공립소학교 학생 300여 명이 일본인 교장을 배척하며 동맹휴학하다./ 延禧·普成·佛敎·세브란스醫專 등에 군사교련이 실시되다./ 學務局이 각도에 女子靑年團을 조직하다.(국편)

9.4. 방공훈련법에 따라 전국적인 방공훈련이 실시되다.

9.6. 소련 위로시로프스크 주둔 한인 소련군 76연대 3,800여 명이 해산되고 카자흐스탄으로 강제이주되다.

9.11. 국민정신총동원 조선예수교장로회연맹이 결성되어 전쟁 협력 목적을 수행하다.

9.14. 경북 開拓民訓練所規程이 공포되다.(국편)

9.21. 중추원 부의장 朴泳孝가 사망하다.

9.23. 조선공업조합중앙회가 설립 인가를 받고 식산은행 지도 아래 중소공업 진흥을 추진하다.

9.30. 국민징용령 시행규칙이 공포되고 10월 1일부터 시행되다.

9.-. 서울 소공동에 정자옥(현 롯데백화점)이 신축 준공되다./ 조선인총동원령에 따라 친일단체 조선국방부인회가 함북 나남에 설치되다.

10.1. 국민징용령을 실시하다./ 대한민국 임시정부 군사특파단이 조직되어 한국광복군 창군과 병사 모집을 시작하다.

10.4. 조선백미취체규칙을 공포하다.

10.6. 조선미곡임시증산5개년계획을 확정하여 제3차 산미증산 목표를 2,600만 석으로 설정하다.

10.8. 서울─상하이 간 국제전화가 개통되다./ 경성성서학원 대강당에서 국민정신총동원 조선예수교동양선교회 성결교회연맹이 결성되다.

10.9. 조선백미취체규칙을 공포하여 11월 1일부터 7분도 이하 백미 판매를 금지하고 잡곡·현미 취식을 장려하다.

10.11. 경성고무공장 직공 200여 명이 임금 인상과 대우 개선을 요구하며 동맹파업하다.

10.12. 홍진이 대한민국 임시정부 임시의정원 의장에 선출되다.

연도	한국
▲ 1939	10.16. 조선유림대회에서 조선유도연합회를 결성하고 국민정신총동원운동에 협력하기로 결의하다./ 전력조정령을 공포하다. 10.21. 평양 산정현교회 장로 조만식·오윤선 등이 신사참배 거부로 사임하다. 10.26. 동경학생예술좌 주영섭 등이 불온연극 공연 혐의로 경성지방법원에 송치되다. 10.29. 박영희·유진오·최재서·이광수 등이 친일단체 조선문인협회를 결성하다. 10.31. 평남도청이 白米取締規則을 공포하고 白米使用 일체 금지를 지시하다.(국편) 10.-. 조선예술상이 제정되어 문학·연극·영화·무용·음악·회화 분야에 상금 500원이 수여되다./ 대구사범학교 학생들이 황민화교육에 반대하며 독서회를 조직하다. 11.1. 부산-북경 직통 급행열차 흥아호가 개통되다./ 외국인 입국제재 및 퇴거령을 공포하고 11월 15일부터 시행하여 대부분의 선교사를 투옥·추방하다./ 國民精神總動員 京畿道聯盟이 애국일에 주류판매 일체금지를 지시하다. 11.3. 전국 4천여 대학·전문학교·고등보통학교 학생이 조선학생정신연맹을 결성하여 학생 통제를 강화하다./ 총독부가 皇國臣民誓詞 기둥을 朝鮮神宮에 건립하다. 11.6. 조선축산주식회사가 창립되어 민간 축산 이용과 축산물 배급·거래를 통제하다. 11.9. 조선소운송업령을 공포하여 전국 700여 역, 2,200여 소운송점을 정리·통합하다. 11.10. 조선민사령을 개정 공포하여 한국인에게 일본식 성명 사용을 강요하고 창씨개명을 추진하다. 11.11. 대한민국 임시정부가 향후 3년간의 독립운동방략을 발표하여 조직·군사·외교·선전·재정 계획을 세우다./ 羅月煥·金東洙 등이 重慶에서 韓國靑年戰地工作隊를 결성하다./ 尹德榮·崔麟·李光洙 등 100여 명이 韓日合倂 공로자 감사 위령제를 거행하다. 11.18. 한국청년전지공작대가 대장 나월환의 인솔로 중경에서 서안으로 출발하다. 11.21. 전북 完州郡이 節米運動의 일환으로 臨時食糧配給統制組合을 창립하다. 11.22. 평양복심법원이 日本軍事情報 탐지활동 중 체포된 中國軍官學校 출신 韓國國民黨員 趙相潤에 대한 공소공판을 개정하다.(국편)
1940 ▼	【한국】 1.4. 각도에 경제경찰과를 신설하여 군수물자 공급 확충과 국제수지 균형 유지를 꾀하다./ 朝鮮米穀市場株式會社, 京城米穀市場 개설하다./ 조선영화령을 공포하여 조선 영화 제작·배급·상영을 통제하고 영화를 파쇼적 침략정책에 이용하다. 1.9. 조선증미계획을 실시하다. 1.10. 소작료통제령 시행 방침을 결정하다./ 조선문화사가 친일잡지 《태양》을 창간하여 '천황폐하만세' 고창을 주장하다. 1.11. 조선직업소개령을 공포하여 한국인 노동력 유출을 위한 시책을 마련하다. 1.20. 陸軍特別志願兵後援會 瑞山郡聯合會 결성./ 조선직업소개령을 발표하여 조선 내 노동력 동원에 허가제를 실시하다.(국편) 1.22. 내선일체실천사가 친일잡지 《내선일체》를 창간하여 '황도정신'의 발양을 주장하다. 1.23. 죽령터널을 개통하여 양평과 원주를 연결하다. 1.26. 방공건축규칙을 공포하여 공습 대비를 위한 건축물 위장, 방화벽 설치를 명령하다. 1.27. 서울시내 정미업자가 경성식량배급조합을 창립하여 식량 수급 원활화와 가격 공정을 도모하다. 1.31. 육운통제령 및 해운통제령을 공포하여 전쟁 물자의 우선 수송 방침을 결정하다./ 대전에서 절미혼식협의회를 개최하다. 2.1. 알루미늄·고무제품·목재 등을 통제가격 적용품목으로 고시하다. 2.3. 침략전쟁 물자 보장을 위해 총독부 식산국과 각 도청에 물가조절과를 설치하다./ 京城府, 戶籍課에 創氏相談所 설치하다. 2.8. 충남도청, 戰時經濟 강화 위한 經濟警察課를 신설하다.(국편) 2.9. 京城日報社, 全朝鮮聯合靑年團을 조직하고 日本神宮佛을 朝鮮神宮으로 이전./ 경남도청, 經濟警察協議會 열고 식량대책을 협의하다.(국편) 2.9. 방공건축규칙을 경성, 인천, 부산 등 주요 도시에 시행하다. 2.10. 가격통제령에 의해 인견직물 등의 판매가격을 지정하다./ 경기도, 音響·燈火管制를 告示하다.(국편) 2.11. 창씨개명을 강제 실시하여 322만 호(80%)가 창씨를 계출하다./ 경성·인천 간 시험등화관제를 실시하다. 2.14. 묘지규칙을 개정하여 묘지 신고제를 허가제로 변경하다. 2.17. 국민학교교사조사위원회가 소학교를 국민학교로 개칭함에 따라 교육내용 조정을 결정하다. 2.19. 안재홍이 보안법 위반으로 복역 후 만기 출옥하다. 2.20. 한국 근대불교의 개혁운동가 백용성 스님이 입적하다./ 총동원물자사용수용령을 공포하다./ 東北抗日聯軍 총사령 겸 제1로군 총사령 楊靖宇 전사./ 李光洙, 朝鮮人創氏改名에 관한 논설을 〈每日新報〉에 발표.(국편) 2.23. 선원보험법을 공포 시행하여 양로금, 요양 및 사망수당을 지급하다. 2.25. 陸軍統制令 시행규칙을 공포하다./ 國防婦人會 公州支會를 결성하다.(국편) 2.27. 총독부가 방공훈련계획을 발표하다. 2.29. 육운통제령에 따라 석탄 등 18개 품목을 수송통제품으로 결정하다. 3.1. 총독부가 석유제품 통제강화를 위해 석유배급통제규칙을 공포하다.

일본

11.25. 나환자 요양기관 소록도갱생원이 시설을 확장하여 1,200명을 추가 수용하고 총 6천 명을 수용하다./ 조선미곡시장주식회사가 창립 총회를 개최하여 미곡 배급과 공출을 담당하게 되다.

11.-. 방공·방첩을 위한 관민 협력체인 방공협회가 재단법인으로 설립되어 지부 3,500단, 부원 20만 명을 조직하다./ 조선악극단이 김정구·이난영 등을 중심으로 전국 장기 순회공연을 시작하다.

12.2. 전남 식량배급통제조합이 창립식을 개최하다.

12.4. 전조선국민정신총동원 각도연맹이 지원병제도 확장을 위한 예산을 대장성에 요구하다.

12.6. 소작료통제령을 공포하여 소작쟁의 발생을 차단하려 하다.

12.9. 화신화랑에서 송정훈 종군화가 개인전이 개최되다.

12.10. 경북 星州郡이 郡內 각 精米所에 휴업령을 발포하다.(국편)

12.12. 호남지방 비밀결사 조직원 朴琪來 등 122명이 광주지방법원 검사국에 송치되다.(국편)

12.13. 共鳴團員 崔養玉이 京城刑務所에서 만기 출옥하다.(국편)

12.15. 총동원물자사용수용령을 공포하여 양곡, 송진, 아주까리기름, 놋그릇, 숟가락 등 물자를 통제하다.

12.18. 소작료통제령 시행규칙을 공포하여 소작쟁의 원천 봉쇄를 강화하다.

12.19. 예수교장로회 평양노회가 신사참배를 거부한 주기철 목사의 사임을 결의하다./ 경성지방법원 검사국이 春川高普 민족주의 비밀결사 常綠會事件 관련자 南宮珞 등 12명에게 징역 3~2년을 구형하다.

12.20. 京城府 勸業課가 쌀 7할 보리 3할의 혼합제를 강제 시행하다.

12.22. 총독부에 공장사업장 기능자양성위원회를 설치하여 군수공업 인력 양성을 강화하다.

12.27. 조선미곡배급조정령을 공포하여 미곡 배급과 가격을 통제하다.

12.31. 대한인국민회가 미국 LA에서 국민회대표대회를 개최하다.

12.-. 이관술·김삼룡 등이 경성콤그룹을 조직하고 박헌영이 가담하다./ 조지훈이 「승무」를, 박목월이 「산그늘」을 《문장》지에 발표하다./ 조선총독부가 동아일보에 자진 폐간을 종용하다./ 일본으로의 노동자 송출이 시작되다.

【일본·해외】

1.6. 對馬島에서 밀항선 之榮丸 침몰, 130명 익사하다.(국편)

1.14. 在日 下關市 半島佛敎僧侶聯合會, 임시총회에서 宮城遙拜 등을 협의하다.(국편)

1.16. 米內光政 내각이 성립되다.

1.27. 일본 와세다대 한규종 등 4명이 독립운동에 대한 발언으로 경시청에 피체되다.

2.20. 동북항일연군 제1로군 총사령 양정우가 전사하다. 일본 군경 포위망에 기아 속에서 항전하다.

2.24. 동북항일연군이 길림성 무송현 백석탄에서 일만군 토벌대를 소탕하다.

3.1. 재중경 한인 400여 명이 국민당 시당부 대례당에서 3·1운동 20주년 기념식을 거행하다.

3.8. 일본 경찰, 岡山縣을 순회공연중인 大東歌劇團에 민족의식 도발 이유로 한국어 사용을 금지하다.(국편)

3.10. 임시정부 국무원 비서장·외무부장·군무부장 역임한 오영선(1886~1939)이 사망하다.

3.10. 일본군이 중국 해남도에 기습상륙하다.

3.11. 임시정부가 류주에서 四川省 綦江으로 본부를 이전하다.

3.24. 박관준·박양창 부자가 일본제국의회 회의장에 '동아대국 국교개종 건의서'를 투척하고 국내송환되다.

3.-. 일본광업주식회사가 전시 하에 광부 1만 명에게 단체 생명보험을 실시하다.

4.16. 동북항일연군이 장백현 호동구 전투에서 승리하다.

4.-. 뉴욕의 중국후원회가 조선의용대 미주후원회로 개편되다.

5.8. 한국국민당·조선혁명당·한국독립당이 충칭에서 통합하여 한국독립당을 창립하다.

5.12. 만몽국경 노몬한에서 만주·외몽고 양국군대가 충돌하다.(노몬한 사건)

5.22. 蔣介石, 韓國光復軍 편성에 동의 중국 陸軍部에 光復軍 창설 협조를 지시하다.(국편)

5.26. 金奉班·金丙穆·高奉朝 등, 在日 大阪專門 한인학생 중심으로 鷄林同志會 조직하다.(국편)

5.30. 일본 리츠메이칸대 조선인학우회 김장묵·이수근이 특고과에 한국어 사용 요구하다.

5.-. 한국광복진선 3단체·조선민족전선 4단체 대표가 중국 기강에서 통일회의를 개최했으나 통합 실패하다.

6.22. 일군지원병 이인석이 화북지방에서 지원병 중 최초로 전사하다.

6.23. 비밀결사 民族復興會를 조직한 李秀瀅 등 22명, 일본 名古屋에서 피체되다.(국편)

6.26. 上海在留同胞들, 金玉均 기념비 上海 발기회 개최하다.(국편)

7.7. 김구계의 한국광복운동단체연합회와 김원봉계의 조선민족전선연맹이 통합하여 전국연합전선협회를 창립하다.

7.28. 日本 大本營, 南進政策을 결정하다.(국편)

8.2. 東京 靑山學院生 朴潤玉 등 6명, 항일비밀결사 熱血會 활동혐의로 피체되다.(국편)

8.4. 간도 안도현에서 동북항일연군 제2·3방면군이 연합하여 일본·만군 100여 명을 사살하다.(대사하전투)

8.25. 각료회의에서 3국동맹교섭 중지 결정을 내리다.

8.27. 뉴욕, 시카고·LA 등지에서 백일규 등 진보적 인사들이 '조선의용대 후원회'를 창립하다./ 중국 기강에서 7당 협의체가 한국혁명운동

연도	한국
▲ 1940 ▼	3.3. 조선사편수회가 『조선사』 37권을 완간하다. 3.5. 총독 南次郎가 "창씨는 강제가 아니라 내선일체 실현을 위한 어진 정치"라고 발표하다./ 국민협회 대표와 13도 도회 　　의원 25명이 조선의 참정권 청원을 위해 도쿄로 출발하다. 3.12. 政務總監, 각도에 米穀配給調整令 적용을 지시하다.(국편)/ 조선어학회 이극로 등이 『조선어사전』(전7권) 출판 인가 　　를 받다. 3.13. 大韓民國臨時政府 前國務總理 李東寧, 中國 四川省에서 사망하다.(국편) 3.20. 農林局, 춘궁기 식료대책을 각도에 지시하다.(국편) 3.21. 조선광업진흥주식회사를 설립하여 금을 제외한 광물 개발을 촉진하다./ 조선수력전기주식회사가 창립되어 수력 자 　　원을 독점하다. 3.22. 총독부가 생활필수품 배급제를 실시하기 위해 전국적으로 경찰 2만 명을 동원하여 물자조사를 감행하다. 3.25. 조선소년원령 및 조선교정원령을 시행하여 치안 확보와 황국신민화를 위한 보호교화를 추진하다. 3.27. 피혁배급통제령을 개정하여 가죽 사적 소비와 자유매매를 금지하다. 3.31. 총독부가 각종 세령을 개정 공포하여 사변특별세령과 임시증징령을 폐지하다. 4.1. 가격통제령에 따라 청주, 맥주, 청량음료, 사탕 등의 판매가격을 결정하다./ 조선무선통신학교가 개교하여 전시 민간 　　통신사를 양성하다./ 조선철도주식회사가 부설 운영을 시작하여 경북선(김천-안동)을 국유화하다./ 韓國光動團體聯 　　合會 산하 韓國國民黨·韓國獨立黨·朝鮮革命黨, 韓國獨立黨으로 통합을 선언, 성명서를 발표하다.(국편) 4.3. 3·1운동에 앞장선 박인호가 사망하다. 4.5. 문봉조·이경득 등 12명이 백백교사건으로 경성지법에서 사형선고를 받다./ 天道敎, 天日記念日을 기해 合同大會 개최. 4.15. 農林局, 강원도 황해 평남지역 火田民整理計劃案을 확정하다./ 平北 宣川郡 儒林들, 創氏改名을 결의하다.(국편) 4.18. 평양의학전문학교 학생들이 관립 이관에 반대하여 궐기대회를 열다. 4.23. 조선학생정신연맹 연전지부가 결성되다. 5.1. 경성부민이 식량배급에 매출표제를 실시하다./ 전보 이용자 급증으로 경조 전보제도를 폐지하다. 5.3. 경성부가 식량배급 구매장 제도를 실시하다. 5.5. 총독 미나미가 도지사회의에서 미곡 자유매매 금지를 언급하다./ 총독 南次郎, 道知事會議에서 米穀의 自由賣買 禁止 　　를 천명하다.(국편) 5.10. 출판업자·잡지업자 50여 명이 조선출판협회를 조직하다. 5.17. 저축증가목표액을 각도에 할당 결정하다. 5.20. 한국청년전지공작대가 중국 서안 가설극장에서 위문품 모집 공연을 하다. 5.21. 총독부가 물가통제요강 강화를 발표하다. 5.28. 朝鮮史編纂委員 李能和, 편찬공적으로 일본 천황의 銀盃 수상하다.(국편) 5.-. 國民精神總動員 朝鮮聯盟, 〈內鮮一體精義〉를 발간 중등학교 연맹에 배포하다. 6.1. 사탕전표제를 실시하여 사탕의 편재를 방지하고 가정용 배급을 원활히 하다. 6.2. 조선농업보국청년대를 결성하여 조선 청년을 일본 농가에 파견하다. 6.7. 조선어학회가 외래어표기법통일안, 일본어표기법, 한국어어음만국음성기호표기법을 발표하다. 6.11. 평양박물관이 강서군 고려요지와 낙랑고분 발굴에 착수하다. 6.18. 조선경제통제협력연락회가 창립되어 전시통제경제 강화와 물가문제 해결을 추진하다./ 맥류배급통제요강을 발표하 　　다./ 총독부, 各道知事에게 집단 근로봉사작업 확대를 지시하다.(국편) 6.20. 경기도, 전시하 식량확보 위한 麥類配給調整 실시하다.(국편) 6.-. 동아일보 사장 박관수 등이 신문용지 파지 매각 혐의로 종로경찰서에 구금되다. 7.1. 조선총독부가 학생들의 만주·중국 여행을 금지하다./ 이광수가 황민화와 조선문학을 매일신보에 발표하다. 7.3. 육군특별지원병 훈련소규정과 채용규정을 개정하여 훈련기간을 단축하고 인원을 5배로 증가하다. 7.9. 조선해상방공연맹을 결성하여 해상방공사상 보급과 선박 방공시설 정비를 추진하다. 7.13. 조선토지개량협회가 해체된 후 조선수리조합연합회를 창립하여 간척사업으로 농민을 착취하다. 7.14. 경기도 학생근로대를 조직하여 48개 중등학교 1만 3,773명이 참가하다. 7.15. 전문학교생 100여 명이 만주국 건설 봉사를 위해 학생노동대로 조직되어 파견되다. 7.20. 조선잡곡등배급통제규칙을 공포하여 잡곡의 배급을 통제하다. 7.23. 기계화국방협회 조선지부를 결성하여 전쟁 후원과 조선인 군사훈련을 실시하다. 7.24. 전쟁자재 동원을 위해 사치품제조판매제한규칙을 공포하다. 7.27. 국민정신총동원 경성연맹이 신사참배 강화책을 각 연맹에 통첩하다. 7.-. 동아신질서 건설 목표에 따라 반주건설근로봉사대 반도학생대가 만주에 파견되다./ 경북 안동에서 훈민정음 반포 당 　　시의 원본이 발견되다. 8.1. 황국의 기본국책요강을 발표하여 주요식량의 자급을 강조하고 조선에서 농산물 확보에 주력하다./ 황해도 해주항을

일본

통일 7단체의 회의를 개최하다.

8.30. 阿部 信行 내각이 성립되다.

9.2. 北美 大韓人國民會, 하와이 大韓人國民會와 同志會에 時局對策 강구 연설회 개최를 제의하다.(국편)

9.4. 영국과 프랑스가 대독 선전포고를 하다 / 정부는 유럽전쟁에 개입하지 않는다고 성명 발표하다.

9.6. 위로시로프스크에서 조선인 소련 제76연대(보병 3천, 기병 800명)가 해산되며, 장병들이 카자흐스탄으로 강제 이주되다.

9.7. 일본 東京 行進團 崔輪奎 등, 병역의무제 시행 및 한인 代議士 선출 청원운동 전개, 경시청의 방해로 중지되다.(국편)

9.15. 大韓民國臨時政府 主席 겸 韓國光復軍創設委員會 委員長 金九, '韓國光復軍創軍宣言文' 발표하다.(국편)

9.16. 일본과 소련 간 정전협정이 체결되다.

9.17. 大韓民國臨時政府, 重慶의 嘉陵賓館에서 韓國光復軍總司令部 成立典禮式 거행하다.(국편)

9.19. 일본 각의가 '가격 통제의 응급조치에 관한 건'을 결정하고 국가총동원법으로 가격통제령을 발포하다.(일체의 물가와 유통가격을 전시수탈체제로 전환)

9.27. 일본, 독일·이탈리아와 삼국동맹 체결하다/ 대본영이 중국 파견군 총사령부를 설치하다.(국편)

9.28. 동북항일연군이 안도현 올기강 부근에서 전투를 벌이다.

9.-. 大韓民國臨時政府, 重慶 정착하다.(국편)

10.9. 大韓民國臨時政府, 國務令制를 國務委員制로 개정하고 국무위원 주석에 金九 선출하다.(국편)

10.10. 朝鮮義勇隊 창설 2주년 기념선언서 발표하다.(국편)

10.11. 재일 교토 성봉중학교 한인 학생 345명이 퇴학처분에 항의하며 동맹휴학을 하다.

10.-. 중국 내 무정부주의자연맹이 중경에서 '한국청년전지공작대'를 결성하다.(1941.1. 한국광복군에 편입)

11.1. 大韓民國臨時政府, 大韓民國臨時統帥府官制 공포 시행하다.(국편)

11.4. 朝鮮義勇隊, 重慶에서 제1차 확대간부회의 개최하다.(국편)

11.12. 韓國光復軍 총사령부 참모 金學奎, 重慶의 국제방송을 통해 국내외 동포의 적극적 호응을 촉구하다.(국편)

11.21. 임시의정원이 지청천·차리석 제안으로 '매년 11월 17일'을 '순국선열기념일'로 제정하다.

11.29. 한국광복군 총사령부가 중경에서 서안으로 이전하고 한국광복군 제2지대를 결성하다.

12.3. 大韓民國臨時政府 군사특파위원 조성환·황학수 등 6명이 서안에 파견되어 교포 초모공작을 시작하다./ 大韓民國臨時政府가 선전위원회를 설치하고 독립운동투쟁사를 선전 복적하다.

12.5. 大韓民國臨時政府 國務會議, 生計委員會 설치를 가결하고 위원에 閔丙吉·李象萬·沈光植 선임하다.(국편)

12.6. 大韓民國臨時政府, 매년 11월 17일을 순국선열 기념일로 공포하다.(국편)

12.14. 일본 東京農業大 金斗爀·金泰薰·金雲夏 등 12명, 민족주의 비밀결사 조직활동으로 東京刑事지방재판소 검사국에 송치되다.(국편)

12.16. 일본 神戶 北神商業學校生 裵祥權 등 7명, 韓人留學生會 조직혐의로 神戶地方裁判所에서 실형 선고받다.(국편)

12.22. 大韓民國臨時政府, 국무위원 연서로 독립운동 방침에 관한 선포문 발표하다.(국편)

12.28. 朝鮮獨立運動 民族復興會事件 관련자 李秀滢 등, 일본 名古屋裁判所 검사국에 기소되다.(국편)

12.-. 重慶에서 민족혁명당을 이탈한 韓斌과 朝鮮民族解放同盟·朝鮮前衛同盟이 통합, 朝鮮民族解放鬪爭同盟을 결성하다.

개항하여 용당반도의 첨탄부에 부동항을 축항하다./ 砂糖配給制 실시하다.(국편)

8.5. 임시미곡조사위원회, 戰時食糧 확보방침을 토의하다./ 京城府, 전상점에서 정찰제 실시하다.(국편)

8.7. 國民精神總動員 朝鮮聯盟, 戰時 국민생활규제와 국민정신동원 구체안을 마련하다.(국편)

8.10. 조선일보와 동아일보를 강제 폐간하다.

8.12. 모직물 배급통제를 목적으로 모직물통제조합을 창립하다./ 일본, 지하자원 약탈 목적으로 半島資源調查團을 서울에 파견하다.(국편)

8.17. 국민정신총동원 조선연맹이 전시생활체제를 강요하고 생활 검소화, 6시 기상, 정오 묵도를 실시하다.

8.20. 쌀 배급제를 실시하여 출하와 판매를 금지하다./ 국민정신총동원 경성연맹이 신생활기준안을 결정 발표하다.

8.21. 이광수·주요한 등 41명이 수향동우회 사건으로 징역형과 집행유예를 선고받다.

8.23. 서울지역에서 燈火管制訓練 실시하다.(국편)

8.26. 조선광업진흥주식회사를 창립하여 전쟁수행에 필요한 특수광물 개발에 착수하다.

8.31. 청소년고입제한령 시행규칙을 공포하여 청소년의 군수관련 산업 고용을 유도하다.

8.-. 조선물산장려회가 해산하여 경제적 민족주의 운동을 종료하다.

9.1. 경성일보사가 시정30주년 기념 조선박람회를 개최하다./ 전시국민생활체제를 실시하여 전시체제 철저 이행을 강요하다./ 정동제일예배당에서 국민정신총동원기독교조선감리회연맹을 결성하다.

9.3. 國民精神總動員 京城聯盟, 전시생활체제 강조 위해 强調週間을 설정하다.(국편)

9.4. 朝鮮알콜配給統制規則 공포하다.(국편)

9.6. 조선이주협회를 창립하여 만주 개척민 사업을 촉진하다.

연도	한국
▲ 1940	9.9. 조선총독부 학무국이 학생복장을 국방색으로 통일하다. 9.17. 조선폐품통제주식회사를 창립하여 철설과 비철금속설의 회수와 배급을 통제하다. 9.20. 기독교반전공작사건을 조작하여 신사참배를 반대한 주기철·최봉석·최상림 목사 등 193명을 피체하다. 9.27. 강원도 양양에 발전소를 건설하다. 10.1. 소맥분배급통제요항을 실시하다./ 평양과 길림 간 직통 열차 운행을 시작하다. 10.12. 朝鮮文人協會員, 지원병훈련소에 1일 입영하다./ 조선산금협의회가 금 증산계획을 협의하다.(국편) 10.14. 재조선 일본인이 황도선양회를 발회하여 황도사상 보급 운동을 전개하다./ 국민정신총동원운동을 국민총력운동으로 개편하고 1941년 미곡연도 식량대책을 발표하다. 10.15. 軍用資源秘密保護에 관한 슈 공포 시행하다.(국편) 10.16. 국민정신총동원 조선연맹을 국민총력 조선연맹으로 개편하여 황국신민화운동을 본격화하다. 10.18. 조선영화제작자협회를 발족하여 영화업계 통제를 강화하다. 10.19. 國民徵用令施行規則 개정하다./ 賃金統制令·地代家賃統制令·會社經理統制令 등 발표하다.(국편) 10.20. 간도관리사 이범윤이 사망하다./ 국민직업능력신고령을 개정하여 16세 이상 청소년 직업 등록을 강제하다./ 국민징용령을 개정하여국민등록자 외 대상자도 필요시 징발하다./ 미국 로스앤젤레스 在美韓族聯合會, 韓國光復軍 창립축하식 거행 및 하와이국민회 기관지 〈國民 報〉에 光復軍 지지를 호소하다./ 총독부, 國民徵用令·國民職業能力申告令 개정 공포하다.(국편) 10.24. 부산2상·동래중학교 학생들이 군사훈련 반대 시위를 벌이다. 10.25. 후지와라가극단과 하얼빈교향악단이 부민관에서 비제 '카르멘'을 공연하다. 10.30. 조선구군군을 조선구세단으로 개칭하여 전시 협력체제로 개조하다. 10.-. 조선감리회연맹이 국민총력기독교조선감리회연맹으로 개편되다. 11.1. 경성흥행협회가 서양영화 상영을 금지하다. 11.3. 함흥중학교 학생 7명이 항일비밀결사 동광사를 조직하다. 11.9. 종업자아동방지령을 공포하여 채광업과 금속공업 기술자 등록과 이동을 통제하다. 11.11. 국민정신총동원 천주교경성교구연맹이 국민총력천주교경성교구연맹으로 개편되다.
1941 ▼	【한국】 1.4. 朝鮮興農會의 기구와 사업계획을 결정하다.(국편) 1.10. 신문 등 게재 제한령을 공포하고 시행하여 신문지와 기타 출판물의 게재를 제한·금지하다. 1.15. 조선어학회가 『외래어표기법통일안』을 간행하여 로마자 표기법과 외래어 표기법을 제정하다./ 지문 분류 규정을 공포하다. 1.16. 원산상업학교생 한태운 등이 비밀결사 혐의로 원산경찰서에 피체되다. 1.23. 대구사범 학생 임굉·장세파·이태길 등이 비밀결사연구회를 조직하다. 1.25. 경성음악학회가 친일 단체 조선음악협회에 흡수 통합되다. 1.26. 친일단체 조선연예협회가 결성되어 일본국민문화 향상 목적을 표방하다. 1.30. 부산동래중학교생 등 10여 명이 일본군 대좌 습격사건으로 부산지법에서 실형을 구형받다./ 임시농지가격통제령을 공포하다. 1.-. 친일잡지 신시대사가 《신시대》를 창간하여 전시 관련 대중 기사를 보급하다. 2.2. 평양 등지의 미국·영국 선교사 부인 15명이 반전운동 계획으로 피체되다. 2.5. 한국광복군 기관지 《광복》 창간호를 발행하다. 2.7. 이효창이 제11회 명치신궁국민체육대회 동계대회 빙상스피드 3천·1만m에서 2관왕을 차지하다. 2.10. 치안유지법을 개정하여 예방구금령을 폐지하고 사상범보호교도소를 설치하다. 2.12. 조선사상법예방구금령을 공포하여 미전향 사상범을 서대문형무소에 감금하다. 2.14. 임시농지가격통제령을 공포하다. 2.15. 대구사범 권쾌복·문홍의·아동우 등이 비밀다혁당을 조직하여 민족의식을 양양하고 문예미술운동을 전개하다. 2.20. 국민저축조합법의 실시를 결정하다. 2.21. 조선총독부가 조선청년단을 조직하여 14~30세 청소년을 국방의 전위전사로 양성하려 하다. 2.22. 친일단체 경성미술가협회를 조직하여 이후 조선미술가협회로 개칭하다. 2.23. 민족대표 33인 박동완이 사망하다. 2.24. 조선미술대전 추천 작가를 중심으로 친일 미술단체 구신회를 창립하다. 2.26. 국민총력연맹 식산부가 수산보국운동지도요강을 발표하다. 2.-. 동아일보 기자 양재하 등이 월간종합잡지 《춘추》를 창간하다. 3.2. 광주서중생 기환도 등이 비밀결사 무등회를 조직하다./ 평양 등지의 미국 영국 선교사부인 15명, 반전운동 계획혐의로 피검되다. 3.6. 국방보안법을 공포하여 외국에 대한 외교·재정·경제 보호를 강화하다.

일본
11.12. 국민총력조선연맹이 애국반을 총동원하여 식량공출운동을 각 도 연맹에 통첩하다.
11.18. 국민정신총동원천도교연맹이 국민총력천도교연맹으로 개편되다.
11.20. 인천에 적십자사 결핵요양원 연수장이 개원하다.
11.23. 대구사범학교 학생 이태길·박찬웅·문홍의 등이 항일비밀결사 문예부를 조직하다.
11.30. 경성·부산·평양에 지방체신국이 설치되다.
11.-. 조선청년전위동맹과 조선민족해방동맹이 통합하여 조선민족해방투쟁동맹을 결성하다./ - 총독부, 각급학교의 校友會 등 제단체를 해체하고 國民總力學校聯盟 설치계획을 수립하다.(국편)
12.1. 경성·부산·함흥에 지방철도국을 개국하다./ 총력연맹이 전 애국반원에게 미곡 공출과 5억 원 저축운동 전개를 지시하다.
12.3. 이청원이 반파쇼전선 통일운동 전개 혐의로 송치되다.
12.5. 국민총력 조선예수교장로회 총회연맹이 결성되다./ 정무총감이 농산촌생산보국지도요강을 발표하여 농산촌생산보국운동과 부락생산확충계획을 실시하다.
12.10. 조선영화제작자협회가 발족하여 조선영화령에 따른 영화업계 통제를 강화하다./ 강원도 춘천농업학교 독서회가 발각되다.
12.11. 국민총력연맹이 이사회에서 국민사상 통일, 국민총훈련, 생산력 확충 등을 포함하는 총력연맹요강을 결정하다./ 국민총력경성부연맹이 연하·연회·증답·여행 폐지를 결정하다.
12.13. 석탄 연탄의 판매가격 개정하다.(국편).
12.14. 시국대응전선사상보국연맹이 개편되고 경성대화숙이 결성되다.
12.17. 國民總力運動指導委員會, 국민총력연맹의 지방조직체 확립과 조직정비 방침 결정하다.(국편).
12.19. 정무총감이 시가지계획령을 개정하여 보건방공도시 완성계획을 발표하다.
12.22. 유치진·임선규·홍개명이 친일단체 조선극작가동호회를 결성하다./ 친일 조선연극협회가 결성되어 이후 조선연예협회와 통합되다.
12.25. 부민관에서 황도학회 결성식을 열어 황도사상을 교육하고 선전하다.
12.27. 국민총력조선연맹 문화부를 결성하여 문화활동을 통한 황민사상 고취를 추진하다.
12.28. 윤효중·감정수 등이 재단법인 대화숙을 출범시키다.
12.-. 경성콤그룹 김삼용 등이 서대문경찰서에 피체되다.

【일본·해외】

1.1. 무정부주의 계열 한국청년전자공작대(중국 서안), 한국광복군 5지대에 편입되다.(지대장 나월환)

1.8. 육군상 東條, 전군에 「戰陳訓」을 시달하며 살아서 포로의 모욕을 받지 않는 군인정신을 강조하다.

1.10. 중국 산서성 남태항산에서 '화북조선청년면합회'(회장 무정)가 결성되며, 팔로군 소속 조선인들이 활동을 시작하다.

1.23. 大韓民國臨時政府 國務會議, 生計委員會 폐지키로 결정하다.(국편)

2.1. 韓國光復軍의 기관지 〈光復〉 창간호를 발행하다.(국편)

2.2. 평양 등지에서 미국, 영국 선교사 부인 15명이 반전운동 계획 혐의로 체포되다.

2.5. 大韓民國臨時政府 主席 金九, 미국 대통령 루우즈벨트에게 성명서를 발송하다.(국편)

2.11. 재일본 조선인 장학사업단체인 조선장학회가 설립되며, 학병을 위한 예비적 조치로 결성되다.

2.25. 임시정부 주석 김구가 미 루스벨트 대통령에게 '대한민국 임시정부 승인 요청'을 발송하나 거부당하다.

2.28. 일본 지바현 명륜중학교에서 무정부주의자 손원식 등 3명이 피체되다.

2.-. 大韓民國臨時政府가 한국광복군 창설과 관련하여 국내 및 재중국 동포에게 포고문을 발표하다.

3.1. 중국 중경에서 한국광복군 한적병 모집을 위한 제3징모처가 발족되다.

3.12. 야마구치고등학교·홍성중학교 한인유학생 19명이 비밀결사 여우회 사건에 연루되어 검사국에 송치되다./ 韓國光復軍總司令部, 제22주년 3·1절 선언서를 발표하다.

3.25. 일본경시청에 검거된 權泰爕, 동경형사지방재판소에서 징역형을 언도받다.(국편)

3.-. 朝鮮義勇隊, 重慶의 본부대원과 일선공작원을 제외한 대원들이 華北으로 진출하다.(국편)

4.13. [소련-일본] 중립조약이 조인되다.

4.20. 미주 각 단체 대표들이 호놀룰루에서 '재미한족연합위원회'를 조직하며, 항일독립운동 강화를 위한 목적을 표명하다.

4.22. 독일-소련 전쟁이 개시되다.

4.23. 일본 法政大學生 金承權, 비밀결사 조직활동 중 체포되어 검사국에 송치되다.(국편)

4.28. 일본 중앙대 권마등 3명이 유학생 포섭 활동 중 피체되어 동경형사지방재판소에 송치되다.

5.5. 민족부흥회사건 관계자 金斗熙, 일본 名古屋地方裁判所에서 징역 2년을 언도받다.(국편)

5.9. 東京主計商業學校生 金英敎가 광복 활동 중 피체되어 동경형사재판소에서 검사국에 송치되다.

5.13. 東京 한인 부두노동자 2명, 독립기도 혐의로 동경형사지방재판소 검사국에 송치되다.(국편)

5.15. 大韓民國臨時政府 主席 金九, 국내외 동지 동포서 발표하다.

5.16. 재만조선인교육문제간담회가 만주 신경에서 개최되며, '鮮滿一如' 구체화 결의가 이루어지다.

5.20. 韓國獨立黨, 전당대회에서 대회선언서를 발표하다.(국편)

연도	한국
▲ 1941 ▼	3.8. 농업노무자의 임금을 전면 통제하다. 3.10. 조선상업조합령을 공포하여 소규모 상업의 조직화를 법적으로 마련하다. 3.15. 국민근로보국령을 통해 학도보국대를 조직하다. 3.16. 유치진 등이 현대극장을 창립하여 일제의 침략전쟁을 찬양하고 정책을 선전하다./ 현대극장 부설연구소로 국민연극 연구소를 창립하다. 3.20. 동아경제간담회조선위원회를 창립하여 국토종합개발계획을 수립하다./ 청년대생산보국운동 실시요강을 발표하다.(국편) 3.23. 國民總力報恩郡經濟統制協力會, 충북 보은군회의실에서 창립하다./ 조선교육령을 개정하여 소학교를 국민학교로 개 칭하다.(국편) 3.30. 조선중요물자 현 재고 조사를 전국에 일제히 시행하다. 3.31. 국민학교규정을 공포하여 황국신민 양성에 중점을 두다./ 小學校規程 國民學校規程으로 전면 개정하다.(국편) 3.-. 조선의용대 대원들이 화북으로 진출하여 중경 본부대원과 알선 공작원을 제외하고 7월에 화북지대를 성립하다.(국편) 4.1. 생활필수품통제령을 공포하여 군수물자 생산을 장려하고 생활필수품 생산과 소비를 억제하다./ 평원산(평양-원산) 철 도를 개통하다. 4.2. 농촌노동력조정요강을 발표하다. 4.5. 만화가·문학가 30여 명이 친일단체 조선만화가협회를 발족하다. 4.8. 총독부, 각 관청과 공공단체소유의 각종 철제품과 동제품의 회수를 결정하다.(국편) 4.14. 1941년도 춘계농촌노무조정방침을 통첩하여 농번기 노동력을 강제 동원하다. 4.18. 여성의 坑內勞動을 목적으로 朝鮮坑夫勞務扶助規則特例 공포 시행하다.(국편) 4.23. 태고사가 조선불교 총본산으로 결정되다./ 부관연락선 화물선 대마마루가 취항하여 화물 수송을 강화하다. 4.24. 전 조선 국민학교생 대표에게 천황 숭배 고취를 목적으로 신사참배를 강요하다./ 가격통제령에 따라 조선소두 판매 가격을 지정하다. 4.28. 조선우수이출통제규칙을 공포하여 조선 소의 수입출을 통제하다. 5.2. 경성제국대학 이공학부를 발족하여 이공계 학생 수요에 대응하다. 5.5. 민족부흥회 사건 관련 김두회가 일본 나고야 지방재판소에서 징역 2년을 선고받다. 5.7. 한국독립당이 중경에서 첫 전당대회를 개최하여 삼균주의를 홍보하다. 5.10. 전국 13도 도의원 선거를 실시하여 218명을 선출하다. 5.11. 평양고적보존회, 미도굴 樂浪古墳 대상으로 발굴을 개시하다.(국편) 5.13. 도쿄 한인 부두노동자 2명이 독립기도 혐의로 동경형사지법 검사국에 송치되다. 5.14. 무역통제령을 공포하다. 5.15. 부산고등수산학교가 개교하다. 5.15. 국방보안법을 실시하다. 5.17. 총독부가 전국 한인노무자 국세조사 실시를 결정하다. 5.22. 경성운동장에서 京城靑年團을 결성하다.(국편) 5.28. 조선노동자기술통계조사시행규칙을 공포하다. 5.-. 평남 중화군 중파리에서 고구려 고분벽화를 발견하다. 6.1. 허천강수력발전소가 흥남까지 동양 제일의 고압 송전을 개시하다./ 전북신보를 창간하여 전북·군산일보를 자발적으 로 해소하다. 6.2. 農村靑年 强制動員하여 日本農村에 투입하기 위한 朝鮮農業報 國靑年隊 조직하다.(국편) 6.4. 소화공업학교 야간부생이 비밀결사 BKC단을 조직하다. 6.5. 오대산 월정사 방한암이 제1대 종정에 당선되다. 6.9. 工場·工事場·學校寄宿舍에 食糧 特別配給할 것을 결정하다.(국편) 6.16. 조선해운조합연합회를 조직하여 조선 근해 해운을 통제하다./ 조선광업령을 개정하다. 6.26. 조선고무배급통제규칙을 공포하여 고무 수입억제와 회수를 철저히 하다. 6.27. 석유배급통제규칙을 개정하다. 6.28. 맥류통제요항을 발표하다./ 조선총독부가 조선노무협회를 창립하여 조선인 노동력의 해외 송출을 담당하다. 6.30. 양정중학교생 서주원·신형균이 동지회를 조직하여 활동 중 피체되다. 6.-. 친일 국민시가연맹이 결성되어 이후 조선문인보국회로 통합되다. 7.1. 농림국이 식량수급대책을 위해 도시, 농촌, 어촌, 공장지대로 구분하여 식량농산물의 소비고 조사를 개시하다./ 조선 주택영단이 창립되어 6만 호를 건설하여 주택난을 해소하다. 7.6. 김재영이 독립활동을 도모하다가 피체되어 동경형사재판소 검사국에 송치되다. 7.7. 재동경민족주의그룹 박용진이 일본 경시청에 검거되어 경남경찰부에 안계되다. 7.11. 朴興植, 臨戰報國團費 20만원 헌금하다.(국편)

일본

6.4. 임시정부가 주미외교위원장 이승만을 워싱턴 주재 전권대표로 임명하다.

6.18. 주석 김구와 외교부장 조소앙이 미 대통령에게 임시정부 승인을 요청하는 공함을 발송하다.

6.22. [독일] 소련에 선전포고하다.

7.1. 일본 미에현(三重縣) 기주광산에서 한인노동자 12명이 일본경찰의 폭행으로 검사국에 송치되다.

7.2. 일본 어전회의에서 '정세의 추이에 따른 제국국책요강'을 결정하고, 관동군이 특별대연습을 시작하다.

7.6. 金任榮, 독립활동 도모 중 체포되어 동경형사재판소 검사국에 송치되다.(국편)

7.7. 재동경 민족주의그룹 朴容鎭, 일본경시청에 검거되어 경남경찰부에 인계되다.(국편)

7.8. 화북조선청년연합회 연안지회가 설립되며, 회장 정율빈 등이 22명으로 조선간부학교 설치안을 결의하다.

7.21. [일본-프랑스] 인도방위협정이 체결되다.

7.23. 일본-프랑스령 인도차이나방위협정이 성립되다.

7.25. 미국이 일본 자산 동결을 발표하다.

8.6. 김봉반이 일본 오사카에서 계림동지회를 조직하며 독립운동을 전개하다가 피체되다.

8.13. 윤정희, 김판석 등 6명이 동경에서 미국·중국과 연락하며 독립활동을 하던 중 피체되어 동경지법에 송치되다.

8.29. 임시정부가 루즈벨트·처칠의 공동전선 발표를 환영하며, 임시정부에 대한 승인과 군비원조를 요구하다./ 朝鮮義勇隊 朝鮮民族戰線聯盟, 31주년 國恥日 宣言書를 발표하다.(국편)

9.11. 일본 가고시마 실과종합중학 한인 학생들이 빈중회를 조직하며 지방재판소 검사국에 송치되다.

9.19. 潘德一이 일본 교토에서 경시청에 피체되다.(국편)

9.25. 金炯喆, 동경에서 조선독립청년단인 建設黨 조직활동으로 동경형사지방재판소 검사국에 송치되다.(국편)

9.27. 동경고등공과생 문장희 등 5명이 비밀결사 '명광회' 조직 활동 중 피체되다./ 李靑垣, 동경구치소에 수용 중 보석 출소하다.

10.2. 미국이 4원칙을 확인하고 불령 인도차이나 및 중국에서의 철병요구각서를 일본에 전달하다.

10.3. 도쿄에서 한인 신문배달원들이 민족의식을 고취하며 활동하던 박천한 등 3명이 피체되다./ 大韓民國臨時政府, 중국 외교총장과 정부 승인 문제로 회담하다.(국편)

10.4. 金炳舞, 일본 名古屋市에서 민족운동 혐의로 피체되다.(국편)

10.7. 일본 야마구치 후동천댐 축조공사에서 한인노동자 330명이 휴업하며 노동시간 단축 등을 요구하다.

10.9. 일본 明治大生 金龍洙, 민족운동 혐의로 피체되다.(국편)

10.10. 張德秀, 大阪에서 조선독립청년당 결성활동 혐의로 피체되다.(국편)

10.16. 임시정부의정원이 統帥府官制와 駐美外交委員部規定을 원안대로 추인하다.(국편)/ 柳貴福 등이 교토에서 비밀결사 조직 활동 중 피체되어 大阪재판소 검사국에 송치되다.

10.18. 東條英機 내각이 성립되다.

10.21. 金三壽가 일본 오이타현에서 유언비어죄로 오이타재판소 검사국에 송치되다.

10.22. 공산주의 관계자 宋太玉, 大阪刑務所에서 형기만료 후 미전향으로 예방구금되다.(국편)

10.30. 蔣介石, 韓國光復軍 行動九個準繩으로 한국광복군과 조선의용대를 中國軍事委員會에 예속시키다.(국편)

11.5. 일본 어전회의에서 對美 開戰을 결의하다.(국편)

11.9. 滿洲開拓半島義勇靑年隊 114명, 만주 哈爾濱 특별훈련소 입소차 출발하다.(국편)

11.15. 中國軍事委員會, 光復軍의 中國軍 예속·光復軍에 대한 臨時政府의 간여 배제 등을 골자로 韓國光復軍 九個行動準繩을 제의하다.(국편)

11.19. 臨時政府가 中國軍事委員會의 光復軍行動準繩 9개항을 수락하며, 光復軍이 中國軍 작전지휘권을 받다.

11.25. 臨時政府가 美國 워싱턴에 구미외교위원회(위원장 李承晩)를 설치하다.

11.26. 일본 北海道 千屋羽龍鑛業所에서 한인노동자 47명이 갱내 작업 취로 거부로 피체되다.

11.28. 大韓民國臨時政府, 大韓民國建國綱領을 제정 발표하다.(국편)

12.1. 어전회의에서 대영·미·네덜란드와 개전을 결정하다.

12.2. 일본 厚生省이 노동동원실시계획에 따라 조선 노동자 내지 이주와 관련된 발표를 하다.

12.8. 일본이 미국의 진주만을 기습 공격하며 태평양선생이 빌빌하다./ 재미한인 1세는 저성 외국인으로 분류되다.

12.9. 대한민국 정부가 제20차 국무회의를 개최하며 대일선전선언을 결정하고 대일선전선언서를 발표하다.

12.12. 조선의용대가 일본군과 중국 호가장에서 전투를 벌이다.

12.14. 在美韓族聯合委員會, 재미한인의 전시국방복무요령을 발표하다.(국편)

12.15. 金世學·金順昌·韓寬洙 등, 독립활동 중 체포되어 동경지방재판소 검사국에 송치되다.(국편)

12.22. 在美韓族聯合委員會, 로스앤젤레스에서 한인국방경위대를 편성하다.(국편)

12.29. 재미한족연합위원회, 猛虎軍 50명을 캘리포니아경위군에 인계하다.

연도	한국
▲ 1941	7.15. 국민총력운동지도위원회가 전시국민생활체제 강화책을 결정하다. 7.17. 국민총력연맹이 자급비료증산운동실시요강을 발표하다. 7.18. 조선광업령시행규칙과 조선중요광물증산령시행규칙을 개정하다. 7.30. 농림국이 10개년 사업으로 제2차 자작농 10만 호 창설 계획을 수립하다./ 徵用對象者 調查登錄에 관한 건을 공포 시행하다.(국편) 7.31. 朝鮮軍事後援聯盟 軍人援護會, 일본군인 원호사업 확대 위해 恩賜財團軍人援護會朝鮮本部로 개편하다.(국편) 8.5. 압록강수력전기 수풍발전소 1호기가 만주에 송전하고 국내 송전을 개시하다./ 국민총력경성부연맹이 애국반원의 전시국민생활 실천요강을 확정 발표하다. 8.6. 국민총력운동지도위원회가 총독부에서 절미운동 철저 등 4대 방안을 제창하다. 8.15. 식산국이 조선의 피복기성품류의 배급통제요망을 각도지사에 통첩하다. 8.19. 尹致昊 등 총독부국민총력연맹관계자, 銃後愛國運動 내용을 결정하다.(국편) 8.20. 친일단체 임전대책협의회가 부민관에서 개최되다./ 조선장로교신도애국기헌납기성회가 조직되어 전쟁용 비행기 헌납을 지원하다. 8.24. 興亞報國團準備委員會가 결성되어 皇國精神 고양과 時局 認識을 철저히 하다. 8.24. 尹致昊·高元勳·朴興植 등 50여 명, 皇國精神 昻揚 위한 興亞報國團 준비위원에 피선되다.(국편) 8.25. 김동환 등이 임전대책협의회를 결성하고 채권가두유격대, 지축보국운동을 전개하다. 8.26. 임시보조화폐의 형식을 정하는 건을 공포하여 알루미늄제 10전·5전 화폐를 발행하다. 8.29. 금속류회수령을 공포하여 철·동합금 재료의 회수를 추진하다. 8.30. 작곡가 홍난파가 사망하다. 8.-. 보천보 전투 관련자 6명이 사형 선고를 받다. 9.1. 압록강수력전기 수풍발전소 제2호기가 평양 송전을 개시하다. 9.2. 조선화물자동차운송사업조합이 설립되다. 9.3. 朝興亞報國團과 臨戰對策協力會이 선임전보국단으로 결성되다./ 조선임학회와 조선방송협회가 조선과학보급협회를 창립하다. 9.11. 1942미곡년도 식량대책이 발표되다. 9.13. 조선사법보호협회가 결성되어 보호구 설정과 유력자 위원 임명을 진행하다. 9.16. 총독부가 중등 이상 남녀학생에게 학교총력대 결성을 지시하다. 9.21. 전국적으로 근로보국대가 조직되어 도로·철도·비행장·신사 건설에 동원되다. 9.25. 김형철이 도쿄에서 조산독립청소년단 건설당 활동 중 송치되다. 9.30. 금속류회수령시행규칙을 공포하다. 9.-. 조선교화단체연합회가 전위여성격려대를 조직하여 각지 여성 위원을 파견하다./ 김제학 등이 독립활동 중 피체되어 2년형을 선고받다. 10.1. 내선일체운동단체 정학회가 결성되어 황도사상 보급에 주력하다./ 12개 지역이 면에서 읍으로 승격되다. 10.1. 경상북도 당국이 미곡자유판매를 일절 금지하다. 10.4. 김병순이 나고야에서 민족운동 혐의로 피체되다./ 총독부가 경성부를 7구로 나누어 구제 실시를 내정하다. 10.8. 조선중앙주류배급통제조합이 창립되다.
1942 ▼	【한국】 1.8. 국민총력조선연맹이 매월 1일을 '애국일행사', 8일을 '대조봉대일'로 변경하다. 1.9. 총독부 경무국이 결전시국하 국민오락의 적절지도방침 10개항을 발표하다. 1.10. 노무조정령을 발표하여 군수산업에 노동력을 집중 배치하다. 1.14. 조선군사령을 공포하다./ 增徵 수탈 위한 增徵要綱을 발표하다. 1.15. 臨時徵兵檢查規則 및 徵兵事務特例에 관한 건을 공포 시행하다.(국편) 1.16. 철도 운임 30% 인상을 공포하고 태평양전쟁의 비용을 조달하다. 1.20. 갱생금융제도를 실시하여 중소상공업자에게 부흥자금을 대부하다. 1.21. 조선총독부 이동영사 단체 조선영화계발협회를 창립하다. 1.25. 이효창이 명치신궁빙상경기대회에서 1,500m와 10,000m 우승을 차지하다./ 조선잠사업통제령을 공포하고 조선잠사통제회사를 설립하다. 1.26. 명광회 활동 중 문장희 등 5명이 비밀결사 혐의로 송치되다. 1.29. 고창중학교생 백남순이 민족의식 고취 혐의로 징역 1년 6월을 선고받다. 1.-. 정학회 산하 의용봉공단이 총후정신대를 결성하여 혼연일체 운동을 전개하다. 2.1. 조선신궁에서 신교·불교·기독교 단체 연합대회를 열고 전쟁에 종교인을 이용하다./ 대한독립단원 이광호가 평북 초산에서 군자금 모금 중 순국하다.

일본

10.22. 임전대책협의회와 흥아보국단준비위원회가 통합되어 조선임전보국단이 결성되다./ 중등 이상의 학생들이 학교총력대를 결성하여 전공분야에 강제 동원되다./ 朝鮮臨戰報國團 崔麟 등, 발단식 거행하다.

10.30. 장개석이 한국광복군행동9개준승을 공포하여 광복군과 조선의용대를 중국군에 예속시키다./ 조선국민저축조합령을 공포하여 전쟁 지원을 강요하다.

11.1. 총독부가 경기도 내 남녀중등학교생을 군수물자 생산에 동원시키기 위해 학교총력대를 조직하다.

11.4. 국민총력조선연맹이 지원병취지보급좌담회를 개최하다.

11.7. 지원병보급설전대가 조직되어 청년학생들에게 지원병 취지를 설명하고 촉구하다.

11.13. 경성부식량배급조합이 경성부양곡배급조합으로 개조되어 인가되다.

11.14. 육군통계령을 개정 공포하여 육상 수송력을 강화하다.

11.15. 친일단체 언론보국회가 창립되다.

11.18. 김치보가 사망하다.

11.21. 국민근로보국협력령을 공포하여 어린 학생들을 군용비행장과 방공시설에 강제 사역시키다.

11.25. 최진동이 사망하다.

11.26. 총독부관방에 정보과를 신설하다.

11.28. 임시정부가 대한민국 건국강령을 발표하여 삼균주의와 독립전쟁 준비를 천명하다.

11.30. 국민등록을 실시하여 14세 이상 40세 미만 청장년을 동원하다./ 조선동아구락부가 결성되다.

11.-. 극단 호화선이 성군으로 개명하고 재창단하다./ 친일 일문 문예지《국민문학》이 창간되다.

12.1. 국민노동보국협력령을 공포하여 남녀 청소년을 근로보국대에 강제 동원하다./ 조선민족해방동맹이 옹호한국임시정부선언을 발표하다./ 강제동원 위한 근로보국협력령을 실시하여 14—40세 남자와 14—25세의 여자를 근로보국대에 편입 각종 공사장에 강제 동원하다.

12.3. 육군통제령시행규칙을 개정하다.

12.5. 물자통제령을 공포하다.

12.8. 국내 거주 외국인 신부와 교구장 67명이 피체되다.

12.9. 朝鮮臨戰報國團, 聖戰完遂 一死報國이란 선언문을 발표하다.

12.10. 조선민족혁명당이 제6차 전당대표대회에서 임시정부 참여를 결정하다.

12.14. 朝鮮臨戰報國團, 전국대회를 개최하여 군수자재 헌납 등을 결의하다.

12.15. 物資統制令을 공포 시행하다./ 國民總力京畿 忠北·慶南聯盟, 일본군용기 헌납을 결의하다./ 旣成服 配給統制를 실시하다.(국편)

12.17. 방공법 조선시행령과 방공법시행규칙을 개정 공포하다.

12.19. 전시범죄처벌의 특례에 관한 법률을 공포하여 등화관제 위반자를 중형에 처하다./ 正學會, 부민관대강당에서 英·美擊滅講演會를 개최하다.(국편)

12.20. 한국독립당이 태평양전쟁에 임하는 격문을 발표하다./ 조선면포통제위원회가 면포 생산과 배급수량을 결정하다.

12.22. 철제품 제조제한규칙을 공포하여 군수용 자재 우선과 제한 품목을 추가하다.

12.27. 농업생산통제령을 공포하여 군량 확보를 위해 잠업을 중단하고 간작을 실시하다./ 조선상업조사규칙과 조선공업조사규칙을 공포하여 시행하다./ 朝鮮臨戰報國團 決戰婦人大會, 부민관대강당에서 개최하다. 金活蘭·林孝貞·毛允淑 등이 강연하다.

12.29. 적산관리법시행규칙과 조선광석배통제규칙, 제강원철제조장려금교부규칙을 공포하다./ 함흥농업학교와 사범학교생이 조직한 철혈단 95명이 피체되다.

【일본·해외】

1.2. 일본군, 마닐라를 점령하다./ 고려혁명군 사령관 김경천이 블라디보스토크에서 사망하다.

1.4. 뉴욕한인교회 중심으로 '미주동부대한부인회'를 조직하다.

1.8. 朴鍾千·朴基注, 치안유지법 위반 혐의로 동경형사지방재판소 검사국에 송치되다.(국편)

1.17. 미얀마 진격을 개시하다.

1.19. 일본군, 버마에 침입하다.

1.21. 東條 수상이 의회에서 대동아공영권 건설의 지도방침을 표명하며 대동아선언을 발표하다.

1.22. 大韓民國臨時政府 國務會議, 內務部員에 閔泳珠, 宣傳委員에 金奎光·金允澤·朴建雄을 선임하다.(국편)

1.25. 臨時政府 宣傳委員會가 '국내외 동포들에게'라는 성명서를 발표하다.

1.26. 일본유학생 文章熙 등 5명, 비밀결사 明光會 조직활동 중 체포되어 동경재판소 검사국에 송치되다.(국편)

1.30. 主席 金九가 蔣介石에게 臨時政府 승인을 요청하지만 蔣介石 總統은 승인을 보류하다.

2.1. 박명규·조영진 등 8명이 교토에서 동지 포섭 중 피체되어 교토재판소에 송치되다.

2.2. 일본 山形縣 田川鑛業所에서 한인노동자 190명이 태업과 일본인 관리자 폭행으로 항의하다.

2.6. 金濟玉 등 2명, 일본 在九州 民族獨立運動 學生그룹 관련 혐의로 피검되다.(국편)

2.9. 大韓民國臨時政府, 3·1절기념준비위원회를 개최하다.(국편)

2.15. 일본군이 싱가포르를 점령하고, 영국군이 항복하다./ 미국 LA에 민병대 '한인국방경위대'(사령관 金用成)가 창설되다.

연도	한국
▲ 1942 ▼	2.6. 조선흥농회가 제1차 증미경진회 표창식을 개최하다. 2.8. 김제옥 등이 일본 북구주 민족독립운동 학생그룹 관련 혐의로 피체되다. 2.10. 총독부 계획국장 야마나가 금속류 회수를 강요하다. 2.11. 기업정비령을 공포하여 전쟁물자 조달을 강화하다. 2.12. 兵器等製造事業特別造成法을 공포하다./ 國民總力朝鮮聯盟, 舊正 절대폐지에 관한 담화를 발표하다.(국편) 2.14. 체육단체를 강제 해산하고 조선체육진흥회를 결성하다. 2.16. 대동아전쟁국채와 특호전시저축채권 발매를 시작하다. 2.18. 일본 이시카와 제4고등학교 최동명 등이 민족주의 그룹 관련 혐의로 피체되다. 2.20. 식량관리법을 공포하여 식량 수급과 배급을 통제하다. 2.21. 인지세법을 개정하여 세율을 인상하다. 2.25. 전 임시의정원장 송병조가 중경에서 서거하다. 2.-. 조선총독부가 음력 설날을 폐지하고 양력 설날만 인정하다./ 한국광복군 특파단 김학규 등이 곤양에 파견되어 적 후방 징모·선전공작을 수행하다./ 서울의 토막민들이 일본 북해도 철도 토목공사장으로 강제 파송되다. 3.1. 각 가정의 금속류에 대한 강제공출과 징병대상 청년들에 대한 체력검사를 시작하다./ 조선총독부가 가정의 금속류를 강제 공출하다./ 임시정부가 3·1선언을 발표하고 임시정부 승인을 요청하다./ 1924년생 청년들을 대상으로 징병대상자 조사를 실시하다. 3.5. 청년훈련소에 전임 교원을 배치하여 군사훈련을 강화하다. 3.14. 대일본애국부인회 조선본부가 설립되어 여성 동원을 본격화하다. 3.17. 명륜전문학교가 설립 인가를 받다. 3.19. 철강통제회 조선지부가 조직되어 군수산업용 철강재 확보에 나서다. 3.23. 조선사법보호사업령 및 조선사법보호위원회령을 공포하다./ 조선대가조합령을 공포하여 대가 소유자 경영 법인을 조직하다./ 조선소년령을 공포하여 청소년 감화시설 설립을 추진하다. 3.24. 戰時海運管理令을 공포하다.(국편) 3.25. 약품 및 위생재료 생산·배급 통제 규칙을 공포하여 생약 일괄 수매를 시작하다./ 조선문인협회가 창립되어 한국어 문학 말살을 추진하다./ 조선상업조합중앙회가 창립되어 상업조합·연합회의 지도와 감사를 강화하다. 3.-. 성서조선사건이 발생하여 기독교계 언론인이 피검되다./ 전시해운관리령을 공포하여 대형 선박을 징발하다./ 전시해운관리령을 공포하여 대형 선박을 징발하다. 4.1. 조선마회사가 설립되어 말 확보와 마차 진흥을 추진하다./ 중앙선이 청량리에서 경주까지 개통되다. 4.2. 경기도 府尹·郡守會議에서 미곡공출 독려·전시식량 충실운동 등을 결의하다.(국편) 4.7. 육군특별지원병 검사가 실시되다. 4.8. 임업산품취체규칙이 공포되고 조선인 징병제가 결정되다. 4.16. 전국 중등학교에 글라이더 활공훈련 과목이 설치되다. 4.17. 제1기 조선육군특별지원병 1,052명이 입소하다. 4.18. 침략전쟁 자금 마련을 위해 저축 목표를 9억 원으로 설정하다. 4.21. 노무동원 실시계획에 따라 조선인 노동자 이입을 공포하다. 4.23. 대동아 국채 200만 원을 발매 시작하다. 4.28. 한국광복군이 전선 공작 인원을 우대하는 잠행규례를 공포하다. 4.30. 최현배가 『한글갈』을 출판하다. 4.-. 국민학교에 모형비행기 제작 교육과정이 설치되다./ 기독교신문협회가 창립되다./ 중국 국민정부가 한국 임시정부 승인을 결의하다. 5.1. 경성후생실내악단이 결성되어 일본국민음악을 보급하다./ 대중잡지 《삼천리》가 《대동아》로 개제되어 친일 잡지로 전락하다./ 조선총독부가 전국건민운동을 전개하다./ 조선총독부가 조선어학회 기관지 《한글》을 강제 폐간하다./ 조선춘추회를 해산하고 조선신문회를 조직하다./ 조선영화배급사가 영화의 제작과 배급을 통제하다. 5.2. 어용출판기관 조선신문회가 조직되다. 5.5. 총독부가 특수광물증산회를 조직하다./ 일제가 조선에 징병제를 실시할 것을 발표하다. 5.6. 총독부가 일본어 보급운동을 강요하기로 결정하다. 5.11. 보통은행통제회와 지방은행통제회가 창립되다. 5.13. 민족운동자 文大植, 전주지방법원에서 보안법 위반으로 징역 6월을 선고받다. 5.16. 금융사업조정령이 공포되다. 5.17. 국민총력조선연맹 조선군사보급협회가 京城府民館에서 징병제 실시기념강연회를 개최하다. 5.19. 경성 청년단이 경성부민관에서 징병제도실시감사대회를 개최하다. 5.20. 조선염전매령이 공포되어 소금 생산과 공급을 통제하다.

일본

2.18. 일본 石川縣 제4고등학교 崔東明 등 13명, 민족주의그룹 관여 혐의로 피검되다.(국편)

2.25. 前 臨時政府 議政院長 宋秉祚, 中國 重慶에서 서거하다.(국편)

2.26. 東亞聯盟協會員 尹錫福 등이 독립운동 혐의로 일본 우라가에서 피체되다.

2.27. 워싱턴에서 '한인자유대회'를 개최하고, 루스벨트 대통령에게 臨時政府 승인과 무기지원을 요청하다.

3.1. 대한민국임시정부가 3·1 선언을 발표하여 中·美·英·蘇에 임시정부 승인을 요구하다./ 조선민족혁명당이 《敬告中國同胞書》를 통해 임시정부가 혁명의 최고 통일기구여야 한다고 촉구하다.(국편)

3.8. 일본군이 버마(미얀마) 수도를 점령하다.

3.9. 일본군이 남부 인도네시아를 점령하다.

3.13. 중국군사위원회 위원장 장개석이 한국광복군 총사령부 참모장에 윤정보를 임명하다./ 明治大學生 朴俊緖가 치안유지법 위반으로 東京 형사지방재판소에 송치되다.

3.19. 일본 철강통제회가 군수산업용 철강재 확보를 위해 조선지부 조직을 결정하다.(국편)

3.22. 중국 입법원장 孫科가 重慶에서 東方文化協會 주최 한국문제강좌에서 임시정부를 지지하는 강연을 하다.(국편)/ 중국 입법원장 손과가 중경에서 동방문화협회 주최 한국문제강좌에서 임시정부 지지 연설을 하다.

3.30. 대한민국임시정부 국무회의가 在美韓族聯合會에 韓人志願軍組織權 부여 등을 결의하다.(국편)

3.31. 한국광복군 5지대장 나월환(1912~1942)이 중국 서안에서 부하에 의해 피살되다.

3.-. 한국광복군 5지대와 기존 1·2지대를 통합하여 신편 2지대를 조직하고 서안에 주둔하다./ 광복군 5지대와 기존의 1·2지대를 통합하여 신편 2지대를 조직하다.(국편)/ 광복군 제5지대장 羅月煥이 西安에서 부하에게 암살되다.(국편)

4.1. 타이완에서 육군지원병제를 실시하다.

4.14. 김병준·김광수 등 4명이 도쿄에서 독립운동 혐의로 일본 경시청에 피체되다.

4.18. 미군기가 도쿄 등 일본을 처음으로 공습하다.

4.20. 임시정부가 조선의용대를 한국광복군에 합편하기로 결정하다./ 임시정부가 외교연구위원회 설치안을 의결하고 8월 신익회 등 4명을 외교위원으로 선출하다.

4.26. LA에서 '한인국방경위대'(일명 맹호군)가 캘리포니아 정부의 공식 인가장을 수여받다.

4.28. 대한민국임시정부가 韓國光復軍 戰線工作人員 優待暫行規則을 공포하다.(국편)

4.-. 중국 국민정부 국방최고위원회가 대한민국임시정부 승인안을 의결하다.(국편)

5.4. 재미교포 李正根·朴谷學이 미 해군육전대 기습부대의 종군통역으로 솔로몬군도에 출정하다.(국편)

5.5. 한미협회 회장 크롬웰이 미 국무장관에게 임시정부 승인을 촉구하다.

5.6. 일본군이 필리핀 레히돌 섬을 점령하다.

5.8. 조선징병제가 일본 각의에서 통과되다.

5.13. 임시정부가 한국광복군에 '부사령직'을 증설하기로 의결하다.

5.15. 임시정부가 김원봉의 조선의용대를 광복군 제1지대로 편입하고, 김원봉을 광복군 부사령으로 임명하기로 결정하다./ 광복군 제1·2·5지대를 제2지대로 개편하고 대장에 이범석을 임명하다./ 제3지대장에 김학규를 임명하다./ 만주 개척민 1천여 명이 만주 전장대로 향발하다.

5.18. 조선의용대장 김원봉이 한국광복군 부사령에 선임되다./ 화북조선독립동맹 산동분맹이 설립되다.

6.3. 중국 태항산전투(중국 팔로군 - 일본군)에서 조선의용대 윤세주(1901~1942)가 전사하다.

6.4. 일본이 버마에 군정을 시행하다.

6.5. 미드웨이해전에서 일본 해군이 참패하여 태평양전쟁의 주도권이 일본에서 연합군으로 넘어가다.

6.15. 쿠바 하바나에서 열린 전승연합대회에서 대한민국 임시정부가 승인되다.

6.23. 대한민국임시정부 국무회의에서 楊墨·金冠五·姜弘周를 선전위원에 선임하다.(국편)

6.24. 대한민국임시정부가 《外交研究委員會規程》을 제정 공포하다.(국편)

6.26. 조선의용대 미주후원회연합회가 조선민족혁명당 미주총지부로 개칭되다.

6.29. 임시정부가 '국기 양식 일치안'을 제정 공포하다.

7.6. 이승만이 '미국의 소리(Voice of America)'를 통해 동양·남미 동포에게 격려 연설을 방송하다.

7.10. 김두봉·최창익 등이 연안에서 조선독립동맹을 결성하다.

7.11. 일본이 남태평양 진공작전의 중지를 결정하다.

7.25. 독일의 대소련 참전 요청에 대해 불참가를 결정하다.

7.30. 김규일·지인덕 등이 독립운동으로 도쿄에서 피체되어 야마구치 지방재판소에 송치되다.

7.-. 조선의용대가 《朝鮮義勇隊改編宣言》을 발표하고 광복군에 편입되다.(국편)

8.1. 《朝鮮薪炭配給統制規則》을 공포 시행하다.(국편)

8.4. 대한민국임시정부가 《臨時議政院選擧規程》을 공포하다.(국편)

8.8. 미국과 일본 간 솔로몬제도 방면에서 '솔로몬해전'이 발발하여 미국이 제해권을 장악하다.(~11.24.)

8.12. 일본 경시청에 검거된 김경이가 육군형법 위반으로 도쿄구치소에 수감되다.

연도	한국
▲ 1942	5.21. 소금 전매령이 공포되다. 5.25. 민족대표 33인 이필주 목사가 신사참배 거부로 사망하다./ 조선인 군속 모집이 시작되어 미·영 포로수용소에 배치되다./ 소설가 이효석이 사망하다. 5.29. 고이소 쿠니아키[小磯國昭]가 제8대 조선총독으로 부임하다. 5.30. 경성식량보국대가 결성되어 식량 관련 업자들이 조직되다. 5.-. 숙명고녀에서 여학생 교련이 처음 실시되다./ 양주동이 『조선고가연구』를 간행하다./ 징병제도시행준비위원회가 설치되어 선전·호적정비·일어보급·청년연성이 추진되다. 6.1. 금융통제단체령시행규칙이 공포되어 시행되다./ 총독부농림국 파견의 農業報國靑年隊 300명이 봉사노동 명목으로 일본에 향발하다.(국편) 6.4. 불경죄로 체포된 鄭成模가 신의주지방법원에서 실형을 선고받다.(국편) 6.9. 경기도 내 모집 노동자 240명이 북해도로 출발하다. 6.16. 치안유지법 위반자로 복역한 정암우가 비전향 이유로 예방구금 처분되다. 6.18. 조선목재통제령이 공포되다. 6.19. 금융통제단체령이 공포되어 조선금융단이 설치되다. 6.24. 임시정부가 외교연구위원회를 설치하다. 7.1. 경성부가 미곡배급장제도를 시행하다. 7.2. 재일유학생 이장우 등 4명이 비밀결사 조직 혐의로 피체되어 동경형사지법에 송치되다. 7.6. 함북양곡회사와 평남양곡회사가 설립 인가를 받다. 7.15. 조선공업통제회가 일본공업통제회에 가입하다. 7.20. 國民總力朝鮮聯盟, 각 가정 鍮器의 자진 공출을 各道聯盟에 통첩하다.(국편) 7.26. 조선연극협회와 조선연예협회가 통합하여 친일단체 조선연극문화협회를 결성하다. 7.28. 總督府情報課, 한인청년을 海軍軍屬으로 채용한다고 발표하다./ 海軍特別志願兵令을 공포하다.(국편) 7.-. 국민총력연맹이 가정의 유기그릇 공출을 지시하다. 8.1. 퇴비생산배가운동을 실시하다. 8.2. 반공 지하조직 백의사를 조직하다. 8.5. 군수용 수산물 가공품 조달을 위해 통조림 수출조합을 조직하다. 8.17. 조선총독부가 연희전문학교 적산을 접수하고 일본인 다카하시를 교장으로 부임시키다. 8.26. 탄광 등 특수노무자의 최고 임금을 결정하다. 8.30. 고희동과 김은호 등이 조선남화연맹을 결성하여 남화정신에 기초한 작품 연구와 발표를 추진하다. 8.-. 조선신탄배급통제규칙을 공포하고 간장과 된장 배급제를 실시하다. 9.1. 공업용 제혁품 배급통제를 실시하다. 9.3. 부여 부소산 서쪽에서 백제 벽화를 발견하다. 9.5. 조선어사전 편찬에 관련된 정태진이 함흥영생여자보통학교 사건으로 피체되다. 9.8. 조선목재통제령 시행규칙을 공포하고 목재를 원목·제재·판매로 구분하여 통제하다./ 금속류 특별회수 강제양도명령을 발동하다. 9.15. 조선화학공업통제회를 조직하다. 9.23. 조선인과 일본인 영화업계를 통합하여 조선영화제작주식회사를 발족하다. 9.26. 조선기류령을 공포하여 주민등록제를 시행하다. 9.27. 부관연락선 천산환이 취항하다. 9.30. 제2회 청장년 국민등록을 실시하다./ 李鎔俊 등 6명이 독립운동 혐의로 대전지방법원에서 각각 징역 1년을 언도받다. 9.-. 군수용재 원활 수급을 위해 조선신탄배급통제규칙을 공포하다. 10.1. 조선청년특별연성령을 공포하여 17~21세 청소년 대상 군사훈련을 실시하다./ 조선어학회 사건으로 최현배, 이희승, 이극로 등 11명이 피체되다. 10.11. 金九·趙素昻·李靑天 등과 中國人士 孫科·吳鐵城 등 400여 명, 中國 重慶에서 韓中文化協會를 결성하다.(국편). 10.19. 1943 미곡년도 식량대책요강 및 양곡 수하와 배급 구체적 방법을 발표하다./ 總督府企劃委員會, 生産力擴充推進運動 實施要綱을 결정하다.(국편) 10.20. 조선민족혁명당 등 좌익 측 인사 14명이 의정원 의원으로 선출되어 통합정부를 이루다. 10.21. 조선어학회 이강래, 이병기, 김선기, 이만규 등이 홍원경찰서에 연행되다. 10.23. 조선어학회 사건으로 이인, 이은호, 안재홍 등 33명이 피체되고 29명이 구속되다.
1943 ▼	【한국】 1.6. 총독부가 농산물 수탈과 농촌청년 강제징용을 목적으로 농업계획위원회를 조직하고 규정을 공포하다. 1.14. 조선농지개발영단이 창립되어 중요 농산물 증산에 필요한 농지 개발을 추진하다.

일본

8.17. 고베 중앙신학교생 전영창 등 5명이 애국심 고취 활동 혐의로 고베지방법원에 송치되다./ 중국정부 呉鐵城·陳果夫 등 지도자 10명이 한국광복군 지원 사항을 결정하다.(국편)

8.29. 조선민족혁명당이 국치 제32주년 기념일을 맞아 선언서를 발표하다.(국편)

8.-. 일본이 조선·대만·타이·말레이시아·필리핀·자바·보르네오에 포로수용소를 설치하다.

9.1. 일본이 청장년의 국민등록을 실시하다.

9.2. 韓興孫, 하바로브스크에서 만주로 잠입 중 피체되다.(국편)

9.-. 대한광복군 총사령부가 중국 서안에서 중경으로 이동하다.

10.1. 임시정부가 국기에 대한 경례의식을 결정하다./ 한국광복군 제2지대 제3구대 제5분대(분대장 김문호, 대원 21명)를 편성하다.

10.11. 김구·조소앙·지정천이 중국 손과·오철성 등 400여 명과 함께 중경에서 '한중문화협회'를 결성하다.

10.20. 임시정부 의정원 의원선거에서 조선민족혁명당 등 좌익측 인사 14명이 의정원 의원으로 선출되다.(국편)

10.22. 李仁·李殷相·尹炳浩·安在鴻 등 29명이 朝鮮語學會 사건으로 피체되다.

10.25. 의열단 간부 김대지(1891~1942)가 사망하다.

10.28. 임시정부의정원 의원 李然皓 등 17명이 光復軍行動準繩 九個項 취소요구안을 제출하다.(국편)

11.1. 대동아성이 설치되고 대동아성관제가 공포되다.

11.2. 임시정부가 '전전공작인원우대조규' 폐지를 결정하다.

11.12. 滿洲國 總務廳이 在滿朝鮮人徵兵制度施行準備委員會를 설치하고 新京에서 결성식을 거행하다.(국편)

11.19. 국내 및 만주에서 대종교 주요 간부 21명이 일본 경찰에 의해 체포되다.

11.20. 일본 내각이 '조선징병제도 실험 요강'을 결정하다.

12.3. 대일본언론보국회가 결성되다.

12.5. 조선의용대 김원봉이 광복군총사령부 부사령 겸 제1지대장에 취임하다.

12.8. 대한민국임시정부 의정원이 光復軍九個準繩條項 取消案을 의결하다.(국편)

12.16. 임시의정원이 '한국광복군행동 9개 준승' 취소안을 의결하여 한국광복군의 자주적 활동을 보장하다./ 대한민국임시정부가 黃學秀를 생계부장에 임명하다.(국편)

12.25. 대한민국임시정부 국무회의가 독립운동자 및 그 가족의 생활비 지급을 의결하다.(국편)

12.31. 일본군이 과달카날 철퇴를 결정하다.

10.26. 조선영화기획심의회가 발족하여 조선영화제작주식회사를 감독하다./ 조선청년특별연성령 시행규칙을 공포하다.

10.29. 명동교회 장로 김약연이 간도 용정에서 사망하다.

11.1. 조선방송협회 목포보조방송소가 개설되다.

11.3. 국민총력조선연맹이 생산력 증강 추진 운동을 전개하다.

11.4. 이광수, 박영화, 유진오 등 친일문인이 대동아문학자대회를 개최하다.

11.11. 조선소년심판소가 개정되다.

11.14. 국민학교 양호학급 규정을 공포하고 신체허약·정신박약 아동을 위한 양호훈도를 임명하다.

11.23. 國民總力朝鮮聯盟, 전국에서 農業報國運動을 개시하다.(국편)

11.27. 전북 金堤 光陽鑛業所 金源柱·金彩龍·田浩榮 등이 민족운동 전개 혐의로 전주지방법원에서 징역 32년을 선고받다.(국편)

11.30. 조선청년특별연성령 및 동 시행규칙이 시행되다.

12.1. 무선통신전시특별규정을 제정하여 함선 무선전보를 제한하다./ 조선청년특별연성소에 전국 121개소 3만 명이 입소하여 일본어 교육을 받다.

12.2. 韓鵬教, 비밀결사 조직 혐의로 경성지방법원에서 징역 2~3년을 언도받다.(국편)

12.5. 조선교육심의회가 의무교육 실시를 결정하다.

12.8. 조선농지개발영단령을 공포하여 농지 개발을 추진하다.

12.10. 경성의복갱생조합이 발족하다.

12.16. 조선호텔에서 조선의사회가 창립되다.

12.20. 노기남 신부가 한국 최초로 주교에 임명되다.

12.24. 전시하 농촌재편성계획이 추진되다.

12.25. 임시정부가 독립운동자 및 가족 생활비 지급을 의결하다.

-. 남인수가 〈낙화유수〉를 발표하다.

【일본·해외】

1.5. 대한민국임시정부 국무회의, 외교위원에 崔東昨·朴贊翊·金星淑을 선임.(국편)

1.6. 한인국방경위대 맹호군 샌프란시스코 지대를 결성하다./ 농촌청년의 강제징용 목적으로 농업계획위원회규정 공포 시행하다.

연도	한국
▲ 1943 ▼	1.17. 보국정신대를 조직하여 징용을 강화하다. 1.21. 일제가 대학예과 수업 연한을 3년에서 2년으로 단축하다. 1.26. 농지개발위원회를 조직하다. 2.1. 일제가 철도국과 교통국을 재편하고 세관·해사·항공 등을 관계 부문에 이관하다. 2.2. 경성부가 호적정비동원령을 공포하여 한인 징병제 적용에 대비하다. 2.17. 조선교육령 4차 개정을 통해 대학, 중학, 실업학교 수업연한을 단축하고 학생을 노동에 동원하다. 2.23. 각계 여성 50여 명이 중국 중경에서 대한민국애국부인회를 재건하다. 2.24. 일제가 매주 월요일을 연성일로 제정하여 군사훈련을 강화하다. 2.-. 임응구와 김인승 등이 한일합작 친일미술단체 단광회를 창립하다. 3.1. 일제가 물품세·유흥음식세·입장세를 인상하여 징수하다./ 조선인징병제를 공포하고 호적조사 정비를 추진하다. 3.3. 수원고등농림학교 출신 林鳳鎬 등 5명, 민족운동 혐의로 경성 지방법원에서 징역 1년 6월 언도.(국편) 3.4. 일제가 전국 호적조사를 실시하다. 3.5. 일제가 제36회 육군기념일을 맞아 육군미술전람회를 개최하다. 3.22. 전선일제필행사항과 학도전시식량증산출동요강을 공포하다. 3.30. 조선전력관리령을 공포하고 조선수력·조선송전·부영수력을 통합하여 조선전업주식회사를 설립하다. 4.1. 경성대화숙과 경성음악연구원이 개원하여 일본정신 현양과 내선일체 강화 활동을 전개하다./ 전필순 등이 감리교와 장로교를 해체하고 일본기독교 조선혁신교단을 조직하다./ 일제가 주세·지세·증세를 신설하고 마권세를 인하하다. 4.9. 경성부 내 16개 국민학교에 양호훈도를 배치하다. 4.14. 조선의용대원 김일곤이 중국 산서성 태항산 전투에서 전사하다. 4.17. 친일문화단체를 통합하여 半島文人報國會를 결성하다. 4.20. 식량공출 사전할당제를 발표하다. 4.23. 조선석유전매령을 공포하여 석유 전매권을 조선총독부가 소유하다. 4.25. 시인 이상화가 사망하다./ 소설가 현진건이 사망하다. 4.26. 전시학도체육훈련실시요강을 발표하여 체육훈련과 전투기술훈련을 강화하다. 4.-. 조선총독부가 기구를 개편하여 광공국·교통국·농상국을 신설하다. 5.1. 朝鮮總督府金屬類回收委員會規程 제정.(국편) 5.5. 농림국장이 농민도장 확충계획을 발표하다. 5.7. 채필근과 전필순 등이 조선예수교장로회를 해체하고 일본기독교 조선장로교단을 창립하다. 5.20. 광주서중학교 학생들이 반일 동맹휴학을 단행하다./ 근로관리 간담회를 열고 산업군단 조직운영을 구체화하다. 5.22. 근로보국대 정비요강을 발표하다. 5.23. 대구상업학교 비밀결사 태극단 단장 이상호 등이 피체되다. 5.27. 대일본해양소년단 경기도 지부가 해군기념일을 맞아 해양소년단을 조직하다. 6.1. 원불교 창시자 박중빈이 사망하다./ 전력증강 기업정비요강이 결정되다. 6.3. 海軍志願兵募集要項 발표.(국편) 6.4. 식량 증산 응급대책 요강이 결정되다. 6.10. 경성부가 구제 실시를 통해 7개 구로 행정구역을 개편하다./ 중요공장광산로무자 충족방법에 관한 건을 발표하다. 6.11. 공장취업시간제한령을 폐지하다./ 조선민족혁명당, 한국독립당에 임시정부 재정공개 등 5개항 요구.(국편) 6.16. 공업취업시간제한령을 폐지하여 노동시간 무제한 연장을 법적으로 뒷받침하다. 6.17. 정무총감이 농업증산실천원 설치를 전국에 지시하다. 6.18. 부산부가 식료품배급통제를 실시하다./ 일본 미야자키 적강비행장에서 한인 노동자 40여 명이 임금체불에 항의하다. 6.27. 친일단체 조선서도보국회가 설립되어 서도를 통한 총력결집을 목표로 삼다. 6.29. 조선석탄배급통제령을 공포하여 석탄 생산 및 수입을 조선석탄주식회사에 집중시키다. 6.-. 대한광복군 총사령 지청천이 영국 동남아시아총사령관 몬트배튼 대장과 군사상호협정을 체결하다. 7.1. 경성부가 미곡배급통장제도를 시행하다. 7.2. 재일유학생 이장우 등 4명이 비밀결사 조직 혐의로 피체되어 동경형사지법에 송국되다. 7.5. 총독부가 공장취업시간제한령 폐지에 대한 법령을 조선에 적용하다./ 육군항공관계 예비역병과 보충 및 복역임시특례를 공포하다. 7.7. 시인 윤동주가 사상범으로 일본 교토에서 피체되다. 7.21. 국민징용령을 개정 공포하다. 7.22. 조선총독부가 학도전시동원체제 확립 요강을 시달하여 재학생을 국방과 생산력 확충에 동원하다. 7.26. 김구가 장개석을 면담하고 카이로회담에서 한국의 완전독립 관철을 요청하다. 7.28. 해군특별지원병령을 공포하여 해군도 육군과 같이 사실상 강제모병을 실시하다.

일본

1.15. 일본각의, 사범학교 중등학교의 수업 연한 1년 단축안 결정.(국편)

1.26. 임시정부, 조소앙·김규식·조성환·유동열·박찬익 등 분조회 결성하고 한국광복군행동 9개준승을 개정하다.

2.1. 일본군은 과달카날 철수를 개시하다./ 조소앙은 〈전후 한국문제 불능 찬동 국제공관〉 성명서를 발표하고 국제 공동관리 신탁통치에 대해 논박하다.

2.3. 일본 후쿠오카현 고타마해본훈련소에서 한인 여성 노동자 97명이 단식 동맹을 결성하다.

2.13. 吳榮植, 大阪地方裁判所에서 징역 2년 판결.(국편)

2.16. 대한민국임시정부, 柳林을 외교연구위원에 선임.(국편)

2.18. 滿洲 長春에서 조선인 징병제 준비에 대비한 朝鮮人輔導部 발족.(국편)

2.20. 외무부장 조소앙은 중국 외교부장 송자문에게 광복군행동 9개준승 폐지 제의서를 제출하다.

2.22. 朝鮮民族革命黨은 중경에서 제7차 대표대회를 개최하고 선언문을 발표하다.

3.1. 외무부장 조소앙과 중국 정부 요인들이 중경 가릉빈관에서 3·1운동 24주년 기념식을 거행하다.

3.4. 임시정부는 한국인민증과 한인여행증을 발급하기로 결의하고 재중한인의 거주와 여행 편의 제공을 목적으로 삼다.

3.30. 임시정부는 〈대한민국 임시 잠행 관제〉를 공포 시행하고 임시정부 조직법을 수립하다.

4.12. 韓中文化協會, 임시정부 수립 25주년 기념강연회를 개최하다.(국편)

4.13. 임시정부 군무부는 군사위원회를 해산하기로 결의하다.

4.20. 일본 神奈川縣 熊谷組 토목공사 한인 노무자 45명은 합숙조장 경질 요구 동맹을 결성하다.

4.21. 일본 각의는 여자 근로 동원 촉진을 결정하다.

5.6. 대한민국임시정부 외교부장 趙素昻, 重慶駐在 美國大使에게 한국에 대한 美國言論의 國際的 保護論調에 대한 공문을 발송하다.(국편)

5.8. 韓國獨立黨, 重慶 독립당중앙사무소에서 全黨代表大會를 개최하다.(국편)

5.10. 홍진과 김기원 등은 재중 자유한인대회를 개최하고 워싱턴회담에서 국제 공동관리 논의를 반대하다.

5.21. 장개석은 대한민국 임시정부가 요청한 정부 보조비와 교민생활비 증액을 승인하다.

5.-. 조선민족혁명당 김원봉은 주인영국군총사령부 맥켄지와 조선민족군 선전 연락대를 파견하기로 약속하다.

6.17. 중국군에 배속된 의열단원 이원대(1911-1943)는 일본군과 교전 중 피체되어 고문 후 순국하다.

6.25. 일본 각의는 학도 전시 동원 체제 확립 요강을 결정하다.

7.11. 중한민중동맹단 다수가 탈퇴하고 '조선민족혁명당 하와이 총지부'(위원장 민찬호)를 출범시키다.

7.20. 북로군정서 등에서 활동한 대종교인 이정(1858-1943)은 옥사하다.

7.22. 학도전시동원체제확립요강 시행령을 발표하다.(국편)

7.26. 대한민국임시정부 주석 金九·외무부장 趙素昻 등이 중국군사위원회 접객실에서 蔣介石 총통과 회담하다.(국편)

7.-. 詩人 尹東柱, 일본 京都에서 사상범으로 피체되다.(국편)

8.1. 일본은 조선·대만에 해군 지원병제를 실시하다./ 徵兵制令을 시행하다.

8.3. 안희제(1885-1943)는 만주에서 병사하였고 대동청년당을 조직하고 백산상회를 설립하며 중앙일보를 경영하다.

8.12. 일본 나가사키현 唐津탄광 한인 노동자 50여 명은 노무계원 폭행에 항의하며 사무소를 습격하다.

8.13. 대한광복군은 연합군(영국군)의 요청으로 미얀마 전선에 군대를 파견하다.

8.23. 집안현 고마령 전투에 참전한 침의부군 김형빈(1894-1943)은 수감 후유증으로 순국하다.

8.30. 대한민국임시정부 주석 金九, 사직성명서를 발표하다.(국편)

8.-. 광복군, 인도주둔 영국군의 요청에 의해 印緬戰區工作隊를 파견하고 영국군과 인도 버마 전선에서 공동작전을 수행하다.(국편)

9.17. 韓國光復軍 總司令部, 광복군 창립 제2주년 기념식을 거행하다.(국편)

9.22. 대한민국임시정부 외무부장 趙素昻, 중국국민당 비서장 吳鐵城과 한국독립 문제를 협의하다.(국편)

9.23. 일본은 17개 직종에 남자의 취업을 금지하고 25세 미만의 미혼 여성을 근로정신대에 동원하다./ 대만에 징병제를 실시하는 결정을 내리다.

9.-. 중국 重慶에서 時局策進會가 창립되다.(국편)

10.4. 재미한족연합위원회 이사부는 이승만을 임시정부 외교 고문으로 추천하다.

10.5. 일본의 관부 연락선인 崑崙丸은 미 해군 잠수함의 어뢰에 격침되어 544명이 사망하다.

10.14. 필리핀 동맹 조약이 체결되다.(필리핀 독립)

10.20. 여자 근로정신대가 결성되다./ 日本陸省, 陸軍特別志願兵臨時採用規則을 공포하고 한인학생의 徵兵猶豫를 폐지하다.

10.21. 북로군정서 총재 비서 및 군자금을 모금한 강철구(1894-1943)는 목단강 형무소에서 옥사하다.

10.25. 대한독립군 총사령관 홍범도(1868-1943)는 카자흐스탄 크질오르다에서 사망하다.

10.26. 조선민족혁명당은 중국 국민당에 적 후방 선전 공작비 차관을 요청하다.

10.30. 日華同盟 조약이 체결되다.

10.31. 군수회사법이 공포되어 민간 군수 공업의 직접 관리가 이루어지다./ 각의는 전력 증원 긴급 조치 요강을 결정하다.

11.22. 김용중은 워싱턴에서 영문판 반월간지 《The Voice of Korea》를 출간하다.

11.27. 카이로선언이 발표되었으며 대한민국 임시정부는 이에 대한 감사 메시지를 3국 원수에게 타전하다.

11.-. 유동열·채원개·이준식 등은 한국독립당을 탈당하고 조선민족혁명자통일동맹을 결성하다.

연도	한국
▲ 1943	7.30. 여자학도 동원을 결정하다. 7.31. 국민학교령과 공립학교관제를 개정하다. 7.-. 신극단 청년극장이 태양과 통합하여 황민화정책 선전 작품을 공연하다./ 노무조정법을 공포하여 사무업무 등 17개 직종에 대해 14세~40세 남자 취업을 금지하다./ 원산·해주·대전 방송국이 개국하다. 8.1. 노무조정령과 임금통제령을 개정하고 조선에 징병령을 시행하다. 8.7. 종이극 조선화극유한회사가 발족하여 친일 사회교육과 내선일체 계몽을 선전하다. 8.9. 조선식량관리령을 공포하여 각도에 양곡주식회사를 지정하다. 8.28. 제3회 청장년 국민등록을 실시하여 만16세~40세 미만 청장년 남자를 징병목적으로 조사하다. 9.1. 조선-만주 특별지급통화를 개시하여 통화 사용을 통제하고 억제하다./ 개정 국민징용령을 시행하다. 9.13. 조선석탄배급통제규칙을 공포하다. 9.27. 총독부 보물고적명승천연기념물보존회가 전쟁용 시멘트 생산을 위해 황해도 봉산군 휴류산성의 석회석 채굴을 결정하다. 9.30. 조선청과물배급통제규칙을 발표하다. 9.-. 진단학회가 해산하다. 10.1. 海軍보 志願者 1期生 1천명, 第海海軍志願兵 訓練所 입소./ 동일은행과 한성은행이 통합되어 조흥은행으로 창립하다./ 군수수송을 위해 일부 여객열차를 폐지하다. 10.5. 전화기 공출을 단행하여 전시체제하 전화 이용 자숙을 강요하다./ 조선식량관리영단이 창립되어 주요 식량 배급과 저장을 담당하다. 10.6. LA조선민족혁명당 미주지부가 기관지《독립》을 창간하다. 10.8. 생산증강노무강화요강을 발표하여 여성 노무를 적극적으로 통제·동원하다. 10.13. 교육에 관한 전시비상조치령을 공포하다. 10.14. 교육에 관한 전시비상조치방책을 발표하여 이공과·사범교육을 확대하고 문과계를 축소·폐쇄하다./ 정춘수 등이 감리교 혁신파를 중심으로 교단 명칭을 일본기독교 조선감리교단으로 개칭하다. 10.15. 일제가 애국채권규칙을 공포하여 애국채권을 발행하다./ 국가총동원법에 의한 통제회사령을 공포하다. 10.20. 일본 육군성이 전문학교 조선인 학생의 징병유예를 폐지하고 학병기원제를 실시하다.
1944 ▼	【한국】 1.10. 대구상업학교 비밀조직 태극단원 이상호·서상교·김상길 등이 대구지법에서 징역 7~3년을 선고받다./ 경기도민의 원활한 식량배급을 목적으로 경찰응급미제도를 실시하다. 1.12. 경기중학교 출신 특별지원병 지원자들의 장행회를 거행하다. 1.15. 금속류회수령에 의해 조선중요물자영단이 지정되다. 1.16. 시인·독립운동가 이육사가 북경 감옥에서 옥사하다. 1.18. 緊急國民勤勞動員方策要綱을 발표하다.(국편) 1.20. 대학·전문학교 조선인 학병 4,385명이 첫 입대하여 상당수가 소위로 임관하다. 1.25. 국민총력조선연맹이 34개 단체가 참가한 홍보적신대를 조직하다. 1.31. 조선식산은행이 첫 할증금부 애국채권을 발행하여 전쟁비용을 충당하다. 1.-. 경복중학생 이현상·남상갑 등이 반일결사 흑백당 사건으로 발각되다. 2.1. 여객열차를 감축하고 화물열차를 증편하다./ 조선은행이 갑10원권, 갑5원권 지폐를 발행하다./ 총독부가 방위총본부 규정을 공포하다. 2.2. 식량가공공업을 독점하기 위해 정미공장을 식량영단으로 강제 이관하다. 2.4. 군사교육을 전면적으로 강화한다고 발표하다. 2.6. 농업생산책임제 실시요강을 발표하다. 2.8. 총동원법에 따라 제1차 조선인 대상 징용을 실시하여 광산과 군수공장에 동원하다. 2.9. 중학교 교육의 전시조치를 결정하다. 2.10. 조선여자청년인성소규정을 제정하여 조선 여자 청년에게 일본어 학습과 기술을 지도하다. 2.14. 전시탁수손해보험법을 공포하다. 2.15. 조선총독부재판소령 전시특례를 공포하여 3심제를 2심제로 개정하다. 2.16. 총독부가 조선물품세령·조선유흥음식세령·조선입장세령·조선특별행위세령을 공포하다. 2.18. 조선수산업회가 창립되어 전시체제 하 수산단체를 조직하고 통제력을 강화하다./ 국민직업능력신고령을 개정하다. 2.21. 조선어학회사건 관련 한글학자 한징이 함흥형무소에서 옥사하다. 3.1. 한국독립당 기관지《독립평론》이 창간되다./ 朝産救護令을 公布하여 徵兵·勞務徵用 이후 老弱者 保護制度 를 마련하다. 3.6. 일제가 전국 신문의 석간을 폐지하다. 3.10. 결전미술전을 개최하여 일제 군국주의를 찬양하고 황국신민 사상을 고취하다.

일본

12.1. 카이로선언문이 발표되었으며 '적당한 시기'라는 조건을 붙여 한국 독립이 결의되다.

12.5. 주석 김구는 카이로선언의 '적당한 시기' 표현에 반대하며 일제 패망 시 한국 즉시 독립을 주장하다.

12.7. 재미한족연합위원회는 카이로선언에 대한 대책을 협의하고 3국 원수에게 감사 전문을 발송하다.

12.19. 韓中文化協會는 朝鮮 獨立을 주제로 한 강연회를 개최하다.

12.24. 일본은 징병 적령을 1년 인하하여 만 20세에서 19세로 낮추다.

12.-. 미주독립운동단체 한인동지회 이승만계가 한인연합희에서 탈퇴하다.

10.25. 제1회 학병징병검사를 실시하여 국내외 전체 7,200여 명을 선발하다.

10.29. 조선총독부가 관리 936명을 감원하다.

11.6. 조선종교단체전시보국회가 결성되어 특별지원병제도를 독려하다.

11.8. 文科系大學·專門·고등학교 재학생으로 학도병에 지원치 않은 적령자 및 졸업생에게 전원 징병영장 발급.

11.13. 지원병보급단체 학도선배단이 총회를 개최하다.

11.14. 조선총독부 중추원이 학병지원 거부자에게 휴학 및 징용 조치를 결정하다.

11.20. 국내 학병 적격자 1천 명 중 959명이 지원을 완료하다.

11.24. 중학졸업자동원방침을 결정하여 남자는 기술자·공원으로, 여자는 근로정신대로 활용하다.

11.-. 보성전문 이철승 등이 학병거부운동을 시작하여 학병기부이유서를 조선총독에게 제출 계획을 세우다.

12.1. 제1회 학병 출병을 단행하여 959명을 군에 보내다./ 조선총독부가 광공국을 신설하여 인적·물적 자원동원체제를 개편하다.

12.8. 한글학자 이윤재가 조선어학회사건 관련으로 함흥형무소에서 옥사하다.

12.11. 전국금융통제회가 각 은행의 당좌예금 이자 폐지를 결정하다.

12.21. 도시소개실시요강을 발표하여 전시 체제에 대응하다.

12.28. 조선중요물자영단이 창립되어 전시군수물자 생산과 통제를 담당하다.

12.-. 부산항 제4부두가 준공되다.

【일본·해외】

1.6. 임시정부는 한인국방경위대 맹호군 샌프란시스코 지대를 결성하다.

1.26. 임시정부는 조소앙·김규식·조성환·유동열·박찬익 등으로 구성된 분조회 결성을 통해 한국광복군행동 9개준승을 개정하다.

2.1. 일본군은 과달카날에서 철수를 시작하다./ 조소앙은 〈전후 한국문제 불능 찬동 국제공관〉 성명서를 발표하고, 국제 공동관리 신탁통치에 대해 논박하다.

2.3. 일본 후쿠오카현 고타마해본훈련소에서 한인 여성 노동자 97명이 단식 동맹을 결성하다.

2.20. 외무부장 조소앙은 중국 외교부장 송자문에게 광복군행동 9개준승 폐지 제의서를 제출하다.

2.22. 朝鮮民族革命黨은 중경에서 제7차 대표대회를 개최하고 선언문을 발표하다.

3.1. 외무부장 조소앙과 중국 정부 요인들이 중경 가릉빈관에서 3·1운동 24주년 기념식을 거행하다.

3.4. 임시정부는 한국인민증과 한인여행증을 발급하기로 결의하고, 재중한인의 거주와 여행 편의 제공을 목적으로 삼다.

3.14. 중국 국민당 중앙집행위원회 비서장 吳鐵城, 임시정부 주석 金九에게 미국의 임시정부 승인방침에 대한 서한을 발송하다.(국편)

3.30. 임시정부는 〈대한민국 임시 잠행 관제〉를 공포, 시행하였으며, 임시정부 조직법을 수립하다.

4.1. 대한민국임시정부 군무부, 국외 武裝隊伍의 통일적 지휘 등 13개 항의 工作計劃大綱을 작성하다.(국편)

4.2. 대한민국임시정부 선전부, 重慶放送局 통해 우리말 방송을 개시하다.(국편)

4.5. 海兵團 入團式 거행하다.(국편)

4.13. 임시정부 군무부는 군사위원회를 해산하기로 결의하다.

4.20. 일본 우라가 토목공사 한인 노무자 45명은 합숙조장 경질 요구 동맹을 결성하다./ 임시정부의정원, 臨時約憲을 大韓民國 臨時憲章으로 개정하다./ 제1지원병 훈련소 13기생 및 제2지원병 훈련소 2기생 수료하다.(국편)

4.21. 일본 각의는 여자 근로 동원 촉진을 결정하다.

4.22. 대한민국임시정부, 제5차 개헌 단행하고, 주석의 권한 강화하다.(국편)

4.24. 임시정부의정원, 임시정부 주석 金九·부주석 金奎植를 비롯 14명의 국무위원 선출하고, 좌우연합정부 구성하다.(국편)

4.26. 대한민국임시정부 金九 등 전국무위원 선서식 거행하다.(국편)

5.3. 중국내 독립운동자들, 중국국민당 중앙집행위원회에 임시정부 승인하고, 물적지원 제공 요구하는 備忘錄을 제출하다.(국편)

5.6. 대한민국임시정부, 黃學秀·車利錫·金朋洛·崔錫淳·李象萬·尹琦薦을 生計設計委員으로 선정하다.(국편)

5.9. 한국독립당, 創黨紀念日 맞아 참전임무를 다하자는 내용의 선언서 발표하다./ 女子挺身隊 慶南班, 일본 富士縣 鋼材工業에 강제동원되다.(국편)

5.10. 홍진과 김기원 등은 재중 자유한인대회를 개최하고, 워싱턴회담에서 국제 공동관리 논의를 반대하다./ 海軍特別志願兵令 개정 공포

연도	한국
▲ 1944 ▼	3.11. 광공업 생산책임제를 강제 실시하다. 3.12. 독립운동가 김영현이 함흥형무소에서 옥사하다. 3.13. 독립운동가 金마리아가 사망하다.(국편) 3.14. 급행열차를 전부 폐지하다. 3.15. 조선총독부가 형사재판에 2심제를 채택하다. 3.18. 일제가 학도군사교육강화요강과 학도근로동원비상조치요강을 발표하다. 3.20. 연변교민회 회장을 역임한 구춘선이 사망하다. 3.22. 임시정부가 주 동맹국 각 전구 특파원 복무 규정을 제정·공포하다. 3.24. 임시농지등 관리령 중 개정건을 공포하다. 3.28. 국민학교 양호훈도시험규칙을 공포·시행하여 간호부 면허장 소지자만 응시할 수 있도록 하다. 3.29. 중학생의 근로동원대강을 결정하다.(국편) 3.-. 일본 유학생 하준수가 학병 거부 후 경남 산청군에서 무장투쟁단체 보광당을 조직하다./ 日本軍 에서 脫出한 學兵 出身 金相台·安國寶·李俊昇·韓春奎 등이 韓國光復軍 에 編入되다./ 臨時政府 가 國內工作特派委員會 및 軍事外交團 을 設置하다. 4.1. 임시정부 군무부가 공작계획내강을 작성하여 국외 무장부대의 통일적 지휘 등을 규정하다./ 日帝 가 軍需 鑛工業 生産責任制 를 實施하다./ 鑛夫雇傭 關聯 勞務規定 權限 을 道知事 에게 委任하는 件 을 發表하다./ 初次 徵兵檢查 를 實施하여 受驗率 94.5% 를 記錄하다. 4.8. 제2차 징용을 실시하여 주요 공장과 광산 종업자를 대상으로 하다. 4.10. 경기도가 총력운동 강화를 위해 국민총력궐기운동추진대본부를 설치하다. 4.15. 신사참배 반대로 옥고를 치른 최봉석 목사가 병보석 후 사망하다. 4.21. 신사참배를 거부한 주기철 목사가 평양형무소에서 옥사하다. 4.22. 조선총독부군무예비훈련소관제를 공포하여 평양·양주·시흥에 훈련소를 설치하다. 4.28. 학도동원규정을 공포하여 국민학교 4학년 이상을 강제동원 체제에 편입하다./ 學徒動員本部規定을 發表하여 各道 에 學徒動員本部 를 新設하고 學校別 學生動員 基準 을 定하다. 4.-. 월정사 주지 이종욱 등이 조선불교근로보국대를 결성하여 일제 총동원 체제에 협력하다. / 專門學校 普成이 京城拓殖 經濟學校로, 延禧가 工業經營學校로, 梨花·淑明이 農業指導員養成所 改稱되다./ 조선인에 대한 '징병검사' 실시하다. 5.5. 1944년산 맥류의 공출확보에 관한 건을 발표하고 교육에 관한 전시비상조치방책 지도요강을 실시하다. 5.10. 해군특별지원병령에 근거하여 조선총독부 해군지원자훈련소를 설치하다. 6.3. 잔해에서 제1회 해군병 징모검사가 실시되어 해병단에 직접 입단시키다. 6.6. 총동원심의회가 여자정신대 강제촉진을 결정하다. 6.17. 미곡강제공출제를 시행하여 쌀 2,600만 석, 보리 1,000만 석, 잡곡 900만 석의 목표를 설정하다./ 助産船員令 戰時 特例 를 公布하여 實施하다. 6.20. 전시비상금융대책정비요강을 발표하여 연합군의 공습 대책을 마련하다. 6.26. 미술사학자 고유섭이 사망하다. 6.29. 독립운동가 시인 한용운이 사망하다. 7.1. 大學·專門·師範學校生 4천여명, 戰力增强挺身隊로 각 공장·광산 등에 근로동원 배치하다.(국편) 7.18. 경성부가 전력배가저축운동을 개시하다. 7.20. 국민징용령을 개정, 실시하여 조선인 청장년 남성을 일반 징용하다. 7.24. 아베 노부유키[阿部信行]가 제9대 조선총독으로 부임하다. 7.29. 조선에서 양곡의 증산 및 공출에 관한 특별조치요강을 발표하다. 8.3. 전국금융총제령을 공포하여 금융기관 일요일 휴무제를 폐지하다. 8.5. 농업증산실천원 특별지도요강을 결정하여 농산물의 증산과 공출을 독려하다. 8.8. 피징용자표창규정을 공포, 시행하여 공장 등에 징용된 피징용자를 표창하다. 8.13. 강우규 의사의 암살계획을 도운 한홍근이 사망하다. 8.14. 임시정부가 회계검사잠행조례를 제정, 공포하다. 8.15. 동래중학생 반일결사 조선독립당원이 피체되다. 8.21. 조선의료령을 공포하여 의생 규칙을 폐지하고 의사·치과 의사만 자격을 규정하다. 8.23. 여자정신근로령을 공포하여 12~40세 미혼 여성을 근로정신대에 합법적으로 동원하다. 8.28. 광복진선계 청년들이 중국 중경에서 한국청년회를 조직하다./ 임시정부가 재투한인생활위원회 조직 규정을 제정, 공포하다. 8.-. 일제가 부·읍·면 단위로 총후봉공회를 결성하여 징병 군인·군속과 가족을 후원하다./ 일제가 천주교 신부를 구속하고 신부·신학생을 군인 또는 노무자로 징용하려다./ 일제가 평양·대전·연안 등 각지 성당을 군대용으로 접수하다.

일본

하다./ 해군특별지원병령에 근거해 조선총독부 해군지원자 훈련소 설치하다./ 조선총독부 농업시험장 설치 / 8개 支場과 17개 分場 설치하다.(국편)

5.21. 장개석은 대한민국 임시정부가 요청한 정부 보조비와 교민생활비 증액을 승인하다.

5.25. 대한민국임시정부, 중앙관제 공포하다.(국편)

5.26. 대한민국임시정부, 중국 군사위원회가 제안한 韓國光復軍幹部 訓練班計劃槪要에 대해 거부 의결하다.(국편)

5.-. 조선민족혁명당 김원봉은 주인영국군총사령부 맥켄지와 조선민족군 선전 연락대를 파견하기로 약속하다.

6.1. 대한민국임시정부, 生活委員會規程 제정 공포하다.(국편)

6.17. 중국군에 배속된 의열단원 이원대(1911~1943)는 일본군과 교전 중 피체되어 고문 후 순국하다.

6.22. 趙素昻·朴贊翊 등, 重慶에서 한국광복군 九個行動準繩 개정을 위해 중국측 趙德樹 등과 회담하다.(국편)

6.25. 일본 각의는 학도 전시 동원 체제 확립 요강을 결정하다.

7.3. 대한민국임시정부 주석 金九, 중국의 蔣介石총통에게 임시정부 승인을 요청하다.(국편)

7.7. 대한민국임시정부 軍務部長 金元鳳, 광복군 九個行動準繩 개정 위한 제3차 韓·中會談에서 자주적 운동에 관한 3원칙을 주장하다.(국편)

7.11. 중한민중동맹단 다수는 탈퇴하고, '조선민족혁명당 하와이 총지부'(위원장 민찬호)를 출범시키다.

7.17. 대한민국임시정부, 참모부 참모총장에 柳東說을 선임하다.(국편)

7.20. 북로군정서 등에서 활동한 대종교인 이정(1858~1943)은 옥사하다.

7.24. 대한민국임시정부, 中央職員給與暫行規程 제정 공포하다.(국편)

8.1. 일본은 조선, 대만에 해군 지원병제를 실시하다.

8.3. 안희제(1885~1943)는 만주에서 병사하다./ 대동청년당을 조직하고 백산상회를 설립하며 중앙일보를 경영하다./ 대한민국임시정부, 駐美外交委員會規程 공포하다.(국편)

8.4. 日本閣議, 國民總武裝 결의하다.(국편)

8.12. 일본 나가사키현 唐津탄광 한인 노동자 50여 명은 노무계원 폭행에 항의하며 사무소를 습격하다.

8.13. 대한광복군은 연합군(영국군)의 요청으로 미얀마 전선에 군대를 파견하다.

8.21. 대한민국임시정부, 在重慶韓人生活委員會를 自辦機構로 개조할 것 등 결의하다.(국편)

8.23. 집안현 고마령 전투에 참전한 침의부군 김형빈(1894~1943)은 수감 후유증으로 순국하다./ 중국군사위원회 참모총장 何應欽, 임시정부 주석 金九에게 韓國光復軍行動九個準繩의 취소를 통보하다.

9.15. 임시정부 의정원의원, 중국 胡秋原 등 35명에게 한국영세중립국안 철회를 요구하다.(국편)

9.23. 일본은 17개 직종에 남자의 취업을 금지하고, 25세 미만의 미혼 여성을 근로정신대에 동원하다./ 대만에 징병제를 실시하는 결정을 내리다.

10.3. 대한민국임시정부, 국내 공작위원회 설치 결의하다.(국편)

10.4. 재미한족연합위원회 이사부는 이승만을 임시정부 외교 고문으로 추천하다.

10.5. 대한민국임시정부 주석 金九, 총통 蔣介石을 면담하고 임시정부 승인 요구하다.(국편)/ 일본의 관부 연락선인 비이황丸은 미 해군 잠수함의 어뢰에 격침되었으며, 544명이 사망하다.

10.7. 대한민국임시정부, 關於韓國光復軍換文草案과 爲韓國光復軍當面要求條件을 중국측에 제시하고 군사협정 체결 요구하다.(국편).

10.14. 필리핀 동맹 조약이 체결되다.

10.20. 여자 근로정신대가 결성되다.

10.21. 북로군정서 총재 비서 및 군자금을 모금한 강철구(1894~1943)는 목단강 형무소에서 옥사하다.

10.23. 대한민국임시정부, 광복군의 등급을 職給·官給으로 구별하다./ 대한민국임시정부, 국무회의에서 광복군의 임시정부 귀속에 대비 韓國光復軍總司令部暫行組織 확정하다.(국편)

10.25. 대한독립군 총사령관 홍범도(1868~1943)는 카자흐스탄 크질오르다에서 사망하다.

10.26. 조선민족혁명당은 중국 국민당에 적 후방 선전 공작비 차관을 요청하다.

10.30. 日華同盟 조약이 체결되다.

10.31. 군수회사법이 공포되었으며, 민간 군수 공업의 직접 관리가 이루어지다./ 각의는 전력 증원 긴급 조치 요강을 결정하다.

11.11. 대한민국임시정부, 在美韓人 13개 단체의 駐美外交委員部 인준불가 電文 보내다.(국편)

11.22. 김용중은 워싱턴에서 영문판 반월간지《The Voice of Korea》를 출간하다.

11.27. 카이로선언이 발표되었으며, 대한민국 임시정부는 이에 대한 감사 메시지를 3국 원수에게 타전하다.

11.-. 유동열·채원개·이준식 등은 한국독립당을 탈당하고 조선민족혁명자통일동맹을 결성하다.

12.1. 카이로선언문이 발표되었으며, '적당한 시기'라는 조건을 붙여 한국 독립이 결의되다.

12.5. 주석 김구는 카이로선언에서 '적당한 시기' 표현에 반대하며, 일제 패망 시 한국 즉시 독립을 주장하다.

12.7. 재미한족연합위원회는 카이로선언에 대한 대책을 협의하고, 3국 원수에 감사 전문을 발송하다.

12.19. 韓中文化協會는 朝鮮 獨立을 주제로 한 강연회를 개최하다.

12.24. 일본은 징병 적령을 1년 인하하여, 만 20세에서 19세로 낮추다.

12.27. 대한민국임시정부, 한국광복군 선후문제 해결책 3개항을 중국 측에 제시하다.(국편)

연도	한국
▲ 1944	9.1. 정무총감이 농업요원 설치요강을 발표하여 전국 순수농가 남성의 68%를 농업요원으로 지정하다. 9.1. 조선인 현역병 채용자 입영이 시작되다. 9.2. 관립수산전문학교규정을 공포하여 관립부산고등수산학교를 수산전문학교로 승격하다. 9.5. 애국채권규칙을 폐지하고 복표규칙을 시행하다. 9.5. 근로원호실시규정을 발표하다. 9.9. 갱생소년들로 구성된 조선소년보국정신대가 진발식을 거행하다. 9.15. 민족대표 33인 권병덕이 사망하다. 9.24. 이성환 등이 민간 전쟁 협력 단체 국민동원총진회를 발회하다. 9.30. 조선어학회사건 관련자 최현배 등 12명의 예심이 종결되다. 9.-. 총후봉공회가 군인원호회 조선지부의 하부조직으로 새로 개편되다./ '징용'에 의한 조선 국내·일본·만주 등으로의 노무동원 개시하다. 10.5. 총독부가 근로동원본부규정을 제정하여 각 도에 근로동원본부를 설치하다. 10.15. 경성제국대학 대학원의 특별연구생에 관한 령을 공포, 시행하다./ 조선은행이 갑 1원권 무번호 지폐를 발행하다./ 총독부가 근로동원본부를 설치하다. 10.16. 조선상공경제회가 창립되어 전시경제체제 강화를 위한 상공단체 통제를 추진하다.
1945 ▼	【한국】 1.18. '조선어학회사건' 판결 공판(함흥지법)에서 26년 언도되었고, 불복하여 공소하다.(광복 후 출감) 1.26. 군수회사법에 따라 〈군수충족회사령〉을 공포하여 군수사업 이외 군수상 필요한 사업을 통제하다. 2.5. 한중문화협회가 일본군에서 탈출한 한인 청년 55명 환영대회를 개최하다. 2.10. 〈선원동원령시행규칙〉을 공포하다. 2.11. 친일단체 '대화동맹'(위원장 윤치호)이 조직되어 필승체제 확립과 내선일체 촉진을 목표로 하다. 2.15. 조선은행이 전시금융체제 하에서 마지막 은행권인 갑 5원권 지폐를 발행하다. 2.23. 전투건설단을 설치하다. 2.-. 제2차 징병감사를 실시하여 신장(152cm 이상)·체중·질병 검사를 통해 4만5천명을 징병하다./ 〈이공과계 학생의 입영 연기 정지령〉을 발표하여 이공과계 전문학교 이상 학생을 징병하다. 3.1. 경부선(부산-신의주) 복선이 개통되다. 3.5. 〈국민근로동원령시행규칙〉을 공포하여 총원근로 배치로 전력 증강을 추진하다. 3.6. 〈경금속사용·판매제한규칙〉을 공포하다. 3.10. 이동걸·지태환, 서대문형무소에서 사형되다.(국편) 3.14. 〈결전교육조치요강〉을 발표하여 초등학교부터 대학까지 학생을 동원하다. 3.16. 신사참배를 거부한 박관준(1875~1945) 장로가 평양형무소에서 6년 복역 중 옥사하다. 3.18. 〈결전교육조치요강〉을 재차 발표하여 국민학교를 제외하고 1년간 학업을 정지하고 학생을 총동원하다. 3.24. 〈조선체력령〉을 공포하다. 3.31. 〈국민근로동원령시행규칙〉을 공포하다. 4.3. 박중양·한상룡·윤치호·박상준·김명준·이종헌·이기용 등이 일본 칙임 귀족원의원이 되다. 4.4. 〈주요 도시 소개령〉을 발표하여 건물·시설 등을 정리하는 기업소개와 시설 회수를 단행하다. 4.8. 부산 제2상 학생 신사현·최재규·서봉태 등이 부산공회당에서 열린 미영격멸대회에서 성토하다. 4.14. 한국광복군 백창섭이 국내에 잠입하여 충청도·전라도 일대에서 애국 사상을 고취하다. 4.15. 총독부 교통국이 전시중요물자 수송을 위해 전철도 여객수송을 제한하다. 4.16. 조선자급자전태세강화위원회가 창립총회를 개최하다. 4.28. 〈조선총독부학도근로규정〉과 〈조선체력령시행규칙〉을 공포하다. 4.29. 부관연락선의 일반 승객 승선을 금지하다. 5.5. 경남 진해에서 고등상선학교(현 한국해양대학교)가 설립되다. 5.11. 학생으로 구성된 공작대가 경성부에서 건물소개를 개시하다. 5.15. 경성부가 종합배급제를 실시하다. 5.19. 〈조선수산물배급통제규칙〉을 시행하다. 5.21. 〈전시교육령 및 시행규칙〉을 공포하여 교사와 학생으로 교도대를 조직하다.(7.1 시행) 5.-. 조문기·유만수·강윤국 등이 서울 관수동에서 항일비밀결사 '대한애국청년당'을 조직하다. 6.8. 친일단체 '조선언론보국회'(회장 최린) 결성하고, 언론·출판을 통한 전쟁 지원 목적을 추진하다. 6.16. 토목건축사업의 통제운영을 위한 조선전시건설단령 및 시행규칙을 공포하다. 6.23. 박춘금이 친일단체 '대의당'을 창당하여 전쟁 협력과 황도주의 확산을 꾀하다. 6.25. 국민의용병역법을 공포하다.

일본

10.27. 군수회사법을 조선에 시행하여 군수물자 생산·가공·수리를 규제하다.

10.-. 평양 대화숙 내에 대화악단이 부설되다.

11.1. 조선은행이 갑 100원권 지폐를 발행하다.

11.15. 조선은행이 갑 10원권 무번호 지폐를 발행하다.

11.-. 김연수·최남선·이광수 등이 선배격려단을 조직하여 한인 유학생의 학병 참전을 독려하다.

12.1. 체신국이 지하방공통신사령부를 설치하여 지하에 자동식 전화교환기·무선송수신기를 설치하다.

12.7. 군수회사법에 따라 제1회 군수회사 55개사가 지정되다.

12.8. 각 종교단체가 연합하여 조선전시종교보국회를 창립하다.

12.9. 임시정부가 한국광복군총사령부 잠행조직 조례를 공포하다.

12.10. 반도무훈헌창회가 발기회를 개최하다.

12.20. 춘천방송국(현 KBS춘천방송국)이 개국하다.

12.27. 군수회사징용규칙이 공포, 시행되어 여성도 현원 징용 대상이 되다.

12.28. 경부선 복선화가 준공되다.

12.-. 학병 김완룡·박성화·최정수·진상엽 등 70여 명이 학병거부항쟁을 벌이다가 검거되다.

【일본·해외】

1.1. 미군 B29기가 도쿄 대공습을 실시하다.

1.4. 인도네시아 자바섬에서 고려독립청년당의 손양섭과 노병한 등이 암바라와에서 일본군 등 12명을 사살하다.

1.9. 임시정부는 대한광복군의 각종 표식 제정안을 마련하고, 표식과 제복을 제정하다.

1.22. 대한민국임시정부, 직원복무규정 공포하다.(국편)

1.24. 독립운동가 염은동(1898~1945)이 사망하였고, 그는 임시정부 의정원 의원 및 군무부 과장 등을 역임하다.

1.25. 최고전쟁지도회의는 결전 비상 조치요강을 결정하다.

1.29. 대한민국임시정부 국무회의, 關於韓國光復軍中韓兩方商定辦法을 통과시켜 확정하다.(국편)

1.31. 중국 안휘성 부양에서 한국광복군 훈련반 졸업생들이 임시정부가 있는 중경에 도착하다.

1.-. 미군 OSS장교, 李範奭의 초청으로 西安의 광복군 제2지대를 방문하다.(국편)

2.1. 대한민국임시정부, 韓中軍事協定草案에 대한 한국측 수정안을 중국측에 제시하다.

2.5. 韓中文化協會, 日軍에서 탈출한 한인청년 35명에 대한 환영 대회를 개최하다.

2.7. 洪震·柳東說 등, 중국 重慶에서 新韓民主黨을 조직하다.

2.8. 한국독립당을 탈당한 홍진과 유동열 등이 신한민주당을 창당하다.

2.9. 임시정부는 독일에 선전 포고를 하다.

2.11. 美·英·蘇 수뇌 얄타회담이 열리다.(국편)

2.16. 일본 후쿠오카 형무소에서 시인 윤동주(1917~1945)가 옥사하다.

2.28. 임시정부의정원, 정부가 제출한 對獨宣傳同意要求案을 만장일치로 가결하다.(국편)

2.-. 학병 성동준과 김영남 등 7명이 중국 강소성 소주에서 일본군 탈출 후 일본군 초소를 급습하다.

3.1. 대한민국임시정부 선전부가 韓中文化協會와 협력해 重慶에서 3·1 운동기념 강연회를 개최하다.(국편)

3.6. 국민 근로 동원령이 공포되다.

3.7. 송몽규(1917~1945)가 후쿠오카 형무소에서 옥사하다. 그는 1944년 4월 교토지방법원에서 징역 2년을 선고받았다.

3.8. 임시정부는 김호, 한시대 등 9명을 샌프란시스코 회의 참가 대표로 선출하다./ 대한민국임시정부가 프랑스 정부와 양국 간 외교대표를 교환하기로 결정하다.

3.9. B29기가 야간에 도쿄를 대공격하고, 이후 대도시에 대한 공격이 이어지다.

3.14. 임시정부 외무부장 趙素昻이 기자회견에서 한국대표의 샌프란시스코 회담 참가 필요성을 역설하다.(국편)

3.15. 光復軍 제6徵募分處 주임 金學奎가 昆明의 미군 제14항공대 사령관 세놀트와 공동작전을 위한 6개항을 합의하다.(국편)

3.16. 홍진 등 50여 명이 중국 중경에서 한국구제총회를 창립하다.

3.17. 한국독립당 李靑天·崔龍德·李復源 등이 중앙집행위원회에 군사 정책 수립 건을 제안하다.(국편)

3.24. 임시정부가 중국군사위원회에 일본군에서 탈출한 한적 병사의 '한국광복군훈련반' 설치를 의뢰하다.

3.26. 대한민국임시정부 주석 金九가 중국국민당 吳鐵城에게 임시정부 경비 지급과 광복군 훈련반 설치를 요청하다.

3.27. 대한민국임시정부 국무회의가 광복군과 영국군 사이에 체결한 韓國光復軍駐印連絡隊 파견에 관한 협정초안을 확정하다.

4.1. 미군이 오키나와 본도에 상륙하다./ 重慶에서 광복군과 미국 OSS 사이에 군사합작에 대해 논의하다.

4.3. 주석 김구가 한국광복군과 미국 OSS 간 군사합작을 승인하다.

4.4. 임시정부가 중국과 새 군사협정을 체결하고, 독자적 군사행동권을 획득하다.

4.5. 소련 외상 몰로토프가 소련 주재 일본 대사에게 일·소 중립조약의 불연장을 통고하다.

4.7. 일본 전함 '大和'가 오키나와 근처에서 침몰했다고 발표하다.

연도	한국
▲ 1945 ▼	6.29. 戰時輸送體制 강화 위해 交通局部隊編成規程 공포하다.(국편) 6.30. 한국광복군이 징모 제6분대 제3지대(지대장 김학규)로 확충 개편되다. 7.2. 군수충족회사령시행규칙을 공포하다. 7.4. 조선언론보국회가 덕수궁에서 본토결전부민대회를 개최하다. 7.20. 기독교 신교 여러 파가 일본기독교조선교단으로 강제 통합되다. 7.23. 이종욱·안정식·정인익 등 100여 명이 부민관에서 친일단체 국민동지회를 조직하다. 7.24. 대한애국청년단원 조문기 등이 아시아민족분격대회 장소인 부민관에 폭탄을 투척하다. 8.1. 장로회 총회가 일본기독교조선교단으로 개칭되다./ 미군기가 부산 수정동 주택가를 폭격하여 조선인·일본인 15명이 사망하다. 8.2. 〈만주신문〉이 일본 무조건 항복설 보도로 발매금지 조치를 당하다. 8.8. 소련, 對日 선전포고하고, 북한 진주 개시하다.(국편) 8.10. 소련군, 雄基 점령하다.(국편)/ 송진우가 조선총독부의 정권 이양 교섭을 거절하다. 8.12. 여운형이 조선총독 아베와 정권 이양 교섭에 동의하다./ 화북조선독립동맹이 일본군 내 한인 병사의 투항과 의용군 가입을 촉구하는 호소문을 배포하다. 8.13. 한국광복군 총사령 지청천이 이범석 지대장에게 미국 OSS와 함께 국내 진입을 지시하다./ 미국 측이 소련에 북위 38도선을 경계로 한반도 분할 점령과 일본군 무장 해제를 제안하다. 8.14. 조선총독부가 조선은행권을 남발하여, 9월 5일까지 73억 5,500만 원을 발행하다. 8.16. KAPF 출신 임화 등이 좌파문학운동 단체 '조선문학건설본부'를 창립하다./ 건국준비위원회 위원장 여운형이 휘문중학교에서 '해방의 의의와 민족의 나갈 길'을 연설하다./ 박순천·황신덕·박승호 등이 여성정치단체 '건국부녀맹'을 발족하다./ 서울파 공산주의자 이영·정백 등이 징안파공산당을 결성하다./ 이범석·김준엽·장준하·노능서 등이 국내정진대의 국내 진입을 시도하다./ 일제강점기 투옥된 사상범과 경제범이 석방되다./ 조선학술원(위원장 백남운)이 창설되다./ 해방군 입경설로 인해 서울역에 10만 명 민중이 운집하다. 8.17. 임영신·이은혜 등이 조선여자국민당을 창당하여 건준을 반대하고 이승만을 지지하다./ 조선어학회사건으로 투옥된 독립운동가 최현배·이극로·이화승·정인승 등이 함흥형무소에서 석방되다. 8.18. 대한광복군 국내정진대와 미국 OSS 요원이 여의도비행장(C-47기) 착륙을 시도하였으나 일본군 제지로 회항하다./ 이기영·이태준·임화 등이 좌익계열 문화단체 '조선문화건설중앙협의회'를 조직하다./ 조선총독 아베 노부유키가 조선건국준비위원회에 대한 행정권 이양을 취소하겠다고 발표하다./ 임시정부 주석 김구가 서안에서 중경으로 귀환하다. 8.20. 박헌영 등 경성콤그룹·화요파 인물들이 공산당재건협의회를 결성하다./ 소련군 사령관 치스챠코프가 '조선인민에게' 포고문을 발표하여 인민위원회 조직과 붉은군대 협력을 촉구하다. 8.21. 조선건국준비위원회가 선언과 강령을 발표하다. 8.22. 소련군이 평양에 입성하다. 8.24. 조선건국준비위원회가 일본인 매도물 매입 금지령을 발표하다. 8.25. 미군이 인천에 상륙하여 미소 양군이 북위 38도선을 경계로 분할 점령을 방송하다./ 소련군이 38선 일대 배치를 완료하다. 8.26. 조선건국준비위원회가 기구(1국 12부) 및 인사를 결정하다./ 서울~해주 간 유선이 단절되어 최초로 남북 통화가 두절되다./ 소련군 제25군 사령관 치스챠코프 대장이 평양에 군사령부를 설치하고 군정 체계를 수립하다. 8.27. 소련군사령부가 평양 건국준비위원회를 '평남인민정치위원회'로 개편하다. 8.28. 임시정부가 중경에서 한국독립당 제5차 대표대회 선언을 하다. 8.30. 귀환장병대·귀환군인동맹이 좌익계 군사단체 '조선국군준비대'를 결성하다. 8.31. 조선재외전재동포구제회(위원장 유억겸)가 결성되어 중국·일본·만주 등 재외동포를 구호하다. 9.1. 조선국민당(위원장 안재홍)이 좌경화되는 건준에 반발하여 결성되다./ 좌익계 학병 출신들이 조선학병동맹(대표 왕익권)을 결성하여 좌경 활동과 반탁운동을 전개하다. 9.2. 맥아더 연합군사령관이 북위 38선을 경계로 미소분할점령책을 발표하다./ 오키나와 주둔 미 24군단이 경성지구 진주를 결정하고 인천상륙을 준비하다./ 화천 주둔 소련군이 춘천까지 진출하였다가 행정권과 경찰권 이양을 요구한 후 철수하다. 9.3. 김구 주석이 '국내외 동포에게 고함'을 발표하여 새 국가 건설의 이상을 천명하다. 9.4. 조선통신사가 《조선통신》을 창간하다. 9.6. 건국준비위원회가 중앙집행위원회를 열어 조선인민공화국 선포를 결의하다. 9.7. 송진우와 김준연이 국민대회준비위원회를 발족하여 임시정부 봉대를 주장하다. 9.8. 미 24군단이 인천에 상륙하여 경성으로 진격을 시작하다./ 미군이 경성과 인천에 야간통행금지령을 발령하다./ 변영로·오상순·박종화 등이 조선문화협회를 결성하여 좌익 문단에 대항하다./ 좌익계 《조선인민보》(발행인 김정도)가 창간되다.

일본

4.11. 대한민국임시정부가 重慶에서 정부 성립 제26주년 기념식을 거행하다.(국편)

4.-. 임시정부와 재미한족연합위원회는 샌프란시스코 회의에 이승만을 파견하려 했으나 미국의 거부로 불참하다.

5.7. 독일이 연합군에 무조건 항복하다.

5.9. 정부는 독일 항복 후에도 전쟁이 계속된다고 성명을 발표하다.

5.13. 학병 탈출 후 광복군에서 활동 중 피체된 한성수(1920~1945)는 남경 형무소에서 순국하다.

5.14. 대한민국임시정부 閔石麟이 중국국민당 중앙집행위원회 비서처를 방문해 韓·中 문제에 대해 의견을 발표하다.(국편)

5.25. 부관연락선 신로丸은 미공군 B52의 기뢰에 의해 침몰하였고, 544명이 사망하다.

5.28. 임시정부가 한국광복군 훈련반 설치에 대해 중국 정부의 협조를 요청하는 공문을 장개석에게 보내다.

5.-. 서안 한국광복군 제2지대는 50명의 대원을 선발하고 제1기 OSS 훈련을 시작하다.

6.6. 대한민국임시정부가 특별공작비 차관을 중국정부에 요청하다.

6.8. 천황이 참석한 최고전쟁지도회의가 본토결전방침을 채택하다.

6.16. 조선국민의용대 조직요강이 발표되어 남성 1265세, 여성 1245세를 대상으로 하다.

6.22. 천황이 최고전쟁지도회의 구성원에게 종전의지를 표명하다.

6.30. 대한민국임시정부 光復軍 徵募 第6分處가 光復軍 第3支隊로 확충 개편되다.(국편)

7.7. 국민의용대 조선총사령부(총사령 정무총감)가 조직되다.

7.20. 조문기·유만수·강윤국·우동학·권준 등이 비밀결사 대한국애국청년단을 조직하고, 아세아민족분격대회장에서 일본 제국 요인을 암살하려 하다.

7.24. 大韓愛國靑年團 趙文紀·柳萬秀·康潤國·禹東學·權俊 등이 府民館에서 열린 亞世亞民族憤激大會場에 폭탄을 장치하여 일본요인 암살을 기도하다.(국편)

7.26. 포츠담선언이 발표되어 일본의 무조건 항복을 요구하다.

7.28. 일본 수상이 포츠담선언을 묵살하고 전쟁 계속을 담화로 발표하다.

7.29. 대한민국임시정부가 陸軍制服樣式을 제정하다.(국편)

7.-. 한국광복군이 국내정진군총지휘부(총지휘관 이범석)를 설립하고, 국내 탈환 작전을 결정하다.

8.2. 일본 무조건 항복설을 보도한 〈滿洲新聞〉이 발매 금지되다.

8.4. 한국광복군 제2지대에서 실시한 제1기 OSS 훈련이 완료되어 국내정진 작전이 추진되다.

8.6. 미국이 히로시마에 '리틀보이' 원자폭탄을 투하하여 14만 명이 사망하고, 그 중 약 2만여 명이 한국인이었다./ 의친왕의 둘째 아들 이우(李隅, 1912~1945)가 히로시마 원폭으로 사망하다.

8.7. 김구와 지청천 등 19명이 서안에 도착하여 OSS 총책임자 도노반 소장과 국내 진공 작전에 대해 논의하다.

8.8. 소련이 대일 선전포고를 하고, 소련군이 일본군 무장해제를 위해 북한으로 진군하다.

8.9. 미국이 나가사키에 원자폭탄 '팻맨'을 투하하여 7만 명이 사망하고, 그 중 약 1만여 명이 한국인이었다./ 포츠담선언이 수락되다.

8.10. 김구·지청천·이범석이 한국광복군 국내정진대의 국내 진입 작전을 결정하다./ 대한민국 임시정부가 저녁 8시에 일제의 포츠담선언 무조건 수락을 인지하다./ 중립국을 통해 미·영·중·소에 포츠담선언 수락을 통보하다.

8.11. 소련 군함 2척이 함북 웅기항에 상륙하다.

8.12. 한국광복군이 국내정진군을 편성하고(총지휘관 이범석), 함경도에서 경남 남해로의 잠입 계획을 수립하다./ 소련군이 함북 나진항에 상륙하다./ 華北朝鮮独立同盟이 일본군 내 조선인 병사들에게 투항을 촉구하며 의용군 가입을 호소하는 문서를 배포하다.

8.13. 소련 지상군 1개 사단이 함북 청진항에 상륙하다.

8.14. 천황이 재결로 포츠담선언을 무조건 수락하기로 결정하다.

8.15. 일왕 히로히토가 항복 방송을 통해 조선총독부의 패전을 발표하고, 조선건국준비위원회가 결성되다./ 民族解放./ 일본이 연합군에게 무조건 항복하여 제2차 세계대전이 종전되다./ 전국 형무소에서 독립운동자 등 2만여 명이 석방되기 시작하다.(국편)

8.18. 일본 만주국이 해체되고, 국왕 푸위가 소련에 의해 억류되다.

8.24. 일본 해군 수송선 우키시마호가 폭발하여 한국인 524명이 사망하고 수천 명이 실종되다./ 주석 김구가 장개석에게 임시정부 귀국 문제 및 교포 보호 요청의 비망록을 제출하다.

9.2. 일본 외무부 장관 시게미쓰는 도쿄만의 미국 미조리 함상에서 항복문서에 서명하였다./ 연합군 최고사령관 맥아더 원수는 도쿄에 GHQ(연합군사령부)를 설치하였다.

10.-. 도쿄 신주쿠구 도츠카에 '국어강습소'(민족학교의 정신)가 만들어지다.

9.9. 미 극동사령부가 미군정 실시를 포고하고 조선총독부가 항복하다.

9.10. 국내 정치지도자들이 국민대회를 소집하고 임시정부 귀국을 촉구하는 서한을 발송하다.

9.11. 경의선 철도 운행이 중단되다./ 미국이 GARIOA(미국점령지역구제기금) 원조를 시작하다./ 미군점령군 사령관 아놀드 소장이 취임하다./ 박헌영을 총비서로 조선공산당 중앙당이 재건되다./ 하지 중장이 미군정 기본방침을 발표하고현존한 조선 행정기관을 이용하기

연도	한국
▲ **1945**	로 하다. 9.12. 조선건국준비위원회가 서울시인민위원회를 결성하다./ 조선건국준비위원회 주최로 미군 환영 시가 행진이 열리다./ 김구가 중국 국민당 오철성에게 귀국 여비와 교통편 제공을 요청하다./ 아베 총독이 파면되고 아놀드 소장이 군정장관으로 취임하다. 9.14. 경성이 '서울'로 개칭되다. 9.15. 미소 양군이 38선에서 첫 상봉하다./ 미군정청이 경성방송국을 접수하다./ 조선프롤레타리아 미술동맹이 결성되다. 9.16. 장덕수·조병옥·김병로 등이 한국민주당을 창당하다. 9.17. 사회민주당과 명제세 중심으로 민중공화당이 결성되다./ 이기영·한설야·한효 등이 조선프롤레타리아 문학동맹을 결성하다. 9.19. 소련군 육군 대위 김일성이 소련군과 함께 원산항에 입국하다. 9.20. 미군정청이 설치되어 영어를 공용어로 채택하다. 9.21. 미 국무부가 임시정부에 개인자격 귀국 시 교통편 제공 의사를 전달하다. 9.22. 조선프롤레타리아 음악동맹이 결성되다. 9.23. 조선육상경기연맹이 창설되다. 9.24. 조선국민당과 사회민주당, 자유당, 민중공화당 등이 통합하여 국민당이 되다. 9.25. 맥아더 사령부가 조선 내 일본인 예금동결령을 공포하다./ 미군정청이 38선 도로에 차단기를 설치하여 남북 통행을 통제하다./ 중국 국민당이 대한민국 임시정부 승인 의사를 표명하다. 9.28. 나웅 등이 조선프롤레타리아 연극동맹을 결성하다. 9.29. 미40사단이 부산에 도착하다./ 미군정청이 야간통행금지령을 포고하다. 9.30. 조선식량영단이 조선생활필수품회사로 개칭되다./ 조선프롤레타리아 예술동맹이 결성되다. 10.1. 조선도서관협회(현 한국도서관협회)가 발족되다./ 조선체육회(현 대한체육회, 회장 이병학)가 발족되다./ 종합일간지 《제주신보》(현 《제주일보》)가 창간되다./ 한미 환율이 50대 1로 조정되다. 10.5. 미군정청이 최고소작료 결정을 공포하여 소작료를 총생산량의 3분의 1을 초과하지 못하도록 하다./ 미군정청이 군정장관 고문으로 김성수 등 한국인 11명을 임명하다./ 미군정청이 식량통제를 해제하고 미곡시장을 자유화하다./ 서중석 등이 조선혁명자구원회를 결성하여 좌익계 구호단체를 조직하다./ 《자유신문》(발행인 정인악)이 창간되어 진보적 민주주의를 지지하다. 10.8. 미6사단이 목포에 도착하다. 10.9. 미군정청이 일제 시기 특별법 12개를 폐지하고 치안유지법, 예비검속법, 출판법 등을 폐지하다./ 조선공산당이 《해방일보》를 창간하다. 10.9. 한국광복군 인면전지공작대 9명이 전원 인도 콜카타에서 중국 중경으로 귀환하였다. 10.10. 32개 정당과 사회단체가 38선 철폐를 요구하는 공동성명을 발표하다./ 아놀드 군정장관이 '조선인민공화국'을 부인하는 성명을 발표하다./ 일본인 70만 명의 본국 송환이 시작되다./ 조선축구협회(현 대한축구협회)가 부활되다./ 평양에서 조선공산당 북조선5도당책임자 및 열성자 대회가 비밀리에 개최되다. 10.11. 미군정청이 대법원장으로 김용무를 임명하다./ 지역 유지 10명이 대구에서 《영남일보》를 창간하다. 10.13. 북한 지역에서 독립적 공산당 조직인 조선공산당 북조선분국이 설치되고 김용범이 책임비서가 되다. 10.14. 김남천이 《자유신문》에 해방 후 최초의 연재소설을 발표하다./ 이갑성·명제세·김성숙·이극로·임화 등이 정당통일기성회를 조직하다./ 평양에서 김일성 귀국 환영 군중대회가 열리다. 10.15. 서울시내 국민학교 교원 400명에게 발령장이 발부되다./ 재일본조선인연맹이 결성되어 교포 귀국과 생활 돕기 활동을 시작하다. 10.16. 이승만이 미국에서 환국하다. 10.17. 경성제국대학이 경성대학으로 개칭되다./ 미군정청이 남한 각지 인민위원회 해산을 지시하다. 10.20. 미 국무성이 한국에 대한 신탁통치 의사를 표명하다./ 미군정 부대가 본격적으로 한국에 진주하기 시작하다./ 재일본조선인연맹이 일본 각지에 청년대, 자치대, 보안대, 자위대를 조직하다. 10.21. 미군정청이 경무부를 창설하고 도지사 산하에 경찰부를 설치하다. 10.22. 경성여자전문학교가 이화여자전문학교(현 이화여대)로 환원되다./ 조선음악가협회(현 한국음악협회)가 부활되다. 10.23. 독립촉성중앙협의회(총재 이승만)가 결성되어 민족통일기관을 목표로 활동을 시작하다./ 좌익계 전국신문기자대회가 서울 YMCA 회관에서 개최되다. 10.24. 《팽오통신》이 창간되다./ 미군정청이 조선총독부 경무국 경제경찰과를 폐지하다./ 중국 국민당이 임시정부 요인 및 임시의정원 의원들을 초청하여 환송연을 열다. 10.25. 좌우익 각 정당이 신탁통치 반대 성명을 발표하다. 10.27. 독립운동가 박열이 일본 아키타 감옥에서 22년 2개월 만에 석방되다./ 조선체육회 주최로 자유해방 경축 전국종합대회(제26회 전국체육대회)가 개최되다. 10.28. 미군정청이 벽보와 비라 간행 및 배포를 금지하다.

일본

10.29. 북한이 소련과 영화 수입 계약을 체결하다./ 김구 주석이 장개석 총통을 찾아 귀국 인사를 하다.

10.30. 미군정청이 출판등록제를 실시하여 12월까지 45개 출판사가 등록되다.

10.31. 박헌영과 이승만이 회담하여 친일파 배제를 전제로 통일전선 문제를 협의하다./ 서울에서 남조선천도교 청우당(당수 김병제)이 결성되다.

11.1. 대한민국 임시정부가 주화대표단(단장 박찬익)을 설치하여 중국 교포 업무를 담당하다./ 북조선공산당 기관지《정로》(《노동신문》전신)가 창간되다./ 이승만이 여운형과 회담하여 국내 통일전선운동 차원에서 여운형의 전폭 지지를 피력하다.

11.3. 조만식 등이 평양에서 조선민주당(당수 조만식)을 결성하다.

11.5. 임시정부 요인들이 중국 중경을 출발하여 상해에 도착하다./ 조선공산당 산하 노동운동단체 조선노동조합전국평의회(전평)가 결성되다.

11.7. 조선미술협회(현 대한미술협회)가 창립되어 미술인들의 반공의식을 결속시키다./ 함흥지역에서 러시아혁명기념일 창가 선곡문제로 학교 측과 인민위원회 간 충돌이 발생하다.

11.11. 손원일·정긍모 등이 해방병단을 창설하다.

11.12. 동양척식주식회사가 신조선공사로 개칭되다./ 조선중요물자영단이 조선물자영단으로 개칭되다./ 여운형 등이 중도좌파 정당인 조선인민당을 결성하다.

11.13. 남북한 간 바터제 교역이 채택되어 물자 교환이 이루어지다./ 미군정 학무국 편수과장 최현배·이극로 등이 한자폐지회를 결성하다./ 재일교포 46만 6천여 명이 귀국하다.

11.15. 미군정청이 국방사령부를 설치하고 모병을 실시하다./ 경찰관강습소가 조선경찰학교(현 경찰종합학교)로 개칭되다.

11.16. 조선공산당 청년단체 전국청년단체총동맹(위원장 이호제)이 결성되다./ 조선공산당이 대한독립촉성중앙협의회에서 탈퇴하다.

11.18. 평양에서 북조선민주여성동맹이 결성되다./ 한성극장협회가 서울시 극장협회로 개편되다.

11.20. 조선건국준비위원회가 전국인민위원회대표자대회를 개최하다.

11.21. 한글학회가 초등 국어 교본『한글 첫걸음』을 편찬하여 문교부에 제공하다./ 이승만이 '공산당에 대한 나의 관념'을 방송을 통해 발표하다.

11.23. 《매일신보》가《서울신문》으로 제호를 변경하다./《조선일보》가 5년 3개월 만에 속간되다./ 김구 등 임시정부 요인 15명이 제1진으로 환국하여 김포비행장에 도착하다./ 신의주에서 7개교 중학생들이 공산당 타도를 외치며 봉기하다./ 조선교육심의회가 구성되어 미군정청 학무국의 자문·심의 기관이 되다.

11.25. 이종형이 서울 북창동에서《대동신문》(현《한국경제신문》)을 창간하다.

11.27. 미국산업조사단이 내한하다.

11.30. 한자폐지회가 군정청에 한자폐지를 건의하여 초중등 교과서 전부에 한글 사용이 결정되다.

12.1. 《동아일보》가 5년 3개월 만에 속간되다./ 조선독립동맹 김두봉·최창익·김무정 등이 중국 연안에서 입북하다./ 홍진·조성환·조소앙·신익희 등 임시정부 제2진 요인들이 환국하다.

12.3. 대한민국 임시정부가 경교장에서 환국 후 첫 국무회의를 개최하다./ 서울 경복궁 내에 국립박물관이 개관되다.

12.5. 미군정청이 군사영어학교를 설치하여 통역관 및 군간부 양성에 착수하다./ 조선교육심의회가 미국식 6·6·4 신학제를 결정하다.

12.6. 미군정청이 일본인의 공유 및 사유재산을 접수하다./ 친일파 윤치호가 자결하다./ 조선문학가동맹이 결성되어 조선문학건설본부와 조선프롤레타리아 문학동맹을 통합하다.

12.8. 노동조정위원회가 설치되어 노사 분쟁 조정 업무를 담당하다.

12.10. 미군정장관 아놀드가 해임되다.

12.13. 조선음악가동맹(김재훈)이 결성되어 진보음악운동을 통합하다.

12.14. 이갑성·김여식 등이 신한민족당을 창당하다.

12.16. 신임 미군정장관 러취 소장이 부임하다./ 조선영화동맹이 결성되어 조선영화건설본부와 조선프롤레타리아 영화동맹을 통합하다./ 초중등교과서로『한글 첫걸음』100만 부와『한글초등교본』60만 부가 배부되기 시작하다.

12.17. 김일성이 조선공산당 북조선분국 책임비서에 취임하다.

12.19. 서울운동장에서 대한민국 임시정부 개선 전국 환영대회가 개최되다.

12.20. 조선연극동맹이 결성되어 조선연극건설본부와 조선프롤레타리아 연극동맹을 통합하다.

12.21. 대한독립촉성청년총동맹(총재 이승만)이 결성되다.

12.22. 조선부녀총동맹(위원장 유영준)이 결성되다.

12.24. 극단 민예가 창립 공연을 개최하고 연극〈부활〉을 공연하다./ 용산공작창에서 국내 첫 기관차가 제작되다.

12.25. 조선항공협회가 종합 항공잡지《항공》을 창간하다.

12.27. 《동아일보》가 '소련은 신탁통치 주장, 미국은 즉시 독립 주장'이라는 오보를 보도하다.

12.28. 모스크바 3상회의가 한국 5개년 신탁통치를 발표하다.

12.29. 대한민국 임시정부가 서울에서 신탁통치반대국민총동원위원회를 결성하다.

12.30. 국제통신과 연합통신이 합병되어 합동통신을 창립하다./ 미군정청 학무국이 교사용『초등국어교본 한글 교수지침』을 편찬하다./ 송진우가 신탁통치 관련 사건으로 암살당하다.

12.31. 연말 물가가 해방 당시의 30배로 급등하다./ 임시정부 내무부장 신익희가 국자 제1·2호를 선포하여 경찰을 임정 지휘 하에 두다./ 전국적으로 신탁통치 반대 시위가 확산되다.

12.-. 장수연 담배가 시판되다./ 신생극단 '현해탄'이 공연을 시작하다./ 인기 가요 이인권의〈귀국선〉(작사 손노원, 작곡 이재호)이 발표되다.

연도	한국
1946	【한국】 1.2. 조선공산당 북조선분국 등 5개 정당 사회단체, 모스크바삼상회의 결정 지지 선언하다. 1.23. 미군정청, '일본인 철퇴령' 발표, 일본인 귀국명령, 조선건국에 필요한 자 제외하다. 2.6. 일제강점기에 징용된 남태평양지역 한국인 3천여 명 귀환하다. 3.5. 북한 토지개혁 법령 공포하다. 3.16. GHQ, 在日朝鮮人 귀국자의 재입국 금지를 발표하다. 3.20. 제1차 미소공동위원회 개최하다. 5.7. 제1차 미소공동위원회 결렬하다. 6.3. 李承晩, 남한단독정부 수립 계획 발표하다. 6.14. 좌우합작회담 시작하다. 6.15. 일본에 보관중이던 舊韓國 國璽 반환하다. 6.30. 윤봉길·이봉창·백정기의사 유골을 환국하다, 7.6. 윤봉길·이봉창·백정기의사 유골을 효창공원에 안장하다. 8.28. 북조선노동당 창립대회를 하다. 10.3. 동경에서 在日本朝鮮人居留民團 결성하다. 10.7. 경성부를 서울시로 개칭, 특별시로 승격하다. 10.21. 항일영화, '자유만세'(감독: 최인규, 배우: 황여희, 전창근, 유계선)개봉하다. 11.9. 대일본 우편물 정식인가하다. 11.16. 남조선국민대표민주의원이 대일배상문제에 관한 성명서를 발표하다. 12.3. 일제잔재 청산 요구한 불교청년당 등 불교혁신총연맹 결성하여 불교의 대중화 운동 전개하다.
1947	【한국】 1.5. 미군정, 민정장관에 안재홍 임명하다. 2.19. 북조선인민위원회 창설하다. 4.5. 북조선주둔 소련사령관 치스챠코프 대장 사임하고, 코로트코프 중장 신임사령관으로 부임하다. 4.21. 광복군총사령관 지청천, 장개석 비행기(자강호)를 이용하여 이승만과 함께 귀국하다. 5.21. 제2차 미소공동위원회 개막하다. 7.10. 미·소 2차공위 사실상 결렬하다. 7.19. 여운형이 피살되다. 8.28. 입법의원이 미·영·중·소 4개국에 한국의 대일 강화회의 참가를 요청하는 결의안을 제출하다. 8.29. 북조선 애국가 제정하다. 8.30. 귀환 재일동포 118명 흥남에 상륙하다. 10.30. 미군정장관에 딘 소장이 임명되다.
1948 ▼	【한국】 1.7. 의무교육제도가 실시되고, 유엔 한국임시위원단(호주, 중국, 필리핀, 인도, 캐나다, 엘살바도르, 시리아, 우크라이나) 대표단이 입국하다. 1.16. 장덕수 암살 사건의 배후로 지목된 한독당 김석황이 체포되고, 미군정은 김구를 배후로 지목하여 재판정에 세우다. 1.23. 소련 측이 유엔 한국위원회의 북한 입경을 거부한다고 통고하다. 1.27. 김구가 유엔 한국임시위원단 앞에서 남북 주둔 외국군 철수 후 자유선거 실시를 주장하다. 2.8. 조선인민군이 창설되다. 2.10. 조선임시헌법 초안이 발표되고, 김구가 남한 단독정부 수립에 반대하는 성명을 발표하다. 2.16. 김구와 김규식이 김일성과 김두봉에게 남북 정치지도자 간 정치협상을 제의하는 서한을 보내다. 2.26. 유엔 소총회가 남한 지역에서만 총선거를 실시하기로 결의하다. 3.8. 김구가 남북협상을 제의하다. 3.10. 미국의 스트라이크(C.S. Strike) 보고서가 대일배상정책을 수정하여 생산설비를 배상대상에서 제외할 것을 제안하다. 3.22. 미군정이 동양척식주식회사를 해체하고 토지행정처를 설치하다. 4.3. 제주 4·3 사건이 발생하다. 5.10. 제헌국회의원 선거가 실시되고, 미국의 존스턴(P.H. Johnston) 보고서가 한국의 대일 배상 가능성을 백지화하다. 5.31. 제헌국회가 개원하다. 6.2. 제헌국회 내 헌법 및 정부조직법 기초위원회가 친일파 처벌법을 만장일치로 가결하다. 6.8. 미군기가 독도 부근을 폭격하여 어선 23척이 침몰하고 16명이 사망하다. 6.10. 국회법이 국회에서 통과되다(10월 2일 공포). 7.17. 대한민국 헌법과 정부조직법이 공포되다.

일본

【일본】

1.1. 일본 천황이 신격화를 부정하는 조서를 발표하다.

1.4. 연합국 총사령부가 군국주의자의 공직 추방 및 초국가주의 단체의 해체를 지령하다.

1.20. 신조선건설동맹(결동) 결성하다.

1.29. 연합국 최고사령관이 지령(SCAPIN) '제677호'를 공포하여 일본의 영토에서 울릉도와 독도, 제주도를 제외시켰다.

2.3. 맥아더가 일본 헌법 초안 작성을 지시하다.

2.8. 일본 정부가 헌법개정요강(마쓰모토 시안)을 연합국 총사령부에 정식 제출하다.

5.3. 제2차 세계대전 전범 처리를 위한 극동국제군사재판소가 개정되다.

5.22. 제1차 요시다 시게루(吉田茂) 내각이 성립하다.

6.22. 연합국 최고사령관 시령 제1033호(SCAPIN 1033) '일본의 어업 및 포경업 허가구역'을 공포하여 일본의 선박 및 국민이 독도의 주변 12해리 이내에 접근하는 것을 금했다.

9.10. 맥아더 원수가 일본 관리 방침을 성명하다.

10.3. 재일본조선거류민단(민단)을 결성하다.

10.10. '민중신문' 창간하다.('해방신문'의 전신)

10.15. 재일본조선인연맹(조련)을 결성하다.

11.3. 일본국 헌법이 공포되다.

11.16. 조선건국촉진청년동맹(건청)을 결성하다.

12.15. 일본정부가 재일조선인의 귀국계획 수송중지를 발표하다.

12.17. 개정주의원 의원선거법 부칙을 근거로 재일조선인, 대만인의 참정권을 박탈하다.

【일본】

2.1. 맥아더 연합군 사령관이 공산당계 산별회의와 사회당계 총동맹이 계획한 2월 1일 총파업에 대해 중지 명령을 내리다.

2.21. '민단신문'을 창간하다.

4.2. GHQ가 조선인은 일본의 법령에 따라 일본인과 마찬가지로 취하시킬 의무가 있다. 동시에 '조선인 학교의 허가는 전혀 지장이 없다'고 발언하다.

5.2. 일본 정부가 외국인등록령을 공포하여 조선인을 외국인으로 간주하고 등록을 의무화하다.

5.3. 일본국 헌법이 시행되다.

11.14. UN총회에서 한국총선안, UN한국임시위원단 설치안 등을 가결하다.

11.18. 친일파 스티븐스를 처단한 전명운(1884~1947)이 사망하다.

【일본】

1.24. 일본 문부성 학교교육국장이 재일조선인 학교 설립을 불허하고, 재일조선인의 일본인 소학교 취학을 의무화하며 조선어 교육을 정과 목에서 제외할 것을 통달하다.

3.10. 아시다 히토시(芦田均) 내각이 성립하다.

3.15. 민주자유당이 결성되다.

3.22. 일본 정부가 재일교포 학교를 폐쇄하다.

4.10. 오카야마·효고·오사카·도쿄 각 현의 지사가 조선인 학교에 폐쇄 명령을 내리다.

4.14. 일본 정부가 오사카 지역 교포학교 등 19개교에 폐교령을 내리다.

4.20. 연합군총사령부(GHQ)가 도쿄의 조선인 학교 폐쇄를 명령하다.

4.23. 도쿄 미군정청 교육담당관이 재일조선인은 일본 법률에 복종해야 한다고 성명하다.

4.26. 약 2만 명의 조선인이 학교 폐쇄에 항의하여 오사카부청 앞에서 시위를 벌이다.

5.3. 조선인교육대책위원회 대표 최용근과 일본 문부대신 모리토 세이오가, 사립학교의 자주성이 인정되는 범위 내에서 조선인의 독자적 교육을 인정한다는 각서를 교환하다.(5월 5일 조인)

10.4. 민단이 재일본대한민국거류민단으로 개칭하다.

11.12. 극동국제군사재판이 판결을 내려, 도조 히데키(東條英機) 등 전범 7명에게 교수형을 선고하다.

11.23. 도조 히데키 등 7명의 교수형이 집행되다.

12.18. 미국 정부가 연합군총사령부를 통해 일본 정부에 경제안정 9원칙을 제시하다.

12.24. 기시 노부스케(岸信介) 등 A급 전범 용의자 19명이 석방되다.

연도	한국
▲ 1948	7.20. 국회가 대통령에 이승만, 부통령에 이시영을 선출하다. 7.24. 이승만이 대통령에 취임하고, 김두봉이 「신국기 제정과 태극기 폐지에 관하여」를 발표하다. 8.15. 대한민국 정부가 수립되고, 중앙청(구 총독부 청사)에서 대한민국정부수립국민축하식이 거행되다. 8.19. 제헌국회가 정부 내 친일파 숙청 긴급동의안을 가결하다. 8.27. 대혁청년단 소속 청년 2명이 반민법 심의회에 난입하여 친일파 엄단 주장자를 공산당으로 매도하는 삐라를 살포하다. 9.9. 조선민주주의인민공화국 정부 수립이 선포되다. 9.11. 한미 간 재정·재산에 관한 이양협정이 조인되어 일본인 소유 재산이 한국으로 이양되다.
1949	【한국】 1.1. 미국이 한국 정부를 정식 승인하다. 1.4. 한국이 도쿄에 주일대표부를 설치하고, 정한경(鄭翰景)을 수석대사로 임명하다. 1.6. 한국 정부가 대일배상요구 선언을 발표하고, 2차대전 당시 일제에 의해 강제 징집되었던 한국인 포로병 3,182명이 소련으로부터 귀환하다. 반민특위는 정치·경제, 문화·교육, 사회 조사부 및 총무부·특경대를 구성 완료하다. 1.7. 이승만 대통령이 '대마도는 우리 땅'이라고 선언하다. 1.10. 이승만 대통령이 반민족행위처벌법 시행 최소화 담화를 발표하다. 2.2. 이승만이 반민특위의 친일파 검거 활동을 제한하겠다는 담화를 발표하다. 2.9. 이승만 정부가 반민특위 조사를 중지하는 조치를 내리다. 2.12. 친일 혐의로 수감된 최남선이 마포형무소 구치소에서 '자열서'를 특별재판소에 제출하다. 2.22. 대일배상조사심의회를 설치하다. 3.7. 기획처가 국무회의에 대일배상요구액 대강을 보고하다. 3.17. 한국과 소련이 경제 및 문화 협조에 관한 협정을 조인하다. 3.22. 한일통상잠정협정안이 타결되다. 4.1. 한일통상잠정협정(한일교역조정서)이 발효되다. 4.7. 한국 정부가 『대일배상요구 조서』를 연합군 최고사령부에 제출하다. 4.23. 한일통상잠정협정을 정식으로 조인하다. 5.1. 제1회 총인구조사가 실시되어 남한 인구가 2,016만 6,758명으로 집계되다. 5.4. 북한군이 개성 송악산에 침입하여 국군과 전투를 벌이다. 5.17. 기독교 각 교파가 '국기는 우상이 아니다'라는 입장에 의견을 일치시키다. 5.20. 이승만 대통령이 대일배상요구 관철을 주장하다. 6.6. 경찰이 반민특위를 습격하다. 6.7. 제주 4·3사건이 종식되고, 사령관 이덕구가 사살되다. 같은 날 반민특위 김상덕 위원장과 위원 전원이 사표를 제출하다. 6.9. 이승만 대통령이 일본의 어구 확대에 반대하는 성명을 발표하다. 6.21. 농지개혁법이 공포되다. 6.26. 김구가 피살되다. 6.30. 조선노동당이 발족하다. 7.22. 외무부가 일본에 100여 점의 국보 반환을 요구하다.
1950 ▼	【한국】 1.7. 일본 정부가 항복 조인식 이전 재일동포 62만 명에게 강제 등록을 실시하다. 1.10. 애치슨 미국 국무장관이 한국은 미국의 태평양 방위선 밖이라고 언명하다. 1.11. 한국 해군이 맥아더라인 침범 일본 어선을 나포하여 한일 분쟁으로 비화하다. 1.16. 주일 한국대사가 일본의 재일동포 강제 등록에 항의하다. 1.26. 한미상호방위원조협정이 체결되다. 1.27. 이승만 대통령이 일본에서 맥아더와 요시다 시게루를 만나 반공 유대 강화를 주장하고, 일본 어선 나포는 맥아더선을 지키기 위한 것이라고 기자회견하다. 1.28. 부산항에 첫 한일 무역선 '조선환'(朝鮮丸)이 입항하다. 2.2. 임병직 외무부 장관이 일본 정부의 대(對)한 배상 요구에 대해 강경 성명을 발표하다. 2.10. 한일 국제전화가 개통되다. 2.23. 주일한국대표부가 일본 정부의 '한국' 명칭 수용을 환영하는 성명을 발표하다. 2.27. 한일통상회담에 대비하여 대일통상준비위원회를 구성하고 수출입 품목, 수량, 시기 등을 논의하다. 3.19. 한국이 김 400만 속을 일본에 수출하다. 3.27. 제3차 한일통상협상이 개최되다. 4.3. 농지개혁이 착수되고, 이범석 국무총리가 사임하다. 4.11. 한일통상회담이 최종 합의되어, ECA 자금 3,300만 달러로 일본에서 수입하고, 950만 달러어치를 수출하기로 하다.

일본

9.29. 반민족행위특별조사위원회(반민특위)가 조직되다.

9.30. 이승만 대통령이 시정연설을 통해 일본의 제국주의 포기 감시와 한국의 대일 강화회의 참가를 요청하다.

10.12. 국회가 재일동포 재산반입 긴급조치에 관한 건의안을 채택하다.

10.19. 이승만 대통령이 맥아더의 초청으로 일본을 방문하다.

10.20. 이승만 대통령이 한일 양국 무역 재개를 공식 발표하다.

12.8. 귀속재산이 미군정으로부터 한국 정부에 이양 완료되다.

12.12. 유엔총회가 대한민국 정부를 한반도의 유일한 합법정부로 승인하다.

【일본】

1.26. 일본 법무성이 재일 한국인의 국적은 평화조약 체결까지 일본국에 속한다고 표명하고, 호류사 금당에서 화재가 발생하여 벽화 12면이 소실되다.

2.16. 제3차 요시다 시게루(吉田茂) 내각이 성립하다.

3.10. 도쿄에서 제1차 한일통상예비회담(한일통상협상)이 개시되다.

4.23. 연합군사령부가 일본 화폐 엔화에 대한 공식 환율 설정 각서를 교부하여 1달러 360엔의 단일 환율제를 실시하다.

4.28. 일본 최고재판소 사무총장이 전전(戰前)부터 일본에 거주하는 조선인은 평화조약 체결까지 일본 국적을 가진다고 표명하다.

9.8. 일본 정부가 재일본조선인연맹 및 재일본조선인민주청년동맹 외 2개 단체에 대해 해산 명령을 내리다.

9.17. 정항범(鄭恒範) 주일 특사가 대일 강화회의에 한국 대표단이 참가할 의사가 있음을 표명하다.

10.21. 일본 정부가 재일교포학교 폐쇄령을 발표하다.

11.3. 일본의 유카와 히데키(湯川秀樹)가 노벨물리학상 수상자로 발표되다.

11.28. 재일동포인권옹호공동투쟁위원회가 결성되다(가맹단체 24개).

12.25. 맥아더 장군이 일본 전범들에게 특사를 단행하다.

8.31. 반민족행위처벌법 공소시효가 종료되어 408명에게 소장이 발부되다.

10.4. 반민족행위처벌법이 폐지 공포되어 반민특위, 특별감찰부, 특별재판부가 해체되다.

10.5. 제2차 한일통상협상이 서울 조선호텔에서 개막되어 수출입품과 가격조절 문제 등을 협의하고, 무역량 400만 달러 증가, 개인무역 허용, 양국 간 정기항로 개설에 합의하다.

10.6. 한국이 중화인민공화국 정부와 국교를 수립하다.

10.7. 주일대표부 정항범 대사가 재일한국인을 유엔인으로 대우할 것을 맥아더 사령부에 요청하다.

10.20. 일본 정부가 재일교포학교 폐쇄령을 발표하다.

10.26. 국무회의가 대일배상요구 조항을 결정하다.

11.23. 미국 국무성이 무초(J.J. Muccio) 주한대사에게 대일강화조약 참가문제에 대한 의견을 요청하다.

12.3. 무초 주한대사가 미국 국무성에 한국의 대일강화조약 참가 필요성을 밝히는 보고서를 제출하다.

12.17. 한일통상협정이 국회에서 비준되어 12월 21일 발효되다.

【일본】

1.1. 맥아더가 일본의 자위권을 부정하지 않는다는 성명을 발표하다.

2.1. 소련이 천황과 4인을 세균전 책임자로서 전범재판에 회부할 것을 요구하다.

6.6. 맥아더가 공산당 중앙위원회 전원 24인에 대해 공직 추방을 지시하다.

7.4. 일본 각료회의가 한국에서 미국의 군사행동에 대해 행정조치 범위 내에서 협력한다는 방침을 결정하다.

7.8. 맥아더가 일본 정부에 경찰예비대 창설과 해양보안대 증원을 지령하다.

7.24. 연합국총사령부가 신문협회 대표에게 공산당원 및 동조자의 추방을 권고하고, 적색분자 추방이 시작되다.

8.8. 재일학교지원군 결성. 유엔군에 편입되어 642명이 참전(52명 전사, 83명 행방불명)하다.

10.17. 일본 문부성이 국기 게양과 기미가요 제창을 통달하다.

12.28. 오무라 수용소(나가사키현)개설(1952년 12월 25일까지 15차에 걸쳐 5,625명 강제소환)하다.

5.25. 대한민국의 유네스코(UNESCO) 가입이 가결되다.

6.6. 대한민국과 점령하 일본 간의 무역협정이 조인되다.(1950.4.1. 소급 발효)

6.17. 미국 국무장관 딜레스가 방한하여 38선을 시찰하다.

6.19. 제2대 국회가 개원하다.

연도	한국
▲ 1950	6.25. 6·25 전쟁이 발발하고, 유엔 안보리가 이를 침략으로 규정하고 철퇴를 요구하다. 6.27. 미군이 참전하고, 대한민국 정부가 대전으로 이전하다. 6.28. 서울이 함락되다. 7.1. 연합군 지상부대가 부산에 상륙하고, CRIK(한국 재건 원조) 원조가 시작되다. 7.7. 한국군이 유엔군에 편입되다. 7.12. 한국군 통수권을 미군에 이양하는 한미대전협정이 체결되다. 7.19. 대전이 함락되고, 딘 소장이 실종되다. 8.22. 국민병이 소집되다. 9.15. 유엔군이 인천상륙작전을 감행하다. 9.26. 안중근과 함께 이토 히로부미 암살을 모의했던 우덕순이 사망하다. 9.28. 서울을 수복하고, 이승만 대통령이 38선 이북으로의 진격 명령을 내리다. 9.30. 원주와 주문진을 탈환하고, 워커 사령관이 38선 돌파 명령을 내리다.
1951	【한국】 1.1. 중국군 6개 군단이 38선을 넘어 남진하다. 1.4. 장면 주미대사가 미국무성에 한국의 대일 강화교섭 참가를 요청하고, 대한민국 정부가 부산으로 이전하며(1·4 후퇴), 　　　인민군이 다시 서울을 점령하다. 1.26. 딜레스 미국무장관 고문이 장면 주미대사에게 미국이 한국의 대일 강화교섭 참여를 지지한다고 언명하다. 3.5. 전국 피난민 총수가 581만 7,012명에 이르고, 수용소가 939개소에 달하다. 3.21. 영국 외무차관 스코트(R.H. Scott)가 한국의 대일 강화교섭 참여에 반대 입장을 표명하다. 3.22. 제4차 한일통상협상이 개막되다.(3월 31일까지) 3.24. 맥아더가 38선 이북으로의 진격 명령을 내리다. 3.25. 국군과 유엔군이 38선을 돌파하다. 4.8. 맥아더라인 철폐 반대 국민대회가 개최되고, 침범한 일본 어선 33척이 20일간 나포되다. 5.19. 한국과 일본이 위탁가공무역 추진에 합의하다.(위탁가공품: 선철, 철판, 무공강, 철선 등) 6.11. 인민군이 38선 일대에서 진지방어전에 들어가다. 6.23. 소련 유엔 대표 말리크가 38선 정전회담을 제의하다. 6.27. 참전 16개국이 말리크 제의를 공동 수락하다. 6.29. 미국 대통령 트루먼이 리지웨이에게 한국 정전교섭을 지시하다. 7.11. 대한민국 정부가 대일 강화조약 요구사항(대일 교전국 인정 등 10개항)을 미국 국무부에 전달하다. 7.19. 미국무부가 평화가 수립될 때까지 미군이 계속 한국에 주둔할 것임을 발표하다. 7.27. 대한민국에서 대일 강화조약 초안 반대 국민대회가 열리다. 7.28. 대일 강화조약 준비 대표 유진오가 임송본과 함께 일본을 방문하다. 8.30. 대일 강화조약 조인을 앞두고 한일 간에 독도 영유권 문제로 논란이 일어나다. 9.2. 이승만 대통령이 일본 어선의 맥아더라인 침범에 대해 엄중 대처할 것을 언명하다. 9.4. 샌프란시스코 강화회의가 개최되었으나, 한국은 참석하지 못하다. 9.6. 대한민국 여군이 창설되다.
1952	【한국】 1.18. 이승만 대통령이 「인접해양에 대한 주권 선언」을 발표하고, 평화선을 선포하여 독도를 포함한 한국 영토의 한계를 선 　　　언하다. 1.26. 한일통상협정 갱신 협의를 통해 통상량 책정, 수출입 품목 결정, 청산지불한도 문제 등을 논의하다. 2.8. 이승만 대통령이 '인접 해양에 대한 주권선언', 일명 평화선 설치에 대한 성명을 발표하다. 2.13. 일본으로부터 선박 55척이 반환되다. 2.15~4.25. 제1차 한일회담이 열려 재일한국인의 법적 지위, 기본관계, 어업문제, 청구권·선박 문제 등을 논의하였으나, 일 　　　본의 대(對)한 청구권 주장으로 회담이 결렬되다. 3.19. 일제 강점기의 언론 탄압법인 '광무신문지법(1907)'이 제정 46년 만에 폐기되다. 5.1. 한일통상협정이 1년 연장되다. 5.2. 변영태 외무부 장관이 일본 정부에 맥아더선 준수를 요구하다. 5.13. 한국 정부가 불법 일본인 입국자의 송환 인수를 거부하다. 8.-. 일본인들이 독도에 불법 상륙하여 시마네현 오키군 다케시마(竹島)에 표목을 세우다. 9.16. 한국 정부가 일본 어선의 영해 침범에 항의하다. 9.20. 유엔군 사령관 클라크(M.W. Clark)가 클라크 라인(한국 방위수역)을 공포하다. 10.4. 한국 정부가 평화선 침범 어민을 형사처벌하는 포획심판령을 공포하다.

일본

10.1. 맥아더가 김일성에게 항복을 요구하다.

10.4. 대한민국과 점령하 일본 간의 잠정 해운협정이 발효되다.

10.7. 유엔 총회가 북진안을 가결하고 새로운 유엔 한국위원회(UNCURK) 구성을 결의하다.

10.10. 신사참배를 거부한 신석구가 북한 진남포에서 인민에게 총살되다.

10.19. 국군이 평양을 탈환하다.

10.26. 국군이 압록강 변에 도달하다.

10.27. 대한민국 정부가 서울로 환도하다.

10.31. 서울에서 부역자 1만 1,592명이 적발되다.

12.4. 유엔군이 평양에서 철수하다.

12.13. 유엔 정치위원회가 한국 정전에 관한 13개국안을 가결하다.

12.23. 워커 사령관이 차량 사고로 사망하고, 후임으로 리지웨이 중장이 취임하다.

12.24. 서울 시민에게 피난령이 내려지고, 흥남 철수가 시작되다.

【일본】

1.9. 재일조선통일민주전선(민전)을 결성하다.

1.19. 일본 제7회 당대회가 개최되어 평화 3원칙과 재군비 반대를 결의하다.

2.2. 덜레스 특사가 대일강화와 관련하여 미군 주둔 및 집단안전보장 방침을 표명하다.

4.23. 요시다 시게루 수상이 덜레스 미국 특사와 회담에서 한국의 대일 강화교섭 참가에 반대 입장을 밝히다.

4.24. 일본에 간토(關東)신용조합의 설립인가를 신청하고, 도와(同和)신용조합을 설립하다.

9.8. 샌프란시스코 강화조약과 미일안전보장조약이 조인되다.(1952.4.28 발효)

10.4. 출입국관리령(입관령) 및 입국관리청 설치령을 제정·공포하다.

10.21. 제1차 한일예비회담이 도쿄 사령부에서 개최되어 기본국교 수립, 재일동포 법적 지위, 어업 문제 등을 토의하다.

9.10. 유엔군이 추계 공세를 개시하고, 이승만 대통령이 휴전 수락 4대 원칙을 제시하다.

10.1. 변영태 외무부 장관이 대일 정책을 발표하다.

10.8. 국무회의가 재일교포 법적 옹호를 결정하다.

10.12. 민단(재일본대한민국민단)이 재일동포의 법적 지위와 대우 문제 등에 대한 성명을 발표하다.

10.17. 국무회의가 대통령 직선제와 양원제를 골자로 한 개헌안을 의결하다.

10.20. 제1차 한일회담 예비회의가 도쿄에서 개최되어 기본국교, 재일교포 법적 지위, 어업문제 등을 논의하다. 같은 날 민단이 재일동포 기득권 확보를 위한 민중대회를 개최하다.

10.25. 판문점에서 정전회담이 재개되다.

11.7. 대한민국 정부, 연합군 최고사령관, 일본 정부 간에 무역을 위한 재정협정에 의거한 청산계정 권리와 이해관계의 이양 및 인수를 위한 협정을 체결하다.

12.18. 판문점 휴전회담에서 포로 명단을 교환하다.

12.19. 한일 예비회담 국적분과위원회가 재일동포의 기득권, 영주권, 재산반출권을 원칙적으로 인정하기로 합의하다.

【일본】

1.24. 일본 정부가 인접 해양에 대한 한국의 주권 선언에 반대 성명을 발표하고, '독도'가 일본 영토임을 주장하다.

1.28. 일본이 한국의 '평화선 선언'에 항의하며 독도를 자국 영토라고 주장하여 한일 간 첫 독도 분쟁이 발생하다.

2.12. 주일한국대표부가 독도 영유권에 관한 일본 정부의 주장에 항의하다.

2.15. 제1차 한일회담 본회의가 도쿄에서 개최되어 '한일 간 재산 및 청구권 협정 요강 8개항'이 제시되었으나, 회담이 결렬되다(4월 25일까지 진행)

2.28. 미·일 행정협정이 조인되다.

3.6. 요시다 시게루 수상이 자위를 위한 무력은 일본 헌법상 위헌이 아니라고 발언하다.

3.8. 연합군 최고사령부(GHQ)가 일본 정부에 병기 제조 허가를 지령하다.

4.25. 제1차 한일회담이 공식적으로 결렬되다.

4.28. 샌프란시스코 평화조약의 발효로 재일한국인들이 일본 국적을 상실하다.

4.29. 미국 국무성이 '일본의 대한 재산 청구는 무효'라는 각서를 발표하다.

5.1. 제23회 메이데이 조선인 체포자가 140명이 되다.

5.8. 미국무부가 일본 정부에 대해 대한(對韓) 재산권 청구 무효각서를 전달하다.

8.6. 히로시마 평화기념공원이 건립되다.

9.27. 일본에서 일본 어선의 해양 침범을 규탄하는 국민대회가 열리다.

9.30. 일본인 고이치 스스무(古市進)의 한국 입국이 문제화되다.

10.30. 제4차 요시다 시게루 내각이 성립하다.

연도	한국
1953	【한국】 1.5. 이승만 대통령이 일본을 방문하여 요시다 시게루 수상과 정상회담을 갖다. 1.22. 이승만 대통령이 일본의 대한(對韓) 재산권 주장에 대해 경고하다. 2.4. 한국경비대가 평화선을 침범한 일본 어선 제1대방마루를 나포하다. 2.16. 한일협상준비회의가 개최되다. 2.27. 한국 정부가 독도 영유권을 재확인하는 발표를 하다. 3.10. 해양주권선 수호를 위한 총궐기대회가 열리다. 3.11. 유엔 총회가 한국에 대한 경제원조를 결의하다. 4.2. 휴전 반대 시민궐기대회가 열리다. 4.15~7.23. 제2차 한일회담이 열려 재일한국인의 법적 지위, 기본관계, 어업 문제, 청구권·선박 문제 등을 논의하였으나, 휴전 성립과 제네바 회담 개최를 이유로 일본 측이 휴회를 제의하다. 4.29. 휴전회담이 재개되다. 5.8. 이승만 대통령이 미국 정부에 휴전을 수락하지 않겠다고 통보하다. 6.8. 포로교환협정이 조인되다. 6.18. 대한민국 정부가 반공포로 2만 7,312명을 석방하다. 6.26. 일본 시마네현 국경경찰 등 30여 명이 독도에 '시마네현 다케시마' 표목을 설치하였으나, 7월 1일 철거하다. 7.8. 대한민국 국회가 독도 침해 사건에 관한 건의안을 채택하다. 7.12. 독도의용수비대가 경기관총으로 독도에 침입한 일본 보안청 선박(P59함)에 발포하다. 7.27. 한국전쟁 휴전협정이 조인되고, 아이젠하워 미국 대통령이 대한원조 2억 달러 요청을 의회에 제출하다. 8.3. 중립국감시위원회와 군사정전위원회 본부가 판문점에 설치되다. 8.8. 한미상호방위조약이 서울에서 가조인되다. 8.15. 대한민국 정부가 서울로 환도하다. 8.23. 독도의용수비대가 일본 순시선과 제2차 전투를 벌여 격퇴하다. 9.7. 한국 해군이 평화선 침입 금지를 일본 어선에 통고하고, 3척을 나포하다.
1954	【한국】 1.18. 독도에 영토 표시를 설치하다. 1.21. 인도군으로부터 반공포로 2만 1,500명을 인수하다. 1.30. 이승만 대통령이 일본의 재침략 가능성을 엄단하고 태평양 동맹 결성을 촉구하는 담화를 발표하다. 2.6. 양유찬 주미대사가 일본의 반한주의에 대해 경고 성명을 발표하다. 2.21. 휴전협정에 따른 중립국 포로송환 임무가 완료되다. 3.11. 이승만 대통령이 일본 요시다 시게루 수상의 회담 제의에 대해 담화를 발표하다. 3.12. 한일해운협정이 1년간 연장되다. 3.27. 평화선을 침범한 일본 선원들에게 어족보호법에 따라 체형이 집행되다. 4.26. 제네바 회의가 개최되어 한국 문제가 토의되다. 4.28. 이승만 대통령이 아시아반공연맹에 일본의 참가를 반대하는 입장을 밝히다. 5.1. 독도에 민간수비대를 파견하다. 5.8. 이승만 대통령이 왜색 불교(대처승) 퇴치를 내걸고 불교정화운동을 지시하다. 6.11. 독도에 해양경찰대를 재급파하다. 6.15. 제1회 아시아민족반공대회가 개최되고, 제네바 회의에서 한국 참전 16개국이 공동성명을 통해 한국 문제 토의 종결과 유엔 감시하 통일을 선언하다. 6.16. 이승만 대통령이 특별사면으로 억류 중이던 일본인 전원(453명)을 석방하다. 6.-. 독도의용수비대가 동도 바위벽에 '한국령'이라고 새기다. 7.27. 이승만 대통령이 미국 아이젠하워 대통령과 정상회담을 개최하여 한일 국교 정상화 등을 논의하다. 7.30. 남일 외무상이 "재일 조선인 불법 수용 박해"에 대해 일본에 항의 성명을 발표하고, 한미 양국 정상이 공동성명을 통해 유엔 방침하 통일 노력을 언명하다.
1955 ▼	【한국】 2.20. 일본 미쓰코시 경성점이 '동화백화점'(현 신세계백화점)으로 개점하다. 2.25. 북한의 남일 외상이 북일관계 정상화 가능성을 밝히고 무역 및 문화교류를 제안하다. 5.22. 주한 미군사원조 고문단이 설치되다. 6.13. 북한과 일본 간 어로협정이 조인되다. 7.25. 미 극동지상군 사령부와 제8군 사령부가 서울로 이동하다. 8.17. 한국 정부가 한국인의 대일 왕래를 금지하다.

일본

【일본】

2.23. 일본이 평화선 부인을 설명하다.

3.5. 일본 외상이 독도의 일본 영유권을 주장하다.

3.21. 제5차 요시다 시게루 내각이 성립되다.

4.15. 제2차 한일회담이 도쿄에서 개최되다.

7.23. 제2차 한일회담이 청구권과 어업 문제로 대립하여 무기 휴회되다.

7.30. 일본 정부가 평화선 철폐를 연합군총사령부에 요청하고, 재일교포 역도산이 일본 프로레슬링 협회를 결성하다.

8.4. 주일한국대표부가 독도 침범 사건에 항의하다.

8.28. 김용식 주일공사가 해양주권선언의 정당성을 천명하다.

9.10. 재일거류민단이 해양주권선언과 독도 문제에 대해 재일동포들의 단결을 요청하다.

10.6. 제3차 한일회담이 개최되었으나, 구보타 발언('식민지배가 유익했다')으로 인해 결렬되고 무기 휴회하다.(~10.21)

10.15. 한일회담에서 일본 대표 구보타가 샌프란시스코 강화조약 체결 전 한국 독립은 국제법 위반이며, 일본 지배는 한국에 유익했고, 미군정의 재한일인 재산 처분은 불법이라는 발언을 하여 파문이 일다.

10.23. 일본 정부가 한국 내에 일본 대표부를 설치하겠다고 요청하다.

10.1. 한미상호방위조약이 정식으로 조인되다.

11.24. 대한민국 국회가 일본 정부의 구보타 발언 지지 성명을 취소할 것을 요구하는 긴급 건의안을 채택하다.

11.26. 대한민국 정부가 독도 문제 해결 없이 일본 측의 일본공사관 설치 제안을 거부하다.

12.1. 변영태 외무부 장관이 재일동포에 대한 일본 정부의 학대를 비난하다.

10.6~21. 제3차 한일회담이 열려 재일한국인의 법적 지위, 기본관계, 어업 문제, 청구권·선박 문제 등을 논의하였으나, 평화선 합법성 문제를 둘러싼 논쟁과 일본 측 구보타 발언으로 회담이 결렬되다.

10.12. 평화선 수비를 위한 해안경비대가 창설되다.

【일본】

1.9. 도쿄 한국학원설립기성회가 결성되다.

3.8. 미·일 상호방위원조협정이 조인되다.

3.10. 일본 요시다 시게루 수상이 이승만 대통령과의 회담 희망을 시사하다.

3.17. 일본정부 통산정무차관 통달에서 재일의 광업권, 선박권을 박탈하다.

4.26. 일본 도쿄에서 한국학원이 개교하고, 1955년 1월에 정식 인가를 받다.

7.1. 일본 방위청과 자위대가 발족하다.

8.31. 주일한국대표부가 독도 문제에 관한 일본 외무성의 항의에 대해 반박하다.

10.16. 주일한국대표부가 불법 도일자 강제송환에 관한 일본 외무성 성명에 대해 반박 성명을 발표하다.

10.28. 한국 정부가 독도 문제를 국제재판에 제소하자는 일본 측 요청을 거부하다.

11.5. 일본과 버마가 평화조약 및 배상협정을 조인하다.

11.30. 일본 외무성이 독도 경비대에 의해 일본 경비선이 포격된 데 대해 항의하다.

8.2. 독도의용수비대가 독도 경비초소를 건립하고 표석을 제막하다.

8.9. 이승만 대통령이 한일회담 재개 용의를 표명하고 일본의 태도 반성을 촉구하다.

8.18. 대한민국 국회가 미군 철수 반대 결의를 채택하다.

9.2. 경찰이 독도에 상시 주둔하여 완전 무장을 결정하다.

9.15. 독도 풍경을 그린 2환, 5환, 10환 우표가 발매되다.

11.21. 독도의용수비대가 1,000톤급 일본 순시선과 항공기를 공격하여 일본 측에 16명의 사상자가 발생하다.

【일본】

1.10. 주일한국대표부가 한국인 전범자의 대우 문제에 관하여 일본 외무성과 교섭하다.

2.1. 하토야마 이치로 일본 총리가 한일회담 재개를 위해 이승만 대통령과의 회담을 요청하다.

3.19. 제2차 하토야마 내각이 성립하다.

3.26. 하토야마 총리가 북한과의 관계 개선 의사를 표명하다.

4.27. 아시아민족반공연맹이 일본 참가 반대 성명을 발표하고, 일본 정부가 외국인등록법에 따라 지문 날인을 강제하기 시작하다.

5.17. 아시아제국회의 일본 대표단이 북한을 방문하다.

연도	한국
▲ 1955	8.18. 한국 정부가 대일 무역을 정지하다.(1956년 1월 18일 해제) 9.1. 한국 정부가 재일동포에게 대공산권 접촉을 금지하라고 일본 정부에 통고하다. 11.21. 독도의용수비대가 일본 해상보안청 순시선 3척과 항공기 1대에 발포하여 격퇴하다. 12.6. 덜레스 미국 국무장관이 한일 어로분쟁에 언급하며 평화선 문제 해결 의사를 표명하다. 12.7. 양유찬 주미대사가 로버트슨 미국 국무성 극동관계 담당 차관보와 한일관계 개선책을 협의하고, 주일대표부가 일본 외무성 당국자에게 평화선 문제에 대한 일본 태도에 항의하다. 12.15. 미국 국무성이 한일 간 분쟁에 대해 양국 요청이 있을 경우 조정할 용의가 있다고 언명하다. 12.5. 김용식 주일공사가 일본 국회 외교위원회 대표와 평화선 문제에 관하여 회담하다. 12.24. 김용식 주일공사가 한일협회원의 북한 파견에 대해 일본 정부에 항의하다.
1956	【한국】 1.1. 한일 간 대일 무역이 재개되다. 3.5. 자유당 전당대회에서 정부통령 후보로 이승만과 이기붕이 지명되다. 3.13. 이승만 대통령이 한일 국교 정상화의 최소 조건으로 구보타 망언 취소, 대한 청구권 철회, 평화선 승인을 제시하다. 3.24. 조정환 외무부 장관 서리가 한일 분쟁에 있어 미국의 우호적 조정 역할을 환영하며 대일 선린정책은 변함없다고 언명하다. 4.2. 한일 외상이 억류자 상호 석방에 합의하다. 4.8. 독도 경비 임무가 독도의용수비대에서 국립경찰로 전환되다. 4.12. 이승만 대통령이 선거 과정에서 대북 협상과 친일 주장은 불가하다고 언명하다. 4.22. 한일 간 억류자 정보 교환 문제에 합의하다. 5.15. 제3대 대통령 선거 투표 결과 이승만이 당선되다. 6.7. 김일성이 정부대표단을 이끌고 독일, 루마니아, 헝가리, 체코슬로바키아, 불가리아, 소련, 알바니아, 폴란드를 비롯해 몽골을 방문하다. 6.20. 북한 내각이 일본에서 귀국하는 동포들의 생활 보장을 위한 명령 제53호를 채택하다. 6.21. 속초에서 일본공산당원 16명이 체포되다. 7.21. 한국 정부가 재일동포 북송 문제에 대하여 국제적십자사에 엄중 항의하다. 7.22. 북한 무역상사와 일조 무역회 대표단이 상품 청부 계약서를 조인하다. 8.30. 외무부가 재일교포 48명 축출 문제에 대해 규탄 성명을 발표하다. 10.1. 제1회 국군의 날이 거행되다. 10.15. 북한 최고인민회의 상임위 대표와 일본 국회의원단 간 공동성명이 발표되다. 12.9. 한국 정부가 재일동포 북한행을 허용한 일본 정부에 대해 경고 성명을 발표하다.
1957	【한국】 1.15. 독립운동가 지청천(1888~1957)이 사망하다. 2.22. 한일 양국이 어업문제(평화선 침범 및 밀항)로 발생한 '한일 억류자' 상호 석방에 합의하다. 4.23. 한국 정부가 일본의 SEATO(동남아시아 조약기구) 가입에 반대하는 성명을 발표하다. 4.24. 이승만 대통령이 억류자를 석방하면 한일회담을 개최하겠다고 언명하다. 4.26. 이승만 대통령이 한일 간 조속한 정상관계 회복을 선언하다. 5월~12.31. 제4차 한일회담 예비교섭이 진행되어 일본이 대(對)한 청구권 주장과 구보타 발언을 취소하다. 10.21. 사할린에서 교포 60명이 귀환하다. 11.3. 김일성 수상이 당 및 정부 대표단을 이끌고 소련을 방문하다.(~11월 23일) 12.10. 주한적십자사가 한일 억류자 상호 석방을 위한 18개 항목의 제안을 일본 정부에 제시하고, 주한 외교단이 독도를 시찰하다. 12.20. 김일성 수상이 대일 국교 정상화의 필요성을 강조하다. 12.29. 한일회담 예비교섭에서 억류자 상호 석방 및 본회담 재개에 합의하다. 12.31. 한일 간 <억류자 상호석방협정>이 조인되다.
1958 ▼	【한국】 1.5. 동해창의군을 조직한 한말 의병장 임용상(1877~1957)이 사망하다.

일본

5.25. 한덕수 주도로 재일본조선인총연합회(조총련)가 결성되다.

6.12. 재일조선인 사회과학자협회가 도쿄에서 결성되다.

6.13. 북한과 일본이 어업협정을 조인하여 북한 연해의 수산자원 개발에 합의하다.

6.17. 하토야마 이치로 일본 총리가 김용식 주일공사에게 북한과의 일체 관계를 단절하겠다고 확약하다.

9.6. 재일본조선인조국방문단이 평양에 도착하다.

10.15. 북한 조선무역상사와 일본 동공물산이 베이징에서 상품교역협정을 체결하다.

10.18. 일본 사회당이 제1차 방북단을 파견하다.

10.19. 조일 무역 촉진에 관한 담화록이 발표되어 500만 파운드 규모의 무역협정이 체결되다.(1956년 12월 말까지)

10.26. 시게미쓰 마모루 일본 외상이 북한과의 통상을 승인하지 않겠다는 방침을 천명하고, 일본 사회당이 제2차 방북단을 파견하다.

10.29. 김두봉과 일본 국회의원단장 호아시 게이 간에 공동 코뮤니케가 발표되다.

11.15. 일조협회가 결성되다.

11.18. 일본 정부가 일본 어선에 대해 평화선 내 출어 선박 대피령을 내리다.

11.22. 제3차 하토야마 내각이 성립하다.

【일본】

1.23. 김용식 주일공사가 일본 정부에 대해 금 회계연도 재원으로 구 조선은행 재산을 사용한다는 설에 대해 진상 설명을 요구하다.

1.26. 주일한국대표부가 구 조선은행 재산 문제에 관하여 일본 정부에 재차 항의하다.

2.5. 일본 외무성 아시아국장이 을사조약 무효를 공식 언명하다.

2.14. 대마도 부근 해상에서 일본 선박 두 척이 한국 선박을 습격하다.

2.26. 북한 무역상사와 일본 상사가 상품 교역에 관한 계약을 체결하다.

2.28. 주일한국대표부가 한일회담 재개를 위한 예비 교섭 개시를 결정하다.

3.14. 하토야마 이치로 일본 수상이 한일 분쟁에 대해 제3국 조정을 희망한다고 언명하다.

3.30. 일본 외상이 한일 국교 재개를 위한 제1단계로 억류자 송환 문제 해결을 제의하다.

7.1. 일본공산당이 1951년에 제정된 강령을 개정하고 평화혁명 방식으로 전술을 전환한다고 발표하다.

7.23. 조선장학회 민단3명, 총련3명, 일본3명의 이사회제로 되다.

8.18. 일본의 북한 및 공산권 접근 경향에 대해 한국 정부가 대일 통상 단교 및 왕래 금지 조치를 단행하다.

10.1. 김용식 주일공사가 일본에 한일회담 재개를 제의하다.

12.6. 주일한국대표부가 일본 정부의 재일교포 20명 북한 송환에 대해 엄중 항의하다.

12.18. 유엔총회가 일본의 유엔 가입을 가결하다.

12.26. 이시바시 탄잔 일본 수상이 재한 일본인 재산권 문제 및 구보타 성명의 철회 문제는 재개될 한일회담에서 논의해야 한다고 언명하다.

【일본】

1.10. 기시 노부스케 일본 외상이 김용식 주일공사에게 구보타 발언 취소와 재한 일본인 재산 청구권 철회를 약속하다.

1.14. 이시바시 탄잔 일본 총리가 한국의 평화선에 반대하는 성명을 발표하다.

2.25. 기시 노부스케 내각이 성립하다.

3.13. 조정환 외무부 장관이 재일동포 북한 송치의 부당성을 밝히는 대일 강경 성명을 발표하다.

3.28. 일본 정부가 을사조약의 무효와 재한 일본 재산 포기를 선언하다.

4.1. 한국·조선인 BC급전범 전원을 석방하다.

4.20. 일본 외무성이 5월 하순 소련으로부터 귀환할 일본 전범자 중 한인 146명이 포함되어 있음을 발표하다.

4.25. 제2차 세계대전 당시 한인 전범자 148명이 석방되다.

5.17. 기시 노부스케 일본 총리가 한일회담에 앞서 방한 사절단 파견을 고려한다고 언명하다.

5.20. 도쿄 제4회 아시아영화제에서 '시집가는 날'(감독: 이병일)이 특별 희극상을 수상하다.

6.2. 기시 노부스케 일본 총리가 한·일·대만·베트남 4개국 중립동맹을 제안하다.

6.11. 김유택 주일대사가 기시 노부스케 일본 총리와 회담하여 한일회담 재개와 억류자 석방 등에 합의하다.

6.21. 기시 노부스케 총리가 미국을 방문하여 아이젠하워 미국 대통령과 미일 신시대 강조, 미일 안보위원회 설치, 미 지상군 철수 등을 내용으로 하는 미일 공동성명을 발표하다.

10.1. 일본이 유엔 안전보장이사회 비상임이사국에 선출되다.

11.1. 일본에 원자력 발전소가 설립되다.

【일본】

1.12. 오무라 수용소 수용자들이 단식투쟁을 벌이다.

연도	한국
▲ 1958	1.7. 한국과 일본이 문화재 반환 비밀조약을 조인하다. 1.8. 한일 간 억류자 매월 90명씩 석방하기로 결정하고, 이승만 대통령이 한일 정상회담과 일본 사절단 파견은 불필요하다고 언명하다. 1.16. KLA 여객기가 납북되어 탑승객 34명 중 26명이 귀환하다. 1.29. 주한미군이 한국 내 핵무기 도입을 정식 발표하다. 2.1. 평화선을 침범한 일본 어부 300명이 제1차로 송환되다. 2.21. 제1차 재일 억류 동포 249명이 부산항에 도착하다. 2.26. 평화선을 침범한 일본 어부 200명이 제2차로 송환되다. 2.28. 일본 측 태도 변화로 3월 1일 예정된 한일회담이 연기되다. 3.3. 북한이 노동당 제1차 대표자대회를 개최하여 김두봉을 숙청하고 천리마운동을 개시하다. 3.5. 제2차 재일 송환 교포 252명이 부산에 도착하다. 3.31. 한미 양국이 국군 6만 명 감군에 합의하다. 4.2. 이승만 대통령이 일본 수상에게 한일회담 개최 문제에 관한 친서를 발송하다. 4.15~60.4.15. 제4차 한일회담 본회의가 개최되어 재일한국인의 법적 지위, 청구권 문제, 선박 문제, 어업 문제, 문화재 문제를 논의하고, 억류 어부와 밀항자의 상호 석방을 결정했으나 4.19 혁명 발생으로 중단되다. 4.16. 한일 간 재일 억류 동포 250명 송환에 합의하다. 4.22. 한일회담 본회의에서 국교 정상화 등 4개 의제를 결정하다. 5.6. 한일회담에서 기본관계, 한국 청구권, 어업 및 평화선, 재일한국인 법적 지위에 관한 4개 위원회 설치에 합의하다. 5.24. 제4차 재일 송환 동포 251명이 부산에 도착하다. 7.8. 북한 남일 외상이 일본 오무라 수용소에 억류된 조선인의 남한 송환에 반대하고 즉시 북한 송환을 요청하다. 11.21. 김일성이 정부 대표단을 인솔하여 중국과 베트남을 방문하다.
1959 ▼	【한국】 1.1. 재일본거류민단이 《조선신문》(현 《통일일보》)을 창간하여 일본 내 유일한 교포 신문을 발행하다. 1.21. 김일성 수상이 당대표단을 인솔하여 소련을 방문하다.(~2월 7일) 1.24. 외무 당국이 한일회담 대표와 회동하여 일본 측 정치 타협안을 검토하다. 1.26. 한국 정부가 한일회담에서 평화선을 양보하지 않기로 결정하고, 이승만 대통령이 4선 출마 의향을 표명하다. 2.11. 한국 정부가 재일동포 북송이 이뤄질 경우 대일 단교도 불사하겠다고 언명하다. 2.13. 서울, 부산, 대구 등지에서 재일교포 북송 규탄 국민대회가 개최되다. 2.21. 재일동포 북송반대 전국대회가 서울과 부산, 대구에서 개최되다. 3.19. 재일동포 북송반대 전국위원회 대표 유진오가 납북인사 송환을 위해 국제적십자의 협조를 요구하다. 3.30. 다우링 주한 미국 대사가 외무차관을 방문하여 한일회담 재개를 촉구하다. 4.15. 외무부가 일본에 한일회담의 즉시 재개를 요청하다. 4.25. 일본과 김 수출 계약이 체결되다. 4.30. 《경향신문》이 폐간되다. 5.9. 경제개발 5개년 계획이 발표되어 연간 성장률 5% 목표를 설정하다. 6.18. '재일동포 북송반대 전국대회'가 서울운동장에서 개최되다. 7.15. 한국 정부가 재일동포 지원비로 우선 30만 달러를 송금하기로 결정하다. 7.18. 미국에서 국보 197점이 귀환되다. 7.30. 한국 정부가 한일회담의 무조건 재개를 일본에 제의하다. 9.2. 외무당국이 북송 문제와 한일회담을 분리하겠다는 후지야마 일본 외상의 발언을 비난하다. 9.17. 태풍 사라호가 남부지방을 강타하여 사망자 924명, 이재민 98만 5천 명, 피해액 129억 환이 발생하다. 9.18. 한국 정부가 한일회담에서 동포 지위 문제를 우선 해결한 후 어업 및 평화선 문제를 해결하기로 결정하다. 12.13. 재일동포 북송 반대 시위가 열리다. 9.1. 후지야마 일본 외상이 북송 계획과 한일회담을 분리 추진하겠다고 언명하다. 9.25. 한일회담이 일본 측 북송 안내서 수정 문제로 난관에 봉착하다. 12.4. 전국적으로 재일교포 북송 반대 시위가 재연되다. 12.14. 재일교포 북송이 시작되어 975명이 니가타항에서 출발하다.(이후 187차에 걸쳐 93,300여명이 북송되다.) 12.16. 재일동포 제1차 귀국선이 청진항에 도착하다.

일본

1.19. 오무라 수용소에 억류된 재일 교포 중 제1차로 69명이 석방되다.

1.27. 사할린 억류 동포 일부 귀환(1957년 8월 1일부터 4차에 걸쳐 1,083명)하다.

1.28. 일본 측이 억류 동포의 북한 송환을 하지 않겠다고 확약하다.

2.10. 일본 정부가 제네바 국제해양법 회의에서 평화선 문제를 제기하겠다고 언명하다.

2.11. 도쿄에서 대한방공단 일본특별본부가 발족하다.

2.13. 일본 정부가 재일동포 북송을 정식으로 결정하다.

3.9. 일본 외상이 한일회담 재개에 앞서 억류자 전원 석방을 요구하다.

3.13. 주일 한국대사가 일본 외상에게 한일회담 무조건 재개를 요구하다.

6.9. 한일회담에서 재일동포의 법적 지위 문제가 토의되다.

8.7. 일본 정부가 재일동포의 본국 왕래를 제한하다.

8.12. 북한과 일본 적십자사가 재일동포 북송협정을 체결하다.

8.17. 小松 여자교생살해사건으로 李珍宇를 체포하다.

8.20. 한일회담에서 어로 및 평화선 분과위원회 회의가 무기 연기되다.

8.22. 일본 정부가 한국 측의 북한행 희망자 불송환 보장 서면 요구를 거부하다.

9.13. 한일회담 본회의에서 일본 측이 동포 북송 문제를 본회의에 상정하기로 결정하다.

9.22. 한일회담 재개에 합의하다.

10.2. 한일회담 어업 및 평화선위원회 제1차 회담이 일본 외무성에서 개최되다.

10.28. 재일거류민단이 재일동포 노동자의 북한 강제 모집 방지를 위한 대책위원회를 구성하다.

11.13. 한일회담 평화선위원회가 일본 측 요청으로 연기되다.

11.17. 재일조선인 귀국협력회를 결성하다.

11.26. 일본 정부가 재일동포 북송 문제를 검토하다.

11.28. 한일회담에서 일본 측이 평화선 해역 어업권 공동관리안을 제의하다.

【일본】

1.29. 후지야마 아이이치로 일본 외상이 재일 한국인의 북한행을 허가하겠다고 성명하다.

1.30. 최규하 주일대표부 참사관이 일본 정부의 재일동포 북송 결정에 반대하는 항의문을 일본 외무성에 전달하다.

2.2. 민단에서 북한 송환 반대투쟁위원회를 결성하다.

2.3. 일본 외상이 한일회담은 한국 동포 북송과 별개의 문제라고 언명하다.

2.12. 일본 정부가 재일교포 북송 결정을 한국 정부에 통고하다.

2.13. 일본 정부가 재일교포 북송을 정식 결정하고, 류태하 주일공사가 한일회담 결렬을 일본에 통고하다.

2.14. 일본 외상이 한일회담 결렬이 아니라고 언명하다.

2.16. 일본 정부가 재일동포 북송 계획의 유엔 제소를 보류하다.

2.27. 북한 노동당과 일본 공산당이 공동성명을 발표하다.

2.28. 일본 외무성이 재일동포 북송 강행을 발표하고, 류태하 주일공사가 한일회담 재개를 거부하다.

3.2. 이노우에 일본적십자 대표가 재일동포 북송 문제에 관한 일본 외상의 서한을 국제적십자위원장에게 전달하다.

3.17. 류태하 주일공사가 사와다 일본 대표를 방문하고 한일회담 재개 조건을 협의하다.

3.19. 일본 정부가 자위를 위해 적 기지 공격은 합헌이라는 통일 견해를 발표하다.

4.4. 류태하 주일대사가 일본에 대북한 회담 포기와 한일회담 재개를 요청하다.

4.11. 일본과 북한 적십자 대표가 재일동포 북송 문제에 관한 본회담을 개시하다.

4.13. 일본과 북한이 제네바에서 재일동포 북송회담을 개최하다.

4.28. 일본 정부가 한일회담이 무조건 재개된다면 수락할 용의가 있다고 통고하다.

5.7. 국제적십자위원장이 대한 회한에 대해 재일동포 북송은 당사국 동의가 선결 조건임을 지적하다.

5.17. 조봉암 구명운동에 재일동포 8,000여 명이 서명하다.

6.15. 재일동포 북송 대항책으로 한국 정부가 대일본 교역을 중단하다.(10월 8일 해제)

6.18. 재일한인 북송 반대 전국대회가 개최되다.

6.24. 재일동포 북송 반대위원회가 류태하 주일대사의 파면을 촉구하다.

7.31. 일본 정부가 한일회담 무조건 재개를 위한 한국 제안을 수락하다.

8.1. 일본 방위청 장관이 한국이 독도를 침략했다고 망언하다.

8.12. 한일회담이 재개되다.

8.13. 북한과 일본 적십자사가 재일 조선 공민들의 귀국 협정을 캘커타에서 조인하다.

8.14. 후지야마 일본 외상이 한국과 재일동포 송환 협정을 체결할 용의가 있다고 표명하다.

8.18. 한일회담 제1차 실무자회의가 개최되다.

8.29. 한일회담 실무자회의에서 억류자 명단 교환에 합의하다.

연도	한국
▲ 1959	
1960	【한국】 2.18. 한일 양국이 억류자 상호 석방과 한국산 쌀 3만 톤 수출에 합의하다. 4.4. 제4차 한일회담이 재개되어 한일 통상 전면 재개에 합의하다. 4.15. 제4차 한일회담이 공식적으로 재개되다. 4.19. 4월 혁명으로 인해 제4차 한일회담이 중단되다. 5.4. 한국 정부가 일본인 기자의 무제한 입국을 허용하다. 9.5. 조일 적십자회담이 정식 개최되어 9월 17일까지 8차 회담이 열리다. 9.6. 고사카 젠타로 일본 외상이 방한하다. 9.22. 한국 정부가 한일 통상 예비실무자회담 개최를 제의하기로 결정하다. 9.23. 북한 적십자 대표단이 일본 정부 당국이 정치적 목적을 추구하여 조일 적십자회담이 결렬되었다고 성명하다. 9.28. 한국 정부가 일본 정부에 북송협정 연장에 대해 엄중히 항의하다. 10.1. 한일 정기 해상 항로(부산-하카타)가 해방 후 처음으로 재개 취항하다. 10.25.~61.5.15. 제5차 한일회담이 개최되어 재일한국인의 법적 지위, 청구권 문제, 선박 문제, 어업 문제, 문화재 문제를 논 　　　의하였으나 5·16 군사정변 발생으로 중단되다.
1961	【한국】 1.6. 장면 총리가 연두 기자회견에서 중립화 통일과 남북교류에 반대한다고 언명하다. 2.3. 민의원이 대일 결의안을 채택하여 일본의 배상 후 국교 수립을 요구하다. 2.22. 일본 외상이 대한 재산권 포기를 확인하다. 4.1. 독립운동가 유림(1894~1961)이 사망하다. 4.19. 서울대 민통학련 중심 학생들이 4·19 시국선언문을 발표한 후 침묵시위를 벌이다. 5.11. 일본 어선단 5,000척이 평화선 변두리에 출현하다. 5.16. 5·16 군사정변이 발생하다. 6.10. 국가재건최고회의법, 중앙정보부법, 농어촌고리채정리법, 재건국민운동에 관한 법률이 공포되다. 6.19. 이병철이 일본 동경에서 전 재산을 사회에 환원하겠다는 서한을 국가재건최고회의에 보내다. 6.27. 전 주일대사 유태하가 부정축재자 혐의로 구속되다. 6.29. 김일성 수상이 당 및 정부 대표단을 이끌고 소련을 국가 방문하다.(~7월 10일) 7.2. 국가재건최고회의 의장에 박정희 소장, 내각수반에 송요찬이 임명되다. 7.6. 북한과 소련 간 우호·협조 및 호상원조에 관한 조약이 체결되다. 7.10. 김일성 수상이 당 및 정부 대표단을 이끌고 중국을 국가 방문하다.(~7월 15일) 7.11. 조선과 중국 간 우호·협조 및 호상원조에 관한 조약이 체결되다. 7.22. 한국 정부가 정부기구를 1원 11부 1처로 개편하고 경제재건 5개년 계획을 발표하다. 7.27. 러스크 미국 국무장관이 한국 군사정부 지지 성명을 발표하다. 8.7. 일본 외무성 동북아과장 마에다 도시카즈가 방한하다. 9.17. 일본 경제사절단이 한국을 방문하다. 10.14. 김일성 수상이 당 대표단을 이끌고 소련을 방문하다.(~11월 2일) 10.20. 제6차 한일회담이 개최되어 김종필·오히라 마사요시 합의로 청구권 문제가 정치적으로 타결되다. 11.2. 스기 미치스케 일본 수석대표가 한국을 방문하다. 11.5. 박정희 국가재건최고회의 의장이 한일회담을 연내에 해결하겠다는 희망을 언명하다. 11.11. 박정희가 미국과 일본을 방문하다.
1962 ▼	【한국】 1.1. 공용 연호를 단기에서 서기로 변경하다. 1.15. 제1차 경제개발 5개년 계획이 발표되다. 1.27. 군사정부가 일본의 독도 영유 주장에 대해 항의각서를 전달하다. 1월. 경성정공이 일본 동양공업과 제휴하여 삼륜자동차 'K-30'을 출시하다. 2.16. 한일회담과 일본 경제시찰단 남한 입국을 반대하는 평양시 군중대회가 열리다. 3.5. 외무부가 독도 문제는 정치회담 안건이 될 수 없다고 언명하고, 일본이 독도 문제를 정치협상 의제로 제기하다. 3.12. 한일 외무장관 회담(제1차 정치회담)이 개최되다(~3.17.) 3.19. 최고회의가 1963년 민정 이양을 발표하다. 3.22. 윤보선 대통령이 하야 성명을 발표하다. 4.4. 4·19 희생자 186명에게 건국포장이 수여되고, 156명이 원호대상자로 결정되다.

일본

12.18. 일본 정부가 재일동포 북송 문제를 국제사법재판소에 제소하자는 한국 측 제의를 정식으로 거부하다.

12.30. 제4차 한일회담이 재일동포 북송 문제로 중단되다.

【일본】

3.10. 유태하 주일대사가 일본 외무성 이세키 아시아국장과 회담하여 3월 중으로 억류자 상호 석방에 합의하다.

5.4. 일본 정부가 주일한국대표부에 한국 내 일본 대표부 설치를 제의하다.

7.25. 일본 정부가 재일동포 북송 연장을 결정하다.

7.27. 북송협정 연장 문제에 관한 한미 간 회담이 개최되다.

10.1. 북한 최고인민회의 상임위원회 대표와 일본 국회의원단 간에 공동 코뮤니케가 발표되다.

10.25. 제5차 한일회담이 개최되다.(~1961년 5월 15일)

12.19. 일본 이케다 하야토 총리가 일본 중의원에서 일본 정부는 한국에 2개 정부가 존재한다는 인식 하에 한일회담에 임하겠다고 언명하다.

12.27. 일본 도쿄에서 일한경제협회(日韓經濟協會)가 구성되어 양국 간 경제협조를 추진하다.

12.20. 외무부가 일본 수상의 발언(12월 19일자)을 반박하며 한국만이 한반도의 합법정부임을 강조하다.

【일본】

1.23. 일본 경제사절단이 한국 내 반일 여론으로 방한을 무기 연기하다.

1.25. 도쿄에서 한일 예비회담이 속개되다.

3.8. 주일한국대표부가 재산청구권에 관한 한일 간 합의의사록을 공표하다.

4.7. 한일회담 법적지위위원회가 동포 귀국에 180만 환 반출안을 제시하다.

4.14. 재일교포 북송이 재개되다.

4.19. 라이샤워가 주일 미국대사로 부임하다.

4.20. 일본이 22일부터 대한 수출 제한을 철폐하기로 하다.

4.22. 한일통상협정이 조인되어 대한 수출제한 철폐, 현금결제제 대체, 통상부채 청산방법 등이 합의되다.

5.6. 일본 국회의원 방한친선단(단장: 노다 우이치)이 방한하다.(광복 이후 최초의 일본 국회의원 방한)

7.14. 재일교포 북송이 다시 재개되다.

8.2. 한일 예비회담이 개최되다.

10.17. 일본 사회당이 한일회담 재개에 반대하는 성명을 발표하다.

10.20. 제6차 한일회담이 개최되다.(~1964.4.6.)/ 동북아 안보환경 변화에 따른 국교 정상화가 시급해지다.

10.24. 김종필 중앙정보부장이 일본으로 건너가다(도일).

10.25. 김종필 중앙정보부장이 일본 이케다 수상과 한일회담을 막후 교섭하다.(요담)

10.26. 제6차 한일회담 일반청구권 소위원회가 활동을 시작하다.(~1962.3.6.)

12.26. 일본 외무성이 독도 영유권을 공식 주장하다.

11.12. 박정희가 일본 이케다 하야토 수상과 회담하다.

12.5. 제1차 한국 방문 경제시찰단이 내한하다. 같은 날 청계천 복개공사가 완료되어 개통되다.

12.27. 한국 정부가 일본의 독도 영유권 주장에 대해 항의 각서를 전달하다.

【일본】

1.16. 제6차 한일회담이 재개되어 김종필·오히라 합의로 청구권 문제가 타결되다.

2.7. 한일회담에서 매주 1회씩 재산청구권 소위원회와 전문가 회의를 개최하기로 합의하다.

4.10. 한일회담이 사실상 중단되다.

4.18. 고사카 일본 외상이 일본 중의원에서 한일협상 중단 이유가 한국이 38선 이남만 관할하면서 전 한국 문제 해결을 요구했기 때문이라고 언명하다.

4.27. 고사카 일본 외상이 일본 중의원에서 독도 문제 해결 없이는 한일 국교 정상화가 불가능하다고 언명하다.

8.21. 제2차 정치회담 예비절충이 시작되다.

9.20. 한일회담 예비교섭 제7차 회의가 개최되다.

10.3. 한일회담 예비교섭 제9차 회의가 개최되다.

10.5. 한일회담 예비교섭 어업관계 제1차 회의 및 법적지위 제1차 회의가 도쿄에서 개최되다.

연도	한국
▲ 1962	5.10. 독립운동가 심산 김창숙(1879~1962)이 사망하다. 6.16. 박정희가 대통령 권한대행으로 내각수반을 겸임하다. 6.18. 일조협회 이사장이 북한을 방문하다.(~6월 21일) 9.17. 일본 경제인단이 한국을 방문하다. 10.10. 오노 반보쿠 일본 자민당 부총재 등 일본 정치인 40명이 내한하다. 11.5. 제5차 개헌안이 공고되다. 11.7. 박정희가 혁명주체세력도 민정에 참여할 것이라고 발언하다. 12.15. 영친왕 이은이 한국 적적(국적)을 회복하다.
1963	【한국】 4.24. 제18회 도쿄올림픽 남북한 단일팀 구성을 위한 남북 간 예비회담이 개최되다. 5.24. 귀속재산 처리에 관한 특별조치법이 공포되다. 6.7. 박정희 국가재건최고회의 의장이 일본 기자와의 회견에서 한일회담 타결을 희망한다고 밝히다. 9.30. 이준 열사의 유해가 56년 만에 네덜란드에서 봉환되다. 10.4. 이준 열사의 유해가 수유리 묘소에 봉안되다. 10.15. 제5대 대통령선거가 실시되다. 11.22. 영친왕 이은이 56년 만에 일본에서 귀국하여 창덕궁 낙선재에 기거하다. 11.24. 박정희 의장이 미국을 방문하다. 12.18. 박정희 대통령이 일본 자민당 부총재 오노 반보쿠와 회담하다.
1964	【한국】 1.12. 여객선 아리랑호(950톤급)가 최초로 부산-하카다 항로를 취항하여 승객 80명을 태우다. 1.25. 최규하 대사가 일본을 방문하다. 3.9. 전 야당 및 각계 대표 200여 명이 대일굴욕외교반대범국민투쟁위원회를 결성하고 대정부 경고문을 채택하다.(3.15 전 　국 유세 시작, 부산에서 장준하 연설) 3.10. 한일 농상회담이 개최되다(~4.6). 3.24. 서울대·고대·연대생 약 5,000여 명이 대일굴욕외교 반대 시위를 벌이고 전국으로 확산되다.(3.27. 16개 도시로 확 　대, 긴급구속 34명) 3.25. 민정당 삼민회가 대일굴욕외교반대 원내투쟁위원회를 구성하다. 3.27. 대일굴욕외교반대 시위가 전국 16개 도시로 확대되다. 3.30. 박정희 대통령이 학생대표 11명과 면담하고, 정부·여당 연석회의에서 한일회담을 그대로 추진하기로 결정하다. 4.1. 국회가 김종필·오히라 메모의 공개를 요구하다. 5.9. 최두선 내각이 한일회담 반대 투쟁으로 총사퇴하고, 정일권이 총리로 임명되다. 5.20. 서울 시내 9개 대학 학생 2,000여 명이 서울문리대 교정에서 한일굴욕외교 반대 시위를 벌이다. 5.30. 서울대 문리대생 40여 명이 한일 수교 반대 단식 투쟁을 시작하다. 6.3. 서울에서 학생 1만여 명이 대일굴욕외교 반대 시위를 벌이고(6·3 한일회담반대운동), 서울 일원에 비상계엄령이 선포 　되며 각급 학교에 휴교령이 내려지다. 6.5. 김종필 공화당 의장이 한일회담 반대 여론에 사퇴하고, 6.18. 두 번째 외유를 떠나다. 7.29. 비상계엄이 해제되다. 7.30. 6·3 한일회담반대운동 주동 학생 352명이 정학 및 퇴학 처분을 받다. 11.14. 한국 정부가 한일회담 전면 재개를 계획하다. 12.3~65.6.22. 제7차 한일회담이 개최되어 기본관계, 재일한국인의 법적지위, 어업협정, 재산 및 청구권문제, 문화재 및 문 　화협정이 조인되다.
1965 ▼	【한국】 2.13. 대일굴욕외교반대투위가 한일회담 타결 앞서 흑막 공개를 주장하다. 2.16. 대일굴욕외교반대투위가 한일회담 전면 거부 성명을 발표하다. 2.17. 시이나 에쓰사부[椎名悦三郎]로 일본 외상이 방한하다. 2.20. 이동원 외무장관과 시이나 일본 외상이 서울에서 한일기본조약을 가조인하다. 3.19. 정부가 『한일회담백서』를 발표하여 재산청구권, 문화재 반환, 어업문제 등 한일회담 경위를 수록하다. 3.20. 서울운동장에서 대일굴욕외교 성토대회가 개최되고, 전국적으로 성토대회가 이어지다. 3.27. 평양시에서 한일회담 반대 군중대회가 개최되다. 4.3. 한일관계 3대 현안(청구권·어업·법적지위)에 대한 합의요강이 가조인되다.

일본

10.10. 한일회담 예비교섭 제10차 회의가 개최되다.

10.11. 한일회담 예비교섭 법적지위 제2차 회의가 개최되다.

10.12. 한일회담 어업관계 제2차 회의가 개최되다.

10.15. 한일회담 법적지위 제3차 회의가 개최되다.

10.20. 김종필 중앙정보부장이 도쿄에서 오히라 마사요시 [大平正芳]외상과 회담하여 무상 3억 달러, 유상 2억 달러, 상업차관 1억 달러 이상 제공에 합의하다.

10.22. 김종필이 이케다 하야토 일본 수상과 회담하고 한일회담 조속 타결에 합의하다.

10.26. 한일회담에서 재산청구권 문제가 타결되어 일본이 무상 3억 달러, 차관 3억 달러를 제공하기로 합의하다.

11.12. 김종필과 오히라 마사요시가 '김종필-오히라 메모'에 합의하다.(11.13. 김종필 귀국)

12.26. 제6차 한일회담에서 재산청구권 문제가 최종 타결되다.

【일본】

2.13. 제2차 정치회담 예비절충에서 청구권 또는 경제협력 문제를 다루기 위한 위원회를 설치하기로 합의하다.

5.6. 도쿄조선고교생에 대한 집단폭행사건이 일어나다. 이후 매년같이 각지에서 일어나 사회문제가 되다.

5.30. 제2차 정치회담 예비절충 제40회 회의가 개최되다.

6.13. 한일회담에서 일본 측이 국교 정상화 이전에 민간 차관 1억 달러를 제공하겠다고 표명하다.

12.8. 재일동포 역도산이 일본 도쿄 아카사카의 카바레에서 칼에 맞아 중상을 입다.

【일본】

1.15. 북한과 일본 간 청산계약이 체결되다.

1.29. 러스크 미국 국무장관이 한국을 방문하여 한일회담을 촉구하다.

2.25. 외무부가 재일교포 60만 명 중 민단계가 약 3분의 1이라고 집계하다.

3.10. 도쿄에서 한일 어업 각료회담이 개최되어 12해리 선 및 공동규제수역 설정을 협의하다.

3.12. 제6차 한일회담 본회의가 개막되다.

3.23. 김종필과 오히라 마사요시[大平正芳]가 회담하여 한일수교 원칙에 합의하다.

4.15. 제2차 세계대전 이후 일본 항공기의 첫 한국 노선(도쿄-서울)이 취항하다.

10.2. 아카기[赤城] 일본 농상상이 각의에서 한국 측이 일본 어선을 계속 체포하면 한일회담을 중단하겠다고 보고하다.

10.9. 신금단 부녀가 14년 만에 도쿄에서 상봉하다.

10.10. 도쿄 올림픽이 개막되어 한국이 종합 26위를 기록하고 금메달 0개, 은메달 2개, 동메달 1개를 획득하다.

10.29. 한일회담 제20차 수석대표 간 비공식회의가 개최되다.

10.30. 일본 외무성이 배포한 「오늘의 일본」 책자에 독도가 일본 영토로 표기되어 물의를 일으키다.

11.14. 일본 정부가 나포 어부 석방을 조건으로 한일회담 연내 재개를 통고하다.

11.27. 한일회담 수석대표에 김동조 주일대사가 임명되다.

12.3. 제7차 한일회담이 개최되어 기본관계 문서 작성, 조약 무효 시점, 한국 관할권 범위 문제를 놓고 논의가 시작되다.(~1965.6)

12.6. 박정희 대통령이 서독을 방문하다.

12.15. 한국 정부가 일본 상사에 대해 입찰자격 정지 처분을 내리다.

12.16. 북한과 일본 간 민간통상협정이 체결되다.

12.17. 조달청이 일본과 비료 70만 톤 구매 계약을 체결하다.

【일본】

1.7. 高彬 한일회담 일본 수석대표가 5월에는 한일 양국 간 국교가 실현될 것이라고 언명하다.

1.18. 제7차 한일 본회담이 개막되고, 다카스기 일본 측 대표가 7일에 있었던 '한국 지배 20년 더 했어야 했다'는 실언을 해명하다.

2.12. 한일회담 수석대표들이 서울 외상회담 개최에 합의하다.

6.12. 도쿄교육대학 교수 이에나가 사부로[家永三郎]가 교과서 검정이 위헌이라 주장하며 국가를 상대로 배상청구 소송을 제기하다.(교과서 검정 제1차 소송)

6.22. 한일기본조약과 관계 4협정이 정식 조인되다. 사회당, 총평, 전학련 등 46개 단체가 일한기본조약 항의 집회를 열다.

10.10. 도야마 시게키[遠山茂樹] 등 인사들이 교과서 검정 제소를 지원하는 전국연락회를 결성하다.

11.5. 사토 에이사쿠[佐藤栄作] 일본 수상이 '한일협정은 남한에 국한되며, 평화선은 사실상 소멸, 독도 문제는 앞으로 해결할 것'이라는 공

연도	한국
▲ 1965	4.13. 서울 시내 대학생 4,000여 명이 굴욕외교 반대 시위를 벌이고, 528명이 연행되며 김중배가 시위 중 사망하다. 4.17. 효창공원에서 대일굴욕외교반대 시민궐기대회가 열리고, 시위 군중이 파출소를 점거하다. 4.18. 대일굴욕외교반대범국민투쟁위원회가 불법단체로 규정되다. 4.26. 한일수교와 관련하여 전국 대부분 대학에 휴교령이 내려지다. 5.16. 박정희 대통령이 미국을 방문하다. 6.15. 이동원 외무장관이 독도 문제는 한일회담과 무관하다고 언급하다. 6.22. 이동원 외무장관과 시이나 일본 외상이 서울에서 한일 기본조약 및 14개 관련 협정을 정식 조인하다. 6.23. 북한 외무성이 한일조약에 반대하며 배상요구 권리 보유를 성명하다. 6.24. 한일공동성명이 발표되고, 한일협정 조인에 따라 일본이 한국에 문화재 1,321점을 반환하다. 6.30. 한일협정 비준 반대 각 대학 연합체가 발족하다. 7.1. 한경직 등 목사 100여 명이 한일협정 반대 성토대회를 열고 5개항 성명을 발표하다. 7.6. 한일협정 규탄 민중 성토대회가 열리다. 7.9. 역사학회 및 재경 문인 82명이 한일협정 비준 반대 성명을 발표하다. 7.14. 국회에서 한일협정 비준동의안 발의로 여야 간 격돌과 난투가 벌어지다. 7.16. 김정렬 등 예비역 장성 103명이 한일협정 지지 성명을 발표하다. 7.19. 이승만 전 대통령이 사망하고, 국립묘지에 가족장으로 안장되다. 7.31. ‘조국수호국민협의회’가 결성되어 한일조약 비준 저지운동을 전개하다. 8.12. 야당 의원 61명이 한일협정에 반대하여 사퇴서를 제출하다. 8.14. 한일협정 비준동의안이 야당 불참 속에 국회에서 가결되다.(111명 참석, 110명 찬성, 1명 기권) 8.18. 야당 불참 속에 한일협정 비준동의서가 국회를 통과하다.
1966	【한국】 1.1. 일본과 양국간 대사 임명에 합의하다. 2.8. 한일어업공동위원회 발족하다. 3.24. 〈대한민국과 일본국간의 무역협정〉을 조인하다. 4.19. 〈대한민국 정부와 일본국 정부간의 재산 및 청구권에 대한 문제의 해결과 경제협력에 관한 협정의 제1의정서 제7조 　　 및 제1의정서의 실시세목에 관한 교환공문의 실시 세칙에 관한 각서교환〉, 〈대한민국과 일본국간의 재산 및 청구권 　　 에 관한 문제의 해결과 경제협력에 관한 협정 제1조 2의 합동위원회의 기구와 기능에 관한 각서교환〉 하다. 5.27. 일본, 우리문화재 1,325점 반환하다. 7.29. 제2차 경제개발5개년계획을 발표하다. 9.8. 한일 국교정상화 이후, 첫 양국 각료회의 서울서 개최하다.
1967	【한국】 3.9. 한일협정 비준을 반대하여 서민호 등 ‘대중당’ 창단하다.(~1973.6) 3.24. 경인 고속도로 기공하다. 4.28. 〈대한민국 정부와 일본국 정부간의 공동자원조사 수역의 범위에 관한 각서〉와 〈대한민국 정부와 일본국 정부간의 　　 어업자원의 과학적 조사에 관한 각서교환〉를 교환하다. 5.3. 제6대 대통령선거에서 공화당 박정희후보가 당선되다. 박정희 51.4%, 윤보선 4.9%. 5.15. 동해 대왕암에서 文武大王陵을 발견하다. 5.16. 한국과 일본, 〈항공협정〉 조인하다. 8.10 발효되다. 5.24. 신진자동차, 일본 도요다 최초의 고유모델 ‘크라운(CROWN)’ 출시하다.(~1972.7) 5.- 신진자동차, 일본 도요타의 ‘퍼블리카’ 출시하다.
1968	【한국】 1.27. 제1차 한일민간경제위원회 개최하다. 4.17. 북한, 일본내 조선대학이 정식 인가를 받다. 6.5. 대한항공, 서울 - 도쿄 취항 결정하다. 6.7. 제1차 한일국회의원 간담회가 열리다. 12.3. 〈대한민국 정부와 일본국 정부간의 상표권의 상호보호에 관한 각서〉를 교환하다.
1969	【한국】 2.12. 한일협력위원회 발족하다, 한일양국의 국회의원, 재계, 문화계인사등 참여한 민간기구 2.25. 일본 외상 독도망언, 한국 외무부장관 독도는 엄연한 한국 영토라고 반박하다. 3.10. 일본 정부와 양곡차관 협정 체결하다. 4.1. 〈대한민국 정부와 일본국 정부간의 국제운수에 있어서 선박 및 항공기의 운영에 대한 상호면세에 관한 각서〉를 교환하다. 4.4. 도입한 일본쌀 6,600톤중 25% 이상이 불량미로 판정되다.

일본

식 태도를 표명하다.

11.6. 일본 자민당이 중의원 일한특별위원회에서 한일조약 강행 체결을 추진하다.

11.9. 일본 사회당·공산당계 단체들이 한일조약 분쇄 통일집회를 개최하고, 일본 중의원 본회의가 의장 직권으로 개회되다.

11.12. 일본 중의원 본회의에서 한일조약이 가결되다.

11.13. 일본 참의원 본회의가 의장 직권으로 개회되고, 자민당과 민사당이 일한특별위원회 설치를 강행 체결하다.

12.4. 일본 참의원 일한특별위원회가 한일조약을 강행 채택하다.

12.10. 국제연합 총회에서 일본이 안전보장이사회 비상임이사국으로 선출되다.

12.28. 일본 정부가 재일 교포 2명에게 한국 여행을 처음으로 허가하다.

8.22. 서울과 지방 대학·고교생 등 1만여 명이 비준 무효화 시위를 벌이다.

8.26. 한일협정 반대 시위가 확산되어 서울에 위수령이 발동되다.(9.25. 해제)

10.5. 대일굴욕외교반대범국민투쟁위원회가 민중당과 결별하고 박순천 등 지도위원 7명을 제명하다.

11.18. 정일권 총리가 독도 주변 일본 어선의 어로를 금지하다고 발표하다.

12.6. 한일 국교가 공식 수립되다.

12.17. 박정희 대통령이 한일협정 비준서에 서명하고, 한국과 일본이 민간어업협정을 체결하다.

12.18. 대한민국과 일본국 간의 무역을 위한 재정협정 종결 각서교환과 경제협력기금 차관계획에 관한 협정을 체결하고, 14년 만에 서울에서 한일조약 비준서를 교환하여 한일협정이 발효되다.

【일본】

1.7. 재일한국인의 협정영주신청 접수를 개시하다.

4.1. 협정 영주권 취득자에게 '국민건강보험법' 적용하다.

10.1. 전국인구조사 실시하다. 총인구 2,919만 4,370명.

10.18. 〈대한민국과 일본국간의 어업협정의 합의의사록 제3항의 실시를 위한 양해사항〉을 조인하다.

10.31. 미국 존슨 대통령이 방한하다.

【일본】

8.9. 일본 도쿄에서 제1차 한일각료회담을 개최하다.(지역적 협력체제 유지·강화, 2억달러 민간차관 지원)

7.2. 한국·미국·일본·자유중국 4개국 수뇌회담을 하다.

8.5. 〈한일비료협정〉 체결, 일본산 비료도입 3년간 다시 연장하다.

10.25. 〈대한민국 정부와 일본국 정부간의 경북기술학원의 설립에 관한 각서〉를 교환하다.

11.22. 독립운동가 신숙(1885~1967) 사망하다.

【일본】

2.20. 재일동포 金嬉老(본명 權嬉老) 사건이 발생하다. 모욕을 주는 일본인 2명을 사살하다.

4.17. 도쿄도지사, 조선대학교를 각종학교로 인가하다.

【일본】

2.12. 일본, 한국산 김 3,500장 수입결정하다.

11.25. 정부, 일본의 독도 영유권 주장에 반박 각서 전달하다.

연도	한국
1970	【한국】 3.3. 소득에 관한 조세의 이중과세 회피 및 탈세방지를 내용으로 한 〈한일조세협정〉 체결하다. 3.31. 일본 赤軍波가 요도[淀號]호 여객기를 납치하여 김포공항에 불시착하다./ 대한민국 정부와 일본국 정부간의 대한미곡 원조약정하다. 4.3. 요도호 승객 102명을 석방하고 평양으로 가다. 5.20. 〈대한민국 정부와 일본국 정부간의 재산 및 청구권에 관한 문제의 해결과 경제협력에 관한 협정의 제1의정서 시행세칙에 관한 협정의 제4항과 제5항 (1)〉을 개정하다. 6.5. 〈대한민국 정부와 일본국 정부간의 항공업무를 위한 협정〉을 개정하다. 6.16. 부관연락선, 25년만에 부활하다. 길이 105미터 폭 19미터, 3,875톤급.
1971	【한국】 1.26. 북한, 일본과 재일동포 북송 재개에 합의를 보다. 2.17. 1.4후퇴당시 헤어진 한필성·필화 남매가 일본서 국제통화사 실현되다. 1990년 3월 첫 재회하다. 2.18. 〈대한민국 정부와 일본국 정부간의 농수산업 개발을 위한 차관계약에 관한 협정〉을 하다. 4.25. 〈대한민국 정부와 일본국 정부간의 항공업무를 위한 협정〉을 개정하다. 6.13. 일본 정부에 제3차 경제개발5개년 계획에 따른 차관 요청하다. 6.29. 〈대한민국 정부와 일본국 정부간의 수출산업진흥 및 중소기업 육성을 위한 차관에 관한 각서〉를 교환하다.
1972	【한국】 4.5. 북한, 일본 기자 17명에게 입북허가 하다. 4.18. 대일청구권 최종 집계, 14만 건, 39억 원에 이르다. 6.14. 창경원 장서각에서 한말 외교문서 5책이 발견되다. 7.1. 〈대한민국 정부와 일본국 정부간의 금오공업고등학교 설립에 관한 약정〉을 하다./ 〈대한민국 정부와 일본국 정부간의 산업원자재 및 기계장비 도입을 위한 차관에 관한 각서〉를 교환하다.
1973	【한국】 1.24. 〈대한민국 정부와 일본국 정부간의 통신시설 확장을 위한 차관에 관한 각서〉를 교환하다. 1.25. 〈대한민국 정부와 일본국 정부간의 특허권 및 실용신안권 상호보호에 관한 각서〉를 교환하다. 2.16. 〈대한민국 정부와 일본국 정부간의 농수산 개발을 위한 2천만불 '엔' 차관협정(1971)〉을 개정하다. 6.18. 일본 한국산업장기개발계획조사단 한국 방문하다. 11.2. 김종필 총리 방일하여 다나카 일본총리와 회담하고 김대중 사건에 대해 유감을 표명하다. 12.24. 〈대한민국 정부와 일본국 정부간의 216억엔 제2차 상품차관 및 수출산업 육성 차관에 관한 각서〉를 교환하다.
1974	【한국】 1.30. 〈한일대륙붕협정>을 체결(1978.6.22. 발효)하고, 대륙붕의 석유·천연가스 등 공동개발을 추진하기로 하다. 2.6. 〈대한민국 정부와 일본국 정부간의 금오공업고등학교 설립에 관한 약정〉을 하다. 2.16. 〈대한민국 정부와 일본국 정부간의 농수산 개발을 위한 2천만불 엔 차관협정의 개정 협정〉을 하다. 4.29. 장서각에서 임진왜란 당시 의병장 조정의 일기 『임란일기』를 발견하다. 6.7. 〈대한민국 정부와 일본국 정부간의 농업공동연구계획 수행을 위한 기술협력에 관한 각서〉를 교환하다. 8.15. 광복절 기념식장에서 朴正熙대통령 저격 미수사건이 발생하다. 육영수(陸英修, 1925~1974)여사 피격 사망하다. 범인 文世光이 현장에서 체포되다. 9.6. 반일 데모대가 일본대사관에 침입하다. 9.19. 일본 특사가 내한하여 다나카 총리의 친서를 박정희대통령에게 전달하고 한일관계의 악화를 종결하다.
1975	【한국】 1.4. 서울대에서 일본어를 대입시 선택과목(제2외국어)에서 제외하다. 6.25. 전 조총련 간부 재일동포 14명, 30~40년만에 고국을 방문하다. 8.29. 〈대한민국 정부와 일본국 정부간의 북평항의 개발 및 농업생산증진 차관에 관한 각서〉를 교환하다./ 〈대한민국 정부와 일본국 정부간의 서울대학교 공과대학을 위한 실험용 기재의 지원에 관한 약정〉을 하다.
1976	【한국】 3.6. 〈대한민국 정부와 일본국 정부간의 대전직업훈련원을 위한 기술협력에 관한 협정〉을 하다. 9.1. 〈대한민국 정부와 일본국 정부간의 서울대학교 공과대학을 위한 실험용 기재의 지원에 관한 약정〉을 하다. 9.21. 독립운동가 임병직(1893~1976) 사망하다. 11.3. 〈대한민국 정부와 일본국 정부간의 통신시설 확장 및 충북선 복선화 사업을 위한 차관에 관한 각서〉를 교환하다.

일본

【일본】

2.3. 미국·영국·소련·일본, 핵금지조약을 조인하다.

2.26. 일본 도쿄 한국연구원, 안중근 옥중자서전 발견 입수하다.

3.15. 일본, 오사카[大阪] 만국박람회가 개막되다.

12.8. 박종석, 히타치제작소를 상대로 취직차별소송을 내다.(1974년 6월 19일 승소)

【일본】

11.12. 일본 료쿠야사[眞野寺] 주지가 멸종한지 40년 된 한국호랑이 한쌍을 창경원에 기증하다.

8.28. 〈대한민국 정부와 일본국 정부간의 금오공업고등학교 설립에 관한 각서〉를 교환하다.

12.30. 〈서울지하철 및 수도권 전철사업을 위한 차관에 대한 대한민국 정부와 일본국 정부간의 각서〉를 교환하다.

【일본】

1.6. 미국·일본, 오키나와 반환 공동 성명 발표하다.

1.21. 재일동포 작가 이희성, 제66회 일본 야쿠타가와상[芥川文学賞]을 수상하다.

7.7. 일본, 다나카[田中角榮] 내각이 발족하다.

7.16. 장훈, 일본 프로야구 사상 9번째로 통산 1천점 득점 기록을 세우다.

9.14. 제1회 한일축구정기대항전(일본 도쿄)에서 2:2 무승부를 기록하다.

9.29. 일본과 중국이 국교정상화를 하다.

10.5. 일본 학생, 광복후 처음으로 한국에 수학여행하다.

【일본】

8.8. KCIA(한국중앙정보부)에 의한 김대중납치사건이 발생하다.

12.12. 일본·중공, 통상협정을 체결하다.

【일본】

1.24. 다나카 일본총리, 일제 강점기에 김 재배법과 의무교육제 등에 일본이 공헌했다고 망언하다.

4.20. 일본·중공, 민간항공 협정을 체결하다. 자유중국, 대일항로를 폐쇄하다.

10.11. 일본이 유엔안보리 비상임이사국에 선출되다.

12.9. 일본, 미키[三木武夫] 내각이 출범하다.

10.25. 〈대한민국 정부와 일본국 정부간의 농촌개발사업 및 대청댐 건설사업을 위한 차관에 관한 각서〉를 교환하다.

12.27. 〈대한민국 정부와 일본국 정부간의 서울대학교 공과대학을 위한 실험용 기재의 지원에 관한 각서〉를 교환하다.

【일본】

4.14. 민단주도의 '총련계동포모국방문단사업' 시작하다.

8.6. 미국, 일본, 워싱턴에서 정상회담을 하고, 아시아평화 5원칙을 선언하다.

10.3. 최창화목사, 한국이름의 일본식 발음을 인권침해로 NHK를 제소하다.(1엔재판)

【일본】

6.1. 소련, 사할린 한인동포 100명에 첫 출국 허가하고, 일본은 입국 심사에 착수하다.

7.26. 일본, 다나카[田中角榮] 전총리를 미국 록히드사에서 수뢰 혐의로 구속하다.

12.24. 일본 후쿠다[福田赳夫] 내각이 발족하다.

연도	한국
1977	【한국】 2.10. 〈대한민국 정부와 일본국 정부간의 농업개발 사업을 위한 차관에 관한 각서〉를 교환하다. 3.24. 중앙정보부, 재일교포투자자 위장 간첩 활동 일당 11명을 검거했다고 발표하다. 4.22. 이종학, 독도를 '조선해 내의 무인도'로 표시한 '환해항로신도', '신정만국전도'를 발견하다. 5.4. 문화공보부. 일본 요미우리[讀賣]신문 서울지국을 폐쇄하고 신문의 국내 배포를 금지하다. 8.31. 〈대한민국 정부와 일본국 정부간의 농업개발·초고압 송전시설 및 충주댐 건설을 위한 차관에 관한 각서〉를 교환하다./ 〈대한민국 정부와 일본국 정부간의 맥류 연구소를 위한 실험용 기재의 지원에 관한 각서〉를 교환하다. 9.6. 북한과 일본이 민간어업협정을 체결하다. 9.29. 〈대한민국 정부와 일본국 정부간의 지역사회종합의학센타의 의료기재 지원에 관한 약정〉을 하다./ 〈대한민국 정부와 일본국 정부간의 한국외국어대학의 언어실습 기재지원에 관한 각서〉를 교환하다. 9.30. 〈대한민국 정부와 일본국 정부간의 항공업무를 위한 협정〉을 개정하다.
1978	【한국】 4.30. 한국 정부 12해리 영해법을 공포하다. 5.27. 재일교포 유학생 서준식, 반공법위반죄로 출감후 사회안전법에 재수감되다(1988년 출감) 6.22. 한일대륙붕협정 비준서(대륙붕 북부구역경계획정·남부구역공동개발)가 발효되다. 8.18. 〈대한민국 정부와 일본국 정부간의 지역사회종합의학센타의 의료기재 추가지원에 관한 각서〉를 교환하다. 12.20. 〈대한민국 정부와 일본국 정부간의 농업개발 및 의료시설 확장을 위한 차관에 관한 각서〉를 교환하다.
1979	【한국】 1.13. 〈대한민국 정부와 일본국 정부간의 청주대학 언어실습 기재지원에 관한 각서〉를 교환하다. 9.12. 〈대한민국 정부와 일본국 정부간의 항공업무를 위한 협정의 부표 및 동 부속서한 개정을 위한 각서〉를 교환하다. 12.27. 〈대한민국 정부와 일본국 정부간의 농촌개발 사업 및 대청댐 건설사업을 위한 차관협정에 따른 차관의 인출 마감일 연장을 위한 각서〉를 교환하다.
1980	【한국】 1.15. 문공부, 일본 요미우리신문 서울지국 재개설 허가하다.(1977.5 폐쇄) 1.18. 〈대한민국 정부와 일본국 정부간의 교육시설 확충, 국립의료 및 보건연구 기관 장비현대화 및 도시하수 처리시설 사업을 위한 차관에 관한 각서〉를 교환하다. 1.31. 해군, 거북선 원형 복원(전장 113m, 폭 34m, 높이 21m)하여 남해안서 진수식을 거행하다. 2.3. 1979년 말부터 사할린 억류중 사망한 동포들의 신원을 입수하다. 현재 19명 신원을 확인하다. 6.2. 한국에 대해 악의적으로 왜곡 보도한 일본 교토공동통신 서울지국 폐쇄.(1966.6~) 9.1. 전두환 제11대 대통령에 취임하다.(~1981.2)
1981	【한국】 1.31. 〈대한민국 정부와 일본국 정부간의 민간지역 병원 의료장비보강 및 교육시설 확충사업을 위한 차관에 관한 각서〉를 교환하다. 3.3. 전두환, 제12대 대통령 취임하여 제5공화국 출범하다. 5.18. 정부, 일본 아사히신문 서울 지국 재개 및 특파원 서울 상주 허용하다.
1982	【한국】 2.8. 도쿄 뉴저팬호텔 화재로 한국인 8명 사망하다. 7.27. 한국정부, 일본 역사교과서 왜곡 기술시정을 일본정부에 요구하다. 7.30. 대일역사왜곡규탄 및 시정요구국민회의, '일본역사교과서 왜곡문제 공청회'개최하다. 11.27. 독립기념관 건립 예정지를 충남 천안군 흑성산으로 확정하다.
1983	【한국】 1.11. 나카소네 야스히로 일본총리, 첫 한국 공식방문하고, 40억 달러 경제협력 지원하기로 합의하다. 1.29. 미국과 일본이 사세보[佐世保]항을 동해와 태평양의 대소련 전략 전진기지로 삼기로 합의하다. 2.23. 서울대 규장각, 독도를 한국령으로 표시한 일본 해군성 수로국 발행지도 원본을 공개하다. 8.15. 천안 독립기념관을 착공하다.(~1987.8) 10.7. 〈대한민국 정부와 일본국 정부간의 '82년도 엔차관 도입에 관한 각서〉를 교환하다.
1984 ▼	【한국】 6.25. 〈대한민국 정부와 일본국 정부간의 '83년도 엔차관 도입에 관한 각서〉를 교환하다. 8.23. 일본, 한국의 비관세장벽 철폐요구 거절하다.

일본

【일본】

3.1. 일본 중의원, 한국에 폐유 7만드럼을 판 '공해수출사건'으로 논란을 일으키다.

3.22. 최고재판소가 사법시험에 합격한 김경득을 한국국적상대로 사법수습생으로 채용을 인정하다.

4.27. 일본 중의원 한일대륙붕협정 비준안을 통과시키다.

7.14. 일본에서 최초의 기상위성 히마와리(GMS)를 발사하다.

9.3. 일본 왕정치가 756홈런으로 세계신기록을 수립하다.

9.28. 적군파가 일본항공(JAL)기를 납치하다.

10.24. 일본에서 독도영유권을 주장하며, 2백해리 수역을 발표하다.

【일본】

5.20. 나리타공항(신도쿄국제공항)이 개항되다.

8.12. 일본, 중공과 평화우호조약을 체결하다.

12.7. 일본, 오히라[大平正芳] 내각이 발족하다.

【일본】

8.12. 총련주도의 '단기조국방문단' 시작되다.

9.18. 金正明(일본 아오모리대 교수), 안중근의사가 형무소에서 쓴『동양평화론』을 공개하다.

11.25. 일본 간토지방에서 조선왕조 궁중무용 7편을 수록한 최고의 기록영화를 발견하다.

【일본】

6.12. 일본, 오히라[大平正芳] 내각이 발족 후 총리사망으로 퇴진하다.

7.17. 일본, 스즈키[鈴木善幸] 총리에 선출되다.

9.10. 한종석, 외국인 등록증의 지문날인을 거부하다.(도쿄도 신주쿠구청)

11.21. 한일의원연맹(회장 박태준)이 활동을 재개하다.(1975.5 설립, 양국의원 친목, 교류 증진)

【일본】

1.1. 일본정부비준(1979.6.21)의 난민조약이 발효되다. 특례영주제도가 실시되고, 국민연금법의 국적조항이 철폐되다.(단35세이상은 해당안됨)

7.30. 일본 한국정부에 한국측의 비판과 의견을 겸허히 수용하겠다고 천명하다.

9.1. 국공립대학 외국인교원임용법 시행되다.(단 임기제)

11.18. 일본, 일본 역사교과서 왜곡내용 중 일부만 시정, 그 외 계속 검토를 통보하다.

11.24. 일본정부, 왜곡 역사교과서 시정하기로 결정하다.

11.25. 나카소네 제11대 자민당 총재에 취임하다.

11.27. 일본, 나카소네[中曾根康弘] 내각이 발족하다.

【일본】

4.15. 도쿄 디즈니랜드 개원하다.

【일본】

1.30. 일본 세계 최초의 256K램 개발에 성공하다.

3.23. 일본 나카소네[中曾根康弘] 총리 중공을 방문하다.

연도	한국
▲ 1984	8.31. 한국 일본 정상 간(전두환-나카소네) 직통전화 개설하다. 10.13. 재일동포 모국 유학생 윤정헌 등 6명, 간첩혐의로 구속하다.(보안사 간첩조작사건으로 판명되다)
1985	【한국】 3.27. 〈대한민국과 일본국간의 소득에 관한 조세의 이중과세회피 및 탈세방지를 위한 협약〉의 부속약정을 맺다. 9.18. 대한민국 정부와 일본국 정부간의 '84년도 엔차관 도입에 관한 각서교환' 6.28. 일본 거점 간첩단 3명 검거 발표하다. 12.9. 유학생 위장 일본인 간첩, 이나바 유다카 검거 발표하다. 12.20. 〈대한민국 정부와 일본국 정부간의 과학 및 기술분야에 있어서의 협력에 관한 협정〉을 맺다.
1986	【한국】 8.4. 독립기념관 개관 앞두고 화재 발생하다. 9.20. 일본 나카소네 총리가 내한하다.
1987	【한국】 3.28. 〈대한민국 정부와 일본국 정부간의 85년도분 일본차관에 관한 각서〉를 교환하다. 4.29. 일본 나카소네 총리가 미국을 방문하다. 8.15. 천안 독립기념관 개관하다. 8.31. 〈대한민국과 일본국간의 양국에 인접한 대륙붕 남부구역 공동개발에 관한 협정부록 개정에 관한 각서〉, 〈대한민국 정부와 일본 정부간의 굴착의무에 관한 각서〉를 교환하다.
1988	【한국】 4.15. 〈대한민국 정부와 일본국 정부간 제5차 일본해외경제협력기금(OECF) 차관에 관한 각서〉를 교환하다. 4.27. 〈대한민국 정부와 일본국 정부간의 항공업무를 위한 협정의 부표 및 동 부속서한 개정을 위한 각서〉를 교환하다.
1989	【한국】 1.7. 일본 히로히토[裕人] 천황이 사망하고 아키히토[明人]천황이 승계하다. 6.16. 〈대한민국 정부와 일본국 정부간의 제6차년도('87) OECF 차관 도입에 관한 각서〉를 교환하다. 6.27. 무라카미 하루키의 『상실의 시대』를 문학사상에서 번역 출판하다.
1990	【한국】 3.30. 〈대한민국 정부와 일본국 정부간의 항공업무를 위한 협정의 개정을 위한 각서〉를 교환하다. 4.23. 교토의 조선인 12만 6천 명 귀무덤, 박삼중 스님에 의해 부산 동명불원에 봉안하다. 5.25. 〈대한민국 정부와 일본국 정부간의 원자력협력에 관한 각서〉를 교환하다./ 〈대한민국 정부와 일본국 정부간의 해상에서의 수색, 구조 및 선박의 긴급피난에 관한 협정〉을 맺다./ 〈대한민국 정부와 일본국 정부간의 사증수수료 면제 및 복수사증 발급에 관한 서한〉을 교환하다. 7.10. 한국정신대연구소(일본군위안부 문제해결연구소)가 발족하다./ 한국-일본-홍콩 해저광케이블 개통하다.(4600㎞ 13개국, 1억 7천 5백만 달러 공동투자. 1988.1~) 9.11. 〈대한민국 정부와 일본국 정부간의 제7차 일본 "해외경제협력기금(OECF)" 차관에 관한 각서〉를 교환하다. 11.16. 한국정신대문제대책협의회 결성하여 일본군 위안부 문제의 진실규명과 생존자 지원사업을 시작하다. 11.20. 〈대한민국 정부와 일본국 정부간의 항공업무를 위한 협정의 개정을 위한 각서〉를 교환하다.
1991	【한국】 1.10. 재일한국인 3세이하 자손의 법적지위에 관한 한·일 외무장관간 합의각서를 작성하다. 4.15. 〈영친왕비(고 이방자여사)로부터 유래하는 복식 등의 양도에 관한 대한민국 정부와 일본국 정부간의 협정〉을 맺다. 8.4. 김학순할머니, '일본종군위안부' 첫 증언 기자회견을 하다.
1992	【한국】 1.8. '일본군위안부', 일본 대사관 앞 첫 '수요집회' 개최하다. 3.31. 〈대한민국 정부와 일본국 정부간의 항공업무를 위한 협정의 개정을 위한 각서〉를 교환하다. 11.8. 노태우대통령, 일본을 방문하여 교토에서 미야자와 총리와 회담하다. 종군위안부 사죄와 반성을 표명하다.
1993 ▼	【한국】 4.1. 김영삼대통령, 경복궁내의 국립중앙박물관 이전과 경복궁 복원을 지시하다. 4.20. 〈대한민국 정부와 일본국 정부간의 항공업무를 위한 협정의 개정을 위한 각서〉를 교환하다. 6.29. 〈대한민국 정부와 일본국 정부간의 환경보호분야에서의 협력에 관한 협정〉을 맺다.

일본

10.5. 재일교포 1천여 명, 지문날인 거부 집회를 거행하다.

【일본】
1.1. 일본개정국적법 시행하다. 부계혈통주의부터 부모영계혈통주의로 변경하다.
6.9. 북한 김일성, 일본《세카이(世界)》와 회견에서 남북한과 미국의 3자회담 개최 촉구하다.
9.6. 일본, 사회당 위원장 선거에서 도이[土井たか子]가 첫 여성당수로 선출되다.
11.29. 일본 히로시마 고서점에서 일제강점기 '105인 사건' 재판기록 발견하여 공개하다.
11.30. 민영환이 에케르트에게 의뢰해 작곡한 '애국가(1902)' 악보를 일본서 발견하여 공개하다.

【일본】
4.1. 국민건강보험법의 국적조항을 철폐하다.
9.8. 도이 다카코, 일본 최초의 여성 당수(사회당)로 선출되다.

【일본】
11.6. 일본, 새 총리에 다케시다[竹下登]총재를 선출하다.

【일본】
1.13. 일본 다케시다 총리 미국을 방문하여 레이건 대통령과 회담하고, 서울 올림픽 대회 성공을 위한 협조를 다짐하다.

【일본】
1.12. 재일교포 2세 여류작가 이양지가 일본 아쿠타가와상[芥川賞]을 수상하다.
6.3. 일본, 우노[宇野宗佑]내각이 발족하다.
7.24. 일본 자민당 참의원선거에서 패배, 우노총리 사임하다.
8.10. 일본 가이후[海部俊樹] 내각이 발족하다.
9.27. 일본 소니사가 미국의 영화사 콜롬비아를 인수하다.

【일본】
3.8. 이산가족 한필성·필화 남매가 일본에서 40년만에 상봉하다.
3.30. 일본, 재일교포 3세에게 영주권을 부여하다.
8.7. 일본, 일제강점기 동안 7만 9천여명의 한국인 강제연행자 명부 발표하다.
11.12. 일본 아키히토[明仁], 제125대 천황 즉위하다.

【일본】
1.10. 〈재일한국인의 법적지위와 처우에 관한 각서〉 체결하여 재일 한국인 지문날인제도를 폐지하다.
4.-. 제41회 세계탁구선수권대회가 치바시 마쿠하리(幕張)에서 개최, 민단과 총련이 남북탁구 단일팀을 공동으로 환영·응원하다.
9.18. 대한민국과 조선민주주의인민공화국이 유엔에 동시 가맹하다.
11.1. 협정영주, 특례영주를 일체화항 특별 영주제도 개시하다.
11.5. 일본, 미야자와[宮澤喜一] 내각이 출범함.
12.3. 일본 중의원에서 자위대의 유엔평화유지활동(PLO) 협력 법안 가결하다.

【일본】
1.8. 개정외국인등록법 시행하고, 특별 영주자의 지문날인제도 폐지하다.
4.16. 미국 클린턴 대통령, 미야자와 총리와 워싱턴에서 정상회담을 하다.
7.18. 일본 중의원 선거를 실시하다. 미야자와총리가 사임하다.

연도	한국
▲ 1993	10.15. 청와대, 일제강점기 총독관저, 구 본관 철거를 시작하다. 11.6. 일본 호소가와[細川護熙] 총리가 방한하다.
1994	【한국】 4.4. 서재필·전명운 유해, 미국에서 본환하여 동작동 국립묘지에 안장하다. 7.1. 전여옥, 『일본은 없다』(지식공작소) 출판하다.
1995	【한국】 2.15. 한국-러시아-일본을 잇는 국제 해저광케이블 개통하다. 2.27. 일본군 '위안부'문제 아시아연대회의 서울대회를 개막하다. 3.31. 〈대한민국 정부와 일본국 정부간의 항공업무를 위한 개정을 위한 각서〉를 교환하다. 8.15. 광복 50주년기념 경축식에서 옛 조선총독부청사 건물 중앙돔 상부첨탑을 철거하고, 독립기념관에 전시하다.
1996	【한국】 2.20. 정부, 〈국제해양법〉 발효에 따라 배타적 경제수역(EEZ) 전면 설정하다. 2.29. 독도학회, 창립총회를 개최하다. 9.1. 일본 해상자위대 소속 군함 2척, 2차 대전후 처음으로 부산항에 입항하다.
1997	【한국】 1.26. 김영삼대통령-일본 무라야마 총리 정상회담을 하다. 2.19. 한국-일본-대민 등 아시아 9개국을 잇는 아태해저광케이블(ACPN)을 개통하다. 8.8. 서지학자 이종학, 울릉도에 독도박물관을 건립, 개관되다. 8.15. 뮤지컬, '명성황후', 국내 공연사상 최초로 뉴욕 공연하다. 11.20. 북한 일본인 처 고향을 방문하다. 12.16. 위안부 첫 증언(1991.8) 김학순(1924~1997) 할머니 사망하다.
1998	【한국】 1.23. 일본, 〈한일어업협정〉을 일방적 파기하다. 2.25. 김대중대통령 취임식을 거행하다. 8.14. 경기도 광주에 일본군 '위안부' 역사관 개관하다. 9.25. 한국-일본, 신한일어업협정 타결하고, 영토문제와 별개의 어업협정을 11월 28일에 체결하다. 1999년 1월 22일부터 발효하다. 10.8. 김대중대통령, 일본 오부치[小淵惠三]총리와 정상회담 개최하다. 〈21세기의 새로운 한·일 파트너쉽 공동선언〉을 하다./ 〈대한민국 정부와 일본국 정부간의 외교관 및 관용여권 사증면제에 관한 각서〉를 교환하다./ 〈대한민국 정부와 일본국 정부간의 취업사증에 관한 협정〉을 맺다./ 〈대한민국과 일본국간의 소득에 대한 조세의 이중과세회피와 탈세 방지를 위한 협약〉을 맺다.
1999	【한국】 1.22. 한일어업협정 비준서를 교환하다. 중간수역을 지정하고, 독도영유권 거론을 금지하다. 2.24. 사할린거주 동포 60명이 영구 국내 거주를 위해 입국하다. 3.18. 한일어업 추가 협상하여 쌍끌이 어업 합의하고 일본 해역에서 쌍끌이 어선 조업(갈치·고등어)하다. 3.20. 김대중대통령, 오붙이 일본 총리정상회담을 하다. 한·일 경제협력의제 21(부제: 21세기의 한·일 경제관계의 긴밀화를 위하여)를 발표하다. 4.10. 독도 유인 등대를 가동하다. 4.20. 충무공 이순신 장군 묘소에서 식칼과 쇠말뚝 발견하다. 4.25. 한·미·일 대북정책조정감독그룹(TCOG) 설치하고, 대북정책을 조율할 것을 집중 논의했으나 중단되다. 6.4. 임진왜란 강화조약 체결 당시의 『조선통신사 일기』 일본서 발견하다.
2000	【한국】 5.6. 한·중·일 등 아세안 10개국, 일본과 아시아 국가간 통화교환협정 확대합의하다. 5.29. 일본 모리총리가 방한하다. 8.22. 북한-일본, 제10차 국교정상회담 개최하였으나 북한이 일본인 납치문제 조사를 거부하다.

일본
8.4. 일본, 고노관방장관이 일본정부가 일본군위안부 강제동원에 책임이 있다는 고노담화를 발표하다.
8.9. 일본 호소가와 내각이 발족하다.
【일본】
3.24. 김영삼대통령, 일본 호소가와 모리히로와 도쿄에서 북핵 공조 등 정상회담을 하다.
4.8. 일본 호소가와 총리가 사임하고, 하타[羽田牧]내각 발족하다.
4.20. 민단이 재일본대한민국민단으로 개칭하다.
6.25. 일본 하타내각이 총사퇴하고, 30일 무라야마[村山富市] 내각이 출범하다.
10.9. 황영조, 일본 히로시마 아시안게임 마라톤 우승, 2시간 11분 13초 기록하다.
【일본】
1.17. 한신·아와지 대지진으로 5천여명이 사망했고, 그 가운데 131명의 교포가 희생되다.
2.28. 최고재판소, '영주자등의 지방참정권 부여는 헌법상 금지되어 있지 않다'고 판단내리다.
8.15. 일본 무라야마총리가 태평양전쟁 당시의 식민지지배에 대해 공식적으로 사죄하다.
11.13. '식민통치기간중 한국에 좋은 일을 했다'고 망언한 에토 총무청장관 사임하다.
11.19. 일본, 오사카에서 아시아·태평양경제협력체제APEC 정상회의가 개최됨
【일본】
1.5. 일본, 무라야마수상이 사임하고, 11일 하시모토[橋本龍太郎] 내각이 발족하다.
5.13. 川岐市가 都道府県·政令指定 도시에서 처음으로 직원채용시험의 국적조항을 철폐하다.
【일본】
7.30. 일본 하시모토 총리사임하고, 오부치[小淵惠三]내각 출범하다.
11.28. 〈대한민국과 일본국간의 어업에 관한 협정〉을 맺다.
12.5. 일본 대중문화 개방에 따라 영화 '하나비'(감독: 기타노 다케시)를 국내에서 첫개봉하다.
12.12. 영화 '카게무사'(감독: 구로사와 아키라, 배우: 나카다이 다쓰야·야마자키 츠토무)개봉하다.
【일본】
9.7. 재일동포 무기수 권희로가 복역 31년 6개월만에 가석방 되어 귀국하다.
8.31. 한일합작 세계최초 쌍둥이 빌딩, 말레이시아 '페트로나스 타워(88층) 개관하다.
9.10. 일본 대중문화 2차 개방 발표하다. 국제영화수상작, 전체관람이 가능하고 영화 대중가요를 공연하게 되다.
9.13. 〈대한민국 정부와 일본국 정부간의 항공업무를 위한 협정 개정을 위한 각서〉를 교환하다.
12.27. 〈대한민국과 일본국간의 소득에 대한 조세의 이중과세회피와 탈세방지를 위한 협약 제23조 제3항에 의거한 각서〉를 교환하다.
【일본】
1.14. 재일동포작가 현월, 일본 아쿠타가와상[芥川賞] 수상자로 선정되다.
1.24. 일본 肉用牛개량연구소, 2차복제 송아지 출산에 성공하다.
2.12. 이봉주, 도쿄 국제마라톤서 한국신기록을 수립하다(2시간 7분 20초)
4.5. 일본, 오부치 총리 병세가 악화되어 후임에 모리[森喜郎]를 선출하다.
5.14. 일본, 오부치 전총리 사망하다.
5.15. 일본, 모리총리 일본은 천황을 중심으로 한 '신의 나라'라고 발언하여 물의를 일으키다.
7.21. 일본, 오키나와에게 세계 주요 8개국(G8정상회의)가 개최되다.

연도	한국
2001	【한국】 2.28. 정부, 일본의 역사교과서 왜곡 파문과 관련하여 깊은 우려를 표명하다. 3.19. 역사관계 15개학회, 일본 역사교과서 왜곡을 비판하는 심포지엄을 개최하다. 3.26. 한·미·일, 서울에서 대북정책 협의회 개최하고, 3국간 대북정책공조에 합의하다. 4.10. 한국 정부, 일본의 역사왜곡 교과서 검정 통과에 항의하여 崔相龍 주일대사를 소환하다. 5.8. 한중일 여성 지도자들, 동북아여성지도자 회의에서 5개항의 '서울여성선언'채택하다. 7.12. 일본 역사교과서 왜곡시정 거부와 관련하여 제1차 보복조치로 일본대중문화 개방중단을 발표하다. 10.15. 일본 고이즈미총리가 방한하여 김대중 대통령과 정상회담을 하다. 〈한일역사공동연구위원회〉 설치를 합의하다. 12.22. 북한 공작선이 일본 순시선과 교전하다 침몰하다. 12.23. 일본 아키히토 천황이 일본 간무[桓武]천황(재위 781~806)의 생모는 백제 무령왕의 자손이라고 언급하다. 해상보안청이 배타적 경제수역에 침입한 선박을 동중국해에서 격침시키다.
2002	【한국】 2.19. 미국 부시 대통령이 방한하여 김대중 대통령과 정상회담을 하다. 3.5. 한일역사공동연구위원회 설치하다. 양국에서 위원장 1인과 위원 10인씩 총 22명으로 구성하다. 19개의 공동연구주제를 선정하여 2002.5~2005.5까지 3년간 활동하다. 한국측 조동걸(위원장), 조광(총간사), 김태식(1분과 간사), 김현구, 노중국, 손승철(2분과 간사), 정구복, 정재정(3분과 간사), 이만열, 김도형, 김성보, 그 외에 김장권, 강창일, 유병용 위원은 중간에 교체됨. 일본측 三谷太一郎(위원장), 森山茂德(총간사, 3분과 간사), 横田耕策(1분과 간사), 石井正敏, 佐藤信, 吉田光男(2분과 간사), 田代和生, 六反田豊, 小此木政夫, 原田環, 古田博司 등으로 구성했다. 3.13. 일본군 '위안부'할머니들의 수요집회 500회를 개최하고, 일본측 사과를 촉구하다. 3.21. 일본 고이즈미총리가 방한하다. 3.22. 고이즈미 총리 김대중 대통령과 월드컵 개·폐회식에 교차 참석을 약속하고, 〈한일투자협정〉에 서명하다. 4.8. 〈대한민국과 일본국간의 범죄인인도조약〉을 맺다. 6.21. 발효되다. 5.31. 한·일 공동 개최 월드컵대회가 서울 월드컵경기장에서 개막되다. 10.29. 북한, 일본과 말레시아 쿠알라룸푸르에서 수교협상을 개최하다.
2003	【한국】 3.10. CNN에서 동해 해역을 '일본해'와 '동해'로 동시 표기하다. 3.22. 〈대한민국 정부와 일본국 정부간의 투자의 자유화·증진 및 보호를 위한 협정〉을 맺다. 6.7. 노무현대통령, 고이즈미 총리와 정상회담을 하고 일본대중문화 개방확대를 논의하다. 한·일 정상 공동성명(부제: 평화와 번영의 동북아시대를 위한 한·일 협력기반 구축)을 발표하다. 8.12. 제주해녀항일운동 주동자, 김옥련할머니, 71년만에 건국훈장을 포상하다. 9.17. 일본 대중문화 제4차 개방을 발표하여, 영화·음반·게임 분야를 완전 개방하다. 10.7. 한·중·일 정상공동선언을 발리에서 하다. 선언문 〈우리 한·중·일 정상들은 인도네시아 발리에서 개최된 아세안 한·중·일 정상회의를 계기로 2003년 10월 7일 한 자리에 모였다. 우리들은 양자관계 발전과 3국간 협력 상황을 점검하고, 동 협력이 긍정적인 진전을 이루어 왔다는데 인식을 같이 하였다. 새로운 세기에 3국간 협력을 촉진 강화하기 위하여 우리들은 여기에 공동선언을 발표한다.〉
2004	【한국】 3.23. '겨울연가' 배우 최지우 등 일본 NHK 특별공로상을 수상하다. 4.14. 동해를 '동쪽바다'로 적은 마르코폴로의 『동방견문록』을 공개하다. 7.21. 노무현대통령, 제주도에서 일본 고이즈미 총리와 정상회담하다. 12.17. 노무현대통령 일본 가고시마[鹿兒島]를 방문하여 고이즈미 총리와 정상회담을 하다.
2005 ▼	【한국】 1.17. 정부, 1965년 체결된 한일협정시 일제동원피해 개인청구권 포기문서를 공개하다. 3.1. 대통령이 3.1절 기념사에서 우리의 일방적인 노력만으로 해결될 수 있는 일이 아니고, 두 나라 관계 발전에는 일본 정부와 국민의 진지한 노력이 필요하며, 과거의 진실을 규명해서 진심으로 사과하고 반성하고, 배상할 일이 있으면 배상

일본

【일본】

1.26. 일본 유학생 이수현, 도쿄 신오쿠보역 전철노선에 떨어진 일본인 구하려다 사망하다.

2.21. 전 재일 조총련의장 한덕수(1907~2001) 사망하다.

3.26. 일본 도쿄지법, 한국인 징용피해자 40명의 전후 보상 소송에 원고 패소 판결하다.

4.3. 역사왜곡한 후소사의 역사교과서가 문부과학성 검정을 통과하다.

4.4. 중국, 일본에 역사교과서 왜곡 내용 시정을 강력히 요구하다.

4.6. 일본 모리총리 공식적으로 사의를 표명하다.

4.24. 자민당 총재에 고이즈미[소천순일랑] 전 후생상을 선출하다. 26일에 새 총리에 지명되다.

6.30. 미국 부시대통령, 캠프 데이비드에서 일본 고이즈미 총리와 정상회담을 하다.

8.13. 일본 고이즈미 총리, 주변국 반대속에 야스쿠니신사에 참배하다. 한국·중국 등과 외교문제로 비화되다.

8.29. 일본, 최첨단 로켓발사에 성공하다.

9.22. 일본, 치바현에서 광우병 발생했다고 발표하다.

10.8. 고이즈미 총리, 중국을 방문하여 과거 침략행위에 대해 사과를 표명하다.

11.25. 일본 자위대, 미국의 대테러 지원을 위해 군함을 인도양으로 출발시키다. 제2차 세계대전후 첫 해외파병하다.

11.28. 일본 경찰, 조총련 중앙본부 간부를 예금 횡령 혐의로 체포하다.

【일본】

4.23. 중국, 고이즈미 총리의 야스쿠니 신사 참배에 대한 항의표시로 일본과의 군사교류계획 연기를 발표하다.

5.26. 일본 고고학회가 일본 열도에서 전기 및 중기 구석기는 없었다고 공식 발표하다.

6.30. 일본 요코하마 종합경기장에서 2002 한일월드컵 폐막하다.

9.9. 일본 고이즈미 총리 미국을 공식 방문하다.

9.17. 일본, 고이즈미 총리 북한을 방문하여 김정일 국방위원장과 정상회담을 하다. 국교정상화와 납치문제를 논의했으나 실패하다.

【일본】

1.10. 일본, 고이즈미 총리, 러시아를 방문하여 푸틴대통령과 정상회담을 하다.

1.14. 고이즈미총리 야스쿠니신사를 참배하다.

9.12. 일본 정부, 한국 수학여행 학생 비자 면제를 결정하다.

9.20. 일본 고이즈미 총리, 자민당 총재에 재선되다.

12.11. 일본, 아세안 회원국 초청 정상회담을 개최하다.

【일본】

1.1. 일본, 고이즈미 총리 야스쿠니신사를 전격 참배하다. 외교문제로 비화되다.

4.7. 후쿠오카법원, 고이즈미 총리 야스쿠니 참배를 위헌으로 처음 판결하다.

5.23. 일본 고이즈미총리 북한을 방문하여 김정일위원장과 회담후 피랍자 가족 5명을 인솔하고 귀국하다.

7.11. 일본 참의원 선거를 실시하다. 집권 자민당이 참패하다.

8.9. 일본 후쿠이현[福井縣] 소재 미하마[美浜] 원자력발전소에서 증기누출사고가 발생하여 11명의 사상자가 나오다.

10.9. 영화 '라스트사무라이'(감독: 에드워드 즈윅, 출연: 톰크루즈, 와타나베 켄) 개방하다.

10.21. 일본, 25년만의 대형 태풍으로 가옥 10만 여채가 유실되다.

10.23. 일본, 니가타현[新潟縣]에 지진이 발생하여 23명 사망하고, 2100여명이 부상당하다.

【일본】

1.26. 도쿄도 외국적 직원의 관리직 승임시험거부소송으로 최고재판소 판결로 원고인 정항균이 패소하다.

3.16. 일본 시마네현 의회에서 '독도의 날' 조례안을 의결하다.

4.9. 중국에서 역사교과서 왜곡문제로 반일 시위가 일어나다.

연도	한국
▲ 2005	하고, 그 연후에 화해해야 할 것을 강조했다. 3.11. 정부, 일본 후쇼샤판 중학교 교과서의 식민지배 미화관련 유감 표시를 하다. 3.16. 정부, 독도 전면개방 방침 발표, 입도허가제에서 신고제로 전환하다./ 한·일 군용기가 독도 상공에서 일시 대치하다. 3.26. 독도 개방이후 첫 유람선 출항하다. 3.28. 유람선 '삼봉호' 독도 접안에 성공하다. 5.9. 명성황후 시해범 후손들, 사죄의 뜻을 전하기 위해 방한하다. 5.13. 친일파 송병준 후손들이 땅 소송에서 패소하다. 5.26. 한·중·일 역사학자와 시민단체 3국 공동역사교과서 출간하다. 5.31. 대통령직속 '친일반민족행위진상규명위원회'(위원장 강만길)출범하다. 6.1. 한일역사공동연구위원회의 한일역사공동연구보고서. 총6권, 2,512쪽을 발행하여 인터넷에 공개하다./ 한·일 경비정 13척이 동해상에서 한국 어선 조업 문제로 밤새 대치하다. 8.26. 한일회담 문서 전면 공개하다. 한일간 주요합의문, 공동선언 및 공동성명을 발표하다. 한일간에 체결한 협정·조약 목록을 공개하다. 동해표기 등에 대해 발표하다.
2006 ▼	【한국】 1.6. 스기우라 일본 법무대신, 비공식적으로 방한하다. 1.15~21. 일본 외무성 출입기자단, 한 일 외교부·외무성 출입기자단 상호교류 프로그램으로, 1.15-21간 방한하다. 1.16. 반기문 외교장관, 일본 외무성 출입기자단 접견시 일본의 역사인식문제를 언급하다. 1.25. 대통령이 신년회견시 [고이즈미] 총리의 야스쿠니신사 참배문제와 관련하여, '우리의 정당한 요구가 받아들여지도록 여러 가지 노력을 다할 것' 언급하다. 2.22. 외교부, 대변인 논평을 통해 강한 유감 표명했으나, [아베] 일본 관방장관은 '지방자치단체 조례로 결정한 사항이므로 정부의 관여 불필요'하다고 언급하다. 3.1. 북관대첩비를 북한에서 인수하다. 유홍준 문화재청장 등 남 북 유관인사 참석하에 개성에서 引渡 引受式 개최하다./ 대통령이 제87주년 3·1절 기념사를 통해 일본의 역사인식문제 및 신사참배 문제 등에 대한 우리 입장 표명하다. 3.16. 한센인 요양소인 '소록도 갱생원'에 1945.8.15 이전에 입소한 한센인들에 대한 보상금 지급절차 개시하고, 대통령이 한·일, 일·한협력위원회 대표단 접견을 계기로 야스쿠니신사내 유슈칸(遊就館) 방문 희망의사 표명하다. 3.17. 제42차 한·일, 일·한 협력위원회 합동총회 개최하다. 남덕우회장·나카소네회장 등 한·일 양측인사 200여명 참석하였는데, 개막식에서 대통령의 축하메시지를 이규형 외교부 제2차관이 대독하다. 3.29. 한 일간 관광취업비자(Working Holiday Visa) 발급한도 확대 합의하고, 청소년 교류 활성화를 위해 현행 년 1,800 건인 비자발급 한도를 3,600건으로 2배 확대하는 데 합의했다. 3.6 동경에서 개최한 제2차 한·일 차관급 전략대화시 합의한 내용에 따른 조치였다. 3.31. 외교부 대변인 성명과 외교장관의 [오시마] 주한일본대사 초치하여, 주일대사의 [야치] 외무사무차관 항의방문 때에 일본 정부가 야스쿠니신사 참배와 함께 역사를 은폐, 왜곡, 미화하려 하고 있음을 여실히 보여주는 것으로, 우리 정부는 영토 수호 차원에서 단호히 대처 방침을 전하기로 하다. 4.7. 일본 외무성의 한반도정세 보고서 관련, 항의서한 전달했다. 일본 외무성 아시아대양주국장 앞으로 외교부 아태국장 명의의 서한을 통해, 일본 외무성 보고서가 최근 한·일관계 경색의 책임을 우리 측에 전가하기 위해 국내 정치 상황을 자의적으로 해석하고, 국가 원수에 대한 예의도 결한 데 대한 유감을 표명했다. 4.25. 노무현 대통령, 독도에 대한 일본의 도발행위를 강력히 대처하도록 특별 담화문(독도에 대한 권리 주장은 식민지 영토권 주장하는 격, 배타적 경제수역 문제 더 이상 미룰수 없어, 독도문제, 주권 수호차원에서 정면 대응할 것, 더 이상의 사과는 필요 없어, 행동 보여줄 때, 세계 평화를 향한 일본의 결단 기대 등)을 발표하다. 4.28. 일본의 독도도발, 역사청산 차원에서 정면대응한다는 대통령 특별담화 관련하여 청와대가 배경 설명을 하다. 5.4. 정부, 독도의 지속가능한 이용을 위한 기본계획 발표하다. 강무현 해양수산부 차관, 2010년까지 5년간 총 342억 5천만원을 투입하여 독도 관련 5개분야 사업 전개 방침을 발표하다. 이에 대해 일측은 외교경로를 통해 동 계획에 대한 항의 입장 전달하고, 이와 별도로 아소 외무대신은 브릿셀에서 동행 기자단에 '일본 입장과 맞지 않으며, EEZ 경계획정회담을 앞둔 시기에 비건설적 발표가 나온 데 대해 유감' 표명하다. 5.15. 납북 일본인 [요코다 메구미]의 가족 방한하다. 부친 요코다 시게루 등 가족이 국내 납북자 가족 과 면담하고, 국내 납북자단체등을 방문하다. 5.16. 대통령이 아난 UN 사무총장 접견때에 한·일관계 및 독도 관련 우리 입장 설명하다. '현재 한 일관계에서 빚어지는 상황은 역사문제에 대한 일본의 일부 정치인의 인식에서 비롯되는 것이며, 독도문제는 역사적인 문제로, 러 일전쟁 때 강점했던 섬인데 그 사실을 일본 지도자들이 망각하고 있다'고 언급하다. 5.25. 울릉도선거관리위원회, 선거사상 최초로 독도부재자 투표를 실시하다./ 한국 정부가 5.25일자 동경지방재판소 판결에 대해 유감을 표명하고, 강제 징병 희생자의 야스쿠니신사 합사가 이들의 명예와 종교적 인격권에 대한 직접 침해일 뿐 아니라, 강제 징병의 역사적 경위와 유족 및 국민감정에도 배치되는 것이므로, 유족들의 요청이 받아들여질 수

일본

4.25. 일본, 효고[兵庫]현에서 열차 탈선사고가 발생하여 500여명이 사상자가 나오다.

8.8. 일본 고이즈미총리 참의원의 우정사업민영화방안 부결에 반발하여 중의원 해산을 결정하다.

9.11. 일본 중의원선거 실시하다. 고이즈미 총리의 자민당이 과반의식을 확보하다.

9.21. 일본 중의원에서 고이즈미 총리를 재선출하다.

9.30. 일본 오사카 고등법원에서 고이즈미 총리의 야스쿠니 신사 참배를 위헌으로 판결하다.

10.17. 고이즈미 총리가 야스쿠니신사를 참배하여 한국 및 중국과의 외교관계가 악화되다. 한일정상 회담 취소되다.

11.24. 재일한인 역사자료관이 민단에 개설되다.

12.29. 일본, 중국 상하이 주제 총영사관 직원이 중국 공안당국의 협박을 받아 지난해 5월 자살했다고 보도하다.

8.29. 민족문제연구소가 친일인사 3,090명의 명단을 발표하다.

10.20. 임진왜란 전승비 <북관대첩비>, 100년 만에 일본에서 귀환하다.

【일본】

1.1. 일본 고이즈미 총리, 자신의 야스쿠니 신사 참배를 한국 및 중국이 문제삼는 것에 대해 불만을 표하다.

1.6. 니카타현 등지에 폭설이 내려 신간센 철도 운행이 일시 중단되다.

1.20. 라종일 대사가 동경에서 한·일 형사 사법공조조약을 서명하다./ 일본 총리가 정기국회에서 정기국회 시정방침 연설시, '일부 문제로 의견의 梱틀나 대립이 있어도 한국과 중국은 일본에게 있어 중요한 인접국이며, 대국적인 관점에서 협력을 강호하고 상호 이해와 신뢰에 기초한 미래지향적인 관계를 구축해 나가겠다'고 언급하다.

1.25. 고이즈미 총리가 대통령 발언 관련 '일부의 문제에서 생각이 달라도 한 일관계는 중요하며, 대화의 길을 닫는 것은 좋지 않음. 전체의 문제에 대해서는 서로 이야기해 가는 것이 중요' 언급하다.

1.26. 故이수현씨 5주기 추모제 개최하다./ 일제강점하강제동원진상규명위원회 및 일본 외무성 북동아과가 일본내 산재한 유골봉환 방침 등 관련 협의하다.

1.28. 공명당 의원모임시에 '야스쿠니신사에 한중의 참배 중단요구에 대해, 천황이 참배하는 것이 최고라고 말하면 말할수록 가지 않을 수 없다'고 언급하다.

2.3. '한센인 요양원 입소자에 대한 보상급 지급에 관한 법률 개정안' 통과로, 기존 보상대상인 일본인 피해자 외에 45.8.15까지 한센병 요양원에 강제 격리된 한국·대만 등 외국인도 보상범위에 포함시키다. 보상금액은 1인당 800만엔으로 정하다.

2.4. 일본(히라구치대사)과 북한(송일호대사)이 납치문제와 국교정상화 등 안보분야의 협의를 진행하다.

2.6. 3월 6일 이후 90일이내 단기체류 한국인에 대해 비자를 면제키로 2.6(월) 각의에서 결정하다.

2.22. 일본 시마네현에서 '독도의 날' 행사를 개최하다.

3.6. 가나자와市 개최 강연회에서, '외교라면 곧 韓·中을 떠올리는 경우가 많지만, 다른 여러나라와는 잘 하고 있으니, 일본이 고립될 이유는 없다'고 언급하자, 동 발언과 관련하여, '일본이 올바른 역사인식과 이를 실천하는 노력을 통해 韓·中 등 인근국과의 미래지향적 우호협력관계를 발전시켜 나가야 국제사회에서 존경받는 지도적 국가가 될 수 있다'는 우리 정부의 입장을 표명하다./ 제2차 한 일 차관급 전략대화를 하다. 이 자리에서 유명환 제1차관, [야치] 외무사무차관과의 전략대화 계기 양국 현안, 북한 핵문제, 동북아 안보, 국제무대에서의 협력방안 등 상호 관심사안에 관해 의견 교환하고, 이를 계기로, [아베] 관방장관, [아소] 외무대신, [모리] 일 한의련 회장, [후쿠다] 前관방장관, [야노] 前외무副대신 등 政·官界 주요인사와 면담하다.

3.7. 박근혜 한나라당 대표 방일(3.7-11, 동경, 오사카)하여 일본 政·官界 주요인사와 면담하고 한일관계, 북한 핵문제의 평화적 해결방안, 양국간 우호협력 강화방안 등에 관해 의견을 교환하다.

3.24. [와타나베] 요미우리신문 회장이 '일본의 과거사 사죄 불충분' 언급하면서, 일본외신기자클럽 연설시, '일본 지도자들이 (과거 침략행위에 대해) 지금까지 충분히 사죄하지 못했다, 이제는 진정으로 사죄할 필요가 있다, 고이즈미 총리는 시시한 사죄로 일관해 왔다, 韓中에 대한 불만을 이야기하기 전에 일본은 과거 전쟁에 대한 책임을 더욱 꼼꼼히 살펴봐야 한다'는 요지로 언급했다.

3.29. 일본 문부과학성에서 2007년도 고등학교 지리역사 및 공민교과서 검정결과 발표했다. 문부과학성이 제시한 검정의견에 따라, 55개 신청본 중 20개 교과서에 독도가 일본 영토라는 왜곡된 기술이 삽입했다.

3.31. [고사카] 문부과학대신이 정례기자회견에서 '우리나라(일본)의 교육에 사용하는 교과서이므로, 우리나라의 입장을 정확하게 기술하는 것이 필요하다'는 입장을 표명하다.

4.11. 일본 정부, 요코다 메구미의 남편에 대한 신원확인 결과 발표하다. 1977년 니가타에서 납북된 일본인 [요코다 메구미]의 딸 김혜경(18세, 북한 거주)과 국내 납북자 가족의 DNA 검사결과, 혈연관계일 가능성이 높다는 검사결과를 발표했고, [사사에] 외무성 아시아대양주국장, NEACD 참석차 방일 중인 김계관 북한 외무성 부상에게 DNA 검사결과 전달하다. 한국 정부는 일측의 검사결과를 협조받아 사실관계를 자체 확인 후, 이를 토대로 국가의 기본책무와 피해자 가족들의 의사 등을 고려하여 관련대책을 강구해 나갈 방침을 표명했다.

4.14. 일본, 우리측 EEZ내에서의 해저수로 탐사계획을 IHO에 통보하다. 일본 해상보안청, 4.14-6.30간 우리측 EEZ가 일부 포함된 수역내에서의 해저수로 탐사계획을 4.14 IHO(국제수로기구)에 통보했는데, 유명환 외교장관대리이 4.14 오시마 주한일본대사를 초

연도	한국
▲ 2006 ▼	있도록 일본 정부의 성의있는 대응을 지속적으로 촉구할 방침임을 표명하다. 5.26. 통일부, 국내 납북자 김영남씨 가족 DNA 검사결과 발표하다. 대검찰청과 서울대가 납북 일본인 요코다 메구미의 딸김혜경과 국내 납북자 김영남씨 가족의 유전자를 검사한 결과, 혈연관계일 가능성이 높다는 결론 도출하다. 아베 일본 관방장관이 우리측 검사결과에 대해 요코다 납치사건 및 납치문제 전체의 해결을 위한 한 일 협력이 중요하다고 언급하다. 국내 납북자 김영남씨 가족이 방일하다. 요코다 양친을 면담하고, 아베 관방장관과 조찬 및 중의원 납치특별위원회에 참석하다. 6.23. 한국 정부는 6.23 외교부 대변인 논평을 통해, 한센병 피해자에 대한 일본 정부의 보상에 대해 환영의사를 표명하고, 아직 보상결정이 내려지지 않은 여타 피해자들에 대한 신속한 보상을 촉구하다. 7.3. 한·일 외교장관간 전화통화하다. 아소 외무대신이 한국 해양조사선이 실시 예정인 독도 인근해역에서의 해류조사에 대해 자제 촉구하자, 반기문 외교장관은 정당한 우리 주권행사임을 설명하며, 일측의 요청을 일축하고, 계획대로 조사 예정임을 천명하다. 7.5. 국립해양조사원 소속 해양조사선 '해양 2000호'가 독도 인근 해역에서 해양과학조사 실시하다. 일본측, 외무보도관 명의 담화를 통해 동 조사 중지를 요청하자, 외교부 대변인 논평을 통해 동 담화에 대한 강한 유감 표명하다. 야치 사무차관, 라종일 주일대사에 항의하자, 라종일 주일대사, '동해상의 항행안전을 위한 해류정보 수집이 목적으로, 우리 영해와 EEZ내에서 적법한 절차에 따라 실시하는 정당한 주권행사'라고 반박하다. 7.5. 북한의 미사일 발사(7.5)에 대한 유엔 안보리 대북결의안 관련하여 한·일 고위 외교당국간 협의하고, 야치 사무차관 - 라종일 주일대사 및 이규형 제2차관 - 오시마 주한대사간에 협의하다. 정태호 청와대 대변인이 북한 미사일 발사 관련 일본 주요각료들의 '선제공격, 무력사용' 발언(7.10)에 대한 상황점검회의 결과 발표하고, '한반도의 위기를 더욱 증폭시키고 군사대국화의 명분으로 삼으려는 일본 정치지도자들의 오만과 망발에 강력 대응' 방침 표명하다. 7.14. 서울대학교, 일본 도쿄대학에서 반환한《조선왕조실록》오대산본 47책을 인수하다. 7.24. 일본 주재 외신기자단(11명)의 독도 방문에 대해 일측에 항의하고, 동 기자단의 독도 방문시 우리측이 편의를 제공한 데 대해 일측이 외교경로를 통해 항의하다. 한국측은 정당한 주권행사라고 반박하며, 일측 항의를 일축하다. 7.25. 한·일 어업자원 이용 및 보존협력회의 개최하고(동경), ASEAN PMC 계기 한 일 외교장관회담 개최(7.27, 쿠알라룸푸르)하다. 8.11. 열린우리당 의원단이 야스쿠니신사 현장조사차 방일하여, 고진화, 김희선, 유기홍, 임종인 등이 야스쿠니신사를 방문하고, 시민단체 주최 집회 참석하고, 우천사를 방문하다. 8.15. 고이즈미 총리 야스쿠니신사 참배에 대한 외교부 대변인 성명을 발표하다. 1. 우리정부는 고이즈미 준이치로(小泉純一郎) 일본 총리가 8.15(화)에 과거 일본의 군국주의와 침략의 역사를 미화하고 정당화하고 있는 야스쿠니 신사를 또 다시 참배한데 대해 깊은 실망과 분노를 표명한다. 2. 또한 정부는 고이즈미 총리가 국제사회의 거듭된 우려와 반대에도 불구하고, 국수주의적 자세에서 야스쿠니 신사를 참배함으로써 한·일 관계를 경색시키고 동북아 역내 우호 협력 관계를 훼손시켜 왔다는 점을 엄중히 지적하는 바이다. 3. 일본이 진정으로 역내 평화와 공동번영에 기여하면서 국제사회에서 책임있는 역할을 수행코자 하는 의지가 있다면, 무엇보다도 역사를 직시하고, 이를 행동으로 보여줌으로써 이웃과의 신뢰를 쌓아야 할 것이다. 4. 우리는 일본의 책임있는 지도자들이 야스쿠니신사 참배로 한·일 양국의 우호관계는 물론 동북아의 평화와 협력을 저해하는 일이 다시는 없게 되기를 재차 강력히 촉구한다. 8.18. 친일반민족행위자 재산조사위원회가 공식 출범하다. 9.4. 제6차 한 일 배타적경제수역(EEZ) 경계획정회담하다.(9.4-5, 서울). 박희권 외교부 조약국장 및 고마츠 외무성 국제법국장간에 양국간 EEZ 경계획정 문제를 협의하다./ 시이 일본 공산당 위원장이 제4차 아시아정당 국제회의 참석차 방한(9.5-11)하다. 임채정 국회의장, 김근태 열린우리당 의장, 김형오 한나라당 원내대표 등 정치치도자와 면담하다. 9.6. 한·일 차관급 전략대화(9.6-7, 서울)를 개최하다. 유명환 제1차관 및 야치 외무사무차관이 동해 방사능 오염조사 공동 실시방안 및 북한 문제 등을 협의하다./ 일본 皇孫 출생 관련 대통령 명의로 천황 앞으로 축전을 송부하다. 아키히토 천황의 次男妃 히사히토의 출산을 축하했다. 9.7. 제5회 한·일해협 연안 8개 시 도지사 교류회의 개최(9.7-9, 영암)를 개최하다. 10.7. 한·일 동해 방사능 공동조사 실시(10.7-14)하다. 10.9. 노무현대통령, 청와대에서 일본 아베총리와 정상회담을 하다. 아베 일본 총리 내외 방한하여 국립현충원을 방문하고, 국무총리 주최 오찬, 정상회담 및 대통령 내외 주최 만찬에 참석하다. 10.22. 일본 외무성 출입기자단 방한(10.22-28)하다. 한·일 외교부, 외무성 기자단 상호교류사업의 일환으로, 외무성 보도과 직원 포함 총 11명 방한하다. 유명환 제1차관 예방 및 통일부 관계자, 국회의원 등 면담 및 부산·경주·통영·고창·남원 등 지방도시를 방문하다. 10.23. 2006년도 한·일 어업관련 회의를 개최(10.23-26, 도쿄)하고, 한·일 어업지도단속 실무자회의 및 제9차 한 일 어업 공동위원회 제1차소위원회 회의(10.24-26)를 개최하다. 10.27. 한·일 역사가회의를 개최(10.27-29, 도쿄)하다. 11.20. 제9차 한 일 어업공동위 제2차 소위원회 개최하다.(11.20-22, 서울)

치하여 동 탐사계획에 대해 강력 항의 및 즉각 중단을 촉구하고, 라종일 주일대사가 4.17 야치 일본 외무사무차관을 항의 방문하여 탐사계획 철회 촉구했다. 또한 반기문 외교장관도 4.20 오시마 주한일본대사를 재초치하여 탐사계획 철회를 촉구하며, 탐사강행시 강력대응 방침임을 전달했다. 한국측의 탐사중단 요구에 대해 4.14 아베 관방장관은 '국제법상 아무 문제가 없으며, 한국측의 어떤 조치도 수용불가'는 입장 표명하자, 4.14 외교부 대변인 논평을 통해, 동 발언이 국제법을 자의적으로 왜곡한 것으로 일고의 가치도 없다고 일축하다.

4.21. "모두 야스쿠니신사에 참배하는 국회의원 모임" 소속 의원 96명이 춘계 例大祭를 계기로 야스쿠니신사 참배하다, 이와 별도로 고가 마코토 일본유족회 회장, 히라누마 다케오 前경제산업대신 등 96명 참배했으나 현직 각료는 불참배(정무관만 6명 참배)했다.

4.22. 야치 외무사무차관이 4.21-22간 방한하여 유명환 제1차관과 협의하고, 양 차관간에 3개항에 합의하다. ① 일측 수로측량 중지할 것, ② 한국측의 해저지명 국제공인은 적절한 시기에 추진할 것, ③ 00년 이후 중단된 EEZ협상을 국장급으로 이르면 5월 중 재개할 것 등.

4.27. 독도문제에 대해, 일측은 냉정대응 방침을 밝히면서도 일부에서 국내용으로 폄훼하다. 고이즈미 총리는 '냉정한 대응이 필요하며, 양국 우호가 중요하다는 인식을 바탕으로 현실적 해결방안 협의 방침' 표명하고, 외무성은 '독도 실효지배'는 한국측 주장이므로, '한국에 의해 불법점거'라는 표현을 철저히 사용하겠다는 방침을 수립(4.26)한 데 대해 한국 정부는 대응할 필요가 없다고 일축하다./ 아소 외무대신은, 독도 문제는 역사 문제가 아닌 영유권의 문제이며, 외교부 - 청와대간 의사소통이 잘 이뤄지지 않는 듯 하다고 언급한 바, 외교부 대변인 논평으로 유감을 표명하고 독도 문제의 역사성을 성찰하는 계기로 삼을 것을 촉구했다.

5.9. 일본 경제단체 '경제동우회'에서 총리의 야스쿠니신사 참배 중지 요청하다. 고이즈미 총리는 '비즈니스도 생각해 달라는 목소리도 많지만, 그것과 정치는 별개라고 확실히 거절하고 있으며, 야스쿠니는 외교카드가 될 수 없다'고 대응하다.

5.12. 일본 각의, 과거 독도의 실효지배를 주장하는 답변서 승인하다. 스즈키 의원의 질의에 대해, '일본이 최소한 17세기 중엽에는 독도에 대한 영유권을 확립한 것으로 생각되며, 1954년 이후 한국이 점거하고 있는 것은 불법점거에 해당한다'는 요지의 답변서를 각료회의에서 승인하다. 이에 대해 한국 정부는 외교부 대변인 논평을 통해, 우리 고유영토인 독도에 대한 우리의 정당한 주권 행사에 대해 일본 정부가 불법점거라고 주장한 것은 결코 용인할 수 없으며, 일본측 주장이 사실과 부합하지 않음을 확인하다.

5.22. 모리 前 일본 총리가 총리의 야스쿠니신사 참배 중단 촉구하고, 일본기자클럽 강연시, '위정자는 작은 일이라도 크게 확산된다는 생각으로 행동을 조심해야 한다'고 언급하다. 또한 5.27. TV 출연시, '한·중과 관계개선이 중요하다면, 차기 총리는 야스쿠니신사에 참배하지 않는 것이 낫다, 고이즈미 총리는 참배가 정신적인 문제라고 말하지만, 이제 '정치적인' 문제로 변했다, 야스쿠니신사 참배는 일본 국익에 도움이 되지 않는다'고 비판하다.

5.25. 도쿄 지방재판소에서 야스쿠니신사에 합사되어 있는 한국인 전몰자의 유족 117명을 포함 총 414명이 일본 정부 등을 상대로 제기한 야스쿠니신사 합사 취소 및 손해배상 청구소송을 기각 판결하다.

6.16. 일본내 '북한인권법안' 성립하다. 중의원(6.13) 및 참의원(6.16)을 통과하여 법안이 성립하다. 납치문제 해결을 '국가의 책무'로 규정하고, 일본 정부가 납치피해자의 귀국을 실현시키기 위해 최대한 노력할 것 등을 명기하다.

6.22. 일본 정부, 한국인 한센병피해자 62명에 대한 보상금 지급 결정하다. 일본 후생노동성이 한국인 한센병 피해자 62명에 대해 1인당 6,500여만원의 보상금 지급 방침 결정하다. 06년 2월에 성립된 '한센병요양소 입소자 등에 대한 보상금 지급 등에 관한 법률(한센병보상법)'에 근거한 것으로, 지난 3월 2명에 이어 두 번째 보상금 지급(신청자 406명 중 64명 해당)했다.

6.29. 제4차 한 일 유골협의회 동경에서 개최하고, 일본에 산재되어 있는 유골에 대한 실태조사 진척상황 및 정보공유, 정보가 입수된 유골에 대한 실지조사 및 실제 봉환 방안, 동경 우천사 소재 한국인 유골 봉환문제, 해외격전지 소재 유골 관련 문제 등에 대해 협의했다.

7.1. 하시모토 前일본 총리가 사망하다. 반기문 외교장관, 8.8(화) 장례식 참석차 방일하다.

7.4. 6개 일본 언론사, 북한 초청으로 방북하여, 요코다의 남편 김영남(7.6) 및 송일호 북·일 국교정상화 담당대사(7.7)와 회견하다.

8.15. 고이즈미 총리가 야스쿠니 신사를 참배하다. 외교부 대변인 성명서를 내고, 외교장관대리(유명환 제1차관)이 오시마 주한일본대사를 초치하고, 라종일 주일대사가 야치 외무사무차관을 항의방문했다. 한국 정부의 깊은 실망과 분노를 표명하고, 책임있는 일본 인사들의 참배로 한 일 양국의 우호관계는 물론, 동북아의 평화와 협력을 저해하는 일이 다시는 없게 되기를 재차 강력히 촉구하다.

9.14. 제2회 한 일 유골 공동 실지조사 실시(9.14-15, 기후현)하다.

9.15. 동해 방사능 공동조사 한 일 실무전문가회의 개최(9.15, 동경)하다. 한국측은 외교통상부, 해양수산부, 과학기술부 관계자 및 전문가, 일본측은 외무성, 해상보안청 관계자 및 전문가 참석하여, 10.7-14간 동해 방사능 공동조사 실시에 합의하다.

9.20. 일본 자민당 총재에 아베[安倍晉三] 관방장관을 선출하다.

9.21. 문희상 한·일 의원연맹 회장 등 일행이 방일(9.21-22)하여 매일경제신문 등과 공동주최로 도쿄 국제포럼에 참석(9.21)하고, 모리 일·한 의원연맹 회장과 면담하다. 주한일본대사관 주최 '한 일 축제한마당 2006' 개최(9.23-24, 대학로)하다.

10.8. 아베총리 중국을 방문하여 후진타오[胡錦濤] 국가주석과 북한핵문제 등현안을 논의하다.

11.4. '사할린한인문화센터' 개관식(11.4, 유주노사할린스크)을 개최하다. 한·일, 사할린 정부 및 적십자사 주요인사, 사할린한인 등 참석하다./ '사천왕사 왔소 2006' 개최(11.4-5, 오사카)하다. 11.5(일) 본행사시 라종일 주일대사가 대통령 축하메시지 대독하고, 일측도 [아베] 총리 축하메시지 대독하다.

11.9. 제5차 한 일 유골조사협의회 도쿄에서 개최하다.

11.16. 제32차 한·일/일·한 의원연맹 합동총회 개최(11.16-17, 도쿄)하다. 5개 분과위원회별 토의 결과, 공동성명 채택하다

11.18. 대통령, APEC 정상회의 계기 한 일 및 한 미 일 정상회담 개최(11.18, 하노이)

12.19. 제9차 한 일 어업공동위원회 개최(12.19-22, 동경)하다. 한·일 어업당국간 2007년도 EEZ 입어조건 합의하다.

연도	한국
▲ 2006	11.30. 제5차 한·미·일 의원회의 개최하다.(11.30, 서울)
2007 ▼	【한국】 1.8. 청와대에서 지난해 아베 일본총리와의 정상회담에서 동해 명칭 변경 제안설에 대한 노무현 대통령의 '평화의 바다' 발언에 대해 해명하다. 1.13. 노무현대통령 아세안+한중일 정상회의 참석차 필리핀을 방문하다. 1.14. 한·중·일 정상회담을 하여 고위급협의체 구성을 합의하고, 유럽연합과 같은 지역 질서 구축을 협의하다. 3.1. 대통령이 제88주년 3.1절 기념사를 통해, 일측에 대해 역사적 진실을 존중하는 태도와 이를 뒷받침하는 실천을 촉구하다. 3.3. 아베 총리의 군대위안부 관련 강제성 부인 발언에 대해 외교통상부 당국자가 논평을 통해 유감 표명하다. 아베 총리의 3.1 발언은 역사적 진실을 호도하려는 것이며, 일본의 책임있는 지도자들의 올바른 역사인식을 다시한번 촉구하다. 3.17. 일본 정부의 군대위안부 강제연행의 직접 관여를 불인정하려는 입장에 대해 외교통상부 대변인 논평을 발표하다. (3.17), 일본 정부가 3.16 국회답변서를 통해 일본군이나 관헌의 군대 위안부 강제연행의 직접 관여를 인정치 않으려는 입장을 표명한 데 대해, 과거의 잘못을 축소하고 역사적 진실을 호도하려는 것으로 매우 유감스럽다는 입장을 표명하고, 일본이 역사적 사실을 직시하고, 국제사회의 진심어린 충고를 겸허히 수용할 것을 촉구하다. 3.29. 일본 정부의 군대위안부 강제연행의 직접 관여를 불인정하려는 입장에 대해 외교통상부 대변인 논평을 발표하다. 일본 정부가 3.16 국회답변서를 통해 일본군이나 관헌의 군대 위안부 강제연행의 직접 관여를 인정치 않으려는 입장을 표명한 데 대해, 과거의 잘못을 축소하고 역사적 진실을 호도하려는 것으로 매우 유감스럽다는 입장을 표명하고, 일본이 역사적 사실을 직시하고, 국제사회의 진심어린 충고를 겸허히 수용할 것을 촉구하다. 3.30. 일본의 2007년도 고교교과서 검정결과에 대해 외교통상부 대변인 성명 발표하고, 검정 통과 교과서 중 일부가 여전히 그릇된 역사인식을 토대로 하고 있는 데 대해 깊은 우려를 표명하다. 특히 독도를 일본 영토로 기술한 교과서가 검정을 통과한 것은 용납할 수 없는 일로 즉각 철회를 강력 촉구하다. 3.31. 한·일 외교장관회담 개최(3.31-4.1, 제주)하다. 송민순 외교장관, 「아소」 외무대신과 한·일 양국간 주요 현안, 동북아 및 국제문제 등 논의하다. 4.5. 제9차 한·일 해상치안기관장 회의 개최(4.5-6, 부산)하다. 권동욱 해양경찰청장, 이시카와 히로키 해상보안청 장관이 밀수, 밀입국, 구조수색 분야에 관한 양국간 협조방안 논의하다. 5.2. 친일반민족행위자재산조사위원회, 처음으로 친일파 9명의 재산 환수를 결정하다. 5.8. 아베 총리의 야스쿠니신사 공물 헌납 관련, 외교통상부 당국자 논평 발표하고, 아베 총리가 春季 例大祭 계기 야스쿠니신사에 '내각총리대신' 명의로 공물을 봉납한 사실이 일본 언론보도를 통해 확인하고, 한국측은 외교부 당국자 논평을 통해, 동 행위가 역내 평화와 안정의 근간이 되는 올바른 역사인식 정립에 역행하는 것으로, 매우 유감스러움을 표명하다. 5.19. 제1차 한·중·일 고위급회의 개최(5.19, 북경)하다. 07.1.14, Cebu 개최 제7차 한·중·일 정상회의시 합의사항으로, 심윤조 차관보(韓), 추이 부장조리(中), 야부나카 외무심의관(日)이 참석하여 최초의 3국 고위급 회의 개최하고, 3국간 협력분야 및 북핵문제 등 동북아 정세, 중동·중앙아시아·아프리카 등 국제정세에 대해 의견 교환하다. 5.23. 한명숙 前총리, 제13회 닛케이포럼 참석차 방일(5.23-26)하여 닛케이포럼에서 기조강연을 하고, 오기 참의원 의장 등을 면담하다. 5.29. 송민순 장관, 아소 외상과 한·일 외교장관회담 개최(5.29, 함부르크)했는데, 독일 함부르크 개최 ASEM 외교장관회의 참석 계기로 아소 외상과 만나 6자회담 재개를 위한 관련국들의 노력을 평가하는 등 의견 교환하다. 6.3. 한·일/한·일·중 외교장관회담 개최(6.3, 제주)하고, 송민순 장관이 아소 외무대신과 한·일간 현안, 북한 핵문제 등 양국 공통 관심사에 대해 의견 교환하다. 또한 송민순 장관이 아소 일본 외무대신 및 양제츠 중국 외교부장과 한·일·중 외교장관회담 개최하고, 3국간 실질협력사업 확대방안, 북한 핵문제 및 동북아정세 등 관련 의견 교환하다. 6.16. 탈북자 일가 4명, 일본 경유 한국 입국하다. 소형 木船에 승선한 탈북자 일가 4명, 동해를 표류하다 6.2(토) 일본 아오모리현 항구에 도착, 법무성 보호시설로 이송되었다가, 6.16(토) 한국에 입국하다. 6.18. 제8차 한·일 EEZ 경계획정회담 개최하고, 임한택 외교통상부 조약국장 및 고마츠 일본 외무성 국제법국장이 양국 관계 발전과 안정적인 동북아 해양질서 구축을 위해 배타적 경제수역의 경계획정이 중요하다는 데 인식을 같이하고, 기타 해양문제에 관해 의견을 교환하다. 6.21. 제2기 한·일 역사공동연구위원회 회의 개최(6.21-23, 서울/동경)하다. 송민순 장관이 6.21(목) 제2기 한·일 역사공동연구 지원위원회의 민간위원에 위촉장 수여 및 우리측 위원과 초청 오찬 협의하다. 6.22. 제2기 한·일 역사공동연구 지원위원회 회의 개최하고, 제2기 역사공동연구의 원활한 이행을 위한 지원방안 논의 후 연구위원 및 지원위원, 아소 외무대신 예방하다.

일본

12.26. 송민순 외교장관, [아소] 외무대신 초청으로 일본 방문(12.26-27)하여, 한·일 외교장관회담 및 아베 총리 예방, 시오자키 관방장관 면담 하고, 한·일 양국관계 발전방향 및 북한 핵문제의 평화적 해결방안 등 상호 관심사에 관해 의견을 교환하다./ 아소 외무대신과 "한일 형사사법공조조약" 비준서 교환하다.

12.28. 제15차 재일한국인문제 관련 한·일 아태국장회의(12.28, 동경)를 개최하여, 이혁 아태국장 및 사사에 아시아대양주국장과 재일한국인의 법적지위 및 지방참정권 부여문제, 무연금 재일한국인 장애인 고령자문제, 우토로 거주 동포문제 등 재일한국인의 지위향상 및 처우개선을 위한 제반문제 협의하다.

【일본】

1.4. 아베 총리가 이세신궁(1.4) 및 메이지신궁(1.6)을 참배하다.

1.9. 한·일 의원연맹 대표단 방일(1.9-11)하여 07년도 한·일, 일·한의원연맹 사업을 협의하고, 재일민단 신년회에 참석하다./ 야마사키 前자민당 부총재가 방북하다(1.9-13).

1.26. '한·일 형사사법공조조약' 발효(1.26)하다. 06.12월에 송민순 외교장관의 방일을 계기로 아소 외무대신과 서명한 내용이다./ 도쿄에서 개최한 故이수현 추모영화 시사회에 아키히토 천황 夫妻 및 아베 총리부인 등이 참석하다.

2.15. 美 하원에서 군대위안부 결의안 관련 청문회 개최하다. 외무성은 '다케시마 문제를 해결하기 위한 10개의 포인트'라는 홍보문서를 일본어, 영어, 한국어등 여러문서로 번역해 외무성 홈페이지에 게시했다. 하원 외무위 아·태소위, 일본군 위안부 결의안(1.31 제출)과 관련하여 한국 및 네덜란드 출신 위안부 3명을 증인으로 출석시켜 청문회 개최하다.

2.19. 아소 외무대신이 중의원 예산위 참석시에 '결의안이 객관적 사실에 근거하고 있지 않다'며 동 결의안에 유감을 표명하다.

2.24. 시마네현, '독도의 날' 2주년 기념식 개최하다. 외무성은 '다케시마 문제를 해결하기 위한 10개의 포인트'라는 홍보문서를 일본어, 영어, 한국어 등 여러문서로 번역해 외무성 홈페이지에 게시했다. 한국 정부는 외교부 대변인 논평을 통해, '독도의 날' 조례의 즉각 철폐와 독도에 대한 부당한 영유권 주장을 중단토록 강력히 촉구했다.

2.26. 일본군 등으로 희생된 한국인 유족 11명, 야스쿠니신사에 합사 철회·손해 배상소송을 하다.

3.1. 아베 일본 총리, 일본군의 '위안부' 강제동원 증거 자료를 부정하는 발언을 하다.

3.5. 도쿄에서 제7차 한·일 배타적 경제수역(EEZ) 경계획정회담 개최하고, 양국관계 발전과 동북아 해양질서 구축을 위해 EEZ 경계획정이 중요하다는 데 인식을 같이하고, 기타 해양문제에 관해 의견을 교환하다.

3.7. 북·일 국교정상화 실무회의 개최(3.7-8, 하노이)하다. 송일호 북한대사와 하라구치 일본대사, 일본인 납치문제 및 식민지배 청산 등을 포함한 국교정상화 문제에 관해 협의했으나, 성과없이 종료하다.

3.11. 조중표 제1차관, 제4차 한·일 차관전략대화 참석차 방일(3.11-13)하여, 3.12(월)에 야치 사무차관과 전략대화 계기 양국관계 발전방향, 한반도 및 동북아정세, 국제무대에서의 협력 등 상호 관심사에 대해 폭넓은 의견 교환하다. 아소 외무대신 예방 및 일본내 한반도 전문가들과 간담회를 개최하다.

3.13. 가수 신화, 일본 골든디스크대상에서 베스트 아시아아티스트상을 수상하다.

3.14. 제43회 한·일/일·한 협력위원회 합동총회 개최(3.14, 도쿄)하다. 대통령 및 아베 총리, 축하메시지 각각 전달하고, 동북아의 평화와 안정을 위해 한·중·일 3국의 협력 강화와 이를 위한 3국 정상회담의 정기화를 요청하는 공동성명을 발표하다.

3.25. 일본, 이시카와현 바다에서 규모 6.9의 지진이 발생하다.

4.3. 일본 아베총리, 미국 부시 대통령과 일본군위안부 문제에 대해 해명하는 통화를 하다.

4.10. 일본 각의, 대북 경제제재 조치 연장 결정하고, 북한 선박의 일본 입항 금지, 북한 물품의 전면 수입 금지 등 06.10월 북한의 핵실험 이후 일본 정부가 취해 오던 대북 경제제재 조치를 6개월 연장키로 결정하다.

4.17. 추규호 동아시아지역협력대사, 방일 계기 주요 인사 면담하다. 다나카 前외무심의관, 오코노기 게이오대 교수, 다케우치 외무성 고문 등 일본 주요인사 면담 계기로 동아시아지역 협력 방안에 관해 의견 교환하다.

4.26. 일본, 아베총리가 미국을 공식 방문하여 일본군위안부 문제에 대해 사과하다.

4.27. 제2기 한·일 역사공동연구위원회 위원간 협의를 하다. 제2기 위원장 조광 고려대 교수 및 도리우미 동경대 명예교수, 제2기 역사공동연구의 추진방향, 구체적인 운영방안 등 협의하다.

5.1. 송민순 장관, 방한한 일본 자민당 의원 면담하다. 가토 前간사장, 야마사키 前부총재 등 자민당 '아시아 외교비전연구회' 소속 의원 9명 장관 예방하고, 한·일관계 및 대북관계 등 상호 관심사에 관해 의견 교환하다.

5.10. 제6차 한·일 안보정책협의회 개최하다. 김재신 아·태국장과 사사에 아시아대양주국장을 수석대표로, 우리측에서 외교통상부 및 국방부 관계관이, 일측에서 외무성 및 방위성 관계관이 참석, 동북아 안보정세 등에 관해 의견을 교환하다.

6.26. 제16차 한·일 방공실무회의를 동경에서 개최하다./ 미국 하원외무위원회, 혼다 의원이 제출(1.31)한 군대위안부 결의안이 통과하다.

7.16. 일본, 니카타[新潟]현 및 나가노[長野]지역에 규모 6.6의 지진이 발행하여 원자력 발전소 가동을 중단하다.

7.24. 아프가니스탄 한국인 인질 피랍사건 관련 아베 총리(7.24) 및 아소 외무대신(7.27)이 우리측에 위로전을 전달하다.

7.29. 일본, 참의원 선거에서 집권당인 자민당이 참패하다.

8.31. 사할린한인 영주귀국사업 현지설명회 개최(8.31-9.3, 사할린), 조용천 동북아시아국 심의관 및 법무부, 韓赤 등 관계부처 실무자 참석하다.

9.11. 한·일 동해에서 방사능 공동조사 실시(9.11-18)하다.

9.12. 일본 아베총리가 지지율 하락으로 사의를 표명하고, 후쿠다[福田康夫] 내각이 발족하다.

연도	한국
▲ 2007	6.23. 제2기 한·일 역사공동연구위원회 제1차 전체회의 개최하다. 양국 연구위원 전원(각 17명) 참석하여, 제2기 공동연구의 진행 및 회의 운영방법, 향후 일정 등 관련 의견 교환하다. 한국측 위원: 조광(위원장), 정재정 후에 손승철(총간사겸 2분과 간사), 김태식(1분과 간사), 노태돈, 조법종, 이계황, 한명기, 주진오(3분과 간사), 하종문, 류승렬, 이석우, 이찬희(4분과 간사), 정재정, 김도형, 정진성, 현명철, 신주백, 일본측위원: 鳥海靖(위원장) 原田環(총간사), 濱田耕策(1분과 간사), 坂上康俊, 森公章, 桑川英德(2분과 간사), 佐伯弘次, 桑野英治, 有馬學(3분과 간사), 大西裕, 春木育美, 古田博司(4분과 간사), 山內昌之, 重村智計, 永島廣紀, 木村翰, 山室建德./ 제22차 한·일 학술회의를 제주에서 개최하다. 외교안보연구원 및 일본 외무성 산하 일본국제문제연구소 공동 개최 연례 학술회의로 '전환기의 동북아 정세와 한·일관계'를 주제로, 미래지향적 한·일관계의 구축, 북한정세 평가, 동북아 안보질서 동향과 전망 등 관련하여 논의를 했다. 7.11. 제20차 해저지명소위(SCUFN)가 모나코에서 한국 정부가 신청한 동해 10개 해저지명 등재 승인하다. 7.18. 송민순 외교장관이 아소 외무대신 앞으로 일본 니가타 강진(7.16) 관련 위로전을 송부하다. 7.31. 군대위안부 결의안이 미 하원 본회의 통과하다. 8.9. 한·일 외교장관간 전화통화로 송민순 장관이 아소 외무대신에 제2차 남북정상회담 관련 설명하다. 8.28. 제15차 한·일포럼 개최(8.28-30, 부산)하다. 공로명 한·일포럼 회장 및 모기 일·한포럼 회장 등 약 45명 참석하다./ 유명환 주일대사가 故미야자와 전총리 조문하다. 9.3. 제33차 한·일/일·한 의원연맹 합동총회 개최(9.3, 서울)하고, 모리 회장 등 일·한의원연맹 대표단이 대통령을 예방하다. 9.6. APEC 계기 한·일 외교장관회담 개최(9.6, 시드니)하고, 송민순 장관이 마치무라 외무대신과 한·일관계 발전방향, 9.14. 시게이에 신임 주한일본대사 부임(9.14)하다. 9.17. 친일반민족행위진상규명위원회 2기 친일반민족 행위자 202명 선정하다. 9.28. 07년도 사할린한인 영주귀국 확대사업 개시하다. 9월 28일부터 11월초간에 총 610명의 사할린 동포 1세대가 영주귀국하다./ 한·일 정상간 전화 통화하고, 대통령이 후쿠다 신임 총리와 미래지향적 한·일관계의 지속적 발전을 위해 긴밀히 협력키로 합의하다. 9.29. 제62차 UN 총회 계기 한·일 외교장관회담 개최(9.29, 뉴욕)하고, 송민순 장관이 고무라 일본 외무대신과 양국관계, 남북 정상회담, 북한 핵문제 등 한·일간 공동 관심사를 협의하다. 10.5. 2007 남북정상회담(10.2-4) 결과를 일본측에 설명하기 위해 대통령이 후쿠다 총리와 전화 통화(10.5)하고, 조중표 제1차관이 시게이에 주한대사 면담(10.5), 심윤조 차관보가 방일(10.5-6)하고, 배기선 의원(국회 남북평화통일위원장)이 방일(10.8-10), 이수훈 동북아시대위원장이 방일(10.14-16)하여 설명하다. 10.9. 유골봉환 관련하여 한·일 과장급 실무회의(10.9, 동경)를 개최하다. 10.12. 제7차 한·일 안보정책협의회(10.12, 부산)를 개최하다. 수석대표 및 참석자는 한국측에서 김재신 동북아국장 및 외교부, 국방부 관계자, 일본측에서 사사에 아시아대양주국장 및 외무성, 방위성 관계자가 참석하여 동북아 안보정세 등에 대해 협의하다.
2008 ▼	【한국】 1.8. 제5차 한-일 차관전략대화를 서울에서 개최하고, 조중표 제1차관 및 '야치 쇼타로' 일본 외무사무차관이 한-일관계 증진방안, 북한 문제, 주요 국제문제 등 상호 관심사를 논의하다. '야치 쇼타로'차관이 차관전략대화 종료 후에 송민순 외교장관을 예방하다. 1.10. 제16차 재일한국인문제 등에 관해 한-일 아주국장회의를 서울에서 개최하다. 김재신 동북아국장 및 '사사에 켄이치로'일본 외무성 아시아대양주국장이 재일한국인의 법적 지위 문제 등을 논의논의하다./ '모리 요시로' 일-한 의원연맹 회장, 일본 총리 특사자격으로 방한하여, 이명박 대통령 당선인을 예방하고, 만찬에 참석하다. 당선인 예방시에 '후쿠다 야스오' 총리의 친서 전달하다. 1.15. 이상득 국회부의장, 이명박 당선인 특사 자격으로 방일(1.15-18)하다. 권철현, 전여옥 한나라당 의원 및 윤덕민 외교안보연구원 교수, 김재신 외교통상부 동북아국장이 수행하다. '후쿠다 야스오' 총리, '마치무라 노부타카' 관방장관, '고오무라 마사히코' 외무대신 및 政-財-學-言論界 인사 등 면담하고, '후쿠다 야스오' 총리 예방시에는 이명박 대통령 당선인의 친서를 전달하다. 1.17. 이명박 대통령 당선인이 내외신 기자회견시 한-일관계 관련 언급하면서, '새로운 성숙된 한-일관계를 위해서는 사과해라, 반성해라 하는 말을 하고 싶지 않다, 일본도 그말을 하지 않더라도 그 정도는 할 수 있을 정도로 성숙했다고 본다, 앞으로 한-일 관계는 미래지향적으로 나가야 하고, 한-일관계를 좋은 관계로 가져 가는 것이 한반도 뿐아니라 동북아 평화를 위해서도 도움이 된다고 본다'고 언급하다. 1.22. 일본 유텐지(祐天寺)에서 유골 101위 봉환하다, 일본 유텐지에서 봉환식 개최하고, 1.23에 천안 망향의 동산에 안치하다. 2.4. '나카야마 교코' 일본 총리 보좌관(납치문제 담당) 방한하여 심윤조 차관보 및 박진 한나라당 의원 과 면담하다. 2.6. 일본 닌텐도사 휴대용게임기, 한국내에서 1백만대 판매하다. 2.11. 이명박 당선인, 일본 정계인사 중의원 대표단 17명('가토 고이치' 前자민당 간사장, '야마사키 타쿠' 前자민당 부총재, '타니가키 사다카즈'자민당 정조회장 등 중의원 대표단)를 접견하고, 한-일관계 발전방향, FTA 체결문제, 북핵문제 등 한일간 현안 논의하고, 2.21에는 '오자와 이치로'민주당 대표를 접견하고, 재일한국인 지방참정권 문제 등 한-일관

일본

10.10. 제2차 한·일 공탁금회의를 동경에서 개최하다.

10.31. 한·일 어업지도단속회의(10.31-11.1, 동경)를 개최하다.

11.4. '사천왕사 왔소 2007' 개최(11.4, 오사카)하다. 노무현 대통령 및 후쿠다 총리가 축하메시지를 전달하다.

11.9. 한범덕 행정자치부 제2차관이 '한·일 지방자치센터 개원 기념 심포지움' 참석차 방일하다.(11.9-12).

11.12. 제10차 한·일 어업공동위원회 제1차 소위원회 개최(11.12-15, 동경)하다. 08년도 양국 EEZ 입어규모(어종별, 업종별 어획할당량 및 척 수), 입어절차규칙 등에 대한 양국의 입장을 교환하다.

12.18. 일본, 해상배치형 요격미사일 실험에 성공하다.

12.27. 일본 후쿠다총리 중국을 방문하여 후진타오 등 고위층과 연쇄회담을 하다.

10.14. '조선왕실의궤 환수위원회' 방일(10.14-17)하다.

10.20. 제3회 한·일 교류 축제한마당(10.20-21)을 서울에서 개최하다.

10.28. 제2차 한·중·일 고위급회의를 계기로 서울에서 심윤조 차관보, 야부나카 외무심의관과 한·일 양사현안 등 협의하다.

10.29. 김대중 前대통령이 리츠메이칸(立命館)대학 초청으로 교토를 방문하다.(10.29-11.1)

10.30. 유명환 주일대사가 김대중 납치사건 관련 진상조사 결과 공개(10.24) 관련 고무라 일본 외무대신에게 한국입장을 전달하다.

11.2. 대통령이 아사히신문과 회견하여 한·일관계 및 북한 핵문제, 한반도 평화협정 체결문제 등 언급했는데, 11.3자 아사히신문에 게재되다.

11.14. 유골봉환 관련 한·일 과장급 실무회의를 개최(11.14, 서울)하다.

11.19. 노무현대통령, 아세안+한중일 정상회담차 싱가포르 방문하다. 20일 중국 원자바오 총리 및 일본 후쿠다총리와 회담하다.

11.21. 김원웅 통외통위 위원장, 조선왕실의궤 한국반환문제 협의차 방일하여 기무라 외무副대신과 면담하다.

11.23. 제2기 한·일 역사공동연구 제2차 전체회의 및 분과회의 개최(11.23-24, 서울)하여 그간의 연구활동 점검 및 향후 연구방향 및 일정 협의하다.

11.28. 캐나다 하원에서 군대위안부 결의안 통과하여, 일본측에 군대위안부 부정 주장의 공개적 취소 및 피해자에 대한 사과 요구하다.

12.11. 제10차 한·일 어업공동위원회 제2차 소위원회를 개최(12.11-13, 서울)하다.

12.13. 유럽의회에서 군대위안부 결의안 채택하고, 일본 측의 공식 사죄와 배상을 촉구하다.

12.14. 제10차 한·일 어업공동위 회의 개최(12.14, 서울)하고, 08년도 양국 EEZ 입어규모(어선 수 및 어획할당량 등) 합의하다.

12.21. 제6차 한·일 국장급 유골조사협의회(12.21, 서울)를 개최하여, 박성규 일제강점하강제동원피해진상규명위 사무국장 및 이하라 외무성 아시아대양주국 참사관이 유골봉환 관련사항을 협의하다.

【일본】

4.3. 유명환 장관, '고오무라 마사히코' 일본 외무대신 초청으로 방일하여, '후쿠다 야스오' 총리 예방, '고오무라 마사히코' 외무대신 회담, '아마리 아키라' 경제산업대신 및 '미타라이 후지오' 경단련회장 등을 면담하고, 양국의 실질관계 증진 방안, 대통령 방일 성과사업 등에 대해 논의하다.

4.11. 각의에서 대북제재조치 기한(4.13 종료)을 6개월 연장키로 결정, '마치무라 노부타카' 관방장관이 각의 종료 후 기자회견에서 담화를 발표하다.

4.22. '다함께 야스쿠니신사를 참배하는 국회의원 모임'소속의원 62명이 야스쿠니신사 春季例大祭(4.21-23)에 집단으로 참배하다.

5.2. 제9차 한-일 EEZ 경계획정회담을 동경에서 개최하다. 임한택 조약정책관 및'고마츠 이치로'국제법국장간에 EEZ 경계획정 문제의 해결이 중요하다는 공통의 인식을 바탕으로 심도있는 협의하고, 차기 회담은 금년 하반기 개최키로 합의하다.

5.18. 일본 언론이 문부과학성이 중학교 학습지도요령 해설서에 독도 관련 기술을 포함키로 했다고 보도하자, 우리 정부는 외교 경로를 통해 동 보도 내용에 대한 사실 관계 확인 요청 및 독도에 대한 우리의 엄중한 입장 전달하다.

5.19. 이용훈 대법원장, 일본 최고재판소 장관 초청으로 방일(5.19-22)하다. '시마다'최고재판소 장관과 양국 사법부 교류 활성화 방안 등 협의

5.23. 한-일, 일-한 여성친선협회 30주년 기념 합동총회 개최(5.23, 동경)하다.

6.7. 제2기 한-일 역사공동연구 제3차 전체회의 개최(6.7, 동경)하고, 분과별로 주제에 대한 집중 논의 및 차기 회의일정 협의하다.

6.11. 일-북간에 공식 협의(6.11-12, 북경)를 하다. '사이키 아키타카' 일본 외무성 아시아대양주국장 및 송일호 북한 조-일국교정상화담당대사가 공식 협의를 개최하고, '마치무라 노부타카' 일본 관방장관, 이 6.13에 기자회견을 통해 공식협의 결과 발표하다. 북한측은 납치문제 재조사 약속 및 요도호 관계 문제 해결을 위한 협력 의사 표명하고, 일본측은 인적왕래 및 북한 전세기 취항규제 해제 등 대북제재 일부 해제의 의사 표명을 하다.

6.17. 제11차 한-일 어업공동위 제2차 과장급 실무회의 개최(6.17-19, 동경)하다. 장철호 농림수산식품부 어업교섭과장 및 '후카미'일본 수산청 어업교섭관이 한국 연승어업의 어구 규제, 대마도 이동해역의 조업 조정문제, 중간수역의 자원관리 문제 등에 대한 양국의 입장을 교환하다.

6.28. 반기문 유엔사무총장 내외, 일본 공식방문(6.28-7.1, 교토-동경)하다. '아키히토' 천황 및 '후쿠다 야스오' 총리, '마치무라 노부타카'

연도	한국
▲ 2008	계 관련 논의하다. 2.22. 외교부, 일본 시마네현의 '독도의 날'행사 개최와 관련, 대변인 논평을 통해 유감을 표명하고, '독도의 날' 조례를 비롯한 독도 영유권 훼손 시도를 즉각 중단할 것을 촉구하다. 2.25. 제17대 대통령 이명박취임하다. 대통령 취임식 참석차 방한(2.24-25)한 '후쿠다 야스오'일본 총리와 한-일 정상회담 개최하다. 이어서 '나카소네' 회장, '칸' 대표대행을 접견하고, '아키히토'천황의 축전을 접수하다. 3.1. 대통령, 제89주년 3.1절 기념사를 통해 '실용의 자세로 미래지향적 한-일관계 형성' 언급하다. 그러나, 역사의 진실을 외면해서는 안되고, 그렇다고 언제까지나 과거에 얽매여 미래로 가는 길을 늦출 수는 없음'을 강조하다. 3.9. '오오타 아키히로' 일본 공명당 대표 방한하여 대통령 및 유명환 외교장관을 예방하다. 4.5. 유명환 장관, G8 개발장관회의 참석하여 개발 원조를 위한 공여국간 파트너쉽 확대방안을 제안하고, 효과적인 국제원조체제 구축 방안에 관한 논의를 하다. 4.10. 대통령, 일본 전국지사단 일행 접견하다. 대통령, '아소 와타루' 후쿠오카현지사 등 제4회 한-일 지사회의(4.9-11)에 참석차 방한한 일본측 대표단 접견시 양국 관심사 관련 의견 교환하다. 4.17. 권철현 신임 주일본대사가 일본에 부임하다. 4.20. 대통령 내외가 일본 공식실무방문하다. '후쿠다 야스오' 총리와 한-일 정상회담 후 공동기자회견하고, 공동언론발표문을 발표하다. 총리내외 주최의 만찬에 참석하다. '아키히토' 천황 면담하고, 일본경제단체 주최 오찬 참석한후, 제1회 한-일 비즈니스라운드 테이블 결과를 청취하고, 재일교포 리셉션에 참석했다. 4.22. 제3회 한-중-일 30인회를 북경에서 개최하다. 중앙일보, 신화통신(中), 니혼게이자이신문(日)이 공동 주최한 모임에이홍구 前국무총리, '첸치천'前국무원 부총리(中), '나카소네 야스히로' 前총리(日) 등 한-중-일의 정-재계 및 문화계를 대표하는 원로 30명이 참석하여 3국의 유기적 협력 강화를 위해 경제-금융 등 3개 분야에서 구체적 실천 방안을 제안하다. 5.15. 대통령, 제40회 한-일/일-한 경제인회의(5.15, 동경)에 축하메시지를 전달하다. 5.16. 일본 해상보안청의 우리 어선 일본 EEZ 침범 주장으로 양국 경비정의 해상 대치 상황이 발생하다. 일본 해상보안청이 일본 EEZ내 무허가조업 혐의로 우리 어선에 대해 임검 실시하자, 우리 어선의 요청으로 해양경찰청 경비정 출동, 양국 경비정의 통영시 홍도 남방 해상 대치하는 상황이 발생하다. 양국 공동조사 결과, 우리 어선의 일본 EEZ내 침범 사실이 없음을 확인 후 양국 경비정 해산하고, 해상 대치상황 종결되고, 일본 해상보안청에서 우리측에 정식으로 사과하다. 5.19. 일본 사회과목 해설서 독도포함 보도 관련하여 외교부 대변인이 브리핑하다. 금일 오전 11시 시게이에 토시노리 주한일본대사를 초치하여, 일본 중학교 사회과목 신학습지도요령 해설서에 독도 영유권 주장이 포함될 것이라는 보도에 대한 우리 입장을 엄중히 표명하였고, 보도내용이 사실일 경우, 이는 우리의 고유영토인 독도에 대한 영유권을 훼손하려는 부당한 기도이자 미래를 향해 나아가려는 우리의 노력에 역행하는 것으로서 일본이 이를 즉각 시정해야 할 것이라고 강조했다. 5.21. 일 '독도 고유영토론" "터무니없는 속임수"라고 10여년간 반박해온 시마네대학 나이토교수의 주장을 한겨레신문에 게재하다. 일본 정부가 독도 영유권을 주장하는 근거는 대략 두가지로 요약된다. 하나는 "다케시마(독도의 일본식 표기)가 우리나라 고유의 영토"라는 주장이고, 또 하나는 1905년 독도를 시마네현에 편입해 영유 의사를 재확인했다는 것으로 역사적으로나, 국제법적으로나 '다케시마는 일본 영토'라는 것이다는 주장을 정면으로 부정했다. 나이토 세이추 시마네대 명예교수(80)는 지난 10여년간 일본 정부의 이런 주장을 조목조목 반박하는 논문으로 주목을 받은 일본 내 최고 독도 문제 전문가 중 한 명이다./ 일본 외무성 독도홍보 팜플렛에 대한 동북아역사재단이 반박문을 발표하다. 5.23. 경남 진주 경상대학교 식품공학과 허종화 명예교수가 20일 진주시청 브리핑룸에서 일제강점기인 1939년 일본의 도쿄학습사(東京学習社)에서 발간한 소학국사회도(小学国史絵図)를 공개했다. 허 명예교수는 "이 책의 본문 40페이지에는 러일전쟁 당시 동해(일본해)의 해전도가 그려져 있으며 해전도상 대마도 등 일본 본토는 주황색으로, 독도와 울릉도는 회청색으로 각각 표시됐는데 이는 당시 일본인들이 독도와 울릉도를 조선땅으로 인정한 것"이라고 주장했다. 6.11. 김영삼 前대통령 방일(6.11-20)하여 '한-일 신시대를 열며'주제를 와세다에서 특강하다. 6.14. 유명환 장관이 제2차 한-중-일 외교장관회의 참석차 방일(6.14-15)을 계기로 한-일 외교장관간 오찬회담을 개최(6.14, 동경)하고, '고무라 마사히코' 외무대신과 오찬회담시 양국관계, 북한문제, 국제문제 등 상호 관심사에 대해 의견 교환 및 협력 증진방안 논의하다./ 일본 동북부지방 이와테현, 미야기현에서 강진 발생하여, 6.16 대통령 명의로 '후쿠다 야스오' 일본 총리 앞으로 위로전을 전달하다. 7.6. 대통령, 도야코 G8 확대정상회의 참석 계기 일본 언론 인터뷰시 기후변화 등 환경문제, 한-일관계, 북핵문제 등을 언급하다. 교도통신 및 BBC 합동인터뷰와 7.7, 쥬니치-도쿄신문, 홋카이도신문, 니시니혼신문과 합동인터뷰를 하다. 7.8. 대통령, 도야코 G8 확대정상회의 참석차 방일(7.8-9)하다. 7.8에 재일동포 대표 간담회 참석, "재일동포의 對韓투자 및 지원이 오늘날 한국의 성장에 큰 기여를 했다"며 노고 격려했다. 김태훈 북해도 민단 단장, 박평조 북해도 민단고문 등 동포 대표 24명 참석하다./ 유명환 장관이 도야코 G8 확대정상회의 참석차 방일(7.8-9)을 계기로 '고무라' 일본 외무대신과 회동하여, 유명환 장관이 중학교 학습지도요령 해설서 문제 관련하여 우리 측의 심각한 우려 전달하자, '고무라' 외무대신이 "아직까지 결정된 바 없다"고 대응하다.

일본

관방장관, '고무라 마사히코'외무대신 등 일본 주요인사 면담하고, 교토대 기후변화 관련하여 타운미팅을 실시하다.

7.6. 일본, 홋카이도에서 세계 주요 8개국 정상회의를 개최하다.

8.28. 제16차 한-일포럼 개최(8.28-30, 동경)하다. 공로명 회장 외 우리측 대표단 25명 방일, 한-일 양국의 정치-사회 변화와 양국 관계 등 관련하여 의견 교환하다.

9.1. 일본, 후쿠다총리 지지율 하락으로 사의를 표명하다.

9.5. 일본 내각이 의결한 2008년도 방위백서에 독도 관련 기술이 포함된 데 대해, 외교경로를 통해 강력 항의 및 즉각적인 시정조치 촉구하다. 외교부 대변인 논평 발표하고, 동북아시아국장, 주한일본총괄공사 초치, 강력 항의 후 외교공한 전달하다.

9.22. 일본 자민당 총재에 아소[麻生太郞]을 선출하다. 24일 총리에 지명되다.

10.9. '나카소네 히로후미' 신임 외무대신, 취임인사차 유명환 장관에 전화, 한-일관계 및 북한 핵문제, 세계 금융위기 문제 등에 대해 의견 교환하다.

11.13. 제8차 한-일 안보정책협의회 개최(11.13, 후쿠오카)하다. 한국측에서는 조태영 외교통상부 동북아시아국장, 신원식 국방부 정책기획 차장 등 외교통상부, 국방부 관계관과 일본측에서는 '사이키 아키타카' 외무성 아시아대양주국장, '마츠모토 류타로' 방위성 방위정 책차장 등 외무성, 방위성 관계관들이 참석하여 한-일 신정부 출범, 최근 북한정세 등 동북아정세와 양국의 국방-안보정책 및 협력방 안 등 협의했다.

12.13. 한-중-일 정상회의 계기 한-일 정상회담을 후쿠오카에서 개최하고, 금융협력, 교류-협력 등 한-일관계 발전방향을 비롯, 북핵문제, 지역 및 국제사회에서의 양국 협력방안 등 상호 관심사안을 협의하다.

7.9. '후쿠다' 일본 총리와 환담을 계기로 중학교 학습지도요령 해설서 독도 기술 보도 관련하여 우리측의 심각한 우려 전달하고, 일본측의 신중 대응 촉구하다. '후쿠다' 총리가 "이 사안에 대한 한국 정부의 입장을 충분히 알고 있다"고 답변하다.

7.14. 일본 중학교 사회과 학습지도요령 해설서 발표에 독도 영유권 기술이 포함된 데 대해 외교 경로를 통해 강력 항의 및 즉각 시정 요구 하다. 대통령도 "깊은 실망과 유감의 뜻을 표하지 않을 수 없다"고 언급하며, 단호하고 엄중한 대처를 관계부처에 지시하다. 외교부 대 변인 성명 발표하고, 유명환 장관이 '시게이에' 주한일본대사 초치하다.

7.14. 정부, 일본의 독도영유권 관련 일본 중학교 학습 지도요령 해설서 내용에 항의하여 권철현 주일대사를 일시 소환하다.

7.28. 외교통상부, 독도문제에 관련하여 미국의 지명위원회에서 독도를 '주권미지정지역'으로 표기한 것에 대해 대응이 부족했다고 대국민 사과문을 발표하다.

7.29. 한승수 국무총리, 국무총리로는 최초로 독도 방문하다. 정종환 국토해양부장관 및 유인촌 문화체육관광부장관 등 수행하다.

7.30. 美 국립지질정보원의 Geo-net상 독도 영유국 표기가 기존의 '한국'에서 '주권 미지정(undesignated sovereignty)'으로 변경(7.25) 되었으나, 우리측 요청에 의해 원상 복구하다./ 해군, 울릉도 및 독도 주변해역에서 독도 방위훈련 실시. 해군 1함대 주관, 광개토대왕 함 등 해군 함정 6척, 해상초계기 P-3C, 대잠헬기, 해경함정 2척 및 공군 F-15K 참여하다.

9.8. 2008년도 일본 방위백서상 독도 기술 관련하여 외교부 대변인이 논평하다. 일본 정부가 지난 7.14 중학교 사회과 교과서 학습지도요령 해설서에서 독도 관련 기술을 명기한데 이어 금번 방위백서에서도 독도를 일본의 영토로 주장하고 있는데 대해 심히 유감으로 생각하 며, 독도는 역사적, 지리적, 국제법적으로 명백한 우리 고유의 영토이며, 정부는 우리의 독도 영유권을 훼손하려는 어떠한 기도에 대해 서도 단호히 대처해 나갈 것이라고 천명했다.

9.27. 한-일 축제한마당을 "각양각색의 한국, 각양각색의 일본"을 주제로 서울광장에서 개최하다.

10.6. 대통령, 건국 60주년 기념 전국연수회 참석차 방한한 정진 단장 등 재일민단 중앙본부-지방본부-지부 간부 200여명 접견하고, 민단 의 재일동포 권익신장운동 등 동포사회 발전을 위한 활동을 격려하다.

10.7. 한-일 동해 방사능 공동조사 실시(10.7-14)하다.

10.24. 제7차 ASEM 정상회의 계기 한-일 정상회담 개최(10.24, 북경)하다. 대통령, '아소 타로' 신임 총리와 정상회담시 한·일관계, 북한문제 및 국제금융위기 대처, 동북아지역 협력 등 공동관심사에 대한 의견을 교환하다.

10.30. 2008년도 사할린한인 1차 영주귀국 실현하다. 1차 귀국 대상자 81명, 충북 청원에 입주하다. 2009.3월까지 총 650명 귀국 예정이 다./ 대통령이 건국 60주년 기념 '세계지도자포럼(Global Leaders Forum)' 참석차 방한한 '모리 요시로'前총리를 접견하다.

11.30. 제44차 한-일/일-한 협력위원회 합동총회를 서울에서 개최했다. '나카소네 야스히로' 회장 등 일-한협력위원회 대표단 24명이 합동 총회 참석차 방한하여 대통령을 예방했다.

12.19. 제7차 한-일 차관전략대화를 서울에서 개최하고, '야부나카 미토지' 일본 외무사무차관이 방한 계기로 전략대화시 양국관계 증진방 안, 북핵문제 등 동북아정세, 세계 금융위기 대처 등 상호 관심사안을 협의했다.

연도	한국
2009 ▼	【한국】 1.11. 일본 아소총리가 방한 하여 현충탑 헌화, 경제4단체장 주최 오찬, 한양대 융합기술센터 방문, 한-일학생미래포럼에 참석했다. 12일에 이명박 대통령과 정상회담을 하고, 한-일의원연맹 회장단 접견하다. 1.31. 제6차 한-일 정책대화를 개최하다. 3.2. 유명환 장관, '나카소네' 외무대신과 북한 미사일 발사문제 관련 의견 교환하다. 3.9. 제10차 한-일 EEZ 경계획정회담 개최(3.9, 서울)하다. 한국측 수석대표 황준국 조약국장과 일본측 '츠루오카' 국제법국장이 양국은 배타적경제수역(EEZ)의 경계 획정이 동북아의 해양질서 구축에 중요하다는 데 인식을 같이하고, 유엔 해양법 협약의 당사국으로서 경계획정 문제를 계속 협의키로 합의하다. 3.11. 김현희가 '다구치' 가족과 부산서 면담하다. 3.17. 한승수 총리가 세계 물포럼 참석하여 '모리' 前일본총리와 면담(3.17, 이스탄불)하고, 물 문제 관련 양국이 협력하고, 경제위기 극복방안 등 관련 의견 교환하다. 3.31. 아프가니스탄 관련 고위급회의에서 한-일 외교장관간 조찬회담(3.31, 헤이그)을 하다, 유명환 장관과 '나카소네' 외무대신이 북한 미사일 문제, 경제위기 극복 방안 및 아프가니스탄 재건 지원 정책 관련 의견을 교환하다. 4.1. 제2차 G20 정상회의 계기 한·일 정상회담 개최(4.1, 런던)하고, 대통령 및 아소 타로 총리가 국제경제·금융위기 대처하며, 북한문제, 한·일관계 등 공동 관심사 관련 의견을 교환하다. 4.9. 일본 중학교 역사교과서 검정 결과 발표하다. 외교통상부 대변인 성명 및 외교 경로를 통해, '과거의 잘못을 합리화·미화하는 그릇된 역사인식에 기초한 역사교과서가 일본 정부의 검정을 통과한 데 강력 항의 및 근본적인 시정 촉구'하다. 4.11. ASEAN+3 계기 한·일 정상회담 및 외교장관간에 전화협의(4.11, 파타야)를 하며 북한의 로켓 발사 관련 대응방안 및 한·일간 현안 관련 의견 교환하다. 4.16. 외교장관이 파키스탄 지원국회의 참석차 방일(4.16-17)하여, 외교장관회담 및 나카소네 히로후미 외무대신 주최 만찬에 참석하고, 아소 타로 총리 예방 및 가와무라 타케오 관방장관, 모리 요시로 前총리, 니카이 도시히로 경제산업대신 등 면담하고, 파키스탄 지원국회에 참석하다. 4.21. 아소 타로 총리의 야스쿠니신사 공물 봉납 관련 외교부 대변인 논평 발표하다. 아소 타로 총리, 야스쿠니신사 春季例大祭때에 '내각총리대신' 명의 供物(화분)을 봉납하다. 한국 측은 '과거 침략전쟁을 미화하고 전쟁범죄자를 합사한 야스쿠니신사에 총리가 공물을 보낸 데 대해 올바른 역사인식 정립 측면에서 매우 유감스럽게 생각한다'는 외교부 대변인 논평 발표하다. 4.23. 이상희 국방장관 방일(4.23-25)하여 하마다 야스카즈 방위대신과 제14차 한·일 국방장관회담 개최하여 '한·일 국방교류에 관한 의향서'에 서명하다. 5.21. 국무총리, 닛케이신문 심포지엄 참석차 방일(5.21-22)하여 닛케이신문 심포지엄 기조연설하고, 아아소 타로 총리를 면담하다. 5.23. 안병만 교육과학기술부장관이 한·중·일 과학기술장관회의(5.24, 동경) 참석차 방일(5.23-25)하다. 5.25. ASEM 외교장관회의 계기 한·일 외교장관회담 개최(5.25, 하노이)하고, 장관 및 나카소네 히로후미 외무대신이 북한 핵실험 대응방안 등 논의하다. 5.28. 후쿠다 야스오 前총리가 노무현 前대통령 조문사절로 방한(5.28-29)하다. 장례식 참석 및 대통령을 예방하다. 6.5. 대통령이 하토야마 유키오 민주당 대표 및 「민주당 전략적인 일한관계를 구축하는 의원모임」 대표단을 접견하다. 한·일관계 및 북한 핵·미사일 문제 등 관련 의견 교환하다. 6.28. 대통령 일본을 방문하여 민단 간부와의 간담회, 시미즈 노부츠구 일·한협력위원회 이사장 훈장 수여식, 오오타 아키히로 공명당 대표 접견, 한·일 정상회담, 양국 경제인 간담회, 아소 타로 총리 주최 만찬에 참가하다. 6.30. 반기문 유엔사무총장, 일본 방문하여 아소 타로 총리 및 나카소네 히로후미 외무대신과 회담, 동경대 타운 미팅, 하토야마 유키오 민주당 대표 및 오오타 아키히로 공명당 대표 등 면담하다. 7.8. 제3차 일본 유텐지 소재 유골 봉환하다. 유텐지(祐天寺) 소재 한국 출신 舊군인·군속 희생자 유골 44위의 봉환 추도식(동경 유텐지)을 거행하고, 천안 망향의 동산에 안치하다. 7.17. 제8차 한·일 차관전략대화 개최(7.17, 하코네)하다. 제1차관, 야부나카 미토지 외무사무차관과 양국관계, 북한관계 등 동북아 정세, 국제무대에서의 협력 등 상호 관심사에 대한 의견을 교환하다./ 일본 각의, 독도 영유권 기술이 포함된 09년도 방위백서 결정하다. 우리 정부는 외교경로를 통해 일본의 방위백서에 독도 영유권 기술이 포함된 데 대해 강력 항의하며, 즉각적인 시정조치를 촉구하다. 7.22. ASEAN+3/EAS/ARF 계기 한·일 외교장관회담(7.22, 푸켓) 개최하고, 외교부 장관이 나카소네 히로후미 외무대신과 한·일관계, 국제무대에서의 협력방안 등 관련 의견 교환하다. 9.23. UN 총회 계기 한·일 정상회담 개최(9.23, 뉴욕)하다. 대통령이 하토야마 유키오 총리와 첫 정상회담을 하고, 양국관계, 북핵문제, G-20 정상회의 등 공동 관심사에 관련하여 의견을 교환하다. 9.29. 외교장관 방일(9.29-30)하여 한·일 외교장관회담 및 오카다 카츠야 외무대신 주최 만찬에 참석하다.

일본

2.10. '나카소네 히로후미' 일본 외무대신 방한하여, 한·일 외교장관회담 및 공동기사회견하고, 장관주최 오찬, 대통령을 예방하다.

2.20. 제11차 한-일 어업공동위원회 회의 개최(2.20, 동경)하다.

2.22. 일본이 시마네현의 '독도의 날' 기념행사 관련하여 외교통상부 대변인 논평을 통해, 유감과 항의 표명하고, 독도에 대한 그릇된 영유권 주장을 즉각 중단토록 강력 촉구했다.

2.23. 일본 아소총리가 미국을 방문하여 오바마대통령과 정상회담을 하다.

2.24. 일본 정부, 2012 여수세계박람회 공식 참가키로 각의 결정하다.

3.24. 조태영 동북아시아국장과 '사이키' 아시아대양주국장이 동경에서 제17차 재일한국인 법적지위 관련 한-일 아주국장회의를 개최하다.

4.10. 일본 정부, 대북제재 관련 각의 결정하고, 기존 대북제재(4.13 만료) 조치를 1년 연장하고, 북한의 로켓 발사 관련 추가제재를 결정하다.

4.17. 일본 정부, 대북 추가제재 관련 세부사항 각의 결정하고, 외국환령 개정을 통해, 북한 도항시 현금 반출액 및 대북 송금시 신고의무액 하향 조정하다.

4.22. 「다함께 야스쿠니신사를 참배하는 국회의원 모임」 소속 중·참원 국회의원 87명이 야스쿠니신사 에 참배했으나, 현직 각료는 포함되지 않았다.

4.29. 한·일협력위 남덕우 회장 및 이승윤 부회장이 한·일 교류협력 증진에 기여한 공로로 일본 정부로부터 旭日大綬章 수훈하다.

5.18. 이시하라 신타로 동경도지사가 「C40 Seoul Summit(5.18-21, 서울)」 참석차 방한하다.

6.9. 제12차 한·일 어업공동위 제2차 과장급 실무회의 개최(6.9-10, 동경)하다. 신현석 농림수산식품부 어업교섭과장 및 구보타 일본 수산청 어업교섭관, GPS 항적기록 보존이행방법 및 어업자 대표의 공동위 하부기구 참가 등 상호 관심사항 관련하여 의견을 교환하다.

6.16. 일본 정부, 각의 결정을 통해 대북 제재조치 결정(6.16)하다. 가와무라 다케오 관방장관이 북한 핵실험(5.25) 관련 대북 제재조치 각의 결정사실 발표하고, 대북 수출 전면금지, 대북 무역·금융조치 위반으로 刑이 확정된 외국인 선원의 상륙 및 同種 刑 확정 재일외국인의 방북 후 일본 재입국 불허하는 조치를 발표했다.

8.5. 제40회 한국인 원폭희생자 위령제(8.5, 히로시마 평화기념공원)에 권철현 주일대사 및 정진 단장 등 재일민단 관계자 등 참석하다.

8.15. 일본 국회의원, 종전기념일 계기 야스쿠니신사 참배(8.15)하다. 고가 마코토 일본유족회 회장 등 「다함께 야스쿠니신사를 참배하는 국회의원 모임」 소속 중·참의원 41명이 참배했으나 현직 각료 중 노다 세이코 소비자담당 대신만 참배하다.

8.18. 아소 타로 총리, 김대중 前대통령 서거 관련 담화 발표하다. 일본 정부와 국민을 대표하여 한국 정부와 국민에게 마음으로부터 위로 표명하고, 아소 총리가 8.21(금) 주일한국대사관 빈소를 조문하다.

8.23. 고노 요헤이 前중의원 의장, 일본 정부 조문 사절로 방한(8.22-23)하여, 대통령을 예방하고 영결식에 참석하다.

8.30. 일본 총선거에서 야당 민주당의 대승으로 54년만에 정권교체를 이룩하다.

9.16. 일본 민주당 하토야마[鳩山由紀夫] 내각이 출범하다.

9.19. 「한·일 축제한마당」 행사 개최(9.19-21, 동경)하다. 동경 롯본기 아레나힐즈에서 김치 페스티벌, 퍼레이드, 개막축하 공연 등 행사 개최하고, 하토야마 미유키 일본 총리부인 개막식 축사를 하다. 금년에 최초로 한·일 양국이 상대국 首都에서 동시 개최하기로 하고, 「한·일 축제한마당」 일본측 행사는 9.20(일) 서울광장에서 개최하다.

10.17. 야스쿠니신사 秋季例大祭(10.17-20) 계기 일본 국회의원 참배하다. 아소 타로 前총리, 다니가키 사다카즈 자민당 총재 및 「다함께 야스쿠니신사를 참배하는 국회의원 모임」 소속 의원 54명이 참배하다.

11.1. 오사카 「사천왕사 왔소(11.1)」축제에 한국 대통령 축하메시지를 전달하다.

11.12. 정세균 대표 등 민주당 대표단 방일(11.12-15)하여 故김대중 前대통령 추모행사 참석차 방일 계기로 오카다 카츠야 외무대신, 오자와 이치로 민주당 간사장 등 일본 주요인사 면담, 민단 방문 등을 하다.

11.13. 이희호 여사, 일본 개최 故김대중 前대통령 추모행사 참석차 방일(11.13-15)하다.

11.18. 09년도 한·일 어업지도단속 실무자회의 개최하다.

12.7. 제45회 한·일/일·한협력위 합동총회(12.7, 동경)를 개최하다. 대통령 및 일본 하토야마 유키오 총리, 오카다 카츠야 외무대신 메시지 代讚하고, 양측 위원, 합동총회 결과 공동성명 발표했다.

12.12. 일본 내각부 '외교에 관한 여론조사'결과 발표하다. 내각부 여론조사(10.15-25, 성인남녀 3천명 대상) 결과, '한국에 친밀감을 느낀다' 63.1%, '한·일관계가 양호하다' 66.5% 응답하여 동일한 질문으로 설문을 시작한 1978년 이래 최고 수준이다.

12.22. 일본 사회보험청, 근로정신대 피해자 및 유족 등 8명의 후생연금 탈퇴수당 청구 관련 7명에 대해 탈퇴수당 99엔 지급 결정하다.

12.4. 제9차 한·일 안보정책협의회(12.4, 제주)를 개최하다. 한국측에서는 조태영 외교부 동북아시아국장, 조백상 국방부 국제정책관 등 외교부, 국방부 관계관이 참석하고, 일본측에서는 사이키 아키타카 외무성 아시아대양주국장, 쿠로에 테츠로 방위성 방위정책차장 등 외무성, 방위성 관계관이 참석하여 동북아 안보정세, 한·일 양국의 방위·안보정책 등을 논의했다.

9.30. 하토야마 유키오 총리 예방 및 히라노 히로후미 관방장관과 면담하다.

10.9. 이명박대통령 일본 하토야마[鳩山由紀夫] 총리와 청와대에서 정상회담 개최하다. 10일 중국 베이징에서 열린 한중일 정상회담에 참석하다.

연도	한국
▲ 2009	10.16. 제32회 한·일/일·한여성친선협회 합동총회를 개최(10.16, 서울)하고, 외교장관 부인 주최 만찬을 하다. 10.22. 나카이 히로시 국가공안위원장 겸 납치문제담당대신 방한(10.22-24)하고, 이달곤 행정안전부장관, 이귀남 법무부장관 등을 면담하다. 11.8. 민족문화연구소, 《친일인명사전》을 발간하다.4389명의 주요 친일인사를 수록하여 학계에 논란을 일으키다. 11.16. 부산 실내사격장 화재사고(11.14) 관련 일본인 피해에 대해 대통령 명의 하토야마 유키오 총리 앞으로 위로서한을 전달하고, 외교부 대변인 논평을 발표하다. 11.28. 제5차 한·일 역사공동연구 합동전체회의 개최(11.28, 서울)하고, 제2기 한일역사공동연구위원회 공동연구를 종료하고, 총 7책으로 연구보고서를 발행하다. 12.6. 제17차 한·일포럼(12.6-8, 서울)을 한국국제교류재단 및 일본국제교류센터가 공동 주최하여 북핵 문제 대응 및 세계 경제 위기에 따른 협력방안 등을 논의하다. 12.11. 오자와 이치로 일본 민주당 간사장 방한(12.11-13)하여, 국민대 강연 및 조훈현 기사와의 바둑 대국, 대통령 주최 만찬 참석했다.
2010 ▼	【한국】 1.15. 유명환 장관, 동경 제4차 FEALAC 외교장관회의 참석차 방일(1.15~17)하여 오카다 일 외무대신과 조찬회담을 하고, 한일 및 북한관계 및 국제무대 협력방안 등 관련 의견교환을 하다. 2.8. 제12차 한·일 어업공동위원회 회의를 개최하다. 박종국 농림수산부 수산정책실장 및 야마시타 수산청차장이 2010년도 상호입어 조건을 합의하다. 2.11. 한·일 외교장관 회담 및 공동기자회견, 유명환 외교장관 주최 오찬, 대통령 및 국무총리 예방 등을 하다. 2.22. 외교부, 일 시마네현의 '독도의 날' 기념행사 관련 한국 입장을 발표하다. 외교부 대변인 논평을 통해 '독도의 날' 기념행사에 깊은 유감 표명 및 독도에 대한 부당한 영유권 주장을 즉시 중단할 것을 엄중 촉구하는 우리 입장을 발표했다. 3.12. 제15차 한일 문화외교국장 회의를 서울에서 개최하다. 3.22. 한일역사공동연구위원회, 임나일본부설을 학문적으로 공식 폐기하다. 3.21. 하라구치 日 총무대신이 한일 전자정부 추진 협의차 방한하여, 강병규 행정안전부 제2차관 및 최시중 방송통신위원장 면담을 하다. 4.7. 서울중앙지법에서 요미우리신문 상대 손해배상청구소송을 기각 판결하다. 4.15. 정몽준 한나라당 대표 방일하여, 오자와 민주당 간사장, 다니가키 자민당 총재, 야마구치 공명당 대표 등 정계지도자 면담 및 게이오대 강연, 닛케이신문 인터뷰 등을 하다. 4.18. 김형오 국회의장 독도를 방문하다. 박진 외통위원장 및 이병석 국토해양위원장 등 대동하여 국회의장으로서는 처음 독도를 방문하다. 5.10. 한·일 강제병합은 원천무효라고 한·일 지식인 공동성명을 발표하다. 김영호 유한대 총장 등 한국측 109명과 와다 하루키 동경대 병예교수 등 일본측 105명 참여, 서울과 동경에서 각각 발표하다. 5.15. 오카다 日외무대신, 제4차 한·중·일 외교장관회의 참석차 방한하다.(5.15~16, 경주) 한·중·일 외교장관회의 참석하고 유명환장관과 조찬협의하다. 부산 경유시 부산시립공원묘지내 故이수현 묘소 참배하다. 5.18. 제4차 동경 유텐지(祐天寺) 소재 한국출신 舊군인·군속 유골 219위 봉환하다. 동경 유텐지 추도식에 오카다 日외무대신 및 권철현 주일대사 등 한·일 양국 정부인사 및 유족, 시민단체 관계자 등 60여명 참석, 동 추도식에 일본 외무대신이 참석한 것은 최초사례이다. 천안 망향의 동산에서 추도식 및 유골을 안치하다. 5.19. 대통령 하토야마 日총리와 전화통화하다. 5.29. 하토야마 日총리, 제3차 한·중·일 정상회의 참석차 방한하다(5.29~30, 제주). 대전 국립현충원 참배 및 한·중·일 정상회의, 한·일 정상회담 참석하고, 김윤옥여사, 하토야마 미유키 여사와 오찬하다. 6.7. 유명환장관, 오카다 日외무대신과 전화통화하여 천안함사태의 안보리 회부등 관련 협의를 하다. 6.10. 대통령 칸총리와 전화통화하여 한·일 관계 및 전암한 사태의 안보리 회부 등 관련 협의를 하다. 6.19. 제10차 한·일 차관전략대화를 카루이자와에서 개최하다. 신각수 제1차관 및 야부나카 사무차관과 한반도정세, 지역 문제 및 국제무대에서의 협력방안 등 상호관심사에 대해 의견 교환하다. 6.26. G20 정상회의 계기로 토론토에서 한·일 정상회담을 하다. 양국관계, 북한문제, 국제협력 등 공동관심사에 대해 협의하다. 7.22. 유명환 장관, 하노이 ARF 외무장관의 계기로 오카다 日외무대신과 한·일 외교장관 회담시 한일관계 등 협의하다. 7.26·29. 와타나베 일·한 의원연맹 회장 방한 및 이상득 한·일 의원연맹 회장 방일하다. 와타나베 회장, 동북아역사재단 주최 「한·일관계의 과거와 미래 100년의 성찰과 전망」 제하의 심포지엄 참석 및 이상득회장 주최 오찬 참석하다. 8.3. 반기문 UN 사무총장 방일하여, 칸 총리 및 오카다 외무대신 등 면담하고, 히로시마 및 나가사키 방문하다. 8.15. 대통령, 제65주년 광복절 경축사에서 한」일 관계 언급하다. 日정부가 총리담화를 통해 한국민의 뜻에 반한 식민지배를 반성, 사죄한 것을 일본의 진일보한 노력으로 평가하고, 한」일 양국이 구체적인 실천을 통해 새로운 100년을 만들어 가야 할 것이며, 역사를 잊지않고, 기억하면서도 함께 새로운 미래를 개척해야 하는 것이야 말로 양국이 가야할 바른 길이라고 강조했다./ '다함께 야스쿠니에 참배하는 국회의원 모임' 등 日 국회의원 41명이 종전기념일을 계기로

일본

12.15. 한·일협력위 차세대지도자 방한(12.15-18)하다. 와타나베 히데오 개혁클럽대표 등 일본 국회의원 6명, 대통령 및 국회의장 예방 (12.15)하고, 외교장관 주최 오찬(12.17) 참석하다.

12.19. 제9차 한·일 차관전략대화(12.19, 제주)를 하다. 제1차관 및 야부나카 미토지 외무사무차관, 한·일관계 증진방안, 북한관계 등 동북아 정세, 국제무대 협력방안 등 상호 관심사를 협의했다.

12.25. 일본 고교 교과서 학습지도요령 해설서 개정내용에 관련하여 대응하다. 외교통상부 대변인 논평을 통해 우려와 유감 표명 및 '일본 정부가 어떠한 주장을 하든지 관계없이 한·일간에 어떠한 영토문제도 존재하지 않는다'는 우리 입장 재강조하고, 장관이 시게이에 토시노리 주한일본대사에게 우리 입장 전달 및 가와바타 타츠오 문부과학대신의 독도 영유권 발언에 유감을 표명하다.

12.28. 일본 정부, 일제강점하 강제동원 피해자 4,727명의 후생연금 가입사실 확인하고, 우리 정부의 일제 강제동원 피해자 4만여 명에 대한 일본 후생연금 가입사실 확인 요청에 대한 회신했다

【일본】

1.29. 일본 도요타자동차가 주력 차종의 부품 결함으로 1천만대 규모의 리콜과 판매 중지 조치를 발표하다./ 하토야마 총리, 양국관계의 세 기가 전환되는 중요한 금년에 과거의 負의 역사를 외면하는 일 없이 향후 100년을 응시하면서 진정한 미래지향적 우호관계를 발전시 켜 나갈 것'을 언급하고, 오카다 외무대신은 '기본적 가치를 공유하고 있는 인근국가인 한국과는 역사를 직시하면서 성숙한 파트너쉽 으로서의 미래지향적 관계를 강화해 나갈 것이며, 한일 EPA 교섭의 조기 재개를 지향할 것'을 언급했다.

3.10. 한·일 해양쓰레기 실무회의를 기타큐슈에서 개최하다.

3.17. 주호영특임장관이 해외특임장관 운영사례 파악차 방일하여 센고쿠 국가전략대신 면담을 하다.

3.27. 하토야마 日총리, 천안함 침몰사고 관련하여 대통령 앞으로 위로전 전달하다.

3.30. 日 문부과학성, 초등학교 교과서 검정결과 발표하다. 한국정부는 한국의 고유영토인 독도에 대한 부당한 영유권주장이 포함된 교과 서가 日 정부의 검정을 통과한 데에 대해 외교통상부 대변인 성명 및 유명환 장관의 시게이에 주한 일본대사 초치하고 강력한 항의와 깊은 우려를 표명하다.

3.31. 日고교무상화법 성립하다. 동 법률(4.1부터 시행)상 지원대상에서 제외된 조선학교는 향후 문부과학성 3자 위원회에서 최종 판단예정이다.

4.9. 日 정부가 대북제재조치 1년 연장방침을 발표하다. 4.13일 시한인 북한국적 선박의 입항금지, 북한산 물품 전품목에 대한 수입금지, 대 북 전면 수출금지 등에 관한 조치를 1년 연장하기로 각의에서 결정 후 관방장관이 발표하다.

4.21. 야스쿠니신사 春季例大祭(4.21~23)에 日 국회의원 59명 등 참배하다. '다함께 야스쿠니신사를 참배하는 의원모임' 주도 자민당 35명, 민주당 13명 등 59명이 직접참배하고, 상기와는 별도로 '다함께' 소속 의원 56명은 비서 등이 대리참배했으나 각료, 부대신, 정무관 등 정무 3役 및 민주당 간부들은 불참배하다.

4.25. 나카이 日 납치문제 담당대신이 '북한자유주간(4.25~5.1, 서울)'행사 참석차 방한하다.

5.10. 한·일 지식인 214명이 한일병합은 원천무효라는 성명서를 발표하다.

5.28. 日정부 독자적으로 대북제재조치 실시하다. 히라노 관방장관 대북송금액(1천만엔->3백만엔) 및 현금반출(30만엔-> 10만엔) 상한선 하향조정 등 대북제재조치 각의결정후 발표하고, 선박검사법안(북한 출입 선박의 화물검사 관련 특별조치법안)성립시키다.

6.2. 일본 하토야마 총리가 사의를 표명하고, 후임에 간[菅直人] 민주당 대표를 선출하다.

6.5. 동경대 현대한국연구센터(센터장: 강상중교수) 개설하다. 한국 국제교류재단 지원으로 개설된 현대한국연구센터 개소식 및 기념 심포 지엄에 권철현 주일대사, 이어령 전 문화부장관, 마츠노관방부장관(하토야마총리 축하메시지 대독) 등이 참석하다.

6.13. 제18차 재일한국인 법적지위 관련 한·일 아주국장회의 개최하다. 장원삼 동북아시아국장 및 사이키 아시아대양주국장, 재일한국인의 지방참정권문제, 무연금 재일한국인 고령자·장애자 문제 등에 대해 협의하다.

6.29. 제 11차 한·일 EEZ 경계획정회담을 개최하다. 이기철 국제법률국장 및 츠루오카 국제법국장, EEZ관련 각국입장 교환 및 EEZ 경계획 정이 동북아 해양질서 구축과 양국의 우호증진에 중요하다는 인식 공유, 교섭 진전을 위한 노력에 합의하다.

8.10. 일본, 간[菅直人] 총리가 한일합병의 강제성을 인정하고 사과하다.

9.10. 日정부, 2010년 방위백서를 발표하다. 한국 외교통상부에서 동 백서에 독도에 대한 부당한 영유권주장이 포함된데에 대해 외교통상 부 당국자 논멸 및 외교 경로를 통해 일측에 유감과 즉각 철회를 촉구하다.

9.14. 일본, 간 총리가 민주당 대표 선거에서 승리하여 총리직을 유지하다.

9.24. 일본, 센가쿠 열도(중국명 다오위다오) 해역에 침입한 중국인 선장을 석방하다. 일본 내에서 굴욕 외교 논란이 제기되다.

10.3. 제18차 한·일 포럼을 동경에서 개최했다.

10.17. 日「다함께 야스쿠니신사에 참배하는 국회의원 모임」 소속 국회의원 66명(대리자 포함), 秋季例大際(10.17~20)에 야스쿠니신사를 참배하다.

11.7. 오사카, '사천왕사 왔소' 축제에서 권철현 주일대사가 대통령 메시지를 대독하다.

11.8. 한·일 외교장관 '도서협정'관련 전화를 통화하다.

12.11. 대한변호사 협회 및 일본변호사협회, '전쟁과 식민지 지배하에 있어서의 피해자의 구제를 위하여' 제하의 공동심포지엄을 개최하고 공동선언을 발표하다.

연도	한국
▲ 2010	야스쿠니신사에 참배하다. 내각 각료 및 부대신, 정무관 등 현직 정부인사 참배는 전무했다. 8.22. 김문수 경기도 지사 방일하다. 10.1. 한·일 협력위원회 차세대 지도자 방일하다. 이주영, 우윤근, 전여옥, 신영수, 박선영의원 한·일협력위원회 차세대 정치지도자 교환사업으로 방일하여 칸 총리예방하고, 미에하라 외무대신 등을 면담하다./ 한·일, 일·한 축제한마당 행사를 서울과 동경에서 동시에 개최하다. 한국측 행사(10.1~2, 동경개최)에는 일본 하토야마 前총리 부부, 센고쿠 관방장관, 미에하라 외무대신이 참석했고, 일본측행사(10.2~3)에는 유인촌 문화체육부 장관 등이 참석했다. 10.4. ASEM 정상회의 계기로 브뤼셀에서 한·일 정상회담을 개최하다. 10.11. 박희태 국회의장이 공식적으로 방일하여, 요코미치 중의원 의장, 니시오카 참의원 의장, 칸 총리 등 일본 주요인사를 면담하고, 가나가와 소재 윤봉길의사 순국기념비를 참배하다. 10.12. 친일반민족행위자 재산조사위원회 해산하다.(2006.7~) 10.22. '한·일 신시대 공동연구' 결과를 발표하다. 양측 위원장 결과보고서 내용 설명 및 외교통상부 홈페이지 등에 동 결과보고서 내용을 게재하다. 10.28. 이상득 한·일 의원연맹 회장 방일하여, 와타나베 일·한 의원현맹 회장, 오카다 민주당 간사장, 다니카키 자민당 총재, 야마구치 공명당 대표 등을 면담하다./ 한·일, 일·한 여성 친선협회 합동총회를 개최하다. 10.29. ASEAN+3/EAS 계기로 한·일 외교장관회담 개최하여, 김성환장관이 마에하라 외무대신과 한·일 관계 및 공동 관심사에 대해 의견 교환을 하다.
2011 **▼**	【한국】 1.8. 일본군 '위안부' 수요집회 1천회 기념하여 김운성·김서경 부부작가의 소녀상 건립하다. 1.15. 마에하라 세이지 일본 외무대신 방한하여 김성환 장관과 한.일 외교장관회담 및 공동기자회견 개최, 장관 주최 만찬 참석하고, 대통령을 예방하고, 통일부장관을 면담했다. 2.16. 장관 공식적 방일(2.16~17)하여, 칸 총리를 예방하고, 마에하라 외무대신과 한.일 외교장관회담 및 공동기자회견하고, 민주당, 자민당, 공명당 등 정당 대표 면담 등을 하다. 3.30. 정부 독도를 일본 영토로 기술한 일본 고교 교과서에 대해 일본 정부에 항의하다. 무토 주한일본대사 초치(3.30) 및 권철현 주일대사 日 외무대신 항의방문(4.1) 등을 통해 깊은 유감과 강력한 항의 표명하다. 4.11. 한국의 대일 인도적 지원에 대한 칸 나오토 일 총리 명의 감사서한 접수하다. 일측은 3.11 지진·해일 피해에 대한 우리나라의 적극적인 지원에 사의 표명하고, 또한, 한국의 적극 지원에 대해 사의를 표명하는 칸 총리 명의 광고 (조선일보, 4.11자) 및 '일본, 복구 그리고 新生의 길로'라는 칸 총리 명의 특별 기고문(동아일보, 4.25자) 게재하고, 여타 지원국 언론에도 광고 등 게재하다. 5.24. 이상득 한·일의원연맹 회장 방일하다. 6.27. 손학규 민주당 대표 방일하다. 오카다 민주당 간사장 등 정계지도자 면담 및 칸총리 예방, 센다이 지진피해지역 방문하다. 7.23. ASEAN+3/ARF 계기 한·일 외교장관회담 및 한·미·일 외교장관회담을 발리에서 개최하다. 김성환 장관, 마츠모토 日 외무대신과 한일관계, 한반도 정세 등 관련 의견교환 및 클린턴 美 국무장관, 마츠모토 日 외무대신과 북한문제 및 국제정세, 글로벌 이슈 등에 대해 의견교환 및 협력방안 논의하다. 7.29. 김재신 차관보는 무토 마사토시 주한일본대사를 외교부로 초치, 최근 거론되고 있는 일부 자민당 의원 일행의 울릉도 방문 문제와 관련하여, 동 의원 일행의 방한시 신변안전 확보가 어렵고 양국관계에 미칠 부정적 영향 등을 감안하여, 동 의원 일행의 입국을 허용할 수 없다는 우리 정부의 입장을 통보하였다. 8.1. 이재오 특임장관 독도 방문하다. 8.2. 우리 정부는 일본 정부가 발표한 2011년도 방위백서에 역사적·지리적·국제법적으로 명백히 우리 고유의 영토인 독도를 일본 영토로 주장하는 내용이 포함된 데 대해 강력히 항의하며, 이를 즉각 시정할 것을 요구했다. 나아가 독도는 우리나라가 영토 주권을 확고하게 행사하고 있는 우리 고유의 영토로서, 우리는 독도 영유권을 훼손하려는 어떠한 부당한 기도에도 단호히 대응해 나갈 것이라고 천명했다. 8.15. 대통령, 제65주년 광복절 경축사에서 한·일관계 언급하다. 미래를 위해 불행했던 과거에 얽매이지 않을 것이나 지난 역사를 결코 잊지 않을 것이며, 일본은 미래세대에게 올바른 역사를 가르칠 책임이 있음을 언급하다. 8.16. 노다 요시히코 일본 재무대신이 8.15(월) A급 전범을 전쟁범죄자가 아니라는 취지로 언급한 것은 과거 일본 제국주의의 침략의 역사를 부정하고자 하는 부적절한 언행이며, 이는 총리 담화 등을 통해 밝혀 온 일본 정부의 공식입장에도 부합하지 않는 발언이며, 우리 정부는 일본의 책임있는 정치인이 겸허한 자세로 과거의 역사를 직시하기를 촉구한다고 했다. 8.24. 제19차 한·일 포럼을 서울에서 개최하다. 8.30. 헌법재판소, 일본군 위안부 및 원폭 피해자 문제 관련 위헌 결정하다. 헌법재판소는 정부가 65년 청구권 협정에 따라 분쟁해결을 위한 노력을 하지 않은 것(부작위)은 위헌이라고 결정하다. 9.21. UN 총회 계기로 뉴욕에서 한·일 정상회담을 하다. 대통령, 노다 총리와 양국관계 발전방안, 북한문제, 국제무대에서의 협력 등 공동 관심사에 대해 협의하다.

일본

12.20. 한·일 원자력 협정에 서명하다.(동경)/ ㅂ내각부, '외교에 관한 여론조사' 결과를 발표하다. 내각부 여론조사(10.21~31, 20세이상 성인남녀 3천명 대상) 결과, 한국에 친밀감을 느낀다 61.8%, 한일관계가 양호하다 59.9%였다.

11.14. 칸 ㅂ총리, 서울 G20정상회의 참석차 방한하다. 대통령, 칸 총리와 한일관계, 북한문제, 국제무대에서의 협력 등 공동관심사에 관해 협의하다. 회담 말미에 김성환 장관 및 마에하라 외무대신, 양 정상 임석하에 '도서에 관한 대한민국정부와 일본국 정부간의 협정'에 서명하고, '협정' 체결로 일본 궁내청에 보관 중인 조선왕조의궤 등 도서 150종 1,205책을 반환하도록 했다. 11.21. 야마구치 ㅂ공명당 대표가 방한하여 대통령을 예방하고, 안상수 한나라당 대표 등을 면담하다.

11.24. 북한의 연평도 포격 도발 사건(11.23)관련하여 한·일 정상 및 외교장관간 전화통화를 하다.

11.29. 제34차 한·일, 일·한 의원연맹 합동총회를 동경에서 개최하다. 이상득 한·일 의원연맹 회장 등 30여명, 합동총회 참석차 방일하고, 양측 대표단 합동총회 후에 칸 ㅂ 일본 총리를 예방하다./ 김문수 경기도지사 방일하여 일본 첨단기업 투자 유치 및 한일 지자체간 교류 활성화를 도모하다.

11.30. 대통령, 모리 일·한의원연맹 前회장에 수교훈장 광화대장을 親授하다.

12.6. 제46회 한·일, 일·한 협력위원회 합동총회를 서울에서 개최하다. 나카소네 일·한 협력위원회 회장 등 대표단이 방한하여 신각수 1차관이 합동총회시 대통령 축하메시지를 대독했다. 양측 대표단이 합동총회 종료후에 대통령을 예방했다.

【일본】

1.26. LSH아시아장학회 주최 故이수현 타계 10주년 추모회 개최(1.26, 동경)하다. 권철현 주일대사 및 기쿠타 마키코 외무대신정무관, 대통령 및 칸 나오토 일본 총리의 추모메시지를 각각 대독하다.

2.15. 제13차 한.일 어업공동위원회 제3차 소위원회 및 전체회의(2.15~18, 동경)를 개최하다.

2.22. 시마네현 주최 "독도의 날" 행사 개최하다. 한국 정부는 외교부 대변인 논평을 통해 강한 유감 표명하다.

3.11. 일본, 동북부지방 해저에서 규모 9.0의 지진 발생하다. 일본 역사상 최악의 지진으로 막대한 피해가 발생하다. 대통령 명의 칸 총리 앞 위로전(3.12) 및 장관명의 마츠모토 외무대신 앞 위로전 전달하고, 칸 총리에게 위로전화를 하다.(3.13)

3.12. 일본, 지진으로 후쿠시마[福島] 원자력 발전소가 폭발하여 방사능 공포가 확산되다.

3.19. 한·일 외교장관 회담(3.19, 교토)을 하다. 김성환 장관, 한·중·일 외교장관회담 참석차 방일 계기로 한·일 외교장관 회담시 일본 지진·해일 사태, 한.일관계, 북한문제 등에 대해 의견교환을 하다.

3.16. 일본, 지진 피해로 엔 달러 가치가 전후 최저 수준을 기록하다. 달러당 76.52엔.

4.5. 일본 후쿠시마 원자력발전소의 방사능 오염수를 바다에 무단 방류한다고 주변국에서 항의를 하다.

4.12. 일본, 후쿠시마 원자력발전소 사고 등급을 최악인 7등급으로 올리다./ 한·일 원자력 전문가간 협의회(4.12-13, 동경)를 개최하다. 3.11 대지진으로 인한 일 원전 사고 및 4.4 방사능 오염수 방출 이후 양국 원전관련 향후 협력방안 등에 대해 의견을 교환하다.

4.22. 「다함께 야스쿠니신사에 참배하는 국회의원 모임」소속 국회의원 54명이 춘계예대제 계기 야스쿠니신사 참배하다.

5.20. 한·일 외교장관 회담(5.20, 동경)하다. 3.11 대지진으로 인한 일 원전 사고 및 4.4 방사능 오염수 방출 이후 양국 원전관련 향후 협력방안 등에 대해 의견 교환하다.

5.21. 이명박 대통령, 제4차 한·중·일 정상회담 참석차 일본을 방문하다. 22일 원자력 안전과 재난관리 협력 강화에 합의하다. 동일본 지진 피해지역 및 이재민 피난소 방문, 3국 정상 후쿠시마 이재민 피난소 방문, 칸총리 주최 만찬에 참석하다.

6.3. 오사카부 의회, 국가 기미가요를 부를 때 공립학교 교직원 기립 조례 가결하다.

6.6. 제47회 한·일/일·한협력위원회 합동총회 개최하다./ 남덕우 한일협력위원회 회장 등 대표단 방일하다. 이경수 주일대사대리, 합동총회시 대통령 축하메시지 대독하고, 양측 대표단, 합동총회 종료 후 칸총리를 예방하다.

6.10. 신각수 신임 주일본대사가 일본에 부임하다./ 한·일 도서협정 발효하다. 도서협정 발효관련 외교통상부 대변인논평 발표하다.

6.15. 맹형규 행정안전부장관 독도 방문하다.

6.24. 제19차 재일한국인 법적지위 관련 한·일 아주국장회의를 동경에서 개최하다. 장원삼 동북아시아국장 및 스기야마 아시아대양주국장, 재일한국인의 지방참정권 문제, 무연금 재일한국인 고령자·장애자 문제 등에 대해 협의하다.

6.30. 제12차 한·일 차관전략대화를 동경에서 개최하다. 박석환 제1차관 및 사사에 사무차관이 한일관계, 북한 문제 및 동아시아 정세, 글로벌 과제 등 양측 관심사에 대해 의견을 교환하다.

7.14. 일본 외무성이 대한항공의 독도 시험비행에 항의하여 1개월간 대한항공 이용자제를 소속 공무원들에게 지시하다.

7.15. 나카노 칸세이 ㅂ 납치담당대신 겸 국가공안위원장 방한하다.

8.1. 독도영유권 문제 쟁점화하기 위해 울릉도를 방문하려는 일본위원 3명이 김포공항에 내리자, 정부에서 입국금지 조치를 취하고 돌려 보내다.

8.2. ㅂ정부, 2011년 방위백서 발표하다. 이에 대해 한국 외교통상부, 동 방위백서에 독도에 대한 부당한 영유권 주장이 포함된 데 대해 외교통상부 당국자 논평 및 외교경로를 통해 일측에 유감과 즉각 철회를 촉구하다.

8.15. ㅂ '다함께 야스쿠니신사에 참배하는 국회의원 모임' 소속 국회의원 53명이 종전기념일을 계기로 야스쿠니신사를 참배하다.

9.20. 일본, 15호 태풍 '로키'가 중부지방을 강타하자 나고야 주민 등 140여만명에게 피난을 명령하다.

연도	한국
▲ 2011	9.24. UN 총회 계기로 뉴욕에서 한·일 외교장관이 회담하다. 김성환 장관이 겐바 외무대신과 한·일관계 및 북한문제 등 공동 관심사에 대해 협의하다. 10.1. 한·일 축제한마당 2011 in Toyko 개최(10.1~2, 동경)하다. 10.18. 일본 노다[野田佳彦] 총리가 방한하여 일제강점기의 약탈도서 중 조선왕실의궤 등 일부(5권)를 반환하다. 11.19. ASEAN+3 계기 한·일·중 정상회담 개최(11.19, 발리)하다. 11.28. 제35차 한·일/일·한의원연맹 합동총회 개최(11.28, 서울)하다. 11.- '일본군위안부' 일본대사관 앞 수요집회 1천회 소녀상 건립하다. 12.6. 일본에 강탈되었던 조선왕실도서 147종 1,200책이 90여년 만에 귀환하다. 12.12. 제2기 한·일 신시대공동연구 출범하다.
2012	【한국】 1.8. 박희태 국회의장 방일하다. 1.21. 한·일 원자력 협정 발효되다. 1.25. 김성환 장관이 군대위안부 피해자 할머니(2명)와 관계자를 면담하다. 1.26. 김재신 차관보는 카네하라 노부카츠 주한일본대사대리를 초치하여, 겐바 코이치로 일본 외무대신이 1.24(화) 일본 국회 본회의 외교연설에서 우리 고유의 영토인 독도에 대해 부당한 발언을 한 것에 대해 강력히 항의하고, 이를 즉각 철회할 것을 요구했다. 2.20. 한·일 젊은 외교관 교류사업 실시하기 위해 외교부 직원(1명)을 일본 외무성에 파견 근무하게 하다.(2.20~2.2) 3.1. 이명박 대통령 3·1절 행사 기념사에서 일본군 위안부 문제의 조속한 해결을 촉구하다. 3.27. 한국 정부는 독도 영유권 주장이 포함된 고등학교 교과서의 검정통과에 대해 외교통상부 대변인 성명, 주한총괄공사 초치 등을 통해 강력 항의 및 근본적인 시정 촉구하다. 4.6. 한국 정부는 독도에 대한 부당한 주장이 포함된 외교청서 발표에 대해, 외교통상부 대변인 논평하고, 주한일본대사관 참사관 초치 등을 통해 깊은 유감 표명 및 강력 항의하다. 4.7. 제6차 한·일·중 외교장관회담 계기 한·일 외교장관회담을 중국 닝보에서 개최하다. 5.13. 제5차 한·일·중 정상회의 계기 한·일 정상회담을 베이징에서 개최하다. 5.24. 대법원, 일제하 강제징집자의 손해배상 청구소송에서 원고 승소 판결을 내리다. 일본 최고재판소의 판결을 번복하다. 6.26. 정부, 한일군사정보보호협정 안건을 비공개로 통과시키다. 6.29. 대한민국·일본 간 '한일군사정보협정' 체결 1시간 전에 무기한 연기하다. 비판 여론으로 체결 연기를 결정하다. 7.15. 마에하라 前외무대신 등 민주당「전략적 일한관계를 구축하는 의원 모임」일행 방한하다. 7.31. 우리 정부에서 일본 정부가 7월 31일 발표한 2012년도 방위백서에 역사적, 지리적, 국제법적으로 명백히 우리 고유의 영토인 독도를 일본 영토로 주장하는 내용을 또다시 포함시킨 데 대해 강력히 항의하며, 이를 즉각 시정할 것을 촉구했다. 8.10. 이명박 대통령, 독도를 전격 방문하다. 겐바 코이치로 日 외무대신이 신각수 주일본대사 초치하여 항의하고, 무토 마사토시 주한일본대사 일시귀국하다. 김성환 장관, 겐바 외무대신과 전화통화하다. 8.15. 이명박대통령, 광복절 경축사에서 일본 위안부 문제등 피해자에 대한 일본의 성의를 촉구하다. 8.17. 일본 노다총리가 이명박대통령의 독도방문과 일왕의 사과요구 발언 등에 대해 유감의 뜻을 밝히는 서한을 보내오다. 23일 접수하지 않고 반송하다. 8.19. 경상북도, 대통령 친필을 새긴 독도표지석을 세우다. 신라의 우산국 진출 1500주년 기념 및 강력한 영토수호 의지 천명 목적을 나타내다. 8.21. 일본이 독도문제를 국제사법재판소에 제소하자는 외교문서를 보내오다. 정부에서 기존입장을 고수하며 거부하다. 8.24. 노다 일본 총리가 금일 기자회견을 통해 역사적·지리적·국제법적으로 명백히 우리의 고유 영토인 독도에 대해 부당한 영유권 주장을 되풀이한 데 대해 강력히 항의하며, 즉각 철회할 것을 촉구했다. 8.27. 日 참의의 '이명박 한국 대통령의 독도 상륙과 천황 관련 발언에 항의하는 결의'채택에 대한 외교통상부 대변인 논평 발표하다./ 일본 중의원이 명명백백한 우리 고유의 영토인 독도와 우리 대통령의 발언에 대해 부당한 주장을 담은 결의를 채택한데 대해 심히 유감스럽게 생각하며 즉각 철회할 것을 촉구했다. 8.29. 외교부에서 일본 중의원 결의에 이어, 참의원이 또다시 우리 영토인 독도에 대해 부당한 주장을 되풀이하는 결의를 채택한 것은 일제 식민 침탈의 잔재를 청산할 의지가 없음을 보여주는 것이라고 항의하다. 일본군 위안부 피해자 문제는 일본 정부 스스로 지난 1993년 고노 담화를 통해 강압에 의해 다수 여성의 명예와 존엄에 깊은 상처를 입힌 문제로 인정하였으며, 유엔도 이미 수차례에 걸친 보고서 등을 통해 일본 정부의 책임 인정, 피해자에 대한 사죄·배상, 책임자 처벌 등을 촉구한 바 있으며, 최근 일본의 일부 지도급 인사들이 피해자들의 고통과 국제사회의 준엄한 지적을 외면하고, 일본 정부가 인정한 위안부 동원의 강제성까지 부정하는 발언을 계속하고 있는 것은 실로 시대의 흐름을 거스르는 행위라고 외교통상부 대변인이 성명을 발표하다. 9.8. APEC 정상회의 계기로 김성환 외교통상부 장관과 겐바 코이치로(玄葉 光一郎) 일본 외무대신 이 블라디보스톡에서 한·일 외교장관간 회동하다.

일본

10.17. 야스쿠니신사 추계예대제(10.17~20)에 日국회의원 68명 참배하다.

12.25. 일본 노다총리 중국을 방문하여 후진타오국가주석과 북한 김정일 국방위원장 사후의 한반도 안정과 평화문제에 대하여 협의하다.

12.14. 일본 대사관 앞 위안부문제 해결을 위한 수요집회 1000회 개최하다.

12.17. 이명박 대통령, 일본을 방문하여 노다총리와의 회담에서 일본군위안부 문제의 조속한 해결을 요구하다.

12.19. 김정일 사망 관련 한·일 정상간 전화통화하다.

【일본】

1.24. 겐바 코이치로 일본 외무대신, 일본 국회 외교연설에서 독도 관련 부당한 영유권 주장하다. 외교통상부 대변인 성명을 내고, 카네하라 주한일본대사대리 초치하여 강력 항의 및 즉각 철회 촉구하다.

1.25. 일본, 엔고 및 원자력발전소 사고 결과로 31년만에 무역 적자를 기록하다.

2.22. 日 시마네현 주최 "독도의 날" 행사 개최하다.

3.27. 일본 문부과학성, 고등학교 교과서 검정결과 발표하다.

4.6. 日 정부, '2012 외교청서'발표하다.

4.11. 「독도 문제 조기 해결을 요구하는 도쿄 집회」에 日 정부 관계자 및 국회의원 등이 참석하다. 한국 정부는 외교통상부 대변인 논평 및 주한총괄공사 초치 등을 통해 깊은 유감 표명 및 우리 정부의 엄중한 입장을 전달하다.

5.2. 일본, 일본 열도의 상업용 원자로 생산을 전면 중단하고, 42년만에 정기점검을 하다.

5.6. 일본, 동북부지방에 초대형 토내이도가 발생하여 500여명의 사상자와 가옥 500여채가 파손되다.

5.14. 사토 유헤이(佐藤 雄平) 후쿠시마현 지사 방한하다.

5.21. 일본, 영국 피치(Pitch)사가 일본 공공부채 지율 상승을 이유로 국가 신용등급을 A+로 2단계 하향조정하다.

7.7. 일본 센카쿠 열도에 대해 국유화 방침 발표하다.

7.15. 일본, 주중 일본대사를 센가쿠열도 국유화 반대 발언과 관련하여 귀국 조치하다.

7.31. 일본, 독도 영유권 내용이 포함된 '방위백서' 발표하다.

8.10. 일본, 이명박 대통령의 독도방문에 항의하여 주한 일본대사를 전격 소환하다.

8.17. 일본 정부의 독도 국제사법재판소(ICJ) 회부 및 교환공문에 따른 조정 제안 계획 발표에 대한 외교통상부 대변인 논평 발표하다.

8.19. 일본, 구위원 등 10명이 센카쿠제도에 상륙하여 일장기를 게양하다. 중국에서 일장기를 불태우며 반일 시위를 하다.

8.24. 日 중의원의 '이명박 한국 대통령의 독도 상륙과 천황 관련 발언에 항의하는 결의'채택(8.24)에 대한 외교통상부 대변인 논평 발표하다.

9.10. 일본, 센카쿠열도 국유화를 선언하자, 중국은 영해기선을 선언하다.

9.21. 일본 노다총리, 민주당 대표에 재선되어 총리직을 유지하다.

9.29. 「한·일 축제한마당 2012 in Toyko」를 동경에서 개최(9.29~10.2)하다.

10.7. 야스쿠니신사 추계예대제(10.17~20)를 계기로 아베 신조(安倍 晉三) 자민당 총재와 日 국회의원 67명 및 현직 각료 2명 참배하다.

10.11. 일본 법원이 1965년 한일기본조약과 관련한 일본측 문서 공개를 결정하다. 일본군 위안부 문제 피해자측이 승소하다.

10.30. 벳쇼 고로(別所 浩郎) 주한일본대사 부임하다.

12.7. 도후쿠지방 앞바다에서 규모 7.3. 지진 발생하다.

12.12. 북한 장거리 미사일 발사 관련 김성환 장관-겐바 코이치로(玄葉 光一郎) 일본 외무대신간 전화통화하다.

12.16. 일본, 중의원 선거에서 여당인 민주당을 누르고 야당인 자민당이 압승하다.

12.20. 제20차 한·일 포럼(12.20-22, 동경)을 개최하다.

12.26. 아베 신조(安倍 晉三) 일본 자민당 대표, 제96대 총리로 선출되다.

12.27. 김성환 장관과 기시다 후미오(岸田 文雄) 신임 일본 외무대신간에 전화통화하다.

9.9. APEC 정상회의 계기로 이명박 대통령과 노다 요시히코(野田 佳彦) 일본 총리가 블라디보스톡에서 한·일 정상간 회동하다.

9.26. 「대일외교 청년자문단」이 발대식을 개최하다.

9.27. 유엔총회를 계기로 뉴욕에서 한·일 외교장관회담을 하다.

10.7. 제48회 한일, 일한 협력위원회 합동총회를 서울에서 개최하다.(10.7-8)

11.22. 오오무라 히데아키(大村秀章) 아이치현 지사 방한(11.22-24)하다. 안호영 제1차관 주최 오찬, 곽영진 문화체육관광부 제1차관 예방, 이참 한국관광공사 사장을 예방하다.

연도	한국
2013	【한국】 2.5. 외교통상부 대변인이 일본 정부가 2월 5일 영토.주권대책기획조정실 설치를 발표한 것은, 일본이 독도에 대한 제국주의 침탈의 역사를 아직도 반성하지 못하고 있음을 보여주는 매우 유감스러운 행동으로, 우리 정부는 이에 강력히 항의하며 시대역행적인 조치를 즉각 철회할 것을 촉구했다. 2.12. 북한 제3차 핵실험 관련하여 김성환 장관과 기시다 후미오(岸田 文雄) 일본 외무대신이 전화 통화를 하고, 이어 이명박 대통령과 아베 신조(安倍 晉三) 일본 총리와가 전화통화를 하다. 2.14. 서울신문 주최 '포럼'을 계기로 고노 요헤이(河野 洋平) 일본 前중원의장 방한하고, 대통령 당선인을 접견하다. 2.22. 정부, 일본의 '다케시마의 날' 행사에 일본 중앙정부 인사가 참석한 것을 강력하게 항의하다. 2.23. 제18대 박근혜 대통령 취임식 참석차 모리 요시로(森 喜朗) 일본 前총리, 후쿠다 야스오(福田 康夫) 일본 前총리, 누카가 후쿠시로(額賀 福志郎) 일.한의련 회장 일행이 방한하고, 누카가 일한의련 회장 일행 및 후쿠다 前총리가 대통령 예방하고, 누카가 회장 일행 국회의장 예방하다. 2.25. 제18대 박근혜대통령 취임하다./ 제18대 대통령 취임식 참석차 아소 타로 일본 부총리 겸 재무대신이 일본 정부대표 자격으로 방한(2.24-25)하여, 박근혜 대통령을 예방(2.25)하고, 취임식에 참석하다. 3.4. 일본 외무대신의 외교 연설중 독도 관련 언급에 대해 외교통상부 대변인이 유감스럽다고 논평하다. 3.6. 박근혜 대통령-아베 신조(安倍 晉三) 일본 총리간 전화 통화하여, 취임 축하 및 한일 관계, 북한문제 등 관련의견 교환하다. 3.28. 외교부 대변인이 일본 정부가 3.26(화) 여전히 역사를 직시하지 않고 자신의 책임을 외면하는 내용을 포함한 고등학교 교과서를 검정 통과시킨 데 대해 강력히 항의하며, 이의 근본적인 시정을 촉구했다. 3.15. 한·일 기자단 교류 관련, 일본 기자단 방한(3.11-16)하여, 윤병세 장관과 인터뷰하다. 4.25. 김규현 외교부 제1차관은 4.25(목) 오전「벳쇼 고로」주한일본대사를 초치, 최근 일본 정부와 정계 지도급 인사들의 시대역행적 언행에 대한 우리 정부의 엄중한 입장을 전달했다. 김 차관은 일본 사회가 내부적으로는 그토록 정직과 신뢰를 소중한 가치로 여기면서도, 일본의 과거 침략과 식민지 지배로 인하여 이웃나라에 끼친 이루 말할 수 없는 피해와 고통에 대해서는 눈을 감고 귀를 막고 있는 것을 도저히 이해할 수 없다고 지적하고, 일본과 밝은 미래를 함께 열어 나가고자 하는 우리 입장에서 극도의 안타까움을 금할 수 없다고 했다. 5.15. 하시모토 토오루(橋下 徹) 일본 오사카시장의 일본군 위안부 발언 관련에 대해 한국 외교부 대변인 논평 발표하다. 5.24. 이나다 토모미(稻田朋美), 일본 행정개혁담당대신의 일본군 위안부 발언과 관련하여, '전시 성폭력'이 '합법'이라는 이나다 행정개혁담당대신의 발언은 여성의 존엄과 인권에 대한 중대한 모독이며, 반인도적 범죄를 옹호하고자 하는 상식 이하의 발언으로 용납될 수 없으며, 즉각적인 철회를 촉구한다고, 외교부 대변인이 논평했다. 6.4. 제네바에서 개최된 제23차 유엔 인권이사회 일반토의시, 우리 정부 대표(최석영 주제네바대사)가 최근 일본의 일부 정치인들이 일본군위안부를 정당화하는 비이성적이고 용납할 수 없는 발언을 하는데 대해, 역사에 대한 심각한 몰이해와 여성의 존엄과 진실에 대한 모독을 나타내는 것이라고 하면서 깊은 우려를 표명하였다. 6.14. 이병기 신임 주일본대사 부임하다. 7.1. 무라카미 하루키, 『색채가 없는 다자키 쓰쿠루와 그가 순례를 떠난 해』(민음사) 출판하다./ ARF 외교장관회의 계기로 윤병세 장관과 기시다 후미오(岸田文雄) 일본 외무대신이 한·일 외교장관회담을 브루나이에서 개최하다. 7.4. 아베 신조(安倍晉三) 일본 총리의 "침략의 정의는 역사가에게 일임해야 한다"는 발언과 관련하여 외교부 당국자 논평을 발표하다. 7.9. 일본 정부 2013년도 방위백서 각의 결정 및 발표하다. 동 백서에 독도에 대한 부당한 영유권 주장이 포함된 데 대해 외교부 대변인 성명 및 외교경로를 통해 일측에 강력항의하고, 시정을 촉구하다. 7.10. 서울고법, 일제 때 신일본제철 강제징용피해자 4명에게 각각 1억원씩 배상 판결하다. 7.17. 김규현 제1차관, 주일본대사관 신청사 개관식 참석차 방일(7.17-19)하다. 기시다 후미오(岸田 文雄) 일본 외무대신 예방하고, 주일본대사관 신청사 개관식 참석, 사이키 아키타카(齋木 昭隆) 일본 사무차관 면담하였다. 7.29. 한국인 등산객 4명이 일본의 '중앙알프스' 히노키오다케[檜尾岳]에서 조난사고로 사망하다. 7.30. 미국 캘리포니아주 글렌데일[Glendale]市 시립공원에 일본군 위안부피해를 기리는 '평화의 소녀상'이 건립되다. 8.2. 일본 내각부의 독도문제 여론조사 결과 발표(8.1)에 대한 외교부 대변인 논평 발표하다. 8.15. 일본 종전기념일 계기 일본 정치인들 및 일부 각료들의 야스쿠니 참배에 대한 외교부 대변인 논평 발표하다. 8.21. 제21차 한·일 포럼(8.22-24, 서울)을 개최하다. 8.30. 일본군 위안부 피해자 문제 관련하여 외교부 대변인이 성명을 발표하다. 2011.8.30. 헌법재판소의 결정 이래 우리 정부는 한·일 청구권 협정에 따른 양자 협의에 응할 것을 일측에 지속적으로 요구하여 왔으나, 그럼에도 불구하고, 아직까지도 일본 정부가 이에 응하지 않고 있는데 대해 깊은 유감을 표명하며, 일측이 한·일 청구권 협정에 따른 양자 협의에 조속히 응할 것을 다시 한 번 강력히 촉구했다. 9.6. 정부, 일본 후쿠시마 해역의 방사능오염수 대량유출과 관련하여 주변 수산물 수입을 전면 금지하다. 16일 일본이 수산청 간부를 보내 강력히 항의하다. 9.15. 「한·일 축제한마당 2013 in Seoul」 개최(9.15, 서울)하다.

일본

【일본】

1.4. 누카가 후쿠시로(額賀 福志郎) 일·한의련 간사장 등 일본 아베 총리 특사단 방한(1.4)하다. 대통령 당선인 예방 및 김성환 장관과 면담하다.

1.10. 제12차 한·일 차관전략대화를 안호영 제1차관과 가와이 치카오(河相 周夫) 사무차관이 동경에서 개최하다.

2.22. 일본, '다케시마의 날'행사를 개최하다. 중앙정부 차관급 인사 및 국회의원 다수 참석하다./ 일본 아베총리 미국을 방문하여 오바마대통령과 정상회담 후 미일동맹 복원을 선언하다.

2.28. 기시다 후미오(岸田 文雄) 일본 외교대신이 중의원 외교연설중 독도관련 언급하자, 한국 외교통상부 대변인 논평 발표하다.

3.26. 일본 문부과학성, 독도에 대한 부당한 영유권 주장을 포함한 고등학교 교과서 검정결과 발표하다. 한국 외교부 대변인 성명을 내고, 주한총괄공사 초치 등을 통해 강력 항의하고, 근본적인 시정을 촉구하다.

4.5. 일본 정부, 독도에 대한 부당한 영유권 주장을 담은 외교청서 각의 결정하자, 한국 외교부 대변인 이 강력히 항의하며 성명을 발표하다.

4.21. 일본 야스쿠니 춘계예대제(4.21-23)때에 아베 신조(安倍 晋三) 총리 내각총리대신 명의로 공물봉납을 하고, 아소 타로(麻生太郎) 부총리, 신도 요시타카(新藤 義孝) 총무대신, 후루야 게이지(古屋 圭司) 납치문제담당대신 등 정부 고위인사 참배하다. 한국 외교부 대변인 이에 대해 논평을 발표하다.

4.23. 일본, 아베총리가 1995년 일본의 침략전쟁과 식민지 지배를 사과한 무라야마총리의 담화와 관련하여 '침략'이라는 정의는 정해진 것이 없다고 망언하다.

4.24. 아베총리, 각료들의 야스쿠니 신사 참배는 당연한 일이라고 언급하다./ 센카쿠열도에 극우단체자들을 실은 배 10척이 진입하여, 중국에서 이에 대응하여 군용기 40여대를 출동시켜 맞대응하다.

4.29. 일본 조텐지[承天寺]에서 14세기 후반의 水月觀音圖가 처음 발견되다.

5.17. 일본, 아베총리 야스쿠니신사 참배는 미국 알링턴 국립묘지 참배와 동일한 것이라고 망언하다.

5.18. 일본유신회 이시하라[石原愼太郎] 공동대표가 일본은 주변국을 침략한 적이 없다고 망언하다.

5.19. 일본 오사카 하시모토[橋下徹]시장, 일본군 위안부는 성노예가 아니라고 망언하다.

5.24. 일본 무라야마 전총리 일본군위안부는 성노예가 아니라고 망언한 하시모토 오사카 시장에게 사과표명과 발언내용 정정을 요구하다.

6.22. 일본, 후지산이 유네스코 세계문화유산에 등재되다.

7.21. 일본, 참의원 선거에서 연립여당이 과반수 의석을 확보함에 따라 아베총리 내각의 3년 집권가능하여 독주체제가 전망되다.

7.29. 일본 아소[麻生太郎]부총리, 개헌을 독일 나치정권을 본받아 조용히 추진하겠다고 발언을 하다.

8.1. 아소부총리 비판이 일어나자 발언을 취소하다.

8.4. 일본, 화물 운반 로봇발사에 성공하다. 우주인을 위한 일용품과 말동무 로봇을 탑재하다.

8.6. 일본, 사상 최대규모(248m)의 헬기모함을 공개하다.

9.14. 일본, 자체 개발한 신형 고체연료 로켓발사에 성공하다.

9.21. 「한·일축제한마당 2013 in Tokyo」 개최(9.21~22, 동경)하다.

10.3. 미국, 일본 도쿄에서 외교·국방 장관 참여한 안전보장협의위원회를 개최하여 일본의 '집단적 자위권' 행사를 지지하다.

11.15. 제49회 한일/일한 협력위원회 합동총회(11.15, 동경)를 개최하다. 이승윤 회장대행 등 한일협력위원회 대표단(총15명) 개최 후에 아베총리를 예방하다.

11.19. 일제강점기 관동대지진 학살사건·강제 징용·3.1운동 피살자 명부 등 최초 공개하다.

12.17. 일본, 중국과 북한에 대한 군사적 강화목적의 국가안전전략을 확정 발표하다.

12.26. 아베 신조 일본 총리가 야스쿠니 신사 참배를 강행하다.

9.26. UN 총회계기로 윤병세 장관과 기시다 후미오(岸田 文雄) 외무대신이 한·일 외교장관 회담(9.26, 뉴욕)을 개최하다.

10.17. 일본 총리의 야스쿠니 신사 공물봉납 관련하여, 아베 신조(安倍 晋三) 총리가 과거 침략전쟁을 미화하고 전쟁범죄자를 합사한 야스쿠니 신사에 또 다시 공물을 보낸 데 대해 깊은 우려와 유감을 표하지 않을 수 없으며, 일본의 정치인들은 역사에 대한 겸허한 성찰과 반성을 기초로 주변국들과 국제사회로부터 신뢰를 쌓아 나갈 것을 다시 한번 촉구한다고, 한국 외교부 대변인의 논평을 발표하다.

10.23. 일본 외무성의 독도 영유권 주장 동영상 유포에 대한 외교부 대변인 논평 발표하다.

10.23. 외교부, 일본의 독도영유권 주장을 담은 동영상 유포에 대해 항의하다.

11.25. 한·일 젊은 외교관 교류사업 실시(11.25~12.6)하기 위해 일본 외무성 직원 1명을 접수하다.

11.30. 제36차 한일, 일한의원연맹 합동총회(11.30, 동경)를 위해 황우여 회장 등 한일의련 소속 국회의원(약40명)이 방일(11.29-30)하다.

12.2. 일본 외무성의 독도 영유권을 주장하는 동영상 9개국어판 추가게재에 대해, 강력히 항의하고, 관련 내용을 즉각 삭제할 것을 요구한다는 외교부 대변인의 논평을 발표하다.

12.17. 일본 국가안보전략(NSS)의 독도 기술에 대해 한 외교부 대변인 논평을 발표하다.

12.24. 제2기 한·일 신시대 공동연구 최종보고서 접수하다.

12.26. 유진룡 문화체육부 장관이 일본 아베총리의 야스쿠니신사 참배에 대해 개탄과 분노를 금할 수 없다는 비난 성명을 발표하다.

연도	한국
2014 ▼	**【한국】** 1.1. 일본 아베총리 신년사를 통해 평화헌법개헌과 적극적 평화주의 추진을 강조하여 '새로운 국가만들기'를 주장하다. 1.20. 일본 관방장관의 안중근 의사 발언 관련하여, 일본의 지도급 인사들은 하루 속히 과거 일본 제국주의의 과오를 진심으로 뉘우치고 겸허한 마음으로 역사를 마주해야 할 것이라고 외교부 대변인 논평을 발표하다. 1.24. 일본 외무대신의 독도 도발 및 정부 홈페이지 개설 관련하여 외교부 대변인이 성명을 발표하다. 1.28. 외교부, 일본 정부가 일본 학습지도요령해설서에 독도가 자국 영토임을 명시한데 대해 강력히 항의하다. 1.29. 윤병세 외교부장관이 설 명절을 계기로 일본군위안부 피해자 거주 시설인 나눔의 집 및 정대협 쉼터 '우리집'을 방문하다. 1.30. 우리나라의 일본군위안부 기획전 〈지지 않는 꽃〉이 프랑스 앙글램 국제 만화 훼스티발에 선보임 2.11. 일본 무라야마 전총리가 방한하여 일본군 위안부 희생자 첫 면담을 하다. 2.22. 일본 시마네현 제9회 '독도의 날' 행사 개최 관련하여, 일본의 독도도발과 일본군 위안부 문제 책임회피의 뿌리는 하나라고, 외교부 대변인의 성명을 발표하다. 2.28. 스가 요시히데(菅 義偉) 일본 관방장관의 정부내 고노담화 관련 검토팀 설치한 것과 관련하여, 고노 담화는 일본 정부가 대외적으로 천명한 공식 입장이고, 역사의 진실을 부정하면 할수록 일본은 국제사회로부터 더욱 고립되고, 일본 정부가 대외적으로 표방하고 있는 소위 '적극적 평화주의'도 공허한 구호로 끝날 것이라고 외교부 대변인이 논평을 발표하다. 3.1. 대통령, 제95주년 3·1절 기념사에서 한·일관계에 관련하여 발언하다. 3.3. 북한, 일본과 중국 선양에서 적십자사 실무회담을 개최하여 일본인 납북자 문제 등 현안을 논의하다. 3.4. 사쿠라다 요시타카 일본 문부부대신의 위안부 날조 취지 발언에 관련하여 외교부 당국자가 논평을 발표하다. 3.5. 윤병세 외교부장관, 제네바에서 열린 유엔 인권이사회 기조연설에서 일본의 일본군 위안부 문제에 대한 태도를 강력히 비판하다. 1945년 유엔 창설이후 처음 문제 제기하다. 3.15. 박근혜대통령, 일본 아베총리가 무라야마 담화와 고노담화를 인정한다고 언급한 데 대해 다행이라고 평가하다. 4.16. 한일 외교부 국장급회의가 서울에서 개최하여 일본군위안부 문제만을 논의한 첫 대면이 되다. 6.20. 외교부는 일본 정부가 발표한 고노 담화 검증결과에 대한 우리정부의 입장과 함께 국제사회의 시각을 일목요연하게 알 수 있도록 뉴욕타임즈 등 해외 저명언론의 사설과 국내 유력 인사들의 언론 기고문을 외교부 홈페이지 팝업존 링크를 통해 소개하였다. 아울러 6.27(금)에는 일본군위안부 피해자 문제에 대한 본질을 보다 정확히 이해할 수 있도록 하기 위해 우리나라를 비롯하여 중국, 필리핀 등 일본군위안부 피해자들의 생생한 육성증언을 담은 두 편의 다큐멘터리 영상을 게재하였다. 외교부는 정부내 관련부처·기관과 함께 일본군위안부 피해자 문제에 대한 역사적 진실을 국제사회에 널리 알리는 노력을 계속 전개하는 한편, 위안부 피해자 직접 관련국 및 전시 성폭력 문제 근절을 위해 노력하는 국가들과도 협력하여 일본군위안부 피해자 문제의 해결을 위해 일본 정부의 진정성 있고 책임있는 행동을 지속적으로 촉구해 나갈 예정이라고 밝혔다. 7.1. 우리 정부는 금일 일본 정부가 '집단적 자위권 행사불가'라는 기존의 헌법해석을 변경하여 집단적 자위권을 제한적으로 인정키로 결정한 것과 관련, 이를 전후 평화헌법에 따른 방위안보정책의 중대한 변경으로 보고, 예의주시한다고 대변인이 성명을 발표하다. 7.23. 일본군위안부 피해자 문제 관련하여 이상덕 동북아시아국장과 이하라 준이치(伊原 純一) 日 외무성 아시아대양주 국장간에 서울에서 한·일 국장급 협의를 개최하다./ 마스조에 요이치(舛添 要一) 동경도지사 방한하여 박근혜 대통령을 예방하다. 8.2. 영화 〈명량〉이 1일 관객 100만명을 기록하다. 10일 최단 시일에 1천만 명을 기록하다. 16일 1,362만여명으로 우리나라 최다 관객수를 기록하다. 8.15. 우리 정부는 아베 신조(安倍 晋三) 일본 총리가 일본의 식민침탈과 침략전쟁 미화의 상징인 야스쿠니 신사에 또다시 공물료를 봉납하고, 일부 현직 각료 및 국회의원들이 참배를 강행한 데 대해 개탄을 금할 수 없다고 외교부 대변인 논평을 하다. 8.23. 유흥수 신임 주일본대사 부임하다. 8.28. 무라카미 하루키, 『여자없는 남자들』(문학동네) 출판하다. 8.30. 일본군위안부 피해자 문제에 대한 헌법재판소 결정 3주년을 계기로 외교부 대변인 논평 발표하다. 9.12. 한·일·중 고위급회의(SOM) 계기로 이경수 차관보와 스기야마 신스케(杉山 晋輔) 일 외무성 외무심의관 한·일 양자협의를 하다. 9.18. 이상덕 동북아시아국장은 이하라 준이치(伊原純一) 일본 외무성 아시아대양주국장과 9.19(금) 동경에서 일본군위안부 피해자 문제 관련 한·일 국장급 협의를 가질 예정이다. 동 협의는 지난 4.16(수) 서울, 5.15(목) 동경, 7.23(수) 서울에서 3차례 개최된 바 있다 9.19. 박근혜 대통령이 모리 요시로(森喜朗) 동경올림픽 조직위원회 회장(前 일본 총리)을 접견하다. 9.25. 윤병세 외교부 장관은 유엔 총회 참석 차 뉴욕 방문 기간 중 9.25(목) 오후(현지 시간)「기시다 후미오(岸田文雄)」일본 외무대신과 한·일 외교장관회담을 갖고, 양국관계, 한반도 정세 등 주요 현안 및 관심사에 관해 의견을 교환할 예정이다.

일본

【일본】

1.25. 일본 NHK 모미이[井勝人] 회장, 종군위안부는 어디에나 있었다고 망언하다. 28일 전직원에게 전산망을 통해 사과하다.

2.8. 일본 45년만의 폭설로 1천여명의 사상자가 발생하다. 45㎝ 기록하다.

3.14. 일본 아베총리, 일본의 침략행위와 식민지배 사과한 무라야마 담화와 일본군위안부 문제에 대해 사과한 고노담화를 인정한다고 언급하다.

3.30. 일본 자민당 총재 보좌관, 문부과학대신 및 관방장관의 역사인식 발언 관련 대변인 논평 발표하다.

4.4. 일본 초등학교 교과서에 독도를 일본 영토라고 표시하여 한일관계가 냉각되다. 또한 중국도 일본이 초등학교 교과서에 다오위다오(일본명 센카쿠열도)를 일본 영토로 표기한데 대해 도발행위라고 비난하다./ 일본 정부, 독도에 대한 부당한 영유권 주장을 담은 외교청서를 각의에서 결정하다.

4.21. 일본 야스쿠니 춘계예대제(4.21-23)에 일본 아베 신조(安倍晋三) 내각총리대신 명의의 공물봉납 및 후루야 게이지(古屋 圭司) 납치문제 담당대신, 신도 요시타카(新藤義孝) 총무대신 등 정부 인사가 참배하다

5.15. 일본 아베총리, 집단 자위권 행사 추진방침을 선언하여, 해외에서의 일본 군사력 사용근거를 마련하기 위한 사전 포석을 하다./ 일본군위안부 피해자 문제 관련하여 도쿄에서 이상덕 동북아시아국장과 이하라 준이치(伊原 純一) 일 외무성 아시아대양주국장이 한·일 국장급 협의를 개최하다.

6.5. 「독도문제의 조기 해결을 요구하는 동경 집회」개최하다.

6.20. 일본정부, 고노담화 검증 보고서(「위안부 문제를 둘러싼 한·일간의 의견 교환 경위」)를 의회에 보내다. 작성과정에서 한국정부와 문안을 조율했다고 폄하하다.

7.1. 일본, 각의에서 집단 자위권행사가 허용된다는 결정문을 의결하여 전쟁 가능 국가로 전환하다.

7.4. 일본, 각의에서 북한에 대한 제재를 일부 해제하기로 의결하고, 북한측의 일본인 납치 피해자 조사 방안의 실효성을 인정하다.

8.5. 일본 정부가 2014년도 방위백서 발표하고 이에 대해 한국 외교부 대변인 성명을 발표하다.

8.10. ARF 계기로 네피도에서 윤병세 장관과 기시다 후미오(岸田文雄)가 일본 외무대신과 한·일 외교장관회담을 하다.

8.20. 일본, 히로시마에 집중 호우에 의한 산사태가 발생하여 70여명 사망하고 1천여명이 대피하다.

9.19. 일본군위안부 피해자 문제 관련하여 도쿄에서 이상덕 동북아시아국장과 이하라 준이치(伊原 純一) 일 외무성 아시아대양주국장이 한·일 국장급 협의하다.

10.1. 조태용 제1차관과 사이키 아키타카(齋木照隆) 사무차관이 제13차 한·일 차관전략대화(10.1, 동경)를 하다.

10.17. 일본 야스쿠니 추계예대제(10.17-20)에 일본 아베 신조(安部 晋三)총리 내각총리대신 명의의 공물봉납하고, 「다함께 야스쿠니신사를 참배하는 의원 모임」소속 의원들이 야스쿠니신사 참배(10.17)하다.

12.1. 일본, 무디스(Moody's)社가 국가신용등급을 A1으로 1단계 강등시키다.

12.14. 일본, 총선거에서 집권 자민당이 대승하여 아베총리의 장기 집권체제가 구축되다.

9.27. 「한·일 축제한마당 2014 in Seoul」(9.14, 서울)과 「한·일 축제한마당 2014 in Tokyo」(9.27-28, 동경)를 개최하다.

9.29. 조태용 외교부 제1차관은 10.1 일본 동경에서 「사이키 아키타카(齋木昭隆)」 일본 외무성 사무차관과 한·일 차관전략대화를 가질 예정이다. 양국 차관은 금번 전략대화에서 한·일관계, 북한 문제, 지역 정세 및 국제 이슈 등 폭넓은 분야에서의 상호 관심사에 대해 심도 있게 협의할 예정이며, 한·일 차관전략대화는 한·일 양국이 보다 큰 틀에서 양국관계, 지역 및 국제 문제들에 대해 논의하고 협력해 나가자는 취지에서 05.10월 첫 번째 전략대화를 가진 이래 금번으로서 제13회째를 맞게 된다.

10.1. 조태용 외교부 제1차관은 동경에서 「사이키 아키타카(齋木昭隆)」일본 외무성 사무차관과 제13차 한·일 차관전략대화를 갖고, 한·일관계, 지역 정세 및 국제 이슈 등 폭넓은 분야에서의 상호 관심사에 대해 심도 있는 의견을 교환하였다. 양 차관은 지난 8월 ARF 및 9월 유엔 총회 계기 두 차례 외교장관 회담이 개최되는 등 최근 양국 외교당국간 대화가 진행되고 있음을 평가하고, 내년 한·일 국교정상화 50주년을 양국 관계의 새로운 원년으로 만들 수 있도록 노력해 나가기로 하였다.

10.12. 정부는 최근 일본 외무성이 일본군위안부 동원의 강제성과 반인도적 성격을 적시한 아시아여성기금의 대국민호소문마저 자체 홈페이지에서 삭제하는 조치를 취한데 대하여 심각한 우려와 유감을 표시했다. 정부는 일본 정치권이 지난 수개월간 소위 고노 담화 검증에 이어 아사히 신문의 기사 철회 등을 빌미로 고노 담화를 훼손하고, 일본군위안부 동원·모집·이송의 강제성을 부정하려는 역사부정적 움직임을 보이고 있는데 더하여, 일본 외무성이 금번 대국민 호소문을 삭제하는 것을 지켜보면서, 과연 고노 담화를 계승하겠다는 일본 정부의 공언이 진정성을 믿을 수 없다고 대변인 논평을 하다.

10.15. 독도 문제 관련 기시다 후미오(岸田 文雄) 일본 외무대신의 국회 발언(10.14)과 관련하여 외교부 대변인이 논평을 발표하다.

10.17. 정부는 아베 신조(安倍 晋三) 일본 총리가 주변국과 국제사회의 우려와 비판의 목소리를 무시한 채, 과거 일본의 침략전쟁과 한반도 식민지 침탈을 미화하고 있는 야스쿠니 신사에 금년들어 춘계예대제 및 8.15에 이어 또 다시 공물을 봉납하고, 일부 국회의원들이 참배를 강행한 데 대해 개탄을 금할 수 없다는 대변인의 논평을 내 놓았다.

10.21. 야치 쇼타로(谷内 正太郎) 일본 국가안정보장국(NSC) 사무국장이 방한(10.21-22)하여 김관진 국가안보실장과 윤병세 외교부장관 등을 면담하다.

연도	한국
▲ 2014	10.25. 제37차 한·일/일·한 의원연맹 합동총회(10.25, 서울)개최하다. 박근혜 대통령이 누카가 후쿠시로(額賀福志郎) 일· 　　　한의원연맹 회장 및 동 의원연맹 소속 의원을 접견하다. 10.26. 정의화 국회의장 일본 방문(10.26-28)하여 이부키 분메이(伊吹文明) 중원의장, 야마자키 마사아키(山崎正昭)참원 　　　의장을 면담하고, 아베 신조(安部晋三) 총리를 예방하다. 11.1. 정부, 독도입도지원센터 건립 계획을 취소하다. 11.6. 제50차 한일·일한 협력위원회 합동총회(11.6서울)를 개최하다. 11.10. APEC 정상회의 계기로 한·일 정상간 환담(11.10, 베이징)을 하다.
2015	【한국】 1.16. 일본군위안부 피해자 문제 관련하여 한·일 국장급 협의를 개최하다다동 협의는 2014년 4월 16일 처음으로 개최된 이 　　　래 총 5차례 개최된 바 있다.. 2.12. 일본 외무대신 외교연설 중 독도 관련 언급에 대한 외교부 대변인 논평 발표하다./ 니카이 토시히로(二階俊博) 일본 　　　자민당 총무회장 방한(2.12-15)하여 박근혜 대통령을 예방하다. 2.13. 한일양국에서 2015년을 '한일 우정의 해 2005 ~나가자 미래로, 다같이 세계로~' 정하고, "한일 국교정상화 50주년" 　　　기념행사 추진하다. 정부주도 행사로 우리측은 개막식 등 34건 / 일측은 개막식 등 4건 실시하다. 우리측 개막식은 　　　05.1.25 동경에서 개최 (고이즈미 총리 등 참석)하고, 일측 개막식은 05.1.27 서울에서 개최 (노무현 대통령 내외 등 참 　　　석)하며, 우리측은 정부주도 주요 기념행사로 판소리·분라쿠 교환 공연(05.1, 서울/05.3월 동경), 한·일 공동세미나 　　　(6월, 동경), 한국씨름 일본경기(05.11월, 동경) 등을 개최하며, 민간 행사로는 민간 레벨의 교류를 촉진하기 위해, 신 　　　청이 있는 경우 민간 추진하는 사업에 대해 행사 명칭('한·일 우정의 해 2005'), 로고, 표어 사용을 승인하고, 우리측 　　　139건, 일측 712건의 행사를 승인했다. 우리측 승인 사업으로는 양국 대학생의 역사유적지 탐방·홈스테이 교류, 한국 　　　아리랑 TV-일본 나고야 방송국간 프로그램 공동제작 등을 했다. 2.22. 일본 시마네현 제10회 '독도의 날' 행사 개최 관련 외교부 대변인 성명 발표하다. 2.16. 일본과 체결한 통화스와프, 14년 만에 중단하다. 2.18. 일본 중학교 교과서 검정 결과에 관해 외교부 대변인이 성명을 발표하다. 일본정부가 1982년 미야지와 담화, 1993년 　　　고노담화의 정신으로 돌아가 줄 것을 강력히 요구하다./ 윤병세 외교부 장관이 일본을 방문하여 국교정상화 50주년 　　　기념 리셉션에 참석하고, 한·일 외교장관 회담을 개최하다. 3.16. 일본군위안부 피해자 문제 관련 한·일 국장급 협의를 하다. 3.21. 제7차 한·일·중 외교장관회의 계기로 윤병세 장관과 기시다 후미오(岸田文雄) 외무대신이 한·일 외교장관회담(3.21, 　　　서울)을 하다. 3.21. 한중일 외교부 장관 회담을 서울에서 개최하여 한중일 정상회담의 조속개최를 합의하다. 4.6. 정부, 일본군 위안부 내용 삭제 및 독도를 일본 영토로 표현한 일본 중학교 교과서 관련하여 일본 대사를 불러 항의하다. 4.7. 일본이 外交青書에서도 독도를 일본 영토로 표현하다. 4.10. 제10차 한·일 안보정책 협의회를 개최하다. 5.11. 한·일 젊은 외교관 교류사업 실시(5.11-22)하다. 6.15. 한·일 기자단 교류 일본 기자단 방한(6.15-20)하다. 6.22. 박근혜대통령, 서울에서 일본 정부 주최로 개최되는 한일국교 정상화 50주년 기념 리셉션에서 축사를 하다. 도쿄에 　　　서는 아베총리가 참석하다./ 신경숙 작가 자신의 단편소설, 전설. 이 일본 소설, 우국.을 표절했다고 인정하다. 8.6. 윤병세 장관과 기시다 후미오(岸田文雄) 일본 외무대신이 ARF 계기로 한·일 외교장관회담(8.6, 쿠알라룸푸르)을 개최하다. 8.27. 제23차 한·일포럼(8.27-28, 서울)을 개최하다. 9.1. 정부, 박근혜 대통령을 일본에 암살된 명성황후에 비유한 산케이[産經]신문의 기사 삭제를 요구했으나, 표현의 자유를 　　　들어 거부하다. 9.30. 윤병세 장관과 기시다 후미오(岸田 文雄) 일본 외무대신이 UN 총회를 계기로 한·일 외교장관회담(9.30, 뉴욕)을 개최하다. 10.7. 야마구치 나쓰오(山口 那津男) 일본 공명당 대표 방한(10.7-9)하여, 대통령과 윤병세 장관 예방하다. 11.1. 한중일 정상회담을 서울에서 개최하고, '동북아 평화협력을 위한 공동선언'을 채택하다. 11.2. 박근혜대통령, 방한 중인 일본 아베 총리와 정상회담을 하고, 일본군위안부 문제 협의를 가속화하기로 합의하다. 12.27. 이상덕 동북아시아국장과 이시카네 기미히로(石兼公博) 아시아대양주국장이 일본군위안부 피해자 문제와 관련하여 　　　한·일 국장급 협의 개최(12.27, 서울)하다. 12.28. 한일외교회담이 서울에서 개최되다. 일본군위안부에 대한 일본 정부의 책임을 통감하여 아베총리가 사죄하고 일본 　　　정부예산 10억엔 각출등 합의하다.
2016 ▼	【한국】 1.6. 북한 4차 핵실험 관련 한·일 정상 및 외교장관간 전화통화(1.6-7)하다. 대통령은 아베 신조(安倍 晋三) 일본 총리와 통 　　　화하고, 윤병세 외교장관은 기시다 후미오(岸田文雄) 일본 외무대신과 통화하다. 1.22. 외교부 대변인, 기시다 후미오(岸田 文雄) 일본 외무대신의 일본 국회 외교연설시 독도 관련 부당 주장에 대해 논평

일본

11.21. 이상덕 동북아시아국장은 이하라 준이치(伊原純一) 일본 외무성 아시아대양주국장과 11.27(목) 서울에서 일본군위안부 피해자 문제 관련 한·일 국장급 협의를 가질 예정이며, 동 협의는 지난 4.16(수) 서울, 5.15(목) 동경, 7.23(수) 서울, 9.19(금) 동경에서 4차례 개최된 바 있다.

11.27. 이상덕 동북아시아국장과 이하라 준이치(伊原純一) ㅂ 외무성 아시아대양주국장이 일본군위안부 피해자 문제 관련 한·일국장급 협의(11.27, 서울)를 하다.

12.29. 조태용 제1차관과 사이키 아키타카(齋木昭隆) 사무차관이 한·일 차관협의(12.29, 서울)를 하고, 한·일관게 및 지역정세 등 상호 관심사에 대해 의견을 교환했다.

【일본】

1.9. 일본 문부과학성, 고등학교 공민교과서에 '종군위안부 강제동원' 기술을 삭제하도록 승인하여 역사왜곡을 노골화하다.

1.19. 일본군위안부 피해자 문제 관련하여, 이상덕 동북아시아국장과 이하라 준이치(伊原 純一) ㅂ 외무성 아시아대양주국장이 한·일 국장급 협의를 도쿄에서 개최하다.

1.27. 윤병세 장관-기시다 후미오(岸田 文雄) 일본 외무대신간 전화 통화를 하다.

2.22. 일본 시마네현에서 '다케시마의 날' 행사를 강행하고, 정부의 차제급 대표가 참석하다.

3.9. 일본, 방일 중인 독일 메르켈(Merkel) 총리가 과거사 정리의 필요성을 강조하며, 가해국의 올바른 역사관을 주문하다.

3.25. 일본 도쿄 소재 한국문화원에 방화사건이 발생하다.

3.26. 일본 조총련 許宗萬회장이 경찰에 의해 북한한 송이버섯 불법 수입 관련하여 압수 수색 당하다.

4.6. 일본 정부, 중학교 교과서 검정 결과 발표하다.

4.7. 일본 정부, 외교청서 각의 결정(4.7)을 발표하다.

4.22. 일본 야스쿠니 춘계예대제(4.21-23)때에 일본 아베 신조(安倍晋三) 총리가 내각총리대신 명의의 공물을 봉납하다. 「다함께 야스쿠니 신사를 참배하는 의원 모임」소속 의원(106명)이 집단 참배하다.

4.12. 도쿄 한국문화원 방화범 39세의 범인이 구속되다.

4.28. 일본 아베총리, 미국 방문 중 오바마대통령과의 정상 회담에서 일본 자위대의 집단 자위권 행사에 합의하다.

4.29. 상하원 합동연설에서 침략전쟁 및 일본군 위안부에 대한 사과를 하지 않다.

5.14. 아베 신조 총리주재로 국무회의 개최하여 〈집단자위권법안〉 각의 결정하다.

5.23. 일본 도쿄에서 2년 6개월 만에 한일재무장관회의 개최하다.

6.11. 일본군위안부 피해자 문제 관련하여 한·일 국장급 협의 개최(6.11, 도쿄)하다.

6.21. 한·일 외교장관회담(6.21)을 하고, 아베 신조(安倍 晋三) 일본총리를 예방(6.22)한 후, 한·일 국교정상화 50주년 기념 리셉션 참석하다.

7.5. 일본, 근대 산업시설이 조선인의 강제노역 사실을 반영하는 조건으로 유네스코 세계문화유산에 등재되다.

7.10. 제38차 한·일/일·한 의원연맹 합동총회(7.10, 도쿄)를 개최하고, 양측대표단, 아베 신조(安倍 晋三) 일본 총리를 예방하다.

7.20. 일본 방위백서에서 '독도는 일본 땅'이라는 일방적 주장을 11째 같은 논조로 게재하다.

7.25. 일본 미쓰비시[三菱], 제2차 세계대전 때 강제 노역한 중국에서 사과와 배상을 하기로 결정했으나 한국은 제외시켜 논란이 되다.

8.14. 일본 아베총리, 종전 70주년 담화문을 발표했으나 침략전쟁의 사과가 없어 비난을 받다.

8.15. 일본 종전기념일(8.15) 계기로 아베 신조(安倍 晋三) 총리가 공물을 봉납하다.

9.1. 일본, 집단 자위권 법안에 반대하는 시위대가 국회를 포위하고 아베정권의 퇴진을 요구하다.

9.8. 일본, 아베총리 집권 자민당 총재에 재선되다.

9.16. 일본 스탠다드앤드푸어스(S&P)가 국제신용등급을 A+로 한단계 강등시키다. 경제회생 및 디플레 종식 전망에 부정적 평가를 하다.

9.18. 이상덕 동북아시아국장과 이하라 준이치(伊原純一) ㅂ 외무성 아시아대양주국장이 일본군위안부 피해자 문제 관련 한·일 국장급 협의(9.18, 도쿄)를 개최하다.

9.19. 일본 참의원, 집단 자위권법안을 의결하여 전후 70년만에 '전쟁가능국가'로 전환화다.

12.9. 일본, 금성 탐사선의 궤도 진입에 성공하여, 금성을 둘러싼 구름층과 대기 관찰을 수행하다.

12.15. 이상덕 동북아시아국장과 이시카네 기미히로(石兼 公博) 아시아대양주국장이 일본군위안부 피해자 문제 관련 한·일 국장급 협의 개최(12.15, 동경)하다.

12.29. 정부, '위안부문제' 타결, 최종적·불가역적 합의를 선언하다.

12.31. 청와대, <일본군 위안부 문제합의와 관련해 국민께 드리는 말씀>을 발표하다.

【일본】

1.13. 아베 신조(安倍 晋三) 일본 총리, 서청원 회장 등 한일의원연맹 대표단 접견하다.

1.15. 임성남 1차관, 제2차 한·미·일 외교차관협의회 참석차 일본 방문(1.15-17)하고, 기시다 외무대신 예방하고, 한·미·일 차관급협의 및 한·일 차관협의하다.

연도	한국
▲ 2016 ▼	발표하고, 일본 정부가 명백한 우리 고유의 영토인 독도에 대한 부질없는 주장을 즉각 포기할 것을 촉구하다. 2.1. 윤병세 외교장관이 북한 4차 핵실험 관련 기시다 후미오(岸田文雄) 일본 외무대신과 전화회담하다. 2.2. 윤병세 외교장관, 북한 장거리 미사일 발사 관련 기시다 후미오(岸田文雄) 일본 외무대신과 전화회담했다. 2.9. 대통령, 북한 장거리 미사일 발사 관련 아베 신조(安倍晋三) 일본 총리와 전화회담을 하다. 2.22. 일본 시마네현의 제11회 「독도의 날」 행사 관련하여 외교부 대변인이 성명을 발표했다. 3.11. 주일대사관은 한국 청년인재 일본취업 확대 추진방안 논의를 위한 '2016년 제1회 일본취업 지원 민관협의회'를 대사관에서 개최하다. 3.18. 일본 고등학교 교과서 검정결과 관련하여 외교부 대변인 성명을 발표하다. 3.27. 『민주사회를 위한 변호사모임(민변)』에서 일본군위안부 피해자(생존피해자 29명, 사망피해자 8명의 유족)와 생존피해자 가족을 대리하여 한일 위안부 합의 관련 헌법소원 제기하다. 4.4. 박근혜 대통령은 오전 한·미·일 3국 정상회의에 이어 오후 아베 신조 일본 총리와 한·일 정상회담을 가졌습니다. 이번 정상회담은 연초 이후 북한의 핵실험 및 미사일 발사 등 공동의 위협에 대한 대응 등과 관련, 두 차례의 정상간 전화통화에 이어 개최되었으며, 회담을 통해 양국 정상은 한반도에서의 안보상황에 대한 상호인식을 공유하는 한편, 가장 강력하고 실효적인 안보리 대북 제재 채택 이후의 대북압박 공조 방안을 논의했다. 한편, 양 정상은 작년 12월 일본군 위안부 합의의 온전한 이행의 중요성을 재확인하고 이를 위해 노력해 나가기로 했다. 4.19. 한미일 외교차관협의회 계기로 서울에서 한일 외교차관회담 개최하다. 정병원 외교부 동북아시아국장은 이시카네 기미히로(石兼公博) 일본 외무성 아시아대양주국장과 동경에서 한·일 국장급 협의를 가졌다. 이번 협의에서 양측은 12.28 일본군위안부 피해자 문제 합의의 후속조치 이행방안을 포함한 상호 관심사에 대해 폭넓게 논의했다. 4.21. 외교부 대변인 정례브리핑(4.21) 및 논평(4.22)을 통해 야스쿠니 신사 참배에 대한 우려와 개탄 표명하고, 역사 직시와 과거사 반성을 실제 행동으로 보여줄 것을 촉구하다. 5.14. 정의화 국회의장 일본 방문(5.14-17, 오사카, 동경)하다. 5.31. 한일 위안부문제 합의 관련 재단 설립 준비위원회 발족하다. 6.3. 한·일간 일본군위안부 피해자 문제 합의 관련 「재단 설립 준비위원회」 제1차 회의 개최하고, 제1차 회의 종료 직후(오전 11:00 예상)에는 재단설립 준비위원장의 기자 간담회가 대한민국역사박물관 제2강의실에서 있을 예정이다. 6.10. 韓 환경부의 닛산 처분 관련하여 닛산이 환경부 제소를 검토하다. 7.14. 제4차 한미일 외교차관협의회를 계기로 호놀룰루에서 한·일 외교차관회담 개최하다. 7.15. ASEM 정상회의를 계기로 울란바토르에서 한·일 정상간 환담하다. 7.25. ASEAN 관련 외교장관회의를 계기로 비엔티엔에서 한·일 외교장관회담 개최하다. 7.26. 일본 자민당 의원단이 방한하다. 7.28. 한·일 일본군위안부 합의에 따른 「화해·치유 재단」 출범하다. 8.8. 정병원 외교부 동북아시아국장은 가나스기 겐지(金杉憲治) 일본 외무성 아시아대양주국장과 8.9(화) 서울에서 한·일 국장협의를 하고, 이 협의에서 양측은 작년 말 일본군위안부 합의의 후속조치를 포함한 상호 관심사에 대해 협의를 가졌다. 8.12. 윤병세 외교부장관은 기시다 후미오(岸田文雄) 일본 외무대신과 전화 통화를 갖고, 작년 12월 한·일간 일본군위안부 피해자 문제 합의 후속조치, 북한·북핵 문제, 한일중 3국 협력 등 상호 관심사에 대해 의견을 교환하였다. 이에 대해 기시다 외무대신은 재단 설립 등 합의 이행을 위한 한국 정부의 노력을 평가하고, 일본 정부로서도 작년 12월 합의에 따라 국내 절차가 완료 되는대로 정부예산 10억엔을 신속하게 출연하기로 결정하였다고 언급하였다. 8.23. 제8차 한·일·중 외교장관회의가 2016.8.23.(화)-24.(수)간 일본 도쿄(東京)에서 윤병세 외교부장관, 기시다 후미오(岸田 文雄) 일본 외무대신, 왕이(王毅) 중국 외교부장 참석하에 개최되다. 될 예정이다.금번 회의에서 3국 외교장관들은 3국협력 현황 평가 및 발전방향, 주요 지역 및 국제 정세 등에 대해 폭넓은 의견을 교환했다. 8.24. 윤병세 외교부장관은 한·일·중 외교장관회의 참석을 위한 방일 계기에, 기시다 후미오(岸田文雄) 일본 외무대신과 한·일 외교장관회담을 갖고 양국관계, 작년 12월 한·일간 일본군 위안부피해자 문제 합의 후속조치, 북한·북핵문제, 지역 및 국제정세 등에 대해 의견을 교환했다. 9.7. ASEAN/EAS 정상회의 계기로 비엔티엔에서 한·일 정상회담 개최하다. 북한·북핵 문제와 양국 관계를 포함한 상호 관심사에 대해 긍정적인 분위기에서 의견을 교환했다. 양국 정상은 또 지난해 12월 28일 일본군위안부 피해자 문제 합의를 계기로 한·일 양국 관계 발전을 위한 긍정적 모멘텀이 마련된 만큼 앞으로 양국 관계를 미래지향적으로 발전시켜 나가기 위해 함께 노력해 나가기로 했으며, 이와 관련해 박 대통령은 '화해·치유 재단' 사업을 통해 피해자분들의 명예와 존엄 회복 및 마음의 상처 치유가 하루속히 이루어질 수 있도록 앞으로도 계속 협력해 나가자고 말했다. 9.9. 북한 5차 핵실험 관련 한·일 정상 및 외교장관간에 전화로 회담을 하다. 9.18. 유엔 총회를 계기로 한·일 외교장관회담을 개최하다. 금번 회담은 대부분의 시간을 북핵·북한 문제 논의에 할애하여 북한 5차 핵실험 이후 더욱 급박하고 엄중해진 한반도 상황에 대한 평가를 공유하고, 전방위적이고 강력한 대북제재·압박 강화 방안을 집중 논의하였다. 9.21. 윤병세 외교부장관, ARF(아세안지역안보포럼) 외교장관회의 계기 「기시다」 일본 외무대신과 한·일 외교장관회담 개

일본

1.29. 일본 기준금리를 0.1%로 인하하여 경기부양을 위해 마이너스 금리를 채택하다.

3.22. 한일 국장급협의 개최(3.22, 동경)하다.

4.14. 일본 큐슈지역 구마모토현 지진 발생 관련하여 정상 및 외교장관의 위로전 전달했다. 윤병세 외교장관 → 기시다 후미오(岸田 文雄) 외무대신(4.15), 대통령 → 아베 신조(安倍 晉三) 일본 총리 앞 위로전하고, 담요, 천막, 생수, 햇반 등 10만불 상당의 구호물품 제공했다.

4.15. 일본 정부, 2016년 외교청서 각의 결정하다. 이에 대해 한국에서는 '한국 고유 영토인 독도에 대한 부당한 영유권 주장이 되풀이된 데 대해 외교부 대변인 논평을 통해 즉각 철회 촉구하다.

4.21. 일본 야스쿠니신사 春季例大祭(4.21-23)때에 아베 신조(安倍晉三) 총리가 공물을 봉납하고, 일부 각료 및 국회의원 참배 실시하다.

5.17. 한일 국장협의 개최(5.17, 동경)하다. 정병원 외교부 동북아시아국장은 이시카네 기미히로(石兼公博) 일본 외무성 아시아대양주국장과 한·일 국장 협의를 통해, 이번 협의에서 양측은 한일 12.28 일본군위안부 피해자 문제 합의 후속조치 이행방안을 포함한 상호 관심사에 대해 폭넓게 의견 교환했다.

5.23. 한일친선협회중앙회 대표단 일본 방문(5.23-25)하다.

5.26. 일본 세계주요 7개국 정상회의를 개최하여 북한 핵실험을 규탄하다.

6.1. 2016년 제2차 주일기업 지원 비즈니스강좌 계획을 발표하다. 주일한국대사관에서는 우리 교민과 기업들이 급변하는 세무환경에 선제적으로 대응할 수 있도록 지원하기 위하여 아래와 같이 「주일기업 지원 비즈니스강좌」를 실시했다.

6.10. 일본정부, 밸브 추가과세 문제로 한국을 WTO에 제소하여, 이르면 2016.6월 하순에 제3국 법률가 및 과학자 등으로 구성된 분쟁처리 소위원회(패널)이 설치될 예정이다.

7.10. 일본 참의원 선거에서 연립여당이 승리하여 개헌발의선을 확보하다.

7.14. 한·미·일 외교차관협의회 참석차 미국 호놀룰루를 방문중인 임성남 외교부 제1차관은 2016.7.13.(수) 「스기야마 신스케(杉山 晋輔)」일본 외무성 사무차관과 한·일 외교차관회담을 갖고, 한일관계, 한반도 정세 등 상호 관심사에 대해 의견 교환을 하였다. 임 차관은 한·일관계가 신뢰에 기반하여 선순환적으로 발전하는 것이 중요하다고 하고, 이를 위해서는 무엇보다도 작년 12.28 한일간 일본군위안부 피해자 문제 합의가 충실히 이행되어야 할 것임을 강조하였고, 이에 양 차관은 일본군위안부 피해자 문제 합의의 착실한 이행의 중요성을 확인하였다.

7.28. 주일본대한민국대사관에서 제4차 한일창조경제포럼을 개최하다. 이번 포럼에는 발표자로 참여한 우리측 유망 기업과 일본 대기업 및 벤처캐피탈 관계자, 일한경제협회, 일본상공회의소 등 유관단체 관계자 등 80여명 참석하다.

7.31. 일본 도쿄지사 선거에서 고이케[小池百合子] 무소속 여성후보가 당선되다.

8.2. 일본 정부, 2016년도 방위백서 발표하다.

8.8. 일본, 아키히토 일본천황이 생전에 퇴위의향을 영상 연설로 표명하다.

8.15. 일본 종전기념일(8.15) 계기로 아베 신조(安倍 晉三) 일본 총리가 공물료를 봉납(8.15)하다.

8.24. 일본군위안부피해자문제 합의에 따른 일본 정부의 자금 출연을 각의 결정하다.

10.7. 동경 한국문화원에서 훈민정음간행 570주년기념 특별기획전「훈민정음과 한글디자인」를 개최하다.

10.17. 일본 야스쿠니신사 秋季例大祭(10.17~20) 계기로 아베 신조(安倍晉三) 총리가 공물을 봉납하고, 일부 각료 및 국회의원 참배를 실시하다.

10.26. 제5차 한미일 외교차관협의회를 계기로 한·일 차관회담을 동경에서 개최하다.

11.8. 제11회 한·일·중 경제통상장관회의가 동경에서 개최되다. 동 회의에서 3국은 한중일 자유무역협정(FTA) 및 역내포괄적동반자협정(RCEP) 협상 가속화, 보호무역주의 공동대응, 아시아-유럽정상회의(ASEM) 경제장관 회의 재개, 세계무역기구(WTO) 환경상품협정(EGA)협상 가속화 등 역내 및 다자협력 증진을 위한 협력 방안에 대하여 논의했다. 또한 디지털 싱글마켓 구축, 액화천연가스(LNG) 협력, 공급사슬 연계, 올림픽 경제협력, 제4국 공동진출, 지방교류 확대 등 3국간 경제·통상 협력 증진 과제에 대해서도 협의했다.

12.5. 주일한국대사관은 KOTRA와 함께 우리 청년인재들의 일본취업을 지원하기 위한 세미나(주일한국대사관 주최) 및 채용상담회(KOTRA 주최)를 12.2(금) CONRAD Tokyo Hotel에서 개최하였다. 주일한국대사관은 이러한 행사를 통해 일본기업의 한국인재에 대한 이해도를 제고시킴으로써 실제 채용 확대로까지 이어져 나가기를 기대하며, 앞으로도 우리 청년인재가 유수의 일본기업에 취업할 수 있도록 다양한 지원사업을 추진해나갈 예정이다.

12.28. 일본 아베총리 미국을 방문하여 오바마대통령과 함께 하와이진주만 소재 애리조나기념관 방문하여 제2차세계대전 희생자를 추모하다./ 이마무라(今村) H 부흥상 및 이나다(稻田) H 방위대신 야스쿠니 신사를 참배하다. 외교부 대변인 일본의 책임 있는 정치인이 과거 식민침탈과 침략전쟁을 미화하고 전쟁범죄자를 합사한 야스쿠니 신사를 참배한 데 대해 정부는 개탄을 금할 수 없으며, 한구. 정부는 일본의 지도급 인사들이 역사를 올바로 직시하면서 과거사에 대한 겸허한 성찰과 진정한 반성을 실제 행동으로 보여줄 때만이 주변국과 국제사회의 신뢰를 얻을 수 있다는 점을 다시 한 번 엄중히 지적했다.

최하다.

10.26. 동경한국문화원에서 코리안·시네마·위크 2016이 개최되어 일본미공개 최신작품 6편이 상영되다.

11.4. 제39차 한일·일한의원연맹 합동총회를 서울에서 개최하다.

11.9. 일본 '영토의련' 주관 「독도문제 조기해결을 요구하는 동경 집회」 개최에 대한 외교부 대변인 논평 발표하다.

연도	한국
▲ 2016	11.14. 국방부, 한일군사정보보호협정을 가서명하다. 11.23. 한·일 군사비밀정보보호협정 체결하고, 서명(서울) 및 발효, 조약을 제2320호로 관보에 공포하다.
2017 ▼	【한국】 1.5. 제6차 한미일 외교차관협의회를 계기로 한·일 차관회담 개최(1.5, 워싱턴 D.C.)하다. 양 차관은 지난해 한·미 정상회담(9.6), 2+2 외교·국방 장관회의 등 양국간 각급에서 긴밀하게 소통해 왔으며, 특히, 지난해 12월 새로 출범한 한·미 「확장억제전략협의체」(EDSCG)가 양국간 안보분야 협력 기반을 한층 더 강화하게 되었음을 평가했다. 한·미·일 외교차관협의회 계기 한·일 차관회담은 2015년 4.16(워싱턴), 2016년 1.16(동경), 4.19(서울), 7.13(호놀룰루), 10.26(동경) 등 5차례 개최했다. 1.9. 부산 일본 영사관앞 소녀상 설치에 항의하여 나가미네[長嶺安政]와 모리모토[森本康敬] 부산 총영사가 귀국하다./ 제11차 한중일 FTA 공식 협상 1.9-1.12간 베이징에서 개최되었으나, 주요 현안이었던 관세 협상 체제에서 합의에 도달하지 못한 채 종료됨. 금융 및 전기통신 분야에서 새롭게 작업부회가 개최되어 논의가 진행되었으나, 구체적인 관세율 결정 등을 위한 체제에 대해서는 未합의되다. 2013.3월 시작된 동 협상은 현재 협상 개시 후 약 4년이 경과하였음에도 불구, 일측의 높은 자유화율 요구, 한중 FTA 발효(2015), 트럼프 차기 미 대통령의 TPP 탈퇴 선언 등으로 인해 답보상태가 지속되고 있다. 1.17. 기시다 후미오(岸田文雄) 일본 외무대신의 독도 관련 발언에 대한 외교부 대변인 논평 발표하다. 1.20. 기시다 후미오(岸田文雄) 일본 외무대신의 외교연설 중 독도 관련 부당한 언급에 대한 외교부 대변인 논평 발표하다. 2.14. 일본 초·중학교 학습지도요령 개정 초안에서 명백한 우리 고유의 영토인 독도에 대한 부당한 주장을 되풀이한 데 대해 개탄을 금할 수 없으며, 이를 즉각 철회할 것을 요구하는 외교부 대변인 논평을 발표하다. 2.17. G20 외교장관회의를 계기로 독일 본에서 한·일 외교장관회담 개최하고, 최근 한·일 관계에 대해 심도 있게 논의하였으며, 북핵·북한 문제 등 상호 관심사에 대해서도 의견을 교환하였다. 양 장관은 금번 회담을 포함하여, 13.7월 브루나이 ARF, '13.9월 유엔 총회, '14.8월 미얀마 ARF, '14.9월 유엔 총회, '15.3월 제7차 한일중 외교장관회의(서울), '15.6월 장관 방일, '15.8월 쿠알라룸푸르 ARF, '15.9월 유엔 총회, '15.11월 한일중 정상회의(서울), '15.12월 기시다 대신 방한(서울), '16.7월 라오스 ARF, '16.8월 제8차 한일중 외교장관회의 계기 한일 외교장관회담(동경), '16.9월 유엔 총회 계기 한일 외교장관회담 개최하는 등 그간 총 14차례 회담 개최했다. 2.19. 전후 70주년 아베총리 담화와 관련하여 외교부 대변인이 성명을 발표하다. 전후 70주년을 맞아 총리담화에서 역대 내각 담화의 역사인식을 확실하게 계승한다는 점을 분명히 함으로써 과거사 문제를 정리하고 한국 등 주변국과의 관계를 새롭게 출발시키고자 하는 성숙한 자세를 보여주기 바란다는 뜻을 전하다. 3.6. 윤병세 외교장관, 북한 탄도미사일 발사 대응 관련 기시다 후미오(岸田 文雄) 일본 외무대신과 전화 통화하다. 3.10. 헌법재판소, 박근혜대통령 탄핵 소추안 인용되어 헌정사상 처음으로 대통령이 파면되다. 4.4. 주한일본대사 및 주부산일본총영사 귀임하다.(주부산일본총영사관 앞 소녀상 설치에 대한 일측의 4개 조치 발표(17.1.6)에 따라 1.9 일시귀국) 5.5. 제20차 ASEAN+3 재무장관회의 결과를 발표하다. ASEAN+3 재무장관·중앙은행총재 회의는 20년전 아시아 금융위기를 계기로 역내 위기재발 방지를 위해 설립했다. (ASAEN)은 인니, 말련, 태국, 싱가폴, 필리핀, 브루나이, 캄보디아, 라오스, 미얀마, 베트남 (+3) 한국, 중국, 일본으로 구성되었으며, 이번 회의에서 회원국들은 세계·역내 경제동향에 대해 의견을 교환하고, 지역금융안전망(CMIM), 아세안+3 거시경제조사기구(AMRO) 등 역내 금융협력 이슈에 대해 논의하였으며, 이를 반영한 공동선언문을 채택하고, 또한 1997년 아시아 금융위기의 교훈을 되새기고, 향후 10년을 대비해 역내 금융협력의 중장기 발전 과제를 담은 요코하마 비전(Yokohama Vision)을 채택했다. 5.8. 제17차 한중일 재무장관회의 결과를 발표하다. 한중일 재무장관·중앙은행총재 회의는 매년 ASEAN+3 재무장관·중앙은행총재회의를 계기로 개최되는 한중일 재무당국·중앙은행간 최상위 협의체로서, 이번 회의에서는 기존과 달리 역내 금융협력 이슈에만 한정하지 않고 다양한 분야에서 3국간 정책공조와 경제협력 방안을 논의하였으며, 이를 반영한 공동선언문을 채택했다. 5.9. 제19대 대통령보궐선거에서 더불어민주당 문재인후보가 당선되다. 5.11. 문재인 대통령, 취임 계기 아베 신조(安倍 晋三) 일본 총리와 전화통화하다. 5.14. 윤병세 외교장관, 북한 탄도미사일 발사 관련하여 기시다 후미오(岸田文雄) 일본 외무대신과 전화 통화하다. 5.17. 대통령 특사대표단(단장: 문희상 前 국회부의장) 방일(5.17-20)하여, 니카이 토시히로(二階 俊博) 자민당 간사장·기시다 후미오(岸田 文雄) 외무대신과 면담하다. 이어 스가 요시히데(菅 義偉) 관방장관 면담, 아베 신조(安倍 晋三) 일본 총리 예방하고, 오오시마 타다모리(大島 理森) 중의원 의장·아소 타로(麻生太郎) 부총리등을 면담하다. 5.19. 주일본대한민국대사관은 우리 지자체-일 여행사간 수학여행상담회를 당관 1층 대강당에서 개최하였다. 이번 행사에는 5개 우리 지자체(서울특별시, 제주특별자치도, 경상북도, 전라북도, 광주광역시)와 6개 일·여행사(JTB, H.I.S., 한큐교통사, 일본여행, 토부톱투어즈, 킨키일본투어리스트)가 참석하여 1:1 상담을 가졌으며, 상담회 종료 후에는 만찬 간담회를 통해 일 학교의 방한 수학여행 증진 방안에 대해 허심탄회한 의견교환을 하기도 했다. 이번 상담회는 일본 학교가 한국을 수학여행지로 검토할 수 있는 계기를 마련할 뿐만 아니라, 한·일 양국간 청소년 교류에도 기여할 수 있을 것을 기대된다. 주일본대한민국대사관은 앞으로도 이와 같은 행사를 통해 한·일간 인적교류가 더욱 증진될 수

일본

12.9. 국회 박근혜대통령 탄핵소추안 의결하다. 황교안국무총리 대통령 직무대행에 오르다.

12.30. 부산광역시 동구청, 초량동 일본영사관 앞 소녀상 설치를 허가하여, 일본 정부가 반발하다.

【일본】

1.6. 일본 정부가 주부산일본총영사관 앞의 소녀상 설치에 대한 4개 조치 발표하다.

1.10. 아소 타로 재무대신은 1.10(화) 각의 후 기자회견에서 부산 소재 일본총영사관 앞에 위안부를 상징하는 소녀상이 설치된 것에 대한 대항조치로 중단된 한일 통화스왑협정 협상과 관련, "돈에 대한 이야기만이 아니라, 신뢰관계로 이루어지는 것이다. 신뢰관계가 없어지면서 (협상이) 어려워지고 있다"고 함으로써 조기 협상 재개에 부정적인 견해를 제시하다.

1.20. 정부는 일본 정부가 외무대신의 국회 외교연설을 통해 독도에 대한 부당한 주장을 또 다시 되풀이한 데 대해 개탄하지 않을 수 없으며, 일본 정부는 역사적·지리적·국제법적으로 명백한 우리 고유의 영토인 독도에 대한 헛된 주장을 즉각 중단하고, 올바른 역사인식이 한일관계의 근간이라는 점을 다시 한 번 되새겨야 할 것이라고 외교부 대변인이 논평하다.

2.6. 윤병세 외교장관은 「재일본대한민국민단(이하 재일민단)」오공태 단장을 비롯한 재일동포사회 대표(11명)를 접견하고, 재일동포들의 모국에 대한 기여를 평가하고 재일동포사회 발전을 위한 민단의 활동을 격려했다.

2.22. 일본 시마네현의 「독도의 날」 행사를 개최하다. 한국 외교부 대변인은 소위 「독도의 날」 행사에 중앙정부 고위급 인사를 또 다시 참석시키는 등 독도에 대한 부당한 주장을 지속하고 있는 데 대해 강력히 항의하며, 이를 즉각 중단할 것을 다시 한 번 엄중히 촉구했다.

2.-. 일본 정부는 독도에 대한 헛된 시도를 즉각 중단하고, 올바른 역사인식이 한일관계의 출발점이자 필요조건이라는 점을 자각해야 할 것이다.

3.24. 일본 고등학교 교과서 검정 결과를 발표하다.

3.31. 일본 학습지도요령 개정을 발표하다. 한국 정부는 외교부 대변인을 통해, 정부는 그간 누차에 걸친 우리 정부의 경고에도 불구하고, 일본 정부가 우리 고유영토인 독도에 대한 부당한 주장을 포함시킨 초·중학교 사회과 학습지도요령을 최종 확정한 데 대해 강력히 규탄하며, 이를 즉각 철회할 것을 촉구한다는 성명을 발표했다.

4.18. 펜스 미 副대통령은 방일 계기에 아베 총리와회담을 갖고, 아소 부총리 겸 재무대신과 제1차 일미 경제대화를 개최할 계획을 밝히고, 상기 관련, 아소 부총리 겸 재무대신은 4.7 각의후 회견에서 펜스 副대통령과의 제1차 일미 경제대화를 4.18 도쿄에서 개최한다고 발표하고, "향후 경제 및 안보 면 등에서 일미관계가 한층 심화될 것으로 기대한다"고 언급하다.

4.21. 일본 야스쿠니신사 春季例大祭(4.21-23) 계기로 아베 신조(安倍晋三) 총리 공물 봉납하고, 일부 각료 및 국회의원도 공물 봉납하고, 참배하다.

4.25. 일본 정부, 2017년 외교청서 발표하다. 외교부 대변인은 역사적·지리적·국제법적으로 명백한 우리 고유의 영토인 독도에 대한 부당한 영유권 주장을 되풀이한 데 대해 강력히 항의하며, 이의 즉각적 철회를 촉구한다는 논평을 발표했다.

5.6. 일본 요코하마에서 제50차 아시아 개발은행(Asian Development Bank, ADB) 연차총회 개최하다. 아시아-태평양 지역 개도국의 성장을 지원하기 위해 1966년 설립한 개발은행으로, 67개 회원국으로 구성(한국은 ADB 창립 회원국)되었다. "함께 건설하는 아시아의 번영"(Building Together the Prosperity of Asia)이라는 슬로건 아래 진행된 금번 연차총회에는, 67개 ADB 회원국 거버너를 비롯한 정부대표단, 국제금융 관계자, 학계, 기업인 등 약 6천여 명이 참석하여 개회식, 거버너 총회, 부대행사(세미나) 등 다양한 프로그램에 참여했다. 나카오(Takehiko Nakao) ADB 총재는 개막 연설을 통해 아시아의 지속적인 발전을 위해 인프라 투자가 여전히 중요한 과제임을 강조했다.

5.8. 트럼프 대통령이 미 제약회사 임원들과의 모임시 "타국은 자금공급과 통화절하를 통해 유리한 입장에 있을 강조하고, 중국과 일본은 몇 년간이나 시장에서 통화약세를 유도하여 미국이 손해를 보고 있다"고 언급했다. / 스가 관방장관은 영국이 EU 이탈 절차를 개시한 바, 현지 진출 일본기업 지원을 위한 일본정부 TF 소집 방침을 밝힘. 동 TF는 하기우다 관방副장관을 의장으로 하여, 협상 상황이나, 시장에 미칠 영향에 대한 정보수집 및 분석을 진행할 예정이고, 스가 관방장관은 기자회견에서 영국의 EU 이탈이 일본기업의 사업에 직결되는 문제인 만큼 큰 관심이 있다면서, 관계부처가 하나가 되어 악영향을 최소화하기 위해 일본기업 지원에 나서겠다고 하다.

6.5. 아베 총리는 일본경제신문사 주최 제23회 아시아의 미래 포럼 만찬 연설에서 중국 주도의 광역경제권 구상 '일대일로(一帶一路)'에 대한 일본의 조건부 협력을 언급하다.

6.21. 일본 초·중학교 학습지도요령 해설서를 발표하다. 한국정부는 일본 정부가 공개한 초.중학교 학습지도요령 해설서에서 우리 고유의 영토인 독도에 대한 부당한 주장을 되풀이한 데 대해 강력히 항의하며, 이를 즉각 철회할 것을 촉구했다.

6.29. 제19차 한-일 환경협력 공동위원회를 일본 이바라키현에서 우리측 권세중 외교부 기후변화환경외교국 심의관, 일본측 타키자키 시게키(TAKIZAKI Shiggeki) 외무성 아시아대양주국 심의관을 수석대표로 하여 개최했다. 아울러, 한-일 철새보호협정 문안 협의, 동북아 역내 미세먼지 문제 해결을 위한 지역내 환경협력, 파리협정 세부이행규범 마련을 위한 후속협상 대응 및 파리협정 이행을 위한 양국간 협력 등 양자간, 지역별 및 글로벌 환경협력 차원에서도 의견을 교환했다. 특히, 지난 3월 한일 고위급 기후변화 비공식 양자대화에 이어 금번 공동위에서도 해외 온실가스 감축사업을 활용한 탄소배출권 확보에 적극적인 일본의 공동 크레딧 제도(JCM, Joint Credit Mechanism)의 운용경험을 지속 공유함으로써 향후 우리나라의 2030년 온실가스 감축 목표 달성에 유용한 기회가 될 것으로 예상했다.

7.2. 일본, 도쿄도의원선거에서 집권자민당 참패하고, 아베 총리 비판여론이 급등하다.

8.8. 일본 정부의 2017년도 방위백서를 발표하다. 한국 외교부에서는 독도에 대한 부당한 영유권 주장을 되풀이한 데 대해 강력히 항의하며, 이의 즉각적 철회를 촉구했다.

8.15. 아베 신조(安倍 晋三) 일본 총리의 야스쿠니 신사 공물료를 봉납하고, 일부 각료와 국회의원이 참배하다. 정부는 일본 정부 및 의회의

연도	한국
▲ 2017	있도록 지원해 나가기로 했다. 5.30. 문재인 대통령, 북한 탄도미사일 발사 관련 아베 신조(安倍 晉三) 일본 총리와 전화통화하다. 6.7. 정세균 국회의장 방일(6.7-9)하여 「고향의 집·동경」 방문하고, (6.8)오오시마 타다모리(大島 理森) 중의원 의장 면담, 다테 츄이치(伊達 忠一) 참의원 의장 면담, 아베 신조(安倍 晉三) 일본 총리등을 면담하다. 6.8. 외교부는 경기도 광주 곤지암리조트에서 '2017 한·일·중 공무원 3국 협력 워크숍(2017 Korea-Japan-China Trilateral Cooperation Workshop for Public Officials)'을 개최했다. 2012년에 시작되어 올해 5회째를 맞는 이번 행사에는 국제 협력 업무를 담당하는 지방 정부 소속 우리 공무원과 한국에서 근무 또는 연수 중인 일본 및 중국 공무원 등 약 100여명이 참가했고, 이번 행사에는 외교부 동북아시아국 심의관, 3국 협력 사무국(Trilateral Cooperation Secretariat) 사무총장이 참석하여 축사할 예정이며, 3국 협력 현황 소개, 기관별 3국 협력 사례 발표, 3국 문화 관련 강연 등의 프로그램으로 구성되었다./ 2017년 6월 8일(목) 제2차 한·일·중 고위급 북극협력대화가 우리나라 외교부의 김영준 북극협력대표, 일본 외무성의 시라이시 카즈코(Shiraishi Kazuko) 북극담당대사, 중국 외교부의 가오펑(Gao Feng) 북극특별대표를 각각 수석대표로 개최되었다. 이 행사는 2015.11월 제6차 한·일·중 정상회의 후속조치로 신설된 한·일·중 고위급 북극협력대화의 두 번째 회의인 금번 회의에서 3국 대표들은 각국의 북극 정책과 활동 현황및 계획을 논의하고, 북극과학 분야를 중심으로 3국간 북극협력을 지속적으로 강화해 나가기로 했다. 특히, 금번 회의에서 3국은 향후 북극협력의 비전을 담은 아래 요지의 공동성명(Joint Statement)을 채택하였다. 6.10. 니카이 도시히로(二階俊博) 자민당 간사장이 아베 신조(安倍晉三) 일본총리의 특사 자격으로 방한하여 문재인 대통령 및 국무총리를 예방하다. 6.21. 강경화 외교장관이 취임 계기로 기시다 후미오(岸田文雄) 일본 외무대신과 전화 통화하다. 양 장관은 북한의 계속적인 도발에 대해 심각한 우려를 공유하였으며, 한·일, 한·미·일 공조하에 제재와 대화 등 모든 수단을 동원하여 북한의 완전한 핵 폐기라는 공동의 목표 달성을 위해 긴밀히 협력해 나가기로 하였다. 기시다 대신이 위안부 합의의 착실한 이행이 필요하다고 언급한데 대해, 강 장관은 위안부 합의는 우리 국민 대다수와 피해자들이 받아들이지 못하는 것이 현실인 만큼, 이러한 점을 직시하면서 양측이 공동으로 노력하여 지혜롭게 해결해 나가야 한다고 하였다. 양 장관은 금년도 일본에서 개최예정인 한·일·중 3국 정상회의의 조기 개최를 위해 협력해 나가기로 했다. 7.7. G20 정상회의 계기로 독일 함부르크에서 한·일 정상회담 개최하다. 7.10. 동북아시아협력대화(NEACD, 7.10-12) 참석차 싱가포르를 방문중인 김홍균 한반도평화교섭본부장은 7.11(화) 「조셉 윤」 美 국무부 대북정책 특별대표 및 「가나스기 겐지」 日 외무성 아시아대양주국장과 한미일 6자회담 수석대표 협의를 가졌다. 3국 대표들은 한국 신 정부 출범 이후 처음으로 개최되는 금번 한미일 6자회담 수석대표 협의가 지난 7.6 함부르크 개최 G20 계기 한미일 정상간 만찬 회담 직후 개최된다는 점에서 매우 시의 적절하다는데 의견을 같이 했다. 특히, 3국 대표들은 한미일 정상회담에서 채택된 공동성명이 북핵 문제를 조속히 평화적으로 해결하고자 하는 3국 정상들의 확고한 의지가 반영된 것으로 공감하면서, 이를 바탕으로 한 금일 협의가 3국간 북핵 공조 방안을 보다 구체화시키는 좋은 계기가 된 것으로 평가했다. 7.18. 외교부는 강원도 평창에서 한·일·중 대학생 90명이 참가하는 '2017 한·일·중 대학생 외교 캠프'를 2일간 개최했다. 2012년에 시작되어 올해 6회째를 맞는'한·일·중 대학생 외교 캠프'는 한·일·중 청년 네트워크 구축 사업의 일환으로 개최하는 3국 청년 교류 행사이며, 이번 캠프에 참가하는 한·일·중 대학생들은 3국 협력 아이디어 토론, 3국 대학생 고충 나누기, 3국 협력 교류 경험담 발표 등을 통해 서로에 대한 이해를 증진시키고, 3국 협력의 미래에 대해 논의해 보는 시간을 가졌다. 7.29. 강경화 외교부 장관은 「렉스 틸러슨(Rex Tillerson)」 美 국무장관과, 이어서 「기시다 후미오(岸田文雄)」 일본 외무대신과 각각 긴급통화를 갖고, 7.28 북한의 탄도미사일 도발 관련 상황의 엄중함에 대한 평가를 공유하고, 유엔 안보리 차원의 조치를 포함한 강력한 대응 방안에 대해 의견 교환했다.
2018 ▼	【한국】 1.8. 한일 국장급 협의를 서울에서 개최하다. 1.9. 정부, 한일위안부 문제가 해결은 안되었지만 재협상 요구는 안한다고 발표하자, 일본정부 항의성명 발표하다./ 국립중앙박물관, 14세기의 고려시대 佛龕가 관음보살사이 일본에서 돌아왔다고 발표하다. 1.22. 정부는 일본 정부가 외무대신의 국회 외교연설을 통해 우리 고유의 영토인 독도에 대해 또 다시 부당한 주장을 되풀이한 데 대해 매우 유감스럽게 생각하며, 이를 즉각 철회할 것을 촉구하고, 일본 정부는 역사적·지리적·국제법적으로 명백한 우리 고유의 영토인 독도에 대한 그릇된 주장을 중단하고, 역사를 겸허히 직시하는 모습을 보여주어야 할 것이라는 외교부 대변인의 논평을 발표하다. 1.25. 정부, 일본 정부의 영토주권전시관 설치에 대해 즉각 폐쇄를 요구하다. 2.9. 평창올림픽을 계기로 한일 정상회담을 하고, 평창올림픽 성공적 개최 기원, 북한문제에 대한 한일간 긴밀한 협력관계 재확인, 양국간 미래지향적 새로운 관계구축을 위한 의견 교환을 하다. 2.13. 정부, 친일행위 인정 판결결과로 김성수전부통령의 건국공로훈장을 취소하다.

일본

책임 있는 지도자들이 일본의 식민침탈과 침략전쟁의 역사를 미화하고 있는 야스쿠니 신사에 또다시 공물료를 봉납하고 참배를 되풀이한 데 대해 깊은 우려를 논평했다.

9.20. 일본, 아키히토 국왕부부가 사이타마현 하다카시에 있는 고마[高麗]신사를 참배하여 고구려 왕족을 제사하다.

10.22. 일본 중의원선거에서 아베총리의 연립여당이 압승하여 개헌안발의 310석 이상을 확보하다.

12.4. 아베 총리가 도쿄에서 개최된 제3회 일중 기업가 및 前 정부 고위관료 대화('일중 CEO 등 서밋')* 환영 리셉션에서 중국의 '일대일로(一帶一路)'에 대한 협력 가능성을 언급했다.

7.31. 외교부 장관 직속의「한·일 일본군위안부 피해자 문제 합의 검토 TF」(약칭 "위안부 TF")가 출범했다. 위안부 TF에는 오태규 위원장을 비롯하여 한·일 관계, 국제 정치, 국제법, 인권 문제 등 다양한 분야의 민간위원 및 외교부 부내위원 등 총 9명이 참여했다. 강경화 외교부 장관은 위안부 TF에 참여하는 오태규 위원장을 비롯한 9명의 위원들에게 위촉장을 수여하고, 위원들이 피해자 중심주의에 입각하여 위안부 합의를 면밀히 검토해 줄 것을 당부했다.

8.7. ASEAN 관련 외교장관회의를 계기로 필리핀에서 한·일 외교장관회담 개최하다.

8.20. 일·한 의원연맹 대표단이 방한하다.

8.30. 북한 탄도미사일 발사와 관련하여 한·일 외교장관과 양국 정상간에 전화 통화가 실시되다. 강경화 외교부 장관은「렉스 틸러슨(Rex Tillerson)」미국 국무장관과 통화에 이어, 일본측 요청에 따라「고노 타로(河野 太郞)」일본 외무대신과 전화 통화를 갖고, 북한의 탄도미사일 발사 관련 상황 평가 및 향후 대응 방향에 대해 협의했다. 고노 외무대신은 금일 북한이 사전통보 없이 발사한 미사일이 일본 영공을 통과함에 따라, 일본 정부가 경보시스템을 발령하는 등 국민안전 측면에서 전례 없는 사태가 발생하였다고 하면서, 금번 북한의 도발은 안보리 결의 2371호를 정면으로 위반하는 폭거라고 강력히 규탄했다. 이에 대해 강 장관은 금번 북한의 도발로 일본이 느끼고 있는 위협 인식에 공감한다고 하고, 금일 한미·한일·미일 외교장관간 통화에서 논의한 바와 같이, 북한의 도발에 대해 유엔 안보리 등 다양한 차원에서 강력한 대응이 이루어질 수 있도록 긴밀히 공조해 나가자고 했다.

9.3. 강경화 외교부 장관은「고노 타로(河野 太郞)」일본 외무대신과 전화 통화를 갖고, 북한의 6차 핵실험 관련 상황 평가 및 향후 대응 방향에 대해 협의했다. 강 장관은 북한이 최근 일본 상공을 통과하는 탄도미사일 발사라는 고강도 도발을 한데 이어 불과 5일만에 6차 핵실험까지 감행한 것은 도저히 용납할 수 없는 행위로서 우리정부는 대통령 주재 NSC 긴급회의를 갖고 북한의 무모한 도발을 강력히 규탄하는 정부성명을 발표했다고 설명하였다. 또한, 금번 핵실험에 대한 단호하고 강력한 대응 필요성을 강조하면서 강력한 제재 요소를 담은 신규 안보리 결의 채택 등을 포함, 향후 대응 관련 한일·한미일간 공조를 더욱 강화해 나가자고 했다.

9.7. 제3차 동방경제포럼 계기 한·일 정상회담 및 외교장관회담을 블라디보스톡에서 개최하다.

9.22. 제72차 유엔 총회를 계기로 뉴욕에서 한·일 외교장관회담 개최하다.

9.26. 일본 정부 고위인사의 북한 난민발언 관련하여 외교부 대변인이 논평을 발표하다.

10.18. 제7차 한미일 외교차관협의회 계기 한·일 차관회담을 서울에서 개최하다. 수석대표로 임성남 외교부 제1차관과 스기야마 신스케(杉山 晉輔) 외무성 사무차관이 참석하다.

11.22. 야마구치 나츠오(山口 那津男) 일본 공명당 대표가 방한하다.

11.29. 북한 탄도미사일 발사 관련하여 한·일 정상 및 외교장관간에 전화 통화하다.

12.19. 강경화 외교부 장관이 일본을 방문하다.

12.27. 외교부,「한일 일본군위안부 피해자 문제 합의 검토 TF」검토 결과 보고서를 발표하면서 2015년 발표된 한일위안부 문제 합의에 비공개 내용이 있었다고 언급하다.

12.28. 청와대, 위안부 TF 조사결과에 대한 대통령 입장문을 발표하다.

【일본】

3.5. 한국측은 TPP-11에 뒤늦게 합류하면 아태지역의 성장을 자국에 끌어들일 수 없다는 위기감이 있는 것으로 보이며, 최근 한국측으로부터(TPP-11 관련) 문의가 있었다고 복수의 일본 정부관계자가 밝혔다.

3.13. CPTPP(TPP-11) 서명 관련 주재국 외무성 보도발표에 의하면, 칠레 산티아고에 일본 정부대표로 파견된 모테기 토시미쓰 내각부 특명담당대신(TPP 담당)이 여타 10개국 대표와 함께 TPP-11 협정에 서명했는데, 동 협정은 크게 성장하고 있는 아태지역에서 상품·서비스 무역 자유화와 투자 자유화·원활화를 추진하는 동시에 지적재산, 전자상거래, 국유기업, 환경 등 폭넓은 분야에서 21세기형 새로운 규범을 구축하는 TPP 협정의 높은 수준의 내용을 유지하면서, 이 지역에서의 자유롭고 공정한 경제질서 확대의 초석이 된다고 하는 커다란 전략적 의의를 가지고 있다고 했다.

3.19. 일본 정부, 한국·중국산 관연결구류에 대한 반덤핑 관세 부과 결정하다. 일본 정부(재무성 및 경제산업성)는 관세·외국환등심의회 관세분과회 특수관세부회에서 '한국산 및 중국산 탄소강제 맞대기 용접식 관연결구류에 관한 부당염매 관세 부과가 적당하다'는 답신이 있었다고 발표하다.

3.30. 일본고등학교 학습지도요령 개정 확정(3.30)을 발표하다. 한국측 외교부 대변인이 성명을 발표하고, 임성남 1차관이 나가미네 야스마

연도	한국
▲ 2018	2.14. 정부는 일본 정부가 2.14(수) 공개한 고등학교 학습지도요령 개정 초안에서 우리 고유의 영토인 독도에 대한 부당한 주장을 되풀이한 데 대해 깊은 유감의 뜻을 표하며, 이를 즉각 시정할 것을 촉구한다는 외교부 대변인의 논평을 발표하다. 3.12. 서훈 국가정보원장 방일하여 아베 신조 총리, 고노 타로 외무대신과 면담하다. 3.15. 제11차 한·일 안보정책협의회를 하다. 한국측에서 김용길 외교부 동북아국장, 박철균 국방부 국제정책차장이, 일본측에서는 가나스기 겐지 외무성아시아 대양주국장, 유게 슈지 방위성 국제정책과장이 참석하다. 3.17. 한·일 외교장관 회담(3.17, 워싱턴)을 하다. 한국측에서는 강경화 외교장관이, 일본측에서는 고노 타로 외무대신이 참석하여 북핵·북한 문제등 상호 관심 사안에 대해 협의하다. 3.30. 강경화 외교부 장관은 「고노 타로(河野 太郎)」 일본 외무대신과 전화 통화를 갖고, 최근 개최된 북중 정상회담, 북핵·북한 문제, 남북관계, 한일 관계 등에 대해 심도있는 협의를 가졌다. 양 장관은 최근 개최된 북중 정상회담에 대해서 의견을 교환하고, 남북 고위급 회담(3.29) 결과에 대해 설명하고, 남북정상회담의 성공적 개최를 위한 양국간 협력의 중요성을 강조하였다. 고노 외무대신은 강 장관의 설명에 사의를 표명하면서 남북정상회담의 성공적 개최를 위해 앞으로도 긴밀히 협력해 나가자고 했다. 4.4. 정부는 우리 정부의 거듭된 경고에도 불구하고, 일본 정부가 3.30.(금) 우리 고유의 영토인 독도에 대한 부당한 주장을 담은 고등학교 학습지도요령을 최종 확정한 것을 강력히 규탄하며, 이를 즉각 철회할 것을 엄중히 촉구했다. 4.11. 한·일 외교장관회담(4.11, 서울)을 하다. 한국측에서는 강경화 외교장관, 일본측에서는 고노 타로(河野太郎) 외무대신이 참석하여 한일관계, 북핵·북한 문제 등 상호 관심 사안을 협의하다. 양장관은 한일 관계, 북한·북핵 문제를 중심으로 상호 관심사에 대해 협의를 진행하였는데, 양 장관은 유골봉환 및 사할린 한인 지원 등 과거사 관련 양국 간 협력이 가능한 사안에 관한 실무 논의를 진전시켜 나가자는 데 의견을 같이 하고, 한반도 비핵화 및 항구적 평화 정착 목표 달성에 있어 남북, 북미 정상회담의 중요성을 평가하고, 앞으로도 한일, 한미일간 긴밀한 소통과 협력을 지속 강화해나가기로 했다. 4.16. 강경화 외교부장관, 「고노」일본 외무대신과 회담하다. 양 장관은 유골봉환 및 사할린 한인 지원 등 과거사 관련 양국 간 협력이 가능한 사안에 관한 실무 논의를 진전시켜 나가자는 데 의견을 같이 하고, 양 장관은 한반도 비핵화 및 항구적 평화 정착 목표 달성에 있어 남북, 북미 정상회담의 중요성을 평가하고, 앞으로도 한일, 한미일간 긴밀한 소통과 협력을 지속 강화해나가기로 했다. 4.23. 한·일 국장급 협의(4.23, 서울)를 하다. 한국측에서는 김용길 외교부 동북아국장, 일본측에서는 가나스기 겐지(金杉憲治) 외무성아시아 대양주국장이 참석하다. 4.24. 한·일 정상간에 통화하다. 4.26. 정부는 일본 정부 및 의회의 지도자들이 과거 식민침탈과 침략전쟁의 역사를 미화하고 있는 야스쿠니 신사에 또다시 공물을 봉납하고, 참배를 강행한 데 대해 깊은 우려와 유감을 표하고, 우리 정부는 일본의 정치 지도자들이 올바른 역사 인식을 토대로 김대중 대통령-오부치 총리의 '21세기 새로운 한·일 파트너쉽 공동선언'20주년이라는 상징적인 해를 맞아 과거사에 대한 겸허한 성찰과 진정성 있는 반성으로 주변국과 국제사회의 신뢰를 얻도록 노력할 것을 촉구한다는 논평을 발표하다.. 4.28. 서훈 국정원장 방일(4.28-29)하여 아베 총리와 면담하고, 남북정상회담 결과를 설명하다. 5.9. 문재인대통령, 제7차 한중일 정상회의 참석차 일본을 방문하여 중국의 리거창총리와 아베총리와 정상회담에서 한반도 비핵화, 평화체제 구축의 공동노력에 합의하다. 5.28. 외교부는 한·일 양국민 간의 문화·인적 교류를 확대하고 우호관계를 증진하기 위한 협력 방안을 모색하고자, 한·일 관계, 문화, 관광, 한류, 공공외교 등 분야에 전문성을 가진 민간위원 및 외교부 부내위원(총 9명)으로 구성된「한·일 문화·인적교류 활성화 TF(위원장: 이훈 한양대 관광학부 교수)」 출범식을 개최했다. 6.4. 한국과 일본 국세청은 금년부터 양국에 보유중인 금융정보('17년 연도말 시점의 계좌잔액 등)를 자동으로 교환하고, 2018년도 세금설명회를 개최하다. 6.14. 한·일 외교장관회담(6.14, 서울)을 하다. 강경화 외교장관과 고노 타로(河野 太郎) 외무대신이 한일관계, 한반도 문제 등 상호 관심 사안 협의하다. 양 장관은 6.12(화) 싱가포르에서 개최된 북미 정상회담 결과에 대한 평가를 공유하고, 두 차례 남북 정상회담 및 금번 북미 정상회담 결과를 토대로 하여, 완전한 비핵화와 한반도 평화 정착 관련 실질적 진전을 이루기 위해 한일 양국간 협력을 앞으로도 계속해 나가기로 하였습니다. 7.8. 한·일 외교장관회담(7.8, 도쿄)을 하다. 강경화 외교장관과 고노 타로(河野太郎) 외무대신이 한일관계 발전방향, 한반도 문제 등 상호 관심 사안등을 협의하다. 8.2. ASEAN 외교장관 회의 계기로 싱가포르에서 한·일 외교장관회담을 하다. 강경화 외교장관과 일본측 고노 타로(河野太郎) 외무대신이 한일관계와 북한·북핵 문제에 대해 의견을 논의하다.
2019 ▼	【한국】 1.9. 정부는 우리 정부의 거듭된 경고에도 불구하고 일본의 일부 정치인들이 명백히 우리 영토인 독도에 대한 허황된 주장을 접지 않고 소위 '독도문제 조기 해결을 요구하는 동경 집회'를 개최한 데 대해 강력히 항의하며, 동 행사의 즉각 폐지를 요구했다. 정부는 일본 정부가 역사적·지리적·국제법적으로 명백히 우리의 고유 영토인 독도에 대한 부질없는

일본

사 주한일본대사 초치 및 항의하고, 한·일 외교장관 통화시에도 항의하다.

4.11. 일본, 남동쪽 미나미토리섬[南鳥島] 주변 해저에서 1,600만톤 이상의 희토류가 발견되다. 전세계가 수백 년간 사용 가능하다고 발표하다.

4.17. 일본 아베총리 미국을 방문하여 트럼프대통령과의 정상회담에서 북한문제와 무역협상을 논의하다.

5.16. 정부는 일본 정부가 발표한 외교청서에서 우리 고유의 영토인 독도에 대한 부당한 영유권 주장을 되풀이한 데 대해 강력히 항의하며, 이를 즉각 철회할 것을 강력히 촉구하고, 일본 정부는 독도에 대한 부당하고 터무니없는 주장을 반복하는 것이 미래지향적 한·일 관계 구축에 전혀 도움이 되지 않는다는 점을 자각해야 할 것이라는 외교부 대변인의 논평을 발표했다.

6.7. 일본 아베총리 미국을 방문하여 트럼프대통령과 대북한 협상 공조를 확인하다.

6.18. 일본 정부(경제산업성), "2018년판 불공정무역보고서" 및 "대응방침" 발표하다. 불공정무역보고서의 공표에 맞춰 경제산업성이 우선적으로 대응할 안건 및 그 대응 방침을 공표했는데, 본문, (참고1) "2018년 불공정무역보고서를 토대로 한 경제산업성의 대응 방침"에 명기된 개별무역정책·조치 상세, (참고2) "2017년 불공정무역보고서를 토대로 한 경제산업성의 대응 방침"에 명기된 개별무역정책·조치의 1년간 진척 상황 등으로 구성되어 있다.

6.27. 일본정부, 스테인리스 스틸 바에 대한 우리의 반덤핑 조치 관련 WTO 제소 절차 착수하다.

8.29. 한·일 국장급 협의를 도쿄에서 하다. 한국측 김용길 외교부 동북아국장과 일본측 가나스기 겐지(金杉憲治) 일본 외무성 아시아대양주국장이 미래지향적 한일 관계 발전 방안 및 금년 김대중-오부치 공동선언 20주년 활용 방안, 과거사 문제 등을 비롯한 상호 관심사안에 의견을 교환하다.

10.18. 야스쿠니 추계예대제(10.17-20)때에 일본 정관계 인사가 야스쿠니 참배하다. 한국 정부는 일본 정부 및 의회의 지도자들이 과거 식민침탈과 침략전쟁의 역사를 미화하고 있는 야스쿠니 신사에 또다시 공물을 봉납하고, 참배를 되풀이한 데 대해 깊은 우려와 실망을 금할 수 없다는 논평을 내다.

10.25. 한일 차관 회담(10.25, 동경)에서 조현 외교부 1차관과 아키바 다케오(秋葉 剛男) 일본 외무성 사무차관이 참석하다.

11.6. 일본정부는 한국의 조선업계에 대한 공적자금 지원이 세계무역기구(WTO) 규정에 위반된다며 WTO 제소 방침을 결정하다. 동일 제소의 전제가 되는 양국간 협의를 요청하고, 양국간 협의가 결렬시 일본정부는 WTO 분쟁처리 소위원회(패널, 재판 1심에 상당) 설치를 요구할 것으로, 이로써 한일 간 WTO 분쟁 건수는 4건으로 늘어 났다. 일본정부는 후쿠시마 원전 사고 이후 시행된 일본산 수산물 수입규제, 일본산 공기압밸브에 대한 반덤핑 관세부과, 일본산 스테인레스 스틸바에 대한 반덤핑 관세부과의 3건과 관련해 한국을 WTO에 제소한 바 있다.

12.20. 한국 해군 구축함 광개토왕함(3,200t급)에 대한 일본해상자위대 초계기 출현사건으로 갈등을 일으키다.

8.28. 2018년 일본 방위백서를 발표하다. 한국측에서 동북아국장이 주한일본대사관 총괄공사를 초치하고, 외교부 대변인이 논평을 발표하다. 오찬 회담에서 고노 대신이 일본도 한국에 이어 문화·인적교류 활성화를 위한 TF를 구성했다고 한 데 대해, 강 장관은 우리측 TF의 진행 상황을 소개하였고, 양 장관은 '21세기 새로운 한일 파트너십 공동선언' 20주년 계기를 양국관계 발전에 활용하기 위한 구체 방안을 계속 강구해 나가기로 했다.

9.11. 블라디보스톡에서 동방경제포럼을 계기로 이낙연 국무총리와 아베 신조 일본 총리가 한반도 비핵화와 항구적 평화 정착을 위한 협력 방안과 한일관계 발전 방향 논의하다.

9.11. 하노이에서 열린 세계경제포럼(WEF) 아세안지역회의 계기로 강경화 외교장관과 고노 타로(河野太郎) 외무대신이 한-일 외교장관회담하다. 주요내용은 남북관계 진전 동향 등 설명, 한반도 비핵화 및 평화 정착 진전 관련 한일간 공조 논의, 오사카 지역에서의 태풍 피해 및 홋카이도 지진으로 인한 피해에 대해 위로의 뜻을 전달하다.

9.26. UN총회 계기 외교장관회담 개최(뉴욕)하였는데, 한·일 외교장관회담에서 강경화 외교장관과 고노 타로(河野太郎) 외무대신이 한일 관계 및 북한·북핵 문제를 논의하다. 아울러 한일 정상회담도 하다.

10.30. 대법원, 일제강점기 강제징용피해자 배상청구권이 인정된다는 판결이 확정되어, 일제강제징용 피해자에게 일본 신일본제철 배상 책임 인정하여 1인당 1억원씩 지급하도록 하다. 21년만에 승소하다.

11.8. 방탄소년단(BTS)일본 방송 출연이 한 멤버의 광복절 기념티셔츠 문구문제로 취소되다.

11.18. 파푸아뉴기니에서 개최된 아시아태평양경제협력체(APEC) 정상회의가 폐막되었으나, 무역을 둘러싼 미중 양국의 대립 여파로 1993년 회담 개최 이래 최초로 공동성명 채택이 불발되다. 이와 관련하여 의장국 파푸아뉴기니의 피터 오닐 총리는 폐막식 기자회견에서 'WTO 개혁을 둘러싼 2국간 대립이 원인'이라 밝히고(국가명은 지명하지 않음) 의장 권한의 의장성명으로 대체 발표할 것이라고 표명했다.

11.21. 정부, 일본 10억엔 기금의 '화해·치유 재단' 해산을 공식발표하여 한일관계 경색되다.

11.29. 대법원, 일제강제징용·근로 정신대 피해자에 일본 미쓰비시 중공업 배상 책임을 인정하다.

【일본】

2.22. 일본 지방 정부가 독도 도발 행사를 개최하고 동 행사에 일본 정부의 고위급 인사가 참석하는 등 일본측이 독도에 대한 부당한 주장을 지속하고 있는 데 대해 한국정부에서 강력히 항의하며, 동 행사의 철폐를 엄중히 촉구했다.

3.26. 일본정부가 역사적·지리적·국제법적으로 명백한 한국 고유의 영토인 독도에 대한 부당한 주장을 담은 초등학교 교과서를 검정 통과

연도	한국
▲ 2019 ▼	주장을 즉각 중단할 것과 올바른 역사인식이 한일관계 발전의 근간이라는 점을 명확히 인식할 것을 다시 한 번 촉구한다는 외교부 대변인의 논평을 발표했다. 1.23. 다보스 포럼 계기 강경화 외교장관과 고노타로(河野 太郎) 외무상이 한일 외교장관 회담을 하다. 강경화 외교부 장관은 한반도 비핵화 및 항구적 평화정착을 위한 협력을 하고, 강제징용 대법원 판결 및 일본 초계기에 대한 레이더 조사 주장 관련 문제, 한일 관계 발전방향에 대해 논의했다. 1.28. 정부는 일본 정부가 외무대신의 국회 외교연설을 통해 우리 고유의 영토인 독도에 대해 또다시 부당한 주장을 되풀이한 데 대해 강력히 항의하며, 이를 즉각 철회할 것을 촉구했다. 1.31. 김용길 외교부 동북아장과 가나스기 겐지(金杉憲治) 외무성 아시아대양주 국장이 한일 국장급협의를 도쿄에서 개최하다. 2.15. 뮌헨안보회의를 계기로 강경화 외교장관과 고노타로(河野 太郎) 외무상이 한일 외교장관 회담을 개최하다. 강 장관은 강제징용 피해자에 대한 대법원 판결 관련 우리 정부 입장을 설명하였으며, 이에 대해 고노 대신은 일본 정부의 입장을 설명했다. 3.1. 제100주년 3.1절 기념식, 서울 광화문 광장에서 개최하면서 문 대통령 '친일잔재 청산'을 강조하다. 4.12. WTO에서 한일 수산물분쟁 상소기구 보고서가 공표되다. 상소보고서는 한국정부의 수입 금지 조치를 "자의적이며 부당한 차별"이라며 시정을 요구한 제1심의 주요 판정을 뒤집은 바, 최종심인 상소기구가 제1심인 패널심의 판단을 뒤엎는 것은 이례적인 일이며, 일본주요 언론은 일본이 "역전 패소"했다는 표현을 사용했다. 한국측은 원전 사고 등을 이유로 일본과 他 수산물 수출국 간 조건이 동일하지 않음을 주장하였으며, WTO 상소기구는 일본이 동일 조건임을 증명하지 못했다고 판단한 것으로 보인다고 평가했다. 日 정부는 대책 마련을 위한 정보 수집을 서두를 방침이며, 고노대신이 이수훈 주일한국대사에 한국정부의 금수조치 철폐를 요구하는 등 수입제한 철폐를 계속 요구할 계획이라고 했다. 6.19. 작년 10.30 강제징용 문제에 대한 대법원 판결 이후 우리 정부는 관계부처 간 협의와 각계 인사 의견 및 여론 청취, 제반 요소에 대한 종합적 검토 등 다각도의 노력을 기울이면서, 문제해결에 도움이 될 수 있는 방안을 모색해왔다. 이와 관련하여 소송당사자인 일본 기업을 포함한 한일 양국 기업이 자발적 출연금으로 재원을 조성하여 확정판결 피해자들에게 위자료 해당액을 지급함으로써 당사자들 간의 화해가 이루어지는 것이 바람직하다는 의견이 제기된 바 있다. 우리 정부는 일본측이 이러한 방안을 수용할 경우, 일본 정부가 요청한 바 있는 한일 청구권협정 제3조 1항 협의 절차의 수용을 검토할 용의가 있으며, 이러한 입장을 최근 일본 정부에 전달하였다. 정부는 강제징용 문제 해결을 위한 노력을 앞으로도 꾸준히 기울여나갈 것인 바, 과거 역사에서 비롯된 문제는 그것대로 해결 노력을 기울여나가는 한편, 양국 간에 실질적으로 필요한 협력은 계속 추진함으로써 각자의 국익에 도움이 되는 방향으로 한일 관계를 지혜롭게 관리하고 발전시켜 나가고자 한다고 한국정부의 입장을 밝혔다. 7.26. 외교장관은 고노 타로(河野 太郎) 일본 외무대신과 통화를 갖고, 일본 정부의 수출제한 조치 및 북한의 단거리 미사일 발사 등 상호 관심 사안에 대해 의견을 교환했다. 강 장관은 일본 정부의 우리 반도체 소재 3개 품목에 대한 수출제한 조치의 즉각 철회를 촉구하는 한편, 한국을 화이트리스트에서 제외하는 내용의 '수출무역관리령' 개정안 시행 추진 등 상황을 악화시키는 조치는 취하지 말 것을 요구한바, 고노 대신은 일측 조치와 관련한 일본 정부의 입장을 설명했다. 또한 양 장관은 북측의 단거리 탄도미사일 발사에 대한 평가를 공유하고, 지금이 대화프로세스의 본격적인 재가동에 있어 중요한 시기인 만큼, 동 발사에 대한 대응을 포함, 완전한 비핵화와 한반도의 항구적 평화 정착 관련 한미일간 긴밀한 공조가 긴요하다는 데 의견을 같이 했다. 8.1. 강경화 외교부 장관은 ASEAN 관련 외교장관회의 참석 계기 고노 타로(河野 太郎) 일본 외무대신과 한일 외교장관회담을 갖고, 강제징용 대법원 판결 문제와 일본측의 수출규제 조치 등 한일 관계 현안 등에 대해 논의했다. 8.2. ASEAN 외교장관회의를 계기로 방콕에서 김정한 외교부 아시아태평양국장과 가나스기 겐지(金杉憲治) 日 외무성 아시아대양주국장이 한일 국장급 협의를 하다./ 우리 정부는 일본 정부가 수출무역관리령 개정안 각의 결정을 통해 우리나라를 전략물자 수출 우대국가에서 제외한 데 대해 강력한 항의와 깊은 유감의 뜻을 표하며, 이를 즉각 철회할 것을 촉구했다. 8.14. 주한일본대사관 앞에서 1,400차 수요집회 개최하다. 12개국 37개도시가 참여하다. 8.16. 정부는 일본 정부와 의회의 책임있는 지도자들이 일본의 과거 식민침탈과 침략전쟁을 미화하고 전쟁범죄자를 합사한 야스쿠니 신사에 또다시 공물료를 봉납하고 참배한 데 대해 깊은 우려를 표했다. 8.20. 한일중 외교장관회의를 계기로 베이징에서 김정한 외교부 아시아태평양국장과 가나스기 겐지(金杉憲治) 日 외무성 아시아대양주국장이 한일 국장급 협의를 하다. 김 국장은 일본 정부가 작일 우리나라를 화이트리스트에서 제외하는 조치를 시행한 데 대해 강한 유감과 항의의 뜻을 전달하고, 조속한 철회를 재차 촉구하였다. 아울러 김 국장은 동 문제 해결을 위한 방안으로 특히 수출관리 당국간 무조건적이고 진지한 대화가 조속히 성사되어야 함을 강조하고, 일측의 협조를 요구하고, 후쿠시마 원전 오염수 방출 관련 우리 정부와 국민의 엄중한 인식을 재차 전달하면서 정확한 사실관계 및 조치 계획 등 관련 구체적인 정보를 우리측과 상시 공유해 나갈 필요가 있음을 지적했다. 8.22. 한일중 외교장관회의 계기 한일외교장관이 베이징에서 회담하다. 일본측의 수출규제 조치, 강제징용 문제, 한반도 정세 등 상호 관심사에 대해 의견을 교환하고, 강 장관은 일본 정부가 8.2 화이트리스트上 우리나라 제외 각의 결정을

일본

시킨 것을 한국 외교부에서 강력히 규탄하며, 이를 즉각 철회할 것을 촉구했다.

4.1. 스가 요시히데 일본 내각관방장관, 새연호 '레이와' 공개하다.

4.23. 김용길 외교부 동북아국장과 가나스기 겐지(金杉憲治) 日 외무성 아시아대양주 국장이 동경에서 한일 국장급 협의를 개최하다./ 한국 정부가 일본 정부와 의회의 지도자들이 침략전쟁을 미화하고 있는 야스쿠니 신사에 또다시 참배하고 공물을 봉납한데 대해 깊은 실망과 유감을 표했다.

4.24. 일본 정부가 발표한 외교청서에서 역사적·지리적·국제법적으로 명백히 한국 고유의 영토인 독도에 대해 부당한 영유권 주장을 되풀이한데 대해 한국정부에서 강력히 항의하며, 이의 즉각적 철회를 촉구했다.

4.30. 아키히토 천황이 퇴위하다.

5.1. 나루히토 천황이 즉위하여 레이와시대가 개막하다.

5.7. WTO 한일 수산물 분쟁에서 일본 정부가 자국산 식품의 안전성을 주장해온 근거가 됐던 WTO 분쟁처리소위원회(패널·1심) 판결문에 '일본산 식품의 과학적 안전성은 증명되었다'는 문구가 포함되지 않았다는 사실이 확인되다.

5.23. 강경화 외교부 장관은 OECD 각료이사회 참석 계기 고노 타로(河野 太郎) 일본 외무대신과 한일 외교장관 회담을 갖고, 한반도 비핵화 및 항구적 평화정착을 위한 협력, 강제징용 대법원 판결 문제 등 상호 관심사에 대해 의견을 교환했다. 고노 대신은 강제징용 대법원 판결 문제에 대한 일본 정부의 입장을 설명했으며, 이에 대해 강 장관은 동 사안이 한일관계 전반에 부정적인 영향을 미치지 않도록 양 외교당국이 지혜롭게 해결해 나갈 필요가 있는 만큼, 일측으로서도 피해자들의 고통과 상처 치유를 위해 함께 노력할 필요가 있고, 양국 정부 간에는 긴밀한 소통이 지속되어야 함을 강조했다. 고노 대신은 일본산 수산물 WTO 판정에 대한 일측 입장을 전달해왔으며, 이에 대해 강 장관은 WTO 판정 존중 필요성과 함께 국민의 건강과 안전이 최우선이라는 우리 정부 입장을 설명했다.

5.28. 한일 수산물 분쟁 WTO 상소기구 판정 관련, 日 정부 검토결과 자민당 합동부회 보고하다.

6.5. 김정한 외교부 아시아태평양국장과 가나스기 겐지(金杉憲治) 日 외무성 아시아대양주국장이 도쿄에서 한일 국장급 협의를 개최하다.

6.18. 일본 정부가 WTO 상소위원회가 한국에 의한 후쿠시마산 등 일본산 수산물 수입 금지를 용인한 점 등을 들어 WTO 가입 국가간의 무역 분쟁을 공평하게 심사해야 하는 WTO 분쟁해결제도에 대한 불신이 정점에 달했다는 입장을 나타내다.

6.28. G20 정상회의 계기로 오사카에서 강경화 외교장관과 고노타로(河野太郎) 외무상이 한일 외교장관 회동하다.

7.1. 일본 정부, 반도체 핵심소재 한국 수출 규제 발표하다.

8.2. 일본 정부, 한국을 화이트 리스트 명단에서 제외하는 개정안을 의결하다.

8.16. 일본 정부와 의회의 책임있는 지도자들이 일본의 과거 식민침탈과 침략전쟁을 미화하고 전쟁범죄자를 합사한 야스쿠니 신사에 또다시 공물료를 봉납하고 참배한 데 대해 한국정부에서 깊은 우려를 표했다.

9.20. 김정한 외교부 아시아태평양국장과 타키자키 시게키(滝崎成樹) 日 외무성 아시아대양주국장이 도쿄에서 한일 국장급 협의를 하다. 김 국장은 강제징용 문제 관련 우리 입장을 설명하는 한편, 일본 정부가 부당한 보복성 수출규제 조치를 조속히 철회할 것을 재차 촉구하면서, 수출관리 당국간 대화를 통해 동 문제를 조속히 해결할 필요가 있음을 지적했다. 또한 김 국장은 일본내 혐한 분위기와 관련해 한국인 보호와 피해 발생 방지를 위해 일본 정부가 각별한 관심을 가져 줄 것을 요청했다.

9.27. 일본 정부가 9.27(금) 발표한 방위백서에서 역사적·지리적·국제법적으로 명백한 우리 고유의 영토인 독도에 대한 부당한 영유권 주장을 되풀이한데 대해 한국 정부가 강력히 항의하며, 이를 즉각 철회할 것을 촉구했다.

10.18. 야스쿠니 신사에 일본 정부 및 의회의 지도자들이 또다시 공물을 보내고 참배를 강행한 것에 대해 한국 정부가 깊은 유감을 표했다.

10.22. 나루히토 제126대 천황 즉위식을 거행하다.

12.20. '포토레지스트' 수출규제완화하다.

12.26. 日 경제산업성의 한일 무역관리 정책대화 재개 발표에 대한 한국 측 항의 관련, 11.25자 주요 언론 석간은 일제히 '대화 재개는 한국과의 사전조율을 거친 것' 제하, 일측의 공식 반론 동향 및 양국 간 이견을 노정했다고 보도했다./ 재무성이 11.28 발표한 2019.10월 품목별 무역통계 결과에 따르면, 對韓 맥주 수출 실적이 1999.6월 이후 20년 4개월 만에 '제로'를 기록하다. 2019년 일본산 맥주의 對韓 수출량은 2019.7월까지 400만 리터~800만 리터/월(약 3억~6억 엔)이었으나, 2019.8월 약 59만 리터(약 5,009만 엔)로 급감, 2019.9월에는 1,010리터(약 59만 엔)까지 감소했다./ 고이즈미 신타로 환경대신은 11.23 한중일 환경장관회의(TEMM21) 참석 차 방일한 조명래 환경부 장관과 기타규슈시(市)에서 회담을 개최하다. 조 장관은 '일본의 정책 노력은 이해하고 있으며, 동 정책을 신뢰하나, 과학에는 불확실성이 있다고 하면서, 앞으로도 계속해서 과학적 근거에 기초한 정확한 정보 제공을 요구할 것'이라며 후쿠시마 제1원전에서 지속 증가하는 오염수(기사 원문: 처리수)에 대한 우려를 표명했다. 이에 대해 고이즈미 대신은 '후쿠시마 제1원전 탱크 내 저장되어 있는 것은 다핵종제거설비(ALPS)로 정화한 처리수로 오염수는 아니다. 정확한 정보를 제공하고 성실히 설명해 나갈 것'이라고 응했다.

강행한 데 대해 재차 깊은 유감을 표명하고, 상황의 엄중함을 지적하는 한편, 일본 정부가 지금이라도 해당 조치를 철회할 것을 강력히 촉구했다. 또한 고노 대신이 강제징용 문제와 관련한 일측 입장을 언급한 데 대해 강 장관은 우리 입장을 재차 확인했다. 아울러 후쿠시마 원전 오염수 처리 문제에 대한 우리 정부의 엄중한 인식을 전달하고 일본 정부의 현명한 결정을 촉구했다./ 한일 GSOMIA 종료를 결정하다.

연도	한국
▲ 2019	8.29. 김정한 외교부 아시아태평양국장과 가나스기 겐지(金杉憲治) 日 외무성 아시아대양주국장이 한일 국장급 협의를 서울에서 개최하다. 9.1. 이태호 외교부 제2차관은 9.1.(일) 제15회 '한일 축제한마당 in Seoul' 행사에 참석했다. 한일 축제한마당은 2005년 '한일 우정의 해' 이래 매년 서울에서 한일 축제한마당 실행위원회 주최로 개최되고 있는 양국 간 문화교류행사로 2009년부터는 서울, 도쿄에서 모두 개최(한일 축제한마당 실행위원장: 손경식 CJ그룹 회장, 일한 축제한마당 실행위원장: 사사키 미키오 일한경제협회장, 오공태 전 재일민단장)하고 있다. 9.26. 유엔총회 계기로 뉴욕에서 강경화 외교부 장관과 모테기 도시미쓰(茂木敏充) 日 외무대신이 한일 외교장관 회담을 하다. 10.16. 김정한 외교부 아시아태평양국장과 타키자키 시게키(滝崎成樹) 日 외무성 아시아대양주국장이 서울에서 북핵수석대표협의를 했다. 10.22. 이낙연 국무총리 일본 나루히토 천황 즉위식 행사 참석 방일(10.22.(화)~24.(목), 도쿄)하여, 즉위식 및 궁정연회(10.22), 아베 총리 주최 연회(10.23), 아베 총리 면담(10.24), 故이수현 의인 추모비헌화(10.22), 일한의원연맹 관계자 조찬(10.23), 일본 젊은이들과의 대화(10.23), 동포 대표 초청 오찬 간담회, 모리 前총리(도쿄올림픽 조직위원장) 면담(10.23) 등을 하다. 11.15. 김정한 외교부 아시아태평양국장과 타키자키 시게키(滝崎成樹) 日 외무성 아시아대양주국장이 한일 국장급 협의를 하다. 김 국장은 일본의 對韓 수출규제 조치가 부당한 보복적 성격임을 지적하고, 이를 조속히 철회할 것을 강력히 요청했다. 이에 대해 타키자키 국장은 일본측 입장을 설명했고, 또한, 김 국장과 타키자키 국장은 강제징용 판결 문제와 관련한 양측의 입장과 문제해결 방향에 대해서도 의견을 교환하고, 아울러, 김 국장은 일본내 혐한 분위기와 관련해 우리 국민 및 재일동포의 보호와 피해 발생 방지를 위해 일본정부가 각별한 관심을 가져줄 것을 요청했다. 김 국장은 후쿠시마 원전 처리 오염수 문제에 대한 우리측의 엄중한 우려를 재차 상기하면서, 이 문제에 대한 일본측의 투명한 정보 공유와 신중한 판단을 당부했다. 11.22. 미국정부의 중재와 한미일 안보 공조 필요성 인식에 따라 한국정부는 GSOMIA 종료효력을 정지하고 조건부 연장에 합의했다. 11.23. G20 외교장관회의를 계기로 강경화 외교부 장관과 모테기 도시미쓰(茂木敏充) 日 외무대신이 나고야에서 한일 외교장관 회담을 하다. 강 장관은 수출관리 당국간 대화가 개시될 수 있게 된 것을 평가하면서, 특히 일측 수출규제 조치 조속 철회 필요성을 재차 강조하는 한편, 이번에 개시될 수출관리 당국간 대화가 궁극적으로 이들 규제조치의 철회로 이어져야 한다는 뜻을 전달했다. 또한, 강 장관과 모테기 대신은 한일관계의 중요성에 대한 공감대를 재확인하는 한편, 두 나라 외교당국간에 진행되고 있는 강제징용 판결 문제 해결을 위한 소통과 협의를 지속해 나가자는 데 뜻을 같이 했다.
2020 ▼	【한국】 1.13. 한미일 외교장관회담을 계기로 김정한 외교부 아시아태평양국장과 타키자키 시게키(滝崎成樹) 일본 외무성 아시아대양주국장이 샌프란시스코에서 한일 국장급협의를 하다. 김정한 국장은 일본 수출규제 조치 조속 철회를 촉구하는 한편, 강제징용과 관련한 우리 입장을 재차 강조하였고, 타키자키 국장은 이들 현안들과 관련한 일측의 입장을 언급했다. 북핵문제 관련 3국간 협력 방안 및 역내·중동 정세 등에 대해 의견을 교환하였다. 1.14. 한미일 외교장관회담을 계기로 강경화 외교부 장관과 모테기 도시미쓰(茂木敏充) 日 외무대신이 샌프란시스코에서 한일 외교장관회담을 하다. 강경화 장관은 일본 수출규제가 조속히 철회되어야 한다는 우리측 입장을 재차 확인하면서, 이를 위한 수출당국간의 대화가 보다 가속화될 것을 촉구하였다. 나아가 강 장관은 강제징용 문제 관련 우리 입장을 강조하였고 모테기 대신은 일측 입장을 언급했다. 1.21. 강경화 외교부장관은 미치가미 히사시(道上尙史) 사무총장과 강도호 사무차장, 차오징(曹静) 사무차장 등 제5대 3국협력사무국[TCS]* 사무총장단을 접견, 작년 9월 출범한 동 사무총장단이 동북아 3국 협력 발전을 위해 노력을 기울여오고 있는 점을 평가하면서, 향후 TCS의 공헌방향 등에 대해 의견을 교환하였다. 2009년 3국 정상회의 계기 우리측 제안으로 2011년 서울에 설립되어 한중일 3국 협력 업무를 관장하는 국제기구이며, 사무총장단(Board)은 1인의 사무총장(Secretary-General)과 2인의 사무차장(Deputy Secretary-General), 총3인으로 구성했다. 1.28. 韓中日·ASEAN은 금융 위기시 국제통화기금(IMF)의 개입 없이 사용할 수 있는 자금을 기존 대비 30% 많은 960억 달러 규모로 확대하는 안 검토에 착수했으며, 확대 여부는 2020.5월 한국에서 열리는 韓中日·ASEAN의 재무장관·중앙은행총재 회의에서 결정될 예정이며, 투기적 외화시장의 움직임 등 '외부요인'이 원인으로 위기가 발생했을 경우를 발동 조건으로 하며, 지금까지 각국은 지역 내 신흥국에서 자본 유출이 발생한 경우의 대책을 차관급 회의에서 논의해 왔으며 중국도 물밑에서 동 대책에 찬성한 바 있다./ 2019.7월 日 정부의 對韓 수출규제 강화 이후, 규제 전 역대 정권에서 실현되지 못했던 반도체 소재·부품·제조장치의 한국 국산화가 진행되고 있음. 한국 언론은 수출규제 대상 3개 품목 중 하나이며 최첨단 반도체 제조시 필수 재료인 초고순도 불화수소의 생산능력을 한국이 확보했다고 2020.1월 초 보도함. 기존까지 초고순도 불화수소는 일본 기업이 생산을 독점해 왔으나, 한국 화학제조사(솔브레인)가 한국 국내 수요 대부분을 공급할 수 있게 되었다고 발표함. 2.6. 김정한 외교부 아시아태평양국장과 타키자키 시게키(滝崎成樹) 일본 외무성 아시아대양주국장이 서울에서 한일 국장

일본

11.25. 국립외교원 외교안보연구소 일본연구센터는 국립외교원 2층 대회의실에서 '국제정세변화와 한일협력: 한일의 대외전략과 미래비전'이라는 주제 하에 국제회의를 개최했다.

11.28. 이도훈 외교부 한반도평화교섭본부장은 북한의 발사체 발사 관련 스티브 비건 미국 국무부 대북특별대표(11.29.) 및 다키자키 시게키 일본 외무성 아시아대양주국장(11.28.)과 각각 유선협의를 갖고, 관련 상황 및 평가를 공유했다.

12.2. 정부는 12.2.(월) 유네스코 세계유산센터 홈페이지에 게재된 「일본의 근대산업시설 세계유산 등재 후속조치 이행경과보고서(State of Conservation Report)」 관련하여 2015년 7월 세계유산위원회가 각 시설의 전체 역사를 알 수 있도록 해석 전략 마련을 권고하였으며, 이에 따라 일본측이 한국인의 강제 노역을 인정하고, 희생자를 기리기 위한 조치를 취할 것을 약속했음에도 불구하고, 금번 보고서 역시 일본 정부가 상기 관련 이행 내용을 포함하지 않은데 대해 유감을 표명했다. 2015.7월 세계유산위원회에서 일본 메이지 근대산업 시설 23개소(군함도 등 강제노역 시설 7개소 포함) 세계유산으로 등재했다.

12.6. 외교부는 세종연구소에서 「제6회 한·일·중 3국 협력 논문 경진대회」를 개최했다. 이번 행사의 주제는 '한일중 3국 협력 발전 방안과 동북아 미래'이며 국내외 대학의 대학(원)생들이 작성한 29편의 논문 중 사전 심사를 통과한 12편의 논문이 발표되었다. 논문 경진대회는 외교부의 한일중 청년 네트워크 구축 사업의 일환으로 개최되는 행사로서, 참여 논문들은 역사, 문화, 안보 등 기존 관심 분야뿐만 아니라, 물류, 환경, 스포츠 등 다양한 분야에서의 3국간 협력 방안을 다루고 있다. 참가자들은 상호 참신한 의견 교환을 통해, 한일중 협력에 대한 이해와 관심을 제고할 수 있을 것으로 기대된다.

12.15. ASEM 외교장관회의 만찬을 계기로, 강경화 외교부 장관과 모테기 도시미쓰(茂木敏充) H 외무대신이 마드리드에서 한일 외교장관 환담하다. 강경화 장관은 12.16(월) 수출관리당국 정책대화 개최를 환영 하면서, 동 대화가 일측 수출규제의 조속 철회로 이어질 필요성을 제기하였다. 강 장관과 모테기 대신은 북한 핵 문제와 관련하여 외교당국 간에 긴밀히 소통해나간다는 데 의견을 같이 하였고, 한일중 정상회의 계기 한일 정상회담 개최에 대해서도 계속 조율해 나가기로 했다.

12.24. 한일중 정상회의를 계기로 강경화 외교부 장관과 모테기 도시미쓰(茂木敏充) H 외무대신이 청뚜에서 한일 외교장관회담을 하다.

【일본】

1.20. 일본 정부가 1.20.(월) 외무대신의 국회 외교연설을 통해 우리 고유의 영토인 독도에 대해 또다시 부당한 주장을 되풀이한 데 대해 한국 정부가 강력히 항의하며, 이를 즉각 철회할 것을 촉구했다.

2.7. 서은지 외교부 공공문화외교국장 및 시노 미츠코(志野 光子) 외무성 국제문화교류심의관을 수석대표로 하는 제17차 한-일 문화외교국장회의가 2.7.(금) 일본 도쿄에서 개최되었다. 한-일 문화외교국장회의는 문화·인적 교류 활성화 등 양국 문화협력 증진 논의를 위한 외교부간 정례협의체로, 이번 회의는 2014년 제16차 회의 이후 6년 만에 개최하고, 이번 회의에서 양측 관계기관은 양국의 공공문화외교 정책을 공유하고, 문화·관광·스포츠·청소년 교류 등 다양한 분야에서 양국간 협력 현황 및 '한-일 문화인적교류 TF' 후속조치 이행방안 등을 협의했다.

2.21. 일본 정부가 우리 고유의 영토인 독도에 대한 부당한 주장을 강화하기 위해 동경도 내의 "영토주권전시관"을 확장 이전하고 금일 개관식을 개최한 데 대해 한꾸 정부에서 강력히 항의하며, 이에 폐쇄 조치를 촉구했다. 2018년 "영토주권전시관"의 개관 이래, 우리 정부가 해당 전시관의 즉각적인 폐쇄를 누차 촉구해 왔음에도 불구하고, 일본 정부가 오히려 이를 확장하여 개관하는 것에 대해 유감을 표명했다.

2.22. 일본이 2.22(토) 시마네현의 소위 「독도의 날」 행사 개최와 동 행사시 중앙 정부 고위급 인사 참석을 통해 독도에 관하여 부질없는 도발을 반복하고 있는데 대해 한국 정부가 강력히 항의하며, 동 행사를 즉각 폐지할 것을 엄중히 촉구했다.

3.9. 코로나 19 이유로 한국인 등 관광객 무비자 입국 중지하자, 한국도 맞대응하다.

3.24. 2020 도쿄올림픽 연기하고, 2021년 7월 23일~8월 8일 개최를 발표하다./ 일본 정부가 명백한 역사적 사실을 왜곡, 축소, 누락 기술하고, 부당한 주장을 담은 중학교 교과서를 검정 통과 시킨데 대해 한국 정부가 강력히 항의하며, 이의 즉각 시정을 촉구했다.

4.21. 일본의 식민침탈과 침략 전쟁을 미화하는 상징적 시설물인 야스쿠니 신사에 아베 신조 총리가 또다시 공물을 봉납한데 대해 한국정부가 깊은 실망과 유감을 표했다.

5.19. 일본 언론이 산업통상자원부 이호현 무역정책관은 5.12 일본 정부의 對韓수출관리 강화와 관련해 '일본이 제기한 수출관리조직 부족 등은 모두 해소되었다'며 조치 철회 여부를 판단해 2020.5월 말까지 회신토록 요구하는 담화를 발표했다고 보도하다. 이 정책관은 담화를 통해 무역관리조직을 5.6부로 기존 과단위에서 국단위 조직으로 격상시켰으며, 재래식무기에 사용 가능한 물자 수출을 제한하는 '캐치올 규제'를 강화하는 관련법이 6.19 시행되는 점 등을 언급하며 '일본 정부가 현안 해결에 나서야할 조건이 갖추어졌다'며 강화 조치 조기철회를 재차 요구했다고 보도하다.

연도	한국
▲ 2020 ▼	급협의를 하다. 김정한 국장은 강제징용과 관련한 우리 입장을 재차 강조하는 한편, 일본 수출규제 조치의 조속한 철회를 촉구하였다. 양측은 신종 코로나바이러스 대응과 관련하여 관련 정보 공유 등이 원활히 이루어질 수 있도록 긴밀히 협조해 나가기로 하였다. 또한, 김 국장은 일본내 한국인 보호와 피해 발생 방지를 위해 일본 정부가 각별한 관심을 가져 줄 것을 요청하였다. 2.10. 홍진욱 아프리카·중동국장은 2.10.(월) 오전 외교부 청사에서 카츠히코 타카하시(Katsuhiko TAKAHASHI) 일본 외무성 아중동국장과 제7차 한-일 국장급 중동정책협의회를 개최하고, △양국의 대중동 정책, △최근 중동 정세 등에 대한 의견을 교환하였다. 2.15. 강경화 외교부 장관과 모테기 도시미쓰(茂木敏充) 日 외무대신이 뮌헨안보회를 계기로 한일 외교장관회담을 하다. 이번 회담에서 3국 장관은 북한·북핵 문제 관련 3국간 공조방안 및 역내외 현안·정세에 대해 협의하였다. 3국 장관은 북한 현 상황에 대한 평가를 공유하는 한편, 이에 대한 대응 방안 및 향후 3국간 공조 방안에 대해 심도 깊은 논의를 가졌다. 또한, 3국 장관은 최근 코로나-19 확산, 중동 정세 등 지역 및 글로벌 현안에 대해 의견을 교환하고, 역내 및 국제무대에서 한미일이 협력할 수 있는 분야 및 방안을 지속 모색해 나가기로 하였다. 강경화 장관 취임(2017.6월) 이후 한미일 외교장관 회담 개최 실적: ①2017.8월(마닐라) ②2018.1월(밴쿠버) ③2018.6월(서울) ④2018.7월(도쿄) ⑤2019.8월(방콕) ⑥2020.1월(샌프란시스코) ⑦2020.2월(뮌헨) 3.17. 외교부는 3.17.(화) 오전 코로나19 대응을 위한「한중일 외교부 국장협의」를 유선으로 개최하였다. 김정한 아태국장, 중국 외교부 우장하오(吳江浩) 아주국장 및 일본 외무성 타키자키 시게키(滝崎 成樹) 아시아대양주국장이 참석한 이번 회의에서 한중일 외교당국은 코로나19 관련 각 국의 국내상황 정보를 공유하고, 코로나 19의 세 나라간 및 글로벌 확산 방지를 위한 협력 방향에 대해 의견을 교환했다. 3.20. 강경화 장관은 왕이(王毅) 중국 외교부장 및 모테기 도시미쓰(茂木 敏充) 외무대신이 참석한 코로나19 관련「한중일 외교장관 화상회의」를 주재했다. 이번 회의에서 한중일 외교장관은 세 나라 각각의 코로나19 확산 및 대응상황에 대해 정보를 공유하고, 코로나19 확산상황이 국가 간의 교류협력과 세계경제에 끼치고 있는 부정적 영향에 대해서도 논의하는 한편, 코로나19의 보다 효과적인 확산 차단과 조기 종식을 위한 3국 협력의 중요성을 재확인했다. 3.23. 일본 언론에 따르면 후쿠시마 제1원자력발전소 사고 후 각국이 실시한 일본산 농수산물 대상 수입 규제가 철폐 및 완화되고 있음. 원전 사고 후 일본산 식품의 수입을 규제한 국가 및 지역은 최대 54개국, 지역에 달했으나, 2020년 3월 기준 20개국, 지역으로 감소했고, 후쿠시마현(県)의 동남아시아 대상 복숭아 수출량은 2019년도 기준 전년도 대비 67% 증가하여 54.1톤을 기록했으며 이는 사고 전인 2009년도 수준이다. 4.1. 김정한 외교부 아시아태평양국장과 타키자키 시게키(滝崎成樹) 일본 외무성 아시아대양주국장이 한일 국장급 화상협의를 하다. 5.7. 일본군 위안부 피해자 이용수 할머니, 정의기억연대 위안부 피해자 이용 논란 촉발하다. 5.13. 김정한 외교부 아시아태평양국장과 타키자키 시게키(滝崎成樹) 일본 외무성 아시아대양주국장이 한일 국장급 유선협의를 통하여, 상호 코로나19 상황 의견교환 및 양자간 주요 현안 논의, 향후 외교당국간 소통을 계속 확인하기로 했다. 6.1. 日 정부의 對韓수출규제조치 이후 한국 기업은 일본 제품을 대체 가능한 제품 도입에 박차를 가하고 있음. 주요 액정 패널 및 반도체제조사는 고품질·저가격 및 안정적 조달을 이유로 일본산 소재를 이용해 왔으나, 일본의 수출관리 엄격화가 동 관습을 바꾼 것으로 평가하고, 한국 기업은 반도체 및 액정패널 생산에 필수적인 불화수소는 고순도 제품의 조기 국산화가 용이치 않다고 판단, 한국 국내에서 조달 가능한 저순도 제품으로의 전환을 가속화함. LG디스플레이는 액정 패널의 제조공정에서 日 스텔라케미파社가 제조하고 韓 솔브레인社가 100배로 희석한 불화수소를 이용해 왔으나, 2019.11월부터 이를 재검토, 솔브레인社에서 생산·가공한 저순도 제품을 채택했으며, 삼성전자는 '경제적 합리성을 생각하면 일본에서 조달하는 것이 바람직하다'고 하면서도, 반도체의 안정적 생산을 유지하기 위해 생산 공정 내 일부에서 국내 조달이 가능한 저순도 불화수소를 도입했다. 6.3. 강경화 외교부장관과 모테기 도시미쓰(茂木敏充) 日 외무대신이 한일 외교장관 통화를 하다. 강경화 장관은 우리측이 대외무역법 개정 등 적극 노력하여 일측이 제기한 수출규제 조치의 사유를 모두 해소하였음에도 불구하고 동 조치가 유지되는데 대해 깊은 유감의 뜻을 표명하고, 일본 수출규제 조치의 조속한 철회를 촉구하였으며, 모테기 대신은 이에 대한 일측의 기본 입장을 언급하였다. 아울러, 강 장관은 강제징용 문제 관련 우리 입장을 강조하였고, 모테기 대신은 일측 입장을 설명하였다. 또한 강 장관과 모테기 대신은 코로나19 확산 사태하에서 해외 체류중인 한일 국민의 귀국을 위한 양국 정부간 협력이 이루어지고 있는 점을 평가하고, 이번 감염병 사태 관련 협력을 확대해나갈 필요가 있다는데 의견을 같이했다. 6.24. 김정한 외교부 아시아태평양국장과 타키자키 시게키(滝崎成樹) 日 외무성 아시아대양주국장이 한일 국장 화상협의를 하다. 6.25. 한국, 對韓 반도체재료 수출규제 WTO 분쟁해결 절차 재개 요구하다. 日 정부는 前징용공 소송을 둘러싸고 한일 관계가 악화되었던 2019.7월 안보상 우려가 있다는 점을 들어 對韓 반도체재료 3개품목의 수출규제 강화를 결정(마이니치, 도쿄신문)했는데, 이에 반발한 한국 정부가 2019.9월 조치 철회를 요구하며 WTO에 제소했으나, 동년 11월 양국이 수출규제 관련 협의 개시에 합의함에 따라 절차가 일시 중단된 바 있음. 이와 관련하여 한국 정부는 5.12 일측에

일본

6.15. 도쿄 소재 일본 산업유산 정보센터의 전시 내용에 2015년 7월 세계유산위원회에서 일본 근대 산업시설의 세계유산 등재 당시 세계유산위원회의 권고와 일본이 약속한 후속조치가 전혀 이행되지 않은데 대해 한국 정부가 강력히 항의했다. 그 이유는 일본 정부가 세계유산위원회의 권고를 이행하기 위한 구체적인 후속조치로서 일본 스스로 인정한 수많은 한국인 등이 본인 의사에 반해 동원되어 가혹한 조건하에서 강제 노역한 사실을 이해할 수 있도록 하겠다고 했으나, 동 센터에서는 그러한 약속에 정면으로 배치되고 역사적 사실을 완전히 왜곡하는 내용을 포함하고 있는 것에 대해 심히 유감을 표했다. 특히, 일본 정부는 강제노역 희생자를 기리기 위한 조치로서 정보센터 설립을 약속했으나, 이번에 개관한 센터 전시 내용 어디에도 희생자를 추모하는 노력을 발견할 수 없다는 점에서 우려와 실망을 금할 수 없다고 했다. 한국 정부는 정부는 세계유산 등재 당시 일본이 한국과 국제사회에 약속한 내용을 성실히 이행하는 동시에 각 시설의 전체 역사를 이해할 수 있도록 권고한 세계유산위원회의 결정을 철저히 준수할 것을 다시 한 번 엄중히 촉구했다.

6.30. 파나소닉과 소니의 OLED 사업을 통합한 JOLED*는 6.23 OLED 기술 특허권 침해에 대한 손해배상을 요구하기 위해, 삼성전자를 미국 및 독일 지방법원에 제소했다고 발표하다. JOLED는 2015년 파나소닉과 소니 간에 OLED 사업을 통합해 탄생한 조직으로, 2020년 OLED패널양산 설비를 가동시키고 전 세계적으로 4,000개의 OLED패널 관련 특허등록·출원을 진행했으며, 자사 양산 설비를 기술 특허권을 공여하는 비즈니스모델 구축이 목표이다. JOLED는 스마트폰 브랜드 '갤럭시'의 OLED패널 구동에 필요한 기술 관련 특허 침해가 있었다고 주장, 독일에서는 삼성전자의 독일 현지법인을 제소했으며 미국에서는 패널제조 자회사인 삼성디스플레이 삼성전자 美 현지법인인 삼성전자 아메리카를 제소했다.

7.14. 일본 정부가 7.14.(화) 발표한 방위백서를 통해 역사적·지리적·국제법적으로 명백한 우리 고유의 영토인 독도에 대해 부당한 영유권 주장을 되풀이한데 대해 한국 정부에서는 강력히 항의하며, 이의 즉각 철회를 촉구했다.

7.29. 한국은 2019년 가을 일본의 對韓수출규제조치에 대해 WTO에 일본을 제소, 동 절차를 중단하고 일본측이 요구하는 양국간 대화로 해결될 수 있으리라는 기대도 한때 존재했으나 이후 한국 측이 일본 측에 조기 수출규제조치 완화를 강요하여 협의가 진행되지 않아 2020.6월에 한국이 WTO에 패널 설치를 요청한 바 있으나, WTO를 무대로 한 통상분쟁은 징용공소송 및 위안부 문제 등 한일 양국간 정치·외교문제를 더욱 복잡화시키고 있다.

8.17. 일본 정부와 의회의 지도자들이 일본의 과거 침략전쟁을 미화하고 전쟁범죄자를 합사한 야스쿠니 신사에 또다시 공물료를 봉납하고 참배를 되풀이한데 대해 한국 정부가 깊은 실망과 우려를 표했다.

9.19. 아베 신조 일본 전 총리가 일본의 식민침탈과 침략 전쟁을 미화하는 상징적 시설물인 야스쿠니 신사를 퇴임 직후 참배한데 대해 한국 정부가 깊은 우려와 유감을 표했다.

10.17. 일본의 과거 침략전쟁을 미화하고 전쟁범죄자를 합사한 야스쿠니 신사에 일본의 정부 및 의회 지도자들이 또다시 공물을 봉납한 데 대해 한국정부가 깊은 유감을 표했다.

11.18. 고경석 아프리카중동국장은 일본 도쿄에서 다카하시 카츠히코(TAKAHASHI Katsuhiko) 일본 외무성 중동아프리카국장과 제8차 한·일 국장급 중동정책협의회를 개최하고, 양국의 대중동 정책, 앞으로의 중동 정세 전망 등에 대한 의견을 나누었다. 한-일 국장급 중동정책협의회는 2014년 제1차 회의 이래 연례 개최 중으로 제7차 회의는 올해 2.10.(월) 서울에서 개최했다.

수출규제 철회 여부에 대한 입장을 2020.5월 말까지 밝혀달라고 요구했으나, 일측이 답변을 내놓지 않아 WTO 분쟁해결절차를 재개할 방침임을 6.2 표명했다.

7.10. 對韓 반도체재료 수출규제 WTO 패널 설치 관련하여, 일측은 6.29 개최된 WTO 회의(제네바)에서 '한국의 요청이 대량살상무기를 포함한 무기 등의 비확산을 위한 국제적 틀에 대한 도전임을 매우 우려한다'며 패널 설치 반대성명을 제출했고, WTO가 6.29 회의에서 일측의 패널 설치 반대 표명으로 WTO 심리 여부 결착이 2020.7월 개최될 차회 회의로 연기되었으나, 패널이 설치되어 심리가 시작되더라도 상소위가 결원 사태로 기능마비에 빠져 심리 장기화가 불가피할 것으로 예상하고 있다.(닛케이, 교도통신 등 보도)

8.31. 韓 정부 일본산 공기압 밸브 반덤핑 철폐하다. 한국은 2015.8월 이후 자동차 및 반도체 생산라인 등에 사용되는 일본산 공기압 밸브와 관련, '가격이 부당하게 저렴하다'며 11.66~22.77%의 추가관세를 적용하다.(닛케이 등). 이에 일본은 2016.3월 동 조치가 부당하다며 WTO에 제소하였으며, WTO는 2019.9월 한국의 조치가 협정에 부합하지 않는다며 2020.5.29. 기한으로 시정을 권고, 한국은 기한 만료 후인 8.19 조치 철폐를 공식 발표하다.

9.4. 이도훈 외교부 한반도평화교섭본부장은 9.4.(금) 오후 일본측 북핵 수석대표인 타키자키 시게키 외무성 아시아대양주국장과 유선협의를 가졌다. 양측은 최근 한반도 상황에 대한 평가를 공유하고, 앞으로도 북핵·북한 문제 관련 협력을 지속해 나가기로 하였다.

9.7. 최종건 외교부 제1차관은 9.7.(월) 오전 11시부터 도미타 코지 주한일본대사와 40분간 취임 축하 인사를 겸하여 면담을 갖고, 한일 관계 전반에 대해 폭넓게 의견을 교환하였다. 최 차관은 강제동원 문제에 대해서는 사법부의 결정을 존중하는 가운데 피해자가 수용할 수 있는 방법을 모색하는 과정에서 한일 외교당국이 지혜를 모아나갈 필요가 있다고 하고, 일본의 수출규제 조치에 대해서도 조속한 철회를 촉구하였다.9.24. 문재인 대통령과 스가 요시히데(菅義偉) 일본총리가 한일 정상간에 통화하다.

10.29. 김정한 외교부 아시아태평양국장과 타키자키 시게키(滝崎成樹) 日 외무성 아시아대양주국장이 서울에서 한일 국장급 협의를 하다./ 이도훈 외교부 한반도평화교섭본부장이 타키자키 시게키 일본 외무성 아시아대양주국장과 한일 북핵 수석대표 협의를 가졌다. 양측은 이번 협의 시 현 상황을 안정적으로 관리하면서 한반도의 완전한 비핵화와 항구적 평화 정착에 진전을 가져오기 위한 한일 및 한미일간 협력 방안에 대해 의견을 교환하였다.

연도	한국
▲ 2020	11.12. 최종건 외교부 제1차관은 11.12.(목) 아키바 다케오(秋葉 剛男) 일본 외무성 사무차관과 취임 후 첫 전화통화를 갖고, 상호 관심사에 대해 폭넓게 의견을 교환하였다. 양 차관은 또한 코로나19 확산 지속과 도쿄 올림픽, 한반도 상황 등 주요 현안들과 관련하여 한일 정부가 긴밀히 소통하고 대화할 필요성에 인식을 같이 하였다. 최 차관은 도쿄 올림픽의 성공적 개최를 기원하였으며, 아키바 차관은 이에 사의를 표명하였다. 또한 최 차관은 강제징용 판결문제 관련 우리의 입장을 재차 확인하는 한편, 일본 수출규제의 조속한 철회의 중요성을 강조하였다. 12.11. 우리 정부의 일본산 스테인리스스틸바 반덤핑 관세 분쟁에 관련하여, 일본 언론은 WTO패널심이 11.30 일본의 승소를 인정하는 보고서를 공개했다고 보도하였음. 한국은 2004.7월 일본, 인도, 스페인산 스테인리스스틸바에 반덤핑 과세 조치 개시한 이후 2010, 2013, 2017년 조치를 연장했고, 일본은 2018.6월 WTO에 제소, 패널심이 이어져 왔음. 경산성은 11.30 WTO가 한국에 대해 신속히 조치를 철회토록 권고했다고 밝히고, '한국이 패널 보고서 판단 및 권고를 따라 과세조치를 신속히 철폐할 것을 기대한다'고 언급함(닛케이 등). 금번 보고서는 1심에 해당하는 분쟁처리소위원회(패널)가 작성한 것으로, '과세조치 철폐시 국내 산업의 손해가 재발할 가능성이 있다'는 한국측 주장이 '합리적이고 적절한 이유로 입증되지 않았다' 고 지적함.(닛케이, 산케이), 경산성은 이를 '일본산은 고가로, 범용품 중심인 한국산과는 경쟁하지 않는다'는 일본측 주장이 대체로 인정된 사실상의 日 정부 승소로 이해(닛케이, 도쿄신문, 마이니치 등)함. 한국이 금번 판단에 불복할 시 60일 이내 최종심에 해당하는 상소위원회에 상소할 수 있으나, 미국의 반대로 상소위원회 위원 인선이 지연되고 있어, 현재로서는 상소를 하더라도 절차는 진행되지 않을 전망(도쿄신문)함. 또한, 일본의 승소가 확정되어 한국이 시정 권고를 따르지 않을 경우에는 일본이 대항조치를 위할 가능성도 존재함.
2021 ▼	【한국】 1.8. 정부는 법원의 판단을 존중하며, 위안부 피해자들의 명예와 존엄을 회복하기 위하여 우리 정부가 할 수 있는 노력을 다 해 나갈 것이고, 2015년 12월 한일 정부간 위안부 합의가 양국 정부의 공식 합의라는 점을 상기하며, 또한, 동 판결이 외교관계에 미치는 영향을 면밀히 검토하여 한일 양국간 건설적이고 미래지향적인 협력이 계속될 수 있도록 제반 노력을 기울이겠다고 외교부 대변인이 논평했다. 1.9. 강경화 외교부장관과 모테기 도시미쓰(茂木 敏充) 일본 외무대신이 한일 외교장관 통화를 하다. 양장관은 일본군위안부 피해자 제기 소송 판결 관련 사안에 대해 의견을 교환하였다. 강 장관은 우리 정부가 이미 밝힌 바 있는 입장을 설명한 후, 일본 정부측에 과도한 반응을 자제할 것을 주문하였다. 1.15. 김정한 외교부 아시아태평양국장과 후나코시 다케히로(船越健裕) 일본 외무성 아시아대양주국장이 한일 국장급 협의를 하다. 후나코시 국장이 일본군위안부 피해자 제기 소송 판결(1.8.) 관련 일본 정부의 입장을 설명한데 대해 김 국장은 위안부 피해자 문제 및 이번 판결과 관련한 우리 정부의 입장을 설명하였다. 김 국장과 후나코시 국장은 강제징용 판결, 일본 정부 수출규제, 후쿠시마 원전 처리 오염수 문제 등에 대해서도 논의하였다. 1.23. 일본군 위안부 피해자 제기 손해배상 소송 판결 관련 일본측 담화에 대한 우리 정부 입장을 밝히다. 우리 정부는 2015년 위안부 합의가 한일 양국 정부간의 공식 합의임을 인정하고, 동시에 피해 당사자들의 의사가 반영되지 않은 정부간의 합의만으로 진정한 문제 해결이 될 수 없다는 입장을 밝혀 왔다. 이에 따라, 우리 정부는 일본에 대해 정부 차원에서는 어떤 추가적인 청구도 하지 않을 방침이나, 피해 당사자들의 문제 제기를 막을 권리나 권한을 가지고 있지 않기 때문에 위안부 피해자들과 상의하며 원만한 해결을 위해 끝까지 노력할 것이지만, 일본측 또한 스스로 표명했던 책임통감과 사죄·반성의 정신에 입각하여 피해자들의 명예·존엄 회복과 마음의 상처 치유를 위한 진정한 노력을 보여야 할 것이다. 아울러, 일본 정부는 일본군 위안부 피해자 문제가 세계에서 유례없는 전시 여성의 인권 유린이자 보편적 인권 침해의 문제로서, 국제인권규범을 비롯한 국제법을 위반한 것임을 직시할 것이며, 정부는 동 판결이 외교관계에 미치는 영향을 면밀히 검토하여, 한일 양국간 건설적이고 미래지향적인 협력이 계속될 수 있도록 제반 노력을 기울이겠다는 입장을 밝히다. 1.18. 정부는 일본 정부가 외무대신의 국회 외교연설을 통해 우리 고유의 영토인 독도에 대한 부당한 주장을 또다시 되풀이한 데 대해 강력히 항의하며, 이를 즉각 철회할 것을 엄중히 요구했다. 2.15. 노규덕 외교부 한반도평화교섭본부장은 2.15.(월) 오후 후나코시 다케히로 일본 외무성 아시아·대양주국장과 한일 북핵 수석대표 유선 협의를 가졌다. 양측은 최근 한반도 상황에 대한 평가를 공유하고, 현 상황을 안정적으로 관리하면서 한반도의 완전한 비핵화와 항구적 평화 정착에 진전을 가져오기 위한 한일 및 한미일간 협력 방안에 대해 의견을 교환하였다. 2.19. 노규덕 한반도평화교섭본부장은 성 김(Sung Kim) 미국 국무부 동아태차관보 대행 및 후나코시 다케히로 일본 외무성 아시아·대양주 국장과 북핵·북한 문제 관련 한미일 3자 화상협의를 가졌다. 한미일은 최근 한반도 상황에 대한 평가를 공유하고, 한반도의 완전한 비핵화와 항구적 평화 정착을 달성하기 위해 3국간에 긴밀히 협력·공조해 나가기로 하였다. 3.22. 韓, 일본산 맥주 수입량 5개월 연속 증가 한국의 일본산 맥주 수입량이 2020.9월 이후 5개월 연속 전월 대비 증가하다. 2021.1월 한국의 일본산 맥주 수입량은 전년 동월 대비 약 7.7배인 1,072t으로, 불매운동 이전 수준을 크게 밑돌고 있긴 하나, 불매운동이 다소 완화되었다는 견해도 제기됨. 2019.7월 日 정부의 수출규제 시행으로 불매운동이 시작되어, 2019.6월 약 9,462t이었던 일본산 맥주 수입량은 2019.9월 약 4t까지 급감했으나, 한국은 2018년 국가별 일본

일본

12.23. 양측은 한반도 정세에 대한 평가를 공유하고, 현 상황을 안정적으로 관리하면서 한반도의 완전한 비핵화와 항구적 평화 정착에 진전을 가져오기 위한 한일 및 한미일간 협력 방안에 대해 의견을 교환하였다. 양측은 한반도 정세에 대한 평가를 공유하고, 현 상황을 안정적으로 관리하면서 한반도의 완전한 비핵화와 항구적 평화 정착에 진전을 가져오기 위한 한일 및 한미일간 협력 방안에 대해 의견을 교환하였다.

【일본】

2.22. 일본 시마네현의 소위 「독도의 날」 행사 개최 및 同 행사시 중앙 정부 고위급 인사 참석과 관련하여, 독도에 대한 부질없는 도발을 반복하고 있는데 대해 한국 정부는 강력히 항의하며, 同 행사를 즉각 폐지할 것을 다시 한 번 엄중히 촉구했다.

4.1. 이상렬 외교부 아시아태평양국장과 후나코시 다케히로(船越健裕) 일본 외무성 아시아대양주국장이 도쿄에서 한일 국장급 협의를 하다. 이번 국장 협의는 양국 외교당국 간 지속해 온 소통의 일환으로 개최된 것으로, 양 국장은 상호 관심 사안에 대해 의견을 교환하였다. 양 국장은 한반도 평화 프로세스의 진전 및 역내 평화와 안정을 위한 한미일 및 한일 협력의 중요성을 다시 한 번 확인하였다. 이 국장은 일본군 위안부 피해자 문제와 관련하여 위안부 피해자 제기 손해배상 소송 판결 관련 일본측 담화에 대해 표명한 우리 정부 입장(1.23.)을 다시 한 번 강조, 설명하였다. 또한 강제징용 판결 문제와 관련한 우리 입장을 재차 설명하면서 일측이 문제 해결을 위해 보다 성의 있는 자세를 보일 필요가 있음을 강조하였다.

4.27. 정부는 일본 정부가 발표한 외교청서를 통해 역사적·지리적·국제법적으로 명백한 우리 고유의 영토인 독도에 대해 또다시 부질없는 영유권 주장을 되풀이한데 대해 강력히 항의하며, 이를 즉각 철회할 것을 엄중히 촉구했다.

7.13. 일본 정부가 방위백서를 통해 역사적·지리적·국제법적으로 명백한 우리 고유의 영토인 독도에 대해 부질없는 영유권 주장을 되풀이한데 대해 한국 정부가 강력히 항의하며, 이를 즉각 철회할 것을 촉구했다.

7.17. 최종건 외교부 제1차관은 아이보시 코이치 주한일본대사를 외교부로 초치, 최근 주한일본대사관 고위관계자가 국내 언론인과의 면담시 우리 정상의 한일관계 발전을 위한 노력을 크게 폄훼하는 비외교적이고 무례한 발언을 한데 대해 엄중히 항의하였다. 이에 대해 아이보시 대사는 해당 관계자의 부적절한 발언에 대해 유감을 표명하고, 우리 정부의 요구 내용을 즉시 본국 정부에 보고하겠다고 하였다.

7.20. 제8차 한미일 외교차관협의회 참석 계기로 최종건 외교부 제1차관과 모리 다케오(森健良) 일본 외무성 사무차관이 도쿄에서 한일 외교차관회담을 하다. 한미일 3국 차관은 역내 평화와 안정, 번영이 3국 공동의 이익이라는 공감대 하에 역내 관여를 위한 3국간 공조 의지를 재확인했다. 3국 차관은 미얀마 상황에 대해 깊은 우려를 나누고, 사태의 조속한 해결을 위해 협력해 나가기로 하였다. 또한 3국 차관은 지역을 넘어 기후변화, 보건 등 글로벌 현안 대응에 있어서도 3국이 공유하는 가치를 기반으로 미래지향적이고 호혜적인 협력 방안을 계속 모색해 나가기로 했다.

8.15. 일본의 과거 침략 전쟁을 미화하고 전범들이 합사된 야스쿠니 신사에 일본 정부 지도자들이 또다시 공물료를 봉납하고 참배를 되풀이한 것에 대해 한국 정부는 깊은 실망과 유감을 표했다.

9.12. 노규덕 한반도평화교섭본부장은 9.12.(일)-9.14.(화)간 일본 도쿄를 방문, 후나코시 다케히로(船越健裕) 일본 외무성 아시아·대양주국장 및 성 김(Sung Kim) 미국 대북특별대표와 북핵수석대표 협의를 가졌으며, 모리 다케오(森 健良) 일본 외무성 사무차관도 만났다. 한미일(韓美日) 3국은 금번 양·다자 협의 시 최근 한반도 상황을 감안, 안정적 상황 관리의 필요성에 공감하고, 한반도 평화 프로세스의 조기 재가동을 위한 협력 방안을 심도 있게 논의하였으며, 한반도의 완전한 비핵화 달성을 위해 대화와 외교가 시급하다는 데 의견을 같이 하였다.

9.16. 이상렬 아태국장과 후나코시 다케히로(船越健裕) 일본 외무성 아시아대양주국장이 도쿄에서 한일 국장 협의를 개최하다. 최 차관은 금번 주한일본대사관 고위관계자의 비외교적이고 무례한 발언에 대해 항의하고, 일측이 조속한 시일 내 응당한 조치를 취할 것을 요구하였다. 한편, 최 차관은 과거사 문제에 있어 피해자의 이해와 공감을 얻는 것이 문제 해결의 밑거름이라고 설명하면서 일측이 올바른 역사인식을 바탕으로 열린 자세로 임해주기를 기대한다고 하고, 동 현안들에 대한 우리 정부의 입장을 분명히 전달하였다. 이에 모리 차관은 양국 간 현안 관련 일본 정부의 입장을 설명하였다. 아울러 양 차관은 고위급 인사교류, 한미일 3국 협력, 코로나19 상황 하 양국 국민의 편익 증진을 위한 실질협력 방안 및 한반도 문제 등에 대해서도 의견을 교환하였다.

10.18. 일본의 과거 침략전쟁을 미화하고 전쟁범죄자를 합사한 야스쿠니 신사에 일본의 책임 있는 지도급 인사들이 또다시 공물을 봉납하

연도	한국
▲ 2021	산 맥주 수출액 규모에서 1위를 차지했다. 3.25. 노규덕 한반도평화교섭본부장은 3.25.(목) 오후 후나코시 다케히로 일본 외무성 아시아·대양주국장과 한일 북핵 수석대표 유선 협의를 가졌다. 양측은 북한의 단거리 미사일 발사에 대한 우려를 공유하는 한편, 향후 대응 방안에 대해 논의하고, 앞으로도 북핵·북한 문제 관련 한일 및 한미일간 긴밀한 소통과 협력을 지속해 나가기로 하였다. 3.30. 우리 정부는 일본 정부가 자국 중심의 역사관에 따라 과거의 사실을 있는 그대로 기술하지 않은 교과서를 검정 통과시킨데 대해 강력히 항의하며, 이의 즉각적인 시정을 촉구했다. 특히, 역사적·지리적·국제법적으로 명백한 우리 고유의 영토인 독도에 대한 허황된 주장이 담긴 교과서를 일본 정부가 또다시 검정 통과시킨 데 대해 개탄을 금하기 어려우며 이를 강력히 규탄하고, 아울러 우리 정부는 전시 여성의 인권유린이자 보편적 인권 침해인 일본군 위안부 피해자 문제의 본질을 일본 정부가 정확히 인식하고, 스스로 표명하였던 책임통감과 사죄·반성의 정신에 입각하여 관련 역사교육에 임해 나갈 것을 촉구했다. 4.27. 최종문 제2차관은 한중일 3국 협력사무국*이 개최(대면·비대면 혼합)하는 「2021 한중일 3국 협력 국제 포럼 (International Forum for Trilateral Cooperation)」개막식에 참석하여 축사를 통해 사무국이 "지난 10년간 세 나라를 이어주는 다리이자 구심점 역할을 해왔다"고 평가하고, 앞으로도 다양한 도전 요인에 맞서 3국간 협력을 강화해나갈 것을 강조했다. 5.5. 정의용 외교부장관과 모테기 도시미쓰(茂木敏充) 일본 외무대신이 런던에서 한일 외교장관 회담을 하다. 정 장관은 일본 정부의 후쿠시마 원전 오염수 해양 방류 결정이 주변국과 충분한 사전협의 없이 이루어진데 대해 깊은 우려와 함께반대 입장을 명확히 전달하였다. 정 장관은 또한 오염수 방류는 우리 국민의 건강과 안전, 그리고 해양 환경에 잠재적인 위협을 미칠 수 있다는 점에서 매우 신중하게 접근해야함을 강조하였다. 모테기 대신은 일본군 위안부 피해자 제기 손해배상소송 판결 및 강제동원 피해자 관련 대법원 판결 문제에 대한 일측 입장을 설명하였다. 이에 대해, 정 장관은 일측의 올바른 역사인식 없이는 과거사 문제가 해결될 수 없음을 강조하고, 위안부 및 강제동원 피해자 관련 우리 입장을 설명하였다. 6.1. 정부는 6월 1일(화) 오후 1시 30분, 김정배 문화체육관광부(이하 문체부) 제2차관 주재로 외교부, 문체부, 대한체육회 등과 함께 '도쿄올림픽 누리집 내 독도 표시 대응을 위한 관계기관 회의'를 개최했다. 이번 회의에서는 일본의 독도 표시를 시정하도록 하고, 우리의 영유권을 강화하기 위한 방안을 논의했다. 6.21. 노규덕 한반도평화교섭본부장은 성 김(Sung Kim) 미국 대북특별대표 및 후나코시 다케히로(船越健裕) 일본 외무성 아시아·대양주국장과 한미일 북핵 수석대표 협의를 가졌다. 성 김 대표 임명 이후 첫 대면 협의를 가진 3국 북핵 수석대표는 바이든 행정부 출범 이후 미측의 대북정책 검토 과정에서 긴밀한 공조가 이루 어진 것을 평가하고, 북한과의 조속한 대화 재개를 통해 한반도의 완전한 비핵화 및 항구적 평화정착의 실질적 진전을 이루기 위한 3국간 협력을 지속해 나가기로 하였다./ 이상렬 아시아태평양국장과 후나코시 다케히로(船越健裕) 일본 외무성 아시아대양주국장이 서울에서 한일 국장 협의를 하다. 이 국장은 강제징용 및 일본군 위안부 피해자 문제와 관련한 우리 정부의 입장을 재차 설명하는 한편, 피해자 및 지원 단체 등으로부터 의견을 청취하였음을 소개하고, 일본이 성의를 보이는 것이 필요하다는 점을 강조하였다. 또한, 이 국장은 독도, 후쿠시마 원전 오염수 처리, 일본 근대산업시설 세계유산 등 문제에 대해 우리측의 엄중한 인식과 우려를 전달하였다. 7.7. 정부는 6.4.(금) 일본군 위안부 피해자 문제 관련, 국무조정실장 주재로 첫 '민관 협의회의'를 개최하고, 일본군 위안부 피해자 문제 관련 피해자 지원단체, 일본정부 상대 위안부 피해자 제기 손해배상소송 법률대리인, 학계 전문가 등 각계각층의 다양한 의견을 수렴하고, 최 차관은 일본군 위안부 피해자 문제 해결을 위해 민관 간 소통을 지속해 나가겠다는 의지를 피력하였으며, 참석자들은 긴밀한 소통의 중요성에 공감하였다.
2022 ▼	【한국】 1.7. 노규덕 한반도평화교섭본부장은 후나코시 다케히로(船越健裕) 일본 외무성 아시아·대양주국장과 韓日 북핵 수석대표 유선 협의를 가졌다. 양측은 최근 북한의 탄도미사일 발사(1.5.)와 관련한 평가를 공유하는 한편, 앞으로도 한반도 정세를 안정적으로 관리하고 북한과의 대화를 재개하기 위한 노력을 지속해 나가기로 하였다. 1.11. 노규덕 한반도평화교섭본부장은 1.11.(화) 오후 후나코시 다케히로(船越健裕) 일본 외무성 아시아·대양주국장과 한일(韓日) 북핵 수석대표 유선 협의를 가졌다. 양측은 금일(1.11.) 북한의 탄도미사일로 추정되는 발사체 발사에 대한 분석 및 향후 대응방향을 논의하는 한편, 앞으로도 북한의 동향을 예의주시하면서 양국 간 긴밀한 소통을 이어가기로 하였다. 1.17. 정부는 1.17.(월) 일본 정부가 외무대신의 국회 외교연설을 통해 독도에 대한 부당한 주장을 재차 반복한 데 대해 강력히 항의하며, 이를 즉각 철회할 것을 엄중히 촉구했다. 1.28. 우리 정부는 우리측의 거듭된 경고에도 불구하고 일본 정부가 1.28.(금) 제2차 세계대전 시 한국인 강제노역 피해 현장인 '사도광산'을 유네스코 세계유산으로 등재 추진키로 결정한 데 대해 강한 유감을 표명하며, 이러한 시도를 중단할 것을 엄중히 촉구했다. 우리 정부는 작년 7월 세계유산위원회에서 '일본 근대산업시설' 관련 일본의 위원회 결정 불이행에 대해 심각한 유감을 표명한바 있음을 상기하며, 일본 정부가 2015년 세계유산 등재 시 스스로 약속한 후속조치를 충실히 이행하는 것이 선행되어야 함을 재차 강조했다.

일본

거나 참배를 되풀이한 데 대해 한국 외교부 대변인의 논평이 있었다.

12.8. 일본의 새 의회 구성 후 얼마 지나지 않은 상황에서 책임 있는 지도급 인사들이 식민침탈과 침략전쟁을 미화하는 상징적 시설물인 야스쿠니 신사를 대규모로 참배한 데 대해 한국 정부가 깊은 우려와 유감을 표명했다.

7.9. 고윤주 북미국장은 7.9.(금) 오전 도쿄에서 이치가와 케이이치(市川 惠一) 일본 외무성 북미국장과 한일 북미국장 회의를 개최하였다. 작년 회의와 달리 대면으로 개최된 이번 회의에서 양 국장은 금년 상반기에 개최되었던 한미/미일 정상외교 성과와 후속조치 및 대미 관계와 역내 정세 등 상호 관심사에 대해 폭넓게 의견을 교환하였다. 또한, 양 국장은 한미일 3국 협력의 중요성에 대해 공감하였다.

8.13. 이상렬 외교부 아태국장은 8.13.(금) 오후 쿠마가이 나오키 주한일본대사관 총괄공사를 외교부로 초치, 기시 노부오 일본 방위대신의 8.13.(금) 야스쿠니 신사 참배에 대해 엄중히 항의하였다. 이 국장은 기시 방위대신이 일본의 과거 식민지배와 침략전쟁을 미화하고 전범들을 합사하고 있는 야스쿠니 신사를 참배한 것에 대해 개탄을 금할 수 없다고 하고, 이는 양국 간 신뢰관계를 훼손하는 것인바, 일본의 지도자들이 역사에 대한 성찰과 반성을 행동으로 보여줄 것을 촉구하였다.

9.23. 정의용 외교부장관과 모테기 도시미쓰(茂木 敏充) 일본 외무대신이 뉴욕에서 한일 외교장관 회담을 개최하다. 정 장관이 한반도의 완전한 비핵화와 항구적 평화정착을 위한 남북협력 및 대화와 관여의 중요성을 강조한데 대해, 모테기 대신은 한반도 프로세스의 실질적 진전을 위해 지속 협력해 나가겠다고 하였다. 아울러, 양 장관은 이와 관련하여 양국간 및 한미일 3국간 협력을 지속해 나가기로 하였다. 한편, 양 장관은 강제징용, 일본군위안부 피해자 문제, 일본의 수출규제 등 현안에 대해 협의하였다.

10.15. 문재인 대통령과 기시다 후미오(岸田 文雄) 총리 대신이 기시다 총리 취임 계기로 한일 정상 간에 통화를 하다.

11.2. 노규덕 한반도평화교섭본부장이 후나코시 다케히로(船越健裕) 일본 외무성 아시아·대양주국장과 유선 협의를 가졌다. 양측은 최근 한반도 상황에 대한 평가를 공유하는 한편, 한반도의 완전한 비핵화와 항구적 평화정착의 실질적 진전을 위한 방안에 대해 협의하였다.

11.17. 최종건 외교부 제1차관과 모리 다케오(森 健良) 일본 외무성 사무차관이 워싱턴에서 제9차 한미일 외교차관협의회 참석 계기로 한일 외교차관 회담을 하다. 최 차관은 강제징용, 일본군 위안부 피해자 문제에 대한 우리 정부의 입장 및 민관회의 등을 통한 피해자 소통 노력을 설명하고, 향후 현안 해결을 위한 양측간 협의를 가속화할 필요성을 재확인하였다. 아울러 양 차관은 한미일 3국 협력, 코로나19 상황 하 양국 국민의 편익 증진을 위한 실질협력 방안 및 한반도 문제 등에 대해서도 의견을 교환하였다. 모리 차관의 독도 관련 일측 입장 언급에 대해 최 차관은 독도에 대한 일본의 어떠한 주장도 수용할 수 없음을 분명히 하였다

11.22. 이상렬 외교부 아태국장과 후나코시 다케히로(船越 健裕) 일본 외무성 아시아대양주국장이 서울에서 한일 국장 협의를 하다. 이 국장은 일측의 외국인입국 완화조치로 우리 기업인과 취업자, 유학생 등 필수 인력의 왕래가 가능해진 점에 대해 환영하면서, 앞으로도 코로나 관련 제반 상황을 관리해나가며 인적 교류를 점차적으로 확대해 나가기를 희망한다고 하였다. 한편, 후나코시 국장이 독도에 대한 일측 입장을 전달한 데 대해 이 국장은 일측의 어떠한 주장도 결코 수용할 수 없다는 점을 분명히 하였다. 한편, 이 국장은 강제징용 및 일본군 위안부 피해자 문제에 대한 우리 정부의 입장을 설명하고, 향후 보다 적극적으로 양측 간 협의를 가속화할 필요가 있음을 강조하였다.

12.29. 지난 7월 제44차 세계유산위원회가 한국인과 연합군 포로 등에 대해 강제노역이 있었던 '일본 근대산업시설(일본 사도광산 세계유산 등재 추진 결정)'관련 일본의 위원회 결정 불이행에 대해 심각한 유감을 표하고 충실한 이행을 촉구한 것을 상기하며, 일본이 동 위원회 결정부터 조속히 이행할 것을 엄중히 촉구했다. 우리 정부는 본인의 의사에 반하여 강제로 노역이 이루어진 장소가 이에 대한 충분한 서술 없이 유네스코 세계유산으로 등재되지 않도록 유네스코 등 국제사회와 함께 단호히 대응해 나갈 것이라고 논평하다.

【일본】

2.22. 정부는 일본 시마네현의 소위 「독도의 날」 행사(2.22.(화)) 개최 및 同 행사 시 중앙 정부 고위급 인사 참석과 관련하여, 일본이 독도에 대한 부질없는 도발을 반복하고 있는데 대해 강력히 항의하며, 同 행사를 즉각 폐지할 것을 엄중히 촉구했다.

3.30. 우리 정부는 일본 정부가 3.29.(화) 자국 중심의 역사관에 따라 과거의 역사적 사실을 왜곡하는 고등학교 교과서를 검정 통과시킨 데 대해 깊은 유감을 표명하며 시정을 촉구했다. 특히, 역사적·지리적·국제법적으로 명백한 우리 고유의 영토인 독도에 대한 허황된 주장이 담긴 교과서를 일본 정부가 또다시 검정 통과시킨 데 대해 강력히 항의하며, 독도에 대한 일본의 어떠한 주장도 수용할 수 없음을 분명히 밝히는 바이다. 아울러 우리 정부는 일본군 위안부 피해자 문제 및 강제징용 문제 관련 표현 및 서술이 강제성을 희석하는 방향으로 변경된 것에 강한 유감을 표명하며, 일본 정부가 그간 스스로 밝혀왔던 과거사 관련 사죄·반성의 정신에 입각한 역사교육을 해 나갈 것을 촉구했다.

4.21. 한국 정부가 일본의 과거 침략전쟁을 미화하고 전쟁범죄자를 합사한 야스쿠니 신사에 일본의 책임 있는 지도급 인사들이 또다시 공물을 봉납하거나 참배를 되풀이한 데 대해 깊은 실망과 유감을 표했다.

4.22. 일본 정부가 발표한 외교청서를 통해 역사적·지리적·국제법적으로 명백한 우리 고유의 영토인 독도에 대한 부당한 영유권 주장을 되풀이한 데 대해 한국 정부가 강력히 항의하며, 이를 즉각 철회할 것을 촉구했다.

7.18. 박진 외교부장관과 하야시 요시마사(林芳正) 일본 외무대신이 도쿄에서 한일 외교장관 회담을 하다.

7.22. 일본 정부가 발표한 방위백서를 통해 역사적·지리적·국제법적으로 명백한 우리 고유의 영토인 독도에 대한 부당한 영유권 주장을 되

연도	한국
▲ 2022	2.3. 정의용 외교부 장관과 하야시 요시마사(林芳正) 일본 외무대신이 한일 외교장관 통화를 하다. 정의용 외교부 장관은 2.3.(목) 오후 하야시 요시마사(林芳正) 일본 외무대신과 통화를 갖고, 한일관계 및 한반도 문제 등에 대해 의견을 교환하였다. 아울러 정 장관은 강제징용 및 일본군 위안부 피해자 등 과거사 문제 관련, 피해자들이 수용할 수 있는 해법을 모색하기 위해 일측의 보다 적극적인 자세를 촉구하고, 일본 수출규제·후쿠시마 원전 오염수 문제 등 양국 여타 현안 관련 우리 정부 입장을 재차 전달하였다. 한편 양 장관은 북한의 1.30 중거리 탄도미사일 발사에 깊은 우려와 유감을 표명하고, 한반도 상황의 안정적 관리 및 조속한 대화 재개를 위해 한일, 한미일간 협력을 지속해 나가기로 하였다. 2.12. 정의용 외교부 장관과 하야시 요시마사(林芳正) 일본 외무대신이 한미일 외교장관회의를 계기로 호놀룰루에서 한일 외교장관 회담을 하다. 한미일 북핵 수석대표는 북한의 연이은 미사일 발사 등 엄중한 최근 한반도 정세에 대한 평가를 공유하고, 북한이 긴장 조성 행위를 중단하고 대화와 외교의 길로 조속히 복귀할 것을 촉구하였다. 3.11. 윤석열 대통령 당선인이 기시다 후미오(岸田文雄) 일본 총리와 대통령 당선인-日총리 통화를 하다. 3.14. 노규덕 한반도평화교섭본부장은 3.14.(월) 성 김(Sung Kim) 미국 대북특별대표 및 후나코시 다케히로(船越健裕) 일본 외무성 아시아·대양주국장과 한미일 북핵 수석대표 유선 협의를 가졌다. 3국 북핵 수석대표는 최근 북한의 연이은 탄도미사일 발사가 다수의 유엔 안보리 결의를 위반한 것임을 지적하고 이를 규탄하였다. 3.24. 노규덕 한반도평화교섭본부장이 후나코시 다케히로(船越健裕) 일본 외무성 아시아·대양주국장과 유선 협의를 가졌다. 양측은 북한의 대륙간탄도미사일 발사가 북한이 약속한 모라토리엄의 파기이자 다수의 유엔 안보리 결의를 명백히 위반한 것임을 지적하고 이를 강력히 규탄하였다. 3.25. 정의용 외교부 장관은 3.25.(금) 오전 하야시 요시마사(林芳正) 일본 외무대신과 통화를 가졌다. 양 장관은 어제(3.24.) 북한의 신형 대륙간탄도미사일 발사가 유엔 안보리 결의의 명백한 위반일 뿐 아니라 북한이 국제사회에 약속한 대륙간탄도미사일 발사 유예를 스스로 파기한 것임을 지적하고 이를 강력히 규탄하였다. 5.3. 이상렬 외교부 아태국장이 외교부 청사에서 후나코시 다케히로(船越 健裕) 일본 외무성 아시아대양주국장과 한일 국장 협의를 실시하였다. 이번 회의에서 양 국장은 신정부 출범에 앞서 한일 간 제반 현안과, 한일 정책협의 대표단의 지난 4.24-28간 방일 성과 등을 점검·평가하였다. 양 국장은 한일 관계의 복원·개선을 위해 외교당국 간 소통을 지속하는 것이 중요하다는 데 공감하고, 앞으로도 긴밀히 소통해 나가기로 하였다. 5.4. 노규덕 한반도평화교섭본부장은 5.4.(수) 후나코시 다케히로(船越健裕) 일본 외무성 아시아·대양주국장과 오찬 협의를 가졌다. 양측은 금일(5.4) 북한의 탄도미사일 발사가 다수의 유엔 안보리 결의를 명백히 위반한 것이며, 한반도 뿐만 아니라 국제사회 전체에 대한 심각한 위협임을 지적하고 이를 규탄하였다. 5.17. 김건 한반도평화교섭본부장은 5.17.(화) 후나코시 다케히로(船越健裕) 일본 외무성 아시아·대양주국장과 상견례를 겸한 첫 한일 북핵 수석대표 유선협의를 가졌다. 양측은 최근 북한의 연이은 미사일 도발 및 북한 내 코로나 확산 등 북한 상황에 대한 평가를 공유하고 대응 방안을 협의하였으며, 앞으로도 북한·북핵문제 관련 긴밀한 소통과 협력을 지속해 나가기로 하였다. 5.25. 김건 한반도평화교섭본부장은 5.25.(수) 오전 후나코시 다케히로(船越健裕) 일본 외무성 아시아·대양주국장과 한일 북핵 수석대표 유선협의를 가졌다. 양측은 북한의 다수의 유엔 안보리 결의를 위반한 금일(5.25.) 대륙간 탄도미사일(추정) 및 단거리 탄도미사일 도발을 강력히 규탄하고, 국제사회의 단합된 대응을 위한 한일·한미일간 공조를 지속 강화하기로 하였다. 6.2. 이상렬 외교부 아태국장은 6.2.(목) 오전 외교부 청사에서 후나코시 다케히로(船越 健裕) 일본 외무성 아시아대양주국장과 한일 국장 협의를 실시하였다. 양 국장은 조속한 한일관계 개선이 필요하다는 인식을 재확인하고, 한일 간 제반 현안 및 인적 교류 등을 포함한 상호 관심사에 대해 의견을 교환하였다. 한편 이 국장은 동해상 해양과학조사와 관련, 우선 독도는 역사적·지리적·국제법적으로 명백한 우리 고유의 영토라고 강조하고, 유엔해양법협약 등 국제법 및 국내 법령에 따라 이루어진 정당한 활동에 대한 일측의 어떠한 문제제기도 수용할 수 없다고 하였다. 6.3. 김건 한반도평화교섭본부장은 6.3.(금) 서울에서 성 김(Sung Kim) 미국 대북특별대표 및 후나코시 다케히로(船越健裕) 일본 외무성 아시아·대양주국장과 한미·한일·한미일 북핵 수석대표 협의를 가졌다. 6.8. 조현동 외교부 1차관은 한미일 외교차관협의회 참석을 위해 방한 중인 모리 다케오(森 健良) 일본 외무사무차관과 6.8.(수) 오후, 첫 한일 외교차관 회담을 실시하였다. 양 차관은 최근 엄중한 국제정세 하 조속한 한일관계 개선이 필수불가결하다는데 인식을 같이하였고, 특히, 최근 한반도 상황을 비롯한 다양한 지역·글로벌 현안 대응에 있어 한일·한미일 간 긴밀한 공조를 강화해 나갈 필요성에 대해 의견이 일치하였다. 6.14. 조현동 제1차관은 6.14.(화) 오전 한중일 3국협력사무국이 개최한 「2022 한중일 3국 협력 국제 포럼(International Forum for Trilateral Cooperation)」(서울, 온·오프라인) 개막식에 참석하여 축사를 통해 당면한 시대적 변화와 초국가적 도전 하에서 3국 간 협력을 강화해나갈 것을 강조하였다.개막식 참석자들은 그간 TCS가 3국 협력에 기여해 온 성과를 평가하고, 역내 공동의 과제에 직면하고 있는 3국이 앞으로도 경제, 재난대응, 보건, 인적 교류 등의 각 분야에서 협력을 강화해 나갈 필요가 있다는 데 의견을 모았다. 3국 정부 및 학계·경제계 인사 등이 참석한 이번 포럼에서는 인간안보·평화를 위한 협력의 제도화, 역내 공동번영을 위한 포용적 성장, 3국 공통 문화와 공동체 의식 제고 등 3개의 주제가 논의되었다.

일본

풀이한 데 대해 한국 정부에서 강력히 항의하며, 이를 즉각 철회할 것을 촉구했다.

8.15. 일본의 과거 침략전쟁을 미화하고 전쟁범죄자를 합사한 야스쿠니 신사에 일본 정부와 의회의 책임있는 지도자들이 또다시 공물료를 봉납하거나 참배를 되풀이한 데 대해 정부가 깊은 실망과 유감을 표했다.

8.26. 이상렬 아태국장이 후나코시 다케히로(船越健裕) 일 외무성 아시아대양주국장과 도쿄에서 한일 국장 협의회를 개최하다.

10.25. 조현동 외교부 1차관과 모리 다케오(森健良) 日 외무사무차관이 도쿄에서 한일 외교차관 회담을 하다.

11.24. 서민정 아태국장과 후나코시 다케히로(船越健裕) 日 외무성 아시아대양주국장이 도쿄에서 한일 국장 협의를 하다.

12.16. 일본 정부가 발표한 개정 「국가안보전략」에 역사적·지리적·국제법적으로 명백한 우리 고유의 영토인 독도에 대한 부당한 영유권 주장을 포함시킨 데 대해 한국 정부가 강력히 항의하며, 이를 즉각 삭제할 것을 촉구했다.

7.26. 정부는 방문규 국무조정실장 주재로 오늘 정부서울청사에서 '후쿠시마 원전 오염수 해양방출 대응 관계부처(국조실, 외교부, 원안위, 과기부, 해수부, 식약처, 환경부, 복지부, 질병청, 문체부)회의'를 긴급히 개최하였다. 오늘 회의에서는 일본 원자력규제위원회가 도쿄전력이 지난 '21.12월 제출한 '후쿠시마 원전 오염수 해양방출 시설 설계·운용 관련 실시 계획안'을 인가함에 따른 향후 대응 방안을 점검하였다. 원전 오염수를 다핵종제거설비(ALPS)로 처리한 후 해수 희석하여 해양에 방출 하는데 필요한 설비·운영방법, 오염수 농도분석, 취수·방수방법 등 원전 오염수 방출시설의 설계·운영에 관한 내용이며, 이번 인가 이후 일본은 오염수 내 방사성 핵종 재분류 및 방사선영향평가 재실시, 오염수 설비 운용계획 보완, 설비에 대한 사용전 검사 등 실제 방출 전 제반절차를 거칠 예정이며, IAEA 모니터링 TF도 종합 안전성 검토결과를 발표할 예정이다.

8.4. 박진 외교부장관과 하야시 요시마사(林芳正) 일본 외무대신이 프놈펜에서 한일 외교장관 회담을 하다. 박진 외교부장관 후보자는 제20대 대통령 취임식 일본국 정부대표로 참석하기 위해 방한중인 하야시 요시마사(林 芳正) 일본 외무대신과 5.9. 회담을 갖고, 양국간 미래지향적 관계 발전을 위한 방안에 대해 의견을 교환하였다. 우선 양측은 최근 엄중한 지역정세하 조속한 한일관계 개선이 필수 불가결하다는 데 인식을 같이하였다. 특히, 최근 한반도 상황 및 급변하는 국제정세하 한일·한미일간 긴밀한 공조 강화가 필요하다는 데 의견이 일치하였다. 또한, 글로벌 정세 관련하여, 박 장관 후보자는 우크라이나의 조속한 평화 안정을 위해 지원하는 방안 등에 대해서도 향후 긴밀히 협력해 나갈 필요가 있다고 하였다.

9.19. 박진 외교부장관과 하야시 요시마사(林芳正) 일본 외무대신이 뉴욕에서 한일 외교장관회담을 하다.

9.21. 윤석열 대통령과 기시다 후미오(岸田文雄) 일본 총리가 UN 총회를 계기로 뉴욕에서 한일 정상회담을 하다.

10.11. 이상렬 아태국장과 후나코시 다케히로(船越健裕) 日 외무성 아시아대양주국장이 서울에서 한일 국장협의를 개최하다.

11.13. ASEAN/EAS 정상회의 계기로 프놈펜에서 한일 정상회의를 하다. ASEAN 관련 정상회의 참석차 캄보디아를 방문 중인 윤석열 대통령은 기시다 후미오(岸田文雄) 일본 총리와 한일 정상회담을 가졌다. 회담 시작에 앞서 기시다 총리로부터 이태원 사고와 관련 유가족과 한국 국민에 대한 애도 표명이 있었으며, 윤 대통령은 2명의 일본인 희생자에 대해 조의를 표했다. 양 정상은 최근 북한의 잇따른 탄도미사일 발사에 대해 한반도는 물론 동북아 및 국제사회의 평화와 안전을 위협하는 심각하고 중대한 도발 행위로써 강력히 규탄했다. 아울러 북한의 핵·미사일 프로그램에 대응하는 차원에서 유엔 안보리 차원의 대응과 한미일 안보협력 강화를 위해 협력해 나가자고 했다.

12.12. 정부는 12월 12일 유네스코 세계유산센터 홈페이지에 게재된 일본 근대산업시설 등재 후속조치 이행경과보고서(State of Conservation Report) 관련, 세계유산위원회의 거듭된 결정과 일본 스스로 약속한 후속조치들이 충실히 이행되지 않고 있는데 대해 유감을 표했다.

12.22. 한-일 양국 정부는 양측 관련 부처가 참가한 가운데 후쿠시마 원전 오염수 처분 문제에 대한 국장급 화상회의를 개최하였다. 이번 회의를 통해 우리 측은 후쿠시마 원전 오염수 처리에 대한 일측의 최근 조치와 향후 계획을 파악하고, 질의응답을 통해 오염수 처분 계획의 안전성과 관련된 기술적 사안, 오염수에 대한 분석 및 영향평가 등 제반 우리 측 관심 사안에 대한 추가 정보를 파악하였으며, 향후 협력 사안을 협의했다. 우리 측은 오염수가 객관적·과학적 관점에서 안전하며 국제법과 국제기준에 부합하는 방식으로 처분되도록 일본 측의 책임 있는 대응을 촉구하며, 일본 측이 오염수 처분 계획 등에 대한 정보를 지속적이고 적기에, 투명하고 충분하게 제공해 줄 것을 요구했다.

연도	한국
2023 ▼	【한국】 1.13. 박진 외교부 장관과 하야시 요시마사(林 芳正) 일본 외무대신이 한일 외교장관 통화를 하다. 1.20. 한국 정부는 2015년 등재된 '일본 근대산업시설' 관련 후속조치가 충실히 이행되지 않고 있는 상황에서 일본 정부가 유사한 배경의 '사도광산'을 또다시 세계유산으로 등재 신청한 데 대해 유감을 표명했다. 우리 정부는 '일본 근대산업시설' 등재 시 일본 스스로 약속한 후속조치와 세계유산위원회의 거듭된 결정부터 조속히 이행할 것을 재차 촉구하며, 우리 정부는 전시 강제노역의 아픈 역사를 포함한 전체 역사가 반영될 수 있도록 유네스코 등 국제사회와 함께 계속 노력해 나갈 것이라고 논평을 했다. 1.23. 정부는 일본 정부가 외무대신의 국회 외교연설을 통해, 역사적·지리적·국제법적으로 명백한 우리 고유의 영토인 독도에 대한 부당한 영유권 주장을 되풀이한 데 대해 강력히 항의하며, 이를 즉각 철회할 것을 촉구했다. 1.30. 서민정 아태국장과 후나코시 다케히로(船越健裕) 日 외무성 아시아대양주국장이 서울에서 한일 국장 협의를 하다. 2.13. 조현동 외교부 1차관, 일본측: 모리 다케오(森 健良) 일본 외무사무차관이 워싱턴에서 한일 외교차관 회담을 하다. 2.18. 박진 외교장관과 하야시 요시마사((林 芳正) 일본 외무대신이 뮌헨에서 한일 외교장관 회담을 하다. 2.22. 정부는 일본 시마네현의 소위 「독도의 날」 행사 개최 및 일본 정부 고위급 인사의 동 행사 참석과 관련하여, 일본이 독도에 대한 부당한 영유권 주장을 되풀이하고 있는 데 대해 강력히 항의하며, 동 행사를 즉각 폐지할 것을 엄중히 촉구했다. 또한. 독도는 역사적·지리적·국제법적으로 명백한 우리 고유의 영토인바, 일본 정부는 독도에 대한 부당한 주장을 즉각 중단하고, 겸허한 자세로 역사를 직시해야 할 것이라고 성명을 냈다. 3.16. 윤석열 대통령이 일본 도쿄를 공식 실무 방문하여 기시다 후미오(岸田 文雄) 일본 총리와 한일 정상회담을 하다. 이어 3월 17일(금) 게이오 기주쿠 대학에서 게이오대 학생 170 여명이 참석한가운데 간담회를 하는 자리에서 윤 대통령은 <우리의 미래를 위한 용기> 제하의 연설에서 일본 메이지 시대의 사상가 우카쿠라 텐신(1863~1913)의 "용기는 생명의 열쇠"라는 말을 인용하면서, 지금 한일 양 국민에게 필요한 것은 바로 더 나은미래를 만들기 위한 '용기'라고 강조했다. 3.17. 김건희 여사, 동경한국학교 방문 및 일본민예관 방문하여 건축가 안도 다다오와의 오찬을 하다./ 한편 윤석열 대통령은 한일의원연맹 누카가 후쿠시로 회장, 스가 요시히데 회장 내정자, 오부치 유코 부회장, 한일친선협회 가와무라 다케오 중앙회장, 한일협력위원회 아소 다로 회장, 나카소네히로후미 회장대행 등 일본 내 주요 한일 친선단체 인사들과 접견하고, 이에 이어 입헌민주당 이즈미 겐타 대표와 야마구치 나쓰오 공명당 대표 등 정계인사를 접견했으며, 한일 간 다양한 분야의 교류·협력 활성화 방안을 포함한 한일관계 발전 방향에 관해 건설적인 의견을 교환했다. 3.28. 일본 초등학교 교과서 검정 결과에 관한 외교부 대변인 성명에서, 우리 정부는 일본 정부가 지난 수십년 동안 이어온 무리한 주장을 그대로 답습한 초등학교 교과서를 검정 통과시킨 데 대해 깊은 유감을 표명하고, 특히 역사적·지리적·국제법적으로 명백한 우리 고유의 영토인 독도에 대한 부당한 주장이 담긴 교과서를 일본 정부가 또다시 검정 통과시킨 데 대해 강력히 항의하며, 독도에 대한 일본의 어떠한 주장도 수용할 수 없음을 분명히 밝혔다. 아울러 우리 정부는 강제동원 관련 표현 및 서술이 강제성을 희석하는 방향으로 변경된 것에 강한 유감을 표명하며, 일본 정부가 스스로 밝혀온 과거사 관련 사죄와 반성의 정신을 진정성있게 실천해 나가기를 촉구한다고 했다. 4.7. 서민정 외교부 아시아태평양국장과 후나코시 다케히로(船越健裕) 日외무성 아시아대양주국장이 서울에서 한일 국장 협의를 하다. 4.11. 일본 2023년 외교청서에 대에 대하여 역사적·지리적·국제법적으로 명백한 우리 고유의 영토인 독도에 대한 부당한 영유권 주장을 되풀이한 데 대해 강력히 항의하며, 이를 즉각 철회할 것을 촉구했다. 나아가 앞으로도 정부는 독도에 대한 일본의 어떠한 부당한 주장에 대해서도 단호히 대응해 나갈 것임을 밝혔다. 4.13. 강제징용 대법원 판결 관련 피해자 10명 대상 판결금 지급하다. 정부는 지난 3.6(월) 강제징용 대법원 판결 관련 정부입장을 발표한 바 있으며, 이에 따라「일제강제동원피해자지원재단」(이사장 심규선, 이하 "재단")은 4.14(금) 기준 정부 해법에 대해 수용 의사를 밝힌 대법원 확정 판결 피해자 10분의 유가족들께 판결금과 지연이자를 지급할 예정이라고 했다. 정부는 재단과 함께 해법 발표 직후부터 총 15분의 피해자·유가족들께 다양한 방식으로 해법에 대해 설명드리고 이해를 구하는 노력을 기울여 왔는데, 그 결과, 확정판결 피해자 10분의 유가족들은 이 문제가 조속히 해결되기를 바란다는 의견을 표명하고 정부 해법에 따른 판결금 지급을 수용했다. 4.17. 제12차 한일 안보정책협의회를 서울에서 개최하다. 서민정 외교부 아시아태평양국장, 우경석 국방부 국제정책차장과 일본에서 후나코시 다케히로(船越健裕) 日외무성 아시아대양주국장과 안도 아츠시(安藤敦史) 방위성 방위정책차장이 참석하다. 지난 3.16일 한일 정상회담 결과 후속 조치로서 약 5년 만에 개최된 금번 협의회에서 양측은 북핵 문제를 포함한 동북아 안보 환경, 양국 외교·국방 정책 협력 현황 및 한일·한미일 협력 현황 등에 대해 폭넓고 심도 있는 의견을 교환하였다. 4.21. 정부는 일본의 과거 침략전쟁을 미화하고 전쟁범죄자를 합사한 야스쿠니 신사에 일본의 책임 있는 지도급 인사들이 또다시 공물을 봉납하거나 참배를 되풀이한 데 대해 깊은 실망과 유감을 표했다. 나아가 외교부 대변인 논평에서 우리 정부는 일본의 책임 있는 인사들이 역사를 직시하고, 과거사에 대한 겸허한 성찰과 진정한 반성을 행동으로 보여줄 것을 촉구한다고 했다.

일본

【일본】

1.16. 서민정 아태국장과 후나코시 다케히로(船越健裕) 日 외무성 아시아대양주국장이 도쿄에서 한일 국장 협의를 하다.

3.23. 윤석열 대통령은 한일 비즈니스 라운드테이블에 참석하여 한일 양국의 경제인들을 격려했다. 윤 대통령은 한일 양국은 다양한 글로벌 아젠다에 대해 협력하고 대응할 것이며, 미래 첨단 신산업 분야에서도 협력의 여지가 크다고 강조했다. 이어 정부는 양국 기업인들이 혁신적 비즈니스 기회를 창출해 낼 수 있도록 모든 지원을 다하겠다고 말했다.

5.20. 박진 외교부장관과 하야시 요시마사(林芳正) 일본 외무대신이 히로시마에서 G7 정상회의를 계기로 한일 외교장관 회담을 하다.

5.21. G7 정상회의 계기 윤석열 대통령이 방일하여 히로시마에서 한일 정상회담을 하다.

7.12. NATO 정상회의 참석을 계기로 빌뉴스에서 윤석열 대통령과 기시다 후미오(岸田文雄) 총리가 한일정상회담을 하다.

7.13. ASEAN관련 외교장관회담을 계기로 자카르타에서 박진 외교부장관과 하야시 요시마사(林芳正) 일본 외무대신이 한일 외교장관 회담을 하다.

12.26. 정병원 외교부 차관보와 후나코시 다케히로(船越健裕) 일본 외무성 외무심의관이 한일 차관보 협의를 일본 도쿄에서 개최하다. 주요 협의내용은 금년도 한일관계 발전 성과를 점검하고, 한일중 협력 등 지역 및 글로벌 정세에 관련하여 협력하다. 이어서 정병원 차관보가 오카노 마사타카(岡野正敬) 일본 외무성 사무차관을 예방하고, 이치카와 게이이치(市川惠一) 내각관방부장관보(국가안전보장국 차장)와 면담하다.

5.7. 기시다 후미오(岸田 文雄)총리가 실무 방한하여 서울에서 한일 정상회담을 하다. 이후 윤석열 대통령과 김건희 여사는 주거공간인 관저에 기시다 총리 부부를 초청해 만찬을 가졌다.

5.21. 김건희 여사가 일본 히로시마 슈케이엔(縮景園, 축경원)에서 진행된 G7 정상회의 배우자 프로그램에 참여했다. G7 정상회의의 의장국인 일본의 총리 배우자 기시다 유코 여사가 주관한 행사에는 영국, 독일, EU, 인도네시아, 브라질, 코모로 등의 정상 배우자들이 자리를 함께했다. 한편 윤대통령은 기시다 총리와 함께 히로시마 평화기념공원에 있는 한국인 원폭 희생자 위령비에 함께 참배했다. 양국 정상이 함께 참배하는 것은 최초이며, 양국 정상이 함께 참배한 것은 한국인 원폭 피해자에 대해 추모의 뜻을 전함과 동시에 평화로운 미래를 준비하기 위한 용기 있는 행동으로 기억될 것이라고 추모사를 낭독했다.

5.31. 윤석열 대통령, 스가 前 일본 총리 접견하여, 대통령은 지난 두 달 간 세 차례의 한일 정상회담을 통해 양국관계의 완전한 복원을 이루었다고 하면서, 가치와 이익을 공유하는 한일 양국이 안보, 경제, 기술 분야의 협력을 구체화하면서, 국제사회의 다양한 아젠다에 함께 대응해 나가야 할 것이라고 했습니다. 특히, 선언이나 말 뿐이 아닌 실제 이행을 통해 한일관계 개선의 혜택을 양국 국민들이 체감하도록 함께 노력하자고 했다.

7.13. 한일외교장관 회담에서 후쿠시마 오염수 관련하여 박진 장관은 우리 국민의 건강과 안전이 최우선임을 강조하고, 일본 정부가 높은 투명성과 신뢰성을 유지하고, 과학적 안전성은 물론 국민적 안심을 확보하기 위한 조치를 취해야 한다고 하였다. 이를 위해, 정상간 논의한 대로 실시간 모니터링 정보 공유와 기준치를 초과하는 것과 같은 이상 상황 발생시 방류중단 및 우리측 즉시 통보 등 필요한 조치를 취해 줄 것을 요청하였다.

7.14. 한미일 외교장관회의 개최하고, 3국 장관은 7.12.(수) 북한의 장거리 탄도미사일 도발을 강력히 규탄하는 공동성명을 발표하고 북한의 핵·미사일 위협에 대응한 3국 간 안보 협력을 지속 강화해 나가기로 하였다. 3국 장관은 물샐 틈 없는 한미일 공조를 바탕으로 북한이 비핵화의 길로 복귀할 수 밖에 없는 전략적 환경을 조성하기 위한 노력을 지속해 나가기로 하였다. 또한, 북한 인권 상황에 대한 깊은 우려를 공유하고, 북한 인권 문제 관련 협력도 강화해 나가기로 하였다.

7.28. 일본 2023년 방위백서에 대한 외교부 대변인 논평을 하다. 정부는 일본 정부가 7.28.(금) 발표한 방위백서를 통해 역사적·지리적·국제법적으로 명백한 우리 고유의 영토인 독도에 대한 부당한 영유권 주장을 되풀이한 데 대해 강력히 항의하며, 이를 즉각 철회할 것을 촉구한다고 했다.

8.18. 윤석열 대통령과 기시다 후미오(岸田文雄) 일본 총리가 한미일 정상회의를 계기로 한일 정상회담(Camp David 미국)을 하다. 尹대통령, 캠프 데이비드 정상회의에서 한미일 안보·경제 협력 제도화하고, 글로벌 위기를 기회로 전환한 역사적 의미가 있다고 강조하다.

8.24. 박진 외교부 장관은 안토니 블링컨(Antony J. Blinken) 미국 국무장관 및 하야시 요시마사(林芳正) 일본 외무대신과 전화 통화를 갖고, 금일 북한의 소위 '우주발사체' 명목의 탄도미사일 발사에 대한 3국간 공동 대응 방안에 대해 협의하였다.

9.10. G20 정상회의 계기로 윤석열 대통령과 기시다 후미오(岸田文雄) 일본 총리가 인도 뉴델리에서 한일 정상회담을 하다.

9.14. 제45차 세계유산위원회가 일본 근대산업시설의 세계유산 등재 후속 조치 관련 결정 채택하다. 제45차 세계유산위원회(WHC: World Heritage Committee)는 일본의 근대산업시설 세계유산 등재 후속 조치와 관련하여, 일본이 스스로의 약속을 계속해서 이행하는 것이 중요하며 관련 당사국들과 대화를 지속할 것을 독려한다는 내용의 결정을 컨센서스로 채택하였다. 이번 회의에서 채택된 결정은 지난 9.9(토) 세계유산위원회 누리집에 공개된 결정안과 동일하다.

9.21. 유엔총회를 계기로 미국 뉴욕에서 박진 외교부 장관과 가미카와 요코(上川陽子) 일본 외무대신이한일 외교장관 회담을 하다. 윤석열 대통령을 수행하여 미국 뉴욕을 방문 중인 박진 외교부 장관은 안토니 블링컨(Antony J. Blinken) 미국 국무장관 및 가미카와 요코(上川陽子) 일본 외무대신과 약식 회의를 갖고, 한미일 협력과 역내 정세에 관해 협의하였다. 3국 장관은 지난 8월 개최된 캠프 데이비드

연도	한국
▲ **2023**	한미일 정상회의의 역사적 의미를 평가하고, 3국 정상 간의 다양한 합의 사항을 충실히 이행함으로써 한미일 협력을 지속적으로 확대·발전시켜 나가기로 하였다. 9.26. 한일중 3국 고위급회의(SOM)가 정병원 외교부 차관보 주재로 후나코시 다케히로(FUNAKOSHI Takehiro) 일본 외무성 외무심의관과 능룽(NONG Rong) 중국 외교부 부장조리가 참석한 가운데 서울에서 개최되었다. 3국 고위급회의 대표들은 약 4년 만에 개최된 금번 회의가 코로나 등으로 정체되어 있던 3국 정부간 협력을 재활성화하는 계기가 되었다고 평가하고, 3국 정상회의 개최에 대한 3국 정상들의 공감대가 있는 만큼, 이를 착실히 준비해나가기로 하였다. 9.29. 尹 대통령, 원폭 피해 동포 초청해 위로하고, "정부가 동포들의 아픔 외면하지 않을 것"이라고 말하다. 10.5. 장호진 외교부 1차관과 오카노 마사타카(岡野正敬) 일본 외무성 사무차관이 서울에서 제14차 한일 차관전략대화를 하다. 주요협의 내용은 한일 양자관계와 지역 및 국제 정세를 협의하고, 외교장관및 사무차관을 접견하다. 장 차관은 9년 만의 차관전략대화 재개를 환영하고, 올해 3월 12년 만의 셔틀외교 복원을 비롯하여 각급에서의 긴밀한 소통을 통해 한일 관계 개선의 흐름이 공고화되는 시점에 미래지향적인 양국 관계 발전을 위해 협력 심화 방안을 모색할 수 있게 되었음을 뜻깊게 평가하였다. 10.15. 박진 외교부 장관과 가미카와 요코(上川陽子) 일본 외무대신이 한일 외교장관 통화를 하다. 일본 외무대신과 20여 분간 전화통화를 갖고, 이스라엘-하마스 무력충돌 관련 양국 국민 긴급귀국 지원 협력에 대해 논의했다. 박장관과 가미카와 대신은 한국 정부가 군수송기로 일본 국민과 가족 등 일행 51명이 귀국할 수 있도록 도와준데 대해 정중한 사의를 표하면서, 향후 유사한 상황이 발생할 경우 일본도 적극 협조할 것이라며, 한일간 긴밀히 협력해 나가자고 하였다. 10.18. 야스쿠니 신사 공물 봉납 및 참배에 대한 외교부 대변인 논평은 다음과 같다. 정부는 일본의 과거 침략전쟁을 미화하고 전쟁범죄자를 합사한 야스쿠니 신사에 일본의 책임 있는 지도급 인사들이 또다시 공물을 봉납하거나 참배를 되풀이한 데 대해 깊은 실망과 유감을 표한다. 우리 정부는 일본의 책임 있는 지도자들이 역사를 직시하고 과거사에 대한 겸허한 성찰과 진정한 반성을 행동으로 보여줌으로써, 한일관계의 미래지향적 발전에 기여해 나갈 것을 촉구하는 바이다. 11.1. 제3차 한일 경제안보대화 개최하여, 반도체·배터리·핵심광물 등을 포함한 핵심 원자재 공급망 안정, 핵심·신 흥기술 협력, 기술보호 공조 방안 등에 대해 논의했다. 11.15. APEC 외교통상합동각료회의 계기 한일 외교장관 회담(미국 샌프란시스코) 11.16. 윤석열 대통령과 기시다 후미오(岸田文雄) 일본 총리가 APEC 정상회의를 계기로 미국 샌프란시스코에서 한일 정상회담을 하다. 스탠포드 대학에서 개최된 이번 한일 정상 좌담회는 양 정상이 미국의 미래세대와 첨단 산업과 혁신 기술에 대해 소통함으로써 한미일 3국이 미래 성장동력인 첨단 과학 기술 분야의 협력 방향을 모색하는 기회가 됐다.
2024 **▼**	【한국】 1.5. 박진 외교부 장관과 가미카와 요코(上川陽子) 일본 외무대신간에 한일 외교장관 통화를 하다./ 제1차 한미일 인도-태평양 대화 개최하다. 한미일 3국은 美 워싱턴DC에서 제1차 「인도-태평양 대화」(Trilateral Indo-Pacific Dialogue, 이하 '인태 대화')를 개최하였다(현지시간 기준). 이로써 지난해 8월 캠프 데이비드 한미일 정상회의('23.8.18.) 시 주요 합의 사항인 3국 간 인태 대화가 공식 출범하였으며, 우리 측은 정병원 외교차관보가 수석대표로 참석하였다. 3국 공동언론발표문을 발표하고, 우리 정부는 '23.12.19. 인태전략 발표 1주년 계기 인태전략 9대 중점추진과제별 총 52개 과제가 포함된 세부 이행계획(Action Plan) 발표했다./ 한일 외교장관이 통화하고, 박 장관은 이시카와현 지진으로 많은 인명과 재산피해가 발생한 것에 애도를 표하고, 재해가 조기에 수습되어 피해지역 주민들이 속히 일상으로 복귀할 수 있기를 기원한다고 하였다. 1.23. 조태열 외교부 장관과 가미카와 요코(上川陽子) 일본 외무대신간에 한일 외교장관 통화를 하다. 1.30. 일본 외무대신의 외교연설 중 독도·사도광산 관련 언급에 대한 외교부 대변인 성명은 다음과 같다. "정부는 일본 정부가 외무대신의 국회 외교연설을 통해 역사적·지리적·국제법적으로 명백한 우리 고유의 영토인 독도에 대한 부당한 영유권 주장을 되풀이한 데 대해 강력히 항의하며, 이를 즉각 철회할 것을 촉구한다. 정부는 일본 정부의 부당한 주장이 대한민국 고유 영토인 독도에 대한 우리 주권에 어떠한 영향도 미치지 못한다는 것을 재차 분명히 하며, 독도에 대한 일본의 어떠한 도발에 대해서도 단호하게 대응해 나갈 것임을 다시 한 번 밝히는 바이다. 일본 정부는 독도에 대한 부당한 주장을 반복하는 것이 미래지향적 한·일 관계 구축에 어떠한 도움도 되지 않는다는 점을 분명히 자각해야 할 것이다. 아울러, '사도광산'은 '일본 근대산업시설'과 유사하게 전시 강제동원의 아픈 역사가 있는 곳인바, 세계유산 등재를 논의하기 위해서는 '사도광산'의 전체 역사를 반영하는 것이 무엇보다도 중요하다는 것을 재차 강조하는 바이다." 2.21. 조태열 외교부 장관과 가미카와 요코(上川陽子) 일본 외무대신이 브라질 리우데자네이루에서 G20 외교장관회의를 계기로 한일 외교장관회의를 하다. 2.22. 일본 시마네현의 소위 「독도의 날」 행사 관련 외교부 대변인 성명은 다음과 같다. "1. 정부는 일본 시마네현이 소위 「독도의 날」 행사를 개최하고, 여기에 중앙정부 고위급 인사가 참석하는 등 일본이 독도에 대한 부당한 영유권 주장을 되풀이하고 있는 데 대해 강력히 항의하며, 동 행사를 즉각 폐지할 것을 다시 한 번 엄중히 촉구한다. 2. 독도는 역

일본

11.24. 대통령 프랑스 방문을 수행중인 박진 외교장관은 11.24(금) 오후(현지 시간) 안토니 블링컨(Antony J. Blinken) 미국 국무장관 및 가미카와 요코(上川 陽子) 일본 외무대신과 유선 협의를 갖고, 북한의 소위 '군사정찰위성' 발사(11.21)에 대한 3국간 공동 대응 방안에 대해 협의하였다.

11.26. 박진 외교부 장관과 가미카와 요코(上川陽子) 일본 외무대신이 한일중 외교장관회의 계기로 부산에서 한일 외교장관 회담을 하다. 3국 장관들은 한일중 협력이 앞으로 안정적이고 지속적으로 발전할 수 있도록 3국 협력의 제도화에 더욱 힘써 나가기로 하였다. 이를 위해, 3국 협력 체제의 최정점인 정상회의를 상호 편리한 가장 빠른 시기에 개최한다는 공감대를 재확인하고, 차기 정상회의 준비를 가속화해 나가기로 하였다(expedite preparation for the up-coming Summit). 또한, 정상회의를 정례화하고 70여 개에 달하는 3국 간 협의체가 적극 가동될 수 있도록 노력해 나가자는데 의견을 같이 하였다.

12.5. 서민정 외교부 아시아태평양국장과 나마즈 히로유키(鯰博行) 일본 외무성 아시아대양주국장이 서울에서 한일 국장급 협의를 하다. 주요 내용은 전반적인 한일 간 교류현황을 점검하고, 양국 간의 상호 관심사안을 논의했다.

12.8. 尹 대통령, 미국 국가안보보좌관 및 일본 국가안전보장국장 초청하여 만찬을 하다.

12.18. 한미일 3국 간에 삼국 안보실장간에 안보 협력의 중요성 재확인 및 북한 도발 대응 공조를 강화하다.

12.21. 북한 대륙간 탄도 미사일(ICBM)등 탄도미사일 발사 관련 한미일 외교장관 공동성명을 발표하다.

12.25. 2023년, 한미일 협력의 새 시대를 연 원년으로 삼기로 하다. 한미일 3국은 ▲자유, 인권, 법치 등 핵심 가치를 공유하고 있으며, ▲전 세계에 7개국 밖에 없는 1인당 국내 총생산(GDP)가 3만 불을 넘으면서 인구가 5천만 명 이상인 국가이자 ▲첨단기술의 발전과 과학 분야의 혁신을 선도하는 최적의 협력 파트너입니다. 전례 없는 세계적 복합위기에 대응하기 위해 이처럼 가치와 이익을 공유하는 한미일 간 협력을 강화해야 한다는 인식하에 캠프 데이비드에 모인 세 정상은 「캠프 데이비드 원칙」, 「캠프 데이비드 정신」, 「협의에 대한 공약」등 3개 문서를 채택하였습니다. 이를 통해 3국 협력의 제도화 수준을 대폭 높이고, 역내 도전·도발과 위협에 대한 대응 방안을 신속하게 조율할 수 있는 기제를 구축하였습니다. 그동안 안보 분야에 초점을 맞추었던 3국 협력의 외연을 경제안보, 첨단기술과 인적교류 분야로도 대폭 확대했습니다.

12.26. 정병원 외교부 차관보는 12.26.(화) 일본 도쿄에서 후나코시 다케히로(船越 健裕) 외무성 외무심의관과 면담을 갖고, 양국간 상호 관심사안에 대해 의견을 교환하였다. 정 차관보와 후나코시 외무심의관은 동 면담에서 올 한해 안보, 경제, 문화, 인적교류 등 다양한 분야에서 한일관계 발전의 성과를 되돌아보고, 내년에도 한일 협력을 미래지향적으로 발전시켜나가기 위해 외교당국 간 소통이 중요함을 확인하고 이를 지속 추진해 나가는 데 의견을 같이하였다. 또한 한일중 협력을 포함하여 지역·국제 정세 등에 대해서도 양국이 긴밀히 협력해 나가기로 하였다.

【일본】

9.27. 한일 양국은 「대한민국과 일본국 간의 양국에 인접한 대륙붕 남부구역 공동개발에 관한 협정」(1974.1.30. 서명 / 1978.6.22. 발효, 이하 JDZ 협정)에 따른 제6차 한일 공동위원회를 9월 27일 동경에서 개최하였다. 이번 공동위원회에는 우리측 국별위원인 황준식 외교부 국제법률국장, 윤창현 산업통상자원부 자원산업정책국장, 일본측 국별위원인 오코우치 아키히로 외무성 아시아대양주국 심의관, 와쿠다 하지메 경제산업성 자원에너지청 자원연료부장이 참석하였다. 공동위원회는 JDZ 협정의 이행에 관한 사항 등에 대해 폭넓은 논의를 하였다. JDZ 협정상 공동위원회는 협정의 이행에 관한 문제의 협의수단으로, 이번 협의는1985년 이래 약 40년 만에 재개된 것이다. 우리 정부는 동 협정 관련 양국간 협의를 지속해나갈 예정이다

10.30. 한일중 3국 고위급회의를 도쿄에서 개최하다. 3국 고위급회의는 '07.5월 첫 회의 이후 이번까지 총 15차례 개최하다. 금번 회의는 일본이 의장국으로서 개최한 첫 번째 고위급회의로, 3국 고위급회의 대표들은 지난 5월 4년 5개월 만에 개최된 제9차 한일중 3국 정상회의를 통해 한일중 3국 협력이 재활성화 된 이후 각 분야 장관급 회의 개최 등 3국 협력에 진전이 있었던 것을 평가하고, 앞으로도 3국간 미래지향적 협력을 보다 강화해 나가기로 하였다.

11.29. 제13차 한일 안보정책 협의회를 동경에서 개최하다. 한일 안보정책협의회는 1998년 「21세기의 새로운 한일 파트너십 공동선언」(김대중-오부치공동선언) 행동계획에 최소 연 1회 개최 명기했는데, 2018년 제11차 안보정책협의회 이후 약 5년간 중단되었다가 2023년 3월 한일 정상회담에서 재개 합의했다. 금번 협의회에서 양측은 ▲최근 지역 안보 환경에 대한 평가를 공유하고 ▲양국 외교·국방 정책 협력 현황 및 한일·한미일 협력 현황 ▲향후 안보 협력 추진 방향성 등에 관해 의견을 교환하였다./ 김상훈 외교부 아시아태평양국장은 도쿄에서 나마즈 히로유키(鯰博行) 일본 외무성 아시아대양주국장과 한일 국장급 협의를 실시하였다. 이번 협의는 그간 양국 외교부 간 다양한 수준에서 지속해 온 소통의 일환에서 실시된 것으로, 양 국장은 한일 간 전반에 대해 폭넓게 의견을 교환하였다. 아울러, 양측은 내년 한일 국교정상화 60주년을 앞두고 양국 협력을 미래지향적으로 발전시켜 나가기 위해 외교당국 간 긴밀히 소통하며 한일관계의 긍정적 모멘텀을 이어 나가자는 데에 의견을 같이 하였다.

12.10. 일본 도쿄에서 한일 북핵 고위급 협의하다. 조구래 외교부 외교전략정보본부장은 12.10(화) 한미일 북핵 고위급 협의 참석차 일본을 방문한 계기 나마즈 히로유키(鯰博行) 일본 북핵대표와 한일 북핵 고위급 협의를 가졌다. 양측은 올해 양국이 동시에 유엔 안보리 비상임이사국으로 활동하며 북한인권 문제에 있어 협력해온 점을 평가하고, 납북자·억류자 등 인도적 사안 관련 협력을 지속해 나가기로 했다. 양측은 민감한 시기일수록 한·일 양국의 협력이 더욱 긴요하다는 데 공감하고, 러북간 불법적 군사협력 심화를 포함한 엄중한 한반도 및 동북아 정세에 대한 평가를 공유하는 한편, 관련 정보 공유와 긴밀한 공조를 지속해 나가기로 했다.

연도	한국
▲ 2024 ▼	사적·지리적·국제법적으로 명백한 우리 고유의 영토인바, 일본 정부는 독도에 대한 부당한 주장을 즉각 중단하고, 겸허한 자세로 역사를 직시해야 할 것이다." 3.22. 일본 중학교 교과서 검정 결과에 관한 외교부 대변인 성명은 다음과 같다. "우리 정부는 일본 정부가 3.22(금) 독도에 대한 부당한 주장과 역사적 사실에 부합하지 않은 주장에 기반하여 서술된 중학교 교과서를 검정 통과시킨데 깊은 유감을 표명한다. 특히, 역사적·지리적·국제법적으로 명백한 우리 고유의 영토인 독도에 대한 부당한 주장이 담긴 교과서를 일본 정부가 또다시 검정 통과시킨 데 대해 강력히 항의하며, 독도에 대한 일본의 어떠한 주장도 수용할 수 없음을 분명히 밝히는 바이다. 아울러 우리 정부는 일본군 위안부 피해자 문제 및 강제징용 문제 관련 표현과 서술이 강제성이 드러나지 않은 방향으로 변경되었다는 점에도 강한 유감을 표명하며, 일본정부가 스스로 밝혀온 과거사 관련 사죄와 반성의 정신에 입각한 역사교육을 진정성 있게 실천해 나가기를 촉구한다. 미래지향적 양국관계 구축의 근간은 올바른 역사인식으로부터 출발하는 만큼, 일본 정부는 역사를 직시하는 가운데 보다 책임있는 자세로 미래세대 교육에 임해주기를 기대한다." 4.16. <일본 2024년 외교청서>에 대한 외교부 대변인의 논평은 다음과 같다. "정부는 일본 정부가 4.16.(화) 발표한 외교청서를 통해 역사적·지리적·국제법적으로 명백한 우리 고유의 영토인 독도에 대한 부당한 영유권 주장을 되풀이한 데 대해 강력히 항의하며, 이를 즉각 철회할 것을 촉구한다. 정부는 대한민국 고유 영토인 독도에 대한 일본 정부의 어떠한 주장도 우리 주권에 하등의 영향도 미치지 못한다는 것을 다시 한 번 분명히 하며, 앞으로도 단호하게 대응해 나갈 것임을 분명히 밝히는 바이다." 4.17. 윤석열 대통령 - 기시다 후미오(岸田文雄) 일본 총리가 한일 정상 통화를 하다. 통화내용은 다음과 같다, "기시다 총리는 이번 방미 결과 및 미일관계 진전 사항에 대해 설명하고, 앞으로도 굳건한 한미일 공조를 바탕으로 국제사회의 다양한 이슈에 대응해나가는 가운데, 파트너로서 한국과의 협력을 계속 심화해 나가고자 한다고 했습니다. 대통령은 한반도 및 인태지역을 포함한 국제 정세의 불안정성이 심화되는 상황에서 한일, 한미일 간 긴밀한 협력을 통해 역내 평화와 번영에 기여해 나가자고 했다. 양 정상은 북한에 대한 양국의 대응에 대해서도 의견을 공유하고, 북한 관련 문제에 대한 한일, 한미일 간 긴밀한 공조를 계속 발전시켜 나가기로 했다. 양측은 작년 일곱 차례의 정상회담을 통해 쌓은 견고한 신뢰관계와 양국간 형성된 긍정적 흐름을 이어 나갈 수 있도록 올해에도 정상간, 외교당국간 격의 없는 소통을 계속해 나가며 양국 관계 발전을 위해 노력해 나가기로 했다. 4.19. 일본 중학교 교과서 추가 검정 결과에 관한 외교부 대변인 성명은 다음과 같다. "우리 정부는 일본 정부가 4.19(금) 독도에 대한 부당한 주장 및 일본군 위안부 피해자 문제, 강제징용 문제, 식민지배에 대한 극히 비상식적이고 이해할 수 없는 거짓 기술을 포함한 교과서를 검정 통과시킨 데에 깊은 유감을 표명하며 즉각적인 시정을 촉구한다. 그간 밝힌 바와 같이, 정부는 역사적·지리적·국제법적으로 명백한 우리 고유의 영토인 독도에 대한 부당한 주장이 담긴 교과서를 일본 정부가 또다시 검정 통과시킨 것에 대해 강력히 항의하며, 독도에 대한 일본의 어떠한 주장도 수용할 수 없음을 분명히 밝히는 바이다. 또한, 과거의 과오에 대해 사죄와 반성은 커녕 오히려 이를 미화하는 내용으로 가득한 교과서를 용인한 것은 양국관계 발전 추세에도 역행하는 것임은 물론, 자라나는 청소년들에게 왜곡된 역사관을 가르치는 무책임한 행동이라는 점을 분명히 한다. 양국관계의 미래는 물론 일본의 미래를 만들어나갈 세대가 이처럼 편향되고 왜곡된 역사교육에 노출될 경우 갖게 될 편견에 우려를 금할 수 없으며, 일본 정부는 역사를 직시하는 가운데 미래세대의 교육에 있어 보다 책임있는 자세를 보여야 할 것이다." 4.21. 야스쿠니 신사 공물 봉납 및 참배에 대한 외교부 대변인이 다음과 같이 논평하다. "정부는 일본의 과거 침략전쟁을 미화하고 전쟁범죄자를 합사한 야스쿠니 신사에 일본의 책임 있는 지도급 인사들이 또다시 공물을 봉납하거나 참배를 되풀이한 데 대해 깊은 실망과 유감을 표한다. 우리 정부는 일본의 책임 있는 지도자들이 역사를 직시하고 과거사에 대한 겸허한 성찰과 진정한 반성을 행동으로 보여줄 것을 촉구하는 바이며, 이는 미래지향적 한일관계 발전의 중요한 토대임을 다시 한번 강조한다." 5.20. 외교부는 국립외교원과 함께 내년 한일 국교정상화 60주년을 앞두고 최근의 한일관계를 평가하고 향후 협력 방향을 논의하기 위한 「한일 신협력 비전 포럼」을 개최하였다. 포럼에는 한일관계 발전에 오랜 기간 몸담아온 전·현직 인사 및 학계 전문가들이 참석해 최근의 한일관계 및 향후 발전 방향, 그리고 국교정상화 60주년의 의의와 방향성에 대해 심도 있는 의견을 교환하였다. 또한 각 세션별로 한일관계 전반을 돌아보고 미래비전을 준비한다는 취지에서 경제·문화·인적교류 확대 방안, 인도-태평양의 지정학과 양국관계, 양국 사회의 공통과제와 공동진전을 위한 방안 등을 주제로 구체적 협력 방향에 대해 논의하였다. 5.22. 조태열 외교부 장관과 가미카와 요코(上川陽子) 일본 외무대신이 한일 외교장관간에 통화를 하다. 5.26. 윤석열 대통령과 기시다 후미오(岸田文雄) 일본 총리가 제9차 한·일·중 정상회의를 계기로 한일 정상회담을 하다. 회담 결과로 3국협력 제도화, 3국 국민을 위한 3국 협력사업, 지역 및 국제 평화와 번영 등에 관해 공동선언하다. 또한 별도로 한일 정상회담을 하여, 양측은 미래지향적 양국 관계 발전을 위해 유학, 인턴십, 취업 등 청년층 교류 확대 방안도 모색해 나가기로 했으며, 대통령은 최근 「일한 미래파트너십 기금」에 대한 일본 기업들의 추가 기여를 평가하고, 양 정상은 내년 국교정상화 60주년을 맞아 양국 관계를 한 단계 끌어 올릴 수 있도록 외교당국 간 소통 하에 다양한 사업들을 준비해 나가기로 했다.

일본

12.11. 일본 도쿄에서 제2차 「인도-태평양 대화」(이하 '인태 대화')를 개최하였다. 수석대표로 (韓) 정의혜 인도태평양 특별대표, (美) 대니얼 크리튼브링크(Daniel Kritenbrink) 국무부 동아태차관보, (日) 고베 야스히로(Kobe Yasuhiro) 외무성 총합외교정책국장(차관보급)이 참가했다. 3국은 인도-태평양 지역의 전략적 중요성과 경제적 역동성을 감안하여 한미일이 함께 인태지역의 평화와 번영에 기여할 방안을 모색해야 한다는데 인식을 같이하였다. 이를 위해 3국은 ▲해양안보역량 구축 향상, ▲해외 정보조작 대응 등 지역 안정 증진을 위한 협력은 물론, ▲한국의 2025 APEC 의장국 수임, ▲ASEAN 및 태도국 개발 지원 등 경제 및 개발 분야 협력 방안에 대해서도 논의하였다.

5.30. 김홍균 외교부 제1차관과 오카노 마사타카(岡野正敬) 일본 외무사무차관이 한·미·일 외교차관협의회를 계기로 한일 외교차관회담을 하다. 3국 차관들은 5시간이 넘는 마라톤 협의를 통해 지역·글로벌 협력, 경제·기술 파트너십, 한미일 협력 발전 방안 등 한미일 협력의 전 분야를 총망라하는 의제들에 관해 전략적이고 깊이 있는 협의를 실시했으며, 본 회의의 결과문서로서 공동성명을 채택했다.

6.28. 김홍균 외교부 제1차관과 오카노 마사타카(岡野正敬) 일본 외무성 사무차관이 제15차 한·일 차관전략대화를 하다. 양 차관은 외교, 경제, 문화, 인적교류 등 전 분야에서 양국 관계 개선이 가시화되고 있는 등 한일 양국이 미래를 지향하며 발전하고 있다고 하고, 제반분야에서 한일 관계개선이 양국 국민이 체감할 수 있는 형태로 나타남을 환영하였다. 아울러 양 차관은 내년 한일 국교정상화 60주년을 맞이하여 양국 관계를 한 단계 더 도약시키기 위해 양국 간 긴밀히 협력해 나가자고 하였다.

7.11. NATO정상회의를 계기로 윤석열 대통령과 기시다 후미오(岸田文雄) 일본 총리가 한일 정상회담을 하다. 양 정상은 지난 5월 한일중 정상회의 계기 한일 정상회담을 실시한 이후 약 한 달 반 만에 다시 회담을 갖게 된 것을 환영하고, 인태 파트너국(IP4)의 일원으로서 3년 연속 NATO 정상회의에 참석하여 만남을 이어가고 있는 점을 평가했다. 양 정상은 지난 정상회담 계기 합의한 경제, 에너지, 미래세대 교류 등 다양한 분야에서의 협력이 가시적 성과를 도출하고 있음을 주목하고, 엄중한 안보 상황 속에서 한일, 한미일 간 안보협력도 지속 강화해 나가자고 했다.

7.12. 일본 2024년 방위백서에 대한 외교부 대변인 논평내용은 다음과 같다. "정부는 일본 정부가 발표한 방위백서를 통해 역사적·지리적·국제법적으로 명백한 우리 고유의 영토인 독도에 대한 부당한 영유권 주장을 되풀이한 데 대해 강력히 항의하며, 이를 즉각 철회할 것을 촉구한다. 정부는 대한민국 고유 영토인 독도에 대한 일본 정부의 어떠한 주장도 우리 주권에 하등의 영향도 미치지 못한다는 것을 재차 분명히 하며, 독도에 대한 일본의 어떠한 도발에 대해서도 단호히 대응해 나갈 것임을 밝힌다. 일본 정부는 독도에 대한 부당한 주장을 되풀이하는 것이 미래지향적 한일 관계 구축에 어떠한 도움도 되지 않는다는 점을 분명히 자각해야 할 것이다."

7.26. ASEAN 관련 외교장관회의 계기로 조태열 외교부 장관과 가미카와 요코(上川陽子) 일본 외무대신이 한일 외교장관회담을 하다. 5개월만에 두 번째 회담을 가진 양 장관은 올해에도 2차례의 정상회담을 포함하여 양국간 각급에서 긴밀한 소통을 이어가면서, 안보, 경제, 산업, 교육 등 다양한 분야에서 실질 협력이 진전되고 있음을 평가했다. 양 장관은 미래지향적 양국 관계를 발전시켜 나가기 위해 상호 관심사에 대해 지혜를 계속 모아 나가자고 했다. 특히 내년 한일 국교정상화 60주년을 기념하기 위한 외교당국간 본격적인 준비에 착수하고, 양국 국민들이 체감할 수 있는 성과들을 발굴해 나가자고 했다.

9.5. 우키시마호 승선자 명부를 입수하다. 일측은 내부조사를 마친 자료 19건을 우리 측에 우선 제공하였으며, 여타 자료에 대해서도 내부조사가 완료되는 대로 제공하기로 했다. 우리 정부는 동 명부를 피해자구제 및 우키시마호 사건의 진상파악 등에 활용할 예정입니다. 특히, 「대일항쟁기강제동원피해조사및국외강제동원희생자등지원위원회」 심사과정에서 근거자료 부재 등으로 위로금 지급 신청을 기각·각하 당한 희생자 유족에 대한 위로금 지급 재심의 등에 동 명부를 활용할 계획이다.

9.6. 기시다 후미오(岸田 文雄) 일본 총리가 실무 방한하여 한일 정상회담을 하다. 윤 대통령과 기시다 총리 간 12번째 회담이자 긴밀한 한일 정상 간 셔틀외교의 일환으로 개최된 이번 정상회담에서 양 정상은 지난 2년 간의 한일관계 발전의 발자취를 돌아보고 앞으로의 양국관계 발전 방향에 대해 심도있게 논의했다. 양 정상은 양국이 중단된 정부 간 협의체를 재가동하고 신규 협의체를 출범하는 등 각계 각급에서 활발히 소통하면서, 경제안보, 첨단기술 등 다양한분야로 협력을 넓혀나가고 있음을 평가했다. 아울러, 양 정상은 오늘 양국 외교당국 간 「한일 제3국 내 재외국민보호 협력 각서」가 체결된 것을 환영하며, 이를 통해 제3국 내 위기 상황 시 양국 간 협력을 보다 강화해 나갈수 있기를 기대한다고 했다.

9.24. 제79차 유엔총회 고위급 회기 참석 차 뉴욕을 방문중인 조태열 장관은 첫 일정으로 안토니 블링컨(Antony J. Blinken) 미국 국무장관 및 가미카와 요코(上川 陽子) 일본 외무대신과 9.23(월) 13:30-14:00간 한미일 외교장관회의를 갖고, 캠프 데이비드 정상회의 후속조치로서의 한미일협력 강화 방안과 북한 문제 및 지역 현안 등에 대해 논의했다

9.30. 한미일 고위급 사이버안보 협의체를 만들고, 北의 불법 활동 대응 강화하기로 하다.

10.2. 윤석열 대통령과 이시바 시게루(石破茂) 일본 총리가 한일 정상간에 통화하다. 한일관계, 지역·글로벌 현안 등에 대해 협의하였다. 양 정상은 국교 정상화 60주년을 맞는 내년에 한일관계가 한 단계 더 도약하는 좋은 계기가 될 것이라는 데 의견을 같이 하고, 양 국민이 체감할 수 있는 성과를 계속 발굴하도록 함께 노력해 나가자고 했다./ 조태열 외교부 장관은 「일한문화교류기금」대표단(단장: 코가 노부유키 회장)을 접견하고, 한일 양국의 문화·인적 교류 확대 방안에 대해 의견을 나누었다.

10.4. 조태열 외교부 장관이 이와야 다케시(岩屋 毅) 일본 외무대신간에 한·일 외교장관 통화를 하다.

10.10. 윤석열 대통령과 이시바 시게루(石破茂) 일본 총리가 아세안 정상회의를 계기로 한일 정상 회담을 하다. 양 정상은 북한의 핵·미사일 도발과 불법적인 러북 군사협력 등 날로 엄중해 지고 있는 안보 상황에 대처함에 있어 양국이 긴밀히 공조해왔음을 평가하고, 국

연도	한국
▲ 2024	제사회가 북한에 대해 단합된 메시지를 발신할 수 있도록 양 정상이 리더십을 발휘해 나가기로 했다. 이와 관련해, 이시바 총리는 윤 대통령의 「8.15 통일 독트린」과 자유롭고 평화로운 통일에 대한 지지를 표명했으며, 양 정상은 앞으로도 계속 협력해 나가자고 했다. 10.16. 조태열 장관은 10.16.(수) 제14차 한미일 외교차관협의회 참석차 방한중인 커트 캠벨(Kurt M. Campbell) 美 국무부 부장관과 오카노 마사타카(岡野正敬) 日 외무성 사무차관을 김홍균 1차관과 함께 합동으로 접견하고, 최근 북한의 의도적 긴장 고조행위에 대한 한미일 3국의 강력한 공조와 대응 필요성을 강조했다. 아울러 조 장관은 지난 9.23.(월) 뉴욕에서 개최된 한미일 외교장관 회의에 이어 약 한달만인 오늘 개최되는 한미일 외교차관협의회를 통해 한미일 협력의 미래 발전 방안 마련에 세 차관들이 관심을 가져주기를 당부하였다. 10.17. 야스쿠니 신사 공물 봉납 및 참배에 대한 외교부 대변인 논평을 발표하다. "정부는 일본의 과거 침략전쟁을 미화하고 전쟁범죄자를 합사한 야스쿠니신사에 일본의 책임 있는 지도급 인사들이 또다시 공물을 봉납하거나 참배를 되풀이한 데 대해 깊은 실망과 유감을 표한다. 우리 정부는 일본 신 내각의 책임 있는 지도자들이 역사를 직시하고 과거사에 대한 겸허한 성찰과 진정한 반성을 행동으로 보여줄 것을 촉구하는 바이며, 양국간 신뢰에 기반한 미래지향적 한일관계를 구축해 나가기 위한 중요한 토대임을 강조하는 바이다."/ 한미일 차관협의회 계기 한일 차관회담 개최하다. 김홍균 외교부 제1차관은 이날 오전 외교부 청사에서 오카노 마사타카(岡野正敬) 일본 외무성 사무차관과 한미일 차관협의회 계기 한일차관회담을 갖고, 한일관계 및 북한문제를 비롯한 지역·글로벌 이슈에 대해 의견을 교환했다. 양 차관은 이시바 총리 취임 직후 이루어진 정상간 통화(10.2) 및 한일정상회담(10.10) 개최를 환영하고, 앞으로도 양국간 긴밀한 교류를 통해 한일관계의 긍정적 흐름을 계속해서 발전시켜 나가자는 데 의견을 같이했다. 10.21. 제1차 「한-인-일 정책기획협의회」가 10.21.(월) 서울에서 개최되었으며, 이성환 외교전략기획국장, 라구람(Raghuram S.) 인도 외교부 정책기획조사국장, 고베 야스히로(Kobe Yasuhiro) 외교부 종합정책기획국장이 수석대표로 참석하였다. 금번 회의에서 3국은 복합위기 시대 속 글로벌·역내 정세 및 도전 요소에 대한 전략적 인식을 공유하고, 글로벌 거버넌스 개선 및 3국간 협력 증진 방안에 대한 의견을 교환하였다. 10.24. 외교부는 일본 정부와 협의를 거쳐 우키시마호 승선자 명부관련 자료 34건을 추가로 제공 받았다. 우리 정부는 지난번 입수한 자료와 마찬가지로 면밀한 분석을 통해 피해자 구제 및 우키시마호 사건의 진상파악 등에 활용할 예정이다. 10.17. 김홍균 외교부 제1차관과 오카노 마사타카(岡野正敬) 일본 외무성 사무차관이 한·미·일 차관협의회를 계기로 한일 차관 회담을 하다. 10.28. 정병원 외교부 차관보와 후나코시 다케히로(船越健裕) 일본 외무성 외무심의관과 한·일·중 고위급회의 계기로 한일 차관보 협의를 하다. 양측은 최근 한일 양국 간의 활발한 교류·협력을 환영하고, 향후 지속적인 교류 활성화를 위해 외교당국 차원에서도 계속 노력해 나가자는 데 의견을 같이했다. 아울러, 내년 한일 국교정상화 60주년이 양국 관계를 한 단계 더 도약시킬 수 있는 기회가 되도록 계속해서 착실히 준비해 나가기로 했다. 11.14. APEC 정상회의 계기로 한일외교 장관 회담을 하다. 조태열 외교부 장관은 페루 리마에서 개최된 APEC 각료회의 계기에 이와야 다케시(岩屋毅) 일본 외무대신과 11.14.(목) 16:00-16:30간 첫 회담을 갖고, 한일관계, 북한·북핵 문제 등에 대해 의견을 교환하였다. 양 장관은 일본 신 내각 출범 이후 첫 외교장관 회담이 신속히 개최된 것을 평가하고, 외교 수장으로서 양국 관계 발전을 위해 수시로 소통하고 긴밀히 협력해 나가기로 하였다.
2025	【한국】 1.14. 일본 외무대신이 대통령 권한대행 및 한국 기업 관계자와 만나 의견을 교환하다. 3.26. 한국 외교부가 일본 고등학교 교과서 검정 결과에 대해 대변인 성명을 발표하다. 4.8. 한국 외교부가 일본 외교청서에 대해 영토 주장 및 역사 인식에 대해 유감을 표명하다. 4.22. 한국 외교부가 일본의 야스쿠니 신사공물 봉납 및 참배 움직임에 대해 유감을 표명하다. 4.25. 청주지법에서 위안부피해자 가족이 제기한 손해배상 소송에서 일본정부의 배상책임을 인정하는 판결을 국내법원 3번째로 인정하다. 5.12. 2012년 도난되어 한국 문화재청에 보관되었던 對馬島 觀音寺의 고려 보살좌상이 오랜 소송 끝에 공식적으로 반환하다. 6.7. 한국 법원이 일제강점기 강제동원 피해자 김한수씨에게 미쓰비시 중공업이 배상하라고 판결을 내리다. 6.16. 서울에서 한일 국교정상화 60주년 기념 리셉션을 개최하다. 이재명 대통령이 영상 축사를 하고, 김진아 외교부 제2차관 등이 참석하다. 6.18. 한국 법원이 일본 후지고시[不二越]회사에 대해 강제동원 피해자에게 1억원을 배상하라고 판결하다.

일본

11.16. APEC 정상회의 계기 한일 정상회담을 하다. APEC 정상회의 참석차 페루를 방문 중인 윤석열 대통령은 오늘(현지시간 11.16, 토) 14시 55분부터 15시 45분까지 약 50분간 「이시바 시게루(石破茂)」 일본 총리와 한일 정상회담을 가졌다. 양 정상은 역내 및 국제 정세의 급격한 전환 국면에서 한일 양국 간 협력과 공조가 더욱 중요해지고 있음을 재확인하고, 내년 한일 국교정상화 60주년을 맞이하여 한일 관계를 한 단계 더 높이 발전시켜 나가기로 했습니다. 또한 이를 위해 형식에 구애받지 않는 셔틀외교를 계속 이어 나가기로 했습니다.

11.25. 한국정부, 사도광산 강제동원 한국인 희생자 자체 추도식 개최하다. 정부는 11.25.(월) 오전 일본 니가타현 사도시에 위치한 조선인 기숙사(제4소아이료) 터에서 사도광산 강제동원 한국인 희생자를 위한 자체 추도식을 개최하였다. 박철희 주일본대사 주관으로 이루어진 추도식에는 우리 유가족 9명 및 정부 인사들이 참석하였다. 박철희 주일본대사는 추도사를 통해 사도광산에 강제로 동원되어 가혹한 노동에 지쳐 스러져 간 한국인 노동자들의 영령에 깊은 애도를 표하고, 사도광산의 아픈역사가 계속 기억될 수 있도록 한일 양국이 노력해나가야 한다고 하였다. 유가족들은 추도식에서 헌화하고 이후 추모의 시간을 가졌다.

12.3. 제6차 한·일 대변인 협의회를 서울에서 개최하다. 이번 협의회에서 양측은 공보 및 대외 홍보 정책을 각각 소개한 후, 내년이 한·일 국교정상화 60주년임을 염두에 두면서, 향후 협력관계를 한층 강화하기로 확인했다./ 윤석열 대통령, 긴급 대국민 담화를 통해 비상계엄을 선포하다.

12.11. 조태열 외교부 장관과 이와야 다케시(岩屋 毅) 일본 외무대신이 한일 외교장관 통화를 하다. 조태열 외교부장관은 12.11.(수) 19:20-19:40간 이와야 다케시(岩屋 毅) 일본 외무대신과 통화를 갖고, 현재 국내 상황 및 한일관계 등에 대해 의견을 교환하였다. 조 장관은 현재 국내 상황 및 안정적 국정 운영을 위한 정부의 노력을 설명하고, 우리 정부는 현재의 한일관계 기조를 유지하면서 일관되고 연속성 있게 외교정책을 추진해 나갈 것이라고 강조하였다.

12.17. 한미일, 북한의 불법 해상 활동을 위한 해운업계의 역량 강화 심포지엄을 싱가포르에서 공동 개최하다. 대한민국 외교부, 미국 국무부와 일본 외무성은 12.17.(화) 싱가포르에서 "북한의 불법적인 해상활동 대응"을 주제로 관련 정보를 공유하고 대응 방안을 논의하기 위한 역량 강화 심포지엄을 공동으로 개최하였다. 이번 심포지엄에는 아세안 및 주요 선박 등록국을 포함한 24개국에서 해운 규제, 법 집행 등을 담당하는 정부 인사 및 민간 전문가, 해운업계관계자 약 120명이 온·오프라인으로 참석하여 북한의 불법 해상활동 차단에 대한 국제사회의 높은 관심을 보여주었다.

12.19. 한덕수 대통령 권한대행과 이시바 시게루(石破茂) 일본 총리간에 통화하다. 한덕수 대통령 권한대행 국무총리는 12.19(목) 09:00 「이시바 시게루(石破 茂)」 일본 내각총리대신과 통화하여, 현 국내 상황을 설명하고 한일관계 등에 대해 협의했다.

12.23. 조태열 외교부 장관과 이와야 다케시(岩屋 毅) 일본 외무대신간에 한일 외교장관 통화를 하다. 조태열 외교부장관은 12.23.(월) 11:15-11:35간 이와야 다케시(岩屋 毅) 일본 외무대신과 전화 통화를 갖고, 우리 국내 상황 및 향후 한일관계 등에 대해 의견을 교환했다. 조 장관은 우리 정부가 권한대행 체제 하에 국정 전반을 안정적으로 운영하고 있으며, 한일관계 발전을 포함한 외교기조도 흔들림 없이 유지해 나갈 것이라고 했다. 또한, 외국기업들의 정상적인 경제활동에 대해서도 우려할 부분이 없다는 점을 강조하고, 양국간 경제협력을 계속 이어나가자고 했다. 양 장관은 한일 국교정상화 60주년이 되는 내년이 한 주 앞으로 다가온 만큼 양국 관계에 의미있는 해가 될 수 있도록 착실히 준비해 나가기로 했다. 양 장관은 북한 문제를 포함한 엄중한 국제정세에 대응해 나가기 위해 한일·한미일 간 굳건한 공조가 지속되어야 한다는 점을 재확인하고, 앞으로도 각 급에서 긴밀한 소통을 이어 나가기로했다

12.26. 김홍균 외교부 제1차관과 오카노 마사타카(岡野正敬) 일본 외무성 사무차관간에 한일 외교차관 회담을 하다.

12.-. 이해의 한일양국인의 상호왕래는 한국인의 방일자는 약 882만명, 일본인의 방한자는 약 332만명이다.

【일본】

1.13. 일본 외무대신이 한국을 방문하여 일한 외상회담 진행하고, 한국 국회의장 예방 등 양국간 첫 공식 외교를 하다.

2.10. 김상훈 외교부 아시아태평양국장과 가나이 마사아키(金井 正彰) 일본 외무성 아시아대양주국장이 한일 국장급 협의를 하다./ 일본정부 외교청서(블루북)를 발간하다. 기존 강제징용·위안부 피해자 문제에 대해 청구권협정으로 이미 해결됐다는 입장을 재확인하고, 양국 간 소통 및 협력 강화 흐름을 지속한다고 발표하다.

3.21. 조태열 외교부 장관이 이시바 시게루(石破 茂) 일본 총리를 예방하다.

3.22. 한일중 외교장관회담 계기로 조태열 외교부 장관과 이와야 다케시(岩屋 毅) 일본 외무대신이 회담하다.

5.26. 한일 정상이 전화통화로 양국 관계 도약과 협력사업 준비 발표, 사회적·경제적 접점 확대 논의하다.

6.17. 캐나다 앨버타주에서 개최한 G7 정상회의를 계기로 한일정상회담을 통해 미래지향적 협력·공통 사회문제 협의체 출범, 과학기술협력 위원회 재개 등 다양한 실질적 협력 추진 합의하다.

6.19. 도쿄에서 한일 국교정상화 60주년 기념 리셉션 개최하다. 이시바 시게루(石破 茂) 일본 총리와 박철희 주일대사 등이 참석했다.

한일관계사 종합연표

초판 1쇄 인쇄 2025년 10월 28일
초판 1쇄 발행 2025년 11월 11일

지 은 이 손승철
발 행 인 한정희
발 행 처 경인문화사
편   집 김한별 김지선 한주연 양은경
마 케 팅 하재일 유인순
출판번호 제406-1973-000003호
주   소 경기도 파주시 회동길 445-1 경인빌딩 B동 4층
전   화 031-955-9300   팩 스 031-955-9310
홈페이지 www.kyunginp.co.kr
이 메 일 kyungin@kyunginp.co.kr

ISBN 978-89-499-6897-1 93910
가격 100,000원